HANDBUCH DER STADT WIEN
1998
112. JAHRGANG

HANDBUCH

DER

STADT WIEN

1998

112. JAHRGANG
(AMTLICH REDIGIERT)

JUGEND & VOLK WIEN

ISBN 3-7100-0290-7

Redaktion: Magistratsdirektion der Stadt Wien
Eigentümer, Herausgeber und Verleger: Verlag Jugend & Volk Gesellschaft m. b. H.,
Universitätsstraße 11, 1010 Wien

Satz: Jugend & Volk
Druck: Bohmann-Druck, Leberstraße 122, 1110 Wien
Bindung: G. G. Buchbinderei, Hollabrunn

Dr. Michael Häupl
Bürgermeister und Landeshauptmann

Grete Laska

Vizebürgermeisterin und Landeshauptmann-Stellvertreterin
Amtsführende Stadträtin
für Jugend, Soziales, Information und Sport

Dr. Bernhard Görg

Vizebürgermeister und Landeshauptmann-Stellvertreter
Amtsführender Stadtrat
für Planung und Zukunft

Mag. Renate Brauner

Amtsführende Stadträtin
für Integration, Frauenfragen, Konsumentenschutz und Personal

Mag. Brigitte Ederer

Amtsführende Stadträtin
für Finanzen, Wirtschaftspolitik und Wiener Stadtwerke

Dr. Peter Marboe

Amtsführender Stadtrat
für Kultur

Dr. Sepp Rieder

Amtsführender Stadtrat
für Gesundheits- und Spitalswesen

Fritz Svihalek

Amtsführender Stadtrat
für Umwelt und Verkehrskoordination

Werner Faymann

Amtsführender Stadtrat
für Wohnen, Wohnbau und Stadterneuerung

Lothar Gintersdorfer

Stadtrat

Johann Herzog

Stadtrat

Karin Landauer

Stadträtin

Walter Prinz

Stadtrat

Friedrun Huemer

Stadträtin

Dr. Kurt Scholz

Amtsführender Präsident
des Stadtschulrates für Wien

Maria Hampel-Fuchs

Erste Präsidentin
des Wiener Landtages

Johann Römer

Zweiter Präsident
des Wiener Landtages

Prof. Erika Stubenvoll

Dritte Präsidentin
des Wiener Landtages

Dr. Peter Satrapa

Kontrollamtsdirektor

Dr. Karl Skyba

Generaldirektor der Wiener Stadtwerke

Dr. Ernst Theimer

Magistratsdirektor

Ing. Dr. Friedrich Brunner

Magistratsdirektor-Stellvertreter

Dipl.-Ing. Gerhard Weber

Stadtbaudirektor

DER BÜRGERMEISTER
UND LANDESHAUPTMANN
VON WIEN

Die kommenden Jahre rund um die Jahrtausendwende werden für das neue Europa wichtige politische Weichenstellungen bringen: Ein großer Teil der Mitgliedsländer der Europäischen Union hat sich zur Teilnahme an der Währungsunion entschieden - und wird somit den Aufstieg des Euro zur zweiten Leitwährung der Weltwirtschaft mittragen und von den Vorteilen dieses europapolitischen „Siebenmeilenschritts" profitieren können.

Dazu kommt der Annäherungsprozeß der osteuropäischen Beitrittskandidaten an die Europäische Union. Wiens Rolle dabei darf nicht nur auf das Aufgreifen historischer Bande beschränkt bleiben. Andererseits: Die geschichtliche Verknüpfung Wiens und Österreichs mit seinen osteuropäischen Nachbarn wird mit Sicherheit kein Hindernis auf dem gemeinsamen Weg ins neue, größere Europa sein.

Wien hat seinen größten Standortvorteil, die ideale Position im Herzen Europas und die Nähe zu den neuen Märkten, bisher bestens genützt. Viele tragfähige wirtschaftliche Partnerschaften mit Unternehmen in unseren Nachbarstaaten beweisen dies. Die Stadt am Donaustrom liegt an der Schnittstelle zwischen den hochentwickelten Märkten der Europäischen Union, mit mehr als 300 Millionen Konsumenten, und den neuen Märkten der Reformstaaten mit ebenfalls mehr als 300 Millionen Konsumenten.

In den großen Ballungsräumen, in den Regionen rund um die großen Städte wird es sich künftig entscheiden, ob globales Wirtschaften und Sicherung der guten Lebensbedingungen in Einklang zu bringen sind. Dies gilt gerade auch für Europa, für seine dichtbesiedelte, vergleichsweise kleinräumige Struktur. Den großen Herausforderungen - Bewältigung der Verkehrsströme, Energiefragen, Zusammenarbeit mit anderen Regionen und mit den EU-Beitrittskandidaten in Ostmitteleuropa - will sich Wien nicht verschließen. Im Gegenteil: Die Europaregion Wien wird wichtige Impulse setzen, um die Vorteile traditioneller Nachbarschaft für alle Bewohner Europas nutzbar zu machen.

Dr. Michael Häupl

INHALTSVERZEICHNIS

II. TEIL
WIEN – AKTUELL

ABKÜRZUNGSVERZEICHNIS

ABGB = Allgemeines Bügerliches Gesetzbuch
ABl. = Amtsblatt der Stadt Wien
Abs. = Absatz
ADSchVO = Allgemeine Dienstnehmerschutz-Verordnung
Art. = Artikel
ASVG = Allgemeines Sozialversicherungsgesetz
AVG 1950 = Allgemeines Verwaltungsverfahrensgesetz 1950
BF = Bürgerforum Alsergrund
BFJO = Bürgerforum Josefstadt „Unsere Josefstadt"
BGBl. = Bundesgesetzblatt
BStG = Bundesstraßengesetz 1971
B-VG = Bundes-Verfassungsgesetz
DO 1994 = Dienstordnung 1994
DP = Donaustadt-Partei
EDV = Elektronische Datenverarbeitung
FPÖ = Freiheitliche Partei Österreichs
GBl. = Gesetzblatt der Stadt Wien
GD = Generaldirektion der Wiener Stadtwerke
Gesch.-Gr. = Geschäftsgruppe
GewO 1994 = Gewerbeordnung 1994
GRA = Gemeinderatsausschuß
GRÜNE = Die Grünen – Grüne Alternative Wien
GWO = Gemeindewahlordnung der Stadt Wien
KA = Kontrollamt
KAV = Krankenanstaltenverbund
KFA = Krankenfürsorgeanstalt der Bediensteten der Stadt Wien
LGBl. = Landesgesetzblatt
LIF = Liberales Forum – Heide Schmidt
lit. = litera (Buchstabe)
MA = Magistratsabteilung
MA-K = Magistratsabteilung für Krankenanstaltenfinanzierung, Wiener Krankenanstaltenfinanzierungsfonds
MBA = Magistratisches Bezirksamt
MD = Magistratsdirektion
MDior = Magistratsdirektor
MDP = Magistratsdirektion – Präsidialbüro
MD-BMD = Magistratsdirektion – Büro des Magistratsdirektors
MD-VfR = Magistratsdirektion – Verfassungs- und Rechtsmittelbüro
MD-IB = Magistratsdirektion – Internationale Beziehungen
MD-KOB = Magistratsdirektion – Koordinationsbüro
MD-EUF = Magistratsdirektion – EU-Förderungen
MDH = Magistratsdirektion – Hilfs- und Sofortmaßnahmen
MD-PD = Magistratsdirektion – Personaldirektion
MD-VA = Magistratsdirektion – Verwaltungsakademie
MD-VR = Magistratsdirektion – Verwaltungsrevision
MD-VO = Magistratsdirektion – Verwaltungsorganisation
MDI = Magistratsdirektion – EDV- und Informationsmanagement
MDZ = Magistratsdirektion – Zivil- und Strafrechtsangelegenheiten
MD-BD = Magistratsdirektion – Stadtbaudirektion
MRG = Mietrechtsgesetz
MTD = Medizinisch-technische Dienste-Gesetz
NÖ = Niederösterreich
ÖVP = Österreichische Volkspartei
PID = Presse- und Informationsdienst der Stadt Wien
PO 1995 = Pensionsordnung 1995
Pr. Z. = Präsidialzahl
RGBl. = Reichsgesetzblatt
RVZG = Ruhe- und Versorgungsgenußzulagegesetz
SPÖ = Sozialdemokratische Partei Österreichs
StGB = Strafgesetzbuch
StGBl. = Staatsgesetzblatt
UVS = Unabhängiger Verwaltungssenat Wien
Vdg. = Verordnung
Vdg.-Bl. = Verordnungsblatt
VfGH = Verfassungsgerichtshof
VG 1947 = Verbotsgesetz 1947
Vors. = Vorsitzende(r)
VStG = Verwaltungsstrafgesetz
VVG 1950 = Verwaltungsvollstreckungsgesetz 1950
VwGH = Verwaltungsgerichtshof
W-PVG = Wiener Personalvertretungsgesetz
WStV = Verfassung der Bundeshauptstadt Wien (Wiener Stadtverfassung)
WStW-EW = Wiener Stadtwerke – Elektrizitätswerke (WIENSTROM)
WStW-GW = Wiener Stadtwerke – Gaswerke (WIENGAS)
WStW-VB = Wiener Stadtwerke – Verkehrsbetriebe (WIENER LINIEN)
WStW-BEST = Wiener Stadtwerke – Städtische Bestattung (BESTATTUNG WIEN)
Z = Ziffer
Zl. = Zahl

I. Teil

WIEN
organisatorisch

Stand: Mai 1998*

*) Der mit 1. Juli 1998 in Kraft tretende Text der Geschäftseinteilung für den Magistrat der Stadt Wien wurde bereits berücksichtigt.

WIENER LANDTAG

Erste Präsidentin:
Maria Hampel-Fuchs

Zweiter Präsident:
Johann Römer

Dritte Präsidentin:
Prof. Erika Stubenvoll

Schriftführerinnen/Schriftführer:

Ekkamp Franz
Göbl Gerhard
Jerusalem Susanne
Klucsarits, Komm.-Rat Rudolf
Lettner Ursula
Markus Patrizia
Reinberger Brigitte
Schiel Hans
Schmalenberg Heidrun
Schwarz-Klement Brigitte
Smoliner Marco
Stark Rudolf
Wagner Kurt
Winklbauer Renate
Zankl Inge

GEMEINDERAT DER STADT WIEN

Vorsitzende:

Hundstorfer Rudolf
Unterreiner, Mag. Heidemarie
Karl, Mag. Franz
Forster Ilse

Schriftführerinnen/Schriftführer:

Ekkamp Franz
Göbl Gerhard
Jerusalem Susanne
Klucsarits, Komm.-Rat Rudolf
Lettner Ursula
Markus Patrizia
Reinberger Brigitte
Schiel Hans
Schmalenberg Heidrun
Schwarz-Klement Brigitte
Smoliner Marco
Stark Rudolf
Wagner Kurt
Winklbauer Renate
Zankl Inge

MITGLIEDER DES GEMEINDERATES (LANDTAGES)

Alkier, Dr. Wolfgang (LIF)
Amhof Nikolaus (FPÖ)
Bayr Petra (SPÖ)
Becher, Mag. Ruth (SPÖ)
Beer Kurt Hermann (FPÖ)
Blind Kurth-Bodo (FPÖ)
Bolena, Mag. Alexandra (LIF)
Chorherr, Mag. Christoph (GRÜNE)
Driemer Johann (SPÖ)
Egghart, Komm.-Rat Robert (FPÖ)
Ekkamp Franz (SPÖ)
Forster Ilse (SPÖ)
Fuchs Georg (ÖVP)
Geringer, Ing. Mag. Thomas (FPÖ)
Göbl Gerhard (SPÖ)
Günther, Dr. Helmut (FPÖ)
Hack, Mag. Michaela (LIF)
Hahn, Dr. Johannes (ÖVP)
Hampel-Fuchs Maria (ÖVP)
Harwanegg Volkmar (SPÖ)
Hatzl Johann (SPÖ)
Hecht, Mag. Gabriele (LIF)
Hufnagl Heinz (SPÖ)
Hundstorfer Rudolf (SPÖ)
Jerusalem Susanne (GRÜNE)
Juznic Peter (SPÖ)
Kabas, Mag. Hilmar (FPÖ)
Karl, Mag. Franz (ÖVP)
Kenesei Günter (GRÜNE)
Klicka Marianne (SPÖ)
Klier Helga (SPÖ)
Klopf, Ing. Manfred (FPÖ)
Klucsarits, Komm.-Rat Rudolf (ÖVP)
Kopietz Harry (SPÖ)
Kovacic Susanne (FPÖ)
Kowarik, Mag. Helmut (FPÖ)
Kreißl Michael (FPÖ)
Kubik Gerhard (SPÖ)
Kunz Elena Alessandra (GRÜNE)
Lakatha Ingrid (ÖVP)
Lapp, Mag. Christine (SPÖ)
Lettner Ursula (SPÖ)
Ludwig Martina (SPÖ)
Madejski, Dr. Herbert (FPÖ)
Malyar Martina (SPÖ)
Markus Patrizia (ÖVP)
Maurer, Dkfm. Dr. Ernst (SPÖ)
Mayer, Dr. Alois (SPÖ)
Neck-Schaukowitsch,
Dr. Elisabeth (SPÖ)
Neuhuber, Mag. Alexander (ÖVP)
Oxonitsch Christian (SPÖ)
Pfeiffer, Komm.-Rat Gerhard (ÖVP)
Pilz, Dr. Peter (GRÜNE)
Polkorab Rosemarie (SPÖ)
Pöschl Hanno (LIF)
Prochaska Johannes (ÖVP)
Reinberger Brigitte (FPÖ)
Reindl, Mag. Thomas (SPÖ)
Reiter Günther (SPÖ)
Rogelböck Hubert (FPÖ)
Römer Johann (FPÖ)
Rothauer, Dipl.-Ing. Dr. Herlinde (ÖVP)
Salcher, Dr. Andreas (ÖVP)
Sander Jutta (GRÜNE)
Saßmann Gerold (FPÖ)
Schicker, Dipl.-Ing. Rudolf (SPÖ)
Schieder Andreas (SPÖ)
Schiel Hans (SPÖ)
Schmalenberg Heidrun (FPÖ)
Schock, DDr. Eduard (FPÖ)
Schöfnagel Barbara (FPÖ)
Schuster Godwin (SPÖ)
Schwarz-Klement Brigitte (FPÖ)
Serles, Dr. Wilfried (FPÖ)
Smoliner Marco (LIF)
Sramek, Komm.-Rat Heinz (SPÖ)
Stark Rudolf (FPÖ)
Stix, Dr. Rüdiger (freier Mandatar)
Strache Heinz Christian (FPÖ)
Strobl, Komm.-Rat Friedrich (SPÖ)
Strobl, Prof. Walter (ÖVP)
Stubenvoll Erika, Prof. (SPÖ)
Stürzenbecher, Dr. Kurt (SPÖ)
Themel Gerda (SPÖ)
Tomsik Josefa (SPÖ)
Tschirf, Dr. Matthias (ÖVP)
Ulm, Dr. Wolfgang (ÖVP)
Unterreiner, Mag. Heidemarie (FPÖ)
Vassilakou, Mag. Maria (GRÜNE)

Vettermann Heinz (SPÖ)
Wagner Josef (FPÖ)
Wagner Kurt (SPÖ)
Wehsely, Mag. Sonja (SPÖ)
Westenthaler, Ing. Peter (FPÖ)
Wicke Frigga (FPÖ)
Winklbauer Renate (SPÖ)
Wolfram, Komm.-Rat Gerhard (FPÖ)
Woller Ernst (SPÖ)
Zankl Inge (SPÖ)
Zimmermann Paul (SPÖ)

MITGLIEDER DES GEMEINDERATES (LANDTAGES) NACH DER PARTEIZUGEHÖRIGKEIT

(R = Restmandat)

Sozialdemokratische Partei Österreichs
(43 Mandate)

Bayr Petra (R)
Becher, Mag. Ruth
Driemer Johann
Ekkamp Franz
Forster Ilse
Göbl Gerhard
Harwanegg Volkmar
Hatzl Johann
Hufnagl Heinz
Hundstorfer Rudolf (R)
Juznic Peter
Klicka Marianne
Klier Helga
Kopietz Harry
Kubik Gerhard
Lapp, Mag. Christine
Lettner Ursula
Ludwig Martina
Malyar Martina
Maurer, Dkfm. Dr. Ernst
Mayer, Dr. Alois
Neck-Schaukowitsch, Dr. Elisabeth
Oxonitsch Christian
Polkorab Rosemarie (R)
Reindl, Mag. Thomas
Reiter Günther
Schicker, Dipl.-Ing. Rudolf
Schieder Andreas
Schiel Hans
Schuster Godwin (R)
Sramek Heinz
Strobl Friedrich
Stubenvoll Erika
Stürzenbecher, Dr. Kurt
Themel Gerda (R)
Tomsik Josefa
Vettermann Heinz
Wagner Kurt
Wehsely, Mag. Sonja (R)
Winklbauer Renate
Woller Ernst
Zankl Inge
Zimmermann Paul

Freiheitliche Partei Österreichs
(28 Mandate)

Amhof Nikolaus (R)
Beer Kurt Hermann
Blind Kurth-Bodo
Egghart Robert (R)
Geringer, Ing. Mag. Thomas
Günther, Dr. Helmut
Kabas, Mag. Hilmar
Klopf, Ing. Manfred
Kovacic Susanne
Kowarik, Mag. Helmut
Kreißl Michael
Madejski, Dr. Herbert
Reinberger Brigitte (R)
Rogelböck Hubert
Römer Johann
Saßmann Gerold (R)
Schmalenberg Heidrun (R)
Schock, DDr. Eduard
Schöfnagel Barbara
Schwarz-Klement Brigitte
Serles, Dr. Wilfried
Stark Rudolf (R)
Strache Heinz Christian
Unterreiner, Mag. Heidemarie
Wagner Josef
Westenthaler, Ing. Peter
Wicke Frigga
Wolfram Gerhard

Österreichische Volkspartei
(15 Mandate)

Fuchs Georg
Hahn, Dr. Johannes (R)
Hampel-Fuchs Maria
Karl, Mag. Franz (R)
Klucsarits Rudolf
Lakatha Ingrid
Markus Patrizia (R)
Neuhuber, Mag. Alexander (R)
Pfeiffer Gerhard
Prochaska Johannes
Rothauer, Dipl.-Ing. Dr. Herlinde
Salcher, Dr. Andreas
Strobl Walter (R)
Tschirf, Dr. Matthias
Ulm, Dr. Wolfgang (R)

Die Grünen – Grüne Alternative Wien
(7 Mandate)

Chorherr, Mag. Christoph (R)
Jerusalem Susanne (R)
Kenesei Günter (R)
Kunz Elena Alessandra
Pilz, Dr. Peter (R)
Sander Jutta
Vassilakou, Mag. Maria (R)

Liberales Forum
(6 Mandate)

Alkier, Dr. Wolfgang (R)
Bolena, Mag. Alexandra (R)
Hack, Mag. Michaela (R)
Hecht, Mag. Gabriele (R)
Pöschl Hanno (R)
Smoliner Marco (R)

Freier Mandatar
Stix, Dr. Rüdiger

MITGLIEDER DES GEMEINDERATES (LANDTAGES) NACH WAHLKREISEN

Wahlkreis Zentrum
(Innere Stadt, Wieden, Margareten und Mariahilf)

Juznic Peter (SPÖ)
Kabas, Mag. Hilmar (FPÖ)
Kunz Elena Alessandra (GRÜNE)
Rothauer, Dipl.-Ing. Dr. Herlinde (ÖVP)
Unterreiner, Mag. Heidemarie (FPÖ)
Wagner Kurt (SPÖ)

Wahlkreis Innen-West
(Neubau, Josefstadt und Alsergrund)

Hampel-Fuchs Maria (ÖVP)
Malyar Martina (SPÖ)
Sander Jutta (GRÜNE)
Stix, Dr. Rüdiger (freier Mandatar)

Wahlkreis Leopoldstadt

Kubik Gerhard (SPÖ)
Lettner Ursula (SPÖ)
Römer Johann (FPÖ)
Wagner Josef (FPÖ)

Wahlkreis Landstraße

Schicker, Dipl.-Ing. Rudolf (SPÖ)
Strache Heinz Christian (FPÖ)
Tschirf, Dr. Matthias (ÖVP)
Woller Ernst (SPÖ)

Wahlkreis Favoriten

Driemer Johann (SPÖ)
Fuchs Georg (ÖVP)
Göbl Gerhard (SPÖ)
Harwanegg Volkmar (SPÖ)
Klicka Marianne (SPÖ)
Maurer, Dkfm. Dr. Ernst (SPÖ)
Rogelböck Hubert (FPÖ)
Schock, DDr. Eduard (FPÖ)
Schwarz-Klement Brigitte (FPÖ)

Wahlkreis Simmering

Hatzl Johann (SPÖ)
Lapp, Mag. Christine (SPÖ)
Westenthaler, Ing. Peter (FPÖ)

Wahlkreis Meidling

Hufnagl Heinz (SPÖ)
Madejski, Dr. Herbert (FPÖ)
Zankl Inge (SPÖ)

Wahlkreis Hietzing

Günther, Dr. Helmut (FPÖ)
Lakatha Ingrid (ÖVP)
Mayer, Dr. Alois (SPÖ)

Wahlkreis Penzing

Blind Kurth-Bodo (FPÖ)
Neck-Schaukowitsch, Dr. Elisabeth (SPÖ)
Schieder Andreas (SPÖ)

Wahlkreis Rudolfsheim-Fünfhaus

Kowarik, Mag. Helmut (FPÖ)
Zimmermann Paul (SPÖ)

Wahlkreis Ottakring

Forster Ilse (SPÖ)
Oxonitsch Christian (SPÖ)
Wolfram Gerhard (FPÖ)

Wahlkreis Hernals

Stürzenbecher, Dr. Kurt (SPÖ)
Wicke Frigga (FPÖ)

Wahlkreis Währing

Prochaska Johannes (ÖVP)
Strobl Friedrich (SPÖ)

Wahlkreis Döbling

Ekkamp Franz (SPÖ)
Kovacic Susanne (FPÖ)
Pfeiffer Gerhard (ÖVP)

Wahlkreis Brigittenau

Serles, Dr. Wilfried (FPÖ)
Sramek Heinz (SPÖ)
Tomsik Josefa (SPÖ)

Wahlkreis Floridsdorf

Kopietz Harry (SPÖ)
Kreißl Michael (FPÖ)
Reiter Günther (SPÖ)
Salcher, Dr. Andreas (ÖVP)
Schiel Hans (SPÖ)
Schöfnagel Barbara (FPÖ)
Stubenvoll Erika (SPÖ)

Wahlkreis Donaustadt

Becher, Mag. Ruth (SPÖ)
Geringer, Ing. Mag. Thomas (FPÖ)
Klopf, Ing. Manfred (FPÖ)
Reindl, Mag. Thomas (SPÖ)
Vettermann Heinz (SPÖ)
Winklbauer Renate (SPÖ)

Wahlkreis Liesing

Beer Kurt Hermann (FPÖ)
Klier Helga (SPÖ)
Klucsarits Rudolf (ÖVP)
Ludwig Martina (SPÖ)

Restmandate

Alkier, Dr. Wolfgang (LIF)
Amhof Nikolaus (FPÖ)
Bayr Petra (SPÖ)
Bolena, Mag. Alexandra (LIF)
Chorherr, Mag. Christoph (GRÜNE)
Egghart Robert (FPÖ)
Hack, Mag. Michaela (LIF)
Hahn, Dr. Johannes (ÖVP)
Hecht, Mag. Gabriele (LIF)
Hundstorfer Rudolf (SPÖ)
Jerusalem Susanne (GRÜNE)
Karl, Mag. Franz (ÖVP)
Kenesei Günter (GRÜNE)
Markus Patrizia (ÖVP)
Neuhuber, Mag. Alexander (ÖVP)
Pilz, Dr. Peter (GRÜNE)
Polkorab Rosemarie (SPÖ)
Pöschl Hanno (LIF)
Reinberger Brigitte (FPÖ)
Saßmann Gerold (FPÖ)
Schmalenberg Heidrun (FPÖ)
Schuster Godwin (SPÖ)
Smoliner Marco (LIF)
Stark Rudolf (FPÖ)
Strobl Walter (ÖVP)
Themel Gerda (SPÖ)
Ulm, Dr. Wolfgang (ÖVP)
Vassilakou, Mag. Maria (GRÜNE)
Wehsely, Mag. Sonja (SPÖ)

LANDESHAUPTMANN VON WIEN

Dr. Michael Häupl

WIENER LANDESREGIERUNG

Vorsitzender:
Landeshauptmann Dr. Michael Häupl

Vorsitzender-Stellvertreterin:
Landeshauptmann-Stellvertreterin
Grete Laska

Vorsitzender-Stellvertreter:
Landeshauptmann-Stellvertreter
Dr. Bernhard Görg

Übrige Mitglieder:

Brauner, Mag. Renate
Ederer, Mag. Brigitte
Faymann Werner
Gintersdorfer Lothar
Görg, Dr. Bernhard
Herzog Johann
Huemer, Dr. Friedrun
Landauer Karin
Laska Grete
Marboe, Dr. Peter
Prinz Walter
Rieder, Dr. Sepp
Svihalek Fritz

Landesamtsdirektor:
Dr. Ernst Theimer

BÜRGERMEISTER DER BUNDESHAUPTSTADT WIEN

Dr. Michael Häupl

WIENER STADTSENAT

Vorsitzender:
Bürgermeister Dr. Michael Häupl

Vorsitzender-Stellvertreterin:
Vizebürgermeisterin
Grete Laska

Vorsitzender-Stellvertreter:
Vizebürgermeister
Dr. Bernhard Görg

Übrige Mitglieder:

Brauner, Mag. Renate
Ederer, Mag. Brigitte
Faymann Werner
Gintersdorfer Lothar
Görg, Dr. Bernhard
Herzog Johann
Huemer, Dr. Friedrun
Landauer Karin
Laska Grete
Marboe, Dr. Peter
Prinz Walter
Rieder, Dr. Sepp
Svihalek Fritz

Magistratsdirektor:
Dr. Ernst Theimer

VERTRETER WIENS IM BUNDESRAT

Haselbach Anna Elisabeth (SPÖ)
Riess-Passer, Dr. Susanne (FPÖ)
Konecny Albrecht Karl (SPÖ)
Himmer, Mag. Harry (ÖVP)
Gudenus, Mag. John (FPÖ)
Rauchenberger Josef (SPÖ)
Drochter Karl (SPÖ)
Mühlwerth Monika (FPÖ)
Ludwig, Dr. Michael (SPÖ)
Mautner-Markhof, Prof. Dr. h. c. Manfred (ÖVP)
Böhm, Univ.-Prof. Dr. Peter (FPÖ)

GEMEINDERATSAUSSCHÜSSE

Integration, Frauenfragen, Konsumentenschutz und Personal
Amtsführende Stadträtin: *Mag. Renate Brauner* (SPÖ)

Ekkamp Franz (SPÖ)
Göbl Gerhard (SPÖ)
Günther, Dr. Helmut (FPÖ)
Harwanegg Volkmar (SPÖ)
Karl, Mag. Franz (ÖVP)
Kreißl Michael (FPÖ)
Kubik Gerhard (SPÖ)
Lakatha Ingrid (ÖVP)
Ludwig Martina (SPÖ)
Saßmann Gerold (FPÖ)
Schöfnagel Barbara (FPÖ) – Vors.-Stv.
Schuster Godwin (SPÖ) – Vors.
Smoliner Marco (LIF)
Tomsik Josefa (SPÖ) – Vors.-Stv.
Vassilakou, Mag. Maria (GRÜNE)

Finanzen und Wirtschaftspolitik
Amtsführende Stadträtin: *Mag. Brigitte Ederer* (SPÖ)

Becher, Mag. Ruth (SPÖ)
Driemer Johann (SPÖ)
Egghart Robert (FPÖ)
Hatzl Johann (SPÖ) – Vors.-Stv.
Hecht, Mag. Gabriele (LIF)
Kabas, Mag. Hilmar (FPÖ)
Kopietz Harry (SPÖ)
Neck-Schaukowitsch, Dr. Elisabeth (SPÖ)
Pilz, Dr. Peter (GRÜNE)
Rothauer, Dipl.-Ing. Dr. Herlinde (ÖVP) – Vors.
Schock, DDr. Eduard (FPÖ) – Vors.-Stv.
Serles, Dr. Wilfried (FPÖ)
Sramek Heinz (SPÖ)
Strobl Friedrich (SPÖ)
Tschirf, Dr. Matthias (ÖVP)

Wiener Stadtwerke und Friedhöfe
Amtsführende Stadträtin: *Mag. Brigitte Ederer* (SPÖ)

Chorherr, Mag. Christoph (GRÜNE)
Günther, Dr. Helmut (FPÖ)
Hatzl Johann (SPÖ)
Juznic Peter (SPÖ) – Vors.
Klier Helga (SPÖ)
Klopf, Ing. Manfred (FPÖ)
Kreißl Michael (FPÖ)
Markus Patrizia (ÖVP)
Pöschl Hanno (LIF)
Reindl, Mag. Thomas (SPÖ)
Schiel Hans (SPÖ)
Sramek Heinz (SPÖ) – Vors.-Stv.
Stark Rudolf (FPÖ) – Vors.-Stv.
Stürzenbecher, Dr. Kurt (SPÖ)
Tschirf, Dr. Matthias (ÖVP)

Jugend, Soziales, Information und Sport
Amtsführende Stadträtin: *Grete Laska*, Vizebürgermeisterin (SPÖ)

Bolena, Mag. Alexandra (LIF)
Göbl Gerhard (SPÖ) – Vors.-Stv.
Jerusalem Susanne (GRÜNE)
Kopietz Harry (SPÖ)
Lapp, Mag. Christine (SPÖ) – Vors.
Ludwig Martina (SPÖ)
Malyar Martina (SPÖ)
Römer Johann (FPÖ) – Vors.-Stv.
Schwarz-Klement Brigitte (FPÖ)
Strache Heinz Christian (FPÖ)
Strobl Walter (ÖVP)
Stubenvoll Erika (SPÖ)
Ulm, Dr. Wolfgang (ÖVP)
Vettermann Heinz (SPÖ)
Westenthaler, Ing. Peter (FPÖ)

Kultur
Amtsführender Stadtrat: *Dr. Peter Marboe* (ÖVP)

Hahn, Dr. Johannes (ÖVP)
Hecht, Mag. Gabriele (LIF)
Klicka Marianne (SPÖ)
Kovacic Susanne (FPÖ)
Polkorab Rosemarie (SPÖ)
Salcher, Dr. Andreas (ÖVP) – Vors.
Sander Jutta (GRÜNE)
Themel Gerda (SPÖ)
Unterreiner, Mag. Heidemarie (FPÖ) – Vors.-Stv.
Vettermann Heinz (SPÖ)
Wicke Frigga (FPÖ)
Winklbauer Renate (SPÖ)
Wolfram Gerhard (FPÖ)
Woller Ernst (SPÖ) – Vors.-Stv.
Zankl Inge (SPÖ)

Gesundheits- und Spitalswesen
Amtsführender Stadtrat: *Dr. Sepp Rieder* (SPÖ)

Bolena, Mag. Alexandra (LIF)
Forster Ilse (SPÖ)
Hahn, Dr. Johannes (ÖVP)
Hampel-Fuchs Maria (ÖVP)
Hundstorfer Rudolf (SPÖ)
Klicka Marianne (SPÖ)
Kowarik, Mag. Helmut (FPÖ) – Vors.-Stv.
Kunz Elena Alessandra (GRÜNE)
Lettner Ursula (SPÖ) – Vors.-Stv.
Malyar Martina (SPÖ)
Neck-Schaukowitsch, Dr. Elisabeth (SPÖ) – Vors.
Schmalenberg Heidrun (FPÖ)
Strache Heinz Christian (FPÖ)
Wagner Kurt (SPÖ)
Wicke Frigga (FPÖ)

Planung und Zukunft
Amtsführender Stadtrat: *Dr. Bernhard Görg*, Vizebürgermeister (ÖVP)

Bayr Petra (SPÖ)
Beer Kurt Hermann (FPÖ)
Driemer Johann (SPÖ)
Geringer, Ing. Mag. Thomas (FPÖ)
Hack, Mag. Michaela (LIF)
Hufnagl Heinz (SPÖ)
Kenesei Günter (GRÜNE)
Kovacic Susanne (FPÖ) – Vors.-Stv.
Oxonitsch Christian (SPÖ)
Pfeiffer Gerhard (ÖVP) – Vors.
Reiter Günther (SPÖ) – Vors.-Stv.
Rothauer, Dipl.-Ing. Dr. Herlinde (ÖVP)
Schicker, Dipl.-Ing. Rudolf (SPÖ)
Stix, Dr. Rüdiger (freier Mandatar)
Winklbauer Renate (SPÖ)

Umwelt und Verkehrskoordination
Amtsführender Stadtrat: *Fritz Svihalek* (SPÖ)

Amhof Nikolaus (FPÖ)
Bayr Petra (SPÖ) – Vors.-Stv.
Chorherr, Mag. Christoph (GRÜNE)
Hufnagl Heinz (SPÖ) – Vors.
Klier Helga (SPÖ)
Klopf, Ing. Manfred (FPÖ)
Klucsarits Rudolf (ÖVP)
Markus Patrizia (ÖVP)
Oxonitsch Christian (SPÖ)
Polkorab Rosemarie (SPÖ)
Pöschl Hanno (LIF)
Schöfnagel Barbara (FPÖ)
Stix, Dr. Rüdiger (freier Mandatar) – Vors.-Stv.
Wehsely, Mag. Sonja (SPÖ)
Zimmermann Paul (SPÖ)

Wohnen, Wohnbau und Stadterneuerung
Amtsführender Stadtrat: *Werner Faymann* (SPÖ)

Becher, Mag. Ruth (SPÖ) – Vors.
Blind Kurth-Bodo (FPÖ)
Fuchs Georg (ÖVP) – Vors.-Stv.
Hack, Mag. Michaela (LIF)
Kenesei Günter (GRÜNE)
Kovacic Susanne (FPÖ)
Kubik Gerhard (SPÖ)
Lapp, Mag. Christine (SPÖ)
Madejski, Dr. Herbert (FPÖ) – Vors.-Stv.
Maurer, Dkfm. Dr. Ernst (SPÖ)
Mayer, Dr. Alois (SPÖ)
Neuhuber, Mag. Alexander (ÖVP)
Reiter Günther (SPÖ)
Schieder Andreas (SPÖ)
Wagner Josef (FPÖ)

KONTROLLAUSSCHUSS

Alkier, Dr. Wolfgang (LIF) – Vors.-Stv.
Forster Ilse (SPÖ)
Harwanegg Volkmar (SPÖ)
Kabas, Mag. Hilmar (FPÖ)
Karl, Mag. Franz (ÖVP)
Kenesei Günter (GRÜNE) – Vors.
Prochaska Johannes (ÖVP)
Reinberger Brigitte (FPÖ)
Schicker, Dipl.-Ing. Rudolf (SPÖ)
Schuster Godwin (SPÖ)
Serles, Dr. Wilfried (FPÖ) – Vors.-Stv.
Sramek Heinz (SPÖ)
Vettermann Heinz (SPÖ)
Wagner Josef (FPÖ)
Wehsely, Mag. Sonja (SPÖ)

GEMEINDERÄTLICHE PERSONALKOMMISSION

Amtsführende Stadträtin: *Mag. Renate Brauner* (SPÖ)

Ekkamp Franz (SPÖ)
Göbl Gerhard (SPÖ)
Günther, Dr. Helmut (FPÖ)
Harwanegg Volkmar (SPÖ)
Juznic Peter (SPÖ)
Karl, Mag. Franz (ÖVP)
Kreißl Michael (FPÖ)
Saßmann Gerold (FPÖ)
Schöfnagel Barbara (FPÖ)
Schuster Godwin (SPÖ) – Vors.-Stv.
Tomsik Josefa (SPÖ) – Vors.
Tschirf, Dr. Matthias (ÖVP)

IMMUNITÄTSKOLLEGIUM

Günther, Dr. Helmut (FPÖ)
Kabas, Mag. Hilmar (FPÖ) – Vors.-Stv.
Karl, Mag. Franz (ÖVP)
Schuster Godwin (SPÖ) – Vors.
Serles, Dr. Wilfried (FPÖ)
Stürzenbecher, Dr. Kurt (SPÖ)
Wehsely, Mag. Sonja (SPÖ)
Woller Ernst (SPÖ)
Zankl Inge (SPÖ) – Vors.-Stv.

UNVEREINBARKEITSAUSSCHUSS

Ekkamp Franz (SPÖ)
Hufnagl Heinz (SPÖ)
Schuster Godwin (SPÖ) – Vors.-Stv.
Serles, Dr. Wilfried (FPÖ) – Vors.-Stv.
Stark Rudolf (FPÖ)
Tomsik Josefa (SPÖ) – Vors.
Tschirf, Dr. Matthias (ÖVP)
Wagner Josef (FPÖ)
Wehsely, Mag. Sonja (SPÖ)

STÄNDIGER AUSSCHUSS

Günther, Dr. Helmut (FPÖ)
Hatzl Johann (SPÖ) – Vors.-Stv.
Hundstorfer Rudolf (SPÖ)
Kabas, Mag. Hilmar (FPÖ) – Vors.-Stv.
Kopietz Harry (SPÖ)
Prochaska Johannes (ÖVP)
Serles, Dr. Wilfried (FPÖ)
Stubenvoll Erika (SPÖ) – Vors.
Tomsik Josefa (SPÖ)

BEZIRKSVORSTEHERINNEN/BEZIRKSVORSTEHER, BEZIRKSVORSTEHERINNEN-/BEZIRKSVORSTEHER-STELLVERTRETERINNEN/BEZIRKSVORSTEHER-STELLVERTRETER UND BEZIRKSVERTRETUNGEN

(. . . = Durchwahl)

1. Bezirk – Innere Stadt

1, Wipplingerstraße 8, Tel. 534 36 . . .
Telefax: 534 36–99–01120, IBS-User: B01K
Internet e-mail: post@b01.magwien.gv.at

Bezirksvorsteher:
Schmitz, Dr. Richard (ÖVP) 01111

Bezirksvorsteher-Stellvertreter:
Grundwalt Franz (ÖVP) 01111

Bezirksvorsteher-Stellvertreter:
Fürnkranz Georg (FPÖ) 01113

Büroleiterin:
Dörr Elisabeth, Kanzleikommissärin 01114

Büro 01115, 01116, 01118

Bezirksvertretung:
40 Bezirksrätinnen/Bezirksräte
(ÖVP 16, SPÖ 8, FPÖ 8, LIF 4, GRÜNE 4)

Angerer Christoph (ÖVP)
Bader Karl (GRÜNE)
Bracher, Mag. Luise (GRÜNE)
Brunner-Blasek Jutta (FPÖ)
Carmann Fritz (FPÖ)
Distel Gertrude (SPÖ)
Fallmann Friedrich (ÖVP)
Forster Helga (LIF)
Fürnkranz Georg (FPÖ)
Graff Maria (ÖVP)
Grasser Karl (SPÖ)
Halbritter Karl (SPÖ)
Hennig Dorothea (ÖVP)
Hülmbauer Alfred (GRÜNE)
Kalchhauser Rainer-Maria (LIF)
Kleedorfer Maria (ÖVP)
Köhler, Dr. Thomas (ÖVP)
Krall-Engelmann Susanne (SPÖ)
Kühnel, Dr. Franz E. (ÖVP)
Lang Franz (ÖVP)
Lotz Elfriede (ÖVP)
Neumeier Wolfgang (ÖVP)
Niedermühlbichler Georg (SPÖ)
Pickl Anton (ÖVP)
Platt Robert (FPÖ)
Prantl, Dr. Georg (ÖVP)
Rabenseifner Johann (SPÖ)
Radakovits Werner (FPÖ)
Saval, Mag. Michael (FPÖ)
Schistek Bernhard (LIF)
Schmid, Dr. Erich M. (LIF)
Schmutzer Ronald (GRÜNE)
Schuh Alfred (SPÖ)
Steier Erich (SPÖ)
Steinmetz Edmund (ÖVP)
Szimandel Elfriede (FPÖ)
Unterreiner Clemens (FPÖ)
Wachtl Günther (ÖVP)
Wagner, Dr. Helga (ÖVP)
Winterstein, Dipl.-Ing. Werner (ÖVP)

2. Bezirk – Leopoldstadt

2, Karmelitergasse 9, Tel. 211 06 . . .
Telefax: 211 06–99–02120, IBS User: B02K
Internet e-mail: post@b02.magwien.gv.at

Bezirksvorsteher:
Weißmann Heinz (SPÖ) 02111

Bezirksvorsteher-Stellvertreter:
Kauba Rudolf (SPÖ) 02112

Bezirksvorsteher-Stellvertreterin:
Gratzer Gabriela (FPÖ) 02113

Büroleiter:
Schuckert Helmut, Amtsrat 02114

Büro 02115, 02116, 02118, 02119, 02122, 02136

Bezirksvertretung:
60 Bezirksrätinnen/Bezirksräte
(SPÖ 24, FPÖ 18, ÖVP 8, GRÜNE 6, LIF 4)

Ahorner Rupert (SPÖ)
Bachinger Ludwig (ÖVP)
Baumer Erwin (SPÖ)
Biebl Ernst (FPÖ)
Bluma, Ing. Gustav (SPÖ)
Bohle Eduard (SPÖ)
Boschek Christian (SPÖ)
Cizek Evelin (FPÖ)
Cordon Waltraud Cecile (GRÜNE)
Edl Ingrid (FPÖ)
Ennöckl, Mag. Daniel (GRÜNE)
Forst Helmut (SPÖ)
Fromm Johann (FPÖ)
Galhaup Michael (GRÜNE)
Gatterwe Maria (FPÖ)
Goberitz Herta (LIF)
Göpfrich Andrea G. (LIF)
Götschober Ulrike (FPÖ)
Gratzer Gabriela (FPÖ)
Haider Ludwig (ÖVP)
Harter Karl (FPÖ)
Hasch Adolf (GRÜNE)
Hefelle Paul (ÖVP)
Höfer Johann (FPÖ)
Hora Karlheinz (SPÖ)
Junek Manfred (SPÖ)
Kamptner, Dipl.-Ing. Wolfgang (GRÜNE)
Kauba Rudolf (SPÖ)
Kauer Michaela (SPÖ)
Knorr Rainer (FPÖ)
Kusdat Hedwig (FPÖ)
Kusdat Paul (FPÖ)
Lanzinger Manuela (SPÖ)
Lettner Walter (SPÖ)
Lorenz Margit (SPÖ)
Maresch Martin (LIF)
Mertens, Mag. Christian (ÖVP)
Mladensich Kresimir (SPÖ)
Neuwirth Ernst (FPÖ)
Neuwirth Helene (FPÖ)
Petrides Hedwig (SPÖ)
Philippi Hilde (ÖVP)
Pfister Thomas (SPÖ)
Pollak Alexander (GRÜNE)
Pölzl Gerald (FPÖ)
Schaabl Cornelia (SPÖ)
Schneider Walter (FPÖ)
Schober Horst (SPÖ)
Seidl Wolfgang (FPÖ)
Skribany, Komm.-Rat Harald (ÖVP)
Spanring Günter (FPÖ)
Speckmayer Norbert (ÖVP)
Steindl Dieter (ÖVP)
Stifter Günter (SPÖ)
Vlasaty Walter (SPÖ)
Walzer, Ing. Anton (SPÖ)
Weigl Margarethe (SPÖ)
Wohlfahrt Ernst (SPÖ)
Zeman Walter (SPÖ)
Zimmermann, Mag. Dr. Klaus Peter (LIF)

3. Bezirk – Landstraße

3, Karl-Borromäus-Platz 3, Tel. 711 34 . . .
Telefax: 711 34–99–03120, IBS-User: B03K
Internet e-mail: post@b03.magwien.gv.at

Bezirksvorsteher:
Hohenberger Erich (SPÖ) 03111

Bezirksvorsteher-Stellvertreterin:
Beier Charlotte (SPÖ) 03112

Bezirksvorsteher-Stellvertreter:
Herbich Walther (FPÖ) 03113

Büroleiter:
Wild Wolfgang, Oberamtsrat 03114

Büro 03115, 03116

Bezirksvertretung:
56 Bezirksrätinnen/Bezirksräte
(SPÖ 21, FPÖ 14, ÖVP 11, GRÜNE 6, LIF 4)

Bauer Johann (SPÖ)
Beier Charlotte (SPÖ)
Beinhofer, Dr. Ernst (ÖVP)
Beran-Hiesböck Gabriele (GRÜNE)
Berryman Irene (GRÜNE)
Binder Gertraud (ÖVP)
Boll, Dr. Barbara (GRÜNE)
Eder Robert (LIF)
Egger, Dipl.-Ing. Klaus (FPÖ)
Eisert Peter (ÖVP)
Fink Christine (SPÖ)
Grams Friedrich (LIF)
Graus-Göldner, Dr. Annemarie (ÖVP)
Grebner, Mag. Werner (FPÖ)
Gross Peter (SPÖ)
Haas Adolf (ÖVP)
Haidacher-Cyganek Jutta (ÖVP)
Hammer Andrea (SPÖ)
Haselbach Noemi (SPÖ)
Havran Günther (FPÖ)
Heller Heino, Komm.-Rat (FPÖ)
Herbich Walther (FPÖ)
Hohenberger Erich (SPÖ)
Jenewein Dagmar (FPÖ)
Karlsböck, Dr. Andreas (FPÖ)
Kauba, Mag. Luise (FPÖ)
Kerencic Friedrich (SPÖ)
Keri Andreas (ÖVP)
Köhldorfer Walter (ÖVP)
Kops Dietrich (FPÖ)
Koy Karl (ÖVP)
Kraft Wolfgang Erich (LIF)
Krainer Kai Jan (SPÖ)
Kriebaum Brigitte (SPÖ)
Kuchynka Anton (SPÖ)
Lachkovics, Mag. Eva (GRÜNE)
Losert Peter (SPÖ)
Ludl Bruno (SPÖ)
Massnovits Robert (SPÖ)
Mauritz Hilde (SPÖ)
Mayer Monika (LIF)
Pichler Herbert (GRÜNE)
Punkel Johanna (FPÖ)
Recher Renate (GRÜNE)
Reichhardt Andreas (FPÖ)
Ritt, Mag. Thomas (SPÖ)
Schicker-Pieterse Frederika (SPÖ)
Schober Siegfried (SPÖ)
Schüller, Dr. Georg (ÖVP)
Tuller Heribert (FPÖ)
Unger Christian (FPÖ)
Weissensteiner Josef (SPÖ)
Werner, Dr. Ernst (FPÖ)
Wessely Susanne (SPÖ)
Zabrana, Dipl.-Ing. Rudolf (SPÖ)
Zwettler Felicitas (ÖVP)

4. Bezirk – Wieden

4, Favoritenstraße 18, Tel. 502 34 . . .
Telefax: 502 34–99–04120, IBS-User: B04K
Internet e-mail: post@b04.magwien.gv.at

Bezirksvorsteherin:
Emmerling Susanne, Direktorin (ÖVP) 04111

Bezirksvorsteherin-Stellvertreter:
Timel Karl, Direktor (ÖVP) 04112

Bezirksvorsteherin-Stellvertreter:
Tobola Harald (SPÖ) 04113

Büroleiter:
Knöfler, Ing. Arnold, Techn. Oberamtsrat 04114

Büro 04110, 04119, 04117

Bezirksvertretung:
40 Bezirksrätinnen/Bezirksräte
(ÖVP 15, SPÖ 10, FPÖ 7, GRÜNE 5, LIF 3)

Besau Johannes (ÖVP)
Boos Johann (ÖVP)
Czerny Ilse (GRÜNE)
Fruhstuk Rudolf (ÖVP)
Gfatter Heidemarie (ÖVP)
Glanzer Ottilie (ÖVP)
Gnesda, Dr. Michael (ÖVP)
Hahn Maria (ÖVP)
Hahn-Bleibtreu Marina (ÖVP)
Heschtera, Dipl.-Ing. Christian (FPÖ)
Hoffmann, Dipl.-Ing. Oliver (LIF)
Hornung Theodor (SPÖ)
Itzinger Manfred (GRÜNE)
Kleemann, Dr. Bernhard (LIF)
Kochmann Wilhelmine (SPÖ)
Kruzik Helga (ÖVP)
Lacina, Mag. Monika (SPÖ)
Lengheimer, DDr. Karl (ÖVP)
Mayrhofer-Berger, Dr. Jeanette (GRÜNE)
Meißl Leopold (SPÖ)
Nahodil Rosa (ÖVP)
Neuroth, Mag. Barbara (GRÜNE)
Niedermaier Peter (FPÖ)
Pasquali Johannes (FPÖ)
Plasch Leopold, Direktor (SPÖ)
Potetz Erich (SPÖ)
Rambousek Heinz, Komm.-Rat (ÖVP)
Reichard Susanne (LIF)
Richter Karl, Komm.-Rat (SPÖ)
Riedel Helga (ÖVP)
Simanov Franz (SPÖ)
Stickler, Dr. Herbert (ÖVP)
Timel Karl, Direktor (ÖVP)
Tobola Harald (SPÖ)
Turnwald Alexandra (GRÜNE)
Vostřel, Dkfm. Miloslav (FPÖ)
Walterskirchen Georg (FPÖ)
Wehrschütz Elisabeth (FPÖ)
Wolf Inge (FPÖ)
Zenk Ingeborg (SPÖ)

5. Bezirk – Margareten

5, Schönbrunner Straße 54, Tel. 546 34 . . .
Telefax: 546 34–99–05120, IBS-User: B05K
Internet e-mail: post@b05.magwien.gv.at

Bezirksvorsteher:
Heinrich Kurt (SPÖ) 05111

Bezirksvorsteher-Stellvertreter:
Koch Heinrich (SPÖ) 05112

Bezirksvorsteher-Stellvertreterin:
Engl-Eckhart Eva (FPÖ) 05113

Büroleiter:
Steinwender Wolfgang, Oberamtsrat 05114

Büro 05115, 05116, 05117

Bezirksvertretung:
40 Bezirksrätinnen/Bezirksräte
(SPÖ 14, FPÖ 11, ÖVP 8, GRÜNE 4, LIF 3)

Angelo, Mag. Silvia (GRÜNE)
Bartl Norbert (FPÖ)
Bolius, Dr. Uwe (GRÜNE)
Cabana Martin (SPÖ)
Dietl, Kammerrat Franz Xaver (FPÖ)
Dvorsky, Dipl.-Soz.-Arb. Peter (GRÜNE)
Ebinger, Mag. Gerald (FPÖ)
Engl-Eckhart Eva (FPÖ)
Frank Jürgen (ÖVP)
Greutter, Dr. Dagmar (FPÖ)
Guggenberger Andreas (FPÖ)
Guggenberger Edith (FPÖ)
Hafner Klaus-Dieter (FPÖ)
Hallal-Wögerer Andrea (SPÖ)
Höckner Edith (SPÖ)
Jenewein Hans-Jörg (FPÖ)
Klafl Johann (FPÖ)
Koch Heinrich (SPÖ)
Kolesar, Mag. Christian (GRÜNE)
Kozousek Ilse (SPÖ)
Langthaler Thomas (LIF)
Leibetseder, Komm.-Rat Helmut (ÖVP)
Lucan Erwin (SPÖ)
Mojzis Marie-Luise (ÖVP)
Neumayr Brigitte (SPÖ)
Neuwirth Peter (LIF)
Prusa, Ing. Eduard, Komm.-Rat (SPÖ)
Pucher-Schwimmer Martina (ÖVP)
Röhsner, Dr. Georg (ÖVP)
Schlögl, Komm.-Rat Herbert (ÖVP)
Schramm, Komm.-Rat Helmut (ÖVP)
Schürer-Waldheim, Mag. Christa (ÖVP)
Steininger Brigitte (SPÖ)
Svolba Gerhard (SPÖ)
Ullmann Heinz (SPÖ)
Vielgrader Karl (LIF)
Wally, Mag. August (FPÖ)
Wenty, Mag. Ditmar (SPÖ)
Wimmer, Ing. Kurt (SPÖ)
Zangerle Richard (SPÖ)

6. Bezirk – Mariahilf

6, Amerlingstraße 11, Tel. 588 21 . . .
Telefax: 588 21–99–06120, IBS-User: B06K
Internet e-mail: post@b06.magwien.gv.at

Bezirksvorsteher:
Achleitner Erich (ÖVP) 06111

Bezirksvorsteher-Stellvertreterin:
Feichtinger Maria (ÖVP) 06112

Bezirksvorsteher-Stellvertreterin:
Kaufmann Renate (SPÖ) 06113

Büroleiterin:
Idinger Renate, Kanzleioffizialin 06114

Büro 06116, 06117, 06118, 06119

Bezirksvertretung:
40 Bezirksrätinnen/Bezirksräte
(ÖVP 14, SPÖ 10, FPÖ 7, GRÜNE 6, LIF 3)

Achleitner Erich (ÖVP)
Arie, Dr. Michael (FPÖ)
Böhm Anna (ÖVP)
Dimitz, Dr. Erich (GRÜNE)
Eidelpes Emilie (ÖVP)
Ender, Ing. Mag. Dr. Walter (ÖVP)
Engelbrecht Gerda (FPÖ)
Feichtinger Maria (ÖVP)
Fiedler, Dr. Johannes (ÖVP)
Fröhlich Thomas (GRÜNE)
Gangoly Jürgen Heinz (LIF)
Gittenberger Heinz (SPÖ)
Grätzner Heinrich (LIF)
Grillmayer, Dkfm. Hubert (FPÖ)
Grüner, Mag. Gerda (LIF)
Haslauer Werner (GRÜNE)
Jaros Herbert (FPÖ)
Kaufmann Renate (SPÖ)
Kordik Maria (SPÖ)
Krecek Gerhard (SPÖ)
Krecek Monika (SPÖ)
Kuchling, Komm.-Rat Josef (SPÖ)
Kulka Anna (SPÖ)
Lenner, Ing. Eduard (FPÖ)
Lun Erich (SPÖ)
Müller Bruno (ÖVP)
Müller Herwig (FPÖ)
Palusinski Ingeborg (GRÜNE)
Riss Hermine (ÖVP)
Sadler Ljuba (FPÖ)
Schenk Otto (ÖVP)
Schlachter, Mag. Arch. Kurt (ÖVP)
Seidl Thomas (ÖVP)
Sindelar Maria (SPÖ)
Spangl Friedrich (SPÖ)
Steininger Arne (GRÜNE)
Vavrovsky Brigitte (GRÜNE)
Weiler Erwin (ÖVP)
Wilhelm, Dkfm. Karin (ÖVP)
Zeisler Elisabeth (ÖVP)

7. Bezirk – Neubau

7, Hermanngasse 24-26, Tel. 521 34 . . .
Telefax: 521 34–99–07120, IBS-User: B07K
Internet e-mail: post@b07.magwien.gv.at

Bezirksvorsteher:
Tamchina, Regierungsrat Herbert (SPÖ) 07111

Bezirksvorsteher-Stellvertreterin:
Zimmermann, Dr. Gabriele (SPÖ) 07112

Bezirksvorsteher-Stellvertreter:
Steinbauer Heribert (ÖVP) 07113

Büroleiter:
Preininger Gerhard, Kanzleioberkommissär 07114

Büro 07116, 07117, 07118, 07119

Bezirksvertretung:
40 Bezirksrätinnen/Bezirksräte
(SPÖ 11, ÖVP 9, FPÖ 8, GRÜNE 8, LIF 4)

Bachmayer Renate (GRÜNE)
Bauer Ferdinand (ÖVP)
Bauer Heinrich (ÖVP)
Blimlinger, Mag. Thomas (GRÜNE)
Czoklits Eva (SPÖ)
Draskovits Gregor (SPÖ)
Gartler Wolfgang (LIF)
Glaser, Dr. Gustav (GRÜNE)
Hammer, Mag. Volker (FPÖ)
Hashemi Helma (ÖVP)
Heilingsetzer, Mag. Eduard (SPÖ)
Herzog Franz (SPÖ)
Horak Walter (SPÖ)
Horn Karin (GRÜNE)
Husty Rainer (SPÖ)
Katschnig Sven (LIF)
Landsgesell Christine (SPÖ)
Lang, Dr. Manfred (SPÖ)
Leitner Ursula (FPÖ)
Lenck Gertraud (ÖVP)
Marschalek Johannes (FPÖ)
Menhart Elisabeth, Prof., Direktorin (ÖVP)
Mühlwerth Monika (FPÖ)
Neidhart Hildegard (SPÖ)
Nemenz Susanne (FPÖ)
Neugebauer Alfred (ÖVP)
Olbrich Oliver (LIF)
Pindor Peter (ÖVP)
Prohaska, Dr. Robert (FPÖ)
Reiser Madeleine (GRÜNE)
Rösch, Ing. Bernhard (FPÖ)
Salomon Anton (ÖVP)
Sburny Herbert (GRÜNE)
Schindler Christian (GRÜNE)
Schneider Eva (GRÜNE)
Schultes Franz (SPÖ)
Schütz, Dr. Henriette (LIF)
Steinbauer Heribert (ÖVP)
Tscharnutter, Mag. Michael (FPÖ)
Zimmermann, Dr. Gabriele (SPÖ)

8. Bezirk – Josefstadt

8, Schlesingerplatz 4, Tel. 401 34 . . .
Telefax: 401 34–99–08120, IBS-User: B08K
Internet e-mail: post@b08.magwien.gv.at

Bezirksvorsteher:
Neubauer Franz (ÖVP) 08111

Bezirksvorsteher-Stellvertreterin:
Kostal Margit (ÖVP) 08112

Bezirksvorsteher-Stellvertreter:
Zima Hannes (SPÖ) 08113

Büroleiterin:
Raffetseder Eva, Kanzleioberkommissärin 08114

Büro 08115, 08116

Bezirksvertretung:
40 Bezirksrätinnen/Bezirksräte
(ÖVP 11, SPÖ 9, FPÖ 7, GRÜNE 6, LIF 4, BFJO 3)

Albrecht Liselotte (GRÜNE)
Binder Karin (GRÜNE)
Burket Ilse (FPÖ)
Erhart, Ing. Herbert (FPÖ)
Forster Gerhard (LIF)
Franz Beatrix (ÖVP)
Gruber Oliver (LIF)
Haas, Dr. Anton (SPÖ)
Hacker Eduard (ÖVP)
Hannreich Helga (SPÖ)
Hecht Günther (FPÖ)
Hemza Michael (BFJO)
Holub Herbert (ÖVP)
Kerry, Mag. Manfred (SPÖ)
Kostal Margit (ÖVP)
Kreuzer Christine (SPÖ)
Lugger, Dr. Michael (ÖVP)
Machinek Marius (FPÖ)
Margulies, Dipl.-Ing. Martin (GRÜNE)
Mauthe Florian (ÖVP)
Mayer Kurt (SPÖ)
Ottenschläger Andreas (ÖVP)
Paul Martina (SPÖ)
Robotka, Komm.-Rat Miroslav (SPÖ)
Schildknecht Wolfgang (ÖVP)
Schneider Bernhard (SPÖ)
Schwaiger, Mag. Michaela (GRÜNE)
Schwetz Werner (FPÖ)
Seibt-Gruber Renate (LIF)
Smrcka Walter (FPÖ)
Spanner-Tomsits Hedvig-Doris (GRÜNE)
Stark Doris (ÖVP)
Strauch Karin (BFJO)
Sucher, Komm.-Rat Ing. Walter (FPÖ)

Tauscher Roswitha (ÖVP)
Vornegger Ulrike (LIF)
Waldbauer, Komm.-Rat Eduard (ÖVP)
Wild Peter (BFJO)
Woisetschläger, Dipl.-Ing. Gebhard (GRÜNE)
Zima Hannes (SPÖ)

9. Bezirk – Alsergrund

9, Währinger Straße 43, Tel. 400 34 . . .
Telefax: 400 34–99–09120, IBS-User: B09K
Internet e-mail: post@b09.magwien.gv.at

Bezirksvorsteher:
Benke Hans (SPÖ) 09111

Bezirksvorsteher-Stellvertreter:
Lindenmayr Siegfried (SPÖ) 09112

Bezirksvorsteher-Stellvertreter:
Stalitzer, Dr. Wolfgang (ÖVP) 09113

Büroleiterin:
Wallner Erika, Verwaltungsoberkommissärin 09114

Büro 09115, 09116, 09117

Bezirksvertretung:
40 Bezirksrätinnen/Bezirksräte
(SPÖ 11, ÖVP 9, FPÖ 8, GRÜNE 6, LIF 4, BF 2)

Amhof Gregor (FPÖ)
Benke Hans (SPÖ)
Berger Rupert (BF)
Eisingerich Walter (LIF)
Freytag, Mag. Stefan (GRÜNE)
Gass Bernd (ÖVP)
Gruber Thomas (ÖVP)
Gudenus Johann (FPÖ)
Hofrichter Maria (SPÖ)
Hrdliczka Friedrich (FPÖ)
Ichmann Rudolf (ÖVP)
Irmler Christine (ÖVP)
Kaizar Christian (GRÜNE)
Kalab, Dipl.-Ing. Walter (ÖVP)
Kastner, Komm.-Rat Eduard (ÖVP)
Kinzl Reinhard (BF)
Klotzberg Waldtraud (SPÖ)
Koling Michael (SPÖ)
Landesmann, Mag. Michael (GRÜNE)
Lindenmayr Siegfried (SPÖ)
Malzer, Dr. Michael (GRÜNE)
Maresch, Mag. Rüdiger (GRÜNE)
Mayer Günter (SPÖ)
Mayerhofer, Dr. Otto (SPÖ)
Menzel Elisabeth (FPÖ)
Novotny Herta (SPÖ)
Parisini, Dipl.-Ing. Botho (LIF)
Pirker Herbert (FPÖ)
Rübig, Ing. Fritz (FPÖ)
Saurer Bernd (FPÖ)
Schiller Peter (LIF)
Sidlo Peter (FPÖ)
Slavik, Mag. Albert (SPÖ)
Smejkal Hans (SPÖ)
Stalitzer, Dr. Wolfgang (ÖVP)
Wendel Sonja (GRÜNE)
Wieshofer Christoph (LIF)
Wolf Hans (ÖVP)
Wurzer Gertrud (ÖVP)
Zugerstorfer Maria (SPÖ)

10. Bezirk – Favoriten

10, Keplerplatz 5, Tel. 605 34 . . .
Telefax: 605 34–99–10120, IBS-User: B10K
Internet e-mail: post@b10.magwien.gv.at

Bezirksvorsteherin:
Mospointner Hermine (SPÖ) 10111

Bezirksvorsteherin-Stellvertreter:
Titz Günther (SPÖ) 10112

Bezirksvorsteherin-Stellvertreter:
Frank Henriette (FPÖ) 10113

Büroleiter:
Wosolsobe Hans Peter, Oberamtsrat 10114

Büro 10110, 10116, 10117, 10118, 10119, 10122

Bezirksvertretung:
60 Bezirksrätinnen/Bezirksräte
(SPÖ 29, FPÖ 19, ÖVP 6, GRÜNE 3, LIF 3)

Adamek Alfred (FPÖ)
Adamek Edith (FPÖ)
Auer Helmut (FPÖ)
Auer Manfred (FPÖ)
Baumgarten Wolfgang (LIF)
Beer Wolfgang (SPÖ)
Bernthaler Anna (SPÖ)
Bertani, Dr. Hugo (SPÖ)
Blamauer, Mag. Hubert (ÖVP)
Bohmann Peter (SPÖ)
Böhml Gertrude (FPÖ)
Bopler Gertrud (SPÖ)
Feltein Brigitte (ÖVP)
Frank Elfriede (SPÖ)
Frank Henriette (FPÖ)
Gerasimenko Christine (ÖVP)
Gerbasits Josef (SPÖ)
Halwachs Wolfgang (FPÖ)
Heider Franz (SPÖ)
Hirsch Rosa (SPÖ)
Hloch Walter (SPÖ)
Hoffmann, Ing. Kurt (SPÖ)
Hursky Christian (SPÖ)
Hursky Lisbeth (SPÖ)
Jell Gisela (FPÖ)
Juda Peter (SPÖ)
Jugl Klaus (ÖVP)
Kaiser Oliver (LIF)
Kellner Sonja (FPÖ)
Krischan Rudolf (FPÖ)
Kuppelwieser Oswald (GRÜNE)
Leopold Franz (SPÖ)
Ludwig Helga (SPÖ)
Maierhofer Anna (SPÖ)
Margulies Jean (GRÜNE)
Mayer Friedrich (SPÖ)
Mayer Hannelore (SPÖ)
Müller-Neumayer Charlotte (GRÜNE)
Muzyczyn Edith (SPÖ)
Poczynek Hilde (SPÖ)
Pokorny Karl (SPÖ)
Preiszler Gerda (FPÖ)
Rehse Klemens (FPÖ)
Rengshauser Reinhard (LIF)
Roth Adolf (SPÖ)
Schambeck Wolfgang (FPÖ)
Scheichelbauer Robert (FPÖ)
Schmal Helmut (FPÖ)
Schmid Magdalena (SPÖ)
Schmidt Siegfried (FPÖ)
Schmidt Susanne (FPÖ)
Schönwetter Kurt (SPÖ)
Schubert Werner (SPÖ)
Sedelmayer, Mag. Rainer (ÖVP)
Strangl Romana (SPÖ)
Titz Günther (SPÖ)
Vogt Wolfgang (ÖVP)
Weber Ilse (FPÖ)
Wiche Roman (SPÖ)
Zeissel Bernd (FPÖ)

11. Bezirk – Simmering

11, Enkplatz 2, Tel. 740 34 . . .
Telefax: 740 34–99–11120, IBS-User: B11K
Internet e-mail: post@b11.magwien.gv.at

Bezirksvorsteher:
Haas Franz (SPÖ) 11111

Bezirksvorsteher-Stellvertreterin:
Krieger Anita (SPÖ) 11112

Bezirksvorsteher-Stellvertreter:
Stadler Paul-Johann (FPÖ) 11113

Büroleiter:
Sevcik Robert, Oberamtsrat 11114

Büro 11115, 11116, 11117, 11118, 11119

Bezirksvertretung:
48 Bezirksrätinnen/Bezirksräte
(SPÖ 25, FPÖ 15, ÖVP 4, GRÜNE 2, LIF 2)

Achatz Ernst (SPÖ)
Angerer Renate (SPÖ)
Bäck Gerald (ÖVP)
Bastien Bernhard (GRÜNE)
Bauernhofer Karl (FPÖ)
Bauernhofer Sonja (FPÖ)
Böhm Paulette (SPÖ)
Deri Georg (SPÖ)
Dolezal Herbert (SPÖ)
Ertl Christian (SPÖ)
Eschelmüller Karl (FPÖ)
Hofmann Kurt (SPÖ)
Johannes Wilhelm (SPÖ)
Kaplan Christine (SPÖ)
Kirchner Monika (SPÖ)
Kotai Gyula (FPÖ)
Kramer Gerhard (FPÖ)
Krieger Anita (SPÖ)
Kriz Peter (SPÖ)
Lang Brigitte (SPÖ)
Leitenmaier, Ing. Eduard (SPÖ)
Merkel Ernst (FPÖ)
Müller Adele (SPÖ)
Nemeth Markus (LIF)
Nemeth, Ing. Martin (LIF)
Nowak, Ing. Manfred (SPÖ)
Oppenberger Alfred (SPÖ)
Pantucek, Ing. Anton (FPÖ)
Pelz Helga (SPÖ)
Prochazka, Mag. Leopold (ÖVP)
Rungaldier, Ing. Karl (FPÖ)
Schragner Regina (FPÖ)
Schuller Christian (ÖVP)
Stadler, Komm.-Rat Paul (FPÖ)
Stadler Paul-Johann (FPÖ)
Steiner Gertraud (FPÖ)
Steiner Michael (FPÖ)
Stelzhammer Wilhelm (GRÜNE)
Strobl Wilfried (ÖVP)
Svadlena Karl (FPÖ)
Thanheuser, Ing. Robert (FPÖ)
Todt Reinhard (SPÖ)
Troch, Dr. Harald (SPÖ)
Trost Karl (SPÖ)
Wagner Johann (SPÖ)
Withalm Leopoldine (SPÖ)
Zabinsky Herbert (SPÖ)
Zimmermann, Ing. Kurt (FPÖ)

12. Bezirk – Meidling

12, Schönbrunner Straße 259, Tel. 811 34 . . .
Telefax: 811 34–99–12120, IBS-User: B12K
Internet e-mail: post@b12.magwien.gv.at

Bezirksvorsteher:
Hezucky Herbert (SPÖ) 12111

Bezirksvorsteher-Stellvertreter:
Grillenhofer Herbert (SPÖ) 12112

Bezirksvorsteher-Stellvertreterin:
Madejski Ingrid (FPÖ) 12113

Büroleiter:
Schlesinger Ernst, Oberamtsrat 12114

Büro 12115, 12116, 12117, 12118, 12119

Bezirksvertretung:
54 Bezirksrätinnen/Bezirksräte
(SPÖ 23, FPÖ 16, ÖVP 8, GRÜNE 4, LIF 2, 1 freier Mandatar)

Abzieher Ingeborg (SPÖ)
Angermayer Christiane (SPÖ)
Bankl Dieter (ÖVP)
Barta, Dipl.-Ing. Georg (LIF)
Bauer Friedrich (SPÖ)
Baumgartner Robert (SPÖ)
Beer, Ing. Walter, Reg.-Rat (SPÖ)
Buchinger Walter (ÖVP)
Burian Matthias (FPÖ)
Dadak Michael (FPÖ)
Dietrich, Mag. Karl-Peter (FPÖ)
Förster Herbert (FPÖ)
Garhöfer, Ing. Karl (SPÖ)
Grillenhofer Herbert (SPÖ)
Hansi Helga (ÖVP)
Hezucky Herbert (SPÖ)
Hieß Christian (FPÖ)
Interholc Peter-Erich (FPÖ)
König Helmut (GRÜNE)
Kovar Peter (SPÖ)
Kretschmer Arnold (FPÖ)
Kristof Friedrich (FPÖ)
Langer, Mag. Dietfried (FPÖ)
Lobinger Josef (ÖVP)
Madejski Ingrid (FPÖ)
Manauschek Friedrich (ÖVP)
Manhartsberger Karin (SPÖ)
de Martin Peter (ÖVP)
Matejka Irene (LIF)
Mörk Gabriele (SPÖ)
Munduch, Dipl.-Ing. Eva-Maria (GRÜNE)
Nagl, Ing. Heinrich (SPÖ)
Nemec Margit (SPÖ)
Neuhold Ernst (freier Mandatar)
Palt Werner (SPÖ)
Pawkowicz Alexander (FPÖ)
Plass Volker (GRÜNE)
Prosenitsch Karl (SPÖ)
Rotter Michael (FPÖ)
Schaffer Renate (SPÖ)
Schindler Alexander (FPÖ)
Schodl, Mag. Franz (GRÜNE)
Schrammel Gertraud (FPÖ)
Seitz Bernhard (FPÖ)
Stadler Ernst (ÖVP)
Steinberger Klara (ÖVP)
Teschl Alfred (SPÖ)
Teuschler Hilde (SPÖ)
Tobola, Komm.-Rat Ernst (SPÖ)
Votava Gabriele (SPÖ)
Weber Elisabeth (SPÖ)
Weigel Rudolf (SPÖ)
Wottawa Paul (SPÖ)

13. Bezirk – Hietzing

13, Hietzinger Kai 1-3, Tel. 878 34 . . .
Telefax: 878 34-99–13120, IBS-User: B13K
Internet e-mail: post@b13.magwien.gv.at

Bezirksvorsteher:
Gerstbach, Dipl.-Ing. Heinz (ÖVP) 13111

Bezirksvorsteher-Stellvertreter:
Steinwandtner Felix (ÖVP) 13112

Bezirksvorsteher-Stellvertreterin:
Moser, Reg.-Rätin Hermine (SPÖ) 13113

Büroleiter:
Strommer Friedrich, Oberamtsrat 13114

Büro 13115, 13117, 13118, 13119

Bezirksvertretung:
42 Bezirksrätinnen/Bezirksräte
(ÖVP 17, SPÖ 12, FPÖ 7, GRÜNE 3, LIF 3)

Artlieb Karl (SPÖ)
Baumann Rosa (SPÖ)
Beran, Mag. Dietrich, Prof. (ÖVP)
Christoph Rudolf (ÖVP)
Drlik Dorothea (ÖVP)
Dworak, Ing. Mag. Bernhard (ÖVP)
Ebert Friedrich (ÖVP)
Eisenhut Monika (ÖVP)
Exler Andrea (SPÖ)
Feistritzer Reinhard (SPÖ)
Frühwirth Susanne (GRÜNE)
Gabler Christian (FPÖ)
Gerzabek Christian (ÖVP)
Gorlitzer, Dr. Michael (ÖVP)
Grimmer, Dipl.-Ing. Christian (LIF)
Hebling Herbert (ÖVP)
Hirl Albert (GRÜNE)
Höllwarth Robert (ÖVP)
Horn, Dipl.-Ing. Günter (ÖVP)
Keplinger Anny (SPÖ)
Kirchbaumer, Dr. Michael (FPÖ)
Moser, Reg.-Rätin Hermine (SPÖ)
Muth Elisabeth (ÖVP)
Ofner Brigitte (FPÖ)
Pleininger Günther (SPÖ)
Puffler, Dr. Eva (SPÖ)
Risha Ingrid (GRÜNE)
Schirrer Gerhard (ÖVP)
Schlager Walter (ÖVP)
Schmid, Mag. Gerhard (SPÖ)
Spitzer, Dr. Gerhard (FPÖ)
Steinböck Edeltraud (ÖVP)
Steinwandtner Felix (ÖVP)
Stuc Heinz (SPÖ)
Sturminger, Dkfm. Maritta (ÖVP)
Szekely Stephan (FPÖ)
Taferner, Mag. Marianne (LIF)
Unterwieser, Mag. Ing. Friedrich (SPÖ)
Wieshofer Thomas (LIF)
Wipp Walter (SPÖ)
Würz Helmut (FPÖ)
Würzner, Mag. Alfred (FPÖ)

14. Bezirk – Penzing

13, Hietzinger Kai 1-3, Tel. 870 34 . . .
Telefax: 870 34-99–14120, IBS-User: B14K
Internet e-mail: post@b14.magwien.gv.at

Bezirksvorsteherin:
Steier Jutta (SPÖ) 14111

Bezirksvorsteherin-Stellvertreter:
Pschirer Robert (SPÖ) 14112

Bezirksvorsteherin-Stellvertreter:
Drahosch, Mag. Oliver (FPÖ) 14113

Büroleiterin:
Kaineder Renate, Kanzleioberkommissärin 14114

Büro 14115, 14116, 14117, 14118, 14119, 14127

Bezirksvertretung:
54 Bezirksrätinnen/Bezirksräte
(SPÖ 20, FPÖ 15, ÖVP 10, GRÜNE 5, LIF 4)

Bauer Thomas (ÖVP)
Beinhauer Herbert (SPÖ)
Berger, Mag. Dan (LIF)
Blazsovsky Peter (SPÖ)
Blind Armin (FPÖ)
Blind Elfriede (FPÖ)
Bodenstein Robert (ÖVP)
Buk Josef (SPÖ)
Burger Christine (SPÖ)
Dick-Taschner Hannelore Gudrun (SPÖ)
Dirnberger, Mag. Dr. Elmar (FPÖ)
Domkowitsch Erich (FPÖ)
Drahosch Barbara (FPÖ)
Drahosch, Mag. Oliver (FPÖ)
Eder-Jenuzi Safije (GRÜNE)
Ertl Walfried (SPÖ)
Fischer Robert (SPÖ)
Frania Wolfgang (SPÖ)
Gerstl, Mag. Wolfgang (ÖVP)
Grüner Wilfried (FPÖ)
Haidler Elisabeth (SPÖ)
Hiller Ernestine (SPÖ)
Hölbl Silvia (LIF)
Holzer Elisabeth (GRÜNE)
Kalchbrenner Andrea (SPÖ)
Klinke, Dipl.-Ing. Dr. Herwig (ÖVP)
Koller Monika (SPÖ)
Krisch Wolfgang (GRÜNE)
Kumhofer Kurt (ÖVP)
Leder Ronald (LIF)
Loibl, Mag. Bernhard (FPÖ)
Mansouri, Mag. Wolfgang (FPÖ)
Novak Elfriede (SPÖ)
Paunoff, Dr. Peter (FPÖ)
Pfaffl Christa (ÖVP)
Pschirer Robert (SPÖ)
Ranseder Wilhelm (GRÜNE)
Ratky-Salamonfa Stefan (GRÜNE)
Rietenauer Walter (SPÖ)
Rozsenich Anton (SPÖ)
Salvet Alfons (ÖVP)
Satzinger, Dr. Franz (SPÖ)
Scherer Leopold (ÖVP)
Schmied Wolfgang (FPÖ)
Schneider, Mag. Alfred (LIF)
Sedlacek Johann (SPÖ)
Skudnigg Erika (FPÖ)
Sob, Dr. Brigitte (FPÖ)
Steindl Erika (ÖVP)
Strouhal Johann (ÖVP)
Urban Peter (SPÖ)
Usner Leo (FPÖ)
Wendl Helmuth (SPÖ)
Wonesch-Khutter Friedrich (FPÖ)

15. Bezirk – Rudolfsheim-Fünfhaus

15, Gasgasse 8–10, Tel. 891 34 . . .
Telefax: 891 34–99–15120, IBS-User: B15K
Internet e-mail: post@b15.magwien.gv.at

Bezirksvorsteher:
Huber, Ing. Rolf (SPÖ) 15110, 15111

Bezirksvorsteher-Stellvertreterin:
Votter Waltraud (SPÖ) 15112

Bezirksvorsteher-Stellvertreter:
Haider Gernot (FPÖ) 15113

Büroleiter:
Jäger Peter 15114

Büro 15115, 15116, 15117, 15118, 15122, 15137

Bezirksvertretung:
48 Bezirksrätinnen/Bezirksräte
(SPÖ 20, FPÖ 16, ÖVP 6, GRÜNE 4, LIF 2)

Adametz, Ing. Roman (ÖVP)
Aigner Jutta (LIF)
Brandstätter, Mag. Lidia (GRÜNE)
Braun Walter (SPÖ)
Ellensohn David (GRÜNE)
Franz Johann (SPÖ)
Gericke Johann (FPÖ)
Haider Gernot (FPÖ)
Hannes Sieglinde (ÖVP)
Hartenthaler Wilhelm (SPÖ)
Heitzinger Friedrich (ÖVP)
Hobek, Mag. Martin (FPÖ)
Joachimsthaler Friederike (SPÖ)
Kakac Anita (SPÖ)
Kickert, Dr. Jennifer (GRÜNE)
Kleinrath Christa (SPÖ)
Kowarik Dietmar (FPÖ)
Kowarik Waltraud (FPÖ)
Krbeczek Helmut (SPÖ)
Kreuzer Stefan (FPÖ)
Laschan, Dr. Claudia (SPÖ)
Lewerenz-Weghuber Christine (SPÖ)
Liebert, Dkfm. Erik (FPÖ)
Liebert Thomas (FPÖ)
Mitter Paul (ÖVP)
Müllner Helmut (FPÖ)
Neuninger Herbert (FPÖ)
Paulmayer Karl (ÖVP)
Pfleger, Dipl.-Ing. Dr. Ernst (SPÖ)
Pöttinger, Dipl.-Ing. Manfred (FPÖ)
Pupik Josef (SPÖ)
Rosenstingl Herbert (LIF)
Sassmann Renate (GRÜNE)
Schatzer Heidelinde (FPÖ)
Schinogl Franz (SPÖ)
Schleifer Christine (SPÖ)
Schweifer Herbert (FPÖ)
Schwing Karl (FPÖ)
Semlitsch Ignaz (SPÖ)
Slanec Hans (SPÖ)
Soska Liane (FPÖ)
Stanek, Ing. Willibald (SPÖ)
Tomek Helmut (SPÖ)
Valla Liselotte (FPÖ)
Votter Waltraud (SPÖ)
Willensdorfer Kurt (ÖVP)
Zatlokal Gerhard (SPÖ)
Zimmerhakl Rosa (SPÖ)

16. Bezirk – Ottakring

16, Richard-Wagner-Platz 19, Tel. 491 96 . . .
Telefax: 491 96–99–16111, IBS-User: B16K
Internet e-mail: post@b16.magwien.gv.at

Bezirksvorsteherin:
Graßberger Ernestine (SPÖ) 16111

Bezirksvorsteherin-Stellvertreter:
Ehrlich Karl (SPÖ) 16112

Bezirksvorsteherin-Stellvertreter:
Wolfram, Ing. Gunther (FPÖ) 16113

Büroleiter:
Forster Hans, Oberamtsrat 16114

Büro 16115, 16119

Bezirksvertretung:
58 Bezirksrätinnen/Bezirksräte
(SPÖ 25, FPÖ 18, ÖVP 8, GRÜNE 4, LIF 3)

Antes Jürgen (SPÖ)
Beck, Mag. Franz (ÖVP)
Bertossa Richard (FPÖ)
Brunnmayr Elfriede (SPÖ)
Buhrt Maria (GRÜNE)
Conrad Manfred (SPÖ)
Cupal Jan (GRÜNE)
D'Aron, Dr. Andre (FPÖ)
Egghart Margarete (FPÖ)
Ehm, Ing. Fritz (SPÖ)

Ehrlich Karl (SPÖ)
Ehrlich Margarete (SPÖ)
Engel, Dkfm. Peter (ÖVP)
Ganster Alfred (GRÜNE)
Grabler, Dipl.-Ing. Martin (GRÜNE)
Graßberger Ernestine (SPÖ)
Hafeneder Ingrid (LIF)
Häntschel Michaela (FPÖ)
Havlic Andreas (LIF)
Hein Christian (FPÖ)
Hein Sylvia (FPÖ)
Holzhacker Hilde (SPÖ)
Jonczyk Helga (SPÖ)
Jungbauer Manfred (FPÖ)
Kacer, Dkfm. Dr. Edmund (FPÖ)
Kainz Vera (SPÖ)
Koch, Komm.-Rat Peter (ÖVP)
Korntheuer Anton (SPÖ)
Laussermayer Heinz (FPÖ)
Merth, Dr. Roman (SPÖ)
Müllek Josef (FPÖ)
Neusser Marion (FPÖ)
Noisternig Rudolf (FPÖ)
Orner Wolfgang (SPÖ)
Ottendorfer, Komm.-Rat Peter (FPÖ)
Papez Heinz (ÖVP)
Philipp Astrid (ÖVP)
Pilz Heinrich (SPÖ)
Pokorny Franz (SPÖ)
Prager Johannes (FPÖ)
Prihoda Xenia (ÖVP)
Prokop Franz (SPÖ)
Pruschek Gerhard (FPÖ)
Püngüntzky Franz (SPÖ)
Reßl Gottfried (ÖVP)
Rinder Anton (SPÖ)
Rzeschabek Hans (SPÖ)
Schimanek Hannelore (SPÖ)
Stockmeyr Egon (LIF)
Stöger Karl (SPÖ)
Thier Johann (SPÖ)
Toder Robert (FPÖ)
Vospel Margarete (SPÖ)
Wernsperger, Dipl.-Ing. Günther (FPÖ)
Wolfram, Ing. Gunther (FPÖ)
Wolfsberger Alexander (SPÖ)
Zavoral Josef (ÖVP)
Zille Otto (SPÖ)

17. Bezirk – Hernals

17, Elterleinplatz 14, Tel. 401 19 . . .
Telefax: 401 19–99–17120, IBS-User: B17K
Internet e-mail: post@b17.magwien.gv.at

Bezirksvorsteher:
Mentschik Hans (SPÖ) 17111

Bezirksvorsteher-Stellvertreterin:
Hies Christine (SPÖ) 17112

Bezirksvorsteher-Stellvertreterin:
Matiasek Veronika (FPÖ) 17113

Büroleiterin:
Schamburek Gertrude, Oberamtsrätin 17114

Büro 17116, 17117, 17118, 17119

Bezirksvertretung:
40 Bezirksrätinnen/Bezirksräte
(SPÖ 14, FPÖ 12, ÖVP 7, GRÜNE 4, LIF 3)

Andel, Dipl.-Ing. Walter (FPÖ)
Chmelar Renate (SPÖ)
Deuschlinger Heinz (ÖVP)
Federer Herwig (FPÖ)
Grüner, Ing. Manfred (ÖVP)
Hainlen Martin (LIF)
Hainlen Monika (LIF)
Hanak Josef (FPÖ)
Hebenstreit Dietmar (FPÖ)
Hies Christine (SPÖ)
Höfner Anita (FPÖ)
Holper Johann (SPÖ)
Hoyda Hannelore (SPÖ)
Juraczka Franz (ÖVP)
Juraczka Lieselotte (ÖVP)
Karper Josef (FPÖ)
Kolanda Hans (FPÖ)
Kossek Kurt (FPÖ)
Kotz Wolfgang (GRÜNE)
Lindl Elisabeth (ÖVP)
Loran Elisabeth (SPÖ)
Mache, Mag. Christa (FPÖ)
Matiasek Veronika (FPÖ)
Pfeffer, Dr. Ilse (SPÖ)
Rankl Gertraude (SPÖ)
Riedler Ines (GRÜNE)
Schachinger Marianne (FPÖ)
Schweifer Hedwig (ÖVP)
Sedlacek Paul-Michael (GRÜNE)
Simané Rudolf (GRÜNE)
Smretschnig, Dr. Peter (SPÖ)
Sogl, Dkfm. Werner (SPÖ)
Trinko Franz (SPÖ)
Urban Josef (SPÖ)
Veleta, Ing. Wolfgang (SPÖ)
Wedenig Christoph (LIF)
Wesely Josef (ÖVP)
Wiesinger Klaus-Peter (FPÖ)
Wild Johann (SPÖ)
Zachoval, Mag. Dr. Heidemarie (SPÖ)

18. Bezirk – Währing

18, Martinstraße 100, Tel. 476 34 . . .
Telefax: 476 34–99–18120, IBS-User: B18K
Internet e-mail: post@b18.magwien.gv.at

Bezirksvorsteher:
Homole Karl (ÖVP) 18111

Bezirksvorsteher-Stellvertreter:
Schreiber, Mag. Dr. Manfred (ÖVP) 18112

Bezirksvorsteher-Stellvertreter:
Glatzl Ferdinand (SPÖ) 18113

Büroleiter:
Eisert Peter Wolfgang, Oberamtsrat 18114

Büro 18115, 18116, 18118

Bezirksvertretung:
40 Bezirksrätinnen/Bezirksräte
(ÖVP 14, SPÖ 10, FPÖ 8, GRÜNE 4, LIF 4)

Aichinger Brigitte (SPÖ)
Bichl Herbert (SPÖ)
Bodmann, Prof. Mag. Elisabeth (GRÜNE)
Daxböck Gertrude (SPÖ)
Egghart Gerald (FPÖ)
Eichinger Josef (SPÖ)
Frank Johann, Min.-Rat (ÖVP)
Glatzl Ferdinand (SPÖ)
Günther Elisabeth (FPÖ)
Günther Herwig (FPÖ)
Haunold, Mag. Yasmin (LIF)
Haunschmidt Georg (ÖVP)
Heger Erika (SPÖ)
Henz Katharina (LIF)
Herkner Caroline (ÖVP)
Homole Karl (ÖVP)
Kerschbaum Gerald (FPÖ)
Kneuer Marcel (GRÜNE)
Köckeis Georg (FPÖ)
Krautstofl, Dipl.-Ing. Heinrich, Min.-Rat (ÖVP)
Kubac-Felsinger Elisabeth (ÖVP)
Lintner Max (ÖVP)
Marschall Adolf (SPÖ)
Minich Andrea-Katharina (FPÖ)
Misar Rainer (FPÖ)
Müller Anna (SPÖ)
Natschläger, Reg.-Rat Gottfried (ÖVP)
Neubauer Homa (ÖVP)
Nossek, Mag. Silvia (GRÜNE)
Novy, Dr. Andreas (GRÜNE)
Nussbaumer Helga (ÖVP)
Patzka Viktor (SPÖ)
Perschy Günther (FPÖ)
Porsch Erich (LIF)
Robel Marion (ÖVP)
Scheuch, Ing. Hubert (ÖVP)
Schreiber, Mag. Dr. Manfred (ÖVP)
Stigler, Dkfm. Dr. Gottfried (ÖVP)
Welzl Melitta (SPÖ)
Zach Alexander (LIF)

19. Bezirk – Döbling

19, Gatterburggasse 14, Tel. 360 34 . . .
Telefax: 360 34–99–19111, IBS-User: B19K
Internet e-mail: post@b19.magwien.gv.at

Bezirksvorsteher:
Tiller Adolf (ÖVP) 19111

Bezirksvorsteher-Stellvertreter:
Eder Hubert (ÖVP) 19112

Bezirksvorsteher-Stellvertreter:
Kopecky Gerald (SPÖ) 19113

Büroleiter:
Kleinowitz Joachim, Oberamtsrat 19114

Büro 19115, 19116, 19117, 19118

Bezirksvertretung:
48 Bezirksrätinnen/Bezirksräte
(ÖVP 19, SPÖ 14, FPÖ 9, GRÜNE 3, LIF 3)

Beckel Georg (FPÖ)
Brand, Dr. Reinhard (FPÖ)
Caspart, Dr. Heinrich (FPÖ)
Dworzak Dorothea (ÖVP)
Dworzak Günther (ÖVP)
Eder Hubert (ÖVP)
Ellermann Birgit (ÖVP)
Figl Helga (ÖVP)
Fischer Verena (FPÖ)
Fuchs Günther (ÖVP)
Grafinger, Mag. Walter (SPÖ)
Graninger Siegfried (SPÖ)
Guttmann, Dipl.-Ing. Rudolf (SPÖ)
Haider, Ing. Harald (ÖVP)
Hamerschmid Edith (SPÖ)
Hawlicek Friederike (SPÖ)
Heider Kurt (FPÖ)
Hofmann Leo (SPÖ)
Ipser Gerhardt (SPÖ)
Jost Helmut (SPÖ)
Jost Ingeborg (SPÖ)
Kopecky Gerald (SPÖ)
Kratzer Karin (SPÖ)
Kutschera, Mag. Martin (ÖVP)
Neubauer Helmut (FPÖ)
Neuzil Gerhard (ÖVP)
Peck Johann (FPÖ)
Pelka, Ing. Gertrude (ÖVP)
Pelka, Ing. Otto (ÖVP)
Riel Franz (SPÖ)
Rosenberg Friedrich (SPÖ)
Scheikl Hans (ÖVP)
Schennach Stefan (GRÜNE)
Schinnerl, Ing. Wolfgang (ÖVP)
Schmid Ferdinand (ÖVP)
Schöll Sebastian (FPÖ)
Schwantner Johannes (SPÖ)
Seidl Wilhelm (LIF)
Trinkl, Ing. Hannes (ÖVP)
Veigl Adolf (ÖVP)
Veigl Inge (ÖVP)
Weber Hannelore (GRÜNE)
Winklehner Robert (GRÜNE)
Winkler, Ing. Horst (FPÖ)
Wolf, Dr. Karin (LIF)
Zachhuber Astrid (LIF)
Zatorski, Mag. Werner (ÖVP)
Zimmermann Heinz (ÖVP)

20. Bezirk – Brigittenau

20, Brigittaplatz 10, Tel. 331 34 . . .
Telefax: 331 34–99–20120, IBS-User: B20K
Internet e-mail: post@b20.magwien.gv.at

Bezirksvorsteher:
Lacina Karl (SPÖ) 20111

Bezirksvorsteher-Stellvertreter:
Babion Peter (SPÖ) 20112

Bezirksvorsteher-Stellvertreter:
Grausam Herbert (FPÖ) 20113

Büroleiter:
Mergl Ernst, Amtsrat 20114

Büro 20115, 20116, 20117, 20118, 20119

Bezirksvertretung:
50 Bezirksrätinnen/Bezirksräte
(SPÖ 24, FPÖ 16, ÖVP 5, GRÜNE 3, LIF 2)

Aigner, Dr. Wolfgang (ÖVP)
Babion Peter (SPÖ)
Bauer, Ing. Gerhard, Komm.-Rat (FPÖ)
Derfler Hannes (SPÖ)
Dögl Peter (SPÖ)
Eichmair Josef (FPÖ)
Fechter Franz (SPÖ)
Gabrielidis, Ing. Iraklis (FPÖ)
Gmoser Edeltraut (SPÖ)
Grausam Herbert (FPÖ)
Gruber Ernst (FPÖ)
Grusch Peter (GRÜNE)
Hörmann Christine (SPÖ)
Inführ Helga (SPÖ)
Jobst Peter (SPÖ)
Jorde, Dipl.-Ing. Tristan (GRÜNE)
Jörg, Ing. Helmut (ÖVP)
Kainer Horst (SPÖ)
Klaban Andreas (ÖVP)
Kritzer Monika (SPÖ)
Kuchar Krista (FPÖ)
Kuchar Kurt (FPÖ)
Kuchar, Mag. Ulrike (FPÖ)
Lacina Karl (SPÖ)
Landsgesell Margit (GRÜNE)
Lehner Anita (FPÖ)
Meißl Christian (ÖVP)
Mendel, Ing. Helmut (LIF)
Nadler, Ing. Dieter (LIF)
Pirker Herwig (SPÖ)
Pollak, Ing. Kurt (SPÖ)
Raus Karl (SPÖ)
Redl Gerda (SPÖ)
Rieder Heidi (FPÖ)
Rippel Ingrid (FPÖ)
Sandler Otto (SPÖ)
Schierer Alfred (SPÖ)
Schierer Elfriede (SPÖ)
Schöffthaler Gabriele (FPÖ)
Schreiber, Ing. Leo (FPÖ)
Schwab Adelheid (SPÖ)
Seidl Franz (SPÖ)
Slaby Günther (SPÖ)
Smolej Rudolf (FPÖ)
Sramek Gernot (SPÖ)
Ulbrich Robert (ÖVP)
Valentin Erich (SPÖ)
Vasek, Ing. Gerald (FPÖ)
Vrana Erhard (SPÖ)
Ziering Friedrich (FPÖ)

21. Bezirk – Floridsdorf

21, Am Spitz 1, Tel. 277 34 . . .
Telefax: 277 34–99–21110, IBS-User: B21K
Internet e-mail: post@b21.magwien.gv.at

Bezirksvorsteher:
Lehner, Ing. Heinz (SPÖ) 21111

Bezirksvorsteher-Stellvertreterin:
Suchacek Eleonora (SPÖ) 21112

Bezirksvorsteher-Stellvertreter:
Kirchner Johann (FPÖ) 21113

Büroleiterin:
Exl Dagmar, Verwaltungskommissärin 21114

Büro 21115, 21116, 21117, 21118, 21119, 21122

Bezirksvertretung:
60 Bezirksrätinnen/Bezirksräte
(SPÖ 28, FPÖ 17, ÖVP 7, GRÜNE 4, LIF 3, 1 freie Mandatarin)

Aglas Ernst (LIF)
Bergolth Walter (ÖVP)
Bezina Richard (LIF)
Bluma Helmut (SPÖ)
Bozsoki Werner (SPÖ)
Brugger Wolfgang (SPÖ)
Chapo, Ing. Michael (ÖVP)
Dietl, Mag. Susanne (GRÜNE)
Enzendorfer Günther (FPÖ)
Erblehner Annemarie (SPÖ)
Fila, Dr. Friedrich (SPÖ)
Fitzbauer Karl (SPÖ)
Girardi, Mag. Dr. Elisabeth (freie Mandatarin)
Gross Barbara (ÖVP)
Haas, Mag. Sabine (ÖVP)
Hamernik Otto (FPÖ)
Hiller Ferdinand (SPÖ)
Hipfinger Romana (SPÖ)
Hoffmann Ernst (FPÖ)
Hofmann Edith (SPÖ)
Hrdliczka Friedrich (FPÖ)
Irschik Wolfgang (FPÖ)
Jordan Gerhard (GRÜNE)
Kirchner Elke (FPÖ)
Kirchner Johann (FPÖ)
Klager Gerhard (ÖVP)
Krbusek Karl (SPÖ)
Kubista Hans (FPÖ)
Kukula, Mag. Hans (SPÖ)
Lehner, Ing. Heinz (SPÖ)
Lueger Angela (SPÖ)
Maier Friedrich (SPÖ)
Milabersky Karl (SPÖ)
Mohnl Hans (SPÖ)
Mörz, Dipl.-Ing. Dr. Kurt (FPÖ)
Nachtnebel, Dr. Gernot (SPÖ)
Papai Georg (SPÖ)
Parnigoni Wolfgang (GRÜNE)

Pellet Erwin (ÖVP)
Pirochta Gerda (FPÖ)
Podsednik, Ing. Leopold (SPÖ)
Racz Heinz (SPÖ)
Röder Ingrid (LIF)
Samal Werner (SPÖ)
Scharf Alfred (FPÖ)
Schlaretzky Leopoldine (FPÖ)
Schmidt Kurt (SPÖ)
Schöfnagel Dieter (FPÖ)
Sonderhof Karl (SPÖ)
Spät, Ing. Kurt (SPÖ)
Spitzer, Mag. Gerhard (SPÖ)
Strommer Eva (SPÖ)
Suchacek Eleonora (SPÖ)
Tauchner Theresia (FPÖ)
Tenkl Günther (FPÖ)
Vadura Alexander (FPÖ)
Vadura Christine (FPÖ)
Vlach Anton (ÖVP)
Wagenhofer Christa (SPÖ)
Wilke Sylvia (GRÜNE)
Uttner Walter (SPÖ)
Waschiczek Wolfgang (FPÖ)
Weber Günter (SPÖ)
Weber Hendryk (FPÖ)
Weiss Roman (FPÖ)
Wenk Marianne (LIF)
Wippel Birgit (FPÖ)
Zethofer Fritz (SPÖ)
Zeuner, Mag. Karl (GRÜNE)
Zheden Heike (FPÖ)
Zill Eveline (SPÖ)
(1 FPÖ unbesetzt)

22. Bezirk – Donaustadt

22, Kagran, Schrödingerplatz 1, Tel. 211 23 . . .
Telefax: 211 23–99–22120, IBS-User: B22K
Internet e-mail: post@b22.magwien.gv.at

Bezirksvorsteher:
Effenberg Franz-Karl (SPÖ) 22111

Bezirksvorsteher-Stellvertreter:
Dampier Karl (SPÖ) 22112

Bezirksvorsteher-Stellvertreter:
Ramharter, Komm.-Rat Karl (FPÖ) 22113

Büroleiter:
Horak Franz, Oberamtsrat 22114

Büro 22117, 22118, 22119, 22127

Bezirksvertretung:
60 Bezirksrätinnen/Bezirksräte
(SPÖ 27, FPÖ 18, ÖVP 6, GRÜNE 4, LIF 4, DP 1)

Abdalla Eva (SPÖ)
Affenzeller Otto (SPÖ)
Albel Sepp (SPÖ)
Amesberger Alfred (SPÖ)
Atefie Kave (LIF)
Bajbar Martin (SPÖ)
Baron Karl (FPÖ)
Battlehner Dagmar (FPÖ)
Bevilaqua Monika (GRÜNE)
Binder Horst (ÖVP)
Boigner Melitta (FPÖ)
Breinhölder Robert (SPÖ)
Budic Monika (GRÜNE)
Dampier Karl (SPÖ)
Effenberg Franz-Karl (SPÖ)
Eichert Robert (GRÜNE)
Eisl Franz (ÖVP)
Frysak Brigitte (SPÖ)
Gasta Karl (SPÖ)
Guttmann, Mag. Josef (SPÖ)
Hammer Werner (FPÖ)
Horak Karl (SPÖ)
Huschka Sylvia (SPÖ)
Kainz Karl (SPÖ)
Klopf Sabine (FPÖ)
Kohel Regina (LIF)
König Gerald (LIF)
Kuntscher Walter (FPÖ)
Lang, Dr. Peter (DP)
Lichtneger Georg (SPÖ)
Lorbeer Ludwig (FPÖ)
März Franz (ÖVP)
Müller Gerda (ÖVP)
Nowak Peter (FPÖ)
Peischl Christine (SPÖ)
Pelikan Margarete (SPÖ)
Pesek Leopold (SPÖ)
Placho Alfred (SPÖ)
Pulai Robert (FPÖ)
Ramharter, Komm.-Rat Karl (FPÖ)
Regner Karl (ÖVP)
Schön Luise (ÖVP)
Schreiber Edith (SPÖ)
Schubert Ingrid (SPÖ)
Schuler Walter (FPÖ)
Soucek Ernestine (FPÖ)
Steinschauer Helmut (SPÖ)
Steyrer Herbert (SPÖ)
Stummer Anton (SPÖ)

23. Bezirk – Liesing

23, Liesing, Perchtoldsdorfer Straße 2,
Tel. 863 34 . . .
Telefax: 863 34-99–23120, IBS-User: B23K
Internet e-mail: post@b23.magwien.gv.at

Bezirksvorsteher:
Wurm Manfred (SPÖ) 23111

Bezirksvorsteher-Stellvertreterin:
Stoisic Hannelore (SPÖ) 23112

Bezirksvorsteher-Stellvertreterin:
Beer Christine (FPÖ) 23113

Büroleiter:
Ermischer, Ing. Wolfgang, Techn. Amtsrat 23114

Büro 23115, 23116

Bezirksvertretung:
54 Bezirksrätinnen/Bezirksräte
(SPÖ 23, FPÖ 14, ÖVP 9, GRÜNE 4, LIF 4)

Ambros Georg (SPÖ)
Bauer Walter (SPÖ)
Beer Christine (FPÖ)
Bischof Gerald (SPÖ)
Chalupsky Gertrud (SPÖ)
Demmer Christian GRÜNE)
Einramhof Eduard (SPÖ)
Ensle Norbert (ÖVP)
Erhard, Ing. Wolfgang (ÖVP)
Fretska, Ing. Kurt (FPÖ)
Fritz Edmund (ÖVP)
Furtenbach Susanne (ÖVP)
Gallner Monika (SPÖ)
Gerobl Herbert (SPÖ)
Giffinger Rudolf (SPÖ)
Graf Ilse (SPÖ)
Gruber Harald (SPÖ)
Gruber Philipp (GRÜNE)
Grünwald Thomas (FPÖ)
Gutsjahr Reinhard (SPÖ)
Havran Hermine (FPÖ)
Heinzl Erich (SPÖ)
Hennigs Maria (GRÜNE)
Holler Brigitte (FPÖ)
Horinek Franz (FPÖ)
Jansky Wolfgang (SPÖ)
Jungegger Roman (FPÖ)
Kaupa Johann (FPÖ)
Kertesz Georg (ÖVP)
Klein, Mag. Oskar (LIF)
Kornfeind Thomas (FPÖ)
Kratochvil Christine (ÖVP)
Kremser Waltraud (SPÖ)
Kunz Luis (SPÖ)
Leeb Brigitte (FPÖ)
Leeb Karlheinz (FPÖ)
Lohmann Josef Walter (ÖVP)
Lohmann-Seibert Elisabeth (ÖVP)
Mittischek Eva Maria (SPÖ)
Mjka Christine (SPÖ)
Schauhuber Hans Werner (SPÖ)
Staenke Robert (ÖVP)
Steinbach Erich (SPÖ)
Steiner Liane (LIF)
Stöhr Horst (SPÖ)
Stoisic Hannelore (SPÖ)
Tipka Gertrud (LIF)
Tittel Heimo (LIF)
Uhlig, Dipl.-Tzt. Holger (FPÖ)
Wagner, Dr. Hans (SPÖ)
Weiss Viktor (FPÖ)
Widder Helga (GRÜNE)
Winter Franz (SPÖ)
Zalesak Eva (FPÖ)

Postleitzahlen

1. Bezirk – 1010
   Ausnahmen:
   Rathaus einschließlich der umliegenden
   Amtshäuser – 1082
   Amtshaus, 1, Volksgartenstraße 3 – 1016
   Amtshaus, 1, Wipplingerstraße 8 – 1011
   MA 15, 1, Gonzagagasse 23 – 1013
   GD, Ringturm, 1, Schottenring 30 – 1011

2. Bezirk – 1020

3. Bezirk – 1030
   Ausnahmen:
   Amtshaus, 3, Am Modenapark 1-2 – 1031
   Landwirtschaftsbetrieb, 3, Vordere Zollamts-
   straße 11 – 1031
   WStW-VB, 3, Erdbergstraße 202 – 1031

4. Bezirk – 1040
   Ausnahme:
   WStW-BEST, 4, Goldeggasse 19 – 1041

5. Bezirk – 1050

6. Bezirk – 1060
   Ausnahme: Amtshaus, 6, Grabnergasse 4-6 – 1061

7. Bezirk – 1070

8. Bezirk – 1080
   Ausnahmen:
   Amtshaus, 8, Friedrich-Schmidt-Platz 5 – 1082
   Amtshaus, 8, Lange Gasse 30 – 1082
   Amtshaus, 8, Schlesingerplatz 4 – 1081
   WStW-Gaswerke, 8, Josefstädter Straße 10-12 – 1081
   KFA, 8, Schlesingerplatz 5 – 1081

9. Bezirk – 1090
   Ausnahmen:
   Allgemeines Krankenhaus – 1097
   Krankenanstaltenverbund – 1097
   WStW-Elektrizitätswerke, 9, Mariannengasse 4,
   9, Rummelhardtgasse 5-7, und
   9, Spitalgasse 5-9 – 1095

10. Bezirk – 1100
    Ausnahme: Betriebskrankenkasse der WStW-Verkehrsbe-
    triebe, 10, Leebgasse 17 – 1101

11. Bezirk – 1110

12. Bezirk – 1120
    Ausnahmen:
    Amtshaus, 12, Niederhofstraße 23 – 1121
    Amtshaus, 12, Schönbrunner Straße 259 – 1121

13. Bezirk – 1130

14. Bezirk – 1140
    Ausnahmen:
    Pulmologisches Zentrum – 1145
    Sämtliche Dienststellen in Hadersdorf-Weidlingau – 1147

15. Bezirk – 1150
    Ausnahme: Kaiserin-Elisabeth-Spital – 1152

16. Bezirk – 1160
    Ausnahmen:
    Amtshaus, 16, Richard-Wagner-Platz 19 – 1164
    Wilhelminenspital – 1171

17. Bezirk – 1170
    Ausnahme: Amtshaus, 17, Lienfeldergasse 96 – 1171

18. Bezirk – 1180
    Ausnahme: Amtshaus, 18, Martinstraße 100 – 1181

19. Bezirk – 1190
    Ausnahme: Amtshaus, 19, Muthgasse 62 – 1194

20. Bezirk – 1200
    Ausnahme: Kundendienst der WStW-Gaswerke,
    20, Denisgasse 39-41 – 1203

21. Bezirk – 1210
    Ausnahme: Amtshaus, 21, Am Spitz 1 – 1211

22. Bezirk – 1220
    Ausnahme: Amtshaus, 22, Kagran, Schrödinger-
    platz 1 – 1220

23. Bezirk – 1230

MAGISTRAT DER STADT WIEN

Die Rathausgruppe ist unter **40 00** mit Durchwahl erreichbar; . . . bedeutet Durchwahl. Die im Text vorkommenden dreistelligen Kurznummern (z. B. 735, 740) können nur von Dienststellen in den Gebäuden der Rathausgruppe angerufen werden.
Fernschreibanschluß: 114735, Telex: 232–32240–Nebenstelle, Telefax: 40 00–99–Nebenstelle, Internet: http://www.wien.at

BÜRGERMEISTER UND LANDESHAUPTMANN

Häupl, Dr. Michael,
1, Rathaus, Stiege 5, 1. Stock . . . . 40 00 . . ., 81111
Sekretariat 81115, 81116

VIZEBÜRGERMEISTERIN/VIZEBÜRGERMEISTER UND LANDESHAUPTMANN-STELLVERTRETERIN/LANDESHAUPTMANN-STELLVERTRETER

Laska Grete, Vizebürgermeisterin und Landeshauptmann-Stellvertreterin,
1, Rathaus, Stiege 5, 1. Stock,
Tür 308i . . . . 40 00 . . ., 81113
Sekretariat 81180

Görg, Dr. Bernhard, Vizebürgermeister und Landeshauptmann-Stellvertreter,
1, Rathaus, Stiege 4, 2. Stock,
Tür 451 . . . . 40 00 . . ., 81112
Sekretariat 81405

LANDTAGSPRÄSIDENTINNEN/LANDTAGSPRÄSIDENT

Hampel-Fuchs Maria, Erste Landtagspräsidentin,
1, Rathaus, Stiege 5, 1. Stock,
Tür 308m . . . . 40 00 . . ., 81121
Hanke Johanna 81124
Zegner Margarete 81131

Römer Johann, Zweiter Landtagspräsident,
1, Rathaus, Stiege 4, Halbstock,
Tür 240 . . . . 40 00 . . ., 81122
Szimandel Elfriede, Verwaltungsoffizialin 81132

Stubenvoll Erika, Prof., Dritte Landtagspräsidentin,
1, Rathaus, Stiege 5, 2. Stock,
Tür 416 . . . . 40 00 . . ., 81123
Telefax: 40 00–99–81123,
Telefax-International 40 00–7106,
IBS-User: LP3K
Kosik Karl-Heinz, Oberamtsrat 81126
Höfner Edith, Kanzleioffizialin 81133

AMTSFÜHRENDE STADTRÄTINNEN/AMTSFÜHRENDE STADTRÄTE

(nach Geschäftsgruppen)

Integration, Frauenfragen, Konsumentenschutz und Personal

1, Rathaus, Stiege 5, 2. Stock, Tür 401
Telefax: 40 00–99–81280, IBS-User: GIFK,
Internet e-mail: post@gif.magwien.gv.at

Integrationspolitik, Konsumentenschutz, Preiskontrolle, Angelegenheiten des Ernährungs- und Gewerbewesens, zentraler Einkauf, Veterinärwesen, Staatsbürgerschafts- und Personenstandswesen, Frauenförderung und Koordinierung von Frauenangelegenheiten, Wahlen und verschiedene Rechtsangelegenheiten, Personalangelegenheiten der Bediensteten der Stadt Wien.

Zugehörige Magistratsabteilungen:
Magistratsabteilung 1 – Allgemeine Personalangelegenheiten
Magistratsabteilung 2 – Personalamt
Magistratsabteilung 3 – Besoldungsamt
Magistratsabteilung 38 – Lebensmitteluntersuchungsanstalt der Stadt Wien
Magistratsabteilung 54 – Zentraler Einkauf
Magistratsabteilung 57 – Frauenförderung und Koordinierung von Frauenangelegenheiten
Magistratsabteilung 59 – Marktamt
Magistratsabteilung 60 – Veterinäramt
Magistratsabteilung 61 – Staatsbürgerschafts- und Personenstandsangelegenheiten
Magistratsabteilung 62 – Wahlen und verschiedene Rechtsangelegenheiten
Magistratsabteilung 63 – Gewerbewesen und rechtliche Angelegenheiten des Ernährungswesens

Brauner, Mag. Renate, amtsführende Stadträtin für Integration, Frauenfragen, Konsumentenschutz und Personal 81280, 81281
Jerabek Franz, Oberamtsrat 81284
Neustifter Gerhard, Amtsrat 81283
Pasch Walter, Amtsrat 81294
Sekretariat 81285
Kanzlei 81288, 81299
Protokoll 81297
GRA-Protokoll 81291
Kauer Michaela, Pressereferentin 81840
Briem, Mag. Wolfgang, Pressereferent 81853

Bereichsleiterin für Integrationsangelegenheiten:
Mezulianik, Dr. Elisabeth, Senatsrätin 81431

Wiener Integrationsfonds:
6, Mariahilfer Straße 103 81520

Finanzen, Wirtschaftspolitik und Wiener Stadtwerke

1, Rathaus, Stiege 6, Halbstock, Tür 231, Tel. 40 00 . . .
Telefax: 40 00–99–81200, IBS-User: GFWK,
Internet e-mail: post@gfw.magwien.gv.at

Beteiligungen der Stadt Wien an privatwirtschaftlichen Unternehmungen, Abgabewesen, Erstellung des Voranschlags und des Rechnungsabschlusses der Stadt Wien, Mitwirkung bei der Erstellung des Wirtschaftsplanes der Unternehmungen, Finanzplanung und finanzielle Projektkoordinierung, Wirtschaftspolitik, Wirtschaftsförderung, finanzielle Angelegenheiten des Magistrats, soweit sie nicht in den Aufgabenbereich einer anderen Geschäftsgruppe fallen; Krankenanstaltenfinanzierung; Tourismuspolitik, Betreuung des Wiener Tourismusverbandes; Rechnungswesen; U-Bahn-Bau, Wiener Stadtwerke, Technologieentwicklung, Energieplanung und Koordinierung der Energiepolitik (Strom-, Gas- und Fernwärmeversorgung), öffentlicher Nahverkehr, Fernwärme Wien Gesellschaft m.b.H.; Friedhofsverwaltung; Statistik.

Zugehörige Magistratsabteilungen:
Magistratsabteilung 4 – Allgemeine Finanz- und Wirtschaftsangelegenheiten; Abgaben
Magistratsabteilung 5 – Finanzwirtschaft und Haushaltswesen
Magistratsabteilung 6 – Rechnungsamt
Magistratsabteilung 43 – Städtische Friedhöfe
Magistratsabteilung 66 – Statistisches Amt der Stadt Wien
Magistratsabteilung für Krankenanstaltenfinanzierung, Wiener Krankenanstaltenfinanzierungsfonds

Wiener Stadtwerke
mit den Teilunternehmungen
Elektrizitätswerke
Gaswerke
Verkehrsbetriebe
Städtische Bestattung
unter der Leitung der Generaldirektion der Wiener Stadtwerke
und der Direktionen der Teilunternehmungen

Ederer, Mag. Brigitte, amtsführende Stadträtin für Finanzen, Wirtschaftspolitik und Wiener Stadtwerke . 81200, 81201
Nebenführ, Ing. Helmut, Techn. Oberamtsrat 81208
Ivan Inge, Amtsrätin 81206
Mutz, Ing. Rudolf, Techn. Amtsrat 81204
Sekretariat 81205
Stockbauer Harald, Pressereferent 81858
Martinez-Weinberger Elga, Pressereferentin 81844

Wiener ArbeitnehmerInnen-Förderungsfonds:
2, Franzensbrückenstraße 5 .... 211 20 . . . 0

Wiener Holding Aktiengesellschaft:
1, Universitätsstraße 11 .... 408 25 69 . . . 0

Wiener Tourismusverband:
2, Obere Augartenstraße 40 .... 211 14 . . . 0

Wiener Wirtschaftsförderungsfonds:
1, Ebendorferstraße 2 .... 40 00 . . ., 86751
Telefax: 40 00–99–7986

ISTEG Infrastruktur Einrichtungsges.m.b.H.:
1, Ebendorferstraße 4 .... 40 00 . . ., 86741

Wien-Haus in Brüssel:
B-1040 Brüssel, Avenue de Tervuren 58 . 00322/743 85 16

Zuwandererfonds (Fonds zur Beratung und Betreuung von Zuwanderern):
3, Würtzlerstraße 15 .... 795 04 . . . 0, 797 00 . . . 0

Jugend, Soziales, Information und Sport

1, Rathaus, Stiege 5, 1. Stock, Tür 308i, Tel. 40 00 . . .
Telefax: 40 00–99–81180, IBS-User: GJSK,
Internet e-mail: post@gjs.magwien.gv.at

Bildungspolitik, Jugend; Sportpolitik, insbesondere Förderung des Breiten-, Leistungs- und Spitzensportes; Schulfragen, außerschulische Jugendbetreuung, Koordination sämtlicher Fragen der Familienpolitik, Sozialpolitik, Betreuung der älteren Generation, Koordination der Behindertenhilfe; Direktinformation der Bevölkerung, Medienpolitik, Meinungsforschung, Presseförderung; internationaler Informationsaustausch; Bürgerdienst, Stadtinformation.
Zugehörige Magistratsabteilungen:
Magistratsabteilung 11 – Amt für Jugend und Familie
Magistratsabteilung 12 – Sozialamt
Magistratsabteilung 13 – Bildung und außerschulische Jugendbetreuung
Magistratsabteilung 51 – Sportamt
Magistratsabteilung 53 – Presse- und Informationsdienst
Magistratsabteilung 55 – Bürgerdienst
Magistratsabteilung 56 – Städtische Schulverwaltung

Laska Grete, Vizebürgermeisterin, Landeshauptmann-Stellvertreterin, amtsführende Stadträtin für Jugend, Soziales, Information und Sport 81113, 81181
Bulfone Hans, Oberamtsrat 81184
Prenger Monika, Verwaltungsoberkommissärin 81183
Rosner-Valter, Mag. Susanne, Obermagistratsrätin ... 81195
Pinterits Monika, Amtsrätin 81182
Schmidt Sepp, Amtsrat 81194
Soukup, Dr. Ursula, Pressereferentin 81862

Zima Barbara, Pressereferentin 81850
Hofstätter Hans, Pressereferent (Sport) .... 981 00 . . ., 319

Seniorenbeauftragter der Stadt Wien:
8, Schlesingerplatz 2, Dachgeschoß ..... 40 00 . . ., 8580
Grundei Friedrich 85881

Servicestelle für Selbsthilfegruppen:
1, Schottenring 24 81223

Kuratorium Wiener Pensionisten-Wohnhäuser:
9, Seegasse 9 .... 313 99 . . . 0

Kuratorium Wiener Jugendheime:
13, Hietzinger Kai 141–143 .... 877 94 85 . . . 0

Kultur

8, Friedrich-Schmidt-Platz 5, 2. Stock, Tür 216,
Tel. 40 00 . . .
Telefax: 40 00–99–81164, IBS-User: GKUK,
Internet e-mail: post@gku.magwien.gv.at

Kulturpolitik, kulturelle Auslandsbeziehungen, Kunstförderung, Pflege der Kontakte mit den Wiener Universitäten, Hochschuljubiläumsstiftung, Förderung der Altstadterhaltung, Denkmalpflege, Archiv- und Bibliothekswesen, Museen der Stadt Wien, Stadtarchäologie.
Zugehörige Magistratsabteilungen:
Magistratsabteilung 7 – Kultur
Magistratsabteilung 8 – Wiener Stadt- und Landesarchiv
Magistratsabteilung 9 – Wiener Stadt- und Landesbibliothek
Magistratsabteilung 10 – Museen der Stadt Wien

Marboe, Dr. Peter, amtsführender Stadtrat für Kultur 81161
Haider, Regierungsrat Adolf, Oberamtsrat 81164
Sekretariat 81165, 81166
Kanzlei 81168, 81178
GRA-Protokoll 81172
Harl, Univ.-Doz. Dr. Ortolf, Senatsrat, Stadtarchäologe 81173
Marte, Mag. Boris 81169
Goëss, Mag. Barbara 81163
Schrage, Mag. Bernhard 81175
Gabriel, Dr. Martin, Senatsrat, Pressereferent 81854

Gesundheits- und Spitalswesen

1, Schottenring 24, 3. Stock, Tür 310,
Tel. 40 00 . . .
Telefax: 40 00–99–81221, IBS-User: GGSK

Gesundheitsvorsorge, Gesundheitsförderung und Gesundheitsschutz; Gesundheitspolitik in Richtung „Gesunde Stadt"; Drogenprävention und Koordination der Maßnahmen gegen Drogenmißbrauch; Angelegenheiten der Krankenanstalten und Pflegeheime, Rettungs- und Krankenbeförderungsdienst; Pflegesicherung und Betreuung zu Hause einschließlich sozialer Dienstleistungen; rechtliche Angelegenheiten des Gesundheitswesens und der Sozialversicherung; Hochbau und Haustechnik im Gesundheitswesen.
Zugehörige Magistratsabteilungen:
Magistratsabteilung 15 – Gesundheitswesen
Magistratsabteilung 47 – Betreuung zu Hause
Magistratsabteilung 70 – Rettungs- und Krankenbeförderungsdienst der Stadt Wien
Wiener Krankenanstaltenverbund

Rieder, Dr. Sepp, amtsführender Stadtrat für Gesundheits- und Spitalswesen 81221
Schörg Sonja-Maria, Amtsrätin 81224
Hilsch Karin, Verwaltungsoberkommissärin 81222
Groß Rüdiger, Amtsrat 81226

Sekretariat 81225, 81233, 81234, 81236, 81232, 81235
Ritzmaier Martin, Pressereferent 81855
Kettner Norbert, Pressereferent 81845

Medizinisch-Wissenschaftlicher Fonds des Bürgermeisters der Bundeshauptstadt Wien:
Sekretariat 81235

Ombudsfrau für die Krankenpflegeschulen der Stadt Wien:
Forster Ilse, Gemeinderätin 81223

Servicestelle für Selbsthilfegruppen 81223

Drogenkoordinationsstelle:
8, Friedrich-Schmidt-Platz 3, 3. Stock, Tür 313–315
Hacker Peter, Verwaltungsoberkommissär, Drogenkoordinator 82301
Sekretariat 82305

Zwins, Dr. Wolfgang, Obersenatsrat, Bereichsleiter für allgemeine rechtliche und gesundheitspolizeiliche Angelegenheiten des Gesundheits- und Spitalswesens (Tür 343) .... 531 14 . . ., 66901
Wittek Edith, Oberamtsrätin 66903

Höller, Dr. Gerhard, Obersenatsrat, Bereichsleiter für wirtschaftliche Angelegenheiten im Bereich des Gesundheitswesens (Tür 372) .... 531 14 . . ., 66921
Brüll, Mag. Georg 66922

Kuratorium für Psychosoziale Dienste in Wien:
1, Gonzagagasse 15 .... 533 37 71

Umwelt und Verkehrskoordination

1, Rathaus, Stiege 4, Halbstock, Tür 243, Tel. 40 00 . . .
Telefax: 40 00–99–81340, IBS-User: GUVK,
Internet e-mail: post@guv.magwien.gv.at

Umweltpolitik, Landschaftspflege und Grünflächensicherung; Ver- und Entsorgungswesen, Abfallwirtschaft, Recycling; öffentliche Beleuchtung; Bäderverwaltung; Verkehrskoordination, Parkraumüberwachung, rechtliche Verkehrsangelegenheiten.

Zugehörige Magistratsabteilungen:
Magistratsabteilung 22 – Umweltschutz
Magistratsabteilung 30 – Wien-Kanal
Magistratsabteilung 31 – Wasserwerke
Magistratsabteilung 33 – Öffentliche Beleuchtung
Magistratsabteilung 36 – Technische Gewerbeangelegenheiten, behördliche Elektro- und Gasangelegenheiten und Feuerpolizei
Magistratsabteilung 42 – Stadtgartenamt
Magistratsabteilung 44 – Bäder
Magistratsabteilung 45 – Wasserbau
Magistratsabteilung 46 – Verkehrsorganisation und technische Verkehrsangelegenheiten
Magistratsabteilung 48 – Abfallwirtschaft, Straßenreinigung und Fuhrpark
Magistratsabteilung 49 – Forstamt und Landwirtschaftsbetrieb der Stadt Wien
Magistratsabteilung 58 – Rechtliche Angelegenheiten der Landeskultur und des Wasser- und Schiffahrtswesens
Magistratsabteilung 65 – Rechtliche Verkehrsangelegenheiten
Magistratsabteilung 67 – Parkraumüberwachung
Magistratsabteilung 68 – Feuerwehr und Katastrophenschutz

Svihalek Fritz, amtsführender Stadtrat für Umwelt und Verkehrskoordination 81340, 81341
Czepl, Regierungsrat Hans, Oberamtsrat 81344
Müller, Ing. Heinz, Techn. Oberamtsrat 81348
Göbler Martin, Verwaltungsoberkommissär 81359
Sekretariat 81345
Kanzlei 81355
Protokoll 81346
GRA-Protokoll 81358
Lassnig, Mag. Horst, Pressereferent 81847
Marschalek Renate, Redakteurin 81070

Sitzungszimmer 81357

Planung und Zukunft

1, Rathaus, Stiege 4, 2. Stock, Tür 451, Tel. 40 00 . . .
Telefax: 40 00–99–81400, IBS-User: GPZK,
Internet e-mail: post@gpza.magwien.gv.at

Wissenschaftsförderung, automationsunterstützte, elektronische Datenverarbeitung, Informations- und Kommunikationstechnologie, Regional- und Stadtentwicklungsplanung, Stadtplanung, städtebauliche und architektonische Gestaltung, Stadt- und Ortsbildpflege, Flächenwidmungs- und Bebauungsplanung, generelle Verkehrsplanung, Stadtvermessung, Stadtforschung, Verwaltung und Bau der Bundes- und Gemeindestraßen, Brückenbau, Versuchs- und Forschungsanstalt.

Zugehörige Magistratsabteilungen:
Magistratsabteilung 14 – Automationsunterstützte, elektronische Datenverarbeitung, Informations- und Kommunikationstechnologie
Magistratsabteilung 18 – Stadtentwicklung und Stadtplanung
Magistratsabteilung 19 – Architektur und Stadtgestaltung
Magistratsabteilung 21 A – Stadtteilplanung und Flächennutzung Innen-West
Magistratsabteilung 21 B – Stadtteilplanung und Flächennutzung Süd
Magistratsabteilung 21 C – Stadtteilplanung und Flächennutzung Nordost
Magistratsabteilung 28 – Straßenverwaltung und Straßenbau
Magsitratsabteilung 29 – Brückenbau und Grundbau
Magistratsabteilung 39 – Versuchs- und Forschungsanstalt der Stadt Wien
Magistratsabteilung 41 – Stadtvermessung

Görg, Dr. Bernhard, Vizebürgermeister und Landeshauptmann-Stellvertreter, amtsführender Stadtrat für Planung und Zukunft .. 81401
Kovacs, Ing. Edwin, Techn. Amtsrat 81404
Loreth, Ing. Johann, Techn. Oberkommissär 81424
Christian, Dr. Reinhold 81402
Sekretariat 81405
Kanzlei 81411
Leitner, Mag. Andrea, Pressereferentin 81414

Wohnen, Wohnbau und Stadterneuerung

1, Bartensteingasse 9, 2. Stock, Tel. 40 00 . . .
Telefax: 40 00–99–81260, IBS-User: GWSK,
Internet e-mail: post@gws.magwien.gv.at

Wohnungspolitik, Wohnbauförderung, städtischer Wohnhausbau, Wohnungsverbesserung und Wohnhaussanierung, Stadterneuerung; Schlichtungsstelle für Wohnrechtsangelegenheiten; Verwaltung und Erhaltung städtischer Wohnhäuser; Hochbau für die Bereiche des Sozial-, Kultur-, Schul- und Sportwesens, für Amtsgebäude und verschiedene Nutzbauten, Haustechnik, Amtshäuserverwaltung, Liegenschaftswesen und Bodenbeschaffungspolitik, baubehördliche Angelegenheiten, rechtliche Bau-, Energie-, Eisenbahn- und Luftfahrtangelegenheiten.

Zugehörige Magistratsabteilungen:
Magistratsabteilung 16 – Wiener Schlichtungsstelle in Wohnrechtsangelegenheiten
Magistratsabteilung 17 – Wiener Wohnen
Magistratsabteilung 23 – Amtshäuser, Nutzbauten, Nachrichtentechnik
Magistratsabteilung 24 – Hochbau
Magistratsabteilung 25 – Technisch-wirtschaftliche Prüfstelle für Wohnhäuser, besondere Angelegenheiten der Stadterneuerung
Magistratsabteilung 32 – Haustechnik
Magistratsabteilung 35 – Allgemeine baubehördliche Angelegenheiten
Magistratsabteilung 37 – Baupolizei
Magistratsabteilung 40 – Technische Grundstücksangelegenheiten
Magistratsabteilung 50 – Wohnbauförderung, Wohnhaussanierung, Wohnungsverbesserung und Aufsicht über die gemeinnützigen Bauvereinigungen
Magistratsabteilung 64 – Rechtliche Bau-, Energie-, Eisenbahn- und Luftfahrtangelegenheiten
Magistratsabteilung 69 – Rechtliche und administrative Grundstücksangelegenheiten

Faymann Werner, amtsführender Stadtrat für Wohnen, Wohnbau und Stadterneuerung 81261
Schwarz Ursula, Verwaltungsoberkommissärin 81264
Wallner Petra, Verwaltungsoffizialin 81262

Ostermayer, Dr. Josef 81263
Sekretariat, Kanzlei 81269, 81271, 81260
Jansky Wolfgang, Pressereferent 81863, 81869
Wohnungskommissionen → MA 16
Wiener Bodenbereitstellungs- und Stadterneuerungsfonds:
8, Lenaugasse 10 . . . . 403 59 19 . . . 0
Telefax: 403 59 19–86659
Internet e-mail: post@wbs.magwien.gv.at

STADTRÄTINNEN/STADTRÄTE

Gintersdorfer Lothar, Stadtrat,
1, Rathaus, Stiege 7, 1. Stock,
Tür 308o . . . . 40 00 . . ., 81792
Sekretariat 81752

Herzog Johann, Stadtrat,
1, Rathaus, Stiege 4, Halbstock,
Tür 240 . . . . 40 00 . . ., 81793
Sekretariat 81797

Landauer Karin, Stadträtin,
1, Rathaus, Stiege 4, Halbstock,
Tür 240 . . . . 40 00 . . ., 81791
Sekretariat 81795

Prinz Walter, Stadtrat,
1, Rathaus, Stiege 7, 1. Stock,
Tür 308o . . . . 40 00 . . ., 81784
Sekretariat 81747

Huemer, Dr. Friedrun, Stadträtin,
1, Rathaus, Stiege 6, Hochparterre,
Tür 106 . . . . 40 00 . . ., 81815
Sekretariat 81836

KLUBS

Sozialdemokratische Fraktion des Wiener Landtages und Gemeinderates:
1, Rathaus, Stiege 7, 2. Stock, Tür 420 . . . . 40 00 . . .
Telefax: 40 00–99–Nebenstelle, IBS-User: KSPK
Internet e-mail: post@ksp.magwien.gv.at

Hatzl Johann, Landtagsabgeordneter und Gemeinderat,
Klubvorsitzender 81921
Schuster Godwin, Landtagsabgeordneter und
Gemeinderat, Klubsekretär 81949

Klubsekretariat:
Müller Anna 81928
Kienzl Claudia 81927
Simsa Iris 81926
Walzer Renate 81938
Windisch Doris 81936

Dezentralisierung:
Kubu Alfred 81937

Gemeinderat/Landtag/Gemeinderatsausschüsse:
Ebner Brigitte 81933
Smerhovsky Helga 81943
Zimmermann Margit 81945

Verband sozialdemokratischer
Gemeinde- und Bezirksvertreter 81935
Lindenmayr Siegfried, Verbandssekretär 81939

Verbandssekretariat
Franer, Dr. Kilian 81932
Hackenberg Marion 81934

Presse- und Öffentlichkeitsarbeit:
Schäfer Franz 81923
Berauschek Gabriele 81930
Wernsperger-Budai Ernst 81941

Sekretariat des 1. Vorsitzenden:
Hundstorfer Rudolf, Erster Vorsitzender des
Gemeinderates 81931
Gaal Helga 81944

Klub der Wiener Freiheitlichen:
1, Rathaus, Stiege 6, Halbstock, Tür 234 . . . . . . 40 00 . . .
Telefax: 40 00–99–Nebenstelle, IBS-User: KFPK
Internet e-mail: post@kfp.magwien.gv.at

Kabas, Mag. Hilmar,
Klubobmann 81741
Tscharnutter, Mag. Michael, Klubdirektor 81744
Sekretariat 81746, 81748

ÖVP-Klub der Bundeshauptstadt Wien:
1, Rathaus, Stiege 8, Halbstock, Tür 222 . . . . . . 40 00 . . .
Telefax: 40 00–99–81960, IBS-User: KVPK
Internet e-mail: post@kvp.magwien.gv.at

Prochaska Johannes, Klubobmann 81951
Scharf, Dr. Thomas, Fraktionsgeschäftsführer 81957
Sekretariat 81953, 81955
Siebenbürger Ralf, Pressereferent 81915

Grüner Klub im Rathaus:
1, Rathaus, Stiege 6, Hochparterre, Tür 106 . . . . 40 00 . . .
Telefax: 40 00–99–81811, IBS-User: KGRK
Internet e-mail: post@kgr.magwien.gv.at

Chorherr, Mag. Christoph, Klubobmann 81800
Luschnik, Mag. Robert, Klubsekretär 81804
Sekretariat 81810, 81813
Leo, Mag. Rudolf, Pressereferent 81814
Mandatare, Vermittlung 81800

Liberales Forum – Landtagsklub Wien:
8, Friedrich-Schmidt-Platz 3, 1. Stock, Tür 112 . 40 00 . . .
Telefax: 40 00–99–81555, IBS-User: KLFK
Internet e-mail: post@klf.magwien.gv.at

Hecht, Mag. Gabriele, Klubvorsitzende 81551
Kölbel, MMag. Ursula, Klubdirektorin 81562
Göpfrich Andrea, Pressesprecherin 81563
Sekretariat 81555, 81556

MAGISTRATSDIREKTION

MAGISTRATSDIREKTOR

1, Rathaus, Stiege 5, 1. Stock, Tür 310, Tel. 40 00 . . .

Leitung des gesamten inneren Dienstes des Magistrats der Stadt Wien; oberste Aufsicht über seine Ämter, Anstalten und sonstigen Dienststellen und deren oberste Leitung in Vertretung des Bürgermeisters als Vorstand des Magistrats gemäß § 94 Abs. 4 der Wiener Stadtverfassung; Unterstützung des Bürgermeisters als Landeshauptmann in den Angelegenheiten der mittelbaren Bundesverwaltung gemäß § 136 der Wiener Stadtverfassung.

Theimer, Dr. Ernst 82111
Sekretariat 82115
Brunner, Ing. Dr. Friedrich, Magistratsdirektor-Stellvertreter 82011
Gerlich, Dr. Rudolf, Senatsrat, Pressereferent 81012

Präsidialbüro

1, Rathaus, Stiege 5, 1. und 2. Stock, Tür 407,
Tel. 40 00 . . .
Telefax: 40 00–99–82010, IBS-User: MDPK,
Internet e-mail: post@mdp.magwien.gv.at

Dienst um die Person des Bürgermeisters, Erledigung der laufenden Bürogeschäfte und persönlichen Aufträge des Bürgermeisters.
Durchführung von Empfängen und Feierlichkeiten.
Betreuung der Gäste der Stadt Wien und Vorbereitung der offiziellen Reisen des Bürgermeisters.
Verkehr mit ausländischen Stellen, mit den in Wien ansässigen diplomatischen Vertretungen und internationalen Organisationen, sofern es sich um die Erledigung von wichtigeren und grundsätzlichen oder solchen Angelegenheiten handelt, die nicht in den regelmäßigen Geschäftsumfang einer Dienststelle oder einer Unternehmung der Stadt Wien fallen.
Vergabe der Säle im Rathaus.

Brunner, Ing. Dr. Friedrich, Magistratsdirektor-Stellvertreter 82011
Sekretariat 82015, 82017
Grießler, Mag. Dr. Margareta, Magistratsoberkommissärin 82012
Kühtreiber, Regierungsrat Werner, Oberamtsrat 82025
Votava Gabriele, Amtsrätin 82050
Kozel, Ing. Peter, Techn. Oberkommissär 81117
Polak, Ing. Michal, Techn. Oberkommissär 81114
Orthner, Mag. Waltraud, Verwaltungsoberkommissärin 82018
Duschek, Dr. Ingrid, Public Relations 81857
Ronge Christoph, Redakteur 81841, 82018
Trimmel Wolfgang, Redakteur 81846
Kaltenböck Harald 82247

Sekretariat des Bürgermeisters 81111, 81115

Sonderaufgaben:
Sharaf, Dr. Shamil, Senatsrat (Stiege 5, 2. Stock, Tür 407b) 82032

Empfänge und Feierlichkeiten (Stiege 5, Dachgeschoß, Tür 505):
Svoboda, Regierungsrat Robert, Oberamtsrat 82061
Weishaupt Gerhard, Oberamtsrat 82063
Referenten 82064, 82065, 82066

Kanzlei:
Taufenecker Ingeborg, Kanzleioberkommissärin, Kanzleileiterin 82019
Protokoll 82026, 82029

Büro des Magistratsdirektors

1, Rathaus, Stiege 5, 1. Stock,
Tür 310, 312, Tel. 40 00 . . .
Telefax: 40 00–99–Nebenstelle, IBS-User: MDBK,
Internet e-mail: post@mdb.magwien.gv.at

Koordination der zur Leitung der gesamten inneren Dienstes erforderlichen Maßnahmen.
Mitwirkung an der Gesetzgebung und Vollziehung des Landes in den in der Wiener Stadtverfassung vorgesehenen Fällen.
Führung der Bürogeschäfte des Landtages, des Gemeinderates, der Landesregierung und des Stadtsenates; Weiterleitung der in den Bezirksvertretungen gestellten Anträge.
Stenografendienst.
Grundsätzliche Beziehungen zu den Bundesländern und den anderen Gebietskörperschaften auf dem Gebiet der Verfassung und Verwaltung; Vertretung der Interessen der Stadt Wien, soweit sie nicht anderen Dienststellen übertragen ist.
Verkehr mit Dienststellen des Bundes und anderer Gebietskörperschaften, sofern es sich um die Erledigung von wichtigeren oder grundsätzlichen oder solchen Angelegenheiten handelt, die nicht in den regelmäßigen Geschäftsumfang einer Dienststelle oder einer Unternehmung der Stadt Wien fallen.
Grundsätzliche Angelegenheiten der Verbindungsstelle der Bundesländer.
Rechtliche Angelegenheiten der Bezirksvertretungen und Bezirksvorsteher, Geschäftsordnung der Bezirksvertretungen.
Generelle und individuelle Personalangelegenheiten der gewählten Funktionäre des Landes (der Stadt) Wien, ausgenommen die Anweisung von Gebühren.
Grundsätzliche Personal- und Amtsraumangelegenheiten der Büros der Stadträte und der sonstigen gewählten Funktionäre des Landes (der Stadt) Wien sowie der Klubs der politischen Parteien.
Anträge auf Ehrungen durch Verleihung
eines Ehrenzeichens für Verdienste um das Bundesland Wien,
der Wiener Rettungsmedaille,
des Ehrenzeichens für Verdienste im Wiener Feuerwehr- und Rettungswesen,
der Einsatzmedaille des Landes Wien,
des Ehrenringes der Stadt Wien,
der Ehrenmedaille der Bundeshauptstadt Wien,
der Otto-Glöckel-Medaille und
der Professor-Dr.-Julius-Tandler-Medaille der Stadt Wien.
Anträge auf Ehrungen in Form von Ernennungen zu Bürgern oder Ehrenbürgern und auf alle sonstigen Ehrungen durch die Stadt oder durch das Land Wien, soweit solche Anträge nicht einer Magistratsabteilung vorbehalten sind.
Antragstellung für Bundesauszeichnungen.
Mitwirkung bei der Verwaltungs- und Betriebsreform und damit zusammenhängenden grundsätzlichen Personalangelegenheiten.
Mitwirkung bei allen Stellensystemisierungen und allen wichtigeren Personalangelegenheiten des UVS Wien und der Unternehmungen nach der Wiener Stadtverfassung.
Genehmigung und Mitwirkung bei allen grundsätzlichen Personalangelegenheiten.
Ausschreibung von Dienstposten, soweit nicht eine andere Dienststelle hiezu zuständig oder ermächtigt ist.
Anträge an den Bürgermeister auf Bestellung von Bediensteten mit Sonderaufgaben gemäß § 11a der Geschäftsordnung für den Magistrat.
Dienstaufsicht über
die Leiter(innen) der Magistratsabteilungen,
die Leiter(innen) der magistratischen Bezirksämter,
die Leiter(innen) der Referate der Magistratsdirektion,
Bedienstete mit Sonderaufgaben gemäß § 11a der Geschäftsordnung für den Magistrat der Stadt Wien,
den Generaldirektor (die Generaldirektorin) des Wiener Krankenanstaltenverbundes sowie dessen (deren) Stellvertreter (Stellvertreterin),
den Präsidenten (die Präsidentin) des Unabhängigen Verwaltungssenates Wien,
den Wiener Patientenanwalt (die Wiener Patientenanwältin),
den Umweltanwalt (die Umweltanwältin) und
die Kinder- und Jugendanwälte.
Zuteilung und Versetzung der vorgenannten Bediensteten sowie Stellenbesetzungen.
Nominierung von rechtskundigen Bediensteten als Mitglieder des UVS Wien und Antragstellung an die Landesregierung.
Eignungsfeststellungen im Rahmen der Dienstaufsicht.
Zuteilung des Personals an das Kontrollamt aufgrund der Genehmigung des Bürgermeisters.
Entsendung von Funktionären und Bediensteten als Vertreter des Landes (der Stadt) Wien zu Tagungen, Kongressen und dergleichen.
Vorbearbeitung und Evidenthaltung der Delegierung von Funktionären und Bediensteten der Stadt Weien in Kollegialorgane, Organe von wirtschaftlichen Unternehmungen, Vereine und dergleichen.
Festlegung von Beförderungsrichtlinien, Globalzahlen für Beförderungen in eine höhere Dienstklasse und ad personam-Beförderungen.
Auszeichnungen (Beförderungen, außerordentliche Stufenvorrückungen und Titelverleihungen).
Anerkennungsgaben an städtische Bedienstete mit Ausnahme der Jubiläumsgaben, soweit nicht Dienststellenleiter hiezu ermächtigt sind.

Herausgabe von Erlässen, soweit sie nicht nur im Bereich einer Abteilung oder durch den Stadtbaudirektor für die Dienststellen des technischen Bereichs oder durch eine hiezu ermächtigte Dienststelle ergehen.
Behandlung von Rechnungshofberichten und Antragstellung an die zuständigen Organe der Stadt Wien.
Organisation von Bezirksamtsleiterbesprechungen.
Vorbereitung der Landeshauptmänner- und der Landesamtsdirektorenkonferenzen.
Vorbereitung der Magistratsdirektorenkonferenzen.
Führung der Bürogeschäfte der Beratenden EDV-Kommission.
Geschäftsstelle des Betrieblichen Vorschlagswesens.
Redaktion des Handbuches der Stadt Wien und des Dienststellen- und Telefonverzeichnisses.
Veranlassung der Beflaggung von öffentlichen Verkehrsflächen und städtischen Gebäuden.
Ausarbeitung des jährlichen Verwaltungsberichtes über die Tätigkeit der Magistratsdirektion.
Angelegenheiten, die dem Magistratsdirektor durch besondere Rechtsvorschriften zugewiesen sind.
Angelegenheiten, die nach der Geschäftseinteilung für den Magistrat nicht ausdrücklich einer anderen Dienststelle zugewiesen sind, sofern nicht eine Dienststelle vom Magistratsdirektor mit der Behandlung der Angelegenheit betraut wird.

Pillmeier, Dr. Peter, Obersenatsrat 82122
Sekretariat 82145, 82168

Allgemeines Referat:
Lavicky, Dr. Otto, Obersenatsrat 82123
Schreibstelle 82116
Samek, Dr. Peter, Senatsrat 82124
Schreibstelle 82155
Baringer, Dr. Klaus, Magistratsrat 82125
Schreibstelle 82146

Büro des Landtags, Gemeinderats, der Landesregierung und des Stadtsenats,
1, Rathaus, Stiege 8, 1. Stock, Tür 320:
Kusta, Regierungsrat Sven, Oberamtsrat 82041
Kriz Margarete, Oberamtsrätin 82049
Kanzlei 82045
Protokollauskunft (Landesregierung, Stadtsenat, Landtag, Gemeinderat) 82085, 82086
Wörtliches Protokoll (Landtag, Gemeinderat) 82082
Beschlußprotokoll (Landtag, Gemeinderat) 82084
Beschlußprotokoll (Landesregierung, Stadtsenat) 82048
Bezirksanträge 82044

Dienstaufsichten, Förderungen, Betriebliches Vorschlagswesen, Beratende EDV-Kommission,
1, Rathaus, Stiege 5, 2. Stock, Tür 407h:
Leibl, Regierungsrat Werner, Oberamtsrat 82151
Wilhelm Friedrich, Verwaltungsoberkommissär 82152
Sachbearbeiterinnen/Sachbearbeiter .. 82142, 82143, 82144, 82153, 82154, 82159

Beratende EDV-Kommission des Magistratsdirektors
Vorsitzender:
Nussgruber, Dr. Kurt, Bereichsdirektor für Organisation 75111
Schriftführer:
Leibl, Regierungsrat Werner, Oberamtsrat ... 82151, 82153

Ehrenzeichen,
1, Rathaus, Stiege 5, 2. Stock, Tür 407k1:
Rendl, Regierungsrat Albert, Oberamtsrat 82071
Raubik Susanne, Verwaltungsoberkommissärin 82072
Kanzlei 82073, 82078, 82079

Goldene Hochzeiten, Geburtstagsehrungen,
1, Rathaus, Stiege 5, 2. Stock, Tür 407k:
Peterzelka Elisabeth, Kanzleioberkommissärin 82075

Kanzlei:
Pesau Ilse, Kanzleioberkommissärin 82119, 82149
Protokoll 82148, 82158, 82165
Durchlauferindex, Amtsgehilfinnen/Amtsgehilfen 82147

Verfassungs- und Rechtsmittelbüro

1, Rathaus, Stiege 8, 1. Stock, Tür 322, 323 und 326,
Tel. 40 00 . . .
Telefax: 40 00–99–82310, IBS-User: MDVK
Internet e-mail: post@mdv.magwien.gv.at

Verfassungsrechtliche Angelegenheiten (Verfassungsdienst).
Rechtliche Angelegenheiten der Grenzen des Stadtgebietes und der Bezirke; Bewilligung zur Führung des Wappens der Stadt Wien.
Überprüfung der Vorlagen von Landesgesetzen, Verordnungen und sonstigen allgemeinen Anordnungen des Magistrats auf ihre Verfassungsmäßigkeit, insbesondere aber auch hinsichtlich Gesetzestechnik und Einklang mit dem Bundes- und dem Wiener Landes- und Ortsrecht; Stellungnahme zu Entwürfen von Gesetzen, Verordnungen und sonstigen allgemeinen Anordnungen des Bundes oder anderer Gebietskörperschaften (Legistischer Dienst).
Verlautbarung von Gesetzen, Verordnungen und Kundmachungen im Landesgesetzblatt; Erteilung der Ermächtigung zur Kundmachung von Verordnungen in anderen Publikationsorganen, insbesondere im Amtsblatt der Stadt Wien.
Abschluß von Vereinbarungen mit anderen Bundesländern nach Art. 15a B-VG und nach dem Gebietsänderungsgesetz; gemeinsame Angelegenheiten von Wien und Niederösterreich nach dem Trennungsgesetz mit Ausnahme finanzieller Angelegenheiten.
Anträge an den Bürgermeister und an den Gemeinderat über die Erlassung und Abänderung der Geschäftsordnung für den Magistrat.
Überprüfung aller Rechtsmittelakten des Magistrats, wenn ein aufsteigendes Rechtsmittel erledigt wird, Überprüfung der solche Erledigungen betreffenden Entscheidungen über außerordentliche Rechtsmittel und amtswegige Abänderungen, Überprüfung aller Rechtsmittelakten, die einer anderen Behörde zur Entscheidung vorgelegt werden, mit Ausnahme der Verwaltungsstrafsachen und derjenigen Angelegenheiten, die dem UVS Wien zugewiesen sind.
Erstellung von Rechtsgutachten und Erteilung von Rechtsauskünften in grundsätzlichen Angelegenheiten des öffentlichen Rechtes, insbesondere des Verfassungsrechtes und der Verwaltungsverfahrensvorschriften, für städtische Dienststellen.
Überprüfung aller Verfassungs- und Verwaltungsgerichtshofbeschwerden vor deren Einbringung sowie Überprüfung aller den Gerichtshöfen des öffentlichen Rechtes vorzulegenden Dienststücke und von Gegenschriften, mit Ausnahme jener Dienststücke und Gegenschriften, die vom UVS Wien zu erledigen sind.
Bearbeitung von Berufungen gegen Bescheide des Magistrats, sofern keine andere Dienststelle und nicht der UVS Wien zuständig ist.
Bearbeitung der Rechtsmittel an die Abgabenberufungskommission und die Bauoberbehörde.
Führung der Bürogeschäfte der Abgabenberufungskommission, der Bauoberbehörde und des Berufungssenates.
Bearbeitung der Rechtsmittel in Angelegenheiten der Bodenreform und Führung der Bürogeschäfte der Agrarbehörde zweiter Instanz.
Koordination der Verwaltungsstraftatbestände und Verwaltungsstrafen in erster Instanz.

Ponzer, Dr. Josef, Bereichsdirektor für öffentliches Recht 82311
Sekretariat 82315, 82324
Jankowitsch, Dr. Wolfgang, Obersenatsrat 82312
Hutterer, Mag. Helmut, Senatsrat 82318
Kahler, Dr. Elisabeth, Senatsrätin 82317
Macho, Dr. Werner, Senatsrat 82314
Teynor, Dr. Friedrich, Senatsrat 82316
Bachofner, Dr. Christine, Obermagistratsrätin 82313
Hejkrlik, Mag. Robert, Obermagistratsrat 82322
Krasa, Dr. Peter, Obermagistratsrat 82334
Moritz, Dr. Reinhold, Obermagistratsrat 82331
Pauer, Mag. Karl, Magistratsrat 82338
Raffler, Mag. Michael, Magistratsrat 82321
Cech, Dr. Gerhard, Magistratsoberkommissär 82333
Köchl, Mag. Erich 82325
Magesacher, Mag. Wolfgang 82332
Kurta Monika, Kanzleikommissärin, Kanzleileiterin 82319
Kanzlei 82310, 82327, 82328, 82329, 82335, 82337

Abgabenberufungskommission:

Vorsitzender:
Theimer, Dr. Ernst, Magistratsdirektor
(Vertreter: *Ponzer, Dr. Josef,* Bereichsdirektor für öffentliches Recht)

Beisitzerin/Beisitzer:
Stürzenbecher, Dr. Kurt, Gemeinderat
Wehsely, Mag. Sonja, Gemeinderätin
Loibl, Mag. Bernhard, Bezirksrat
Jankowitsch, Dr. Wolfgang, Obersenatsrat
Macho, Dr. Werner, Senatsrat
Pauer, Mag. Karl, Magistratsrat

Stellvertreterin/Stellvertreter der Beisitzerin/der Beisitzer:
Lapp, Mag. Christine, Gemeinderätin
Schiel Hans, Gemeinderat
Ebinger, Mag. Gerald, Bezirksrat
Hejkrlik, Mag. Robert, Obermagistratsrat
Krasa, Dr. Peter, Obermagistratsrat
Cech, Dr. Gerhard, Magistratsoberkommissär

Bauoberbehörde für Wien:

Vorsitzender:
Häupl, Dr. Michael, Landeshauptmann

Mitglieder:
Theimer, Dr. Ernst, Magistratsdirektor
Weber, Dipl.-Ing. Gerhard, Stadtbaudirektor
Kremeier, Dr. Elisabeth, Oberstadtphysika, Landessanitätsdirektorin
Eder, Mag. Engelbert, Architekt
Rollwagen, Dipl.-Ing. Friedrich, Architekt, Baurat h. c.
Strohmaier, Komm.-Rat Ing. Claus, Baumeister

Ersatzmitglieder:
Fellinger, Dipl.-Ing. Raimund, Ingenieurkonsulent für Vermessungswesen
Maier Manfred, Baumeister
Sedlak, Dipl.-Ing. Wilhelm, Baumeister

Berufungssenat:

Vorsitzender:
Theimer, Dr. Ernst, Magistratsdirektor
(Vertreter: *Ponzer, Dr. Josef,* Bereichsdirektor für öffentliches Recht)

Beisitzerinnen/Beisitzer:
Klier Helga, Gemeinderätin
Wehsely, Mag. Sonja, Gemeinderätin
D'Aron, Dr. Andre, Bezirksrat
Kahler, Dr. Elisabeth, Senatsrätin
Somereder, Dr. Christoph, Senatsrat
Bachofner, Dr. Christine, Obermagistratsrätin

Stellvertreter der Beisitzerinnen/Beisitzer:
Ekkamp Franz, Gemeinderat
Stürzenbecher, Dr. Kurt, Gemeinderat
Stix, Dr. Rüdiger, Gemeinderat
Hejkrlik, Mag. Robert, Obermagistratsrat
Kasper, Mag. Helmut, Magistratsrat
Cech, Dr. Gerhard, Magistratsoberkommissär

Landesagrarsenat:

Vorsitzender:
Ponzer, Dr. Josef, Bereichsdirektor für öffentliches Recht

Vorsitzender-Stellvertreter:
Teynor, Dr. Friedrich, Senatsrat

Beisitzer:
Ramoser, Dr. Alois, Vizepräsident des Oberlandesgerichtes Wien
Krammer, Dr. Harald, Senatspräsident des Oberlandesgerichtes Wien
Mayer, Dr. Manfred, Senatspräsident des Oberlandesgerichtes Wien
Krassel, Dipl.-Ing. Peter, Senatsrat
Ballik, Dipl.-Ing. Dr. Karlheinz, Forstdirektor
Magdits, Ing. Günter
Macho, Dr. Werner, Senatsrat (Berichterstatter)

Stellvertreterin/Stellvertreter der Beisitzer:
Silberbauer, Dr. Erich, Senatspräsident des Oberlandesgerichtes Wien
Sumerauer, Mag. Dr. Anton, Richter des Oberlandesgerichtes Wien
Reitermaier, Dr. Ernst, Richter des Oberlandesgerichtes Wien
Benno, Dipl.-Ing. Eva, Oberstadtbaurätin
Redl, Dipl.-Ing. Siegfried, Senatsrat
Wirth, Ing. Herbert
Hejkrlik, Mag. Robert, Obermagistratsrat

Internationale Beziehungen

8, Friedrich-Schmidt-Platz 3, 4. Stock, Tel. 40 00 . . .
Telefax: 40 00–99–Nebenstelle, IBS-User: MIBK,
Internet e-mail: post@mib.magwien.gv.at

Angelegenheiten der internationalen Beziehungen der Stadt Wien, sofern nicht ein anderes Referat der Magistratsdirektion hiefür zuständig ist.
Erarbeitung von Konzepten für die im Ausland zu setzenden Schwerpunkte in der Öffentlichkeitsarbeit und für die Imagewerbung des Standortes Wien.
Ständige Beobachtung der internationalen Entwicklung und Anpassung der für Wien zu verfolgenden Strategien.
Koordination der Auslandsaktivitäten der Stadt Wien und ihr nahestehender Einrichtungen, wie Wiener Tourismusverband, Wiener Wirtschaftsförderungsfonds; Führung einer diesbezüglichen Terminevidenz und Erstellung von Jahresbilanzen.
Koordination der Kontakte der Stadt Wien zu den in Wien angesiedelten internationalen Organisationen.
Anlaufstelle ausländischer Institutionen und deren Vertreter für Anliegen an die Stadt Wien.
Mitwirkung bei der Betreuung des Sonderbeauftragten für Außenhandelsbeziehungen, der Wiener EU-Abgeordneten und sonstiger Vertreter Wiens in internationalen Gremien.

Wawra, Dr. Oskar, Bereichsdirektor für Auslandsbeziehungen 82561
Sekretariat 82565, 82566
Schwetz, Mag. Otto, Senatsrat 82562
Klötzl, Mag. Bettina 82573
Hassmann, Dipl.-Ing. Dr. Richard, Stadtbauoberkommissär 82574
Anderle, Mag. Christian, Magistratskommissär 82571
Vevera, Ing. Wolfgang, Techn. Amtsrat 82575
Bankl Silvia, Verwaltungsoberkommissärin 82565
Fuchs Silvia, Kanzleioffizialin,
Kanzleileiterin 82569
Kanzlei 82567, 82568
Auskunft 82560

Koordinationsbüro

1, Rathaus, Stiege 4, Halbstock, Tür 247, Tel. 40 00 . . .
Telefax: 40 00–99–82200, IBS-User: KOBK,
Internet e-mail: post@kob.magwien.gv.at

Grundsätzliche Angelegenheiten der Kooperation, Information und Koordination im Bereich der Stadt Wien.
Bereitstellung von grundlegenden Informationen über Wien und die Tätigkeit der Stadtverwaltung.
Angelegenheiten der europäischen Integration, wie Europäische Union (EU), Europäische Freihandelsassoziation (EFTA), Europäischer Wirtschaftsraum (EWR), Europarat, und der damit verbundenen Außenkontakte.

Vorsorge für die Dokumentation des Rechtes der Europäischen Union und des Europäischen Wirtschaftsraumes.
Führung des Wien-Büros in Brüssel einschließlich der Grundverwaltung sowie der Erhaltung der Baulichkeit.
Mitwirkung bei der Ausbildung der städtischen Bediensteten in Fragen der europäischen Integration.
Evidenthaltung von mit Bundesdienststellen in Verhandlung stehenden grundsätzlichen Angelegenheiten.
Führung der Bürogeschäfte des Bund/Land Wien-Koordinationskomitees für Rohstoff- und Energieforschung.
Beobachtung von für die Stadt Wien wichtigen Entwicklungen und Beurteilung deren Auswirkungen auf die Stadtentwicklung.
Wahrnehmung der Partei- bzw. Beteiligtenstellung der Gemeinde nach dem Umweltverträglichkeitsprüfungsgesetz.
Wahrnehmung der Parteistellung der Gemeinde nach dem Abfallwirtschaftsgesetz.
Entscheidungsvorbereitung für die Stadtentwicklungspolitik im Zusammenwirken mit der für die Stadtplanung zuständigen Geschäftsgruppe des Magistrats.
Koordination der Grundlagenforschung im Bereich der Stadt Wien.

Wanka, Dr. Wendelin, Obersenatsrat 82201
Sekretariat 82204, 82205
Bretterbauer, Dr. Adelheid,
Senatsrätin 82202
Schwarz, Dipl.-Ing. Michael,
Oberstadtbaurat 84272
Troper, Mag. Reinhard,
Obermagistratsrat 82219
Erlacher, Dr. Barbara, Magistratsrätin 82212
Weninger, Dr. Thomas, Magistratsrat 82220
Bartik, Mag. Christian 82218
Breiner, Mag. Ines 82221
Pospischill, Mag. Martin 82221
Resch, Mag. Thomas 82224
Fellner, Ing. Hans, Techn. Oberamtsrat 82215
Henesch, Regierungsrat Hans,
Oberamtsrat 82216
Kanzlei 82209, 82208, 82206

„Wien-Haus" in Brüssel
B–1040 Brüssel, Avenue de Tervuren 58

Verbindungsbüro der Stadt Wien
Tel. (00322) 743 85 00, 743 85 04
Telefax: (00322) 733 56 78
Internet e-mail: koe@be.magwien.gv.at
Müller, Mag. Wolfgang,
Magistratsoberkommissär
Pretscher, Mag. Eva

Büro des Wiener Wirtschaftsförderungsfonds
Tel. (00322) 743 85 15
Telefax: (00322) 733 70 58
Kaschnitz, Mag. Monika

EU-Förderungen

8, Schlesingerplatz 4, 2. Stock, Tel. 40 00 . . .
Telefax: 40 00–99–Nebenstelle
Internet e-mail: post@meu.magwien.gv.at

Koordination der für Wien relevanten Fördermaßnahmen der Europäischen Union, insbesondere im Hinblick auf die Erstellung operationeller Programme im Rahmen von Gemeinschaftsinitiativen, die Bewertung und Auswahl der eingereichten Projekte sowie die Umsetzung der genehmigten Projekte.
Prüfung der Fördermaßnahmen der EU auf ihre Nutzanwendung für die Stadt Wien sowie der Förderbarkeit von Projekten der Stadt Wien nach den Richtlinien der EU.
Sicherstellung der Evaluierung des Projektfortschrittes sowie eines den Richtlinien der EU entsprechenden Berichtswesens.
Überwachung und Kontrolle der ordnungsgemäßen Finanzierung der geförderten Maßnahmen und Projekte in Zusammenarbeit mit den zuständigen Kontrollinstanzen des Bundes und der EU.

Ausarbeitung der grundsätzlichen Stellungnahmen des Landes Wien zu allen Fragen des Förderwesens der EU sowie Mitwirkung bei der Festlegung der Wiener Position zu strategisch wichtigen Themenbereichen.
Vertretung des Landes Wien in einschlägigen Ausschüssen und sonstigen Gremien sowie Mitwirkung bei der Öffentlichkeitsarbeit in EU-Angelegenheiten.

Brodesser, Dipl.-Ing. Peter, Obersenatsrat 82581
Sekretariat 82585, 82593
Stöckl, Dipl.-Ing. Walther, Oberstadtbaurat 82582
Referentinnen/Referenten:
Burger Kurt, Verwaltungsoberkommissär 82591
Kirschbaum Eva, Verwaltungsoberkommissärin 82592
Reissert, Ing. Günter, Techn. Oberkommissär 82583
Kanzlei 82589, 82594

Hilfs- und Sofortmaßnahmen

1, Rathausstraße 1, 7. Stock, Tür 773, Tel. 40 00 ...
Telefax: 40 00–99–Nebenstelle, IBS-User: MDHK,
Internet e-mail: post@mdh.magwien.gv.at

Organisation von Hilfsmaßnahmen der Stadt Wien im In- und Ausland unbeschadet der Genehmigung durch die zuständigen Gemeindeorgane.
Prüfung und Veranlassung von Sofortmaßnahmen aufgrund von Wahrnehmungen, die die Wiener Stadtverwaltung betreffen.
Verkehr mit ausländischen Stellen, mit den in Wien ansässigen diplomatischen Vertretungen und internationalen Organisationen, mit Dienststellen des Bundes und anderer Gebietskörperschaften, sofern es sich um die Erledigung von Angelegenheiten handelt, die im Rahmen des Referates zu besorgen sind und nicht in den regelmäßigen Geschäftsumfang einer Dienststelle oder einer Unternehmung der Stadt Wien fallen.
Administrative Angelegenheiten des Zivilschutzes einschließlich der umfassenden Landesverteidigung, sofern keine andere Dienststelle zuständig ist.
Koordination der Angelegenheiten des Zivilschutzes, Katastrophenschutzes und Katastropheneinsatzes.
Ausarbeitung und Weiterführung des Katastrophenschutzplanes und des Katastrophenalarmplanes, einschließlich der Auswahl und Heranziehung von Einrichtungen sowie Zuteilung von Aufgaben an diese.
Anordnung der Durchführung von Einsatzübungen gemäß § 3 Abs. 3 des Wiener Katastrophenhilfegesetzes.
Vermittlung von Kenntnissen an die Bevölkerung auf dem Gebiet des Selbstschutzes und der Haushaltsbevorratung gemäß § 4 Abs. 1 des Wiener Katastrophenhilfegesetzes.
Führung der Bürogeschäfte des Beirates für den Katastropheneinsatz.
Führung der Bürogeschäfte des Landesversorgungssicherungsausschusses, des Landeslenkungsausschusses und des Landeskoordinationsausschusses.
Führung des rechtskundigen Permanenzdienstes.
Koordination von Sicherheitsmaßnahmen, ausgenommen in Angelegenheiten des Brandschutzes und in bautechnischen Angelegenheiten.
Maßnahmen der Umweltpolizei im Zusammenwirken mit den zuständigen Fachdienststellen.
Erteilung von Einsatzaufträgen an die Rathauswache.
Entgegennahme von Meldungen über Schäden an Gemeindevermögen.
Zentrale Verteilstelle von Meldungen anderer Behörden über Beschädigungen von im Eigentum der Stadt Wien stehenden Einrichtungen.
Führung des Dienstkraftwagenbetriebes (soweit die Dienstkraftwagen nicht den Dienststellen direkt zugeteilt sind) mit Ausnahme der technischen Angelegenheiten.
Genehmigung der Anschaffung von Personen- und Kombinationskraftwagen.
Führung des Systemisierungsplanes für Kraftfahrzeuge.
Führung des Registers über die privaten Adressen und Telefonnummern der Dienststellenleiter und ihrer Stellvertreter.

Nussgruber, Dr. Kurt, Bereichsdirektor für Organisation,
1, Rathausstraße 1, 8. Stock, Tür 878 75111
Sekretariat 75115
Breiner, Dr. Georg, Obersenatsrat,
Ständiger Stellvertreter,
Sicherheitsbeauftragter für die städtischen Amtshäuser 75211
Sekretariat 75215
Kanzlei 75219

Rechtsfragen und humanitäre Hilfsmaßnahmen:
Peters, Dr. Ronald, Obermagistratsrat 75212
Sekretariat 75216
Leitstelle für den rechtskundigen Permanenzdienst 75216, 75215
Humanitäre Hilfsmaßnahmen 75234

Dezernat Zivil- und Katastrophenschutz, Sicherheit:
Hiller Werner, Oberamtsrat 75231
Christoph Rudolf, Oberamtsrat 75232
Kanzlei 75239
Sicherheitsangelegenheiten 7524

Dezernat Sofortmaßnahmen (Mobiler Bürgerdienst und Umweltpolizei):
Graf Ernst, Oberamtsrat 75221
Wustinger Josef, Oberamtsrat 75202
Zwinger, Ing. Johann, Techn. Amtsrat 75203
Umwelttelefon 75200
Journalplatz 75222
Kanzlei 75227, 75228, 75229

Dienstkraftwagenbetrieb:
Nabicht Kurt, Betriebsoberinspektor 75271, 75281
Personalangelegenheiten 75272, 75282
Fahrzeuganforderungen 75283, 75284, 75285
Kanzlei 75273, 75280, 75289
Telefax: 40 00–99–75280

Personaldirektion

1, Rathaus, Stiege 7, Halbstock, Tür 215, Tel. 40 00 ...
Telefax: 40 00–99–Nebenstelle, IBS-User: MPDK
Internet e-mail: post@mpd.magwien.gv.at

Dienstaufsicht – soweit sie nicht dem Büro des Magistratsdirektors obliegt – über
Rechtskundige Bedienstete mit Ausnahme der Vizepräsidentin (des Vizepräsidenten) und der übrigen Mitglieder des UVS Wien,
Bedienstete des höheren Verwaltungsdienstes mit Ausnahme der Chemiker, Physiker und Verwaltungsdirektoren im Bereich des KAV,
Ärzte, soweit sie nicht im Bereich der Magistratsabteilungen 11, 15, 70 und des KAV verwendet werden,
Tierärzte der MA 60,
Sondervertragsbedienstete mit Ausnahme des dem KAV und dem UVS Wien zugewiesenen Personals und der Hausinspektoren im Sondervertrag,
das den Dienststellen des technischen Bereichs und der Magistratsabteilung 4 zugewiesene technische Personal sowie das den anderen Dienststellen zugewiesene technische Personal mit Ausnahme des dem KAV zugewiesenen technischen Personals der Schemata II und IV,
Psychologen der Magistratsabteilungen 11 und 12,
Bedienstete der Magistratsabteilungen 7, 8, 9, 10, 12, 13 (ausgenommen Lehrer), 22, 23, 47, 51, 53, 54, 57 und 60,
Redakteure der Stadt Wien,
Fachbedienstete des Verwaltungsdienstes mit Ausnahme des dem KAV und dem UVS Wien zugewiesenen Personals,
Fachbedienstete des Büchereidienstes, Sozialarbeiter und Sozialpädagogen,
Kanzleibedienstete mit Ausnahme des dem KAV und dem UVS Wien zugewiesenen Personals, Büchereibedienstete, Erzieher, Hausinspektoren der Verwendungsgruppe C,
Amtsgehilfen mit Ausnahme des dem KAV und dem UVS Wien zugewiesenen Personals,
Überwachungsorgane für den ruhenden Verkehr und für Kurzparkzonen,
alle ausschließlich mit Angelegenheiten der EDV beschäftigten Bediensteten, ungeachtet ihrer Zugehörigkeit zu bestimmten Bedienstetengruppen.
Zuteilung und Versetzung der vorgenannten Bediensteten sowie Stellenbesetzungen; bei Zuteilungen aus dem Stand der Personalausgleichstelle im Einvernehmen mit der Verwaltungsrevision.
Führung der Personalausgleichstelle.
Versetzung des Personals zwischen den städtischen Unternehmungen und dem übrigen Magistrat sowie zwischen den Dienstaufsichtsbereichen des übrigen Magistrats.
Eignungsfeststellungen im Rahmen der Dienstaufsicht.
Ausschreibung von Dienstposten der der Dienstaufsicht der Personaldirektion unterstehenden Bediensteten nach den Richtlinien des Büros des Magistratsdirektors.
Zuteilung der von der Landesregierung ernannten Mitglieder und des sonstigen Personals an den UVS Wien.

Nominierung von rechtskundigen Bediensteten als Sachverständige nach den kraftfahrrechtlichen Vorschriften und als Eheberater.
Festlegung des wesentlichsten Inhaltes von Sonderverträgen.
Feststellung des Anspruches auf die Ausgleichszulage bei Verwendung auf einem höherwertigen Dienstposten.
Mitwirkung bei der Verwaltungs- und Betriebsreform und damit zusammenhängenden grundsätzlichen Personalangelegenheiten.
Mitwirkung bei allen grundsätzlichen Personalangelegenheiten.
Erarbeitung von Grundlagen, Richtlinien und Verfahren für die Leistungsbewertung des Personals sowie die analytische Dienstpostenbewertung.
Personalforschung, auch im Wege interner Meinungsumfragen; Festlegung von grundsätzlichen Richtlinien für die Personalwerbung und für die Personalauslese.
Personalentwicklungsmaßnahmen grundsätzlicher und individueller Art im Rahmen der Dienstaufsicht; erforderlichenfalls im Einvernehmen mit der Verwaltungsakademie.
Mitwirkung bei der Personalsicherstellung in Sonderfällen, insbesondere bei Wahlen, Volksabstimmungen, Volksbegehren, Volksbefragungen, Volkszählungen.

Kassar, Dr. Roland, Bereichsdirektor für Personal und Revision 81601
Hofbauer Walter, Oberamtsrat 81602
1, Rathaus, Stiege 7, Halbstock, Tür 213
Sekretariat 81605, 81606

Strasser Helmut, Kanzleikommissär, Kanzleileiter 81609
Auskunft 81608
1, Rathaus, Stiege 7, Halbstock, Tür 215

Gruppe „Allgemeine Angelegenheiten“:
1, Rathaus, Stiege 7, Halbstock, Tür 215
Gruppenleiter:
Satzinger Johann, Amtsrat 81611
Referentin:
Holzinger Martina, Verwaltungskommissärin 81612
Kanzlei 81613, 81614, 81656

Referat „Controlling Krankenabsenzen und Führung der Personalausgleichstelle“:
Keprda Ilse, Kanzleikommissärin 81651

Personalmanagement-Gruppe I:
1, Rathaus, Stiege 5, 2. Stock, Tür 406
Gruppenleiter:
Auweck, Ing. Herbert, Techn. Oberamtsrat 81621
Referentinnen/Referenten:
Bayer Karin, Amtsrätin 81623
Seyer-Kaufmann Gabriele, Verwaltungsoberkommissärin 81626
Streyhammer Roswitha, Amtsrätin 81624
Zeiner Hans, Oberamtsrat 81625
Kanzlei 81631, 81632, 81633, 81634, 81636
Auskunft 81620

Personalmanagement-Gruppe II:
1, Rathaus, Stiege 7, Halbstock, Tür 215
Gruppenleiterin:
Haller, Regierungsrätin Elfriede, Oberamtsrätin 81641
Referentinnen/Referenten:
Fehringer Wolf-Dieter, Oberamtsrat 81643
Holzer Susanne, Verwaltungsoberkommissärin 81645
Kot Irene, Oberamtsrätin 81644
Krotky, Dr. Anton, Oberamtsrat 81646
Kanzlei 81653, 81654, 81655, 81657, 81658
Auskunft 81640

Behindertenreferat:
Kot Irene, Oberamtsrätin 81644

Referat „Angelegenheiten der Bereichsdirektion“:
Arbeitnehmer(innen)schutz, Bedienstetenschutz und allgemeine Rechtsangelegenheiten der Bereichsdirektion:
Stepan, Dr. Günther, Senatsrat 81603
Kanzlei 81656

Verwaltungsakademie

2, Rotensterngasse 9–11, Tel. 40 00 . . .
Telefax: 40 00–99–Nebenstelle, IBS-User: MVAK,
Internet e-mail: post@mva.magwien.gv.at

Geschäftsführung der Verwaltungsakademie.
Erstellung von Programmen für die Schulung von Führungskräften und die Vermittlung moderner Managementmethoden.
Ausarbeitung der Vorschriften für die Ausbildung und Prüfung der städtischen Bediensteten.
Ausbildung und Prüfung der städtischen Bediensteten, soweit keine andere Dienststelle zuständig ist, sowie Ausbildung und Prüfung der Bürokaufmannslehrlinge und Lehrlinge des technischen Dienstes.
Koordination von grundsätzlichen Angelegenheiten der Aus- und Weiterbildung der städtischen Bediensteten.
Auflage und Verwaltung von Skripten.
Organisation und Betreuung des Unterrichts in Sprachen.
Genehmigung der Teilnahme städtischer Bediensteter an Aus- und Fortbildungsveranstaltungen, soweit es sich nicht um die Teilnahme von Bediensteten des KAV handelt.
Zuerkennung von Kostenersätzen im Zusammenhang mit Aus- und Fortbildungsveranstaltungen.
Dienstaufsicht über Bürokaufmannslehrlinge und Lehrlinge des technischen Dienstes.
Kulturelle Betreuung (Veranstaltungen, Schulungskurse, Exkursionen u. dgl.) für Gemeindebedienstete, die das 21. Lebensjahr noch nicht vollendet haben.
Bereinigung der Wiener Rechtsvorschriften.

Vetiska, Dr. Herbert, Obersenatsrat 82251
Sekretariat 82255
Gaber, Mag. Bernhard, Senatsrat 82252
Fritz Karl, Kanzleikommissär, Kanzleileiter 82256
Kanzlei 82258, 82253, 82264

Allgemeine Weiterbildungsangelegenheiten:
Rajchl Heinz, Oberamtsrat 82254

Dienstprüfungskurse, Budget- und Wirtschaftsangelegenheiten:
Zehetner Gertraude, Oberamtsrätin 82257

Fachliche Grundausbildungen, frauenfördernde Weiterbildung, Skriptenredaktion:
Rama Petra, Verwaltungsoberkommissärin 82262

Dienstprüfungskurse, fachliche Grundausbildungen, Lehrlingsangelegenheiten im technischen Bereich:
Hartwein, Ing. Horst, Techn. Oberkommissär 82275

Sprachkurse:
Girtler-Voh, Mag. Michaela 82273

EDV-Ausbildung, Ausbildungsevidenz:
Friedlmayer Robert, Verwaltungsoberkommissär 82263
Friedl Karl, Amtsrat 82266
Kanzlei 82261, 82265, 82268

Handbücher, Layout, Präsentationen und Sonderaufgaben:
Frei Karl, Verwaltungsoberkommissär 82274

Jugendausbildungs- und Seminarzentrum:
10, Gutheil-Schoder-Gasse 9,
3. Stock . . . . . 667 20 93 . . .
Telefax: 667 20 93-89

Jugendbetreuung, Viennessen, Newcomer-Schulungen:
Bichler Peter, Amtsrat 81

Lehrlingsangelegenheiten:
Gutmann-Pichler Monika, Amtsrätin 82
Kanzlei 80, 83, 84

Verwaltungsrevision

1, Rathaus, Stiege 8, Halbstock, Tür 221, Tel. 40 00 . . .
Telefax: 40 00–99–Nebenstelle, IBS-User: MVRK
Internet e-mail: post@mvr.magwien.gv.at

Revision des Dienstbetriebes der städtischen Dienststellen in sachlicher, personeller und organisatorischer Hinsicht.
Erstattung von Vorschlägen für die Organisation von Verwaltungsvorgängen aufgrund von Revisionsergebnissen.
Mitwirkung bei der Verwaltungs- und Betriebsreform und damit zusammenhängenden grundsätzlichen Personalangelegenheiten.
Genehmigung der Erteilung der Zeichnungsberechtigung an mehr als vier unterstellte Bedienstete.
Behandlung von Dienstaufsichtsbeschwerden.
Verkehr mit der Volksanwaltschaft; Kontaktnahme in allen von der Volksanwaltschaft an das Land (die Stadt) Wien herangetragenen Fällen und Vorbearbeitung der an die Volksanwaltschaft gerichteten und die Verwaltung des Landes (der Stadt) Wien betreffenden Erledigungen.
Schaffung, Streichung und Bewertung von Dienstposten.
Führung des Dienstpostenplanes.
Vorbereitung der analytischen Dienstpostenbewertung.
Genehmigung von Diensttelefonanschlüssen in Dienststellen und Wohnungen.
Genehmigung von Dienst- und Studienreisen außerhalb des Dienstortes, ausgenommen Dienst- und Studienreisen im Inland für den Bereich des KAV.
Zuerkennung von Nebengebühren (Personal-, Bau-, Sonder-, Außendienst-, Kassierzulagen, Stenografengebühren, Überstundenvergütungen).
Zuerkennung von Entschädigungen gemäß § 10 Abs. 2 der Reisegebührenvorschrift (Kilometergeld), ausgenommen für den Bereich des KAV.
Mitwirkung bei der Genehmigung von Sonderurlauben mit Bezügen.
Mitwirkung bei der Zuteilung von Bediensteten aus dem Stand der Personalausgleichstelle.
Personalsicherstellung in Sonderfällen, insbesondere bei Wahlen, Volksabstimmungen, Volksbegehren, Volksbefragungen und Volkszählungen, im Einvernehmen mit der Personaldirektion.
Maßnahmen aufgrund des Arbeitnehmerschutz- sowie des Wiener Bedienstetenschutzgesetzes.
Koordinierende Maßnahmen aufgrund des Zivildienstgesetzes.

Jauernig, Dr. Paul, Senatsrat 82401
Schuh, Mag. Günther, Obermagistratsrat
Volksanwaltschafts- und Dienstaufsichtsbeschwerden, Nebengebühren, Zivildienst- und Dienstreiseangelegenheiten, Dienstpostenplan 82402
Sekretariat 82405, 82406
Papouschek, Mag. Eva, Magistratskommissärin
Referat für Rechtliche Revisionsangelegenheiten . . 82403
Kanzlei 82409

Revisionsgruppe „Allgemeine Verwaltung":
Fink Albert, Amtsrat 82421

Revisionsreferentinnen/Revisionsreferenten:
Löw Dagmar, Verwaltungsoberkommissärin 82422
Burda Erwin, Verwaltungskommissär 82423
Eder Karl, Amtsrat 82424
Podkowicz Martin, Verwaltungsoberkommissär 82425
Pelzer Norbert, Verwaltungsoberkommissär 82426
List, Ing. Herbert, Techn. Oberkommissär 82427
Boiger Klaus, Verwaltungskommissär 82428
Kanzlei der Revisionsgruppe 82429, 82432

Revisionsgruppe „Gesundheit":
Prusa Werner, Oberamtsrat 82441

Revisionsreferentinnen/Revisionsreferenten:
Weinrother Rosa, Oberamtsrätin 82442
Siegert Susanne, Amtsrätin 82443
Klvana Thomas, Verwaltungskommissär 82444
Skutecky René, Verwaltungskommissär 82445
Axmann Brigitte, Verwaltungsoberkommissärin 82446
Glaser Christine, Verwaltungsoberkommissärin 82448
Kanzlei der Revisionsgruppe 82449, 82452

Referat „Überstundensteuerung":
Tiller Peter, Amtsrat 82462

Referat „Nebengebührenwesen und Kilometergeld":
Pieb Peter, Oberamtsrat 82461

Referat „Dienstreisen und Sonderurlaube":
Hoffmann Helmut, Oberamtsrat 82471
Kanzlei 82469, 82479

Referat „Volksanwaltschafts- und Dienstaufsichtsbeschwerden":
8, Friedrich-Schmidt-Platz 3, 4. Stock, Tür 433
Hussein Renate 82482
Kanzlei 82483

Gruppe „Dienstpostenplan":
Wessely Beatrix, Verwaltungsoberkommissärin 82481
Zagler Gerda, Kanzleioberkommissärin 82489
Kanzlei 82484, 82485, 82487, 82488

Verwaltungsorganisation

1, Rathaus, Stiege 7, Halbstock, Tür 212, Tel. 40 00 . . .
Telefax: 40 00–99–82501, IBS-User: MVOK,
Internet e-mail: post@mvo.magwien.gv.at

Verwaltungs- und Betriebsreform und Mitwirkung bei damit zusammenhängenden grundsätzlichen Personalangelegenheiten.
Organisation von Verwaltungsvorgängen.
Prüfung von Vorschlägen städtischer Bediensteter zur Vereinfachung und Reform der Verwaltung (Betriebliches Vorschlagswesen).
Vergabe und Betreuung von Aufträgen an private Betriebsberatungen.
Genehmigung von Dienst- und Organisationsvorschriften, soweit sie den Wirkungsbereich einer Dienststelle überschreiten.
Anträge an den Bürgermeister und an den Gemeinderat über die Organisation, Auflassung und Errichtung von städtischen Ämtern, Anstalten und sonstigen Dienststellen des Magistrats sowie über die Erlassung und Abänderung der Geschäftseinteilung für den Magistrat.
Auslegung der Geschäftseinteilung für den Magistrat.
Genehmigung der Errichtung, Verlegung und Auflassung von Dienststellen nach § 5 Abs. 2 der Geschäftsordnung für den Magistrat, auch wenn in diesem Zusammenhang keine Anträge an den Bürgermeister und an den Gemeinderat zu stellen sind.
Beschaffung von Räumlichkeiten für Zwecke des Magistrats oder für sonstige Einrichtungen der Stadt Wien.
Vergabe der Amtsräume.
Organisation und Kontrolle der Instandsetzung von Amtsgebäuden und Amtsräumen.
Genehmigung der Anschaffung von Langstampiglien mit Adressenangaben und Siegeln, ausgenommen für den Bereich des KAV.
Erteilung von Einfahrtgenehmigungen in die Höfe städtischer Amtshäuser.
Genehmigung der Anschaffung von Drucksorten, ausgenommen für den Bereich des KAV.
Führung der Drucksortenkommission.
Organisation der Textverarbeitung.
Regelung des Postverkehrs und der Aktenübermittlung, zentrale Beförderung von Briefen und Akten (Zentrale Poststelle).
Entscheidung über die Inanspruchnahme von Diensterfindungen.

Weinke, Dr. Friedrich, Obersenatsrat 82501
Seiz, Dr. Michael, Senatsrat 82502
Sekretariat 82505, 82506
Zeiler Johanna, Kanzleioffizialin,
Kanzleileiterin 82509
Kanzlei 82508, 82528, 82529, 82534

Gruppe Organisation
Seiz, Dr. Michael, Senatsrat 82502
Futschek, Mag. Brigitte, Magistratsrätin 82512
Aulehla, Dr. Elisabeth, Magistratsrätin 82516
Schmit, Dr. Reinhard, Magistratsrat 82513
Schmengler, Mag. Claudia, Magistratskommissärin . . 82515
Fikar Alois, Oberamtsrat 82517
Sejrek Eva, Verwaltungsoberkommissärin 82521
Starzinger Harald, Verwaltungsoberkommissär 82518
Redl-Berlakovich Karin, Verwaltungsoffizialin 82522
Drucksortentelefon 82510

Gruppe Verwaltung
Weinke, Dr. Friedrich, Obersenatsrat 82501

Dezernat für Amtsraumlenkung
Brunner, Regierungsrat Johann,
Techn. Oberamtsrat 82541
Mayer Ernst, Amtsrat 82542
Steiner, Ing. Franz, Techn. Oberkommissär 82543
Weingartner Sabine, Verwaltungsoberkommissärin .. 82544
Kanzlei 82548, 82549

Dezernat Genehmigungen
Pikal Franz, Oberamtsrat 82551

Dezernat für Zentrale Dienste
Pohl Cornelius, Oberamtsrat 82531
Zentrale Poststelle, 1, Rathausplatz 2 .... 82535, 82536
Auskunft über Postbeförderung 82533, 82537, 82539

Besondere Aufgaben
Salomon, Dr. Gerhard, Senatsrat 82519
Schenk Johann, Kanzleikommissär 82532

Projektteam Betriebswirtschaft und Controlling
Hebnar, Ing. Theodor, Techn. Amtsrat 82171
Hradil, Mag. Maria, Magistratskommissärin 82172
Stoll, Ing. Mag. Rainer 82177
Zimmel, Dipl.-Ing, Klaus 82183
Oblak, Dipl.-Ing. Sigrid, Stadtbaurätin 82187
Halek Margit 82191
Dissauer, Mag. Gilbert, Magistratsrat 82193
Reiter, Mag. Anna, Magistratsrätin 82195
Kadlcek Roman, Betriebskontrollor 82197
Bauer, Ing. Mag. Werner, Magistratsrat 82181
Schirgi, Mag. Günter 82185
Eisler Susanne 82189

EDV- und Informationsmanagement

1, Rathausstraße 1, 6. Stock, Tür 670, Tel. 40 00 . . .
Telefax: 40 00–99–75015,
Telefax International: 0043–1–40 00–7205,
IBS-User: MDIK,
Internet e-mail: post @ mdi.magwien.gv.at

Ständige Entwicklung und Anpassung der EDV- und Kommunikationsstrategie für den gesamten Magistrat der Stadt Wien.
Grundsätzliche Angelegenheiten der Informations- und Kommunikationstechnologie.
Koordination und Überprüfung hinsichtlich aller organisatorischen und technischen Maßnahmen auf dem Gebiet der EDV unter Einbindung der Informations- und Kommunikationstechnologie.
Festlegung von Rahmenbedingungen für den zweckmäßigen und wirtschaftlichen Einsatz der EDV.
Festlegung von Grundsätzen für die von der Magistratsabteilung 14 und dem KAV wahrzunehmende Fachaufsicht auf dem Gebiet der EDV unter Einbindung der Informations- und Kommunikationstechnologie.
Grundsätzliche Angelegenheiten der EDV-Ausbildung.
Maßnahmen aufgrund des Datenschutzgesetzes:
Meldung der Verarbeitung an das Datenverarbeitungsregister gemäß § 8,
Mitteilung der beabsichtigten Heranziehung eines Dienstleisters an die Datenschutzkommission gemäß § 13 Abs. 3,
Einholung der Genehmigung von Dienstleistungen im Ausland durch die Datenschutzkommission gemäß § 34,
Beantragung der Registrierung gemäß § 23,
Einholung der Genehmigung der Übermittlung in das Ausland durch die Datenschutzkommission gemäß § 33.
Aufgaben nach der Wiener Datenschutzverordnung:
Verfügungsrecht über alle Daten,
Genehmigung der Zurverfügungstellung von Daten, sofern nicht die Voraussetzungen des § 5 Abs. 3 vorliegen,
Genehmigung der Organisationskonzepte, in denen Inhalt und Umfang der Datenverarbeitungsvorhaben festzulegen sind,
Genehmigung jeder in einem Organisationskonzept nicht vorgesehenen Übermittlung von Daten,
Genehmigung der Vergabe von Aufträgen zur Erbringung von Dienstleistungen im Datenverkehr, sofern die Auftragnehmer keine Gebietskörperschaften sind,
Führung des Datenverarbeitungsregisters gemäß § 11 Abs. 1.

Binder, Dipl.-Ing. Eberhard, Obersenatsrat 75011
Assistent:
Skerlan-Schuhböck Thomas,
Verwaltungsoberkommissär 75016

Sekretariat/Kanzlei:
Hes Evelyn, Kanzleioffizialin 75015

Brunner Franz 75023
Götzl Ingrid, Amtsrätin 75025
Götzl Erwin 75033
Wanzenböck, Dipl.-Ing. Christine 75034

Informationsrecht:
Zogelmann, Dr. Herbert, Senatsrat 75041
Lechner Brigitte, Amtsrätin 75043

Zivil- und Strafrechtsangelegenheiten

1, Rathaus, Stiege 4, Hochparterre, Tür 113, Tel. 40 00 . . .
Telefax: 40 00–99–82350, IBS-User: MDZK
Internet e-mail: post@mdz.magwien.gv.at

Rechtsberatung der städtischen Dienststellen, insbesondere Mitwirkung beim Abschluß wichtiger und schwieriger Rechtsgeschäfte, Erstellung von Rechtsgutachten in wichtigen Zivil- und Strafrechtsangelegenheiten.
Vertretung der Interessen der Stadt Wien bei behördlichen Verfahren.
Begutachtung strafrechtlicher Tatbestände zur Wahrung der Stadtinteressen.
Entbindung von der Amtsverschwiegenheit.
Genehmigung der Übermittlung von Akten an Gerichte und Verwaltungsbehörden.
Ausstellung von Vollmachten namens der Stadt Wien, ihrer Anstalten, Stiftungen und Fonds sowie Bestellung von Rechtsanwälten.
Genehmigung der Beistellung eines Rechtsanwaltes für städtische Bedienstete.
Vergleichsweise Bereinigung privatrechtlicher Ansprüche und Führung der Aktiv- und Passivprozesse der Stadt (des Landes) Wien, ihrer Stiftungen und Fonds, einschließlich der Zwangsvollstreckung, soweit diese Angelegenheiten nicht den Magistratsabteilungen 2, 3, 12 oder 17 im Rahmen der Vertretung der Stadt (des Landes) Wien in Arbeits- und Sozialrechtssachen und vor den Bundesämtern für Soziales und Behindertenwesen oder der Magistratsabteilung 11 im Zuge der Amtsvormundschaft oder den Magistratsabteilungen 12 oder 47 oder dem KAV zur Hereinbringung von Sozialhilfe- bzw. Verpflegskosten oder der Magistratsabteilung 17 im Rahmen der Verwaltung städtischer Wohnhäuser zugewiesen sind; Geltendmachung von Ansprüchen in Strafprozessen.
Behandlung der Ansprüche nach dem Amtshaftungsgesetz.
Grundverkehrsgeschäfte der Stadt Wien, ihrer Anstalten, Stiftungen, Fonds und Unternehmungen, soweit ihre Durchführung nicht anderen Dienststellen übertragen ist, insbesondere Abfassung von Verträgen und Ausfertigung von Vertrags- und Grundbuchsurkunden, mit Ausnahme der Ausstellung von Löschungserklärungen für Wohnbauförderungspfandrechte zugunsten des Landes (der Stadt) Wien, grundbücherliche Durchführung, Veranlassung der Zahlung und Einbringung von Kaufschillingen und sonstigen Leistungen, Vergebührung und Versteuerung von Grundbuchsurkunden; Liegenschaftsübernahmen.
Abfassung von Grundbuchseingaben und Vertretung der Stadt Wien bei den Grundbuchsgerichten, soweit nicht die Magistratsabteilung 50 oder 64 zuständig ist; grundbücherliche Ersichtlichmachung, Herstellung der Grundbuchsordnung; grundbücherliche Durchführung von Grundabteilungen bei städtischen Liegenschaften und deren Überwachung bei fremden Liegenschaften.
Ordnung der Rechtsverhältnisse am öffentlichen Gut.
Behandlung von Verlassenschaften zugunsten der Stadt Wien, ihrer Anstalten, Stiftungen und Fonds.
Überprüfung der Angemessenheit von Anwalts-, Notar- und Sachverständigenkosten.
Prüfung der Gerichtsbeschlüsse bei gerichtlichen Zwangsvollstreckungen in fremde Liegenschaften mit Ausnahme jener für Abgabenforderungen und Vertretung der Stadt Wien in Exekutions-, Konkurs- und Ausgleichsverfahren.
Auskunfterteilung hinsichtlich Gerichtsgebühren und Grundverkehrsabgaben, sofern dies nicht anderen Dienststellen vorbehalten ist.
Gewährung von Hilfen durch die Gemeinde Wien gemeinsam mit der Wirtschaftskammer Wien an die durch den U-Bahn-Bau in ihrer Existenz bedrohten Gewerbeberechtigten.
Beglaubigung von Urkunden.
Rechtliche Angelegenheiten des U-Bahn-Baues, soweit nicht die Magistratsabteilung 64 oder 69 zuständig ist.
Entgegennahme der Anmeldung von Ansprüchen gemäß § 14 Abs. 1 und Abschluß von Vereinbarungen über Entschädigungen gemäß § 14 Abs. 2 des Wiener Katastrophenhilfegesetzes.
Genehmigung von Verträgen, in denen die Befugnis eingeräumt wird, Namen, Embleme oder Symbole städtischer Dienststellen zu verwenden.

Zörner, Dr. Franz, Obersenatsrat,
Bereichsleiter für Bürgerservice und für die Dezentralisierung der Verwaltung der Stadt Wien .. 82351
Sekretariat 82355, 82356
Bertani, Dr. Hugo, Senatsrat 82375
Cerny, Dr. Richard, Senatsrat 82385
Eggenhofer, Dr. Walter, Senatsrat 82387
Kirchbaumer, Dr. Michael, Senatsrat 82381
Farag, Dr. Roswitha, Obermagistratsrätin 82377
Steinkogler, Dr. Wolfram, Magistratsrat 82378
Miksch, Mag. Elisabeth 82376
Grbawtschitz Renate, Oberamtsrätin 82392
Kurka Karl, Oberamtsrat 82391
Prause Gerhard, Oberamtsrat 82395
Wilhelm Claudia, Amtsrätin 82396
Klaus-Bär Ursula, Verwaltungsoberkommissärin 82371
Laschober Gabriele, Verwaltungsoberkommissärin .. 82397
Pollek Marietta, Verwaltungsoberkommissärin 82398
Haas Michaela, Verwaltungsoffizialin 82386
Kotrasch Christine, Kanzleioberkommissärin,
Kanzleileiterin 82359
Einlaufstelle und Protokoll 82362, 82363

Rechtsreferate

Rechtsberatung und -begutachtung incl. Beratung bei legistischen Maßnahmen sowie Prozeßvorbereitung und -abwicklung für folgende Dienststellen:

Zörner, Dr. Franz, Obersenatsrat 82351
MD-Präsidialbüro, MD-Büro des Magistratsdirektors und Büros der amtsführenden Stadträte

Bertani, Dr. Hugo, Senatsrat 82375
Referate der Magistratsdirektion (soweit nicht *Dr. Zörner* und *Dr. Eggenhofer* vorbehalten), MA 15, 47, 53, 70 und Wiener Krankenanstaltenverbund (ausgenommen Gebührenangelegenheiten), grundsätzliche Fragen des Klags- und Exekutionswesens

Eggenhofer, Dr. Walter, Senatsrat 82387
Bezirksvorstehungen, MD-Stadtbaudirektion, MA 18, 19, 21, 23, 24, 25, 32, 33, 35, 36, 37, 39, 40, 41, 56, 64, 68, 69; Liegenschaftstransaktionen mit dem Wiener Wirtschaftsförderungsfonds; grundsätzliche Rechtsfragen bezüglich Transaktionen

Cerny, Dr. Richard, Senatsrat 82385
MA 1, 2, 3, 16, 17, 50; Liegenschaftstransaktionen für außerhalb Wiens

Kirchbaumer, Dr. Michael, Senatsrat 82381
MA 22, 28, 29, 30, 31, 42, 43, 44, 45, 48 (ausgenommen Amtshaftungsansprüche nach Kfz-Abschleppungen), 49, 58, städtische Unternehmungen und U-Bahn-Bau

Farag, Dr. Roswitha, Obermagistratsrätin 82377
MA 46, 48 (Amtshaftungsansprüche nach Kfz-Abschleppungen), 57, 61, 62, 65, 67; MA 15, 47, 70 und Wiener Krankenanstaltenverbund betreffend Gebührenangelegenheiten; Liegenschaftstransaktionen mit dem Wiener Bodenbereitstellungs- und Stadterneuerungsfonds

Miksch, Mag. Elisabeth 82376
MA 7, 8, 9, 10, 11, 12, 13, 51

Steinkogler, Dr. Wolfram, Magistratsrat 82378
MA 4, 5, 6, 14, 38, 54, 55, 59, 60, 63, 66 sowie magistratische Bezirksämter

Exekutions- und Mahnklagenreferate

Exekutionen und Insolvenzen, Mahnklagen, Sachwalter- und Kuratorbestellungen, Hilfen an Gewerbetreibende im Zusammenhang mit dem U-Bahn-Bau, Entbindungen von der Amtsverschwiegenheit

für Buchstaben A–H
Kurka Karl, Oberamtsrat 82391

für Buchstaben I–J
Pollek Marietta, Verwaltungsoberkommissärin 82398

für Buchstaben K–N
Laschober Gabriele, Verwaltungsoberkommissärin .. 82397

für Buchstaben O–Z
Grbawtschitz Renate, Oberamtsrätin 82392

Transaktionsreferate

Liegenschaftstransaktionen und Baurechtsabwicklungen incl. Grundbuchseingaben, Zustimmungserklärungen und zwangsweise Pfandrechtsbegründungen, Grundbuchserhebungen, Abschluß von Räumungsvergleichen für den 22. Bezirk
Prause Gerhard, Oberamtsrat 82395

für die Bezirke 5, 12, 15, 16, 17, 23, außerhalb Wiens; Liegenschaftserwerbungen für Wasserbauanlagen
Wilhelm Claudia, Amtsrätin 82396

für die Bezirke 1, 10, 11
Klaus-Bär Ursula, Verwaltungsoberkommissärin 82371

für die Bezirke 18, 19, 20, 21
Pollek Marietta, Verwaltungsoberkommissärin 82398

für die Bezirke 2, 3, 4, 6, 7, 8, 9, 13, 14
Haas Michaela, Verwaltungsoffizialin 82386

Kanzleiagenden bei Transaktionen:

Einholung der beglaubigten Vertragsunterfertigungen, Überbeglaubigung von Personenstandsurkunden .. 82359

Kontakt zum Finanzamt, Ersichtlichmachungen, Ausfolgung der Urkunden 82369

Dezentralisierung:

1, Rathausstraße 2, 2. Stock, Tür 261,
Telefax: 40 00–99–7275
Wismühler, Ing. Hanna-Maria, Techn. Oberamtsrätin 75141
Hayer, Ing. Rudolf, Techn. Amtsrat 75142
Referentin/Referent 75143
Kanzlei 75148, 75149

Stadtbaudirektion

1, Rathaus, Stiege 7, Halbstock, Tür 206, Tel. 40 00 . . .
Telefax: 40 00-99-Nebenstelle, IBS-User: MDBDK,
Internet e-mail: post@mbd.magwien.gv.at

Grundsätzliche Angelegenheiten der Kooperation und Koordination im technischen Bereich.

Koordination der Bauvorbereitung, Bauführung und Baubeaufsichtigung, soweit sie sich über mehrere Geschäftsgruppen erstreckt.

Herausgabe von Erlässen, soweit sie durch den Stadtbaudirektor für die Dienststellen des technischen Bereichs (und nicht nur im Bereich einer Abteilung) ergehen.

Mitwirkung bei der Erstellung des Finanz- und Investitionsplanes sowie bei der Aufstellung von geschäftsgruppenübergreifenden Zeitplänen und Kosten-Nutzen-Berechnungen.

Mitwirkung bei der Erstellung von Ablaufplänen, insbesondere der Verfassung und Bewirtschaftung von Netzplänen.

Zusammenstellung der erforderlichen Budgetmittel bei Dienststellen des technischen Bereichs für geschäftsgruppenübergreifende Vorhaben.

Abstimmung der Grundlagen für den Voranschlag und den Rechnungsabschluß der Dienststellen des technischen Bereichs.

Koordination der Fachdienststellen sowie des Zusammenwirkens von Magistrat, Wiener Bodenbereitstellungs- und Stadterneuerungsfonds und von Bezirken für den Bereich der Stadterneuerung.

Ausarbeitung von Vorschlägen für neue Inhalte, Strategien und Vorgangsweisen sowie Mitwirkung bei der Begutachtung von generellen Maßnahmen im Bereich der Stadterneuerung.

Sicherstellung der sozialen und technischen Infrastruktur in Stadtentwicklungsgebieten.
Koordination der Mitarbeit technischer Bediensteter in Instituten, Gremien, Kongressen usw.
Beratung der Dienststellen des technischen Bereichs und der Wiener Stadtwerke sowie der Dienststellen, für die der Magistratsdirektor dies ausdrücklich angeordnet hat, in Ausschreibungs-, Vergabe- und Verdingungsfragen.
Festlegung der allgemeinen Vertragsunterlagen und Ausschreibungsbedingungen für die Vergabe von Leistungen durch Dienststellen des technischen Bereichs.
Überprüfung der Zweckmäßigkeit der von den Dienststellen des technischen Bereichs sowie von den Dienststellen, für die der Magistratsdirektor dies ausdrücklich angeordnet hat, beabsichtigten Durchführung von nicht offenen Verfahren oder Verhandlungsverfahren bei Vergaben sowie Überprüfung der für die nicht offenen Verfahren beziehungsweise Verhandlungsverfahren vorgeschlagenen Auswahl der Bieter; Überprüfung von durch diese Dienststellen gestellten Vergabeanträgen, von Angeboten im Zuge von Verhandlungsverfahren und von Kostenvoranschlägen auf Preisangemessenheit; Führung des Baupreisspeichers sowie Erstellung von Richtwerten für Kostenschätzungen und Preisbewertungen; Erfassung und Evidenthaltung von Preisumrechnungsgrundlagen auf Basis von Index-, Lohn- und Stoffpreiserhebungen sowie Durchführung jener Preisumrechnungen, welche zentral erfolgen; Herausgabe von Richtlinien für die Berücksichtigung von Kostenänderungen bei laufenden Verträgen dieser Dienststellen sowie von Arbeitsbehelfen auf dem Gebiet des Verdingungswesens.
Evidenthaltung der von den Dienststellen beschäftigten Auftragnehmer.
Führung der Bürogeschäfte des Vergabekontrollsenates.
Fachaufsicht und Mitwirkung bei der Dienstaufsicht über das den Dienststellen des technischen Bereichs und der Magistratsabteilung 4 zugewiesene technische Personal sowie das den anderen Dienststellen zugewiesene technische Personal mit Ausnahme des dem KAV zugewiesenen und dort nicht im Bereich der EDV verwendeten technischen Personals der Schemata II und IV und über Lehrlinge des technischen Dienstes.
Mitwirkung bei der Ausbildung und Prüfung der technischen Bediensteten und der Lehrlinge des technischen Dienstes sowie bei der Ausarbeitung diesbezüglicher Vorschriften.
Angelegenheiten der Ziviltechniker einschließlich der Ziviltechnikerprüfung.
Durchführung der Befähigungsprüfungen für die bewilligungspflichtigen gebundenen Gewerbe der
Baumeister,
Zimmermeister,
Steinmetzmeister,
Brunnenmeister,
Gas- und Wasserleitungsinstallateure,
Elektrotechniker.
Ausbilderprüfung in Verbindung mit den vorgenannten Befähigungsprüfungen einschließlich der Bestellung der Prüfungskommissäre.
Einteilung des technischen Aufsichtsdienstes, Unterweisung der aufsichtsführenden Bediensteten in Theatern, Zirkussen usw., soweit diese Agende nicht anderen Dienststellen des technischen Bereichs zugewiesen ist.
Führung des technischen Permanenzdienstes.
Antragstellung an den Landeshauptmann auf Bestellung der Prüfungskommissäre nach dem Dampfkesselbetriebsgesetz; Veranlassung der amtlichen Kundmachung der Bestellung der Prüfungskommissäre.
Koordination der Vorprüfung der Ansuchen nach dem Fernwärmeförderungsgesetz im Bereich der technischen Dienststellen.
Stellungnahme zu Anträgen auf Verleihung von Berufstiteln durch den Bundespräsidenten, soweit nicht die MA 7 zuständig ist, und Ausstellung von Verwendungsbestätigungen als Grundlage für die Verleihung der Berechtigung zur Führung der Standesbezeichnung „Ingenieur" sowie „Diplom-HTL-Ingenieur" oder „Diplom-HLFL-Ingenieur".

Weber, Dipl.-Ing. Gerhard, Stadtbaudirektor 82601
Sekretariat 82605, 82606
Maras, Ing. Heinz, Obermagistratsrat 82602
Gluttig, Ing. Hannes, Techn. Amtsrat 82603
Kanzlei (Stiege 5, Halbstock, Tür 203):
Döltl Gerald, Kanzleikommissär,
Kanzleileiter 82701
Einlaufstelle, Protokoll 82700

Gruppe Hochbau und Haustechnik:
(MA 23, 24, 25, 32, 39, 43, 44)
1, Doblhoffgasse 9, 3. Stock, Tür 13
Wimmer, Dipl.-Ing. Wilhelm, Obersenatsrat,
Gruppenleiter 82611
Trautner, Architekt Dipl.-Ing. Harald,
Oberstadtbaurat 82612
Cochlar, Ing. Karl, Techn. Oberamtsrat 82614
Hejda, Ing. Gerhard, Techn. Oberamtsrat 82618
Jank, Ing. Martin, Techn. Oberkommissär 82613
Kanzlei 82610

Gruppe Tiefbau und Verkehr:
(MA 28, 29, 30, 31, 33, 46)
1, Rathaus, Stiege 5, 2. Stock, Tür 410
Mager, Dipl.-Ing. Gerhard, Obersenatsrat,
Gruppenleiter 82621
Wechtl, Dipl.-Ing. Günther, Senatsrat 82622
Woditsch, Ing. Wolfgang, Techn. Oberamtsrat 82623
Proy, Ing. Franz, Techn. Oberamtsrat 82624
Kowaschitz, Ing. Josef, Techn. Amtsrat 82628
Kanzlei 82620

Gruppe Planung:
(MA 18, 19, 21 A, 21 B, 21 C, 40, 41)
1, Rathaus, Stiege 5, 2. Stock, Tür 413
Klotz, ao. Univ.-Prof. Dipl.-Ing. Dr. techn. Arnold,
Bereichsdirektor für Stadtplanung, Gruppenleiter . . 82631
Löffler, Dipl.-Ing. Roland, Oberstadtbaurat 82632
Frey, Dipl.-Ing. Otto, Oberstadtbaurat 82633
Semela, Dipl.-Ing. Harald, Oberstadtbaurat 82634
Zunke, Ing. Mag. Rudolf, Magistratsoberkommissär . . 82689
Technische Zeichnerin/Technischer Zeichner 82637
Kanzlei 82630

Gruppe Baubehördliche Angelegenheiten und Umwelttechnik:
(MA 35, 36, 37, 42, 45, 48, 49)
20, Dresdner Straße 75, 1. Stock, Tür 136
Telefax: 40 00–99–82640
Neckar, Dipl.-Ing. Heinz, Obersenatsrat,
Gruppenleiter 82641
Redl, Dipl.-Ing. Walter, Senatsrat 82644
Wedenig, Dipl.-Ing. Hermann, Oberstadtbaurat 82642
Muzik, Ing. Werner, Techn. Oberamtsrat 82643
Gantner, Ing. Christian, Techn. Oberkommissär 82648
Kanzlei 82640

Dezernat 1: Technische Infrastruktur
1, Rathausstraße 13, Tür 5
Deix, Dipl.-Ing. Dr. techn. Franz, Obersenatsrat,
Projektleiter für die Aufschließung der Donau-City, des Basisbauwerks und der Überplattung der A 22 im Bereich des Marshall-Hofes mit technischer Infrastruktur 82761
Felber, Ing. Heinz-Peter, Techn. Oberamtsrat 82762
Kanzlei 82760

Dezernat 2: Stadterneuerung und Bauvorbereitung – Baukoordinierung
1, Bartensteingasse 16, Mezzanin
Berger, Dipl.-Ing. Horst, Obersenatsrat 82721
Chlup, Dipl.-Ing. Peter, Oberstadtbaurat 82722
Walter, Dipl.-Ing. Gerhard, Stadtbaurat 82797

Winklhofer, Regierungsrat Ing. Hans,
Techn. Oberamtsrat 82724
Berger, Ing. Gerhard, Techn. Oberkommissär 82728
Ermischer, Dipl.-HTL-Ing. Manfred, Techn. Oberkommissär 82727
Zemann Martin, Verwaltungsoffizial 82723
Technische Zeichnerin/Technischer Zeichner 82729
Kanzlei 82720

Dezernat 3: Allgemeine Angelegenheiten
1, Rathaus, Stiege 5, Halbstock, Tür 202
Kastl, Dipl.-Ing. Josef, Senatsrat 82731
Opl, Dipl.-Ing. Jasmin, Stadtbauoberkommissärin . . . 82732
Kanzlei 82730

Technisches Prüfungswesen,
Angelegenheiten der Ziviltechnikerinnen/Ziviltechniker
(Stiege 4, Hochparterre, Tür 115):
Groll, Ing. Franz, Techn. Oberamtsrat 82771
Kanzlei 82770

Dezernat 4: Preisprüfung, Verdingungswesen
1, Rathausstraße 8, Hochparterre
Erlinger, Dipl.-Ing. Johann, Senatsrat 82741
Tröstl, Ing. Heinrich, Techn. Oberamtsrat 82749
Aigner, Ing. Franz, Techn. Amtsrat 82744
Fischer Monika, Amtsrätin 82748
Lang, Ing. Christian, Techn. Oberkommissär 82747
Eberl Christa, Verwaltungsoberkommissärin 82748
Kanzlei 82740

Dezernat 5: Organisation und EDV, Budgetangelegenheiten
1, Rathausstraße 8, 1. und 3. Stock
Lukesch, Dipl.-Ing. Heinz, Senatsrat 82751
Zink, Ing. Johann, Techn. Oberamtsrat 82754
Bernhuber Ludwig, Amtsrat 82752
Weinkum Walter, Techn. Amtsrat 82758
Hold, Ing. Martin, Techn. Kommissär 82759
EDV-Betreuung technischer Dienststellen 82790
Kanzlei 82750

Dezernat 6: Technische Fachaufsicht
1, Rathaus, Stiege 5, Halbstock, Tür 202
Maras, Ing. Heinz, Obermagistratsrat 82602
Strimitzer Martha, Oberamtsrätin 82712

Projektleitstelle:
8, Buchfeldgasse 6, 2. Stock
Lhotzky, Dipl.-Ing. Ralf, Senatsrat 82671
Philipp, Dipl.-Ing. Ekkehard, Oberstadtbaurat 82672
Kanzlei 82675

Kommissionen des Stadtbaudirektors – Geschäftsstelle:
1, Rathaus, Stiege 5, Halbstock, Tür 202
Kiefl, Ing. Manfred, Techn. Oberamtsrat 82681
Kanzlei 82680

Vergabekontrollsenat, Auftragnehmerkataster der Stadt Wien, Geschäftsstelle:
1, Rathaus, Stiege 5, Halbstock, Tür 202
Taborsky Walter, Oberamtsrat 82781
Pospisil Peter, Amtsrat 82782
Saulich Harald, Oberamtsrat 82784
Auftragnehmerkataster 82786, 82787
Kanzlei 82780

Gruppe U-Bahn-Bau → Wiener Stadtwerke – Verkehrsbetriebe

Permanenzingenieur:
1, Am Hof 7, 1. Stock, Tür 4 8280
oder 768 . . ., 531 99 . . ., 230

Prüfungskommissionen:

Befähigungsprüfung für die bewilligungspflichtigen gebundenen Gewerbe der
- Baumeister
- Zimmermeister
- Steinmetzmeister
- Brunnenmeister

Vorsitzender:
Weber, Dipl.-Ing. Gerhard, Stadtbaudirektor

Stellvertreter:
Mager, Dipl.-Ing. Gerhard, Obersenatsrat

- Gas- und Wasserleitungsinstallateure

Vorsitzender:
Grundschober, Dipl.-Ing. Gerhard, Senatsrat

Stellvertreter:
Winzer, Dipl.-Ing. Johannes, Senatsrat

- Elektrotechniker

Vorsitzender:
Springs, Dipl.-Ing. Walter, Senatsrat

Stellvertreter:
Winzer, Dipl.-Ing. Johannes, Senatsrat

MAGISTRATSABTEILUNG 1

Allgemeine Personalangelegenheiten

(Geschäftsgruppe Integration, Frauenfragen, Konsumentenschutz und Personal)
1, Rathaus, Stiege 4, 2. Stock, Tür 452, Tel. 40 00 . . .
Telefax: 40 00–99–Nebenstelle, IBS-User: M01K
Internet e-mail: post@m01.magwien.gv.at

Ausarbeitung der die Bediensteten der Gemeinde (des Landes) Wien – ausgenommen Hausbesorger – betreffenden Rechtsvorschriften in folgenden Angelegenheiten:
Dienstrecht;
Gleichbehandlungsrecht;
Besoldungsrecht, einschließlich Nebengebühren und Naturalbezüge;
Pensionsrecht;
Unfallfürsorgerecht;
Arbeitnehmerschutzrecht;
Personalvertretungsrecht.
Ausarbeitung von Kollektivverträgen, Richtlinien für Dienstverträge und Sondervertragsmustern für Bedienstetengruppen.
Ausarbeitung von Arbeitszeitregelungen; soweit es sich ausschließlich um den Wiener Krankenanstaltenverbund handelt, nur in folgenden Fällen und im Einvernehmen mit dem Krankenanstaltenverbund:
Festlegung von Rahmenbedingungen;
Arbeitszeitregelungen, die eine Änderung anderer dienst- und besoldungsrechtlicher Vorschriften erfordern;
Arbeitszeitregelungen, bei denen gemäß § 39 W-PVG ein Mitwirkungsrecht des Zentralausschusses besteht.
Betreuung der Aktion „Verbilligtes Mittagessen" für Bedienstete des Magistrats.
Mitwirkung bei der Verwaltungs- und Betriebsreform.
Grundsätzliche Angelegenheiten der Krankenfürsorgeanstalt der Bediensteten der Stadt Wien und der Sozialversicherung, soweit sie sich auf Gemeindebedienstete auswirken.
Vertretung der Stadt Wien in Verfahren gemäß § 54 Abs. 2 bis 4 des Arbeitsund Sozialgerichtsgesetzes.
Handhabung des Behinderteneinstellungsgesetzes, soweit die Gemeinde (das Land) Wien als Dienstgeber betroffen ist und es sich nicht um Einzelpersonalangelegenheiten handelt.
Entscheidung über den Anspruch auf Nebengebühren in grundsätzlichen Fällen, sofern die Zuerkennung nicht durch den Magistratsdirektor erfolgt.
Einzelpersonalangelegenheiten von grundsätzlicher Bedeutung.
Dienstfreistellung von gewählten Dienstnehmervertretern und Festsetzung der fortzuzahlenden Bezüge.
Anträge zur Bestellung der im Disziplinar- oder Beschreibungsverfahren tätigen Funktionäre.
Führung der Bürogeschäfte der gemeinderätlichen Personalkommission.

Prochaska, Dr. Peter, Obersenatsrat 83111
Vesely, Dr. Herbert, Senatsrat 83112
Blaha, Dr. Michaela, Magistratskommissärin 83121
Schrödl Karl, Amtsrat 83125
Bielesz Elfriede, Kanzleioberkommissärin,
Kanzleileiterin 83119
Kanzlei 83128, 83129

MAGISTRATSABTEILUNG 2

Personalamt

(Geschäftsgruppe Integration, Frauenfragen, Konsumentenschutz und Personal)
1, Rathaus, Stiege 6 und 8, 2. Stock, Tür 441, 429, 430, Tel. 40 00 . . .
Telefax: 40 00–99–83210, IBS-User: M02K
Internet e-mail: post@m02.magwien.gv.at

Individuelle dienstrechtliche Angelegenheiten der Bediensteten (ihrer Hinterbliebenen und Angehörigen) der Gemeinde Wien, ausgenommen die Bediensteten (ihre Hinterbliebenen und Angehörigen) der Wiener Stadtwerke und jene Bediensteten, deren Dienstverhältnis sich nach den Bestimmungen des Hausbesorgergesetzes richtet, soweit im folgenden nichts anderes bestimmt ist, insbesondere:
Aufnahmen in das öffentlich-rechtliche oder privatrechtliche Dienst- (Lehr-)Verhältnis, soweit sie nicht durch Entschließung des Bürgermeisters einer anderen Dienststelle übertragen sind, und mit Ausnahme der vom Wiener Krankenanstaltenverbund wahrgenommenen Angelegenheiten.
Mitwirkung bei der Begutachtung von Dienstverträgen, die von selbständigen Anstalten, Stiftungen oder Fonds der Gemeinde Wien abgeschlossen werden, sofern diese Verträge von vorgegebenen Richtlinien oder Kollektivverträgen wesentlich abweichen.
Verkehr mit den für die Beschäftigung von Ausländern zuständigen Stellen.
Personalwerbung.
Werbung von Schülern für Schulen nach dem Krankenpflegegesetz und nach dem MTD-Gesetz, für die Bildungsanstalt für Kindergartenpädagogik und für ähnliche Einrichtungen; Beratung für Aufnahmebewerber.
An- bzw. Zurechnung von Zeiten, Geltendmachung der Überweisungsbeträge und Überwachung ihres Eingangs, Vorschreibung von (besonderen) Pensionsbeiträgen.
Ernennung von Beamten (Pragmatisierung, Überstellung, Überreihung und dergleichen), Vertragsänderung bei Vertragsbediensteten; Ausfertigung der Intimierungsurkunden, wenn dem Magistratsdirektor die Antragstellung an das zuständige Organ zukommt.
Feststellung des Zusatzurlaubes für Versehrte, Feststellung der Tage, die wegen Dienstunfähigkeit nicht auf das Ausmaß des Erholungsurlaubes anzurechnen sind.
Bearbeitung von Ansuchen um Sonderurlaub mit Bezügen, Gewährung von Urlauben ohne Bezüge.
Zuerkennung von Zuschüssen nach dem Wiener Karenzurlaubszuschußgesetz.
Bearbeitung von Ruhestandsversetzungen.
Durchführung des Verfahrens bei ungenügender Beschreibung.
Disziplinarangelegenheiten.
Führung der Bürogeschäfte der Disziplinarkommission, der Disziplinaroberkommission und der Beschreibungskommission.
Widmung sowie Änderung und Aufhebung der Widmung von Dienst- und Werkswohnungen, deren Zuweisung sowie Entzug des Benützungsrechtes an denselben, Räumungsaufträge und Feststellung der einmaligen Entschädigung.
Festsetzung der Remunerationen anläßlich von Dienstjubiläen und der Treueentschädigungen, Ausfertigung der Ehrungsurkunden.
Gewährung der Aushilfen für Bedienstete des Dienststandes.
Gleichstellung des ruhegenußfähigen Monatsbezuges mit der Ruhegenußbemessungsgrundlage.
Verweigerung von Begünstigungen und Festsetzung des Kostenersatzes nach §§ 41 und 42 PO 1995.
Festsetzung der Versorgung bei Abgängigkeit sowie der Unterhaltsbezüge bei Entlassung des Beamten und der Zuwendungen für Angehörige, Hinterbliebene und andere Personen.
Erlassung abweisender Bescheide nach der Pensionsordnung 1995 in besonderen Fällen.
Mitwirkung bei der Gewährung von außerordentlichen Zuwendungen.
Festsetzung der Abfertigungen, Abfindungen und Sterbekostenbeiträge bei Ausscheiden des Bediensteten aus dem Dienststand.
Handhabung des Unfallfürsorgegesetzes 1967, auch für die gewählten Funktionäre des Landes (der Stadt) Wien und für die Beamten der Wiener Stadtwerke, ausgenommen die Gewährung von Sachleistungen und die Anwendung des § 30.
Führung der Bürogeschäfte der Rentenkommission nach dem Unfallfürsorgegesetz 1967.
Geltendmachung von Ansprüchen nach dem Amtshaftungs-, Dienstnehmerhaft- und Organhaftpflichtgesetz gegenüber Bediensteten der Gemeinde Wien, Erklärung des Verzichtes auf Ansprüche nach dem Landesgesetz vom 25. Februar 1972, LGBl. für Wien Nr. 8/1972, oder Antragstellung an die zuständigen Organe.
Dienstfreistellungen nach §§ 57 bis 60 DO 1994 und ähnlicher Bestimmungen.

Führung der Bürogeschäfte der Gleichbehandlungskommission;
Feststellung des Ruhens und des Endens der Funktion als Gleichbehandlungsbeauftrage(r), als Kontaktfrau und als Mitglied der Gleichbehandlungskommission; Vorbereitung der Bestellung der Gleichbehandlungsbeauftragten und Kontaktfrauen.
Festsetzung der Gebühren der gewählten Funktionäre des Landes (der Stadt) Wien, Feststellung der ihnen oder ihren Hinterbliebenen (Angehörigen) anläßlich ihres Ausscheidens aus der Funktion gebührenden einmaligen und laufenden Bezüge, Festsetzung der an andere Gebietskörperschaften zu überweisenden Pensionsbeiträge, Mitwirkung bei der Überwachung des Einlangens von anderen Gebietskörperschaften überwiesenen Pensionsbeiträgen.
Vertretung der Stadt Wien in Arbeitsrechtssachen (mit Ausnahme von Drittschuldnerklagen, Räumungsklagen bei Werks- und Dienstwohnungen und Exekutionen) sowie im Verfahren vor den Bundesämtern für Soziales und Behindertenwesen in Angelegenheit bestehender oder bestandener Dienstverhältnisse zur Stadt oder zum Land Wien, ausgenommen jene Dienstverhältnisse, auf die das Hausbesorgergesetz Anwendung findet, in erster Instanz und soweit keine Rechtsanwaltbeistellung erfolgt.
Wahrnehmung der Aufgaben des Amtes der Landesregierung in Personalangelegenheiten der Landeslehrer, ihrer Hinterbliebenen und Angehörigen sowie Angelegenheiten im Sinne des § 42 lit. d des Bundes-Personalvertretungsgesetzes, ausgenommen Antragstellung für Bundesauszeichnungen der Landeslehrer.
Vertretung der Stadt (des Landes) Wien in Verwaltungssachen betreffend die Versicherungspflicht gemäß dem Allgemeinen Sozialversicherungsgesetz.
Antragstellung auf Befreiung vom Präsenzdienst oder Zivildienst.
Ausfertigung von Dienstlegitimationen.
Ausarbeitung und Bearbeitung von Rechtsmitteln (Gegenschriften) in Personalangelegenheiten sowie in Angelegenheiten der fachlichen Anstellungserfordernisse für die von der Stadt Wien anzustellenden Kindergärtnerinnen und Erzieher an Horten.

Pollak, Dr. Peter, Senatsrat 83211
Hugo, Mag. Johanna,
Obermagistratsrätin 83212
Enengl, Mag. Birgit,
Magistratsoberkommissärin 84251
Mader, Mag. Andrea,
Magistratsoberkommissärin 83214
Hönigmann, Mag. Martina,
Magistratskommissärin 83213
Schiefer, Mag. Silvia,
Magistratskommissärin 83208
Zaijic, Mag. Marion 83209
Opatrny Alexander, Oberamtsrat 83201
Röth Hedwig, Oberamtsrätin 83243
Skorepa Herbert, Oberamtsrat 83240
Albert Ingrid, Amtsrätin 83263
Brandner Jakob, Amtsrat 83261
Handsur Ilse, Amtsrätin 83262
Hornek Heidemarie, Amtsrätin 83242
Ritter Edeltraud, Amtsrätin 83266
Rosicky Johanna, Amtsrätin 83249
Wally Gerhard, Amtsrat 83241
Wurscher Sigrid, Kanzleioberkommissärin,
Kanzleileiterin 8002, 83219
Kanzlei 83229
Büro der Beschreibungskommission 83309
Büro der Rentenkommission 83215
Bewerbungen
(8, Schlesingerplatz 2, 2. Stock) 83230
Disziplinarleitstelle 83309
Disziplinarangelegenheiten Ref. 520, 540 83212
Disziplinarangelegenheiten Ref. 510, 530, 580 83213
Disziplinarangelegenheiten Ref. 500, 550, 560, 620 .. 83214
Disziplinarangelegenheiten Ref. 570, 590 83208
Disziplinarangelegenheiten Ref. 600, 610, 630 83209
Ruhegenußvordienstzeitenanrechnung, Überweisungsbeträge:
A–L 83265
M–Z 83249
Ausländerreferat 83220
Aus- und Fortbildung 83206
Unfallfürsorge, Dienst- und Werkswohnungen 83200
(1, Rathausstraße 11)

Personalreferate:

Referat 500 83250
MA 6, 11 – Kindergärten (A–M), Pflegezentrum Sophien-Spital

Referat 510 83251
MA 11 – Kindergärten (N–Z), MA 22, 48 (A–K), Allgemeines Krankenhaus (T–Z)

Referat 520 83252
Kontrollamt, Unabhängiger Verwaltungssenat Wien, Magistratsdirektion, Mautner-Markhof'sches Kinderspital, Allgemeines Krankenhaus (P–S), MA für Krankenanstaltenfinanzierung, Wiener Krankenanstaltenfinanzierungsfonds, Wiener Kinder- und Jugendanwaltschaft, Wiener Patientenanwaltschaft, Wiener Umweltanwaltschaft, Stadtschulrat für Wien, MA 1, 3, 4, 5, 14, 53, 61, 62

Referat 530 83253
Magistratische Bezirksämter, Bezirksvorstehungen, MA 43, 68, Allgemeines Krankenhaus (K–O)

Referat 540 83254
MA 17, 70, Krankenanstalt Rudolfstiftung, Pulmologisches Zentrum, Kinderklinik Glanzing

Referat 550 83255
MA 36, 39, 41, 46, Krankenhaus Lainz, Pflege- und Therapiezentrum Ybbs an der Donau

Referat 560 83256
MA 30, 47, 48 (L–Z), Psychiatrisches Krankenhaus Baumgartner Höhe, Förderpflegeheim Baumgartner Höhe, Pflegeheim Sanatoriumstraße, Kaiserin-Elisabeth-Spital

Referat 570 83257
MA 7, 24, 31, 32, 45, 49, Geriatriezentrum Am Wienerwald, Neurologisches Krankenhaus Rosenhügel, Sozialmedizinisches Zentrum-Ost – Krankenhaus

Referat 580 83258
MA 12, 35, Krankenanstaltenverbund, Allgemeine Poliklinik, Wilhelminenspital, Neurologisches Krankenhaus Maria-Theresien-Schlössel, Ignaz-Semmelweis-Frauenklinik

Referat 590 83259
MA 13, 15, 16, 21 A, 21 B, 21 C, 42, 50, Pflegeheim Liesing, Orthopädisches Krankenhaus Gersthof

Referat 600 83290
MA 56, 57, 58, Allgemeines Krankenhaus (A–J)

Referat 610 83245
MA 23, 25, 29, 33, 38, 40, 44, 59, 60, Kaiser-Franz-Josef-Spital

Referat 620 83236
MA 28, 63, 64, 65, 66, 67, 69, Gottfried von Preyer'sches Kinderspital, Krankenhaus Floridsdorf, Pflegeheim Klosterneuburg, SMZ-Ost – Pflegeheim, Pflegeheim St. Andrä a. d. Traisen, Zentralwäscherei, Beförderungen, Dienstjubiläen

Referat 630 83293
MA 8, 9, 10, 11 (diverse Dienststellen), 18, 19, 37, 51, 54, 55, Pflegeheim Baumgarten

MAGISTRATSABTEILUNG 3

Besoldungsamt

(Geschäftsgruppe Integration, Frauenfragen, Konsumentenschutz und Personal)

1, Rathaus, Stiege 4, 2. Stock, Tür 447, Tel. 40 00 . . .
Telefax: 40 00–99–83310, IBS-User: M03K
Internet e-mail: post@m03.magwien.gv.at

Bezugsverrechnung für die Bediensteten und die gewählten Funktionäre (ihre Hinterbliebenen) der Stadt (des Landes) Wien, ausgenommen die Bediensteten (ihre Hinterbliebenen) der städtischen Unternehmungen und jene Bedienstete, deren Dienstverhältnis sich nach den Bestimmungen des Hausbesorgergesetzes richtet, insbesondere Flüssigmachung
der Aktivbezüge, der Pensionen und des Pflegegeldes (mit Ausnahme der Landeslehrer),
der Nebengebühren und der Gebühren nach der Reisegebührenvorschrift nach Überprüfung,
der Ersatzleistungen,
der einmaligen Entschädigungen bei Räumung einer Dienst- oder Werkswohnung,
der Remunerationen aus Anlaß eines Dienstjubiläums,
der Treueentschädigungen,
der Geldleistungen nach dem Unfallfürsorgegesetz 1967,
der Abfertigungen,
der Todesfall-, Bestattungskosten- und Pflegekostenbeiträge,
der Beihilfen zur Familienförderung,
der Zuschüsse nach dem Wiener Karenzurlaubszuschußgesetz.

Individuelle Behandlung pensionsrechtlicher Angelegenheiten der Beamten (ihrer Hinterbliebenen und Angehörigen) der Gemeinde Wien, soweit hiefür nicht die Magistratsabteilung 2 zuständig ist und es sich nicht um Beamte (Hinterbliebene und Angehörige) der Wiener Stadtwerke handelt.

Feststellung des Anspruches auf:
Fortzahlung der Bezüge und Nebengebühren bei Dienstverhinderung,
Kinderzulage,
Fahrtkostenzuschuß, Dienstzeitkarte und Fahrtkostenpauschale.

Gewährung von Bezugsvorschüssen an Bedienstete (ihre Hinterbliebenen) der Gemeinde (des Landes) Wien.

Gewährung von Geldaushilfen an Personen, die Anspruch auf Ruhe- oder Versorgungsgenuß haben.

Berechnung der Bezüge der nach § 3 Abs. 1 lit. b des Religionsunterrichtsgesetzes bestellten Religionslehrer.

Berechnung und Abrechnung der gesetzlichen Abzüge, der Beiträge zur Krankenfürsorgeanstalt und der Dienstgeberbeiträge.

Angelegenheiten des Einkommensteuer- und Sozialversicherungsrechtes, soweit es die Bezugsverrechnung betrifft.

Angelegenheiten der bargeldlosen Bezugsauszahlung.

Fachliche Aufsicht über die Bezugsverrechnung (ausgenommen Hausbesorger), wenn diese aus organisatorischen Gründen durch andere Dienststellen erfolgt.

Geltendmachung der Ansprüche des Dienstgebers nach dem Epidemiegesetz und dem Tierseuchengesetz.

Vormerkung, Berechnung und Abrechnung der Pfändungen und Zessionen.

Erfassung der Nebengebühren und Berechnung der Ruhe-(Versorgungs-)Genußzulage nach dem Ruhe- und Versorgungsgenußzulagegesetz 1966.

Erfassung der Nebengebühren (Nebengebührenwerte) nach dem Nebengebührenzulagengesetz des Bundes (Landeslehrer); Berechnung und jährliche Bekanntgabe der Nebengebührenwerte und Mitwirkung bei der Berechnung der Nebengebührenzulage.

An- und Abmeldung der Vertragsbediensteten zur gesetzlichen Sozialversicherung.

Berechnung und Gewährung der Überweisungsbeträge nach dem ASVG sowie Mitwirkung bei der Überwachung der Eingänge an Überweisungsbeträgen und Überweisungsrenten.

Bewertung der Naturalbezüge sowie der Dienst- und Werkswohnungen für Zwecke der Lohnsteuer und der Sozialversicherung.

Durchführung von Nachversicherungen in der Pensionsversicherung.

Anmeldung von unbehobenen Beträgen und Forderungen beim Verlassenschaftsgericht.

Prüfung der Anordnungsbefugnis und der Zeichnungsberechtigung hinsichtlich der Anweisung der angeführten Zahlungen.

Verfügungen (Zugriff, Veränderung, Löschung, Verknüpfung, Weitergabe usw.) über personenbezogene Daten, soweit sie für Zwecke der Magistratsabteilung 3 in der automatischen Datenverarbeitung gespeichert werden, sowie die Aufsicht bei der Ausscheidung von Magnetbändern, auf denen derartige Daten abgespeichert wurden.

Fachaufsicht über jene Tätigkeiten der städtischen Dienststellen, die zur Erfüllung der der Magistratsabteilung 3 übertragenen Aufgaben erforderlich sind.

Molnar, Hofrat Erich, Direktor des Besoldungsamtes 83311
Schreyer Otto, Oberamtsrat 83312
Murmann Heidemarie, Kanzleioberkommissärin, Kanzleileiterin 83319
Kanzlei und Einlaufstelle 83328, 83329

Referatsleiterinnen/Referatsleiter:

Referat Organisation, Datenverarbeitung
Fabsics Johann, Oberamtsrat 83331

Verwaltungsgruppe
Görner Erwin, Oberamtsrat 83341

Sozialversicherung 83346
Bezugsvorschüsse, Verbote 83345, 83344

Referat Reisegebühren, Fahrtkostenzuschüsse, Nebengebühren
(Stiege 5, 2. Stock, Tür 504):
Kopp Gert, Oberamtsrat 83351

Verrechnungsgruppen – Leiter:
Beamte (Stiege 7, 2. Stock, Tür 422):
Schreyer Otto, Oberamtsrat 83441

Vertragsangestellte (Stiege 8, 2. Stock, Tür 428):
Wallner Elisabeth, Oberamtsrätin 83382

Vertragsarbeiterinnen/Vertragsarbeiter
(Stiege 4, 2. Stock, Tür 447):
dzt. unbesetzt 83361

Landeslehrerinnen/Landeslehrer
(Stiege 7, 2. Stock, Tür 425):
Häring Robert, Oberamtsrat 83421

Pensionen (Stiege 4, 2. Stock, Tür 442):
Schuster Peter, Oberamtsrat 83401

MAGISTRATSABTEILUNG 4

Allgemeine Finanz- und Wirtschaftsangelegenheiten; Abgaben

(Geschäftsgruppe Finanzen, Wirtschaftspolitik und Wiener Stadtwerke)

1, Ebendorferstraße 2, 6. Stock, Tür 625, Tel. 40 00 . . .
Telefax: 40 00–99–86410, IBS-User: M04K
Internet e-mail: post@m04.magwien.gv.at

Finanzangelegenheiten allgemeiner Art und einzelne Finanzangelegenheiten von besonderer und grundsätzlicher Bedeutung.

Vertretung der Stadt Wien in Fragen der Finanzverfassung und des Finanzausgleichs.

Angelegenheiten der Finanz-, Wirtschafts-, Konjunktur- und Arbeitsmarktpolitik.

Grundlagenforschung auf wirtschaftlichem Gebiet.

Maßnahmen zur Förderung der Wirtschaft.

Vorbereitung, Erstellung und Durchführung des Voranschlages, Erstellung des Rechnungsabschlusses, Beistellung der Grundlagen für die Finanzstatistik.
Erstellung der Finanzpläne.
Wahrnehmung der finanziellen Interessen der Stadt Wien unbeschadet der budgetären Verantwortlichkeit der im Einzelfall zuständigen kreditverwaltenden Dienststelle.
Grundsätzliche Angelegenheiten des Geld- und Kreditwesens, Währungsangelegenheiten, Banken- und Zahlungsverkehr, der Anlage und Verwaltung des Geld- und Wertpapiervermögens sowie der Fremdmittelgebarung.
Finanzielle Koordination von Projekten.
Angelegenheiten der Landes- und Gemeindeabgaben, soweit hiefür nicht die Magistratsabteilung 6 zuständig ist, insbesondere:
Abgabe nach dem Wiener Abfallwirtschaftsgesetz,
Abwassergebühren,
Ankündigungsabgabe,
Anzeigenabgabe,
Ausgleichsabgabe nach dem Wiener Garagengesetz,
Ausgleichsabgabe nach dem Wiener Baumschutzgesetz,
Dienstgeberabgabe,
Feuerschutzsteuer,
Gebrauchsabgabe, soweit hiefür nicht auch die Magistratsabteilung 35 zuständig ist,
Getränkesteuer,
Grundsteuer,
Hundeabgabe,
Kanaleinmündungsgebühren, soweit hiefür nicht die Magistratsabteilung 30 zuständig ist,
Abgabe nach dem Wiener Karenzurlaubszuschußgesetz,
Kommunalsteuer,
Kulturschilling,
Ortstaxe,
Parkometerabgabe, mit Ausnahme der Überwachung gemäß § 6 Parkometergesetz,
Senkgrubenräumungsgebühren, soweit hiefür nicht die Magistratsabteilung 30 zuständig ist,
Sportgroschen,
Umweltabgaben,
Vergnügungssteuer,
Versteigerungsabgabe,
Verwaltungsabgaben, Kommissions- und Überwachungsgebühren, soweit hiefür nicht andere Dienststellen zuständig sind,
Wassergebühren,
Zuschläge zu den Wettgebühren.
Angelegenheiten aufgehobener Landes- und Gemeindeabgaben.
Vornahme der Steueraußenprüfung (Revisionsstelle, Überprüfung der ordnungsgemäßen Entrichtung von Landes- und Gemeindeabgaben an Ort und Stelle).
Mitwirkung bei Kollaudierungen, Anbotsverhandlungen und Preisvereinbarungen, Überprüfung sämtlicher Abrechnungen kollaudierter Bauführungen.
Strafamtshandlungen nach den Abgabengesetzen mit Ausnahme des Hundeabgabegesetzes und der Strafamtshandlungen nach § 16 Abs. 2 Gebrauchsabgabegesetz 1966 sowie nach § 4 Parkometergesetz, soweit hiefür nicht die Magistratsabteilung 6 zuständig ist.
Mitwirkung bei der Gewährung von Hilfen durch die Gemeinde Wien gemeinsam mit der Wirtschaftskammer Wien an die durch den U-Bahn-Bau in ihrer Existenz bedrohten Gewerbeberechtigten.
Entgegennahme der Ansuchen nach dem Fernwärmeförderungsgesetz um Gewährung von Förderungen sowie deren Vorprüfung und Weiterleitung derselben an das Bundesministerium für wirtschaftliche Angelegenheiten.
Wahrnehmung der Aufgaben der Geschäftsstelle des Wiener Krankenanstaltenfinanzierungsfonds, insbesondere auch der dem Fonds durch das Wiener Krankenanstaltengesetz zu übertragenden Agenden im Bereich der wirtschaftlichen Aufsicht über Fonds-Krankenanstalten.
Geschäftsstelle der Schiedskommission nach dem Wiener Krankenanstaltengesetz.
Angelegenheiten des Neubaues des Allgemeinen Krankenhauses der Stadt Wien beziehungsweise der VOEST-ALPINE Medizintechnik G.m.b.H. im Rahmen der ARGE-AKH.
Syndikatsangelegenheiten der „Wiener Holding".
Administrative Betreuung und wirtschaftliche Verwertung von Diensterfindungen einschließlich des Abschlusses von Lizenzverträgen, soweit hiefür nicht andere Dienststellen zuständig sind.

Scharitzer, Dr. Gerhard, Finanzdirektor, Gruppenleiter hinsichtlich der MA 4, 5 und 6 sowie der MA-K . . . 86411
Kramhöller, Dr. Josef, Obersenatsrat . . . 86311
Hüttner Bertram, Senatsrat . . . 86432, 86446
Kamhuber, Dr. Karl, Senatsrat . . . 86211, 86371
Rois, Dr. Susanna, Senatsrätin . . . 86451
Neidinger Richard, Obermagistratsrat . . . 86571
Müller, Mag. Kurt, Magistratsrat . . . 86437
Rosenauer, Dr. Harald, Magistratsrat . . . 86211
Wurz, Mag. Georg, Magistratsrat . . . 86341
Preisl, Mag. Verena, Magistratsoberkommissärin . . . 86435
Griebler, Mag. Dietmar, Magistratskommissär . . . 86266
Castek, Mag. Harald . . . 86439
Rienesl, Dkfm. Ingeborg . . . 86436
Ehm, Ing. Friedrich, Techn. Oberamtsrat . . . 86309
Haimböck Johanna, Oberamtsrätin . . . 86812
Lewisch Georg, Oberamtsrat . . . 86477
Mader Christine, Oberamtsrätin . . . 86342
Pestendorfer Gerhard, Oberamtsrat . . . 86212
Pichler Erwin, Oberamtsrat . . . 86542
Polt Hans, Oberamtsrat . . . 86323
Schlesinger Brigitte, Oberamtsrätin . . . 86487
Sekanina Peter, Oberamtsrat . . . 86321
Stoklasek Robert, Oberamtsrat . . . 86308
Strohmaier Josef, Oberamtsrat . . . 86392
Susnik Fridolin, Oberamtsrat . . . 86322
Voplakal Heinrich, Oberamtsrat . . . 86452
Vosatka Anton, Oberamtsrat . . . 86372
Zechmeister Alfred, Oberamtsrat . . . 86273
Amerstorfer Franz, Amtsrat . . . 86313
Artner Erwin, Amtsrat . . . 86312
Beer Johann, Amtsrat . . . 86231
Benes Günther, Amtsrat . . . 86457
Brauneis Gerald, Amtsrat . . . 86454
Eis Rudolf, Amtsrat . . . 86329
Felsner Karl, Amtsrat . . . 86318
Fischer Helmut, Amtsrat . . . 86313
Fliesser Josef, Amtsrat . . . 86325
Foitik Wolfgang, Amtsrat . . . 86326
Fournier Richard, Amtsrat . . . 86313
Friedl Anneliese, Amtsrätin . . . 86813
Gerstenmayer Peter, Amtsrat . . . 86472
Haimböck Erich, Amtsrat . . . 86474
Hans Wolfgang, Amtsrat . . . 86931
Hanzl Alfred, Amtsrat . . . 86313
Havlik Anton, Amtsrat . . . 86483
Hochschorner Helmut, Amtsrat . . . 86457, 86476
Hofmann Sieglinde, Amtsrätin . . . 86346
Holler Gerd, Amtsrat . . . 86382
Kleppenhofer Engelbert, Amtsrat . . . 86313
Kunz Walter, Amtsrat . . . 86482
Löffelmann Herbert, Amtsrat . . . 86483
Michalek Hans, Amtsrat . . . 86313
Migschitz Franz, Amtsrat . . . 86327
Nowak Manfred, Amtsrat . . . 86475
Pfeiler Wolfgang, Amtsrat . . . 86458
Pokorny Herwig, Amtsrat . . . 86492
Ratky-Salamonfa Wolfgang, Amtsrat . . . 86466
Richter Hannes, Amtsrat . . . 86329
Riel Wolfgang, Amtsrat . . . 86493
Schachinger Klaus-Peter, Amtsrat . . . 86307
Schlosser Franz, Amtsrat . . . 86328
Schötta Peter, Amtsrat . . . 86901
Sigmund Albine, Amtsrätin . . . 86232
Stepanek Peter, Amtsrat . . . 86485
Uitz Wilhelm, Amtsrat . . . 86492
Unteregger, Mag. Fritz, Amtsrat . . . 86329
Wenny Anton . . . 86324
Wiesinger Alfred, Amtsrat . . . 86486
Zabransky Christine, Amtsrätin . . . 86216
Zajic Alfred, Amtsrat . . . 86305
Zupancic Peter, Amtsrat . . . 86441
Kulisek Dagmar, Kanzleikommissärin, Kanzleileiterin . . . 86419

Referat 1: Allgemeine Finanzangelegenheiten, Mitwirkung bei der Aufstellung von Zeitplänen und Kosten-Nutzen-Rechnungen (6. Stock, Tür 625)

Kramhöller, Dr. Josef, Obersenatsrat 86311
Hüttner Bertram, Senatsrat 86432
Sachbearbeiterinnen/Sachbearbeiter . . 86433, 86434, 86435, 86436, 86437, 86439, 86441, 86442, 86444, 86445, 86446, 86447, 86448, 86449
Kanzleileiterin/Kanzleileiter 86416

Referat 2: Revisionsstelle
(7. Stock, Tür 725)
Rois, Dr. Susanna, Senatsrätin 86451
Voplakal Heinrich, Oberamtsrat 86452
Sachbearbeiterinnen/Sachbearbeiter . . 86453, 86454, 86455, 86456, 86457, 86458, 86461, 86462, 86463, 86464, 86465, 86466, 86467, 86468, 86471, 86472, 86474, 86475, 86481, 86488, 86489, 86491, 86498, 86499
Aahs Gerlinde, Kanzleioffizialin,
Kanzleileiterin 86459

Referat 3: Budgetkontrolle und Kollaudierung
1, Bartensteingasse 13, Hochparterre
Kramhöller, Dr. Josef, Obersenatsrat 86311
Ehm, Ing. Friedrich, Techn. Oberamtsrat 86309
Stoklasek Robert, Oberamtsrat 86308
Sachbearbeiterinnen/Sachbearbeiter . . 86313, 86314, 86315
Strangl Edeltraud, Kanzleikommissärin,
Kanzleileiterin 86319

Referat 4: Kommunalsteuer, Gewerbesteuer, Dienstgeberabgabe, Ortstaxe, Hundeabgabe, Versteigerungsabgabe, Ausgleichsabgabe nach dem Wiener Garagengesetz, Gebrauchsabgabe, Kanaleinmündungsgebühren, Verwaltungsabgaben, Kommissionsgebühren, aufgehobene Abgaben, Grundsteuer, Abgabe nach dem Wiener Abfallwirtschaftsgesetz, zeitliche Grundsteuerbefreiungen, Ausgleichsabgabe nach dem Wiener Baumschutzgesetz, Abgabe nach dem Wiener Karenzurlaubszuschußgesetz
(2. Stock, Tür 208)
Wurz, Mag. Georg, Magistratsrat 86341
Mader Christine, Oberamtsrätin 86342
Sachbearbeiterinnen/Sachbearbeiter . . 86344, 86346, 86353, 86354, 86356, 86363, 86364, 86365
Riedl Ursula, Kanzleikommissärin,
Kanzleileiterin 86349

Referat 5: Strafverfahren für Abgaben der Referate 4, 5, 6 und 7
Ernst-Happel-Stadion, 2, Meiereistraße 7, Tür 227
Rosenauer, Dr. Harald, Magistratsrat 86211
Haimböck Johanna, Oberamtsrätin 86812
Sachbearbeiterinnen/Sachbearbeiter . . 86831, 86832, 86833, 86871, 86872, 86873, 86874, 86875, 86876, 86891, 86892, 86893, 86894, 86895, 86896, 86901, 86902, 86903, 86904, 86905, 86906, 86911, 86912, 86914, 86915, 86916, 86931, 86932, 86933, 86934, 86935, 86936
Halbedl Renate, Kanzleikommissärin,
Kanzleileiterin 86819

Referat 6: Wasser- und Abwassergebühren, Ankündigungsabgabe, Anzeigenabgabe
(3. Stock, Tür 318)
Rosenauer, Dr. Harald, Magistratsrat 86211
Pestendorfer Gerhard, Oberamtsrat 86212
Sachbearbeiterinnen/Sachbearbeiter . . 86221, 86222, 86223, 86226, 86231, 86232, 86233, 86234, 86235, 86236, 86241, 86242, 86243, 86244, 86245, 86251, 86252, 86253, 86254, 86255, 86256
Sator Irma, Kanzleileiterin 86219

Referat 7: Getränkesteuer, Gefrorenessteuer, Vergnügungssteuer, Sportgroschen
(4. Stock, Tür 424)
Kamhuber, Dr. Karl, Senatsrat 86371
Vosatka Anton, Oberamtsrat 86372
Sachbearbeiterinnen/Sachbearbeiter . . 86373, 86374, 86375, 86382, 86383, 86384, 86385, 86386, 86387, 86388, 86392, 86393, 86395
Schlögl Susanne, Kanzleikommissärin,
Kanzleileiterin 86379
Vergnügungssteuer (Einzelveranstaltungen):
1, Volksgartenstraße 3, 3. Stock, Tür 402
Sachbearbeiterinnen/Sachbearbeiter 86201, 86202

Referat 8: Abgabenüberwachung
(4. Stock, Tür 407)
Rois, Dr. Susanna, Senatsrätin 86451
Schlesinger Brigitte, Oberamtsrätin 86487
Beer Lieselotte, Kanzleioffizialin,
Kanzleileiterin 86461

Referat 9: Budget und Haushaltswesen
(5. Stock, Tür 502)
Neidinger Richard, Obermagistratsrat 86571
Pichler Erwin, Oberamtsrat 86542
Schlossarek Christine, Kanzleikommissärin,
Kanzleileiterin 86549

MAGISTRATSABTEILUNG 5

Finanzwirtschaft und Haushaltswesen

(Geschäftsgruppe Finanzen, Wirtschaftspolitik und Wiener Stadtwerke)

1, Ebendorferstraße 2, 5. Stock, Tür 523, Tel. 40 00 . . .
Telefax: 40 00–99–86510, IBS-User: M05K
Internet e-mail: post@m05.magwien.gv.at

Angelegenheiten der Finanzwirtschaft und des Haushaltswesens, insbesondere:
Grundsätzliche Angelegenheiten der Erstellung und des Vollzugs der Bezirksbudgets, Mitwirkung bei der Erstellung der Bezirksbudgets; haushaltsrechtliche Überwachung beim Vollzug der Bezirksbudgets.
Angelegenheiten des Geld- und Kreditwesens, Währungsangelegenheiten, Banken- und Zahlungsverkehr, auch soweit es sich um ausländische Zahlungsmittel handelt, soweit nicht die Magistratsabteilung 4 zuständig ist.
Angelegenheiten der Anlage und Verwaltung des Geld- und Wertpapiervermögens, soweit nicht die Magistratsabteilung 4 zuständig ist.
Wahrung der Interessen der Stadt Wien bei der Begründung, Verwaltung und dem Verkauf von Anteilsrechten an Gesellschaften und Genossenschaften des Privatrechtes, die im Eigentum der Stadt Wien oder einer ihr gehörenden Eigentumsgesellschaft stehen, insbesondere auch die Bestellung bzw. Nominierung der Aufsichtsorgane in diese, ausgenommen Syndikatsangelegenheiten der „Wiener Holding".
Angelegenheiten der Aufnahme, Verzinsung und Tilgung von Anleihen und Darlehen, soweit hiefür nicht die Magistratsabteilung 4 zuständig ist.
Zustimmung zur Belastung des städtischen Vermögens.

Gewährung von Darlehen, ausgenommen in Angelegenheiten der Wohnbauförderung, der Wohnungsverbesserung und der Wohnhaussanierung.
Verwaltung der Kreditaktionen einschließlich der Beteiligung an Kreditmaßnahmen anderer Institutionen.
Angelegenheiten der Bürgschaften und Haftungen der Gemeinde (des Landes).
Angelegenheiten der Steuerpflicht der Gemeinde einschließlich der Bestellung und Heranziehung von Wirtschaftstreuhändern.
Angelegenheiten der Subventionen und Beiträge (Mitgliedsbeiträge) mit Ausnahme solcher für kulturelle Zwecke und solcher aus dem Sportgroschen.
Verwaltung der Zuschläge zu den Bundessteuern.
Angelegenheiten der privatrechtlichen Versicherungen der Gemeinde, soweit hiefür nicht die Magistratsdirektion oder die Magistratsabteilung 48 zuständig ist.
Beteiligung an Unternehmen, Abschluß von Verträgen mit Bausparkassen und Zahlungen an diese im Rahmen der Wohnbauförderung; Mitwirkung an grundsätzlichen finanziellen Angelegenheiten der Wohnbauförderung, der Wohnungsverbesserung und der Wohnhaussanierung, insbesondere Festsetzung des Gesamtrahmens der Wohnbauförderung.
Finanzielle Angelegenheiten, die Wien und andere Gebietskörperschaften betreffen.
Durchführung des Finanzausgleiches.
Wahrnehmung der Interessen der Stadt Wien im Zusammenhang mit der Liquidation des Krankenanstalten-Zusammenarbeitsfonds.
Abwicklung der Betriebsabgangsdeckung für öffentliche nichtstädtische Krankenanstalten bis einschließlich des Wirtschaftsjahres 1996.
Koordination der Finanzierung der Wiener Krankenanstalten.
Rechtliche Angelegenheiten des Kassenwesens und der Gebarung mit Verwahrnissen (Depositen) und Sicherstellungen (Kautionen).
Wahrnehmung des Aufsichtsrechtes hinsichtlich des Jahresvoranschlages und des Rechnungsabschlusses der Ärztekammer für Wien, der Tierärztekammer für Wien und der Landwirtschaftskammer für Wien.
Angelegenheiten der Wiener Landes-Hypothekenbank.
Sparkassenaufsicht einschließlich der Führung des Sparkassenregisters.
Ausübung des Aufsichtsrechtes über jene Einrichtungen, bei denen die Stadt Wien mit ihrem Vermögen haftet.
Handhabung des Gebührengesetzes.
Wahrnehmung der wirtschaftlichen Belange der Hafen- und Lagereinrichtungen der Stadt Wien.

Schwaiger, Dr. Gerhard, Obersenatsrat,
Bereichsleiter für Finanzangelegenheiten besonderer oder grundsätzlicher Bedeutung im Gesundheits- und Spitalswesen sowie in der Sozial- und Behindertenhilfe 86412

(Gruppenleiter:
Scharitzer, Dr. Gerhard,
Finanzdirektor, → Seite I/35)

Chylik, Dr. Kurt-Peter, Obermagistratsrat 86512
Miksits, Mag. Helene, Magistratsrätin 86531
Bukovec, Dr. Peter 86535
Kammerer Gerhard, Amtsrat 86552
Luda Franz, Amtsrat 86551
Moser Franz, Amtsrat 86572
Preyhaupt Josef, Amtsrat 86532
Tusch Christine, Kanzleioberkommissärin,
Kanzleileiterin 86519
Kanzlei und Einlaufstelle 86515, 86516, 8005

Subventionen:
Chylik, Dr. Kurt-Peter, Obermagistratsrat 86512
Sachbearbeiterinnen/Sachbearbeiter 86532, 86533

Sparkassenaufsicht und Sparkassenregister:
Bukovec, Dr. Peter 86535

Anleihen, Darlehen, Beteiligungen, Wirtschaftsförderung, Versicherungen, Banken und Zahlungsverkehr:
Luda Franz, Amtsrat 86551
Kammerer Gerhard, Amtsrat 86552
Sachbearbeiterinnen/Sachbearbeiter 86554, 86555, 86556, 86558, 86559, 86563, 86564, 86565, 86568, 86569

Bezirksbudgets:
Moser Franz, Amtsrat 86572
Sachbearbeiterinnen/Sachbearbeiter 86573, 86579

MAGISTRATSABTEILUNG 6

Rechnungsamt

(Geschäftsgruppe Finanzen, Wirtschaftspolitik und Wiener Stadtwerke)

1, Friedrich-Schmidt-Platz 3, 2. Stock, Tel. 40 00 . . .
Telefax: 40 00–99–86015, IBS-User: M06K
Internet e-mail: post@m06.magwien.gv.at

Mitwirkung bei Erlassung von Vorschriften für Rechnungs- und Kassenstellen außerhalb des Rechnungsamtes.
Genehmigung von Bar-, Wertmarken- und Drucksortenverlägen.

I. Buchhaltungsdienst
Buchführung hinsichtlich der voranschlagswirksamen und voranschlagsunwirksamen Gebarung sowie der Vermögensnachweisung (Geld- und Mengeninventar) einschließlich der Doppik und der Debitoren- und Kreditorenbuchhaltung.
Verrechnung von übertragenen Bundesgebarungen (gemäß Art. 104 Abs. 2 B-VG) nach den Richtlinien des Bundes.
Führung der Verrechnungs- und Kontokorrentkonten, auch für städtische Unternehmungen und gemischtwirtschaftliche Betriebe.
Mitwirkung bei der Erstellung der Teilvoranschläge.
Mitwirkung bei der Erstellung der Voranschläge der Bezirke; Erstellung der Rechnungsabschlüsse der Bezirke.
Mitwirkung bei der Budgetkontrolle und Aufstellung der Jahresrechnung.
Kreditüberwachung und Abgabe von Bedeckungsäußerungen für alle beabsichtigten Ausgaben.
Prüfung aller Zahlungsanordnungen, Rechnungen und Zahlungsverpflichtungen sowie der Geld-, Wertpapier- und Sachgebarungen grundsätzlich vor dem Vollzug, nötigenfalls nach dem Vollzug hinsichtlich der Anordnungsbefugnis, der formellen, sachlichen und rechnerischen Richtigkeit, der Einhaltung des Voranschlages und der geltenden Vorschriften.
Vorschreibung und Einbringung der von den anordnungsbefugten Dienststellen festgestellten Forderungen, einschließlich der des Wiener Krankenanstaltenverbundes.
Rückstandsbearbeitung einschließlich der Mitwirkung bei der Abschreibung uneinbringlicher Forderungen.
Abrechnung der Bundessteuern, Erstellung der Umsatzsteuervoranmeldungen, der Umsatzsteuererklärungen und der Körperschaftssteuererklärungen.
Verfassung der Teilrechnungsabschlüsse, Bilanzen, Kennzahlenberechnungen, Nachweise aufgrund der Voranschlags- und Rechnungsabschlußverordnung, Jahresabschlüsse nach dem Rechnungslegungsgesetz sowie Erstellung der sonstigen gesetzlich vorgeschriebenen Nachweise betreffend die Verrechnung.
Aufstellung von Statistiken, Kalkulationen, Rentabilitätsberechnungen und Berechnungen im Zusammenhang mit der Buchführung.
Mitwirkung bei Inventuren, Skontrierungen und Skartierungen.

II. Abgabenrechnungs- und Kassendienst
Prüfung der formellen, sachlichen und rechnerischen Richtigkeit der Vorschreibungen von Landes- und Gemeindeabgaben.
Gebührstellung, Liquidierung, Verrechnung und Vollzug der Einnahmen und Ausgaben von Landes- und Gemeindeabgaben, Nebengebühren und Strafen sowie sonstiger ordnungsgemäß angeordneter Einnahmen und Ausgaben.
Maßnahmen, die der ordnungsgemäßen und rechtzeitigen Erklärung und Entrichtung der Landes- und Gemeindeabgaben dienen (einschließlich Aufforderungen und Zwangsstrafen), ausgenommen die Steueraußenprüfung.
Behandlung von Ansuchen um Zahlungserleichterung und um Nachsicht von Nebenansprüchen betreffend Landes- und Gemeindeabgaben und Strafen.
Rückstandsüberwachung, Mahnwesen, Einleitung des verwaltungsbehördlichen und gerichtlichen Vollstreckungs- und Sicherungsverfahrens sowie Vertretung der Stadt Wien bei Meistbots- und Verkaufserlösverhandlungen bezüglich Landes- und Gemeindeabgaben und Strafen.
Durchführung des Strafvollzugs für den gesamten Magistrat.
Erfassung, Pflege und Kontrolle der Daten im Zuge der elektronischen Abgabenverrechnung.
Bemessung der Grundsteuer, Müllabfuhrabgabe, einmaliger Gebühren nach dem Kanalräumungs- und Kanalgebührengesetz und der Hundeabgabe.
Festsetzung der Art und Zahl der Sammelbehälter sowie der Zahl der Einsammlungen pro Liegenschaft nach dem Wiener Abfallwirtschaftsgesetz, soweit nicht die Magistratsabteilung 48 zuständig ist.
Durchführung des zentralen Zahlungsverkehrs in der Stadthauptkasse.
Führung des Verbotsbuches.
Verwahrung und Evidenthaltung der Zahlungsmittel, Wertpapiere und Depositen.
Anleihenkassendienst.
Evidenz der bei städtischen Dienststellen in Verwendung stehenden Kassen und Kassetten, Veranlassung der Versicherung derselben.
Bestandsführung und Ausgabe der Wertmarken sowie der verrechenbaren und allgemeinen Drucksorten.
Durchführung verwaltungsbehördlicher Zwangsvollstreckungen.
Vollstreckung von Bescheiden und Erlassung von Vollstreckungsverfügungen und Kostenbescheiden.
Beteiligung an gerichtlichen Zwangsvollstreckungen.
Erhebungen im Zusammenhang mit zwangsweisen Einbringungen.
Versuchsweise Einbringung von privatrechtlichen Forderungen der Stadt Wien.
Erhebungen in Pflegegebühren-, Krankentransportkosten- und Sozialhilfeangelegenheiten.
Strafvollzug über Ersuchen auswärtiger Verwaltungsbehörden.
Mitwirkung bei notstandspolizeilichen Sofortmaßnahmen und Räumungen.
Erhebungen im Zusammenhang mit Ansuchen um Befreiung oder Aufschub vom Präsenzdienst.

Kirchmeyer, Hofrat Hans,
Direktor des Rechnungsamtes 86011
Gruppenleiter:
Scharitzer, Dr. Gerhard, Finanzdirektor, → Seite I/35)
Mozelt, Regierungsrat Helmut, Oberamtsrat 86081
Veit Ingeborg, Kanzleirätin, Kanzleileiterin . . 86015, 86019
Kanzlei 86018

Personalreferat:
Masin Gerhard, Oberamtsrat 86012
Käfer Elisabeth, Verwaltungsoberkommissärin 86014

Dienstgruppe I: Buchhaltungsdienst
Döller, Regierungsrat Franz, Oberamtsrat 86021
Menner Ernst, Verwaltungsoberkommissär 86022
Albrechtsberger Renate, Verwaltungskommissärin . . . 86024
Svatos Michael, Verwaltungsoberkommissär 86023

B u c h h a l t u n g s a b t e i l u n g e n :

Zentralbuchhaltung:
Henzl Peter, Oberamtsrat 86031
Horitsch Maximilian, Amtsrat 86034
Kadlec Ursula, Verwaltungsoberkommissärin 86056

1 Personal,
1, Rathausstraße 9, 1. Stock . . . . 40 00 . . .
Schmid Verena, Oberamtsrätin 83561
Seiser Karin, Verwaltungsoberkommissärin 83562
Telefax: 40 00–99–83570

2 Finanzen,
8, Lerchenfelder Straße 4, 2. Stock,
Tür 201 . . . . 40 00 . . .
Hödl Karl, Amtsrat 89561
Schwarz Willi, Oberamtsrat 89562
Neidinger Brigitte, Amtsrätin 89563
Telefax: 40 00–99–Nebenstelle

3 Kultur und Sport,
8, Friedrich-Schmidt-Platz 5, 3. Stock,
Tür 315 . . . . 40 00 . . .
Heider Franz, Oberamtsrat 84661
Fidal Otto, Amtsrat 84662
Semerad Günther, Amtsrat 84663
Telefax: 40 00–99–Nebenstelle

4 Soziales,
1, Neutorgasse 18, 2. Stock,
Tür 276 . . . . 531 14 . . .
Vimetal Helmut, Oberamtsrat 95961
Hollergschwandtner Herbert, Oberamtsrat 95962
Suchanek Edgar 95972
Hödl Elisabeth, Amtsrätin 95951
Telefax: 531 14–99–Nebenstelle

5 Bauangelegenheiten,
12, Niederhofstraße 23, 3. Stock,
Tür 336 .... 811 14...
Flaschner Peter, Oberamtsrat 92561
Hofmann Maria, Amtsrätin 92562
Telefax: 811 14–99–92560

6 Stadtreinigung und Fuhrpark,
12, Pohlgasse 26, 1. Stock .... 811 14...
Hufnagel Heinz, Oberamtsrat 96261
Bauderer Werner 96262
Scherlofsky Walter, Amtsrat 96273
Telefax: 811 14–99–96269

7 Abwasserbeseitigung,
3, Modecenterstraße 14 .... 795 14...
Eisler Susanne 93761
Smudits Sylvia, Verwaltungsoberkommissärin .. 93762
Telefax: 795 14–99–93760

8 Wasser,
6, Grabnergasse 4–6, 1. Stock .... 599 59...
Zach Ernst, Oberamtsrat 93461
Nürnberger Peter, Verwaltungsoffizial 93471
Telefax: 599 59–99–94110

9 Friedhöfe,
1, Werdertorgasse 6, 4. Stock, Tür 22 ...... 534 69...
Denk Norbert, Oberamtsrat 97161
Hager Gertrude, Amtsrätin 97162
Telefax: 534 69–99–97161

10 Allgemeines Krankenhaus und Poliklinik,
9, Spitalgasse 11, 1. Stock .... 410..., 404 00...
Lafar Kurt, Oberamtsrat 5858
Albert Irene, Verwaltungsoberkommissärin 5884
Unger, Dr. Hana, Amtsrätin 5873
Telefax: 404 00–5798

11 Wohnen,
1, Rathausstraße 4, 4. Stock .... 40 00...
Müller Peter, Oberamtsrat 90361
Schwarz Beatrix, Amtsrätin 90371
Borusik Eva 90362
Telefax: 40 00–99–Nebenstelle

11a Wohnen Mitte,
1, Rathausstraße 4, 4. Stock .... 40 00...
Hödl Johann, Oberamtsrat 96631
Eppensteiner Werner,
Verwaltungsoberkommissär 96632
Hell Walter, Amtsrat 96649
Dite Rudolf, Amtsrat 96697
Telefax: 40 00–99–90363

11b Wohnen Süd-Ost,
10, Dieselgasse 1–3 .... 605 34...
Röhrig Renate, Amtsrätin 10631
Wagner Elisabeth, Amtsrätin 10632
Racek Wolfgang, Amtsrat 10634
Telefax: 605 34–99–10650

11c Wohnen Süd-West,
12, Niederhofstraße 23,
2. Stock .... 811 34...
Wagner Dagmar, Amtsrätin 12631
Glatz Sabine, Verwaltungskommissärin 12632

11d Wohnen West,
17, Elterleinplatz 14,
1. Stock .... 401 19...
Streit Karin, Amtsrätin 17631
Kogler Renate, Amtsrätin 17632
Sabathiel Angela, Amtsrätin 17645

11g 21–Wohnen, 21. Bezirk,
21, Schöpfleuthnergasse 25,
Erdgeschoß .... 277 34...
Rauscher Elisabeth, Amtsrätin 21631
Heinisch Irene, Verwaltungsoffizialin 21632

11h 22–Wohnen, 22. Bezirk,
22, Kagran, Donaustadtstraße 1,
6. Stock .... 211 23...
Eder Beatrice, Verwaltungsoberkommissärin ... 22631
Thallmaier Angela, Verwaltungskommissärin ... 22632

12 Wirtschaft,
3, Am Modenapark 1–2,
3. Stock .... 711 16...
Hruby Heinz, Oberamtsrat 97561
Strobl Wolfgang, Amtsrat 97562
Berger Christa 97574
Halwax Kurt, Amtsrat 97571
Telefax: 711 16–99–97561

13 Schulen,
6, Mollardgasse 87, Hochparterre,
Tür 30 .... 599 16...
Fabijan Gertraud, Oberamtsrätin 95161
Zemanek Waltraud, Amtsrätin 95162
Telefax: 599 16–99–95160

14 Gesundheit,
3, Am Modenapark 1–2, 5. Stock,
Tür 552 .... 711 16...
Maindl Ernst, Oberamtsrat 87461
Vötter Elisabeth, Amtsrätin 87462
Fochler Brigitte, Amtsrätin 87471
Telefax: 711 16–99–87460

15 Umwelt,
1, Rathausstraße 8, 3. und 4. Stock,
Tür 16 .... 40 00...
Wunderlich Karlheinz, Oberamtsrat 88361
Wieser Christl, Amtsrätin 88362
Telefax: 40 00–99–88360

16 Bäder,
10, Reumannplatz 23, 2. Stock .... 601 12...
Hofer Karl, Oberamtsrat 44161
Fuhrmann Angelika, Verwaltungs-
oberkommissärin 44162
Telefax: 601 12–99–235

18 Kaiserin-Elisabeth-Spital und Sophien-Spital,
15, Huglgasse 1–3, 2. Stock ...... 616..., 981 04...
Hrdlicka Gabi, Amtsrätin 5700
Tiefenbrunner Elfriede, Amtsrätin 5702
Telefax: 981 04–1060

19 Wilhelminenspital,
16, Montleartstraße 37, Luisenheim,
2. Stock .... 615..., 491 50...
Hofbauer Eduard, Oberamtsrat 3010
Rottauer Franziska 3012
Telefax: 491 50-3017

20 Pflegeheime,
13, Jagdschloßgasse 59-C-Gebäude 630..., 801 10...
Lafar Eva, Oberamtsrätin 3631
Sevelda Christine, Amtsrätin 3632
Telefax: 801 10–3630

21 SMZ-Ost – Donauspital und Krankenhaus Floridsdorf,
22, Stadlau, Langobardenstraße 122,
Pflegeheim EG .... 611..., 288 02...

Hager Brigitte, Oberamtsrätin 6211
Genger Rosemarie, Amtsrätin 6207
Telefax: 288 02–6203

22 Krankenhaus Lainz,
13, Wolkersbergenstraße 1 .... 630 . . ., 801 10 . . .
Prell Marion, Oberamtsrätin 2731
Zimmerl Felicitas, Verwaltungsoberkommissärin . 2733
Telefax: 801 10–2660

23 Psychiatrisches Krankenhaus Baumgartner Höhe,
14, Baumgartner Höhe 1 .... 619 . . ., 910 60 . . .
Pflügler Brigitte, Amtsrätin 2354
Kreissl Dagmar, Verwaltungsoberkommissärin .. 2525
Telefax: 910 60–2525

24 Rudolfstiftung und Mautner-Markhof'sches Kinderspital,
3, Rennweg 79–81, 2. Stock ...... 614 . . ., 711 65 . . .
Schmied Gertrude, Amtsrätin 7801
Kausalius Gabriele, Verwaltungsoberkommissärin 7802
Telefax: 711 65–7800

25 Kaiser-Franz-Josef-Spital und Gottfried von Preyer'sches Kinderspital,
10, Kundratstraße 3, Pavillon N ... 612 . . ., 601 91 . . .
Glatzl Matthias, Oberamtsrat 5701
Koptik Heidemarie,
Verwaltungsoberkommissärin 5705
Telefax: 601 91–5709

26 Krankenanstalten West,
18, Bastiengasse 36–38, Haus 4,
2. Stock .... 622 . . ., 476 15 . . .
Hiel Eva, Amtsrätin 640
Mirth Heinz, Amtsrat 641
Telefax: 476 15–650

30 Bezirksverrechnung,
19, Muthgasse 62, 3. Stock .... 40 00 . . .
Hiel Franz, Oberamtsrat 86961
Wuschitz Johann, Amtsrat 86962
Telefax: 40 00–99–Nebenstelle

Dienstgruppe II: Abgabenrechnungs- und Kassendienst
Mozelt, Regierungsrat Helmut, Oberamtsrat 86081
Skacel Heribert, Oberamtsrat 86082

Stadtkassen:

1., 8., 9. Bezirk:
1, Wipplingerstraße 8 .... 534 36 . . .
Bürchler Johann, Oberamtsrat 01601
Hauk Richard, Amtsrat 0160

2., 20. Bezirk:
2, Karmelitergasse 9 .... 211 06 . . .
Preisel Karl, Oberamtsrat 02601
Hösch Herbert, Amtsrat 02602
Götz Hana, Amtsrätin 02626

3., 11. Bezirk:
3, Karl-Borromäus-Platz 3 .... 711 34 . . .
Merz Gerda, Oberamtsrätin 03601
Minelli Ingrid, Amtsrätin 03602

4., 10. Bezirk:
10, Laxenburger Straße 43-47 .... 605 34 . . .
Kirschner Sylvia, Oberamtsrätin 10601
Hegenbarth Susan, Amtsrätin 10602

5., 6., 7. Bezirk:
7, Hermanngasse 24-26 .... 521 34 . . .

Link Hanna, Oberamtsrätin 07601
Dejmek Brigitte, Amtsrätin 07602
Niederhuber Gerhard, Amtsrat 07603
Gnant Silvia, Amtsrätin 07621

12., 15. Bezirk:
15, Gasgasse 8-10 .... 891 34 . . .
Montel Alois, Oberamtsrat 15601
Handsur Rudolf, Amtsrat 15602
Anger Gerhard, Amtsrat 15621

13., 14. Bezirk:
13, Hietzinger Kai 1-3 .... 870 34 . . .
Vrchota Heinrich, Oberamtsrat 13601
Teufel Monika, Amtsrätin 13602

16., 17. Bezirk:
16, Richard-Wagner-Platz 19 .... 491 96 . . .
Albustin Ludwig, Oberamtsrat 16601
Witek Johann, Amtsrat 16602

18., 19. Bezirk:
19, Gatterburggasse 14 .... 360 34 . . .
Kainrath Wilhelm, Oberamtsrat 19601
Deninger Margarete, Amtsrätin 19602
Röschel Robert, Amtsrat 19615
Vencalek Angela, Amtsrätin 19621

21. Bezirk:
21, Prager Straße 9 .... 277 34 . . .
Enzminger Heinz, Amtsrat 21601
Griendl Susanne, Amtsrätin 21602
Skyva Gerhard, Amtsrat 21615

22. Bezirk:
22, Kagran, Donaustadtstraße 1/4 .... 211 23 . . .
Altrichter Michael, Amtsrat 22601
Doschek Josef, Amtsrat 22602

23. Bezirk:
23, Liesing, Lehmanngasse 3 .... 863 34 . . .
Stelzer Karl, Amtsrat 23601
Wagner Josef, Amtsrat 23602

Abgabenhauptverrechnung:
1, Volksgartenstraße 3, 3. Stock
Telefax: 40 00–99–Nebenstelle
Heider Erika, Oberamtsrätin 86101
Danimann Christine, Amtsrätin 86102
Hörhager Walter, Amtsrat 86106
Kain Hildegard, Amtsrätin 86104
Strafen der MA 7 86091

Stadthauptkasse:
1, Rathaus, Stiege 5, Hochparterre, Tür 104
Cichra Josef, Oberamtsrat 86121
Höllebrand Franz, Oberamtsrat 86122

Liquidatur und Verbotsbuch
Kostiha Franz, Amtsrat 86141

Girostelle
Ippisch Norbert, Amtsrat 86131

Verteilerstelle
Sachbearbeiterin/Sachbearbeiter 86145
Kassenstelle, Hauptkassier
Brunovszky Kurt, Amtsrat 86125
Kassiererinnen/Kassiere 86125, 86126, 86127

Drucksortenstelle, verrechenbare Drucksorten
Wimmer Friedrich, Kanzleioberkommissär 86151
Drucksortenstelle, allgemeine
Drucksorten 86152, 86155, 86158, 86159

Abgabenstrafenverrechnung:
2, Meiereistraße 7, Ernst-Happel-Stadion, Sektor E, 2. Stock
Telefax: 40 00–99–Nebenstelle
Eisenstecken Robert, Oberamtsrat 89831
Bernhard-Walcher Magdalena, Amtsrätin 89832

Verkehrsstrafenverrechnung:
2, Meiereistraße 7, Ernst-Happel-Stadion, Sektor E, 1. Stock
Telefax: 40 00–99–Nebenstelle
Höchtl Karin, Amtsrätin 89251
Swoboda Gerda, Amtsrätin 89252

Erhebungs- und Vollstreckungsdienst:
8, Lerchenfelder Straße 4, 1. Stock .... 40 00 ...
Telefax: 40 00–99–Nebenstelle
Zavrel Manfred, Oberamtsrat 38401

Dezernentinnen/Dezernenten:
Bucher Rudolf, Oberamtsrat 38402
Nowacek Helmut, Amtsrat 38404
Baumgartner Heinz, Amtsrat 38405
Linhart Theodor, Amtsrat 38403
Lutz Hans, Amtsrat 38471
Thuri Erhard, Amtsrat 38407
Richter Kurt, Verwaltungsoberkommissär 38406
Kanzlei 38409, 38412

MAGISTRATSABTEILUNG 7

Kultur

(Geschäftsgruppe Kultur)

8, Friedrich-Schmidt-Platz 5, 2. und 3. Stock, Tel. 40 00 ...
Telefax: 40 00–99–8007, IBS-User : M07K
Internet e-mail: post@m07.magwien.gv.at

Rechtliche Angelegenheiten der Geschäftsgruppe Kultur.

Rechtliche und behördliche Angelegenheiten des Veranstaltungswesens (insbesondere Theater, Kinos, Ausstellungen) sowie der Tanzlehranstalten einschließlich des Verwaltungsstrafverfahrens und des Prüfungswesens.

Angelegenheiten des Buchmacher- und Totalisateurwesens, soweit nicht die Magistratsabteilung 4 zuständig ist.

Entgegennahme von Meldungen nach dem Wiener Tierschutz- und Tierhaltegesetz über die Mitwirkung von Tieren bei Veranstaltungen, die dem Wiener Veranstaltungsgesetz unterliegen.

Erteilung von Aufträgen und Untersagung der Mitwirkung von Tieren nach dem Wiener Tierschutz- und Tierhaltegesetz im Rahmen des Verfahrens nach dem Wiener Veranstaltungsgesetz.

Besorgung der Angelegenheiten des Kurwesens im Kurbezirk, mit Ausnahme der in die Zuständigkeit der Magistratsabteilung 15 fallenden Rechtsangelegenheiten.

Angelegenheiten des Tourismus (Fachgutachten, Fremdenführerprüfungen).

Förderung der Altstadterhaltung, insbesondere Verwaltung des Wiener Altstadterhaltungsfonds, einschließlich der Überwachung der Restaurierungsarbeiten in denkmalpflegerischer Hinsicht, sowie Ausbau und Führung der Altstadterhaltungsevidenz, denkmalpflegerische Obhut über Freiplastiken und Gedenktafeln, Planung und finanzielle Vorsorge für Festbeleuchtungen.

Vorbereitung der Benennung von Verkehrsflächen, städtischen Gebäuden und Anlagen, soweit nicht der Wiener Krankenanstaltenverbund zuständig ist.

Förderung der kulturellen Volksbildung (Volksbildungswerk), der bildenden Künste, der Musik, der Literatur, des Theaters, des Films (insbesondere Wiener Filmförderungsfonds) und der Wiener Festwochen.

Organisation von kulturellen Veranstaltungen auch in Zusammenarbeit mit anderen Bundesländern, insbesondere Ausstellungen, Konzerte, Feiern, internationale Wettbewerbe und Gespräche sowie internationale Kulturkontakte.

Angelegenheiten der Dr.-Karl-Renner-Stiftung, Preise der Stadt Wien, Förderungspreise, Kleinkinder-, Kinder- und Jugendbuchpreise.

Angelegenheiten der Begabtenförderung und des Stipendienwerkes der Stadt Wien.

Angelegenheiten der Josef-Kainz-Medaille und des Johann-Nestroy-Ringes, der Ehrenpensionen und der außerordentlichen Zuwendungen, Ehrenpreise, Ehrengräber und Grabwidmungen, Stellungnahme zu Anträgen auf Verleihung des Berufstitels „Professor“ und zu Bundesauszeichnungen auf dem Gebiet von Wissenschaft und Kultur.

Mitwirkung bei der Verwaltung und Tätigkeit von Stiftungen für kulturelle Zwecke.

Grundverwaltung und Erhaltung der städtischen Campingplätze, Jugendgästehäuser und Studentenheime, soweit keine andere Dienststelle zuständig ist.

Objektverwaltung und Erhaltung der Denkmäler, Gedenktafeln, Bildstöcke (ausgenommen begehbare Kapellen) und Plastiken, soweit keine andere Dienststelle zuständig ist.

Denscher, Dr. Bernhard, Senatsrat 84711
Windisch, Dr. Andreas, Obermagistratsrat 84712
Hilger, Dr. Wolfgang, Senatsrat 84751
Forster, Dr. Michael, Obermagistratsrat 84796
Stöphl, Mag. Thomas, Obermagistratsrat 84731
Krizek, Mag. Gabriele, Magistratskommissärin 84771
Rick, Mag. Karin 81174
Geyer, Dipl.-Ing. Roland 8400
Kaufmann, Dr. Erika 84734
Dressler, Dr. Robert 84736
Philipp Wolf-Rüdiger, Oberamtsrat 84761
Drexler Herbert, Amtsrat 84766
Heiss Kurt, Amtsrat 84793
Simacek Helmut, Amtsrat 84765
Spellitz Franz, Amtsrat 84794
Keplinger, Mag. Monika 84795
Beheim Edith, Kanzleikommissärin, Kanzleileiterin 84719
Kanzlei 84729, 84748

Budget-, Wirtschafts- und Personalangelegenheiten 84768, 84769
Verkehrsflächenbenennungen 84765

Literatur 84716
Bildende Kunst, künstlerische Angelegenheiten 84751
Bildende Kunst, administrative Angelegenheiten 84743, 84753, 84759
Aufseherin/Aufseher 90918

Musik:
1, Rathausstraße 4/Stadiongasse 9
Musik, künstlerische Angelegenheiten 8400
Musik, administrative Angelegenheiten (Veranstaltungen) 8410
Theater, künstlerische Angelegenheiten, Förderungen 84731, 84733, 84739
Film, Video, freie Gruppen 84734
Zuwendungen, Ehrenpreise, Gedenktagepublizistik, Grabwidmungen 84766
Theater-, Kino-, Varieté-, Publikumstanz- und Filmkonzessionen, Filmvorführungen 84781, 84782, 84783, 84784

Beleuchter- und Filmvorführerprüfungen:
1, Volksgartenstraße 1–3 .... 84784, 84782
Filmvorführungsstelle 84719
Tanzlehrbewilligungen 84781, 84782, 84783, 84784

Anmeldestelle für Veranstaltungen:
1, Volksgartenstraße 1–3 84786
Spielautomatenkonzessionen . . 84781, 84782, 84783, 84784
Schaustellerkonzessionen 84783
Zirkus-, Tierschau- und
Boxkonzessionen 84784
Lärmbelästigung 84781, 84782, 84783, 84784
Strafsachen 84781, 84782, 84783, 84784

Denkmalpflege:
8, Friedrich-Schmidt-Platz 5, Mezzanin 84794
Förderungen – Altstadterhaltungsfonds:
8, Friedrich-Schmidt-Platz 5, Mezzanin 84793
Restaurierungen 84796
Fremdenführerprüfungen,
kulturelle Gruppenbetreuung 84744, 84779
Stipendienwerk der Stadt Wien 84765
Preise der Stadt Wien,
Dr.-Karl-Renner-Stiftung 84766

Bezirksmuseen:
8, Friedrich-Schmidt-Platz 5, Mezzanin 84794

Filmbeirat der Stadt Wien:

Büro: 8, Friedrich-Schmidt-Platz 5, Tel. 40 00 . . ., 84719
(Vorführsaal: 7, Zieglergasse 49, Tel. 523 32 24 . . . , 30)

Vertreterin/Vertreter des Gemeinderates:
Pluskal, Prof. Dipl.-Vw. Karoline, Gemeinderätin a. D.
Holubarz Kurt, Gemeinderat a. D.

Vertreterin des Stadtschulrates für Wien:
Wendelberger, Mag. Prof. Christiane

Vertreter der Bundespolizeidirektion Wien:
Janda, Dr. Gerhard, Oberrat

Fachmann auf dem Gebiet der Erziehung:
Hollos, Mag. Josef

Fachfrau auf dem Gebiet der Jugendfürsorge:
Balic-Benzing, Mag. Renate, Senatsrätin

Fachmann auf dem Gebiet der Volksbildung:
Braun, Dr. Bernd

Vertreter aus dem Kreis der Elternschaft:
Cabana Martin

Vertreter aus dem Kreis der Jugendorganisation:
Netzel Gerald

Vertreter der Filmwirtschaft:
Neumann Rudolf, Direktor i. R.
Vögl, Mag. Dr. Klaus Christian

Prüfungskommission für Filmvorführer:

Vorsitzender:
Haschke, Dipl.-Ing. Harald, Senatsrat
Stellvertreter:
Windisch, Dr. Andreas, Obermagistratsrat

Prüferin für Rechtsvorschriften betreffend die Filmvorführertätigkeit:
Krammer Karin, Verwaltungsoffizialin
Stellvertreter:
Ringer Harald, Verwaltungskommissär

Prüfer für Elektroanlagen sowie für deren Anwendung in Kinobetrieben:
Lorenz, Dipl.-Ing. Paul, Senatsrat
Stellvertreter:
Kornfeld, Ing. Wolfgang, Techn. Oberkommissär

Prüfer für Handhabung der Vorführungsapparate und sonstigen Einrichtungen des Bildwerferraumes:
Hofmann, Ing. Josef
Stellvertreter:
Gottschalk Frank

Theaterkommission für Wien:

Vorsitzender:
Wolf, Dipl.-Ing. Ernst, Senatsrat
Stellvertreter:
Windisch, Dr. Andreas, Obermagistratsrat

Rechtskundiger Beamter:
Windisch, Dr. Andreas, Obermagistratsrat
Stellvertreterin:
Breiner, Mag. Ines, Magistratskommissärin

Beamter des höheren technischen Dienstes:
Wolf, Dipl.-Ing. Ernst, Senatsrat
Stellvertreter:
Haschke, Dipl.-Ing. Harald, Senatsrat

Physikatsärztin:
Kremeier, Dr. Elisabeth, Oberstadtphysika, Landessanitätsdirektorin
Stellvertreter:
Wolfert, Dr. Manfred, Oberphysikatsrat

Beamter der Feuerwehr im höheren Dienst des Magistrats:
Perner, Dipl.-Ing. Dr. techn. Friedrich, Branddirektor
Stellvertreter:
Peroutka, Dipl.-Ing. Herbert, Senatsrat

Beamter der Bundespolizeidirektion Wien:
Spanblöchl, Dr. Rudolf, Hofrat
Stellvertreter:
Janda, Dr. Gerhard, Oberrat

Beamter des Arbeitsinspektorates:
Denk, Dipl.-Ing. Walter, Oberrat
Stellvertreter:
Schorn, Dipl.-Ing. Helmut, Oberrat

Fachmänner auf dem Gebiet des Bauwesens, der Heiz- und Lüftungstechnik und der Elektrotechnik sowie Bühnenfachmänner:
Stengel, Dipl.-Ing. Walter
Niederhofer, Dipl.-Ing. Johann
Offner, Dipl.-Ing. Alfred
Peschak, Ing. Diethelm
Kotkata, Dipl.-Ing. Nabil
Pranger, Dipl.-Ing. Gerhard
Horazdovsky, Mag. Bernd
Häußler Franz, Kommerzialrat, Direktor

Behindertenvertreter:
Groiss, Ing. Peter, Techn. Oberamtsrat
Riha Eduard

Prüfungskommission für Beleuchter:

Vorsitzender und Prüfer für den Prüfungsstoff für das richtige Verhalten eines verantwortlichen Beleuchters im Gefahrenfall:
Haschke, Dipl.-Ing. Harald, Senatsrat

Stellvertreter:
Henschling, Dipl.-Ing. Wolfgang, Oberstadtbaurat

Prüfer für den Prüfungsstoff Elektrotechnik und die richtige Handhabung der beleuchtungstechnischen Einrichtungen:
Lorenz, Dipl.-Ing. Paul, Oberstadtbaurat
Stellvertreter:
Kornfeld, Ing. Wolfgang, Techn. Oberkommissär

Prüferin, die den Prüfungsstoff der für die Tätigkeit eines verantwortlichen Beleuchters in Frage kommenden gesetzlichen Bestimmungen zu betreuen hat:
Krammer Karin, Verwaltungsoffizialin
Stellvertreter:
Ringer Harald, Verwaltungskommissär

MAGISTRATSABTEILUNG 8

Wiener Stadt- und Landesarchiv

(Geschäftsgruppe Kultur)

1, Rathaus, Stiege 6, 1. Stock, Tür 327, Tel. 40 00 . . .
Telefax: 40 00-99-Nebenstelle, IBS-User: M08K,
Internet e-mail: post@m08.magwien.gv.at

Allgemeine und spezielle Angelegenheiten des Archivwesens einschließlich des Archivschutzes.
Verwahrung der rechtsverbindlichen Urkunden, der Originale der Sitzungsprotokolle der Vertretungskörper der Stadt und des Landes Wien, der beurkundeten Landesgesetze sowie der behördlich genehmigten Stiftungsbriefe.
Wissenschaftliche Erschließung der Landtags- und Gemeinderatsprotokolle durch einen Sach- und Personenindex.
Konzeption und Durchführung der wissenschaftlichen und kartographischen Arbeiten am Historischen Atlas von Wien und am Österreichischen Städteatlas.
Führung der Historischen Kommission.
Erstellung von Richtlinien für die Vorarchivierung im Bereich des Magistrats und Begutachtung der Durchführung; Mitwirkung bei der Begutachtung von Räumlichkeiten, die für Registraturen vorgesehen sind.
Entscheidung über vollständige oder teilweise Vernichtung von Registraturbeständen (auch im Falle erfolgter Mikroverfilmung oder Speicherung in EDV-Anlagen).
Übernahme, Verwahrung, Erhaltung und wissenschaftlich fachgemäße Bearbeitung des archivreifen Registraturgutes der Stadt Wien und von Einrichtungen des Bundes in jeglicher technischen Form.
Sammlung von Materialien allgemeinhistorischer und stadtgeschichtlicher Art aus dem Bereich der Stadt Wien.
Führung der Archivbibliothek.
Evidenthaltung der Ehrungen und Verkehrsflächenbenennungen.
Betreuung bzw. Durchführung wissenschaftlicher Forschungen auf dem Gebiet der allgemeinen, vergleichenden und Wiener Stadtgeschichte.
Durchführung von historischen Ausstellungen.
Angelegenheiten der topographischen Nomenklatur.
Kundmachung von Staatsverträgen durch Auflage zur öffentlichen Einsicht anstelle der Kundmachung im Bundesgesetzblatt.

Opll, ao. Univ.-Prof. Dr. Ferdinand, Direktor des Wiener Stadt- und Landesarchivs 84811
Csendes, ao. Univ.-Prof. Dr. Peter, Senatsrat 84812
Banik-Schweitzer, Dipl.-Ing. Dr. Renate, Senatsrätin . 84871
Seliger, Dipl.-Pol. Dr. Maren, Senatsrätin 84851
Fischer, Dr. Karl, Oberarchivrat . . . . . 406 89 61 . . ., 41, 42, 84843
Kretschmer, Dr. Helmut, Oberarchivrat 84831
Meißl, Dr. Gerhard, Obermagistratsrat 84875
Psarakis, Dr. Brigitta, Oberbibliotheksrätin 84856
Tschulk, Dr. Herbert, Oberarchivrat 84821
Altfahrt, Dr. Margit 84854
Berg, Dr. Heinrich, Archivrat 84823
Ganster, Dr. Ingrid, Bibliotheksrätin 84863
Laichmann, Dr. Michaela, Archivrätin 84873
Ma-Kircher, Dr. Klaralinda, Bibliotheksrätin 84864
Maderthaner, Dr. Wolfgang, Magistratsrat . 545 78 70 . . ., 28
Rigele, Dr. Brigitte, Archivrätin 84837
Svoboda, Dr. Wilhelm, Magistratsrat 84853
Troch, Dr. Harald, Magistratsrat . . . . 545 78 70 . . ., 22
Pils, Mag. Susanne, Archivkommissärin 84874
Jensen, Mag. Angelika 84855
Hant Christian, Oberamtsrat 84816
Koch Herbert, Amtsrat 84826
Heindl Roswitha, Verwaltungsoberkommissärin 84847
Krychl Wilhelm . . . . 07, 521 34 . . ., 143
Putz Hans 84876
Prantl Peter 84827, 84866
Schirmer Gerhard, Kanzleioberkommissär, Kanzleileiter (Stiege 6, 2. Stock, Tür 443) 84819
Kanzlei 84829, 84882
Sekretariat 84815

DEZERNAT 1

Gruppe 1: Stadt- und Landesarchivalische Bestände
Tschulk, Dr. Herbert, Oberarchivrat 84821

Stadtarchivalische Bestände und Historische Archivkörper
Tschulk, Dr. Herbert, Oberarchivrat 84821

Gerichtsbestände ab 1850/Vertretungskörper
Rigele, Dr. Brigitte, Archivrätin 84837

Bestände von staatlichen und privaten Institutionen
Pils, Mag. Susanne, Archivkommissärin 84874

Meldearchiv
Koch Herbert, Amtsrat 84826

Gruppe 2: Sammlungen
Fischer, Dr. Karl, Oberarchivrat . . . . . 406 89 61 . .., 41, 42

Zentrale Archivsammlungen
Laichmann, Dr. Michaela, Archivrätin 84873

Kartographische Sammlung
Fischer, Dr. Karl, Oberarchivrat . . . . . 406 89 61 . . ., 41, 42

Fotosammlung
Altfahrt, Dr. Margit 84854
Jensen, Mag. Angelika 84855

Topographische Dokumentation
Heindl Roswitha, Verwaltungsoberkommissärin 84847

Biographische Dokumentaton
Ganster, Dr. Ingrid, Bibliotheksrätin 84863

DEZERNAT 2

Gruppe 3: Öffentlichkeitsarbeit
Kretschmer, Dr. Helmut, Oberarchivrat 84831

Benützerraumagenden/Medienkontakte/ Ausstellungswesen
Kretschmer, Dr. Helmut, Oberarchivrat 84831

Archivwerkstätte
Krychl Wilhelm, Restaurator . . . . 07 . . ., 521 34 . . ., 143

Gruppe 4: Organisation und Zwischenarchiv
Berg, Dr. Heinrich, Archivrat 84823

Raumorganisation
Hant Christian, Oberamtsrat 84816

ADV-Organisation/Zwischenarchiv
Berg, Dr. Heinrich, Archivrat 84823

Aufseherinnen/Aufseher und Amtsgehilfinnen/Amtsgehilfen
Prantl Peter, Oberaufseher 84827, 84866

STABSSTELLEN

Archivbibliothek
Psarakis, Dr. Brigitta, Oberbibliotheksrätin 84856

Erwerbung und Katalogisierung von Druckwerken
Psarakis, Dr. Brigitta, Oberbibliotheksrätin 84856

Protokollierung und Bearbeitung von Druckwerken
Ma-Kircher, Dr. Klaralinda, Bibliotheksrätin 84864

Bibliographie zur Geschichte der Stadt Wien
Ganster, Dr. Ingrid, Bibliotheksrätin 84863

Dokumentation
Seliger, Dipl.-Pol. Dr. Maren, Senatsrätin 84851

Landtags- und Gemeinderatsindex/ Kommunalpolitische Dokumentation und Forschungsstelle
Seliger, Dipl.-Pol. Dr. Maren, Senatsrätin 84851

Parteien, Verbände und Initiativgruppen
Svoboda, Dr. Wilhelm, Magistratsrat 84853

Historische Atlanten
Banik-Schweitzer, Dipl.-Ing. Dr. Renate, Senatsrätin 84871

Historischer Atlas von Wien
Banik-Schweitzer, Dipl.-Ing. Dr. Renate, Senatsrätin 84871

Österreichischer Städteatlas
Pils, Mag. Susanne, Archivkommissärin 84874

Sozial- und wirtschaftswissenschaftliche Datenbank
Meißl, Dr. Gerhard, Obermagistratsrat 84875

Kartographie
Putz Hans 84876

Sonderbereich 1: Verein für Geschichte der Arbeiterbewegung, 5, Rechte Wienzeile 97
Maderthaner, Dr. Wolfgang, Magistratsrat . . . . 545 78 70 . . ., 28

Sonderbereich 2: Ludwig-Boltzmann-Institut für Stadtgeschichtsforschung, Zweigstelle Wien, 1, Doblhoffgasse 9, 1. Stock
Czeike, ao. Univ.-Prof. Hofrat Dr. Felix, Zweigstellenleiter 84877

Sonderbereich 3: Verein für Geschichte der Stadt Wien
Fischer, Dr. Karl, Oberarchivrat . . . . . 406 89 61 . . ., 41, 42, 84843

Hochschuljubiläumsstiftung 84812

Benützerinnen-/Benützerraum, Auskünfte: Stiege 6, 1. Stock, Tür 328 . . . . 84808, 84807, 84810

Zentraldepot: 7, Kandlgasse 30 84891

Meldearchiv 8, Buchfeldgasse 6 . . . . 406 89 61 . . ., 45

Zentrales Planarchiv: 8, Buchfeldgasse 6 . . . . 406 89 61 . . ., 41, 42

MAGISTRATSABTEILUNG 9

Wiener Stadt- und Landesbibliothek

(Geschäftsgruppe Kultur)

1, Rathaus, Stiege 4, 1. Stock, Tür 333, Tel. 40 00 . . .
Telefax: 40 00–7219, IBS-User: M09K,
Internet e-mail: post@m09.magwien.gv.at

Allgemeine und spezielle Angelegenheiten des Bibliothekswesens.

Sammlung von Druckwerken jedweder Art (inklusive Plakate, Einblattdrucke Wiener Zeitungen und Zeitschriften, Programme, Wahlmaterialien u. ä.), Autographen, Musikhandschriften, Musikdrucken und Schallträgern, die für Wien in geschichtlicher, kultureller, kultur- und kunstgeschichtlicher, literarischer sowie rechts- und verwaltungswissenschaftlicher Hinsicht Bedeutung haben.

Führung der wissenschaftlichen Bibliothek des Magistrats sowie der Amtsbibliothek; Bereitstellung des gesammelten Materials für Forschungszwecke und wissenschaftliche Beratung der Bibliotheksbenützer.

Führung der Stadtchronik, des Zeitungsindex und des Gedenktagekatasters.

Abfassung von Biographien; Stellungnahme zu Ehrungen, Titelverleihungen, Verkehrsflächenbenennungen, Ehrenpensionen, a. o. Zuwendungen, Grabwidmungen und dgl.

Veranstaltung von Ausstellungen aus den Beständen der Bibliothek und Beteiligungen an Ausstellungen inklusive vorhergehender wissenschaftlicher Aufbereitung des Ausstellungsthemas und Bearbeitung der Ausstellungsobjekte.

Wissenschaftliche Bearbeitung und Auswertung des gesammelten Materials sowie Forschungen zur Wiener Kulturgeschichte und Publikation der Forschungsergebnisse, insbesondere auch die Herausgabe von Bestandnachweisen und Katalogen über wissenschaftlich bearbeitete Bestände.

Verwaltung der Kamilla- und Wolfgang-Waniek-Stiftung.

Würtz, Mag. iur. Herwig, Direktor der Wiener Stadt- und Landesbibliothek 84911
Obermaier, Dr. Walter, Senatsrat 84912
Renner, Dr. Gerhard, Oberbibliotheksrat 84913
Barth, Dr. Gerda, Oberbibliotheksrätin 84966
Kalwoda, Dr. Michael, Oberbibliotheksrat 84961
Neunlinger, Dr. Ludwig, Oberbibliotheksrat 84931
Schembor, Dr. Friedrich, Obermagistratsrat 84924
Böhm, Dr. Hermann, Bibliotheksrat 84943
Brusatti, Dr. Otto, Bibliotheksrat 84953
Gallo, Mag. Alesandro, Bibliotheksrat 84938
Mantler, Dr. Anton, Bibliotheksrat 84965
Lotter, Dr. Ruth 84936
Hübsch Ernst, Amtsrat 84945
Kucera Josef, Amtsrat 84935
Ziegler Johann, Amtsrat 84950
Brunner Angelika, Verwaltungsoberkommissärin 84933
Burger Roland, Verwaltungsoberkommissär 84934
Misar Karl, Verwaltungsoberkommissär 84946
Pisa Johanna, Verwaltungsoberkommissärin 84932
Polat Inge, Verwaltungsoberkommissärin 84963
Rubey Norbert 84952
Harmer Helga, Kanzleikommissärin,
Kanzleileiterin 84919
Sekretariat 84915
Kanzlei 84928, 84929, 84939, 84948, 84949
Auskunft 84919

Personal 84915

Budget:
Kucera Josef, Amtsrat 84935

EDV:
Renner, Dr. Gerhard, Oberbibliotheksrat 84913

Sammlungen

Druckschriftensammlung (Tür 333):
Neunlinger, Dr. Ludwig, Oberbibliotheksrat 84931
Auskünfte 84920

Erwerbsabteilung
Kucera Josef, Amtsrat 84935
Fortsetzungen: *Burger Roland,* Verwaltungsoberkommissär 84934
Pflichtexemplare: *Pisa Johanna,* Verwaltungsoberkommissärin 84932

Katalogisierung
Neunlinger, Dr. Ludwig, Oberbibliotheksrat 84931
Gallo, Mag. Alesandro, Bibliotheksrat 84938
Lotter, Dr. Ruth 84936
Schembor, Dr. Friedrich, Obermagistratsrat 84924
Bearbeiterinnen/Bearbeiter 84939, 84948, 84949

Benützungsabteilung
Lotter, Dr. Ruth 84936
Buchausgabe 84927

Handschriftensammlung (Tür 324):
Obermaier, Dr. Walter, Senatsrat 84912, 84941
Böhm, Dr. Hermann, Bibliotheksrat 84943
Auskünfte und Benützung
Hübsch Ernst, Amtsrat 84945
Misar Karl, Verwaltungsoberkommissär 84946

Musiksammlung:
1, Bartensteingasse 9, 1. Stock
Brusatti, Dr. Otto, Bibliotheksrat 84953
Auskünfte und Benützung
Ziegler Johann, Amtsrat 84950
Rubey Norbert 84952
Amtsgehilfinnen/Amtsgehilfen 84954
Kopierstelle 84955

Plakatsammlung (2. Stock, Tür 444):
Barth, Dr. Gerda, Oberbibliotheksrätin 84966

Dokumentation (2. Stock, Tür 444):

Zeitungsdokumentation
Kalwoda, Dr. Michael, Oberbibliotheksrat 84961
Mantler, Dr. Anton, Bibliotheksrat 84965
Auskünfte und Benützung
Polat Inge, Verwaltungsoberkommissärin 84963
Erfassung 84963

Personendokumentation
Renner, Dr. Gerhard, Oberbibliotheksrat 84913

Portheim-Katalog
Barth, Dr. Gerda, Oberbibliotheksrätin 84966

Zentrale Dienste

Depots:
Aufseherin/Aufseher 84974
Druckschriftendepots 84971
Plakatdepot 84992

Restaurierwerkstätte:
Restauratorin/Restaurator 84967
Buchbinderin/Buchbinder 84968

Kopierstelle (2.Stock, Zimmer 444):
Xerox-, Mikroform- und Scannerkopien 84969

MAGISTRATSABTEILUNG 10

Museen der Stadt Wien

(Geschäftsgruppe Kultur)

4, Karlsplatz (Maderstraße 2), Tel. 505 87 47 . . .
Telefax: 505 87 47–99–84010 – nationale Erreichbarkeit
505 87 47–7201 – internationale Erreichbarkeit, IBS-User: M10K,
Internet e-mail: post@m10.magwien.gv.at

Erwerb und restauratorische Betreuung von Sammlungsobjekten zur Geschichte Wiens, insbesondere der Topographie, der Porträtkunde, der Volkskunde, der bildenden Kunst, der Archäologie, des Kunstgewerbes, der Mode, des Theaters und dgl.
Führen von Museen (Gedenkstätten) der Stadt Wien.
Errichten der Museen (Gedenkstätten) der Stadt Wien.
Grundverwaltung und Erhaltung des Historischen Museums der Stadt Wien, des Schubert-Museums, des Haydn-Wohnhauses und des zentralen Depots.
Objektverwaltung und Erhaltung des Otto-Wagner-Pavillons am Karlsplatz, der Hermesvilla und der Kunsthalle Wien.
Wissenschaftliche Betreuung der Bezirksmuseen.
Archäologische Erforschung des Wiener Stadtgebietes.
Führungen durch die Museen der Stadt Wien.
Erteilung von Reproduktionsgenehmigungen.
Fachliche Aufsicht über die Bezirksmuseen.
Erstattung von Fachgutachten, insbesondere im Bereich der bildenden Künste.

Düriegl, Hofrat Dr. Günter, Direktor der Museen der Stadt Wien 84011
Kassal-Mikula, Dr. Renata, Senatsrätin 84030
Winkler, Mag. Susanne, Museumskommissärin 84043
Deutschmann, Dr. Wilhelm, Senatsrat 84042
Schusser, Dr. Adelbert, Obermuseumsrat 84041
Walther, Dr. Susanne, Obermuseumsrätin 84039
Eppel, Dr. Peter, Museumsrat 84034
Graff, Mag. Elisabeth, Museumsrätin 84026
Karner, Dr. Regina, Museumsrätin 84029
Maringer, Mag. Christine, Museumsrätin 84026
Mattl-Wurm, Dr. Sylvia, Museumsrätin 84040
Öhlinger, Mag. Walter, Museumsrat 84020
Pohanka, Dr. Reinhard, Museumsrat 84029
Witzmann, Dr. Reingard, Museumsrätin 84044
Wieser, Mag. Gertrud (Restauratorin) 84026
Kerschbaum Rupert 533 22 65
Storch, Dr. Ursula 84031
Novak Franz, Amtsrat 84035
Sostek Monika, Kanzleioberkommissärin,
Kanzleileiterin 84015
Kanzlei 84016

Verwaltung 84035

Museen und Sammlungen:

Historisches Museum der Stadt Wien,
4, Karlsplatz . . . . . 505 87 47 . . . 84021, 84028, 84048
(täglich außer Montag von 9 bis 18 Uhr)

Baureste am Michaelerplatz,
1, Michaelerplatz

Beethoven-Gedenkstätte „Pasqualatihaus",
1, Mölker Bastei 8 . . . . . 535 89 05
(täglich außer Montag von 9 bis 12.15 Uhr und von 13 bis 16.30 Uhr)

Beethoven-Gedenkstätte „Eroicahaus",
19, Döblinger Hauptstraße 92 . . . . . 369 14 24
(täglich außer Montag von 9 bis 12.15 Uhr und von 13 bis 16.30 Uhr)

Beethoven-Gedenkstätte „Heiligenstädter Testament",
19, Probusgasse 6 . . . . . 37 54 08
(täglich außer Montag von 9 bis 12.15 Uhr und von 13 bis 16.30 Uhr)

Haydn-Gedenkstätte mit Brahms-Gedenkraum,
6, Haydngasse 19 . . . . . 596 13 07
(täglich außer Montag von 9 bis 12.15 Uhr und von 13 bis 16.30 Uhr)

Hermesvilla,
13, Lainzer Tiergarten 804 13 24
(April bis September Dienstag bis Sonntag von 10 bis 18 Uhr, Oktober bis März Dienstag bis Sonntag von 9 bis 16.30 Uhr))

Johann-Strauß-Gedenkstätte,
2, Praterstraße 54 . . . . . 214 01 21
(täglich außer Montag von 9 bis 12.15 Uhr und von 13 bis 16.30 Uhr)

Modesammlungen des Historischen Museums der Stadt Wien, Schloß Hetzendorf,
12, Hetzendorfer Straße 79 . . . . . 505 87 47 . . ., 84046
(Dienstag bis Sonntag von 13.30 bis 16.30 Uhr)

Mozart-Gedenkstätte „Figarohaus",
1, Domgasse 5 . . . . . 513 62 94
(täglich außer Montag von 9 bis 18 Uhr)

Neidhart-Fresken,
1, Tuchlauben 19 . . . . . 535 90 65
(täglich außer Montag von 9 bis 12 Uhr)

Otto-Wagner-Hofpavillon,
13, Schönbrunner Schloßstraße . . . . 505 87 47 . . ., 84059
(täglich außer Montag von 9 bis 12.15 Uhr und von 13 bis 16.30 Uhr)

Otto-Wagner-Haltestelle Karlsplatz,
1, Karlsplatz
(täglich außer Montag von 9 bis 12 Uhr)

Pratermuseum,
2, Oswald-Thomas-Platz 1 (Prater, Planetarium) 726 76 83
(Dienstag bis Freitag von 9 bis 12.15 Uhr und von 13 bis 16.30 Uhr, Samstag, Sonn- und Feiertag von 14 bis 18.30 Uhr)

Römische Baureste Am Hof,
1, Am Hof 9 . . . . . 63 66 71
(Samstag, Sonn- und Feiertag von 11 bis 13 Uhr)

Römische Ruinen unter dem Hohen Markt,
1, Hoher Markt 3 . . . . . 535 56 06
(täglich außer Montag von 9 bis 12.15 Uhr und von 13 bis 16.30 Uhr)

Schauraum der Modesammlung, Schloß Hetzendorf,
12, Hetzendorfer Straße 79, linker Seitentrakt . 802 16 57
(Montag bis Freitag von 9 bis 16 Uhr)

Schubert-Gedenkstätte „Geburtshaus“ mit Stifter-Gedenkräumen,
9, Nußdorfer Straße 54 . . . . 317 36 01
(täglich außer Montag von 13.30 bis 16.30 Uhr)

Schubert-Gedenkstätte „Sterbewohnung“,
4, Kettenbrückengasse 6 . . . . 581 67 30
(täglich außer Montag von 9 bis 12.15 Uhr und von 13 bis 16.30 Uhr)

Uhrenmuseum,
1, Schulhof 2 . . . . 533 22 65
(täglich außer Montag von 9 bis 16.30 Uhr)

Virgilkapelle und Sammlung keramischer Bodenfunde,
1, Stephansplatz, U-Bahn-Station 513 58 42
(täglich außer Montag von 13.30 bis 16.30 Uhr)

Jüdisches Museum der Stadt Wien,
1, Dorotheergasse 11 . . . . 535 04 31
(Sonntag bis Freitag von 10 bis 20 Uhr)

Bezirksmuseen:

Bezirksmuseum Innere Stadt,
1, Wipplingerstraße 8 . . . . 534 36 . . ., 01127
(Mittwoch und Freitag von 15 bis 17 Uhr)

Bezirksmuseum Leopoldstadt,
2, Karmelitergasse 9 . . . . 211 06 . . ., 02127
(Mittwoch von 17.30 bis 19 Uhr, Samstag von 14.30 bis 17 Uhr, Sonntag von 10 bis 12 Uhr)

Bezirksmuseum Landstraße,
3, Sechskrügelgasse 11 . . . . 711 34 . . ., 03127
(Mittwoch von 16 bis 18 Uhr, Sonntag von 10 bis 12 Uhr)

Bezirksmuseum Wieden,
4, Klagbaumgasse 4 . . . . 581 78 11
(Samstag von 15 bis 17 Uhr, Sonntag von 10 bis 12 Uhr)

Bezirksmuseum Margareten,
5, Schönbrunner Straße 54 . . . . 546 34 . . . , 05127, 05115
(dzt. kein Betrieb)

Bezirksmuseum Mariahilf,
6, Mollardgasse 8 . . . . 586 78 68
(Mittwoch von 17 bis 20 Uhr, Sonntag von 9.30 bis 12 Uhr)

Bezirksmuseum Neubau,
7, Stiftgasse 8 . . . . 522 81 40
(Donnerstag von 18 bis 20 Uhr, Sonntag von 10 bis 12 Uhr)

Bezirksmuseum Josefstadt,
8, Schmidgasse 18 . . . . 403 64 15
(Mittwoch von 18 bis 20 Uhr, Sonntag von 10 bis 12 Uhr)

Bezirksmuseum Alsergrund,
9, Währinger Straße 43 . . . . 400 34 . . ., 09127
(Mittwoch von 9 bis 11 Uhr, Sonntag von 10 bis 12 Uhr)

Bezirksmuseum Favoriten,
10, Per-Albin-Hansson-Siedlung Ost, Ada-Christen-Gasse 2/C 689 81 93
(Donnerstag von 17 bis 20 Uhr)

Bezirksmuseum Simmering,
11, Enkplatz 2 . . . . 740 34 . . ., 11127
(Freitag von 10 bis 12 Uhr und von 15 bis 18 Uhr, Sonntag von 10 bis 12 Uhr)

Bezirksmuseum Meidling,
12, Längenfeldgasse 13–15 . . . . 817 65 98
(Mittwoch von 10 bis 12 Uhr und von 16 bis 18 Uhr, Sonntag von 10 bis 12 Uhr)
(wegen Übersiedlung in die Längenfeldgasse 13–15 geschlossen)

Bezirksmuseum Hietzing,
13, Am Platz 2 . . . . 877 76 88
(Samstag von 14.30 bis 17 Uhr, Sonntag von 10 bis 12 Uhr)

Bezirksmuseum Penzing,
14, Penzinger Straße 59 . . . . 941 61 24
(Mittwoch von 17 bis 19 Uhr, Sonntag von 10 bis 12 Uhr)

Bezirksmuseum Rudolfsheim-Fünfhaus,
15, Rosinagasse 4 . . . . 891 34 . . ., 15127
(Montag von 17 bis 19 Uhr, Freitag von 15.30 bis 19.30 Uhr)

Bezirksmuseum Ottakring,
16, Richard-Wagner-Platz 19b . . . . 491 96 . . ., 16127
(Sonntag von 10 bis 12 Uhr)

Bezirksmuseum Hernals,
17, Hernalser Hauptstraße 72–74 . . . . 436 45 44
(Montag von 16 bis 20 Uhr, jeden ersten und dritten Sonntag im Monat von 10 bis 12 Uhr)

Bezirksmuseum Währing,
18, Währinger Straße 124 . . . . 476 34 . . ., 18127
(Donnerstag von 18 bis 20 Uhr, Sonntag von 10 bis 12 Uhr)

Bezirksmuseum Döbling (mit dem Salon der Villa Wertheimstein, dem Saar- und Bauernfeld-Gedenkraum),
19, Döblinger Hauptstraße 96 . . . . 368 65 46
(Samstag von 15.30 bis 18 Uhr, Sonntag von 10 bis 12 Uhr)

Bezirksmuseum Brigittenau,
20, Dresdner Straße 79 . . . . 330 50 68
(Donnerstag von 17 bis 19 Uhr, Sonntag von 10 bis 12 Uhr)

Bezirksmuseum Floridsdorf,
21, Prager Straße 33 . . . . 270 51 94
(Dienstag und Samstag von 16 bis 18 Uhr, Sonntag von l0 bis 12 Uhr)

Bezirksmuseum Donaustadt,
22, Kagran, Kagraner Platz 53–54 . . . . 203 21 26
(Mittwoch von 17 bis 19 Uhr, Sonn- und Feiertag von 9.30 bis 11.30 Uhr)

Bezirksmuseum Liesing,
23, Atzgersdorf, Canavesegasse 24 . . . . 863 34 . . . 0
(Mittwoch von 9 bis 12 Uhr, Samstag von 9 bis 12 Uhr)

Museum „Alte Schmiede“,
1, Schönlaterngasse 9 .... 512 83 29 ... 0
(Montag bis Freitag von 9 bis 15 Uhr)

Österreichisches Circus- und Clownmuseum,
2, Karmelitergasse 9 .... 211 06 ..., 02127
(Mittwoch von 17.30 bis 19 Uhr,
Samstag von 14.30 bis 17 Uhr,
Sonntag von 10 bis 12 Uhr)

Robert-Musil-Gedenkstätte,
3, Rasumofskygasse 20/2/6 .... 713 10 19
(täglich von 10 bis 13 Uhr)

Rauchfangkehrermuseum,
4, Klagbaumgasse 4/2 .... 22 22 54
(Sonntag von 10 bis 12 Uhr
und nach Vereinbarung)

Wiener Phonomuseum,
6, Mollardgasse 8 .... 310 44 56
(Mittwoch von 18 bis 20 Uhr,
Sonntag von 10 bis 12 Uhr)

Gold- und Silberschmiedemuseum,
7, Zieglergasse 22 .... 523 40 96
(Mittwoch von 15 bis 18 Uhr
und nach Vereinbarung)

Alte Backstube,
8, Lange Gasse 34 .... 406 11 01
(Dienstag bis Samstag von 9 bis 24 Uhr,
Sonntag von 15 bis 24 Uhr)

Stefan-Zweig-Archiv,
8, Schmidgasse 18 .... 403 64 15
(Freitag von 12 bis 14 Uhr)

Heizungsmuseum,
12, Längenfeldgasse 13–15 ..... 40 00 ..., 93231, 93311
(Dienstag von 13 bis 18 Uhr)

„Wiener Ziegelmuseum“,
14, Penzinger Straße 59 .... 941 61 24
(jeden ersten und dritten Sonntag im
Monat von 10 bis 12 Uhr)

Museum „Aspern 1809“,
22, Asperner Heldenplatz 9 ... 280 82 76, 515 60 ..., 248
(April bis Oktober
Sonntag von 10 bis 12 Uhr)

Prof.-Hans-Pemmer-Bibliothek,
19, Döblinger Hauptstraße 96 .... 368 65 46
(nach Vereinbarung)

MAGISTRATSABTEILUNG 11

Amt für Jugend und Familie

(Geschäftsgruppe Jugend, Soziales, Information und Sport)

3, Rüdengasse 11, Tel. 40 00 ...,
Telefax: 40 00–99–Nebenstelle, IBS-User: M11K
Internet e-mail: post@m11.magwien.gv.at
MAG ELF – Servicetelefon 40 00 ..., 8011

Angelegenheiten der öffentlichen Jugendwohlfahrtspflege, des Jugendschutzes und des Kindertagesheimwesens, insbesondere Vollziehung des Jugendwohlfahrtsgesetzes des Bundes und des Landes Wien sowie des Wiener Kindertagesheimgesetzes; Wahrnehmung der Aufgaben des Landes Wien als Sozialhilfeträger, soweit sie die Jugendwohlfahrt betreffen.

Mitwirkung bei der Planung und bei der Durchführung von baulichen Maßnahmen, die Kindertagesheime und Jugendwohlfahrtseinrichtungen betreffen.

Grundverwaltung und Erhaltung von Kindertagesheimen und Objekten, die ausschließlich oder überwiegend als Heime für Kinder und Jugendliche bzw. Erholungsheime dienen, soweit sie nicht Teil einer städtischen Wohnhausanlage sind, sowie des Ausbildungszentrums für Sozialberufe.

Führen der Kindertagesheime sowie der Heime und sonstigen Einrichtungen der Stadt Wien, die zur Übernahme Minderjähriger in volle Erziehung bestimmt sind.

Führen des Julius-Tandler-Familienzentrums, des Kinderschutz-(Krisen-)Zentrums, der Elternberatungsstellen, der Eltern-Kind-Zentren, der Elternschulen, der Kinder- und Jugendpsychologischen Beratungsstellen, der Familienintensivbetreuung, der Institute für Sozialtherapie, der Sonderpädagogischen Ambulanzen, der Sozialpädagogischen Beratungsstellen, der Ehe- und Familienberatungsstellen und Familienplanungsstellen der Stadt Wien sowie der Schuldnerberatung gemeinsam mit der Magistratsabteilung 12.

Führen der Akademie für Sozialarbeit, der Bildungsanstalt für Kindergartenpädagogik, des Instituts für Sozialpädagogik sowie des Lehrgangs für Behindertenarbeit für Berufstätige

.Übernahme von Vormundschaften und Sachwalterschaften; Geltendmachung von Kostenersatz nach dem Wiener Jugendwohlfahrtsgesetz 1990.

Mitwirkung bei der Jugendgerichts- und Jugendpolizeihilfe sowie bei der Ausübung des Jugendschutzes.

Veranlassung von Verbreitungsbeschränkungen nach dem Bundesgesetz über die Bekämpfung unzüchtiger Veröffentlichungen und den Schutz der Jugend gegen sittliche Gefährdung.

Mitwirkung im Filmbeirat.

Verbindungsdienst zu den Entbindungsanstalten, zur Universitäts-Kinderklinik, zur Universitätsklinik für Neuropsychiatrie des Kindes- und Jugendalters sowie zu den anderen Kinderkrankenhäusern, zu den Instituten für Erziehungshilfe, zum Institut für Ehe- und Familientherapie, zum Jugendgerichtshof Wien und zu der Magistratsabteilung 17.

Aufgaben der Jugendberufshilfe, insbesondere Gewährung von Lehrlingsbeihilfen, Verbindungsdienst zu den Berufsschulen.

Erteilung von Ausnahmegenehmigungen hinsichtlich der Beschäftigung von Kindern und Jugendlichen.

Psychologischer Dienst.

Betreuung von Familien mit Kindern unter 18 Jahren auch durch Maßnahmen der Sozialhilfe in Zusammenarbeit mit der Magistratsabteilung 12.

Bereitstellung von Kinder- und Schüleressen.

Abschluß von Verträgen mit nichtstädtischen Heimen für Kinder und Jugendliche über die Unterbringung städtischer Pflegekinder einschließlich der Überprüfung der finanziellen Gebarung dieser Heime hinsichtlich der ordnungsgemäßen Verwendung der städtischen Gelder und Festsetzung der Pflegegebühren.

Heimholung und Heimbeförderung Minderjähriger, Einleitung der Repatriierung ausländischer Minderjähriger.

Bearbeitung von Berufungen in Jugendwohlfahrts- und Jugendschutzangelegenheiten mit Ausnahme der Berufungen in Strafsachen.

Führen der Bürogeschäfte des Fonds „Wiener Jugendhilfswerk“ und des Vereins „Wiener Jugenderholung“.

Ausstellung von Bestätigungen im Rahmen der Tätigkeit als Jugendwohlfahrtsbehörde und der Familienbetreuung.

Führung des Kindertelefons.

Herausgabe der Zeitschrift „das Journal für Kindergarten, Hort und Elternhaus“.

Geltendmachung von Bundessubventionen zum Personalaufwand der Schulen für Sozialberufe, der Ehe- und Familienberatungsstellen und der Familienplanungsstellen der Stadt Wien.

Dienstaufsicht über das zugeteilte Personal, soweit es nicht der Dienstaufsicht des Magistratsdirektors untersteht.

Balic-Benzing, Mag. Renate, Senatsrätin 90611
Scherzer, Dr. Kurt, Senatsrat 90612
Raffelsberger, Dr. Christa, Senatsrätin 90761
Schmitz, Dr. Ursula, Senatsrätin 90891
Fiebinger, Dr. Wolfgang, Obermagistratsrat 90895
Friedlmayer, Dr. Stefanie, Obermagistratsrätin 90691
Friedrich, Dr. Irene, Obermagistratsrätin 90895
Kastner, Dr. Gerald, Obermagistratsrat 90895
Kumer, Dr. Anna, Obermagistratsrätin 90892
Mikosz, Dr. Belinda, Obermagistratsrätin 90895
Stöckl-Lacina, Dr. Eva, Obermagistratsrätin 90895
Türkmen-Barta, Dr. Lieselotte, Obermagistratsrätin . . 90895
Uhrmann, Dr. Siegfried, Obermagistratsrat 90895
Wiedermann, Dr. Eva, Obermagistratsrätin 90895
Hollmann, Dr. Claus, Magistratsrat 90895
Jestl, Dr. Edda, Magistratsrätin 90895
Klammer, Dr. Gerda, Magistratsrätin 90895
Klima, Dr. Wolfgang, Magistratsrat 90895
Maly-Kroisenbacher, Dr. Ilse, Magistratsrätin 90895
Mösslacher, Dr. Monika, Magistratsrätin 90895
Pfeffer, Dr. Ilse, Magistratsrätin 90895
Priglinger, Dr. Eleonore, Magistratsrätin 90895
Reznicek, Dr. Eva, Magistratsrätin 90895
Rössler, Dr. Erwin, Magistratsrat 90895
Sachs, Dr. Renate, Magistratsrätin 90895
Schmitt-Hold, Dr. Charlotte, Magistratsrätin 90895
Steiner, Dr. Felix, Magistratsrat 90895
Stejic, Dr. Zora, Magistratsrätin 90895
Stöllberger, Dr. Ingrid, Magistratsrätin 90895
Vest-Rusan, Dr. Nora, Magistratsrätin 90895
Weikert, Dr. Felicitas, Magistratsrätin 90895
Wolf, Dr. Ferdinand, Magistratsrat 90895
Köhler, Mag. Johannes, Magistratsoberkommissär . . . 90712
Rupp, Mag. Claudia, Magistratsoberkommissärin . . . 90895
Schwarz, Mag. Ursula, Magistratskommissärin 90895
Gaiswinkler, Mag. Gabriele 90895
Hochfilzer, Mag. Hanspeter 90895
Hölzl, Mag. Marcus 90895
Illetschek, Mag. Judith 90895
Khalibi-Langer, Mag. Barbara 90895
Klein, Dr. Astrid 90895
Krejcir, Mag. Michaela 90714
Muchitsch, Mag. Elvira 90895
Muhr-Arnold, Dr. Satu 90895
Seiter, Dr. Ilse 894 31 01
Winter, Mag. Andrea 90895
Birbach Erhard, Oberamtsrat 90801
Brosch Otmar, Oberamtsrat 90702
Eichmann, Mag. Eveline, Oberamtsrätin 90881
Fränkel Konrad, Oberamtsrat 90651
Pröckl Christa, Oberamtsrätin 90751
Usaty Anton, Oberamtsrat 90762
Wenko Erich, Oberamtsrat 90861
Chlache Wilhelmine, Amtsrätin 90963
Coufal Leonie, Amtsrätin 90748
Friedl Roswitha, Amtsrätin 90736
Fuchs Herbert, Amtsrat 90811
Jenacek Ingrid, Amtsrätin 90731
Käfer Gertraud, Amtsrätin 90812
Kempel Helmuth, Amtsrat 90842
Köpl Elisabeth, Amtsrätin 8011, 90923
Lasser Otto, Amtsrat 90744
Neubauer Werner, Amtsrat 90728
Ottmann Peter-Heinz, Amtsrat 90834
Peter Ilse, Amtsrätin 90652
Seiser Wolfgang, Amtsrat 90882
Staudinger Erwin, Amtsrat 90846
Vanek Erwin, Amtsrat 90741
Wiehart Herbert, Amtsrat 90831
Sittler Renate, Kanzleikommissärin,
Kanzleileiterin 90619

Kanzlei 90621, 90622
Grundlagenforschung:
Friedlmayer, Dr. Stefanie, Obermagistraträtin 90691
Sekretariat 90695

Dokumentation und familienpolitische Grundsatzfragen:
Neubauer Werner, Amtsrat 90728
Sekretariat 90706

Servicestelle 90921, 90923, 90924
Servicestelle MAG ELF 8011
Kindertelefon . . . . 319 66 66 . . ., 90928

Gruppe Personalangelegenheiten:
Fränkel Konrad, Oberamtsrat 90651
Stellvertreterin/Stellvertreter 90652
Sekretariat 90655
Personal (Ämter für Jugend und Familie,
Julius-Tandler-Familienzentrum,
Schulen für Sozialberufe) 90661, 90662, 90663
Pädagogisches Personal (Kindertagesheime) . 90671, 90672,
90673, 90674, 90675, 90676
Wirtschaftspersonal (Kindertagesheime) 90681, 90682,
90683, 90684
Personal (Fremdunterbringung) 90652, 90653, 90654
Statistik 90677

Gruppe Rechtsangelegenheiten:
Scherzer, Dr. Kurt, Senatsrat 90612
Sekretariat 90725
Referentin/Referent 90702, 90704

Gruppe Finanz- und Wirtschaftsangelegenheiten, Allgemeine Verwaltung:
Birbach Erdhard, Oberamtsrat 90801
Sekretariat 90805, 90806

Budget, Förderungen 90802, 90803, 90804
Heime für Kinder und Jugendliche . . . 90811, 90812, 90815
Kindertagesheime 90831, 90832, 90833, 90834, 90841,
90842, 90843, 90844, 90845, 90846,
90847, 90856, 90857
Kindertagesheime, Verrechnung 90851, 90852, 90853
Kindertagesheime, Wirtschaftswaren 90838, 90839
Kindertagesheime, Kanzlei 90835, 90836, 90837

EDV-Referat 90820, 90821, 90822, 90823
Schulungsraum 90829

Dezernat I – Rechtsfürsorge:
Brosch Otmar, Oberamtsrat 90701
Sekretariat 90705, 90706
Referentin/Referent 90703

Dezernat II – Jugendwohlfahrt:
Zinner Brigitte, Amtsrätin 90721
Sekretariat 90725
Referat Organisation 90747, 90748
Referat Adoptionen 90731, 90732, 90733
Referat Materielle Grundsicherung 90726, 90727

Dezernat III – Kindertagesheime, Kindergruppen, Tageseltern:
Raffelsberger, Dr. Christa, Senatsrätin 90761
Sekretariat 90765
Inspektorinnen/Inspektoren . . . 90771, 90772, 90773, 90774,
90775, 90776, 90777, 90778
Privatkindertagesheime 90762, 90763, 90764

Referat Tageseltern, Kindergruppen 90791, 90793, 90794, 90796, 90797
Sekretariat 90739

Dezernat IV – Psychologischer Dienst:
Schmitz, Dr. Ursula, Senatsrätin 90891
Sekretariat 90895
Referentin/Referent 90892

Psychologisch-Pädagogisches Zentrum:
9, Lustkandlgasse 50 .... 40 00 . . ., 85581
Sekretariat 85588
Telefonische Erziehungsauskunft
Dienstag von 8 bis 12 Uhr 85574

Dezernat V – Beratungs- und Betreuungsdienste für Kinder, Jugendliche und Familien:
Pröckl Christa, Oberamtsrätin 90751
Sekretariat 90755
Referat Eltern, Säuglinge, Kleinkinder 90736, 90737, 90738
Jugendberufshilfe 90741, 90742, 90743, 90744, 90745
Dolmetscherin/Dolmetscher 90925

Dezernat VI – Sozialpädagogische Einrichtungen:
Eichmann, Mag. Eveline,
Oberamtsrätin 90881
Sekretariat 90885, 90886
Referentinnen/Referenten 90882, 90883

Julius-Tandler-Familienzentrum der Stadt Wien:
9, Lustkandlgasse 50 .... 40 00 . . .
Telefax: 313 24–99–85600
(40 00–99–Nebenstelle)
Guby Erwin, Oberamtsrat 85601
Stellvertreterin/Stellvertreter 85602
Sozialarbeiterinnen/Sozialarbeiter ... 85611, 85613, 85614, 85615, 85617, 85618, 85619, 85621,85623, 85624, 85626, 85627, 85629

Verein Wiener Jugenderholung:
9, Lustkandlgasse 50 .... 40 00 . . .
Wenko Erich, Oberamtsrat 90861
Referentinnen/Referenten 90860, 90865, 90867, 90868, 90871, 90872, 90873, 90874

Ausbildungseinrichtungen:

Bildungsanstalt für Kindergartenpädagogik der Stadt Wien:
21, Patrizigasse 2 .... 275 34 . . ., 90950

Akademie für Sozialarbeit der Stadt Wien:
21, Freytaggasse 32 .... 275 34 . . ., 90980

Institut für Sozialpädagogik der Stadt Wien:
21, Freytaggasse 32 .... 275 34 . . ., 90970

Wohnheim im Ausbildungszentrum für Sozialberufe:
21, Freytaggasse 32 .... 275 34 . . ., 90990

Ämter für Jugend und Familie:

1., 8., 9. Bezirk:
9, Währinger Straße 39 .... 400 34 . . .
Mahler Heidemarie, Amtsrätin 09311

2. Bezirk:
2, Karmelitergasse 9 .... 211 06 . . .
Roi Helga, Oberamtsrätin 02311

3. Bezirk:
3, Sechskrügelgasse 11 .... 711 34 . . .
Napravnik Judith, Amtsrätin 03311

4., 5. Bezirk:
4, Favoritenstraße 18 .... 502 34 . . .
Latzenhofer Helga, Amtsrätin 04311

6., 7. Bezirk:
6, Amerlingstraße 11 .... 588 21 . . .
Uiberlacker Leo, Amtsrat 06311

10. Bezirk:
10, Van-der-Null-Gasse 20 .... 605 34 . . .
Dvoracek Heinz, Oberamtsrat 10311
Außenstelle:
10, Per-Albin-Hansson-Siedlung Ost,
Ada-Christen-Gasse 2/H 68 15 93

11. Bezirk:
11, Enkplatz 2 .... 740 34 . . .
Grabenhofer Richard, Oberamtsrat 11311

12. Bezirk:
12, Hufelandgasse 2 .... 811 34 . . .
Überbacher Erich, Oberamtsrat 12311

13., 14. Bezirk:
13, Eduard-Klein-Gasse 2 .... 878 34 . . .
Brunner Christine, Amtsrätin 13311

15. Bezirk:
15, Gasgasse 8-10 .... 891 34 . . .
Slanec Hans, Oberamtsrat 15311

16. Bezirk:
16, Arnethgasse 84 .... 486 12 39, 486 33 63, 486 12 38 . . .
Mair-Hrescak Helga, Oberamtsrätin 37

17., 18. Bezirk:
17, Rötzergasse 6 .... 401 19 . . .
Piller Hermann, Amtsrat 1731

19. Bezirk:
19, Gatterburggasse 14 .... 360 34 . . .
Papageorgopoulos Gertrud, Oberamtsrätin 19311

20. Bezirk:
20, Brigittaplatz 10 .... 331 34 . . .
Schönhuber Helga, Amtsrätin 20311

21. Bezirk:
21, Am Spitz 1 .... 277 34 . . .
Pichler-Boog, Regierungsrätin Frédérique,
Oberamtsrätin 21311
Außenstelle:
21, Mitterhofergasse 2/22/1 .... 292 53 06
21, Pastorstraße 20/2 .... 257 39 17

22. Bezirk:
22, Kagran, Schrödingerplatz 1 .... 211 23 . . .
Schneider Ingeborg, Oberamtsrätin 22311
Außenstelle:
22, Stadlau, Langobardenstraße 128/10 . 211 34 . . ., 22320

23. Bezirk:
23, Liesing, Perchtoldsdorfer Straße 2 .... 863 34 . . .
Rogen Eva, Amtsrätin 23311

Elternberatung:

(Die jeweiligen Beratungszeiten sind in den zuständigen Ämtern für Jugend und Familie zu erfahren)

2, Engerthstraße 249-253 . . . . 729 39 31
2, Malzgasse 1 . . . . 214 95 39
2, Obere Donaustraße 97 . . . . 216 09 93
2, Vorgartenstraße 213 . . . . 726 39 19
3, Barthgasse 17/4 . . . . 799 17 83
3, Gänsbachergasse 3 (Herberge für Familien) . . 799 17 98
3, Lechnerstraße 2–4 . . . . 715 46 67
4, Favoritenstraße 18 . . . . 502 34 . . ., 04371
5, Margaretengürtel 104/9 . . . . 546 34 . . ., 05326
5, Ziegelofengasse 24–26 . . . . 587 14 99
6, Amerlingstraße 11 . . . . 588 21 . . ., 06372
7, Westbahnstraße 25 . . . . 526 31 28
8, Schlesingerplatz 4 . . . . 401 34 . . ., 08281
9, Sobieskigasse 28 . . . . 315 26 56
10, Gellertgasse 42–48 . . . . 605 34 . . ., 10860
10, Oberlaaer Straße 87 . . . . 68 23 06
10, Per-Albin-Hansson-Siedlung Ost,
Ada-Christen-Gasse 2/E 689 96 57
10, Quellenplatz 4 . . . . 605 34 . . ., 10376
10, Triester Straße 52 . . . . 605 34 . . ., 10370
10, Wienerfeld-West,
Otto-Probst-Straße 22/6/1 . . . . 615 44 38
11, Geystraße 2 . . . . 749 67 03
11, Kaiserebersdorfer Straße 10-18 . . . . 769 71 69
11, Rosa-Jochmann-Ring 5/13 . . . . 768 86 60
12, Kastanienallee 2
(Herberge für Familien) . . . . 604 13 31 . . . , 67
12, Längenfeldgasse 28/8 . . . . 815 37 00
12, Sagedergasse 7/10 . . . . 667 01 91
12, Tivoligasse 4–6 . . . . 817 31 86
13, Speisinger Straße 49–53/1 . . . . 804 21 00
14, Linzer Straße 253–255 . . . . 914 04 72
15, Staglgasse 5 . . . . 891 34 . . ., 15360
15, Wurmsergasse 36 . . . . 985 76 03
16, Lindauergasse 14 . . . . 402 01 35
16, Ottakringer Straße 194-196/1 . . . . 485 79 81
17, Rhigasgasse 4 . . . . 485 77 75
18, Leitermayergasse 26 . . . . 408 75 75
19, Billrothstraße 42–48 . . . . 368 24 16
19, Heiligenstädter Straße 82 . . . . 368 74 87
19, Krottenbachstraße 106 . . . . 368 79 29
20, Pappenheimgasse 31 . . . . 358 80 28
20, Wehlistraße 32–38/2 . . . . 332 09 44
21, Berlagasse 40/6 . . . . 292 94 06
21, Freytaggasse 32 . . . . 271 62 05
21, Großfeldsiedlung, Kürschnergasse 9
(Haus der Begegnung) 259 84 89
21, Mitterhofergasse 2/22 . . . . 292 53 06 . . ., 22
21, Ocwirkgasse 3 . . . . 290 60 62
22, Hirschstetten, Ziegelhofstraße 32-34/IX 282 24 27
22, Kagran, Lenkgasse 5-7 . . . . 204 81 89
22, Kagran, Lieblgasse 2/33 . . . . 251 73 42
22, Kaisermühlen, Schüttaustraße 12-14/9 . . . . . . 209 80 94
22, Stadlau, Hans-Steger-Gasse 13/1 . . . . 211 23 . . ., 22370
22, Stadlau, Langobardenstraße 128/10 . . 211 23 . . ., 22320
23, Alt-Erlaa, Anton-Baumgartner-Straße 44 . . . . 667 21 32
23, Atzgersdorf, Reklewskigasse 36 . . . . 865 49 40
23, Inzersdorf, Pfarrgasse 34–44 . . . . 615 11 02
23, Liesing, Färbermühlgasse 5 . . . . 865 48 79
23, Siebenhirten, Basler Gasse 21/19 . . . . 699 42 35

Elternberatung für serbokroatische und türkische Familien:

(Die Beratungszeiten sind im Amt für Jugend und Familie für den 10. Bezirk zu erfahren)

10, Quellenplatz 4 . . . . 605 34 . . ., 10376

Elternschulen:

(Die jeweiligen Kurszeiten sind in den zuständigen Ämtern für Jugend und Familie zu erfahren)

2, Malzgasse 1 . . . . 214 95 39
5, Ziegelofengasse 24-26 . . . . 587 14 99
8, Schlesingerplatz 2 . . . . 401 34 . . ., 08281
10, Quellenplatz 4 . . . . 605 34 . . ., 10377
11, Rosa-Jochmann-Ring 5 . . . . 768 86 60
12, Längenfeldgasse 28/8 . . . . 815 37 99
13, Hietzinger Kai 1–3 . . . . 878 34 . . ., 13310
14, Linzer Straße 253–255 . . . . 914 04 72
15, Gasgasse 8–10/3 . . . . 891 34 . . ., 15310
16, Ottakringer Straße 194–196/1 . . . . 485 79 81
19, Billrothstraße 42–48 . . . . 368 24 16
21, Freytaggasse 32 . . . . 277 34 . . ., 21372
22, Stadlau, Langobardenstraße 128/10 . . 211 23 . . ., 22320
23, Inzersdorf, Pfarrgasse 34–44/ abwechselnd
mit Haeckelstraße 4 . . . . 863 34 . . ., 23319, 23310

Eltern-Kind-Zentren:

2, Malzgasse 1 . . . . 214 95 39
10, Quellenplatz 4 . . . . 605 34 . . .,10 377
11, Rosa-Jochmann-Ring 13 (Leberberg) 768 86 60
12, Längenfeldgasse 28/8 . . . . 815 37 99, 815 37 00
16, Ottakringer Straße 194–196/I 485 79 81
21, Freytaggasse 32 . . . . 277 34 . . ., 21372
21, Ocwirkgasse 3 . . . . 290 60 62
22, Stadlau, Langobardenstraße 128/10 . . 211 23 . . ., 22320
23, Inzersdorf, Pfarrgasse 34–44 . . . . . 615 11 02, 615 28 06, 615 28 82

Kinder- und Jugendpsychologische Beratungsstellen:

2, Karmelitergasse 9 . . . . 211 06 . . ., 02328
Montag von 13 bis 19.30 Uhr
2, Malzgasse 1/1/I 214 95 39
Freitag von 13 bis 15.30 Uhr
3, Sechskrügelgasse 11 . . . . 711 34 . . ., 03328
Donnerstag von 13 bis 15 Uhr
4, Favoritenstraße 18 . . . . 502 34 . . ., 04328
Montag von 13 bis 15.30 Uhr
6, Amerlingstraße 11 . . . . 588 21 . . ., 06328
Freitag von 13 bis 15.30 Uhr
9, Lustkandlgasse 50/3 . . . . 313 24 . . ., 85588
Montag von 8 bis 15.30 Uhr
9, Währinger Straße 39 . . . . 400 34 . . ., 09328
Donnerstag von 13 bis 15.30 Uhr
10, Otto-Probst-Platz 2/4 . . . . 616 04 40
Montag von 8 bis 15.30 Uhr
10, Per-Albin-Hansson-Siedlung Ost,
Ada-Christen-Gasse 2/H . . . . 68 15 93 . . ., 68
Dienstag von 13 bis 19.30 Uhr
10, Van-der-Nüll-Gasse 20 . . . . 605 34 . . ., 10328
Montag von 13 bis 15.30 Uhr,
jeden ersten Montag im Monat
von 16.30 bis 19.30 Uhr
11, Enkplatz 2 . . . . 740 34 . . ., 11328
Dienstag von 13 bis 15.30 Uhr
11, Rosa-Jochmann-Ring 5/13 . . . . 740 34 . . ., 11371
Dienstag von 8 bis 15 Uhr
12, Hufelandgasse 2 . . . . 811 34 . . ., 12328
Mittwoch von 13 bis 19 Uhr
12, Längenfeldgasse 28/8 . . . . 815 37 99
Dienstag, Donnerstag von 9.30 bis 15.30 Uhr
13, Hietzinger Kai 1/Eduard-Klein-Gasse 2
878 34 . . ., 13328
Montag von 8 bis 15.30 Uhr

14, Felbigergasse 45 .... 914 22 38
Donnerstag von 16 bis 19.30 Uhr
15, Gasgasse 8-10 .... 891 34 . . ., 15328
Donnerstag von 8 bis 16.30 Uhr
16, Arnethgasse 84 .... 46 12 38 . . ., 22, 29
Dienstag von 13 bis 15.30 Uhr
17, Rötzergasse 6 .... 401 19 . . ., 17329
Dienstag von 8 bis 15.30 Uhr
19, Billrothstraße 42–48 .... 368 41 37
Mittwoch von 13 bis 15.30 Uhr
20, Brigittaplatz 10 .... 331 34 . . ., 20328
Mittwoch von 13 bis 15.30 Uhr
21, Am Spitz 1 .... 277 34 . . ., 21328
Montag von 13 bis 15.30 Uhr
21, Großfeldsiedlung, Herzmanovsky-Orlando-Gasse 9/30/2 .... 259 83 12
Freitag von 8 bis 15.30 Uhr
21, Mitterhofergasse 2/22 .... 292 53 06 . . ., 37
Montag von 13 bis 15.30 Uhr
21, Ocwirkgasse 3 .... 290 60 62
Montag von 8 bis 15.30 Uhr
22, Kagran, Schrödingerplatz 1 .... 211 23 . . ., 22328
Dienstag von 13 bis 19.30 Uhr
22, Stadlau, Langobardenstraße 128 ..... 211 23 . . ., 22327
Donnerstag von 8 bis 17.30 Uhr
23, Inzersdorf, Pfarrgasse 34–44/12 .... 615 28 06
Montag von 8 bis 15.30 Uhr
23, Liesing, Haeckelstraße 4 .... 863 34 . . ., 23328
Montag von 13 bis 17 Uhr
23, Siebenhirten, Akaziengasse 50/50/2 .... 609 15 10
Dienstag von 8 bis 14 Uhr

Psychologische Beratungsstellen für Scheidungsfragen:

9, Sobieskigasse 31/Lustkandlgasse 50 .. 40 00 . . ., 85690
Montag von 17 bis 19 Uhr,
Dienstag von 16 bis 19 Uhr
10, Otto-Probst-Platz 2/4 .... 616 04 40
Mittwoch von 13.30 bis 18.30 Uhr

Beratungsstelle für Mediation und Konfliktregelung:

14, Felbigergasse 45 .... 914 22 38
Mittwoch von 13 bis 19 Uhr
22, Kagran, Schrödingerplatz 1 .... 211 23 . . ., 22328
Montag von 13.30 bis 16.30 Uhr

Beratungsstelle für Fragen im Pflegekinderwesen:

9, Lustkandlgasse 50 .... 40 00 . . ., 85611, 85610
(Telefonische Anmeldung)

Sozialpädagogische Beratungsstellen der Stadt Wien:
(Montag bis Freitag von 10 bis 19 Uhr; um telefonische Anmeldung wird gebeten)

3, Rochusgasse 8 .... 713 54 98
6, Damböckgasse 1 ..... 587 72 21, 06 . . ., 588 21 . . ., 22
10, Leebgasse 85a/6/1 .... 602 62 02
11, Simmeringer Hauptstraße 34–40/2/2 .... 749 33 84
12, Zanaschkagasse 16/60/2 .... 667 04 40
14, Linzer Straße 251 .... 914 03 86
15, Schweglerstraße 20 .... 982 23 39
16, Ottakringer Straße 103/1/1 .... 486 89 05
17, Rötzergasse 29 .... 486 86 69
19, Hohe Warte 3 .... 368 51 81
20, Wasnergasse 33 .... 332 25 30
21, Großfeldsiedlung, Walter-Schwarzacher-Gasse 5/68/5 .... 259 61 74
21, Hanreitergasse 3/3/34 .... 277 34 . . ., 21380
22, Hirschstetten, Am Heidjöchl 13/61/3 .... 280 64 46
22, Kagran, Rennbahnweg 27/24/1 .... 258 15 96
23, Erlaa, Erlaaer Straße 133 .... 667 21 61

Institute für Sozialtherapie der Stadt Wien:

2, Im Werd 19 .... 214 56 24
Montag bis Freitag von 10 bis 19 Uhr für Schulkinder
9, Sobieskigasse 31 ..... 313 24 . . ., 85681, 85682, 85683
Montag bis Freitag von 10 bis 19 Uhr für Schulkinder

Beratungsstellen für Eheberatung und Familienplanung der Stadt Wien:
(Telefonische Voranmeldung und Auskünfte Montag bis Freitag (werktags) von 8 bis 18 Uhr, MAG ELF-Servicestelle 40 00 . . ., 8011)

3, Rüdengasse 11 .... 40 00 . . ., 90924
Montag und Donnerstag von 16 bis 19 Uhr
10, Quellenplatz 4 (Konfliktberatung) ... 605 34 . . ., 10377
Donnerstag von 17 bis 20 Uhr
12, Schönbrunner Straße 259 .... 811 34 . . ., 12310
Mittwoch von 16 bis 19 Uhr
19, Heiligenstädter Straße 82–86 (Karl-Marx-Hof)/ Ecke Felix-Braun-Gasse 369 89 88
Montag, Mittwoch, Freitag von 8 bis 12 Uhr
Jugendberatung Dienstag von 17.30 bis 19.30 Uhr (nicht in den Schulferien)
20, Brigittaplatz 10 .... 331 34 . . ., 20310
Donnerstag von 16 bis 19 Uhr

Institut für Ehe- und Familientherapie:

2, Praterstraße 40 .... 214 74 33, 216 87 05

Partner-, Familien- und Sexualberatung:

9, Lustkandlgasse 50 .... 313 24 . . ., 85670
Dienstag und Donnerstag von 16 bis 18 Uhr
21, Freytaggasse 32 .... 271 62 05
Montag von 16 bis 18 Uhr
22, Kagran, Donaufelderstraße 185 ..... 211 23 . . ., 22835
Montag von 16 bis 20 Uhr

Psychosomatik- und Familienberatung:

16, Ottakringer Straße 194–196 .... 485 79 81
Dienstag von 18 bis 20 Uhr

Familienberatung in Bosnisch, Kroatisch, Serbisch und Türkisch:

15, Wurmsergasse 36 .... 985 76 03
Mittwoch von 16.30 bis 20.30 Uhr
Außenstelle:
2, Engerthstraße 161–163 .... 216 97 29

Familienintensivbetreuung:

12, Vierthalergasse 11-17/10
Telefonkontakt Montag bis Freitag von 9 bis 12 Uhr .... 813 93 98, 811 14 . . ., 85145

Schuldnerberatung des Amtes für Jugend und Familie und des Sozialamtes:

2, Obere Augartenstraße 26 .... 330 87 35

Kindertagesheime der Stadt Wien:
(Krippen, Kindergärten, Horte)

1, Fischerstiege 4 .... 535 88 25
1, Rudolfsplatz 5b 533 62 78
1, Schottenring 28 .... 535 77 74
1, Stubenbastei 3 .... 513 58 51
2, Aspernallee 2 .... 728 95 78
2, Dr.-Natterer-Gasse 1 .... 726 23 96
2, Engerthstraße 152a 216 92 10
2, Engerthstraße 237 .... 728 64 21
2, Engerthstraße 249–253/17 .... 729 39 26
2, Fruchtgasse 2 .... 216 04 32
2, Handelskai 214/bei Stiege 15 .... 720 03 41
2, Jungstraße 1 .... 728 01 79
2, Kleine Sperlgasse 2a 214 80 14
2, Lassallestraße 40 .... 728 69 49
2, Marinelligasse 1 .... 214 76 51
2, Obere Augartenstraße 68 .... 214 58 82
2, Obere Donaustraße 97–99 .... 216 84 04
2, Pazmanitengasse 17 .... 214 26 06
2, Venediger Au 10 .... 218 07 80
2, Vereinsgasse 29 .... 212 76 94
2, Vivariumstraße 8 .... 728 99 07
2, Vorgartenstraße 140 .... 216 59 39
2, Vorgartenstraße 191 .... 728 07 41
2, Vorgartenstraße 212 .... 729 47 59
2, Wolfgang-Schmälzl-Gasse 15 .... 729 89 10
2, Zirkusgasse 5 .... 214 80 99
3, Boerhaavegasse 13 .... 713 43 80
3, Dietrichgasse 47–49/7 .... 718 86 94
3, Dr.-Bohr-Gasse 8 .... 798 87 87
3, Drorygasse 8/III 718 57 11
3, Erdberger Lände 54 .... 715 77 88
3, Erdbergstraße 22 .... 713 40 35
3, Erdbergstraße 76 .... 713 24 56
3, Eslarngasse 23 .... 713 72 54
3, Gänsbachergasse 3 .... 798 46 98
3, Hainburger Straße 29 .... 712 11 90
3, Klopsteinplatz 6 .... 713 29 77
3, Kölblgasse 23 .... 799 59 04
3, Kundmanngasse 35 .... 715 39 56
3, Landstraßer Hauptstraße 92–94 .... 712 54 67
3, Leonhardgasse 7 .... 712 75 12
3, Löwengasse 12b 751 40 23
3, Lustgasse 13–15 .... 713 89 53
3, Markhofgasse 11–17 .... 799 40 59
3, Marxergasse 12 .... 713 23 07
3, Paulusplatz 4 .... 718 48 70
3, Stadtpark, Am Heumarkt 713 61 47
4, Argentinierstraße 44 .... 504 90 00
4, Favoritenstraße 18 .... 502 34 . . ., 04171
4, Graf-Starhemberg-Gasse 10 .... 505 32 44
4, Mühlgasse 23–25 .... 581 57 77
4, Rainergasse 23–25 .... 504 74 85
4, Schelleingasse 13–15 .... 504 70 39
4, Waltergasse 5 .... 503 25 73
5, Bacherplatz 4 .... 544 27 49
5, Margaretengürtel 104 .... 544 06 39
5, Pilgramgasse 3 .... 545 76 69
5, Reinprechtsdorfer Straße 1c
(Sigurd-Jacobsen-Kindergarten) 544 50 95
5, Siebenbrunnenfeldgasse 15 .... 544 47 54
5, Stöbergasse 8 .... 545 24 42
5, Wiedner Hauptstraße 132 .... 545 50 40
5, Ziegelofengasse 24–26 .... 587 17 30
6, Grabnergasse 7–9 .... 597 21 94
6, Loquaiplatz 4 .... 597 49 03
6, Luftbadgasse 14-16 .... 587 29 14
6, Mittelgasse 25 .... 596 51 51
6, Spalowskygasse 5 .... 597 01 77
6, Stiegengasse 15 .... 586 76 49
7, Ahornergasse 9 .... 522 75 51
7, Faßziehergasse 3 .... 524 32 28
7, Lindengasse 57 .... 523 42 15
8, Josefstädter Straße 93–97 (I) 408 41 48
8, Josefstädter Straße 93–97 (II) 408 41 55
8, Lange Gasse 36 .... 406 65 43
9, Borschkegasse 10 .... 407 85 15
9, Dreihackengasse 5 .... 310 15 60
9, Gilgegasse 12 .... 405 42 44
9, Glasergasse 8 .... 317 70 33
9, Grünentorgasse 11 .... 310 29 46
9, Gussenbauergasse 5-7 .... 317 69 50
9, Latschkagasse 5 .... 317 98 67
9, Lazarettgasse 6–8 .... 408 86 77
9, Marktgasse 5 .... 319 53 43
9, Marktgasse 44–46 .... 310 25 83
9, Marktgasse 62 .... 310 73 90
9, Sobieskigasse 31 .... 313 24 . . ., 85661
9, Währinger Gürtel 74–76,
Allgemeines Krankenhaus . . . 610 . . ., 404 00 . . ., 1481
9, Währinger Straße 43 (I) 408 38 54
9, Währinger Straße 43 (II) 407 96 66
10, Baron-Karl-Gasse 3/68 .... 616 46 75
10, Baron-Karl-Gasse 14 .... 616 46 38
10, Erlachplatz 9 .... 603 44 35
10, Friesenplatz 1–2 .... 606 74 70
10, Herschelgasse 3 .... 615 03 89
10, Herzgasse 89 .... 604 19 50
10, Hugo-Meisl-Weg 18 (I) 615 00 11
10, Hugo-Meisl-Weg 18 (II) 615 38 73
10, Inzersdorfer Straße 111 .... 607 15 00
10, Kempelengasse 5/28 (I) 604 32 27
10, Kempelengasse 5/28 (II) 604 32 52
10, Keplerplatz 7 .... 620 91 02
10, Klausenburger Straße 23 .... 602 52 30
10, Kornauthgasse 4 .... 616 15 96
10, Laimäckergasse 18 .... 604 15 32
10, Laxenburger Straße 51–53 .... 604 35 10
10, Laxenburger Straße 90a/10 .... 604 12 47
10, Lippmanngasse 3 .... 688 35 60
10, Migerkastraße 16 .... 604 81 03
10, Neilreichgasse 105 .... 606 31 33
10, Oberlaa, Franzosenweg 23 .... 688 76 83
10, Otto-Probst-Straße 28-30/10 .... 615 37 00
10, Per-Albin-Hansson-Siedlung Nord,
Holeyplatz 3 .... 689 68 41
10, Per-Albin-Hansson-Siedlung Ost (I),
Bergtaidingweg 11 .... 688 45 93
10, Per-Albin-Hansson-Siedlung Ost (II),
Bergtaidingweg 19 .... 689 28 07
10, Per-Albin-Hansson-Siedlung Ost (III),
Wendstattgasse 4a 688 23 93
10, Per-Albin-Hansson-Siedlung West,
Bernadottegasse 59 .... 689 70 49
10, Quaringasse 13 .... 603 38 18
10, Quaringasse 16 .... 606 01 60
10, Randhartingergasse 19/17 .... 604 25 81
10, Tesarekplatz 3 .... 616 50 50
10, Troststraße 68 .... 607 43 25
10, Waldmüllerpark 1 .... 604 33 22
10, Wienerfeld-West, Gimniggasse 1 .... 615 02 78
10, Wirerstraße 18 .... 607 21 90
11, Delsenbachgasse 12 .... 749 40 79
11, Dopplergasse 2a 749 67 60

11, Dreherstraße 8 . . . . 769 30 81
11, Ehamgasse 8 . . . . 749 65 61
11, Geiselbergstraße 26–32 . . . . 749 92 31
11, Hasenleitengasse 9 (I) 767 51 70
11, Hasenleitengasse 9 (II) 767 51 74
11, Herderplatz 1 . . . . 749 87 85
11, Hoefftgasse 7 . . . . 769 48 57
11, Kaiserebersdorfer Straße 92 . . . . 76 66 77
11, Lorystraße 42 . . . . 748 92 90
11, Lorystraße 46/4 . . . . 749 70 01
11, Lorystraße 126 . . . . 769 25 46
11, Rinnböckstraße 47 . . . . 749 35 58
11, Sedlitzkygasse 26 . . . . 749 32 37
11, Simmeringer Hauptstraße 30–32 . . . . 749 09 52
11, Simmeringer Hauptstraße 34–40 . . . . 749 17 70
11, Thürnlhofstraße 19 . . . . 76 21 94
11, Wilhelm-Kreß-Platz 33 . . . . 769 81 23
11, Wopenkastraße 6 . . . . 768 60 00
12, Am Schöpfwerk 29/10 (I) 667 03 81
12, Am Schöpfwerk 29/12 (II) 667 33 48
12, Aßmayergasse 35/1 . . . . 815 45 53
12, Endergasse 1 . . . . 804 33 46
12, Haebergasse 1 . . . . 815 42 18
12, Hetzendorfer Straße 57 . . . . 804 05 68
12, Karl-Löwe-Gasse 15 . . . . 812 20 50
12, Kastanienallee 2 . . . . 603 13 09
12, Ruckergasse 21 . . . . 812 16 61
12, Stranitzkygasse 4 . . . . 812 20 49
12, Tanbruckgasse 26 . . . . 813 18 72
12, Ulmenhof 25 . . . . 603 22 32
12, Untermeidlinger Straße 67 . . . . 603 04 80
12, Wienerbergstraße 16 . . . . 813 79 78
12, Zanaschkagasse 14/43 . . . . 667 16 75
13, Anton-Langer-Gasse 39 . . . . 802 56 18
13, Gallgasse 71 . . . . 803 68 20
13, Hietzinger Hauptstraße 166 (bei Girzenberg) . 877 14 26
13, Hügel-Park, Stoesslgasse 8a
(Andersen-Kindergarten) 876 20 12
13, Klitschgasse 31/16 . . . . 802 44 61
13, Lainzer Straße 148 . . . . 802 79 48
14, Cumberlandstraße 91 . . . . 894 83 90
14, Felbigergasse 45 . . . . 914 71 41
14, Hägelingasse 11 . . . . 982 43 77
14, Hauptstraße 82 . . . . 979 69 32
14, Heinrich-Collin-Straße 8–14 . . . . 911 20 24
14, Heinrich-Collin-Straße 13 . . . . 914 62 17
14, Kendlerstraße 10 . . . . 982 20 48
14, Lautensackgasse 20 (Hugo-Breitner-Hof) 914 52 61
14, Linzer Straße 128 . . . . 911 22 06
14, Linzer Straße 386 . . . . 912 62 22
14, Linzer Straße 417 . . . . 914 07 61
14, Lortzinggasse 2 . . . . 983 97 80
14, Meiselstraße 67–69 . . . . 982 98 29
14, Moßbachergasse 20–24 . . . . 911 54 22
14, Penzinger Straße 33 . . . . 894 39 08
14, Richard-Kuhn-Weg 1 . . . . 979 16 54
14, Zennerstraße 1 . . . . 982 30 53
15, Auer-Welsbach-Park 894 31 01
15, Beingasse 19–21 . . . . 982 22 01
15, Dadlergasse 16 . . . . 892 03 76
15, Fünfhausgasse 16–18 . . . . 892 01 09
15, Johnstraße 54 . . . . 982 59 14
15, Künstlergasse 10 . . . . 893 94 14
15, Selzergasse 19 . . . . 982 03 87
15, Siebeneichengasse 15 . . . . 892 81 07
15, Wurmsergasse 10 . . . . 985 06 94
16, Arnethgasse 30 . . . . 489 28 98
16, Brüßlgasse 31 . . . . 492 09 04
16, Degengasse 70 . . . . 480 16 87
16, Franz-Peyerl-Gasse 3 . . . . 489 41 37
16, Gaullachergasse 51 . . . . 402 54 05
16, Haberlgasse 76 . . . . 406 33 77
16, Liebhartsgasse 54–56 . . . . 408 81 33
16, Lorenz-Mandl-Gasse 56 . . . . 493 56 02
16, Ludo-Hartmann-Platz 1 . . . . 492 69 60
16, Maderspergerstraße 1 . . . . 982 79 40
16, Montleartstraße 36 . . . . 914 54 40
16, Odoakergasse 48 . . . . 486 32 03
16, Ottakringer Straße 202 . . . . 485 46 73
16, Possingergasse 65 . . . . 493 24 58
16, Rosa-Luxemburg-Gasse 5 . . . . 480 25 26
16, Rosenackerstraße 5 (I) 486 36 56
16, Rosenackerstraße 5 (II) 480 17 13
16, Roterdstraße 12–14 . . . . 485 67 75
16, Schinnaglgasse 8–12 . . . . 493 15 51
16, Seeböckgasse 18 . . . . 480 97 00
17, Alszeile 57–63 . . . . 485 86 86
17, Dornbacher Straße 53 . . . . 486 36 87
17, Dornbacher Straße 111 . . . . 489 02 30
17, Leopold-Ernst-Gasse 37 . . . . 484 37 05
17, Roggendorfgasse 6 . . . . 486 34 73
17, Rötzergasse 21/5 . . . . 408 73 33
17, Rötzergasse 47 . . . . 480 26 58
17, Wattgasse 96 . . . . 485 43 57
17, Wichtelgasse 67 . . . . 489 44 69
18, Anastasius-Grün-Gasse 10 . . . . 478 57 18
18, Bastiengasse 36-38 . . . . 622 . . ., 476 15 . . ., 221
18, Ferrogasse 28 . . . . 470 57 84
18, Gersthofer Straße 125–129 . . . . 470 64 63
18, Klettenhofergasse 3 . . . . 405 66 65
18, Paulinengasse 9 . . . . 470 71 40
18, Staudgasse 78 . . . . 470 31 52
18, Waldeckgasse 5/2 . . . . 479 87 31
19, Bauernfeldgasse 5 . . . . 365 52 03
19, Gatterburggasse 2b 368 73 95
19, Heiligenstädter Straße 82 . . . . 369 21 74
19, Heiligenstädter Straße 86 . . . . 37 57 45
19, Obkirchergasse 8 . . . . 368 77 98
19, Osterleitengasse 14 . . . . 368 89 90
19, Paradisgasse 65a 320 72 05
19, Philippovichgasse 2–4 . . . . 310 27 40
19, Probusgasse 9 . . . . 37 73 13
19, Radelmayergasse 8 . . . . 368 31 43
19, Raimund-Zoder-Gasse 2 . . . . 320 39 47
19, Schulsteig 1a 320 52 77
19, Weinberggasse 60 . . . . 320 71 92
20, Denisgasse 39–41 . . . . 330 45 83
20, Dietmayrgasse 10/33 . . . . 332 33 12
20, Donaueschingenstraße 30 . . . . 330 58 75
20, Hartlgasse 8 . . . . 333 16 24
20, Hartlgasse 40 . . . . 333 90 15
20, Kapaunplatz 10 (Fröbel-Kindergarten) 330 77 94
20, Leipziger Straße 33a 332 97 78
20, Leithastraße 17–23 . . . . 334 27 00
20, Leystraße 2–4 . . . . 334 32 72
20, Leystraße 36 . . . . 332 31 54
20, Pappenheimgasse 10–16 . . . . 332 02 81
20, Pappenheimgasse 22a (I) 332 33 87
20, Pappenheimgasse 22a (II) 330 07 17
20, Pöchlarnstraße 14 . . . . 334 20 60
20, Spielmanngasse 3 . . . . 330 95 15
20, Treustraße 55 . . . . 330 85 83
20, Vorgartenstraße 35 . . . . 332 53 43
20, Vorgartenstraße 71 (I) 330 77 85
20, Vorgartenstraße 71 (II) 332 42 99
20, Winarskystraße 18 . . . . 332 44 69
21, Aistgasse 38 . . . . 294 68 17
21, Ampèregasse 8 . . . . 271 18 95
21, Anton-Schall-Gasse 9 . . . . 292 59 59
21, Arnoldgasse 2 . . . . 278 29 45
21, Audorfgasse 20 . . . . 270 65 93
21, Baumergasse 24 . . . . 292 51 74

21, Berzeliusgasse 14 .... 292 15 52
21, Brossmannplatz 3 .... 271 14 07
21, Bunsengasse 8 .... 270 53 83
21, Carminweg 6 .... 258 46 78
21, Coulombgasse 9 .... 30 33 43
21, Dattlergasse 4 .... 290 04 04
21, Dunantgasse 13 .... 272 98 84
21, Floridsdorfer Markt 5 .... 270 92 97
21, Franklinstraße 28 .... 38 41 10
21, Fultonstraße 5–11 .... 270 22 74
21, Gerasdorfer Straße 55 .... 292 77 77
21, Gerspergasse 7 .... 258 07 14
21, Großfeldsiedlung, Dominik-Wölfel-Gasse 15 .... 258 27 02
21, Großfeldsiedlung, Kürschnergasse 3 .... 258 45 95
21, Großfeldsiedlung, Kürschnergasse 13 .... 258 41 31
21, Großfeldsiedlung, Meistergasse 1 .... 259 84 01
21, Großfeldsiedlung, Oswald-Redlich-Gasse 36/5 .... 259 61 80
21, Großfeldsiedlung, Oswald-Redlich-Gasse 48 .... 259 64 52
21, Großfeldsiedlung, Walter-Schwarzacher-Gasse 5/68 .... 259 61 65
21, Gschweidlgasse 1 .... 294 14 00
21, Hahnemanngasse 10 .... 290 77 76
21, Hopfengasse 7 .... 270 22 80
21, Jedlersdorfer Straße 96 .... 292 53 69
21, Jedlersdorfer Straße 182 .... 294 21 30
21, Jochbergengasse 1 .... 292 47 47
21, Josef-Baumann-Gasse 65 .... 256 41 56
21, Kainachgasse 41 .... 290 76 14
21, Kugelfanggasse 8a 273 10 90
21, Luckenschwemmgasse 18 .... 292 50 40
21, Mengergasse 35 .... 271 15 75
21, Mitterhofergasse 2 .... 292 51 98
21, Mitterhofergasse 2/26 .... 294 77 72
21, Ocwirkgasse 3 .... 294 40 91
21, Osergasse 1 .... 292 43 44
21, Ostmarkgasse 30 .... 278 66 01
21, Prager Straße 92 .... 270 31 48
21, Rittingergasse 2A 294 06 49
21, Roda-Roda-Gasse 9 .... 290 12 92
21, Roggegasse 35 .... 292 10 95
21, Schloßhofer Straße 33 .... 271 62 34
21, Schöpfleuthnergasse 4a 271 28 55
21, Schumpeterweg 4 .... 290 04 40
21, Schwanngasse 11 .... 292 16 66
21, Scottgasse 8 .... 292 93 80
21, Tomaschekstraße 42 .... 271 72 10
21, Überfuhrstraße 35–37/23 .... 270 04 76
21, Voglgasse 1 .... 294 47 17
22, Aspern, Benjowskygasse 2–6 .... 220 73 82
22, Aspern, Bergengasse 6 .... 285 54 73
22, Aspern, Hagedornweg 2 .... 287 04 93
22, Aspern, Hammerfestweg 3 .... 285 65 87
22, Aspern, Langobardenstraße 207 .... 221 95 64
22, Aspern, Sandefjordgasse 1 .... 285 48 68
22, Breitenlee, Breitenleer Straße 263 .... 220 98 50
22, Breitenlee, Pirquetgasse 8 .... 282 52 61
22, Eßling, Rosenbergstraße 35 .... 774 72 44
22, Hirschstetten, Am Heidjöchl 14 .... 282 02 64
22, Hirschstetten, Kalmusweg 57 .... 22 16 47
22, Hirschstetten, Quadenstraße 8/20 .... 280 70 19
22, Hirschstetten, Quadenstraße 13 .... 282 57 36
22, Kagran, Bernoullistraße 4 .... 203 25 82
22, Kagran, Brioschiweg 4 .... 258 59 87
22, Kagran, Eipeldauer Straße 25 .... 258 16 95
22, Kagran, Lieblgasse 2/28 .... 258 57 47
22, Kagran, Lieblgasse 2/32 .... 259 13 82
22, Kagran, Lorenz-Kellner-Gasse 15 .... 258 54 53
22, Kagran, Markomannenstraße 18 .... 259 72 57
22, Kagran, Melangasse 5/76/B 258 31 72
22, Kagran, Portnergasse 42 .... 203 53 07
22, Kagran, Rennbahnweg 29 .... 258 11 81
22, Kagran, Rugierstraße 1 .... 202 21 00
22, Kagran, Thonetgasse 42 .... 203 36 75
22, Kagran, Ullreichgasse 8 .... 258 67 89
22, Kagran, Wagramer Straße 5/VIc .... 211 31 . . ., 5525
22, Kagran, Wagramer Straße 98/5 .... 203 85 55
22, Kagran, Wintzingerodestraße 1 .... 203 78 53
22, Kaisermühlen, Am Kaisermühlendamm 7 .... 263 34 35
22, Kaisermühlen, Schödlberger-gasse 7(I) .... 209 91 71 . . ., 211
22, Kaisermühlen, Schödlberger-gasse 7(II) 209 91 71
22, Kaisermühlen, Schüttaustraße 1 .... 263 28 63
22, Leopoldau, Doeltergasse 3 .... 258 96 27
22, Stadlau, Erzherzog-Karl-Straße 65 .... 202 52 32
22, Stadlau, Hardeggasse 67 .... 282 02 35
22, Stadlau, Hardeggasse 69 .... 282 50 73
22, Stadlau, Lange Allee 11–13 .... 202 63 00
22, Stadlau, Langobardenstraße 53 .... 282 14 75
22, Stadlau, Langobardenstraße 176 .... 285 30 50
22, Stadlau, Wurmbrandgasse 22 .... 280 66 12
22, Süßenbrunn, Pastinakweg 12 .... 220 92 00
23, Alt-Erlaa, Wohnpark Ost, Anton-Baumgartner-Straße 44 .... 665 72 97
23, Alt-Erlaa, Wohnpark West, Anton-Baumgartner-Straße 44 .... 667 21 58
23, Alt-Erlaa, Wohnpark Block C, Anton-Baumgartner-Straße 44 .... 667 04 30
23, Atzgersdorf, Canavesegasse 24 .... 869 84 07
23, Atzgersdorf, Kirchenplatz 2 .... 865 27 79
23, Atzgersdorf, Lastenstraße 15 .... 865 12 12
23, Erlaa, Calvigasse 4 .... 865 34 28
23, Erlaa, Erlaaer Straße 120 .... 665 81 69
23, Inzersdorf, Ewald-Balser-Gasse 1 .... 615 28 56
23, Inzersdorf, Ewald-Balser-Gasse 3 .... 615 28 57
23, Inzersdorf, Kinskygasse 16–30 .... 667 23 81
23, Inzersdorf, Oldenburggasse 13–27 .... 665 87 02
23, Inzersdorf, Pfarrgasse 65/8 .... 616 84 48
23, Inzersdorf, Putzendoplergasse 10 .... 667 21 80
23, Liesing, An der Liesing 2–34/12 .... 889 51 67
23, Liesing, An der Liesing 2–34/23 .... 889 78 48
23, Liesing, Korbgasse 1 .... 865 52 61
23, Liesing, Rudolf-Waisenhorn-Gasse 29 .... 865 33 50
23, Mauer, Dr.-Barilits-Gasse 3 .... 889 61 44
23, Mauer, Johann-Hörbiger-Gasse 43 .... 889 88 85
23, Mauer, Kanitzgasse 8 .... 888 73 34
23, Mauer, Peterlinigasse 7 .... 889 30 76
23, Rodaun, Breitenfurter Straße 401–413 ...... 86 51 091
23, Siebenhirten, Akaziengasse 44–50 .... 699 21 68
23, Siebenhirten, Bernhard-Billes-Gasse 8 .... 699 44 28
23, Siebenhirten, Porschestraße 17/22 .... 699 41 74

Sonderpädagogische Ambulanzen:

3, Hainburger Straße 29 .... 712 11 91
9, Sobieskigasse 31 .... 40 00 . . ., 85660
10, Lippmanngasse 3 .... 688 35 60
10, Waldmüllerpark 1 .... 604 33 22
11, Hasenleitengasse 9/I 767 51 70

12, Endergasse 1 .... 802 38 20, 804 33 46
15, Auer-Welsbach-Park 894 31 01
16, Rosenackerstraße 5/I 485 98 09, 486 36 56
18, Gersthofer Straße 125-129 .... 470 64 63
20, Kapaunplatz 10 .... 330 77 94
21, Ferdinand-Kaufmann-Platz .... 278 28 05 . . ., 150
22, Kagran, Brioschiweg 4 .... 258 59 87, 258 24 20
23, Inzersdorf, Pfarrgasse 34-44/12/1 .... 615 28 06

Sommerkindergärten – Tageserholungsstätten:

2, Freudenau, Aspernallee 2 .... 728 95 78
10, Laaer-Berg-Straße 145 .... 608 43 78
13, Girzenberg, Angermayergasse 877 14 26
17, Dornbacher Straße 53 .... 486 36 87
18, Pötzleinsdorfer Straße 230 .... 440 10 67
19, Himmelstraße 113 .... 323 70 94
22, Weißau, Schödlbergergasse 7 .... 209 91 71 . . ., 211

Heime für Kinder und Jugendliche:

Julius-Tandler-Heim:
9, Lustkandlgasse 50 .... 40 00 . . .
Heimdirektor: *Guby Erwin* 85601

Gesellenheim:
10, Zohmanngasse 28 .... 604 52 81
Heimdirektorin: *Bock Ute*

Mutter-und-Kind-Heim:
11, Pleischlgasse 2 .... 767 51 71
Heimdirektorin: *Wesolofsky Ingeborg*

Gesellinnenheim:
12, Aichhorngasse 11 .... 813 54 65
Heimdirektorin: *Paumgartten Friedlinde*

Stadt des Kindes:
14, Mühlbergstraße 7–9 .... 979 15 06 . . .
Heimdirektorin: *Schmid-Schoebel, Dr. Christa* 115

Charlotte-Bühler-Heim:
18, Bastiengasse 36–38 .... 422 . . ., 476 15 . . .
Heimdirektorin: dzt. unbesetzt 200

Haus Pötzleinsdorf:
18, Pötzleinsdorfer Straße 46 .... 479 41 33
Heimdirektorin: *Szaraniec Gerlinde*

Krisenzentrum für Mädchen Nußdorf:
19, Hammerschmidtgasse 22 .... 318 57 58 . . .
Heimdirektor: *Zinner Alfred* 20

Heim für Kinder und Jugendliche Döbling:
19, Hartäckerstraße 26 .... 368 42 85 . . . 0
Heimdirektor: *Feigelfeld Johann* 369 15 74

Kinderheim Hohe Warte:
19, Hohe Warte 3–6 .... 368 31 80 . . ., 368 36 80 . . .
Heimdirektor: *Bösz Stefan* 11

Krisenzentrum für Burschen „Am Augarten“:
20, Wasnergasse 33 .... 332 43 03
Heimdirektor: *Genitheim Werner* 11

Kinderheim Biedermannsdorf:
Biedermannsdorf, NÖ, Ortsstraße 56 .... 902, 0 22 36/71 1 16 . . .
Heimdirektor: *Fleischmann Peter* 23

„Lindenhof“, Heim für Jugendliche:
Eggenburg, NÖ,
Pulkauer Straße 12 .... 0 29 84/35 22, 22 28
Heimdirektorin: *Niederle Monika* 211

Heim für Kinder und Jugendliche Klosterneuburg:
Klosterneuburg, NÖ,
Martinstraße 56–58, ... 904, 0 22 43/332 80
Heimdirektor: *Gamauf Franz* 13

Krisenzentren:

1, Neutorgasse 15 .... 533 67 07, 531 14 . . ., 85058
3, Hagenmüllergasse 22 .... 40 00 . . ., 90940, 90941
10, Columbusgasse 32–34/7/1–2 .... 604 37 17, 605 34 . . ., 10372
12 (dzt. Stadt des Kindes, 14, Mühlbergstraße 7) 577 23 93
18, Hockegasse 41 .... 491 96 . . ., 16372
21 (dzt. Kinderheim Hohe Warte, 19, Hohe Warte 3–6) ....368 36 80 . . ., 21
22 (dzt. Kinderheim Hohe Warte, 19, Hohe Warte 3–6) 367 66 31

Wohngemeinschaften für Kinder und Jugendliche:

2, Handelskai 214/15/1–2 .... 720 61 58
5, Margaretenstraße 105/12 .... 544 86 01
8, Auerspergstraße 21/2 .... 403 04 54
10, Baron-Karl-Gasse 4/48/5–6 .... 616 19 10
10, Herzgasse 15–19 .... 603 49 46
10, Leebgasse 85a/6/1A 604 25 89
10, Quellenstraße 24B/25/25–26 .... 641 47 00
10, Otto-Probst-Straße 5/3/5–6 .... 616 28 55
11, Rosa-Jochmann-Ring 5/9/13–14 .... 767 79 90
11, Simmeringer Hauptstraße 34–40/14/1–2 ..... 749 31 45
15, Rauchfangkehrergasse 15–27/2 .... 893 63 15
18, Scheibenbergstraße 71 .... 470 64 73
20, Hartlgasse 28/1/27–28 .... 330 05 89
20, Obere Augartenstraße 14/4 .... 332 55 23
21, Hanreitergasse 3/3/42–43 .... 294 06 50
21, Hanreitergasse 3/6/43–44 .... 294 06 51
22, Kagran, Eipeldauerstraße 25/55/23 .... 259 61 50
22, Kagran, Ullreichgasse 12/6/2 .... 255 96 16
22, Leopoldau, Melangasse 1/86/2–3 .... 258 16 97
22, Stadlau, Lange Allee 13/2/19 .... 202 80 44
23, Inzersdorf, Pfarrgasse 34–44/1/1 .... 615 29 26

Wohnheim im Ausbildungszentrum für Sozialberufe:

21, Freytaggasse 32 .... 275 34 . . ., 90990

MAGISTRATSABTEILUNG 12

Sozialamt

(Geschäftsgruppe Jugend, Soziales, Information und Sport)

1, Schottenring 24, 1. Stock, Tür 116, Tel. 531 14 . . .
Telefax: 531 14–99–85215, IBS-User: M12K,
Internet e-mail: post@m12.magwien.gv.at

Allgemeine und grundsätzliche Angelegenheiten der Sozialhilfe und der Behindertenhilfe.
Handhabung des Wiener Sozialhilfegesetzes (Hilfe zur Sicherung des Lebensbedarfes, Hilfe in besonderen Lebenslagen, Einrichtung und Durchführung von Sozialdiensten) einschließlich der Bearbeitung von Berufungen, soweit nicht die Magistratsabteilung 47 zuständig ist.
Handhabung des Wiener Pflegegeldgesetzes und des Bundespflegegeldgesetzes hinsichtlich der Landeslehrer.
Wirtschaftliche Sozialhilfe für Familien mit Kindern unter 18 Jahren in Zusammenarbeit mit der Magistratsabteilung 11.
Sozialarbeit mit Erwachsenen.
Führung des Wiener Bahnhofs-Sozialdienstes.
Vertretung des Landes Wien in Sozialhilfekostenangelegenheiten vor Gericht und Verwaltungsbehörden, ausgenommen die der Magistratsabteilung 47 oder dem Wiener Krankenanstaltenverbund obliegenden Geschäfte.
Geltendmachung von Ersatzansprüchen der Sozialhilfe gegenüber anderen Sozialhilfeträgern aufgrund der bestehenden Vereinbarungen, soweit nicht die Magistratsabteilung 47 zuständig ist.
Festsetzung des Taschengeldes für in Krankenanstalten und Pflegeheimen untergebrachte Hilfesuchende.
Handhabung des Behindertengesetzes.
Gewährung von Fahrbegünstigungen für Behinderte.
Zusammenarbeit mit den Selbsthilfeverbänden für Behinderte.
Abschluß von Vereinbarungen gemäß Art. 15a Abs. 2 B-VG in Angelegenheiten der Sozialhilfe und Behindertenhilfe.
Mitwirkung bei der Gewährung von Subventionen an Organisationen der freien Wohlfahrtspflege, die soziale Dienste durchführen, in Angelegenheiten der Sozialhilfe und Behindertenhilfe, soweit nicht die Magistratsabteilung 47 zuständig ist.
Bearbeitung von Berufungen gegen Bescheide in Angelegenheiten des Behindertenpasses nach dem Bundesbehindertengesetz.
Beratung, Begutachtung, Überprüfung und Koordination in den Belangen des barrierefreien, behinderten- und generationsgerechten Planens, Bauens und Wohnens.
Entscheidung über Behandlungskosten nach dem Tbc-Gesetz, Verrechnung der Kosten der Tbc-Hilfe mit dem Bund und anderen Kostenträgern.
Handhabung des Opferfürsorgegesetzes.
Ausstellung von Bescheinigungen gemäß § 506 ASVG.
Gewährung von Mietbeihilfen im Rahmen der Sozialhilfe.
Mitwirkung bei der Feststellung des Anspruches auf Ausgleichszulagen in der Pensionsversicherung nach dem Allgemeinen Sozialversicherungsgesetz, Gewerblichen Sozialversicherungsgesetz und Bauern-Sozialversicherungsgesetz.
Ausstellung von Nachweisen über die Familien- und Einkommensverhältnisse zur Erlangung von Begünstigungen.
Mitteilungen an das Gericht über die Schutzbedürftigkeit von Personen zum Zweck der Sachwalterbestellung.
Verwaltung von Stiftungen mit sozialen Zwecken, ausgenommen die den Magistratsabteilungen 15, 49 und 69 obliegenden Geschäfte.
Grundverwaltung und Erhaltung der Stiftungshäuser.
Grundverwaltung, Erhaltung und Führen von sozialtherapeutischen Tageszentren und Wohnheimen für Obdachlose.
Handhabung des Schülerbeihilfengesetzes hinsichtlich der Schüler der Bundeshebammenlehranstalten und der Schulen für den medizinisch-technischen Fachdienst.
Bearbeitung von Berufungen gegen Bescheide nach dem Studienförderungsgesetz.
Mitwirkung bei der Katastrophenhilfe.
Anforderung geeigneter Baulichkeiten und Liegenschaften samt Einrichtungen bzw. Teilen hievon zur vorübergehenden Unterbringung im Katastrophenfall und Versorgung der Katastrophenopfer gemäß § 13 Abs. 1 sowie Entgegennahme der Anmeldung und Bearbeitung von Ansprüchen auf Entschädigung bzw. Schadenersatz gemäß § 15 Abs. 2 und Abs. 3 des Wiener Katastrophenhilfegesetzes.
Koordination der Integrationshilfe für Fremde.
Betreuung von hilfsbedürftigen Fremden, soweit nicht eine andere Dienststelle zuständig ist.

Pröbsting, Dr. Werner, Senatsrat, Bereichsleiter hinsichtlich der MA 11, 12, 15, 17, 18, 19, 23, 24, 28, 46, 50 und 56 sowie dem Wiener Krankenanstaltenverbund zur Koordinierung der Behindertenhilfe . . . 85211, 85215
Fichtner, Dr. Wolfgang, Obermagistratsrat . . . 85212, 85216
Söllner, Dr. Ina . . . 85351, 85355
Winkler, Mag. Marion, Magistratskommissärin . . . 85385
Grassl, Mag. Udo . . . 85381
Kindermann, Mag. Eva . . . 85321, 85325
Krispel, Mag. Michael . . . 85401
Albrecht Reinhard, Oberamtsrat . . . 85231
Böhm Helmut, Oberamtsrat . . . 85331
Doppler Siegfried, Oberamtsrat . . . 85286
Engelmayer Helga, Oberamtsrätin . . . 811 34 . . ., 12401
Fuchs Gottfried, Oberamtsrat . . . 85341
Groiss, Ing. Peter, Techn. Oberamtsrat . . . 85226
Kügler Eduard, Oberamtsrat . . . 85252
Lidmansky Elisabeth, Oberamtsrätin . . . 85352
Müller Karl Heinz, Oberamtsrat . . . 277 34 . . ., 21401
Stoiber Robert, Oberamtsrat . . . 85241
Wenda Edith, Oberamtsrätin . . . 491 96 . . ., 16401
Buge Elfriede, Amtsrätin . . . 85253
Burgeth Silvia, Amtsrätin . . . 711 34 . . ., 03401
Einspieler Gudrun, Amtsrätin . . . 85392
Maier Ilse, Amtsrätin . . . 85376
Mickschl Friedrich, Amtsrat . . . 405 33 35 . . ., 73
Panizza Friedrich, Amtsrat . . . 486 52 44 . . ., 16
Pfann Oswald, Amtsrat . . . 85285
Pokorny Susanne, Amtsrätin . . . 271 15 11
Pölzer Vera, Amtsrätin . . . 85368
Prandstetter Irene, Amtsrätin . . . 985 69 72
Reinhart Brigitte, Amtsrätin . . . 85271
Scheuhuber Ingrid, Amtsrätin . . . 85337
Schmidt Johann, Amtsrat . . . 982 42 74
Schmidt Sepp, Amtsrat . . . 81194
Schrampf Rudolf, Amtsrat . . . 521 34 . . ., 07401
Sperker, Dr. Karl, Amtsrat . . . 546 34 . . ., 05401
Wittine Ingrid, Amtsrätin . . . 85225
Bauer Walter, Verwaltungsoberkommissär . 40 00 . . ., 91081
Bergmann Hildegard, Verwaltungsoberkommissärin . 86256
Fischbach Ingeborg, Verwaltungsoberkommissärin . . 85232
Frömmel Heinrich, Verwaltungsoberkommissär . . . 891 34 . . ., 15401
Grohmann Silvia, Verwaltungsoberkommissärin . . . 211 06 . . ., 02401
Hasiber Angelika, Verwaltungsoberkommissärin . . . 878 34 . . ., 13401
Höppe Gabriele, Verwaltungsoberkommissärin . . . 689 63 86
Karlovits Romana, Verwaltungsoberkommissärin . . . 400 34 . . ., 09401
Knakal Gertrude, Verwaltungsoberkommissärin . . . 331 34 . . ., 20401
Oberwalder Ernst, Verwaltungsoberkommissär . . . 401 19 . . ., 17401
Schild Judith, Verwaltungsoberkommissärin . . . 360 34 . . ., 19401
Springer Sabine, Verwaltungsoberkommissärin . . . 863 34 . . ., 22401
Zappe Elisabeth, Verwaltungsoberkommissärin . . . 85353
Zednicek Susanne, Verwaltungsoberkommissärin . . . 85289
Iby, Sozialarbeiter Alexander . . . 798 15 65 . . ., 85411
Kirschbaum, Sozialarbeiter Michael . . . 405 32 38
Frank Brigitte . . . 85311
Rieder Ingeborg, Kanzleioberkommissärin, Kanzleileiterin . . . 85219

Einlaufstelle, Protokoll 85202, 85203, 85204, 85205, 85206

Kassa 85218

Finanz- und Amtswirtschaft, Statistik
Albrecht Reinhard, Oberamtsrat 85231, 85232, 85233, 85235, 85236

Personalreferat:
Stoiber Robert, Oberamtsrat 85241, 85242, 85243

Referat für die Entwicklung eines EDV-unterstützten Sozialhilfekontos sowie EDV-Koordination
12, Reschgasse 12 ...... 811 34 . . ., 12491,12492, 12493

Fachreferent für barrierefreies, behinderten- und generationsgerechtes Planen, Bauen und Wohnen
21, Ocwirkgasse 3, Stiege 8, Erdgeschoß 294 54 15
Groiss, Ing. Peter, Techn. Oberamtsrat 85226

Organisationen, Information, Dokumentation und Sozialplanung 85252

Dezernat I:
Sonderaufgaben für Abteilungsleiterin/Abteilungsleiter, Behandlung von grundsätzlichen Rechtsfragen, Ausarbeitung von Stellungnahmen zu Gesetz- und Verordnungsentwürfen, Ausarbeitung von Gesetz- und Verordnungsentwürfen, Ausarbeitung von dezernatsübergreifenden Erlaßentwürfen, Koordination bei dezernatsübergreifenden Angelegenheiten, Grundlagenforschung und Sozialplanung, Rechtsfragen betreffend den EWR und die EU, Dezernieren der Entwürfe für Berufungsentscheidungen, Agenden der Dezentralisierung der Verwaltung der Stadt Wien, Verfügung über Stiftungs- und Verlassenschaftsmittel bis zu 5.000 S im Einzelfall, Verfügung über die Erträgnisse der Julie-Brudermann'schen Stiftung, Koordination der Fort- und Weiterbildung der Mitarbeiterinnen/Mitarbeiter, Belange des Wiener Landes-Sicherheitsgesetzes (insbesondere mobile Sozialbetreuung obdachloser und bettelnder Menschen), grundsätzliche Rechts- und Organisationsfragen
Fichtner, Dr. Wolfgang, Obermagistratsrat ... 85212, 85216

Kontrolle privater Organisationen,
10, Per-Albin-Hansson-Siedlung Ost,
Ada-Christen-Gasse 2, Block D,
3. Ebene, Tür 2 .... 689 63 86
Höppe Gabriele, Verwaltungsoberkommissärin

Sozialarbeit mit Erwachsenen 85255
Kügler Eduard, Oberamtsrat 85252

Außenstelle I (1., 2., 6., 7., 8., 9. Bezirk),
6, Fillgradergasse 7/5 .... 588 21 . . . , 06480
Außenstelle II (12., 13., 23. Bezirk),
12, Reschgasse 12/2 .... 811 34 . . ., 12489, 12490
Außenstelle III (14., 15., 16., 17., 18., 19. Bezirk),
15, Camillo-Sitte-Gasse 6–8/2/6 .... 985 69 72 . . ., 985 69 99 . . ., 21

Außenstelle IV (20., 21., 22. Bezirk),
21, Holzmeistergasse 14 .... 271 15 11 . . ., 27
Außenstelle V (10. Bezirk),
10, Gudrunstraße 145–149,
Eingang Ecke Columbusgasse .... 605 34 . . ., 10480
Außenstelle VI (3., 4., 5., 11. Bezirk)
3, Am Modenapark 1–2 ...... 711 16 . . ., 03488, 03489

Sozialtherapeutisches Wohnheim für Obdachlose:
3, Gänsbachergasse 7 .... 798 15 65 . . ., 85410
Iby, Sozialarbeiter Alexander 85411

Tageszentren für Obdachlose:
2, Pazmanitengasse 7 .... 216 95 15
Kirschbaum, Sozialarbeiter Michael 405 32 38
8, U-Bahn-Station Josefstädter Straße

Kurse für langzeitarbeitslose Sozialhilfeempfängerinnen/Sozialhilfeempfänger
(Kurslokal):
5, Grüngasse 14 .... 587 32 60

FAWOS – Fachstelle für Wohnungssicherung (für Privatwohnungen):
20, Adalbert-Stifter-Straße 34/4/1 .. 334 47 39, 334 47 30

Seniorinnen-/Seniorenbetreuung und Sonderaktionen, Pensionistinnen-/Pensionistenklubs, Landaufenthalts- und Ausflugsaktion, Sozialpaß u. a.
Stoiber Robert, Oberamtsrat 85241, 85262, 85263, 85264, 85265, 85266

Tuberkulosehilfe und Sozialhilfe für Tuberkulosekranke; Kuraufenthalte
Bergmann Hildegard, Verwaltungsoberkommissärin 85256, 85257, 85258

Dezernat II:
Rechtliche Belange des Datenschutzes, Mitwirkung bei der Ausarbeitung von dezernatsübergreifenden Erlaßentwürfen, Bearbeitung von Berufungen gegen Bescheide des Referates „Allgemeine Sozialhilfe", des Referates „Sozialarbeit mit Erwachsenen", der Sozialreferate und der Außenstellen des Referates „Sozialarbeit mit Erwachsenen", Bearbeitung von Berufungen gegen Bescheide des Referates „Mietbeihilfe", Bearbeitung von Berufungen gegen Bescheide nach dem Studienförderungsgesetz, Bearbeitung von Berufungen gegen Entscheidungen des KAV, betreffend die Einbringung aushaftender Pflegeentgelte für Aufenthalte in städtischen Pflegeheimen, grundsätzliche Rechts- und Organisationsfragen
Kindermann, Mag. Eva 85321, 85325

Allgemeine Sozialhilfe
Böhm Helmut, Oberamtsrat 85331, 85332, 85333, 85335, 85336, 85337, 85339

Fachaufsicht über die Sozialreferate
Wittine Ingrid, Amtsrätin 85225

Mietbeihilfen
Fuchs Gottfried, Oberamtsrat 85341, 85342, 85343, 85344, 85345, 85346, 85347

Einnahmenbetreuung
Doppler Siegfried, Oberamtsrat 85286

Sozialreferate:

1., 8., 9. Bezirk:
9, Währinger Straße 39 .... 400 34 . . ., 09401
2. Bezirk:
2, Karmelitergasse 9 .... 211 06 . . ., 02401
3. Bezirk:
3, Karl-Borromäus-Platz 3 .... 711 34 . . ., 03401
4. Bezirk:
4, Favoritenstraße 18 .... 502 34 . . ., 04401
5. Bezirk:
5, Schönbrunner Straße 54 .... 546 34 . . ., 05401
6. Bezirk:
6, Amerlingstraße 11 .... 588 21 . . ., 06401
7. Bezirk:
7, Hermanngasse 24–26 .... 521 34 . . ., 07401
10. Bezirk:
10, Gudrunstraße 128 .... 605 34 . . ., 10401
11. Bezirk:
11, Enkplatz 2 .... 740 34 . . ., 11401
12. Bezirk:
12, Schönbrunner Straße 259 .... 811 34 . . ., 12401
13., 14. Bezirk:
13, Hietzinger Kai 1–3 .... 878 34 . . ., 13401
15. Bezirk:
15, Gasgasse 8–10 .... 891 34 . . ., 15401
16. Bezirk:
16, Richard-Wagner-Platz 19 .... 491 96 . . ., 16401
17. Bezirk:
17, Elterleinplatz 14 .... 401 19 . . ., 17401
18. Bezirk:
18, Martinstraße 100 .... 476 34 . . ., 18401
19. Bezirk:
19, Gatterburggasse 14 .... 360 34 . . ., 19401
20. Bezirk:
20, Brigittaplatz 10 .... 331 34 . . ., 20401
21. Bezirk:
21, Am Spitz 1 .... 277 34 . . ., 21401
22. Bezirk:
22, Kagran, Schrödingerplatz 1 ..... 211 23 . . ., 22401
23. Bezirk:
23, Liesing, Perchtoldsdorfer Straße 2 .... 863 34 . . ., 23401

Sozialreferat für Nichtseßhafte:
8, U-Bahn-Station Josefstädter Straße .. 405 33 35 . . ., 73

Dezernat III:
Mitwirkung bei der Ausarbeitung von dezernatsübergreifenden Erlaßentwürfen, grundsätzliche Rechts- und Organisationsfragen
Söllner, Dr. Ina 85351, 85355

Pflegegeld
Reinhart Brigitte, Amtsrätin .. 85271, 85272, 85273, 85274, 85275, 85276, 85277, 85356

Flüchtlingsreferat
Pfann Oswald, Amtsrat .85285, 85283, 85284, 85287, 85288
Beratungsstelle: 23, Erlaa, Rößlergasse 9 .... 665 56 91

Opferfürsorge
Maier Ilse, Amtsrätin 85376, 85379

Dezernat IV:
Durchführung der grundbücherlichen Sicherstellung von Sozialhilfekosten, Geltendmachung von Ersatzansprüchen, erforderlichenfalls durch zivilrechtliche Klagen und Exekutionen, Forderungsanmeldung im Verlassenschaftsverfahren, Verfahren vor dem Arbeits- und Sozialgericht gegen Sozialhilfeträger zur Durchsetzung von Pensionsansprüchen (insbesondere Invaliditätspension), Feststellung des endgültig verpflichteten Sozialhilfeträgers (ausgenommen Kostentragungspflicht und Sozialhilfekostenersatz bei Wohn- und Pflegeheimen), Stiftungsverwaltung (ausgenommen die Entscheidung über die Anmietung von Wohnungen in Stiftungshäusern), grundsätzliche Rechts- und Organisationsfragen
Grassl, Mag. Udo 85381, 85239

Sozialhilfekostenersatz
Böhm Helmut, Oberamtsrat 85331, 85392, 85393, 85394, 85395, 85396

Dezernat V:
Wahrnehmung der Aufsicht über Einrichtungen der Behindertenhilfe (§ 14 WBHG), Koordination bei dezernatsübergreifenden Angelegenheiten betreffend das EDV-unterstützte Sozialhilfekonto, Bearbeitung von Berufungen gegen Bescheide in Angelegenheiten der Behindertenhilfe, Mitwirkung bei der Ausarbeitung von dezernatsübergreifenden Erlaßentwürfen, grundsätzliche Rechts- und Organisationsfragen
Winkler, Mag. Marion, Magistratsoberkommissärin 85385, 85239

Behindertenhilfe
Lidmansky Elisabeth, Oberamtsrätin .. 85352, 85350, 85353, 85354, 85359, 85362, 85363, 85364, 85365, 85366, 85367, 85368, 85369, 85374, 85375

Fahrtendienst:
2, Meiereistraße 7, Ernst-Happel-Stadion, Sektor E .... 40 00 . . ., 85312, 85310
Frank Brigitte 85311

Behindertenzentrum:
16, Seeböckgasse 12–14 .... 486 52 44 . . .
Panizza Friedrich, Amtsrat 16

Sachverständigenteam im Behindertenzentrum:
15, Seeböckgasse 12–14 .... 486 52 44
Matysek, Mag. Elfriede

Wohngemeinschaft Villa Kellermann:
14, Sofienalpenstraße 11 .... 979 41 35

Sozialplanung für behinderte Menschen:
15, Camillo-Sitte-Gasse 6–8 .... 982 42 74
Schmidt Johann, Amtsrat

Dezernat VI:
Zusammenstellung und Aufbereitung von sozial-, behinderten- und pflegegeldrechtlichen Entscheidungen, Mitwirkung bei der Vertretung des Landes Wien bei Verhandlungen in Pflegegeldangelegenheiten vor dem Arbeits- und Sozialgericht Wien, Bearbeitung von Berufungen gegen Entscheidungen des Arbeits- und Sozialgerichtes Wien (Pflegegeldangelegenheiten) und Bescheide, betreffend die

Ausstellung von Behindertenpässen nach dem Bundesbehindertengesetz, legistische Tätigkeit
Krispel, Mag. Michael 85401

Beratung in sozialen Fragen:
1, Gonzagagasse 23 .... 531 14 . . ., 85255
Donnerstag von 15.30 bis 18 Uhr

Schuldnerberatung des Amtes für Jugend und Familie und des Sozialamtes:
2, Obere Augartenstraße 26-28/1 ..... 330 87 35, 330 87 36

Beratung für Behinderte:
1, Schottenring 24 .... 531 14 . . ., 85359
Montag und Donnerstag von 15 bis 18.30 Uhr

Bau- und Wohnungsberatung für Behinderte:
21, Ocwirkgasse 3, Stiege 8, Erdgeschoß 294 54 15
Montag und Donnerstag von 15 bis 18.30 Uhr nach Voranmeldung

MAGISTRATSABTEILUNG 13

Bildung und außerschulische Jugendbetreuung

(Geschäftsgruppe Jugend, Soziales, Information und Sport)

8, Friedrich-Schmidt-Platz 5, 4. Stock, Tel. 40 00 . . .
Telefax: 40 00–99–84328, IBS-User: M13K
Internet e-mail: post@m13.magwien.gv.at

Allgemeine und grundsätzliche Angelegenheiten der Erwachsenenbildung und der außerschulischen Jugendbetreuung.
Förderung, Betreuung und Koordinierung von Einrichtungen der Erwachsenenbildung.
Planung, Förderung und Mitwirkung bei der Durchführung von Aktionen, Veranstaltungen und Projekten der Erwachsenenbildung.
Mitwirkung bei der Planung und bei der Durchführung von baulichen Maßnahmen, die Gemeinschaftsbauten für die Jugend- und Erwachsenenbildung betreffen.
Beratung über Einrichtungen und Möglichkeiten der Erwachsenenbildung.
Führen des Landesjugendreferates:
- Zusammenarbeit mit den Bundesländer-Landesjugendreferaten sowie fachlich einschlägigen Einrichtungen des In- und Auslandes,
- Planung, Betreuung und Durchführung von Aktionen und Veranstaltungen für Kinder und Jugendliche im außerschulischen Bereich,
- Förderung der Jugendorganisationen (Verein Wiener Jugendkreis, Verein Jugendzentren der Stadt Wien, Wiener Landesorganisation des Bundesjugendringes, Jugendklubs und andere),
- Durchführung der Jungbürgerveranstaltungen,
- Fachaufsicht über die Parkbetreuung und Koordinierung der Mobilen Jugendarbeit.

Führen der Landesbildstelle:
Betreuung von Schulen, sonstigen Bildungsstellen und Dienststellen des Magistrats hinsichtlich der Bereitstellung von audiovisuellen Geräten und Produkten, Dokumentation von Leistungen des Magistrats sowie von Veranstaltungen und Festakten der Stadt Wien.
Führen der Musiklehranstalten:
- Erteilen von musikalischem Elementarunterricht (Kindersingschulen),
- Erteilen von individuellem Elementarunterricht in Instrumental- und Vokalfächern sowie Ballett und tänzerischer Bewegungserziehung (Musikschulen),
- Ausbildung in Instrumental- und Vokalfächern, Ballett und tänzerischer Bewegungserziehung sowie in den Bühnenfächern bis zur Erlangung des Diploms oder der staatlichen Lehrbefähigung (Konservatorium).

Führen der Modeschule der Stadt Wien.
Führen der städtischen Büchereien einschließlich der Patientenbüchereien, des Hausbesuchsdienstes und der Bücherbusse.
Abgeltung von urheber- und leistungsschutzrechtlichen Ansprüchen für das Verleihen von Werkstücken im Sinne des Urheberrechtsgesetzes durch der Öffentlichkeit zugängliche Einrichtungen in pauschaler Form für das Land Wien.
Grundverwaltung und Erhaltung des Konservatoriums der Stadt Wien und der Modeschule der Stadt Wien.
Dienstaufsicht über das zugeteilte Personal, soweit es nicht der Dienstaufsicht des Magistratsdirektors untersteht.

Lischka, Dr. Wolfgang, Senatsrat 84311
Titz, Dr. Hans Heinz, Senatsrat 84312
Koschler, Mag. Hans, Obermagistratsrat 84322
Hollos, Mag. Josef, Obermagistratsrat 84341
Schwaiger Gerhard, Oberamtsrat 84372
Stattin, Ing. Waltraude, Oberamtsrätin 84331
Holzknecht Erika, Kanzleikommissärin,
Kanzleileiterin 84315
Kanzlei 84316
Budget- und Personalangelegenheiten 84331
Personalevidenz 84332
Wirtschaftsangelegenheiten 84333
Volksbildungsreferat 84321
Bildungsprojekte 84322

Verband Wiener Volksbildung:
15, Hollergasse 22–26 .... 891 74
Landesgeschäftsführer:
Bazant Oswald

Landesjugendreferat Wien:
Leitung, Planung und Überwachung der Aktionen der außerschulischen Jugenderziehung
Hollos, Mag. Josef, Obermagistratsrat, Landesjugendreferent 84341
Sekretariat 84345

Kofler Michael, Dipl.-Sozialarbeiter,
Stv. Landesjugendreferent 84373
Schwaiger Gerhard, Oberamtsrat 84372

Wiener Ferienspiele 84400
„Familien-Tage“ 84368
Jugend in Wien 84394
„pop-odrom“ 84385
„miteinander“ 84345
Jugendförderung 84367
Schulaktionen 84361
Koordinationsstelle für aufsuchende/mobile
Jugendarbeit 84371
Park- und Freiflächenbetreuung/Bezirke 84395

Verein „Wiener Jugendkreis“,
8, Friedrich-Schmidt-Platz 5
Telefax: 408 70 00
Geschäftsführende Vorsitzende:
Neumüller Erna, Dipl.-Sozialarbeiterin 84351
Sekretariat 84355
Buchhaltung 84379
Filmreferat, 7, Siebensterngasse 42–44 .... 526 31 20
Kinder- und Jugendfilm-Zentrum
Kosmos-Kino,
7, Siebensterngasse 42–44 .... 523 12 26
Telefax: 526 31 20

IFP/Jugendleiterschule, 8, Albertgasse 35/II 406 65 55
Telefax: 406 65 55-89

IFP/Medienzentrum, 7, Zieglergasse 49/
Hintertrakt 523 02 09
Telefax: 523 02 09–14

Materialverwaltung, 8, Hamerlingplatz 1 ..... 408 62 44
Telefax: 408 06 88

Spielebox, 8, Albertgasse 35/II 408 69 33,
40 00 . . ., 84592
Telefax: 406 65 55-89

Jugend-Info Wien, 1, Bellaria-Passage,
Lokal III ..... 40 00 . . ., 84085
Telefax: 40 00–99–84086

Verein Jugendzentren der Stadt Wien,
21, Prager Straße 20 ..... 278 76 45
Telefax: 278 76 45-25
Geschäftsführerin:
Langer Gabriele, Dipl.-Sozialarbeiterin

Musiklehranstalten der Stadt Wien:
(Konservatorium der Stadt Wien,
Musikschulen der Stadt Wien,
Kindersingschulen der Stadt Wien):
1, Johannesgasse 4a ..... 512 77 47 . . .
Telefax: 512 77 47–60
Internet e-mail: post@m13kms.magwien.gv.at
Track Gerhard, Prof., Direktor 51
Titz, Dr. Heidrun, Obermagistratsrätin,
Bibliothek und Archiv, Instrumentenverwaltung 75
Sabathiel Ernst, Oberamtsrat, Verwalter 65
Kanzlei 59

Städtische Musikschulen:
2, Karmeliterplatz 1 ..... 211 06 . . ., 02169
2, Czerninplatz 3 (Expositur) 212 63 93
3, Strohgasse 15 ..... 714 17 91
5, Bräuhausgasse 50 (auch Telefax) 544 49 03
9, D'Orsay-Gasse 8 (auch Telefax) 310 39 29
10, Hansson-Zentrum, Ada-Christen-Gasse 2 ..... 689 49 56
10, Pernerstorfergasse 45 (auch Telefax) 606 61 91
10, Stockholmer Platz 18 (Expositur) 688 36 77
11, Herderplatz la 748 31 23
12, Rosasgasse 8 ..... 817 77 08
13, Auhofstraße 49 (Expositur) ..... –
15, Schwendergasse 41 (auch Telefax) 812 70 35
16, Thaliastraße 44 ..... 406 07 68
17, Kalvarienberggasse 33 ..... 401 19 . . ., 17169
19, Pantzergasse 25 ..... 369 42 47
20, Raffaelgasse 13 (auch Telefax) 332 91 21
21, Angerer Straße 14 ..... 271 23 22
21, Kummergasse 6 (Expositur) 290 84 80
21, Prießnitzgasse 1 (Expositur) ..... –
22, Kaisermühlen, Schüttaustraße 2 (auch
Telefax) 263 28 53
22, Kagran, Natorpgasse 1 (Expositur) 204 00 71
23, Inzersdorf, Anton-Baumgartner-Straße 119 ..... 667 54 82
23, Liesing, Perchtoldsdorfer Straße 1 (auch
Telefax) 865 93 71

Modeschule der Stadt Wien:
12, Hetzendorfer Straße 79 ..... 804 27 95 . . .
Telefax: 804 27 96–90
Internet e-mail: post@m13mod.magwien.gv.at
Baumgartner, Dkfm. Ing. Günter, Senatsrat, Direktor 71
Verwalterin/Verwalter 72
Kanzlei 76

Landesbildstelle Wien:
7, Zieglergasse 49 ..... 523 32 24 . . .
Telefax: 523 32 24-20
Sommer Walter, Oberamtsrat 11
Andexlinger Günther, Techn. Amtsrat 24
Kanzlei 18
Wirtschaftsreferat 12, 13
Verleihreferat 14
Medienverleih 15
Fotolabor 21, 22
Filmreferat 24, 25
Telematik 26
Pädagogisches Referat, Projektbetreuung 27, 28
Reparaturdienst 31, 32
Geräteverleih 35
Foto- und Diaarchiv 19
Medienverleihstellen:
Zentrale, 7, Zieglergasse 49 ..... 523 32 24 . . ., 15
Nordost, 21, Angerer Straße 14 ..... 271 11 48
Südost, 3, Hörnesgasse 12 ..... 712 53 96
Südwest, 12, Hufelandgasse 2 ..... 811 34 . . ., 12152

Städtische Büchereien:
8, Skodagasse 20 ..... 40 00 . . .
Telefax: 40 00–99–84510
Pascher, Dr. Franz, Senatsrat 84501
Pfoser, Mag. Dr. Alfred, Obermagistratsrat 84502

David, Dr. Waltraud, Obermagistratsrätin	84506
Ertl, Dr. Walter, Magistratsrat	84504
Schirhuber, Dr. Erich, Magistratsrat	84505
Albrecht Vera, Büchereiamtsrätin	259 85 20
Danmayr Roswitha, Büchereiamtsrätin	288 02 . . ., 5310
Demuth Christine, Büchereiamtsrätin	486 61 44
Ellinger, Dr. Helga, Büchereiamtsrätin	505 23 03
Feigl Friedrich, Büchereiamtsrat	546 34 . . ., 05161
Friedl Josef, Büchereiamtsrat	333 10 52
Gottschlich Herta, Büchereiamtsrätin	587 28 30
Horvath Stefan, Büchereiamtsrat	84541
Hronek Franko, Büchereiamtsrat	84527
Kmiecik Hans, Büchereiamtsrat	546 34 . . ., 05161
Obadalek Renate, Büchereiamtsrätin	893 69 47
Probst Peter, Büchereiamtsrat	285 65 51
Schäfer Gernot, Büchereiamtsrat	798 99 70
Schuster Karlheinz, Büchereiamtsrat	84525
Seehofer Guda, Büchereiamtsrätin	689 19 66
Susitti Albert, Büchereiamtsrat	315 48 66
Szanya Beatrix, Büchereiamtsrätin	416 59 37
Webhofer, Dr. Peter, Büchereiamtsrat	815 28 38
Zeller Renate, Büchereiamtsrätin	318 67 24
Einlaufstelle, Telefonzentrale	84500
Kanzlei	84509, 84510

Fachreferentinnen/Fachreferenten:

Lektoratsleitung, Veranstaltungen	84502
Büchereiverwaltung, Budget, Mitteilungen der Zentrale	84503, 84533
Personal	84504
Lektorat	84505, 84506, 84508
Kinder- und Jugendbuch	84512, 84513
Buchbestand	84514
Statistik, Ringleihe	84515
Buchankauf	84516, 84517
Wirtschaftsreferat	84520, 84521
Werbung, Öffentlichkeitsarbeit	84523
Büchereiplanung, EDV	84527
Katalogisierung	84529, 84530, 84531, 84532

Hauptbücherei:
(Ausleihzeiten:
Montag und Donnerstag von 10 bis 19.30 Uhr,
Dienstag und Freitag von 14 bis 19.30 Uhr,
Mittwoch und Samstag geschlossen)

Horvath Stefan, Büchereioberamtsrat	84541
Bibliothekarinnen/Bibliothekare	84542, 84543, 84545, 84546, 84547, 84548
Auskunft, Einschreibung	84551
Kinderbücherei	84554
Musikbücherei	84535
Mahnung	84544
Büchermagazin	84563

Bücherei-Zweigstellen:
(Ausleihzeiten:
Montag von 10 bis 12 Uhr und von 14 bis 19 Uhr,
Donnerstag von 10 bis 12 Uhr und von 14 bis 18 Uhr,
Dienstag und Freitag von 14 bis 18 Uhr,
Mittwoch und Samstag geschlossen)

2, Engerthstraße 197/3	211 06 . . ., 02161
2, Zirkusgasse 3	214 64 80
3, Erdbergstraße 5–7	711 34 . . ., 03161
3, Fasangasse 35–37	789 99 70
3, Rabengasse 6	715 71 54
4, Favoritenstraße 8	505 23 03
5, Pannaschgasse 6	546 34 . . ., 05161
6, Gumpendorfer Straße 59–61	587 28 30

7, Neustiftgasse 89–91 .... 522 97 91
9, Simon-Denk-Gasse 4–6 .... 315 48 66
10, Hasengasse 38 .... 607 33 11
10, Laxenburger Straße 90a .... 605 34 . . ., 10161
10, Per-Albin-Hansson-Siedlung Ost,
Ada-Christen-Gasse 2 .... 689 19 66
11, Rosa-Jochmann-Ring 5/1/2 .... 740 34 . . ., 11160
11, Simmeringer Hauptstraße 96a .... 740 34 . . ., 11161
12, Am Schöpfwerk 29/7 .... 667 89 49
12, Egger-Lienz-Gasse 3 .... 815 28 38
12, Karl-Löwe-Gasse 17 .... 836 06 13
13, Hofwiesengasse 48 .... 804 06 76
14, Hickelgasse 4–6 .... 789 16 80
14, Linzer Straße 309, Hugo-Breitner-Hof 416 59 37
15, Hütteldorfer Straße 81a 982 41 95
15, Schwendergasse 39–43 .... 893 69 47
16, Grundsteingasse 48–56 .... 402 01 56
16, Rosa-Luxemburg-Gasse 4 .... 486 61 44
16, Schuhmeierplatz 17 .... 492 51 26
17, Hormayrgasse 2 .... 401 19 . . ., 17160
18, Weimarer Straße 8–10 .... 405 42 90
19, Billrothstraße 32 .... 360 34 . . ., 19160
19, Heiligenstädter Straße 155 .... 318 67 24
19, Hutweidengasse 24 .... 362 72 24
20, Leystraße 53 .... 332 07 37
20, Pappenheimgasse 10–16 .... 333 10 52
21, Brünner Straße 36 .... 278 13 45
21, Brünner Straße 138 .... 292 88 42
21, Großfeldsiedlung, Kürschnergasse 9 .... 259 85 20
22, Aspern, Siegesplatz 7 .... 220 84 10
22, Kagran, Bernoullistraße 1 .... 211 23 . . ., 22161
22, Kagran, Lieblgasse 4 .... 259 75 69
22, Kaisermühlen, Schüttaustraße 39 .... 269 32 51
22, Stadlau, Erzherzog-Karl-Straße 169 .... 285 65 51
23, Alt-Erlaa, Anton-Baumgartner-Straße 44 .... 667 89 03
23, Liesing, Perchtoldsdorfer
Straße 2 .... 863 34 . . ., 23161
23, Mauer, Speisinger Straße 256 .... 887 46 35
23, Rodaun, Willergasse 10 .... 889 94 05

Lehrlingsbüchereien:
(Ausleihzeiten:
Montag bis Donnerstag von 9.30 bis 17 Uhr und
Freitag von 9.30 bis 15.30 Uhr, Samstag geschlossen)
6, Mollardgasse 87 .... 599 16 . . ., 95693
12, Längenfeldgasse 13–15 .... 813 16 44 . . ., 330
15, Hütteldorfer Straße 7–17 .... 982 77 81
21, Scheydgasse 40 .... 277 56 . . ., 123, 124

Patientinnen-/Patientenbüchereien:
9, Währinger Gürtel 18–20,
Patientenbücherei AKH 402 06 60
Universitätsklinik für Kinderheilkunde .... 610 . . .,
404 00 . . ., 3289
22, Stadlau, Langobardenstraße 122 .... 611 . . .,
288 02 . . ., 5310
Sozialmedizinisches Zentrum-Ost (Donauspital)

Autobusbüchereien:
(Ausleihzeiten:
Montag bis Freitag von 14 bis 18 Uhr)
2, Meiereistraße 7, Ernst-Happel-Stadion,
Sektor E .... 40 00 . . ., 84571, 84572, 84573

MAGISTRATSABTEILUNG 14

Automationsunterstützte, elektronische Datenverarbeitung, Informations- und Kommunikationstechnologie

(Geschäftsgruppe Planung und Zukunft)

1, Rathausstraße 1, 1. Untergeschoß, 1.–6. und 8. Stock, Tel. 40 00 . . .
Telefax: 40 00–99–91017, Telefax International: 0043–1–40 00–7141, IBS-User: ADVK,
Internet e-mail: post@adv.magwien.gv.at

Für den Bereich der elektronischen Datenverarbeitung unter Einbindung der Informations- und Kommunikationstechnologie, ausgenommen der Wiener Krankenanstaltenverbund, die Magistratsabteilungen 15, 47 und 70 sowie die Wiener Patientenanwaltschaft:
Organisation,
Angelegenheiten der Normierung und Vereinheitlichung von technischen Einrichtungen und von Daten-, Programm- und Organisationsstrukturen,
Vorbereitung und Durchführung der Automatisierung von Verwaltungsvorgängen,
Vorbereitung des Abschlusses und Abschluß von Verträgen,
Erstellung von Gutachten über die Auflage von EDV-Drucksorten,
Vergabe von Aufträgen,
Fachaufsicht,
Zuerkennung von EDV-Zulagen,
Vorgaben für die Planung und Entscheidung über die technische Ausführung der städtischen Kommunikationseinrichtungen und -netze (soweit nicht Videoanlagen, Meldesysteme, Fernwirksysteme, Personenrufanlagen, Rundfunkübertragungsanlagen, Verstärkeranlagen, Nebenuhranlagen, Alarmierungsanlagen und Gemeinschaftsantennen betroffen sind),
Genehmigung der Anschaffung und Anschaffung der Hardware (einschließlich der Inbetriebnahme) und Software,
Koordination der internen organisatorischen und technischen Maßnahmen des Magistrats sowohl zwischen Magistratsdienststellen als auch zwischen dem Magistrat und Einrichtungen außerhalb des Magistrats, soweit nicht die Magistratsdirektion zuständig ist.

Eckel, Ing. Günter, Senatsrat 91011
Zekl, Dipl.-Ing. Franz, Senatsrat 91701
Leeb Friederike, Kanzleioberkommissärin,
Kanzleileiterin 91019
Kanzlei 91013, 91014, 91018

Personal und Ausbildung
Hasslinger Gabriele,
Amtsrätin 91025

Koordination und integrative Aufgaben
Forster, Dipl.-Ing. Dr. techn. Hans-Peter, Senatsrat .. 91961

Fachaufsicht
Musil, Regierungsrat Friedrich R., Oberamtsrat 91361

Dezernat Fachbereichsbetreuung Magistrat
Nitschmann, Ing. Christian, Techn. Amtsrat 91201

WIPIS-Projektkoordination
Tischler Erich 91971

Interne Revision
Kaser, Mag. Peter, Magistratsrat 98621

Planungs- und Berichtswesen
Kaller, Dipl.-Ing. Jürgen, Oberstadtbaurat 91261

Gruppe Auftrags- und Beratungskoordination
Rohr Klaus 91211

Bauverwaltung Produkte
Wannenmacher, Mag. Gerhard 91212

Bauverwaltung Betreuung
Koß Siegfried, Amtsrat 91231

Betriebe
dzt. unbesetzt 91251

Zentrale Dienststellen und Produkte
List Gerald 91341

Office Competence Center Technik
Rinzner, Dipl.-Ing. Peter, Oberstadtbaurat 91131

Office Competence Center Organisation
Starnberger Kurt, Verwaltungskommissär 91151

Gruppe Projektkoordination
Zeiner, Dipl.-Ing. Johann 91281

Finanzwesen
Sattelberger-Socher, Mag. Sonja, Magistratsrätin 91241

Umwelt
Haselberger, Dipl.-Ing. Rainer, Oberstadtbaurat 91981

Personalwesen
Forsthuber Friedrich, Oberamtsrat 91262

Wohnungswesen
Dangl Josef 91271

Personen, Adressen, Kultur
Zeiner, Dipl.-Ing. Johann (interim.) 91281

Gruppe Grafische Datenverarbeitung
Wilmersdorf, Dipl.-Ing. Erich, Senatsrat 91301

Computergrafik Anwendungen
Popp, Ing. Norbert, Techn. Oberkommissär 91302

Computergrafik GIS-Grundlagen
Wolf Friedrich 91321

GIS-Anwendungen
Jörg, Mag. Wolfgang, Stadtbaukommissär 98611

Dezernat Produktion
Zekl, Dipl.-Ing. Franz, Senatsrat 91701

Kommunikationstechnologie
Dirmüller, Ing. Josef, Techn. Amtsrat 91812

Finanzplanung
Novak, Dkfm. Mag. Reinhard, Obermagistratsrat 91941

Gruppe Produktionsbetrieb
Czermak Hanspeter, Amtsrat 91741

Produktionssteuerung
Schitzhofer Hans 91761

Großanlagenbetrieb
Huber Josef, Amtsrat 91781

Rechenzentrumservice
Prenner Helmuth, Techn. Oberkommissär 91751

Technischer Störungsdienst
Altenberger, Ing. Christian, Techn. Kommissär 91721

Gruppe Auftragsabwicklung
Ters Johann, Oberamtsrat 91811

Netzwerkmanagement
Dirmüller, Ing. Josef, Techn. Amtsrat 91812

Technik
Buchebner, Ing. Johann, Techn. Amtsrat 91831

Server Betrieb
Waidhofer Martin, Verwaltungsoberkommissär 91861

Server Applikationen
Schaffer Michael 91881

Gruppe Wirtschaftsangelegenheiten
Inhauser Norbert 91901

Einkauf
Luh Heiner, Amtsrat 91902

Betriebsangelegenheiten
Speck Heinz-Gerhard 91921

Logistik
Werderits Maria 91371

Dezernat Entwicklung
Gillich, Dipl.-Ing. Erwin, Senatsrat 91101

Offene Systeme
Gebauer, Ing. Christian 91171

Client Server
Steiner, Ing. Wolfgang, Techn. Oberkommissär 98601

Offene Systeme
Gebauer, Ing. Christian 91171

Client Server
Steiner, Ing. Wolfgang, Techn. Oberkommissär 98601

Gruppe Entwicklung Magistrat
Pospisil Ernst, Oberamtsrat 91031

Entwicklung IBM I
Schober Johann 91032

Entwicklung IBM II
Prause Renate 91051

Entwicklung VAX
Brinek Robert, Verwaltungsoberkommissär 91071

Entwicklung, Office Anwendungen
Chaloupek Franz 91951

Gruppe Entwicklung Grundlagen
Pellmann Paul M. 91111

Grundlagen IBM
Tyra Erwin 91112

Informations- und Kommunikationsdienste
Habernig, Dipl.-Ing. Christian (interim.) 91161

Grundlagen Arbeitsplatzsysteme
Habernig, Dipl.-Ing. Christian 91161

Grundlagen Netzwerkdienste
Pfläging Peter 98631

Grundlagen Datenbanken
Osterauer, Dipl.-Ing. Claudia,
Magistratsoberkommissärin 91441

EDV-Anwenderbetreuung Magistrat, Servicestelle 9815

MAGISTRATSABTEILUNG 15
Gesundheitswesen

(Geschäftsgruppe Gesundheits- und Spitalswesen)

1, Schottenring 24, 2. Stock, Tür 212, Tel. 531 14 . . .
Telefax: 531 14–99–87510, IBS-User: M15K
Internet e-mail: post@m15.magwien.gv.at

Angelegenheiten des Gesundheitswesens einschließlich der Gesundheitsplanung, soweit nicht die Magistratsabteilungen 47, 70 oder der Wiener Krankenanstaltenverbund zuständig sind.

Aufgaben der Landessanitätsdirektorin (des Landessanitätsdirektors) einschließlich der Direktion der Bundeshebammenlehranstalt für Wien, Niederösterreich und Burgenland.

Führung der Bürogeschäfte des Landessanitätsrates für Wien.

Maßnahmen zur Sicherung der ärztlichen und pflegerischen Versorgung der Bevölkerung sowie der Versorgung mit medizinisch-technischen Diensten und Hebammen; Mitwirkung bei der Feststellung geeigneter Ärzteausbildungsstellen; medizinische Aufsicht über die mobilen Krankenschwestern.

Verhütung, Früherfassung und Bekämpfung von Krankheiten des Menschen, insbesondere der übertragbaren Krankheiten; Gesundheitsvorsorge, Gesundheitserziehung, Impfwesen, Desinfektionswesen; Bestellung der Impfärzte zur Durchführung öffentlicher Schutzimpfungen.

Handhabung des Wiener Krankenanstaltengesetzes, soweit nicht eine andere Dienststelle zuständig ist; Entscheidung über Berufungen gegen Bescheide der Bezirksverwaltungsbehörde über Einwendungen gegen Zahlungsaufforderungen zur Einbringung der Pflegegebühren.

Allgemeine und individuelle Rechtsangelegenheiten einschließlich der Berufungen betreffend die Sanitätspersonen (Ärzte, Apotheker, Dentisten, Hebammen, Personen der gehobenen medizinisch-technischen Dienste, des medizinisch-technischen Fachdienstes, des Krankenpflegefachdienstes und der Sanitätshilfsdienste).

Stellungnahme zu Anträgen auf Verleihung von Auszeichnungen und medizinischen Berufstiteln.

Evidenthaltung und Überwachung der Berufsausübung der Sanitätspersonen (Ärzte, Apotheker, Dentisten, Hebammen, Personen der gehobenen medizinisch-technischen Dienste, des medizinisch-technischen Fachdienstes, des Krankenpflegefachdienstes und der Sanitätshilfsdienste) und grundsätzliche Angelegenheiten ihrer Ausbildung und Fortbildung aufgrund der einschlägigen gesetzlichen Bestimmungen.

Wahrnehmung der Aufgaben des Landeshauptmannes nach dem MTD-Gesetz, dem Krankenpflegegesetz und dem Nachtschwerarbeitsgesetz hinsichtlich des Krankenpflegefachpersonals.

Angelegenheiten der Bau-, Arbeits-, Ernährungs-, Wasser-, Verkehrs-, Wohn-, Sport-, Umwelt- und Sozialhygiene.

Beistellung von Sachverständigen sowie Mitwirkung bei der Stadtplanung in Gesundheitsfragen.

Allgemeine Angelegenheiten der Medizinalstatistik und Führung eigener medizinischer Statistiken; Erstellung von periodischen Sanitätsberichten.

Angelegenheiten der Amtsärzteaus- und -weiterbildung; Abhaltung von Physikatsprüfungen.

Führen des Instituts für Umweltmedizin der Stadt Wien, Begutachtung und Überwachung der Wasserversorgung, der Gewässer, der öffentlichen Bäder und der Abwässer in hygienischer Hinsicht, Erstattung von Gutachten nach dem Bäderhygienegesetz.

Wahrnehmung der Aufgaben der Bezirksverwaltungsbehörde und des Landeshauptmannes nach den §§ 9a und 10a Bäderhygienegesetz.

Führen der Gesundenuntersuchungsstellen einschließlich der Raucher- und Ernährungsberatungsstellen, der Schwangerenberatungsstellen, der Gesundheitsfürsorgestellen, der medizinisch-meteorologischen Beratungsstelle für Wetterfühlige (Polleninformation), des Ambulatoriums für sexuell übertragbare Krankheiten, der Stützpunkte für mobile Hebammen und der entwicklungsdiagnostischen Ambulanzen; ärztlicher Dienst in den Elternberatungsstellen, Ehe- und Familienberatungsstellen sowie in den Familienplanungsstellen der Stadt Wien.

Ärztliche Säuglings-, Kinder- und Jugendfürsorge; ärztliche Betreuung in den städtischen Kindertagesheimen und Horten.

Angelegenheiten der Schulhygiene; schulärztlicher Dienst in den städtischen Pflicht- und Berufsschulen, Führen der augen- und ohrenärztlichen Untersuchungsstelle für Schulkinder.

Ärztliche Betreuung der Körperbehindertenschulen, Durchführung von Sonderturnkursen für haltungsgefährdete Kinder, Früherfassung körperbehinderter Kinder und Jugendlicher; Führen der Untersuchungsstelle für Körperbehinderte.

Führen der Jugendzahnkliniken; zahnärztliche Reihenuntersuchungen einschließlich der Gesundheitserziehung in den öffentlichen Pflichtschulen.

Medizinische Beratung für Tropenreisende; Untersuchung auf Tropentauglichkeit, Führen der Impfstelle für Auslandsreisende.

Allgemeine Belange der Psychiatrie und Neurologie; Untersuchung und Erstellung

von amtsärztlichen Gutachten auf dem Gebiet der Psychiatrie und Neurologie.
Maßnahmen der Drogenprävention; medizinische Maßnahmen gegen Suchtgiftmißbrauch; Erstellung von amtsärztlichen Gutachten nach dem Suchtgiftgesetz.
Führen der Geschäftsstellen Wien – Gesunde Stadt und des Drogenbeirates.
Wahrnehmung der budgetären Angelegenheiten des Kuratoriums für Psychosoziale Dienste (PSD).
Sanitäre Überwachung der Krankenanstalten, der Heilquellen und Kuranstalten, der Campingplätze und der Herbergen für Obdachlose; ärztliche Mitwirkung bei der Überwachung der Pflegeheime, Pensionistenheime und Behinderteneinrichtungen.
Vollziehung in erster Instanz: des Tuberkulosegesetzes, soweit nicht die Magistratsabteilung 12 zuständig ist, des Gesetzes zur Bekämpfung der Geschlechtskrankheiten, der Prostitutionsverordnung und des AIDS-Gesetzes 1993.
Rekurserhebung gegen Beschlüsse des Bezirksgerichts im Anhalteverfahren nach dem Tuberkulosegesetz einschließlich der Beschlagnahme von Gegenständen.
Entscheidung über Ansprüche im Zusammenhang mit dem Epidemiegesetz.
Überwachung des Apothekenbetriebs und des Heilmittelverkehrs; Überwachung des Gift- und Suchtgiftverkehrs, soweit nicht die magistratischen Bezirksämter zuständig sind; Außerverkehrsetzung von Arzneimitteln durch individuelle Verwaltungsakte.
Angelegenheiten des Blutspendewesens; Handhabung des Plasmapheresegesetzes.
Aufsicht über den öffentlichen und privaten Rettungs- und Krankenbeförderungsdienst in sanitärer und technischer Hinsicht, ausgenommen die Gebührenangelegenheiten des öffentlichen Rettungs- und Krankenbeförderungsdienstes; Erteilung der Bewilligungen für den privaten Rettungs- und Krankenbeförderungsdienst.
Rechtsangelegenheiten des Heilvorkommen- und Kurortewesens.
Handhabung des Strahlenschutzgesetzes hinsichtlich der medizinischen Heilbehandlung.
Mitwirkung bei Angelegenheiten des Strahlenschutzes, des Zivilschutzes und des Katastrophenschutzes.
Rechtliche Angelegenheiten des Arbeitnehmerschutzes in Krankenanstalten und anderen Sanitätseinrichtungen.
Vollziehung von Vorschriften, die zum Schutz der Arbeitnehmer erlassen wurden, im Zusammenhang mit der Handhabung des Strahlenschutzgesetzes hinsichtlich der medizinischen Heilbehandlung, ausgenommen Strafverfahren.
Wahrnehmung der Aufgaben des Landeshauptmannes nach dem Fortpflanzungsmedizingesetz.
Bearbeitung von Berufungen gegen sanitätsrechtliche Bescheide.
Vorbereitung der Wahlen in die Ärztekammer für Wien, die Österreichische Dentistenkammer und die Österreichische Apothekerkammer (Pharmazeutische Gehaltskasse).
Angelegenheiten der Standesvertretungen der Ärzte (Ärztekammer für Wien), insbesondere Ausübung der staatlichen Aufsicht, Genehmigung ihrer Satzung, Geschäftsordnung, Dienst-, Bezugs- und Pensionsordnung sowie der Umlagen- und Beitragsordnung mit Ausnahme des Jahresvoranschlages und des Rechnungsabschlusses.
Führen der amtsärztlichen Untersuchungsstelle; ärztliche Untersuchungen nach dem Ausländerbeschäftigungsgesetz.
Führen der physikalisch-technischen Prüfanstalt für Radiologie und Elektromedizin der Stadt Wien.
Führen der Desinfektionsanstalt der Stadt Wien.
Grundverwaltung und Erhaltung der Desinfektionsanstalt und des Instituts für Umweltmedizin der Stadt Wien.
Verwaltung der Stiftung zur Förderung der Tuberkulosebekämpfung.
Angelegenheiten des Leichen- und Bestattungswesens, einschließlich der Totenbeschau in Wien.
Gewährung von Beiträgen zu den Kosten der über sanitätsbehördliche Anordnung im Gerichtsmedizinischen Institut durchgeführten Obduktionen.
Entgegennahme von Anzeigen nach der Magistratskundmachung betreffend die Beisetzung in Leichenkammern und die Aufbahrung von Leichen im Stadtgebiet von Wien.
Angelegenheiten der Rattenbekämpfung, soweit nicht die magistratischen Bezirksämter zuständig sind; sanitäre Überwachung der Ungezieferbekämpfung.
Allgemeine Angelegenheiten der Sozialversicherung.
Entscheidung über Anträge und über Rechtsmittel in Angelegenheiten der Allgemeinen Sozialversicherung und sämtlicher Sonderversicherungen sowie der Arbeitslosenversicherung.
Entscheidung über Einsprüche nach dem Entgeltfortzahlungsgesetz.
Entscheidung über Rechtsmittel gegen die Vorschreibung von Ausgleichstaxen und die Feststellung der Zugehörigkeit zum geschützten Personenkreis nach dem Behinderteneinstellungsgesetz.
Entscheidung über Rechtsmittel betreffend die Pflicht zur Entrichtung des Wohnbauförderungsbeitrages.
Wahrnehmung der dem Landeshauptmann zukommenden Aufsicht über Krankenkassen, ausgenommen in den Fällen, in denen bestellte Aufsichtskommissäre aufgrund des ASVG zuständig sind; Vorbereitung der Bestellung von Aufsichtskommissären.
Vorbereitung der Bestellung der fachkundigen Laienrichter nach dem Arbeits- und Sozialgerichtsgesetz.
Mitwirkung bei der Bestellung der in die Verwaltungskörper der Sozialversicherungsträger zu entsendenden Versicherungsvertreter.
Angelegenheiten des Arbeitsrechtes, soweit hiefür nicht eine andere Dienststelle zuständig ist.
Führung der Bürogeschäfte der Obereinigungskommission nach der Wiener Landarbeitsordnung.
Dienstaufsicht über das zugeteilte Personal, soweit es nicht der Dienstaufsicht des Magistratsdirektors untersteht.

Graf, Dr. Karl, Obersenatsrat 87511
Kremeier, Dr. Elisabeth, Oberstadtphysika, Landessanitätsdirektorin 87512
Serban, Dr. Hans, Senatsrat 87411
Bolzer, Dipl.-Ing. Dr. Wolfgang, Senatsrat . . . . 404 13 . . ., 87831
Bruns, Dr. Christine, Stadtphysika 87501
Groyer, Dr. Eva, Senatsrätin 87420
Banekovich, Dr. Michael, Oberphysikatsrat 87571
Baumruck, Dipl.-Ing. Helwig, Obermagistratsrat . . . . 610 . . ., 404 00 . . ., 6003
Groß, Dr. Franz, Obermagistratsrat . . . . . 404 13 . . ., 87845
Hoheiser, Dr. Hans, Obermagistratsrat . . . 404 13 . . ., 87852
Jorthan, Dr. Silvia, Oberphysikatsrätin 87662
Lucius, Dr. Christa, Oberphysikatsrätin 87631
Pilz, Dr. Ingrid, Oberphysikatsrätin 87641
Seyer, Dr. Christa, Oberphysikatsrätin 87561
Trojan, Dr. Monika, Obermagistratsrätin 87431
Wolfert, Dr. Manfred, Oberpysikatsrat 87551
Bernhofer, Dr. Regina, Magistratsrätin 369 56 50
Cravos, Dr. Peter, Magistratsrat 87423
Getreuer, Dr. Herbert, Magistratsrat . . . . . 404 13 . . ., 87841
Gurmann, Dr. Gabriele, Physikatsrätin 87582
Köpf, Dr. Bettina, Physikatsrätin 87572
Krafack, Dr. Andreas, Magistratsrat 87614
Labmayr, Dr. Karin, Physikatsrätin 87585
Lässig, Dr. Margarete, Physikatsrätin 87642
Malinowski, Dr. Waldemar, Physikatsrat 87620
Moshammer, Dr. Hanns, Physikatsrat . . . . 404 13 . . ., 87806
Nagy, Dr. Ingrid, Physikatsrätin 87586
Ossenig, Dr. Michaela, Magistratsrätin 87412
Oth, Dr. Iris, Physikatsrätin 87573
Pfudl, Dr. Susanne, Physikatsrätin 87527
Rechtberger, Mag. Wilfried, Magistratsrat . . . . 610 . . ., 404 00 . . ., 6004
Renner, Dr. Wolfgang, Magistratsrat 87422
Schabl, Dr. Gabriele, Physikatsrätin 87541
Schmidgruber, Dr. Beatrix, Physikatsrätin 87656
Schranz, Dr. Siegfried, Physikatsrat 87681
Stirling, Dr. Jana, Physikatsrätin 87502
Stradal, Dr. Karl Heinz, Physikatsrat . . . . 404 13 . . ., 87812
Svitil, Dr. Thomas, Physikatsrat 87291
Tschögele, Mag. Dorit, Magistratsrätin 87430
Willner, Dr. Martin, Physikatsrat 87612
Arlt, Dr. Doris, vtm. Physikatsärztin 333 16 77
Bachinger, Dr. Mag. Eleonore 85864
Barilich, Mag. Eva 87271
Buchstaller, Dr. Gisela, vtm. Physikatsärztin 87621
Csitkovics, Mag. Monika 85862
Hoffmann, Dr. Herbert, vtm. Physikatsarzt 87557
Iwanschitz, Dr. Dagmar, vtm. Physikatsärztin 87584
Jakoncic, Dr. Ingrid, tlb. Psychologin 87638
Jäger, Dr. Siegfried, vtm. tlb. Biologe 87639
Kinschner, Dr. Werner, vtm. Physikatsarzt 87552
Kirchner, Dr. Gerhard, vtm. Chemiker . . . 404 13 . . ., 87844
Landesmann, Dr. Uriel, vtm. Physikatsarzt 87549
Löw, Dr. Brigitte, vtm. tlb. Psychologin . . 605 34 . . ., 10861
Lüftenegger, Dr. Peter 87868
Machalek, Dr. Alois, vtm. Meteorologe 87635
Mayerhofer, Dr. Silvia, Primaria, vtm. Physikatsärztin 87781
Moritz, Mag. Brigitte 87424
Müller, Dr. Christian, vtm. Physikatsarzt 85861
Niederdorfer, Dr. Eva, vtm. Physikatsärztin 87567

Riha, Dr. Oswald, Primarius,
vtm. tlb. Facharzt . . . . 319 53 34 . . ., 26
Schermann, Mag. Ida, vtm. tlb. Psychologin 369 55 50
Schmidl, Dipl.-Ing. Dr. Hannes 87741
Szehi, Dipl.-Ing. Erich,
vtm. Physiker . . . . 610 . . ., 404 00 . . ., 6001
Temml, Dr. Christian, vtm. tlb. Facharzt 87601
Vinzelj-Horvath, Dr. Eva-Maria,
vtm. Physikatsärztin 87785
Wagner, Dr. Ursula, vtm. Ärztin . . 610 . . ., 404 00 . . ., 3275
Wallner, Dr. Gerhard, vtm. tlb. Facharzt 87651
Wallnöfer, Dr. Peter, vtm. tlb. Psychiater 87675
Walter, Univ.-Prof. Dr. Renate,
vtm. Physikatsärztin . . . . 404 13 . . ., 87801
Weber-Mzell, Mag. Martin . . . . 711 16 . . ., 87438
Weidinger-Wascher, Dr. Hermine,
vtm. tlb. Psychologin 87638
Janisiw Antonia, Oberamtsrätin 87531
Moser, Regierungsrätin Hermine, Oberamtsrätin 87652
Wesely Gottfried, Oberamtsrat 87521
Frasl, Ing. Walter, Techn. Amtsrat . 610 . . ., 404 00 . . ., 6014
Ullmann Hans, Amtsrat . . . . 319 53 34 . . ., 34
Silvand Hermine, Sozialarbeiterin . 613 . . ., 801 10 . . ., 2500
Bublik Brunhilde, vtm. Sozial-
arbeiterin . . . . 619 . . ., 94 90 60 . . ., 40285
Franke Silvia, vtm. Sozialarbeiterin 85811
Montag Sibylle, vtm. Sozialarbeiterin 87699
Schmidhofer Hermine, vtm. tlb. Sozialarbeiterin 87273
Christian Irmgard, Kanzleikommissärin,
Kanzleileiterin 87519
Kanzlei 87517, 87518
Einlaufstelle 87528, 87529

Personalreferat:
Wesely Gottfried, Oberamtsrat 87521, 87523,
87524, 87525, 87526

Wirtschaftsreferat, Hauptlager:
Janisiw Antonia, Oberamtsrätin 87531, 87533,
87534, 87535, 87536, 87537,
87538, 87593, 87594,
87595, 87596, 87597
Telefax: 531 14–99–Nebenstelle

Dezernat I: Gesundheitsamt

Kremeier, Dr. Elisabeth, Oberstadtphysika,
Landessanitätsdirektorin 87512
Telefax: 531 14–99–87512, 87513, 87516

Referat 1: Allgemeine Sanitätsangelegenheiten,
Amtsärzteausbildung, Grippeinformationsdienst
Schabl, Dr. Gabriele, Physikatsrätin 87541, 87542,
87543, 87544

Referat 2: Infektionskrankheiten, Seuchenbekämpfung
Bruns, Dr. Christine, Stadtphysika 87501, 87502,
87503

Referat 3: Tuberkulosebekämpfung, lungenfachärztliche
Begutachtung, Gastarbeiteruntersuchungen,
Gesundheitsfürsorgestellen
1, Neutorgasse 18, 2. Stock, Tür 249
Telefax: 531 14–99–87652
Wallner, Dr. Gerhard,
vtm. tlb. Facharzt für Lungenkrankheiten . 87651, 87652,
87653, 87656, 87658, 87659
Röntgen, 1, Zelinkagasse 9, Parterre . 87666, 87671, 87672,
87673, 87676, 87677, 87678
Zentralröntgen, 1. Neutorgasse 18, E 60 87662,
87663, 87664, 87667, 87668

Calmette-Impfstelle, 1, Zelinkagasse 9,
Parterre 87654, 87655

Referat 4: Ambulatorium zur Diagnose und Behandlung sexuell übertragbarer Krankheiten,
1, Neutorgasse 20, Parterre
Telefax: 531 14–99–87789
Mayerhofer, Dr. Silvia, Primaria,
vtm. Physikatsärztin 87781, 87782, 87784, 87785, 87786, 87787, 87788, 87789, 87792, 87793, 87794

Referat 5: Medizinische Koordination
Pfudl, Dr. Susanne, Physikatsrätin 87527

Referat 6: Krankenanstalten, Leichen- und Bestattungswesen, Katastrophenschutz, Strahlenschutz (med. Belange)
1, Gonzagagasse 11, 5. Stock
Telefax: 330 53 14–99–87574
Wolfert, Dr. Manfred,
Oberphysikatsrat 87551, 87552, 87553, 87554, 87555, 87556

Referat 7: Apotheken- und Arzneimittelwesen, Sanitätspersonen
Seyer, Dr. Christa, Oberphysikatsrätin 87561, 87562, 87563, 87564, 87565, 87566, 87567

Referat 8: Gesundheits- und Krankenpflege, med.-techn. Dienste, Sanitätshilfsdienste und Hebammen
2, Obere Augartenstraße 26–28, 2. Stock
Telefax: 330 53 14–99–87574
Banekovich, Dr. Michael, Oberphysikatsrat . . 87571, 87572, 87573, 87574, 87575, 87576, 87577, 87578

Dezernat II: Rechtsangelegenheiten
3, Am Modenapark 1–2, 2. Stock, ... 711 16 . . .
Telefax: 711 16–99–87410
Serban, Dr. Hans, Senatsrat 87411

Referat 1: Sanitätsrecht
Ossenig, Dr. Michaela, Magistratsrätin 87412
Allgemeine Angelegenheiten des Sanitätsrechtes 87411, 87412, 87432
Krankenanstalten, Arbeitnehmerschutz, Strahlenschutz, Apothekenbetriebsanlagen 87420, 87421, 87422, 87423, 87424, 87432, 87438
Pflegegebühren 87423, 87433
Apothekerinnen/Apotheker, Dentistinnen/Dentisten, Hebammen, Krankenpflegepersonen 87426
Nostrifikationen, Strahlenschutz 87425, 87433, 87440
Berufungen 87412, 87423
Verdienstentgang 87426
Privatbegräbnisstätten, Beisetzung von Leichen, Haus- und Kirchenaufbahrungen 87423
Rattenbekämpfung 87421

Referat 2: Sozialversicherung
Trojan, Dr. Monika, Obermagistratsrätin 87431
Allgemeine Angelegenheiten des Sozialversicherungs- und Arbeitsrechtes 87431
Versicherungspflicht 87430, 87431
Haftungen 87430, 87431
Sicherstellungen 87417, 87434
Beitragszuschläge 87417, 87434
Begünstigungen 87434
Sonderversicherungen 87417
Behinderteneinstellungsgesetz 87417, 87434

Dezernat III: Gesundheitsplanung
1, Schottenring 24, 3. Stock, Tür 314 A
Telefax: 531 14–7921
Schmidl, Dipl.-Ing. Dr. Hannes 87741
Sachbearbeiterinnen/Sachbearbeiter,
Sekretariat 87742, 87745, 85865

Referat 1: Gesundheitsberichterstattung
1, Zelinkagasse 1, Parterre
Bachinger, Dr. Mag. Eleonore 85864
Csitkovics, Mag. Monika 85862

Referat 2: Strukturentwicklung und Public Health
1, Zelinkagasse 1, Parterre
Müller, Dr. Christian, vtm. Physikatsarzt 85861
1, Neutorgasse 15, Tür 108
Winkler, Mag. Thomas 87795

Referat 3: Gesundheitsförderung
WHO-Projekt „Wien – Gesunde Stadt“
1, Neutorgasse 15, Tür 109
Hübel, Mag. Ursula 87866
Svoboda, Mag. Tina 85863
Lüftenegger, Dr. Peter 87868

Dezernat IV: Gesundheitsdienste
Svitil, Dr. Thomas, Physikatsrat 87291, 87295
Telefax: 531 14–99–87291

Referat 1: Gesundheitsvorsorge, Gesundenuntersuchungsstellen
1, Neutorgasse 15, Parterre, links
Temml, Dr. Christian,
vtm. tlb. Facharzt 87601, 87602, 87603, 87604

Referat 2: Gesundheitsvorsorge für Mutter und Kind; Sozialpädiatrie und Pflegegelduntersuchungen für Kinder
Pilz, Dr. Ingrid, Oberphysikatsrätin 87641, 87642, 87643, 87644

Referat 3: Zahngesundheit, Jugendzahnkliniken der Stadt Wien
9, Salzergasse 28 . . . . . . 319 53 34 . . .
Telefax: 310 25 91
Riha, Dr. Oswald, Primarius, vtm. tlb. Facharzt . . 26, 32, 34

Referat 4: Schulärztlicher Dienst
Lucius, Dr. Christa, Oberphysikatsrätin 87631, 87632, 87633

Referat 5: Institut für Umweltmedizin der Stadt Wien, allgemeine Hygiene, Umweltmedizin
8, Feldgasse 9 . . . . . . 404 13 . . .
Telefax: 404 13–99–87800, 7015
Walter, Univ.-Prof. Dr. Renate, Fachärztin für Hygiene und Mikrobiologie 87801
Umweltmedizinische Beratungsstelle 87800

Referat 6: Impfstelle, Beratungsstelle für Auslandsreisende
Buchstaller, Dr. Gisela,
vtm. Physikatsärztin 87622, 87621, 87620, 87623

Referat 7: Öffentlichkeitsarbeit, Gesundheitsberatung
1, Neutorgasse 15, Parterre, rechts
Telefax: 531 14–99–87637
Machalek, Dr. Alois,
vtm. Meteorologe 87635, 87622, 87636, 87637, 87638, 87639

Dezernat V: Suchtprävention und Medizinische Drogenangelegenheiten
Barilich, Mag. Eva 87271, 87275
Telefax: 531 14–99–7972

Referat 1: Informationsstelle für Suchtprävention
9, Alser Straße 20, Mezzanin, Tür 6
Telefax: 531 14–99–7977
Franke Silvia, vtm. Sozialarbeiterin .. 85811, 85812, 85813
Auskünfte 85810

Referat 2: Behördliche und Medizinische Drogenangelegenheiten
Willner, Dr. Martin, Physikatsrat 87612, 87619, 87624, 87626, 87627
Telefax: 531 14–99–87612

Referat 3: Spitalsverbindungsdienst „Contact" und andere Angebote
5, Margaretengürtel 96
Telefax: 531 14–99–87279
Schmidhofer Hermine,
vtm. tlb. Sozialarbeiterin 87273, 87272, 87274, 87276, 87277, 87278

Dezernat VI: Begutachtungen
1, Schottenring 24, 2. Stock
Telefax : 531 14–99–87588

Schranz, Dr. Siegfried, Physikatsrat 87681

Referat 1: Amtsärztliche Untersuchungsstelle
Schranz, Dr. Siegfried, Physikatsrat 87580, 87581, 87582, 87583, 87584, 87585, 87586, 87587, 87588, 87589, 87591, 87592, 87598, 87599, 87634

Referat 2: Psychiatrische, neurologische und psychologische Begutachtungen, Personalmanagement, Fortbildung
Telefax: 531 14–99–87614
Krafek, Dr. Andreas, Magistratsrat ... 87614, 87615, 87618, 87611, 87625

Referat 3: Körperbehindertenbetreuung, orthopädische Angelegenheiten
1, Zelinkagasse 5, Parterre
Schranz, Dr. Siegfried, Physikatsrat 87681, 87680, 87682, 87684, 87686, 87687, 87688, 87691, 87693, 87695, 87699

Referat 4: Begutachtung zum Bezug von Pflegegeld, EDV-Planung und -Koordination
Landesmann, Dr. Uriel, vtm. Physikatsarzt 87548, 87546, 87547, 87549
EDV-Betriebsführung 87545

Referat 5: Physikalisch-technische Prüfanstalt für Radiologie und Elektromedizin
9, Währinger Gürtel 18–20 .... 610 . . ., 404 00 . . .
Telefax: 404 00–6030
Szehi, Dipl.-Ing. Erich, vtm. Physiker ... 6001, 6000, 6002, 6003, 6004, 6005, 6006, 6007, 6008, 6009, 6011, 6012, 6013, 6014, 6017, 6018, 6021, 6022

Zentraler Totenbeschaudienst:

3, Hüttenbrennergasse 6 .... 797 75 . . ., 87890

Desinfektionsanstalt; Journaldienst der MA 15:

3, Hüttenbrennergasse 6 .... 797 75 . . ., 87880
Telefax: 797 75–99–87880

Gesundenuntersuchungsstellen:

(Informationen über die Gesundenuntersuchung,
1, Neutorgasse 15, Parterre, links .... 531 14 . . ., 87602, 87603)
3, Hainburger Straße 57– 63 .... 712 24 57
9, Mariannengasse 10 (Allgemeine Poliklinik) .... 531 14 . . ., 87604
10, Per-Albin-Hansson-Siedlung Ost, Ada-Christen-Gasse 2/C 688 21 60
13, Hietzinger Kai 1–3 .... 878 34 . . ., 13287
15, Sorbaitgasse 3 .... 982 44 39
20, Romanogasse 27 .... 333 16 77
21, Großfeldsiedlung, Pastorstraße 22/1 .... 259 62 12

Gesundheitstelefon:

1, Neutorgasse 15, Parterre, rechts 533 28 28

Gesundheitsberatung:

(Pollen-, Ernährungs-, Raucherberatung, Umweltmedizinische Information, Wetterfühligkeits-, Bioklimaberatung)
1, Neutorgasse 15, Parterre links ...... 531 14 . . ., 87639
Montag bis Donnerstag von 7 bis 18 Uhr,
Freitag von 7 bis 15 Uhr

Gesundheitsvorsorgezentrum:

20, Romanogasse 27 .... 333 16 77
Telefax: 330 16 78–850

Jugendzahnkliniken:

9, Salzergasse 28 (Leitung) .... 319 53 34 . . . 0
Telefax: 310 25 91–30
Riha, Dr. Oswald,
Primarius, vtm. tlb. Facharzt 26, 32, 34
Konservierende Abteilung, Ambulanz 41
Montag von 7.30 bis 12 Uhr und von 13 bis 15.30 Uhr,
Dienstag von 7.30 bis 12 Uhr und von 13 bis 16.45 Uhr,
Mittwoch von 7.30 bis 12 Uhr und von 13 bis 17.30 Uhr,
Donnerstag von 7.30 bis 12 Uhr und von 13 bis 17 Uhr,
Freitag von 7.30 bis 12 Uhr und von 13 bis 15.30 Uhr

Notdienst an Samstagen während der Schulzeit von 8 bis 11.30 Uhr

Narkosestation 35
Montag von 7.30 bis 14 Uhr, Dienstag bis Freitag von 7.30 bis 12 Uhr
Narkosetermine nur nach Vereinbarung

Kieferorthopädische Abteilung 37
Montag von 7.30 bis 12 Uhr und von 13 bis 17 Uhr,
Dienstag von 7.30 bis 12 Uhr und von 13 bis 15.30 Uhr,
Mittwoch von 7.30 bis 12 Uhr und von 13 bis 16.30 Uhr,
Donnerstag von 7.30 bis 12 Uhr und von 13 bis 16 Uhr,
Freitag von 7.30 bis 11.30 Uhr
10, Erlachgasse 100 .... 606 06 05, 605 34 . . ., 10298
Montag von 13 bis 16 Uhr, Dienstag und Mittwoch von 8 bis 12 Uhr und von 13 bis 16 Uhr,
Donnerstag von 8 bis 12 Uhr und von 13 bis 16.30 Uhr, Freitag von 13 bis 15 Uhr
21, Franz-Jonas-Platz 8 .... 277 34 . . ., 21298
Montag von 13 bis 15 Uhr,
Mittwoch von 12 bis 16 Uhr,
Donnerstag von 13 bis 16 Uhr

Expositur en:
18, Währinger Straße 173–181 ...... 479 12 84, 479 11 76
Mittwoch von 9 bis 12 Uhr
(Die angeführten Ordinationszeiten gelten an Schultagen. Änderungen der Zeiten werden durch Anschlag am Eingangstor zur jeweiligen Jugendzahnklinik bekanntgegeben.)

Schwangerenberatungsstellen:

10, Kundratstraße 3
(Kaiser-Franz-Josef-Spital) . . . . . . 612 . . ., 601 91 . . . 0
Montag von 13.30 bis 15.30 Uhr,
Mittwoch von 13 bis 15 Uhr
13, Wolkersbergenstraße 1 (Krankenhaus
Lainz) . . . . 613 . . ., 801 10 . . ., 2299
Dienstag und Donnerstag von 13 bis 15 Uhr
16, Montleartstraße 37
(Wilhelminenspital) . . . . 615 . . ., 491 50 . . ., 2207
Montag und Donnerstag von 13 bis 16 Uhr
21, Freytaggasse 32
(Schwangerenturnen Montag und Donnerstag
von 16 bis 18 Uhr)

Familienhebammen:

11, Lorystraße 40–42 . . . . 749 68 50
15, Geyschlägergasse 2-12 . . . . 982 25 00
20, Dresdner Straße 73 . . . . 331 40 . . ., 89699
22, Stadlau, Langobardenstraße 128/12 . . . . 285 45 37

Entwicklungsdiagnostiken:

10, Gellertgasse 42–48 . . . . 605 34 . . ., 10860
(Telefonische Anmeldung)
18, Währinger Gürtel 141 . . . . 369 55 50, 369 56 50
(Telefonische Anmeldung Montag bis Donnerstag
von 8 bis 16 Uhr, Freitag von 8 bis 12 Uhr)

Seh- und Hörtestungen:

1, Zelinkagasse 5, 2. Stock . . . . 531 14 . . ., 87644
Montag von 8 bis 11 Uhr
Sehprüfungen für Kinder ab dem vollendeten
dritten Lebensjahr
Hörtestungen für Kinder ab fünf Jahren

Gesundheitsfürsorgestellen: (mit Raucherinformation)

1., 7., 8., 9., 17., 18. Bezirk:
9, Lazarettgasse 13b 406 33 49, 406 35 76
Telefax: 406 33 49
Öffnungs-, Untersuchungszeiten und Sprechstunden:
Montag, Dienstag von 8 bis 11 Uhr und von 13 bis 16 Uhr,
Mittwoch von 8 bis 11 Uhr, Donnerstag von 8 bis 11 Uhr
und von 13 bis 18 Uhr
2., 19., 20. Bezirk:
20, Pappenheimgasse 48–52 . . . . . . 332 33 26, 332 71 68
Telefax: 332 33 26
Öffnungs-, Untersuchungszeiten und Sprechstunden:
Montag von 8 bis 11 Uhr und von 13 bis 16 Uhr,
Dienstag von 8 bis 11 Uhr, Mittwoch von 8 bis 11 Uhr und
von 13 bis 16 Uhr, Donnerstag von 8 bis 11 Uhr und von
13 bis 18 Uhr
3., 10., 11., 23. Bezirk:
11, Dittmanngasse 1a . . . . 749 17 85, 11 . . .,
740 34 . . ., 287, 288
Telefax: 749 17 85–17
Öffnungs-, Untersuchungszeiten und Sprechstunden:
Montag von 8 bis 11 Uhr,
Dienstag von 8 bis 11 Uhr und von 13 bis 16 Uhr,
Mittwoch von 8 bis 11 Uhr und von 13 bis 18 Uhr,
Donnerstag von 8 bis 11 Uhr und von 13 bis 16 Uhr
4., 5., 6., 12., 13. Bezirk:
5, Schönbrunner Straße 34 . . . . 545 27 63,
546 34 . . ., 05290–05296
Telefax: 546 34–99–05290
Öffnungs-, Untersuchungszeiten und Sprechstunden:
Montag von 8 bis 11 Uhr,
Dienstag, Donnerstag von 8 bis 11 Uhr und
von 13 bis 16 Uhr,
Mittwoch von 8 bis 11 Uhr und von 13 bis 18 Uhr
14., 15., 16. Bezirk:
16, Kreitnergasse 43 . . 492 42 02, 16 . . ., 491 96 . . ., 287
Telefax: 492 42 02
Öffnungs- Untersuchungszeiten und Sprechstunden:
Montag von 8 bis 11 Uhr,
Dienstag, Mittwoch von 8 bis 11 Uhr und
von 13 bis 16 Uhr,
Donnerstag von 8 bis 11 Uhr und von 13 bis 18 Uhr
21., 22. Bezirk:
21, Am Spitz 1 . . . . 277 34 . . ., 21270– 21275
Telefax: 277 34–99–21270
Öffnungs-, Untersuchungszeiten und Sprechstunden:
Montag, Dienstag von 8 bis 11 Uhr und von 13 bis 16 Uhr,
Mittwoch von 8 bis 11 Uhr,
Donnerstag von 8 bis 11 Uhr und von 13 bis 18 Uhr

Bezirksgesundheitsämter:

1., 8. Bezirk:
1, Wipplingerstraße 8 . . . . 534 36 . . .
Telefax: 534 36–99–01290
Brunner, Dr. Liselotte, Physikatsrätin 01281
2. Bezirk:
2, Karmelitergasse 9 . . . . 211 06 . . .
Telefax: 211 06–99–02290
Sperl, DDr. Barbara, vtm. Physikatsärztin 02281
3. Bezirk:
3, Karl-Borromäus-Platz 3 . . . . 711 34 . . .
Telefax: 711 34–99–03280
Blechinger, Dr. Franz, Oberphysikatsrat 03281
4., 5. Bezirk:
4, Favoritenstraße 18 . . . . 502 34 . . .
Telefax: 502 34–99–04290
Winkler, Dr. Erna, Oberphysikatsrätin 04281
6., 7. Bezirk:
6, Amerlingstraße 11 . . . . 588 21 . . .
Telefax: 588 21–99–06290
Haberler, Dr. Dieter, Physikatsrat 06281
9. Bezirk:
9, Währinger Straße 39 . . . . 400 34 . . .
Telefax: 400 34–99–09290
Prijatelj, Dr. Adele, Physikatsrätin 09281
10. Bezirk:
10, Laxenburger Straße 43–47 . . . . 605 34 . . .
Telefax: 605 34–99–10290
Marek, Dr. Maria-Christine, Oberphysikatsrätin . . 10281
11. Bezirk:
11, Enkplatz 2 . . . . 740 34 . . .
Telefax: 740 34–99–11290
Tamchina, Dr. Michael, Physikatsrat 11281
12. Bezirk:
12, Hufelandgasse 2 . . . . 811 34 . . .
Telefax: 811 34–99–12290
Haden, Dr. Harald, Physikatsrat 12281
13., 14. Bezirk:
13, Hietzinger Kai 1–3 . . . . 878 34 . . .
Telefax: 878 34–99–13290
Scheitz, Med.-Rat Dr. Werner, Stadtphysikus 13281
Palisek, Dr. Fred-Otto, Physikatsarzt 13281
15. Bezirk:
15, Gasgasse 8–10 . . . . 891 34 . . .
Telefax: 891 34–99–15280
Greutter, Dr. Bruno, Stadtphysikus 15281
16. Bezirk:
16, Richard-Wagner-Platz 19 . . . . 491 96 . . .
Telefax: 491 96–99–16290
Korab, Dr. Blandine, Oberphysikatsrätin 16281

17. Bezirk:
17, Elterleinplatz 14 .... 401 19...
Telefax: 401 19–99–17290
Schulheim, Dr. Margit, Physikatsrätin 17281

18. Bezirk:
18, Währinger Straße 124 .... 476 34...
Telefax: 476 34–99–18290
Zimmermann, Dr. Rudolf, Stadtphysikus 18281

19. Bezirk:
19, Gatterburggasse 14 .... 360 34...
Telefax: 360 34–99–19290
Költringer, Dr. Christian, vtm. Physikatsarzt 19281

20. Bezirk:
20, Brigittaplatz 10 .... 331 34...
Telefax: 331 34–99–20290
Kandelsdorfer, Dr. Renate, Physikatsrätin 20281

21. Bezirk:
21, Franz-Jonas-Platz 3/2/5 .... 277 34...
Telefax: 277 34–99–21290
Wilfert, Dr. Doris, Physikatsrätin 21281
Österreicher, Dr. Ingrid, vtm. Physikatsärztin 21282

22. Bezirk:
22, Kagran, Siebeckstraße 7, 2. Stock .... 211 23...
Telefax: 211 23–99–22290
Kotik, Dr. Jarmila, Oberphysikatsrätin 22281

23. Bezirk:
23, Liesing, Breitenfurter Straße 360–368 .... 863 34...
Telefax: 863 34–99–23290
Häusler, Dr. Edith, Physikatsrätin 23281

Landessanitätsrat für Wien:
3, Am Modenapark 1–2, 2. Stock, Tel. 711 16..., 87411
Telefax: 711 16–99–87410

Vorsitzende:
Kremeier, Dr. Elisabeth, Oberstadtphysika, Landessanitätsdirektorin

Ordentliche Mitglieder:
Koller, Dr. Kristian, Primarius, Chefarzt
Lechner, Univ.-Prof. Dr. Gerhard
Neumann, Dr. Michael, Primarius, Präsident
Rudas, Dr. Stephan, Chefarzt
Smolen, Univ.-Prof. Dr. Josef
Wagner, Univ.-Prof. Dr. Otto, Primarius
Wolff, Univ.-Prof. Dr. Klaus
Wolner, Univ.-Prof. Dr. Ernst

Außerordentliche Mitglieder:
Binder, Univ.-Prof. Dr. Susanne, Primaria
Burggasser, Mag.pharm. Heinrich, Präsident
Kaspar, Dr. Ludwig, Primarius, Generaldirektor-Stellvertreter
Mlczoch, Univ.-Prof. Dr. Johannes, Primarius
Paukner, Dr. Roland
Rosenberger-Spitzy, Dr. Angelika, Primaria
Schratter-Sehn, Univ.-Doz. Dr. Annemarie, Primaria
Schwarz, Univ.-Prof. Dr. Sylvia, Primaria
Sluga, Univ.-Prof. Dr. Elfriede, Primaria
Stackl, Univ.-Prof. Dr. Walter, Primarius
Tragl, Univ.-Prof. Dr. Karl, Primarius
Wicke, Univ.-Doz. Dr. Wolfram

MAGISTRATSABTEILUNG 16

Wiener Schlichtungsstelle in Wohnrechtsangelegenheiten

(Geschäftsgruppe Wohnen, Wohnbau und Stadterneuerung)

19, Muthgasse 62, Tel. 40 00...,
Telefax: 40 00–99–Nebenstelle, IBS-User: M16K,
Internet e-mail: post@m16.magwien.gv.at

Angelegenheiten des Wohnrechts.
Aufgaben der Gemeinde nach folgenden wohnrechtlichen Bestimmungen (Wiener Schlichtungsstelle):
Entscheidungen nach dem Mietrechtsgesetz, dem Wohnungsgemeinnützigkeitsgesetz, den Wohnungseigentumsgesetzen 1948 und 1975, dem Heizkostenabrechnungsgesetz sowie den Wohnbauförderungsgesetzen 1968 und 1984, dem Wohnhaussanierungsgesetz und dem Wiener Wohnbauförderungs- und Wohnhaussanierungsgesetz 1989.
Ausstellung von Bescheinigungen für Anträge auf Mietzinsbeihilfe.
Abgabe von Gutachten über die zulässige Höhe des Mietzinses bei Mietobjekten, die dem Mietrechtsgesetz nut hinsichtlich der Kündigungsbeschränkungen unterliegen.
Vorbereitung der Anerkennung institutioneller (mildtätiger) Wohnraumbeisteller (§ 29a Abs. 2 Mietrechtsgesetz).
Aufgaben des Landeshauptmannes nach dem Richtwertgesetz.
Vorbereitung der Erlassung der Verordnung des Landeshauptmannes betreffend die Festsetzung des Entgeltes, des Materialkostenersatzes und des Sperrgeldes für Hausbesorger.
Bearbeitung von Berufungen gegen Wohnbeihilfebescheide nach §§ 28 Abs. 3 und 55 Abs. 3 Wiener Wohnbauförderungs- und Wohnhaussanierungsgesetz 1989.
Führung der Geschäftsstelle der Wohnungskommissionen.

Heindl, Dr. Peter, Senatsrat 74511
Fiskas-Einspieler, Mag. Elfriede,
Magistratsoberkommissärin 74512
Gantsidis, Mag. Karina 74530
Cerny Franz, Oberamtsrat .... 546 34..., 05083
Forster Dieter, Oberamtsrat 74580
Anzböck Wolfgang, Amtsrat 74584
Eberl Ruth, Amtsrätin 74582
Krell Ernst, Amtsrat 74535
Max Karin, Verwaltungskommissärin 74536
Ehrenhöfler Sylvia, Kanzleioffizialin,
Kanzleileiterin 74519
Kanzlei 74510, 74517

Zentrale Schlichtungsstelle:
19, Muthgasse 62
Telefax: 40 00–99–74500
Gantsidis, Mag. Karina 74530

Krell Ernst, Amtsrat 74535
Max Karin, Verwaltungskommissärin 74536
Referentinnen/Referenten 74527, 74528, 74532, 74533, 74537, 74538, 74554, 74555, 74556, 74557
Protokoll der Schlichtungsstelle 74500, 74501

Außenstelle für den 1., 8. und 9. Bezirk:
1, Wipplingerstraße 8 .... 534 36...
Telefax: 534 36–99–01210
Url, Mag. Karin 01081
Ennsgraber, Mag. Gerda 01082
Kanzlei 01088, 01089

Außenstelle für den 2. und 22. Bezirk:
2, Karmelitergasse 9 .... 211 06...
Telefax: 211 06–99–02080
Forchtner, Mag. Gabriela 02081

Katzenberger, Mag. Eva 02082
Kanzlei 02088, 02089

Außenstelle für den 3. und 11. Bezirk:
3, Karl-Borromäus-Platz 3 . . . . . 711 34 . . .
Telefax: 711 34–99–03210
Rehak, Mag. Renate 03081
Ungerböck, Mag. Andrea 03082
Kanzlei 03088, 03089

Außenstelle für den 4. und 5. Bezirk:
5, Schönbrunner Straße 54 . . . . . 546 34 . . .
Telefax: 546 34–99–05220
Berger, Mag. Erwin 05081
Förster, Ing. Mag. Richard 05082
Cerny Franz, Oberamtsrat 05083
Kanzlei 05088, 05089

Außenstelle für den 6. und 7. Bezirk:
7, Hermanngasse 24–26 . . . . . 521 34 . . .
Telefax: 521 34–99–07220
Zwettler, Mag. Gregor 07081
Bollinger, Mag. Sabine 07082
Kanzlei 07088, 07089

Außenstelle für den 10. Bezirk:
10, Laxenburger Straße 43–47 . . . . . 605 34 . . .
Telefax: 605 34–99–10088
Wandl, Mag. Michael 10081
Schuster, Mag. Thomas 10082
Kanzlei 10088, 10089

Außenstelle für den 12., 13., 14. und 23. Bezirk:
12, Schönbrunner Straße 259 . . . . . 811 34 . . .
Telefax: 811 34–99–12220
Siegl, Mag. Andrea, Magistratsrätin 12081
Meyer, Mag. Nicole 12082
Klima, Mag. Susanne, Magistratsrätin 12083
Hillebrand, Mag. Irene, Magistratsrätin 12084
Kanzlei 12088, 12089

Außenstelle für den 15. und 16. Bezirk:
15, Gasgasse 8–10 . . . . . 891 34 . . .
Telefax: 891 34–99–15220
Metzler, Mag. Corinna, Magistratsrätin 15081
Schneider, Mag. Jennifer 15082
Kanzlei 15088, 15089

Außenstelle für den 17., 18. und 19. Bezirk:
19, Muthgasse 62 . . . . . 360 34 . . .
Telefax: 40 00–99–74521
Liszt, Dr. Christian 19081
Vielnascher, Mag. Georg 19082
Kanzlei 19088, 19089

Außenstelle für den 20. und 21. Bezirk:
20, Dresdner Straße 75 . . . . . 331 34 . . .
Telefax: 40 00–99–89610
Welzig, Mag. Florian, Magistratskommissär 20081
Bubak, Mag. Leopold, Magistratsoberkommissär 20082
Kanzlei 20088, 20089

Wohnungskommission:
6, Grabnergasse 4–6 . . . . . 40 00 . . .
Telefax: 40 00–99–74580
Forster Dieter, Oberamtsrat 74580
Anzböck Wolfgang, Amtsrat 74584

Wohnungskommission I:
(1., 2., 6., 7., 8., 9., 20. Bezirk, Obdachlose
und außerhalb Wiens Wohnhafte) 74581, 74591

Wohnungskommission II:
(3., 4., 10. und 11. Bezirk) 74582, 74592

Wohnungskommission III:
(5., 12., 13. und 23. Bezirk) 74583, 74593

Wohnungskommission IV:
(14., 15., 16., 17., 18. und 19. Bezirk) 74584, 74594

Wohnungskommission V:
(21. und 22. Bezirk) 74585, 74595

Kanzlei 74590

Außenstellen für die Wohnungskommission:

Wohnungskommission I,
20, Brigittaplatz 10, 2. Stock, Tür 219 . 331 34 . . ., 20654
Dienstag von 14 bis 17.30 Uhr

Wohnungskommission II,
10, Laxenburger Straße 43, 2. Stock,
Tür 210 . . . . . 605 34 . . ., 10654
Donnerstag von 14 bis 17.30 Uhr

Wohnungskommission III,
12, Schönbrunner Straße 259, 1. Stock,
Tür 109 . . . . . 811 34 . . ., 12654
Donnerstag von 15 bis 17.30 Uhr

Wohnungskommission IV,
17, Elterleinplatz 14, Erdgeschoß . . . . . 401 19 . . ., 17654
Dienstag von 14 bis 17.30 Uhr

Wohnungskommission V,
22, Kagran, Donaustadtstraße 1,
6. Stock . . . . . 211 23 . . ., 22654
Dienstag von 15 bis 17.30 Uhr

MAGISTRATSABTEILUNG 17

Wiener Wohnen

(Geschäftsgruppe Wohnen, Wohnbau und Stadterneuerung)

1, Doblhoffgasse 6 (1, Rathausstraße 2 und 4, Bartensteingasse 9), 3. Stock, Tür 334, Tel. 40 00 . . .
Telefax: 40 00–99–Nebenstelle, IBS-User: M17K,
Internet e-mail: wiener.wohnen@m17.magwien.gv.at

Grundverwaltung und Erhaltung der im Eigentum der Stadt Wien stehenden Wohnhäuser.
Verwaltung der von der Stadt Wien im Wege von Generalmietverträgen angemieteten Wohnungen.
Vergabe der in diesen Objekten befindlichen Wohnungen und Geschäftslokale, einschließlich der Vormerkung und Evidenthaltung der Ansuchen.
Abschluß und Auflösung von Verträgen zur Büroraumbeschaffung für abteilungseigene Zwecke sowie Verwaltung dieser Büroräume.
Von dieser Verwaltungstätigkeit ausgenommen sind jene Objekte, für die eine andere Dienststelle zuständig ist, von der Stadt Wien neu erworbene, bestandfreie, unbewohnte und für den Abbruch bestimmte Objekte, Personalwohnhäuser sowie die Führung sämtlicher Kündigungsprozesse gemäß § 30 Abs. 2 Z 14, 15 und 16 Mietrechtsgesetz, der Kündigungs- und Räumungsprozesse in erster Instanz, bei denen eine Rechtsanwaltbeistellung erfolgt, der Kündigungs- und Räumungsprozesse im Rechtsmittelverfahren sowie die Vertretung der Stadt Wien in zweiter Instanz hinsichtlich der Interessenbescheinigungen.
Durchführung bzw. Beauftragung von Instandsetzungs-, Wartungs- und Verbesserungsarbeiten an städtischen Wohnhäusern und mit diesen verbundenen Anlagen und Einrichtungen und bei Zu- und Umbauten im Bereich der städtischen Wohnhäuser.
Beauftragung der Errichtung von Neubauten städtischer Wohnhäuser.
Personal- und Sozialversicherungsangelegenheiten der Bediensteten, auf deren Dienstverhältnis das Hausbesorgergesetz Anwendung findet, und der Hausarbeiter, die mit der Betreuung von städtischen Wohnhäusern betraut sind.
Vertretung der Stadt Wien in Arbeitsrechtssachen sowie in Verfahren vor den Bundesämtern für Soziales und Behindertenwesen hinsichtlich jener Dienstverhältnisse, auf die das Hausbesorgergesetz Anwendung findet, in erster Instanz und soweit keine Rechtsanwaltsbeistellung erfolgt.
Dienstaufsicht über das zugeteilte Personal, soweit es nicht der Dienstaufsicht des Magistratsdirektors untersteht.

Payr, Dr. Gabriele, Obermagistratsrätin 74611
Böhm, Dipl.-Ing. Werner, Stadtbaurat 74612
Kessler, Dr. Silvia, Obermagistratsrätin 74621
Leber, Dr. Barbara, Magistratsrätin 74701
Raffel, Mag. Christian 74702
Abfalter, Mag. Herbert 74703
Bilinski, Ing. Karl-Heinz, Techn. Oberamtsrat 74711
Gottwald Martin, Oberamtsrat 74625
Grohmann-Karri, Regierungsrat Richard, Oberamtsrat 74741
Horvath, Ing. Ernst, Techn. Oberamtsrat 96661
Koß Johann, Oberamtsrat 74691
Kottner Christine . . . . 811 34 . . ., 12681
Netousek Christine, Oberamtsrätin 96681

Pocar Josef, Oberamtsrat . . . . 211 23 . . ., 22661
Puchinger Eva, Oberamtsrätin . . . . 401 19 . . ., 17681
Riesch, Ing. Kurt, Techn. Oberamtsrat . . . 605 34 . . ., 10661
Seper Gerhard, Oberamtsrat 74641
Spuller Franz, Baumeister,
Techn. Oberamtsrat . . . . 277 34 . . ., 21661
Stich Franz, Oberamtsrat 74671
Weber, Ing. Karl, Techn. Oberamtsrat . . . . 401 19 . . ., 17661
Bachmann-Unger Margarete, Amtsrätin . 740 34 . . ., 11661
Baumberger, Ing. Robert,
Techn. Amtsrat 96663
Braumann Christian, Amtsrat 74661
Eggenhofer Alfred, Amtsrat . . . . 277 34 . . ., 21663
Forster Kurt, Amtsrat . . . . 811 34 . . ., 12683
Graf, Ing. Werner, Techn. Amtsrat 74737
Haupt, Ing. Karl, Techn. Amtsrat . . . . 277 34 . . ., 21671
Hauser, Ing. Peter, Techn. Amtsrat 96671
Holzer, Ing. Franz, Techn. Amtsrat . . . . . . 811 34 . . ., 12662
Hoschtalek Eva-Maria, Amtsrätin 96682
Jungwirth, Ing. Anna-Maria,
Stadtgartenamtsrätin 74723
Karner, Ing. Franz, Techn. Amtsrat . . . . . 811 34 . . ., 12661
Kartak Friedrich, Amtsrat . . . . 401 19 . . ., 17682
Klug Gerlinde, Amtsrätin 74681
Mahr, Ing. Rainer, Techn. Amtsrat . . . . . . 211 23 . . ., 22662
Mayer, Ing. Hans-Peter, Techn. Amtsrat 74712
Pöttinger-Oliva, Ing. Susanne,
Techn. Amtsrätin . . . . 277 34 . . ., 21665
Strmiska, Ing. Peter, Techn. Amtsrat . . . . . 401 19 . . ., 17671
Tobler Johann, Amtsrat . . . . 605 34 . . ., 10664
Ultz, Ing. Paul, Techn. Amtsrat . . . . 740 34 . . ., 11662
Wandl Adalbert, Amtsrat 74651
Wunsch, Ing. Franz, Techn. Amtsrat . . . . . 740 34 . . ., 11671
Andrlik, Ing. Roman,
Techn. Oberkommissär . . . . 811 34 . . ., 12663
Auer Andreas,
Verwaltungsoberkommissär 74652
Bachler, Ing. Josef,
Techn. Oberkommissär 74722
Brazda, Ing. Roman,
Techn. Oberkommissär 74721
Fendt Verene,
Verwaltungsoberkommissärin . . . . 740 34 . . ., 11664
Fritz Elisabeth, Verwaltungs-
oberkommissärin . . . . 605 34 . . ., 10662
Hofer, Ing. Manfred,
Techn. Oberkommissär . . . . 401 19 . . ., 17662
Kainz Werner,
Verwaltungsoberkommissär . . . . 811 34 . . ., 12682
Kudym, Ing. Christian,
Techn. Oberkommissär . . . . 811 34 . . ., 12671
Mörk Gabriele,
Verwaltungsoberkommissärin 74791
Moser, Ing. Markus,
Techn. Oberkommissär . . . . 401 19 . . ., 17663
Plank, Ing. Alfred,
Techn. Oberkommissär . . . . 740 34 . . ., 71665
Richter, Ing. Rudolf,
Techn. Oberkommissär . . . . 211 23 . . ., 22664
Schabetsberger, Ing. Andreas,
Techn. Oberkommissär . . . . 605 34 . . ., 10665
Sostek, Ing. Martin,
Techn. Oberkommissär 74623
Stöger, Ing. Franz,
Techn. Oberkommissär 96662
Titz Gerlinde,
Verwaltungsoberkommissärin . . . . 277 34 . . ., 21662
Weichsel, Ing. Josef,
Techn. Oberkommissär 74732
Zagler Manfred,
Verwaltungsoberkommissär . . . . 211 23 . . ., 22663

Knopf Maria, Verwaltungskommissärin . . 740 34 . . ., 11663
Marschall Monika,
Verwaltungskommissärin . . . . 277 34 . . ., 21664
Postl Eva, Verwaltungskommissärin . . . . 605 34 . . ., 10663
Mader Nadja, Verwaltungsoffizialin . . . . . 211 23 . . ., 22665
Ruzicka Sonja, Verwaltungsoffizialin 74662
Podolak Christine, Kanzleioberkommissärin,
Kanzleileiterin 74619
Kanzlei, Einlaufstelle, Protokoll 74632, 74633, 74634,
74635, 74636, 74637
Betriebsleitung 74615, 74616
Projektleitung 74621, 74623, 74625, 74626

Finanzreferat 74641, 74642, 74644, 74645, 74646

Mietzins- und EDV-Referat 74651, 74654, 74653

Organisation, Bürotechnik und Innere Revision . . 74661,
74662, 74663, 74659, 74664, 74665
Zentralhausinspektorin/Zentralhausinspektor 74666

Personalreferat 74671, 74672, 74673, 74674

Hausbesorgerreferat
Gruppenleiterin/Gruppenleiter 74681
Stellvertreterin/Stellvertreter 74682
Sachbearbeiterinnen/Sachbearbeiter für die Bezirke:
1, 3, 8, 12, 13, 15, Objekte außerhalb Wiens 74684
2, 4, 7, 11, 22 74685
5, 14, 16, 23 74686
6, 10, 18, 20 74687
9, 17, 19, 21 74688
Drucksortenstelle, Registratur 74689

Referat „Lohnverrechnung für Hausbesorger"
Gruppenleiterin/Gruppenleiter (18.Bezirk) 74691
Stellvertreterin/Stellvertreter 74692
Sachbearbeiterinnen/Sachbearbeiter für die Bezirke:
1, 2, 3, 4, 5, 13, 14 74693
6, 7, 8, 9, 11, 15, 22, 23, NÖ 74699
10, 17, 19, 20 74697
12, 16, 21 74698
Krankenstände 74751
ADV, WIPIS 74752, 74696

Rechtsreferat 74701, 74702, 74703, 74704,
74705, 74706, 74707, 74708, 74709

Technik Zentrale
Leiterin/Leiter 74711
Stellvertreterin/Stellvertreter 74712
Bautechnik 74712, 74728, 74727, 74716
Verdingungswesen 74721, 74725, 74722, 74787
Controlling 74623, 74719
Haustechnik 74732, 74717, 74726, 74737
Gartenreferat 74723, 74724
Wirtschaftsreferat 74731, 74733, 74734,
74735, 74736, 74738

Referat Wohnungsvergabe
Gruppenleiterin/Gruppenleiter 74741
Erst- und Wiedervermietung 74743, 74753, 74745,
74746, 74756, 74747,
74748, 74749, 74758
Tausch-, Lokalreferat 74744, 74754, 74781,
74782, 74783, 74784, 74785, 74786
Soziale Notwendigkeiten 74791, 74792, 74793, 74794

Korrespondenzstelle 74771, 74773,
74774, 74778, 74779

Koordinierung, ADV 74763, 74776, 74777
Buchstabenreferentinnen/Buchstabenreferenten 74765, 74766, 74767, 74769
Registratur 74795, 74796, 74797
Amtsgehilfinnen/Amtsgehilfen 74788, 74789, 74798, 74799

W o h n u n g s b e r a t u n g s s t e l l e n:

1., 9. Bezirk: 9, Währinger Straße 43 .... 400 34 . . ., 09651
2. Bezirk: 2, Obere Augartenstraße 26–28 211 06 . . ., 02651
5. Bezirk: 5, Schönbrunner Straße 54 .... 546 34 . . ., 05651
6., 7., 8. Bezirk: 7, Hermanngasse 24 .... 521 34 . . ., 07651
12. Bezirk: 12, Schönbrunner Straße 259 . 811 34 . . ., 12651
13., 14. Bezirk: 13, Hietzinger Kai 1–3 .... 878 34 . . ., 870 34 . . ., 13651, 14651
15. Bezirk: 15, Gasgasse 8–10 .... 891 34 . . ., 15651
16. Bezirk: 16, Richard-Wagner-Platz 19 . 491 96 . . ., 16651
17. Bezirk: 17, Elterleinplatz 14 .... 401 19 . . ., 17650
18. Bezirk: 18, Martinstraße 100 .... 476 34 . . ., 18650
19. Bezirk: 19, Gatterburggasse 12 ...... 360 34 . . ., 19651
20. Bezirk: 20, Brigittaplatz 10 .... 331 34 . . ., 20651
23. Bezirk: 23, Liesing, Lehmanngasse 1 . 863 34 . . ., 23651

Wiener Wohnen Bezirksgruppe Mitte
(1., 2., 8., 9., 20. Bezirk):
1, Doblhoffgasse 6, 3. Stock .... 40 00 . . .
Telefax: 40 00–99–Nebenstelle

Verwaltung:
Gruppenleiterin/Gruppenleiter 96681
Stellvertreterin/Stellvertreter 96682
Gruppenhausinspektorin/Gruppenhausinspektor 96685
Gerichtsdezernentin/Gerichtsdezernent 74701
Sonderreferentin/Sonderreferent 96683
Kanzleileiterin/Kanzleileiter 74619
Kanzlei, Einlaufstelle, Protokoll 74632, 74633
Wirtschaftsagenden, Kassa 96679, 74639
1. Bezirk 96713, 96714
2. Bezirk 96713, 96714, 96733, 96734, 96763, 96764
8. Bezirk 96713, 96714
9. Bezirk 96723, 96724
20. Bezirk 96713, 96714, 96723, 96753, 96724, 96754, 96743, 96744

Hausinspektorinnen-/Hausinspektoren-Kanzleien:
(Montag bis Mittwoch und Freitag von 8 bis 9 Uhr, Donnerstag von 15.30 bis 17.30 Uhr)
2, Handelskai 214/10/I .... 211 06 . . ., 02735, 02736
2, Taborstraße 82–88/3/3 .... 211 06 . . ., 02765
2, Vorgartenstraße 158–164/8/I ... 211 06 . . ., 02725, 02745
7, Neustiftgasse 14/2/II .... 521 34 . . ., 07715
9, Marktgasse 15–17/2 .... 400 34 . . ., 09726
20, Forsthausgasse 19 .... 332 31 06, 332 23 60
20, Jägerstraße 62–64/1/1 .... 330 28 86, 330 28 87

Technik:
Gruppenleiterin/Gruppenleiter 96661
Stellvertreterinnen/Stellvertreter 96662, 96663
1. Bezirk 96710, 96711, 96712
2. Bezirk 96710, 96711, 96712, 96720, 96721, 96722, 96730, 96731, 96732
8. Bezirk 96740, 96741
9. Bezirk 96740, 96741
20. Bezirk 96720, 96721, 96722, 96750, 96751, 96752, 96760, 96761, 96762
Referatsleiterin/Referatsleiter, Aufzüge 96671
Waschküchen, Haustechnik, Heizung 96672, 96674, 96675, 96673
Wohnhausgärten 96677, 96678
Schadenstelefon 96666

Wiener Wohnen für den 10. Bezirk
10, Dieselgasse 1–3, Erdgeschoß .... 605 34 . . .
Telefax: 605 34–99–Nebenstelle
Auskunft 10690
Leiterin/Leiter 10661
Stellvertreterin/Stellvertreter 10662
Referatsleiterinnen/Referatsleiter 10663, 10664, 10665
Servicekoordinatorin/Servicekoordinator 10691
Kanzleileiterin/Kanzleileiter 10689
Kanzlei, Einlaufstelle, Protokoll 10687, 10689
Wirtschaftsagenden, Kassa 10688, 10686
Leiterin/Leiter Haustechnik 10671
Aufzüge, Waschküchen, Heizung 10672, 10674, 10675
Wohnhausgärten 10673
Schadenstelefon 10666

Verwaltung ... 10714, 10715, 10724, 10725, 10734, 10735, 10744, 10745, 10754, 10755, 10764, 10765
Technik 10711, 10712, 10713, 10721, 10722, 10723, 10731, 10732, 10733, 10741, 10742, 10743, 10751, 10752, 10753, 10761, 10762, 10763
Wohnberaterinnen/Wohnberater 10716, 10717, 10726, 10727, 10728, 10736, 10737, 10746, 10747, 10748, 10756, 10757, 10758, 10766, 10767, 10768

Wiener Wohnen für den 3., 4. und 11. Bezirk
3, Landstraßer Gürtel 8, 6. Stock .... 740 34 . . .
Telefax: 740 34–99–Nebenstelle
Auskunft 11690
Leiterin/Leiter 11661
Stellvertreterin/Stellvertreter 11662
Referatsleiterin/Referatsleiter 11663, 11664, 11665
Servicekoordinatorin/Servicekoordinator 11691
Kanzleileiterin/Kanzleileiter 11689
Kanzlei, Einlaufstelle, Protokoll 11687, 11689
Wirtschaftsagenden, Kassa 11688, 11686
Leiterin/Leiter Haustechnik 11671
Aufzüge, Waschküchen, Heizung 11672, 11673, 11674
Wohnhausgärten 11675
Schadenstelefon 11666

Verwaltung:
3. Bezirk 11714, 11715, 11724, 11725, 11734, 11735
4. Bezirk 11724, 11725
11. Bezirk 11734, 11735, 11744, 11745, 11754, 11755, 11764, 11765

Technik:
3. Bezirk 11711, 11712, 11713, 11721, 11722, 11723, 11731, 11732, 11733
4. Bezirk 11721, 11722, 11723
11. Bezirk 11731, 11732, 11733, 11741, 11742, 11743, 11751, 11752, 11753, 11761, 11762, 11763

Wohnberaterinnen/Wohnberater 11716, 11717, 11718, 11726, 11727, 11736, 11737, 11738, 11746, 11747, 11748, 11756, 11757, 11758, 11766, 11767

Wiener Wohnen Bezirksgruppe Süd–West
(5., 6., 7., 12., 13., 23. Bezirk):
12, Niederhofstraße 23, 2. Stock .... 811 34 . . .
Telefax: 811 34–99–Nebenstelle

Verwaltung:
Gruppenleiterin/Gruppenleiter 12681
Stellvertreterin/Stellvertreter 12682
Gruppenhausinspektorin/Gruppenhausinspektor 12685
Gerichtsdezernentin/Gerichtsdezernent 12684
Sonderreferentin/Sonderreferent 12683
Kanzleileiterin/Kanzleileiter 12669
Kanzlei, Einlaufstelle, Protokoll 12664, 12668
Wirtschaftsagenden, Kassa 12679, 12686
5. Bezirk 12713, 12714, 12763, 12764
6. Bezirk 12763, 12764
7. Bezirk 12763, 12764
12. Bezirk 12733, 12734, 12743, 12744, 12753, 12754
13. Bezirk 12723, 12724
23. Bezirk 12773, 12774, 12783, 12784, 12793, 12794

Hausinspektorinnen-/Hausinspektoren-Kanzleien:
(Montag bis Mittwoch und Freitag von 8 bis 9 Uhr, Donnerstag von 15.30 bis 17.30 Uhr)
5, Siebenbrunnenfeldgasse 8–10/1/4 . . . . 546 34 . . ., 05716, 05717
7, Neustiftgasse 14/2/I . . . . 521 34 . . ., 07716
10, Unter-Meidlinger Straße 10–12/15/3 . 605 34 . . ., 10747
12, Am Schöpfwerk 56–64/14/1 . . . . 811 34 . . ., 12765
12, Malfattigasse 27–31/1/1 . . . . . 811 34 . . ., 12755, 12736
12, Sagedergasse 7–11/19/2 . . . . 811 34 . . ., 12756
12, Spittelbreitengasse 23/1/2 . . . . 811 34 . . ., 12735, 12746
13, Gallgasse 2–4/1/2 . . . . 802 93 12, 802 93 18
23, Erlaa, Josef-Österreicher-Gasse 20–22/3/1 . . 863 34 . . ., 23775
23, Inzersdorf, Altmannsdorfer Straße 164–182/20/2 . . . . 863 34 . . ., 23785
23, Inzersdorf, Pfarrgasse 34–44/52/1 . . . 863 34 . . ., 23776
23, Rodaun, Breitenfurter Straße 360–368/3/3 . . . . 863 34 . . ., 23795, 23796
23, Maurer Hauptplatz 5/2/3 . . . . 863 34 . . ., 23766

Technik:
Gruppenleiterin/Gruppenleiter . . . . 811 34 . . ., 12661
Stellvertreterin/Stellvertreter 12662, 12663
Sonderreferentin/Sonderreferent 12689
5. Bezirk 12710, 12711, 12712
6. Bezirk 12790, 12791
7. Bezirk 12790, 12791
12. Bezirk 12730, 12731, 12732, 12740, 12741, 12742, 12750, 12751, 12752
13. Bezirk 12720, 12721, 12722
23. Bezirk 12760, 12761, 12762, 12770, 12771, 12772, 12780, 12781
Referatsleiterin/Referatsleiter, Aufzüge 12671
Waschküchen, Haustechnik, Heizung 12674, 12675, 12676, 12691, 12692
Wohnhausgärten 12677, 12678
Schadenstelefon 12687, 12666, 12688

Wiener Wohnen Bezirksgruppe West
(14., 15., 16., 17., 18., 19. Bezirk):
17, Elterleinplatz 14, 3. Stock . . . . 401 19 . . .
Telefax: 401 19–99–Nebenstelle

Verwaltung:
Gruppenleiterin/Gruppenleiter 17681
Stellvertreterin/Stellvertreter 17682
Gruppenhausinspektorin/Gruppenhausinspektor 17685
Gerichtsdezernentin/Gerichtsdezernent 17684
Sonderreferentin/Sonderreferent 17683
Kanzleileiterin/Kanzleileiter 17669
Kanzlei, Einlaufstelle, Protokoll 17689, 17686, 17668
Wirtschaftsagenden, Kassa 17679, 17667
14. Bezirk 17733, 17734, 17753, 17754
15. Bezirk 17773, 17774, 17703, 17704
16. Bezirk 17763, 17764, 17793, 17794
17. Bezirk 17713, 17714
18. Bezirk 17783, 17784
19. Bezirk 17723, 17724, 17743, 17744

Hausinspektorinnen-/Hausinspektoren-Kanzleien:
(Montag bis Mittwoch und Freitag von 8 bis 9 Uhr, Donnerstag von 15.30 bis 17.30 Uhr)
14, Lenneisgasse 4–8/7/I . . . . 870 34 . . ., 14755, 14756
14, Salisstraße 5–15/3/1 . . . . 870 34 . . ., 14757, 14735
15, Gablenzgasse 41/11/2 . . . . 891 34 . . ., 15775, 15776
15, Schwendergasse 41/1/III . . . . . 891 34 . . ., 15706, 15705
16, Liebknechtgasse 36/37/3 . . . . . 491 96 . . ., 16765, 16766
16, Possingergasse 39–51/1/4 . . . . 491 96 . . ., 16795, 16796
17, Taubergasse 1–3/1/2 . . . . 401 19 . . ., 17715, 17716
18, Scherffenberggasse 5/1/I . . . . 476 34 . . ., 18785
19, Boschstraße 20–22/8/2 . . . . . . 360 34 . . ., 19745, 19746
19, Krottenbachstraße 104/6/2 . . . . 368 74 29
19, Schegargasse 13–15/3/3 . . . . . 360 34 . . ., 19725, 19786

Technik:
Gruppenleiterin/Gruppenleiter . . . . 401 19 . . ., 17661
Stellvertreterin/Stellvertreter 17662, 17663
Sonderreferentin/Sonderreferent 17664
14. Bezirk 17710, 17711, 17712, 17720, 17721, 17722
15. Bezirk 17730, 17731, 17732, 17700, 17701, 17702
16. Bezirk 17740, 17741, 17742, 17750, 17751, 17752, 17700, 17701, 17702
17. Bezirk 17760, 17761, 17762
18. Bezirk 17770, 17771
19. Bezirk 17780, 17781, 17782, 17790, 17791, 17792
Referatsleiterinnen/Referatsleiter, Aufzüge . . . 17671, 17673
Waschküchen, Haustechnik, Heizung . 17672, 17674, 17675, 17676, 17691, 17692
Wohnhausgärten 17677, 17678
Schadenstelefon 17666

Wiener Wohnen für den 21. Bezirk
21, Schöpfleuthnergasse 25/Erdgeschoß . . . . . 277 34 . . .
Telefax: 277 34–99–Nebenstelle
Auskunft 21690
Leiterin/Leiter 21661
Stellvertreterin/Stellvertreter 21662
Referatsleiterinnen/Referatsleiter 21663, 21664, 21665
Servicekoordinatorin/Servicekoordinator 21691
Kanzleileiterin/Kanzleileiter 21689
Kanzlei, Einlaufstelle, Protokoll 21687, 21689
Wirtschaftsagenden, Kassa 21686, 21688
Leiterin/Leiter Haustechnik 21671
Aufzüge, Waschküchen, Heizung 21672, 21674
Wohnhausgärten 21673
Schadenstelefon 21666

Verwaltung . . . 21714, 21715, 21724, 21725, 21734, 21735, 21744, 21745, 21754, 21755, 21764, 21765
Technik 21711, 21712, 21713, 21721, 21722, 21723, 21731, 21732, 21733, 21741, 21742, 21743, 21751, 21752, 21761, 21762
Wohnberaterinnen/Wohnberater 21716, 21717, 21726, 21727, 21728, 21736, 21737, 21746, 21747, 21748, 21756, 21757, 21766, 21767, 21768

Wiener Wohnen für den 22. Bezirk
22, Kagran, Donaustadtstraße 1, 5. Stock . . . . . 211 23 . . .
Telefax: 211 23–99–Nebenstelle
Auskunft 22690
Leiterin/Leiter 22661
Stellvertreterin/Stellvertreter 22662

Referatsleiterinnen/Referatsleiter 22663, 22664, 22665
Servicekoordinatorin/Servicekoordinator 22691
Kanzleileiterin/Kanzleileiter 22689
Kanzlei, Einlaufstelle, Protokoll 22687, 22689
Wirtschaftsagenden, Kassa 22688, 22686
Leiterin/Leiter Haustechnik 22671
Aufzüge, Waschküchen, Heizung 22672, 22674
Wohnhausgärten 22673
Schadenstelefon 22666
Verwaltung ... 22714, 22715, 22724, 22725, 22734, 22735, 22744, 22745, 22754, 22755
Technik 22711, 22712, 22713, 22721, 22722, 22723, 22731, 22732, 22733, 22741, 22742, 22751, 22752
Wohnberaterinnen/Wohnberater 22716, 22717, 22726, 22727, 22728, 22736, 22737, 22738, 22746, 22756, 22757

MAGISTRATSABTEILUNG 18

Stadtentwicklung und Stadtplanung

(Geschäftsgruppe Planung und Zukunft)

1, Rathausstraße 14–16, 3. Stock, Tel. 40 00 . . .
Telefax: 40 00–99–8018, IBS-User: M18K,
Internet e-mail: post@m18.magwien.gv.at

Ständige Beobachtung und Erfassung aller für die Stadtentwicklung maßgeblichen Faktoren unter besonderer Beachtung der regionalen Zusammenhänge.
Grundlagenforschung, Stadtforschung, Erstellung von Planungsgrundlagen.
Förderung der Wissenschaft.
Ausarbeitung und Fortschreibung eines Stadtentwicklungsplanes als aktualisierte Darstellung des Planungs- und Wissensstandes und als Entscheidungsgrundlage in allen wichtigen Fragen der Stadtplanung.
Generelle stadträumliche Fachplanungen (für Wohnstätten, Arbeitsstätten, Landschaft, Grünraum, für Belange der Freizeit, der Erholung, der Gesundheit, des Verkehrs, der Bildung und der Kultur sowie für soziale, kommerzielle und technische Infrastruktur) unter besonderer Bedachtnahme auf das ökologische Wirkungsgefüge, insbesondere in Zusammenarbeit mit den Magistratsabteilungen 19, 21 A, 21 B und 21 C.
Erstellung von Grundsätzen für die Gestaltung und Anwendung planungsbezogener Gesetze und Verordnungen des Landes Wien im Zusammenwirken mit den zuständigen Dienststellen.
Allgemeine und übergeordnete Angelegenheiten der Verkehrsplanung und der Hauptverkehrsnetze.
Allgemeine und übergeordnete Standortplanungen sowie Besorgung von Sonderaufgaben der Stadtentwicklung und Stadtplanung.
Spezifizierung von übergeordneten und grundsätzlichen Planungszielen für mit Planungsaufgaben befaßte Dienststellen.
Festlegung der Grundsätze und Koordinierung der planungsbezogenen Öffentlichkeitsarbeit für die mit Planungsaufgaben befaßten Dienststellen.
Führung der Arbeits- und der Budgetevidenz der Stadtplanung auch für die Magistratsabteilungen 19, 21 A, 21 B und 21 C.
Teilbesorgung der Geschäfte der Auftragsverwaltung des Bundes hinsichtlich der Bundesstraßenverwaltung, nämlich die Erstellung genereller Projekte von Bundesstraßen einschließlich der Erwirkung von Verordnungen gemäß § 4 BStG 1971 im Einvernehmen mit den jeweils zuständigen Dienststellen.
Geschäftsstelle der Stadtentwicklungskommission.
Vertretung des Landes Wien in der Planungsgemeinschaft Ost.
Ausarbeitung von Stellungnahmen der Stadt Wien zu Abänderungen der Flächenwidmungs- und Bebauungspläne in den Gemeinden des Wiener Umlandes gemäß § 21 des Niederösterreichischen Raumordnungsgesetzes.
Verkehr mit den Trägern der Planungshoheit von Körperschaften und Vertretung der Interessen der Stadtplanung bei sonstigen Institutionen.
Führung des Zentralarchivs der Stadtplanung und der technisch-wissenschaftlichen Bibliothek; Fotodokumentation.
Dokumentation und Verbreitung des Inhaltes von Fachzeitschriften und des Amtsblattes der Europäischen Union.

Jilka, Dipl.-Ing. Brigitte, Oberstadtbaurätin 88811
Kotyza, Dipl.-Ing. Georg, Senatsrat 88812
Ehalt, Dr. Hubert Christian, Senatsrat 88741
Schmid, Dipl.-Ing. Dr. techn. Friedrich, Senatsrat ... 88841
Schopper, Dr. phil. Manfred, Senatsrat 88711
Steiner, Dipl.-Ing. Klaus, Senatsrat 88891
Wünschmann, Dipl.-Ing. Peter, Senatsrat 88831
Burkart, Dipl.-Ing. Wolfgang, Oberstadtbaurat 88858
Danner, Dipl.-Ing. Wilhelm, Oberstadtbaurat 88832
Dorner, Dipl.-Ing. Alfred, Oberstadtbaurat 88852
Fauland, Dipl.-Ing. Adolf, Oberstadtbaurat 88833
Glotter, Dipl.-Ing. Karl, Oberstadtbaurat 88881
Köberl, Dipl.-Ing. Siegfried, Oberstadtbaurat 88851
Mayerl, Dipl.-Ing. Walter, Oberstadtbaurat 88842
Schulz, Dipl.-Ing. Hannes, Oberstadtbaurat 533 44 30
Eigler, Mag. Dr. Robert, Stadtbaurat 88713
Gielge, Mag. Ing. Johannes, Magistratsrat 88863
Jedelsky, Dipl.-Ing. Dr. Brigitte 88882
Mittringer, Dipl.-Ing. Kurt, Stadtbaurat 88862
Riedel, Dipl.-Ing. Roman, Stadtbaurat 88864
Schrutka, Dr. phil. Peter, Stadtbaurat 88715
Windbrechtinger, Mag. arch. Elisabeth 88722
Kubalek, Mag. Johannes 88732
Jakob, Dipl.-Ing. Andrea 88716
Rauscher, Dipl.-Ing. Beatrix 88834
Kaufmann, Dr. Albert 88712
Hansely Hansjörg, Oberamtsrat 88717
Matuschka Heinz, Techn. Oberamtsrat 88871
Dvorak, Ing. Wolfgang, Techn. Amtsrat 88721
Rosenbüchler Richard, Amtsrat 88751
Schiestl Gabriele, Kanzleikommissärin,
Kanzleileiterin, Journal 88819, 8018
Sekretariat und Einlaufstelle 88815

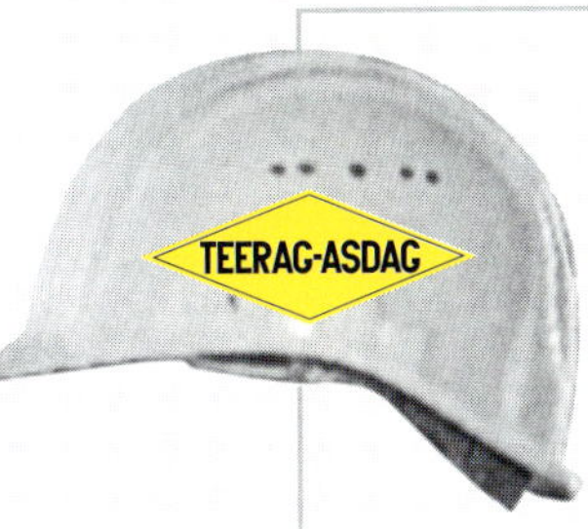

Gruppe Koordination und Angelegenheiten der Infrastruktur:
Leiterin/Leiter 88871
Referentinnen/Referenten 88872, 88873
Preisprüfung, Finanzangelegenheiten 88871
Kanzlei 88879
Technisch-wissenschaftliche Bibliothek 88751, 88752, 88754, 88755
Vertrieb Publikationen 88753
Dokumentation Stadtplanung 88732

Gruppe Fachliche Öffentlichkeitsarbeit:
1, Rathausstraße 9, Hochparterre
Telefax: 40 00–7271
Leiterin/Leiter 88721
Referentinnen/Referenten 88722, 88723, 88724, 88725, 88726, 88727, 88728
Fotodokumentation 88762, 88763
Kanzlei 88729
Wiener Planungswerkstatt (Ausstellung),
1, Rathausstraße 9/Friedrich-Schmidt-Platz 9,
Erdgeschoß 408 80 70, 88818

Gruppe Grundlagen und Stadtforschung:
Leiterin/Leiter 88711
Referentinnen/Referenten 88712, 88713, 88715, 88717
EDV 88716, 88718, 88719

Gruppe Stadtentwicklung:
Leiterin/Leiter 88812
Referentinnen/Referenten 88862, 88863, 88864, 88865

Gruppe Grün- und Freiraum:
Leiterin/Leiter 88881
Referentinnen/Referenten 88882, 88883, 88884, 88885

Gruppe Verkehr:
Leiterin/Leiter 88841
Referentinnen/Referenten 88831, 88832, 88833, 88834, 88836, 88842, 88844, 88845, 88851, 88852, 88853, 88854, 88858

Gruppe Wissenschaft:
8, Friedrich-Schmidt-Platz 5, 4. Stock
Telefax: 40 00–99–8007
Leiterin/Leiter 88741
Referentinnen/Referenten 88742, 88743, 88744
Kanzlei 88745

Gruppe Sonderaufgaben:
1, Gonzagagasse 11/5/519, 520
Telefax: 40 00–99–88893
Leiterin/Leiter 88891
Kanzlei 88893

Planungsgemeinschaft Ost:
1, Rockhgasse 6, 3. Stock .. 533 44 30, 533 44 41, 88811
Telefax: 533 26 46
Angelegenheiten der Österreichischen Raumordnungskonferenz (ÖROK) 88711
Geschäftsstelle der Stadtentwicklungskommission ... 88812
Angelegenheiten der Generellen Bundesstraßenplanung 88841

MAGISTRATSABTEILUNG 19

Architektur und Stadtgestaltung

(Geschäftsgruppe Planung und Zukunft)

12, Niederhofstraße 23, 5. Stock, Tür 504–542, Tel. 811 14 . . .
Telefax: 811 14–99–88910, IBS-User: M19K
Internet e-mail: post@m19.magwien.gv.at

Erstellung von Gestaltungskonzepten und -entwürfen zu Stadtteilplanungen und zu Bearbeitungen des Flächenwidmungs- und Bebauungsplanes.
Erstellung von Entwürfen und Projekten für die Gestaltung öffentlicher Räume und einzelner Objekte.
Erstellung von Konzepten für die Stadtgestaltung und die Ortsbilderhaltung.
Beratung und Begutachtung im Zuge des Baugenehmigungsverfahrens.
Erstellung von Entwurfs- und Ausführungsplänen für Neu-, Zu- und Umbauten städtischer Hochbauten (ausgenommen städtischer Wohnhausbauten) im Einvernehmen mit den jeweils zuständigen Dienststellen.
Durchführung von und Mitwirkung bei Wettbewerben in architektonischen und städtebaulichen Gestaltungsangelegenheiten und bei Gutachterverfahren.
Prüfung der Preisangemessenheit von Anboten der mit Planungsarbeiten zu beauftragenden Architekten und Zivilingenieure.

Pal, Dipl.-Ing. Dieter, Obersenatsrat 88911
Hälbig, Dipl.-Ing. Rüdiger, Senatsrat 88912
Pruymann, Dipl.-Ing. Christiane, Senatsrätin 88926
Bartl, Dipl.-Ing. Heinz, Oberstadtbaurat 88972
Feller, Dipl.-Ing. Heinz, Oberstadtbaurat 88962
Foltin, Mag. Klaudius, Oberstadtbaurat 88961
Matousek, Dipl.-Ing. Josef, Oberstadtbaurat 88951
Muthsam, Dipl.-Ing. Gerhard, Oberstadtbaurat 88922
Schimka, Dipl.-Ing. Rainer, Oberstadtbaurat 88973
Stiegholzer, Mag. Hermann, Oberstadtbaurat 88971
Kniefacz, Dipl.-Ing. Robert, Stadtbaurat 88978
Kögler, Dipl.-Ing. Richarda, Stadtbaurätin 88935
Kronberger, Dipl.-Ing. Richard, Stadtbaurat 88963
Kruml, Dr. techn. Milos 88941
Lausch, Mag. Barbara 88974
Lausch, Mag. Günter, Stadtbaurat 88949
Meschke, Dipl.-Ing. Dieter, Stadtbaurat 88938
Nezval, Dr. phil. Bettina, Magistratsrätin 88942
Niebauer, Dipl.-Ing. Harald, Stadtbaurat 88956
Pankl, Mag. Thomas, Stadtbaurat 88923
Petuelli, Dipl.-Ing. Erich 88966
Scheuchel, Dipl.-Ing. Peter, Stadtbaurat 88955
Wolfbeiszer, Dipl.-Ing. Reinhard 88964
Bucher, Dipl.-Ing. Christine, Stadtbauoberkommissärin 88931
Kreppenhofer, Dipl.-Ing. Andrea, Stadtbauoberkommissärin 88952
Kobermaier, Dipl.-Ing. Franz 88957
Tarasiewicz, Mag. Ing. Peter 88943
Weber, Dipl.-Ing. Birgit 88958
Rochel Annemarie, Kanzleikommissärin, Kanzleileiterin 88911, 88915

Protokoll, Einlaufstelle 88916, 88917
Rechnungsprotokoll 88916

Architektonische Begutachtung und Beratung
im Baugenehmigungsverfahren
Neu-, Zu- und Umbauten, Fassaden, Rolläden,
Markisen für die Bezirke:
2, 5, 7, 10, 11, 12, 15, 16, 22 sowie Portale 88971
3, 4, 6, 8, 21 88973
9, 13, 14, 17, 18, 19, 20, 23 88978

Werbeanlagen (Reklame, Plakatwände, Hinweis- und Orientierungstafeln, Staubnetze, Transparente, Überspannungen, temporäre Veranstaltungen), Sonderaufgaben für alle Bezirke 88972

Fensterauswechslungen, Abgasöffnungen und SAT-Anlagen
für die Bezirke:
2, 3, 4, 5, 6, 7, 8, 9, 18, 19 88976
10, 11, 12, 13, 14, 15, 16, 17, 20, 21, 22, 23 88977

Neu-, Zu- und Umbauten, Fassaden, Portale, Fensterauswechslungen, Abgasöffnungen und SAT-Anlagen in Schutzzonen für die Bezirke:
1-Ost, 3, 4, 5, 18, 19, 20 88941
1-West, 2, 6, 7, 8, 12, 15, 16 88974
9, 10, 11, 13, 14, 17, 21, 23 88942

Telefonzellen, Kioske, Briefkästen, temporäre Märkte, Warenausräumungen, Schanigärten, Automaten, Vitrinen, Litfaßsäulen für alle Bezirke 88943

Fahrgastunterstände mit City-lights für alle Bezirke .. 88964

MAGISTRATSABTEILUNG 20

(derzeit nicht eingerichtet)

MAGISTRATSABTEILUNG 21 A

Stadtteilplanung und Flächennutzung Innen-West

(Bezirke 1 bis 9 und 14 bis 20)

(Geschäftsgruppe Planung und Zukunft)

1, Rathausstraße 14–16, 2. und 3. Stock, Tel. 40 00 . . .
Telefax: 40 00–99–88511, IBS-User: M21ABAK,
Internet e-mail: post@m21aba.magwien.gv.at

Bezirks- und Stadtteilplanungen sowie Planungen für lokal begrenzte Gebiete für die Bezirke 1 bis 9 und 14 bis 20 unter Bedachtnahme auf die übergeordneten Planungsgrundlagen und Planungsziele, die maßgeblichen Ergebnisse von generellen stadträumlichen Fachplanungen, öffentliche Interessen und wichtige Rücksichten sowie unter Berücksichtigung der jeweils erforderlichen Abstimmung mit den Magistratsabteilungen 21 B und 21 C.
Führung der Bestands- und Nutzungsevidenz und Erfassung entwicklungsrelevanter Faktoren sowie bezirksspezifischer Anforderungen.
Fachliche Unterstützung für von den Bezirken wahrzunehmende Planungsaufgaben.
Ausarbeitung von Vorschlägen zur Änderung oder Neufassung des Flächenwidmungs- und Bebauungsplanes einschließlich der allfälligen Prüfung der Raumverträglichkeit.
Einleitung und Durchführung des Verfahrens zur Änderung oder Neufassung des Flächenwidmungs- und Bebauungsplanes nach der Bauordnung für Wien unter Bedachtnahme auf die Stellungnahmen der zuständigen Dienststellen sowie der beteiligten Interessenvertretungen und Institutionen.
Erstellung von Gutachten über Ausnahmen von Bausperren gemäß § 8 Abs. 1 und 2 der Bauordnung für Wien sowie Einholung der Stellungnahme des zuständigen Gemeinderatsausschusses.
Einleitung und Durchführung des Verfahrens zur Verhängung einer zeitlich begrenzten Bausperre gemäß § 8 Abs. 2 der Bauordnung für Wien.
Vorbereitung der Antragstellung auf Festsetzung von Bodenbeschaffungs- und Assanierungsgebieten.
Mitwirkung bei Angelegenheiten der Stadterneuerung.
Städtebauliche Begutachtung von Bauprojekten.
Planungsbezogene Öffentlichkeitsarbeit unter Beachtung der von der Magistratsabteilung 18 festgelegten Grundsätze sowie Organisation und Durchführung der Bürgerbeteiligung in Planungsangelegenheiten, soweit nicht die Magistratsabteilung 53 dafür zuständig ist.
Erteilung von allgemeinen und speziellen Informationen über die Stadtplanung und den Flächenwidmungs- und Bebauungsplan.
Vorbereitung und Durchführung von Wettbewerben und Gutachterverfahren im Einvernehmen mit den Magistratsabteilungen 18 und 19.

Vatter, Dipl.-Ing. Klaus, Senatsrat 88511
Mackerle, Dipl.-Ing. Bernhard, Senatsrat 88512
Bauer, Dipl.-Ing. Gerhard, Oberstadtbaurat 88541
Klopf, Mag. arch. Peter, Oberstadtbaurat 88561
Leodolter, Mag. arch. Sylvia, Oberstadtbaurätin 88581
Graner, Dipl.-Ing. Hans-Peter, Stadtbaurat 88522
Nausch, Dipl.-Ing. Ingrid, Stadtbaurätin 88544
Steinbach, Dipl.-Ing. Gabriele, Stadtbaurätin 88562
Madreiter, Dipl.-Ing. Thomas,
Stadtbauoberkommissär 88565
Pfleger, Mag. Susanne,
Stadtbauoberkommissärin 88524
Winkler, Dipl.-Ing. Angelika,
Stadtbauoberkommissärin 88542
Riedel, Dipl.-Ing. Gernot, Stadtbaukommissär 88526
Steiner, Dipl.-Ing. Marianne,
Stadtbaukommissärin 88525
Weber, Dipl.-Ing. Heinrich, Stadtbaukommissär 88543
Figl-Zavos, Dipl.-Ing. Maria 88546
Titz, Dipl.-Ing. Thomas 88527
Zobl-Kuuskoski, Dipl.-Ing. Marja-Leena 88523
Germ Rudolf, Amtsrat 88532
Polan, Ing. Rudolf, Techn. Amtsrat 88564
Drösler Reinhold 88552
Schuller Gabriele, Kanzleikommissärin,
Kanzleileiterin 88519
Kanzlei 88514, 88515,
88516, 88517, 88518

Planungsauskunft für die Bezirke:
1, 2, 14, 20 88534
3, 4, 5, 6, 7, 15 88533
8, 17, 18 88554
9, 16, 19 88555

MAGISTRATSABTEILUNG 21 B

Stadtteilplanung und Flächennutzung Süd

(Bezirke 10 bis 13 und 23)

(Geschäftsgruppe Planung und Zukunft)

1, Rathausstraße 14–16, 1. und 2. Stock, Tel. 40 00 . . .
Telefax: 40 00–99–88115, IBS-User: M21ABBK,
Internet e-mail: post@m21abb.magwien.gv.at

Bezirks- und Stadtteilplanungen sowie Planungen für lokal begrenzte Gebiete für die Bezirke 10 bis 13 und 23 unter Bedachtnahme auf die übergeordneten Planungsgrundlagen und Planungsziele, die maßgeblichen Ergebnisse von generellen stadträumlichen Fachplanungen, öffentliche Interessen und wichtige Rücksichten sowie unter Berücksichtigung der jeweils erforderlichen Abstimmung mit den Magistratsabteilungen 21 A und 21 C.

Führung der Bestands- und Nutzungsevidenz und Erfassung entwicklungsrelevanter Faktoren sowie bezirksspezifischer Anforderungen.

Fachliche Unterstützung für von den Bezirken wahrzunehmende Planungsaufgaben.

Ausarbeitung von Vorschlägen zur Änderung oder Neufassung des Flächenwidmungs- und Bebauungsplanes einschließlich der allfälligen Prüfung der Raumverträglichkeit.

Einleitung und Durchführung des Verfahrens zur Änderung oder Neufassung des Flächenwidmungs- und Bebauungsplanes nach der Bauordnung für Wien unter Bedachtnahme auf die Stellungnahmen der zuständigen Dienststellen sowie der beteiligten Interessenvertretungen und Institutionen.

Erstellung von Gutachten über Ausnahmen von Bausperren gemäß § 8 Abs. 1 und 2 der Bauordnung für Wien sowie Einholung der Stellungnahme des zuständigen Gemeinderatsausschusses.

Einleitung und Durchführung des Verfahrens zur Verhängung einer zeitlich begrenzten Bausperre gemäß § 8 Abs. 2 der Bauordnung für Wien.

Vorbereitung der Antragstellung auf Festsetzung von Bodenbeschaffungs- und Assanierungsgebieten.

Mitwirkung bei Angelegenheiten der Stadterneuerung.

Städtebauliche Begutachtung von Bauprojekten.

Planungsbezogene Öffentlichkeitsarbeit unter Beachtung der von der Magistratsabteilung 18 festgelegten Grundsätze sowie Organisation und Durchführung der Bürgerbeteiligung in Planungsangelegenheiten, soweit nicht die Magistratsabteilung 53 dafür zuständig ist.

Erteilung von allgemeinen und speziellen Informationen über die Stadtplanung und den Flächenwidmungs- und Bebauungsplan.

Vorbereitung und Durchführung von Wettbewerben und Gutachterverfahren im Einvernehmen mit den Magistratsabteilungen 18 und 19.

Geschäftsstelle des Fachbeirates für Stadtplanung und Stadtgestaltung.

Kundmachung des Flächenwidmungs- und Bebauungsplanes sowie Evidenthaltung und Archivierung der Plandokumente.

Führung der zentralen Adreßdatei einschließlich Vergabe der Code-Nummern für öffentliche Flächen, der Blocknummern und der Netzknoten.

Vorbereitung und Durchführung der räumlichen Abgrenzung der statistischen Zähleinheiten (Zählbezirke, Zählgebiete).

Arbeiten auf den Gebieten der Vervielfältigung, der Reprographie und der Mikroverfilmung.

Führung der Verkaufsstelle für die stadteigenen Kartenwerke.

Vokaun, Dipl.-Ing. Walter,
Senatsrat 88111
Koukal, Dipl.-Ing. Helmut,
Senatsrat 88112, 88172
Buchner, Dipl.-Ing. Herbert,
Oberstadtbaurat 88161
Kauzner, Dipl.-Ing. Franz,
Oberstadtbaurat 88131
Sengelin, Mag. Dipl.-Ing. Dr. phil. Wolfgang,
Oberstadtbaurat 88151
Krauss, Dipl.-Ing. Walter,
Stadtbaurat 88171
Kubicka, Dipl.-Ing. Walter,
Stadtbaurat 88132
Pamer, Dipl.-Ing. Volkmar,
Stadtbaurat 88164
Pamperl-Aichinger, Dipl.-Ing. Veronika,
Stadtbaurätin 88162
Pfleger, Dipl.-Ing. Andreas,
Stadtbaurat 88154
Stich, Dipl.-Ing. Gerlinde,
Stadtbaurätin 88163
Cremer, Dipl.-Ing. Marion,
Stadtbauoberkommissärin 88152
Kourilek, Dipl.-Ing. Andreas,
Stadtbauoberkommissär 88173
Kleedorfer, Dipl.-Ing. Jutta 88153
Leitenmaier, Dipl.-Ing. Andrea 88165
Prinz, Dipl.-Ing. Claudia 88175
Raimund, Dipl.-Ing. Henriette 88123
Löffko, Ing. Maria, Techn. Amtsrätin 88174
Schwab, Ing. Andreas 88026
Staudinger Rosa, Kanzleioberkommissärin,
Kanzleileiterin 88119
Kanzlei 88114, 88115, 88116, 88118

Referentinnen/Referenten für die Bezirke:
10, 11 88157
12, 13, 23 . . . . 88167, 88177

Evidenz und Archiv 88143

Verwaltung und Verkauf der
städtischen Kartenwerke 88021, 88022

Mehrzweckkarte 88028, 88024

Materialbewirtschaftung 88026, 88042

Kassa 88029

Reprografiezentrum,
1, Rathaus, Stiege 7 88042

Fachbeirat für Stadtplanung und Stadtgestaltung:

Eckharter, Dipl.-Ing. Manfred
Höger, Dipl.-Ing. Peter
Nehrer, Arch. Dipl.-Ing. Manfred
Neuberger, Univ.-Prof. Dr. Manfred
Nitsch, Dr. Oskar
Prochazka, Univ.-Prof. mag. arch. Elsa
Puchinger, Dr. Kurt
Rizzi, Dr. Wilhelm Georg
Rosinak, Dr. Werner
Schönthaler, Univ.-Prof. Dipl.-Ing. Dr. Karl-Ernst
Snizek, Dr. Sepp
Wehdorn, Univ.-Prof. Dipl.-Ing. Dr. techn. Manfred
(Vorsitz)

MAGISTRATSABTEILUNG 21 C

Stadtteilplanung und Flächennutzung Nordost

(Bezirke 21 und 22)

(Geschäftsgruppe Planung und Zukunft)

1, Rathausstraße 14–16, 2. Stock, Tel. 40 00 . . .
Telefax: 40 00-99-Nebenstelle, IBS-User: M21ABCK,
Internet e-mail: post@m21abc.magwien.gv.at

Bezirks- und Stadtteilplanung sowie Planungen für lokal begrenzte Gebiete für die Bezirke 21 und 22 unter Bedachtnahme auf die übergeordneten Planungsgrundlagen und Planungsziele, die maßgeblichen Ergebnisse von generellen stadträumlichen Fachplanungen, öffentliche Interessen und wichtige Rücksichten sowie unter Berücksichtigung der jeweils erforderlichen Abstimmung mit den Magistratsabteilungen 21 A und 21 B.

Führung der Bestands- und Nutzungsevidenz und Erfassung entwicklungsrelevanter Faktoren sowie bezirksspezifische Anforderungen.

Fachliche Unterstützung für von den Bezirken wahrzunehmende Planungsaufgaben.

Ausarbeitung von Vorschlägen zur Änderung oder Neufassung des Flächenwidmungs- und Bebauungsplanes einschließlich der allfälligen Prüfung der Raumverträglichkeit.

Einleitung und Durchführung des Verfahrens zur Änderung oder Neufassung des Flächenwidmungs- und Bebauungsplanes nach der Bauordnung für Wien unter Bedachtnahme auf die Stellungnahmen der zuständigen Dienststellen sowie der beteiligten Interessensvertretungen und Institutionen.

Erstellung von Gutachten über Ausnahmen von Bausperren gemäß § 8 Abs. 1 und 2 der Bauordnung für Wien sowie Einholung der Stellungnahme des zuständigen Gemeinderatsausschusses.

Einleitung und Durchführung des Verfahrens zur Verhängung einer zeitlich begrenzten Bausperre gemäß § 8 Abs. 2 der Bauordnung für Wien.

Vorbereitung der Antragstellung auf Festsetzung von Bodenbeschaffungs- und Assanierungsgebieten.

Mitwirkung bei Angelegenheiten der Stadterneuerung.

Städtebauliche Begutachtung von Bauprojekten.

Planungsbezogene Öffentlichkeitsarbeit unter Beachtung der von der Magistratsabteilung 18 festgelegten Grundsätze sowie Organisation und Durchführung der Bürgerbeteiligung in Planungsangelegenheiten, soweit nicht die Magistratsabteilung 53 dafür zuständig ist.

Erteilung von allgemeinen und speziellen Informationen über die Stadtplanung und den Flächenwidmungs- und Bebauungsplan.

Vorbereitung und Durchführung von Wettbewerben und Gutachterverfahren im Einvernehmen mit den Magistratsabteilungen 18 und 19.

Binder, Dipl.-Ing. Herbert, Senatsrat 88411
Schönfeld, Dipl.-Ing. Manfred, Oberstadtbaurat 88451
Heinrich, Dipl.-Ing. Elfriede, Oberstadtbaurätin 88462
Urban, Dipl.-Ing. Ingrid, Oberstadtbaurätin 88453
Köpf, Dipl.-Ing. Gerhard, Stadtbaurat 88463
Spritzendorfer, Dipl.-Ing. Thomas, Stadtbaurat 88441
Sturm, Dipl.-Ing. Walter, Stadtbaurat 88446
Hofstetter, Dipl.-Ing. Kurt, Stadtbauoberkommissär . . 88452
Fabian, Dipl.-Ing. Irene, Stadtbaukommissärin 88444
Marth, Dipl.-Ing. Mario, Stadtbaukommissär 88455
Prochazka, Dipl.-Ing. Eva, Stadtbaukommissärin 88464
Spitzauer, Dipl.-Ing. Ina, Stadtbaukommissärin 88443
Hovadek, Dipl.-Ing. Marita 88442
Jost, Dipl.-Ing. Monika 88467
Toth, Dipl.-Ing. Elisabeth 88466
Trimmel Helfried, Techn. Amtsrat 88465

Gröbl Elfriede, Kanzleioberkommissärin,
Kanzleileiterin 88419
Kanzlei 88413, 88414, 88415, 88416, 88417, 88418
Auner Gerhard, Techn. Kanzleikommissär,
Planungsauskunftsleiter 88471

Bezirksreferentin/Bezirksrerferent
für den 21. Bezirk 88473

Bezirksreferentin/Bezirksreferent
für den 22. Bezirk 88474

MAGISTRATSABTEILUNG 22

Umweltschutz

(Geschäftsgruppe Umwelt und Verkehrskoordination)
1, Ebendorferstraße 4, 4. und 5. Stock, Tel. 40 00 . . .
Telefax: 40 00–99–88215, IBS-User: M22K,
Internet e-mail: post@m22.magwien.gv.at

Allgemeine und grundsätzliche Angelegenheiten des Umweltschutzes.
Koordinierung der Aktivitäten auf dem Gebiet des Umweltschutzes.
Ausführung von Entwicklungs- und Forschungsarbeiten sowie Vergabe und Betreuung von Forschungs- und Untersuchungsaufträgen auf dem Gebiet des Umwelt- und Naturschutzes.
Mitwirkung an Untersuchungen und Maßnahmen anderer Dienststellen auf dem Gebiet des Umweltschutzes.
Mitwirkung an behördlichen Verfahren und Vorhaben im Rahmen der Privatwirtschaftsverwaltung, die wesentliche Auswirkungen auf die Umwelt erwarten lassen.
Abgabe von Stellungnahmen af dem Gebiet des Umweltschutzes.
Handhabung des Bundesgesetzes über die Umweltkontrolle, soweit der Landeshauptmann zuständig ist.
Handhabung des Smogalarmgesetzes und des Ozongesetzes, soweit der Landeshauptmann zuständig ist.
Handhabung des Altlastensanierungsgesetzes als Landeshauptmann, soweit nicht die Magistratsabteilungen 45, 58 und 63 zuständig sind.
Förderungsmaßnahmen auf dem Gebiet des Umwelt- und Naturschutzes einschließlich der Vergabe von Subventionen.
Angelegenheiten des Naturschutzes und der Erhaltung des Landschaftsbildes; Handhabung einschlägiger Rechtsvorschriften auf diesen Gebieten, insbesondere des Bundes- sowie des Landesgesetzes zur Durchführung des Übereinkommens über den internationalen Handel mit gefährdeten Arten freilebender Tiere und Pflanzen.
Handhabung des Wiener Nationalparkgesetzes, soweit nicht andere Dienststellen zuständig sind, ausgenommen Strafamtshandlungen.
Erteilung von Haltungsbewilligungen für Greifvögel sowie Entgegennahme von Meldungen und Beringung von Greifvögeln nach dem Jagdgesetz.
Beistellung von Amtssachverständigen nach dem Wiener Tierschutz- und Tierhaltegesetz, soweit nicht die Magistratsabteilung 60 zuständig ist.
Beistellung von Amtssachverständigen in eisenbahnrechtlichen Verfahren.
Erteilung und Widerruf von Ausnahmebewilligungen nach der Auftaumittelverordnung 1982.
Angelegenheiten des Baumschutzes, ausgenommen die rechtlichen Angelegenheiten in erster Instanz.
Führung der Bürogeschäfte des Beirates für Fragen des Umweltschutzes in Wien und des Naturschutzbeirates; Bestellung der Naturschutzorgane und Organisation von Maßnahmen für die Durchführung des Dienstes dieser Organe.
Vorbereitung der Geschäftsordnung und Führung der laufenden Geschäfte des Rates der Sachverständigen für Umweltfragen sowie Erstattung des Umweltberichtes aufgrund des Wiener Umweltschutzgesetzes.
Handhabung des Chemikaliengesetzes, soweit der Landeshauptmann zuständig ist.
Durchführung der Umweltverträglichkeitsprüfung und des konzentrierten Genehmigungsverfahrens nach dem Umweltverträglichkeitsprüfungsgesetz einschließlich der Vorbereitung der Entscheidung der Landesregierung.
Wahrnehmung der dem Landeshauptmann oder der Bezirksverwaltungsbehörde zugewiesenen Kompetenzen nach dem Abfallwirtschaftsgesetz, soweit keine andere Dienststelle zuständig ist; Vorbereitung der Ausübung des Anhörungsrechtes des Landes zum Bundes-Abfallwirtschaftsplan.
Beratung der Bevölkerung über die ordnungsgemäße Beseitigung von Problemstoffen.
Handhabung des Wiener Abfallwirtschaftsgesetzes, soweit keine andere Dienststelle zuständig ist.
Beratung der städtischen Dienststellen über die getrennte Sammlung von wiederverwertbaren Stoffen und Problemstoffen.
Betrieb von Labors sowie eines stationären Luftmeßnetzes.
Berichterstattung an den Gemeinderat über das Ergebnis der Messungen und die getroffenen Veranlassungen im Sinne des Wiener Feuerpolizei- und Luftreinhaltegesetzes; Erstellung eines Umweltalarmplanes und Erlassung von Anordnungen aufgrund dieses Planes.
Messungen von Luftverunreinigungen, Lärmbelästigungen, Wasserverunreinigungen und der Wirkungsweise physikalisch-chemischer Abwasserbehandlungsanlagen.
Probenahmen und Untersuchungen von Boden- und Grundwasserproben, soweit sie den Umwelt- und Naturschutz betreffen.

Löffler, Dipl.-Ing. Helmut, Senatsrat 88211
Pelikan, Dr. Herbert, Senatsrat 88212
Ricica, Dipl.-Ing. Dr. techn. Kurt, Senatsrat 88231
Domany, Dipl.-Ing. Bruno, Oberstadtbaurat 88241
Hirhager, Dipl.-Ing. Dr. Robert,
Oberstadtbaurat 88252
Pangratz, Dipl.-Ing. Hellmut 88251
Schermann, Dipl.-Ing. Günther 88284
Seidi, Dipl.-Ing. Dr. Mohammadali,
Oberstadtbaurat 88261
Zwilling, Univ.-Doz. Dr. Günter,
Oberstadtbaurat 88321
Deimböck, Mag. Wolfgang, Stadtbaurat 88253
Friedbacher, Dipl.-Ing. Dr. Robert, Stadtbaurat 88265
Kubik, Dipl.-Ing. Michael, Stadtbaurat 88233
Reisenleitner, Dipl.-Ing. Alexander,
Stadtbaurat 88222
Riess, Dipl.-Ing. Peter, Stadtbaurat 88281
Klar, Dr. Johann, Magistratsrat 88301
Schleicher, Dr. Sieglinde, Magistratsrätin 88319
Klein, Mag. Peter-Paul,
Magistratsoberkommissär 88318
Mosor, Dipl.-Ing. Thomas,
Stadtbauoberkommissär 88255
Pommerening-Schober, Mag. Renate,
Magistratsoberkommissärin 88311
Augustyn, Dipl.-Ing. Roman 88283
Binder, Mag. Andreas 88314
Ebert, Dipl.-Ing. Petra 88257
Fiala, Mag. Sonja 88315
Gloss, Mag. Harald 88344
Haslinger, Dipl.-Ing. Ulrike 88235
Janak, Dipl.-Ing. Gordana 88262
Mikocki, Dr. Josef 88234
Oppenauer, Dipl.-Ing. Heinrich 88266
Rienesl, Dr. Jürgen 88239
Schuh, Mag. Thomas 88312
Sciri, Dr. Sonja 88313
Wallquist, Mag.Verena 88312
Blazek, Ing. Horst, Techn. Amtsrat 88236
Zak Herbert, Amtsrat 88238
Zeiller Eduard, Amtsrat 88339
Sageder, Ing. Alois 88228
Kreiner, Ing. Peter, Techn. Oberkommissär 88271
Bammer Elisabeth, Kanzleioberkommissärin,
Kanzleileiterin 88219
Kanzlei 88213, 88214, 88215, 88216, 88217, 88218, 88345

Dezernat für rechtliche Angelegenheiten:

Pelikan, Dr. Herbert, Senatsrat,
Dezernatsleiter 88212

Referat 1: Rechtliche Angelegenheiten des Umweltschutzes
Pommerening-Schober, Mag. Renate,
Magistratsoberkommissärin 88311
Sachbearbeiterinnen/Sachbearbeiter . . 88312, 88313, 88314, 88315, 88318, 88319, 88339

Referat 3: Naturschutz und Landschaftspflege
Ricica, Dipl.-Ing. Dr. techn. Kurt, Senatsrat 88231
Sachbearbeiterinnen/Sachbearbeiter . 88233, 88234, 88235, 88236, 88237, 88238, 88239, 88344

Referat 6: Abfallwirtschaft
Seidi, Dipl.-Ing. Dr. Mohammadali,
Oberstadtbaurat 88261
Sachbearbeiterinnen/Sachbearbeiter . . 88262–88268, 88336, 88337, 88338

Dezernat für technische Angelegenheiten:

Löffler, Dipl.-Ing. Helmut, Senatsrat,
Dezernatsleiter 88211

Referat 2: Lärmbekämpfung und Schallschutz
Reisenleitner, Dipl.-Ing. Alexander,
Stadtbaurat 88222
Sachbearbeiterinnen/Sachbearbeiter 88222, 88223, 88224, 88225, 88321
Sachbearbeiterinnen/Sachbearbeiter
Schallmessungen . . . 88226, 88227, 88228, 88229, 88324, 88325

Referat 4: Koordination Stadtentwicklung und Umweltschutz
Domany, Dipl.-Ing. Bruno, Oberstadtbaurat 88241

Referat 5: Luftreinhaltung
Pangratz, Dipl.-Ing. Hellmut 88251
Sachbearbeiterinnen/Sachbearbeiter . . 88252, 88253, 88254, 88255, 88256, 88257

Referat 7: Labor
11, Rinnböckstraße 15
Kreiner, Ing. Peter, Techn. Oberkommissär 88271

Sachbearbeiterinnen/Sachbearbeiter . . 88272, 82273, 88274, 88242
Kanzlei 88249

Referat 8: Luftmeßnetz
Riess, Dipl.-Ing. Peter, Stadtbaurat 88281
Sachbearbeiterinnen/Sachbearbeiter . . 88282, 88283, 88284, 88285, 88287, 88326, 88327, 88332, 88333, 88334

Stabsstelle
Klar, Dr. Johann, Magistratsrat 88301
Sachbearbeiterinnen/Sachbearbeiter . . 88302, 88303, 88304, 88305

Wiener Umwelt-Hotline 88316, 88317
Luftgüte- bzw. Ozontonbanddienst 8820
Ozon-Infotelefon 88288

MAGISTRATSABTEILUNG 23

Amtshäuser, Nutzbauten, Nachrichtentechnik

(Geschäftsgruppe Wohnen, Wohnbau und Stadterneuerung)

19, Muthgasse 62, 3. Stock, Tür D3.03, Tel. 40 00 . . .
Telefax: 40 00–99–Nebenstelle, IBS-User: M23K,
Internet e-mail: post@m23.magwien.gv.at

Für die Gebäude und sonstigen baulichen Anlagen der Magistratsabteilungen 11, 12, 51, 56, die städtischen Amtshäuser sowie die Amtsräume:
Errichtung von Neu- und Zubauten, Durchführung von Umbauten, baulichen Abänderungen und Abbrüchen sowie Durchführung der Erhaltungsmaßnahmen;
Planung, Errichtung, Installation, Betriebsführung, Erhaltung und Begutachtung von wärme-, kälte-, lüftungs-, klima-, maschinen-, sanitär-, elektro-, blitzschutz- und fördertechnischen Anlagen aller Art.

Planung, Errichtung, Installation, Betriebsführung, Erhaltung und Begutachtung von städtischen Funkanlagen, Fernsprechanlagen, Fernmeldekabeln, Datennetzen sowie von sonstigen nachrichtentechnischen Anlagen aller Art, soweit keine andere Dienststelle zuständig ist.

Bestellung der ständigen Kontrahenten für alle Hochbau- und Haustechnikarbeiten der Stadt Wien.

Grundverwaltung und Erhaltung der städtischen Amtshäuser – einschließlich des Abschlusses und der Auflösung von Verträgen zur Büroraumbeschaffung, soweit keine andere Dienststselle dafür zuständig ist –, der städtischen Pfarrhöfe, Gotteshäuser, begehbaren Kapellen und Patronate (mit Ausnahme der Gotteshäuser und Kapellen in Friedhöfen, Krankenanstalten und Pflegeheimen) sowie sonstiger Bauwerke ohne spezielle haustechnische Einrichtungen.

Führen der Rathausverwaltung; technischer Veranstaltungsdienst im Rathaus.

Grundverwaltung, Erhaltung und Führen der Herbergen für Obdachlose.

Überprüfung von elektrischen Anlagen in städtischen Objekten.

Vertretung der Stadt Wien im fernmeldebehördlichen Genehmigungsverfahren.

Überwachung der laufenden Kosten für die fernmeldetechnischen Anlagen.

Durchführung von Funktionsproben in Alarmeinrichtungen im Einvernehmen mit der Magistratsabteilung 68 gemäß § 3 Abs. 2 des Wiener Katastrophenhilfegesetzes.

Technische Begutachtung von privaten Kindergärten, Schulen, Horten und Jugendfürsorgeanstalten.

Grundschober, Dipl.-Ing. Gerhard, Senatsrat 73011
Schraml, Dipl.-Ing. Anton, Senatsrat 73021
Haunzwickl, Dipl.-Ing. Gerd, Senatsrat 73451
Winzer, Dipl.-Ing. Johannes, Senatsrat 73041
Zika, Dipl.-Ing. Adalbert, Senatsrat 73351
Anderschitzky-Schenböck, Dipl.-Ing. Paul,
Oberstadtbaurat 73081
Kleindel, Dr. Franz, Oberstadtbaurat 73111
Selos, Dipl.-Ing. Peter, Oberstadtbaurat 73501
Siegl, Dipl.-Ing. Dr. Robert, Oberstadtbaurat 73301
Lechner, Dipl.-Ing. Christian, Stadtbaurat 73043
Böchzelt, Dipl.-Ing. Norbert,
Stadtbauoberkommissär 73281
Böshönig, Dipl.-Ing. Christian, Stadtbaukommissär . . 73511
Gaider, Dipl.-Ing. Michael, Stadtbaukommissär 73023
Krall, Dipl.-Ing. Christian, Stadtbaukommissär 73221
Loidl, Dipl.-Ing. Martin 73516
Biegler, Ing. Hans, Techn. Oberamtsrat 73151
Blazsovsky, Ing. Hannes, Techn. Oberamtsrat 73141
Fabijan, Ing. Otto, Techn. Oberamtsrat 73131
Fritz, Ing. Werner, Techn. Oberamtsrat 73565
Hoffmann, Ing. Walter, Techn. Oberamtsrat 73461
Hüttl, Ing. Wolfgang, Techn. Oberamtsrat 73271
Hysek, Ing. Peter, Techn. Oberamtsrat 73251
Kaizler, Ing. Rudolf, Techn. Oberamtsrat 73711
Klaghofer, Ing. Gerhard, Techn. Oberamtsrat 73201
Miedler Friedrich, Oberamtsrat 604 13 31,
604 13 32 . . ., 81
Moser, Ing. Viktor, Techn. Oberamtsrat 73026
Neswadba Herta, Oberamtsrätin 73171
Neumayer, Ing. Josef, Techn. Oberamtsrat 73781
Pohl, Ing. Helmut, Techn. Oberamtsrat 73048
Pohl, Ing. Leopold, Techn. Oberamtsrat 73051
Schantl, Ing. Augustin, Techn. Oberamtsrat 73023
Schweiger, Ing. Günter, Techn. Oberamtsrat 73024
Steiner, Ing. Peter, Techn. Oberamtsrat 73211
Zoch, Ing. Gerd-Peter, Techn. Oberamtsrat 73361
Bäumler, Ing. Peter, Techn. Amtsrat 73481
Hager, Ing. Franz, Techn. Amtsrat 73275
Hüpfner, Ing. Hans, Techn. Amtsrat 73153
Nebauer, Ing. Heinrich, Techn. Amtsrat 73561
Nefzger, Ing. Walter, Techn. Amtsrat 73576
Novotny, Ing. Stefan, Techn. Amtsrat 73732
Pöttinger, Ing. Karl, Techn. Amtsrat 73783
Puhm, Ing. Karl, Techn. Amtsrat 73441
Werosta, Ing. Otto, Techn. Amtsrat 73493
Zeczelitsch, Ing. Emmerich, Techn. Amtsrat 73261
Pajan, Baumeister Johann, Regierungsrat 73401
Bauer Elisabeth, Kanzleioberkommissärin,
Personalreferentin 73091
Bauer Helene, Kanzleioberkommissärin,
Kanzleileiterin 73019

Bereichsleitung Hochbau

Schraml, Dipl.-Ing. Anton, Senatsrat 73021
Sachbearbeiterinnen/Sachbearbeiter 73023,
73024, 73026, 73971
Werkmeisterinnen/Werkmeister 73032, 73033, 73972
Sekretariat 73025

Bereichsleitung Haustechnik

Winzer, Dipl.-Ing. Johannes, Senatsrat 73041
Sachbearbeiterinnen/Sachbearbeiter 73043,
73047, 73048, 73051
Sekretariat 73045, 73046

Dezernat Finanzen, Rechnungswesen und Energie

Fabijan, Ing. Otto, Techn. Oberamtsrat 73131
Sachbearbeiterinnen/Sachbearbeiter 73141
Werkmeisterinnen/Werkmeister 73142, 73143
Kreditevidenz 73133
Rechnungsprotokoll 73136, 73138

Dezernat Planung

Kleindel, Dr. Franz, Oberstadtbaurat 73111
Sachbearbeiterinnen/Sachbearbeiter 73112, 73113
Werkmeisterinnen/Werkmeister 73122, 73125, 73126
Zeichenbüro 73124
Werkstätte 73123

Dezernat Controlling – Kontrolle

Anderschitzky-Schenböck, Dipl.-Ing. Paul,
Oberstadtbaurat 73081
Sekretariat 73085

Gruppe Rathaus

1, Rathaus, Eingang Felderstraße 1a, Tür 31
Telefax: 40 00–99–73710

Erhaltung, Instandsetzung und Adaptierung von Amtshäusern in den Bezirken 1 und 8, Führung der Hauswerkstätten,

Hausaufsicht über die Objekte der Rathausverwaltung; Organisation von Veranstaltungen, Vermietung von Inventar und Veranstaltungsräumen
Kaizler, Ing. Rudolf,
Techn. Oberamtsrat 73711
Kanzlei- und Personalangelegenheiten 73715
Zentrale Gebrechensmeldung 7370
Gebrechen Elektro, Gas, Wasser 73720
Heizungsgebrechen Rathaus 73730
Sachbearbeiterinnen/Sachbearbeiter . . 73731, 73732, 73733, 73781, 73782, 73783, 73784
Werkmeisterinnen/Werkmeister 73735, 73736, 73737, 73741, 73742, 73791, 73792, 73793, 73794, 73795, 73796, 73797
Referat Rathaus
Sachbearbeiterinnen/Sachbearbeiter, Werkmeisterinnen/Werkmeister 73571, 73572, 73573, 73574
NT-Werkstätte Rathaus 73580
Leiterin/Leiter Veranstaltungen, KFA 73576
Sachbearbeiterinnen/Sachbearbeiter, Werkmeisterinnen/Werkmeister 73577, 73578, 73579

Amtshäuserverwaltung
Verwaltung der städtischen Amtshäuser, Häuser für verschiedene Zwecke, Kirchen, Pfarrhöfe und Kapellen (einschließlich Patronate der Stadt Wien), Einmietung für Dienststellen in städtischen Wohnhäusern und gemeindefremden Gebäuden, Dienststelle des Personals der Ämterreinigung (Hausaufseherinnen/Hausaufseher, Amtshauswartinnen/Amtshauswarte, Reinigungspersonal)
Neswadba Herta,
Oberamtsrätin 73171
Auskunft 73170
Referat für den 9., 19., 21. und 22. Bezirk 73172
Referat für den 2., 5., 6., 7., 16., 17., 18., 20. Bezirk . . 73173
Referat für den 1., 8., 11., 13. und 14. Bezirk 73174
Referat für den 3., 4., 10., 12., 15. und 23. Bezirk 73176
Hauspersonalreferate 73182, 73183, 73184, 73185

Dezentralisierungsgruppe 1
für die Bezirke 1, 2, 4, 5, 6, 7, 20
Klaghofer, Ing. Gerhard,
Techn. Oberamtsrat 73201
Teamleiterinnen/Teamleiter 73203, 73204
Sachbearbeiterinnen/Sachbearbeiter . . 73211, 73221, 73225, 73231, 73241, 73245
Werkmeisterinnen/Werkmeister 73212, 73213, 73214, 73215, 73222, 73223, 73226, 73232, 73233, 73234, 73242, 73243, 73246
Sekretariat 73209
Gebrechensmeldung 73901, 73902
Auskunft 73200

Dezentralisierungsgruppe 2
für die Bezirke 3, 10, 11
Hysek, Ing. Peter,
Techn. Oberamtsrat 73251
Teamleiterinnen/Teamleiter 73253, 73254
Sachbearbeiterinnen/Sachbearbeiter . . 73261, 73271, 73275, 73281, 73291, 73295
Werkmeisterinnen/Werkmeister 73262, 73263, 73264, 73265, 73272, 73273, 73276, 73277, 73282, 73283, 73284, 73285, 73292, 73293, 73296
Sekretariat 73259
Gebrechensmeldung 73903, 73910
Auskunft 73250

Dezentralisierungsgruppe 3
für die Bezirke 12, 13, 14, 15, 23
Siegl, Dipl.-Ing. Dr. Robert,
Oberstadtbaurat 73301
Teamleiterinnen/Teamleiter 73303, 73304
Sachbearbeiterinnen/Sachbearbeiter . . 73311, 73315, 73321, 73325, 73331, 73341, 73345
Werkmeisterinnen/Werkmeister 73312, 73313, 73316, 73317, 73322, 73323, 73326, 73332, 73333, 73334, 73335, 73342, 73343, 73346
Sekretariat 73309
Gebrechensmeldung 73912, 73913
Auskunft 73300

Dezentralisierungsgruppe 4
für die Bezirke 8, 9, 16, 17, 18, 19
Zika, Dipl.-Ing. Adalbert,
Senatsrat 73351
Teamleiterinnen/Teamleiter 73353, 73354
Sachbearbeiterinnen/Sachbearbeiter . . 73361, 73371, 73375, 73381, 73391, 73395
Werkmeisterinnen/Werkmeister 73362, 73363, 73364, 73365, 73372, 73373, 73376, 73382, 73383, 73384, 73392, 73393, 73396, 73397
Sekretariat 73359
Gebrechensmeldung 73917, 73908
Auskunft 73350

Dezentralisierungsgruppe 5
für die Bezirke 21, 22
Pajan, Baumeister Johann, Regierungsrat 73401

Teamleiterinnen/Teamleiter 73403, 73404
Sachbearbeiterinnen/Sachbearbeiter . . 73411, 73421, 73425, 73431, 73441, 73445
Werkmeisterinnen/Werkmeister 73412, 73413, 73422, 73423, 73426, 73432, 73433, 73434, 73435, 73442, 73443, 73446
Sekretariat 73409
Gebrechensmeldung 73921, 73922
Auskunft 73400

Gruppe Sonderaufgaben
Haunzwickl, Dipl.-Ing. Gerd,
Senatsrat 73451
Teamleiterinnen/Teamleiter 73453, 73454, 73455
Sachbearbeiterinnen/Sachbearbeiter . . 73461, 73466, 73471, 73481, 73482, 73483, 73491, 73492, 73493
Werkmeisterinnen/Werkmeister 73462, 73463, 73464, 73467, 73468, 73472, 73473, 73474, 73477, 73478, 73486, 73487, 73488, 73495, 73496, 73497
Sekretariat 73459
Auskunft und Gebrechensmeldung 73450

Gruppe Nachrichtentechnik
Selos, Dipl.-Ing. Peter,
Oberstadtbaurat 73501
Sekretariat 73505, 73506
Auskunft 73500

Leiterin/Leiter Planung 73511
Sachbearbeiterinnen/Sachbearbeiter 73513, 73514, 73516, 73518
Werkmeisterinnen/Werkmeister 73517, 73519

Leiterin/Leiter Betrieb 73521
Sachbearbeiterinnen/Sachbearbeiter . . 73522, 73531, 73541
Werkmeisterinnen/Werkmeister 73527, 73528, 73529, 73532, 73542, 73543
Störungsstelle 9810

Referat für die Bezirke 1, 2, 4, 5, 6, 7, 20, MA 10
Sachbearbeiterinnen/Sachbearbeiter,
Werkmeisterinnen/Werkmeister 73551, 73552

Referat für die Bezirke 3, 10, 11, MA 49, 30
Sachbearbeiterinnen/Sachbearbeiter,
Werkmeisterinnen/Werkmeister 73555, 73556

Referat für die Bezirke 8, 9, 12, 13, 14, 15, 16, 17, 18, 19, 23, MA 31
Sachbearbeiterinnen/Sachbearbeiter,
Werkmeisterinnen/Werkmeister 73561, 73562, 73563

Referat für die Bezirke, 21, 22, MA 13, 15, 42, 43, 44, 48, 51, 68, 70, Berufsschulen, Fachschulen, Volksbildungsbauten
Sachbearbeiterinnen/Sachbearbeiter,
Werkmeisterinnen/Werkmeister 73565, 73566, 73567, 73568

Leiterin/Leiter des Vermittlungsbetriebes 73611
Rufnummernauskunft 9800
Ferngesprächsanmeldung 9801
Fernschreibstelle und Telefaxvermittlung 9802

Betriebsgruppe
Biegler, Ing. Hans,
Techn. Oberamtsrat 73151
Auskunft 73150
Journaldienst: Aufnahme von Störungsmeldungen auch außerhalb der normalen Dienstzeit an Elektro- und Sanitäreinrichtungen für den gesamten Magistratsbereich, ausgenommen MA 17 9100
Für den Bereich MA 17, jedoch nur außerhalb der Normaldienstzeit 9070
Sachbearbeiterinnen/Sachbearbeiter 73152, 73153, 73154, 73156
Werkmeisterinnen/Werkmeister 73162, 73163, 73164, 73165, 73166
Telefax: 40 00–99–9100

Verwaltung der Herbergen für Familien
12, Kastanienallee 2 . . . . 604 13 31 . . .
Telefax: 604 13 31–48
Miedler Friedrich, Oberamtsrat 81

Herberge für Familien:
3, Gänsbachergasse 3 . . . . 798 21 29

Herbergen für Männer:
11, Neu-Albern 2 . . . . 768 27 81
20, Meldemannstraße 25–27 . . . . 330 44 18

Herberge für Frauen:
12, Ruttenstockgasse 2 . . . . 604 13 31 . . ., 36

Provisorische Herberge für Männer:
21, Siemensstraße 109 . . . . 259 33 75

MAGISTRATSABTEILUNG 24

Hochbau

(Geschäftsgruppe Wohnen, Wohnbau und Stadterneuerung)

19, Muthgasse 62, 3. und 4. Stock, Tel. 40 00 . . .
Telefax: 40 00–99–90410, IBS-User: M24K
Internet e-mail: post@m24.magwien.gv.at

Verfassung von Entwurfs- und Ausführungsplänen für Neu-, Zu- und Umbauten städtischer Wohnhausbauten, auch fallweise durch Beauftragung von Ziviltechnikern im Einvernehmen mit den jeweils zuständigen Dienststellen; Prüfung der Preisangemessenheit von Anboten dieser zu beauftragenden Ziviltechniker.

Errichtung von Neu- und Zubauten von städtischen Wohnhäusern über Auftrag der Magistratsabteilung 17 und im Einvernehmen mit den jeweils zuständigen Dienststellen.

Durchführung von Um- und Zubauten, baulichen Abänderungen und Abbrüchen, von Instandsetzungen und Stadterneuerungsmaßnahmen in städtischen Wohnhäusern und in den zugehörigen Bauten der sozialen Infrastruktur über Auftrag der Magistratsabteilung 17.

Errichtung von Neu- und Zubauten, Durchführung von Umbauten, baulichen Abänderungen und Abbrüchen sowie Durchführung der Erhaltungsmaßnahmen für Gebäude und sonstige bauliche Anlagen der Stadt Wien, soweit diese Bauführung nach dieser Geschäftseinteilung nicht ausdrücklich einer anderen Dienststelle übertragen ist.

Beistellung von Sachverständigen zur Begutachtung von baulichen Herstellungen, die subventioniert werden.

Beistellung von Sachverständigen für die Sanierung von Wohnvierteln.

Erwirken der Förderungsbeiträge aus den Mitteln der Wohnbauförderung und Sicherstellen deren ordnungsgemäßer Verwendung.

Vergabe und Betreuung von Forschungsaufträgen aus städtischen Mitteln auf dem Gebiet der Wohnbauforschung.

Vertretung der Stadt Wien in Angelegenheiten der Wohnbauforschung.

Reiter, Dipl.-Ing. Norbert, Senatsrat 90411
Hößl, Dipl.-Ing. Alfred, Senatsrat 90441
Marchart, Dipl.-Ing. Dr. techn. Peter,
Senatsrat 90431
Bartel, Dipl.-Ing. Ferdinand . . . . 211 06 . . ., 02185
Gintzel, Dipl.-Ing. Manfred, Oberstadtbaurat 90471
Huber, Arch. Dipl.-Ing. Karl, Oberstadtbaurat 90451
Labi, Dipl.-Ing. Robert, Oberstadtbaurat 90461
Stidl, Dipl.-Ing. Walter . . . . 287 07 81 . . ., 16
Wonka, Dipl.-Ing. Herbert, Oberstadtbaurat 90421
Hartl, Dipl.-Ing. Rudolf, Stadtbaurat 283 81 62
Horvath, Dipl.-Ing. Hertha 90433
Schmiege, Dipl.-Ing. Peter,
Stadtbaurat . . . . 294 38 22 . . ., 21
Steiner, Dipl.-Ing. Martin, Stadtbaurat 90432
Suppan, Dipl.-Ing. Raimund,
Stadtbauoberkommissär 202 88 57
Buchner, Dipl.-Ing. Doris,
Stadtbaukommissärin . . . . 256 40 36 . . ., 11
Arthofer, Ing. Peter, Techn. Oberamtsrat 804 04 48
Bareder, Ing. Robert, Techn. Oberamtsrat 214 20 07
Beck, Ing. Reinhard, Techn. Oberamtsrat 90481
Groszbauer, Ing. Gerhard, Techn. Oberamtsrat 90442
Gruber, Ing. Karl, Techn. Oberamtsrat 90422
Putz Raimund, Techn. Oberamtsrat 90462
Urbantschitsch, Ing. Udo, Techn. Oberamtsrat 90452
Heger, Ing. Dieter, Techn. Amtsrat 367 44 63
Pani, Ing. Annemarie, Techn. Amtsrätin 90434
Podany, Ing. Johann, Techn. Amtsrat 367 44 63
Rogy, Ing. Peter, Techn. Amtsrat 90445
Sturm, Ing. Eckwin, Techn. Amtsrat 911 10 17
Putzgruber Adelheid, Kanzleioberkommissärin,
Kanzleileiterin 90419
Aktenprotokoll 90418
Rechnungsprotokoll 90417
Haft- und Deckungsrücklässe, Versicherungen 90416
Budget, Bauvorbereitung Revitalisierung 90481
Wohnbauförderung 90483
Abbrüche, Absiedlungen 90492
Statistik 90482
Bauvorbereitung Neubau 90431
Mieterbetreuung Schöpfwerk, Kindertagesheime
(Koordination gegenüber Genossenschaften) 90434
Mängelbehebungen 90445
Gebietsbetreuung Karmeliter-
viertel . . . . 211 06 . . ., 02185, 02186

MAGISTRATSABTEILUNG 25

Technisch-wirtschaftliche Prüfstelle für Wohnhäuser, besondere Angelegenheiten der Stadterneuerung

(Geschäftsgruppe Wohnen, Wohnbau und Stadterneuerung)

19, Muthgasse 62, Tel. 40 00 . . .
Telefax: 40 00–99–8025, IBS-User: M25K
Internet e-mail: post@m25.magwien.gv.at

Technisch-wirtschaftliche Prüfung der Förderungswürdigkeit bei der Wohnbauförderung.
Erstellung technisch-wirtschaftlicher Gutachten und Abgabe von Stellungnahmen aufgrund mietrechtlicher Bestimmungen und zur Beurteilung denkmalpflegerischer Mehrleistungen aufgrund der einschlägigen Rechtsvorschriften.
Technisch-wirtschaftliche Prüfung der Förderungswürdigkeit in Angelegenheiten der Wohnbauförderung, der Wohnungsverbesserung und der Wohnhaussanierung sowie Tätigkeit als Bauaufsichtsorgan bei Wohnungsverbesserungen nach den Grundsätzen der Wohnbauförderung.
Überprüfung der Rechnungen als Voraussetzung für die Freigabe von Förderungsmitteln in Angelegenheiten der Wohnbauförderung sowie aus dem Wiener Altstadterhaltungsfonds.
Technisch-wirtschaftliche Prüfung der Förderungswürdigkeit bei Sonderaktionen (wie nachträglicher Aufzugseinbau, nachträgliche Kanalanschlüsse, Dachbodenausbau für Mieter, Hotelaktion, Komfortzimmer, „Jederzeit warme Küche") sowie Überwachung der ordnungsgemäßen Ausführung.
Durchführung von Ersatzvornahmen an Bauwerken nach dem Verwaltungsvollstreckungsgesetz.
Durchführung notstandspolizeilicher Maßnahmen gemäß § 129 Abs. 6 der Bauordnung für Wien.
Antragstellung für Erfordernisse der Stadterneuerung.

Mayer, Dipl.-Ing. Hubert, Obersenatsrat 90511
Schmidt, Dipl.-Ing. Josef, Oberstadtbaurat 90512
Jungwirth, Dipl.-Ing. Walter, Senatsrat 90513
Yaghubian-Malhami, Dipl.-Ing. Rafael 90582
Kapelari, Dipl.-Ing. Renate, Stadtbaurätin 90586
Bügler, Ing. Roman, Techn. Oberamtsrat 90522
Kleinowitz, Ing. Jürgen, Techn. Oberamtsrat 90541
Heumayer, Ing. Kurt, Techn. Amtsrat 90521
Mraz, Ing. Richard 90583
Potakowskyj, Ing. Georg, Techn. Amtsrat 90533
Schwantzer, Ing. Erwin, Techn. Amtsrat 90592
Styblo, Ing. Fritz 90572
Steffanides Otfried 90501
Wagner, Ing. Wolfgang, Techn. Amtsrat 90575
Zettler, Ing. Heinrich, Techn. Amtsrat 90561
Otradovec Christine, Kanzleioberkommissärin,
Kanzleileiterin, Personalangelegenheiten 90519
Kanzlei 8025, 90529
Sekretariat 90515

Sachgebiet: Controlling, Aufgaben der Zentralen
Verwaltung 90586
Gruppe Neubau:
Gruppenleiterin/Gruppenleiter 90513

Sachgebiet: Preisbildung 90533

Sachgebiet: Ersatzvornahmen, notstandspolizeiliche
Maßnahmen 90501

Sachgebiet: Begutachtungs- und Bauaufsichtsorgan
in der Wohnbauförderung
Referatsleiterinnen/Referatsleiter
Neubau 90592, 90575, 90583, 90572
Gruppe Stadterneuerung:
Gruppenleiterin/Gruppenleiter 90512

Sachgebiet: Gebietsbetreuung, Sakralbauten,
Budget 90522

Gebietsbetreuungslokale der Stadterneuerung:
2, Im Werd 17 . . . . 211 06 . . ., 02185
2, Mayergasse 3 . . . . 214 39 04
3, Drorygasse 8 . . . . 711 34 . . ., 03180, 03181
5, Einsiedlerplatz 7 . . . . 544 13 82
6, Mittelgasse 6 . . . . 597 87 46, 56 76 10
10, Quellenstraße 149 . . . . 604 34 65, 602 31 38
11, Lorystraße 40 . . . . 740 34 . . ., 11181, 11182, 11183
12, Mandlgasse 21 . . . . 811 34 . . ., 12180, 813 32 30
15, Sechshauser Straße 23 . . . . 893 66 57
16, Haberlgasse 76 . . . . 406 41 54, 408 57 33
17, Lacknergasse 27 (Kalvarienbergviertel) 485 98 82,
485 98 83
20, Karl-Meißl-Straße 1 . . . . 331 34 . . ., 20216

Mobile Gebietsbetreuung:
7, Kaiserstraße 45 . . . . 522 72 54

Sachgebiet: Technische Gutachten über Wohnbauten für Schlichtungsstellen im Rahmen der mietrechtlichen Bestimmungen und der Wohnhaussanierung; Beihilfen für den Einbau von Schallschutzfenstern an Bundesstraßen, Beurteilung denkmalpflegerischer Mehrleistungen

Leiterin/Leiter des Referates Nordost
(1., 2., 3., 4., 5., 8., 10., 11., 22. Bezirk) 90561
Leiterin/Leiter des Referates Nordwest
(9., 16., 17., 18., 19., 20., 21. Bezirk) 90541
Leiterin/Leiter des Referates Südwest
(6., 7., 12., 13., 14., 15., 23. Bezirk) 90531

Zentrale Informationsstelle für Wohnungssanierung
und Schallschutz 74870

MAGISTRATSABTEILUNG 26

(derzeit nicht eingerichtet)

MAGISTRATSABTEILUNG 27

(derzeit nicht eingerichtet)

MAGISTRATSABTEILUNG 28

Straßenverwaltung und Straßenbau

(Geschäftsgruppe Planung und Zukunft)

17, Lienfeldergasse 96, Tel. 728 . . ., 488 34 . . .
Telefax: 488 34–99–49610, IBS-User: M28K
Internet e-mail: post@m28.magwien.gv.at

Grundverwaltung und Erhaltung aller straßenmäßig ausgebauten Flächen, soweit diese nicht von anderen Rechtsträgern herzustellen und zu erhalten sind.
Grundverwaltung aller als Straßengrund ins öffentliche Gut abgetretenen Grundflächen.
Erhaltung der als Straßengrund ins öffentliche Gut abgetretenen Grundflächen, sofern das Nutzungsrecht nicht gemäß § 17 Bauordnung für Wien dem Anrainer zusteht.
Detailplanung und Errichtung der Straßenneu- und -umbauten einschließlich der Kunstbauten und Nebenanlagen, soweit nicht eine andere Dienststelle zuständig ist.
Grundverwaltung und Erhaltung der Bundesstraßen B und A sowie deren Bestandteile im Sinne des § 3 Bundesstraßengesetz 1971.
Mitwirkung an generellen Planungen der Magistratsabteilungen 18, 19, 21 A, 21 B, 21 C und 46, sofern Auswirkungen auf den Straßenbau zu erwarten sind.
Fachtechnische Beratung für Straßenbauvorhaben der Stadt Wien und des Bundes auf nichtöffentlichen Verkehrsflächen bzw. deren Durchführung.
Mitwirkung bei Straßengrundtransaktionen und Dienstbarkeitsbestellungen hinsichtlich der Gemeindestraßen; Abschluß von Grundbenützungsübereinkommen mit Privaten für Zwecke des Straßenbaues, soweit nicht besondere rechtliche Fragen vorliegen; Vorbereitung der und Antragstellung auf Straßengrundtransaktionen und Dienstbarkeitsbestellungen sowie Antragstellung auf Enteignung hinsichtlich der Bundesstraßen.
Wahrnehmung der Interessen der Stadt Wien bei noch nicht in den physischen Besitz der Stadt Wien übernommenen Straßenflächen des öffentlichen Gutes und hinsichtlich nichtöffentlicher Straßen.
Handhabung der einschlägigen Bestimmungen des Bundesstraßengesetzes, der Straßenverkehrsordnung 1960, der Bauordnung für Wien und der Gehsteigverordnung, soweit diese Geschäfte nicht anderen Dienststellen zugewiesen sind.
Federführende Dienststelle hinsichtlich der Geschäfte der Auftragsverwaltung des Bundes im Bereich der Bundesstraßenverwaltung, nämlich die Ausarbeitung des baureifen Straßendetailprojektes auf der Grundlage des ministeriell genehmigten generellen Projektes, Erwirken der entsprechenden Genehmigungen, Abschluß von Verträgen über Kostenteilung gemäß § 9 des Bundesstraßengesetzes unter Mitwirkung der Magistratsdirektion (MD-Zivil- und Strafrechtsangelegenheiten) und der Magistratsabteilung 4.
Detailprojektierung und Errichtung der Anlagen zur Regelung und Sicherung des Verkehrs auf Autobahnen, wie Verkehrslichtsignalanlagen und Verkehrsleiteinrichtungen, mit Ausnahme der Bodenmarkierungen, im Einvernehmen mit den zuständigen Fachdienststellen.
Mitwirkung bei der Bekanntgabe und Aussteckung der Gehsteige.
Mitwirkung bei der Festlegung von Straßenhöhenkoten und Höhenbestimmungen für Baulinien, Straßenflucht und Verkehrsfluchtlinien aufgrund der generellen Höhen des Bebauungsplanes in besonderen Fällen.
Mitwirkung bei der Festlegung von Anliegerbeiträgen.
Trassenfestlegung für Straßeneinbauten.
Koordination von Maßnahmen, die eine Inanspruchnahme der öffentlichen Verkehrsflächen zur Folge haben, insbesondere solcher der Einbautendienststellen; Handhabung der Aufgrabungskundmachung; Evidenthaltung der Aufgrabungen.
Mitwirkung bei der Bestellung von Dienstbarkeiten und Baurechten für unter- und oberirdische Bauanlagen im Straßenbereich.
Ausschreibung und Antragstellung auf Genehmigung der Kontrahentenverträge; Bestellung der Kontrahenten für Straßenbauarbeiten.
Grundverwaltung und Erhaltung der für die Straßenerhaltung notwendigen Lagerplätze.
Planung und Errichtung von Autobahnmeistereien, Stützpunkten, Werkstätten und Lagerplätzen.
Führung der Straßenstatistik.
Vermessungstechnische Arbeiten für Ergänzungsmaßnahmen und zur Leistungsfeststellung bei Straßenbauten sowie zur Bestandsaufnahme bei der Straßenerhaltung.
Beistellung von Amtssachverständigen in eisenbahnrechtlichen Verfahren.

Körber, Dipl.-Ing. Heinz, Obersenatsrat 49611
Manhart, Dipl.-Ing. Karl, Senatsrat 49612
Langenberger, Dipl.-Ing. Ludwig, Senatsrat 49613
Szvetits, Dipl.-Ing. Karl, Senatsrat 49821
Graf, Dipl.-Ing. Karl,
Oberstadtbaurat . . . . 49661, 204 00 61 . . ., 46323
Gruber, Dipl.-Ing. Günther, Oberstadtbaurat 49781
Hoffmann, Dipl.-Ing. Friedrich, Oberstadtbaurat 49741
Koller, Dipl.-Ing. Johann, Oberstadtbaurat 49871
Krzizek, Dipl.-Ing. Rudolf, Oberstadtbaurat 49744
Petrag, Dipl.-Ing. Herbert, Oberstadtbaurat 49671
Prochazka, Dipl.-Ing. Anton, Oberstadtbaurat 49921
Wurzenberger, Dipl.-Ing. Milada,
Oberstadtbaurätin 49763
Alexander, Dipl.-Ing. Elisabeth, Stadtbaurätin 49922
Lettner, Dipl.-Ing. Susanne, Stadtbaurätin 49926
Lux, Dipl.-Ing. Dr. Peter, Stadtbaurat 49721
Rosenauer, Dipl.-Ing. Robert, Stadtbaurat 49872
Ruso, Dipl.-Ing. Peter, Stadtbaurat 49761
Schlee, Dipl.-Ing. Harald, Stadtbaurat 49672
Spandl, Dipl.-Ing. Peter, Stadtbaurat 49652
Stummvoll, Dipl.-Ing. Florian, Stadtbaurat 49651
Ebenhöh, Dipl.-Ing. Monika,
Stadtbauoberkommissärin 49924
Kauzner, Dipl.-Ing. Andreas 49925
Nutz, Dipl.-Ing. Helmut, Stadtbaukommissär 49923
Wallner, Dipl.-Ing. Robert, Stadtbaukommissär 49745
Bruckmayer, Ing. Anton, Techn. Oberamtsrat 49861
Hackl, Ing. Ernst, Techn. Oberamtsrat 49681
Heinrich, Ing. Josef, Techn. Oberamtsrat 49691
Mrkvicka, Ing. Rudolf, Techn. Oberamtsrat 49941
Ondracek Herbert, Oberamtsrat 49641
Schober, Ing. Othmar, Techn. Oberamtsrat 49823
Soboszek, Ing. Rudolf, Techn. Oberamtsrat 49722
Wunderbaldinger, Ing. Peter, Techn. Oberamtsrat 49851

Aschenbrenner, Ing. Wolfgang, Techn. Amtsrat 49784
Floigl, Ing. Herbert, Techn. Amtsrat 49877
Frey, Ing. Johannes, Techn. Amtsrat 49676
Judex, Ing. Wilhelm, Techn. Amtsrat 49692
Kutheil Heinz, Amtsrat 49645
Leschen, Ing. Ludwig, Techn. Amtsrat 49875
Mandl, Ing. Robert, Techn. Amtsrat 49783
Novak, Ing. Johann, Techn. Amtsrat 49841
Pezzei, Ing. Guido, Techn. Amtsrat 49822
Stefaner, Ing. Oswald, Techn. Amtsrat 49723
Vidiz Irene, Kanzleioberkommissärin,
Kanzleileiterin 49619
Kanzlei 49618
Personal-, Ausschreibungs- und Budget-
referat 49641, 49614, 49615, 49642, 49643, 49645, 49646
Gruppe Allgemeines und Gemeindestraßengrund-
verwaltung 49871
Gruppe Projektierung 49921
Telefax: 488 34–99–49920
Gruppe Aufgrabung, Statistik und
elektronische Datenerfassung (EDE) 49941
Telefax: 488 34–99–Nebenstelle
Leiterin/Leiter der Gemeindestraßenverwaltung,
Preisprüfung und Tarifwesen 49613
Gruppe für die Bezirke:
1, 9, 17, 18, 19, Preisprüfung und Tarifwesen 49721
2, 3, 4, 5, 11, 20, Prüfungs- und Forschungswesen ... 49741
6, 7, 8, 14, 15, 16 49761
10, 12, 13, 23 49781
21, 22 49821
Gruppe Siedlungsstraßen, Erhaltung der Fußgänger-
passagen und Maschinenpark 49861, 49862
Aufschließungsstraßen und Sonderbauten 1 49841
Aufschließungsstraßen und Sonderbauten 2 49851
Leiterin/Leiter der Bundesstraßenverwaltung 49612
Telefax: 488 34–99–49660
Gruppe Projektierung und Bau der Bundesstraßen A . 49651
Gruppe Bau der Bundesstraßen B 49671
Erhaltung der Bundesstraßen A . 49661, 204 00 61 . . ., 46323
Erhaltung der Bundesstraßen B 49681
Bundesstraßengrundverwaltung 49691

Maschinenpark:
14, Heinrich-Collin-Straße 9 .... 914 14 17
Telefax: 914 14 17

Lagerplätze für die Bezirke:

1, 17:
16, Heigerleinstraße 56 .... 486 42 31
2, 20:
20, Handelskai 2–4 .... 0663/910 73 20
3, 11:
3, Im Erdberger Mais 798 61 57, 799 58 89
4, 5:
10, Gudrunstraße 192 .... 603 96 53
6, 7, 14, 15:
14, Guldengasse 3 .... 914 13 49
8, 16:
16, Kendlerstraße 46 .... 985 47 55
9, 18, 19:
19, Heiligenstädter Lände 4 (Gürtelbrücke – Spittelauer Lände) 386 62 31
19, Gspöttgraben (Steinbruch) 0663/89 35 57
10:
10, Neilreichgasse (unter Autobahnbrücke) ... 616 80 31
12:
23, Atzgersdorf, Auer-Welsbach-Straße 44 .... 804 01 48
13:
13, Schönbachstraße – Stranzenberggasse 804 75 74
21:
21, Siemensstraße 109 .... 258 27 08
22:
22, Autobahnbrücke Kaisermühlen (Espenmais) 202 40 49
23:
23, Liesing, Seybelgasse 869 02 64

Stützpunkt Wien-Nord:
19, Grinzinger Straße 153–155 .... 37 47 38
Telefax: 318 65 69

Autobahnmeisterei Kaisermühlen:
22, Kaisermühlen, Industriestraße ...... 204 00 61 . . . 0
Telefax: 204 00 61–99–46210

Autobahnmeisterei Inzersdorf:
23, Inzersdorf, Sterngasse .... 204 00 61 . . . 0
Telefax: 667 71 74–218

MAGISTRATSABTEILUNG 29

Brückenbau und Grundbau

(Geschäftsgruppe Planung und Zukunft)

16, Wilhelminenstraße 93, Tiefgeschoß´, Erdgeschoß und 1. Stock, Tel. 488 29 . . .
Telefax: 488 29–99–96900, IBS-User: M29K
Internet e-mail: post@m29.magwien.gv.at

Planung, Neu- und Umbau, Erhaltung und Objektverwaltung von Ingenieurbauten des Tiefbaus (Brücken, Straßentunnel, Verkehrsbauwerke, Stiegen, Stützbauwerke usw.) und von Sonderbauwerken.
Teilbesorgung der Auftragsverwaltung des Bundes im Bereich der Bundesstraßenverwaltung hinsichtlich der Ingenieurbauten des Tiefbaus (Brücken, Straßentunnel, Verkehrsbauwerke, Stiegen, Stützbauwerke usw.) und der Sonderbauwerke, nämlich Planung, Neu- und Umbau, Erhaltung und Objektverwaltung.
Technische Fachdienststelle für Ingenieurbauten des Tiefbaus (Brücken, Straßentunnel, Verkehrsbauwerke, Stiegen, Stützbauwerke usw.) und für Sonderbauwerke; Inspektion von Sonderkonstruktionen (Signalbrücken, Überkopfweiser usw.).
Führung eines Planarchives.
Bestellung von technischen Amtssachverständigen für Ingenieurbauten des Tiefbaus (Brücken, Straßentunnel, Verkehrsbauwerke, Stiegen, Stützbauwerke usw.) und für Sonderbauwerke.
Technische Fachdienststelle für Grundbau, Bodenmechanik und Geologie.
Baugrunduntersuchungen, Errichtung von Brunnen, Grundwassermeßstellen, Meßstellen zur Beobachtung von Hangrutschungen und Setzungen; Erkundung von Altlastendeponien; Tiefbohrungen zur Erschließung von Wässern für Heil- und Nutzzwecke.
Erstellung von grundbautechnischen Gutachten und von Gründungsvorschlägen.
Grundbautechnische Bauberatung.
Beratung in geotechnischen Sachfragen (Hangrutschungen, Gebäudesetzungen, Sanierung von Altlastdeponien, Anlage neuer Deponien usw.).
Besorgung der Aufgaben des Landesgeologen; geologisch-geotechnische und hydrogeologische Kartierung.
Führung eines Baugrundkatasters und eines Bodenprobenlagers.
Beistellung von grundbautechnischen Amtssachverständigen.
Beistellung von Amtssachverständigen in eisenbahnrechtlichen Verfahren.
Objektverwaltung und Erhaltung der für die Wahrnehmung der eigenen Aufgaben erforderlichen Lagerplätze und Depots, der Brückenmeisterei, Außenstellen und Bodenprobenlager usw.

Hufnagel, Dipl.-Ing. Walter, Obersenatsrat 96911
Melzer, Dipl.-Ing. Hans, Senatsrat 96912
Plachy, Dr. Heribert, Senatsrat 96949
Radl, Dipl.-Ing. Fritz, Senatsrat 96961, 96926
Bresslauer, Dipl.-Ing. Gert, Oberstadtbaurat 96988
Deninger, Dipl.-Ing. Horst, Oberstadtbaurat 96939
Friedrich, Dipl.-Ing. Walter, Oberstadtbaurat 96981
Gstöttner, Dipl.-Ing. Hans, Oberstadtbaurat 96977
Ivenz, Dipl.-Ing. Eduard, Oberstadtbaurat 96938
Martak, Dipl.-Ing. Dr. Lothar, Oberstadtbaurat 96972
Morpurgo, Dipl.-Ing. Helmut, Oberstadtbaurat 96951
Patzer, Dipl.-Ing. Harald, Oberstadtbaurat 96978
Simacek, Dipl.-Ing. Franz, Oberstadtbaurat 96986
Sochatzy, Dipl.-Ing. Gerhard, Oberstadtbaurat 96971
Vogl, Dipl.-Ing. Heinz, Oberstadtbaurat 96931
Winter, Dipl.-Ing. Eduard, Oberstadtbaurat 96985
Brezinschek, Dipl.-Ing. Helmut, Stadtbaurat 96974
Lichtenwagner, Dipl.-Ing. Alfred, Stadtbaurat 96987
Medelsky, Dipl.-Ing. Reinhard, Stadtbaurat 96973
Rieder, Dipl.-Ing. Helmut, Stadtbaurat 96933
Hoffmann, Ing. Anton, Techn. Oberamtsrat 96935
Nagl, Ing. Heinrich, Techn. Oberamtsrat 96962
Stangl, Ing. Erwin, Techn. Oberamtsrat 96934
Wolfram, Ing. Edeltraud, Techn. Oberamtsrätin 96942
Hirsch, Ing. Joachim, Techn. Amtsrat 96943
Rinner, Ing. Rudolf, Techn. Amtsrat 96936
Scheuchenpflug, Ing. Paul, Techn. Amtsrat 96958
Schön, Ing. Anton, Techn. Amtsrat 96952
Sefcik, Ing. Wilhelm, Techn. Amtsrat 96966
Wohlfahrt, Ing. Herbert, Techn. Amtsrat 96976
Springer Renate, Kanzleikommissärin,
Kanzleileiterin 96915
Kanzlei 96915
Rechnungsprotokoll 96916

Fachbereich Administration, Bauwerksprüfung, Sonderbauten, Controlling und Sonderaufgaben
Friedrich, Dipl.-Ing. Walter, Oberstadtbaurat 96981
Preisprüfung 96981

Gruppe Administration und internes Service:
Referentinnen/Referenten 96982, 96983
Planarchiv, Archivarin/Archivar 96984

Gruppe Bauwerksprüfung:
Leiterin/Leiter 96980, 96985
Prüfingenieurinnen/Prüfingenieure 96985,
96986, 96987, 96988
Referat Brücken und Tunnel 96985
Referat Stützmauern und Ingenieurbauwerke 96987
Referat Sondertransporte; Sonderprüfungen 96986

Amtssachverständiger für den Brückenbau 96986
Außenstelle, 19, Grinzinger Straße 151a 37 33 92,
37 33 96

Gruppe Sonderbauten:
Leiterin/Leiter 96988
Referentin/Referent 96938

Fachbereich Brückenbau und Straßentunnel:
Melzer, Dipl.-Ing. Hans, Senatsrat 96912

Gruppe Planung und Bauvorbereitung:
Leiterin/Leiter 96930, 96951
Referentin/Referent 96939

Gruppe Neubau:
Leiterin/Leiter 96931
Referentinnen/Referenten 96933, 96934, 96935, 96936, 96937, 96940, 96953
Amtssachverständige/Amtssachverständiger für den Brückenbau 96912

Gruppe Gemeindebrückenerhaltung:
Leiterin/Leiter 96942
Referentinnen/Referenten 96943, 96944, 96947
Außenstelle, 19, Grinzinger Straße 151a 37 22 94

Gruppe Bundesbrückenerhaltung:
Leiterin/Leiter 96950, 96952
Referentinnen/Referenten 96954, 96957
Außenstelle Autobahn, Brückenmeisterei 96958
Brückenmeisterei Kaisermühlen: 22, Kaisermühlen, Industriestraße 204 00 61

Fachbereich Grundbau:
Radl, Dipl.-Ing. Fritz, Senatsrat 96961, 96926, 96960

Gruppe Geologie und Baugrundkataster:
Leiterin/Leiter und Landesgeologin/Landesgeologe .. 96949
Baugrundkataster 96963, 96964, 96989
Bodenprobenlager Gürtelbrücke, 20. Bezirk (unter Auffahrtsrampe) und 16, Wilhelminenstraße 91
Bodenprobenlager „Alte Donau“, 21, An der oberen Alten Donau/ Ecke Brossmannplatz 271 66 12

Gruppe Baugrunduntersuchungen:
Leiterin/Leiter 96962
Referentinnen/Referenten 96967, 96968
Referat Altlasten und Deponieerkundungen 96966

Gruppe Bauberatung Tiefbau und U-Bahn-Bau:
Leiterin/Leiter 96971
Beratende Ingenieurinnen/Ingenieure 96972, 96973, 96974, 96975, 96976
Referat Geotechnische Verfahrens- und Datenanalyse, Dokumentation 96976, 96964
Referat Geotechnische Meßtechnik und EDV . 96975, 96979
Referat Umwelttechnik und Schwingungsmessungen . 96974
Amtssachverständige für den U-Bahn-Bau ... 96971, 96972

Gruppe Bauberatung Hochbau:
Leiterin/Leiter 96977
Referentin/Referent 96978

MAGISTRATSABTEILUNG 30

Wien-Kanal

(Geschäftsgruppe Umwelt und Verkehrskoordination)

3, Modecenterstraße 14, Tel. 795 14 . . .
Telefax: 795 14–99–93010, IBS-User: M30K,
Internet e-mail: post@m30.magwien.gv.at

Planen und Errichten der öffentlichen Schmutz- und Mischwasserkanäle sowie von öffentlichen Regenwasserkanälen, Sonderbauwerken und öffentlichen Abwasserreinigungsanlagen.
Räumen, Objektverwaltung und Erhaltung der öffentlichen Schmutz- und Mischwasserkanäle sowie von öffentlichen Regenwasserkanälen.
Führen und Betreiben von Sonderanlagen der öffentlichen Abwasserbeseitigung und der öffentlichen Abwasserreinigungsanlagen.
Mitwirkung bei Planung, Beschaffung, Errichtung und Erhaltung der abteilungsspezifischen elektrotechnischen Einrichtungen und Ausrüstungen für öffentliche Abwasserbeseitigungseinrichtungen.
Handhabung des Gesetzes über Kanalanlagen und Einmündungsgebühren, soweit hiefür nicht andere Dienststellen zuständig sind, sowie der Kanalgrenzwertverordnung.
Betrieb und Erhaltung des abteilungseigenen Fuhrparkes.
Technische Fachdienststelle für alle Abwasserbeseitigungsfragen.
Beistellung von Amtssachverständigen, Erstellung von Kanal- und Senkgrubenbefunden.
Begutachtende Dienststelle des Landes Wien in Angelegenheiten des Wasserwirtschaftsfonds, soweit nicht die Magistratsabteilung 31 zuständig ist.
Überwachung des in die Kanäle einzuleitenden Abwassers, ausgenommen in hygienischer Hinsicht, einschließlich amtlicher Probeentnahmen.
Räumung von Hauskanälen, Senk- und Sickergruben, von Abscheidern aller Art sowie von Hauskläranlagen.
Bewilligung zur Selbsträumung von Senkgruben, Hauskläranlagen und Abscheidern sowie Festsetzung der Anzahl der durchzuführenden jährlichen Selbsträumungen der Abscheideranlagen.
Räumung der Wasserlaufkanäle mit Ausnahme der Straßenwassereinlaufschächte.
Bestellung der ständigen Kontrahenten für Aufgaben der Abwasserbeseitigung.
Grundverwaltung und Erhaltung von Sonderbauwerken, Abwasserreinigungsanlagen und der Bezirksaußenstellen.
Führung des abteilungseigenen Planbestandes.

Kadrnoska, Dipl.-Ing. Helmut,
Senatsrat 93011
Sekretariat 93015, 93016
Smetaczek, Dipl.-Ing. Alois, Senatsrat 93012
Fabsits, Dipl.-Ing. Viktor, Oberstadtbaurat 93171
Kaufmann, Dipl.-Ing. Herbert, Oberstadtbaurat 93091

Petroulakis, Dipl.-Ing. Marinos, Oberstadtbaurat 93020
Capek, Dipl.-Ing. Reinhard, Stadtbaurat 93092
Fritsch, Dipl.-Ing. Reinhard, Stadtbaurat 93081
Ilmer, Dipl.-Ing. Andreas, Stadtbaurat 93165
Milkovics, Dipl.-Ing. Thomas, Stadtbaurat 93045
Nowak, Dipl.-Ing. Robert, Stadtbaurat 93041
Lang, Dipl.-Ing. Bernhard 93173
Loew, Dipl.-Ing. Gerald, Stadtbauoberkommissär ... 93043
Möller, Dipl.-Ing. Michael 93044
Reiss, Ing. Gerhard, Techn. Oberamtsrat 93111
Springer, Ing. Werner, Techn. Oberamtsrat 93112
Waitz, Ing. Josef, Techn. Oberamtsrat 93141
Amann, Ing. Peter, Techn. Amtsrat 93163
Floderer, Ing. Robert, Techn. Amtsrat 93093
Lopata, Ing. Gerhard, Techn. Amtsrat 93131
Pfeiffer, Ing. Hans, Techn. Amtsrat 93132
Wagner, Ing. Karl, Techn. Amtsrat 93031
Weghaupt, Ing. Herbert, Techn. Amtsrat 93172
Pechhacker Hermine, Kanzleioberkommissärin,
Kanzleileiterin und Leiterin
der Gebührenverrechnung 93151
Zentralkanzlei 93010, 93018, 93019, 93028, 93029
Wasserwirtschaftsfonds (ÖKK) 93020
Öffentlichkeitsarbeit 93119
Zentrale Auskunftsstelle 8030

Generelle Planung und technische Administration:
Nowak, Dipl.-Ing. Robert, Stadtbaurat 93041
Referentinnen/Referenten 93043, 93044, 93047, 93048, 93052, 93053, 93055, 93056, 93072, 93094, 93129
Technische Zeichnerinnen/Zeichner .. 93061, 93062, 93063, 93064, 93065, 93066, 93071

Baugruppe Süd
(5., 6., 7., 11., 12., 13., 23. Bezirk) Betriebsbaugebäude (BBG) und Sonderbauten:
Smetaczek, Dipl.-Ing. Alois, Senatsrat 93161
Sekretariat 93168, 93169
Bauinspizientinnen/Bauinspizienten 93082, 93162, 93163, 93164, 93165

Baugruppe West
(3., 8., 9., 11., 14., 15., 16., 17., 18., 19., 20. Bezirk):
Fabsits, Dipl.-Ing. Viktor, Oberstadtbaurat 93171
Bauinspizientinnen/Bauinspizienten 93083, 93172, 93173, 93175

Baugruppe Nord
(1., 2., 4., 10., 21., 22. Bezirk):
Fritsch, Dipl.-Ing. Reinhard, Stadtbaurat 93081
Bauinspizientinnen/Bauinspizienten 93045, 93084, 93085, 93086

Gruppe für baubehördliche Angelegenheiten:
Kaufmann, Dipl.-Ing. Herbert, Oberstadtbaurat 93091
Referentinnen/Referenten 93092, 93093
Sekretariat 93090, 93097, 93099

Gruppe Kanalbetrieb:
Reiss, Ing. Gerhard, Techn. Oberamtsrat 93111
Sekretariat 93115
Stellvertreterin/Stellvertreter und
Personalreferat 93112, 93113, 93114, 93118, 93125
Instandhaltung und Räumung 93122, 93123, 93124, 93153, 93176
Betriebsoberinspektorinnen/Betriebs-
oberinspektoren 93136, 93137, 93138, 93139

Pumpwerke und Kläranlagen,
TV-Kanaluntersuchung 93131, 93132, 93133, 93134
Fuhrpark, Einsatzgeräte, behördliche
Aufgaben 93141, 93142, 93143, 93146, 93147
Gebührenverrechnung, Fuhrwerkleitstelle 93151, 93152, 93154
Permanenzdienst (Anmeldung für Hauskanal-
verstopfungen):
(Montag bis Freitag von 7 bis 17 Uhr) 9300, 93102
übrige Zeit:
3, Nottendorfer Gasse 17-19 .... 9300, 93104

Industrie- und Gewerbe-Abwasserüberwachung,
Referat Chemie:
23, Inzersdorf, Südrandstraße 4 .... 616 73 16 ... 0

Kläranlage Blumental:
23, Inzersdorf,
Großmarktstraße 5 ..... 616 67 71 ... 0, 616 68 66 ... 0
Gruppe TV-Kanalinspektion 616 79 03

Hauptkläranlage Wien Simmering:
11, 11. Haidequerstraße 7 .... 767 16 35 ... 0

Werkstätten:
Hauptwerkstätte,
14, Hackinger Straße 3 .... 914 82 86
Kfz-Werkstätte,
14, Hackinger Straße 3 .... 914 41 81 ... 0
Kfz-Werkstätte,
21, Fännergasse 2–4 .... 278 15 81

Zentrallager,
14, Hackinger Straße 3 .... 914 97 20
Pumpwerk:
Linker Donausammler, 22, Donauinsel über
Steinspornbrücke .... 728 96 54 ... 0
Hauptsammelkanalbetrieb I:
19, Eduard-Pötzl-Gasse 4 .... 368 46 68
Hauptsammelkanalbetrieb II:
22, Stadlau, Waldrebengasse 3 .... 282 16 97 ... 0

Bezirksbetriebslokale (Anmeldung für Haus-
kanalgebrechen) für die Bezirke:
1, 2, 3, 11:
3, Nottendorfer Gasse 17–19 .... 798 81 03 ... 0
4, 5, 6, 10, 12: 10, Windtenstraße 1 .... 604 32 59 ... 0
7, 8, 15, 16, 17: 16, Brüßlgasse 4 .... 492 10 41, 492 41 99
9, 18, 19, 20: 19, Boschstraße 40–44 .... 37 43 00 ... 0
13, 14: 14, Hackinger Straße 3 .... 914 41 81 ... 0
21: 21, Floridsdorfer Hauptstraße 1a ...... 278 65 34 ... 0
22: 22, Stadlau, Waldrebengasse 3 .... 282 16 97 ... 0
23: 23, Atzgersdorf,
Brunner Straße 3–5 .... 865 93 12, 865 93 72

Betriebslokale für den Senkgrubenräumungsbetrieb
für die Bezirke:
1, 2, 3, 11:
3, Nottendorfer Gasse 17-19 .... 798 81 04 ... 0
4, 5, 6, 10, 12, 23:
10, Windtenstraße 1 .... 602 02 24 ... 0
7, 13, 14, 15, 16:
14, Hackinger Straße 3 .... 914 32 62 ... 0
8, 9, 17, 18, 19, 20:
19, Boschstraße 40-44 .... 37 43 01 ... 0
21:
21, Floridsdorfer Hauptstraße 1a .... 278 65 34 ... 0
22:
22, Stadlau, Waldrebengasse 3 .... 282 16 97 ... 0

MAGISTRATSABTEILUNG 31

Wasserwerke

(Geschäftsgruppe Umwelt und Verkehrskoordination)
6, Grabnergasse 4–6, Tel. 599 59 . . .
Teletex: 3221569, Telefax: 599 59-99-94110, 94310, IBS-User: M 31K
Internet e-mail: post@m31.magwien.gv.at

Versorgung der Stadt Wien mit Trinkwasser mittels öffentlicher Wasserversorgungsanlagen.
Grundverwaltung und Erhaltung der Wasserschutzgebiete sowie der Grundflächen, die mit Fernleitungen verbunden sind, und des Amtshauses 6, Grabnergasse 4–6.
Grundverwaltung bzw. Objektverwaltung und Erhaltung, Planung, Errichtung und Betrieb der Wasserversorgungsanlagen einschließlich der Frühwarnsysteme sowie der sonstigen Betriebsobjekte.
Objektverwaltung und Erhaltung, Planung, Errichtung und Betrieb der Wasserleitungskraftwerke und der damit verbundenen elektrischen Anlagen, der betriebseigenen fernmeldetechnischen Anlagen und des dazugehörigen Fernmeldekabelnetzes.
Trinkwasserversorgung in Not- und Katastrophenfällen.
Handhabung des Wasserversorgungsgesetzes und der aufgrund dieses Gesetzes erlassenen Verordnungen mit Ausnahme der Wassergebühren und der Strafamtshandlungen.
Vertretung der Interessen der Stadt Wien in den Schutz- und Schongebieten gemäß den Verordnungen zum Schutz der Wasservorkommen.
Mitwirkung bei der Bewirtschaftung der stadteigenen Wasserschutz- und Schongebiete und bei der Durchführung von Maßnahmen im Hinblick auf einen optimalen Boden- und Waldzustand zur Gewährleistung eines nachhaltigen Wasserdargebotes.
Mitwirkung bei Grundtransaktionen für Wasserversorgungszwecke.
Beistellung von Sachverständigen in Verfahren betreffend die Wasserversorgung.
Vertretung der Interessen der Stadt Wien auf dem Gebiet der Wasserversorgung in Interessengemeinschaften und Verbänden; Mitwirkung in Normungsangelegenheiten.
Erwerb von Dienstbarkeitsrechten für Wasserversorgungsanlagen.
Überwachung und Untersuchung des Trinkwassers aus den öffentlichen Wasserversorgungsanlagen, ausgenommen in hygienischer und bakteriologischer Hinsicht.
Aufstellung und Instandhaltung von öffentlichen Feuerhydranten unter Mitwirkung der Magistratsabteilung 68.
Objektverwaltung der Denkmalbrunnen – soweit keine andere Dienststelle zuständig ist – und der Wiener Wasser-Welt sowie Erhaltung dieser Objekte unter Mitwirkung der Magistratsabteilungen 7, 24 und 32.
Definitive Straßeninstandsetzung nach Aufgrabungen der Wasserwerke.
Fischereiangelegenheiten im Einzugsgebiet der Wientalwasserleitung.
Betrieb der Wasserleitungsmuseen; Öffentlichkeitsarbeit für den Wasserleitungsbetrieb, soweit nicht die Magistratsabteilung 53 dafür zuständig ist.

Suchomel, Dipl.-Ing. Peter, Obersenatsrat 94011
Laaha, Dipl.-Ing. Franz, Senatsrat 94012
Auracher, Dipl.-Ing. Siegfried, Senatsrat 94411
Hofbauer, Dipl.-Ing. Peter, Senatsrat 94521
Leiner, Dipl.-Ing. Roland, Senatsrat 94211
Haas, Dipl.-Ing. Herbert, Oberstadtbaurat 94471
Pleyer, Dipl.-Ing. Hans, Oberstadtbaurat 94311
Sailer, Dipl.-Ing. Hans, Oberstadtbaurat 94531
Till, Dipl.-Ing. Erich, Oberstadtbaurat 94014
Kling, Dipl.-Ing. Walter, Stadtbaurat 94312
Kuschnig, Dr. Gerhard, Stadtbaurat 94551
Tomenendal, Dipl.-Ing. Andreas, Stadtbaurat 94231
Weyrer, Dipl.-Ing. Franz, Stadtbaurat 94421
Zerobin, Dipl.-Ing. Dr. techn. Wolfgang,
Stadtbaurat 94241
Heinrich, Ing. Gerhard, Techn. Oberamtsrat 94422
Kirchmeyer Herbert, Oberamtsrat 94051
Kolar, Ing. Franz, Techn. Oberamtsrat 94223
Pohler, Ing. Eugen, Techn. Oberamtsrat 94611
Schachner, Ing. Friedrich, Techn. Oberamtsrat 94691
Uresch, Regierungsrat Ing. Ewald,
Techn. Oberamtsrat 0 36 36/451–12
Walter, Ing. Helmut, Techn. Oberamtsrat 0 26 66/25 48
Deutsch, Ing. Günther, Techn. Amtsrat 94242
Martiska, Ing. Franz, Techn. Amtsrat 94432
Mock Josef, Amtsrat 94052
Pospischill, Ing. Alfred, Techn. Amtsrat 94424
Schlesinger, Ing. Kurt, Techn. Amtsrat 94371
Troger, Ing. Otto, Techn. Amtsrat 94541
zuKlampen, Ing. Roland, Techn. Amtsrat 94131
Hofinger, Ing. Ernst, Techn. Oberkommissär 94661
Rödler Friedrich, Techn. Oberkommissär 94341
Wolf, Ing. Peter, Techn. Kommissär 94522
Weber Susanne, Kanzleioberkommissärin,
Kanzleileiterin 94110
Kanzlei, Protokoll 94113

Betriebsvorstand:
Suchomel, Dipl.-Ing. Peter, Obersenatsrat 94011
Sekretariat und Finanzgebarung 94016

Gebietsleiter für Wien
Übergeordnete Aufgaben der Wasserversorgung in Wien, gesamtheitliche Betrachtung der Wasserwirtschaft und Wasserverteilung, Notversorgung der Stadt Wien, Leiter der Preisprüfungskommission der MA 31, Katastrophenvorsorge
Till, Dipl.-Ing. Erich, Oberstadtbaurat 94014

Gebietsleiter für die Außenstrecken
Übergeordnete Aufgaben der Wasserversorgung außerhalb Wiens, Erhaltung, Sicherung und Ausbau der Wassergewinnung und des Wassertransportes, sowie der Schutz- und Schongebiete außerhalb Wiens, Instandhaltung und Betrieb der Wasserleitungskraftwerke, Verwaltung der Wasserleitungsmuseen
Laaha, Dipl.-Ing. Franz, Senatsrat 94012

1 – Rechtsangelegenheiten
Wasser-, bau-, berg-, energie-, eisenbahn-, naturschutz-, zivil- und andere rechtliche Verfahren, Erwirkung behördlicher Konsense, Grundverwaltung, Versicherungsfälle, Schadenersatzansprüche, Servitute, alle Rechtsangelegenheiten der Verbundwirtschaft, Wasserabgabe außerhalb Wiens, Handhabung des Wasserversorgungsgesetzes, des Quellenschutzes, der Wassertarife und die rechtlichen Projektsvorbereitungen, Abschluß aller Verträge, Prozesse, Fischereilizenzen, Zahlungserleichterungen, Mitgliedschaften bei Organisationen, Vereinen und Konkurrenzverbänden, fremde Projekte und Führung des Lagerbuches
Kirchmeyer Herbert, Oberamtsrat 94051
Sachbearbeiterinnen/Sachbearbeiter 94052,
94053, 94054, 94055
Schreibstelle 94050

2 – Materialbeschaffung und Verwaltung
Materialeinkauf und technologische Aufgaben, Wasserzählerverwaltung und Wasserzählerwerkstätte
Pohler, Ing. Eugen, Techn. Oberamtsrat 94611
Büro 94610, 94615
Schachner, Ing. Friedrich, Techn. Oberamtsrat 94691
Wasserzähler, technische Abteilung 94690, 94691
Wasserzählerwerkstätte, Prüfanstalt:
5, Spengergasse 45 . . . . 544 81 24 und 94696
Rohrlager:
Laxenburg, Guntramsdorf, NÖ,
Frankstahlstraße 0 22 36/43 6 60

3 – Zentrale Dienste

Haus- und Gebäudeverwaltung, Starkstrom, technische und elektrische Maschinen und Desinfektionsanlagen, Schwachstrom, Informationstechnik und Kabeldienst, Betriebsstatistik

Pleyer, Dipl.-Ing. Hans, Oberstadtbaurat 94311
Kling, Dipl.-Ing. Walter, Stadtbaurat 94312
Büro 94310
Hausverwaltung – Leiterin/Leiter 94312
Sachbearbeiterinnen/Sachbearbeiter 94130, 94131, 94132, 94133, 94135

Gruppe Starkstromtechnik, elektrische Maschinen, Kraftwerke, Trafoanlagen und Sicherheitstechnik:
Rödler, Ing. Friedrich, Techn. Oberkommissär 94341
Starkstromgruppe 94330

Gruppe Informationstechnik, Fernmelde- und Fernsteuerungsanlagen, Kabelnetz:
Rödler Ing. Friedrich, Techn. Oberkommissär 94341
Informationstechnik 94340, 94342, 94343, 94344
Kabeldienst 94360, 94362
Elektrolager 94915

Gruppe Maschinen- und Desinfektionsanlagen:
Schlesinger, Ing. Kurt, Techn. Amtsrat 94371
Brunnengruppe 94372, 94373
Betriebsstatistik 94315
Meßgruppe 94916

4 – Wasserwirtschaft

Zentrale für Fernregistrierung und Fernsteuerung, kurz- und langfristige Disposition, Betrieb der Behälter, Kraft- und Hebewerke, Grundwasserwerke, Drucksteigerungswerke

Pleyer, Dipl.-Ing. Hans, Oberstadtbaurat 94311
Kling, Dipl.-Ing. Walter, Stadtbaurat 94312
Büro 94310
Gruppe Wasserwirtschaft:
Behälter, Kraft- und Hebewerke 94312
Lastverteilung 94320, 94323
Grundwasserwerke und Desinfektion 94370, 94371

5 – Planungs- und Bauabteilung

Grundlagenforschung; hydrogeologische und wasserwirtschaftliche Untersuchungen; Erschließung neuer Wasservorkommen; Vorbereitung, Projektierung und Durchführung von Großbauvorhaben; amtstechnische und wasserwirtschaftliche Angelegenheiten der Wasserversorgung; Begutachtung fremder Wasserversorgungsentwürfe; Planarchiv

Leiner, Dipl.-Ing. Roland, Senatsrat 94211
Bau- und Projektierungsgruppen:
Zerobin, Dipl.-Ing. Dr. techn. Wolfgang, Stadtbaurat . 94241
Tomenendal, Dipl.-Ing. Andreas, Stadtbaurat 94231
Technisch-administrative Gruppe 94210
Konstruktions-, Zeichen- und Kartographisches Büro 94262
Zeichensaal I 94263, 94264
Zeichensaal II 94265, 94266
Planarchiv 94219

6 – Wasserverteilung

Betrieb, Erhaltung und Ausbau des Rohrnetzes und der Anschlußleitungen, Störungsdienst, Gebrechenfahndung, Notstandseinsatz, Überwachungsbehörde für Inneninstallationen, Zulassungsstelle für Installationsmaterialien und wasserverbrauchende Geräte aller Art, Fachstelle für Erdungsfragen im Zusammenhang mit Wasserleitungsanlagen, Aufgrabungsevidenz

Auracher, Dipl.-Ing. Siegfried, Senatsrat 94411
Büro, Aufgrabungsevidenz, Pauschalabgaben 94410, 94413, 94414
Stempelmarken, Installationsanzeigen und Feuerhydranten-Bewilligungen 94615, 94613

Baugruppenleiter für die Bezirke:
1, 2, 3, 6, 7, 10, 11, 15, 20, 21, 22
Heinrich, Ing. Gerhard, Techn. Oberamtsrat 94422
4, 5, 8, 9, 12, 13, 14, 16, 17, 18, 19, 23
Weyrer, Dipl.-Ing. Franz, Stadtbaurat 94421

Bezirksreferentinnen/Bezirksreferenten und zugehörige Referatswerkmeisterinnen/Referatswerkmeister für die Bezirke:
1, 3, 6, 7, 11, 15 . . . . 94661, 94633, 94632
2, 20, 22 . . . . 94433, 94623, 94632
4, 5, 12, 23 – Liesing 94424, 94652, 94662
8, 9, 17, 18, 19 . . . . 94432, 94643, 94662
10 . . . . 94631, 94663
13, 23 – Mauer 94423, 94644
14, 16 . . . . 94641, 94642
21 . . . . 94451, 94622
U-Bahn-Bau, Industrieaufschließung 94423, 94453
Servicestelle für Verbrauchsanlagen 94682, 94683
Wirtschafts- und EDV-Angelegenheiten, Straßeninstandsetzung:
Haas, Dipl.-Ing. Herbert, Oberstadtbaurat 94471
Straßeninstandsetzung 94472, 94473, 94474, 94475

Bezirksdienststellen für Rohrnetzbetrieb, Störungsdienst und Abzweigleitungen für die Bezirke:
1, 6, 7, 15: 7, Lindengasse 61–63 . . . . 523 54 41
2, 20: 2, Große Pfarrgasse 16–20 . . . . 214 58 02
3, 11: 3, Leonhardgasse 9/2 . . . . 713 61 69
4, 5, 12: 12, Arndtstraße 30/3 . . . . 813 26 95
8, 9, 17: 8, Albertplatz 7 . . . . 405 91 51
10: 10, Sahulkastraße 3–5/35 . . . . 616 25 98
13, 23 (nur Mauer):
23, Mauer, Dr.-Barilits-Gasse 2–4/6 . . . . 888 21 78
14, 16: 14, Hütteldorfer Straße 142 . . . . 914 31 29
18, 19: 19, Hardtgasse 16–30/23 . . . . 34 53 34
21: 21, Schöpfleuthnergasse 8-16/11/1 . . . . 278 15 67
22: 22, Aspern, Cizekplatz 4 . . . . 285 50 81
23 (ohne Mauer):
23, Liesing, Färbermühlgasse 15 . . . . 869 06 85

Störungsdienst:
Bereitschaftsingenieurin/Bereitschaftsingenieur (außerhalb der Amtsstunden) . . . . 599 59 . . ., 9400, 94999, 94998
Bereitschaft, Einsatzgruppen 94460

7 – I. Wiener Hochquellenleitung und Quellgebiete

Betrieb, Erhaltung und Ausbau der Wassergewinnungsanlagen, Kraft- und Hebewerke und sonstiger Objekte in den Quellengebieten der I. Wiener Hochquellenleitung sowie der dazugehörigen Fernleitungen; Wahrnehmung der Interessen der Stadt Wien und des Quellenschutzes außerhalb Wiens

Sailer, Dipl.-Ing. Hans, Oberstadtbaurat 94531
Büro 94513
Betriebsleitung
3. Wasserleitung-Moosbrunn 0 22 34/ 74 0 28
Betriebsleitung Hirschwang 0 26 66/ 25 48
Telefax: 02666–2520

8 – II. Wiener Hochquellenleitung und Quellgebiete

Betrieb, Erhaltung und Ausbau der Wassergewinnungsanlagen, Kraft- und Hebewerke und sonstiger Objekte in den Quellengebieten der II. Wiener Hochquellenleitung sowie des Wientalwasserwerkes und der zugehörigen Fernleitun-

gen; Wahrnehmung der Interessen der Stadt Wien und des Quellenschutzes außerhalb Wiens
Hofbauer, Dipl.-Ing. Peter, Senatsrat 94521
Büro 94510
Wientalwasserwerk 0 22 31/66 5 54
Betriebsleitung Wildalpen 0 36 36/451
Teletex: 3361208, Telefax: 03636–261

9 – Allgemeine und besondere Aufgaben
dzt. unbesetzt 94331
Büro 94397

Kanzlei 94110
Protokoll 94113
Schreibstelle, Handverlag 94115, 94116
Fuhrpark 94160, 94161, 94162
EDV-Gruppe 94390

Bürgerdienst:
Rompolt Astrid 94391

Personalangelegenheiten 94122
Lohn- und Gebührenverrechnung 94120, 94124, 94125

MAGISTRATSABTEILUNG 32

Haustechnik

(Geschäftsgruppe Wohnen, Wohnbau und Stadterneuerung)
19, Muthgasse 62, Tel. 40 00 . . .
Telefax: 40 00–99–Nebenstelle, IBS-User: M32K
Internet e-mail: post@m32.magwien.gv.at

Planung, Errichtung, Installation, Betriebsführung, Erhaltung, Wartung und Begutachtung von wärme-, kälte-, lüftungs-, klima-, maschinen-, sanitär-, elektro-, blitzschutz- und fördertechnischen Anlagen aller Art, soweit nach der Geschäftseinteilung nicht ausdrücklich eine andere Dienststelle zuständig ist.
Mitwirkung bei der Planung von wärme-, kälte-, lüftungs-, klima-, maschinen-, sanitär-, elektro-, blitzschutz- und fördertechnischen Anlagen aller Art, sofern deren Planung, Errichtung, Betriebsführung und Erhaltung vom Geschäftsbereich der Magistratsabteilung 32 ausgenommen ist, über Ersuchen der zuständigen Dienststelle.
Studien über und Planung von Anlagen der Energiewirtschaft (einschließlich zugehöriger energiesparender, energieoptimierender und umweltentlastender Maßnahmen).
Wirtschaftliche Heizkontrolle und Tarifangelegenheiten der Rauchfangkehrer sowie Überprüfung ihrer Honorare und Leistungen in städtischen Objekten, ausgenommen in jenen der Wiener Stadtwerke.
Beistellung von Sachverständigen, soweit nicht die Magistratsabteilung 35 oder die Magistratsabteilung 36 oder die Magistratsabteilung 37 zuständig ist.
Beistellung von Sachverständigen für bauliche Herstellungen, die subventioniert werden.
Erstellung von Gutachten über Einbautenumlegungen.
Grundverwaltung und Erhaltung der Heizwerkstätte.
Führung eines Bereitschaftsdienstes zur Behebung von Störungen an heizungs- und maschinentechnischen Anlagen aller Art, der Heizwerkstätte sowie des Heizungsmuseums.
Führung der Maschinenevidenz.
Dampfkesselbescheinigungsevidenz: Erstellung und Evidenthaltung von Prüfungslisten im Sinne von § 15 Abs. 7 Kesselgesetz; Evidenthaltung der Aufzeichnungen der Prüfungskommissäre nach dem Dampfkesselbetriebsgesetz über die vorgenommenen Prüfungen.

Dorn, Dipl.-Ing. Robert, Senatsrat 74011
Leutner, Dipl.-Ing. Hanns, Senatsrat 74012
Krügler, Dipl. -Ing. Wilfried, Senatsrat 74201
Hlinka, Dipl.-Ing. Stefan, Oberstadtbaurat 74052
Hopfgartner, Dipl.-Ing. Josef, Oberstadtbaurat 74062
Spurny, Dipl.-Ing. Rainer, Oberstadtbaurat 74461
Stanke, Dipl.-Ing. Herbert, Oberstadtbaurat 74451
Fiskas, Dipl.-Ing. Michael, Stadtbaurat 74452
Pichler, Dipl.-Ing. Michael, Stadtbaurat 74462
Thomas, Dipl.-Ing. Walter, Stadtbaurat 74482
Eisenberg, Ing. Heinrich, Techn. Oberamtsrat 74341
Jäger, Ing. Günter, Techn. Oberamtsrat 74252
Mayer, Ing. Ernst, Techn. Oberamtsrat 74301
Mayer, Ing. Johann, Techn. Oberamtsrat 74202
Mrazek, Ing. Ernst, Techn. Oberamtsrat 74141
Nitsch, Ing. Helmut, Techn. Oberamtsrat 74342
Wegl, Ing. Hubert, Techn. Oberamtsrat 74101
Wichtl, Ing. Ludwig,
Techn. Oberamtsrat .... 688 11 52 . . ., 21, 74421
Dematté, Ing. Rudolf, Techn. Amtsrat 74271
Hajek, Ing. Rüdiger, Techn. Amtsrat 74263
Häusler, Ing. Manfred, Techn. Amtsrat 74352
Lameraner, Ing. Walter, Techn. Amtsrat 74323
Ludwig, Ing. Otto, Techn. Amtsrat 74322
Müller, Ing. Friedrich, Techn. Amtsrat 74302
Nachbar-Frisch, Ing. Anton, Techn. Amtsrat 74222
Rabl, Ing. Ernst, Techn. Amtsrat 74283
Rajkowitsch, Ing. Anton, Techn. Amtsrat 74273
Schiessel, Ing. Wilhelm, Techn. Amtsrat 74102
Varga, Ing. Johann, Techn. Amtsrat 74282
Wutscher, Ing. Konrad, Techn. Amtsrat 74242
Zoubek, Ing. Franz, Techn. Amtsrat 74472
Waberer Günther, Kanzleioberkommissär,
Kanzleileiter 74019

Sekretariat 74015
Personalreferat 74012
Auskunft 8032
(Bei Nichterreichbarkeit von Bediensteten auf nachstehenden Telefonnummern bzw. -klappen besteht auf obiger Nummer die Möglichkeit von Auskünften bzw. der Hinterlegung von Nachrichten bezüglich Rückruf.)

Zentralstelle
Elektrotechnik, Leiterin/Leiter 74052
Referentin/Referent 74142
Sanitärtechnik, Leiterin/Leiter 74062
Referentin/Referent 74283
Heizungs-, Lüftungs-, Klimatechnik,
Referentinnen/Referenten 74054, 74055
Verdingungswesen, Referentin/Referent 74056

Störungsdienst
Anlagenüberwachung, Noteinsätze allgemein, Sofortmaßnahmen, Gebäudeleittechnik
Auskunft 74170
Leiterin/Leiter 74171
Stellvertreterin/Stellvertreter 74172
Einsatzzentrale, Noteinsätze allgemein, Sofortmaßnahmen
Montag bis Freitag von 6 bis 18 Uhr 7400
0 bis 24 Uhr (Tonband) 7409
Kontinuierlicher Wechseldienst
Monteure 74177, 74174
Tagdienst Monteurinnen/Monteure 74198
Sondergeräte 74182, 74183
Werkstatt – Lager 74187
Werkstättenhof – Lagerplatz 203 71 44

Preisprüfung 74102

EDV-Referentin/Referent 74072

Kanzlei
Kanzleileiterin/Kanzleileiter, Personalevidenz, Dienstreiseabrechnungen, Inventarführung . 74019, 74021
Abteilungsleiterbüro, Dienstpostenplan, Personalanträge 74015, 74016
Referat allgemeine Kanzlei, Einlaufprotokoll, Fahrtkostenersatz, nachträglicher Zentralheizungseinbau 74022, 74023
Schreibstelle 74024, 74025
Kanzleigehilfinnen/Kanzleigehilfen 74028, 74029
Referat Kreditkontrolle, Hinterlegungen 74032, 74033
Rechnungsprotokoll 74034
Referat Vergabewesen, Anträge, Auftragserteilungen, Firmenkartei 74042
Anbotsverkauf, Anbotsverhandlungen, Handverlag 74043

Kesselwesen
Kanzlei der Kesselbescheinigungs- und Betriebswärterzeugnisevidenz (Ausstellung von Zweitausfertigungen) 74400, 74045

Kesselprüfer und Prüfungskommissäre:
Bulasikis, Dipl.-Ing. Apostolos, Oberstadtbaurat, Bezirke 4, 9, 12, 20, 22 . . . . . . 419 . . ., 910 60 . . ., 11540
Lukesch, Dipl.-Ing. Heinz, Senatsrat, 19. Bezirk und Anlagen der Fernwärme Wien 74404
Pichler, Dipl.-Ing. Michael, Stadtbaurat, Bezirke 10, 13, 14, 21 74409
Rath, Dipl.-Ing. Alfred, Senatsrat, Bezirke 2, 8, 11, 16, 23 74408
Spurny, Dipl.-Ing. Rainer, Oberstadtbaurat, Bezirke 1, 3, 5, 6, 7, 15, 17, 18 und MA 68 74406

Gruppe Nutzbauten, Rauchfangkehrerangelegenheiten, Heizkontrolle
Auskunft 74100
Technische Zeichnerin/Technischer Zeichner 74119
Gruppenleiterin/Gruppenleiter 74101
Referat Nutzbauten
Leiterin/Leiter 74102
Referentinnen/Referenten 74103, 74104, 74105
Sachbearbeiterinnen/Sachbearbeiter und Werkmeisterinnen/Werkmeister 74106, 74113, 74114, 74115, 74116, 74117
Referat Rauchfangkehrerangelegenheiten
Leiterin/Leiter 74122
Referentin/Referent 74123
Sachbearbeiterinnen/Sachbearbeiter und Werkmeisterinnen/Werkmeister 74124
Referat Heizkontrolle 74132
Preisprüfung und Verdingungswesen 74102, 74056

Gruppe Allgemeine Bauten, Kultur, Grünanlagen, Heizungsmuseum
Auskunft 74100
Gruppenleiterin/Gruppenleiter 74141
Referatsleiterin/Referatsleiter 74142
Referentinnen/Referenten 74143, 74144
Sachbearbeiterinnen/Sachbearbeiter und Werkmeisterinnen/Werkmeister 74152, 74153, 74154, 74155, 74156, 74157, 74158
Heizungsmuseum 74144

Gruppe Wohnhäuser
Gruppenleiterin/Gruppenleiter 74201
Referat Wohnhausneubau – Heizungs- und Lüftungsanlagen
Leiterin/Leiter 74202
Referentinnen/Referenten 74203, 74204, 74205
Sachbearbeiterinnen/Sachbearbeiter und Werkmeisterinnen/Werkmeister 74213, 74214, 74215

Referat Wohnhausverbesserungen, Sanierungen – Heizungs- und Lüftungsanlagen
Leiterin/Leiter 74222
Referentinnen/Referenten 74223, 74224, 74225, 74226, 74227
Sachbearbeiterinnen/Sachbearbeiter und Werkmeisterinnen/Werkmeister 74233, 74234, 74235, 74236, 74237

Referat Wohnhäuser – Sonderaufgaben
Leiterin/Leiter 74242
Referentin/Referent 74243
Sachbearbeiterinnen/Sachbearbeiter und Werkmeisterinnen/Werkmeister 74244, 74245

Referat Wohnhausneubau – Elektro- und Sanitäranlagen
Leiterin/Leiter 74252
Sachbearbeiterinnen/Sachbearbeiter und Werkmeisterinnen/Werkmeister 74253, 74254, 74255

Referat Wohnhausverbesserungen, -sanierungen – Elektro und Sanitär
Leiterin/Leiter 74262
Referentin/Referent 74263
Sachbearbeiterinnen/Sachbearbeiter und Werkmeisterinnen/Werkmeister 74264, 74265, 74266, 74267

Gruppe Anlagentechnik
Gruppenleiterin/Gruppenleiter 74271
Referat Anlagenbau
Leiterin/Leiter 74273
Referentinnen/Referenten .. 74272, 74274, 74275, 74276
Sachbearbeiterinnen/Sachbearbeiter und Werkmeisterinnen/Werkmeister 74275, 74277, 74278

Referat Bäder
Leiterin/Leiter 74282
Referentinnen/Referenten 74283, 74284, 74285
Sachbearbeiterinnen/Sachbearbeiter und Werkmeisterinnen/Werkmeister 74286, 74287, 74288

Gruppe U-Bahn, Verkehrs- und Wasserbauten
Auskunft 74300
Technische Zeichnerin/Technischer Zeichner 74309

Fachbereich Haustechnik
Gruppenleiterin/Gruppenleiter 74301
Referat U-Bahn-Neubau, Haustechnik
Leiterin/Leiter 74302
Referentinnen/Referenten 74303, 74304, 74305
Sachbearbeiterinnen/Sachbearbeiter und Werkmeisterinnen/Werkmeister 74313, 74314, 74315, 74316

Referat Verkehrsbauten und Wasserbau, Erhaltung
Leiterin/Leiter 74322
Referentinnen/Referenten 74323, 74324
Sachbearbeiterinnen/Sachbearbeiter und Werkmeisterinnen/Werkmeister ... 74305, 74325, 74326, 74327, 74333, 74334, 74335, 74336

Fachbereich Elektro- und Fördertechnik
Gruppenleiterin/Gruppenleiter 74341

Referat U-Bahn-Neubau, U3-West
Leiterin/Leiter 74342
Referentin/Referent 74343
Sachbearbeiterinnen/Sachbearbeiter und Werkmeisterinnen/Werkmeister 74344, 74345, 74346, 74347, 74353

Referat U-Bahn-Neubau, U3-Ost
Leiterin/Leiter 74352
Referentin/Referent 74343
Sachbearbeiterinnen/Sachbearbeiter und Werkmeisterinnen/Werkmeister 74325, 74353, 74354, 74355, 74356

Baukanzleien
U3/16 .... 982 96 61 . . ., 34
U3/17, 18 .... 985 14 70 . . ., 34
U3/21 .... 748 41 23 . . ., 34
U3/20 .... 748 70 90 . . ., 34

Gruppe Energiewesen, Umwelttechnik, Planung und Sonderaufgaben
Gruppenleiterin/Gruppenleiter 74451
Stellvertreterin/Stellvertreter 74461
Referat Energiewesen und Meßtechnik
Leiterin/Leiter 74462
Referentin/Referent 74463
Sachbearbeiterinnen/Sachbearbeiter und Werkmeisterinnen/Werkmeister 74465, 74493, 74494
Referat Umwelttechnik und Sondermaschinenbau ... 74452
Referat Planung und Sonderaufgaben
Leiterin/Leiter 74472
Referentinnen/Referenten 74473, 74474
Sachbearbeiterin/Sachbearbeiter und Werkmeisterin/Werkmeister 74476
Technisches Zeichenbüro 74483, 74484, 74485, 74486, 74487, 74489
Kopierraum 74478
Referat Abfall- und Deponietechnik, Fachbibliothek
Leiterin/Leiter 74492
Werkmeisterin/Werkmeister 74495
Referat Subventionierte Bauvorhaben 74472, 74482

Heizwerkstätte
10, Theodor-Sickel-Gasse 4–6 .... 744 . . ., 688 11 52 . . .
Telefax: 688 11 52–30
Portierin/Portier, Vermittlung 20
Aufnahmeprotokoll,
Telefon(tonband)dienst (0 bis 24 Uhr) 33
Betriebsleitung 21
Betriebskanzlei-Leitung 31
Einkaufs- und Kreditevidenz 35, 36
Budget, Nebengebühren, Rechnungen 32
Materialreferat, Aufnahmeprotokoll,
Schreibstelle 33, 34

Baugruppenleiterin/Baugruppenleiter
1., 3., 4., 5., 6., 7., 8., 9., 10., 18., 19. Bezirk 23

Baugruppenleiterin/Baugruppenleiter
2., 11., 20., 21., 22. Bezirk 24

Baugruppenleiterin/Baugruppenleiter
12., 13., 14., 15., 16., 17., 23. Bezirk 22

Werkstättenmeisterin/Werkstättenmeister 41, 42, 43, 44, 45, 46, 47
Gasgeräteservice 48
Magazin 39

MAGISTRATSABTEILUNG 33

Öffentliche Beleuchtung

(Geschäftsgruppe Umwelt und Verkehrskoordination)
11, Senngasse 2, Tel. 797 75 . . .
Telefax: 797 75–99–Nebenstelle, IBS-User: M33K,
Internet e-mail: post@m33.magwien.gv.at

Planung, Errichtung, Betriebsführung und Erhaltung der öffentlichen Beleuchtung, der öffentlichen Uhren und der Anstrahlungsanlagen für Baudenkmäler.

Störungsbehebung am mechanischen und starkstromtechnischen Teil der Verkehrslichtsignalanlagen und an beleuchteten Verkehrszeichen im Rahmen der Vorgaben der Magistratsabteilung 46.

Teilbesorgung der Geschäfte der Auftragsverwaltung des Bundes hinsichtlich der Bundesstraßenverwaltung, nämlich die Erstellung des Beleuchtungsprojekts.

Führung eines elektro- und lichttechnischen Versuchsraumes für Entwicklungs- und Qualitätskontrolle.

Springs, Dipl.-Ing. Walter,
Senatsrat 92311
Gabler, Dipl.-Ing. Hubert,
Senatsrat 92312
Thiemann, Dipl.-Ing. Dr. Nikolaus,
Stadtbaurat 92361
Hafner, Ing. Heinrich,
Techn. Oberamtsrat 92391
Ryba, Ing. Johann, Techn. Oberamtsrat 92391
Schaffer, Ing. Felix, Techn. Oberamtsrat 92368
Gös, Ing. Heinrich, Techn. Amtsrat 92321
Schober, Ing. Harald, Techn. Amtsrat 92331
Stica, Ing. Gerhard, Techn. Amtsrat 92332
Strejcek, Ing. Franz, Techn. Amtsrat 92338
Heraut Gertrude, Kanzleioberkommissärin,
Kanzleileiterin 92319
Kanzlei 92313, 92314, 92316
Personalreferentin/Personalreferent 92341
Personalangelegenheiten 92319, 92320
EDV-Angelegenheiten 92382

Journaldienst – Auskunft
(Montag bis Freitag von 7 bis 16 Uhr) 92310

Uhren, Anstrahlungen, Versuchsraum
Leiterin/Leiter 92312
Uhren, Anstrahlungen 92362, 92365
Anlagenprüfung 92361, 92363, 92364
Störungsanzeige 92411

Materialreferat
Leiterin/Leiter 92368
Materialverwaltung 92369, 92370, 92395
Materiallager 92372, 92373

Bau und Instandhaltung der öffentlichen Beleuchtung

Gruppe I
Leiterin/Leiter und
Vertragsreferentin/Vertragsreferent 92321
Referat für den 1., 6., 7., 8., 12. Bezirk
und Schadensverrechnung 92322, 92323, 92324, 92325
Referat für den 5., 13., 15., 23. Bezirk
und Anstrich 92327, 92328, 92329, 92330

Gruppe II
Leiterin/Leiter und
Budgetreferentin/Budgetreferent 92331
Referat für den 2., 9., 10., 11.,
20. Bezirk 92332, 92333, 92334, 92359
Referat für den 3., 4., 21.,
22. Bezirk 92338, 92339, 92340, 92385
Referat für den 14., 16., 17., 18.,
19. Bezirk 92335, 92336, 92337, 92384

Gruppe III
Leiterin/Leiter 92391
Referat für Autobahnen und
Bundesstraßen 92342, 92343, 92358, 92366
Referat für Industrieaufschließung,
Hochwasserschutz, Bundesstraßenerhaltung 92349, 92350, 92356
EDV-Erfassung, Anlagenevidenz,
Planarchiv 92351, 92352, 92353, 92354, 92355

Betriebsgruppe Störungsbehebungsdienst
11, 7. Haidequerstraße 6
Telefax: 797 75–99–Nebenstelle
Leiterin/Leiter 92341, 92421
Stellvertreterin/Stellvertreter 92344
Kanzlei 92422, 92423
Planarchiv 92436

Referat für Störungsbehebung und Änderungen an der öffentlichen Beleuchtung
Sachbearbeiterin/Sachbearbeiter für Schichtdienst 92346
Werkmeisterinnen/Werkmeister 92430, 92441
Schichtleiterin/Schichtleiter 92433
Sachbearbeiterin/Sachbearbeiter für Tagdienst 92348
Werkmeisterinnen/Werkmeister 92424, 92427
Meisterinnen/Meister .. 92425, 92426, 92428, 92429, 92432
11, Senngasse 2

Referat für Donau-City 92346, 92441
Referat für Passagen, Fernwirksystem, Tunnelanlagen 92344, 92347

Störungsanzeige für die Öffentliche Beleuchtung, Verkehrslichtsignalanlagen und beleuchtete Verkehrszeichen
(Lampenausfälle, Beschädigungen, Funktionsstörungen – 0–24 Uhr) 8033

MAGISTRATSABTEILUNG 34

(derzeit nicht eingerichtet)

MAGISTRATSABTEILUNG 35

Allgemeine baubehördliche Angelegenheiten

(Geschäftsgruppe Wohnen, Wohnbau und Stadterneuerung)

20, Dresdner Straße 75, 4. Stock, Tür 444, Tel. 331 40 . . .
Telefax: 331 40–99–92110, IBS-User: M35K
Internet e-mail: post@m35.magwien.gv.at

Technische Angelegenheiten grundsätzlicher Art der Bau- und Feuerpolizei.
Genehmigung und Überwachung von Veranstaltungsstätten, Kinos und Messen hinsichtlich der Sicherheitseinrichtungen; Angelegenheiten des technischen Aufsichtsdienstes in Vergnügungsstätten mit Ausnahme der Bestellung und Einteilung der technischen Aufsichtsbeamten sowie der schriftlichen Anweisungen (Unterweisungen) betreffend die Ausübung des technischen Aufsichtsdienstes in Theatern, Zirkussen usw.
Mitwirkung im baubehördlichen Genehmigungsverfahren für Bauten mit Räumen, indenen Menschenansammlungen von mehr als 100 Personen zu erwarten sind.
Mitwirkung im Genehmigungsverfahren bei Grundabteilungen, Grenzberichtigungen und Umlegungen.
Durchführung des baubehördlichen Genehmigungsverfahrens für Bauten der Gebietskörperschaften und anderer öffentlich-rechtlicher Körperschaften, für Bauten auf Eisenbahngrund, für Ausstellungs- und Kultbauten sowie für Bauführungen besonderer Art, soweit nicht die Magistratsabteilung 64 zuständig ist.
Baubehördliche Angelegenheiten der Aufzüge, Kräne, Lager brennbarer Flüssigkeiten, Tanklager aller Art, Tankstellen und Ölfeuerungen sowie der Dampfkessel, Dampfgefäße und Druckbehälter im Sinne der Dampfkesselverordnung.
Behördliche Aufgaben der Bezirksverwaltungsbehörde sowie Beistellung von Amtssachverständigen nach dem Kesselgesetz und dem Dampfkesselbetriebsgesetz, soweit nicht die magistratischen Bezirksämter oder die Magistratsabteilung 36 zuständig sind.
Handhabung des Luftreinhaltegesetzes für Kesselanlagen, soweit zur Errichtung und Inbetriebnahme oder Änderung von Dampfkesselanlagen keine gewerbe-, berg-, energie- oder eisenbahnrechtliche Bewilligung (Genehmigung) erforderlich ist und soweit nicht die Magistratsabteilung 36 zuständig ist.
Vornahme von Revisionen und Überprüfungen bei öffentlichen Tankstellen einschließlich deren Nebenanlagen.
Durchführung von Genehmigungsverfahren nach dem Wiener Gasgesetz für ortsfeste Flüssiggasbehälter und die damit verbundenen Flüssiggasanlagen, sofern dafür auch eine Genehmigungspflicht nach der Bauordnung für Wien besteht.
Bestellung und Evidenthaltung von Aufzugssachverständigen nach dem Wiener Aufzugsgesetz und von Aufzugsprüfern nach der Aufzüge-Sicherheitsverordnung.
Mitwirkung bei der Handhabung des Baumschutzgesetzes.
Erteilung von Aufträgen und Untersagung der Mitwirkung von Tieren nach dem Wiener Tierschutz- und Tierhaltegesetz im Rahmen von Verfahren nach dem Wiener Veranstaltungsstättengesetz.
Zulassung von Baustoffen, Bauteilen, Bauarten (Bauweisen), Brandschutzmitteln, Rückschlagsicherungen und dgl.
Grundsätzliche Angelegenheiten der Statik sowie des Wärme-, Schall- und baulichen Brandschutzes; Überprüfung von Bauansuchen in bezug auf Statik sowie Wärme-, Schall- und baulichen Brandschutz; behördliche Überprüfungen gemäß § 127 der Bauordnung für Wien einschließlich der Durchführung oder Überwachung der technischen Beschau von U-Bahn-Bauten.
Beistellung von Amtssachverständigen in behördlichen Verfahren anderer Magistratsdienststellen.
Koordination der Tätigkeit der Amtssachverständigen für die eisenbahnbehördlichen Verfahren bei U-Bahn-Bauten.
Begutachtung des Befähigungsnachweises und des Berechtigungsumfanges von Baugewerbetreibenden sowie Überprüfung der Ansuchen um Zulassung zur Baugewerbeprüfung.
Erteilung von Gebrauchserlaubnissen nach dem Gebrauchsabgabegesetz sowie von Bewilligungen nach § 82 Abs. 1 Straßenverkehrsordnung 1960 und von im Zusammenhang mit diesen Genehmigungen erforderlichen Bewilligungen nach der Bauordnung für Wien, soweit nicht die Magistratsabteilung 37, 46, 59 oder 64 zuständig ist.
Bemessung und Vorschreibung der Gebrauchsabgabe in jenen Fällen, in denen die Magistratsabteilung 35 für die Erteilung der Gebrauchserlaubnis zuständig ist.
Erteilung von Bewilligungen nach der Straßenverkehrsordnung 1960 von Anlagen zu Werbezwecken und von Ankündigungstafeln auf Privatgrund neben Verkehrsflächen.
Erteilung von Bewilligungen für den Kanalanschluß bei Bauwerken, für die von der Stadt Wien keine Baubewilligung zu erteilen ist; Bemessung und Vorschreibung von Kanaleinmündungsgebühren und Anliegerbeiträgen.
Wahrnehmung der behördlichen Aufgaben nach dem Wasserrechtsgesetz 1959 bei Anlagen zur Lagerung und Leitung wassergefährdender Stoffe, soweit diese Anlagen nur der Beheizung von Gebäuden dienen und nicht auch nach dem Gewerberecht einer Genehmigung bedürfen oder soweit diese Anlagen auch einer Bewilligungspflicht nach dem Luftreinhalterecht unterliegen.

Wolf, Dipl.-Ing. Ernst, Senatsrat 92111
Bock, Dipl.-Ing. Georg, Senatsrat 92112, 92241
Haschke, Dipl.-Ing. Harald, Senatsrat 92281
Kaindl, Dipl.-Ing. Dr. Edwin, Senatsrat 92191
Schmid, Dipl.-Ing. Ferdinand, Senatsrat 92171
Aigner, Dipl.-Ing. Roman, Oberstadtbaurat 92262
Gallistel, Dipl.-Ing. Hans, Oberstadtbaurat 92181
Geiger, Dipl.-Ing. Karl, Oberstadtbaurat 92143
Henschling, Dipl.-Ing. Wolfgang, Oberstadtbaurat ... 92283
Hohn, Dipl.-Ing. Heinz, Oberstadtbaurat 92287
Krieghofer, Dipl.-Ing. Kurt, Oberstadtbaurat 92265
Liebermann, Dipl.-Ing. Franz, Oberstadtbaurat 92282
Marek, Dipl.-Ing. Fritz, Oberstadtbaurat 92286
Molin, Dipl.-Ing. Gerhard, Oberstadtbaurat 92141
Pejic, Dipl.-Ing. Zvonimir, Oberstadtbaurat 92145
Pilat, Dipl.-Ing. Milan, Oberstadtbaurat 92261

Prochaska, Dipl.-Ing. Walter,
Oberstadtbaurat . . . 92182
Richter, Dipl.-Ing. Wolfgang,
Oberstadtbaurat . . . 92284
Urban, Dipl.-Ing. Herbert,
Oberstadtbaurat . . . 92266
Zisser, Dipl.-Ing. Georg,
Oberstadtbaurat . . . 92243
Brustbauer, Dipl.-Ing. Regine,
Stadtbaurätin . . . 92292
Chuchmacz, Dipl.-Ing. Stanislav,
Stadtbaurat . . . 92172
Eder, Dipl.-Ing. Dr. Reinhold,
Stadtbaurat . . . 92142
Eitel, Dipl.-Ing. Bruno,
Stadtbaurat . . . 92244
Krachsberger, Dipl.-Ing. Herbert,
Stadtbaurat . . . 92192
Landerl, Dipl.-Ing. Günter,
Stadtbaurat . . . 92144
Oberbauer, Mag. Christian, Stadtbaurat . . . 92285
Schally, Dipl.-Ing. Dr. Othmar, Stadtbaurat . . . 92267
Schiller, Dipl.-Ing. Halina, Stadtbaurätin . . . 92263
Vesely, Dipl.-Ing. Michael, Stadtbaurat . . . 92268
Gödel Eva, Techn. Oberamtsrätin . . . 91211
Krejci, Ing. Herbert, Techn. Oberamtsrat . . . 92155
Dittrich, Ing. Otmar, Techn. Amtsrat . . . 92212
Nowak Dieter, Techn. Amtsrat . . . 92221
Hrauda Gisela, Kanzleioberkommissärin,
Kanzleileiterin . . . 92119
Kanzlei . . . 92127, 92128, 92129

Aufzüge, Dampfkessel, Tankanlagen, Ölfeuerungen – technische Angelegenheiten (A) . . . 92141, 92142, 92143, 92144, 92145, 92146, 92147, 92152, 92153, 92154, 92155, 92156, 92162, 92163, 92164, 92165

Baustoffzulassungen, Wärme-, Schall- und baulicher Brandschutz (B) . . 92171, 92172, 92173, 92174
Gebrauchserlaubnisse für Verkehrsflächen (G) . . . 92211, 92212

Bezirke:
1 . . . 92221, 92222, 92223
2, 19, 21, 22 . . . 92224, 92225, 92226
3, 10, 11, 23 . . . 92227, 92228, 92229
4, 5, 6, 7 . . . 92231, 92232, 92233
8, 12, 13, 16 . . . 92234, 92235, 92236
9, 17, 18, 20 . . . 92237, 92238, 92239
14, 15 . . . 92213, 92214

Grundabteilungen – technische Überprüfung (Ga) . . . 92181, 92182, 92184
Öffentliche Bauten, Bauten auf Eisenbahngrund und Kultbauten (öB) . . . 92241, 92242, 92243, 92244, 92245, 92252
Statik (S) . . . 92261, 92262, 92263, 92265, 92266, 92267, 92268
U-Bahn (U) . . . 92191, 92192, 92194

Theater- und Kinopolizei, technische Sicherheitseinrichtungen bei Menschenansammlungen (V) . . . 92281, 92282, 92283, 92284, 92285, 92286, 92287, 92292, 92293, 92294, 92295, 92296, 92297

MAGISTRATSABTEILUNG 36

Technische Gewerbeangelegenheiten, behördliche Elektro- und Gasangelegenheiten und Feuerpolizei

(Geschäftsgruppe Umwelt und Verkehrskoordination)

20, Dresdner Straße 75, 3. Stock, Tür 302, Tel. 331 40 . . .
Telefax: 331 40–99–Nebenstelle, IBS-User: M36K
Internet e-mail: post@m36.magwien.gv.at
Auskunft 8036, 89710
Journaldienst – Dezernat A 89700
Journaldienst – Dezernat C 89800

Selbständige Vornahme von Revisionen und Überprüfungen nach den einschlägigen gesetzlichen Vorschriften von solchen Betriebsanlagen, Bauwerken, Einrichtungen und Anlagen, hinsichtlich derer der Magistratsdirektor periodische Überprüfungen verfügt oder bei denen aufgrund besonderer, bei diesen Anlagen bestehender oder bekanntgewordener Gefahren schwerpunktmäßige Überprüfungen angeordnet werden.
Beistellung von Amtssachverständigen in gewerbebehördlichen Konzessions- und Betriebsanlageverfahren sowie in Verfahren gemäß § 61 der Bauordnung für Wien.
Beistellung von Sachverständigen auf dem Gebiet der Elektro- und der Gastechnik, der Chemie und der Gifte, auch in behördlichen Verfahren sowie in den Fällen, in denen eine diesbezügliche Anordnung des Magistratsdirektors ergeht.
Handhabung des Wiener Feuerpolizei- und Luftreinhaltegesetzes und der nach diesem Gesetz ergangenen Verordnungen, mit Ausnahme der Zwangsmaßnahmen gemäß § 17 Wiener Feuerpolizei- und Luftreinhaltegesetz, soweit sie feuerpolizeiliche Übelstände betreffen; Erlassung von Bescheiden nach dem Bundesgesetz über das Verbot des Verbrennens biogener Materialien außerhalb von Anlagen.
Bestellung von Überprüfungsorganen gemäß § 15 Abs. 10 Wiener Feuerpolizei- und Luftreinhaltegesetz.
Beistellung von Amtssachverständigen nach dem Luftreinhaltegesetz für Kesselanlagen in gewerblichen Betrieben und Evidenthaltung dieser Kesselanlagen.
Handhabung des Baulärmgesetzes.
Technische Angelegenheiten des Sprengmittelwesens, der pyrotechnischen und sonstiger sprengmittelähnlicher Artikel sowie Genehmigung von Sprengungen.
Beistellung von brandschutztechnischen Amtssachverständigen in behördlichen Verfahren.
Sicherheitstechnisch-behördliche Angelegenheiten nach dem Elektrotechnikgesetz und den nach diesem Gesetz ergangenen Verordnungen, soweit nicht die Magistratsabteilung 64 zuständig ist.
Durchführung von Genehmigungsverfahren nach dem Wiener Gasgesetz für Lagerungen von Flüssiggas-Versandbehältern und die damit verbundenen Flüssiggasanlagen sowie für ortsfeste Flüssiggasbehälter und die damit verbundenen Flüssiggasanlagen, soweit hiefür eine Genehmigungspflicht nach der Bauordnung für Wien nicht gegeben ist.
Beistellung von Amtssachverständigen für wärme-, kälte-, lüftungs-, klima-, und sonstige maschinentechnische Angelegenheiten in behördlichen Verfahren.
Beistellung von Amtssachverständigen nach dem Kesselgesetz und dem Dampfkesselbetriebsgesetz für Gewerbebetriebe.
Beistellung von Sachverständigen in technischen Angelegenheiten nach dem Bäderhygienegesetz.
Vorschreibung von Sicherheitsvorkehrungen gemäß § 5 Abs. 5 Wiener Prostitutionsgesetz an den Eigentümer von zur Ausübung der Prostitution verwendeten Gebäuden bzw. Gebäudeteilen.
Feststellung des Eintrittes des Verbotes der weiteren Verwendung des Gebäudes bzw. Gebäudeteiles zur Ausübung der Prostitution bei nicht fristgerechter Erfüllung von Anträgen gemäß § 5 Abs. 5 Wiener Prostitutionsgesetz.

Bachl, Dipl.-Ing. Hans, Senatsrat 89711
Rami, Dipl.-Ing. Ewald, Senatsrat 89712
Lorenz, Dipl.-Ing. Paul, Senatsrat 89702
Beier, Dipl.-Ing. Rudolf, Oberstadtbaurat 89741
Gerhartl, Dipl.-Ing. Peter, Oberstadtbaurat 89762
Götz, Dipl.-Ing. Dr. techn. Heinz, Oberstadtbaurat . . . 89704
Hirschenberger, Dipl.-Ing. Alfred, Oberstadtbaurat . . . 89708
Neunteufel, Dipl.-Ing. Erich, Oberstadtbaurat 89771
Pimpi, Dipl.-Ing. Heinz, Oberstadtbaurat 89781
Reischel, Dipl.-Ing. Robert, Oberstadtbaurat 89751
Rentsch, Dipl.-Ing. Karl, Oberstadtbaurat 89706
Schneeweiß, Dipl.-Ing. Christiane,
Oberstadtbaurätin 89703
Tewagner, Dr. Günther, Oberstadtbaurat 89761
Burkart, Dipl.-Ing. Dr. techn. Michael, Stadtbaurat . . 89756
Dabernig, Dipl.-Ing. Dr. techn. Georg, Stadtbaurat . . 89792
Hauser, Mag. Dr. Rudolf, Stadtbaurat 89763
Junker, Ing. Mag. Gerald, Stadtbaurat 89815
Pfennich, Dipl.-Ing. Wilfried, Stadtbaurat 89752
Robitza, Dipl.-Ing. Peter, Stadtbaurat 89782
Ryba, Dipl.-Ing. Martin, Stadtbaurat 89745
Schwanzera, Dipl.-Ing. Richard, Stadtbaurat 89794
Tomek, Dipl.-Ing. Sabine, Stadtbaurätin 89772
Zeininger, Dipl.-Ing. Josef, Stadtbaurat 89742
Hirschmann, Dipl.-Ing. Thomas,
Stadtbauoberkommissär 89793
Hofmann, Dipl.-Ing. Rudolf,
Stadtbauoberkommissär 89753
Nechansky, Dipl.-Ing. Robert,
Stadtbauoberkommissär 89773
Reiselhuber, Dipl.-Ing. Dr. techn. Karl,
Stadtbauoberkommissär 89784
Rittler, Dipl.-Ing. Sabine,
Stadtbauoberkommissärin 89765
Koglbauer, Dipl.-Ing. Ulrike, Stadtbaukommissärin . . 89774
Feitl, Dipl.-Ing. Erich 89783
Hochberger, Dr. Heinz 89764
Koch, Dipl.-Ing. Friedrich 89754
Radu, Dipl.-Ing. Margareta 89743
Werner, Dipl.-Ing. Karlheinz 89707
Zirkl, Dipl.-Ing. Dr. techn. Anton 89776
Dietrich, Ing. Manfred, Techn. Oberamtsrat 89705
Rogenhofer, Ing. Bernd, Techn. Oberamtsrat 89802
Divoky, Ing. Walter, Techn. Amtsrat 89767
Bösze Helga, Kanzleioberkommissärin,
Kanzleileiterin 89719
Kanzlei 89710, 89715

Dezernat A: Gewerbetechnische Angelegenheiten . . . 89701
Gebiet I (1., 8., 21., 22. Bezirk) 89741, 89742, 89743, 89745, 89747, 89748, 89749, 89779
Gebiet II (2., 3., 11., 20. Bezirk) 89751, 89752, 89753, 89754, 89756, 89757
Gebiet III (10., 23. Bezirk) 89761, 89762, 89763, 89764, 89765, 89767
Gebiet IV (6., 7., 13., 14., 15. Bezirk) 89771, 89772, 89773, 89774, 89776, 89777, 89778
Gebiet V (16., 17., 18., 19. Bezirk) . . . 89781, 89782, 89783, 89784, 89787, 89788
Gebiet VI (4., 5., 9., 12. Bezirk) 89791, 89792, 89793, 89794, 89795
Koordinatorin/Koordinator allgemeine
gewerbetechnische Belange 89706
Koordinatorin/Koordinator chemisch-technische
Belange 89704
Sachverständige (Chemisch-technische Belange) 89756, 89761, 89763, 89764, 89765, 89772, 89774, 89776, 89781, 89784, 89791, 89792, 89793
Sachverständige Pyrotechnik . . 89704, 89742, 89756, 89779
Sachverständige (Luftreinhaltegesetz für
gewerbliche Dampfkesselanlagen) . 89707, 89745, 89752
Sachverständige (Maschinenkunde) . . 89707, 89741, 89745, 89749, 89750, 89751, 89752, 89753, 89754, 89762, 89773, 89782, 89783, 89794
Sachverständige (Technische
Bäderangelegenheiten) 89708, 89752, 89793, 89765, 89773, 89781
Sachverständige (Beurteilung von
Sicherheitsanalysen) 89704, 89706, 89707, 89745, 89791, 89815, 89817

Dezernat B: Behörde und Sachverständige für elektro- und gastechnische Angelegenheiten 89702, 89811, 89812, 89813, 89814, 89815, 89816, 89817, 89818, 89819, 89821, 89823, 89824, 89826

Koordinatorin/Koordinator für Elektrotechnik für Wien 89705

Prüferinnen/Prüfer in der Prüfungskommission für Beleuchter und für Filmvorführer 89811, 89817

Dezernat C: Feuerpolizei, Baulärm, Prostitution sowie Sprengmittelwesen 89703

Feuerpolizei 89802, 89803, 89804, 89805, 89806, 89807

Bestellung von Überprüfungsorganen für Feuerstätten 89801, 89802, 89803

Baulärm (Nachtarbeitsbewilligung und Beschwerden) 89801, 89802

Prostitution 89801, 89802, 89803

Sprengmittelwesen 89704, 89742, 89779

MAGISTRATSABTEILUNG 37

Baupolizei

(Geschäftsgruppe Wohnen, Wohnbau und Stadterneuerung)

20, Dresdner Straße 75, 2. Stock, Tür 201-219, 224–234, Tel. 331 40 . . .
Telefax: 40 00–99–89610, IBS-User: M37K
Internet e-mail: post@m37.magwien.gv.at

Alle baubehördlichen Angelegenheiten, soweit nicht die Magistratsabteilung 35, die Magistratsabteilung 36 oder die Magistratsabteilung 64 zuständig ist, einschließlich der:

Beantragung von Löschungen und Erteilung der Zustimmung zur Freilassung öffentlich-rechtlicher Verpflichtungen im Grundbuch; Überprüfung von Gerichtsbeschlüssen im Hinblick auf die Bestimmungen der Bauordnung für Wien.

Führung der Liegenschaftsverzeichnisse.

Erteilung der Gebrauchserlaubnis nach dem Gebrauchsabgabegesetz hinsichtlich der Bauteile vor der Baulinie im Zusammenhang mit Baubewilligungen auf der angrenzenden Liegenschaft; Vorschreibung der Abgabe.

Bemessung und Vorschreibung von Kanaleinmündungsgebühren und Anliegerbeiträgen.

Ausstellung von Bescheinigungen gemäß § 5 oder § 12 des Wohnungseigentumsgesetzes 1975.

Mitwirkung bei der Handhabung des Wiener Baumschutzgesetzes.

Mitwirkung bei der Erstellung der Wohnbaustatistik.

Erteilung von Bewilligungen nach § 82 Abs. 1 Straßenverkehrsordnung 1960 bei Bauten vor der Baulinie und auf Privatgrund, der dem öffentlichen Verkehr dient, im Zusammenhang mit genehmigungspflichtigen Bauführungen, sofern die Magistratsabteilung 37 für die Baubewilligung zuständig ist.

Führung der Baueinlagen.

Vermessungstechnische Arbeiten im Zusammenhang mit der Aussteckung der Fluchtlinien und Höhenlagen.

Richter, Dipl.-Ing. Herbert, Senatsrat 89611
Krenn, Dipl.-Ing. Otto, Oberstadtbaurat 89612
Kirschner, Dipl.-Ing. Hannes, Oberstadtbaurat 89631
Hernstorfer, Dipl.-Ing. Wilhelm,
Oberstadtbaurat 89663
Schandl, Dipl.-Ing. Reinhold, Oberstadtbaurat 89652
Leonhartsberger, Dipl.-Ing. Erwin 89651
Kambach, Ing. Karl, Techn. Amtsrat 89614
Klaus, Ing. Peter, Techn. Amtsrat 89664
Mayer, Ing. Manfred, Techn. Amtsrat 89661
Reischauer, Ing. Robert, Techn. Amtsrat 89654
Frodl Sylvia, Kanzleioberkommissärin,
Kanzleileiterin 89619
Kanzlei 89615
Vermessungsdezernat 89651, 89652

Außenstellen:

1., 8., 9. Bezirk:
8, Lerchenfelder Straße 4 . . . . 401 34 . . .
Czermak, Dipl.-Ing. Robert, Oberstadtbaurat 08501
Schaufler, Dipl.-Ing. Christoph, Stadtbaurat 08502
Wiesinger, Dipl.-Ing. Herbert 08504
Fischer, Dipl.-Ing. Robert, Stadtbaurat 08511

2., 20. Bezirk:
20, Dresdner Straße 75 . . . . 331 40 . . .
Heihs, Dipl.-Ing. Otto, Oberstadtbaurat 20501
Bredl, Dipl.-Ing. Peter, Stadtbaurat 20502
Kedro, Dipl.-Ing. Klara 20511
Hummel, Ing. Heinz Konrad, Techn. Amtsrat 20512

3., 4., 5. Bezirk:
3, Am Modenapark 1–2 . . . . 711 16 . . .
Hahn, Dipl.-Ing. Georg, Oberstadtbaurat 03501
Spielauer, Dipl.-Ing. Johann, Stadtbaurat 03502
Unterköfler, Dipl.-Ing. Maria 03522
Oswald Anton, Techn. Oberamtsrat 03524

6., 7. Bezirk:
7, Hermanngasse 24–26 . . . . 521 34 . . .
Wimmer, Dipl.-Ing. Herbert, Oberstadtbaurat 07501
Diebitsch, Mag.arch. Karl-Heinz, Oberstadtbaurat . . . 07513
Jordis, Dipl.-Ing. Gerhard 07521

10. Bezirk:
10, Laxenburger Straße 43–47 . . . . 605 34 . . .
Klom, Dipl.-Ing. Manfred, Senatsrat 10501
Lederer, Dipl.-Ing. Johann, Stadtbaurat 10502
Weissinger, Dipl.-Ing. Rudolf, Stadtbaurat 10513
Kosik, Ing. Waltraud, Techn. Oberamtsrätin 10524

11. Bezirk:
11, Enkplatz 2 . . . . 740 34 . . .
Worf, Dipl.-Ing. Elvira, Oberstadtbaurätin 11501
Vallazza, Dipl.-Ing. Christian, Stadtbaurat 11502

12. Bezirk:
12, Schönbrunner Straße 259 . . . . 811 34 . . .
Zilka, Dipl.-Ing. Heinz, Oberstadtbaurat 12501
Stejskal, Dipl.-Ing. Bernhard, Stadtbaurat 12502

13., 14. Bezirk:
13, Hietzinger Kai 1–3 . . . . 878 34 . . ., 870 34 . . .
Ressel, Dipl.-Ing. Günter, Oberstadtbaurat 14501
Eder, Dipl.-Ing. Helmut, Oberstadtbaurat 13502
Zimmermann, Dipl.-Ing. Robert, Stadtbaurat 14514
Raunigg, Dipl.-Ing. Johann, Stadtbaurat 14515
Müller, Ing. Wolfgang, Techn. Amtsrat 13511

15. Bezirk:
15, Gasgasse 8–10 . . . . 891 34 . . .
Schindler, Dipl.-Ing. Josef, Oberstadtbaurat 15501
Helwich, Mag. arch. Ing. Reinhold,
Oberstadtbaurat 15502

16. Bezirk:
16, Richard-Wagner-Platz 19 . . . . 491 96 . . .
Bietak, Dipl.-Ing. Horst, Oberstadtbaurat 16501
Hisberger, Dipl.-Ing. Klemens, Stadtbaurat 16502
Pell, Dipl.-Ing. Iwona, Stadtbaurätin 16504

17. Bezirk:
17, Elterleinplatz 14 . . . . 401 19 . . .
Witschka, Dipl.-Ing. Johann, Oberstadtbaurat 17501
Hinteregger, Dipl.-Ing. Gerhard, Stadtbaurat 17502

18. Bezirk:
18, Martinstraße 100 . . . . 476 34 . . .
Gerlinger, Dipl.-Ing. Helmuth, Senatsrat 18501
Remmel, Dipl.-Ing. Irmgard, Stadtbaurätin 18502
Holzer, Dipl.-Ing. Herbert, Stadtbaurat 18512

19. Bezirk:
19, Gatterburggasse 14 . . . . 360 34 . . .
Bacher, Dipl.-Ing. Albert, Oberstadtbaurat 19501
Gessner, Dipl.-Ing. Karin, Stadtbaurätin 19503

21. Bezirk:
21, Am Spitz 1 . . . . 277 34 . . .
Fuchs, Dipl.-Ing. Heinz, Senatsrat 21501
Hansal, Dipl.-Ing. Ilse 21502
Schlossnickel, Dipl.-Ing. Ernst, Stadtbaurat 21517
Lehner, Ing. Michaela, Techn. Amtsrätin 21512

22. Bezirk:
22, Kagran, Schrödingerplatz 1 . . . . 211 23 . . .
Marx, Dipl.-Ing. Michael, Stadtbaurat 22501
Hofmaier-Grimschitz, Dipl.-Ing. Gerda,
Stadtbaurätin 22502
Heimel-Weninger, Dipl.-Ing. Astrid 22514

23. Bezirk:
23, Liesing, Perchtoldsdorfer Straße 2 . . . . 863 34 . . .
Semmler, Dipl.-Ing. Carmen 23511
Schröpfer, Dipl.-Ing. Johann 23512

MAGISTRATSABTEILUNG 38

Lebensmitteluntersuchungsanstalt der Stadt Wien

(Geschäftsgruppe Integration, Frauenfragen, Konsumentenschutz und Personal)

3, Henneberggasse 3, Tel. 795 14 . . .
Telefax: 795 14–99–Nebenstelle, IBS-User: M38K
Internet e-mail: post@m38.magwien.gv.at

Führen der Lebensmitteluntersuchungsanstalt der Stadt Wien.
Grundverwaltung und Erhaltung der Lebensmitteluntersuchungsanstalt.
Untersuchung von Proben gemäß § 43 Lebensmittelgesetz 1975, § 26 Fleischuntersuchungsgesetz und gemäß Tierseuchengesetz; Beistellung von Amtssachverständigen in Verfahren nach dem Lebensmittelgesetz 1975 und dem Fleischuntersuchungsgesetz.
Erstellung von Gutachten insbesondere im Bereich des „Gütesiegels für Fleischwaren" und der Aktionen „Ständig kontrolliert durch die Lebensmitteluntersuchungsanstalt der Stadt Wien" und „Gemüsemonitoring Wien".
Konsumentenberatung für Waren, die dem Lebensmittelgesetz 1975 unterliegen.
Bemessung und Einhebung der Entgelte, Kosten und Gebühren für durchgeführte Untersuchungen und erbrachte Leistungen.
Dienstaufsicht über das zugeteilte Personal, soweit es nicht der Dienstaufsicht des Magistratsdirektors untersteht.

Hasitschka, Dr. Peter, Senatsrat, Direktor 97951
Grundschober, Dr. Franz, Oberveterinärrat 97952
Langmüller Waltraud, Kanzleikommissärin, Kanzleileiterin 97955

Bakteriologie:
Jurinka, Mag. Alfred, Veterinärrat 97984
Dabbass, Dr. Alaa, vtm. Tierarzt 97985

Chemie, Spezial- und Biochemie; EDV:
Mifek, Ing. Karl 97988

Qualitätsmanagement:
Frühling, Dr. Raimund, Obermagistratsrat 97987

Histologie, Mikroskopie, Parasitologie:
Gries, Mag. Ronald, Veterinärrat 97991

Lebensmittelhygiene:
Sigl, Dr. Gina, Oberveterinärrätin 97998
Fellner, Dr. Christian, Veterinärrat 97982

Organoleptik (einschließlich Probeneinbringung):
Weissensteiner, Dr. Johann, Veterinärrat 97981
Rohr, Mag. Hermine, Veterinärkommissärin 97982

Überprüfung der Labortätigkeit:
Nowak, Dipl.-Ing. Herbert, Obermagistratsrat 97971

Öffentlichkeitsarbeit und Konsumententelefon (einschließlich Ernährungsberatung):
Safer, Dr. Maria, Oberveterinärrätin 9760, 97975

Deklarationsbegutachtung, Bibliothek:
Hofer, Dr. Martin, Veterinärrat 97976

Probeneingang:
Nürnberger Gerhard, Verwaltungsoffizial 97974
Halwachs Susanne, Verwaltungskommissärin 97973

MAGISTRATSABTEILUNG 39

Versuchs- und Forschungsanstalt der Stadt Wien

(Geschäftsgruppe Planung und Zukunft)

11, Rinnböckstraße 15, Tel. 739 . . ., 795 14 . . .
Telefax: 795 14–99–8039, IBS-User: M39K,
Internet e-mail: post@m39.magwien.gv.at

Akkreditierte Prüf- und Überwachungsstelle (PÜ 69).
Durchführung mechanischer, chemischer und physikalischer Untersuchungen und Materialprüfungen, amtliche Probenahme, Schiedsanalysen.
Vornahme von Brandversuchen, Schall-, Wärmefluß- und Erschütterungsmessungen, Belastungsversuche an Bauteilen und am Bauwerk.
Begutachtungen von Bau-, Brenn-, Hilfs-, Roh-, Schutz-, Treib- und Werkstoffen, Betriebsmitteln und Bauteilen.
Erprobung und Begutachtung von Bauweisen, Baukonstruktionen und Baumethoden; Berechnung und Ermittlung von bauphysikalischen Kennwerten; Beratung bezüglich der konstruktiven Ausgestaltung von Bauteilen; Werks- und Produktionsüberwachungen.
Untersuchungen von Boden- und Grundwasserproben, soweit sie in Zusammenhang mit der Errichtung und Erhaltung von Bauwerken stehen.
Begutachtung von Schadensfällen.
Ausführung von Entwicklungs- und Forschungsarbeiten.

Fleck, Dipl.-Ing. Werner, Senatsrat 92011
Sekretariat 92015
Pommer, Dipl.-Ing. Georg, Oberstadtbaurat .. 92031, 92012
Goak Gerhard, Kanzleikommissär,
Kanzleileiter 92019
Auskunft 8039, 92016, 92017
Buchhaltung 92018
Kanzlei 92023, 92024, 92026

Qualitätsmanagement:
Cipek, Dipl.-Ing. Lambert, Oberstadtbaurat 92013

Mechanisch-technisches Laboratorium:
Pommer, Dipl.-Ing. Georg, Oberstadtbaurat .. 92031, 92012
Sekretariat 92029
Ramsauer, Dipl.-Ing. Bernhard, Stadtbaurat 92032
Tichy, Dipl.-Ing. Andreas, Stadtbauoberkommissär .. 92033
Braun, Ing. Helmut, Techn. Oberamtsrat 92035
Sachbearbeiterinnen/Sachbearbeiter 92041, 92042, 92043, 92044
Laboratorien 92036, 92037, 92038, 92039, 92046, 92047

Großbaulabor 92048

Chemisch-technisches Laboratorium:
Proßegger, Dr. Peter, Oberstadtbaurat 92081
Hassan, Dipl.-Ing. Salah El Din 92083
Klaffl, Ing. Walter, Techn. Amtsrat 92084
Sachbearbeiterinnen/Sachbearbeiter ... 92085, 92086, 92095

Physikalisch-technisches Laboratorium:
Pöhn, Dipl.-Ing. Christian, Stadtbaurat 92061
Sekretariat 92029
Hornischer, Dipl.-Ing. Dr. techn. Rudolf 92062
Hollerer, Dipl.-Ing. Dr. techn. Ilse,
Stadtbaurätin 92082
Kuhnert, Dipl.-Ing. Werner,
Stadtbaurat 92063
Fleischhacker, Ing. Karl,
Techn. Amtsrat 92064
Sachbearbeiterinnen/Sachbearbeiter 92065, 92066, 92067, 92068, 92069
Brandversuchshalle 92076

MAGISTRATSABTEILUNG 40

Technische Grundstücksangelegenheiten

(Geschäftsgruppe Wohnen, Wohnbau und Stadterneuerung)

8, Lerchenfelder Straße 4, 5. Stock, Tür 503, Tel. 40 00 . . .
Telefax: 40 00–99–89000, IBS-User: M40K
Internet e-mail: post@m40.magwien.gv.at

Technische Mitwirkung bei Grundstücksangelegenheiten allgemeiner und grundsätzlicher Art.
Bewertung von Liegenschaften.
Begutachtung der Zweckmäßigkeit des An- und Verkaufes, der Nutzung und Verwertung von Liegenschaften für die Stadt Wien.
Feststellung der Angemessenheit des Kaufpreises von Grundstücken, insbesondere gemäß dem Wiener Wohnbauförderungs- und Wohnhaussanierungsgesetz 1989, dem Stadterneuerungs-, dem Bodenbeschaffungs- und dem Ausländergrunderwerbsgesetz.
Feststellung fiktiver Neubauwerte für Versicherungszwecke (Brandschaden usw.).
Führung des Baulückenkatasters.
Führung der Zentralen Liegenschaftsevidenz.
Festlegung der Verwaltungszuständigkeit für städtische Grundstücke im Einzelfall.
Technische Mitwirkung bei der Einheitsbewertung städtischer Grundstücke.
Technische Mitwirkung und Veranlassung bei der Herstellung der Grundbuchordnung, insbesondere Antragstellung bei Eigenparzellierungen.
Abfragen aus der Grundstücksdatenbank des Bundes.
Führung des Rebflächenverzeichnisses.
Vermessungstechnische Arbeiten zur Festlegung der Verwaltungszuständigkeit für Teilflächen städtischer Grundstücke.
Durchführung von Miet- und Nutzwertberechnungen.
Mitwirkung bei der Erstellung von Bescheinigungen gemäß § 5 Wohnungseigentumsgesetz 1948 und § 12 Wohnungseigentumsgesetz 1975.
Feststellung des angemessenen Haupt- und Untermietzinses gemäß dem Mietrechtsgesetz.
Ermittlung der Nutzflächen und Feststellung der Ausstattungskategorie nach den mietrechtlichen Bestimmungen.

Krassel, Dipl.-Ing. Peter, Senatsrat 89001
Drabek, Dipl.-Ing. Stefan, Senatsrat 89002
Benno, Dipl.-Ing. Eva, Oberstadtbaurätin 89011
Muhrhofer, Dipl.-Ing. Gisela,
Oberstadtbaurätin 89014
Satke, Dipl.-Ing. Martin, Oberstadtbaurat 89024
Schwaab, Dipl.-Ing. Wolfgang, Stadtbaurat 89032
Urch, Dipl.-Ing. Emil, Stadtbaurat 89022
Arnold Friedrich, Oberamtsrat 89042
Perz, Ing. Peter, Techn. Oberamtsrat 89036
Wieser, Ing. Herbert, Techn. Oberamtsrat 89072
Graf, Ing. Peter, Techn. Amtsrat 89082
Kantemir, Ing. Hans, Techn. Amtsrat 89086
Mödlhammer Hermine, Kanzleioffizialin,
Kanzleileiterin 89009
Kanzlei 8040

Dezernat Liegenschaftsbewertung (Tr)
Benno, Dipl.-Ing. Eva,
Oberstadtbaurätin 89011

Referate für die Bezirke:
1, 3, 4, 5, 11 .... 89024, 89025
2, 8, 9, 20, 21 .... 89016, 89017
6, 7, 13, 14 und außerhalb Wiens 89022, 89023
10, 12, 15, 23 .... 89026, 89027
16, 17, 18, 19 .... 89014, 89015
22 .... 89011, 89013

Baulückenkataster 89012

Dezernat Zentrale Liegenschaftsevidenz (ZLE)
Drabek, Dipl.-Ing. Stefan, Senatsrat 89002

Gruppe Datenkoordinierung
Referate für die Bezirke:
1, 3, 11 89034
2, 20, 22 und außerhalb Wiens 89032, 89033
4, 5, 6, 7, 10, 12, 15 89035

8, 9, 16, 17, 18, 19, 21 .... 89038, 89039
13, 14, 23 89036

Schriftoperat
Leiterin/Leiter 89042
Grundstücksdatenbank der Stadt Wien und des
Bundes 89043, 89044

Planoperat
Leiterin/Leiter 89052
Sachbearbeiterinnen/Sachbearbeiter .. 89053, 89054, 89055
Planzimmer 89057

Vermessungsgruppe
Leiterin/Leiter 89062
Sachbearbeiterinnen/Sachbearbeiter .. 89063, 89064, 89065

Dezernat Miet- und Nutzwertberechnung (M)
Böhm, Dipl.-Ing. Werner, Stadtbaurat 89071

Referate für die Bezirke:
1, 19 89072
2, 4, 20 89074
3, 11, 13 89084
5, 15, 23 89083
6, 17, 18 89073
7, 21, 22 89076
8, 9 89082
10, 16 89085
12, 14 89075

Vermessung von Mietobjekten 89092, 89093, 89094, 89095, 89096, 89097, 89098, 89099

MAGISTRATSABTEILUNG 41

Stadtvermessung

(Geschäftsgruppe Planung und Zukunft)

19, Muthgasse 62, 3. und 4. Stock, Tel. 40 00 . . .
Telefax: 40 00–99–Nebenstelle, IBS-User: M41K
Internet e-mail: post@m41.magwien.gv.at

Durchführung aller vermessungstechnischen Arbeiten einschließlich der Herstellung von Planurkunden, soweit nicht andere Dienststellen zuständig sind.
Vergabe und Betreuung von vermessungstechnischen und kartographischen Arbeiten für die Stadt Wien.
Mitwirkung bei Arbeiten oder bei der Vergabe von Aufträgen mit kartographischem Gehalt.
Feststellung, Vermarkung und planliche Evidenthaltung der Landes- und Bezirksgrenzen; Mitwirkung bei deren Festlegung.
Photogrammetrie und Fernerkundung.
Herstellung, Fortführung und Neuauflage der vermessungstechnischen Pläne und der städtischen Kartenwerke, letztere einschließlich ihrer kartographischen Bearbeitung.
Herstellung und Ergänzung der städtischen Festpunktnetze und Führen der betreffenden Verzeichnisse.
Führung des Archivs der vermessungstechnischen Pläne und Kartenoriginale.
Antragstellung auf Genehmigung von Grundabteilungen bei städtischen Grundtransaktionen.

Hynst, Dipl.-Ing. Erwin, Senatsrat 89111
Kratky, Dipl.-Ing. Karl, Senatsrat 89112
Ernst, Dipl.-Ing. Peter, Senatsrat 89211
Belada, Dipl.-Ing. Peter-Christian,
Oberstadtbaurat 89151
Flicker, Dipl.-Ing. Erich,
Oberstadtbaurat 89212
Ranftel, Dipl.-Ing. Hans,
Oberstadtbaurat 89142
Jänner, Dipl.-Ing. Johannes,
Stadtbaurat 89132
Karner, Dipl.-Ing. Andreas 89219
Loidolt, Dipl.-Ing. Peter 89152
Zöchling, Dipl.-Ing. Andreas,
Stadtbaurat 89162
Hofer, Dipl.-Ing. Werner,
Stadtbauoberkommissär 89135
Handl, Ing. Peter, Techn. Amtsrat 89222
Kudernatsch, Ing. Ernst,
Techn. Amtsrat 89172
Schott Brigitta, Kanzleikommissärin,
Kanzleileiterin 89119
Kanzlei 89115, 89118

Dezernat 1 – Ingenieurgeodäsie 89112, 89132
Baustellenmessungen .... 89142, 748 41 23 . . ., 51
Allgemeine Vermessungen 89133, 89134, 89135
Nivellement 89136, 89139
Sondermessungen 89153

Dezernat 2 – Liegenschaftsgeodäsie 89211
Urkundpläne 89212, 89213, 89214, 89215, 89219
Grenzvermessungen 89215, 89217, 89222, 89224, 89226, 89227
Liegenschaftsarchiv 89216, 89225

Dezernat 3 – Kartographische Geodäsie 89151
Mehrzweckkarte 89162, 89163, 89151
Automatische Tachymetrie 89166, 89241, 89242
Graphischer Arbeitsplatz 89156, 89158, 89165
Plotter 89168, 89169
Photogrammetrie 89182, 89152
Luftbildauswerter 89184, 89187, 89188, 89189
Luftbildarchiv 89183, 89185
Kartographie 89178
Grundkarte-Situation 89197
Bebauungsplan 89194
Datenorganisation 89192
Kartenarchiv 89161, 89193
Kartographinnen/Kartographen 89164, 89174, 89175, 89177, 89181, 89191, 89194, 89195, 89196
Geodätisches Zeichnen 89121, 89122
Planarchiv, Auskünfte über Festpunkte 89106
Vermessungstechnikerinnen/Vermessungstechniker 89226, 89222, 89223, 89166, 89136, 89139
Ausmesserin/Ausmesser, Geräte und Inventar 89127

MAGISTRATSABTEILUNG 42

Stadtgartenamt

(Geschäftsgruppe Umwelt und Verkehrskoordination)

3, Am Heumarkt 2b, Tel. 711 16 . . .
Telefax: 711 16–97210, IBS-User: M42K
http:/www.magwien.gv.at/MA42/
Internet e-mail: post@m42.magwien.gv.at

Grundverwaltung und Erhaltung der als Parkanlagen und Grüner Prater genutzten Flächen und der für die Wahrnehmung der eigenen Aufgaben erforderlichen Betriebseinrichtungen (wie Gärtnereien und Baumschulen); Erlassung von Verordnungen nach dem Wiener Tierschutz- und Tierhaltegesetz über den Auslauf von Hunden auf diesen Flächen.
Erhaltung (Pflege) der Grünanlagen auf öffentlichen Verkehrsflächen, ausgenommen auf Bundesstraßen.
Durchführung von Erhaltungs-(Pflege-)Maßnahmen für die Grünanlagen auf Bundesstraßen und im Bereich der von den Magistratsabteilungen 10, 11, 48, 56, 59, 60 und 70 verwalteten Grundflächen, sofern die Kosten dafür bei diesen Dienststellen veranschlagt sind.
Beistellung von Sachverständigen auf dem Gebiet des Gartenwesens.
Ausführung von gärtnerischen Ausschmückungen.
Führen der städtischen Gärtnereien (ausgenommen der Friedhofsgärtnereien), der Baumschulen und des Gartenbaumuseums.
Planen und Errichten von Parkanlagen.
Handhabung des Pflanzenschutzgesetzes 1995, ausgenommen Strafamtshandlungen und die Vollstreckung von Bescheiden.
Vollziehung des Kulturpflanzenschutzgesetzes in erster Instanz, ausgenommen Strafamtshandlungen; amtlicher Pflanzenschutzdienst; phytosanitäre Kontrolle von gärtnerischen und landwirtschaftlichen Produkten bei der Ein- und Ausfuhr, soweit nicht Bundesbehörden diese Aufgaben durchführen.
Wahrnehmung der Aufgaben der Bezirksverwaltungsbehörde nach dem Wiener Pflanzenschutzmittelgesetz, ausgenommen Strafamtshandlungen.
Beratung von Siedlern und Kleingärtnern in gartenfachlichen Angelegenheiten und Ausarbeitung von Mustergestaltungs- und Bepflanzungsplänen für Siedlungs- und Kleingartenanlagen.
Förderung der Kleintierzucht und Prämiierung von Siedlern und Kleingärtnern.

Schiller, Hofrat Ing. Paul, Stadtgartendirektor 97211
Podsednik, Ing. Leopold, Stadtgartenoberamtsrat 97212
Floth Heinrich, Oberamtsrat 97231
Vrbancic, Regierungsrätin Ing. Monika,
Stadtgartenoberamtsrätin 97251
Brunner, Ing. Manfred, Stadtgartenamtsrat 97222
Ganger, Ing. Karl, Stadtgartenamtsrat 97262
Geisslreiter Oswald, Amtsrat 97214
Koch Ludwig, Amtsrat 97241
Lemell, Ing. Dagmar, Stadtgartenamtsrätin 97256
Lischka, Ing. Kurt, Stadtgartenamtsrat 97221
Malik, Ing. Vaclav, Stadtgartenamtsrat 97281
Ratzka, Ing. Joachim, Stadtgartenamtsrat 97242
Rauter Michael 97213
Mammerler Brigitte, Kanzleikommissärin,
Kanzleileiterin 97219
Kanzlei 97215

Amtlicher Pflanzenschutzdienst:
14, Hanakgasse 1a 911 25 55
Marx, Ing. Franz, Stadtgartenamtsrat
Telefax: 911 25 55–9
Expositur Großmarkt Wien-Inzersdorf 616 70 74

Baumschutz und Baumpflege:
18, Türkenschanzpark 478 91 21
Stanzl, Ing. August, Stadtgartenamtsrat
Telefax: 478 91 21–20

Gartenbezirk I (1., 3., 4., 5., 6., 7., 8., 9. Bezirk):
3, Schweizer Garten 796 36 13
Brandner, Ing. Hannes, Stadtgartenoberamtsrat
Telefax: 796 36 13–19

Gartenbezirk II (2., 20. Bezirk):
2, Hauptallee 2 . . . . 720 32 66
Riedel, Ing. Peter, Stadtgartenamtsrat
Telefax: 728 69 14

Gartenbezirk III (10., 11. Bezirk):
10, Laaer-Berg-Straße 211 . . . . 688 11 70
Telefax: 688 46 64

Gartenbezirk IV (12., 13., 23. Bezirk):
12, Längenfeldgasse 64 . . . . 815 68 59
Ruthofer, Ing. Ernst, Stadtgartenoberamtsrat
Telefax: 815 68 59–167

Gartenbezirk V (14., 15., 16., 17. Bezirk):
16, Kongreßpark, Sandleitengasse 489 85 22
Gamber, Ing. Klaus, Stadtgartenamtsrat
Telefax: 489 85 22–169

Gartenbezirk VI (18., 19. Bezirk):
18, Währinger Park, Mollgasse 2 . . . . 478 34 98
Bailer, Ing. Anton, Stadtgartenamtsrat
Telefax: 478 33 78

Gartenbezirk VII (21., 22. Bezirk):
22, Kaisermühlen, Donauturmstraße 2 .... 209 79 21
Kratz, Ing. Heinrich, Stadtgartenamtsrat
Telefax: 209 79 21–42

Städtische Reservegärten:
22, Hirschstetten, Quadenstraße 15 .... 280 76 31
Lesel, Ing. Alfred, Stadtgartenoberamtsrat
Telefax: 280 76 31–142

Städtische Baumschulen:
22, Eßling, Hänischgasse 16 .... 285 18 29
Libowitzky, Ing. Hardo, Stadtgartenoberamtsrat
Telefax: 285 18 29–342

Berufsschulgarten Kagran:
22, Donizettiweg 29 .... 203 21 13
Telefax: 204 46 21

MAGISTRATSABTEILUNG 43

Städtische Friedhöfe

(Geschäftsgruppe Finanzen, Wirtschaftspolitik und Wiener Stadtwerke)

1, Werdertorgasse 6, Tel. 534 69 . . .
Telefax: 534 69–99–Nebenstelle, IBS-User: M43K,
Internet e-mail: post@m43.magwien.gv.at

Grundverwaltung und Erhaltung der als Friedhof genutzten städtischen Flächen, der Bezirksleichenkammern, Feuerhallen, Friedhofsgebäude und sonstigen im Friedhof vorhandenen Gebäude.
Grundverwaltung und Erhaltung des Amtshauses 1, Werdertorgasse 6.
Führen, Planung und Errichtung der städtischen Friedhöfe.
Anlage, Zuweisung und Evidenthaltung der Grabstellen (Erd- und Feuerbestattung).
Evidenthaltung der in städtischen Friedhöfen und Urnenhainen Bestatteten.
Ermittlung und Einhebung von Entgelten für die Grabstellen.
Durchführung von Beerdigungen, Enterdigungen und Einäscherungen.
Beistellung und Anlage der Ehrengräber der Stadt Wien sowie Durchführung der Ausschmückung und Pflege der von der Stadt Wien in Obhut übernommenen Grabstellen.
Ausschmückung und Pflege der Kriegs- und Opfergräber in den städtischen Friedhöfen und Urnenhainen sowie der Gräber von Soldaten, Kriegsgefangenen und zwangsweise nach Österreich gebrachten Staatsangehörigen im gesamten Staatsgebiet.
Ausführung noch bestehender Graberhaltungswidmungen.
Erstellung des Entwurfes und Handhabung der Friedhofsordnung für die Friedhöfe und Urnenhaine sowie des Tarifes für die Bestattungsanlagen der Stadt Wien.
Erlassung und Handhabung von Kundmachungen über die Benützung der städtischen Friedhöfe und Urnenhaine sowie über die Auflassung und Umwandlung von Grabstellen.
Bestellung von ständigen Unternehmen für Friedhofsarbeiten (Friedhofskontrahenten).
Bestellung von Wärter(innen) der Bezirksleichenkammern.
Grundverwaltung und Erhaltung der städtischen Friedhofsgärtnereien und der städtischen Steinmetzwerkstätte.
Führen der städtischen Friedhofsgärtnereien und der städtischen Steinmetzwerkstätte.

Johannides Dipl.-Ing. Helmut, Senatsrat 97311
Jandak, Dipl.-Ing. Hermann, Senatsrat 97312
Rauch, Dipl.-Ing. Erhard 97321
Tichacek Leopold, Oberamtsrat 97341
Brachtl Heinz, Amtsrat 914 29 09
Holzinger Friedrich, Amtsrat 97342
Karl Heinz, Amtsrat 914 14 16
Köfmüller Anton, Amtsrat 97801
List Heinz, Amtsrat 804 33 96
Sommer Karl, Amtsrat 97381
Wiesinger, Mag. Gerhard, Amtsrat 97349
Tolloschek Franz, Techn. Kommissär 97371
Hofbauer Hugo, Kanzleioberkommissär 97391
Grausam Elfriede, Kanzleioberkommissärin,
Kanzleileiterin 97319
Kanzlei 97318, 97317, 97316

Technisches Referat:
Rauch, Dipl.-Ing. Erhard 97321, 97323, 97324, 97325, 97326, 97327, 97331, 97332, 97333

Gartenreferat:
Tolloschek Franz, Techn. Kommissär 97371, 97373, 97374, 97375, 97376

Tarif- und Grabrechtsstelle:
Tichacek Leopold, Oberamtsrat 97341, 97342, 97344, 97345, 97347, 97349, 97352, 97354, 97358, 97361, 97362, 97363

Kassa 97357

Wirtschaftsreferat:
Hofbauer Hugo,
Kanzleioberkommissär 97391, 97393, 97394, 97395

Personalreferat:
Sommer Karl, Amtsrat 97381, 97383, 97384, 97385

Städtische Friedhöfe:
(Besuchszeiten: Jänner, Februar, November [ausgenommen 1. und 2. November] und Dezember von 8 bis 17 Uhr;
März, April, September, Oktober und 1. und 2. November von 7 bis 18 Uhr;
Mai, Juni, Juli und August von 7 bis 19 Uhr)

Altmannsdorf, 12, Stüber-Gunther-Gasse 1 ...... 665 69 84
Aspern, 22, Langobardenstraße 180 .... 282 13 17
Atzgersdorf, 23, Reklewskigasse 25 .... 865 93 80
Baumgarten, 14, Waidhausenstraße 52 .... 914 14 16
Breitenlee, 22, Breitenleer Straße 231 .... 282 13 17
Döbling, 19, Hartäckerstraße 65 .... 479 51 94
Dornbach, 17, Alszeile 28 .... 485 78 04
Erlaa, 23, Erlaaer Straße 82–90 .... 895 93 80
Eßling, 22, Gartenheimstraße 34a 282 13 17
Gersthof, 18, Möhnergasse 1 .... 479 14 78
Grinzing, 19, An den langen Lüssen 33 .... 320 31 92
Großjedlersdorf, 21, Strebersdorfer Straße 2 ..... 292 12 33
Hadersdorf-Weidlingau, 14,
Friedhofstraße 12 .... 979 19 26
Heiligenstadt, 19, Wildgrubgasse 20 .... 328 38 43
Hernals, 17, Leopold-Kunschak-Platz 7 .... 486 33 62
Hetzendorf, 12, Elisabethallee 2 .... 832 94 53
Hietzing, 13, Maxingstraße 15 .... 877 31 07
Hirschstetten, 22, Quadenstraße 11 .... 283 81 42
Hütteldorf, 14, Samptwandnergasse 6 .... 979 32 29
Inzersdorf, 23, Kolbegasse 34 .... 615 49 19
Jedlesee, 21, Audorfgasse 47 .... 271 51 61
Kagran, 22, Goldemundweg 11 .... 258 54 55

Kaiserebersdorf, 11, Thürnlhofstraße 27 . . . . 767 65 54
Kalksburg, 23, Zemlinskygasse 26 . . . . 889 82 19
Lainz, 13, Würzburggasse 28 . . . . 813 34 86
Leopoldau, 21, Leopoldauer Platz 77 . . . . 282 13 17
Liesing, 23, Siebenhirtenstraße 16 . . . . 869 01 75
Mauer, 23, Friedensstraße 6–16 . . . . 888 51 54
Meidling (alter Teil), 12, Haidackergasse 6
(ident 12, Eibesbrunner Gasse 2) . . . . -
Meidling (neuer Teil), 12, Eibesbrunner Gasse 1a . 813 34 86
Neustift, 18, Pötzleinsdorfer Höhe 2 . . . . 440 14 44
Oberlaa, 10, Friedhofstraße 33 . . . . 688 23 49
Ober-St.-Veit, 13, Gemeindeberggasse 26 . . . . 804 41 93
Ottakring, 16, Gallitzinstraße 5 . . . . 914 29 09
Pötzleinsdorf, 18, Starkfriedgasse 67 . . . . 47 89 66
Rodaun, 23, Leinmüllergasse 1 . . . . 888 42 23
Siebenhirten, 23, Pollakgasse 3 . . . . 888 42 23
Sievering, 19, Nottebohmstraße 51 . . . . 440 13 97
Simmering, 11, Unter der Kirche 5 . . . . 767 31 70
Stadlau, 22, Gemeindeaugasse 27 . . . . 292 12 33
Stammersdorf-Ort, 21, Liebleitnergasse 6 . . . . 394 30 14
Stammersdorfer Zentralfriedhof,
21, Stammersdorfer Straße 244–260 . . . . 292 13 61
Strebersdorf, 21, Anton-Haberzeth-Gasse 6 . . . . . 271 51 61
Südwest (alter Teil), 12, Hervicusgasse 44 . . . . -
Südwest (neuer Teil),
12, Wundtgasse 1a 804 33 96, 804 26 67
Süßenbrunn, 22, Friedhofweg . . . . -
Wiener Zentralfriedhof,
11, Simmeringer Hauptstraße 234 . . . . 760 41 . . . 0
Feuerhalle Simmering,
11, Simmeringer Hauptstraße 337 . . . . 760 41 . . . 0

Städtische Bezirksleichenkammern:

10, Gudrunstraße 199 . . . . 603 14 02
21, Stammersdorfer Straße 244-260 . . . . 292 13 61

Städtische Friedhofsgärtnereien:

Friedhof Hernals,
17, Leopold-Kunschak-Platz 7 . . . . 468 33 62
Friedhof Hietzing,
13, Maxingstraße 15 . . . . 877 31 07
Friedhof Neustift,
18, Pötzleinsdorfer Höhe 2 . . . . 440 14 44
Friedhof Ottakring,
16, Gallitzinstraße 5 . . . . 914 29 09
Friedhof Stammersdorf Zentral,
21, Stammersdorfer Straße 244–260 . . . . 292 13 61
Friedhof Südwest,
12, Hervicusgasse 44 . . . . 804 33 96, 804 26 67
Wiener Zentralfriedhof,
11, Simmeringer Hauptstraße 234 . . . . 760 41 . . . 0
Feuerhalle Simmering,
11, Simmeringer Hauptstraße 337 . . . . 760 41 . . . 0

Städtische Steinmetzwerkstätte:

11, Simmeringer Hauptstraße 339 . . . . 760 41 . . . 0

MAGISTRATSABTEILUNG 44

Bäder

(Geschäftsgruppe Umwelt und Verkehrskoordination)

10, Reumannplatz 23, 3. Stock, Tel. 601 12 . . .
Telefax: 601 12–99–Nebenstelle, IBS-User: M44K
Internet e-mail: post@m44.magwien.gv.at

Grundverwaltung und Erhaltung der städtischen Bäder, soweit diese hinsichtlich Grund und Objekt überwiegend als Bad genutzt werden.
Objektverwaltung und Erhaltung von Bädern, wenn die Grundflächen sich nicht im Eigentum der Stadt Wien befinden, sowie von jenen Bädern, deren Grundflächen gänzlich oder teilweise von anderen Dienststellen verwaltet werden.
Führen der städtischen Bäder und deren Nebeneinrichtungen.
Errichtung von Bädern, sofern eine städtische Bauleitung nicht erforderlich ist (Generalleistungsvertrag).
Bauabänderungen und Erweiterungen städtischer Bäder sowie die Errichtung von Zubauten an diese Anlagen, sofern dadurch die Art und der Umfang der Anlage nicht grundlegend verändert wird; Erneuerungen von heiz- und bädertechnischen Anlagen; Mitwirkung in bädertechnischer Hinsicht bei Neubauten und größeren Erweiterungen von bestehenden Anlagen.
Antragstellung für und Verwaltung von gemeindeeigenen Gastgewerbeberechtigungen in städtischen Bädern.

Glaser, Dipl.-Ing. Ernst, Senatsrat 44111
Kratz, Dipl.-Ing. Gerhard, Senatsrat 44121
Kreutz, Dipl.-Ing. Elke, Oberstadtbaurätin 44131
Pein, Dipl.-Ing. Friedrich, Oberstadtbaurat 44122
Teubenbacher, Dipl.-Ing. Hubert, Stadtbaurat 44123
Grötzer, Ing. Rudolf, Techn. Amtsrat 44101
Hassa, Ing. Ferdinand, Techn. Amtsrat 44126
Kloger Erika, Amtsrätin 44151
Marchl, Ing. Kurt, Techn. Amtsrat 44124
Riediger, Ing. Franz, Techn. Amtsrat 44127
Odehnal Eva, Kanzleioffizialin,
Kanzleileiterin 44119
Kanzlei 44118

Warmbäder:

(Sh = Schwimmhalle
Sa mit Da = Sauna mit Dampfbad
Sa = Sauna
Wa = Wannenbad
Br = Brause
So = Sonnenbad)
(Betriebszeiten → Abschnitt „Der Amtsschimmel hilft!“ Bäder der Stadt Wien)

Amalienbad (Sh, Sa mit Da, Wa, Br, So) . . . 607 47 47 . . . 0
Physikalisches Ambulatorium,
10, Reumannplatz 23 . . . . 604 30 22
Hallenbad Simmering (Sh, Sa mit Da),
11, Florian-Hedorfer-Straße 5 . . . . 767 25 68
Theresienbad (Sh, Sa mit Da, Wa, Br),
12, Hufelandgasse 3 . . . . 813 44 35 . . . 0
Hallenbad Hietzing (Sh, Sa),
13, Atzgersdorfer Straße 14 . . . . 804 53 19 . . . 0
Erlebniswaldbad Penzing (Sh, Sa mit Da),
14, Linzer Straße 376, 386–390 . . . . 416 31 14
Ottakringer Bad (Sh, Sa mit Da),
16, Johann-Staud-Straße 11 . . . . 914 81 06 . . . 0
Jörgerbad (Sh, Sa mit Da, Wa, Br, So),
17, Jörgerstraße 42–44 . . . . 406 43 05 . . . 0
Hallenbad Döbling (Sh, Sa mit Da),
19, Geweygasse 6 . . . . 318 01 40
Hallenbad Brigittenau (Sh, Br, Sa mit Da),
20, Klosterneuburger Straße 93–97 . . . . 330 99 83
Hallenbad Floridsdorf (Sh, Sa mit Da, Wa),
21, Franklinstraße 22 . . . . 271 13 47
Hallenbad Großfeldsiedlung (Sh, Sa mit Da),
21, Oswald-Redlich-Straße 44 . . . . 258 25 64
Hallenbad Donaustadt (Sh, Sa),
22, Kagran, Portnergasse 38 . . . . 203 41 21
Apostelbad (Wa, Br, Sa mit Da),
3, Apostelgasse 18 . . . . 713 11 71
Einsiedlerbad (Sa, Br),
5, Einsiedlerplatz 18 . . . . 544 71 37
Hermannbad (Sa, Br, Da),
7, Hermanngasse 28 . . . . 07 . . ., 521 34 . . ., 44250
Ratschkybad (Sa, Br, Da),
12, Ratschkygasse 26 . . . . 813 45 58
Penzinger Bad (Sa, Wa, Br, Da),
14, Hütteldorfer Straße 136 . . . . 914 61 50
Währinger Bad (Sa, Br),
18, Klostergasse 27 . . . . 479 53 61
Weisselbad (Sa mit Da, Wa, Br),
21, Weisselgasse 5 . . . . 278 22 63
Liesinger Bad (Sa, Br),
23, Liesing, Perchtoldsdorfer Straße 14–16 . . . 865 95 53

Volksbäder:

2, Vereinsgasse 31 (Br) 214 52 31
4, Rainergasse 6-8 (Br) 505 84 37
16, Friedrich-Kaiser-Gasse 11 (Br) 481 48 42

Sommerbäder:

Laaerbergbad,
10, Ludwig-von-Höhnel-Gasse 2 . . . . 688 23 35
Simmeringer Bad,
11, Florian-Hedorfer-Straße 5 . . . . 767 25 68
Theresienbad,
12, Hufelandgasse 3 . . . . 813 44 35 . . . 0
Hietzinger Bad,
13, Atzgersdorfer Straße 14 . . . . 804 53 19 . . . 0
Erlebniswaldbad Penzing,
14, Linzer Straße 376, 386–390 . . . . 416 31 48
Hadersdorf-Weidlingau-Bad,
14, Hauptstraße 41 . . . . 979 10 45
Kongreßbad,
16, Julius-Meinl-Gasse 7a 486 11 63
Ottakringer Bad,
16, Johann-Staud-Straße 11 . . . . 914 81 06 . . . 0
Schafbergbad,
18, Josef-Redl-Gasse 2 . . . . 479 15 93
Döblinger Bad,
19, Geweygasse 6 . . . . 318 01 40
Krapfenwaldlbad,
19, Krapfenwaldgasse 65–73 . . . . 320 15 01 . . . 0
Angelibad (Strandbad),
21, An der oberen Alten Donau 38 12 71
Großfeldsiedlung,
21, Oswald-Redlich-Straße 44 . . . . 258 25 64
Alte Donau (Strandbad),
22, Kaisermühlen, Arbeiterstrandbadstraße 91 . . 23 53 64
Donaustadt,
22, Kagran, Portnergasse 38 . . . . 203 43 21
Gänsehäufel (Strandbad, Island-Sauna),
22, Kaisermühlen, Moissigasse 21 . . . . 203 53 92

Stadlau (Strandbad),
22, Aspern, Am Mühlwasser 282 32 11
Höpflerbad,
23, Atzgersdorf, Endresstraße 24–26 .... 888 69 66 ... 0
Liesinger Bad,
23, Liesing, Perchtoldsdorfer Straße 14–16 .... 865 95 53

Kinderfreibäder:

2, Augarten 332 42 58
2, Max-Winter-Platz 218 05 85
3, Schweizer Garten 799 20 10
10, Arthaberplatz 603 79 35
10, Gudrunstraße, Ecke Absberggasse 602 25 27
11, Herderpark 749 68 98
14, Reinlgasse 985 85 03
16, Hofferplatz 493 19 09
18, Währinger Park 478 63 93
19, Hintergärtengasse 37 46 33
19, Hugo-Wolf-Park 361 01 93
21, Luckenschwemmgasse 292 61 69
21, Roda-Roda-Gasse 292 61 68

MAGISTRATSABTEILUNG 45

Wasserbau

(Geschäftsgruppe Umwelt und Verkehrskoordination)

16, Wilhelminenstraße 93, Erdgeschoß und 1. Stock, Tel. 488 29 . . .
Telefax: 488 29–99–7290, IBS-User: M45K
Internet e-mail: post@m45.magwien.gv.at

Grundverwaltung und Erhaltung der ausgebauten wasserführenden Gerinne (einschließlich Sickerteiche und Rückhaltebecken) und Trockengerinne sowie von Flächen des Donauhochwasserschutzes.
Objektverwaltung und Erhaltung von wasserbaulichen Einrichtungen.
Planen und Errichten von Wasserbauten.
Betreuung der öffentlichen Wasserflächen, soweit sich diese nicht in den selbst verwalteten Grundflächen befinden.
Technische Fachdienststelle in Fragen der Gewässer mit freier Oberfläche und des Grundwassers.
Angelegenheiten des technischen Gewässerschutzes.
Wasserbautechnische Angelegenheiten von Wasserkraftanlagen.
Planen, Errichten und Erhalten von Löschwasserbrunnen und Meßbrunnen.
Angelegenheiten des technischen Hochwasserschutzes.
Planen und Errichten von Verkehrswasserbauwerken und Hafenbahnanlagen.
Planen, Errichten und Erhalten von Anlagen des Donauhochwasserschutzes.
Typisierung und technische Überprüfung von Schiffen, Landungsanlagen und Überfuhren.
Technische Überprüfung sämtlicher im Eigentum bzw. in Verwaltung der Wiener Hafengesellschaft stehenden Hafenanlagen.
Kennzeichnung der Schiffahrtsrinne bei Brücken der Stadt Wien und des Bundes über schiffbaren Gewässern; Überwachung der Brückensignale.
Angelegenheiten der Gewässerzustandsaufsicht, Gewässergüteaufsicht, Gewässerpolizei, insbesondere Kontrolle der wasserrechtlich genehmigungspflichtigen Abwasserreinigungsanlagen.
Überwachung der Anlagen zur Lagerung, Leitung und zum Umschlag wassergefährdender Stoffe; Entgegennahme von Meldungen über Störfälle von solchen Anlagen sowie über Verluste wassergefährdender Stoffe.
Federführende Dienststelle für die Erkundung von Altlasten und Verdachtsflächen sowie für die Sanierung und Absicherung von Altlasten.
Beistellung von Amtssachverständigen im Zusammenhang mit der Altlastensanierung.
Wahrnehmung der Aufgaben des wasserwirtschaftlichen Planungsorgans gemäß § 55 Wasserrechtsgesetz 1959.
Technische Aufsicht über Vereinigungen von Wasserinteressenten.
Wahrnehmung der Interessen der Stadt Wien in technischen Belangen bei Wasserbauten.
Hydrographischer Dienst.
Zentrale Einsatzstelle zur Durchführung von Maßnahmen vor, während und nach einem Hochwasser sowie Wartung von Hochwasser-Einsatzgeräten.
Vertretung der Stadt Wien in der Donauhochwasserschutz-Konkurrenz als Kurie Wien.
Mitwirkung bei der hydrogeologischen Kartierung.
Grundverwaltung und Erhaltung der für die Wahrnehmung der eigenen Aufgaben erforderlichen Betriebsanlagen.
Beistellung von technischen Amtssachverständigen für die Schiffahrtsbehörde, Wasserrechtsbehörde und die Eisenbahnbehörde.
Erhaltung und Überwachung von Rettungsbooten.
Nutzungsangelegenheiten im Donaubereich.

Bauer, Dipl.-Ing. Siegfried, Senatsrat 96511
Schiel, Dipl.-Ing. Werner, Senatsrat 96561
Langthaler, Dipl.-Ing. Christoph, Senatsrat 96512
Michlmayr, Dipl.-Ing. Franz, Senatsrat 96541
Friedl, Dipl.-Ing. Viktor, Oberstadtbaurat 96582
Gilge, Dipl.-Ing. Reinhold, Oberstadtbaurat 96552
Goldschmid, Dr. Ulrike, Obermagistratsrätin 96574
Kier, Dipl.-Ing. Franz, Oberstadtbaurat 96572

Lebeth, Dipl.-Ing. Franz,
Oberstadtbaurat 96591
Pekarek, Dr. Werner,
Oberstadtbaurat 96562
Prohaska, Dr. Wilhelm,
Oberstadtbaurat 96521
Puhrer, Dipl.-Ing. Günther,
Oberstadtbaurat 96532
Schulz, Dipl.-Ing. Karl,
Oberstadtbaurat 96531
Straka, Dipl.-Ing. Andreas,
Oberstadtbaurat 96551
Stündl, Dipl.-Ing. Walter,
Oberstadtbaurat 96491, 96581
Janac, Dipl.-Ing. Peter,
Stadtbaurat 96563
Ladinig, Dipl.-Ing. Gernot,
Stadtbaurat 96571
Maier, Dipl.-Ing. Richard,
Stadtbaurat 96534
Nagel, Dipl.-Ing. Gerhard,
Stadtbaurat 96593
Romanek, Dipl.-Ing. Andreas,
Stadtbaurat 96592
Schuster, Dipl.-Ing. Werner,
Stadtbaurat 96523
Wanivenhaus, Dipl.-Ing. Helmut,
Stadtbaurat 96575
Wölzl, Dipl.-Ing. Friedrich,
Stadtbaurat 96577
Zach, Dipl.-Ing. Gerhard,
Stadtbaurat 96542
Arnold, Dipl.-Ing. Gert,
Stadtbauoberkommissär 96554
Enna, Dipl.-Ing. Michael,
Stadtbauoberkommissär 96533
Frischer, Dipl.-Ing. Stefan,
Stadtbauoberkommissär 96595
Kollar, Dipl.-Ing. Martin,
Stadtbauoberkommissär 96517
Papouschek, Dipl.-Ing. Hermann 96596
Wagner, Dipl.-Ing. Christoph 96535
Weiland, Mag. Thomas,
Stadtbauoberkommissär 96524
Woditsch, Dipl.-Ing. Michael,
Stadtbaukommissär 96578
Biro Kurt, Amtsrat 96525
Gmeiner Werner, Techn. Amtsrat 280 25 53
Hütt Eva, Amtsrätin 96502
Stegner, Ing. Josef, Techn. Amtsrat 333 08 22
Weiler, Ing. Erwin, Techn. Amtsrat 96579
Wirth, Ing. Johann, Techn. Amtsrat 96536
Prochazka Maria-Luise, Kanzleileiterin 96519
Kanzlei 96529, 96505
Rechnungsprotokoll 96529
Sekretariat 96515

Allgemeines
Leiterin/Leiter 96512
Preisprüfung 96512
Referentin/Referent für Personal- und Kfz-
Angelegenheiten 96502

Lagerplätze, Inventarangelegenheiten,
Grundstücksverwaltung 96497, 96503, 96576

Zeichnerin/Zeichner 96504

Gruppe Altlasten
Leiterin/Leiter 96521
Referentinnen/Referenten 96522, 96523, 96524,
96525, 96526, 96528, 96533
Werkmeisterinnen/Werkmeister 96525, 96527

Gruppe Amtssachverständige
Leiterinnen/Leiter 96532, 96534, 96535

Schiffahrts- und eisenbahntechnische Angelegenheiten
Referentinnen/Referenten 96536, 96537

Gruppe Donauhochwasserschutz
Leiterin/Leiter 96541
Referentinnen/Referenten 96542, 96543, 96544,
96545, 96546, 96547

Gruppe Gewässeraufsicht
Leiterin/Leiter 96551
Referentinnen/Referenten 96517, 96548, 96552,
96554, 96555
Werkmeisterinnen/Werkmeister 96538, 96556, 96557,
96558, 96559, 96585,
96586, 96587, 96588, 96589
Hochwasserdienst 96552
Hochwasserbereitschaftsdienst 9600, 96509, 486 52 16

Gruppe Hydrologie
Leiterin/Leiter 96561
Referentinnen/Referenten 96562, 96563, 96564, 96566

Gruppe Schutzwasserbau
Leiterin/Leiter 96571
Referentinnen/Referenten 96572, 96573, 96574,
96575, 96576, 96577,
96578, 96579, 96582

Gruppe Sonderaufgaben
Leiterin/Leiter 96491
Referentinnen/Referenten 96492, 96493, 96494, 96496

Gruppe Wasserwirtschaftliche Planung
Leiterin/Leiter 96591
Referentinnen/Referenten 96592, 96593, 96594,
96595, 96596, 96597

Lagerhof für Überschwemmungsgeräte:
2, Obere Augartenstraße 4 . . . . 332 55 78

Wienflußaufsichtsstelle:
14, Hauptstraße 3 . . . . 979 67 81

Lagerplatz:
21, Sinawastingasse 2c 278 46 84

Lagerplatz für die Erhaltung der Neuen Donau:
22, Aspern, Schierlinggrund,
Kierischitzstraße 280 25 53

Liesingbachaufsichtsstelle:
23, Inzersdorf, Gutheil-Schoder-Gasse 667 10 29

MAGISTRATSABTEILUNG 46

Verkehrsorganisation und technische Verkehrsangelegenheiten

(Geschäftsgruppe Umwelt und Verkehrskoordination)

12, Niederhofstraße 23, 1., 2., 3. und 5. Stock, Tür 101–149, 247–253, 347, 351–353, 501–503, 543–553,
12, Vivenotgasse 8–12, 2. Stock, Tel. 811 14 . . .
Telefax: 811 14–99–92627, IBS-User: M46K
Internet e-mail: post@m46.magwien.gv.at

Ausarbeitung von Plänen zur Organisation und Regelung des Straßenverkehrs unter Berücksichtigung des bestehenden Straßennetzes und der generellen Verkehrsplanung.
Projektierung von Verkehrsmaßnahmen als Grundlage für die Tätigkeit der Straßenverkehrsbehörde einschließlich der dazu erforderlichen Verkehrserhebungen und -zählungen.
Detailprojektierung, Errichtung, Erhaltung und Verwaltung der Anlagen zur Regelung und Sicherung des Verkehrs, wie Verkehrslichtsignalanlagen und Verkehrsleiteinrichtungen im Straßenraum, ausgenommen jene Tätigkeiten, die der Magistratsabteilung 33 übertragen wurden, einschließlich der Bundesstraßen mit Ausnahme der Autobahnen, im Einvernehmen mit den einschlägigen Fachdienststellen hinsichtlich der Bodenmarkierung auch auf Autobahnen.
Führung und Aktualisierung des Kataloges über das „Straßennetz mit erhöhter Verkehrsbedeutung" im Einvernehmen mit der Magistratsabteilung 28.
Führung der Verkehrspermanenzstelle.
Erlassung von verkehrsregelnden Verordnungen und Durchführung sonstiger Verkehrsmaßnahmen.
Maßnahmen der Bezirksverwaltungsbehörde hinsichtlich der Überwachung der Einhaltung von nach dem Ozongesetz oder nach dem Smogalarmgesetz angeordneten Beschränkungen oder Verboten für den Verkehr mit Kraftfahrzeugen und anderen mit Verbrennungsmotoren ausgestatteten Fahrzeugen.
Erteilung von Weisungen in Angelegenheiten der Straßenpolizei an die Bundespolizeidirektion Wien im Einvernehmen mit der Magistratsabteilung 65, ausgenommen die der Magistratsabteilung 67 zugewiesenen Weisungen.
Handhabung des Bundesgesetzes über die Beförderung gefährlicher Güter auf der Straße, soweit nicht die Magistratsabteilung 65 zuständig ist.
Erlassung von Bescheiden gemäß § 9 Abs. 4 Güterbeförderungsgesetz.
Wahrnehmung der Aufgaben der Bezirksverwaltungsbehörde nach dem Containersicherheitsgesetz, ausgenommen Strafamtshandlungen.
Einzelgenehmigung von Kraftfahrzeugen und Anhängern sowie von Änderungen an genehmigten Kraftfahrzeugen und Anhängern.
Wiederkehrende und besondere Überprüfung von Kraftfahrzeugen.
Eingeschränkte Zulassung von Kraftfahrzeugen und Anhängern sowie Bewilligung von Transporten mit Übermaßen und Übergewichten sowie Bewilligung zum Ziehen nicht zugelassener Fahrzeuge.
Genehmigung von einzelnen und Typen von Kraftfahrzeugen mit 10 km/h Höchstgeschwindigkeit.
Erteilung von Ausnahmegenehmigungen für Kraftfahrzeuge und Anhänger aufgrund einer Ermächtigung des zuständigen Bundesministers.
Erteilung der Genehmigung zur Führung von Blaulicht und Folgetonhorn.
Genehmigung der Verwendung von Kraftfahrzeugen zur Beförderung von Tieren.
Ermächtigung von Vereinen und Gewerbetreibenden zur Abgabe von Gutachten für die wiederkehrende und besondere Überprüfung sowie zur wiederkehrenden Begutachtung von Kraftfahrzeugen und Durchführung von Revisionen bei diesen Einrichtungen.
Mitwirkung in technischer Hinsicht bei der Fahrschulaufsicht.
Führung der Bürogeschäfte des Beirates für Verkehr.
Antragstellung an den Landeshauptmann auf Bestellung der rechtskundigen Sachverständigen nach den kraftfahrrechtlichen Vorschriften.
Geschäftsstelle für technische Sachverständige nach dem KFG 1967.
Beistellung von Amtssachverständigen für die Begutachtung von Kraftfahrzeugen für körperbehinderte Lenkerberechtigungsanwärter; Ausstellung von Ausnahmegenehmigungen für Invalide betreffend Parkerleichterungen gemäß der Straßenverkehrsordnung 1960.
Beistellung von Amtssachverständigen in eisenbahnrechtlichen Verfahren.
Erteilung von Ausnahmebewilligungen für Fahrzeuge oder Ladungen mit Übermaßen oder Übergewichten, von Verkehrsgeboten und -verboten gemäß § 45 Abs. 2 Straßenverkehrsordnung 1960.
Erteilung der Ausnahmebewilligung von der winterlichen Gehsteigbetreuungspflicht.
Vorbereitung der Erteilung der Bewilligung sportlicher, auf Straßen durchzuführender Veranstaltungen, die in Wien beginnen und sich auf zwei oder mehrere Bundesländer erstrecken; Bewilligung von Filmaufnahmen auf Straßen.
Erteilung der Bewilligung von Arbeiten auf oder neben der Straße mit Festlegung der damit verbundenen befristeten Verkehrsmaßnahmen und -koordination unter Berücksichtigung des Gesamtverkehrs.
Mitwirkung bei der Festlegung von Verkehrsmaßnahmen im Verfahren zur Erteilung von Gebrauchserlaubnissen auf Straßen.
Festlegung von Standplätzen des Platzfuhrwerksgewerbes (Taxigewerbes) und des Ausflugwagen-(Stadtrundfahrten-)Gewerbes und Mitwirkung in Angelegenheiten von Haltestellen des Linienverkehrs.
Verkehrstechnische Begutachtung von Projekten des Straßen- und Brückenbaues sowie von Großbauvorhaben.
Beistellung von Amtssachverständigen in Verkehrsfragen in bau- und gewerbebehördlichen Angelegenheiten.
Beistellung von Sachverständigen in Luftfahrtangelegenheiten und in Angelegenheiten der Verkehrssicherheit.
Teilbesorgung der Geschäfte der Auftragsverwaltung des Bundes hinsichtlich der Bundesstraßenverwaltung, nämlich die Projektierung von Einrichtungen zur Regelung und Sicherung des Verkehrs aufgrund des Straßendetailprojektes.
Entscheidung über die Erteilung behördlicher Bewilligungen nach dem Wiener Feuerpolizei- und Luftreinhaltegesetz zum Transport von leicht brennbaren, explosiven oder solchen Stoffen, die beim Verbrennen Stichflammen entwickeln oder geeignet sind, bei Brandeinwirkung eine Gefährdung einer weiteren Umgebung herbeizuführen.
Überwachung und Prüfung des Unfallgeschehens mit Erfassung und Analyse von Unfallhäufungsstellen und Durchführung von Nachuntersuchungen.
Erteilung der Bewilligung zum Radfahren für Kinder unter zwölf Jahren auf öffentlichen Verkehrsflächen.

Danzmayr, Dipl.-Ing. Fritz, Obersenatsrat 92611
Burian, Dipl.-Ing. Helmut, Senatsrat 92612
Kaucky, Dipl.-Ing. Heinz, Senatsrat 92631
Kirste, Dipl.-Ing. Daniel, Senatsrat 92691
Arnost, Dipl.-Ing. Karl, Oberstadtbaurat 92951
Hermann, Dipl.-Ing. Erich, Oberstadtbaurat 92701
Kalss, Dipl.-Ing. Winfried, Oberstadtbaurat 92952
Pfleger, Dipl.-Ing. Dr. techn. Ernst,
Oberstadtbaurat, Univ.-Prof.. 92991
Skoric, Dipl.-Ing. Bernd, Oberstadtbaurat 92992
Lenz, Dipl.-Ing. Peter, Stadtbaurat 92632
Postl, Dipl.-Ing. Edwin,
Stadtbauoberkommissär 92997
Lorenz, Ing. Friedrich, Techn. Oberamtsrat 92602
Radda, Ing. Walter, Techn. Oberamtsrat 92763
Wieser, Ing. Manfred, Techn. Oberamtsrat 92711
Bauer, Ing. Gerhard, Techn. Amtsrat 92931
Blaha, Ing. Franz, Techn. Amtsrat 92981
Dinkhauser, Ing. Norbert, Techn. Amtsrat 92692
Gruber, Ing. Herbert, Techn. Amtsrat 92742
Morava, Ing. Helmut 92681
Öhlsasser, Ing. Dietrich, Techn. Amtsrat 92731
Oswald, Ing. Günter, Techn. Amtsrat 92721
Peczar, Ing. Franz, Techn. Amtsrat 92671
Perucich, Ing. Walter, Techn. Amtsrat 92744
Salomon, Ing. Rudolf, Techn. Amtsrat 92622
Schipany, Ing. Martin, Techn. Amtsrat 92971
Schischa, Ing. Herbert, Techn. Amtsrat 92741
Seis, Ing. Gerhard, Techn. Amtsrat 92693
Tichy, Ing. Manfred, Techn. Amtsrat 92641
Tomastik Elfriede, Kanzleioberkommissärin,
Kanzleileiterin 92619

Landesfahrzeugprüfstelle:
3, Schlechtastraße 4 . . . . 797 75 . . .
Telefax: 797 75–99–Nebenstelle

Pecinovsky, Dipl.-Ing. Wolfgang,
Oberstadtbaurat 92771
Zierfuß, Dipl.-Ing. Dr. Ronald,
Stadtbaurat 92772
Hirschmann, Ing. Max, Techn. Amtsrat 92781
Hentschel, Ing. Gerhard, Techn. Amtsrat 92791
Riedel Leopoldine, Kanzleikommissärin 92778

MAGISTRATSABTEILUNG 47

Betreuung zu Hause

(Geschäftsgruppe Gesundheits- und Spitalswesen)

1, Zelinkagasse 4, 1. und 2. Stock, Tel. 531 14 . . .
Telefax: 531 14–99–Nebenstelle, IBS-User: M47A
Internet e-mail: post@m47.magwien.gv.at

Einrichtung und Führung folgender sozialer Dienste im Sinne des Wiener Sozialhilfegesetzes: Hauskrankenpflege, Familienhilfe, Hilfe zur Weiterführung des Haushaltes, Wohnheime.
Grundverwaltung, Erhaltung und Führen der geriatrischen Tageszentren, von Wohngemeinschaften für alte Menschen und von Pflegeeinrichtungen (Wohnungen) für pflegebedürftige Personen.
Einrichtung und Führen der Gesundheits- und Sozialbezirkszentren und des Sozialnotrufes.
Führung und Einsatz der Mobilen Krankenschwestern.
Führung des Betriebsärztlichen Dienstes der sozialen Dienste.
Entscheidung über die Aufnahme in Pflegeheime der Stadt Wien und in private Pflege- und Wohnheime.
Aufsicht über öffentliche und private Pflege- und Wohnheime.
Mitwirkung bei der Errichtung von Pflegeheimen der Stadt Wien.
Sozialarbeit im Zusammenhang mit Spitälern und Pflegeheimen sowie mit der Betreuung zu Hause.
Leistung von Kostenersatz an öffentliche und private Pflege- und Wohnheime.
Vertretung des Landes Wien in Sozialhilfekostenangelegenheiten vor Gericht und Verwaltungsbehörden betreffend private Pflege- und Wohnheime.
Geltendmachung von Ersatzansprüchen der Sozialhilfe gegenüber anderen Sozialhilfeträgern aufgrund der bestehenden Vereinbarungen betreffend private Pflege- und Wohnheime.
Vorbereitung der Richtlinien für den Kontaktbesuchsdienst.
Mitwirkung bei der Gewährung von Subventionen an private Pflege- und Wohnheime.

Leitner, Dr. Friedrich, Senatsrat 85711
Necesal, Dkfm. Mag. Elisabeth 85712
Schuster, Dr. Heinrich 85713
Gruber, Mag. Karin, Magistratskommissärin 85714
Mezera, Mag. Heinz 85731
Kumhala Franz, Oberamtsrat 85736
Ehmsen Johanna, Amtsrätin,
Diplomkrankenschwester . . . . 891 34 . . ., 15811
Fraß Elfriede, Amtsrätin 85781
Hauer Christl, Amtsrätin Sozialarbeiterin . 605 34 . . ., 10811
Hietsch Helene, Amtsrätin 85741
Kaltenböck Maria, Amtsrätin . . . . 211 23 . . ., 22811
Kolarik Andrea, Verwaltungskommissärin 85728
Gomez Maureira Erna, Sozialarbeiterin 85771
Petioky Christine, Sozialarbeiterin . 635 . . ., 521 03 . . ., 715
Werner Hans, Sozialarbeiter 85751
Wilfan Heimo, Sozialarbeiter 85701
Lukesch Gisela, Oberin 85761
Schwarzkopf Margarete, Oberin 85706
Falkinger Hilde, Oberschwester 85791
Schmidt Renate, Kanzleikommissärin,
Kanzleileiterin 85719
Einlaufstelle, Protokoll, Kassa 85718, 85721, 85723

Personalangelegenheiten:
Kumhala Franz, Oberamtsrat 85736, 85737, 85738

EDV-Referat:
Kolarik Andrea, Verwaltungskommissärin . . . 85728, 85729

Planung und Organisation:
Wilfan Heimo, Sozialarbeiter 85701, 85702, 85705

DEZERNAT 1

Grundsätzliche Organisation der Gesundheits- und Sozialzentren und der Fachbereiche Sozialarbeit:
Leitner, Dr. Friedrich, Senatsrat 85711

Gesundheits- und Sozialzentren:

Gesundheits- und Sozialzentrum für den 10. Bezirk,
10, Gudrunstraße 145–149 . . . . 605 34 . . .
Hauer Christl, Amtsrätin, Sozialarbeiterin 10811
Kanzlei, Auskunft 10810, 10819

Gesundheits- und Sozialzentrum für den 14. und 15. Bezirk,
15, Geibelgasse 18–20 . . . . 891 34 . . .
Ehmsen Johanna, Amtsrätin, Sozialarbeiterin,
Diplomkrankenschwester 15811
Kanzlei, Auskunft 15810, 15819

Gesundheits- und Sozialzentrum für den 16. und 17. Bezirk,
16, Weinheimergasse 2 . . . . 491 96 . . .
Leitung 16811
Kanzlei, Auskunft 16810, 16819

Gesundheits- und Sozialzentrum für den 21. und 22. Bezirk,
22, Kagran, Finsterergasse 12 . . . . 211 23 . . .
Kaltenböck Maria, Amtsrätin 22811
Kanzlei, Auskunft 22810, 22819

Fachbereich Sozialnotruf:
1, Schottenring 24, 1. Stock,
Tür 180 . . . . 8800, 533 77 77,
531 14 . . .
Werner Hans, Sozialarbeiter 85751

Fachbereich Sozialarbeit an Krankenanstalten, Pflegeheimen und Gesundheits- und Sozialzentren:
Zentrale: 1, Zelinkagasse 4 (Auskunft) . . . 531 14 . . ., 85773
Gomez Maureira Erna, Sozialarbeiterin 85771

Sozialarbeit an Krankenanstalten:

Krankenanstalt Rudolfstiftung,
3, Juchgasse 25 . . . . 614 . . ., 711 65 . . ., 2260
Allgemeine Poliklinik,
9, Mariannengasse 10 . . . . 618 . . ., 404 09 . . . , 165
Allgemeines Krankenhaus,
9, Währinger Gürtel 18–20 . . . . 610 . . ., 404 00 . . ., 1375
Kaiser-Franz-Josef-Spital,
10, Kundratstraße 3 . . . . 612 . . ., 601 91 . . ., 5992
Neurologisches Krankenhaus Rosenhügel,
13, Riedelgasse 5 . . . . 627 . . ., 880 00 . . ., 229
Hanusch-Krankenhaus,
14, Heinrich-Collin-Straße 30 . . . . 910 21 . . ., 2309
Kaiserin-Elisabeth-Spital,
15, Huglgasse 1–3 . . . . 616 . . ., 981 04 . . ., 5982
Wilhelminenspital,
16, Montleartstraße 37 . . . . 615 . . ., 491 50 . . ., 5982
Neurologisches Krankenhaus Maria-Theresien-Schlössel,
19, Hofzeile 18–20 . . . . 626 . . ., 368 34 55 . . ., 237
Krankenhaus Floridsdorf,
21, Hinaysgasse 1 . . . . 617 . . ., 38 16 14 . . ., 225
Sozialmedizinisches Zentrum Ost–Donauspital,
22, Stadlau, Langobardenstraße 122 . . . . 611 . . ., 288 02 . . ., 2222

Sozialarbeit an Pflegeheimen:

Pflegezentrum Sophien-Spital,
7, Apollogasse 19 . . . . 620 . . ., 521 03 . . ., 405
Geriatriezentrum „Am Wienerwald",
13, Jagdschloßgasse 59 . . . . 630 . . ., 801 10 . . ., 3503
Pflegeheim Baumgarten,
14, Hütteldorfer Straße 188 . . . . 631 . . ., 910 34 . . ., 273
Pflegeheim Sanatoriumstraße,
14, Baumgartner Höhe 1 . . . . . 636 . . ., 910 60 . . ., 51541
Sozialmedizinisches Zentrum Ost–Pflegeheim,
22, Stadlau, Langobardenstraße 122 . . . . 634 . . ., 288 02 . . ., 6342
Pflegeheim Liesing,
23, Perchtoldsdorfer Straße 6 . . . . 633 . . ., 865 65 70 . . ., 229
Pflegeheim St. Andrä an der Traisen,
Herzogenburg, Marienplatz 1, NÖ . . . . 626 . . ., 0 27 82/56 20 . . .
Pflegeheim Klosterneuburg,
Klosterneuburg, Martinstraße 28–30, NÖ . . . . . . 425 . . ., 0 22 43/23 1 25/304

Sozialarbeit an Gesundheits- und Sozialzentren:

Gesundheits- und Sozialzentrum für den 10. Bezirk,
10, Gudrunstraße 145–149 . . . . 605 34 . . ., 10831
Gesundheits- und Sozialzentrum für den 14. und 15. Bezirk,
15, Geibelgasse 18–20 . . . . 891 34 . . ., 15831
Gesundheits- und Sozialzentrum für den 16. und 17. Bezirk,
16, Weinheimergasse 2 . . . . 491 96 . . ., 16831
Gesundheits- und Sozialzentrum für den 21. und 22. Bezirk,
22, Kagran, Finsterergasse 12 . . . . 211 23 . . ., 22831

Fachbereich Geriatrische Tageszentren:
Petioky Christine, Sozialarbeiterin . . . . 620 . . ., 521 03 . . ., 715
Tageszentrum Ingrid Leodolter im Pflegezentrum Sophien-Spital,
7, Apollogasse 19 . . . . 620 . . ., 521 03 . . ., 717
Tageszentrum „Am Henriettenplatz",
15, Geibelgasse 18–20 . . . . 891 34 . . ., 15842
Tageszentrum Ottakring,
16, Weinheimergasse 2 . . . . 491 96 . . .,16845
Tageszentrum im Sozialmedizinischen Zentrum – Ost,
22, Stadlau, Langobardenstraße 122 . . . . 634 . . ., 288 02 . . ., 6357
Tageszentrum „Donaufeld",
22, Kagran, Finsterergasse 12 . . . . 211 23 . . ., 22841

DEZERNAT 2

Grundsätzliche Organisation der Fachbereiche Mobile Hauskrankenpflege, Soziale Dienste, Wirtschaftliche Planung und Kontrolle der externen Organisationen:
Necesal, Dkfm. Mag. Elisabeth 85712

Fachbereich Mobile Hauskrankenpflege
Zentrale: 1, Neutorgasse 15
Lukesch Gisela, Oberin 85761
Auskunft 8500

Hauskrankenpflege-Stützpunkte:
(Montag und Donnerstag von 10 bis 12 Uhr,
Dienstag und Freitag von 11 bis 13 Uhr,
Mittwoch von 12 bis 15 Uhr Angehörigenberatung in allen Stützpunkten)

1., 7., 8., 9. Bezirk:
1, Neutorgasse 15 . . . . . 531 14 . . ., 01820, 01821, 01822
2., 20. Bezirk:
2, Obere Augartenstraße 26–28, 1. Stock,
Tür 10 . . . . 211 06 . . ., 02820, 02821, 02822
3., 11. Bezirk:
11, Geystraße 2 . . . . 740 34 . . ., 11820, 11821, 11822
4., 5., 6. Bezirk:
4, Schönbrunner Straße 7 . . . . 502 34 . . ., 04820, 04821, 04822
Beratungsstelle für Inkontinenz 586 39 43
10. Bezirk:
10, Gudrunstraße 145–149 . . . . 605 34 . . ., 10820, 10821, 10822
Beratungsstelle für Inkontinenz . . . . 605 34 . . ., 10825
12., 13., 23. Bezirk:
23, Liesing, Breitenfurter Straße 360–368 . . . 863 34 . . ., 23820, 23821, 23822
14., 15. Bezirk:
15, Geibelgasse 18–20 . 891 34 . . ., 15820, 15821, 15822
Beratungsstelle für Inkontinenz . . . . . 891 34 . . ., 15825
16., 17. Bezirk:
16, Weinheimergasse 2 . 491 96 . . ., 16820, 16821, 16822
18., 19. Bezirk:
19, Gatterburggasse 14 . . . . 360 34 . . ., 19820, 19821, 19822
21. Bezirk:
21, Brünner Straße 140/62 . . . . 290 13 24
Beratungsstelle für Inkontinenz 292 83 94
22. Bezirk:
22, Kagran, Finsterergasse 12 . . . . 211 23 . . ., 22820, 22821, 22822
Beratungsstelle für Inkontinenz 22825

Fachbereich Soziale Dienste
Zentrale: 1, Schottenring 25
Falkinger Hilde, Oberschwester 85791
Auskunft 85790

Verrechnung der Sozialen Dienste:
1, Zelinkagasse 4, 1. Stock 85740, 85744

Soziale Stützpunkte:

1., 7., 8., 9. Bezirk:
1, Schottenring 25 . . . . 531 14 . . ., 01800
2., 20. Bezirk:
2, Engerthstraße 150/13 . . . . 211 06 . . ., 02800
3., 11. Bezirk:
11, Simmeringer Hauptstraße 34–40/4 . 740 34 . . ., 11800
4., 5., 6. Bezirk:
4, Rainergasse 6–8 . . . . 502 34 . . ., 04800
10. Bezirk:
10, Gudrunstraße 145–149 . . . . 605 34 . . ., 10800
12., 13., 23. Bezirk:
12, Am Schöpfwerk 29/6 . . . . 667 93 31, 667 93 32
14., 15. Bezirk:
15, Geibelgasse 18–20 . . . . 891 34 . . ., 15800
16., 17. Bezirk:
16, Weinheimergasse 2 . . . . 491 96 . . ., 16800
18., 19. Bezirk:
18, Schulgasse 19 . . . . 360 34 . . ., 18800
21., 22. Bezirk:
22, Kagran, Finsterergasse 12 . . . . 211 23 . . ., 22800

Fachbereich Qualitätssicherung der externen Sozialen Dienste:
1, Schottenring 25
Schwarzkopf Margarete, Oberin 85706

Fachbereich wirtschaftliche Planung und Kontrolle:
1, Zelinkagasse 4 . . . . 85742, 85745

DEZERNAT 3

Grundsätzliche Organisation der Fachbereiche Aufnahme in Städtische Wohn- und Pflegeheime, Aufnahme und Verrechnung privater Wohn- und Pflegeheime, Kostenersätze und Verlassenschaften:
1, Zelinkagasse 4, 1. Stock
Schuster, Dr. Heinrich 85713
Forderungsanmeldungen – Verlassenschaften 85717

Fachbereich Aufnahme und Verrechnung privater Wohn- und Pflegeheime
Hietsch Helene, Amtsrätin 85741
Aufnahme 85743
Verrechnung 85746, 85747, 85748, 85749

Fachbereich Aufnahme in städtische Wohn- und Pflegeheime
1, Schottenring 24, 1. Stock, Tür 187
Fraß Elfriede, Amtsrätin 85781
Auskunft 85780
Sachbearbeiterinnen/Sachbearbeiter . . 85779, 85783, 85784, 85785, 85786, 85787
Pflegebegutachtung 85778, 85788, 85789

DEZERNAT 4

Rechtsangelegenheiten und Aufsicht über private Wohn- und Pflegeheime:
1, Neutorgasse 15, Mezzanin
Gruber, Mag. Karin 85714

MAGISTRATSABTEILUNG 48

Abfallwirtschaft, Straßenreinigung und Fuhrpark

(Geschäftsgruppe Umwelt und Verkehrskoordination)

5, Einsiedlergasse 2, Tel. 588 17 . . .
Telefax: 588 17–99–96128, IBS-User: M48K,
Internet e-mail: post@m48.magwien.gv.at

Reinigung der Fahrbahn, mit Ausnahme der Autobahnen und der Marktflächen, Abfuhr des Straßen- und Marktkehrichts, Staub- und Unkrautbekämpfung, Reinigung der Wassereinlaufschächte und Straßengräben (auch im Rahmen der Teilbesorgung der Geschäfte der Auftragsverwaltung des Bundes hinsichtlich der Bundesstraßenverwaltung).
Schneebeseitigung auf Fahrbahnen, Schneeabfuhr, Bestreuung der Fußgängerübergänge und Fahrbahnen (mit Ausnahme der Autobahnen) bei Glätte, auch im Rahmen der Teilbesorgung der Geschäfte der Auftragsverwaltung des Bundes hinsichtlich der Bundesstraßenverwaltung.
Durchführung der Administrativmaßnahmen aufgrund der Verordnung betreffend die Freihaltung des Stadtbildes von störenden Werbeständern.
Absicherung von Gefahrenstellen auf öffentlichen Verkehrsflächen und provisorische Behebung kleiner Straßenschäden, ausgenommen auf Autobahnen (notstandspolizeiliche Maßnahmen) sowie Vorschreibung der Kosten.
Erstellung und Fortführung des Abfallwirtschaftskonzeptes.
Maßnahmen nach dem Abfallwirtschaftsgesetz: Einrichtung von Abgabemöglichkeiten für Problemstoffe bzw. Durchführung getrennter Sammlungen von Problemstoffen; Wahrnehmung der Pflichten der Gemeinde bei der Lagerung, Verwertung und Behandlung gefährlicher Abfälle und Altöle.
Vollziehung folgender Bestimmungen des Wiener Abfallwirtschaftsgesetzes, ausgenommen Berufungsentscheidungen:
§§ 18, 19 Abs. 1, 2 und 4, 20 Abs. 2, 21, 24 Abs. 2 und 3; § 22 Abs. 2, wenn dem Antrag nicht stattgegeben wird.
Organisation und Durchführung der Müllabfuhr einschließlich der flächendeckenden getrennten Sammlung von wiederverwertbaren Stoffen und Problemstoffen; Weitergabe solcher Stoffe an Verwertungs- und Entsorgungsunternehmen.
Durchführung von Veranstaltungen, Herausgabe von Fachzeitschriften, Herstellung von Informations- und Werbematerial im Einvernehmen mit der Magistratsabteilung 53; Einsatz von Abfallberatern und Erteilung von Auskünften über Abfallvermeidung und Abfallverwertung.
Führen von Deponien und Abfallbehandlungseinrichtungen.
Planung und Errichtung von Anlagen zur Verwertung von wiederverwertbaren Stoffen, einschließlich der Kompostierung, sowie zur Vorsortierung und Behandlung von Restmüll für die Deponierung.
Führen von Mistplätzen und Problemstoff-Sammelstellen.
Verwertung und Verkauf von im Rahmen der Müllabfuhr gesammelten wiederverwertbaren Stoffen.
Organisation und Durchführung der Sperrmüllabfuhr aus Haushalten; Entrümpelung von Haushalten.
Beistellung von Amtssachverständigen für Deponiebetriebe und Abfallbehandlungseinrichtungen.
Technische Fachdienststelle für städtische Kraftfahrzeuge mit Ausnahme der Erteilung von Einzelgenehmigungen.
Feststellung der Wirkungslosigkeit des Einsatzes von zulässigen Auftaumitteln oder von Streumitteln im Sinne der Auftaumittelverordnung 1982 für die Dauer von höchstens drei Tagen und schriftliche Festlegung des Anlaßfalles; Bekanntgabe dieses Sachverhaltes im Österreichischen Rundfunk.
Ankauf und Betreuung der städtischen Kraftfahrzeuge mit Ausnahme der Fahrzeuge der Wiener Stadtwerke und der Feuerwehrfahrzeuge und soweit nicht der Magistratsdirektor diese Aufgaben einzelnen Dienststellen übertragen hat.
Erwirkung der Zulassung und Besorgung der Steuer- und Versicherungsangelegenheiten (einschließlich der Schadensabwicklung nach Unfällen) sowie Verkauf der städtischen Kraftfahrzeuge, wobei Fahrzeuge der Wiener Stadtwerke und Feuerwehrfahrzeuge, letztere jedoch nicht hinsichtlich des Verkaufs, ausgenommen sind.
Wiederkehrende Überprüfung aller Kraftfahrzeuge der Stadt Wien mit Ausnahme der Fahrzeuge der Magistratsabteilung 68 und der Wiener Stadtwerke.
Führen der Hauptwerkstätte und der Garagen des städtischen Fuhrparks.
Erbringen von Fahrleistungen für Dienststellen des Magistrats mit Ausnahme der Wiener Stadtwerke; Vergabe von Fuhrwerksarbeiten und Überprüfung der Rechnungen von Fuhrwerksleistungen.
Verwertung der Kraftfahrzeugreifen und -akkumulatoren.
Grundverwaltung und Erhaltung der abteilungseigenen Betriebseinrichtungen, Gebäude und Grundflächen.
Planung, Errichtung, Objektverwaltung und Erhaltung der öffentlichen Bedürfnisanstalten sowie Betriebsaufsicht über diese.
Anbringung und Erhaltung von Tafeln zur Bezeichnung von Verkehrsflächen.
Entfernen von verkehrsbeeinträchtigend abgestellten Fahrzeugen von öffentlichen Verkehrsflächen einschließlich der Verwahrung und Vornahme der Kostenvorschreibungen.
Entfernen solcher Fahrzeuge, bei denen zu vermuten ist, daß sich die Inhaber dieser Fahrzeuge entledigen wollten, von öffentlichen Verkehrsflächen einschließlich der Verwahrung, des Eigentumserwerbes und der weiteren Verfügung über diese Fahrzeuge.
Bewirtschaftung von Parkplätzen für Touristenbusse.
Mitwirkung in Fragen der Straßenpolizei und des Verkehrswesens, soweit sie Angelegenheiten der Stadtreinigung betreffen.
Vorschreibung der Kosten für die Reinigung öffentlicher Verkehrsflächen.

Steinbauer, Dipl.-Ing. Wolfgang, Obersenatsrat 96111
Zalud Robert, Obermagistratsrat 96101, 96112
Bischof, Ing. Franz, Techn. Amtsrat 96221
Thon, Dipl.-Ing. Josef, Stadtbaurat 96171

Siebenhandl, Dipl.-Ing. Reinhard,
Oberstadtbaurat 96131
Spet, Dipl.-Ing. Gerhard 96031
Misttelefon, Schneetelefon 546 48
Sekretariat Abteilungsleitung 96111, 96115, 96125
Bienenfeld Johann, Betriebsoberinspektor
(Budget) 96021
Marchalleck Kurt, Verwaltungsoberkommissär
(Budget) 96062
Frybert Peter, Verwaltungsoberkommissär
(Information) 96071
Köppl Regina, Verwaltungskommissärin
(Information) 96072
Wallisch, Ing. Robert, Techn. Oberkommissär
(Vergabe) 96061
Kirchsteiger Elfriede, Kanzleioberkommissärin,
Kanzleileiterin 96119
Weber Karin (Zentralkanzlei) 96118,
96116, 96121, 96126

Allgemeine Dienstleistungen:

Spet, Dipl.-Ing. Gerhard 96031
Rogalski, Dipl.-Ing. Wojciech, Stadtbaurat
(Planung) 96032
Oberndorfer, Mag. Dipl.-Ing. Franz,
Stadtbauoberkommissär
(Planung) 96035
Schwaiger, Ing. Karl, Techn. Oberkommissär
(Bau- und Grundstücks-
angelegenheiten) . . . . 283 62 20 . . ., 111
Kovarik Alfred, Inspektionswerkmeister
(Bau- und Grundstücks-
angelegenheiten) . . . . 283 62 20 . . ., 114
Klimpfinger, Dipl.-Ing. Elisabeth, Stadtbaurätin
(Berichtwesen, Statistik) 96034
Plahl-Wabnegg, Mag. Dipl.-Ing. Dr. Franziska,
Stadtbaurätin
(Labor) . . . . 258 35 21 . . ., 41
Marschalek, Ing. Regina
(Labor) . . . . 258 35 21 . . ., 40

Innerer Dienst

Personal und allgemeine Verwaltung:

Zalud Robert, Obermagistratsrat 96101
Sekretariat 96107
Proschek Christian, Verwaltungskommissär 96102
Kirchsteiger Elfriede, Kanzleioberkommissärin
(Zentralkanzlei) 96118, 96119
Brenner Gottfried
(Zentrale EDV) 96019
Steiner Walter, Kanzleikommissär
(Zentrale Leistungsverrechnung) 96091
Ullmann Christa, Kanzleikommissärin
(Schadensangelegenheiten) 96081

Ackel Gerhard, Kanzleioffizial
(Betriebskassa) 96123

Fuhrpark:

Thon, Dipl.-Ing. Josef, Stadtbaurat 96171
Sekretariat 96175, 96185

Wirtschaftsreferat:
Tesar, Ing. Andreas, Techn. Offizial 96172, 96178

Sicherheitsreferat:
Jandak, Dipl.-Ing. Jochen 96183
Pöckl, Ing. Gert, Techn. Amtsrat 96174,
96183, 96186, 96189

Personal und Organisation:
Wabeck, Ing. Martin, Techn. Offizial . . 96187, 96176, 96189

Technik:
17, Richthausenstraße 2 . . . . 488 04 . . .
Telefax: 488 04-80
Pesan, Ing. Reinhold, Techn. Amtsrat 81
Sekretariat 75, 95

Eder Hans, Betriebsoberinspektor
(Techn. Referentinnen/Referenten) . 82, 83, 84, 85, 86, 87
Laumann Wolfgang, Kanzleikommissär
(Typisierung, Telefon, Funk) 91, 92, 93
Payer, Ing. Peter
(Einkauf und Materialwirtschaft) 89, 36, 37, 38, 28
Valda, Ing. Jürgen, Techn. Offizial
(Arbeitsvorbereitung) 88, 42, 97, 35

Hauptwerkstätte:
17, Lidlgasse 5 . . . . 488 04 . . .
Schnabel Johann, Betriebsinspektor 21
Betriebsbüro 31, 32, 33, 39, 47
Hauptlager 51, 52
Lehrwerkstätte 43
Kfz-Prüfstraße 58
Gummilager 55, 56

Dienstkraftwagenbetrieb:
8, Friedrich-Schmidt-Platz 1 . . . . 40 00 . . .
Nabicht Kurt, Betriebsoberinspektor 75271

Betrieb:
Glaninger, Dipl.-Ing. Anton,
Stadtbaukommissär 96173
Suck, Ing. Günter 96184, 96182
Fahrzeugleitstelle 96177, 96179

Garage 5: 5, Einsiedlergasse 2 . . . . 544 13 74
Zainzinger Karl, Betriebsoberinspektor
Außenstelle Liesing,
23, Anton-Freunschlag-Gasse 15 . . . . 609 21 10

Garage 17: 17, Richthausenstraße 2 . . . . 488 04 . . .
Prokop Peter, Betriebsoberinspektor 61
Außenstelle Grinzing:
19, Grinzinger Straße 151 . . . . 318 67 87 . . ., 21
Außenstelle Brigittenau:
20, Am Brigittenauer Sporn 3 . . . . 318 55 99

Garage 20: 20, Leystraße 87 . . . . 330 84 61
Fraißl Franz, Betriebsoberinspektor 13
Außenstelle:
22, Stadlauer Straße 41a 283 49 50
Außenstelle:
22, Kagran, Percostraße 2 . . . . 258 35 21 . . ., 36

Kfz-Abschleppung und Verwahrung:
11, Jedletzbergerstraße 1 . . . . 760 43 . . .
Telefax: 760 43–891
Gur Erich, Amtsrat 851
Sekretariat 861, 862
Reißberger, Ing. Klaus, Techn. Amtsrat
(Techn. Angelegenheiten) 882
Einsatzstelle 841, 842, 846, 847
Telefax: 760 43–99–890
Verwahrstelle 874, 875, 876, 877
Information 870
Behördliche Angelegenheiten 852
Außenstelle:
23, Liesing, Ketzergasse/Triester Straße 699 99 25

Abfallwirtschaft:

Siebenhandl, Dipl.-Ing. Reinhard,
Oberstadtbaurat 96131
Sekretariat 96135, 96145

Wirtschaftsangelegenheiten, Qualitätsmanagement:
Zerz, Dipl.-Ing. Hans Jörg, Stadtbaukommissär 96059

Hangelmann, Ing. Gerhard,
Techn. Oberkommissär 96169
Hauer Herman, Betriebskontrollor 96168
Navratil Johann, Betriebsinspektor 96136
Liernberger Ewald, Betriebskontrollor 96137
Stübler Christian, Betriebsassistent 96138
Zwar Daniel 96139

Altlasten:
Brandstätter, Dipl.-Ing. Peter 96058

Sammlung:
Vogel, Dipl.-Ing. Michael, Stadtbaurat 96132
Medwedeff, Ing. Alexandra 96148
Fitzthum Friedrich, Betriebsoberinspektor
(Betriebsstelle) 96133
Wildauer Leopold, Betriebsoberinspektor
(Betriebsstelle) 96134
Wolf Leopold, Betriebsoberinspektor
(Diensteinteilung) 96146, 96147
Treidl Walter, Betriebsoberinspektor
(Behälterreferat, Planvidierung) 96149
Koza Roman, Betriebskontrollor
(Behälterreferat, Planvidierung) 96154
Referentinnen/Referenten Müll- und
Altstoffbehälter 96157, 96158, 96159, 96163
Lehnfeld Franz, Kanzleioffizial
(Kleingärten) 96149
Klippl Christian, Betriebskontrollor
(Muldendienst) 96166, 96167
Fröschl Walter, Betriebskontrollor
(Sperrmüll, Entrümpelung) 96164, 96165
Einfalt Josef, Betriebsoberinspektor
(Behälterreparaturwerkstätte Traisengasse,
Behältertausch) 330 45 27

Behandlung und Deponierung:

Abfallbehandlungsanlage, Deponierung und Kompostierung,
22, Kagran, Percostraße 2 .... 258 35 21 ...
Telefax: 258 35 21–48
Winkler, Dipl.-Ing. Andreas, Stadtbaurat 32
Lassy, Ing. Andreas, Techn. Kommissär 22, 23
Schrenk, Ing. Claudia, Chemikerin 23
Sekretariat 27, 28, 29

Zentrale Problemstoffsammelstelle 64

48er-Bazar,
22, Kagran, Dr.-Otto-Neurath-Gasse 1
(Einfahrt Stadlauer Straße 41a) ...... 283 62 20 ..., 211

Deponie Rautenweg,
22, Breitenlee, Rautenweg 83 .... 280 47 14 ... 0
Telefax: 280 47 14–70
Stricker, Ing. Christian 71
Malecek Friedrich
(Büroleiter) 72

Kompostwerk Lobau,
22, Lobau, Ölhafen 1–3 .... 283 92 93
Telefax: 283 92 93–90

Straßenreinigung, Winterdienst:

Bischof, Ing. Franz, Techn. Amtsrat 96221
Sekretariat 96225
Stähler Thomas
(Betriebsleitstelle) 96236
Holzmann Walter, Betriebsoberinspektor
(Betriebsleitstelle) 96222
Hanisch Helmut, Betriebsoberinspektor
(Sonderveranstaltungen) 96223

Kehrbezirke:
1. Bezirk und Nachmittagsdienst, Nachtdienst,
1, Rathausstraße 2 .... 40 00 ..., 96792
2., 20. Bezirk,
2, Dresdner Straße 119 .... 216 33 92
3., 11. Bezirk,
11, Döblerhofstraße 18 .... 749 83 59
4., 5., 10. Bezirk,
10, Sonnleithnergasse 30 .... 603 08 29
6., 7., 16. Bezirk,
16, Kendlerstraße 38 B 985 41 93
8., 17., 18. Bezirk,
17, Richthausenstraße 4 .... 486 13 93
9., 19. Bezirk,
19, Grinzinger Straße 151 .... 318 67 87
12., 13. Bezirk,
13, Trauttmansdorffgasse 22 .... 877 16 77
14., 15. Bezirk,
14, Zehetnergasse 7-9 .... 914 33 72
21. Bezirk,
21, Fultonstraße 10 .... 259 73 08
22. Bezirk,
22, Stadlau, Mühlwasserstraße 2 .... 202 51 02
23. Bezirk,
23, Liesing, Seybelgasse 7 .... 869 32 53

Mistplätze:
2, Dresdner Straße 119 .... 216 33 92
3, Grasbergergasse 3 .... 798 13 88
10, Sonnleithnergasse 30 .... 603 08 29
11, Döblerhofstraße 18 .... 749 83 59
12, Wundtgasse/Jägerhausgasse 804 59 80
14, Zehetnergasse 7–9 .... 914 33 72
16, Kendlerstraße 47 .... 985 41 93
17, Richthausenstraße 4 .... 486 13 93
19, Grinzinger Straße 151 .... 318 67 87
19, Leidesdorfgasse bei Nr. 1 .... 368 41 02
21, Fultonstraße 10 .... 259 73 08
21, Schererstraße 258 53 53
21, Stammersdorfer Straße 290 34 53
22, Eßling, Cortigasse gegenüber Nr. 3 .... 774 82 51
22, Kagran, Breitenleer Straße 268 .... 220 83 48
22, Kagran, Percostraße 2 .... 258 35 21 ... 0
22, Stadlau, Mühlwasserstraße 2 .... 202 51 02
23, Inzersdorf, Südrandstraße 2 .... 616 73 42
23, Liesing, Seybelgasse 7 .... 869 32 53

Vyhnalek Gerhard, Oberaufseher
(Bereitschaftsdienst) 96233
Skerlan, Ing. Manfred, Techn. Oberkommissär
(Planbüro, Verkehrsverhandlungen) 96041
Pamer Günter, Betriebskontrollor
(Planbüro, Verkehrsverhandlungen) 96042

MAGISTRATSABTEILUNG 49

Forstamt und Landwirtschaftsbetrieb der Stadt Wien

(Geschäftsgruppe Umwelt und Verkehrskoordination)

1, Volksgartenstraße 3, 4. Stock, Tür 514, Tel. 40 00 ...
Telefax: 40 00–99–97910, IBS-User: M49K,
Internet e-mail: post@m49.magwien.gv.at

Planung, Errichtung und Erhaltung von Erholungswaldeinrichtungen; Aufforstungen zur Erweiterung des Wald- und Wiesengürtels und von Windschutzanlagen.
Erstellung des Teilplanes für den Waldentwicklungsplan (Forstliche Raumplanung).
Durchführung von Feststellungsverfahren gemäß § 5 Forstgesetz 1975 in erster Instanz.
Grundverwaltung, Erhaltung und Bewirtschaftung der als Erholungswald und Wiesen genutzten Grundflächen (insbesondere Wienerwaldforste, Lobau) im Hinblick auf die Erzielung optimaler Wohlfahrts- und Erholungswirkungen.
Mitwirkung bei der Verwaltung des Nationalparks Donau-Auen nach Maßgabe einer Vereinbarung gemäß Art. 15a B-VG.
Grundverwaltung und Erhaltung der für die Wahrnehmung der eigenen Aufgaben erforderlichen Betriebseinrichtungen und des Sägewerks Hirschwang.
Forstliche Betreuung der in Verwaltung städtischer Dienststellen stehenden Wälder, soweit nicht die Magistratsabteilung 42 zuständig ist.
Bewirtschaftung der stadteigenen Quellenschutz-, Wasserschutz- und Schongebiete; Durchführung von Maßnahmen im Hinblick auf einen optimalen Boden- und Waldzustand zur Gewährleistung eines nachhaltigen Wasserdargebotes.
Führung von forstlichen Nebenbetrieben (z. B. Sägewerke).
Verwaltung und wirtschaftliche Nutzung der städtischen Eigen- und Gemeindejagden sowie der Fischereieigen- und Fischereipachtreviere mit Ausnahme der Fischereiangelegenheiten im Einzugsgebiet der Wientalwasserleitung.

Lohnverrechnung für Forstarbeiter.
Forstliche vermessungstechnische Arbeiten, soweit sie nicht Eigentumsgrenzen berühren.
Errichtung und Erhaltung von betriebseigenen Objekten, forsttechnischen Bauwerken und Einrichtungen, Materialanlagen, Straßen, Wegen, Brücken und Stegen, soweit nicht andere Dienststellen zuständig sind; Mitwirkung bei der Vertretung der Interessen der Stadt Wien in den Schutz- und Schongebieten gemäß den Verordnungen zum Schutze der Wasservorkommen.
Weideangelegenheiten.
Erwerb und Verwaltung von Gastgewerbeberechtigungen in städtischen Forsten im Einvernehmen mit der Magistratsabteilung 69.
Forst- und Jagdschutzdienst in den Wienerwald- und Quellenschutzforsten der Stadt Wien.
Beistellung von Sachverständigen in Angelegenheiten der Landesforstinspektion, der Forstwirtschaft, der Jagd und Fischerei, des Baumschutzes sowie des Nationalparks Donau-Auen.
Führen der Ökonomien und Buschenschenken; Grundverwaltung und Erhaltung der landwirtschaftlich nutzbaren Grundflächen, auch wenn diese von Dritten bewirtschaftet werden.
Bewirtschaftung von städtischen Grundflächen, auch in Streulage, sofern eine landwirtschaftliche Nutzung vertretbar oder zweckmäßig ist.
Anwerbung und Aufnahme von in- und ausländischen landwirtschaftlichen Saisonarbeitern.
Gehalts- und Lohnverrechnung für Gutsangestellte und Landarbeiter.
Durchführung biologischer Untersuchungen, insbesondere auf dem Sektor der Landwirtschaft.
Führung von Werkstätten für die Instandhaltung landwirtschaftlicher Maschinen, Geräte und Fahrzeuge.
Maßnahmen aufgrund des Landschaftsrahmenplanes und der Landschaftspläne.

Ballik, Dipl.-Ing. Dr. Karlheinz, Forstdirektor 97911
Redl, Dipl.-Ing. Siegfried, Senatsrat 97912
Hanreich, Dipl.-Ing. Irmfried,
Senatsrat .... 0 26 67/73 73 oder 73 74
Haubenberger, Dipl.-Ing. Gottfried,
Senatsrat 0 22 49/23 53
Schlesinger, Dipl.-Ing. Wolfdieter, Senatsrat .. 0 26 66/22 50
Schnaubelt, Dipl.-Ing. Johann, Senatsrat ... 0 36 36/451–13
Janda, Dipl.-Ing. Gerrit, Oberforstrat 804 13 15
Prinz, Dipl.-Ing. Karl, Oberforstrat 97939
Ebenberger, Dipl.-Ing. Josef, Forstrat 97908
Fischer, Dipl.-Ing. Dr. Franz, Forstrat 97921
Gulas, Dipl.-Ing. Peter, Forstrat 0 36 36/451-29
Havel, Dipl.-Ing. Roland, Forstrat 97931
Januskovecz, Dipl.-Ing. Andreas,
Forstrat .... 0 26 67/73 73 oder 73 74
Mayer, Dipl.-Ing. Hubert, Forstrat 0 26 66/22 50
Schmalzer, Dipl.-Ing. Günther 97934
Schreckeneder, Dipl.-Ing. Andreas, Forstrat 97913
Schwab, Dipl.-Ing. Andreas, Forstrat 97922
Weidinger, Dipl.-Ing. Herbert, Forstrat 97934
Fleck, Dipl.-Ing. Werner, Forstoberkommissär 97921
Mrkvicka, Dipl.-Ing. Alexander,
Stadtbaukommissär 97935
Kiess Heinz, Oberamtsrat 97933
Lumpi, Ing. Kurt, Techn. Oberamtsrat 0 26 67/73 04
Schmuck Gerhard, Techn. Oberamtsrat 440 22 31
Sprung, Ing. Norbert, Techn. Oberamtsrat 97937
Bammer, Ing. Johann, Techn. Amtsrat 282 87 14
Buder Leo, Techn. Amtsrat 979 10 88
Höpfner Heinz, Techn. Amtsrat 282 11 85
Karlon Horst, Techn. Amtsrat 0 26 66/22 50-18
Knapil Bernhard, Techn. Amtsrat 0 26 62/35 95
Lauscher, Ing. Franz, Techn. Amtsrat 0 22 39/21 86
Maierhofer, Ing. Karl, Techn.
Amtsrat .... 0 26 67/73 73 oder 73 74
Mang Raimund, Techn. Amtsrat 0 26 66/36 25
Minich, Ing. Hannes, Techn. Amtsrat 486 23 44
Prenner, Ing. Gerhard, Techn. Amtsrat 97926
Redl, Ing. Richard, Techn. Amtsrat 0 22 31/614 92
Seidenberger Helfried, Techn. Amtsrat 0 26 66/24 75
Spanring, Ing. Wilfried, Techn. Amtsrat 0 26 67/72 02
Steferl Georg, Techn. Amtsrat 0 36 36/451/26
Kisser Hermine, Kanzleikommissärin,
Kanzleileiterin 97919
Kanzlei 97918

Forstdirektion:

Ballik, Dipl.-Ing. Dr. Karlheinz,
Forstdirektor 97911
Schwab, Dipl.-Ing. Andreas, Forstrat 97922
Öffentlichkeitsarbeit
Redl, Dipl.-Ing. Siegfried, Senatsrat 97912
Allgemeines, Landesforstinspektion, Versicherungen, forsttechnischer Amtssachverständiger, Wildschadensforschung, Wildbewirtschaftung
Protokoll der Landesforstinspektion 97938
Kiess Heinz, Oberamtsrat 97933
Personal-, Miet- und Forstarbeiterangelegenheiten
Prinz, Dipl.-Ing. Karl, Oberforstrat 97939
Holzverkauf, Fischerei, forstliche Aufschließung und Bringung, Sofortmaßnahmen, Pachtangelegenheiten, Gestattungen
Fischer, Dipl.-Ing. Dr. Franz, Forstrat 97921
Forstbetriebseinrichtung, Waldbau, Grundstücksverwaltung, Grundtransaktionen, EDV, Statistik
Weidinger, Dipl.-Ing. Herbert, Forstrat 97934
Erholungswaldeinrichtungen, Raumplanung, Landschaftspflege, Projektkoordinierung
Planarchiv 97935
Sprung, Ing. Norbert, Techn. Oberamtsrat 97937
Budget- und Wirtschaftsangelegenheiten, Gebäude, Fahrzeuge, Forsttechnik, Bauangelegenheiten, Koordinierung mit Fachdienststellen, Vergabewesen

Städtische Forstverwaltungen:

Lainz, 13, Hermesvilla, Lainzer Tiergarten 804 13 15
Telefax: 802 23 10
Wirtschaftsführer: *Janda, Dipl.-Ing. Gerrit,* Oberforstrat

Lobau, Großenzersdorf, NÖ,
Elisabethstraße 17 .... 0 22 49/23 53
Telefax: 0 22 49/23 53
Wirtschaftsführer: *Haubenberger, Dipl.-Ing. Gottfried,* Senatsrat

Hirschwang, NÖ 0 26 66/22 50
Telefax: 0 26 66/25 4 88
Wirtschaftsführer: *Schlesinger, Dipl.-Ing. Wolfdieter,* Senatsrat

Naßwald, NÖ 0 26 67/73 73, 73 74
Telefax: 0 26 67/72 95
Wirtschaftsführer: *Hanreich, Dipl.-Ing. Irmfried,* Senatsrat

Wildalpen, Stmk. 0 36 36/451–13
Telefax: 0 36 36/451-40
Wirtschaftsführer: *Schnaubelt, Dipl.-Ing. Johann,* Senatsrat

Landwirtschaftsbetrieb:

3, Vordere Zollamtsstraße 11, Tel. 712 24 99, 713 22 87
Telefax: 712 24 99-72
Wirth, Ing. Herbert, Ökonomierat

Gutsdomäne Eßling:
22, Eßling, Schafflerhofstraße 200 .... 22 73 69
Groiß Karl, Verwalter

Stadtgut Lobau:
Großenzersdorf, Lobaustraße 53, NÖ 0 22 49/23 00
Mayer Karl, Verwalter

Stadtgut Wallhof:
Rannersdorf, Brauhausstraße 51, NÖ 707 62 23
Kaindl Franz, Oberverwalter

Stadtweingut Cobenzl-Magdalenenhof:
19, Am Cobenzl 96 .... 320 58 05
Podsednik, Ing. Thomas, Verwalter

Stadtgut Magdalenenhof:
21, Stammersdorf, Senderstraße 355 .... 292 42 00
Dostal Karl, Verwalter

Stadtgut Laxenburg:
Schloßplatz 16, NÖ 0 22 36/71 1 14
Markom, Ing. Peter, Verwalter

Stadtgut Lindenhof:
Eggenburg, Grafenberger Straße 2, NÖ 0 29 84/30 02
Widhalm Thomas, Adjunkt

Biologischer Landbau und angewandte Ökologie:

11, Rinnböckstraße 15 .... 795 14 ...
Telefax: 795 14–99–97940
Maurer, Dr. Ludwig, Obermagistratsrat,
Univ.-Doz. 97941
Hartl, Dr. Wilfried, Magistratsrat 97943
Kromp, Dr. Bernhard, Magistratsrat 712 98 99

3, Vordere Zollamtsstraße 11 .... 712 24 99, 713 22 87
Telefax: 712 24 99–72
Wieshofer, Dr. Isabel,
Magistratsrätin 97945

MAGISTRATSABTEILUNG 50

Wohnbauförderung, Wohnhaussanierung, Wohnungsverbesserung und Aufsicht über die gemeinnützigen Bauvereinigungen

(Geschäftsgruppe Wohnen, Wohnbau und Stadterneuerung)

19, Muthgasse 62, 1.Stock, Riegel F und G, Tel. 40 00 ...
Telefax: 40 00-99-Nebenstelle, IBS-User: M50K
Internet e-mail: post@m50.magwien.gv.at

Angelegenheiten der Wohnbauförderung, der Wohnhaussanierung und der Wohnungsverbesserung, ausgenommen die Landesbürgschaft, die Beteiligung an Unternehmen, der Abschluß von Verträgen mit Bausparkassen und der Zahlungen an diese.
Ausstellung von Löschungserklärungen für Förderungspfandrechte zugunsten des Landes (der Stadt) Wien.
Wahrnehmung des Vorschlagsrechtes der Stadt Wien gegenüber Wohnungsunternehmen für geförderte Wohnungen; Vergabe dieser Wohnungen, soweit der Stadt Wien ein solches Recht zusteht.
Bewilligung von Eigenmittelersatzdarlehen.
Vergabe von bewirtschafteten Wohnungen, die unter Zuhilfenahme von Mitteln des Wohnhaus-Wiederaufbaufonds wieder hergestellt worden sind, nach den Bestimmungen des Neuvermietungsgesetzes.
Bewilligung von Wohnbeihilfen.
Vorbereitung der Anerkennung und der Entziehung der Gemeinnützigkeit von Bauvereinigungen.
Aufsicht über die gemeinnützigen Bauvereinigungen nach dem Wohnungsgemeinnützigkeitsgesetz; Vorbereitung der nach diesem Gesetz erforderlichen Zustimmungen.
Verbindungsstelle zum Wiener Bodenbereitstellungs- und Stadterneuerungsfonds.
Aufsicht über das Wohnungsberatungszentrum.

Teschl, Dr. Dietmar, Obermagistratsrat 74811
Plametzberger, Dr. Henriette, Senatsrätin 74812
Plodek Wolfgang, Oberamtsrat 74841
Barner, Mag. Felix, Amtsrat 74884
Fischer Helga, Amtsrätin 74871
Haas Friedrich, Amtsrat 74861
Hornek Ludwig, Amtsrat 74902
Liebe Reinhold, Amtsrat 74886
Mahr Hans, Amtsrat 74881
Schweibl Ilse, Amtsrätin 74851
Varga Rudolf, Amtsrat 74848
Bartl Burghart, Verwaltungsoberkommissär 74842
Haller Henriette, Verwaltungsoberkommissärin 74862
Kozma Andrea, Verwaltungsoberkommissärin 74882
Nowotny Walter, Verwaltungsoberkommissär 74921
Bauer Peter, Kanzleikommissär,
Kanzleileiter 74819
Kanzlei 74820, 74821, 74822

Aufsicht über die gemeinnützigen Bauvereinigungen:
Nowotny Walter, Verwaltungsoberkommissär 74921
Kanzlei 74922

Gruppe Sanierung:
Haas Friedrich, Amtsrat 74861

Gebäudesanierung:
Haller Henriette, Verwaltungsoberkommissärin 74862
Referentinnen/Referenten 74863, 74864, 74865
Protokoll 74830, 74831, 74832, 74833
Schreibstelle 74823, 74825, 74826, 74827, 74828

Wohnungssanierung:
Fischer Helga, Amtsrätin 74871
Referentinnen/Referenten 74871, 74873, 74874
Informationsstelle 74860
Protokoll und Schreibstelle 74876, 74877,
74823, 74825, 74826, 74827, 74828

Gruppe Wohnbeihilfe:
Mahr Hans, Amtsrat 74881
Kozma Andrea, Verwaltungsoberkommissärin 74882
Referentinnen/Referenten 74883, 74884
Informationsstelle für Wohnbeihilfen 74882, 74885,
74886, 74887, 74888, 74889
Schreibstelle 74890, 74891, 74892

Außenstellen für Wohnbeihilfe:

12, Am Schöpfwerk 31/4 .... 667 99 21, 667 99 22
21, Am Spitz 1 .... 277 34 ..., 21655, 21656
22, Kagran, Donaustadtstraße 1/6 . 211 23 ..., 22655, 22656

Ihr
Schlüssel
GESIBA
Wohnungsbau
Schulen
Kindergärten
Studentenheime
zur
Altstadtsanierung
Wohnung
Altstadterneuerung
Pensionistenheime
Bauträgertätigkeit für Dritte
Bauträgertätigkeit im eigenen Namen
Verwaltungstätigkeit für Dritte
Verwaltungstätigkeit im eigenen Namen
GESIBA, Gemeinnützige Siedlungs- und Bauaktiengesellschaft.
Eßlingg. 8-10, 1013 Wien, Tel.: 53 477-0, Fax: 53 477-600

Gruppe Wohnbauförderung:
Plodek Wolfgang, Oberamtsrat 74841
Bartl Burghart, Verwaltungsoberkommissär 74842
Referentinnen/Referenten 74843, 74844, 74845, 74846, 74847, 74848, 74849, 74850, 74851, 74852

E.V. I. – Evidenz, Vergabe, Information:
Hornek Ludwig, Amtsrat 74902
Referentinnen/Referenten für Genossenschafts- und Eigentumswohnungen 74903, 74904, 74905, 74906, 74907
Referentinnen/Referenten für Eigenmittelersatzdarlehen 74908, 74909

MAGISTRATSABTEILUNG 51

Sportamt

(Geschäftsgruppe Jugend, Soziales, Information und Sport)

2, Meiereistraße 7, Wiener Praterstadion, Ernst-Happel-Stadion, Tel. 40 00 . . .
Telefax: 40 00–99–8051, IBS-User: M51K
Internet e-mail: post@m51.magwien.gv.at

Allgemeine und individuelle Sportangelegenheiten.
Angelegenheiten der Sportförderung.
Verwaltung des Wiener Sportfonds nach dem Sportgroschengesetz.
Mitwirkung bei der Festsetzung und Abänderung der Widmung Esp.
Mitwirkung bei der Planung und bei der Durchführung von baulichen Maßnahmen, die Sportstätten betreffen.
Grundverwaltung und Erhaltung der Sportstätten im Sinne des Wiener Sportstättenschutzgesetzes (auch wenn diese teilweise gewerblich genutzt sind), insbesondere auch des Wiener Praterstadions (Ernst-Happel-Stadion) einschließlich der dort eingerichteten Büroräume der Stadt Wien und von Sportanlagen.
Grundverwaltung und Erhaltung von Sporthallen, wenn diese auf einer Teilfläche einer Sportstätte errichtet worden sind oder von der Magistratsabteilung 51 geführt werden.
Grundverwaltung und Erhaltung von Spielplätzen, soweit keine andere Dienststelle zuständig ist, und der Skipiste Hohe-Wand-Wiese.
Führen von Sportanlagen, Sporthallen und Spielplätzen.
Handhabung des Wiener Sportstättenschutzgesetzes einschließlich der Durchführung von Verwaltungsstrafverfahren in erster Instanz.
Erhaltung von Turn- und Sportgeräten; Verleih von Wintersportgeräten an Schulkinder.
Vergabe von Turnsälen für außerschulische Sportausübung.
Trainingseinteilung für städtische Sportanlagen, Schwimmhallen und Anlagen der Wiener Stadthalle sowie Kontrolle des Trainingsbetriebes.
Vorbereitung der Ehrung von Sportlern und Sportfunktionären.
Führung der Bürogeschäfte der Landessportorganisation Wien.

Podkowicz, Dr. Ferdinand,
Bereichsdirektor für Jugend, Familie, Schule, Bildung und Sport 84111
Sekretariat 84115
Zimmermann Alexander, Oberamtsrat 84112
Nedbal, Mag. Gregor,
Magistratsoberkommissär 84148
Deckardt Werner, Oberamtsrat 84141
Kubin Andreas, Amtsrat 84156
Oberlender, Dr. Wilhelm, Amtsrat 84151
Purer Franz, Amtsrat 84153
Hamernik Rosmarie, Kanzleikommissärin,
Kanzleileiterin, Einlaufstelle 84119, 84110
Kanzlei, Auskunft, Turnsaalvergabe, Ehrenpreise 84117, 84139
Einlaufstelle 8051

Personalangelegenheiten, Verwaltung der Schipisten Hohe-Wand-Wiese und Himmelhof-Wiese 84151
Budget- und Wirtschaftsangelegenheiten 84112
Subventionsabrechnungen 84143
Grundangelegenheiten, Verwaltung der verpachteten Anlagen, Verwaltung städtischer Kinder-, Jugend- und Eislaufplätze 84145
Verwaltung städtischer Sporthallen, Stadthallenangelegenheiten 84156
Planung und Kollaudierung von Spielplätzen, Sportanlagen und Sporthallen, Bauangelegenheiten 84141
Verwaltung städtischer Sport- und Tennisplätze, Ankauf und Betreuung der maschinellen Einrichtungen 84153
Sport- und Spielplatzinventar, Vergabe von Sporthallen, Statistik 84157
Turnsaalinventar, Turngeräteeinstellung 84124, 84123
Fahrt zum Schnee, Schiverleih an Schulen 84131
Sportaktion, Frau und Sport in Wien 84135
Sportplatz der offenen Tür, Jugendeislaufaktion 84133
WISTA-Leistungsbestätigung, Schwimmaktion, Loipen 84134
Sporthallenrevisorin/Sporthallenrevisor 84158
Sportplatzrevisorin/Sportplatzrevisor 84155
Spielplatzrevisorin/Spielplatzrevisor 84154
Amtsgehilfin/Amtsgehilfe 84138
Magazin 84125, 84126
Schimagazin 84127
Sitzungszimmer 84128

Außenstellen:

Schipiste, 14, Hohe-Wand-Wiese (Dezember bis März) 979 10 57

Jugendsportanlagen:
2, Venediger Au 729 54 28
8, Buchfeldgasse 7 . . . . 408 44 77
11, Herderpark 748 13 93
11, Ravelinstraße/Unter der Kirche 767 07 37
12, Haydnpark 813 93 30
12, Johann-Hoffmann-Platz 812 12 01
15, Auer-Welsbach-Park 894 33 04
16, Gallitzinstraße 4 . . . . 485 58 34
18, Währinger Park 34 11 40
19, Osterleitengasse 14a 368 71 81
21, Ringelseeplatz 270 31 95
22, Hirschstetten, Plankenmaisstraße 282 32 04
23, Rodaun, Ambrosweg . . . . –

Kinderspielplätze für zugewiesene Gruppen:
3, Schweizergarten
5, Bacherplatz

Kinderspielplätze öffentlich zugänglich:
10, Eibesbrunnergasse
11, Münnichplatz

12, Hetzendorfer Straße 66
12, Hohenfelsplatz
13, Elisabethallee
15, Viktoriagasse
16, Redtenbachergasse 40
21, Bubergasse
21, Trillergasse
22, Aspern, Rosmaringasse
22, Kagran, Konstanziagasse
22, Kagran, Meißnergasse
22, Kagran, Rennbahnweg
22, Kaisermühlen, Schödelbergergasse

Rodelbahn:
16, Gallitzinberg

Sportanlagen:
10, Computerstraße 3 .... 667 10 94
10, Eibesbrunnergasse 603 35 25
10, Franz-Koci-Straße 688 41 69
10, Laxenburger Straße – Heuberggstättenstraße . 615 03 56
16, Kendlerstraße 38 .... 985 45 11
16, Roterdstraße 1 .... 480 12 00
20, Lorenz-Müller-Gasse
(Spielmanngasse 8) 330 06 56

Kanu- und Ruderzentrum:
22, Kaisermühlen, Donauinsel
(bei Steinspornbrücke) 280 86 85

Sporthallen:
10, Per-Albin-Hansson-Siedlung Ost, Jura-Soyfer-Gasse 3 .... 688 36 50
11, Florian-Hedorfer-Straße 24 .... 767 33 37
20, Hopsagasse (Brigittenauer Halle) 330 52 95
21, Großfeldsiedlung, Pastorstraße 29 .... 259 61 02
21, Jedleseer Straße 66-94 (Dominik-Hofmann-Halle) 271 36 70
22, Kagran, Lieblgasse 6 .... 258 12 81
22, Kagran, Steigenteschgasse 1 .... 203 61 09
23, Alt-Erlaa, Wohnpark 667 85 54
23, Atzgersdorf, Steinergasse 22 .... 865 92 09
23, Liesing, Perchtoldsdorfer Straße 1 .... 869 45 58

Großsportanlagen:
Wiener Praterstadion – Ernst-Happel-Stadion,
2, Meiereistraße 7 .... 728 08 54
Stadionbad,
2, Meiereistraße 720 21 02
Ferry-Dusika-Hallenstadion,
2, Engerthstraße 267-269 .... 729 51 34
Gerhard-Hanappi-Stadion,
14, Keisslergasse 6 .... 914 55 19
Stadthallenbad,
15, Vogelweidplatz 15 .... 981 00 . . ., 433
Albert-Schultz-Eishalle,
22, Kagran, Attemsgasse 204 85 80

Wiener Landessportrat:

Vorsitzende:
Laska Grete, Vizebürgermeisterin, amtsführende Stadträtin

Stellvertretende Vorsitzende:
Lapp, Mag. Christine, Landtagsabgeordnete

Wiener Landtag:
Kopietz Harry, Landtagsabgeordneter
Strobl Walter, Landtagsabgeordneter
Westenthaler, Ing. Peter, Landtagsabgeordneter

Ersatz:
Hufnagl Heinz, Landtagsabgeordneter
Ulm Wolfgang, Landtagsabgeordneter
Strache Heinz Christian, Landtagsabgeordneter

ASKÖ, Landesverband Wien:
Fuchs Brunhilde, Abgeordnete zum Nationalrat
Thuri, Dr. Rudolf, Hofrat

Ersatz:
Graft, Komm.-Rat Ernst
Scherbaum, Mag. Gerhard, Ministerialrat

Allgemeiner Sportverband Österreichs (ASVÖ), Landesverband Wien:
Lesek Walter
Kopal Josef

Ersatz:
Bek-Axeschew, Dipl.-Ing. Gerald
Pavlik, Reg.-Rat Ernst

Österreichische Turn- und Sport-Union, Landesverband Wien:
Lindl, Hofrat Wilhelm, Amtsdirektor i.R.
Grasinger Kurt

Ersatz:
Hofer Friederike
Magor Gerhard

Wiener Fußball-Verband:
Ehrenberger, Komm.-Rat Kurt, Direktor

Ersatz:
Novak Robert

Magistrat der Stadt Wien:
Podkowicz, Dr. Ferdinand, Bereichsdirektor

Ersatz:
Zimmermann Alexander, Oberamtsrat

Vorsitzender des Landessportfachrates:
Weber Heinz

Ersatz:
Mautner-Markhof, Dkfm. Dr. Marius

Stadtschulrat für Wien:
Zalodek, Prof. Mag. Wolfgang, Fachinspektor

Ersatz:
Preschern Elfriede, Bezirksschulinspektorin

Pressereferent:
Hofstätter Hans

MAGISTRATSABTEILUNG 52

(derzeit nicht eingerichtet)

MAGISTRATSABTEILUNG 53

Presse- und Informationsdienst

(Geschäftsgruppe Jugend, Soziales, Information und Sport)

1, Rathaus, Stiege 3, Hochparterre, Tel. 40 00 . . .
Telefax: 40 00–99–Nebenstelle, IBS-User: M53K,
Internet e-mail: post@m53.magwien.gv.at

Kontakt und Vermittlung des Kontaktes mit Vertretern der Publikationseinrichtungen.
Maßnahmen der Öffentlichkeitsarbeit und Imagewerbung im In- und Ausland.
Koordination, Planung und Durchführung von Werbe- und PR-Maßnahmen.
Presseförderung.
Vergabe von Forschungsaufträgen und Durchführung von Meinungsumfragen auf dem Gebiet des Presse- und Informationswesens, der Öffentlichkeitsarbeit und der Imagewerbung.
Übersetzungs- und Dolmetschdienst.
Herstellung, Vertrieb und Ankauf von Druckwerken für die Öffentlichkeit.
Produktion, Koproduktion und Verleih von Filmen, Tonbildschauen und anderen audiovisuellen Produkten.
Zentrale Anlaufstelle für Film- und Fernsehgesellschaften; Genehmigung von Dreharbeiten auf Gemeindegrund.
Durchführung von Rundfahrten und Führungen zur Information der Wiener Bevölkerung und der Besucher Wiens.
Führen des „Info-Centers Vienna“ und von sonstigen Informationsstellen.
Direktinformationen der Bevölkerung.
Herausgabe von Publikationen auf dem Gebiet des Selbstschutzes und der Haushaltsbevorratung gemäß § 4 Abs. 1 sowie Veranlassung der Information der Bevölkerung gemäß § 5 Abs. 2 des Wiener Katastrophenhilfegesetzes.
Herausgabe des „Landesgesetzblattes für Wien“, des „Amtsblattes der Stadt Wien“, der „Rathaus-Korrespondenz“ und von Zeitschriften.
Durchführung von Informationsausstellungen.
Durchführung von Informationsveranstaltungen, soweit nicht der Magistratsdirektor dafür zuständig ist.
Vorbereitung von Bürgerversammlungen.

Vavrousek Fred, Chefredakteur 81011
Gerlich, Dr. Rudolf, Senatsrat 81012
Mathias Rudolf, Chefredakteur 81861
Wohl Franziska, Kanzleioberkommissärin, Kanzleileiterin 81019
Chefsekretariat 81015, 81016, 81017

Finanzbüro 81029, 81030, 81035
Vastag-Siklosy Irene, Verwaltungsoberkommissärin 81032
Amtsblatt der Stadt Wien 81027, 81036
Landesgesetzblatt für Wien 81026, 81019

Pressedienst:

Gerlich, Dr. Rudolf, Senatsrat 81071, 81012
Sekretariat 81075, 81076
Ruzicka-Stanzel Helga, Redakteurin 81856

Diensthabende Redakteurin/Diensthabender Redakteur 81081
Kucirek Fritz, Redakteur 81084
Pache Peter, Redakteur 81082
Schlögl Johannes, Redakteur 81087
Ullmann Peter, Redakteur 81083

Andraschko Richard, Oberamtsrat (Zivil- und Katastrophenschutz, EDV) 81049, 81881
Hutterer Robert (Fotoreporter) 81088

Inlandsmedienbeobachtung 81072, 81073
Röttinger, Dr. Christian, Redakteur (Auslandsmedienbeobachtung) 81838, 81040
Kommunalpolitisches Archiv 81074
Bildschirmstelle 81093, 81094
Druckerei 81090

Pressereferentinnen/Pressereferenten:
*Briem, Mag. Wolfgang (*Integration, Frauenfragen, Konsumentenschutz und Personal) 81853
Duschek, Dr. Ingrid, Magistratsrätin (Public Relations) 81857
Gabriel, Dr. Martin, Senatsrat (Kultur) 81854
Gerlich, Dr. Rudolf, Senatsrat (Magistratsdirektor) 81012, 81071
Hofstätter Hans (Sport) . . . . 981 00 . . ., 319
Jansky Wolfgang (Wohnen, Wohnbau und Stadterneuerung) 81863
Kauer Michaela (Integration, Frauenfragen, Konsumentenschutz und Personal) 81840
Kettner Norbert (Gesundheits- und Spitalswesen) . . . 81845
Lassnig, Mag. Heinz-Horst (Umwelt und Verkehrskoordination) 81847
Leitner, Mag. Andrea (Planung und Zukunft) 81414
Marschalek Renate (Umwelt und Verkehrskoordination) 81070
Martinez-Weinberger Elga (Wiener Stadtwerke) 81844
Ritzmaier Martin (Gesundheits- und Spitalswesen) . . 81855
Ronge Christoph (Bürgermeister) 81841
Soukup, Dr. Ursula (Jugend, Soziales, Information und Sport) 81862

Stockbauer Harry (Finanzen und Wirtschaftspolitik) . 81858
Trimmel Wolfgang (Bürgermeister) 81846
Zima Barbara (Jugend, Soziales, Information und Sport) 81850
Ziwny Peter (Verkehrsinformation) 81859

Wien aktuell:
8, Friedrich-Schmidt-Platz 3, 4. Stock
Ebner, Dr. Hannelore, Senatsrätin 81061
Enderle, Dr. Peter, Obermagistratsrat 81063
Riedler, Ing. Horst Georg, Redakteur 81095
Rohrhofer Manfred, Redakteur 81849
Schwarzbach, Dr. Renee, Magistratsrätin 81064
Sekretariat 81065

Informationsdienst:

Mathias Rudolf, Chefredakteur 81861
Bauer-Manhart, Dr. Ingeborg, Obermagistratsrätin . . 81888
Sekretariat 81047
Film, Funk, Fernsehen 81861

Büro Bezirke:
Bauer-Manhart, Dr. Ingeborg, Obermagistratsrätin . . 81888
Sekretariat 81077
Koordination 81057, 81877

Büro PR:
Rumpl, Mag. Waltraud, Redakteurin 81873
Kouba Walter, Redakteur, Meinungsforschung 81852
Marinoff Ulrike, Inserate 81889, 81882, 81885
Produktionskoordination, Unser Wien 81045
Heintschel, Mag. Hans Christian, Redakteur, Redaktion 81059

Rapf, Dr. Renate, Redakteurin, Redaktion 81383
Fotoarchiv 81071

Rundfahrten:
1, Rathaus, Schmidt-Halle, Stiege 8 . . . . 81050, 81051, 81053

Büro Produktion:
8, Rathausstraße 9, Stiege 2, Hochparterre
Draxler Michael, Redakteur, Inlandsveranstaltungen 81052
Produktion 81866, 81372, 81884
Wiedebusch, Dr. Jutta, Redakteurin, Print- und AV-Medien 81079

Lager und Versand:
8, Lenaugasse 17, Parterre 81048, 81085
Lagerinventar 81887
Broschüren, Versand 81033, 81034
Versandtelefon (Anrufbeantworter) 8080
Wanderwege 81867

Drehgenehmigungen 81042

Auslandsbüro:
1, Rathaus, Arkadenhof 81872, 81378
Philipp Gabriele, Redakteurin 81843
Weis, Mag. Paul, Redakteur 81043
Fischmann Lothar, Redakteur 81851
Gassner, Mag. Eva, Redakteurin 81044
Stepan, Mag. Rainer, Redakteur 81067
Auslandsbälle 81055
Sekretariat 81388, 81886, 81374

Beratungsstelle für Angehörige für internationale Organisationen, Vienna Service Office, 22, Kagran, Wagramer Straße 5 (Vienna International Center F 10/21)
Suske Eva . . . . 211 31 . . ., 4234
(Dienstag und Freitag von 9 bis 14 Uhr, Donnerstag von 12 bis 17 Uhr)

Übersetzungsdienst:
Loskot, Regierungsrätin Angelika,
Oberamtsrätin 82091
Siebenbrunner, Mag. Maria 82092
Sekretariat 92092

MAGISTRATSABTEILUNG 54

Zentraler Einkauf

(Geschäftsgruppe Integration, Frauenfragen, Konsumentenschutz und Personal)

3, Am Modenapark 1-2, 1. und 4. Stock, Tel. 711 16 . . .
Telefax: 711 16–99–97400, IBS-User: M54K
Internet e-mail: post@m54.magwien.gv.at

Beschaffung, Zuweisung und Instandhaltung der sachlichen Erfordernisse (ausgenommen Kraftfahrzeuge) für die städtischen Dienststellen einschließlich des Wiener Krankenanstaltenverbundes und für Schulen nach Maßgabe folgender Bedingungen:
Für den Wiener Krankenanstaltenverbund in jenem Umfang, in dem der Magistratsdirektor dies angeordnet hat;
für die übrigen städtischen Dienststellen und Schulen insoweit, als nicht der Magistratsdirektor die Beschaffung von Spezialerfordernissen einzelnen Dienststellen übertragen hat.
Bedarfsprüfung und Verbrauchsüberwachung hinsichtlich jener sachlichen Erfordernisse, die nicht von anderen Dienststellen beschafft werden und soweit die Bedarfsprüfung nicht im Zuge des Genehmigungsverfahrens vom Magistratsdirektor durchgeführt wurde.
Ankauf und Lagerung von Bau- und Werkstoffen und Abgabe derselben an städtische Dienststellen.
Begutachtung der Wiederverwendungsmöglichkeit von Altbaustoffen, ihre Vermittlung an städtische Dienststellen und Veräußerung oder Antragstellung auf Veräußerung von Altbaustoffen.
Grundverwaltung und Erhaltung der für die Wahrnehmung der eigenen Aufgaben erforderlichen Betriebsanlagen.
Verwertung ausgeschiedener gemeindeeigener Sachgüter.
Organisation der getrennten Sammlung von wiederverwertbaren Stoffen und Problemstoffen in städtischen Dienststellen, ausgenommen für den Bereich des Wiener Krankenanstaltenverbundes.
Durchführung der Übersiedlung von Dienststellen und Durchführung von sonstigen Transporten.
Führung des Druckereibetriebes der Stadt Wien.
Führen des Zentrallagers und der abteilungseigenen Werkstätten.

Gschwindl, Dr. Werner,
Senatsrat 97411
Novak, Dr. Hans,
Senatsrat 97412
Mayer Johann 97451
Kratochvil Gottlieb,
Oberamtsrat 97441
Havel, Ing. Franz-Rainer,
Techn. Oberamtsrat 97501
Buczolits Martin,
Amtsrat 97431
Hermann Ernst,
Amtsrat 97461
Joannov Gerhard,
Amtsrat 97452
König Helmut,
Amtsrat 97433
Österreicher, Ing. Christine,
Amtsrätin 97421
Reiss Elfriede,
Amtsrätin 97432
Ruzicka Margarete,
Amtsrätin 97445
Ursenbach, Ing. Peter,
Techn. Amtsrat 97473
Harrich Leopold,
Verwaltungsoberkommissär . . . . 258 23 63 . . ., 31
Pravda Franz,
Betriebsoberinspektor 97511
Kain Ulrike, Kanzleioberkommissärin,
Kanzleileiterin 97419
Kanzlei 97404, 97405, 97406, 97407, 97413, 97414, 97415, 97416, 97417, 97418

Warengruppe 1:

Lebensmittel, Erste Hilfe-Artikel 97402, 97403
dzt. unbesetzt 97401

Warengruppe 2:

Textilien, Leder, Schuhe 97422, 97423, 97424, 97425, 97426
Österreicher, Ing. Christine,
Amtsrätin 97421

Warengruppe 3:
Wirtschaftswaren, Dienstleistungen 97432, 97433, 97434, 97435, 97436, 97437, 97438
Buczolits Martin,
Amtsrat 97431

Warengruppe 4:
Papier, Druckaufträge, Kanzleierfordernisse, technische Zeichenerfordernisse, Büromaschinen 97442, 97443, 97444, 97445, 97446, 97447, 97448, 97449, 97457, 97458
Kratochvil Gottlieb,
Oberamtsrat 97441

Warengruppe 5:
Brennstoffe 97452, 97453, 97454
Mayer Johann 97451

Warengruppe 6:
Möbel, Schulbedarf 97462, 97464, 97465, 97466, 97467, 97468, 97469, 97491, 97492, 97493, 97494, 97495
Altmaterialverwertung 97463
Hermann Ernst,
Amtsrat 97461

Warengruppe 7:
Baustoffe 97472, 97473, 97474, 97475, 97476, 97477, 97478, 97479, 97482, 97483
dzt. unbesetzt 97471

Zentrallager:
21, Oswald-Redlich-Straße 9 .... 258 23 63 ...
Harrich Leopold,
Verwaltungsoberkommissär 31

Druckerei:
Pravda Franz,
Betriebsoberinspektor,
Druckereileiter 97511
Havel, Ing. Franz-Rainer,
Techn. Oberamtsrat 97501
Faktorin/Faktor 97512
Photosetzanlage 97504
Drucksaal 97509
Buchbinderei 97515

MAGISTRATSABTEILUNG 55

Bürgerdienst

(Geschäftsgruppe Jugend, Soziales, Information und Sport)

7, Mariahilfer Sraße 32, 2. Stock, Tel. 40 00 . . .
Telefax: 40 00–99–81310, IBS-User: BUEK,
Internet e-mail: post@bue.magwien.gv.at

Führen des Bürgerdienstes, ausgenommen die Prüfung und Veranlassung von Sofortmaßnahmen:
Beratung und Information der Bürger zu individuellen Anliegen,
Entgegennahme und Weiterleitung von Wünschen, Beschwerden, Anregungen und Fragen an die zuständigen Dienststellen; Evidenthaltung der Erledigungen,
Einholung von Stellungnahmen der Fachdienststellen zu konkreten Anliegen,
selbständige Anregungen zur Verbesserung der Verwaltung im Sinne der Bürgerfreundlichkeit,
Beratung der Bevölkerung vor Ort im Zusammenhang mit Projekten der Stadtverwaltung und bei Sondereinsätzen (Mobilbüro).
Führen der „Stadtinformation".
Dienstleistungen für andere städtische Dienststellen in Form von Beratungen, Auskunftserteilungen, Entgegennahme und Weiterleitung von Anträgen sowie Ausfolgung von Erledigungen und dgl., soweit der Magistratsdirektor diese angeordnet hat.

Kottek Heinrich, Senatsrat 81311
Abdalla Eva, Amtsrätin 81312
Tauer Franz, Oberamtsrat 81300
Bursa Maria, Amtsrätin . . . . . 605 34 . . ., 10100
Cizek Kurt, Amtsrat . . . . . 331 34 . . ., 20100
Cvitkovich Susanna, Amtsrätin . . . . . 811 34 . . ., 12100
Dittrich Franz, Amtsrat . . . . . 476 34 . . ., 18100
Hansal Gerhard, Amtsrat . . . . . 891 34 . . ., 15100
Wurst Monika, Amtsrätin . . . . . 211 23 . . ., 22100
Skallak Elisabeth, Kanzleileiterin 81319
Kanzlei 81329

Konrad Silvia, Amtsrätin,
Budget- und Personalreferentin 81326

Referat Mobilbüro:
Wohlmannstetter Rolf, Leiter 81313

Bürgerdienststellen-Außenstellen:
(Montag bis Mittwoch und Freitag von 7.30 bis 15.30 Uhr,
Donnerstag von 7.30 bis 18 Uhr,
übrige Zeit Anrufbeantworter)

1. Bezirk:
1, Bartensteingasse 13 . . . . . 525 50–01, 534 36 . . ., 01100, 40 00 . . ., 81300
2. Bezirk:
20, Brigittaplatz 10 . . . . . 525 50–02, 331 34 . . ., 02100
3. Bezirk:
3, Karl-Borromäus-Platz 3 . 525 50–03, 711 34 . . ., 03100
4. Bezirk:
4, Favoritenstraße 18 . . . . . 525 50–04, 502 34 . . ., 04100
5. Bezirk:
4, Favoritenstraße 18 . . . . . 525 50–05, 502 34 . . ., 05100
6. Bezirk:
7, Hermanngasse 24–26 . . . 525 50–06, 521 34 . . ., 06100
7. Bezirk:
7, Hermanngasse 24–26 . . . 525 50–07, 521 34 . . ., 07100
8. Bezirk:
1, Bartensteingasse 13 . . . . . 525 50–08, 534 36 . . ., 08100, 40 00 . . ., 81300
9. Bezirk:
9, Währinger Straße 43 . . . . 525 50–09, 400 34 . . ., 09100
10. Bezirk:
10, Laxenburger Straße 43–45 . . . . . 525 50–10, 605 34 . . ., 10100
11. Bezirk:
11, Enkplatz 2 . . . . . 525 50–11, 740 34 . . ., 11100
Stadtentwicklungsgebiet Leberberg:
11, Rosa-Jochmann-Ring 5/5/4 . 740 34 . . ., 11105, 11106
12. Bezirk:
12, Schönbrunner Straße 259 . . . . . 525 50–12, 811 34 . . ., 12100
13. Bezirk:
13, Hietzinger Kai 1 . . . . . 525 50–13, 878 34 . . ., 13100
14. Bezirk:
13, Hietzinger Kai 1 . . . . . 525 50–14, 870 34 . . ., 14100
15. Bezirk:
15, Rosinagasse 4 . . . . . 525 50–15, 891 34 . . ., 15100
16. Bezirk:
16, Richard-Wagner-Platz 19 . . . . . 525 50–16, 491 96 . . ., 16100
17. Bezirk:
17, Elterleinplatz 14 . . . . . 525 50–17, 401 19 . . ., 17100
18. Bezirk:
18, Martinstraße 100 . . . . . 525 50–18, 476 34 . . ., 18100
19. Bezirk:
19, Gatterburggasse 12–14 . . . . . 525 50–19, 360 34 . . ., 19100
20. Bezirk:
20, Brigittaplatz 10 . . . . . 525 50–20, 331 34 . . ., 20100
21. Bezirk:
21, Am Spitz 1 . . . . . 525 50–21, 277 34 . . ., 21100
Stadtentwicklungsgebiet Brünner Straße:
21, Ocwirkgasse 5/8 . . . . . 290 94 32
22. Bezirk:
→ Bürger-Service-Zentrum Donaustadt
Stadtentwicklungsgebiet Langobardenstraße:
22, Stadlau, Langobardenstraße 128/1 . 211 23 . . ., 22105, 22106
23. Bezirk:
23, Liesing, Perchtoldsdorfer Straße 2 . . . . . 525 50–23, 863 34 . . ., 23100

Bürger-Service-Zentrum Donaustadt und
Bürgerdienst für den 22. Bezirk:
(Montag, Mittwoch und Freitag von 7.30 bis 15.30 Uhr,
Dienstag und Donnerstag von 7.30 bis 18 Uhr,
übrige Zeit Anrufbeantworter)
22, Kagran, Schrödingerplatz 1 . . . . . 525 50–22, 211 23 . . ., 22100
Wurst Monika, Amtsrätin,
Leiterin 22101

Stadtinformation:
(auch Wiener Umwelttelefon,
Montag bis Freitag von 8 bis 18 Uhr,
Samstag, Sonn- und Feiertag Telefonservice
von 8 bis 16 Uhr,
übrige Zeit Anrufbeantworter)
1, Friedrich-Schmidt-Platz 1 . . . . . 525 50 . . .
Kautz Melitta, Leiterin . . . . . 40 00 . . ., 81361
Schmidt-Halle 81360
Rathausführungen 81360

MAGISTRATSABTEILUNG 56

Städtische Schulverwaltung

(Geschäftsgruppe Jugend, Soziales, Information und Sport)

6, Mollardgasse 87, Hochparterre, Tür 19, Tel. 599 16 . . .
Telefax: 599 16-99-95010, IBS-User: M56K
Internet e-mail: post@m56.magwien.gv.at

Angelegenheiten des Schulwesens, soweit diese in die Vollziehung des Landes Wien fallen, mit Ausnahme jener auf dem Gebiet des Lehrerdienstrechtes.
Angelegenheiten des land- und forstwirtschaftlichen Schulwesens.
Besorgung der Aufgaben, die der Gemeinde Wien als Schulerhalter nach dem Wiener Schulgesetz zustehen, sowie Grundverwaltung und Erhaltung der öffentlichen allgemeinbildenden und berufsbildenden Pflichtschulen und der damit im Zusammenhang stehenden Sport- und Spielplätze.
Grundverwaltung und Erhaltung des Pädagogischen Institutes, der Fachschulen für wirtschaftliche Berufe, der Fachschule für Mode- und Bekleidungstechnik und des Schulmöbel- und Lehrmittellagers.
Führen der Fachschulen für wirtschaftliche Berufe, der Fachschule für Mode- und Bekleidungstechnik, des Pädagogischen Institutes, der Pädagogischen Zentralbücherei, der Uhrmacherlehrwerkstätte der Stadt Wien und des Schulmöbel- und Lehrmittellagers.
Verwaltung und Erhaltung der Lehrmittel, der Schulmöbel und der erforderlichen Maschinen und Geräte für Lehrzwecke.
Mitwirkung bei der Planung und Durchführung bei baulichen Maßnahmen, die Einrichtungen des Schulwesens betreffen.
Führung der Geschäfte der Lehrmittelprüfstelle des Stadtschulrates.
Erwerb und Verwaltung von Gastgewerbeberechtigungen in städtischen Schulen im Einvernehmen mit der Magistratsabteilung 69.
Dienstaufsicht über das zugeteilte Personal, soweit es nicht der Dienstaufsicht des Magistratsdirektors untersteht.

Göller, Dr. Klaus, Obersenatsrat 95011
Oppenauer, Mag. Robert, Obermagistratsrat 95012
Knauer, Mag. Annemarie 95061
Glaser, Regierungsrat Werner, Oberamtsrat 95101
Steurer Günter, Oberamtsrat 95091
Bader Erich, Amtsrat 95063
Ciza Andrea, Amtsrätin 95071
Pummer Margarete, Amtsrätin 95104
Janda Ulrike, Kanzleioberkommissärin,
Kanzleileiterin 95019
Kanzlei 95010, 95114, 95115, 95116

Lager:
20, Dresdner Straße 75 . . . . 331 40 . . .
Horak Karl, Amtsrat 95921

Uhrmacherlehrwerkstätte der Stadt Wien:
6, Mollardgasse 87 . . . . 599 16 . . .
Hossek Walter 95691
Rusznak Alfons 95691

Pädagogisches Institut der Stadt Wien:
7, Burggasse 14-16 . . . . 523 62 22 . . .
Kral, Mag. Paul, Direktor 95701
Szabo Claudia, Amtsrätin 95705

Pädagogische Zentralbücherei der Stadt Wien:
7, Burggasse 14–16 . . . . 523 62 22 . . .
Schmuttermeier Gabriele, Büchereiverwaltungsoberkommissärin 95737

Fachschule der Stadt Wien für wirtschaftliche Berufe:
9, Hahngasse 35 . . . . 317 92 96
Wohlschläger Ingeborg, Direktorin

Fachschule der Stadt Wien für wirtschaftliche Berufe:
12, Dörfelstraße 1 . . . . 813 62 52
Nitsch Christine, Direktorin

Fachschule der Stadt Wien für Mode
und Bekleidungstechnik:
15, Siebeneichengasse 17 . . . . 893 54 30
Spellitz Elisabeth, Direktorin

MAGISTRATSABTEILUNG 57

Frauenförderung und Koordinierung von Frauenangelegenheiten

(Geschäftsgruppe Integration, Frauenfragen, Konsumentenschutz und Personal)

8, Friedrich-Schmidt-Platz 3, 4. Stock, Tel. 40 00 . . .
Telefax: 40 00–99–83511, IBS-User: M57K,
Internet e-mail: frauen@m57.magwien.gv.at

Mitwirkung bei frauenrelevanten Rechtsangelegenheiten, insbesondere bei der Ausarbeitung der die Bediensteten der Gemeinde (des Landes) Wien betreffenden Rechtsvorschriften.
Angelegenheiten der Frauenservicestelle.
Einrichtung von Betriebskindergärten im Einvernehmen mit der Magistratsabteilung 11.
Institutionelle Frauenförderung.
Öffentlichkeitsarbeit in allen Fragen der Gleichbehandlung von Frau und Mann.
Führung der Bürogeschäfts der Arbeitsgruppe für Gleichbehandlungsfragen; Erstellung, Fortschreibung und Anpassung der Frauenförderungspläne.
Mitwirkung in Fragen der beruflichen Fort- und Weiterbildung von Frauen.
Durchführung von Frauenförderungsmaßnahmen bei der Stadt Wien; Wahrnehmung von Fraueninteressen in kommunalen Angelegenheiten.
Koordinierung von Frauenförderungsmaßnahmen mit dem Bund.
Förderung von Fraueninitiativen und Betreuung von Modellprojekten.

Kail, Dipl.-Ing. Eva,
Obermagistratsrätin (in Karenz) 83511
Lessing, Mag. Daniela, Magistratsrätin 83512
Zimmermann, Dr. Gabriele, Magistratsrätin 83523
Bauer, Mag. Ursula, Stadtbaukommissärin 83514
Zeckl, Mag. Marianne, Magistratskommissärin 83525
Adam, Mag. Ursula 83534
Strickner, Mag. Alexandra 83535
Bauer Susanne, Kanzleioffizialin,
Kanzleileiterin 83519
Kanzlei 83515

Budget- und Personalangelegenheiten 83521

Öffentlichkeits- und Bildungsarbeit 83531

Frauenprojekte, Förderungen 83513, 83522

Frauentelefon 408 70 66

Frauennotruf – Notrufnummer 717 19

Frauennotruf – Administration 83541, 83542,
83543, 83544, 83545

MAGISTRATSABTEILUNG 58

Rechtliche Angelegenheiten der Landeskultur und des Wasser- und Schiffahrtswesens

(Geschäftsgruppe Umwelt und Verkehrskoordination)

1, Volksgartenstraße 3, 2. Stock, Tel. 40 00 . . .
Telefax: 40 00–99–Nebenstelle, IBS-User: M58K
Internet e-mail: post@m58.magwien.gv.at

Rechtliche Angelegenheiten der Landeskultur allgemeiner, grundsätzlicher und besonderer Art:
Agrarbehörde erster Instanz,
Agrarwesen und Bodenreform,
Grundverkehrswesen,
Angelegenheiten der land- und forstwirtschaftlichen Berufsvertretungen, der land- und forstwirtschaftlichen Berufsausbildung, des land- und forstwirtschaftlichen Arbeits- und Sozialrechts, ausgenommen des Sozialversicherungswesens,
Führung der Geschäfte der Einigungskommission nach der Wiener Landarbeitsordnung,
Angelegenheiten des Feldschutzes, des Pflanzen- und Saatgutschutzes, des Verkehrs mit Düngemitteln,
Angelegenheiten des Buschenschanks mit Ausnahme der den magistratischen Bezirksämtern zugewiesenen Angelegenheiten,
Angelegenheiten der Börse für landwirtschaftliche Produkte,
Angelegenheiten des Forstwesens mit Ausnahme jener in erster Instanz,
Bestellung der Forstschutzorgane,
Angelegenheiten des Schutzes von Gartenanlagen.
Angelegenheiten des Jagdwesens, ausgenommen die den magistratischen Bezirksämtern und der Magistratsabteilung 49 zugewiesenen Aufgaben.
Angelegenheiten des Fischereiwesens, ausgenommen die den magistratischen Bezirksämtern zugewiesenen Agenden.
Handhabung des Wiener Tierschutz- und Tierhaltegesetzes, soweit keine andere Dienststelle dafür zuständig ist, und mit Ausnahme der Entscheidung über Berufungen gegen den Widerruf der Bestellung von Tierschutzorganen.
Wahrnehmung der Aufgaben des Landeshauptmannes nach dem Tiertransportgesetz – Straße.
Wahrnehmung der Aufgaben des Landeshauptmannes nach dem Futtermittelgesetz, soweit nicht die Magistratsabteilung 60 zuständig ist.
Land- und Forstwirtschaftsinspektion.
Beistellung von Sachverständigen auf dem Gebiet der Landwirtschaft.
Vorbereitung der Ausübung des Anhörungsrechtes des Landes Wien nach dem Weingesetz 1985.
Handhabung des Wiener Weinbaugesetzes 1995, soweit keine andere Dienststelle zuständig ist, ausgenommen Strafamtshandlungen; Beistellung von Amtssachverständigen nach diesem Gesetz.
Rechtliche Angelegenheiten der Tierhaltung und Tierzuchtförderung.
Rechtliche Angelegenheiten des Veterinärwesens, insbesondere der Tiermärkte, Schlachthöfe und Kühlhäuser, Vieh- und Fleischuntersuchung, Tierkörperverwertung, Festsetzung der Gebühren und Entgelte auf diesem Gebiet,
der Tierspitäler,
der Landeskammer der Tierärzte und
des Gütezeichens für Fleischwaren.
Bestellung und Angelobung der Sachverständigen der Bienenzucht nach dem Bienenseuchengesetz und damit im Zusammenhang stehende Aufgaben;
Bearbeitung von Berufungen gegen Bescheide der magistratischen Bezirksämter nach dem Bienenseuchengesetz und gegen Gebührenfestsetzungen der magistratischen Bezirksämter im Zusammenhang mit diesem Gesetz; Prüfung und Übermittlung der Gebührenfestsetzungen an das Bundeskanzleramt – Sektion VI.
Rechtliche Angelegenheiten des Wasserrechts, soweit nicht die Magistratsabteilungen 35, 63, 64 oder die magistratischen Bezirksämter zuständig sind.
Führung des Wasserbuches.
Rechtliche Angelegenheiten des Hochwasserschutzes.
Mitwirkung in Wasserrechtsangelegenheiten in jenen Fällen, in denen die Stadt Wien als Beteiligte auftritt.
Rechtliche Angelegenheiten des Schiffahrtswesens.
Allgemeine rechtliche Angelegenheiten sowie Wahrnehmung der Aufgaben des Landeshauptmannes nach den tierseuchenrechtlichen Bestimmungen.
Ausnahmebewilligungen vom Verbot des Befahrens der linksufrigen Donauregulierungsanlagen.
Bearbeitung von Berufungen gegen Bescheide der Magistratsabteilung 4 und der Magistratsabteilung 31 nach dem Wasserversorgungsgesetz, der magistratischen Bezirksämter und der Bundespolizeidirektion Wien nach dem Wiener Tierschutz- und Tierhaltegesetz sowie gegen sonstige Bescheide der Dienststellen des Magistrats in allen vorstehend angeführten Angelegenheiten, soweit nicht andere Behörden zuständig sind, und von Berufungen gegen Bescheide der Magistratsabteilung 22 nach der Auftaumittelverordnung 1982, mit Ausnahme der Berufungen in Strafsachen.
Bearbeitung von Berufungen gegen Bescheide der Magistratsabteilung 30 nach dem Kanalräumungs- und Kanalgebührengesetz 1978.
Durchführung von Genehmigungsverfahren nach dem Abfallwirtschaftsgesetz zur Errichtung, wesentlichen Änderung oder Inbetriebnahme von Deponien.
Bearbeitung von Berufungen gegen Bescheide der magistratischen Bezirksämter nach dem Wiener Abfallwirtschaftsgesetz, soweit Deponien betroffen sind.

Merth, Dr. Roman, Obersenatsrat 96811
Eichinger, Dr. Franz, Obermagistratsrat 96812
Bauer, Mag. Waltraud, Obermagistratsrätin 96827
Dysmas, Dr. Alfred, Obermagistratsrat 96826
Griehsel, Dr. Gabriele, Magistratsrätin 96823
Wieser, Dipl.-Ing. Helmut, Magistratsrat 96821
Ferlesch, Mag. Gerhard 96824
Köpruner, Mag. René, Magistratsoberkommissär 96830
Fuchs Richard, Amtsrat 96825
Kanhäuser Maria, Amtsrätin 96828
Hofer Heide, Kanzleioberkommissärin,
Kanzleileiterin 96819
Kanzlei 96815

Wasserrecht 96812, 96823, 96824, 96825, 96826, 96827, 96828, 96830
Wasserbuch 96828, 96829

Schiffahrtskonzessionen 96827
Schiffahrtsanlagen 96823, 96826, 96827
Schiffsführerprüfungen und Schiffszulassungen 96831, 96833

Rechtliche Angelegenheiten des Veterinär- und Agrarwesens, Tierschutz 96824
Agrarbehörde, Fischereiwesen, Pflanzenschutz 96826
Forstrecht, Jagdwesen 96827
Land- und Forstwirtschaftsinspektion, agrartechnisches Referat 96821, 96822
Buschenschank-, Weinbau-, Tierzuchtrecht sowie land- und forstwirtschaftliches Dienstnehmerschutzrecht 96823

Wiener Fischereiausschuß:
3, Am Modenapark 1–2, 3. Stock,
Tür 323 . . . . 711 16 . . ., 96839

MAGISTRATSABTEILUNG 59

Marktamt

(Geschäftsgruppe Integration, Frauenfragen, Konsumentenschutz und Personal)

3, Am Modenapark 1–2, 2. und 3. Stock, Tel. 711 16 . . .
Telefax: 711 16–99–87919, IBS-User: M59K
Internet e-mail: post@m59.magwien.gv.at

Aufsichtsdienst auf dem Gebiet des Konsumentenschutzes, insbesondere bezüglich der folgenden Gesetze und der aufgrund dieser Gesetze erlassenen Verordnungen:
Lebensmittelgesetz 1975 (ausgenommen Milchhygieneverordnung), Gewerbeordnung 1994, Maß- und Eichgesetz 1950, Preisgesetz, Preisauszeichnungsgesetz, Qualitätsklassengesetz (ausgenommen Kontrollen von Fleisch, Geflügel in Produktions- und Verarbeitungsbetrieben, Blumen, Blüten und Pflanzenteilen, in

Sammel- und Packstellen für Eier sowie Erzeugung und Vermarktung von Bruteiern und Kücken von Hausgeflügel), Gesetz gegen den unlauteren Wettbewerb, Bazillenausscheidergesetz, Wiener Buschenschankgesetz und Produktsicherheitsgesetz 1994.

Maßnahmen nach dem Weingesetz 1985:

Nachschau in Betrieben des Detailhandels und der Gastronomie, Verständigung des Bundeskellereiinspektors bei Nachschau in Kellern, Lagern, Zollagern und Zolleigenlagern, Benachrichtigung des Bundeskellereiinspektors bei der Beschlagnahme von Getränken, Einschreiten bei Verdacht der Gesundheitsgefährdung oder -schädigung durch Getränke, Vorschreibung der Verwaltungsabgabe für die Tätigkeit der Mostwäger, Entgegennahme und Weiterleitung der Absichtsmeldungen, Erntemeldungen, Mostwäger-Bestätigungen, Bestandsmeldungen, Verwaltung der Banderolen, Führung der Betriebskataster.

Errichten und Führen von Märkten und Brückenwaagen sowie Grundverwaltung und Erhaltung der ausschließlich als Markt genutzten städtischen Grundflächen.

Erhebungen über Preise und Zufuhren, Marktbeobachtungsdienst einschließlich der Überwachung der Lebensmittelversorgung und Marktnachrichtendienst sowie Führung der Marktstatistik.

Allgemeiner Erhebungsdienst, insbesondere solcher wirtschaftlicher Art.

Begutachtung der Genußtauglichkeit von Pilzen.

Erteilung von Gebrauchserlaubnissen nach dem Gebrauchsabgabegesetz für gewerbsmäßigen oder sonstigen erwerbsmäßigen Zwecken dienende Verkaufsstände sowie von Bewilligungen nach § 82 Abs. 1 Straßenverkehrsordnung 1960 für diese Art von Verkaufsständen, soweit nicht eine Genehmigungspflicht nach der Bauordnung für Wien oder dem Eisenbahngesetz 1957 besteht oder gleichzeitig weitere Bewilligungen nach der Straßenverkehrsordnung 1960 oder dem Gebrauchsabgabegesetz durch die Magistratsabteilung 35 erforderlich sind und es sich nicht um auf Fundamenten errichtete Verkaufsstände oder um Zeitungsstände handelt.

Bemessung und Einhebung der Entgelte, Kosten und Gebühren für die Inanspruchnahme der Märkte.

Dienstaufsicht über das zugeteilte Personal, soweit es nicht der Dienstaufsicht des Magistratsdirektors untersteht.

Vyskocil Hubert, Direktor des Marktamtes 87911
Weinzettel Robert, Oberamtsrat 87912, 87931
Eichinger Silvia, Kanzleikommissärin, Kanzleileiterin 87919

Dezernat: Organisation und EDV-, Weingesetz-, Preis-, Konsumentenschutz-, Produktsicherheits- sowie sonstige Angelegenheiten
Röth Hans-Peter, Oberamtsrat 87945
Serfözö Kurt, Amtsrat 87947
Müller, Ing. Andreas, Verwaltungsoberkommissär . . . 87943
Kipf Egon, Verwaltungsoberkommissär 87936

Dezernat: Lebensmittelpolizei
Lembacher Werner, Oberamtsrat 87921
Tuschell Peter, Oberamtsrat 87922
Rauch, Ing. Walter, Oberamtsrat 87924
Kronfuhs Wolfgang, Amtsrat 87923

Dezernat: Markt-, Wirtschafts-, (Budget-), Gewerbe- und Straßenstandsangelegenheiten
Weinzettel Robert, Oberamtsrat 87912, 87931
Jecho Friedrich, Oberamtsrat 87932
Zborka Leopold, Amtsrat 87941
Kopecky Franz, Amtsrat 87933
Schiller Günther, Verwaltungsoberkommissär 87938

Marktamtsabteilungen:

1. Bezirk:
1, Gonzagagasse 11 . . . . 531 14 . . .
Rigler Wolfgang, Oberamtsrat 01431
Cech Herbert, Amtsrat 01432

2. Bezirk:
2, Karmelitermarkt, Amtsgebäude . . . . 214 17 83 . . .
Sklenar Wilhelm, Oberamtsrat 31
Marktaufsicht Vorgartenmarkt:
2, Ennsgasse 8 . . . . 728 38 14

3. Bezirk:
3, Karl-Borromäus-Platz 3 . . . . 711 34 . . .
Honomann Hannes, Oberamtsrat 03431
Fritz Wolfgang, Amtsrat 03432, 713 17 51
Marktaufsicht Rochusmarkt 713 50 22
Landstraßer Markt:
3, Invalidenstraße 2 . . . . 713 17 51

4., 5., 6., 7. Bezirk:
4, verlängerte Kettenbrückengasse, Amtsgebäude Naschmarkt . . . . 546 34 . . .
Panzirsch Karl, Oberamtsrat 05431
Prinz Walter, Amtsrat 05432

8., 9. Bezirk:
9, Alserstraße 20, Mezzanin . . . . 408 28 05 . . .
Felke Karl-Ernst, Amtsrat 35

10. Bezirk:
10, Viktor-Adler-Markt, Amtsgebäude . . . . 604 27 77 . . .
Krainer Udo, Amtsrat 17

11. Bezirk:
11, Lorystraße, Simmeringer Markt, Amtsgebäude 749 33 01
Klettler Franz, Amtsrat
Flum Heinz, Amtsrat
Brichta Karl, Amtsrat

12. Bezirk:
12, Hufelandgasse 2 . . . . 811 34 . . .
Wirth Wilhelm, Oberamtsrat 12431
Schrenk Oswald, Amtsrat 12432
Marktaufsicht Meidlinger Markt:
12, Niederhofstraße 813 31 81

13., 14. Bezirk:
13, Hietzinger Kai 1-3 . . . . 878 34 . . .
Hofbauer, Ing. Helmar, Amtsrat 13431

15. Bezirk:
15, Gasgasse 8–10 . . . . 891 34 . . .
Zach Hans Christian, Oberamtsrat 15431
Marktaufsicht Meiselmarkt:
15, Meiselmarkt 15436

16. Bezirk:
16, Yppenplatz 4, Amtsgebäude . . . . 405 61 74 . . .
Lang Harry, Oberamtsrat 10
Wasserbauer Herbert, Amtsrat 14
Keller Friedrich, Amtsrat 11

17. Bezirk:
17, Elterleinplatz 14 . . . . 401 19 . . .
Horvath Johann, Amtsrat 17431

18. Bezirk:
18, Martinstraße 100 . . . . 476 34 . . .
Zekendorf Heinrich, Amtsrat 18431

19. Bezirk:
19, Gatterburggasse 14 . . . . 360 34 . . .
Reinhold Peter, Amtsrat 19431
Grasser Harald, Amtsrat 19432

20. Bezirk:
20, Brigittaplatz 10 . . . . 331 34 . . .
Kadlcik Manfred, Amtsrat 20431
Marktaufsicht Hannovermarkt:
20, Hannovermarkt 330 42 45

21. Bezirk:
21, Schlingerhof, Floridsdorfer Markt .... 278 15 89 ...
Beutl Gottfried, Amtsrat 31

22. Bezirk:
22, Kagran, Donaustadtstraße 1/4 .... 211 23 ...
Schulla Rudolf, Amtsrat 22431

23. Bezirk:
23, Liesing, Lehmanngasse 3 .... 863 34 ...
Tomas, Ing. Werner, Amtsrat 23431
Großmarkt Wien-Inzersdorf:
23, Inzersdorf,
Laxenburger Straße 365 .... 616 69 05 ...
Hafenscher Herbert, Oberamtsrat 61
Götz Ferdinand, Amtsrat 62
Brückenwaage 74

MAGISTRATSABTEILUNG 60

Veterinäramt

(Geschäftsgruppe Integration, Frauenfragen, Konsumentenschutz und Personal)
3, Viehmarktgasse 5–7, Tel. 795 14 ...
Telefax: 795 14–99–97619, IBS-User: M60K
Internet e-mail: post@m60.magwien.gv.at

Allgemeine Angelegenheiten des Veterinärwesens mit Ausnahme der der Megistratsabteilung 58 vorbehaltenen Angelegenheiten und der den magistratischen Bezirksämtern zukommenden veterinärbehördlichen Aufgaben.
Allgemeine Angelegenheiten des Tierschutzes, ausgenommen die der Magistratsabteilung 58 und den magistratischen Bezirksämtern vorbehaltenen Angelegenheiten.
Aufsichtsdienst auf dem Gebiet des Fleischuntersuchungsgesetzes, des Futtermittelgesetzes und der aufgrund dieser Gesetze erlassenen Verordnungen sowie der aufgrund des Qualitätsklassengesetzes erlassenen Verordnungen für Fleisch (soweit nicht Bundesorgane diese Aufgaben durchführen), für Geflügel in Produktions- und Verarbeitungsbetrieben, in Sammel- und Packstellen für Eier sowie für die Erzeugung und Vermarktung von Bruteiern und Kücken von Hausgeflügel.
Handhabung des Wiener Tierschutz- und Tierhaltegesetzes in veterinärbehördlicher und amtstierärztlicher Hinsicht.
Handhabung des Tiertransportgesetzes – Straße, ausgenommen die Zuständigkeiten der Magistratsabteilung 58 und die Strafamtshandlungen.
Wahrnehmung der Aufgaben der Bezirksverwaltungsbehörde nach der Tierkennzeichnungsverordnung 1995.
Wahrnehmung des Aufsichtsdienstes sowie Vornahme von Sofortmaßnahmen nach den tierseuchenrechtlichen Bestimmungen.
Beistellung von tierärztlichen Amtssachverständigen.
Veterinärbehördliche Überwachung der Tiermärkte, Tierauktionen, Tierschauen, Zirkusse und Tierausstellungen, der Tierspitäler und der Tierschutzhäuser.
Ausbildung und Prüfung von Fleischuntersuchern (Trichinenuntersuchern).
Amtstierärztliche Tätigkeit bei der Vollziehung des Tierversuchsgesetzes 1988.
Evidenthaltung und Überwachung der Berufsausübung der niedergelassenen Tierärzte, Kontrolle der tierärztlichen Hausapotheken, der Gebarung mit Suchtgiften durch Tierärzte sowie des Verkehrs mit Tierimpfstoffen und Arzneimitteln.
Überwachung des Huf- und Klauenbeschlages.
Vollziehung der Milchhygieneverordnung.
Kontrolle von Tierzuchtverbänden und Tierzuchtbetrieben.
Veterinärbehördliche Überwachung der Tierkörperbeseitigung Wien.
Führung der Veterinärstatistik.
Abhaltung von Kursen für die Ausbildung von Tierärzten zur Vornahme der bakteriologischen Fleischuntersuchung.
Begutachtung der Anträge auf Verleihung des Berufstitels „Veterinärrat".
Grundverwaltung der Liegenschaften der Tierkörperbeseitigung Wien.

Voigt, Dr. Hans, Senatsrat 97612
Schörner, Dr. Gustav, Senatsrat, Veterinärdirektor 97611
Sekretariat 97715, 97618

Dezernat I, Direktion:
Voigt, Dr. Hans, Senatsrat 97612
Referat 1 – Organisation:
Reisp, Dr. Walter, Oberveterinärrat 97636
Referat 2a – Personalangelegenheiten:
Mader Erwin, Oberamtsrat 97613
Referat 2b – Wirtschaftsangelegenheiten:
Luza Wilhelm, Oberamtsrat 97637
Referat 3 – Kanzlei:
Zimmermann Margareta, Kanzleioberkommissärin, Kanzleileiterin 97619
EDV-Beauftragter:
Svoboda, Mag. Erwin, Oberveterinärrat 97634

Dezernat II, Veterinäramt:
Referat 1 – Allgemeine Veterinärangelegenheiten:
Schörner, Dr. Gustav, Senatsrat, Veterinärdirektor 97611
Grestenberger, Dr. Erwin, Senatsrat 97635

Veterinäramtsabteilungen:

1., 4., 5., 6., 7., 8., 9. Bezirk:
6, Mollardgasse 28 .... 536 34 ...
Kanis, Dr. Alois, Oberveterinärrat 05451
Ruttner, Dr. Eva, Oberveterinärrätin 05452

2., 20. Bezirk:
2, Rotensterngasse 27 .... 214 21 45, 212 55 06
Ferber, Dr. Josef, Oberveterinärrat
Mahr, Dr. Hanna, Oberveterinärrätin
Staudigl, Mag. Martin, Veterinärrat

3., 10., 11. Bezirk:
10, Laxenburger Straße 43–47 .... 605 34 ...
Schindler, Dr. Klaus, Oberveterinärrat 10451
Müller, Dr. Bernhard, Oberveterinärrat 10452
Triebl, Dr. Andrea, Veterinärrätin 10454

12., 13., 14., 15. Bezirk:
13, Hietzinger Kai 1–3 .... 878 34 ...
Heimbucher, Dr. Johann, Oberveterinärrat 13451
Scharf, Dr. Albert, Oberveterinärrat 13452
Kallab, Dr. Alfred, Veterinärrat 13453
Ottermayer, Mag. Josef, Veterinärrat 13454

16., 17., 18., 19. Bezirk:
16, Richard-Wagner-Platz 19 .... 491 96 ...
Außerlechner, Dr. Georg, Senatsrat 16451
Ferber, Mag. Christian, Oberveterinärrat 16454
Dreier, Dr. Friedrich, Oberveterinärrat 16453

21., 22. Bezirk:
21, Am Spitz 1 .... 277 34 ...
Reisinger, Dr. Günter, Oberveterinärrat 21451
Hanna, Dr. Abdul Ahad, Oberveterinärrat 21452
Geinsperger, Dr. Heinz, Veterinärrat 21452

23. Bezirk:
23, Liesing, Breitenfurter Straße 519–521 .... 888 10 69
Stix, Dr. Hans, Oberveterinärrat
Freiler, Dr. Peter, Oberveterinärrat
Himmelsbach, Dr. Elisabeth, Veterinärrätin
Pichler, Dr. Wolfgang, Veterinärrat

Veterinäramtsabteilung St. Marx:
3, Viehmarktgasse 5–7 .... 795 14 ...
Grestenberger, Dr. Erwin, Senatsrat 97635
Wurm, Mag. Heinz, Veterinärrat 97639
Fischer, Dr. Josef, Veterinärrat 97661
Nesselberger, Mag. Vera, Veterinärrätin 97661
Opuhac, Mag. Petra, Veterinärrätin 97661
Schneider, Dr. Manfred, Veterinärrat 97661
Permanenzdienst – Tierärzte 97725

Tierkörperbeseitigung Wien Ges. m. b. H.:
11, Simmeringer Lände 208 .... 767 61 76
Klinger, Dr. iur. Ewald

Referat 2 – Angelegenheiten des Tierschutzes, der Tierversuche, der Tierzucht und der Tierseuchen:
Gsandtner, Mag. Hermann, Oberveterinärrat 97631
Svoboda, Mag. Erwin, Oberveterinärrat 97634
Cermak, Dr. Helga, Veterinärrätin 97632
Reichel, Mag. Kurt, Veterinärrat 97632
Glaser, Mag. Maria, Veterinäroberkommissärin 97632
Lorenz, Mag. Susanne, Veterinäroberkommissärin ... 97632
Schmerak, Dr. Peter, Veterinäroberkommissär 97632

Referat 3 – Hygiene:
Kirchmayer, Dr. Walter, Oberveterinärrat 97645
Riedl, Dr. Robert, Oberveterinärrat 97741
Reisenauer, Mag. Johann, Oberveterinärrat 97761
Jakisch, Dr. Gerhard, Oberveterinärrat 97742
Brehovsky, Mag. Peter, Veterinärrat 97642
Horner, Dr. Alois, Veterinärrat 97741
Sarafidis, Dr. Panagiotis, vtm. Tierarzt 97641

Dezernat III, Fleischgroßmarkt:
Badura, Mag. Gerhard, Senatsrat 97711
Horak Michael, Verwaltungsoberkommissär 97638

Referat 1 – Markt:
Szelesy Johann 97712

Referat 2 – Reinigung:
Frantl Alfred 97668

Referat 3 – Technische Angelegenheiten:
Täubl Günther, Inspektionswerkmeister 97771

Betriebskassa St. Marx 97623

MAGISTRATSABTEILUNG 61

Staatsbürgerschafts- und Personenstandsangelegenheiten

(Geschäftsgruppe Integration, Frauenfragen, Konsumentenschutz und Personal)

1, Rathaus, Stiege 8, Parterre, Tür 19, und Hochparterre, Tür 105, Tel. 40 00 ...
Telefax: 40 00–99–Nebenstelle, IBS-User: M61K
Internet e-mail: post@m61.magwien.gv.at

Allgemeine und grundsätzliche Angelegenheiten des Staatsbürgerschaftsrechts, individuelle Angelegenheiten des Staatsbürgerschaftsrechts, soweit ihre Vollziehung der Landesregierung zukommt, ausgenommen Strafamtshandlungen, sowie Vorbearbeitung von Berufungen, die sich gegen administrative Bescheide der Gemeinde sowie von österreichischen Berufskonsulaten bzw. österreichischen diplomatischen Vertretungen im Ausland (Zuständigkeit nach Evidenzstellen) richten.
Individuelle Angelegenheiten des Staatsbürgerschaftsrechtes, soweit ihre Vollziehung in den übertragenen Wirkungsbereich der Gemeinde fällt.
Allgemeine, grundsätzliche und individuelle Angelegenheiten des Ehe-, Namens- und Matrikenrechts.
Führung der Standesämter einschließlich der Wahrnehmung der Aufgaben der Aufsichtsbehörden.
Aufsicht über die Führung konfessioneller Altmatriken und Berichtigung von Eintragungen in diesen Matriken.
Beglaubigung der Unterschrift des Standesbeamten und des beigefügten Amtssiegels auf Personenstandsurkunden, auf Abschriften aus den Personenstandsbüchern und auf Ehefähigkeitszeugnissen, einschließlich der Legalisierung von Unterschriften auf Personenstandsurkunden aus den konfessionellen Altmatriken.

Leinweber, Dr. Erich, Obersenatsrat 83011
Klampfer, Mag. Manfred, Magistratsoberkommissär 83012
Bernold, Dr. Erika, Senatsrätin 83013
Blatz, Mag. Rudolf, Magistratskommissär 83072
Hann, Mag. Christian 83088
Huemer Herbert, Oberamtsrat 83061
Scheuer Rudolf, Oberamtsrat 83091
Willinger Peter, Oberamtsrat 83041
Alteneichinger Helmut, Amtsrat 83042
Dunkl Karl, Amtsrat 83064
Egerer Edith, Amtsrätin 83057
Grasel Peter, Amtsrat 83094
Lasselsberger Emma, Amtsrätin 83078
Oberwalder Erich, Amtsrat 83066
Prohaska Ingrid, Amtsrätin 83092
Steirer Eveline, Kanzleikommissärin, Kanzleileiterin 83019
Personalreferat 83041
Kanzlei und Einlaufstelle 83019, 83026
Schreibstelle 83007, 83008, 83009, 83017, 83018, 83026, 83027
Verlagsführerinnen/Verlagsführer 83021
Kanzlei Staatsbürgerschaftsangelegenheiten 83019
Kanzlei Staatsbürgerschaftsevidenz 83031
Kanzlei Personenstandsangelegenheiten 83032
Staatsbürgerschaftsangelegenheiten (Einbürgerungen),
Referentinnen/Referenten .. 83034, 83045, 83046, 83047, 83048, 83049, 83050, 83051, 83052, 83053, 83054, 83055, 83056, 83057, 83058, 83059, 83062, 83063, 83067, 83068
(Einbürgerung mit Auslandswohnsitz) 83060, 83065
Staatsbürgerschaftsangelegenheiten (Feststellungen, Beibehaltungen),
Referentinnen/Referenten 83042, 83044, 83078
Staatsbürgerschaftsevidenzstelle,
Revisorinnen/Revisoren 83061, 83064, 83093

Referentinnen/Referenten 83071, 83075, 83076, 83077, 83079, 83081, 83082, 83083, 83084, 83087, 83089
Personenstandsangelegenheiten, Aufsicht über die Standesämter 83091, 83092
Andere Personenstandsangelegenheiten (insbesondere Namensänderungen und Matrikenberichtigungen) 83039, 83094, 83095
Zentralkartothek der Standesämter:
Geburtenbuch 83029
Familienbuch 83035
Sterbebuch 83025
Altmatriken des Magistrats bis 1938 83033
Aktenlager 83023

Wiener Standesämter:

Innere Stadt:
8, Schlesingerplatz 4
(1., 6., 7., 8., 9. Bezirk) . . . . 401 34 . . .
Hornberg Jörg, Oberamtsrat 08581
Kirnbauer Walter, Amtsrat 08582
Hofmann Otto, Amtsrat 08583
Telefax: 401 34–99–08581

Brigittenau:
20, Brigittaplatz 10
(2., 20. Bezirk) . . . . 331 34 . . .
Mitterbauer Josef, Oberamtsrat 20581
Böhm Waltraud, Amtsrätin 20583
Telefax: 331 34–99–20580

Landstraße:
3, Karl-Borromäus-Platz 3
(3. Bezirk) . . . . 711 34 . . .
Bauer Erich, Oberamtsrat 03581
Telefax: 711 34–99–03580

Margareten:
5, Schönbrunner Straße 54
(4., 5., 12. Bezirk) . . . . 546 34 . . .
Heczko Gerhard, Verwaltungsoberkommissär 05581
Telefax: 546 34–99–05589

Favoriten:
10, Keplerplatz 5
(10., 11. Bezirk) . . . . 605 34 . . .
Chyska Karl, Amtsrat 10581
Telefax: 605 34–99–10580

Hietzing:
13, Hietzinger Kai 1-3
(13., 14., 15., 23. Bezirk) . . . . 878 34 . . .
Hilbert Erich, Oberamtsrat 13581
Süß Peter, Amtsrat 13582
Telefax: 878 34–99–13590

Ottakring:
16, Richard-Wagner-Platz 19
(16., 17. Bezirk) . . . . 491 96 . . .
Ondrich-Strobl Maria, Amtsrätin 16581
Telefax: 491 96–99–16582 oder 491 96–7164

Währing:
18, Martinstraße 100
(18., 19. Bezirk) . . . . 476 34 . . .
Richter Anatole, Oberamtsrat 18581
Telefax: 476 34–99–18590

Floridsdorf:
21, Am Spitz 1
(21. Bezirk) . . . . 277 34 . . .
Kautz Gabriele, Amtsrätin 21581
Telefax: 277 34–99–21580

Donaustadt:
22, Kagran, Siebeckstraße 7
(22. Bezirk) . . . . 211 23 . . .
Bailer Eleonore, Amtsrätin 22581
Telefax: 211 23–99–22586

MAGISTRATSABTEILUNG 62

Wahlen und verschiedene Rechtsangelegenheiten

(Geschäftsgruppe Integration, Frauenfragen, Konsumentenschutz und Personal)

8, Lerchenfelder Straße 4, 3. Stock, Tel. 40 00 . . .
Telefax: 40 00–99–Nebenstelle, IBS-User: M62K
Internet e-mail: post@m62.magwien.gv.at

Führung der Wählerevidenz, Organisation und Durchführung von Wahlen sowie von Volksbegehren, Volksabstimmungen und Volksbefragungen; Vorbereitung der Berufung von Ersatzmännern gemäß der GWO und von Entscheidungen der Wahlbehörden.
Evidenthaltung der Funktionsdauer der gewählten Funktionäre der Gemeinde, soweit nicht eine andere Dienststelle zuständig ist.
Wahrnehmung der Aufgaben des Bürgermeisters und des Landeshauptmannes nach dem Meldegesetz 1991.
Rechtsmittelentscheidungen gegen Verfügungen und Entscheidungen, die sich auf ortspolizeiliche Verordnungen gemäß § 108 WStV gründen.
Angelegenheiten des Zivildienstes sowie Bearbeitung von Berufungen in Familienunterhalts- und Wohnkostenbeihilfenangelegenheiten für Zivildienstleistende.
Angelegenheiten nach dem Wiener Landessicherheitsgesetz und dem Wiener Prostitutionsgesetz, soweit nicht die Magistratsabteilung 64 zuständig ist.
Handhabung des Fremdengesetzes, soweit nicht der Magistratsdirektor zuständig ist.
Handhabung des Ausländergrunderwerbsgesetzes.
Behördliche Angelegenheiten der Stiftungen und Fonds.
Handhabung des Glücksspielgesetzes und des Wiener Sammlungsgesetzes.
Preisangelegenheiten mit Ausnahme von Mietzinsen und Lebensmittelpreisen.
Vorbereitung der Erhebungsverordnung gemäß dem Wiener Statistikgesetz.
Kultusangelegenheiten mit Ausnahme der Angelegenheiten der konfessionellen Altmatriken und der Entgegennahme der Erklärungen über den Austritt aus staatlich anerkannten Religionsgesellschaften.
Mitwirkung der Gemeinde bei der Bildung der Geschworenen- und Schöffenlisten, allgemeine und grundsätzliche Angelegenheiten der Gemeindevermittlungsämter.
Angelegenheiten nach dem NS-Gesetz (VG 1947).
Handhabung des Datenschutzgesetzes, soweit nicht der Magistratsdirektor zuständig ist und soweit es sich nicht um Maßnahmen handelt, die durch Erlaß des Magistratsdirektors der jeweiligen Dienststelle im Sinne des § 5 Abs. 1 der Geschäftsordnung für den Magistrat der Stadt Wien zugewiesen sind oder werden.
Erlassung von Auflösungserkenntnissen gemäß § 38 Genossenschaftsgesetz.

Sokop, Dr. Hans Werner, Obersenatsrat 89411
Ujhelyi, Dr. Josef, Obermagistratsrat 89412
Kaven, Mag. Christian, Magistratsrat 89413
Kaiserreiner, Mag. Stefan, Magistratsoberkommissär . 44961
Fabro Heinz, Oberamtsrat 89401
Löffler Karl, Oberamtsrat 89405
Gmoser Otto, Amtsrat 89402
Resch Hanne Lore, Kanzleioberkommissärin,
Kanzleileiterin 89419
Kanzlei 89418
Einlaufstelle und Auskünfte 89424

Datenschutzangelegenheiten 89413
Berufungen, Stiftungen und Fonds 89413, 89412
Kultusangelegenheiten 89401
Preisangelegenheiten 89411
Sammlungsangelegenheiten 89412
Geschworenen- und Schöffenlisten 89402
Gemeindevermittlungsämter 89411, 89402
Angelegenheiten nach dem Zivildienst-
gesetz 89412, 89413
Glücksspiele 89421, 89422
Angelegenheiten, die nicht besonders
genannt sind 89412

Wählerevidenz:

Aufsicht 89401
1., 2., 3., 8., 9. Bezirk 89431, 89432, 89433
4., 5., 6., 7. Bezirk 89441, 89442
10., 11., 12. Bezirk 89451, 89452, 89453, 89454
13., 14., 15. Bezirk 89461, 89462, 89463
16., 17., 18., 19., 20. Bezirk 89471, 89472, 89473
21., 22., 23. Bezirk 89481, 89482, 89483, 89484

Dezernat A: Fremdengesetz

Ausländergrunderwerb,
11, Fickeysstraße 1
Gurgul Viktor, Oberamtsrat, Dezernatsleiter 44811
Ausländergrunderwerb 44842, 44841
Kurka Susanne, Kanzleikommissärin,
Kanzleileiterin 44819
Auskunftsstelle 44821, 44822, 44823, 44836
Referate:
„I" (A, Ä, E, Ö, S, Z) 44851, 44852, 44855, 44861
„II" (D, H, I, J, T, Ü, Y) 44871, 44872, 44873, 44881
„III" (B, F, P, V, W) 44901, 44902, 44904, 44911
„IV" (C, G, K, Q, R, X) 44921, 44922, 44923, 44931
„V" (L, M, N, O, U) 44941, 44942, 44943, 44951

8, Friedrich-Schmidt-Platz 3
Erstantragsreferat 44981, 44982, 44983, 44990
Sonderreferat 44971, 44972, 44973, 44975

Außenstellen:

1., 8., 9. Bezirk:
8, Friedrich-Schmidt-Platz 3 .... 534 36 . . ., 01170, 01171, 01172
2. Bezirk:
2, Karmelitergasse 9/2/203 .... 211 06 . . ., 02170, 02171, 02172
3., 11. Bezirk:
3, Hagenmüllergasse 20, Parterre .... 711 34 . . ., 03170, 03171, 03172, 03173
4., 5. Bezirk:
5, Schönbrunner Straße 54/2/220 .... 546 34 . . ., 05170, 05171, 05172
6., 7. Bezirk:
7, Hermanngasse 24–26/2/301 .... 521 34 . . ., 07170, 07171, 07172
10. Bezirk:
10, Laxenburger Straße 43–47,
Parterre, Tür 22 .... 605 34 . . ., 10170, 10171, 10172, 10173
12., 23. Bezirk:
12, Hufelandgasse 2/Parterre rechts ... 811 34 . . ., 12170, 12171, 12172
13., 14. Bezirk:
13, Dommayergasse 12/3/Parterre/4 .. 878 34 . . ., 13170, 13171, 13172
870 34 . . ., 14170, 14171, 14172
15. Bezirk:
15, Gasgasse 8–10
(gegenüber Portierloge) .... 891 34 . . ., 15170, 15171, 15172
16. Bezirk:
16, Richard-Wagner-Platz 19
(Seiteneingang rechts) .... 491 96 . . ., 16170, 16171, 16172
17. Bezirk:
17, Elterleinplatz 14/Erdgeschoß/1 ... 401 19 . . ., 17170, 17171
18., 19. Bezirk:
18, Martinstraße 100/Parterre links ... 476 34 . . ., 18170, 18171, 18172
20. Bezirk:
20, Brigittaplatz 10/Parterre/22 .... 331 34 . . ., 20170, 20171, 20172
21., 22. Bezirk:
22, Kagran, Donaustadtstraße 1/6/620 .... 211 23 . . ., 22170, 22171, 22172

MAGISTRATSABTEILUNG 63

Gewerbewesen und rechtliche Angelegenheiten des Ernährungswesens

(Geschäftsgruppe Integration, Frauenfragen, Konsumentenschutz und Personal)

1, Wipplingerstraße 8, Stiege 1, 1. Stock, Tür 136, Tel. 534 36 . . .
Telefax: 534 36–99–97125, IBS-User: M63K
Internet e-mail: post@m63.magwien.gv.at

Allgemeine und grundsätzliche Rechtsangelegenheiten auf den Gebieten des Gewerberechtes (einschließlich des gewerblichen Marktwesens), des Ernährungswesens und des Preisrechtes (Abschöpfung von Mehrerlösen bei Brotgetreide und Mahlprodukten, Preisangelegenheiten der Lebensmittel).

Rechtsangelegenheiten im Zusammenhang mit dem Wiener Landesvergabegesetz sowie dem Bundesvergabegesetz, soweit nicht der Magistratsdirektor dafür zuständig ist.

Angelegenheiten, zu deren Besorgung nach den in der Folge aufgezählten Gesetzen und den dazu ergangenen Verordnungen der Landeshauptmann zuständig ist, einschließlich des mit diesen Rechtsnormen in unmittelbarem Zusammenhang stehenden Rechtes der Europäischen Gemeinschaften sowie der Bearbeitung von Rechtsmitteln, soweit diese Geschäfte nicht anderen städtischen Dienststellen zugewiesen sind:

Arbeitnehmerschutzgesetz,

Arbeitsinspektionsgesetz 1993,
Arbeitsruhegesetz,
Arbeitszeitgesetz,
Bäckereiarbeiter(innen)gesetz 1996,
Bauarbeiter-Urlaubs- und -Abfertigungsgesetz 1972,
Berufsausbildungsgesetz,
Börsegesetz 1989,
Bundesgesetz über die Beschäftigung von Kindern und Jugendlichen,
Bundesgesetz über die Nachtarbeit der Frauen,
Bundesgesetz gegen den unlauteren Wettbewerb 1984,
Gelegenheitsverkehrsgesetz 1996,
Gewerbeordnung 1994,
Güterbeförderungsgesetz 1995, ausgenommen die der Magistratsabteilung 65 übertragenen Aufgaben,
Heimarbeitsgesetz 1960,
Kesselgesetz und Dampfkesselbetriebsgesetz, soweit Gewerbebetriebe betroffen sind,
Konsumentenschutzgesetz,
Lebensmittelgesetz 1975,
Markenschutzgesetz 1970,
Marktordnungsgesetz 1985,
Maß- und Eichgesetz,
Musterschutzgesetz 1990,
Mutterschutzgesetz 1979,
Öffnungszeitengesetz 1991,
Patentgesetz 1970,
Preisgesetz 1992,
Produktsicherheitsgesetz 1994,
Qualitätsklassengesetz,
Rohrleitungsgesetz hinsichtlich des Konzessionsverfahrens,
Sicherheitsfilmgesetz,
Sonn- und Feiertags-Betriebszeitengesetz,
Strahlenschutzgesetz, soweit sich seine Anwendung auf gewerbliche Betriebsanlagen bezieht,
Weingesetz 1985,
Wirtschaftstreuhänder-Berufsordnung.

Bearbeitung von Rechtsmitteln an den Berufungssenat auf dem Gebiet des Gewerberechtes.

Durchführung der wasserrechtlichen Bewilligungsverfahren gemäß § 356 b Abs. 6 der Gewerbeordnung 1994, soweit der Landeshauptmann dafür zuständig ist.

Wahrnehmung der behördlichen Aufgaben nach dem Wasserrechtsgesetz 1959 bei Anlagen zur Lagerung, Leitung und zum Umschlag wassergefährdender Stoffe, soweit diese Anlagen nach dem Gewerberecht einer Genehmigung durch den Landeshauptmann bedürfen.

Abhaltung der Befähigungsprüfungen nach der Berufszugangsverordnung Kraftfahrlinien- und Gelegenheitsverkehr.

Angelegenheiten des Betriebsaktionen-Verbotsgesetzes.

Ausarbeitung von Marktgebührentarifen.

Führung des zentralen Wiener Gewerberegisters.

Überprüfung und Bearbeitung der im Verwaltungsstrafregister aufscheinenden Vormerkungen und Erteilung von Auskünften aus diesem.

Hechtner, Dr. Erich, Senatsrat 97111
Stroblberger, Dr. Erwin, Senatsrat 97112
Celar, Dr. Peter, Senatsrat 97127
Kral, Dr. Patrizia, Obermagistratsrätin 97128
Lurf, Mag. Udo, Obermagistratsrat 97133
Haunold, Dr. Thomas, Magistratsrat 97158
Oppel, Dr. Albert, Magistratsrat 97116
Zausner, Dr. Waltraud, Magistratsrätin 97148
Sagmeister, Mag. Adelheid, Magistratsoberkommissärin 97134
Kummernecker, Mag. Franz 97135
Meindl Hans-Jürgen, Oberamtsrat 97141
Wenigwieser Oskar, Oberamtsrat 97150
Antos, Dr. Herbert, Amtsrat 97138
Auer Gisela, Amtsrätin 97151
Gonda Christa, Amtsrätin 97140
Klauß Eveline, Amtsrätin 97139
Maier Willibald, Amtsrat 97132
Traxler Herbert, Amtsrat 97101
Wenzl Gerhard, Kanzleioberkommissär,
Kanzleileiter 97119
Kanzlei 97114, 97115

Allgemeine Angelegenheiten des Gewerbe-, Preis- und Lebensmittelrechtes 97116
Betriebsanlagen 97127, 97133, 97134, 97135, 97158
Berufungen in Gewerbeangelegenheiten 97112, 97128, 97133, 97134, 97135, 97148, 97158
Individuelle Angelegenheiten des Lebensmittelrechtes 97134, 97158
Bewilligungspflichtige Gewerbe 97132, 97137, 97138, 97139, 97140, 97141, 97142
Gleichstellungen 97132, 97137, 97138, 97141, 97142
Nachsichten 97106, 97131, 97134, 97148
Vergabe von Kontingenterlaubnissen 97106, 97107

Zentralgewerberegister:
3. Stock, Tür 305
Wenigwieser Oskar,
Oberamtsrat 97150
Auer Gisela, Amtsrätin 97151
Traxler Herbert, Amtsrat 97101

MAGISTRATSABTEILUNG 64

Rechtliche Bau-, Energie-, Eisenbahn- und Luftfahrtangelegenheiten

(Geschäftsgruppe Wohnen, Wohnbau und Stadterneuerung)

20, Dresdner Straße 75, 2. Stock, Tel. 331 40 . . .
Telefax: 331 40–99–89910, IBS-User: M64K
Internet e-mail: post@m64.magwien.gv.at

Allgemeine und grundsätzliche Angelegenheiten des Bau-, Energie-, Straßen-, Luftfahrt- und Eisenbahnrechts.

Allgemeine und grundsätzliche Angelegenheiten des Grundverkehrsrechtes hinsichtlich des Verkehrs mit bebauten oder zur Bebauung bestimmten Grundstücken.

Administrativbehördliche Angelegenheiten des Eisenbahnrechts.

Administrativbehördliche Angelegenheiten des Luftfahrtgesetzes sowie Durchführung von Verwaltungsstrafverfahren, soweit der Landeshauptmann zuständig ist.

Wahrnehmung der Aufgaben des Landeshauptmannes nach dem Kesselgesetz und dem Dampfkesselbetriebsgesetz, soweit keine andere Dienststelle dafür zuständig ist.

Rechtliche Angelegenheiten der Feuerpolizei, soweit nicht andere Dienststellen zuständig sind, und des Energiewesens, soweit nicht andere Dienststellen zuständig sind, oder soweit es sich nicht um gewerbebehördliche Angelegenheiten handelt.

Vorbereitung von Berufungsentscheidungen und von Verordnungen des Landeshauptmannes und der Gemeinde nach dem Bundesgesetz über ein Verbot des Verbrennens biogener Materialien außerhalb von Anlagen.

Rechtliche Verfügungen bei Ersatzvornahmen nach dem Verwaltungsvollstreckungsgesetz, soweit nicht die Magistratsabteilung 6 oder die Magistratsabteilung 25 zuständig ist.

Genehmigung von Grundabteilungen.

Abfassung von Grundbuchseingaben, soweit die Magistratsabteilung 64 als Behörde tätig wird, ausgenommen Einverleibungen im Vollstreckungsverfahren, sowie Antragstellung auf Löschung baurechtlicher Verpflichtungen, die von einer anderen Behörde ausgesprochen wurden, auf Antrag dieser Behörde.

Durchführung von Enteignungsverfahren, Einlösungen, Umlegungen und Grenzberichtigungen, soweit nicht die Magistratsabteilung 58 zuständig ist.

Behördliche Festsetzung von Entschädigungen, soweit nicht eine andere Dienststelle zuständig ist.

Entscheidung über Beiträge gemäß § 11 Bundesstraßengesetz 1971, soweit keine privatrechtliche Vereinbarung zustande kommt.

Erteilung von Gebrauchserlaubnissen nach dem Gebrauchsabgabegesetz und von

Bewilligungen nach § 82 Abs. 1 Straßenverkehrsordnung 1960 für Verkaufsstände, die nach dem Eisenbahngesetz 1957 genehmigungspflichtig sind, sowie im Zusammenhang mit Baubewilligungen, sofern es sich nicht um Verkaufsstände handelt, über deren Bewilligung eine andere Dienststelle zu entscheiden hat.
Behördliche Angelegenheiten des Stadterneuerungsgesetzes.
Behördliche Angelegenheiten des Bodenbeschaffungsgesetzes.
Durchführung des baubehördlichen Genehmigungsverfahrens für Bauten des Bundes, ausgenommen Wohnbauten.
Vorbereitung von Berufungsentscheidungen in Administrativangelegenheiten nach dem Wiener Feuerwehrgesetz.
Bemessung und Vorschreibung von Kanaleinmündungsgebühren und von Anliegerbeiträgen.
Vorbereitung von Berufungsentscheidungen über administrative Bescheide nach dem Gebrauchsabgabegesetz, soweit die Berufung nicht die Abgabe betrifft.
Handhabung des Elektrotechnikgesetzes bei der Errichtung, Abänderung und Abtragung von Elektrizitätserzeugungs- und -leitungsanlagen; Bewilligung der Festbeleuchtung von Straßenzügen zu besonderen Anlässen.
Rechtliche Angelegenheiten des Katastrophenschutzes; Herstellung, Ausgabe und Evidenthaltung der Abzeichen gemäß § 9 Abs. 1 sowie Bearbeitung von Kostenersatzforderungen gemäß § 15 Abs. 4 des Wiener Katastrophenhilfegesetzes.
Rechtliche Angelegenheiten des Strahlenschutzes, soweit nicht die Magistratsabteilung 15 (medizinische Heilbehandlung), die Magistratsabteilung 63 (gewerbliche Betriebsanlagen) oder die magistratischen Bezirksämter zuständig sind.
Vorbereitung von Verordnungen und Bescheiden nach § 38 Strahlenschutzgesetz.
Wahrnehmung der behördlichen Aufgaben nach dem Wasserrechtsgesetz 1959 bei Anlagen zur Lagerung, Leitung und zum Umschlag wassergefährdender Stoffe, soweit diese Anlagen auch einer Bewilligungspflicht nach dem Eisenbahn-, dem Rohrleitungs- oder dem Elektrizitätswirtschaftsrecht unterliegen.
Erlassung von Bescheiden durch die Bezirksverwaltungsbehörde nach dem Mietrechtsgesetz, ausgenommen Strafamtshandlungen.
Rechtliche Angelegenheiten des Ingenieurkammer- und Ziviltechnikerwesens, insbesondere die Erstattung von Gutachten; Bearbeitung von Berufungen in Ingenieurkammer- und Ziviltechnikerangelegenheiten.
Herausgabe einer Verordnung gemäß § 5 Abs. 5 Wiener Prostitutionsgesetz, durch die die weiteren Vorschriften über die erforderlichen Sicherheitsvorkehrungen erlassen werden.
Vorbereitung von Berufungsentscheidungen über Aufträge der Magistratsabteilung 36 gemäß § 5 Abs. 5 Wiener Prostitutionsgesetz.
Vorbereitung von Berufungsentscheidungen über Bescheide der Magistratsabteilung 6 (ausgenommen gegen die Vorschreibung der Abgabe) und der Magistratsabteilung 48 nach dem Wiener Abfallwirtschaftsgesetz.

Schiller, Dr. Karl, Obersenatsrat 89911
Sejka, Dr. Werner, Senatsrat 89912
Hruska, Mag. Heinz, Obermagistratsrat 89945
Kirchmayer, Dr. Wolfgang, Obermagistratsrat 89942
Norman, Mag. Brigitte, Obermagistratsrätin 89943
Pardy, Dr. Karin, Obermagistratsrätin 89947
Altenburger, Dr. Ursula, Magistratsrätin 89951
Lettner, Dr. Marion, Magistratsrätin 89944
Riepl, Mag. Christian, Magistratsoberkommissär 89962
Wursag, Mag. Ing. Ernst, Magistratsoberkommissär . 89959
Amschl, Mag. Michaela, Magistratskommissärin 89954
Aschenbrenner, Mag. Herbert 89941
Schantl, Dr. Eva 89961
Reinagl Christine, Oberamtsrätin 89946
Bobak Eva-Maria, Kanzleioberkommissärin,
Kanzleileiterin 89919
Kanzlei 89921, 89922, 89923, 89924, 89925, 89926, 89927

Grundabteilungen 89941, 89942, 89943, 89944, 89946, 89947, 89951, 89952, 89954, 89955, 89958, 89959, 89961, 89962, 89964
Elektrizitätsangelegenheiten 89947
Strahlenschutzangelegenheiten 89942, 89955, 89958
Eisenbahnangelegenheiten 89941, 89945, 89951, 89962
U-Bahn-Angelegenheiten 89941, 89945, 89951, 89962
Luftfahrtangelegenheiten 89941, 89945, 89955, 89959, 89961, 89962
Öffentliche Bauten 89941, 89942, 89944, 89954, 89955, 89958, 89961, 89962, 89964
Ersatzvornahmen 89941, 89944, 89952, 89956, 89957, 89958, 89959, 89961, 89962, 89963
Enteignungen 89941, 89959, 89961, 89962
Verwaltungsverfahren nach dem Stadterneuerungsgesetz und dem Bodenbeschaffungsgesetz 89952, 89954, 89955

MAGISTRATSABTEILUNG 65

Rechtliche Verkehrsangelegenheiten

(Geschäftsgruppe Umwelt und Verkehrskoordination)

3, Modecenterstraße 22, Block A 2, 4. Stock, Tel. 795 14 . . .
Telefax: 795 14–99–38319, IBS-User: M65K
Internet e-mail: post@m65.magwien.gv.at

Allgemeine und grundsätzliche Angelegenheiten des Straßenpolizei-, Kraftfahr- und Kraftfahrlinienrechtes.
Vorbereitung von Verordnungen gemäß § 35 Abs. 3 des Bundesgesetzes über die Beförderung gefährlicher Güter auf der Straße und Antragstellung an den Landeshauptmann in den Fällen, in denen die Kundmachung der Verordnung im Landesgesetzblatt für Wien erfolgen soll.
Mitwirkung bei der Ausarbeitung neuer Straßenregulierungsprojekte im Hinblick auf die Führung von Kraftfahrlinien.
Beistellung von Sachverständigen in Verkehrsangelegenheiten.
Administrativ-behördliche Angelegenheiten der Kraftfahrlinien, ausgenommen die Abhaltung der Befähigungsprüfung.
Angelegenheiten der Fahrschulen und der Fahrlehrer.
Bearbeitung von Berufungen gegen Bescheide der Bundespolizeidirektion Wien und der Dienststellen des Magistrats in Straßenpolizei-, Kraftfahrrechts- und Kraftfahrlinienangelegenheiten, gemäß § 9 Abs. 4 Güterbeförderungsgesetz, § 4 Abs. 5b Straßenverkehrsordnung 1960 sowie nach dem Containersicherheitsgesetz.
Mitwirkung bei der Erteilung von Weisungen der Magistratsabteilung 46 in Angelegenheiten der Straßenpolizei an die Bundespolizeidirektion Wien.

Somereder, Dr. Christoph, Senatsrat 38311
Kasper, Mag. Helmut, Magistratsrat 38312
Messinger, Dr. Heinrich, Obermagistratsrat 38333
Neumayer, Dr. Walter, Obermagistratsrat 38345
Köhler, Mag. Werner, Magistratsoberkommissär 38331
Konecny, Mag. Michael, Magistratsoberkommissär . . 38332
Herndl, Mag. Klaus-Peter 38357
Fellner Wolfgang, Amtsrat 38355
Krause Konrad, Amtsrat 38363
Zolles Sylvia, Kanzleioffizialin,
Kanzleileiterin 38319
Sekretariat 38318
Kanzlei 38313, 38314, 38315, 38316
Schreibstelle 38351, 38352, 38353
Berufungsreferentinnen/
Berufungsreferenten 38323, 38346, 38347, 38356, 38358, 38362
Kraftfahrlinien 38355

MAGISTRATSABTEILUNG 66

Statistisches Amt der Stadt Wien

(Geschäftsgruppe Finanzen, Wirtschaftspolitik und Wiener Stadtwerke)

1, Volksgartenstraße 3, 2. Stock, Tür 343, Tel. 40 00 . . .
Telefax: 40 00–99–88610, IBS-User: M66K,
Internet e-mail: post@m66.magwien.gv.at

Durchführung der Volkszählung und der aufgrund des Bundesstatistikgesetzes vorzunehmenden statistischen Erhebungen (Häuser- und Wohnungszählung, Wohnbaustatistik, Fremdenverkehrsstatistik, landwirtschaftliche Zählungen, Viehzählung u. a.).
Durchführung der Erhebungen für den Verbraucherpreisindex.
Durchführung von besonders angeordneten Zählungen und Stichprobenerhebungen (Mikrozensus).
Durchführung von oder Mitwirkung an statistischen Erhebungen und Anforderungen von Daten aufgrund des Wiener Statistikgesetzes.
Führung der Bürogeschäfte des statistischen Beirates.
Statistische Erfassung von Daten, die Wiener Bevölkerung betreffend (Eheschließungen, Geburten, Sterbefälle, Religionsaustritte, Wanderungs-, Staatsbürgerschafts-, Krankenanstaltenstatistik).
Durchführung von Arbeiten auf dem Gebiet der Wirtschaft-, Sozial- und Kulturstatistik.
Beschaffung und Verarbeitung statistischer Unterlagen, die für die städtische Verwaltung benötigt werden, insbesondere Datenbeschaffung und -analyse für Zwecke der Stadt- und Regionalforschung.
Statistische Beratung der städtischen Dienststellen.
Auskunfterteilung in statistischen Angelegenheiten an Behörden und für wissenschaftliche Zwecke.
Herausgabe statistischer Veröffentlichungen (Statistisches Jahrbuch der Stadt Wien, Mitteilungen aus Statistik und Verwaltung der Stadt Wien, Statistisches Taschenbuch der Stadt Wien, Sonderveröffentlichungen).
Herausgabe des Verwaltungsberichtes der Stadt Wien.
Führung eines statistischen Archives.
Führung einer statistischen Bibliothek.

Satzinger, Dr. Franz, Senatsrat 88611
Bayer, Dr. Ingrid, Senatsrätin 88612
Pokay, Dr. Peter, Magistratsrat 88631
Ritter, Mag. Hellmut, Magistratsrat 88661
Pirker, Dipl.-Ing. Dr. Alfred 88621
Vimetal Helga, Oberamtsrätin 88662
Prochaska Renate, Kanzleioffizialin,
Kanzleileiterin 88619
Kanzlei 88628, 88629

Europareferentin/Europareferent 88631
Statistischer Beirat, Wahlstatistik 88611
Bezirksdaten, Öffentlichkeitsarbeit 88662, 88611, 88631, 88641, 88661
Gesundheitsstatistik 88662
Druckereiangelegenheiten, Lektorat 88622
Internetbetreuung, ISIS-Datenbank 88621

Dezernat D: Datenermittlung und EDV-Angelegenheiten
EDV-Organisation, Datenschutzangelegenheiten,
Stichprobenberechnung 88621
Großzählung (VZ, HWZ, AZ) 88611, 88621, 88652
Mikrozensus, Sondererhebungen 88652, 88653
Agrarstatistische Erhebungen, Verkehrsstatistik 88654
Fremdenverkehrsstatistik 88628

Dezernat B: Bevölkerungs- und Umweltstatistik
Ergebnisse Volkszählung 88611, 88661
Bevölkerungsfortschreibung, Bevölkerungsbewegung,
Prognosen, Staatsbürgerschaftsstatistik 88661
Statistik der Geburten, Eheschließungen,
Todesfälle 88663, 88664, 88665
Umweltstatistik 88661, 88667
Regionalstatistik, kleinräumige
Bevölkerungsdaten 88661

Dezernat W: Wirtschafts-, Bau- und Preisstatistik
Ergebnisse Häuser-, Wohnungs- und Arbeits-
stättenzählung 88611, 88641
Wirtschaftsstatistik, Energiestatistik,
Städtevergleiche 88641
Preiserhebungen, Preisstatistik, Indizes,
Wertsicherungen 88642, 88643
Nahrungsmittelstatistik 88646
Wohnbaustatistik 88644, 88645
Redaktion „Statistisches Jahrbuch" 88641
Redaktion „Statistisches Taschenbuch" 88641, 88643

Dezernat K: Kultur-, Schul-, Sozial- und
Arbeitsmarktstatistik
Statistik der Schulen und Universitäten 88631
Kultur- und Religionsstatistik 88632
Sozial- und Arbeitsmarktstatistik 88631, 88632
Redaktion „Statistische Mitteilungen" 88631, 88632
Redaktion „Wien in Zahlen" 88631, 88632

Dezenat V: Verwaltungsbericht, Archiv und Bibliothek
Redaktion „Verwaltungsbericht" 88612
Statistische Fachbibliothek und statistisches
Archiv 88651

MAGISTRATSABTEILUNG 67

Parkraumüberwachung

(Geschäftsgruppe Umwelt und Verkehrskoordination)

3, Modecenterstraße 22, Block A 1, 4. Stock, Tel. 795 14 . . .
Telefax: 795 14–99–38015, IBS-User: M67K
Internet e-mail: post@m67.magwien.gv.at

Durchführung der Verwaltungsstrafverfahren hinsichtlich Übertretungen der §§ 8 Abs. 4, 9 Abs. 7, 23 bis 25 und 26a Abs. 3 der Straßenverkehrsordnung 1960, 103 Abs. 2 Kraftfahrgesetz 1967, sofern der Lenkererhebung ein von der Magistratsabteilung 67 zu führendes Verwaltungsstrafverfahren zugrunde liegt, sowie der Bestimmungen der Verordnung des Bundesministers für Verkehr vom 7. April 1983 über die Überwachung der Einhaltung der Parkdauer in Kurzparkzonen (Kurzparkzonen-Überwachungsverordnung).
Durchführung der Verwaltungsstrafverfahren gemäß § 4 sowie Überwachung gemäß § 6 Parkometergesetz.
Wahrnehmung der administrativen Aufgaben im Zusammenhang mit dem Einsatz des zur Bundespolizeidirektion Wien zum Zwecke der Verkehrsüberwachung abgeordneten Personals und Mitwirkung bei der Koordinierung dieses Einsatzes in Abstimmung mit der Magistratsabteilung 46.
Erteilung von Weisungen an die Bundespolizeidirektion Wien in Angelegenheiten des Einsatzes des zur Bundespolizeidirektion Wien zum Zwecke der Verkehrsüberwachung abgeordneten Personals.

Wagner, Dr. Ernst, Obermagistratsrat 38011
Wieser, Mag. Walter, Magistratsrat 38012
Augustin Peter, Amtsrat 38111
Müller Walter, Amtsrat 38241
Schneider Friedrich, Amtsrat 38251
Skarek Manfred, Amtsrat 38831
Heinschink Ingeborg, Kanzleirätin,
Kanzleileiterin 38019
Sekretariat 38015
Personalreferat 38017, 38018
EDV-Systembetreuung 38812, 38113

Referat „Verwaltungsstrafverfahren ruhender Verkehr (StVO)“:
Auskunft:
Organstrafverfügungen, Anzeigen, Anonymverfügungen, Strafverfügungen, Strafverfahren 3800
Lenkererhebungen 38140
Referatsleiterin/Referatsleiter 38012
Lenkererhebung 38141, 38142, 38143, 38144, 38145, 38146, 38147, 38148, 38151, 38152, 38153, 38154
Gruppenleiterinnen/Gruppenleiter . . . 38211, 38221, 38231, 38241, 38251, 38261
Referentinnen/Referenten 38212, 38213, 38214, 38215, 38222, 38223, 38224, 38225, 38226, 38232, 38233, 38234, 38235, 38236, 38242, 38243, 38244, 38245, 38246, 38252, 38253, 38254, 38255, 38256, 38262, 38263, 38264, 38266

Referat „Verwaltungsstrafverfahren nach dem Parkometergesetz“:
2, Meiereistraße 7, Ernst-Happel-Stadion,
Telefax: 795 14–99–38815
Auskunft:
Organstrafverfügungen, Anzeigen, Anonymverfügungen, Lenkererhebungen, Strafverfügungen, Strafverfahren 3888
Referatsleiterin/Referatsleiter 38811
Referatskanzlei 38815, 38816
Lenkererhebung 38862, 38863, 38872, 38873, 38874, 38875, 38876, 38877, 38878, 38879
Gruppenleiterinnen/Gruppenleiter 38901, 38911, 38921, 38931
Strafreferentinnen/Strafreferenten 38902, 38903, 38904, 38905, 38912, 38913, 38914, 38915, 38916, 38922, 38923, 38924, 38925, 38926, 38932, 38933, 38934, 38935, 38936

Referat „Kurzparkzonenüberwachung“:
1, Gonzagagasse 11 . . . . 40 00 . . .
Telefax: 40 00–99–38189
Referatsleiterin/Referatsleiter 38241
Stützpunktleiterin/Stützpunktleiter 38181

Bundespolizeidirektion Wien, Verkehrsabteilung – Parkraumüberwachungsgruppe . . . . 40 00 . . . , 86331

MAGISTRATSABTEILUNG 68

Feuerwehr und Katastrophenschutz

(Geschäftsgruppe Umwelt und Verkehrskoordination)

1, Am Hof 9, Tel. 768 . . ., 531 99 . . ., Notruf 122
Telefax: 531 99–690, IBS-User: M68K
Internet e-mail: post@m68.magwien.gv.at

Hilfeleistung bei Bränden und anderen durch Elementarereignisse verursachten Notständen.
Hilfeleistung für Menschen und Tiere in Zwangslagen.
Wahrnehmung des Katastrophenhilfsdienstes in den Belangen Katastrophenschutz, Katastrophenalarm und Katastropheneinsatz im Sinne des Katastrophenhilfegesetzes.
Regelmäßige Prüfung des einsatzbereiten Zustandes von Einrichtungen gemäß § 3 Abs. 2 des Wiener Katastrophenhilfegesetzes im Einvernehmen mit dem Magistratsdirektor; Durchführung von Einsatzübungen gemäß § 3 Abs. 3 sowie von Sofortmaßnahmen gemäß § 13 Abs. 3 des Wiener Katastrophenhilfegesetzes.
Sofortmaßnahmen (technische Hilfe) bei der Beseitigung von Verkehrsbeeinträchtigungen; Durchführung von behördlichen Verfahren in erster Instanz, die mit solchen Sofortmaßnahmen im Zusammenhang stehen; Sofortmaßnahmen bei Bau- und anderen technischen Gebrechen sowie bei Strahlenunfällen (öffentlicher Notstand).
Bergung von Leichen, soweit hiezu besondere technische Maßnahmen erforderlich sind.
Hilfeleistung auf Anforderung von Behörden oder anderen öffentlichen Dienststellen, soweit hiezu besondere technische Maßnahmen oder Sofortmaßnahmen erforderlich sind und soweit hiefür nicht andere Stellen zuständig sind.
Brandsicherheitswachdienst nach dem Wiener Veranstaltungsstättengesetz oder sonstigen gesetzlichen Bestimmungen.
Feststellung des Heizverbotes und Entgegennahme der Anzeige über die Bestellung von fachkundigen Rauchfangkehrern sowie Erteilung von Aufträgen an Rauchfangkehrer zur Durchführung von Arbeiten im Sinne des Wiener Feuerpolizei- und Luftreinhaltegesetzes.
Handhabung der Kehrverordnung mit Ausnahme der Strafamtshandlungen.
Ausbildung und Prüfung von Angehörigen der Wiener Feuerwehren und von Volontären; Ausbildung von Haus- und Betriebsfeuerwehren und von Brandschutzbeauftragten im Rahmen des Wiener Landesfeuerwehrverbandes.
Handhabung des Wiener Feuerwehrgesetzes und der gemäß diesem Gesetz ergangenen Verordnungen in erster Instanz, ausgenommen die Strafamtshandlungen, insbesondere entgeltliche Beistellungen von Personal und Sachmitteln.
Bereitstellung von Sachverständigen für behördliche Verfahren und Brandschutzberatung.
Begutachtung der Löschwasserversorgung nach brandschutztechnischen Gesichtspunkten; Mitwirkung bei der Aufstellung und Instandhaltung von Feuerhydranten.
Führen der historischen Dokumentation des Feuerwehrmuseums, des Lichtbild- und Filmbestandes, der Fachbücherei und der Dokumentationsstelle.
Herstellung von Lichtbildern von Feuerwehreinsätzen.
Herstellung und Instandhaltung der Ausrückepläne der Feuerwehr.
Grundverwaltung und Erhaltung der Feuerwachen.
Objektverwaltung und Erhaltung der fernmeldetechnischen Anlagen und des Fernmeldekabelnetzes für den eigenen Dienstbetrieb.
Errichtung aller Objekte und Anlagen für den eigenen Bedarf.
Führung der Rathauswache.
Führung der Werkstättendienste.
Dienstaufsicht über das zugeteilte Personal, soweit es nicht der Dienstaufsicht des Magistratsdirektors untersteht, und über das Personal der städtischen Betriebsfeuerwehren, ausgenommen über jenes der Betriebsfeuerwehren der Wiener Stadtwerke.

Perner, Dipl.-Ing. Dr. techn. Friedrich, Branddirektor . . 250

Geschäftsgruppe A – Umweltschutz, Fortbildung, Spezielle Einsatzformen:
Pausa, Dipl.-Ing. Wilfried, Oberbrandrat 251

Geschäftsgruppe B – Organisation, Gebäudewesen, Personalwesen, Presseangelegenheiten und Öffentlichkeitsarbeit:
Meister, Dipl.-Ing. Leopold, Senatsrat 252

Geschäftsgruppe C – Feuerwehrtechnik, Fahrzeugwesen und Ausrüstung, Aus- und Fortbildung; Angelegenheiten

des Wiener Landesfeuerwehrverbandes:
Steinkellner, Dipl.-Ing. Wolfgang, Oberbrandrat 253

Geschäftsgruppe D – Vorbeugender Brandschutz, Betriebsbrandschutz, Feuerstätten und Rauchfänge:
Peroutka, Dipl.-Ing. Herbert, Senatsrat 254

Geschäftsgruppe E – Nachrichtenwesen, EDV, Katastrophenschutz, Wache Rathaus:
Eber, Dipl.-Ing. Hans, Oberbrandrat 255

Geschäftsgruppe F – Offiziersausbildung, Branddienst und Technischer Hilfsdienst, Aus- und Fortbildung, Planwesen:
Lerch, Dipl.-Ing. Fritz, Senatsrat 256
Stellfeld Christine, Kanzleikommissärin, Kanzleileiterin 207

Finanzwirtschaft:
Melzer Johann, Amtsrat 341, 201, 202

Wache Rathaus:
1, Rathaus .... 8880, 40 00 ...
Telefax: 40 00-99-8880
Monschein Gerhard, Brandrat 81711
Jautz, Ing. Manfred, Brandoberkommissär 81712

Feuerwehr-Museum der Stadt Wien, 1, Am Hof 7
(Sonn- und Feiertag von 9 bis 12 Uhr)

Brandschutzsektion I:
Zentralfeuerwache:
1, Am Hof 7, 9 und 10 .... 531 99 ... (Fax: 690)
Pausa, Dipl.-Ing. Eugen Michael, Oberbrandrat
Allgemeine Organisationsangelegenheiten, Presseangelegenheiten, Allgemeine Angelegenheiten des Personaleinsatzes und der Personalführung 391
Schenz, Ing. Anton, Oberbrandrat
Spezielle Organisationsangelegenheiten des Personalwesens, Dienstpostenplan, Dienstführungen . 392
Rotter, Ing. Wolfgang, Brandoberkommissär
Nachrichtentechnik 393
Ettel, Ing. Johann, Brandoberkommissär
Bauwesen, Gebäudeerhaltung, Hausverwaltung 395

Brandschutzsektion II:
Hauptfeuerwache Leopoldstadt:
2, Engerthstraße 216a .... 728 50 96 ... (Fax: 690)
Wenninger, Dr. Franz, Oberbrandrat
Bürokommunikation 391
Behounek Erwin, Brandoberkommissär
Wasserdienst, Aus- und Fortbildung der Taucher und Schiffsführer, Wasserfahrzeuge, Wasserdienstausbildung 392

Nebenwachen:
Landstraße, 3, Baumgasse 89 .. 798 29 44 ...0 (Fax: 690)
Brigittenau, 20, Brigittaplatz 11–13 ...728 50 96 ..., 411

Brandschutzsektion III:
Hauptfeuerwache Favoriten:
10, Sonnwendgasse 14 .... 604 65 20 ... (Fax: 690)
Klammer, Ing. Ernst, Brandoberkommissär
Branddienst, Geräte und Verfahren für die Brandbekämpfung, Chargenschule Branddienst 391
Treitner, Ing. Johannes, Brandoberkommissär
Fortbildung, Spezielle Einsatzformen, Sport 392
Nebenwachen:
Rudolfshügel, 10, Stefan-Fadinger-Platz 37 .... 604 65 20 ..., 411
Simmering, 11, Florian-Hedorfer-Straße 6 .... 767 10 31 ... (Fax: 690)

Brandschutzsektion IV:
Hauptfeuerwache Mariahilf:
6, Gumpendorfer Gürtel 2 ..... 597 04 81 ... (Fax: 690)
Pamlitschka, Dipl.-Ing. Raimund, Oberbrandrat
Allgemeine Angelegenheiten des vorbeugenden Brandschutzes 391
Ambrozy Ernst, Brandoberkommissär
Feuerstätten und Rauchfänge 392
Nebenwachen:
Penzing, 14, Nisselgasse 14 .... 597 04 81 ..., 411
Weidlingau, 14, Mühlbergstraße 6 .... 597 03 00 ..., 421

Brandschutzsektion V:
Hauptfeuerwache Hernals:
17, Johann-Nepomuk-Berger-Platz 12 .... 485 86 70 ... (Fax: 690)
Rath Franz, Oberbrandrat
Finanzplanung, spezielle Betriebsorganisation 391
Pober Gerhard, Brandoberkommissär
Technischer Hilfsdienst, Aus- und Fortbildung 392
Nebenwachen:
Neubau, 7, Hermanngasse 24 .... 485 86 70 ..., 411
Steinhof, 16, Johann-Staud-Straße 75 . 485 86 70 ..., 421

Brandschutzsektion VI:
Hauptfeuerwache Döbling:
19, Würthgasse 5–9 .... 368 76 66 ... (Fax: 690)
Futschek, Ing. Gerhard, Brandoberkommissär
Ausrüstungswesen, Beschaffung, Verwaltung, Instandhaltung, Werkstätten 391
Heinisch, Dipl.-Ing. Martin, Brandoberkommissär
Allgemeine Angelegenheiten des Fahrzeug-, Maschinen- und Gerätewesens; Entwicklung, Finanzen und Verwaltung 392
Nebenwachen:
Grinzing, 19, Cobenzlgasse 63 ...... 368 76 66 ..., 431
Kahlenbergerdorf, 19, Wigandgasse 25 .... 368 76 66 ..., 441
Neustift, 19, Rathstraße 37 .... 368 76 66 ..., 421

Brandschutzsektion VII:
Hauptfeuerwache Floridsdorf:
21, Josef-Brazdovics-Straße 4 ... 250 34 ... 0 (Fax: 690)
Tschöp, Dipl.-Ing. Franz, Oberbrandrat
Allgemeine Angelegenheiten der Aus- und Fortbildung, Offiziersausbildung 391
Dorfmeister, Ing. Alfred, Brandoberkommissär
Fahrzeug- und Maschinenwesen, Organisation und Information, Kfz-Werkstätte, Chargenschule Fahrdienst 392
Nebenwachen:
Am Spitz, 21, Weisselgasse 3 .... 250 34 ..., 431
Strebersdorf, 21, Strebersdorfer Platz 1 .. 250 34 ..., 411

Brandschutzsektion VIII:
Hauptfeuerwache Donaustadt:
22, Kagran, Erzherzog-Karl-Straße 170 ... 282 77 41 . (Fax: 690)
Schmid, Dipl.-Ing. Karl, Oberbrandrat
Spezielle Angelegenheiten des ÖBFV, Europareferat . 391
Mucska, Dipl.-Ing. Hans, Brandrat
Allgemeine Angelegenheiten des Umweltschutzes, Innerdienstliche Betreuung der Schadstofftruppe 392

Brandschutzsektion IX:
Hauptfeuerwache Liesing:
23, Liesing, Siebenhirtenstraße 8–10 ...... 865 13 52 ... (Fax: 690)
Burger, Ing. Johannes, Oberbrandrat
Grundsätzliche Angelegenheiten des Branddienstes: DAW, Einsatztaktik, Großeinsätze 391
Keck Richard, Brandrat
Persönliche Ausrüstung und Bekleidung 392
Nebenwachen:
Altmannsdorf, 12, Rothenburgstraße 1 .. 865 13 52 ..., 411
Speising, 13, Speisinger Straße 36 ...... 865 13 52 ..., 421

MAGISTRATSABTEILUNG 69

Rechtliche und administrative Grundstücksangelegenheiten

(Geschäftsgruppe Wohnen, Wohnbau und Stadterneuerung)

8, Lerchenfelder Straße 4, 4. Stock, Tür 404, Tel. 40 00 . . .
Telefax: 40 00–99–Nebenstelle, IBS-User: M69K
Internet e-mail: post@m69.magwien.gv.at

Grundsätzliche Angelegenheiten des Grundstückswesens.
Erwerb von Grundstücken für die Stadt Wien durch Kauf (auch im Wege von Versteigerungen), Tausch, Schenkung und sonstige Rechtsgeschäfte sowie Veräußerung städtischer Grundstücke, ausgenommen Transaktionen für die Wiener Stadtwerke und für die Auftragsverwaltung des Bundes.
Mitwirkung beim Erwerb von Grundstücken für die Stadt Wien im Erbwege.
Erwerb und Veräußerung von Grundstücken für Anstalten, Stiftungen und Fonds der Stadt Wien auf Ersuchen der für die Verwaltung dieser Einrichtungen zuständigen Dienststellen.
Bestellung und Auflösung von Baurechten auf städtischen Grundstücken sowie Verwaltung dieser Baurechte; Gewährung von Bauzinsermäßigungen.
Antragstellung auf Enteignung von Grundstücken und dinglichen Rechten für Zwecke der Stadt Wien, ausgenommen für die Wiener Stadtwerke und in der Auftragsverwaltung des Bundes; Antragstellung auf Einleitung von Zwangstausch- und Umlegungsverfahren; Vertretung der Stadt Wien in diesen Angelegenheiten vor Verwaltungsbehörden und Gerichten.
Erwerb von Superädifikaten für die Stadt Wien sowie Veräußerung städtischer Superädifikate, ausgenommen Transaktionen für die Wiener Stadtwerke und in der Auftragsverwaltung des Bundes.
Abschluß von Verwaltungsübereinkommen mit den Wiener Stadtwerken über Grundstücke.
Erwerb von Dienstbarkeitsrechten für die Stadt Wien, soweit dies nicht anderen Dienststellen vorbehalten ist.
Abschluß von Schadloshaltungsverträgen im Rahmen der Baureifmachung.
Wahrnehmung der Interessen der Gemeinde nach dem Bodenbeschaffungs- und nach dem Stadterneuerungsgesetz, soweit nicht die Magistratsabteilungen 21 A, 21 B oder 21 C zuständig sind.
Freimachung von Liegenschaften für städtische Aufgaben.
Interimistische Grundverwaltung und Erhaltung von städtischen Grundflächen, die noch nicht einem solchen Verwendungszweck zugeführt sind, der von einer fachbezogen-verwaltenden Dienststelle besorgt wird.
Grundverwaltung und Erhaltung derjeniger in Nutzung gegebenen städtischen Grundflächen, für deren Verwaltung keine andere fachbezogene Dienststelle gemäß dieser Geschäftseinteilung bestimmt ist.
Grundverwaltung und Erhaltung von unbebauten Grundflächen, die sich im Eigentum von Stiftungen befinden.
Koordination aller das städtische Kleingartenwesen betreffenden Angelegenheiten (Koordinationsstelle für städtische Kleingärten), insbesondere Mitwirkung bei der Festlegung und Auflassung von Flächenwidmungen für Kleingärten und Gartensiedlungen.
Mitwirkung an der Projektierung und Aufschließung von Kleingärten und Gartensiedlungen.
Grundverwaltung und Erhaltung der städtischen Kleingartenanlagen.
Gewährung von Krediten an Siedler, Kleingartenvereine und deren Verbände.
Erwerb und Verwaltung von Gastgewerbeberechtigungen, soweit hiefür keine andere Dienststelle zuständig ist.

Paukner, Dr. Gerhard, Senatsrat 83911
Ruhs, Dr. Karl 83912
Bruckbauer, Dr. Otto, Senatsrat 83921
Rytina, Dr. Heinz, Senatsrat 83941
Herwei, Mag. Josef, Magistratskommissär 83922
Prohaska, Mag. Michael, Magistratsoberkommissär 83982
Zausner, Mag. Martin 83983
Löwenstein Karl-Peter, Oberamtsrat 83924
Nemeth Laszlo, Oberamtsrat 83985
Riedler, Regierungsrat Josef, Oberamtsrat 83972
Zartl, Regierungsrat Franz, Oberamtsrat 83984
Bader Alfred, Amtsrat 83962
Iwanowytsch Wladimir, Amtsrat 83923
Kauf Michael, Amtsrat 83942
Soukup Hans, Amtsrat 83974
Weingärtner Karl, Amtsrat 83952
Weinlich Johann, Amtsrat 83925
Wallner Margot, Kanzleioberkommissärin,
Kanzleileiterin 83919
Sekretariat 83915
Einlaufstelle, Protokoll 83901, 83902, 83903
Schreibstelle 83905, 83906, 83907, 83908, 83909
Auskunft 8069

Gruppe I: Transaktionen
Gruppenleiterin/Gruppenleiter 83921

Verkäufe an Betriebe, Transaktionen in den Bezirken 1, 3, 4, 5 83921
Bezirke 10, 11, 23 83923
Bezirke 2, 20, 21, 22 83924
12. Bezirk 83926
Bezirke 6, 7, 8, 9, 13, 14, 15, 19, Religionsgesellschaften 83922
Bezirke 16, 17, 18 83925

Baureifmachungen in den Bezirken 1, 4, 5, 6, 7, 8, 9, 13, 14, 15, 16, 17, 18, 19, 20 83925

Baureifmachungen in den Bezirken 2, 3, 10, 11, 12, 21, 22, 23 83926

Gruppe II: Verwaltung
Gruppenleiterin/Gruppenleiter 83941

Referat Ost:
Referatsleiterin/Referatsleiter, 2. Bezirk 83942
Bezirke 20, 21 83944
22. Bezirk 83943
Außerhalb Wiens, Gast- und Schankgewerbekonzessionen 83942

Referat Mitte-West:
Referatsleiterin/Referatsleiter, Bezirke 12, 13 83952
Bezirke 1, 4, 5, 6, 7, 8, 9, 14, 15, 16 83953
Bezirke 17, 18, 19 83954

Referat Süd:
Referatsleiterin/Referatsleiter, 10. Bezirk 83962
Bezirke 3, 23 83963
11. Bezirk 83964

Kleingartenkoordinierungsstelle:
Aufgaben der Kleingartenkoordinierung, Agenden des Kleingartenbeirates und der Bezirkskleingartenkommissionen 83970
Technische Mitarbeit in Koordinierungsangelegenheiten 83971, 83977
Information 83979

Referat für Kleingartenangelegenheiten:
Referatsleiterin/Referatsleiter, Kreditvergabe an den Zentralverband und Landesverband 83972
Verwaltung in den Bezirken
2, 3, 11, 19, 21, 22 83974
10, 12, 13, 17, 18, 20, 23 83973
14, 16 83972
Technische Mitwirkung in Kleingartenangelegenheiten in den Bezirken
2, 17, 18, 19, 20, 21, 22 83976
3, 10, 11, 12, 13, 14, 16, 23 83975

Gruppe III: Projekte und Freimachungen
Gruppenleiterin/Gruppenleiter 83981

Transaktionen im Zusammenhang mit der U-Bahn ....
und sonstigen Projekten 83985

Transaktionen mit ÖBB, Bundesforste,
Post und außerhalb Wiens,
Verwaltungsübereinkommen mit WStW 83983

Transaktionen mit Bund
(außer Bundesbetriebe) 83982

Baurechtsbestellungen einschließlich Bauplatzschaffung, Baurechtsauflösungen,
Wohnbauaktionen 83984

Freimachungsangelegenheiten 83987

Freimachung von Wohnungen 83988

Werkmeisterin/Werkmeister 83989

MAGISTRATSABTEILUNG 70

Rettungs- und Krankenbeförderungsdienst der Stadt Wien

(Geschäftsgruppe Gesundheits- und Spitalswesen)

3, Radetzkystraße 1, Tel. 450 . . ., 711 19 . . ., Notruf: 144, Krankentransport: 717 18
Telefax: 711 19–2009, IBS-User: M70RETK
Internet e-mail: post@m70.magwien.gv.at

Administrative Angelegenheiten des Rettungs- und Krankenbeförderungsdienstes der Stadt Wien.
Grundverwaltung und Erhaltung der Einrichtungen des Rettungs- und Krankenbeförderungsdienstes der Stadt Wien, soweit dafür nicht eine andere Dienststelle zuständig ist.
Führen des Rettungs- und Krankenbeförderungsdienstes der Stadt Wien; Koordination des öffentlichen Rettungs- und Krankenbeförderungsdienstes mit vergleichbaren privaten Einrichtungen.
Mitwirkung beim Abschluß von Verträgen über Transportgebührenersätze mit Sozialversicherungsträgern und anderen Institutionen.
Vorschreibung und Einhebung der Transportkosten des Rettungs- und Krankenbeförderungsdienstes der Stadt Wien.
Betriebstechnik des Rettungs- und Krankenbeförderungsdienstes der Stadt Wien, soweit dafür nicht eine andere Dienststelle zuständig ist.
Fachspezifische Fort- und Weiterbildung.
Dienstaufsicht über das zugeteilte Personal, soweit es nicht der Dienstaufsicht des Magistratsdirektors untersteht.

Kaff, Dr. Alfred, Chefarzt 2000, 2001
Sekretariat 2006
Segall, Dr. Bernhard, Chefarzt-Stellvertreter 2001
Preselmaier Willibald, Oberamtsrat,
administrativer Leiter 2010, 2011
Sekretariat 2016
Kilnhofer Gerald, Kanzleioffizial 2020
Winkler Anna, Verwaltungsoberkommissärin 2030
Erhart Willibald, Kanzleioberkommissär 2025
Teich Renate, Amtsrätin 2050
Riepl Dieter, Betriebskontrollor 2370, 2371
Szelesy Christa, Kanzleioffizialin,
Kanzleileiterin 2019

Suchauskunft Rettungsdienst 71119
Stationsleiterin/Stationsleiter 2040, 2041, 2042
Bettenanfrage 2501
Referat Apotheke 2001
Referat Katastrophenmedizin 2006
Referat Fortbildung 2006
Referat Journalarzt 2044
Referat Betriebsarzt 2078
Referat Personal, Leiterin/Leiter 2020
Fax-Personalstelle 2099
Allgemeine Personalangelegenheiten 2021
Ärztliche Personalangelegenheiten 2022
Absenzen 2023
Referat Transportgebühren, Leiterin/Leiter 2050
Telefax: 2069
Sachbearbeiterin/Sachbearbeiter A–H 2051
Sachbearbeiterin/Sachbearbeiter I–Q, Unbekannte .. 2052
Sachbearbeiterin/Sachbearbeiter R–Z 2053, 2059
Sachbearbeiterin/Sachbearbeiter Krankenkassenabrechnung 2060, 2061
Sachbearbeiterin/Sachbearbeiter Zwischentransportverrechnung 2058

Referat Werkstätte und Fuhrpark 2370, 2371
Telefax: 2375

Referat Einkauf und Wirtschaft 2030, 2031, 2032

Referat Kassa und Budget 2025, 2026

Rettungsstationen:

Zentrale, 3, Radetzkystraße 1 2200
Arsenal, 3, Arsenalstraße 7 2300
Mariahilf, 6, Mariahilfer Gürtel 20 2800
Favoriten (August-Motz-Rettungsstation),
10, Grenzackerstraße 1 2600
Penzing, 14, Baumgartner Straße 3100
Hernals, 17, Lidlgasse 7 3000
Brigittenau, 20, Gerhardusgasse 1–5 3200
Floridsdorf, 21, Schöpfleuthnergasse 14–16/1 3400
Leopoldau, 21, Josef-Brazdovics-Straße 3500
Aspern, 22, Wimpffengasse 8 3600
Atzgersdorf, 23, Brunner Straße 3–5 2700

Nur für Krankentransporte:

Sanitätsstationen:
Arsenal, 3, Hüttenbrennergasse 4 2400
Hernals, 17, Gilmgasse 18 2900

Technische Betriebsleitung:
12, Pirkebnerstraße 2–4 .... 815 74 87 . . .
Telefax: 815 74 87–14
Sellmeister, Ing. Friedrich, Techn. Oberamtsrat 12
Zelniker, Dipl.-Ing. Dr. Kazimierz 22
Michlits, Ing. Werner, Sicherheitsbeauftragter 25
Pesserl Erich, Werkmeister 17
Mayerhofer Herbert, Werkmeister 19
Tertsch Liselotte, Kanzleikommissärin 11
Schreibstelle 162

MAGISTRATSABTEILUNG FÜR KRANKENANSTALTENFINANZIERUNG, WIENER KRANKENANSTALTENFINANZIERUNGSFONDS

(Geschäftsgruppe Finanzen, Wirtschaftspolitik und Wiener Stadtwerke)

1, Schottenring 24, Tel. 531 14 . . .
Telefax: 531 14–99–84200, IBS-User: MAKA
Internet e-mail: post@mak.magwien.gv.at

Wahrnehmung der Aufgaben der Geschäftsstelle des Wiener Krankenanstaltenfinanzierungsfonds, insbesondere auch der dem Fonds durch das Wiener Krankenanstaltengesetz übertragenen Agenden im Bereich der wirtschaftlichen Aufsicht über Fonds-Krankenanstalten sowie der Beitragsleistungen zum Betriebsabgang öffentlicher Krankenanstalten, deren Rechtsträger nicht die Stadt Wien ist.

Angelegenheiten des Klinischen Mehraufwandes (einschließlich der Bundes-Hebammenakademie) nach dem Krankenanstaltengesetz-KAG.

Festsetzung der Pflege- und Anstaltsgebühren, der Pflegegebühren für Begleitpersonen, der Kostenbeiträge, der tatsächlichen Untersuchungs- und Behandlungskosten gemäß § 51 Abs. 2 Wiener Krankenanstaltengesetz und der Behandlungsbeiträge gemäß § 51 a Wiener Krankenanstaltengesetz für die Wiener öffentlichen Krankenanstalten.

Festsetzung der Pflegeentgelte für die Wiener städtischen Pflegeheime.

Festsetzung der Transportgebühren für die Inanspruchnahme des Rettungs- und Krankenbeförderungsdienstes der Stadt Wien und Festsetzung der Gebühren für die Bereitstellung einer Rettungsambulanz oder eines Arztes.

Abschluß von Verträgen über Pflegegebühren-, Transportgebühren- und sonstige Kostenersätze mit Sozialversicherungsträgern und anderen Institutionen.

Blaha, Mag. Martina, Magistratsrätin 84201
(Gruppenleiter:
Scharitzer, Dr. Gerhard, Finanzdirektor,
→ Seite I/35)
Kroneder, Mag. Gerald,
Magistratskommissär 84202
Grill Michael,
Verwaltungsoberkommissär 84231
Thüringer Andreas,
Verwaltungsoberkommissär 84221
Gehringer Andreas, Verwaltungsoffizial 84222
Simacek Anna, Kanzleikommissärin,
Kanzleileiterin 84209
Kanzlei und Einlaufstelle 84211, 84212

Geschäftsstelle des Wiener Krankenanstalten-finanzierungsfonds:
Thüringer Andreas,
Verwaltungsoberkommissär 84221
Gehringer Andreas,
Verwaltungsoffizial 84222
Sachbearbeiterinnen/Sachbearbeiter 84224, 84225, 84226, 84227

Gruppe Klinischer Mehraufwand, Gebühren:
Grill Michael,
Verwaltungsoberkommissär 84231
Sachbearbeiterin/Sachbearbeiter 84234

WIENER KRANKENANSTALTENVERBUND

(Geschäftsgruppe Gesundheits- und Spitalswesen)

1, Schottenring 24, 3. Stock, Tür 349, Tel. 531 14 . . .
Telefax: 531 14–99–66011, IBS-User: KAVA

Führen der städtischen Krankenanstalten, der Pflegeheime und der Anstaltsapotheken.

Administrative Angelegenheiten, Grundverwaltung und Erhaltung der städtischen Krankenanstalten, der angeschlossenen Einrichtungen und der Pflegeheime.

Forschungen auf dem Gebiet der medizinischen Betreuung im Rahmen der von den zuständigen Gemeindeorganen genehmigten Projekte sowie Publikation der Forschungsergebnisse und Abwicklung internationaler Kooperationen im Rahmen dieser Projekte.

Grundverwaltung, Erhaltung und Führen der Serviceeinheit Wäsche und Reinigung.

Grundverwaltung und Erhaltung der Krankenpflegeschulen und der den Krankenanstalten zugeordneten Personalwohnheime; Führen der Krankenpflegeschulen; Erhaltung und Führen der medizinisch-technischen Akademien und der Schule des medizinisch-technischen Fachdienstes.

Führen des Zentrums für Fort- und Sonderausbildung.

Fachspezifische Aus- und Fortbildung einschließlich der Herausgabe von Skripten für die Bediensteten im Bereich der städtischen Krankenanstalten und Pflegeheime.

Genehmigung der Teilnahme Bediensteter an Aus- und Fortbildungsveranstaltungen.

Genehmigung von Dienst- und Studienreisen.

Zuerkennung von Entschädigungen gemäß § 10 Abs. 2 der Reisegebührenvorschrift (Kilometergeld).

Mitwirkung bei der Festsetzung der Pflege- und Anstaltsgebühren, der Pflegegebühren für Begleitpersonen, der Kostenbeiträge, der tatsächlichen Untersuchungs- und Behandlungskosten gemäß § 51 Abs. 2 Wiener Krankenanstaltengesetz und der Behandlungsbeiträge gemäß § 51a Wiener Krankenanstaltengesetz.

Mitwirkung bei der Festsetzung der Pflegeentgelte für die Wiener städtischen Pflegeheime.

Mitwirkung beim Abschluß von Verträgen über Pflegegebühren und sonstige Kostenersätze mit Sozialversicherungsträgern und anderen Institutionen.

Anordnung und Rechnungslegung sowie Bareinhebung von Forderungen der städtischen Krankenanstalten und Pflegeheime mit Ausnahme des Streitverfahrens in Sozialhilfeangelegenheiten.

Vertretung der Stadt Wien als Rechtsträger der Anstalten bzw. als Träger der Sozialhilfe zur Hereinbringung der Spitalsforderungen für alle städtischen Krankenanstalten und Pflegeheime vor Gerichten und Verwaltungsbehörden.

Bestätigung der Vollstreckbarkeit von Rückstandsausweisen für Pflege- und Sondergebühren einer öffentlichen Krankenanstalt.

Mitteilungen an das Gericht über die Schutzbedürftigkeit von Personen zum Zweck der Sachwalterbestellung.

Beschaffung, Zuweisung und Instandhaltung der sachlichen Erfordernisse für die städtischen Krankenanstalten und Pflegeheime, einschließlich der Bedarfsprüfung und Verbrauchsüberwachung, ausgenommen in den Fällen, in denen der Magistratsdirektor diese Kompetenzen einer anderen Dienststelle zugewiesen hat.

Organisation der getrennten Sammlung von wiederverwertbaren Stoffen und Problemstoffen im Bereich der städtischen Krankenanstalten und Pflegeheime.

Erwerb und Verwaltung von Gastgewerbeberechtigungen in den städtischen Krankenanstalten und Pflegeheimen.

Vorbereitung der Benennung der Einrichtungen, Gebäude und Anlagen im Bereich der städtischen Krankenanstalten und Pflegeheime.

Planung und Errichtung von Neu- und Zubauten, Durchführung von Umbauten, baulichen Änderungen und Abbrüchen sowie Erhaltung der Bauobjekte im Bereich der städtischen Krankenanstalten und Pflegeheime.

Betriebsführung und laufende Erhaltung aller Anlagen im Bereich der städtischen Krankenanstalten und Pflegeheime.

Planung, Errichtung, Installation, Betriebsführung, Erhaltung und Begutachtung von wärme-, kälte-, lüftungs-, klima- und sonstigen maschinentechnischen Anlagen aller Art im Bereich der städtischen Krankenanstalten und Pflegeheime.

Planung, Errichtung, Installation, Betriebsführung, Erhaltung und Begutachtung von haus-, fernmelde- und medizintechnischen Einrichtungen und Anlagen, Gas- und Wasseranlagen aller Art samt den zugehörigen Geräten, Maschinen und dem Installationsmaterial für den Bereich der städtischen Krankenanstalten und Pflegeheime.

Periodische Überprüfung aller Elektrogeräte in den städtischen Krankenanstalten und Pflegeheimen.

Betrieb der privateigenen Elektroanlagen der Stadt Wien im Bereich der städtischen Krankenanstalten und Pflegeheime.
Herausgabe von Druckwerken sowie Durchführung von Informationsveranstaltungen und -ausstellungen im Einvernehmen mit der Magistratsabteilung 53.
Ausarbeitung von Arbeitszeitregelungen, soweit nicht die Magistratsabteilung 1 zuständig ist.
Erstattung von Vorschlägen und Vorbereitung der Aufnahme von Bediensteten in das öffentlich-rechtliche oder privatrechtliche Dienst-(Lehr-)Verhältnis.
Werbung von Schülern für Schulen nach dem Krankenpflegegesetz und nach dem MTD-Gesetz.
Für den Bereich der elektronischen Datenverarbeitung unter Einbindung der Informations- und Kommunikationstechnologie hinsichtlich der städtischen Krankenanstalten und Pflegeheime, der Magistratsabteilungen 15, 47 und 70 sowie der Wiener Patientenanwaltschaft:
Organisation,
Angelegenheiten der Normierung und Vereinheitlichung von technischen Einrichtungen und von Daten-, Programm- und Organisationsstrukturen,
Vorbereitung und Durchführung der Automatisierung von Verwaltungsvorgängen,
Vorbereitung des Abschlusses und Abschluß von Verträgen,
Erstellung von Gutachten über die Auflage von EDV-Drucksorten,
Vergabe von Aufträgen,
Fachaufsicht,
Zuerkennung von EDV-Zulagen,
Vorgaben für die Planung und Entscheidung über die technische Ausführung der Kommunikationseinrichtungen und -netze,
Anschaffung der Hardware (einschließlich der Inbetriebnahme) und der Software für den Bereich der städtischen Krankenanstalten und Pflegeheime und Genehmigung der Anschaffung bzw. Anschaffung (einschließlich der Genehmigung der Inbetriebnahme) hinsichtlich der Magistratsabteilungen 15, 47 und 70 sowie der Wiener Patientenanwaltschaft,
Koordination der internen organisatorischen und technischen Maßnahmen sowohl innerhalb der Dienststelle als auch zwischen den Dienststellen der Geschäftsgruppe Gesundheits- und Spitalswesen sowie der Wiener Patientenanwaltschaft und mit Einrichtungen außerhalb der Geschäftsgruppe, soweit es den eigenen Aufgabenbereich betrifft.
Dienstaufsicht über das zugeteilte Personal, soweit es nicht der Dienstaufsicht des Magistratsdirektors oder der Magistratsabteilung 68 untersteht.

Generaldirektion

Hauke, Univ.-Prof. Dkfm. Dr. Eugen,
Generaldirektor 66011
Kaspar, Dr. Ludwig, Primarius,
Generaldirektor-Stellvertreter 66061
Höller, Dr. Gerhard, Obersenatsrat 66201
Aumayr, Dipl.-Ing. Josef, Senatsrat 66501
Kreidl, Mag. Dkfm. Friedrich, Senatsrat 66701
Mittheisz, Dipl.-Ing. Johann, Senatsrat 66601
Dobner, Dr. Walter, Obermagistratsrat 66801
Gerold, Mag. Dr. Wolfgang, Oberpharmazierat 66331
Gumpinger, Dipl.-Ing. Ingrid, Stadtbaurätin 66571
Huemer, Dipl.-Ing. Meinrad, Oberstadtbaurat 66512
Olensky, Dipl.-Ing. Erwin, Obermagistratsrat 66321
Sura, Mag. Reinhard, Obermagistratsrat 66802
Hanzl, Dr. Susanne, Magistratsrätin 66891
Leeb, Dr. Alexandra, Magistratsrätin 66302
Marzi, Mag. Leopold-Michael, Magistratsrat 66803
Artlieb, Dr. Ulrike 66031
Bacher, Dr. Sylvia . . . . . 910 60 . . ., 16022
Baumann, Mag. Manuela 66023
Cernelic, Dkfm. Gerhard 66713
Fritsche, Mag. Dr. Barbara 66333
Hardt-Stremayr, DDr. Erika 66834
Herbek, Dr. Susanne 66301
Kacerovsky, Mag. Petra 66804
Kaiser, Dipl-Ing. Dr. Robert 66521
Klopf, Dipl.-Ing. Franz 66721
Mitsch, Mag. Charlotte 66892
Möller, Dr. Barbara 66303
Schnäbele, Mag. Heinrich 66741
Schwarz, Mag. Gerhard 66751
Swoboda, Dr. Christine 66822
Taferner, Mag. Margit 66605
Wakolbinger, Mag. Christine 66893
Wieselthaler, Ing. Christine 66222
Zwiefler, Mag. Andreas 66334
Havel, Ing. Peter, Techn. Oberamtsrat 66513
Klausbruckner, Prof. Ing. Bruno,
Techn. Oberamtsrat 66541
Payer Bernd, Oberamtsrat 66111
Urbanek Karl, Oberamtsrat 66221
Wansch Friedrich, Oberamtsrat 66121
Bieglmayer Fritz, Amtsrat 66602
Czech Margarete, Amtsrätin 66322
Faber Reinhard, Amtsrat 66171
Fischer Gerhard, Amtsrat 66524
Friedl, Ing. Helmut, Amtsrat 66722
Hawelka Gerhard, Amtsrat 66223
Kainberger, Ing. Peter, Techn. Amtsrat 66561
Keindl Willmar, Amtsrat 66151
Kotrba Brigitte, Amtsrätin 66231
Luttenfeldner Ingrid, Amtsrätin 66743
Mayer Rudolf, Amtsrat 66742
Mejstrik, Ing. Wilhelm, Techn. Amtsrat 66531
Miedler Rainer, Amtsrat 66191
Nentwich, Ing. Herbert, Techn. Amtsrat 66542
Rapouch Peter, Amtsrat 66224
Umissa Herbert, Amtsrat 66724
Valev Rayna, Amtsrätin 66714
Werner Friedrich, Amtsrat 66065
Brzezowsky Roman, Verwaltungsoberkommissär 66025
Evangelisti Waltraud,
Verwaltungsoberkommissärin 66181
Limbeck Günter, Verwaltungsoberkommissär 66066
Schneider Gudrun, Verwaltungskommissärin 66024
Pall Elisabeth, Leitende Oberassistentin 66311
Staudinger Charlotte, Generaloberin 66401
Degendorfer Erika, Oberin 66411
Ernst Margit, Oberin 66821
Magenbauer Irma, Oberin 66421
Polat-Firtinger Judith, Oberin 66431

Büro des Generaldirektors:
Ehmig Renate 66019
Baumann, Mag. Manuela 66023
Brzezowsky Roman, Verwaltungsoberkommissär 66025
Schneider Gudrun, Verwaltungskommissärin 66024
Telefax: 531 14–99–66011

Büro des Generaldirektor-Stellvertreters:
Werner Friedrich, Amtsrat 66065
Limbeck Günter, Verwaltungsoberkommissär 66066
Telefax: 531 14–99–66061

Kanzlei:
Hutterer Erich, Kanzleioberkommissär,
Kanzleileiter 66081
Kanzlei 66082
Telefax: 531 14–99–66081

Öffentlichkeitsarbeit:
Artlieb, Dr. Ulrike 66031
Telefax: 531 14–99–66031

Organisationsentwicklung:
Ernst Margit, Oberin 66821
Swoboda, Dr. Christine 66822
Hardt-Stremayr, DDr. Erika 66834
Telefax: 531 14–99–66821

Rechtsbüro:
Dobner, Dr. Walter, Obermagistratsrat 66801
Marzi, Mag. Leopold-Michael, Magistratsrat 66803
Sura, Mag. Reinhard, Obermagistratsrat 66802

Kacerovsky, Mag. Petra 66804
Telefax: 531 14-99-66800

Controlling:
dzt. unbesetzt 66250

Interne Revision:
Schwarz, Mag. Gerhard 66751
Telefax: 531 14–99–66709

Abteilung Personal:
dzt. unbesetzt 66101
Dobner, Dr. Walter, Obermagistratsrat 66801
Telefax: 531 14–99–66100

Bereich Personalbetreuung und -verwaltung:
Payer Bernd, Oberamtsrat 66111
Wansch Friedrich, Oberamtsrat 66121
Keindl Willmar, Amtsrat 66151
Telefax: 531 14–99–66111

Bereich Personalentwicklung:
Faber Reinhard, Amtsrat 66171
Evangelisti Waltraud, Verwaltungsoberkommissärin . 66181
Telefax: 531 14–99–66171

Bereich Personalplanung und -controlling:
Miedler Rainer, Amtsrat 66191
Telefax: 531 14–99–66191

Schulpsychologische Beratungsstelle:
Hanzl, Dr. Susanne, Magistratsrätin 66891
Mitsch, Mag. Charlotte 66892
Wakolbinger, Mag. Christine 66893
Telefax: 531 14–99–66890

Direktion Kranken- und Altenpflege:
Staudinger Charlotte, Generaloberin 66401
Degendorfer Erika, Oberin 66411
Magenbauer Irma, Oberin 66421
Polat-Firtinger Judith, Oberin 66431
Telefax: 531 14–99–66400

Abteilung Wirtschaft:
Kreidl, Mag. Dkfm. Friedrich, Senatsrat 66701
Telefax: 531 14–99–66709

Bereich Einkauf/Dienstleistungen:
Klopf, Dipl.-Ing. Franz 66721
Friedl, Ing. Helmut, Amtsrat 66722
Umissa Herbert, Amtsrat 66724

Bereich Betriebliches Rechnungswesen:
Schnäbele, Mag. Heinrich 66741
Mayer Rudolf, Amtsrat 66742
Luttenfeldner Ingrid, Amtsrätin 66743

Bereich Betriebswirtschaft:
Cernelic, Dkfm. Gerhard 66713
Valev Rayna, Amtsrätin 66714

Direktion Technik und Bauten:
Aumayr, Dipl.-Ing. Josef, Senatsrat 66501

Bereich Medizintechnik:
Kaiser, Dipl.-Ing. Dr. Robert 66521
Fischer Gerhard, Amtsrat 66524

Bereich Betriebsorganisation:
Mejstrik, Ing. Wilhelm, Techn. Amtsrat 66531

Bereich Arbeitnehmerschutz, Brand- und Katastrophenschutz:
Kainberger, Ing. Peter, Techn. Amtsrat 66561

Bereich Umweltschutz, Abfallbehandlung und Fuhrpark:
Klausbruckner, Prof. Ing. Bruno, Techn. Oberamtsrat 66541
Nentwich, Ing. Herbert, Techn. Amtsrat 66542

Bereich Bau- und Haustechnik:
Huemer, Dipl.-Ing. Meinrad, Oberstadtbaurat 66512
Havel, Ing. Peter, Techn. Oberamtsrat 66513

Bereich Architektur:
Gumpinger, Dipl.-Ing. Ingrid, Stadtbaurätin 66571

Abteilung Medizin:
Kaspar, Dr. Ludwig, Primarius, Generaldirektor-Stellvertreter 66061
Herbek, Dr. Susanne 66301
Telefax: 531 14–99–66301

Bereich Medizin:
Herbek, Dr. Susanne 66301
Leeb, Dr. Alexandra, Magistratsrätin 66302
Möller, Dr. Barbara 66303

Bereich Medizinisch-technische Dienste:
Pall Elisabeth, Leitende Oberassistentin 66311

Bereich Pharmazie:
Gerold, Mag. Dr. Wolfgang, Oberpharmazierat 66331
Fritsche, Mag. Dr. Barbara 66333

Zwiefler, Mag. Andreas 66334
Telefax: 531 14–99–66331

Bereich Medizinische Dokumentation und Statistik:
Olensky, Dipl.-Ing. Erwin, Obermagistratsrat 66321
Czech Margarete, Amtsrätin 66322
Telefax: 531 14–99–66321

Bereich Arbeitsmedizin:
Bacher, Dr. Sylvia . . . . 910 60 . . ., 16022

Abteilung Finanz:
Höller, Dr. Gerhard, Obersenatsrat 66201
Telefax: 531 14-99-66201

Bereich Gebühren:
Kotrba Brigitte, Amtsrätin 66321

Bereich Budget:
Urbanek Karl, Oberamtsrat 66221
Hawelka Gerhard, Amtsrat 66223
Rapouch Peter, Amtsrat 66224
Wieselthaler, Ing. Christine 66222

Abteilung EDV:
Mittheisz, Dipl.-Ing. Johann, Senatsrat 66601
Bieglmayer Fritz, Amtsrat 66602
Taferner, Mag. Margit 66605
Telefax: 531 14–99–66601

Katastrophenjournaldienst (rund um die Uhr) 6600

Wiener Krankenanstaltenverbund – Automatische Datenverarbeitung

3, Viehmarktgasse 5, Tel. 795 14 . . .
Telefax: 795 14–7193

Sack, Dipl.-Ing. Heinz, Obersenatsrat 78011

Stabsstelle Personal und Ausbildung:
Hobertstorfer-Scheidl Danielle,
Verwaltungsoberkommissärin 78031

Stabsstelle Technisches Labor:
Tomaschek Karl 78021

Stabsstelle Zentrale Dienste und Sonderprojekte:
Gaber Monika, Amtsrätin 78111

Dezernat Entwicklung:
Hurch, Dr. Martin, Magistratsrat 78211

Gruppe Produktentwicklung:
Schweda, Ing. Peter, Techn. Oberkommissär 78221

Datenspeicherung und Datenzugriff:
Auer, Ing. Robert 78231

Portable Basissoftware, Grundlagen- und Modulentwicklung I:
Kaiser Iris, Verwaltungsoberkommissärin 78251

Portable Basissoftware, Grundlagen- und Modulentwicklung II:
Huber, Dipl.-Ing. Manfred,
Magistratsoberkommissär 78281

Anwendungsentwicklung:
Hölzl, Mag. Konrad, Magistratsrat 78291

Gruppe Produktmanagement:
Wenninger, Mag. Dipl.-Ing. Winfried, Oberstadtbaurat 78311

Datenauswertung und Datenkontrolle:
Polaczek Hildegunde 78321

Produktdokumentation und Produktwerkzeuge:
Habla Thomas, Verwaltungsoberkommissär 78341

SW-Releasemanagement und Qualitätssicherung:
Wenninger, Mag. Dipl.-Ing. Winfried,
Oberstadtbaurat 78311

Dezernat Organisation:
Tomaschek, Dipl.-Ing. Carole, Senatsrätin 78411

Technologie Support:
Mauer Ewald 78581

Implementierung Support:
Geyer, Dipl.-Ing. Eva, Magistratsoberkommissärin . 410 . . .,
404 00 . . ., 5076

Gruppe Projekte Gesundheitswesen I:
Wiedner Volker 78461

Projekte Gesundheitswesen I1:
Schuster Günter, Verwaltungsoberkommissär 78471

Projekte Gesundheitswesen I2:
Neutzner, Ing. Theodor, Techn. Kommissär 78491

Projekte Gesundheitswesen I3:
Kukla Peter, Verwaltungsoffizial . . . . 531 14 . . ., 87334

Gruppe Projekte Gesundheitswesen II:
Kramer, Dipl.-Ing. Dietmar, Oberstadtbaurat 78551

Projekte Gesundheitswesen II1:
Fischl Edeltraud . . . . 610 . . ., 404 00 . . ., 5067

Projekte Gesundheitswesen II2:
Burka-Nebel Karin 78602

Projekte Gesundheitswesen II3:
Kramer, Dipl.-Ing. Dietmar, Oberstadtbaurat 78551

Gruppe Projekte III:
Ott Angelika, Verwaltungsoberkommissärin 78511

Projekte III1:
Wildpert, Dipl.-Ing. Anton, Magistratsrat 78521

Projekte III2:
Ott Angelika, Verwaltungsoberkommissärin 78511

Projekte III3:
Ott Angelika, Verwaltungsoberkommissärin 78511

Dezernat Qualitätsmanagement:
Kaufmann, Dr. Peter 78701

Interne Koordination und strategisches Controlling:
Reiter, Mag. Anna, Magistratsrätin . . . . 610 . . .,
404 00 . . ., 5078

Gruppe Softwaremanagement:
Valenta, Ing. Gerald, Techn. Amtsrat 78721

Rechenzentrum HGA:
Linauer Friedrich, Verwaltungs-
oberkommissär . . . . 531 14 . . ., 87387

Software Distribution und Lizenzmanagement:
Spitzer, Ing. Günther, Techn. Oberkommissär 78761

Wienweites Netz und zentrale Systeme:
Mayerhofer, Ing. Herbert, Techn. Kommissär 78791

Gruppe Software Engeneering:
Wölfl, Dipl.-Ing. Dr. Peter ...... 610 . . ., 404 00 . . ., 5056

Gruppe Planung und Consulting:
Albrecht, Ing. Georg, Techn. Amtsrat 78711

Standards und Design:
Kuhn Angelika, Stationsassistentin 610 . . ., 404 00 . . ., 5070

Quality und Test:
Kreuter, Ing. Heinrich, Techn. Oberkommissär 78361

Tools und Services:
Hager Rega, Verwaltungsoffizialin .... 610 . . ., 404 00 . . ., 5083

Releasemanagement und Modellspital:
Brezina, Ing. Reinhard, Techn. Oberkommissär 78751

Gruppe Planung:
Albrecht, Ing. Georg, Techn. Amtsrat 78711

Produktmanagement und Lagerlogistik:
Tschenscher, Ing. Erich 78051

Consulting und Sonderprojekte:
Böshönig Martin, Verwaltungsoffizial 78851

Netzwerk:
Strobl, Ing. Gerald,
Techn. Oberkommissär 78801

Gruppe System- und Netzwerkgrundlagen:
Schlosser, Ing. Erich 78022

PC-Grundlagen:
Schlosser, Ing. Erich 78022

VMS-Grundlagen:
Panholzer, Ing. Robert,
Techn. Oberkommissär 78731

Netz-Grundlagen:
Schlosser, Ing. Erich 78022

Internet und Connectivity:
Wanasek Thomas, Verwaltungsoffizial 78561

Gruppe Assistenz und Kundenservice:
Schrefl Werner 78421

Kundenbetreuung:
Schrefl Werner 78421

Kanzlei:
Schrefl Werner 78421

Gruppe Betriebssteuerung:
Hrdina Karl, Techn. Oberamtsrat 78041

Einkauf:
Leckel Gerhard, Verwaltungsoberkommissär 78071

Finanzen:
Untenecker Josef, Amtsrat 78081

Zentrale Störungsannahme
Gesundheitsbereich 7800

Krankenanstalten:

Kaiser-Franz-Josef-Spital der Stadt Wien
10, Kundratstraße 3, Tel. 612 . . ., 601 91 . . .
Telefax: 601 91–1929
(Besuchszeiten: täglich von 13.30 bis 15 Uhr und von 17.30 bis 19 Uhr)

Ärztliche Direktorin: *Endler, Dr. Margit* 1301
Verwaltungsdirektor: *Suchanek Walter,* Oberamtsrat ... 1001
Technischer Direktor: *Degendorfer, Ing. Johann,*
Techn. Oberkommissär 1501
Direktor des Pflegedienstes: *Kopinits Anton,*
Pflegevorsteher 1401
Abteilung Wirtschaft: *Artlieb Eva,*
Amtsrätin 1011
Abteilung Personal: *Grabner Doris,* Oberamtsrätin ... 1152
Abteilung Finanz: *Auer Heribert,*
Verwaltungsoberkommissär 1201
Abteilung EDV-Informatik:
Kratochvila, Ing. Mag. Christian,
Magistratsoberkommissär 5860

1. Medizinische Abteilung: *Leithner, Dr. Christian,* Univ.-Prof., Primarius; *Hupka, Dr. Johannes,* Oberarzt; *Schwarzer, Dr. Christian,* Oberarzt; *Berger, Dr. Elisabeth,* Oberärztin; *Ehmig, Dr. Erich,* Oberarzt; *Udvardi, Dr. Gerald,* Anstalts-Oberarzt; *Rosner, Dr. Michael,* Oberarzt; *Winkelmayer, Dr. Wolfgang,* Oberarzt
2. Medizinische Abteilung: *Bröll, Dr. Johann,* Univ.-Prof., Primarius; *Prokesch, Dr. Herta,* Oberärztin; *Kaik, Dr. Brigitte,* Oberärztin; *Jackwert, Dr. Gerald,* Oberarzt; *Peichl, Dr. Peter,* Oberarzt; *Frühwirth, Dr. Michael,* Oberarzt
3. Medizinische Abteilung: *Dittrich, Dr. Christian,* Univ.-

Prof., Primarius; *Pont, Dr. Jörg,* Univ.-Doz., Anstalts-Oberarzt; *Kraus, Dr. Rosa,* Oberärztin; *Kienzer, Dr. Heinz-Roland,* Oberarzt; *Postner, Dr. Gerhard,* Oberarzt

4. Medizinische Abteilung: *Pichler, Dr. Hannes,* ao. Univ.-Prof., Primarius; *Wallis, Dr. Ernst,* Oberarzt; *Thaller, Dr. Franz,* Oberarzt; *Stickler, Dr. Karl,* Oberarzt; *Lenhart, Dr. Viktor,* Oberarzt; *Seiberl, Dr. Gertrude,* Oberärztin; *Laferl, Dr. Hermann,* Oberarzt
5. Medizinische Abteilung: *Weber, Dr. Heinz,* Univ.-Prof., Primarius; *Landesmann, Dr. Brigitte,* Oberärztin; *Prohaska, Dr. Harald,* Oberarzt; *Marko, Dr. Christiane,* Oberärztin; *Budschedl, Dr. Erich,* Oberarzt

Chirurgische Abteilung: *Karner, Dr. Josef,* Univ.-Doz., Primarius; *Pratschner, Dr. Thomas,* Oberarzt; *Exner, Dr. Wolfram,* Oberarzt; *Sellner, Dr. Franz,* Univ.-Doz., Oberarzt; *Müller, Dr. Wolfgang,* Oberarzt; *Weiser, Dr. Friedrich,* Oberarzt; *Dossi, Dr. Johannes,* Anstalts-Oberarzt und Fachinternist; *Spießberger, Dr. Alois,* Oberarzt; *Horvath, Dr. Manfred,* Oberarzt

Gynäkologisch-geburtshilfliche Abteilung: *Gruber, Dr. Walther,* Univ.-Prof., Primarius; *Hartl, Dr. Winfried,* Oberarzt; *Stark, Dr. Ami,* Oberarzt; *Pleban, Dr. Rainer,* Oberarzt; *Wais, Dr. Günter,* Oberarzt; *Fenzl, Dr. Elisabeth,* Oberärztin; *Friedl, Dr. Gertraude,* Oberärztin

Hals-, Nasen- und Ohrenabteilung: *Wicke, Dr. Wolfram,* Univ.-Doz., Primarius; *Czadilek, Dr. Adalbert,* Oberarzt; *Swoboda, Dr. Eva,* Oberärztin; *Sabler, Dr. Peter,* Oberarzt; *Maly, Dr. Margot,* Oberärztin und Fachinternistin; *Wieser, Dr. Andrea,* Oberärztin

Urologische Abteilung: *Höltl, Dr. Wolfgang,* Univ.-Prof., Primarius; *Swoboda, Dr. Gottfried,* Oberarzt; *Julcher, Dr. Hans,* Oberarzt; *Tomschi, Dr. Werner,* Oberarzt; *Birkhan, Dr. Helga,* Oberärztin; *Kassati, Dr. Liane,* Oberärztin

Institut für Radioonkologie: *Schratter-Sehn, Dr. Annemarie,* Univ.-Doz., Primaria; *Zach, Dr. Malgorzata,* Oberärztin; *Brinda-Raitmayr, Dr. Karin,* Oberärztin

Neurologische Abteilung: *Grisold, Dr. Wolfgang,* Univ.-Prof., Primarius; *Hitzenberger, Dr. Peter,* Oberarzt; *Hänsel, Dr. Yvonne,* Oberärztin; *Senautka, Dr. Gabriele,* Oberärztin; *Lindner, Dr. Klaus,* Oberarzt

Zentralröntgeninstitut: *Kumpan, Dr. Wolfgang,* Univ.-Doz., Primarius; *Krammer, Dr. Christine,* Oberärztin; *Sellner, Dr. Yolanthe,* Oberärztin; *Wilde-Winter, Dr. Erika,* Oberärztin; *Karnel, Dr. Franz,* Oberarzt; *Strau, Dr. Günther,* Oberarzt; *Kienzer, Dr. Gabrielle,* Oberärztin
Telefax: 601 91–282

Institut für physikalische Medizin: *Müller, Dr. Michael,* Primarius; *Biowski, Dr. Ilse,* Anstalts-Oberärztin; *Biowski, Dr. Peter,* Oberarzt

Pathologisch-bakteriologisches Institut: *Klimpfinger, Dr. Martin,* Univ.-Doz., Primarius; *Wolf, Dr. Dietmar,* Anstalts-Oberarzt; *Hoyer, Dr. Renate,* Oberärztin; *Hackl, Dr. Margit,* Oberärztin; *Tucek, Dr. Gerhard,* Oberarzt

Institut für Labordiagnostik: *Müller, Dr. Mathias,* Univ.-Prof., Primarius; *Neuwald, Dr. Christine,* Anstalts-Oberärztin; *Griesmacher, Dr. Andrea,* Univ.-Doz., Oberärztin

Psychiatrische Abteilung: *Donat, Dr. Heinrich,* Primarius; *Panzenbeck, Dr. Karl,* Oberarzt; *Kitz, Dr. Rainer,* Oberarzt; *Spitzer, Dr. Franz,* Oberarzt; *Paul-Röckl, Dr. Elisabeth,* Oberärztin; *Horvath, Dr. Eva,* Oberärztin; *Butterfield-Meissl, Dr. Christine,* Oberärztin

Institut für Anästhesiologie: *Hackl, Dr. Werner,* Univ.-Doz., Primarius; *Lauda-Dufek, Dr. Reinhard,* Oberarzt; *Regal, Dr. Wolfgang,* Anstalts-Oberarzt; *Scholz, Dr. Friedrike,* Anstalts-Oberärztin; *Dellhorn, Dr. Brigitte,* Oberärztin; *Lichtenberger, Dr. Manfred,* Oberarzt; *Voill, Dr. Georg,* Oberarzt; *Wasilewicz, Dr. Slavomir,* Oberarzt; *Werner, Dr. Heide,* Oberärztin

Ambulanz für Dermatologie: *Kremser, Dr. Manfred,* Anstalts-Oberarzt

Apotheke: *Steffel, Mag. pharm. Maximilian,* Oberpharmazierat

Krankenpflegeschule: *Grisold, Dr. Wolfgang,* Univ.-Prof., Primarius, med.-wissenschaftl. Leiter; *Formanek Adelheid,* Direktorin

Akademie für den physiotherapeutischen Dienst: *Müller, Dr. Michael,* Primarius, med.-wissenschaftl. Leiter; *Meriaux Silvia,* Direktorin

Kurs für die Ausbildung zum Laborgehilfen: *Endler, Dr. Margit,* Ärztliche Direktorin, Kursleiterin

Krankenhaus der Stadt Wien – Lainz

13, Wolkersbergenstraße 1, Tel. 613 . . ., 801 10 . . .
Telefax: 801 10–2109
(Besuchszeiten: täglich von 13.30 bis 15 Uhr und von 17.30 bis 19 Uhr)

Ärztlicher Direktor: *Gschnait, Dr. Friedrich,* Univ.-Prof., Primarius 2111
Verwaltungsdirektor: *Hradsky Josef,* Oberamtsrat 2114
Telefax: 801 10–2661
Direktorin des Pflegedienstes: *Krautgartner Aloisia,* Oberin 2110
Technischer Direktor: *Neuwirth, Ing. Alfred,* Techn. Oberamtsrat 3251
Telefax: 801 10–3260
Abteilung Wirtschaft: *Strmsek Wilhelm,* Verwaltungsoberkommissär 2141
Abteilung Personal: *Agl Gerhard,* Oberamtsrat 2116
Abteilung Finanz: *Schiansky Christian,* Amtsrat 2463
Abteilung Informatik: *Toth, Dipl.-Ing. Herlinde,* Stadbaurätin 3561
Direktionsassistenz: *Schörghuber, Mag. Ingrid,* Magistratskommissärin 2655

1. Medizinische Abteilung mit Gastropenterologie: *Brunner, Dr. Harald,* Univ.-Prof., Primarius; *Walgram, DDr. Michael,* Oberarzt; *Bognar, Dr. Hartwig,* Oberarzt; *Zwerina, Dr. Nother-Rud,* Oberarzt; *König, Dr. Kurt,* Oberarzt
2. Medizinische Abteilung, Zentrum für Diagnostik und Therapie rheumatischer Erkrankungen: *Smolen, Dr. Josef,* Univ.-Prof., Primarius; *Witzmann, Dr. Gerhard,* Oberarzt; *Petera, Dr. Peter,* Oberarzt; *Ebner, Dr. Wolfgang,* Oberarzt; *Zimmermann, Dr. Christof,* Oberarzt; *Weiler, Dr. Volkmar,* Oberarzt; *Leeb, Dr. Burkhard,* Oberarzt
3. Medizinische Abteilung mit Stoffwechselerkrankungen und Nephrologie: *Irsigler, Dr. Karl,* Univ.-Prof., Primarius; *Ettl, Dr. Brigitte,* Oberärztin; *Auinger, Dr. Martin,* Oberarzt; *Abrahamian, Dr. Heidemarie,* Oberärztin; *Meguscher, Dr. Alfred,* Oberarzt; *Feinböck, Dr. Christian,* Oberarzt; *Sokol, Dr. Günther,* Oberarzt
4. Medizinische Abteilung mit Kardiologie: *Mlczoch, Dr. Johannes,* Univ.-Prof., Primarius; *Nobis, Dr. Hans,* Oberarzt; *Prachar, Dr. Herbert,* Oberarzt; *Spiel, Dr. Ronny,* Oberarzt; *Dittel, Dr. Maria,* Oberärztin; *Pollak, Dr. Johann,* Oberarzt; *Arnoldner, Dr. Ossitha,* Oberärztin
5. Medizinische Abteilung mit Onkologie: *Baumgartner, Dr. Gerhard,* Univ.-Doz., Primarius; *Fortelny, Dr. Alexander,* Oberarzt; *Ulsperger, Dr. Ernst,* Oberarzt; *Maca, Dr. Sylvia,* Oberärztin; *Wogritsch, Dr. Christian,* Oberarzt

Abteilung für Atmungs- und Lungenerkrankungen: *Zwick, Dr. Hartmut,* Univ.-Doz., Primarius; *Ritschka, Dr. Leopold,* Oberarzt; *Scheiner, Dr. Walter,* Oberarzt; *Blazek, Dr. Gertrud,* Oberärztin; *Rauscher, Dr. Helmuth,* Univ.-Doz., Oberarzt; *Vollmann, Dr. Alexander,* Oberarzt; *Wanke, Dr. Theodor,* Univ.-Doz., Oberarzt

1. Chirurgische Abteilung mit gefäßchirurgischem Zentrum: *Deutsch, Dr. Manfred,* Univ.-Prof., Primarius; *Kaucky, Dr. Milos,* Oberarzt; *Veit, Dr. Franz,* Oberarzt; *Heine, Dr. Bernhard,* Oberarzt; *Howanietz, Dr. Norbert,* Oberarzt;

Toth, Dr. Andreas, Oberarzt; *Waldenberger, Dr. Ferdinand,* Oberarzt; *Wieselthaler, Dr. Georg,* Oberarzt

2. Chirurgische Abteilung: *Schulz, Dr. Franz,* Univ.-Prof., Primarius; *Kloess, Dr. Heinz-Jürgen,* Oberarzt; *Simml, Dr. Sylvia,* Oberärztin; *Staritz, Dr. Christian,* Oberarzt; *Reisinger, Dr. Hans,* Oberarzt; *Wirrer, Dr. Horst,* Oberarzt; *Hanusch, Dr. Peter,* Oberarzt; *Hof, Dr. Raimund,* Oberarzt

Urologische Abteilung: *Pflüger, Dr. Heinz,* ao. Univ.-Prof., Primarius; *Schmidt, Dr. Peter,* Oberarzt; *Reichelt, Dr. Harald,* Oberarzt; *Simak, Dr. Rainer,* Oberarzt

Dermatologische Abteilung: *Gschnait, Dr. Friedrich,* Univ.-Prof., Primarius; *Löw-Weiser, Dr. Helga,* Oberärztin; *Feldmann, Dr. Robert,* Oberarzt; *Breier, Dr. Friedrich,* Oberarzt; *Fellenz, Dr. Christian,* Oberarzt; *Grünwald, Dr. Christian,* Oberarzt

Gynäkologisch-geburtshilfliche Abteilung: *Sevelda, Dr. Paul,* Univ.-Prof., Primarius; *Zeibekis, Dr. Nikolaus,* Oberarzt; *Fuchs, Dr. Georg,* Oberarzt; *Horvat, Dr. Anton,* Oberarzt; *Freude, Dr. Georg,* Oberarzt; *Medl, Dr. Michael,* Univ.-Doz., Oberarzt; *Romig, Dr. Sibylle,* Oberärztin; *Rieger, Dr. Walter,* Oberarzt

Augenabteilung: *Gnad, Dr. Hans,* ao. Univ.-Prof., Primarius; *Stein, Dr. Zwi,* Oberarzt; *Schranz, Dr. Reinhard,* Oberarzt; *Scheidel, Dr. Wolfgang,* Oberarzt; *Skorpik, Dr. Florian,* Oberarzt

Hals-, Nasen-, Ohrenabteilung: *Swoboda, Dr. Herwig,* ao. Univ.-Prof., Primarius; *Willminger, Dr. Rudolf,* Oberarzt; *Erlach, Dr. Adolf,* Oberarzt; *Gleitzer, Dr. Norbert,* Oberarzt; *Budik, Dr. Guido,* Oberarzt; *Yannilos, Dr. Epaminondas,* Oberarzt

Sonderabteilung für Strahlentherapie: dzt. unbesetzt; *Kolbabeck, Dr. Heinrich,* Oberarzt; *Koren, Dr. Johann,* Oberarzt; *Müller, Dr. Gerhard,* Oberarzt; *Koderhold, Dr. Günter,* Oberarzt; *Schenk, Dr. Gerlinde,* Oberärztin

Neurologische Abteilung: *Schmidbauer, Dr. Manfred,* Univ.-Doz., Primarius; *Flament, Dr. Herbert,* Oberarzt; *Vollmer, Dr. Rembert,* Univ.-Doz., Oberarzt; *Meng, Dr. Alexander,* Oberarzt; *Bancher, Dr. Christian,* Univ.-Doz., Oberarzt; *Hoberstorfer, Dr. Michael,* Oberarzt

Abteilung für Plastische und Wiederherstellungschirurgie: *Piza, Dr. Hildegunde,* Univ.-Prof., Primaria

Zentrallaboratorium: *Fischer, Dr. Michael,* Univ.-Prof., Primarius; *Halbmayer, Dr. Walter,* Univ.-Doz., Oberarzt; *Jilch, Dr. Ruth,* Oberärztin

Zentralröntgeninstitut, Schnittbild-Zentrum: *Czembirek, Dr. Heinrich,* Univ.- Prof., Primarius; *Baumgartner, DDr. Martin,* Oberarzt; *Grabner, Dr. Georg,* Oberarzt; *Kapke, Dr. Alfred,* Oberarzt; *Mendel, Dr. Helmuth,* Oberarzt; *Kulenkampff, Dr. Kai,* Oberarzt; *Stiskal, Dr. Michael,* Oberarzt; *Wagner, Dr. Monika,* Oberärztin

Institut für Nuklearmedizin: *Dudczak, Dr. Robert,* Univ.-Prof., Primarius; *Holm, Dr. Helga-Christa,* Oberärztin; *Najemnik, Dr. Claudia,* Oberärztin

Institut für physikalische Medizin und Rehabilitation: *Trnasky, Dr. Gerald,* Univ.-Doz., Primarius; *Ullmann, Dr. Walter,* Oberarzt

Jakob-Erdheim-Institut für Pathologie und Klinische Bakteriologie: *Ulrich, Dr. Walter,* Univ.-Prof., Primarius; *Redtenbacher, Dr. Susanne,* Anstalts-Oberärztin; *Zimmerl, Dr. Helga,* Oberärztin; *Mühlbauer, Dr. Johann,* Anstalts-Oberarzt; *Vesely, Dr. Michael,* Oberarzt

Institut für Zahn-, Mund- und Kieferheilkunde: *Fischer, Dr. Robert,* Med.-Rat, Hofrat, Primarius; *Viden, Dr. Damir,* Oberarzt

Abteilung für Anästhesie und Intensivmedizin: *Schwarz, Dr. Sylvia,* Univ.- Prof., Primaria; *Binder, Dr. Maria,* Oberärztin; *Fitzgerald, Dr. Robert,* Oberarzt; *Fresacher, Dr. Herbert,* Oberarzt; *Grohmann, Dr. Barbara,* Oberärztin; *Haslinger, Dr. Brigitte,* Oberärztin; *Haumer, Dr. Herbert,* Oberarzt; *Jellinek, Dr. Helmuth,* Oberarzt; *Längle, Dr. Martina,* Oberärztin; *Oczenski, Dr. Wolfgang,* Oberarzt; *Perger, Dr. Peter,* Oberarzt; *Peyravan, Dr. Siawoch,* Oberarzt; *Rauchegger, Dr. Renate,* Oberärztin; *Röck, Dr. Brigitte,* Oberärztin; *Zach, Dr. Robert,* Oberarzt

Apotheke: *Meixner, Mag. pharm. Natalija; Berger, Mag. Inge; Ebner, Mag. Gabriele; Dworan, Mag. Dr. Erich; Faber-Pregetter, Mag. Annette; Schroller, Mag. Dr. Christa; Kronberger, Mag. Herbert; Kunisch, Mag. Michaela; Muster, Mag. Ulrike; Janowitz, Mag. Susanne; Tkaczyk, Mag. Elisabeth; Erasim, Mag. Maria; Zeleny-Slavmar, Mag. Angela; Reihs-Zips, Mag. Renate*

Institut für Krankenhausphysik: *Freund, Dipl.-Ing. Ruth,* Magistratsrätin

Schule für allgemeine Gesundheits- und Krankenpflege: *Mlczoch, Dr. Johannes,* Univ.-Prof., Primarius, med.-wissenschaftl. Leiter; *Pinzker Brigitte,* Direktorin

Akademie für den radiologisch-technischen Dienst: *Czembirek, Dr. Heinrich,* Univ.-Prof., Primarius, med.-wissenschaftl. Leiter; *Woeginger Irene,* Direktorin

Krankenanstalt Rudolfstiftung der Stadt Wien

3, Juchgasse 25, Tel. 614 . . ., 711 65 . . .
Telefax: 711 65–2000
(Besuchszeiten: täglich von 13.30 bis 15 Uhr und von 17.30 bis 19 Uhr)

Ärztlicher Direktor: *Marhold, Dr. Wilhelm* 2011
Verwaltungsdirektor: *Freiberger Erich,* Oberamtsrat 2012
Direktorin des Pflegedienstes: *Welzel Hildegard,* Oberin 2013
Technischer Direktor: *Klug, Ing. Günter,* Techn. Oberamtsrat 2150
Abteilung Wirtschaft: *Fritz Anton,* Amtsrat 2050
Küchenregie: *Singer Peter,* Verwaltungsoberkommissär 2080
Abteilung Personal: *Steinwender Gabriele,* Verwaltungsoberkommissärin 2040
Abteilung Finanz: *Hauschka Renate,* Verwaltungsoberkommissärin 2031

1. Medizinische Abteilung: *Schernthaner, Dr. Guntram,* Univ.-Prof., Primarius; *Schüller, Dr. Johann,* Anstalts-Oberarzt; *Benko, Dr. Helga,* Oberärztin; *Streubel, Dr. Anton,* Oberarzt; *Woschnagg, Dr. Herbert,* Oberarzt; *Schnack, Dr. Christoph,* Oberarzt; *Wirth, Dr. Monika,* Oberärztin; *Schönberger, Dr. Henriette,* Oberärztin
2. Medizinische Abteilung: *Slany, Dr. Jörg,* ao. Univ.-Prof., Primarius; *Ziegler, Dr. Bert,* Oberarzt; *Rernböck, Dr. Ilse,* Oberärztin; *Sehnal, Dr. Ernst,* Oberarzt; *Karnik, Dr. Ronald,* Oberarzt; *Stöllberger, Dr. Claudia,* Oberärztin; *Bonner, Dr. Gerhard,* Oberarzt; *Winkler, Dr. Walter-Benedikt,* Oberarzt
3. Medizinische Abteilung mit Nephrologie und Hämodialyse: *Graf, Dr. Helmut,* Univ.-Prof., Primarius; *Kanzler, Dr. Marina,* Oberärztin; *Riedlinger, Dr. Lothar,* Oberarzt; *Arias Florez-Lukacs, Dr. Ingrid,* Oberärztin; *Zuntner, Dr. Günther,* Oberarzt
4. Medizinische Abteilung mit Gastroenterologie und Endoskopie: *Weiss, Dr. Werner,* Univ.-Doz., Primarius; *Gulz, Dr. Wilhelm,* Oberarzt; *Brownstone, Dr. Eva,* Oberärztin; *Kogelbauer, Dr. Gabriele,* Oberärztin; *Schrutka, Dr. Christiane,* Oberärztin

1. Chirurgische Abteilung: *Roka, Dr. Rudolf,* Univ.-Prof., Primarius; *Platthy, Dr. Georg,* Oberarzt; *Günter, Med.-Rat Dr. Heinz,* Oberarzt; *Armbruster, Dr. Christian,* Oberarzt; *Greiner, Dr. Hubert,* Oberarzt; *Dittrich, Dr. Klaus,* Oberarzt
2. Chirurgische Abteilung: *Moeschl, Dr. Peter,* Univ.-Prof., Primarius; *Spängler, Dr. Walter,* Oberarzt; *Klose, Dr. Wolfgang,* Oberarzt; *März, Dr. Robert,* Oberarzt; *Ernstbrunner,*

Dr. Hagen, Oberarzt; *Müller, Dr. Michael,* Oberarzt
Dermatologische Abteilung: dzt. unbesetzt; *Jaksch, Dr. Judit,* Oberärztin; *Stöberl, Dr. Christiane,* Oberärztin; *Wasilewicz-Stephanie, Dr. Gabriele,* Oberärztin; *Lilgenau, Dr. Nikolaus,* Oberarzt; *Eggl-Tyl, Dr. Eva,* Oberärztin
Gynäkologisch-geburtshilfliche Abteilung: *Grünberger, Dr. Werner,* Univ.-Prof., Primarius; *Schulz, Dr. Wolfgang,* Oberarzt; *Reiter, Dr. Rudolf,* Oberarzt; *Weinberger, Dr. Wolfgang,* Oberarzt; *Wild, Dr. Esther,* Oberärztin; *Huber, Dr. Marika,* Oberärztin
Urologische Abteilung: *Stackl, Dr. Walter,* Univ.-Doz., Primarius; *Hammer, Dr. Clemens,* Oberarzt; *Türk, Dr. Christian,* Oberarzt; *Albrecht, Dr. Hans,* Oberarzt; *Grabner, Dr. Andreas,* Oberarzt; *Angel, Dr. Kurt,* Oberarzt
Augenabteilung: *Binder, Dr. Susanne,* Univ.-Prof., Primaria; *Fanta, Dr. Anneliese,* Oberärztin; *Thon, Dr. Bruno,* Oberarzt; *Arbesser, Dr. Margarete,* Oberärztin; *Krebs, Dr. Ilse,* Oberärztin; *Mihalics, Dr. Christian,* Oberarzt; *Stolba, Dr. Ulrike,* Oberärztin
Hals-, Nasen- und Ohrenabteilung: *Welleschik, Dr. Bruno,* Univ.-Doz., Primarius; *Schak, Dr. Erich,* Oberarzt; *Roithner, Dr. Hans,* Oberarzt; *Schönberger, Dr. Peter,* Oberarzt; *Havlicek, Dr. Josef,* Oberarzt; *Seelmann, Dr. Oskar,* Oberarzt
Neurochirurgische Abteilung: *Böck, Dr. Friedrich,* Univ.-Doz., Primarius; *Wöber, Dr. Gernot,* Oberarzt; *Horcajaya, Dr. José,* Oberarzt; *Ammerer, Dr. Hans,* Oberarzt; *Perneczky, Dr. Gideon,* Oberarzt; *Kaiser, Dr. Bernhard,* Oberarzt
Neurologische Abteilung: *Podreka, Dr. Ivo,* Univ.-Prof., Primarius; *Harrer, Dr. Gudrun,* Oberärztin; *Genee, Dr. Pierre,* Oberarzt; *Kosicek, Dr. Erwin,* Oberarzt; *Stellamor, Dr. Viktor,* Oberarzt; *Hofmann, Dr. Corona,* Oberärztin
Institut für Anästhesiologie: *Sporn, Dr. Paul,* Univ.-Prof., Primarius
Institut für Nuklearmedizin: *Kroiss, Dr. Alois,* Univ.-Doz., Primarius; *Auinger, Dr. Christian,* Oberarzt
Röntgeninstitut: *Tscholakoff, Dr. Dimiter,* Univ.-Doz., Primarius; *Hochberger, Dr. Othmar,* Oberarzt; *Rohrmoser, Dr. Michael,* Oberarzt; *Stelzer, Dr. Peter,* Oberarzt; *Erben, Dr. Wolf-Dietrich,* Anstalts-Oberarzt; *Langer, Dr. Gertraud,* Anstalts-Oberärztin; *Braun, Dr. Uta,* Anstalts-Oberärztin; *Deimer, Dr. Lydia,* Oberärztin; *Leitner, Dr. Hermann,* Oberarzt
Institut für physikalische Medizin: *Gal, Dr. Günter,* Primarius; *Kronik, Dr. Gertraude,* Oberärztin
Pathologisch-bakteriologisches Institut: *Feichtinger, Dr. Johann,* Univ.-Prof., Primarius; *Bonner, Dr. Elisabeth,* Oberärztin; *Gabriel, Dr. Christine,* Anstalts-Oberärztin; *Göritzer, Dr. Bernhard,* Oberarzt; *Preiser, Dr. Julius,* Oberarzt
Zentrallaboratorium: *Hopmeier, DDr. Pierre,* Univ.-Doz., Primarius; *Nowak, Dr. Helga,* Anstalts-Oberärztin
Apotheke: *Rotter-Le-Beau, Mag. pharm. Monika*
Krankenpflegeschule: *Marhold, Dr. Wilhelm,* Ärztlicher Direktor, med.-wissenschaftl. Leiter; *Medlitsch Theresia,* Direktorin
Kurs für die Ausbildung zum Sanitätsgehilfen: *Kaff, Dr. Alfred,* Chefarzt, Kursleiter

Sozialmedizinisches Zentrum-Ost der Stadt Wien – Donauspital
22, Stadlau, Langobardenstraße 122,
Tel. 611 . . ., 288 02 . . .
Telefax: 288 02–2050
(Besuchszeiten: täglich von 13.30 bis 15 Uhr und von 17.30 bis 19 Uhr)

Ärztlicher Direktor: *Tragl, Dr. Karl Heinz,* Univ.-Prof., Primarius 2100
Verwaltungsdirektor: *Reinagl Walter,* Oberamtsrat 2000
Direktorin des Pflegedienstes: *Stich Josefa,* Oberin . . . 2200
Technischer Direktor: *Hradil, Ing. Helmut,* Techn. Amtsrat 2300
Abteilung Wirtschaft: *Schober Sabina,* Verwaltungsoberkommissärin 2020
Abteilung Personal: *Schuh Helga,* Verwaltungsoberkommissärin 2010
Abteilung Finanz: *Schwob Michael,* Verwaltungsoberkommissär 2045
Abteilung Informatik: *Mandl Alfred* 2510
Direktionsassistent: *Edinger Wolfgang* 2005

1. Medizinische Abteilung: *Tragl, Dr. Karl Heinz,* Univ.-Prof., Primarius; *Spinka, Dr. Rainer,* Oberarzt; *Kurz, Dr. Robert,* Univ.-Doz., Oberarzt; *Kornfeld, Dr. Günter,* Oberarzt; *Köcher, Dr. Karl,* Oberarzt; *Gremmel, Dr. Franz,* Oberarzt; *Egger, Dr. Thomas,* Oberarzt; *Somloi, Dr. Andrea,* Oberärztin; *Schuster, Dr. Reinhard,* Oberarzt; *Norman, Dr. Georg,* Oberarzt; *Vana-Poduschka, Dr. Irene,* Oberärztin; *Barnas, Dr. Ursula,* Oberärztin
2. Medizinische Abteilung: *Hinterberger, Dr. Wolfgang,* Univ.-Prof., Primarius; *Kier, Dr. Peter,* Oberarzt; *Sebesta, Dr. Christian,* Oberarzt; *Bauer, Dr. Karin,* Oberärztin; *Habertheuer, Dr. Karlheinz,* Oberarzt; *Lanzenberger, Dr. Friedrich,* Oberarzt; *Schmid, Dr. Alfons,* Oberarzt; *Ruckser, Dr. Reinhard,* Oberarzt

Orthopädische Abteilung: *Engel, Dr. Alfred,* Univ.-Prof., Primarius; *Eyb, Dr. Richard,* Oberarzt; *Hofmann, Dr. Siegfried,* Oberarzt; *Winkler, Dr. Heinz,* Oberarzt; *Klein, Dr. Gerhard,* Oberarzt
Augenabteilung: *Radda, Dr. Thomas,* Univ.-Prof., Primarius; *Salomon, Dr. Alex,* Oberarzt; *Kraupp, Dr. Ingrid,* Oberärztin; *Rheinberger-Holohlavsky, Dr. Alexander,* Oberarzt
Chirurgische Abteilung: *Schiessel, Dr. Rudolf,* Univ.-Prof., Primarius; *Feil, Dr. Wolfgang,* Univ.-Prof., Oberarzt; *Hölbling, Dr. Klaus,* Oberarzt; *Rosen, Doz. Dr. Harald,* Oberarzt; *Weihsbeck, Dr. Harald,* Oberarzt; *Zöch, Dr. Gerald,* Oberarzt; *Hochwarter, Dr. Gerhard,* Oberarzt
Gynäkologisch-geburtshilfliche Abteilung: *Philipp, Dr. Karl,* Univ.-Prof., Primarius; *Flores-Genger, Dr. Heidrun,* Oberärztin; *Hafner, Dr. Erich,* Oberarzt; *Rosen, Dr. Alexander,* Univ.-Doz., Oberarzt; *Skodler, Dr. Wolfdieter,* Oberarzt; *Scholler, Dr. Josef,* Oberarzt; *Putz, Dr. Michael,* Oberarzt
Neurologische Abteilung: *Kristoferitsch, Dr. Wolfgang,* Univ.-Prof., Primarius; *Wimmer, Dr. Gerhard,* Oberarzt; *Lassmann, Dr. Jutta,* Oberärztin; *Graf, Dr. Martin,* Oberarzt
Psychiatrische Abteilung: *Haushofer, Dr. Manfred,* Primarius; *Ertl, Dr. Michael,* Oberarzt; *Rainer, Dr. Michael,* Oberarzt; *Rigal, Dr. Mahmoud,* Oberarzt
Dermatologische Abteilung: *Konrad, Dr. Klaus,* Univ.-Prof., Primarius; *Anegg, Dr. Barbara,* Oberärztin; *Kindermann-Glebowski, Dr. Eva,* Oberärztin; *Feuerstein, Dr. Philipp,* Oberarzt
Institut für Anästhesiologie: *Neumark, Dr. Julius,* Univ.-Prof., Primarius; *Berger, Dr. Manfred,* Oberarzt; *Brandstetter, Dr. Adelheid,* Oberärztin; *Janda, Dr. Aegidius,* Oberarzt; *Kalina, Dr. Kurt,* Oberarzt; *Raimann, Dr. Judith,* Oberärztin; *Renn, Dr. Eva,* Oberärztin; *Salem, Dr. Carola,* Oberärztin; *Zeitelberger, Dr. Peter,* Oberarzt; *Klezl, Dr. Martin,* Oberarzt; *Koller, Dr. Lothar,* Oberarzt; *Khosropur, Dr. Reswan,* Oberarzt; *Mätzl, Dr. Johanna,* Oberärztin; *Wagner, Dr. Johanna,* Oberärztin
Institut für Röntgendiagnostik: *Hruby, Dr. Walter,* Univ.-Doz., Primarius; *Wassipaul, Dr. Manfred,* Oberarzt; *Mosser, Dr. Hans,* Oberarzt; *Urban, Dr. Michael,* Oberarzt; *Anzböck, Dr. Wolfgang,* Oberarzt; *Gindl, Dr. Karl,* Oberarzt; *Kucera, Dr. Esther,* Oberärztin; *Pärtan, Dr. Gerald,* Oberarzt; *Pichler, Dr. Ludwig,* Oberarzt
Institut für Physikalische Medizin: *Prager, Dr. Christine,* Primaria; *Petschnig, Dr. Renate,* Oberärztin; *Alacamlioglu, Dr. Esma-Yesid,* Oberarzt

Pathologisch-bakteriologisches Institut: *Reiner, Dr. Angelika,* Univ.-Doz., Primaria; *Asboth, Dr. Friederike,* Oberärztin; *Beer, Dr. Franz,* Oberarzt; *Augustin, Dr. Ingrid,* Oberärztin

Institut für Labormedizin: *Bauer, Dr. Kurt,* Univ.-Doz., Primarius; *Worofka, Dr. Brigitte,* Anstalts-Oberärztin; *Kittl, Dr. Eva,* Oberärztin

Institut für Nuklearmedizin: *Ogris, Dr. Emil,* Univ.-Prof., Primarius; *Weidlich, Dr. Gertrude,* Oberärztin; *Stangl, Dr. Gerhard,* Oberarzt

Institut für Radioonkologie: *Hawliczek, Dr. Robert,* Univ.-Prof., Primarius; *Nespor, Dr. Wilhelm,* Oberarzt; *Günczler, Dr. Beatrix,* Oberärztin

Institut für Zahn-, Mund- und Kieferheilkunde: *Langer, Dr. Hans,* Primarius; *Watzke, Dr. Ingeborg,* Oberärztin

Kinderchirurgische Abteilung: *Rokitansky, Dr. Alexander,* Univ.-Doz., Primarius; *Geißler, Dr. Werner,* Oberarzt; *Buxbaum, Dr. Peter,* Oberarzt

Kinderinterne Abteilung: *Sacher, Dr. Michael,* Univ.-Doz., Primarius; *Dremsek, Dr. Peter,* Oberarzt; *Göpfrich, Dr. Hubert,* Oberarzt; *Novak, Dr. Wolfgang,* Oberarzt; *Sterniste, Dr. Walter,* Oberarzt; *Kurz, Dr. Herbert,* Oberarzt; *Strobl, Dr. Robert,* Oberarzt; *Schober, Dr. Erwin,* Oberarzt

Unfallchirurgische Abteilung: *Fasol, Dr. Paul,* Univ.-Prof., Primarius; *Fischer, Dr. Georg,* Oberarzt; *Jaskulka, Dr. Robert,* Oberarzt; *Prosquill, Dr. Eugen,* Oberarzt; *Kilga, Dr. Michael,* Oberarzt; *König, Dr. Stefan,* Oberarzt; *Mazurek, Dr. Marek,* Oberarzt; *Thurner, Dr. Walter,* Oberarzt

Neurochirurgische Abteilung: *Knosp, Dr. Engelbert,* Univ.-Prof., Primarius; *Kleinpeter, Dr. Günther,* Oberarzt; *Mahr, Dr. Karl,* Oberarzt; *Mühlbauer, Dr. Manfred,* Oberarzt; *Pfisterer, Dr. Wolfgang,* Oberarzt

Hals-, Nasen- und Ohrenabteilung: *Türk, Dr. Renate,* Doz., Primaria; *Köhler, Dr. Wilfried,* Oberarzt; *Capelja-Grac, Dr. Zelmira,* Oberärztin; *Pipic, Dr. Nedim,* Oberarzt

Urologische Abteilung: *Maier, Dr. Ulrich,* Univ.-Prof., Primarius; *Studler, Dr. Gerhard,* Oberarzt; *Floth, Dr. Andreas,* Oberarzt; *Chwala, Dr. Michael,* Oberarzt; *Kozak, Dr. Walter,* Oberarzt

Apotheke: *Blatnek, Mag. Margareta,* Oberpharmazierätin

Anstaltshygieniker: *Janata, Dr. Oskar,* Oberarzt

Medizinisch-technische Dienste: *Friedler, Dr. Eva,* Leit. Oberassistentin

Krankenpflegeschule: *Konrad, Dr. Klaus,* Univ.-Prof., med.-wissenschaftl. Leiter; *Götz Helga,* Direktorin

Wilhelminenspital der Stadt Wien

16, Montleartstraße 37, Tel. 615 . . ., 491 50 . . .
Telefax: 491 50–1009
(Besuchszeiten: täglich von 13.30 bis 15 Uhr und von 17.30 bis 19 Uhr; Kinderabteilungen: täglich von 11 bis 19 Uhr)

Ärztlicher Direktor: *Umek, Dr. Helmut,* Univ.-Prof., Primarius 1301
Verwaltungsdirektor: *Pohl Anton,* Oberamtsrat 1001
Direktorin des Pflegedienstes: *Tischer Monika,* Oberin 1401
Technischer Direktor: *Weiss, Ing. Herbert,* Techn. Oberamtsrat 1501
Abteilung Wirtschaft: *Rosenecker Andrea,* Verwaltungsoberkommissärin 1011
Küchenregie: *Schreier Elisabeth,* Verwaltungsoberkommissärin 1071
Abteilung Personal: *Fluder Katharina,* Amtsrätin 1151
Abteilung Finanz: *Steinböck Werner,* Verwaltungsoberkommissär 1201
Abteilung Informatik: *Frank Wilhelm* 5851

1. Medizinische Abteilung mit Onkologie: *Ludwig, Dr. Heinz,* ao. Univ.-Prof., Primarius; *Kührer, Dr. Irene,* Oberärztin; *Sagaster, Dr. Karl,* Univ.-Doz., Oberarzt; *Pecherstorfer, Dr. Martin,* Univ.-Doz., Oberarzt; *Leitgeb, Dr. Clemens,* Oberarzt
2. Medizinische Abteilung/Lungenabteilung: *Kummer, Dr. Friedrich,* ao. Univ.-Prof., Primarius; *Hienerth, Dr. Helmuth,* Oberarzt; *Havranek, Dr. Vera,* Oberärztin; *Hubner, Dr. Marianne,* Oberärztin; *Huppmann, Dr. Martin,* Oberarzt; *Pohl, Dr. Rolf,* Univ.-Doz., Anstalts-Oberarzt
3. Medizinische Abteilung mit Kardiologie und Nephrologie: *Steinbach, Dr. Konrad,* ao. Univ.-Prof., Primarius; *Frohner, Dr. Klaus,* Oberarzt; *Unger, Dr. Gerhard,* Oberarzt; *Meisl, Dr. Franz,* Oberarzt; *Podczeck-Schweighofer, Dr. Andrea,* Univ.-Doz., Oberärztin; *Kaltenbrunner, Dr. Wilhelm,* Oberarzt; *Nürnberg, Dr. Michael,* Oberarzt; *Hief, Dr. Christine,* Oberärztin
4. Medizinische Abteilung: *Pointner, Dr. Herwig,* Univ.-Prof., Primarius; *Kerstan, Dr. Ernst,* Oberarzt; *Reichel, Dr. Wolfgang,* Oberarzt; *Pöschl, Dr. Elisabeth,* Oberärztin; *Hellmich, Dr. Brigitte,* Oberärztin; *Blaha, Dr. Benedikt,* Oberarzt
5. Medizinische Abteilung mit Rheumatologie und Rehabilitation: *Dunky, Dr. Attila,* Primarius; *Winkler, Dr. Franz,* Oberarzt; *Wagner, Dr. Ernst,* Oberarzt; *Haberhauer, Dr. Günther,* Oberarzt; *Warchol, Dr. Otto,* Oberarzt; *Teich, Dr. Gerhard,* Oberarzt

1. Chirurgische Abteilung – Schwergewicht Gefäßchirurgie: *Hagmüller, Dr. Georg,* Univ.-Prof., Primarius; *Horvath, Dr. Walter,* Oberarzt; *Teiner, Dr. Georg,* Oberarzt; *Bischof, Dr. Martin,* Oberarzt; *Ptakowsky, Dr. Hermann,* Oberarzt; *Kern, Dr. Hans-Georg,* Oberarzt; *Mendel, Dr. Herbert,* Oberarzt

Unfallchirurgische Abteilung: *Wagner, Dr. Michael,* Univ.-Prof., Primarius; *Dann, Dr. Klaus,* Oberarzt; *Gisel, Dr. Gerhard,* Oberarzt; *Kohlmann, Dr. Johann,* Oberarzt; *Rabitsch, Dr. Karl,* Oberarzt; *Göllner, Dr. Georg,* Oberarzt; *Quell, Dr. Michael,* Oberarzt; *Higatsberger, Dr. Michael,* Oberarzt

2. Chirurgische Abteilung: *Kreuzer, Dr. Wilhelm,* ao. Univ.-Prof., Primarius; *Roehle, Dr. Reinhard,* Oberarzt; *Fortelny, Dr. René,* Oberarzt; *Thaler, Dr. Klaus,* Oberarzt; *Stocker, Dr. Beate,* Oberärztin; *Fischer, Dr. Peter,* Oberarzt

Gynäkologisch-geburtshilfliche Abteilung: *Salzer, Dr. Heinrich,* Univ.-Prof., Primarius; *Schröck, Dr. Alexander,* Oberarzt; *Schmidt, Dr. Jutta,* Oberärztin; *Tatschl, Dr. Sylvester,* Oberarzt; *Endl, Dr. Julius,* Oberarzt; *Neumann, Dr. Michael,* Oberarzt; *Hellmich, Dr. Claus,* Oberarzt

Dermatologische Abteilung: *Partsch, Dr. Hugo,* ao. Univ.-Prof., Primarius; *Gisel, Dr. Ingrid,* Oberärztin; *Novak-Hiess, Dr. Gerda,* Oberärztin; *Steiner, Dr. Andreas,* Oberarzt; *Trost, Dr. Alexander,* Oberarzt; *Mayer, Dr. Wolfgang,* Oberarzt

Abteilung für Kinder- und Jugendheilkunde mit Psychosomatik: *Zimprich, Dr. Hans,* Primarius; *Zabransky, Dr. Ulrike,* Oberärztin; *Holzer, Dr. Hiltraud,* Oberärztin; *Kraigher, Dr. Helga,* Oberärztin; *Wölzl, Dr. Stephan,* Oberarzt; *Gadner-Spögler, Dr. Waltraud,* Oberärztin; *Rötzer-Keppel, Dr. Luzia,* Oberärztin

Abteilung für Kinder- und Jugendheilkunde mit Infektionskrankheiten: *Götz, Dr. Manfred,* Univ.-Prof., Primarius; *Exner, Dr. Heltraut,* Oberärztin; *Kucera, Dr. Helmut,* Oberarzt; *Sallinger, Dr. Eva,* Oberärztin; *Gödl, Dr. Irene,* Oberärztin; *Scheiner, Dr. Hildegund,* Oberärztin; *Hagel, Dr. Edda,* Oberärztin

Urologische Abteilung: *Zechner, Dr. Othmar,* ao. Univ.-Prof., Primarius; *Grof, Dr. Franz,* Oberarzt; *Batelka, Dr. Kurt,* Oberarzt; *Theyer, Dr. Gerhard,* Oberarzt; *Fischer, Dr. Hans,* Oberarzt; *Georgiades, Dr. Christoph,* Oberarzt

Neurologische Abteilung: *Brücke, Dr. Thomas,* Univ.-Prof., Primarus; *Guss, Dr. Otto,* Oberarzt; *Donis, Dr. Johann,* Oberarzt; *Mikocki, Dr. Johannes,* Oberarzt; *Parigger, Dr. Silvia,* Oberärztin; *Pfafflmeyer, Dr. Norbert,* Oberarzt; *Schneider-Koch, Dr. Gabriele,* Oberärztin

Abteilung für Plastische und Wiederherstellungs-Chirurgie: *Holle, Dr. Jürgen,* Univ.-Prof., Primarius; *Dirnberger, Dr. Franz,* Oberarzt; *Borde, Dr. Christa-Monika,* Oberärztin; *Würinger, Dr. Elisabeth,* Oberärztin; *Kuzbari, Dr. Rafic,* Oberarzt

Abteilung für Anästhesie und allgemeine Intensivmedizin: *Fitzal, Dr. Sylvia,* ao. Univ.-Prof., Primaria; *Glaser, Dr. Mechthild,* Oberärztin; *Noisser, Dr. Elisabeth,* Oberärztin; *Sadek, Dr. Elisabeth,* Oberärztin; *Kliemstein, Dr. Eduard,* Oberarzt; *Küpper, Dr. Elfriede,* Oberärztin; *Nürnberger, Dr. Barbara,* Oberärztin; *Bull, Dr. Elisabeth,* Oberärztin; *Stanek, Dr. Günther,* Oberarzt; *Neumann, Dr. Christian,* Oberarzt; *Lenhart-Orator, Dr. Andrea,* Oberärztin; *Wimmer, Dr. Peter,* Oberarzt; *Hartmann, Dr. Wolfgang,* Oberarzt; *Urschütz, Dr. Liane,* Oberärztin

Zentralröntgeninstitut: *Umek, Dr. Helmut,* Univ.-Prof., Primarius; *Dünser, Dr. Eberhard,* Oberarzt; *Riedl, Dr. Michael,* Oberarzt; *Gutierrez-Lobos, Dr. Enrique,* Oberarzt; *Wieckowski, Dr. Andrzej,* Oberarzt; *Neubauer, Dr. Nikolaus,* Oberarzt; *Halbwachs, Dr. Christa,* Oberärztin; *Bergmayer, Dr. Walter,* Oberarzt; *Osinger, Dr. Klaus,* Oberarzt; *Reuter, Dr. Wolfgang,* Oberarzt; *Richter, Dr. Wolfgang,* Oberarzt

Institut für Nuklearmedizin: *Köhn, Dr. Horst-Dieter,* Univ.-Prof., Primarius

Institut für physikalische Medizin: *Kern, DDr. Helmut,* Primarius; *Kliemstein-Guggi, Dr. Ursula,* Oberärztin; *Bily, Dr. Walter,* Oberarzt

Institut für Radioonkologie: *Hirn, Dr. Brigitte,* Doz., Primaria; *Stanek, Dr. Christian,* Oberarzt

Pathologisch-bakteriologisches Institut: *Kofler, Dr. Klaus,* Primarius; *Schmid-Benesch, Dr. Andrea,* Oberärztin; *Dellinger, Dr. Christoph,* Oberarzt; *Hartleb, Dr. Helmut,* Oberarzt

Zentrallaboratorium: *Bayer, Dr. Peter,* Univ.-Prof., Primarius; *Druml, Dr. Angelika,* Oberärztin; *Wejbora, Dr. Roya,* Oberärztin

Augenambulanz: *Thaler, Dr. Arnulf,* Univ.-Prof., Primarius

Hals-, Nasen-, Ohrenambulanz: *Arnoldner, Dr. Michael,* Primarius

Zahnambulanz: *Schlinke, Dr. Peter,* Oberarzt

Apotheke: *Haslinger-Matzenauer, Mag. Monika*

Schule für allgemeine Gesundheits- und Krankenpflege am Wilhelminenspital: *Ludwig, Dr. Heinz,* Univ.-Prof., med.-wissenschaftl. Leiter; *Braunsdorfer Erna,* Direktorin

Akademie für den physiotherapeutischen Dienst: *Kern, Dr. Helmut,* Primarius, med.-wissenschaftl. Leiter; *Baar Brigitta,* Direktorin

Kurs für die Ausbildung zum Heilbademeister und Heilmasseur: *Kern, Dr. Helmut,* Primarius, Kursleiter

Kaiserin-Elisabeth-Spital der Stadt Wien
15, Huglgasse 1–3, Tel. 616 . . ., 981 04 . . .
Telefax: 981 04–1009
(Besuchszeiten: täglich von 13 bis 19 Uhr)

Ärztlicher Direktor: *Nissel, Dr. Helmut,* Primarius 1301
Verwaltungsdirektorin: *Zoubek Christine,* Amtsrätin . . 1001
Direktorin des Pflegedienstes: *Lechner Erika,* Oberin 1401
Abteilung Wirtschaft: *Kain Franz,* Amtsrat 1041
Küchenregie: *Stocklassa Leopoldine,* Verwaltungsoffizialin 1071
Abteilung Personal: *Schiffer Brigitte,* Amtsrätin 1151
Abteilung Finanz: *Weigelhofer Michael,* Verwaltungsoffizial 1906

1. Medizinische Abteilung: *Tiso, Dr. Bruno,* Univ.-Prof., Primarius; *Mayer, Dr. Gertraud,* Oberärztin; *Martys, Dr. Reinald,* Oberarzt; *Martys, Dr. Thomas,* Oberarzt; *Auinger, Dr. Anna,* Oberärztin; *Moukas, Dr. Johanna,* Oberärztin; *Cumburoglu, Dr. Marie,* Oberärztin
2. Medizinische Abteilung für Langzeitbehandlung: *Nissel, Dr. Helmut,* Primarius; *Sieghard, Dr. Susanne,* Oberärztin; *Luhan, Dr. Herbert,* Oberarzt; *Oberhauser-Houf, Dr. Claudia,* Oberärztin; *Kubin, Dr. Elde,* Oberärztin

Chirurgische Abteilung: dzt. unbesetzt; *Kokoschka, Dr. Roman,* Oberarzt; *Geißler, Dr. Peter,* Oberarzt; *Kober, Dr. Friedrich,* Oberarzt; *Hermann, Dr. Michael,* Oberarzt; *Hollinsky, Dr. Christian,* Oberarzt

Zentralröntgeninstitut: *Schratter, Dr. Michael,* Univ.-Doz., Primarius; *Knittel, Dr. Martina,* Oberärztin; *Binder, Dr. Andreas,* Oberarzt

Institut für Nuklearmedizin: *Koriska, Dr. Karl,* Primarius; *Handgriff, Dr. Doina,* Oberärztin

Pathologisch-bakteriologisches Institut: *Neuhold, Dr. Nikolaus,* Primarius; *Widhalm, Dr. Gerold,* Oberarzt; *Rieger, Dr. Hannes,* Oberarzt; *Schultheis, Dr. Andrea,* Oberärztin

Abteilung für Anästhesie und Intensivmedizin: *Zadrobilek, Dr. Ernst,* Univ.-Doz., Primarius; *Hannesschläger, Dr. Heinz,* Oberarzt; *Keil, Dr. Maximiliane,* Oberärztin; *Tschismarov, Dr. Charlotte,* Oberärztin; *Urban, Dr. Christel,* Oberärztin

Institut für Physikalische Medizin: *Teichmann, Dr. Thomas,* Primarius; *Seidler, Dr. Manfred,* Oberarzt

Zentrallaboratorium: *Endler, Dr. Arno Thomas,* Univ.-Doz., Primarius; *Rubi, Dr. Karl,* Oberarzt

Apotheke: *Hauer-Bach, Mag. pharm. Ingrid,* Oberpharmazierätin

Krankenpflegeschule: *Schmalzer, Dr. Edith,* Primaria, med.-wissenschaftl. Leiterin; *Langer Ingeborg,* Direktorin

Krankenhaus der Stadt Wien – Floridsdorf
21, Hinaysgasse 1, Tel. 617 . . ., 38 16 14 . . .
Telefax: 38 16 14–333
(Besuchszeiten: täglich von 13.30 bis 19 Uhr)

Interim. Ärztlicher Direktor: *Tuchmann, Dr. Albert,* ao. Univ.-Prof., Primarius 400
Verwaltungsdirektor: *Preis Wolfgang,* Verwaltungsoberkommissär 200
Direktorin des Pflegedienstes: *Praschek Margarethe,* Oberin 210
Abteilung Wirtschaft: *Kasparek Margarete,* Kanzleioberkommissärin 202
Küchenregie: *Mühl, Dipl.-Ing. Marika* 351
Abteilung Personal: *Baranyai Ingrid,* Kanzleioffizialin . 218

Chirurgische Abteilung: *Tuchmann, Dr. Albert,* ao. Univ.-Prof., Primarius; *Gorz, Dr. Karl,* Oberarzt; *Skacel, Dr. Herbert,* Oberarzt; *Walzel, Dr. Benedikt,* Oberarzt; *Schmiederer, Dr. Roswitha,* Oberärztin; *Krisper, Dr. Heinz,* Anstalts-Arzt; *Razek, Dr. Peter,* Oberarzt; *Bartalsky, Dr. Alfred,* Oberarzt

Medizinische Abteilung: *Sertl, Dr. Kaspar,* Univ.-Prof., Primarius; *Zenz, Dr. Wolfgang,* Oberarzt; *Gabriel, Dr. Gerhard,* Oberarzt; *Zeilinger, Dr. Michael,* Oberarzt; *Prem, Dr. Hartmut,* Oberarzt; *Schragel, Dr. Dieter,* Oberarzt; *Bachl, Dr. Johann,* Oberarzt

Abteilung für Anästhesie und Intensivmedizin: *Schindler, Dr. Ingrid,* Univ.-Doz., Primaria

Röntgeninstitut: suppl. Leiterin: *Pflanzer, Dr. Doris,* Oberärztin

Allgemeine Poliklinik der Stadt Wien
9, Mariannengasse 10, Tel. 618 . . ., 404 09 . . .
Telefax: 404 09–166
(Besuchszeiten: täglich von 13.30 bis 15 Uhr und von 17.30 bis 19 Uhr, Pflegestation: täglich von 11 bis 19 Uhr)

Suppl. Ärztlicher Direktor: *Böhmer, Dr. Franz,* Primarius . . . 210
Verwaltungsdirektor: *Toifl Kurt,* Amtsrat . . . 150
Direktorin des Pflegedienstes: *Hosemann Ana,* Oberin . . . 190
Abteilung Wirtschaft: *Leder Andreas,* Amtsrat . . . 153
Abteilung Personal: *Hlozek Andrea,* Verwaltungsoffizialin . . . 152

Medizinische Abteilung: *Böhmer, Dr. Franz,* Primarius; *Publig, Dr. Werner,* Med.-Rat, Oberarzt; *Zandl, Dr. Christa,* Oberärztin; *Huf, Dr. Josef,* Oberarzt; *Meisner, Dr. Wolfgang,* Oberarzt; *Schuster, Dr. Christian,* Oberarzt
Institut für Physikalische Medizin und Rehabilitation: *Pils, Dr. Katharina,* Primaria; *Schreiber, Dr. Wilhelmine,* Spitalsärztin; *Vavrovsky, Dr. Gerhard,* Spitalsarzt
Labor: *Lapin, DDr. Alexander,* Doz.
Röntgeninstitut: *Walter, Dr. Reinhard; Hamid, Dr. Laith*
Apotheke: *Stransky, Mag. pharm. Margaretha*

Pulmologisches Zentrum der Stadt Wien
14, Sanatoriumstraße 2, Tel. 619 . . ., 910 60 . . .
Telefax: 910 60–Nebenstelle
(Besuchszeiten: täglich von 13.30 bis 15 Uhr und von 17.30 bis 19 Uhr)

Ärztlicher Direktor: *Schwägerl, Dr. Wolfgang,* ao. Univ.-Prof., Primarius . . . 40010
Verwaltungsdirektor: *Graf Leo,* Oberamtsrat . . . 40030
Direktor des Pflegedienstes: *Bruha Wolfgang,* Pflegevorsteher . . . 40020
Abteilung Wirtschaft: *Holzer Franz,* Amtsrat . . . 40264
Küchenregie: *Rieder Gertrude,* Amtsrätin . . . 41205
Abteilung Personal: *Siegmund Martin,* Verwaltungsoffizial . . . 40243

1. Interne Lungenabteilung: *Neumann, Dr. Michael,* Primarius; *Muhr, Dr. Renate,* Oberärztin; *Marhold, Dr. Franz,* Anstalts-Oberarzt; *Wolf, Dr. Kunrad,* Anstalts-Oberarzt; *Kreuzer, Dr. Alois,* Oberarzt; *Heller, Dr. Karl,* Oberarzt; *Hartl, Dr. Sylvia,* Oberärztin; *Koller, Dr. Hubert,* Oberarzt
2. Interne Lungenabteilung: *Vetter, Dr. Norbert,* Primarius; *Schmied, Dr. Brigitte,* Oberärztin; *Armbruster, Dr. Christine,* Oberärztin; *Homeier, Dr. Irmgard,* Oberärztin; *Kapfhammer, Dr. Georg,* Oberarzt; *Mohn-Staudner, Dr. Andrea,* Oberärztin; *Raber, Dr. Walter,* Oberarzt; *Steuer, Dr. Andrea,* Oberärztin

Lungenchirurgische Abteilung: *Pridun, Dr. Nestor,* Primarius; *Hollaus, Dr. Peter,* Oberarzt; *El-Nashef, Dr. Basem,* Oberarzt; *Hauck, Dr. Herwig,* Oberarzt
Orthopädische Abteilung (spezifische Knochenerkrankungen und Rehabilitation): *Schwägerl, Dr. Wolfgang,* ao. Univ.-Prof., Primarius; *Bohmann, Dr. Friedrich,* Anstalts-Oberarzt; *Czurda, Dr. Rainer,* Anstalts-Oberarzt; *Stockinger, Dr. Gerhard,* Anstalts-Oberarzt; *Zenz, Dr. Peter,* Oberarzt; *Pospisil, Dr. Christian,* Oberarzt; *Fertschak, Dr. Wolfgang,* Oberarzt; *Förster, Dr. Friederike,* Oberärztin; *Scheibelhofer, Dr. Wolfgang,* Oberarzt
Pflegeabteilung: *Feist, Dr. Helfried,* Primarius; *Weirich, Dr. Herbert,* Oberarzt; *Michael, Dr. Peter,* Oberarzt
Zentrallaboratorium: *Pokieser, Dr. Leopoldine,* Primaria; *Schalleschak, Dr. Johann,* Oberarzt; *Bernhardt, Dr. Klaus,* Oberarzt
Röntgeninstitut: *Kiprov, Dr. Sava,* Primarius
Intensivstation: *Heindl, Dr. Werner,* Oberarzt; *Kodras, Dr. Brigitte,* Oberärztin
Krankenpflegeschule: *Vetter, Dr. Norbert,* Primarius, med.-wissenschaftl. Leiter; *Dick-Taschner Hannelore Gudrun,* Direktorin

Pflegezentrum – Sophien-Spital der Stadt Wien
7, Apollogasse 19, Tel. 620 . . ., 521 03 . . .
Telefax: 521 03–205
(Besuchszeiten: Krankenhaus täglich von 13.30 bis 15 Uhr und von 17.30 bis 19 Uhr; Pflegeheim täglich von 11 bis 19 Uhr)

Ärztlicher Direktor: *Böhmer, Dr. Franz,* Primarius . . . 201
Verwaltungsdirektor: *Toifl Kurt,* Amtsrat . . . 202
Direktorin des Pflegedienstes: *Simon Gerda,* Oberin . . . 203
Abteilung Wirtschaft: *Gsur Wolfgang,* Verwaltungskommissär . . . 214
Abteilung Personal: *Proksch Anna,* Kanzleioberkommissärin . . . 216
Abteilung Finanz: *Leonhartsberger Monika,* Verwaltungsoberkommissärin . . . 725
Oberärzte: *Kühnen, Dr. Wolfgang; Ranftler, Dr. Johann; Siber, Dr. Harald*

Orthopädisches Krankenhaus der Stadt Wien – Gersthof
18, Wielemansgasse 28, Tel. 621 . . ., 476 11 . . .
Telefax: 476 11–1009
(Besuchszeiten: täglich von 13.30 bis 15 Uhr und von 17.30 bis 19 Uhr)

Ärztlicher Direktor: *Zweymüller, Dr. Karl,* ao. Univ.-Prof., Primarius . . . 4672
Verwaltungsdirektorin: *Mocnik Edith,* Oberamtsrätin . . 1001
Direktorin des Pflegedienstes: *Strümpf Margarete,* Oberin . . . 1470
Abteilung Wirtschaft: *Pfandler Gerhard,* Verwaltungsoberkommissär . . . 1031
Küchenregie: *Appl Ingeborg,* Kanzleikommissärin . . . 1073
Abteilung Personal: *Zimmel Gabriele,* Kanzleikommissärin . . . 1151

1. Orthopädische Abteilung: *Ritschl, Dr. Peter,* ao. Univ.-Prof., Primarius; *Metzenroth, Dr. Heinz,* Oberarzt; *Arbes, Dr. Heinz,* Oberarzt; *Schmidt, Dr. Wolfgang,* Oberarzt
2. Orthopädische Abteilung: *Zweymüller, Dr. Karl,* ao. Univ.-Prof., Primarius; *Machacek, Dr. Felix,* Oberarzt; *Sluga-Gloger, Dr. Christiane,* Oberärztin; *Wolner, Dr. Christine,* Oberärztin; *Drnek, Dr. Theodor,* Oberarzt; *Wurm, Dr. Ewald,* Oberarzt

Ignaz-Semmelweis-Frauenklinik der Stadt Wien
18, Bastiengasse 36–38, Tel. 622 . . ., 476 15 . . .
Telefax: 476 15–369
(Besuchszeiten: täglich von 11 bis 19.30 Uhr)

Ärztlicher Direktor: *Wagenbichler, Dr. Peter,* Univ.-Prof., Primarius . . . 370
Verwaltungsdirektorin: *Frank, Dipl.-KH-Betriebswirtin Helga,* Amtsrätin . . . 300
Direktorin des Pflegedienstes: *Kepte Elfriede,* Oberin . . . 372
Abteilung Wirtschaft: *Zouhar Alfred,* Verwaltungsoffizial . . . 303
Küchenregie: *Kölbl Susanne,* Kanzleioffizialin . . . 391
Abteilung Personal: *Mostögl Thomas,* Kanzleioffizial . . . 301

Gynäkologisch-geburtshilfliche Abteilung: *Wagenbichler, Dr. Peter,* Univ.-Prof., Primarius; *Hauser, Dr. Gernot,* Oberarzt; *Pollak, Dr. Johannes,* Oberarzt; *Egermann, Dr. Rudolf,* Oberarzt; *Schreiber, Dr. Christine,* Oberärztin; *Schiessler, Dr. Rudolf,* Oberarzt; *Scholz, Dr. Peter,* Oberarzt; *Riekmann, Dr. Klaus,* Oberarzt

Schule für allgemeine Gesundheits- und Krankenpflege: *Arnoldner, Dr. Michael,* Primarius, med.-wissenschaftl. Leiter; *Hanny Ingeborg,* Direktorin
Schule für allgemeine Gesundheits- und Krankenpflege Glanzing: *Lischka, Dr. Andreas,* Univ.-Prof., Primarius, med.-wissenschaftl. Leiter; *Binder Brigitte,* Direktorin
Hebammenakademie Wien: *Wagenbichler, Dr. Peter,* Univ.-Prof., Primarius, med.-wissenschaftl. Leiter; *Kohlhofer Christine,* Direktorin

Kinderklinik der Stadt Wien – Glanzing
19, Glanzinggasse 35–39, Tel. 623 . . ., 476 02 . . .
Telefax: 476 02–219
(Besuchszeiten: täglich von 11 bis 19 Uhr)

Ärztlicher Direktor: *Lischka, Dr. Andreas,* Univ.-Prof., Primarius . . . 221
Verwaltungsdirektor: *Preis Wolfgang,* Verwaltungsoberkommissär . . . 240
Direktorin des Pflegedienstes: *Kollwinger Johanna,* Oberin . . . 222
Abteilung Wirtschaft: *Stusak Helga,* Amtsrätin . . . 224
Küchenregie: *Feyerl Rudolf,* Kanzleikommissär . . . 228
Abteilung Personal: *Kocsis Susanne,* Kanzleikommissärin . . . 226

Interne Abteilung: *Lischka, Dr. Andreas,* Univ.-Prof., Primarius; *Moser, Dr. Elisabeth-Gerda,* Oberärztin; *Pani, Dr. Michael,* Oberarzt; *Fürnkranz, Dr. Heinz,* Oberarzt, *Jatzko, Dr. Gerlinde,* Oberärztin; *Zoder, Dr. Gerlinde,* Oberärztin
Kinderkrankenpflegeschule disloziert an Ignaz-Semmelweis-Frauenklinik: *Lischka, Dr. Andreas,* Univ.-Prof., Primarius, med.-wissenschaftl. Leiter; *Binder Brigitte,* Direktorin

Gottfried von Preyer'sches Kinderspital der Stadt Wien
10, Schrankenberggasse 31, Tel. 624 . . ., 601 13 . . .
Telefax: 601 13-296, 295, 321, 305
(Besuchszeiten: täglich von 11 bis 19 Uhr)

Ärztlicher Direktor: *Stögmann, Dr. Walter,* ao. Univ.-Prof., Primarius . . . 201
Verwaltungsdirektor: *Danhofer, Ing. Johann,* Amtsrat . . 203
Direktorin des Pflegedienstes: *Kersten Gerda,* Oberin . . 207
Abteilung Wirtschaft: *Reithofer Maria,* Verwaltungskommissärin . . . 221
Küchenregie: *Polaschek Brigitte,* Amtsrätin . . . 225
Abteilung Personal: *Fletzer Verena,* Kanzleioffizialin . . 223

Interne Abteilung: *Stögmann, Dr. Walter,* ao. Univ.-Prof., Primarius; *Bohrn, Dr. Edith,* Oberärztin; *Blümel, Dr. Peter,* Oberarzt; *Fink, Dr. Michael,* Oberarzt; *Lassi, Dr. Michael,* Oberarzt; *Lausecker, Dr. Monika,* Oberärztin; *Dilch, Dr. Alfred,* Oberarzt
Chirurgische Abteilung: *Fasching, Dr. Günter,* Univ.-Doz., Primarius; *Rappert, Dr. Peter,* Oberarzt; *Rittmannsberger, Dr. Elfriede,* Oberärztin; *Korab, Dr. Wilhelm,* Oberarzt; *Peter-Bonelli, Dr. Elisabeth,* Oberärztin; *Körner, Dr. Karl,* Oberarzt; *Hopfgartner, Dr. Leopold,* Oberarzt; *Wißgott, Dr. Inga,* Oberärztin;
Kinderkrankenpflegeschule: *Stögmann, Dr. Walter,* ao. Univ.-Prof., Ärztlicher Direktor, Primarius, med.-wissenschaftl. Leiter; *Breiteneder Elisabeth,* Direktorin

Mautner-Markhof'sches Kinderspital der Stadt Wien
3, Baumgasse 75, Tel. 625 . . ., 711 05 . . .
Telefax: 714 91–32
(Besuchszeiten: täglich von 8 bis 19 Uhr)

Ärztlicher Direktor: *Königswieser, Dr. Herbert,* Primarius . . . 215
Verwaltungsdirektor: *Komzak Franz,* Oberamtsrat . . . 330
Direktorin des Pflegedienstes: *Stefancic-Karger Roswitha,* Oberin . . . 216
Abteilung Wirtschaft: *Sonntag Sibylle,* Verwaltungskommissärin . . . 331
Küchenregie: *Lunzer Renate* . . . 337
Abteilung Personal: *Atzmillner Erich,* Kanzleioberkommissär . . . 334

Interne Abteilung: *Königswieser, Dr. Herbert,* Primarius; *Arocker, Dr. Wolfgang,* Oberarzt; *Fohler, Dr. Othmar,* Oberarzt; *Steger, Dr. Hans,* Oberarzt; *Krisper, Dr. Heinz,* Oberarzt
Institut für Physikalische Medizin und Rehabilitation: *Bühn-Freiler, Dr. Hermine,* Primaria; *Mayer, Dr. Helmut,* Oberarzt

Neurologisches Krankenhaus der Stadt Wien – Maria-Theresien-Schlössel
19, Hofzeile 18–20, Tel. 626 . . ., 368 34 55 . . .
Telefax: 368 34 55–18, 19, 320
(Besuchszeiten: täglich von 11 bis 13 Uhr und von 15 bis 19 Uhr)

Ärztlicher Direktor: *Binder, Dr. Heinrich,* Univ.-Prof., Primarius . . . 220
Verwaltungsdirektor: *Hradsky Josef,* Oberamtsrat . . . 230
Direktorin des Pflegedienstes: *Österreicher Gisela,* Oberin . . . 270
Abteilung Wirtschaft: *Dziwinsky Karin,* Verwaltungsoffizialin . . . 236
Abteilung Personal: *Hruska Frieda,* Kanzleioberkommissärin . . . 232

Neurologische Abteilung mit Neuro-Rehabilitation: *Binder, Dr. Heinrich,* Univ.-Prof., Primarius; *Gatterbauer, Dr. Erich,* Oberarzt; *Balazs, Dr. Susanne,* Obermedizinalrätin, Oberärztin; *Prammer, Dr. Helmut,* Oberarzt; *Mair-Wagner, Dr. Gabriela,* Oberärztin; *Selim, Dr. Mustafa,* Oberarzt; *Schmid, Dr. Hans,* Oberarzt; *Pinter, Dr. Michaela,* Oberärztin

Neurologisches Krankenhaus der Stadt Wien – Rosenhügel
13, Riedelgasse 5, Tel. 627 . . ., 880 00 . . .
Telefax: 880 00–218
(Besuchszeiten: täglich von 13 bis 15 Uhr und von 17.30 bis 19 Uhr)

Ärztlicher Direktor: *Schnaberth, Dr. Gernot,* Univ.-Prof., Primarius . . . 231
Verwaltungsdirektor: *Pojar Erich,* Oberamtsrat . . . 221
Direktorin des Pflegedienstes: *Häußle Astrid,* Oberin . . . 216
Abteilung Wirtschaft: *Haas Johannes,* Amtsrat . . . 381
Küchenregie: *Kalchgruber Andrea* . . . 281
Abteilung Personal: *Weber Rudolf,* Amtsrat . . . 353

1. Neurologische Abteilung: *Schnaberth, Dr. Gernot,* Univ.-Prof., Primarius; *Pötzl, Dr. Georg,* Oberarzt; *Gaismayer, Dr. Kurt,* Oberarzt; *Safoschnik, Dr. Georg,* Oberarzt; *Brunner, Dr. Gerhard,* Oberarzt; *Hochschorner, Dr. Günter,* Oberarzt; *Alf, Dr. Claude,* Oberarzt

Abteilung Medizinisches Dokumentationszentrum
Wanzenböck, Dkfm. Ing. Mag. Georg-Carl,
Magistratsrat 7000
Eckharter, Dr. Ingrid 7010
Telefax: 404 00–7004

Abteilung Medizinisch-Technische Dienste und Sanitätshilfsdienste
Budin Brigitte, Leitende Oberassistentin 1229
Kirchknopf Wolfgang, Oberassistent 1367
Sekretariat 1239, 1303
Telefax: 404 00–1212

Abteilung Informationszentrum
Fehringer Karin 1216
Sekretariat 1209
Telefax: 404 00–1207

Direktion des Pflegedienstes
9, Währinger Gürtel 18–20
Telefax: 404 00–1369

Gerwin Vera, Oberin,
Direktorin des Pflegedienstes 1205
Sekretariat 1100, 1104, 1108
Direktionsassistentin
Gantner Eva, Oberschwester 1103

Abteilung Personal und Entwicklung 1238
Personalreferat 1366

Innerbetriebliche Fortbildung
Windgruber Gertraud, Lehrschwester 6523
Telefax: 404 00–6525

Abteilung Controlling im Pflegebereich
Aigner Ortrun, Oberin 1105
Telefax: 404 00–1369

Beschwerden und Berichtswesen
Müller Elisabeth, Stationsschwester 1102

Qualitätssicherung im Pflegebereich
Jöbstl Hermine, Oberschwester 6506
Telefax: 404 00–6510

Technische Direktion
9, Währinger Gürtel 18–20
Telefax: 404 00–1704, 1708

Csukovits, Ing. Peter, Techn. Direktor 1701
Fliegenschnee, Dipl.-Ing. Peter, Oberstadtbaurat 1700
Sekretariat 1702

Referat Neubau (Behörde/Infrastrukturbetreuung)
Wehofer Johann, Oberamtsrat 1600
Rössl Hadmar 1602

Projektmanagement
Fliegenschnee, Dipl.-Ing. Peter, Oberstadtbaurat 1700

Sonderaufgaben (Energie, Instandhaltung, Betrieb)
Schuh, Ing. Manfred 1758

Sicherheitstechnik
Klutz, Ing. Leopold, Techn. Oberamtsrat 1748
Palfi, Ing. Josef, Techn. Amtsrat 1765
Neukirchen, Ing. Helmut 1913
Betriebsfeuerwehr 3911

Allgemeines Krankenhaus der Stadt Wien – Universitätskliniken
9, Währinger Gürtel 18–20, Tel. 404 00 . . .

Universitätsklinik für Anästhesie und
Allgemeine Intensivmedizin 4101
Telefax: 404 00–4104
Zimpfer, Dr. Michael, o. Univ.-Prof.
Klinische Abteilung für Allgemeine
Anästhesie und Intensivmedizin A 4101
Telefax: 404 00–4104
Zimpfer, Dr. Michael, o. Univ.-Prof.
Klinische Abteilung für Allgemeine
Anästhesie und Intensivmedizin B 4144
Telefax: 404 00–6422
Kress, Dr. Hans-Georg, Univ.-Prof.
Klinische Abteilung für Herz-Thorax-Gefäß-
chirurgische Anästhesie und Intensivmedizin 4108
Telefax: 404 00–4110
Haider, Dr. Wolfram, Univ.-Prof.

Universitätsklinik für Augenheilkunde und
Optometrie 7930
Telefax: 404 00–7902
Freyler, Dr. Heinrich, Univ.-Prof. (interim.)

Universitätsklinik für Blutgruppenserologie und
Transfusionsmedizin 5338
Telefax: 404 00–5321
Mayr, Dr. Wolfgang, Univ.-Prof.
Klinische Abteilung für Blutgruppenserologie 5338
Telefax: 404 00–5321
Mayr, Dr. Wolfgang, Univ.-Prof.
Klinische Abteilung für Transfusionsmedizin
(Intensivblutbank) 5300
Telefax: 404 00–7507
Höcker, Dr. Paul, Univ.-Prof.

Universitätsklinik für Chirurgie 6897
Telefax: 404 00–6898
Mühlbacher, Dr. Ferdinand, Univ.-Prof.
Klinische Abteilung für Allgemeinchirurgie 6917
Telefax: 404 00–6918
Jakesz, Dr. Raimund, Univ.-Prof.
Klinische Abteilung für Gefäßchirurgie 6956
Telefax: 404 00–6958
Polterauer, Dr. Peter, Univ.-Prof.
Klinische Abteilung für Herz-Thorax-Chirurgie 6966
Telefax: 404 00–6968
Wolner, Dr. Ernst, Univ.-Prof.
Klinische Abteilung für Kinderchirurgie 6837
Telefax: 404 00–6838
Horcher, Dr. Ernst, Univ.-Prof.
Klinische Abteilung für Transplantation 6897
Telefax: 404 00–6898
Mühlbacher, Dr. Ferdinand, Univ.-Prof.
Klinische Abteilung für Wiederherstellungs-
und Plastische Chirurgie 6986
Telefax: 404 00–6988
Frey, Dr. Manfred, Univ.-Prof.

Universitätsklinik für Dermatologie 7700
Telefax: 408 19 28
Wolff, Dr. Klaus, o. Univ. Prof.
Klinische Abteilung für Allgemeine
Dermatologie 7813
Telefax: 408 19 28
Wolff, Dr. Klaus, o. Univ.-Prof.

Klinische Abteilung für Immundermatologie
und infektiöse Hautkrankheiten 7704
Telefax: 403 19 00

Stingl, Dr. Georg, ao. Univ.-Prof.
Klinische Abteilung für spezielle Dermatologie und Umweltdermatosen 7702
Telefax: 408 12 87
Hönigsmann, Dr. Herbert, ao. Univ.-Prof.

Universitätsklinik für Hals-, Nasen- und Ohrenkrankheiten 3305
Telefax: 404 00–3332
Ehrenberger, Dr. Klaus, o. Univ.-Prof.
Klinische Abteilung für Allgemeine HNO 3305
Ehrenberger, Dr. Klaus, o. Univ.-Prof.
Klinische Abteilung für Phoniatrie und Logopädie 3316
Bigenzahn, DDr. Wolfgang, Univ.-Prof.

Universitätsklinik für Mund-, Kiefer- und Gesichtschirurgie 4252
Telefax: 404 00-4253
Ewers, DDr. Rolf, o. Univ.-Prof.

Universitätsklinik für Neurochirurgie 4565
Telefax: 404 00–4566
Koos, Dr. Wolfgang, o. Univ.-Prof.

Universitätsklinik für Orthopädie 4084
Telefax: 404 00–4029
Kotz, Dr. Rainer, o. Univ.-Prof.

Universitätsklinik für Physikalische Medizin und Rehabilitation 4330
Telefax: 404 00–5281
Fialka-Moser, Dr. Veronika, Univ.-Doz.

Universitätsklinik für Unfallchirurgie 5900
Telefax: 404 00–5949
Vécsei, Dr. Vilmos, o. Univ.-Prof.

Universitätsklinik für Urologie 2616
Telefax: 408 99 66
Marberger, Dr. Michael, o. Univ.-Prof.

Universitätsklinik für Frauenheilkunde 2821
Telefax: 404 00–2820
Husslein, Dr. Peter, Univ.-Prof.
Klinische Abteilung für Geburtshilfe und Gynäkologie 2821
Telefax: 404 00–2820
Husslein, Dr. Peter, Univ.-Prof.
Klinische Abteilung für Gynäkologie und Geburtshilfe 2915
Telefax: 404 00–2911
Leodolter, Dr. Sepp, Univ.-Prof.
Klinische Abteilung für Gynäkologische Endokrinologie und Sterilitätsbehandlung ... 2812, 2813
Telefax: 404 00–2817
Huber, DDr. Johannes, Univ.-Prof.
Klinische Abteilung für Pränatale Diagnostik und Therapie 2950
Telefax: 404 00–2995
Bernaschek, Dr. Gerhard, Univ.-Prof.
Klinische Abteilung für Spezielle Gynäkologie 2881
Telefax: 406 67 49
Kubista, Dr. Ernst, Univ.-Prof.

Universitätsklinik für Innere Medizin I 4428
Telefax: 404 00–4451
Huber, Dr. Heinz, o. Univ.-Prof.
Klinische Abteilung für Hämatologie und Hämostaseologie 4409
Telefax: 402 69 30
Lechner, Dr. Klaus, o. Univ.-Prof.
Klinische Abteilung für Infektionen und Chemotherapie 4441
Telefax: 404 00–4418
Graninger, DDr. Wolfgang, ao. Univ.-Prof.
Klinische Abteilung für Onkologie 4428
Telefax: 404 00–4461
Huber, Dr. Heinz, o. Univ.-Prof.

Universitätsklinik für Innere Medizin II 4615
Telefax: 408 11 48
Maurer, Dr. Gerald, Univ.-Prof.
Klinische Abteilung für Angiologie 4670
Telefax: 404 00–4665
Ehringer, Dr. Herbert, ao. Univ.-Prof.
Klinische Abteilung für Kardiologie 4615
Telefax: 408 11 48
Maurer, Dr. Gerald, Univ.-Prof.

Universitätsklinik für Innere Medizin III 4310
Telefax: 405 93 234
Waldhäusl, Dr. Werner, o. Univ.-Prof.
Klinische Abteilung für Endokrinologie und Stoffwechsel 4310
Telefax: 405 93 234
Waldhäusl, Dr. Werner, o. Univ.-Prof.
Klinische Abteilung für Nephrologie und Dialyse .. 4390
Telefax: 404 00–4392
Hörl, DDr. Walter, o. Univ.-Prof.
Klinische Abteilung für Rheumatologie 4300
Telefax: 404 00–4306
Smolen, Dr. Josef, Univ.-Prof.

Universitätsklinik für Innere Medizin IV 4740
Telefax: 404 00–4735
Gangl, Dr. Alfred, o. Univ.-Prof.
Klinische Abteilung für Arbeitsmedizin 4700
Telefax: 408 80 11
Rüdiger, Dr. Hugo, o. Univ.-Prof.
Klinische Abteilung für Gastroenterologie und Hepatologie 4740
Telefax: 404 00–4735
Gangl, Dr. Alfred, o. Univ.-Prof.
Klinische Abteilung für Pulmologie 4775
Telefax: 404 00–4784
Block, Dr. Lutz-Henning, o. Univ.-Prof.

Universitätsklinik für Nuklearmedizin 5530
Telefax: 404 00–5532
Dudczak, Dr. Robert, Univ.-Prof.

Klinische Abteilung für klinische Mikrobiologie 5155
9, Währinger Gürtel 18–20
Telefax: 404 00–5162
Rotter, Dr. Manfred, Univ.-Prof.

Klinische Abteilung für klinische Virologie 5170
9, Währinger Gürtel 18–20
Telefax: 404 00–5135
Hofmann, Dr. Hanns, Univ.-Prof.

Klinische Abteilung für Krankenhaushygiene 1900
9, Währinger Gürtel 18–20
Telefax: 404 00–5135
Koller, Dr. Walter, Univ.-Prof.

Klinische Abteilung für Neuropathologie und Neurochemie 5500
9, Währinger Gürtel 18–20
Telefax: 404 00–5511
Bernheimer, Dr. Hans, Univ.-Prof.

Notfallaufnahme 1954
Telefax: 404 00-3953
Laggner, Dr. Anton N., o. Univ.-Prof.

Klinisches Institut für Klinische Pathologie 3651
Telefax: 405 34 02

Kerjaschki, Dr. Dontscho, ao. Univ.-Prof.
Klinische Abteilung für Pathologische Anatomie und Histologie 3650
Telefax: 402 34 02
Breitenecker, Dr. Gerhard, Univ.-Prof.
Klinische Abteilung für Ultrastrukturpathologie und Zellbiologie 3651
Telefax: 405 34 02
Kerjaschki, Dr. Dontscho, ao. Univ.-Prof.

Klinisches Institut für Medizinische und Chemische Labordiagnostik 5360
Telefax: 404 00–5389
Rumpold, Dr. Helmut, Univ.-Prof.

Universitätsklinik für Neurologie 3110
Telefax: 404 00–3141
Deecke, Dr. Lüder, o. Univ.-Prof.
Klinische Abteilung für Klinische Neurologie 3110
Telefax: 404 00–3141
Deecke, Dr. Lüder, o. Univ.-Prof.
Klinische Abteilung für Neurologische Rehabilitation 3120
Telefax: 404 00–3141
Auff, Dr. Eduard, ao. Univ.-Prof.

Universitätsklinik für Neuropsychiatrie des Kindes- und Jugendalters 3011
Telefax: 404 00–3041
Friedrich, Dr. Max, o. Univ.-Prof.

Universitätsklinik für Psychiatrie 3603
Telefax: 404 00–3605
Katschnig, Dr. Heinz, o. Univ.-Prof.
Klinische Abteilung für Allgemeine Psychiatrie 3568
Telefax: 404 00–3099
Kasper, Dr. Siegfried, o. Univ.-Prof.
Klinische Abteilung für Sozialpsychiatrie und Evaluationsforschung 3603
Telefax: 404 00–3605
Katschnig, Dr. Heinz, o. Univ.-Prof.

Universitätsklinik für Tiefenpsychologie und Psychotherapie 3061
Telefax: 406 68 03
Springer-Kremser, Dr. Marianne, Univ.-Prof.

Universitätsklinik für Kinder- und Jugendheilkunde 3188
Telefax: 404 00–3189
Urbanek, Dr. Radvan, o. Univ.-Prof.
Klinische Abteilung für Allgemeine Pädiatrie 3188
Telefax: 404 00–3189
Urbanek, Dr. Radvan, o. Univ.-Prof.
Klinische Abteilung für Neonatologie, angeborene Störungen und Intensivmedizin 3224
Telefax: 404 00–3296
Pollak, Dr. Arnold, o. Univ.-Prof.
Klinische Abteilung für Pädiatrische Kardiologie 3153
Telefax: 404 00–3417
Wimmer, Dr. Maria, ao. Univ.-Prof.

Universitätsklinik für Radiodiagnostik 4818
Telefax: 404 00–4898
Lechner, Dr. Gerhard, o. Univ.-Prof.
Klinische Abteilung für Angiographie und interventionelle Radiologie 5800
Telefax: 404 00–5830
Lammer, Dr. Johannes, o. Univ.-Prof.
Klinische Abteilung für Neuroradiologie 4895
Telefax: 404 00–4894
Schindler, Dr. Erwin, Univ.-Prof.
Klinische Abteilung für Osteologie 5801
Telefax: 404 00–8777
Imhof, Dr. Herwig, o. Univ.-Prof.
Klinische Abteilung für Radiodiagnostik chirurgischer Fächer 4819
Telefax: 404 00–4898
Lechner, Dr. Gerhard, o. Univ.-Prof.
Klinische Abteilung für Radiodiagnostik für konservative Fächer 4891
Telefax: 404 00–4894
Herold, Dr. Christian Johannes, Univ.-Doz., Ass.-Prof.

Universitätsklinik für Strahlentherapie und Strahlenbiologie 2692
Telefax: 404 00–2693
Pötter, Dr. Richard, Univ.-Prof.
Klinische Abteilung für Brachytherapie 2702
Telefax: 404 00–2701
Seitz, Dr. Wolfgang, Univ.-Prof.
Klinische Abteilung für Teletherapie 2692
Telefax: 404 00–2690
Pötter, Dr. Richard, Univ.-Prof.

Klinische Abteilung für Pharmakologie 2980
Telefax: 404 00–2998
Eichler, Dr. Hans Georg, Univ.-Prof.

WIENER STADTWERKE

(Elektrizitätswerke [WIENSTROM], Gaswerke [WIENGAS], Verkehrsbetriebe [WIENER LINIEN], Städtische Bestattung [BESTATTUNG WIEN])

(Geschäftsgruppe Finanzen, Wirtschaftspolitik und Wiener Stadtwerke)

GENERALDIREKTION

Ringturm, 1, Schottenring 30, 15.–18. Stock, Tel. 531 23 . . .
Telefax: 531 23–73999

Skyba, Dr. Karl,
Generaldirektor . . . . 73910, 40 00 . . ., 86951
Sekretariat . . . . 73911, 40 00 . . ., 86955
Kanzlei:
Weis Walter, Amtsrat . . . . 73912, 40 00 . . ., 86959
Jeroscheg, Mag. Erich,
Assistent des Generaldirektors 73913

Kastl, Dipl.-Ing. Helmut, Obersenatsrat,
ständiger Stellvertreter des
Generaldirektors . . . . 73915, 40 00 . . ., 86952
Sekretariat 73916

Referat für Organisation, Revision und
Datenverarbeitung:
Chvatal, Mag. Roland,
Senatsrat . . . . 73960, 40 00 . . ., 86956
Emerich Wolfgang, Oberamtsrat 73963

Sektion für Personalangelegenheiten:
3, Erdbergstraße 202 . . . . 79 09 . . .
Joklik, Dr. Felix, Obersenatsrat . . . 80100, 40 00 . . ., 86957
Blazek, Dr. Erwin, Obermagistratsrat 80110
Bacher, Mag. Daniel 80111
Wohlmuth Helene 80120

Schulungs- und Ausbildungszentrum:
10, Gutheil-Schoder-Gasse 9 . . . . 667 20 36 . . .
Hirschl, Dr. Erwin, Senatsrat 15
Nitsch Fritz, Oberamtsrat 16

Finanzsektion:
Obentraut, Ing. Mag. Dr. Michael,
Obersenatsrat . . . . 73930, 40 00 . . ., 86958
Fertinger, Mag. Dr. Christian, Senatsrat 73932
Kysela, Mag. Andreas 73933
Pichler, Mag. Yasemin 73935
Fasching Gerhard, Amtsrat 73934

Stabsstelle Recht:
Siedle, Dr. Udo, Obersenatsrat 73920
Bondi, Mag. Claudia 73921
Schmallegger Ferdinand, Oberamtsrat 73923

Wirtschaftsreferat:
Samec, Mag. Rudolf, Senatsrat 73940
Kammerer, Mag. Birgit, Magistratsoberkommissärin . 73942
Schöller, Mag. Michaela, Magistratsrätin 73945

Public-Relations-Referat:
Glenk Peter 73950

Energiereferat:
Koutny, Dr. Wilhelm, Senatsrat 73900
1, Schottenring 30
WIEN ENERGIE Beratung . . . . 313 69 . . ., 921,
922, 923, 924

Vergabereferat:
3, Erdbergstraße 202 . . . . 79 09 . . .
Suttner, Dipl.-Ing. Norbert, Senatsrat 80200
Frank, Mag. Elisabeth, Magistratsrätin 80210
Heinisch Franz, Amtsrat 80201

Generaldirektion-Zentralverwaltung:

Innenrevision:
3, Erdbergstraße 202 . . . . 79 09 . . .
dzt. unbesetzt 84000
Gatterwe Karl, Amtsrat 84100
Ziegelmayer Anton, Amtsrat 84101

Gehaltsverrechnung:
3, Erdbergstraße 202 . . . . 79 09 . . .
Behling Peter, Oberamtsrat 83000
Markouschek Christa, Oberamtsrätin 83100
Christ Renate, Amtsrätin 83400
Koch Günter, Amtsrat 83300
Krammer Christine, Amtsrätin 83500
Weninger Anton, Amtsrat 83200

Pensionsabteilung:
3, Erdbergstraße 202 . . . . 79 09 . . .
Zeman, Regierungsrat Walter,
Oberamtsrat 86000
Bukowski Hedwig, Amtsrätin 86100
Forgo Gottfried, Amtsrat 86200
Mayerhofer Franz, Amtsrat 86211

Zentraleinkauf:
3, Erdbergstraße 202 . . . . 79 09 . . .
Harant, Ing. Franz, Techn. Oberamtsrat 81000
Handig Hans, Oberamtsrat 81001
Cizek, Ing. Peter, Techn. Amtsrat 81160
Dogl Josef, Amtsrat 81190
Maier, Ing. Heinrich 81170
Schmid, Ing. Günter, Amtsrat 81150
Sengseis, Ing. Stefan, Techn. Amtsrat 81180
Zimmermann Johann, Amtsrat 81140

Materialbewirtschaftung:
3, Erdbergstraße 202 . . . . 79 09 . . .
dzt. unbesetzt 82000
Adelmann Walter, Amtsrat 82130
Broda Horst, Amtsrat 82300
Görgey Guido, Amtsrat 82001
Kremer Norbert, Amtsrat 82201
Lagovsky Helmut, Amtsrat 82110
Novak Norbert, Amtsrat 82200

Kollaudierung:
3, Erdbergstraße 202 . . . . 79 09 . . .
Koberger, Ing. Josef, Oberamtsrat 85000
Brunner Helmut, Oberamtsrat 85001
Becker Leo, Amtsrat 85100
Dossek Gustav, Amtsrat 85101
Dvorak Herbert, Amtsrat 85102
Guth Friedrich, Amtsrat 85103
Hejnoch Karl, Amtsrat 85105
Reichenauer Dieter, Amtsrat 85108
Steiner Hans Jörg, Amtsrat 85110

WIENER STADTWERKE – ELEKTRIZITÄTSWERKE (WIENSTROM)

9, Mariannengasse 4–6, Tel. 691 . . ., 40 04 . . .
Telex: 131997, Telefax: 40 04–36396, Telefax-Kundendienst: 313 69–489

Kastl, Dipl.-Ing. Helmut, Direktor,
ständiger Stellvertreter des Generaldirektors 30000
Sekretariat 30020
Kasztler, Dipl.-Ing. Martin, Techn. Vizedirektor 30001
Sekretariat 30021
Rockenbauer, Dkfm. Raimund, Kaufm. Vizedirektor . . 30002
Sekretariat 30022
Vavra, Dipl.-Ing. Johannes, Stadtbaurat,
Direktionssekretär 30003
Neubauer, Ing. Christian, Techn. Amtsrat,
Öffentlichkeitsarbeit 30004
Verwaltungsdienst Personalangelegenheiten
Wukovits, Regierungsrat Walter, Oberamtsrat 36300
Personalangelegenheiten 36302, 36303
Betriebsarzt
Schleining, Dr. Günther 36331, 36330
Sozialreferat
Längl, Ing. Anton, Oberamtsrat 36360
Poststelle
Starkl Karl, Kanzleioberkommissär 36340
Verwaltungsdienst Rechtsangelegenheiten
Liebhart, Dr. Ing. Gustav, Senatsrat 36400
Chemisches Labor
Betriebsgebäude Simmering
11, 7. Haidequerstraße 6
Potuzak, Dr. Hans 30300
Physikalisches Labor
2, Obere Augartenstraße
Zankel, Dipl.-Ing. Franz, Senatsrat 30500
Zentralmagazin
Betriebsgebäude Simmering, 11, 7. Haidequerstraße 6
Wagner Ernst, Kanzleioberkommissär 73100
Direktionsmagazin und Drucksortenlager
Reiter Günther, Kanzleioberkommissär 73300
Lagerplatz Haidestraße, 11, Haidestraße 10
Sauerzapf Otto, Kanzleikommissär 73200

Hauptabteilung Strategische Planung und Zentrale Dienststellen
9, Mariannengasse 5
Schubert, Dipl.-Ing. Josef, Senatsrat 37000
Sekretariat 37005
Aus- und Weiterbildung und Fachbücherei
Durdik, Dipl.-Ing. Anton, Oberstadtbaurat 37010
Organisation
Weinelt, Dipl.-Ing. Peter, Stadtbaukommissär 37020
Rechenzentrum
Streit, Dipl.-Ing. Dr. Siegfried, Senatsrat 38000
Informatik: EDV-Koordination, Prozeßdatenverarbeitung,
dezentrale DV (Spezialerfordernisse)
Hanzl, Ing. Ludwig, Techn. Oberamtsrat 37400
Sicherheitswesen und Abfallwirtschaft
Köhler, Ing. Kurt, Techn. Amtsrat 37600
Bauangelegenheiten
Pongratz, Dipl.-Ing. Werner 37700
Vermessung
Werner, Dipl.-Ing. Franz, Oberstadtbaurat 37800
Kraftwagenbetrieb
Zentralgarage, Betriebsgebäude Simmering,
11, 7. Haidequerstraße 6
Wokurka Hannes, Oberamtsrat 73800

Hauptabteilung Kaufmännischer Dienst
9, Mariannengasse 4–6
Soecknick, Mag. Roland, Senatsrat 36000
Buchhaltung
Schmatz Erich, Oberamtsrat 36600
Betriebswirtschaft
Heil Elfriede, Oberamtsrätin 36650
Debitorenmanagement und Versicherungen
Kopetzky Gabriele, Oberamtsrätin 36800
Finanzmanagement
Mayer Friedrich, Oberamtsrat 39500
Rechnungsmanagement
dzt. unbesetzt 36700

Geschäftsfeld Übertragung (Transport)
9, Mariannengasse 4–6
Schimkowitsch, Dipl.-Ing. Georg, Senatsrat 37100
Stromgeschäfte und Studien
Landrichter, Dipl.-Ing. Herbert, Oberstadtbaurat 37111

Automatisierung und Informationssysteme
Brehmer, Dipl.-Ing. Reinhard, Oberstadtbaurat 30414

Lastverteiler
Schimkowitsch, Dipl.-Ing. Georg, Senatsrat 37100

Höchstspannungsnetz (Planung und Controlling)
dzt. unbesetzt 37312

Betrieb, Projektierung und Ausbau von Umspann- und Unterwerken
Vogler, Dipl.-Ing. Knuth, Senatsrat 30400

Umspannwerke:
Aspern: Aspern, Böckingstraße 2 42000
Baden: Baden, Waltersdorfer Straße 24, NÖ 42100
Ebenfurth: Ebenfurth, Wiener Neustädter Straße 29, NÖ 42200
Eisenstadtplatz: 10, Favoritenstraße 189 42300
Enzesfeld: Enzesfeld, Hirtenberger Straße, NÖ 42400
Gaudenzdorf: 12, Schönbrunner Straße 162–168 42500
Gresten: Gresten, Wieselburger Straße 20, NÖ 0 74 87/23 77, 90411
Heiligenstadt: 19, Heiligenstädter Straße 70–72 42600
Josefstadt: 8, Zeltgasse 9 42700
Kagran: 22, Kagran, Breitenleer Straße gegenüber 7 42800
Kaiserebersdorf: 11, Alberner Straße 8 42900
Kendlerstraße: 16, Kendlerstraße 40 41400
Klosterneuburg: Klosterneuburg, Donaustraße 2, NÖ . 43000
Leopoldau: 21, Siemensstraße 75 43100
Liesing: 23, Liesing, Brunner Straße 52 43200
Michelbeuern: 9, Währinger Gürtel 78 40000
Moosbrunn: Gramatneusiedl, Wiener Straße, NÖ 43300
Neubad: 1, Neubadgasse 6 43400
Nord: 21, Jedleseer Straße 45 40400
Stadlau: 22, Aspern, Erzherzog-Karl-Straße 150 40600
Süd: 12, Pottendorfer Straße 30 41000
Südost: 10, Unterlaa, Johannesberg 41600
Traiskirchen: Traiskirchen, Steinfeldgasse 19, NÖ ... 41800
West: 13, Hofjagdstraße 3 43500
Wiener Neudorf: Wiener Neudorf, Friedrich-Schiller-Straße 43, NÖ 43600
Zedlitzhalle: 1, Liebenberggasse 5 43700

Umspann- und Unterwerke:
Favoriten: 10, Humboldtgasse 1–5 40800
Handelskai: 2, Wachaustraße 28 44000
Kaunitzgasse: 6, Kopernikusgasse 5 (Werkstätte) 587 22 59, 41200
Leopoldstadt: 2, Obere Augartenstraße 14a 40200
Mariahilf: 6, Theobaldgasse 6 44200
Ottakring: 16, Arnethgasse 24–28 44300
Penzing: 14, Gurkgasse 27–29 44400
Schmelz: 15, Hackengasse 32 44500
Speising: 13, Feldkellergasse 3 44600
Währing: 18, Schulgasse 81–83 44700
Weißgerber: 3, Geusaugasse 16 44800

U-Bahn:
Leitstelle, 4, Karlsplatz 75075, 75076
Unterwerke:
19, Heiligenstädter Platz 76660
19, Wasserleitungswiese 78410
1, Schottenring 76260
1, Rathaus 76240
3, Hauptzollamt 77440
4, Karlsplatz 76200
5, Pilgramgasse 77400
12, Meidlinger Hauptstraße 76470
13, Hietzing 76440
13, Ober-St.-Veit 76410
14, Hacking 76400
10, Reumannplatz 76100
4, Südtiroler Platz 76120
2, Nestroyplatz 76170
2, Vorgartenstraße 76190
22, Kaisermühlen 77110
22, Zentrum Kagran 77130
9, Borschkegasse 20 77620
15, Goldschlagstraße 77670
15, Rauchfangkehrergasse 76460
9, Währinger Gürtel 76690

Unterwerke:
Alsergrund: 9, Höfergasse 2-12 45000
Döbling: 19, Billrothstraße 7 45100
Floridsdorf: 21, Kahlgasse 7 45200
Hütteldorf: 14, Bahnhofstraße 1a 45300
Landstraße: 3, Grasbergergasse 5 44100
Niernbergergasse: 11, Simmeringer Hauptstraße 162 . 45400
Winkeläcker: 21, Winkeläckerstraße 45500

Netzschaltanlagen:
Ebreichsdorf: Ebreichsdorf, Wiener Straße gegenüber 114, NÖ 46000
Eßling: 22, Eßling, Raphael-Donner-Allee 46010
Fischamend: Markt Fischamend, Hainburger Straße 63a, NÖ 46021
Gumpoldskirchen: Gumpoldskirchen, Wiener Straße 156, NÖ 46040
Lobau: 22, Stadlau, Kanalstraße 74 46050
Maria Lanzendorf: Maria Lanzendorf, Himberger Straße, NÖ 46060
Perchtoldsdorf: Perchtoldsdorf, Herzogbergstraße 4, NÖ 46070
Rannersdorf: Rannersdorf, Hähergasse 12, NÖ 46080
Schwadorf: Schwadorf, Wienerherbergstraße, NÖ ... 46090
Vöslau-Thermalbad: Bad Vöslau, Badner Straße 12, NÖ 46100

Wasserkraftwerke:
Gaming: Kienberg-Gaming, Pockau 46, NÖ ... 0 74 85/258
Göstling (Wehranlage), Ober-Kogelsbach 8, NÖ 0 74 84/22 90
Opponitz: Opponitz, Schwarzenbach 16, NÖ 0 74 44/241

Geschäftsfeld Erzeugung (Produktion)
Kraftwerk Simmering, 11, 1. Haidequerstraße 1
Gockner, Dipl.-Ing. Ludwig, Senatsrat 70000
Kanzlei 70005

Kraftwerksplanung und Sonderaufgaben
Brugger, Dipl.-Ing. Georg, Oberstadtbaurat 37200

Brennstoffeinkauf, Koordination Kaufmänn. Service und Personal
Bauer Helmut, Oberamtsrat 37500

Betrieb des Kraftwerkes Simmering
Gockner, Dipl.-Ing. Ludwig, Senatsrat 70000

Betrieb des Kraftwerkes Donaustadt und Leopoldau
Kraftwerk Donaustadt, 22, Primavesigasse und
Kraftwerk Leopoldau, 21, Thayagasse
Schwarzböck, Dipl.-Ing. Rudolf, Oberstadtbaurat 72000
Kanzlei 72005

Geschäftsfeld Verteilnetz
9, Mariannengasse 4–6
Reisinger, Dipl.-Ing. Helmut, Senatsrat 32000
Sekretariat 32005

Netzplanung und Sonderaufgaben
Binder, Dipl.-Ing. Dr. Heinzfriedrich, Senatsrat 37300, 37305

Verteilnetz Ost
Kimmel, Ing. Adolf, Techn. Oberamtsrat 32100

380/110kV-Kabelnetz (Bau und Betrieb), Mittelspannungsanlagen (Planung und Controlling), Verteilnetz West
Zeiller, Dipl.-Ing. Richard, Senatsrat 32200

Verteilnetz Mitte, Bahn-, Fernwirknetze, Bahnanlagen (Planung und Controlling)
Liebl, Dipl.-Ing. Hans Oswald, Oberstadtbaurat 32300

Verteilnetz Süd und 20/110/380kV-Freileitung (Bau und Betrieb)
Wildner, Ing. Hans, Techn. Oberamtsrat 32400

Betriebsstellen/ Kundendienstzentren:
Baden, Conrad- von Hötzendorf-Platz 5, NÖ . . . . 0 22 52/88 5 50 . . ., 88 5 52 . . ., 49000
Klosterneuburg, Stadtplatz 10, NÖ . . . . 0 22 43/32 1 48 . . ., 49100
Liesing, 23, Liesing, Dirmhirngasse 132 . . . . 865 95 64 . . ., 49200
Mödling, Achsenaugasse 8, NÖ . 0 22 36/22 5 26 . . ., 49300
Purkersdorf, Wienzeile 9, NÖ . . . . 0 22 31/33 61 . . ., 37 40 . . ., 49400
Schwechat, Sendnergasse 13–15, NÖ . . . . 707 61 01 . . ., 707 61 25 . . ., 49500
Stammersdorf, 21, Stammersdorfer Straße 33 . . . . 292 13 16 . . ., 292 53 12 . . ., 49600

Meßstelle, Schutzeinrichtung und TRA
Hafner, Dipl.-Ing. Gerhard, Oberstadtbaurat 32800

Umspanneranlagen
Aubrunner, Ing. Walter, Techn. Oberamtsrat 32600

Hausanschlüsse, Planerstellung, Kabelaufsicht, Aufgrabung und Wiederherstellung
Michtits, Ing. Helmut, Techn. Oberamtsrat 32700

Geschäftsfeld Vertrieb
9, Mariannengasse 5, Spitalgasse 5–9

Pink, Dipl.-Ing. Friedrich, Senatsrat 34000
Kanzlei 34005

Kaufmännisches Service und Personal
Wlcek, Ing. Franz, Techn. Oberamtsrat 34500

Marketing, Vertriebsplanung, Haus Wien Energie
Paul, Ing. Andreas, Techn. Oberkommissär 34100

Groß- und Sonderkundenverrechnung
Beutler, Mag. Dkfm. Helmut, Obermagistratsrat 34200

Technischer Kundendienst für Großkunden
Berger, Dipl.-Ing. Wolfgang, Oberstadtbaurat 34400

Technischer Kundendienst für Tarifkunden
Habermann, Ing. Karl, Techn. Oberamtsrat 39100

Betriebsstellen/ Kundendienstzentren:
Baden, Conrad-von-Hötzendorf-Platz 5, NÖ . . . . 0 22 52/88 5 50 . . ., 88552 . . ., 49000
Klosterneuburg, Stadtplatz 10, NÖ . . . . 0 22 43/32 1 48 . . ., 49100
Liesing, 23, Liesing, Dirmhirngasse 132 . . . . 865 95 64 . . ., 49200
Mödling, Achsenaugasse 8, NÖ . 0 22 36/22 5 26 . . ., 49300
Purkersdorf, Wienzeile 9, NÖ . . . . 0 22 31/33 61 . . ., 37 40 . . ., 49400
Schwechat, Sendnergasse 13–15, NÖ . . . . 707 61 01 . . ., 707 61 25 . . ., 49500
Stammersdorf, 21, Stammersdorfer Straße 33 . . . . 292 13 16 . . ., 292 53 12 . . ., 49600

Kundendienst Energie (Gas- und Stromverrechnung)
Grill Robert, Oberamtsrat 39400

Zählerdienst, 9, Mariannengasse 27
Pousek, Ing. Paul, Techn. Oberamtsrat 34700

Geschäftsfeld Telekommunikation
9, Mariannengasse 4–6
dzt. unbesetzt 32900

WIENER STADTWERKE – GASWERKE (WIENGAS)

8, Josefstädter Straße 10–12, Tel. 694 . . ., 401 28 . . .
Telefax: 401 28-99–1100

Pöltner, Dipl.-Ing. Richard, Direktor 1000
Miksits, Ing. Mag. Helmut, Vizedirektor 1001
Telefax: 401 28–99–1000

Geschäftsgruppe 10:

Allgemeine Verwaltungsangelegenheiten:
Pöltner, Dipl.-Ing. Richard, Direktor 1000
Direktionssekretär:
Hueber, Ing. Maximilian, Techn. Oberamtsrat 1020

Personal- und Verwaltungsangelegenheiten:
Gonano Alfred, Oberamtsrat 1100
Horak Klaus, Amtsrat 1101
Direktionsärztliche Dienststelle:
Amon, Dr. Renate, Direktions-(Betriebs-)Ärztin 1116

Behördlich autorisierte Versuchsanstalt für Gas- und Feuerungstechnik:
11, Eyzinggasse 12 . . . . 401 28 . . .
Wittek, Dipl.-Ing. Rudolf, Oberstadtbaurat 1200
Telefax: 401 28–99–1200

Werksküchen und Sozialeinrichtungen:
Hladik Paul, Oberamtsrat 1300

Staatlich akkredidierte Beglaubigungsstelle für Balgengaszähler:
11, Eyzinggasse 12 . . . . 401 28 . . .
Machourek, Ing. Gerhard, Techn. Amtsrat 1400
Telefax: 401 28–99–2400

Umweltschutz und Abfallwirtschaft:
11, Eyzinggasse 12 . . . . 401 28 . . .
Wittmann, Ing. Mag. Wilfried, Oberstadtbaurat 1700

Organisation und EDV:
Kunit, Ing. Mag. Gerhard, Magistratsrat 1800
Walter, Ing. Ernst, Techn. Amtsrat 1801
Telefax: 401 28–99–1800

Sicherheitstechnischer Dienst, Ausbildungs- und Schweißwesen:
11, Eyzinggasse 12 . . . . 401 28 . . .
Rauscher, Ing. Helmut, Techn. Oberamtsrat 1900
Stollewerk, Ing. Gerald, Techn. Amtsrat 1901
Telefax: 401 28–99–1900

Geschäftsgruppe 20:

Gasvertrieb:
Miksits, Ing. Mag. Helmut, Vizedirektor 1001
Dürnberger, Ing. Franz, Techn. Amtsrat 2020

Energiewirtschaft:
Fasching Otto, Verwaltungsoberkommissär 2050
Telefax: 401 28–99–2050

Gasvertrieb Großkunden:
Rath, Ing. Johannes, Techn. Oberamtsrat 2100
Hruska, Ing. Wolfgang, Techn. Amtsrat 2120
Unger, Ing. Helmut, Techn. Amtsrat 2101
Telefax: 401 28–99–2100

Kundendienststelle Josefstadt:
Westermayer, Ing. Viktor, Techn. Oberamtsrat 2200
Eichinger, Ing. Friedrich, Techn. Amtsrat 2233
Gregor, Ing. Horst, Techn. Amtsrat 2230
Schuberth, Ing. Eduard, Techn. Amtsrat 2237
Seisenbacher, Ing. Karl, Techn. Amtsrat 2235
Telefax: 401 28–99–2200

Kundendienststelle Meidling:
12, Theresienbadgasse 3 . . . . 401 28 . . .
Ferencsak, Ing. Paul, Techn. Oberamtsrat 2700
Slosar, Ing. Fritz, Techn. Amtsrat 2701
Krieger, Ing. Herbert, Techn. Amtsrat 2734
Telefax: 401 28–99–2700

Kundendienststelle Mödling, Hauptstraße 68,
NÖ . . . . 0 22 36/24 2 03, 24 2 65 . . .
Huber, Ing. Kurt, Techn. Amtsrat 14
Telefax: 0 22 36/24 2 03–31

Kundendienststelle Brigittenau:
20, Klosterneuburger Straße 70 . . . . 401 28 . . .
Kirchmaier, Ing. Klaus, Techn. Oberamtsrat 2800
Feldinger, Ing. Felix, Techn. Amtsrat 2801
Piorecki, Ing. Josef, Techn. Amtsrat 2833
Weinlinger, Ing. Wolfgang, Techn. Amtsrat 2834
Telefax: 401 28–99–2800

Marketing und Werbung, PR-Pressestelle:
Altmann, Ing. Wolfgang, Techn. Amtsrat 2900
Telefax: 401 28-99-2900

Haus WIEN ENERGIE:
6, Mariahilfer Straße 63 . . . . 582 00 . . . 0
Eichinger Elisabeth, Amtsrätin 5822
Telefax: 582 00–9580

Geschäftsgruppe 30:

Gasverteilung:
Ohlenschläger, Dipl.-Ing. Franz, Senatsrat 3000
Nemec Wilhelm, Amtsrat 3005
Telefax: 401 28–99–3000

Hauptrohrnetz:
Weichselberger, Ing. Franz, Techn. Oberamtsrat 3100
Dragosits Johann, Amtsrat 3141
Kolensky, Ing. Johann, Techn. Amtsrat 3525
Lintner, Ing. Peter, Techn. Amtsrat 3517
Mayer Kurt, Amtsrat 3140
Nefzger, Ing. Felix, Techn. Amtsrat 3521
Rauscher Ernst, Amtsrat 3150
Schmölzer, Ing. Rudolf, Techn. Amtsrat 3501
Selinger, Dipl.-HTL-Ing. Robert, Techn. Amtsrat 3101
Tschulik, Ing. Rudolf, Techn. Amtsrat 3509
Telefax: 401 28–99–3100

Hochdruckleitungsbau, Planbüro und Vermessung:
Martin, Ing. Herwig, Techn. Oberamtsrat 3200
Kladensky, Dipl.-Ing. Josef, Oberstadtbaurat 3230
Kudernatsch, Ing. Heinz, Techn. Amtsrat 3220
Sulzer, Ing. Ernst, Techn. Amtsrat 3240

Meß-, Regel- und Korrosionsschutztechnik:
Gutleber, Ing. Othmar, Techn. Oberamtsrat 3300
Kienastberger, Ing. Günther, Techn. Amtsrat 3360
Skarek, Ing. Richard, Techn. Amtsrat 3350
Sparer, Ing. Rudolf, Techn. Amtsrat 3301
Telefax: 401 28–99–3000
Hajek, Ing. Thomas, Techn. Amtsrat 3380
Telefax: 292 16 11–99–3310

Geschäftsgruppe 40:

Allgemeine Dienste:
Pöltner, Dipl.-Ing. Richard, Direktor 1000

Störungsdienst und Bereitschaft:
Interim. Leiter: *Schmid, Ing. Karl,* Techn. Amtsrat 2300
Telefax: 401 28–99–2300
Gebrechenmeldestelle (Kurzrufnummer 128) 88
Telefax: 401 28–9988

Gaszählerwechseldienst und Zentrallager:
11, Eyzinggasse 12
Chaloupka, Dipl.-Ing. Fritz, Oberstadtbaurat 2400
Telefax: 401 28–99–2400

Zentralwerkstätte und Kraftfahrbetrieb:
11, Eyzinggasse 12
Lohsmann, Ing. Fritz, Techn. Oberamtsrat 4300
Telefax: 401 28–99–4300

Dienststelle Simmering:
11, Eyzinggasse 12
Franek, Dipl.-Ing. Dr. Johann, Senatsrat 4100
Koller, Dipl.-Ing. Hubert, Stadtbaurat 4101
Telefax: 401 28–99–4100

Dienststelle Leopoldau:
21, Pfendlergasse
dzt. unbesetzt 4200
Telefax: 401 28–99–4200

Geschäftsgruppe 50:

Kaufmännischer Dienst:
Stetter, Mag. Dr. Karl, Obermagistratsrat 5000
Mölzer, Mag. Iring, Magistratsrat 5010

Buchhaltung:
Grillenhofer Herbert, Oberamtsrat 5100
Alsch Waltraud, Amtsrätin 5140
Jorde Helmut, Amtsrat 5101
Schörgmayer Helga, Amtsrätin 5120
Werner Eduard, Amtsrat 5130
Telefax: 401 28–99–5100

Betriebswirtschaftliche Abteilung:
Kamellander Walter, Oberamtsrat 5200
Steinböck Josef, Amtsrat 5201

Rechnungsprüfung und Großkonsumabrechnung:
Belghofer Bernhard, Oberamtsrat 5300
Bednar Werner, Amtsrat 5322
Gruber Franz, Amtsrat 5330
Smejkal Gerhard, Amtsrat 5320
Swoboda Heinz, Amtsrat 5301
Telefax: 401 28–99–5300

Hauptkassa:
Gumhold Magdalena, Oberamtsrätin 5400
Telefax: 401 28–99–5400

Rechtsreferat:
Wözlmayer, Mag. Renate 5500
Telefax: 401 28–99–2900

WIENER STADTWERKE – VERKEHRSBETRIEBE (WIENER LINIEN)

3, Erdbergstraße 202, Tel. 692 . . ., 79 09 . . .
Telefax: 79 09-22890
Internet e-mail: wvb.post@vb.wiennet.at.

Grois, Dipl.-Ing. Günther, Direktor 140
Lehotzky, Dipl.-Ing. Peter,
Techn. Vizedirektor 160
Keibl, Dkfm. Mag. Reinhard,
Kaufm. Vizedirektor 150
Farthofer Walter, Oberamtsrat,
Direktionssekretär 141

Dienststelle Überprüfungsangelegenheiten:
dzt. unbesetzt 17200

Sicherheitstechnischer Dienst:
Kaida, Ing. Franz, Techn. Oberamtsrat 17300

Stabsstelle Allgemeine wirtschaftliche Angelegenheiten,
Organisation und EDV:
Krajcsir, Mag. Martin, Magistratsrat 17100
Grubits, Dipl.-Ing. Robert, Stadtbaurat 17120
Sedlak Erich, Amtsrat 17110
Lewandowsky Elisabeth, Oberamtsrätin 25013
Hums-Ditz, Mag. Petra 25011
Göschl, Mag. Annemarie 25012

Personalgruppe:

Joklik, Dr. Felix, Obersenatsrat 80100

Personalabteilung:
Kabelka, Dr. Raimund, Senatsrat 22000
Loos, Mag. Martina 22010
Gelles, Mag. Julius 22011
Schwarz Christine, Amtsrätin 22400
Widhalm Alfred, Amtsrat 22200
Henesch Eva, Amtsrätin 22201
Jaworski Brigitta, Amtsrätin 22100

Direktionskanzlei (Zentrale Posteinlaufstelle):
Rudolf Heinrich, Kanzleioberkommissär 22800

Direktionsärztliches Büro:
Gröger, Dr. Günter, Direktionsarzt 22910
Rauch, Dr. Rudolf, Direktionsarzt 22920

Betriebsärztliche Betreuung:
Pitrun, Dr. Richard 22950
Billig-Hazivar, Dr. Ulrike 23016
Szanto-Körmendi, Dr. Edit 23013
Kager, Dr. Birgit 22951
Stanek, Dr. Rudolf 23018
Kolomaznik, Dr. Kurt 22953

Abteilung Betriebskrankenkasse:
10, Leebgasse 17 . . . . 600 10 09 (79 09 . . .)
Oberhofer Franz, Oberamtsrat 23000
Obermann Edeltraude, Amtsrätin 23200

Rechtsabteilung:

Oedendorfer, Mag. Martin 24010
Trybek, Mag. Siegfried 24011
Täubler Robert, Oberamtsrat 24100
Hofmann Werner, Amtsrat 24101

Kaufmännische Gruppe:

Keibl, Dkfm. Mag. Reinhard, Kaufm. Vizedirektor 150

Abteilung Betriebswirtschaft/Erfolgscontrolling:
Placho Justine, Oberamtsrätin 26000
Bauer Alfred, Amtsrat 26300
Hamernik Heidemarie, Amtsrätin 26120
Strobl Ewald, Amtsrat 26100
Neugebauer, Mag. Christa 26112

Abteilung Hauptbuchhaltung:
Vitek Adalbert, Oberamtsrat 27000
Brauneis Brigitte, Amtsrätin 27200
Fabian Elisabeth, Oberamtsrätin 27001
Granser Gertrude, Amtsrätin 27430
Hofer Andreas, Amtsrat 27002
Kaiser Josef, Amtsrat 27230
Kovanda Ingeborg, Amtsrätin 27470
Machotsky Ilse, Amtsrätin 27460
Provaznik Renate, Amtsrätin 27420

Abteilung Hauptkassa:
Mittischek Eva-Maria, Oberamtsrätin 28000

Abteilung Tarifangelegenheiten:
Rehousek Franz, Obermagistratsrat 29000
Braunstingl Irmgard, Amtsrätin 29001
Auskünfte Jahreskarten 115
Auskünfte Schülerkarten 120

Gruppe Verkehr und Betrieb:

Löffler, Dipl.-Ing. Heinz, Senatsrat, Projektleiter für
Beschleunigung des öffentlichen Verkehrs 4010

Bahnhof- und Garagenleitungen:
Blenz, Ing. Kurt, Techn. Amtsrat 40011
Scholz, Ing. Andreas, Techn. Amtsrat 40012
Raukenberger, Ing. Franz, Techn. Amtsrat 40012
Stranz, Dipl.-Ing. Richard 40011
Dangl, Dipl.-Ing. Robert 40011
Lewisch, Dipl.-Ing. Stephan 49600
Pribila, Ing. Dipl.-Ing. Robert 42005

Betriebsabteilung:
Dienstl, Dipl.-Ing. Johann, Oberstadtbaurat 41000
Maschek, Dipl.-Ing. Hans, Oberstadtbaurat 41001
Ertl, Ing. Günther, Techn. Oberamtsrat 41301
Hasil, Ing. Anton, Techn. Amtsrat 41002

Betriebsüberwachung:
Deutsch, Ing. Hannes, Techn. Amtsrat 41100

Verkehrsabteilung:
Sindelar, Dipl.-Ing. Martin, Oberstadtbaurat 46000
Rodinger Ferdinand, Oberamtsrat 46001
Schlesinger Alfred, Amtsrat 46100

Abteilung Autobusbetrieb:
Machala, Dipl.-Ing. Fritz, Oberstadtbaurat,
Leiter des Betriebsdienstes
für den Kraftfahrlinienbetrieb 42000

Bergner, Ing. Karl, Techn. Amtsrat 42001

Abteilung Öffentlichkeitsarbeit:
Lichtenegger, Dipl.-Ing. Dr. techn. Michael, Stadtbaurat 44000
Nestler Rudolf, Amtsrat 44100
Marincig Harald, Amtsrat 44900
Potztawe Kurt, Amtsrat 44200
Ehrengruber, Mag. Johann, Magistratsrat 44400

Abteilung Schulbüro:
Schramseis, Ing. Alfred, Techn. Oberamtsrat 47000
Beschorner, Ing. Otto, Techn. Amtsrat 47001
U-Bahn-Abteilung, 3, Kappgasse
Rudelstorfer, Dipl.-Ing. Dietrich, Senatsrat 43000
Grüner, Dipl.-Ing. Anton 43001

Abteilung Fahrplanbüro:
Wittek Peter, Oberamtsrat 45000
Huth Walter, Amtsrat 45001

Betriebsbahnhöfe:

Breitensee, 14, Hütteldorfer Straße 112 . . . 79 09 . . . , 48103
Wagenrevision 48130
Brigittenau, 20, Wexstraße 13–15 48203
Wagenrevision 48230
Favoriten, 10, Gudrunstraße 153 48303
Wagenrevision 48330
Floridsdorf, 21, Gerichtsgasse 5 48403
Wagenrevision 48430
Gürtel, 18, Währinger Gürtel 131 48503
Wagenrevision 48530
Hernals, 17, Hernalser Hauptstraße 138 48603
Wagenrevision 48630
Kagran, 22, Kagran, Prandaugasse 11 48703
Wagenrevision 48730
Ottakring, 16, Maroltingergasse 47–49 48803
Wagenrevision 48830
Rudolfsheim, 15, Schwendergasse 51 48903
Wagenrevision 48930
Simmering, 11, Simmeringer Hauptstraße 156 49103
Wagenrevision 49130
Speising, 13, Hetzendorfer Straße 188 49203
Wagenrevision 49230

Wagenabfertigungen:

Augasse 9, Augasse . . . . 79 09 . . ., 48522
Dörfelstraße, 12, Dörfelstraße 8 . . . . 815 83 45
Dresdner Straße, 20, Höchstädtplatz . . . . . . 79 09 . . ., 48223
Elderschplatz, 2, Elderschplatz (Kiosk) 728 66 83
Floridsdorf, 21, Franz-Jonas-Platz . . . . 79 09 . . ., 48421
Freudenau, 2, Freudenau 728 95 89
Gersthof, 18, Gersthofer Straße . . . . 79 09 . . ., 48521
Hauptallee, 2, Prater-Hauptallee 729 83 27
Hofwiesengasse, 13, Hofwiesengasse . . . . 79 09 . . ., 49221
Lagerhausschleife, 2, Messegelände . . . . . . 79 09 . . ., 48224
Leberstraße-Landstraßer Hauptstraße,
3, Leberstraße 728 13 63
Nußdorfer Straße, 9,
Nußdorfer Straße 90 . . . . 79 09 . . ., 48523
Reumannplatz, 10, Reumannplatz . . . . 79 09 . . ., 49521
Schottenhof, 16, Ottakringer Straße . . . . 79 09 . . . 0
Schottenring – U-Bahn-Station,
1, Franz-Josefs-Kai . . . . 502 03 . . ., 43451
Sechshauser Gürtel, 15, U-Bahn-Station
Gumpendorfer Straße . . . . 502 03 . . ., 64451
Stadion, 2, Stadionschleife 728 04 12
Stefan-Fadinger-Platz, 10, Raxstraße . . . . 79 09 . . . 0
Südbahn, 3, Arsenalstraße, gegenüber Südbahn,
Ankunft . . . . 79 09 . . ., 49522
Taubergasse, 17, Taubergasse . . . . 79 09 . . ., 48921
Wallensteinplatz, 20, Wallensteinplatz . . . . 79 09 . . ., 48221
Zentrum Kagran . . . . 79 09 . . ., 48722

Kontrollbezirke:

Dienstraum Praterstern:
2, Praterstern
(Revisoren-Kontrollbezirk 1) . . . . –
Revisoren-Kontrollbezirk B:
9, U-Bahn-Station Alser Straße . . . . 79 09 . . ., 41173
Revisoren-Kontrollbezirk C:
12, Hohenbergstraße 8 . . . . 79 09 . . ., 41174
Revisoren-Kontrollbezirk U:
6, U-Bahn-Station Westbahnhof . . . . 79 09 . . ., 41177
Revisoren-Kontrollbezirk D:
3, U-Bahn-Station Landstraße . . . . 79 09 . . ., 41176
Betriebsüberwachung Matzleinsdorfer
Platz . . . . 79 09 . . ., 41935
Betriebsüberwachung Schottenring,
U-Bahn-Station . . . . 533 74 57 . . . 0
Revisoren-Kontrollbezirk,
Funkwagendienst . . . . 79 09 . . . 0

U-Bahn:

Reumannplatz . . . . 502 03 . . . 0
Reumannplatz „Stellwerk“ 602 41 15
Taubstummengasse . . . . 502 03 . . . 0
Taubstummengasse „Stellwerk“ 505 91 06
Karlsplatz . . . . 502 03 . . . 0
Karlsplatz „Zentralstellwerk“ U1 . . . . 587 81 70
Karlsplatz „Zentralstellwerk“ U2/4 . . . . 587 81 86
Karlsplatz „Zentralstellwerk“ U6 . . . . 586 70 44
Stephansplatz . . . . 502 03 . . . 0
Schottenring . . . . 502 03 . . . 0
Schottenring „Stellwerk“ 533 75 78
Friedensbrücke . . . . 502 03 . . .0
Friedensbrücke „Stellwerk“ 317 53 11
Kaisermühlen – UNO-City . . . . 502 03 . . . 0
Meidling Hauptstraße . . . . 502 03 . . . 0
Meidling Hauptstraße „Stellwerk“ 813 43 25
Hietzing . . . . 502 03 . . . 0
Hütteldorf . . . . 502 03 . . . 0
Hütteldorf „Stellwerk“ 914 14 51
Mariahilfer Straße . . . . 502 03 . . . 0
Praterstern . . . . 502 03 . . . 0
Praterstern „Stellwerk“ 216 71 07
Zentrum Kagran . . . . 502 03 . . . 0
Zentrum Kagran „Stellwerk“ 203 01 39
Betriebsbahnhof Wasserleitungswiese . . . . 502 03 . . . 0
„Verkehrskanzlei“ 368 12 15
„Stellwerk“ 368 46 76
Betriebsbahnhof Erdberg . . . . 502 03 . . . 0

U6:

Michelbeuern „Stellwerk“ 408 82 33
Michelbeuern „Betrieb“ 405 93 40
Michelbeuern „Wagenrevision“ 405 72 54
Philadelphiabrücke . . . . 502 03 . . . 0
Tscherttegasse . . . . 502 03 . . . 0
Am Schöpfwerk . . . . 502 03 . . . 0
Alterlaa . . . . 502 03 . . . 0
Erlaaer Straße . . . . 502 03 . . . 0
Perfektastraße . . . . 502 03 . . . 0
Siebenhirten . . . . 502 03 . . . 0
ABH Rößlergasse . . . . 502 03 . . . 0

Autobusbetrieb:

Betriebsgarage Vorgartenstraße:
2, Vorgartenstraße 152a . . . . 79 09 . . ., 49703
Betriebsgarage Raxstraße:
10, Sahulkastraße 2 . . . . 79 09 . . ., 49503
Betriebsgarage Spetterbrücke:
16, Paltaufgasse 2 . . . . 79 09 . . ., 49603
Betriebsgarage Grinzing:
19, Grinzinger Allee 26 . . . . 79 09 . . ., 49403

Autobusabfertigungen:

Floridsdorf, 21, Franz-Jonas-Platz . . . . 79 09 . . ., 49724
Grinzing, 19, Grinzinger Allee 26 . . . . 79 09 . . ., 49403
Gürtel, 18, Währinger Gürtel . . . . 79 09 . . ., 49422
Heiligenstadt, 19, U-Bahn . . . . 79 09 . . ., 49423
Kahlenberg (Endstelle), 19, Höhenstraße 32 31 61
Karlsplatz U-Bahn . . . . 502 03 . . ., 13952
Meidling, 12, Meidlinger Hauptstraße . . . . 79 09 . . ., 49624
Stephansplatz, 1, Stephansplatz . . . . 79 09 . . ., 49621
Sternwartestraße, 18, Währinger Gürtel,
U-Bahn-Bogen 145 . . . . 79 09 . . ., 49420
Zentrum Kagran, 22, Prandaugasse 11 . . . . 79 09 . . . 0

Gruppe Elektro- und Wagentechnik:

Lehotzky, Dipl.-Ing. Peter, Techn. Vizedirektor 3000
Heissenberger, Dipl.-Ing. Christian 31010

Abteilung Wagentechnik – Schienenfahrzeuge:
Martl, Dipl.-Ing. Gerhard, Oberstadtbaurat 31000
Moser, Dipl.-Ing. Horst, Oberstadtbaurat 31100
Richter, Dipl.-Ing. Johann, Stadtbaurat 31200
Andreischitz, Dipl.-Ing. Peter, Stadtbaurat 31201
Nestler, Ing. Raimund, Techn. Oberamtsrat 31300
Malinek Heinz, Amtsrat 31600

Abteilung Stromversorgung:
12, Längenfeldgasse 23 . . . . 79 09 . . .
Schartel, Dipl.-Ing. Alois, Oberstadtbaurat 33000
Krüger, Dipl.-Ing. Werner 33101
Berberov, Dipl.-Ing. Dimtscho, Oberstadtbaurat 33401
Hederich, Ing. Wolfgang, Techn. Amtsrat 33102
Kaden, Ing. Manfred, Techn. Amtsrat 33103
Pohn, Ing. Erich, Techn. Amtsrat 33104

Sonnleitner, Ing. Richard, Techn. Amtsrat 33203
Telefax: 79 09-33090

Abteilung Wagentechnik – Kraftfahrzeuge:
Schödl, Dipl.-Ing. Hans, Oberstadtbaurat 32000
Hager, Ing. Norbert, Techn. Amtsrat 32100

Abteilung Nachrichtentechnik und Zugsicherung:
19, Heiligenstädter Lände 7–9 .... 79 09 ...
Pescher, Dipl.-Ing. Dr. techn. Heinz,
Oberstadtbaurat 34000
Küßler, Dipl.-Ing. Erich, Stadtbaurat 34200
Richter, Dipl.-Ing. Hans, Stadtbaurat 34600
Scheck, Dipl.-Ing. Peter, Oberstadtbaurat 34300
Kukacka, Dipl.-Ing. Michael 34100
Grieshofer, Dipl.-Ing. Thomas 34302
Popp, Ing. Franz, Techn. Amtsrat 34400
Strahberger, Ing. Hans, Techn. Amtsrat 34101
Ort, Ing. Erwin, Techn. Amtsrat 34500
Boczek, Ing. Kurt, Techn. Amtsrat 34700

Gruppe U-Bahn-Neubau:

Stockinger, Dipl.-Ing. Hans, Senatsrat ..... 79 09 ..., 6000

Stabsstelle für Budget, Kredit- und Rechnungswesen:
Hödl Johann, Amtsrat 6010
Gruber, Ing. Franz, Techn. Amtsrat 61300

Abteilung Bautechnische Angelegenheiten der U-Bahn:
Steinbauer, Dipl.-Ing. Günter, Oberstadtbaurat 61000
Florian, Dipl.-Ing. Peter, Oberstadtbaurat 61001
Höchtl, Dipl.-Ing. Erich, Oberstadtbaurat 61200
Reichart, Dipl.-Ing. Herbert, Oberstadtbaurat 61100
Schnabl, Dipl.-Ing. Walter, Oberstadtbaurat 61102
Schöft, Dipl.-Ing. Gerhard, Oberstadtbaurat 61101
Wolf, Dipl.-Ing. Werner, Oberstadtbaurat 61510
Frey-Trauer, Dipl.Ing. Alexander 61535
Poppinger Johann, Techn. Oberamtsrat 61522
Stanzl, Ing. Ernst, Techn. Amtsrat 61512
Tomberger Helmut, Techn. Amtsrat 61400
Saghy, Ing. Josef, Techn. Amtsrat 61521
Lukan, Dipl.-Ing. Manfred, Stadtbaurat ... 748 41 23 ..., 30
Scheidl, Dipl.-Ing. Erwin, Stadtbaurat .... 748 70 90 ..., 32
Hobiger, Dipl.-Ing. Gerhard,
Stadtbauoberkommissär .... 748 41 20 ..., 47
Bergsmann, Ing. Wolfgang, Techn.
Oberamtsrat .... 748 70 90 ..., 25
Biebel, Ing. Karlheinz, Techn.
Oberamtsrat .... 982 96 61 ..., 43
Schöllbauer, Ing. Johann, Techn. Amtsrat . 985 14 65 ..., 24
Silvand, Ing. Werner, Techn. Amtsrat ..... 985 14 65 ..., 23

Bauabschnitt U3/16 – „Hütteldorfer Straße"
Winkler, Dipl.-Ing. Ferdinand,
Oberstadtbaurat .... 982 96 61 ..., 40
Telefax: 982 96 61–21

Bauabschnitt U3/17 – „Kendlerstraße"
Scharf, Dipl.-Ing. Alfred,
Oberstadtbaurat .... 985 14 65 ..., 22
Telefax: 985 14 70–60

Bauabschnitt U3/18 – „Ottakring"
Koch, Ing. Robert,
Techn. Amtsrat .... 985 14 70 ..., 36
Telefax: 985 14 70–60

Bauabschnitt U3/19 – „Gasometer"
Wolf, Dipl.-Ing. Werner, Oberstadtbaurat .. 79 09 ..., 63210
Telefax: 79 09–63290

Bauabschnitt U3/20 – „Zippererstraße"
Liebsch, Dipl.-Ing. Helmut, Senatsrat .... 748 70 90 ..., 20
Telefax: 748 70 90–50

Bauabschnitt U3/21 – „Enkplatz/Grillgasse"
Morawetz, Dipl.-Ing. Reinhard,
Oberstadtbaurat .... 748 41 23 ..., 38
Telefax: 748 41 23–22

Bauabschnitt U3/22 – „Simmering"
Schöft, Dipl.-Ing. Gerhard,
Oberstadtbaurat .... 768 38 88 ..., 20
Telefax: 768 38 88–60

Bauabschnitt U3/Ost – „Wassererhaltung und Meßtechnik"
Lieb, Dipl.-Ing. Wolf-Dieter,
Oberstadtbaurat .... 748 41 23 ..., 43
Telefax: 748 41 20–35

Bauabschnitt „Wohnen und Remise Ottakring"
U6/13 – „Dresdner Straße"
Klasz, Ing. Ferdinand,
Techn. Oberamtsrat .... 912 43 50 ..., 12
Telefax: 912 43 60

Abteilung Betriebsangelegenheiten und elektrische
Streckenausrüstung der U-Bahn:
Schorn, Dipl.-Ing. Wolfgang, Senatsrat 62000
Dlouhy, Dipl.-Ing. Gerhard, Oberstadtbaurat 62300
Kabrt, Dipl.-Ing. Franz, Stadtbaurat 62100
Blauensteiner, Dipl.-Ing. Otto, Stadtbaurat 62201
Parenzan, Dipl.-Ing. Marcus 62203
Schiller, Ing. Hannes, Techn. Amtsrat 62303
Krebs, Ing. Herbert, Techn. Oberamtsrat 62200
Mertens, Ing. Kurt, Techn. Amtsrat 62302
Jorka, Ing. Dieter, Techn. Amtsrat 62204

Gruppe Zentralwerkstätte:

11, Simmeringer Hauptstraße 252 .... 79 09 ...
Michlmayr, Dipl.-Ing. Josef, Senatsrat 5000

Abteilung Detailwerkstätten:
Pongracz, Dipl.-Ing. Romanus, Oberstadtbaurat 52000
Müller, Dipl.-Ing. Robert, Stadtbaurat 52001
Hauenschild, Ing. Rudolf, Techn. Amtsrat 52002

Abteilung Montagewerkstätten:
List, Dipl.-Ing. Hans, Senatsrat 51000
Thiel, Dipl.-Ing. Werner 51001
Duchkowitsch, Ing. Peter, Techn. Amtsrat 51002

Betriebsdienst:
Lazar, Ing. Hans, Techn. Oberamtsrat 50300
Benesch Günter, Amtsrat 50302

Abteilung Arbeitsvorbereitung:
Mader, Ing. Walter, Techn. Oberamtsrat 54000
Schwed, Ing. Franz, Techn. Amtsrat 54001

Abteilung Konstruktion:
Nowotny, Dipl.-Ing. Ernst, Oberstadtbaurat 55000
Schilhavy, Dipl.-Ing. Horst, Oberstadtbaurat 55001
Lagler, Dipl.-Ing. Martin 55201
Dakura, Ing. Josef, Techn. Amtsrat 55203

Abteilung Technische Überprüfung:
Hoffmann, Dipl.-Ing. Heinz, Senatsrat 56000
Reinwald, Ing. Herbert, Techn. Amtsrat 56001
Wiesinger, Dipl.-Ing. Peter 56500

Abteilung Wirtschaft:
Tuma Ernst, Oberamtsrat 57000
Radakovits Johann, Amtsrat 57001
Hoffmann Kurt, Amtsrat 57110

Personalreferat:
Reisenleutner Günter,
Verwaltungsoberkommissär 50800

Bautechnische Gruppe:

Matiasek, Dipl.-Ing. Walter, Senatsrat 7000

Planung:
Rollinger, Ing. Wolfgang, Techn. Amtsrat 70100
Phillipeck, Dipl.-Ing. Erwin, Stadtbaurat 70110
Pillendorfer Erwin, Amtsrat 70120

Abteilung Bahnbau:
Georgiadis, Dipl.-Ing. Charalambos,
Oberstadtbaurat 71200
Fischmeister, Dipl.-Ing. Edgar, Stadtbaurat 71230
Englisch, Dipl.-Ing. Bernhard, Stadtbaurat 71240
Schania, Ing. Erhard, Techn. Amtsrat 71250
Brandstetter, Dipl.-Ing. Werner,
Oberstadtbaurat 71220
Streit, Ing. Josef, Techn. Amtsrat 71260
Berger, Dipl.-Ing. Paul, Oberstadtbaurat 71300
Grabner, Dipl.-Ing. Peter, Stadtbaurat 71320
Grün, Dipl.-Ing. Paul, Stadtbaurat 71360
Vcelar, Dipl.-Ing. Dr. techn. Heinz,
Stadtbaurat 71330
Krotky, Dipl.-Ing. Kurt 71340
Ehrlich Julius, Techn. Amtsrat 71410

Bahnmeisterkanzleien der Bahnerhaltung:
Strecke 1: 9, Betriebsbahnhof Wasserleitungs-
wiese .... 79 09 . . ., 71133
Strecke 2: 14, Bahnhof Hütteldorf ...... 502 03 . . ., 44970
Strecke 3: 3, Bahnhof Erdberg .... 502 03 . . ., 93230
Strecke 4: 11, Bahnhof Simmering .... 79 09 . . ., 49150
Strecke 5: 10, Bahnhof Favoriten .... 79 09 . . ., 48350
Strecke 6: 12, Wolfganggasse 57 .... 79 09 . . ., 71180
Strecke 7: 15, Bahnhof Rudolfsheim ..... 79 09 . . ., 48950
Strecke 8: 16, Bahnhof Ottakring .... 79 09 . . ., 48850
Strecke 9: 18, Bahnhof Gürtel .... 79 09 . . ., 48550
Strecke 10: 21, Bahnhof Floridsdorf ...... 79 09 . . ., 48450
Strecke 11: 22, Bahnhof Zentrum Kagran . 79 09 . . ., 48750
Strecke 12: 2, Garage Vorgarten .... 79 09 . . ., 49750

Bahnmeisterkanzleien:
Brückenerhaltung 1:
22, Kagran, Attemsgasse 2 .... 79 09 . . ., 48755
Brückenerhaltung 2:
9, Währinger Gürtel 40 .... 405 66 00

Abteilung Berechnung, Vermessung und Zeichnung
von Gleisanlagen:
Ivath Heinz, Techn. Oberamtsrat 72000
Fidi Eduard, Techn. Amtsrat 72100
Forst Alexander, Techn. Amtsrat 72120

Abteilung Hochbau- und Gebäudeerhaltung:
Langer, Dipl.-Ing. Benedikt .... 79 09 . . ., 73000
Bertha, Dipl.-Ing. Harald, Stadtbaurat 73001
Berger, Dipl.-Ing. Otwin 73140
Jukic, Dipl.-Ing. Kresimir 73500
Rovina, Ing. Günter, Techn. Amtsrat 73820
Paulis Peter, Techn. Amtsrat 73700
Sattler, Ing. Karl, Techn. Amtsrat 73610
Leitenmaier, Ing. Günter, Techn. Amtsrat 73220
Demel, Ing. Klaus, Techn. Amtsrat 73120
Siegl, Ing. Karl Hubert, Techn. Amtsrat 73110
Hermanek Erwin, Techn. Amtsrat 73400
Hofbauer, Ing. Erwin, Techn. Amtsrat 73130
Olt, Dipl.-Ing. Günther 73230

Abteilung Oberbauwerkstätte:
11, Simmeringer Hauptstraße 252 .... 79 09 . . .
Hangel, Dipl.-Ing. Hans, Oberstadtbaurat 75000

WIENER STADTWERKE – STÄDTISCHE BESTATTUNG (BESTATTUNG WIEN)

4, Goldeggasse 19, Tel. 694 . . ., 501 95 . . .
Telefax: 501 95–4320

Molinari, Dkfm. Mag. Arno,
Direktor 4220
Weiss, Mag. Wolfgang, Senatsrat 4223
Zankel, Mag. Franz 4225
Krenn Franz, Oberamtsrat 4216
Babor Ludmilla, Amtsrätin 4214
Müller Julius, Amtsrat 4229

Aufnahmedienst:
Schmalz Erich, Oberamtsrat 4230
Laager Kurt, Amtsrat 4231
Koppi Helmut, Amtsrat 4206
Schröder Josef, Amtsrat 4232

Bestattungsdienst:
Capek Ludwig, Oberamtsrat 4250
Marek Josef, Amtsrat 4251

Buchhaltung:
Stefan Herbert, Oberamtsrat 4240
Weichselbraun Gertrude, Amtsrätin 4241
Lachout Alfred, Amtsrat 4443

Wirtschaftsstelle:
Schweitzer Rupert, Oberamtsrat 4260
Schieder Franz, Oberamtsrat 4261

Betriebsstelle Zentralfriedhof:
11, Simmeringer Hauptstraße 234,
2. Tor, Halle I 767 62 50
Sirowetz Karl, Amtsrat

Betriebsstelle Feuerhalle Simmering:
11, Simmeringer Hauptstraße 337 .... 767 62 74

Sargerzeugungsbetrieb:
23, Atzgersdorf, Breitenfurter Straße 176 .. 804 21 05 . . .
Telefax: 804 21 05–12
Fechs, Ing. Johann, Techn. Oberamtsrat 13
Brenner, Ing. Emil, Techn. Amtsrat 19

Anmeldestellen für Todesfälle:

3, Ungargasse 41 . . . . 712 46 45 . . . 0
Telefax: 714 32 43

4, Goldeggasse 19 . . . . 501 95 . . ., 4000
Telefax: 501 95–4099

5, Schönbrunner Straße 54 . . . . 544 47 98, 544 71 14
Telefax: 544 08 5

8, Schlesingerplatz 4 . . . . 501 95 . . ., 8000
Telefax: 501 95–8099

10, Laxenburger Straße 43-45 . . . . 604 14 12, 604 31 60
Telefax: 602 56 78

13, Hietzinger Kai 1–3 . . . . 877 36 84, 877 34 81
Telefax: 877 75 64

16, Richard-Wagner-Platz 19 . . . . 501 95 . . ., 1600
Telefax: 501 95–1699

18, Martinstraße 100 . . . . 479 67 91, 479 54 23
Telefax: 479 67 33

20, Brigittaplatz 10 . . . . 330 32 91, 330 32 92
Telefax: 330 94 17

21, Prager Straße 33 . . . . 271 34 15, 271 34 16
Telefax: 278 43 74

22, Kagran, Donaustadtstraße 1 . . . . . . 204 18 01, 204 18 02
Telefax: 204 18 03

Schwechat,
Rathausplatz 9, NÖ . . . . 701 08 . . . 0

MAGISTRATISCHE BEZIRKSÄMTER

Aufgaben, die den magistratischen Bezirksämtern als Gemeinde oder Bezirksverwaltungsbehörde zugewiesen sind:
Gewerbeangelegenheiten.
Angelegenheiten des Strahlenschutzes in Gewerbebetrieben.
Beistellung von Sachverständigen auf dem Gebiet des Gewerberechtes bei der Überprüfung pharmazeutischer Erzeugungsbetriebe.
Handhabung des Musterschutzgesetzes.
Handhabung des Berufsausbildungsgesetzes.
Maßnahmen nach dem Abfallwirtschaftsgesetz:
Antragstellung auf Bekanntgabe der gemäß der Bundesabgabenordnung buchführungspflichtigen Betriebe im Zuge von Verwaltungsstrafverfahren; Wahrnehmung aller der Gemeinde obliegenden Aufgaben im Zusammenhang mit der Herausgabe von Verordnungen über geeignete Standorte für Anlagen zur Behandlung gefährlicher Abfälle; Erteilung von Behandlungsaufträgen oder unmittelbare Anordnung von Maßnahmen bei Gefahr im Verzug.
Vollziehung der §§ 25 bis 33 und 45 des Wiener Abfallwirtschaftsgesetzes.
Handhabung des Altlastensanierungsgesetzes.
Wahrnehmung der behördlichen Aufgaben nach dem Wasserrechtsgesetz 1959: Bei Anlagen zur Lagerung, Leitung und zum Umschlag wassergefährdender Stoffe, soweit diese Anlagen nach dem Gewerberecht einer Genehmigung der Bezirksverwaltungsbehörde bedürfen, einschließlich von Anlagen zur Beheizung von Gebäuden und bei der Gewinnung von Sand und Kies außerhalb wasserrechtlich besonders geschützter Gebiete, wenn das entsprechende Vorhaben nach den gewerberechtlichen Vorschriften durch die Bezirksverwaltungsbehörde genehmigungspflichtig ist.
Durchführung der wasserrechtlichen Bewilligungsverfahren gemäß § 356 b Abs. 6 Gewerbeordnung 1994.
Behördliche Aufgaben der Bezirksverwaltungsbehörde nach dem Kesselgesetz und dem Dampfkesselbetriebsgesetz.
Angelegenheiten des Produktsicherheitsgesetzes 1994.
Wahrnehmung des Dienstnehmerschutzes einschließlich der Erteilung von Betriebsbewilligungen nach dem Arbeitnehmerschutzgesetz in nichtgewerblichen Betrieben, soweit keine andere Dienststelle des Magistrats zuständig ist.
Handhabung des Chemikaliengesetzes.
Handhabung des Schieß- und Sprengmittelgesetzes, soweit nicht die Bundespolizeidirektion Wien zuständig ist.
Handhabung des Bazillenausscheider- und Epidemiegesetzes, ausgenommen die Festsetzung der Entschädigung für Verdienstentgang.
Bekämpfung sanitärer Übelstände und von Verunreinigungen von Privatgrundstücken einschließlich der individuellen Rechtsangelegenheiten der Rattenbekämpfung; Handhabung der Zwangsbefugnisse gemäß § 17 Wiener Feuerpolizei- und Luftreinhaltegesetz, soweit es sich um die Beseitigung feuerpolizeilicher Übelstände handelt; Handhabung der Pharaoameisenverordnung und der Schabenverordnung.
Überwachung der Einhaltung der nach dem Smogalarmgesetz und nach dem Ozongesetz angeordneten Maßnahmen, soweit nicht die Magistratsabteilung 46 zuständig ist.
Entscheidung über Einwendungen gegen eine Zahlungsaufforderung nach dem Wiener Krankenanstaltengesetz.
Erlassung von Kostenbescheiden nach straßenpolizeilichen Vorschriften, wenn gegen einen nach § 57 AVG erlassenen Bescheid Vorstellung erhoben wurde.
Erteilung von Ausnahmebewilligungen gemäß § 45 Abs. 4 Straßenverkehrsordnung 1960.
Maßnahmen, die gemäß § 27 Futtermittelgesetz der Bezirksverwaltungsbehörde zugewiesen sind; Erklärung des Verfalls gemäß § 32 Futtermittelgesetz.
Handhabung des Bäderhygienegesetzes, ausgenommen die Vollziehung der §§ 9 a und 10 a.
Entgegennahme der Erklärungen über den Austritt aus staatlich anerkannten Religionsgesellschaften.
Handhabung des Buschenschankgesetzes.
Handhabung des Fischerei- und des Jagdgesetzes, einschließlich der Ausstellung von Jagdkarten.
Entscheidung nach dem Wiener Tierschutz- und Tierhaltegesetz über das Verbot der Tierhaltung und des Umganges mit Tieren, die Bewilligung zur Haltung von Wildtieren, die Bewilligung der Haltung von Pelztieren zur Pelztierzucht, die Bewilligung zum Betrieb eines Tierheimes sowie über den Verfall eines durch sofortigen Zwang abgenommenen Tieres.
Wahrnehmung der Aufgaben der Bezirksverwaltungsbehörde nach den tierseuchenrechtlichen Bestimmungen, soweit nicht die Magistratsabteilung 60 zuständig ist.
Handhabung des Bienenseuchengesetzes, ausgenommen die den Magistratsabteilungen 58 und 60 übertragenen Aufgaben.
Handhabung des Baumschutzgesetzes.
Rechtliche Angelegenheiten des Forstgesetzes 1975, ausgenommen Feststellungsverfahren gemäß § 5.
Einreichstelle für die Bewilligung des Pflanzenbaues zur Suchtgiftgewinnung nach der Suchtgiftverordnung 1947.
Handhabung des Weingesetzes 1985, soweit nicht die Magistratsabteilungen 58, 59 oder 63 zuständig sind.
Angelegenheiten des Familienunterhaltes, der Wohnkostenbeihilfe sowie der Familienbeihilfe für Zivildienstleistende.
Handhabung des Bauarbeiter-Urlaubs- und Abfertigungsgesetzes.
Erledigung von Rechtshilfeersuchen nach den sozialversicherungsrechtlichen und abgaberechtlichen Vorschriften.
Erlassung von Bescheiden gemäß § 13 Abs. 1 des Wiener Jugendschutzgesetzes.
Vorbereitungsarbeiten für die Erstellung der Geschwornen- und Schöffenlisten.
Ausstellung von Bestätigungen, soweit dafür nicht andere Dienststellen zuständig sind.
Ausstellung von Bestätigungen aus den Unterlagen der ehemaligen Kartenstelle.
Mitwirkung bei statistischen Erhebungen.
Durchführung der Verwaltungsstrafverfahren, soweit keine andere Dienststelle des Magistrats zuständig ist, ausgenommen die Erlassung von Organstrafverfügungen.
Handhabung des Verwaltungsvollstreckungsgesetzes, soweit keine andere Dienststelle des Magistrats zuständig ist.
Mitwirkung bei der Vorbereitung und Durchführung von Wahlen, Volksbegehren, Volksabstimmungen und Volksbefragungen.
Mitwirkung bei der Verwaltung des Bezirksamtshauses.
Führen der Bürogeschäfte der Bezirksvorsteher.

1., 8. BEZIRK

1, Wipplingerstraße 8, Tel. 534 36 . . .
Telefax: 534 36–99–01210, IBS-User: MBA010K
Internet e-mail: post@mba010.magwien.gv.at

Schorsch, Mag. Johann, Senatsrat 01211
Reitz, Dr. Irene, Magistratsrätin 01212
Brandstetter, Mag. Susanne 01239
Krainer Ingeborg, Amtsrätin 01234
Skala Uta, Amtsrätin 01241
Hrdina Elfriede, Kanzleikommissärin, Kanzleileiterin 01219

Kanzlei:
Auskunft 01210, 01216, 01228
Einlaufstelle 01210, 01216, 01228
Expedit 01231
Registratur 01224, 01225, 01259
Strafen-Expedit, Protokoll 01215
Schreibstelle 01226, 01227
Verhandlungszimmer 01258

Referate des magistratischen Bezirksamtes:

Baumschutzangelegenheiten .. 01212, 01222, 01229, 01239
Betriebsanlagen 01212, 01222, 01229, 01239
Familienunterhalt 01232, 01237, 01238, 01244
Fischereiangelegenheiten 01262
Gewerbeangelegenheiten 01221, 01232, 01233, 01234, 01235, 01236, 01237, 01238, 01241, 01242, 01244, 01245, 01246
Gewerbepolizeiliche Revisionen 01212, 01222, 01229, 01239
Giftbezugsbewilligungen 01234
Jagdangelegenheiten 01262
Lebensbestätigungen 01262
Legitimationen 01262
Parkraumbewirtschaftung 01261, 01262, 01263

Religionsaustritte 01262
Sanitäre Übelstände 01221, 01232, 01233, 01234, 01235, 01236, 01237, 01238, 01241, 01242, 01244, 01245, 01246
Verwaltungsstrafverfahren . . . 01215, 01217, 01221, 01232, 01233, 01235, 01236, 01237, 01238, 01242, 01244, 01245, 01246
Werkverkehrskarten 01262
Zivildienstausweise 01262

Zuständigkeit für ganz Wien:
Lehrabschlußprüfungen, Nachsicht von den Zulassungsbedingungen 01262
Musterschutz 01212, 01222, 01229, 01239
Omnibusse im gewerbsmäßigen Gelegenheitsverkehr, Ausgabe von Tafeln 01262
Taxi-, Mietwagen- und Hotelwagengewerbe 01234, 01241, 01242, 01244

Amt für Jugend und Familie 1., 8. Bezirk → 9. Bezirk

Baupolizei – Außenstelle für den 1., 8., 9. Bezirk:
8, Lerchenfelder Straße 4 . . . . 401 34 . . .
Czermak, Dipl.-Ing. Robert, Oberstadtbaurat 08501
Schaufler, Dipl.-Ing. Christoph, Stadtbaurat 08502
Wiesinger, Dipl.-Ing. Herbert 08504
Fischer, Dipl.-Ing. Robert, Stadtbaurat 08511
Referentinnen/Referenten 08503, 08511, 08522
Kanzlei 08509, 08519, 08529
Werkmeisterinnen/Werkmeister 08505, 08513, 08523

Bezirksgesundheitsamt für den 1., 8. Bezirk:
Brunner, Dr. Liselotte, Physikatsrätin 01281
Kanzlei 01289
Sanitätsrevisorinnen/Sanitätsrevisoren 01283, 01284
Telefax: 534 36–99–01290

Bürgerdienst (1. Bezirk):
1, Bartensteingasse 13 . . . . 01100, 40 00 . . ., 81300, 525 50–01

Bürgerdienst (8. Bezirk):
1, Bartensteingasse 13 . . . . 08100, 40 00 . . ., 81300, 525 50–08

Hauskrankenpflege – Stützpunkt für den 1., 7., 8., 9. Bezirk:
1, Neutorgasse 15 . . . . 531 14 . . ., 01820

Marktamtsabteilung für den 1. Bezirk:
1, Gonzagagasse 11 . . . . 531 14 . . .
Rigler Wolfgang, Oberamtsrat 01431
Cech Herbert, Amtsrat 01432
Referentinnen/Referenten 01432, 01433, 01434, 01435, 01436
Telefax: 531 14–99–01432

Marktamtsabteilung für den 8. Bezirk → 9. Bezirk

Niederlassungsbewilligungen für den 1., 8., 9. Bezirk:
8, Friedrich-Schmidt-Platz 3 . . . . 40 00 . . ., 01170, 01171

Schlichtungsstelle für den 1., 8., 9. Bezirk:
Url, Mag. Karin 01081
Ennsgraber, Mag. Gerda 01082
Kanzlei 01088, 01089
Telefax: 534 36–99–01210

Sozialarbeit mit Erwachsenen (1., 2., 6., 7., 8., 9. Bezirk) → 6., 7. Bezirk

Sozialer Stützpunkt für den 1., 7., 8., 9. Bezirk:
1, Schottenring 25 . . . . 531 14 . . ., 01800
Telefax: 531 14–99–01800

Sozialreferat für den 1., 8. Bezirk → 9. Bezirk

Stadtkasse für den 1., 8., 9. Bezirk:
Bürchler Johann, Oberamtsrat 01601
Hauk Richard, Amtsrat 01602
Zwangsvollstreckungen 01606
Kassa, Stempelmarken 01618
Strafvollzug 01613
Verrechnungsbuchhalterin/Verrechnungsbuchhalter, Strafen 01606
Grundbesitzabgaben, Räumungsgebühren 01611, 01619
Wassergebühren 01611, 01619
Abwassergebühren 01611, 01619
Hundeabgabe 01613, 01614
Ankündigungsabgabe, Gebrauchsabgabe 01613, 01614
Kommunalsteuer, Dienstgeberabgabe, Getränke- und Gefrorenessteuer, Vergnügungssteuer, Sportgroschen, Ortstaxe 01612, 01615, 01616, 01617, 01621, 01622, 01623, 01624, 01625, 01626, 01627, 01628, 01629
Unbedenklichkeitszeugnis 01612, 01615, 01621, 01622, 01629
Telefax: 534 36–99–01210

Standesamt Innere Stadt (1., 6., 7., 8., 9. Bezirk):
8, Schlesingerplatz 4 . . . . 401 34 . . .
Homberg Jörg, Oberamtsrat 08581
Kirnbauer Walter, Amtsrat 08582
Hofmann Otto, Amtsrat 08593
Kanzlei 08589, 08590
Ehebuch 08591
Ehefähigkeitszeugnisse 08581, 08583, 08588
Eheschließungen 08581, 08582
Geburtenbuch 08580, 08585, 08587, 08596
Sonderaufgaben (Auslandsgespräche) . 08581, 08583, 08584
Sterbebuch 08580, 08585, 08586, 08587
Buch für Todeserklärungen 08579
Telefax: 401 34–99–08581

Veterinäramtsabteilung für den 1., 8. Bezirk → 6., 7. Bezirk

Wiener Wohnen – Wohnungsberatungsstelle für den 1. Bezirk → 9. Bezirk

Wiener Wohnen – Wohnungsberatungsstelle für den 8. Bezirk → 6., 7. Bezirk

Wohnungskommission – Außenstelle für den 1., 8. Bezirk → 20. Bezirk

2. BEZIRK

2, Karmelitergasse 9, Tel. 211 06 . . .
Telefax: 211 06–99–Nebenstelle, IBS-User: MBA020K
Internet e-mail: post@mba020.magwien.gv.at

Wendlinger, Dr. Hermann, Senatsrat 02211
Hornschall, Mag. Beatrix, Magistratsoberkommissärin 02221
Albustin, Mag. Eva, Magistratskommissärin 02254
Fuchs Grete, Amtsrätin 02231

Raninger Gerhard, Amtsrat 02233
Willmann Josef, Amtsrat 02239
Feurer Edeltrud, Kanzleioberkommissärin,
Kanzleileiterin 02219
Kanzlei:
Auskunft 02210

Betriebsanlagenprotokoll 02217
Einlaufstelle 02228
Expedit 02213
Registratur 02224
Schreibstelle 02226
Strafprotokoll 02216

Referate des magistratischen Bezirksamtes:

Baumschutzangelegenheiten 02212, 02220, 02221, 02236, 02254
Betriebsanlagen 02212, 02220, 02221, 02254
Familienunterhalt 02231, 02232, 02235
Fischereiangelegenheiten 02217
Gewerbeangelegenheiten 02230, 02231, 02232, 02233, 02234, 02235, 02238, 02239
Gewerbepolizeiliche Revisionen 02212, 02220, 02221, 02254
Giftbezugsbewilligungen 02231
Jagdangelegenheiten 02230, 02231, 02232, 02233, 02234, 02235, 02238, 02239
Lebensbestätigungen 02216
Religionsaustritte 02218
Sanitäre Übelstände 02217, 02218
Verwaltungsstrafverfahren 02230, 02231, 02232, 02233, 02234, 02235, 02238, 02239
Werkverkehrskarten 02230, 02231, 02232, 02233, 02234, 02235, 02238, 02239
Zivildienstausweise 02231

Amt für Jugend und Familie 2. Bezirk:
Roi Helga, Oberamtsrätin 02311
Kanzlei 02316, 02317, 02319, 02327
Auskunft 02310
Kinder- und Jugendpsychologische Beratungsstelle .. 02349
Leitende Sozialarbeiterin/Leitender Sozialarbeiter ... 02341
Sprengelsozialarbeiterinnen/
Sprengelsozialarbeiter 02342, 02343, 02344, 02345, 02346, 02347, 02348, 02350, 02351, 02352, 02354, 02355, 02356, 02357, 02358, 02359, 02360, 02361
Rechnungsführung 02323, 02324, 02325
Rechtsfürsorge 02312, 02333, 02334, 02335, 02336, 02337, 02338

Baupolizei – Außenstelle für den 2. Bezirk → 20. Bezirk

Bezirksgesundheitsamt für den 2. Bezirk:
Sperl, DDr. Barbara, vtm. Physikatsärztin 02281
Kanzlei 02285
Sanitätsrevisorinnen/Sanitätsrevisoren 02283, 02284, 02286

Telefax: 211 06–99–02290

Bürgerdienst (2. Bezirk):
20, Brigittaplatz 10 .... 20 . . ., 331 34 . . ., 255, 525 50–02

Hauskrankenpflege – Stützpunkt für den 2., 20. Bezirk:
2, Obere Augartenstraße 26–28/1/10 02820

Marktamtsabteilung für den 2. Bezirk:
2, Karmelitermarkt,
Amtsgebäude .... 214 17 83 . . .
Sklenar Wilhelm, Oberamtsrat 31
Marktaufsicht Vorgartenmarkt:
2, Ennsgasse 8 .... 728 38 14

Niederlassungsbewilligungen für den 2. Bezirk 02170, 02171

Schlichtungsstelle für den 2., 20. Bezirk
Forchtner, Mag. Gabriela 02081
Katzenberger, Mag. Eva 02082
Kanzlei 02088, 02089
Telefax: 211 06–99–02080

Sozialarbeit mit Erwachsenen (2. Bezirk)
→ 6., 7. Bezirk

Sozialer Stützpunkt für den 2., 20. Bezirk:
2, Engerthstraße 150/13 02800

Sozialreferat für den 2. Bezirk:
Leiterin/Leiter 02401
Referentinnen/Referenten 02402, 02403, 02404, 02405, 02413
Kanzlei 02406

Stadtkasse für den 2., 20. Bezirk:
Preisel Karl, Oberamtsrat 02601
Hösch Herbert, Amtsrat 02602
Götz Hana, Amtsrätin 02626
Aktenreferat 02603
Verrechnungsbuchhalterin/Verrechnungsbuchhalter,
Strafen 02606
Strafvollzug 02611
Grundbesitzabgaben, Räumungsgebühren 02613, 02614
Wassergebühren 02613, 02614
Abwassergebühren 02613, 02614
Hundeabgabe 02611, 02612, 02613
Ankündigungsabgabe, Gebrauchsabgabe 02611, 02612, 02613
Kommunalsteuer 02622, 02623, 02624, 02625
Dienstgeberabgabe 02622, 02623, 02624, 02625
Getränke- und Gefrorenessteuer,
Vergnügungssteuer, Sportgroschen 02621, 02622, 02623, 02624, 02625
Ortstaxe 02621, 02624, 02625

Standesamt für den 2. Bezirk → 20. Bezirk,
Standesamt Brigittenau

Veterinäramtsabteilung für den 2., 20. Bezirk:
2, Rotensterngasse 27 .... 214 21 45, 212 55 06
Ferber, Dr. Josef, Oberveterinärrat
Mahr, Dr. Hanna, Oberveterinärrätin
Staudigl, Mag. Martin, Veterinärrat

Wiener Wohnen – Wohnungsberatungsstelle für den 2. Bezirk:
2, Obere Augartenstraße 26–28 .... 02651, 02652

Wohnungskommission – Außenstelle für den 2. Bezirk →
20. Bezirk

3. BEZIRK

3, Karl-Borromäus-Platz 3, Tel. 711 34 . . .
Telefax: 711 34–99–03210, IBS-User: MBA030K
Internet e-mail: post@mba030.magwien.gv.at

Cermak, Dr. Johann, Senatsrat 03211
Schlosser, Dr. Helga, Senatsrätin 03221
Marx, Dr. Rudolf, Obermagistratsrat 03222
Windisch Ilse, Amtsrätin 03231
Reiß Monika, Kanzleikommissärin,
Kanzleileiterin 03219
Kanzlei:
Auskunft 03223, 03210
Einlaufstelle 03210, 03223
Expedit 03213, 03214
Registratur 03224
Schreibstelle 03226
Strafen-Expedit 03215
Strafprotokoll 03210, 03223
Verhandlungszimmer 03218

Referate des magistratischen Bezirksamtes:

Baumschutzangelegenheiten 03221, 03222
Betriebsanlagen 03221, 03222
Familienunterhalt 03231, 03232, 03233, 03234, 03235, 03236
Fischereiangelegenheiten 03210
Gewerbeangelegenheiten 03231, 03232, 03233, 03234, 03235, 03236
Gewerbepolizeiliche Revisionen 03221, 03222
Giftbezugsbewilligungen 03231, 03232, 03233, 03234, 03235, 03236
Jagdangelegenheiten 03231, 03232, 03233, 03234, 03235, 03236
Lebensbestätigungen 03210
Religionsaustritte 03210, 03213
Sanitäre Übelstände 03231, 03232, 03233, 03234, 03235, 03236
Verwaltungsstrafverfahren . . . 03221, 03222, 03227, 03231, 03232, 03233, 03234, 03235, 03236
Werkverkehrskarten 03215
Zivildienstausweise 03231

Amt für Jugend und Familie 3. Bezirk:
3, Sechskrügelgasse 11
Napravnik Judith, Amtsrätin 03311
Kanzlei 03317, 03318, 03319, 03329
Auskunft 03310
Kinder- und Jugendpsychologische Beratungsstelle . . 03328
Leitende Sozialarbeiterin/Leitender Sozialarbeiter . . . 03341
Sprengelsozialarbeiterinnen/Sprengelsozialarbeiter . . 03342, 03343, 03344, 03345, 03346, 03347, 03348, 03351, 03352, 03353, 03355
Rechnungsführung und Kindertagesheim-Administration 03113, 03314, 03315, 03316, 03323
Rechtsfürsorge 03312, 03332, 03333, 03334, 03335

Baupolizei – Außenstelle für den 3., 4., 5. Bezirk:
3, Am Modenapark 1-2 . . . . 711 16 . . .
Hahn, Dipl.-Ing. Georg, Oberstadtbaurat 03501
Spielauer, Dipl.-Ing. Johann, Stadtbaurat 03502
Unterköfler, Dipl.-Ing. Maria 03522
Oswald Anton, Techn. Oberamtsrat 03524
Kanzlei 03506, 03508, 03509, 03518
Referentinnen/Referenten 03514, 03526
Werkmeisterinnen/Werkmeister 03513, 03515, 03523

Bezirksgesundheitsamt für den 3. Bezirk:
Blechinger, Dr. Franz, Oberphysikatsrat 03281
Kanzlei 03288, 03289
Sanitätsrevisorinnen/Sanitätsrevisoren 03283, 03284
Telefax: 711 34–99–03280

Bürgerdienst (3. Bezirk) . 03100, 03101, 03102, 525 50–03

Hauskrankenpflege – Stützpunkt für den 3. Bezirk
→ 11. Bezirk

Marktamtsabteilung für den 3. Bezirk:
Honomann Hannes, Oberamtsrat 03431
Fritz Wolfgang, Amtsrat 03432, 713 17 51
Referentinnen/Referenten 03432, 03433, 03434, 03435
Marktaufsicht Rochusmarkt 713 50 22
Landstraßer Markt:
3, Invalidenstraße 2 . . . . 713 17 51

Niederlassungsbewilligungen für den 3., 11. Bezirk:
3, Hagenmüllergasse 20 . . . . 03171, 03172, 03173

Schlichtungsstelle für den 3., 11. Bezirk:
Rehak, Mag. Renate 03081
Ungerböck, Mag. Andrea 03082
Kanzlei 03088, 03089
Telefax: 711 34–99–03210

Sozialarbeit mit Erwachsenen (3., 4., 5., 11. Bezirk):
3, Am Modenapark 1–2 . . . . . . 711 16 . . ., 03488, 03492

Sozialer Stützpunkt für den 3. Bezirk → 11. Bezirk

Sozialreferat für den 3. Bezirk:
Leiterin/Leiter 03401
Referentinnen/Referenten 03402, 03403, 03404, 03405, 03406, 03407
Kanzlei 03408, 03409

Stadtkasse für den 3., 11. Bezirk:
Merz Gerda, Oberamtsrätin 03601
Minelli Ingrid, Amtsrätin 03602
Zwangsvollstreckungen 03603
Strafvollzug 03606
Grundbesitzabgaben, Räumungsgebühren 03613, 03614, 03615
Wassergebühren 03613, 03614, 03615
Abwassergebühren 03613, 03614, 03615
Hundeabgabe 03611, 03612
Ankündigungsabgabe, Gebrauchsabgabe 03611, 03612
Kommunalsteuer 03621, 03622, 03623, 03624, 03625, 03626
Dienstgeberabgabe 03621, 03622, 03623, 03624, 03625, 03626
Getränke- und Gefrorenessteuer,
Vergnügungssteuer, Sportgroschen . 03621, 03622, 03623, 03624, 03625, 03626
Ortstaxe 03621, 03622, 03623, 03624, 03625, 03626

Standesamt Landstraße:
Bauer Erich, Oberamtsrat 03581
Kanzlei 03587, 03588, 03589
Ehebuch 03582
Ehefähigkeitszeugnisse 03581, 03582, 03583

Eheschließungen 03581, 03582, 03583
Geburtenbuch 03583
Sterbebuch 03583
Telefax: 711 34–99–03580

Veterinäramtsabteilung für den 3. Bezirk → 10. Bezirk

Wohnungskommission – Außenstelle für den 3. Bezirk → 10. Bezirk

4., 5. BEZIRK

5, Schönbrunner Straße 54, Tel. 546 34 . . .
Telefax: 546 34–99–05220, IBS-User: MBA040K
Internet e-mail: post@mba040.magwien.gv.at

Liska-Constantopoulou, DDr. Martha, Senatsrätin ... 05211
Hübl, Dr. Silvia, Obermagistratsrätin 05212
Siml, Mag. Gerlinde 05222
Bieglmayer Margarete, Amtsrätin 05232
Briese Udo, Amtsrat 05231
Novak Heidemarie, Amtsrätin 05234
Mann Johanna, Kanzleioberkommissärin,
Kanzleileiterin 05219

Kanzlei:
Auskunft 05210
Einlaufstelle 05216, 05217
Registratur 05224, 05225, 05218
Schreibstelle, Expedit 05226
Strafen-Expedit 05215
Strafprotokoll 05216, 05217
Verhandlungszimmer 05259

Referate des magistratischen Bezirksamtes:

Baumschutzangelegenheiten für den 4. Bezirk 05222
Baumschutzangelegenheiten für den 5. Bezirk 05212
Betriebsanlagen 05212, 05214, 05222
Familienunterhalt 05231, 05232, 05233, 05234, 05235, 05236
Fischereiangelegenheiten 05219
Gewerbeangelegenheiten 05231, 05232, 05233, 05234, 05235, 05236
Gewerbepolizeiliche Revisionen 05212, 05214, 05222
Giftbezugsbewilligungen 05231, 05232, 05233, 05234, 05235, 05236
Jagdangelegenheiten 05219
Lebensbestätigungen 05229
Parkraumbewirtschaftung 05261, 05262, 05263, 05264, 05265, 05266
Religionsaustritte 05229
Sanitäre Übelstände 05231, 05232, 05233, 05234, 05235, 05236
Verwaltungsstrafverfahren ... 05212, 05222, 05231, 05232, 05233, 05234, 05235, 05236
Werkverkehrskarten 05219
Zivildienstausweise 05229

Amt für Jugend und Familie 4., 5. Bezirk:
4, Favoritenstraße 18 .... 502 34 . . .
Latzenhofer Helga, Amtsrätin 04311
Kanzlei 04318, 04319
Auskunft 04310
Psychologische Beratung 04328
Leitende Sozialarbeiterin/ Leitender Sozialarbeiter ... 04341
Sprengelsozialarbeiterinnen/Sprengelsozialarbeiter .. 04342, 04343, 04344, 04345, 04346, 04348, 04353, 04354, 04355, 04356, 04357, 04358
Rechnungsführung 04314, 04351, 04361, 04362
Rechtsfürsorge . 04312, 04331, 04332, 04333, 04334, 04335

Baupolizei – Außenstelle für den 4., 5. Bezirk → 3. Bezirk

Bezirksgesundheitsamt für den 4., 5. Bezirk:
4, Favoritenstraße 18 .... 502 34 . . .
Winkler, Dr. Erna, Oberphysikatsrätin 04281
Kanzlei 04280
Sanitätsrevisorinnen/Sanitätsrevisoren 04283, 04284, 04285
Telefax: 502 34–99–04290

Bürgerdienst (4. Bezirk):
4, Favoritenstraße 18 ..... 502 34 . . ., 04100, 525 50–04

Bürgerdienst (5. Bezirk):
4, Favoritenstraße 18 ..... 502 34 . . ., 05100, 525 50–05

Hauskrankenpflege – Stützpunkt für den 4., 5., 6. Bezirk:
4, Schönbrunner Straße 7 .... 502 34 . . ., 04820, 04821, 04822

Marktamtsabteilung für den 4., 5., 6., 7. Bezirk:
4, verlängerte Kettenbrückengasse, Amtsgebäude Naschmarkt
Panzirsch Karl, Oberamtsrat 05431

Niederlassungsbewilligungen für den 4., 5. Bezirk 05171, 05172

Schlichtungsstelle für den 4., 5. Bezirk:
Berger, Mag. Erwin 05081
Förster, Ing. Mag. Richard 05082
Cerny Franz, Oberamtsrat 05083
Kanzlei 05088, 05089
Telefax: 546 34–99–05220

Sozialarbeit mit Erwachsenen (4., 5. Bezirk) → 3. Bezirk

Sozialer Stützpunkt für den 4., 5., 6. Bezirk:
4, Rainergasse 6-8 .... 502 34 . . ., 04800

Sozialreferat für den 4. Bezirk:
4, Favoritenstraße 18 .... 502 34 . . .
Leiterin/Leiter 04401
Referentinnen/Referenten 04400, 04403
Auskunft 04402

Sozialreferat für den 5. Bezirk:
Leiterin/Leiter 05401
Referentinnen/Referenten 05402, 05403, 05404, 05405, 05407
Auskunft 05400

Stadtkasse für den 4. Bezirk → 10. Bezirk

Stadtkasse für den 5. Bezirk → 6., 7. Bezirk

Standesamt Margareten (4., 5., 12. Bezirk):
Heczko Gerhard, Verwaltungsoberkommissär 05581

Kanzlei 05587, 05588, 05589
Ehebuch 05581, 05582, 05583
Ehefähigkeitszeugnisse 05581, 05582, 05583
Eheschließungen 05581, 05582, 05583
Geburtenbuch 05587, 05588
Sterbebuch 05587, 05588
Telefax: 546 34–99–05589

Veterinäramtsabteilung für den 4., 5. Bezirk → 6., 7. Bezirk

Wiener Wohnen – Wohnungsberatungsstelle für den 5. Bezirk 05651, 05652

Wohnungskommission – Außenstelle für den 4. Bezirk → 10. Bezirk

Wohnungskommission – Außenstelle für den 5. Bezirk → 12. Bezirk

6., 7. BEZIRK

7, Hermanngasse 24-26, Tel. 521 34 ...
Telefax: 521 34–99–Nebenstelle, IBS-User: MBA060K
Internet e-mail: post@mba060.magwien.gv.at

Polacek, Dr. Gerhard, Senatsrat 07211
Huber, Dr. Eva, Obermagistratsrätin 07212
Walka, Mag. Roland 07222
Kail Ulrike, Oberamtsrätin 07233
Dörfler Wolfgang, Amtsrat 07235
Richter Sabine, Kanzleioffizialin, Kanzleileiterin 07219

Kanzlei:
Auskunft 07223
Einlaufstelle 07218, 07223
Expedit 07213
Registratur 07217
Schreibstelle 07227
Strafprotokoll 07252
Verhandlungszimmer 07251

Referate des magistratischen Bezirksamtes:

Baumschutzangelegenheiten 07221, 07222
Betriebsanlagen 07212, 07222
Familienunterhalt 07226, 07231, 07232, 07233, 07234, 07235, 07236, 07237
Fischereiangelegenheiten 07218
Gewerbeangelegenheiten 07226, 07231, 07232, 07233, 07234, 07235, 07236, 07237
Gewerbepolizeiliche Revisionen 07212, 07222
Giftbezugsbewilligungen 07226, 07231, 07232, 07233, 07234, 07235, 07236, 07237
Jagdangelegenheiten 07256
Lebensbestätigungen 07213
Parkraumbewirtschaftung 07261, 07262, 07263
Religionsaustritte 07213
Sanitäre Übelstände 07231, 07232, 07233, 07234, 07235, 07236, 07237
Verwaltungsstrafverfahren ... 07226, 07231, 07232, 07233, 07234, 07235, 07236, 07237
Werkverkehrskarten 07256
Zivildienstausweise 07218

Amt für Jugend und Familie 6., 7. Bezirk:
6, Amerlingstraße 11 .... 588 21 ...
Uiberlacker Leo, Amtsrat 06311
Kanzlei 06318, 06319
Auskunft 06310
Kinder- und Jugendpsychologische Beratungsstelle .. 06371
Leitende Sozialarbeiterin/Leitender Sozialarbeiter ... 06341
Sprengelsozialarbeiterinnen/Sprengelsozialarbeiter .. 06342, 06345, 06346, 06347, 06353, 06355
Rechnungsführung 06315
Rechtsfürsorge 06312, 06333, 06334

Baupolizei – Außenstelle für den 6., 7. Bezirk:
Wimmer, Dipl.-Ing. Herbert, Oberstadtbaurat 07501
Diebitsch, Mag.arch. Karl-Heinz, Oberstadtbaurat ... 07513
Jordis, Dipl.-Ing. Gerhard 07521
Kanzlei 07508, 07509
Werkmeisterinnen/Werkmeister 07512, 07523

Bezirksgesundheitsamt für den 6., 7. Bezirk:
6, Amerlingstraße 11 .... 588 21 ...
Haberler, Dr. Dieter, Physikatsrat 06281
Kanzlei 06289
Sanitätsrevisorinnen/Sanitätsrevisoren 06283, 06284
Telefax: 588 21–99–06290

Bürgerdienst (6. Bezirk) 06100, 06101, 525 50–06

Bürgerdienst (7. Bezirk) 07100, 07101, 525 50–07

Hauskrankenpflege – Stützpunkt für den 6. Bezirk → 4. Bezirk

Hauskrankenpflege – Stützpunkt für den 7. Bezirk → 1., 8. Bezirk

Marktamtsabteilung für den 6., 7. Bezirk → 4., 5. Bezirk

Niederlassungsbewilligungen für den 6., 7. Bezirk 07170, 07171, 07172

Schlichtungsstelle für den 6., 7. Bezirk:
Zwettler, Mag. Gregor 07081
Bollinger, Mag. Sabine 07082
Kanzlei 07088, 07089
Telefax: 521 34–99–07220

Sozialarbeit mit Erwachsenen (1., 2., 6., 7., 8., 9. Bezirk):
6, Fillgradergasse 7/5 .... 588 21 ..., 06481

Sozialer Stützpunkt für den 6. Bezirk → 4., 5. Bezirk

Sozialer Stützpunkt für den 7. Bezirk → 1., 8. Bezirk

Sozialreferat für den 6. Bezirk:
6, Amerlingstraße 11 .... 588 21 ...
Leiterin/Leiter 06401
Referentinnen/Referenten 06402, 06403

Sozialreferat für den 7. Bezirk:
Leiterin/Leiter 07401
Referentinnen/Referenten 07402, 07403

Stadtkasse für den 5., 6., 7. Bezirk:
Link Hanna, Oberamtsrätin 07601
Dejmek Brigitte, Amtsrätin 07602

Niederhuber Gerhard, Amtsrat 07603
Inant Silvia, Amtsrätin 07621
Zwangsvollstreckungen 07603
Strafvollzug 07606, 07611, 07612
Verrechnungsbuchhalterin/Verrechnungsbuchhalter,
Strafen 07606
Grundbesitzabgaben, Räumungsgebühren 07613, 07614
Wassergebühren 07613, 07614
Abwassergebühren 07613, 07614
Hundeabgabe 07611, 07612
Ankündigungsabgabe, Gebrauchsabgabe 07611, 07612
Kommunalsteuer 07621, 07622, 07623, 07624, 07625, 07626, 07627, 07628
Dienstgeberabgabe 07621, 07622, 07623, 07624, 07625, 07626, 07627, 07628
Getränke- und Gefrorenessteuer, Vergnügungssteuer, Sportgroschen 07621, 07622, 07623, 07624, 07625, 07626, 07627, 07628
Ortstaxe 07621, 07622, 07623, 07624, 07625, 07626, 07627, 07628

Standesamt für den 6., 7. Bezirk → 1., 8. Bezirk, Standesamt Innere Stadt

Veterinäramtsabteilung für den 1., 4., 5., 6., 7., 8., 9. Bezirk:
6, Mollardgasse 28 . . . . 546 34 . . .
Kanis, Dr. Alois, Oberveterinärrat 05451
Ruttner, Dr. Eva, Oberveterinärrätin 05452

Wiener Wohnen – Wohnungsberatungsstelle für den 6., 7., 8. Bezirk 07651

Wohnungskommission – Außenstelle für den 6., 7. Bezirk → 20. Bezirk

9. BEZIRK

9, Währinger Straße 39, Tel. 400 34 . . .
Telefax: 400 34–99–Nebenstelle, IBS-User: MBA090K
Internet e-mail: post@mba090.magwien.gv.at

Mlczoch, Mag. Norbert, Senatsrat 09211
Müller, Mag. Katrin 09221
Friedl, Mag. Monika 09222
Zeis Lisbeth, Amtsrätin 09233
Ollinger Elisabeth, Kanzleioberkommissärin,
Kanzleileiterin 09219

Kanzlei:
Auskunft 09215
Einlaufstelle 09215
Expedit 09215
Registratur 09217
Schreibstelle 09226, 09227
Strafen-Expedit 09223, 224
Strafprotokoll 09215

Referate des magistratischen Bezirksamtes:

Baumschutzangelegenheiten 09220, 09221, 09222
Betriebsanlagen 09220, 09221, 09222
Familienunterhalt 09231, 09232, 09233, 09234
Fischereiangelegenheiten 09224
Gewerbeangelegenheiten 09231, 09232, 09233, 09234
Gewerbepolizeiliche Revisionen 09220, 09221, 09222
Giftbezugsbewilligungen 09231, 09232, 09233, 09234
Jagdangelegenheiten 09224
Lebensbestätigungen 09223
Parkraumbewirtschaftung 09223, 09224
Religionsaustritte 09224
Sanitäre Übelstände 09231, 09232, 09233,09234
Verwaltungsstrafverfahren 09223, 09224, 09231, 09232, 09233, 09234
Werkverkehrskarten 09224
Zivildienstausweise 09224

Amt für Jugend und Familie 1., 8., 9. Bezirk
Mahler Heidemarie, Amtsrätin 09311
Kanzlei 09317, 09318, 09319
Auskunft 09310
Kinder- und Jugendpsychologische Beratungsstelle . . 09328
Leitende Sozialarbeiterin/Leitender Sozialarbeiter . . . 09341
Sprengelsozialarbeiterinnen/Sprengelsozialarbeiter . . 09342, 09343, 09344, 09345, 09346, 09347, 09348, 09349, 09352, 09353
Rechnungsführung 09315, 09316, 09324
Rechtsfürsorge 09333, 09334, 09335, 09336

Baupolizei – Außenstelle für den 9. Bezirk → 1., 8. Bezirk

Bezirksgesundheitsamt für den 9. Bezirk:
Prijatelj, Dr. Adele, Physikatsrätin 09281
Kanzlei 09289
Sanitätsrevisorinnen/Sanitätsrevisoren 09283, 09284
Telefax: 400 34–99–09290

Bürgerdienst (9. Bezirk):
9, Währinger Straße 43 . . . . 09100, 09101, 525 50–09

Hauskrankenpflege – Stützpunkt für den 9. Bezirk → 1., 8. Bezirk

Marktamtsabteilung für den 8., 9. Bezirk:
9, Alser Straße 20 . . . . 408 28 05 . . .
Felke Karl-Ernst, Amtsrat 35

Niederlassungsbewilligungen für den 9. Bezirk → 1., 8. Bezirk

Schlichtungsstelle für den 9. Bezirk → 1., 8. Bezirk

Sozialarbeit mit Erwachsenen (9. Bezirk) → 6., 7. Bezirk

Sozialer Stützpunkt für den 9. Bezirk → 1., 8. Bezirk

Sozialreferat für den 1., 8., 9. Bezirk:
Leiterin/Leiter 09401
Referentinnen/Referenten 09402, 09403, 09404, 09405, 09406, 09407
Kanzlei 09400

Stadtkasse für den 9. Bezirk → 1., 8. Bezirk

Standesamt für den 9. Bezirk → 1., 8. Bezirk, Standesamt Innere Stadt

Veterinäramtsabteilung für den 9. Bezirk → 6., 7. Bezirk

Wiener Wohnen – Wohnungsberatungsstelle für den 1., 9. Bezirk:
9, Währinger Straße 43 . . . . 09651, 09652

Wohnungskommission – Außenstelle für den 9. Bezirk → 20. Bezirk

10. BEZIRK

10, Laxenburger Straße 43–47, Tel. 605 34. . .
Telefax: 605 34–99–10220, IBS-User: MBA100K
Internet e-mail: post@mba100.magwien.gv.at

Besta, Dr. Elga, Senatsrätin 10211
Windisch, Dr. Angela, Magistratsrätin 10212
Hofer, Mag. Gerald, Magistratskommissär 10221
Pölleritzer, Mag. Marcus 10231
Schütz Traudl, Oberamtsrätin 10241
Oehler Ilse, Amtsrätin 10245
Halwachs Gerhard, Kanzleirat,
Kanzleileiter 10219

Kanzlei:
Auskunft 10210
Einlaufstelle 10218
Registratur 10224
Schreibstelle 10226, 10227
Strafen-Expedit 10215
Strafprotokoll 10216

Referate des magistratischen Bezirksamtes:

Baumschutzangelegenheiten . . 10212, 10221, 10231, 10232
Betriebsanlagen 10212, 10221, 10231
Buschenschank 10241, 10244, 10245, 10246, 10247, 10248
Familienunterhalt 10242
Fischereiangelegenheiten 10245
Gewerbeangelegenheiten 10241, 10244, 10245, 10246, 10247, 10248
Gewerbepolizeiliche Revisionen 10212, 10221, 10231
Giftbezugsbewilligungen 10215
Jagdangelegenheiten 10215, 10245
Lebensbestätigungen 10223
Religionsaustritte 10226, 10227
Sanitäre Übelstände 10215
Verwaltungsstrafverfahren . . . 10212, 10221, 10231, 10241, 10244, 10245, 10246, 10247, 10248
Werkverkehrskarten 10215
Zivildienstausweise 10215

Amt für Jugend und Familie 10. Bezirk:
10, Van-der-Nüll-Gasse 20
Dvoracek Heinz, Oberamtsrat 10311
Kanzlei 10315, 10316, 10317, 10319
Auskunft 10340
Kinder- und Jugendpsychologische Beratungsstelle . . 10328
Leitende Sozialarbeiterin/Leitender Sozialarbeiter . . . 10341
Sprengelsozialarbeiterinnen/Sprengelsozialarbeiter . . 10342, 10343, 10344, 10345, 10346, 10347, 10348, 10349, 10351, 10352, 10353, 10355, 10356, 10357, 10358, 10359, 10361, 10362, 10363, 10364, 10365, 10366
Rechnungsführung und
Kindertagesheim-Administration 10321, 10322, 10323, 10324
Rechtsfürsorge 10330, 10331, 10332, 10333, 10334, 10335, 10336, 10337, 10338, 10339
Außenstelle:
10, Per-Albin-Hansson-Siedlung Ost,
Ada-Christen-Gasse 2/H 688 15 93

Baupolizei – Außenstelle für den 10. Bezirk:
Klom, Dipl.-Ing. Manfred, Senatsrat 10501
Lederer, Dipl.-Ing. Johann, Stadtbaurat 10502
Weissinger, Dipl.-Ing. Rudolf, Stadtbaurat 10513
Kosik, Ing. Waltraud, Techn. Oberamtsrätin 10524
Kanzlei 10500
Werkmeisterinnen/Werkmeister 10514, 10522, 10523, 10525

Bezirksgesundheitsamt für den 10. Bezirk:
Marek, Dr. Maria-Christine, Oberphysikatsrätin 10281
Kanzlei 10280, 10289
Sanitätsrevisorinnen/Sanitätsrevisoren 10283, 10284, 10285
Telefax: 605 34-99–10290

Bürgerdienst (10. Bezirk) 10100, 525 50–10

Gesundheits- und Sozialzentrum für den 10. Bezirk:
10, Gudrunstraße 145–149 10800
Hauer Christl, Amtsrätin 10811
Kanzlei 10819
Fachbereich Soziale Dienste 10816, 10818
Fachbereich Mobile Hauskrankenpflege 10821
Beratungsstelle für Inkontinenz 10825
Fachbereich Sozialarbeit 10831

Hauskrankenpflege – Stützpunkt für den 10. Bezirk:
10, Gudrunstraße 145–149 10821

Marktamtsabteilung für den 10. Bezirk:
10, Viktor-Adler-Markt, Amtsgebäude . . . . 604 27 77 . . .
Krainer Udo, Amtsrat 17

Niederlassungsbewilligungen für den 10. Bezirk . . 10171, 10172, 10173, 10174

Schlichtungsstelle für den 10. Bezirk:
Wandl, Mag. Michael 10081
Schuster, Mag. Thomas 10082
Kanzlei 10088, 10089
Telefax: 605 34–99–10088

Sozialarbeit mit Erwachsenen (10. Bezirk):
10, Gudrunstraße 145–149,
Eingang Ecke Columbusgasse 10480

Sozialer Stützpunkt für den 10. Bezirk:
10, Gudrunstraße 145–149 10800

Sozialreferat für den 10. Bezirk:
10, Gudrunstraße 128
Leiterin/Leiter 10401
Referentinnen/Referenten 10402, 10403, 10404, 10405, 10406, 10407, 10408, 10409, 10413, 10414, 10415, 10416, 10417
Kanzlei 10400

Stadtkasse für den 4., 10. Bezirk:
Kirschner Sylvia, Oberamtsrätin 10601
Hegenbarth Susan, Amtsrätin 10602
Zwangsvollstreckungen 10603
Strafvollzug 10615
Verrechnungsbuchhalterin/Verrechnungsbuchhalter,
Strafen 10617
Grundbesitzabgaben, Räumungsgebühren . . . 10611, 10612, 10613
Wassergebühren 10614
Abwassergebühren 10614

Hundeabgabe 10604, 10615, 10616
Ankündigungsabgabe, Gebrauchsabgabe 10615, 10616
Kommunalsteuer 10621, 10624, 10625, 10626, 10627
Dienstgeberabgabe 10624, 10625, 10626, 10627
Getränke- und Gefrorenessteuer,
Vergnügungssteuer, Sportgroschen 10622, 10623
Ortstaxe 10623

Standesamt Favoriten (10., 11. Bezirk),
10, Keplerplatz 5
Chyska Karl, Amtsrat 10581
Kanzlei 10589
Ehebuch 10582
Ehefähigkeitszeugnisse 10581
Eheschließungen 10582, 10583
Geburtenbuch 10583, 10586
Sterbebuch 10586
Telefax: 605 34–99–10580

Veterinäramtsabteilung für den 3., 10., 11. Bezirk:
Schindler, Dr. Klaus, Oberveterinärrat 10451
Müller, Dr. Bernhard, Oberveterinärrat 10452
Triebl, Dr. Andreas, Veterinärrat 10454

Wohnungskommission – Außenstelle für den 3., 4., 10., 11. Bezirk 10654

11. BEZIRK

11, Enkplatz 2, Tel. 740 34 . . .
Telefax: 740 34–99–11220, IBS-User: MBA110K
Internet e-mail: post@mba110.magwien.gv.at

Mohr, Dr. Renate, Obermagistratsrätin 11211
Vitu, Mag. Olga, Magistratsrätin 11212
Schreil, Mag. Gabriela, Magistratskommissärin 11221
Krepelka Stefanie, Kanzleioberkommissärin,
Kanzleileiterin 11219
Kanzlei:
Auskunft 11210
Einlaufstelle 11216
Expedit 11219
Registratur 11224, 11225
Schreibstelle 11226, 11227
Strafen-Expedit 11215
Strafprotokoll 11215

Referate des magistratischen Bezirksamtes:

Baumschutzangelegenheiten 11212, 11221
Betriebsanlagen 11211, 11212, 11221
Familienunterhalt 11231, 11232, 11233, 11234
Fischereiangelegenheiten 11232
Gewerbeangelegenheiten 11231,11232, 11233, 11234
Gewerbepolizeiliche Revisionen 11211, 11212, 11221
Giftbezugsbewilligungen 11231,11232, 11233, 11234
Jagdangelegenheiten 11233
Lebensbestätigungen 11215, 11216
Religionsaustritte 11215, 11216
Sanitäre Übelstände 11231, 11232, 11233, 11234
Verwaltungsstrafverfahren 11211, 11212, 11221,
11231, 11232, 11233, 11234
Werkverkehrskarten 11223
Zivildienstausweise 11233

Amt für Jugend und Familie 11. Bezirk:
Grabenhofer Richard, Oberamtsrat 11311
Kanzlei 11316, 11317, 11318, 11319
Auskunft 11310
Kinder- und Jugendpsychologische Beratungsstelle .. 11321
Leitende Sozialarbeiterin/Leitender Sozialarbeiter ... 11341
Sprengelsozialarbeiterinnen/Sprengelsozialarbeiter .. 11323,
11343, 11344, 11345, 11346, 11347, 11348,
11349, 11353, 11354, 11355, 11356, 11357
Rechnungsführung 11315, 11325
Rechtsfürsorge 11331, 11332, 11333,
11334, 11335, 11336
Kindertagesheim – Administration 11314, 11358, 11359
Telefax: 740 34–99–11310

Baupolizei – Außenstelle für den 11. Bezirk:
Worf, Dipl. Ing. Elvira, Oberstadtbaurätin 11501
Vallazza, Dipl.-Ing. Christian, Stadtbaurat 11502
Kanzlei 11507, 11509
Werkmeisterinnen/Werkmeister 11524, 11525

Bezirksgesundheitsamt für den 11. Bezirk:
Tamchina, Dr. Michael, Physikatsrat 11281
Kanzlei 11289
Sanitätsrevisorinnen/Sanitätsrevisoren 11283, 11284
Telefax: 740 34–99–11290

Bürgerdienst (11. Bezirk) 11100, 11101, 525 50–11
Stadtentwicklungsgebiet Leberberg:
11, Rosa-Jochmann-Ring 5/5 11105

Hauskrankenpflege – Stützpunkt für den 3., 11. Bezirk:
11, Geystraße 2 .... 11820, 11821, 11822

Marktamtsabteilung für den 11. Bezirk:
11, Lorystraße, Simmeringer Markt,
Amtsgebäude, Brückenwaage 749 33 01
Klettler Franz, Amtsrat
Flum Heinz, Amtsrat
Brichta Karl, Amtsrat

Niederlassungsbewilligungen für den 11. Bezirk
→ 3. Bezirk

Schlichtungsstelle für den 11. Bezirk → 3. Bezirk

Sozialarbeit mit Erwachsenen (11. Bezirk) → 3. Bezirk

Sozialer Stützpunkt für den 3., 11. Bezirk:
11, Simmeringer Hauptstraße 34–40/4 11800

Sozialreferat für den 11. Bezirk:
Leiterin/Leiter 11401
Referentinnen/Referenten 11402, 11403, 11404, 11407
Kanzlei 11409

Stadtkasse für den 11. Bezirk → 3. Bezirk

Standesamt für den 11. Bezirk → 10. Bezirk, Standesamt Favoriten

Veterinäramtsabteilung für den 11. Bezirk → 10. Bezirk

Wohnungskommission – Außenstelle für den 11. Bezirk
→ 10. Bezirk

12. BEZIRK

12, Schönbrunner Straße 259, Tel. 811 34 . . .
Telefax: 811 34–99–12220, IBS-User: MBA120K
Internet e-mail: post@mba120.magwien.gv.at

Kuca, Dr. Alois, Senatsrat 12211
Birbaumer, Mag. Oliver,
Magistratskommissär 12212
Sirka, Mag. Alena 12221
Strobl Elfriede, Amtsrätin 12232
Mantl Franziska, Kanzleirätin,
Kanzleileiterin 12219

Kanzlei:
Auskunft 12218, 12228
Einlaufstelle 12228
Expedit 12215
Registratur 12224, 12225, 12257
Schreibstelle 12217
Strafen-Expedit 12215
Strafprotokoll 12228

Referate des magistratischen Bezirksamtes:

Baumschutzangelegenheiten 12211, 12212
Betriebsanlagen 12212, 12221
Familienunterhalt 12231, 12232, 12233, 12234
Fischereiangelegenheiten 12215
Gewerbeangelegenheiten 12231, 12232, 12233, 12234
Gewerbepolizeiliche Revisionen 12212, 12221
Giftbezugsbewilligungen 12232
Jagdangelegenheiten 12228
Lebensbestätigungen 12228
Religionsaustritte 12228
Sanitäre Übelstände 12231, 12232, 12233, 12234
Verwaltungsstrafverfahren . . . 12212, 12221, 12223, 12231, 12232, 12233, 12234
Werkverkehrskarten 12228
Zivildienstausweise 12228

Amt für Jugend und Familie 12. Bezirk:
12, Hufelandgasse 2
Überbacher Erich, Oberamtsrat 12311
Kanzlei 12317, 12318, 12319
Auskunft 12310
Kinder- und Jugendpsychologische Beratungsstelle . . 12328
Leitende Sozialarbeiterin/Leitender Sozialarbeiter . . . 12341
Sprengelsozialarbeiterinnen/Sprengelsozialarbeiter . . 12342, 12343, 12344, 12345, 12346, 12347, 12351, 12353, 12354, 12355, 12357, 12358, 12362
Rechnungsführung 12313
Rechtsfürsorge 12312, 12332, 12333, 12334, 12335, 12338
Kindertagesheimadministration 12123, 12314

Baupolizei – Außenstelle für den 12. Bezirk:
Zilka, Dipl.-Ing. Heinz,
Oberstadtbaurat 12501
Stejskal, Dipl.-Ing. Bernhard,
Stadtbaurat 12502
Kanzlei 12508, 12509
Werkmeisterinnen/Werkmeister 12512, 12513, 12514, 12515

Bezirksgesundheitsamt für den 12. Bezirk:
12, Hufelandgasse 2
Haden, Dr. Harald, Physikatsrat 12281
Kanzlei 12289
Sanitätsrevisorinnen/Sanitätsrevisoren 12283, 12284
Telefax: 811 34–99–12290

Bürgerdienst (12. Bezirk) 12100, 12101, 12102, 525 50–12

Hauskrankenpflege – Stützpunkt für den 12. Bezirk
→ 23. Bezirk

Marktamtsabteilung für den 12. Bezirk:
12, Hufelandgasse 2
Wirth Wilhelm, Oberamtsrat 12431
Schrenk Oswald, Amtsrat 12432
Referentinnen/Referenten 12433, 12434

Marktaufsicht Meidlinger Markt:
12, Niederhofstraße 813 31 81

Niederlassungsbewilligungen für den 12., 23. Bezirk:
12, Hufelandgasse 2 . . . . 12171, 12172

Schlichtungsstelle für den 12., 13., 14., 23. Bezirk:
Siegl, Mag. Andrea, Magistratsrätin 12081
Meyer, Mag. Nicole 12082
Klima, Mag. Susanne, Magistratsrätin 12083
Hillebrand, Mag. Irene, Magistratsrätin 12084
Kanzlei 12088, 12089
Telefax: 811 34–99–12220

Sozialarbeit mit Erwachsenen (12., 13., 23. Bezirk):
12, Reschgasse 12/2 12489

Sozialer Stützpunkt für den 12., 13., 23. Bezirk:
12, Am Schöpfwerk 29/6 . . . . 667 93 31, 667 93 32

Sozialreferat für den 12. Bezirk:
Leiterin/Leiter 12401
Referentinnen/Referenten 12402, 12403, 12404, 12405
Kanzlei 12409

Stadtkasse für den 12. Bezirk → 15. Bezirk

Standesamt für den 12. Bezirk → 4., 5. Bezirk, Standesamt Margareten

Veterinäramtsabteilung für den 12. Bezirk → 13., 14. Bezirk

Wohnbeihilfe – Außenstelle:
12, Am Schöpfwerk 31/4 . . . . 667 99 21, 667 99 22

Wiener Wohnen – Wohnungsberatungsstelle für den 12. Bezirk 12651, 12653

Wohnungskommission – Außenstelle für den 5., 12., 13., 23. Bezirk 12654

13., 14. BEZIRK

13, Hietzinger Kai 1–3, Tel. 878 34 . . ., 870 34 . . .
Telefax: 878 34–99–Nebenstelle, IBS-User: MBA130K
Internet e-mail: post@mba130.magwien.gv.at

Hostialek, Dr. Ingrid, Senatsrätin 13211
Kornfeld, Dr. Gabriele, Obermagistratsrätin 13212
Rodt, Mag. Michaela 13221
Pohl Magdalena, Oberamtsrätin 13234
Hoffmeister Waltraud, Kanzleioberkommissärin,
Kanzleileiterin 13219

Kanzlei:
Auskunft 13216, 13217
Einlaufstelle 13216, 13217
Expedit 13225
Registratur 13226
Schreibstelle 13229
Strafprotokoll 13227, 13236

Referate des magistratischen Bezirksamtes:

Baumschutzangelegenheiten 13212, 13221, 13222
Betriebsanlagen 13212, 13221, 13222
Familienunterhalt 13231, 13232,
13233, 13234, 13235, 13259
Fischereiangelegenheiten 13227
Gewerbeangelegenheiten 13231, 13232,
13233, 13234, 13235, 13259
Gewerbepolizeiliche Revisionen 13212, 13221, 13222
Giftbezugsbewilligungen 13231, 13232,
13233, 13234, 13235, 13259
Jagdangelegenheiten 13234
Lebensbestätigungen 13227
Religionsaustritte 13227
Sanitäre Übelstände 13231, 13232, 13233,
13234, 13235
Verwaltungsstrafverfahren 13218, 13231, 13232,
13233, 13234, 13235, 13259
Werkverkehrskarten 13227
Zivildienstausweise 13227

Amt für Jugend und Familie 13., 14. Bezirk:
13, Eduard-Klein-Gasse 2
Brunner Christine, Amtsrätin 13311
Kanzlei 13316, 13317, 13319
Auskunft 13310
Kinder- und Jugendpsychologische
Beratungsstelle 13328
Leitende Sozialarbeiterin/Leitender Sozialarbeiter . . . 13341
Sprengelsozialarbeiterinnen/Sprengelsozialarbeiter . . 13343,
13344, 13345, 13346, 13347,
13348, 13349, 13351, 13352,
13353, 13354, 13355, 13356, 13357
Rechnungsführung 13315
Rechtsfürsorge . 13312, 13332, 13333, 13334, 13335, 13336

Baupolizei – Außenstelle für den 13., 14. Bezirk:
Ressel, Dipl.-Ing. Günter, Oberstadtbaurat 14501
Eder, Dipl.-Ing. Helmut, Oberstadtbaurat 13502
Zimmermann, Dipl.-Ing. Robert, Stadtbaurat 14514
Raunigg, Dipl.-Ing. Johann, Stadtbaurat 14515
Müller, Ing. Wolfgang, Techn. Amtsrat 13511
Kanzlei 13506, 13507, 13508, 13509
Referentinnen/Referenten 13502, 13511, 13512,
13514, 13515, 13518
Werkmeisterinnen/Werkmeister 13513, 13516, 13517,
13519, 13522, 13523

Bezirksgesundheitsamt für den 13., 14. Bezirk:
Scheitz, Med.-Rat Dr. Werner, Stadtphysikus 13281
Palisek, Dr. Fred-Otto, Physikatsarzt 13282
Kanzlei 13289
Sanitätsrevisorinnen/Sanitätsrevisoren 13283,
13284, 13285

Telefax: 878 34–99–13290

Bürgerdienst (13. Bezirk) 13100, 13101, 13102,
525 50–13

Bürgerdienst (14. Bezirk) 14100, 14101, 14102,
525 50–14

Gesundheits- und Sozialzentrum
für den 14. Bezirk → 15. Bezirk

Hauskrankenpflege – Stützpunkt für den 13. Bezirk
→ 23. Bezirk

Hauskrankenpflege – Stützpunkt für den 14. Bezirk
→ 15. Bezirk

Marktamtsabteilung für den 13., 14. Bezirk:
Hofbauer, Ing. Helmar, Amtsrat 13431
Referentinnen/Referenten 13432, 13433, 13434

Niederlassungsbewilligungen für den 13., 14. Bezirk:
13, Dommayergasse 12 . . . . 13170, 13171, 13172,
14170, 14171, 14172

Schlichtungsstelle für den 13., 14. Bezirk → 12. Bezirk

Sozialarbeit mit Erwachsenen (13. Bezirk) → 12. Bezirk

Sozialarbeit mit Erwachsenen (14. Bezirk) → 15. Bezirk

Sozialer Stützpunkt für den 13. Bezirk → 12. Bezirk

Sozialer Stützpunkt für den 14. Bezirk → 15. Bezirk

Sozialreferat für den 13., 14. Bezirk:
Leiterin/Leiter 13401
Referentinnen/Referenten 13402, 13403, 13404,
13405, 13406, 13407
Kanzlei 13408, 13409, 13410

Stadtkasse für den 13., 14. Bezirk:
Vrchota Heinrich, Oberamtsrat 13601
Teufel Monika, Amtsrätin 13602
Zwangsvollstreckungen 13603
Strafvollzug 13604
Verrechnungsbuchhalterin/Verrechnungsbuchhalter,
Strafen 13607
Grundbesitzabgaben, Räumungs-
gebühren 13611, 13612, 13614, 13615, 13616
Wassergebühren 13611, 13612, 13614, 13615, 13616
Abwassergebühren 13611, 13612, 13614, 13615, 13616
Hundeabgabe 13604, 13605, 13606
Ankündigungsabgabe, Gebrauchsabgabe 13604, 13605
Kommunalsteuer, Dienstgeberabgabe,
Getränke- und Gefrorenessteuer, Vergnügungs-
steuer, Sportgroschen 13621, 13622, 13623,
13624, 13625, 13626, 13627
Ortstaxe 13621, 13622, 13623,
13624, 13625, 13626, 13627

Standesamt Hietzing (13., 14., 15., 23. Bezirk):
Hilbert Erich, Oberamtsrat 13581

Süß Peter, Amtsrat . . . 13582
Kanzlei . . . 13585, 13586, 13587, 13588
Ehebuch . . . 13585, 13586, 13587, 13588
Ehefähigkeitszeugnisse . . . 13581, 13582, 13583
Eheschließungen . . . 13581, 13582, 13583
Geburtenbuch . . . 13595, 13596, 13597
Sterbebuch . . . 13595, 13596, 13597
Geburten- und Sterbebuch-
Kanzlei . . . 13591, 13592, 13593
Telefax: 878 34–99–13590

Veterinäramtsabteilung für den 12., 13., 14., 15. Bezirk:
Heimbucher, Dr. Johann, Oberveterinärrat . . . 13451
Scharf, Dr. Albert, Oberveterinärrat . . . 13452
Kallab, Dr. Alfred, Veterinärrat . . . 13454
Ottermayer, Mag. Josef, Veterinärrat . . . 13453

Wiener Wohnen – Wohnungsberatungsstelle für den 13., 14. Bezirk . . . 13651, 13652

Wohnungskommission – Außenstelle für den 13. Bezirk
→ 12. Bezirk

Wohnungskommission – Außenstelle für den 14. Bezirk
→ 17. Bezirk

15. BEZIRK

15, Gasgasse 8–10, Tel. 891 34 . . .
Telefax: 891 34–99–15220, IBS-User: MBA150K
Internet e-mail: post@mba150.magwien.gv.at

Klose, Dr. Dietmar, Magistratsrat . . . 15211
Krasa-Oppolzer, Dr. Irene, Magistratsrätin . . . 15212
Fink, Mag. Michael, Magistratskommissär . . . 15220
Swoboda Harald, Amtsrat . . . 15233
Hell Anton, Kanzleikommissär,
Kanzleileiter . . . 15219
Kanzlei:
Auskunft . . . 15227
Einlaufstelle . . . 15227
Expedit . . . 15226
Registratur . . . 15224
Schreibstelle . . . 15226
Strafen-Expedit . . . 15215

EDV-Betreuung für alle Bezirksämter:
Schmidt Rainer, Verwaltungsoberkommissär . . . 15234
Swoboda Harald, Amtsrat . . . 15233

Referate des magistratischen Bezirksamtes:

Baumschutzangelegenheiten . . . 15212, 15220
Betriebsanlagen . . . 15212, 15220, 15221
Familienunterhalt . . . 15231, 15232, 15233, 15235, 15236, 15237
Fischereiangelegenheiten . . . 15226
Gewerbeangelegenheiten . . . 15231, 15232, 15233, 15235, 15236, 15237
Gewerbepolizeiliche Revisionen . . . 15212, 15220, 15221
Giftbezugsbewilligungen . . . 15212, 15220
Jagdangelegenheiten . . . 15226
Lebensbestätigungen . . . 15223
Religionsaustritte . . . 15223
Sanitäre Übelstände . . . 15231, 15232, 15233, 15235, 15236, 15237
Verwaltungsstrafverfahren . . . 15212, 15220, 15221, 15231, 15232, 15233, 15235, 15236, 15237
Werkverkehrskarten . . . 15223
Zivildienstausweise . . . 15215

Amt für Jugend und Familie 15. Bezirk:
Slanec Hans, Oberamtsrat . . . 15311
Kanzlei . . . 15314, 15315, 15317, 15318, 15358
Auskunft . . . 15310
Kinder- und Jugendpsychologische Beratungsstelle . . 15328
Leitende Sozialarbeiterin/Leitender Sozialarbeiter . . . 15341
Sprengelsozialarbeiterinnen/Sprengelsozialarbeiter . . 15342, 15343, 15344, 15345, 15346, 15347, 15348, 15350, 15351, 15352, 15353
Rechnungsführung . . . 15356, 15357
Rechtsfürsorge . . . 15312, 15333, 15334, 15335, 15336

Baupolizei – Außenstelle für den 15. Bezirk:
Schindler, Dipl.-Ing. Josef, Oberstadtbaurat . . . 15501
Helwich, Mag. arch. Ing. Reinhold,
Oberstadtbaurat . . . 15502
Kanzlei . . . 15508, 15509
Werkmeisterinnen/Werkmeister . . . 15513, 15515

Bezirksgesundheitsamt für den 15. Bezirk:
Greutter, Dr. Bruno, Stadtphysikus . . . 15281
Kanzlei . . . 15288
Sanitätsrevisorinnen/Sanitätsrevisoren . . . 15283, 15284
Telefax: 891 34–99–15280

Bürgerdienst (15. Bezirk):
15, Rosinagasse 4 . . . 15100, 15101, 15102, 525 50–15

Gesundheits- und Sozialzentrum für den 14. und 15. Bezirk:
15, Geibelgasse 18-20
Ehmsen Johanna, Amtsrätin, Sozialarbeiterin,
Diplomkrankenschwester . . . 15811
Kanzlei . . . 15819
Fachbereich Soziale Dienste . . . 15813
Fachbereich Mobile Hauskrankenpflege . . . 15821
Beratungsstelle für Inkontinenz . . . 15825
Fachbereich Sozialarbeit . . . 15831

Hauskrankenpflege – Stützpunkt für den 14., 15. Bezirk:
15, Geibelgasse 18–20 . . . 15821

Marktamtsabteilung für den 15. Bezirk:
Zach Hans Christian, Oberamtsrat . . . 15431
Referentinnen/Referenten . . . 15432, 15433, 15434
Marktaufsicht Meiselmarkt:
15, Meiselmarkt . . . 15436

Niederlassungsbewilligungen für den 15. Bezirk . . 15170, 15171, 15172

Schlichtungsstelle für den 15., 16. Bezirk:
Metzler, Mag. Corinna, Magistratsrätin . . . 15081

Schneider, Mag. Jennifer 15082
Kanzlei 15088, 15089
Telefax: 891 34–99–15220

Sozialarbeit mit Erwachsenen (14., 15., 16., 17., 18., 19. Bezirk):
15, Camillo-Sitte-Gasse 6–8/2/6 . . . . . 985 69 71 . . ., 985 69 99 . . ., 21

Sozialer Stützpunkt für den 14., 15. Bezirk:
15, Geibelgasse 18–20 15800

Sozialreferat für den 15. Bezirk:
Leiterin/Leiter 15401
Referentinnen/Referenten 15402, 15403, 15404
Kanzlei 15406

Stadtkasse für den 12., 15. Bezirk:
Montel Alois, Oberamtsrat 15601
Handsur Rudolf, Amtsrat 15602
Anger Gerhard, Amtsrat 15621
Zwangsvollstreckungen 15603
Strafvollzug 15611
Verrechnungsbuchhalterin/Verrechnungsbuchhalter, Strafen 15606, 15611, 15612, 15618
Grundbesitzabgaben, Räumungsgebühren 15613, 15614, 15615
Wassergebühren 15613, 15614, 15615
Abwassergebühren 15613, 15614, 15615
Hundeabgabe 15606, 15611, 15612
Ankündigungsabgabe, Gebrauchsabgabe 15606, 15611, 15612
Kommunalsteuer 15621, 15622, 15623, 15624, 15625, 15626
Dienstgeberabgabe 15621, 15622, 15623, 15624, 15625, 15626
Getränke- und Gefrorenessteuer, Vergnügungssteuer, Sportgroschen 15621, 15622, 15623, 15624, 15625, 15626
Ortstaxe 15621, 15622, 15623, 15624, 15625, 15626

Standesamt für den 15. Bezirk → 13., 14. Bezirk, Standesamt Hietzing

Veterinäramtsabteilung für den 15. Bezirk → 13., 14. Bezirk

Wiener Wohnen – Wohnungsberatungsstelle für den 15. Bezirk 15651, 15652

Wohnungskommission – Außenstelle für den 15. Bezirk → 17. Bezirk

16. BEZIRK

16, Richard-Wagner-Platz 19, Tel. 491 96 . . .
Telefax: 491 96–99–Nebenstelle, IBS-User: MBA160K
Internet e-mail: post@mba160.magwien.gv.at

Sonnenberg, Dr. Karl, Senatsrat 16211
Teuwen, Mag. Sieglinde, Obermagistratsrätin 16212
Schmitt, Mag. Astrid, Magistratskommissärin 16221
Hundrieser Edith, Oberamtsrätin 16234
Jeljnek Irene, Kanzleioberkommissärin, Kanzleileiterin 16219

Kanzlei:
Auskunft 16216, 16217
Einlaufstelle 16216, 16217
Expedit 16224
Registratur 16225
Schreibstelle 16226
Strafen-Expedit 16215
Strafprotokoll 16216

Referate des magistratischen Bezirksamtes:

Baumschutzangelegenheiten 16212, 16221
Betriebsanlagen 16212, 16220, 16221
Buschenschank 16234
Familienunterhalt 16231, 16232, 16233, 16234, 16236
Fischereiangelegenheiten 16231, 16232, 16233
Gewerbeangelegenheiten 16231, 16232, 16233, 16234, 16236
Gewerbepolizeiliche Revisionen 16220, 16212, 16221
Giftbezugsbewilligungen 16223
Jagdangelegenheiten 16223
Lebensbestätigungen 16223
Religionsaustritte 16223
Sanitäre Übelstände 16231, 16232, 16233
Verwaltungsstrafverfahren 16215, 16231, 16232, 16233, 16234, 16236
Werkverkehrskarten 16223
Zivildienstausweise 16223

Amt für Jugend und Familie 16. Bezirk:
16, Arnethgasse 84 . . . . 486 12 39, 486 33 63, 486 12 38 . . .
Mair-Hrescak Helga, Oberamtsrätin 37
Kanzlei 36
Auskunft 28
Kinder- und Jugendpsychologische Beratungsstelle 29
Leitende Sozialarbeiterin/Leitender Sozialarbeiter 22
Sprengelsozialarbeiterinnen/Sprengelsozialarbeiter . . 20, 24, 25, 26, 27, 28, 30, 32, 34, 35
Rechnungsführung 44
Rechtsfürsorge 38, 39, 40, 41, 42

Baupolizei – Außenstelle für den 16. Bezirk:
Bietak, Dipl.-Ing. Horst, Oberstadtbaurat 16501
Hisberger, Dipl.-Ing. Klemens, Stadtbaurat 16502
Pell, Dipl.-Ing. Iwona, Stadtbaurätin 16504
Kanzlei 16508, 16509
Referentinnen/Referenten 16504, 16512, 16514
Werkmeisterinnen/Werkmeister 16503, 16513

Bezirksgesundheitsamt für den 16. Bezirk:
Korab, Dr. Blandine, Oberphysikatsrätin 16281
Jahn, Dr. Ilse, Physikatsärztin 16282
Kanzlei 16288, 16289
Sanitätsrevisorinnen/Sanitätsrevisoren 16283, 16284
Telefax: 491 96–99–16290

Bürgerdienst (16. Bezirk) 16100, 16101, 525 50–16

Hauskrankenpflege – Stützpunkt für den 16., 17. Bezirk:

16, Weinheimergasse 2 .... 16820, 16821, 16822

Marktamtsabteilung für den 16. Bezirk:
16, Yppenplatz 4, Amtsgebäude .... 405 61 74 ...
Lang Harry, Oberamtsrat 10
Wasserbauer Herbert, Amtsrat 14
Keller Friedrich, Amtsrat 11

Niederlassungsbewilligungen für den 16. Bezirk 16171, 16172

Schlichtungsstelle für den 16. Bezirk → 15. Bezirk

Sozialarbeit mit Erwachsenen (16. Bezirk) → 15. Bezirk

Sozialer Stützpunkt für den 16. Bezirk:
16, Weinheimergasse 2 16800

Sozialreferat für den 16. Bezirk:
Leiterin/Leiter 16401
Referentinnen/Referenten 16402, 16403, 16404, 16405
Kanzlei 16406

Stadtkasse für den 16., 17. Bezirk:
Albustin Ludwig, Oberamtsrat 16601
Witek Johann, Amtsrat 16602
Zwangsvollstreckungen 16603
Strafvollzug 16611
Verrechnungsbuchhalterin/Verrechnungsbuchhalter, Strafen 16606, 16617
Grundbesitzabgaben, Räumungsgebühren ... 16613, 16614, 16615, 16616
Wassergebühren 16613, 16614, 16615, 16616
Abwassergebühren 16613, 16614, 16615, 16616
Hundeabgabe 16611, 16612, 16617
Ankündigungsabgabe, Gebrauchsabgabe 16611, 16612, 16617
Kommunalsteuer 16621, 16622, 16623, 16624, 16625, 16626
Dienstgeberabgabe 16621, 16622, 16623, 16624, 16625, 16626
Getränke- und Gefrorenessteuer, Vergnügungssteuer, Sportgroschen . 16621, 16622, 16623, 16624, 16625, 16626
Ortstaxe 16621, 16622, 16623, 16624, 16625, 16626

Standesamt Ottakring (16., 17. Bezirk):
Ondrich-Strobl Maria, Amtsrätin 16581
Kanzlei 16584, 16586, 16589, 16594
Ehebuch 16589, 16594
Ehefähigkeitszeugnisse 16581, 16582, 16583, 16585
Eheschließungen 16581, 16582, 16583, 16585
Geburtenbuch 16584, 16586
Sterbebuch 16584, 16586
Telefax: 491 96–99–16582

Veterinäramtsabteilung für den 16., 17., 18., 19. Bezirk:
Außerlechner, Dr. Georg, Senatsrat 16451
Ferber, Mag. Christian, Oberveterinärrat 16454
Dreier, Dr. Friedrich, Oberveterinärrat 16453

Wiener Wohnen – Wohnungsberatungsstelle für den 16. Bezirk 16651, 16653, 16657

Wohnungskommission – Außenstelle für den 16. Bezirk → 17. Bezirk

17. BEZIRK

17, Elterleinplatz 14, Tel. 401 19 ...
Telefax: 401 19–99–17220, IBS-User: MBA170K
Internet e-mail: post@mba170.magwien.gv.at

Müller, Dr. Tillmann, Senatsrat 17211
Büttner, Dr. Georg, Obermagistratsrat 17212, 17221
Zangl Rudolf, Oberamtsrat 17230
Eggenbauer Michael, Amtsrat 17231
Weigl Helga, Kanzleioberkommissärin, Kanzleileiterin 17219

Kanzlei:
Auskunft 17210, 17218
Einlaufstelle 17210, 17218
Expedit 17213
Registratur 17224
Schreibstelle 17228
Strafen-Expedit 17215
Strafprotokoll 17210

Referate des magistratischen Bezirksamtes:

Baumschutzangelegenheiten 17212, 17220, 17222
Betriebsanlagen 17212, 17222, 17225
Buschenschank 17230
Familienunterhalt 17226, 17232, 17233
Fischereiangelegenheiten 17230
Gewerbeangelegenheiten 17226, 17230, 17231, 17232, 17233
Gewerbepolizeiliche Revisionen 17212, 17222, 17225
Giftbezugsbewilligungen 17212, 17222, 17225
Jagdangelegenheiten 17230
Lebensbestätigungen 17215
Religionsaustritte 17215
Sanitäre Übelstände 17231
Verwaltungsstrafverfahren ... 17215, 17218, 17223, 17226, 17231, 17232, 17233
Werkverkehrskarten 17226, 17230, 17231, 17232, 17233
Zivildienstausweise 17226, 17232, 17233

Amt für Jugend und Familie 17., 18. Bezirk:
17, Rötzergasse 6
Piller Hermann, Amtsrat 17311
Kanzlei 17317, 17318, 17319
Auskunft 17310
Kinder- und Jugendpsychologische Beratungsstelle 17329
Leitende Sozialarbeiterin/Leitender Sozialarbeiter ... 17341
Sprengelsozialarbeiterinnen/Sprengelsozialarbeiter .. 17342, 17345, 17346, 17347, 17349, 17351, 17352, 17354, 17356, 17357, 17358, 17359, 17361, 17362, 17363, 17364
Rechnungsführung 17315, 17316
Rechtsfürsorge 17312, 17331, 17332, 17333, 17334
Telefax: 401 19–99–17310

Baupolizei – Außenstelle für den 17. Bezirk:
Witschka, Dipl.-Ing. Johann, Oberstadtbaurat 17501
Hinteregger, Dipl.-Ing. Gerhard, Stadtbaurat 17502
Kanzlei 17509
Referentinnen/Referenten 17511, 17512
Werkmeisterinnen/Werkmeister 17503, 17513
Telefax: 401 19–99–17510

Bezirksgesundheitsamt für den 17. Bezirk:
Schulheim, Dr. Margit, Physikatsrätin 17281
Kanzlei 17289
Sanitätsrevisorinnen/Sanitätsrevisoren 17283, 17284
Telefax: 401 19–99–17290

Bürgerdienst (17. Bezirk) 17100, 525 50–17

Hauskrankenpflege – Stützpunkt für den 17. Bezirk → 16. Bezirk

Marktamtsabteilung für den 17. Bezirk:
Horvath Johann, Amtsrat 17431
Referentinnen/Referenten 17432, 17433
Telefax: 401 19-99-17431

Niederlassungsbewilligungen für den 17. Bezirk 17170, 17171

Schlichtungsstelle für den 17. Bezirk → 19. Bezirk

Sozialarbeit mit Erwachsenen (17. Bezirk) →15. Bezirk

Sozialer Stützpunkt für den 17. Bezirk → 16. Bezirk

Sozialreferat für den 17. Bezirk:
Leiterin/Leiter 17401
Referentinnen/Referenten 17402, 17403, 17413
Kanzlei 17407

Stadtkasse für den 17. Bezirk → 16. Bezirk

Standesamt für den 17. Bezirk → 16. Bezirk, Standesamt Ottakring

Veterinäramtsabteilung für den 17. Bezirk → 16. Bezirk

Wiener Wohnen – Wohnungsberatungsstelle für den 17. Bezirk 17650

Wohnungskommission – Außenstelle für den 14., 15., 16., 17., 18., 19. Bezirk 17654

18. BEZIRK

18, Martinstraße 100, Tel. 476 34 . . .
Telefax: 476 34-99-18220, IBS-User: MBA180K
Internet e-mail: post@mba180.magwien.gv.at

Warlischek, Dr. Kurt, Senatsrat 18211
Schindler, Dr. Gerda, Obermagistratsrätin 18212
Habr Paul, Amtsrat 18232
Meierhofer Ingrid, Kanzleikommissärin, Kanzleileiterin 18219
Kanzlei:
Auskunft 18218, 18227

Einlaufstelle 18218, 18227
Expedit 18213
Registratur 18213
Schreibstelle 18226
Strafen-Expedit 18223
Strafprotokoll 18227

Referate des magistratischen Bezirksamtes:

Baumschutzangelegenheiten 18212
Betriebsanlagen 18212, 18231
Buschenschank 18232
Familienunterhalt 18230, 18232, 18233
Fischereiangelegenheiten 18227, 18232
Gewerbeangelegenheiten 18230, 18232, 18233
Gewerbepolizeiliche Revisionen 18212, 18231
Giftbezugsbewilligungen 18232
Jagdangelegenheiten 18227, 18232
Lebensbestätigungen 18226
Religionsaustritte 18226
Sanitäre Übelstände 18230, 18232, 18233
Verwaltungsstrafverfahren 18230, 18232, 18233
Werkverkehrskarten 18227
Zivildienstausweise 18227

Amt für Jugend und Familie 18. Bezirk → 17. Bezirk

Baupolizei – Außenstelle für den 18. Bezirk:
Gerlinger, Dipl.-Ing. Helmuth, Senatsrat 18501
Remmel, Dipl.-Ing. Irmgard, Stadtbaurätin 18502
Holzer, Dipl.-Ing. Herbert, Stadtbaurat 18512
Kanzlei 18508, 18509
Werkmeisterinnen/Werkmeister 18503, 18514, 18515

Bezirksgesundheitsamt für den 18. Bezirk:
18, Währinger Straße 124
Zimmermann, Dr. Rudolf, Stadtphysikus 18281
Kanzlei 18288
Sanitätsrevisorinnen/Sanitätsrevisoren 18283, 18284
Telefax: 476 34–99–18290

Bürgerdienst (18. Bezirk) 18100, 18101, 525 50–18

Hauskrankenpflege – Stützpunkt für den 18. Bezirk → 19. Bezirk

Marktamtsabteilung für den 18. Bezirk:
Zekendorf Heinrich, Amtsrat 18431
Referentinnen/Referenten 18433, 18434
Telefax: 476 34–99–18420

Niederlassungsbewilligungen für den 18., 19. Bezirk 18170, 18171, 18172

Schlichtungsstelle für den 18. Bezirk → 19. Bezirk

Sozialarbeit mit Erwachsenen (18. Bezirk) → 15. Bezirk

Sozialer Stützpunkt für den 18., 19. Bezirk:
18, Schulgasse 19 .... 360 34 . . ., 18800

Sozialreferat für den 18. Bezirk:
Leiterin/Leiter 18401
Referentinnen/Referenten 18402, 18403
Kanzlei 18406, 18409

Stadtkasse für den 18. Bezirk → 19. Bezirk

Standesamt Währing (18., 19. Bezirk):
Richter Anatole, Oberamtsrat 18581
Kanzlei 18589
Ehebuch 18589
Ehefähigkeitszeugnisse 18581, 18582
Eheschließungen 18581, 18582
Geburtenbuch 18583, 18584, 18585, 18586
Sterbebuch 18583, 18584, 18585, 18586
Telefax: 476 34–99–18590

Veterinäramtsabteilung für den 18. Bezirk
→ 16. Bezirk

Wiener Wohnen – Wohnungsberatungsstelle für den 18. Bezirk 18650

Wohnungskommission – Außenstelle für den 18. Bezirk → 17. Bezirk

19. BEZIRK

19, Gatterburggasse 14, Tel. 360 34 . . .
Telefax: 360 34–99–19220, IBS-User: MBA190K
Internet e-mail: post@mba190.magwien.gv.at

Fuchs, Dr. Peter, Senatsrat 19211
Scholz, Mag. Gerhard, Magistratsrat 19212
Steiner, Mag. Manuela 19218
Planer Eveline, Amtsrätin 19233
Labutta Susanne,
Kanzleioffizialin,
Kanzleileiterin 19219

Kanzlei:
Auskunft 19210, 19225
Einlaufstelle 19210
Expedit 19225
Registratur 19217
Schreibstelle 19225
Strafen-Expedit 19227
Strafprotokoll 19227

Referate des magistratischen Bezirksamtes:

Baumschutzangelegenheiten 19211
Betriebsanlagen 19212
Buschenschank 19228, 19231, 19232, 19233, 19234
Familienunterhalt 19231, 19232, 19233, 19234
Fischereiangelegenheiten 19219
Gewerbeangelegenheiten 19231, 19232, 19233, 19234
Gewerbepolizeiliche Revisionen 19212
Giftbezugsbewilligungen 19231, 19232, 19233, 19234
Jagdangelegenheiten 19228, 19233
Lebensbestätigungen 19219
Religionsaustritte 19210, 19228
Sanitäre Übelstände 19231, 19232, 19233, 19234
Verwaltungsstrafverfahren 19231, 19232, 19233, 19234
Werkverkehrskarten 19231, 19232, 19233, 19234
Zivildienstausweise 19231, 19232, 19233, 19234

Amt für Jugend und Familie 19. Bezirk:
Papageorgopoulos Gertrud, Oberamtsrätin 19311
Kanzlei 19318, 19319
Auskunft 19310
Kinder- und Jugendpsychologische Beratungsstelle:
19, Billrothstraße 42–48 . . . . 368 41 37
Leitende Sozialarbeiterin/Leitender Sozialarbeiter . . . 19341
Sprengelsozialarbeiterinnen/Sprengelsozialarbeiter . . 19342, 19343, 19344, 19345, 19346, 19347, 19348, 19349, 19351
Rechnungsführung 19315
Rechtsfürsorge 19331, 19332, 19333, 19334

Baupolizei – Außenstelle für den 19. Bezirk:
Bacher, Dipl.-Ing. Albert, Oberstadtbaurat 19501
Gessner, Dipl.-Ing. Karin, Stadtbaurätin 19503
Kanzlei 19507, 19508, 19509
Referentinnen/Referenten 19502, 19503, 19504
Werkmeisterinnen/Werkmeister 19511, 19512, 19513, 19514

Bezirksgesundheitsamt für den 19. Bezirk:
Költringer, Dr. Christian, vtm. Physikatsarzt 19281
Kanzlei 19282
Sanitätsrevisorinnen/Sanitätsrevisoren 19283, 19284
Telefax: 360 34–99–19290

Bürgerdienst (19. Bezirk) 19100, 19101, 525 50–19

Hauskrankenpflege – Stützpunkt für den 18., 19. Bezirk 19821, 19822

Marktamtsabteilung für den 19. Bezirk:
Reinhold Peter, Amtsrat 19431
Grasser Harald, Amtsrat 19432
Referentinnen/Referenten 19432, 19433
Telefax: 360 34–99–19431

Niederlassungsbewilligungen für den 19. Bezirk
→ 18. Bezirk

Schlichtungsstelle für den 17., 18., 19. Bezirk:
19, Muthgasse 62
Liszt, Dr. Christian 19081
Vielnascher, Mag. Georg 19082
Kanzlei 19088, 19089
Telefax: 40 00–99–74521

Sozialarbeit mit Erwachsenen (19. Bezirk)
→ 15. Bezirk

Sozialer Stützpunkt für den 19. Bezirk → 18. Bezirk

Sozialreferat für den 19. Bezirk:
Leiterin/Leiter 19401
Referentinnen/Referenten 19402, 19403

Stadtkasse für den 18., 19. Bezirk:
Kainrath Wilhelm, Oberamtsrat 19601
Deninger Margarete, Amtsrätin 19602
Röschel Robert, Amtsrat 19615
Vencalek Angela, Amtsrätin 19621
Zwangsvollstreckungen 19603
Strafvollzug 19615
Verrechnungsbuchhalterin/Verrechnungsbuchhalter, Strafen 19609
Grundbesitzabgaben, Räumungsgebühren . . . 19604, 19611, 19612, 19613, 19614, 19619
Wassergebühren 19604, 19611, 19612, 19613, 19614, 19619
Abwassergebühren 19604, 19611, 19612, 19613, 19614, 19619
Hundeabgabe 19605, 19615, 19616, 19617
Ankündigungsabgabe, Gebrauchsabgabe 19605, 19615, 19616, 19617

Kommunalsteuer 19608, 19621, 19622, 19623, 19624, 19625, 19626
Dienstgeberabgabe 19608, 19621, 19622, 19623, 19624, 19625, 19626
Getränke- und Gefrorenessteuer, Vergnügungssteuer, Sportgroschen 19621, 19622
Ortstaxe 19621, 19622

Standesamt für den 19. Bezirk → 18. Bezirk, Standesamt Währing

Veterinäramtsabteilung für den 19. Bezirk → 16. Bezirk

Wiener Wohnen – Wohnungsberatungsstelle für den 19. Bezirk 19651, 19652

Wohnungskommission – Außenstelle für den 19. Bezirk → 17. Bezirk

20. BEZIRK

20, Brigittaplatz 10, Tel. 331 34 ...
Telefax: 331 34–99–20220, IBS-User: MBA200K
Internet e-mail: post@mba200.magwien.gv.at

Kö, Dr. Manfred, Senatsrat 20211
Al-Hachich, Mag. Eva, Magistratsrätin 20212
Bauer, Mag. Elisabeth 20222
Stüber Herbert, Amtsrat 20231
Ilger Waltraud, Kanzleikommissärin, Kanzleileiterin 20219
Kanzlei:
Auskunft 20216, 20217
Einlaufstelle 20216, 20217
Expedit 20226, 20227
Registratur 20226, 20227
Schreibstelle 20228, 20229
Strafen-Expedit 20237
Strafprotokoll 20216
Verhandlungszimmer 20258

Referate des magistratischen Bezirksamtes:

Baumschutzangelegenheiten 20211
Betriebsanlagen 20221, 20222
Familienunterhalt 20231
Fischereiangelegenheiten 20231
Gewerbeangelegenheiten 20231, 20232, 20233, 20234
Gewerbepolizeiliche Revisionen 20221, 20222
Giftbezugsbewilligungen 20231, 20232, 20233, 20234
Jagdangelegenheiten 20231, 20232, 20233, 20234
Lebensbestätigungen 20217, 20228
Religionsaustritte 20236, 20237
Sanitäre Übelstände 20231, 20232, 20233, 20234
Verwaltungsstrafverfahren ... 20222, 20231, 20232, 20233, 20234, 20236, 20237
Werkverkehrskarten 20217
Zivildienstausweise 20231

Amt für Jugend und Familie 20. Bezirk:
Schönhuber Helga, Amtsrätin 20311
Kanzlei 20316, 20317, 20318, 20319
Auskunft 20310
Kinder- und Jugendpsychologische Beratungsstelle .. 20328
Leitende Sozialarbeiterin/Leitender Sozialarbeiter ... 20341, 20342
Sprengelsozialarbeiterinnen/Sprengelsozialarbeiter . 20343, 20344, 20345, 20346, 20347, 20348, 20349, 20351, 20352, 20353, 20354, 20355
Rechnungsführung 20315, 20325, 20327
Rechtsfürsorge 20331, 20332, 20333, 20334, 20335
Telefax: 331 34–99–20320

Baupolizei – Außenstelle für den 2., 20. Bezirk:
20, Dresdner Straße 75 .... 331 40 ...
Heihs, Dipl.-Ing. Otto, Oberstadtbaurat 20501
Bredl, Dipl.-Ing. Peter, Stadtbaurat 20502
Kedro, Dipl.-Ing. Klara 20511
Hummel, Ing. Heinz Konrad, Techn. Amtsrat 20512
Referentinnen/Referenten 20512, 20513
Kanzlei 20508, 20509
Werkmeisterinnen/Werkmeister 20503, 20514, 20515, 20516
Telefax: 40 00–99–20500

Bezirksgesundheitsamt für den 20. Bezirk:
Kandelsdorfer, Dr. Renate, Physikatsrätin 20281
Kanzlei 20289
Sanitätsrevisorinnen/Sanitätsrevisoren 20283, 20284
Telefax: 331 34–99–20290

Bürgerdienst (20. Bezirk) 20100, 20101, 20102, 525 50–20

Hauskrankenpflege – Stützpunkt für den 20. Bezirk → 2. Bezirk

Marktamtsabteilung für den 20. Bezirk:
Kadlcik Manfred, Amtsrat 20431
Referentinnen/Referenten 20432, 20433, 20434
Telefax: 331 34–99–20431

Marktaufsicht Hannovermarkt:
20, Hannovermarkt 330 42 45

Niederlassungsbewilligungen für den 20. Bezirk .. 20171, 20172

Schlichtungsstelle für den 20., 21. Bezirk:
20, Dresdner Straße 75
Welzig, Mag. Florian, Magistratskommissär 20081
Bubak, Mag. Leopold, Magistratsoberkommissär 20082
Kanzlei 20088, 20089
Telefax: 40 00–99–89610

Sozialarbeit mit Erwachsenen (20. Bezirk) → 21. Bezirk

Sozialer Stützpunkt für den 20. Bezirk → 2. Bezirk

Sozialreferat für den 20. Bezirk:
Leiterin/Leiter 20401
Referentinnen/Referenten 20402, 20403, 20404, 20405
Kanzlei 20407, 20408

Stadtkasse für den 20. Bezirk → 2. Bezirk

Standesamt Brigittenau (2., 20. Bezirk):
Mitterbauer Josef, Oberamtsrat 20581
Böhm Waltraud, Amtsrätin 20583
Kanzlei 20586, 20588
Ehebuch 20586, 20588
Ehefähigkeitszeugnisse 20582, 20583
Eheschließungen 20582, 20583
Geburtenbuch 20586, 20588
Sterbebuch 20589
Telefax: 331 34–99–20580

Veterinäramtsabteilung für den 20. Bezirk
→ 2. Bezirk

Wiener Wohnen – Wohnungsberatungsstelle für den 20. Bezirk 20651, 20652

Wohnungskommission – Außenstelle für den 1., 2., 6., 7., 8., 9., 20. Bezirk 20654

21. BEZIRK

21, Am Spitz 1, Tel. 277 34 . . .
Telefax: 277 34–99–21210, IBS-User: MBA210K
Internet e-mail: post@mba210.magwien.gv.at

Keri, Mag. Emmerich, Obermagistratsrat 21211
Anger, Mag. Monika, Magistratsrätin 21212
Kuchar, Mag. Ulrike 21221
Trenner Eva, Amtsrätin 21232
Machaczek Helga, Kanzleikommissärin, Kanzleileiterin 21219

Kanzlei:
Auskunft 21210
Einlaufstelle 21215, 21217
Expedit 21213, 21216
Registratur 21213, 21214
Schreibstelle 21225, 21226, 21227
Strafen-Expedit 21241, 21242
Strafprotokoll 21217

Referate des magistratischen Bezirksamtes:

Baumschutzangelegenheiten 21212, 21221, 21222, 21223, 21225
Betriebsanlagen 21212, 21221, 21222, 21223
Buschenschank 21231, 21232, 21233, 21235, 21237, 21238
Familienunterhalt 21231, 21232, 21233, 21235, 21237, 21238
Fischereiangelegenheiten 21231, 21233, 21237
Gewerbeangelegenheiten 21231, 21232, 21233, 21235, 21237, 21238
Gewerbepolizeiliche Revisionen 21212, 21221, 21222
Giftbezugsbewilligungen 21231, 21232, 21233, 21235, 21237, 21238
Jagdangelegenheiten 21231, 21233, 21237
Lebensbestätigungen 21219
Religionsaustritte, Legitimationen 21241, 21242, 21243
Sanitäre Übelstände 21231, 21232, 21233, 21235, 21237, 21238
Verwaltungsstrafverfahren ... 21212, 21221, 21222, 21223, 21231, 21232, 21233, 21234, 21235, 21236, 21237, 21238
Werkverkehrskarten 21219
Zivildienstausweise 21219

Amt für Jugend und Familie 21. Bezirk:
Pichler-Boog, Regierungsrätin Frédérique, Oberamtsrätin 21311
Kanzlei 21316, 21317, 21318, 21319, 21327
Auskunft 21310
Kinder- und Jugendpsychologische Beratungsstelle 21310, 21328
Leitende Sozialarbeiterin/Leitender Sozialarbeiter ... 21341
Sprengelsozialarbeiterinnen/Sprengelsozialarbeiter . 21342, 21343, 21345, 21346, 21347, 21348, 21349, 21351, 21352, 21355
Rechnungsführung 21315, 21325
Rechtsfürsorge 21312, 21331, 21332, 21333, 21334, 21335, 21336, 21337, 21338, 21339
Kindertagesheim – Administration 21320, 21321, 21322, 21323
Außenstellen:
21, Mitterhofergasse 2/22/1 .... 292 53 06
21, Pastorstraße 20/2 .... 257 39 17

Baupolizei – Außenstelle für den 21. Bezirk:
Fuchs, Dipl.-Ing. Heinz, Senatsrat 21501
Hansal, Dipl.-Ing. Ilse 21502
Schlossnickel, Dipl.-Ing. Ernst, Stadtbaurat 21517
Lehner, Ing. Michaela, Techn. Amtsrätin 21512
Kanzlei 21508, 21509
Gehsteigreferat 21525
Werkmeisterinnen/Werkmeister 21513, 21516, 21518, 21522

Bezirksgesundheitsamt für den 21. Bezirk:
21, Franz-Jonas-Platz 3/2
Wilfert, Dr. Doris, Physikatsrätin 21281
Österreicher, Dr. Ingrid, vtm. Physikatsärztin 21282
Kanzlei 21289
Sanitätsrevisorinnen/Sanitätsrevisoren 21283, 21284, 21285
Telefax: 277 34–99–21290

Bürgerdienst (21. Bezirk) 21100, 525 50–21
Stadtentwicklungsgebiet Brünner Straße:
21, Ocwirkgasse 5/8 .... 290 94 32

Gesundheits- und Sozialzentrum für den 21. Bezirk → 22. Bezirk

Hauskrankenpflege – Stützpunkt für den 21. Bezirk:
21, Brünner Straße 140/62 .... 290 13 24

Marktamtsabteilung für den 21. Bezirk:
21, Schlingerhof, Floridsdorfer Markt ..... 278 15 89 ...
Beutl Gottfried, Amtsrat ... 31
Referentinnen/Referenten ... 32, 33, 34

Niederlassungsbewilligungen für den 21. Bezirk
→ 22. Bezirk

Schlichtungsstelle für den 21. Bezirk → 20. Bezirk

Sozialarbeit mit Erwachsenen (20., 21., 22. Bezirk):
21, Holzmeistergasse 14 ... 271 15 11 ..., 27

Sozialer Stützpunkt für den 21. Bezirk → 20. Bezirk

Sozialreferat für den 21. Bezirk:
Leiterin/Leiter ... 21401
Referentinnen/Referenten ... 21402, 21403, 21404, 21405, 21406, 21408
Kanzlei ... 21407, 21409

Stadtkasse für den 21. Bezirk:
21, Prager Straße 9
Enzminger Heinz, Amtsrat ... 21601
Griendl Susanne, Amtsrätin ... 21602
Skyva Gerhard, Amtsrat ... 21615
Zwangsvollstreckungen ... 21603
Strafvollzug ... 21611
Verrechnungsbuchhalterin/Verrechnungsbuchhalter, Strafen ... 21612
Grundbesitzabgaben, Räumungsgebühren ... 21615, 21617, 21619
Wassergebühren ... 21615, 21617, 21619
Abwassergebühren ... 21615, 21617, 21619
Hundeabgabe ... 21611, 21612
Ankündigungsabgabe, Gebrauchsabgabe ... 21611, 21612
Kommunalsteuer ... 21621
Dienstgeberabgabe ... 21622, 21623
Getränke- und Gefrorenessteuer, Vergnügungssteuer, Sportgroschen ... 21622, 21623
Ortstaxe ... 21622, 21623

Standesamt Floridsdorf (21. Bezirk):
Kautz Gabriele, Amtsrätin ... 21581
Kanzlei ... 21588, 21589
Ehebuch ... 21582, 21589
Ehefähigkeitszeugnisse ... 21582, 21589
Eheschließungen ... 21582, 21589
Geburtenbuch ... 21582, 21589
Sterbebuch ... 21582, 21589
Telefax: 277 34–99–21580

Veterinäramtsabteilung für den 21., 22. Bezirk:
Reisinger, Dr. Günter, Oberveterinärrat ... 21451
Hanna, Dr. Abdul Ahad, Oberveterinärrat ... 21452
Geinsperger, Dr. Heinz, Veterinärrat ... 21452

Wohnbeihilfe – Außenstelle ... 21655, 21656

Wohnungskommission – Außenstelle für den 21. Bezirk → 22. Bezirk

22. BEZIRK

22, Kagran, Schrödingerplatz 1, Tel. 211 23 ...
Telefax: 211 23–99–22220, IBS-User: MBA220K
Internet e-mail: post@mba220.magwien.gv.at

Zluwa, Dr. Brigitte, Senatsrätin ... 22211
Hörwarter, Dr. Leopoldine, Magistratsrätin ... 22212
Pober, Mag. Alexander ... 22222
Gottschlich Helga, Amtsrätin ... 22241
Stollhof Edith, Amtsrätin ... 22242
Haider Ingeborg, Kanzleioberkommissärin, Kanzleileiterin ... 22219
Kanzlei:
Einlaufstelle, Auskunft ... 22215, 22216
Registratur ... 22225, 22235
Schreibstelle ... 22226, 22227, 22228
Strafen-Expedit ... 22215, 22233
Strafprotokoll ... 22215, 22216
Verhandlungszimmer ... 22372

Referate des magistratischen Bezirksamtes:

Baumschutzangelegenheiten ... 22212, 22222, 22226
Betriebsanlagen ... 22212, 22222
Familienunterhalt ... 22232, 22241, 22242, 22243, 22244
Fischereiangelegenheiten ... 22232, 22241, 22242, 22243, 22244
Gewerbeangelegenheiten ... 22232, 22241, 22242, 22243, 22244
Gewerbepolizeiliche Revisionen ... 22212, 22222
Giftbezugsbewilligungen ... 22232, 22241, 22242, 22243, 22244
Jagdangelegenheiten .. 22232, 22241, 22242, 22243, 22244
Lebensbestätigungen ... 22233
Religionsaustritte ... 22233
Sanitäre Übelstände ... 22232, 22241, 22242, 22243, 22244
Verwaltungsstrafverfahren ... 22232, 22241, 22242, 22243, 22244, 22222, 22261
Werkverkehrskarten ... 22232, 22241, 22242, 22243, 22244
Zivildienstausweise ... 22232, 22241, 22242, 22243, 22244

Amt für Jugend und Familie 22. Bezirk:
Schneider Ingeborg, Oberamtsrätin ... 22311
Kanzlei ... 22317, 22318, 22319
Auskunft ... 22310, 22316
Kinder- und Jugendpsychologische Beratungsstelle .. 22328
Kindertagesheim-Administration ... 22313, 22314, 22354, 22361, 22371
Leitende Sozialarbeiterin/Leitender Sozialarbeiter ... 22341
Sprengelsozialarbeiterinnen/Sprengelsozialarbeiter . 22342, 22343, 22345, 22346, 22347, 22348, 22349, 22352, 22353, 22355, 22357, 22358, 22359, 22362, 22363, 22364, 22365, 22366, 22367, 22368, 22369
Rechnungsführung ... 22351, 22361, 22371
Rechtsfürsorge ... 22312, 22332, 22333, 22334, 22335, 22336, 22337, 22338
Außenstelle: 22, Stadlau, Langobardenstraße 128/10
Sprengelsozialarbeiterinnen/Sprengelsozialarbeiter 22321, 22322, 22323, 22324, 22325, 22326

Auskunft 22320
Kinder- und Jugendpsychologische Beratungsstelle 22329

Baupolizei – Außenstelle für den 22. Bezirk:
Marx, Dipl.-Ing. Michael, Stadtbaurat 22501
Hofmaier-Grimschitz, Dipl.-Ing. Gerda, Stadtbaurätin 22502
Heimel-Weninger, Dipl.-Ing. Astrid 22514
Kanzlei 22509
Referentinnen/Referenten 22511, 22512, 22514, 22515, 22516, 22517, 22522, 22525
Werkmeisterinnen/Werkmeister 22518, 22524, 22526, 22527, 22528

Bezirksgesundheitsamt für den 22. Bezirk:
22, Kagran, Siebeckstraße 7, 2. Stock
Kotik, Dr. Jarmila, Oberphysikatsrätin 22281
Kanzlei 22289
Sanitätsrevisorinnen/Sanitätsrevisoren 22283, 22284, 22285
Telefax: 211 23–99–22290

Bürgerdienst (22. Bezirk) und Bürger-Service-Zentrum Donaustadt 22100, 22101, 525 50–22
Stadtentwicklungsgebiet Langobardenstraße:
22, Stadlau, Langobardenstraße 128/1 . . . . . 22105, 22106

Gesundheits- und Sozialzentrum für den 21. und 22. Bezirk:
22, Kagran, Finsterergasse 12 22800
Kaltenböck Maria, Sozialarbeiterin 22811
Kanzlei 22800, 22819
Fachbereich Soziale Dienste 22813
Beratungsstelle für Inkontinenz 22825
Fachbereich Sozialarbeit 22831

Hauskrankenpflege – Stützpunkt für den 22. Bezirk:
22, Kagran, Finsterergasse 12 . . . . 22820, 22821, 22822, 22823

Marktamtsabteilung für den 22. Bezirk:
22, Kagran, Donaustadtstraße 1/4
Schulla Rudolf, Amtsrat 22431
Referentinnen/Referenten 22432, 22433, 22434, 22435, 22436

Niederlassungsbewilligungen für den 21., 22. Bezirk:
22, Kagran, Donaustadtstraße 1 . . . . 22170, 22171

Schlichtungsstelle für den 22. Bezirk → 2. Bezirk

Sozialarbeit mit Erwachsenen (22. Bezirk)
→ 21. Bezirk

Sozialer Stützpunkt für den 21., 22. Bezirk:
22, Kagran, Finsterergasse 12 22800

Sozialreferat für den 22. Bezirk:
Leiterin/Leiter 22401
Referentinnen/Referenten 22402, 22403, 22404, 22413, 22414
Kanzlei 22409

Stadtkasse für den 22. Bezirk:
22, Kagran, Donaustadtstraße 1/4
Altrichter Michael, Amtsrat 22601
Doschek Josef, Amtsrat 22602
Zwangsvollstreckungen 22603
Strafen, Strafvollzug 22613, 22614, 22616
Grundbesitzabgaben, Räumungsgebühren . . . 22603, 22604, 22605, 22606, 22607, 22608
Wassergebühren 22604, 22605, 22606, 22607, 22608, 22611
Abwassergebühren 22604, 22605, 22606, 22607, 22608, 22611
Hundeabgabe 22613, 22614, 22616
Ankündigungsabgabe, Gebrauchsabgabe 22613, 22614, 22616
Kommunalsteuer 22623, 22624, 22625
Dienstgeberabgabe 22623, 22624, 22625
Getränke- und Gefrorenessteuer, Vergnügungssteuer, Sportgroschen . 22623, 22624, 22625
Ortstaxe 22623, 22624, 22625

Standesamt Donaustadt (22. Bezirk):
22, Kagran, Siebeckstraße 7
Bailer Eleonore, Amtsrätin 22581
Kanzlei 22589
Ehebuch 22582, 22583, 22589
Ehefähigkeitszeugnisse 22581, 22582, 22583
Eheschließungen 22581, 22582, 22583
Geburtenbuch 22582, 22583, 22589
Sterbebuch 22582, 22583, 22589
Telefax: 211 23–99–22586

Veterinäramtsabteilung für den 22. Bezirk
→ 21. Bezirk

Wohnungskommission – Außenstelle für den 21., 22. Bezirk:
22, Kagran, Donaustadtstraße 1/6 22654

23. BEZIRK

23, Liesing, Perchtoldsdorfer Straße 2,
Tel. 863 34 . . .
Telefax: 863 34–99–Nebenstelle, IBS-User: MBA230K
Internet e-mail: post@mba230.magwien.gv.at

Puffler, Dr. Eva 23211
Schermann, Mag. Anneliese, Magistratsrätin 23212
Schober-Kolbach, Mag. Karin, Magistratsrätin 23222
Rath, Mag. Sabine 23223
Losenicky Elfriede, Amtsrätin 23243
Duras Fritz, Kanzleikommissär, Kanzleileiter 23219

Kanzlei:
Auskunft 23210
Einlaufstelle 23216
Expedit 23226
Registratur 23227
Schreibstelle 23228, 23229
Strafen-Expedit 23218
Strafprotokoll 23216

Referate des magistratischen Bezirksamtes:

Baumschutzangelegenheiten ... 23221, 23222, 23223, 23224
Betriebsanlagen ... 23221, 23222, 23223, 23224
Buschenschank ... 23215
Familienunterhalt ... 23231, 23232, 23233, 23234, 23235, 23236
Fischereiangelegenheiten ... 23234
Gewerbeangelegenheiten ... 23231, 23232, 22233, 23234, 23235, 23236
Gewerbepolizeiliche Revisionen ... 23221, 23222, 23223, 23224
Giftbezugsbewilligungen ... 23231, 23232, 23233, 23234, 23235, 23236
Jagdangelegenheiten ... 23228, 23234
Lebensbestätigungen ... 23215
Religionsaustritte ... 23215
Sanitäre Übelstände ... 23231, 23232, 23233, 23234, 23235, 23236
Verwaltungsstrafverfahren ... 23215, 23217, 23218, 23221, 23222, 23223, 23224, 23231, 23232, 23233, 23234, 23235, 23236
Werkverkehrskarten ... 23228
Zivildienstausweise ... 23228

Amt für Jugend und Familie 23. Bezirk:
Rogen Eva, Amtsrätin ... 23311
Kanzlei ... 23316, 23317
Auskunft ... 23310, 23319
Kinder- und Jugendpsychologische Beratungsstelle .. 23328
Leitende Sozialarbeiterin/Leitender Sozialarbeiter ... 23341
Sprengelsozialarbeiterinnen/ Sprengelsozialarbeiter ... 23344, 23345, 23346, 23347, 23348, 23349, 23351, 23352, 23353, 23354, 23356, 23357, 23358, 23359
Rechnungsführung ... 23315
Rechtsfürsorge ... 23312, 23331, 23332, 23333, 23334, 23335

Baupolizei – Außenstelle für den 23. Bezirk:
Semmler, Dipl.-Ing. Carmen ... 23511
Schröpfer, Dipl.-Ing. Johann ... 23512
Kanzlei ... 23500, 23506, 23508, 23509
Referentinnen/Referenten ... 23511, 23512, 23513, 23514, 23515, 23516
Werkmeisterinnen/Werkmeister ... 23521, 23522, 23523, 23524, 23525

Bezirksgesundheitsamt für den 23. Bezirk:
23, Liesing, Breitenfurter Straße 360–368
Häusler, Dr. Edith, Physikatsrätin ... 23281
Kanzlei ... 23289
Sanitätsrevisorinnen/Sanitätsrevisoren ... 23283, 23284
Telefax: 863 34–99–23290

Bürgerdienst (23. Bezirk) ... 23100, 23101, 525 50–23

Hauskrankenpflege – Stützpunkt für den 12., 13., 23. Bezirk,
23, Liesing, Breitenfurter Straße 360–368 ... 23820

Marktamtsabteilung für den 23. Bezirk:
23, Liesing, Lehmanngasse 3
Tomas, Ing. Werner, Amtsrat ... 23431
Referentinnen/Referenten ... 23432, 23433, 23434
Großmarkt Wien-Inzersdorf, Brückenwaage:
23, Inzersdorf, Laxenburger Straße 365 ... 616 69 05 ...
Hafenscher Herbert, Oberamtsrat ... 61
Götz Ferdinand, Amtsrat ... 62
Brückenwaage ... 74

Niederlassungsbewilligungen für den 23. Bezirk
→ 12. Bezirk

Schlichtungsstelle für den 23. Bezirk
→ 12. Bezirk

Sozialarbeit mit Erwachsenen (23. Bezirk)
→ 12. Bezirk

Sozialer Stützpunkt für den 23. Bezirk
→ 12. Bezirk

Sozialreferat für den 23. Bezirk:
Leiterin/Leiter ... 23401
Referentinnen/Referenten ... 23402, 23403, 23404

Stadtkasse für den 23. Bezirk:
23, Liesing, Lehmanngasse 3
Stelzer Karl, Amtsrat ... 23601
Wagner Josef, Amtsrat ... 23602
Zwangsvollstreckungen ... 23603
Strafvollzug ... 23604
Verrechnungsbuchhalterin Verrechnungsbuchhalter, Strafen ... 23605
Grundbesitzabgaben, Räumungsgebühren ... 23611, 23612, 23613, 23614
Wassergebühren ... 23611, 23612, 23613, 23614
Abwassergebühren ... 23611, 23612, 23613, 23614
Hundeabgabe ... 23604, 23605, 23607
Ankündigungsabgabe, Gebrauchsabgabe ... 23621, 23622, 23623
Kommunalsteuer ... 23621, 23622, 23623
Dienstgeberabgabe ... 23621, 23622, 23623
Getränke- und Gefrorenessteuer, Vergnügungssteuer, Sportgroschen ... 23621, 23622, 23623
Ortstaxe ... 23621, 23622, 23623

Standesamt für den 23. Bezirk → 13., 14. Bezirk, Standesamt Hietzing

Veterinäramtsabteilung für den 23. Bezirk:
23, Liesing, Breitenfurter Straße 519–521/1/I ... 888 10 69
Stix, Dr. Hans, Oberveterinärrat
Freiler, Dr. Peter, Oberveterinärrat
Himmelsbach, Dr. Elisabeth, Veterinärrätin
Pichler, Dr. Wolfgang, Veterinärrat

Wiener Wohnen – Wohnungsberatungsstelle für den 23. Bezirk:
23, Liesing, Lehmanngasse 1 ... 23650, 23651, 23652

Wohnungskommission – Außenstelle für den 23. Bezirk
→ 12. Bezirk

KONTROLLAMT

1, Rathausstraße 9, Stiege 2, 1., 2., 3. und 4. Stock, Tel. 40 00 . . .
Telefax: 40 00–99–82810, IBS-User: MKAK
Internet e-mail: post@mka.magwien.gv.at

Gebarungskontrolle:

Prüfung der gesamten Gebarung der Gemeinde (mit Ausnahme der für die Gebarung maßgebenden Beschlüsse der zuständigen Kollegialorgane) und der von Organen der Gemeinde verwalteten, mit Rechtspersönlichkeit ausgestatteten Fonds und Stiftungen auf die ziffernmäßige Richtigkeit, Ordnungsmäßigkeit, Sparsamkeit, Wirtschaftlichkeit und Zweckmäßigkeit.

Prüfung der Gebarung von wirtschaftlichen Unternehmen, an denen die Gemeinde mehrheitlich beteiligt ist; ist ein solches wirtschaftliches Unternehmen an einem anderen Unternehmen mehrheitlich beteiligt, so erstreckt sich die Prüfung auch auf dieses andere Unternehmen.

Prüfung der Gebarung von Einrichtungen (wirtschaftliche Unternehmen, Vereine und dgl.), an denen die Gemeinde in anderer Weise als gemäß § 73 Abs. 2 der Verfassung der Bundeshauptstadt Wien beteiligt ist oder in deren Organen die Gemeinde vertreten ist, sowie Prüfung der Gebarung von Einrichtungen, die Zuwendungen aus Gemeindemitteln erhalten oder für die die Gemeinde eine Haftung übernimmt, soweit sich die Gemeinde eine Kontrolle vorbehalten hat.

Prüfung der gesamten Haushalts- und Wirtschaftsführung der Gemeinde, der städtischen Unternehmungen und der übrigen angeführten Unternehmen und Einrichtungen in formeller und sachlicher Hinsicht, unter Bedachtnahme auf die Möglichkeit der Verminderung oder Vermeidung von Ausgaben bzw. der Erhöhung oder Schaffung von Einnahmen sowie überhaupt auf die Interessen der Stadt Wien, insbesondere:

Prüfung der Einnahmen und Ausgaben einschließlich der Vermögensgebarung;
Prüfung der buchmäßigen Aufzeichnungen;
Prüfung der Einhaltung des Voranschlages und der Wirtschaftspläne;
Prüfung der Jahresabschlüsse;
Prüfung der Kassenbestände;
Prüfung der Sachbestände;
Prüfung der Maßnahmen der einzelnen Dienststellen (Einrichtungen) zur Gewährleistung der Gebarungssicherheit und der damit im Zusammenhang stehenden Verwaltungssicherheit;
Organisations- und Wirtschaftlichkeitsprüfungen;
gutächtliche Mitwirkung bei Organisationsfragen oder Regelungen des Haushalts-, Rechnungs- und Kassenwesens.

Sicherheitskontrolle:

Prüfung der den Organen der Gemeinde obliegenden Vollziehung der sich auf die Sicherheit des Lebens oder der Gesundheit von Menschen beziehenden behördlichen Aufgaben (mit Ausnahme der für die Sicherheit maßgebenden Beschlüsse der zuständigen Kollegialorgane).

Prüfung, ob bei den von den Organen der Gemeinde verwalteten Einrichtungen und Anlagen, von denen eine Gefahr für die Sicherheit des Lebens oder der Gesundheit von Menschen ausgehen kann, ausreichende, angemessene und ordnungsgemäße Sicherheitsmaßnahmen getroffen wurden.

Satrapa, Dr. Peter, Obersenatsrat,
Kontrollamtsdirektor 82811
List, Mag. Dr. Alois, Obersenatsrat 82911
Schreidl, Dipl.-Ing. Rudolf, Obersenatsrat 82931, 82951
Biwald, Ing. Mag. Dr. Rudolf, Senatsrat 82961
Bleyer, Dkfm. Dr. Monika, Senatsrätin 82861
Filz, Dkfm. Mag. Elisabeth, Senatsrätin 82864
Gloß, Dkfm. Dr. Franz, Senatsrat 82841
Marold, Mag. Otto, Senatsrat 82926
Pfeifer, Dipl.-Ing. Helmut, Senatsrat 82964
Puller, Dipl.-Ing. Dr. Ludwig, Senatsrat 82962
Römer, Mag. Gottfried, Senatsrat 82881
Sonntagbauer, Dkfm. Dr. Hans, Senatsrat 82924
Wasserscheid, Dr. Gerhard, Senatsrat 82847
Buchner, Ing. Mag. Josef, Obermagistratsrat 82913
Dür, Ing. Mag. Franz, Obertstadtbaurat 82959
Janicek, Mag. Günter, Obermagistratsrat 82846
Jordan, Mag. Manfred, Obermagistratsrat 82914
Kaineder, Dipl.-Ing. Heinz, Oberstadtbaurat 82944
Kopica, Mag. Ernst, Obermagistratsrat 82925
Kruzik, Mag. Monika, Obermagistratsrätin 82863
Otto, Dipl.-Ing. Albert, Oberstadtbaurat 82967
Sellner, Mag. Richard, Obermagistratsrat 82917
Vak, Dkfm. Dr. Richard 82923
Vejchoda, Dr. Walter, Obermagistratsrat 82874
Windisch, Mag. Heribert, Obermagistratsrat 82868
Schauer, Dipl.-Ing. Reinhard, Stadtbaurat 82946
Schön, Mag. Albert, Magistratsrat 82873
Tayyib, Dr. Rafik M. 82823
Di Giorgio, Mag. Doris, Magistratskommissärin 82842
Baksits Peter, Oberamtsrat 82893
Bauer Vilma, Oberamtsrätin 82867
Bayer Robert, Oberamtsrat 82892
Brix Leopold, Oberamtsrat 82852
Cozzarini, Ing. Aurel, Techn. Oberamtsrat 82966
Dangl Walter, Oberamtsrat 82882
Depauly, Ing. Peter, Techn. Oberamtsrat 82947
Frcena Gerhard, Oberamtsrat 82877
Fürst, Ing. Gregor, Techn. Oberamtsrat 82942
Gröblinger Helmut, Oberamtsrat 82854
Handlos Ernst, Oberamtsrat 82894
Hannig Herbert, Oberamtsrat 82843, 82844
Holak Viktor, Oberamtsrat 82883
Innemann Heinz, Oberamtsrat 82848
Kaineder, Dipl.-HTL-Ing. Karl, Techn. Oberamtsrat . . 82972
Kratochvil Herbert, Oberamtsrat 82884
Kupa Gerhard, Oberamtsrat 82872
May, Ing. Roland, Techn. Oberamtsrat 82973
Mödinger Andreas, Oberamtsrat 82895
Rabenhorst, Ing. Ingo, Techn. Oberamtsrat 82943
Schohaj Peter, Oberamtsrat 82976
Stöckl, Ing. Franz, Techn. Oberamtsrat 82977
Sturm Manfred, Oberamtsrat 82866
Taudes Eva, Oberamtsrätin 82855
Tesar, Ing. Wolfgang, Techn. Oberamtsrat 82968
Titz, Ing. Werner, Techn. Oberamtsrat 82963
Trimmel Klaus, Oberamtsrat 82928
Turek Hans, Oberamtsrat 82853
Wenz Ernst, Oberamtsrat 82945
Zahn, Ing. Walter, Techn. Oberamtsrat 82948
Fischer Rudolf, Amtsrat 82876
Kastler, Ing. Robert, Amtsrat 82953
Richter Claudia, Amtsrätin 82916
Schachner Christian, Amtsrat 82878
Zisch, Ing. Friedrich, Techn. Amtsrat 82974
Tampermeier Hilde, Kanzleioberkommissärin,
Kanzleileiterin 82819
Kanzlei 82829

Gruppe Gebarungskontrolle:

List, Mag. Dr. Alois, Obersenatsrat 82911

Abteilung I: Kontrolle der MD und der MA 1, 2, 3, 4, 5 (teilweise), 6, 7, 8, 9, 10, 13, 14, 16, 50, 51, 53, 55, 61, 62, 63, 65, 66, 67, 68, der magistratischen Bezirksämter, der Bezirksvertretungen, der Wiener Umweltanwaltschaft, der Förderungsempfänger auf kulturellem Gebiet, des Wirtschaftsförderungsfonds, des Fonds zur Beratung und Betreuung von Zuwanderern, des Wiener Bodenbereitstellungs- und Stadterneuerungsfonds, des Wiener Integrationsfonds sowie des Wiener Arbeitnehmerinnen-/Arbeitnehmer-Förderungsfonds

Gloß, Dkfm. Dr. Franz, Senatsrat 82841

Abteilung II: Kontrolle der MA 11, 12, 15, 47, 57, 70, des Wiener Krankenanstaltenverbundes, der Magistratsabteilung für Krankenanstaltenfinanzierung, Wiener Krankenanstaltenfinanzierungsfonds, Fonds und Vereine für verschiedene Soziale Dienste, Betriebsabgangsdeckung von Krankenstalten fremder Rechtsträger, der Wiener Kinder- und Jugendanwaltschaft sowie der Wiener Patientenanwaltschaft

Bleyer, Dkfm. Dr. Monika, Senatsrätin 82861

Abteilung III: Kontrolle der MA 17, 22, 26, 30, 31, 35, 36, 37, 38, 40, 42, 43, 44, 46, 49, 54, 56, 58, 59, 60, 65, 69
Römer, Mag. Gottfried, Senatsrat 82881

Abteilung IV: Kontrolle der MA 5 (teilweise), 48, der städtischen Unternehmungen, der Beteiligungen der Stadt Wien sowie von sonstigen Beteiligungen und Anstalten mit eigenem Statut
List, Mag. Dr. Alois, Obersenatsrat 82911

Gruppe Sicherheitskontrolle:

Schreidl, Dipl.-Ing. Rudolf, Obersenatsrat 82931, 82951

Abteilung V: Kontrolle der MD-BD und der MA 4, Ref. 3, MA 7, 8, 9, 10, 12, 13, 14, 18, 21 A, 21 B, 21 C, 25, 28, 30, 31, 32, 39, 41, 42, 45, 49, der städtischen Unternehmungen, von Beteiligungsunternehmen der Stadt Wien sowie sonstiger Einrichtungen
Schreidl, Dipl.-Ing. Rudolf, Obersenatsrat 82951

Abteilung VI: Kontrolle der MD und der MA 6, 11, 15, 17, 19, 22, 23, 24, 29, 33, 35, 36, 37, 38, 40, 43, 44, 46, 47, 48, 50, 51, 54, 56, 58, 59, 60, 63, 64, 65, 67, 68, 69, 70, des Wiener Krankenanstaltenverbundes sowie der magistratischen Bezirksämter, von Beteiligungsunternehmen der Stadt Wien sowie sonstiger Einrichtungen
Biwald, Ing. Mag. Dr. Rudolf, Senatsrat 82961

UNABHÄNGIGER VERWALTUNGSSENAT WIEN

19, Muthgasse 64, Tel. 40 00 . . .
Telefax: 40 00–99–Nebenstelle,
Internet e-mail: post@uvs.magwien.gv.at

Entscheidungen
1) in Verfahren wegen Verwaltungsübertretungen, ausgenommen Finanzstrafsachen des Bundes;
2) über Beschwerden von Personen, die behaupten, durch die Ausübung unmittelbarer verwaltungsbehördlicher Befehls- und Zwangsgewalt in ihren Rechten verletzt zu sein, ausgenommen in Finanzstrafsachen des Bundes;
3) in sonstigen Angelegenheiten, die ihm durch die die einzelnen Gebiete der Verwaltung regelnden Bundes- oder Landesgesetze zugewiesen werden;
4) über Beschwerden wegen Verletzung der Entscheidungspflicht in Angelegenheiten der Z 1, soweit es sich um Privatanklagesachen oder um das landesgesetzliche Abgabenstrafrecht handelt, und der Z 3.

Präsident:
Moser, Dr. Wilfried 38511

Vizepräsidentin:
Schönberger, DDr. Katharina 38512, 38516

Sekretariat 38515, 38517

Evidenz- und Dokumentationsstelle:
Maukner, Dr. Roman 38531

Administrativer Leiter:
Jax Günther, Amtsrat 38532
Referentinnen/Referenten 38533, 38534, 38535, 38536

Organisation:
Hanacek Wilhelm, Oberamtsrat 38552

Personal:
Steppat Friedrich, Oberamtsrat 38553

EDV-Projektstelle:
Göbel Sascha 38551
EDV-Referentinnen/Referenten 38542, 38543

Kanzleileiterin, Personalevidenz, Kassenstelle:
Urban Ulrike 38519
Auskunft, Einlaufstelle, Protokoll, Verhandlungskalender 38527, 38529
Expedit 38520, 38521, 38523

Kammer A:
Engelhart, Mag. Ingrid 38601
dzt. unbesetzt 38602
Wilfert, Dr. Norbert 38603
Geschäftsabteilungsleiterin:
Zotter Sabina 38605

Kammer B:
Gödel, Dr. Friedrich 38611
Doninger, Mag. Andreas 38612
Kögl, Dr. Karl 38613
Geschäftsabteilungsleiterin:
Vetter Silvia, Amtsrätin 38615

Kammer C:
Obransky, Dr. Alexander 38621
Schweiger, Dr. Gerhard 38622
Wartecker, Dr. Erich 38623
Schmied, Mag. Gero 38524
Geschäftsabteilungsleiter:
Sypal Klaus 38625

Kammer D:
Leitner, Mag. Dr. Hermann 38631
Kurzmann, Mag. Alfred 38632
Helm, Dr. Wolfgang 38633
Geschäftsabteilungsleiter:
Stoll Robert 38635

Kammer E:
Fridl, Mag. Edmond 38641
Findeis, Dr. Marlene 38642
Hrdliczka, Dr. Brigitte 38643
Geschäftsabteilungsleiter:
Puhm Norbert, Amtsrat 38645

Kammer F:
Wendt, Mag. Günther 38651
Gindl, Dr. Gerald 38652
Lacina, DDr. Harald 38653
Geschäftsabteilungsleiter:
Busch Walter, Amtsrat 38655

Kammer G:
Romano, Mag. Werner 38661
Schopf, Dr. Ernst 38662
Hollinger, Dr. Irene 38663
Geschäftsabteilungsleiterin:
Staud Christa, Amtsrätin 38665

Kammer H:
Hason, Dr. Marion 38671
Schöbinger, Mag. Gertraud 38672
Frey, Dr. Wolfgang 38673
Geschäftsabteilungsleiter:
Engelhart Peter 38675

Kammer I:
Königshofer, Dr. Siegfried 38681
Zotter, Mag. Arnold 38682
Pfeifer, Mag. Astrid 38683
Geschäftsabteilungsleiterin:
Szlavich Anna 38685

Kammer K:
Maukner, Dr. Roman 38701
Osinger, Dr. Jörg 38702
Lammer, Mag. Sigrid 38703
Geschäftsabteilungsleiterin:
Neumann Sabine 38705

Kammer L:
Wallner, Mag. Elisabeth 38711
Divacky, Mag. Thomas 38712
Frank, Dr. Erich 38713
Geschäftsabteilungsleiter:
Mittelmaier Harald 38715

Kammer M:
Pipal, Dr. Werner-Hans 38721
Rotter, Dr. Maria 38722
Fritz, Mag. Anton 38723
Geschäftsabteilungsleiter:
Klammer Robert 38725

Kammer N:
Cordes, Mag. René-Michael 38731
Suchomel, Dr. Heinz 38733
Leibrecht, Mag. Barbara 38734
Grünstäudl, Dr. Manfred 38732
Geschäftsabteilungsleiterin:
Hais Sabine 38735

Kammer P:
Schönberger, DDr. Katharina 38751
Fenzl, Dr. Peter 38752
Resch, Dr. Karl-Heinz 38753
Geschäftsabteilungsleiter:
Hugl Thomas 38755

Kammer R:
Tanner, Dr. Karl-Heinz 38771
Pichler, Mag. Johann 38772
Tessar, MMag. Dr. Johann 38773
Geschäftsabteilungsleiter:
Mayerhofer Rudolf, Amtsrat 38775

Kammer S:
Fischer-Szilagyi, Dr. Gabriele 38781
Gamauf-Boigner, Dr. Susanna 38782
Windsteig, Mag. Reinhard 38783
Geschäftsabteilungsleiter:
Kohl Michael 38785

GLEICHBEHANDLUNGSBEAUFTRAGTE DER GEMEINDE WIEN

8, Friedrich-Schmidt-Platz 3, 1. Stock, Tel. 40 00 . . .,
Telefax: 40 00–99–Nebenstelle

Die Gleichbehandlungsbeauftragten haben sich in ihrem Wirkungsbereich mit allen die Gleichbehandlung und Frauenförderung betreffenden Fragen im Sinn des 2. und 4. Teiles des Wiener Gleichbehandlungsgesetzes zu befassen. Zum Aufgabenbereich der Gleichbehandlungsbeauftragten gehören insbesondere folgende Tätigkeiten:

- *Information der Bediensteten im jeweiligen Wirkungsbereich über Fragen der Gleichbehandlung und Frauenförderung*
- *Entgegennahme von Wünschen, Beschwerden, Anzeigen und Anregungen einzelner Bediensteter sowie Beantwortung von Anfragen*
- *Aufzeigen von diskriminierenden Praktiken und Hinwirken auf deren Beseitigung*
- *Zusammenarbeit mit den Kontaktfrauen des jeweiligen Wirkungsbereiches*
- *Konzeptionelle Weiterentwicklung der Frauenförderung innerhalb der Gemeinde Wien*
- *Wahrnehmung von Aufgaben in der Gleichbehandlungskommission*
- *Wahrnehmung von Aufgaben in der Arbeitsgruppe für Gleichbehandlungsfragen*

Mersits Manuela
Wirkungsbereich 1: Dienststellen des Wiener Krankenanstaltenverbundes 83143
Peter Renate
Wirkungsbereich 2: Dienststellen der Wiener Stadtwerke .... 40 04 . . ., 30133, 83144
Moltaschl Luise
Wirkungsbereich 3: MA 11, 12, 13, 15, 30, 42, 47, 51, 53, 55, 57, 70 83145
Kientzl Karin
Wirkungsbereich 4: MA 17, 18, 19, 21 A, 21 B, 21 C, 22, 23, 24, 25, 28, 29, 31, 32, 33, 35, 36, 37, 39, 40, 41, 43, 44, 45, 46, 48, 49, 50, 69; MD-BD 83146
Philipp, Dr. Margarita
Wirkungsbereich 5: MA 1, 2, 3, 4, 5, 6, 7, 8, 9, 10, 14, 16, 38, 50, 54, 56, 58, 59, 60, 61, 62, 63, 64, 65, 66, 67, 68, 69; Magistratsabteilung für Krankenanstaltenfinanzierung, Wiener Krankenanstaltenfinanzierungsfonds, MD, MBÄ, BV, UVS, WPA, WUA, KA, Kinder- und Jugendanwaltschaft, Stadtschulrat für Wien . . . 83147
Sekretariat und Auskunft 83140, 83148, 83149

WIENER KINDER- UND JUGENDANWALTSCHAFT

9, Sobieskigasse 31, Tel. 17 08 . . .
Telefax: 313 24–99–85900
Internet e-mail: post@kja.magwien.gv.at

Die Kinder- und Jugendanwälte haben insbesondere Minderjährige, Erziehungsberechtigte und gesetzliche Vertreter in allen Angelegenheiten, die die Stellung des Minderjährigen und die Aufgaben des Erziehungsberechtigten betreffen, zu beraten, bei Meinungsverschiedenheiten und Auseinandersetzungen über Pflege und Erziehung zu vermitteln, Empfehlungen, soweit sie sich auf die Interessen von Kindern und Jugendlichen beziehen, abzugeben sowie über die Rechte und Pflichten und über die Interessen von Kindern und Jugendlichen zu informieren.

Kinder- und Jugendanwältin:
Gebhart, Dr. Marion 85905
Kinder- und Jugendanwalt:
Schmid, Dr. Anton 85905
Kreiter Ursula,
Diplomsozialarbeiterin 85905
Hartl Christine, Kanzleileiterin 85906
Kanzlei 85907

WIENER PATIENTENANWALTSCHAFT

4, Schönbrunner Straße 7, 1. Stock, Tel. 829 . . ., 587 12 04 . . ., 40 00 . . ., 82980, 82989
Telefax: 586 36 99

Zur Wahrung und Sicherung der Rechte und Interessen der Patienten in allen Bereichen des Gesundheitswesens in Wien ist beim Amt der Wiener Landesregierung eine Wiener Patientenanwaltschaft eingerichtet.

Die Wiener Patientenanwaltschaft hat folgende Aufgaben:

1) Behandlung von Beschwerden von Patienten oder deren Angehörigen;
2) Aufklärung von Mängeln oder Mißständen;
3) Erteilung von Auskünften;
4) Prüfung von Anregungen;
5) Abgabe von Empfehlungen.

Wiener Patientenanwalt:
Pickl, Mag. Dr. Viktor, Hon.-Prof. 81, 82981
Willinger, Dr. Helga 84, 82984

Mertz-Koller, Mag. Regina 99, 82999
Bauer, Mag. Doris 92, 82992

WIENER UMWELTANWALTSCHAFT

2, Meiereistraße 7, Ernst-Happel-Stadion, Sektor E, 1. Stock, Tel. 727 04 . . ., 40 00 . . .
Telefax: 727 04–99–88989
Internet e-mail: post@wua.magwien.gv.at

Zur fachkundigen Information und Beratung der Bevölkerung sowie behördlicher Organe und zur Wahrung der Interessen des Umweltschutzes in Vollziehung von Landesgesetzen betreffend Wien wurde beim Amt der Wiener Landesregierung eine Umweltanwaltschaft eingerichtet.
Der Wiener Umweltanwaltschaft kommen zur Wahrung der Interessen des Umweltschutzes insbesondere folgende Aufgaben zu:
1) Behandlung von Beschwerden;
2) Erteilung von Auskünften;
3) Prüfung von Anregungen;
4) Abgabe von Empfehlungen;
5) Teilnahme an landesrechtlichen und umweltrelevanten Verwaltungsverfahren und im Umweltverträglichkeitsprüfungsverfahren als Partei;
6) Begutachtung von Gesetzes- und Verordnungsentwürfen von wesentlicher Bedeutung für den Umweltschutz;
7) Beschwerderecht an den Verwaltungsgerichtshof;
8) jährliche Vorlage eines Tätigkeitsberichtes an den Landtag.

Wiener Umweltanwältin:
Büchl-Krammerstätter, Ing. Dr. Karin 88981
Fohler-Norek, Mag. Dr. Christine,
Obermagistratsrätin 88982
Brezansky, Dipl.-Ing. Alfred, Stadtbaurat 88986
Doppler, Dipl.-Ing. Wilfried, Stadtbaurat 88984
Sekretariat 88985
Kanzlei 88988

Allgemeine Beschwerden, Tierschutz,
Budget, Personal:
Haller Andrea, Amtsrätin 88987

Erneuerbare Energien und Stadtverkehr:
Schreiber, Mag. Dominik,
Magistratskommissär 88988

KRANKENFÜRSORGEANSTALT DER BEDIENSTETEN DER STADT WIEN

8, Schlesingerplatz 5, Tel. 404 36 . . .
Telefax: 404 36–99–Nebenstelle

Vorstand:

Präsidentin:
Brauner, Mag. Renate, amtsführende Stadträtin

Vizepräsident:
Hundstorfer Rudolf, Gemeinderat

Vertreterinnen/Vertreter des Dienstgebers:
Forster Ilse, Gemeinderätin
Hahn, Dr. Johannes, Gemeinderat
Hatzl Johann, Gemeinderat
Karl, Mag. Franz, Gemeinderat
Kreissl Michael, Gemeinderat
Landauer Karin, Stadträtin
Malyar Martina, Gemeinderätin
Römer Johann, Gemeinderat
Sander Jutta, Gemeinderätin
Schiel Hans, Gemeinderat
Stubenvoll Erika, Prof., Landtagspräsidentin
Tomsik Josefa, Gemeinderätin
Wicke Frigga, Gemeinderätin

Vertreterinnen/Vertreter der Anspruchsberechtigten:
Hartl Johann
Hirsch Otto, Gemeinderat a. D.
Klippl Rudolf
Kummernecker, Dipl.-Ing. Erwin, Senatsrat i. R.
Mauerhofer Monika
Neugebauer Susanne
Nickel Alfred
Schön Renate
Simanov Franz
Spiess Leopold
Stroblberger, Dr. Gertraud
Thein Hildegard
Wagner Johann

Verwaltungsausschuß:

Präsident:
Hundstorfer Rudolf, Gemeinderat

Vizepräsidentin:
Brauner, Mag. Renate, amtsführende Stadträtin

Mitglieder:
Hartl Johann
Hatzl Johann, Gemeinderat
Landauer Karin, Stadträtin
Stroblberger, Dr. Gertraud
Tomsik Josefa, Gemeinderätin

Überwachungsausschuß:
Aschenbrenner Eduard

Belfin Gustav
Ekkamp Franz, Gemeinderat
Fichtl Adolf
Klicka Marianne, Gemeinderätin
Kowarik, Mag. Helmut, Gemeinderat

Schiedsgericht:

Mayer, Dr. Alois, Gemeinderat
Salzer Hermann
Serles, Dr. Wilfried, Gemeinderat
Stürzenbecher, Dr. Kurt, Gemeinderat
Zangl Rudolf

Wedl Günter, Generaldirektor 46811
Pulling Josef, Generaldirektor-Stellvertreter 46812
Sekretariat 46815, 46816, 46817
Hosseini-Nassab, Dr. Irene, leitende Chefärztin 46821
Arzt-Einreichstelle 46863
Fuchs Werner, Abteilungsdirektor,
Rechnungsprüfungsstelle 46911
Zweibrod, Mag. Friedrich, Abteilungsleiter,
Personal- und Rechtsabteilung 46841
Naprawik Walter, Abteilungsdirektor,
Buchhaltung 46851
Klaghofer Kurt, Abteilungsleiter,
Einreichstelle 46861
Sachbearbeiterinnen/Sachbearbeiter 46862, 46866, 46867, 46871–46879
Gierer Brigitte, Kassierin, Wirtschaftsreferat 46979
Referat für erweiterte Heilfürsorge 46971, 46972
Diabetiker-Ambulanz, Elektrokardiogramm 46833
Gesundenuntersuchung 46831, 46832
Laboratorium 46835, 46836
Blutabnahme und Materialübergabe:
Montag bis Freitag von 7.30 bis 9 Uhr

Sanatorium Hera,
9, Löblichgasse 14 .... 313 50 ...
Telefax: 313 50-634, 712
Spängler, Dr. Hans-Peter, Univ.-Prof., Primarius,
Ärztlicher Direktor 620
Haindl, Ing. Adolf, Verwaltungsdirektor 600
Eyer Margret, Direktorin des Pflegedienstes 622

9, Lustkandlgasse 24:
Augenambulanz:
Montag, Mittwoch von 8 bis 10 Uhr
(Kontrollambulanz und dringende Fälle),
Dienstag, Donnerstag, Freitag von 8 bis 11 Uhr

Chirurgische Ambulanz:
Montag bis Freitag von 10.30 bis 12.30 Uhr

Plastische Chirurgie:
Donnerstag von 8 bis 10 Uhr

Gynäkologische Ambulanz:
Montag bis Freitag von 8 bis 11 Uhr

Elternschule: Donnerstag 10.30 Uhr
Wechselambulanz: Dienstag von 8 bis 10 Uhr

Hals-, Nasen-, Ohrenambulanz:
Montag, Dienstag, Mittwoch,
Freitag von 8.30 bis 12 Uhr,
Donnerstag von 9 bis 12 Uhr

Kinderambulanz und Mutterberatung:
Montag, Mittwoch, Freitag von 10 bis 12 Uhr,
Dienstag, Donnerstag von 8 bis 10 Uhr

Neurologische Ambulanz:
Montag bis Freitag von 8.30 bis 11.30 Uhr

Orthopädische Ambulanz:
Montag, Mittwoch, Freitag von 8 bis 11 Uhr,
Dienstag, Donnerstag von 11.30 bis 12.30 Uhr

Urologische Ambulanz:
Montag bis Freitag von 8 bis 11 Uhr

9, Löblichgasse 16, rechte Stiege:
Ambulanz für Innere und Gefäßerkrankungen, Elektrokardiogramm:
Montag bis Freitag von 7.30 bis 12 Uhr und
von 13 bis 13.45 Uhr

Kardiologische Ambulanz:
Montag bis Freitag
von 7 bis 12 Uhr und von 13 bis 13.30 Uhr

Dermatologische Ambulanz:
Montag, Mittwoch, Donnerstag
von 8 bis 10 Uhr

Laboratorium:
Montag bis Freitag von 7.30 bis 9.30 Uhr

Physikalische Ambulanz und Rheumaberatungsstelle:
Ärztliche Untersuchung: Montag bis Freitag von 7 bis 11 Uhr

Behandlungszeiten: Montag bis Donnerstag
von 6.45 bis 15.30 Uhr, Freitag von 6.45 bis 15 Uhr

9, Löblichgasse 14:
Röntgeninstitut inkl. Computertomographie:
Montag bis Donnerstag von 7.30 bis 16.30 Uhr,
Freitag von 7.30 bis 14.45 Uhr

9, Löblichgasse 10:
Zahnambulatorium
Montag bis Freitag von 7.15 bis 18 Uhr;
für Schmerzfälle auch Samstag von 7.15 bis 11.30 Uhr;
Kieferregulierung:
Montag, Mittwoch, Freitag von 12.45 bis 18 Uhr,
Dienstag, Donnerstag von 7.15 bis 12.30 Uhr

Ambulanz für Mund-, Kiefer- und Gesichtschirurgie:
Montag bis Freitag von 8 bis 12 Uhr

Herddiagnostik-Panoramaröntgen:
Montag, Dienstag von 8 bis 12 Uhr,
Donnerstag von 15 bis 17 Uhr

Zahnambulatorium Simmering:
11, Enkplatz 2 .... 749 32 63
Montag bis Freitag von 7.15 bis 18 Uhr

Zahnambulatorium Floridsdorf:
21, Franz-Jonas-Platz 8, 5. Stock 278 31 59
Montag bis Freitag von 7.15 bis 18 Uhr

GEWERKSCHAFT DER GEMEINDEBEDIENSTETEN – LANDESGRUPPE WIEN

9, Maria-Theresien-Straße 11, Tel. 313 16 ...
Telefax: 313 16–99–Nebenstelle

Zentralsekretariat:
5. Stock 83600, 83601, 83603, 83604, 83607, 83610, 83611
Telefax: 313 16–99–83600
Vorsitzender: *Weninger Günter*

Geschäftsführender Vorsitzender: *Hundstorfer Rudolf,* Gemeinderat
Leitender Referent: *Aschenbrenner Eduard*
Leitende Referentin: *Stroblberger, Dr. Gertraud*

Bildungsreferat
1. Stock 83640, 83641, 83642, 83646, 83647
Telefax: 313 16–99–83640
Bildungsreferent: *Suchl Richard*
Buchungen für Urlaubsheime 83645
Kartenstelle 83644

Finanzreferat
6. Stock 83630, 83631, 83632, 83633, 83634, 83637
Telefax: 313 16–7708
Finanzreferent: *Aschenbrenner Eduard*
Kassier: *Hartl Johann* 83606

Frauenabteilung
5. Stock 83614, 83670, 83671, 83672
Telefax: 313 16–99–83613
Vorsitzende: *Neugebauer Susanna* .... 40 00 . . . 83712
Frauenreferentin: *Schuster Anna*

Jugendabteilung
7. Stock 83677, 83678
Telefax: 313 16–99–83677
Vorsitzender: *Bohrn Thomas*
Jugendreferent: *Steinwender Roman*

Mitgliederevidenz, Unterstützungen
7. Stock 83620, 83621, 83622, 83623, 83624, 83626, 83627

Organisationsreferat
5. Stock 83612, 83613
Telefax: 313 16–99–83613
Organisationsreferent: *Novak Michael*

Pressereferat & Redaktion „Wir Gemeindebediensteten"
7. Stock 83615, 83616
Telefax: 313 16–99–83616
Pressereferentin: *Fischer, Mag. Doris*

Referat für ArbeitnehmerInnenschutz
7. Stock 83673, 83676
Telefax: 313 16–99–83676
Referent: *Meidlinger, Ing. Christian*

Referat für Internationale Verbindungen
7. Stock 83608, 83619
Telefax: 313 16–7702
Referentin: *Mena-Bohdal, Mag. Helga*

Rechts- und Steuerberatung
1. Stock 83650, 83651, 83652
Telefax: 313 16–99–83650
Referentin für Rechtsangelegenheiten: *Krammer Sonja*

Sportreferat
5. Stock 83628
Telefax: 313 16–99–83628
Sportreferent: *Barthold Hermann* .... 401 28 . . ., 1570

Sekretariat der Hauptgruppe I (Hoheitsverwaltung)
1, Rathausstraße 8, 1. Stock .... 40 00 . . ., 83710, 83711, 83712, 83713, 84714, 83715
Telefax: 40 00–99–Nebenstelle
Vorsitzender: *Nickel Alfred*

Sekretariat der Hauptgruppe II (Krankenanstaltenverbund)
9, Maria-Theresien-Straße 11,
4. Stock, Tür 405 .... 313 16 . . ., 83720
Telefax: 313 16–99–83728
Geschäftsführende Vorsitzende: *Mauerhofer Monika*

Sekretariat der Hauptgruppe III (Magistratische Betriebe)
9, Maria-Theresien-Straße 11,
3. Stock, Tür 300 .... 313 16 . . ., 83730
Telefax: 313 16–99–83730
Vorsitzender: *Klippl Rudolf*

Sekretariat der Hauptgruppe IV (WStW – Verkehrsbetriebe und Städtische Bestattung)
3, Erdbergstraße 202, 5. OG,

Tür 5124 . . . . 79 09 . . ., 19003, 19004
Telefax: 79 09–19090, 19190
Vorsitzender: *Simanov Franz*

Sekretariat der Hauptgruppe V (WStW – Elektrizitätswerke)
9, Mariannengasse 4,
2. Stock, Tür 261 . . . . 40 04 . . ., 30100
Telefax: 40 04–30199
Vorsitzender: *Wagner Johann*

Sekretariat der Hauptgruppe VI (WStW – Gaswerke)
8, Josefstädter Straße 10–12,
4. Stock, Tür 423 . . . . 401 28 . . ., 1505
Telefax: 401 28–99–1500
Vorsitzender: *Fitzthum Herbert*

Sekretariat der Hauptgruppe VII (Pensionisten)
9, Maria-Theresien-Straße 11,
1. Stock, Tür 103 . . . . 313 16 . . ., 83770
Telefax: 313 16–99–83770
Vorsitzender: *Hirsch Otto*

Vorsorge der österreichischen Gemeindebediensteten
1, Franz-Josefs-Kai 53, Tel. 531 39 . . ., 2377
Telefax: 531 39–3159
Generalsekretär:
Kubitschek Friedrich 2375
Sekretär für administrative Aufgaben:
Blechschmidt Helmut 2376
Sekretär für organisatorische Aufgaben:
Blattner Peter 2382

STADTSCHULRAT FÜR WIEN

1, Dr.-Karl-Renner-Ring 1, Tel. 525 25 . . .
Telefax: 525 25–99–77030
Internet e-mail: post@ssr.magwien.gv.at

Präsident:
Häupl, Dr. Michael, Landeshauptmann von Wien

Amtsführender Präsident:
Scholz, Dr. Kurt 77011

Vizepräsident:
Rudolph, Ing. Herbert 77021

Amt des Stadtschulrates für Wien:

Amtsdirektion:
Reiter, Dr. iur. Wolfgang, Senatsrat,
Stadtschulratsdirektor 77031
Büro der Amtsdirektion:
Kreuzer Andreas 77041
Angelegenheiten des Kollegiums und Kuratoriums:
Lembcke Leopoldine, Amtsdirektorin 77037
Sekretariat des Amtsführenden Präsidenten:
Poor Martina 77015
Sekretariat des Vizepräsidenten:
Liebhart Michaela 77025
Pressestelle:
Vitek Martina 77014
Öffentlichkeitsarbeit:
Rudy Gerhard, Amtsrat 77012
Allgemeine Rechtsangelegenheiten:
Rick, Mag. Klaus 77033
Sekretariat der Amtsdirektion 77035
Haus- und Materialverwaltung:
Prikoszovits Margarete 77051
EDV, Organisation, Statistik:
Korecky, Mag. Christine, Oberrätin 77061
Schulpflichtmatrik:
8, Strozzigasse 2
Knapp Alexander, Leiter 77091
Schulärztliche Angelegenheiten:
Kubec, Dr. Maria Andrea 77034
Buchhaltung:
14, Linzer Straße 146
Peitl, Regierungsrat Manfred,
Amtsdirektor 77901

Fachinspektorate:

Für Leibeserziehung:
Kirsch, Mag. Liselotte, Prof. 77242
Zalodek, Mag. Wolfgang, Prof. 77241

Für Bildnerische Erziehung:
Kovacic, Mag. Heinz, Prof. 77248
Köttl, Mag. Elfriede, Prof. 77247

Für Musikerziehung:
Schmid, Mag. Josef, Prof. 77244
Gürtelschmied, Mag. Dr. Christine, Prof. 77245

Abteilung I – Allgemeinbildende Pflichtschulen

Landesschulinspektorinnen/Landesschulinspektoren:

Weidinger, Dr. Walter, Abteilungsleiter 77101
Beranek, Hofrat Dr. phil. Wilhelm 77123
Tuschel Gerhard,
15, Gasgasse 8–10 . . . . 891 34 . . ., 15196

Fachinspektorate:

Für Mädchenhandarbeit:
Hüttinger Adele (Insp.-Bez. I, II, III, X, XI, XII, XIII, XV) 77192
dzt. unbesetzt (Insp.-Bez. IV, VI, VII, VIII, IX, XIV, XVI) 77191

Für Englisch:
Schimek, Mag. Franz, Prof. 77125

Schülerangelegenheiten:
Fitzinger Eveline 77127

Prüfungskommission für Volks-, Haupt- und Sonderschulen:
Schimacek Leopold, Amtsdirektor 77126
Dernitzky Brigitte, Fachinspektorin,
Kanzleileiterin 77109

Bezirksschulinspektorinnen/Bezirksschulinspektoren:

1., 3. Bezirk:
3, Karl-Borromäus-Platz 3 . . . . 711 34 . . ., 03156
Zach, Dr. Franz
2. Bezirk:
2, Karmelitergasse 9 . . . . 211 06 . . ., 02156
Preschern Elfriede, Regierungsrätin
4., 5. Bezirk:
5, Schönbrunner Straße 54 . . . . 546 34 . . ., 05156
Küenburg Erich
6., 12. Bezirk:
12, Schönbrunner Straße 259 . . . . 811 34 . . ., 12156
Schäffer Brigitte
7., 15. Bezirk:
15, Gasgasse 8-10 . . . . 891 34 . . ., 15156
Pinterits, Mag. Manfred
8., 17. Bezirk:
8, Schlesingerplatz 2 . . . . 401 34 . . ., 08156
Kertelics Gertrude
9. Bezirk:
1, Dr.-Karl-Renner-Ring 1 . . . . 525 25 . . ., 09156
Gröpel, Mag. Wolfgang
10. Bezirk:
10, Laxenburger Straße 43–47 . . . . 605 34 . . ., 10156
Pammer, Mag. Dr. Josef
11. Bezirk:
11, Enkplatz 2 . . . . 740 34 . . ., 11156
Breyer Monika
13., 23. Bezirk:
23, Liesing, Dirmhirngasse 29 . . . . 863 34 . . ., 23156
Breinschmid Friedrich, Regierungsrat
14. Bezirk:
13, Hietzinger Kai 1–3 . . . . 870 34 . . ., 14156
Hikade Kurt, Regierungsrat
16. Bezirk:
16, Richard-Wagner-Platz 19 . . . . 491 96 . . ., 16156
Maitz Walter
18., 19. Bezirk:
18, Martinstraße 100 . . . . 476 34 . . ., 18156
Zirbs Norbert
20. Bezirk:
20, Brigittaplatz 10 . . . . 331 34 . . ., 20156
Felsleitner Richard
21. Bezirk:
21, Franz-Jonas-Platz 8 . . . . 277 34 . . ., 21156
Dumser Reinhard
22. Bezirk:
22, Kagran, Schrödingerplatz 1 . . . . 211 23 . . ., 22156
Studencki Johann

Sonderschulinspektorat:
15, Gasgasse 8–10 . . . . 891 34 . . ., 15196
Tuschel Gerhard, Landesschulinspektor

Vorsitzender der Amtsgemeinschaft der Bezirksschulinspektoren:
Studencki Johann . . . . 211 23 . . ., 22156

Abteilung II – Allgemeinbildende höhere Schulen

Landesschulinspektorinnen/Landesschulinspektoren:

Wurm, Mag. Wolfgang,
Abteilungsleiter 77201
Plessl, Hofrat Mag. Anton 77235
Dirnbacher, Mag. Helmut 77232
Niegel, Mag. Johanna, Hofrätin 77233
Breyer, Hofrat Mag. Gustav 77231
Blüml, Mag. Dr. Karl 77234
Kschwendt-Michel, Mag. Henrike, Hofrätin 77236

Referentinnen/Referenten:

Wendelberger, Mag. Christiane, Prof. 77222

Externistenprüfung:
Stöger, Mag. Margot, Prof. 77251

Pädagogische Angelegenheiten:
Brandsteidl, Mag. Susanne, Prof. 77221
Tuschel Edeltraud, Kanzleileiterin 77209

Abteilung III – Berufsbildende Schulen
15, Hütteldorfer Straße 7–17, Tel. 525 25 . . .

Landesschulinspektorinnen/Landesschulinspektoren:

Berufsbildende Pflichtschulen:
Prigl Hubert 77323
Berufsbildende mittlere und höhere kaufmännische Schulen:
Grafinger, Mag. Walter, Abteilungsleiter 77301
Berufsbildende mittlere und höhere Lehranstalten für Humanberufe:
Bellak-Schmid, Dkfm. Mag. Wilhelmine, Hofrätin 77321
Berufsbildende mittlere und höhere technische Schulen:
Hofschneider, Dipl.-Ing. Dr. Harald 77322

Berufsschulinspektorinnen/Berufsschulinspektoren:

Inspektion I: 6, Mollardgasse 87 . . . . 525 25 . . .
dzt. unbesetzt 77548
Inspektion II: 15, Hütteldorfer
Straße 7–17 . . . . 525 25 . . .
Blatterer Henrike 77327
Inspektion III: 12, Längenfeldgasse 13–15 . . . 813 16 46 . . .
Tepperberg, Mag. Dr. Eva 381
Inspektion IV: 7, Apollogasse 1 . . . . 523 45 10 . . .
Eberhard Günter 18
Inspektion V: 21, Scheydgasse 38–40 . . . . 277 56 . . .
Freyenschlag, Dr. Elisabeth 717

Fachinspektorate:

Für Deutsch, lebende Fremdsprachen, Kulturpflege und Philosophischen Einführungsunterricht an berufsbildenden mittleren und höheren Schulen:
15, Hütteldorfer Straße 7–17 . . . . 525 25 . . .
Bartakovits, Mag. Susanne, Prof. 77342

Für den hauswirtschaftlichen Fachunterricht:
15, Hütteldorfer Straße 7–17 . . . . 525 25 . . .
Czermak Hildegard, Regierungsrätin 77341

Für den gewerblichen Fachunterricht:
15, Hütteldorfer Straße 7–17 . . . . 525 25 . . .
Kainer Ludwig, Prof. 77343

Pädagogische Angelegenheiten . . . . 525 25 . . .,
Petz, Mag. Ruth 77303
Reiffenstein Ernst, Berufsschullehrer 77304

Schulgemeindereferat:
Fischer, Dr. Ing. Wilhelm, Berufsschuloberlehrer 77377

Statistik und Lehrlingsreferat:
Donhauser Patricia 77307
Holub Renate, Oberkontrollorin, Kanzleileiterin 77309

Abteilung IV –
Rechts- und Verwaltungsangelegenheiten

Hopf, Dr. iur. Barbara, Hofrätin, Abteilungsleiterin . . 77401

Dezernat I:
Sand, Mag. Eva Maria, Oberrätin 77411
Brunner Elisabeth, Oberamtsrätin 77431
Gren Ursula, Amtsdirektorin 77421

Dezernat II:
Adamek, Dr. iur. Ulrike 77412
Haslauer Ursula, Amtsdirektorin 77461
Kubak, Regierungsrat Theodor, Amtsdirektor 77451

Dezernat III:
15, Hütteldorfer Straße 7–17 . . . . 525 25 . . .
Palliardi, Mag. Barbara 77471
Weiser Franz, Amtsdirektor 77472
Augustin Brigitte, Amtsdirektorin 77473

Abteilung V – Schulpsychologie-Bildungsberatung
8, Strozzigasse 2, Tel. 525 25 . . .

Landesreferentin:
Zeman, Dr. phil. Mathilde, Hofrätin,
Abteilungsleiterin 77501

Beratungsstelle für die allgemeinbildenden Pflichtschulen:
Hiller, Dr. phil. Helga, Hofrätin 77511

Beratungsstelle für die allgemeinbildenden höheren Schulen:
Banner, Dr. phil. Gottfried, Hofrat 77531

Beratungsstelle für die berufsbildenden Pflichtschulen:
6, Mollardgasse 87 . . . . 525 25 . . .
Petsch, Dr. Christine, Oberrätin 77541

Beratungsstelle für die berufsbildenden mittleren und höheren Schulen:
Faymann, Dr. Herbert, Oberrat 77552

Schulservice:
1, Dr.-Karl-Renner-Ring 1
Trost Eva, Amtsdirektorin 77561

Abteilung VI – Personal

Gruden, Mag. Reinhard, Oberrat,
Abteilungsleiter 77601

Personalangelegenheiten Allgemeinbildende Pflichtschulen:
Herrmann Ingrid, Amtsrätin 77611

Bildungsanstalten, Bundesinstitute/EDV:
Duminger Sabine 77612

AHS-Verträge, Pragmatisierung:
Behavy Waltraud, Amtsdirektorin 77613

Personalangelegenheiten Allgemeinbildende höhere Schulen:
Schitzhofer Ilse, Verwaltungsoberkommissärin 77614

Personalangelegenheiten Allgemeinbildende höhere Schulen:
Schuh, Mag. Bernhard, Oberrat 77615

Personalangelegenheiten Berufsschulen:
Broneder Edith, Fachoberinspektorin 77651

Personalangelegenheiten techn. u. kfm. BMHS:
Smeikal, Mag. Gerd, Prof., Oberrat 77661

Personalangelegenheiten humanberufl. BMHS:
dzt. unbesetzt 77671

BMHS-Verträge, Pragmatisierung:
Slama Helmut 77663

Personalangelegenheiten Verw. Pers. an Bundesschulen:
Maurer-Binder Ilse, Amtsdirektorin 77491

Abteilung VII – Wirtschaftsangelegenheiten
14, Linzer Straße 146, Tel. 525 25 . . .

Haider, Hofrat Mag. Alfred, Abteilungsleiter 77701

Miet-, Bau- und Vertragsrechtsangelegenheiten:
Leitner, Mag. Adolf 77702

Raumangelegenheiten:
Kapoun, Ing. Martin, Amtsdirektor 77711

Haus- und Materialverwaltung
1, Dr.-Karl-Renner-Ring 1 . . . . 525 25 . . .
Prikoszovits Margarete 77051

Hausdruckerei:
1, Dr.-Karl-Renner-Ring 1 . . . . 525 25 . . .
Traxler Gerhard 77067

Allgemeinbildende Pflichtschulen

Näheres siehe „Schulführer des Stadtschulrates für Wien“, Internet http.//www.magwien.gv.at/ssr/

AKL = Aufbauklasse
BAfL = Bundesanstalt für Leibeserziehung
BAKP = Bildungsanstalt für Kindergartenpädagogik
BBI = Bundes-Blindenerziehungsinstitut
BIG = Bundesinstitut für Gehörlosenbildung
EMS = Mittelschule mit europäischem Schwerpunkt
F = Französisch
FHS = Hauptschule mit fremdsprachlichem Schwerpunkt
FK = Förderklasse
GTK = Ganztagsklasse
GTS = Ganztagsschule
HeimS = Heimschule
HS = Hauptschule
HSGE = Hauptschule mit Schwerpunkt Gesundheit und Ernährung
HSI = Hauptschule mit Schwerpunkt Informatik
HSM = Hauptschule mit Schwerpunkt Medienerziehung
HSPG = Hauptschule mit Schwerpunkt produktorientiertes Gestalten
IBHS = Hauptschule mit Schwerpunkt Interessenförderung und Berufsorientierung
INTK = Integrationsklasse
LFKL = Lern- und Freizeitklub
MA = Schule mit Mittagsaufsicht
MHS = Musikhauptschule
MKS = Hauptschule mit musisch-kreativem Schwerpunkt
MOD = Modifizierte Grundschule
MS = Mittelschule (Schulversuch)
NGS = Neue Grundschule (Schulversuch)
NTS = Hauptschule mit naturkundlich-technischem Schwerpunkt
ÖKS = Hauptschule mit ökologischem Schwerpunkt
OS = Offene Schule
PHS = Private Hauptschule
PS = Polytechnische Schule
PS-K = PS-Kooperationsklasse
PSO = Private Sonderschule
PVS = Private Volksschule
SEB = Schuleingangsbereich (Schulversuch)
SEH = Sonderschule für sehbehinderte Kinder
SES = Sondererziehungsschule
SHE = Heilstättenschule
SHS = Sporthauptschule
SKÖ = Sonderschule für körperbehinderte Kinder
SO = Sonderschule
SpK = Sporthauptschulklasse
SPR = Sonderschule für sprachgestörte Kinder
SPZ = Sonderpädagogisches Zentrum
SSB = Sonderschule für schwerstbehinderte Kinder
SSH = Sonderschule für schwerhörige Kinder
StS = Standschule
THK = Tagesheimklasse
THS = Tagesheimschule
ÜHS = Übungshauptschule
ÜVS = Übungsvolksschule
VBS = Vienna Bilingual School
VS = Volksschule
VSK = Vorschulklasse
5TW = Fünf-Tage-Woche

I. Öffentliche Schulen:

1. Öffentliche Volks- und Hauptschulen:

VS 1, Börsegasse 5 . . . . 533 00 51
INTK *Böhm Peter,* Oberschulrat
SEB

HS 1, Renngasse 20 . . . . 533 00 45
MKS *Lehner Helga*
5TW

VS 1, Stubenbastei 3 . . . . 512 74 95
VSK *Fell Elisabeth*
INTK

VS 2, Aspernallee 5 . . . . 728 95 97
GTS *Gruber Waltraud*
VSK

HS 2, Blumauergasse 21 . . . . 216 84 15
INTK *Turner, Dr. Hans*
MKS
5TW

VS 2, Czerninplatz 3 . . . . 216 42 21
VSK *Czucker Gertrude*
StS

VS 2, Darwingasse 14 . . . . 214 13 94
VSK *Wildzeiß Veronica,* Oberschulrätin

LFKL		
HS	2, Feuerbachstraße 1	726 63 77
HSI	*Koch Ilse*	
5TW		
VS	2, Kleine Sperlgasse 2a	216 61 83
VSK	*Svatos Ingrid,* Oberschulrätin	
HS	2, Kleine Sperlgasse 2a	216 53 35
NTS	*Mair Helga*	
OS		
5TW		
VS	2, Leopoldsgasse 3	214 60 39
INTK	*Schrabauer, Dr. Rudolf*	
SEB		
HS	2, Max-Winter-Platz 2	729 48 77
OS	*Moser Bernhard*	
5TW		
HSGE		
VS	2, Novaragasse 30	214 72 73
VSK	*Zach Helga*	
HS	2, Obere Augartenstraße 38	216 59 90
ÖKS	*Klopf Wolfgang,* Oberschulrat	
5TW		
HS	2, Pazmanitengasse 26	214 44 20
StS	*Kriebaum Ingeborg,* Oberschulrätin	
FHS		
VS	2, Vereinsgasse 29	214 32 94
VSK	*Bauer Hannelore*	
THK	Expositur: 2, Holzhausergasse 7	218 51 77
VS	2, Vorgartenstraße 191	729 83 05
VSK	*Keisler Kurt*	
THK		
VS	2, Vorgartenstraße 210	729 47 58
INTK	*Mayer Christa*	
SEB		
VS	2, Wehlistraße 178	726 31 78
VSK	*Krhoun Melitta*	
INTK		
VS	2, Wittelsbachstraße 6	728 10 42
SEB	*Fiala Ingrid*	
HS	2, Wittelsbachstraße 6	728 10 60
SHS	*Kletzl Johanna*	
5TW		
OS		
VS	2, Wolfgang-Schmälzl-Gasse 13	729 48 19
NGS	*Krivanek Hilde*	
LFKL		
INTK		
VS	3, Dietrichgasse 36	714 57 03
VSK	*Stadler Johanna*	
INTK		
HS	3, Dietrichgasse 36	712 13 35
MHS	*Farthofer Georg*	
VS	3, Erdbergstraße 76	714 57 61
VSK	*Reitinger Lothar*	
THK		
VS	3, Eslarngasse 23	713 44 69
AKL	*Mayer, Mag. Gerlinde*	
INTK		
LFKL		
VS	3, Hainburger Straße 40	713 46 34
	Mathes Elisabeth	
	Expositur: 3, Hegergasse 20	798 61 04
HS	3, Hainburger Straße 40	714 57 50
HSPG	*Ottet Elmar,* Oberschulrat	
5TW		
HS	3, Hörnesgasse 12	714 57 40
INTK	*Beran Erich*	
MS		
5TW		
ASO	Expositur: 3, Petrusgasse 10	
VS	3, Kleistgasse 12	798 61 31
VSK	*Andiel Herta,* Oberschulrätin	
INTK		
OS		
HS	3, Kölblgasse 23	798 61 26
StS	*Hois Otto*	
OS		
5TW		
INTK		
VS	3, Kolonitzgasse 15	713 44 51
VSK	*Jindra Susanne*	
StS		
INTK		
SEB		
VS	3, Landstraße Hauptstraße 146	718 51 86
GTS	*Voss Eduard*	
NGS		
INTK		
VS	3, Löwengasse 12b	713 13 47
SEB	*Baumgartner Krista,* Oberschulrätin	
VS	3, Petrusgasse 10	714 57 93
VSK	*Sturm Richard,* Oberschulrat	
INTK		
VS	3, Reisnerstraße 43	714 51 54
VSK	*Jainschig Edith*	
F		
VS	3, Strohgasse 15	714 51 22
SEB	*Zucker, Dr. Irene*	
F		
INTK		
VS	4, Graf-Starhemberg-Gasse 8	505 74 37
VSK	*Nemec Alfred,* Oberschulrat	
LFKL		
INTK		
VS	4, Phorusgasse 4	586 66 39
VSK	*Kletzander Christine*	
OS		
INTK		
VS	4, Sankt-Elisabeth-Platz 8	505 75 86
SEB	*Lerchenfelder Elisabeth*	
VS	4, Schäffergasse 3	587 62 16
VSK	*Luger Johann*	
LFKL		
INTK		
HS	4, Schäffergasse 3	587 62 42
NTS	*Koch Heinrich,* Oberschulrat	
INTK		
5TW		
LFKL		
HS	4, Schaumburgergasse 7	505 74 40
INTK	*Wiser Edgar,* Oberschulrat	
LFKL		
5TW		
VS	5, Einsiedlergasse 7	544 57 10
VSK	*Nehiba Johanna*	
INTK	Expositur: 5, Diehlgasse 2	544 27 82
SEB	Expositur: 5, Embelgasse 46–48	544 23 39
HS	5, Embelgasse 46–48	544 23 39
5TW	*Werner Walter,* Oberschulrat	
HS	5, Gassergasse 44	544 53 99
5TW	*Latkoczy Ilonka,* Oberschulrätin	
INTK		
VS	5, Gassergasse 46	544 25 82
VSK	*Gräf Elisabeth*	
INTK		
VS	5, Pannaschgasse 6	544 75 54
StS	*Mackerle Ida*	
VSK		
INTK		
VS	5, Stolberggasse 53	544 49 06
VSK	*Karanitsch Ernst*	
INTK		

OS		
HS	5, Viktor-Christ-Gasse 24	544 83 56
StS	*Plasch Leopold*	
INTK		
LFKL		
5TW		
VS	6, Corneliusgasse 6	587 01 23
SEB	*Emmerling Susanne*	
VS	6, Gumpendorfer Straße 4	586 41 60
INTK	*Jindra Maria*	
SEB		
HS	6, Loquaiplatz 4	596 93 06
INTK	*Angermayer Christiane*	
HSM		
LFKL		
5TW		
VS	6, Mittelgasse 24	597 67 21
SEB	*Zoumboulakis-Rottenberg Elisabeth*	
INTK		
LFKL		
VS	6, Sonnenuhrgasse 3	597 33 33
SEB	*Kern Renate*	
LFKL		
HS	7, Neubaugasse 42	526 15 94
MKS	*Felzmann Reinhold*	
	Expositur: 7, Zollergasse 41	526 71 97
VS	7, Neustiftgasse 100	526 19 77
VSK	*Samec Christine*	
HS	7, Neustiftgasse 100	526 19 78
INTK	*Wanke Heinz,* Oberschulrat	
OS		
EMS		
VS	7, Stiftgasse 35	526 19 76
VSK	*Girtler Birgitt,* Oberschulrätin	
VS	7, Zieglergasse 21	526 15 93
VSK	*Gross Gerda,* Oberschulrätin	
GTS		
INTK		
SEB		
VS	8, Lange Gasse 36	406 91 85
VSK	*Neumayr Helga*	
SEB		
VS	8, Pfeilgasse 42b	406 26 42
THK	*Schwarz, Dr. Elfriede*	
INTK		
SEB		
HS	8, Pfeilgasse 42b	408 14 24
INTK	*Annau Gottfried*	
5TW		
VS	8, Zeltgasse 7	406 88 80
SEB	*Siebert Peter*	
OS		
VS	9, Galileigasse 5	317 74 35
VSK	*Fuxberger Hannelore,* Oberschulrätin	
AKL		
SEB		
VS	9, Gilgegasse 12	405 54 33
NGS	*Mütter Brigitte*	
HS	9, Glasergasse 8	317 29 40
StS	*Buchberger Reinhard,* Oberschulrat	
OS		
HSI		
INTK		
5TW		
VS	9, Grünentorgasse 9	319 53 18
AKL	*Wöhrer Hedwig*	
SEB		
VS	9, Marktgasse 31	319 52 05
VSK	*Witzmann Ingeborg*	
StS		
VS	9, Währinger Straße 43	405 24 72

SEB	*Hauser Margaritha*	
HS	10, Absberggasse 50	607 20 10
OS	*Moser Johannes*	
5TW		
VS	10, Alxingergasse 82	604 01 44
SEB	*Handler Angela*	
StS		
VS	10, Bernhardtstalgasse 19	602 01 94
VSK	*Beinhofer Edeltraud,* Oberschulrätin	
INTK		
LFKL		
VS	10, Carl-Prohaska-Platz 1	615 02 79
VSK	*Höttl Renate*	
GTS		
VSK		
VS	10, Georg-Wilhelm-Papst-Gasse 2	602 35 69
VSK	*Partsch Ingrid*	
INTK		
HS	10, Georg-Wilhelm-Papst-Gasse 2a	604 12 96
FHS	*Lass Lilly*	
5TW		
VS	10, Hebbelplatz 2	604 17 87
SEB	*Tschöp Karin*	
AKL		
HS	10, Herzgasse 27	602 44 83
LFKL	*Rauch Helmut,* Oberschulrat	
INTK		
VS	10, Herzgasse 87	603 08 85
VSK	*Riebl Silvia*	
VS	10, Hugo-Meisl-Weg 6	615 62 84
VSK	*Paulmayer Angelika*	
VS	10, Jagdgasse 22	606 54 15
VSK	*Glocke Robert*	
VS	10, Jagdgasse 23	606 54 21
VSK	*Bertoli-Parlow Petra*	
GTS		
HS	10, Josef-Enslein-Platz 1-3	617 37 07
OS	*Zeiml Anna*	
5TW		
VS	10, Keplerplatz 7	604 15 36
VBS	*Bartolich Eva*	
VS	10, Klausenburger Straße 25	604 42 68
SEB	*Worliczek Christiane*	
VS	10, Knöllgasse 59	604 01 29
VSK	*Schraml Helga*	
HS	10, Knöllgasse 61	604 01 24
5TW	*Schubert Werner,* Prof.	
LFKL		
INTK		
VS	10, Laaer-Berg-Straße 170	688 42 89
	Paschinger Horst, Oberschulrat	
VS	10, Laimäckergasse 17	604 17 41
VSK	*Unger Elfriede*	
INTK		
HS I	10, Leibnizgasse 33	604 35 11
5TW	*Krebs Alois,* Oberschulrat	
INTK		
HS II	10, Leibnizgasse 33	604 13 45
5TW	*Wawerka Margarete*	
INTK		
VS	10, Neilreichgasse 111	616 15 60
AKL	*Haunold Erika*	
SEB		
INTK		
VS	10, Oberlaaer Platz 1	688 55 73
SEB	*Zamastil August*	
VS	10, Per-Albin-Hansson-Siedlung Ost,	
SEB	Ada-Christen-Gasse 9	688 31 26
	Frank Dietlinde	
VS	10, Per-Albin-Hansson-Siedlung Ost,	
SEB	Wendstattgasse 3	688 15 61

INTK	*Bruckberger Christine*	
HS	10, Per-Albin-Hansson-Siedlung Ost,	
VBS	Wendstattgasse 3	688 16 60
	Kuchl Irmtraud	
HS I	10, Per-Albin-Hansson-Siedlung Ost,	
MHS	Wendstattgasse 5	668 35 65
StS	*Tucheslau Christian*	
INTK		
5TW		
HS II	10, Per-Albin-Hansson-Siedlung Ost,	
SHS	Wendstattgasse 5	688 35 64
MA	*Skalnyk Karl*	
INTK		
VS	10, Quellenstraße 54	604 24 44
SEB	*Seidel Maria*	
VS	10, Schrankenberggasse 32	604 14 65
VSK	*Noss Waltraud*	
AKL		
VS	10, Selma-Lagerlöf-Gasse 20	688 23 66
VSK	*Liptay Marianne*	
VBS		
NGS		
VS	10, Tesarekplatz 4	616 32 60
VSK	*Koss Susanne*	
VS	11, Braunhubergasse 3	749 41 66
SEB	*Zahalka Monika*	
LFKL		
AKL		
VS	11, Brehmstraße 9	749 14 46
SEB	*Stanzl Gertrude*	
AKL		
INTK		
HS I	11, Enkplatz 4	748 14 50
OS	*Huber, Mag. Ursula*	
5TW		
INTK		
HS II	11, Enkplatz 4	749 17 71
MKS	*Takerer Franz*	
OS		
INTK		
VS	11, Florian-Hedorfer-Straße 20	767 13 62
SEB	*Szeremeta Susi,* Oberschulrätin	
HS	11, Florian-Hedorfer-Straße 26	767 13 73
MS	*David Helmut*	
INTK		
VS	11, Fuchsröhrenstraße 23	
GTK	(Rosa-Jochmann-Schule)	748 18 93
SEB	*Brownstone Helma*	
INTK		
HS	11, Hasenleitengasse 7	767 51 73
GTS	*Stahrl Heinrich*	
5TW		
VS	11, Herderplatz 1	749 71 18
StS	*Kunz Elisabeth*	
SEB		
INTK		
VS	11, Hoefftgasse 7	767 17 47
INTK	*Kern Brigitte*	
SEB		
VS	11, Miltnerweg 14	767 10 60
SEB	*Leiter Eleonore*	
VS	11, Molitorgasse 11	749 17 07
VSK	*Hamp Rudolf*	
INTK		
LFKL		
VS	11, Münnichplatz 6	767 23 54
AKL	*Frey Renate*	
SEB		
HS	11, Pachmayergasse 6	749 41 61
StS	*Bachmaier Veronika*	
INTK		
LFKL		
HS	11, Rzehakgasse 7	767 13 86
INTK	*Trost Karl*	
VS	11, Rzehakgasse 9	767 23 65
SEB	*Hinteregger-Hummel Maria*	
VS	11, Simoningplatz 2	749 23 97
INTK	*Schiechl Karl*	
AKL		
SEB		
VS	11, Svetelskystraße 4–6	768 83 30
GTS	*Frank Wilhelm*	
SEB		
HS	11, Svetelskystraße 4–6 (Bruno-Kreisky-Schule)	767 05 06
OS	*Maier Rudolf-Michael*	
5TW		
VS	11, Wilhelm-Kreß-Platz 32	767 10 07
	Oppenberger Alfred	
VS	12, Am Schöpfwerk 27	667 62 73
VSK	*Karner Karin*	
GTS		
INTK		
HS	12, Am Schöpfwerk 27	667 81 78
MHS	*Zucker, Dr. Hermann*	
5TW		
INTK		
VS	12, Bischoffgasse 10	815 81 83
VSK	*Hergovich Herta,* Oberschulrätin	
StS		
VS	12, Deckergasse 1	815 01 81
VSK	*Leinweber Waltraud*	
VS	12, Haebergasse 1a	815 81 55
SEB	*Haider Ingetraud,* Oberschulrätin	
LFKL		
INTK	Expositur: 12, Mafattigasse 17	815 71 27
HS	12, Hermann-Broch-Gasse 2	804 33 47
SHS	*Bernauer Helmut*	
OS		
5TW		
HS	12, Herthergasse 28	813 95 62
NTS	*Kotal Herbert*	
INTK		
HS	12, Johann-Hoffmann-Platz 19	815 48 74
StS	*Grubich Edgar,* Oberschulrat	
MKS		
INTK		
VS	12, Johann-Hoffmann-Platz 20	815 81 78
AKL	*Adametz Gertrude*	
INTK		
NGS		
VS	12, Karl-Löwe-Gasse 20	815 14 07
SEB	*Gall Silvana*	
INTK		
LFKL		
VS	12, Nymphengasse 7	815 62 45
INTK	*Kornhofer Alois*	
SEB		
VS	12, Rohrwassergasse 2	802 44 47
VSK	*Stefaner Eva*	
OS		
INTK		
VS	12, Rothenburgstraße 1	804 91 05
VSK	*Breinschmid Maria,* Oberschulrätin	
INTK		
VS	12, Ruckergasse 42	815 81 79
VSK	*Grohmann Renate*	
INTK		
HS	12, Singrienergasse 23	813 75 63
INTK	*Kölbl Margarethe*	
	Expositur: 12, Ruckergasse 44	813 72 48
HS	12, Steinbauergasse 27	813 75 80

INTK	*Hartmann Franz*	
HSI		
5TW		
LFKL		
VS	13, Am Platz 2	877 73 68
VSK	*Schindler Hermine*	
StS		
VS	13, Auhofstraße 49	876 52 83
	Tramontana Peter, Oberschulrat	
VS	13, Dr.-Schober-Straße 1	804 31 50
INTK	*Pospisil, Mag. Susanne*	
SEB		
VS I	13, Hietzinger Hauptstraße 166	876 41 83
SEB	*Lukas Gertraud,* Oberschulrätin	
VS II	13, Hietzinger Hauptstraße 166	876 41 84
VSK	*Dabsch Sylvia*	
VS	13, Speisinger Straße 44	804 63 77
SEB	*Zillinger Anneliese,* Oberschulrätin	
VS	13, Steinlechnergasse 5–7	804 77 19
NGS	*Mayer-Wölfl Margrit*	
INTK		
HS	13, Veitingergasse 9	804 75 89
MS	*Wilflinger Fritz,* Oberschulrat	
OS		
5TW		
INTK		
VS	14, Diesterweggasse 30	894 64 92
StS	*Wolfsberger Gerlinde*	
OS		
INTK		
VS	14, Felbigergasse 97	914 85 84
VSK	*Schwenk Irene*	
	Expositur: 14, Linzer Straße 232	914 85 57
VS	14, Hauptstraße 70	979 26 59
VSK	*Huhndorf Helmgard*	
OS		
SEB		
HS	14, Hauptstraße 80	979 25 77
OS	*Hellmich Brigitte,* Oberschulrätin	
SHS		
5TW		
INTK		
VS	14, Hochsatzengasse 22–24	914 42 03
NGS	*Spannring Gertrude,* Oberschulrätin	
OS		
VS	14, Karl-Toldt-Weg 12	914 86 65
VSK	*Gullner Roswitha*	
HS I	14, Kinkplatz 21	911 63 45
GTS	*Graßberger, Mag. Herbert*	
MS		
5TW		
INTK		
HS II	14, Kinkplatz 21	911 63 43
StS	*Scheiber Wilhelm*	
HSI		
INTK		
VS	14, Linzer Straße 419	914 85 86
AKL	*Domes Magda*	
VS	14, Lortzinggasse 2	982 35 90
AKL	*Gebhart Edith*	
INTK		
HS	14, Lortzinggasse 2	982 32 79
ÖKS	*Gaydora Irma,* Oberschulrätin	
5TW		
VS	14, Märzstraße 178	985 71 36
AKL	*Neuroth Helga*	
INTK		
VS	14, Märzstraße 180	985 72 88
OS	*Haselmann Walter,* Oberschulrat	
VS	14, Mondweg 73–83	979 31 94
INTK	*Schöner Marialuise*	

SEB		
HS	14, Spallartgasse 18	985 45 51
MKS	*Temper Brigitte*	
INTK		
5TW		
VS	14, Zennerstraße 1	985 97 44
INTK	*Marschner Lucia,* Oberschulrätin	
SEB	Expositur: 14, Kienmayergasse 41	
VS	15, Benedikt-Schellinger-Gasse 1–3	982 34 03
VSK	*Fritsch Edith*	
LFKL		
INTK		
HS	15, Friedrichsplatz 4	892 35 41
INTK	*Herzele Werner*	
5TW		
VS	15, Friedrichsplatz 5	892 35 74
VSK	*Jung Ilse*	
INTK		
StS		
SEB		
VS	15, Friesgasse 10 (Oskar-Spiel-Schule)	893 00 96
SEB	*Rosenmayr Heidelore*	
MOD		
VS	15, Goldschlagstraße 14–16	982 46 09
VSK	*Frieser Elfriede,* Oberschulrätin	
VS	15, Johnstraße 40	982 24 87
VSK	*Wend Brigitta*	
F		
NGS		
VS	15, Ortnergasse 4	893 64 03
INTK	*Mayer Werner*	
OS		
F		
NGS		
VS	15, Reichsapfelgasse 30	893 69 53
GTS	*Gohla Elfriede,* Oberschulrätin	
VSK		
HS	15, Schweglerstraße 2–4	982 61 49
NTS	*Brunner-Hönlinger Brigitte*	
5TW		
LFKL		
HS	15, Sechshauser Straße 71	893 90 84
HSI	*Fröhlich Alfred,* Oberschulrat	
5TW		
LFKL		
VS	15, Selzergasse 19	982 07 06
VSK	*Kotter Edith*	
F	Expositur: 15, Kröllgasse 26	982 36 25
INTK		
LFKL		
HS	15, Selzergasse 25	982 52 93
StS	*Fahnl Huberta*	
OS		
FHS		
5TW		
INTK		
VS	16, Brüßlgasse 18	492 10 49
VSK	*Kaserer Lothar*	
StS		
AKL		
HS	16, Brüßlgasse 18	492 43 22
INTK	*Fiedler Karlheinz*	
5TW	Expositur: 16, Herbststraße 86	492 10 46
VS	16, Gaullachergasse 49	406 01 03
INTK	*Faber Brigitte*	
LFKL		
VS	16, Grubergasse 4	486 11 71
VSK	*Irrgeher Christine*	
LFKL		
HS	16, Grundsteingasse 48	406 01 08
StS	*Feirer Karl*	

INTK		
VS	16, Grundsteingasse 56	406 99 86
VSK	*Morawetz Ingeborg*	
OS		
VS	16, Herbststraße 86	492 43 23
VSK	*Haslinger, Dr. Sigrun*	
INTK		
NGS		
VBS		
LFKL		
VS	16, Julius-Meinl-Gasse 1	486 52 36
VSK	*Schubert Maria*	
HS I	16, Koppstraße 110	495 14 39
OS	*Böhm Walter*	
5TW		
INTK		
MKS		
HS II	16, Koppstraße 110	495 14 41
NTS	*Fessl Anton*	
OS		
5TW		
INTK		
VS	16, Landsteinergasse 4	493 14 21
VSK	*Weiß Michaela*	
VS	16, Liebhartsgasse 19–21	493 15 87
VSK	*Misof Andreas*	
AKL		
LFKL		
VS	16, Lorenz-Mandl-Gasse 58	493 92 16
INTK	*Heuritsch Elfriede*	
VS	16, Odoakergasse 48	485 37 60
	Rozsenich Ilse-Maria	
HS	16, Roterdstraße 1	489 53 99
MS	*Schäfer Helmut,* Oberschulrat	
GTS		
5TW		
HS	16, Wiesberggasse 7	493 14 10
INTK	*Witowetz-Müller Waltraud*	
5TW		
HSI		
HS	17, Arzbergergasse 2	486 22 03
5TW	*Deussner Walter*	
HS	17, Geblergasse 29–31	406 01 04
StS	*Muzik Hannelore*	
VS	17, Halirschgasse 25	486 12 59
VSK	*Horvath Anneliese*	
VS	17, Kindermanngasse 1	406 99 87
NGS	*Slama Eva*	
LFKL		
VS	17, Knollgasse 4–6	486 31 24
VSK	*Hysek Robert,* Oberschulrat	
INTK		
HS	17, Redtenbachergasse 79	486 34 26
	Dessulemoustier-Bovekercke Anneliese	
VS	17, Rötzergasse 2–4	406 01 00
VSK	*Bruha Evelyne*	
INTK	Expositur: 17, Leopold-Ernst-Gasse 34	
VS I	17, Wichtelgasse 67	486 23 45
VSK	*Prihoda Xenia*	
THK		
F		
VS II	17, Wichtelgasse 67	485 15 56
StS	*Schmidt Reinhart,* Oberschulrat	
SEB		
HS	18, Alsegger Straße 45	479 13 44
MHS	*Kern Walter*	
INTK		
VS	18, Bischof-Faber-Platz 1	470 62 24
AKL	*Kotal Elfriede*	
SEB		
VS	18, Cottagegasse 17	470 58 32
VSK	*Lachmann Edeltraud,* Oberschulrätin	
AKL		
VS	18, Klettenhofergasse 3	406 44 80
VSK	*Heitzinger Irmtraud*	
THK		
VS	18, Köhlergasse 9	470 63 17
VSK	*Weber Edeltraud,* Oberschulrätin	
GTS		
VS	18, Scheibenbergstraße 63	470 63 69
	Kratzer Helga	
HS	18, Schopenhauerstraße 79	470 61 18
StS	*Krail Walter*	
INTK		
5TW		
VS	18, Schulgasse 57	406 99 89
VSK	*Jerabek Josef,* Oberschulrat	
LFKL		
VS	19, Celtesgasse 2	440 29 47
VSK	*Ocenasek Christine*	
VS	19, Flotowgasse 25	320 34 66
VSK	*Kratzer Karin*	
VS	19, Grinzinger Straße 88	37 11 49
VSK	*Felzmann Brigitte*	
INTK		
HS	19, In der Krim 6	368 56 41
OS	*Krejsa, Mag. Brigitte*	
5TW		
VS	19, Kreindlgasse 24	368 32 03
StS	*Mitterlechner Christine*	
INTK		
VS	19, Krottenbachstraße 108	320 56 05
INTK	*Hawlicek Friederike*	
SEB		
VS	19, Mannagettagasse 1	320 23 57
	Mark Antonia	
VS	19, Oskar-Spiel-Gasse 3	37 25 02
VSK	*Boelens Lucia,* Oberschulrätin	
HS	19, Oskar-Spiel-Gasse 3	37 36 53
MKS	*Hamedler Josef*	
INTK		
MA		
VS	19, Pantzergasse 25	369 42 45
VSK	*Hofmann, Mag. Gisela*	
INTK		
HS	19, Pyrkergasse 14–16	368 22 86
INTK	*Wöhrer Franz*	
5TW		
VS	19, Windhabergasse 2	320 23 10
INTK	*Ambros, Dr. Hans*	
VS	20, Allerheiligenplatz 7	332 71 84
VSK	*Kraushofer Brigitte*	
INTK		
VS	20, Dietmayrgasse 3	332 91 27
VSK	*Eder Elisabeth*	
INTK		
VS I	20, Greiseneckergasse 29	330 42 26
VSK	*Kurz Heliane*	
LFKL		
VS II	20, Greiseneckergasse 29	332 63 40
LFKL	*Kührer Helga*	
INTK		
HS	20, Greiseneckergasse 31	332 53 54
FHS	*Chikuru-Fürst Margit*	
5TW		
LFKL		
HS	20, Leipziger Platz 1	332 53 49
StS	*Kirchmayer Johanna*	
HSI		
INTK		
VS	20, Leystraße 34	332 85 52
	Kling Karin, Oberschulrätin	

VS	20, Leystraße 36 . . . 330 44 16
VSK	*Weiß Marie Luise*
AKL	
INTK	Expositur: 20, Leystraße 34 . . . 334 54 66
VS	20, Pöchlarnstraße 12 . . . 330 31 52
LFKL	*Henner Ilse*
NGS	
INTK	
AKL	Expositur: 20, Vorgarten-
	straße 95–97 . . . 330 42 46
HS	20, Pöchlarnstraße 14 . . . 332 70 32
5TW	*Tröbinger Rudolf*
VS	20, Robert-Blum-Gasse 2 . . . 334 21 80
VSK	*Kornhofer Claudia*
GTS	
SEB	
INTK	
VS	20, Spielmanngasse 1 . . . 332 71 51
GTS	*Scheed Brigitta*
VSK	
SEB	
VS	20, Staudingergasse 6 . . . 332 63 49
AKL	*Forgatsch Robert,* Oberschulrat
INTK	
INTK	Expositur: 20, Treustraße 9
HS	20, Staudingergasse 6 . . . 330 33 12
MKS	*Langer Günther*
5TW	
HS	20, Stromstraße 40 . . . 332 50 42
INTK	*Haschberger Hubert*
ÖKS	
5TW	
VS I	20, Treustraße 55 . . . 330 75 50
VSK	*Reiter Birgit,* Oberschulrätin
LFKL	
VS II	20, Treustraße 55 . . . 330 75 61
StS	*Boyer Gertraud,* Oberschulrätin
LFKL	
HS	21, Aderklaaer Straße 2 . . . 258 25 62
MS	*Scheutl Heidemarie*
OS	
INTK	
5TW	
HS	21, Adolf-Loos-Gasse 2 . . . 259 64 11
MS	*Brugger Wolfgang*
INTK	
VS	21, Berzeliusgasse 2 . . . 292 35 62
VSK	*Ocenasek Werner,* Oberschulrat
StS	
INTK	
VS	21, Brünner Straße 139 . . . 292 53 61
VSK	*Weber Hans Joachim,* Oberschulrat
VS	21, Christian-Bucher-Gasse 14 . . . 270 33 71
VSK	*Bleier Gerda*
INTK	
OS	
AKL	
HS	21, Deublergasse 21 . . . 270 33 94
OS	*Peters Jürgen*
5TW	
VS	21, Dopschstraße 25 . . . 259 61 48
VSK	*Scheutl Karl*
GTS	
VS	21, Dr.-Albert-Geßmann-Gasse 32 . . . 292 53 59
	Gauß Theresia
VS	21, Dr.-Skala-Straße 43–45 . . . 292 53 50
VSK	*Krauss Editha,* Oberschulrätin
HS	21, Dr.-Skala-Straße 43–45 . . . 292 25 63
	Wirth Herbert, Oberschulrat
VS	21, Dunantgasse 2 . . . 38 13 95
VSK	*Kubista Hans,* Oberschulrat
VS	21, Hanreitergasse 2 (Paul-Grüninger-
VSK	Schule) . . . 294 40 86
OS	*Illetschko Werner*
HS	21, Hanreitergasse 2 (Paul-Grüninger-
OS	Schule) . . . 294 52 00
5TW	*Brunner Wolfgang*
VS	21, Herzmanovsky-Orlando-Gasse 11 . . . 259 83 40
VSK	*Boden Helene*
INTK	
VS	21, Irenäusgasse 2 . . . 292 35 70
VSK	*Kral Senta*
GTS	
VS	21, Jochbergengasse 1 . . . 292 25 61
VSK	*Pohl Silvia*
HS	21, Jochbergengasse 1 . . . 292 35 75
StS	*Droste Wolfgang,* Oberschulrat
5TW	
HS	21, Kinzerplatz 9 . . . 270 11 80
LFKL	*Raufer Josef*
5TW	
INTK	
VS	21, Lavantgasse 35 . . . 292 71 40
VSK	*Daferner Gertrude*
HS	21, Leopold-Ferstl-Gasse 9 . . . 278 13 635
5TW	*Stanzl Gottfried,* Oberschulrat
INTK	
VS	21, Marco-Polo-Platz 9 . . . 292 41 80
VSK	*Vrana Ingrid,* Oberschulrätin
INTK	
VS	21, Ostmarkgasse 30 . . . 270 11 68
VSK	*König Christine*
FK	
VS	21, Pastorstraße 29 . . . 259 61 03
VSK	*Parzer Eva*
AKL	
HS	21, Pastorstraße 29 . . . 259 61 01
SpK	*Vrana Ferdinand*
5TW	
VS I	21, Prießnitzgasse 1 . . . 278 22 37
VSK	*Graf Heidemarie*
INTK	
LFKL	
AKL	
VS II	21, Prießnitzgasse 1 . . . 270 06 13
VSK	*Pohler Charlotte*
INTK	
LFKL	
HS	21, Reisgasse 1 . . . 292 53 57
5TW	*Peschke Gottfried*
VS	21, Rittingergasse 29a . . . 294 40 86
VSK	*Bauer Christine*
HS	21, Roda-Roda-Gasse 3 . . . 292 41 53
OS	*Arnhof Georg,* Oberschulrat
HSI	
INTK	
5TW	
VS	21, Schillgasse 31 . . . 270 26 94
VSK	*Bruckner Christine*
VS	21, Schumpeterweg 3–5 . . . 290 97 54
GTS	*Bienert Ilse*
VSK	
VS	21, Tomaschekstraße 44 . . . 271 15 74
VSK	*Reinisch Martha*
VS	21, Zehdengasse 9 . . . 258 78 90
VSK	*Baumann Erna*
GTS	
VS	22, Aspern, Asperner Heldenplatz 3 . . . 22 14 99
SEB	*Tomaschek Heide*
HS	22, Aspern, Eibengasse 58 . . . 282 58 15
OS	*Andorfer Rocco*
5TW	

VS	22, Aspern, Hammerfestweg 1	282 58 08
VSK	*Fritz Nikolaus*	
GTS		
VS	22, Aspern, Oberdorfstraße 2	22 11 65
VSK	*Rudlof Christine*	
NGS		
INTK	Expositur: 22, Stadlau, Langobardenstraße 178	220 73 38
VS	22, Aspern, Schrebergasse 39	282 52 12
VSK	*Hikade-Göppert Renate*	
VS	22, Breitenlee, Pirquetgasse 6B	282 63 16
VSK	*Berger Hertha*	
VS	22, Breitenlee, Schukowitzgasse 89	284 24 80
NGS	*Langer Ingeborg,* Oberschulrätin	
VS	22, Eßling, Hauptstraße 97	774 27 23
AKL	*Nebel Gerda*	
SEB		
INTK		
HS	22, Eßling, Simonsgasse 23	774 62 91
OS	*Prammer, Dr. Gerhard*	
VS	22, Eßling, Viktor-Wittner-Gasse 50	774 30 64
GTS	*Schmid Ulrike*	
NGS		
VS	22, Hirschstetten, Konstanziagasse 24	280 98 61
VSK	*Kerschbaum Annemarie*	
INTK		
HS	22, Hirschstetten, Konstanziagasse 50	282 13 87
HSI	*Richter, Mag. Wolfgang*	
MA		
INTK		
5TW		
VS	22, Hirschstetten, Pastinakweg 10	220 81 01
VSK	*Wiltschek Evelyne*	
GTS		
HS	22, Hirschstetten, Plankenmaisstraße 30	282 21 67
INTK	*Obmann Horst*	
5TW		
IBHS		
VS	22, Hirschstetten, Prinzgasse 3	282 52 96
AKL	*Höllebrand Monika*	
NGS		
LFKL		
HS	22, Hirschstetten, Prinzgasse 3	282 14 43
INTK	*Haunold Martha*	
LFKL		
HSPG		
HSI		
5TW		
HS	22, Kagran, Afritschgasse 56	202 43 70
StS	*Hengl Franz*	
MA		
INTK		
5TW		
HS	22, Kagran, Anton-Sattler-Gasse 93	203 47 81
GTS	*Villani Elisabeth*	
MS		
5TW		
INTK		
SSH	Expositur: 22, Aspern, Hammerfestweg 1	282 58 04
ASO	Expositur: 22, Stadlau, Steinbrechergasse 6	203 63 92
MS-INTK		
VS I	22, Kagran, Georg-Bilgeri-Straße 13	203 83 11
AKL	*Halisch, Dr. Peter*	
VS II	22, Kagran, Georg-Bilgeri-Straße 13	203 83 13
VSK	*Richter Herbert*	
HS	22, Kagran, Georg-Bilgeri-Straße 13	203 83 12
SHS	*Schmidt Leo*	
5TW		
MA		
VS	22, Kagran, Klenaugasse 12	203 36 74
VSK	*Patri, Mag. Christine*	
VS I	22, Kagran, Lieblgasse 4	258 11 94
VSK	*Winiwarter Walter*	
VS II	22, Kagran, Lieblgasse 4	258 11 98
NGS	*Stary Helga*	
HS	22, Kagran, Lieblgasse 4	258 11 95
INTK	*Tschöp Friedrich*	
5TW		
VS	22, Kagran, Markomannenstraße 9	259 75 54
VSK	*Oppel Gertraude*	
VS	22, Kagran, Meißnergasse 1	203 21 31
StS	*Richter Marianne*	
SEB		
VBS		
AKL		
VS I	22, Kagran, Natorpgasse 1	203 83 14
INTK	*Pikel Ilse*	
VS II	22, Kagran, Natorpgasse 1	203 83 15
VSK	*Spitzer Gerda*	
VS	22, Kaisermühlen, Schüttaustraße 42	23 53 67
VSK	*König Ingrid*	
LFKL		
VS	22, Leopoldau, Brioschiweg 1	258 31 70
VSK	*Willner Günther*	
INTK		
VS	22, Leopoldau, Brioschiweg 3	258 31 78
INTK	*Pilshofer Waltraud*	
VS	22, Stadlau, Langobardenstraße 56	282 63 13
VSK	*Bauer Elfriede*	
INTK		
VS I	23, Alt-Erlaa, Wohnpark, Anton-Baumgartner-Straße 44	667 77 34
GTS		
VSK	*Skalnyk Hilde*	
VS II	23, Alt-Erlaa, Wohnpark, Anton-Baumgartner-Straße 44	667 83 11
SEB	*Kropshofer Renate*	
VS	23, Atzgersdorf, Kirchenplatz 2-3	869 41 33
VSK	*Geldner Brigitte*	
StS		
AKL		
INTK		
VS I	23, Atzgersdorf, Prückelmayrgasse 6	888 31 13
INTK	*Goldbacher Wilhelmine*	
NGS		
VS II	23, Atzgersdorf, Prückelmayrgasse 6	888 67 87
SEB	*Hacker Johann*	
HS	23, Atzgersdorf, Steinergasse 25	869 22 33
MS	*Höbartner Wolfgang*	
INTK		
VS	23, Erlaa, Erlaaer Straße 74	869 02 48
	Eichberger Margarethe	
VS	23, Inzersdorf, Anton-Baumgartner-Straße 119	667 16 64
VSK		
INTK	*Grubich Roswitha,* Oberschulrätin	
AKL		
HS	23, Inzersdorf, Anton-Baumgartner-Straße 119	667 62 51
MS		
5TW	dzt. unbesetzt	
ÖKS		
	Expositur: 23, Inzersdorf, Putzendoplergasse	
VS	23, Inzersdorf, Draschestraße 96	615 56 39
VSK	*Kerbler Monika*	
HS	23, Liesing, Dirmhirngasse 138	865 92 44
MS	*Hatzinger-Winkler Ursel,* Oberschulrätin	
INTK		
LFKL		
5TW		
VS	23, Liesing, Pülslgasse 28	869 26 66
AKL	*Vesely Hannelore,* Oberschulrätin	
VS I	23, Mauer, Bendagasse 1–2	889 85 07

INTK Böhm *Eva-Maria*
VSK
VS II 23, Mauer, Bendagasse 1–2 .... 889 86 07
VSK *Leuthner Ingrid*
INTK
HS 23, Mauer, Bendagasse 1–2 .... 889 85 50
StS *Spielmann Johann*
MS
5TW

INTK
VS 23, Rodaun, Fürst-Liechtenstein-Straße 17 .... 888 69 21
Prochaska Ingrid, Oberschulrätin
VS 23, Siebenhirten, Akaziengasse 52–54 .... 69 19 37
VSK *Blei Waltraud,* Oberschulrätin
VS 23, Siebenhirten, Baslergasse 43 .... 699 19 38
Mum Sonja, Oberschulrätin

2. Öffentliche Sonderschulen:

Sondererziehungsanstalten:

SPZ 9, Galileigasse 3 .... 317 **21 70**
VS-FK *Knoblich, Dr. Regina*
SPZ 11, Hoefftgasse 7 .... 767 33 36
VS-FK *Schneeberger Otto*
HS-FK
VS 13, Hackinger Kai 15 .... 877 25 98
SPZ *Ertlbauer Otto*
HeimS
HS
ASO
SPZ 14, Hauptstraße 72 .... 979 42 03
HS *Kienbauer Karl*
SPZ 19, Hohe Warte 3–5 .... 368 53 85
VS *Weichhardt Karl,* Oberschulrat
HS
SPZ 20, Jägerstraße 11–13 .... 334 67 34
Schimak Gertraud
SPZ 20, Leipziger Platz 2 .... 332 63 46
Kreuzinger Wolfgang

Heilstättenschule:

SHE 17, Kindermanngasse 1 .... 405 72 77
HeimS *Schierer, Mag. Ingrid*
SO
VSK
VS Expositur: 3, Baumgasse 75
HS (Mautner-Markhof'sches
StS Kinderspital) .... 625 . . ., 711 05 . . ., 252
Expositur: 9, Kinderspitalgasse 6
(St.-Anna-Kinderspital) ...... 401 70 . . ., 254
Expositur: 9, Währinger Gürtel 18–20
(Universitätskliniken) 610 . . ., 404 00 . . ., 6558
Expositur: 9, Währinger Gürtel 18–20
(Universitätsklinik für Kinder- und Jugendheilkunde, Universitätsklinik für Neuropsychiatrie des Kinder- und Jugendalters) .. 610 . . ., 404 00 . . ., 3159, 3446
Expositur: 9, Währinger Gürtel 18–20
(Heilpädagogik) .... 610 . . ., 404 00 . . ., 3273
Expositur: 10, Schrankenberggasse 31
(Gottfried von Preyer'sches
Kinderspital) .... 624 . . ., 601 13 . . ., 330
Expositur: 11, Hoefftgasse 7
(Projektklasse für autistische
und teilleistungsgestörte Kinder) 768 24 91
Expositur: 12, Kundratstraße 37
(Unfallkrankenhaus Meidling) . 601 50 . . ., 482
Expositur: 13, Riedlgasse 5 (Neurologisches
Krankenhaus Rosenhügel) .... 627 . . .,
818 00 . . ., 344
Expositur: 13, Speisinger Straße 109
(Orthopädisches Spital) .... 801 82 . . ., 567
Expositur: 14, Baumgartner Höhe 1
(Psychiatrisches Krankenhaus,
Pavillon 17) .... 619 . . ., 910 60 . . ., 51748
Expositur: 16, Montleartstraße 37
(Wilhelminenspital) . 615 . . ., 491 50 . . ., 2297
Expositur: 18, Vinzenzgasse 2–6
(Haus der Barmherzigkeit) .... 401 99 . . ., 166
Expositur: 20, Donaueschingenstraße 13
(Lorenz-Böhler-Unfallkrankenhaus) .... 331 10 . . ., 216
Expositur: 22, Stadlau, Langobardenstraße 122
(SMZ-Ost Donauspital) .... 611 . . .,
288 02 . . ., 4429

Bundesinstitute:

INTK 2, Wittelsbachstraße 5 .... 728 08 66
PS (Bundes-Blindenerziehungsinstitut)
BBI dzt. unbesetzt
THS
INTK 13, Maygasse 25 .... 804 63 64
BIG (Bundesinstitut für Gehörlosenbildung)
THS *Koskarti Ulrich,* Prof.

Sonderschule für sehbehinderte Kinder:

VS 15, Zinckgasse 12–14 .... 982 51 91
HS *Englisch Eduard,* Oberschulrat
MA
SO
INTK
SEH
OS

Sonderschule für sprachgestörte Kinder:

VS 3, Landstraßer Hauptstraße 146 .... 718 52 13
VSK *Frühwirt Inge-Maria,* Oberschulrätin
INTK
StS
SPR
NGS
GTS

Sonderschulen für körperbehinderte Kinder:

THS 17, Hernalser Hauptstraße 220–222 ..... 484 93 01
VS *Doubek Annemarie*
HS
SO
SKÖ
INTK
SO Expositur: 22, Aspern,
INTK Hammerfestweg 1 .... 282 58 04
THS 18, Währinger Straße 173–181 .... 479 11 76
VS *Daniel Norbert*
SO
VSK
SKÖ

THS 18, Währinger Straße 173–181 .... 470 71 94
HS *Novacek Brigitte*
SKÖ
THS 23, Mauer, Kanitzgasse 8 .... 888 10 46 ...
VS *Handler, Dr. Peter,* Oberschulrat
HS
SO
PS
SKÖ

Sonderschulen für schwerstbehinderte Kinder:

THS 2, Schwarzingergasse 4 .... 214 70 80
INTK *Hauser Gundula*
SSB
THS 3, Paulusgasse 9–11 .... 712 22 55
INTK *Christoph Gabriela*
SSB
AKL
THS 14, Kienmayergasse 41 .... 982 62 72
INTK *Rakowitz Heidi Maria*
SSB
THS 21, Herchenhahngasse 6 .... 259 83 41
INTK *Marx Brigitte*
SSB

Sonderschule für schwerhörige Kinder:

SSH 22, Aspern, Hammerfestweg 1 .... 282 58 04
THS *Aigner Brigitte*
VS
HS
VSK
INTK
MA
FK

Allgemeine Sonderschulen:

INTK 2, Holzhausergasse 5 .... 216 51 24
Schultes Peter, Oberschulrat
PS 2, Wolfgang-Schmälzl-Gasse 15 ...... 728 00 62
Gratzl Regine
StS 3, Petrusgasse 10 .... 712 25 53
INTK *Frank-Häusler Edeltraud,* Oberschulrätin
Expositur: 3, Paulusplatz 4 .... 712 68 90

StS 5, Diehlgasse 2 .... 544 27 82
INTK *Pfleger Gabriele*
MA 6, Spalowskygasse 5 .... 597 91 76
INTK *Schinnagl Leopold*
INTK 10, Quellenstraße 52 .... 602 11 48
Pszczolka Brigitte
INTK 10, Sonnleithnergasse 32 .... 602 11 49
Mundsperger Gerhard
INTK 11, Herderplatz 1a 749 51 34
Odehnal Friederike, Oberschulrätin
StS 12, Rosasgasse 8 .... 813 42 73
INTK *Lechner Heinz,* Oberschulrat
Expositur: 12, Ruckergasse 40 ...... 815 11 69
INTK 14, Linzer Straße 232 .... 914 85 57
Schopper Brigitte
Expositur: 14, Muthsamgasse 2 ..... 985 24 05
INTK 15, Kröllgasse 20 .... 982 32 33
Poledna Rosemarie
StS 16, Schinnaglgasse 3–5 .... 493 15 47
PS *Langer Herbert*
INTK
INTK 17, Hernalser Hauptstraße 222 .... 484 93 05
OS *Branc Irene*
INTK 17, Leopold-Ernst-Gasse 37 .... 485 23 52
Hofbauer Brigitta
18, Anastasius-Grün-Gasse 10 .... 478 34 48
Soukup Ingrid
INTK Expositur: 19, Pyrkergasse 14–16 ... 369 19 94
StS 20, Treustraße 9 .... 330 45 87
PS *Eichleter Wolfgang*
INTK
INTK 20, Vorgartenstraße 42 .... 330 06 91
Kozlik Karl
Expositur: 20, Leystraße 34 .... 332 72 29
INTK 21, Adolf-Loos-Gasse 2 .... 259 64 36
Zak Walter
INTK 21, Franklinstraße 27-33 .... 270 31 68
Eifler Renate
INTK 22, Kagran, Lorenz-Kellner-Gasse 15 ... 259 81 00
Speckmayer Norbert
StS 22, Stadlau, Steinbrechergasse 6 .... 203 63 92
INTK *Patschka Susanne*
OS
INTK 23, Atzgersdorf, Canavesegasse 22a 869 35 94
Simmeth Gisela, Oberschulrätin

3. Öffentliche Polytechnische Schulen:

3, Maiselgasse 1 .... 796 78 44
Schmalhofer Hans
PS-K 10, Pernerstorfergasse 30–32 .... 602 44 76
INTK *Pospichal Josef*
INTK Expositur: 10, Wendstattgasse 3 ..... 688 06 27
PS-K 15, Benedikt-Schellinger-Gasse 1–3 .... 985 45 68
INTK *Gaderer-Witerna Edith*
PS-FMS Expositur: 23, Inzersdorf, Anton-Baumgartner-Straße 44 .... 667 77 35

PS-K 18, Schopenhauerstraße 81 .... 470 61 10
Schmutz Otto
Expositur: 18, Bischof-Faber-Platz 1 . 479 81 87
PS-K 20, Vorgartenstraße 95–97 .... 330 45 13
INTK *Adunka Elisabeth*
5TW Expositur: 21, Roda-Roda-Gasse 3 .. 292 35 95
INTK 22, Kagran, Wintzingerodestraße 1–3 ... 203 73 82
Stribrny Josef, Oberschulrat
INTK Expositur: 2, Feuerbachstraße 3 ..... 728 08 31

II. Privatschulen:

1. Private Volks- und Hauptschulen:

VS 1, Judenplatz 6 .... 533 95 84
Hofbauer Barbara
VS 2, Castellezgasse 35 .... 216 40 47
Nebehay Maria

VS 2, Malzgasse 16 .... 214 50 80, 214 37 94
HS *Pollak Eleonora*
SEB
VS 2, Obere Augartenstraße 1 ..... 216 39 42 ..., 10

NGS	*Ondraschek Elisabeth*
VS	2, Obere Augartenstraße 34 .... 214 48 21 ..., 12
	Schreiner Angelika
HS	2, Obere Augartenstraße 34 .... 214 48 21 ..., 11
	Brabec Maria, Oberschulrätin
VS	2, Schwarzenstockallee 2 .... 728 17 91
	Kejda, Dr. Rosemarie
VS	3, Erdbergstraße 70 .... 713 53 31 ..., 42
	Potyka Elisabeth
HS	3, Erdbergstraße 70 .... 713 53 31 ..., 47
	Heindl Margarete, Oberschulrätin
VS	3, Rennweg 31 .... 712 62 46 ..., 57
	Reinhardt Ingrid
VS	3, Sebastianplatz 3 .... 714 88 76
HS	*Hoff, Mag. Alena*
5TW	
VS	4, Karlsplatz 14 .... 505 27 53
	Heiss Heide, Oberschulrätin
VSK	Expositur: 2, Nepomukgasse 2 ...... 212 67 01
INTK	
HS	4, Karlsplatz 14 .... 505 96 34
5TW	*Wurm Wilhelm,* Schulrat
VS	4, Ziegelofengasse 2 .... 587 17 35
	Reisinger Rupert, Oberschulrat
VS	6, Liniengasse 21 .... 597 24 46
	Fuchs Renate
HS	6, Liniengasse 21 .... 596 21 39
	Zolles Manfred
VS	6, Lutherplatz 1 .... 597 14 46
	Selinger Adelheid
VS	7, Burggasse 37 .... 523 03 93
VSK	*Grossebner, Dr. Gabriele*
VS	7, Kenyongasse 4–12 .... 523 29 83 ..., 108
VSK	*Kienbauer Agnes*
HS	7, Kenyongasse 4–12 .... 523 29 83 ..., 202
	Kuttner Maria Edith
VS	8, Piaristengasse 43 .... 406 22 60
VSK	*Pesendorfer Susanne*
SEB	
HS	9, Grünentorgasse 26 .... 319 11 49 ..., 16
MS	*Pokorny Hans*
VS	9, Währinger Straße 59 .... 408 50 00
	Ben David-Hindler, Dr. Elisabeth
HS	9, Währinger Straße 59 .... 408 50 00
	Wunsch-Grafton Ben
VS	10, Alxingergasse 8 .... 604 45 52 ..., 14
VSK	*Mayr Elisabeth,* Oberschulrätin
HS	10, Alxingergasse 8 .... 604 45 52 ..., 19
THS	*Neubauer Maria*
5TW	
VS	10, Ludwig-von-Höhnel-Gasse 17-19 ... 689 39 26
VSK	*Safer Elisabeth,* Oberschulrätin
THS	
HS	10, Ludwig-von-Höhnel-Gasse 17–19 ... 688 78 49
THS	*Panrok Claudia*
5TW	
VS	10, Quellenstraße 87 .... 604 01 33
	Langthaler, Mag. Kurt
	Expositur: 10, Antonsplatz 17 ...... 603 31 91
VS	13, Feldmühlgasse 26 .... 877 31 91
	Rössel-Majdan, Dr. Elisabeth
VS	13, Schloßberggasse 17 .... 877 36 91 ..., 18
HS	*Angelmayer Silvia*
GTK	*Löschl Margarete,* Oberschulrätin
THS	
5TW	
VS	13, Schrutkagasse 51–53 .... 876 68 21
	Dziadek Erika
VS	14, Breitenseer Straße 31 .... 982 30 52 ..., 16
THS	*König Walter,* Oberschulrat
SEB	
VS	14, Hüttelbergstraße 5 .... 911 69 68
	Haspel Saskia
VS	15, Friesgasse 4–8 .... 893 65 50 ..., 58
VSK	*Obmann Therese*
HS	15, Friesgasse 4 .... 893 65 50 ..., 36
	Vodermayer Adele
VS	15, Gebrüder-Lang-Gasse 6 .... 893 43 16
VSK	*Schönberger Anton,* Oberschulrat
OS	
HS	
VS	18, Antonigasse 72 .... 470 30 50
VSK	*Kispert Franziska*
HS	*Vormaier Rosa,* Oberschulrätin
5TW	
INTK	
VS	18, Geymüllergasse 1 .... 479 31 21
HS	*Hamann Christian*
VS	18, Lacknergasse 89 .... 479 21 80 ..., 31
HS	*Cermak Erika*
VSK	
5TW	
VS	18, Scheidlstraße 2 .... 479 23 54
VSK	*Hofbauer Karl*
VS	18, Schopenhauerstraße 44–46 ... 406 11 73 ..., 12
VSK	*Hofer Gertrud*
HS	18, Schopenhauerstraße 44–46 ... 406 11 73 ..., 15
	Kleiner Wolfgang
VS	18, Schumanngasse 17 .... 405 65 48
	Flack Klaus, Oberschulrat
VS	18, Semperstraße 45 .... 479 19 11
VSK	*Schwamberger, Dr. Michael,*
	Oberschulrat
HS	18, Semperstraße 45 .... 479 19 12
	Ginner Franz, Oberschulrat
VS	19, Alfred-Wegener-Gasse 10–12 ...... 320 74 12
VSK	*Artner Helene*
SEB	
HS	19, Alfred-Wegener-Gasse 10–12 ...... 320 73 09
	Zolles Johann
VS	19, Döblinger Hauptstraße 83 ... 368 75 21 ..., 17
VSK	*Falk Ingeborg*
VSK	21, Anton-Böck-Gasse 20 .... 291 25 ..., 660
VS	*Zolitz Sebastian*
THS	
HS	*Klug Alois*
THS	
VS	22, Kaisermühlen,
THS	Schödlbergergasse 20 .... 23 53 99 ..., 35
VSK	*Musick Christine*
VS	22, Stadlau, Hardeggasse 65 .... 283 21 38 ..., 15
VSK	*Spuller, Dr. Veronika*
VS	23, Atzgersdorf, Endresstraße 100 ...... 888 12 75
	Kratky Gisela
VS	23, Mauer, Franz-Asenbauer-
MKS	Gasse 49 .... 888 21 25 ..., 35
THS	*Gusterer Walter*
HS	
VS	23, Mauer, Maurer-Lange-Gasse 115 .... 889 82 82
VSK	*Lukas Gertraud*
VS	23, Rodaun, Promenadeweg 3 .. 888 41 58 ..., 222
THS	*Nachbargauer Doris*
VS	23, Rodaun, Willergasse 55 ..... 888 41 43 ..., 24
OS	*Jogl Johanna*
HS	23, Rodaun, Willergasse 55 ..... 888 41 43 ..., 25
OS	*Weghofer Marianne*
5TW	

2. Private Sonderschulen:

18, Antonigasse 100–102 .... 470 37 87
Tif Magdalena

HeimS 19, Am Himmel – Gspöttgraben 5 .... 369 76 80 . . . , 30
Pant Anneliese, Oberschulrätin

HeimS INTK 19, Stefan-Esders-Platz 1 .... 320 31 89
Wögerer Rudolf

23, Mauer, Endresstraße 99 .... 888 13 20
Krisch Elfriede

III. Schulen mit ausländischem Lehrplan:

VS 6, Mollardgasse 50 .... 596 06 80
(Schule der Islamischen Republik Iran)

VS AHS 9, Liechtensteinstraße 37a 317 22 41
(Französisches Lyceum)

VS AHS 10, Gudrunstraße 184 .... 603 02 46
(Danube International School)

19, Kreilplatz 1-2 .... 318 82 11
(Vienna Christian School)

VS HS 19, Krottenbachstraße 249 .... 440 29 53
(Arabische Schule)

VS AHS 19, Salmannsdorfer Straße 45–47 .... 44 27 63
(American International School)

19, Scheibelreitergasse 15 .... 320 79 80
(Schwedische Schule)

VS AHS 22, Kagran, Prandaugasse 219 22 01
(Verein Japanische Schule)

VS AHS 22, Kagran, Straße der Menschenrechte 1 .... 203 55 95
(Vienna International School)

VS 22, Kaisermühlen, Am Hubertusdamm 17–19 .... 713 91 97
(Internationale Schule des Islamischen Zentrums)

IV. Öffentliche und private Bildungsanstalten für Kindergartenpädagogik, Bundesanstalt für Leibeserziehung, Kolleg für Sozialpädagogik:

1. Öffentliche Schulen:

8, Lange Gasse 47 .... 409 67 67
(Bundes-Bildungsanstalt für Kindergarten-pädagogik)
dzt. unbesetzt

10, Ettenreichgasse 45c 603 44 16
(Bundes-Bildungsanstalt für Kindergarten-pädagogik)
Nalis, Mag. Dr. Heidemarie, Prof.

15, Auf der Schmelz 6 .... 982 26 61 . . ., 155
(Bundesanstalt für Leibeserziehung)
Gloggnitzer, Mag. Johann

2. Privatschulen:

7, Kenyongasse 4–12 .... 526 27 81 . . ., 113
(Bildungsanstalt für Kindergartenpädagogik „Mater Salvatoris" der Kongregation der Töchter des göttlichen Erlösers)
Rohrweck, Mag. Maria Magdalena, Prof.

19, Döblinger Hauptstraße 83 ... 368 75 21 . . ., 18
(Bildungsanstalt für Kindergartenpädagogik „Maria Regina" der Schwestern vom Armen Kinde Jesus)
Mehl, Mag. Dr. Christine

21, Patrizigasse 2 .... 275 34 . . ., 90951
(Bildungsanstalt für Kindergartenpädagogik der Stadt Wien)
Lukan, Mag. Ilse

21, Freytaggasse 32 .... 275 34 . . ., 90970
(Kolleg für Sozialpädagogik am Institut für Sozialpädagogik der Stadt Wien)
Rückert, Dr. Klaus

V. Übungsschulen der Pädagogischen Akademien:

VS VSK INTK 10, Ettenreichgasse 45b .... 602 91 92 . . ., 276
(Übungsschule der Pädagogischen Akademie des Bundes)
Menhart Elisabeth, Prof., Abteilungsvorstand

HS INTK 10, Hebbelplatz 1 .... 604 31 18
(Übungsschule der Pädagogischen Akademie des Bundes)
Turic, Dr. Georg, Abteilungsvorstand

VS 21, Mayerweckstraße 1 .... 291 08 . . ., 205
(Übungsschule der Pädagogischen Akademie der Erzdiözese Wien)
Eder Johann, Prof., Abteilungsvorstand

HS 21, Mayerweckstraße 1 .... 291 08 . . ., 204
(Übungsschule der Pädagogischen Akademie der Erzdiözese Wien)
Kaufmann Erwin, Oberstudienrat, Abteilungsvorstand

Berufsbildende Schulen

1. Öffentliche Berufsschulen:

Bäcker und Konditoren, Fleischer
12, Längenfeldgasse 13–15 .... 813 16 46 . . ., 95411
Radatz Johann, Oberschulrat

Baugewerbe
22, Kagran, Wagramer Straße 65 .... 203 21 11
Graf Andreas, Oberschulrat

Bekleidung, Textil, Technische Zeichner und Zahntechniker
12, Längenfeldgasse 13–15 .... 813 16 44 . . ., 95341
Skop Paul
Expositur: Klosterneuburg, NÖ,
Martinstraße 56–58 .... 0 22 43/332 80
Expositur: 23, Mauer, Kanitzgasse 8 .... 889 24 52

Bürokaufleute
15, Meiselstraße 19 .... 985 69 52
Miggl Erwin, Oberschulrat

Büro- und Industriekaufleute
5, Castelligasse 9 .... 544 61 57
Schiexl Herbert

Büro-, Industrie- und Speditionskaufleute
12, Längenfeldgasse 13–15 .... 813 16 44 . . ., 95361
Holzgethan Johannes, Oberschulrat

Chemie, Grafik und gestaltende Berufe
15, Hütteldorfer Straße 7–17 ...... 982 26 91 . . ., 95211
Rössler Leopold, Prof.

Einzelhandel I
13, Amalienstraße 31–33 .... 876 44 11
Steinböck Edeltraud

Einzelhandel II
15, Hütteldorfer Straße 7–17 ...... 982 26 91 . . ., 95222
Wasserbauer Wilfried, Oberschulrat

Einzelhandel III
15, Hütteldorfer Straße 7–17 ...... 982 26 91 . . ., 95232
Bolda Edith

Einzelhandel IV
15, Goldschlagstraße 113 .... 982 45 40
Hainz Friedrich

Elektromechanik
6, Mollardgasse 87 .... 599 16 . . ., 95641
Schmerold, Ing. Heinz

Elektrotechnik I
6, Mollardgasse 87 .... 599 16 . . ., 95660
Horner Reinhard, Prof., Oberschulrat

Elektrotechnik II
6, Mollardgasse 87 .... 599 16 . . ., 95650
Boyer, Ing. Franz

Friseure I
14, Goldschlagstraße 137 .... 982 26 91 . . ., 95811
Heder Renate

Friseure II
14, Goldschlagstraße 137 .... 982 44 90
Fessl Monika

Friseure III
16, Kreitnergasse 32 .... 492 41 87
Pelikan, Dr. Helmut

Gärtner und Floristen
22, Kagran, Siebeckstraße 14 .... 203 21 14
Walzer, Ing. Karl-Heinz

Gastgewerbe
12, Längenfeldgasse 13–15 .... 813 16 44 . . ., 95351
Moser Peter Paul

Großhandel
15, Kauergasse 3 .... 892 80 76
Schreiber Elfriede, Oberschulrätin

Holzbearbeitung und Musikinstrumentenerzeugung
15, Hütteldorfer Straße 7-17 ...... 982 26 91 . . ., 95261
Schröfl Manfred

Kraftfahrzeugtechnik I
21, Scheydgasse 40 .... 277 56 . . ., 345
Ehn, Ing. Friedrich

Kraftfahrzeugtechnik II
21, Scheydgasse 40 .... 277 56 . . ., 245
Körner, Ing. Heinz, Oberschulrat

Maler und Kunstgewerbe
15, Hütteldorfer Straße 7–17 ...... 982 26 91 . . ., 95241
Haspel Alfred

Maschinen- und Fertigungstechnik
7, Apollogasse 1 .... 523 45 10 . . ., 24
Matauschek, Ing. Günther

Mechaniker und Optiker
7, Apollogasse 1 .... 523 45 10 . . ., 25
Schenk, Ing. Fridolin, Oberschulrat

Nachrichtentechnik
6, Mollardgasse 87 .... 599 16 . . ., 95631
Schmid Franz

Sanitär- und Heizungstechnik
6, Mollardgasse 87 .... 599 16 . . ., 95671
dzt. unbesetzt

Schlosser und Glaser
6, Mollardgasse 87 .... 599 16 . . ., 95620
Piffl Karl

Spengler und Karosseure
21, Scheydgasse 40 .... 277 56 . . ., 145
Pomahac, Ing. Herbert

2. Private Berufsschulen:

Brauer, Mälzer und Destillateure am Österreichischen Getränkeinstitut
18, Michaelerstraße 25 .... 479 69 24 . . ., 12
Schwarz, Dr. Helmut

Berufsschule der Firma Julius Meinl AG
13, Hietzinger Hauptstraße 17 ...... 877 12 56 . . ., 5111
Fiala Gerd, Komm.-Rat

Berufsschule für Versicherungskaufleute des Bildungswerkes der Österreichischen Versicherungswirtschaft
9, Berggasse 16 .... 310 54 90
Schmidthaler, Dr. Sylvester

Berufsbildende mittlere und höhere Schulen
(öffentliche und private)

1. Fachschulen und höhere Lehranstalten für wirtschaftliche Berufe:

Höhere Lehranstalt für wirtschaftliche Berufe der Kongregation der Schulschwestern vom 3. Orden des Hl. Franziskus
3, Erdbergstraße 70 .... 713 53 31 . . ., 37
Keibl, Mag. Helmut, Prof.

Höhere Bundeslehranstalt für wirtschaftliche Berufe
4, Wiedner Gürtel 68 .... 505 78 71
Schindl, Dkfm. Mag. Gertraud

Fachschule der Stadt Wien für wirtschaftliche Berufe
9, Hahngasse 35 .... 317 92 96
Wohlschläger Inge

Fachschule der Stadt Wien für wirtschaftliche Berufe
12, Dörfelstraße 1 .... 813 62 52
Nitsch Christine

Fachschule für wirtschaftliche Berufe der Dominikanerinnen
13, Auhofstraße 177 .... 877 36 91
Boisits Ottilie

Höhere gewerbliche Bundeslehranstalt für Tourismus und Höhere Bundeslehranstalt für wirtschaftliche Berufe
13, Bergheidengasse 5-19 .... 804 72 81 . . ., 601
Vogt, Mag. Ingrid

Bundesfachschule für wirtschaftliche Berufe
17, Kalvarienberggasse 28 .... 406 67 26
Marhold, Mag. Walpurga

Höhere Bundeslehranstalt für wirtschaftliche Berufe
19, Straßergasse 37–39 .... 32 21 81 . . ., 13
Wospiel, Mag. Dr. Leopoldine, Hofrätin

Höhere gewerbliche Bundeslehranstalt für Tourismus und Höhere Bundeslehranstalt für wirtschaftliche Berufe
21, Wassermanngasse 12 .... 258 41 60 . . ., 39
Kriehebauer, Mag. Viktoria, Hofrätin

Fachschule für wirtschaftliche Berufe des Schulvereins Institut Sankta Christiana
23, Rodaun, Willergasse 55 .... 888 41 43 . . ., 22
Aplenc, Dkfm. Dietlinde

2. Lehranstalten für Bekleidungsgewerbe:

Höhere gewerbliche Bundeslehranstalt für Mode und Bekleidungstechnik und Höhere Bundeslehranstalt für wirtschaftliche Berufe
9, Michelbeuerngasse 6–8 .... 40 50 41 . . ., 60
Fulton, Mag. Birgit, Hofrätin
Expositur: 13, Maygasse 25 .... 804 74 21
Spiegel Gutta, Oberschulrätin

Modeschule der Stadt Wien im Schloß Hetzendorf
12, Hetzendorfer Straße 79 .... 804 27 95 . . . 0
Baumgartner, Dkfm. Ing. Günter

Fachschule der Stadt Wien für Mode und Bekleidungstechnik
15, Siebeneichengasse 17 .... 893 69 77
Spellitz Elisabeth

Höhere gewerbliche Bundeslehranstalt für Mode und Bekleidungstechnik
16, Herbststraße 104 .... 492 09 68
Siegmeth, Dkfm. Mag. Lore, Hofrätin

3. Fachschulen für Sozialberufe und verwandte Lehranstalten:

Wiener Jeschiwah-Fachschule für jüdische Sozialberufe des Israelitischen Tempel- und Schulvereins Machsike Hadass
2, Große Mohrengasse 19 .... 214 70 70
Mandl Mordechai

Lehranstalt für Ehe- und Familienberatung der Erzdiözese Wien
3, Ungargasse 3/1/42 .... 713 54 19
Gutmann Christa, Dipl.-Sozialarbeiterin

Fachschule für Sozialberufe der Caritas der Erzdiözese Wien
9, Seegasse 30 .... 317 21 06 . . . 0
Mandl, Dr. Wolfgang

Lehranstalten für Alten- und Behindertenarbeit der Caritas der Erzdiözese Wien
9, Seegasse 30 .... 317 21 06 . . ., 14
Teuschl, Mag. Waltraud
Expositur: 2, Kleine Stadtgutgasse 9 .... 214 25 80
Meyer, Dr. Johannes

Lehranstalt für pastorale Berufe am Seminar für kirchliche Berufe des Herrn Weihbischof Jakob Mayr als Beauftragter der Österreichischen Bischofskonferenz
13, Wolfrathplatz 2 .... 877 53 70 . . . 0
Blaha, Mag. Erich

Lehranstalt für systemische Familientherapie der Erzdiözese Wien
18, Gentzgasse 22–24/4/1 .... 478 63 00
Scholze Margarete

Privater Lehrgang für Behindertenarbeit für Berufstätige am Institut für Sozialpädagogik der Stadt Wien
21, Freytaggasse 32 .... 271 71 66
Rückert, Dr. Klaus

4. Krankenpflegeschulen:

Krankenpflegeschule am Allgemeinen Krankenhaus – Erstes Ausbildungsjahr
9, Lazarettgasse 14 .... 610 ..., 404 00 ..., 7431
Minar, Univ.-Ass. Prof. Dr. Erich

Krankenpflegeschule am Wilhelminenspital – Erstes Ausbildungsjahr
16, Montleartstraße 37 .... 610 ..., 491 50 ..., 2351
Ludwig, Univ.-Prof. Dr. Heinz

Krankenpflegeschule an der Ignaz-Semmelweis-Frauenklinik – Erstes Ausbildungsjahr
18, Bastiengasse 36–38 .... 622 ..., 476 15 ..., 600
Arnolder, Dr. Michael, Primarius

5. Mittlere und höhere technische Lehranstalten:

Höhere technische Bundeslehranstalt Wien I
1, Schellinggasse 15 .... 515 79 ... 0
Weichselberger, Ing. Dkfm. Mag. Alfons, Oberstudienrat

Camillo-Sitte-Lehranstalt, Höhere technische Bundes-Lehr- und Versuchsanstalt Wien III
3, Leberstraße 4c .... 799 26 31 ... 0
Würger, Dipl.-Ing. Dr. Erik

Höhere technische Bundeslehranstalt, Bundeshandelsakademie und Bundeshandelsschule Wien III (Sonderanstalt für berufliche Ausbildung Körperbehinderter)
3, Ungargasse 69 .... 713 15 18 ... 0
Preiml, Dipl.-Ing. Mag. Egon

Höhere technische Bundeslehranstalt Wien IV
4, Argentinierstraße 11 .... 505 83 39 ..., 0
Weissenböck, Dipl.-Ing. Mag. Dr. Martin

Technische gewerbliche Abendschule der Kammer für Arbeiter und Angestellte für Wien
4, Plößlgasse 13 .... 505 35 50 ..., 3002
Kreisl, Ing. Peter

Höhere technische Bundeslehranstalt Wien X
10, Ettenreichgasse 54 .... 601 11 ..., 31
Israiloff, Dipl.-Ing. Dr. Peter, Hofrat

Werkmeisterschule für Berufstätige des Wirtschaftsförderungsinstitutes der Wirtschaftskammer Wien
18, Währinger Gürtel 97–99 .... 467 77 ..., 536
Deifel, Dr. Peter

Höhere technische Bundeslehranstalt Wien XXII
22, Kagran, Donaustadtstraße 45 .... 201 05
Wache, Dipl.-Ing. Walter

6. Mittlere und höhere kaufmännische Schulen:

Vienna Business School – Handelsakademie I der Wiener Kaufmannschaft
1, Akademiestraße 12 .... 505 81 00
Siegel, Mag. Reinhard

Vienna Business School – Handelsschule I der Wiener Kaufmannschaft
1, Akademiestraße 12 .... 504 73 30
Endredy, Dkfm. Mag. Gertrude, Regierungsrätin, Oberstudienrätin

Vienna Business School – Handelsakademie und Handelsschule Augarten der Wiener Kaufmannschaft
2, Untere Augartenstraße 9 .... 330 02 41
Maszl, Mag. Johannes

Zweijähriger Lehrgang für Büroberufe des Israelitischen Tempel- und Schulvereins Machsike Hadass
2, Malzgasse 16 .... 214 50 80
Pollak Eleonore

Handelsakademie und Handelsschule der Kongregation der Töchter der Göttlichen Liebe – Marienanstalt
3, Fasangasse 4 .... 798 45 67 ... 0
Reisenbauer, Dkfm. Maria

SVD-Schule für Informatik-Kaufleute
3, Salmgasse 6 .... 713 16 67
Hischenhuber, Mag. Heinz

Höhere technische Bundeslehranstalt, Bundeshandelsakademie und Bundeshandelsschule Wien III (Sonderanstalt für berufliche Ausbildung Körperbehinderter)
3, Ungargasse 69 .... 713 15 18 ... 0
Preiml, Dipl.-Ing. Mag. Egon

Handelsakademie, Handelsschule, Schule für EDV, Handelsakademie und Handelsschule für Berufstätige des Berufsförderungsinstitutes Wien
5, Margaretenstraße 65 .... 587 96 50
Schaffer, Mag. Harald

Vienna Business School – Handelsakademie II und Handelsschule III der Wiener Kaufmannschaft
8, Hamerlingplatz 5–6 .... 406 23 47
Eder, Mag. Dr. Walter, Oberstudienrat

Vienna Business School – Handelsakademie III und Handelsschule IV der Wiener Kaufmannschaft
8, Schönborngasse 3–5 .... 406 45 14
Wagner, Dkfm. Mag. Maria, Hofrätin

Bundeshandelsakademie und Bundeshandelsschule Wien X
10, Pernerstorfergasse 77 .... 602 51 91
Slanar, Mag. Peter
Expositur: 11, Geringergasse 4 .... 767 95 55
Schlerith, Mag. Peter

Bundeshandelsakademie und Bundeshandelsschule Wien XII
12, Hetzendorfer Straße 66 .... 804 35 79
Wlcek, Mag. Dieter

Bundeshandelsakademie und Bundeshandelsschule Wien XIII
13, Maygasse 43 .... 804 53 75
Werdenich, Mag. Christine

Handelsschule der Kongregation der Armen Schulschwestern von Unserer Lieben Frau
15, Friesgasse 4–8 .... 893 65 50 ..., 17
Auer, Dkfm. Dr. Annemarie, Oberstudienrätin

Privatschule für WerbedesignerInnen für Berufstätige des Berufsförderungsinstitutes Wien
15, Hütteldorfer Straße 7–17 .... 985 47 53
Miggl Erwin, Oberschulrat

Werbeakademie – Fachlehrgang für Marktkommunikation des Wirtschaftsförderungsinstitutes der Wiener Handelskammer

18, Währinger Gürtel 97 .... 476 77 . . ., 528
Pretting, Mag. Manfred

Vienna Business School – Handelsakademie Floridsdorf der Wiener Kaufmannschaft
21, Franklinstraße 24 .... 38 15 76
Kaspar, Mag. Walter

Vienna Business School – Handelsschule Floridsdorf der Wiener Kaufmannschaft
21, Franklinstraße 24 .... 38 15 76
Zlabinger, Dkfm. Mag. Waltraud

Bundeshandelsakademie und Bundeshandelsschule Wien XXII
22, Kagran, Polgarstraße 24 .... 202 61 31
dzt. unbesetzt

7. Gewerbliche Schulen:

Gastgewerbefachschule des Schul- und Förderungsvereins der Wiener Gastwirte
1, Judenplatz 3–4 .... 533 06 42 . . ., 30
Zodl Franz, Prof.

Hotel- und Tourismusschulen MODUL der Wirtschaftskammer Wien
19, Peter-Jordan-Straße 78–80 .... 476 70 . . ., 214
Auerböck, Dr. Erich, Prof.

Tierpflegerschule des Fonds zur Förderung der Tierpflegerausbildung
21, Josef-Baumann-Gasse 1 .... 250 77 . . ., 3750
Stur, Dr. Irene

8. Sonstige Schulen:

Konservatorium der Stadt Wien
1, Johannesgasse 4a 512 73 81
Track Gerhard, Prof.

Schauspielschule Krauss GesmbH
1, Weihburggasse 9 .... 512 43 24
Kucera Herbert

Diözesankonservatorium für Kirchenmusik der Erzdiözese Wien
1, Stock-im-Eisen-Platz 3/IV 513 18 65
Sengstschmid, Mag. Walter, Prof.

Konservatorium für Musik und dramatische Kunst der Frau Margarete Prayner
4, Mühlgasse 28–30 .... 587 57 49
Skilich Wilhelm, Prof.

Franz-Schubert-Konservatorium für Musik und darstellende Kunst des Herrn Karl Svec
6, Mariahilfer Straße 51 .... 587 47 87
Svec Karl

Wiener Kunstschule des Vereins „Wiener Kunstschule“
9, Lazarettgasse 27 .... 504 43 29 . . .0
Povaly, Mag. Günter, Prof.

„Goetheanistisches Konservatorium“ und Waldorfpädagogische Akademie des Kuratoriums für künstlerische und heilende Pädagogik
13, Feldmühlgasse 26 .... 877 31 91
Rössel-Majdan, DDDr. Karl

Vienna Konservatorium der Frau Mag. Eva Maria Schmid
15, Fenzlgasse 26 .... 985 81 12
Schmid, Mag. Eva Maria

Akademien

1. Pädagogisches Institut des Bundes:

Pädagogisches Institut des Bundes in Wien
10, Grenzackerstraße 18 .... 601 18 . . ., 4243
Davies, Dipl.-Ing. Dr. Robert, Prof.

2. Religionspädagogische Akademien, Religionspädagogische Institute und Wiener Akademie für höhere rabbinische Studien:

Religionspädagogische Akademie der Stiftung Pädagogische und Religionspädagogische Akademie der Erzdiözese Wien
21, Mayerweckstraße 1 .... 291 08 . . ., 307
Schultes, Msgr. Mag. Dr. Gerhard, Prof., Hofrat

Religionspädagogisches Institut der Erzdiözese Wien
1, Stephansplatz 3 .... 515 52 . . .0
Hisch, Mag. Dr. Johann, Prof.

Wiener Akademie für höhere rabbinische Studien des jüdisch-religiösen Kultur- und Bildungsklubs „Ohel Mosche“
2, Lilienbrunngasse 19 .... 216 88 64
Margulies Alexander Ascher

Evangelische Religionspädagogische Akademie der evangelischen Kirche AB und HB, vertreten durch den evangelischen Oberkirchenrat AB und HB Wien
18, Severin-Schreiber-Gasse 18 .... 470 60 90
Bünker, Dr. Otto Michael

Religionspädagogisches Institut der evangelischen Kirche AB und HB
18, Severin-Schreiber-Gasse 3/1/68 ..... 479 15 23 . . ., 621
Jung, Mag. Michael, Prof.

3. Akademien für Sozialarbeit:

Bundesakademie für Sozialarbeit
10, Grenzackerstraße 18 .... 601 18 . . ., 5158
Hoffmann, Dr. Dimiter Martin

Akademie für Sozialarbeit der Stadt Wien
21, Freytaggasse 32 .... 270 53 63
Wilfing, Dr. Heinz

ÖSTERREICHISCHER STÄDTEBUND

1, Rathaus, Stiege 5, Hochparterre, Tür 101 d–n, Tel. 40 00 . . .
Telefax: 40 00–99–89980
Internet e-mail: post@stb.or.at

Pramböck, Dkfm. Dr. Erich, Generalsekretär . . . 89981
Slovak, Dr. Friedrich, Senatsrat . . . 89982

Sekretariat:
Gehringer, Dipl.-Ing. Rolf, Senatsrat . . . 89991
Schnattinger, Dr. Andrea, Magistratsrätin . . . 89992
Kettner Walter, Oberamtsrat . . . 89993
Bucek Friedrich, Oberamtsrat . . . 89994
Schneider Harald, Oberamtsrat . . . 89995

Österreichische Gemeinde-Zeitung, Redaktion:
Pelinka Adolf, Amtsrat . . . 89996
Kanzlei . . . 89980

WIENER TOURISMUSVERBAND (WIEN-TOURISMUS)

2, Obere Augartenstraße 40, Tel. 211 14 . . .
Telefax: 216 84 92

Präsidentin:
Ederer, Mag. Brigitte, amtsführende Stadträtin . . . 40 00 . . ., 81201

Vizepräsidenten:
Dietrich, Mag. Karl Peter, Hotel Kaiserpark Schönbrunn . . . 813 86 10 . . . 0
Bitzinger, Ing. Josef, Sektionsobmann für Tourismus und Freizeit, Wirtschaftskammer Wien . . . 514 50 . . ., 244

Geschäftsführung:
Seitlinger, Mag. Karl, Senatsrat, Landestourismusdirektor . . . 100
Sekretariat . . . 105, 106

Abteilungen:

Werbung, Presse & PR:
Leiter: *Kraus Wolfgang J.,* Direktor-Stellvertreter . . . 200

Auslandsmedienbetreuung und Verkaufsförderung:
Leiterin: *Lisey, Dkfm. Gertraud* . . . 300

Gästeservice, Personal & Finanzen:
Leiter: *Lechner Eduard* . . . 400

Kongreßbüro:
Leiter: *Mutschlechner Christian* . . . 500

WIENER HOLDING AKTIENGESELLSCHAFT

1, Universitätsstraße 11, Tel. 408 25 69 . . .

Vorstand:
Stadler, Komm.-Rat, Dkfm. Klaus, Generaldirektor . . . 10, 14
Plametzberger, Mag. Heinz, Vorstandsdirektor . . . 33

Aufsichtsrat:
Kassar, Dr. Roland, Bereichsdirektor, Vorsitzender
Kadrnoska, Mag. Friedrich, Vorstandsdirektor, Vorsitzender-Stellvertreter
Geyer, Dr. Günter, Generaldirektor-Stellvertreter
Hackel, Dr. Heimo
Melamed, Dr. Danilo
Zörner, Dr. Franz, Obersenatsrat

Arbeitnehmervertreter:
Hanke Peter
Kohn Leopold
Raiber Peter

BANK AUSTRIA AKTIENGESELLSCHAFT

1, Am Hof 2, und 3, Vordere Zollamtsstraße 13, Tel. 711 91 . . . 0
Homepage: www.bankaustria com.
e-mail: pagemaster@ba.te.ecom.at

Haftungsträger Anteilsverwaltung – Zentralsparkasse

Telefax:
Zahlungsverkehr Ausland 711 91 . . ., 3602
Internationale Finanzierungen 711 91 . . ., 6934
Emissionen und Investor Relations 711 91 . . ., 5657
Großkundenbetreuung 711 91 . . . , 6893
Zahlungsverkehr Inland 711 91 . . ., 3201
Wechselabteilung 711 91 . . ., 5183
Vorstandssekretariat 711 91 . . ., 2872

Telex:
Bank Austria (allgemein) 11-5561

Organe:

Aufsichtsrat:

Vorsitzender:
Sellitsch, Komm.-Rat Dkfm. Dr. Siegfried, Generaldirektor

1. Vorsitzender-Stellvertreter:
Nettig, Komm.-Rat Walter, Präsident

2. Vorsitzender-Stellvertreter:
Humer Rudolf, Vorstandsvorsitzender

Mitglieder:
Becker, Komm.-Rat Erich, Vorstandsdirektor
Falke, Dr. Dieter, Vorstandsmitglied
Havranek Günther W., Steuerberater
Klinger, Mag. Dr. Ewald, Direktor
Molinari, Dr. Sandro, Präsident
Neuber Friedel, Vorstandsvorsitzender
Petrak, Komm.-Rat Dr. Walter
Schuster, Dr. Helmut Andreas
Sekyra, Dr. Hugo Michael, Vorstandsdirektor
Wielens, Dr. Willem A., Generaldirektor

Vom Betriebsrat entsendet:
Fuhrmann Hedwig, Vorsitzende des Zentralbetriebsrates
Heinzl Wolfgang, 1. Stv. Vorsitzender des Zentralbetriebsrates
Urban, Dr. Kornelia, 2. Stv. Vorsitzende des Zentralbetriebsrates
Kruschik Heribert, Mitglied des Zentralbetriebsrates
Lang Wolfgang, Mitglied des Zentralbetriebsrates
Schlager Thomas, Mitglied des Zentralbetriebsrates
Schlögl Walter, Mitglied des Zentralbetriebsrates

Vorstand:
Vorsitzender:
Randa, Dkfm. Gerhard, Generaldirektor
Vorsitzender-Stellvertreter:
Samstag Karl, Generaldirektor-Stellvertreter

Mitglieder:
Gehl Heinz, Vorstandsdirektor
Haller, Mag. Wolfgang, Vorstandsdirektor
Kadrnoska, Mag. Friedrich, Vorstandsdirektor
Zwickl Franz, Vorstandsdirektor

Vertreter der Aufsichtsbehörde:
Staatskommissär:
Glöckel, Dr. Rudolf, Ministerialrat
Staatskommissär-Stellvertreter:
Scharitzer, Dr. Gerhard, Finanzdirektor

Kundenzentren:

3, Vordere Zollamtsstraße 13
1, Am Hof 2

Geschäftsstellen der Bank Austria AG im Inland:

Zweigstellen:

Amstetten, Angern, Arnoldstein, Auersthal, Bad Bleiberg, Bad Sauerbrunn, Baden, Bludenz, Bregenz, Bruck/Mur, Bruckneudorf, Brunn/Gebirge, Deutschkreutz, Deutsch Wagram, Dornbirn, Drobollach, Eberndorf, Eisenkappel, Eisenstadt, Feistritz/Drau, Feldkirch, Fohnsdorf, Fürnitz, Gänserndorf, Garsten, Gmünd (2), Gols, Götzis, Graz (8), Griffen, Groß-Enzersdorf, Großpetersdorf, Gumpoldskirchen, Guntramsdorf, Hallein, Heidenreichstein, Hinterbrühl, Horn, Innsbruck (3), Judenburg, Kapfenberg, Klagenfurt (3), Klosterneuburg (3), Knittelfeld, Kohfidisch, Krems, Kufstein, Leoben, Leopoldsdorf im Marchfeld, Lienz, Linz (5), Marchegg, Maria Enzersdorf (2), Mattersburg, Matzen, Mauerbach, Mistelbach, Mödling (2), Murdorf, Neudörfl/Leitha, Neunkirchen, Neuzeug, Nötsch/Gailtal, Obdach, Oberpullendorf, Oberschützen, Oberwart, Orth/Donau, Perchtoldsdorf, Pöls, Pressbaum, Purkersdorf, Radenthein, Ried/Innkreis, Riezlern, Salzburg (3), Schrems, Schwaz, Schwechat, Sierning, Spittal/Drau, Stegersbach, Steyr (5), Stockerau, Straßhof, St. Pölten (3), Traun, Tulln, Untersiebenbrunn, Velden, Villach (10), Vöcklabruck, Völkermarkt, Vösendorf (2), Waidhofen/Ybbs, Weiz, Wels, Wien (144), Wolfsberg, Wörgl, Wr. Neudorf, Wr. Neustadt, Zell/See, Flughafen Wien.

Landesdirektionen:

Burgenland:
3, Wien, Landstraßer Hauptstraße 1
Tel. (01) 711 91–0

Kärnten/Osttirol:
9500 Villach, Hans-Gasser-Platz 8
Tel. (04242) 2022

NÖ Süd-Ost
2334 Vösendorf, SCS Bürocenter B 1
Tel. (01) 711 91–0

NÖ West:
3100 St.Pölten, J.-Raab-Promenade 27
Tel. (02742) 515 55

Oberösterreich:
4021 Linz, J.-K.-Vogelstraße 7–9
Tel. (0732) 7630

Salzburg:
5020 Salzburg, Faberstraße 10
Tel. (0662) 8690

Steiermark:
8011 Graz, Am Eisernen Tor 1
Tel. (0316) 8043

Tirol:
6021 Innsbruck, Museumstraße 20
Tel. (0512) 5353

Vorarlberg:
6900 Bregenz, Kornmarktplatz 2
Tel. (05574) 4955

Regionaldirektionen in Wien:

City (1. Bezirk):
1010 Wien, Am Hof 2

Nord-West (2., 9., 18., 19. und 20. Bezirk):
1020 Wien, Negerlegasse 10

Süd-Ost (3., 4., 5., 10. und 11. Bezirk):
1030 Wien, Vordere Zollamtsstraße 13

West (6., 7., 8., 15., 16. und 17. Bezirk):
1070 Wien, Neubaugasse 1

Süd-West (12., 13., 14. und 23. Bezirk, Mauerbach, Purkersdorf, Pressbaum):
1230 Wien, Breitenfurter Straße 358

Nord-Ost (21. und 22. Bezirk, Marchfeld):
1210 Wien, Schwaigergasse 30

Kreditvereine:

Für NÖ und Burgenland:
2340 Mödling, Klostergasse 18

Für Wien:
1030 Wien, Vordere Zollamtsstraße 13

WIENER STÄDTISCHE ALLGEMEINE VERSICHERUNG AKTIENGESELLSCHAFT

Ringturm, 1, Schottenring 30, Tel. 531 39 . . . 0

Aufsichtsrat:

Vorsitzender:
Samstag, Komm.-Rat Karl, Präsident

Vorsitzender-Stellvertreter:
Stadler, Dkfm. Klaus, Generaldirektor

Mitglieder:
Grinninger Norbert, Vorsitzender-Stellvertreter der Gewerkschaft der Gemeindebediensteten
Holoubek, Dr. Alfred, Generaldirektor i. R.
Kasztler, Ing. Werner, Generaldirektor
Klestil, Dipl.-Ing. Guido
Lashofer, Abt Präses Dr. Clemens, Stift Göttweig
Mayr, Dkfm. Helmut
Nettig, Komm.-Rat Walter, Präsident der Wirtschaftskammer Wien
Radlegger Wolfgang, Vorstandsdirektor
Sereinig, Dr. Johann, Vorstandsdirektor
Skyba, Dr. Karl, Generaldirektor

Arbeitnehmervertreterinnen/Arbeitnehmervertreter::
Ambrozy Paul
Doringer Renate
Fiedler Sylvia
Grimm Peter
Neuhauser Heinz
Urban Franz

Vorstand:
Sellitsch, Dkfm. Dr. Siegfried, Generaldirektor, Vorsitzender des Vorstandes
Geyer, Dr. Günter, Generaldirektor-Stellvertreter, Mitglied des Vorstandes
Lauer, Dr. Franz, Generaldirektor-Stellvertreter, Mitglied des Vorstandes
Fink, Dkfm. Karl, Vorstandsdirektor, Mitglied des Vorstandes
Jaindl Heinz, Vorstandsdirektor, Mitglied des Vorstandes
Raumauf, Dkfm. Hans, Vorstandsdirektor, Mitglied des Vorstandes

WIENER STÄDTISCHE WECHSELSEITIGE VERSICHERUNGSANSTALT – VERMÖGENSVERWALTUNG

Ringturm, 1, Schottenring 30, Tel. 531 39 . . . 0

Aufsichtsrat:

Vorsitzender:
Häupl, Dr. Michael, Bürgermeister der Stadt Wien

Vorsitzender-Stellvertreter:
Zilk, Prof. Dr. Helmut, Bürgermeister der Stadt Wien i. R.

Mitglieder:
Fichtenbauer, Dr. Peter
Gugler Hermann
Hanke, Komm.-Rat Erik, Direktor
Kaupa, Dipl.-Ing. Dr. Heinz, Vorstandsdirektor
Ludl, Dr. Herbert, Generaldirektor
Nowotny, Univ.-Prof. Dr. Ewald, Abgeordneter zum Nationalrat
Randa, Dkfm. Gerhard, Generaldirektor
Sindelka, Dr. Josef, Generaldirektor
Vanas, Mag. Norbert, Generaldirektor-Stellvertreter

Arbeitnehmervertreterinnen/Arbeitnehmervertreter:
Ambrozy Paul
Doringer Renate
Fiedler Sylvia
Grimm Peter
Neuhauser Heinz
Urban Franz

Vorstand:
Sellitsch, Dkfm. Dr. Siegfried, Generaldirektor, Vorsitzender des Vorstandes
Geyer, Dr. Günter, Generaldirektor-Stellvertreter, Mitglied des Vorstandes
Lauer, Dr. Franz, Generaldirektor-Stellvertreter, Mitglied des Vorstandes
Fink, Dkfm. Karl, Vorstandsdirektor, Mitglied des Vorstandes
Jaindl Heinz, Vorstandsdirektor, Mitglied des Vorstandes
Raumauf, Dkfm. Hans, Vorstandsdirektor, Mitglied des Vorstandes

GEMISCHTWIRTSCHAFTLICHE GESELLSCHAFTEN

(Stand 1. Jänner 1998)

a) Beteiligung der Gemeinde Wien mit mehr als 5% (ohne Subbeteiligungen der Wiener Holding Aktiengesellschaft)

Abfallwirtschaftsverbund Planungsges. m. b. H., 3, Viehmarktgasse 5–7, Tel. 796 61 70 . . .0 — 50 %
Aktiengesellschaft der Wiener Lokalbahnen, 12, Eichenstraße 1, Tel. 815 56 32 — 96,58 %
ARWAG Holding AG, 3, Würtzlerstraße 15, Tel. 797 00 . . . 0 — 28,65 %
Austria Ferngas Gesellschaft m. b. H., 1, Schubertring 14, Tel. 513 15 85 — 23,75 %
ENCOM Ges. m. b. H., 1, Dorotheergasse 7/2, Tel. 513 49 86 — 65 %
EnergieComfort GmbH, 9, Spittelauer Lände 45, Tel. 313 17 . . .0 — 50 %
Entsorgungsbetriebe Simmering Gesellschaft m.b.H., 11, 11. Haidequerstraße 6, Tel. 760 99 . . . 0 — 96,84 %
Fernwärme Wien Gesellschaft m. b. H., 9, Spittelauer Lände 45, Tel. 313 26 . . . 0 — 100 %
Flughafen Wien AG, Schwechat, NÖ, Tel. 70 07 . . . 0 — 17,38 %
Gemeinnützige Wohnungs- und Siedlungsgesellschaft der Wiener Stadtwerke Gesellschaft m. b. H., 6, Nelkengasse 6, Tel. 587 35 98 — 100 %
Gemeinschaftskraftwerk Stein Ges. m. b. H., 1, Am Hof 6a, Tel. 531 13 . . . 0 — 9,76 %
Hirschwanger Holzverarbeitungsges. m. b. H., Reichenau/Rax, Hirschwang 63, NÖ, Tel. 0 26 66/22 50 — 40 %
Importkohle Gesellschaft m. b. H., 4, Brucknerstraße 8, Tel. 505 15 82 . . . 0 — 33 %
Leopold Wolf & Co., 4, Goldeggasse 19, Tel. 501 95 — 100 %
Lischkar & Co. Ges. m. b. H., 12, Migazziplatz 4, Tel. 813 46 28 — 63,64 %
Museumsquartier Wien – Errichtungs- und Betriebsges. m. b. H., 7, Messeplatz 1, Tel. 523 58 81 — 25 %
Nationalpark Donau-Auen GmbH, Orth an der Donau, Fernbachstraße 17, NÖ, Tel. 0 22 12/34 50 — 25 %
Österreichische Elektrizitätswirtschafts AG 1, Am Hof 6A, Tel. 531 13 . . .0 — 5,01 %
Österreichische Erdgaswirtschaft Ges. m. b. H., 1, Schubertring 14, Tel. 513 15 85 — 12,5 %
Österreichische WeinmarketingservicegesmbH, 6, Gumpendorfer Straße 5, Tel. 587 47 67 — 10 %
Payer, Schmutzer & Co. Gesellschaft m. b. H., 12, Migazziplatz 4, Tel. 501 95 — 99 %
Tauernkraftwerke Aktiengesellschaft, Salzburg, Rainerstraße 29, Tel. 06 62/86 82 — 6,51 %
Teerag-Asdag Aktiengesellschaft, 3, Marxergasse 25, Tel. 711 38 . . . 0 — 81,63 %
Verkehrsverbund Ost-Region (VOR) Gesellschaft m. b. H., 7, Neubaugasse 1, Tel. 526 60 48 — 30 %
Wiener Holding Aktiengesellschaft, 1, Universitätsstraße 11, Tel. 408 25 69 . . . 0 — 21 %
Wiener Kreditbürgschaftsgesellschaft m. b. H., 3, Am Modenapark 2, Tel. 712 52 59 — 33,33 %
Wiener Stadtwerke Beteiligungs- und Vermögensverwaltungs GmbH, 1, Schottenring 30, Ringturm, Tel. 531 23 . . ., 73943 — 100 %
Wiener Veranstaltungsservice Gesellschaft m.b.H., 15, Vogelweidplatz 14, Tel. 981 00 . . . 0 — 14,3 %
WISPI-Betriebsgelände Bau- und BetriebsgesmbH, 1, Walfischgasse 5, Tel. 513 12 41 . . .0 — 10 %

b) Beteiligung bzw. Verwaltung der Wiener Holding Aktiengesellschaft mit mehr als 5 %

ART-SHOP VIENNA Kunstwarenhandel GmbH., 1, Universitätsstraße 11, Tel. 408 25 69 . . ., 58 — 100 % Wiener Holding
Cineinvest Kinoerrichtungs- und Betriebsges.m.b.H., 7, Neubaugasse 35, Tel. 523 65 11 — 30 % Wiener Holding
Cineplexx Kinobetriebe Gesellschaft m.b.H., 7, Neubaugasse 35, Tel. 523 65 11 — 30 % Wiener Holding
GESIBA Gemeinnützige Siedlungs- und Bauaktiengesellschaft, 1, Eßlinggasse 8–10, Tel. 534 77 . . . 0 — 99,97 % Stadt Wien
GFT Gesellschaft für Telekommunikation GmbH, 6, Linke Wienzeile 6, Tel. 588 34 . . ., 216 — 50 % Wiener Holding
Jüdisches Museum der Stadt Wien Gesellschaft m. b. H., 1, Trattnerhof 2/106, Tel. 535 04 31 — 51 % Stadt Wien, 49 % Wiener Holding
Kabel-TV-Wien Gesellschaft m. b. H., 19, Hofzeile 3, Tel. 368 34 24 — 100 % Stadt Wien
KBG KapitalbeteiligungsgmbH, 1, Universitätsstraße 11, Tel. 408 25 69 . . . 0 — 100 % Wiener Holding
Ö.K.O. MEDIA&Marketing Services Gesellschaft m. b. H., 15, Sechshauser Straße 83, Tel. 892 01 64 — 33.33 % Wiener Holding
Österreichische Filmtheater Betriebsgesellschaft mbH., 7, Neubaugasse 35, Tel. 523 65 11 . . ., 12 — 100 % Wiener Holding
Schloß Laxenburg Betriebsgesellschaft m. b. H., Laxenburg, Schloßplatz 10, NÖ, Tel. 0 22 36/71 2 26 — 50 % Wiener Holding
„Studentenheim Haus Döbling“ Betriebsgesellschaft m. b. H., 19, Gymnasiumstraße 85, Tel. 34 76 31 — 100 % Wiener Holding
Tierkörperbeseitigung Wien Gesellschaft m. b. H., 11, Simmeringer Lände 208, Tel. 767 61 76 . . .0 — 100 % Wiener Holding
Vereinigte Bühnen Wien Gesellschaft m. b. H., 6, Linke Wienzeile 6, Tel. 588 30 . . . 0 — 97,34 % Wiener Holding
WED Wiener Entwicklungsgesellschaft für den Donauraum Aktiengesellschaft, 2, Obere Donaustraße 19, Tel. 331 96 . . . 0 — 18 % Wiener Holding
Wiener Hafen Gesellschaft m. b. H., 2, Seitenhafenstraße 15, Tel. 727 16 . . . 0 — 100 % Stadt Wien
Wiener Schlachthof St. Marx Planungs-, Errichtungs- und BetriebsgmbH, 1, Universitätsstraße 11, Tel. 408 25 69 . . .0 — 50 % Wiener Holding
Wiener Stadthalle-Kiba Betriebs- und Veranstaltungsservicegesellschaft m. b. H., 15, Vogelweidplatz 14, Tel. 981 00 . . . 0 — 100 % Wiener Holding
Wiener Veranstaltungsservice Gesellschaft m. b. H., 15, Vogelweidplatz 14, Tel. 981 00 . . . 0 — 14,3 % Stadt Wien, 14,3 % Wiener Holding
Wiental-Sammelkanal Gesellschaft m. b. H., Purkersdorf, An der Stadlhütte 29, NÖ, Tel. 0 22 36/44601/52 — 50 % Wiener Holding

II. Teil

WIEN

aktuell

WIEN UND EUROPA

Von Mag. Eva Gaßner und Dr. Thomas Weninger

1. Die österreichische EU-Ratspräsidentschaft im zweiten Halbjahr 1998

Österreich ist aufgrund der Übernahme der EU-Ratspräsidentschaft im zweiten Halbjahr 1998 seit 1. Jänner 1998 erstmalig Mitglied der sogenannten EU-Troika; diese setzt sich jeweils aus der aktuellen, vorherigen und folgenden EU-Ratspräsidentschaft zusammen. Erstes sichtbares Zeichen gemeinsamen Handelns im Rahmen der EU-Troika war die Teilnahme der Staatssekretärin im Bundesministerium für auswärtige Angelegenheiten, Benita Ferrero-Waldner, an der EU-Mission in Algerien. Richtig ernst mit dem „EU-Vorsitz" wird es im zweiten Halbjahr 1998; ab 1. Juli 1998 übernimmt Österreich turnusmäßig die EU-Ratspräsidentschaft. Österreich wird damit sowohl erstmalig als auch als erstes der mit 1. Jänner 1995 zur EU beigetretenen Länder den EU-Vorsitz innehaben. Es handelt sich somit für Österreich keineswegs um eine „Routinepräsidentschaft". Österreich wird sich durch professionelles Management und Konzentration auf die wesentlichen Anliegen der Union als verläßlicher Partner in der EU präsentieren und in der österreichischen Bevölkerung den Gedanken der europäischen Integration verstärkt hervorheben.

Die Aufgabe des jeweils vorsitzführenden Mitgliedstaates besteht im wesentlichen darin, ein Arbeitsprogramm der Präsidentschaft auszuarbeiten, Arbeitsunterlagen für die Ratssitzungen vorzubereiten und die Sitzungen der Ratsarbeitsgruppen und des Rates bzw. des Europäischen Rates und allfälliger Ministerkonferenzen zu präsidieren.

Der Erfolg einer Präsidentschaft wird, wie etwa das Beispiel Irland gerade als eines der kleinsten EU-Mitgliedsländer im zweiten Halbjahr 1996 eindrucksvoll gezeigt hat, nach der Fähigkeit gemessen,

– anstehende Themen substantiell voranzutreiben und zu einem positiven Abschluß zu bringen, und nicht daran, eine grundlegende Neuorientierung der Europäischen Union herbeiführen zu wollen, sowie
– die nationalen Interessen zugunsten der Erfordernisse der europäischen Integration durch Aushandlung tragfähiger Kompromisse zurückzustellen.

Große Bedeutung kommt weiters dem internationalen Medienecho zu. Für einen Erfolg der österreichischen Präsidentschaft wird daher auch die „Rund-um-die-Uhr-Betreuung" der Journalisten bei Konferenzen und Räten maßgeblich sein. Eine umfassende Informations- und Kommunikationsarbeit der Präsidentschaft sollte dabei zum Aufbau einer „corporate identity" im Ausland, aber auch vor allem im Inland bei der österreichischen Bevölkerung beitragen.

Das Arbeitsprogramm der österreichischen Präsidentschaft ist von den – wohl die nächsten Jahre bestimmenden und dominierenden – integrationspolitischen Themen geprägt:

– Ratifikation und Umsetzung der Ergebnisse der EU-Regierungskonferenz 1996 (Vertrag von Amsterdam), – Beginn der „heißen Phase" der Wirtschafts- und Währungsunion (WWU),
– Beginn der Beitrittsverhandlungen mit den mittel- und osteuropäischen Ländern (MOEL) gemäß AGENDA 2000; gerade die Jahre 1998 und 1999 bilden dabei mit den Präsidentschaften Großbritanniens, Österreichs, Deutschlands und Finnlands ein „window of opportunity" für die beginnenden Beitrittsverhandlungen, und
– Diskussion über das im Zusammenhang mit der „Osterweiterung" anstehende Thema des EU-Haushaltes ab 2000 (Santer Paket I).

EU-Ratsvorsitz seit 1996		
	1. Halbjahr	**2. Halbjahr**
1995	**Frankreich**	**Spanien**
1996	**Italien (I)**	**Irland (IRL)**
1997	**Niederlande (NL)**	**Luxemburg (L)**
1998	**Großbritannien (GB)**	**Österreich (A)**
1999	**Deutschland (D)**	**Finnland (SF)**
2000	**Portugal (P)**	**Frankreich (F)**
2001	**Schweden (S)**	**Belgien(B)**
2002	**Spanien (E)**	**Dänemark (DK)**

Quelle: APA-Journal 5.12.1996

EU-Vorsitz Österreich – Termine 1998

Ministertreffen		
8.–10. 7.	Innsbruck	Arbeit, Soziales und Gleichstsellung der Frauen
17.–19. 7.	Graz	Umwelt
23.–24. 7.	Bad Tatzmannsdorf	Gesundheit
5.– 6. 9.	Salzburg	Äußeres
11.–12. 9.	Linz	Kultur
15.–16. 9.	Feldkirch	Verkehr
19.–22. 9.	St. Wolfgang	Landwirtschaft
25.–27. 9.	Wien	Wirtschaft, Finanzen (ECOFIN)
2.– 4.10.	Klagenfurt	Industrie, Forschung, Technologie
23.–24.10.	Baden	Bildung
29.–30.10.	Wien	Justiz, Inneres
EU-Räte, Konferenzen, Drittstaatentreffen		
1.– 2. 7.	Wien	Arbeitstagung Bundesregierung – Europäische Kommission
13.–15.10.	Wien	Jelzin-Besuch (bilateral und EU)
16.–17.10.	Wien	Allfälliger außerordentlicher EU-Rat
23.10.	Salzburg	Präsidium Ausschuß der Regionen
3.– 4.11.	Wien	EU-SADC*-Ministerkonferenz
14.11.	Wien	Außenministerkonklave
23.–24.11.	Wien	Tagung EU-Parlamentarier (COSAC)
11.–12.12.	Wien	EU-Gipfel

*) SADC = Southern African Development Community

Quelle:BMAA/APA-Journal 8.1.1998

Vom Bund wurde unter Federführung des Bundeskanzleramtes und des Bundesministeriums für auswärtige Angelegenheiten unter Einbindung der übrigen Ministerien, der Länder und Gemeinden sowie der Sozialpartner das österreichische EU-Präsidentschaftsprogramm ausgearbeitet. Besondere österreichische Akzente werden dabei auf die Bereiche Beschäftigungspolitik und Umweltschutz gelegt.

Neben den inhaltlichen europapolitischen Herausforderungen wird Österreich durch die EU-Präsidentschaft vor allem organisatorisch gefordert.

Hervorzuheben ist in diesem Zusammenhang, daß die EU-Ministerräte und die Ratsgruppen in Brüssel zusammentreten. Die Sitzungen des Europäischen Rates und der informellen Ministerräte sowie allfällige EU-Drittstaatentreffen finden aber im vorsitzführenden Mitgliedstaat statt.

Die organisatorischen Vorbereitungsarbeiten wurden bereits 1995 mit der Einrichtung des „Exekutivsekretariates für die Organisation der österreichischen Präsidentschaft des Rates der EU" begonnen. Dieses Exekutivsekretariat fungiert als zentrale Koordinationseinheit in Österreich und hält den Kontakt sowohl zu den anderen österreichischen Gebietskörperschaften – wie zur Stadt Wien – als auch zu den EU-Stellen selbst aufrecht. Darüber hinaus hat das Exekutivsekretariat wesentlich dazu beigetragen, daß auf Bundesebene eine Ausbildungsoffensive in Form eines eigenen Trainingsprogrammes für im EU-Bereich tätige Beamte von der Europaakademie der Verwaltungsakademie des Bundes gemeinsam mit der Diplomatischen Akademie durchgeführt wird. Ziel dieses „Präsidentschaftstrainings" ist die Vorbereitung der Bediensteten der Gebietskörperschaften auf die vielfältigen Anforderungen während der österreichischen EU-Ratspräsidentschaft, insbesondere die Vorsitzführung in den Ratsarbeitsgruppen.

Große Bedeutung für eine erfolgreiche EU-Ratspräsidentschaft kommt neben der innerstaatlichen Vorbereitung einer engen Zusammenarbeit mit dem EU-Ratssekretariat, das den jeweiligen Vorsitz in fachlicher, technischer und administrativer Hinsicht unterstützt, zu. Weiters hervorzuheben ist ein gutes Arbeitsverhältnis zu den Troika-Partnern Großbritannien und Deutschland sowie gute Arbeitsbeziehungen zur Europäischen Kommission und zum Europäischen Parlament.

Von der EU sind gemeinsam mit dem Bund während der Österreichischen Ratspräsidentschaft folgende Großveranstaltungen in Wien vorgesehen:
– 1./2. Juli 1998: Arbeitstagung der EU-Kommission mit der österreichischen Bundesregierung;
– 25.–27. September 1998: Informeller Rat der Finanz- und Wirtschaftsminister (ECOFIN);
– 16./17. Oktober 1998: Außerordentliche Tagung des Europäischen Rates;
– 29./30. Oktober 1998: Informeller Rat der Justiz- und Innenminister;
– 9./10. November 1998: Drittstaatentreffen EU mit

SADC (Southern African Development Community);
– 26./27. November 1998: 1. Urban Forum der Europäischen Kommission;
– 11./12. Dezember 1998: Tagung des Europäischen Rates.

Darüber hinaus findet jeweils ein informeller Ministerrat in einem der acht anderen österreichischen Bundesländer statt.

Während beim Bund somit die inhaltliche und organisatorische Vorbereitung und Durchführung der Vorsitzführung – und nicht die Werbewirkung für Österreich – im Vordergrund steht, bietet sich für Wien die Möglichkeit, die Zeit unmittelbar vor und während der österreichischen Präsidentschaft dafür zu nützen,
– die für Wien besonders relevanten Themen auf europäischer Ebene zur Diskussion zu stellen,
– sich europaweit in adäquater Form zu präsentieren und
– die Wiener Bevölkerung verstärkt für Fragen der europäischen Integration durch die Abhaltung von Veranstaltungen zu interessieren und zu sensibilisieren.

1.1. Wiener Aktivitäten anläßlich der EU-Ratspräsidentschaft

Obgleich die Ausrichtung des Rats-Vorsitzes in der Europäischen Union und damit ein Großteil der inhaltlichen und organisatorischen Fragen im Kompetenzbereich des Bundes liegen, bietet der Vorsitz auch für Wien die Gelegenheit, sich verstärkt international zu positionieren. Da ein Großteil der Sitzungen – und nicht zuletzt der „Europäische Gipfel" – in Wien stattfinden wird, wurde Wien seitens des Bundes gebeten, sich finanziell und organisatorisch an den Vorbereitungen zu beteiligen. Die Stadt Wien ist diesem Ersuchen des Bundes nachgekommen und wirkt in enger Zusammenarbeit mit den Dienststellen des Bundes überall dort mit, wo
– es um die Interessen der Wienerinnen und Wiener geht und
– sich die Stadt gegenüber ausländischen (Medien-)Vertretern präsentieren kann (dies beinhaltet auch Information über Wien und – in Zusammenarbeit mit dem Bund – die Schaffung optimaler Arbeitsbedingungen für die Journalisten).

Inhaltlich will sich Wien primär als lebendige moderne Stadt präsentieren, in der es sich gut leben und arbeiten läßt und die ein attraktiver Wirtschaftsstandort ist. Darüber hinaus wird Wien versuchen, seine Standpunkte hinsichtlich EU-Osterweiterung, Reform der Strukturfonds und transeuropäische Netze einzubringen. In diesem Sinne sollen in Wien – unter Einbeziehung der Privatwirtschaft – Veranstaltungen und Präsentationen stattfinden, die sich auch an die internationalen Medien und an die Wienerinnen und Wiener richten.

● Projektleitung „EU-Ratspräsidentschaft"

Hinsichtlich der operativen Ebene wurde innerhalb der Stadt Wien eine Projektleitung „EU-Ratspräsidentschaft" eingerichtet, die mit Erlaß der Magistratsdirektion vom 22. Juli 1997 Chefredakteur Fred Vavrousek, Presse- und Informationsdienst der Stadt Wien, übertragen wurde. Je nach Gegebenheiten und Aufgabenstellungen wurde sowohl innerhalb des Magistrats als auch in Zusammenarbeit mit den Dienststellen des Bundes in Kleingruppen gearbeitet, die von der Projektleitung zusammengestellt und koordiniert wurden. Durch den Einsatz dieser Projektleitung, die als Ansprechpartner in der Stadtverwaltung fungiert, konnten und können Doppelgleisigkeiten vermieden und Synergieeffekte erzielt werden. Inhaltliche Entscheidungen wurden auf politischer Ebene bzw. im Rahmen einer Leitungsgruppe in der Magistratsdirektion getroffen.

● Finanzierung

Der Gesamtaufwand des Bundes für die Organisation der österreichischen EU-Ratspräsidentschaft liegt bei rund 560 Millionen S. Dem Ersuchen des Bundes, die in Wien stattfindenden und für Wien relevanten Veranstaltungen im Rahmen der EU-Ratspräsidentschaft mit einem Anteil von 35 % zu unterstützen, kam die Stadt Wien unter bestimmten Bedingungen nach. Eine dieser Bedingungen war, daß die Stadt Eigenleistungen von diesem Betrag in Abzug bringen kann und in alle Entscheidungen, die sie finanziell mitträgt, auch inhaltlich eingebunden wird. Nach mehreren Verhandlungsrunden zwischen der Stadt Wien und dem Bund wurde eine Einigung erzielt. Die schriftliche Einverständniserklärung des Bundes wurde der Stadt Wien am 15. Jänner 1998 übermittelt.

Der von der Stadt Wien zu leistende Betrag an den Bund beläuft sich demnach auf 52,850.000 S, die Aufwendungen der Stadt Wien für eigene Maßnahmen auf 39,050.000 S, wovon vom Bund mindestens 25,720.000 S als Eigenleistungen der Stadt anerkannt wurden und vom Bundesanteil in Abzug gebracht werden können.

1.1.1. Die gesamte Stadt macht mit

Österreich und Wien sind im Rahmen der Vorbereitungen vor allem auch organisatorisch gefordert. Nicht zuletzt durch eine professionelle Abwicklung kann gegenüber der österreichischen Bevölkerung der Gedanke der europäischen Integration positiv dargestellt werden.

● Sicherheit, Verkehr, Infrastruktur

Ausstattung und Sicherheitsmaßnahmen für den Tagungsort (Hofburg) liegen primär in der Kompetenz des Bundes. Die Beeinträchtigungen für den Verkehr werden so gering wie möglich zu halten sein. Dennoch werden vor allem während des Gipfels (11. und 12. Dezember 1998) Sicherheitszonen in unmittelbarer Nähe der Hofburg und der Hotels, in denen die Staatsgäste untergebracht sind, eingerichtet werden müssen.

Da in dieser Zeit mit einem erhöhten Verkehrsaufkommen zu rechnen ist, hat die Stadt Wien für das zweite Halbjahr 1998 eine Aufgrabungssperre für den 1. Bezirk erlassen. Die größte Baustelle der Inneren Stadt, der Entlastungskanal in der Nähe der Urania, ist von dieser Bausperre jedoch nicht betroffen. Bauarbeiten an Gebäuden können wie geplant fortgesetzt werden. Um einen optimalen Ablauf der Tagungen zu garantieren, hat die Stadt Wien dem Bund kompetente Ansprechpartner in den Dienststellen des Magistrats namhaft gemacht.

● **Information der Wienerinnen und Wiener**

Obwohl die Verantwortlichen danach trachten, die Belästigungen für die Wienerinnen und Wiener möglichst gering zu halten, wird es während des Gipfels nicht zuletzt durch die Festlegung des Bereiches Hofburg/Josefsplatz/Michaelerplatz als Sicherheitszone zu wenigen unvermeidbaren Behinderungen für die Stadtbewohner kommen. Dichte Verkehrsströme sind insofern nicht betroffen, als der Bereich wenig frequentiert ist. Dennoch wird – auch für den Bus 2A – die Durchfahrt durch die Hofburg gesperrt sein, und der Lesesaal der Nationalbibliothek sowie das Institut für Theaterwissenschaft der Universität Wien werden nicht zur Verfügung stehen. Auch die Museen in der Hofburg werden nicht zugänglich sein, und nicht zuletzt werden die Parkplätze im Bereich des Heldenplatzes gesperrt sein.

Ein wichtiges Anliegen der Stadt Wien ist es, die Wienerinnen und Wiener über alle notwendigen Behinderungen zeitgerecht zu informieren. Im Rahmen einer Postwurfsendung soll rechtzeitig über Sinn und Hintergrund der Präsidentschaft, aber auch über die Behinderungen berichtet werden.

Auch die Zusammenarbeit mit der nationalen Presse, die einen bedeutsamen Beitrag dazu leisten kann, wie die Präsidentschaft von der Bevölkerung aufgenommen werden wird, soll intensiviert werden.

● **Eröffnungsveranstaltung**

Am 1. Juli 1998 wird anläßlich der Übernahme der EU-Ratspräsidentschaft in Wien eine künstlerisch-festliche Eröffnungsveranstaltung unter der Teilnahme der Kommissionsmitglieder stattfinden. Als künstlerischer Gesamtleiter wurde seitens des Bundes Dr. Alf Krauliz nominiert, dessen Handschrift u. a. das Niederösterreichische Donaufestival und das Wiener Stadtfest trägt. Für die Organisation und die optische Ausstattung konnten die Veranstaltungsfirma VSG Egger & Klinger sowie Architekt Edi Neversal gewonnen werden. Thematische Leitlinie ist u. a. die Idee eines gemeinsamen Europa sowie die Einbindung der österreichischen Nachbarn.

1.1.2. Wien als Konferenz-Stadt

Die EU-Ratspräsidentschaft bietet für Wien die Möglichkeit, sich als kompetente Konferenz-Stadt mit Sitz wichtiger internationaler Organisationen und Einrichtungen zu präsentieren. Wien hat im zweiten Halbjahr 1998 darüber hinaus die große Chance, in wichtigen europäischen Fragen, wie z. B. der „europäischen Städtepolitik", inhaltliche Akzente zu setzen. Daher werden mehrere Dienststellen der Stadt Wien in diesem Jahr ihre fachlichen, internationalen Veranstaltungen thematisch auf die Präsidentschaft abstimmen bzw. anläßlich der Präsidentschaft durchführen. Zielpublikum sind nicht nur interessierte Wienerinnen und Wiener sowie österreichische Experten, sondern insbesondere auch Fachleute aus der gesamten Europäischen Union und den unmittelbaren zentral- und osteuropäischen Nachbarstaaten Österreichs. Wien kann damit seine Qualitäten als schillernder Knotenpunkt im Netzwerk der west- und osteuropäischen Metropolen unter Beweis stellen.

● **Ost-West-Städtekonferenz**

Für den 21. und 22. November 1997 hatte die Stadt Wien zu einer europäischen Fachkonferenz zum Thema „Städte und Städtepolitik in Europa" eingeladen, an der Experten aus 23 west- und osteuropäischen Städten und sechs Städtenetzwerken sowie Einrichtungen der EU teilnahmen. Gemeinsam mit Wiener Fachleuten und Politikern wurden aktuelle Entwicklungen in der politischen und fachlichen Diskussion betreffend Rahmenbedingungen, Intentionen und Aufgaben einer zukünftigen europäischen Städtepolitik diskutiert. Nicht zuletzt aufgrund und im Rahmen dieser Initiative konnte das 1. URBAN-FORUM der Europäischen Kommission für 1998 nach Wien geholt werden.

In Fortsetzung der November-Tagung 1997 und auch als einer der Schritte zur inhaltlichen Vorbereitung der Stadt Wien auf das Urban-Forum ist für **Mai 1998** eine Ost-West-Städtekonferenz vorgesehen. Diese Arbeitstagung soll dazu dienen, gemeinsam mit anderen von der geplanten EU-Osterweiterung betroffenen Städten im Bereich der EU, aber auch in den vorgesehenen Beitrittsländern mögliche Strategien für künftige Kooperationen zur Nutzung der Chancen und zur Bewältigung von möglichen Problemen und zur Formulierung von Positionen an die zukünftige EU-Politik zu entwickeln.

● **Städtekonferenz „URBAN-FORUM"**

Unmittelbar im Anschluß an das von der Kommission in Wien veranstaltete „Transnationale EUREK-Forum EU-Osterweiterung" wird am **26. und 27. November 1998** das 1. URBAN-FORUM in Wien stattfinden. Die Organisation der Veranstaltung erfolgt durch die Europäische Kommission und die Stadt Wien.

Diese Großkonferenz soll als Plattform der Europäischen Städte im Hinblick auf eine stärkere Berücksichtigung der städtischen Anliegen im Rahmen der EU-Politik dienen. Dabei sollen Workshops zu wichtigen Themenfeldern, wie Produktivität und Arbeitsplätze in den Städten, Integrationspolitik, nachhaltige städtische Entwicklung und regionale Entwicklung durchgeführt werden.

Voraussichtlich werden ein „Weißbuch für nachhaltige Europäische Städtepolitik“ und ein „Aktionsplan für europäische Städtepolitik“ diskutiert.

Am 1. URBAN-FORUM werden zwischen 500 und 600 Personen aus allen EU-Mitgliedstaaten und den assoziierten Staaten teilnehmen. Die Teilnehmer sind Delegierte von EU-Institutionen, politische fachliche Vertreter auf nationaler und regionaler Ebene, Vertreter europäischer Städtenetzwerke sowie freischaffende Experten, Wirtschaftstreibende, Wirtschafts- und Arbeitnehmervertretungen, Universitäten, Umweltorganisationen, Medien usw. Allein zwischen 250 und 300 Bürgermeister europäischer Städte werden erwartet.

Diese Tagung wird nicht nur einen hohen Imagewert für die Kompetenz der Stadt Wien in der europäischen Städtepolitik, sondern auch einen wichtigen Beitrag im Rahmen der EU-Präsidentschaft darstellen.

● **Internationale Drogenkonferenz**

Derzeit laufen Vorgespräche für eine internationale Drogenkonferenz, die am **5. und 6. November 1998** von der Stadt Wien, der Europäischen Kommission sowie der UNDCP (United Nations Drugs Control Program) in der Wiener UNO-City abgehalten werden soll.

Die Konferenz würde gleichsam am Vorabend der „Europäischen Woche zur Suchtprävention – SEPT“ (16.–22. November 1998) stattfinden, deren primäres Anliegen es ist, die Öffentlichkeit für diese soziale und gesellschaftliche Problematik stärker zu sensibilisieren und die europäische Zusammenarbeit auszubauen.

Rund 300 Teilnehmer aus sämtlichen EU-Staaten – aber auch aus unseren östlichen Nachbarländern – werden darüber diskutieren, daß verstärkt multiprofessionelle und interdisziplinäre Arbeitsweisen und Modelle angewandt werden müssen. Denn als eine unabdingbare Voraussetzung für langfristige Erfolge wird in Fachkreisen eine europaweit möglichst gleichgerichtete und einheitliche Drogenpolitik angesehen. Die Finanzierung könnte zum Großteil durch Gelder erfolgen, die die EU im Rahmen eines Programms zur Suchtprävention 1996–2000 ausschüttet. Für Wien als UNO-Stadt wäre die Abhaltung dieser Konferenz eine Möglichkeit zu einer internationalen Positionierung als Tor zu den Reformstaaten.

Weitere Vorhaben sind
- eine Konferenz der Lebensmitteluntersuchungsanstalt, die sich mit den neuen gültigen EU-Richtlinien im Lebensmittelrecht auseinandersetzt;
- eine Universitätskonferenz Ost-West, in deren Rahmen die Einbindung der Wiener Universitäten in die Idee Europa und die Präsidentschaft erfolgen könnte;
- eine Fortführung des Ost-West-Frauenforums.

1.1.3. Ausstellungen und andere Veranstaltungen

Veranstaltungen, die seit einigen Jahren regelmäßig stattfinden, wie etwa die Wiener Vorlesungen und auch Global Village, werden 1998 unter das Motto „Europa“ gestellt. Zusätzlich sollen Aktivitäten, die ausschließlich im Jahr der EU-Präsidentschaft gesetzt werden, die Wienerinnen und Wiener hinsichtlich des Themas „Europa“ sensibilisieren.

● **Städtevergleich EU-Hauptstädte**

Die MA 18 – Stadtentwicklung und Stadtplanung bereitet derzeit eine Präsentation der EU-Hauptstädte sowie der Hauptstädte der mittel- und osteuropäischen Länder vor.

Die Grundüberlegung dabei ist, anhand bestimmter Themenbereiche und Daten die EU-Hauptstädte sowohl der Wiener Bevölkerung als auch den im Rahmen der EU-Präsidentschaft in Wien weilenden internationalen Experten, Journalisten, Politikern usw. näherzubringen und Gemeinsamkeiten, aber auch Unterschiede dieser europäischen Städte aufzuzeigen. Dieses Projekt kann auch als Beitrag zur Dokumentation der Bedeutung der europäischen Städte in der Entwicklung der Europäischen Union verstanden werden. Der Städtevergleich „Best of Europe“ soll in Form unterschiedlicher Medien, wie Broschüren, Zeitungen, einer Ausstellung, im **Herbst 1998** präsentiert werden.

● **Wiener Vorlesungen zum Thema EU-Präsidentschaft**

Die Wiener Vorlesungen werden 1998 unter dem Thema Europa stehen. Ein Symposium zur „Entwicklungsgeschichte der Europäischen Identität“ soll Impulse für ein stärkeres und neues europäisches Kulturbewußtsein schaffen. Dabei sollen prominente Vortragende für Referat und Diskussion gewonnen werden.

● **Global Village**

Die jährlich stattfindende Ausstellung „Global Village“ wird anläßlich der EU-Ratspräsidentschaft einen internationalen Schwerpunkt erhalten. 1998 findet sie von **25.–29. März** im Wiener Rathaus statt und besteht im wesentlichen aus einem zentralen Ausstellungsbereich und dem Ost-West-Telematikkongreß „Vienna Calling“. Dieser Kongreß beschäftigt sich primär und grundsätzlich mit der EU-Telematikpolitik und -förderung, Telematiknetzwerken, Perspektiven der Telematikanwendungen aus gesamteuropäischer und städtepolitischer Sicht sowie den telematikrelevanten Entwicklungen in den mittel- und osteuropäischen Staaten und Städten.

● **Ausstellung „Stadttechnologien“**

Die Stadt Wien möchte sich in Zukunft auch international als Kompetenzzentrum für „Stadttechnologien“ profilieren und kann viele angewandte Beispiele moderner Stadttechnologien, insbesondere im Umweltbereich, vorweisen. Eine zusammenfassende repräsentative und vor allem aktuelle Ausstellung zu Themen, wie Luftmeßnetz, Abfallbewirtschaftung einschließlich Müllverbrennung, Altlastsanierung, Vererdungsanlagen, Öffentlicher Verkehr, Abwasserwirtschaft, wird mehrsprachig zur Verfügung stehen. Die Ausstellung in der Planungswerkstatt Wien wird bereits im Vorfeld der EU-Ratspräsidentschaft Österreichs ab **Mai 1998** zu sehen sein und soll danach im Ausland gezeigt werden.

● **Jugend-Initiativen**
Seit wenigen Monaten tourt durch einige Wiener Schulen eine erfolgreiche Ausstellung über die EU, die mit einer Projektwoche im Unterricht verbunden ist. Darüber hinaus wird seitens der Stadt Wien die Tagung des „Europäischen Jugendparlamentes" unterstützt, die von **11.–18. Oktober 1998** in Wien stattfinden wird. Rund 200 (darunter auch zehn österreichische) Schülerinnen und Schüler aus den Mitgliedstaaten der Europäischen Union, aber auch östlichen und anderen europäischen Ländern werden in Wien ihre Tagungen abhalten und wichtige Beschlüsse zu europäischen Themen fassen. Die Jugendlichen sollen bei Wiener Gastfamilien untergebracht werden und haben auch Gelegenheit, Wien kennenzulernen. Die Schlußzeremonie, in deren Rahmen die Resolutionen verlesen werden sollen, findet am Samstag, dem 17. Oktober 1998, im Parlament statt. Weitere Jugendinitiativen im internationalen Kontext werden derzeit entwickelt.

● **Wiener Pilotprojekte**
Im Rahmen der Ratspräsidentschaft möchte sich die Stadt Wien den Wienerinnen und Wienern, aber auch den Wien-Besuchern als Kompetenzzentrum für Telekommunikation, Umwelttechnologie u. v. m. präsentieren. In diesem Zusammenhang soll auch die Wirtschaft eingeladen werden, sich an derartigen Präsentationen zu beteiligen. Entsprechende Gespräche, in denen die Ideen konkretisiert werden sollen, werden derzeit geführt. Initiativen, in deren Zusammenhang beschäftigungspolitische Maßnahmen gesetzt werden können, sind dabei bevorzugt.

1.1.4. Kulturstadt Wien

Auch auf kulturellem Gebiet hat Wien die Möglichkeit, Abstimmungen auf die EU-Ratspräsidentschaft vorzunehmen. Bestehende Veranstaltungen, wie das Osterklang-Festival (4.–13. April 1998), der „Klangbogen" (7. Juli – 14. August 1998), das österreichische Blasmusikfest u. v. m., werden inhaltlich auf die Europäische Union und deren Erweiterung abgestimmt. Eigens geplante Veranstaltungen nehmen Bezug auf das Thema Europa. So wird im Rahmen der Diskussionsveranstaltung „Violence, Society and Theatre (28. Februar 1998, Schauspielhaus) Theater-Literatur als Reflex auf gesellschaftliche Realität betrachtet. Britische Theaterfachleute treten in Diskurs mit österreichischen Kolleginnen und Kollegen. Konkret geht es um die Arbeit und die soziale Lage der Künstler, aber auch um Differenzen und Gemeinsamkeiten in der Arbeitsweise.

1.1.5. Wien-Präsentation gegenüber internationalen Medien

Wien hat sich in den letzten Jahren als Konferenzstadt führenden Ranges profiliert. Bedenkt man, daß jeder Konferenzgast pro Nacht einen wirtschaftlichen Wert von rund 5.000 S erbringt, ist dies eine nicht zu vernachlässigende wirtschaftliche Größe. 1998 werden zwei der weltweit größten medizinischen Kongresse, der Kardiologen-Kongreß mit rund 20.000 Teilnehmern und der Gastro-Entereologen-Kongreß mit rund 15.000 Teilnehmern in Wien stattfinden. Die EU-Präsidentschaft hat insofern positive Auswirkungen auf die Konferenzstadt Wien, als sich anläßlich der Ratspräsidentschaft viele Veranstalter im zweiten Halbjahr 1998 um den Veranstaltungsort Wien bemühen. Nicht zuletzt kommt der Betreuung der Medienvertreter, Delegierten und politischen Vertreter, die im Zuge der Ratspräsidentschaft in Wien tagen, große Bedeutung zu, die nicht zuletzt für ein positives internationales Medienecho maßgeblich sein wird. Für den Erfolg der österreichischen Präsidentschaft wird daher auch die „Rund-um-die-Uhr-Betreuung" der Journalisten bei den Konferenzen und Räten entscheidend sein.

Ferner wurde eine verstärkte Betreuung der in Wien akkreditierten Auslandsjournalisten zu fachspezifischen Themen vorbereitet. Einige Kollegen haben voraussichtlich die Gelegenheit, Wien gerade im Hinblick auf die kommende EU-Ratspräsidentschaft intensiver als bisher in ihren Zeitungen zu positionieren.

Ein in Zusammenarbeit mit dem Wiener Tourismusverband erstelltes Info-Paket mit Stadtplan, Broschüren, Monatsprogramm usw. soll die Medienvertreter über die Angebote Wiens informieren. Die Broschüre ViennAlive, die in einer Erstauflage im Dezember 1997 erschienen ist, wird für 1998 durch Datenblätter ergänzt und in entsprechender Höhe neu aufgelegt.

Ein Fahrschein, der während des Gipfels verwendet werden kann, soll den Individualverkehr im Bereich des Tagungszentrums Hofburg minimieren und den Journalisten eine optimale Anreise zu ihrem Arbeitsort ermöglichen.

Als Willkommensgruß sieht die Stadt Wien eine Johann-Strauß-CD vor. Ohne Zweifel steht Walzer-Musik unverwechselbar für Wien; darüber hinaus bietet sich für Wien die Gelegenheit, das Strauß-Jahr, das 1999 begangen wird, in großem Rahmen zu bewerben.

Im Zusammenhang mit dem Europäischen Rat im Dezember 1998 wird der Wiener Bürgermeister die Medienvertreter zu einer Veranstaltung in das Rathaus einladen, in deren Rahmen sich Wien als Kulturstadt präsentieren wird.

Im einzelnen sind folgende Schwerpunkte bei der „Medienarbeit" vorgesehen:

● **Pressezentrum**
Anläßlich des Gipfels am 11. und 12. Dezember 1998 werden bis zu 3.500 Vertreter internationaler Medien in Wien erwartet. Da sich diese während dieses Ereignisses erfahrungsgemäß nahezu ausschließlich für die Verhandlungsergebnisse interessieren, haben sie wenig Zeit, Wien als Stadt kennenzulernen.

Dennoch sind sie wichtige Meinungsbildner, die ein Urteil über die Stadt in die Welt tragen werden. Daher gilt es, die Arbeitsbedingungen möglichst optimal zu gestalten. Die Stadt Wien steht dem Bund mit mehreren zuständigen Ansprechpartnern in den einzelnen Abteilungen zur Verfügung, um hier reibungslos tätig werden zu können. Darüber hinaus wird die Stadt Wien im Pressezentrum in der Hofburg einen Informationsstand einrichten. Hier werden Broschüren und andere Druckwerke aufliegen, und die internationalen Medienvertreter sollen sich bei Vertretern der Stadt Wien über alles, was in Wien aktuell „abläuft" (Einkaufsstraßen, Weihnachtsmärkte usw.), informieren können. Möglicherweise werden dabei auch mobile Info-Computer zum Einsatz kommen.

● **Journalisteneinladungen**

Um das internationale Medienecho auch auf die Stadt Wien zu lenken, werden bereits im Vorfeld – im ersten Halbjahr 1998 – rund 50 Medienvertreter europäischer Zeitungen nach Wien eingeladen. Ersten Gesprächen zufolge ist das Interesse der Medien sehr groß.

In Zusammenarbeit mit den einzelnen Geschäftsgruppen des Magistrats wird ein Programm erstellt, das Wien als Umwelt- und Kulturstadt sowie als soziale Stadt (sozialer Wohnbau) und Wirtschaftsstandort (Beschäftigungspolitik) präsentiert. Ferner besteht bei den internationalen Medienvertretern großes Interesse für den Bereich „Ausländerpolitik", „Wien – sichere Stadt" und Wiens Rolle im Zusammenhang mit der EU-Osterweiterung.

● **Internet-Seiten für die Präsidentschaft**

Die Ratspräsidentschaft ist für Wien ein Anlaß, auf Grundlage einer neuen internationalen Broschüre über die Stadt die englischsprachigen Internet-Seiten der Stadt Wien zu aktualisieren und zu ergänzen. Auch die Übersetzung ausgewählter Inhalte auf Französisch ist vorgesehen. Diese Seiten könnten an die Präsidentschaftsseite des Bundes (home page) angedockt werden und sollen in Zukunft nicht deutschsprachigen Interessierten den Zugang zu Informationen über die Stadt erleichtern.

● **Stadt-Dekoration**

Die MA 19 – Architektur und Stadtgestaltung hat für Wien ein Beflaggungskonzept entwickelt. Konkret sollen konzentrierte Innenstadt-Bereiche in der Nähe des Konferenzortes Hofburg sowie Stadtzufahrten beflaggt werden. Darüber hinaus werden die öffentlichen Verkehrsmittel Fahnen tragen. Die MA 42 – Stadtgartenamt wird das offizielle EU-Logo des Bundes an drei verschiedenen Stellen im öffentlichen Raum auspflanzen, um die Gäste willkommen zu heißen (1, Friedrich-Schmidt-Platz; 3, Schwarzenbergplatz; 22, Siebeckstraße/Endstation U1 Kagran).

● **Präsentationen im Ausland**

Präsentationen und Ausstellungen der Stadt Wien im Ausland (Ausstellungen über Wiener Stadterneuerung, Architektur, Wien ins 21. Jahrhundert, Stadttechnologien sowie Image-, Wirtschafts- und kulturelle Präsentationen) sowie die Aktivitäten des Wien-Hauses in Brüssel werden 1998 auf die EU-Ratspräsidentschaft Bezug nehmen und befinden sich derzeit in Planung.

Ziel der Wiener Aktivitäten in bezug zur Österreichischen EU-Ratspräsidentschaft ist es, vorhandene Ressourcen und Möglichkeiten effizient zu nutzen, um die Verbundenheit Wiens mit der Europäischen Union international zu präsentieren, die spezifischen Interessen Wiens in bezug auf die „großen" Themen EU-Osterweiterung, Reform der Strukturfonds sowie transeuropäische Netze (TEN) zu verdeutlichen und das „gemeinsame Haus Europa" den Wienerinnen und Wienern erlebbar zu machen.

2. Wiener Positionen zur Europäischen Integration

Wien hat sich schon im Vorfeld der österreichischen EU-Mitgliedschaft intensiv mit Fragen der europäischen Integration befaßt: Bereits in der Endphase der österreichischen Beitrittsverhandlungen hat der Wiener Landtag am 25. Februar 1994 die Wiener Europadeklaration mehrheitlich verabschiedet. Im Jahr 1996, als innerhalb der Europäischen Union unter anderem das Thema Revision des Maastricht I-Vertrages im Rahmen der EU-Regierungskonferenz intensiv behandelt wurde, hat der Wiener Landtag in seiner „Resolution anläßlich der EU-Regierungskonferenz 1996", beschlossen am 27. Juni 1996, seine Positionen zur Vertiefung und Fortentwicklung der Europäischen Union dargelegt. Als gegenwärtig letzter vorliegender Ausdruck des Engagements des Wiener Landtages zu Fragen der europäischen Integration wurde nach eingehenden Beratungen in der gemeinderätlichen Europakommission mit den Stimmen der SPÖ, ÖVP und der Grünen am 21. Oktober 1997 die Deklaration „Wien und Europa. Deklaration des Wiener Landtages zu aktuellen europäischen Fragen" verabschiedet. Wien begrüßt darin die Initiative der Europäischen Kommission, sich offensiv mit den in der „AGENDA 2000" behandelten Themen auseinanderzusetzen. Der Wiener Landtag hat in dieser Deklaration zu folgenden Themenbereichen Stellung bezogen:

- EU-Osterweiterung
- Beschäftigung
- Transeuropäische Verkehrsnetze
- Umwelt
- Kultur
- EU-Förderungen und die Reform der EU-Strukturfonds
- Währungsunion

Im einzelnen sind dabei folgende Positionen hervorzuheben:

2.1. EU-Osterweiterung

Wien unterstützt das im gesamteuropäischen Interesse gelegene Vorhaben der Erweiterung der Europäischen Union in mittel- und osteuropäischen Ländern und versteht sich nicht zuletzt aufgrund seiner geographischen Lage und seiner wirtschaftlichen und kulturellen Beziehungen als Partner der mittel- und osteuropäischen Länder. Dabei stellt die politische Stabilität und wirtschaftliche Prosperität in den Ländern Mittel- und Osteuropas eine Grundvoraussetzung für einen nachhaltigen Frieden in Europa dar.

Die Einbeziehung der mittel- und osteuropäischen Nachbarstaaten in die Europäische Union bedeutet für Wien als Wirtschaftsstandort neue Impulse und eine zusätzliche wirtschaftliche Dynamik und die Möglichkeit, daß Wien als Zentrum für die gesamte Region fungieren kann. Gleichzeitig dürfen dabei aber auch nicht die Risken für die Wiener Wirtschaft und den Wiener Arbeitsmarkt, die vor allem durch unterschiedliche Rahmenbedingungen wie z. B. ein Arbeitskräfteangebot bei unterschiedlichem Lohnniveau sowie verschiedene Umwelt- und Sozialstandards, die wettbewerbsverzerrend wirken, außer acht gelassen werden. Da zwar insbesondere die wirtschaftlichen Erfahrungen Wiens mit der Ostöffnung überwiegend positiv sind, gleichzeitig aber strukturell bedingte Risken berücksichtigt werden müssen, hat der Wiener Landtag in bezug auf die Beitrittsverhandlungen folgende Forderungen beschlossen:

- Dem Beitritt der unmittelbaren Nachbarländer Tschechien, Ungarn und Slowenien ist die größte Bedeutung beizumessen.
- Wien tritt dafür ein, daß sich Österreich innerhalb der Europäischen Union für eine möglichst rasche Annäherung der Slowakei an die EU einsetzt und bedauert in diesem Sinne, daß die Slowakei nicht in die erste Runde der Beitrittskandidaten aufgenommen wurde.
- Wien sieht in der Lösung der Fragen finanzielle Aspekte der EU-Erweiterung sowie Reform der EU-Institutionen eine wesentliche Voraussetzung für eine erfolgreiche Aufnahme neuer Mitgliedsländer in die Europäische Union.
- Bei der Verwirklichung des freien Personenverkehrs tritt Wien für Übergangsregelungen ein, die sich in erster Linie an dem Erreichen tatsächlicher Mindeststandards in den Beitrittsländern orientieren. Ein besonderes Augenmerk wird in diesem Zusammenhang auch auf Maßnahmen zu legen sein, die die illegale Arbeitsmigration einschränken.
- Da die Grenzregionen sowie die mit ihnen funktional verwobenen städtischen Ballungszentren vom Strukturwandel am stärksten betroffen sind, fordert Wien die Schaffung eines – über Interreg hinausgehenden – explizit auf diese Räume ausgerichteten EU-Förderungsprogrammes. Gemeinsam mit den anderen österreichischen Bundesländern und dem Bund wurde bereits Ende 1997 damit begonnen, einen Vorschlag für ein derartiges „EU-Ostprogramm" auszuarbeiten.
- In Fortsetzung seiner bisherigen Politik bezüglich der friedlichen Nutzung der Atomenergie setzt sich Wien dafür ein, daß Atomkraftwerke in den MOEL den westlichen Sicherheitsstandards entsprechen müssen und daß umweltfreundliche Alternativen im Bereich der Energieerzeugungsanlagen zu forcieren sind.
- Wien erachtet es weiters als unabdingbar, daß die Beitrittskandidaten die umweltrechtlichen sowie sozial- und arbeitsrechtlichen Standards der Europäischen Union weitestgehend erfüllen müssen, um etwaige Wettbewerbsnachteile für die heimische Wirtschaft und den Arbeitsmarkt seitens der MOEL zu vermeiden.
- Wien plädiert schließlich dafür, daß die EU finanzielle Förderungen für industrielle und energietechnische Großprojekte einzig unter dem Aspekt von umweltverbessernden Maßnahmen gewährt.

2.2. Beschäftigung

Beschäftigungspolitik ist angesichts der permanent hohen Arbeitslosenzahlen gegenwärtig das zentrale Thema in Europa. Wien nimmt dabei mit dem Wiener ArbeitnehmerInnenförderungsfonds (WAFF) eine auch von der EU und anderen Städten und Regionen anerkannte Vorreiterrolle einer aktiven Arbeitsmarktpolitik ein.

Die europäische Integration wird nur dann weiterhin erfolgreich sein, wenn es gelingt, das dringendste wirtschaftspolitische Problem, die Arbeitslosigkeit, erfolgreich zu bekämpfen. Nicht zuletzt aufgrund des Drängens Österreichs wurde im Vertrag von Amsterdam ein eigenes Beschäftigungskapitel verankert. Wien hat – das sei an dieser Stelle erwähnt – im Vorfeld des Luxemburger Beschäftigungsgipfels im November 1997 die Ausarbeitung eines „Memorandums der Hauptstädte der EU zur Beschäftigungspolitik" innerhalb der Vereinigung der europäischen Hauptstädte (UCUE) initiiert. Dieses Memorandum wurde von der Stadt Wien gemeinsam mit den anderen EU-Hauptstädten ausgearbeitet und vom Bürgermeister der Stadt Wien, Dr. Michael Häupl, vor Beginn des Luxemburger Beschäftigungsgipfels dem zuständigen EU-Kommissar überreicht.

Für eine erfolgreiche Beschäftigungspolitik erachtet der Wiener Landtag folgende Schritte als notwendig:

- absoluter Vorrang für die Jugend- und Frauenbeschäftigungspolitik;
- Hebung der Mindeststandards im sozial- und arbeitsrechtlichen Bereich sowie bei der Unternehmensbesteuerung;
- das rasche Inangriffnehmen von europäischen Investitionsprogrammen, wie z. B. dem Ausbau der Transeuropäischen Netze. Dies bedarf insbesondere eines verstärkten Engagements europäischer Institutionen wie etwa der Europäischen Investitionsbank bei der Vergabe von Krediten;
- Ökologisierung des Steuersystems und EU-wei-

te Harmonisierung der Gewinnsteuern und Einführung einer Steuer auf Gewinne aus Finanzspekulationen.

2.3. Transeuropäische Verkehrsnetze

Der Auf- und Ausbau der Transeuropäischen Verkehrsnetze (TEN) ist ein wichtiger Beitrag der Europäischen Union zur Beschleunigung der Kohäsion, das heißt zur Stärkung der Wettbewerbsfähigkeit Europas durch Überwindung wirtschaftlicher und sozialer Unterschiede, insbesondere durch Verbindung peripherer und zentraler Gebiete sowie der städtischen Ballungsräume. Im „Europäischen Binnenmarkt" soll auf Dauer ein tragbarer und nachhaltiger Personen- und Güterverkehr unter möglichst sozialverträglichen und umweltverträglichen Bedingungen gewährleistet sein. Besondere Bedeutung wird dabei in Hinkunft der Einbindung der Verkehrsnetze der beitrittswilligen mittel- und osteuropäischen Länder zukommen.

Gegenwärtig ist zu konstatieren, daß das von der Europäischen Kommission verfolgte Transeuropäische Verkehrskonzept in vieler Hinsicht nicht den Bedürfnissen der Stadt Wien und der „Vienna Region" entspricht:

- Von den 14 vorrangigen Verkehrsvorhaben innerhalb der EU betrifft keines den – für die Abwicklung des zunehmenden Ost-West-Verkehrs auszubauenden – Donaukorridor.
- Auch in den für die MOEL festgelegten zehn prioritären Hauptverkehrsverbindungen ist Wien nicht entsprechend seiner zentralen europäischen Bedeutung berücksichtigt.

Da die mangelnde Anbindung an die Transeuropäischen Verkehrsnetze geeignet ist, die wirtschaftliche Entwicklung der Stadt Wien und der Vienna Region insgesamt nachhaltig negativ zu beeinträchtigen, fordert Wien insbesondere:

- den Ausbau der „Magistrale für Europa" (Bahnverbindung Paris, Straßburg, München, Wien und Budapest) und der Nord-Süd-Bahn-Verbindung Berlin, Prag, Brünn/Warschau–Wien–Adria als vordringliche Vorhaben im Rahmen der Schaffung eines Transeuropäischen Verkehrsnetzes.
- Dem Ausbau von Schienen- und Wasserstraßen ist im Hinblick auf die EU-Osterweiterung der Vorrang vor Straßenprojekten einzuräumen.
- Im Einklang mit den Ländern der Europäischen Union betont Wien weiters die Bedeutung von Straßenbenützungsgebühren (Roadpricing), um die Kostenwahrheit im Verkehr zu erreichen.

Wien selbst wird in seinem Wirkungsbereich alle erforderlichen Maßnahmen zur Stärkung der Vienna Region betreiben und verstärkt in diesem Sinne die Kooperation mit benachbarten Städten und Regionen mit dem Ziel der Bildung von strategischen Allianzen und Funktionsteilungen im Rahmen einer Vienna Region.

2.4. Umwelt

Wien hat in jüngerer Vergangenheit bewiesen, daß in der Forcierung der Förderung von Umwelttechnologien und Anreizen zum Umstieg auf umweltverträglichere Systeme mittel- und längerfristige Chancen liegen und damit Standort- und Wettbewerbsvorteile erzielt werden können. Das Engagement der Stadt Wien in Fragen der Umweltpolitik ist weit über die Landesgrenzen hinweg bekannt; gegenwärtig ist Wien mit der aktiven Umsetzung eines eigenen Klimaschutzprogrammes befaßt. Im Hinblick auf eine nachhaltige umweltpolitische Entwicklung in Europa tritt Wien insbesondere dafür ein, daß

- den einzelnen EU-Mitgliedstaaten weiterhin ermöglicht ist, strengere Umweltstandards zu erlassen,
- bei der Gentechnik auf keinen Fall eine Patentierung auf Lebewesen erfolgen darf,
- die EU im Zuge der Osterweiterung die Schließung von veralteten Ost-AKW's vorantreibt und sich gegen den Neubau von AKW's einsetzt.

2.5. Kultur

Wien erachtet die Stärkung einer europäischen Kulturpolitik als unabdingbar, um das Bewußtsein für Europa bei den Bürgerinnen und Bürgern auszubauen und zu verstärken. Gerade die kulturelle Vielfalt Europas ist sein Reichtum, und die Kultur stellt letztlich die integrative Kraft und das geistesgeschichtliche Fundament des europäischen Kontinents dar. Wien tritt daher dafür ein, daß

- die Kultur als europäischer Integrationsfaktor gestärkt und
- die Zusammenarbeit und der Austausch zwischen den einzelnen europäischen Institutionen zur Förderung der kulturellen Entwicklung ausgebaut wird.

Darüber hinaus ist bei der Heranführungsphase der mittel- und osteuropäischen Länder an die Europäische Union insbesondere auf den Ausbau der bestehenden Kulturförderprogramme Bedacht zu nehmen.

2.6. EU-Förderungen und die Reform der EU-Strukturfonds

Wien nimmt gegenwärtig im Rahmen der EU-Förderungspolitik sehr erfolgreich an den regionalen Gemeinschaftsinitiativen Urban und Interreg IIa teil. Insbesondere die im Interreg IIa gegebene Möglichkeit der grenzüberschreitenden Zusammenarbeit mit den unmittelbaren Nachbarstaaten Tschechien, Slowakei und Ungarn leistet einen wichtigen Beitrag zum gegenseitigen Erfahrungsaustausch und letztlich zur Integration Europas. Neben diesen regionalen Förderprogrammen erhält Wien Mittel aus dem Europäischen Sozialfonds (ESF) für Maßnahmen im Bereich einer aktiven Beschäftigungspolitik.

Im Hinblick auf die in der Agenda 2000 von der Europäischen Kommission dargelegten Überlegungen zu einer Reform der EU-Strukturfondspolitik begrüßt Wien grundsätzlich die Idee der Konzentration von Förderungsprogrammen, die Vereinfachung der Abwicklung und die Limitierung der von den Nettozahlerländern zu leistenden Beiträge. Die wesentlichen Anliegen der Stadt Wien bezüglich der Reform der EU-Strukturfonds können in drei Punkten zusammengefaßt werden:

- Städtische Problemgebiete müssen auch nach einer EU-Strukturfondsreform förderungsfähige Gebiete bleiben, um eine nachhaltige Verbesserung in den urbanen Ballungsräumen der EU zu gewährleisten.
- Der grenzüberschreitenden Zusammenarbeit ist eine größere Bedeutung beizumessen, wobei insbesondere funktionell zusammenhängende Räume entsprechend zu berücksichtigen sind, wie dies insbesondere die städtischen Ballungsräume an den EU-Außengrenzen darstellen.
- Schließlich tritt Wien dafür ein, daß mit den bisherigen Mitgliedszahlungen zur EU das Auslangen gefunden wird.

2.7. Währungsunion

Die Verwirklichung der Währungsunion stellt zweifelsohne einen wichtigen Schritt der Integration Europas dar. Anfang Mai 1998 werden die Teilnehmerländer an der ersten Runde der Währungsunion anhand der Erfüllung der Konvergenzkriterien ausgewählt werden. Nach Ansicht Wiens darf dabei jedoch nicht die Forderung nach einer europäischen Beschäftigungs- und Sozialunion außer acht gelassen werden, weil sonst durch ein drohendes „Europa der unterschiedlichen Geschwindigkeiten“ das europäische Integrationsprojekt insgesamt gefährdet wäre.

Die Umstellung vom Schilling auf den Euro bringt dabei einige praktische Probleme mit sich, von deren zufriedenstellender Lösung nicht zuletzt auch die Akzeptanz der Währungsunion in der Bevölkerung abhängen wird. Wien begrüßt daher die Festlegung der EU, einen strikten Umrechnungskurs zu verordnen. Darüber hinaus fordert Wien,

- daß Gebühren und Tarife so umgerechnet werden, daß für die Konsumenten keinerlei Einbußen entstehen;
- daß die doppelte Preisauszeichnung möglichst für lange Zeit (mindestens ein Jahr) besteht, damit sich die Menschen an die neue Währung gewöhnen können;
- daß ein unabhängiges Gremium darauf achtet, daß es im Zuge der Währungsunion zu keinen ungerechtfertigten Preissteigerungen kommt und
- die Einbindung der europäischen Zentralbank in eine gesamtwirtschaftliche Strategie.

Zentrale Bedeutung bei der Verwirklichung der Währungsunion wird dabei der objektiven Information der Bürgerinnen und Bürger zukommen.

Diese vom Wiener Landtag am 21. Oktober 1997 mehrheitlich beschlossene Deklaration „Wien und Europa" bildet die aktuelle Grundlage der Aktivitäten Wiens im stadtaußenpolitischen Bereich. Besonderes Augenmerk wird dabei von Wien auf die verstärkte Berücksichtigung städtepolitischer Anliegen innerhalb der Europäischen Union gelegt.

3. Europäische Städtepolitik – Anforderungen an eine European Urban Agenda aus Sicht der Stadt Wien

Die Europäische Kommission hat in ihrer Mitteilung „Wege zur Stadtentwicklung in der Europäischen Union" vom 6. Mai 1997 (COM 97/197) ihre Absicht erklärt, die Ergebnisse des europaweit laufenden Dialoges über die Notwendigkeit einer verstärkten städtischen Perspektive in der EU-Politik im Rahmen eines Forums zur Stadtentwicklung eingehend zu erörtern. Die Stadt Wien hat diese Mitteilung der Europäischen Kommission einerseits zum Anlaß genommen, sich noch mehr als bisher mit städtischen Anliegen in der Euopäischen Union auseinanderzusetzen, und sich andererseits erfolgreich bemüht, daß das 1. URBAN-FORUM in Wien stattfinden wird. Die Europäische Kommission hat Ende 1997 dem Wiener Vorschlag zugestimmt, daher wird das 1. URBAN-FORUM auf Einladung der Europäischen Kommission vom 26. bis 27. November 1998 im Wiener Rathaus abgehalten.

Ziel einer „Europäischen Städtepolitik" muß es sein, den Städten bzw. den städtischen Ballungsräumen jene Mitgestaltungs- und Mitentscheidungsmöglichkeiten auf europäischer Ebene einzuräumen, die ihrer wirtschaftlichen, gesellschaftlichen und politischen Position entsprechen. Gerade die bevorstehenden großen wirtschaftlichen und politischen Projekte der EU-Währungsunion, Osterweiterung – werden unmittelbar in den Städten bzw. städtischen Ballungsräumen, in denen mehr als zwei Drittel der europäischen Bevölkerung leben und arbeiten, Auswirkungen zeigen und innovatives, in die Zukunft gerichtetes sowohl politisches als auch wirtschaftliches Gestalten erfordern.

Eine „Europäische Städtepolitik" sollte in erster Linie darauf abzielen, all jene Rahmenbedingungen zu schaffen, die die Leistungsfähigkeit der Städte bzw. städtischen Ballungsräume erhält oder wiederherstellt und sie auf die Anforderungen und Herausforderungen der Zukunft durch Verbesserung von vorhandenen und neuen Gemeinschaftsinterventionen vorbereitet. Gerade die Sicherung und Erhaltung der Handlungsfähigkeit und Stabilität der europäischen Städte und die Bewältigung der in diesen Städten konzentrierten Problemlagen ist für das erfolgreiche Weiterführen des europäischen Gesellschaftsmodells in wirtschaftlicher und politischer Hinsicht von substantieller Bedeutung und bedarf daher eines besonderen gesamteuropäischen Engagements.

Bei der Ausarbeitung und Formulierung einer „Europäischen Städtepolitik" sind aus Wiener Sicht insbesondere folgende drei Analyseebenen zu berücksichtigen:

1. Die verschiedenen Sachpolitiken der EU sind im Hinblick auf die Anforderungen der Städte bzw. städtischen Ballungsräume zu prüfen, zu adaptieren und horizontal zu integrieren.
2. Es ist festzulegen, für welche stadtrelevanten Aufgaben und Probleme ein politischer Diskurs auf EU-Ebene unerläßlich erscheint.
3. Schließlich ist die Frage zu klären, in welchem institutionellen Rahmen zukünftig die städtepolitischen Entscheidungen der EU unter Mitwirkung und Einbeziehung der Städte getroffen werden.

Für Wien als Hauptstadt eines noch jungen EU-Mitgliedstaates ist eine aktive Beteiligung an der Ausformulierung einer „Europäischen Städtepolitik", einer „European Urban Agenda", sowohl eine inhaltliche Notwendigkeit als auch die Chance, aufgrund der eigenen Erfahrungen und der besonderen Position in Mitteleuropa spezifische Überlegungen und Impulse in die Diskussion einzubringen. Aus Sicht der Stadt Wien sind dabei insbesondere folgende Themenbereiche in die „Europäische Städtepolitik" aufzunehmen:

- **Stadtrelevante EU-Förderungspolitik**

Wien erachtet es als unabdingbar, daß im Rahmen der EU-Förderungspolitik verstärkt auf funktionale städtische Räume Bezug genommen wird. Dadurch soll gewährleistet werden, daß sich Maßnahmen ohne Rücksicht auf bestehende administrative Raster und Grenzen auf kleinräumige Stadtttteile oder Stadtregionen als gesamtes beziehen und eine sektorenübergreifende Aufgabenbearbeitung gefördert wird.

- **Abbau von Arbeitslosigkeit und Sicherung materieller Grundlagen**

Ein Hauptschwerpunkt der europäischen Städtepolitik muß die Schaffung von Arbeitsplätzen und Beschäftigung sein; dies bedeutet aus Wiener Sicht insbesondere die Forcierung einer europäischen Jugendbeschäftigungspolitik und Maßnahmen zur Unternehmensbesteuerung – wie dies klar und deutlich sowohl in der Deklaration „Wien und Europa" als auch in dem auf Initiative der Stadt Wien ausgearbeiteten „Memorandum der EU-Hauptstädte zur Beschäftigungspolitik" zum Ausdruck kommt.

- **Offensive für Qualifizierung und Infrastrukturversorgung**

Die Funktion der Städte als Orte der Wissensproduktion und des Know-How-Transfers ist zu stärken.

- **Integration und Abbau sozialer Ausgrenzung**

Eine „Europäische Städtepolitik" muß Impulse und Initiativen fördern, die den Aktionsradius der Städte zur Problemlösung in Fragen der Integration und des Abbaus sozialer Ausgrenzung nachhaltig erweitern.

- **Unterstützung der Neugestaltung von Stadt-Umlandbeziehungen**
  Eine europäische Städtepolitik sollte darauf abzielen, einen offensiven Dialog der Städte mit ihren umliegenden Regionen zu fördern, entsprechende politische und administrative Modelle auszuarbeiten und Stadtregionen bei der Implementierung neuer Organisations- und Entscheidungsmuster zu unterstützen.

- **EU-Osterweiterung**
  Der Erweiterungsprozeß der EU läuft vorerst primär auf Ebene der EU bzw. der beitrittswilligen Staaten. Ausgehend von der Grundeinschätzung, daß Städte in Europa auf verschiedensten Ebenen eine zentrale Rolle spielen, wäre es unabdingbar, den Integrationsprozeß durch entsprechende Maßnahmen auf städtischer Ebene zu flankieren. Die Städte der MOEL wären daher bereits zum jetzigen Zeitpunkt in den Diskurs für eine europäische Städtepolitik einzubinden. Die Rolle der EU-Städte könnte es dabei sein, als „Botschafter der EU und ihrer Mitgliedstaaten" die mittel- und osteuropäischen Städte in diese Diskussion voll zu integrieren und bereits heute Elemente der Zusammenarbeit von morgen zu praktizieren.

- **Nachhaltiges Stadtentwicklungsmanagement**
  Die aktuellen und die bevorstehenden Anforderungen für Stadtregionen sind durch hohe Komplexität, Interdisziplinarität und dynamische Arbeitsteilung zwischen öffentlichen und privaten Entscheidungs- und Leistungsträgern auf lokaler bis europäischer Ebene charakterisiert. Für eine erfolgreiche Bewältigung der damit verbundenen Aufgaben und Herausforderungen bedarf es eines nachhaltigen Stadtentwicklungsmanagements. Zu diskutieren ist in diesem Zusammenhang, welchen Beitrag die EU dabei leisten soll bzw. kann.

Städte sind unbestritten die Brennpunkte des wirtschaftlichen, kulturellen, gesellschaftlichen und politischen Lebens. Das darin vorhandene politische Potential und Know-How im Rahmen einer „European Urban Agenda" für die europäische Integration und für die Fortentwicklung des europäischen Gesellschaftsmodells zu aktivieren, nutzbar zu machen und damit letztlich die Identifikation mit Europa herzustellen, dazu sollten auch und insbesondere die Städte des europäischen Kontinents beitragen. Dies bedeutet, Wissen und Selbstbewußtsein über die Rolle, die Kompetenz und das Potential der Stadtregionen im europäischen Integrationsprozeß herauszustellen und zu vermitteln; weiters auch, daß sich Städte des Projektes Europa aus Eigeninteresse aktiv annehmen, sich an der Europapolitik beteiligen und in der europäischen Städtepolitik ein neues Selbstverständnis entwickeln. Wien ist sich dieser Herausforderung als Stadt durchaus bewußt und hat neben der inhaltlichen Positionierung in den letzten Jahren vor allem auch sein Engagement in städtischen und regionalen Netzwerken verstärkt.

4. Wien in Städtenetzwerken und regionalen Vereinigungen

Innerhalb des EU-Institutionengefüges kommt dem Ausschuß der regionalen und lokalen Gebietskörperschaften – kurz: **Ausschuß der Regionen (AdR)** – größte Bedeutung zu. Österreich entsendet in den Ausschuß der Regionen gemäß Beitrittsvertrag zwölf Mitglieder von insgesamt 222 Vertretern regionaler und lokaler Gebietskörperschaften. Jedes österreichische Bundesland stellt einen Vertreter und einen Stellvertreter, die übrigen Österreich zustehenden AdR-Sitze werden vom Österreichischen Städtebund und vom Österreichischen Gemeindebund eingenommen. Wien ist im AdR gegenwärtig durch Bürgermeister Dr. Michael Häupl sowie durch die amtsführende Stadträtin Mag. Brigitte Ederer aktiv vertreten.

Neben dem Ausschuß der Regionen ist weiters auf das Europäische Parlament hinzuweisen; im Oktober 1996 wurden erstmals 21 österreichische Abgeordnete direkt ins Europäische Parlament gewählt. Wenngleich es auch keine „Wiener"Abgeordneten gibt, da alle österreichischen Europaabgeordneten in einem Wahlkreis gewählt werden, können sechs Abgeordnete aufgrund ihres Wohnsitzes der Stadt Wien zugeordnet werden.

Über die Aktivitäten innerhalb dieser EU-Institution hinausgehend hat sich Wien insbesondere in folgenden urbanen und regionalen Organisationen verstärkt engagiert und seinen Beitrag zur Vertiefung des europäischen Integrationsprozesses geleistet:

- **UCUE (Union of Capitals of the Union of Europe)**
  Der UCUE, die auf Initiative der Städte Amsterdam, Bonn, Brüssel, Luxemburg, Paris und Rom im April 1961 gegründet wurde, gehören alle Hauptstädte der Mitgliedstaaten der Europäischen Union an. Seit 1996 werden die Hauptstädte der beitrittswilligen mittel- und osteuropäischen Länder als Beobachter zu den Treffen der UCUE eingeladen. Ziel der Vereinigung ist es, den ständigen Kontakt zwischen den Stadtverwaltungen der Mitgliedstädte aufrecht zu erhalten, um so das europäische Zusammengehörigkeitsgefühl und das gegenseitige Verständnis zu stärken. Wien ist seit 1995 Mitglied; von September 1997 bis September 1998 führt Wien die Präsidentschaft. Aufgrund einer Initiative Wiens wurde für den EU-Beschäftigungsgipfel im November 1997 in Luxemburg ein „Memorandum der Hauptstädte der EU zur Beschäftigungspolitik" ausgearbeitet, in dem eine Intensivierung der Beschäftigungspolitik innerhalb der EU-Wirtschaftspolitik gefordert wird. Dieses „Beschäftigungsmemorandum" wurde im Vorfeld des Beschäftigungsgipfels vom Wiener Bürgermeister, Dr. Michael Häupl, an den zuständigen EU-Kommissar, Padraig Flynn, übergeben.

● Eurocities

Eurocities ist eine eigenständige und nicht profitorientierte Vereinigung, die 1986 mit dem Ziel gegründet wurde, die Interessen der europäischen Städte (ab 250.000 Einwohner) im Rahmen der EU zu vertreten. Derzeit sind rund 80 Städte aus 19 europäischen Staaten Mitglieder von Eurocities. Im Jahr 1995 hat Eurocities eine Charta der europäischen Städte verabschiedet, die sich mit der Stellung der Städte in Europa, insbesondere in der Europäischen Union, befaßt.

Im Rahmen von Eurocities bestehen folgende Komitees: Kulturkomitee, Komitee für wirtschaftliche Entwicklung und Stadterneuerung, Ost/West-Komitee, Umweltkomitee, Sozialkomitee, Verkehrskomitee, Forum für Technologiepolitik. Wien ist seit 1995 Mitglied bei Eurocities und arbeitet aktiv im Komitee für wirtschaftliche Entwicklung und Stadterneuerung, im Ost/West-Komitee, im Umweltkomitee sowie im Unterausschuß Telematik des Forums für Technologiepolitik mit.

● Konferenz der Bürgermeister der süd- und südosteuropäischen Hauptstädte

In Anlehnung an die Idee der Zusammenarbeit der Hauptstädte der Europäischen Union wurde über Initiative von Athen gemeinsam mit Wien diese „Konferenz" ins Leben gerufen. Neben den beiden EU-Metropolen Athen und Wien sind in dieser „Konferenz" folgende Städte vertreten: Belgrad, Bratislava, Budapest, Kiew, Kischinjew, Ljubljana, Nikosia, Podgorica, Sarajewo, Skopje, Sofia, Tirana und Zagreb. 1995 fand das „Gründungstreffen" in Athen statt. 1996 wurde in Wien eine Konferenz zum Thema „Nachhaltige Stadtentwicklung" durchgeführt. Ergebnis dieser Beratungen war das „Wiener Papier über nachhaltige Stadtentwicklung", das vor allem die Verantwortung und Herausforderung für die Städte hinsichtlich einer zukunftsorientierten Wirtschaftspolitik betont.

In regionalen Vereinigungen hat sich Wien seit dem österreichischen EU-Beitritt 1995 insbesondere in der VRE, dem RGRE und in der ARGE–Donauländer engagiert:

● Versammlung der Regionen Europas (VRE)

Die VRE wurde im Jahr 1985 gegründet und ist vor allem darauf gerichtet, die Zusammenarbeit der europäischen Regionen untereinander zu fördern und ihren Einfluß bei den europäischen Institutionen zu stärken. Die VRE hat wesentlichen Einfluß auf die Einrichtung und auf die Statuten des Ausschusses der Regionen (AdR) genommen. Darüber hinaus hat es sich die VRE zum Anliegen gemacht, auch den Regionen der mittel- und osteuropäischen Länder eine Plattform für ihre spezifischen Anliegen zu bieten. Seit 1995 gibt es eine eigene Kommission, die sich mit Angelegenheiten der Ost/West-Kooperation auseinandersetzt. Wien ist seit 1995 Mitglied in der VRE und aktiv in der Fachkommission I (Institutionelle Fragen), in der Fachkommission II (Ost/West-Zu-

Treffpunkt Wiener Krieau
Event – Sport – Spiel – Spannung

Bereits 1999 wird der Wiener Trabrenn-Verein sein 125jähriges Bestehen feiern.
Das Besondere und Einzigartige an der Krieau ist, daß dieses Ambiente der Jahrhundertwende sich das Flair der Tradition erhalten hat und dabei aber genau dem „Event-Bedürfnis" unserer Zeit entspricht.

Unter dem Motto **„Knüpfen wir die Zukunft an die Tradition"** bietet der Wiener Trabrenn-Verein, passend zum neuen Praterkonzept, neben den traditionellen Trabrennen auch andere Aktivitäten und Möglichkeiten:

Das Ambiente der Krieau für Ihren Event:
- Clubraum: 10–30 Personen
- Osmanisches Fest-Zelt: 50 bis 350 Personen
- Ihre Präsentation eingebunden in die Spannung eines Trabrenn-Tages

Unsere Abteilung „Event-Marketing" informiert und beratet Sie mit Freude:
Frau Müller: Tel. 1-728 00 46-41 oder Frau Längauer: mobil 0663-882649

Erweitern Sie Ihren Prater-Sonntags-Ausflug mit einem Besuch in der Krieau –
ganzjährig Spaß und Spannung an den Trabrenn-Tagen mit:
- kostenloser Kinderbetreuung,
- Abenteuer-Spielplatz,
- Pony Reiten und anderen attraktiven Aktionen
- Verwöhn-Gastronomie

Trabrennen finden ganzjährig jeden Sonntag von 14.00 bis 18.00 Uhr statt – ausgenommen die Monate Juli und August.

Der Wiener Trabrenn-Verein freut sich auf Ihren Besuch!

sammenarbeit und Centurio-Programm (Austauschprogramm für Beamte der europäischen Länder)) sowie in der Fachkommission V (Regionalpolitik, Raumordnung, Infrastruktur, Umwelt, Tourismus) vertreten.

Im Rahmen des Centurio-Programmes waren 1996 und 1997 jeweils zwei Beamte aus osteuropäischen Regionen für fünf bzw. vier Wochen nach Wien eingeladen und konnten vielfältige Erfahrungen in einer westeuropäischen Stadt/Regionalverwaltung sammeln.

- **Rat der Gemeinden und Regionen Europas (RGRE)**

Der Rat der Gemeinden und Regionen Europas (RGRE) ist die europäische Sektion der International Union of Local Authorities (IULA). Der RGRE besteht seit 1951 und vertritt die Interessen von rund 100.000 Gebietskörperschaften. Er hat maßgeblich dazu beigetragen, daß der Europarat mit dem zuletzt eingerichteten „Kongreß der Gemeinden und Regionen Europas" den lokalen und regionalen Gebietskörperschaften ein europaweites Erfahrungsaustausch- und Meinungsbildungsforum einrichtete. Der RGRE hat weiters gemeinsam mit der VRE dazu beigetragen, daß die EU mit dem Maastricht-Vertrag den „Ausschuß der Regionen" geschaffen hat. Am 23. Oktober 1997 wurde in Graz der derzeitige Präsident der Auvergne und frühere französische Staatspräsident, Valerie Giscard d'Estaing, zum neuen Präsidenten gewählt. Ihm zur Seite stehen zwei Executive Presidents, nämlich der Bürgermeister von Lissabon, Joao Soares, und der Wiener Bürgermeister, Dr. Michael Häupl. Als Executive President des RGRE befaßt sich Dr. Häupl insbesondere mit den Themen Beschäftigungspolitik sowie Auswirkungen der EU-Osterweiterung.

- **Arbeitsgemeinschaft Donauländer**

Die Arbeitsgemeinschaft Donauländer wurde bereits im Mai 1990 gegründet. Ziel dieser Arbeitsgemeinschaft ist es, zur Förderung und Zusammenarbeit ihrer Mitglieder zur Entwicklung des Donauraumes im Interesse der Einwohner und einer friedlichen Zusammenarbeit in Europa beizutragen. Der Arbeitsgemeinschaft Donauländer gehören 22 Mitgliedsregionen an. Die Organe der ARGE-Donauländer sind die Konferenz der Regierungschefs, die Arbeitsgruppe der leitenden Beamten und fünf Arbeitskreise, in denen die gemeinsame, informative und fachliche Behandlung und Koordinierung von Fragen, welche im Interesse der Mitglieder liegen, durchgeführt wird. Wien ist in allen Gremien der ARGE-Donauländer vertreten und führt den Vorsitz im Arbeitskreis Verkehr und Schiffahrt sowie in der Arbeitsgruppe Gewässerschutz. In der Zeit von Oktober 1994 bis Oktober 1995 hatte Wien den Vorsitz in der Arbeitsgemeinschaft Donauländer. 1996 wurden unter dem Wiener Vorsitz im Arbeitskreis Verkehr und Schiffahrt die „Leitlinien für die Verkehrsentwicklung in den Mitgliedstaaten der ARGE-Donauländer" sowie die Studien über die „Verkehrsplanungen in den Mitgliedsländern der ARGE" abgeschlossen. Die Konferenz der Regierungschefs hat diese Leitlinien ebenso wie das „Leitbild für die nachhaltige Entwicklung des Donauraumes" im Oktober 1996 angenommen. Diese beiden Dokumente dienen den Mitgliedsregionen als Basis für die zukünftigen Arbeiten und Planungen im Verkehrsbereich. Für Wien sind die Aktivitäten im Donauraum insbesondere angesichts der Diskussion um die geplante Osterweiterung der Europäischen Union von Bedeutung. Aus dem gleichen Grund wächst auch zunehmend das Interesse der europäischen Institutionen an der Arbeit der Arbeitsgemeinschaft Donauländer und ihrer langjährigen Erfahrung mit Kooperationen bis weit in den geographischen Osten.

- **Airport Regions Conference (ARC)**

Abschließend ist noch auf die Airport Regions Conference (ARC) hinzuweisen, die auf Initiative von Nord-Holland und West-Sussex 1995 gegründet wurde. Ziel dieser Kooperation ist es, jenen europäischen Regionen, die internationale Großflughäfen beherbergen (mit mindestens 6,5 Mio. Passagieren im Jahr), ein Forum für ihre gemeinsamen Anliegen und Probleme zu bieten, um sich effektiv in den Entscheidungsfindungsprozeß der Europäischen Kommission einschalten zu können. Die Hauptthemen der ARC sind die Auswirkungen eines Großflughafens auf die umgebende Region, die Umweltbelastungen durch Luftverschmutzung und Lärm, Raumordnungsfragen, die Anbindung des Flughafens an Ballungszentren durch öffentlichen und Individualverkehr sowie Strategien der Zusammenarbeit im Luftverkehrsbereich.

5. Resümee

Wien ist innerhalb der letzten Jahre aus seiner euro- und geopolitischen Randlage ins Zentrum eines neuen, größeren und dynamischeren Europa gerückt. Trennte bis zum Jahr 1989, nur 60 km von dieser Stadt entfernt, der „Eiserne Vorhang" einen ganzen Kontinent mit zwei politisch konträren Systemen, wächst heute und morgen ein sich immer enger zusammenschließendes Europa, in dessen Mitte die Stadt Wien nicht nur geographisch gelegen ist.

Wien hat schon vor 1989 eine international wichtige Rolle gespielt, sei es als dritter UNO-Sitz, als Konferenzort, als Ort der friedensstiftenden KSZE-Verhandlungen oder einfach als Begegnungsort zwischen Ost und West. Die immer komplexer werdenden Beziehungen in allen Bereichen haben in den vergangenen Jahren zu einer Intensivierung und Professionalisierung der Außenbeziehungen der Metropol- und Großstädte geführt.

Wien als Millionenstadt im Herzen Europas und europäische Metropole, als Sitz zahlreicher internationaler Organisationen und Unternehmen sowie als Austragungsort internationaler Konferenzen hat, wie die Ausführungen belegen, sich sowohl den daraus ergebenden Herausforderungen erfolgreich gestellt als auch die sich eröffnenden Chancen erfolgreich genutzt.

DER WIENER CHRISTKINDLMARKT

Von Peter Csendes

Seit mehr als zwanzig Jahren hat der traditionsreiche Wiener Christkindlmarkt seine Heimstatt am Platz vor dem Rathaus. Sind auch im letzten Jahrzehnt andere Adventmärkte hinzugekommen – auf der Freyung, Am Hof, am Spittelberg, in Floridsdorf und an anderen Standorten –, so bildet dieser Markt doch den größten Anziehungspunkt. Vor der Kulisse der imposanten Rathausfassade und dem großen Weihnachtsbaum warten rund hundertfünfzig Stände auf die Besucher. Kunstvoll arrangierte Beleuchtung im Geäst der Bäume des Rathausparks, Dioramen und andere Attraktionen machen den Christkindlmarkt zu einer Sehenswürdigkeit, die in der Vorweihnachtszeit täglich viele hunderte Besucher anlockt, unter ihnen auch zahlreiche Wien-Touristen.

Der Christkindlmarkt hat eine lange, wenn auch wechselvolle Geschichte. Die Legende, die immer noch in der populären Viennensia-Literatur begegnet, will den Markt im 13. Jahrhundert entstanden wissen, ja sogar die früheste Erwähnung aus dem Jahr 1298 kennen[1]. Damit käme der Wiener Weihnachtsmarkt auf das stattliche Alter von siebenhundert Jahren. Das freilich trifft nicht zu. Was hat zur Entstehung dieser Annahme geführt? Zwei Aspekte waren dafür wohl maßgebend. Da ist zunächst das Privileg der Wiener zur Abhaltung von Jahrmärkten in Betracht zu ziehen. Schon 1276 hatte König Ottokar II. den Bürgern nach einer Brandkatastrophe erlaubt, einen Jahrmarkt abzuhalten[2]. König Rudolf von Habsburg hatte dieses Recht in seinen Stadtrechtsprivilegien 1278 bekräftigt, wonach zu Maria Lichtmeß (2. Februar) und zu Jakobi (25. Juli) solche Märkte jeweils durch 14 Tage stattfinden sollten. Herzog Albrecht I. hat dies 1296 bestätigt. Später wurden Christi Himmelfahrt und der Katharinentag zu den Marktterminen, daraus entstanden Pfingst- und Allerheiligenmarkt. Mit dem Weihnachtsfest stehen die Jahrmärkte freilich in keinem Zusammenhang[3]. Die Adventmärkte, mit denen wir uns hier zu beschäftigen haben, gehören vielmehr in die Gruppe der temporären Märkte, wie wir sie insbesondere im Zusammenhang mit Kirchweihfesten oder dem Osterfest finden.

Der Forschung ist zum anderen schon früh aufgefallen, daß die Stadt Wien ihren Landesfürsten Weihnachtsgeschenke gemacht hat. Die Rechnungsbücher der Stadt geben erstmals für das Jahr 1379 Auskunft über „chleinet" (Kleinodien) für den Herzog. Die Kammeramtsrechnungen des 15. Jahrhunderts belegen die Regelmäßigkeit dieses Brauchs[4]. Er ist wohl weit älter, da der Wiener Dichter Jans Enikel, der in der zweiten Hälfte des 13. Jahrhunderts seine Werke verfaßte, wissen will, daß schon in der Zeit der Babenberger, im frühen 13. Jahrhundert, solche Geschenke üblich waren. Sie hätten aus Lebensmitteln, aber auch Kostbarkeiten bestanden. Er bringt dies mit den Gaben der Hirten in Verbindung, die zur Krippe in Bethlehem gekommen waren, aber auch mit jenen der Weisen aus dem Morgenland[5]. Man hat daraus schließen wollen, daß auch den unteren Schichten das Überreichen von Gaben – vor allem wohl von Leckereien – nicht fremd gewesen sein dürfte[6], man daher die Existenz von Weihnachtsmärkten nicht ausschließen könne. Dagegen ist aber einzuwenden, daß diese Geschenke an den Stadtherrn und Landesfürsten in ihrem Ursprung eher mit dem Jahreswechsel in Verbindung zu bringen sind, der im Mittelalter nicht mit dem 1. Jänner, sondern mit dem Weihnachtstag begangen wurde[7]. Das von Jans Enikel geschilderte Ereignis steht freilich auch im Zusammenhang mit einem feierlichen Einzug des Fürsten in die Stadt; solche Einzüge waren Staatsakte, anläßlich deren die Überreichung von Geschenken üblich gewesen ist[8].

Daß es in Wien im Mittelalter keine Weihnachtsmärkte gegeben hat, belegt das Schweigen der Quellen, nämlich der erwähnten städtischen Rechnungen, die regelmäßig Einnahmen und Ausgaben vermerken, die im Zusammenhang mit den Märkten anfielen. Bedauerlicherweise sind die besonderen Rechnungen der Unterkämmerer, der Verantwortlichen für das Bauwesen, erst aus dem 17. Jahrhundert – und auch da sehr lückenhaft – erhalten, sodaß ein sicherer Ansatzpunkt für das erste Auftreten von geregelten Weihnachtsmärkten nicht festzustellen ist. Der frühe-

---

[1] Vgl. Hubert Kaut, Alt-Wiener Spielzeugschachtel, Wien 1961, 7; Stadtchronik Wien, Wien-München[2] 1986, 82. Auch in Zeitungen und Zeitschriften wird immer wieder das „Gründungsjahr" 1298 angegeben. Eine ernsthafte wissenschaftliche Auseinandersetzung mit diesem Thema bot bereits – leider an entlegener Stelle – der Stadtarchivar Leopold Sailer, Der Christkindelmarkt, in: Die Wohnung 1 (1930), 134–135, der den Zusammenhang mit Jahrmärkten zurecht als Fabel bezeichnete.

[2] Vgl. Peter Csendes, König Ottokar II. Premysl und die Stadt Wien, in: Jahrbuch für Landeskunde von Niederösterreich, NF 44–45 (1978/79), 150f.

[3] Vgl. Irmtraud Hering, Die privilegierten Wiener Hauptjahrmärkte von ihrer Gründung im Jahr 1278 bis zu ihrer Aufhebung im Jahr 1872, phil. Diss. (maschinschriftl.), Wien 1965, passim. Die Texte zuletzt abgedruckt in Peter Csendes, Die Rechtsquellen der Stadt Wien (Fontes rerum Austriacarum III/9, 1986), 80, 103, 193ff.

[4] Vgl. Otto Brunner, Die Finanzen der Stadt Wien von den Anfängen bis ins 16. Jahrhundert (Studien aus dem Archiv der Stadt Wien 1/2, 1929, 247ff.

[5] Monumenta Germaniae Historica, Deutsche Chroniken 3, Hannover-Leipzig 1900, 631f.; vgl. auch Leopold Schmidt, Volkskunde von Niederösterreich 2, Horn 1972, 299.

[6] Vgl. Gustav Gugitz, Das Jahr und seine Feste im Volksbrauch Österreichs II, Wien 1950, 243.

[7] Hermann Grotefend, Taschenbuch der Zeitrechnung des deutschen Mittelalters und der Neuzeit, Hannover [10]1960, 11ff.

[8] Vgl. etwa Winfried Dotzauer, Die Ankunft des Herrschers. Der fürstliche „Einzug" in die Stadt, in: Archiv für Kulturgeschichte 55 (1973), 245ff.

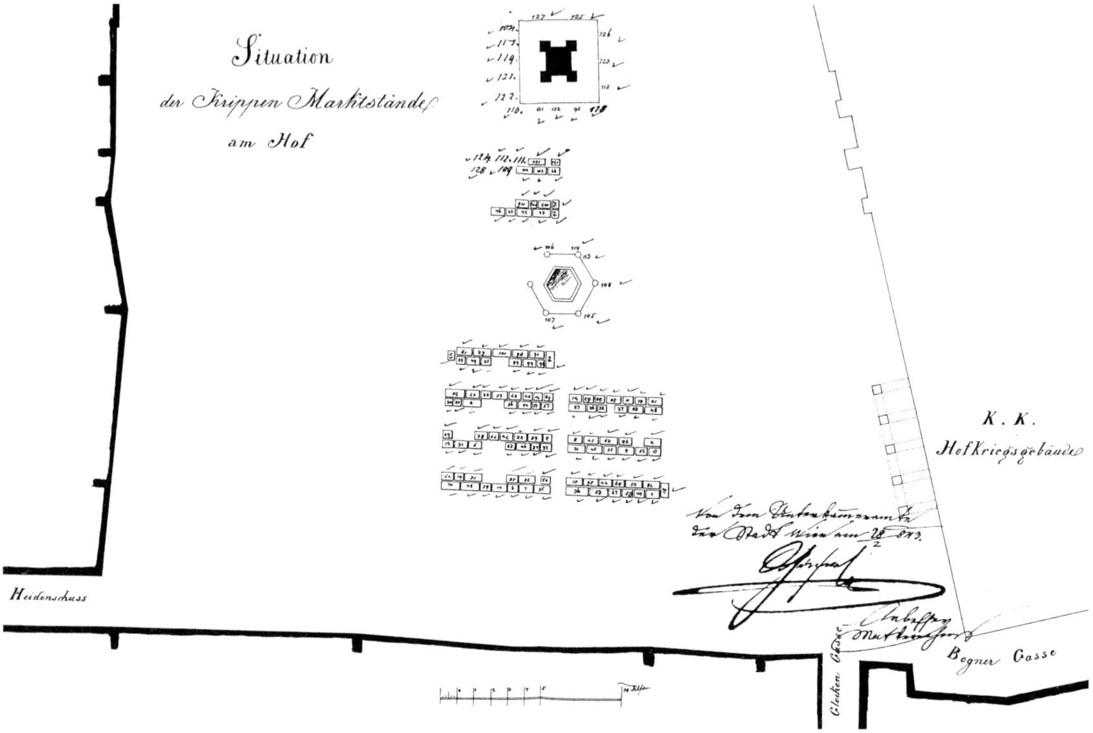

Aufstellung der Stände des Christkindlmarkts Am Hof, 1842.
(Wiener Stadt- und Landesarchiv, HA. A. Offic. 8/1842).

ste bekannte Beleg aus dem Jahr 1600 ist leider nicht mehr im Original vorhanden. Demnach hatten „Peckn, Lebzelter und Zuggerpacher" in den Weihnachtsfeiertagen und bis zum Neuen Jahr – ähnliche Bezeichnungen „zuer heyligen weynacht auen neuen jahrs zeit" finden wir regelmäßig bis 1761 – Stände („Hütten") am Graben und der Brandstätte aufgebaut[9]. Die erhaltenen Aufzeichnungen von 1626 informieren uns darüber, daß man am 9. Jänner die Hütten abgebaut, am 16. und 17. Dezember wieder aufgestellt hatte. Das Gebiet zwischen St. Peter und St. Stephan, eines der repräsentativsten der Stadt, das gern zum Flanieren genützt wurde, gewährte sicherlich in der Weihnachtszeit gute Absatzmöglichkeiten für Festtagsgebäcke.

Im Brauchtum spielen von alters her Gaben eine wichtige Rolle, wobei unterschiedliche Figuren als Gabenbringer in Erscheinung treten. Von diesen ist seit dem 16. Jahrhundert der Nikolaus mit seinen finsteren Begleitgestalten die wichtigste gewesen. Seit dem frühen 18. Jahrhundert ist dieses Geschenkbrauchtum auch in Wien eindeutig nachzuweisen. So findet sich in Wien 1764 die Bezeichnung „Nikolo- und Weihnachtsmarkt" sowie der Name „Thomasmarkt", der andeutet, daß es sich um eine Adventsveranstaltung gehandelt hat[10]. Im Mittelpunkt der brauchtümlichen Feierlichkeiten stand damals noch die Krippe, und man hat auch vom „Krippenmarkt" gesprochen.

Dieser Weihnachtsmarkt blieb bis zum Jahr 1761 am Graben beheimatet, dann wurde er aufgelassen[11]. Doch bereits drei Jahre später, 1764, findet sich der Nikolo- und Weihnachtsmarkt auf der Freyung wieder. Aus dem späten 18. Jahrhundert stammen auch die ersten ausführlicheren Beschreibungen von Weihnachtsbescherungen. Die auf dem Markt veräußerten Waren lassen zudem einen näheren Bezug zum Fest erkennen. Josef Richter liefert eine anschauliche Beschreibung[12]: „Die Gassen wimmeln von Ständchen. Nüsse und Äpfel, die schon Makulatur sind, werden hier für kurante Ware verkauft. Dort stehen Krippen, Christkindchen, Hanswürste und Pantalone nebeneinander, gleich neben ihnen eine Herde von kleinen Ochs- und Eselein, die die Großen ihren Kindern

[9] Vgl. Johann Ev. Schlager, Wiener Skizzen aus dem Mittelalter, Neue Folge 2, Wien 1842, 374f.

[10] Vgl. Gugitz (Anm. 6), 244f.; vgl. auch Schmidt (Anm. 5), 277ff., 289ff.

[11] Eine kurzgefaßte Zusammenstellung der verschiedenen Standorte des Christkindlmarktes bietet Felix Czeike, Historisches Lexikon Wien 1, Wien 1992, 572f.; vgl. auch Felix Czeike, Advent- und Weihnachtsbräuche im alten Wien, in: Wiener Geschichtsblätter 45 (1990), 220ff.

[12] Zitiert nach Gugitz (Anm. 6), 244f.

nach Hause bringen." Allmählich begann sich das Weihnachtsbrauchtum zu ändern. Der Nikolo als Gabenbringer wurde vom Christkind abgelöst, den traditionell üblichen Grünschmuck, der auch mit dem heiligen Nikolaus verbunden war, ersetzte zunehmend der Christbaum. Keineswegs überraschend ist nun fast nur mehr vom „Christmarkt" die Rede.

Ein Zeitgenosse schildert im Jahr 1827 seine Eindrücke[13]: „Der eigentliche Christmarkt ist auf der Freyung aufgeschlagen, wo man unter anderem die niedlichsten, wirklich mit Geschmack und Sorgfalt gefertigten Krippenspiele erblickt. ... Da blitzen wieder die duftenden Wachslichter auf, da rauscht wieder der dunkle Tannenzweig mit seinen bunten Bändern und Goldflittern, da schaut uns wieder das lächelnde Jesuskind mit seinen klugen, frommen Augen aus der Krippe an und streckt uns die kleinen Ärmchen entgegen: Josef hält die Axt und Maria steht wachsam neben ihrem Liebling; Ochs und Esel beugen sich zu diesem hinab; vorn ist ein stiller Weiher, auf dem die Schwäne hin und her ziehen; im Hintergrund kommen die Hirten über die Berge, hell schwebt der Komet über dem Stalle, und die hl. 3 Könige stehen draußen in prächtigen Gewändern mit langen Bärten." Dem 19. Jahrhundert war es schließlich vorbehalten, eine Kommerzialisierung des Weihnachtsfestes einzuleiten, die auch in Wien merkbar wurde[14].

Nun war die Freyung ein traditioneller Marktplatz, der früher auch die Jahrmärkte aufgenommen hatte, doch zugleich durch starken Verkehr beeinträchtigt[15]. Weiters gab es Probleme mit anderen Standinhabern, vor allem die Grünwarenhändler, die nahe der Renngasse ihre Plätze hatten, fühlten sich behindert. Das führte dazu, daß man den „Nikolai- und Weihnachtsmarkt" 1842 – zunächst probeweise – auf den Platz Am Hof verlegte. Die Raumsituation ermöglichte eine übersichtliche Aufstellung. Doch auch hier ging es zunächst nicht ohne Schwierigkeiten ab; die Gärtner, die Am Hof ihre Waren feilboten, protestierten,

Der Wiener Christkindlmarkt Am Hof, 1895.
Zeichnung von R. Schima. (Bildarchiv der Österreichischen Nationalbibliothek, 196.690 B).

[13] Zitiert nach Gugitz (Anm. 6), 245; dort finden sich auch Hinweise auf weitere zeitgenössische Beschreibungen des Christkindlmarkts aus dem 19. Jahrhundert.

[14] Vgl. Friedrich Schlögl, Wiener Blut 1, eingeleitet von Fritz Lemmermeyer, Wien 1893, 80ff. (Der Christkindlmarkt.) Zu Veränderungen im Weihnachtsbrauchtum vgl. auch Gustav Gugitz, Weihnachten in Alt-Wien, in: Emil Karl Blümml – Gustav Gugitz, Von Leuten und Zeiten im alten Wien, Wien 1922, 368ff.

[15] Vgl. Hertha Wohlrab, Die Freyung (Wiener Geschichtsbücher 6, 1971), 81ff., insbes. 88.

Christkindlmarkt in den dreißiger Jahren Am Hof (Österreichische Nationalbibliothek).

über einen Fiakerstandplatz kam es zu Auseinandersetzungen. Der Magistrat fand dafür jedoch eine Lösung, und mit 1843 wurde der neue Standort definitiv festgelegt[16]. Die Zahl der „Krippenmarktstände" betrug 132, sie wurden am Nikolausabend (5. Dezember) aufgebaut und blieben bis Neujahr. Viele Beschreibungen, aber auch Abbildungen, vermitteln einen guten Eindruck vom Christkindlmarkt in der zweiten Hälfte des 19. Jahrhunderts. 1872 wurden die Jahrmärkte, die ihren alten Sinn in der modernen Großstadt längst verloren hatten, vom Gemeinderat aufgelassen, „mit Ausnahme des sogenannten Christkindlmarktes" [17]. Rund dreißig Jahre später, 1903, schritt man sogar an eine Erneuerung der Markthütten, und als der Weihnachtsmarkt am 5. Dezember jenes Jahres eröffnet wurde, waren die 128 neuen Buden erstmals auch elektrisch beleuchtet[18].

In den zwanziger Jahren unseres Jahrhunderts ging der Christkindlmarkt „auf Wanderschaft". Der Erste Weltkrieg und seine wirtschaftlichen Folgen brachten einen schweren Rückschlag. 1923 wurde der Weihnachtsmarkt wieder auf der Freyung abgehalten, 1924 bis 1928 in bescheidenem Maß rund um den Stephansdom. 1929 – eine Sturmnacht am 13. Dezember brachte einen „höchst unfreundlichen" Einstand[19] – verlegte man ihn aus dem Stadtzentrum auf den Neubaugürtel, wo ihm freilich die Kulisse der historischen Bauten und die von ihnen ausstrahlenden Lichter fehlten. 1938 holte man den Christkindlmarkt zurück auf den Platz Am Hof, 1943 war wieder der Stephansplatz sein Standort. Mit der Fortdauer des Krieges, der nun auch mit den Luftangriffen Wien direkt erreichte, verschwand der Markt für zwei Jahre. Der zaghafte Wiederbeginn 1946 erfolgte auf dem Platz vor dem Messepalast. 1949 erinnerte man sich wieder an den inneren Neubaugürtel, wo die Buden in einer Reihe nach einheitlichen Richtlinien aufgebaut wurden. Bis 1957 fand der Markt hier seine

[16] Wiener Stadt- und Landesarchiv, Hauptarchivsakt Officiosa 8/1842; auf diese Quellen hat bereits Sailer (Anm. 1), 135, hingewiesen.

[17] Protokoll der öffentlichen Sitzung des Gemeinderats vom 26.9.1872, 1736f. Die begriffliche Verknüpfung von Jahrmarkt und Christkindlmarkt hat offenbar dazu geführt, daß man in der Literatur – so etwa auch Czeike (Anm. 11) – im Christkindlmarkt einen letzten Rest der Jahrmärkte sehen wollte, was so freilich nicht zutrifft.

[18] Stadtratsbeschluß vom 10.9.1903; Amtsblatt der k.k. Reichshaupt- und Residenzstadt Wien 1903, Nr. 77, 1784.

[19] Vgl.Sailer (Anm. 1), 135. Leopold Schmidt, Wiener Volkskunde. Ein Aufriß, Wien–Leipzig 1940, 59, weist darauf hin, daß der Christkindlmarkt nur noch der bescheidene Rest einer großen Tradition wäre.

Christkindlmarkt vor Messepalast, 1976.
(Wiener Stadt- und Landesarchiv, Foto A. H. Ebner).

Heimstätte, wobei schneereiche Winter und ein noch bescheidener Verkehr dazu beitrugen, eine gewisse Weihnachtsstimmung zu erzeugen. Doch auch das erwies sich nicht als Ideallösung. Nochmals wurde der Platz vor dem Messepalast zum Standort, ein Versuch, den Markt in der Kalvarienberggasse als Pendant zum traditionellen Ostermarkt heimisch zu machen, scheiterte 1963. Als die Arbeiten zur Tiefgarage vor dem Messepalast 1975 in Angriff genommen wurden, mußte neuerlich ein Ausweichquartier ge-

Wiener Adventzauber, 1997. (Foto: Votava, PID).

funden werden. Dafür wurde der Rathausplatz ausersehen.

Wie so oft wurde das Provisorium zur Dauerlösung. Rathaus und Rathauspark bilden ein stimmungsvolles Ambiente, der Verkehr bleibt ausgesperrt und dennoch ist eine sehr gute Verkehrsanbindung gewährleistet. Schrittweise wurde der Markt auf rund 150 Hütten ausgeweitet, und man hat darauf geachtet, daß das Warenangebot in seinem überwiegenden Ausmaß mit dem Weihnachtsfest in Verbindung steht. Die Einbeziehung des Parkes mit Lichteffekten und einem Weihnachtspostamt, mit einer Liliputbahn und mit Ponyreiten, ließ die Anziehungskraft für Groß und Klein jährlich ansteigen. Angesichts dieser positiven Entwicklung ist es von geringer Bedeutung, ob dieser Wiener Christkindlmarkt 700 oder eben nur 400 Jahre alt ist. Er repräsentiert bodenständige Tradition, die Höhen und Tiefen erlebt hat, jedoch über die Zeiten hinweg lebendig geblieben ist.

Auf Traditionen wie diese kann jede Stadt mit Stolz blicken.

INDEX

GESETZBLATT DER STADT WIEN UND LANDESGESETZBLATT FÜR WIEN VOM 30. OKTOBER 1945 BIS 31. DEZEMBER 1997

LGBl. Nr.

*) Das Gesetzblatt der Stadt Wien erhielt ab 14. Februar 1946 infolge des Überganges der Verfassung 1920 wieder den Namen Landesgesetzblatt für Wien.

LGBl. Nr.

ORTSPOLIZEILICHE VERORDNUNGEN

Im Jahr 1997 erschienene ortspolizeiliche Verordnung

Verordnung des Magistrates der Stadt Wien vom 7. Oktober 1997, MA 62-I/309/96, mit der die Kundmachung des Magistrates der Bundeshauptstadt Wien über die Haustorsperre und die Hausbeleuchtung geändert wird, Amtsblatt der Stadt Wien Nr. 44

Auf Grund der §§ 76 und 108 der Wiener Stadtverfassung wird verordnet:

Artikel I

Die Kundmachung des Magistrates der Bundeshauptstadt Wien über die Haustorsperre und die Hausbeleuchtung, Amtsblatt der Stadt Wien, Heft 11/1972, wird wie folgt geändert:

1. Der Titel lautet: „Verordnung des Magistrates der Stadt Wien über die Haustorsperre und die Hausbeleuchtung."

2. § 5 lautet:

„§ 5. (1) Zur Hintanhaltung einer Gefahr für die körperliche Sicherheit hat der Hauseigentümer oder sein verantwortlicher Stellvertreter dafür zu sorgen, daß die allgemein zugänglichen Räume des Hauses (Hausflur, Stiegen, Gänge und dergleichen) in der Zeit vom Eintritt der Dunkelheit bis zur Torsperre und in der Zeit vom Aufsperren des Tores bis zum Eintritt der Tageshelle (also auch in den Morgenstunden) entsprechend beleuchtet sind.

(2) Der Vorschrift des Abs. 1 ist auch dann Genüge geleistet, wenn unmittelbar neben dem Hauseingang und in jedem weiteren Stockwerk eine Schalteinrichtung (z. B. Taster, Schalter, Infrarotmelder, Bewegungsmelder, Annäherungsschalter) angebracht ist, die es ermöglicht, die Beleuchtung (Minutenlicht) mit einer der örtlichen Gegebenheiten (z. B. lange Gänge) Rechnung tragenden Brenndauer sofort einzuschalten. Wenn die Schalteinrichtung aus einem Schalter (Taster) besteht, muß dieser durch Glimmlicht oder Leuchtfarbe entsprechend gekennzeichnet sein.

(3) Die Begünstigung gemäß Abs. 2 gilt für Häuser mit Berufs-, Geschäfts- oder Behördenverkehr nur für den Zeitraum außerhalb der Zeiten des Kunden- bzw. Parteienverkehrs.

(4) Für die Zeit zwischen der abendlichen Sperre und dem morgendlichen Aufsperren des Haustores ist eine Beleuchtung (Minutenlicht) im Sinne des Abs. 2. vorzusehen.

(5) Der Hauseigentümer oder dessen verantwortlicher Stellvertreter ist zur Instandhaltung der zur ordnungsgemäßen Hausbeleuchtung nach Abs. 1 bis 4 erforderlichen Einrichtungen verpflichtet."

3. § 6 lautet:

„§ 6. Wer die Gebote und Verbote dieser ortspolizeilichen Verordnung nicht befolgt, begeht eine Verwaltungsübertretung und unterliegt der hierfür im § 108 Abs. 2 Wiener Stadtverfassung – WStV, LGBl. für Wien Nr. 28/1968 in der jeweils geltenden Fassung, vorgesehenen Strafe."

Artikel II

Diese Verordnung tritt mit 1. September 1998 in Kraft.

Übersicht über die bisher erschienenen ortspolizeilichen Verordnungen

A. Nach Jahrgängen

Seite

94. Jahrgang – 1979/80

B. Alphabetisch

*) Durch Landesgesetz vom 28. Februar 1986, LGBl. für Wien Nr. 18, wurde mit Wirkung vom 18. April 1986 der Bundespolizeidirektion Wien die Mitwirkung an der Vollziehung dieser ortspolizeilichen Verordnungen in folgendem Umfang übertragen:
1. Vorbeugungsmaßnahmen gegen drohende Verwaltungsübertretungen,
2. Maßnahmen, die für die Einleitung von Verwaltungsstrafverfahren erforderlich sind, wie insbesondere die Festnehmung von auf frischer Tat betretenen Personen (§ 35 VStG 1950), die Festsetzung und Einhebung einer vorläufigen Sicherheit (§ 37a VStG 1950) und die Erstattung von Anzeigen,
3. die Festsetzung und Einhebung einer Sicherheit (§ 37 VStG 1950) und
4. die Ahndung von Verwaltungsübertretungen mit Organstrafverfügungen (§ 50 VStG 1950).

DER AMTSSCHIMMEL HILFT!

RAT UND AUSKUNFT

Im folgenden sind aus Gründen der besseren Lesbarkeit des Textes personenbezogene Bezeichnungen nur in männlicher Form angeführt, beziehen sich aber auf Frauen und Männer in gleicher Weise.

In diesem Abschnitt zeigt sich der Amtsschimmel nur von seiner guten Seite. Er galoppiert nicht, er bockt nicht, er ist nicht eigensinnig, hier will er nichts anderes als helfen, raten und führen. Zugleich will er zeigen, daß er besser ist als sein Ruf.

In den vielen Lebenslagen, die den Menschen von heute nötigen, ein Amt, eine Behörde aufzusuchen, bietet er seine hilfreiche Hand, um überflüssige Wege zu ersparen und sofort den richtigen Weg zu finden. Er gibt Anleitung, welche Unterlagen zu beschaffen oder mitzubringen sind, er gibt Aufklärung über die Leistungen der Gemeinde Wien auf den verschiedensten Gebieten.

Der Amtsschimmel ist auch nicht böse darüber, wenn ein eifriger Leser dieses Handbuches Druckfehler und andere Ungereimtheiten feststellt, denn davor ist auch der Amtsschimmel nicht gefeit. Es macht ihm nichts aus, wenn ihm Vorschläge für eine bessere Gestaltung dieses Buches gemacht werden. Auch der Amtsschimmel kann noch lernen! Die Leser werden daher ersucht, Anregungen und Vorschläge zur Gestaltung dieses Buches an die Redaktion des Handbuches der Stadt Wien, Büro des Magistratsdirektors, Rathaus, 1082 Wien, zu senden.

Hier ist der Amtsschimmel nicht das vielgelästerte ungebärdige Vieh, als das er dem einzelnen bisweilen entgegentritt und für das er dann verallgemeinernd gehalten wird, hier gibt er sich, wie er wirklich und normalerweise ist, wie er zehntausendfach täglich und stündlich in treuer Pflichterfüllung seinen Dienst versieht, als Diener am Menschen, als Diener am gemeinsamen Werk. Möge dieser Abschnitt seine Mission erfüllen: den Rat- und Hilfesuchenden nützen! Dann wiehert befriedigt

der Amtsschimmel

TELEFONSERVICESTELLEN, BERATUNGSSTELLEN UND NOTRUFE DER STADT WIEN*)

Stadtinformation, Wiener Umwelttelefon und Anlaufstelle der Umweltpolizei 525 50
Amt für Jugend und Familie, Servicetelefon 40 00 . . ., 8011
Bäderinfo . . . . 601 12. . ., 8044
Baumschutz . . . . 478 91 21 . . ., 11
Baustellenkontrolle . . . . 811 14 . . ., 92700
Behinderte, Beratungsstelle . . . . 531 14 . . ., 85359
Beleuchtung, öffentliche, Störungsdienst . . 797 75. . ., 8033
Bosnienhilfe 665 56 91
Bürgerdienst, Mobilbüro . . . . 40 00 . . ., 81313
Bürgerdienst, Zentrale . . . . 40 00 . . ., 81310
Bürgerdienstaußenstellen → MA 55
Bürger-Service-Zentrum Donaustadt → MA 55
Datenauskunft, Statistik . . . . 40 00 . . ., 88662, 88631, 88641, 88661
Desinfektionsanstalt . . . . 797 75 . . ., 87880
Eheberatung und Familienplanung . . . . 40 00 . . ., 8011
Elektrizitätswerke (WIENSTROM), Kundendienstzentrum . . . . 313 69. . .0
– Störungsdienst . . . . 40 04. . ., 32666
Elternberatung → MA 11
Elternberatung für serbokroatische und türkische Familien . . . . 605 34 . . ., 10376
Eltern-Kind-Zentrum → MA 11
Elternschulen → MA 11
Entwicklungsdiagnostiken . . 605 34 . . ., 10860, 369 55 50, 369 56 50
Ernährungsberatungsstelle . . . . 531 14 . . ., 87639
Erziehungsauskunft 310 93 58
Familienhebammen → MA 15
Familienintensivbetreuung 813 93 98
Ferienspiel . . . . 40 00 . . ., 84400
Fernwärme Wien, Störungsdienst. . . . . 313 26 . . .0
Feuerwehr, Auskunft . . . . 531 99 . . . 0
Feuerwehr, Notruf 122
Formulare, schwer verständliche . . . . 40 00 . . ., 82513
Frauennotruf 71 71 9
Frauentelefon 408 70 66
Friedhofsinformation . . . . 534 69 . . .0
Gartentelefon 911 25 55
Gasgebrechen 128
Gebietsbetreuung, Mobile 522 72 54
Gebietsbetreuungen in Stadterneuerungsgebieten . . . . 40 00 . . ., 90522
Gemeindemieter, Schadenstelefon → MA 17
Genetische Beratungsstelle . . . . 491 50 . . ., 2905, 2906
Geschlechtskrankheiten, Ambulanz . . . . . . 531 14 . . ., 87792
Gesundenuntersuchungsstellen . . 531 14 . . ., 87602, 87604
Gesundheitsfürsorgestellen → MA 15
Gesundheitstelefon 533 28 28
Gewässerschutz . . . . 488 29 . . ., 96551
Grilltelefon, Auskunft . . . . 488 29 . . ., 96496
Herz-Kreislauf-Zentrum 333 16 77
Hochwasserbereitschaft . . . . 488 29 . . .0, 486 52 16
Inspektionsrauchfangkehrer . . . . 597 03 00 . . ., 340-345
Institute für Sozialtherapie → MA 11
Jugend-Info-Wien 17 99
Jugendzahnkliniken . . . . 34 63 62 . . . 0, 319 53 34 . . . 0
Kanalgebrechen . . . . 795 14 . . ., 9300
Kanal-Informationsstelle . . . . 795 14 . . ., 8030
Kindertelefon 319 66 66
Kinder- und Jugendanwaltschaft 17 08
Kinder- und Jugendpsychologische Beratungsstellen → MA 11
Krankenbeförderungsdienst 717 18
Krankenschwestern, Mobile → MA 47
Kulturarbeit, Beratungsstelle . . . . 40 00 . . ., 81174
Lebensmittelbetriebe, Beschwerden → MA 38
Lebensmittelhygiene und natürliche Ernährung, Beratungsstelle . . . . 795 14. . ., 9760
Lichttelefon . . . . 797 75 . . ., 8033
Luftmeßwerte, Computer-Tonbanddienst OZONIX . . . . 40 00 . . ., 88288
Medienberatung für Schulen 523 32 24
Medizin-meteorologische Beratungsstelle für Wetterfühlige . . . . 531 14 . . ., 87639
Mieterhilfe . . . . 40 00. . ., 8000
Misttelefon 546 48
Parkraumbewirtschaftung-Hotline . . . . . . 795 14 . . ., 38100
Partner-, Familien- und Sexualberatung . . . . 40 00 . . ., 90728
Patientenanwalt, Wiener 587 12 04
Permanenzingenieur (Feuerwehr) . . . . 531 99 . . ., 230, 40 00 . . ., 8280
Pflanzenschutzdienst 911 25 55
Pflegekinderwesen, Beratungsstelle . . . . . 313 24 . . ., 85612
Pilzberatung (Marktamtsabteilungen) → MA 59
Planungswerkstatt, Wiener (WPW) 408 80 70
Pollenallergie, Beratung . . . . 531 14 . . ., 87639
Psychologische Beratungsstellen für Scheidungsfragen . . . . 313 24 . . ., 85690, 616 04 40
Raucherberatungsstellen . . . . 531 14 . . ., 87639
Rettungsdienst 144
Schadstoffunfälle, Meldungen, Feuerwehr 122
Schneetelefon 546 48
Schuldnerberatung 330 87 35, 330 87 36
Schwangerenberatung → MA 15
Selbsthilfegruppen, Servicestelle . . . . 531 14 . . ., 81223
Sexualberatung . . . . 40 00 . . ., 90728
Sexuell übertragbare Krankheiten, Beratungsstelle . . . . 531 14 . . ., 87792
Sofortmaßnahmen . . . . 40 00 . . ., 75221, 75222
Sonderpädagogische Ambulanzen → MA 11
Sozialarbeit mit Erwachsenen → MA 12
Soziale Fragen, Beratung → MA 12
Soziale Stützpunkte → MA 47
Sozial-Notruf 533 77 77
Sozialpädagogische Beratungsstellen → MA 11
Sozialpsychiatrischer Notdienst 310 87 79
Stadterneuerungsfonds-Kummernummer (gegen unredliche Absiedlungsmethoden) . . . . 408 88 52 . . ., 55
Stadtgartenamt . . . . 40 00 . . ., 8042
Straßenschäden . . . . 488 34 . . ., 49600
Tierschutz- und Tierhaltungsfragen 795 14. . ., 97631, 97632
Todesfall, Anmeldestelle, Abholung . . . . 501 95 . . . 0
Totenbeschaudienst, Zentraler . . . . 797 75 . . ., 87890
Tropenreisende, Beratungsstelle . . . . 531 14 . . ., 87622
Umweltanwaltschaft, Wiener . . . . 727 04 . . . 0
Umwelt-Hotline, Wiener . . . . 40 00 . . ., 88316, 88317
Umweltmedizin, Institut . . . . 404 13 . . . 0
Umweltmedizinische Beratungsstelle . . . 404 13 . . ., 87815
Umweltpolizei 525 50
Veranstaltungen, Anmeldestelle MA 7 . . . . 40 00 . . ., 84787, 84786
Vergiftungsnotruf 406 43 43
Verkehrsbetriebe (WIENER LINIEN), Kundenzentrum . . . . 79 09 . . ., 105, 100

*) Soweit keine Telefonnummer angeführt, mehrere Außenstellen → I. Teil, MA

Verkehrsleitzentrale-Polizei,
Verkehrslichtsignalanlagen,
Störungstelefon .... 313 46 . . ., 32434
Verkehrspermanenzstelle .... 811 14 . . ., 92700
Verkehrssicherheitstelefon .... 811 14 . . ., 9200
Wasserleitungsgebrechen .... 599 59 . . . 0

Wasserwirtschaftliches Planungsorgan,
MA 45 .... 488 29 . . ., 96591
Wetterfühligkeit, Beratung............. 531 14 . . ., 87635
WIEN ENERGIE-Beratung .... 582 00 . . . 0
Wirtschaftsförderungsfonds .... 40 00 . . ., 86751
Wohnungsberatungszentrum → MA 50

PRESSE- UND INFORMATIONSDIENST DER STADT WIEN
(MA 53)

Der Presse- und Informationsdienst der Stadt Wien (MA 53) hat vor allem die Aufgabe, über Vorhaben, Maßnahmen und Einrichtungen der Stadt zu informieren. Auf vielen Gebieten hat dies entscheidende Bedeutung. Das große Angebot im sozialen und im kulturellen Bereich sowie die vielen Freizeitmöglichkeiten können nur von Bürgern genützt werden, die darüber Bescheid wissen. Die aktive Mitwirkung der Bürger am Geschehen in der Stadt setzt die Information voraus. Die MA 53 nützt in ihrer Tätigkeit zwei verschiedene Methoden: Erstens die Information über die Massenmedien, wobei die täglich erscheinende „Rathaus-Korrespondenz" und mehrmals wöchentlich stattfindende Pressekonferenzen sowie die sonstige Tätigkeit der Pressereferenten die wichtigsten Instrumente sind, und zweitens die direkte Information an die gesamte Bevölkerung oder an bestimmte Zielgruppen (eigene Zeitungen und Broschüren, Informationen im Internet, Wandzeitungen und Flugblätter, Plakate und Ausstellungen, Filme und Rundfahrten usw.).

Rathaus-Korrespondenz

Die täglich erscheinende „Rathaus-Korrespondenz" versorgt die Massenmedien mit Nachrichten aus der Wiener Stadtverwaltung. Die „RK-spezial" erscheint fallweise mit ausführlichen kommunalen Informationen und Dokumentationen. Der diensthabende Redakteur ist unter Tel. 40 00 . . ., 81081, Montag bis Freitag von 7.30 bis 19 Uhr, Samstag von 10 bis 17 Uhr und an Sonn- und Feiertagen von 12 bis 17 Uhr (übrige Zeit Tonbanddienst) zu erreichen.

WIEN ONLINE

Seit seinem Einstieg ins World Wide Web hat sich das Internet-Service der Stadt Wien „WIEN ONLINE" zu einem sehr gern genutzten Informations- und Kommunikationsdienst der Stadtverwaltung entwickelt. 4.000 Textseiten mit Inhalten aus vielen Bereichen (von der Jugend-Info über die elektronische Broschürenbestellung bis zu den sozialen Diensten) und ein Dutzend Datenbanken (wie z. B. Wiener Rechtsinformationssystem, Wiener Schulführer, Bestände der Städtischen Büchereien und der Stadt- und Landesbibliothek, Umweltdaten, Wohnungsinformationssystem) machen den Zugriff auf die Angebote der Stadt bequem – und das rund um die Uhr. Pro Woche werden mehr als 50.000 Seitenabfragen (ca. 200.000 Hits) registriert, womit WIEN ONLINE weltweit zu den attraktivsten Städte-Präsentationen gehört. WIEN ONLINE hat die Adresse http://www.magwien.gv.at/.

Wien aktuell

Als Betriebszeitung für die Mitarbeiter und Pensionisten der Stadtverwaltung und der Wiener Stadtwerke wird „Wien aktuell" herausgegeben. Die Zeitung enthält vor allem Informationen aus dem kommunalen Bereich, berichtet über die Arbeit der Organe der Stadt Wien, der Magistratsabteilungen, der Städtischen Unternehmungen und der Holding-Betriebe und gibt Hinweise auf Gesetze, Verordnungen und Erlässe sowie Personalnachrichten. Eine Unterhaltungsrubrik, Darstellungen aus der Vergangenheit Wiens und Buchbesprechungen ergänzen den Inhalt von „Wien aktuell".

Die Betriebszeitung wird den Mitarbeitern und Pensionisten der Stadtverwaltung und der Stadtwerke gratis zugestellt.

Die Redaktion ist unter Tel. 40 00..., 81065, zu erreichen.

Amtsblatt der Stadt Wien

Das „Amtsblatt der Stadt Wien" erscheint normalerweise jeden Donnerstag. Annahmeschluß für Ausschreibungen u. ä. ist jeweils Mittwoch der Vorwoche 12 Uhr. Inhalt des Amtsblattes sind neben „Vergaben von Leistungen" vor allem amtliche Verlautbarungen und Informationen der Wiener Stadtverwaltung an die Bevölkerung.

Die Redaktion ist unter Tel. 40 00 . . ., 81027, erreichbar. Für Inserateneinschaltungen und Einzelverkäufe sowie Abonnements ist der Generalunternehmer, die Norbert Jakob Schmid Verlagsgesellschaft m. b. H., zuständig, erreichbar unter Tel. 894 64 49 . . ., 10.

Landesgesetzblatt für Wien

Jedes Landesgesetz bzw. jede Änderung eines solchen wird veröffentlicht. Interessenten können das „Landesgesetzblatt für Wien", das als verrechenbare Drucksorte gilt, bei der MA 53 abonnieren bzw. einzeln unter Tel. 40 00 . . ., 81026, anfordern oder in der MA 6 – Stadthauptkasse, Rathaus, Stiege 7, Hochparterre, abholen.

Unser Wien

Diese Informationszeitung der Stadt Wien richtet sich an alle Wiener Haushalte. Zielsetzung von „Unser Wien" ist es dabei, ständig über neue Serviceleistungen, Einrichtungen der Stadt und Neuigkeiten, die in Wien selbst geschehen, zu informieren.

Redaktionssitz ist 23, Rodaun, Willergasse 24,
Tel. 889 10 09..., 31–36.

Unsere Wiener Hauswandzeitung

„Unsere Wiener Hauswandzeitung" erscheint in 23 Mutationen als Ergänzung zur Zeitung „Unser Wien" mit wichtigen Informationen für Mieter in Gemeinde- und Genossenschaftshäusern.

Die Redaktion ist unter Tel. 40 00..., 81888, zu erreichen.

Folder und Broschüren

Der Presse- und Informationsdienst der Stadt Wien gibt zu verschiedensten Themen laufend Folder und Broschüren heraus. Dazu zählen Informationsfolder zum Sport-, Freizeit-, Kultur- und Ausbildungsangebot Wiens, aber auch zur Umweltthematik und zu wichtigen Einrichtungen der Stadt.

Die Produktion ist unter Tel. 40 00 . . ., 81866, zu erreichen, der Versand unter Tel. 40 00 . . ., 81034.

Inserate

In den Aufgabenbereich des Presse- und Informationsdienstes der Stadt Wien fallen auch die Inseratenvergabe und die Abwicklung von Kampagnen und Aktionen.

Telefonische Auskünfte hinsichtlich Inseratenvergabe unter 40 00. . ., 81882.

Öffentlichkeitsarbeit für Bezirke

Im Rahmen der Dezentralisierung werden die 23 Wiener Gemeindebezirke durch die MA 53 in allen Fragen der Öffentlichkeitsarbeit beraten. Diese Betreuung bezieht sich u. a. auf die Herstellung und Verteilung von Printprodukten, Textierung von Pressetexten, Durchführung von Bürgerversammlungen und allgemeinen Maßnahmen der Öffentlichkeitsarbeit.

Informationen für alle Bezirke unter Tel. 40 00 . . ., 81888 oder 81057.

Betreuung von Auslandsjournalisten

Der PID betreut und unterstützt die in Wien akkreditierten Auslandsjournalisten sowie ausländische Journalisten und Fachleute, die sich für die Einrichtungen der Stadt Wien interessieren.

Telefonische Auskünfte unter 40 00 . . ., 81843.

Übersetzungsdienst

Die Hauptaufgabe des Übersetzungsdienstes besteht in der Versorgung des Magistrats mit Übersetzungs- und Dolmetschleistungen. Im Rahmen seiner Möglichkeiten stellt der Übersetzungsdienst auch selbst Übersetzungen her und stellt Dolmetscher für Empfänge, Gespräche, Pressekonferenzen, Verhandlungen usw. zur Verfügung.

Der Übersetzungsdienst ist unter Tel. 40 00 . . ., 82091–95, erreichbar.

Wiener Filmbüro

Erteilung von Drehgenehmigungen und organisatorische Hilfestellung im Bereich der Wiener Stadtverwaltung obliegen der Wiener Filmbüro-Servicestelle, erreichbar unter Tel. 40 00 . . ., 81042.

Rundfahrten Modernes Wien

Die von der MA 53 organisierten Rundfahrten unter dem Motto „Steig ein auf Wien" führten zu kommunalen Einrichtungen der Stadt Wien.

Für Gruppen werden nach Möglichkeit auch fremdsprachenkundige Rundfahrtenführer beigestellt; die Routen können frei vereinbart werden. Anmeldungen schriftlich oder telefonisch unter 40 00 . . ., 81050.

BÜRGERDIENST DER STADT WIEN

(MA 55)

Der Bürgerdienst ist Anlaufstelle für alle Wünsche, Beschwerden, Anregungen und Fragen der Mitbürger. Rat und Hilfe beschränken sich nicht auf den Bereich der Stadtverwaltung, sie werden vielmehr für alle Lebensbereiche angeboten.

Schwerpunkte der Tätigkeit des Bürgerdienstes

- Information über Leistungen und Angebote der Stadtverwaltung, der Bundesverwaltung, öffentlich-rechtlicher Körperschaften, diverser Informations- und Beratungsstellen
- Entgegennahme und Weiterleitung von Meldungen über Mißstände, wie ohne Kennzeichen abgestellte Fahrzeuge, ausgefallene Straßenlampen, Fahrbahnschäden, klappernde Deckel
- Beratung und Hilfestellung bei Problemen, zum Beispiel
  Belästigungen durch Lärm, Geruch und Rauch
  Gerümpellagerungen
  Verunreinigungen auf Gehsteigen und Grundstücken
  Schneeräumung, winterliche Gehsteigbetreuung, nicht entfernter Streuriesel
  Mißstände bei Baustellen
  Bauschäden im Wohnhaus, Mieterprobleme
  Verkehrsprobleme (Aufstellen oder Entfernen von Verkehrszeichen, Festlegen oder Aufheben von Einbahnführungen, Erweiterung des Stellplatzangebotes, Wartehäuschen bei Stationen öffentlicher Verkehrsmittel usw.)
  soziale Anliegen
  Konsumentenschutz
  zwischenmenschliche Probleme

Bürgerdienstaußenstellen

Bürgerdienst für den 1. Bezirk:
1, Bartensteingasse 13, Tel. 525 50-01

Bürgerdienst für den 2. Bezirk:
20, Brigittaplatz 10, Tel. 525 50-02

Bürgerdienst für den 3. Bezirk:
3, Karl-Borromäus-Platz 3, Tel. 525 50-03

Bürgerdienst für den 4. Bezirk:
4, Favoritenstraße 18, Tel. 525 50-04

Bürgerdienst für den 5. Bezirk:
4, Favoritenstraße 18, Tel. 525 50-05

Bürgerdienst für den 6. Bezirk:
7, Hermanngasse 24-26, Tel. 525 50-06

Bürgerdienst für den 7. Bezirk:
7, Hermanngasse 24–26, Tel. 525 50-07

Bürgerdienst für den 8. Bezirk:
1, Bartensteingasse 13, Tel. 525 50-08

Bürgerdienst für den 9. Bezirk:
9, Währinger Straße 43, Tel. 525 50-09

Bürgerdienst für den 10. Bezirk:
10, Laxenburger Straße 43-45, Tel. 525 50-10

Bürgerdienst für den 11. Bezirk:
11, Enkplatz 2, Tel. 525 50-11

Bürgerdienst Stadtentwicklungsgebiet Leberberg:
11, Rosa-Jochmann-Ring 5, Stiege 5,
Tel. 740 34 . . ., 11105

Bürger-Service-Zentrum Donaustadt

Angelegenheit	Sachverhalt	Tätigkeit des BSZ
Bewerbung bei der Stadt Wien	Interessieren Sie sich für eine Tätigkeit bei der Stadt Wien?	Information und Beratung, Entgegennahme von Bewerbungen
Ankündigungsabgabe für den Verkauf Ihres Wagens	Wollen Sie den Verkauf Ihres Autos im eigenen Wagen „inserieren", müssen Sie dafür eine Ankündigungsabgabe entrichten.	Ausfolgung eines Erlagscheines
Hundeabgabe	Für Personen, die sich einen neuen Hund zulegen.	Entgegennahme des Antrages und Weiterleitung an die MA 6 (Rechnungsamt)
Anmeldung für eine Kindergarten- bzw. Hortplatz der Stadt Wien	Wo gibt es einen freien Kindergarten- bzw. Hortplatz?	Entgegennahme des Antrages und Weiterleitung an die MA 11 (Amt für Jugend und Familie)
Mietbeihilfen für ASVG-Pensionen	Mindestrentnerinnen und -rentner erhalten einen finanziellen Zuschuß zur Miete.	Entgegennahme des Antrages und der benötigten Dokumente, Hilfe beim Ausfüllen des Formulars, Weiterleitung an die MA 12 (Sozialamt)
Pflegegeld für nicht sozialversicherte Personen, pensionierte Landeslehrer, Pensionisten der Wiener Stadtwerke und der Stadt Wien	Personen, die alltägliche Dinge nicht mehr allein verrichten können, haben Anspruch auf Pflegegeld.	Entgegennahme des Antrages und der benötigten Dokumente, Hilfe beim Ausfüllen des Formulars, Weiterleitung an die MA 12 (Sozialamt)
Fahrbegünstigung für Behinderte	Erheblich gehbehinderte Personen können den Freizeit-Fahrtendienst im Raum Wien in Anspruch nehmen.	Entgegennahme des Antrages, Hilfe beim Ausfüllen des Antrages, Weiterleitung an die MA 12 (Sozialamt)
Behindertenhilfe	Habe ich Anspruch auf Leistungen nach dem Wiener Behindertengesetz?	Entgegennahme des Antrages und Weiterleitung an die MA 12 (Sozialamt)
Behindertenausweis	Ausweis für stark gehbehinderte Personen, der zum Parken auf einem Behindertenparkplatz berechtigt.	Entgegennahme des Antrages und Weiterleitung an die MA 46 (Verkehrsangelegenheiten)
Aufnahme in ein Pflegeheim	Personen, die nicht mehr allein wohnen können und daher in ein Pflegeheim übersiedeln wollen.	Entgegennahme des Antrages und aller benötigten Dokumente und Weiterleitung an die MA 47 (Betreuung zu Hause), Hilfe beim Ausfüllen des Antrages
Staatsbürgerschaftsnachweise		Entgegennahme des Antrages und aller benötigten Dokumente, Ausfolgung des Staatsbürgerschaftsnachweises innerhalb einer Stunde im BSZ
Religionsaustritte	Austritt aus den gesetzlich anerkannten Glaubensgemeinschaften.	Entgegennahme der Anträge und sofortige Erledigung
Lebensbestätigungen und andere Bestätigungen	Eine ausländische Versicherungsanstalt, von der Sie eine Pension beziehen, verlangt von Ihnen eine Bestätigung, daß Sie leben und daher bezugsberechtigt sind.	Bestätigung auf dem mitgebrachten Formular, Stempelmarken
Behindertengerechtes Bauen und Wohnen	Für Personen, die Ihre Wohnung behindertengerecht umgestalten wollen.	Auskünfte erteilt ein Mitarbeiter der MA 12, Terminvereinbarung notwendig.

Die Wohnungsberatungsstelle für den 22. Bezirk befindet sich ebenfalls in den Räumlichkeiten des Bürger-Service-Zentrums. Wohnungssuchende erhalten hier Informationen rund ums Wohnen. Mitarbeiter der MA 17 nehmen Anträge für Gemeindewohnungen und geförderte Genossenschafts- bzw. Eigentumswohnungen entgegen.

Bürgerdienst für den 12. Bezirk:
12, Schönbrunner Straße 259, Tel. 525 50-12

Bürgerdienst für den 13. Bezirk:
13, Hietzinger Kai 1, Tel. 525 50-13

Bürgerdienst für den 14. Bezirk:
13, Hietzinger Kai 1, Tel. 525 50-14

Bürgerdienst für den 15. Bezirk:
15, Rosinagasse 4, Tel. 525 50-15

Bürgerdienst für den 16. Bezirk:
16, Richard-Wagner-Platz 19, Tel. 525 50-16

Bürgerdienst für den 17. Bezirk:
17, Elterleinplatz 14, Tel. 525 50-17

Bürgerdienst für den 18. Bezirk:
18, Martinstraße 100, Tel. 525 50-18

Bürgerdienst für den 19. Bezirk:
19, Gatterburggasse 12-14, Tel. 525 50-19

Bürgerdienst für den 20. Bezirk:
20, Brigittaplatz 10, Tel. 525 50-20

Bürgerdienst für den 21. Bezirk:
21, Am Spitz 1, Tel. 525 50-21

Bürgerdienst Stadtentwicklungsgebiet Brünner Straße:
21, Ocwirkgasse 5, Stiege 8, Tel. 290 94 32

Bürgerdienst für den 22. Bezirk
→ Bürger-Service-Zentrum Donaustadt

Bürgerdienst Stadtentwicklungsgebiet Langobardenstraße:
22, Stadlau, Langobardenstraße 128, Stiege 1,
Tel. 211 23 . . ., 22105

Bürgerdienst für den 23. Bezirk:
23, Liesing, Perchtoldsdorfer Straße 2, Tel. 525 50-23

Öffnungszeiten: Montag, Dienstag, Mittwoch und Freitag von 7.30 bis 15.30 Uhr, Donnerstag von 7.30 bis 18 Uhr. Außerhalb der Dienstzeiten Anrufbeantworter.

Bürger-Service-Zentrum Donaustadt

22, Kagran, Schrödingerplatz 1, Tel. 525 50–22

Öffnungszeiten: Montag, Mittwoch und Freitag von 7.30 bis 15.30 Uhr, Dienstag und Donnerstag von 7.30 bis 18 Uhr. Außerhalb der Dienstzeiten Anrufbeantworter.

Die Aufgaben des BSZ sind vielfältig und umfangreich. Generell gilt, daß für alle aufgelisteten Leistungen die dazugehörenden Antragsformulare im BSZ aufliegen. Die Mitarbeiter helfen beim Ausfüllen der Formulare und leiten diese samt den benötigten Dokumenten an die Fachabteilungen (zuständige Magistratsabteilungen) weiter. Die Enderledigung erfolgt dann in den meisten Fällen durch die Fachabteilungen.

Stadtinformation

Die Stadtinformation (Rathaus, Eingang Friedrich-Schmidt-Platz) bietet als zentrale Informations- und Auskunftsstelle der Stadtverwaltung Information jeder Art. Die Mitarbeiter beantworten Fragen über Zuständigkeitsbereiche und Leistungen der Stadtverwaltung, der Bundesministerien und deren nachgeordneten Dienststellen, anderer Gebietskörperschaften usw. genauso wie Fragen aus dem Freizeitbereich (Veranstaltungen, Theater- und Konzertaufführungen, Museen, Ausstellungen usw.) oder Fragen des täglichen Lebens.

In der Stadtinformation liegen Broschüren und Flugblätter der Stadtverwaltung auf, ebenso zahlreiche Broschüren anderer Organisationen. Hervorzuheben sind die Publikationen des Wiener Tourismusverbandes, die für Besucher aus dem In- und Ausland wertvolle Orientierungshilfe leisten.

Die Stadtinformation ist aber auch jene Stelle, die für „Rathausführungen" (Führungen durch die Repräsentationsräume des Wiener Rathauses) zuständig ist. Zu besichtigen sind der Gemeinderatssitzungssaal, der große und der kleine Wappensaal, der Steinsaal, der Festsaal, der Stadtsenatssitzungssaal, die Feststiege und schließlich der Arkadenhof mit einem besonderen Hinweis auf den Rathausmann, der sich auf dem Turm des Rathauses befindet.

Öffnungszeiten: Montag bis Freitag von 8 bis 18 Uhr, zusätzlich telefonische Erreichbarkeit Samstag, Sonn- und Feiertag 8 bis 16 Uhr. Außerhalb der Dienstzeiten Anrufbeantworter.

Mobilbüros des Bürgerdienstes

Die drei Mobilbüros des Bürgerdienstes bestehen aus je einem Zugfahrzeug und einem mit einer Büroeinrichtung ausgestatteten Anhänger.

Ihre Hauptaufgaben sind:
- Bürgerdiensttätigkeit an frequentierten Plätzen und direkt im Wohnbereich der Bevölkerung
- Direktinformation der Bevölkerung über Vorhaben der Stadtverwaltung an Ort und Stelle des zukünftigen Geschehens
- Hilfestellung für die Betroffenen nach größeren Elementarereignissen, wie Gasexplosionen, Hauseinstürzen und Wohnungsbränden (in direkter Zusammenarbeit mit dem Büro für Sofortmaßnahmen).

Mobiler Bürgerdienst

(→ Sofortmaßnahmen)

VERKEHR MIT BEHÖRDEN DER STADT WIEN

In welcher Form kann eine Eingabe eingebracht werden?

Eingaben (Ansuchen, Anzeigen, Mitteilungen usw.) können in der Regel sowohl mündlich als auch schriftlich eingebracht werden. Ist aber die Eingabe an eine Frist gebunden, muß sie schriftlich gestellt werden. Eine Ausnahme besteht nur bei Einbringung von Rechtsmitteln (Einspruch, Berufung) im Zuge eines Verwaltungsstrafverfahrens. Diese Rechtsmittel dürfen auch mündlich eingebracht werden.

Unter schriftlicher Einbringung einer Eingabe ist auch die telegrafische, fernschriftliche oder z. B. auch die Einbringung mittels Telekopie oder e-mail zu verstehen.

Wo kann eine Eingabe eingebracht werden?

In der Regel sind Eingaben bei der zu ihrer Erledigung zuständigen Dienststelle einzubringen. Wenn man nicht weiß, bei welcher Dienststelle der Stadt Wien die Eingabe einzubringen ist, erhält man bei den Servicestellen der Stadt Wien (Stadtinformation, Bürgerdienst) Auskunft. An den Magistrat der Stadt Wien gerichtete Schriftstücke ohne nähere Bezeichnung werden von der Magistratsdirektion an die nach der Geschäftseinteilung zuständige Dienststelle weitergeleitet.

Bei welcher Dienststelle ein Rechtsmittel (Vorstellung, Einspruch, Berufung) einzubringen ist, ist der einen Bestandteil des bekämpften Bescheides bildenden Rechtsmittelbelehrung zu entnehmen.

Wann kann eine Eingabe eingebracht werden?

Während der für den Parteienverkehr vorgesehenen Zeiten, die bei den einzelnen Dienststellen unterschiedlich sind, können Eingaben mündlich gestellt werden. In der Regel sind die Vormittagsstunden dem Parteienverkehr vorbehalten. Dient die Eingabe der Abwehr einer unmittelbar drohenden Gefahr, insbesondere für das Leben oder die Gesundheit von Menschen, wird sie jederzeit entgegengenommen.

Schriftliche Eingaben können auch außerhalb des Parteienverkehrs innerhalb der Amtsstunden abgegeben werden.

Ist eine Eingabe mit Kosten verbunden?

Im allgemeinen sind für Ansuchen Gebühren zu entrichten, die gesetzlich vorgeschrieben sind. Es ist daher zu empfehlen, die Höhe der Gebühren zu erfragen. Ist eine gebührenpflichtige Eingabe nicht vergebührt, wird die Partei aufgefordert, die Gebühren in Form von Stempelmarken zu entrichten. Wenn der Aufforderung zur Beibringung der Stempelmarken nicht nachgekommen wird, muß eine Meldung an das Finanzamt für Gebühren und Verkehrssteuern erstattet werden, das den Betrag – auch in einem höheren Ausmaß – vorschreiben kann.

In welcher Sprache sind Eingaben abzufassen?

Da die Amtssprache Deutsch ist, sind Eingaben in dieser Sprache abzufassen. Geschieht dies nicht, ist die jeweilige Dienststelle verpflichtet, den Einschreiter (Absender) zumindest zur Vorlage einer beglaubigten Übersetzung aufzufordern.

Kann die Partei eine Eingangsbestätigung verlangen?

Die Dienststelle stellt auf Verlangen eine Bestätigung aus, daß und wann bei ihr ein Schriftstück eingelangt ist. Diese Bestätigung kann als Nachweis der Einhaltung einer Frist dienen.

Was geschieht mit Eingaben, die bei einer unzuständigen Dienststelle einlangen?

Eingaben, die an eine für die Erledigung der Angelegenheit nicht zuständige Dienststelle gerichtet sind, werden auf Gefahr des Einschreiters (Absenders) der zuständigen Stelle übermittelt und der Einschreiter von der Abtretung (Weiterleitung) der Eingabe verständigt.

Kann Akteneinsicht gewährt werden?

Akteneinsicht kann nur den Parteien des Verwaltungsverfahrens gewährt werden, um ihnen die Geltendmachung ihrer Rechte und rechtlichen Interessen zu ermöglichen. Im Zuge der Akteneinsicht können nach Maßgabe der vorhandenen technischen Möglichkeiten auf Kosten der Partei auch Kopien angefertigt werden.

Inwieweit haben die Dienststellen Rechtsbelehrungen zu geben?

Eine Rechtsbelehrung ist dann zu geben, wenn eine Person nicht durch einen berufsmäßigen Parteienvertreter (Rechtsanwalt, Notar usw.) vertreten ist. Die Rechtsbelehrung kann aber über notwendige Anleitungen zu Verfahrenshandlungen und eine Belehrung über die mit der Vornahme oder Unterlassung solcher Verfahrenshandlungen unmittelbar verbundenen Rechtsfolgen nicht hinausgehen.

Ist einer Ladung Folge zu leisten?

Wer nicht durch Krankheit, Gebrechlichkeit oder sonstige begründete Hindernisse vom Erscheinen abgehalten ist, hat die Verpflichtung, einer Ladung Folge zu leisten.

Wie erfolgt die Zustellung einer schriftlichen Ausfertigung an die Partei?

Art der Zustellung

Schriftliche Ausfertigungen behördlicher Erledigungen werden durch die Post oder durch Organe des Magistrats zugestellt.

Es besteht auch die Möglichkeit, den Inhalt einer behördlichen Erledigung telegrafisch, fernschriftlich oder im Wege der Telekopie mitgeteilt zu bekommen. Diese Mitteilung gilt als Zustellung.

Ort der Zustellung

Die Zustellung eines behördlichen Schriftstückes ist grundstätzlich an einer Abgabestelle des Empfängers vorzunehmen. Abgabestelle ist die Wohnung oder sonstige Unterkunft, die Betriebsstätte, der Sitz, der Geschäftsraum, die Kanzlei oder der Arbeitsplatz des Empfängers. Zustellungen können aber auch im Zuge einer Amtshandlung am Ort der Amtshandlung selbst vorgenommen werden. Weiters können bei einer Dienststelle aufliegende, bereits versandbereite Schriftstücke gegen schriftliche Übernahmsbestätigung ausgefolgt werden. Außerhalb der obgenannten Abgabestellen darf nur dann zugestellt werden, wenn die Annahme der Sendung nicht verweigert wird.

Die Zustellung mittels Telekopie ergeht an das der Behörde vom Empfänger bekanntgegebene Empfangsgerät.

Ersatzzustellung

Kann eine nicht zu eigenen Handen zuzustellende Sendung nicht dem Empfänger zugestellt werden und ist an der Abgabestelle ein Ersatzempfänger anwesend, darf diesem zugestellt werden.

Ersatzempfänger kann jede erwachsene Person sein, die an derselben Abgabestelle wie der Empfänger wohnt oder Arbeitnehmer oder Arbeitgeber des Empfängers ist.

Hinterlegung

Kann die Sendung an der Abgabestelle nicht zugestellt werden, wird das Schriftstück im Fall der Zustellung durch die Post beim zuständigen Postamt, in allen anderen Fällen bei der Behörde hinterlegt. Die Verständigung von der Hinterlegung wird in den für die Abgabe bestimmten Briefkasten eingelegt bzw. an der Abgabestelle zurückgelassen. Die hinterlegte Sendung wird mindestens zwei Wochen zur Abholung bereitgehalten. Der Lauf dieser Frist beginnt mit dem Tag, an dem die Sendung erstmalig zur Abholung bereitgehalten wird. Hinterlegte Sendungen gelten ab dem ersten Tag dieser Frist als zugestellt. Um nicht wichtige Fristen (z.B. Rechtsmittelfristen) zu versäumen, ist es angebracht, hinterlegte Sendungen so bald als möglich zu beheben.

Zustellung zu eigenen Handen

Für die Zustellung von Schriftstücken von besonderer Wichtigkeit ist ein besonderes Verfahren einzuhalten. Kann die Sendung beim ersten Zustellversuch nicht zugestellt werden, ist der Empfänger zu ersuchen, zu einer bestimmten Zeit an der Abgabestelle zur Empfangnahme des Schriftstückes anwesend zu sein. Erst wenn der Empfänger auch beim zweiten Zustellversuch nicht angetroffen wird, kann die Sendung hinterlegt werden.

Sendungen, die zu eigenen Handen zuzustellen sind, dürfen nicht an einen Ersatzempfänger zugestellt werden. Die Zustellung an einen RSa-Postbevollmächtigten ist aber möglich.

Wohnungswechsel

Eine Partei, die während eines Verfahrens, von dem sie Kenntnis hat, ihre bisherige Abgabestelle ändert, hat dies der Behörde unverzüglich mitzuteilen. Tut sie das nicht, kann die Zustellung durch Hinterlegung ohne vorausgehenden Zustellversuch vorgenommen werden, falls eine Abgabestelle nicht ohne Schwierigkeiten festgestellt werden kann. Eine solcherart vorgenommene Hinterlegung ist eine rechtswirksame Zustellung.

Zurückstellung an die Behörde

Sendungen, die weder zugestellt werden können noch nachzusenden sind oder hinterlegt und nicht abgeholt wurden, werden der Behörde zurückgestellt.

Öffentliche Bekanntmachung

Zustellungen an Personen, deren Abgabestelle unbekannt ist, oder an eine Mehrheit von Personen, die der Behörde nicht bekannt sind, können – wenn kein Zustellungsbevollmächtigter bestellt ist – durch öffentliche Bekanntmachung erfolgen.

Bei dieser Art der Zustellung wird durch Anschlag an der Amtstafel mitgeteilt, daß ein zuzustellendes Schriftstück bei einer bestimmten Dienststelle liegt. Wird das Schriftstück nicht früher abgeholt, gilt die Zustellung als bewirkt, wenn seit dem Anschlag an der Amtstafel der Behörde zwei Wochen verstrichen sind.

ABFALLWIRTSCHAFT, STRASSENREINIGUNG UND FUHRPARK

(MA 48)

Wer ist zur Reinigung der Straßen verpflichtet?

Der städtischen Straßenreinigung obliegt die Reinigung der Fahrbahn einschließlich beider Rinnsale, während die Liegenschaftseigentümer bzw. deren Vertreter (Hauswarte) für die Reinigung der Gehsteige zu sorgen haben. Hiebei ist es verboten, den Schmutz von den Gehsteigen in das Rinnsal zu kehren. Der Kehricht ist auf andere, geeignetere Weise zu beseitigen, wie etwa dadurch, daß er in die Hausmüllgefäße eingebracht wird. Das Hinauskehren des Waschwassers auf den Gehsteig beim Reinigen von Hausfluren oder von sonstigen ebenerdigen Räumlichkeiten ist nur dann gestattet, wenn dies auf andere Weise nicht bewerkstelligt werden kann. Hiebei ist auf die Passanten Rücksicht zu nehmen und das Wasser vom Gehsteig unverzüglich wieder abzukehren sowie das Rinnsal zu reinigen (StVO 1960, Kundmachung des Wiener Magistrats vom 3. Juni 1966).

Wer ist zur winterlichen Betreuung der Gehwege und Gehsteige verpflichtet?

Die Eigentümer von Liegenschaften in Ortsgebieten, ausgenommen die Eigentümer von unverbauten land- und forstwirtschaftlichen Liegenschaften, haben dafür zu sorgen, daß die entlang der Liegenschaft in einer Entfernung von nicht mehr als 3 m vorhandenen, dem öffentlichen Verkehr dienenden Gehsteige und Gehwege einschließlich der in ihrem Zuge befindlichen Stiegenanlagen entlang der ganzen Liegenschaft in der Zeit von 6 bis 22 Uhr von Schnee und Verunreinigungen gesäubert sowie bei Schnee und Glatteis bestreut sind.

Ist ein Gehsteig (Gehweg) nicht vorhanden, ist der Straßenrand in der Breite von 1 m zu säubern und zu bestreuen (§ 2 Abs. 1 Z 15 und § 93 Abs. 1 StVO 1960).

Diese Verpflichtung gilt jedoch nur bis zu zwei Drittel der Gehsteigbreite, mindestens aber bis 1,5 m, wenn es sich nicht um Haltestellen- oder Kreuzungsbereiche handelt (Verordnungen des Magistrats der Stadt Wien vom 16. November 1962, MA 70-II/195/62, und vom 14. Oktober 1965, MA 70-II/81/65). Der städtischen Straßenreinigung obliegt nur die Betreuung der Übergänge über die Fahrbahn. In diesem Zusammenhang wird auf die Verordnung des Magistrats der Stadt Wien (MA 22-1218/82), betreffend die Einschränkung der Verwendung von bestimmten Auftaumitteln zur Vermeidung bzw. Bekämpfung von Eis- und Schneeglätte (Auftaumittelverordnung 1982), hingewiesen.

Was bieten das Misttelefon und das Schneetelefon?

Wer Wünsche oder Anfragen an die MA 48 hat, kann sich an das Mist- und Schneetelefon wenden (546 48 Montag bis Freitag von 8 bis 18 Uhr).

Man erhält dort Auskünfte und Ratschläge zur Müllvermeidung, Problemstoff-, Sperrmüll- und Altstoffsammlung sowie Wrackbeseitigung. Unter der gleichen Nummer kann man auch illegale Ablagerungen melden.

Im Winter erhält man am Schneetelefon Auskünfte über das Verhalten bei Schneelage. Über Hinweise und Meldungen bezüglich der Schneeräumung ist die MA 48 dankbar, damit rasch disponiert werden kann.

Dürfen die Müllgefäße der Straßenreinigung durch Private benützt werden?

Die an bestimmten Stellen in den Straßen aufgestellten Müllgefäße dienen nur den Organen der Straßenreinigung zur Einbringung des von den Fahrbahnen eingesammelten Kehrichts. Eine Benützung dieser Gefäße durch Private ist verboten. Weiters ist auch das Ablagern von Hausmüll in die öffentlichen Abfallsammelkörbe verboten. Hiefür sind die in den Liegenschaften bereitgestellten Sammelgefäße für den Hausmüll zu verwenden (Wiener Abfallwirtschaftsgesetz). Es dürfen daher die öffentlichen Sammelkörbe nur für kleinere, im Freien anfallende Abfälle, wie Papier und Speiserückstände, benützt werden. Das Wegwerfen von Papier (Zeitungsblättern, Ankündigungszetteln, Fahrscheinen, Papierabfällen u. dgl.) auf öffentliche Verkehrsflächen und allgemein zugängliche Grundstücke ist verboten. Diejenigen, die dabei betreten werden, haben mit Organstrafmandaten von seiten der Polizei zu rechnen.

Wo und wie melde ich den Bedarf eines Müllgefäßes an?

Ein Ansuchen um erstmalige Beistellung von Müllgefäßen und Einbeziehung von Liegenschaften in die regelmäßige Müllabfuhr der Stadt Wien kann nur durch den Hauseigentümer oder dessen bevollmächtigten Vertreter (Hausverwalter) schriftlich unter Angabe von Anschrift, Grundbucheinlagezahl und Zahl der Mieteinheiten (Wohnungen, Geschäftslokale, Werkstätten u. a.) des Hauses bei der MA 48, Betriebsabteilung 4, 5, Einsiedlergasse 2, stempelfrei eingebracht werden. Die Beistellung und Aufstellung der Gefäße erfolgt kotenlos durch die Stadt Wien, ebenso die Zurverfügungstellung der Anhängevorrichtung, wenn die Möglichkeit einer Wandmontage besteht. Werden jedoch die Richtlinien zur Planung von Aufstellungsplätzen der Müllgefäße (MA 48 – SD 1008) nicht eingehalten, erfolgt die Einstellung der Müllgefäße erst nach vorschriftsmäßiger Fertigstellung des genehmigten Standplatzes.

Wo, wie und wann beantrage ich eine Veränderung der Zahl der vorhandenen Müllgefäße?

Wenn die vorhandenen Gefäße nicht ausreichen, kann jederzeit ein schriftliches Ansuchen um Vermehrung der Müllgefäße eingebracht werden.

In begründeten Fällen kann auch ein Antrag auf Verminderung der Zahl der Müllgefäße eingebracht werden; solchen Ansuchen wird allerdings nur dann entsprochen, wenn vom sanitären Standpunkt keine Bedenken dagegen bestehen.

Die beiden vorstehend angeführten Ansuchen können ebenfalls nur vom Hauseigentümer oder dessen bevollmächtigten Vertreter schriftlich eingebracht werden und sind mit einem 180-S-Bundesstempel und einer 90-S-Verwaltungsabgabemarke (nur bei Stattgebung) zu versehen; letztere ist bei den Stadtkassen in den magistratischen Bezirksämtern und bei der Betriebskasse der MA 48 erhältlich.

Die Anzahl der Einsammlungen der Müllgefäße wurde im Wiener Abfallwirtschaftsgesetz mit 52 (jede Woche einmal) festgesetzt. Gemäß § 22 Abs. 4 des obzitierten Gesetzes wird für Kleingartenanlagen im Sinne des Wiener Kleingartengesetzes, für Liegenschaften mit Sommerhäusern im Sinne des

§ 116 der Bauordnung für Wien, für Baulichkeiten mit einem Sommerhäusern ähnlichen Abfallanfall und für Saisonbetriebsanlagen über Antrag die Zahl der Einsammlungen mit 34mal je Kalenderjahr festgesetzt. Ist ein Kleingartenverein Eigentümer, Pächter oder Unterpächter, bedarf der Antrag auf Herabsetzung der Zahl der Einsammlungen der Zustimmung durch den Kleingartenverein oder dessen Verband.

Was darf ich nicht in die Müllgefäße einleeren:
Erde, Schlamm, Flüssigkeiten, landwirtschaftliche Abfälle, Fäkalien, Stallmist, Kadaver, Benzin- und Ölrückstände, heiße Asche oder Schlacke, weiters Abfälle, welche die zur Abfuhr verwendeten Einrichtungen beschädigen oder die mit der Abfuhr betrauten Organe gefährden können, wie z. B. explosive Gegenstände, ätzende Substanzen, Injektionsspritzen, Injektionsnadeln, Farb- und Karbidrückstände, verwertbare Altstoffe wie z. B. Glas, Papier, Metall, Kunststoffe oder biogene Abfälle, Problemstoffe wie Medikamente, Putz- und Reinigungsmittel, Speiseöle und -fette, Leuchtstofflampen, Batterien usw.

Eine Bitte:

Schont die Müllgefäße!

Haltet die Straßen rein!

Was sind Altstoffe, Problemstoffe, Sperrmüll und Bauschutt und wo können sie abgegeben werden?

Altstoffe sind zu schade für den Müll. Das sind jene Abfallbestandteile, die verwertbar sind. Durch die getrennte Sammlung dieser Altstoffe kann die Müllmenge, die sonst verbrannt und deponiert werden muß, bis zu 50% verringert werden. Verwertbare Altstoffe sind Papier, Weißglas, Buntglas, Altmetalle, Textilien, Garten- und Küchenabfälle, Styropor, Holz, Elektronikschrott, Fernseh- und Bildschirmgeräte, Altreifen, Kartonagen, Kunststoffe und Flohmarktware.

Problemstoffe sind zu gefährlich für den Müll. Das sind jene Abfallbestandteile, die, achtlos weggeworfen, die Gesundheit der Menschen, die Lebensbedingungen der Tiere und Pflanzen und die übrige Umwelt gefährden. Zur Vermeidung dieser Gefahr müssen sie gesondert gesammelt und fachmännisch entsorgt werden. Problemstoffe wie Batterien, Altmedikamente, Altöle und Fette, Altmineralöle wie Motorgetriebeöl, Schmierfette sowie alle mit diesen Stoffen verschmutzten Gebinde, Lappen, Säuren, Laugen, Fotochemikalien wie Entwickler, Fixier-, Bleich- und Stoppbäder (unvermischt), Filmmaterial, Röntgenbilder (unvermischt), Problemstoffe aus dem Haushalt wie Fleckputz- und Reinigungsmittel, Spraydosen (auch leer), WC- und Abflußreiniger, Stoffe aus Hobby und Garten, Farben, Lacke, Verdünnungs-, Reinigungs- und Holzschutzmittel, Kleber, Chemiekästen, Emailfarben, Unkrautvertilgungs-, Schädlingsbekämpfungs- und Düngemittel sowie alle mit diesen Stoffen verunreinigten Gebinde, metallisches Quecksilber, Fieberthermometer, Quecksilberschalter getrennt und verschlossen, Leuchtstoffröhren sowie unbekannte, nicht identifizierbare Stoffe samt Verpackung gehören nicht in den Mistkübel. Wer diese Problemstoffe nicht zu den Sammelstellen bringt, gefährdet unsere Umwelt. Problemstoffe aus Gewerbebetrieben sind gefährliche Abfälle und begleitscheinpflichtig. Daher werden sie weder von der Abfallbehandlungsanlage noch auf der Deponie übernommen. Sie sind privaten Entsorgern zu übergeben. Kostenlos können dagegen gefährliche Abfälle in kleinen Mengen bei den Entsorgungsbetrieben Simmering (EBS) abgegeben werden. Die Bedingungen: es können einmal im Monat bis zu 40 kg (einschließlich Gebinde) gebracht werden. Eine Kopie des Gewerbescheins ist vorzuweisen.

EBS: 11, 11. Haidequerstraße 6, Tel. 760 99. . .0
Nur Dienstag von 7 bis 15 Uhr!

Sperrmüll ist Müll aus privaten Haushalten, Gewerbe- und Industriebetrieben sowie aus öffentlichen Einrichtungen, der wegen seiner Beschaffenheit (Größe oder Masse) nicht durch ortsübliche Hausmüllsammelsysteme (Systemabfuhr) erfaßt, aber einer Müllbehandlung zugeführt werden kann, z. B. Möbel, Teppiche und beschichtetes Holz. Dieser Sperrmüll wird auf den Mistplätzen in Mulden getrennt gesammelt (Annahmebedingungen sind auf den Mistplätzen ersichtlich) und kann zum Teil auch wiederverwertet werden. Sorgfältige Trennung ist wichtig, da sie die Wiederverwertung der getrennt gesammelten Altstoffe und Problemstoffe erleichtert. Achten Sie bitte deshalb darauf, daß Sie wirklich nur jene Abfälle in den Sammelbehälter geben, für die er vorgesehen ist.

Bauschutt sind Restmaterialien von Bauarbeiten, die aufgrund ihrer Eigenschaften und Zusammensetzung nicht weiterverwendet werden können. Der weitaus größte Teil des Bauschutts fällt im gewerblichen und industriellen Bereich an, für kleine Restmengen (Annahmebedingungen sind auf den Mistplätzen ersichtlich) von Bauarbeiten aus dem Haushaltsbereich, wie Sand, Gips, Fliesen, Mauerteile, Verputz usw., stehen die Mistplätze zur Verfügung.

Wie kommt man zu einem Altstoffcontainer?

Bestellungen für Altstoffcontainer (Papier, Glas, Biotonne) können durch die Hausverwaltung oder die Liegenschaftseigentümer unter folgender Adresse durchgeführt werden:
MA 48, Betriebsabteilung 4, 5, Einsiedlergasse 2.

Mistplätze der Stadt Wien

Hier kann man kostenlos auch mit Kfz (Nutzlast max. 1 t) Altstoffe (bis zu 1 m^3), Problemstoffe in Haushaltsmengen und Sperrmüllstücke abgeben. Die genauen Annahmebedingungen sind am Mistplatz ersichtlich. Öffnungszeiten derzeit Montag, Dienstag, Donnerstag, Freitag und Samstag von 7 bis 18 Uhr, Mittwoch von 7 bis 20 Uhr, Problemstoffabgabe von 10 bis 18 Uhr.

2, Zwischenbrücken, Dresdner Straße 119
3, Landstraße, Grasbergergasse 3
10, Favoriten, Sonnleithnergasse 30
11, Simmeringer Haide, Döblerhofstraße 18
12, Hetzendorf, Wundtgasse/Jägerhausgasse
14, Baumgarten, Zehetnergasse 7–9
16, Ottakring, Kendlerstraße 38b
17, Hernals, Richthausenstraße 2–4
19, Heiligenstadt, Grinzinger Straße 151
19, Oberdöbling, Leidesdorfgasse bei Nr. 1
21, Donaufeld, Fultonstraße 10
21, Leopoldau, Schererstraße/Egon-Friedell-Gasse
21, Stammersdorf, Stammersdorfer Straße neben 224
22, Breitenlee, Breitenleer Straße 268
22, Eßling, Cortigasse gegenüber 3
22, Kagran, Abfallbehandlungsanlage – 48er-Zelt, Percostraße 2, auch sonntags von 7 bis 18 Uhr
22, Stadlau, Mühlwasserstraße 2
23, Inzersdorf, Südrandstraße 2
23, Liesing, Seybelgasse 7

Größere Mengen von Altstoffen können nach gestaffeltem Tarif in der Abfallbehandlungsanlage-48er-Zelt, 22, Kagran, Percostraße 2, Tel. 258 35 21, abgegeben werden.

Für weitere Auskünfte steht das **Misttelefon,** 546 48, Montag bis Freitag von 8 bis 18 Uhr zur Verfügung.

Problemstoffsammelstellen

An folgenden Stellen kann man Problemstoffe aus den Haushalten abgeben. Öffnungszeiten Montag bis Donnerstag von 16 bis 18 Uhr, Freitag von 14 bis 18 Uhr, Samstag von 8 bis 12 Uhr.

2, Karmelitermarkt gegenüber Im Werd 7
2, Vorgartenmarkt, Ennsgasse/Wohlmutstraße
3, Rochusmarkt/Erdbergstraße 2–4
4, Naschmarkt gegenüber Rechte Wienzeile 39
4, Südtiroler Platz gegenüber 3
5, Am Hundsturm gegenüber 2–4
5, Zentaplatz gegenüber 5
6, Mollardgasse/Hofmühlgasse
7, Burggasse neben 82 (Karl-Farkas-Park)
8, Florianigasse gegenüber 19/Lange Gasse
9, Julius-Tandler-Platz (vor Bahnhof)
10, Franz-Koci-Straße (Markt)
10, Viktor-Adler-Markt/Pernerstorfergasse, Freitag von 8 bis 18 Uhr, Samstag von 8 bis 12 Uhr
11, Geiselbergstraße/Simmeringer Markt
11, Hoefftgasse neben 7, neben Schule
12, Am Schöpfwerk 29
12, Meidlinger Markt gegenüber Ignazgasse 12
13, Auhofstraße neben 131
13. Feldkellergasse gegenüber 30
14, Hütteldorfer Straße bei 130
15, Meiselmarkt
15, Schwendergasse gegenüber 35 (Markt)
16, Musilplatz gegenüber 15
16, Yppenmarkt neben Amtshaus
17, Dornerplatz gegenüber 7 (Markt)
17, Hernalser Hauptstraße 177 (Schnellbahnstation Hernals)
18, Aumannplatz gegenüber 2
19, Grinzinger Straße gegenüber 149
19, Sonnbergplatz gegenüber 6 (Markt)
20, Allerheiligenplatz gegenüber 4
20, Hannovergasse gegenüber 25 (Markt)
21, Floridsdorfer Markt/Pitkagasse
21, Jedleseer Straße 51a (Parkplatz Merkur-Markt)
21, Trillergasse (Trillerpark)
22, Kagran, Schrödingerplatz 1
22, Kaisermühlen, Schüttauplatz gegenüber 1
23, Anton-Baumgartner-Straße bei Erlaaer Schleife

Gewerbemüll

Gewerbemüll und größere Mengen von Altstoffen werden Montag bis Freitag von 7 bis 16.30 Uhr und Samstag von 7 bis 11 Uhr in der Abfallbehandlungsanlage 48er-Zelt, 22, Kagran, Percostraße 2, Tel. 258 35 21, nach gestaffeltem Tarif entgegengenommen. Für bei der Altstoff-Recycling-Austria lizensierte Verpackungen gilt die Abfallbehandlungsanlage als regionale Übernahmsstelle.

Sperrmüllabfuhr

Bei der MA 48 besteht auch die Möglichkeit, für Privathaushalte den kostenpflichtigen Entrümpelungsdienst (Sperrmüllabfuhr) in Anspruch zu nehmen. Anmeldung Montag bis Freitag von 6 bis 10 Uhr, Tel. 588 17 . . ., 96164, 96165. Die Abholung ab Haustür bzw. Gehsteig kostet 300 S/m³. Die weiteren Tarife sind je nach Stockwerk gestaffelt.

Bauschutt

Bauschutt wird auf den städtischen Planierungen Montag bis Freitag von 7 bis 16.30 Uhr, Samstag von 7 bis 11 Uhr gegen Gebühr und vorherige Besichtigung in der Abfallbehandlungsanlage 48er-Zelt, 22, Kagran, Percostraße 2, entgegengenommen. Auskünfte MA 48, Deponie Rautenweg, Tel. 280 47 14. Das Ablagern von Müll, Schutt und sonstigen Abfällen aller Art auf öffentlichen Straßen und Flächen sowie auf fremden Privatgrundstücken ist nach der Kundmachung des Magistrats vom 3. Juni 1966 verboten. Gröbere Übertretungen dieser Bestimmungen werden mit Geldstrafen bis zu 2.000 S oder Arrest bis zu zwei Wochen geahndet.

Abfuhr von Baum- und Strauchschnitt

Für Kleingartenanlagen und Siedlungsvereine besteht die Möglichkeit, Baum- und Strauchschnitt gegen Entgelt abholen zu lassen. Aus Gründen der Wirtschaftlichkeit wird ersucht, diese Serviceleistung erst ab einer Menge von 6 bis 8 m³ in Anspruch zu nehmen. Gleichzeitig mit der Abholung besteht die Möglichkeit der Gratiskompostanlieferung. Die Anmeldung erfolgt schriftlich an Herrn Wirrer, Abfallbehandlungsanlage der Stadt Wien, 22, Kagran, Percostraße 2. Kleinere Mengen von Baum- und Strauchschnitt bis zu einem Ausmaß von ungefähr 1 m³ können bei den 19 Wiener Mistplätzen gratis abgegeben werden. Das Material wird von der MA 48 als Strukturmaterial für die Kompostierung verwendet. Telefonische Auskunft unter 258 35 21 . . ., 57.

48er-Bazar

Die MA 48 betreibt einen Flohmarkt, den 48er-Bazar. Dort können noch brauchbare Utensilien des täglichen Bedarfes, wie z. B. Möbel, Elektrogeräte, Bücher, Textilien, Geschirr, welche bei den Mistplätzen abgegeben werden, gekauft werden.

22, Stadlauer Straße 41a, Hof 3, Dienstag bis Samstag von 9 bis 15 Uhr.

Wer entfernt unbrauchbar gewordene Kraftfahrzeuge (Wracks) von öffentlichen Straßen und Plätzen?

Das Abstellen eines Kraftfahrzeuges ohne polizeiliches Kennzeichen (auch bei nicht montierten Wechselkennzeichen) oder das Abstellen eines Autowracks auf einer Straße mit öffentlichem Verkehr (auf einer Gemeinde- oder Bundesstraße) bedarf sowohl einer straßenpolizeilichen Bewilligung als auch einer Bewilligung nach dem Wiener Gebrauchsabgabegesetz. Ein Abstellen ohne Gebrauchserlaubnis (für diese ist ein Entgelt zu entrichten!) ist strafbar, abgesehen davon, daß auch die Mißachtung der Straßenverkehrsordnung (§ 82 StVO 1960) strafbar ist.

Besitzer von Fahrzeugwracks oder von Fahrzeugen, die unbrauchbar geworden sind, können durch Abtretung ihres Fahrzeuges an die MA 48 aller Sorgen wegen der Abschleppung des Fahrzeuges ledig sein. In jedem Polizeiwachzimmer, auf jedem magistratischen Bezirksamt (Bürgerdienst) und bei den Dienststellen der Kraftfahrorganisationen (ARBÖ, ÖAMTC) erhält man eine vorgedruckte Erklärung, die nur auszufüllen und mittels eines der Erklärung beiliegenden Kuverts im eigenen Interesse eingeschrieben der MA 48, 11, Jedletzbergerstraße 1, einzusenden ist. Wichtig ist aber, daß Fahrzeuge ordnungsgemäß bei der Zulassungsbehörde (Polizei) abgemeldet werden und ein Besitznachweis (Typenschein, Einzelgenehmigung) beigeschlossen ist. Die MA 48 wird dann binnen weniger Tage für die Abschleppung des unbrauchbar gewordenen Fahrzeuges Sorge tragen. Die Entsorgung ist kostenpflichtig. Für die Abholung eines Wracks werden 2.500 S, bei Anlieferung zur Abschleppgruppe 1.500 S verrechnet. Da die Tarife immer den tatsächlichen Kosten angepaßt werden müssen, ist eine vorherige telefonische Anfrage zu empfehlen. Private Firmen bieten teilweise – je nach Zustand des Wracks – kostengünstige Entsorgungspreise an. Auch Autofahrervereinigungen (z. B. ARBÖ, ÖAMTC) haben für ihre Mitglieder „Sonderkonditionen“ (Auskunft beim Misttelefon 546 48). Wer sein Fahrzeug abmeldet und es dann der MA 48 überläßt, muß unbedingt bei jener Versicherungsgesellschaft, bei der er haftpflichtversichert ist, den Versicherungsvertrag kündigen, weil er sonst trotz Abmeldung des Fahrzeuges weiterhin seine Versicherungsprämie zu bezahlen hätte.

ARCHIV DER STADT UND DES LANDES WIEN

(MA 8)

Das Stadtarchiv hat eine lange Tradition. Die Nachrichten über seine Existenz reichen ins 15. Jahrhundert zurück, das älteste erhaltene Dokument – eine Babenbergerurkunde – stammt aus dem Jahr 1208. Durch Jahrhunderte hat das Archiv die für die Stadt wichtigen Urkunden, Aktenbestände, Protokolle, Verträge, Grundbücher usw. verwahrt. Mit der Erhebung Wiens zu einem Bundesland übernahm das Stadtarchiv im Jahr 1922 zugleich die Funktionen eines Landesarchivs und wurde damit auch für die Übernahme von bedeutsamen Registraturbeständen aus Teilen der staatlichen Verwaltung zuständig. Daneben wurden schon im vorigen Jahrhundert historische Sammlungen angelegt, die laufend, etwa im Bereich der Dokumentation, ausgebaut werden.

Wem steht das Archiv zur Verfügung?

Das Archiv steht grundsätzlich jedermann unentgeltlich zur Verfügung. Alle Bestände, soweit sie nicht dem Archivalien-, Daten- oder Persönlichkeitsschutz unterliegen, können eingesehen werden. Ein ständiger wissenschaftlicher Auskunftsdienst bietet Besuchern und Forschern fachliche Beratung.

Wer findet im Archiv Unterstützung und Forschungshilfe?

Politiker und Verwaltungsbeamte: Sie finden die Protokolle und Akten der Vertretungskörper (Gemeinderat, Landtag, Ausschüsse), der leitenden und zahlreicher nachgeordneter Dienststellen des Magistrats (besonders im rechtlichen und baupolizeilichen Bereich), die Vertragssammlung (Verträge der Stadt Wien, Schuldscheine), die Stiftbriefe, gerichtliche Unterlagen (Bezirksgerichte, Landesgerichte, Handelsgericht, Jugendgericht), amtliche Veröffentlichungen, von der Stadt vergebene Forschungsaufträge, Spezialkarteien (Ehrungen, Verkehrsflächenbenennungen) sowie in der Archivbibliothek kommunalpolitische und stadthistorische Werke. Eine stadtgeschichtliche Dokumentation erschließt die Sitzungsprotokolle von Gemeinderat und Landtag; außerdem befaßt sie sich mit Grundsatzerklärungen, Programmen und anderen Äußerungen politischer, wirtschaftlicher und kultureller Natur in Wien.

Ratsuchende in persönlichen Angelegenheiten: Viele, die nach einer Scheidung eine neue Ehe schließen, die um ihre Pension oder Rente einkommen, die ein Grundstück erwerben oder veräußern wollen, stellen plötzlich fest, daß alte Originaldokumente und Unterlagen verlorengegangen sind. Die angeführten Fälle sind zwar nicht die einzigen, in welchen das Archiv unter Umständen behilflich sein kann, aber bei weitem die häufigsten. Gerade hier ist das Archiv bemüht, die Anfragenden weitestgehend zu unterstützen, da sie sich zumeist auf dem Gebiet einer ihnen nicht vertrauten Materie bewegen.

Wissenschaftler, Heimatkundler und Bezirksforscher: Die umfangreichen archivalischen Bestände bieten ein reiches Quellenmaterial für geschichtswissenschaftliche und heimatkundliche Arbeiten oder Dissertationen. Es sei hier nur auf die Urkunden, die bis ins 13. Jahrhundert, und die Grundbücher, die bis ins 14. Jahrhundert zurückreichen, verwiesen. Reiche Unterlagen sind zur Verwaltungs- (Alte Registratur, Hauptregistratur, städtische Ämter) und Personengeschichte, aber auch zur Zeitgeschichte (Verwaltungsunterlagen der Jahre 1934 bis 1945) vorhanden. Den Heimatkundler werden vor allem die Bestände der ehemals selbständigen Gemeinden auf Wiener Boden oder die wertvollen historischen Pläne interessieren, ebenso die reichhaltigen Sammlungen verschiedenster Art. Wichtig sind für ihn auch bezirkskundliche Materialsammlungen, die nur handschriftlich vorliegen. Schließlich ist auf die Archivbibliothek zu verweisen, die neben zahlreichen historischen und archivalischen Fachzeitschriften aus vielen europäischen Ländern auch eine Spezialsammlung zur vergleichenden Städte- und Regionalgeschichte enthält. Das Landesarchiv gibt auch den Historischen Atlas von Wien und den Österreichischen Städteatlas heraus.

Familienforscher und Genealogen: Der spezifische Aufbau der Verwaltung in der Zeit von 1783 bis 1850 hatte zur Folge, daß wertvollstes personengeschichtliches Material (Testamente und Verlassenschaftsabhandlungen) dieser Epoche fast geschlossen ins Archiv gelangt ist, wobei an ältere Bestände (Testamente sind schon aus dem 16., in Einzelstücken aus dem 14. Jahrhundert erhalten) angeknüpft werden kann. Diese Überlieferungstradition wird im Archiv auch für den Folgezeitraum der staatlichen Gerichtsverwaltung durch entsprechende Auswahlkriterien bei der Aufbewahrung gewahrt. Eine überaus wichtige Quelle – vor allem in Anbetracht der dezentral verwahrten kirchlichen Matriken – sind die Totenbeschauprotokolle der Stadt Wien, die von 1648 bis 1920, in geänderter Form bis 1942, nahezu lückenlos im Archiv vorliegen. Auf wertvolle Unterlagen aus den Registraturen des einstigen Konskriptionsamtes, einen umfangreichen Bestand an Friedhofsbüchern, aber auch auf Innungsunterlagen sei nur hingewiesen, ebenso auf die in ständiger Erweiterung befindliche Biographisch-genealogische Sammlung. Gegen Gebühr werden auch Auskünfte aus den historischen Meldeunterlagen der Bundespolizeidirektion aus den Jahren 1910 bis 1947 erteilt.

Es ist klar, daß eine kurze Skizzierung der Bestandsgruppen keine vollständige Aufzählung enthalten kann. So wäre u. a. noch auf die Gruppe „Persönlichkeiten" hinzuweisen, die so einzigartige Schätze enthält wie das letzte Testament Ludwig van Beethovens oder das Testament von Joseph Haydn, auf illustrierte mittelalterliche Handschriften, das Ehrenbürgerbuch oder auf Nachlässe von Politikern und Wissenschaftlern. Es gibt eben kaum ein Gebiet der Wiener Geschichte, das nicht in irgendeiner Form seinen Niederschlag in den Beständen des Archivs gefunden hätte.

Wann ist das Archiv geöffnet?

Das Wiener Stadt- und Landesarchiv ist von Montag bis Donnerstag von 8 bis 18.30 Uhr, Freitag von 8 bis 16 Uhr geöffnet, sodaß auch Berufstätigen die Möglichkeit geboten wird, an den unmittelbaren Quellen der Wiener Geschichte zu forschen. Während der Sommermonate gilt eine Sonderregelung. Zu bestimmten Themen der Wiener Geschichte und Topographie werden im Rathaus auf dem Gang vor den Archivräumen Kleinausstellungen gezeigt, zu denen Begleitschriften (Kataloge) herausgegeben werden. Diese Ausstellungen gelangen zum Teil auch an anderen Orten Wiens (z. B. in Bezirksmuseen) zur Präsentation.

BÄDER DER STADT WIEN

(MA 44)

Was bieten die städtischen Bäder?

Die städtischen Bäder geben die Möglichkeit, Badefreude in den Schwimmhallen, Saunabädern, Sommerbädern, Sonnenbädern, Wannenbädern und Brausebädern zu finden. 13 Kinderfreibäder dienen der Jugend.

Adressen und Telefonnummern der Bäder → Magistrat, MA 44.

In der Tabelle „Betriebszeiten in den städtischen Bädern" sind die Öffnungszeiten der einzelnen Abteilungen und die Bezeichnungen für spezielle Veranstaltungen, wie Seniorenschwimmen, Warmbadeabende, Familien- oder gemischte Sauna usw., enthalten.

Über Preise informiert die Tabelle „Preise in den städtischen Bädern".

Gibt es Ermäßigungen in den städtischen Bädern?

Für folgende Personen werden Ermäßigungen nur gegen Vorweis der Bäderlegitimation mit gültiger Wertmarke gewährt:

1. Sozialhilfebeizieher, die einen Sozialpaß mit rotem „P" bzw. „P II" besitzen; die Ermäßigung gilt für alle Bäder; gemeinsame Brausebäder stehen unentgeltlich zur Verfügung.
2. Blinde, die über einen Bescheid der MA 12 (rot, SD 177) oder den Blindenausweis des Österreichischen Blindenverbandes verfügen.
   Schwerkriegsbeschädigte und ihnen Gleichgestellte, die den Schwerkriegsbeschädigtenausweis (orange) bzw. eine amtliche Bescheinigung über eine Behinderung ab 70% besitzen.
   Die Ermäßigung gilt für alle Bäder; eine Begleitperson kann die Schwimmhalle, Sauna, das Sonnen- und Sommerbad mit einer Ermäßigungskarte, das Wannen- und Einzelbrausebad gratis benützen.
3. Präsenz- und Zivildiener, die die Wehrdienstausweiskarte, das Wehrdienstbuch bzw. den Zuweisungsbescheid des Bundesministeriums für Inneres vorweisen; die Ermäßigung gilt für Schwimmhalle, Sauna und Sommerbad zu allen Betriebszeiten (Erstausstellung bzw. Wertmarke 25 S).
4. Schüler bis 20 Jahre, die eine Schule, die mit der Reifeprüfung abschließt, besuchen, gegen Vorlage einer entsprechenden Bestätigung der Schule bzw. Schülerausweis.
   Schüler und Studierende bis 27 Jahre an Schulen, deren Besuch die Ablegung der Reifeprüfung voraussetzt, gegen Vorweis des entsprechenden Studienausweises mit gültiger Inskriptionsbestätigung.
   Schüler und Studierende bis 27 Jahre am Konservatorium der Stadt Wien, die eine entsprechende Bestätigung des Konservatoriums (Schülerausweis) vorlegen.
   Die Ermäßigung gilt für Schwimmhalle, Sauna und Sommerbad.
   Krankenpflegeschüler an Krankenpflegeschulen der Stadt Wien bis 27 Jahre gegen Vorweis einer entsprechenden Bestätigung der Krankenpflegeschule (Erstausstellung bzw. Wertmarke 25 S).

Die Bäderlegitimation wird erstmalig in der MA 44, 10, Reumannplatz 23 (Amalienbad), Montag bis Freitag 8 bis 13 Uhr, ausgestellt (Lichtbild!), in den Folgejahren ist die Wertmarke gegen Vorlage des jeweiligen Nachweises an den Kassen der städtischen Bäder (ausgenommen Sommerbäder) erhältlich.

Weitere Ermäßigungen ohne Bäderlegitimation:

1. Jugendliche von 15 bis 19 Jahren können Kästchen in den Hallen- und Sommerbädern mit der Jugendkarte und die Sauna- sowie Brausebäder mit der Ermäßigungskarte benützen.
2. Kinder bis 6 Jahre dürfen alle Bäder unter Aufsicht von Begleitpersonen kostenlos benützen. Kinder von 6 bis 15 Jahren können die Hallen-, Sommer- und Brausebäder mit der Kinderkarte, die Sauna mit einer Ermäßigungskarte benützen.
3. Während der Semester-, Oster- und Weihnachtsferien können Kinder (bis 15 Jahre) die Hallenbäder Montag bis Sonntag (ausgenommen Senioren-, Frauen- und Versehrtenschwimmen) kostenlos, Jugendliche (bis 19 Jahre) zum Preis von 20 S besuchen.
4. Während der Sommerschulferien gilt am Montag, Mittwoch und am Sonntag für Kinder (bis 15 Jahre) und Jugendliche (bis 19 Jahre) ein Sondertarif. Die Schwimmhallen (Sonntag, Montag, Mittwoch) und Sommerbäder (täglich) dürfen Kinder kostenlos und Jugendliche zum Preis von 20 S benützen.
5. Senioren ab dem vollendeten 60. Lebensjahr erhalten mit Lichtbildausweis eine ermäßigte Eintrittskarte für Sauna und Schwimmhalle.

Gibt es für die städtischen Bäder Jahres- und Halbjahreskarten?

Eine Jahres- oder Halbjahreskarte (Bäderpaß HS) berechtigt zum Eintritt in alle Hallen- und Sommerbäder (ausgenommen Strandbad Stadlau). Diese Karten (Ausweis mit Lichtbild) werden erstmalig in der MA 44, 10, Reumannplatz 23, Montag bis Freitag von 8 bis 13 Uhr, ausgestellt, in den Folgejahren ist die Wertmarke bei den Kassen der Hallenbäder zu erwerben.

Weiters gibt es eine Jahreskarte für Hallenbäder, die zur Benützung eines beliebigen Kästchens ohne Beschränkung der Badezeit berechtigt; sie gilt jedoch nicht in der Zeit vom 2. Mai bis 30. September des jeweiligen Jahres in folgenden Bädern: Hallenbad Simmering, Theresienbad, Hallenbad Hietzing, Hallenbad Ottakring, Hallenbad Döbling, Hallenbad Großfeldsiedlung, Hallenbad Donaustadt.

Können Babys und Kleinstkinder die städtischen Hallenbäder besuchen?

In den Hallenbädern Simmering, Hietzing, Döbling, Brigittenau, Floridsdorf, Großfeldsiedlung und Donaustadt werden Kurse für Babys und Kleinstkinder durchgeführt. Auskünfte erteilen die obgenannten Bäder.

Gibt es Auswirkungen der Sommerzeit auf die Betriebszeiten der städtischen Bäder?

Die städtischen Strand- und Sommerbäder sind von Mitte Mai bis Mitte August statt bis 19 Uhr bis 20 Uhr offen.

Ist in den Kinderfreibädern Eintritt zu zahlen, und welche Kinder dürfen dieselben besuchen?

Der Eintritt in ein städtisches Kinderfreibad ist im allgemeinen Kindern im Alter von sechs bis 15 Jahren gestattet. Kindern im Alter von mehr als 15 Jahren sowie Erwachsenen (Angehörigen der Kinder usw.) ist der Aufenthalt im Bad nicht gestattet. Der Eintritt ist frei.

Betriebszeiten in den städtischen Bädern

Bad	Abteilung	Montag	Dienstag	Mittwoch	Donnerstag	Freitag	Samstag	Sonntag
Amalienbad	Schwimmhalle	12.30–15 SV	9–18	9–21.30	7–21–30	9–21.30	7–20	7–18
	Sauna/Dampfbad		13–21.30 Gem. 13–16 F 16–21.30 Fam.	9–21.30 Gem 9–21.30 F	9–16 F 9–21.30 M 16–21.30 Fam.	9–21.30	7–20 Gem. 7–20 F	7–13 13–18 Fam. Gem.
	Wanne					9–19	7–18	7–12
	Brause/Kabine			13–19	13–19	9–19	7–18	7–12
	Ambulatorium	7–18	7–18	7–18	7–18	7–18	7–12	
	Sonnenbad		9–18	9–18	9–18	9–18	9–18	9–18
Hallenbad Simmmering	Schwimmhalle	F 12.30–15 SA 15–17.30 W 17.30–21.30	9–21.30	6.30–21.30	9–21.30	6.30–21.30	8–18	8–18
	Sauna/Dampfbad		12–16 16–21.30 Gem.	9–21.30	9–16 16–21.30 Gem.	9–21.30	8–13 13–18 Gem.	8–13 13–18 Gem.
Theresienbad	Schwimmhalle		9–19	9–19	9–20.30	9–21.30	7–18	7–12
	Sauna/Dampfbad			9–21.30	9–21.30	9–21.30	7–18	7–12
	Wanne/Brause				9–19	9–19	8–18	8–12.30
Hallenbad Hietzing	Schwimmhalle	SA 12.30–15 W 15–21.30	9–21.30	6.30–21.30	9–21.30	6.30–21.30	8–18	8–18
	Sauna		12–21.30 F 12–21.30 Gem.	9–21.30	9–16 16–21.30 Gem.	9–21.30	8–13 13–18 Gem.	8–13 13–18 Gem.
Erlebniswaldbad Penzing	Schwimmhalle	Winter 8–21.30 Sommer 8–21.30	Winter 14–21.30 Sommer 14–21.30	Winter 10–21.30 Sommer 9–21.30	Winter 6.30–21.30 Sommer 6.30–21.30	Winter 8–22.30 Sommer 8–22.30	Winter 8–18 Sommer 8–20	Winter 10–18 Sommer 8–20
	Sauna	9–13 13–21.30 Gem.		13–21.30 Gem.	13–21.30	13–22.30 Gem.	10–18 Gem.	10–18 Gem.
	Sommerbad	9–20	14–20	9–20	9–20	9–20	8–20	8–20
Ottakringer Bad	Schwimmhalle	V A S 12–17	9–19	9–19	9–21.30	9–21.30	8–18	8–18
	Sauna/Dampfbad		15–21.30 Gem.	13–21.30	9–21.30	9–21.30	8–18	8–12 12–18 Gem.
Jörgerbad	Schwimmhalle		9–18	9–14 W A 14–21.30	9–19	9–21.30	8–17 N 17–21.30	7–18
	Sauna/Dampfbad		13–21.30 Gem.	9–16.30 16.30–21.30 Gem., Fam.	9–21.30	9–21.30	8–17 17–21.30 Fam.	7–13 13–18 Gem.
	Wanne/Brause			13–19	12–19	9–19	8–18	7–12
	Sonnenbad		9–18 F	9–18 F	9–18 F	9–18 F	9–18 F	8–12 F
Hallenbad Döbling	Schwimmhalle	V 12.30–15 SA 15–17.30	W 9–21.30	6.30–21.30	9–21.30	6.30–21.30	Winter 8–18 Sommer 8–20	Winter 8–18 Sommer 8–20
	Sauna/Dampfbad		12–21.30 Gem.	9–21.30	9–16 16–21.30 Gem.	9–21.30	8–13 13–18 Gem.	8–13 13–18 Gem.
Hallenbad Brigittenau	Schwimmhalle	SAW 9–12 W 12–21.30	12–17.30 SVF	9–21.30	6.30–21.30	9–21.30	8–18 W	8–18 W
	Sauna/Dampfbad	9–21.30		12–16 16–21.30 Gem.	9–21.30	9–16 16–21.30 Gem.	8–13 13–18 Fam. u. Gem.	8–13 13–18 Fam. u. Gem.
	Brause				13–19	9–19	8–18	8–18

Bad	Abteilung	Montag	Dienstag	Mittwoch	Donnerstag	Freitag	Samstag	Sonntag
Hallenbad Floridsdorf	Schwimmhalle		9–19	9–21.30	9–19	9–19	7–18	7–12
	Sauna/Dampfbad		13–21.30 F Gem.	13–21.30	9–21.30	9–21.30	7–18	7–12
	Wannenbad				13–19	9–19	8–18	8–12
Hallenbad Großfeld-siedlung	Schwimmhalle	SA 9–15 15–21.30	9–21.30	9–21.30	12–18	9–21.30	8–20 W	8–18 W
	Sauna/Dampfbad	13–21.30 Gem.	13–21.30	9–16 16–21.30 Gem.		F 9–16 Gem. 16–21.30 Gem. 9–21.30	F 8–13 Gem. 13–20 Gem. 8–20	F 8–13 Gem. 13–18 Gem. 8–18
Hallenbad Donaustadt	Schwimmhalle	9–21.30	6.30–21.30	12–16 SVFA 16–21.30 W	9–21.30	6.30–21.30	8–18	8–18
	Sauna	9–16 16–21.30 Gem.	9–16 16–21.30 Gem.		12–16 16–21.30 Gem.	9–21.30	8–18 Gem.	8–18 Gem.
Apostelbad	Sauna/Dampfbad		14–21.30 Gem.	13–21.30 Fam.	9–21.30 F	9–13 M 13–21.30 Gem.	8–20 Gem.	
	Wanne/Brause				12–19	9–19	8–18	
Einsiedlerbad	Sauna		13–21.30 Gem.	13–21.30 F	9–13 M 13–21.30 Gem.	9–13 F 13–21.30 Gem.	8–14 M 14–20 Gem.	
	Brause				12–19	9–19	8–18	
Hermannbad	Sauna/Dampfbad		13–21.30 Gem.	13–17 F 17–21.30 Fam.	9–21.30 F	9–21.30 M	8–13 M 13–20 Gem.	
	Brausebad		13–18 F	13–18 M	12–19 F	9–13 F 13.30–19 M	8–13 M 13.30–18 F	
Ratschkybad	Sauna/Dampfbad		13–21.30 Gem.	13–17.30 M 17.30–21.30 Gem.	9–21.30 F	9–17.30 M 17.30–21.30 Gem.	8–20 Gem.	
	Brausebad				12–19	9–19	8–18	
Penzinger Bad	Sauna/Dampfbad		13–21.30 F	13–21.30 M	9–21.30 Gem.	9–21.30 Gem.	8–20 Gem.	8–19 Gem.
	Wanne/Brause				12–19	9–19	8–18	
Währinger Bad	Sauna			13–17 F 17–21.30 Gem.	9–21.30 F	9–13 M 13–21.30 Gem.	8–15 M 15–20 Gem.	
	Brausebad			13–19	13–19	9–19	8–18	
Weisselbad	Sauna/Dampfbad		13–21.30 Gem.	13–17 M 17–21.30 Gem.	9–14 F 14–21.30 Gem.	9–21.30 M	8–13 M 13–20 Gem.	
	Wanne/Brause				12–19	9–19	8–18	
Liesinger Bad	Sauna			13–21.30 Gem.	9–17.30 F 17.30–21.30 Gem.	9–21.30 Gem.	8–20 Gem.	
	Brausebad				12–19	9–19	8–18	
Sonstige Volksbäder	Wanne/Brause				12–19	9–19	8–18	
Volksbad Rainergasse	Brause				12 19	8–12 13–19	8–12 13–18	
Volksbad Friedrich-Kaiser-Gasse				12–19	12–19	9–19	8–18	
Sommerbäder		9–19 (20)	9–19 (20)	9–19 (20)	9–19 (20)	9–19 (20)	8–19 (20)	8–19 (20)
Kinder-freibäder		10–12 13–18	10–12 13–18	10–12 13–18	10–12 13–18	10–12 13–18		

Keine Zusatzangaben = Schwimmhalle normaler Badebetrieb – Sauna getrennter Betrieb (Damen/Herren)

Erläuterungen: M = Männer; F = Frauen; S = Senioren; V = Versehrte; W = Warmbadebetrieb; Fam. = Familiensauna; Gem. = Gemischte Sauna; N = Nacktbaden; K = Kinder bis 15 Jahre und erwachsene Begleitperson; A = Aqua-Rhythmik.

Preise in den städtischen Bädern

	Ganzjahresbäder ab 1. Jänner 1995	Badezeit	SCHWIMMHALLE: Kabinen	Kabinen: Reihenkarte	Kabinen: Erm.	Kabinen: Fam.-Karte (1 Erw. + 1 Kind)	Kästchen	Kästchen: Reihenkarte	Kästchen: Erm.	Kästchen: Fam.-Karte (1 Erw. + 1 Kind)	Jugend 15–19 J.	Jugend 15–19 J.	Jugend Ferienkarte	Kinder 6–15 J.	Kinder 6–15 J.	Kurzzeitkarte 2 Erw.	Aufzahl. bei Warmbadebetr.	Nachzahl. je angef. Stunde	Badezeit	BRAUSEBAD Einzel Br.: Kabine	Erm. Jugend 15–19 J.	Kinder 6–15 J.	Kästchen	Badezeit	SONNENBAD: Kästchen	Erm.
			1 Stk.	5 Stk.	1 Stk.	1 Stk.	1 Stk.	5 Stk.	1 Stk.	5 Stk.	1 Stk.	5 Stk.	1 Stk.	1 Stk.	5 Stk.	1 Stk.	1 Stk.	1 Stk.		1 Stk.	1 Stk.	1 Stk.	1 Stk.			
Hallenbäder	Amalienbad	5 Stunden	70,–	300,–	50,–	80,–	50,–	210,–	35,–	60,–	30,–	100,–	20,–	20,–	70,–	25,–	20,–	20,–	1 Stunde	30,–	20,–	10,–		4 Stunden	40,–	30,–
	HB Simmering						50,–	210,–	35,–	60,–	30,–	100,–	20,–	20,–	70,–	25,–	20,–	20,–								
	Theresienbad		70,–	300,–	50,–	80,–	50,–	210,–	35,–	60,–	30,–	100,–	20,–	20,–	70,–	25,–	20,–	20,–		30,–	20,–	10,–				
	HB Hietzing						50,–	210,–	35,–	60,–	30,–	100,–	20,–	20,–	70,–	25,–	20,–	20,–								
	EWB Penzing						50,–	210,–	35,–	60,–	30,–	100,–	20,–	20,–	70,–	25,–		20,–								
	Ottakringer Bad						50,–	210,–	35,–	60,–	30,–	100,–	20,–	20,–	70,–	25,–	20,–	20,–								
	Jörgerbad		70,–	300,–	50,–	80,–	50,–	210,–	35,–	60,–	30,–	100,–	20,–	20,–	70,–	25,–	20,–	20,–		30,–	20,–	10,–				
	HB Döbling						50,–	210,–	35,–	60,–	30,–	100,–	20,–	20,–	70,–	25,–	20,–	20,–								
	HB Brigittenau						50,–	210,–	35,–	60,–	30,–	100,–	20,–	20,–	70,–	25,–	20,–	20,–		30,–	20,–	10,–				
	HB Floridsdorf		70,–	300,–	50,–	80,–	50,–	210,–	35,–	60,–	30,–	100,–	20,–	20,–	70,–	25,–	20,–	20,–								
	HB Großfeldsiedlung						50,–	210,–	35,–	60,–	30,–	100,–	20,–	20,–	70,-	25,-	20,-	20,-								
	HB Donaustadt						50,–	210,–	35,–	60,–	30,–	100,–	20,–	20,–	70,–	25,–	20,–	20,–								
Warmbäder	Apostelbad																			30,–	20,–	10,–	20,–			
	Einsiedlerbad																			30,–	20,–	10,–	20,–			
	Hermannbad																			30,–	20,–	10,–	20,–			
	Ratschkybad																			30,–	20,–	10,–				
	Penzinger Bad																			30,–	20,–	10,–	20,–			
	Währinger Bad																			30,–	20,–	10,–	20,–			
	Weisselbad																			30,–	20,–	10,–	20,–			
	Liesinger Bad																			30,–	20,–	10,–				
	Volksbäder																			30,–	20,–	10,–	20,–			

	Ganzjahresbäder ab 1. Jänner 1995	Badezeit	SAUNA (DAMPFBÄDER): Kabinen	Kabinen: Reihenkarte	Kabinen: Erm.	Kästchen	Kästchen: Reihenkarte	Kästchen: Erm. Jugend u. Kinder	Nachzahlung je angef. Stunde		Badezeit	WANNENBAD	Erm.
			1 Stk.	5 Stk.	1 Stk.	1 Stk.	5 Stk.	1 Stk.				1 Stk.	1 Stk.
Hallenbäder	Amalienbad	4 Stunden	170,–	750,–	120,–	150,–	650,–	100,–	35,–		1 ½ Stunden	40,–	30,–
	HB Simmering					150,–	650,–	100,–	35,–				
	Theresienbad		170,–	750,–	120,–	150,–	650,–	100,–	35,–			40,–	30,–
	HB Hietzing					150,–	650,–	100,–	35,–				
	Ottakringer Bad					150,–	650,–	100,–	35,–				
	EWB Penzing					150,–	650,–	100,–	35,–				
	Jörgerbad		170,–	750,–	120,–	150,–	650,–	100,–	35,–	Nach Möglichkeit Mitbenützung der Schwimmhalle		40,–	30,–
	HB Döbling					150,–	650,–	100,–	35,–				
	HB Brigittenau					150,–	650,–	100,–	35,–				
	HB Floridsdorf		170,–	750,–	120,–	150,–	650,–	100,–	35,–			40,–	30,–
	HB Großfeldsiedlung					150,–	650,–	100,–	35,–				
	HB Donaustadt					150,–	650,–	100,–	35,–				
Warmbäder	Apostelbad	4 Stunden				130,–	560,–	100,–	35,–		1 ½ Stunden	40,–	30,–
	Einsiedlerbad					130,–	560,–	100,–	35,–				
	Hermannbad					130,–	560,–	100,–	35,–				
	Ratschkybad					130,–	560,–	100,–	35,–				
	Penzinger Bad					130,–	560,–	100,–	35,–				
	Währinger Bad					130,–	560,–	100,–	35,–				
	Weisselbad					130,–	560,–	100,–	35,–			40,–	30,–
	Liesinger Bad					130,–	560,–	100,–	35,–				

SOMMERBÄDER ab 1. Jänner 1995	KABINEN Tages-karte	KABINEN Tages-karte erm.	KABINEN Nachm.-Karte	KABINEN Familien-karte (1 Erw.+ 1 Kind)	KABINEN Reihen-karte	KÄSTCHEN UND MITBENÜTZUNG Tages-karte	KÄSTCHEN UND MITBENÜTZUNG Tages-karte erm.	KÄSTCHEN UND MITBENÜTZUNG Nachm.-Karte	KÄSTCHEN UND MITBENÜTZUNG Familien-karte (1 Erw.+ 1 Kind)	KÄSTCHEN UND MITBENÜTZUNG Reihen-karte	KÄSTCHEN UND MITBENÜTZUNG 16-Uhr-Karte	KÄSTCHEN UND MITBENÜTZUNG Jugend 15–19 J.	KÄSTCHEN UND MITBENÜTZUNG Jugend Ferien-karte	KÄSTCHEN UND MITBENÜTZUNG Jugend 15–19 J.	KÄSTCHEN UND MITBENÜTZUNG Kinder 6–15 J.	KÄSTCHEN UND MITBENÜTZUNG Kinder 6–15 J.	Tages-karte	Tages-karte erm.	Nachm.-karte	Jugend 15–19 J.	Kinder 6–15 J.
	1 Stk.	1 Stk.	1 Stk.	1 Stk.	5 Stk.	1 Stk.	1 Stk.	1 Stk.	1 Stk.	5 Stk.	1 Stk.	1 Stk.	1 Stk.	5 Stk.	1 Stk.	5 Stk.	1 Stk.	1 Stk.	1 Stk.	1 Stk.	1 Stk.
Laaerbergbad	70,–	50,–	50,–	80,–	300,–	50,–	35,–	40,–	60,–	210,–	25,–	30,–	20,–	100,–	20,–	70,–	40,–	30,–	30,–	20,–	10,–
Hadersdorf–Weidlingau	70,–	50,–	50,–	80,–	300,–	50,–	35,–	40,–	60,–	210,–	25,–	30,–	20,–	100,–	20,–	70,–	40,–	30,–	30,–	20,–	10,–
Kongreßbad	70,–	50,–	50,–	80,–	300,–	50,–	35,–	40,–	60,–	210,–	25,–	30,–	20,–	100,–	20,–	70,–	40,–	30,–	30,–	20,–	10,–
Schafbergbad	70,–	50,–	50,–	80,–	300,–	50,–	35,–	40,–	60,–	210,–	25,–	30,–	20,–	100,–	20,–	70,–	40,–	30,–	30,–	20,–	10,–
Krapfenwaldlbad	70,–	50,–	50,–	80,–	300,–	50,–	35,–	40,–	60,–	210,–	25,–	30,–	20,–	100,–	20,–	70,–	40,–	30,–	30,–	20,–	10,–
Angelibad	70,–	50,–	50,–	80,–	300,–	50,–	35,–	40,–	60,–	210,–	25,–	30,–	20,–	100,–	20,–	70,–	40,–	30,–	30,–	20,–	10,–
Alte Donau	70,–	50,–	50,–	80,–	300,–	50,–	35,–	40,–	60,–	210,–	25,–	30,–	20,–	100,–	20,–	70,–	40,–	30,–	30,–	20,–	10,–
Gänsehäufel	70,–	50,–	50,–	80,–	300,–	50,–	35,–	40,–	60,–	210,–	25,–	30,–	20,–	100,–	20,–	70,–	40,–	30,–	30,–	20,–	10,–
Höpflerbad	70,–	50,–	50,–	80,–	300,–	50,–	35,–	40,–	60,–	210,–	25,–	30,–	20,–	100,–	20,–	70,–	40,–	30,–	30,–	20,–	10,–
Liesing	70,–	50,–	50,–	80,–	300,–	50,–	35,–	40,–	60,–	210,–	25,–	30,–	20,–	100,–	20,–	70,–	40,–	30,–	30,–	20,–	10,–
KOMB.–BÄDER																		30,–	30,–	20,–	10,–
Simmering	70,–	50,–	50,–	80,–	300,–	50,–	35,–	40,–	60,–	210,–	25,–	30,–	20,–	100,–	20,–	70,–	40,–	30,–	30,–	20,–	10,–
Theresienbad	70,–	50,–	50,–	80,–	300,–	50,–	35,–	40,–	60,–	210,–	25,–	30,–	20,–	100,–	20,–	70,–	40,–	30,–	30,–	20,–	10,–
Hietzing	70,–	50,–	50,–	80,–	300,–	50,–	35,–	40,–	60,–	210,–	25,–	30,–	20,–	100,–	20,–	70,–	40,–	30,–	30,–	20,–	10,–
EWB Penzing						50,–	35,–	40,–	60,–	210,–	25,–	30,–	20,–	100,–	20,–	70,–	40,–	30,–	30,–	20,–	10,–
Ottakring	70,–	50,–	50,–	80,–	300,–	50,–	35,–	40,–	60,–	210,–	25,–	30,–	20,–	100,–	20,–	70,–	40,–	30,–	30,–	20,–	10,–
Döbling	70,–	50,–	50,–	80,–	300,–	50,–	35,–	40,–	60,–	210,–	25,–	30,–	20,–	100,–	20,–	70,–	40,–	30,–	30,–	20,–	10,–
Großfeldsiedlung	70,–	50,–	50,–	80,–	300,–	50,–	35,–	40,–	60,–	210,–	25,–	30,–	20,–	100,–	20,–	70,–	40,–	30,–	30,–	20,–	10,–
Donaustadt	70,–	50 –	50,–	80,–	300,–	50,–	35,–	40,–	60,–	210,–	25,–	30,–	20,–	100,–	20,–	70,–	40,–	30,–	30,–	20,–	10,–

SAISONKARTEN

	Kabine	Kästchen	Mitbenützer Kabinen od. Großkästchen Erw.	Mitbenützer Kabinen od. Großkästchen Jugend	Mitbenützer Kabinen od. Großkästchen Kinder	Strandkabine oder Großkabine	Vorbaukabine	Großkästchen
	1 Stk.	1 Stk.	1 Stk.	1 Stk.	1 Stk.	1 Stk.		
Laaerbergbad	2100,–	990,–	990,–	500,–	300,–			1300,–
Hadersdorf–Weidlingau	1650,–	800,–	800,–	500,–	300,–			1000,–
Kongreßbad	2100,–	990,–	990,–	500,–	300,–	4800,–		1300,–
Schafbergbad	2100,–	990,–	990,–	500,–	300,–			1300,–
Krapfenwaldlbad	2100,–	990,–	990,–	500,–	300,–			
Angelibad	1650,–	800,–	800,–	500,–	300,–			
Alte Donau	2100,–	990,–	990,–	500,–	300,–			1300,–
Gänsehäufel	2100,–	990,–	990,–	500,–	300,–	4800,–	7000,–	
Höpflerbad	2100,–		990,–	500,–	300,–	4800,–		1300,–
Liesing	1650,–	800,–	800,–	500,–	300,–			
KOMB.–BÄDER								
Simmering	2100,–	990,–	990,–	500,–	300,–			
Theresienbad	2100,–	990,–	990,–	500,–	300,–			
Hietzing	2100,–		990,–	500,–	300,–			
Ottakring	2100,–	990,–	990,–	500,–	300,–			1300,–
Döbling	2100,–	990,–	990,–	500,–	300,–			1300,–
Großfeldsiedlung	2100,–		990,–	500,–	300,–			
Donaustadt								

JAHRESKARTEN ohne Zeitbeschränkung

	Hallen- u. Sommer-bäder 12 Mon.	Hallen- u. Sommer-bäder 6 Mon.	Hallen-bäder 12 Mon.	Sauna-bäder 6 Mon.
Erw.	1650,–	1100,–	1100,–	3800,–
Jugendl. 15–19 J.	850,–	500,–	500,–	
Kinder 6–15 J.	500,–	270,–	500,–	

Aufzahlung für Kabinenbenützung 30,–

SONSTIGES

Wertsachen–Aufbewahrung	20,–
Schlüsselersatz	250,–
Solarium:	
Einzelkarte	110,–
Reihenkarte (10 Stk.)	920,–
Halbzeitkarte	60,–
Reinigungsgebühr	320,–
Aufbewahrungsbox	290,–
Leihgebühren für Badewäsche	30,—
Wertmarke für Bäderlegitimation	25,–

SCHWIMMUNTERRICHT

1 Lektion (Einzelunterricht)	70,–
1 Lektion (Gruppenunterricht)	60,–

Nachzahlung für Badende, die ohne gültige Karte im Badebereich angetroffen werden: Sommerbad: 335,–
Sauna– und Schwimmh.: d. 3fache d. jew. Kabinenpreises
Wannenb., Brause– und Sonnenbad: d. 3fache d. jew. Eintrittspreises

In den Kinderfreibädern 2, Augarten, 3, Schweizer Garten, 11, Herderpark, 14, Reinlgasse, 19, Hintergärtengasse, und 21, Strebersdorf, haben Kinder zwischen zwei und fünf Jahren in Begleitung Erwachsener Zutritt. Begleitpersonen zahlen 20 S Eintritt.

Die Kinderfreibäder stehen in den Monaten Juni bis August Montag bis Freitag von 10 bis 12 Uhr und von 13 bis 18 Uhr offen. Die Adressen → Magistrat, MA 44.

Die Kinderfreibäder 2, Augarten, 2, Max-Winter-Platz, 3, Schweizer Garten, 11, Herderpark, 14, Reinlgasse, 19, Hintergärtengasse, und 21, Roda-Roda-Gasse, sind durchgehend von 10 bis 18 Uhr in Betrieb.

Kann man in einem städtischen Hallenbad oder Sommerbad „textilfrei“ baden?

Diese Möglichkeit besteht im Jörgerbad, 17, Jörgerstraße 42-44, Samstag von 17 bis 21.30 Uhr. Gäste der Familiensauna können während dieser Zeit die Schwimmhalle ebenfalls textilfrei benützen. Es gelten die normalen Sauna- bzw. Schwimmhallenpreise. In den städtischen Sommerbädern, ausgenommen Theresienbad, Kongreßbad, Höpflerbad, Strandbad Alte Donau sowie Hallen- und Sommerbad Donaustadt, können Frauen „oben ohne“ baden. Im Strandbad Gänsehäufel befindet sich auch ein FKK-Gelände für Anhänger des textilfreien Badens.

BAUWESEN

Wo kann gebaut werden?

Im Interesse eines geordneten Ausbaues der Stadt nach städtebaulichen Gesichtspunkten werden vom Gemeinderat für alle Bereiche des Stadtgebietes besondere Widmungen festgesetzt. Diese Widmungen sind Inhalt des Flächenwidmungsplanes, der festlegt, welchen Verwendungen die im Gemeindegebiet gelegenen Liegenschaften zugeführt werden können. Die Bauordnung kennt folgende Widmungsarten der Grundstücke:

A. Grünland:
  a) ländliche Gebiete;
  b) Erholungsgebiete, und zwar:
    1. Parkanlagen,
    2. Kleingartengebiete,
    3. Kleingartengebiete für ganzjähriges Wohnen,
    4. Sport- und Spielplätze,
    5. Freibäder,
    6. Grundflächen für Badehütten,
    7. sonstige für die Volksgesundheit und Erholung der Bevölkerung notwendige Grundflächen;
  c) Schutzgebiete, und zwar:
    1. der Wald und Wiesengürtel, in dem örtlich begrenzte Teile für die landwirtschaftliche Nutzung ausgewiesen werden können,
    2. Parkschutzgebiete;
  d) Friedhöfe;
  e) Sondernutzungsgebiete für das Anlegen von Steinbrüchen, Schotter-, Sand-, Lehm- und Tongruben sowie anderer Anlagen zur Ausbeutung des Untergrundes.

B. Verkehrsbänder (Straßenzüge und Verkehrswege übergeordneter Bedeutung).

C. Bauland:
  a) Wohngebiete;
  b) Gartensiedlungsgebiete;
  c) gemischte Baugebiete;
  d) Industriegebiete.

D. Sondergebiete:
  a) Ausstellungsgelände;
  b) Grundflächen für Klär- und Rückstauanlagen;
  c) Grundflächen für Wasserbehälter;
  d) Freistreifen;
  e) Zeltplätze;
  f) Lagerplätze und Ländeflächen;
  g) sonstige Grundflächen.

Es wird darauf hingewiesen, daß auch als Bauland gewidmete Flächen in der Natur auch Wald im Sinne des Forstgesetzes 1975, BGBl. Nr. 440, in der geltenden Fassung darstellen können.

Eine Bebauung solcher Grundflächen ist nur nach Abwicklung eines Rodungsverfahrens möglich, wobei die öffentlichen Interessen an einer Bebauung größer sein müssen als die öffentlichen Interessen an der Walderhaltung.

Entsprechende Anträge um Rodungsbewilligung sind an das zuständige magistratische Bezirksamt zu richten.

Welche Bauten können im Bauland errichtet werden, und welche Nutzungen sind zulässig?

Grundsätzlich darf nur im Bauland gebaut werden. Der Bebauungsplan, der vom Gemeinderat aufgrund des Flächenwidmungsplanes festgesetzt wird, enthält jene Bestimmungen, wie in den einzelnen Teilen des Baulandes gebaut werden darf. Im Bebauungsplan können auch die wegen ihres örtlichen Stadtbildes in ihrem Erscheinungsbild erhaltungswürdigen Gebiete als Schutzzonen ausgewiesen werden. Weiters können zur Erhaltung des Wohnungsbestandes Wohnzonen festgesetzt werden. Aufgrund der Wohnzonennovelle (LGBl. für Wien Nr. 37 vom 10. September 1991) gelten bis zu einer anderslautenden Festlegung des Bebauungsplanes die bisher ausgewiesenen Schutzzonen und alle als Wohngebiete oder gemischte Baugebiete gewidmeten Teile der Bezirke 1 bis 9 und 20 als Wohnzonen. So dürfen im Wohngebiet nur Wohngebäude und Nebengebäude errichtet werden sowie öffentlichen Zwecken dienende Gebäude, Hotels und Bürohäuser. Werkstätten kleineren Umfanges und Geschäftshäuser dann, wenn keine Umweltbeeinträchtigung eintritt. Der Ausbau der Dachgeschosse ist nahezu ohne Einschränkung zulässig. In Wohnzonen dürfen Aufenthaltsräume, die bisher als Wohnung oder Teil einer Wohnung gewidmet waren oder rechtmäßig verwendet wurden oder später neu errichtet werden, auch weiterhin nur als Wohnung oder Teil einer Wohnung verwendet werden; überdies ist der Ausbau von Dachgeschossen bestehender Gebäude, in denen das Flächenausmaß der Wohnungen dasjenige der Büro- oder Geschäftsräume überwiegt, nur für Wohnungen, Hauswaschküchen und die dazugehörigen Nebenräume sowie für Triebwerksräume zulässig. In Wohnzonen, die in Wohngebieten und gemischten Baugebieten ausgewiesen sind oder als festgesetzt gelten, ist in der Regel nur die Errichtung von Wohngebäuden zulässig. Davon ausgenommen sind Bauplätze an Straßenzügen von Bundesstraßen und Hauptstraßen. (Siehe hiezu die Verordnung des Gemeinderates betreffend die Feststellung der Haupt- und Nebenstraßen, verlautbart im Amtsblatt der Stadt Wien vom 22. November 1990, Nr. 47.) In Schutzzonen können Anordnungen getroffen werden, einzelne Baukörper, wie Brunnen, Säulen usw., zu erhalten. Auch die Errichtung von Einstellräumen für Kraftfahrzeuge der Bewohner des Wohngebietes und der dort Beschäftigten ist gestattet.

In Industriegebieten dürfen nur Gebäude oder Anlagen für Betriebs- oder Geschäftszwecke aller Art mit Ausnahme von Beherbergungsbetrieben errichtet werden.

Lediglich im gemischten Baugebiet dürfen Wohnungen und andere Anlagen nebeneinander errichtet werden, sofern letztere beim Betrieb nicht umweltverschmutzend wirken und Gefahren oder unzumutbare Belästigungen für die Nachbarschaft herbeiführen. In Wohngebieten und gemischten Baugebieten können örtlich begrenzte Teile zusätzlich als Geschäftsviertel ausgewiesen sein. In diesen Gebieten ist zu beachten, daß der Fußboden von Wohnungen an jeder Stelle mindestens 3,5 m über dem anschließenden Gelände oder der anschließenden Verkehrsfläche liegen muß.

Im Gartensiedlungsgebiet dürfen nur Wohngebäude, Sommerhäuser und Gebäude mit Geschäftsräumen für Geschäfte des täglichen Bedarfes, Gaststätten sowie Gemeinschaftsanlagen errichtet werden.

Welche Bauten können im Grünland errichtet werden, und welche Nutzungen sind zulässig?

Außerhalb des Baulandes dürfen nur solche Bauten errichtet werden, die der jeweiligen Widmung entsprechen. So ist im ländlichen Gebiet die Errichtung solcher baulicher Anlagen gestattet, die land- und forstwirtschaftlichen oder berufsgärtnerischen Zwecken dienen; hiezu gehören auch die erforderlichen Wohnbauten. Ebenso können Bauten für öffentliche Zwecke, wie Amtsgebäude, Schulen u. dgl., errichtet werden. Im Kleingartengebiet ist die Errichtung von Kleingartenhäusern (im Erholungsgebiet-Kleingartengebiet: Ekl) oder Kleingartenwohnhäusern (im Erholungsgebiet-Kleingartengebiet für ganzjähriges Wohnen: EklW) zulässig. Mit dem Wiener Kleingartengesetz 1996 vom 20. November 1996, LGBl. für Wien Nr. 57, gelten ab 1. Jänner 1997 eine Reihe neuer Bestimmungen, die zahlreiche gesetzliche Erleichterungen bedeuten. Grundsätzlich dürfen im Kleingartengebiet (soweit nicht anders bestimmt) höchstens 25 % der Fläche des Kleingartens bebaut werden, jedoch dürfen Kleingartenhäuser nicht größer als 35 m^2 (und 160 m^3 Gesamtkubatur) und Kleingartenwohnhäuser nicht größer als 50 m^2 (und 250 m^3 maximale Gesamtkubatur) errichtet werden. Voraussetzung für die Errichtung von Kleingartenwohnhäusern ist die entsprechende Widmung als Kleingartengebiet für ganzjähriges Wohnen und eine frostsichere Trinkwasserversorgung.

Unter gewissen Voraussetzungen können in Kleingartengebieten für Gebäude, die am 1. März 1991 bereits bestanden haben, nachträgliche Bewilligungen erwirkt werden, sofern sie eine Gesamtkubatur von höchstens 250 m^3 und einen obersten Abschluß von 5,50 m einhalten. Im Parkschutzgebiet dürfen nur die nach den Bestimmungen des Bebauungsplanes zulässigen Gebäude errichtet werden. In einem Weingartengebiet und einem Waldgebiet sind nur Bauten, die für die Bewirtschaftung unbedingt notwendig sind, zulässig.

Wo erfährt man, welche Widmung ein Grundstück aufweist?

Über die für die einzelnen Teile des Stadtgebietes geltenden Bestimmungen kann sich jedermann bei den MA 21 A (Innen-West, für die Bezirke 1 bis 9 und 14 bis 20), 21 B (Süd, für die Bezirke 10 bis 13 und 23) und 21 C (Nordost, für die Bezirke 21 und 22), alle in 1, Rathausstraße 14–16, an den für den Parteienverkehr bestimmten Tagen (Dienstag von 8 bis 12.30 Uhr und Donnerstag von 8 bis 12.30 Uhr und von 15.30 bis 17.30 Uhr) durch Einsichtnahme in die Evidenzblätter der Stadtkarten informieren. Einige Flächen der Stadt sind von diesen Plänen nicht erfaßt, und es herrscht innerhalb dieser Gebiete generelle Bausperre. Es wird auch Auskunft darüber erteilt, ob für ein bestimmtes Gebiet der Stadt Abdrucke der Flächenwidmungs- und Bebauungsbestimmungen (Plandokumente) vorhanden sind und unter welcher Plannummer diese in der MA 21 B, 1, Rathausstraße 14–16, Mezzanin, Tür 15, käuflich erworben werden können.

Der Gemeinderat hat auch die gesetzliche Möglichkeit, die für ein bestimmtes Gebiet geltenden Widmungen und Bebauungsbestimmungen abzuändern. Es kann hiebei eine zeitlich befristete Bausperre in der Dauer von drei Jahren verhängt werden, innerhalb welcher Neu-, Zu- oder Umbauten sowie Grundabteilungen in dem von der Bausperre betroffenen Gebiet nur unter gewissen Voraussetzungen zu bewilligen sind. Dazu muß der für die Planung zuständige Gemeinderatsausschuß eine Stellungnahme abgeben.

Vor der Vorlage der Anträge an den Gemeinderat werden die Entwürfe für Abänderungen oder Festsetzungen der Flächenwidmungs- und Bebauungspläne durch sechs Wochen zur öffentlichen Einsicht je nach Stadtgebiet in den MA 21 A, B oder C aufgelegt. Die Zeit der Auflegung wird durch Veröffentlichung im Amtsblatt der Stadt Wien, im Amtsblatt der Wiener Zeitung und an den Amtstafeln des Rathauses und des Amtshauses des in Betracht kommenden Bezirkes kundgemacht. Innerhalb der Auflagefrist können schriftliche Stellungnahmen zu dem Entwurf bei den genannten Abteilungen eingebracht werden, über die dem Gemeinderat zu berichten ist, denen jedoch nicht der Charakter von Rechtsmitteln zukommt. Neu beschlossene Abänderungen bzw. Festsetzungen des Flächenwidmungs- und Bebauungsplanes werden ebenfalls in den oben erwähnten Plandokumenten belegt.

Welche Voraussetzungen muß ein Grundstück aufweisen, damit gebaut werden darf?

Bei der Schaffung oder Veränderung eines Bauplatzes, Bauloses (im Gartensiedlungsgebiet) oder eines Kleingartens sind die Bestimmungen der Bebauungspläne einzuhalten. Ein Bauplatz muß unmittelbar an die vorgesehene öffentliche Verkehrsfläche angrenzen, Kleingärten innerhalb einer Kleingartenanlage müssen unmittelbar oder mittelbar über einen rechtlich gesicherten Zugang mit einer öffentlichen Verkehrsfläche in Verbindung stehen und eine solche Gestalt und Größe aufweisen, daß darauf ein Gebäude errichtet werden kann, das den Bestimmungen der Bauordnung und des Wiener Kleingartengesetzes entspricht. Ein Baulos muß unmittelbar oder mittelbar über Aufschließungswege an eine öffentliche Verkehrsfläche angrenzen. Die Größe eines Bauplatzes soll mindestens 500 m^2, die eines Bauloses soll mindestens 250 m^2 und die eines Kleingartens soll mindestens 250 m^2 betragen. Außerdem muß der Bauplatz die entsprechende Anbaureife besitzen, d. h. die vor dem Bauplatz gelegene öffentliche Verkehrsfläche muß befestigt, und es müssen die unterirdischen Einbauten, wie Kanal und Wasserleitung, hergestellt sein. Allerdings kann von diesem Bauverbot unter gewissen Voraussetzungen Abstand genommen werden.

Kann auch auf einer Grundfläche, die nicht an das öffentliche Straßennetz angrenzt, gebaut werden?

Die Eigentümer derartiger Grundstücke haben dann die Möglichkeit, diese Grundflächen zu bebauen, wenn auf ihren Antrag im Bebauungsplan eine neue Verkehrsfläche festgesetzt wird. Dient diese lediglich der besseren Aufschließung des Grundes, kann anläßlich der Festsetzung des Bebauungsplanes bestimmt werden, daß diese Verkehrsfläche von den

Eigentümern der anliegenden Bauplätze nach Anordnung der Gemeinde hergestellt, erhalten, gereinigt, beleuchtet und mit den notwendigen Einbauten versehen wird. Diese Verpflichtung wird auch grundbücherlich sichergestellt.

Was ist bei einem Grundkauf zu überlegen?

Vor Erwerb einer Grundfläche muß sich der Käufer über den Verwendungszweck, der seinen Absichten entspricht, im klaren sein. Wegen der Vielfalt der Widmungen und der darauf gegründeten Nutzungsbeschränkungen empfiehlt es sich, vor Abschluß eines Grundkaufes bzw. vor der Realisierung eines Projektes bei den MA 21 A, B oder C und sodann bei der Baubehörde (Vermessungsdezernat der MA 37, bzw. wegen Bauplatzgenehmigung bei der MA 35, Gruppe Grundabteilungen, beide 20, Dresdner Straße 75) anzufragen, ob und in welcher Art (im Hinblick auf die Widmung und die Bebaubarkeit) das geplante Vorhaben durchführbar ist. Es ist vor allem zu bedenken, daß anläßlich der Genehmigung einer Grundfläche als Bauplatz oder der Bewilligung zur Errichtung einer Baulichkeit möglicherweise Grundflächen zu den Verkehrsflächen abzutreten sind. Bei erstmaliger Abtretung hat diese im allgemeinen unentgeltlich zu erfolgen. Die Bestimmungen über die Bauklasse (Gebäudehöhe) und die Bauweise, die mögliche Ausnutzbarkeit des Grundes sowie die besondere Ausgestaltung der zu errichtenden Baulichkeit sind ebenfalls Umstände, die schon vor der Projektierung entsprechend beachtet werden sollen.

Grundflächen, die für öffentliche Zwecke gewidmet sind, werden für einen privaten Kaufinteressenten in der Regel bedeutungslos sein, da diese Grundflächen den Zweck haben, Bauland für Versorgungseinrichtungen der Gemeinde und des Bundes (Schulen, Amtsgebäude, Krankenhäuser, Bäder, Kindergärten u. dgl.) sicherzustellen. Für solche Flächen, ebenso wie für Friedhöfe und öffentliche Erholungsflächen, besteht auch ein Enteignungsrecht zugunsten der genannten Gebietskörperschaften.

Was ist im Zuge einer Bauführung zu erwirken?

Behördliche Bekanntgabe der Bebauungsbestimmungen

Soll nun eine Grundfläche als Bauplatz genehmigt werden oder soll auf einem solchen ein Neu-, Zu- oder Umbau errichtet werden, hat der Abteilungs- bzw. Bauwerber vorher bei der MA 37 um die Bekanntgabe der Bebauungsbestimmungen gemäß dem geltenden Bebauungsplan anzusuchen. Er hat dabei den Nachweis des Eigentums bzw. die Zustimmung des Grundeigentümers (mindestens eines Miteigentümers) und einen Lage- und Höhenplan (in zweifacher Ausfertigung), aus dem die Situierung der eigenen und der angrenzenden Liegenschaften samt der dar auf befindlichen Baubestände sowie Name und Wohnort der Liegenschaftseigentümer ersichtlich sind, dem Ansuchen anzuschließen.

Das dafür zuständige Vermessungsdezernat der MA 37 befindet sich in 20, Dresdner Straße 75.

Die Bekanntgabe der Bebauungsbestimmungen enthält:

1. sämtliche die Grundstücke und deren unmittelbare Umgebung berührenden Angaben des Bebauungsplanes;
2. die Kennzeichnung der nach den Fluchtlinien ins öffentliche Gut abzutretenden oder vom öffentlichen Gut einzubeziehenden Grundflächen;
3. wenn das Grundstück in einer Schutzzone oder in einer Wohnzone liegt, diese Tatsache und die sich daraus allenfalls ergebenden Beschränkungen;
4. sonstige besondere Bestimmungen, wie Höhen- und Flächenbeschränkungen, Ein- und Ausfahrtenverbot u. a. m.

Bei Gebieten, für die noch kein Flächenwidmungs- und Bebauungsplan besteht, oder über die eine Bausperre verhängt wurde, findet keine Bekanntgabe der Bebauungsbestimmungen und Höhenlagen statt. Die Gültigkeitsdauer der Bekanntgabe der Bebauungsbestimmungen beträgt ein Jahr. Wenn sich jedoch nach Ablauf dieser Frist die Verhältnisse nicht geändert haben, kann die weitere Gültigkeitsdauer ebenfalls wieder für ein Jahr bestätigt werden.

Grundabteilung

Im Fall der Schaffung eines oder mehrerer Bauplätze, Baulose oder Kleingärten oder Teilen von solchen ist eine Grundabteilung zu erwirken. Das gleiche gilt auch für die Veränderung eines Bauplatzes, eines Bauloses, eines Kleingartens, Teilen von solchen oder einer sonstigen bebauten Liegenschaft sowie für die Übertragung von Grundstücken in das öffentliche Gut und die Veränderung von Grundstücken im Wald- und Wiesengürtel. Sonstige Veränderungen des Gutsbestandes eines Grundbuchskörpers sind anzuzeigen. Der Einschreiter, auch Abteilungwerber genannt, hat die aufgrund der Bekanntgabe der Bebauungsbestimmungen erstellten Abteilungspläne in mindestens achtfacher Ausfertigung bei gleichzeitiger Beibringung der Grundbuchsabschriften der betroffenen Liegenschaften, des Bescheides über die Bekanntgabe der Bebauungsbestimmungen samt zugehörigem Plan sowie der Zustimmung aller unmittelbar betroffenen Grundeigentümer (an die allenfalls Grundstücksflächen abzugeben oder von denen Grundstücksflächen zu übernehmen und in den Bauplatz einzubeziehen sind) bei der MA 64, 20, Dresdner Straße 75, zur Genehmigung einzureichen.

Die Gültigkeitsdauer eines Grundabteilungsbescheides beträgt zwei Jahre vom Tag der Zustellung des Bescheides an gerechnet. Der Bescheid tritt außer Kraft, wenn nicht innerhalb dieser Zeit seine grundbücherliche Durchführung erfolgt ist.

Baubewilligung

Ist eine Bauführung beabsichtigt, wird es für den Bauwerber zweckmäßig sein, sich schon vor der Erstellung der Baupläne von den zuständigen Baudienststellen über die Zulässigkeit des Projektes unverbindlich beraten zu lassen.

Bei folgenden Bauführungen ist gemäß § 60 BO, soweit nicht eine Bauanzeige oder das vereinfachte Baubewilligungsverfahren zur Anwendung kommt, vor Beginn die Bewilligung der Behörde zu erwirken:

1. Neu-, Zu- oder Umbauten;
2. Errichtung aller sonstigen baulichen Anlagen über und unter der Erde, zu deren Herstellung ein wesentliches Maß bautechnischer Kenntnisse erforderlich ist, die mit dem Boden in eine kraftschlüssige Verbindung gebracht werden und wegen ihrer Beschaffenheit geeignet sind, öffentliche Rücksichten zu berühren;
3. Änderungen oder Instandsetzungen von Gebäuden und baulichen Anlagen, wenn diese von Einfluß auf die Festigkeit, die gesundheitlichen Verhältnisse, die Feuersicherheit oder auf die subjektiv öffentlichen Rechte der Nachbarn sind oder durch sie das äußere Ansehen oder die Raumeinteilung geändert wird sowie jede Änderung der bewilligten Raumwidmungen oder des bewilligten Fassungsraumes eines Gebäudes oder einer baulichen Anlage. In Wohnzonen ist in den vor 1930 errichteten Gebäuden die Änderung der Verwendung von Aufenthaltsräumen bewilligungspflichtig, wenn nicht bereits ausdrückliche Raumwidmungen vorliegen, und allenfalls die Widmung sämtlicher Räume des Gebäudes zu dokumentieren; nicht bewilligungspflichtig ist außerhalb einer Schutzzone die Anbringung von Anlagen zur Gewinnung von Solarenergie an Kleinhäusern, Reihenhäusern und Sommerhäusern sowie an Gebäuden im Gartensiedlungsgebiet, im Kleingartengebiet und im Kleingartengebiet für ganzjähriges Wohnen;
4. der Abbruch von Gebäuden oder baulichen Anlagen in Schutzzonen und Gebieten mit Bausperre. In Schutzzonen darf die Abbruchbewilligung erteilt werden, wenn an der

Erhaltung des Gebäudes infolge seiner Wirkung auf das örtliche Stadtbild kein Interesse besteht, ansonsten ist die Bewilligung zu versagen;
5. Änderungen an Gebäuden in Schutzzonen, die die äußere Gestaltung, den Charakter oder den Stil eines Gebäudes beeinflussen;
6. Veränderungen oder Beseitigungen von das örtliche Stadtbild oder die äußere Gestaltung, den Charakter oder den Stil eines Gebäudes beeinflussenden baulichen Ziergegenständen in Schutzzonen;
7. die Veränderung der Höhenlage einer Grundfläche, soweit sie von Einfluß auf bestehende bauliche Anlagen auf eigenen oder benachbarten Grundflächen oder deren widmungsgemäße Verwendung ist;
8. das Anlegen von Steinbrüchen, Schotter-, Sand-, Lehm- und Tongruben sowie anderer Anlagen zur Ausbeutung des Untergrundes, ferner das Anlegen von Schlacken-, Schutt- und Müllhalden;
9. die Aufstellung von Motoren und Maschinen mit motorischem Antrieb, wenn dadurch die Festigkeit des Gebäudes beeinflußt wird.

Bewilligungsfrei sind die im § 62a BO genannten Bauführungen geringen Umfanges, wie Gerätehütten, Lauben, Schwimmbecken u. dgl. Jedoch bedürfen Anlagen (Be- und Entlüftungsanlagen, maschinelle Einrichtungen u. dgl.), die geeignet sind, eine Gefahr für das Leben oder die Gesundheit von Menschen herbeizuführen oder die Nachbarschaft in einer das örtlich zumutbare Ausmaß übersteigenden Weise unter Berücksichtigung der Bestimmungen über die Flächenwidmung und der für das entsprechende Widmungsgebiet zulässigen Nutzungen zu belästigen, einer Bewilligung.

Um die Bewilligung ist in der Regel bei der MA 37 anzusuchen. Für Bauten der Gebietskörperschaften und anderer öffentlich-rechtlicher Körperschaften, für Bauten auf Eisenbahngrund, für Ausstellungs- und Kulturbauten sowie für Bauführungen besonderer Art ist bei der MA 35 um die Bewilligung anzusuchen. Dem Gesuch um Baubewilligung hat der Bauwerber eine entsprechende Grundbuchsabschrift über die Liegenschaft, die Zustimmung des Grundeigentümers (auch aller Miteigentümer), sofern dieser eine vom Bauwerber verschiedene Person ist, sowie die amtliche Bekanntgabe der Bebauungsbestimmungen samt dazugehörigem Plan anzuschließen. Ansuchen um Baubewilligungen im Namen dritter Personen müssen mit einer Vollmacht belegt sein. Nicht eigenberechtigte Personen können nur durch ihren gesetzlichen Vertreter einschreiten. Die Baupläne, die gleichfalls anzuschließen sind, müssen entsprechend der Verordnung der Wiener Landesregierung über Baupläne (Bauplanverordnung) vom 7. Jänner 1993, LGBl. für Wien Nr. 1, verfaßt sein; sie sind in dreifacher Ausfertigung vorzulegen und haben insbesondere zu enthalten:

1. den Lageplan, der die betroffenen Grundstücke der zu bebauenden Liegenschaften, deren Nummern, die Zahlen der Einlagen und das Flächenausmaß dieser Grundstücke, die Umrisse der darauf bestehenden und geplanten baulichen Anlagen, deren Ausmaße und die Höhenlage des anschließenden Geländes ausweisen muß; ferner sind im Lageplan die Grundstücke der benachbarten Liegenschaften, deren Nummern, die Zahlen der Einlagen und Orientierungsnummern, die Namen und Anschriften aller ihrer Eigentümer sowie die Umrisse des Baubestandes auf diesen Liegenschaften, die angrenzenden öffentlichen Verkehrsflächen samt deren Abmessungen und Höhenlagen unter maßgerechter Eintragung von Gleisen, Alleebäumen, Gehsteigen, Banketten und Masten sowie die Nordrichtung einzutragen;
2. die Grundrisse sämtlicher Geschosse, die notwendigen Schnitte und Ansichten;
3. bei Bauführungen, durch die Nutzraum neu geschaffen oder aufgelassen wird, das Ausmaß dieser Flächen;
4. die Spielplätze für Kinder;
5. die Aufstellplätze der Müllgefäße;
6. bei Häusern mit mehr als einer Wohnung oder Betriebseinheit den für die Hausbrieffachanlagen vorgesehenen Platz.

Sollten aufgrund der zu erteilenden Baubewilligung Bäume im Sinne des Gesetzes LGBl. für Wien Nr. 27 vom 7. Mai 1974 zum Schutze des Baumbestandes in Wien gefällt werden müssen, ist im Sinne des vorangeführten Gesetzes die Bewilligung hiefür beim zuständigen magistratischen Bezirksamt zu erwirken. Die Baubewilligung kann erst nach Vorliegen einer rechtskräftigen Fällungsbewilligung erteilt werden.

Sollte die angestrebte Baubewilligung eine Bauführung im Landschaftsschutzgebiet darstellen, ist im Sinne des Gesetzes LGBl. für Wien Nr. 6 vom 19. Oktober 1984 über den Schutz und die Pflege der Natur die Bewilligung bei der MA 22 zu erwirken, wobei die Baubewilligung erst nach Vorliegen der rechtskräftigen Naturschutzbewilligung erteilt werden darf.

Die Baupläne und Beschreibungen müssen vom Bauwerber, vom Eigentümer (allen Miteigentümern) der Liegenschaft, vom Verfasser und vom Bauführer oder deren berechtigten Vertretern unter Beisetzung ihrer Eigenschaft unterfertigt sein. Wird eine mündliche Verhandlung anberaumt, sind neben dem Bauwerber, dem Grundeigentümer und dem Planverfasser insbesondere auch die Nachbarn (Anrainer) zur Geltendmachung ihrer Rechte und rechtlichen Interessen zu laden, sofern nicht von vornherein feststeht, daß eine Verletzung ihres Anrainerrechtes ausgeschlossen ist. Einem Mieter kommt im Bauverfahren grundsätzlich keine Parteistellung zu; er ist daher auch nicht zur Bauverhandlung einzuladen, es sei denn, er tritt selbst als Bauwerber auf. Nach durchgeführtem Verfahren erkennt die Behörde über die Zulässigkeit der Bauführung durch schriftlichen Bescheid. Gegen den Bescheid kann binnen zwei Wochen nach Zustellung die Berufung an die Bauoberbehörde für Wien eingebracht werden, welche endgültig entscheidet. Die Berufung ist bei der Behörde einzubringen, die den Bescheid in erster Instanz erlassen, oder bei der Behörde, die über die Berufung zu entscheiden hat.

Vor Rechtskraft einer Bewilligung darf jedoch auf keinen Fall mit dem Bau begonnen werden; im vereinfachten Baubewilligungsverfahren gemäß § 70 BO darf erst drei Monate nach Vorlage der vollständigen Unterlagen und keiner zwischenzeitlich erfolgten Untersagung durch die Behörde mit dem Bau begonnen werden. Die erteilte Baubewilligung kann entweder definitiv (§ 70 BO) oder auf bestimmte Zeit bzw. gegen jederzeitigen Widerruf (§ 71 BO) erteilt worden sein. Die letzteren beiden Fälle werden dann in Betracht kommen, wenn ein Bau nur vorübergehenden Zwecken dient oder nicht dauernd bestehen bleiben kann, sei es, weil die Baulichkeit in begründeten Ausnahmefällen den Bestimmungen der Bauordnung nicht voll entspricht, sei es wegen des bestimmungsgemäßen Zweckes des Grundes.

Das vereinfachte Baubewilligungsverfahren ist anzuwenden, wenn den Unterlagen eine Erklärung eines Ziviltechnikers angeschlossen ist, daß die Baupläne unter Einhaltung der öffentlich-rechtlichen Vorschriften und der subjektiv-öffentlichen Nachbarrechte verfaßt sind, keine Baubewilligung gemäß § 69 BO erforderlich ist, keine Baubewilligung gemäß § 71 BO beantragt wird und es sich weiters nicht um Grundflächen im Wald- und Wiesengürtel, Gebiete, für welche Bausperre besteht, Gebiete der Bauklasse VI, bestehende, jedoch nicht bewilligte Bauten, Bauvorhaben, für welche die erforderliche Grundabteilung noch nicht vorliegt u.a. handelt.

Kann das vereinfachte Baubewilligungsverfahren entgegen dem Antrag nicht angewendet werden, wird dies dem Einreicher mitgeteilt und die Behörde hat das Baubewilligungsverfahren gemäß § 70 durchzuführen.

Nachbarn können bis längstens drei Monate nach dem angezeigten Baubeginn Einwendungen vorbringen und eine Versagung der Baubewilligung beantragen. Erfolgt keine Versagung oder erlangen die Nachbarn keine Parteistellung, gilt das Bauvorhaben als mit rechtskräftigem Bescheid gemäß § 70 bewilligt.

Anliegerleistungen werden nach dem angezeigten Baubeginn zur Bezahlung vorgeschrieben.

Baubewilligungen gemäß § 70 BO und Kenntnisnahmen gemäß § 62 BO werden unwirksam, wenn nicht binnen vier Jahren vom Tag ihrer Rechtskraft gerechnet, Einreichungen gemäß § 70a BO, wenn nicht binnen vier Jahren, vom Tag der vollständigen Vorlage der Baupläne und erforderlichen Unterlagen gerechnet, mit der Bauführung begonnen oder der Bau nicht innerhalb von vier Jahren nach Baubeginn vollendet wird. Baubewilligungen gemäß § 71 BO werden unwirksam, wenn binnen zwei Jahren, vom Tag ihrer Rechtskraft gerechnet, mit der Bauführung nicht begonnen oder der Bau nicht innerhalb zweier Jahre nach Baubeginn vollendet wird.

In begründeten Ausnahmefällen kann die Bauvollendungsfrist verlängert werden, nicht jedoch die Frist für den Baubeginn.

Sonderbestimmungen für betrieblich genutzte Gebäude und Gebäudeteile

Gemäß § 119a BO bleiben bei Gebäuden oder Gebäudeteilen, die dem gewerblichen Betriebsanlagenrecht unterliegen oder Arbeitsstätten im Sinne des Arbeitnehmerschutzgesetzes sind, eine Reihe von Bestimmungen der BO (wie Belichtung und Belüftung von Arbeitsräumen, Brandschutz usw.) im Baubewilligungsverfahren unberücksichtigt. Über Belange der gewerbebehördlichen Erfordernisse werden von der MA 36 Auskünfte erteilt (Journaldienst Tel. 331 40 . . ., 89700).

Beschauten nach § 127 der Bauordnung für Wien

Gemäß § 127 Abs. 3 BO hat der Bauwerber bei den nach § 60 Abs. 1 lit. a, b, c, BO bewilligungspflichtigen Bauführungen die vorgesehenen Überprüfungen der Bauausführung grundsätzlich durch einen Prüfingenieur (Zivilingenieur oder gerichtlich beeideten Sachverständigen) durchführen zu lassen. Dies gilt auch sinngemäß für Fertigteile hinsichtlich Herstellung und Zusammenbau.

Die Behörde kann jedoch gemäß § 127 Abs. 6 BO auf alle oder einzelne Überprüfungen der Bauausführung bzw. auf die Bestellung eines Prüfingenieurs verzichten. Ein solcher Verzicht wird bei geringfügigen Bauausführungen sowie bei kleinen Gebäuden mit einfachen Konstruktionen angebracht sein.

Die Bestellung eines Prüfingenieurs ist jedenfalls bei großen Gebäuden oder schwierigen Konstruktionen zwingend erforderlich. Wenn auf die Bestellung eines Prüfingenieurs verzichtet wurde, hat der Bauführer die Anzeigen wegen Vornahme der Beschauten bei der Behörde zu erstatten, sofern nicht ausdrücklich auf alle oder einzelne Beschauten verzichtet wird.

Auf der Baustelle müssen die Baupläne, die nach diesem Gesetz ausgeführt werden dürfen, aufliegen. Weiters sind alle erforderlichen Unterlagen wie Bodengutachten, Aussteckungsprotokoll, Schalungs- und Bewehrungspläne sowie Standberechnung bereitzustellen und der Nachweis des Prüfingenieurs über die vorgenommenen Überprüfungen aufzulegen. Alle Unterlagen müssen ordnungsgemäß unterfertigt sein.

Abweichungen von bewilligten Bauvorhaben

Von dem behördlich genehmigten Bauplan darf nur nach Genehmigung der Änderung bzw. Kenntnisnahme einer Bauanzeige abgewichen werden. Es ist vor Durchführung der Änderung unter Vorlage eines neuen Bauplanes um Genehmigung der Änderung (Kenntnisnahme einer Bauanzeige) anzusuchen. Für das durchzuführende Bewilligungsverfahren → „Baubewilligung“ .

Bauanzeige

Bei geringfügigen Bauführungen innerhalb von Bestandseinheiten, bei denen die statischen Verhältnisse des Hauses nicht beeinflußt werden, die äußere Gestaltung des Gebäudes nicht verändert wird, keine gemeinsamen Teile des Gebäudes oder der Liegenschaft in Anspruch genommen und keine Umwidmungen von Wohnungen, Büros usw. vorgenommen werden, ist vor Baubeginn die Kenntnisnahme einer Bauanzeige nach § 62 BO zu erwirken. Der Bauanzeige sind Baupläne in dreifacher Ausfertigung anzuschließen. Eine Unterfertigung der Baupläne bzw. Zustimmung zur Bauführung durch den Eigentümer der Liegenschaft ist nicht erforderlich. Im Fall des Wohnungseigentums sind bei der Zusammenlegung aneinandergrenzender Wohnungen oder Betriebseinheiten oder Teilen davon die Baupläne auch von den betreffenden Wohnungseigentümern dieser Wohnungen oder Betriebseinheiten zu unterfertigen.

Feststellungsanzeige

Nach Fertigstellung der Bauarbeiten ist der Baubehörde vom Bauwerber, vom Eigentümer der Baulichkeit oder vom Grundeigentümer eine Fertigstellungsanzeige zu erstatten, der u. a. folgende Unterlagen anzuschließen sind:

- Bestätigung eines Ziviltechnikers über die bewilligungsgemäße und ordnungsgemäße Bauausführung,
- Ausführungspläne,
- die vom Prüfingenieur aufgenommenen Überprüfungsbefunde,
- Rauchfangbefunde,
- Kanalbefund und
- Befund über die Funktionsfähigkeit sicherheitstechnischer Einrichtungen.

Das Bauwerk darf erst nach Vorliegen der vollständig belegten Fertigstellungsanzeige benützt werden.

Mit welchen wesentlichen finanziellen Belastungen durch die Behörde anläßlich der Herstellung eines Bauwerkes hat der Bauwerber zu rechnen?

Kanaleinmündungsgebühr

Von Baulichkeiten auf Bauplätzen oder sonstigen bebauten Flächen müssen alle Abwässer unterhalb der Verkehrsfläche in den Kanal geleitet werden, wenn der Bauplatz oder die bebaute Fläche von einem bei der Bauführung bereits bestehenden Straßenkanal ohne Verbindung über eine andere Liegenschaft nicht mehr als 30 m entfernt ist. Ausnahmen von dieser Verpflichtung können zugelassen werden, wenn hiedurch keine Schädigung öffentlicher Interessen und kein Nachteil für die Nachbarschaft entstehen. Bei erstmaligem unmittelbarem oder mittelbarem Anschluß an den Straßenkanal ist eine Kanaleinmündungsgebühr zu entrichten. Für den Fall der Vergrößerung des Bauplatzes, der Errichtung eines weiteren Neubaues oder eines Zubaues in waagrechter Richtung oder bei Umwandlung einer bisherigen Teilkanalisation in eine Vollkanalisation (Regen- und Schmutzwässer) sind Ergänzungsgebühren zu entrichten.

Die Höhe der Gebühr ist in den einzelnen Widmungsgebieten unterschiedlich. Die Höhe des Einheitssatzes wird vom Stadtsenat durch Verordnung festgesetzt. Der Betrag der Kanaleinmündungsgebühr wird von der MA 35 bzw. 37, die auch über die Einzahlungsart Auskunft geben, berechnet und bescheidmäßig vorgeschrieben.

Gehsteigherstellung

Jeder Eigentümer eines Neu-, Zu- oder Umbaues sowie einer fundierten Einfriedung an der Baulinie ist verpflichtet, entlang der Baulinien seines Bauplatzes einen Gehsteig nach den Anordnungen der Behörde in der vorgeschriebenen Breite, Höhenlage und Bauart herzustellen, wobei es gleichgültig ist, ob an oder hinter der Baulinie gebaut wird (→ Abschnitt „Straßenverwaltung und Straßenbeleuchtung“). Ist jedoch der Gehsteig bereits von der Gemeinde hergestellt worden, ist für diesen ein Kostenersatz zu leisten.

Vor Ausführung des Gehsteiges ist um die Bekanntgabe der Breite und Bauart und um die Aussteckung der Höhenlage anzusuchen. Diese Ansuchen sind an die MA 28, 17, Lienfeldergasse 96, oder an die MA 37, 20, Dresdner Straße 75, zu richten.

Der Beginn der Gehsteigherstellung ist der Behörde rechtzeitig anzuzeigen. Um die dazu erforderliche Aufgrabungsbewilligung ist bei der MA 28, 17, Lienfeldergasse 96, anzusuchen. Nach Fertigstellung des Gehsteiges ist um die Feststellung der ordnungsgemäßen Herstellung (Gehsteigkonstatierung) bei der MA 28 einzukommen, wobei von der Behörde eine Haftungszeit (Dauer der Erhaltungspflicht) festgesetzt wird.

Granitpflaster- und Klinkergehsteige, die vor Ende des Jahres 1929 ordnungsgemäß hergestellt wurden, gelten als generell in die Erhaltung der Stadt Wien übernommen.

Andere Gehsteige, die noch nicht ausdrücklich in die Erhaltung der Stadt Wien übernommen wurden, es wäre denn, daß sie schon vor 1883 hergestellt worden sind, stehen in der Erhaltungspflicht des Liegenschaftseigentümers, der für die Instandhaltung zivil- und strafrechtlich verantwortlich ist. Solche noch nicht übernommene Gehsteige können nach Ablauf der Haftungszeit, drei Jahre nach Rechtskraft des Bescheides für die Gehsteigkonstatierung, nur dann über ausdrückliches schriftliches Ansuchen in die Erhaltung der Stadt Wien übernommen werden, wenn sie sich in gutem, ordnungsgemäßem, den Vorschriften entsprechendem Zustand befinden. Ebenso kann um Übernahme eines ordnungsgemäß hergestellten Gehsteiges(-teiles) in die Erhaltung der Stadt Wien angesucht werden, wenn dieser während der Haftungszeit für öffentliche Zwecke aufgegraben wurde. Ansuchen sind an die MA 28 zu richten. Auf schriftliches Ansuchen werden von der MA 28 auch Bestätigungen über solche Übernahmen von Gehsteigen in die Erhaltung der Stadt Wien gegeben.

Gehsteigauf- und -überfahrten zur Ausfahrt aus einer Liegenschaft dürfen nur mit Bewilligung der Behörde hergestellt werden. Um diese Bewilligung ist bei der MA 28 anzusuchen (→ „Straßenverwaltung und Straßenbeleuchtung“).

Bei Portalentfernungen ist der freiwerdende Teil des Gehsteiges in jenen Zustand zu versetzen, der dem unmittelbar angrenzenden Gehsteig entspricht.

Beitrag zu den Kosten der Herstellung von Verkehrsflächen

Die Gemeinde ist berechtigt, bei erstmaligem Anbau an Verkehrsflächen einen Beitrag zu den Kosten der Herstellung dieser Flächen von den Anliegern einzuheben. Auch für schon bestehende Verkehrsflächen kann vor erstmaligem Anbau auf bisher unbebauten Bauplätzen dieser Betrag eingehoben werden.

Die Höhe des Betrages ergibt sich aus der anrechenbaren Breite der Fahrbahn, der anrechenbaren Frontlänge des Bauplatzes und den für den Quadratmeter festgesetzten Einheitssatz, der derzeit 260 S beträgt.

Wasseranschluß

Bei jedem Gebäude, das Aufenthaltsräume (Wohn- und Arbeitsräume und Küchen) enthält, muß eine hinreichende Versorgung mit gesundheitlich einwandfreiem Trinkwasser gesichert sein. Wo ein öffentlicher Rohrstrang einer Trinkwasserleitung ohne Verbindung über eine andere Liegenschaft nicht mehr als 30 m von der Bauplatzgrenze entfernt liegt, ist anläßlich des Baues eine Zuleitung in das Haus herzustellen und für einen Wasserauslauf in jeder Wohnung sowie außerdem für einen für die Bewohner dieses Gebäudes allgemein zugänglichen Auslauf im Keller oder Erdgeschoß vorzusorgen. Dieselbe Verpflichtung zum Anschluß an eine öffentliche Trinkwasserleitung tritt ein, wenn die öffentliche Trinkwasserleitung nach Errichtung der Baulichkeit hergestellt wird. Wenn für die Trinkwasserversorgung aller Geschosse mit Aufenthaltsräumen der erforderliche Druck von mindestens 1,50 bar nicht dauernd gewährleistet ist, sind entsprechende Drucksteigerungsanlagen einzurichten.

Wird ein städtischer Wasserrohrstrang auf Antrag von Interessenten neu verlegt, umgelegt oder auf eine größere Nennweite ausgewechselt, haben diese die gesamten Kosten hiefür zu tragen. Bei der Neuverlegung oder Verstärkung eines Wasserrohrstranges entfällt die Verpflichtung zur Kostentragung, wenn es sich lediglich um die Versorgung mit Wasser zu Trink- und Haushaltszwecken handelt.

In jedem Fall sind jedoch die Kosten der Herstellung der Abzweigleitung vom städtischen Rohrstrang bis zum Wasserzähler, die durch die Stadt Wien erfolgt, sowie einer Anschlußabgabe, die entsprechend dem Innendurchmesser der Abzweigleitung berechnet wird, vom Wasserabnehmer zu tragen. Vor Beginn der Arbeiten zur Herstellung der Abzweigleitung ist eine Vorauszahlung in der Höhe der voraussichtlichen Kosten zu entrichten. Die Anschlußabgabe wird nach Herstellung der Abzweigleitung gesondert vorgeschrieben.

An dauernd auflaufenden Gebühren sind die Wasserbezugsgebühr für das abgegebene Wasser und die Wasserzählergebühr für die Beistellung und laufende Instandhaltung der Wasserzähler zu erwähnen.

Die Wasserabgabe aus dem städtischen Wasserversorgungsnetz bedarf einer schriftlichen Anmeldung des Wasserabnehmers. Näheres → „Wasserversorgung“.

Schaffung von Kfz-Stellplätzen

(Wiener Garagengesetz in der gültigen Fassung)

Bei Neu- und Zubauten sowie bei Widmungsänderungen sind in Ansehung des künftigen Bedarfes Anlagen zum Einstellen von Kraftfahrzeugen zu schaffen (Pflichtstellplätze).

Die Anzahl der erforderlichen Stellplätze richtet sich nach der Art bzw. Widmung des Bauvorhabens.

Diese Verpflichtung kann

1. auf dem eigenen Bauplatz oder
2. auf einem anderen Bauplatz, der nicht mehr als 500 m entfernt ist, jedoch mit vertraglicher Sicherstellung der Einstellmöglichkeit über einen Zeitraum von mindestens 20 Jahren erfüllt werden. Wenn die Verpflichtung zur Schaffung von Einstellplätzen oder Garagen nach den Varianten 1 oder 2 nicht oder nicht voll erfüllt wird, ist eine entsprechende Ausgleichsabgabe an die Stadt Wien zu entrichten. Die Ausgleichsabgabe beträgt derzeit 120.000 S je Stellplatz.

Für die Errichtung von Garagen bzw. Schaffung von Einstellplätzen für Kraftfahrzeuge ist eine baubehördliche Bewilligung gemäß § 60 der Bauordnung erforderlich.

Welche Folgen bringt unbefugtes Bauen mit sich?

Ohne rechtskräftige Baubewilligung bzw. Kenntnisnahme einer Bauanzeige oder vor Ablauf der Dreimonatsfrist im vereinfachten Baubewilligungsverfahren dürfen keine bewilligungs- bzw. anzeigenpflichtigen Bauführungen vorgenommen werden. Derartig errichtete Baulichkeiten gelten rechtlich als nicht bestehend. Es wird daher, falls eine nachträgliche rechtliche Sanierung infolge Unvereinbarkeit mit den Bestimmungen der Bauordnung nicht möglich erscheint, ihre Abtragung angeordnet und diese allenfalls auch zwangsweise von der Behörde durchgeführt. Daneben haben die Personen, die für die Errichtung eines nicht bewilligten Bauwerkes einzustehen haben, mit empfindlicher Bestrafung zu rechnen.

Wo kann eine unzumutbare Belästigung durch Baulärm angezeigt werden?

Unzumutbare Lärmbelästigungen durch Baumaschinen können aufgrund des Gesetzes vom 25. Februar 1991 zum Schutz gegen Baulärm jederzeit angezeigt werden. Solche Anzeigen nehmen täglich Montag bis Freitag von 7.30 bis 15.30 Uhr ein eigener Baulärm-Ombudsmann, 1, Ebendorferstraße 4, Tel. 40 00 . . ., 88316 oder 88317, sowie die Kanzlei der MA 36 (Dezernat C), 20, Dresdner Straße 75, Tel. 331 40 . . ., 89715, und außerhalb der Dienstzeit, also auch nachts und am Wochenende, der Permanenzingenieur, 1, Am Hof 10, Tel. 40 00 . . ., 8280, oder Tel. 531 99 . . ., 230, entgegen.

Welche Verwertungsmöglichkeiten bieten Grundstücke im Wald- und Wiesengürtel?

Im Interesse der gesamten Bevölkerung muß der Wald- und Wiesengürtel als wichtigstes Erholungsgebiet unversehrt erhalten bleiben. Bauführung und Parzellierung für Kleingartenzwecke im Wald- und Wiesengürtel sind daher allgemein verboten. Gegen Zuwiderhandelnde wird unnachsichtig eingeschritten.

Der Eigentümer eines im Wald- und Wiesengürtel gelegenen Grundstückes hat jedoch jederzeit die Möglichkeit, ein derartiges Grundstück der Stadt Wien zum Kauf anzubieten. Die Stadt Wien ist zur Einlösung verpflichtet.

Besteht eine Verpflichtung, Instandhaltungsarbeiten an der Baulichkeit vorzunehmen?

Jeder Eigentümer einer Baulichkeit hat dafür zu sorgen, daß die Baulichkeit und die dazugehörigen Anlagen (Vorgärten, Hofanlagen, Einfriedungen u. dgl.) in gutem, der Baubewilligung und den Vorschriften der Bauordnung entsprechendem Zustand erhalten werden. Für Gebäude in Schutzzonen bzw. unter Denkmalschutz stehend, besteht darüber hinaus die Verpflichtung, das Gebäude und die dazugehörigen Anlagen und baulichen Ziergegenstände in stilgerechtem Zustand und nach den besonderen Bestimmungen im Bebauungsplan zu erhalten.

Im Zuge der Instandsetzung eines Gebäudes oder eines baulichen Ziergegenstandes kann die Behörde dessen stilgerechte und nach den besonderen Bestimmungen im Aufbauplan festgesetzte Ausgestaltung oder dessen Angleichung in Baustil, Bauform, Dachform u. dgl. an die benachbarten Gebäude in derselben oder gegenüberliegenden Häuserzeile verfügen.

Die Behörde hat notwendigenfalls den Hauseigentümer zur Behebung von Baugebrechen unter Gewährung einer angemessenen Frist mittels Bescheid zu verhalten. Sie ordnet erforderlichenfalls aber auch Sicherungsmaßnahmen, die Räumung oder den Abbruch von Gebäuden oder Gebäudeteilen an.

Der Hauseigentümer ist verpflichtet, den Bauzustand seiner Baulichkeit zu überwachen und es erst gar nicht auf einen derartigen Auftrag der Behörde ankommen zu lassen. Er haftet für Beschädigungen zivil- und strafrechtlich. Der Hauseigentümer bzw. der Vermieter kann jedoch auch von Mietern auf Einhaltung des Mietvertrages geklagt werden. Schließlich kann ihm nach den Vorschriften des § 6 des Mietrechtsgesetzes auf Antrag der Mieter die Schlichtungsstelle den Auftrag zur ordnungsgemäßen Erhaltung des Hauses oder zur Durchführung von Verbesserungen am Haus erteilen; Verbesserungsarbeiten jedoch nur dann, wenn eine ausreichend große Hauptmietzinsreserve dafür Deckung bietet.

Die Behörde kann schließlich aufgrund eines Instandsetzungsauftrages bei Nichterfüllung durch den Verpflichteten ein Verwaltungsstrafverfahren durchführen lassen und nach den Bestimmungen des Verwaltungsvollstreckungsgesetzes die Instandsetzung (oder die Abtragung) der Baulichkeit auf Gefahr und Kosten des Eigentümers im Wege der Ersatzvornahme veranlassen.

Was sind notstandspolizeiliche Maßnahmen?

Bei unmittelbar drohender Gefahr kann die Behörde auch ohne Anhörung des Eigentümers einer Baulichkeit erforderliche Sicherungsmaßnahmen zur Hintanhaltung einer Gefährdung der Gesundheit von Menschen oder der Schädigung ihres Eigentums auf Gefahr und Kosten des Eigentümers anordnen und sofort vollstrecken lassen.

Wo kann eine unmittelbare, akute Gefährdung durch einen Bauschaden angezeigt werden?

Bei plötzlichem Eintritt der Gefahr und wenn die Durchführung von Sicherungsmaßnahmen keinen Aufschub duldet (auch am Wochenende oder zur Nachtzeit), ist die Anzeige beim Permanenzingenieur (1, Am Hof 10, Tel. 40 00 . . ., 8280, oder Tel. 531 99 . . ., 230) zu erstatten, der alles zur Beseitigung der akuten Gefahr Erforderliche durch die Feuerwehr oder einen befugten Gewerbetreibenden oder, wenn das nicht ausreichen würde, die Räumung der gefährdeten Bereiche veranlaßt, im übrigen aber die notwendige Meldung an die zuständige Abteilung der Baupolizei weiterleitet.

Was ist eine Ersatzvornahme?

Wenn der Gebäudeeigentümer einer ihm nach den Bauvorschriften obliegenden Verpflichtung nicht, nicht vollständig oder nicht zur gehörigen Zeit nachgekommen ist, kann die mangelnde Leistung nach vorheriger Androhung durch die Behörde auf Gefahr und Kosten des Verpflichteten vollstreckt werden. Wenn der Eigentümer einer Baulichkeit nicht zugleich Grundeigentümer ist, haftet auch letzterer für die Erfüllung aller sich aus dem Bestand der Baulichkeit ergebenden Verpflichtungen.

Wie erfolgt das Verfahren zur Durchführung der Ersatzvornahme?

Zunächst wird dem Verpflichteten die Ersatzdurchführung der notwendigen Maßnahmen angedroht, wobei die Behörde auf den Bescheid verweist, in dem die Verpflichtung ausgesprochen wurde. Wird der Verpflichtete aufgrund dieser Androhung nicht tätig, erläßt die Vollstreckungsbehörde einen Bescheid zur Vorauszahlung der Kosten gegen nachträgliche Verrechnung. Sodann ergeht eine Vollstreckungsverfügung des Inhaltes, daß die Arbeiten nunmehr im Auftrag der Behörde durch eine von ihr bestellte Privatfirma durchgeführt würden. Nach Durchführung der Arbeiten werden die Kosten im Wege des Kostenersatzbescheides hereingebracht. Gegen die Androhung der Ersatzmaßnahme ist kein Rechtsmittel, gegen den Auftrag zur Vorauszahlung der Kosten und die Vollstreckungsverfügung beschränkte (keine aufschiebende Wirkung), gegen den Kostenersatzbescheid volle Berufung zulässig.

Für alle Kosten, die der Stadt Wien für eine im Wege der Ersatzvornahme in Vollstreckung des baupolizeilichen Auftrages bewerkstelligte Leistung erwachsen, besteht an der Liegenschaft ein gesetzliches Vorzugspfandrecht für die Stadt Wien. Das gleiche gilt im übrigen auch für die Kosten notstandspolizeilicher Maßnahmen. Eine Zwangsversteigerung aufgrund eines solchen Pfandrechtes kann jedoch erst drei Jahre nach Vorschreibung der Kosten an den Verpflichteten beantragt werden.

Vollstreckungsbehörden der Stadt Wien zur Durchführung der Ersatzvornahme sind die MA 25, 19, Muthgasse 62, und die MA 64, 20, Dresdner Straße 75, welche auch die näheren Auskünfte anläßlich eines anhängigen Verfahrens erteilen.

Wie erfolgt die Instandsetzung von Baulichkeiten, die dem Mietrechtsgesetz unterliegen?

Soweit derartige Baulichkeiten instandsetzungsbedürftig sind, sind die Bestimmungen der §§ 6, 18, 18a und 19 Mietrechtsgesetz anzuwenden; wenn daher die ordnungsgemäßen Erhaltungsauslagen die von den Mietern zu entrichtenden Hauptmietzinse übersteigen, kann der Vermieter oder die Mehrheit der Mieter oder auch die Gemeinde gemäß §§ 18 und 19 Mietrechtsgesetz eine Erhöhung der Hauptmietzinse um den Fehlbetrag bei der Schlichtungsstelle des zuständigen magistratischen Bezirksamtes bzw. bei der Zentralen Schlichtungsstelle beantragen. Die Erhöhung des Hauptmietzinses ist unter Berücksichtigung einer zehnjährigen Zinsreserve und eines angemessenen Zeitraumes, höchstens jedoch zehn Jahre, für die Deckung der Instandsetzungskosten zu bemessen. Wenn eine Partei sich mit der Entscheidung der Schlichtungsstelle nicht zufriedengibt oder wenn das Verfahren vor dieser nicht binnen drei Monaten zum Abschluß gebracht ist, kann das zuständige Bezirksgericht zur Entscheidung angerufen werden. Vor Entscheidung über den Antrag ist die Stellungnahme der technisch-wirtschaftlichen Prüfstelle für Wohnhäuser (MA 25) über die erforderlichen Erhaltungsarbeiten, die Angemessenheit der Preise und über die Bestanddauer der Instandsetzung einzuholen.

Die MA 25 stellt auch aufgrund einer durchgeführten Hausbewertung unter Berücksichtigung der Hauptmietzinsabrechnung die für die Mieter höchstzulässigen Zinsbelastungen fest. In der Hausbewertung werden die Ausstattungen der Wohnungen und des Hauses sowie die Wohnumgebung berücksichtigt.

Die Mietzinserhöhung wird in einem Schlichtungsverfahren entschieden.

Gemäß § 18b Mietrechtsgesetz kann es auch zu einer Mietzinserhöhung kommen, wenn Sanierungsmaßnahmen (Erhaltungs- und Verbesserungsmaßnahmen) durchgeführt werden, die im Sinne des Wiener Wohnbauförderungs- und Wohnhaussanierungsgesetzes förderungswürdig sind. Die Höhe der Förderungsmittel richtet sich danach, welche Wohnungskategorien in solchen Gebäuden überwiegen.

Vor Durchführung des Schlichtungsverfahrens ist die Erstellung eines Sanierungskonzeptes und ein Vorprüfbericht des Wiener Bodenbereitstellungs- und Stadterneuerungsfonds, 8, Lenaugasse 10, erforderlich. Die zuständigen Stellen in Wien sind die Schlichtungsstellen bei den magistratischen Bezirksämtern für Gebäude, deren Baubewilligung vor dem 27. Jänner 1917 erteilt worden ist, bzw. die MA 16, Zentrale Schlichtungsstelle, 19, Muthgasse 62, für Gebäude, deren Baubewilligung am 27. Jänner 1917 oder später erteilt worden ist, bzw. für Schlichtungsanträge, die nach dem Wiener Wohnbauförderungs- und Wohnhaussanierungsgesetz gefördert werden.

Bei Objekten, die dem Mietrechtsgesetz nicht unterliegen, sind Beiträge zum Erhaltungsaufwand nur im ordentlichen Rechtsweg durchzusetzen.

In welchem Umfang ist bei Erhaltungsarbeiten eine Baubewilligung erforderlich?

Bei der Renovierung eines Gebäudes werden in der Regel nicht nur Baumeister-, sondern auch Schlosser-, Tischler-, Maler-, Anstreicher-, Installateurarbeiten u. dgl. notwendig sein. Einer Baubewilligung durch die Baubehörde bedarf es jedoch nur insoweit, als dadurch der Bauzustand an sich betroffen wird. Zur Erlangung einer Baubewilligung ist jedoch, wie schon oben angeführt, ein normales Bauverfahren durchzuführen. Baumaßnahmen, die aufgrund eines baubehördlichen Auftrages ausgeführt werden, ausgenommen solche, die die Herstellung von Hauskanälen betreffen, sind bewilligungsfrei. Oftmals werden sich für den Liegenschaftseigentümer Schwierigkeiten ergeben, wenn er das Grundstück mit bestehenden Baulichkeiten erworben hat und nicht über die nötigen Unterlagen verfügt.

Es besteht für ihn jederzeit die Möglichkeit, in den bei der Stadt Wien einliegenden Akten Einsicht zu nehmen, Abschriften und Ablichtungen anzufertigen.

Wo liegen die Bauunterlagen bestehender oder bereits abgetragener Gebäude zur Einsicht auf?

Die Baueinlagen liegen in den Außenstellen der MA 37 auf, historisch bedeutsames Plangut liegt zum Teil in der MA 8.

Sind die Baupläne allgemein zugänglich?

Das Recht zur Einsichtnahme bzw. Ablichtung hat nur der Grund- bzw. Hauseigentümer (Hausverwalter) oder ein von ihm Bevollmächtigter. Ferner besteht dieses Recht anläßlich der Verfassung von Bauplänen bezüglich der berührten Nachbarliegenschaften im notwendigen Umfang.

Worin besteht der Unterschied zwischen Einsichtnahme und Ablichtung?

Bei einer Einsichtnahme dürfen lediglich Notizen aus den in der Baueinlage befindlichen Bescheiden gemacht und unmaßstäbliche Strichskizzen der Baupläne angefertigt werden; das Merkmal der Ablichtung ist, daß ein Plan oder auch nur ein Teil eines Planes nach Auflegen eines transparenten Papieres nachgezeichnet oder eine Fotokopie bestellt wird.

Für die Erlaubnis zur Einsichtnahme und zur Anfertigung von Plankopien ist jeweils eine Verwaltungsabgabe zu entrichten. Für Farbkopien oder großformatige Kopien sind zusätzliche Kopierkosten zu entrichten.

Stadtkarte Wien 1 : 2000, Behelfskarte von Wien, Mehrzweckstadtkarte

Das gesamte Wiener Stadtgebiet ist auf 416 Stadtkartenblättern dargestellt. Darin sind nicht nur alle topografischen Einzelheiten des Stadtgebietes mit großer Genauigkeit, sondern auch sämtliche rechtskräftigen Bebauungsbestimmungen dargestellt. Die Blätter der neuen Stadtkarte 1 : 2000, welche von hoher Präzision ist und die außer der Situation auch die Angabe des Flächenwidmungs- und Bebauungsplanes enthält, werden für die Situation zum Blattpreis von 50 S und für die Situation mit den Flächenwidmungs- und Bebauungsbestimmungen zum Blattpreis von 70 bis 110 S an Interessenten abgegeben.

Die Behelfskarte ist eine Darstellung der Verhältnisse in der Natur (Situation) und vornehmlich für Planungsarbeiten geeignet. Die Behelfskarte wurde in den Maßstäben 1 : 10.000 (23 Blätter) und 1 : 5000 (92 Blätter) aufgelegt.

Für Teilbereiche des Stadtgebietes sind Blätter der Mehrzweckstadtkarte im Maßstab 1 : 1000 verfügbar.

Die genannten Kartenausgaben können bei der MA 21 B, 1, Rathausstraße 14–16, Mezzanin, erworben werden.

Wo ist etwas über Baugrundverhältnisse in Wien (guter oder schlechter Baugrund) zu erfahren?

In der MA 29, Fachbereich Grundbau, wird der Baugrundkataster der Stadt Wien geführt (16, Wilhelminenstraße 93, Erdgeschoß, Tür 365, Tel. 488 29 . . ., 96964).

Eine Sammlung von Bohr-, Brunnen- und Schachtprofilen ermöglicht eine Beurteilung des Baugrundes in Wien; weiters sind Hinweise auf Besonderheiten des Baugrundes zu erhalten. Insbesondere gibt es Aufzeichnungen über alte Baureste (z. B. Stadtmauern) und übermächtige Anschüttungen, wie über verfüllte Ziegelgruben, Donauarme usw. Überdies können Ergebnisse bodenphysikalischer Untersuchungen und Analysen des Grundwasserchemismus eingesehen werden.

Für die Einsichtnahme in den Baugrundkataster wird ein geringes Entgelt in Höhe von derzeit 160 S je Baugrundkatasterzahl erhoben (Beschluß des Gemeinderates vom 31. März 1989, Pr. Z. 865).

BESTATTUNGS- UND FRIEDHOFSWESEN

(Städtische Bestattung [Bestattung Wien], MA 43)

Jeder Todesfall erfordert Maßnahmen, die – je nachdem, wo der Tod eingetreten ist – in einer bestimmten Reihenfolge und auch innerhalb eines bestimmten Zeitraumes zu treffen sind.

Wenn in einer Familie ein Todesfall eintritt, wende man sich daher unverzüglich an die Städtische Bestattung, die in Wien mit der Durchführung von Bestattungen betraut ist, und deren Mitarbeiter den Hinterbliebenen bei den für die Bestattungsdurchführung erforderlichen Entscheidungen behilflich sind.

Was ist bei einem Todesfall zu veranlassen?

Grundsätzlich gilt, daß bei jedem Todesfall eine Totenbeschau und eine Eintragung im Sterbebuch der Personenstandsbehörde zu erfolgen hat. Wer die Anzeige eines Todesfalles zur Totenbeschau vorzunehmen hat, richtet sich nach dem Ort, an dem der Tod eingetreten ist. Trat der Tod in einem Krankenhaus oder einer anderen Anstalt ein, dann wird die Totenbeschau durch die betreffende Anstalt veranlaßt, trat der Tod in einer Wohnung oder anderen Unterkunft ein, dann ist zu dieser Anzeige ein bestimmter gesetzlich vorgeschriebener Personenkreis verpflichtet.

Die Eintragung im Sterbebuch hat hingegen immer bei dem für den Sterbeort zuständigen Standesamt – möglichst an dem dem Sterbetag folgenden Werktag – zu erfolgen. Zur Anzeige des Todes beim Standesamt ist ebenfalls ein bestimmter Personenkreis gesetzlich verpflichtet.

Für das Ergebnis der Totenbeschau bei einem Todesfall im Wohnhaus ist auch von Bedeutung, ob der Verstorbene vor seinem Ableben in ärztlicher Behandlung stand. Die Behandlung ist durch einen vom Hausarzt auszustellenden Behandlungsschein zu bestätigen. Kann kein Behandlungsschein beigebracht werden, erfolgt in der Regel eine Obduktion des Verstorbenen.

Todesfall im Wohnhaus

1. Mit einer Anmeldestelle der Städtischen Bestattung wegen der Abholung des Verstorbenen, der Auswahl des erforderlichen Sarges, der Art und des Ablaufes der Bestattungsdurchführung sowie der Formulierung des Partentextes u. a. m. Verbindung aufnehmen.
2. Vom behandelnden Arzt den „Ärztlichen Behandlungsschein" besorgen.
3. Bei der Zentralen Anmeldestelle zur Totenbeschau, 3, Hüttenbrennergasse 6, Tel. 797 75 . . ., 87890, die Anzeige persönlich oder telefonisch (0 bis 24 Uhr) vornehmen.
   Die Städtische Bestattung ist bereit, diese Anzeige entgegenzunehmen und an die zuständige Stelle weiterzuleiten. Dem Totenbeschauarzt sollen bei seinem Eintreffen am Sterbeort der „Ärztliche Behandlungsschein" und womöglich Personaldokumente des Verstorbenen vorgewiesen werden.
   Grundsätzlich wird die Totenbeschau noch an dem Tag, an dem die Anzeige erfolgte, vorgenommen. Vor der Totenbeschau darf an dem Verstorbenen keine Änderung, vor allem kein Umkleiden, vorgenommen werden. Der Totenbeschauarzt nimmt den „Ärztlichen Behandlungsschein" an sich und stellt nach der Totenbeschau die „Anzeige des Todes" sowie die „Todesbescheinigung" und den „Leichenbegleitschein" aus.
   Bei einer Totgeburt mit einem Körpergewicht von mindestens 500 Gramm ist die Totenbeschau und die Anmeldung beim Standesamt erforderlich. Eine Totgeburt mit einem Körpergewicht von weniger als 500 Gramm wird als Fehlgeburt bezeichnet.
   In diesem Fall ist zwar die Totenbeschau, nicht aber die Anmeldung beim Standesamt erforderlich. Für die Durchführung der Bestattung genügt in diesem Fall der vom Totenbeschauarzt ausgestellte „Leichenbegleitschein", der der Städtischen Bestattung zu übergeben ist. Wenn die Bestattung eines fehlgeborenen Kindes nicht in einem Sammelsarg im Wiener Zentralfriedhof erfolgen soll, ist auf Wunsch und eigene Kosten die Beisetzung, z. B. in einem Familiengrab, möglich.
   Nach Abschluß der Totenbeschau ist sofort die Städtische Bestattung (Tel. 501 95 . . . 0) zu verständigen, damit die Abholung des Verstorbenen vorgenommen werden kann. Bei der Abholung ist dem Abholpersonal der „Leichenbegleitschein" zu übergeben. Die Abholung wird am Tag der Totenbeschau durchgeführt.
4. Nach der Totenbeschau, spätestens aber an dem dem Sterbetag folgenden Werktag, ist bei dem für den Sterbeort zuständigen Standesamt (→ Magistrat, MA 61) die Eintragung im Sterbebuch vornehmen zu lassen. Die Anzeige beim Standesamt hat werktags (Montag bis Freitag) in der Zeit von 7.30 bis 14.30 Uhr zu erfolgen. Zur Anzeige beim Standesamt sind in folgender Reihenfolge verpflichtet:
   a) der Ehegatte (die Ehegattin) oder sonstige Familienangehörige,
   b) der letzte Unterkunftgeber,
   c) sonstige Personen, die vom Tod aufgrund eigener Wahrnehmungen Kenntnis haben.

   Jene Person, die die Anzeige erstattet, hat sich mit einem Personalausweis (möglichst mit Lichtbild) zu legitimieren. Dem Standesamt sind die vom Totenbeschauarzt ausgestellte „Anzeige des Todes" und die „Todesbescheinigung" zu übergeben. Ferner sollen folgende Personaldokumente des Verstorbenen (soweit vorhanden) vorgelegt werden:
   Geburtsurkunde, Staatsbürgerschaftsnachweis oder Heimatschein (Heimatrollenauszug), Heiratsurkunde, Meldezettel. Bei Verwitweten oder Geschiedenen außerdem Abschrift aus dem Sterbebuch bzw. Sterbeurkunde des Ehegatten (der Ehegattin) oder Scheidungsurteil.
   Zur Eintragung eines akademischen Grades, einer akademischen Berufsbezeichnung oder einer Standesbezeichnung in das Sterbebuch – in der Abschrift aus dem Sterbebuch bzw. in der Sterbeurkunde – ist dem Standesamt ein entsprechender Nachweis vorzulegen.
   Nach der Eintragung des Sterbefalles folgt der Standesbeamte die „Todesbescheinigung" (rosa) sowie die „Abschrift aus dem Sterbebuch" und eine „Todesbestätigung" (nur gültig für Sozialversicherungszwecke) aus. Wird ein Bestattungskostenbeitrag gewährt, ist hiefür die Todesbe-

stätigung", für die Geltendmachung von Versicherungsansprüchen usw. jedoch je eine „Abschrift aus dem Sterbebuch" erforderlich. Es empfiehlt sich, die entsprechende Anzahl an „Abschriften aus dem Sterbebuch" ausstellen zu lassen. „Sterbeurkunden" werden nur mehr dann ausgestellt, wenn diese ausdrücklich verlangt werden.

5. Die vom Standesamt ausgefolgte „Todesbescheinigung" muß sofort der Anmeldestelle der Städtischen Bestattung übergeben werden, da nur dann die Durchführung der Bestattung oder Überführung zulässig ist.
6. Zur Rückerstattung eventueller Zahlungsüberschüsse wird ersucht, anläßlich der Anmeldung des Todesfalles dem Mitarbeiter der Städtischen Bestattung wenn möglich eine Bankverbindung (Geldinstitut, Kto.-Nr.) bekanntzugeben.

Todesfall in einem Krankenhaus oder Pflegeheim der Stadt Wien

1. Nach Erhalt der Todesnachricht mit einer Anmeldestelle der Städtischen Bestattung wegen der Abholung des Verstorbenen, der Auswahl des erforderlichen Sarges, der Art und des Ablaufes der Bestattungsdurchführung sowie der Formulierung des Partentextes u. a. m. Verbindung aufnehmen.
2. Jene Kleider – ausgenommen Schuhe –, mit denen der Verstorbene anläßlich der Versargung bekleidet werden soll, sind ehest in der Totenkammer der Anstalt abzugeben. Auf Wunsch kann eine Totenbekleidung auch von der Städtischen Bestattung beigestellt werden. In der Anstalt vorhandene Kleider des Verstorbenen werden von der Verwaltung der Anstalt nur an die nächsten Angehörigen (Eltern, Kinder, Gatte, Geschwister) ausgefolgt. Schmuck, Bargeld usw. verbleiben bis zur Verlassenschaftsabhandlung im Depot der Anstalt.
3. Die Anzeige des Sterbefalles bei dem für den Sterbeort zuständigen Standesamt (→ Magistrat, MA 61) erfolgt durch die Anstalt. Die Städtische Bestattung gibt bekannt, wann die Hinterbliebenen die Eintragung im Sterbebuch vornehmen lassen können. Jene Person, die diese Eintragung vornehmen läßt, hat sich mit einem Personalausweis (möglichst mit Lichtbild) zu legitimieren.
   Die Beurkundung beim Standesamt hat werktags (Montag bis Freitag) in der Zeit von 7.30 bis 14.30 Uhr zu erfolgen. Für die Beurkundung sollen dem Standesamt folgende Personaldokumente des Verstorbenen (soweit vorhanden) vorgelegt werden:
   Geburtsurkunde, Staatsbürgerschaftsnachweis oder Heimatschein (Heimatrollenauszug), Heiratsurkunde, Meldezettel. Bei Verwitweten oder Geschiedenen außerdem Abschrift aus dem Sterbebuch bzw. Sterbeurkunde des Ehegatten (der Ehegattin) oder Scheidungsurteil.
   Zur Eintragung eines akademischen Grades, einer akademischen Berufsbezeichnung oder einer Standesbezeichnung in das Sterbebuch – in der Abschrift aus dem Sterbebuch bzw. in der Sterbeurkunde – ist dem Standesamt ein entsprechender Nachweis vorzulegen.
   Nach der Eintragung des Sterbefalles folgt der Standesbeamte die „Todesbescheinigung" (rosa) sowie die „Abschrift aus dem Sterbebuch" und eine „Todesbestätigung" (nur gültig für Sozialversicherungszwecke) aus. Wird ein Bestattungskostenbeitrag gewährt, ist hiefür die „Todesbestätigung", für die Geltendmachung von Versicherungsansprüchen usw. jedoch je eine „Abschrift aus dem Sterbebuch" erforderlich. Es empfiehlt sich, eine entsprechende Anzahl „Abschriften aus dem Sterbebuch" ausstellen zu lassen. „Sterbeurkunden" werden nur mehr dann ausgestellt, wenn diese ausdrücklich verlangt werden.
4. Die vom Standesamt ausgefolgte „Todesbescheinigung" muß sofort der Anmeldestelle der Städtischen Bestattung übergeben werden, da nur dann die Durchführung der Bestattung oder Überführung zulässig ist.
5. Zur Rückerstattung eventueller Zahlungsüberschüsse wird ersucht, anläßlich der Anmeldung des Todesfalles dem Mitarbeiter der Städtischen Bestattung wenn möglich eine Bankverbindung (Geldinstitut, Kto.-Nr.) bekanntzugeben.
6. Soll der Verstorbene außerhalb von Wien bestattet werden, steht es dem Besteller der Bestattungsleistungen frei, die Städtische Bestattung Wien in die Abwicklung der Bestattungsdurchführung miteinzubinden oder, nach Erhalt der Todesnachricht, mit dem für den Beerdigungsort zuständigen Bestatter Verbindung aufzunehmen.

Todesfall in einem Pensionistenwohnhaus, einer Privat-Krankenanstalt (Sanatorium) oder einem Privat-Pflegeheim

1. Nach Erhalt der Todesnachricht ist mit einer Anmeldestelle der Städtischen Bestattung wegen der Abholung des Verstorbenen, der Auswahl des erforderlichen Sarges, der Art und des Ablaufes der Bestattungsdurchführung sowie der Formulierung des Partentextes u. a. m. Verbindung aufzunehmen.
2. Jene Kleider – ausgenommen Schuhe –, mit denen der Verstorbene anläßlich der Versargung bekleidet werden soll, sind ehest in der betreffenden Anstalt abzugeben. Auf Wunsch kann eine Totenbekleidung auch von der Städtischen Bestattung beigestellt werden. In der Anstalt vorhandene Kleider des Verstorbenen werden von der Verwaltung nur an die nächsten Angehörigen (Eltern, Kinder, Gatte, Geschwister) ausgefolgt. Schmuck, Bargeld usw. verbleiben bis zur Verlassenschaftsabhandlung im Depot der Anstalt.
3. An dem dem Sterbetag folgenden Werktag ist bei dem für den Sterbeort zuständigen Standesamt (→ Magistrat, MA 61) die Eintragung im Sterbebuch vornehmen zu lassen. Die Anzeige beim Standesamt hat werktags, Montag bis Freitag, in der Zeit von 7.30 bis 14.30 Uhr zu erfolgen. Zur Anzeige beim Standesamt sind in folgender Reihenfolge verpflichtet:
   a) der Ehegatte (die Ehegattin) oder sonstige Familienangehörige,
   b) der letzte Unterkunftgeber,
   c) sonstige Personen, die vom Tod aufgrund eigener Wahrnehmungen Kenntnis haben.

   Jene Person, die die Anzeige erstattet, hat sich mit einem Personalausweis (möglichst mit Lichtbild) zu legitimieren. Dem Standesamt sind die vom Totenbeschauarzt ausgestellte „Anzeige des Todes" und die „Todesbescheinigung" zu übergeben. Ferner sollen folgende Personaldokumente des Verstorbenen (soweit vorhanden) vorgelegt werden: Geburtsurkunde, Staatsbürgerschaftsnachweis oder Heimatschein (Heimatrollenauszug), Heiratsurkunde, Meldezettel. Bei Verwitweten oder Geschiedenen außerdem Abschrift aus dem Sterbebuch bzw. Sterbeurkunde des Ehegatten (der Ehegattin) oder Scheidungsurteil.
   Zur Eintragung eines akademischen Grades, einer akademischen Berufsbezeichnung oder einer Standesbezeichnung in das Sterbebuch – in der Abschrift aus dem Sterbebuch bzw. in der Sterbeurkunde – ist dem Standesamt ein entsprechender Nachweis vorzulegen.
   Nach der Eintragung des Sterbefalles folgt der Standesbeamte die „Todesbescheinigung" (rosa) sowie die „Abschrift aus dem Sterbebuch" und eine „Todesbestätigung" (nur gültig für Sozialversicherungszwecke) aus. Wird ein Bestattungskostenbeitrag gewährt, ist hiefür die „Todesbestätigung", für die Geltendmachung von Versicherungsansprüchen usw. jedoch je eine „Abschrift aus dem Sterbebuch" erforderlich. Es empfiehlt sich, eine entsprechende

Anzahl „Abschriften aus dem Sterbebuch" ausstellen zu lassen. „Sterbeurkunden" werden nur mehr dann ausgestellt, wenn diese ausdrücklich verlangt werden.

4. Die vom Standesbeamten ausgefolgte „Todesbescheinigung" muß sofort der Anmeldestelle der Städtischen Bestattung übergeben werden, da nur dann die Durchführung der Bestattung oder Überführung zulässig ist.
5. Zur Rückerstattung eventueller Zahlungsüberschüsse wird ersucht, anläßlich der Anmeldung des Todesfalles dem Mitarbeiter der Städtischen Bestattung wenn möglich eine Bankverbindung (Geldinstitut, Kto.-Nr.) bekanntzugeben.
6. Soll der Verstorbene außerhalb von Wien bestattet werden, steht es dem Besteller der Bestattungsleistungen frei, die Städtische Bestattung in die Abwicklung der Bestattungsdurchführung miteinzubinden oder, nach Erhalt der Todesnachricht, mit dem für den Beerdigungsort zuständigen Bestatter Verbindung aufzunehmen.

Todesfall an einem öffentlichen Ort

Bei einem Todesfall an einem öffentlichen Ort oder in einem öffentlichen Verkehrsmittel erfolgt die Verständigung der Angehörigen, wenn erforderlich, durch die zuständige Sicherheitsdienststelle. Bei dieser Verständigung wird den Angehörigen auch mitgeteilt, wohin der Verstorbene gebracht wurde. Obwohl der Zeitpunkt der Freigabe des Verstorbenen meist erst einige Tage nach Erhalt der Todesnachricht feststeht, empfiehlt es sich, unverzüglich mit einer Anmeldestelle der Städtischen Bestattung telefonisch oder persönlich Kontakt aufzunehmen.

Anmeldung eines Todesfalles bei der Städtischen Bestattung

Diese kann grundsätzlich in jeder Anmeldestelle erfolgen. Um zusätzliche Wege zu vermeiden, sollte jedoch – unter Bedachtnahme auf die Anzeige des Sterbefalles bei dem für den Sterbeort zuständigen Standesamt – jene Anmeldestelle gewählt werden, die dem Standesamt am nächsten liegt.

Bestattungskosten sind im allgemeinen vor der Durchführung der Bestattungsfeier zu erlegen. Selbstverständlich ist dafür gesorgt, daß in sozial gerechtfertigten Fällen die Stundung der Bestattungskosten möglich ist. Zu diesem Zweck hat die Städtische Bestattung eine eigene Kreditstelle eingerichtet, die ihren Sitz in der Zentrale des Unternehmens hat. Bei Vorliegen der für eine Kreditgewährung üblichen Voraussetzungen werden die Bestattungskosten gestundet bzw. Ratenvereinbarungen getroffen.

Um den Hinterbliebenen die mit der Geltendmachung von Sterbegeldansprüchen und deren Inkasso verbundenen Wege zu ersparen, können die hiefür erforderlichen Unterlagen (Versicherungspolizzen, Versicherungskarte mit der Sozialversicherungsnummer des Verstorbenen bzw. des Versicherten u. a.) anläßlich der Anmeldung des Todesfalles dem Mitarbeiter der Städtischen Bestattung zur weiteren Veranlassung übergeben werden. Die zum Inkasso übernommenen Ansprüche werden in der Regel bei Begleichung der Bestattungskosten berücksichtigt, sodaß nur der Differenzbetrag auf die Gesamtkosten zu erlegen ist.

Zur Beantwortung aller im Zusammenhang mit einem Todesfall auftretenden Fragen hat die Städtische Bestattung eine Broschüre („Rat und Hilfe im Trauerfall") aufgelegt, die Interessenten kostenlos zur Verfügung gestellt wird. Diese Broschüre beinhaltet auch Anregungen für Maßnahmen, die allenfalls nach einem Todesfall zu treffen sind.

Anmeldestellen für Todesfälle

Die Anmeldestellen befinden sich in

3, Ungargasse 41, Tel. 712 46 45 . . . 0
4, Goldeggasse 19, Tel. 501 95 . . ., 4000
5, Schönbrunner Straße 54, Tel. 544 71 14, 544 47 98
8, Schlesingerplatz 4, Tel. 501 95 . . ., 8000
10, Laxenburger Straße 43-45 (Eingang Gudrunstraße), Tel. 604 31 60, 604 34 25
13, Hietzinger Kai 1-3 (Eingang Dommayergasse), Tel. 877 34 81, 877 53 96
16, Richard-Wagner-Platz 19, Tel. 501 95 . . ., 1600
18, Martinstraße 100, Tel. 479 67 91, 479 54 23
20, Brigittaplatz 10, Tel. 330 32 91, 330 32 92
21, Prager Straße 33, Tel. 38 34 15, 38 34 16
22, Kagran, Donaustadtstraße 1/4 (Donauzentrum – Ärztezentrum), Tel. 204 18 01, 204 18 02

Parteienverkehr: Montag bis Freitag von 7.30 bis 15.30 Uhr. Samstag, Sonn- und Feiertag von 7.30 bis 15.30 Uhr (Journaldienst), 4, Goldeggasse 19, Tel. 501 95 . . ., 4000. Darüber hinaus ist die Zentrale des Unternehmens jederzeit telefonisch unter 501 95 . . . 0 zu erreichen.

Besuch der Wiener Städtischen Friedhöfe

Besuchszeiten

Die Wiener Städtischen Friedhöfe können im Jänner, Februar, November (ausgenommen 1. und 2. November) und im Dezember von 8 bis 17 Uhr, im März, April, September, Oktober und am 1. und 2. November von 7 bis 18 Uhr und im Mai, Juni, Juli und August von 7 bis 19 Uhr besucht werden.

Die MA 43 kann die Öffnungszeiten einzelner Friedhöfe bzw. Friedhofseingänge durch Anordnung festlegen.

Ordnungsbestimmungen

Das Verhalten während des Aufenthaltes ist dem Ernst, der Weihe und der Widmung des Friedhofs entsprechend anzupassen. Insbesondere ist untersagt, Friedhofsanlagen, Gräber oder Grabmäler zu verunreinigen oder zu beschädigen, Pflanzen und Erdmaterial von fremden Anlagen zu entfernen, im Friedhof zu lärmen und zu betteln, Waren zum Verkauf anzubieten, zu werben oder Reklame zu entfalten.

Die im Zuge der gärtnerischen Schmückungs- und Pflegearbeiten zu entfernenden Materialien (Pflanzen, Aushubmaterial, Kerzenbecher usw.) sind, wenn sie nicht aus dem Friedhof entfernt werden, bei Vorhandensein getrennter Lagerungsmöglichkeiten entsprechend zu lagern, sodaß diese Materialien einer Wiederverwertung zugeführt werden können.

Die Verwendung von Unkrautbekämpfungsmitteln bei der Grabpflege ist nicht gestattet. Die Reinigung von Arbeitsgeräten bei den Wasserentnahmestellen ist verboten.

Die Mitnahme von Tieren in die Friedhöfe der Stadt Wien ist grundsätzlich nicht gestattet; ausgenommen von dieser Regelung sind Pferde, wenn sie für die Durchführung gewerblicher Arbeiten verwendet werden, und Blindenhunde für die Begleitung blinder Personen.

Die Verwendung von Fahrzeugen jeder Art ist nur mit ausdrücklicher Genehmigung der MA 43 möglich. Für Fahrzeuge der Gewerbetreibenden gilt eine Sonderregelung.

Die Stadt Wien ist grundsätzlich berechtigt, die Einfahrt von Personenkraftwagen in alle Wiener Städtischen Friedhöfe nur gegen Entgelt bzw. Lösung eines Einfahrtscheines (Einfahrtsentgelt 25 S; für Inhaber von Behindertenausweisen 5 S) zuzulassen.

Derzeit wird diese Einfahrtsregelung nur für Einfahrten in den Wiener Zentralfriedhof angewendet.

Es dürfen jedenfalls nur die hiefür vorgesehenen Straßen mit einer Höchstgeschwindigkeit von 20 Stundenkilometern benützt werden. An bestimmten Tagen gilt ein allgemeines Einfahrtsverbot. Die Einfahrt mit Fahrrädern ist nur im Wiener Zentralfriedhof gestattet.

Friedhofstarife

Für Entgelte wird grundsätzlich die Vorauszahlung vereinbart. Streichungen, Ermäßigungen, Stundungen oder Teilzahlungen sind nicht vorgesehen.

1. Grabstellenentgelte:

Die Höhe der Entgelte richtet sich nach dem Friedhof und nach der jeweiligen Lage einer Grabstelle.
Hauptfriedhöfe:
Zugeteiltes Familiengrab (in laufender Reihe) für vier Leichen Erwachsener auf zehn Jahre 700 S
Familiengrab in ausgesuchter Lage für vier Leichen Erwachsener auf zehn Jahre 1.400 bis 3.940 S
Wahlfriedhöfe:
Familiengrab in ausgesuchter Lage für vier Leichen Erwachsener auf zehn Jahre 2.800 bis 7.880 S
Entgelt für ein Urnengrab:
Zugeteiltes Urnengrab (in laufender Reihe) für acht Leichenaschen auf zehn Jahre 700 S,
in ausgesuchter Lage für acht Leichenaschen auf zehn Jahre 1.400 bis 3.940 S.

In mehreren Friedhöfen kann das Benützungsrecht an einer Grabstelle auch zu Lebzeiten ohne sofortige Beisetzung erworben werden, in diesem Fall erhöht sich das Grabstellenentgelt anläßlich des Erwerbs um 200%.

2. Arbeitsentgelte u. a.:

Öffnen und Schließen eines Familiengrabes anläßlich einer Sargbeisetzung 3.240 S
Öffnen und Schließen eines Urnengrabes anläßlich einer Aschenkapselbeisetzung 575 S
Beisetzen eines Sarges in ein Familiengrab 840 S
Beisetzen einer Aschenkapsel 305 S
Einäscherung eines Verstorbenen 1.415 S

Erlöschen des Benützungsrechtes an Grabstellen

Das Benützungsrecht erlischt nach Ablauf der Zeitdauer, für welche die Grabstelle erworben worden ist. Diese Zeitspanne ist auf der Quittung über den Erwerb der Grabstelle angegeben. Über Verlangen kann das Benützungsrecht bis spätestens ein Jahr nach dem Erlöschen des Benützungsrechtes um jeweils zehn Jahre erneuert werden, wenn die Grabausgestaltung zu diesem Zeitpunkt der Friedhofsordnung entspricht.

Erhaltung der Grabstellen

Grabstellen müssen stets in gutem und gepflegtem Zustand erhalten werden. Wird dieser Verpflichtung trotz schriftlicher Aufforderung durch die MA 43 nicht entsprochen, erlischt das Benützungsrecht. Der Benützungsberechtigte kann nach Einholung der Zustimmung der MA 43 Gedenkzeichen entfernen. Die MA 43 ist berechtigt, Gedenkzeichen nach dem Erlöschen des Benützungsrechtes zu entfernen und darüber frei zu verfügen, wenn der Benützungsberechtigte sich nicht verpflichtet hat, innerhalb einer angemessenen Frist die Gedenkzeichen selbst zu entfernen.

Die Stadt Wien haftet nicht für den Bestand der auf den Grabstellen befindlichen Gedenkzeichen, Bepflanzung und sonstigen Grabausstattung.

Auskünfte

1. **Über Lage oder Laufzeit** eines Grabes (nur bei Angabe des Namens und der Sterbedaten eines darin beerdigten Verstorbenen) bei der MA 43, 1, Werdertorgasse 6, Tel. 534 69 . . . 0, bzw. bei der Verwaltung des betreffenden Friedhofes.
2. **Grabrechtsfragen** bei der MA 43, 1, Werdertorgasse 6, Tel. 534 69 . . . 0.
3. **Herstellung von Fundamenten, Grabausmauerungen, Grüften und sonstige technische Angelegenheiten,** wie unter Punkt 2.

Einzahlung von Entgelten

Bei Erwerb einer Grabstelle, Verlängerung oder Erneuerung des Benützungsrechtes sind die Entgelte für die Wiener Städtischen Friedhöfe in der Tarifstelle der MA 43, 1, Werdertorgasse 6, Tel. 534 69 . . . 0, einzuzahlen. Über Verlangen können Zahlscheine zur Überweisung des Grabstellenentgeltes übermittelt werden.

Bei Erwerb einer Grabstelle, Verlängerung oder Erneuerung des Benützungsrechtes anläßlich einer Bestattungsdurchführung übernimmt die Städtische Bestattung die Einzahlung der Entgelte.

Grabausstattung

Ausschmückung

Die Ausschmückung von Grabstellen kann den örtlichen Filialen der Städtischen Friedhofsgärtnerei in den Friedhöfen Wiener Zentralfriedhof, Feuerhalle Simmering, Südwest, Hietzing, Hernals, Ottakring, Neustift, Stammersdorf – Zentral bzw. den Friedhofsmeistern (Kontrahenten) oder anderen Privatgärtnern übertragen werden.

Gedenkzeichen

Die Städtische Steinmetzwerkstätte, 11, Simmeringer Hauptstraße 339, gegenüber dem 2. Tor des Wiener Zentralfriedhofes (Tel. 760 41 . . . 0), nimmt Bestellungen auf Grabsteine, Einfassungen, Grabdeckplatten, Gruftbeläge und alle sonstigen Grabausstattungsgegenstände entgegen.

Fundamente

Im Wiener Zentralfriedhof und in den Friedhöfen Stammersdorf-Zentral, Südwest, Hietzing, Baumgarten, Ottakring, Hernals und Neustift sowie im Urnenhain der Feuerhalle Simmering können Fundamente für Grabsteine und Grabeinfassungen nur bei den jeweiligen Verwaltungen bestellt werden. In allen übrigen Städtischen Friedhöfen können sie von jedem befugten Baugewerbetreibenden ausgeführt werden.

Einteilung der Wiener Städtischen Friedhöfe

1. Hauptfriedhöfe

Alle Hauptfriedhöfe haben bestimmte Zuweisungsbereiche, das heißt, daß für die aus dem Zuweisungsbereich stammenden Verstorbenen in dem betreffenden Hauptfriedhof Grabstellen zu den einfachen Entgelten abgegeben werden.

Wiener Zentralfriedhof

Der Zuweisungsbereich umfaßt die Bezirke 1 bis 23.

Friedhof Stammersdorf – Zentral

Der Zuweisungsbereich umfaßt den 20. und 21. Bezirk.

Friedhof Aspern

Der Zuweisungsbereich umfaßt den 22. Bezirk.

Friedhof Liesing

Der Zuweisungsbereich umfaßt den 23. Bezirk.

2. Wahlfriedhöfe

In den übrigen Friedhöfen gibt es nur Grabstellen in ausgesuchter Lage, die für Verstorbene, die innerhalb eines bestimmten Stadtgebietes (Zone) gewohnt haben, zu den hiefür bestimmten Entgelten, für Verstorbene, die außerhalb der jeweiligen Zone gewohnt haben, zu erhöhten Entgelten überlassen werden. Auch die Hauptfriedhöfe gelten dann als Wahlfriedhöfe mit doppelten Entgelten, wenn dort Verstorbene bestattet werden sollen, die nicht aus dem Zuweisungsbereich des Hauptfriedhofes stammen.

Wahl des Friedhofes und der Grabstelle

Wegen der Auswahl des Friedhofes bzw. der Grabstelle in dem gewünschten Friedhof wende man sich am zweckmäßigsten direkt an die MA 43, 1, Werdertorgasse 6, Tel. 534 69 . . . 0, bzw. an die Verwaltung des betreffenden Friedhofes. Es empfiehlt sich unbedingt, die gewählte Grabstelle vor dem endgültigen Erwerb selbst zu besichtigen. Die Vergabe der Grabstelle erfolgt ausschließlich durch die Tarifstelle der MA 43.

Bestattungsmöglichkeiten

Erdbestattung

Für die Erdbestattung stehen zur Verfügung:

Einfache Gräber für eine Leiche, nur am Wiener Zentralfriedhof, Laufzeit zehn Jahre, ohne Möglichkeit der Verlängerung.

Zugeteilte Familiengräber (Neuvergaben nur im Wiener Zentralfriedhof) und in ausgesuchter Lage für vier Leichen; Laufzeit zehn Jahre, jeweils um weitere zehn Jahre verlängerbar.

Gruftartige Familiengräber mit einer Deckplatte für vier Leichen; Laufzeit 20 Jahre, jeweils um zehn Jahre verlängerbar.

Grüfte, d. s. ausgemauerte Grabstellen, für vier, sechs, neun und mehr Leichen; Laufzeit 60 Jahre, jeweils um zehn Jahre verlängerbar.

Feuerbestattung

Die Einäscherung von Verstorbenen findet in der Feuerhalle Simmering statt.

Für die Bestattung von Leichenaschen in Aschenkapseln stehen zur Verfügung:

Zugeteilte Urnengräber (Neuvergaben nur im Urnenhain der Feuerhalle Simmering) und Urnengräber in ausgesuchter Lage für acht Aschenkapseln; Laufzeit zehn Jahre, jeweils um zehn Jahre verlängerbar.

Gruftartige Urnengräber mit Deckplatte für acht Aschenkapseln; Laufzeit 20 Jahre, jeweils um zehn Jahre verlängerbar.

Urnengrüfte für acht oder mehr Aschenkapseln; Laufzeit 60 Jahre, jeweils um zehn Jahre verlängerbar.

Urnenhaine befinden sich in Aspern, Atzgersdorf, Baumgarten, Dornbach, Erlaa, Eßling, Feuerhalle Simmering, Grinzing, Großjedlersdorf, Hernals, Hütteldorf, Inzersdorf, Jedlesee, Kagran, Liesing, Mauer, Meidling, Neustift, Oberlaa, Ober-St.-Veit, Ottakring, Pötzleinsdorf, Sievering, Stammersdorf-Zentral und Südwest.

Grabrechtsangelegenheiten

Benützungsrecht

Das Recht an einer Grabstelle ist ein privatrechtliches Benützungsrecht eigener Art. Das Benützungsrecht an einer Grabstelle entsteht mit der ersten Bezahlung des im Tarif für die Bestattungsanlagen der Stadt Wien festgesetzten Grabstellenentgeltes. Benützungsberechtigter und somit Vertragspartner der Stadt Wien kann nur eine Person sein. Das Benützungsrecht umfaßt das Recht zur Beisetzung der zulässigen Anzahl von Leichen bzw. Leichenaschen, zur Enterdigung von Leichen bzw. in Aschenkapseln beigesetzten Leichenaschen nach Zustimmung der MA 43, zur Aufstellung eines Gedenkzeichens am Kopfende der Grabstelle und zur gärtnerischen Ausgestaltung der Grabstelle. Alle sonstigen Vorhaben bedürfen einer besonderen Vereinbarung mit der MA 43. Das Benützungsrecht an einer Grabstelle kann nur auf einen Erben des Benützungsberechtigten übertragen werden.

BIBLIOTHEK DER STADT UND DES LANDES WIEN

(MA 9)

Die Stadt Wien unterhielt bereits zu Beginn des 15. Jahrhunderts eine Bibliothek im Turm des damaligen Rathauses. Diese Bibliothek war Amtsbibliothek und öffentliche, wissenschaftliche Bibliothek der Stadt. Gesammelt wurden Manuskripte und Druckwerke sowie Musikalien für die Kantorei von St. Stephan.

Der umfangreiche Bestand dieser Ratsbibliothek wurde 1780 über Betreiben Gerhard van Swietens an die Hofbibliothek verkauft.

In der Folge unterhielt der Magistrat lediglich eine Amtsbibliothek für den eigenen Bedarf. 1856 wurde jedoch über Antrag des späteren Bürgermeisters Dr. Zelinka unter Bürgermeister Freiherr von Seiller beschlossen, neuerlich eine Bibliothek einzurichten, die nicht nur den juridischen Bedarf der Gemeindeverwaltung decken, sondern auch das für Wien relevante Schrifttum sammeln sollte. Dadurch wurde neben der seit dem Ausgang des Mittelalters kontinuierlich bestehenden Amtsbibliothek auch wieder eine wissenschaftliche Bibliothek geschaffen, die planmäßig ausgebaut die drittgrößte wissenschaftliche Bibliothek Wiens ist. Vom Neubeginn an bis heute wird dem Erwerb der älteren Wiener Literatur besonderes Augenmerk gewidmet, und die vorhandenen Bestände werden gezielt ergänzt. Mit der Übergabe des Nachlasses Franz Grillparzers 1878 und der Schenkung eines Beethoven-Autographes durch die Brüder Artaria 1897 wurde überdies der Grundstein für eine umfangreiche Handschriften- und Musiksammlung gelegt, sodaß die „neue“ Wiener Stadtbibliothek, deren Bezeichnung der verfassungsrechtlichen Stellung Wiens entsprechend 1976 auf Wiener Stadt- und Landesbibliothek geändert wurde, wieder über die gleichen Sammlungsbereiche wie die alte Ratsbibliothek verfügt.

Was sammelt die Bibliothek und welche Dokumente und Informationen stehen zur Verfügung?

Die Bibliothek sammelt in erster Linie „Viennensia“: Alte

und neue, in allen Sprachen geschriebene Bücher, Manuskripte und Handschriften über Wien und seine Bewohner; Werke von Wiener Autoren und Komponisten in Originalmanuskripten und Druck; die Wiener Buchproduktion. Darüber hinaus sammelt sie Austriaca mit den Schwerpunkten Literatur und Geschichte, Juridica in ihrer Eigenschaft als Amtsbibliothek sowie kommunalwissenschaftliche Literatur und Statistiken. Sie nimmt jährlich ungefähr 25.000 Dokumente neu in ihre Bestände auf und besitzt rund 500.000 Druckschriften, 280.000 Handschriften, etwa 16.000 Musikhandschriften, mehr als 60.000 Notendrucke sowie rund 150.000 Plakate. Alle diese Dokumente sind in Regalen, teilweise in Stahlschränken, mit einer Gesamtlänge von über 20 km untergebracht.

Unter diesen Dokumenten befinden sich:

Bücher und Zeitschriften: Sie bilden den Hauptteil der Sammlung und enthalten Werke seit Erfindung der Buchdruckerkunst.

Zeitungen und Zeitschriften: Alle Wiener Publikationen einschließlich der Vereins- und Firmenzeitschriften.

Publikationen von Gesellschaften und Vereinen: Jahresberichte, Statuten, Veröffentlichungen öffentlicher und privater Institutionen.

Amtsdrucksachen: Publikationen (Gesetze, Protokolle, Amtsblätter usw.) von Bund und Gemeinde Wien.

Theaterzettel, Ausstellungskataloge: Theaterzettel und Programme der Wiener Theater und von Musik- und sonstigen Veranstaltungen sowie Kataloge der Wiener Museen und Galerien.

Plakate: Wiener Plakate aus dem wirtschaftlichen, kulturellen und politischen Bereich sowie zu Veranstaltungen.

Manuskripte: Nachlässe zahlreicher Persönlichkeiten, wie Anzengruber, Braun, Ebner-Eschenbach, Grillparzer, Hochwälder, Kienzl, Kraus, Lueger, Mayröcker, Nestroy, Raimund, Saar, Strauß, Torberg, Weigel, Wurzbach . . .

Musikhandschriften und Musikdrucke: Nachlässe und größere Bestände von Schubert, Strauß (Sohn) – (größte Schubert- und Strauß-Sammlung der Welt) –, Kienzl, Bittner, Křenek . . . Umfangreichste Sammlung der Wiener Volks- und Unterhaltungsmusik des 19. und 20. Jahrhunderts.

Tondokumente: Stimmenporträts österreichischer Dichter, Mitschnitte von Rundfunksendungen.

Mikrofilme: Die Bibliothek sammelt sowohl Originalmikrofilme als auch Mikrofilmaufnahmen von bereits vorhandenen Beständen.

Spezialsammlungen: Die Bibliothek besitzt zahlreiche Spezialsammlungen, die im einzelnen hier nicht angeführt werden können. Wenn bei der Literatursuche Probleme auftreten oder Literatur aus ganz speziellen Bereichen gewünscht wird, empfiehlt sich eine Rückfrage bei der Bibliothek, ob sie eine einschlägige Sammlung besitzt. Wenn sie nicht selbst weiterhelfen kann, wissen ihre Mitarbeiter, wo man „fündig" werden könnte.

Biographiensammlung: Sammlung von biographischen Daten bedeutender Wiener Persönlichkeiten.

Zeitungsindex: Sammlung von Meldungen in Wiener Zeitungen seit dem Jahr 1900 über Wien und seine Bewohner unter Angabe der Fundstelle in den Zeitungen.

Wie benützt man die Bibliothek?

Jedermann kann die öffentlichen Einrichtungen der Bibliothek kostenlos benützen. Lediglich für Vervielfältigungen und Reproduktionen werden Entgelte berechnet.

Voraussetzung für die Benützung ist der Besitz einer Leserkarte, die gegen Vorlage eines gültigen Lichtbildausweises kostenlos ausgestellt wird. Sie gilt dann für alle weiteren Besuche.

Die gesammelten Werke sind durch Kataloge erschlossen, über deren Benützung die Bibliothekare gerne Auskunft erteilen. Die gewünschten Werke stehen 15 bis 30 Minuten nach der Bestellung zur Verfügung.

Die Bibliothek ist eine Präsenzbibliothek, d. h. die Werke dürfen nur in den Lesesälen benützt werden. Ausgenommen sind Entlehnungen zum dienstlichen Gebrauch. Die Bibliothek stellt ihre Sammlungen zur Information und zur wissenschaftlichen Arbeit zur Verfügung, nicht jedoch zur Unterhaltung. Diese Aufgabe erfüllen die Städtischen Büchereien.

Wo erhält der Benützer Auskunft?

Folgende Stellen stehen dem Benützer für Auskünfte zur Verfügung:

Katalogzimmer der Druckschriftensammlung (Rathaus, Stiege 4, 1. Stock, Tür 333): Ausstellung der Leserkarte für erstmalige Benützer. Ein Mitarbeiter ist bei der Handhabung der aufgestellten Kataloge behilflich und erteilt Auskünfte über Sondersammlungen.

Lesesaal der Druckschriftensammlung (Rathaus, Stiege 4, 1. Stock, Tür 333): Die Benützer erhalten hier Auskünfte über die Handapparate, Kopiermöglichkeiten und Entgelte für Kopien.

Lesesaal der Handschriftensammlung (Rathaus, Stiege 4, 1. Stock, Tür 324): Informationen über den Handschriftenbestand.

Lesesaal der Musiksammlung (1, Bartensteingasse 9, 1. Stock): Informationen über die vorhandenen Musikhandschriften und Musikdrucke.

Internet-Homepage (http://www.magwien.gv.at/ma/09): Beschreibung der Sammlungen, aktuelle Informationen.

Selbstverständlich stehen alle Mitarbeiter der Bibliothek zu Auskünften gerne bereit. Sie können jedoch dem Benützer die Suche nach Literatur und sonstigen Informationen nicht vollständig abnehmen.

Wann ist die Bibliothek geöffnet?

Der Lesesaal der Druckschriftensammlung sowie die Wechselausstellungen im Bibliotheksgang sind an Werktagen von Montag bis Donnerstag von 9 bis 18.30 Uhr, an Freitagen von 9 bis 16.30 Uhr geöffnet. Alle übrigen Sammlungen und Referate, ausgenommen die Musiksammlung, die Montag und Mittwoch vormittag geschlossen ist, sind Montag bis Freitag von 9 bis 15 Uhr zugänglich. Die Handschriftensammlung ist am Donnerstag und die Musiksammlung am Mittwoch noch zusätzlich bis 18.30 Uhr geöffnet. Die ersten drei Wochen im August bleibt die gesamte Bibliothek wegen notwendiger Revisions- und Reinigungsarbeiten geschlossen.

Welche Ausstellungen veranstaltet die Bibliothek?

Im Bibliotheksgang finden jährlich drei bis vier Ausstellungen statt, die auf Sammlungsschwerpunkte der Bibliothek hinweisen oder Ereignisse dokumentieren. Über deren Themen und Inhalt informieren die Tageszeitungen. Fallweise veranstaltet die Bibliothek auch Großausstellungen zu bestimmten Anlässen. Nähere Informationen sind im Sekretariat der Bibliothek erhältlich.

BILDUNG UND AUSSERSCHULISCHE JUGENDBETREUUNG

(MA 13)

Landesjugendreferat Wien

Das Landesjugendreferat Wien ist mit der außerschulischen Kinder- und Jugendarbeit beauftragt und daher für den Freizeitbereich von Kindern und Jugendlichen, aber auch Familien – darüber hinaus für die Koordination der Aktivitäten der mobilen/aufsuchenden Kinder- und Jugendsozialarbeit (z. B. Parkbetreuung) – zuständig.

In Zusammenarbeit mit Schule, Elternhaus, Jugendorganisationen und den wesentlichen jugendrelevanten Einrichtungen und Institutionen der Stadt werden Koordinationsaufgaben sowie Aktionen und Veranstaltungen durchgeführt.

Ziel der Arbeit des Landesjugendreferates ist die Förderung der musischen und sportlichen Anlagen, die Weckung von Kreativität und Phantasie, die Verbesserung der Kommunikation, die Entwicklung der Persönlichkeit von Kindern und Jugendlichen, die Förderung des Demokratie- und Integrationsverständnisses und die Vermittlung einer Freizeitbefähigung, die den jungen Menschen die Selbstgestaltung ihrer Freizeit ermöglicht. Innerhalb des „Institutes für Freizeitpädagogik" (IFP), dem auch die Jugendleiterschule eingegliedert ist, werden die Mitarbeiter der außerschulischen Jugendarbeit ausgebildet, das Medienzentrum leistet einen wesentlichen Beitrag für die Medienerziehung inner- und außerhalb der Schulen.

Um diese Ziele zu erreichen, führt das Landesjugendreferat Wien in Zusammenarbeit mit dem Verein „Wiener Jugendkreis" u. a. folgende Aktionen und Veranstaltungen durch:

„Wiener Ferienspiel" für Kinder von der 1. bis zur 6. Schulstufe

„Semester-Ferienspiel" für Kinder von der 1. bis zur 6. Schulstufe

„Winter-Ferienspiel" für Kinder von der 1. bis zur 6. Schulstufe

Aktion „Wien spielt", Freizeitaktionen für Kinder in den Bezirken

Aktion „Jugend in Wien", Freizeitangebote für junge Leute ab 13 Jahren

Führung der „Jugend-Info der Stadt Wien"

Führung der „Spielebox" (Spieleverleih und Spielaktionen)

Aktion „Familien-Tage", Freizeitkalender für Familien, erscheint monatlich, ausgenommen Juli/August, Ermäßigungen und Gratis-Angebote

Bandwettbewerb „pop-odrom"

Fortbildungsveranstaltungen im „IFP" für Multiplikatoren in der Freizeit-, Gruppen- und Jugendarbeit

Medienerziehung für Schulen und Jugendorganisationen

Filmdiskussionen

Informationsangebote, Workshops u. a. zu jugendspezifischen Themen

Symposien und Seminare für Lehrer und Jugendleiter

„Wiener Internationale Jugendfachgespräche"

Internationale Jugendkontakte einschließlich Information über EU-Programme

Förderung kultureller Jugendveranstaltungen

Jungbürgerveranstaltungen

Wald der jungen WienerInnen

„Bildungsinformationswoche" für Schüler der 7. bis 9. Schulstufe

Partizipationsmodelle auf Bezirks- und Stadtebene für Kinder und Jugendliche

„Redewettbewerb" in Zusammenarbeit mit dem Kuratorium österreichischer Jugendredewettbewerb

„Bezirksjugendsingen"

„Landesjugendsingen" (jedes dritte Jahr)

Begegnungen – „Musik aktiv"

Begegnungen – „Schulspiel aktiv"

Begegnungen – „Kreativ aktiv"

Chortage – „Chorleiterkurse"

Kurse in Flugmodellbau

PTS-Cup/Fußball

Projektförderungen

Museumspädagogische Aktionen

Aktion „Bunte Stadt"

Aktion „miteinander"

„Volkstanzfest" vor dem Schloß Belvedere

Durchführung von Sportaktionen in Zusammenarbeit mit der MA 51, wie Jugendschikurse, Schiverleih für Wiener Pflichtschulen usw.

Weiters betreibt der Verein Wiener Jugendkreis das „Kosmos-Kino" als eigenes Kinder- und Jugendfilmzentrum.

Das Landesjugendreferat Wien führt die Subventionierung der Wiener Jugendorganisationen sowie verschiedener Jugendgruppen durch und unterstützt diese Gruppen durch technische und organisatorische Hilfestellungen. Unter den geförderten Einrichtungen befindet sich auch der „Verein Jugendzentren der Stadt Wien", der derzeit folgende Jugendzentren betreibt:

Zentrale

21, Prager Straße 20, Tel. 278 76 45–49, Telefax 278 76 45-25
e-mail: Wiener Jugendzentren@blackbox.at
Internet-Adresse: http//www.blackbox.at/jugendzentren

Mex-Treff Leopoldstadt
2, Wehlistraße 178, Tel. 726 31 86

Jugendtreff „Alte Trafik"
2, Volkertplatz 5, Tel. 212 73 93, Telefax 212 73 93–4

Jugendzentrum Erdberg
3, Gestettengasse 14, Tel. 713 47 26

Frauen aktiv Erdberg
Bildungs-, Beratungs- und Freizeitangebote für Frauen und Familien
3, Lechnerstraße 2-4, Tel. 712 45 01

Jugendzentrum Margareten
5, Grünwaldgasse 4, Tel. 545 13 68, Telefax 545 31 99

Back on Stage 5, Mobile Jugendarbeit
5, Strohbachgasse 4/2+4, Tel. 0664/382 04 99

Jugendkultur- & Jugendintegrationsprojekt Echo
7, Siebensterngasse 7/1, Tel. 522 02 11, 522 48 64

Musisches Zentrum, Kurszentrum
8, Zeltgasse 7, Tel. 402 14 35, 408 31 71
Telefax 408 32 50-4

Jugendzentrum Alsergrund
9, Marktgasse 35, Tel. 319 23 50, Beratungsstelle
Tel. 319 42 70

Familien- und Kommunikationszentrum Bassena 10
10, Per-Albin-Hansson-Siedlung Ost, Ada-Christen-Gasse 2 A/2/16, Tel. und Telefax 688 53 57

Jugendzentrum Per-Albin-Hansson-Siedlung
10, Wendstattgasse 3, Tel. und Telefax 688 16 58

Jugendzentrum Wienerberg
10, Neilreichgasse 115, Tel. 616 10 04, Telefax 616 10 04-23

Jugendzentrum Hoefftgasse
11, Hoefftgasse 7, Tel. 767 13 75

Jugendzentrum Simmering
11, Pantucekgasse 13, Tel. 767 13 88

Siedlungstreff Leberberg
11, Leberweg, Parz. 1546, Tel. 767 05 45, 0676/314 33 63,
Telefax 767 05 46

Jugendzentrum Meidling
12, Lichtensterngasse 2, Tel. 667 86 96, Telefax 667 86 96

Bassena Kommunikation Am Schöpfwerk
12, Am Schöpfwerk 29/14, Tel. 667 94 80, Telefax 665 91 78

Jugendzentrum Rudolfsheim
15, Hollergasse 22-26, Tel. 892 81 38

Jugendzentrum Ottakring
16, Ottakringer Straße 200, Tel. 486 53 98

Back on Stage 16/17, Mobile Jugendarbeit
17, Hernalser Hauptstraße 24/24, Tel. 402 17 64,
Telefax 402 17 63

Jugendzentrum Döbling
19, Grinzinger Straße 86, Tel. und Telefax 37 51 35

Jugendzentrum Strebersdorf
21, Dr.-Albert-Geßmann-Gasse 38, Tel. 292 14 37,
Telefax 292 14 37

Jugendzentrum Marco-Polo
21, Marco-Polo-Platz 9, Tel. und Telefax 292 65 51

Jugendzentrum Großfeldsiedlung
21, Meistergasse 3, Tel. 259 84 19, Telefax 259 84 19

Jugendtreff Mitterhofergasse
21, Mitterhofergasse 2, Tel. 294 54 64, Telefax 294 57 79

Jugendzentrum Hirschstetten
22, Pirquetgasse 7, Tel. 282 61 46,
Beratungsstelle Tel. 283 96 68

Kurszentrum Donaustadt
22, Kagran, Bernoullistraße 1, Tel. 203 31 49,
Telefax 203 43 95

Jugendzentrum Rennbahnweg
22, Kagran, Lieblgasse 4, Tel. 258 11 96

Jugendzentrum Alt-Erlaa
23, Anton-Baumgartner-Straße 44, Tel. 667 71 14,
Telefax 667 63 23

Projektzentren:
Projektzentrum „Lernstatt", 10, Triester Straße 114,
Tel. 665 93 05, Telefax 665 93 05–75
Koordination Arbeitsmarkt-Projekte, Tel. 665 93 05 . . .,73
Holzwerkstatt, Tel. 665 94 66
Projekt Matadora, Tel. 665 93 06
Projekt Focus, Tel. 665 99 07
Projekt Radita, Tel. 665 09 19, 665 85 53

Sunwork, Tel. 667 20 13
„Amandas Matz“, Beratungsstelle für Mädchen und junge Frauen
3, Engelsberggasse 4/3, Tel. 718 56 88-90,
Telefax 718 56 88–16
Back on Stage 10, Mobile Jugendarbeit, Postadresse 10, Kennergasse 10, Eingang 10, Bürgergasse 24,
Tel. 606 62 52, Telefax 606 74 50

Städtische Büchereien

Zentrale: Haus des Buches, 8, Skodagasse 20,
Tel. 40 00 . . ., 84500

Die Wiener Städtischen Büchereien sind eine Serviceeinrichtung der Stadt Wien. Ihr Ziel ist es, jedem Wiener den Lesestoff, den er benötigt oder der Freude und Entspannung bringt, zu günstigen Bedingungen zur Verfügung zu stellen. Das Angebot an Büchern reicht vom Bilderbuch für das Vorschulalter über alle Gattungen der Unterhaltungsliteratur bis zum Sachbuch der einzelnen Wissenschaftsdisziplinen. Zeitschriften gehören ebenso zum Angebot wie Musikkassetten und CDs. Insgesamt werden in 56 Zweigstellen rund 1,242.000 Bücher, 40.000 Tonkassetten, 20.000 CDs, 2.000 Zeitschriften und 1.200 Videos angeboten. In den Städtischen Büchereien werden damit jedem Interessierten Mittel zur Selbstbildung, Information, Unterhaltung und Entspannung geboten.

Das Medienangebot der Städtischen Büchereien kann gegen eine Gebühr von 250 S ein ganzes Jahr lang genützt werden. Gegen eine „Schnuppergebühr“ von 25 S kann einmal für drei Wochen entlehnt werden. Kinder, Jugendliche bis zum 18. Lebensjahr, Studenten bis zum 27. Lebensjahr, Präsenzdiener und sozial Bedürftige sind von den Benützungsgebühren befreit. Familienmitglieder bzw. Personen, die mit einem Jahresleser im selben Haushalt wohnen und nicht den Befreiungsrichtlinien entsprechen, können gegen eine Anschlußgebühr von 100 S das Angebot der Städtischen Büchereien nützen.

In einem flächendeckenden System von 56 Zweigstellen sollte jeder Wiener eine Bücherei in zumutbarer Entfernung finden. Dünnbesiedelte Außenbezirke werden von mobilen Büchereien in Form von Bücherbussen mit Lesestoff versorgt, in einigen Schulen gibt es Lehrlingsbüchereien. Krankenhausbüchereien im AKH und dem Donauspital versorgen Patienten mit Bücherwagen direkt im Krankenzimmer mit Literatur. In der Zentrale der Städtischen Büchereien gibt es das besonders reichhaltige Buchangebot der Hauptbücherei mit ca. 162.000 Bänden und eine Musikbücherei, in der an Abhörtischen Musik nach Wunsch gratis gehört werden kann. Compact-Discs und Musikkassetten werden auch verliehen. Neu ist auch ein Angebot an audiovisuellen und interaktiven Medien. Zahlreiche interessante CD-Roms können gegen eine Gebühr von je 15 S und Videos gegen eine Gebühr von je 10 S entlehnt werden.

(Das Verzeichnis der Büchereizweigstellen → Magistrat, MA 13.)

Als besonderes Service bieten die Städtischen Büchereien in einigen Zweigstellen ein Computersystem, mit dem die Benutzer online den gesamten Medienbestand recherchieren können. Über ein Bestellsystem kann dadurch auf alle Medien zugegriffen werden.

Seit kurzer Zeit ist der gesamte Medienbestand der Städtischen Büchereien auch über Internet abfragbar: die homepage der Stadt Wien lautet: http://www.magwien.gv.at. Unter WIBIS (Wiener Bibliotheksinformationssystem) befindet sich der Medienkatalog.

Seit 1982 werden im Rahmen des „Hausbesuchsdienstes“ auch ältere und behinderte Personen mit Lesestoff zu Hause betreut.

Musiklehranstalten der Stadt Wien

Die Stadt Wien hat mit der Errichtung der Musiklehranstalten eine Bildungseinrichtung geschaffen, die vom elementaren Musikunterricht bis zur Ausbildung hochqualifizierter Berufsmusiker, Schauspieler, Sänger und Berufstänzer reicht. Sie besteht aus der Kindersingschule, den Musikschulen und dem Konservatorium.

Die breite Basis des Bildungsangebotes stellt die **Kindersingschule** dar, in der in vierjährigen Kursen in Räumen Städtischer Volksschulen Gesang und Blockflöte unterrichtet wird.

Hier wird die Grundlage für eine lebenslange innige Beziehung zur Musik gelegt, auf der nicht nur ein weiterführendes Fachstudium aufbauen kann, sondern mit der auch ein wesentlicher Beitrag zur Heranbildung eines fachkundigen musikverständigen Publikums geleistet wird. Damit wird in beiden Richtungen der Ruf Wiens als Stätte der Musik gesichert, der nur in einer Atmosphäre eines breitgestreuten Musikverständnisses gedeihen kann.

Die **17 Musikschulen der Stadt Wien** schließen gewissermaßen an das Programm der Kindersingschule an und bieten einen hochqualifizierten Fachunterricht in nahezu allen Instrumenten. Ihre Aufgabe ist es, den Musikinteressierten, die zwar nicht vorhaben, eine berufliche Laufbahn in dieser Richtung einzuschlagen, aber doch eine möglichst weitführende musikalische Ausbildung wünschen, diese bis zu einem hohen Niveau zu vermitteln. (Das Verzeichnis der Musikschulen → Magistrat, MA 13.)

Jenen Schülern, die sich als besonders begabt schließlich doch einem Hauptstudium der Musik widmen wollen, steht sodann eine Übertrittsmöglichkeit in das Konservatorium der Stadt Wien offen.

Das Studium am **Konservatorium der Stadt Wien** ist ein berufsbildendes Fachstudium. Aufnahmebedingung ist der Nachweis der Musikalität und die Eignung für das gewählte Studienfach im Rahmen einer Aufnahmsprüfung. Als Alterslimit gilt für Neueintretende lediglich das mit der Ausbildungsstufe korrespondierende Alter.

Zur Wahl stehen folgende Abteilungen:

I – Tonsatz, Komposition, Dirigieren, Korrepetition und Lehrgang für Ensembleleitung
II – Tasteninstrumente
III – Saiteninstrumente
IV – Blasinstrumente und Schlagwerk
V – Gesang, Sologesang, Lied/Oratorium
VI – Instrumental- und Gesangspädagogik
VII – Konzertabteilung und Zentralstelle für Orchesterschule, Chor, Jugendchor
VIII – Oper
IX – Musikalisches Unterhaltungstheater
X – Jazz
XI – Tänzerische Bewegungserziehung
XII – Ballett
XIII – Schauspiel
XIV – Alte Musik

Das Studium schließt mit einer Diplomprüfung ab, die sowohl für die Laufbahn als Solist, Schauspieler oder Berufstänzer als auch Orchestermitglied oder Chorsänger qualifiziert.

Schüler, die eine pädagogische Laufbahn anstreben, können die Staatliche Lehrbefähigungsprüfung ablegen, die zum Instrumentalunterricht an Allgemeinbildenden Höheren Schulen sowie zum Gesangs- oder Instrumentalunterricht an Musikschulen, Pädagogischen Akademien, musisch-pädagogischen Gymnasien usw. und als Lehrer im freien Beruf berechtigt.

Da die Stadt Wien für alle Ausgaben des Konservatoriums voll aufkommt, sind ordentliche Studierende, d. h. solche, die außer dem jeweiligen Hauptfach alle vorgeschriebenen Ergänzungsfächer belegen, von Studiengebühren gänzlich befreit. Ausgenommen von dieser Regelung sind ordentlich studierende Ausländer, die gemäß Hochschultaxengesetz zahlungspflichtig sind. Außerordentliche Schüler zahlen je nach Fach durchschnittlich 4.700 S pro Schuljahr, ausländische Studierende jeweils die doppelte Studiengebühr.

Die Fachbibliothek des Konservatoriums steht unentgeltlich zur Verfügung. Aus dem Instrumentenarchiv können von Musikschülern nach Maßgabe des Fundus Instrumente gegen eine geringe Leihgebühr entlehnt werden. Die Anmeldungen sind ab Mai jeden Jahres für das kommende Schuljahr möglich.

Institutionen der Erwachsenenbildung

Die Institutionen der Erwachsenenbildung in Wien bieten ein umfassendes Lernangebot in allen Wissensgebieten mit modernen, audiovisuell unterstützten Lehrmethoden an.

Folgende Einrichtungen der allgemeinbildenden Erwachsenenbildung stehen u. a. zur Verfügung:

Volkshochschulen, Häuser der Begegnung und Volksheime:

Verband Wiener Volksbildung, 15, Hollergasse 22–26
Tel. 891 74 . . . 0, Telefax 891 74–31 oder 65
http://www.wien.at/weiterbildung/vhs
Bildungstelefon 893 00 83
Volksbildungshaus Wiener Urania, 1, Uraniastraße 1
Tel. 712 61 91 . . . 0, Telefax 712 61 91–53
Urania-Sternwarte, 1, Uraniastraße 1
Tel. 712 61 91 . . . 0, Telefax 712 61 91–53
Wiener Planetarium, 2, Prater Hauptallee (Oswald-Thomas-Platz 1), Tel. 729 54 94
Haus der Begegnung Leopoldstadt, 2, Praterstern 1
Tel. 214 26 80
Volkshochschule Landstraße, 3, Hainburger Straße 29
Tel. 715 08 00, Telefax 715 08 00–12,
e-mail: vhs.landstrasse@magnet.at
LaWie, 3, Landstraßer Hauptstraße 96
Tel. 715 82 26, Telefax 715 82 26–12
Kleine Galerie, 3, Kundmanngasse 30
Tel. 710 34 03, Telefax 710 34 03–13
Volkshochschule Polycollege-Margareten,
5, Stöbergasse 11–15, Tel. 546 66 . . . 0, Telefax 546 66–19,
http://www.polycollege.ac.at,
e-mail: polycollege@polycollege.ac.at
Zweiter Bildungsweg, 5, Siebenbrunnengasse 37
Tel. 545 32 44 . . . 0, Telefax 545 32 44–19
Zweigstelle Wieden, 4, Favoritenstraße 18/4/404
Tel. 502 34 04 . . ., 130
Filmhaus Stöbergasse, 5, Stöbergasse 11–15
Tel. 581 39 00 . . ., 25
Polyfilm Verleih, 5, Margaretenstraße 78/3
Tel. 581 39 00 . . ., 20, Telefax 581 39 00–39
Polyfilm Video, 5, Margaretenstraße 78
Tel. 581 39 00 . . ., 30
Volkshochschule Wien-West, 6, Damböckgasse 4
Tel. 586 55 77 . . .0, Telefax 581 30 95
Zweigstelle Mariahilf, 6, Otto-Bauer-Gasse 7
Tel. 596 43 76
Zweigstelle Wien-West, 7, Zollergasse 41
Tel. 523 05 55 . . . 0
Zweigstelle Josefstadt, 8, Schmidgasse 18
Tel. und Telefax 402 29 22
Haus der Begegnung Mariahilf, 6, Otto-Bauer-Gasse 7
Tel. 596 14 56

Künstlerische Volkshochschule, 9, Lazarettgasse 27
Tel. 405 43 29, 405 66 51, Telefax 405 66 51–13
Arge Bühne, 9, Lazarettgasse 27, Tel. 407 94 33
Volkshochschule Wien-Nordwest, 9, Galileigasse 8
Tel. 317 52 43, Telefax 317 52 43–37
http://www.vhs.at.alsergrund
e-mail: info@vhs.at
Polycollege Sprachferien, 9, Hörlgasse 4
Tel. 315 17 31, Telefax 315 17 32
e-mail: sprachferien@polycollege.ac.at
Zweigstelle Währing, 18, Schopenhauerstraße 49
Tel. 403 11 50 ab 17 Uhr
Zweigstelle Döbling, 19, Gatterburggasse 2a
Tel. 369 28 77, Telefax 368 46 65–13
Volksheim Heiligenstadt, 19, Heiligenstädter Straße 155
Tel. 37 31 62, Telefax 318 56 82
Volksheim Krim, 19, Hutweidengasse 24
Tel. 368 56 06, Telefax 369 57 65
Haus der Begegnung Döbling, 19, Gatterburggasse 2a
Tel. 368 46 65, Telefax 368 46 65–13
Volkshochschule Favoriten, 10, Arthaberplatz 18
Tel. 603 40 30, Telefax 604 31 14–31
Haus der Begegnung Per-Albin-Hansson-Siedlung Ost,
10, Ada-Christen-Gasse 2/B
Tel. 688 55 81 . . ., 10, Telefax 688 51 83–34
Zweigstelle Per-Albin-Hansson-Siedlung Ost,
10, Ada-Christen-Gasse 2/B
Tel. 688 55 81 . . ., 24, Telefax 688 51 83–34
Umweltberatung Favoriten, 10, Ada-Christen-Gasse 2/B/6/11
Servicetelefon 803 32 32, Telefax 803 32 32–32
e-mail: ub.wservice@blackbox.at
Volkshochschule Simmering, 11, Enkplatz/Drischützgasse 1
Tel. 749 53 73, Telefax 749 53 73–13
Zweigstelle Zentrum Simmering, 11, Simmeringer Hauptstraße 96a, Tel. 749 53 65 . . ., 14
Zweigstelle Leberberg, 11, Rosa-Jochmann-Ring 5
Tel. 768 82 67, Telefax 768 82 67–13
Haus der Begegnung Simmering, 11, Lorystraße 40–42
Tel. und Telefax 749 31 59
Volkshochschule Meidling, 12, Längenfeldgasse 13–15
Tel. 810 80 67, Telefax 810 80 68–76110
e-mail: office@vhs-meidling.ins.at
Volkshochschule Hietzing, 13, Hofwiesengasse 48
Tel. 804 55 24, 804 55 49, Telefax 804 97 29
http://www.wien.at/weiterbildung/vhs/hietzing
e-mail: vhs.hietzing@magnet.at
Umweltberatung Hietzing, 13, Speisinger Straße 19
Servicetelefon 803 32 32, Telefax 803 32 32–32
e-mail: ub.wservice@blackbox.at
Volkshochschule Penzing, 14, Linzer Straße 146
Tel. 914 22 55, Telefax 911 25 39
Umweltberatung Penzing, 14, Rottstraße 3/2/1
Servicetelefon 803 32 32, Telefax 803 32 32–32
e-mail: ub.wservice@blackbox.at
Volkshochschule Rudolfsheim-Fünfhaus –
Bildungszentrum Aktiv, 15, Schwendergasse 41
Tel. 893 60 85, Telefax 893 60 85–17
Haus der Begegnung Rudolfsheim, 15, Schwendergasse 41
Tel. 893 69 09, Telefax 893 69 09–22
Volkshochschule Ottakring, 16, Ludo-Hartmann-Platz 7
Tel. 492 08 83, 492 08 84, Telefax 492 08 83–58,
e-mail: vhs@vhs.ottakring.ac.at
Zweigstelle Kuffner-Sternwarte, 16, Johann-Staud-Straße 10
Tel. 914 81 30, Telefax 914 81 30–31
http://www.kuffner.ac.at/kuffner
e-mail: admin@kuffner.ac.at
Zweigstelle Bezirkszentrum Hernals, 17, Rötzergasse 15
Tel. 408 81 11, Telefax 408 81 11–13
Volkshochschule Brigittenau, 20, Raffaelgasse 11–13
Tel. 330 41 95, Telefax 330 02 71–15
Haus der Begegnung Brigittenau, 20, Raffaelgasse 11–13
Tel. 330 02 71, 330 02 72, Telefax 334 21 08
Volkshochschule Floridsdorf, 21, Angerer Straße 14
Tel. 271 32 36, 271 32 37, Telefax 271 32 36–28
e-mail: vhs21@aon.at
Zweigstelle Neu-Stammersdorf,
21, Brünner Straße 219/Theumermarkt 4/A2
Tel. 294 52 22 . . ., 11, Telefax 294 52 22–13
e-mail: vhs21.vhb@aon.at
Haus der Begegnung Floridsdorf, 21, Angerer Straße 14
Tel. 271 62 16, 271 62 81, Telefax 271 62 16–53
Haus der Begegnung Großfeldsiedlung, 21, Kürschnergasse 9
Tel. 259 85 12
Zweigstelle Großfeldsiedlung, 21, Kürschnergasse 9
Tel. 259 85 06, Telefax 257 34 81
Volksheim Groß-Jedlersdorf, 21, Siemensstraße 17
Tel. 38 16 54
Umweltberatung Floridsdorf, 21, Galvanigasse 17
Servicetelefon 803 32 32, Telefax 803 32 32–32
e-mail: ub.wservice@blackbox.at
Volkshochschule Donaustadt, 22, Kagran, Bernoullistraße 1
Tel. 202 82 34, 203 31 14, Telefax 203 12 88
http://www.brg22.ac.at/VHS.HTM
Haus der Begegnung Donaustadt, 22, Kagran, Bernoullistraße 1, Tel. 203 32 16 . . ., 13, Telefax 203 32 16–15
Volkshochschule Liesing, 23, Liesinger Platz 3
Tel. 869 43 30, Telefax 869 43 30–19
Haus der Begegnung Liesing, 23, Liesinger Platz 3
Tel. 869 13 45 . . ., 31, Telefax 869 13 45–22
Volksheim Inzersdorf „Da Capo", 23, Putzendoplergasse 4
Tel. 865 41 77 . . .0, Telefax 865 41 77–60
Zweigstelle BG Alt-Erlaa, 23, Anton-Baumgartner-Straße 123
Tel. 865 44 79

In Zusammenarbeit mit dem Verband Wiener Volksbildung:
Jüdisches Institut für Erwachsenenbildung, 2, Praterstern 1
Tel. 216 19 62, Telefax 214 89 18
http://www.jud.institut.wien.at
Verein zur Geschichte der Volkshochschulen,
Österreichisches Volkshochschularchiv, 21, Kürchnergasse 9
Tel. 259 18 62, Telefax 258 60 00
e-mail: oe.vhs.archiv@magnet.at
Schulzentrum Polytechnische Akademie Wien,
3, Salmgasse 11/1, Tel. 712 67 49
Filmcasino Betriebs Ges.m.b.H., 5, Margaretenstraße 78
Tel. 581 39 00 . . ., 10, Telefax 581 39 00–39

Die Wiener Volkshochschulen bieten in zahlreichen Arbeitsstellen Weiterbildung auf allen Wissensgebieten, in Fremdsprachen, künstlerischen Fertigkeiten und berufsförderndem Allgemeinwissen. Die Kurse beginnen jeweils im September und im Februar, Auskünfte sind erhältlich beim Verband Wiener Volksbildung, 15, Hollergasse 22–26, Tel. 891 74 . . . 0, oder beim Bildungstelefon der Volkshochschulen: 893 00 83 (Montag bis Freitag von 8 bis 18 Uhr).

Bildungswerke:

Katholisches Bildungswerk der Erzdiözese Wien,
1, Stephansplatz 6, Tel. 515 52 . . ., 320, 321
Evangelisches Bildungswerk A. B. Wien,
5, Hamburger Straße 3, Tel. 587 31 41
Evangelisches Bildungswerk H. B. Wien,
1, Dorotheergasse 16, Tel. 512 83 93

Auskünfte über Fragen der Erwachsenenbildung erteilt das Volksbildungsreferat der MA 13, 8, Friedrich-Schmidt-Platz 5, Tel. 40 00 . . ., 84321.

Landesbildstelle Wien

7, Zieglergasse 49, Tel. 523 32 24 . . . 0
Telefax 523 32 24-20
Internet: http.//www.schulen.wien.at//labi
e-mail: mar-Ibw@m13.magwien.gv.at

Medien-Verleihstellen:
Zentrale, 7, Zieglergasse 49, Tel. 523 32 24 . . ., 15
Nordost, 21, Angerer Straße 14, Tel. 271 11 48
Südost, 3, Hörnesgasse 12, Tel. 712 53 96
Südwest, 12, Hufelandgasse 2, Tel. 811 34 . . ., 12154

Der Landesbildstelle obliegt die Versorgung der Wiener Pflichtschulen mit audiovisuellen Medien und Geräten, die technische Betreuung dieser Geräte, die Beschaffung und Eigenproduktion von Unterrichtsfilmen, Diaserien und anderer audiovisueller Lehrmittel sowie die umfassende audiovisuelle Fachberatung; die Beschaffung audiovisueller Medien und Geräte für Dienststellen und Institutionen des Magistrats sowie die fotografische Dokumentation wichtiger Ereignisse der Wiener Stadtverwaltung.

Das Filmreferat produziert für den Unterrichts- und Bildungsbereich sowie in Zusammenarbeit mit anderen Magistratsabteilungen Filme über wichtige Belange der Stadtverwaltung und -entwicklung. In den angeführten Medien-Verleihstellen können Filme, Videos und andere audiovisuelle Lehrmittel – vor allem für den Unterrichtsgebrauch – entlehnt werden. Für den Schulbereich kann darüber hinaus approbierte Computersoftware bezogen werden. Die Entlehnung an Wiener Pflichtschulen erfolgt kostenlos. Die Entlehnung von Filmen und Filmprojektoren an Privatpersonen und Privateinrichtungen ist an den Nachweis der Befähigung, Filmprojektoren ordnungsgemäß bedienen zu können, gebunden. Dieser Nachweis kann bei allen Landesbildstellen sowie beim Medienzentrum des Bundesministeriums für Unterricht und kulturelle Angelegenheiten erworben werden.

Im Fotoarchiv der Landesbildstelle, in dem Fotos von Wiener Persönlichkeiten, Gebäuden, wichtigen Ereignissen sowie Luftbildaufnahmen vorhanden sind, kann man gegen Leistung einer entsprechenden Gebühr Kopien dieser Archivstücke erwerben.

Für die Magistratsdienststellen wurde ein Archiv für Luftbildaufnahmen in der MA 18 (Planungsgswerkstatt) eingerichtet.

In Zusammenarbeit mit dem Pädagogischen Institut der Stadt Wien und der MD – Verwaltungsakademie werden Ausbildungskurse für AV-Geräte (Overhead- und Filmprojektoren), Videoaufnahme und -nachbearbeitung sowie medienpädagogische Seminare an der Landesbildstelle abgehalten. Für Medienprojekte der Magistratsdienststellen sowie der Schulen werden sowohl Beratung als auch Hard- und Software angeboten.

Die Herausgabe eines Medienkataloges sowie quartalsmäßig erscheinender Mediennachrichten erleichtern die Auswahl der geeigneten Medien vor allem für den Schul- und Bildungsbereich.

Ein Kinobetrieb steht für Filmbewertungskommissionen sowie die Aktion „Innerschulische Filmerziehung“ zur Verfügung.

Die Landesbildstelle dient unter Bedachtnahme auf die Gegebenheiten und Erfordernisse der Gegenwart mit ihren Facheinrichtungen als audiovisuelle Servicestelle allen Bildungseinrichtungen, Dienststellen und Institutionen des Wiener Magistrats.

Modeschule der Stadt Wien

12, Hetzendorfer Straße 79, Tel. 804 27 95
Telefax 804 27 96-90
Auskünfte: Montag bis Freitag von 8 bis 15 Uhr

Die Wiener Modeschule im Schloß Hetzendorf hat die Aufgabe, kreative Nachwuchskräfte für die Modewirtschaft auszubilden.

Ausbildungsprogramme

1. Modedesign und Produktgestaltung

5jährige Höhere Schule mit Reifeprüfungsabschluß. Die Grundlage ist eine kreative Basisausbildung auf künstlerischem und handwerklichem Gebiet. Nach der Grundschulung wird im zweiten Jahr eine Schwerpunktabteilung gewählt.
Modedesign – Kleidermachen
Modedesign – Strick- und Wirkmode
Modedesign – Modell-Lederwaren
Modedesign – Modell-Modisterei
Modedesign – Textil

Die fachspezifischen Kenntnisse der einzelnen Schwerpunktbereiche sind ein Teil der modischen Ausbildung auf hohem kreativen Standard. Die abschließende Reifeprüfung umfaßt diese Fachausbildung und den allgemeinbildenden Bereich und berechtigt zum Studium an Hochschulen.

2. Modedesign und Strickmodedesign

3jährige Speziallehrgänge für das Modestudium nach der Reifeprüfung.

Als Basis dient eine Fächerkombination von Modegestaltung und Technik mit einem wirtschaftlichen Fachbereich. Durch die Arbeit im Accessoirebereich und Textildesign wird eine ganzheitliche Modeausbildung erreicht. Sie ist Grundlage für die Tätigkeit im kreativen Management der Modeindustrie oder als selbständiger Designer.

In beiden Ausbildungsschienen wird während des Studiums an gemeinsamen Projekten mit der Modewirtschaft gearbeitet. Die Teilnahme an Modewettbewerben, Ausstellungen und Modeschauen im In- und Ausland sind ein wesentlicher Bestandteil des Unterrichtes. Durch die Möglichkeit der individuellen Entwicklung während des Studiums haben die Absolventen der Modeschule der Stadt Wien vielfältige Berufsaussichten. Bei künstlerischen, grafischen und gestalterischen Tätigkeiten in der Modewirtschaft, aber auch bei Film, Theater, Fernsehen, Werbung kann die Ausbildung in entsprechender Form umgesetzt werden.

Aufnahmevoraussetzungen:

Modedesign und Produktgestaltung:
Erfolgreicher Abschluß der achten Schulstufe. Zeichnerische und handwerkliche Begabung, Vorlage einer Mappe mit künstlerischen Arbeiten. Höchsteintrittsalter 20 Jahre.

Speziallehrgänge:
Nachweis einer erfolgreich abgelegten Reifeprüfung oder einer dieser gleichzusetzenden Qualifikation. Vorlage einer Mappe, die über die besondere Befähigung für die Ausbildung zum Modedesigner Aufschluß gibt.

Die Modefachausbildung an der Modeschule der Stadt Wien ist kostenlos. Ab dem zweiten Schuljahr ist jährlich ein Werkstättenbeitrag in der Höhe von 1.200 S zu entrichten.

Für die Speziallehrgänge Modedesign und Strickmodedesign wird eine Studiengebühr von 10.000 S jährlich eingehoben.

Die Materialien für den Unterricht und für die Lehrplanstücke (Papier, Farben, Textilien, Leder usw.) sind vom Studierenden beizustellen.

DAMPFKESSELÜBERWACHUNG

(MA 32)

Druckgeräte

(Kesselgesetz, BGBl. Nr. 211/1992)

Die Herstellung, Aufstellung, Ausrüstung und der Betrieb von Druckgeräten (das sind Dampfkessel, Druckbehälter zur Aufnahme von Gasen, Dämpfen oder Flüssigkeiten von mehr als 0,5 bar Überdruck oder 0,3 bar Unterdruck, Versandbehälter und Rohrleitungen) unterliegen den Bestimmungen des Kesselgesetzes.

Druckgeräte sind unmittelbar nach Beginn des probeweisen Betriebes einer ersten Betriebsprüfung und in weiterer Folge in regelmäßigen Zeitabschnitten inneren und äußeren Untersuchungen sowie Druck- oder Dichtheitsprüfungen durch die einmal gewählte Kesselprüfstelle zu unterziehen. Die Beauftragung der Kesselprüfstelle mit der Durchführung der wiederkehrenden Untersuchungen hat durch den Betreiber mindestens vier Wochen vor Ablauf nachweislich schriftlich zu erfolgen.

Die Tätigkeiten einer Kesselprüfstelle werden derzeit von den zur Schweißtechnischen Zentralanstalt abgeordneten Kesselprüfern der Stadt Wien in 1, Rathaus, Tel. 40 00 . . ., 74400, ausgeübt.

Aufstellung und Betrieb von Dampfkesseln und Wärmekraftmaschinen

1) Verordnung über die Aufstellung und den Betrieb von Dampfkesseln – ABV, BGBl. Nr. 353/1995 (Dampfkesselbetriebsgesetz, BGBl. Nr. 212/1992, und Durchführungsverordnung, BGBl. Nr. 735/1993)

2) In der ABV sind geregelt:
- Einteilung der Dampfkessel
- Betrieb von Dampfkesseln ohne ständige Beaufsichtigung
- Betrieb von Dampfkesseln mit Fernüberwachung
- Speise- und Kesselwasser
- Einteilung der Dampfkessel hinsichtlich der Aufstellung
- Aufstellungsmöglichkeiten

Auskünfte erteilen die Kesselprüfer, Tel. 40 00 . . ., 74400.

Dampfkessel und Wärmekraftmaschinen sind während des Betriebes durch fachlich, geistig und körperlich geeignete Personen zu beaufsichtigen und zu bedienen. Diese Personen müssen verläßlich und über 18 Jahre alt sein. Eine fachliche Befähigung liegt jedenfalls vor, wenn die Person nachweislich eine theoretische Ausbildung über die Wartungstätigkeit und eine entsprechende praktische Verwendung absolviert und anschließend ihre Kenntnisse durch Ablegung einer Prüfung auf dem jeweiligen Prüfungsgebiet nachgewiesen hat.

Befreit vom Erfordernis der theoretischen Ausbildung und von der Ablegung der Betriebswärterprüfung sind Personen für die Bedienung und Beaufsichtigung

a) von Dampfkesseln, bei denen der festgesetzte höchste Betriebsdruck 6 bar und das Produkt aus festgesetztem höchstem Betriebsdruck in Bar und Wasserinhalt beim festgesetzten niedrigsten Wasserstand in Liter die Zahl 600 nicht übersteigt;
b) von Dampfkesseln für die Erzeugung von Warmwasser mit einer Temperatur bis 120° C und einem Wasserinhalt bis 50.000 Liter oder von Heißwasser mit einer Temperatur bis 160° C und einem Wasserinhalt bis 200 Liter;
c) von Dampfkesseln, die elektrisch beheizt sind;
d) von Dampfkesseln, die im wesentlichen nur aus Rohren mit einem lichten Durchmesser von nicht mehr als 32 mm bestehen (Schnelldampferzeuger) und bei denen der festgesetzte höchste Betriebsdruck 50 bar und das Produkt aus festgesetztem höchstem Betriebsdruck in Bar und Rauminhalt des Dampfkessels in Liter die Zahl 1.750 nicht übersteigt;
e) von Dampfmaschinen, Dampfmotoren, Dampfturbinen und Gasturbinen mit einer Nennleistung von 150 kW;
f) von Verbrennungskraftmaschinen mit einer Nennleistung bis 370 kW;
g) von Maschinen und Motoren, die nur in Notfällen, z. B. bei Stromausfall, und zu Kontrollzwecken in Betrieb genommen werden, wenn die Nennleistung nicht mehr als 1.000 kW beträgt.

Befreit von der Ablegung der Betriebswärterprüfung sind Personen für die Bedienung und Beaufsichtigung

a) von Dampfkesseln, bei denen der festgesetzte höchste Betriebsdruck 6 bar und das Produkt aus diesem und dem Wasserinhalt beim festgesetzten niedrigsten Wasserstand in Liter die Zahl 3.000 nicht übersteigt;
b) von Dampfkesseln für die Erzeugung von Heißwasser mit einer Temperatur bis 160° C und einem Wasserinhalt von mehr als 200 und höchstens 1.000 Litern;
c) von Dampfkesseln, die im wesentlichen nur aus Rohren mit einem lichten Durchmesser von nicht mehr als 32 mm bestehen (Schnelldampferzeuger) und bei denen der festgesetzte höchste Betriebsdruck 15 bar und das Produkt aus Betriebsdruck in Bar und Rauminhalt des Dampfkessels in Liter die Zahl 12.000 nicht übersteigt;
d) von Dampfmaschinen, Dampfmotoren, Dampfturbinen und Gasturbinen mit einer Nennleistung bis 450 kW;
e) von Verbrennungskraftmaschinen mit einer Nennleistung bis 1.000 kW;
f) von Maschinen und Motoren, die nur in Notfällen, z. B. bei Stromausfall, und zu Kontrollzwecken in Betrieb genommen werden, soweit nicht die Erleichterung nach Abs. 1 lit. g in Betracht kommt.

Auskunft über bestellte Prüfungskommissäre gibt das Amt der Wiener Landesregierung, Tel. 40 00 . . ., 74400.

DATENSCHUTZ

(MA 62)

Das Datenschutzgesetz räumt jedermann verfassungsmäßig das Recht auf Geheimhaltung der ihn betreffenden personenbezogenen Daten ein und gewährt außerdem zur Verfolgung dieses Grundrechtes Auskunfts-, Berichtigungs- und Löschungsrechte. Daher müssen dem Betroffenen auf schriftlichen Antrag beim Auftraggeber in allgemein verständlicher Form die zu seiner Person gespeicherten Daten, deren Herkunft und die Rechtsgrundlage schriftlich mitgeteilt werden. Unbeschadet der Einsichtsmöglichkeiten in das Datenverarbeitungsregister des Österreichischen Statistischen Zentralamtes kann bei dieser Dienststelle die Erteilung von Auskünften verlangt werden. Die Auskunftserteilung ist kostenlos, wenn sie den aktuellen Datenbestand betrifft und wenn der Auskunftswerber im laufenden Jahr noch kein Auskunftsersuchen an den Auftraggeber betreffend dasselbe Aufgabengebiet gestellt hat. Unumgänglich ist es allerdings, daß der Antragsteller in Erfüllung seiner gesetzlichen Mitwirkungspflicht in kooperativer Weise am Verfahren teilnimmt. Von vornherein form- und kostenlos ist die in der Wiener Datenschutzverordnung vorgesehene Beratung aus dem im Amtsblatt der Stadt Wien veröffentlichten Verarbeitungsverzeichnis.

ELEKTRIZITÄTSWERKE (WIENSTROM)

Wie erfolgt der Anschluß von Anlagen an das Netz der Elektrizitätswerke?

1. Anschluß eines neu erbauten oder Verstärkung des Hausanschlusses eines bereits bestehenden Hauses

Der Bauherr (Anschlußwerber) hat in seinem eigenen Interesse, womöglich noch vor der Planung der Anlage, spätestens jedoch vor Inangriffnahme der Bauarbeiten, das Einvernehmen mit der zuständigen technischen Kundendienstabteilung bzw. für die im niederösterreichischen Versorgungsgebiet gelegenen Anlagen bei der zuständigen Betriebsstelle von WIENSTROM herzustellen und das dort erhältliche Anlagenblatt mit den notwendigen Angaben auszufüllen.

Bei Neuanschluß eines Hauses wird sodann von den Elektrizitätswerken ein unverbindlicher Kostenvoranschlag für die durch den Neuanschluß bedingten Herstellungen (Kabelverlegungen, Transformatorenbeistellungen usw.) und den vom Anschlußwerber an die Elektrizitätswerke hiefür zu bezahlenden Anschlußpreis erstellt; bei gegebener technischer Notwendigkeit wird dem Anschlußwerber außerdem die Bedingung gestellt, einen für die Unterbringung einer Abspanneranlage geeigneten Raum an die Elektrizitätswerke kostenlos zur Verfügung zu stellen.

Bei Erweiterung eines schon bestehenden Anschlusses können den Bewerbern hiefür je nach dem Umfang des zusätzlichen Energiebedarfes und der hiefür erforderlichen technischen Maßnahmen Anschlußbedingungen vorgenannter Art (Anschlußpreis, Raumbeistellung) von den Elektrizitätswerken gestellt werden.

Vor Durchführung der Anschlußarbeiten hat der Anschlußwerber eine diesbezügliche schriftliche Vereinbarung verbindlich zu unterzeichnen und den darin vorgeschriebenen Anschlußpreis zu erlegen.

2. Anschluß einer Abnehmeranlage in einem bereits bestehenden Objekt

a) Elektrizitätszähler noch nicht vorhanden

Der Inhaber (Mieter) der Räumlichkeiten, die von den Elektrizitätswerken versorgt werden sollen, hat hiezu ein befugtes Elektrotechnikunternehmen zu beauftragen. Dieses stellt das Einvernehmen mit der zuständigen Abteilung des technischen Kundendienstes bzw. für die im niederösterreichischen Versorgungsgebiet gelegenen Anlagen bei der zuständigen Betriebsstelle von WIENSTROM her und füllt das dort erhaltene Anlagenblatt mit den notwendigen Angaben aus. Sodann wird von den Elektrizitätswerken ein Kostenvoranschlag für die durch den Neuanschluß bedingten Herstellungen (Kabelverlegung, Transformatorenbeistellung usw.) und den vom Anschlußwerber an die Elektrizitätswerke hiefür zu bezahlenden Anschlußpreis erstellt; bei gegebener technischer Notwendigkeit wird dem Anschlußwerber außerdem die Bedingung gestellt, einen für die Unterbringung einer Abspanneranlage geeigneten Raum an die Elektrizitätswerke kostenlos zur Verfügung zu stellen.

Vor Durchführung der Anschlußarbeiten hat der Anschlußwerber eine diesbezügliche schriftliche Vereinbarung verbindlich zu unterzeichnen und den darin vorgeschriebenen Anschlußpreis zu erlegen. Der Elektrotechniker führt nun die notwendigen Installationsarbeiten entsprechend den Wünschen und Zwecken des Auftraggebers unter Einhaltung der bestehenden Sicherheitsvorschriften und Anschlußbedingungen aus und überprüft gegebenenfalls die vorhandenen Installationen auf ihren vorschriftsmäßigen Zustand. Danach hat der Elektrotechniker mit einem von ihm beschafften vorgeschriebenen Anmeldeformular die Anlage im Kundendienstzentrum oder bei der für den betreffenden Bezirk zuständigen technischen Kundendienstabteilung (für die niederösterreichischen Versorgungsgebiete bei der zuständigen Betriebsstelle) von WIENSTROM zum Anschluß anzumelden und den vom Stromabnehmer gewünschten Tarif bekanntzugeben.

Die Elektrizitätswerke lassen daraufhin nach Bezahlung eines allfälligen Anschlußpreispauschales für das vorgelagerte Hoch- und Niederspannungsnetz durch ihre Organe die Montage der Meßeinrichtung vornehmen.

b) Elektrizitätszähler bereits vorhanden

Ist hingegen in der Anlage bereits ein Elektrizitätszähler vorhanden, hat der neue Anlageninhaber bei Übernahme der Räumlichkeiten sofort die Anmeldung bei der für den betreffenden Stadtbezirk zuständigen Abnehmerverrechnungsgruppe bzw. für die im niederösterreichischen Versorgungsgebiet gelegenen Anlagen auch bei der zuständigen Betriebsstelle von WIENSTROM vorzunehmen (telefonisch, schriftlich oder durch persönliche Vorsprache) und den von ihm gewünschten Tarif bekanntzugeben sowie ein Anlagenblatt auszufüllen. Sodann wird seitens der Elektrizitätswerke ein Kostenvoranschlag für die durch die Erweiterung bedingten Herstellungen (Kabelverlegungen, Transformatorenbeistellung usw.) und dem vom Anschlußwerber an die Elektrizitätswerke hiefür zu bezahlenden Anschlußpreis erstellt. Bei gegebener technischer Notwendigkeit wird dem Anschlußwerber außerdem die Bedingung gestellt, einen für die Unterbringung einer Abspanneranlage geeigneten Raum an die Elektrizitätswerke kostenlos zur Verfügung zu stellen. Vor Durchführung der Umschreibung der Anlage hat der Anschlußwerber eine diesbezügliche schriftliche Vereinbarung verbindlich zu unterzeichnen und den darin vorgeschriebenen Anschlußpreis zu erlegen. Die Übernahme der Anlage sowie die getroffene Tarifwahl sind den Elektrizitätswerken von neuen Abnehmern schriftlich zu bestätigen. Ist der neue Abnehmer (Anlageninhaber) der Rechtsnachfolger des früheren, übernimmt er mit dessen Rechten auch dessen Verpflichtungen.

Erweiterungen von bereits in Benützung befindlichen Abnehmeranlagen (zusätzliche Installationen bzw. Änderungen des Anschlußwertes) sind vor Durchführung bei den Elektrizitätswerken anzumelden (mittels Anlagenblatt und wie bisher beschriebener Vorgangsweise).

Was versteht man unter Anschlußwert einer Stromverbrauchseinrichtung?

Der Anschlußwert einer Stromverbrauchseinrichtung ist die zu deren Betrieb benötigte elektrische Nennleistung, die bei motorischen Geräten (Staubsauger, Bodenbürste usw.) und Wärmegeräten (Kochplatte, Bügeleisen usw.) auf dem Leistungsschild, bei Glühlampen auf dem Gewindesockel oder dem Glaskolben, in Watt (W) angegeben ist. An diesen Stellen ist auch die Spannung in Volt (V) angegeben, für die das betreffende Gerät bzw. die Lampe gebaut ist (siehe „Was versteht man unter Spannung?“), ferner, und zwar bei motorischen Geräten, bei Rundfunkgeräten und bei manchen Wärmegeräten, auch die Stromart (vgl. den Abschnitt „Welche Stromarten gibt es?“), an die das Gerät angeschlossen werden darf. Da sich (mit der später angeführten Einschränkung) die von einem Gerät aufgenommene Leistung (W) als Produkt der Betriebsspannung (V) mal der entsprechenden Stromstärke in Ampere (Amp. A) ergibt, kann letztere, sofern auf dem Leistungsschild nicht angegeben, durch Division der Leistung durch die Spannung ermittelt werden (Watt : Volt =

Ampere). Ein Vergleich dieses Ergebnisses mit der auf dem Leistungsschild des Elektrizitätszählers angegebenen Stromstärke (A) zeigt, ob der Anschluß eines Gerätes oder der gleichzeitige Anschluß mehrerer Geräte (deren Leistungen bzw. Stromaufnahmen dann zu addieren sind) mit Rücksicht auf die Belastbarkeit des Zählers vorgenommen werden darf. Die entsprechende Überlegung gilt auch bezüglich der Belastbarkeit der vorgeschalteten Sicherungen (vgl. Abschnitt „Wozu dienen Sicherungen?“).

Für größere Stromverbrauchseinrichtungen (Motoren, Heizungseinrichtungen u. dgl.) wird die Leistung (= Anschlußwert) meistens in Kilowatt (kW) angegeben (1000 W = 1 kW).

Die oben angegebene einfache Berechnung: Volt × Ampere = Watt gilt nur für Wechselstrom und nur für Glühlampen und gewöhnliche Wärmegeräte.

Für andere Geräte (z. B. Motoren) wird die Stromaufnahme in Ampere oder eine für ihre Berechnung geeignete andere Angabe zusätzlich auf dem Leistungsschild eingestempelt.

Was ist eine Kilowattstunde?

Kilowattstunde (kWh) ist die Maßeinheit für die dem Stromverbraucher gelieferte elektrische Arbeit, mit anderen Worten, für den vom Elektrizitätszähler gemessenen und angezeigten Verbrauch an elektrischer Energie. Wie unter „Was versteht man unter Anschlußwert einer Stromverbrauchseinrichtung?“ erläutert ist, wird dieser Anschlußwert, d. h. die zum Betrieb einer Lampe oder eines Elektrogerätes benötigte elektrische Leistung, in Watt (W) bzw. in der größeren Einheit von 1000 W = 1 kW (Kilowatt) angegeben. Wird die Leistung von 1 kW während der Zeitdauer einer Stunde (abgekürzt h aus dem lateinischen hora = Stunde) aus der elektrischen Leitung entnommen, wird 1 kW × 1 h = 1 kWh verbraucht und in Licht bzw. Wärme oder mechanische Arbeit umgewandelt.

Eine Lampe von 100 W = 0.1 kW verbraucht demnach in einer Stunde 0.1 kW × 1 h = 0.1 kWh, in 20 Stunden 0.1 kW × 20 h = 2 kWh.

Die so vom Stromverbraucher mit jeweils einem bestimmten Leistungsbedarf der in Betrieb befindlichen Lampen und Geräte verbrauchte elektrische Energie muß gleichzeitig und im gleichen Ausmaß im Kraftwerk durch die Generatoren (Stromerzeuger) bzw. durch die für deren Antrieb aufzubringende Arbeit gedeckt werden.

Was versteht man unter Spannung?

Die Spannung des elektrischen Stromes ist z. B. mit dem Druck des Wassers in einer Rohrleitung vergleichbar; sie wird in Volt (V) angegeben. Im Wiener Stromversorgungsgebiet beträgt die normale Netzspannung (→ „Welche Stromarten gibt es?“) bei Drehstrom 230 Volt (für Licht und die meisten Geräte) bzw. 400 Volt (vor allem für größere Motoren).

Lampen und Geräte jeder Art dürfen nur an jene Spannung (gegebenenfalls auch Stromart, → „Welche Stromarten gibt es?“) angeschlossen werden, für die sie gebaut sind. Diese Spannung ist auf der Lampe bzw. dem Leistungsschild des Gerätes angegeben (→ „Was versteht man unter Anschlußwert einer Stromverbrauchseinrichtung?“). Nichtbeachtung dieser Spannung führt oft sofort zur Zerstörung der betreffenden Lampen bzw. Geräte und verursacht weitere Schäden und Gefahren.

Welche Stromarten gibt es?

In Wien wird an die Verbraucher je nach Maßgabe der örtlichen Netzverhältnisse Drehstrom 230 V bzw. 400 V abgegeben. Abnehmeranlagen mit kleinerem Anschlußwert (Licht, kleinere Geräte) werden nur an zwei Leitungen des Drehstromsystems, solche mit größerem Anschlußwert an alle Leitungen desselben angeschlossen.

Wozu dienen Sicherungen?

Sicherungen sind Einrichtungen zum Schutz elektrischer Installationen und Stromverbrauchseinrichtungen. Ihre Wirkungsweise beruht darauf, daß ein dünner, für eine bestimmte Höchststromstärke bemessener Draht, der in einer quarzsandgefüllten Porzellanpatrone eingebettet ist, bei Überlastung durchschmilzt. Dadurch wird der an diese Sicherung angeschlossene Teil der Installation abgeschaltet, wodurch Schäden an diesem Installationsteil und den daran angeschlossenen Stromverbrauchseinrichtungen verhindert werden. Um Schäden jeder Art, vor allem Brandschäden, an Installationen und Geräten sicher zu vermeiden, muß die Sicherung so bemessen werden, daß sie bewußt den schwächsten Teil der Verbraucheranlage bildet; die Festsetzung ihrer Stärke ist daher Sache des Fachmannes. Es dürfen ausschließlich nur die jeweils von ihm vorgesehenen Sicherungspatronen verwendet werden, die immer in Vorrat zu halten sind. Statt Sicherungen können auch Leitungsschutzschalter verwendet werden.

Notbehelfe irgendwelcher Art („geflickte Sicherungen“) gefährden nicht nur die elektrischen Einrichtungen, sie können auch Brände und Unfälle verursachen, weshalb solche Notbehelfe verboten sind.

Wie erfolgt die Zählerablesung?

Der an der Anzeigeeinrichtung eines Elektrizitätszählers ersichtliche Zählerstand ändert sich fortlaufend entsprechend dem Verbrauch in der gemessenen Kundenanlage. Der in kWh (→ „Was ist eine Kilowattstunde?“) gemessene Stromverbrauch der Anlage innerhalb eines beliebigen Zeitabschnittes wird als Differenz der am Beginn und am Ende dieses Zeitabschnittes abgelesenen Zählerstände ermittelt. Durch Multiplikation dieses in kWh ermittelten Verbrauches mit dem laut Tarif für 1 kWh zu zahlenden Arbeitspreis ergeben sich die Verbrauchskosten der Kundenanlage für diesen Zeitabschnitt. Es genügt im allgemeinen, die ganzen Stellen abzulesen. Für eine ganz korrekte Ablesung müssen die Kommastellen von rechts beginnend gerundet werden. Wenn die Kommastelle eine Ziffer unter 5 zeigt, wird die nächste Stelle abgerundet, bei einer Ziffer über 5 die nächste Stelle aufgerundet.

Die Elektrizitätswerke setzen zwei verschiedene Zählerbauarten mit verschiedenen Anzeigen des Zählerstandes ein:

1) Mechanische Zähler

Diese Zähler besitzen ein Fenster, in dem die Ziffern zu sehen sind.

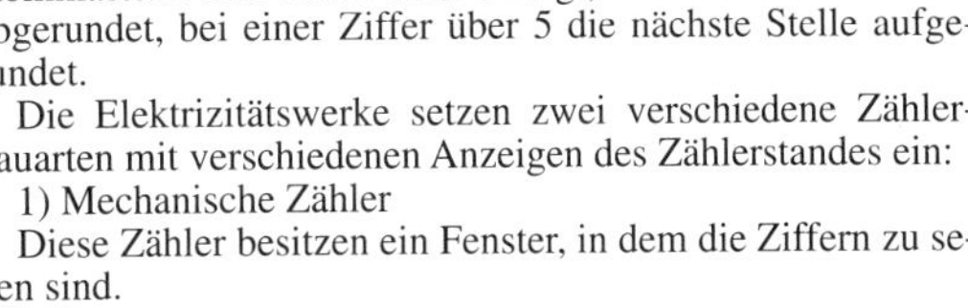

Zählerstand (genau):	843,38 kWh
Zählerstand (gerundet):	843 kWh

Stehen die Ziffern so, daß in einem Feld zwei Ziffern, jede aber nur zum Teil sichtbar sind, ist (immer von rechts nach links gelesen) in jedem Feld die niedrigere Ziffer abzulesen.

Zählerstand (genau): 843,91 kWh
Zählerstand (gerundet): 844 kWh

2) Elektronische Zähler

Diese Zähler besitzen ein Display, das je nach Bauart und Lieferfirma ohne Eingriff in ununterbrochenem Rhythmus verschiedene Informationen abwechselnd darstellt. Alle diese Zähler besitzen eine als „Anzeige“ bezeichnete Taste. Nach Betätigung dieser werden die verschiedenen Zählregister nacheinander dargestellt. Je nach Zählertype findet sich der eigentliche Zählerstand unter einer der Kennziffern 8, 0.8, 08.0 oder 0.8.0. Welche der Kennziffern die richtige ist, ist am Typenschild mit dem Text: „Summenenergie“ oder „Energie total“ aufgedruckt.

Durch mehrmaliges Betätigen der „Anzeige“-taste gelangt man zur Darstellung der Kennziffer und des Standes des Summenregisters (8, 0.8, 08.0 oder 0.8.0). Rechts daneben ist der eigentliche Zählerstand mit einer Kommastelle ablesbar.

Beim 2-Pfad-Zähler ist zusätzlich der Nachtstrom-Zählerstand unter der Kennziffer 58.0 ablesbar.

Zählerstand (genau): 317,4 kWh
Zählerstand (gerundet): 317 kWh

Inwieweit besteht Tarifwahl?

Soweit mit Rücksicht auf die Bestimmungen der „Allgemeinen Tarife der Wiener Stadtwerke-Elektrizitätswerke“ dem Kunden die Wahl des für ihn günstigsten unter mehreren Tarifen freisteht, erteilen die zuständigen Abteilungen des technischen Kundendienstes im Direktionsgebäude, das Kundendienstzentrum, 9, Spitalgasse 5-9, das Haus WIEN ENERGIE, 6, Mariahilfer Straße 63, bzw. die Betriebsstellen im niederösterreichischen Versorgungsgebiet der Elektrizitätswerke diesbezügliche Auskünfte und Ratschläge.

Der Kunde hat das Recht, im Rahmen dieser Tarifbestimmungen jeden für seine Anlage in Betracht kommenden Tarif zu wählen; er ist an den gewählten Tarif erstmalig bis zum Ablauf des laufenden Verrechnungsjahres der Elektrizitätswerke gebunden. Die Bindung gilt jeweils für ein weiteres Verrechnungsjahr, wenn der Kunde der Elektrizitätswerke nicht spätestens einen Monat nach Zustellung bzw. Vorlage der Jahresabrechnung schriftlich mitteilt, welche andere Wahl er trifft.

Neue Kunden oder Nachfolger in bestehenden Anlagen wählen einen der angeführten Tarife mittels eines Tarifwahlblattes, welches bei den einzelnen Abteilungen des technischen Kundendienstes in der Direktion der Wiener Stadtwerke-Elektrizitätswerke, im Kundendienstzentrum, im Haus WIEN ENERGIE sowie den Betriebsstellen erhältlich ist.

Wie setzt sich der Strompreis zusammen?

Der Strompreis setzt sich aus drei Komponenten zusammen, nämlich

1. dem Arbeitspreis für die gelieferte elektrische Arbeit in kWh,
2. dem Grundpreis für die Bereitstellung der Stromerzeugungs- und Verteileranlagen und
3. dem Meßpreis für die Beistellung und Instandhaltung der in der Anlage der Kunden installierten Meß-, Schalt- und Steuereinrichtungen durch die Elektrizitätswerke.

Ab 1. Juni 1996 unterliegt jede gelieferte kWh der Elektrizitätsabgabe.

Wie erfolgt die Gas- und Stromverrechnung?

Die Durchführung der Jahresabrechnung geht so vor sich, daß zunächst der Jahresverbrauch des vergangenen Abrechnungszeitraumes vom Zähler des Kunden der Wiener Stadtwerke ermittelt wird. Der Vorjahrsverbrauch bildet die Grundlage für die Ermittlung des zu erwartenden Gesamtrechnungsbetrages für den voraussichtlichen Gas- und Stromverbrauch der folgenden zwölf Monate.

Dieser Gesamtrechnungsbetrag ist in fünf gleich hohen Teilbeträgen vom Kunden zu bezahlen, wobei bei der einmal jährlichen Endabrechnung die durch den tatsächlich erfolgten Gas- und Stromverbrauch sich ergebenden Mehr- oder Minderzahlungen berücksichtigt werden.

Es ist im Interesse aller Kunden, bei einer Änderung des Verbrauches bzw. des Anschlußwertes – Erhöhung oder Verminderung – eine Berichtigung des Teilrechnungsbetrages durchführen zu lassen.

Diese Art der Verbrauchsabrechnung bringt besonders den Kunden eine Reihe von Vorteilen. Zufolge der fünfmal jährlich zu entrichtenden gleich hohen Teilbeträge wird die besonders in den Wintermonaten fühlbare starke finanzielle Belastung vermieden und damit eine gleichmäßige Verteilung der Gas- und Strombezugskosten auf das ganze Jahr erzielt.

Weiters kann, da die Teilbeträge im vorhinein bekannt sind, im Bedarfsfall leichter als bisher am Inkassotag die Begleichung durch einen Nachbarn, Angestellten, Portier usw. durchgeführt werden.

Die Möglichkeit, die jeweiligen Teilrechnungsbeträge in Form eines Einzugsauftrages bei dem entsprechenden Geldinstitut der Kunden bargeldlos zu begleichen, wirkt sich besonders für berufstätige Kunden vorteilhaft aus.

Durch diese Form der Jahresablesung ist die Zugänglichkeit zum Zähler nur einmal jährlich erforderlich.

Wann muß man den Energiebezug abmelden?

Bei Abmeldung des Strom- und Gasbezuges infolge Übersiedlung, Todesfall, Geschäftsauflösung usw. ist eine schriftliche Mitteilung an den Kaufmännischen Kundendienst Energie zu richten. Im Normalfall wird die Abmeldung auch telefonisch zur Kenntnis genommen. Insbesondere wird um die Bekanntgabe der neuen Wohnadresse gebeten. Sollte hingegen die Abmontierung eines Meßgerätes gewünscht werden, ist dies bei der zuständigen Abnehmerverrechnungsgruppe der Wiener Stadtwerke, Kaufmännischer Kundendienst Energie, persönlich oder schriftlich bekanntzugeben. Ist dem Vormieter der Nachfolger bereits bekannt, wird gebeten, diesen vom Abrechnungstermin zwecks Unterfertigung des Gas- und Stromlieferungsvertrages zu unterrichten.

Was ist für die Sicherheit des Verbrauchers besonders wichtig?

Klopfen oder manipulieren Sie, bitte, nicht am Zähler herum, wenn er einmal nicht funktionieren sollte; ihn so zu behandeln, nützt nichts. Es ist viel ratsamer, auch zur Schonung Ihrer Brieftasche, die Elektrizitätswerke sofort zu verständigen.

Schaltern und Steckdosen tut es nicht gut, wenn sie als Kleiderhaken benützt werden; manchmal rächen sie sich dafür zu Ihrem Ärger!

Verdrehen, Verknoten und Knicken von Anschlußschnüren, auch ihre Benützung zum Herausziehen des Steckers aus der Steckdose (anstatt hiezu den Stecker selbst anzufassen), gibt zwar begründeten Anlaß zu Neuanschaffungen, aber auch zu Kurzschlüssen! Ebenso ist es keineswegs ratsam, die Anschlußschnur nach dem Bügeln um das noch heiße Bügeleisen zu wickeln.

Bei eingeschalteten Heizkissen einzuschlafen ist ebensowenig zu empfehlen, als sich mit der ganzen Körperschwere auf das Heizkissen zu legen oder es unbeaufsichtigt zum Aufwärmen des Bettes zu verwenden.

Das Bügeleisen auch bei kurzer Arbeitsunterbrechung nicht auszuschalten, das Bügeleisen oder Glühlampen zum Anwärmen des Bettes, die elektrische Heizsonne zum raschen Trocknen leichter Stoffe zu benützen: lohnt sich das im Hinblick auf die damit verbundene Brandgefahr?

Kochplatten eignen sich nicht zur Raumbeheizung; sie werden bei solcher Fehlverwendung zwar rasch glühend, dadurch aber sehr bald schadhaft.

Nur ein voll funktionsfähiger FI-Schutzschalter bietet optimalen Schutz vor Stromunfällen. Daher ist es notwendig, den FI-Schutzschalter mindestens zweimal jährlich zu überprüfen. Es genügt ein kurzer Druck auf die Prüftaste. Dieser muß ausreichen, um die gleich danebenliegende Schaltwippe auszulösen und die Stromzufuhr zu unterbrechen. Nach dem Test: Schaltwippe wieder einschalten. Passiert nach dem Druck auf den Auslöseknopf nichts, dann ist der FI-Schutzschalter defekt und muß möglichst rasch von einem befugten Elektrotechnikunternehmen getauscht werden – im Interesse der ganzen Familie.

Elektrische Kochtöpfe (Teekocher, Kaffeekannen) sollen nicht ohne Inhalt eingeschaltet werden und bleiben; andererseits sollen sie beim Reinigen nicht ins Wasser getaucht werden. Letzteres gilt auch für Kochplatten, deren Oberfläche aber trotzdem immer peinlich sauber zu halten ist, weil deren Verschmutzung verlängerte Kochdauer und damit erhöhten Stromverbrauch bedingt.

Tauchsieder sollen vor dem Einschalten bis nach dem Ausschalten ins Wasser getaucht sein, ohne daß jedoch die Anschlußschnur benetzt wird.

Sparen wollen am falschen Platz bedeutet es, schadhaft gewordene Elektrogeräte, Schalter, Leitungen usw. nicht vom Fachmann reparieren zu lassen, desgleichen mit der fachgerechten Erneuerung abgenützter Kohlenbürsten am Motor des Staubsaugers, der Bodenbürste, des Ventilators usw. so lange zu säumen, bis weitaus kostspieligere Schäden am Motor eingetreten sind.

Zu schwache oder nicht blendungsfreie Beleuchtung ist der größte Feind der Augen; Augenschäden, Kopfschmerzen, Unlustgefühle und nicht zuletzt schlechte Arbeitsergebnisse sind die Folgen.

Zur Beratung in allen Fragen der Elektrizitätsanwendung stehen den Kunden der Elektrizitätswerke die zuständigen Abteilungen des technischen Kundendienstes,
9, Mariannengasse 4,
das Kundendienstzentrum, 9, Spitalgasse 5–9,
sowie die Betriebsstellen in
Baden, Conrad-von-Hötzendorf-Platz 5,
Klosterneuburg, Stadtplatz 10,
Wien-Liesing, Dirmhirngasse 132,
Mödling, Achsenaugasse 8,
Purkersdorf, Wienzeile 9,
Schwechat, Sendnergasse 13–15, und
Wien-Stammersdorf, Stammersdorfer Straße 33,
zur Verfügung.

Terminplan für die Ablesung und das Inkasso der Jahresabrechnung sowie der Teilbeträge

Bezirke	Ablesung 5. Teilbetrag	Jahresabrechnung 1. Teilbetrag	2. Teilbetrag	3. Teilbetrag	4. Teilbetrag
5, 6, 15	Jänner	März	Mai	September	November
2, 3	Februar	April	Juni	Oktober	Dezember
10, 11	März	Mai	September	November	Jänner
17, 18, 19	April	Juni	Oktober	Dezember	Februar
14, 16	Mai	September	November	Jänner	März
12, 13, 23	Juni	Oktober	Dezember	Februar	April
22, NÖ 1. Teil	September	November	Jänner	März	Mai
21, NÖ 2. Teil	Oktober	Dezember	Februar	April	Juni
1, 4, 7, 8	November	Jänner	März	Mai	September
9, 20	Dezember	Februar	April	Juni	Oktober

Tarife für Haushaltskunden

(Stand September 1997)

Tarif I/1 – Tarif für Haushaltsstromverbrauch

Der Arbeitspreis beträgt	117,2 g/kWh
Der Grundpreis beträgt	
– in der Grundpreisstufe 1	25,— g/kWh
– in der Grundpreisstufe 2	87,— g/kWh

Die Grundpreisstufe 1 gilt für einen Strombezug bis zu 6.205 kWh in einem Verrechnungszeitraum von 365 Tagen. Der Grundpreis in diesem Verrechnungszeitraum beträgt jedoch mindestens 87,60 S. Die Grundpreisstufe 2 gilt für den 6.205 kWh übersteigenden Strombezug in einem Verrechnungszeitraum von 365 Tagen. Bei einem von 365 Tagen abweichenden (kürzeren oder längeren) Verrechnungszeitraum erfolgt die Grundpreisermittlung hinsichtlich der Grundpreisstufen sowie des Mindestgrundpreises anteilig.

Wird der Stromverbrauch einer Wärmepumpenanlage und/oder einer Heißwasserspeicheranlage in Verbindung mit Sonnenkollektoren zur Brauchwasserbereitung gemeinsam mit einer Verrechnungsanlage gemäß Tarif I/1 erfaßt, wird die Grundpreisstufe 1 je angefangene 0,5 kW des Gesamtanschlußwertes obgenannter Geräte um 1.460 kWh in einem Verrechnungszeitraum von 365 Tagen erweitert, jedoch maximal um 7.300 kWh. Die Grundpreisstufe 2 verschiebt sich in solchen Fällen in gleichem Ausmaß.

Jahresmeßpreis für den	
Wechselstromzähler (2-Leiter-Zähler)	115,20 S (9,60 S/Monat)
Drehstromzähler (4-Leiter-Zähler)	360,— S (30,- S/Monat)

Tarif II – Maximum-Tarif mit gemessener Leistung (M-Tarif)

Der Arbeitspreis beträgt	
– in den Sommermonaten von April bis September	109,— g/kWh
– in den Wintermonaten von Oktober bis März	123,— g/kWh
Der monatliche Teilbetrag des Jahresgrundpreises beträgt je angefangenes Kilowatt der Jahresverrechnungsleistung	88,— S

Die Leistungserfassung erfolgt mittels eines kumulierenden Höchstlastanzeigers (Kumulativmaximumzähler), wobei die Jahresverrechnungsleistung das arithmetische Mittel der drei höchsten in den Zeiträumen

Jänner bis März
April bis September und
Oktober bis Dezember

gemessenen einviertelstündigen Durchschnittsbelastungen in Kilowatt (kW) ist.

Jahresmeßpreis	1.128,— S (94,— S/Monat)

Tarif III – Tarif für Wärmepumpen und für Heißwasserspeicher in Verbindung mit Sonnenkollektoren und/oder Biomasseanlagen

Dieser Tarif gilt für fix angeschlossene Wärmepumpen samt Nebenaggregaten und für fix angeschlossene Heißwasserspeicher in Verbindung mit Sonnenkollektoren und/oder Biomasseanlagen, wenn der Stromverbrauch über eine eigene Meßeinrichtung erfaßt wird.

Der Arbeitspreis beträgt	117,2 g/kWh
Der Grundpreis beträgt	
- in der Grundpreisstufe 1	25,— g/kWh
- in der Grundpreisstufe 2	87,— g/kWh

Die Grundpreisstufe 1 gilt für einen Strombezug bis 1.460 kWh je angefangene 0,5 kW des Gesamtanschlußwertes der Geräte in einem Verrechnungszeitraum von 365 Tagen. Die Grundpreisstufe 2 gilt für den 1460 kWh je angefangene 0,5 kW des Gesamtanschlußwertes der Geräte übersteigenden Strombezug in einem Verrechnungszeitraum von 365 Tagen.

Bei einem von 365 Tagen abweichenden (kürzeren oder längeren) Verrechnungszeitraum erfolgt die Grundpreisermittlung hinsichtlich der Grundpreisstufen anteilig.

Jahresmeßpreis für den	
Wechselstromzähler (2-Leiter-Zähler)	115,20 S (9,60 S/Monat)
Drehstromzähler (4-Leiter-Zähler)	360,— S (30,- S/Monat)

Tarif IV – Schwachlasttarif/Nachtstromtarif

Dieser Tarif wird nur nach Maßgabe vorhandener Schwachlastenergie für fix angeschlossene Speicherheizgeräte für Raumheizzwecke und fix angeschlossene Warmwasserspeicher zur Brauchwassererwärmung gewährt, wobei die Stromabnahme im allgemeinen auf einen zwischen 22 und 6 Uhr liegenden Zeitraum beschränkt ist. Verschiebung und Erweiterungen dieses Zeitraumes sowie die Festlegung der Aufladedauer bleiben den WStW-EW vorbehalten.

Der Arbeitspreis beträgt	78,— g/kWh
Der monatliche Teilbetrag des Jahresgrundpreises beträgt je angefangene 0,5 kW des Anschlußwertes der Speicherheizgeräte für Raumheizzwecke	1,80 S

Für fix angeschlossene Warmwasserspeicher und Wärmepumpen mit Pufferspeicher, deren Stromverbrauch nach Tarif IV abgerechnet wird, wird kein Grundpreis verrechnet. Neuanschlüsse zu diesem Tarif sind nur nach Maßgabe vorhandener Schwachlastenergie möglich.

Für den Betrieb fix angeschlossener Warmwasserspeicher zur Brauchwassererwärmung, auch wenn sie in Verbindung mit Wärmepumpen, Sonnenkollektoren und/oder Biomasseanlagen betrieben werden, kann auf Wunsch des Kunden und nach Maßgabe vorhandener Schwachlastenergie die Einschaltdauer auf täglich derzeit 16 Stunden erweitert werden.

Jahresmeßpreis für den	
Wechselstromzähler (2-Leiter-Zähler)	115,20 S (9,60 S/Monat)
Drehstromzähler (4-Leiter-Zähler)	360,— S (30,— S/Monat)
Steuergerät (bzw. Schaltbefehl)	156,— S (13,— S/Monat)

Kostenersatz für bestimmte Nebenleistungen

1. Anschluß, Inbetriebsetzung, Abnahme und Überprüfung einer neuen, erweiterten oder abgeänderten Meßanlage	128,50 S
2. Anbringen, Ändern oder Ergänzen einer Meß-, Schalt- und Steuereinrichtung	128,50 S
3. Gleichzeitige Montage einer weiteren Meß-, Schalt- und Steuereinrichtung, Aus- oder Einschaltung	68,50 S
4. Zwischenablesung einer Meßeinrichtung, die vom Kunden gewünscht oder verursacht wird, Abnehmerummeldung, Anbringen von Plomben	68,50 S
5. Wiederinbetriebsetzung stillgelegter Meßanlagen oder -teile, neuerliche Überprüfung einer Meßanlage nach Beseitigung von Installationsmängeln	128,50 S

Verursacht der Kunde bei der Erbringung der Nebenleistungen höhere Aufwendungen, als sie der Berechnung der Pauschalsätze nach Punkt 1 bis 5 zugrunde gelegt sind, sind die WStW-EW berechtigt, anstelle der Pauschalsätze die tatsächlichen Aufwendungen zu berechnen.

6. Für jede Mahnung und Wiedervorlage einer Rechnung ist ein Betrag von zu zahlen.	38,— S

Ab 1. Juni 1996 unterliegt jede gelieferte kWh der Elektrizitätsabgabe.

Zu allen Preisen kommt bei den Abrechnungen noch die Umsatzsteuer gemäß Bundesgesetz 1972, BGBl. Nr. 223, in der geltenden Fassung hinzu.

Durchschnittlicher Stromverbrauch im Haushalt

Anschließend einige Anhaltswerte für den durchschnittlichen Jahres-Energieverbrauch in einem 4-Personen-Haushalt nach Gerätearten gegliedert:

	Durchschnittlicher Anschlußwert in Watt	Durchschnittlicher Stromverbrauch pro Jahr in kWh
Herd mit Backofen	9600	500–700
Geschirrspüler	3000	400–600
Warmwasserspeicher 150 Liter	2500	1500–1900
Kühlschrank 120 Liter	120	350–450
Tiefkühltruhe 250 Liter	150	500–600
Kaffeemaschine	800	50
Diverse Küchengeräte	150–2000	90–200
Waschmaschine	3300	300–450
Wäschetrockner (Abluft)	2600	350–550
Bügeleisen	1000	50–70
Staubsauger	1000	30–50
Haartrockner	800	30
Beleuchtung	40–60	200–300
Elektrisches Heizgerät (nur Übergangszeit)	2000	400–800
Farbfernseher	100	100–150
Radioapparat	20	15–20
Rasierapparat, elektrische Zahnbürste	–	1

EU-FÖRDERPROGRAMME

(MD-EUF)

URBAN Wien Gürtel plus

Im Rahmen von URBAN-Wien werden Projekte gefördert, die zu einer wirtschaftlichen, sozialen und kulturellen Verbesserung der Situation in der sogenannten „URBAN-Zone" beitragen. Die URBAN-Zone umfaßt gürtelnahe Teile der Bezirke 6–9, 12, 15–17. Die Förderung erfolgt aus Mitteln des Bundes, des Landes und der Europäischen Union und ist auf die Programmdauer 1995–1999 limitiert. Gefördert werden im wirtschaftlichen Bereich Investitionen, die der Erhaltung des Betriebsbestandes bzw. dem Zuzug neuer Betriebe dienen und/oder eine besondere ökologische Innovation beinhalten. Weitere Schwerpunkte stellen Projekte für Problemgruppen des lokalen Arbeitsmarktes, multikulturell orientierte Gebietsbetreuungen und Maßnahmen zur sozialen, wirtschaftlichen und kulturellen Aufschließung und Attraktivierung der Gürtelmittelzone dar.

INTERREG II

INTERREG II A ist ein überregionales EU-kofinanziertes Förderprogramm, welches Projekte mit grenzüberschreitender Bedeutung für Ostmitteleuropa, insbesondere die Zone Wien – Bratislava – Györ – Brünn, aus öffentlichen Mitteln fördert. Durch das Programm sind kooperative Projekte mit Niederösterreich, dem Burgenland und Oberösterreich auf der einen und den grenznahen Zonen der Slowakei, Ungarns und der Tschechischen Republik auf der anderen Seite förderbar. Die inhaltlichen Schwerpunkte liegen in den Bereichen Raumplanung, wirtschaftliche Kooperation, Umwelt und soziokulturelle Zusammenarbeit. Die Programmlaufzeit reicht von 1995–1999.

INTERREG II C

INTERREG II C ist ein überregionales EU-kofinanziertes Förderprogramm für den „Mitteleuropäischen, Adriatischen, Donau- und Südosteuropäischen Raum", in dem Projekte mit einem Fördersatz von maximal 50 % EU-Förderung finanzierbar sind und die Beiträge für die grenzüberschreitende, großräumige Zusammenarbeit in diesem Raum leisten. Die ausländischen Projektpartner können aus den EU-Mitgliedstaaten Deutschland, Italien und Griechenland bzw. aus den betroffenen ostmitteleuropäischen bzw. südosteuropäischen Anrainerstaaten kommen.

FEUERWEHR UND KATASTROPHENSCHUTZ WIEN

(MA 68)

Welche Hilfeleistungen der Feuerwehr der Stadt Wien sind unentgeltlich?

Die Feuerwehr leistet bei öffentlichen Notständen innerhalb Wiens im allgemeinen kostenlos Hilfe. Ein öffentlicher Notstand in diesem Sinne liegt dann vor, wenn dem einzelnen oder der Allgemeinheit augenblicklich schwerwiegende Gefahr für Leben, körperliche Sicherheit, Freiheit von Menschen oder für wertvolle Sachgüter drohen, die mit anderen zur Verfügung stehenden Mitteln nicht abgewendet werden können.

Solche öffentliche Notstände sind: Personen in Zwangslage, Brände, drohende oder vermutete Brandgefahr, Ausströmen von Giftgasen, Entwicklung feuer- oder explosionsgefährlicher Dämpfe, Explosionen, Einsturz von Gebäuden, Gerüsten, Elementarereignisse, wie Hochwasser, Sturm, außergewöhnliche Niederschläge. In diesen Fällen – die Aufzählung ist selbstverständlich nicht vollständig – erfolgt die Hilfe der Feuerwehr kostenlos. Voraussetzung ist aber, daß die Feuerwehraktion nicht durch vorsätzliches oder grob fahrlässiges Verhalten verursacht wurde. Ein Beispiel für ein vorsätzlich schuldhaftes Verhalten ist Brandlegung, etwa zum Zweck des Versicherungsbetruges. Ein grob fahrlässiges Verhalten (sogenannte auffallende Sorglosigkeit) liegt z. B. dann vor, wenn ein Brand in einer gewerblichen Betriebsanlage verursacht wurde, weil rechtskräftige Betriebsbedingungen nicht beachtet wurden.

Bei Verkehrsunfällen leistet die Feuerwehr kostenlos Hilfe, sofern es sich um das Befreien von Personen handelt.

Versperrte Räume werden von der Feuerwehr kostenlos geöffnet, wenn dies zur Behebung eines feuer- oder explosionsgefährlichen oder sicherheitsgefährdenden Zustandes notwendig ist. Dies trifft z. B. zu, wenn in dem versperrten Raum ein Gasgerät, ein Petroleumofen in Betrieb, ein elektrisches Bügeleisen eingeschaltet, ein Kind oder eine hilfsbedürftige erwachsene Person eingeschlossen ist. Das Schließen offengelassener Wasserläufe in versperrten Räumen ist unter allen Umständen kostenersatzpflichtig.

Falls es sich nicht um eine Fehleinschätzung des Anzeigers handelt, sondern um ein mißbräuchliches Herbeirufen der Feuerwehr (böswillige Alarmierung), können dem Täter die Kosten der Ausrückung auferlegt werden. Der Tatbestand des mißbräuchlichen Herbeirufens der Feuerwehr ist auch dann gegeben, wenn die Ausfahrt der Feuerwehr durch bewußt unrichtige Angaben zu dem Zweck bewirkt wird, eine nicht in den Wirkungskreis der Feuerwehr fallende oder gebührenpflichtige Leistung kostenlos zu erreichen.

Für dringende Hilfeleistungen, die nicht der Behebung eines öffentlichen Notstandes dienen, sowie für die Beistellung von Personal, Fahrzeugen, Geräten, Ausrüstungsgegenständen der Feuerwehr der Stadt Wien sind die festgesetzten Gebühren zu entrichten oder Kosten zu ersetzen. Dies gilt insbesondere für das Entfernen arbeits- oder verkehrsbehindernd abgestellter Pkw und das Abschleppen solcher Fahrzeuge auf einen Lagerplatz der Stadt Wien. Aber auch Hilfeansuchen, die erkennen lassen, daß der Anforderer oder Gebäudeeigentümer lediglich die Kosten für einen konzessionierten Gewerbetreibenden sparen möchte (z. B. loser Verputz, lose Rauchfangaufsätze), sind je nach Maßgabe der Erfordernisse zur Aufrechterhaltung der Schlagkraft bzw. der Dringlichkeit entweder kostenpflichtig oder werden überhaupt abgelehnt. Schriftliche Ansuchen um gebührenpflichtige Hilfeleistungen oder Beistellungen sind stempelpflichtig.

Wie verhält man sich bei einem Brand?

Das Verhalten bei Entstehung oder Entdeckung eines Brandes ist für das Ausmaß des Schadens von wesentlicher Bedeutung. Je früher die Feuerwehr mit der Brandbekämpfung einsetzen kann, umso geringer wird der Schaden sein. Grundsätzlich gilt für das Verhalten im Brandfall:

1. alarmieren,
2. retten (helfen, flüchten),
3. löschen.

Jedermann, der einen Brand wahrnimmt, muß daher auf raschestem Wege die Feuerwehr verständigen (Tel. 122). Geben Sie an, wer spricht, was passiert ist, wo die Feuerwehr gebraucht wird und eventuell nähere Hinweise. Verlassen Sie sich nicht darauf, daß bereits andere Personen die Feuerwehr verständigt haben. Die Brandmeldung kann auch durch Betätigen eines Druckknopfmelders erfolgen, falls das Gebäude mit einer Brandmeldeanlage ausgerüstet ist.

Nach erfolgter Verständigung der Feuerwehr sind Personen aus der Gefahrenzone zu bringen und gegebenenfalls Erste Hilfe zu leisten. Menschenrettung geht vor Brandbekämpfung!

Wenn – unabhängig von der sofortigen Verständigung der Feuerwehr – die Möglichkeit besteht, erste Löschversuche vorzunehmen, ist zu beachten, daß

1. Löschwasser nicht in Rauch und Flammen, sondern direkt auf die brennenden Gegenstände gebracht werden soll;
2. zum Löschen brennender Flüssigkeiten kein Wasser, sondern ein für Flüssigkeitsbrände geeigneter Handfeuerlöscher (für Brandklasse B) zu verwenden ist;
3. leicht brennbare Gegenstände aus der Nähe des Brandes entfernt oder, wenn dies nicht möglich ist, mit Wasser bespritzt werden müssen.

Sind die ersten Löschversuche erfolglos, muß getrachtet werden, dem Feuer durch rasches Schließen von Türen und Fenstern die Luftzufuhr abzusperren.

Stiegenhäuser und Fluchtwege für Menschen sind vor Verqualmung durch Schließen der einmündenden Türen und Öffnen der Fenster ins Freie zu schützen.

Die Feuerwehr ist beim Zugang zum Brandobjekt – falls es sich um eine größere Betriebsanlage handelt, beim Einfahrtstor – zu erwarten und zur Brandstätte zu weisen.

Menschen, die infolge verqualmter Fluchtwege nicht mehr ins Freie gelangen können, sollen sich – die Türen hinter sich schließend – in die nächstgelegenen Räume begeben, dort die Fenster öffnen und sich der Feuerwehr durch Zuruf bemerkbar machen. Bei Nacht sind die Räume zu beleuchten.

Bei Wohnungsbränden sollen nach Möglichkeit in der über der brennenden Wohnung gelegenen Wohnung die Vorhänge vor den Fenstern abgenommen und leicht brennbare Gegenstände aus der Fensternähe entfernt werden, ebenso auf Balkonen.

Die Gefahr einer schlagartigen Brandausbreitung bei Zimmerbränden ist vor allem in neueren Wohnhausanlagen sehr gering. Es besteht somit in diesen Fällen keinerlei Grund zur Panik.

Abschließend soll erwähnt werden, daß die Tätigkeit der Löschmannschaft selbstverständlich nicht durch Neugierige behindert werden darf und die Anordnungen zur Freihaltung des erforderlichen Platzes beachtet werden müssen.

Was darf auf Dachböden gelagert werden?

Auf Dachböden dürfen leicht entzündliche, zündschlagfähige oder schwer löschbare Stoffe, insbesondere brennbare Flüssigkeiten, Brennstoffe, Reisig, Heu, Stroh, Seegras, brennbares Verpackungsmaterial oder brennbare Abfälle, nicht gelagert werden.

Im Sinne dieser Vorschrift dürfen also in Dachböden Möbel, unter Ausschluß von Polstermöbeln, die mit Seegras, Afrik oder dgl. gefüllt sind, sowie Kisten, Koffer u. ä. gelagert werden, wenn sie in einer dem Bodenausmaß angemessenen Menge geordnet und übersichtlich untergebracht werden. In den Möbelstücken, Kisten und Koffern dürfen auch Schriften, Bücher, Kleider, Wäsche u. dgl. verwahrt werden.

Wie müssen Dachbodenabteile beschaffen sein?

Dachbodenabteile müssen so beschaffen sein, daß die in ihnen untergebrachten Gegenstände auch dann als zugänglich anzusehen sind, wenn die Abteile versperrt sind. Dies trifft dann zu, wenn

1. die Dachbodenabteile so angeordnet und bemessen sind, daß in allen allgemein zugänglichen Teilen des Dachbodens Verkehrswege von mindestens 1 m Breite frei bleiben;
2. die Abteile durch Lattenwände mit möglichst großem Lattenabstand unter Ausschluß von Drahtgitter gebildet sind, wobei die Höhe der Lattenwände 2 m nicht überschreiten soll und an den Wänden Stacheldraht oder ähnliche Hindernisse unter keinen Umständen angebracht werden dürfen.

Überdies müssen Dachfenster und Rauchfänge außerhalb der Abteile bleiben und dürfen die Dachbodenabteile nicht an Rauchfängen anliegen.

Das Herstellen von Dachbodenabteilen bedarf der Zustimmung des Hauseigentümers und muß vor Inangriffnahme der Arbeit der zuständigen Baubehörde angezeigt werden

Wie vermeidet man Brände durch elektrische Anlagen?

Alle Arbeiten an elektrischen Anlagen und Geräten dürfen nur von einem Elektrofachmann ausgeführt werden.

Zur Vermeidung von Feuer und sonstigen Gefahren sind die elektrischen Anlagen in ordnungsgemäßem Zustand zu erhalten. Es empfiehlt sich, die Anlagen in regelmäßigen Zeiträumen durch einen Sachverständigen überprüfen zu lassen. Festgestellte Mängel sind durch einen Elektrofachmann beseitigen zu lassen.

Das Verwenden geflickter oder überbrückter Sicherungen ist verboten. Sicherungen in richtig bemessener Stärke sind stets erreichbar und in genügender Zahl vorrätig zu halten. Löst eine Sicherung, z. B. ein Selbstschalter, wiederholt aus, ist ein Elektrofachmann zuzuziehen und zunächst der Fehler zu beheben. Besonders wichtig ist die Kennzeichnung der einzelnen Stromkreise, damit im Fehlerfall bzw. im Brandfall die betroffenen Räume oder Gebäude rasch spannungslos gemacht werden können.

Werden an elektrischen Anlagen ungewöhnliche Erscheinungen, wie z. B. Lichtbögen, Funken, brenzlicher Geruch, auffallende Geräusche, festgestellt, sind die elektrischen Anlagen sofort abzuschalten. Ein Elektrofachmann ist beizuziehen, der den Mangel beseitigt. Erst dann darf die Anlage wieder unter Spannung gesetzt werden.

Alle ortsveränderlichen Geräte, insbesondere Elektrowärmegeräte, wie z. B. Bügeleisen, Heizkissen, Elektrokocher, Tauchsieder, Heizgeräte, sind so aufzustellen und zu betreiben, daß sie keinen Brand verursachen können. Sie sind nach Gebrauch vom Netz zu trennen. Sind elektrische Heizgeräte längere Zeit nicht betrieben worden, sind sie vor ihrer Inbetriebnahme gründlich von Staubablagerungen zu reinigen. Lüftungsöffnungen und -schlitze von Elektrogeräten, wie z. B. Fernsehapparat, Kühlschrank, dürfen nicht abgedeckt werden, da hiedurch ein Wärmestau verursacht wird, welcher in weiterer Folge zum Ausfall bis hin zum Brand des Gerätes führen kann.

Bewegliche Leitungen für ortsveränderliche Elektrogeräte sind besonders pfleglich zu behandeln, bei Benützung so zu verlegen und nach Gebrauch so aufzubewahren, daß sie nicht geknickt oder verletzt werden. Sie sind zu schützen, z. B. vor Betreten, besonders jedoch vor Überfahren. Beschädigte bewegliche Leitungen, vor allem Anschluß- und Einführungsstellen, dürfen nicht weiter benützt werden. Insbesondere ist bei mehrtägiger Abwesenheit (Urlaub) zu empfehlen: Fernsehapparate, Kühlschränke, Barbeleuchtungen sowie überhaupt sämtliche E-Geräte vom Netz trennen bzw. die betreffenden Sicherungen abheben.

Was muß beachtet werden, wenn Gegenstände offen verbrannt werden sollen?

Mit einem am 1. Juli 1993 in Kraft getretenen Bundesgesetz wurde das offene Verbrennen von Gegenständen oder Stoffen generell verboten. Insbesondere wird ein Verbot des flächenhaften Verbrennens von biogenen Materialien, wie z. B. Stroh, Holz, Schilf, Grasschnitt und Laub, ausgesprochen.

Unter bestimmten Bedingungen können Ausnahmen für das Abbrennen von Stroh auf Stoppelfeldern und das Verbrennen von biogenen Materialien vom Landeshauptmann gewährt werden. Für diese Ausnahmen ist bei der MA 36 die Genehmigung zu erwirken.

Was soll man über den Rauchfangkehrer wissen?

Das Reinigen der Rauchfänge von den Ablagerungen Ruß, Pech, Asche u. dgl. darf nur von befugten Rauchfangkehrern besorgt werden. Am Kehrtag haben die Wohnparteien im Haus anwesend zu sein und dem Rauchfangkehrer Zutritt in die Wohnungen zu gestatten, damit er nach der Kehrung die Ablagerungen bei den Putztürchen entnehmen kann.

Das Wegtragen der entfernten Ablagerungen aus den einzelnen Wohnungen oder Geschäftslokalen ist nicht Pflicht des Rauchfangkehrers, sondern obliegt den Mietern, das Wegschaffen der Ablagerungen aus allen übrigen Räumen des Hauses dem Hauseigentümer, der auch dafür zu sorgen hat, daß die Ablagerungen bis zu ihrer Abfuhr gefahrlos verwahrt werden.

Das Reinigen der eisernen Öfen und kleinen verschiebbaren Herde sowie der Kachelöfen kann der Wohnungsmieter selbst ausführen oder ausführen lassen.

Kann die Kehrung an den verlautbarten Kehrtagen durch Verschulden des Hauseigentümers oder einer Mietpartei nicht vorgenommen werden, hat der Schuldtragende die Kehrung unverzüglich auf seine Kosten zu veranlassen.

Werden Feuerungsanlagen oder Teile davon wenig benützt oder beansprucht, können auf Ansuchen des Hauseigentümers oder des Benützers für diese Anlagen oder Teile hievon mit Bescheid Ausnahmen von den gesetzlichen Überprüfungs- und Reinigungsfristen gestattet werden.

Feuerungsanlagen, bei denen keine Feuerstätte an die Rauch- bzw. Abgasfanganlage angeschlossen ist, deren Anschlußstellen sicher verschlossen und die nachweislich unbenützt sind, unterliegen nicht der Überprüfungs- und Reinigungspflicht.

Gemäß § 6 der Wiener Kehrverordnung vom 27. März 1985, LGBl. für Wien Nr. 22, ist die Nichtbenützung einer Feuerungsanlage von dem für das Haus bestellten Fachkundigen – Rauchfangkehrer – und von dem über die Feuerungsanlage Verfügungsberechtigten im Kontrollbuch (früher „Kehrbuch") schriftlich zu bestätigen. Unbenützte Fänge sind vom Fachkundigen – Rauchfangkehrer – als solche zu bezeichnen. Anschlußstellen (Einmündungen) sind mindestens mit nicht brennbaren Abschlüssen zu verschließen. Für die Überprüfung unbenützter Rauchgas- und Abgasanlagen über Auftrag der Behörde oder des Hauseigentümers sind Feuerungsanlagen oder Teile derselben (z. B. Einmündungen) zugänglich zu machen. Nicht abgemeldete Rauchgas- und Abgasanlagen (Rauchfänge) gelten weiter als benützt und unterliegen der Überprüfungs- und Reinigungspflicht.

Vor der Herstellung neuer Einmündungen in Rauch- oder Abgasfängen, der Änderung der Brennstoffart oder einer wesentlichen Änderung der Heizleistung der angeschlossenen Feuerstätte ist unbeschadet erforderlicher Bewilligungen nach anderen gesetzlichen Bestimmungen vom bestellten Rauchfangkehrer ein positiver Befund einzuholen.

Was hat bei der Aufstellung eines Ofens zu geschehen?

Derjenige, der eine neue Einmündung in einen Rauchfang oder in einen Abgasfang einer Feuerstätte herstellen will, hat dem für das Haus bestellten Rauchfangkehrer vorher davon Mitteilung zu machen und einen Befund einzuholen.

Was ist bei der Aufstellung eines Ölofens zu beachten?

Vor Aufstellung eines Ölofens ist unbedingt der zuständige Rauchfangkehrer zu Rate zu ziehen (es muß die Eignung des Rauchfanges festgestellt werden). Die Aufstellung sollte nach Möglichkeit nur von einem Fachkundigen vorgenommen werden. Zumindest wäre nach den Richtlinien der österreichischen Brandverhütungsstellen – Merkblatt BV/106 – Zentralstelle für Brandverhütung, 3, Schwarzenbergplatz 7/4, vorzugehen.

Ohne Genehmigung dürfen Ölöfen für Einzelheizung nur dann verwendet werden, wenn sie in allen Teilen nach den Erfahrungen der technischen Wissenschaft hergestellt sind, d. h. mit einem Geräteschild mit dem Namen des Herstellers, der Typenbezeichnung, der Fabriksnummer, der Nennleistung in kW (alte Einheit kcal/h), einem Brenner, der sich gefahrlos zünden und leicht reinigen läßt, einer Regeleinrichtung, einer Überlaufsicherung, einem Zugbegrenzer sowie einer Tropftasse unterhalb der ölführenden Teile des Ölofens versehen sind. Zur Inbetriebsetzung dürfen nur die von der Erzeugerfirma angegebenen Heizölsorten sowie die in der Betriebsanleitung angeführten Zündmittel verwendet werden. Die Benützung von Spiritus, Benzin, Benzol u. dgl. ist höchst gefährlich und streng verboten! Bei Betriebsunterbrechung darf erst nach Abkühlen wieder gezündet werden.

In Wohnungen dürfen in freistehenden Behältern höchstens 300 l oder in Kanistern 60 l Heizöl gelagert werden, wenn ein Ausfließen und Überlaufen in andere Bestandsobjekte oder Wohnungen wirksam verhindert wird.

Behälter mit einem Inhalt bis 300 l sind in einem waagrechten Abstand von mindestens 2 m von der Feuerstätte unterzubringen und gegen gefahrbringende Erwärmung entsprechend zu sichern.

Der Seitenabstand kann bis auf 1 m verringert werden, wenn gegen Strahlungswärme eine Dämmwand aus nicht brennbaren Baustoffen zwischen Wärmeerzeugern bzw. ihren Rauchrohren und den Behältern errichtet wird.

Empfohlen wird, vor Anschaffung eines Ölofens den zu seinem Anschluß vorgesehenen Rauchfang vom zuständigen Rauchfangkehrermeister auf seinen baulichen Zustand und seine Eignung zum Ölofenanschluß sowie Ölheizgeräte vor jeder Heizperiode durch einen Fachkundigen überprüfen zu lassen.

Außerdem empfiehlt es sich, bei der Verwendung von Ölheizgeräten einen Handfeuerlöscher, geeignet für die Brandklasse B (brennbare Flüssigkeiten), wie z. B. Schaumlöscher S 10 oder Pulverlöscher P 6, in der Wohnung bereitzuhalten.

Was ist bei der Errichtung einer Ölfeuerungsanlage oder einer Öllagerung zu erwirken?

Für die Errichtung einer Ölfeuerungsanlage oder einer Öllagerung über 1.000 l Heizöl ist bei der MA 35, 20, Dresdner Straße 75, gemäß den Bestimmungen des Wiener Ölfeuerungsgesetzes eine Bau- und Benützungsbewilligung und bei Öllagerungen überdies eine Wasserrechtsbewilligung und eine wasserrechtliche Betriebsbewilligung zu erwirken.

Zur Öllagerung von 300 bis 1.000 l ist nur die Kenntnisnahme erforderlich.

Wie heizt man richtig?

Ofen und Rauchfanganlage bilden eine Einheit. Auch der modernste Ofen kann nicht gut funktionieren, wenn er an einen baulich mangelhaften, verpechteten, versotteten (erkennbar an feuchten Flecken) Mauerwerk oder für diesen Ofen ungeeigneten Rauchfang angeschlossen ist. Deshalb ist vor dem Aufstellen eines neuen Ofens der Rauchfangkehrer zu fragen, ob der vorhandene Rauchfang zum Anschluß geeignet ist.

Auch später, während der Heizperiode, ist auf die richtige Funktion des Rauchfanges zu achten. Damit der richtige Zug entsteht und aufrechterhalten wird, ist zu beachten:

1. Den Ofen nur mit dem Brennmaterial heizen, für das er vorgesehen ist;
2. bei der Bedienung nach der Heizanleitung des Ofenherstellers vorgehen;
3. zu Beginn der Heizperiode vorerst wenig Brennmaterial auf einmal, dafür aber ungedrosselt brennen lassen. Dadurch wird das Mauerwerk des Rauchfanges erwärmt und der richtige „Auftrieb" hergestellt;
4. Brennmaterialien nicht mischen! Jeder Brennstoff braucht eine andere Luftmenge, um einwandfrei abzubrennen. Daher bei festen Brennstoffen im Dauerbrand: entweder nur Holz, nur Kohlen, nur Briketts oder nur Koks!
5. die Wohnung nicht völlig gegen Zugluft abdichten; der Ofen braucht Verbrennungsluft;
6. mit dem Brennmaterial (auch flüssigem oder Gas) nicht zu sehr sparen, der Rauchfang funktioniert so besser. Zu frühes Drosseln lohnt nicht, weil der Rauchfang darunter leidet und dann – früher oder später – kostspielig repariert werden muß;
7. am Anfang und am Ende der Heizperiode starkes Drosseln überhaupt meiden – es besteht Lebensgefahr durch eindringende Rauchgase!

Weitere Auskünfte erteilt das Referat für Feuerstätten und Rauchfänge, 6, Gumpendorfer Gürtel 2, Tel. 597 04 81 . . ., 340, werktags von 8.30 bis 15 Uhr.

Was hat bei Rauchgasbeschwerden zu geschehen?

Der zuständige Rauchfangkehrer ist sofort zu benachrichtigen. Ist dieser nicht erreichbar oder muß Vergiftungsgefahr befürchtet werden, ist die Feuerwehr der Stadt Wien (Tel. 122) zu verständigen.

Bei Gasgeruch (Explosionsgefahr) sind die Gaswerke (Tel. 128) oder die Feuerwehr sogleich zu benachrichtigen.

Was hat bei Fund oder Verlust von radioaktiven Stoffen zu geschehen?

Bei derartigen Vorfällen wird unbeschadet der gesetzlichen Meldepflicht an eine öffentliche Sicherheitsdienststelle empfohlen, in jedem Fall auch die MA 68 zu verständigen, welche im Einvernehmen mit den Sicherheitsorganen die erforderlichen Sofortmaßnahmen durchführt.

FÖRDERUNGSAKTIONEN DER STADT WIEN

(MA 5)

Gemeinsame Kreditaktion für die Wiener Klein- und Mittelbetriebe

Diese Aktion wird unter Beteiligung des Bundesministeriums für wirtschaftliche Angelegenheiten, der Wirtschaftskammer Wien und der Stadt Wien durchgeführt. Der Bund, die Kammer und die Stadt Wien stellen je ein Drittel der erforderlichen Kreditmittel zur Verfügung. Die Kredithöhe beträgt maximal 60.000 S, in begründeten Einzelfällen bis maximal 80.000 S, die Verzinsung 4%. Die Kredite werden für Investitionen oder für Betriebsmittelverstärkung gewährt. Die Einreichung erfolgt bei der Wirtschaftskammer Wien und bei Kreditinstituten.

Wiener Unternehmensgründungsaktion

Für die Entwicklung der Stadtwirtschaft ist in Zeiten eines stark beschleunigten Strukturwandels eine große Anzahl erfolgversprechender junger Unternehmen von besonderer Bedeutung. Daher gewährt die Stadt Wien bei Unternehmensgründungen in Zusammenarbeit mit der Wirtschaftskammer Wien Zuschüsse.

Antragsberechtigt sind physische und juristische Personen sowie Personengesellschaften des Handelsrechtes und Erwerbsgesellschaften, die beabsichtigen, zur erstmaligen selbständigen Ausübung einer gewerblichen Tätigkeit in Wien ein Unternehmen zu gründen.

Zu den förderbaren Investitionen zählen u. a. bauliche, maschinelle und Einrichtungsinvestitionen, Ankauf von Betriebsobjekten oder Lokalen sowie der Ankauf von Firmenfahrzeugen.

Die Förderung ist in zwei Förderstufen vorgesehen. Die „Sockelförderung" beträgt 15% der Bemessungsgrundlage. Bei erfolgreicher Unternehmensführung kann zusätzlich eine „Erfolgsprämie" von 15% der Bemessungsgrundlage zur Auszahlung gelangen. Der Zuschuß ist mit 750.000 S begrenzt.

Die Einreichung hat vor Investitionsbeginn beim Wiener Wirtschaftsförderungsfonds zu erfolgen.

Ärztekreditaktion

Um die ausreichende Versorgung der Wiener Bevölkerung durch praktische Ärzte sicherzustellen, wird die erstmalige Niederlassung von praktischen Ärzten unter Berücksichtigung des örtlichen Bedarfes in Form zinsgünstiger Kredite bis zu einer maximalen Höhe von 300.000 S, welche bei der Bank Austria AG, der Erste Bank der oesterreichischen Sparkassen AG, der Creditanstalt-Bankverein, der Bank für Arbeit und Wirtschaft sowie der Bank für Wirtschaft und freie Berufe angesprochen werden können, gefördert. Die Verzinsung dieser Kredite beträgt 4% p. a., die Laufzeit zehn Jahre (davon zwei Jahre rückzahlungsfrei). Der Abschluß eines Vertrages mit der Wiener Gebietskrankenkasse ist u. a. eine wesentliche Voraussetzung für die Gewährung eines solchen Kredites.

Aktion zur Förderung der Aufnahme zusätzlicher hochqualifizierter Mitarbeiter in Wiener Klein- und Mittelbetrieben (Initiative „Qualifizierte Mitarbeiter“)

Durch die Gewährung von Barzuschüssen an Wiener Klein- und Mittelbetriebe in Höhe von 35% des Jahresbruttolohnes für den Zeitraum von zwei Jahren soll die Aufnahme von hochqualifizierten, *zusätzlichen* Mitarbeitern im Zusammenhang mit einem konkreten Projekt von strukturpolitischer Relevanz im Bereich der funktionalen Dienstleistung gefördert werden. Solche funktionalen Bereiche und konkreten Projekte sind u. a.:

- Organisation (CAD/CAM, allgemeine Umstellung auf EDV, Verbesserung des internen Ablaufs)
- Kommunikation und Information (Systemaufbau zur Beschaffung und Verarbeitung unternehmensexterner Daten) Forschung und Entwicklung (Produktneuentwicklung und -weiterentwicklung, Verfahrenstechnologie, neue Werkstoffe)

Antragsberechtigt sollen physische und juristische Personen sowie Personengesellschaften des Handelsrechtes, ausgenommen Unternehmen mit mehr als 100 Mitarbeitern, Unternehmensneugründungen und Unternehmen im direkten oder indirekten Eigentum der öffentlichen Hand, sein, die im Zuge ihrer gewerblichen oder freiberuflichen Tätigkeit in Wien zusätzliche Mitarbeiter für die vorgenannten Bereiche und Projektabwicklungen einstellen.

Wiener Garagenförderungsaktion

Im Rahmen dieser Aktion wird die Errichtung von gewerblichen Garagen für die Wohnbevölkerung im dichtverbauten Stadtgebiet und im Einzugsbereich von Geschäftsstraßen durch die Gewährung von einem einmaligen, nicht rückzahlbaren Barzuschuß in Höhe von 20% der Herstellkosten (Bau, Einrichtung und Technik) durch die Stadt Wien gefördert.

Anträge um Förderung im Rahmen der Wiener Garagenförderungsaktion sind an den Wiener Wirtschaftsförderungsfonds zu richten.

U-Bahn-Aktion

Es handelt sich bei dieser Aktion um eine gemeinsame Hilfsaktion der Stadt Wien und der Wirtschaftskammer Wien für die durch den U-Bahn-Bau in ihrer Existenz bedrohten Gewerbebetriebe. Die Hilfsmaßnahmen umfassen:

1. Gewährung von Zinsenzuschüssen zu Bankkrediten;
2. Übernahme der teilweisen oder gänzlichen Bürgschaft für Kredite;
3. Gewährung von nieder verzinslichen Darlehen mit angemessenen Laufzeiten, wenn infolge der Beeinträchtigung die für eine Inanspruchnahme eines Bankkredites nötigen Voraussetzungen nicht mehr erbracht werden können;
4. Gewährung von Bargeldzuwendungen, wenn der Betrieb trotz Beeinträchtigung durch den U-Bahn-Bau weitergeführt oder vorübergehend eingestellt wird oder wenn der Betrieb noch während der Bauzeit und für immer eingestellt werden muß;
5. kostenlose Betriebsberatung.

Die Art der Förderung bzw. deren Umfang wird in jedem Einzelfall gemeinsam von der Stadt Wien und der Kammer festgelegt.

Die Einreichung erfolgt bei der Wirtschaftskammer Wien oder bei der Magistratsdirektion – Zivil- und Strafrechtsangelegenheiten.

Aktion „Wiener Geschäftsstraßenförderung“

Durch diese von der Stadt Wien gemeinsam mit der Wirtschaftskammer Wien ins Leben gerufene Förderungsaktion soll die Position Wiens im Wettbewerb um die Kaufkraft gestärkt werden.

Im Rahmen dieser Aktion werden derzeit Aktivitäten von lokalen Kaufleutevereinigungen durch Zuschüsse gefördert.

Die Abwicklung dieser Förderungsaktion erfolgt durch den Wiener Wirtschaftsförderungsfonds, 1, Ebendorferstraße 2, Tel. 40 00 . . ., 86793.

Zinsenfreie Darlehen zur Herstellung von Kanalanschlüssen

Im Rahmen dieser Aktion gewährt die Stadt Wien zur Vermeidung sozialer Härtefälle unverzinsliche Darlehen für die Herstellungskosten von baubehördlich vorgeschriebenen Kanalanschlüssen von Eigenheimen an das öffentliche Kanalnetz.

Die Laufzeit beträgt in der Regel fünf Jahre.

Die Einreichung erfolgt bei der MA 5, 1, Ebendorferstraße 2.

Telematik & C-Tech Wien

Die Stadt Wien hat zur Unterstützung des betrieblichen Einsatzes von fortschrittlichen Telematik- und Telekommunikationsanwendungen sowie von rechnergesteuerten Technologien für technisch-betriebliche Abläufe eine Förderungsaktion geschaffen.

Antragsberechtigt sind physische und juristische Personen, Personengesellschaften des Handelsrechtes sowie Erwerbsgesellschaften, die im Rahmen ihrer gewerblichen Tätigkeit ein Telematik/C-Techniken-Projekt verwirklichen, das jedoch einen „Technologiesprung“ für das antragstellende Unternehmen darstellen muß.

Es handelt sich hiebei um Barzuschüsse im Ausmaß von 40% der anrechenbaren Kosten für Beratung und Schulung sowie von 40% für Investitionen (z. B. Hardware, Software, Installationen). Die Zuschußhöhe ist im Einzelfall mit 1,35 Mio S begrenzt, kann aber in mehreren Etappen ausgeschöpft werden.

Wiener Innovations- und Technologieförderung

Antragsberechtigt sind physische und juristische Personen, Personengesellschaften des Handesrechts sowie eingetragene Erwerbsgesellschaften nach dem Erwerbsgesellschaftengesetz, die im Besitz einer aufrechten Gewerbeberechtigung in Wien sind. Gefördert werden unter bestimmten Voraussetzungen folgende Vorhaben in Höhe von 20% der Bemessungsgrundlage für größere Unternehmen sowie 30% der Bemessungsgrundlage für kleinere und mittlere Unternehmen:

1. Projekte der industriellen und gewerblichen Grundlagen- und Anwendungsforschung; diese umfaßt alle projektspezifischen Forschungs- und Entwicklungsaktivitäten inkl. der Erstellung von Pilot- und Demonstrationsanlagen sowie die darauf aufbauende Entwicklungsarbeit, die die Aufnahme der Produktion gestattet; Einrichtungen der Produktion selbst sind nicht mehr Förderungsgegenstand;
2. bei Klein- und Mittelbetrieben die wirtschaftliche Umsetzung der Forschungsergebnisse;
3. Projekte, die auf dem Zukauf von Verwertungsrechten (Lizenzen, Patente usw.) basieren oder deren Veräußerung zum primären Ziel haben, sind nur dann einbeziehbar, wenn eine maßgebliche (Weiter-)Entwicklung im antragstellenden Unternehmen stattfindet/stattgefunden hat, das Knowhow im Unternehmen verankert bleibt und dadurch langfristig positive Effekte für den Wiener Standort abzusehen sind.

Wiener Struktur- und Umweltverbesserungsaktion

Maßnahmen, die sehr entscheidenden Einfluß auf die Investitionstätigkeit in Wien genommen haben, waren die seinerzeitige Industrieansiedlungsaktion und die Großhandelsaktion. Diese Aktionen, die ursprünglich Zinsenzuschußaktionen darstellten, waren im Jahr 1975 auf die Gewährung einmaliger Baukostenzuschüsse umgestellt worden. Die Stadt Wien hat diese beiden Aktionen Ende 1976 zur „Wiener Strukturverbesserungsaktion" zusammengefaßt.

Im Jahr 1992 wurde die genannte Aktion, auch um in formaler Hinsicht eine größtmögliche Übereinstimmung mit dem EG-Wettbewerbsrecht zu erreichen, weitgehend modifiziert und hat sich folgende Ziele gesetzt:

Verbesserung der wirtschaftlichen Stadtstruktur und damit Beitrag zur Lösung der spezifischen wirtschaftlichen Strukturprobleme Wiens (z. B. strukturelle Langzeit- und Jugendarbeitslosigkeit, mangelhafter oder gefährdeter Sektoren- und Branchenmix, ungenügendes Forschungs- und Entwicklungspotential), Verbesserung der räumlichen Stadtstruktur, Verbesserung der regionalen und überregionalen Umweltverhältnisse – vor allem hinsichtlich der städtischen Verkehrssituation, der Energiewirtschaft und der Abfallwirtschaft.

Die Zuschüsse betragen je nach Größe des Unternehmens 5%, 7,5% und 10% der Bemessungsgrundlage.

Die Antragstellung beim Wiener Wirtschaftsförderungsfonds muß unbedingt vor Baubeginn erfolgen.

Nahversorgungsförderung der Stadt Wien

Zur Stärkung der Nahversorgungsfunktion des kleingewerblichen Lebensmittel-Einzelhandels hat die Stadt Wien im Jahr 1992 eine Aktion zur Förderung von zukunftssichernden Investitionen ins Leben gerufen.

Antragsberechtigt sind physische und juristische Personen, Personengesellschaften des Handelsrechts sowie eingetragene Erwerbsgesellschaften, die im Besitz einer aufrechten Gewerbeberechtigung in Wien sind.

Gefördert werden Projekte, deren Realisierung die Struktur und die Konkurrenzfähigkeit des Unternehmens langfristig verbessern und die Nahversorgungsfunktion des Betriebes sichern (z. B. Beratungskosten bzw. Kosten für Ausbildung und Schulung des Unternehmers, Kosten für Einrichtungen zur Verbesserung der Präsentation und Lagerung sowie auch der hygienischen und sanitären Bedingungen, Kosten für neue Dienstleistungen).

Die Förderung beträgt 20%.

Förderung von Solaranlagen in Wien

Die Solarförderungsaktion der Stadt Wien soll die Nutzung von Sonnenenergie unterstützen und dadurch zur Verringerung der Abhängigkeit von fossilen Brennstoffen und zur Reinhaltung der Luft beitragen. Sie richtet sich an natürliche und juristische Personen und besteht in der Gewährung einmaliger, nicht rückzuzahlender Investitionskostenzuschüsse für ortsfeste Solaranlagen zur Warmwasseraufbereitung und Heizungsunterstützung oder zur Stromerzeugung. Die Aktion läuft vorerst vom 1. Juli 1992 bis 30. Juni 1998 und wird von den Wiener Stadtwerken – WIEN-ENERGIE, 6, Mariahilfer Straße 63, Öffnungszeiten: Montag bis Donnerstag von 9 bis 17.30, Freitag von 9 bis 15 Uhr, Tel. 582 00 . . ., 5829, abgewickelt.

Jungunternehmerförderung

Gemeinsam mit der Wirtschaftskammer Wien hat die Stadt Wien zur weiteren Verbesserung der Rahmenbedingungen für Jungunternehmer vor, während und nach der Existenzgründung eine Jungunternehmerförderungsaktion geschaffen.

Im Rahmen dieser Aktion wird durch die „Junge Wirtschaft Wien" – einer ARGE innerhalb der Wirtschaftskammer Wien – und das Wiener Wirtschaftsförderungsinstitut ein spezielles Betriebsgründungsservice angeboten.

Nahversorgungsstarthilfe in Stadtentwicklungsgebieten

Die Stadt Wien und die Wirtschaftskammer Wien gewähren im Interesse der Sicherstellung der Nahversorgung in Stadtentwicklungsgebieten Baukosten- und Mietzinszuschüsse.

Diese Förderung soll prinzipiell für jene Stadtentwicklungsgebiete zur Verfügung stehen, welche aufgrund der (erforderlichenfalls mittels Gutachten) festgestellten Unterversorgung als förderungswürdig einzustufen sind. Förderungsgegenstand ist die Anmietung oder der Eigentumserwerb von Geschäftslokalen in nach § 15 Wohnbauförderung geförderten oder freifinanzierten neu errichteten Objekten in den definierten Stadtentwicklungsgebieten in Wien, die ausschließlich der Nahversorgung dienen.

Betriebliche Altlastensanierung auf (F)CKW-belasteten Betriebsstätten in Wien

Die Stadt Wien und die Wirtschaftskammer Wien gewähren im Interesse der Verbesserung der Umweltsituation wie auch zur Unterstützung der durch die verschärften gesetzlichen Vorschriften im Bereich der leichtflüchtigen halogenierten Kohlenwasserstoffe unter finanziellen Druck geratenden Wiener Kleinbetrieben einmalige nicht rückzahlbare Zuschüsse.

Die Aktion hat die von Kleinbetrieben zu tragende Sanierung von mit leichtflüchtigen halogenierten Kohlenwasserstoffen kontaminierten Böden oder Objekten und dadurch die Abhaltung oder Vermeidung von Gesundheits- und Umweltgefahren im Betrieb selbst und in dessen Umgebung zum Ziel. Die Förderung soll das Weiterbestehen oder die Ansiedlung kleiner Betriebe und die Erhaltung von deren Wirtschaftskraft gewährleisten sowie einen Beitrag zur Sicherung der städtischen Wirtschaftsstruktur und/oder der betriebswirtschaftlichen Situation des betroffenen Betriebes leisten.

Mit der Abwicklung dieser Aktion wurde der Wiener Wirtschaftsförderungsfonds betraut.

Zuschuß für Kleinunternehmen in der URBAN-Zone

Die Stadt Wien unterstützt mit dieser Zuschußaktion die für die Struktur der Wiener Wirtschaft wichtigen Kleinbetriebe innerhalb einer benachteiligten Zone im Bereich der Gürtelstraße, der URBAN-Zone. Hier besteht besonderer Bedarf zur sozialen, kulturellen und wirtschaftlichen Erneuerung. Die Verbesserung der Konkurrenzfähigkeit der ansässigen kleinen Betriebe und die Ermunterung, neue Geschäftsideen in diesem Bereich der Stadt umzusetzen, um so vielfältige und dauerhafte Arbeits- und Einkaufsmöglichkeiten zu schaffen, ist das spezielle Ziel dieser Zuschußaktion. Die Europäische Union unterstützt diese Bemühungen der Stadt Wien und stellt im Rahmen der Gemeinschaftsinitiative URBAN u. a. auch für die Finanzierung dieser Förderungsinitiative Mittel zur Verfügung.

Gefördert werden physische und juristische Personen, Personengesellschaften des Handelsrechtes sowie Erwerbsgesellschaften, die innerhalb der URBAN-Zone ein Projekt im Rahmen einer gewerblichen Tätigkeit verwirklichen und als Kleinunternehmen gelten, d. h. nicht mehr als 50 Beschäftigte haben, einen Jahresumsatz von maximal 130 Mio S erwirtschaften und zu nicht mehr als 25 % mit anderen Unternehmen verbunden sind, die für sich oder gemeinsam diese Grenzwerte überschreiten.

Der Förderungssatz beträgt 20 % der Bemessungsgrundlage, höchstens jedoch 250.000 S pro gefördertem Unternehmen. Bis zur Ausschöpfung dieses Rahmens kann ein und dasselbe Unternehmen mehrmals für unterschiedliche Projekte gefördert werden.

Aktion „Geförderte Mietwohnungen für Angehörige des Krankenpflegepersonals"

Mit dieser Aktion soll Angehörigen des diplomierten Krankenpflegepersonals nach deren Ausbildung der Erwerb einer geförderten Mietwohnung erleichtert werden. Aus einem dafür entsprechend abgeschlossenen Bausparvertrag wird zur teilweisen Abdeckung der notwendigen Eigenleistung für die Wohnung ein Bauspardarlehen gewährt, das durch eine Bürgschaft des Landes Wien abgesichert werden kann. Im Gegenzug ist der Angehörige des Krankenpflegepersonals verpflichtet, bis zum sechsten Jahr nach Abschluß des Bausparvertrages den Dienst als Angehöriger des Krankenpflegepersonals im Krankenpflegedienst der Stadt Wien zu verrichten. Vom Zeitpunkt der Zuweisung einer Wohnung, bei dem die erforderlichen Eigenmittel zur Zahlung fällig werden, bis zur Auszahlung des Bauspardarlehens (etwa sechs Jahre nach Abschluß des Bausparvertrages) gewährt die Bank Austria AG mit Hilfe der Stadt Wien ein niedrig verzinstes Überbrückungsdarlehen (3 %), das – betraglich begrenzt mit der Höhe der Vertragssumme des Bausparvertrages – dann durch das eigentliche Bauspardarlehen rückgeführt wird. Nähere Informationen über diese Aktion gibt es bei der Landesdirektion Wien von Wüstenrot und dem Wohnungsberatungszentrum der Stadt Wien.

Fonds zur Beratung und Betreuung von Zuwanderern (Zuwandererfonds)

Geschäftsstelle: 3, Würtzlerstraße 15, Tel. 795 04 . . . 0; Bürozeiten: Montag bis Donnerstag von 7.30 bis 11.30 Uhr und von 12 bis 16 Uhr, Freitag von 7.30 bis 13 Uhr.

Beratungszentrum für Inländer: 3, Würtzlerstraße 15, Tel. 795 04 . . . 0; Öffnungszeiten: Montag bis Donnerstag von 8 bis 12 Uhr und von 13 bis 16 Uhr, Freitag von 8 bis 13 Uhr.

Beratungszentrum für Ausländer: 3, Würtzlerstraße 15/Eingang Markhofgasse 11, Tel. 795 04 . . . 0; Öffnungszeiten: Montag bis Donnerstag von 7.30 bis 11.30 Uhr und von 12 bis 16 Uhr, Freitag von 7.30 bis 13 Uhr.

Der Zuwandererfonds wurde im Jahr 1972 gegründet. In ihm sind die Stadt Wien und die Sozialpartner vertreten. Ziel des Fonds ist es, die Zuwanderer aus dem In- und Ausland zu fördern. Dies geschieht durch breitgestreute Information ebenso wie durch mehrfach gestaffelte Wohnraumbeschaffungsprogramme.

In den österreichischen Bundesländern wird mit eigenen Publikationen für den Arbeitsmarkt und Lebensraum Wien geworben. Wohnplätze und Garconnieren erleichtern den Österreichern aus den Bundesländern die Arbeitsaufnahme und die Integration in die Bundeshauptstadt.

Für die ausländischen Arbeitnehmer gibt es außer der Beratungsstelle einen telefonischen Nachrichtendienst unter der Wiener Nummer 1532 in serbokroatischer und türkischer Sprache.

Der Zuwandererfonds ist Medieninhaber der Vierteljahres-Zeitschrift „MIGRA" und Gesellschafter der ARWAG Holding-AG.

FORSTWIRTSCHAFT, LANDWIRTSCHAFT, JAGD, FISCHEREI UND HUNDEHALTUNG

(MA 42, 49, 58)

Welche Bedeutung hat der Wald für den Großstädter?

Die Pflege und Erhaltung des Waldes ist für die Landeskultur im allgemeinen und für die Großstadt im besonderen lebenswichtig. Der Wald bildet nicht nur ein Luftreservoir zur Erneuerung bzw. Verbesserung der durch den Staub und die Abgase der Großstadt belasteten Luft, er dient auch als Ausflugsgebiet für die erholungsbedürftige Großstadtbevölkerung. Seine wasserspeichernde Kraft verhindert weitgehend Überschwemmungen bei länger anhaltenden Niederschlägen; die Filterwirkung eines gesunden Waldbodens garantiert eine kontinuierliche Schüttung geringen Temperaturschwankungen unterworfenen und hygienisch einwandfreien Quellwassers. Gerade letzterer Umstand ist für die Stadt Wien von besonderer Bedeutung, kommt doch der größte Teil des weltbekannten Wiener Trinkwassers aus den stadteigenen Quellenschutzgebieten, zu denen auch im Wiener Bereich mit Wald bestockte Erholungsgebiete hinzukommen.

In Erkenntnis der Wohlfahrtswirkungen des Waldes führt die Stadt Wien auch innerhalb bereits verbauten Gebietes Neuaufforstungen (Laaer Berg, Wienerberg, Donauinsel) durch. Da sich der Großteil der Wälder Wiens im Landschaftsschutzgebiet (Wald- und Wiesengürtel) befindet und zahlreiche Einzelnaturdenkmäler aufweist, finden auch unter diesem Gesichtspunkt Erhaltungsarbeiten statt.

Was ist zum Schutz des Waldes zu beachten?

Zum Schutz des Waldes gegen Übergriffe werden gemäß den forstrechtlichen Bestimmungen Forstschutzorgane bestellt, die von der Behörde als solche vereidigt sind und denen die Rechte und Pflichten von öffentlichen Wacheorganen zukommen. In Ausübung ihres Dienstes haben sie gesetzwidrige Handlungen gegen das Waldeigentum zu verhindern bzw. zur Anzeige zu bringen. Solche sind z. B. Verwunden der Rinde und des Holzes, Abhauen, Abschneiden von Wipfeln und Zweigen, Ausgraben von Bäumen und Sträuchern, Abstellen von Fahrzeugen im Wald, Beschädigungen von Saaten und Kulturen, Ablagern von Mist und Unrat in den Wäldern, Anzünden von Feuern, Holzdiebstähle usw. Lediglich einzelne kleine Zweige dürfen ohne wesentliche Beschädigung der Pflanze abgerissen werden. Übertretungen der forstrechtlichen Bestimmungen können von der Verwaltungsbehörde je nach den Umständen mit Strafen bis zu 100.000 S oder Arrest bis zu vier Wochen belegt werden. Die Forstschutzorgane dürfen in Ausübung ihres Dienstes eine Faustfeuerwaffe führen, auch von ihren Waffen im Falle der Notwehr Gebrauch machen und Gesetzesübertreter zum Zweck ihrer Vorführung vor die Behörde auch festnehmen. Im Landschaftsschutzgebiet sorgen auch Naturwachtorgane für die Einhaltung der gesetzlichen Bestimmungen.

Wie verhält man sich bei Waldbränden?

Grundsätzlich ist jedermann verpflichtet, ein im Wald oder in dessen Gefährdungsbereich unbeaufsichtigt oder verlassen angetroffenes Feuer oder auch ein Schadensfeuer nach Kräften zu löschen bzw. auf schnellstem Wege der Polizeidienststelle oder dem Gemeindeamt zu melden. Zur Löschung eines Waldbrandes ist jedermann verpflichtet.

Wer erteilt Auskünfte in Forstangelegenheiten?

Innerhalb der Landesgrenzen von Wien befinden sich 7.596 ha Wald, das sind 18,5% der Landesfläche.

Als Forstbehörden fungieren in Wien in der Bezirksverwaltungsinstanz die zuständigen magistratischen Bezirksämter, in deren Amtsbereich die Forste gelegen sind, in der Instanz des Landeshauptmannes ist die MA 58, 1, Volksgartenstraße 3, 2. Stock (Tel. 40 00 . . ., 96823), als Forstbehörde zuständig. Die Wahrung aller Naturschutzbelange obliegt der MA 22, 1, Ebendorferstraße 4, 5. Stock (Tel. 40 00 . . ., 88231).

Den Forstbehörden stehen als forstfachliche Organe die Bezirksforstinspektion und die Landesforstinspektion Wien zur Seite, die ihren Sitz im Amtsgebäude der MA 49, 1, Volksgartenstraße 3, Tel. 40 00 . . ., 97912, haben. Diesen Dienststellen obliegt die staatliche Forstaufsicht über alle innerhalb des Bundeslandes Wien gelegenen Forste, wie z. B. Überprüfung der Zulässigkeit von Schlägerungen, Rodungen von Waldböden, Überwachung des Vollzuges der forstgesetzlichen Bestimmungen, Begutachtung von Wirtschaftsplänen, Anordnung und Überwachung von Maßnahmen zur Bekämpfung forstlicher, tierischer und pflanzlicher Schädlinge, forstfachliche Beratung der Waldbesitzer usw.

Die MA 49, 1, Volksgartenstraße 3, Tel. 40 00 . . ., 97911, verwaltet den gesamten im Eigentum der Stadt Wien stehenden Forstbesitz, der ein Ausmaß von rund 40.000 ha umfaßt. Der MA 49 unterstehen im Wienerwaldbereich die städtische Forstverwaltung Lainz (13, Lainzer Tiergarten, Hermesvilla, Tel. 804 13 15), die Forstverwaltung Lobau (Groß-Enzersdorf, Elisabethstraße 17, Tel. 0 22 49/23 53), ferner die Quellenschutzforste der 1. Wiener Hochquellenwasserleitung, und zwar die städtischen Forstverwaltungen Hirschwang und Naßwald, Niederösterreich, schließlich im Bereich der 2. Wiener Hochquellenwasserleitung die städtische Forstverwaltung Wildalpen, Steiermark. Der Forstverwaltung Hirschwang ist ein modern eingerichtetes Sägewerk als forstlicher Nebenbetrieb angeschlossen, in welchem der Großteil der aus den Quellenschutzforsten der 1. Wiener Hochquellenwasserleitung anfallenden Rundhölzer eingeschnitten wird.

Die im Rahmen dieser Bewirtschaftung sich ergebenden Holzverkäufe (Schnittholz, Rundholz, Faserholz, Grubenholz, Brennholz usw.) größeren Umfangs werden zentral durch die MA 49 bearbeitet, der auch die Verwaltung der Jagd- und Fischereieigenreviere wie auch jene der Gemeindejagdgebiete und Fischereipachtreviere im Land Wien obliegt.

Landwirtschaftsbetrieb der Stadt Wien

Der Landwirtschaftsbetrieb der Stadt Wien blickt bereits auf eine recht bewegte Vergangenheit zurück.

Im Jahr 1919 gründete die Stadt Wien im Verein mit der damaligen amtlichen Übernahmsstelle für Vieh und Fleisch sowie der Habsburg-Lothringischen Vermögensverwaltung (später Kriegsgeschädigten-Fonds) die Land- und Forstwirtschaftliche Betriebsgesellschaft m. b. H., an welcher die drei genannten Gesellschafter zu je einem Drittel beteiligt waren. Im Jahr 1926 erwarb die Stadt Wien den Anteil der amtlichen Übernahmsstelle für Vieh und Fleisch zur Gänze und den des Kriegsgeschädigten-Fonds zum größeren Teil, sodaß sie 90% der Anteile in ihrem Besitz vereinigte. Nach Auflösung des Kriegsgeschädigten-Fonds kaufte die Gemeinde Wien im Jahr 1941 vom Rechtsnachfolger des ersteren, dem Deutschen Reich (Reichsdomänenverwaltung), die restlichen 10% der Anteile und wurde damit Alleininhaberin der Gesellschaft. Nach Ausscheiden der Forstverwaltung Lobau und des Nebenbetriebes Säge- und Sperrholzwerk Orth an der Donau entschloß sich die Gemeindeverwaltung im Jahr 1942, von der bisherigen Gesellschaftsform abzugehen und den nunmehr rein landwirtschaftlichen Betrieb in ein städtisches Unternehmen mit der Bezeichnung „Landwirtschaftsbetrieb der Stadt Wien“ umzuwandeln.

In dieser Form blieb es bis 30. November 1973, als der Gemeinderat das Unternehmen auflöste und es der MA 49 als Landwirtschaftsreferat angliederte. Von der Zentrale mit dem Sitz in 3, Vordere Zollamtsstraße 11 (Tel. 712 24 99, 713 22 87), wurden die stadteigenen Höfe Lobau, Laxenburg, Wallhof, Magdalenenhof, Lindenhof in Eggenburg sowie das Weingut Cobenzl, ferner die von der Republik Österreich, Bundesministerium für Land- und Forstwirtschaft, gepachteten ehemaligen Fondsgüter Eßling, Rutzendorf, Orth und Schloßhof und schließlich der gesamte Streubesitz der Stadt Wien, soweit er landwirtschaftlich nutzbar ist, verwaltet. Die reine landwirtschaftliche Nutzfläche betrug rund 3.000 ha.

Hatte das seinerzeitige Unternehmen, mit ca. 15.000 ha ungleich größer als heute, vor rund 60 Jahren in der Notzeit nach dem Ersten Weltkrieg vornehmlich die Aufgabe, zur Linderung des Lebensmittelmangels beizutragen, besteht diese heute in der Hauptsache darin, den landwirtschaftlichen Grundbesitz der Stadt sozusagen kostendeckend zu konservieren, um im Bedarfsfall der Stadt Gründe, für welchen Zweck auch immer, jederzeit zur Verfügung stellen zu können. Sollte sich, was nicht zu erwarten, immerhin aber denkbar ist, jemals wieder eine Versorgungskrise abzeichnen, würde auch die heutige Fläche noch ausreichen, städtische Anstalten mit Grundnahrungsmitteln eigener Erzeugung zu beliefern.

Im Februar 1979 wurde der Landwirtschaftsbetrieb eine selbständige Magistratsabteilung, die MA 47, und der Geschäftsgruppe Vermögensverwaltung, städtische Dienstleistungen, Konsumentenschutz zugeordnet. Das Aufgabengebiet erfuhr eine Erweiterung und umfaßt neben der Erzeugung landwirtschaftlicher Produkte die Verwaltung stadteigener landwirtschaftlicher Grundflächen, Landschaftspflege, Erholungsflächenbetreuung, Arbeit an einem Forschungsprojekt nach der biologischen Landbaumethode und die Kompostwirtschaft im Rahmen der Biotonne.

Um die Grünflächenmaßnahmen besser koordinieren zu können, wurde mit Beschluß des Gemeinderates vom 10. Juni 1983 die MA 47 wieder in die MA 49 eingegliedert.

Mit Beginn der 90er Jahre wurde das Gut Lobau auf vollbiologische Produktion umgestellt. Gedüngt wird nur mit dem Kompost aus der Biotonne.

Wer darf in Wien jagen?

Jeder, der im Besitz einer gültigen Wiener Landesjagdkarte ist und dem von einem Eigenjagdberechtigten oder Jagdpächter die Erlaubnis hiezu erteilt wurde, sofern er nicht selbst ein solcher ist.

Die Landesjagdkarte erhält er über Ansuchen bei dem zuständigen magistratischen Bezirksamt. Die Landesjagdkarte ist nur in Verbindung mit dem Nachweis über den Erlag des Mitgliedsbeitrages an den Wiener Landesjagdverband gültig. Dieser ist vor Ausfolgung der Landesjagdkarte, sonst vor Beginn jeden Jahres fällig. Sein rechtzeitiger Erlag bewirkt die Verlängerung der Gültigkeit der Landesjagdkarte für ein weiteres Jagdjahr. Andernfalls erlangt die Landesjagdkarte erst mit Erlag dieses Beitrages ihre Gültigkeit für das laufende Jagdjahr.

Wie komme ich zu einer Jagdkarte?

Die Landesjagdkarten für das ganze Gebiet der Stadt Wien werden von dem magistratischen Bezirksamt ausgestellt, in dessen Amtsgebiet der Antragsteller seinen Wohnsitz hat. Für Personen, die in Wien keinen Wohnsitz haben, ist das MBA 1/8 zuständig.

Voraussetzungen für die Ausstellung einer Landesjagdkarte sind:

1. der Nachweis einer Jagdhaftpflichtversicherung und
2. der Nachweis der jagdlichen Eignung des Bewerbers.

Beide Nachweise werden durch eine entsprechende Bescheinigung des Wiener Landesjagdverbandes, 5, Gartengasse 26, erbracht. Für das Bundesland Niederösterreich werden Jagdkarten an in Wien wohnhafte Personen von der Bezirkshauptmannschaft Wien-Umgebung, 9, Alserbachstraße 41, ausgestellt.

Die Jagdgastkarten mit Gültigkeit für ein bestimmtes Jagdgebiet werden von den Jagdausübungsberechtigten für die Dauer von zwei Wochen ab Ausfolgung an Personen ausgestellt, die eine gültige Jagdkarte, gleichgültig welchen Bundeslandes, besitzen. An Personen, die ihren ordentlichen Wohnsitz im Ausland haben, im Besitz einer gültigen ausländischen Jagdkarte oder einer Bescheinigung, die gleichartige Rechte vermittelt, sind und die eine ausreichende Haftpflichtversicherung abgeschlossen haben, kann ebenfalls eine Jagdgastkarte ausgegeben werden.

Was ist zum Schutz des Wildes zu beachten?

Jeder Hundehalter hat seinen Hund so zu halten, daß er dem Wildstand keinen Schaden zufügen kann. Erforderlichenfalls muß der Hund im oder beim Haus entsprechend verwahrt, außerhalb des Hauses an der Leine geführt werden. Alleinjagende Hunde können von jedem Jagdaufsichtsorgan und Jagdausübungsberechtigten in ihrem Wirkungsbereich erschossen werden. Jede Beunruhigung und Verfolgung von Wild, wie auch das Fangen und Aneignen von Wild (Wilddiebstahl!), sowie das Aufstellen von Fallen – ausgenommen durch den Jagdausübungsberechtigten im Rahmen der jagdgesetzlichen Bestimmungen – sind verboten.

Zur Überwachung der Einhaltung der jagdrechtlichen Vorschriften sind für jedes Jagdgebiet beeidete Jagdaufseher bestellt. Diese genießen in Ausübung ihres Dienstes den besonderen Schutz, den das Strafgesetzbuch Beamten einräumt. Sie sind mit einem Dienstabzeichen, welches das von einem Hirschgeweih umrahmte Wappen der Stadt Wien zeigt, sowie mit einem Dienstausweis versehen.

Wer erteilt Auskünfte über Jagdangelegenheiten?

Das Wiener Jagdgebiet umfaßt 21 Eigenjagdgebiete und 14 Gemeindejagden. Als Bezirksjagdbehörde fungiert das magistratische Bezirksamt, in dessen Sprengel sich ein Jagdgebiet befindet, Landesjagdbehörde ist die MA 58, 1, Volksgartenstraße 3. Die fachliche Beratung der Wiener Landesregierung wird durch den Landesjagdbeirat durchgeführt. Jagdbezirksbeiräte gibt es bei den magistratischen Bezirksämtern für den 11., 13./14., 19., 21. und 22. Bezirk. Sämtliche Jagdkartenbesitzer in Wien gehören dem Wiener Landesjagdverband, 5, Gartengasse 26, an.

Auskünfte in Jagdangelegenheiten für Wien erteilen die MA 49 und 58.

Wer darf in Wien fischen?

Personen, die im Gebiet der Stadt Wien die Fischerei ausüben wollen, benötigen hiezu:

1. Eine Fischereilizenz. Diese wird vom Eigentümer, Pächter oder Bewirtschafter eines Wiener Fischereireviers oder eines Wiener Fischwassers, das nicht in die Revierbildung einbezogen ist, ausgestellt;
2. eine gültige Fischerkarte. Diese wird vom Wiener Fischereiausschuß, 3, Am Modenapark 1-2, 3. Stock, jeweils von Dienstag bis Freitag in der Zeit von 8 bis 11 Uhr ausgegeben. Es gibt einjährige und dreijährige Fischerkarten, die für die betreffenden Kalenderjahre gültig sind.

Fischerkartenbewerber haben bei persönlicher Antragstellung einen Lichtbildausweis sowie ihren Meldezettel vorzuweisen. Bei nicht persönlicher Antragstellung hat der Vertreter seinen eigenen Lichtbildausweis sowie den Meldezettel und eine Vollmacht des Fischerkartenbewerbers vorzuweisen. Personen unter 14 Jahren darf keine Fischerkarte ausgestellt werden. Personen zwischen dem 14. und dem 18. Lebensjahr haben außerdem einen Lichtbildausweis, den Meldezettel und die schriftliche Zustimmungserklärung des gesetzlichen Vertreters vorzuweisen.

Darüber hinaus können die unter Punkt 1 genannten Personen Unmündigen zwischen dem vollendeten sechsten und dem vollendeten 14. Lebensjahr das Fischen gestatten, sofern dies unter Aufsicht einer volljährigen, zur Ausübung der Fischerei berechtigten Person geschieht.

Für das Bundesland Niederösterreich werden die Fischerkarten an die in Wien wohnhaften Personen von der Bezirkshauptmannschaft Wien-Umgebung, 9, Alserbachstraße 41, von Montag bis Freitag von 8 bis 12 Uhr ausgegeben.

Welche Hilfsmittel dürfen zum Fischfang nicht verwendet werden?

Sprengstoffe, Gifte, Betäubungsmittel sowie elektrischer Strom dürfen zum Fischfang nicht verwendet werden. Auch das Fischen mit Schlingen, Legschnüren und mit Licht sowie das Prellen, Stechen und Beschießen der Fische (Harpunen!) ist verboten. Davon können jedoch aus fischereiwirtschaftlichen Gründen Ausnahmen gewährt werden. Desgleichen dürfen in fließenden Gewässern keine ständigen Fangvorrichtungen (Fischwehren) angebracht werden.

Zur Überwachung der Einhaltung der fischereirechtlichen Vorschriften, zu welchen außer den genannten Verboten insbesondere auch die Bestimmungen über die Schonzeiten und Mindestmaße (Körperlänge) der Fische zählen, sind für jedes Fischereirevier Fischereiaufseher bestellt. Diese genießen in Ausübung ihrer Funktion den besonderen Schutz, den das Strafgesetzbuch Beamten einräumt. Sie sind mit einem Dienstabzeichen mit der Aufschrift „Fischereiaufsicht“ und einem Dienstausweis versehen.

Was ist bei der Hundehaltung zu beachten?

An öffentlichen Orten wie Straßen, Plätzen, land- und forstwirtschaftlichen Flächen sowie frei zugänglichen Teilen von Häusern, Höfen, Lokalen und Kleingartenanlagen müssen Hunde entweder mit Maulkorb oder an der Leine geführt werden, sodaß deren jederzeitige Beherrschung gewährleistet ist.

In öffentlichen Parkanlagen sind Hunde an der Leine zu führen und von Kinderspielplätzen und Grünflächen fernzuhalten. In zahlreichen öffentlichen Parkanlagen sind Hundezonen bzw. Hundeauslaufplätze eingerichtet. Gleichzeitig werden auch Parkanlagen generell oder teilweise für Hunde verboten.

FRAUENBÜRO DER STADT WIEN

(MA 57)

Derzeit leben in Wien 850.645 Frauen – das sind 53 % der Wiener Bevölkerung. Das Frauenbüro will diese Mehrheit aktiv unterstützen. Dieses Büro (MA 57, 8, Friedrich-Schmidt-Platz 3, Tel. 40 00 . . ., 83515) arbeitet querschnittsorientiert. Die vielfältigen Interessen und Bedürfnisse von Frauen sowie die Benachteiligungen, die Frauen tagtäglich in den unterschiedlichen Lebensbereichen erfahren, stellen die Handlungsanleitung für diese Arbeit dar. Das Ziel ist die Gleichstellung der Interessen von Frauen und Männern.

Schwerpunkte der Tätigkeit des Frauenbüros

Grundlagenarbeit

Das Frauenbüro arbeitet daran, die Situation der Frauen in Wien in den unterschiedlichen Lebensbereichen zu erfassen und die Ursachen geschlechtsspezifischer Probleme zu analysieren und sichtbar zu machen. In der Schriftenreihe des Frauenbüros sind Daten und Fakten zur Lebenssituation der Frauen in Wien zusammengefaßt.

Sicherheit im öffentlichen Raum

Ein wichtiges Anliegen des Frauenbüros ist eine Stadt, die dem Sicherheitsempfinden und der Sicherheit von Frauen Rechnung trägt. Die alltägliche und gesellschaftlich zumindest tolerierte Belästigung von Frauen und Gewalt an Frauen führen dazu, daß sich viele Frauen in ihrer Bewegungsfreiheit eingeschränkt fühlen.

Das Frauenbüro setzt sich für bauliche und gestalterische Maßnahmen, die den weiblichen Lebensalltag berücksichtigen, ein und möchte Frauen bei der ungehinderten, angstfreien und sicheren Aneignung und Benützung des öffentlichen Raumes unterstützen.

Der Band „Richtlinien für eine sichere Stadt" der Schriftenreihe des Frauenbüros zeigt konkrete Beispiele für die Planung und Gestaltung sicherer öffentlicher Räume. Mit der Ratgeberin „Sicherheitstips für Frauen" möchte das Frauenbüro den Wienerinnen Tips und Hinweise geben, wie sie sich gegen belästigende Männer wehren können, ohne den eigenen Handlungsspielraum einschränken zu müssen.

Wien – frauengerechte Stadt

Das Frauenbüro setzt sich für einen frauengerechten Wohn- und Städtebau ein. Ziel ist eine stärkere Berücksichtigung von Fraueninteressen in der Planung. Bei der Begutachtung von geförderten Wohnbauvorhaben ist das Frauenbüro als Fachdienststelle für alltagsgerechtes Bauen eingebunden und in der Jury der Bauträgerwettbewerbe vertreten. Auch sonst werden Fachgutachten zu Planungsvorhaben erstellt.

An der Donaufelder Straße im 21. Bezirk entsteht das vom Frauenbüro der Stadt Wien initiierte europaweit größte Modellprojekt für einen frauengerechten Wohnbau. Im Rahmen der Stadterweiterung wird ein „Stück Stadt" mit 350 Wohnungen, einem Kindergarten, Gemeinschaftsräumen und Geschäften ausschließlich von Fachfrauen geplant und gestaltet. Der Bezug der Wohnhausanlage wird 1997 erfolgen.

Förderung von Frauenprojekten

Anträge auf Förderung von Frauenprojekten werden vom Frauenbüro hinsichtlich Zielsetzung, Bedarf, inhaltlicher und finanzieller Konzeption und Ergänzung zu Angeboten bestehender Einrichtungen geprüft und zur Entscheidung vorgelegt. Ein Informationsblatt zur Antragstellung sowie weitere Auskünfte erhält man unter Tel. 40 00 . . ., 83513.

Gleichbehandlung und Frauenförderung im Magistrat der Stadt Wien

Mit 1. Mai 1996 ist das Wiener Gleichbehandlungsgesetz in Kraft getreten, für das die MA 57 wesentliche inhaltliche Beiträge geliefert hat. Das Wiener Gleichbehandlungsgesetz soll Frauen im Magistrat neue Berufsfelder eröffnen und die rechtlichen Voraussetzungen schaffen, um gezielte Frauenförderung zu betreiben.

Die Arbeitsgruppe für Gleichbehandlungsfragen überlegt Maßnahmen im Interesse der Chancengleichheit, arbeitet Vorschläge für die Frauenförderungspläne aus und berichtet regelmäßig über die Fortschritte bei der Verwirklichung. Die MA 57 führt die Bürogeschäfte. Die Arbeitsgruppe ist unter derselben Büroadresse wie die MA 57, 8, Friedrich-Schmidt-Platz 3, 4. Stock, Tel. 40 00 . . ., 83526, zu erreichen.

Servicestellen

Frauentelefon: 408 70 66

Das Frauentelefon ist Montag und Mittwoch von 8 bis 12 Uhr und Donnerstag von 13 bis 17 Uhr besetzt.

Mit dem „Frauentelefon" bietet das Frauenbüro einen Wegweiser für ratsuchende Frauen in Wien. Auskunft und Beratung bei Problemen aus dem Lebensumfeld von Frauen sowie Vermittlung an zuständige und/oder spezialisierte Einrichtungen sind die Serviceleistungen des „Frauentelefons".

Frauennotruf: 71 71 9 – Soforthilfe für vergewaltigte Frauen und Mädchen

Der Frauennotruf ist täglich von 0 bis 24 Uhr besetzt. Frauen und Mädchen, die sexuelle Gewalt erfahren mußten, können sich zu jeder Tages- und Nachtzeit, auch an Wochenenden und an Feiertagen, an die Beratungsstelle wenden.

Die Mitarbeiterinnen unterstützen in einer akuten Krisensituation oder schwierigen Lebenssituation, unabhängig davon, wie lange die Gewalterfahrung zurückliegt. Das Beratungsangebot reicht von telefonischer oder persönlicher Beratung, Begleitung und Unterstützung bei Anzeigen und medizinischen Untersuchungen oder bei einem Gerichtsverfahren, bis zur Beratung von Angehörigen, Freundinnen oder Freunden. Die Beratung ist anonym und kostenlos.

GARTENWESEN UND AMTLICHER PFLANZENSCHUTZDIENST

(MA 42)

Wer erteilt Auskünfte über das Angebot an öffentlichen Grünanlagen?

Bezüglich aller Fragen und Probleme im Zusammenhang mit Grünflächen, Parkanlagen, Kinderspielplätzen, Pflanzenbetreuung (auch Pflanzengesundheit) und Innenhofbegrünungen erteilt die MA 42 – Stadtgartenamt, 3, Am Heumarkt 2b, Tel. 40 00 . . . , 8042, Auskünfte.

Welche Pflichten hat ein Gartenbesitzer hinsichtlich des Pflanzenbestandes?

Eigentümer von Grundstücken haben kultivierte und unkultivierte Grundstücke tunlichst frei von gefährlichen Krankheiten und Schädlingen zu halten, insbesondere ist die für den Obstbau gefährliche San-José-Schildlaus zu bekämpfen.

Gartenbesitzer sind verpflichtet, Organen des amtlichen Pflanzenschutzdienstes das Betreten ihrer Grundstücke zum Zweck von Kontrollen im Interesse des Pflanzenschutzes nach vorhergehender Verständigung zu ermöglichen.

Das verstärkte Auftreten von Schädlingen oder Krankheiten ist dem amtlichen Pflanzenschutzdienst, 14, Hanakgasse 1A, Tel. 911 25 55, oder dem zuständigen magistratischen Bezirksamt zu melden.

Was ist bei Ausfuhr und Einfuhr von Pflanzen und Pflanzenteilen zu beachten?

Für die Ausfuhr in EU-Staaten kann entsprechend den Bestimmungen des Pflanzenschutzgesetzes 1995 ein Pflanzenpaß erforderlich sein. Beim Export in Nicht-EU-Staaten (Drittländer) ist zumeist ein Gesundheitszeugnis notwendig.

Bei der Einfuhr aus EU-Mitgliedstaaten ist keine gesonderte Pflanzenbeschau erforderlich.

Bei der Einfuhr von Pflanzen und Pflanzenteilen aus Nicht-EU-Staaten ist ein Pflanzengesundheitszeugnis des Versenderlandes nötig. Sofern entsprechend den gesetzlichen Bestimmungen eine Pflanzenbeschau erforderlich ist, wird der Pflanzenschutzdienst durch die Zollbehörde verständigt.

Nähere Auskünfte hinsichtlich der Ein- und Ausfuhr von Pflanzen, Pflanzenteilen und pflanzlichen Produkten erteilt der amtliche Pflanzenschutzdienst, 14, Hanakgasse 1A, Tel. 911 25 55, Telefax 911 25 55–9.

Innenhofbegrünungen

Die MA 42 – Stadtgartenamt fördert die Begrünung eines privaten Innenhofes mit bis zu 20.000 S. Beratung und Zusendung eines Infoblattes und eines Folders durch die MA 42, Tel. 40 00 . . . , 97247.

GASWERKE (WIENGAS)

Wo befinden sich die WIENGAS-Kundendienststellen?

Direktion: 8, Josefstädter Straße 10–12, Tel. 401 28 . . . 0.

Kundendienststelle Josefstadt: 8, Josefstädter Straße 10–12, Tel. 401 28 . . . 0, für die Bezirke 1, 3, 4, 6, 7, 8, 9, 10, 11, 16, 17, 18, 19 sowie die Gemeinde Schwechat.

Kundendienststelle Meidling: 12, Theresienbadgasse 3, Tel. 401 28 . . . 0, für die Bezirke 5, 12, 13, 14, 15, 23 sowie die Gemeinde Purkersdorf.

Kundendienststelle Brigittenau: 20, Klosterneuburger Straße 70, Tel. 401 28 . . . 0, für die Bezirke 2, 20, 21, 22 sowie die Gemeinden Gerasdorf, Großenzersdorf und Langenzersdorf.

Kundendienststelle Mödling: Mödling, Hauptstraße 68, Tel. 902, 0 22 36/24 2 03 . . . 0, für die Gemeinden Breitenfurt, Guntramsdorf, Hennersdorf, Kaltenleutgeben, Maria Enzersdorf, Mödling, Traiskirchen, Vösendorf und Wiener Neudorf.

Heizberatung: 8, Josefstädter Straße 10–12, Tel. 401 28 . . ., 2950, für das gesamte Versorgungsgebiet (Heizberatung vor Ort, Wärmebedarfsberechnung, Abgasmessungen).

Störungsmeldestelle: 8, Josefstädter Straße 10–12, Tel. 401 28 . . ., 88 (0 bis 24 Uhr), für das gesamte Versorgungsgebiet.

Notruf 128

Gaszählerwechseldienst: 11, Eyzinggasse 12, Tel. 401 28 . . ., 2465, 2466.

Was sind die „Allgemeinen Bedingungen für den Gasbezug"?

Die Lieferung von Gas erfolgt nach vorheriger Gasbezugsanmeldung aufgrund der „Allgemeinen Bedingungen für den Gasbezug aus den Wiener Stadtwerken – Gaswerken" nach Maßgabe der bestehenden Gaserzeugungs- und -verteilungsanlagen.

Das Gas darf nur für den eigenen Bedarf des Abnehmers verwendet werden. Die Versorgung Dritter, mit Ausnahme von Untermietern, ist nur mit schriftlicher Zustimmung der Wiener Stadtwerke – Gaswerke gestattet.

Die Lieferbereitschaft begründet keinen klagbaren Anspruch.

Der Gasabnehmer hat keinen Anspruch auf Entschädigung, wenn die Gaswerke aus irgendeinem Grund an der Lieferung des Gases verhindert sind oder eine Störung in der Gaslieferung eintritt. Bei Störungen in der Gaslieferung wird eine ehetunlichste Behebung zugesichert.

Die Wiener Stadtwerke – Gaswerke übernehmen für den Zustand der Gaszuleitungen und der Gasverteil- und -benützungsanlagen in den Räumlichkeiten der Gasabnehmer keine Haftung, sind aber über Wunsch bereit, die Gasanlagen unentgeltlich zu überprüfen und bei beabsichtigten Gaseinrichtungen beratend mitzuwirken.

Den mit einer amtlichen Dienstlegitimation (mit Lichtbild) versehenen Angestellten der Gaswerke muß jederzeit der ungehinderte Zutritt zu den Gaszählern und allen Gasverbrauchseinrichtungen gestattet werden.

Wie wird eine Gaszuleitung bestellt?

Die Herstellung, Änderung und Instandsetzung von Hausanschlußleitungen (Abzweigungen vom Straßenhauptrohr) führen die Wiener Stadtwerke – Gaswerke über schriftliche Bestellung und auf Kosten des Bestellers aus.

Von der zuständigen Kundendienststelle (siehe vorstehend)

kann zunächst mündlich, schriftlich oder fernmündlich ein unverbindlicher schriftlicher Kostenvoranschlag verlangt werden. Die Herstellungskosten einer Gaszuleitung richten sich nach dem Querschnitt und der Länge der Zuleitung sowie nach der Art der Straßendecke und den Verkehrsverhältnissen. Die Kosten erhöhen sich, wenn die Zuleitung in zwei Abschnitten bzw. verkehrsbedingt in den Nachtstunden hergestellt werden muß. Bei Erstellung des Kostenvoranschlages müssen die ungünstigsten Verhältnisse angenommen werden. Mit der Bestellung soll nicht bis zum Winter gewartet werden, da bei gefrorenem Boden ein Frostzuschlag verrechnet werden müßte. Erfolgt die Bestellung nicht vom Hauseigentümer, hat der Besteller dessen schriftliche Einwilligung beizubringen. Bei jeder Bestellung – ausgenommen bei Reparatur – ist eine Anzahlung zu leisten. Der Liegenschaftseigentümer ist verpflichtet, die Gasanlage in gutem Zustand zu erhalten bzw. in angemessener Frist in entsprechenden Zustand zu versetzen.

Um Schwierigkeiten bei der Finanzierung von Reparaturarbeiten an schadhaften Gasanlagen (Hauszu- und -verteilungsleitungen) zu überbrücken, wurde durch eine Sonderkreditaktion der Bank Austria AG eine Geldbeschaffung in kürzester Zeit möglich.

Wie wird die Aufstellung eines Gaszählers bestellt?

Die Zählung der abgegebenen Gasmenge erfolgt durch amtlich geeichte Gaszähler; die Anzeigen des Gaszählers werden der Verrechnung zugrunde gelegt.

Die Bestimmung der Größe, der Art und des Aufstellungsortes des Gaszählers ist den Gaswerken vorbehalten. Die Gaszähler einschließlich der Verbindungsstücke, soweit diese von den Gaswerken beigestellt werden, bleiben ihr Eigentum und werden von ihnen gewartet. Als teilweises Entgelt für die Beistellung und Wartung des Gaszählers sowie für die Kosten der Gasverrechnung wird eine nach der Gaszählergröße abgestufte Gaszählergebühr in nachstehender Höhe eingehoben (Stand 1. Dezember 1997):

Type	NB 1,5	NB 2 u. 5 G2, 5 u. G4 u. 6	NB 7	NB 10 u. 15 G10 u. 16	NB 30 G25
Schilling Monat	4,50	8,80	13,30	32,10	53,20

(ohne Umsatzsteuer)

Diese Gaszählergebühr wird gemeinsam mit den für die verbrauchten Gasmengen fälligen Beträgen im Rahmen des Jahresinkassos verrechnet.

Die Aufstellung eines Gaszählers wird in der zuständigen Kundendienststelle bestellt, wobei eine Gebühr je nach Größe der Nennbelastung des Gaszählers zu entrichten ist. Vorher ist vom Eigentümer bzw. Benützer der Gasanlage über den Installateur, der die Gasanlage hergestellt hat, eine Überprüfung (Kommissionierung) durch die Gaswerke zu beantragen. Umfaßt die Gasanlage auch Gasgeräte, die an einen Kamin angeschlossen werden müssen (Warmwassergeräte, Kessel, Einzelheizöfen – mit Ausnahme der sogenannten „Außenwandgeräte“), ist spätestens mit der Bestellung des Gaszählers ein gültiger Kaminbefund abzugeben. Eine Installationsanzeige ist jedoch im Zusammenhang mit jeder Kommissionierung und jedem Gerätetausch erforderlich.

Was kostet das Erdgas?

(Gastarif gültig ab 1. Dezember 1997)

Mindestarbeitspreis

Auf der Basis von 0,25 m^3 Gasverbrauch pro Tag und einem Tarif von 4,40 S/m^3 zuzüglich Umsatzsteuer wird ein Mindestarbeitspreis verrechnet. Für einen Zeitraum von 365 Tagen ergibt sich ein Mindestarbeitspreis von 401,50 S (mit Umsatzsteuer: 481,80 S). Zusätzlich zum Mindestarbeitspreis wird gemäß dem Erdgasabgabegesetz für jeden Kubikmeter Erdgas eine Erdgasabgabe von 0,575 S/m^3 (mit Umsatzsteuer: 0,69 S/m^3) eingehoben.

Weicht der Abrechnungszeitraum von einem Jahr (365 Tage) ab, erfolgt eine anteilige Berechnung des Mindestarbeitspreises auf der Basis von 0,25 m^3 pro Verrechnungstag.

Tarifstufe 1

Wird die dem Mindestarbeitspreis zugrundeliegende Menge überschritten, beträgt der Tarif bis zu einem Jahresverbrauch von 730 m^3 je verrechneter Anlage

ohne Steuern	inklusive Erdgasabgabe und 20 % Umsatzsteuer
4,40 S/m^3	5,97 S/m^3

Weicht der Abrechnungszeitraum von einem Jahr (365 Tage) ab, erfolgt eine anteilige Berechnung der nach der Tarifstufe 1 verrechneten Gasmenge auf der Basis von 2 m^3 pro Verrechnungstag.

Tarifstufe 2

Für die einen Jahresverbrauch von 730 m^3 (bezogen auf 365 Tage) übersteigende Gasmenge beträgt der Tarif

ohne Steuern	inklusive Erdgasabgabe und 20 % Umsatzsteuer
4,00 S/m^3	5,49 S/m^3

Der Brennwert (H_O) des Erdgases beträgt je Kubikmeter im Normzustand (0°C, 1.013,25 mbar) 11,1648 kWh und je Kubikmeter im durchschnittlichen Betriebszustand 10,70 kWh. Für die Brennwerte gilt eine Schwankungsbreite von +/-1,5 %.

Wo erfolgt die Beratung über die Errichtung von Gasanlagen?

Eine fachkundige Beratung über die Errichtung von Gasanlagen erfolgt in den zuständigen Kundendienststellen sowie im Haus WIEN ENERGIE, 6, Mariahilfer Straße 63, Tel. 582 00. Wärmebedarfsberechnungen für Objekte, die zentral beheizt werden sollen, erfolgen kostenlos in der Beratungsstelle Mariahilfer Straße anhand von mitgebrachten Bauplänen. Gleichzeitig ist in dieser Informationsstelle Montag bis Donnerstag von 9 bis 17.30 Uhr und Freitag von 9 bis 15 Uhr eine Geräteausstellung mit spezieller Beratung eingerichtet. Es kann jedoch auch ein Außendienst-Energieberater für eine Beratung direkt vor Ort unter Tel. 401 28 . . ., 2950, angefordert werden.

Vor der Ausführung einer Gasheizungsanlage ist vom Installateur oder der Heizungsfirma ein Antrag auf Anschlußgenehmigung bei den Wiener Stadtwerken-Gaswerke einzureichen.

Wo erhält der Gasabnehmer Auskünfte bezüglich Gasrechnungen?

Auskünfte über Gasrechnungen erteilen das Kundendienstzentrum der Wiener Stadtwerke, 9, Spitalgasse 5–9, Tel. 313 69 . . . 0, bzw. die Wiener Stadtwerke-Gaswerke, Abteilung Großkonsumabrechnung, 8, Josefstädter Straße 10–12, Tel. 401 28 . . . 0. System der Gasverrechnung → „Elektrizitätswerke (WIENSTROM)“.

Wie erfolgt die Abmeldung des Gasbezuges?

Im Normalfall (z. B. bei Wohnungswechsel) genügt eine rechtzeitige Vereinbarung (auch telefonisch) wegen der

Schlußstandablese mit der verrechnenden Stelle (Strom- und Gasverrechnung der Wiener Stadtwerke im Kundendienstzentrum, 9, Spitalgasse 5-9, Tel. 313 69 . . . 0, bzw. Wiener Stadtwerke-Gaswerke, Abteilung Großkonsumabrechnung, 8, Josefstädter Straße 10-12, Tel. 401 28 . . . 0).

Soll der Gaszähler demontiert werden, ist dies bei der zuständigen Kundendienststelle der Wiener Stadtwerke-Gaswerke persönlich oder schriftlich zu beantragen.

Wie komme ich zu einem preiswerten Gasgerät?

Vor Ankauf eines neuen Gasgerätes besteht die Möglichkeit einer umfangreichen Information in der Ausstellung des Hauses WIEN ENERGIE, 6, Mariahilfer Straße 63.

In Wien dürfen nur Gasgeräte und -feuerstätten mit dem CE-Zeichen und der Österreich-Kennung „AT" verwendet werden. Die ÖVGW-Qualitätsmarke bescheinigt, daß das Gerät österreichischen Standard aufweist.

Wie kann ich mir zu günstigen Bedingungen ein Badezimmer bzw. eine Einzelraumheizung oder Etagenheizung einrichten?

Die Finanzierung durch die Gasgemeinschaft Wien ermöglicht es jedem Konsumenten im Versorgungsgebiet der Wiener Stadtwerke – Gaswerke, sich die nötigen Einrichtungen und die Installation eines Badezimmers, einer Etagenheizung oder einer Einzelraumheizung zu günstigen Teilzahlungsbedingungen anzuschaffen.

Ebenso werden Gas-Haussteigleitungen, Gas-Hausanschlußleitungen sowie die Erneuerung von Gas-Hausanschlußleitungen nach einem Gebrechen zu denselben günstigen Bedingungen durch die Gasgemeinschaft Wien finanziert. 20% des gesamten Betrages sind bei der Bestellung zu erlegen.

Nähere Auskünfte erteilt die „Gasgemeinschaft Wien", 6, Gumpendorfer Straße 57, Tel. 587 96 02. Speziell bei der Errichtung von Gasheizungsanlagen stehen aber auch die Kundendienststellen der Wiener Stadtwerke – Gaswerke für eine umfassende Beratung zur Verfügung, um in allen Belangen die für den Kunden bestmögliche Lösung zu erzielen.

Ein Anruf bei den genannten WIENGAS-Kundendienststellen genügt!

Was mache ich, wenn mein Gasgerät nicht richtig funktioniert?

Falls kein Installateur erreichbar sein sollte, kann auch die Störungsmeldestelle der Wiener Stadtwerke – Gaswerke, Tel. 401 28 . . ., 88, angerufen und der kostenlose Besuch eines Monteurs verlangt werden. Kleinere Mängel wird dieser selbst beheben (z. B. durch Einbau eines Gaszählerfilters), bei größeren Reparaturen allerdings erfolgt die Verweisung an einen konzessionierten Installateur. Ein guter Rat: Nicht selbst Schäden reparieren, da dadurch der Schaden möglicherweise noch vergrößert werden kann; aber auch nicht an Pfuscher wenden, denn Pfuscherarbeiten kommen gewöhnlich teurer als die Arbeit des Fachmannes und stellen ein hohes Sicherheitsrisiko dar!

Die wichtigste Grundlage für eine Gerätefunktion ist jedoch eine regelmäßige Gerätewartung durch einen Fachmann.

Wie verhält man sich bei Gasgebrechen?

Tritt Gasgeruch auf, ist folgendes zu beachten:

1. Sämtliche Gashähne, soweit sie gefahrlos erreichbar sind, schließen.
2. Offene Flammen sofort löschen. Elektrische Schalter und Klingeln nicht betätigen. Zugehörige Sicherungen nur dann herausschrauben, wenn sie sich außerhalb des gaserfüllten Raumes befinden. Gas-Luft-Gemische stellen eine Explosionsgefahr dar!
3. Durch Öffnen der Fenster und Türen Durchzug herstellen, um die Räume gründlich zu lüften.
4. Sofortige telefonische Meldung an die Wiener Stadtwerke – Gaswerke, 8, Josefstädter Straße 10-12, Tel. 401 28 . . ., 88, Störungsmeldestelle (0 bis 24 Uhr).

Notruf 128

GEMEINDEVERMITTLUNGSÄMTER

(MA 62)

Wegen Geldforderungen, sonstiger Ansprüche auf bewegliche Sachen, bei Streitigkeiten über Liegenschaftsgrenzen, über Servituten sowie in Besitzstreitigkeiten empfiehlt es sich, vor Anrufung des Gerichtes bei dem Gemeindevermittlungsamt. in dessen Sprengel ein Streitteil seinen Wohnsitz hat, die Vornahme eines Vergleichsversuches zu beantragen. Die Gemeindevermittlungsämter sind in Wien in jedem Gemeindebezirk bei der Bezirksvorstehung eingerichtet. Aufgrund eines solchen Antrages wird der Gegner für einen bestimmten Tag zum Gemeindevermittlungsamt vorgeladen. Die Vertrauensleute dieses Amtes werden sich bemühen, zwischen den beiden Streitteilen einen Vergleich herbeizuführen. Wenn eine Einigung zustande kommt, wird der Inhalt des Vergleiches schriftlich niedergelegt und auf Verlangen den Parteien eine Amtsurkunde darüber ausgefertigt. Von besonderer Bedeutung ist, daß diese Urkunde die Wirkung eines gerichtlichen Vergleiches hat, sodaß die gerichtliche Zwangsvollstreckung durchgeführt werden kann, wenn eine Partei die übernommenen Verpflichtungen nicht einhält. Aber auch dann, wenn sich die Parteien schon außergerichtlich geeinigt haben, können sie Geld ersparen, wenn sie derartige Einigungen als Vergleich in das Amtsbuch des Gemeindevermittlungsamtes eintragen lassen. Auch in diesen Fällen wird den Parteien, die den Vergleich vor dem Gemeindevermittlungsamt abschließen, eine Amtsurkunde ausgefertigt, die, wie oben dargelegt, die Wirkung eines gerichtlichen Vergleiches hat.

In Ehrenbeleidigungsangelegenheiten ist die Vornahme eines Sühneversuches durch das Gemeindevermittlungsamt gesetzlich vorgeschrieben. Der Beleidigte wird sich daher zweckmäßigerweise noch vor der Einbringung der Ehrenbeleidigungsklage an das Gemeindevermittlungsamt wenden, in dessen Sprengel der Beleidiger seinen Wohnsitz hat, und die Anberaumung einer Sühneverhandlung beantragen. Auch in diesen Fällen werden die Vertrauensleute des Amtes bestrebt sein, dem Beleidigten Genugtuung zu verschaffen, indem sie den Beleidiger je nach der Sachlage zur Abgabe einer mündlichen, schriftlichen oder öffentlichen Ehrenerklärung, unter Umständen auch zur Leistung einer Geldbuße für einen wohltätigen Zweck, veranlassen werden. Sollte der Sühneversuch jedoch erfolglos bleiben, erhält der Beleidigte darüber eine Bescheinigung, welche er der Ehrenbeleidigungsklage beilegen muß. Auch für Ehrenkränkungen, die nicht gerichtlich, sondern verwaltungsbehördlich (MBA) als Privatanklagesache zu verfolgen sind, gelten diese Bestimmungen sinngemäß.

Da das Einschreiten der Gemeindevermittlungsämter mit keinen Kosten verbunden ist, können auf diese Weise in vielen Fällen die nicht unbedeutenden, mit gerichtlichen Verfahren zusammenhängenden Kosten erspart werden.

GESUNDHEITSWESEN

(MA 15, 70, KAV)

In den letzten Jahren versuchen immer mehr Menschen, nach der Erkenntnis, daß Vorbeugen besser als Heilen ist, zu leben. Die zuständigen Gesundheitspolitiker und Behörden haben mehr denn je die Aufgabe, in einer Welt, in der die Möglichkeiten der Gesundheitsgefährdung immer vielfältiger werden, die Rahmenbedingungen für ein gesundheitsbewußtes Verhalten aller, unabhängig von ihrem sozialen und finanziellen Status, zu schaffen.

So wandeln sich auch die Aufgaben des Gesundheitswesens der Stadt Wien in Richtung „flexibler, mobiler und vielfältiger“. Ein Wandel vom „Amt“ zur „kundenorientierten“ Serviceeinrichtung hat stattgefunden.

Eine wesentliche Aufgabe ist die Förderung der Gesundheit der Bevölkerung. Die Gesundheitsleistungen umfassen Angebote für alle Altersklassen vom Neugeborenen (Familienhebammen, Elternberatung) bis zum Erwachsenen (Vorsorgeuntersuchung, Raucherberatung usw.). Eine wichtige regionale Drehscheibe für die Angebote sind die Bezirksgesundheitsämter.

Die folgende Auflistung gibt einen Überblick über die Serviceangebote der MA 15:

- Familienhebammen,
- Entwicklungsdiagnostische Ambulanzen,
- ärztlicher Dienst in den Elternberatungsstellen der MA 11,
- ärztlicher Dienst in drei Familienplanungsstellen,
- Impfungen. Impfstelle für Auslandsreisende,
- Jugendzahnkliniken mit Samstag-Vormittag-Notdienst,
- schulärztlicher Dienst,
- Gesundenuntersuchungen,
- Raucherberatung,
- Ernährungsberatung,
- Tuberkulose-Referat und Gesundheitsfürsorgestellen,
- Ambulatorium zur Diagnose und Behandlung sexuell übertragbarer Krankheiten (STD-Ambulatorium),
- Bezirksgesundheitsämter,
- Umweltmedizinische Beratungsstelle,
- Wetterfühligkeitsberatung,
- Polleninformationsdienst und Pollenberatung für Allergiker,
- Gesundheitstelefon.

Die Serviceleistungen decken allgemeine Beratung ebenso ab, wie spezielle Einzelthemen, Themen, die bestimmte Altersgruppen betreffen, und Themen, die bestimmte Personengruppen betreffen.

Zusätzlich werden noch folgende Aufgaben von der Gesundheitsbehörde wahrgenommen:

- Seuchenbekämpfung und -verhütung,
- Tuberkulosebekämpfung,
- Überwachung der Hygiene,
- medizinische Überwachung der Trinkwasserqualität,
- medizinische Sachverständigentätigkeit in behördlichen Verfahren,
- sanitäre Aufsicht über medizinische Einrichtungen (Krankenhäuser, Ambulatorien, Ordinationen, Apotheken),
- Aufsicht über Sanitätsberufe (Ärzte, Apotheker, Krankenpflegefachdienste, medizinisch-technische Dienste, Sanitätshilfsdienste, Hebammen),
- Überwachung des Arzneimittelwesens,
- medizinische Überwachung des Leichen- und Bestattungswesens,
- umweltmedizinische Aspekte in Vollziehung von Rechtsvorschriften,
- medizinische Rechtsangelegenheiten.

Gesundheitsvorsorge in Wien

Vorbeugen ist besser als Heilen

Diesem Grundsatz der modernen Medizin trägt die Stadt Wien mit einem besonders umfangreichen Programm im Rahmen der Gesundenuntersuchung Rechnung. Kostenlos und unbürokratisch können alle Wiener ihren Gesundheitszustand in einer der Untersuchungsstellen überprüfen lassen.

Regelmäßige Untersuchungen des allgemeinen Gesundheitszustandes sollten eigentlich so selbstverständlich sein, wie die Kontrolle beim Zahnarzt.

Ob schleichende Erkrankungen, hervorgerufen durch Risikofaktoren wie erhöhtes Cholesterin und Triglyzeride, erhöhter Blutzucker oder gesundheitsgefährdende Angewohnheiten wie Rauchen, überhöhter Alkoholkonsum oder falsche Ernährung, die Gesundenuntersuchung bietet die Möglichkeit, frühzeitig zu handeln.

Früherkannte Krankheiten können mit weniger Aufwand und Belastung für den Patienten behandelt werden. Das trifft nicht nur auf den Krebs zu, sondern auch auf eine Reihe anderer Volkskrankheiten.

Jeder, der das 19. Lebensjahr erreicht hat, kann die Gesundenuntersuchung kostenlos in Anspruch nehmen. Die Anmeldung ist einfach und unbürokratisch. Für Berufstätige besteht auch die Möglichkeit, die Untersuchung während der Abendstunden durchführen zu lassen.

Der Gesundheits-Check

Das Untersuchungsprogramm in den Gesundenuntersuchungsstellen der Stadt Wien umfaßt:

– Lungenfunktionsprüfung,

– komplette internistische Untersuchung mit Blutdruckmessen, EKG, Abhören von Lunge und Herz,

– Hals-, Nasen- und Ohrenuntersuchung mit Kehlkopfspiegelung und bei Bedarf Hörtest,

– umfangreiche Laboruntersuchungen von Blut und Harn,

– die Untersuchung des Stuhles auf Blut,

– eine frauenärztliche Untersuchung mit einem Abstrich (Zelltestbefund).

Wenn man an den angeführten Tagen nüchtern (zum Frühstück nichts essen und trinken) zur Blutabnahme an eine der folgenden Adressen kommt, ist keine vorherige Terminabsprache nötig. Ein Termin für die Untersuchung, an dem man auch die Befunde erhält, kann nach der Blutabnahme vereinbart werden.

Als Versicherungsnachweis für Versicherte der Wiener Gebietskrankenkasse genügt die Versicherungskarte bzw. die Angabe der Versicherungsnummer. Versicherte einer anderen Versicherungsanstalt benötigen einen Krankenschein.

Welche Möglichkeiten der Gesundenuntersuchung bietet die Stadt Wien?

Die Stadt Wien verfügt über eine Reihe von Gesundenuntersuchungsstellen, und zwar:

3, Hainburger Straße 57-63, Tel. 712 24 57, ohne Anmeldung jeden Montag von 8 bis 10 Uhr, Blutabnahme

9, Mariannengasse 10, Tel. 404 09 . . ., 512, Allgemeine Poliklinik, ohne Anmeldung jeden Donnerstag von 8 bis 10 Uhr, Blutabnahme

10, Per-Albin-Hansson-Siedlung Ost, Ada-Christen-Gasse 2/C, Tel. 688 21 60, ohne Anmeldung jeden Dienstag von 8 bis 10 Uhr, Blutabnahme

13, Hietzinger Kai 1-3, Tel. 878 34 . . ., 13287, ohne Anmeldung jeden Montag von 8 bis 10 Uhr, Blutabnahme

15, Sorbaitgasse 3, Tel. 982 44 39, ohne Anmeldung jeden Freitag von 8 bis 10 Uhr, Blutabnahme

20, Romanogasse 27, Gesundheitszentrum, Tel. 333 16 77, ohne Anmeldung jeden Donnerstag von 8 bis 10 Uhr, Blutabnahme

21, Großfeldsiedlung, Pastorstraße 22, Tel. 259 62 12, ohne Anmeldung jeden Mittwoch von 8 bis 10 Uhr, Blutabnahme

Information über die Gesundenuntersuchung:

1, Neutorgasse 15, Parterre, Montag bis Freitag von 8 bis 15 Uhr, Tel. 531 14 . . ., 87604.

In der Gesundenuntersuchungsstelle, 20, Romanogasse 27, besteht eine Vorsorgeambulanz für Herz-Kreislauf-Erkrankungen; Zuweisungen erfolgen im Rahmen der Vorsorgeuntersuchungen.

Gesundheitsberatung in Wien

Seit 1. Dezember 1997 sind mehrere Dienstleistungsangebote organisatorisch zusammengefaßt und neu strukturiert. Schwergewicht wird dabei auf eine Informationsbasis gelegt, die dem Bürger zur Lösung von Befindlichkeitsstörungen helfen soll. Einerseits werden Informationen angeboten, die zur Hilfestellung an verschiedene Gesundheitseinrichtungen weiterleiten, andererseits erfolgen spezielle Beratungsdienste in Räumlichkeiten der MA 15.

1. Polleninformationsdienst und Pollenberatung für Allergiker

Hier werden kostenlos Auskünfte und Beratung über die aktuelle Pollensituation oder über die persönliche Allergielage in Form einer persönlichen Beratung gegeben. Der Klient wird gebeten, einen Fragebogen auszufüllen und einen Beschwerdekalender zu führen. All diese Informationen werden anschließend ausgewertet, und es wird über das weitere Vorgehen beraten. Weiters gibt es eine Reiseberatung über die Pollensituation im Ausland (Blühzeiten von Pflanzen im Ausland).

Wichtig zu erwähnen ist auch der Pollenwarndienst. Hier werden Pollenmeßergebnisse aus ganz Österreich ausgewertet und mit meteorologischen Daten verknüpft. So werden täglich aktualisierte Informationen über die Pollensituation in ganz Österreich erstellt. Diese Daten werden über die APA (Austria Presseagentur) an die Medien weiterverteilt.

2. Ernährungsberatung

Die Ernährungsberatungsstelle steht Über-, aber auch Untergewichtigen zur Verfügung und gibt Hinweise, wie man die Eßgewohnheiten verändern kann. Dabei sollen Impulse zur Änderung des Ernährungsverhaltens gegeben werden.

3. Raucherberatung

Die Beratung für Raucher bzw. Nikotinabhängige soll entwöhnungswilligen Rauchern Rat und Hilfe geben.

4. Wetterfühligkeitsberatung

Diese Beratungsstelle steht Personen zur Verfügung, die vermuten, unter Wettereinflüssen zu leiden. Dem Klienten wird ein Beschwerdekalender mitgegeben. Dieser Kalender soll über ungefähr sechs bis acht Wochen lang ausgefüllt werden, wobei u. a. Eßgewohnheiten, Nikotinkonsum, Medikamentenkonsum und auftretende Beschwerden notiert werden sollen. Daraufhin wird dieser Beschwerdekalender von der Wetterfühligkeitsberatung anhand meteorologischer Daten ausgewertet. In einem darauffolgenden Termin wird der Klient beraten, ob seine Beschwerden mit der jeweiligen Wetterlage korrelieren. Auf dieser Beratung basierend erhält der Klient dann Tips für weitere Schritte.

Klienten können auf Wunsch nach der erfolgten Wetterfühligkeitsberatung auch an ausgleichenden Übungen und Trainingsprogrammen, nämlich Qi-Gong und autogenem Training und in Spezialfällen auch an Biofeedback, teilnehmen.

5. Bioklimaberatung

Hier erhalten Interessierte Auskunft über regionale und internationale Bioklimasituationen, die z. B. bei der Wahl des Reisezieles wichtig werden können.

Information und Beratung in 1, Neutorgasse 15, Montag bis Donnerstag von 7 bis 18 Uhr, Freitag von 7 bis 15 Uhr, Tel. 531 14 . . ., 87639.

6. Genetische Beratungsstelle

In 16, Montleartstraße 37 (Eingang Wilhelminenspital, Pavillon 18), befindet sich die Genetische Beratungsstelle des Vereins zur Förderung der Humangenetik. Diese Stelle führt genetische Beratungen und Untersuchungen durch.

Genetische Beratung: telefonische Anmeldung Montag bis Freitag von 8 bis 15 Uhr, Tel. 491 50 . . ., 2905.

Chromosomenanalysen aus peripherem Blut: Probenannahmen bzw. Blutabnahme Montag, Dienstag und Freitag von 8 bis 11 Uhr, telefonische Voranmeldung erbeten.

Weitere Untersuchungen:

Praenatale Diagnose aus Fruchtwasser (15. bis 18. Schwangerschaftswoche).

Praenatale Chromosomenanalyse aus Chorionbiopsie (ab der neunten Schwangerschaftswoche).

Daneben können auch sämtliche andere zytogenetische Untersuchungen nach Vereinbarung durchgeführt werden.

7. Institut für Umweltmedizin

Die Umweltmedizinische Beratungsstelle berät in umweltmedizinischen Fragen jeder Art. Speziell ausgebildete Ärzte des Institutes für Umweltmedizin erheben die persönliche sachbezogene Vorgeschichte und die spezifischen Beschwerden. In der Regel wird eine Erhebung der individuellen Umweltsituation an Ort und Stelle durchgeführt. Sollten Messungen von Luftschadstoffen, Lärm, elektromagnetischen Feldern usw. nötig sein, kann die umweltmedizinische Beratungsstelle eine Palette von Meßmethoden einsetzen. Abschließend wird ein ärztliches Umweltgutachten erstellt.

Der Einfluß von Luftschadstoffen und Smog, Lärm, Geruch, Luftverunreinigungen in Innenräumen, elektromagnetischer Strahlung, Wohn- oder Siedlungsstrukturen auf den Menschen steht zunehmend im Blickpunkt der Öffentlichkeit. Für Fragestellungen, welche die Auswirkungen dieser Umweltfaktoren auf die Gesundheit zum Inhalt haben, steht die umweltmedizinische Beratungsstelle (8, Feldgasse 9, Tel. 404 13 . . ., 87800, Dienstag von 10 bis 12 Uhr und Donnerstag von 15.30 bis 17.30 Uhr, telefonische Anmeldung erbeten) zur Verfügung. Die Beratungsstelle wird von Ärzten betreut, die ärztliche Untersuchungen, Ortsaugenscheine und gegebenenfalls Messungen von Schadstoffen durchführen und diesbezüglich umweltärztliche Stellungnahme abgeben.

Gesundheitstelefon-Hotline

Das Gesundheitstelefon ist eine kostenlose Anlaufstelle für Fragen zu Gesundheitsthemen. Natürlich sind Diagnosen über das Telefon nicht möglich. Bei konkreten Anfragen zu Behandlungen verschiedener Erkrankungen wird selbstverständlich empfohlen, den niedergelassenen Arzt aufzusuchen. Hauptsächlich bietet das Gesundheitstelefon Informationen über Anlauf- und Auskunftsstellen zu speziellen Problemen und bietet auch Adressen und Telefonnummern an. Im Sommer sind die Mitarbeiter des Gesundheitstelefons auch über die jeweilige Ozonsituation informiert und können darüber ebenfalls Auskunft geben. Weiters beantworten sie auch Anfragen zum aktuellen Biowetter und zu Impfungen.

Gesundheitstelefon: 533 28 28.

An wen wendet man sich bei einer Geruchs- oder Lärmbelästigung durch einen gewerblichen Betrieb?

Hiefür ist das magistratische Bezirksamt zuständig. Sanitäre Übelstände anderer Art, die als solche empfunden werden, sind gleichfalls dem zuständischen magistratischen Bezirksamt, der Beschwerdestelle der MA 22, Tel. 40 00 . . ., 88316, 88317, bzw. dem Institut für Umweltmedizin der Stadt Wien, Tel. 404 13 . . ., 87800, bekanntzugeben.

Wohin wendet man sich bei Fragen bezüglich der hygienischen Qualität von Trink- und Badewässern und bei Fragen der Prüfung der Abwasserqualität von Abwasserreinigungsanlagen?

Im Institut für Umweltmedizin (8, Feldgasse 9, Tel. 404 13 . . ., 87800) werden Trink- und Badewässer in physikalisch-chemischer, biologischer, bakteriologischer und virologischer Hinsicht auf ihre Eignung als Trink- und Badewasser entgeltlich untersucht.

Desgleichen wird die Überprüfung der Ablaufbeschaffenheit von Abwasserreinigungsanlagen im Sinne der wasserrechtlichen Auflagen entgeltlich durchgeführt. Nach Anmeldung werden die Wasserproben von Bediensteten des Institutes für Umweltmedizin entnommen.

Schädlingsbekämpfung

Wer nimmt Schädlingsbekämpfungen vor und was ist dabei zu beachten?

Bei Schädlingsbefall (Wanzen, Flöhe usw.) kann man sich an behördlich konzessionierte Schädlingsbekämpfer wenden, deren Anschrift bei der Landesinnung Wien der Schädlingsbekämpfer erfragt werden kann (Tel. 711 68 . . ., 364). Entlausungen werden im Bedarfsfall auch von der Desinfektionsanstalt der Stadt Wien, 3, Arsenalstraße 7, Tel. 797 75 . . ., 87880, Montag bis Freitag von 7 bis 11.30 Uhr, entgeltlich vorgenommen.

Besonderes gilt in Wien hinsichtlich der **Pharaoameisen** und der **Schaben.**

Die etwa 2 mm großen gelbbraun gefärbten Pharaoameisen vermehren sich sehr rasch und verbreiten sich entlang von wärmeleitenden Verbindungen (Heizungsrohre und Lüftungsschächte). Diese Schädlinge richten großen Schaden an und können Infektionen verbreiten. Auch die Schaben vermehren sich sehr rasch. Sie halten sich gerne bei Lebensmitteln und in feuchter Umgebung (Bäder, Toiletten) auf. Schaben sind Überträger von Krankheitserregern und Salmonellen, können Allergien verursachen und sind Zwischenwirte für verschiedene Wurmarten. Pharaoameisen und Schaben können daher die Gesundheit gefährden.

Aus diesem Grund ist ihre Bekämpfung besonders wichtig und wird in Wien für die Hauseigentümer bzw. Gebäudeverwalter durch zwei Verordnungen zur Pflicht gemacht. Das Auftreten von Pharaoameisen ist zusätzlich sofort dem Magistrat (Gesundheitsamt) zu melden.

Mieter, Pächter und sonstige Nutzungsberechtigte sind aufgrund dieser Verordnungen verpflichtet, das Auftreten von Schaben oder Pharaoameisen dem Eigentümer bzw. Gebäudeverwalter zu melden. Außerdem müssen sie die Schädlingsbekämpfung in ihren Bestandsobjekten zulassen. Wer diesen Verpflichtungen nicht nachkommt, macht sich strafbar.

Wenn ein Hauseigentümer oder Gebäudeverwalter die Bekämpfung vorhandener Schaben oder Pharaoameisen unterläßt, können sich die vom Befall Betroffenen an das magistratische Bezirksamt wenden, in dessen Bezirk das Gebäude liegt. Das magistratische Bezirksamt kann dann dem Hauseigentümer oder Verwalter die Bekämpfung mit Bescheid auftragen oder bei unmittelbarer Gesundheitsgefährdung die Bekämpfung selbst durchführen.

Die Kosten der Schädlingsbekämpfung trägt in jedem Fall der Hauseigentümer.

An wen wendet man sich bei Rattenplage?

Bei Rattenvorkommen wird empfohlen, das örtlich zuständige magistratische Bezirksamt oder das Bezirksgesundheitsamt zu verständigen. Auch bei der MA 15, Dezernat I/ Referat 7, Tel. 531 14 . . ., 87561, 87564, 87565, 87566, können Rattenvorkommen bekanntgegeben werden. Die Angabe der Adresse des Grundstückes oder Gebäudes mit dem Rattenvorkommen ist natürlich notwendig.

Wer führt die Rattenbekämpfung durch?

Aufgrund der Verordnung des Magistrats der Stadt Wien vom 22. Juni 1990 über die Bekämpfung der Ratten in Wien werden mit Bescheid gewerbeberechtigte Schädlingsbekämpfer mit der Durchführung der Rattenbekämpfung betraut.

Jeder Eigentümer (Nutznießer, Pächter, Mieter) ist aufgrund dieser Verordnung des Wiener Magistrats verpflichtet, den Angestellten des Schädlingsbekämpfungsunternehmens (den einzelnen Firmen wurden Rayons zugewiesen) das Betreten aller in Betracht kommenden Grundstücke, Häuser und Räume zu gestatten und die Nachschau sowie die Rattenbekämpfung (Köderauslegung) durch diese Personen zu dulden.

Wer dieser Verpflichtung nicht nachkommt, gewärtigt Bestrafung durch das zuständige magistratische Bezirksamt. Die Nachschau erfolgt sechsmal jährlich, in bestimmten, aus der Verordnung ersichtlichen Randgebieten einmal bzw. dreimal jährlich. Ergibt die Nachschau Rattenbefall oder die Gefahr eines solchen, müssen Bekämpfungsmaßnahmen (Auslegung von Rattenködern) so lange und so oft als notwendig durchgeführt werden!

Die Kosten der regelmäßigen Nachschau und Rattenbekämpfung sind vom Eigentümer (Pächter, Nutznießer) des Grundstückes zu tragen. Sie werden pro Viertelstunde berechnet und sind amtlich festgelegt. Bei Häusern mit vermieteten Wohnungen gehören diese Kosten zu den Betriebskosten.

Wohin mit giftigen und gifthältigen Stoffen?

Auskünfte über die Entsorgungsmöglichkeiten von giftigen und gifthältigen Stoffen und Abfällen erteilt die MA 22 unter Tel. 40 00 . . ., 88336, 88337, 88338 und 88267, oder die MA 48 – Misttelefon 546 48.

Lebensmittelvergiftung

Da Erkrankungen durch bakteriell verunreinigte Lebensmittel lebensgefährlich sein können, ist zunächst für sofortige ärztliche Behandlung des Erkrankten zu sorgen. Dann ist sofort das zuständige Bezirksgesundheitsamt mündlich oder telefonisch zu verständigen. Reste von Lebensmitteln, Erbrochenes u. dgl. sind für eine allfällige Untersuchung sicherzustellen (→ auch „Lebensmittel- und Marktwesen – Wer nimmt Beschwerden über Qualitätsmängel bei Lebensmitteln und bei Verdacht der Gesundheitsschädlichkeit oder der Verdorbenheit entgegen?“ und „Veterinärwesen – Was hat man bei Verdacht auf bakterielle Lebensmittelvergiftungen zu tun?“).

Im Allgemeinen Krankenhaus – Universitätskliniken ist eine „Vergiftungsinformationszentrale“ errichtet, die Auskünfte über Maßnahmen bei Vergiftungen erteilt. Diese Auskunftsstelle ist durchlaufend von einem entsprechend ausgebildeten Arzt besetzt. Telefonisch erreichbar ist diese Vergiftungsinformationszentrale rund um die Uhr unter der sogenannten Alarmnummer 406 43 43.

Gesundheitspaß

Bei plötzlichen Erkrankungen und bei Unfällen kann es von größter Bedeutung, ja sogar lebensrettend sein, daß der Arzt sofort über die wichtigsten medizinischen Daten des Patienten unterrichtet ist. Zu diesem Zweck wird in Wien an allen geburtshilflichen Stationen bzw. von den frei praktizierenden Hebammen den Eltern ein Gesundheitspaß für das Neugeborene übergeben, worin zunächst Blutgruppe, Rhesusfaktor, Geburtsgewicht usw., später aber auch Impfungen, Seruminjektionen, Kinderkrankheiten, Stoffwechselkrankheiten und andere medizinisch notwendige Informationen vom Arzt eingetragen werden. Der Gesundheitspaß ist auch in den städtischen Elternberatungsstellen, Kindergärten und Bezirksgesundheitsämtern kostenlos erhältlich und soll von den Eltern sorgfältig aufbewahrt werden.

Auf die Möglichkeit, sich die Blutgruppe kostenlos bei Blutspendeaktionen bestimmen zu lassen, wird aufmerksam gemacht.

Bezirksgesundheitsämter

Die Bezirksgesundheitsämter sind der erste Ansprechpartner in folgenden Angelegenheiten:

– Impfungen: An bestimmten Impftagen werden Schutzimpfungen durchgeführt (ganzjährig: Diphtherie–Keuchhusten–Tetanus, Diphtherie–Tetanus, Tetanus, Masern–Mumps–Röteln, Haemophilus, Stichimpfung Kinderlähmung, FSME; Impfaktionen gegen Grippe finden im Herbst, Schluckimpfung gegen Kinderlähmung in den Wintermonaten statt).

– Amtsärztliche Untersuchungen: z. B. Untersuchungen bei und nach Infektionskrankheiten, periodische Untersuchungen und amtsärztliche Zeugnisse für bestimmte Berufe, Aufnahmeuntersuchungen für Schulen und Kurse nach dem Krankenpflegegesetz, Untersuchungen auf Arbeitsfähigkeit bei Sozialhilfeempfängern, Untersuchungen für erhöhte Familienbeihilfe, Untersuchungen bei frühzeitigem Mutterschutz, Feststellung und Beratung bei Lausbefall, Lausfreiheitsschein.

– Stuhlproben bei bakterieller Lebensmittelvergiftung.

– Ausgabe von Gesundheitspaß, Mutter-Kind-Paß, Impfpaß.

– Sanitäre Übelstände: Beratung bei Ratten- oder Taubenplage, Ungeziefer (Pharaoameisen, Küchenschaben, Wanzen usw.), bei Geruchsbelästigung durch mangelnde Hygiene im Wohnbereich oder durch Unratsablagerungen.

– Umweltbelästigungen: Bei Geruchsbelästigungen durch Gewerbebetriebe und bei Lärmbelästigungen (Ausnahme: Baulärm – dafür ist die Baupolizei zuständig) wird eine Erhebung durchgeführt.

– Amtsärzte der Bezirksgesundheitsämter überprüfen auch regelmäßig Suchtgiftdauerrezepte hinsichtlich der medizinischen Indikation.

Bezirksgesundheitsämter → Magistrat, MA 15. Impfzeiten Dienstag und Freitag von 8 bis 10 Uhr. Außenstelle des Bezirksgesundheitsamtes für den 1., 8. Bezirk, 8, Schlesingerplatz 2, Tel. 401 34 . . ., 281. Impfzeit Montag von 10 bis 12.30 Uhr (außer in den Schulferien).

Impfen: was, wo, wann, warum?

Schutzimpfungen können von jedem praxisberechtigten Arzt vorgenommen werden. Die meisten Schutzimpfungen können auch ohne Formalitäten in den Bezirksgesundheitsämtern vorgenommen werden, und zwar jeden Dienstag und Freitag von 8 bis 10 Uhr, während aller Ferien ist nur eingeschränkter Betrieb.

Abendimpfmöglichkeiten (nicht während der Schulferien) bestehen in

1, Schottenring 24, 2. Stock, Tür 216, Donnerstag von 15 bis 17 Uhr,

10, Gellertgasse 42-46, Dienstag von 17 bis 19 Uhr,
21, Franz-Jonas-Platz 3, Stiege 2, Montag von 17 bis 19 Uhr.

In den Elternberatungsstellen können vorschulpflichtige Kinder geimpft werden.

Ein wesentlicher Teil des Impfprogramms findet in den Schulen statt; die verschiedenen Schutzimpfungen werden hier von den Schulärzten planmäßig (mit Einverständnis der Erziehungsberechtigten) vorgenommen.

Für Auslandsreisende besteht in der MA 15, 1, Schottenring 24, 2. Stock, Tür 216, eine Impfstelle, die Montag bis Freitag von 8 bis 12.30 Uhr geöffnet ist.

Nähere Einzelheiten über die verschiedenen Schutzimpfungen → Tabelle „Das Wichtigste über Schutzimpfungen!"

Impfstelle für Auslandsreisende

Tropenreisen werden immer häufiger, erfordern jedoch gewisse gesundheitliche Vorsichtsmaßnahmen. Wer einen Tropenaufenthalt plant, sollte drei bis vier Wochen vor Antritt der Reise die Impfstelle, Beratungsstelle für Auslandsreisende in der MA 15, 1, Schottenring 24, 2. Stock, Tür 216, aufsuchen.

Diese Stelle bietet individuelle Beratung über obligate und empfohlene Schutzimpfungen sowie über die Malariaprophylaxe. Es liegen Merkblätter mit den wichtigsten Verhaltensmaßnahmen auf.

Die Impfstelle für Auslandsreisende ist Montag bis Freitag von 8 bis 12.30 Uhr und Donnerstag von 15 bis 17 Uhr (nicht während der Schulferien) geöffnet.

Impfplan für Reiseimpfungen

- 4 Wochen vor Abreise: Gelbfieberimpfung, Choleraimpfung (derzeit in Österreich nicht registriert), Typhusimpfung, Impfung gegen Meningokokkenmeningitis, 1. Hepatitis-A-Impfung, 1. Hepatitis-B-Impfung (oder 1. Teil Kombinationsimpfung Hepatitis A + B)
- 2 Wochen vor Abreise: Beginn der Malariaprophylaxe mit Resochin, wenn für Gebiet empfohlen
- 1 Woche vor Abreise: Beginn der Malariaprophylaxe mit Lariam, wenn für Gebiet empfohlen
- 1 Woche vor Abreise: 2. Hepatitis-A-Impfung, 2. Hepatitis-B-Impfung (oder 2. Teil Kombinationsimpfung Hepatitis A + B)
- 2–3 Tage vor Abreise: Prophylaxe mit spezifischem Immunglobulin Hepatitis-A
- 6 Wochen nach der Reise: Ende der Malariaprophylaxe mit Lariam
- 6 Wochen nach der Reise: Ende der Malariaprophylaxe mit Resochin

Anläßlich einer Reise sollte unbedingt der Impfstatus bezüglich Poliomyelitis (Kinderlähmung), Tetanus (Wundstarrkrampf) und Diphtherie überprüft und, falls erforderlich, ergänzt werden.

→ Tabellen II/114/115

Tuberkulose – heute so wichtig wie vor 25 Jahren

Auf Tuberkulose kann sich jeder ohne irgendwelche Formalitäten in der für seinen Wohnbezirk zuständigen städtischen Gesundheitsfürsorgestelle untersuchen lassen. Er wird dort von einem Facharzt untersucht und über seinen Gesundheitszustand unterrichtet. Diese Klarheit zu schaffen, ob man gesund oder krank, vielleicht sogar infektiös erkrankt ist, liegt in jedermanns eigenem Interesse, vor allem aber im Interesse seiner Familie und seiner Mitmenschen.

In den Gesundheitsfürsorgestellen der Stadt Wien werden alle Personen kostenlos untersucht, auch dann, wenn sie Mitglied einer Krankenkasse sind.

Tuberkulosekranke und auch Krankheitsverdächtige sind nach den Bestimmungen des Tuberkulosegesetzes verpflichtet, den Einladungen zu ärztlichen Aussprachen und Untersuchungen Folge zu leisten. (Gesundheitsfürsorgestellen → Magistrat, MA 15.)

Für Röntgenuntersuchungen größerer Personengruppen (ab 100 Personen), wie Betriebsuntersuchungen, steht eine mobile Röntgeneinheit zur Verfügung. Mit dieser können an Ort und Stelle bis zu 400 Personen in einem halben Tag untersucht werden. Für solche Untersuchungen ist ein Kostenbeitrag zu leisten.

Nähere Informationen erteilt die MA 15 (Tel. 531 14 . . ., 87652, 87659).

Gesundheit für Mutter und Kind

Die Stadt Wien kümmert sich in besonderem Maße um die Gesundheit bei Mutter und Kind.

Entwicklungsdiagnostik

Die MA 15 führt zwei dieser Stellen. Ihre Aufgabe ist die Überprüfung der psychischen und motorischen Entwicklung von Säuglingen und Kleinkindern und das möglichst frühe Erkennen drohender Entwicklungsverzögerungen oder -störungen nach einer Risikoschwangerschaft oder einer komplizierten Geburt. Die Erziehungsberechtigten werden in diesem Fall eingeladen, mit dem Kind die Entwicklungsdiagnostik aufzusuchen. Die erforderlichen Untersuchungen werden von Spezialisten auf diesem Gebiet der Kinderheilkunde und von Psychologen durchgeführt. Bei Bedarf wird die notwendige Frühförderung bzw. Therapie eingeleitet.

Zuweisungen bei Verdacht auf eine Entwicklungsstörung, -schwäche und Teilleistungsstörung erfolgen auch durch niedergelassene Kinderfachärzte, Ärzte der Elternberatungsstellen, Kindergärten und Eltern-Kind-Zentren. Eltern können auch auf eigenen Wunsch die Entwicklungsdiagnostischen Stellen aufsuchen.

Welche Hilfen bestehen für Risikokinder?

Kinder, deren psychologische oder motorische Entwicklung abweichend von der Norm erscheint, werden nach Anmeldung zur Diagnosestellung und fallweise auch zur Therapie angenommen. Die Anmeldung kann durch den Arzt oder die Eltern des Kindes erfolgen:

Entwicklungsdiagnostiken:

9, Währinger Gürtel 18–20, Tel. 404 00 . . ., 3275 oder 3229 (Universitätsklinik für Kinderheilkunde im Allgemeinen Krankenhaus, Entwicklungsdiagnostik für Säuglinge nach Risikogeburten und Kinder mit neurologischen Auffälligkeiten)

10, Gellertgasse 42-48, Tel. 605 34 . . ., 10860 (MA 15)

10, Schrankenberggasse 31, Tel. 601 13 . . ., 242 (Gottfried von Preyer'sches Kinderspital, Ambulanz für Entwicklungsdiagnostik und Risikokinder)

18, Währinger Gürtel 141, Tel. 369 55 50 (MA 15)

19, Glanzinggasse 37, Tel. 476 02 . . ., 278 (Kinderklinik Glanzing, Spezielle Risikoambulanz)

Gehörtestungen bei Kindern

Bei Vorschulkindern werden ab dem fünften Lebensjahr in allen Wiener Kindergärten und im Referat Mutter und Kind der MA 15, 1, Gonzagagasse 23, 2. Stock, Tür 244, jeden Montag von 8 bis 11 Uhr kostenlose Testungen des Gehörs durchgeführt. Bei Schulkindern werden diese Untersuchungen vom Schulärztlichen Dienst veranlaßt.

Das Wichtigste über Schutzimpfungen

Schutzimpfung gegen	Wird empfohlen für	Zahl der Teilimpfungen	Wird durchgeführt in folgenden städtischen Dienststellen	Impfzeiten	Anmerkung
Tuberkulose* (BCG-Impfung)	Personen mit erhöhter Tuberkuloseansteckungsgefahr (Indikationsimpfung)	1	Tuberkulosereferat der MA 15 1, Zelinkagasse 9, Parterre, Tür 24, Tel. 531 14 . . ., 87655	Montag bis Freitag 8 bis 12 Uhr	Außer bei Neugeborenen wird vor der Impfung eine Tuberkulinprobe durchgeführt; bei positivem Ausfall derselben erübrigt sich die Impfung.
Poliomyelitis (Kinderlähmung) **Stich**impfung (Salk)	Kinder (ab 3. Lebensmonat), Jugendliche, Erwachsene	3–4 je nach Impfstoff	Bezirksgesundheitsämter, Elternberatungsstellen, Abendimpfstellen Impfstelle für Auslandsreisende	Dienstag und Freitag 8 bis 10 Uhr, jeweilige Beratungszeiten Montag bis Freitag 8 bis 12.30 Uhr, Donnerstag 15 bis 17 Uhr (nicht während der Schulferien)	Auffrischungsimpfung alle fünf Jahre, vorzugsweise in Kombination mit Diphtherie – Pertussis – Tetanus – Haemophilus
Poliomyelitis* (Kinderlähmung) **Schluck**impfung	Jugendliche, Erwachsene	1	Bezirksgesundheitsämter, Schulen Abendimpfstellen Impfstelle für Auslandsreisende	Dienstag und Freitag 8 bis 10 Uhr, jeweilige Beratungszeiten	Die Schluckimpfung darf nur während der öffentlich angekündigten Impftermine durchgeführt werden; Auffrischungsimpfung alle zehn Jahre.
Haemophilus	Kinder ab 3. Lebensmonat bis zur Vollendung des 5. Lebensjahres	1–3 je nach Alter	Bezirksgesundheitsämter Elternberatungsstellen Abendimpfstellen	Dienstag und Freitag 8 bis 10 Uhr, jeweilige Beratungszeiten	Ab dem vollendeten 5. Lebensjahr nur in Einzelfällen vorzugsweise in Kombination mit Diphtherie – Pertussis – Tetanus – Kinderlähmung Salk
Diphtherie – Tetanus – Pertussis (Keuchhusten)	Kinder ab 3. Lebensmonat	4	Bezirksgesundheitsämter Elternberatungsstellen Abendimpfstellen	Dienstag und Freitag 8 bis 10 Uhr, jeweilige Beratungszeiten	vorzugsweise in Kombination mit Haemophilus und Kinderlähmung Salk
Diphtherie – Tetanus	Kinder (ab 4. Lebensmonat), Jugendliche, Erwachsene	3 (bei bisher Ungeimpften)	Bezirksgesundheitsämter Impfstelle für Auslandsreisende Abendimpfstellen Elternberatungsstellen Schulen	Dienstag und Freitag 8 bis 10 Uhr, jeweilige Beratungszeiten	Auffrischung im 7. bis 8. und 14. bis 15. Lebensjahr, später alle zehn Jahre, vor Auslandsreisen ab fünf Jahren. Ab 7. Lebensjahr mit geringerer Diphtherie-Komponente
Tetanus (Wundstarrkrampf)	Jugendliche, Erwachsene, insbesondere Arbeiter, Sportler, Gärtner, Soldaten, Kraftfahrer usw.	3 (bei bisher Ungeimpften)	Bezirksgesundheitsämter Abendimpfstellen Impfstelle für Auslandsreisende	Dienstag und Freitag 8 bis 10 Uhr Montag bis Freitag 8 bis 12.30 Uhr	Auffrischungsimpfung alle zehn Jahre oder nach Verletzungen (für Auslandsreisen ab fünf Jahren)
Röteln*	Frauen im Wochenbett	1	Geburtshilfliche Abteilungen, Schulen	jeweilige Beratungszeiten	Darf keinesfalls während einer Schwangerschaft erfolgen

*) Auf eventuelle Abstände zu anderen Impfungen ist zu achten.

Schutzimpfung gegen	Wird empfohlen für	Zahl der Teilimpfungen	Wird durchgeführt in folgenden städtischen Dienststellen	Impfzeiten	Anmerkung
Masern, Mumps und Röteln*	ab dem vollendeten 14. Lebensmonat	1	Bezirksgesundheitsämter Schulen Elternberatungsstellen Abendimpfstellen	Dienstag und Freitag 8 bis 10 Uhr jeweilige Beratungszeiten	Wiederholungsimpfung im 7. Lebensjahr und bei Mädchen im 13.–14. Lebensjahr
Hepatitis B	ab 3. Lebensmonat	3–4 je nach Alter	Bezirksgesundheitsämter Elternberatungsstellen Abendimpfstellen Impfstelle für Auslandsreisende	Dienstag und Freitag 8 bis 10 Uhr jeweilige Beratungszeiten Montag bis Freitag 8 bis 12.30 Uhr, Donnerstag 15 bis 17 Uhr (nicht während der Schulferien)	Grundimmunisierung soll bis zum 13. Lebensjahr abgeschlossen sein
FSME („Zeckenkrankheit“)	gefährdete Berufe, Reisende in Zeckengefahrengebiete, Kinder ab vollendetem 1. Lebensjahr	3	Bezirksgesundheitsämter Abendimpfstellen	Dienstag und Freitag 8 bis 10 Uhr	Auffrischungsimpfung alle drei Jahre. Ist der Zeckenbiß bereits erfolgt, kann FSME-Immunglobulin verabreicht werden. Auskunft: Tel. 531 14 . . ., 87503
Influenza (echte Grippe)	Chronisch Kranke, ältere Personen, beruflich Exponierte	1	Bezirksgesundheitsämter Abendimpfstellen	Dienstag und Freitag 8 bis 10 Uhr	jährliche Wiederholung im Herbst
Typhus*	Auslandsreisende in Gefahrengebiete	3	Impfstelle für Auslandsreisende	Montag bis Freitag 8 bis 12.30 Uhr, Donnerstag 15 bis 17 Uhr (nicht während der Schulferien)	Schluck- oder Stichimpfung Dauer des Schutzes bis drei Jahre
Gelbfieber*	Auslandsreisende in Gefahrengebiete	1	Impfstelle für Auslandsreisende	Montag bis Freitag 8 bis 12.30 Uhr, Donnerstag 15 bis 17 Uhr (nicht während der Schulferien)	Dauer des Schutzes zehn Jahre
andere Infektionskrankheiten z. B. Hepatitis A, Hepatitis B (oder Kombinationsimpfung Hepatitis A + B), Meningitis epid., Polio-Salk, Tollwut, Cholera (derzeit in Österreich nicht registriert)	Auslandsreisende in Gefahrengebiete		Impfstelle für Auslandsreisende	Montag bis Freitag 8 bis 12.30 Uhr, Donnerstag 15 bis 17 Uhr (nicht während der Schulferien)	genauere Auskünfte erteilt die Impfstelle

*) Auf eventuelle Abstände zu anderen Impfungen ist zu achten.
Impftermine an sämtlichen Bezirksgesundheitsämtern während aller Schulferien nur einmal wöchentlich.

Sehtests bei Kleinkindern

Die MA 15 führt in allen Wiener Kindergärten Sehtests für Kinder ab dem vollendeten dritten Lebensjahr durch. Für Kinder, die keinen Kindergarten besuchen, besteht ebenfalls die Möglichkeit, eine Testung auf Augenfehler in der MA 15 kostenlos durchführen zu lassen (1, Gonzagagasse 23, 2. Stock, Tür 244, Montag von 8 bis 11 Uhr).

Wie erhält man einen Mutter-Kind-Paß?

Schwangere und Ärzte erhalten den vom Bundesministerium für Arbeit, Gesundheit und Soziales herausgegebenen Mutter-Kind-Paß in jedem Bezirksgesundheitsamt oder in der MA 15, 1, Gonzagagasse 23, 2. Stock, Tür 244.

Für Schwangere gibt es die sogenannten Familienhebammen der MA 15:

11, Lorystraße 42, Tel. 749 68 50,
15, Geyschlägergasse 2–12, Tel. 982 25 00,
20, Dresdner Straße 73, Tel. 331 40 . . ., 89699,
22, Kagran, Langobardenstraße 128/2, Tel. 285 45 37,
23, Inzersdorf, Pfarrgasse 34–44/12, Tel. 615 11 02.

Geburtsvorbereitungskurse, Einzel- und Paarberatung (besonders bei Risikoschwangerschaften), Hausbesuche, ferner Kreißsaalbesuch, Vorbereitung auf das Stillen und Stillberatung werden angeboten, ebenso Schwangerengymnastik im kleinen Kreis.

Jugendzahnkliniken

Die Aufgabenstellung der Jugendzahnkliniken hat sich vom Zahnputzunterricht und von einfachen zahnmedizinischen Behandlungen zu einer Institution verändert, deren Schwerpunkt auf der Vorsorgemedizin im zahnheilkundlichen Bereich und auf modernen Verfahren der Zahnbehandlung und kieferorthopädischen Betreuung liegt. Die Jugendzahnkliniken können von allen Personen bis zum vollendeten 18. Lebensjahr gegen Krankenschein in Anspruch genommen werden.

Dort finden konservierende Behandlungen, das sind z. B. Füllungen und auch Zahnextraktionen statt. In der zentralen Jugendzahnklinik in der Salzergasse sind auch Behandlungen in Vollnarkose (Intubationsnarkose) möglich. Diese werden dann eingesetzt, wenn es sich um Behinderte, besonders ängstliche Kinder oder um besonders unangenehme Eingriffe handelt. Dafür existiert eine zahnchirurgische Abteilung. Die operativen Maßnahmen in Vollnarkose werden bei Bedarf auch psychologisch begleitet.

Die Ärzte der Wiener Jugendzahnkliniken nehmen auch in den Städtischen Volks-, Haupt- und Sonderschulen im Rahmen der regelmäßigen Schüleruntersuchungen Zahnstatuserhebungen vor. Wird bei einer dieser Untersuchungen festgestellt, daß ein Kind zahnärztliche Behandlung benötigt, werden die Eltern schriftlich verständigt und eingeladen, einen niedergelassenen Zahnarzt oder auch eine Jugendzahnklinik zur weiteren Behandlung aufzusuchen.

Für Kinder und Jugendliche werden kieferorthopädische, konservierende und chirurgische Zahnbehandlungen in nachstehenden Jugendzahnkliniken durchgeführt:

Leitung der Jugendzahnkliniken:
9, Salzergasse 28, Tel. 319 53 34 . . . 0,

Konservierende Abteilung, Klappe 41, Ambulanz, Klappe 36,
Montag von 7.30 bis 12 Uhr und von 13 bis 16 Uhr,
Dienstag von 7.30 bis 12 Uhr und von 13 bis 16.45 Uhr,
Mittwoch von 7.30 bis 12 Uhr und von 13 bis 17.30 Uhr,
Donnerstag von 7.30 bis 12 Uhr und von 13 bis 17 Uhr,
Freitag von 7.30 bis 12 Uhr und von 13 bis 15.30 Uhr

Notdienst an Samstagen nur während der Schulzeit
von 8 bis 11.30 Uhr

Narkosestation, Klappe 35,
Montag von 7.30 bis 14 Uhr,
Dienstag bis Freitag von 7 bis 12 Uhr

Narkosetermine nur nach Vereinbarung

Narkose-Voruntersuchungstage:
Montag von 13 bis 14 Uhr,
Donnerstag von 8 bis 9 Uhr
Kieferorthopädische Abteilung, Klappe 37,
Montag von 7.30 bis 12 Uhr und von 13 bis 17 Uhr,
Dienstag von 7.30 bis 12 Uhr und von 13 bis 15.30 Uhr,
Mittwoch von 7.30 bis 12 Uhr und von 13 bis 16.30 Uhr,
Donnerstag von 7.30 bis 12 Uhr und von 13 bis 16 Uhr,
Freitag von 7.30 bis 11.30 Uhr

Jugendzahnklinik für den 10. Bezirk:
10, Erlachgasse 100, Tel. 606 06 05 oder 605 34 . . ., 10298,
Montag von 13 bis 16 Uhr,
Dienstag und Mittwoch von 8 bis 12 Uhr und
von 13 bis 16 Uhr,
Donnerstag von 8 bis 12 Uhr und von 13 bis 16.30 Uhr,
Freitag von 13 bis 15.30 Uhr

Jugendzahnklinik für den 21. Bezirk:
21, Franz-Jonas-Platz 8, Tel. 277 34 . . ., 21298,
Montag von 13 bis 15.30 Uhr,
Mittwoch von 12 bis 16 Uhr,
Donnerstag von 13 bis 16 Uhr

Expositur 18. Bezirk:
18, Währinger Straße 173–181, Tel. 479 12 84, 479 11 76,
Mittwoch von 9 bis 12 Uhr

Die angeführten Ordinationszeiten gelten nur an Schultagen. Änderungen der Zeiten werden durch Anschlag am Eingangstor zur jeweiligen Jugendzahnklinik bekanntgegeben.

Gesundheitsfragen in der Schule: Der Schulärztliche Dienst

Die Schulärzte der MA 15 betreuen die Städtischen Volks-, Haupt- und Sonderschulen sowie Polytechnischen Schulen und Berufsschulen der Stadt Wien. Ihr Aufgabengebiet ist nicht die Behandlung von Krankheiten, sondern die Gesundheitsvorsorge, die Gesundheitsberatung, regelmäßige Untersuchungen der Schüler und die Durchführung von Impfungen.

Schulärzte stehen für Fragen von Schülern, Eltern und Lehrern zu Gesundheitsthemen zur Verfügung.

AIDS und Geschlechtskrankheiten

Nach einer Infektion mit HIV (Humanes Immunodefizienz-Virus, dem AIDS-Erreger) kann der Betroffene durch Jahre ohne erkennbare Anzeichen einer AIDS-bedingten Krankheit bleiben und trotzdem andere Menschen mit HIV anstecken, wenn Blut oder Samenflüssigkeit in den Körper einer anderen Person gelangt. Das Wissen um eine Infektion ist für die Person selbst wichtig, da sie durch eine entsprechende Lebensführung den Ausbruch des schweren Krankheitsbildes von AIDS verhindern oder verzögern kann und weil durch ein entsprechendes Verhalten die Übertragung auf andere Personen vermieden wird. Durch Untersuchung des Blutes kann festgestellt werden, ob eine Infektion erfolgt ist, doch werden diese Reaktionen nicht sofort, sondern erst einige Wochen nach dem Kontakt positiv, meist innerhalb von drei Monaten. Wegen der seltenen serologischen Nachzügler sollten Nachuntersuchungen durch ein Jahr durchgeführt werden. Derartige Untersuchungen sind auch jenen Personen dringend zu empfehlen, die sich bei der Pflege von AIDS-verdächtigen Patienten derart verletzt haben, daß es zu einer Übertragung von Blut oder Sekret gekommen ist. Die erste

Blutabnahme sollte möglichst rasch, am besten sofort, nach dem Zwischenfall erfolgen, um bei einer allfälligen Infektion noch einen negativen Befund nachweisen zu können und dadurch das Umschlagen der Reaktion auf „positiv“ zu bemerken. Dies ist für eventuelle Haftungsansprüche (z. B. Berufserkrankung) wichtig. Diese Infektionen sind bis jetzt extrem selten, die Wahrscheinlichkeit sich anzustecken, wird bei einmaliger Verletzung mit Viruskontakt unter 0,5% eingeschätzt und kann durch eine sofort eingeleitete Primärprophylaxe noch deutlich gesenkt werden.

Eine derartige Untersuchung kann auch am Ambulatorium zur Diagnose und Behandlung sexuell übertragbarer Krankheiten kostenlos durchgeführt werden:

1, Neutorgasse 20, Tel. 531 14 . . ., 87789, 87792, Montag bis Freitag von 8 bis 11 Uhr.

An wen wendet man sich bei Anzeichen einer Geschlechtskrankheit?

Bei den allerersten Anzeichen einer oder dem Verdacht auf eine Geschlechtskrankheit, so geringfügig sie auch sein mögen, wende man sich sofort an einen Arzt bzw. Facharzt oder an das Ambulatorium zur Diagnose und Behandlung sexuell übertragbarer Krankheiten, 1, Neutorgasse 20 (Ecke Schottenring), Tel. 531 14 . . ., 87789, 87792, wo Montag bis Freitag von 8 bis 11 Uhr ohne Formalitäten kostenlose Beratung und Behandlung durch Fachärzte stattfindet. Es ist vorteilhaft, den Partner mitzubringen. Infektionen ohne Beschwerden finden sich häufig, sie sind wegen möglicher Spätfolgen eine Gefahr für den Betroffenen und können eine Quelle weiterer Übertragung der Krankheit bilden. Eine abgeheilte Geschlechtskrankheit hinterläßt keinen Schutz vor einer neuerlichen Ansteckung. Selbstverständlich sollen auch sexuell übertragbare Krankheiten behandelt werden, die nicht zu den eigentlichen Geschlechtskrankheiten gehören, wie ansteckender Ausfluß (durch Chlamydien, Trichomonaden, Pilze und Bakterien), Befall mit Filzläusen, Viruswarzen, Herpes u. a. m.). Am Ambulatorium zur Diagnose und Behandlung sexuell übertragbarer Krankheiten kann auch eine kostenlose Blutabnahme zur Untersuchung auf HIV-Antikörper (AIDS) durchgeführt werden.

Psychische Erkrankungen

Wenn Anzeichen einer psychiatrischen Erkrankung vermutet werden, ist zu klären, ob und von wem eine Betreuung erfolgt. Viele Kranke finden sich durchaus zurecht und sind von ihren Angehörigen leicht zu beraten. Die Anweisungen des behandelnden Arztes sind natürlich genau zu beachten.

Patienten, die aus einem psychiatrischen Krankenhaus wieder nach Hause entlassen sind, können entweder einen niedergelassenen Facharzt für Psychiatrie und Neurologie aufsuchen oder die Sozialpsychiatrischen Ambulatorien des Kuratoriums für Psychosoziale Dienste ansprechen, um wieder richtigen Anschluß im sozialen Leben zu finden und Rückfällen vorzubeugen.

Die Sozialpsychiatrischen Ambulatorien befinden sich in:

2, Kleine Sperlgasse 2b, Tel. 214 75 81

3, Hainburger Straße 70, Tel. 715 61 15

8, Wickenburggasse 15, Tel. 406 16 32

10, Sahulkastraße 3-5/9, Tel. 616 15 47

12, Aichholzgasse 33, Tel. 812 24 47

16, Hasnerstraße 27, Tel. 495 23 99

17, Hernalser Hauptstraße 17, Tel. 408 25 84

21, Schöpfleuthnergasse 20, Tel. 270 16 25

In den Ambulatorien findet auch eine Beratung für Angehörige statt, die insbesondere dann in Anspruch genommen werden soll, wenn sich bei der häuslichen Pflege Schwierigkeiten ergeben. Auch Betriebe, die ehemalige Patienten eingestellt haben, können sich zu ihrer Beratung der Mithilfe der Psychosozialen Dienste bedienen.

Für Alterspatienten, die psychische Schwierigkeiten haben, stehen die Psychosozialen Dienste zur Beratung ihrer Probleme zur Verfügung. Dieses kann selbstverständlich auch von Angehörigen oder der mit der Pflege solcher Patienten befaßten Personen zur Beratung herangezogen werden.

Für dringende Notfälle steht der Sozialpsychiatrische Notdienst des Kuratoriums, 9, Fuchsthallergasse 18, Tel. 310 87 79 oder 310 87 80, täglich von 20 bis 8 Uhr, Samstag, Sonn- und Feiertag rund um die Uhr zur Verfügung.

Bei ernster und erheblicher Gefährdung des Lebens oder der Gesundheit des Kranken oder von anderen Personen hat der Amtsarzt festzustellen, ob die Voraussetzungen zur Unterbringung in eine Anstalt gemäß Unterbringungsgesetz bestehen.

Auch die MA 15, 1, Neutorgasse 18, Tür 269, steht für Anfragen und Beratungen bei psychischen Problemen zur Verfügung: Montag bis Freitag von 8 bis 15 Uhr, Tel. 531 14 . . ., 87618, 87615.

Sucht und Drogen

Es ist ein gesellschaftliches Anliegen, daß Fragen der Vorbeugung im Rahmen von Sucht und Drogen in den Vordergrund kommen. Für eine Reihe von Personen, die Kinder und Jugendliche betreuen, sind Informationen über Maßnahmen der Vorbeugung notwendig. Um diesen Personen (Schlüsselpersonen) Hilfe zu bieten, wurde die Informationsstelle für Suchtprävention (ISP) eingerichtet.

Allen an Suchtvorbeugung Interessierten steht die ISP als Fachstelle und Fortbildungseinrichtung zur Verfügung. Sie veranstaltet Seminare zur Suchtvorbeugung und Gesundheitsförderung für Menschen, die in ihrem Beruf mit Kindern, Jugendlichen und Eltern zu tun haben, z. B. Lehrer, Kindergärtnerinnen, Jugendleiter. Die Mitarbeiter sind Psychotherapeuten und Sozialarbeiter. Sie beraten und begleiten bei der Gestaltung von schulischen und außerschulischen Veranstaltungen zum Thema Suchtprävention. Wer ein Projekt oder einen Elternabend durchführen möchte, kann in der Bibliothek pädagogische Materialien und Literatur sichten. Bei Bedarf werden Referenten für Veranstaltungen vermittelt. Die ISP ist keine Drogenberatungsstelle, Angehörige von Betroffenen werden von den Mitarbeitern gegebenenfalls an die geeigneten Einrichtungen weitergeleitet. Man kann mit den Mitarbeitern sein Anliegen telefonisch besprechen oder einen persönlichen Termin vereinbaren.

9, Alser Straße 20/6,

Tel. 531 14 . . ., 85810, Telefax 531 14–99–85810

Öffnungszeiten: Montag und Freitag von 13 bis 16 Uhr, Dienstag und Donnerstag von 9 bis 12 Uhr.

Was kann bei Sucht oder Drogenmißbrauch getan werden?

Personen, die Suchtmittel (z. B. Drogen) mißbrauchen oder davon abhängig sind, können sich bei Ärzten sowie in folgenden Einrichtungen beraten lassen:

Anerkannte Einrichtungen und Vereinigungen gemäß § 22 Suchtgiftgesetz:

Ambulatorium für Suchtkranke der Psychosozialen Dienste Wien,
9, Borschkegasse 1, Tel. 405 67 86, 405 26 88
Montag bis Freitag von 9 bis 19 Uhr

Anton-Proksch-Institut, Club Drive
(ambulante Nachbetreuung),
1, Hegelgasse 8/12, Tel. 512 01 81,
Montag von 18 bis 20 Uhr

Change,18, Theresiengasse 9/6, Tel. 406 23 02
Montag bis Donnerstag von 17 bis 21 Uhr

DIALOG, 1, Hegelgasse 8/11, Tel. 512 01 81,
Dienstag und Donnerstag von 15 bis 21 Uhr,
Mittwoch von 10 bis 21 Uhr, Freitag von 15 bis 19 Uhr

Verein „Kriseninterventionszentrum",
9, Spitalgasse 11, 3. Stock, Tel. 406 95 95,
Montag bis Freitag von 10 bis 17 Uhr

Verein Wiener Sozialprojekte:
Ganslwirt, 6, Esterházygasse 18, Tel. 586 04 38,
täglich (außer Donnerstag) von 9 bis 12 Uhr offener Betrieb, Einzelberatung nach Voranmeldung, Spritzentausch täglich von 0 bis 24 Uhr, Ambulatorium täglich von 14 bis 20 Uhr, Notfallambulanz von 20 bis 8 Uhr, Nachtstation mit 14 Betten

Fix und Fertig (niederschwelliges Arbeitsangebot),
6, Theobaldgasse 9/1a, Tel. 581 16 81

Streetwork Wien, 4, Schönbrunner Straße 7, Tel. 586 62 90,
Montag bis Freitag von 9 bis 15 Uhr

Bus Big Elefant (Psychosoziale Beratung, Krisenintervention, Erste Hilfe), derzeitiger Standort Westbahnhof, täglich von 16 bis 20 Uhr, Flohmarkt Samstag von 11 bis 15 Uhr

Sozialer Stützpunkt Karlsplatz, Tel. 586 66 06,
Sonntag bis Freitag von 13.30 bis 19.30 Uhr, Samstag von 16 bis 19.30 Uhr

„PASS" (Prophylaxe, Angehörigenarbeit, Suchtbehandlung, Supervision),
3, Streichergasse 4/4, Tel. 714 92 18

KOSI Langzeittherapiestation für drogengefährdete und -abhängige Mädchen
Beratungsstelle für Kinder und Jugendliche (auch für männliche Jugendliche und ihre Angehörigen),
4, Paulanergasse 11, Tel. 581 53 03,
Montag und Donnerstag von 10 bis 15 Uhr, Mittwoch von 15 bis 20 Uhr

Zukunftsschmiede Voggeneder GmbH, Therapiestation,
2113 Karnabrunn 26 und 31, Tel. 0 22 63/21 22

Verwaltungszentrale Wien, 13, Bergenstammgasse 9B/8,
Tel. 876 74 56

Weitere Beratungsstellen:

Wiener Berufsbörse,
10, Muhrengasse 37, Tel. 603 45 70

T. I. P. (Therapie, Information, Prävention bei Suchterkrankungen),
3, Rochusgasse 8, Tel. 714 31 53,
Terminvereinbarung zwischen 10 und 13 Uhr

Freie Christliche Jugendgemeinschaft,
9, Währinger Gürtel 156/12, Tel. 310 55 51,
Beratung von 9.30 bis 18 Uhr, für Betroffene jederzeit

Kriminalpolizeiliches Beratungszentrum,
6, Damböckgasse 4, Tel. 521 04 . . ., 4483, 4484,
erreichbar von 10 bis 18 Uhr, telefonische Terminvereinbarung erwünscht

Focus, 10, Triester Straße 114, Tel. 665 99 07,
für langzeitarbeitslose junge Erwachsene (18 bis 25 Jahre), Beschäftigung für max. ein Jahr im Bereich Forst- und Gartenarbeit

Caritas Familienzentrum, 2, Lassallestraße 1, Tel. 728 68 62,
Montag bis Donnerstag von 8 bis 16 Uhr, Freitag bis 14 Uhr

Beratungsstelle für Alkohol- und Medikamentenabhängige,
5, Wiedner Hauptstraße 105, Tel. 544 43 76,
Montag, Dienstag, Donnerstag von 16 bis 19 Uhr

Stationäre Einrichtungen:

Allgemeines Krankenhaus der Stadt Wien, Drogenambulanz,
9, Währinger Gürtel 18–20, Tel. 404 00 . . ., 3543, 3552,
Montag bis Freitag von 8 bis 10 Uhr

Universitätsklinik für Kinder- und Jugendheilkunde, Heilpädagogische Station,
9, Währinger Gürtel 18–20, Tel. 404 00 . . ., 3267

Psychiatrisches Krankenhaus Baumgartner Höhe, Regionalabteilungen, 14, Baumgartner Höhe 1, Tel. 910 60 . . . 0
Drogenambulanz, Tel. 910 60 . . ., 24830, 24834
Drogenentzugsstation, Pavillon 13/4, Tel. 910 60 . . ., 21340
Langzeittherapie, Pavillon 1, Tel. 910 60 . . ., 20121

Anton-Proksch-Institut, Kurzzeittherapiestation für Drogenabhängige, 23, Liesing, Breitenfurter Straße 517,
Tel. 888 41 69, 889 31 63

Langzeittherapiestation, Mödling, Husarentempelgasse 3,
Tel. 0 22 36/22 2 96

Grüner Kreis – Wien und Niederösterreich,
Aspang, Ausschlag/Zöbern 3–5,
Büro Niederösterreich Tel. 0 26 42/52 4 30
Beratungszentrum, 7, Hermanngasse 12, Tel. 526 94 89
Zentralbüro: 2872 Mönichkirchen 25,
Tel. 0 26 49/83 06, 83 07

Selbsthilfeorganisationen:

Elternkreis Drogenabhängiger und Drogengefährdeter,
4, Rechte Wienzeile 31/1/6, Tel. 0 22 31/38 89

Elternkreis Selbsthilfegruppe der Eltern Drogenabhängiger,
3, Rochusgasse 8, Tel. 214 45 66, 270 53 63

Beratungsstellen, die allgemein bei Schul-, Erziehungs- oder Jugendproblemen helfen:

Wiener Kindertelefon, 9, Sobieskigasse 31, Tel. 319 66 66

Psychologische Beratungsstellen für Scheidungsfragen:
9, Sobieskigasse 31, Tel. 313 24 . . ., 85690
Montag, Dienstag von 16 bis 19 Uhr

10, Otto-Probst-Platz 2/4, Tel. 616 04 40
Mittwoch von 13.30 bis 18.30 Uhr

Jugend-Info, 1, Bellaria-Passage, Tel. 17 99
Montag bis Freitag von 12 bis 19 Uhr,
Samstag von 10 bis 19 Uhr

Jugend- und Gemeinwesenzentrum Hirschstetten,
22, Hirschstetten, Pirquetgasse 7, Angehörigengruppe,
Tel. 283 96 98, 14tägig Dienstag von 18 bis 21 Uhr

Institute für Erziehungshilfe:
5, Margaretengürtel 100–110/6, Tel. 544 13 20, 544 27 51
10, Sahulkastraße 5/35, Tel. 616 16 74, 616 16 75
14, Hofjägerstraße 2, Tel. 979 22 34, 979 15 70
19, Heiligenstädter Straße 83/14, Tel. 368 31 12, 368 12 35
21, Patrizigasse 2, Tel. 271 63 28, 271 62 55

Katholischer Familienverband der Erzdiözese Wien, Katholisches Familienwerk der Erzdiözese Wien,
1, Stephansplatz 6, Tel. 515 52 . . ., 330

Österreichische Kinderfreunde,
1, Rauhensteingasse 5, Tel. 512 12 98

Landesorganisation Wien, 8, Albertgasse 23,
Tel. 402 75 91, 408 08 60

Stadtschulrat für Wien,
1, Dr.-Karl-Renner-Ring 1, Tel. 525 25 . . .0

Verein für Bewährungshilfe und Soziale Arbeit,
Geschäftsstelle Wien, 5, Castelligasse 17, Tel. 545 95 60

Justizanstalt Wien-Favoriten, Strafvollzugsanstalt für entwöhnungsbedürftige Rechtsbrecher,
10, Hardtmuthgasse 42, Tel. 601 21 . . . 0 oder 604 35 05,
603 40 89

Drogenabhängige im Krankenhaus

Drogenabhängige, die aufgrund einer Überdosierung oder einer Erkrankung in einem Spital aufgenommen werden, werden von diplomierten Sozialarbeiter(inne)n des CONTACT-Teams besucht.

Ziel von Contact ist die Vermittlung der Drogenmißbraucher(innen) an eine Beratungsstelle und die Unterstützung des Spitalspersonals im Umgang mit den Drogenpatient(inn)en.

5, Margaretengürtel 96, Tel. 531 14 . . ., 87274,
Montag bis Freitag von 9 bis 17 Uhr

Spitalsaufenthalt

Für die Aufnahme in ein öffentliches Krankenhaus stellt der behandelnde Arzt einen „Spitalszettel" aus.

Die Sicherung des Spitalsbettes und die Beistellung eines Krankenwagens für nicht gehfähige Patienten besorgt der einweisende Arzt.

Gehfähige Patienten können sich um ein freies Spitalsbett direkt an die Aufnahmekanzlei bzw. Ambulanz eines öffentlichen Krankenhauses wenden.

Über die Notwendigkeit der Aufnahme entscheidet allein die Krankenanstalt.

Die Sicherstellung des Spitalsbettes kann somit durch den behandelnden Arzt oder mit dem von ihm ausgestellten Spitalszettel über die Bettenzentrale erfolgen.

In schweren und vor allem lebensbedrohenden Fällen kann der Rettungs- und Krankenbeförderungsdienst der Stadt Wien (MA 70), Tel. 144, in Anspruch genommen werden.

Rettung und Krankenbeförderung

Die **„Rettung"** (MA 70) kann bei Unfällen sowie bei plötzlichen lebensbedrohlichen Erkrankungen in Anspruch genommen werden. In der Regel wird der Patient von seinem Arzt behandelt. Ist dieser durch Urlaub oder Krankheit verhindert, ist das **Patientenservice** der Wiener Ärztekammer, Tel. 1771, werktags von 7 bis 19 Uhr bei der Arztsuche behilflich. (An allen Tagen der Woche von 19 bis 7 Uhr sowie an Samstagen, Sonn- und Feiertagen auch tagsüber kann der Ärztefunkdienst Tel. 141 in Anspruch genommen werden.)

Die Rettung kann von jedermann über Tel. 144 in Anspruch genommen werden.

Um eine rasche Hilfeleistung zu ermöglichen, ist folgendes zu beachten: Kurze, aber klare Angaben am Telefon, Bekanntgabe der eigenen Telefonnummer, Erwarten des Ambulanzwagens am Interventionsort oder – wenn nötig – an einer vereinbarten Stelle, von der die Einweisung zum Einsatzort erfolgt!

Der **Krankenbeförderungsdienst** (MA 70) führt die Transporte Kranker in die Spitäler, Heimtransporte aus den Spitälern sowie Verlegungen in andere Anstalten durch, wenn keine öffentlichen Verkehrsmittel verwendet werden können.

Voraussetzung für die Inanspruchnahme der Sanität zur Krankenbeförderung eines Patienten in das Krankenhaus ist die vorherige Sicherstellung eines Spitalsbettes und die ärztlich bestätigte Notwendigkeit des Transportes mittels Sanitätswagens.

Für Heimtransporte ist die anstaltsärztliche Bestätigung, daß der Patient mittels Sanitätswagens transportiert werden muß, nötig!

Bei Anforderung des Krankenbeförderungsdienstes beachten: Angaben, ob Infektionskrankheit, Diagnose, Personaldokumente, Nachweise über Krankenkassenzugehörigkeit, Rentenbescheide usw. bereithalten!

Apotheken

In Wien sind Apotheken generell von Montag bis Freitag von 8 bis 12 Uhr und von 14 bis 18 Uhr sowie an Samstagen von 8 bis 12 Uhr geöffnet. Darüber hinaus haben bestimmte öffentliche Apotheken auch werktags während der Mittagspause geöffnet. Außerhalb dieser Betriebszeiten können Arzneimittel in den im Bereitschaftsdienst stehenden Apotheken bezogen werden, die aus der in der Nähe der Eingangstür jeder Apotheke angebrachten Aufschriftstafel zu ersehen sind. Weiters gibt der Apothekenbereitschaftsdienst (Tel. 1550) Tag und Nacht Auskunft über die jeweils diensthabenden Apotheken.

WHO Projekt: „Wien – Gesunde Stadt"

Das Projektbüro besteht seit 1988 und hat im Rahmen des „Gesunde Städte"-Projekts der WHO zum Ziel, das Prinzip der Gesundheitsförderung mit neuen und unkonventionellen Maßnahmen umzusetzen.

1989 wurde mit den Stimmen aller im Gemeinderat vertretenen Parteien die „Deklaration des Wiener Gemeinderates zur Gesundheitsförderung in Wien" beschlossen. Diese Deklaration bildet die Grundlage für die Projektarbeit in Wien. 1994 wurde ein Referat für Gesundheitsförderung auf Stadtverwaltungsebene eingerichtet. Es nimmt auch die Verwaltungsaufgaben des WHO-Projektes „Wien – Gesunde Stadt" wahr. Die Aufgaben sind einerseits im Informationsbereich und andererseits auf dem Sektor Projektberatung und Projektmanagement. Darüber hinaus sind der Aufbau von Gesundheitslobbies und die Vernetzung von Basis und Entscheidungsträgern in Wissenschaft, Wirtschaft und Politik wesentlich.

Die Projekte des Büros konzentrieren sich derzeit auf folgende Arbeitsschwerpunkte: Frauen, Schule, Senioren, Ausländer, Ernährung, Gesundheitsinformation, Selbsthilfe, Stadterneuerung und Stadterweiterung.

Das WHO-Projekt „Wien – Gesunde Stadt" verfaßt umfangreiche Dokumentationen zu Gesundheitsthemen wie zum Beispiel „Sexualität und AIDS", „Barrierefreies Wohnen", „1. Wiener Ernährungsbericht". Vierteljährlich erscheint die Zeitschrift „Gesunde Stadt", die sich jeweils einem Schwerpunktthema widmet. Weiters werden Enqueten und Symposien veranstaltet. Dokumentation und Zeitschrift können kostenlos angefordert werden:

WHO-Projekt „Wien – Gesunde Stadt", 1, Schottenring 24,
Tel. 531 14 . . ., 85863 oder 87745,
Telefax 531 14 . . ., 7974 oder 99-85865

GEWERBEWESEN

(MA 63, MBÄ)

Was ist ein Gewerbe?

Gewerbe ist jede gesetzlich nicht verbotene Tätigkeit, die selbständig, regelmäßig und in der Absicht betrieben wird, einen Ertrag oder sonstigen wirtschaftlichen Vorteil zu erzielen, und die von der Anwendung der Gewerbeordnung 1994 nicht ausgeschlossen ist.

Auf welche Tätigkeiten ist die Gewerbeordnung 1994 nicht anzuwenden?

Alle dem Erwerb dienenden Tätigkeiten, die im § 2 GewO 1994 aufgezählt sind, z. B. die Land- und Forstwirtschaft und ihre Nebengewerbe, der Bergbau, die literarische Tätigkeit, die häusliche Nebenbeschäftigung, die zur Berufsausübung zählenden Tätigkeiten der Rechtsanwälte, Notare, Ziviltechniker, Wirtschaftstreuhänder, Ärzte, Dentisten, Hebammen, die Ausübung der Erwerbszweige des Privatunterrichtes und der Erziehung, der Betrieb von Bank- und Versicherungsgeschäften, der Betrieb von Unterhaltungsunternehmen (Theater, Kino usw.).

Wie teilt man die Gewerbe ein?

Die Gewerbeordnung 1994 teilt die Gewerbe in freie und gebundene Gewerbe und in Handwerke ein. Bei den gebundenen Gewerben wird zwischen nicht bewilligungspflichtigen und bewilligungspflichtigen Gewerben unterschieden. Eine besondere Art der Gewerbeausübung stellt der Industriebetrieb dar, der insbesondere durch hohen Kapitaleinsatz und organisatorische Trennung in eine technische und kaufmännische Führung gekennzeichnet ist.

Wie wird das Recht zur Ausübung eines Gewerbes begründet?

Bei den freien und (nicht bewilligungspflichtigen) gebundenen Gewerben und bei den Handwerken durch die vorschriftsmäßige Anmeldung des Gewerbes bei der Gewerbebehörde, das ist in Wien beim magistratischen Bezirksamt des Gewerbestandortes. Bei den bewilligungspflichtigen gebundenen Gewerben durch Erteilung der Bewilligung, um die beim Landeshauptmann (MA 63) anzusuchen ist.

Wer kann ein Gewerbe anmelden bzw. um die Erteilung einer Bewilligung ansuchen?

Derjenige, der die von der Gewerbeordnung 1994 aufgestellten allgemeinen und besonderen Voraussetzungen erfüllt. Zu den allgemeinen Voraussetzungen, die ohne Rücksicht auf die Art des angestrebten Gewerbes, also von jedem Gewerbeanwärter, erfüllt werden müssen, zählen:

1. die Eigenberechtigung, die grundsätzlich mit der Vollendung des 19. Lebensjahres, also mit der Volljährigkeit, eintritt;
2. die Freiheit von Ausschließungsgründen, die dann vorliegt, wenn der Gewerbeanwärter nicht von einem Gericht zu einer drei Monate übersteigenden Freiheitsstrafe oder zu einer Geldstrafe von mehr als 180 Tagessätzen verurteilt worden ist, nicht Finanzvergehen bestimmter Art (z. B. Schmuggel, Hinterziehung von Eingangs- und Ausgangsabgaben) begangen hat und über sein Vermögen nicht schon einmal der Konkurs eröffnet worden ist. Bei Vorliegen solcher Ausschließungsgründe ist der Anmelder zwingend von der Ausübung des Gewerbes ausgeschlossen;
3. die österreichische Staatsbürgerschaft. Angehörige eines Staates, mit dem ein Gegenseitigkeitsverhältnis besteht (derzeit z. B. mit den EU- sowie EWR-Mitgliedstaaten und den USA), oder solche, die vom Landeshauptmann (MA 63) die Gleichstellung mit Inländern haben, sind den österreichischen Staatsbürgern in dieser Hinsicht gleichgestellt. Für einzelne Gewerbe (Arbeitsvermittler, Rauchfangkehrer, Überlassung von Arbeitskräften, Waffengewerbe) ist eine solche Gleichstellung mit Inländern nicht möglich.

Den besonderen Voraussetzungen hat der Gewerbeanwärter je nach Art des Gewerbes zu entsprechen; sie betreffen vor allem den Befähigungsnachweis, das ist der Nachweis, daß der Einschreiter die fachlichen einschließlich der kaufmännischen Kenntnisse, Fähigkeiten und Erfahrungen besitzt, um die dem betreffenden Gewerbe eigentümlichen Tätigkeiten selbständig ausführen zu können. Die Befähigung für ein gebundenes Gewerbe ist durch Belege der folgenden Art nachzuweisen:

Zeugnis über eine erfolgreich abgelegte Lehrabschlußprüfung oder Nachweis einer schulmäßigen Ausbildung; Zeugnis über eine fachliche Tätigkeit; Zeugnis über eine erfolgreich abgelegte Prüfung; Zeugnis über den erfolgreichen Besuch einer Schule; Unternehmerprüfung; Zeugnis über den erfolgreichen Besuch eines Lehrganges. Der Befähigungsnachweis für ein Handwerk ist durch die Vorlage des Zeugnisses über die erfolgreich abgelegte Meisterprüfung zu erbringen oder durch Zeugnisse über den erfolgreichen Abschluß der Studienrichtung Wirtschaftsingenieur – Maschinenbau oder Wirtschaftsingenieur – Bauwesen und über eine mindestens einjährige fachliche Tätigkeit, insoweit diese Studienrichtungen dem betreffenden Handwerk entsprechen, oder Zeugnisse über den erfolgreichen Abschluß einer dem betreffenden Handwerk entsprechenden nicht vorhin genannten technischen, montanistischen oder naturwissenschaftlichen Studienrichtung oder Studienrichtung der Bodenkultur und über eine mindestens zweijährige fachliche Tätigkeit oder Zeugnisse über den erfolgreichen Abschluß eines dem betreffenden Handwerk entsprechenden Fachhochschul-Studienganges und über eines mindestens zweijährige fachliche Tätigkeit oder Zeugnisse über den erfolgreichen Abschluß einer dem betreffenden Handwerk entsprechenden berufsbildenden höheren Schule und über eine mindestens zweijährige fachliche Tätigkeit oder Zeugnisse über den erfolgreichen Abschluß einer dem betreffenden Handwerk entsprechenden Werkmeisterschule oder Bauhandwerkschule oder Fachakademie, die bei einer Einrichtung einer Körperschaft des öffentlichen Rechts geführt wird, die erfolgreich abgelegte Unternehmerprüfung und über eine mindestens vierjährige fachliche Tätigkeit oder Zeugnisse über den erfolgreichen Abschluß einer dem betreffenden Handwerk entsprechenden Meisterschule oder Meisterklasse, die erfolgreich abgelegte Unternehmerprüfung und über eine mindestens vierjährige fachliche Tätigkeit (im letztgenannten Fall verkürzt sich die fachliche Tätigkeit um die jeweils vorgeschriebene Dauer des Schulbesuches).

Gewerbeberechtigungen für bewilligungspflichtige gebundene Gewerbe können nur dann erteilt werden, wenn bei Erfüllung der allgemeinen Voraussetzungen für die Ausübung von Gewerben gegen den Bewerber keine Tatsachen vorliegen, die es zweifelhaft machen, ob er die für die Ausübung des Gewerbes erforderliche Zuverlässigkeit besitzt.

Auf den Bedarf nach der beabsichtigten Gewerbeausübung ist nur bei der Erlangung einer Gewerbeberechtigung für die Ausübung des Rauchfangkehrer- oder Bestattergewerbes Rücksicht zu nehmen. Die Voraussetzungen für die Ausübung von Gewerben sind von der Behörde in bestimmten Fällen nachzusehen, und zwar ist eine Nachsicht unter bestimmten

Bedingungen sowohl vom Ausschluß von der Gewerbeausübung als auch vom Befähigungsnachweis zu erteilen. Zuständig für die Nachsichtserteilung ist nach der Art der zu erteilenden Nachsicht entweder die Gewerbebehörde erster Instanz (in Wien die magistratischen Bezirksämter) oder der Landeshauptmann (in Wien die MA 63).

Anträge betreffend das Mietwagengewerbe mit Personenkraftwagen, Taxigewerbe, Gästewagengewerbe sind beim MBA 1/8, 1, Wipplingerstraße 8, einzubringen, für alle anderen Konzessionen nach dem Gelegenheitsverkehrs-Gesetz bei der MA 63, 1, Wipplingerstraße 8.

Welche Personen können ein Gewerbe anmelden?

Juristische Personen (wie die Gebietskörperschaften Bund, Länder und Gemeinden; die Kapitalgesellschaften, Aktiengesellschaft und Gesellschaft m. b. H.; Vereine usw.) und Personengesellschaften des Handelsrechtes (offene Handelsgesellschaft und Kommanditgesellschaft) sowie eingetragene Erwerbsgesellschaften (offene Erwerbsgesellschaft und Kommandit-Erwerbsgesellschaft) können ein Gewerbe ausüben, müssen jedoch einen Geschäftsführer bestellt oder die Ausübung einem Pächter übertragen haben.

Welche Angaben hat die Gewerbeanmeldung bzw. das Ansuchen um Bewilligung des Gewerbes zu enthalten?

Die mündlich oder schriftlich zu erstattende Anmeldung hat die genaue Bezeichnung des Gewerbes und des für die Ausübung in Aussicht genommenen Standortes zu enthalten. Der Anmeldung sind die Urkunden über Vor- und Familiennamen, Wohnung, Alter, Staatsangehörigkeit (Geburtsurkunde, Meldezettel, Staatsbürgerschaftsnachweis), Strafregisterbescheinigung (diese darf nicht älter als drei Monate sein) und – soweit ein Befähigungsnachweis für das Gewerbe vorgeschrieben ist – die entsprechenden Zeugnisse oder der Bescheid über die erteilte Nachsicht anzuschließen. Diese Regelungen gelten auch für Personen, die ein bewilligungspflichtiges gebundenes Gewerbe ausüben wollen und um Erteilung dieser Bewilligung ansuchen.

Darf ein Gewerbetreibender auch Tätigkeiten anderer Gewerbe ausüben?

Wurde der Befähigungsnachweis für ein Gewerbe, das zu einem verbundenen Gewerbe gehört, im vollen Umfang erbracht, sind die Gewerbetreibenden, die zur Ausübung des betreffenden Gewerbes berechtigt sind, auch berechtigt, die Leistungen der anderen Gewerbe zu erbringen, aus denen sich das verbundene Gewerbe zusammensetzt. Verbundene Gewerbe sind solche Gewerbe, die sich aus zwei oder mehreren Gewerben zusammensetzen und im Gesetz ausdrücklich als solche bezeichnet sind.

Wurde der Befähigungsnachweis im vollen Umfang für ein Handwerk oder ein gebundenes Gewerbe erbracht, dürfen Gewerbetreibende, die ein solches Gewerbe ausüben, auch Leistungen verwandter Gewerbe erbringen. Dabei muß jedoch der sich aus der Gewerbeberechtigung ergebende Charakter des Gesamtbetriebes gewahrt bleibt. Welche Gewerbe verwandt sind, ist gesetzlich festgelegt.

Gewerbetreibende, die Tätigkeiten eines Handwerks oder gebundenen Gewerbes ausüben, sind berechtigt, in geringem Umfang Leistungen anderer Gewerbe zu erbringen, die eigene Leistungen wirtschaftlich sinnvoll ergänzen. Dabei ist jedoch zu beachten, daß sich die Gewerbetreibenden bei Ausübung dieser Rechte entsprechend ausgebildeter und erfahrener Fachkräfte zu bedienen haben, soweit dies aus Gründen der Sicherheit notwendig ist.

Allen Gewerbetreibenden steht außerdem das Recht zu, ihre Betriebseinrichtungen, sonstigen mechanischen Einrichtungen, Betriebsmittel, sonstigen Betriebsbehelfe und Betriebsgebäude instand zu halten und instand zu setzen. Soweit es aus Gründen der Sicherheit notwendig ist, haben sie sich bei Ausübung dieser Rechte entsprechend ausgebildeter und erfahrener Fachkräfte zu bedienen. Darüber hinaus stehen sowohl den Erzeugern und Dienstleistungsgewerbetreibenden als auch den Händlern in der Gewerbeordnung erschöpfend aufgezählte spezifische Rechte zu. Dazu gehört insbesondere für die Erzeuger das Recht, Arbeiten, die im zulässigen Umfang ihrer Gewerbeausübung liegen, zu planen sowie alle jene Vorarbeiten und Vollendungsarbeiten vorzunehmen, die dazu dienen, ihre Erzeugnisse absatzfähig zu machen. Daneben steht ihnen auch das Recht zu, die dem marktmäßigen Verkauf ihrer Erzeugnisse dienenden Verpackungen herzustellen und zu bedrucken sowie neben den Waren eigener Erzeugung auch fremde Erzeugnisse gleicher Art und entsprechendes Zubehör zu verkaufen.

Den Händlern steht insbesondere das Recht zum Verkauf gebrauchter Waren, zum Vermieten von Waren, zur Beistellung des zu verwendenden Materials (wenn Aufträge zur Herstellung von Waren an befugte Erzeuger erteilt werden), zur Durchführung einfacher Gravuren mittels Graviermaschinen, zur Anpassung der Waren an die Bedürfnisse des Marktes, zur Montage der gelieferten Waren an Ort und Stelle, zur regelmäßigen Wartung („Service“), zum Austausch schadhaft gewordener Bestandteile, zur Nachfüllung von Behältern und zum Anbringen von Zubehör zu. Die Rechte zur Montage der gelieferten Waren an Ort und Stelle und zum Austausch schadhaft gewordener Bestandteile, zur Nachfüllung von Behältern sowie zur Anbringung von Zubehör stehen den Händlern jedoch nur insoweit zu, als die Ausübung dieser Tätigkeiten keine Kerntätigkeiten von Handwerken oder gebundenen Gewerben umfassen sowie keine Gefährung von Leben und Gesundheit darstellen darf. Bei der Ausübung der im letzten Satz genannten Tätigkeiten muß weiters der Charakter des Betriebes als Handelsbetrieb gewahrt bleiben. Der Händler hat sich entsprechend ausgebildeter und erfahrener Fachkräfte zu bedienen.

Händler sind weiters berechtigt, Bestellungen auf Waren, zu deren Verkauf sie befugt sind, zu übernehmen und diese Waren durch befugte selbständige Erzeuger herstellen zu lassen. Sie dürfen auch zu diesem Zweck Maß nehmen. Sie sind schließlich befugt, Bestellungen auf Änderungen, Bearbeitungen oder Instandsetzungen von Waren, zu deren Verkauf sie berechtigt sind, zu übernehmen, sofern sie diese Arbeiten durch befugte Gewerbetreibende ausführen lassen. Sie sind schließlich zur Rücknahme von Gegenständen und Gütern, zu deren Verkauf sie befugt sind, einschließlich deren Verpackungen und Umhüllungen berechtigt. Sie sind nicht zuletzt beim Vermitteln und Abschließen von Rechtsgeschäften im fremden Namen und auf fremde Rechnung über Tätigkeiten berechtigt, die im Zusammenhang mit einem Warenhandelsgeschäft im Rahmen ihrer Gewerbeberechtigung stehen.

Den Dienstleistungsgewerbetreibenden stehen die den Erzeugern eingeräumten Rechte sinngemäß zu, wenn hiebei der Charakter des Betriebes als Dienstleistungsbetrieb gewahrt bleibt. Den Dienstleistungsgewerbetreibenden steht unter dieser Voraussetzung auch das Recht zum Verkauf und zum Vermitteln des Verkaufs von Waren zu, die sie be- oder verarbeiten oder bei den Leistungen ihres Gewerbes anwenden, oder von Geräten, die sie an ein Leitungsnetz anzuschließen berechtigt sind.

Wer ist zur Führung eines integrierten Betriebes berechtigt?

Gewerbetreibende, die Tätigkeiten eines Handwerks oder gebundenen Gewerbes ausüben, dürfen Tätigkeiten eines

Handwerks oder gebundenen Gewerbes in ihren Betrieb einbeziehen, wenn dies im Rahmen eines Gesamtbetriebes erfolgt. Sie haben hiefür einen Arbeitnehmer, der den Befähigungsnachweis für das betreffende Gewerbe erbringt und der nach den Bestimmungen des Sozialversicherungsrechtes voll versicherungspflichtig ist, hauptberuflich im Betrieb zu beschäftigen. Die Führung eines solchen integrierten Betriebes ist bei der Bezirksverwaltungsbehörde (in Wien beim magistratischen Bezirksamt) anzuzeigen. Bewilligungspflichtige gebundene Gewerbe sowie das Gewerbe der Spediteure einschließlich Transportagenden können nicht als integrierter Betrieb geführt werden.

Wann darf ein Gewerbe in einer weiteren Betriebsstätte ausgeübt werden?

Ein Gewerbe darf in einer weiteren Betriebsstätte innerhalb wie außerhalb der Standortgemeinde dann ausgeübt werden, wenn die Ausübung im Standort der weiteren Betriebsstätte nicht von vornherein durch einen Nachsichtsbescheid örtlich beschränkt ist und der Gewerbeinhaber hievon bei der Behörde die Anzeige erstattet hat. Für die Ausübung des Gewerbes in der weiteren Betriebsstätte kann vom Gewerbetreibenden ein Filialgeschäftsführer bestellt werden, der dann der Behörde gegenüber für die Einhaltung der gewerberechtlichen Vorschriften in der weiteren Betriebsstätte verantwortlich ist.

Dürfen außerhalb von Betriebsstätten gewerbliche Tätigkeiten verrichtet werden?

Gewerbetreibende dürfen insbesondere im Rahmen ihres Gewerbes Waren, Roh- und Hilfsstoffe sowie Betriebsmittel überall einkaufen und einsammeln, Waren auf Bestellung überall hinliefern, bestellte Arbeiten überall verrichten, Tätigkeiten des Gewerbes, die ihrer Natur nach nur außerhalb von Betriebsstätten vorgenommen werden können, überall verrichten, auf Märkten Waren verkaufen und Bestellungen entgegennehmen, auf Messen Waren verkaufen, Bestellungen entgegennehmen und Kostproben verabreichen oder ausschenken, unentgeltlich Kostproben in den zum Verkauf bestimmten Räumen eines anderen Gewerbetreibenden verabreichen oder ausschenken, sofern letzterer zum Verkauf der betreffenden Waren berechtigt ist, und bei Festen, sportlichen Veranstaltungen oder sonstigen Anlässen, die mit größeren Ansammlungen von Menschen verbunden sind, den Kleinverkauf von Lebensmitteln, Verzehrprodukten und sonstigen Waren, die zu diesen Gelegenheiten üblicherweise angeboten werden, vorübergehend ausüben, jedoch nicht im Umherziehen von Ort zu Ort oder von Haus zu Haus.

Was versteht man unter der Verlegung des Betriebes?

Unter der Verlegung des Betriebes ist die Änderung des Standortes der Gewerbeausübung sowohl innerhalb als auch außerhalb der Standortgemeinde zu verstehen. Sie ist der Gewerbebehörde (in Wien dem magistratischen Bezirksamt des neuen Standortes) anzuzeigen.

Ist der Standort des Gewerbes und der weiteren Betriebsstätten zu kennzeichnen?

Die Gewerbetreibenden sind verpflichtet, ihre Betriebsstätten mit einer äußeren Geschäftsbezeichnung zu versehen. Die äußere Geschäftsbezeichnung hat zumindest den Namen des Gewerbetreibenden und einen im Rahmen der Gewerbeberechtigung gehaltenen unmißverständlichen Hinweis auf den Gegenstand des Gewerbes in gut sichtbarer Schrift zu enthalten.

Muß das Gewerbe vom Gewerbeinhaber persönlich ausgeübt werden?

Dem Gewerbeinhaber steht es frei, für die Ausübung seines Gewerbes einen Geschäftsführer zu bestellen, der dem Gewerbeinhaber gegenüber für die fachlich einwandfreie Ausübung des Gewerbes und der Behörde gegenüber für die Einhaltung der gewerberechtlichen Vorschriften verantwortlich ist. Er hat jedoch einen Geschäftsführer zu bestellen, wenn er den Befähigungsnachweis nicht erbringen kann und keine Nachsicht von diesem Erfordernis erlangt hat. Er hat weiters dann einen Geschäftsführer zu bestellen, wenn er keinen Wohnsitz im Inland hat, sofern die Zustellung der Verhängung und die Vollstreckung von Verwaltungsstrafen nicht durch Übereinkommen sichergestellt sind (dies ist derzeit nur gegenüber Deutschland der Fall).

Der Gewerbeinhaber kann – anstatt einen Geschäftsführer zu bestellen – auch die Ausübung des Gewerbes einem Pächter übertragen, der es auf eigene Rechnung und im eigenen Namen ausübt.

Geschäftsführer und Pächter müssen den für die Ausübung des Gewerbes vorgeschriebenen persönlichen Voraussetzungen entsprechen. Der Geschäftsführer muß außerdem seinen Wohnsitz grundsätzlich im Inland haben (es sei denn, daß die Zustellung der Verhängung und die Vollstreckung von Verwaltungsstrafen durch Übereinkommen sichergestellt ist). Vor allem aber muß der Geschäftsführer in der Lage sein, sich im Betrieb entsprechend zu betätigen, insbesondere die seiner Verantwortlichkeit gegenüber dem Gewerbeinhaber und gegenüber der Behörde entsprechende, selbstverantwortliche Anordnungsbefugnis besitzen. Er muß der Erteilung der Anordnungsbefugnis und seiner Bestellung nachweislich zugestimmt haben.

Der Gewerbeinhaber hat die Bestellung des Geschäftsführers oder die Übertragung der Ausübung des Gewerbes an den Pächter beim magistratischen Bezirksamt anzuzeigen, bei bewilligungspflichtigen gebundenen Gewerben hat er dafür die Genehmigung der Behörde einzuholen.

Was sind Fortbetriebsrechte?

Darunter versteht man das Recht der Verlassenschaft nach dem Gewerbeinhaber, des überlebenden Ehegatten, der Kinder und Wahlkinder, des Masseverwalters, des gerichtlich bestellten Zwangsverwalters oder Zwangspächters, einen Gewerbebetrieb aufgrund der von einer anderen Person erlangten Gewerbeberechtigung fortzuführen. Der Fortbetrieb ist von den Fortbetriebsberechtigten dem magistratischen Bezirksamt anzuzeigen. Die Fortbetriebsberechtigten haben ohne unnötigen Aufschub einen Geschäftsführer zu bestellen, wenn sie die für die Ausübung des betreffenden Gewerbes vorgeschriebenen persönlichen Voraussetzungen nicht nachweisen. Die zur Nachsichtserteilung zuständige Gewerbebehörde kann jedoch auf deren Antrag die Bestellung eines Geschäftsführers nachsehen, wenn mit der Ausübung des Gewerbes ohne Geschäftsführer keine Gefahren für das Leben oder die Gesundheit der Menschen verbunden sind.

Wann liegt eine genehmigungspflichtige gewerbliche Betriebsanlage vor?

Eine gewerbliche Betriebsanlage darf nur mit Genehmigung der Behörde errichtet oder betrieben werden, wenn sie wegen der Verwendung von Maschinen und Geräten, wegen ihrer Betriebsweise, wegen ihrer Ausstattung oder sonst geeignet ist, das Leben oder die Gesundheit des Gewerbetreibenden, der mittätigen Familienangehörigen, der Nachbarn oder der Kunden, die die Betriebsanlage aufsuchen, oder das Eigentum oder sonst dingliche Rechte der Nachbarn zu gefährden, die Nachbarn durch Geruch, Lärm, Rauch, Staub, Erschütterung oder in anderer Weise zu belästigen, die Religionsausübung in Kirchen, den Unterricht in Schulen, den Betrieb von Kranken- und Kuranstalten oder die Verwendung oder den Betrieb anderer öffentlichen Interessen dienender benachbarter Anlagen oder Einrichtungen zu beeinträchtigen, die Sicherheit, Leichtigkeit und Flüssigkeit des Verkehrs an oder auf Straßen mit öffentlichem Verkehr wesentlich zu beeinträchtigen oder eine nachteilige Einwirkung auf die Beschaffenheit der Gewässer herbeizuführen. Auch die Änderung der genehmigten Betriebsanlage bedarf einer Genehmigung, wenn dies zur Wahrung der vorhin umschriebenen Interessen erforderlich ist. Die Genehmigungspflicht besteht auch dann, wenn die Gefährdungen, Belästigungen, Beeinträchtigungen oder nachteiligen Einwirkungen nicht durch die Inhaber der Anlage oder seine Erfüllungsgehilfen, sondern durch Personen in der Betriebsanlage bewirkt werden, die die Anlage der Art des Betriebes gemäß in Anspruch nehmen. Um die Genehmigung der Betriebsanlage hat der Unternehmer des Gewerbebetriebes anzusuchen. Vor der Genehmigung der Betriebsanlage darf mit der Errichtung oder mit dem Betrieb derselben nicht begonnen werden. Ein Wechsel in der Person des Gewerbeinhabers bedingt keine neue Genehmigung der Betriebsanlage. Die von der Behörde für den Betrieb der genehmigten Anlage vorgeschriebenen Auflagen gelten auch für den neuen Gewerbeinhaber.

Wann endet eine Gewerbeberechtigung?

Eine Gewerbeberechtigung endet in folgenden Fällen:

1. Tod der natürlichen Person, im Falle von Fortbetrieben erst mit der Endigung des Fortbetriebsrechtes;
2. Untergang der juristischen Person;
3. Versagung der Eintragung einer Personengesellschaft des Handelsrechtes in das Firmenbuch oder, wenn die Personengesellschaft der Gewerbebehörde nicht innerhalb der gesetzten Frist die Eintragung in das Firmenbuch nachgewiesen hat, mit Fristablauf;
4. Zurücklegung der Gewerbeberechtigung;
5. Entziehung der Gewerbeberechtigung durch die Behörde;
6. Urteil eines Gerichtes;
7. Zeitablauf oder mit Eintritt einer auflösenden Bedingung.

Was versteht man unter dem Ruhen der Gewerbeberechtigung?

Hier handelt es sich um die Nichtausübung der Gewerbeberechtigung. Das Ruhen und die Wiederaufnahme der Gewerbeausübung ist vom Gewerbetreibenden binnen drei Wochen der Wirtschaftskammer Wien anzuzeigen. Diese Anzeige bewirkt nicht wie die bei der Gewerbebehörde zu erklärende Zurücklegung des Gewerbes den gänzlichen und unwiderruflichen Verzicht auf das Gewerberecht.

Was geschieht bei Übertretung gewerbegesetzlicher Vorschriften?

Verstöße gegen gewerberechtliche Vorschriften, die von der Gewerbeordnung 1994 für strafbar erklärt wurden, bilden Verwaltungsübertretungen und werden mit Geldstrafen bis zu 50.000 S geahndet. Wenn der Gewerbeinhaber infolge schwerwiegender Verstoße gegen die im Zusammenhang mit dem betreffenden Gewerbe zu beachtenden Rechtsvorschriften und Schutzinteressen, insbesondere auch zur Wahrung des Ansehens des Berufsstandes, die für die Ausübung dieses Gewerbes erforderliche Zuverlässigkeit nicht mehr besitzt, hat die Behörde seine Gewerbeberechtigung zu entziehen.

Ist die gewerbliche Sonntagsarbeit gestattet?

An Sonntagen und gesetzlichen Feiertagen hat grundsätzlich alle gewerbliche Arbeit zu ruhen. Zuwiderhandlungen werden nach den Strafbestimmungen des Arbeitszeitgesetzes bzw. nach den Strafbestimmungen des Sonn- und Feiertags-Betriebszeitengesetzes geahndet.

Gibt es Ausnahmen vom Wochenend- und Feiertagsruhegebot?

Es bestehen folgende Ausnahmen vom Wochenend- und Feiertagsruhegebot:

1. Aufgrund des Arbeitsruhegesetzes sind die an Gewerbelokalen und Werksvorrichtungen vorzunehmenden Reinigungs-, Instandhaltungs- oder Instandsetzungsarbeiten, soweit sich solche Arbeiten während des regelmäßigen Arbeitsablaufes nicht ohne Unterbrechung oder erhebliche Störung ausführen lassen und infolge ihres Umfanges nicht bis spätestens Samstag, 15 Uhr, abgeschlossen werden können, die Bewachung oder Wartung von Betriebsanlagen einschließlich Bergbauanlagen oder Wartung von Tieren, Arbeiten, die dem Brandschutz dienen, die gesundheitliche Betreuung oder Versorgung mit Speisen und Getränken derjenigen Arbeitnehmer, die aufgrund von Ausnahmebestimmungen während der Wochenend- oder Feiertagsruhe beschäftigt werden dürfen, die Beförderung der während der Wochenend- oder Feiertagsruhe beschäftigten Arbeitnehmer zu und von der Arbeitsstelle, die Be- und Entlüftung, Beheizung oder Kühlung der Arbeitsräume, Umbauarbeiten an Betriebsanlagen einschließlich Bergbauanlagen, wenn diese aus technischen Gründen nur während des Betriebsstillstandes durchgeführt werden können und ein Betriebsstillstand außerhalb der Ruhezeiten mit einem erheblichen Schaden verbunden wäre, die Betreuung, Beaufsichtigung und Versorgung mit Speisen und Getränken in Internaten und Heimen, wenn diese Internate und Heime auch während der Wochenend- oder Feiertagsruhe betrieben werden, erlaubt;
2. durch Verordnungen wurde darüber hinaus bei einzelnen Kategorien von Gewerben, bei denen ihrer Natur nach eine Unterbrechung des Betriebes oder ein Aufschub der betreffenden Arbeit untunlich (z. B. bei Hochöfen) oder bei denen der Betrieb an Sonntagen im Hinblick auf die täglichen oder an Sonntagen – allenfalls auch nur in bestimmten Gebieten – besonders hervortretenden Bedürfnisse der Bevölkerung (z. B. Gastgewerbe, Schwimmbäder, Kleinverkauf gewisser Waren im Prater und im Ausflugsgebiet) oder des öffentlichen Verkehrs (z. B. Taxi) erforderlich ist, die Arbeit an Sonntagen und gesetzlichen Feiertagen gestattet;
3. fällt der 8. Dezember (Maria Empfängnis) auf einen Werktag, dürfen an diesem Tag die für den Kleinverkauf von Waren bestimmten Betriebseinrichtungen (Läden und sonstige Verkaufsstellen) von Unternehmungen, die der Gewerbeordnung 1994 unterliegen, offengehalten werden. Hiefür dürfen auch Arbeitnehmer beschäftigt werden. Die Arbeitnehmer haben jedoch das Recht, die Beschäftigung am 8. Dezember auch ohne Angabe von Gründen abzulehnen, und dürfen wegen der Weigerung, am 8. Dezember der Beschäftigung nachzugehen, nicht benachteiligt werden.

Müssen an Sonntagen die Geschäftsräume geschlossen sein?

Sofern nicht eine Verordnung aufgrund des Sonn- und Feiertags-Betriebszeitengesetzes Ausnahmen vorsieht, müssen an Sonntagen und Feiertagen zu den Zeiten, zu denen die Vornahme gewerblicher Arbeiten nicht gestattet ist, die Geschäftsräumlichkeiten geschlossen gehalten werden. Auch jene Inhaber von Handelsgewerben, die keine Dienstnehmer beschäftigen, dürfen den Geschäftsbetrieb nicht ausüben und müssen die Geschäftsräumlichkeiten geschlossen halten.

Welche Feiertage sind gesetzlich anerkannt?

Feiertage im Sinne des Arbeitsruhegesetzes sind: 1. Jänner (Neujahr), 6. Jänner (Heilige Drei Könige), Ostermontag, 1. Mai (Staatsfeiertag), Christi Himmelfahrt, Pfingstmontag, Fronleichnam, 15. August (Maria Himmelfahrt), 26. Oktober (Nationalfeiertag), 1. November (Allerheiligen), 8. Dezember (Maria Empfängnis), 25. Dezember (Weihnachten), 26. Dezember (Stephanstag).

Für welche Gewerbebetriebe gilt das Öffnungszeitengesetz?

Die Bestimmungen des Öffnungszeitengesetzes gelten für alle ständigen und nichtständigen für den Kleinverkauf von Waren bestimmten Betriebseinrichtungen (Läden und sonstige Verkaufsstellen); der Geltungsbereich dieses Gesetzes erfaßt daher z. B. nicht die Geschäfte der Friseure und Mietwaschküchen.

Hingegen gelten als Betriebseinrichtungen im Sinne des Öffnungszeitengesetzes auch alle Einrichtungen und Veranstaltungen (Werbevorführungen) von gewerblichen Unternehmungen, bei denen Warenbestellungen im Kleinverkauf entgegengenommen werden.

Ausgenommen sind: die Warenabgabe aus Automaten, der Warenverkauf im Rahmen eines Gastgewerbes, der Marktverkehr, Marketendereien im Kasernenbereich und Tankstellen.

Für welche Tage gilt das Öffnungszeitengesetz?

Das in Rede stehende Gesetz gilt nur für Werktage.

Wie sind die Öffnungszeiten geregelt?

Nach dem Öffnungszeitengesetz dürfen die Verkaufsstellen für den Kleinverkauf von Waren von Montag bis Freitag in der Zeit von 6 bis 19.30 Uhr, an Samstagen in der Zeit von 6 bis 17 Uhr offengehalten werden. Dabei darf aber die Gesamtoffenhaltezeit innerhalb einer Kalenderwoche 66 Stunden nicht überschreiten. Den Einkaufsbedürfnissen der Bevölkerung Rechnung tragend, ist weiters das längere Offenhalten von Süßwarenfachgeschäften, Verkaufsstellen auf Bahnhöfen usw. gestattet.

Besteht eine Offenhaltepflicht?

Die Gewerbetreibenden sind nach dem Öffnungszeitengesetz zum Offenhalten ihrer Verkaufsstellen während der zulässigen Geschäftszeiten nicht verpflichtet. Außerhalb dieser Öffnungszeiten sind die Geschäfte geschlossen zu halten.

Ist die Nichteinhaltung von Bestimmungen des Öffnungszeitengesetzes strafbar?

Wer entgegen den Vorschriften über die Öffnungszeiten seine Verkaufsstelle offen hält, Waren verkauft oder Bestellungen entgegennimmt, ist nach den Bestimmungen der GewO 1994 zu bestrafen. Kunden, die am Ende der Ladenöffnungszeit im Geschäft anwesend sind, dürfen noch bedient werden.

GLÜCKSSPIELBEWILLIGUNGEN

(MA 62)

Das Glücksspielgesetz vom 28. November 1989, BGBl. Nr. 620, in der Fassung BGBl. Nr. 344/1991, regelt das Glücksspielwesen. Dem Bund kommt grundsätzlich das Recht zur Durchführung von Glücksspielen zu (Glücksspielmonopol). In bestimmten Fällen kann dieses Recht auf Einzelpersonen oder juristische Personen übertragen werden. Von den in Betracht kommenden Ausspielungen werden hier die sogenannten Glückshäfen und Juxausspielungen behandelt.

Was ist ein Glückshafen?

Glückshafen ist eine Ausspielung, bei welcher die Spieler durch Ziehung die auf ihre Loszettel (Spielanteile) entfallenden Treffer oder Nieten ermitteln oder zur Ermittlung beitragen. Die Anzahl der Treffer muß mindestens 1% der aufgelegten Loszettel betragen. Der Gesamtwert der Treffer muß mindestens 25% des Spielkapitals (Anzahl × Preis der Loszettel) betragen.

Was ist eine Juxausspielung?

Juxausspielungen sind solche Ausspielungen, bei denen auf jeden Spielanteil ein Treffer entfällt und die Spieler durch Ziehung die auf ihren Loszettel entfallenden Treffer ermitteln. Der Gesamtwert der Treffer muß mindestens 25% des Spielkapitals (Anzahl × Preis der Loszettel) betragen.

Wer erteilt Bewilligungen?

Bei Ausspielungen, deren Spielkapital 50.000 S pro Kalenderjahr übersteigt, ist nach Möglichkeit mindestens vier Wochen vor der Veranstaltung bei der MA 62, 8, Lerchenfelder Straße 4, um Bewilligung anzusuchen. Für die Einreichung des Antrages können bei dieser Dienststelle Formulare verlangt werden. Das Ansuchen und die Bewilligung sind im bestimmten Ausmaß gebühren- und verwaltungsabgabepflichtig.

Ausspielungen, deren Spielkapital 50.000 S im Kalenderjahr nicht übersteigt, dürfen ohne Bewilligung der MA 62 durchgeführt werden, wenn keine persönlichen Interessen der Erwerbszwecke verfolgt werden.

Welche Glücksspielapparate und Glücksspielautomaten sind erlaubt?

Ausspielungen mittels eines Glücksspielapparates und Glücksspiele, die nicht in Form einer Ausspielung durchgeführt werden, dürfen, soweit sie dem Glücksspielmonopol unterliegen, nur in einer Spielbank durchgeführt werden. Ausspielungen mittels eines Glücksspielautomaten, wenn der Einwurf den Betrag oder den Gegenwert von 5 S und der Gewinn den Betrag oder den Gegenwert von 200 S nicht übersteigen, unterliegen nicht dem Glücksspielmonopol; doch ist in Wien der entgeltliche Betrieb von Spielapparaten unter Erbringung oder Inaussichtstellung von Geld- und Warenleistungen nach § 30 Abs. 1 Z 1 des Wiener Veranstaltungsgesetzes, LGBl. für Wien Nr. 12/1971, in der geltenden Fassung, grundsätzlich verboten. Davon ist nur der Betrieb von Münzgewinnspielapparaten aufgrund der von der MA 7 erteilten Konzessionen ausgenommen. Diese bieten die Möglichkeit, bei einem Einwurf von Scheidemünzen bis maximal 5 S einen Gewinn bis maximal 200 S zu erzielen (→ „Veranstaltungswesen").

GRUNDSTÜCKSANGELEGENHEITEN

(MA 69)

Was mache ich, wenn ich der Stadt Wien einen Grund verkaufen will?

Zuständig für die Grunderwerbungen der Stadt Wien ist die MA 69, 8, Lerchenfelder Straße 4, 4. Stock. Liegenschaften können der Stadt Wien schriftlich oder mündlich angeboten werden. Zur raschen Behandlung eines Anbotes ist die Angabe der Grundbuchs-Einlagezahl, der Katastralgemeinde des Grundbuches und die Grundstücksbezeichnung sowie auch die Bekanntgabe der Nutzungsverhältnisse (z. B. Eigennutzung, Vermietung oder Verpachtung) erforderlich. Auch der erwartete Kaufpreis soll nach Möglichkeit angegeben werden.

Alle Eingaben und Ansuchen an die MA 69 betreffend Grundstücksangelegenheiten sind stempelfrei.

Wie ist die weitere Vorgangsweise?

Besteht für die Stadt Wien Interesse am Erwerb dieses Grundstückes, nimmt die MA 69 Verhandlungen, betreffend den Kaufpreis, Übergabsbedingungen usw. auf. Wird hiebei volle Übereinstimmung erzielt, erstellt die MA 69 einen Vertragstextentwurf und leitet diesen dem Verkäufer zu. Der vom Verkäufer unterschriebene Vertragstext wird in der Folge von der MA 69 dem nach der Wiener Stadtverfassung zuständigen Organ (z. B. Gemeinderat) zur Genehmigung vorgelegt. Mit dieser Genehmigung wird der Vertrag für beide Teile rechtsverbindlich. Vor der Genehmigung durch das zuständige Organ tritt eine Bindung der Stadt Wien nicht ein.

Was geschieht nach der Genehmigung des Vertrages?

Nach der Vertragsgenehmigung wird – wenn nichts anderes vereinbart wurde – von der Magistratsdirektion – Zivil- und Strafrechtsangelegenheiten, 1, Rathaus, Stiege 4, Hochparterre, Tür 110, die Kaufvertragsurkunde errichtet und die grundbücherliche Durchführung des Rechtsgeschäftes veranlaßt.

Was mache ich, wenn ich von der Stadt Wien ein Grundstück mieten oder pachten will?

Zuständig für die Vermietung und Verpachtung von unbebauten Grundstücken – ausgenommen landwirtschaftlich nutzbare Äcker –, die der Stadt Wien gehören, ist die MA 69, 8, Lerchenfelder Straße 4.

Wer sich für ein bestimmtes Grundstück interessiert, kann sein Ansuchen unter näherer Bezeichnung der gewünschten Fläche (z. B. EZ., Adresse, Grundstücksnummer, Katastralgemeinde, Ausmaß) und Bekanntgabe der angestrebten Nutzung schriftlich oder mündlich einbringen.

Wie ist die weitere Vorgangsweise?

Ergibt die Prüfung des Ansuchens, daß die Stadt Wien die angestrebte Fläche nicht selbst benötigt, erhält der Bewerber einen unverbindlichen Vertragsentwurf mit dem Ersuchen, diesen zu unterschreiben und an die MA 69 rückzusenden. Nach Rücklangen werden die Vertragsbedingungen dem nach der Wiener Stadtverfassung jeweils zuständigen Organ zur Genehmigung vorgelegt. Vor der Genehmigung tritt eine Bindung der Stadt Wien nicht ein.

Wird die Genehmigung erteilt, wird der Bewerber hievon schriftlich verständigt.

Wann hat die MA 69 bei Grundabteilungen mitzuwirken?

Falls im Zuge einer Grundabteilung (Bauplatzschaffung oder bewilligungspflichtige Bauführung) dem Abteilungswerber von der Baubehörde der Erwerb von Grundflächen, die im Eigentum der Stadt Wien stehen oder im öffentlichen Gut verbüchert sind, vorgeschrieben wird, sind die entsprechenden Kaufverhandlungen mit der MA 69 zu führen. Erforderlich ist ein Ansuchen um Verkauf dieser Flächen und die Beilage von drei Gleichstücken des Abteilungsplanes. Alle Eingaben und Beilagen an die MA 69 sind stempelfrei.

Auch diese Transaktionen bedürfen zu ihrer Rechtswirksamkeit der Genehmigung durch die nach der Verfassung der Bundeshauptstadt Wien zuständigen Organe, das sind die Gemeinderatsausschüsse, der Stadtsenat und der Gemeinderat.

Wo erfolgt die Information in Kleingartenangelegenheiten?

Informationen in Kleingartenangelegenheiten können bei der MA 69, 8, Lerchenfelder Straße 4, 5. Stock, Dienstag und Donnerstag in der Zeit von 8 bis 12 Uhr, eingeholt werden.

KANALISATION

(MA 30)

Wem gehört der auf Straßengrund liegende Teil eines Hauskanals?

Die Hauskanäle bilden einschließlich der Einmündung in den öffentlichen Straßenkanal einen Bestandteil des Hauses.

Ihre Instandhaltung obliegt daher dem Hauseigentümer. Er hat sich hiezu eines konzessionierten Baugewerbetreibenden zu bedienen. Die Baupläne der Hauskanalanlagen liegen bei den betreffenden Außenstellen der MA 37 auf (→ Magistrat, MA 37).

Wie verhält man sich bei Abort- oder Hauskanalverstopfungen?

Abort- und Hauskanalverstopfungen können für ganz Wien telefonisch der zentralen Funkleitstelle der MA 30 unter Tel. 795 14 . . ., 9300, bekanntgegeben werden.

Die Gebührenverrechnung erfolgt aufgrund von Arbeitsbestätigungen. Diesbezügliche Auskünfte erteilt die MA 30, 3, Modecenterstraße 14, Tel. 795 14 . . ., 93151 und 93152. Die aufgelaufene Gebühr ist mit Erlagschein an die zuständige Stadtkasse einzuzahlen.

Wie verhält man sich, wenn man durch Abwasser von Industrie- und Gewerbebetrieben gestört wird?

Es genügt, telefonisch die Funkleitstelle der MA 30, Tel. 795 14 . . ., 9300, anzurufen. Außerdem kann stempelgebührenfrei darüber eine Anzeige in schriftlicher Form an die MA 30, 3, Modecenterstraße 14, gemacht werden. Diese Anzeigen werden dann durch das Referat Industrie- und Gewerbeabwasserüberwachung der MA 30 weiterverfolgt.

Wie bestellt man die Räumung von Senk- und Sickergruben und von Hauskläranlagen?

Senkgruben-, Sickergruben- und Hauskläranlagen-Räumungen sind für die Bezirke

1, 2, 3, 11 in 3, Nottendorfer Gasse 17–19,
Tel. 798 81 04 . . . 0
4, 5, 6, 10, 12, 23 in 10, Windtenstraße 1,
Tel. 602 02 24 . . . 0
7, 13, 14, 15, 16 in 14, Hackinger Straße 3,
Tel. 914 32 62 . . . 0
8, 9, 17, 18, 19, 20 in 19, Boschstraße 40–44,
Tel. 37 43 01 . . . 0
21 in 21, Floridsdorfer Hauptstraße la,
Tel. 278 65 34 . . . 0
22 in 22, Stadlau, Waldrebengasse 3,
Tel. 282 16 97 . . . 0,

von Montag bis Freitag in der Zeit von 7 bis 16 Uhr anzumelden, ausgenommen, wenn einer dieser Tage ein Feiertag ist. Schriftliche Anmeldungen sind mit einer 180-S-Bundesstempelmarke zu versehen.

Wie wird die Räumgebühr für Senk- und Sickergruben und von Hauskläranlagen bemessen?

Die Verrechnung erfolgt nach Aushubmenge (Mindestverrechnung 3 Kubikmeter). Bei Saugschlauchlängen über 35 m von der Grundstücksgrenze entfernt werden Zuschläge pro Meter Überlänge verrechnet.

Darf eine Senkgrube durch den Hauseigentümer oder Benützer selbst geräumt werden?

Um die Selbsträumung einer Senkgrube durch einen privaten Räumbetrieb kann, sofern dies gesetzlich zulässig ist, bei der MA 30, 3, Modecenterstraße 14, angesucht werden. Das Gesuch ist mit einer 180-S-Bundesstempelmarke und mit 370-S-Verwaltungsabgabemarken zu versehen. Eine Selbstaufbringung ist grundsätzlich verboten.

Wie wird die Räumgebühr für Senkgruben bei Teilnahme an der „Aktion verbilligte Senkgrube" bemessen?

Die Bemessung erfolgt fiktiv wie bei einem Kanalanschluß über den Wasserbezug. (→ Abschnitt „Wie wird die Abwassergebühr bei einem Kanalanschluß bemessen und wer schreibt sie vor?")

Darf ein Abscheider durch den Benützer selbst geräumt werden?

Um eine Selbsträumbewilligung eines Abscheiders durch einen privaten Räumbetrieb kann, sofern dies gesetzlich zulässig ist, bei der MA 30, 3, Modecenterstraße 14, angesucht werden. Das Gesuch ist mit einer 180-S-Bundesstempelmarke und mit 370-S-Verwaltungsabgabemarken zu versehen.

Wie wird die Räumgebühr für Abscheider verrechnet?

Die Verrechnung erfolgt nach Aushubmenge (Mindestverrechnung 3 Kubikmeter). Zusätzlich werden noch Sondermüll-Entsorgungskosten pro Kilogramm Aushubmaterial verrechnet.

Wie verhält man sich im Falle von Gebrechen an Hauskanalanlagen bzw. bei Kellerüberflutungen?

Gebrechen an Hauskanalanlagen (Rohrbrüche, Rohrundichtheiten, Rattenwühlungen und sonstige Kanalgebrechen) können beim zuständigen Bezirksbetriebslokal oder beim Bereitschaftsdienst schriftlich oder in gleicher Weise wie Hauskanalverstopfungen angezeigt werden. Sie werden nach Untersuchung durch die MA 30 an die zuständige Baupolizeiabteilung (MA 37 – Bezirksaußenstelle) zur Ausstellung eines befristeten Instandsetzungsauftrages weitergeleitet.

Bei Kellerüberflutungen kann eine Untersuchung Aufschluß geben, ob die Überflutung durch Bauschäden im Kanal verursacht wurde.

Hauskanaluntersuchungen werden über ein schriftliches Ansuchen des Hauseigentümers oder dessen Bevollmächtigten durchgeführt. Ansuchen sind mit einer 180-S-Bundesstempelmarke zu versehen. Außerdem ist eine 180-S-Bundesstempelmarke für den Zustandsbericht beizulegen. Die Gebührenverrechnung von Untersuchungen erfolgt aufgrund von Arbeitsbestätigungen.

In besonderen Fällen kann die Gruppe für baubehördliche Angelegenheiten der MA 30, 3, Modecenterstraße 14, Tel. 795 14..., 93090 und 93091, Auskunft geben.

Wo erhält man Auskunft über die Möglichkeiten der Beseitigung von größeren Mengen von Sonderabfällen?

Beim Anfall von größeren Mengen von Sonderabfällen, insbesondere in Gewerbe und Industrie, kann über die Möglichkeiten und Kosten der Entsorgung eine entsprechende Beratung durch die Entsorgungsbetriebe Simmering erfolgen. Auskünfte Montag bis Donnerstag von 7 bis 16 Uhr und Freitag von 7 bis 13 Uhr unter Tel. 760 99...0.

Überdies erteilt die MA 22 (Tel. 40 00 . . ., 88262, 88264) Beratung über die ordnungsgemäße Beseitigung von Sonderabfällen im allgemeinen.

Wo meldet man lärmverursachende Kanalgitter, die meist in der Fahrbahnmitte liegen, an?

Meldungen werden von Montag bis Freitag in der Zeit von

7 bis 16.30 Uhr unter Tel. 795 14 . . ., 93137, in der übrigen Zeit sowie an Sonn- und Feiertagen unter Tel. 795 14 . . ., 9300, entgegengenommen.

Wie wird die Abwassergebühr bei einem Kanalanschluß bemessen und wer schreibt sie vor?

Für die Einleitung von Abwässern in einen öffentlichen Kanal ist eine Abwassergebühr in Höhe der eingeleiteten Menge zu entrichten.

Dabei wird die Abwassermenge nach der von der öffentlichen Wasserversorgung bezogenen Menge ermittelt. Bei Eigenwasserversorgung wird jene Menge als Abwassermenge herangezogen, die aufgrund der im Wasserrechtsbescheid festgesetzten Wassermenge eingeräumt wurde. Ist bei Eigenwasserversorgungsanlagen keine Wassermenge im Wasserrechtsbescheid enthalten, wird die Wassermenge vom Magistrat geschätzt und als die in den öffentlichen Kanal abgegebene Menge festgelegt. Für nachweislich, oder in besonderen Fällen pauschaliert (z. B. Gartenbewässerung), nicht in den öffentlichen Kanal eingeleitete Abwassermengen kann über Antrag die Abwassergebühr herabgesetzt werden. Die Festsetzung der Abwassergebühr erfolgt durch die MA 4, Ref. 6, in 1, Ebendorferstraße 2, Tel. 40 00 . . ., 86233, 86234, 86235, 86236. Ebenso sind Anträge um Herabsetzung der Abwassergebühr an diese zu richten. In der Abwassergebühr ist die Reinigung der Hauskanalanlagen nicht enthalten und wird bei Bedarf gesondert verrechnet.

Wer erteilt die Baubewilligung zum Neu- oder Umbau einer Hauskanalanlage?

Die Baubewilligung erteilt die Baupolizei (MA 37 – Bezirksaußenstelle). Die für den Entwurf einer Hauskanalanlage erforderlichen Unterlagen können, soweit sie das öffentliche Kanalnetz betreffen, in der MA 30, 3, Modecenterstraße 14, 4. Stock, Tür 405 (Planarchiv), von Montag bis Freitag in der Zeit von 8 bis 12.30 Uhr eingesehen werden.

Die technische Begutachtung der Entwürfe für Hauskanalanlagen erfolgt ebenso bei der MA 30, Gruppe für baubehördliche Angelegenheiten im 4. Stock. Telefonische Voranmeldung, Tel. 795 14 . . ., 93090, Montag bis Freitag von 8 bis 12.30 Uhr.

Wer schreibt die Kanaleinmündungsgebühr vor?

Die Kanaleinmündungsgebühr bzw. eine allfällige Ergänzungsgebühr wird durch die zuständige Baupolizei (MA 37 – Bezirksaußenstelle) vorgeschrieben, die auch über die Höhe und Einzahlungsart Auskunft erteilt. Die Vormerkung über bezahlte bzw. vorgeschriebene Kanaleinmündungsgebühren führt die MA 6, Buchhaltungsabteilung 7, 3, Modecenterstraße 14, Tel. 795 14 . . ., 93774. Auskünfte sind dort einzuholen.

Welche Stoffe dürfen in Kanäle nicht eingeleitet werden?

Feuergefährliche, explosive, heiße, stark saure, alkalische, fett- oder ölhältige, radioaktive und sonstige schädliche oder widerliche Dämpfe entwickelnde Flüssigkeiten, feste Stoffe, wie Asche, Katzenstreu u. dgl., auch nicht im zerkleinerten Zustand, sowie Abluft und Gase dürfen in Kanäle nicht eingeleitet werden, weil sie den Bestand und den Betrieb der Kanalisationsanlagen gefährden (siehe Kanalgrenzwertverordnung 1989).

Darf ein Privater Schnee in das städtische Kanalnetz einbringen?

Die Bewilligung zum Einbringen von Schnee in das öffentliche Straßenkanalnetz kann in besonderen berücksichtigungswürdigen Fällen über mündliches oder schriftliches, mit einer 180-S-Bundesstempelmarke und mit 90-S-Verwaltungsabgabemarken gestempeltes Ansuchen bei der MA 30 unentgeltlich erteilt werden. Eigenmächtiger Schnee-Einwurf ist verboten.

Wer stellt Kanal- und Senkgrubenbefunde aus?

Für baubehördliche Zwecke eines Bauwerbers, Haus- bzw. Liegenschaftseigentümers werden Befunde über Hauskanalanlagen, Senk- und Sickergruben von der MA 30, Gruppe für baubehördliche Angelegenheiten, 3, Modecenterstraße 14, ausgestellt:

Referat	Bezirk
I	1, 4, 5, 6, 7, 8, 9, 10, 11, 12, 18, 19
II	2, 3, 20, 21, 22
III	13, 14, 15, 16, 17, 23

Ein mit einer 180-S-Bundesstempelmarke versehenes Ansuchen ist in der Kanzlei der MA 30 (4. Stock, Tür 413) entweder persönlich oder über den Postweg einzureichen. Auf das Ansuchen sind Verwaltungsabgabemarken im Betrag von 370 S für Hauskanäle, von 235 S für Senk- oder Sickergruben bzw. 370 S für Senk- und Sickergruben aufzukleben. Außerdem ist eine nicht aufgeklebte 180-S-Bundesstempelmarke für die Befundausfertigung beizulegen.

WIENER KINDER- UND JUGENDANWALTSCHAFT

Die Kinder- und Jugendanwaltschaft ist eine Einrichtung der Stadt Wien „zur besonderen Wahrung der Interessen von Kindern und Jugendlichen". So lautet die Kurzbeschreibung im § 10 des Wiener Jugendwohlfahrtsgesetzes in der 1994 novellierten Fassung.

Kinder- und Jugendanwälte gibt es in Wien aber schon seit 1989. Wien war damals das erste österreichische Bundesland, das eine solche Servicestelle mit Ombudsmann- bzw. Ombudsfraufunktion nach ausländischen Musterbeispielen einrichtete. Zuerst als Versuch mit einer, später zwei Personen im Rahmen des Amtes für Jugend und Familie. Der rege Zulauf hat aus diesem Versuch eine Dauereinrichtung werden lassen.

Kinder- und Jugendanwälte

Die bereits erwähnte Bestimmung des Wiener Jugendwohlfahrtsgesetzes brachte einige bedeutsame Änderungen gegenüber der früheren Situation. So ist nunmehr die Kinder- und Jugendanwaltschaft eine eigene Dienststelle außerhalb des Amtes für Jugend und Familie. Die beiden Kinder- und Jugendanwälte wurden von der Landesregierung für die Dauer von fünf Jahren bestellt. Bei ihrer Tätigkeit sind die beiden Kinder- und Jugendanwälte an keine Weisungen gebunden, das heißt, daß niemand auf diese Tätigkeit Einfluß nehmen kann oder etwa ein Recht auf Einblick in die Aufzeichnungen der Kinder- und Jugendanwälte hätte.

Gesetzlicher Auftrag

Die im Gesetz genannten Aufgaben der Kinder- und Jugendanwaltschaften sind insbesondere:

1. Die Beratung von Minderjährigen, Erziehungsberechtigten und gesetzlichen Vertretern in allen Angelegenheiten, die die Stellung des Minderjährigen und die Aufgaben der Erziehungsberechtigten betreffen,
2. die Vermittlung bei Meinungsverschiedenheiten und Auseinandersetzungen über Pflege und Erziehung,
3. die Abgabe von Empfehlungen, soweit sie sich auf die Interessen von Kindern und Jugendlichen beziehen,
4. die Begutachtung und Anregung von Gesetzesbestimmungen und Verordnungen, soweit Interessen von Kindern und Jugendlichen berührt werden,
5. die Information über die Rechte und Pflichten und über die Interessen von Kindern und Jugendlichen sowie über die Aufgaben der Kinder- und Jugendanwaltschaft.

Generell kann man sagen, daß sich die Kinder- und Jugendanwaltschaft mit allem beschäftigt, das Kinder und Jugendliche betrifft/betreffen kann, auch wenn es manchmal nicht so naheliegend erscheint, wie etwa im Bereich des Wohnbaus oder der Verkehrsplanung.

Die Kinder- und Jugendanwaltschaft ist jeweils Montag bis Freitag von 9 bis 17 Uhr geöffnet und telefonisch unter 17 08 erreichbar.

KRAFTFAHRWESEN UND STRASSENVERKEHR

(MA 33, 35, 46, 65)

Wo erhält man Auskunft über den Umbau sowie die Einzelgenehmigung von Fahrzeugen?

Auskunft über die technischen Vorschriften, die beim Umbau von Fahrzeugen sowie bei der Einzelgenehmigung von selbstimportierten oder selbstgebauten Fahrzeugen (z. B. Bootsanhänger) einzuhalten sind, erhält man bei MA 46, Landesfahrzeugprüfstelle, 3, Schlechtastraße 4 (Tel. 797 75 . . . 0).

Wie bewirbt man sich um einen Führerschein?

Die Anmeldung zum Erwerb eines Führerscheines erfolgt mittels eines Formblattes, das bei allen Bezirkspolizeikommissariaten und auch beim Verkehrsamt der Bundespolizeidirektion Wien, 9, Liechtenwerder Platz 5, erhältlich ist. Dem Ansuchen sind eine 180-S-Bundesstempelmarke, zwei Paßbilder, ein Personalausweis, die Geburtsurkunde und der Meldezettel des Führerscheinwerbers anzuschließen. Die Einreichung muß beim Polizeikommissariat des Wohnsitzes erfolgen; sie kann auch durch einen Bevollmächtigten (z. B. durch die Fahrschule) vorgenommen werden. Bei Vorliegen des Mindestalters von 18 Jahren (bei bestimmten Führerscheinklassen 16 bzw. 21 Jahren) und der erforderlichen Verkehrszuverlässigkeit (siehe Punkt Führerscheinentzug) wird nach ärztlicher Untersuchung hinsichtlich der gesundheitlichen Eignung und bestandener Fahrprüfung der Führerschein vom Verkehrsamt der Bundespolizeidirektion Wien ausgestellt.

Aus welchen Gründen kann der Führerschein entzogen werden?

Der Führerschein kann wegen Verlustes der gesundheitlichen Eignung, wegen Krankheit oder Invalidität entzogen werden. Weitaus häufiger erfolgt jedoch der Führerscheinentzug, weil die Verkehrszuverlässigkeit nicht mehr gegeben ist. Die Dauer der Entziehung richtet sich nach der Schwere der begangenen Rechtsverletzung. Solche Entziehungsgründe sind z. B. alkoholisiertes Lenken oder die Weigerung, sich einer Alkomatprobe zu unterziehen, strafgerichtliche Verurteilungen größeren Ausmaßes oder zu wiederholten Malen, vor allem Gefährdung der körperlichen Sicherheit, Sittlichkeitsdelikte, exzessive Geschwindigkeitsüberschreitungen, zahlreiche oder besonders schwere Verwaltungsstrafen in Verkehrssachen, die unter besonders gefährlichen Verhältnissen oder mit besonderer Rücksichtslosigkeit begangen wurden, usw. Der Führerscheinentzug wird vom Verkehrsamt der Bundespolizeidirektion Wien ausgesprochen. Gegen dessen Bescheid kann an den Landeshauptmann (MA 65) und bei einer Entziehung über fünf Jahre an den Unabhängigen Verwaltungssenat berufen werden.

Wie bewirbt man sich um eine Fahrschullehrer- oder eine Fahrlehrer-Berechtigung?

Dem Antrag an die MA 65, 3, Modecenterstraße 22, sind die Personaldokumente und Bestätigungen über die erforderliche Praxis (dreijähriger Besitz des Führerscheines und insgesamt dreijährige Fahrpraxis für die im Antrag angestrebten Führerscheinklassen), bei Fahrschullehrer-Anträgen überdies der Nachweis der gesetzlich geforderten besonderen schulmäßigen Ausbildung (eine in Österreich gültige Reifeprüfung) anzuschließen. Das entsprechende Antragsformular für in Wien wohnhafte Bewerber liegt dort auf. Weiters ist vor Antritt zur Lehrbefähigungsprüfung die erfolgte Ausbildung zum Fahrschullehrer oder Fahrlehrer nachzuweisen. Nach bestandener Prüfung und bei Vorhandensein der Vertrauenswürdigkeit wird die Bewilligung zur Ausübung der Lehrtätigkeit als Fahrschul- oder Fahrlehrer in entsprechendem Umfang erteilt. Der mit einem Lichtbild versehene Fahrlehrerausweis wird erst nach Eingehen eines Dienstverhältnisses mit einer Fahrschule auf deren Antrag ausgestellt.

Wie bewirbt man sich um die kraftfahrrechtliche Ermächtigung als Prüfstelle für die wiederkehrende Begutachtung?

Vereine oder zur Reparatur von Kraftfahrzeugen oder Anhängern berechtigte Gewerbetreibende, die hinreichend über hiezu geeignetes Personal und die erforderlichen technischen Einrichtungen verfügen, können um Ermächtigung zur Durchführung der wiederkehrenden Begutachtung gemäß § 57a KFG beim Amt der Wiener Landesregierung, MA 46, 3, Schlechtastraße 4, Tel. 797 75 . . . 0, ansuchen.

Dem Ansuchen sind der Gewerbeschein bzw. die Konzessionsurkunde, bei protokollierten Firmen ein Auszug aus dem Handelsregister sowie ferner ein Betriebsanlagengenehmigungsbescheid, eine Bau- und Benützungsbewilligung und die Zeugnisse (Lehr-, Ausbildungs-, Dienst-, Leumundszeugnis) der Personen, die die Begutachtung durchführen sollen, anzuschließen. Nach Abhalten einer Verhandlung in der Betriebsanlage wird bei Vorliegen der gesetzlichen und der technischen Voraussetzungen die Ermächtigung zur Durchführung der wiederkehrenden Begutachtung gemäß § 57a KFG erteilt.

Parteienverkehr: Dienstag und Donnerstag von 8 bis 12 Uhr.

Wer ist für die Erlassung von Verkehrsverboten oder Verkehrsbeschränkungen zuständig?

Die MA 46, 12, Niederhofstraße 23, Tel. 811 14 . . . 0, erläßt aufgrund des Ergebnisses eines behördlichen Ermittlungsverfahrens die notwendigen Verordnungen (z. B. Einbahnstraßen, Halte- oder Parkverbote, Ladezonen).

Wer ist für die Anbringung und Instandhaltung von Einrichtungen zur Regelung und Sicherung des Verkehrs zuständig?

Einrichtungen zur Kennzeichnung dauernder Verkehrsverbote oder Verkehrsbeschränkungen werden von der MA 46 angebracht (Tel. 811 14 . . . 0).

Einrichtungen zur Regelung und Sicherung des Verkehrs aus Anlaß von Arbeiten auf oder neben der Straße oder von Veranstaltungen sind vom Bauführer bzw. Veranstalter aufgrund einer bei der MA 46 einzuholenden Bewilligung anzubringen und zu erhalten.

Für geringfügige Arbeiten auf oder neben der Straße und zur Entgegennahme von Mitteilungen über Beschädigungen von Verkehrsleiteinrichtungen ist die Verkehrspermanenzstelle der MA 46 Montag bis Freitag (werktags) in der Zeit von 7 bis 18 Uhr unter Tel. 811 14 . . ., 92700, zuständig; diese Verkehrspermanenzstelle erteilt auch Auskünfte über das Verkehrsgeschehen und bewilligt vorübergehende Halteverbote für Übersiedlungen.

Wo sind Ausnahmen von Verkehrsbeschränkungen zu beantragen?

Anträge auf Ausnahmen von Verkehrsbeschränkungen jeder Art sind bei der MA 46, 12, Niederhofstraße 23 (schriftlich mit 180-S-Bundesstempel versehen), einzubringen.

Wann ist eine Gebrauchserlaubnis für die Benützung von Verkehrsflächen zu widmungsfremden Zwecken einzuholen?

Für den Gebrauch von öffentlichem Gemeindegrund, der als Verkehrsfläche dem öffentlichen Verkehr dient, samt den dazugehörigen Anlagen und Grünstreifen einschließlich seines Untergrundes und des darüber befindlichen Luftraumes ist vorher eine Gebrauchserlaubnis zu erwirken, wenn der Gebrauch über die widmungsmäßigen Zwecke dieser Fläche hinausgeht. Eine solche Gebrauchserlaubnis ist z. B. für Werbeanlagen, Portale, Markisen, Warenausräumungen, Aufstellung von Tischen und Stühlen („Schanigärten"), Baustofflagerungen usw. erforderlich.

Ansuchen sind bei der MA 35 – G (Gebrauchserlaubnis), 20, Dresdner Straße 75, einzubringen. Anläßlich des Antrages auf Erteilung der Gebrauchserlaubnis ist die Zustimmung des Eigentümers der Liegenschaft und des Eigentümers der Baulichkeit, von der aus der Gebrauch erfolgt oder erfolgen soll, nachzuweisen.

Für die erteilte Erlaubnis ist eine Gebrauchsabgabe zu entrichten. Die Höhe dieser Abgabe richtet sich nach dem einen Bestandteil des Gebrauchsabgabegesetzes bildenden Tarif.

Wie bewirbt man sich um eine Ausnahmebewilligung von der flächendeckenden Kurzparkzone im 1. bzw. 4. bis 9. Wiener Gemeindebezirk („Parkpickerl")?

Bewohner des 1., 4., 5., 6., 7., 8. und 9. Bezirkes, die dort auch den Mittelpunkt ihrer Lebensinteressen haben und Zulassungsbesitzer oder Leasingnehmer eines Kraftwagens mit einem höchstzulässigen Gesamtgewicht von nicht mehr als 3.500 kg sind, können eine solche Ausnahmegenehmigung beim

Magistratischen Bezirksamt für den 1., 8. Bezirk, 1, Wipplingerstraße 8,

Magistratischen Bezirksamt für den 4., 5. Bezirk, 5, Schönbrunner Straße 54,

Magistratischen Bezirksamt für den 6., 7. Bezirk, 7, Hermanngasse 24–28, bzw.

Magistratischen Bezirksamt für den 9. Bezirk, 9, Währinger Straße 39,

beantragen, sofern sie ein persönliches Interesse nachweisen, in der Nähe ihres Wohnsitzes zu parken.

Diese Ausnahmegenehmigung kann weiters erteilt werden, wenn der Betreffende nachweist, daß ihm ein arbeitgebereigener Kraftwagen auch zur Privatnutzung überlassen wird.

Außerdem kann eine Ausnahmegenehmigung bei der MA 46, 12, Niederhofstraße 23, beantragt werden, wenn ein erhebliches persönliches oder wirtschaftliches Interesse des Antragstellers eine solche Ausnahme von der Kurzparkzonenregelung erfordert oder wenn sich die gesetzlich oder sonst obliegenden Aufgaben anders nicht oder nur mit besonderen Erschwernissen durchführen ließen.

Wer behebt Schäden an Verkehrslichtsignalanlagen, beleuchteten Verkehrszeichen und beleuchteten Wegweisern?

Die Behebung von Schäden an Verkehrslichtsignalanlagen veranlaßt grundsätzlich die Verkehrsleitzentrale der Wiener Polizei, Störungstelefon 313 46 . . ., 32434. Ausfälle von Signallampen werden durch die MA 33 (Öffentliche Beleuchtung) behoben, die auch die provisorische Absicherung von beschädigten Signalständern veranlaßt. Derartige Meldungen und solche über gestörte beleuchtete Verkehrszeichen und Wegweiser können an die MA 33, Tel. 797 75 . . ., 8033 (0 bis 24 Uhr), gerichtet werden.

KULTUR
(MA 7)

Studienförderung

Welche Arten von Beihilfen und Stipendien gibt es? Wo sucht man an?

Im Rahmen des Stipendienwerkes der Stadt Wien können aus den vom Gemeinderat hiefür jeweils genehmigten Budgetmitteln Schülerbeihilfen, Studienbeihilfen, Abschlußstipendien für Diplomanden und Dissertanten, Arbeitsstipendien für Künstler, Anerkennungsstipendien und Stiftungsstipendien gewährt werden. Ansuchen sind bei der MA 7, 8, Friedrich-Schmidt-Platz 5, 2. Stock, Tür 227, einzubringen, wo auch die hiefür erforderlichen Formulare erhältlich sind. Selbstverständlich wird über nähere Voraussetzungen telefonisch unter 40 00 . . ., 84765, Auskunft erteilt.

Preise der Stadt Wien für Kunst, Wissenschaft und Volksbildung

Die Stadt Wien stiftet jährlich bis zu zwölf Würdigungspreise für hervorragende Leistungen auf den Gebieten Literatur, Publizistik, Musik (Komposition), bildende Kunst, Architektur, Geistes- und Sozialwissenschaften, Naturwissenschaften und Technische Wissenschaften, Medizinische Wissenschaften sowie Volksbildung. Die Würdigungspreise sind mit je 100.000 S dotiert.

Die Würdigungspreise werden vom Bürgermeister der Stadt Wien aufgrund des Vorschlages von unabhängigen Jurys verliehen, in denen der jeweilige amtsführende Stadtrat für Kultur den Vorsitz führt. Die Preise werden als Würdigung für ein Lebenswerk verliehen, das geeignet ist, die Bedeutung Wiens und Österreichs als Pflegestätten der Kunst, Wissenschaft und Volksbildung hervorzuheben. Die Ausschreibung der Würdigungspreise erfolgt zu Beginn eines jeden Jahres im Amtsblatt der Stadt Wien.

Bewerbungen können jeweils bis 28. Februar an die MA 7, 8, Friedrich-Schmidt-Platz 5, gerichtet werden.

Förderungspreise der Stadt Wien für Kunst, Wissenschaft und Volksbildung

Die Stadt Wien vergibt jährlich bis zu dreizehn Förderungspreise an begabte junge bildende Künstler, Literaten, Komponisten, Architekten, Wissenschaftler und Volksbildner, deren bisherige Leistungen in ihren Fachbereichen anerkennungswürdig sind und auf eine vielversprechende Weiterentwicklung schließen lassen; sie müssen österreichische Staatsbürger sein, in Wien wohnen, ihren Beruf in der Bundeshauptstadt ausüben und dürfen ferner das 40. Lebensjahr noch nicht vollendet haben. Die Förderungspreise sind mit je 40.000 S dotiert.

Die Förderungspreise werden vom amtsführenden Stadtrat für Kultur aufgrund des Vorschlages von unabhängigen Jurys zuerkannt. Die Ausschreibung der Förderungspreise erfolgt anfangs Mai eines jeden Jahres im Amtsblatt der Stadt Wien. Merkblätter zur Ausschreibung werden an alle einschlägigen Künstlervereinigungen, an die Direktionen aller wissenschaftlichen Universitäten und künstlerischen Hochschulen sowie an Verbände und Einrichtungen der Volks- und Erwachsenenbildung in der Bundeshauptstadt zugeschickt.

Die Bewerbungen sind jeweils bis 31. August an die MA 7, 8, Friedrich-Schmidt-Platz 5, zu richten
(Auskunft Tel. 40 00 . . ., 84766).

Elias-Canetti-Stipendien der Stadt Wien

Die Stadt Wien stiftete 1982 zu Ehren des Nobelpreisträgers für Literatur, Elias Canetti, Jahresstipendien für begabte Wiener Autoren in der Höhe von monatlich 15.000 S bis zu einem Jahresgesamtbetrag von 540.000 S.

Das Elias-Canetti-Stipendium der Stadt Wien wird zur Förderung größerer literarischer Projekte auf die Dauer von einem Jahr, mit der Möglichkeit der Verlängerung bis zu einer Höchstdauer von drei Jahren, vergeben. 1983 und 1984 wurde ein weiteres Stipendium gestiftet, seit 1985 werden jährlich drei Jahresstipendien vergeben. Das Stipendium wird vom amtsführenden Stadtrat für Kultur aufgrund des Vorschlages der für die Vergabe der Preise der Stadt Wien für Literatur und Publizistik im Verleihungsjahr vom Bürgermeister der Stadt Wien bestellten Jury zuerkannt.

Das Elias-Canetti-Stipendium kann an Autoren verliehen werden, die sich persönlich beworben haben, ihren Wohnsitz in Wien haben oder dieser Stadt besonders nahestehen. Der Bewerbung ist ein Lebenslauf mit Beschreibung des künstlerischen Werdeganges und die Darlegung jenes literarischen Werkes, für das ein Stipendium gewährt werden soll, beizulegen. Die Ausschreibung erfolgt im Herbst eines jeden Jahres im Amtsblatt der Stadt Wien.

Die Bewerbungen sind jeweils bis 15. November an die MA 7, 8, Friedrich-Schmidt-Platz 5, zu richten (Auskunft Tel. 40 00 . . ., 84716).

Wiener Autorenstipendium

Die Stadt Wien stiftet unter dem Titel „Wiener Autorenstipendium" drei Jahresstipendien für begabte Wiener Autoren der jüngeren Generation in der Höhe von 10.000 S bis zu einem Jahresgesamtbetrag von 360.000 S.

Das Wiener Autorenstipendium wird vom amtsführenden Stadtrat für Kultur aufgrund des Vorschlags einer Jury vergeben. Diese Jury setzt sich aus vier Wiener Autoren zusammen. Der Jury soll ein Preisträger des Preises der Stadt Wien sowie ein abgeschlossener Canetti-Stipendiat angehören. Zwei weitere Mitglieder der Jury werden von einem kompetenten Gremium der Interessengemeinschaft österreichischer Autoren dem amtsführenden Stadtrat für Kultur vorgeschlagen.

Das Wiener Autorenstipendium wird an Autoren verliehen, die sich über einen längeren Zeitraum hinweg der Fertigstellung eines größeren schriftstellerischen Projekts widmen wollen. Das Wiener Autorenstipendium kann an Autoren verliehen werden, die sich persönlich beworben haben, die ihren Wohnsitz in Wien haben oder dieser Stadt besonders nahestehen. Der Bewerbung sind ein Lebenslauf mit Beschreibung des künstlerischen Werdegangs und die Darlegung jenes literarischen Werkes, für das ein Stipendium gewährt werden soll, sowie Arbeitsproben beizulegen. Die Auszahlung des Stipendiums erfolgt monatlich jeweils zu 10.000 S.

Dem Stipendiaten steht es frei, sich nach Abschluß seines Projektes um eine Tantiemengarantie im Rahmen der Aktion „Wiener Autoren in Wiener Verlagen" zu bewerben. Unabhängig davon verpflichtet sich die Stadt Wien im Falle des Erscheinens der literarischen Arbeit für den Ankauf von 100 Exemplaren dieses Werkes. Voraussetzung für einen derartigen Förderungsankauf ist jedoch die Herausgabe dieses Werkes durch einen Wiener Verlag.

Bewerbungen um ein Wiener Autorenstipendium können bis jeweils 15. November an die MA 7, 8, Friedrich-Schmidt-Platz 5, gerichtet werden.

Ernst-Křenek-Preis der Stadt Wien

Die Stadt Wien stiftete 1985 anläßlich des 85. Geburtstages des Ehrenbürgers der Stadt Wien, Ernst Křenek, einen Preis für Komponisten bzw. Musikschriftsteller in der Höhe von 100.000 S, der jedes zweite Jahr vergeben wird.

Der Ernst-Křenek-Preis der Stadt Wien wird vom amtsführenden Stadtrat für Kultur aufgrund des Vorschlages einer Jury zuerkannt; die höchstens 15 Mitglieder des Jurorenkollegiums werden vom Bürgermeister der Stadt Wien auf Vorschlag des amtsführenden Stadtrates für Kultur bestellt. Die Sitzungen des Jurorenkollegiums finden unter Vorsitz des amtsführenden Stadtrates für Kultur bzw. des von ihm bestellten Vertreters statt. Die Verleihung des Ernst-Křenek-Preises erfolgt zu Beginn der jeweils folgenden Konzertsaison bei Gelegenheit in Verbindung mit einer Aufführung des preisgekrönten Werkes, wenn es sich um eine Komposition handelt; handelt es sich um eine musikschriftstellerische Arbeit, allenfalls in Verbindung mit einer Veröffentlichung (Verlagspräsentation).

Die Ausschreibung des Preises erfolgt, beginnend mit Herbst 1985, alle zwei Jahre im Amtsblatt der Stadt Wien. Die Bewerbungen sind bis 31. März des Folgejahres an die MA 7, 8, Friedrich-Schmidt-Platz 5, zu richten (Auskunft Tel. 40 00 . . ., 84766).

Fremdenverkehr

Die MA 7 betreut die Fremdenführerprüfungen und sorgt damit für die Aufrechterhaltung des bekannt hohen Standards dieser „Kulturbotschafter" am Wiener Platz.

Um dem Bedürfnis der ausländischen Gäste nach besonders preiswerten Quartieren entgegenzukommen und um vor allem dem Trend „Zurück zur Natur" gerecht zu werden, hat die Stadt Wien im Westen und Süden der Stadt Campingplätze angelegt, die sich lebhafter Frequenz erfreuen.

Für die jüngeren Besucher, insbesondere Schulreisegruppen, stehen die Jugendgästehäuser Hütteldorf und Schloß Wilhelminenberg zur Verfügung.

Das internationale Studentenheim der Stadt Wien kann während der Ferienzeit als Hotel der Kategorie B geführt werden (soweit dies der Studentenheimbetrieb zuläßt). Es dient somit einerseits dem Fremdenverkehr und ermöglicht andererseits, durch diese Erträge die Miete für die Studenten während des Studienjahres niedriger zu halten.

Alle diese Einrichtungen werden von der WIGAST Gaststättenbetriebsges. m. b. H. geführt.

Jugendgästehaus der Stadt Wien, 13, Schloßberggasse 8, Tel. 877 15 01, 877 02 63

Städtischer Campingplatz Wien-West I, 14, Hüttelbergstraße 40, Tel. 914 14 49

Städtischer Campingplatz Wien-West II, 14, Hüttelbergstraße 80, Tel. 914 23 14; dieser Campingplatz ist auch im Winter in Betrieb

Städtischer Campingplatz Wien-Süd, 23, Atzgersdorf, Breitenfurter Straße 267-269/Gerbergasse 2, Tel. 865 92 18

Aktiv-Camping Neue Donau, 22, Kleehäufel, Tel. 220 93 10

Internationales Studentenheim der Stadt Wien, 19, Gymnasiumstraße 85, Zufahrt Vegagasse 20, Tel. 34 76 31...0

Jugendgästehaus Schloß Wilhelminenberg, 16, Savoyenstraße 2, Tel. 45 85 03 . . ., 700

Förderung der Altstadterhaltung

Aus den Erträgnissen des durch Landesgesetz im Jahr 1972 geschaffenen Zuschlags zu den Rundfunk- und Fernsehgebühren („Kulturschilling") werden vornehmlich Zuschüsse zur Durchführung von Restaurierungsarbeiten an Altstadtobjekten vergeben. Die Objekte müssen innerhalb der vom Gemeinderat ausgewiesenen „Schutzzonen" liegen oder sonst von besonderer Bedeutung für das Stadtbild sein (z. B. unter Denkmalschutz stehen). Gefördert wird die Erhaltung des äußeren Erscheinungsbildes, d. h. Fassaden, Dächer, Durchfahrten, Höfe. Der Zuschuß soll ein Beitrag zu jenen Mehrkosten sein, die dem Eigentümer durch den Besitz eines für das Stadtbild bedeutenden Gebäudes bei Restaurierungen entstehen, und wird von Fall zu Fall je nach den notwendigen Arbeiten und der sozialen Lage des Bewerbers bemessen. Die Einreichung erfolgt bei der MA 7, 1, Auerspergstraße 4, Wiener Altstadterhaltungsfonds, Auskunft Tel. 40 00 . . ., 84793.

LEBENSMITTEL- UND MARKTWESEN

(MA 38, 59)

Das Marktamt der Stadt Wien befindet sich in 3, Am Modenapark 1-2, Tel. 711 16 . . . 0 (Journaldienst: Kl. 87918). Die Marktamtsabteilungen, als solche werden die Außenstellen des Marktamtes in den Bezirken bezeichnet, sind auf größeren Märkten oder in den magistratischen Bezirksämtern eingerichtet (→ Magistrat, MA 59).

Wie verhält man sich bei Verdacht auf vorschriftswidrige Preisauszeichnung?

Bei Lebensmitteln wurde die amtliche Preisregelung in den letzten Jahren schrittweise abgebaut. Derzeit gibt es keine amtlich festgesetzten Lebensmittelpreise. Die Festsetzung amtlicher Preise für Sachgüter und Leistungen ist im übrigen gegenwärtig nur im Zusammenhang mit behördlichen Lenkungs- und Bewirtschaftungsmaßnahmen oder bei Störung der Versorgung, also lediglich im Krisenfall, vorgesehen. Somit unterliegt die freie Preisbildung nunmehr keinerlei preisrechtlichen Beschränkungen. Hingegen ist die gesetzliche Verpflichtung zur Ersichtlichmachung der Preise für Sachgüter und Leistungen, die dem Konsumenten gewerbsmäßig angeboten werden, weiterhin gegeben. Die Preisauszeichnung ist grundsätzlich so vorzunehmen, daß der Kunde die ersichtlich gemachten Preise leicht lesen und der ausgestellten Ware zuordnen kann. Die Preise für nicht sichtbar ausgestellte Sachgüter sowie für Leistungen sind in Form von Preisverzeichnissen ersichtlich zu machen, die im Geschäftslokal deutlich sichtbar anzubringen oder aufzulegen sind bzw. dem Kunden zur Einsicht zur Verfügung gestellt werden müssen. Eine besondere Regelung hat der Gesetzgeber für das Gastgewerbe vorgesehen: Gastgewerbetreibende haben ihren Gästen nicht nur vor Entgegennahme von Bestellungen Speise- und Getränkekarten vorzulegen, sondern – bei regelmäßiger Verabreichung warmer Speisen – auch eine Speisekarte neben oder in der Nähe der Gaststätten-Eingangstür anzubringen. Lediglich in kleineren Betrieben sowie in Selbstbedienungsgaststätten entfällt die Verpflichtung zur Speise- und Getränkekarten-Vorlage; in diesen Fällen genügt im allgemeinen die Anbringung von Preisverzeichnissen.

Spezielle Vorschriften gibt es auch für die Ersichtlichmachung der Preise bestimmter Dienstleistungsunternehmen wie Friseur-, Wäscherei-, Färberei-, Putzerei-, Kosmetik-,

Masseur- und Fitneßcenter-Betriebe, die ihre Preise so auszuzeichnen haben, daß diese sowohl innerhalb als auch außerhalb der Betriebsstätte deutlich lesbar sind, sowie für Tankstellen, deren Preisanschreibung für Kfz-Lenker auch während der Fahrt von der Fahrbahn aus leicht lesbar sein muß.

Bei Verdacht auf Zuwiderhandlung gegen die Preisauszeichnungsvorschriften wende sich der Verbraucher an die Marktamtsabteilung des Bezirkes.

Wo kann man sich über Preise und Zufuhren von Lebensmitteln informieren?

Das Marktamt erhebt wöchentlich die Preise für Obst und Gemüse und veröffentlicht diese in einem Wochenbericht (früher „Wochenausweis"). Er kann in der Kanzlei des Marktamtes in 3, Am Modenapark 1-2, Tel. 711 16 . . ., 87919, sowohl in Einzelexemplaren als auch im Abonnement erworben werden.

Wer nimmt Beschwerden über Qualitätsmängel bei Lebensmitteln und bei Verdacht der Gesundheitsschädlichkeit oder der Verdorbenheit entgegen?

Beschwerden über Mängel bei den in Handels- und Gastgewerbebetrieben erstandenen Lebensmitteln, Speisen und Getränken werden von allen Marktamtsabteilungen entgegengenommen. Die für nicht einwandfrei erachteten Waren können dabei als Parteienproben abgegeben werden, worauf die betreffende Marktamtsabteilung deren kostenlose Untersuchung veranlaßt. In allen Fällen wird den der Beschwerde zugrundeliegenden Ursachen nachgegangen und der betroffene Betrieb samt Warenvorrat kontrolliert, um erforderlichenfalls ein weiteres Inverkehrbringen nicht entsprechender Produkte zu unterbinden.

Sofern eine ernstliche Störung der Gesundheit auftritt, die auf den Genuß eines nicht mehr einwandfreien Lebensmittels zurückgeführt wird, nehme man sofort die Hilfe eines Arztes in Anspruch, der bei Verdacht auf eine bakterielle Lebensmittelvergiftung das zuständige Bezirksgesundheitsamt verständigen wird. Etwa noch vorhandene Speisenreste sind aufzubewahren. Sodann ist möglichst umgehend die zuständige Marktamtsabteilung zu verständigen, damit die lebensmittelpolizeiliche Revision des betroffenen Betriebes erfolgen kann (→ auch „Was hat man bei Verdacht auf bakterielle Lebensmittelvergiftungen zu tun?" und „Gesundheitswesen – Was hat man bei Verdacht auf Gesundheitsschädigung durch bakteriell verunreinigte Lebensmittel zu tun?").

Wo besteht die Möglichkeit der Pilzberatung und Pilzbeschau?

Auf Märkten sowie im gewerblichen Geschäftsverkehr dürfen im allgemeinen nur Pilze in den Handel gelangen, die in der Speisepilz-Verordnung, BGBl. Nr. 250/1979, namentlich angeführt sind. Die Überwachung auf Einhaltung dieser Bestimmung sowie die Kontrolle der Qualität der angebotenen Pilze obliegt den Organen des Marktamtes.

Privatpersonen wird empfohlen, nur solche Pilze zu sammeln und zu essen, die man sicher als Speisepilze erkannt hat und die von einwandfreier Qualität sind. Ist man nicht sicher, einen Speisepilz gefunden zu haben, besteht die Möglichkeit, den Fund in einer der Marktamtsabteilungen oder direkt in der Marktamtsdirektion kostenlos begutachten zu lassen. Zur exakten Pilzbestimmung sind nur ganze, unverletzte und möglichst frische Exemplare geeignet.

Will man Pilzfunde lediglich aus Interesse bestimmen lassen (dies trifft besonders auf für Speisezwecke ungeeignete Kleinpilzarten zu), wird auf die Mykologische Gesellschaft im Botanischen Institut, 3, Rennweg 14, Tel. 797 94..., 135, oder auf die botanische Abteilung des Naturhistorischen Museums, 1, Burgring 7, Tel. 521 77 . . .0, hingewiesen.

In der Direktion des Marktamtes, 3, Am Modenapark 1-2, 2. Stock, ist eine ständige Pilzausstellung eingerichtet, die Montag bis Freitag (werktags) von 8 bis 15 Uhr frei zugänglich ist und die anhand von Modellen die wichtigsten genußtauglichen sowie giftigen Pilze zeigt.

Müssen eine Waage bzw. ein Metermaß geeicht sein?

Nach dem Maß- und Eichgesetz, BGBl. Nr. 152/1950, in der geltenden Fassung sind alle Meßgeräte (Maße, Meßwerkzeuge, Waagen, Gewichte, Abfüllmaschinen, Fässer, Personenwaagen, Fieberthermometer), wenn sie im öffentlichen Verkehr verwendet oder bereitgehalten werden, zu eichen und zeitgerecht nachzueichen. Bei nicht selbsttätigen Waagen ist die EG-Konformitätserklärung des Herstellers, die EG-Eichung und die EG-Einzeleichung der innerstaatlichen Ersteichung gleichwertig. Von einer Verwendung spricht man nicht nur, wenn die Meßgeräte für den An- und Verkauf verwendet werden, sondern auch dann, wenn sie zur Überprüfung der Lieferungen, zur Bestimmung des Arbeitslohnes, zur Kontrolle von Arbeitsleistungen und zur Messung von Sachentschädigungen gebraucht werden. Bereitgehalten ist ein Meßgerät dann, wenn die äußeren Umstände erkennen lassen, daß es ohne besondere Vorbereitung in Gebrauch genommen werden kann (überzählige Waagen in Verkaufslokalen!).

Die MA 59 verlautbart alljährlich in der Tagespresse und in den Fachzeitschriften, welche Meßgeräte nachzueichen sind, um Beanstandungen der Handels- und Gewerbetreibenden wegen Nichtbeachtung der Eichvorschriften zu vermeiden.

In dieser alljährlichen Verlautbarung wird u. a. bezüglich der Nacheichpflicht ausgeführt:

Der Nacheichung unterliegen alle eichpflichtigen Gegenstände mit Ausnahme von Meßgeräten, die nur aus Glas, Porzellan oder Steingut bestehen, sowie Flüssigkeitsmaße aus Metall bis zu 2 Liter Inhalt und emaillierte Flüssigkeitsmaße.

Die Nacheichfrist beträgt grundsätzlich zwei Jahre. Es gibt aber auch längere Nacheichfristen.

Die eichamtliche Überprüfung erfolgt in Wien beim Eichamt Wien, 2, Schiffamtsgasse 1–3. Feststehende oder schwer transportierbare Eichobjekte können nach Anmeldung beim Eichamt (Tel. 211 76 . . ., 4107) auf dem Verwendungsplatz nachgeeicht werden. Auskünfte, insbesondere über Nacheichfristen, erteilt auch jede Marktamtsabteilung.

Wie erfolgt die Zuweisung von Verkaufsplätzen auf Märkten?

Ständige Lebensmittelmärkte

Stabile Marktstände werden meistens durch Rechtsgeschäfte unter Lebenden mit Zustimmung des Marktamtes weitergegeben. Die Zuweisung der Marktplätze für diese Marktstände oder die Marktplatzvergabe in Form eines Bestandvertrages erfolgt durch die MA 59, 3, Am Modenapark 1-2, 3. Stock, über Vorschlag der jeweils örtlich zuständigen Marktamtsabteilung nach den Bestimmungen der Marktordnung für die Stadt Wien für bestimmte oder unbestimmte Zeit. Interessenten für einen Marktstand wird empfohlen, vorerst mit der zuständigen Marktamtsabteilung Rücksprache zu nehmen, da man hier mit den örtlichen Verhältnissen vertraut ist und den Bewerber um einen Marktstand rechtzeitig beraten und unter Umständen vor Schaden bewahren kann.

Landparteienplätze

Auf größeren Märkten bestehen Landparteienplätze, die

von landwirtschaftlichen Produzenten und Marktfahrern bezogen werden können. Die landwirtschaftlichen Produzenten müssen zum Nachweis ihrer Produzenteneigenschaft ein Produzentenvormerkbuch vorweisen, welches gegen Ersatz der Selbstkosten von jener Marktamtsabteilung ausgestellt wird, in deren Bereich sich der landwirtschaftliche Betrieb befindet bzw. – wenn es sich um einen außerhalb Wiens gelegenen Betrieb handelt – von jener Marktamtsabteilung, in deren Bereich der Landparteienplatz liegt, welchen die zukünftige Marktpartei beziehen möchte.

Temporäre Märkte

Diese meist in unterversorgten Stadtrandgebieten errichteten Märkte (derzeit neun Märkte: 1, Freyung; 6, Mariahilfer Straße/Barnabitengasse; 10, Per-Albin-Hansson-Siedlung Ost; 21, Großfeldsiedlung, Gitlbauergasse-Kürschnergasse; 22, Hirschstetten, Quadenstraße; 22, Kagran, Rennbahnweg; 22, Aspern, Wacquantgasse; 22, Süßenbrunner Straße; 23, Liesing, Lehmanngasse vor ONr. 1-3) können von landwirtschaftlichen Produzenten, Marktfahrern und Lebensmittelkleinhändlern bzw. -erzeugern bezogen werden. Nähere Auskünfte erteilt die zuständige Marktamtsabteilung.

Flohmarkt

Den Flohmarkt, der jeden Samstag, ausgenommen an Feiertagen, in der Zeit von 6.30 bis 18 Uhr im 6. Bezirk auf dem oberen Naschmarkt bei der U-Bahn-Station Kettenbrückengasse abgehalten wird, können sowohl Gewerbetreibende als auch Amateure beziehen. Die Dauerplätze für Gewerbetreibende werden durch die MA 59, 3, Am Modenapark 1–2, 3. Stock, aufgrund von bei der Marktamtsabteilung für den 4., 5., 6., 7. Bezirk einzubringenden Ansuchen bescheidmäßig zugewiesen. Die „Tagesplätze“, d. s. Marktplätze, die an nicht gewerbsmäßige Verkäufer (Amateure) jeweils für einen Markttag zugewiesen werden, werden ausschließlich aufgrund von schriftlichen Bewerbungen vergeben. Auf dem Zuweisungsansuchen, das mit einer Bundesstempelmarke zu versehen ist, ist der gewünschte Markttag unbedingt anzugeben. Entsprechende Antragsformulare, die nur mehr auszufüllen sind, sind in der Marktamtsabteilung für den 4., 5., 6., 7. Bezirk erhältlich. In der Reihenfolge des Einlangens der schriftlichen Bewerbungen und nach Maßgabe der vorhandenen Plätze erfolgt sodann die Marktplatz-Reservierung. Um sicherzugehen, daß für den in Aussicht genommenen Markttag noch freie Plätze für eine Reservierung vorhanden sind, sollten die schriftlichen Bewerbungen daher bereits möglichst frühzeitig (zweckmäßigerweise drei bis vier Wochen vorher) erfolgen. Die eigentliche Zuweisung der reservierten Plätze sowie das Inkasso der Marktgebühr erfolgt am jeweiligen Marktsamstag vor Marktbeginn von 6 bis 8 Uhr morgens am Schalter des Marktamtskiosks neben dem Amtsgebäude der genannten Marktamtsabteilung. Die Bewerber müssen dabei unbedingt amtlichen Lichtbildausweis und Meldezettel vorweisen.

Dem jeweiligen Interessenten kann höchstens dreimal pro Jahr je ein Verkaufsplatz zugewiesen werden. Marktgegenstände des Flohmarktes sind handgefertigte kunstgewerbliche Gegenstände, Kunstgegenstände geringeren Wertes, gebrauchte Bücher, Schriften, Fotos, Altwaren kleineren Ausmaßes, gebrauchte Textilien und Schuhe sowie alte Münzen und Medaillen.

Markt am Donaukanal

Der Kunst- und Kulturmarkt am Donaukanal findet von Mai bis September an Samstagen von 14 bis 20 Uhr und an Sonntagen von 10 bis 20 Uhr im 1. Bezirk am Vorkai des Donaukanals statt. Im Bereich zwischen Augartenbrücke und Marienbrücke sind die Marktstände, in einzelnen Gruppen, auf markierten Marktgebieten aufgestellt.

Als Marktgegenstände sind zugelassen: Antiquitäten und Kunstgegenstände, kunstgewerbliche Gegenstände, Bücher, Musikalien, Schallplatten und Musikkassetten sowie in untergeordnetem Umfang Souvenirartikel, Blumen, Kunstblumen, Blumenarrangements und -gebinde sowie Lebensmittel.

Das dauernde Beziehen der Marktplätze ist Gewerbetreibenden vorbehalten.

Die Zuweisung der Marktplätze wird jeweils für den Veranstaltungszeitraum des laufenden Jahres aufgrund der bei der MA 59 eingelangten Anmeldungen durch die Marktamtsabteilung für den 1. Bezirk, 1, Gonzagagasse 11, Tel. 531 14 . . ., 01431, vorgenommen. Auf freien Marktplätzen können Künstler arbeiten und eigene Werke ausstellen und verkaufen.

Märkte aus besonderen Anlässen

Auskünfte über die Aufstellungsmöglichkeiten auf Märkten, die aus besonderen Anlässen abgehalten werden (z. B. Fastenmarkt, Kirchweihmärkte, Allerheiligenmarkt, Adventmärkte, Christkindlmarkt, Christbaummarkt usw.), erteilen die örtlich zuständigen Marktamtsabteilungen, welche nach Prüfung der Verhältnisse auch die Marktplätze zuweisen, die Einhebung der Marktgebühren besorgen und den Marktverkehr auf solchen Gelegenheitsmärkten überwachen. Diese Märkte können ebenfalls von Marktfahrern und Gewerbetreibenden, Allerheiligen- und Christbaummärkte auch von landwirtschaftlichen Produzenten bezogen werden.

Für die Vergabe von Marktplätzen auf allen angeführten Märkten werden amtlich festgesetzte Marktgebühren bzw. vertraglich vereinbarte Bestandzinse eingehoben. Die Verkaufszeiten und die Marktgegenstände, welche auf den einzelnen Märkten verkauft werden dürfen, sind durch die Marktordnung geregelt.

Weitere Gelegenheitsmärkte

Es handelt sich dabei um Veranstaltungen mit Marktcharakter (z.B. „Straßenfeste“, „Grätzelfeste“, „Frühlingsfeste“ usw.), die aufgrund einer vom Magistrat der Stadt Wien erteilten Bewilligung von Vereinen und sonstigen Organisationen, Firmen, Interessenvertretungen, aber auch von Privatpersonen organisiert werden. Die Bewilligung wird nach Durchführung einer mündlichen Verhandlung am vorgesehenen Veranstaltungsort bei Vorliegen der gesetzlichen Voraussetzungen mittels Bescheid erteilt.

Zur Beantwortung von Anfragen von Interessenten an der Organisation und Abhaltung derartiger Marktveranstaltungen sowie zur Entgegennahme und Bearbeitung von Bewilligungsansuchen ist die MA 59, 3, Am Modenapark 1–2, Tel. 711 16..., 87936, 87938, zuständig.

Wie bekommt man eine Bewilligung (Gebrauchserlaubnis) zur Aufstellung eines transportablen Straßenstandes?

Die MA 59 ist für die Bewilligung von gewerbsmäßigen oder zu Erwerbszwecken betriebenen Straßenständen zuständig, soweit es sich nicht um auf Fundamenten errichtete Verkaufsstände oder Zeitungsstände handelt oder um Stände, deren Errichtung einer Genehmigung nach der Bauordnung für Wien oder dem Eisenbahngesetz bedarf.

Anfragen bzw. Anträge auf Genehmigung derartiger Stände sind mit möglichst genauen Angaben über den vorgesehenen Standort an die MA 59 – Marktamt, 3, Am Modenapark 1-2, Tel. 711 16 . . ., 87941, zu richten.

Hinsichtlich der anderen Straßenstandarten (nicht gewerbsmäßige Stände, fundamentierte Hütten, baubewilligungspflichtige Kioske usw.) ist die MA 35 – G, 20, Dresdner Straße 75, Tel. 331 40 . . . 0, zuständig.

Wo befinden sich städtische Brückenwaagen?

Städtische Brückenwaagen befinden sich in

11, Simmeringer Markt
Tragkraft: 25 t, Ausmaß: 8,00 × 2,80 m

23, Großmarkt Wien-Inzersdorf, Laxenburger Straße 365
Tragkraft: 50 t, Ausmaß: 2 × 2 Waagtische je 10,00 × 3,00 m.

Welche Aufgaben kommen dem Marktamt bei Gewerberechtsüberschreitungen und unbefugtem Gewerbebetrieb zu?

Dem Marktamt obliegt auch die Ausübung der gewerbepolizeilichen Überwachung und Überprüfung von Unternehmen im Sinne der Gewerbeordnung. Beschwerden sind an das örtlich in Frage kommende magistratische Bezirksamt oder an die zuständige Marktamtsabteilung zu richten.

Wo kann sich der Verbraucher beim Lebensmitteleinkauf beraten lassen?

Verbraucher erhalten für den Lebensmitteleinkauf über die allgemeine Preislage und über preisgünstige Obst- und Gemüsesorten bei den Marktamtsabteilungen oder in der MA 59 (beim Referat Konsumentenberatung), 3, Am Modenapark 1-2 (Tel. 711 16 . . ., 87943), Auskunft.

Warum besuchen die Wiener Hausfrauen gerne die Märkte?

Märkte werden vor allem besucht, weil

1. die Auswahl an Lebensmitteln, besonders an Gemüse und Obst, groß ist;
2. durch die freie Auslegung der Waren den Käufern ohne jeglichen Kaufzwang die Besichtigung sowie der Qualitäts- und Preisvergleich möglich ist;
3. sich infolge des gehäuften gleichzeitigen Angebotes gleichartiger Waren eine für den Verbraucher günstige Preisbildung ergibt;
4. die dort gegebene ständige lebensmittel- und preispolizeiliche Kontrolle durch das Marktamt den Verbraucher wirksam vor Schädigung zu wahren vermag;
5. das vielfältige Angebot eine raschere Erledigung des Einkaufens ermöglicht und daher Zeit sparen hilft.

Was hat man bei Verdacht auf bakterielle Lebensmittelvergiftungen zu tun?

Unter einer bakteriellen Lebensmittelvergiftung versteht man eine unter Vergiftungserscheinungen beim Menschen auftretende Krankheit, die durch den Genuß bakterienhaltiger Lebensmittel entsteht und als Einzel- oder Massenerkrankung oder in ausgedehnten Epidemien vorkommt. Als Ursache kommen Lebensmittel tierischer und pflanzlicher Herkunft in frischem, zubereitetem und konserviertem Zustand in Betracht. Krankmachend wirkt das von den Bakterien gebildete Gift.

Wenige Stunden nach der Mahlzeit, in der Regel zwei bis acht Stunden, seltener erst nach einigen Tagen, stellen sich die ersten Krankheitserscheinungen ein. Diese beginnen mit allgemeiner Mattigkeit, Leibschmerzen, Aufstoßen, Darmkrämpfen, Übelkeit und Erbrechen. Sehr bald können auch Durchfälle mit dünnen bis wässerigen Stühlen folgen. Zuweilen treten Kopfschmerzen, Afterzwang und Wadenkrämpfe auf. Die Temperatur ist meistens nur wenig erhöht. In schweren Fällen kommen auch nervöse Symptome, wie Benommenheit, Störungen der Augenbewegungen und Akkommodation, bei Kindern auch Krämpfe, vor. Bei schwerem Verlauf kann die Erkrankung in ein bis vier Tagen unter Kreislaufschwäche zum Tod führen. Todesfälle sind aber selten. Der Verlauf ist in der Mehrzahl der Fälle leicht, Heilung erfolgt nach wenigen Tagen. Von den Patienten werden die Bakterien mit dem Stuhl ausgeschieden. Im allgemeinen hört die Ausscheidung mit der Genesung oder einige Tage danach auf. Die Ausscheidung der Keime kann aber auch Wochen und Monate, ja sogar jahrelang andauern. Solche Personen werden als Bakterienausscheider bzw. Dauerausscheider bezeichnet. Diese können die Quelle neuer Erkrankungen werden, indem sie unter Außerachtlassung der hygienischen Vorsichtsmaßnahmen Lebensmittel mit ihren Ausscheidungen verunreinigen.

Lebensmittelvergiftungen können auch durch den Genuß von rohem oder unvollkommen durchgebratenem oder nicht völlig durchgekochtem Fleisch verursacht werden. Dabei hängt die Schwere der Erkrankung in erster Linie von der Menge der aufgenommenen Bakterien und von deren Fähigkeit, Gifte zu bilden, ab. Bei höheren Außentemperaturen findet eine starke Vermehrung und Anreicherung der etwa vorhandenen Keime statt. Bei Kühlhaustemperaturen von nur wenigen Graden über dem Gefrierpunkt wird das Bakterienwachstum wohl verzögert, nicht aber aufgehoben. Es bleibt daher Fleisch auch im Kühlraum nur bestimmte Zeit frisch. Bereits zerteiltes Fleisch soll rasch verbraucht werden. Besondere Vorsicht ist bei faschiertem Fleisch geboten. Dieses darf nur einige Stunden im Kühlschrank vorrätig gehalten werden und ist bis spätestens abends zu braten.

Schließlich sei noch auf die bakteriellen Lebensmittelvergiftungen hingewiesen, die nach dem Genuß von rohen Hühnereiern oder mit solchen zubereiteten Speisen, wie Mayonnaisen, Salate, Puddings, Mehlspeisen und auch rohem Faschiertem, zurückzuführen sind. Weiters ist beim Zerteilen und Zubereiten von Geflügel auf hygienisches Arbeiten besonders zu achten.

Wenn Gesundheitsschädigungen durch Lebensmittel auftreten, ist sofort das zuständige Bezirksgesundheitsamt zu benachrichtigen. Dieses nimmt gegebenenfalls gemeinsam mit Marktamt und Lebensmitteluntersuchungsanstalt der Stadt Wien nach erfolgter Meldung an Ort und Stelle die Ermittlung über den Verlauf und die Ursache der Erkrankung auf. Es werden Untersuchungen von Stuhlproben der Patienten und von Proben verdächtiger Lebensmittel veranlaßt (hinsichtlich der Untersuchung der Lebensmittelproben siehe auch nachstehenden Absatz „Welche Aufgaben hat die Lebensmitteluntersuchungsanstalt der Stadt Wien“). Erforderlichenfalls sind diese Ermittlungen gemeinsam mit dem Amtstierarzt vorzunehmen.

Um Lebensmittelvergiftungen zu vermeiden, sind zahlreiche gesetzliche Vorschriften erlassen worden. Aber auch die Beachtung der allgemeinen Hygiene in den Betrieben sowie beim Verbraucher ist zur Verhütung von Lebensmittelvergiftungen unbedingt notwendig (→ auch „Wer nimmt Beschwerden über Qualitätsmängel bei Lebensmitteln und bei Verdacht der Gesundheitsschädlichkeit oder der Verdorbenheit entgegen?“ und „Gesundheitswesen – Was hat man bei Verdacht auf Gesundheitsschädigung durch bakteriell verunreinigte Lebensmittel zu tun?“).

Welche Aufgaben hat die Lebensmitteluntersuchungsanstalt der Stadt Wien?

Ein wesentlicher Bestandteil des „Konsumentenschutzes“ in Wien ist die Lebensmitteluntersuchungsanstalt der Stadt Wien (MA 38). Ihr Wirkungskreis geht weit über die vom Namen umfaßte Tätigkeit hinaus; er erstreckt sich grundsätzlich auf

1. alle veterinäramtlichen Untersuchungen für die Veterinärämter in den Bezirken und auf den Markt- und Schlachtbetrieb in St. Marx, d. s. alle bakteriologischen, pathologisch-anatomischen, serologischen und histologischen sowie chemischen Untersuchungen, die für die Fleischuntersuchung, Auslandsfleischuntersuchung, Tierseuchenbekämpfung u. dgl. in Wien durchzuführen und im Fleischuntersuchungsgesetz und Tierseuchengesetz geregelt sind;
2. Lebensmitteluntersuchungen und Begutachtungen von Lebensmittelproben, vorwiegend Lebensmittel tierischer Herkunft, die die Marktamtsabteilungen einsenden bzw. Privatpersonen zur Untersuchung bringen, nach dem Lebensmittelgesetz;
3. sonstige Untersuchungen und Begutachtungen für andere Dienststellen des Magistrats der Stadt Wien, des Bundes oder für Private, auf die Fortbildung der Amtstierärzte und Lebensmittelpolizeiorgane sowie auf die Verbreitung von einschlägigen wissenschaftlichen Arbeiten.

Die Anstalt ist den Bundesanstalten für Lebensmitteluntersuchung gleichgestellt, und sie ist an den Bundesgebührentarif gebunden.

Ziel der veterinärmedizinischen Untersuchungen, es handelt sich meist um bakteriologische Untersuchungen von Fleisch anläßlich der Fleischuntersuchung, ist es vor allem, sogenannte Fleischvergifter – z. B. auch Salmonellen – festzustellen. Natürlich werden auch andere menschenpathogene Keime sowie Erreger von Tierseuchen und Verderbniserreger bei dieser Gelegenheit nachgewiesen. Es läßt sich mit dieser auch in den anderen Kulturstaaten gebräuchlichen Untersuchungsmethode gesundheitsschädliches und verdorbenes Fleisch, soweit die Ursache bakterieller Natur ist, erkennen.

Zur Aufrechterhaltung der Versorgung der Bevölkerung müssen steigende Mengen von Fleisch, vor allem von Gefrierfleisch, als Verarbeitungsfleisch, vielfach aus fernen Ländern, über deren hygienische Bedingungen wir nicht ausreichend informiert sind, importiert werden. Auch dieses Fleisch wird im Rahmen der Ein- und Durchfuhrverordnung von der Anstalt untersucht, sofern es nicht durch anerkannte Zeugnisse gedeckt ist.

Diese Untersuchungen haben den Zweck, den Menschen vor gesundheitlicher Gefährdung im Lebensmittelverkehr und den inländischen Tierbestand vor der Einschleppung von Seuchenerregern zu schützen. In der gewissenhaften Durchführung dieser Auslandsfleischuntersuchung besitzt Wien als Großverbrauchs- und Lebensmittelzentrum eine besondere Verpflichtung, der sich die Untersuchungsanstalt stets bewußt war. Die ständige Beschäftigung mit dem Salmonellennachweis hat auch bewirkt, daß die Lebensmitteluntersuchungsanstalt der Stadt Wien in der Salmonellendiagnostik die größten Erfahrungen auf diesem Fachgebiet und international einen hervorragenden Ruf besitzt.

Außer diesen genannten bakteriologischen Untersuchungen hat die Lebensmitteluntersuchungsanstalt noch eine Reihe anderer Untersuchungen für veterinäramtliche Zwecke u. a. auch auf Antibiotika und Chemotherapeutika im Fleisch durchzuführen.

Bei den Lebensmitteluntersuchungen nach dem Lebensmittelgesetz 1975 handelt es sich um Untersuchungen und Begutachtungen vom Rang gerichtsmedizinischer oder gerichtschemischer Untersuchungen, daher ist es eine außerordentlich verantwortungsvolle und heikle Arbeit. Von der einwandfreien Arbeit der Untersuchungsanstalt ist die Effektivität der Lebensmittelkontrolle des Marktamtes und Veterinäramtes der Stadt Wien in weitestgehendem Maß abhängig.

Alle Proben werden den notwendigen Untersuchungen auf ihre stoffliche Zusammensetzung unterzogen. Bei zahlreichen Proben kommen noch bakteriologische und histologische (Gewebe-)Untersuchungen sowie serologische oder enzymatische Untersuchungen dazu. Sämtliche Proben werden dokumentarisch festgehalten. Auch komplizierte Untersuchungsverfahren zum Nachweis von Pflanzenschutzmitteln, wie DDT, Schwermetalle (z. B. Quecksilber oder Blei) u. a., werden in Fleisch und anderen Lebensmitteln durchgeführt. Untersucht werden hauptsächlich Proben von Fleisch, Fleischwaren, Fleischkonserven, Gasthausspeisen, Geflügel, Wild, Fische, einschließlich Zubereitungen und Konserven, Schmalz und tierisches Rohfett, Brot, Backwaren, Pflanzenfette, Obst und Gemüse, Mayonnaisen und Eiprodukte. Gegenwärtig beläuft sich die untersuchte und begutachtete Probenzahl auf ca. 12.000 Proben.

Um diese Untersuchungsaufgaben bewältigen zu können, ist eine ständige Beobachtung der Lebensmittelproduktion im Inland und der Importe notwendig und laufend eine komplizierte Forschung zur Ausarbeitung von Nachweismethoden für die sich ständig ändernden Verfälschungsverfahren Voraussetzung.

Es ist ein erklärtes Ziel der Anstaltsleitung, die vorhandene, durch Personal und Einrichtung bestimmte Untersuchungskapazität so einzusetzen, daß damit der größtmögliche Verbraucherschutz erreicht wird. Es ist selbstverständlich, daß ein präventiver Verbraucherschutz weitaus wirkungsvoller als eine bloß nachlaufende Strafjustiz ist, weil er eine viel größere Breitenwirkung besitzt. Auch das Lebensmittelgesetz 1975 fußt schließlich auf dieser Erkenntnis. Da unverhältnismäßig häufig Unkenntnis und Nachlässigkeit Ursache von Lebensmittelbeanstandungen sind, ist es ganz selbstverständlich, daß die Anstaltsleitung die Information und die Präventivkontrolle forciert. Privatproben werden als Beschwerden von Privaten, vornehmlich aber von der Industrie, zur Untersuchung gebracht, wobei es sich um Gegenproben von Marktamtsproben oder Betriebskontrollproben handelt. In zunehmendem Maß senden aber auch Importfirmen und Handelsketten Warenproben zur Untersuchung, wobei es den Firmen vor allem auf rasche Erstellung des Gutachtens und einwandfreie, sichere Begutachtung ankommt. Besonders begrüßt wird auch, daß in den Befunden Fotos der Ware enthalten sind.

Eine echte Präventivmaßnahme zur Vermeidung von Lebensmittelvergiftungen bei der Versorgung der Patienten in den Spitälern und Pfleglingen in Seniorenheimen der Stadt Wien ist die beratende Kontrolle von Küchen, verbunden mit der Schulung des Personals.

Die Anstalt ist außerdem in der Aus- und Fortbildung der Amtstierärzte, Amtsärzte und Lebensmittelinspektoren sowohl für den Bereich der Stadt Wien als auch für die Bundesländer tätig.

Die Wiener Lebensmittelberatung wurde 1988 in der Lebensmitteluntersuchungsanstalt der Stadt Wien errichtet und ist derzeit noch (die Nummer wird in Kürze in 40 00 . . ., 8038, abgeändert) unter Tel. 795 14 . . ., 9760, erreichbar. Derzeit ist diese Beratungsstelle Montag bis Freitag von 7 bis 15 Uhr erreichbar, mit Einführung der neuen Nummer sollen die Beratungszeiten verlängert und die Beratungstätigkeit auch auf Samstag ausgedehnt werden.

Alle Anfragen, die Lebensmittel oder Lebensmittelhygiene betreffen, werden gerne beantwortet. Nach telefonischer Voranmeldung sind auch Termine für persönliche Vorsprachen möglich.

LEHRLINGE

Bürokaufmannslehrlinge/ Bürokauffraulehrlinge

Beim Magistrat der Stadt Wien werden alljährlich Bürokaufmannslehrlinge/Bürokauffraulehrlinge aufgenommen. Die Ausbildung dauert drei Jahre.

Neben der praktischen Ausbildung in mehreren Dienststellen ist die Berufsschule für Bürokaufleute zweimal wöchentlich zu besuchen.

Wer die gesetzliche Schulpflicht erfüllt hat und Interesse für diese Ausbildung sowie die für diesen Beruf erforderliche geistige und körperliche Eignung hat, kann Bürokaufmannslehrling/Bürokauffraulehrling werden. Der Antrag auf Aufnahme als Bürokaufmannslehrling/Bürokauffraulehrling soll schon während des neunten Schuljahres nach Erhalt des positiven Semesterzeugnisses, also ab Februar, gestellt werden und ist an die MA 2 – Personalamt, Bewerbungsreferat, zu richten.

Dem Aufnahmeansuchen mit Lebenslauf ist das Abschlußzeugnis des achten Schuljahres sowie das Semesterzeugnis des neunten Schuljahres anzuschließen. Von März bis Juni finden schriftliche Tests statt, bei denen die Eignung der Bewerber festgestellt und die Aufnahme, die im August stattfindet, in die Wege geleitet wird.

Bautechnische Zeichnerlehrlinge

In den Bauabteilungen des Magistrats der Stadt Wien werden alljährlich bautechnische Zeichnerlehrlinge aufgenommen.

Die Ausbildung dauert drei Jahre.

Neben der praktischen Ausbildung in mehreren Dienststellen ist im ersten Lehrjahr zweimal wöchentlich, im zweiten und dritten Lehrjahr einmal wöchentlich die Berufsschule für Baugewerbe zu besuchen.

Hinsichtlich der Aufnahme gelten die oben für die Bürokaufmannslehrlinge/Bürokauffraulehrlinge angeführten Bedingungen sinngemäß.

Gärtnerlehrlinge

In der MA 42 – Stadtgartenamt werden Gärtnerlehrlinge aufgenommen. Die Ausbildung dauert drei Jahre.

Neben der praktischen Ausbildung in mehreren Abteilungen des Stadtgartenamtes ist einmal wöchentlich die Berufsschule für Gärtner und Floristen in Kagran zu besuchen.

Hinsichtlich der Aufnahme gelten die für die Bürokaufmannslehrlinge/Bürokauffraulehrlinge angeführten Bedingungen sinngemäß.

LIEGENSCHAFTSERWERB DURCH AUSLÄNDER

(MA 62)

Nach dem Wiener Ausländergrunderwerbsgesetz können Ausländer – sofern sie keine EWR-Staatsbürger sind – das Eigentum und bestimmte andere Rechte an Wiener Grundstücken in der Regel nur mit behördlicher Genehmigung erwerben.

Wer gilt als Ausländer?

Ausländer im Sinne des Gesetzes sind alle natürlichen Personen, die nicht österreichische Staatsbürger sind, sowie Gesellschaften und Vereine, die ihren Sitz im Ausland haben. Gesellschaften mit dem Sitz im Inland gelten dann als Ausländer, wenn an ihnen Nichtösterreicher oder ausländische Gesellschaften überwiegend beteiligt sind. Vereine mit dem Sitz im Inland gelten dann als Ausländer, wenn ihre stimmberechtigten Mitglieder überwiegend Ausländer sind oder sich deren Leitungsorgan nicht überwiegend aus Ausländern zusammensetzt. Die Bestimmungen über die Genehmigung finden keine Anwendung, wenn zwischenstaatliche Verträge entgegenstehen oder wenn fremde Staaten bzw. bestimmte internationale Organisationen als Erwerber auftreten. Auch der Erwerb einer Liegenschaft im Erbweg bedarf keiner Genehmigung.

Auf welche Rechte bezieht sich das Gesetz?

Grundsätzlich ist der Erwerb des Eigentums, des Miteigentums (auch Eigentumswohnungen), eines Baurechtes oder einer persönlichen Dienstbarkeit an die behördliche Genehmigung gebunden, desgleichen der Erwerb von Miet- und Pachtrechten, die im Grundbuch eingetragen werden sollen. Andere Miet- und Pachtverträge sind nicht genehmigungspflichtig.

Wer entscheidet über Genehmigungsansuchen?

Nach Anhörung insbesondere der gesetzlichen Interessenvertretungen erteilt die Wiener Landesregierung die Genehmigung. Das Ansuchen ist beim Amt der Wiener Landesregierung, MA 62, 8, Lerchenfelder Straße 4, einzubringen, wobei der Antragsteller seine Staatsbürgerschaft und die Geburtsdaten anzugeben und eine Begründung für den Erwerb beizufügen hat. Weiters ist eine Vertragsabschrift anzuschließen. Antragsformulare liegen in der MA 62 auf.

Unter welchen Voraussetzungen wird die Genehmigung erteilt?

Ein Anspruch auf Genehmigung besteht grundsätzlich nur dann, wenn am Zustandekommen des Rechtsgeschäftes ein volkswirtschaftliches oder soziales Interesse besteht. Aber selbst bei Vorliegen eines solchen Interesses muß die Genehmigung versagt werden, wenn andere öffentliche Interessen, z. B. solche militärischer oder sicherheitspolizeilicher Natur, entgegenstehen. Die Durchführung des Rechtsgeschäftes im Grundbuch ist nur zulässig, wenn der Erwerber den Bescheid über die Genehmigung vorlegt (bzw. eine gleichfalls bei der MA 62 einzuholende Negativbestätigung, wie insbesondere für EWR-Bürger).

Welche Strafen sieht das Ausländergrunderwerbsgesetz vor?

Wer eine Genehmigung oder die Ausstellung einer Negativbestätigung durch Täuschung über Tatsachen erschleicht oder wer eine Verabredung zur Umgehung des Gesetzes trifft, begeht eine Verwaltungsübertretung, die mit Geldstrafen bis 300.000 S geahndet werden kann. Der gleichen Strafe unterliegen vorsätzliche unrichtige Erklärungen über die Beteiligung von Ausländern an einer Gesellschaft oder an einem Verein mit Sitz im Inland.

MUSEEN DER STADT WIEN

(MA 10)

Was sind die Museen der Stadt Wien und was sieht man dort?

Das Historische Museum der Stadt Wien, das sich seit 1959 auf dem Karlsplatz befindet, zählt zu den bedeutendsten Stadtmuseen Europas. Die nach modernen Grundsätzen aufgestellte Schausammlung bietet einen Überblick über den Werdegang Wiens, von der frühesten Besiedlung des heimischen Bodens in vorgeschichtlicher Zeit über das römische Vindobona und die aufstrebende mittelalterliche Stadt bis zur Entstehung der heutigen Großstadt. In enger Verflechtung mit der geschichtlichen Dokumentation wird die Kunst und Kultur Wiens in einer Vielfalt verschiedenartiger Objekte dargestellt und anschaulich gemacht. Zu den größten Schätzen des Museums gehören die steinernen Bildwerke und Glasgemälde aus St. Stephan und die Bestände aus dem Städtischen Zeughaus; eine Sehenswürdigkeit besonderer Art ist die mitten im Museum völlig unverändert wiedererstandene Wohnung Franz Grillparzers.

Jeder Wiener kennt das Historische Museum, zumindest von außen, aber wahrscheinlich kennt so mancher nicht die zum Historischen Museum gehörenden Musiker-Gedenkstätten der Stadt Wien. Unter diesem Sammelbegriff verbergen sich weltberühmte Sehenswürdigkeiten: Mozart-Gedenkstätte „Figarohaus", 1, Domgasse 5, Johann-Strauß-Gedenkstätte, 2, Praterstraße 54, Haydn-Gedenkstätte mit Brahms-Gedenkraum, 6, Haydngasse 19, Beethoven-Gedenkstätte „Pasqualatihaus", 1, Mölker Bastei 8, Schubert-Gedenkstätte „Geburtshaus" mit Stifter-Gedenkräumen, 9, Nußdorfer Straße 54, dessen Generalinstandsetzung den alten Bauzustand wiederherstellte, und schließlich die Schubert-Gedenkstätte „Sterbewohnung", 4, Kettenbrückengasse 6. Die kleinen Museen, die in diesen denkwürdigen Räumen eingerichtet wurden, sind eigentlich Dependancen des Hauptmuseums, ihr Eigendasein entspricht der hohen Bedeutung der Musik innerhalb der Kulturgeschichte Wiens. Dazu gehören auch die beiden, der biografischen Dokumentation gewidmeten Beethoven-Gedenkstätten „Heiligenstädter Testament" und „Eroicahaus", 19, Probusgasse 6, und 19, Döblinger Hauptstraße 92.

Auch die museal ausgestatteten Ausgrabungsstätten „Römische Ruinen unter dem Hohen Markt" und „Römische Baureste" (in der Feuerwehrzentrale Am Hof) sind Dependancen des Historischen Museums, ebenso die Baureste am Michaelerplatz (seit 1992). Hingegen sind – im Verband des Historischen Museums – das Uhrenmuseum, 1, Schulhof 2, und das Pratermuseum, das sich im neuen Planetariumsgebäude am Eingang zum Volksprater befindet, echte Spezialsammlungen, die aber auch für ein breites Publikum von besonderem Interesse sind. Beide Museen sind aus Privatsammlungen hervorgegangen. Das Uhrenmuseum, eine der bedeutendsten Sammlungen dieser Art, gibt in der neuen systematischen Aufstellung einen Überblick über die geschichtliche Entwicklung der Uhr. Weniger methodisch geht es im Pratermuseum zu, wo in einer Fülle von buntestem Allerlei verklungene Pratertage wieder lebendig werden; ein Besuch dieser reizenden Sammlung ist ebenso vergnüglich wie lokalgeschichtlich aufschlußreich. 1979 wurde auch die aus der Mitte des 13. Jahrhunderts stammende Virgilkapelle im Verkehrsbauwerk am Stephansplatz dem Publikum zugänglich gemacht. In diesem Museum ist eine Sammlung von Fundkeramik zu sehen. In einem der Stadtbahnpavillons am Karlsplatz finden Ausstellungen statt, die dem Werk Otto Wagners gewidmet sind. Seit 1989 ist ein weiteres Bauwerk Otto Wagners, der Hofpavillon der Stadtbahnhaltestelle Hietzing, öffentlich zugänglich. Auch die Hermesvilla im Lainzer Tiergarten wird seit 1979 von der MA 10 verwaltet. Jedes Jahr findet dort eine Sonderausstellung statt. Die historisch interessanten Wohnräume von Kaiser Franz Joseph und Kaiserin Elisabeth werden nach und nach ihr ursprüngliches Mobiliar und Aussehen erhalten. Im Haus 1, Tuchlauben 19, können die ältesten profanen Wandmalereien Wiens, die Neidhart-Fresken um 1400, die anläßlich des Umbaues einer Wohnung entdeckt worden sind, besichtigt werden.

Seit 1991 ist ein Schauraum der Modesammlung des Historischen Museums der Öffentlichkeit zugänglich gemacht worden. Zu sehen sind vorerst jährlich kleine Ausstellungen zur Wiener Kostümgeschichte.

Besuchszeiten → Magistrat, MA 10.

Eintrittspreise:

für Historisches Museum, Uhrenmuseum und Hermesvilla:

Erwachsene	50 S
Lehrer, Schüler, Lehrlinge, Studenten, Präsenz- und Zivildiener	20 S
Senioren, behinderte Personen	25 S
Familien (bis zwei Erwachsene mit Kindern bis 19 Jahren)	75 S
Sammelkarte mit zehn Abschnitten im Wert von je 25 S	160 S
Schulklassen und Kinder bis 6 Jahre	Eintritt frei
Freitag vormittags (außer an Feiertagen) für alle Besucher	Eintritt frei

Gedenkstätten:

Erwachsene	25 S
Lehrer, Schüler, Lehrlinge, Studenten, Präsenz- und Zivildiener	10 S
Sammelkarte mit zehn Abschnitten im Wert von je 25 S	160 S
Schulklassen und Kinder bis 6 Jahre	Eintritt frei
Freitag vormittags (außer an Feiertagen) für alle Besucher	Eintritt frei

Welche Sonderausstellungen führt das Historische Museum der Stadt Wien durch?

Alljährlich werden im Museum auf dem Karlsplatz Sonderausstellungen in den dafür bestimmten Räumen veranstaltet. Sie bleiben im allgemeinen durch drei Monate geöffnet. Es wird entweder ein aktuelles Thema behandelt oder ein in der Schausammlung nur in großen Zügen behandelter Geschichtsabschnitt breit dokumentiert. Dadurch werden Teile der für kulturgeschichtliche Museen unerläßlichen Studiensammlung der Öffentlichkeit wenigstens kurzfristig zugänglich gemacht. Obwohl der Themenkreis der Ausstellungen nach Art und Zweck des Museums begrenzt ist, ist die Themenzahl praktisch unerschöpflich. So wird es immer etwas Neues im Historischen Museum der Stadt Wien zu sehen geben. Die Ausstellungen, zu denen ausführlich kommentierende, illustrierte Kataloge erscheinen, werden durch Plakate und in Presse, Rundfunk und Fernsehen angekündigt.

Wie kommt man zu einer Führung im Historischen Museum?

Das Historische Museum der Stadt Wien verlautbart allmonatlich sein Führungsprogramm. Dieses sieht in der Hauptsache Führungen an Samstagen sowie Sonn- und Feiertagen vor. Es wird von Fachbeamten des Museums in leicht faßlicher Weise durch die gesamte Schausammlung geführt, auch durch einzelne Abteilungen, wobei auf die Dinge genauer eingegangen werden kann, und natürlich auch durch die Sonderausstellungen. Ferner finden Führungen im Uhrenmuseum und abwechselnd in den Musiker-Gedenkstätten statt. Außer Programm werden nach entsprechender Vereinbarung für geschlossene Gruppen auch Sonderführungen veranstaltet. Diese können telefonisch (505 87 47 . . ., 84016) angemeldet werden. Alle Führungen (außer in der Hermesvilla) sind kostenlos.

Was sind die Studiensammlungen des Historischen Museums?

Freilich kann in den Schauräumen nur ein Teil der vorhandenen Bestände ausgestellt werden, nicht nur aus Platzmangel, sondern auch um das besonders Wichtige nicht in der Fülle des weniger Wichtigen untergehen zu lassen. Der andere Teil der Bestände findet seinen Platz in den Depots, die somit die Studiensammlung umfassen, zum Unterschied von der Schausammlung.

Hier ist an erster Stelle die Grafiksammlung des Historischen Museums der Stadt Wien zu nennen, die nach verschiedenen sachlichen Gesichtspunkten geordnet in Mappen und Kassetten aufbewahrt wird. Der Schwerpunkt dieser großen, sehr wertvollen Sammlung von Zeichnungen, Aquarellen, Druckgrafik und Fotografien liegt im 19. Jahrhundert. In Bilderdepots des Museums befinden sich noch einige tausend Ölgemälde, die zum Teil von erster Qualität sind. Die Hauptmasse der Zeughausbestände ist in der Waffenkammer übersichtlich aufgestellt. Im Lapidarium des Museums befinden sich noch viele Funde aus der römischen Zeit, ferner Plastiken, steinerne Hauszeichen, Epitaphe u. dgl. Schließlich beherbergen die Depots des Museums noch kostbare Miniaturen, eine große Münzensammlung, zahlreiche Totenmasken sowie eine Unzahl von kunsthandwerklichen Erzeugnissen und kulturgeschichtlich wichtigen Objekten. Auch das Uhrenmuseum hat nur einen Teil seiner Bestände ausgestellt; in seinem Depot finden sich zahlreiche, oft sehr wertvolle Stücke. Das Depot des Pratermuseums enthält u. a. interessante Archivalien zur Geschichte des Volkspraters. Schließlich sind die Modesammlungen des Historischen Museums der Stadt Wien, Schloß Hetzendorf, 12, Hetzendorfer Straße 79, zu nennen. Dort befindet sich eine reichhaltige Sammlung von Kleidung und modischen Accessoires ab dem 18. Jahrhundert, Fachbibliothek (Öffnungszeiten Montag bis Freitag von 8 bis 16 Uhr) und einen Modeschauraum, in dem kleine Wechselausstellungen stattfinden (Öffnungszeiten Dienstag bis Sonntag von 9 bis 12.15 Uhr und von 13 bis 16.30 Uhr).

Die Studiensammlungen können aus naheliegenden Gründen nicht allgemein zugänglich sein. Eine Ausnahme bildet nur die Grafiksammlung, für die den wissenschaftlich Interessierten der Studiensaal des Museums zur Verfügung steht.

Hier soll noch auf die „Wiener Bezirksmuseen" hingewiesen werden, die – von eigenen Museumsvereinen getragen – sich in allen Gemeindebezirken Wiens gebildet haben. Dem Historischen Museum der Stadt Wien obliegt die fachliche Aufsicht über die an sich selbständigen Bezirksmuseen, die der intensiven Pflege der heimatlichen Bezirksgeschichte gewidmet sind.

Ähnlich verhält es sich mit den Gedenkräumen in der Villa Wertheimstein, am Rand des schönen Wertheimsteinparks, 19, Döblinger Hauptstraße 96, wenngleich die Bedeutung dieser Gedächtnisstätte mehr lokaler Art ist. Der im ursprünglichen Zustand erhaltene Salon der Villa, ein typisches Interieur aus der zweiten Hälfte des 19. Jahrhunderts, war zu seiner Zeit ein Treffpunkt berühmter Gelehrter und Künstler. Daneben sind für die Dichter Eduard von Bauernfeld und Ferdinand von Saar, die zu den ständigen Gästen der Villa gehörten, Gedenkzimmer eingerichtet.

Welche Wünsche kann das Historische Museum der Stadt Wien noch erfüllen?

Es bleibt die erste und wichtigste Aufgabe eines Museums, das Vergängliche, soweit es für die Nachwelt auch nur von einigem Interesse sein kann, zu bewahren. Wenn daher Kunstwerke oder irgendwelche andere geschichtlich oder kulturgeschichtlich bemerkenswerte Objekte, die in irgendeinem Zusammenhang mit Wiens Geschichte stehen, in Gefahr geraten, vernichtet oder verschleudert zu werden, möge die Direktion des Historischen Museums schriftlich oder mündlich unverzüglich verständigt werden. Auch wenn es sich herausstellen sollte, daß der Gegenstand nicht bewahrenswert ist, schadet ein blinder Alarm nichts, wohl aber können im gegenteiligen Fall der Allgemeinheit unersetzliche Werte verlorengehen. Dies ist eine Bitte, die sich an jeden, der Wien liebt, richtet.

Das Historische Museum erteilt im Rahmen seiner Möglichkeiten Auskünfte, aber es darf weder Expertisen ausstellen noch Schätzungsgutachten abgeben. Das Historische Museum will jede einschlägige Forschungsarbeit gerne mit Rat und Tat unterstützen, aber es kann unmöglich die Arbeit selbst liefern. Das Historische Museum beteiligt sich gerne an den volksbildenden Aufgaben von Presse, Film, Rundfunk und Fernsehen, indem es die entsprechenden Teile seiner Sammlungen zugänglich macht, aber es kann nicht als Requisitenkammer benützt werden. In den Schauräumen des Museums darf fotografiert werden, aber nur ohne Gebrauch von Stativ und Blitzlicht; ferner ist die Verwendung dieser Aufnahmen für die Reproduktion in Druck grundsätzlich untersagt. Hiefür werden Fotos von allen Objekten gegen Kostenersatz jedermann überlassen. Reproduktionsgenehmigungen werden gegen begründetes, schriftliches Ersuchen in großzügiger Weise erteilt, für wissenschaftliche Zwecke kostenlos, ansonsten gegen Vorschreibung einer angemessenen Gebühr. In jedem Fall wird eine kurze schriftliche Anfrage an das Historische Museum rasch Klarheit schaffen.

NIEDERLASSUNGSBEWILLIGUNGEN

(MA 62)

Nach dem Fremdengesetz 1997, BGBl. I Nr. 75/1997, brauchen niedergelassene Fremde, die in Wien einen Mittelpunkt ihrer Lebensinteressen haben oder hier zur Ausübung einer Erwerbstätigkeit an einem Wohnsitz niedergelassen sind, grundsätzlich eine Niederlassungsbewilligung des Landeshauptmannes. Erstanträge können – von einzelnen Ausnahmen abgesehen – nur vor der Einreise vom Ausland ausgestellt werden. Niederlassungsbewilligungen können vor allem dann nicht erteilt werden, wenn bei quotenpflichtigen Erstanträgen kein Quotenplatz mehr vorhanden ist und im übrigen ein Sichtvermerksversagungsgrund vorliegt oder kein Rechtsanspruch auf eine für Inländer ortsübliche Unterkunft besteht.

Die Anlaufstellen → Magistrat, MA 62.

Bestimmte nahe Angehörige von EWR-Bürgern (einschließlich Österreichern) genießen Niederlassungsfreiheit, bedürfen aber einer von der Fremdenpolizei zu erteilenden Niederlassungsbewilligung. Diese Behörde ist insbesondere auch für die Erteilung von Aufenthaltserlaubnissen für Studenten zuständig.

OPFERFÜRSORGE

(MA 12)

Wer ist anspruchsberechtigt und begünstigt im Rahmen der Opferfürsorge?

Als Opfer im Sinne des Opferfürsorgegesetzes 1947 gelten Personen, die infolge ihres Kampfes um ein freies, demokratisches Österreich oder infolge politischer oder rassischer Verfolgung in der Zeit vom 6. März 1933 bis zum 9. Mai 1945 gewisse Schädigungen erlitten haben. Als Schädigungen sind anzusehen der Tod, schwere Gesundheitsschädigung, Haft von mindestens drei Monaten, Verlust oder Minderung des Einkommens in der Dauer von mindestens dreieinhalb Jahren, Abbruch oder Unterbrechung des Studiums oder einer Berufsausbildung in der Dauer von mindestens dreieinhalb Jahren (ab dem sechsten Lebensjahr), Emigration in der Dauer von mindestens dreieinhalb Jahren, Leben im Verborgenen im Mindestausmaß von sechs Monaten, Tragen des Judensterns in der Dauer von mindestens sechs Monaten oder eine Freiheitsbeschränkung von mindestens sechsmonatiger Dauer in Deutschland oder den von Deutschland besetzten Gebieten. Je nach der Art und der Schwere der Schädigung erhalten die Opfer selbst oder ihre Hinterbliebenen einen Opferausweis oder eine Amtsbescheinigung.

Die Inhaber von Opferausweisen und Amtsbescheinigungen erhalten Begünstigungen

1. auf dem Gebiet der Renten- und Unfallversicherung;
2. bei Gründung, Wiederaufrichtung oder Stützung der wirtschaftlichen Existenz;
3. bei Vergebung von Geschäftsstellen der Klassenlotterie, Lottokollekturen und Tabakverschleißgeschäften;
4. bei Vergebung und Zuweisung von Wohnungen, Siedlerstellen und Kleingärten;
5. auf den Gebieten der Steuer- und Gebührenpflicht;
6. durch Nachlaß und Ermäßigung von Studien- und Prüfungsgeldern;

ferner Entschädigungen für

1. erlittene Haft;
2. entstandene Haft- und Gerichtskosten;
3. erlittene Freiheitsbeschränkungen und Berufsschäden (Internierungen, Konfinierungen, Zwangsaufenthalte in einem Getto, Leben im Verborgenen, Judensterntragen, Einkommensminderungen um mindestens 50% von mindestens $3^1/_2$ Jahren, Abbruch bzw. eine mindestens $3^1/_2$jährige Unterbrechung der Berufsausbildung).

Die Inhaber von Amtsbescheinigungen bzw. deren Hinterbliebene haben überdies Anspruch auf

1. Rentenfürsorge und Witwen- und Waisenbeihilfen, Sterbegeld;
2. Heilfürsorge (auch für Inhaber eines Opferausweises).

Schriftliche Anträge um Anerkennung als Opfer sind bei der MA 12, 1, Schottenring 24, einzubringen.

Wo erhalten begünstigte Personen Aushilfen?

Da die Geltungsdauer des Opferfürsorgeabgabegesetzes mit 31. Dezember 1981 erloschen ist, werden die an Kriegsversehrte bzw. ihre Hinterbliebenen bisher gegebenen Geldaushilfen durch eine Subvention der Stadt Wien an den Kriegsopferverband und die für Opfer politischer Verfolgung und des Kampfes um ein freies, demokratisches Österreich und deren Hinterbliebene sowie die für die Zivilinvaliden in Frage kommenden Geldaushilfen aus Budgetmitteln des Sozialamtes gewährt.

Diese Aushilfen stellen keine regelmäßigen Leistungen dar, sie können nur in besonderen Notstandsfällen in Anspruch genommen werden.

Kriegsversehrte bzw. ihre Hinterbliebenen richten ihre diesbezüglichen Ansuchen zweckmäßigerweise an den Kriegsopferverband, 8, Lange Gasse 53, der mit der Ausgabe von finanziellen Unterstützungen betraut ist. Eine Mitgliedschaft bei diesem Verband ist hiezu nicht nötig. Solche Ansuchen können aber auch bei der Behindertenhilfe der MA 12, 1, Schottenring 24, 1. Stock, Tür 113, eingebracht werden.

Opfer politischer Verfolgung und des Kampfes um ein freies, demokratisches Österreich und deren Hinterbliebene richten entsprechende Ansuchen an die MA 12, Referat Opferfürsorge, 1, Schottenring 24.

Für Zivilinvalide ist in der gleichen Sache das Referat Behindertenhilfe der MA 12, 1, Schottenring 24, 1. Stock, Tür 113, zuständig.

WIENER PATIENTENANWALTSCHAFT

Nach dem Gesetz über die Wiener Patientenanwaltschaft, LGBl. für Wien Nr. 19/1992, obliegt der Wiener Patientenanwaltschaft die Wahrung und Sicherung der Rechte und Interessen der Patienten in allen Bereichen des Gesundheitswesens in Wien. Dazu gehören alle öffentlichen und privaten Krankenanstalten, Pflegeheime, Sanatorien und Ambulatorien, die Rettungs- und Krankenbeförderungsdienste, aber auch alle niedergelassenen Ärzte und weiteren Gesundheitsdienste, wie Apotheken, Dentisten, Hebammen usw., in Wien. Ihre Aufgaben sind die Behandlung von Beschwerden und die Aufklärung von Mängeln oder Mißständen im Gesundheitswesen, die Erteilung von Auskünften und die Prüfung von Anregungen. Sie hat den zuständigen Organen erforderlichenfalls Empfehlungen für notwendige Veranlassungen zu erteilen.

Mit 1. Juli 1992 wurde Prof. Dr. Viktor Pickl auf fünf Jahre zum Wiener Patientenanwalt bestellt, mit 1. Juli 1997 erfolgte seine Wiederbestellung auf weitere fünf Jahre. Er ist weisungsfrei und unabhängig. Seine Mitarbeiter sind nur an seine Weisungen gebunden.

Die Rechtsträger der Wiener Gesundheitseinrichtungen sind nach dem Gesetz verpflichtet, dem Patientenanwalt alle Auskünfte zu erteilen und Akteneinsicht zu gewähren. Es gibt keine Amtsverschwiegenheit gegenüber dem Patientenanwalt, er selbst hat jedoch volle Amtsverschwiegenheit zu wahren. Wird die Wiener Patientenanwaltschaft mit einer Angelegenheit des Gesundheitswesens in Wien im Rahmen der Bundesverwaltung befaßt (frei praktizierende Ärzte, Apotheken, Dentisten usw.), sind die betroffenen Personen bzw. Einrichtungen einzuladen, zu den konkreten Vorbringen Stellung zu nehmen.

Der Wiener Patientenanwalt hat der Wiener Landesregierung und dem Landtag jährlich über seine Tätigkeit zu berichten.

An den Wiener Patientenanwalt können alle Anliegen herangetragen werden, die das Gesundheitswesen in Wien betreffen; besonderes Schwergewicht liegt in der Hilfestellung bei der Durchsetzung von Patientenrechten.

Die Inanspruchnahme ist kostenlos, die Betreuung erfolgt schnell und unbürokratisch.

Patienten oder deren Angehörige können sich persönlich, telefonisch oder schriftlich an die Wiener Patientenanwaltschaft wenden. Sie ist Montag bis Freitag von 8 bis 16 Uhr in 4, Schönbrunner Straße 7, Tel. 587 12 04, Fax 586 36 99, erreichbar.

REITSPORT IM PRATER

Die Ausübung des Reitsportes in den allgemein zugänglichen Gebieten des Praters ist außerhalb von Straßen mit öffentlichem Verkehr im Sinne der Straßenverkehrsordnung 1960 nur auf den beschilderten Reit- und Zureitwegen gestattet. Die Pferde sind dabei mit einer beiderseits am Kopfgestell angebrachten Nummer zu kennzeichnen. Die Nummer wird vom MBA 2 zugewiesen (Amtsblatt der Stadt Wien vom 28. April 1977, Heft 18).

SCHIFFAHRT

(MA 45, 58)

Binnenschiffahrt

Wer darf Motorboot fahren?

Zur selbständigen Führung von Motorfahrzeugen mit einer Antriebsleistung über 4,4 kW auf Gewässern des Geltungsbereiches des Schiffahrtsgesetzes, z. B. auf der Donau und den österreichischen Seen, ist ein Schiffsführerpatent notwendig.

Wie und wo bekommt man ein Schiffsführerpatent?

Das Schiffsführerpatent – ausgenommen für den Bodensee – erhält man über Ansuchen bei den Ämtern der Landesregierungen (in Wien: MA 58, 1, Volksgartenstraße 3, in Niederösterreich: Abteilung III/1, Tulln, Stiegengasse, Haus 4, und in Oberösterreich: Zulassungsurkunde: Linz, Goethestraße 86, Schiffsführerpatent: Linz, Fabriksstraße 32).

Voraussetzung ist die Vollendung des 18. Lebensjahres.

Dem Ansuchen sind die Personaldokumente, zwei Lichtbilder, der Nachweis der Ausbildung für die Leistung Erster Hilfe bzw. der Unterweisung in lebensrettenden Sofortmaßnahmen sowie – für die Führung von Motorfahrzeugen mit einer Länge von mehr als 10 m bis max. 30 m auf den österreichischen Seen – der Nachweis einer dreimonatigen Fahrpraxis anzuschließen.

Bei Vorhandensein der persönlichen Verläßlichkeit und der körperlichen und geistigen Eignung wird die bescheidmäßige Zulassung zur Schiffsführerprüfung ausgesprochen. Nach bestandener Prüfung wird das Schiffsführerpatent ausgestellt.

Wann darf ein Motorboot in Verkehr gesetzt werden?

Motorboote dürfen auf österreichischen Binnengewässern nur in Verkehr gesetzt werden, sofern sie sich in einem die volle Betriebs- und Verkehrssicherheit gewährleistenden Zustand befinden.

Darüber hinaus wird gefordert:

Jedes Motorboot – ausgenommen Elektroboote mit einer Antriebsleistung von weniger als 4,4 kW – bedarf nach den §§ 100 ff. des Schiffahrtsgesetzes, BGBl. I Nr. 62/1997, einer Zulassung durch die Behörde. Diese Zulassung wird durch eine Urkunde (Zulassungsurkunde) erteilt, mit der dem Motorboot gleichzeitig auch ein amtliches Kennzeichen zugewiesen wird. Die Ausstellung der Zulassungsurkunde sowie die Zuweisung des Kennzeichens erfolgt über Antrag durch die MA 58. Erforderlich ist der Nachweis der Verfügungsberechtigung über das Fahrzeug sowie ein Nachweis (Meldezettel) über den ordentlichen Wohnsitz oder in Ermangelung dessen über den Aufenthaltsort, da daran die örtliche Zuständigkeit der Behörde geknüpft ist.

Was ist bei Feststellung der Motorleistung zu beachten?

Für die Beurteilung der Motorleistung eines Motorschiffes ist ausschließlich die typenmäßige kW-Zahl maßgebend. Eine von wem immer bestätigte Motordrosselung bleibt bei der Beurteilung der Voraussetzungen für die Notwendigkeit des Besitzes eines Schiffsführerpatentes (über 4,4 kW) außer Betracht.

Wo dürfen Schiffe landen oder festgemacht werden?

Dem Sport dienende Fahrzeuge dürfen an den Ufern der Donau landen oder festgemacht werden, sofern nicht gemäß der Wasserstraßen-Verkehrsordnung durch Schiffahrtszeichen kundgemachte oder sonstige Verbote bestehen (z. B. in Fahrwasserengen, an Mündungen schiffbarer Nebenflüsse, an Hafeneinfahrten, an der Fahrlinie von Fähren, unter Brücken, auf Wendeplätzen).

Private Schiffahrtsanlagen (Länden, Liegeplätze, Pontons usw.) dürfen nur mit Zustimmung des Berechtigten (Eigentümers) benützt werden.

Welche Sondervorschriften bestehen für die Befahrung des Wiener Donaukanals durch Sportboote?

Die Überleitung des Donauverkehrs auf den Wiener Donaukanal ist nicht ohne weiteres möglich, da das enge Fahrwasser, die scharfen Krümmungen und die verhältnismäßig starke

Strömung einer freizügigen Ausübung der Schiffahrt, wie sie auf dem Donaustrom möglich ist, hindernd im Wege stehen.

Diesen Schwierigkeiten wird durch eine Sonderregelung der Schiffahrt im Donaukanal in der „Wasserstraßen-Verkehrsordnung" aus dem Jahr 1993, zuletzt geändert mit 8. Juli 1996, Rechnung getragen. Nach diesen Vorschriften ist zwar Sportmotorbooten das Befahren des Donaukanals verboten, jedoch sind in den Monaten April bis September bergfahrende Sportfahrzeuge mit Viertakt-Innenbordmotoren in der Zeit von 9 bis 22 Uhr vom Verbot ausgenommen. Nicht durch Maschinenkraft angetriebene Sportboote dürfen den Donaukanal befahren. Es ist jedoch zu beachten, daß bei unsichtigem Wetter die gesamte Schiffahrt auf dem Donaukanal verboten ist.

Die Einfahrt in den und die Ausfahrt aus dem Donaukanal bei Nußdorf hat durch die Schleuse zu erfolgen; Sportboote, die über Land getragen werden können, müssen die Umsetzanlage am rechten Ufer benützen.

Die unmittelbare schiffahrtspolizeiliche Aufsicht im Wiener Donaukanal wird von der Strom- und Hafenaufsicht „Wien" besorgt, die mit einem Strommeister als Schiffahrtspolizeiorgan besetzt ist.

Dürfen Sportboote in öffentlichen Häfen fahren?

Sportboote dürfen öffentliche Häfen nur insoweit befahren, als dies zum Anlaufen oder Verlassen ihres Liegeplatzes erforderlich ist.

Welche Vorschriften bestehen für das Befahren der „Neuen Donau"?

Das Befahren des Entlastungsgerinnes, der sogenannten „Neuen Donau", mit Fahrzeugen und Schwimmkörpern mit Maschinenantrieb ist verboten.

Vom 1. April bis 31. Oktober jeden Jahres ist die Benützung von Mehrrumpf-Segelfahrzeugen (Katamarane, Trimarane) sowie von Segelfahrzeugen mit einer Länge von mehr als 7 m über allem verboten. Dieses Verbot gilt unter anderem nicht für Mehrrumpf-Segelfahrzeuge, wenn ihr Bootskörper aus Gummi hergestellt und nicht länger als 7 m ist.

Ein eigener Bereich ist dem Leistungssport vorbehalten. Stromabwärts der Steinspornbrücke ist die „Neue Donau" auf einer Länge von 2,7 km und einer Breite von insgesamt 60 m, und zwar jeweils 30 m beiderseits der Gewässermitte, gekennzeichnet durch Bojen, im Zeitraum vom 1. April bis 31. Oktober in der Zeit zwischen 18 und 10 Uhr Sommerzeit (17 und 9 Uhr Normalzeit), in der übrigen Zeit des Jahres ohne stundenmäßige Beschränkung, ausschließlich der Benützung durch Rennruderboote vorbehalten.

Auf der übrigen „Neuen Donau" ist das Fahren mit Segel- und Ruderbooten sowie mit Segelbrettern erlaubt. Lediglich im Bereich jeweils 100 m stromauf- und stromabwärts des Wehres I (Strom-km 1926, 150) und des Wehres II (Strom-km 1918, 300) ist die Ausübung der Sportschiffahrt und die Benützung von Segelbrettern (Schwimmkörpern) verboten. Diese Verbote gelten außerdem zu Zeiten eines Hochwassers, das ist bei einem Wasserstand der Donau von mehr als 540 cm, gemessen am Pegel Korneuburg, für die gesamte „Neue Donau".

Seeschiffahrt

Was ist ein Seeschiff?

Nach den Bestimmungen des Seeschiffahrtsgesetzes, BGBl. Nr. 174/1981, in der geltenden Fassung, ist ein „Seeschiff" ein Fahrzeug, das nach Größe, Bauart und Ausrüstung auf See verwendet werden kann (z. B. Jachten). Als solches gilt nicht ein Ruder- und Paddelboot, Schlauchboot sowie ein Bootstyp, der in der Regel nur für Fahrten in unmittelbarer Nähe der Küste verwendbar ist.

Was ist eine Jacht?

Damit bezeichnet das Seeschiffahrtsgesetz ein Fahrzeug, das für Sport- oder Vergnügungszwecke bestimmt ist.

Wer darf die „Seeflagge" der Republik Österreich führen?

Diese Seeflagge darf nur von österreichischen Seeschiffen geführt werden. Das Recht erwirbt man mit der Zulassung des Schiffes zur Schiffahrt.

Zulassung von Seeschiffen (Jachten)

Die Zulassung darf nur bei Vorliegen bestimmter Voraussetzungen erteilt werden. Zuständig ist der Landeshauptmann – in Wien für ihn die Magistratsabteilung 58 – für Motor- oder Segeljachten mit einer Länge von weniger als 24 m; für alle anderen Fahrzeuge der Bundesminister für Wissenschaft und Verkehr als oberste Schiffahrtsbehörde, 3, Radetzkystraße 2. Für die Zulassung ist u. a. erforderlich:

1. ein schriftliches Ansuchen, das auch den Namen der Jacht enthalten muß;
2. ein Nachweis über den ordentlichen Wohnsitz (Meldezettel);
3. ein Nachweis über das Eigentum am Fahrzeug (Kaufvertrag);
4. ein Staatsbürgerschaftsnachweis;
5. ein Meßbrief (zweifach), allenfalls eine Zulassungsurkunde.

Nähere Auskünfte über die Erfordernisse für die Zulassung bzw. über Rechte und Pflichten im Rahmen derselben erteilt die MA 58, Tel. 40 00 . . ., 96831 oder 96833.

Über die Zulassung hat die Behörde einen „Seebrief" auszustellen. Diese Urkunde ist stets im Original an Bord mitzuführen.

Wann endet das Recht (die Zulassung) zur Führung der Seeflagge?

Die Zulassung erlischt z. B. mit Ablauf der Zeit, für die sie erteilt wurde, durch Zurücklegung des Rechtes zur Führung der Seeflagge oder durch Widerruf, falls Verpflichtungen nicht eingehalten werden.

Welche Verpflichtung erwächst beim Erlöschen oder bei Widerruf der Zulassung?

In diesem Fall hat der bisher Berechtigte den Seebrief an die Zulassungsbehörde binnen sechs Wochen zurückzustellen.

SCHULWESEN

(MA 56)

Welche gesetzlichen Grundlagen gibt es für das Schulwesen?

Der Wiener Landtag hat am 30. Juni 1976 das Gesetz über die äußere Organisation der öffentlichen Pflichtschulen und der öffentlichen Schülerheime im Land Wien und über die Zusammensetzung des Kollegiums des Stadtschulrates für Wien (Wiener Schulgesetz) beschlossen. Dieses Gesetz wurde im LGBl. für Wien Nr. 20/1976 verlautbart und seither mehrmals novelliert (LGBl. für Wien Nr. 16/1979, 26/1981, 31/1983, 36/1986, 38/1987, 10/1989, 48/1989, 38/1991, 49/1994, 57/1995, 11/1996, 35/1996 und 33/1997). Neben den darin enthaltenen Bestimmungen, die im wesentlichen für die Wiener Schulorganisation von Bedeutung sind, müssen noch das Schulorganisationsgesetz, BGBl. Nr. 242/1962, das Schulunterrichtsgesetz, BGBl. Nr. 472/1986, sowie das Schulpflichtgesetz, BGBl. Nr. 76/1985, erwähnt werden.

Mit dem Wiener Schulgesetz wurde die gesamte Materie der Wiener Schulorganisation in einem Gesetz zusammengefaßt. Das Gesetz enthält alle Wien betreffenden Regelungen über Aufbau, Organisationsformen, Klassenschülerzahlen, Errichtung, Erhaltung, Auflassung und Sprengel sowie über die Schulzeit der Pflichtschulen. Darüber hinaus ist darin auch die Zusammensetzung des Kollegiums des Stadtschulrates für Wien geregelt.

Welche Neuerungen bringen die letzten Schulorganisationsgesetz-Novellen

Mit der 15. Schulorganisationsgesetz-Novelle, BGBl. Nr. 512/1993, werden die ganztägigen Schulformen und die Integration von Kindern mit sonderpädagogischem Förderbedarf im Volksschulbereich ins Regelschulwesen übergeführt. Außerdem wird eine Studienberechtigungsprüfung als Ersatz für die Reifeprüfung einer höheren Schule eingeführt.

Mit der 16. Schulorganisationsgesetz-Novelle, BGBl. Nr. 642/1994, wurde die Gliederung der österreichischen Schule modifiziert. Außerdem wurden die Voraussetzungen für die Anerkennung ausländischer Reifezeugnisse und Sonderbestimmungen für Schulversuche zur lebenden Fremdsprache geschaffen.

Mit der Schulorganisationsgesetz-Novelle BGBl. Nr. 766/1996 wurde der gemeinsame Unterricht von Kindern mit und ohne sonderpädagogischen Förderbedarf auch im Bereich der fünften bis achten Schulstufe, aufsteigend ab dem Schuljahr 1997/98, in das Regelschulwesen übergeführt. Außerdem erfolgte eine Aufwertung des Polytechnischen Lehrganges im Bereich der Berufsgrundbildung. Der Polytechnische Lehrgang führt nunmehr die Bezeichnung „Polytechnische Schule“.

Welche Vorschriften bestehen für die Schulpflicht?

Für alle Kinder (auch Kinder ohne österreichische Staatsbürgerschaft), die sich in Österreich dauernd aufhalten, besteht allgemeine Schulpflicht. Die allgemeine Schulpflicht beginnt mit dem auf die Vollendung des sechsten Lebensjahres folgenden 1. September und dauert neun Schuljahre. Die allgemeine Schulpflicht wird durch den Besuch von allgemeinbildenden Pflichtschulen erfüllt, wobei es gleichgültig ist, ob es sich um öffentliche Pflichtschulen oder private Pflichtschulen mit Öffentlichkeitsrecht handelt:

In den ersten vier Schuljahren der allgemeinen Schulpflicht durch den Besuch einer Volksschule, im 5. bis 8. Schuljahr der allgemeinen Schulpflicht durch den Besuch einer Hauptschule, im neunten Schuljahr der allgemeinen Schulpflicht durch den Besuch einer Polytechnischen Schule oder durch den Weiterbesuch einer Hauptschule, in allen Schuljahren erforderlichenfalls durch den Besuch einer Sonderschule.

Ab dem fünften Schuljahr kann die allgemeine Schulpflicht auch durch den Besuch einer allgemeinbildenden höheren Schule (Gymnasium, Realgymnasium und Wirtschaftskundliches Realgymnasium) erfüllt werden. Nach Beendigung der Hauptschule kann die Schulpflicht im neunten Schuljahr anstelle der Polytechnischen Schule auch durch den Besuch einer Handelsschule, einer Fachschule, einer Handelsakademie oder einer sonstigen berufsbildenden mittleren oder höheren Schule erfüllt werden. Berufsbildende mittlere Schulen sind z. B. die beiden Fachschulen der Stadt Wien für wirtschaftliche Berufe, 9, Hahngasse 35, und 12, Dörfelstraße 1. An diesen beiden Schulen werden eine einjährige Haushaltungsschule und eine dreijährige Fachschule geführt. Durch den Besuch jeweils einer der genannten Schultypen wird die allgemeine Schulpflicht im neunten Schuljahr erfüllt.

Schließlich steht den Schülern, die innerhalb der acht Jahre das Lehrziel der Hauptschule nicht erreicht haben, das Recht zu, anstelle der Polytechnischen Schule die Hauptschule ein Jahr weiter zu besuchen.

Alle Lehrlinge im Sinne des Berufsausbildungsgesetzes, BGBl. Nr. 142/1969, sowie Personen, die in einem Lehrberuf in besonders selbständigen Ausbildungseinrichtungen ausgebildet werden, haben die Berufsschule zu besuchen. Die Berufsschulpflicht beginnt mit dem Eintritt in ein Lehrverhältnis oder in ein Ausbildungsverhältnis gemäß § 30 des Berufsausbildungsgesetzes und dauert bis zu dessen Ende, längstens aber bis zum erfolgreichen Abschluß der letzten lehrplanmäßig vorgesehenen Schulstufe.

Wie ist das Schulwesen in Wien organisiert?

Volksschulen

Volksschulen werden in Wien nur als vierjährige Volksschulen (erste bis vierte Schulstufe) geführt. Die Volksschule ist die Schule der Sechs- bis Neunjährigen.

Mit 224 öffentlichen Volksschulen im Schuljahr 1997/98 erreicht Wien einen hohen Versorgungsgrad, sodaß jeder Schulpflichtige eine Volksschule bei einem zumutbaren Schulweg erreichen kann. Um die Erlangung der Schulreife zu fördern, werden überdies in 132 Volksschulstandorten 139 Vorschulklassen geführt.

Die Vorschulklassen

Schulpflichtige, aber noch nicht schulreife Kinder, sollen ohne Leistungsdruck auf das Schulleben vorbereitet, der Übergang vom Elternhaus ins Klassenzimmer erleichtert werden. Für sie ist der Besuch der Vorschule verbindlich. Aufgenommen werden nach Möglichkeit, sofern ein Antrag seitens des Erziehungsberechtigten vorliegt, auch jene Mädchen und Buben, die zwischen dem 1. September und 31. Dezember das sechste Lebensjahr vollendet haben (Dispenskinder). Alternativen zu den Vorschulklassen werden in Schulversuchen derzeit erprobt.

Im Vorschul-Lehrplan stehen lediglich „verbindliche Übungen“. Das heißt, die Kinder müssen zwar am Unterricht teilnehmen, erhalten am Ende des Jahres aber kein Zeugnis, sondern eine Besuchsbestätigung. Die Palette der „verbindlichen Übungen“ ist breit gestreut: Religion, Sprache und

Sprechen, mathematische Früherziehung, Sachbegegnung, Verkehrserziehung, Bildnerisches Gestalten, Singen und Musizieren, Rhythmisch-musikalische Erziehung, Spiel, Werkerziehung sowie Leibesübungen.

Schulen der Zehn- bis Vierzehnjährigen und der Zehn- bis Achtzehnjährigen

Nach Abschluß der Volksschule stehen Schülern grundsätzlich (allerdings abhängig von Leistungsstandards) zwei Schultypen zur Verfügung: die Hauptschule und die allgemeinbildende höhere Schule.

Die Hauptschule schließt an die vierte Schulstufe der Volksschule an und vermittelt in einem vierjährigen Bildungsgang Schülern eine über das Lehrziel der Volksschule hinausreichende Allgemeinbildung. Sie befähigt sie für das praktische Leben und für den Eintritt in berufsbildende Schulen und soll überdies geeigneten Schülern den Übertritt in allgemeinbildende höhere Schulen ermöglichen.

Die allgemeinbildenden höheren Schulen schließen an die vierte Schulstufe der Volksschule an und umfassen acht Schulstufen. Sie gliedern sich in eine vierjährige Unterstufe und eine vierjährige Oberstufe.

Hauptschulen

Seit dem Schuljahr 1985/86 werden in Deutsch, Mathematik und Englisch Leistungsgruppen geführt. Das bedeutet in der Praxis, daß die Klassen einer Schulstufe in jedem dieser drei Gegenstände in drei Gruppen aufgeteilt und unterrichtet werden.

In Ansehung der besonderen Schülerstromentwicklungen in Wien und aufgrund neuer Erkenntnisse der Pädagogik zur Heterogenität des Schülerverbandes wurden neue Lern- und Arbeitsformen der Leistungsdifferenzierung (z. B. Teamteaching, d. h. durch das gleichzeitige Unterrichten zweier Lehrer werden ohne Auflösung des Klassenverbandes hinsichtlich der Interessen und Begabungen der Kinder Differenzierungen ermöglicht) erprobt und durch die 14. Schulorganisationsgesetz-Novelle im Rahmen der pädagogischen Autonomie gesetzlich ermöglicht.

Die pädagogische Autonomie ermöglicht Profil- (Erweiterung und Ergänzung von Lehrplaninhalten) bzw. Schwerpunktbildungen (spezielle inhaltliche Ausrichtung einer Klasse oder Schule), z. B. musisch-kreativ, naturkundlich-technisch, interkulturell, ökologisch, fremdsprachlich, . . .

Außerdem werden seit 1985 Musik- und Sporthauptschulen mit einer intensiven Ausbildung in diesen Bereichen angeboten.

Sonderschulen

Aufgrund der Schulorganisationsgesetz-Novellen BGBl. Nr. 512/1993 und BGBl. Nr. 766/1996 können Kinder mit sonderpädagogischem Förderbedarf je nach Schulstufe an Volksschulen, Hauptschulen, an der Unterstufe der allgemeinbildenden höheren Schulen oder an den entsprechenden Sonderschulklassen unterrichtet werden. Das Prinzip Lehrplananpassung anstelle der Schüleranpassung findet dabei eine Verwirklichung.

Sehr zu Unrecht hat die Sonderschule in den Augen der Bevolkerung eine Abwertung erfahren, die sie nicht verdient. Sie ist eine Bildungseinrichtung, die auf die speziellen Bedürfnisse der Schüler in weit größerem Maß Rücksicht nehmen kann, als dies in den allgemeinen Volks- und Hauptschulen möglich ist. Das weit ausgebaute Wiener Sonderschulwesen umfaßt neben der Allgemeinen Sonderschule auch Spezialeinrichtungen, wie die Sonderschulen für schwerstbehinderte Kinder, für körperbehinderte Kinder, für schwerhörige Kinder, für sehbehinderte Kinder und für sprachgestörte Kinder und die Heilstättensonderschule.

Ganztägige Schulformen

Ganztägige Schulformen sind durch Unterricht, Mittagessen, Lernzeit, unverbindliche Übungen/Freigegenstände und sonstige Betreuungsstunden charakterisiert. Die Betreuung kann durch Lehrer oder Erzieher erfolgen und bis längstens 18 Uhr angeboten werden.

Von den Erziehungsberechtigten wird ein Betreuungsbeitrag und ein Essensbeitrag eingehoben. Diese Beträge können einkommensabhängig ermäßigt werden.

Folgende Schulstandorte werden im Schuljahr 1997/98 ganztägig geführt:

Volksschulen:

2, Aspernallee 5
3, Kleistgasse 12
3, Landstraßer Hauptstraße 146
4, Phorusgasse 4
5, Stolberggasse 53
7, Zieglergasse 21
8, Zeltgasse 7
10, Carl-Prohaska-Platz 1
10, Jagdgasse 23
11, Fuchsröhrenstraße 23
11, Svetelskystraße 4–6
12, Am Schöpfwerk 27
12, Rohrwassergasse 2
14, Diesterweggasse 30
14, Hadersdorf, Hauptstraße 70
14, Hochsatzengasse 22-24
14, Märzstraße 180
15, Ortnergasse 4
15, Reichsapfelgasse 30
16, Grundsteingasse 56
18, Köhlergasse 9
20, Robert-Blum-Gasse 2
20, Spielmanngasse 1
21, Christian-Bucher-Gasse 14
21, Dopschstraße 25
21, Hanreitergasse 2
21, Irenäusgasse 2
21, Schumpeterweg 3
21, Zehdengasse 9
22, Aspern, Hammerfestweg 1
22, Eßling, Viktor-Wittner-Gasse 50
22, Hirschstetten, Pastinakweg 10
23, Wohnpark Alt-Erlaa, Anton-Baumgartner-Straße 44/I

Hauptschulen:

2, Max-Winter-Platz 2
2, Wittelsbachstraße 6
3, Kölblgasse 23
7, Neustiftgasse 100
9, Glasergasse 8
10, Absberggasse 50
10, Josef-Enslein-Platz 1–3
11, Enkplatz 4/I
11, Enkplatz 4/II
11, Hasenleitengasse 7
11, Svetelskystraße 4–6
12, Hermann-Broch-Gasse 2
13, Veitingergasse 9
14, Hadersdorf, Hauptstraße 80
14, Kinkplatz 21/I
15, Selzergasse 25
16, Koppstraße 110/I
16, Koppstraße 110/II

16, Roterdstraße 1
19, In der Krim 6
21, Aderklaaer Straße 2
21, Deublergasse 21
21, Hanreitergasse 2
21, Roda-Roda-Gasse 3
22, Aspern, Eibengasse 58
22, Eßling, Simonsgasse 23
22, Kagran, Anton-Sattler-Gasse 93

Sonderschulen:
2, Schwarzingergasse 4
3, Landstraßer Hauptstraße 146
3, Paulusgasse 9–11
14, Kienmayergasse 41
15, Zinckgasse 12–14
17, Hernalser Hauptstraße 220 (ASO)
17, Hernalser Hauptstraße 220 (SO für körperbehinderte Kinder)
18, Währinger Straße 173–181 (VS und HS)
21, Herchenhahngasse 6
22, Aspern, Hammerfestweg 1
22, Stadlau, Steinbrechergasse 6
23, Mauer, Kanitzgasse 8

Polytechnische Schule

Die Polytechnische Schule hat im neunten Schuljahr der allgemeinen Schulpflicht jene Schüler, die weder eine mittlere oder höhere Schule besuchen noch in der Volks-, Haupt- oder Sonderschule verblieben sind, auf das weitere Leben, insbesondere auf das Berufsleben, vorzubereiten. Sie hat die Allgemeinbildung der Schüler in angemessener Weise zu erweitern und zu vertiefen, durch Berufsorientierung auf die Berufsentscheidung vorzubereiten und eine Berufsgrundbildung zu vermitteln. Die Polytechnische Schule umfaßt ein Schuljahr und ist in Wien, abgesehen von einigen an Sonderschulen angeschlossenen Klassen, eine selbständige Schule.

Berufsschulen

Die Berufsschule ist eine berufsbildende Pflichtschule. Sie hat die Aufgabe, in einem berufsbegleitenden, fachlich einschlägigen Unterricht den Lehrlingen die grundlegenden theoretischen Kenntnisse zu vermitteln, ihre betriebliche Ausbildung zu fördern und zu ergänzen sowie ihre Allgemeinbildung zu erweitern. Die Berufsschule umfaßt so viele Schulstufen (Schuljahre), wie es der Dauer des Lehrverhältnisses entspricht (2 bis 4 Jahre).

Der Unterricht an den Wiener Berufsschulen ist unterschiedlich organisiert. Ein Großteil der Lehrberufe wird ganzjährig unterrichtet. Die Lehrlinge besuchen einen oder zwei Tage in der Woche die Berufsschule. Eine Reihe anderer Organisationsformen (z. B. lehrgangsmäßiger Unterricht, Blockunterricht . . .) sind in Wiener Berufsschulen ebenfalls vertreten.

Durch eine umfangreiche Lehrplannovelle im Jahr 1990 wurde für alle Lehrberufe der Pflichtgegenstand „Berufsbezogene Fremdsprache“ eingeführt. Seit dem Schuljahr 1992/93 werden in Wien alle Berufsschüler im Gegenstand „Berufsbezogenes Englisch“ unterrichtet. Dadurch wird ein wesentlicher Beitrag zur Chancengleichheit der Lehrlinge mit anderen gleichaltrigen Schülern geleistet. Im Zuge dieser Lehrplannovelle wurde auch der fachtheoretische Unterricht für viele Lehrberufe ausgeweitet, um der technischen Entwicklung Rechnung zu tragen.

Bauliche Maßnahmen und die laufende Ausstattung der Berufsschulen mit modernen Geräten und Maschinen tragen entscheidend zur Weiterentwicklung der Lehrlingsausbildung bei.

Berufsbildende mittlere und höhere Schulen

Die berufsbildenden mittleren Schulen haben die Aufgabe, den Schülern jenes fachliche grundlegende Wissen und Können zu vermitteln, das unmittelbar zur Ausübung eines Berufes auf gewerblichem, technischem, kunstgewerblichem, kaufmännischem oder hauswirtschaftlichem und sonstigem wirtschaftlichen oder sozialem Gebiet befähigt. Zugleich haben sie die erworbene Allgemeinbildung in einer der künftigen Berufstätigkeit der Schüler angemessenen Weise zu erweitern und zu vertiefen. Die berufsbildenden mittleren Schulen schließen an die achte Schulstufe an und umfassen je nach ihrer Art eine bis vier Schulstufen.

Berufsbildende mittlere Schulen sind:
1. gewerbliche, technische und kunstgewerbliche Fachschulen,
2. Handelsschulen,
3. Fachschulen für wirtschaftliche Berufe,
4. Fachschulen für Sozialarbeit.

Die berufsbildenden höheren Schulen haben die Aufgabe, den Schülern eine höhere allgemeine und fachliche Bildung zu vermitteln, die sie zur Ausübung eines gehobenen Berufes auf technischem, gewerblichem, kunstgewerblichem, kaufmännischem oder hauswirtschaftlichem und sonstigem wirtschaftlichen Gebiet befähigt und sie zugleich zur Hochschulreife zu führen. Die berufsbildenden höheren Schulen schließen an die achte Schulstufe an und umfassen fünf Schulstufen. Die Ausbildung wird durch die Reifeprüfung abgeschlossen.

Berufsbildende höhere Schulen sind:
1. höhere technische und gewerbliche Lehranstalten,
2. Handelsakademien,
3. höhere Lehranstalten für wirtschaftliche Berufe.

Voraussetzung für die Aufnahme in eine berufsbildende höhere Schule ist die erfolgreiche Erfüllung der ersten acht Jahre der allgemeinen Schulpflicht sowie die erfolgreiche Ablegung einer Aufnahmsprüfung, durch welche die Eignung der Schüler für die betreffende Fachrichtung festzustellen ist.

Welche Fachschulen der Stadt Wien gibt es?

Fachschule der Stadt Wien für Mode und Bekleidungstechnik:
15, Siebeneichengasse 17, Tel. 893 69 77

Diese dreijährige Fachschule hat den Ausbildungsschwerpunkt „Modedesign“. Neben der Vermittlung jener Kenntnisse und Fertigkeiten, die unmittelbar zur Ausübung eines Berufes in der Bekleidungswirtschaft notwendig sind, erfolgt auch eine kaufmännische Ausbildung im Bereich der Textverarbeitung, Wirtschaftsinformatik und Betriebswirtschaft.

Durch den Besuch der Schule wird die Schulpflicht im neunten Schuljahr erfüllt.

Fachschulen der Stadt Wien für wirtschaftliche Berufe:
9, Hahngasse 35, Tel. 317 92 96
12, Dörfelstraße 1, Tel. 813 62 52

An diesen Standorten wird jeweils eine dreijährige Fachschule für wirtschaftliche Berufe und eine einjährige Haushaltungsschule geführt.

Die dreijährigen Fachschulen bieten eine grundlegende allgemeinbildende, kaufmännische und gastronomische Ausbildung. Die erste Klasse ersetzt das neunte Schuljahr. Der Abschluß der Fachschule ersetzt einerseits den kaufmännisch-rechtlichen Teil der Unternehmerprüfung für eine Gewerbeberechtigung und andererseits teilweise die jeweils vorgeschriebene Verwendungszeit.

Die einjährigen Haushaltungsschulen ersetzen ebenfalls das neunte Schuljahr und bieten eine allgemeinbildende und praxisbezogene Ausbildung. Aufgrund der breitgefächerten

Unterrichtsgegenstände, wie z. B. Gesundheits- und Erziehungslehre, hauswirtschaftliche Betriebsführung, Textverarbeitung, Werken und Textilverarbeitung, bietet dieser Schultyp eine Entscheidungshilfe für den Einstieg ins Berufsleben.

Alle näheren Auskünfte erteilen die Schuldirektionen.

Welche Aufgabe hat die Uhrmacherlehrwerkstätte der Stadt Wien?

Die Uhrmacherlehrwerkstätte im 1. Zentralberufsschulgebäude, 6, Mollardgasse 87, wurde im Jahr 1903 von der damaligen Uhrmachergenossenschaft (heutige Innung) gegründet und wird seit 1945 von der Stadt Wien geführt.

Die Uhrmacherlehrwerkstätte der Stadt Wien wurde vom Bundesministerium für Handel, Gewerbe und Industrie als besondere selbständige Ausbildungseinrichtung im Sinne des Berufsausbildungsgesetzes BGBl. Nr. 142/1969 in der geltenden Fassung anerkannt.

Ihr Besuch ersetzt die Lehrzeit für das Uhrmachergewerbe. Nach Ablauf der Ausbildungszeit haben die Absolventen das Recht, bei der Wirtschaftskammer Wien die Gesellenprüfung abzulegen. Die Ausbildungszeit dauert dreieinhalb Jahre und ist ebenso lang wie die Lehrzeit im Uhrmachergewerbe. Nach Ablegung der Gesellenprüfung und zweieinhalbjähriger Tätigkeit kann die Meisterprüfung abgelegt und das Uhrmacherhandwerk selbständig ausgeübt werden. Nähere Auskünfte über die Aufnahme in die Uhrmacherlehrwerkstätte werden in der MA 56, 6, Mollardgasse 87, erteilt.

SOFORTMASSNAHMEN

(MDH)

Mobiler Bürgerdienst

Bei besonders schwerwiegenden Mißständen, die einer raschen Behebung bedürfen, besteht auch die Möglichkeit, das Dezernat für Sofortmaßnahmen innerhalb der Magistratsdirektion-Hilfsmaßnahmen einzuschalten. Dieses Dezernat ist unter Tel. 40 00 . . ., 75222 – auch außerhalb der Bürozeiten via Tonbanddienst –, zu erreichen.

Außerdem besteht die Möglichkeit, via Internet Nachrichten an das Dezernat für Sofortmaßnahmen zu übermitteln (Internet-Adresse: so@mdh.magwien.gv.at)!

Umweltpolizei

Unter der Telefonnummer 525 50 kann man während der Dienstzeit direkt das Dezernat für Sofortmaßnahmen, die Umweltschutzabteilung oder die Feuerwehr der Stadt Wien erreichen. Dort können im direkten Kontakt mit dem Anzeiger Sofortmaßnahmen im Sinne des Umweltschutzes im Zusammenwirken mit den zuständigen Fachdienststellen ausgelöst werden.

Außerhalb der Dienstzeit erfolgt über ein Tonband der Hinweis, wie man telefonisch die Umweltpolizei erreichen kann.

SOZIALHILFE FÜR JUGEND, FAMILIE UND ALTER

(MA 11, 12, 15, 47, KAV)

Wo erfolgt die Beratung für Schwangere?

Je früher Schwangere ärztliche Beratung aufsuchen, desto erfolgreicher können Ärzte raten und helfen. Der regelmäßige Besuch der Beratungsstelle oder der Ordination eines Gynäkologen soll spätestens im dritten Schwangerschaftsmonat einsetzen.

Auch in den Schwangerenberatungsstellen der Stadt Wien erfolgt die Untersuchung und Beratung durch Fachärzte. Es ist sehr wichtig, während der Schwangerschaft ständig unter ärztlicher Beratung zu stehen, denn nur dann kann bei dem geringsten Anzeichen einer gesundheitlichen Gefährdung rechtzeitig die entsprechende Behandlung einsetzen. Auch die im Mutter-Kind-Paß vorgesehenen Untersuchungen werden dort vorgenommen.

Die Schwangerenberatungsstellen der Stadt Wien befinden sich in:

10, Kundratstraße 3 (Kaiser-Franz-Josef-Spital)
13, Wolkersbergenstraße 1 (Krankenhaus Lainz)
16, Montleartstraße 37 (Wilhelminenspital)

Auch die Familienhebammen in

11, Lorystraße 40–42, Tel. 749 68 50,
15, Geyschlägergasse 2–12, Tel. 982 25 00,
20, Dresdner Straße 73, Tel. 331 40 . . ., 89699,
22, Stadlau, Langobardenstraße 128/12, Tel. 285 45 37,
23, Inzersdorf, Pfarrgasse 34-44/12, Tel. 615 11 02,

und in den Eltern-Kind-Zentren geben Auskunft über Schwangerschaft.

Wer erteilt Auskünfte für Schwangere?

Auskünfte und Ratschläge werden auch in den Wiener Entbindungsanstalten und in den geburtshilflichen Abteilungen der Krankenhäuser gegeben (telefonische oder persönliche Voranmeldung wegen der Dienststunden und der eventuellen Bedingungen notwendig!):

Universitätsklinik für Gynäkologie und Geburtshilfe des Allgemeinen Krankenhauses, 9, Währinger Gürtel 18–20
Rudolfstiftung, 3, Juchgasse 25
Krankenanstalt Goldenes Kreuz, 9, Lazarettgasse 16
Sanatorium Hera, 9, Löblichgasse 14
Kaiser-Franz-Josef-Spital, 10, Kundratstraße 3
Krankenhaus Lainz, 13, Wolkersbergenstraße 1
St.-Josef-Krankenhaus, 13, Auhofstraße 189
Hanusch-Krankenhaus, 14, Heinrich-Collin-Straße 30
Wilhelminenspital, 16, Montleartstraße 37
Krankenanstalt des Göttlichen Heilandes, 17, Dornbacher Straße 20–28
Ignaz-Semmelweis-Frauenklinik, 18, Bastiengasse 36–38
Rudolfinerhaus, 19, Billrothstraße 78
Sanatorium Döbling, 19, Heiligenstädter Straße 57–63
Geburtshaus Nußdorf, 19, Heiligenstädter Straße 217
SMZ-Ost – Donauspital, 22, Stadlau, Langobardenstraße 122

In welchen Krankenhäusern wird Schwangerenturnen veranstaltet?

Wenn der behandelnde Arzt nicht anders entscheidet, sollen Frauen in der Schwangerschaft ein Schwangerenturnen besuchen.

Schwangerenturnen wird an folgenden Krankenhäusern veranstaltet:

Rudolfstiftung, 3, Juchgasse 25
Universitätsklinik für Gynäkologie und Geburtshilfe des Allgemeinen Krankenhauses, 9, Währinger Gürtel 18–20
Sanatorium Hera, 9, Löblichgasse 14
Kaiser-Franz-Josef-Spital, 10, Kundratstraße 3
Krankenhaus Lainz, 13, Wolkersbergenstraße 1
St.-Josef-Krankenhaus, 13, Auhofstraße 189
Hanusch-Krankenhaus, 14, Heinrich-Collin-Straße 30
Kaiserin-Elisabeth-Spital, 15, Huglgasse 1–3
Wilhelminenspital, 16, Montleartstraße 37
Ignaz-Semmelweis-Frauenklinik, 18, Bastiengasse 36–38
Sanatorium Döbling, 19, Heiligenstädter Straße 57–63
SMZ-Ost – Donauspital, 22, Stadlau, Langobardenstraße 122

Für Frauen, die jenseits der Donau wohnen, hat die MA 15 ein Schwangerenturnen in 21, Freytaggasse 32 (jeden Montag und Donnerstag von 16 bis 18 Uhr), eingerichtet. Anmeldungen sind nicht notwendig. Auskunft Tel. 531 14 . . ., 87643 und 87644.

Geburtsvorbereitungskurse und Paarkurse

Für alle Schwangeren, speziell bei einer „Risikoschwangerschaft", werden Geburtsvorbereitungskurse an den meisten Krankenanstalten überwiegend entgeltlich und bei den Familienhebammen unentgeltlich angeboten. Auch Atem- und Entspannungsübungen können dort erlernt werden.

Wo erhält man Auskünfte über das Amt für Jugend und Familie?

Am MAG ELF-Telefon 40 00 . . ., 8011, kann man mit Fachleuten des Amtes für Jugend und Familie (MAG ELF) sprechen. Die Mitarbeiter haben ein offenes Ohr für Fragen und Sorgen und helfen mit Rat und Information.

Das Servicetelefon informiert über alle Angebote des Amtes für Jugend und Familie und andere Hilfsmöglichkeiten.

Wer kann Elternschulen besuchen?

In den Elternschulen haben Mütter und Väter Gelegenheit, sich über alle mit der Geburt eines Kindes zusammenhängenden Fragen sowie über Säuglingspflege und die Entwicklung des Kindes zu informieren. Sie können auch individuelle Fragen stellen sowie Wickeln und Baden des Säuglings praktisch üben.

Die Kurse dauern vier bis sieben Wochen und sind unentgeltlich. Sie werden von Frauenärzten, Hebammen, Kinderfachärzten, Psychologen, Sozialarbeitern, Referenten der Kammer für Arbeiter und Angestellte, Kinderpflegern und Umweltberatern gestaltet.

Die Elternschulen → Magistrat, MA 11.

Wie erfolgt die Elternberatung?

In den Elternberatungsstellen werden gesunde Säuglinge und Kleinkinder bis zu sechs Jahren betreut. Die Kinder werden dort gewogen, vom Arzt untersucht und geimpft. Die im Mutter-Kind-Paß vorgesehenen Untersuchungen werden durchgeführt. Arzt, Sozialarbeiter und Kinderpfleger beraten Mütter und Väter in Fragen der Pflege, Ernährung und Erziehung des Kindes.

Die Elternberatungsstellen → Magistrat, MA 11.

Entwicklungsdiagnostik:
18, Währinger Gürtel 141, Tel. 369 56 50 . . ., 10, 11, 369 55 50
Spezialambulanzen für Entwicklungsdiagnostik und cerebrale Bewegungsstörungen:
10, Gellertgasse 42–48, Tel. 605 34 . . ., 10860
18, Währinger Gürtel 141, Tel. 369 56 50 . . ., 10, 11, 369 55 50

Wie hilft die Stadt Wien den Müttern?

Jede Frau, die in Wien ihren gewöhnlichen Aufenthalt hat und sich vor der Geburt des Kindes bei dem nach ihrem Aufenthalt zuständigen Amt für Jugend und Familie im Bezirk unter Vorlage des Meldezettels sowie des Mutter-Kind-Passes mit den Ergebnissen der ersten und zweiten Untersuchung anmeldet, erhält nach Entbindung eines lebenden Kindes, nach freier Wahl, eine Säuglingsausstattung oder eine Ausstattung für Kleinkinder unentgeltlich beigestellt. Die Anmeldung kann von Montag bis Freitag in der Zeit von 8 bis 15 Uhr in den Ämtern für Jugend und Familie in den Bezirken durchgeführt werden.

Eine zukünftige Wahlmutter hat mit der Übernahme eines Kindes in unentgeltliche Pflege vor Vollendung des 18. Lebensmonates Anspruch auf Säuglingsausstattung oder Ausstattung für Kleinkinder; mit diesem Zeitpunkt erlischt ein allfälliger Anspruch der leiblichen Mutter.

Die Säuglingsausstattung bzw. die Ausstattung für Kleinkinder besteht aus Windeln, Babykleidung, Informationsangeboten u. ä. Es wird versucht, die Ausstattungen zeitgemäß zusammenzustellen.

Obdachlose Schwangere und Mütter können vor und nach ihrer Entbindung im Charlotte-Bühler-Heim oder im Mutter-und-Kind-Heim, 11, Pleischlgasse 2, für einige Zeit wohnen. In Krisensituationen können Müttern mit Säuglingen auch andere Wohnmöglichkeiten angeboten werden. Die Aufnahme erfolgt über das Amt für Jugend und Familie im Bezirk des letzten Aufenthaltes in Wien.

Wo werden Informationskurse für Wöchnerinnen abgehalten?

An allen Entbindungsabteilungen Wiens werden Wöchnerinnen vom Kinderarzt und der Kinderschwester über die wichtigsten Belange des Säuglings unterrichtet. Eine Sozialarbeiterin des Amtes für Jugend und Familie im Bezirk spricht über mögliche Hilfen. Diese Kurzinformationen ersetzen nicht die so wichtige Elternschule.

Wer hat Anspruch auf den „Wiener Familienzuschuß"?

Einkommensschwache Familien und Alleinerzieher mit Kindern können auf Antrag eine zusätzliche finanzielle Förderung der Stadt Wien erhalten. Voraussetzung ist, daß das Kind bei seinen Eltern lebt und diese zum Zeitpunkt der Geburt des Kindes bereits ein Jahr, bei Personen, die nicht österreichische Staatsbürger sind, drei Jahre, ihren Hauptwohnsitz in Wien haben. Anspruch besteht für Kinder vom vollendeten ersten Lebensjahr bis zur Vollendung des dritten Lebensjahres. Ob und in welcher Höhe Familienzuschuß gewährt wird, hängt von der Höhe des Familieneinkommens ab. Die Höhe des Wiener Familienzuschusses richtet sich nach dem gewichteten Pro-Kopf-Einkommen, wobei die Obergrenze des gewichteten Pro-Kopf-Einkommens 6.500 S beträgt. Der Familienzuschuß wird in der Höhe von 700 bis 2.100 S pro Monat gewährt. Der Familienzuschuß kann mit einem in den Ämtern für Jugend und Familie aufliegenden Antragsformular beantragt werden.

Welche Sozialhilfeleistungen sind für werdende Mütter und Wöchnerinnen vorgesehen?

Werdende Mütter und Wöchnerinnen, denen kein Anspruch auf Zuerkennung der Wochenhilfe durch eine Krankenkasse zusteht, wenden sich wegen sozialhilferechtlicher Wochenhilfe an das Amt für Jugend und Familie ihres Wohnbezirkes. Vorzuweisen sind Personaldokumente, Meldezettel, Einkommensnachweise der Haushaltsangehörigen sowie eine Bestätigung über den voraussichtlichen Tag der Entbindung. Das Amt für Jugend und Familie im Bezirk nimmt das Ansuchen entgegen und leitet den Akt an das zuständige Sozialreferat. Von der Erledigung wird die Gesuchstellerin schriftlich in Kenntnis gesetzt.

Welche Information und Beratung bekommen junge Eltern?

Bei der Anmeldung für die Säuglingsausstattung im Amt für Jugend und Familie im Bezirk erhalten werdende Eltern die Broschüre „Rund ums Baby", in der über Schwangerschaft, Geburt, Pflege, Ernährung, Entwicklung des Kindes und über rechtliche Ansprüche und Amtswege vor und nach der Geburt eines Kindes informiert wird. Nach dem ersten Lebensjahr des Kindes wird den Eltern die Broschüre „Will schon!" – „Kann schon?" mit Informationen und Tips für das nun erreichte Alter des Kindes zugesendet. In den Entbindungsanstalten und Kinderspitälern stehen Sozialarbeiter des Amtes für Jugend und Familie im Bezirk für Auskünfte, Beratung und Hilfestellungen in sozialen und familiären Fragen zur Verfügung. Diese Sozialarbeiter stellen auch die Verbindung zu den Einrichtungen des Amtes für Jugend und Familie im Bezirk und zu anderen sozialen Angeboten her.

Auf Wunsch besuchen Kinderpfleger in Zusammenarbeit mit den Elternberatungsstellen Familien zu Hause, um über Pflege und Ernährung von Säuglingen bzw. Kleinkindern zu beraten und Pflegehandlungen auch praktisch vorzuzeigen. Sozialarbeiter kommen in der Zeit nach der Geburt eines Kindes auf Wunsch in die Wohnung, um Lösungen von sozialen oder familiären Problemen zu besprechen und über Angebote der Stadt Wien für Familien zu informieren. Wer einen Hausbesuch wünscht, wendet sich an das jeweilige Amt für Jugend und Familie im Bezirk.

Was bieten die Eltern-Kind-Zentren an?

In den Eltern-Kind-Zentren stehen Mitarbeiter des Amtes für Jugend und Familie und des Gesundheitsamtes mit ihrem Wissen und fachlichen Können für persönliche Gespräche zur Verfügung. Familienhebammen, Kinderpfleger, Ärzte, Sozialarbeiter, Psychologen sowie Experten anderer Fachrichtungen geben werdenden und jungen Eltern Auskünfte, praktische Tips und Hinweise vor und nach der Geburt eines Kindes. Die Angebotspalette reicht von Geburtsvorbereitungs- und Babypflegekursen über Stillgruppen, Ernährungsberatung, Kochkurse und kreative Vormittage bis hin zu Beratungen, die familiäre, persönliche und rechtliche Probleme betreffen. Umweltberater der Wiener Volkshochschulen informieren darüber, wie Umweltbelastungen im Haushalt reduziert werden können. Darüber hinaus werden Zwillingstreffen (im 10., 16. und 22. Bezirk) sowie „Muttersprachliche Beratungen für türkische und serbokroatische Familien" (im 10. Bezirk) angeboten.

Eltern-Kind-Zentren:
2, Malzgasse 1, Tel. 214 95 39
10, Quellenplatz 4, Tel. 605 34 . . ., 10377
11, Rosa-Jochmann-Ring 5/3, Tel. 740 34 . . ., 11370
12, Längenfeldgasse 28/8, Tel. 815 37 99, 815 37 00
16, Ottakringer Straße 194–196, Tel. 485 79 81
21, Freytaggasse 32, Tel. 277 34 . . ., 21372
21, Ocwirkgasse 3, Tel. 290 60 62
22, Stadlau, Langobardenstraße 128/10, Tel. 211 23 . . ., 22320
23, Inzersdorf, Pfarrgasse 34–44/12, Tel. 615 11 02, 615 28 06, 615 28 82

Für wen sind Kleinkinderkrippen, Kindergärten und Horte vorgesehen?

In Kleinkinderkrippen werden Kinder vom ersten bis zum dritten Lebensjahr, in Kindergärten Kinder ab dem vierten Lebensjahr bis zum Schulalter betreut und ihrer Entwicklung gemäß gefördert.

In den Hortgruppen werden Schulkinder betreut, die unter fachkundiger Anleitung ihre Freizeit sinnvoll gestalten können und ihre Schulaufgaben erledigen.

Die Anmeldung erfolgt bei dem für den Wohnort des Kindes zuständigen Amt für Jugend und Familie. Auskünfte erteilen die Leiterinnen der Kindertagesheime.

Welche Erholungsaufenthalte für Kinder und Familien werden angeboten?

Kinderurlaub

In den Kindererholungsheimen der Stadt Wien werden erholungsbedürftige Kinder im Alter von fünf bis 15 Jahren aufgenommen.

Die Anmeldung der Kinder erfolgt im Amt für Jugend und Familie des Wohnsitzes.

Grundsätzlich wird der volle Ersatz der Pflegegebühren durch Einhebung entsprechender Beiträge der Eltern oder sonstigen Leistungsverpflichteten (Krankenkassen u. a.) angestrebt. Die Ämter für Jugend und Familie in den Bezirken gewähren Ermäßigungen, die bis zu Freiplätzen reichen können.

In den Kindererholungsheimen der Stadt Wien finden im Rahmen der Schullandheimaktion auch ganze Schulklassen Aufnahme. In einer idealen Verbindung von naturnahem Unterricht und Erholung finden Kinder und Lehrkräfte zu einer fruchtbaren Gemeinschaft zusammen. Bei Vorliegen sozialer Bedürftigkeit gewähren die Ämter für Jugend und Familie in den Bezirken den Kindern der Schulklassen Ermäßigungen und in besonderen Fällen auch Freiplätze.

Bei Durchführung von Erholungsaufenthalten mit Tagesheimgruppen gelten die gleichen Bestimmungen.

Familienurlaub

Für bedürftige Familien besteht in den Sommermonaten die Möglichkeit, gemeinsam mit ihren Kindern einen 14tägigen Erholungsaufenthalt in einer Vertragspension zu verbringen. Die Anmeldung erfolgt ebenfalls im zuständigen Amt für Jugend und Familie im Bezirk. Von den Eltern ist ein geringer Kostenbeitrag zu leisten.

Was bietet das Kindertelefon?

Das Kindertelefon – 319 66 66 – steht Kindern, Eltern sowie allen an Kinderproblemen Beteiligten zur Verfügung. Für Anfragen und Aussprachen wird Montag bis Freitag von 8 bis 20 Uhr empfohlen.

Mitarbeiter des Amtes für Jugend und Familie nehmen die Anrufe entgegen, beantworten Fragen und gehen auf Wünsche und Problemstellungen der Kinder ein, allenfalls informieren sie über weiterführende Hilfen oder geeignete Kontaktstellen. Meldungen über Kindesmißhandlungen werden vertraulich und unbürokratisch behandelt.

An wen wendet sich Gruppenarbeit?

Sozialarbeiter bieten an 35 verschiedenen Standorten in

Wien Gruppentreffen „im Grätzl“ an. Erwachsene können im Kreis Gleichbetroffener Fragen und Probleme erörtern und einander kennenlernen. Kindern und Jugendlichen wird die Möglichkeit zum sozialen Lernen in Gruppen gegeben, aber auch verschiedene Freizeitaktivitäten sind möglich.

Auskünfte über die Angebote in den Bezirken erteilt das jeweilige Amt für Jugend und Familie.

Welche Hilfe gibt es bei Besuchsrechtsproblemen?

In sogenannten Besuchscafes wird Hilfe bei der Besuchsanbahnung geboten. Besuchscafes sind neutrale Orte, wo geschiedene, getrennte oder außereheliche Väter mit ihren Kindern „Besuchstagsstunden“ verbringen können. Diese Besuche werden von Sozialarbeitern fachlich begleitet. Die entspannte und geschützte Atmosphäre macht es möglich, Konflikte abzubauen.

Amt für Jugend und Familie 1., 8. und 9. Bezirk,
Tel. 400 34 . . ., 09347

Amt für Jugend und Familie 3. Bezirk,
Tel. 711 34 . . ., 03310

Amt für Jugend und Familie 10. Bezirk,
Tel. 605 34 . . ., 10310

Amt für Jugend und Familie 11. Bezirk,
Tel. 740 34 . . ., 11310

Amt für Jugend und Familie 12. Bezirk,
Tel. 811 34 . . ., 12310

Amt für Jugend und Familie 13. und 14. Bezirk,
Tel. 878 34 . . ., 13310

Amt für Jugend und Familie 22. Bezirk,
Tel. 211 23 . . ., 22310

Amt für Jugend und Familie 23. Bezirk,
Tel. 863 34 . . ., 23319

Welche Hilfen bestehen für erziehungsproblematische und gefährdete Kinder und Jugendliche?

Bei Erziehungsproblemen und in Fragen der Gefährdung von Kindern und Jugendlichen stehen die Ämter für Jugend und Familie in den Bezirken und spezielle Beratungsstellen mit Rat und Hilfe zur Verfügung. In den Ämtern für Jugend und Familie in den Bezirken beraten und betreuen Sozialarbeiter sowie Psychologen Familien mit Kindern, die Fragen oder Probleme haben (Sprechstunden bei Sozialarbeitern Montag, Dienstag, Donnerstag, Freitag von 8 bis 10 Uhr, allgemeine Auskünfte Montag bis Freitag von 8 bis 15 Uhr).

Neben ambulanter Beratung und Hilfestellung können spezielle Einrichtungen empfohlen und für die Unterbringung in geeigneten Therapie- oder Erziehungseinrichtungen gesorgt werden, wenn dies zur Lösung der Probleme erforderlich ist.

Krisenunterbringung von Kindern und Jugendlichen

Neben den Ämtern für Jugend und Familie in den Bezirken stehen im Fall einer akuten Krise in einer Familie, die durch Erziehungsprobleme oder andere Notsituationen entstanden ist, regionale Krisenzentren zur Verfügung. Vorrangigstes Ziel ist dabei die Lösung der Probleme dort, wo sie entstanden sind, in der Familie und ihrem gewohnten Lebensumfeld.

Es bestehen sechs sozialpädagogische Regionen, in denen mit Unterstützung von Sozialarbeitern der Ämter für Jugend und Familie und Sozialpädagogen der Region die Krisen in Familien mit Kindern zwischen zwei und 15 Jahren (Schulmündigkeit) einer Lösung zugeführt werden sollen. Für Jugendliche gibt es zwei überregionale Kriseneinrichtungen.

Regionale Krisenzentren stehen jeweils mit acht Krisenplätzen für einen maximal sechs Wochen dauernden Aufenthalt für Kinder im Alter von zwei bis 15 Jahren zur Verfügung. Kleinkindern unter zwei Jahren kann in Ausnahmesituationen kurzfristig Aufenthalt geboten werden, besonders dann, wenn auch ein älteres Geschwister untergebracht werden muß. Bei Geschwistern wird gemeinsamer Aufenthalt angestrebt. Der Aufenthalt ist bis zu 15 Tagen gratis. Ab dem 15. Tag wird ein Essensbeitrag verrechnet.

Säuglinge 0 bis 2 Jahre:		Zentralkrippenverein, 13, Lainzer Straße 172, Tel. 804 77 27
Kinder 2 bis 15 Jahre: Region I	(1., 4., 5., 6., 7., 8., 9.	Krisenzentrum, 1, Neutorgasse 15, Tel. 533 67 07 (auch Telefax) oder 531 14 . . ., 85058
	20.)	JTH (Julius-Tandler-Heim), 9, Lustkandlgasse 50, Tel. 313 24 . . ., 85639
Region II	(21., 22.)	Krisenzentrum 21, interimsmäßig installiert im Heim Hohe Warte, 19, Hohe Warte 3, Tel. 368 31 80 . . ., 21
		Krisenzentrum 22, interimsmäßig installiert im Heim Hohe Warte, 19, Hohe Warte 3, Tel. 368 31 80 . . ., 25
Region III	(2., 3., 11.)	Krisenzentrum 3, 3, Hagenmüllergasse 22, Tel. 40 00 . . ., 90940, 90941
Region IV	(10., 23.)	10, Columbusgasse 32–34/7/1+2, Tel. 604 37 17 (auch Telefax) oder 605 34 . . ., 10372
Region V	(12., 13., 14.)	Krisenzentrum 12, 12, Am Fuchsenfeld 1–3/13/1, interimsmäßig installiert in der Stadt des Kindes, 14, Mühlbergstraße 7, Tel. 577 23 93
Region VI	(15., 16.)	18, Hockegasse 41, Tel. 476 15 . . ., 261, 255 oder 491 96 . . ., 16372, Telefax 491 96–99–16373
Region VII	(17., 18., 19.)	18, Hockegasse 41, Tel. 476 15 . . ., 273
Jugendliche 15 bis 19 Jahre: Mädchen		Krisenzentrum Nußdorf, 19, Hammerschmidtgasse 22, Tel. 318 57 58, Telefax 318 57 58–40
Burschen		Krisenzentrum Am Augarten, 20, Wasnergasse 33, Tel. 332 43 03 . . ., 10, Telefax 330 33 733

Kinder- und Jugendpsychologische Beratungsstellen

Die Beratungsstellen bieten psychologische Begutachtung, psychologische Beratung, psychologische Behandlung und therapeutische Intervention für Familien mit Kindern und Jugendlichen bei Erziehungsschwierigkeiten, Verhaltensauffälligkeiten, Leistungsproblemen und Entwicklungsstörungen. Die Inanspruchnahme der Beratungsstellen ist vertraulich und unverbindlich.

Der Psychologische Dienst bietet außerdem stationäre Beobachtungsmöglichkeiten an.

Die Anschriften und Beratungszeiten → Magistrat, MA 11

Psychologische Beratungsstellen für Scheidungsfragen

9, Sobieskigasse 31, Tel. 313 24 . . ., 85690, Montag von 17 bis 19 Uhr und Dienstag von 16 bis 19 Uhr

10, Otto-Probst-Platz 2, Stiege 4, Tel. 616 04 40, Mittwoch von 13.30 bis 18 Uhr

Die Stellen bieten in schwierigen Situationen, die sich für Eltern und Kinder durch eine Ehescheidung oder Trennung ergeben, Beratung und psychologische Hilfestellung.

Institute für Erziehungshilfe

5, Margaretengürtel 100–110/6/1, Tel. 544 13 20, 544 27 51

10, Sahulkastraße 5, Stiege 35, Tel. 616 16 74, 616 16 75

14, Mühlbergstraße 7, Tel. 979 15 70, 979 22 34 („Stadt des Kindes“)

19, Heiligenstädter Straße 82/14, Tel. 368 12 35, 368 31 12

21, Patrizigasse 2, Tel. 271 62 55, 271 63 28

Die Institute befassen sich mit der diagnostischen Abklärung von Leistungs- und Verhaltensstörungen bei Kindern bis zu 14 Jahren. Der diagnostische Teil umfaßt Verhaltensbeobachtung, psychologische Testung, Exploration und fakultativ organische Untersuchungen. Die Therapien erfolgen nach tiefenpsychologischen Methoden, wobei auch mit den Eltern Gespräche geführt werden. Bei entsprechenden Störungen sind auch Legasthenikerkurse und Sprachheilbehandlungen möglich.

Sonderpädagogische Ambulanzen für Kleinkinder

3, Hainburger Straße 29/12, Tel. 712 11 90, 712 11 91
9, Sobieskigasse 31, Tel. 313 24 . . ., 85662
10, Lippmanngasse 3, Tel. 688 35 60
10, Waldmüllerpark 1, Tel. 604 33 22
11, Hasenleitengasse 9/I, Tel. 767 51 70
12, Endergasse 1, Tel. 802 38 20
15, Auer-Welsbach-Park, Tel. 894 31 01
16, Rosenackerstraße 5, Tel. 485 98 09
18, Gersthofer Straße 125–129, Tel. 470 64 63 (Psychoanalytisch-pädagogische Beratungsstelle)
20, Kapaunplatz, Tel. 330 77 94
21, Ferdinand-Kaufmann-Platz, Tel. 278 28 05 . . ., 150
22, Kagran, Brioschiweg 4, Tel. 258 24 20
23, Inzersdorf, Pfarrgasse 34–44, Tel. 615 28 06

Wenn Probleme in der Entwicklung und Erziehung ihrer Kinder auftreten, können sich Eltern an die Sonderpädagogischen Ambulanzen wenden, die in Kindertagesheimen der Stadt Wien untergebracht sind; Fachleute gehen dort auf ihre Probleme ein und bieten kostenlos Hilfen an.

Institute für Sozialtherapie

2, Im Werd 19, Tel. 214 56 24
Öffnungszeiten: Montag bis Freitag von 10 bis 19 Uhr

Dieses Institut betreut verhaltensschwierige Kinder und Jugendliche und deren Bezugspersonen.

9, Sobieskigasse 31, Tel. 313 24 . . ., 85681, 85682, 85683
Öffnungszeiten: Montag bis Freitag von 10 bis 19 Uhr

Dieses Institut betreut verhaltensschwierige Kinder und deren Bezugspersonen.

Sozialpädagogische Beratungsstellen

3, Rochusgasse 8, Tel. 713 54 98
6, Damböckgasse 1, Tel. 587 72 21
10, Leebgasse 85a/6/1, Tel. 602 62 02
11, Simmeringer Hauptstraße 34-40/2/2, Tel. 749 33 84
12, Zanaschkagasse 16/60/2, Tel. 667 04 40
14, Linzer Straße 251, Tel. 914 03 86
15, Schweglerstraße 20, Tel. 982 23 39
16, Ottakringer Straße 103/1/1, Tel. 486 89 05
17, Rötzergasse 29, Tel. 486 86 69
19, Hohe Warte 3, Tel. 368 51 81
20, Wasnergasse 33, Tel. 332 25 30
21, Großfeldsiedlung, Walter-Schwarzacher-Gasse 5/68/5, Tel. 259 61 74
22, Hirschstetten, Am Heidjöchl 14/61/3, Tel. 280 64 46
22, Kagran, Rennbahnweg 27/24/1, Tel. 258 15 96
23, Erlaa, Erlaaer Straße 133, Tel. 667 21 61

Kinder, Jugendliche und deren Eltern werden bei Problemen in der Familie, in der Schule oder im sozialen Umfeld ambulant beraten und betreut, um eventuell sonst notwendigen Heimunterbringungen vorzubeugen.

Zuweisungen erfolgen über die Ämter für Jugend und Familie.

Geöffnet Montag bis Freitag von 10 bis 19 Uhr.

Was versteht man unter „Streetwork“?

Sozialarbeiter besuchen regelmäßig Lokale, öffentliche Plätze und andere Treffpunkte, wo sich gefährdete junge Leute aufhalten, und bieten Gespräch und Hilfe an. Die Hilfeleistung besteht in
Information und Beratung
Rechtsauskunft
sozialmedizinischer Beratung (Medizinbus Big Elefant)
Verfahrenshilfe durch einen bereitgestellten Anwalt
Freizeitaktionen und Animation
Anlaufstelle für Jugendliche (Stützpunkte)

Schwerpunkt Drogen:
Verein Wiener Sozialprojekte,
4, Schönbrunner Straße 7, Tel. 586 62 09

Schwerpunkt Mobile Jugendarbeit mit Gruppen:
9, Dreihackengasse 7,
Tel. (auch Telefax) 34 81 28
Montag bis Freitag von 14 bis 18 Uhr

Welche Rechtshilfe wird für Kinder und Jugendliche gewährt?

Die Ämter für Jugend und Familie in den Bezirken geben Auskunft in allen Rechtsfragen, die Kinder und Jugendliche betreffen. Aufgrund schriftlicher Zustimmung der Mutter sorgen sie insbesondere für die Feststellung der Vaterschaft zu unehelich geborenen Kindern und für die Geltendmachung der Unterhaltsansprüche. Weiters bieten sie bei Unterhaltsproblemen ehelicher Kinder auf Wunsch Hilfe durch Übernahme von Sachwalterschaften an. Überdies sind sie kraft Gesetzes besonderer Sachwalter zur Durchsetzung der Unterhaltsansprüche für Kinder, denen durch Gerichtsbeschluß Unterhaltsvorschuß gewährt wird.

Wie kommt man zu einem Adoptivkind?

Die Adoptionsstelle des Amtes für Jugend und Familie der Stadt Wien, 3, Rüdengasse 11, 4. Stock, Tel. 40 00 . . ., 90731, 90732, 90733, 90735, vermittelt Kinder, die zur Adoption freigegeben wurden, an kinderlose Ehepaare und stellt deren Eignung gemeinsam mit den Ämtern für Jugend und Familie der Bezirke fest. Die Adoptionsstelle nimmt Bewerbungen für ein Adoptivkind von Paaren mit Hauptwohnsitz Wien entgegen und erteilt entsprechende Auskünfte.

Eltern, die bereits ein Kind adoptiert haben, können sich beim Auftreten von adoptionsspezifischen Fragen an die Sozialarbeiter der Adoptionsstelle wenden.

Welche Unterstützung bekommen Pflegefamilien?

Wer ein Pflegekind aufnehmen will, muß sich zunächst an das zuständige Amt für Jugend und Familie im Bezirk wenden. Dort erteilen Sozialarbeiter nähere Auskünfte. Die Sozialarbeiter müssen auch überprüfen, ob die im Gesetz vorgesehenen Voraussetzungen zur Übernahme eines Pflegekindes gegeben sind (gute Erziehungsfähigkeiten, Toleranz, Konfliktbearbeitungsfähigkeit und Bereitschaft, mit den leiblichen Angehörigen eines Pflegekindes und den Behörden zu kooperieren, guter Gesundheitszustand, entsprechender Wohnraum, keine bedenklichen Vorstrafen). An drei Wiener Volkshochschulen (Favoriten, Ottakring und Floridsdorf) werden kostenlose zweisemestrige Vorbereitungsprogramme angeboten.

Pflegefamilien erhalten Pflegegeld, durch das die Unterhaltskosten des Kindes gedeckt werden. Dazu dient weiters auch die Familienbeihilfe, auf die in der Regel Anspruch besteht. Pflegeeltern können ihre Pflegekinder bei der eigenen Krankenkasse anmelden und auf diese Weise im Krankheitsfall leicht die Krankenscheine beschaffen. Zum Erfahrungsaustausch und zur Fortbildung dienen „Pflegeeltern-Runden" und Seminare, deren Besuch dringend empfohlen wird. Treten irgendwelche Probleme auf, bieten Sozialarbeiter des Amtes für Jugend und Familie Hilfen an. Pflegeeltern erhalten auch schriftliche Informationen, die „Pflegeeltern-Briefe". Selbstverständlich stehen alle Dienste der Stadt Wien für Familien besonders auch den Pflegefamilien zur Verfügung.

In Wien bestehen auch Pflegefamilien-Vereine. Die Vereine vertreten Pflegeeltern-Interessen, halten Veranstaltungen für Pflegefamilien ab und bieten Beratung an.

Damit spezielle Probleme besser gelöst werden können, hat das Amt für Jugend und Familie eine eigene Beratungsstelle für Pflegefamilien in 9, Lustkandlgasse 50, eingerichtet, in der erfahrene Sozialarbeiter, Psychologen und Psychiater bei Bedarf jeweils Donnerstag von 15.30 bis 18.30 Uhr zur Verfügung stehen, um Rat und Hilfe zu geben. Um telefonische Anmeldung unter Tel. 313 24. . ., 85612, 85616, 85619 oder 85629, wird ersucht.

Wie hilft die Stadt Wien der berufstätigen Jugend?

Das Referat Jugendberufshilfe des Amtes für Jugend und Familie der Stadt Wien, 3, Rüdengasse 11, 4. Stock, Tel. 40 00 . . ., 90741, 90742, 90743, 90744, 90745, berät und betreut berufstätige Jugendliche, wie Lehrlinge oder jugendliche Arbeiter und deren Eltern, bei Schwierigkeiten in der Lehr- bzw. Arbeitsstelle.

Die Jugendlichen können sich auch bei familiären Schwierigkeiten oder bei Partnerproblemen an das Referat und die in den Berufsschulen tätigen Sozialarbeiter wenden.

In Berufsausbildung stehende Jugendliche können bei Bedürftigkeit Lehrlingsbeihilfen erhalten. Die Anmeldung erfolgt in den Ämtern für Jugend und Familie in den Bezirken.

Was wird in der Ehe- und Familienberatung geboten?

In den Ehe- und Familienberatungsstellen der Stadt Wien in 3, Rüdengasse 11, und 12, Schönbrunner Straße 259, 1. Stock, stehen Psychotherapeuten, Juristen, Psychologen, Psychiater und Sozialarbeiter zur Verfügung, um bei Ehe-, Partnerschafts- und Familienangelegenheiten und bei Fragen der Ehescheidung zu beraten. Wer in Ehe-, Partner- oder Familienbeziehungen Verbesserungen der bestehenden Situation wünscht oder Probleme lösen will, kann therapeutische Beratung in Anspruch nehmen, die eventuell auch mehrere Gespräche umfaßt. Vollste Diskretion und Anonymität wird zugesichert. Die Beratungen erfolgen kostenlos und finden in der Beratungsstelle 3, Rüdengasse 11, jeden Montag und Donnerstag, in der Beratungsstelle 12, Schönbrunner Straße 259, jeden Mittwoch von 16 bis 18.30 Uhr statt. Es besteht die Möglichkeit einer telefonischen Voranmeldung unter 40 00 . . ., 8011.

Spezielle Hilfestellungen in Konfliktsituationen, vor allem bei Scheidungs-, Trennungs- und Besuchsrechtsfragen, offeriert die Konfliktberatungsstelle der Stadt Wien, 10, Quellenplatz 4, Donnerstag von 17 bis 20 Uhr, Tel. 605 34 . . ., 10377.

Für Beratung und Hilfe in Angelegenheiten der Familienplanung, wie Geburtenregelung und Schwangerschaftsunterbrechungen, und damit zusammenhängenden Fragen stehen Gynäkologen und Sozialarbeiter in folgender Einrichtung der Stadt Wien zur Verfügung:

19, Heiligenstädter Straße 82–86,
Ecke Felix-Braun-Gasse (Karl-Marx-Hof),
Tel. 369 89 88,
Montag, Mittwoch, Freitag von 8 bis 12 Uhr,
Dienstag von 17.30 bis 19.30 Uhr für Jugendliche

Die Beratungen und Untersuchungen erfolgen völlig kostenlos; es ist kein Krankenschein erforderlich.

Welche Funktion hat das Institut für Ehe- und Familientherapie?

Das Institut für Ehe- und Familientherapie, 2, Praterstraße 40, Tel. 214 74 33, 216 87 05, bietet Hilfe bei Lebens-, Beziehungs- und Erziehungsproblemen an und versucht, wenn dies sinnvoll ist, bei der Lösung der Probleme Partner und Familienangehörige mit einzubeziehen. Um telefonische Anmeldung wird gebeten.

Was tun bei Partner- und Sexualproblemen?

Die Partner-, Familien- und Sexualberatungen, 9, Lustkandlgasse 50, Dienstag und Donnerstag von 16 bis 18 Uhr, Tel. 313 24 . . ., 85670, und 22, Kagran, Donaufelder Straße 185, Montag von 16 bis 20 Uhr, Tel. 211 23 . . ., 22835, sind die ersten Partner- und Familienberatungsstellen Wiens mit dem Schwerpunkt Sexualberatung. Ausgebildete Partner- und Sexualberater bieten kostenlos und vertraulich Information und therapeutische Hilfen vor allem bei Sexualproblemen für Paare, Familien und Einzelne (aller Altersstufen) an. Es wird um telefonische Voranmeldung ersucht. Allgemeine Auskünfte über dieses Beratungsangebot werden unter Tel. 40 00 . . ., 90728, erteilt.

Was bedeutet Familienintensivbetreuung – FIB?

Ein Team von Familienintensivbetreuern (Sozialpädagogen, Sozialarbeiter) steht Familien zur Seite, die durch ein Einzelereignis oder durch eine Vielzahl von Problemen dermaßen überfordert sind, daß sie sich nicht mehr in der Lage fühlen, Ordnung und Struktur in ihr Leben zu bringen und ihre Probleme selbst zu lösen.

Familienintensivbetreuung kann Ziele aus folgenden Bereichen umfassen:

- Beratung und Unterstützung der Eltern im Umgang mit ihren Kindern,
- Hilfestellung bei der Klärung von Beziehungskonflikten,
- lebenspraktische Beratung und Begleitung, z. B. im Umgang mit Behörden, bei finanziellen Schwierigkeiten, bei Schulproblemen, bei der Freizeitgestaltung usw.,
- Hilfe bei der Initiierung und zur Förderung von Außenkontakten.

Ein Familienintensivbetreuer betreut zwei bis fünf Familien kostenlos und unbürokratisch. Die Freiwilligkeit der Familie ist jedoch Voraussetzung.

Familienintensivbetreuung kann über das zuständige Amt für Jugend und Familie im Bezirk ermöglicht werden.

Wie kann bei Überschuldungen geholfen werden?

Die Schuldnerberatung des Amtes für Jugend und Familie und des Sozialamtes der Stadt Wien, 2, Obere Augartenstraße 26–28, steht bei Überschuldungsproblemen von Familien oder Einzelpersonen für Beratungen und Hilfestellungen kostenlos zur Verfügung. Für die Beratungen ist telefonische Voranmeldung erforderlich (Tel. 330 87 35, 330 87 36).

Wie erfolgt Sozialarbeit mit Erwachsenen?

Diplomierte Sozialarbeiter befassen sich in eingehenden Gesprächen mit den Klienten und deren individuellen Problemen und suchen gemeinsam Lösungsmöglichkeiten. Hilfestellung wird mit dem Ziel der Rehabilitation und Resozialisierung angeboten.

Sozialarbeiter können in den Außenstellen der MA 12 erreicht werden:

Außenstelle I: 6, Fillgradergasse 7/5, Tel. 588 21..., 06480, 06482 (Bezirke 1, 2, 6, 7, 8, 9)

Außenstelle II: 12, Reschgasse 12, Tel. 811 34 . . ., 12489, 12490 (Bezirke 12, 13, 23)

Außenstelle III: 15, Camillo-Sitte-Gasse 6–8, 2. Stock, Tür 6, Tel. 985 69 71, 985 69 99 (Bezirke 14, 15, 16, 17, 18, 19)

Außenstelle IV: 21, Holzmeistergasse 14, Tel. 271 15 11 . . ., 27 (Bezirke 20, 21, 22)

Außenstelle V: 10, Gudrunstraße 145–149, Eingang Ecke Columbusgasse, Tel. 605 34 . . . , 10480 (10. Bezirk)

Außenstelle VI: 3, Am Modenapark 1–2, 5. Stock, Tel. 711 16 . . ., 03488, 03489 (Bezirke 3, 4, 5, 11)

Sozialtherapeutisches Wohnheim für Obdachlose:
3, Gänsbachergasse 7, Tel. 798 15 65 . . ., 85410

Schuldnerberatung des Amtes für Jugend und Familie und des Sozialamtes:
2, Obere Augartenstraße 26–28, 1. Stock, Tel. 330 87 35

Kurse für Langzeitarbeitslose:
5, Grüngasse 14, Tel. 587 32 60, 587 32 58

Für Obdachlose steht eine eigene Einrichtung zur Verfügung:

Tageszentren für Obdachlose und Straßensozialarbeit:
2, Pazmanitengasse 7, Tel. 216 95 15
8, U-Bahn-Station Josefstädter Straße, Tel. 405 32 38

Tagsüber Aufenthaltsmöglichkeit, Waschen, Duschen, Wäsche waschen, Essen zubereiten, Getränke, Fernsehen und Aussprachemöglichkeiten mit Sozialarbeitern werden angeboten.

Freizeitklub für behinderte Menschen, Club 21:
14, Linzer Straße 466, Tel. 979 58 44
Montag bis Freitag von 15 bis 19 Uhr

Was wird im Rahmen der Beratung in sozialen Fragen geboten?

Die Beratung in sozialen Fragen steht jedermann kostenlos, streng diskret und unverbindlich offen, der in persönlichen oder familiären Angelegenheiten Auskünfte, Rat oder Hilfe sucht. Die Beratung erfolgt auf Wunsch auch ohne Namensnennung. Keine andere Stelle erfährt, was dem Berater oder Juristen anvertraut wird – ganz egal, was es ist.

Die Beratungsstelle befindet sich in der MA 12, 1, Gonzagagasse 23, 1. Stock, Tür 131, Tel. 531 14 . . ., 85255, und ist am Donnerstag jeweils von 15.30 bis 18 Uhr geöffnet.

Was ist der Zweck des Sozial-Notrufes?

In der MA 47 ist der „Sozial-Notruf" installiert, ein von der Rathausvermittlung unabhängiger Telefonanschluß.

Durch die Wahl der Rufnummer

533 77 77 (Serie)

ist der Hilfesuchende direkt mit dem diensthabenden Diplomsozialarbeiter verbunden.

Diese Einrichtung steht der Wiener Bevölkerung für Information, Beratung und Vermittlung bei Fragen betreffend Betreuung zu Hause, Partnerschaft und Familie, Lebensunterhalt und Wohnen, mit Behinderung leben, pflegen und gepflegt werden, täglich, auch an Samstagen, Sonn- und Feiertagen von 8 bis 20 Uhr zur Verfügung. Während der Nachtstunden werden die Anrufe durch den automatischen Anrufbeantworter aufgezeichnet und am darauffolgenden Tag beantwortet.

Wer hat Anspruch auf Hilfe zur Sicherung des Lebensbedarfes?

Anspruch auf Hilfe zur Sicherung des Lebensbedarfes hat, wer den Lebensbedarf für sich und die mit ihm in Familiengemeinschaft lebenden unterhaltsberechtigten Angehörigen nicht oder nicht ausreichend aus eigenen Kräften und Mitteln beschaffen kann und ihn auch nicht von anderen Personen oder Einrichtungen erhält.

Zum Lebensbedarf gehören: der Lebensunterhalt, insbesondere Unterkunft, Nahrung, Bekleidung; Körperpflege, Hausrat, Beheizung und andere persönliche Bedürfnisse, inklusive der Pflege der Beziehungen zur Umwelt und die Teilnahme am kulturellen Leben in angemessenem Ausmaß; Krankenhilfe; Hilfe für werdende Mütter und Wöchnerinnen; Hilfe zur Erziehung und Erwerbsbefähigung.

Wie erlangt man eine Geldleistung?

Man wendet sich mit allen Personaldokumenten, dem Meldezettel (Meldeabschnitt) und allen Nachweisen, die über Familien-, Wohnungs- und Einkommensverhältnisse Aufschluß geben, an das Sozialreferat des Wohnbezirkes, wo über den Antrag entschieden wird. Kann über einen Antrag nicht sofort entschieden werden (weil Erhebungen notwendig sind), gibt das Sozialreferat in dringenden Fällen eine vorläufige Sofortleistung.

Anträge für Personen mit minderjährigen Kindern sollen beim Amt für Jugend und Familie des Wohnbezirkes gestellt werden.

Wie bekommt man eine Dauerleistung der Sozialhilfe?

Anspruchsberechtigte Personen, die nachweisbar zumindest auf die Dauer von sechs Monaten arbeitsunfähig sind, können sich um eine Dauerleistung bewerben. Der Nachweis der Arbeitsunfähigkeit entfällt bei Frauen, wenn sie das 60., bei Männern, wenn sie das 65. Lebensjahr überschritten haben.

Der Hilfesuchende begibt sich mit allen Personaldokumenten, dem Meldezettel (Meldeabschnitt) und allen Nachweisen, die über Familien-, Wohnungs- und Einkommensverhältnisse Aufschluß geben, in das Sozialreferat seines Wohnbezirkes und bringt dort sein Ansuchen vor. Dieses Amt überprüft die Angaben über die wirtschaftlichen und Familienverhältnisse und trifft seine Entscheidung. Von der Erledigung erhält der Bewerber um eine Dauerleistung einen schriftlichen Bescheid. Ist in der Zwischenzeit bis zur Erledigung Hilfe erforderlich, gibt das Sozialreferat einmalige Aushilfen.

Wie erhält man Hilfe in besonderen Lebenslagen?

Hilfe in besonderen Lebenslagen kann Personen zuerkannt werden, die aufgrund ihrer besonderen persönlichen, familiären oder wirtschaftlichen Verhältnisse oder infolge außergewöhnlicher Ereignisse einer sozialen Gefährdung ausgesetzt sind und der Hilfe der Gemeinschaft bedürfen, um in die Gesellschaft und das Erwerbsleben eingegliedert zu werden. Die Hilfe in besonderen Lebenslagen besteht in Hilfen zum Aufbau und zur Sicherung der wirtschaftlichen Lebensgrundlage und wirtschaftlichen Hilfen zur Überbrückung außergewöhnlicher Notstände und kann unabhängig von einem Anspruch auf Hilfe zur Sicherung des Lebensbedarfes zuerkannt werden. Die Hilfe in besonderen Lebenslagen erbringt der Sozialhilfeträger als Träger von Privatrechten. Auf die Leistungen besteht kein Rechtsanspruch.

Der Hilfesuchende begibt sich mit allen Personaldokumenten, dem Meldezettel (Meldeabschnitt) und allen Nachweisen, die über seine Familien-, Wohnungs- und Einkommensverhältnisse sowie über die außergewöhnlichen Ereignisse, die zur sozialen Gefährdung führen, Aufschluß geben, in das Sozialreferat seines Wohnbezirkes und bringt dort sein Ansuchen vor. Das Amt überprüft die vorgelegten Unterlagen und trifft sodann seine Entscheidung. Von der Erledigung erhält der Hilfesuchende eine schriftliche Mitteilung. Hilfe in besonderen Lebenslagen kann in Form von Geldleistungen, Sachleistungen oder persönlicher Hilfe erbracht werden.

Wer erhält Tuberkulosehilfe?

Bedürftige Personen, die an Tuberkulose erkrankt sind, haben bei aktiver Tuberkulose Anspruch auf Sozialhilfe und – unter gewissen Voraussetzungen sogar über den Stabilisierungszeitpunkt der Erkrankung hinaus – Anspruch auf Übernahme von Behandlungskosten.

Die Antragstellung erfolgt bei den Gesundheitsfürsorgestellen der MA 15; die Entscheidung über den Antrag trifft die MA 12.

Wo sind Kuraufenthalte zu beantragen?

Sozialhilfebeziehern können bei ärztlicher Verordnung und amtsärztlicher Befürwortung Kur- oder Rekonvaleszentenaufenthalte gewährt werden.

Die Antragstellung erfolgt beim zuständigen Sozialreferat, in der Außenstelle des Referates Individualhilfe, bei der behandelnden städtischen Krankenanstalt oder – im Ausnahmefall – auch im Referat Kuraufenthalte der MA 12.

Wer bekommt kostenlos ärztliche Hilfe, Arzneien, Heil- und Hilfsmittel, Heilbäder und Strahlentherapie?

Wer krankenversichert ist, wendet sich an seine Krankenkasse. Nur für jene unbemittelten Personen, die keine Krankenkassenleistungen beanspruchen können, übernimmt die Sozialhilfe die Kosten für ärztliche Behandlung, Arzneien, Heil- und Hilfsmittel.

Wer also kein Krankenkassenmitglied und auch nicht familienversichert ist, wendet sich, wenn er Heilbehandlung benötigt, an das Sozialreferat seines Wohnbezirkes. Hier erhält er einen Krankenschein, der für das laufende Kalendervierteljahr gilt. Mit diesem Schein kann er sich in die unentgeltliche Behandlung eines praktischen Arztes nach freier Wahl begeben, der ihn an einen Facharzt nach freier Wahl oder an ein Ambulatorium überweisen kann.

Werden vom Arzt Medikamente verordnet, können diese aus einer Apotheke nach freier Wahl auf Kosten des Sozialhilfeträgers bezogen werden. Gewisse Spezialitäten bedürfen allerdings vor ihrer Abgabe der Genehmigung durch den Amtsarzt des Bezirksgesundheitsamtes.

Hält der behandelnde Arzt ein Hilfsmittel für notwendig (z. B. Einlagen, orthopädische Schuhe, Prothesen, Stützapparat usw.), fertigt er einen Verordnungsschein für Heil- und Hilfsmittel aus, der – nach Einholung eines Kostenvoranschlages – bei dem nach dem Wohnort des Patienten zuständigen Sozialreferat einzureichen ist. Personen, die Krankenhilfe erhalten, können kleine Heilbehelfe (Brillen, Bandagen) ohne Genehmigung direkt bei Optikern und Bandagisten beziehen. Nach Genehmigung kann der Heilbehelf bei einem der zugelassenen Vertragslieferanten nach freier Wahl auf Rechnung des Sozialhilfeträgers bezogen werden.

Sind zur Durchführung der Heilbehandlung physikalische Leistungen (Höhensonne, Kurzwellen, Bestrahlungen mit Sollux- oder Profunduslampen, Galvanisationen usw.) oder Heilbäder (Schwefelbäder, Moorbäder, Schlammpackungen u. ä.) oder Röntgenleistungen erforderlich, stellt der behandelnde Arzt einen für diese Zwecke vorgesehenen Verordnungsschein aus. Der Genehmigung durch den Amtsarzt des Gesundheitsamtes bedürfen nur die Verordnungen für Mammografie und Tomografie.

Wer bekommt kostenlose Zahnbehandlung?

Wer unbemittelt ist und eine Zahnbehandlung benötigt, ohne Anspruch auf Kassenleistungen zu haben, beantragt beim Sozialreferat seines Wohnbezirkes die Ausstellung eines Zahnbehandlungsscheines. Mit diesem Schein kann er sich in unentgeltliche Behandlung eines Zahnarztes oder Dentisten nach freier Wahl begeben.

Welche Leistungen sind im Rahmen der Behindertenhilfe vorgesehen?

Personen, die infolge eines Leidens oder Gebrechens daran gehindert sind, eine ihren Fähigkeiten entsprechende Schulbildung, Erziehung oder Berufsausbildung zu erlangen oder beizubehalten, können Behindertenhilfe beantragen, sofern sie österreichische Staatsbürger oder durch das Abkommen über den Europäischen Wirtschaftsraum Begünstigte sind, ihren Wohnsitz in Wien und nicht aufgrund anderer Rechtsvorschriften die Möglichkeit haben, eine solche Leistung zu bekommen. Die Leiden bzw. Gebrechen, die zu einer solchen Hilfe führen, können Fehlformen und Funktionsstörungen jeglicher Art sein, auch psychische Erkrankungen und Anfallsleiden zählen dazu.

Als Hilfeleistungen kommen in Betracht:

Eingliederungshilfe, Frühförderung, Hilfe zur Unterbringung, geschützte Arbeit, Beschäftigungstherapie, Übernahme von Fahrt- und Beförderungskosten und persönliche Hilfe.

Anträge sind in der MA 12, Referat Behindertenhilfe, 1, Schottenring 24, 1. Stock, Tür 112 und 113, Tel. 531 14 . . ., 85374, 85353, vom Behinderten selbst oder einem von ihm schriftlich Bevollmächtigten zu stellen.

Außerhalb der Amtsstunden wurde die Beratungsstelle für Behinderte am Montag und Donnerstag jeweils von 15 bis 18.30 Uhr, 1, Schottenring 24, 1. Stock, Tür 114, Tel. 531 14 . . ., 85359, eingerichtet.

Außerdem kümmert sich das Referat Körperbehindertenbetreuung und orthopädische Angelegenheiten in der MA 15, 1, Zelinkagasse 5, Parterre, Tür E 40, Tel. 531 14 . . ., 87699, um alle Körperbehinderten, läßt sie durch ihre Fachärzte untersuchen, ist ihnen bei der Aufnahme in Spitäler und Heilstätten behilflich und unterstützt sie bei der Versorgung mit orthopädischen Heilbehelfen (Prothesen, Stützmiedern, Stützapparaten, orthopädischen Einlagen und orthopädischen Schuhen).

Überdies sorgt die ärztliche Körperbehindertenbetreuung durch ständige fachärztliche Überwachung aller Kinder in den städtischen Schulen vorbeugend gegen jede Gefahr der Entwicklung von Behinderungen, z. B. einer Rückgratverkrümmung durch schlechte Haltung der Kinder (Sonderturnen).

Untersuchungen nur gegen Voranmeldung. Ein Sozialarbeiter steht für ein Gespräch täglich von Montag bis Freitag von 7.30 bis 15.30 Uhr zur Verfügung.

Wo bekommen Behinderte Hilfestellung in Bau- und Wohnfragen?

Hilfestellung in Bau- und Wohnfragen für behinderte Menschen bietet die Beratungsstelle des Wiener Sozialamtes. Behinderte Menschen sind häufig bei der Wahl und Adaptierung einer geeigneten Wohnung mit großen Problemen konfrontiert. Nicht nur Behinderten und deren Angehörigen, sondern auch Architekten und Bauherren wird kostenlose Information über die behindertengerechte Gestaltung baulicher Anlagen geboten.

Die Beratungsstelle in 21, Ocwirkgasse 3/8, ist Montag und Donnerstag von 15 bis 18.30 Uhr geöffnet. Telefonische Voranmeldungen sind unter 294 54 15 möglich.

Für wen werden Berufseingliederungs- und Beschäftigungstherapiekurse geführt?

Für Behinderte aller Altersstufen, insbesondere aber für Jugendliche, werden Berufseingliederungs- und Beschäftigungstherapiekurse geführt (Kurszeit Montag bis Donnerstag von 8 bis 15.30 Uhr, Freitag von 8 bis 15 Uhr).

Die Kursteilnehmer werden je nach der Schwere ihrer Behinderung bzw. nach ihren Fähigkeiten erprobt, trainiert und für verschiedene Arbeiten angelernt. Ziel der Kurse ist es, die Behinderten ganz oder zumindest teilweise ins Erwerbsleben einzugliedern. Kann dieses Ziel nicht erreicht werden, soll die Beschäftigung mit produktiver Arbeit im Rahmen der Kurse den Behinderten einen sinnvollen Lebensinhalt geben.

Die Aufnahme in die Kurse ist vom Ergebnis einer eingehenden allgemein ärztlichen und fachärztlichen Untersuchung abhängig. Aufnahmeansuchen können jederzeit schriftlich an die Behindertenhilfe der Stadt Wien, Berufseingliederungs- und Beschäftigungstherapiekurse, 16, Seeböckgasse 12-14, Tel. 486 52 44 . . . 0, gerichtet werden.

Im Behindertenzentrum ist auch die Begutachtungsstelle des Behindertenreferates untergebracht. Die Begutachtung, ob die beantragte Maßnahme den Bedürfnissen des Behinderten entspricht, wird von einem Psychologen und zwei Sozialarbeitern wahrgenommen. Das Sachverständigenteam ist unter Tel. 486 52 44 . . ., 20, zu erreichen.

Wer kann den Freizeitfahrtendienst für Behinderte in Anspruch nehmen?

Den Fahrtendienst können Rollstuhlfahrer und schwer gehbehinderte Personen, denen die Benützung öffentlicher Verkehrsmittel nicht möglich ist, für individuelle Freizeitfahrten beanspruchen.

Für die Fahrten stehen Spezialfahrzeuge und Pkw von Mietwagenunternehmen zur Verfügung.

Monatlich können bis zu 60 Fahrten konsumiert werden. Vom behinderten Fahrgast ist pro Fahrt ein Selbstbehalt von 20 S zu entrichten. Inhaber eines Sozialpasses A zahlen lediglich 10 S.

Für die Anmeldung zur Inanspruchnahme des Fahrtendienstes ist die MA 12 – Fahrtendienstbüro, in 2, Meiereistraße 7, Tel. 40 00 . . ., 85310, zuständig.

Wie kommt man in ein Pflegeheim?

Voraussetzung für die Aufnahme in ein Pflegeheim ist vor allem ein höherer Grad von Pflegebedürftigkeit.

Der Antrag kann beim Pflegeheimreferat, 1, Schottenring 24/1/187, gestellt werden. Erforderlich sind:

1. Ein ärztlicher Antrag (jeder praktische Arzt hat die erforderlichen Formulare);
2. die Einverständniserklärung des Pflegebedürftigen;
3. Personaldokumente und Meldezettel (Meldeabschnitt);
4. Einkommensnachweise des Pflegebedürftigen bzw. seiner unterhaltspflichtigen Angehörigen;
5. Belege über ein allfälliges Vermögen.

Grundsätzlich wird der zu Pflegende einen Tag vor der Aufnahme verständigt. Die Abholung selbst erfolgt mit dem Sanitätswagen.

Was ist der Sozialpaß?

Jeder Wiener, der soziale Dienste des Sozialamtes in Anspruch nimmt, kann einen Sozialpaß erhalten. Er gilt als Einkommensnachweis bei der Inanspruchnahme sozialer Dienste der MA 12 und gilt darüber hinaus im Bedarfsfall als Besucherkarte für die Pensionistenklubs der Stadt Wien.

Der Inhaber muß sein Einkommen nur anläßlich der Ausstellung des Sozialpasses bzw. bei einer Einkommensänderung, wie z. B. Zuerkennung einer zweiten Pension, nachweisen. Die jährliche Erhöhung der Pensionen und der Dauersozialhilfeleistungen kann dabei außer Betracht bleiben, da die Richtsätze mit dem Valorisierungsfaktor der Sozialversicherung erhöht werden. Bei der Feststellung des Einkommens werden alle Bezüge außer Pflegegeld, Familienbeihilfe und therapeutisches Taschengeld angerechnet, es wird aber die gesamte Miete (Grundzins zuzüglich Betriebskosten, vermindert um eine allfällige Wohn- oder Mietzinsbeihilfe) in Abzug gebracht.

Der Sozialpaß wird im Sozialreferat des Wohnbezirkes (mit Lichtbild, Einkommensnachweis und Bestätigung über die Höhe der Miete sowie einer allfälligen Wohn- oder Mietzinsbeihilfe) ausgestellt. Vorzulegen sind auch der Meldezettel und der Staatsbürgerschaftsnachweis.

Der Sozialpaß ist kostenlos und berechtigt die Bürger der EU, die in Wien ihren ordentlichen Wohnsitz haben, sofern deren Ausweis vom Sozialreferat mit einem „P" gekennzeichnet ist (Stufen A bis B3 der Sozialpaßtabelle), zur verbilligten Benützung der städtischen Verkehrsmittel (Halbpreiskarte und Monatskarte), zum ermäßigten Besuch der städtischen Bäder, des Tiergartens Schönbrunn an allen Werktagen von Montag bis Freitag und zum kostenlosen Besuch des Hauses des Meeres, 6, Esterházypark, an allen Tagen der Woche.

Ein in der Vergangenheit ausgestellter Sozialpaß „P II" bleibt als Sozialpaß „P" weiterhin gültig.

Welche sozialen Dienste gibt es?

Mobiler Hauskrankenpflegefachdienst

Auskunft: Zentrale der Mobilen Krankenpflegepersonen, 1, Neutorgasse 15, Mezzanin, Tel. 531 14 . . ., 8500

Für pflegebedürftige Menschen besteht die Möglichkeit, individuelle Fachpflege in Anspruch zu nehmen.

Die Zielsetzung:

1. Menschen bei Krankheit, Pflegebedürftigkeit, Altersgebrechen in der gewohnten Umgebung zu pflegen und zu betreuen;

2. Krankenhausaufenthalte zu verkürzen, Pflegeheimeinweisungen zu verzögern, unter Umständen sogar zu verhindern;
3. alle am Pflegeprozeß beteiligten Personen anzuleiten, zu begleiten und zu koordinieren.

Die ärztliche Verordnung ist für den Einsatz notwendig und gewährleistet eine qualitativ hochwertige Zusammenarbeit.

Stützpunkte:

1., 7., 8., 9. Bezirk:
1, Neutorgasse 15, Mezzanin,
Tel. 531 14 . . ., 01820, 01821, 01822

2., 20. Bezirk:
2, Obere Augartenstraße 26–28,
Tel. 211 06 . . ., 02820, 02821, 02822

3., 11. Bezirk:
11, Geystraße 18–20, Tel. 740 34 . . ., 11820, 11821, 11822

4., 5., 6. Bezirk:
4, Schönbrunner Straße 7,
Tel. 502 34 . . ., 04820, 04821, 04822
Beratungsstelle für Inkontinenz Tel. 586 39 43

10. Bezirk:
10, Gudrunstraße 145–149,
Tel. 605 34 . . ., 10820, 10821, 10822, 10823
Beratungsstelle für Inkontinenz Tel. 605 34 . . ., 10825

12., 13., 23. Bezirk:
23, Liesing, Breitenfurter Straße 360–366,
Tel. 863 34 . . ., 23820, 23821, 23822

14., 15. Bezirk:
15, Geibelgasse 18–20,
Tel. 891 34 . . ., 15820, 15821, 15822, 15823
Beratungsstelle für Inkontinenz Tel. 891 34 . . ., 15825

16. Bezirk:
16, Roterdstraße 12–14, Tel. 480 35 56

17., 18., 19. Bezirk:
19, Gatterburggasse 14,
Tel. 360 34 . . ., 19820, 19821, 19822

21. Bezirk:
21, Brünner Straße 140/62, Tel. 290 13 24

22. Bezirk:
22, Kagran, Finsterergasse 12,
Tel. 211 23 . . ., 22820, 22821, 22822, 22823
Beratungsstelle für Inkontinenz Tel. 211 23 . . ., 22825

Heimhilfe

Voraussetzung für die Bewilligung einer Heimhilfe ist eine Pflegebedürftigkeit oder eine Behinderung, wodurch die täglichen Verrichtungen nicht mehr selbst durchgeführt werden können, und sich niemand in der Wohnung befindet, der diese Arbeiten übernehmen könnte.

Heimhilfe umfaßt die Körperpflege und Haushaltsführung, und zwar: Einkaufen, Essen wärmen, Bettenmachen und andere häusliche Arbeiten.

Die Beitragsleistung zu den Kosten der Heimhilfe wird nach sozialhilferechtlichen Grundsätzen berechnet. Die Anmeldung erfolgt in den sozialen Stützpunkten.

Soziale Stützpunkte:

1., 7., 8., 9. Bezirk:
1, Schottenring 25/Parterre, Tel. 531 14 . . ., 01800

2., 20. Bezirk:
2, Engerthstraße 150/13/Parterre, Tel. 211 06 . . ., 02800

3., 11. Bezirk:
11, Simmeringer Hauptstraße 34–40/4, Tel. 740 34 . . ., 11800

4., 5., 6. Bezirk:
4, Rainergasse 4–6/Parterre, Tel. 546 34 . . ., 05800

10. Bezirk:
10, Gudrunstraße 145–149, Tel. 605 34 . . ., 10800

12., 13., 23. Bezirk:
12, Am Schöpfwerk 29/6/Parterre, Tel. 667 93 31, 667 93 32

14., 15. Bezirk:
15, Geibelgasse 18–20, Tel. 891 34 . . ., 15800

16. Bezirk:
16, Roterdstraße 12–14/34, Tel. 485 63 65, 485 49 38

17., 18., 19. Bezirk:
18, Schulgasse 19, Tel. 476 34 . . ., 18800

21., 22. Bezirk:
22, Kagran, Finsterergasse 12, Tel. 211 23 . . ., 22800

Familienhilfe

Die Familienhilfe bezweckt die Erhaltung der Familieneinheit, wenn durch den zeitweisen Ausfall der Mutter (Erkrankung, Anstaltsaufenthalt, Entbindung usw.) ansonsten eine Heimunterbringung der Kinder notwendig wäre. Die Dauer der Familienhilfe beträgt längstens sechs Wochen. Die Kostenbeiträge werden nach sozialhilferechtlichen Grundsätzen berechnet. Anmeldungen und Anfragen sind an die MA 47, 1, Schottenring 25, Tel. 531 14 . . ., 85791, zu richten.

Kinderpflege daheim

Dieser Dienst leistet Pflege und Beaufsichtigung erkrankter Kinder, deren Eltern berufstätig sind und den ihnen gesetzlich zustehenden Pflegeurlaub schon in Anspruch genommen haben. Der Kostenbeitrag wird nach sozialhilferechtlichen Grundsätzen berechnet, Anmeldungen und Anfragen sind an Sozial Global, 6, Windmühlgasse 26, Tel. 589 58 . . ., 221, zu richten.

Essenszustelldienst

Anmeldungen zum Essensbezug: soziale Stützpunkte des Wohnbezirks (→ „Heimhilfe“).

Den Essenszustelldienst können behinderte, insbesondere alte und gebrechliche Personen in Anspruch nehmen, die nicht in der Lage sind, eine Mahlzeit selbst zuzubereiten oder die dazu nötigen Einkäufe zu machen, und denen keine Hilfe durch Dritte (Angehörige) zur Verfügung steht. Diesen Personen wird täglich eine fertige Mittagsmahlzeit in die Wohnung zugestellt. Zur Auswahl stehen ein Normalkost-, ein Diabetiker-, ein Schonkostmenü und ein fleischloses Menü (Vitalkost). Eine Ermäßigung des Essenspreises für Mindestrentner ist möglich. Zustellkosten werden nach sozialhilferechtlichen Grundsätzen berechnet.

Wohnungsreinigungsdienst

Personen, die nicht mehr in der Lage sind, selbst oder mit Hilfe von Angehörigen eine gründliche Wohnungsreinigung durchzuführen, steht ein Wohnungsreinigungsdienst zur Verfügung. Die Anmeldung erfolgt in den sozialen Stützpunkten (→ „Heimhilfe“). Für diesen Dienst ist ein Beitrag zu leisten, der nach sozialhilferechtlichen Grundsätzen berechnet wird.

Wäschepflegedienst

Der Wäschepflegedienst umfaßt das Abholen, Reinigen, Zustellen und allfällige Ausbesserungsarbeiten an der Wäsche. Die Benützer haben die Kosten der Wäscherei zu tragen, für die Zustellung und Ausbesserung der Wäsche ist ein Beitrag zu leisten, der nach sozialhilferechtlichen Grundsätzen berechnet wird. Die Anmeldung erfolgt in den sozialen Stützpunkten (→ „Heimhilfe“).

Besuchsdienst

Der Besuchsdienst kann von Personen in Anspruch genommen werden, die aufgrund ihres Alters oder einer Behinderung menschliche Kontakte entbehren müssen. Die Besucher kommen ein- bis dreimal wöchentlich und stehen für Arztbesuche, Behördenwege, sonstige Besuche, Spaziergänge und auch Unterhaltung zur Verfügung. Die Anmeldung erfolgt in den sozialen Stützpunkten (→ „Heimhilfe“). Für diesen Dienst ist ein Kostenbeitrag zu leisten, der nach sozialhilferechtlichen Grundsätzen berechnet wird.

Kontaktbesuchsdienst

Der Kontaktbesuchsdienst wird in allen Bezirken Wiens durchgeführt und hat den Zweck, die Bewohner Wiens, die das 70. Lebensjahr vollendet haben, über die Hilfen, die die Stadt Wien im sozialen Bereich anbietet, zu informieren und Kontaktadressen für Hilfeleistungen im Anlaßfall zu vermitteln.

Reparaturdienst

Notwendige Instandsetzungsarbeiten, deren Ausübung nicht an eine Konzession gebunden ist, werden in der Wohnung durchgeführt. Für diesen Dienst ist ein Beitrag zu leisten, der nach sozialhilferechtlichen Grundsätzen berechnet wird. Die Anmeldung erfolgt in den sozialen Stützpunkten (→ „Heimhilfe“).

Geriatrische Tageszentren

In einem Tageszentrum besteht die Möglichkeit, durch Betreuung, Rehabilitation, Mobilisation, Schaffung einer Tagesstruktur und durch die Förderung sozialer Kontakte einer Pflegeheimaufnahme vorzubeugen. Angeboten werden folgende Betreuungsmaßnahmen: Beschäftigungstherapie, Physikotherapie, Musiktherapie, Werken mit Ton, Gedächtnistraining, Hemiplegikertraining, Gesprächsgruppen, Gesundheitsberatung usw.

Für den Transport in das Tageszentrum und nach Hause sowie für die Verpflegung dreimal täglich wird gesorgt. Der Kostenbeitrag für Transport, Verpflegung und Betreuung wird nach sozialhilferechtlichen Grundsätzen berechnet.

Auskünfte und Anmeldungen

im Tageszentrum Sozialmedizinisches Zentrum – Ost, 22, Stadlau, Langobardenstraße 122, Tel. 288 02 . . ., 6350,

im Tageszentrum Ingrid Leodolter, 7, Apollogasse 19, Tel. 521 03 . . ., 718,

im Tageszentrum „Am Henriettenplatz“, 15, Geibelgasse 18-20, Tel. 891 34 . . ., 15845, und

im Tageszentrum „Donaufeld“, 22, Kragran, Finsterergasse 12, Tel. 211 23 . . ., 22845.

Weihnachtspakete

Sämtliche Dauersozialhilfebezieher erhalten von der Stadt Wien jedes Jahr ein Weihnachtspaket überreicht.

Pensionistenklubs

Die von der Stadt Wien geführten Pensionistenklubs sind während der Wintermonate (Oktober bis April) von Montag bis Freitag von 13 bis 18 Uhr geöffnet. Es stehen den Besuchern Tageszeitungen, Bücher, Zeitschriften, Radioapparate und diverse Spiele zur Verfügung; Lichtbildervorträge, Verkehrserziehungsvorträge, Filmvorführungen und künstlerische Veranstaltungen bringen Abwechslung in die Pensionistenklubs. Außerdem erhalten die Besucher täglich eine Jause und zweimal im Monat ein Mittagessen serviert. Die Jause ist kostenlos, für das Mittagessen ist ein dem Einkommen entsprechender Kostenbeitrag zu leisten. Die Anmeldungen erfolgen im Sozialreferat des Wohnbezirkes oder im Klub selbst. Aufgenommen werden sämtliche Bezieher einer Alterspension bzw. einer Berufsunfähigkeitspension.

Landaufenthaltsaktion

Von der Stadt Wien wird in den Sommermonaten den Dauersozialhilfebeziehern und Besuchern der Pensionistenklubs der Stadt Wien die Möglichkeit geboten, einen 14tägigen Urlaubsaufenthalt zu absolvieren.

Für diesen Urlaubsaufenthalt ist ein dem Einkommen des Teilnehmers entsprechender Kostenbeitrag zu leisten.

Fahrt ins Grüne

Diese Aktion im Rahmen der sozialen Dienste verfolgt den Zweck, älteren Mitbürgern der Bezirke 1, 3, 4, 5, 6, 7, 8 und 9 täglich von Montag bis Freitag im Juli und August jeden Jahres Halbtagsfahrten (13.30 bis 18 Uhr) per Autobus zu am Stadtrand gelegenen Erholungsstätten zu ermöglichen. Die Kosten dieser Aktion trägt die Stadt Wien.

Die Abfahrt der Autobusse erfolgt für den 3., 4., 5., 7. und 9. Bezirk vor den magistratischen Bezirksämtern, für den 6. Bezirk vor dem Amtshaus in der Amerlingstraße, für den 8. Bezirk vor dem Amtshaus am Schlesingerplatz und für den 1. Bezirk Ecke Schwertgasse/Wipplingerstraße.

Ausflugsaktion

In der Zeit von April bis Oktober wird die Ausflugsaktion durchgeführt. Teilnahmeberechtigt sind hier alle Dauersozialhilfeempfänger, Pensionistenklubbesucher und – im eingeschränkten Ausmaß – auch Pfleglinge der Wiener Pflegeheime. Die Aktion umfaßt vier kleine bzw. zwei größere Ausflugsfahrten. Geboten wird ein komplettes Mittagessen und eine Jause. Die Fahrten werden mit Autobussen durchgeführt.

Der Kostenbeitrag richtet sich nach der Höhe des Einkommens.

Wer erhält Pflegegeld?

Anspruch auf eine Leistung nach dem Wiener Pflegegeldgesetz haben Personen, die

- eine Behinderung haben, die Pflege für mindestens sechs Monate erfordert,
- das dritte Lebensjahr vollendet haben (unter bestimmten Voraussetzungen kann auch vor Vollendung des dritten Lebensjahres Pflegegeld gewährt werden),
- die österreichische Staatsbürgerschaft besitzen oder gleichgestellt sind,
- ihren Hauptwohnsitz in Wien haben,
- keinen Anspruch auf Pflegegeld nach dem Bundespflegegeldgesetz haben (also keine Leistungen nach bundesgesetzlichen Vorschriften beziehen, wie z. B. eine Pension).

Das Pflegegeld wird monatlich ausgezahlt (zwölfmal im Jahr). Je nach Pflegebedarf ist das Pflegegeld in sieben Stufen vorgesehen:

Stufe 1: 2.000 S → Pflegebedarf von mehr als 50 Stunden monatlich

Stufe 2: 3.688 S → Pflegebedarf von mehr als 75 Stunden monatlich

Stufe 3: 5.690 S → Pflegebedarf von mehr als 120 Stunden monatlich

Stufe 4: 8.535 S → Pflegebedarf von mehr als 180 Stunden monatlich

Stufe 5: 11.591 S → Pflegebedarf von mehr als 180 Stunden monatlich und zusätzlich außergewöhnlicher Pflegeaufwand

Stufe 6: 15.806 S → Pflegebedarf von mehr als 180 Stunden monatlich und zusätzlich Notwendigkeit dauernder Beaufsichtigung oder vergleichbarer Pflegeaufwand

Stufe 7: 21.074 S → Pflegebedarf von mehr als 180 Stunden monatlich und zusätzlich praktische Bewegungsunfähigkeit oder vergleichbarer Zustand

Über die Einstufung wird aufgrund eines ärztlichen Sachverständigengutachtens entschieden.

Anträge sind bei folgenden Stellen einzubringen:

Pflegegeld für Bezieher einer Pension des Landes Wien:
Magistrat der Stadt Wien, MA 3, 1, Rathaus, Tel. 40 00 . . ., 83401 oder 83402

Pflegegeld für Bezieher einer Pension der Wiener Stadtwerke:
Generaldirektion der Wiener Stadtwerke, Zentralverwaltung – Pensionsabteilung, 3, Erdbergstraße 202, Tel. 79 09 . . . 0

Pflegegeld für sonstige Antragsteller:
Amt der Wiener Landesregierung, MA 12, 1, Schottenring 24, Referat Pflegevorsorge, Tel. 531 14 . . ., 85271

Wie erhält man einen Nachweis über die Familien- und Einkommensverhältnisse zur Erlangung von Begünstigungen (früher Mittellosigkeitszeugnis)?

Der Bewerber behebt im Sozialreferat seines Wohnbezirkes den entsprechenden Vordruck und füllt ihn wahrheitsgetreu mit deutlicher Schrift aus. Unter Vorlage von Personaldokumenten, Einkommensnachweisen sowie einer Bestätigung über die Höhe des Mietzinses wird die Richtigkeit der Angaben durch das Amt geprüft und das Zeugnis bzw. die Bestätigung, wenn die Voraussetzungen erfüllt sind, an den Bewerber ausgehändigt.

Armenrechtszeugnisse werden nicht mehr ausgegeben. Wer kein entsprechendes Einkommen bezieht, kann bei Gericht einen Antrag auf Verfahrenshilfe stellen.

Eine Stempelgebühr ist für die Ausfertigung solcher Zeugnisse nicht zu entrichten.

Welche Aufgaben haben die Wiener Pensionistenwohnhäuser?

Zentrale des Fonds „Kuratorium Wiener Pensionistenwohnhäuser“: 9, Seegasse 9, Tel. 313 99 . . . 0

Der Fonds „Kuratorium Wiener Pensionistenwohnhäuser“ hat sich die Aufgabe gestellt, Pensionistenwohnhäuser zu errichten und zu führen. Voraussetzungen für die Aufnahme in ein Wiener Pensionistenwohnhaus sind:

1. österreichische Staatsbürgerschaft;
2. vollendetes 60. Lebensjahr;
3. vollendetes 60. Lebensjahr eines Ehepartners oder Lebensgefährten bzw. eines Geschwisterteiles. Personen, die aufgrund eines Bescheides des Sozialversicherungsträgers berufsunfähig sind, können auch vor dem vollendeten 60. Lebensjahr aufgenommen werden; Voraussetzung ist eine Bescheinigung des ärztlichen Dienstes des Kuratoriums Wiener Pensionistenwohnhäuser betreffend Appartementfähigkeit;
4. ordentlicher Wohnsitz in Wien seit mindestens zwei Jahren oder während eines zusammenhängenden Zeitraumes von 40 Jahren.

Da die Pensionistenwohnhäuser als Wohnhäuser geführt werden und nicht als Pflegeheime oder Altersspitäler, können pflegebedürftige Personen nicht aufgenommen werden.

Der Fonds hat derzeit 30 Pensionistenwohnhäuser mit zwei Depandancen (Wieden II und Liebhartstal II) mit 8.089 Wohnhausplätzen sowie 1.592 Plätze mit besonderer Betreuung in Betrieb, und zwar:

Haus „Prater“, 2, Engerthstraße 255, Tel. 729 41 50

Haus „Augarten“, 2, Rauscherstraße 16, Tel. 332 36 82

Haus „Maria Jacobi“, 3, Würtzlerstraße 25, Tel. 798 82 44

Haus „Wieden“, 4, Ziegelofengasse 6 A, Tel. 586 86 71

Haus „Wieden II“, 4, Graf-Starhemberg-Gasse 28, Tel. 505 49 68

Haus „Margareten“, 5, Arbeitergasse 45, Tel. 545 42 11

Haus „Mariahilf“, 6, Loquaiplatz 5, Tel. 597 85 70

Haus „Neubau“, 7, Schottenfeldgasse 25–27, Tel. 523 37 40

Haus „Roßau“, 9, Seegasse 11, Tel. 319 63 41

Haus „Laaer Berg“, 10, Ada-Christen-Gasse 3, Tel. 68 13 14

Haus „Wienerberg“, 10, Neilreichgasse 120, Tel. 616 54 14

Haus „Haidehof“, 11, Rzehakgasse 4, Tel. 76 31 03

Haus „Hetzendorf“, 12, Hermann-Broch-Gasse 3, Tel. 804 93 85

Haus „Föhrenhof“, 13, Dr.-Schober-Straße 3, Tel. 804 23 38

Haus „Rosenberg“, 13, Rosenhügelstraße 192, Tel. 888 63 81

Haus „Trazerberg“, 13, Schrutkagasse 63, Tel. 877 86 26

Haus „Penzing“, 14, Dreyhausenstraße 29, Tel. 914 51 16

Haus „Gustav Klimt“, 14, Felbigergasse 81, Tel. 914 90 84

Haus „Schmelz“, 15, Ibsenstraße 1, Tel. 982 12 66

Haus „Rudolfsheim“, 15, Oelweingasse 9, Tel. 812 07 70

Haus „Liebhartstal I“, 16, Thaliastraße 157, Tel. 493 17 79

Haus „Liebhartstal II“, 16, Ottakringer Straße 264, Tel. 493 17 79

Haus „Alszeile“, 17, Alszeile 73, Tel. 485 46 11

Haus „An der Türkenschanze“, 18, Türkenschanzplatz 2, Tel. 479 15 26

Haus „Hohe Warte“, 19, Hohe Warte 8, Tel. 368 47 72

Haus „Döbling“, 19, Pfarrwiesengasse 23, Tel. 32 42 11

Haus „Brigittenau“, 20, Brigittaplatz 19, Tel. 330 79 92

Haus „Leopoldau“, 21, Kürschnergasse 10, Tel. 259 84 40

Haus „Jedlersdorf“, 21, Jedlersdorfer Straße 98, Tel. 292 61 63

Haus „Tamariske-Sonnenhof“, 22, Aspern, Zschokkegasse 89, Tel. 280 94 54

Haus „Am Mühlengrund“, 23, Atzgersdorf, Breitenfurter Straße 269–279, Tel. 865 18 53

Haus „Atzgersdorf“, 23, Atzgersdorf, Gatterederstraße 12, Tel. 888 25 20

Um den Hausbetrieb kennenzulernen, können Pensionisten nach Voranmeldung einen Monat in einem Pensionistenwohnhaus probewohnen.

Urlaub im Pensionistenwohnhaus ist in solchen Fällen möglich, in denen Angehörige einen Pensionisten in der Zeit, in der sie selber Urlaub machen, im Pensionistenwohnhaus versorgt wissen wollen.

Um z. B. alleinstehenden Personen nach einem Krankenhausaufenthalt eine entsprechende Betreuung zu bieten oder um den Angehörigen von Pflegebedürftigen einen Urlaub zu ermöglichen, ist eine vorübergehende Aufnahme in eine Abteilung für besondere Betreuung eines Pensionistenwohnhauses möglich.

Vormerkungen bzw. Anmeldungen für ein Wiener Pensionistenwohnhaus können in der Zentrale sowie in allen Pensionistenwohnhäusern des Fonds in der Zeit von Montag bis Freitag zwischen 8 und 11 Uhr erfolgen. Folgende Unterlagen sind erforderlich: Staatsbürgerschaftsnachweis, Meldezettel, letzter Pensionsabschnitt (ohne Sonderzahlung).

Wer kann eine Mietzinsbeihilfe erhalten?

Referat Mietzinsbeihilfe des Sozialamtes (MA 12): 1, Schottenring 24, 1. Stock, Tür 148, 150, 160, 173, Tel. 531 14 . . ., 85342, 85343, 85344, 85345, 85346, 85347, Parteienverkehr: Montag bis Freitag von 8 bis 12 Uhr

Mietzinsbeihilfen werden unter gewissen Voraussetzungen an Pensionsbezieher ausbezahlt, wenn durch die Höhe des Mietzinses (inklusive Betriebskosten) ein bestimmtes Mindesteinkommen unterschritten wird.

Vor der Gewährung einer Mietzinsbeihilfe muß ein allfälliger Anspruch auf eine Mietzinsbeihilfe des Bundes oder auf eine Wohnbeihilfe der MA 50 geprüft und ein diesbezüglicher Bescheid abgewartet werden (→ „Wohnungswesen – Wohnbeihilfe").

Die Mietzinsbeihilfe kann unter Umständen sodann auch zusätzlich zu einer gewährten Mietzinsbeihilfe des Bundes oder einer Wohnbeihilfe bezogen werden.

Welche Aufgaben hat das Kuratorium für Psychosoziale Dienste in Wien?

Zentrale Auskunftsstelle der Psychosozialen Dienste: 9, Fuchsthallergasses 18, Tel. 310 25 73

Diesem Kuratorium wurde die Beratung und Betreuung psychisch kranker und behinderter Menschen entsprechend den im Zielplan „Psychiatrische und psychosoziale Versorgung in Wien" enthaltenen Grundsätzen übertragen. In dem Bestreben, möglichst viele Menschen mit seelischen Problemen bzw. seelischen Erkrankungen außerhalb psychiatrischer Krankenanstalten zu behandeln, wurden von diesem Kuratorium entsprechende beratende und helfende Einrichtungen geschaffen. In jeder jeweils mehrere Bezirke umfassenden Versorgungsregion stehen ein Sozialpsychiatrisches Ambulatorium sowie Übergangs- und Wohnheime zur Verfügung. Derzeit werden betrieben:

2, Kleine Sperlgasse 2b, Tel. 214 75 81

3, Hainburger Straße 68–70, Tel. 715 61 15

8, Wickenburggasse 15, Tel. 406 16 32

10, Sahulkastraße 3/9, Tel. 616 15 47

12, Aichholzgasse 33, Tel. 812 24 47

16, Hasnerstraße 27, Tel. 495 23 89

17, Hernalser Hauptstraße 17, Tel. 408 25 84

21, Schöpfleuthnergasse 20, Tel. 270 16 25

In einem Sozialpsychiatrischen Ambulatorium werden folgende Beratungs- und Betreuungsmöglichkeiten angeboten: Psychiatrische Ambulanz, Tagesklinik (Tagesspital), Sozialberatung und Beratung bei seelischen Krisensituationen, Beschäftigungs- und Bewegungstherapie, Familienberatung, Beratung bei Alkoholproblemen bzw. Alkoholkrankheit, Angehörigenberatung, Selbsthilfe in Gruppen, Patienten-Club usw. Die Sozialpsychiatrischen Ambulatorien stehen den Bewohnern der jeweils zugehörigen Bezirke für eine Betreuung sowohl vor einem Krankenhausaufenthalt als auch nach einem Krankenhausaufenthalt und auch unabhängig von einem solchen offen. Für die Behandlung und Beratung, die völlig freiwillig ist und auf Wunsch auch unter Wahrung der Anonymität erfolgt, stehen Ärzte, Psychologen, diplomierte Sozialarbeiter und andere Fachkräfte zur Verfügung.

Um dem eingangs geschilderten Personenkreis auch während der Nachtstunden bzw. an Wochenenden und Feiertagen die Möglichkeit zu geben, die ambulanten Einrichtungen dieses Kuratoriums in Anspruch nehmen zu können, wurde ein Sozialpsychiatrischer Notdienst geschaffen. Dieser Notdienst wird von einem Team, das aus mindestens einem Psychiater sowie Therapeuten und Sozialarbeitern besteht, geleistet und erlaubt eine fachlich kompetente psychiatrische bzw. psychosoziale Sofortintervention. Dieser Sozialpsychiatrische Notdienst ist unter Tel. 310 87 79, 310 87 80 (9, Fuchsthallergasse 18), täglich von 20 bis 8 Uhr, Samstag, Sonn- und Feiertag rund um die Uhr erreichbar.

SOZIALVERSICHERUNG

(MA 15)

Es gehört zu den wesentlichen Aufgaben einer modernen Gesellschaft, für bestimmte typische Risikofälle des Lebens, welche für den einzelnen Menschen existenzbedrohend sein können, im Rahmen der Erfüllung staatlicher Aufgaben vorzusorgen. Solche typischen Risikofälle sind beispielsweise Krankheit, Arbeitsunfähigkeit, Alter oder Tod des Familienerhalters.

Diese Risikofälle werden für einen Großteil der Bevölkerung in Österreich durch die Sozialversicherung abgedeckt. Die österreichische Sozialversicherung umfaßt die Kranken-, Unfall- und Pensionsversicherung. Die Durchführung der Sozialversicherung ist eigenen Körperschaften übertragen, die Sozialversicherungsträger genannt werden.

Die Mittel der Sozialversicherung werden in erster Linie durch Beiträge der Versicherten und deren Dienstgeber aufgebracht. Zu den Pensionen zahlt der Staat allerdings erhebliche Beträge aus allgemeinen Steuermitteln dazu.

Das Recht der Sozialversicherung ist in verschiedenen Gesetzen geregelt, deren wichtigste Bestimmungen im folgenden kurz erörtert werden sollen.

Allgemeines Sozialversicherungsgesetz (ASVG)

Dieses Gesetz regelt im wesentlichen die Kranken-, Unfall- und Pensionsversicherung der in Österreich beschäftigten Personen. Es sind dies in erster Linie alle Dienstnehmer (einschließlich Lehrlinge).

Darüber hinaus sind auch Personen versichert, die im Rahmen eines freien Dienstvertrages beschäftigt sind, wenn das monatliche Einkommen aus einem oder mehreren Beschäftigungsverhältnissen die Geringfügigkeitsgrenze übersteigt.

Ein freier Dienstvertrag liegt vor, wenn Dienstleistungen gegen Entgelt geschuldet werden, ohne daß ein echter Dienstvertrag vorliegt. Es bestehen beispielsweise keine Anwesenheitspflichten im Betrieb, keine Weisungen und keine Arbeitskontrollen, wie dies in der Regel beim echten Dienstnehmer der Fall ist.

Die Pflichtversicherung beginnt grundsätzlich mit der Aufnahme der Tätigkeit, unabhängig von der vorgesehenen Anmeldung beim Sozialversicherungsträger. Auch bei ungültigem Arbeitsvertrag oder unerlaubter Beschäftigung von Ausländern liegt Pflichtversicherung vor.

Die Sozialversicherung ist eine Pflichtversicherung, die grundsätzlich im Zusammenhang mit einem Beschäftigungsverhältnis steht. Der Versicherte kann allerdings in eingeschränktem Maß, bei Vorliegen entsprechender gesetzlicher Voraussetzungen, ein Versicherungsverhältnis selbst begründen (Selbstversicherung), fortsetzen (Weiterversicherung) oder sich durch höhere Beiträge bessere Leistungen sichern (Höherversicherung).

Die Zuständigkeit des Versicherungsträgers ist sehr unterschiedlich geregelt, weshalb sich kaum eine übersichtliche Darstellung geben läßt. Aus der historischen Entwicklung, in der teilweise berufsständische, teilweise territoriale Gesichtspunkte maßgebend waren, gibt es unterschiedlichste Zuständigkeiten. Manche Versicherungsträger sind für alle drei Versicherungszweige (Kranken-, Unfall- und Pensionsversicherung), andere nur für einen oder zwei Versicherungszweige zuständig.

Wie bereits erwähnt, treten die Rechtswirkungen der Sozialversicherung mit Aufnahme der Tätigkeit ein. Der Versicherungsträger muß aber möglichst rasch wissen, wer in seinen Schutzbereich fällt. Um dies zu gewährleisten, ist ein gut funktionierendes Meldewesen mit genau geregelten Meldepflichten erforderlich. Die raschen Meldungen haben aber auch große Bedeutung für die Einbringung der Beiträge zur Finanzierung der entsprechenden Leistungen. Aus Kostengründen sind die Krankenversicherungsträger Melde- und Inkassostellen für alle anderen Versicherungsträger.

Die Meldepflicht hat grundsätzlich der Dienstgeber. Meldestelle ist der zuständige Träger der Krankenversicherung. In Wien ist dies in der Regel die Wiener Gebietskrankenkasse. Diese Meldung gilt dann auch für alle anderen Versicherungszweige.

Grundlage für die Bemessung der allgemeinen Beiträge für Pflichtversicherte ist der im Beitragszeitraum gebührende Arbeitsverdienst (allgemeine Beitragsgrundlage). Das beitragspflichtige Entgelt unterliegt nur bis zu einer bestimmten Höchstgrenze der Beitragspflicht. Diese Höchstbeitragsgrundlage beträgt 1998 42.000 S monatlich.

Der Beitrag wird in einem Prozentsatz (Beitragssatz) der allgemeinen Beitragsgrundlage festgesetzt. Die Beiträge sind grundsätzlich zu gleichen Teilen vom Dienstgeber und Dienstnehmer zu leisten. Den Beitrag zur Unfallversicherung trägt aber nur der Dienstgeber.

Schuldner der Beiträge für pflichtversicherte Dienstnehmer ist in der Regel der Dienstgeber. Die Dienstnehmeranteile hat er vom laufenden Entgelt abzuziehen.

Leistungen der Krankenversicherung

Anspruch auf Sachleistungen der Krankenversicherung haben Versicherte und Familienangehörige, die keinen eigenen gesetzlichen Krankenversicherungsschutz haben (Kinder in der Regel bis Vollendung des 18. Lebensjahres).

Als Sachleistungen kommen vor allem in Frage:
- Gesundheitsförderung (Vorsorgeuntersuchungen)
- Krankenbehandlung (ärztliche Hilfe, Zahnbehandlung, Arzneimittel, medizinische Hauskrankenpflege, Spitalspflege, medizinische Rehabilitation)
- Leistungen im Fall der Mutterschaft (Spitalspflege)

Geldleistungen stehen nur Versicherten zu:
- Krankengeld bei Krankheit
- Wochengeld im Fall der Mutterschaft

Leistungen der Unfallversicherung

Bei Arbeitsunfällen (einschließlich Wegunfällen) oder Berufskrankheiten werden folgende Leistungen erbracht:
- Maßnahmen zur Verhütung von Arbeitsunfällen und Berufskrankheiten
- Arbeitsmedizinische Betreuung
- Erste-Hilfe-Leistung bei Arbeitsunfällen
- Unfallheilbehandlung
- Rehabilitation
- Finanzielle Entschädigungen (z. B. Versehrtenrenten, Hinterbliebenenrenten)

Leistungen der Pensionsversicherung

Ausmaß der Pensionsleistungen

Die Höhe einer Pension hängt einerseits von der Höhe des Versicherteneinkommens ab, das zur Bildung der Bemessungsgrundlage herangezogen wird. Andererseits ist die Pensionshöhe auch von der Versicherungsdauer abhängig. Die Zahl der erworbenen Versicherungsmonate ist dafür maßgeblich, welcher Prozentanteil der Bemessungsgrundlage (Steigerungsbetrag) als Pension zusteht.

Bemessungsgrundlage

Für die Leistungen aus der Pensionsversicherung werden die Beitragsgrundlagen der besten 15 Beitragsjahre zur Berechnung der Bemessungsgrundlage herangezogen, wenn das Regelpensionsalter erreicht ist (Männer 65 Jahre, Frauen 60 Jahre). Für Zeiten der Kindererziehung ist zur Pensionsberechnung eine besondere Bemessungsgrundlage festgesetzt.

Steigerungsbetrag

Der Steigerungsbetrag errechnet sich als Prozentsatz der Bemessungsgrundlage. Derzeit beträgt er pro zwölf Monate 2 %, bei einem Rest von weniger als zwölf Monaten für jeden Restmonat 1/12 von 2 %. Der Steigerungsbetrag darf höchstens 80 % der Bemessungsgrundlage betragen.

Versicherungsfall des Alters

1. Alterspension

Anspruch auf Alterspension haben Männer mit 65 und Frauen mit 60, wenn die Wartezeit erfüllt ist. Unter Wartezeit versteht man die Zeit der Zugehörigkeit zu einer Versicherung. In der Regel sollen 180 Versicherungsmonate vorliegen.

2. Vorzeitige Alterspension bei Arbeitslosigkeit

Ältere Versicherte (Männer mit 60, Frauen mit 55) können bei längerer Arbeitslosigkeit (52 Wochen) und bei Vorliegen der entsprechenden Wartezeiten für die weitere Dauer der Arbeitslosigkeit diese Pension beziehen. Bei Aufnahme einer Erwerbstätigkeit fällt diese Pension wieder weg.

3. Vorzeitige Alterspension bei langer Versicherungsdauer

Männer mit 60 und Frauen mit 55 können diese Pension in Anspruch nehmen, wenn die Wartezeit erfüllt ist und insgesamt 450 Versicherungsmonate vorliegen.

4. Gleitpension

Für Männer mit 60 und Frauen mit 55, bei denen die Voraussetzungen für eine vorzeitige Alterspension bei langer Versicherungsdauer (vgl. Punkt 3) vorliegen oder bei denen die Wartezeit erfüllt ist, besteht die Möglichkeit, schrittweise in Pension zu gehen. Hiebei gebühren je nach Höhe des Gesamteinkommens zwischen 40 und 80 % der Pension.

Versicherungsfall der geminderten Arbeitsfähigkeit

1. Invaliditätspension

Anspruch auf Invaliditätspension besteht für **Arbeiter**, wenn die Invalidität voraussichtlich sechs Monate dauert und die (in der Regel kürzere) Wartezeit erfüllt ist. Sie wird zunächst jeweils befristet bis zu 24 Monaten zugesprochen, bei dauernder Invalidität dann unbefristet. Invalidität liegt vor, wenn die Arbeitsfähigkeit auf weniger als die Hälfte herabgesunken ist.

2. Berufsunfähigkeitspension

Anspruch auf diese Pension haben **Angestellte**; es müssen im wesentlichen die unter 1. angeführten Voraussetzungen für Arbeiter vorliegen.

3. Vorzeitige Alterspension wegen geminderter Arbeitsfähigkeit

Für ältere Arbeitnehmer (Männer mit 57, Frauen mit 55), deren Arbeitsfähigkeit gemindert ist, besteht hier nach Erfüllung der Wartezeit eine besondere Möglichkeit für eine vorzeitige Alterspension.

Versicherungsfall des Todes

1. Witwen-(Witwer-)Pension

Die Höhe dieser Pension wird seit 1. Jänner 1995 unter Zugrundelegung des Gesamteinkommens der Ehegatten vor dem Tod eines Ehegatten berechnet. Diese Pension beträgt dann für den überlebenden Ehegatten zwischen 40 % und 60 % der Pension des verstorbenen Ehegatten.

2. Waisenpension

Die Waisenpension beträgt 40 %, bei Verlust beider Eltern 60 % der Witwenpension. Für die Berechnung der Waisenpension muß jedenfalls von einer Witwen-(Witwer-)Pension von 60 % der Pension des verstorbenen Ehegatten ausgegangen werden.

Sonderversicherungen

Das Allgemeine Sozialversicherungsgesetz (ASVG) regelt die allgemeine Sozialversicherung im Inland beschäftigter Personen und die Krankenversicherung der Pensionisten. Die bisherige Darstellung hatte die Regelung des ASVG zum Gegenstand.

Im folgenden soll ein kurzer Überblick über die Sonderversicherungen und die dort versicherten Personengruppen gegeben werden. Auf die Beitrags- und Leistungssysteme wird nicht näher eingegangen.

1. Gewerbliches Sozialversicherungsgesetz (GSVG)

Dieses Gesetz regelt

a) die Kranken- und die Pensionsversicherung der im Inland in der gewerblichen Wirtschaft selbständig Erwerbstätigen,

b) die Kranken- und Pensionsversicherung der sonstigen im Inland freiberuflich selbständigen Erwerbstätigen (z. B. Wirtschaftstreuhänder, Mitglieder der österreichischen Dentistenkammer, freiberufliche Journalisten und bildende Künstler, freiberufliche Tierärzte), soweit sie nicht aufgrund dieser Erwerbstätigkeit nach einem anderen Bundesgesetz pflichtversichert sind, und

c) die Krankenversicherung der Pensionisten nach dem GSVG.

Die Durchführung der Versicherung nach dem GSVG (Kranken- und Pensionsversicherung) obliegt der Sozialversicherungsanstalt der gewerblichen Wirtschaft.

Die in der gewerblichen Wirtschaft selbständig Erwerbstätigen sind nach dem ASVG in der Unfallversicherung (teil)versichert. Diese Unfallversicherung wird von der Allgemeinen Unfallversicherungsanstalt durchgeführt. Für die Ermittlung der Beitragsgrundlage sind die Einkünfte aus der die Versicherungspflicht begründenden Erwerbstätigkeit maßgebend.

2. Bauern-Sozialversicherungsgesetz (BSVG)

Dieses Gesetz regelt

a) Kranken-, Unfall- und Pensionsversicherung der im Inland in der Land- und Forstwirtschaft selbständig Erwerbstätigen und ihrer (hauptberuflich) mittätigen Angehörigen und

b) die Krankenversicherung der Pensionisten nach dem BSVG.

Die Durchführung der Versicherungen nach dem BSVG erfolgt durch die Sozialversicherungsanstalt der Bauern.

Grundlage für die Bemessung der Beiträge ist der Versicherungswert (Hundertsatz des Einheitswertes) des land-(forst-)wirtschaftlichen Betriebes.

3. Beamten- Kranken- und Unfallversicherungsgesetz (B-KUVG)

Das ASVG nimmt öffentlich-rechtliche Dienstnehmer (Beamte) grundsätzlich von der Vollversicherung (Kranken-, Unfall- und Pensionsversicherung) aus. Vertragsbedienstete sind nach dem ASVG vollversichert. Das Beamten- Kranken- und Unfallversicherungsgesetz (B-KUVG) sieht eine Kranken- und Unfallversicherung für öffentlich-rechtliche Dienstnehmer (aber auch für ähnliche Dienstverhältnisse und Politiker) vor.

Beamte, denen im Krankheitsfall ein Anspruch auf Leistungen zusteht, die den Leistungen der Krankenversicherung nach dem B-KUVG mindestens gleichwertig sind, sind von dieser Krankenversicherung ausgenommen. Gleichwertigkeit besteht jedenfalls bei den im Gesetz namentlich angeführten Krankenfürsorgeeinrichtungen, unter denen auch die Krankenfürsorgeanstalt der Bediensteten der Stadt Wien genannt ist. Somit sind die Beamten der Stadt Wien von der Krankenversicherung nach dem B-KUVG ausgenommen.

Beamte, denen bei einem Dienstunfall oder einer Berufskrankheit Leistungen zustehen, die der Unfallversicherung nach dem B-KUVG zumindest gleichwertig sind, sind von der Unfallversicherung ausgenommen. Gleichwertigkeit ist bei einer landesgesetzlichen Regelung über Unfallfürsorge gegeben. Für Beamte der Stadt Wien sieht das Unfallfürsorgegesetz 1967 zumindest gleichwertige Leistungen vor, womit sie auch für diesen Bereich vom B-KUVG ausgenommen sind.

4. Freiberuflich Selbständigen-Sozialversicherungsgesetz (FSVG)

Dieses Gesetz regelt die Kranken-, Unfall- und Pensionsversicherung einiger Gruppen im Inland freiberuflich selbständig Erwerbstätiger.

In die gesetzliche Sozialversicherung (Pflichtversicherung) sind einbezogen:

a) Freiberufliche Ärzte (Unfall- und Pensionsversicherung),

b) selbständige Apotheker (Pensionsversicherung),

c) Mitglieder der österreichischen Patentanwaltskammer (Pensionsversicherung).

Auf die Kranken- und Pensionsversicherung dieser Personen ist das GSVG, auf die Unfallversicherung ist das ASVG anzuwenden.

Sozialversicherungsträger

Im folgenden werden die wichtigsten Sozialversicherungsträger angeführt, bei denen entsprechende Informationsdienste bestehen:

Wiener Gebietskrankenkasse,
10, Wienerbergstraße 15–19, Tel. 601 22 . . .0

Pensionsversicherungsanstalt der Arbeiter,
9, Roßauer Lände 3, Tel. 313 20 . . .0

Pensionsversicherungsanstalt der Angestellten,
2, Friedrich-Hillegeist-Straße 1, Tel. 211 35 . . .0

Allgemeine Unfallversicherungsanstalt,
20, Adalbert-Stifter-Straße 65–67, Tel. 331 11 . . .0

Versicherungsanstalt öffentlich Bediensteter,
8, Josefstädter Straße 80, Tel. 404 05 . . .0

Sozialversicherungsanstalt der gewerblichen Wirtschaft,
5, Wiedner Hauptstraße 84–86, Tel. 546 54 . . .0

Sozialversicherungsanstalt der Bauern,
3, Ghegastraße 1, Tel. 797 06 . . .0

Arbeitslosenversicherung

Die Arbeitslosenversicherung ist im Arbeitslosenversicherungsgesetz (AlVG) geregelt. Ihre Hauptaufgabe ist die finanzielle Absicherung arbeitsloser Versicherter. Darüber hinaus erbringt sie aber auch Leistungen mit eher familienpolitischen Zielsetzungen (z. B. Karenzgeld). Die Arbeitslosenversicherung umfaßt alle (echten) Dienstnehmer nach dem ASVG. Nicht arbeitslosenversichert sind allerdings die seit 1. Juli 1996 nach dem ASVG pflichtversicherten freien Dienstnehmer.

Die Vollziehung der Arbeitslosenversicherung erfolgt durch das Arbeitsmarktservice. Für Wien ist das Arbeitsmarktservice Wien zuständig. Leistungsangelegenheiten sind Aufgabe der Landesgeschäftsstelle Wien in 1, Hegelgasse 4, Tel. 515 25 . . .0.

Von der Arbeitslosenversicherung werden folgende Leistungen erbracht:

- Arbeitslosengeld
- Notstandshilfe
- Bevorschussung von Leistungen aus der Pensionsversicherung
- Sondernotstandshilfe

Alle Bezieher von Leistungen aus der Arbeitslosenversicherung sind auch krankenversichert.

SPORTAKTIONEN DER STADT WIEN

(MA 51)

Warum Jugendsportaktionen?

Durch diese außerschulischen Sportangebote wird der direkte Kontakt zur Wiener Jugend gesucht. Die Aktionen sind als Anreiz zu mehr sportlicher Betätigung konzipiert und sollen eine Einführung in verschiedene Sportarten bilden. Sie werden von der MA 51 in Zusammenarbeit mit dem Wiener Jugendkreis und verschiedenen Fachverbänden durchgeführt.

Welche Ziele werden angestrebt?

In erster Linie wird mit den Aktionen der Versuch unternommen, den Teilnehmern Grundkenntnisse über die einzelnen Sparten zu vermitteln. In zweiter Linie wird durch die Durchführung von körperlichen Übungen in einer größeren Gemeinschaft das Interesse am leistungsbezogenen Sport bzw. am Wettkampf (Leistungsvergleich mit anderen) gefördert. Die Bemühungen der MA 51 sollen ein Bindeglied zwischen dem Gelegenheitssportler und dem Bewegungsenthusiasten, der sich regelmäßig sportlichen Belastungen unterzieht, schaffen.

Wie erfolgte die Auswahl der Sportsparten?

Ausgangspunkt für die getroffene Auswahl war die Überlegung, einen Überblick über die Grundformen der menschlichen Bewegung zu liefern. So wurde zuerst an die Bewegungsformen Lauf, Sprung und Wurf gedacht. Diese Pfeiler der sportlichen Betätigung wurden in weiterer Folge durch die Einbeziehung der Ballsportarten ergänzt. Es ergab sich die Notwendigkeit, auch den Wintersport in das Betreuungsprogramm einzubeziehen. Schließlich wurde das Programm durch den Wassersport vervollständigt.

Warum wird in erster Linie Sport für Kinder und Jugendliche angeboten?

Die Erfahrung zeigte, daß viele Erwachsene schwer zu eigener sportlicher Betätigung zu motivieren sind. Man muß daher in erster Linie die Kinder und Jugendlichen anregen, um diesem Trend entgegenzuwirken. In zweiter Linie lassen sich durch begeisterte Kinder dann wieder die Eltern zum Mitmachen anregen.

(→ Übersicht der Sportaktionen)

Übersicht der Sportaktionen

Sportaktion	Zeitraum	Anzahl der Anlagen	Altersgruppen	Anmeldung	Kosten	Sportarten	Trainer beigestellt	Zeit	Auskunft 40 00 …
Sportplatz der offenen Tür	Juli–August	10–12	6–15 J.	ohne	kostenlos	LA, Fußball, Ballspiele	ja	Montag bis Freitag verschiedene Zeiten	Kl. 84133
Fahrt zum Schnee	Jänner–März	Schigebiete in NÖ	4–16 J.	mit	130 S pro Sonntag	Alpiner Schilauf	ja	Sonntag von 7 bis 18 Uhr	Kl. 84131
Jugendeislaufen	November–März	2	4–15 J.	mit	300 S für gesamten Kurs	Eislauf-Grundkurs, Familieneislaufen	ja	1X pro Woche 80 Minuten	Kl. 84133
Talent–Leistungsschwimmen	November–April	3	7–12 J. nur für Schwimmer	mit	300 S für gesamten Kurs	Schwimmen	ja	Montag von 14 bis 15.30 Uhr oder von 15.30 bis 17 Uhr	Kl. 84134
Spielschwimmen	November–April	2	4–7 J. für Nichtschwimmer	mit	300 S für gesamten Kurs	Schwimmen	ja	Montag von 14 bis 15.30 Uhr oder von 15.30 bis 17 Uhr	Kl. 84134
Tischtennis	Juli–August	4 2	6–15 J.	ohne	kostenlos	Tischtennis	ja	Montag bis Freitag von 14 bis 17 Uhr Montag bis Freitag von 9 bis 12 Uhr	Kl. 84133
Tennis	Juli–August	7	8–15 J.	mit	kostenlos	Tennis–Grundkurs	ja	unterschiedliche Übungszeiten	Kl. 84133
Frau und Sport	ganzjährig	variabel	Frauen jeden Alters	mit	telefonische Anfrage	Eislaufen, Gymnastik, Schwimmen, Selbstverteidigung, Ballspiele, Geräteturnen, Tennis, Figur–Styling	ja	verschiedene Kurszeiten	Kl. 84135
Judoring	Schuljahr	14	ab 8 J.	mit	telefonische Anfrage	Judo	ja	verschiedene Kurszeiten	Kl. 84112
Semesterferien Sporthallen	Semesterferien	5	6–15 J.	ohne	kostenlos	Ballspiele, Turnen	ja	Montag bis Freitag von 9 bis 12 Uhr	Kl. 84133
Semesterferien Eislaufen	Semesterferien	1 2	6–15 J. Beitrag 10 S	ohne	kostenlos	Eislaufen	nein	unterschiedliche Übungszeiten	Kl. 84133
Semesterferien Fahrt zum Schnee	Semesterferien	Schigebiete in NÖ	6–16 J.	mit	130 S pro Tag	Alpiner Schilauf	ja	Montag bis Freitag von 7.30 bis 18 Uhr	Kl. 84131
Schilanglauf	nach Schneelage	7	jedermann	ohne	Geräteverleihkosten, sonst kostenlos	Schiwandern	nein	nach Schneelage	Kl. 84134
Vom Hallenspaß ins kühle Naß	ganzjährig	1	ab 18 J.	mit	telefonische Anfrage	Gymnastik, Schwimmen, Sauna	ja	verschiedene Kurszeiten	Kl. 84121
SPORT+FUN Messe-Halle 32 und Eisring Süd	ganzjährig	1	jedermann.	mit	telefonische Anfrage	Fußball, Badminton, Volleyball u. v. m..	nein	telefonische Anfrage	726 56 50 641 43 07

STAATSBÜRGERSCHAFTS- UND PERSONENSTANDS-ANGELEGENHEITEN

(MA 61)

Wie bekommt man einen Staatsbürgerschaftsnachweis?

Zur Ausstellung des Staatsbürgerschaftsnachweises ist jene Gemeinde bzw. jener Gemeindeverband (Staatsbürgerschaftsverband) zuständig, in deren Bereich die Person, auf die sich der Staatsbürgerschaftsnachweis bezieht, ihren Hauptwohnsitz hat. Für in Wien wohnhafte Personen und für verstorbene Personen, die im Zeitpunkt ihres Todes den Hauptwohnsitz in Wien hatten, wird der Staatsbürgerschaftsnachweis (bzw. die Staatsbürgerschaftsbestätigung) von der MA 61, 1, Rathaus, Stiege 8, Parterre (Parteienverkehr Montag bis Freitag von 8 bis 12 Uhr, an Donnerstagen überdies auch von 15.30 bis 17.30 Uhr), ausgestellt. Personen, die sich im 22. Bezirk aufhalten, können sich wegen der Ausstellung eines Staatsbürgerschaftsnachweises auch an das Bürger-Service-Zentrum in 22, Kagran, Schrödingerplatz 1, wenden. Am Tag einer Eheschließung sowie am Tag der Anmeldung der Geburt eines Kindes können unter bestimmten Voraussetzungen Staatsbürgerschaftsnachweise auch auf den betreffenden Standesämtern ausgestellt werden. Für im Ausland lebende Personen wird der Staatsbürgerschaftsnachweis von jenem österreichischen Berufskonsulat, wo jedoch ein solches nicht besteht, von jener österreichischen diplomatischen Vertretungsbehörde ausgestellt, in deren Bereich diese Person ihren Hauptwohnsitz hat. Die vor dem Inkrafttreten des Staatsbürgerschaftsgesetzes 1965, demnach vor dem 1. Juli 1966, ausgestellten Staatsbürgerschaftsnachweise sind weiterhin gültig.

Zur Ausstellung des Staatsbürgerschaftsnachweises sind folgende Dokumente vorzulegen:

Geburtsurkunde, Heiratsurkunde (auch von eventuellen Vorehen), Meldenachweis, gegebenenfalls Nachweis über den Erwerb akademischer Grade und bei Beantragung und Behebung durch eine Mittelsperson eine Vollmacht; weiters wären womöglich alte Staatsbürgerschaftsnachweise, Auszüge aus der Heimatrolle, Heimatscheine, Einbürgerungsurkunden und -bescheide sowie Bescheinigungen und Bescheide über den Erwerb der Staatsbürgerschaft durch Erklärung, und zwar sowohl eigene wie auch solche des Ehemannes, des ehelichen Vaters oder der unehelichen Mutter, mitzubringen.

Nähere Auskünfte erteilt die MA 61.

Wie bekommt man als Ausländer die österreichische Staatsbürgerschaft?

Das Gesuch um die Verleihung der österreichischen Staatsbürgerschaft ist schriftlich abzufassen und vom eigenberechtigten Bewerber persönlich zu unterfertigen. Ist der Bewerber nicht eigenberechtigt, ist das Ansuchen für ihn entweder von seinem gesetzlichen Vertreter persönlich oder mit dessen schriftlicher Zustimmung von ihm selbst oder einer dritten Person zu unterfertigen. Der vom gesetzlichen Vertreter oder einer dritten Person gestellte Antrag bedarf der schriftlichen Zustimmung des Minderjährigen, sofern dieser das 14. Lebensjahr vollendet hat. In bestimmten Fällen kann die fehlende Zustimmung des gesetzlichen Vertreters bzw. des über 14 Jahre alten Minderjährigen durch das Gericht ersetzt werden. Soll sich die Einbürgerung auf Rechtsnachfolger (Gattin, Kinder, Wahlkinder, allenfalls auch Enkel) erstrecken, dann ist das nur möglich, wenn die Erstreckung von diesen Personen schriftlich beantragt wird. Für die Unterfertigung der Erstreckungsanträge gilt das gleiche, was zuvor über die Unterfertigung des Einbürgerungsansuchens ausgeführt worden ist. Anträge auf Erstreckung der Einbürgerung sind dem Einbürgerungsansuchen anzuschließen und mit diesem zugleich einzureichen; sie können aber auch nachgereicht werden, solange das Einbürgerungsverfahren noch nicht abgeschlossen ist.

Zunächst ist die Verleihung der Staatsbürgerschaft von einer Anzahl allgemeiner Voraussetzungen abhängig, wie z. B. einer bejahenden Einstellung zur Republik Österreich, der Unbescholtenheit, dem Nichtbestehen von Aufenthaltsverboten, der Sicherung des Lebensunterhaltes u. a. Weiters ist die Dauer des der Einbürgerung unmittelbar vorangehenden, ununterbrochenen Hauptwohnsitzes in Österreich von großer Bedeutung. Im allgemeinen wird die Einbürgerung erst möglich sein, wenn der Bewerber einen mindestens zehnjährigen Hauptwohnsitz in Österreich aufweist. Hat ein Fremder zwar noch nicht seit zehn, aber mindestens seit vier Jahren seinen Hauptwohnsitz in Österreich, kann ihm die Staatsbürgerschaft nur verliehen werden, wenn hiefür ein besonders berücksichtigungswürdiger Grund vorliegt, wie z. B. die völlige Integration in die hiesigen Lebens- und Erwerbsverhältnisse, Ausübung eines Mangelberufes, Studienabschluß in einer wirtschaftlich benötigten Fachrichtung, Geburt in Österreich. Dabei ist in jedem Fall die Integration des Bewerbers von Bedeutung, die im Regelfall erst nach einem mindestens sechsjährigen Wohnsitz im österreichischen Gastland gegeben sein wird. An Personen, die noch keinen vierjährigen Hauptwohnsitz in Österreich aufweisen, kann die österreichische Staatsbürgerschaft nur dann verliehen werden, wenn die Bundesregierung bestätigt, daß die Verleihung wegen der von diesen Personen bereits erbrachten oder von ihnen noch zu erwartenden außerordentlichen Leistungen im Interesse der Republik Österreich liegt oder wenn es sich um einen Minderjährigen handelt und ein besonders berücksichtigungswürdiger Grund für die Verleihung vorliegt. In allen bisher angeführten Einbürgerungsfällen haben die Bewerber keinen Anspruch auf die Verleihung der Staatsbürgerschaft. Diese Einbürgerungen liegen vielmehr im freien Ermessen der Behörde, wobei sich diese von Rücksichten auf das allgemeine Wohl, die öffentlichen Interessen und das Gesamtverhalten der Bewerber leiten zu lassen hat.

Ein Anspruch auf die Verleihung der österreichischen Staatsbürgerschaft ist jedoch bei Erfüllung der allgemeinen und überdies auch noch bestimmter zusätzlicher spezieller Einbürgerungsvoraussetzungen in folgenden Fällen gegeben:

1. wenn der Bewerber einen der Verleihung der Staatsbürgerschaft unmittelbar vorangehenden ununterbrochenen 30jährigen Hauptwohnsitz in Österreich aufweist;
2. wenn die Bewerberin vor dem 1. September 1983 die österreichische Staatsbürgerschaft durch einen der folgenden Umstände verloren hat und binnen zwei Jahren nach Auflösung des Ehebandes um die Wiedererlangung der österreichischen Staatsbürgerschaft ansucht:
   a) Verehelichung mit einem Ausländer,
   b) Erwerb derselben fremden Staatsangehörigkeit gleichzeitig mit dem Ehegatten oder
   c) Erwerb der fremden Staatsangehörigkeit des Ehemannes während der Ehe;
3. wenn der Bewerber die österreichische Staatsbürgerschaft durch Erwerb einer fremden Staatsangehörigkeit während der Zeit, in der er noch nicht eigenberechtigt war, verloren hat, sofern er binnen zwei Jahren nach Erlangung der Eigenberechtigung um die Wiedererlangung der österreichischen Staatsbürgerschaft ansucht;
4. wenn der Bewerber minderjährig und ledig ist, ein Elternteil (oder Wahlelternteil) die österreichische Staatsbürger-

schaft bereits besitzt und er diesem Elternteil – wäre dieser Ausländer – im Falle der Verleihung der Staatsbürgerschaft folgen könnte;

5. wenn der Bewerber schon früher einmal durch mindestens zehn Jahre ununterbrochen die österreichische Staatsbürgerschaft besessen hat, sofern er einen mindestens einjährigen ununterbrochenen, der Einbürgerung unmittelbar vorangehenden Hauptwohnsitz in Österreich aufweist;
6. wenn der Bewerber in Österreich geboren, seit Geburt staatenlos ist und einen Hauptwohnsitz von mindestens zehn Jahren in Österreich aufweist, wobei ununterbrochen mindestens fünf Jahre unmittelbar vor der Verleihung der Staatsbürgerschaft liegen müssen. In diesem Fall kann die Verleihung innerhalb einer Frist beantragt werden, die mit der Vollendung des 18. Lebensjahres beginnt und spätestens zwei Jahre nach dem Eintritt der Volljährigkeit endet;
7. schließlich haben unter gewissen Voraussetzungen Ehegatten österreichischer Staatsbürger Anspruch auf die Verleihung der Staatsbürgerschaft (→ „Welchen Einfluß hat die Eheschließung auf die österreichische Staatsbürgerschaft?").

Wer als österreichischer Staatsbürger vor dem 9. Mai 1945 Österreich aus rassischen oder politischen Gründen verlassen mußte und in der Folge die österreichische Staatsbürgerschaft durch Erwerb einer fremden Staatsangehörigkeit verloren hat, kann – wenn er die allgemeinen Einbürgerungsvoraussetzungen erfüllt (wobei allerdings weder ein Wohnsitz in Österreich noch das Ausscheiden aus dem bisherigen Staatsverband erforderlich ist) – die österreichische Staatsbürgerschaft durch Anzeige wieder erwerben. Diese Anzeige ist im Falle eines Wohnsitzes in Österreich beim jeweiligen Amt der Landesregierung des Wohnbundeslandes (in Wien bei der MA 61), im Falle eines Wohnsitzes im Ausland entweder unmittelbar beim jeweiligen Amt der Landesregierung des Geburtsbundeslandes (bei Geburt im Ausland bei der MA 61) oder über die nach dem Wohnsitz zuständigen österreichischen Vertretungsbehörden (Berufskonsulat bzw. diplomatische Vertretungsbehörde) abzugeben. Es sind keinerlei Gebühren zu entrichten.

Ansuchen um die Verleihung der Staatsbürgerschaft können von in Wien wohnhaften Personen bei der MA 61 eingereicht werden, wo für diesen Zweck ein Formular zur Verfügung steht (1, Rathaus, Stiege 8, Hochparterre, Tür 105; Parteienverkehr Montag, Dienstag, Donnerstag, Freitag von 8 bis 12 Uhr, Mittwoch nur für geladene Personen von 9 bis 12 Uhr). Für die Einbürgerungsansuchen im Ausland wohnhafter Bewerber ist das Amt der Wiener Landesregierung (MA 61) nur dann zuständig, wenn der Bewerber in Wien oder im Ausland geboren ist, sonst das Amt der Landesregierung, in dessen Bereich der Bewerber geboren ist.

Nähere Auskünfte erteilt die MA 61.

Welchen Einfluß hat die Eheschließung auf die österreichische Staatsbürgerschaft?

Die Eheschließung mit einem österreichischen Staatsbürger bewirkt seit dem 1. Juli 1966 nicht mehr den Erwerb der österreichischen Staatsbürgerschaft; seit dem 1. September 1983 können ausländische Ehefrauen die Staatsbürgerschaft des Ehemannes auch nicht mehr durch die einfache Abgabe einer Erklärung erwerben. Für den Erwerb der österreichischen Staatsbürgerschaft durch Ehepartner von österreichischen Staatsbürgern wurden nunmehr die gleichen Bedingungen geschaffen.

Der ausländische Ehegatte (Mann oder Frau) hat Anspruch auf die Verleihung der Staatsbürgerschaft, wenn die Ehe mit dem österreichischen Ehepartner seit mindestens einem Jahr aufrecht ist und er selbst seinen Hauptwohnsitz seit mindestens vier Jahren ununterbrochen in Österreich hat oder bei einer Ehedauer von mindestens zwei Jahren ein Hauptwohnsitz seit mindestens drei Jahren besteht. Ist die Ehe seit mindestens fünf Jahren aufrecht und besitzt der Ehegatte seit mindestens zehn Jahren ununterbrochen die österreichische Staatsbürgerschaft, bleibt die Dauer des Inlandswohnsitzes außer Betracht. Für den Ehegatten eines öffentlich Bediensteten, der seinen Dienstort im Ausland hat, gilt übrigens Wien als Hauptwohnsitz, sofern er mit dem Auslandsbeamten in dauernder Haushaltsgemeinschaft lebt und keinen Hauptwohnsitz im Inland hat. In allen diesen Fällen müssen die allgemeinen Einbürgerungsbedingungen erfüllt sein (→ „Wie bekommt man als Ausländer die österreichische Staatsbürgerschaft?")

Nähere Auskünfte erteilt die MA 61.

Kann man die österreichische Staatsbürgerschaft beibehalten, wenn man eine fremde Staatsangehörigkeit erwirbt?

Die Bewilligung hiefür ist möglich, wenn die Beibehaltung der österreichischen Staatsbürgerschaft wegen der vom Bewerber bereits erbrachten oder von ihm zu erwartenden Leistungen oder aus einem besonders berücksichtigungswürdigen Grund im Interesse der Republik Österreich liegt und wenn der fremde Staat, dessen Staatsangehörigkeit er anstrebt, der Beibehaltung zustimmt, sofern eine solche Zustimmung in zwischenstaatlichen Verträgen vorgesehen ist (derzeit besteht ein Vertrag mit den Staaten Belgien, Dänemark, Deutschland, Frankreich, Italien, Luxemburg, Niederlande, Norwegen und Schweden). Die Bewilligung kann nur wirksam werden, wenn der diesbezügliche schriftliche Bescheid vor dem Erwerb der fremden Staatsangehörigkeit zugestellt wird.

Ansuchen um Bewilligung der Beibehaltung der Staatsbürgerschaft können in Wien wohnhafte Personen schriftlich bei der MA 61 einreichen. Für die Beibehaltungsansuchen der im Ausland wohnhaften Bewerber ist das Amt der Wiener Landesregierung (MA 61) nur dann zuständig, wenn der Bewerber in Wien oder im Ausland geboren ist, sonst das Amt der Landesregierung, in dessen Bereich der Bewerber geboren ist.

Nähere Auskünfte erteilt die MA 61.

Kann man auf die österreichische Staatsbürgerschaft verzichten?

Ein österreichischer Staatsbürger kann auf die österreichische Staatsbürgerschaft verzichten, wenn er eine fremde Staatsangehörigkeit besitzt und bestimmte weitere gesetzliche Bedingungen erfüllt. Die schriftlichen Verzichtserklärungen können in Wien wohnhafte Personen bei der MA 61 einreichen. Für die Verzichtserklärungen im Ausland wohnhafter Personen ist das Amt der Wiener Landesregierung (MA 61) nur dann zuständig, wenn der Verzichtende in Wien oder im Ausland geboren ist, sonst das Amt der Landesregierung, in dessen Bereich der Verzichtende geboren ist.

Nähere Auskünfte erteilt die MA 61.

Was ist zu tun, um heiraten zu können?

Man wendet sich an jenes Standesamt, in dessen Bezirk einer der beiden Verlobten Wohnsitz oder gewöhnlichen Aufenthalt hat. Wenn keiner der beiden Verlobten Wohnsitz oder gewöhnlichen Aufenthalt im Inland hat, ist das Standesamt Wien-Innere Stadt zuständig. Bei der Vorsprache sind von beiden Verlobten vorzuweisen:

1. die beglaubigten Abschriften aus dem Geburtenbuch des Standesamtes (nicht älter als sechs Monate),
2. die Staatsbürgerschaftsnachweise,
3. die Meldezettel,
4. Lichtbildausweise.

Eheunmündig sind männliche Personen vor Vollendung des 19. und weibliche Personen vor Vollendung des 16. Lebensjahres. Für die Eheschließung benötigen daher:

Männliche Personen (zwischen dem vollendeten 18. und 19. Lebensjahr)
1. eine mit der Rechtskraftbestätigung versehene Ehemündigkeitserklärung des Vormundschaftsgerichtes;
2. entweder die Einwilligung des gesetzlichen Vertreters (ein Elternteil bzw. Vormund) und desjenigen, dem Pflege und Erziehung der betreffenden Person zustehen, oder eine mit der Rechtskraftbestätigung versehene Volljährigkeitserklärung des Vormundschaftsgerichtes.

Weibliche Personen
1. Zwischen dem vollendeten 15. und 16. Lebensjahr
   a) eine mit der Rechtskraftbestätigung versehene Ehemündigkeitserklärung des Vormundschaftsgerichtes und
   b) die Einwilligung des gesetzlichen Vertreters (ein Elternteil bzw. Vormund) und desjenigen, dem Pflege und Erziehung der betreffenden Person zustehen;
2. zwischen dem vollendeten 16. und 19. Lebensjahr nur die Einwilligung des gesetzlichen Vertreters (ein Elternteil bzw. Vormund) und desjenigen, dem Pflege und Erziehung der betreffenden Person zustehen;
3. zwischen dem vollendeten 18. und 19. Lebensjahr die Einwilligung des gesetzlichen Vertreters (ein Elternteil bzw. Vormund) und desjenigen, dem Pflege und Erziehung der betreffenden Person zustehen, oder eine mit der Rechtskraftbestätigung versehene Volljährigkeitserklärung des Vormundschaftsgerichtes.

Unter gewissen Umständen kann die verweigerte Zustimmung des gesetzlichen Vertreters oder desjenigen, dem Pflege und Erziehung der betreffenden Person zustehen, zur Eingehung der Ehe durch Beschluß des Vormundschaftsgerichtes ersetzt werden.

Nähere Auskünfte erteilt das Standesamt.

Bereits verheiratet gewesene Personen müssen die Nachweise über Eingehung und Auflösung ihrer Vorehen erbringen. Es sind dies Heiratsurkunden und Sterbeurkunden bzw. die mit der Rechtskraftbestätigung versehenen Urteile über Scheidung oder sonstige Auflösung der früheren Ehen.

Ausländer müssen ein Zeugnis der zuständigen inneren Behörde ihres Heimatstaates oder der Vertretungsbehörde dieses Staates in Österreich darüber beibringen, daß der beabsichtigten Ehe ein in den Gesetzen des Heimatstaates begründetes Ehehindernis nicht entgegensteht. Kann das Zeugnis nicht beigebracht werden, erteilt das Standesamt nähere Auskünfte, was selbstverständlich auch für weitere Fragen im Zusammenhang mit der Eheschließung gilt

Namensführung der Eheleute

Diese Rechtsmaterie ist im § 93 des Allgemeinen Bürgerlichen Gesetzbuches geregelt. Darin wird folgendes bestimmt:

Die Ehegatten führen den gleichen Familiennamen. Dieser ist der Familienname eines der Ehegatten, den die Verlobten vor oder bei der Eheschließung als gemeinsamen Familiennamen bestimmt haben. Mangels einer solchen Bestimmung wird der Familienname des Mannes gemeinsamer Familienname.

Derjenige Verlobte, der als Ehegatte den Familiennamen des anderen als gemeinsamen Familiennamen zu führen hat, kann dem Standesbeamten gegenüber vor oder bei der Eheschließung erklären, bei der Führung des gemeinsamen Familiennamens diesem seinen bisherigen Familiennamen unter Setzung eines Bindestrichs zwischen den beiden Namen voran- oder nachzustellen. Dieser Ehegatte ist zur Führung des Doppelnamens verpflichtet. Eine andere Person kann ihren Namen nur vom gemeinsamen Familiennamen ableiten.

Derjenige Verlobte, der mangels einer Bestimmung den Familiennamen des anderen Ehegatten als gemeinsamen Familiennamen zu führen hätte, kann dem Standesbeamten gegenüber vor oder bei der Eheschließung erklären, seinen bisherigen Familiennamen weiterzuführen; aufgrund einer solchen Erklärung führt jeder Ehegatte seinen bisherigen Familiennamen weiter. In diesem Fall haben die Verlobten den Familiennamen der aus der Ehe stammenden Kinder zu bestimmen.

Wie bekommt man eine Geburts-, Heirats- oder Sterbeurkunde?

Geburts-, Heirats- und Sterbeurkunden, ebenso beglaubigte Abschriften aus dem Geburten-, Familien- oder Sterbebuch, stellt jenes Standesamt aus, in dessen Amtsbezirk sich die Geburt oder der Sterbefall ereignet hat bzw. vor dem die Ehe geschlossen wurde (Standesämter und ihre Amtsbezirke → Magistrat, MA 61). Diese Personenstandsurkunden und beglaubigten Abschriften können aber nur von den Personen verlangt werden, auf die sich die Eintragung bezieht, sowie von deren Ehegatten, Vorfahren und Abkömmlingen (Eltern, Großeltern bzw. Kinder, Enkelkinder usw.); andere Personen erhalten diese Urkunden nur, wenn sie hiefür dem Standesamt ein rechtliches Interesse glaubhaft machen können.

Über die Anzeige eines Sterbefalles beim Standesamt und die anschließende Ausstellung von Sterbeurkunden bzw. Abschriften aus dem Sterbebuch → „Bestattungs- und Friedhofswesen“.

Kann man seinen Namen ändern lassen?

Familien- und Vornamen von österreichischen Staatsbürgern, Staatenlosen und Konventionsflüchtlingen mit Wohnsitz oder gewöhnlichem Aufenthalt in Österreich können geändert werden.

Ein Grund für die Änderung des Familiennamens liegt vor, wenn

1. der bisherige Familienname lächerlich oder anstößig wirkt;
2. der bisherige Familienname schwer auszusprechen oder zu schreiben ist;
3. der Antragsteller ausländischer Herkunft ist und einen Familiennamen erhalten will, der ihm die Einordnung im Inland erleichtert und der Antrag innerhalb von zwei Jahren nach dem Erwerb der österreichischen Staatsbürgerschaft gestellt wird;
4. der Antragsteller den Familiennamen erhalten will, den er bisher in gutem Glauben, dazu berechtigt zu sein, geführt hat;
5. der Antragsteller einen Familiennamen erhalten will, den er früher zu Recht geführt hat;
6. die Vor- und Familiennamen sowie der Tag der Geburt des Antragstellers mit den entsprechenden Daten einer anderen Person derart übereinstimmen, daß es zu Verwechslungen der Personen kommen kann;
7. der Antragsteller einen Familiennamen erhalten will, den er durch eine befristete namensrechtliche Rechtshandlung erlangt hätte, jedoch die rechtzeitige Rechtshandlung ohne sein Verschulden oder bloß mit einem minderen Grad hievon unterlassen hat, oder der Antragsteller einen Doppelnamen nach § 93 Abs. 2 ABGB wünscht oder bereits zu führen hat und den gemeinsamen Familiennamen

ohne Voran- oder Nachstellung seines früheren Familiennamens führen will;

8. der Antragsteller den Familiennamen seiner Eltern oder eines Elternteils erhalten will oder der Antragsteller den Familiennamen einer Person erhalten will, von der er seinen Familiennamen abgeleitet hat und deren Familienname geändert worden ist oder dessen Änderung beantragt ist;
9. der minderjährige Antragsteller den Familiennamen der Person erhalten soll, der die Obsorge für ihn zukommt oder in deren Pflege er sich befindet und das Pflegeverhältnis nicht nur für kurze Zeit beabsichtigt ist;
10. der Antragsteller glaubhaft macht, daß die Änderung des Familiennamens notwendig ist, um unzumutbare Nachteile in wirtschaftlicher Hinsicht oder in seinen sozialen Beziehungen zu vermeiden und diese Nachteile auf andere Weise nicht abgewendet werden können;
11. der Antragsteller aus sonstigen Gründen einen anderen Familiennamen wünscht.

Die in Ziffer 1 bis 6, 10 und 11 angeführten Gründe gelten auch für die Änderung von Vornamen.

Ansuchen um Namensänderung sind schriftlich abzufassen, ausführlich zu begründen und persönlich zu unterfertigen. Ist der Namensänderungswerber nicht eigenberechtigt, ist das Ansuchen von seinem gesetzlichen Vertreter einzubringen. Antragsformulare können bei den Wiener Standesämtern und bei der MA 61 behoben werden.

Ansuchen um Änderung des Familiennamens von Personen unehelicher Abstammung nach Punkt 8 und 9 sind beim Wiener Geburtenbuchstandesamt oder Wohnsitzstandesamt einzubringen.

In allen übrigen Fällen ist das Ansuchen um Änderung des Familiennamens oder Vornamens von in Wien wohnhaften Namensänderungswerbern bei der MA 61, 1, Rathaus, Stiege 8, Parterre (Parteienverkehr Montag bis Freitag von 8 bis 12 Uhr), zu stellen.

Nähere Auskünfte erteilt die MA 61.

STATISTISCHES AMT DER STADT WIEN

(MA 66)

Die Statistik soll die für die Verwaltung, Wirtschaft und Wissenschaft notwendigen Daten in entsprechender Gliederung zur Verfügung stellen und durch Anwendung ihrer Methoden zur Entscheidungsfindung einen Beitrag leisten. Um diese Ziele zu erreichen, führt das Statistische Amt der Stadt Wien eigene Erhebungen durch, sammelt das von der städtischen Verwaltung, der Bundesstatistik und zahlreichen anderen Quellen zur Verfügung gestellte Zahlenmaterial, wertet es aus und stellt es in übersichtlicher Form in Print- und ED-Medien dar. Weiters werden Informationen in Form von Sonderauswertungen sowie aufbereitete Datenbestände für Auswertungs- und Forschungszwecke zur Verfügung gestellt.

Durch den Anschluß an das Integrierte Statistische Informationssystem (ISIS) des Österreichischen Statistischen Zentralamtes steht überdies ein sachlich und regional tiefgegliedertes statistisches Datenmaterial für ganz Österreich zur Verfügung.

Die umfangreichste und ausführlichste dieser Veröffentlichungen ist das „Statistische Jahrbuch der Stadt Wien". Es enthält in tabellarischer und grafischer Darstellung statistische Daten über meteorologische und geographische Verhältnisse, Umwelt, Bevölkerungsstand, -struktur und -bewegung, Gesundheits- und Sozialwesen, Industrie, Gewerbe und Handel, Verkehr, Fremdenverkehr, Wohnungswesen, Ver- und Entsorgung, Beschäftigung und Arbeitsmarkt, Preise, Lebenshaltung und Löhne, Unterricht, Kultur, Religion, Sport und Freizeit, Wahlen, Verwaltung und Rechtspflege, Finanzen und Steuern sowie die Region Vienna. Ab 1996 ist das Statistische Jahrbuch auch EDV-mäßig in Excel verfügbar und kann somit direkte Datenbasis für weitere Auswertungen sein.

Das „Statistische Taschenbuch der Stadt Wien", welches ebenfalls jedes Jahr herausgegeben wird, ist eine gekürzte Ausgabe des Statistischen Jahrbuches.

Die „Statistischen Mitteilungen" erscheinen vierteljährlich und enthalten neben aktuellen Monatsübersichten ausführliche statistische Analysen, vor allem aus den Bereichen Bevölkerung, Wirtschaft und Infrastruktur.

Weiters wird der jährliche Bericht über „Die Verwaltung der Stadt Wien", der die Tätigkeitsberichte der städtischen Dienststellen und Unternehmungen, der Krankenfürsorgeanstalt und des Wien Tourismus enthält, vom Statistischen Amt publiziert.

Die „Wiener Bezirksdaten" stellen eine umfassende Datensammlung auf Bezirksebene über die verschiedensten Bereiche des städtischen Lebens dar.

Im Zahlenspiegel „Wien in Zahlen", der in sechs Sprachen aufgelegt wird, findet man die wichtigsten Daten über die Stadt.

Außerdem werden noch fallweise Sonderhefte und Faltinformationen veröffentlicht, die jeweils ein besonderes Thema behandeln. Die wichtigsten aktuellen Daten über die Bevölkerungs- und Wirtschaftsentwicklung werden monatlich in Form von Schnellinformationen bekanntgegeben.

Im letzten Jahrzehnt ist auch die zahlenmäßige Darstellung der Bedeutung Wiens innerhalb der Stadtregion, der Region Vienna und Österreichs, aber auch im Vergleich mit anderen Städten, zu einem zentralen Aufgabenbereich des Statistischen Amtes geworden.

Eine neue Form der Informationsbereitstellung wird mittels Internet beschritten. Die wichtigsten Statistikwerte über Wien werden in vier Sprachen (Deutsch, Englisch, Italienisch, Französisch) angeboten. Weiters werden unter dem Titel „Wien – Statistik aktuell" monatlich die aktuellsten Daten der Bereiche Wohnbevölkerung, Arbeitsmarkt, Industrieproduktion, Bauwesen, Fremdenverkehr, die Warenpreise und der Preisindex bekanntgegeben.

Bei periodisch wiederkehrenden Zählungen oder auch bei einmaligen Erhebungen obliegt dem Statistischen Amt neben der Vorbereitung und Organisation der Durchführung vor allem die zahlenmäßige Auswertung und Darstellung der Ergebnisse für das Wiener Stadtgebiet. Die wichtigsten Erhebungen dieser Art sind die Volks-, Häuser-, Wohnungs- und Arbeitsstättenzählung, agrarstatistische Erhebungen, Preiserhebungen für den Verbraucherpreisindex und harmonisierten EU-Index sowie der Mikrozensus. Bei den monatlichen Preiserhebungen werden von 25 Erhebungsorganen in 292 Wiener Geschäften ca. 5.800 Einzelpreise erfaßt. Für den vierteljährlich stattfindenden Mikrozensus sind 134 Interviewer im Einsatz, die an ca. 4.000 Adressen Haushaltsbefragungen durchzuführen haben. Weiters hat das Statistische Amt die Statistik der Geburten, Todesfälle und Eheschließungen sowie die Fremdenverkehrs- und Wohnbaustatistik im Auftrag des Österreichischen Statistischen Zentralamtes zu besorgen. Die Fremdenverkehrsstatistik erbringt neben den monatlichen Ankunfts- und Übernachtungszahlen auch Informationen über den betrieblichen Auslastungsgrad und Qualitätsstandard der Beherbergungsbetriebe. Zu nennen sind schließlich noch die Kultur-, Schul- und Sozialstatistik, die sich mit Daten des kulturellen Lebens, des Bildungsweges der Schüler sowie des Sozialwesens beschäftigen.

Das Archiv des Statistischen Amtes verfügt über umfangreiches historisches Datenmaterial, das allen Interessenten ebenso zugänglich ist wie die Fachbibliothek, die vorwiegend aus statistischen, wirtschafts- und kommunalpolitischen Werken zusammengestellt ist. Durch den regen Publikationsaustausch mit verwandten Institutionen im In- und Ausland verfügt das Statistische Amt über umfangreiches Material zu Vergleichszwecken und ist außerdem über neueste Entwicklungen in der amtlichen Statistik informiert. Das Statistische Amt der Stadt Wien ist somit für Behörden wie für die interessierte Öffentlichkeit eine wichtige Informationsquelle und steht für die Beantwortung von Anfragen zur Verfügung.

STEUERN, ABGABEN UND GEBÜHREN

(MA 4, 6)

Allgemeines

Wo erhält der Abgabepflichtige Auskunft über die Höhe und Fälligkeit der von ihm zu entrichtenden städtischen Abgaben?

Im allgemeinen erhält der Abgabepflichtige Auskunft über die von ihm zu entrichtenden städtischen Abgaben bei den Stadtkassen bzw. bei der Abgabenhauptverrechnung. Die Zuständigkeit der einzelnen Stadtkassen oder der Abgabenhauptverrechnung ist aus den Bemessungsbescheiden zu ersehen oder richtet sich nach dem Wohnort oder Betriebsort des Abgabepflichtigen sowie bei Grundbesitz nach der Lage desselben. Die Stadtkassen bzw. Abgabenhauptverrechnung → Magistrat, MA 6.

Wer erhält Auskunft über den Kontenstand eines Abgabepflichtigen?

Nur die Abgabepflichtigen selbst oder die mit einer rechtsgültigen Vollmacht sich ausweisenden Personen sowie die Verpächter getränkesteuerpflichtiger Betriebe, sofern dies im Pachtvertrag vorgesehen ist, erhalten Auskunft über den Kontenstand.

Wie sind die städtischen Abgaben zu bezahlen?

Zur Vereinfachung der Verwaltung wurde in den Stadtkassen der bargeldlose Zahlungsverkehr eingeführt. Dies wird insbesondere durch Verwendung von einheitlichen Zahlscheinen ermöglicht. Mit den Zahlscheinen kann bei sämtlichen österreichischen Kreditinstituten (Sparkassen, Banken, Landeshypothekenanstalten, Raiffeisenkassen und Volksbanken) sowie bei allen Postämtern einbezahlt werden. Dadurch bieten sich den Steuerpflichtigen eine Vielzahl von Einzahlungsmöglichkeiten. Die Zahlscheine sind in der Abgabenhauptverrechnung und in den Stadtkassen erhältlich und werden bei allen elektronisch verrechneten Abgaben automatisch zugesandt. Für alle jene, die ein Girokonto bei einem Kreditinstitut führen, besteht die Möglichkeit, mittels des Zahlscheines eine Überweisung bargeldlos über das Konto durchzuführen. Bei Überweisungen ist zu beachten, daß Abgaben erst am Tag der Gutschrift auf ein Konto der empfangsberechtigten Kasse als entrichtet gelten. Der Überweisungsauftrag soll daher eine angemessene Zeit vor dem Zahlungstermin erteilt werden, damit die Gutschrift bis zum Fälligkeitstag erfolgen kann und die im Überweisungsverkehr einen Säumniszuschlag ausschließende Nachfrist von zwei Werktagen nicht überschritten wird.

Die dritte Möglichkeit, Abgaben zu entrichten, ist der Bankeinzugsverkehr. Der Abgabepflichtige kann die Grundbesitzabgaben und die Wasserbezugsgebühren über sein Geldinstitut einziehen lassen. Er erlangt dadurch folgende Vorteile:

keine Evidenthaltung der Zahlungstermine,
Abbuchung in genauer Höhe zum Fälligkeitstag,
Wege zum Geldinstitut und Wartezeiten entfallen.

Die einmalige Erteilung eines „Abbuchungsauftrages für Lastschriften“ an das Geldinstitut genügt.

Es liegt im Interesse der Steuerpflichtigen, die Fälligkeitstermine einzuhalten, um den Anfall von Nebengebühren (Säumniszuschlag, Mahngebühr) zu vermeiden.

Was ist bei der Ausfüllung der Zahlscheine oder Erlagscheine zu beachten?

Um ohne schriftliche Rückfrage von Seite der Abgabenhauptverrechnung oder der Stadtkassen den eingezahlten Betrag der Verrechnung zuführen zu können und um den zahlenden Abgabepflichtigen selbst Ärger und Zeit zu ersparen, ist es notwendig, auf dem Einzahlungsbeleg den Widmungszweck, das ist die Steuerart, Kontonummer und Fälligkeit (Gebührenzeitraum), anzugeben. Weiters sind der Name und die Anschrift des Einzahlers anzuführen.

Gelangen vorcodierte Zahlscheine zur Aussendung, sollen nur diese zur Einzahlung verwendet werden. Die Einzahlung von mehreren Abgaben unterschiedlicher Art mit einem einzigen Einzahlungsbeleg führt zu unerwünschten Fehlbuchungen und ist daher zu vermeiden.

Familienbeihilfe

Wer hat Anspruch auf Familienbeihilfe?

Personen, die im Bundesgebiet einen Wohnsitz oder ihren persönlichen Aufenthalt und nicht Anspruch auf eine gleichartige ausländische Beihilfe haben, gebührt Familienbeihilfe für

1. minderjährige Kinder (bis zur Vollendung des 19. Lebensjahres);
2. volljährige Kinder, die das 27. Lebensjahr noch nicht vollendet haben und die für einen Beruf ausgebildet oder in einem erlernten Beruf in einer Fachschule fortgebildet

werden, wenn ihnen durch den Schulbesuch die Ausübung ihres Berufes nicht möglich ist;
3. volljährige Kinder, die wegen einer vor Vollendung des 21. Lebensjahres oder während einer späteren Berufsausbildung, jedoch spätestens vor Vollendung des 27. Lebensjahres, eingetretenen körperlichen oder geistigen Behinderung voraussichtlich dauernd außerstande sind, sich selbst den Unterhalt zu verschaffen;
4. für volljährige Kinder, die das 27. Lebensjahr noch nicht vollendet haben, für die Dauer von drei Monaten nach Abschluß der Berufsausbildung, sofern sie weder den Präsenzdienst noch den Zivildienst leisten;
5. für volljährige Kinder, die das 27. Lebensjahr noch nicht vollendet haben, für die Zeit zwischen der Beendigung des Präsenzdienstes oder Zivildienstes und dem Beginn oder der Fortsetzung der Berufsausbildung, wenn die Berufsausbildung zum frühestmöglichen Zeitpunkt nach dem Ende des Präsenzdienstes oder Zivildienstes begonnen oder fortgesetzt wird;
6. für volljährige Kinder, die das 21. Lebensjahr noch nicht vollendet haben, wenn sie weder den Präsenzdienst noch den Zivildienst leisten und beim Arbeitsamt als Arbeitssuchende vorgemerkt sind und weder einen Anspruch auf Arbeitslosenunterstützung haben noch eine Beihilfe nach dem Arbeitsmarktförderungsgesetz erhalten.

Anspruch auf Familienbeihilfe für ein unter 1. bis 6. genanntes Kind hat eine Person jedoch nur dann, wenn das Kind zu ihrem Haushalt gehört und die Unterhaltskosten von ihr überwiegend getragen werden. Für die Elternteile besteht ein Wahlrecht bezüglich der Familienbeihilfe für haushaltszugehörige Kinder; begehren beide Elternteile die Familienbeihilfe, ist sie dem Elternteil zu gewähren, der das Kind überwiegend pflegt.

Unter denselben Voraussetzungen, nach denen für Kinder Familienbeihilfe gewährt wird, haben Vollwaisen einen selbständigen Beihilfenanspruch.

Wodurch wird der Anspruch auf Familienbeihilfe ausgeschlossen?

Kein Beihilfenanspruch besteht für
1. Kinder, die das 18. Lebensjahr vollendet haben und selbst Einkünfte in einem monatlich 3.500 S übersteigenden Betrag beziehen, wobei Lehrlingsentschädigungen und steuerfreie Einkünfte nicht einzubeziehen sind;
2. Kinder, denen Unterhalt von dem früheren Ehegatten oder von ihrem Ehegatten zu leisten ist;
3. Kinder eines ausländischen Arbeitnehmers, wenn dessen Beschäftigung nicht länger als drei Monate dauert und außerdem, wenn gegen die Vorschriften über die Beschäftigung ausländischer Arbeitnehmer verstoßen wurde;
4. Kinder, wenn sie sich ständig im Ausland aufhalten (Gewährung der Familienbeihilfe nach Maßgabe zwischenstaatlicher Abkommen möglich).

Wie hoch ist die Familienbeihilfe?

Der einer Person zustehende Betrag an Familienbeihilfe bestimmt sich nach der Anzahl und dem Lebensalter der Kinder, für die ihr Familienbeihilfe gewährt wird.

Die Familienbeihilfe beträgt für jedes Kind monatlich 1.400 S. Dieser Betrag erhöht sich ab Beginn des Kalendermonates, in dem das Kind das zehnte Lebensjahr vollendet, um monatlich 250 S und ab Beginn des Kalendermonates, in dem das Kind das 19. Lebensjahr vollendet hat, um monatlich 300 S.

Für jedes Kind, das erheblich behindert ist, erhöht sich die Familienbeihilfe monatlich um 1.650 S. Die Familienbeihilfe wird in zwölf gleichhohen Monatsbeträgen zur Auszahlung gebracht. Dasselbe gilt für Vollwaisen.

Wie wird der Anspruch auf Familienbeihilfe geltend gemacht?

Familienbeihilfe wird grundsätzlich nur auf Antrag gewährt. Der Antrag ist beim Finanzamt des Wohnsitzes einzubringen.

Das Wohnsitzfinanzamt hat bei Entstehen oder Wegfall des Anspruchs auf Familienbeihilfe eine Mitteilung auszustellen.

Die Auszahlung der Familienbeihilfe erfolgt (außer bei den Gebietskörperschaften) durch das Finanzamt. Ein Anspruchsberechtigter kann zugunsten eines anderen Anspruchsberechtigten auf die Familienbeihilfe verzichten, wenn dieser die Familienbeihilfe begehrt; der Verzicht kann widerrufen werden.

Welche Umstände sind zu melden?

Der Anspruch auf Familienbeihilfe erlischt mit Ablauf des Monats, in dem eine Anspruchsvoraussetzung wegfällt oder ein Ausschließungsgrund eintritt. Personen, denen Familienbeihilfe gewährt oder anstelle des Anspruchsberechtigten ausgezahlt wird, sind verpflichtet, alle Tatsachen zu melden, welche ein Erlöschen des Anspruches bewirken. Ferner sind Änderungen des Namens und der Anschrift ihrer Person oder der Kinder, für die ihnen Familienbeihilfe gewährt wird, zu melden. Die Meldung hat binnen einem Monat beim Finanzamt zu erfolgen. Zu Unrecht bezogene Familienbeihilfen sind zurückzuzahlen.

Kleinkindbeihilfe

Wer hat Anspruch auf Kleinkindbeihilfe?

Anspruch auf die Kleinkindbeihilfe hat ein Elternteil, der ein nach dem 30. Juni 1996 geborenes Kind in dessen erstem Lebensjahr überwiegend betreut. Anspruch auf die Kleinkindbeihilfe besteht dann, wenn der Elternteil oder das Kind die österreichische Staatsbürgerschaft besitzt, er im Bundesgebiet einen Wohnsitz hat und sich das Kind ständig im Bundesgebiet aufhält. Die österreichische Staatsbürgerschaft wird durch einen dreijährigen ständigen Aufenthalt im Bundesgebiet unmittelbar vor der Geburt des Kindes ersetzt.

Wie hoch ist die Kleinkindbeihilfe?

Die Kleinkindbeihilfe beträgt monatlich 1.000 S. Sie wird für jeden Kalendermonat gewährt, in dem die Voraussetzungen vorliegen, jedoch höchstens für zwölf Monate.

Wie wird der Anspruch auf Kleinkindbeihilfe geltend gemacht?

Die Kleinkindbeihilfe wird nur auf Antrag gewährt, der innerhalb einer Frist von zwei Jahren ab Geburt des Kindes beim Wohnsitzfinanzamt einzubringen ist.

Mutter-Kind-Paß-Bonus

Aus Anlaß der Vollendung des ersten Lebensjahres eines Kindes wird ein Mutter-Kind-Paß-Bonus gewährt.

Wer hat Anspruch auf den Mutter-Kind-Paß-Bonus?

Anspruch hat der Elternteil, der ein nach dem 31. Dezember 1996 geborenes Kind an dem Tag, an dem das Kind das erste Lebensjahr vollendet (Stichtag), überwiegend betreut. Anspruch besteht dann, wenn einer der beiden mit dem Kind im gemeinsamen Haushalt lebenden Elternteile oder das Kind die österreichische Staatsbürgerschaft bestitzt, wenn der das Kind überwiegend betreuende Elternteil zum Stichtag im

Bundesgebiet einen Wohnsitz hat und wenn sich das Kind ständig im Bundesgebiet aufhält. Die österreichische Staatsbürgerschaft wird durch einen dreijährigen ständigen Aufenthalt eines der beiden mit dem Kind im gemeinsamen Haushalt lebenden Elternteile im Bundesgebiet unmittelbar vor dem Stichtag ersetzt.

Wie hoch ist der Mutter-Kind-Paß-Bonus?

Der Mutter-Kind-Paß-Bonus beträgt für jedes Kind 2.000 S.

Unter welchen Voraussetzungen wird der Mutter-Kind-Paß-Bonus gewährt?

Der Bonus wird gewährt, wenn die Mutter während der Schwangerschaft und das Kind bestimmten ärztlichen Untersuchungen unterzogen werden.

Wie wird der Mutter-Kind-Paß-Bonus geltend gemacht?

Der Mutter-Kind-Paß-Bonus wird nur auf Antrag gewährt, der innerhalb einer Frist von zwei Jahren, gerechnet ab dem Stichtag, beim Wohnsitzfinanzamt einzubringen ist.

Ankündigungsabgabe

Von öffentlichen Ankündigungen innerhalb des Gebietes der Stadt Wien, die durch Druck, Schrift, Bild oder Ton an öffentlichen Verkehrsanlagen oder in öffentlichen Räumen angebracht, ausgestellt oder vorgenommen werden, ist eine Abgabe zu entrichten. Unter Ankündigungen sind auch alle fremden Ankündigungen durch Hörfunk und Fernsehen, die von Studios im Gebiet der Stadt Wien ihren Ausgang nehmen, zu verstehen. Fremde Ankündigungen durch Hörfunk und Fernsehen, die von einem Studio außerhalb des Gebiets der Stadt Wien ihren Ausgang nehmen, unterliegen der Abgabe, wenn sie von einem Rundfunkunternehmen mit dem Sitz in Wien vorgenommen werden und außer in dem Bundesland, in dem das Studio gelegen ist, zumindest in einem weiteren Bundesland empfangen werden können.

Was sind öffentliche Verkehrsanlagen oder Räume?

Unter öffentlichen Verkehrsanlagen versteht man sowohl Verkehrs- oder Erholungsflächen als auch Eisenbahnen und Flußläufe. Erfolgt die Ankündigung auf Privatliegenschaften oder in Privaträumen, werden sie als öffentlich angesehen, wenn sie von öffentlichen Verkehrsanlagen aus wahrgenommen werden. Ebenso müssen Privaträume öffentlichen Räumen gleichgehalten werden, wenn sie dem allgemeinen Zutritt, auch gegen Entgelt oder nur vorübergehend, offenstehen. Genauso gelten die in Wien verkehrenden öffentlichen Verkehrsmittel als öffentliche Räume.

Welche Ankündigungen sind von der Abgabe befreit?

Ankündigungen, die von Ämtern des Bundes, der Stadt Wien, des Landes Niederösterreich sowie von gesetzlich anerkannten Kirchen und Religionsgesellschaften in Besorgung ihrer Aufgaben veranlaßt werden; ferner Ankündigungen von Wahlen sowie die Ankündigungen politischen Inhaltes der politischen Parteien.

Weiters sind von der Abgabe befreit: Ankündigungen des Geschäftsbetriebes des Ankündigenden vor oder in seinen Geschäftsräumen, an seinen Waren oder Betriebsmitteln oder an dem Gebäude, in dem sich sein Geschäftslokal befindet, sofern sie nur diesen Geschäftsbetrieb betreffen; alle Ankündigungen, die von den öffentlichen Verkehrsunternehmungen zur Belehrung des Publikums über ihre Verkehrs- und Beförderungsverhältnisse sowie ihre Verkehrsbedingungen erlassen werden und der Aushang von Tages- und politischen oder wirtschaftlichen Wochenzeitungen an öffentlichen Anschlagtafeln.

Überdies sind Ankündigungen, die ausschließlich oder vorwiegend und ohne Erwerbsabsichten wissenschaftlichen, gemeinnützigen oder Bildungszwecken dienen, über Ansuchen von der Abgabe zu befreien.

Wie hoch ist das Ausmaß der Abgabe?

Für Ankündigungen, für die ein Entgelt zu leisten ist, beträgt die Abgabe 10 v. H. des vereinnahmten Entgeltes unter Ausschluß der Abgabe und der Umsatzsteuer, die nicht zur Bemessungsgrundlage gehören. Wird aber die Ankündigung durch einen Vermittler besorgt, gilt als Bemessungsgrundlage der vom Vermittler zu entrichtenden Abgabe das vom Ankündigenden an ihn zu leistende Entgelt, wobei jenes Entgelt, das dieser an den die Ankündigung unmittelbar besorgenden Unternehmer zu leisten hat, aus der Bemessungsgrundlage ausscheidet. Auf die für Ankündigungen durch Hörfunk und Fernsehen, die von einem außerhalb des Gebiets der Stadt Wien gelegenen Studio ihren Ausgang nehmen, entstandene Abgabenschuld ist die an eine andere Gebietskörperschaft zu entrichtende Abgabe anzurechnen.

Wenn für eine Ankündigung kein Entgelt gefordert wird, ist die Bemessungsgrundlage vom Magistrat durch Vergleich mit Entgelten für ähnliche Ankündigungen festzusetzen.

Wer ist Abgabepflichtiger?

Wird die Ankündigung durch einen Vermittler besorgt, hat dieser die Abgabe zu entrichten. Er kann jedoch die Abgabe vom Ankündigenden einziehen. Dieser haftet mit dem Vermittler zur ungeteilten Hand für die Abgabe.

Wird eine Ankündigung ohne Vermittler durchgeführt, hat der Ankündigende die Abgabe zu entrichten.

Wird die Ankündigung durch den Rundfunk vorgenommen, hat der Inhaber des Rundfunkunternehmens für die Abgabe aufzukommen. Er kann sie jedoch vom Ankündigenden einziehen. Dieser haftet mit dem Inhaber des Rundfunkunternehmens zur ungeteilten Hand für die Abgabe.

Wann ist die Abgabe zu erklären und zu entrichten?

Alle Personen, die Ankündigungen gegen Entgelt besorgen, haben dies erstmals innerhalb einer Woche dem Magistrat anzuzeigen und in der Folge für jeden Monat bis spätestens 15. des darauffolgenden Monats eine Abgabenerklärung vorzulegen und die Abgabe zu entrichten.

Will der Ankündigende die Ankündigung selbst vornehmen, muß er die Abgabe vorher entrichten.

Bei Ankündigungen durch an Kraftfahrzeugen angebrachte Plakate (auch Angebote zum Autoverkauf) sind besondere Zahlscheine aufgelegt, die zur Vereinfachung der Abrechnung und Einzahlung bereits alle für die Selbstbemessung der Ankündigungsabgabe erforderlichen Angaben durch den Abgabepflichtigen vorsehen. Diese Zahlscheine sind bei allen magistratischen Bezirksämtern (Einlaufstelle) sowie in der Stadtinformation (Rathaus) und in der Außenstelle Karlsplatz erhältlich.

Wie wird die Abgabe bemessen und entrichtet?

Bemessungsstelle ist die MA 4, Ref. 6, 1, Ebendorferstraße 2, 3. Stock (Tel. 40 00 . . ., 86216, 86226). Die Abgabe ist an die MA 6, Abgabenhauptverrechnung, 1, Volksgartenstraße 3 (Tel. 40 00 . . ., 86106), zu entrichten. Dort ist auch die Abgabenerklärung einzubringen.

Anzeigenabgabe

Für Anzeigen (Inserate), welche in die in Wien erscheinenden Medienwerke gegen Entgelt aufgenommen oder mit solchen ausgesendet oder verbreitet werden, ist eine Abgabe zu leisten.

Wann erscheint ein Medienwerk in Wien?

Als Erscheinungsort muß Wien dann angesehen werden, wenn die Verbreitung des Medienwerkes erstmals von hier aus erfolgt. Hat der die Verteilung des Medienwerkes besorgende Medieninhaber (Verleger) seinen Standort in Wien, bzw. übt er die verwaltende Tätigkeit überwiegend in Wien aus, ist Wien ebenfalls Erscheinungsort.

Welche Anzeigen sind von der Abgabe befreit?

Anzeigen, die von Ämtern des Bundes oder der Stadt Wien in amtlichen Blättern erlassen werden, ferner Anzeigen im Kleinen Anzeiger der Zeitungen, die lediglich Arbeits- oder Stellengesuche betreffen, jedoch nur unter der Voraussetzung, daß seitens des abgabepflichtigen Unternehmers von dem, der die Anzeige veranlaßt, nachweisbar um die Abgabe verminderte Tarife eingehoben werden, wenn die Tarife schon unter Einrechnung der Abgabe festgesetzt sind.

Weiters sind eigenwerbende Anzeigen des Medienunternehmens in von diesen veröffentlichten Medienwerken bei Anzeigentauschgeschäften und bei gegenseitigen Anzeigengeschäften befreit, sofern infolge Rabattgewährung ein gegenüber dem jeweiligen Verlagstarif vermindertes Entgelt vereinnahmt wird.

Wer ist abgabepflichtig?

Zur Entrichtung der Abgabe ist der Medieninhaber (Verleger), der die Veröffentlichung oder Verbreitung der Anzeige besorgt, oder der Herausgeber des Medienwerkes verpflichtet. Sind dies verschiedene Personen, ist jene abgabepflichtig, der die Zahlung des Entgeltes für die Veröffentlichung oder Verbreitung der Anzeige geleistet wird. Bei Verpachtung von Seiten, Seitenteilen oder ganzen Anzeigenteilen eines Medienwerkes bzw. bei Vermittlung von Anzeigen ist der Pächter bzw. der Vermittler für die von ihm vereinnahmten Entgelte, vermindert um die Pachtentgelte bzw. die an den Medieninhaber (Verleger) oder Herausgeber geleisteten Entgelte sowie dem Vermittler von diesen eingeräumten Provisionen und Rabatte, abgabepflichtig. Der Abgabepflichtige ist berechtigt, den Abgabebetrag von dem, der die Anzeige veranlaßt, einzuziehen.

Wie hoch ist die Abgabe?

Die Abgabe beträgt 10 v. H. des Entgeltes, das für die Vornahme bzw. Verbreitung der Anzeige geleistet werden mußte, unter Ausschluß der Abgabe und der Umsatzsteuer, die nicht zur Bemessungsgrundlage gehören.

Bei Anzeigen, mit denen nach der zeitgemäßen Gesellschaftsauffassung Tätigkeiten angeboten werden, die als Prostitution, Beischlaf oder als unzüchtige Handlungen anzusehen sind, beträgt die Abgabe jedoch 40 v. H. des entrichteten Entgeltes.

Wann ist die Abgabe zu erklären und zu entrichten?

Der Abgabepflichtige hat erstmals innerhalb einer Woche von der Tatsache der Abgabepflicht dem Magistrat Mitteilung zu machen und in der Folge für jeden Monat bis längstens 15. des darauffolgenden Monats eine Abrechnung über die für die Vornahme bzw. Verbreitung von Anzeigen vereinnahmten Entgelte vorzulegen und auch innerhalb dieser Zeit die Abgabe zu entrichten.

Wie wird die Abgabe bemessen und entrichtet?

Bemessungsstelle ist die MA 4, Ref. 6, 1, Ebendorferstraße 2, 3. Stock (Tel. 40 00 . . ., 86216, 86226). Die Abgabe ist an die MA 6, Abgabenhauptverrechnung, 1, Volksgartenstraße 3 (Tel. 40 00 . . ., 86092), zu entrichten. Dort ist auch die Abgabenerklärung einzubringen.

Ausgleichsabgabe nach dem Wiener Baumschutzgesetz

Das Wiener Baumschutzgesetz dient zur Erhaltung des Baumbestandes in Wien. Wird die Entfernung von Bäumen bewilligt, müssen für die gefällten Bäume neue als Ersatz gepflanzt werden.

Wann ist eine Ausgleichsabgabe zu entrichten?

Können Ersatzpflanzungen nicht oder nicht zur Gänze durchgeführt werden, ist eine Ausgleichsabgabe zu entrichten. Abgabepflichtig ist der Bewilligungsträger, der um die Genehmigung der Entfernung der Bäume angesucht hat.

Was ist der Zweck der Ausgleichsabgabe?

Die Erträgnisse der Ausgleichsabgabe werden zur Anpflanzung von Bäumen durch den Magistrat verwendet.

Wie hoch ist die Ausgleichsabgabe?

Die Höhe der Ausgleichsabgabe richtet sich nach der Anzahl der Ersatzpflanzungen, die nicht durchgeführt werden konnten. Für jede nicht durchgeführte Ersatzpflanzung sind 8.000 S zu entrichten.

Wie wird die Abgabe bemessen und entrichtet?

Die Ausgleichsabgabe wird aufgrund der im rechtskräftigen Bescheid des magistratischen Bezirksamtes enthaltenen Feststellung, wie weit der Verpflichtung zur Ersatzpflanzung nicht entsprochen werden kann, mit gesondertem Bescheid der MA 4, Ref. 4, 1, Ebendorferstraße 2, 2. Stock, Tür 206 (Tel. 40 00 . . ., 86364), festgesetzt.

Die Abgabe ist an die MA 6, Abgabenhauptverrechnung, 1, Volksgartenstraße 3 (Tel. 40 00 . . ., 86093), zu entrichten.

Unter welchen Voraussetzungen kann die Ausgleichsabgabe rückerstattet werden?

Erlischt die Bewilligung nach dem Baumschutzgesetz durch ausdrücklichen Verzicht, kann bis zum Ablauf des auf den Verzicht folgenden Kalenderjahres die Rückerstattung beantragt werden. Der Anspruch muß bei der MA 4, Ref. 4, geltend gemacht werden.

Ausgleichsabgabe nach dem Wiener Garagengesetz

Bei Neu- und Zubauten sowie bei Widmungsänderungen sind in Ansehung des künftigen Bedarfes Anlagen zum Einstellen von Kraftfahrzeugen zu schaffen. Die Anzahl der zu errichtenden Stellplätze (Pflichtstellplätze) ist vom vorgesehenen Verwendungszweck und vom Ausmaß des Bauvorhabens abhängig.

Wann ist eine Ausgleichsabgabe zu entrichten?

Wird ein Bauvorhaben (eine Widmungsänderung) bewilligt, ohne daß die Verpflichtung zur Schaffung von Einstellplätzen oder Garagen überhaupt oder voll erfüllt wird, ist an die Stadt Wien eine Ausgleichsabgabe zu entrichten. Abgabepflichtig ist der Bauwerber. Der Einheitssatz der Ausgleichsabgabe beträgt derzeit je Stellplatz 120.000 S.

Wie wird die Abgabe bemessen und entrichtet?

Die Ausgleichsabgabe wird aufgrund der im Baubescheid

enthaltenen Feststellung, um wieviel die Zahl der vorgesehenen Stellplätze hinter dem gesetzlich geforderten Ausmaß zurückbleibt, mit gesondertem Bescheid von der MA 4, Ref. 4, 1, Ebendorferstraße 2, 2. Stock, Tür 208 (Tel. 40 00 . . ., 86354), vorgeschrieben. Die Abgabe ist an die MA 6, Abgabenhauptverrechnung, 1, Volksgartenstraße 3 (Tel. 40 00 . . ., 86093), zu entrichten.

Unter welchen Voraussetzungen kann die entrichtete Ausgleichsabgabe erstattet werden?

Erlischt die Baubewilligung durch Verzicht oder durch Zeitablauf, steht ein Anspruch auf Erstattung des entrichteten Abgabebetrages zu. Dieser Anspruch muß jedoch spätestens bis zum Ablauf des dritten Kalenderjahres, das auf das Erlöschen der Baubewilligung folgt, bei der MA 4, Ref. 4, geltend gemacht werden. Desgleichen besteht ein Erstattungsanspruch innerhalb einer Frist von drei Jahren nach Einlangen der Fertigstellungsanzeige, wenn fehlende Stellplätze nachträglich geschaffen werden.

Dienstgeberabgabe

Für das Bestehen eines Dienstverhältnisses in Wien ist vom Dienstgeber eine Abgabe zu entrichten, die zur Errichtung einer Untergrundbahn verwendet wird. Ein Dienstverhältnis liegt vor, wenn der Dienstnehmer dem Dienstgeber (öffentlich-rechtliche Körperschaft, Unternehmer, Haushaltsvorstand) seine Arbeitskraft schuldet. Dies ist der Fall, wenn die tätige Person in der Ausübung ihres geschäftlichen Willens unter der Leitung des Dienstgebers steht oder im geschäftlichen Organismus des Dienstgebers dessen Weisung zu folgen verpflichtet ist.

Wann besteht ein Dienstverhältnis in Wien?

Ein Dienstverhältnis besteht dann in Wien, wenn der Beschäftigungsort des Dienstnehmers in Wien liegt. Erfolgt eine Beschäftigung abwechselnd an verschiedenen Orten, aber von einer festen Arbeitsstätte aus, gilt diese als Beschäftigungsort. Bei Beschäftigungen ohne feste Arbeitsstätte gilt der Wohnsitz des Dienstnehmers als Beschäftigungsort. Hausgehilfen, die beim Dienstgeber wohnen, haben dort ihren Beschäftigungsort. Hat der Dienstgeber mehrere Wohnsitze, ist jener maßgebend, an dem er den überwiegenden Teil des Jahres verbringt.

Welche Dienstgeber bzw. welche Dienstverhältnisse sind von der Abgabe befreit?

Von der Abgabe sind befreit: Gebietskörperschaften mit Ausnahme der von ihnen verwalteten Betriebe, Unternehmungen, Anstalten, Stiftungen und Fonds; ferner die Österreichischen Bundesbahnen, die Post- und Telegraphenanstalt und die Wiener Stadtwerke-Verkehrsbetriebe; Dienstverhältnisse, bei denen der Dienstnehmer das 55. Lebensjahr überschritten hat; Dienstverhältnisse im Sinne des Behindertengesetzes, des Opferfürsorgegesetzes und des Invalideneinstellungsgesetzes; Lehrverhältnisse im Sinne des Berufsausbildungsgesetzes; Dienstverhältnisse mit einer wöchentlich zu leistenden Arbeitszeit von höchstens zehn Stunden; Dienstverhältnisse mit Hausbesorgern; Dienstverhältnisse während der Dauer des Beschäftigungsverbotes für werdende Mütter und nach der Entbindung sowie während des anschließenden Karenzurlaubes; Dienstverhältnisse während der Zeit, in der der Dienstnehmer den ordentlichen oder außerordentlichen Präsenzdienst leistet.

Wie hoch ist die Abgabe?

Die Abgabe beträgt für jeden Dienstnehmer und für jede angefangene Woche eines bestehenden Dienstverhältnisses 10 S.

Wann ist die Abgabe zu erklären und zu entrichten?

Die Abgabe ist für jeden Monat bis zum 15. des folgenden Monats zu entrichten. Für jedes Kalenderjahr ist bis zum 31. März des nächstfolgenden Jahres eine Erklärung abzugeben.

Weiters besteht die Möglichkeit, diesen Abrechnungs- und Zahlungsvorgang durch Pauschalierung sowie Bewilligung monatlicher Akontozahlungen für die Dauer des gleichbleibenden Beschäftigtenstandes zu vereinbaren, wenn dadurch ohne wesentliche Veränderung der Abgabenhöhe die Bemessung und Einhebung der Abgabe vereinfacht wird.

Wann wird die Abgabe rückerstattet?

Über Antrag wird Abgabepflichtigen die geleistete Dienstgeberabgabe rückerstattet, wenn die Summe der von ihnen aus Dienstverhältnissen geleisteten Entgelte (Arbeitslöhne) in jenem Kalenderjahr, für das die Rückerstattung begehrt wird, monatlich 3.000 S nicht erreicht und das steuerpflichtige Einkommen des Abgabepflichtigen im gleichen Zeitraum (Kalenderjahr) 30.000 S nicht überstiegen hat. Dieser Betrag erhöht sich für den Ehegatten um 20% und für jede weitere Person, für die der Abgabepflichtige kraft Gesetzes zu einer Unterhaltsleistung verpflichtet ist, um je weitere 10%.

Der Antrag auf Rückerstattung für ein Kalenderjahr ist bis zum Ablauf des nächstfolgenden Jahres einzubringen.

Wie wird die Abgabe bemessen und entrichtet?

Bemessungsstelle ist die MA 4, Ref. 4, 1, Ebendorferstraße 2, 2. Stock (Tel. 40 00 . . ., 86344, 86354, 86356). Die Abgabe ist an die nach dem Standort (Wohnsitz) des Dienstgebers zuständige Stadtkasse, für Steuerpflichtige, die in Wien keinen Standort haben bzw. für sechs Monate überschreitende Baustellen, an die Abgabenhauptverrechnung, 1, Volksgartenstraße 3 (Tel. 40 00 . . ., 86103), zu entrichten. Dort ist auch die Abgabenerklärung einzubringen.

Gebrauchsabgabe

Für den Gebrauch von öffentlichem Gemeindegrund, der als Verkehrsfläche dem öffentlichen Verkehr dient, samt den dazugehörigen Anlagen und Grünstreifen einschließlich seines Untergrundes und des darüber befindlichen Luftraumes ist vorher eine Gebrauchserlaubnis zu erwirken, wenn der Gebrauch über die widmungsmäßigen Zwecke dieser Fläche hinausgehen soll.

Wie hoch ist die Abgabe und wie ist die Fälligkeit geregelt?

Die Höhe der Abgabe ist aus dem dem Gebrauchsabgabegesetz angeschlossenen Tarif zu entnehmen. Der Tarif unterscheidet zwischen einmaligen Abgaben, Jahresabgaben und Selbstbemessungsabgaben. Die einmaligen Abgaben sind mit Ablauf eines Monats nach Bekanntgabe des Abgabenbescheides, solche für Baustofflagerungen jedoch mit Ablauf eines Monats nach Beginn der genehmigten Gebrauchnahme fällig. Die Jahresabgaben sind bis 31. Jänner jeden Jahres im vorhinein und die Selbstbemessungsabgaben für jeden Kalendermonat bis zum 15. des darauffolgenden Monats zu entrichten.

Wie wird die Abgabe bemessen und entrichtet?

Eine Gebrauchserlaubnis wird nur auf Antrag von der MA 35 – G, 20, Dresdner Straße 75 (Tel. 331 40 . . ., 408), erteilt. Diese ist auch die Bemessungsstelle für die Gebrauchsabgabe. Die jährlichen und einmaligen Gebrauchsabgaben sind mit dem den Bescheiden nachfolgenden Zahlschein der Lastschrift an die örtlich zuständige Stadtkasse zu entrichten. Der Zahlschein ist elektronisch erstellt und vollcodiert. Bei Selbstbemessungsabgaben sind die Abgabenerklärungen unter Verwendung der zugesandten Vordrucke bis

15. Februar eines jeden Jahres für das abgelaufene Kalenderjahr bei der örtlich zuständigen Stadtkasse abzugeben. Der Abgabepflichtige erhält auch elektronisch erstellte Zahlscheine, mit der die Selbstbemessungsabgabe zu entrichten ist.

Kanalräumungsgebühren

A. ABWASSERGEBÜHR

Der an einen Straßenkanal angeschlossene Grundbesitz innerhalb der Stadt Wien unterliegt der Abwassergebühr.

Wann beginnt oder endet die Gebührenpflicht?

Die Gebührenpflicht beginnt mit Ablauf des Kalendervierteis, in dem der Grundbesitz an einen öffentlichen Kanal angeschlossen wurde. Sie endet mit Ablauf des Kalendervierteis, in dem der Kanalanschluß beseitigt wurde.

Wonach richtet sich die Höhe der Gebühr?

Die Höhe der Gebühr richtet sich nach der auf der Liegenschaft bezogenen Wassermenge. Es werden nicht nur die aus der städtischen Wasserleitung bezogenen Wassermengen, sondern auch die aus Brunnen gewonnenen Mengen zur Berechnung herangezogen. Für jeden Kubikmeter Abwasser beträgt die Abwassergebühr 18,20 S. In der Abwassergebühr ist die Umsatzsteuer in Höhe von 10% bereits enthalten.

Wer ist Gebührenschuldner?

Für Wassermengen aus der städtischen Wasserversorgung hat der Wasserabnehmer (→ „Wassergebühren"), ansonsten der Schuldner der Grundsteuer für den Grundbeseitz, von dem die Ableitung in den Kanal erfolgt, die Gebühr zu entrichten.

Welche Ermäßigung der Gebühr gibt es?

1. Für Baulichkeiten mit nicht mehr als zwei Wohnungen, wenn die Nutzfläche der einzelnen Wohnungen 150 m^2 nicht übersteigt, sowie für Kleingärten kann ein pauschaler Abzug für das zur Bewässerung von Grünflächen verwendete Wasser beantragt werden. Bei Vorliegen der Voraussetzungen erfolgt die Bewilligung für die der Antragstellung folgenden Kalenderjahre. Das Wegfallen der Voraussetzungen für den pauschalen Abzug ist dem Magistrat unverzüglich mitzuteilen.
2. Werden mehr als 5 v. H. der für einen Zeitraum festgestellten Abwassermengen, mindestens jedoch mehr als 100 Kubikmeter, nachweislich nicht in den Kanal eingeleitet, kann bei sonstigem Anspruchsverlust bis zum Ende des folgenden Kalenderjahres für diese Wassermenge die Herabsetzung der Gebühr beantragt werden.

Wann wird die Gebühr fällig?

Die Abwassergebühr wird jährlich bescheidmäßig vorgeschrieben. Der Bescheid enthält unter anderem die Angaben über den Verrechnungszeitraum, die Abwassermenge sowie die für den Abrechnungszeitraum vorgeschriebenen Teilzahlungen. Die in der jährlichen Abrechnung eventuell vorgeschriebene Nachzahlung ist bis zum 15. des der Zustellung folgenden Monats zu entrichten. Bis zur Abrechnung sind vierteljährliche Teilzahlungen, die am 15. Jänner, 15. April, 15. Juli und 15. Oktober fällig werden, zu leisten.

Wie wird die Gebühr bemessen und entrichtet?

Bemessungsstelle ist die MA 4, Ref. 6, 1, Ebendorferstraße 2 (Tel. 40 00 . . ., 86233, 86234, 86235, 86236). Die Gebühr ist an die für die Liegenschaft örtlich zuständige Stadtkasse zu entrichten. Verfügt der Abgabepflichtige über ein Konto bei einem Geldinstitut, kann die Entrichtung auch im Lastschrifteinzugsverfahren von seinem Konto erfolgen.

B. RÄUMUNGSGEBÜHR UND GEBÜHREN FÜR BESONDERE ARBEITSLEISTUNGEN

Für die Räumung von Senk- und Sickergruben, Hauskläranlagen und Abscheidern aller Art wird eine Gebühr je nach Menge des Aushubs vorgeschrieben.

Für besondere Arbeitsleistungen, wie die Behebung von Verstopfungen, sind Gebühren nach Maßgabe der aufgewendeten Arbeitsstunden und der eingesetzten Geräte zu bezahlen.

Wann entsteht die Gebührenpflicht?

Die Gebührenpflicht entsteht mit der Vornahme der Arbeitsleistung.

Wer ist Gebührenschuldner?

Wird die Räumung bei der MA 30 beantragt, ist der Antragsteller Gebührenschuldner. Muß im öffentlichen Interesse die Arbeitsleistung vorgenommen werden, ist der Schuldner der Grundsteuer für den Grundbesitz, auf dem die Arbeitsleistung vorgenommen wurde, Gebührenschuldner.

Wie wird die Gebühr bemessen und entrichtet?

Die Gebühren werden von der MA 30 vorgeschrieben. Sie sind bei der für die Liegenschaft örtlich zuständigen Stadtkasse einzubezahlen.

Getränkesteuer (Besteuerung von Getränken und Speiseeis)

Die entgeltliche Lieferung von Getränken und Speiseeis mit Ausnahme von Milch unterliegt der Getränkesteuer.

Ausgenommen von der Getränkesteuer sind weiters die Lieferungen zur Konsumation in Beförderungsmitteln, die überwiegend außerhalb Wiens verkehren, sowie der „Ab-Hof-Verkauf" von Wein.

Wie hoch ist die Getränkesteuer?

Die Getränkesteuer beträgt ab 1. Jänner 1992 10 v. H. des Entgeltes bei Speiseeis und alkoholhältigen Getränken und 5 v. H. des Entgeltes bei alkoholfreien Getränken. Das Entgelt umfaßt insbesondere den Wert üblicher Beigaben, mitverkaufter Gefäße sowie bei Eisspezialitäten den Wert der nicht aus Speiseeis bestehenden Bestandteile der Spezialität und bei Getränken, in denen Früchte enthalten sind, den Wert der Früchte, unabhängig von deren mengen- und wertmäßigem Verhältnis zum Speiseeis oder Getränk.

Die Umsatzsteuer, die Getränkesteuer und das Bedienungsgeld gehören nicht zum Entgelt.

Wer ist steuerpflichtig?

Steuerpflichtig ist der Unternehmer. Unternehmer ist derjenige, auf dessen Namen und Rechnung die Lieferung erfolgt.

Wie wird die Steuer bemessen, abgerechnet und entrichtet?

Der Steuerpflichtige hat bis zum 15. Tag eines jeden Monats die Steuer für die im Vormonat abgegebenen Getränke und Speiseeis im allgemeinen bei der für seinen Betrieb örtlich zuständigen Stadtkasse zu entrichten und bis zum 15. Februar jedes Jahres für die im Vorjahr entstandene Steuerschuld bei dieser Stadtkasse eine Steuererklärung einzureichen. Nach Beendigung der Betriebsführung hat der Steuerpflichtige für die Steuerschuld, für die eine Erklärung noch nicht einzureichen war (Rumpfjahr), bis zum 15. Tag des auf den letzten Betriebsmonat folgenden zweitnächsten Kalendermonats eine Steuererklärung bei der Stadtkasse einzureichen.

Befindet sich jedoch der Betrieb des Abgabepflichtigen außerhalb Wiens, sind die monatlichen Steuerbeträge an die MA 6, Abgabenhauptverrechnung, 1, Volksgartenstraße 3 (Tel. 40 00 . . ., 86103), zu entrichten, bei der auch die Jahressteuer-Erklärung bzw. nach Betriebsende die Rumpfjahres-Erklärung einzubringen ist.

Bemessungsstelle ist die MA 4, Ref. 7, 1, Ebendorferstraße 2, 4. Stock, Tür 424 (Tel. 40 00 . . ., 86379).

Grundbesitzabgaben

Unter den von der Stadt Wien zur Vorschreibung und Einhebung gelangenden Grundbesitzabgaben versteht man die Grundsteuer und die Müllabfuhrabgabe.

A. GRUNDSTEUER

Die Grundsteuer ist eine Sach- und Realsteuer, der der inländische Grundbesitz unterliegt. Steuerschuldner ist der Eigentümer oder, wenn der Steuergegenstand ein grundstücksgleiches Recht ist (z. B. Baurecht), der Berechtigte. Ebenso sind Gebäude auf fremdem Grund und Boden (Superädifikate) selbständige Steuergegenstände und damit grundsteuerpflichtig. Gehört ein Steuergegenstand mehreren, sind sie Gesamtschuldner, d. h. sie haften gemäß § 891 ABGB zur ungeteilten Hand. Diese Umstände werden vom Finanzamt nach den Vorschriften des Bewertungsgesetzes festgestellt. Für die Grundsteuer haftet auf dem Steuergegenstand ein gesetzliches Pfandrecht.

Wie wird die Grundsteuer festgesetzt?

Maßgebend für die Festsetzung der Grundsteuer ist der Einheitswert, der für den Steuergegenstand nach den Vorschriften des Bewertungsgesetzes von den Behörden der Abgabenverwaltung des Bundes (Lagefinanzamt) festgestellt wurde. Das Finanzamt setzt durch Anwendung einer Steuermeßzahl auf den Einheitswert den Steuermeßbetrag fest. Die Steuermeßzahl beträgt:

1. bei land- und forstwirtschaftlichen Betrieben für die ersten angefangenen oder vollen 50.000 S des Einheitswertes 1,6 v. T., für den Rest des Einheitswertes 2 v. T.;
2. bei Einfamilienhäusern für die ersten angefangenen oder vollen 50.000 S des Einheitswertes 0,5 v. T., für die weiteren angefangenen oder vollen 100.000 S des Einheitswertes 1 v. T. und für den Rest des Einheitswertes 2 v. T.;
3. bei Mietwohn- und gemischtgenutzten Grundstücken für die ersten angefangenen oder vollen 50.000 S des Einheitswertes 1 v. T., für die weiteren angefangenen oder vollen 50.000 S des Einheitswertes 1,5 v. T. und für den Rest des Einheitswertes 2 v. T.;
4. bei den übrigen Grundstücken für die ersten angefangenen oder vollen 50.000 S des Einheitswertes 1 v. T., für den Rest des Einheitswertes 2 v. T.

Der Steuermeßbetrag bildet die Bemessungsgrundlage für die Grundsteuer. Durch Anwendung von Hebesätzen wird der Jahresbetrag der Grundsteuer von der Stadt Wien errechnet und bescheidmäßig vorgeschrieben. In Wien beträgt der Hebesatz 500 v. H. Der Grundsteuerbescheid ist ein Dauerbescheid und gilt bis zur Erlassung eines neuen Bescheides weiter.

Wie wirkt sich der Eigentumswechsel auf die Steuerpflicht aus?

Bei Eigentumswechsel (z. B. Verkauf, Schenkung, Erbweg) wirkt der Grundsteuerbescheid auch gegen den Rechtsnachfolger, auf den der Steuergegenstand nach dem Feststellungszeitpunkt übergegangen ist oder übergeht. Die Steuerpflicht geht erst mit dem der Änderung folgenden Kalenderjahr auf ihn über. Für das laufende Kalenderjahr bleibt daher der bisherige Eigentümer unbeschadet entgegenstehender privatrechtlicher Vereinbarungen steuerpflichtig. Der Eigentumswechsel ist grundsätzlich beim Finanzamt – und nicht beim Magistrat der Stadt Wien – zu melden.

Wann wird die Grundsteuer fällig?

Die Grundsteuer wird am 15. Februar, 15. Mai. 15. August und 15. November zu je einem Viertel ihres Jahresbetrages fällig. Liegt der Jahresbetrag unter 1.000 S, ist die Abgabe bis 15. Mai zu entrichten. Nachzahlungen für vorangegangene Fälligkeitszeitpunkte sind mit der nächsten Quartalsfälligkeit zu leisten.

Wie kann die Steuerpflicht oder die Höhe der Bewertung angefochten werden?

Im Hinblick darauf, daß die Bewertung durch die Abgabenbehörden des Bundes (Finanzämter) erfolgt, sind Einwendungen, die sich gegen die Steuerpflicht oder die Höhe des Einheitswertes und Steuermeßbetrages richten, nicht erst gegen den von der Stadt Wien erlassenen Grundsteuerbescheid, sondern schon gegen den Einheitswert- und Grundsteuermeßbescheid des Finanzamtes zu richten. Der Grundsteuerbescheid kann hingegen mit einer solchen Begründung nicht angefochten werden.

Wie kann eine zeitliche Grundsteuerbefreiung erlangt werden?

In Wien werden für folgende Baulichkeiten, die unter bestimmten Voraussetzungen errichtet wurden, zeitlich begrenzte Befreiungen von der Grundsteuer gewährt:

1. wiederhergestellte Wohnhäuser, die durch Kriegseinwirkung zerstört oder beschädigt waren;
2. Wohnhäuser, die anstelle des Wiederaufbaues eines durch Kriegseinwirkung zerstörten oder beschädigten Wohnhauses an einem anderen Ort errichtet worden sind und für die eine Hilfe aus dem Wohnhaus-Wiederaufbaufonds gewährt worden ist;
3. Wohnungen, die durch Neu-, Zu-, Auf-, Ein- oder Umbau von Baulichkeiten errichtet worden sind, deren Erhaltung aufgrund landesgesetzlicher Bestimmungen zur Wahrung des Stadtbildes in Altstadtkernen oder aufgrund des Denkmalschutzgesetzes vorgeschrieben ist;
4. Baulichkeiten, deren Errichtung nach dem Wohnbauförderungsgesetz 1954 gefördert worden ist;
5. Baulichkeiten, deren Errichtung nach dem Wohnbauförderungsgesetz 1968 gefördert worden ist;
6. Baulichkeiten, deren Errichtung nach dem Wohnbauförderungsgesetz 1984 gefördert wird;
7. Heime für Ledige, Schüler, Studenten, Lehrlinge und jugendliche Arbeitnehmer sowie für betagte Menschen, wenn die Heime durch Neu-, Zu-, Um-, Auf- und Einbauten errichtet wurden;
8. nach landesgesetzlichen Vorschriften über die Förderung des Wohnbaues geförderte Baulichkeiten.

Die Befreiung dauert bei rechtzeitigem Ansuchen 20 Jahre, gerechnet vom Beginn des Kalenderjahres an, das der Bauvollendung folgt. Das Ansuchen ist in der MA 4, Ref. 4, 1, Ebendorferstraße 2, 2. Stock, Tür 202a und 202b, einzubringen; dem Ansuchen sind die Baubewilligung samt Plänen, die Benützungsbewilligung und die Bezeichnung der Räume, für die die Befreiung beantragt wird, unter Anführung der topografischen Nummern und Angabe der Nutzfläche beizuschließen.

Die MA 4, Ref. 4, setzt das Ausmaß der Befreiung in einem Hundertsatz fest. Bei der Bemessung der Grundsteuer wird dieser Hundertsatz berücksichtigt.

Wie wird die Grundsteuer bemessen und entrichtet?

Die Grundsteuerbescheide werden von der EDV-Anlage ausgedruckt. Die für die Liegenschaft zuständige Stadtkasse hält den gespeicherten Datenbestand auf dem aktuellen Stand. Adreßänderungen, Änderungen des Zustellungsbevollmächtigten, Namensänderung durch Eheschließung usw. sind daher der für die Liegenschaft zuständigen Stadtkasse bekanntzugeben. Anfragen in rechtlicher Hinsicht sind an die MA 4, Ref. 4, 1, Ebendorferstraße 2, 2. Stock, Tür 208 (Tel. 40 00 . . ., 86364, 86365), zu richten.

Die Grundsteuer ist zu den Fälligkeitsterminen an die zuständige Stadtkasse bargeldlos zu überweisen. Zur Erleichterung der bargeldlosen Überweisung werden vierteljährlich elektronisch erstellte Lastschriftanzeigen mit einem Zahlschein als Allonge übermittelt. Ferner kann die Entrichtung der Grundbesitzabgaben mittels Bankeinzuges erfolgen.

B. ABGABE NACH DEM WIENER ABFALLWIRTSCHAFTSGESETZ

Die Abgabe wird für die Bereitstellung der Einrichtungen der öffentlichen Müllabfuhr bzw. deren Benützung eingehoben. Die Abgabepflicht besteht ohne Rücksicht darauf, ob die öffentliche Müllabfuhr tatsächlich benützt wird oder nicht. Abgabeschuldner ist der Eigentümer der Liegenschaft.

Wie erfolgt die Abfuhr des Mülls?

Die Stadt Wien stellt derzeit zur Aufnahme des anfallenden Mülls folgende Arten von Sammelgefäßen bei:

Kleingefäße mit 50 l Inhalt, Normalgefäße mit 110 l (120 l) Inhalt und Großgefäße mit 220 l (240 l), 770 l, 1.100 l, 2.200 l und 4.400 l Inhalt. Die Art und Zahl der Sammelgefäße wird jeweils nach den sanitären und betriebsmäßigen Erfordernissen bescheidmäßig festgesetzt. Ein Rechtsanspruch auf eine bestimmte Art von Sammelgefäßen besteht nicht. Der Inhalt der Sammelgefäße wird in der Regel jährlich 52mal eingesammelt. Eine Ausnahme bilden z. B. die in Kleingartenanlagen gelegenen Kleingartenflächen (Lose), die im Sinne des Wiener Kleingartengesetzes benützt werden. Für diese kann beantragt werden, der Jahresvorschreibung eine 34malige Einsammlung zugrundezulegen.

Wie wird die Höhe der Abgabe errechnet?

Die als Jahresabgabe zu erhebende Abgabe ist durch Multiplikation der Zahl der für die Liegenschaft festgesetzten Sammelgefäße mit der Zahl der jährlichen Einsammlungen und mit dem Grundbetrag zu errechnen. Der Grundbetrag ist derzeit für Kleingefäße mit 50 l Inhalt mit 22,50 S, für Großgefäße bis 110 l Inhalt mit 34,50 S festgesetzt. Für Großgefäße über 110 l Inhalt erhöht sich der Grundbetrag von 34,50 S um jenen Hundertsatz, um den der Literinhalt des Großgefäßes 110 l übersteigt, für Großgefäße mit 120 l und 240 l Inhalt ist der Grundbetrag mit 34,50 S und 69 S festgesetzt. Die jährliche Abgabe wird durch schriftlichen Bescheid festgelegt und wirkt auch gegen alle späteren Liegenschaftseigentümer. Die Müllabfuhrabgabe wird wie die Grundsteuer zu je einem Viertel am 15. Februar, 15. Mai, 15. August und 15. November ihres Jahresbetrages fällig. In der Abgabe ist die Umsatzsteuer in Höhe von 10% bereits enthalten.

Die Vorgangsweise bei Änderung der Zahl der Sammelgefäße → „Abfallwirtschaft, Straßenreinigung und Fuhrpark".

Wie wird die Abgabe bemessen und entrichtet?

Die Feststellungs- und Abgabenbescheide werden von der EDV-Anlage ausgedruckt. Die für die Liegenschaft zuständige Stadtkasse hält den gespeicherten Datenbestand auf dem aktuellen Stand. Adreßänderungen, Änderungen des Zustellungsbevollmächtigten, Namensänderung durch Eheschließung usw. sind daher der für die Liegenschaft zuständigen Stadtkasse bekanntzugeben. Anfragen in rechtlicher Hinsicht sind an die MA 4, Ref. 4, 1, Ebendorferstraße 2, 2. Stock, Tür 208 (Tel. 40 00 . . ., 86364, 86365), zu richten.

Die Müllabfuhrabgabe ist zu den Fälligkeitsterminen an die örtlich zuständige Stadtkasse zu entrichten.

Hundeabgabe

Für das Halten von Hunden im Gebiet der Stadt Wien mit Ausnahme von Blindenführerhunden wird eine Abgabe eingehoben.

Ab wann ist für das Halten eines Hundes die Hundeabgabe zu entrichten?

Die Abgabepflicht entsteht, sobald der Hund das Alter von drei Monaten erreicht bzw. sobald er in das Gebiet der Stadt Wien gebracht wird.

Wann und wo hat die Anmeldung des Hundes zu erfolgen?

Die Anmeldung hat innerhalb von 14 Tagen nach Eintreten der Abgabepflicht bei der Stadtkasse jenes Bezirkes, in dem der Hund gehalten wird, zu erfolgen.

Wie hoch ist die Abgabe, und welche Begünstigungen sind vorgesehen?

Die Höhe der Abgabe richtet sich nach der Anzahl der im selben Haushalt oder Betrieb gehaltenen Hunde. Wird im selben Haushalt oder Betrieb nur ein Hund gehalten, beträgt die Abgabe für diesen Hund pro Kalenderjahr 600 S. Werden im selben Haushalt oder Betrieb mehrere Hunde gehalten, beträgt die Abgabe für den zweiten und jeden weiteren Hund pro Kalenderjahr 900 S. Für je einen Wachhund in einem land- oder forstwirtschaftlichen Betrieb ist eine um 300 S ermäßigte Hundeabgabe zu entrichten. Bei einem Wechsel des Hundehalters während des Abgabejahres entsteht für den nachfolgenden Hundehalter die Abgabepflicht neu; jedoch ist er berechtigt, eine bereits von einem Vorgänger an die Stadt Wien geleistete Abgabe mit höchstens dem Betrag, den er selbst zu leisten hätte, in Anrechnung zu bringen. Wenn ein Hund nachweislich verendet oder getötet wird, kann anstelle dieses Hundes ein anderer Hund gehalten werden, ohne daß der Halter im selben Kalenderjahr noch einmal eine Abgabe zu leisten hat. Keinen Ermäßigungs- oder Befreiungsgrund bildet es, wenn der Hund nicht das ganze Jahr gehalten wird. Weist der Abgabepflichtige nach, daß der Hund zum überwiegenden Teil des Abgabenjahres außerhalb des Gebietes der Stadt Wien gehalten und für diesen Hund an eine andere österreichische Gemeinde eine Hundeabgabe entrichtet wurde, ist die Abgabe bis zur Höhe der in Wien zu entrichtenden Abgabe anzurechnen. Der Anrechnungsbetrag ist dem Abgabepflichtigen rückzuerstatten.

Von der Entrichtung der Hundeabgabe ist der Abgabepflichtige befreit, wenn der von ihm gehaltene Hund nachweislich innerhalb eines Monats nach Entstehen der Abgabepflicht verendet bzw. getötet wird und anstelle dieses Tieres kein anderer Hund im selben Kalenderjahr gehalten wird.

Wann und wo ist ein Befreiungs- oder Ermäßigungsgrund geltend zu machen?

Innerhalb der Anmeldungsfrist bei der zuständigen Stadtkasse.

Wann gibt es eine Befreiung von der Hundeabgabe?

Voraussetzung für eine einmalige Befreiung von der Hundeabgabe für das Jahr 1998 ist der Nachweis einer im Jahr 1997 erfolgreich abgelegten Hundeprüfung. Die Prüfung muß von einem Sachverständigen, der vom Magistrat der

Stadt Wien bestellt wurde, abgenommen werden. Eine Liste solcher Sachverständigen liegt bei der MA 4, Ref. 4, 1, Ebendorferstraße 2, 2. Stock, Tür 206, auf.

Die Befreiung kann für jeden Hund nur einmal in Anspruch genommen werden.

Wie ist die Abgabe zu entrichten, und wie kommt der Hundehalter in den Besitz der Marke?

Die Abgabe ist an die nach dem Wohnort zuständige Stadtkasse bargeldlos zu entrichten. Zu diesem Zweck wird dem Hundehalter bei der Anmeldung des Hundes ein Zahlschein ausgefolgt. Ebenso wird jährlich immer im Dezember für das folgende Jahr eine elektronisch erstellte Lastschriftanzeige mit einem vollcodierten Zahlschein zugeschickt. Nach Einlangen der Zahlung erhält der Hundehalter die Hundemarke per Post übermittelt.

Wann ist die Abgabe zu entrichten?

Die Hundeabgabe ist spätestens bis Ende April des laufenden Jahres zu entrichten.

Welche Pflichten hat der Hundehalter nach dem Hundeabgabegesetz?

Neben der Pflicht zur An- bzw. Abmeldung des Hundes hat der Hundehalter dafür Sorge zu tragen, daß der Hund außerhalb des Hauses die Marke sichtbar trägt.

Kommunalsteuer

Arbeitslöhne, die an Dienstnehmer einer im Inland gelegenen Betriebsstätte des Unternehmens gewährt werden, unterliegen der Kommunalsteuer in der Höhe von 3% der Bemessungsgrundlage. Bemessungsgrundlage ist die Summe der Arbeitslöhne, die an die Dienstnehmer der in der Gemeinde gelegenen Betriebsstätte gewährt worden sind (gleichzusetzen mit der Bemessungsgrundlage der Dienstgeberbeiträge zum Familienlastenausgleichsfonds).

Was ist ein Dienstnehmer?

In einem Dienstverhältnis stehende Personen im Sinne des § 47 Abs. 2 des Einkommensteuergesetzes 1988 sowie an Kapitalgesellschaften beteiligte Personen im Sinne des § 22 Z 2 des Einkommensteuergesetzes 1988.

Was ist ein Unternehmen?

Das Unternehmen umfaßt die gesamte gewerbliche und berufliche Tätigkeit des Unternehmers. Gewerblich oder beruflich ist jede Tätigkeit zur Erzielung von Einnahmen mit oder ohne Gewinnerzielungsabsicht. Unternehmen ist auch eine Personenvereinigung, die nur ihren Mitgliedern gegenüber tätig wird. Als Unternehmer und Unternehmen gelten weiters auch Stiftungen, Mitunternehmerschaften und sonstige Personengesellschaften, außerdem Körperschaften im Sinne des § 7 Abs. 3 Körperschaftssteuergesetz.

Was ist ein Unternehmer?

Unternehmer ist, wer eine gewerbliche oder berufliche Tätigkeit selbständig ausübt.

Was gehört nicht zur Bemessungsgrundlage?

Ruhe- und Versorgungsbezüge; Abfertigungen; Bezüge gemäß § 3 Abs. 1 Z 10, 11 und 13 bis 21 des Einkommensteuergesetzes 1988; Arbeitslöhne an begünstigte Personen nach dem Behinderteneinstellungsgesetz; Gehälter für ehemalige Tätigkeiten im Sinne des § 22 Z 2 Einkommensteuergesetz 1988.

Was ist ein ermäßigter Steuersatz?

Beträgt die Bemessungsgrundlage (Summe der Arbeitslöhne) bei einem Unternehmen mit nur einer einzigen Betriebsstätte nicht mehr als 20.000 S, werden davon 15.000 S abgezogen.

Wann und wohin ist die Steuer zu entrichten und zu erklären?

Die Kommunalsteuer für einen Monat ist bis zum 15. des darauffolgenden Monats an die örtlich zuständige Stadtkasse zu entrichten. Dort ist überdies auch für jedes abgelaufene Kalenderjahr bis 31. März eine nach Kalendermonaten aufgegliederte Erklärung über die Berechnungsgrundlage abzugeben.

Für Steuerpflichtige ohne Wiener Standort bzw. für Bauausführungen, die länger als sechs Monate dauern, ist die Abgabenhauptverrechnung zuständig.

Ortstaxe

Wer im Gebiet der Stadt Wien in einem Beherbergungsbetrieb gegen Entgelt Aufenthalt nimmt, hat die Ortstaxe zu entrichten. Zum Entgelt zählt nicht die Umsatzsteuer. Zum Entgelt zählen weiters nicht das Bedienungsgeld, ein allfälliger Heizzuschlag und das Entgelt für Frühstück, wenn diese in den vom Magistrat vidierten Zimmerpreistabellen gesondert ausgewiesen werden, jedoch nur bis zum ortsüblichen Ausmaß.

Wer ist von der Entrichtung der Ortstaxe befreit?

Minderjährige, die sich in Wien zum Schulbesuch oder zur Berufsausbildung oder in Jugendherbergen aufhalten, Studierende an Wiener Hoch- und Fachschulen sowie Personen, die für eine Beherbergung je Tag kein höheres Entgelt als 20 S zu entrichten haben. Ferner werden über Ansuchen diejenigen Personen, die im selben Beherbergungsbetrieb mehr als drei Monate ununterbrochen Aufenthalt nehmen und je Tag kein höheres Entgelt als 29 S zu leisten haben, von der Ortstaxe befreit. Die Befreiung wird frühestens ab dem vierten Aufenthaltsmonat, bei später einlangenden Ansuchen jedoch erst ab dem Einlangen des Ansuchens beim Magistrat wirksam.

Wie hoch ist die Ortstaxe?

Die Ortstaxe beträgt je Person und Beherbergung 2,8% des Beherbergungsentgeltes.

Wie, bis zu welchem Termin und an wen wird die Ortstaxe abgeführt?

Die Inhaber der Beherbergungsbetriebe haben die Ortstaxe von den Beherbergten einzuheben und dem Magistrat bis zum 15. des der Beherbergung nächstfolgenden Monats die Abgabe zu entrichten.

Die Erklärung ist an die örtlich zuständige Stadtkasse bis 15. Februar eines jeden Jahres zu richten. Bemessungsstelle ist die MA 4, Ref. 4, 1, Ebendorferstraße 2, 2. Stock, Tür 208 (Tel. 40 00 . . ., 86364, 86365).

Parkometerabgabe

Die Parkometerabgabe hat den Zweck, die Nachfrage nach den knappen Parkplätzen durch ein geringes Entgelt zu steuern.

Wann ist die Parkometerabgabe zu entrichten?

Wird ein mehrspuriges Kraftfahrzeug in einer Kurzparkzone abgestellt, ist Parkometerabgabe zu bezahlen.

Der Begriff „Abstellen“ umfaßt sowohl das Halten als auch das Parken.

Wie hoch ist die Parkometerabgabe?

Die Abgabe beträgt für eine Parkzeit von einer halben Stunde 6 S, für eine Parkzeit von einer Stunde 12 S und für eine Parkzeit von 1 1/2 Stunden 18 S.

Bei einer Abstellzeit von bis zu zehn Minuten ist keine Parkometerabgabe zu entrichten, jedoch ist auch in diesen Fällen ein (gebührenfreier) Parkschein zu entwerten.

Wie wird die Parkometerabgabe entrichtet?

Zu Beginn des Abstellens des Fahrzeuges ist ein Parkschein zu entwerten. Die Parkscheine für halbstündiges, einstündiges und eineinhalbstündiges Parken sind bei Sparkassen und anderen Kreditinstituten, Trafiken, Tankstellen und den Vorverkaufsstellen der Wiener Stadtwerke-Verkehrsbetriebe erhältlich.

Gebührenfreie Parkscheine sind weiters bei der Stadtinformation, beim Bürgerdienst sowie bei ARBÖ und ÖAMTC erhältlich.

Wie wird der Parkschein richtig entwertet?

Die Entwertung des Parkscheines hat durch deutlich sichtbares und haltbares Ankreuzen des Beginnes der Abstellzeit zu erfolgen, wobei angefangene Viertelstunden unberücksichtigt gelassen werden können. Dies jedoch nur bei Verwendung eines Parkscheines, d. h. die Entwertung eines Parkscheines hat auch dann zu erfolgen, wenn das Fahrzeug in der letzten Viertelstunde der Gültigkeitsdauer der Kurzparkzone abgestellt wird. Bei Verwendung mehrerer Parkscheine sind auf jedem Parkschein übereinstimmend die gleichen, der Ankunftszeit entsprechenden Daten anzukreuzen.

Die Entwertung des gebührenfreien Parkscheins hat durch deutlich sichtbares und haltbares Eintragen der Stunde und Minute zu erfolgen. Bei einstelligen Stunden- und Minutenangaben ist eine Null vorzusetzen. Die gleichzeitige Verwendung von mehr als einem gebührenfreien Parkschein sowie die Kombination von gebührenfreien mit entgeltlichen Parkscheinen ist unzulässig.

Wo ist der Parkschein anzubringen?

Der Parkschein ist bei mehrspurigen Kraftfahrzeugen mit Windschutzscheibe hinter dieser und durch diese gut erkennbar anzubringen.

Wer ist von der Parkometerabgabe befreit?

Die Abgabe ist nicht zu entrichten für

1. Fahrzeuge, die für den Bund, eine andere Gebietskörperschaft oder die Österreichischen Bundesbahnen zugelassen sind, ausgenommen Personenkraftwagen;
2. Einsatzfahrzeuge;
3. Fahrzeuge, die von Ärzten bei einer Fahrt zur Leistung ärztlicher Hilfe von ihnen selbst gelenkt werden und die beim Abstellen mit einer Tafel „Arzt im Dienst" gekennzeichnet sind;
4. Taxis, die zum Zweck der Kundenaufnahme oder -abfertigung anhalten;
5. Personen, die gemäß § 2 Abs. 1 Z 12 des Kraftfahrzeugsteuergesetzes 1992, BGBl. Nr. 449, in der Fassung des Bundesgesetzes BGBl. Nr. 254/1993, von der Entrichtung der Kraftfahrzeugsteuer befreit wurden, hinsichtlich des Kraftfahrzeuges, das in der über die Befreiung ausgestellten Bescheinigung angeführt ist, oder die von der motorbezogenen Versicherungssteuer aus den Gründen des § 4 Abs. 3 Z 9, Versicherungssteuergesetz 1953, BGBl. Nr. 133, in der Fassung des Bundesgesetzes BGBl. Nr. 254/1993, ausgenommen sind und diese Ausnahme nachweisen;
6. Fahrzeuge, die von Inhabern eines Ausweises gemäß § 29 b Abs. 4 oder 5 der Straßenverkehrsordnung 1960 in der Fassung des Bundesgesetzes BGBl. Nr. 174/1983, der das kraftfahrrechtliche Kennzeichen des abgestellten Fahrzeuges aufweist, gelenkt werden und beim Abstellen mit diesem Ausweis deutlich sichtbar gekennzeichnet sind;
7. Fahrzeuge, mit denen Inhaber eines Ausweises gemäß § 29b StVO befördert werden, wenn sie für die Dauer des Aus- und Einsteigens dieser Personen einschließlich des Aus- und Einladens der für diese Personen nötigen Behelfe (wie etwa eines Rollstuhles und dgl.) halten. Auch hier ist das Fahrzeug beim Abstellen mit diesem Ausweis zu kennzeichnen.

Wer ist in Angelegenheiten der Parkometerabgabe zuständig?

Auskünfte grundsätzlicher Art (Abgabenhöhe, Abgabenhöhe bei pauschaler Entrichtung usw.) erteilen die MA 4, Ref. 5, Ernst-Happel-Stadion, 2, Meiereistraße 7, 2. Stock, Tür 140 (Tel. 40 00 . . ., 86893), und die MA 67 (Tel. 40 00 . . ., 3888).

Bescheinigungen über die Befreiung von der Parkometerabgabe (für Behinderte) sowie Bescheide über die pauschale Entrichtung der Parkometerabgabe, sofern keine Ausnahmebewilligung gemäß § 45 Abs. 2 oder Abs. 4 der Straßenverkehrsordnung 1960 (StVO 1960) in der geltenden Fassung damit verbunden ist, stellt die MA 4, Ref. 8, 1, Ebendorferstraße 2, 4. Stock (Tel. 40 00 . . ., 86461), aus. Sie führt weiters bei Vorliegen von über längere Zeit dauernden Übertretungen des Parkometergesetzes Abgabeverfahren durch.

Für die pauschale Entrichtung der Parkometerabgabe im Zusammenhang mit einer Ausnahmegenehmigung gemäß § 45 Abs. 2 StVO 1960 (Wirtschaftsverkehr) ist die MA 46, 12, Niederhofstraße 23, 5. Stock, Tür 548 (Tel. 811 14 . . ., 92935 oder 92936), zuständig, für Pauschalierungen im Zusammenhang mit § 45 Abs. 4 StVO 1960 (Parkpickerl) das jeweils örtlich zuständige magistratische Bezirksamt.

Die Kontrolle von Kurzparkzonen und allfällige Strafverfahren wegen Nichteinhaltung der Bestimmungen des Parkometergesetzes werden durch die MA 67, Ernst-Happel-Stadion, 2, Meiereistraße 7, 2. Stock, Tür 232 (Tel. 40 00 . . ., 3888), durchgeführt.

Sportgroschen

Bei den im Gebiet der Stadt Wien gegen Entgelt zugänglichen Sportveranstaltungen wird der Sportgroschen eingehoben.

Wie hoch ist die Abgabe und wie ist die Fälligkeit geregelt?

Der Sportgroschen beträgt 10 v. H. des Entgeltes für die Teilnahme an der Veranstaltung ausschließlich der Umsatzsteuer. Die Abgabe ist so wie die Vergnügungssteuer und zum selben Termin, jedoch gesondert, beim Magistrat anzumelden, abzurechnen und zu entrichten (→ „Vergnügungssteuer").

Wer ist abgabepflichtig?

Abgabepflichtig ist der Veranstalter.

Vergnügungssteuer

Vergnügungssteuerpflichtig sind Vorführungen von Filmen (auch z. B. Videofilmen) und Projektionen durch Fernsehempfangsanlagen, Ausstellungen, das Halten von Schau-, Scherz-, Spiel-, Geschicklichkeits- oder ähnlichen Apparaten sowie von Musikautomaten, Kunstlaufvorführungen auf Eis- oder Rollbahnen, Stripteasevorführungen und Peepshows, Publikumstanz, Masken- und Kostümfeste, sportliche Wettkämpfe und Vorführungen in Form von Motorsportveranstaltungen, Berufsboxen und Berufsringen, der Besuch von Spielbanken, Tombolaspiele, Glückshäfen, Juxausspielungen, das Vermieten von Programmträgern (z. B. Kassetten oder

Disketten) für Videospiele, von Videofilmen sowie von Schmalfilmen oder auf sonstigen Bildträgern aufgezeichneten Filmen in einem in Wien liegenden Betrieb, ausgenommen die Vermietung an Unternehmer, die die Programmträger oder Filme zur vergnügungssteuerpflichtigen Verwendung mieten.

Für die Steuerpflicht des Veranstalters ist es unerheblich, ob für die Teilnahme an den Veranstaltungen ein Entgelt verlangt wird oder nicht.

Wo und wann sind die Veranstaltungen anzumelden?

Der Unternehmer hat die oben genannten Veranstaltungen spätestens drei Werktage vor der Veranstaltung, und zwar für Einzelveranstaltungen (mit Ausnahme von Sportveranstaltungen und Veranstaltungen in Kinos), bei der MA 4, Ref. 7, Außenstelle, 1, Volksgartenstraße 3 (Tel. 40 00 . . ., 86201, 86202), anzumelden. Täglich oder sonst regelmäßig wiederkehrende Veranstaltungen sowie Einzelveranstaltungen im Rahmen der Dauerveranstaltungen und Sportveranstaltungen sind bei der MA 4, Ref. 7, 1, Ebendorferstraße 2, 4. Stock, anzumelden. Das Halten von Apparaten ist spätestens einen Tag vor deren Aufstellung bei der zuletzt genannten Dienststelle anzumelden.

Von der Vergnügungssteuer befreit sind:

Dem Unterricht an öffentlichen oder erlaubten privaten Unterrichtsanstalten dienende oder mit Genehmigung der Schulbehörde für ihre Schüler und deren Angehörige im Schulgebäude stattfindende Veranstaltungen bzw. solche Veranstaltungen, deren Reinertrag ausschließlich schulischen Zwecken zugute kommt; Volkshochschulkurse; Veranstaltungen, bei denen das Doppelte der entfallenden Steuer zu vorher anzugebenden mildtätigen Zwecken verwendet wird; Veranstaltungen, die überwiegend zur außerschulischen Jugenderziehung geeignet sind, sofern keine alkoholischen Getränke verabreicht werden und dies spätestens bei der Anmeldung geltend gemacht wird; Veranstaltungen von einzelnen Personen in Wohnräumen, wenn weder ein Entgelt dafür zu entrichten ist noch Speisen oder Getränke gegen Bezahlung verabreicht werden, wobei Vereinsräume nicht als Wohnräume gelten; nach den Anordnungen der militärischen Behörden dienstlichen Zwecken des Bundesheeres dienende Veranstaltungen; Veranstaltungen von Organen gesetzlich anerkannter Kirchen oder Religionsgesellschaften, die Zwecken dieser Kirchen oder Religionsgesellschaften dienen; unentgeltliche Veranstaltungen in Heimen und Krankenanstalten; Veranstaltungen, die ausschließlich erbauenden, belehrenden oder anderen nicht als Vergnügen anzusehenden Zwecken dienen, wie z. B. religiösen, politischen oder wissenschaftlichen Zwecken; Vorführung von länger als eine Stunde dauernden prädikatisierten Filmen vor Stuhlreihen unter Ausschluß der Verabfolgung von Speisen und Getränken und des Rauchens seitens der Besucher während der Vorführung; Ausstellungen der Museen; Ausstellungen der Kunst und Wissenschaft; Tierschauen; internationale Warenmessen; Verkaufsausstellungen mit freiem Eintritt; Tanzübungen (Perfektionen) in Tanzschulen, sofern alkoholische Getränke nicht verabreicht werden und im Tanzsaal Rauchverbot besteht; fallweise Veranstaltungen von Tanzbelustigungen, Masken- und Kostümfesten in Buschenschenken und Betrieben des Gastgewerbes, ausgenommen Bars und Nachtlokale, unter gewissen Voraussetzungen.

Ob die Voraussetzungen für die Befreiung von der Vergnügungssteuer gegeben sind, ist bei der Anmeldestelle zu erfragen.

Wie hoch ist die Vergnügungssteuer?

Art und Höhe der Steuer richtet sich nach der Art der Veranstaltung oder Art des Apparates. Anläßlich der Anmeldung ist eine Sicherheit in der voraussichtlichen Höhe der Steuer zu leisten.

Wer ist steuerpflichtig?

Steuerpflichtig ist der Unternehmer der Veranstaltung. Unternehmer der Veranstaltung ist jeder, in dessen Namen oder auf dessen Rechnung die Veranstaltung durchgeführt wird oder auf dessen Namen und Rechnung die Entgelte gefordert werden. Bei Apparaten sind auch der Eigentümer des Apparates und der Inhaber des Lokals, in dem der Apparat aufgestellt ist, steuerpflichtig.

Wann ist die Abrechnung und Entrichtung der Vergnügungssteuer fällig?

Der Unternehmer hat die Abrechnung bei einmaligen Veranstaltungen binnen zwei Wochen nach der Veranstaltung unter Anschluß der nicht verwendeten Karten, bei täglich oder sonst regelmäßig wiederkehrenden Veranstaltungen längstens am 15. des Folgemonats für den unmittelbar vorangehenden Kalendermonat dem Magistrat vorzulegen und die darin ausgewiesene Steuer zu entrichten. Für das Halten von Apparaten und Musikautomaten ist die Vergnügungssteuer erstmals zum Termin der Anmeldung und in der Folge jeweils spätestens bis zum Letzten eines Monats für den Folgemonat mit dem gesetzlich festgesetzten Pauschsteuerbetrag zu entrichten. Die Anmeldung von Apparaten gilt als Steuererklärung für die Dauer der Steuerpflicht. Die Verpflichtung zur Entrichtung der Vergnügungssteuer endet erst mit Ablauf des Kalendermonats, in dem die Abmeldung des Apparates erfolgt oder die Abgabenbehörde sonst davon Kenntnis erlangt, daß der Apparat von dem Steuerpflichtigen nicht mehr gehalten wird.

Wie wird die Vergnügungssteuer bemessen und entrichtet?

Bemessungsstelle ist die jeweilige Anmeldestelle. Einreichungsstelle für die Steuererklärungen ist für Dauerveranstaltungen die MA 6, Abgabenhauptverrechnung, für alle anderen Veranstaltungen die jeweilige Anmeldestelle. Abrechnungen für Besucher- und Zählkarten sind gleichfalls bei der Abgabenhauptverrechnung einzubringen. Die Vergnügungssteuer für Automaten ist an die örtlich zuständige Stadtkasse, für alle anderen Veranstaltungen an die Abgabenhauptverrechnung, 1, Volksgartenstraße 3 (Tel. 40 00 . . ., 86096), zu entrichten.

Versteigerungsabgabe

Von den in Wien stattfindenden freiwilligen öffentlichen Versteigerungen beweglicher und unbeweglicher Sachen wird eine Abgabe erhoben. Versteigerungen gemeinschaftlicher Liegenschaften nach § 352 Exekutionsordnung, RGBl. Nr. 79/1896, gelten als freiwillige Versteigerungen. Versteigerungen unbeweglicher Sachen sind abgabepflichtig, wenn sie von Gerichten oder Notaren durchgeführt werden; Versteigerungen beweglicher Sachen sind abgabepflichtig, wenn deren Durchführung den Bestimmungen der GewO 1973 unterliegt.

Wie hoch ist die Abgabe?

Die Abgabe beträgt 2% des bei der Versteigerung erzielten Erlöses. Der Versteigerungserlös besteht aus dem Meistbot und dem Wert jener Lasten, die vom Ersteher zusätzlich zum Meistbot zu übernehmen sind.

Wer ist abgabepflichtig?

Abgabepflichtig ist derjenige, der die Sache versteigern läßt. Ist er nicht der Eigentümer der Sache, haftet der Eigentümer mit ihm zur ungeteilten Hand für die Entrichtung der Abgabe. Sämtliche Miteigentümer einer zu versteigernden Sache sind Gesamtschuldner.

Welche Pflichten bestehen bei gewerbsmäßiger Durchführung von Versteigerungen für die Inhaber derartiger Betriebe?

Die Inhaber von Betrieben, die bei Durchführung von Versteigerungen den Vorschriften der GewO 1973 unterliegen, haben die Abgaben von den Versteigerern einzuheben und bis zum zehnten Tag des auf ein Kalendervierteljahr zweitfolgenden Monats für dieses vorangegangene Kalenderviertel die entstandene Abgabenschuld beim Magistrat schriftlich zu erklären und die Abgabe zu entrichten. Die Inhaber dieser Betriebe haften für die Begleichung der Versteigerungsabgabe.

Wie wird die Abgabe bemessen und entrichtet?

Bemessungsstelle ist die MA 4, Ref. 4, 1, Ebendorferstraße 2 (Tel. 40 00 . . ., 86364, 86365).

Die Abgabe ist an die MA 6, Abgabenhauptverrechnung, 1, Volksgartenstraße 3 (Tel. 40 00 . . ., 86092), zu entrichten. Dort ist die Abgabenerklärung einzubringen.

Wassergebühren

Für die Abgabe von Wasser aus städtischen Wasserversorgungsanlagen und für die Beistellung und laufende Instandhaltung der Wasserzähler sind Wasserbezugsgebühren und Wasserzählergebühren zu entrichten. Abgabepflichtig ist jeder Wasserabnehmer, der über eine selbständige Abzweigleitung Wasser aus der städtischen Wasserleitung entnimmt. Es sind dies:

1. der Hauseigentümer für die über den Wasserzähler seines Hauses bezogene Wassermenge;
2. der Bauherr für Bauzwecke;
3. der Nutzungsberechtigte von unbebauten Grundstücken;
4. der Betriebsinhaber;
5. der sonstige Wasserverbraucher.

Mehrere Miteigentümer sind Gesamtschuldner. Wasserverbraucher, die im Vergleich zu den übrigen an denselben Wasserzähler angeschlossenen Wasserverbrauchern übermäßig große Wassermengen beziehen, können zur Anmeldung eines eigenen Wasserzählers verhalten werden.

Wie hoch sind die Gebühren?

Die Höhe der Wasserbezugsgebühr richtet sich nach der Menge des Wasserverbrauches.

Für jeden Kubikmeter abgegebenen Wassers beträgt die Wasserbezugsgebühr 18 S.

Die Höhe der Wasserzählergebühr richtet sich nach der Anschlußgröße des Wasserzählers (lichter Durchmesser des Anschlußrohres) und beträgt jeweils zwischen 240 S und 2.880 S jährlich. In den Gebühren ist die Umsatzsteuer in Höhe von 10% bereits enthalten.

Wann werden die Gebühren fällig?

Die Wasserbezugsgebühr wird nach erfolgter Ablesung des Wasserzählers jährlich ermittelt und bescheidmäßig vorgeschrieben. Der Bescheid enthält die Angaben über den Wasserverbrauch und die für den Verbrauchszeitraum vorgeschriebenen Teilzahlungen. Die in der jährlichen Abrechnung eventuell ausgewiesene Nachzahlung ist bis zum 15. des der Zustellung folgenden Monats zu entrichten. Bis zu dieser Abrechnung sind vierteljährliche Teilzahlungen bis zum 15. Jänner, 15. April, 15. Juli und 15. Oktober zu leisten. Die Wasserzählergebühr ist eine jährlich entstehende Abgabenschuld, die zu je einem Viertel des Jahresbetrages zugleich mit den für den Wasserbezug vorgeschriebenen Gebühren fällig wird.

Wie werden die Gebühren bemessen und entrichtet?

Bemessungsstelle ist die MA 4, Referat 6, Ebendorferstraße 2 (Tel. 40 00 . . ., 86233, 86234, 86235, 86236).

Die Gebühren sind an die örtlich zuständige Stadtkasse zu entrichten, wobei die Entrichtung auch im Lastschrifteneinzugsverfahren erfolgen kann, wenn der Abgabepflichtige über ein Konto bei einem Geldinstitut verfügt.

Weitere Ausführungen über die Zuleitung und Abgabe von Wasser → „Wasserversorgung“.

STRASSENVERWALTUNG UND STRASSENBELEUCHTUNG

(MA 28, 33, 64)

Welche Vorschriften bestehen über die Gehsteigherstellung?

Jeder Eigentümer eines Neu-, Zu- oder Umbaues im Bauland oder einer fundierten Einfriedung an einer Baulinie ist verpflichtet, wenn der Bebauungsplan im Querschnitt der Verkehrsfläche nichts anderes bestimmt, in der vollen Länge des Bauplatzes oder Bauloses nach den Angaben der Behörde einen Gehsteig herzustellen. Als Gehsteig gelten auch Verkehrsflächen oder Teile von solchen, die vorwiegend dem Fußgängerverkehr vorbehalten sind und deswegen entweder nicht befahrbar ausgestaltet oder von einem etwaigen Fahrstreifen baulich nicht getrennt bzw. durch Randsteine gegen andere Teile der Verkehrsfläche nicht abgegrenzt sind. Bei der Herstellung einer nicht fundierten Einfriedung an der Baulinie ist nach den gleichen Grundsätzen ein Gehsteig in vorläufiger Bauart herzustellen. Unter bestimmten Voraussetzungen (z. B. wenn die Herstellungskosten des Gehsteigs im Verhältnis zu den Baukosten wirtschaftlich nicht vertretbar wären) hat die Behörde jedoch von der Verpflichtung zur Herstellung eines Gehsteiges abzusehen bzw. über Ansuchen die Herstellung des Gehsteiges zu stunden, wenn nicht öffentliche Interessen die Herstellung eines Gehsteiges verlangen. Das Ansuchen um Stundung der Gehsteigherstellung ist an die MA 28, 17, Lienfeldergasse 96, zu richten (180-S-Bundesstempel und 180-S-Verwaltungsabgabemarken). Die Stundung wird im Grundbuch ersichtlich gemacht. Sonst hat die Herstellung des Gehsteiges bis zur Erteilung der Benützungsbewilligung bzw. in den Fällen, in denen auf die Erteilung einer Benützungsbewilligung verzichtet worden ist oder eine solche nicht vorgesehen ist, bis zur Beendigung der Bauführung zu erfolgen.

Vor Ausführung des Gehsteiges ist um Bekanntgabe der Höhenlage, Breite und Bauart und um die Aussteckung der Höhenlage anzusuchen (180-S-Bundesstempel). Diese Ansuchen sind an die MA 28, 17, Lienfeldergasse 96, oder an die MA 37, 20, Dresdner Straße 75, zu richten.

Gehsteigauf- und -überfahrten zur Einfahrt bzw. Ausfahrt aus einer Liegenschaft dürfen nur mit Bewilligung der Behörde hergestellt werden. Um diese Bewilligung ist bei der MA 28 anzusuchen. Das Ansuchen ist mit 180-S-Bundesstempel und 195-S-Verwaltungsabgabemarken (65 S für die Auffahrt und 130 S für die Überfahrt) zu belegen. Der Beginn der Gehsteigherstellung ist der Behörde rechtzeitig anzuzeigen.

Für die Gehsteigherstellung ist auch eine Aufgrabungsbewilligung erforderlich, um die bei der MA 28 anzusuchen ist. Nach Fertigstellung des Gehsteiges ist um die Feststellung der vorschriftsmäßigen Herstellung (Gehsteigkonstatierung) bei der MA 28, 17, Lienfeldergasse 96, anzusuchen (180-S-Bundesstempel und 130-S-Verwaltungsabgabemarken), wobei von der Behörde die Gewährleistungsfrist (Dauer der Erhaltungspflicht) festgesetzt wird.

Bei Portalentfernungen ist die freiwerdende Gehsteigfläche in jenen Zustand zu versetzen, der dem unmittelbar angrenzenden Gehsteig entspricht.

Wann wird ein Gehsteig in die Erhaltung der Stadt Wien übernommen?

Granitpflaster- und Klinkergehsteige, die vor Ende des Jahres 1929 ordnungsgemäß hergestellt wurden, gelten als generell in die Erhaltung der Stadt Wien übernommen.

Andere Gehsteige, die noch nicht ausdrücklich in die Erhaltung der Stadt Wien übernommen wurden, es wäre denn, daß sie schon vor 1883 hergestellt worden sind, stehen in der Erhaltungspflicht des Liegenschafts- bzw. Gebäudeeigentümers, der für die Instandhaltung zivil- und strafrechtlich verantwortlich ist. Solche noch nicht übernommenen Gehsteige können nach Ablauf der Gewährleistungsfrist, im allgemeinen drei Jahre nach Rechtskraft des Bescheides für die Gehsteigkonstatierung, nur dann über ausdrückliches schriftliches Ansuchen (180-S-Bundesstempel und 130-S-Verwaltungsabgabemarken) in die Erhaltung der Stadt Wien übernommen werden, wenn sie sich in gutem, ordnungsgemäßem, den Vorschriften entsprechendem Zustand befinden. Ebenso kann um Übernahme eines ordnungsgemäß hergestellten Gehsteiges (-teiles) in die Erhaltung der Stadt Wien angesucht werden, wenn dieser während der Haftungszeit für öffentliche Zwecke aufgegraben wurde. Ansuchen sind an die MA 28, 17, Lienfeldergasse 96, zu richten. Auf schriftliches Ansuchen (180-S-Bundesstempel und 60-S-Verwaltungsabgabemarken) erfolgt durch die MA 28 eine Mitteilung, ob der Gehsteig in die Erhaltung der Stadt Wien übernommen wurde. Wird jedoch eine beglaubigte Bestätigung über die erfolgte Übernahme benötigt, ist dem Ansuchen eine weitere 180-S-Bundesstempelmarke beizulegen. Gehsteigauf- und -überfahrten werden nicht in die Erhaltung der Stadt Wien übernommen.

Unter welchen Bedingungen kann in öffentlichen Straßen oder Plätzen aufgegraben werden?

Jede Aufgrabung in einer öffentlichen Straße oder einem öffentlichen Platz (Gehsteig oder Fahrbahn) bedarf der vorherigen Bewilligung der MA 28, 17, Lienfeldergasse 96, die nur unter bestimmten technischen Bedingungen erteilt werden kann. Es ist daher bei notwendigen Aufgrabungen, wie für Hauskanalanschlüsse, Einwurfschächte, Ölabfüll- und sonstige private Leitungen und Gehsteigherstellung, rechtzeitig bei der MA 28 um die Aufgrabungsbewilligung anzusuchen (180-S-Bundesstempel und 90-S-Verwaltungsabgabemarken). Um Neuanschlüsse an das Gas-, Wasser-, Strom- und Fernsprechnetz ist vorher bei den Wiener Stadtwerken bzw. den Wasserwerken oder beim Fernmeldebauamt anzusuchen.

Wer behebt Straßen-(Fahrbahn- und Gehsteig-)Schäden?

Für die Behebung von Straßenschäden ist die MA 28, 17, Lienfeldergasse 96, Tel. 488 34 . . ., 49600, zuständig, die jede Mitteilung (schriftlich oder telefonisch) über schadhafte Fahrbahn- oder Gehsteig-Stellen entgegennimmt (Journaldienst). Außerhalb der Dienststunden sind telefonische Mitteilungen an den Permanenzingenieur, Tel. 40 00 . . ., 8280, oder 531 99 . . ., 230, zu richten.

Was ist zu tun, wenn die Straßenbeleuchtung (öffentliche Beleuchtung) nicht brennt?

Auf keinen Fall schimpfen und alles auf sich beruhen lassen, sondern den Störungsfall mit genauer Zeit- und Ortsangabe (z. B. seit gestern, dem 23. März, ist die Straßenlampe vor dem Haus 16, Friedmanngasse 27, finster) so rasch als möglich telefonisch an die MA 33 (Öffentliche Beleuchtung), 11, Senngasse 2, unter 797 75 . . ., 8033, täglich von 0 bis 24 Uhr, melden.

Je schneller die richtige Meldung an diese Stelle kommt, desto rascher kann die Störung behoben werden.

Was soll man bei einer Störung einer öffentlichen Uhr tun?

Den Störungsfall mit genauer Zeit- und Ortsangabe (z. B. die öffentliche Uhr auf dem Lichtmast Margaretenplatz steht seit heute früh 8.20 Uhr, und ihre Zifferblätter waren gestern abends nicht beleuchtet) auf kürzestem Weg (am besten telefonisch) unter 797 75 . . ., 92411, an die MA 33, 11, Senngasse 2, werktags von 7.30 bis 15.30 Uhr, melden.

Je früher die Meldung einlangt, umso schneller kann die Störung behoben werden.

Ist eine kurzfristige Behebung der Störung nicht möglich, wird dies dadurch kenntlich gemacht, daß die Uhr außer Betrieb genommen und von Hand aus auf 12 Uhr gestellt wird.

WIENER UMWELTANWALTSCHAFT

Was ist die Wiener Umweltanwaltschaft?

Die Wiener Umweltanwaltschaft ist eine weisungsfreie und parteipolitisch unabhängige Einrichtung des Landes Wien zur fachkundigen Information und Beratung der Bevölkerung. Weiters vertritt sie die Interessen des Umweltschutzes in verschiedenen behördlichen Verfahren. Kurz gesagt: Die Wiener Umweltanwaltschaft ist die zentrale Anlaufstelle für alle Fragen zum Thema Ökologie und Umweltschutz in Wien.

Was sind die Aufgaben der Umweltanwaltschaft?

Es ist das Ziel, die Interessen des Umweltschutzes in Wien zu wahren und somit zu einer weiteren Verbesserung der Wiener Umweltsituation beizutragen:
- Reaktion auf Anfragen und Beschwerden aus der Bevölkerung;
- Vertretung der Umweltinteressen in behördlichen Verfahren;
- Beratung und Information der Auskunftssuchenden;
- Kooperation mit allen umweltrelevanten Institutionen und Gruppierungen der Gesellschaft;
- Vermittler und kritische Stimme in Fragen des Umweltschutzes.

Zusätzlich erarbeitet die Wiener Umweltanwaltschaft im engen Dialog mit allen, die sich der ökologischen Verantwortung unserer Generation bewußt sind, Lösungsansätze für Umweltprobleme in Wien.

Wie können Umweltprobleme gelöst werden?

- Die Wiener Umweltanwaltschaft entwickelt zu zahlreichen Umweltthemen Konzepte und legt diese im Anschluß den Politikern zur Entscheidungsfindung vor;
- in Zusammenarbeit mit der Stadt Wien wird im Wiener Klimabündnisteam eine Umsetzung der CO_2-Reduktionsmaßnahmen angestrebt;
- die Wiener Umweltanwaltschaft hat volles Mitspracherecht im Umweltverträglichkeitsprüfungsverfahren sowie in bestimmten landesrechtlichen Verfahren, in denen die Interessen des Umweltschutzes vertreten werden;
- durch Stellungnahmen während der Begutachtungsfrist umweltrelevanter Gesetze besteht die Möglichkeit, schon im Vorfeld Verbesserungsvorschläge einzubringen;
- im Rahmen von Flächenwidmungsverfahren setzt sich die Wiener Umweltanwaltschaft im Sinne der Lebensqualität aller Wienerinnen und Wiener für eine ausreichende Zahl von Grünanlagen und Naherholungsgebieten ein.

Wo und wann ist die Wiener Umweltanwaltschaft erreichbar?

2, Meiereistraße 7, Sektor E, 1. Stock, Tür 122,
Tel. 727 04 . . . 0, Telefax 727 04–99–88989,
e-mail: post@WUA-magwien.gv.at.

Montag bis Freitag von 8 bis 17 Uhr, persönliche Vorsprachen: Dienstag von 8 bis 12 Uhr, Donnerstag von 8 bis 18 Uhr sowie nach telefonischer Vereinbarung.

UMWELT- UND NATURSCHUTZ

(MA 22)

Für die Koordinierung der Aktivitäten auf dem Gebiet des Umweltschutzes im Rahmen der Wiener Stadtverwaltung ist die MA 22 zuständig. Sie koordiniert nicht nur Arbeiten auf dem Gebiet des Umweltschutzes, sondern läßt durch Universitätsinstitute Gutachten und Projekte auf diesem Gebiet durchführen und nimmt auch selbst Untersuchungen und Begutachtungen vor. Die Umweltschutzabteilung ist in allen Verfahren, die Auswirkungen auf die Umwelt haben könnten, beizuziehen.

Anfragen und Beschwerden in Angelegenheiten des Umwelt- und Naturschutzes können an die Wiener Umwelt-Hotline 40 00 . . ., 88316 und 88317, gerichtet werden.

Umweltpolizei

(→ Sofortmaßnahmen)

Wer beschäftigt sich mit Luftreinhaltung?

Der Schadstoffgehalt der Wiener Luft wird durch ein kontinuierlich registrierendes Meßnetz, das die Konzentrationen von Schwefeldioxid, Stickstoffdioxid, Kohlenmonoxid, Staub und Ozon erfaßt, ständig überwacht. Dieses Meßnetz wird von der MA 22 betrieben, die Meßergebnisse sowie die Maßnahmen zur Luftreinhaltung werden in einem jährlichen Luftbericht dem Gemeinderat vorgelegt.

In Behördenverfahren werden die Amtssachverständigen als Gutachter herangezogen.

Wo erfährt man die aktuellen Luftmeßwerte?

Diese Möglichkeit gibt es:

Tonbanddienst (werktags zweimal täglich aktuell, Tel. 40 00 . . ., 8820), und

Computer Tonbanddienst-OZONIX (laufend aktuell, Tel. 40 00 . . ., 88288) sowie im

Internet (World Wide Web) unter Adresse http://www.magwien.gv.at/ma22/;

bei den „Umweltvitrinen" der Bank Austria AG (dzt. Filialen 1, Stephansplatz, 1, Schottenring, 9, Alserbachstraße, und 21, Am Spitz);

bei der Wiener Stadtinformation (Rathaus, Friedrich-Schmidt-Platz, Tel. 40 00 . . ., 81360);

über die Tageszeitungen Die Presse, Standard und Täglich Alles (täglich im nachhinein);

im ORF-Teletext.

Wie kann der einzelne zur Luftreinhaltung beitragen?

- Durch Verwendung umweltfreundlicher Heizsysteme (Gas, Fernwärme) – Auskunft erteilt die Energieberatung der Wiener Stadtwerke und der Fernwärme Wien Ges. m. b. H. unter Tel. 582 00 . . ., 5810 (Haus WIEN ENERGIE Telefonberatung);

– durch Benützung öffentlicher Verkehrsmittel zur Reduktion der Kfz-bedingten Schadstoffe besteht für jede Person die Möglichkeit, zur Luftreinhaltung beizutragen.

Was ist beim Anfall von gefährlichen Abfällen zu tun?

Gefährliche Abfälle sowie Altöle werden zur Gänze vom Abfallwirtschaftsgesetz BGBl. Nr. 325/1990 erfaßt, nicht gefährliche Abfälle in jenen Bereichen, in denen eine bundeseinheitliche Regelung erforderlich ist. Wichtige Ausnahmen stellen radioaktive Abfälle und Schlachtabfälle dar; sie unterliegen nicht dem Abfallwirtschaftsgesetz, sondern eigenen gesetzlichen Bestimmungen.

Welche Abfälle als gefährlich gelten, legt die Verordnung des Bundesministeriums für Umwelt, Jugend und Familie über die Festsetzung gefährlicher Abfälle, BGBl. II Nr. 227/1997, fest.

Jeder Erzeuger von gefährlichem Abfall hat diesen Umstand unter Angabe von Art und Menge des Abfalls sowie des voraussichtlichen Abfallbehandlers gemäß § 4 Abfallnachweisverordnung, BGBl. Nr. 65/1991, dem Landeshauptmann (in Wien die MA 22, 1, Ebendorferstraße 4) zu melden. Bei der Weitergabe von gefährlichen Abfällen ist vom Erzeuger für jede Abfallart ein Begleitschein, bestehend aus vier Blättern, auszufüllen, auf diesem bestätigt der etwaige Sammler oder Behandler die Übernahme des Abfalls. Bei jeder Übernahme des Abfalls ist vom Abfallsammler bzw. -behandler eine Ausfertigung (Blatt 1) des Begleitscheins innerhalb von drei Wochen dem zuständigen Landeshauptmann zu übermitteln.

Durch diese gesetzliche Regelung soll gewährleistet werden, daß der Weg von gefährlichen Abfällen im Sinne des AWG vom Entstehen (Abfallerzeuger) über den Transport bzw. die Zwischenlagerung (Abfallsammler) bis zur schadlosen Entsorgung (Abfallbehandler) genau verfolgt werden kann.

Von der Begleitscheinpflicht ausgenommen sind:
- Problemstoffbesitzer (= Haushalte);
- Abfallerzeuger, bei denen gefährliche Abfälle anfallen, wenn die Masse 20 kg pro Kalenderjahr und Abfallart nicht überschreitet. Diese Mindestmengenbegrenzung von 20 kg gilt nicht für Abfälle, die auch in kleinen Mengen toxisch sind, wie z. B. Quecksilber, Galvanikschlämme cyanidhaltig und chrom-(VI)-haltig, polychlorierte Biphenyle und Terphenyle, Lösemittelgemische halogenhaltig, Ethylenchlorid, Chlorbenzole, Chloroform, Methylenchlorid, Chlorphenole, Perchlorethylen, Tetrachlorkohlenstoff usw.

Die Meldeformulare und Begleitscheine werden kostenlos bei der MA 22, 1, Ebendorferstraße 4, werktags von 7.30 bis 15.30 Uhr, ausgegeben.

Für die Tätigkeit eines Sammlers bzw. Behandlers von gefährlichem Abfall ist gemäß § 15 Abfallwirtschaftsgesetz eine Erlaubnis des Landeshauptmannes erforderlich.

Wohin mit gefährlichem Abfall?

Auskünfte betreffend die Entsorgung von gefährlichen Abfällen erhält man unter der Nummer der Wiener Umwelt-Hotline 40 00 . . ., 88316 und 88317.

Problemstoffe (das sind kleine Mengen von im Haushalt anfallenden gefährlichen Abfällen, wie Lackrückstände, Lösungsmittel und sonstige Chemikalien [Säuren, Laugen, Fotochemikalien] sowie Gifte [Schädlings- und Unkrautbekämpfungsmittel, quecksilberhältige Abfälle]) können an den Problemstoffsammelstellen der MA 48 kostenlos abgegeben werden.

Auskünfte über Standorte für die Abgabe von Alt- und Problemstoffen sowie Sperrmüll erhält man unter der Nummer Misttelefon 546 48.

Gefährliche Abfälle sind speziellen, zur Sammlung oder Behandlung dieser Stoffe befugten Betrieben zu übergeben (z. B. Entsorgungsbetriebe Simmering).

Eine Liste der ordnungsgemäß gemeldeten bzw. genehmigten Wiener Abfallsammler und -behandler liegt in der MA 22 auf. Auskünfte darüber werden unter Tel. 40 00 . . ., 88313–88315, 88261–88267, erteilt.

Welche Maßnahmen sind beim Anfall von Altöl zu treffen?

Die Verkäufer von Motorölen sind verpflichtet, von ihren Kunden das aus dem Ölwechsel anfallende Altöl zurückzunehmen und zu sammeln (bis 24 l kostenlos, Mengen über 24 l gegen Kostenersatz). Ebenso muß der Verkäufer von Ölfiltern die gebrauchten Ölfilter zurücknehmen und ordnungsgemäß entsorgen (§ 24 Abfallwirtschaftsgesetz).

Altöle dürfen nur an befugte Sammler oder Sammelstellen weitergegeben werden. Altölsammler und -behandler benötigen eine Erlaubnis des Landeshauptmannes gemäß § 15 Abfallwirtschaftsgesetz. Eine Liste der genehmigten Altölsammler und -behandler liegt in der MA 22 auf. Bei Anfall von mehr als 200 l Altöl jährlich ist eine Meldung gemäß § 4 Abfallnachweisverordnung, BGBl. Nr. 65/1991, an die MA 22 zu erstatten und (mittels Begleitscheinen) zu entsorgen. Von der Begleitscheinpflicht sind jene Altölerzeuger ausgenommen, bei denen die Altölmenge 200 Liter pro Kalenderjahr nicht überschritten wird. Für das Verbrennen von Altöl sind die Bestimmungen der Altölverordnung, BGBl. Nr. 383/1987, maßgebend. Auskünfte erteilt die MA 22 unter Tel. 40 00 . . ., 88313–88315, 88261–88267.

Was ist beim Anfall von nicht gefährlichen Abfällen zu tun?

1994 ist das Wiener Abfallwirtschaftsgesetz, LGBl. für Wien Nr. 13/1994 in der Fassung LGBl. für Wien Nr. 53/1996 (Wr. AWG), in Kraft getreten. Dazu wird festgestellt, daß Altstoffe aus Haushalten (Altglas, Altpapier, Altmetall, Kunststoffolien und biogene Abfälle) getrennt zu sammeln, d. h. in die Altstoffbehälter einzubringen und stofflich zu verwerten sind. Der Restmüll ist in die entsprechenden Restmüllbehälter zu geben.

Die Tätigkeit des Sammelns und Behandelns von nicht gefährlichen Abfällen und Altstoffen in Wien ist gemäß § 6 Wr. AWG anzeigepflichtig. Die Behörde hat die Möglichkeit, binnen vier Wochen ab Einlangen der Anzeige die Tätigkeit zu untersagen.

Eine Liste der befugten Sammler und Behandler ist bei der MA 22 erhältlich.

Auskünfte erteilt die MA 22 unter Tel. 40 00 . . ., 88261–88267, 88311.

Was sind Altlasten?

Altlasten sind Altablagerungen und Altstandorte oder durch diese kontaminierte Böden und Grundwasserkörper, von denen erhebliche Gefahren für die Gesundheit des Menschen oder die Umwelt ausgehen.

Altablagerungen sind Ablagerungen von Abfällen, die befugt oder unbefugt durchgeführt wurden.

Altstandorte sind Standorte von Anlagen, in denen mit umweltgefährdenden Stoffen umgegangen wurde.

Grundstücke und Gebäude, die früher Betriebsstandorte waren, können infolge lang zurückliegender unsachgemäßer

Betriebsführung mit Schadstoffen verunreinigt sein. Solche Liegenschaften werden als Altstandort und – im weiteren Sinn – ebenfalls als Altlasten bezeichnet.

Wird eine Altlast im Zuge der Errichtung eines Bauwerkes entdeckt, können unerwartete Bauverzögerungen und hohe Kosten entstehen, wenn das verunreinigte Erdreich oder der Bauschutt als gefährlicher Abfall entsorgt werden muß. Um solche Unannehmlichkeiten auf ein Mindestmaß einzuschränken, sollte daher schon vor Inangriffnahme einer Bauführung Meldung an die Behörde unter Tel. 40 00 . . ., 88316, 88317 (MA 22, Wiener Umwelt-Hotline), erstattet werden, wenn auf einer Liegenschaft eine Altlast vermutet wird. Wird während der Bauführung eine Altlast angetroffen, ist unverzüglich die Behörde davon in Kenntnis zu setzen. Das Umweltbundesamt führt den Altlastenatlas, in den jedermann während der Amtsstunden sowohl beim Bundesministerium für Umwelt, Jugend und Familie als auch in der MA 22 Einsicht zu gewähren ist.

Die Finanzierung der Sicherung und Sanierung von Altlasten wird durch das mit 1. Juli 1989 in Kraft getretene Altlastensanierungsgesetz, BGBl. Nr. 299 in der geltenden Fassung, geregelt. Mit Vollziehung dieses Gesetzes sind auf Landesebene die magistratischen Bezirksämter sowie die MA 22, 45, 48, 58, 63 und 64 betraut.

Was ist beim Umgang mit Chemikalien zu beachten?

Mit März 1997 ist das neue Chemikaliengesetz 1996 (ChemG 1996), BGBl. I Nr. 53/1997, in Kraft getreten. Eine Fülle von Verordnungen regelt Detailfragen und Stoffverbote bzw. -beschränkungen.

Diese gesetzlichen Regelungen sollen vorsorglich Leben und die Gesundheit des Menschen und die Umwelt von unmittelbar oder mittelbar schädlichen Einwirkungen schützen, die durch das Herstellen und Inverkehrsetzen, den Erwerb, das Verwenden oder die Abfallbehandlung von Stoffen, Zubereitungen oder Fertigwaren entstehen können.

Ein besonderer Abschnitt des Chemikaliengesetzes (Abschnitt III) ist dem Verkehr mit Giften gewidmet.

Wer beschäftigt sich mit Problemen, die durch den Umgang mit Chemikalien entstehen können?

Mit der Vollziehung des Chemikaliengesetzes sind auf Landesebene im Land Wien folgende Dienststellen betraut:

Die magistratischen Bezirksämter sind für die Ausstellung von Giftbezugslizenzen zuständig.

Auskünfte erteilen die magistratischen Bezirksämter oder die MA 22, 1, Ebendorferstraße 4. Diese ist zur behördlichen Überwachung der Einhaltung der Vorschriften des ChemG 1996, der erlassenen Verordnungen sowie der einschlägigen Rechtsvorschriften der Europäischen Union zuständig. Sie bedient sich dabei Sachverständiger (MA 15, 36 und 42) als Überwachungsorgane. In Fällen drohender Gefahr können vorläufige Zwangs- und Sicherheitsmaßnahmen gesetzt werden.

Auskünfte über die in die Zuständigkeit der MA 22 fallenden Angelegenheiten werden unter Tel. 40 00 . . ., 88318, erteilt.

Was ist bei der Bekämpfung von Eis- und Schneeglätte zu beachten?

Die Umweltmusterstadt Wien hat 1982 zum Schutz der Vegetation, der Oberflächen- und Grundwässer, der Tierpfoten, aber auch zur Vermeidung von Korrosionsschäden an Straßen, ihren Einrichtungen, Gebäuden, Fahrzeugen und Schuhwerk die „Auftaumittelverordnung" erlassen. Durch sie soll die Verwendung von natrium- und halogenidhaltigen Auftaumitteln eingeschränkt werden.

Für alle Straßen, die von Bussen oder Schienenfahrzeugen befahren werden, wurde eine Ausnahmeregelung erlassen, wonach Feuchtsalz (NaCl benetzt mit Kalziumchlorid) angewendet werden darf. Schienenstraßen wurden deshalb in diese Ausnahmeregelung aufgenommen, damit die Straßenbahn nicht durch hängengebliebene Kraftfahrzeuge behindert wird.

Für alle übrigen Straßen wurde gemeinsam mit dem Stadtgartenamt und der MA 48 anhand der Kriterien Verkehrsfrequenz, Anlageverhältnisse der Straßen und schutzbedürftige Vegetationsbestände die Art des Winterdienstes festgelegt; etwa 1.500 Straßen (ca. 25 % des Straßennetzes) werden künftig nicht mehr mit NaCl behandelt.

Bei besonders schützenswerten Baumreihen muß das pflanzenverträgliche Kaliumkarbonat eingesetzt werden.

Um die durch NaCl-haltige Auftaumittel verursachten Schäden geringer zu halten, wurde vereinbart, daß auf die mit Salz behandelten Straßen samt Begleitgrün am Ende der Wintersaison Frischwasser aufgebracht wird. Auf Gehsteigen ist die Verwendung von Streusalz nach wie vor verboten (Strafe 3.000 S).

Wer beschäftigt sich mit Lärmproblemen?

Auskünfte bei Lärmproblemen allgemeiner Art erhält man unter der Nummer der Wiener Umwelt-Hotline 40 00 . . ., 88316 und 88317.

Baulärmprobleme können unter Tel. 40 00 . . ., 88325, 88249, gemeldet werden.

Die MA 22, Referat Lärmbekämpfung und Schallschutz, erfüllt im Behördenverfahren Sachverständigentätigkeit bzw. führt in diesem Zusammenhang Lärmmessungen durch.

Ebenso erarbeitet dieses Referat die Grundlagen der Lärmbekämpfung für die Verkehrs- und Raumplanung.

Wie kann der einzelne zur Lärmbekämpfung beitragen?

– Bei der Anschaffung aller Arten von Geräten und Maschinen sollte auch die Geräuschemission beachtet werden. Es sollte daher jenen Geräten oder Maschinen der Vorzug gegeben werden, welche eine Lärmauszeichnung aufweisen.

– Beim (privaten) Wohnhausbau sollten die Anforderungen an den Schallschutz gemäß ÖNORM B 8115-2 beachtet werden.

– Beim Betrieb von Kraftfahrzeugen sollte, vor allem in Wohngebieten, eine möglichst lärmarme Fahrweise, d. h. mit möglichst hohem Getriebegang gewählt werden.

Wer beschäftigt sich mit Artenschutz?

Aufgrund des Übereinkommens über den internationalen Handel mit gefährdeten Arten freilebender Tiere und Pflanzen (Washingtoner Artenschutzübereinkommen) und der Verordnung (EVG) Nr. 338/97 des Rates über den Schutz von Exemplaren wildlebender Tier- und Pflanzenarten durch Überwachung des Handels bedarf die Einfuhr, Ausfuhr und der Transport bestimmter Tier- und Pflanzenarten sowie von Teilen oder Erzeugnissen dieser Arten einer Bewilligung der Betriebe.

Durch diese Regelungen soll der weiteren Dezimierung von in ihrem Bestand bedrohten Tier- und Pflanzenarten auf internationaler Ebene vorgegriffen werden. Zur Erteilung der genannten Bewilligungen ist das Bundesministerium für wirtschaftliche Angelegenheiten zuständig.

Auf Landesebene wirkt im Land Wien die MA 22, 1, Ebendorferstraße 4, an der Vollziehung dieser Vorschriften mit. Auskünfte werden unter Tel. 40 00 . . ., 88312, 88234 und 88239 erteilt.

Was bezweckt der Naturschutz?

Am 19. Oktober 1984 hat der Wiener Landtag das Wiener Naturschutzgesetz 1984 beschlossen, das am 1. März 1985 in Kraft getreten ist. Naturschutz im Sinne dieses neuen Naturschutzgesetzes bedeutet Schutz und Pflege der Natur und der Landschaft zum Zweck der Erhaltung und Gestaltung der Umwelt als Lebensgrundlage und Lebensraum für Menschen, Pflanzen und Tiere. Schutzobjekt ist demnach nicht nur die Einzelschöpfung der Natur, Tier- und Pflanzenarten oder ein abgegrenztes Schutzgebiet, sondern vielmehr die Natur als Ganzes.

Das Instrumentarium des Naturschutzes umfaßt den Schutz von wildwachsenden Pflanzenarten und freilebenden Tierarten (Artenschutz), den Schutz von Einzelschöpfungen der Natur (Naturdenkmal) sowie die Errichtung von geschützten Landschaftsteilen, Landschaftsschutzgebieten, Naturparks, Naturschutzgebieten oder Nationalparks (Gebietsschutz).

In Wien gibt es derzeit 438 Naturdenkmäler (347 Einzelnaturdenkmäler, 54 Naturdenkmalgruppen und 37 flächige Naturdenkmäler). Neben Bäumen, Baum- oder Gehölzgruppen zählen dazu Standorte seltener Pflanzen (z. B. Orchideen, Schneerosen), geologische Aufschlüsse, Teiche, Quellen, Weiher und Relikte bereits seltener autochthoner Waldgesellschaften. Die Wiener Naturdenkmäler sind durch rot-weiße Metallplaketten mit dem Wiener Wappen sowie der Artbezeichnung, in besonderen Fällen auch durch Tafeln oder Pultsteine mit erläuterndem Text, gekennzeichnet.

In der 1. Wiener Naturschutzverordnung, LGBl. für Wien Nr. 7/1985, sind die voll und teilweise geschützten Pflanzen- und Tierarten angeführt. Gänzlich geschützt sind u. a. Aurikel, Diptam, Küchenschelle, Ragwurz, Seidelbast, Steinröserl und Waldhyazinthe. Zu den gänzlich geschützten Tierarten zählen derzeit z. B. alle heimischen, nicht jagdbaren freilebenden Vogelarten, ausgenommen die verwilderte Haustaube sowie alle Amphibien und Reptilien (Lurche und Kriechtiere).

Wien besitzt zwei große Naturschutzgebiete: den Lainzer Tiergarten mit ca. 2.300 ha und die 1978 zum Naturschutzgebiet erklärte Lobau mit ca. 2.000 ha Fläche. Im Westen und Nordwesten der Lobau schließen ca. 460 ha Landschaftsschutzgebiete an.

Durch die Mauerbachverordnung, LGBl. für Wien Nr. 16/1982, wurden der Mauerbach und Teile seines Umlandes zum geschützten Landschaftsteil erklärt. Mit Verordnung der Wiener Landesregierung vom 21. Jänner 1986, LGBl. für Wien Nr. 9, wurde das Blaue Wasser samt Teilen seines Umlandes zum geschützten Landschaftsteil erklärt. Mit Verordnung der Wiener Landesregierung, LGBl. für Wien Nr. 46/1995, wurden Teile des 10. Wiener Gemeindebezirkes zum geschützten Landschaftsteil erklärt (Geschützter Landschaftsteil Wienerberg). Weiters wurden mit Verordnung der Wiener Landesregierung vom 30. Jänner 1990, LGBl. für Wien Nr. 20, Teile des 23. Wiener Gemeindebezirkes (Landschaftsschutzgebiet Liesing), mit Verordnung der Wiener Landesregierung vom 20. Februar 1990, LGBl. für Wien Nr. 21, Teile des 19. Wiener Gemeindebezirkes (Landschaftsschutzgebiet Döbling) und mit Verordnung der Wiener Landesregierung vom 4. September 1990, LGBl. für Wien Nr. 56, Teile des 2. Wiener Gemeindebezirkes (Landschaftsschutzgebiet Prater) zu Landschaftsschutzgebieten erklärt. Darüber hinaus unterliegen Grundflächen, die zum Zeitpunkt des Inkrafttretens des Wiener Naturschutzgesetzes 1984 nach der Bauordnung für Wien als Parkschutzgebiet oder Schutzgebiet Wald- und Wiesengürtel gewidmet waren, nicht nur den Bestimmungen der Bauordnung, sondern gelten gleichzeitig als Landschaftsschutzgebiete im Sinne des Naturschutzgesetzes.

Derzeit ist geplant, das Wiener Naturschutzgesetz 1985 ab 1. September 1998 durch ein neues Wiener Naturschutzgesetz zu ersetzen.

Nationalpark

Mit dem Gesetz über den Nationalpark Donau-Auen (Wiener Nationalparkgesetz), LGBl. für Wien Nr. 37/1996, sowie mit der Verordnung der Wiener Landesregierung betreffend die Festlegung und Einteilung des Nationalparkgebietes (Wiener Nationalparkverordnung), LGBl. für Wien Nr. 50/1996, welche mit 1. Oktober 1996 in Kraft traten, wurden im wesentlichen die Voll- und Teilnaturschutzgebiete der Lobau sowie die Uferbereiche und die Fließwasserstrecken der Donau zum Nationalpark Donau-Auen erklärt.

Gemeinsam mit NÖ und dem Bund wurde in einer Vereinbarung gemäß Art. 15a B-VG zur Errichtung und Erhaltung eines Nationalparks Donau-Auen die gemeinsame Verwaltung und Finanzierung des Wiener und des NÖ Teiles des Nationalparks Donau-Auen festgelegt.

Der Nationalpark Donau-Auen umfaßt in der Anfangsphase 9.300 ha, wobei der Wiener Anteil ca. 2.800 ha beträgt, eine Erweiterung des Nationalparks auf 11.500 ha ist beabsichtigt.

Wer beschäftigt sich mit Naturschutz?

In erster Linie ist die MA 22, 1, Ebendorferstraße 4, 5. Stock (Tel. 40 00 . . ., 88212, 88231, 88233, 88234, 88236, 88238, 88239, 88312, 88319, 88335, 88337, 88344), als Naturschutzbehörde mit Angelegenheiten des Naturschutzes befaßt. Die Organe des öffentlichen Sicherheitsdienstes sowie Marktaufsichts-, Forst-, Jagd- und Fischereiorgane haben bei der Vollziehung des Naturschutzgesetzes mitzuwirken. Zu ihrer Unterstützung werden auch mit den einschlägigen Bestimmungen vertraute Personen als ehrenamtliche Naturwacheorgane herangezogen.

Was ist der Zweck des Wiener Baumschutzgesetzes?

Durch dieses Gesetz sollen im Gebiet der Stadt Wien alle Laub- und Nadelbäume mit einem Stammumfang von mindestens 40 cm, gemessen in 1 m Höhe vom Beginn der Wurzelverzweigung, einschließlich ihres Kronen- und Wurzelbereiches geschützt werden, um für die Wiener Bevölkerung eine gesunde Umwelt zu erhalten. Dabei ist es belanglos, ob sich die Bäume auf öffentlichem oder privatem Grund befinden. Der Grundeigentümer ist daher prinzipiell verpflichtet, den Baumbestand zu erhalten.

Was verbietet das Gesetz?

Es ist verboten, Bäume durch chemische, mechanische oder andere Einwirkungen zu schädigen, im Wuchs zu hemmen oder zum Absterben zu bringen; weiters Bäume, die vom Gesetz geschützt sind, zu fällen, auszugraben, auszuhauen oder sonstwie zu entfernen. Nicht verboten ist jedoch das Schneiden (Stutzen) von Bäumen, welches ohne Gefährdung ihres Bestandes lediglich Verschönerungs-, Veredelungs- oder Pflegezwecken dient.

Auf welche Bäume findet dieses Gesetz keine Anwendung?

Das Baumschutzgesetz findet keine Anwendung auf

1. Bäume, die in Baumschulen, Gärtnereien oder sonstigen landwirtschaftlichen Betriebsstätten produktions- oder nutzungsbedingt entfernt werden müssen;
2. Bäume in Wäldern im Sinne des Forstgesetzes;
3. Obstbäume;
4. Bäume in Kleingartenanlagen;
5. Bäume, die aufgrund behördlicher Anordnungen (Wasserrechtsgesetz, Kulturpflanzenschutzgesetz) entfernt werden müssen.

Was ist zu tun, wenn ein geschützter Baum entfernt werden muß?

Vor allem ist um die behördliche Bewilligung beim zuständigen magistratischen Bezirksamt anzusuchen. Dem Ansuchen sind Pläne oder Skizzen, aus denen der gesamte Baumbestand und der Standort der zu entfernenden Bäume hervorgeht, in vierfacher Ausfertigung anzuschließen. Die Behörde kann unter bestimmten, im Gesetz genannten Voraussetzungen die Bewilligung erteilen. Grundsätzlich muß als angemessener Ausgleich für die durch die Bewilligung erfolgte Verminderung des Baumbestandes pro angefangenen 15 cm Stammumfang ein Ersatzbaum mittlerer Baumschulqualität mit einem Stammumfang von 8 bis 15 cm gepflanzt werden. Es muß daher bereits das Ansuchen um Bewilligung der Entfernung von Bäumen Angaben über entsprechende Ersatzpflanzungen enthalten.

Wem obliegt die Ersatzpflanzung und wo ist sie vorzunehmen?

Primär ist der Inhaber der Bewilligung zur Entfernung der Bäume zur Ersatzpflanzung verpflichtet. Soweit es die örtlichen Verhältnisse zulassen, hat die Ersatzpflanzung auf derselben Liegenschaft oder im Umkreis von höchstens 300 m vom Standort des zu entfernenden Baumes auf eigenem oder fremdem Grund in der Art und Weise zu erfolgen, wie es im Bescheid vorgeschrieben wird. Ist eine Ersatzpflanzung auf fremdem Grund geplant, muß der Grundeigentümer vorher zustimmen.

Was geschieht, wenn die Ersatzpflanzung nicht oder nicht vollständig vorgenommen werden kann?

Wird eine Bewilligung zur Entfernung von Bäumen erteilt, ohne daß die Verpflichtung zur Ersatzpflanzung voll erfüllt werden kann, ist für jeden nicht gepflanzten Ersatzbaum eine Ausgleichsabgabe in der Höhe von 8.000 S (derzeit ist eine Erhöhung der Ausgleichsabgabe auf 15.000 S geplant) an die Stadt Wien zu entrichten, die aus den Erträgnissen dieser Abgaben die Anpflanzung von Bäumen oder die Beschaffung von dazu geeigneten Grundflächen im verbauten Gebiet finanziert.

Auskünfte in allen Angelegenheiten des Wiener Baumschutzgesetzes erteilen die zuständigen magistratischen Bezirksämter und die MA 22, 1, Ebendorferstraße 4 (Tel. 40 00 . . ., 88312, 88311), sowie die MA 42 – Baumschutzreferat, 18, Türkenschanzpark, Tel. 478 91 21.

UNABHÄNGIGER VERWALTUNGSSENAT WIEN

Was ist der UVS Wien?

Der Unabhängige Verwaltungssenat Wien (UVS Wien), 19, Muthgasse 64, ist eine seit dem 1. Jänner 1991 eingerichtete Landesverwaltungsbehörde und **die** Berufungsbehörde in Verwaltungsstrafsachen. Zielsetzung der unabhängigen Verwaltungssenate in den Ländern ist die „Sicherung der Gesetzmäßigkeit der gesamten öffentlichen Verwaltung", wie es im Bundesverfassungsgesetz wörtlich zum Ausdruck kommt.

Die unabhängigen Verwaltungssenate haben in Verwaltungsstrafsachen und in sonstigen Verwaltungsangelegenheiten volle Entscheidungsbefugnis sowohl hinsichtlich der Rechtsfrage als auch der Sachverhaltsannahme, ohne an die Auffassung der Erstbehörde gebunden zu sein.

Für das Verfahren der unabhängigen Verwaltungssenate gelten die Verwaltungsverfahrensgesetze, insbesondere das Allgemeine Verwaltungsverfahrensgesetz (AVG) und das Verwaltungsstrafgesetz (VStG). Die Organisation des UVS Wien selbst wird durch das Gesetz über den Unabhängigen Verwaltungssenat Wien (UVS-G), LGBl. Nr. 53/1990 in der Fassung LGBl. Nr. 4/1996, geregelt.

Wie ist der UVS Wien organisiert?

Der UVS Wien ist im Bereich der Rechtsprechung in Kammern gegliedert:

Jeweils drei Einzelmitglieder bilden eine Kammer. Jeder Kammer ist eine eigene Geschäftsabteilung angeschlossen. Die Geschäftsabteilungen sind mit weisungsgebundenem Verwaltungspersonal besetzt, während die Mitglieder des UVS Wien von der Wiener Landesregierung für jeweils sechs Jahre ernannt werden und ihre Tätigkeit völlig weisungsfrei ausüben. Welche Kammer mit welcher Rechtsmaterie befaßt ist, bestimmt die Geschäftsverteilung, die in der Protokollstelle zur Einsichtnahme aufliegt. Die Geschäftsverteilung regelt auch die Zuteilung aller einlangenden Geschäftsfälle innerhalb des UVS Wien an die einzelnen Mitglieder.

Wofür ist der UVS Wien zuständig?

Die unabhängigen Verwaltungssenate erkennen gemäß Art. 129a Abs. 1 B-VG nach Erschöpfung des administrativen Instanzenzuges, sofern ein solcher in Betracht kommt,

1. in Verfahren wegen Verwaltungsübertretungen, ausgenommen Finanzstrafsachen des Bundes,
2. über Beschwerden von Personen, die behaupten, durch die Ausübung unmittelbarer verwaltungsbehördlicher Befehls- und Zwangsgewalt in ihren Rechten verletzt zu sein, ausgenommen in Finanzstrafsachen des Bundes,
3. in sonstigen Angelegenheiten, die ihnen durch die die einzelnen Gebiete der Verwaltung regelnden Bundes- oder Landesgesetze zugewiesen werden,
4. über Beschwerden wegen Verletzung der Entscheidungspflicht in Angelegenheiten der Z. 1, soweit es sich um Privatanklagesachen oder um das landesgesetzliche Abgabenstrafrecht handelt.

Wo ist eine an den UVS Wien gerichtete Berufung einzubringen?

Die Berufung ist bei der Behörde erster Instanz einzubringen, die den Bescheid, gegen den sich die Berufung richtet, erlassen hat. Nähere Angaben, etwa über die zulässige Form und einzuhaltende Fristen, finden sich in der Rechtsmittelbelehrung dieses Bescheides. Der UVS Wien kann den Bescheid vollinhaltlich oder teilweise bestätigen, gänzlich aufheben oder nur die Strafe herabsetzen. Aufgrund einer vom Beschuldigten oder aufgrund einer zu seinen Gunsten erhobenen Berufung darf in einer Berufungsentscheidung keine höhere Strafe verhängt werden als im angefochtenen Bescheid.

Wie hat eine Berufung auszusehen?

Berufungen sind gegen Schuld und Strafe oder nur gegen das Strafausmaß möglich.

Die Berufung muß enthalten:

- die genaue Benennung des Bescheides, gegen den sie sich richtet,
- einen Antrag, was mit der Berufung beabsichtigt wird, und
- eine Begründung.

Berufungen im Verwaltungsstrafverfahren sind gebührenfrei. Bei erfolgloser Berufung sind allerdings 20 % des Strafbetrages als Verwaltungskosten zu entrichten. Es besteht kein Anwaltszwang.

Wie trifft der UVS Wien seine Entscheidungen?

Der UVS Wien entscheidet durch Kammern oder Einzelmitglieder. Jede Kammer besteht aus drei Mitgliedern („Tribunal"). Die Entscheidungen der unabhängigen Verwaltungssenate müssen dann durch eine Kammer erfolgen, wenn im angefochtenen Bescheid eine primäre Freiheitsstrafe oder eine den Betrag von 10.000 S übersteigende Geldstrafe verhängt wurde. Treffen diese Kriterien nicht zu, so entscheiden die unabhängigen Verwaltungssenate durch ein Einzelmitglied. Über Beschwerden gegen die Ausübung unmittelbarer verwaltungsbehördlicher Befehls- und Zwangsgewalt („Maßnahmen-Beschwerden") und über Beschwerden gegen die Anhaltung in Schubhaft entscheidet der UVS Wien ebenso durch eines seiner Mitglieder.

Wenn die Berufung nicht zurückzuweisen ist oder wenn nicht bereits aus der Aktenlage oder aufgrund ergänzender Erhebungen hervorgeht, daß der angefochtene Bescheid aufzuheben ist, ist eine öffentliche mündliche Verhandlung anzuberaumen. Wenn in der Berufung nur eine unrichtige rechtliche Beurteilung behauptet wird, wenn sich die Berufung nur gegen die Höhe der Strafe richtet oder unter weiteren bestimmten Voraussetzungen, die im Verwaltungsstrafgesetz näher bezeichnet sind, kann eine Verhandlung unterbleiben. Wenn eine Partei aber die Durchführung einer Verhandlung ausdrücklich verlangt, ist diese auf jeden Fall abzuhalten.

Mit der Entscheidung durch den UVS endet der ordentliche Instanzenzug im Verwaltungsstrafverfahren. Gegen die Berufungsbescheide des UVS Wien ist nur noch der außerordentliche Rechtsweg zu Verwaltungsgerichtshof und Verfassungsgerichtshof möglich. Bei beiden Gerichtshöfen besteht im Gegensatz zum Unabhängigen Verwaltungssenat Anwaltszwang! Die Antragstellung muß innerhalb von sechs Wochen ab Zustellung des Bescheides des UVS Wien erfolgen.

VERANSTALTUNGSWESEN
(MA 7)

Wann kommt das Wiener Veranstaltungsgesetz zur Anwendung?

Das Wiener Veranstaltungsgesetz, welches mit Ausnahme des Kino- und Messewesens das gesamte Veranstaltungswesen zusammenfassend neu regelt, gilt für Theateraufführungen jeder Art und für öffentliche Schaustellungen, Darbietungen und Belustigungen. Die Bestimmungen dieses Gesetzes traten im Jahr 1971 anstelle der früheren Vorschriften des Wiener Theatergesetzes, des Wiener Ausstellungsgesetzes und der auf diese Gesetze gestützten Verordnungen. Novellierungen erfolgten 1976, 1981, 1983, 1985, 1989, 1994 und 1996. Die technischen Bestimmungen wurden im Jahr 1978 durch das Wiener Veranstaltungsstättengesetz neu geregelt, das besondere Vorschriften über die Lage, Beschaffenheit, Einrichtung und Betrieb von Veranstaltungsstätten, wie Volltheater, Saaltheater, Zirkusanlagen, Volksvergnügungsstätten und sonstige Anlagen, enthält. Im Jahr 1995 wurden besondere bauliche Bestimmungen für Rollstuhlfahrer aufgenommen.

Das Wiener Veranstaltungsgesetz statuiert ausdrücklich, daß die erwähnten Veranstaltungen immer dann als öffentlich zu gelten haben, wenn sie allgemein zugänglich sind. Nicht allgemein zugängliche Veranstaltungen gelten dann als öffentlich, wenn an ihnen mehr als 20 Personen teilnehmen können; sie sind jedoch nicht öffentlich, wenn es sich um Familienfeiern oder um solche häusliche Veranstaltungen handelt, die in bestimmungsgemäßer Verwendung in einer privaten Wohnung stattfinden.

Nach den Bestimmungen des Veranstaltungsgesetzes werden die danach zu beurteilenden Veranstaltungen in drei Gruppen eingeteilt, und zwar

1. in weder anmeldepflichtige noch konzessionspflichtige Veranstaltungen, d. h. in Veranstaltungen, welche abgehalten werden dürfen, ohne daß sie der Behörde zur Kenntnis gebracht werden müssen;
2. in anmeldepflichtige Veranstaltungen, für deren Durchführung lediglich eine rechtswirksame Anmeldung erforderlich ist;
3. in konzessionspflichtige Veranstaltungen, für deren Durchführung eine Konzession notwendig ist. Die unter Punkt 1 und 2 fallenden Veranstaltungen sind im Gesetz taxativ aufgezählt.

Demnach bedürfen weder einer Anmeldung noch einer Konzession:

1. Veranstaltungen zum Empfang von Hörfunk- und Fernsehübertragungen;
2. der Betrieb von Musikautomaten;
3. Schallplatten- und Tonbandaufführungen;
4. andere musikalische Darbietungen sowie Vorlesungen und Vorträge, wenn sie in Gastgewerbebetrieben oder Buschenschenken durchgeführt werden;
5. sportliche Veranstaltungen mit Ausnahme des Betriebes von Sportstätten und der Berufssportveranstaltungen von Boxern, Ringern und ähnlichen Kampfsportlern;
6. Feuerwerke, wenn für die Verwendung der pyrotechnischen Gegenstände eine Bewilligung nach dem Pyrotechnikgesetz 1974 vorliegt;
7. Straßenkunstdarbietungen nach Maßgabe der Straßenkunstverordnung.

Die Gruppe der anmeldepflichtigen Veranstaltungen umfaßt folgende Veranstaltungen:

1. Vorträge, Vorlesungen und musikalische Darbietungen, insbesondere Konzerte, Akademien, Instrumental- und Gesangsvorträge, wenn sie nicht nach den vorstehenden Punkten 1 bis 4 ohnedies anmeldefrei sind;
2. theater- und varietéartige Veranstaltungen folgender Art:
   a) Theateraufführungen und Varietévorführungen, wenn die Veranstaltungsstätte einen Fassungsraum von weniger als 50 Personen besitzt und keine ihrer Natur nach wilden Raub- oder Großtiere verwendet werden,
   b) Theateraufführungen und Varietévorführungen ohne Erwerbscharakter durch Dilettanten, ausgenommen Stripteasevorführungen,
   c) fallweise Theateraufführungen und Varietévorführungen ohne Erwerbscharakter als zusätzlicher Teil einer sonst nicht unter das Veranstaltungsgesetz fallenden Veranstaltung,
   d) Marionetten-, Puppen- und Schattenspiele,
   e) Vorführungen von Zauberkunststücken ohne bühnenmäßige Ausstattung,
   f) Tanzvorführungen ohne bühnenmäßige Ausstattung oder szenischen Aufwand, ausgenommen Stripteasevorführungen;
3. Tanzunterhaltungen und Feste:
   a) Bälle, Redouten, Kostümfeste, Kränzchen, Parties und sonstiger Publikumstanz, wenn der Tanz in der Zeit vom 1. Jänner bis zum Sonntag vor Ostern in einer Veranstaltungsstätte durchgeführt wird, die für diese Veranstaltungsart bereits bescheidmäßig für geeignet befunden wurde, oder wenn in der gleichen Veranstaltungsstätte nicht an mehr als sechs Tagen eines Kalendermonats Publikumstanzveranstaltungen durchgeführt werden,
   b) Wohltätigkeitsfeste unter Ausschluß von konzessionspflichtigen Theateraufführungen, Zirkusvorführungen und Tierschauen,
   c) Umzüge zu Vergnügungszwecken und Eisfeste,
   d) jahreszeitlich bedingte oder im Zusammenhang mit Volksbräuchen stattfindende Feste;
4. Kinderunterhaltungsapparate;
5. pratermäßige Volksvergnügungen;
6. Betrieb von Eislauf- und Tennisplätzen sowie anderen Sportstätten;
7. Ausstellungen, ausgenommen Tierschauen;
8. Modeschauen mit künstlerischem Beiprogramm und alle anderen Modeschauen, die keine gewerblichen Vorführungen sind.

Einer Konzession bedürfen alle bisher nicht bezeichneten sonstigen Veranstaltungen, d. h. insbesondere Theater- und Varietéaufführungen, sofern sie nicht bloß der Anmeldepflicht unterliegen, ferner Veranstaltungen, wie Zirkusse, Tierschauen und Publikumstanz sowie Unterhaltungs- und Münzgewinnspielapparate. Unterhaltungsspielapparate dürfen als Spielerfolg nicht mehr als fünf Freispiele anbieten, Münzgewinnspielapparate (entsprechend den Freigrenzen des Glücksspielmonopols) auf Einwurf von maximal 5 S, gesteuert vom Zufall, einen Münzgewinn bis maximal 200 S auswerfen.

Wie kommt man zu einer Konzession oder Anmeldebescheinigung?

Die für die Anmeldung und Konzessionserteilung zuständige MA 7 nimmt Anmeldungen täglich (werktags Montag bis Freitag) von 8 bis 13 Uhr in ihrer Anmeldestelle, 1, Volksgartenstraße 1–3, 3. Stock, Tür 412, entgegen. Ansuchen um Erteilung einer Konzession können ebenfalls in der Volksgartenstraße 1–3, 3. Stock, Tür 447, eingebracht werden.

Nach der gesetzlichen Bestimmung muß die Anmeldung für eine Veranstaltung grundsätzlich spätestens eine Woche vor dem Tag der Veranstaltung bei der Behörde einlangen und ist nur in wenigen Ausnahmefällen noch bis zu dem der Veranstaltung vorangehenden Tag möglich.

Vor Erteilung einer Konzession bzw. Ausstellung einer Bescheinigung über eine rechtswirksame Anmeldung für eine dem Veranstaltungsgesetz unterliegende Veranstaltung muß die Veranstaltungsstätte in bau- und feuerpolizeilicher sowie betriebstechnischer Hinsicht entweder als geeignet angesehen werden können (falls die Nichteignung noch nicht festgestellt und die Eignungsfeststellung nicht zwingend vorgeschrieben ist, überdies kein Auftrag zur Erwirkung der Eignungsfeststellung erteilt wurde; ferner bei Gebäuden für Theateraufführungen des Bundes, in denen Private fallweise als Veranstalter auftreten) oder die Eignung bescheidmäßig festgestellt sein.

Zwingend erforderlich ist die Eignungsfeststellung jedenfalls bei konzessionspflichtigen und gewissen anmeldepflichtigen Theateraufführungen und Varietévorführungen, bei Zirkussen, Tierschauen, Feuerwerken, Schießbuden, gewissen pratermäßigen Volksvergnügungen, bei Ausstellungen, Marionetten-, Puppen- und Schattenspielen, Vorführungen von Zauberkunststücken ohne bühnenmäßige Ausstattung und Wohltätigkeitsfesten sowie bei Veranstaltungen, falls die Teilnehmerzahl 100 oder mehr Personen umfaßt, und zwar bei Vorlesungen, Vorträgen, musikalischen Darbietungen, Tanzvorführungen ohne bühnenmäßige Ausstattung und szenischen Aufwand, ferner bei fallweisen und bloß anmeldepflichtigen Tanzunterhaltungen und Publikumstanzunterhaltungen, Eisfesten, beim Betrieb von Sportstätten, bei Sportveranstaltungen und Modeschauen mit künstlerischem Beiprogramm.

Wann ist eine Konzession nach dem Wiener Kinogesetz erforderlich?

Nach dem Wiener Kinogesetz 1955 in der Fassung der letzten Wiener Kinogesetznovelle 1993 ist für die öffentliche Aufführung von Filmen eine behördliche Bewilligung (Konzession) erforderlich. Einer behördlichen Bewilligung bedarf auch die öffentliche Aufführung anderer, durch Projektion oder auf ähnliche Weise erzeugter Bilder, die Aufführung von Stehbildern und von Schmalfilmen bis 10 mm Breite jedoch nur, wenn sie im Rahmen eines Erwerbsunternehmens stattfindet, desgleichen die Aufführung von Video- oder Fernsehaufzeichnungen (Kassetten). Die Ansuchen sind ebenfalls bei der MA 7, 8, Friedrich-Schmidt-Platz 5, einzureichen.

Vor Erteilung der behördlichen Bewilligung zur Aufführung von Filmen, Stehbildern u. dgl. ist die Betriebsstätte gleichfalls von der Behörde zu genehmigen.

Wer genehmigt Veranstaltungsstätten?

Die Eignungsfeststellung (Genehmigung) der Veranstaltungs-(Betriebs-)Stätte in bau- und feuerpolizeilicher sowie betriebstechnischer Hinsicht erfolgt durch die MA 35 – Gruppe V (Technische Theater- und Kinopolizei, technische Sicherheitseinrichtungen bei Menschenansammlungen), 20, Dresdner Straße 75, 4. Stock. Diesbezüglichen Ansuchen an diese Abteilung sind Skizzen und Pläne im Maßstab 1 : 100 und auch Beschreibungen in drei bzw. (bei Kinos) vier Gleichschriften anzuschließen.

VERKEHRSBETRIEBE (WIENER LINIEN)

Verkehrsverbund Ost-Region (VOR)

Der Verbundraum umfaßt das Bundesland Wien mit dem Verkehrsnetz der Wiener Verkehrsbetriebe, welches

33 Straßenbahnlinien,
5 U-Bahn-Linien,
81 Autobuslinien, davon 22 Nachtautobuslinien,
169 regionale Buslinien enthält, und
die Österreichischen Bundesbahnen mit Schnellbahnlinien und Regionalbahnlinien sowie die AG der Wiener Lokalbahnen und die Raab-Ödenburg-Ebenfurter Eisenbahn AG.

Der Verbundraum hat ein Gebiet von mehr als 8.840 km² mit rund 2,5 Mio. Einwohnern. In diesem Gebiet ist ein gemeinsames Tarifsystem gültig.

Das *Bundesland Wien* mit 415,0 km² und 1,633.000 Einwohnern bildet die Kernzone (diese wird als Zone 100 bezeichnet).

Weiters das *Bundesland Niederösterreich* mit den politischen Bezirken Wien-Umgebung, Tulln, Korneuburg, Bruck/Leitha, Baden und Mödling sowie den Stichlinien nach St. Pölten, Wiener Neustadt, Krems, Retz, Laa/Thaya, Traismauer und Bernhardsthal-Grenze.

Im *Bundesland Burgenland* sind die politischen Bezirke Eisenstadt und Neusiedl am See, die Städte Eisenstadt und Rust sowie die Stichlinien nach Lackenbach über Sopron (Ungarn) inbegriffen.

Wo erhält man Auskünfte und Informationen?

Informationsstelle	Telefon	Öffnungszeiten	
		Montag bis Freitag	Samstag, Sonn- und Feiertag
Karlsplatz **U**	79 09 . . ., 105	6.30–18.30 Uhr	8.30-16 Uhr
Stephansplatz **U**	79 09 . . ., 105	6.30–18.30 Uhr	8.30-16 Uhr
Westbahnhof **U**	79 09 . . ., 105	6.30–18.30 Uhr	8.30-16 Uhr
Praterstern **U**	79 09 . . ., 105	7.00–18.30 Uhr	Geschlossen
Philadelphiabrücke **U**	79 09 . . ., 105	7.00–18.30 Uhr	Geschlossen
Landstraße **U**	79 09 . . ., 105	7.00–18.30 Uhr	Geschlossen
Volkstheater **U**	79 09 . . ., 105	7.00–18.30 Uhr	Geschlossen
Floridsdorf **U**	79 09 . . ., 105	6.30–18.30 Uhr	Geschlossen
Spittelau **U**	79 09 . . ., 105	6.30–18.30 Uhr	Geschlossen

Auskünfte über regionale Buslinien erteilt der VOR (Tel. 526 60 48 . . . 0), 7, Neubaugasse 1, Montag bis Donnerstag von 8 bis 16 Uhr, Freitag von 8 bis 14.30 Uhr. Auskünfte über Linien der Wiener Stadtwerke-Verkehrsbetriebe (3, Erdbergstraße 202) erhält man unter Tel. 79 09 . . . , 105, Montag bis Freitag von 8 bis l5 Uhr.

Wünsche, Anregungen, Beschwerden: Klappe 100
Persönliche Fahrtroute: Klappe 106
Allgemeine Tarifinformation: Klappe 110
Jahresnetzkarten: Klappe 115
Schülerkarten, Schülerfreifahrten: Klappe 120

Grundsätzlich stehen auch die Informationsstellen der Wiener Verkehrsbetriebe zur Verfügung.

Verbundfahrplanbuch

Auskunft über Fahrzeiten, Betriebsbeginn und Betriebsschluß der im Verkehrsverbund geführten Linien gibt das *Verbundfahrplanbuch.* Dieses erscheint jährlich zum Fahrplanwechsel der ÖBB (Sommerfahrplan) und ist zum Preis von 60 S bei den Informationsstellen und betriebseigenen Vorverkaufsstellen der Wiener Stadtwerke-Verkehrsbetriebe sowie bei allen Personenkassen der Österreichischen Bundesbahnen, der Wiener Lokalbahnen und des VOR (Verkehrsverbund Ost-Region) erhältlich. Fahrplanauskünfte und allgemeine Hinweise sind auch im Internet abrufbar. Internet: http://www.vor.at. Außerdem können die Fahrpläne aller VOR-Linien auf einer CD-ROM inklusive Stadtpläne von Wien und Umgebung erworben werden. Preis: 150 S.

Betriebseigene Vorverkaufsstellen:

(Öffnungszeiten: Montag, Dienstag, Mittwoch, Freitag von 6.30 bis 13 Uhr, Donnerstag von 12.30 bis 18.30 Uhr)

1. Bezirk: Stephansplatz **U***)
Schwedenplatz **U***)
Karlsplatz **U***)
Schottenring **U**

2. Bezirk: Praterstern **U**

3. Bezirk: Erdberg **U**
Landstraße **U***)
Rochusgasse **U**

5. Bezirk: Pilgramgasse **U**

6. Bezirk: Westbahnhof **U***)

7. Bezirk: Thaliastraße **U**
Volkstheater **U**

9. Bezirk: Alser Straße **U**
Nußdorfer Straße **U**
Schottentor **U***)
Spittelau **U***)
Währinger Straße
Spitalgasse

10. Bezirk: Quellenplatz
Reumannplatz **U***)

11. Bezirk: Simmeringer Hauptstraße/
Kaiserebersdorfer Straße

12. Bezirk: Meidling Hauptstraße **U**
Philadelphiabrücke **U**, Abgang Wilhelmstraße*)

13. Bezirk: Hietzing **U***)

14. Bezirk: Hütteldorfer Straße **U**

16. Bezirk: Ottakring **U**
Johann-Nepomuk-Berger-Platz

18. Bezirk: Gersthof **S**

19. Bezirk: Oberdöbling **S**
Heiligenstadt **U**

20. Bezirk: Friedrich-Engels-Platz
Wallensteinplatz

21. Bezirk: Floridsdorf **U***)
Frauenstiftgasse 9

22. Bezirk: Kagran **U***)

23. Bezirk: Alterlaa **U**-Busschleife

*) ganztägige Öffnungszeiten (Montag bis Freitag von 6.30 bis 18.30 Uhr)

Vorverkaufsstellen der WLB:
Kärntner Ring, Oper

Stellen für die Ausgabe von Fahrausweisen, Wertmarken und den Rückkauf von Wertmarken:

Wiener Stadtwerke-Verkehrsbetriebe

a) Abteilung Tarifangelegenheiten, 3, Erdbergstraße 202	keine Stammkarten und Wochen- bzw. Monatswertmarken für regionale Kraftfahrlinien
b) Kundendienst, 3, Erdbergstraße 202	nur Rückkauf von Wertmarken, ausgenommen für regionale Kraftfahrlinien
c) Betriebseigene Vorverkaufsstellen	keine Stammkarten und Wochen- bzw. Monatswertmarken für regionale Kraftfahrlinien, keine Ausstellung von Schülerkarten, kein Rückkauf von Wertmarken
d) Besonders gekennzeichnete Trafiken	von Zeitkarten „Wiener Einkaufskarte“, Netzkarte „24-Stunden-Wien“, Netzkarte „72-Stunden-Wien“ und „8-Tage“-Umwelt-Streifennetzkarte sowie Wochen- und Monatswertmarke für Inhaber eines Sozialpasses der Stadt Wien mit dem Vermerk „P“ oder „P II“), kein Rückkauf von Wertmarken

Österreichische Bundesbahnen

e) Fahrkartenschalter in Bahnhöfen und Haltestellen und andere Ausgabestellen innerhalb des Verbundbereiches	Einreichen zum Rückkauf von Wertmarken nur bei bestimmten Bahnhöfen

AG der Wiener Lokalbahnen

f) Fahrtkartenschalter in Bahnhöfen und in oder bei Haltestellen	Einreichen zum Rückkauf von Wertmarken nur bei bestimmten Bahnhöfen
g) Besonders gekennzeichnete Trafiken	keine Wertmarken für Zeitkarten und kein Rückkauf von Wertmarken

Raab-Ödenburger-Ebenfurter Eisenbahn

h) Fahrkartenschalter in Bahnhöfen und Haltestellen innerhalb des Verbundbereichs	Einreichen zum Rückkauf von Wertmarken nur bei bestimmten Bahnhöfen

Postämter

i) im Verbundbereich	nur Ausfertigung von Stammkarten für Wochen- und Monatskarten, Schülerkarten

Regionale Kraftfahrlinien

j) Verkauf durch den Lenker	Wertmarken für Zeitkarten

Kraftwagenbetriebsleitungen der ÖBB

k) im Verbundbereich	nur Ausfertigung von Stammkarten für Wochen- und Monatskarten, Schülerkarten

Tarifbestimmungen

Die Bestimmungen enthalten den Verbundtarif sowie den Nachttarif für den Autobusnachtverkehr der Wiener Stadtwerke-Verkehrsbetriebe für die Beförderung von Personen, Gepäck, Fahrrädern und Tieren, die Fahrpreise und die Entgelte. Sie gelten für alle Verbundfahrten so wie auf den in die Tarifgemeinschaft einbezogenen Kraftfahrlinien der öffentlichen und privaten Autobusunternehmen und auf Linien des Autobusnachtverkehrs. Die Verbundlinien und die Linien des Autobusnachtverkehrs sind im Verbundplanbuch enthalten.

Halbpreistarif für Fahrscheine und Streifenkarten

Kinder

Kinder bis zum vollendeten sechsten Lebensjahr werden in der Kernzone (Zone 100) unentgeltlich befördert. In Außenzonen nur dann, wenn sie begleitet reisen und keinen eigenen Sitzplatz beanspruchen, höchstens jedoch zwei Kinder pro Begleitperson. Jedes weitere Kind wird zum Halbpreis befördert. Darüber hinaus gilt die unentgeltliche Beförderung auf Strecken der Wiener Verkehrsbetriebe, der Wiener Lokalbahnen in der Kernzone (Zone 100) und auf den in die Tarifgemeinschaft mit den Wiener Verkehrsbetrieben einbezogenen Kraftfahrlinien der öffentlichen und privaten Autobusunternehmen für Kinder über dem sechsten Lebensjahr bis zum Beginn der allgemeinen Schulpflicht gemäß Schulpflichtgesetz 1985.

Kinder bis zum vollendeten 15. Lebensjahr werden zum Halbpreis befördert. Sie haben ihre Berechtigung bei Inanspruchnahme auf Verlangen mit einem Lichtbildausweis, aus dem das Geburtsdatum hervorgeht, nachzuweisen.

Besondere Bestimmungen für die Kernzone (Zone 100):

Kinder werden an Sonn- und Feiertagen sowie in den laut Schulzeitgesetz für die Wiener Allgemeinbildenden Pflichtschulen festgelegten Ferien bis zum vollendeten 15. Lebensjahr unentgeltlich befördert. Bei Inanspruchnahme dieser unentgeltlichen Beförderung hat das Kind auf Verlangen einen Lichtbildausweis, aus dem das Geburtsdatum hervorgeht, vorzuweisen.

Kinder werden bei nachgewiesenem Schulbesuch bis Ende des Unterrichtsjahres, in dem das 15. Lebensjahr vollendet wird, zum Halbpreis befördert. Ausgenommen sind Berufsschüler. Als Nachweis der Anspruchsberechtigung über das 15. Lebensjahr hinaus werden anerkannt:
- Schülerkarte zum Schülertarif II,
- Schülerausweis einer im Inland gelegenen Schule.

Grundwehrdiener

Wehrpflichtige Personen, die den Grundwehr- oder verlängerten Grundwehrdienst leisten, werden in der Kernzone (Zone 100) zum Halbpreis befördert. Sie haben ihre Berechtigung bei Inanspruchnahme unaufgefordert durch Vorlage des Wehrdienstbuches nachzuweisen.

Inhaber eines Sozialpasses der Stadt Wien

Inhaber eines Sozialpasses der Stadt Wien mit dem Vermerk „P" oder „P II", der den Beziehern von Renten und Pensionen und deren Ehegatten vom zuständigen Sozialreferat der Stadt Wien entsprechend den Bestimmungen für den Sozialpaß ausgestellt ist, werden in der Kernzone (Zone 100) zum Halbpreis befördert. Sie haben ihre Berechtigung bei Inanspruchnahme unaufgefordert durch Vorlage des Sozialpasses der Stadt Wien nachzuweisen.

Kurzstreckenbenützer

Linien der Österreichischen Bundesbahnen, der AG der Wiener Lokalbahnen und der regionalen Kraftfahrlinien in der Kernzone sowie Linien der Wiener Stadtwerke-Verkehrsbetriebe sind in Kurzstrecken unterteilt. Kurzstreckenfahrten sind nur mit Streifenkarten zum Halbpreis bzw. mit dem Fahrschein für zwei Fahrten zum Halbpreis zulässig. Bei Kurzstreckenfahrten ist ein Umsteigen nur bei Fahrten auf Linien der U-Bahn und der Österreichischen Bundesbahnen innerhalb der Kernzone gestattet.

Auf Straßenbahn- und Autobuslinien, regionalen Kraftfahrlinien sowie auf der Bahnlinie der AG der Wiener Lokalbahnen gilt ein Abschnitt einer Streifenkarte zum Halbpreis bzw. ein Abschnitt eines Fahrscheines für zwei Fahrten zum Halbpreis für eine Kurzstrecke.

Die Kurzstreckeneinteilung der Straßenbahn- und Autobuslinien, der regionalen Kraftfahrlinien sowie der Bahnlinie der AG der Wiener Lokalbahnen ist aus dem Verbundfahrplanbuch sowie aus den Ankündigungen in den Fahrbetriebsmitteln und an den Haltestellen ersichtlich.

Auf Linien der U-Bahn und der Österreichischen Bundesbahnen innerhalb der Kernzone (Zone 100) gilt grundsätzlich ein Abschnitt einer Streifenkarte zum Halbpreis bzw. eines Fahrscheines für zwei Fahrten zum Halbpreis für Kurzstreckenfahrten für zwei aufeinanderfolgende Stationsabstände (Bahnhofsabstände).

Besondere Bestimmungen für die Autobuslinien 1A, 3A, 34A, 41A, 90A und 147: Auf diesen Linien gilt für eine Fahrt ohne Umsteigen ein Fahrschein bzw. ein Abschnitt einer Streifenkarte bzw. ein Abschnitt eines Fahrscheines für zwei Fahrten zum Halbpreis.

Schülertarif

Zeitkarten zum Schülertarif I werden an Berufsschüler, zu den Schülertarifen II, III und IV an Schüler ausgegeben.

Besondere Bestimmungen für die Kernzone (Zone 100):

Schüler werden an Sonn- und Feiertagen sowie in den laut Schulzeitgesetz für die Wiener Allgemeinbildenden Pflichtschulen festgelegten Ferien bis Ende des Schuljahres, in dem sie das 19. Lebensjahr vollenden, unentgeltlich befördert. Bei Inanspruchnahme dieser unentgeltlichen Beförderung hat der Schüler auf Verlangen Alter und Schulbesuch nachzuweisen.

Als Nachweis wird der Schülerausweis einer im Inland gelegenen Schule (ausgenommen Berufsschülerausweis) anerkannt.

Für die Freifahrt der Schüler oder Kinder unter dem 15. Lebensjahr bzw. für Schüler, die im Schuljahr das 15. Lebensjahr vollenden, werden auch
- die Schülerkarte zum Schülertarif II oder
- ein Lichtbildausweis, aus dem das Geburtsdatum hervorgeht,

anerkannt.

Hochschülertarif

Zeitkarten für Hochschüler sind Monatsstrecken- oder -netzkarten und Semesternetzkarten für Hochschüler. Sie werden gegen Nachweis des Studienbesuches ausgestellt.

Seniorentarif

Senioren werden in der Kernzone (Zone 100) zum Seniorentarif befördert. Als Nachweis ist ein amtlicher Lichtbildausweis, aus dem das Geburtsdatum hervorgeht, erforderlich.

Ortstarif

In Außenzonen können in flächenmäßig begrenzten Gebieten – maximal Gemeindegebiet – Ortstarife eingerichtet werden.

Tarif für Schwerkriegsbeschädigte

Schwerkriegsbeschädigte bzw. deren Begleiter und Führhunde werden in der Kernzone (Zone 100) unentgeltlich aufgrund des Schwerkriegsbeschädigtenausweises befördert.

Auf den regionalen Kraftfahrlinien werden Schwerkriegsbeschädigte, deren Erwerbsfähigkeit mindestens 70% gemindert ist, gegen Vorweis des Schwerkriegsbeschädigtenausweises im Ortslinienverkehr einschließlich Begleiter oder Führhund unentgeltlich befördert; dabei sind den Schwerkriegsbeschädigten Inhaber von Opferausweisen gemäß Opferfürsorgegesetz und Schwerbeschädigte nach dem Heeresversorgungsgesetz gleichgestellt.

Fahrkarten

Fahrkarten sind Fahrscheine und Streifenkarten und berechtigen grundsätzlich zu einer Fahrt mit Umsteigen. Sie gelten für Fahrten ohne Fahrtunterbrechung in Richtung auf das Fahrziel. Umwegfahrten – soweit sie nicht zum schnelleren Erreichen des Fahrziels notwendig sind – sind ausgeschlossen. Alle Fahrkarten sind unübertragbar, sobald mit ihnen eine Fahrt angetreten worden ist. Streifenkarten, Seniorenfahrscheine sowie Fahrscheine für zwei Fahrten zum Halbpreis können auch zur Beförderung mehrerer Personen für dieselbe Strecke benützt werden, wobei für jede Person die entsprechende Entwertung gesondert anzubringen ist.

Der Fahrpreis ergibt sich in Abhängigkeit von dem in Anspruch genommenen Geltungsbereich (Zonen). Bei ausschließlicher Benützung von Linien der Österreichischen Bundesbahnen in der Kernzone (Zone 100) und der AG der Wiener Lokalbahnen im Abschnitt Meidling-Vösendorf-Siebenhirten werden alle Strecken bei der Fahrpreisberechnung einer Außenzone (Zone 111) gleichgehalten.

Fahrscheine

werden entwertet ausgegeben
- in Bahnhöfen, Stationen und Haltestellen
  - entweder an den Kassenschaltern
  - oder bei Fahrscheinverkaufsautomaten
- in Fahrbetriebsmitteln
  - entweder bei Bediensteten des Verkehrsunternehmens
  - oder bei Fahrscheinverkaufsautomaten

Fahrscheine sind im Vorverkauf nicht entwertet in beliebiger Stückzahl erhältlich.

Der Fahrgast hat zum Erreichen des Fahrzieles
- entweder die entsprechende Art und Anzahl von Fahrscheinen, gültig für je eine Zone,
- oder einen Fahrschein, gültig für die entsprechende Anzahl von Zonen,

zu erwerben bzw. zu entwerten und die Fahrt ehest anzutreten. Für Fahrten, die über acht Zonen hinausgehen, sind nur acht Fahrscheine, gültig für je eine Zone, zu lösen bzw. zu entwerten oder ein Fahrschein, gültig für acht Zonen, zu lösen.
Der Seniorenfahrschein und der Fahrschein für zwei Fahrten zum Halbpreis, die zu zwei beliebigen Fahrten berechtigen, sind erst dann zu einer Fahrt gültig, wenn der Fahrgast einen der beiden Abschnitte entwertet. Er kann auch zur gleichzeitigen Beförderung von zwei Personen benützt werden, wobei für jede Person die Entwertung vorzunehmen ist.

Seniorenfahrscheine berechtigen zu einer Fahrt nur in der Kernzone (Zone 100).

Streifenkarten

sind im Vorverkauf erhältlich.

Es werden ausgegeben:
- Streifenkarten für acht Zonenfahrten
- Streifenkarten für acht Zonenfahrten zum Halbpreis
- Streifenkarten für vier Zonenfahrten
- Streifenkarten für vier Zonenfahrten zum Halbpreis.

Streifenkarten zum Halbpreis gelten für Kinder, Grundwehrdiener, Inhaber eines Sozialpasses der Stadt Wien mit dem Vermerk „P“ oder „P II“, Kurzstreckenfahrten, Hunde und die Mitnahme eines Fahrrades.

Bestimmungen für Fahrkarten, die im Vorverkauf erhältlich sind

Streifenkarten für acht Zonenfahrten und acht Zonenfahrten zum Halbpreis sowie Streifenkarten für vier Zonenfahrten und für vier Zonenfahrten zum Halbpreis sind zu den angekündigten Verkaufszeiten und bei den Verbundautomaten erhältlich. Fahrscheine für zwei Fahrten zum Halbpreis und Seniorenfahrscheine sind zu den angekündigten Verkaufszeiten erhältlich.

Für nicht oder teilweise benützte Fahrkarten wird keine Erstattung geleistet. Die Benützbarkeit von Fahrkarten endet mit dem Inkrafttreten neuer Fahrpreise.

Zeitkarten

Folgende Zeitkarten werden ausgegeben:
- „Wiener Einkaufskarte“
- Netzkarte „24-Stunden-Wien“
- Netzkarte „72-Stunden-Wien“
- „8 Tage“-Umwelt-Streifennetzkarte
- Wochenkarte
- Monatskarte
- Wochenkarte für Lehrlinge
- Monatskarte für Lehrlinge
- Monatskarte für Inhaber eines Sozialpasses der Stadt Wien mit dem Vermerk „P“ oder „P II“
- Monatskarte für Berufsschüler zum Schülertarif I
- Monatskarte für Schüler zum Schülertarif II, III und IV
- Monatskarte für Hochschüler
- Semesterkarte für Hochschüler
- Nachmittags-Bildungskarte
- Lehrlingsfreikarte
- Jahreskarte
- Jahreskarte für Lehrlinge
- Jahreskarte für Senioren

Eine Zeitkarte, ausgenommen die „Wiener Einkaufskarte“, die Netzkarte „24-Stunden-Wien“, die Netzkarte „72-Stunden-Wien“ und die „8 Tage“-Umwelt-Streifennetzkarte, besteht aus Stammkarte und Wertmarke. Die Stammkarte enthält den Geltungsbereich (Zonen); auf der Wertmarke ist die Gültigkeitsdauer und die der Stammkarte entsprechende Zonenart und Anzahl eingetragen.

Fahrpreis

Der Fahrpreis ergibt sich in Abhängigkeit von der Gültigkeitsdauer und dem in Anspruch genommenen Geltungsbereich (Kernzone, Außenzonen ohne Benützung von Kraftfahrlinien, Außenzonen mit Benützung von Kraftfahrlinien [B-Zonen] bzw. B-Zone inklusive Buskorridor = E-Zone). Maximal sind acht Zonen zu bezahlen. Zeitkarten, gültig für B-Zonen bzw. E-Zonen, berechtigen zur Benützung aller in dieser Zone verkehrenden Verbundlinien. Der B-Zonenpreis bzw. E-Zonenpreis ersetzt den jeweiligen Außenzonenpreis. Bei ausschließlicher Benützung von Linien der Österreichischen Bundesbahnen in der Kernzone (Zone 100) und der AG der Wiener Lokalbahnen im Abschnitt Meidling-Vösendorf-Siebenhirten werden alle Strecken bei der Fahrpreisberechnung einer Außenzone (Zone 111) gleichgehalten.

Eine für die Kernzone (Zone 100) gültige Zeitkarte gilt auch für diese Strecken der Österreichischen Bundesbahnen und der AG der Wiener Lokalbahnen.

Zeitkarten sind übertragbar, ausgenommen die Karten für Lehrlinge, Schüler, Inhaber eines Sozialpasses der Stadt Wien mit dem Vermerk „P“ oder „P II“ und sämtliche Jahreskarten.

„Wiener Einkaufskarte“

berechtigt zu beliebig vielen Fahrten in der Kernzone (Zone 100) an einem Werktag, Montag bis Samstag, in der Zeit von 8 bis 20 Uhr ab dem Zeitpunkt der Entwertung.

Netzkarte „24-Stunden-Wien“ und Netzkarte „72-Stunden-Wien“

berechtigen zu beliebig vielen Fahrten in der Kernzone (Zone 100) innerhalb 24 bzw. 72 Stunden ab Entwertung.

„8 Tage“-Umwelt-Streifennetzkarte

berechtigt pro entwertetem Streifen zu beliebig vielen Fahrten an dem durch die Entwertung bestimmten Tag in der Kernzone (Zone 100). Sie kann auch zur gleichzeitigen Beförderung mehrerer Personen benutzt werden, wobei für jede Person die Entwertung vorzunehmen ist.

Wochenkarten, Monatskarten

Wochenkarten, Monatskarten, Monatskarten übertragbar, Wochenkarten für Lehrlinge, Monatskarten für Lehrlinge sowie Monatskarten für Inhaber eines Sozialpasses der Stadt Wien mit dem Vermerk „P“ oder „P II“ berechtigen zu beliebig vielen Fahrten an allen Tagen in dem aus der Stammkarte ersichtlichen Geltungsbereich (Zonen) während der auf der Wertmarke ersichtlichen Gültigkeitsdauer.

Bei übertragbaren Wochen- und Monatskarten ist weder ein Lichtbild noch die Eintragung von Name und Anschrift erforderlich.

Wochenwertmarken gelten innerhalb einer Kalenderwoche und darüber hinaus bis einschließlich Montag 9 Uhr der darauffolgenden Woche.

Monatswertmarken (bzw. Zusatz-Monatswertmarken und die Nachmittags-Bildungskarte) gelten innerhalb eines Kalendermonats und darüber hinaus bis einschließlich 2. des Folgemonats.

Monatswertmarken für Inhaber eines Sozialpasses der Stadt Wien mit dem Vermerk „P“ und „P II“ gelten nur in der Kernzone (Zone 100).

Die Ausgabe von Stammkarten bzw. der Verkauf von Wertmarken findet während der bei den Verkaufsstellen angekündigten Verkaufszeiten statt.

Auf der Stammkarte sind vom Fahrgast Name und Anschrift einzutragen, vor Antritt der ersten Fahrt auf der vorgesehenen Stelle die Wertmarke und ein Lichtbild voll aufzukleben sowie die Nummer der Stammkarte auf der Wertmarke einzutragen. Auf der Stammkarte der Wochen- und Monatskarte für Lehrlinge sowie der Monatskarte für Inhaber eines Sozialpasses der Stadt Wien mit dem Vermerk „P" oder „P II" sind vom Fahrgast Name und Anschrift einzutragen, vor Antritt der ersten Fahrt auf der vorgesehenen Stelle die Wertmarke und ein Lichtbild voll aufzukleben sowie die Nummer der Stammkarte auf der Wertmarke einzutragen.

Wochen- und Monatskarten für Lehrlinge gelten nur in Verbindung mit einem gültigen Berufsschulausweis, mit einem in 3, Erdbergstraße 202, für das laufende Unterrichtsjahr ausgestellten Ausweis, der Schülerkarte zum Schülertarif I oder mit dem Ermäßigungsausweis der ÖBB (Halbpreis-Paß) mit gültiger Berechtigungsmarke für Lehrlinge. Diese Ausweise müssen mit einem Lichtbild versehen sein, das den Inhaber leicht und zweifelsfrei erkennen läßt.

Monatskarte für Berufsschüler zum Schülertarif I, Monatskarte für Schüler zum Schülertarif II, III und IV

Monatskarten zum Schülertarif I werden für Berufsschüler bei nicht lehrgangsmäßiger Ausbildung bis Ende des Unterrichtsjahres, in dem sie das 26. Lebensjahr vollenden, ausgestellt. Sie berechtigen zu beliebig vielen Fahrten zwischen Wohnsitz bzw. Lehrstelle und Schule an den eingetragenen Werktagen auf der vorgeschriebenen Strecke in der Kernzone (Zone 100) bzw. in den vorgeschriebenen Außenzonen während der auf der Wertmarke ersichtlichen Gültigkeitsdauer.

Monatskarten zum Schülertarif II werden für Schüler bis Ende des Unterrichtsjahres, in dem sie das 15. Lebensjahr vollenden, ausgestellt. Sie berechtigen zu beliebig vielen Fahrten zwischen Wohnsitz und Schule an allen Tagen auf der vorgeschriebenen Strecke in der Kernzone (Zone 100) bzw. in den vorgeschriebenen Außenzonen während der auf der Wertmarke ersichtlichen Gültigkeitsdauer.

Monatskarten zum Schülertarif III werden für Schüler und Berufsschüler bei lehrgangsmäßiger Ausbildung ab dem vollendeten 15. Lebensjahr bis Ende des Unterrichtsjahres, in dem sie das 26. Lebensjahr vollenden, ausgestellt. Sie berechtigen zu beliebig vielen Fahrten zwischen Wohnsitz und Schule an allen Tagen auf der vorgeschriebenen Strecke in der Kernzone (Zone 100) bzw. in den vorgeschriebenen Außenzonen während der auf der Wertmarke ersichtlichen Gültigkeitsdauer.

Monatskarten zum Schülertarif IV werden für Schüler bis Ende des Unterrichtsjahres, in dem sie das 26. Lebensjahr vollenden, ausgestellt. Sie berechtigen zu beliebig vielen Fahrten an allen Tagen in den vorgeschriebenen Zonen während der auf der Wertmarke ersichtlichen Gültigkeitsdauer.

Alle Monatskarten für Berufsschüler und Schüler werden aufgrund einer Bestellung mit Schulbesuchsbestätigung bis zum Ende des Unterrichtsjahres ausgestellt. Schülerkarten, die auch oder nur in der Kernzone (Zone 100) gelten, werden grundsätzlich in 3, Erdbergstraße 202, ausgegeben. Schülerkarten, die ausschließlich auf regionalen Kraftfahrlinien gelten, werden von Postämtern und Kraftwagenbetriebsleitungen ausgestellt. Alle übrigen Schülerkarten sind nur bei den Fahrkartenschaltern der Österreichischen Bundesbahnen, der AG der Wiener Lokalbahnen und der Raab-Ödenburg-Ebenfurter Eisenbahn erhältlich. Für die Ausstellung der Karte ist ein Lichtbild sowie der Erlag des Bearbeitungsentgeltes erforderlich. Bei Änderung des Namens oder der Anschrift des Schülers oder bei allfälligem Schulwechsel ist ebenso das Bearbeitungsentgelt zu entrichten.

Findet der lehrplanmäßige Unterricht nur während eines Teiles des Gültigkeitsmonats statt, gilt die Schülerkarte nur für diesen Teil der Laufzeit entsprechend dem dann geänderten Aufdruck auf der Wertmarke. Ein Preisnachlaß für die allenfalls verkürzte Gültigkeitsdauer wird nicht gewährt.

Wertmarken für Monatskarten und Zusatz-Monatswertmarken für Berufsschüler und Schüler sind in Trafiken nicht erhältlich.

Sämtliche Schülerkarten sind nur mit aufgeklebtem Lichtbild gültig.

Schülerfreikarten

Der Anspruch auf Schülerfreifahrt für Berufsschüler und Schüler besteht nach § 30 f Familienlastenausgleichsgesetz in der jeweils geltenden Fassung. Danach erhalten sie Schülerfreikarten bis Ende des Unterrichtsjahres.

Die Ausstellung der Schülerfreikarten erfolgt nur aufgrund der im § 30 g Familienlastenausgleichsgesetz genannten Vordrucke „Anträge auf Ausstellung eines Freifahrausweises für Fahrten zur und von der Schule" bis Ende des Unterrichtsjahres.

Diese Anträge werden nur durch die Schulen ausgegeben.

Schülerfreikarten, die auch oder nur in der Kernzone (Zone 100) gelten, werden grundsätzlich in 3, Erdbergstraße 202, ausgegeben. Schülerfreikarten, die ausschließlich auf regionalen Kraftfahrlinien gelten, werden von Postämtern und Kraftwagenbetriebsleitungen ausgestellt. Alle übrigen Schülerfreikarten, die nur in Außenzonen gelten sollen, können nur bei den Fahrkartenschaltern der Österreichischen Bundesbahnen, der AG der Wiener Lokalbahnen und der Raab-Ödenburg-Ebenfurter Eisenbahn eingereicht und nach einer angemessenen Frist abgeholt werden.

Zusatz-Monatswertmarke für Berufsschüler

Berufsschüler mit Schülerfreikarten zum Schülertarif I können die eingeschränkte Gültigkeitsdauer und bei vorgeschriebener Strecke in der Kernzone (Zone 100) den Geltungsbereich ihrer Karte durch Aufkleben einer Zusatz-Monatswertmarke erweitern. Die Karte berechtigt sodann zu beliebig vielen Fahrten an allen Tagen in den eingetragenen Außenzonen und – bei vorgeschriebener Strecke in der Kernzone (Zone 100) – auch auf allen Linien in der Kernzone innerhalb des auf der Zusatz-Monatswertmarke ersichtlichen Kalendermonats und darüber hinaus bis einschließlich 2. des Folgemonats, jedoch nur innerhalb des auf der Stammkarte eingetragenen Gültigkeitszeitraumes.

Zusatz-Monatswertmarke für Schüler

Schüler mit Schülerfreikarten zum Schülertarif II und III können den eingeschränkten Geltungsbereich in der Kernzone (Streckenvorschreibung in der Zone 100) ihrer Karte durch Aufkleben einer Zusatz-Monatswertmarke erweitern. Die Karte berechtigt sodann zu beliebig vielen Fahrten auf allen Linien in der Kernzone innerhalb des auf der Zusatz-Monatswertmarke ersichtlichen Kalendermonats und darüber hinaus bis einschließlich 2. des Folgemonats, jedoch nur innerhalb des auf der Stammkarte eingetragenen Gültigkeitszeitraumes.

Monatsnetzkarten für Hochschüler

Monatsnetzkarten für Hochschüler werden bis Ende des Winter- bzw. Sommersemesters, in dem sie das 26. Lebensjahr vollenden, ausgestellt. Sie berechtigen zu beliebig vielen Fahrten an allen Tagen in der Kernzone (Zone 100) während der auf der Wertmarke ersichtlichen Gültigkeitsdauer.

Die Monatsnetzkarten für Hochschüler, die in der Kernzone (Zone 100) gelten sollen, werden gegen Nachweis des Studienbesuchs bis Ende des Winter- bzw. Sommersemesters im laufenden Studienjahr ausgestellt. Stammkarten werden für den Zeitraum von September bis März des Folgejahres und für den Zeitraum von März bis September des laufenden Jahres ausgegeben.

Die Monatskarten für Hochschüler sind nur mit aufgeklebtem Lichtbild gültig.

Semesternetzkarten für Hochschüler

Semesternetzkarten für Hochschüler werden analog den Bestimmungen der Monatsnetzkarten für Hochschüler ausgestellt. Sie berechtigen zu beliebig vielen Fahrten an allen Tagen in der Kernzone (Zone 100) während der auf der Stammkarte bzw. Wertmarke ersichtlichen Gültigkeitsdauer. Die Semesternetzkarten für Hochschüler werden 3, Erdbergstraße 202, gegen Nachweis des Studienbesuches bis Ende des Winter- bzw. Sommersemesters im laufenden Studienjahr ausgestellt. Als Wintersemester wird der Zeitraum von Oktober bis Jänner des Folgejahres und für das Sommersemester der Zeitraum von März bis Juni des laufenden Jahres anerkannt.

Die Bestellung und gleichzeitige Ausfolgung der Semesternetzkarte für Hochschüler kann für das Wintersemester bis zum letzten Werktag des Monats November und für das Sommersemester bis zum letzten Werktag des Monats April erfolgen.

Die Bestellung einer Semesternetzkarte für Hochschüler hat zu enthalten:
- Name und Anschrift des Fahrgastes
- Lichtbild des Fahrgastes
- Unterschrift des Fahrgastes

Der Fahrpreis für eine Semesternetzkarte für Hochschüler ist bei der Bestellung und gleichzeitiger Ausfolgung zu entrichten.

Hinsichtlich Kündigung, Umschreibung und Rückkauf gelten die Bestimmungen über Jahreskarten sinngemäß.

Nachmittags-Bildungskarte

Diese Karte berechtigt zu beliebig vielen Fahrten in der Kernzone (Zone 100) an Werktagen ab 13 Uhr, an Sonn- und Feiertagen sowie in den laut Schulzeitgesetz für die Wiener Allgemeinbildenden Pflichtschulen festgelegten Ferien – ausgenommen Hauptferien – ganztägig während des auf der Wertmarke ersichtlichen Gültigkeitszeitraumes. Für die Zeit der Hauptferien werden keine Nachmittags-Bildungskarten ausgegeben.

Nachmittags-Bildungskarten werden für Schüler bis zum vollendeten 26. Lebensjahr in 3, Erdbergstraße 202, aufgrund von Schulbesuchsbestätigungen bis zum Ende des Unterrichtsjahres ausgestellt. Die Karte ist nur mit Lichtbild gültig.

Lehrlingsfreifahrt

Der Anspruch auf Lehrlingsfreifahrt besteht nach § 30j Familienlastenausgleichsgesetz in der jeweils geltenden Fassung. Danach erhalten Lehrlinge Freikarten grundsätzlich bis zum Ablauf des Lehrvertrages, höchstens jedoch für ein Jahr.

Die Ausstellung der Lehrlingsfreikarten erfolgt nur aufgrund der im § 30k Familienlastenausgleichsgesetz genannten Vordrucke („Anträge auf Ausstellung eines Freifahrausweises für Fahrten zu und von der betrieblichen Ausbildungsstätte"). Diese Anträge werden grundsätzlich vom Lehrherrn ausgegeben und bestätigt.

Lehrlingsfreikarten, die auch oder nur in der Kernzone (Zone 100) gelten sollen, werden in 3, Erdbergstraße 202, ausgegeben. Lehrlingsfreikarten, die ausschließlich auf regionalen Kraftfahrlinien gelten, werden von der VOR GmbH, 7, Neubaugasse 1, ausgestellt.

Jahreskarten

Jahreskarten berechtigen zu beliebig vielen Fahrten an allen Tagen in dem aus der Stammkarte ersichtlichen Geltungsbereich (Zonen) bis zu dem auf der Wertmarke ersichtlichen Gültigkeitszeitpunkt. Weiters berechtigt eine Jahreskarte, die auch oder nur in der Kernzone (Zone 100) gültig ist, zur unentgeltlichen Mitnahme von zwei Kindern (Kinder bis zum vollendeten 15. Lebensjahr bzw. bei nachgewiesenem Schulbesuch bis Ende des Unterrichtsjahres, in dem das 15. Lebensjahr vollendet wird) auf Linien der Wiener Stadtwerke-Verkehrsbetriebe, der AG der Wiener Lokalbahnen und auf regionalen Kraftfahrlinien jeweils nur in der Kernzone (Zone 100) an Samstagen ab 12 Uhr.

Die Bestellung einer Jahreskarte kann erfolgen
- bis zum 5. des Monats vor dem ersten Gültigkeitsmonat bei bestimmten Bahnhöfen und Haltestellen der Österreichischen Bundesbahnen, der AG der Wiener Lokalbahnen und der Raab-Ödenburg-Ebenfurter Eisenbahn,
- bis zum 15. des Monats vor dem ersten Gültigkeitsmonat bei den betriebseigenen Vorverkaufsstellen der Wiener Stadtwerke-Verkehrsbetriebe,
- bis zum 20. des Monats vor dem ersten Gültigkeitsmonat bei den Wiener Stadtwerken-Verkehrsbetriebe, Abteilung Tarifangelegenheiten, 3, Erdbergstraße 202,
- jederzeit in der Abteilung Tarifangelegenheiten, sofern die Karte sofort bezahlt und dem Kunden ausgefolgt wird.

Die Bestellung einer Jahreskarte hat zu enthalten:
- Name und Anschrift des Fahrgastes,
- Lichtbild des Fahrgastes,
- Geltungsbereich (Zonen),
- Gültigkeitsbeginn,
- Unterschrift des Fahrgastes.

Darüber hinaus hat die Bestellung einer Jahreskarte, für welche sich der Fahrgast oder Dritte verpflichten, den Fahrpreis in zehn Teilbeträgen über einen Abbuchungsauftrag für Lastschriften einer Bank oder Sparkasse mit dem Sitz in Österreich zugunsten der Wiener Stadtwerke-Verkehrsbetriebe zu bezahlen (Jahreskarte im Abonnement) – sofern keine Änderung des Geltungsbereiches vorgenommen wird –, zusätzlich zu enthalten:
- Name und Anschrift des Kontoinhabers,
- Kreditinstitut,
- Kontonummer,
- Einzugsermächtigung durch Unterschrift des Kontoinhabers.

Alle Änderungen der bei der Bestellung angegebenen Daten sind umgehend schriftlich der Abteilung Tarifangelegenheiten, 3, Erdbergstraße 202, bekanntzugeben.

Der Fahrpreis für eine Jahreskarte kann bei der Bestellung voll bezahlt werden (Jahreskarte bei Barzahlung). Bei einer Jahreskarte im Abonnement erfolgt die Abbuchung der Teilbeträge zum jeweils gültigen Tarif am letzten Werktag eines jeden Monats im voraus. Ein Widerruf des Abbuchungsauftrages sowie die Auflassung des Kontos ohne vorhergehende Kündigung berechtigen die Wiener Stadtwerke-Verkehrsbetriebe, den Vertrag mit sofortiger Wirkung aufzulösen und die Karte zurückzufordern, falls nicht der Benützer der Jahreskarte im jeweiligen Fall den noch aushaftenden Betrag für das Jahresabonnement an die Wiener Stadtwerke-Verkehrsbetriebe bezahlt. Wird die Jahreskarte bei Vertragsauflösung unter den obgenannten Voraussetzungen vom Benützer den Wiener Stadtwerken-Verkehrsbetriebe nicht zurückgegeben, verwirkt der Benützer den Preisnachlaß für den 11. und 12. Monat des Jahresabonnements (Verlust des Bonus). Der noch aushaftende Betrag erhöht sich um zwei Monatsraten des Jahresabonnements. Voraussetzung für die Verwirkung des Preisnachlasses für den 11. und 12. Monat ist, daß der Benützer trotz der schriftlichen Aufforderung der Wiener Stadtwerke-Verkehrsbetriebe zur Kartenrückgabe unter Hinweis auf den allfälligen Verlust des Bonus binnen zwei Monaten nach der Absendung dieser Aufforderung durch die Wiener Stadtwerke-Verkehrsbetriebe die Jahreskarte nicht zurückgegeben hat. Besteht zum Zeitpunkt der rechtzeitigen Bestellung der Jahreskarte seitens der Verkehrsbetriebe eine offene Forderung aus einem früheren Jahreskartenvertrag im Abonnement, wird der neue Jahreskartenvertrag nur mehr gegen Barzahlung abgeschlossen. Für die schriftliche Einmahnung aushaftender Beträge wird ein Bearbeitungsentgelt berechnet.

Jahreskarten werden grundsätzlich auf dem Postweg zugestellt, es sei denn, sie werden in der Abteilung Tarifangelegenheiten bestellt und dem Fahrgast sofort ausgefolgt.

Um die Gültigkeit einer Jahreskarte bei Barzahlung, die auch oder nur in der Kernzone gültig ist, zu verlängern, genügt es, unter Vorlage der Jahreskarte eine dieser Zeitkarte entsprechende Wertmarke in der Abteilung Tarifangelegenheiten, 3, Erdbergstraße 202, oder bei den betriebseigenen Vorverkaufsstellen der Wiener Stadtwerke-Verkehrsbetriebe zu erwerben.

Um die Gültigkeit einer Jahreskarte, die nur in Außenzonen gilt, zu verlängern, ist die Bezahlung des Fahrpreises bis zum 5. des letzten Gültigkeitsmonats bei bestimmten Bahnhöfen und Haltestellen der Österreichischen Bundesbahnen, der AG der Wiener Lokalbahnen und der Raab-Ödenburg-Ebenfurter Eisenbahn unter Vorlage der Jahreskarte erforderlich. Die Bestellung der Verlängerung hat die gleichen Angaben wie oben zu enthalten. Die neue Wertmarke wird dem Fahrgast auf dem Postweg zugestellt, sie ist von diesem auf die Karte voll aufzukleben und die Nummer der Stammkarte auf der Wertmarke einzutragen.

Wird die Jahreskarte im Abonnement nicht einen Monat vor Ablauf der Gültigkeit gekündigt, gilt die Verpflichtung für weitere zwölf Monate als verlängert, und es wird dem Fahrgast eine neue Wertmarke zugestellt. Darauf wird der Fahrgast vor Ablauf der Gültigkeitsdauer schriftlich von den Wiener Stadtwerken-Verkehrsbetriebe besonders hingewiesen. Die neue Wertmarke ist auf die Karte voll aufzukleben.

Eine Änderung des Geltungsbereichs einer Jahreskarte kann nur mit Wirkung zu einem Monatsersten erfolgen. Die Bestellung einer Änderung des Geltungsbereiches einer Jahreskarte, die auch oder nur in der Kernzone (Zone 100) gültig ist, kann bis zum 15. des Vormonats bei allen betriebseigenen Vorverkaufsstellen der Wiener Stadtwerke-Verkehrsbetriebe und bis zum 20. des Vormonats in der Abteilung Tarifangelegenheiten eingebracht werden. Die Bestellung einer Änderung des Geltungsbereichs hat die gleichen Angaben wie oben zu enthalten. Die geänderte Jahreskarte kann sodann ab dem 25. des Vormonats bis zum 3. des Monats, ab dem der geänderte Geltungsbereich bestellt wurde, in der Abteilung Tarifangelegenheiten, 3, Erdbergstraße 202, bei gleichzeitiger Rückgabe der alten Jahreskarte abgeholt werden.

Die Bestellung einer Änderung des Geltungsbereichs einer Jahreskarte, die nur in Außenzonen gültig ist, kann bis zum 5. des Vormonats bei bestimmten Bahnhöfen und Haltestellen der Österreichischen Bundesbahnen, der AG der Wiener Lokalbahnen und der Raab-Ödenburg-Ebenfurter Eisenbahn eingebracht werden. Die Bestellung einer Änderung des Geltungsbereichs hat die gleichen Angaben wie oben und ein Lichtbild zu enthalten. Die geänderte Jahreskarte kann sodann ab dem 25. des Vormonats bis zum 3. des Monats, ab dem der geänderte Geltungsbereich bestellt wurde, bei dem Bahnhof oder der Haltestelle abgeholt werden, wo die Bestellung der Änderung des Geltungsbereichs abgegeben wurde. Bei der Abholung ist die alte Jahreskarte abzugeben.

Darüber hinaus kann der Inhaber einer Jahreskarte den Geltungsbereich in der Abteilung Tarifangelegenheiten, 3, Erdbergstraße 202, ändern lassen, wobei er die neue Karte sofort ausgefolgt erhält. Erfolgt die Änderung bis zum 25. eines Monats, kommt eine allfällige Preiserhöhung bereits ab dem vorangegangenen Monatsersten zum Tragen. Eine etwaige Fahrpreissenkung wird erst mit dem folgenden Monatsersten wirksam. Bei einer Änderung nach dem 25. wird eine allfällige Fahrpreisänderung erst ab dem folgenden Monatsersten angerechnet.

Eine Änderung des Geltungsbereichs unterbricht nicht die Zeitspanne der Gültigkeit der Jahreskarte, jedoch kann es infolge dieser Änderung zu einer Änderung des Fahrpreises kommen. Bei einer Jahreskarte bei Barzahlung erfolgt die allfällige Fahrpreisnach- oder -rückzahlung bei Abholung der neuen Karte. Bei einer Jahreskarte im Abonnement wird einerseits bereits am letzten Werktag eines Monats im voraus der geänderte Fahrpreis in Abzug gebracht und andererseits eine allfällige Fahrpreisnach- oder -rückzahlung im zwölften Gültigkeitsmonat nachbelastet oder gutgeschrieben.

Jahreskarten können jederzeit ohne Angabe von Gründen unter gleichzeitiger Rückgabe der Karte an die Abteilung Tarifangelegenheiten, 3, Erdbergstraße 202, vom Fahrgast gekündigt werden. Bei Kündigung und gleichzeitiger Rückgabe der Jahreskarte wird der schon im vorhinein abgebuchte Anteil wieder rücküberwiesen bzw. bei Barzahlung des Gesamtpreises (= 10 Monatswertmarken) der nichtkonsumierte Anteil bar ausbezahlt. In diesem Fall gelten für die Anrechnung der vor der Kündigung gelegenen Zeiten die Bestimmungen für Monatskarten analog.

Jahreskarten können weder auf eine andere Person umgeschrieben werden noch besteht eine Möglichkeit, mit dem Abbuchen von Beträgen auszusetzen. Ein Rückkauf ist ausgeschlossen.

Die Bestellung sowie die Verlängerung der Gültigkeit einer Jahreskarte für Lehrlinge kann nur in der Abteilung Tarifangelegenheiten und bei bestimmten Bahnhöfen und Haltestellen der Österreichischen Bundesbahnen, der AG der Wiener Lokalbahnen und der Raab-Ödenburg-Ebenfurter Eisenbahn erfolgen, wobei auch der Nachweis über ein bestehendes Lehrverhältnis beizubringen ist. Die Verlängerung der Gültigkeit kann aber nur erfolgen, wenn bis zum 5. (bzw. bis zum 10. in der Abteilung Tarifangelegenheiten) des letzten Gültigkeitsmonats ein Nachweis über den Weiterbestand des Lehrverhältnisses erbracht wird. Im übrigen gelten die Bestimmungen über Jahreskarten sinngemäß.

Jahreskarten für Senioren berechtigen zu beliebig vielen Fahrten ausschließlich in der Kernzone (Zone 100). Bei der Bestellung ist der Altersnachweis mittels eines amtlichen Lichtbildausweises durch den Fahrgast zu erbringen. Im übrigen gelten die Bestimmungen über Jahreskarten sinngemäß.

Verlängerung der Gültigkeit
(ausgenommen „Wiener Einkaufskarte",
Netzkarte „24-Stunden-Wien",
Netzkarte „72-Stunden-Wien",
„8 Tage"-Umwelt-Streifennetzkarte und Jahreskarten)

Um die Gültigkeit einer Zeitkarte zu verlängern, ist es erforderlich, eine der Zeitkarte entsprechende Wertmarke zu kaufen, auf die dafür vorgesehene Stelle der Stammkarte voll aufzukleben und die Nummer der Stammkarte auf der Wertmarke einzutragen.

Die Verlängerung der Gültigkeit einer Monatskarte zum Schülertarif I, II, III und IV, einer Nachmittags-Bildungskarte und einer Schülerfreikarte über das Unterrichtsjahr hinaus sowie von Lehrlingsfreikarten ist nur über Bestellung möglich.

Vorweispflicht

Zeitkarten sind – ebenso wie ein allfälliger Nachweis der Berechtigung zur Inanspruchnahme – den mit der Prüfung von Fahrausweisen betrauten Bediensteten der Verkehrsunternehmen auf Verlangen vorzuweisen und erforderlichenfalls zur Prüfung zu übergeben.

Ersatzleistung

Für abhanden gekommene Zeitkarten oder Wertmarken (ausgenommen Jahreskarten, Schülerfreikarten, Schülerkarten und Nachmittags-Bildungskarten) wird kein Ersatz geleistet. Ersatz für abhanden gekommene Jahreskarten, Schülerfreikarten, Schülerkarten, Nachmittags-Bildungskarten und Lehrlingsfreikarten wird nur gegen Nachweis der behördlichen Anzeige und Erlag des Bearbeitungsentgelts geleistet.

Kündigung

Die Verkehrsunternehmen behalten sich das Recht vor, die

Zeitkarten durch Verlautbarung in der „Wiener Zeitung" und im „Anzeigeblatt für Verkehr" innerhalb der gesetzlichen Verlautbarungsfrist für Tarifmaßnahmen zu kündigen; sie zahlen in diesem Fall den Zeitkartenbesitzern über Verlangen und gegen Rückstellung der Zeitkarte innerhalb einer von ihnen zu bestimmenden angemessenen Frist den der restlichen Laufzeit der gekündigten Zeitkarte entsprechenden Teilbetrag vom Kartenpreis zurück.

Rückkauf von „Wiener Einkaufskarten", Netzkarten „24-Stunden-Wien", Netzkarten „72-Stunden-Wien", „8 Tage"-Umwelt-Streifennetzkarten (Fahrpreiserstattung)

Nichtbenützte „Wiener Einkaufskarten", Netzkarten „24-Stunden-Wien", Netzkarten „72-Stunden-Wien", nicht oder nur teilweise benützte „8 Tage"-Umwelt-Streifennetzkarten werden nicht zurückgekauft.

Rückkauf von Wertmarken (Fahrpreiserstattung; ausgenommen für Jahreskarten)

Wertmarken werden bis vor Beginn der Gültigkeit zum vollen Preis zurückgekauft. Wertmarken, deren Gültigkeit bereits begonnen hat, werden zurückgekauft, und zwar Wochenwertmarken bis zum 2. und Monatswertmarken bis zum 9. Gültigkeitstag. Dabei werden für jeden Gültigkeitstag bis einschließlich des Tages der Rückgabe die festgesetzten Sätze je Kategorie und Zone in Abzug gebracht.

Wertmarken, ausgenommen für übertragbare Wochen- und Monatskarten, deren Gültigkeit bereits begonnen hat oder schon abgelaufen ist, werden bei Nachweis von Unfall, Krankheit oder Tod zurückgekauft. Hiebei werden für jeden Gültigkeitstag, für den dieser Nachweis nicht erbracht werden kann, die festgesetzten Sätze je Kategorie und Zone in Abzug gebracht.

Der Rückkauf von Wertmarken kann nur erfolgen:

- In der Abteilung Tarifangelegenheiten, 3, Erdbergstraße 202,
- beim Kundendienst der Wiener Stadtwerke-Verkehrsbetriebe, 3, Erdbergstraße 202,
- bei der Zentralen Verkehrseinnahmenrechnungsstelle der ÖBB, 9, Mariannengasse 20,
- bei der Direktion der AG der Wiener Lokalbahnen, 12, Eichenstraße 1,
- bei der Direktion der Raab-Ödenburg-Ebenfurter Eisenbahn, Wulkaprodersdorf.

Weiters kann eine Zeitkarte oder Wertmarke bei bestimmten Bahnhöfen und Haltestellen oder auf dem Postweg zum Rückkauf eingereicht werden. Im letzteren Fall wird das Datum des Poststempels als Rückgabetag anerkannt.

Kombination von Fahrausweisen (ausgenommen bei Kurzstreckenfahrten)

Kombination von Verbundfahrausweisen

Jede Kombination von gültigen Fahrausweisen ist zulässig. Falls erforderlich, ist bei Fahrtantritt auf allen Fahrausweisen die Entwertung anzubringen. Alle Fahrausweise sind sodann bis zur Beendigung der Fahrt aufzubewahren und auf Verlangen vorzuweisen. Für die Berechnung des Maximalfahrpreises werden bei Kombination von Zeitkarten mit Fahrkarten die Zonen der Zeitkarte angerechnet.

Kombination von Fahrkarten mit anderen Fahrausweisen der am Verbund beteiligten Verkehrsunternehmen

Sie ist nur möglich:

- an der Grenze des Verbundbereichs; dabei kommt nach Maßgabe der Bestimmung über Verbundfahrten im Verbundbereich der Verbundtarif zur Anwendung;
- an der Grenze der Kernzone (Zone 100); dabei kommen außerhalb des Verbundbereichs sowie in den Außenzonen die Tarife des Verkehrsunternehmens, in der Kernzone (Zone 100) der Verbundtarif zur Anwendung.

Macht ein Fahrgast von einer Kombinationsmöglichkeit Gebrauch, hat er dafür Sorge zu tragen, daß er entweder unmittelbar nach Überschreiten der Verbundgrenze oder vor Überschreiten der Kernzonengrenze die für die Verbundfahrt notwendigen Fahrscheine erwirbt oder daß unmittelbar nach Überschreiten der Verbundgrenze oder vor Überschreiten der Kernzonengrenze (bei Entwertern in Fahrbetriebsmitteln unmittelbar nach der Kernzonengrenze) seine Verbundfahrkarten entwertet werden.

Erfolgt eine Kombination auf Strecken der Österreichischen Bundesbahnen an der Kernzonengrenze und wird dabei die Fahrt innerhalb des Verbundbereichs angetreten, ist – nach Maßgabe der technischen Voraussetzungen – die Verbundfahrkarte schon bei Fahrtantritt zu entwerten.

Ungültige Fahrausweise

Ein Fahrausweis oder ein Ausweis, der zur Inanspruchnahme von Fahrpreisermäßigungen berechtigt, ist ungültig,

- wenn er gefälscht oder verfälscht wurde,
- wenn er wegen seines Zustands auf seine Gültigkeit nicht überprüft werden kann,
- wenn er nur in Verbindung mit einem Ausweis gültig ist und der betreffende Ausweis nicht vorgewiesen wird bzw. ungültig ist,
- wenn er zu Zeiten, auf Strecken, in Zügen oder von Personen benützt wird, für die er nicht gilt, oder
- wenn er auf sonstige Weise den Tarifbestimmungen nicht entspricht.

In den genannten Fällen sind Bedienstete der Verkehrsunternehmen berechtigt, gegen Bestätigung den Fahrausweis oder den Ausweis abzunehmen. Ebenso hat ein Nichtbeachten der für die Aufrechterhaltung von Sicherheit und Ordnung ergehenden Anordnungen der Bediensteten der Verkehrsunternehmen die vorübergehende Abnahme des Fahrausweises zur Folge. Fahrscheine verlieren dadurch ihre Gültigkeit.

Beförderung von Fahrrädern

Die Beförderung von Fahrrädern in Zügen der Österreichischen Bundesbahnen und der Raab-Ödenburg-Ebenfurter Eisenbahn richtet sich grundsätzlich nach den Bestimmungen des jeweiligen Unternehmens, die Mitnahme von Fahrrädern in Fahrzeugen der AG der Wiener Lokalbahnen sowie im Kraftfahrlinienverkehr ist nicht zulässig.

In gekennzeichneten Fahrbetriebsmitteln ist die Mitnahme eines nicht zusammengeklappten einsitzigen Fahrrades gestattet. Für die Beförderung des Fahrrades ist pro Fahrt mit oder ohne Umsteigen der Halbpreis zu entrichten.

Mitnahme von Handgepäck, Rollstühlen, Kinderwagen und Fahrrädern

Der Fahrgast ist berechtigt, leicht tragbare Gegenstände (Handgepäck) in die Anlagen und Beförderungsmittel mitzunehmen. Sie sind so abzustellen, daß durch sie keine Gefährdung oder Störung zu erwarten ist. Von der Mitnahme in Anlagen und Beförderungsmittel sind jedenfalls ausgeschlossen:

- Gegenstände, von denen zu erwarten ist, daß sie Schaden verursachen oder den Fahrgästen lästig fallen bzw. gefährliche Gegenstände (explosionsfähige, leicht entzündbare, ätzende sowie übelriechende Stoffe).
- Rucksäcke u. dgl. (ausgenommen Schultaschen) sind vor dem Einsteigen in die Beförderungsmittel abzunehmen.

Anlagen und Beförderungsmittel dürfen mit nicht zusammengeklappten Kinderwagen und Rollstühlen nur nach Maßgabe der technischen Voraussetzungen und des vorhandenen

Platzangebotes benützt werden. Im Bereich der Wiener Stadtwerke-Verkehrsbetriebe und der AG der Wiener Lokalbahnen darf die Beförderung nicht zusammengeklappter Kinderwagen und Rollstühle nur in den besonders gekennzeichneten Fahrzeugen erfolgen, wobei ausnahmslos die hiefür gekennzeichneten Einstiege zu benützen sind. In U-Bahn-Zügen dürfen pro Einstiegsraum zwei Kinderwagen oder Rollstühle befördert werden. Die Aufstellung ist jeweils quer zur Fahrtrichtung vorzunehmen. Jeder Kinderwagen oder Rollstuhl muß von mindestens einer erwachsenen Person, die für Hilfestellung zum Ein- und Aussteigen der behinderten Person, für Ein- und Ausladen der Kinderwagen oder Rollstühle sowie für Sicherung insbesondere mittels der vorhandenen Befestigungseinrichtungen im Wageninneren zu sorgen hat, begleitet werden.

Über die Zulässigkeit der Mitnahme hat im Zweifelsfall ein Bediensteter des jeweiligen Verkehrsunternehmens zu entscheiden. Die Bediensteten des Verkehrsunternehmens sind berechtigt, die Beschaffenheit der Gepäckstücke zu überprüfen, wenn der begründete Verdacht besteht, daß ein Ausschließungsgrund vorliegt. Bei Vorliegen eines solchen Grundes wird der Fahrgast von der Fahrt ausgeschlossen. Eine Erstattung des Fahrpreises erfolgt nicht.

Der Fahrgast ist verpflichtet, alle Gegenstände, die er mit sich führt oder an sich trägt, selbst zu beaufsichtigen.

In U-Bahn-Zügen der Linien U1, U2, U3, U4 und U6-Niederflurwagen dürfen zu den festgelegten Zeiten nicht zusammengeklappte Fahrräder mitgeführt werden. Jeder Fahrgast darf nur ein zweirädriges, einsitziges Fahrrad ohne Motorausrüstung mitnehmen.

Das Fahrrad darf nur in den gekennzeichneten Einstiegsräumen quer zur Fahrtrichtung abgestellt werden. Es muß durch den Benützer gesichert und beaufsichtigt werden. Pro Einstiegsraum dürfen maximal zwei Fahrräder abgestellt werden.

Befindet sich in einem Einstiegsraum ein Kinderwagen und ein Fahrrad, darf kein Fahrrad oder Kinderwagen mehr abgestellt werden. Sind alle Stellplätze eines Zuges besetzt, müssen Fahrgäste mit Fahrrädern zurückbleiben.

Fahrgästen, die einen Hund mit sich führen, der sich nicht in einem geschlossenen Behältnis befindet, ist die gleichzeitige Mitnahme eines Fahrrades nicht gestattet.

Ein Anspruch auf die Beförderung eines Fahrrades bzw. auf gemeinsame Beförderung von Gruppen mit Fahrrädern besteht nicht. Die Bahnsteige können über feste Stiegen bzw. mit den Aufzügen erreicht werden. Es dürfen jedoch nur solche Aufzüge benützt werden, bei denen der Eingang dem Ausgang gegenüber angeordnet ist; derartige Aufzüge sind durch einen kreisrunden Aufkleber, der ein weißes Fahrrad auf blauem Grund zeigt, gekennzeichnet. Fahrtreppen (auch stillstehende) dürfen mit Fahrrädern nicht benützt werden. Das Radfahren in den Anlagen der U-Bahn ist nicht gestattet.

Fahrgäste mit Fahrrädern müssen darauf achten, daß sie in den Anlagen und Zügen die Sicherheit und Ordnung nicht beeinträchtigen.

Mitnahme von lebenden Tieren

Lebende Tiere werden unentgeltlich befördert.

Der Fahrgast ist berechtigt, kleine lebende Tiere, sofern es nicht gefährliche Tiere sind, unentgeltlich in die Anlagen und Beförderungsmittel mitzunehmen, wenn diese Tiere in Behältnissen untergebracht sind. Diese Behältnisse müssen so beschaffen sein, daß Verletzungen und Verunreinigungen von Personen sowie Beschädigungen und Verunreinigungen von Anlagen und Beförderungsmitteln ausgeschlossen sind.

Hunde dürfen nur mit angelegten bißsicheren Maulkörben in Anlagen und Beförderungsmittel mitgenommen werden, wenn diese Tiere entweder getragen oder am Boden kurz an der Leine gehalten werden.

Für die Beförderung eines Hundes hat der Fahrgast, der den Hund mit sich führt, den jeweils der Fahrstrecke entsprechenden Fahrpreis eines Fahrscheines zum Halbpreis zu entrichten oder die entsprechenden Anteile einer Streifenkarte zum Halbpreis zu entwerten. Als Fahrausweis für Hunde werden auch Wochen- bzw. Monatskarten anerkannt.

Kraftfahrlinien der öffentlichen und privaten Autobusunternehmen

Die in die Tarifgemeinschaft mit den Wiener Stadtwerken-Verkehrsbetriebe einbezogenen Kraftfahrlinien der öffentlichen und privaten Autobusunternehmen sind mit Liniensignalen (mit Zusatzbuchstaben „B“) und durch Tafeln besonders gekennzeichnet.

Alle Personen, die im Besitz eines für die Kernzone (Zone 100) gültigen Verbundfahrausweises sind (ausgenommen Streifenkarten zum Halbpreis für Kurzstreckenfahrten), werden unter Berücksichtigung der Bestimmungen über den Schülertarif ohne Lösen einer zusätzlichen Fahrkarte auf diesen Linien befördert. Das gleiche gilt für die Beförderung von Hunden und Handgepäck.

Von den Lenkern der privaten und öffentlichen Autobusunternehmen werden auf diesen Linien keine Fahrausweise des Verbundtarifes ausgegeben.

Verlorene und zurückgelassene Gegenstände

Das Verkehrsunternehmen übernimmt keine Haftung für die in Fahrzeugen und Anlagen zurückgelassenen, vergessenen bzw. verlorenen Gegenstände.

Wer im Bereich einer Anlage oder eines Beförderungsmittels eines für den Verkehrsverbund tätigen Verkehrsunternehmens einen verlorenen oder zurückgelassenen Gegenstand entdeckt, ist berechtigt, diesen Gegenstand dem Verkehrsunternehmen zu übergeben.

Das Verkehrsunternehmen ist verpflichtet, über Verlangen die Übergabe zu bescheinigen. Wird der Gegenstand einem Bediensteten des Verkehrsunternehmens nicht übergeben, ist dieser berechtigt, Name und Anschrift des Finders festzustellen.

Die Wiener Stadtwerke-Verkehrsbetriebe übergeben den verlorenen oder vergessenen Gegenstand, sofern dessen Wert mehr als 100 S beträgt, er unbedenklich erscheint und nicht verderblich ist, nach 48 Stunden (Sonn- und Feiertage nicht eingerechnet) dem zuständigen Fundamt. Für alle anderen Verkehrsunternehmen gelten die jeweiligen Fundvorschriften.

Fahrpreise

1. Fahrkarten

a) Fahrscheine

– Fahrschein für Erwachsene pro Zonenfahrt	19 S
– in Fahrbetriebsmitteln der Wiener Verkehrsbetriebe und in reg. KFL pro Zonenfahrt	20 S
– in Fahrbetriebsmitteln der Wiener Lokalbahnen pro Zonenfahrt in der Kernzone	20 S
– Fahrschein zum Halbpreis pro Zonenfahrt	10 S
– Seniorenfahrschein für zwei Fahrten in der Kernzone	23 S
– Fahrschein für zwei Fahrten zum Halbpreis	19 S
– Fahrschein zum Ortstarif	10 S

b) Streifenkarten

– für 8 Zonenfahrten	152 S
– für 8 Zonenfahrten zum Halbpreis	76 S
– für 4 Zonenfahrten	76 S
– für 4 Zonenfahrten zum Halbpreis	38 S

Durch Zuschußleistungen der Stadt Wien beträgt der Verkaufspreis von Fahrscheinen für Erwachsene pro Zonenfahrt 17 S sowie für Fahrscheine zum Halbpreis pro Zonenfahrt

9 S; die Fahrpreise für Streifenkarten ermäßigen sich jeweils im entsprechenden Ausmaß.

2. Zeitkarten

a) „Wiener Einkaufskarte" 40 S

b) Netzkarte „24-Stunden-Wien" 50 S

c) Netzkarte „72-Stunden-Wien" 130 S

d) „8 Tage"-Umwelt-Streifennetzkarte 265 S

e) Wochenwertmarken

- Kernzone 142 S
- 1 Außenzone 80 S
- 2 Außenzonen 130 S
- 3 Außenzonen 180 S
- 4 Außenzonen 220 S
- 5 Außenzonen 260 S
- 6 Außenzonen 290 S
- 7 Außenzonen 310 S
- alle Außenzonen 330 S
- Gesamtnetz ohne B-Zonen 452 S
- 1 B-Zone 86 S
- 2 B-Zonen 148 S
- 3 B-Zonen 210 S
- 4 B-Zonen 272 S
- 5 B-Zonen 334 S
- 6 B-Zonen 396 S
- 7 B-Zonen 458 S
- alle Außenzonen und alle B-Zonen 520 S
- Gesamtnetz mit allen B-Zonen 600 S
- E-Zone 142 S

f) Wochenwertmarken für Lehrlinge

- Kernzone 70 S
- 1 Außenzone 60 S
- 2 Außenzonen 94 S
- 3 Außenzonen 126 S
- 4 Außenzonen 157 S
- 5 Außenzonen 189 S
- 6 Außenzonen 209 S
- 7 Außenzonen 223 S
- alle Außenzonen 237 S
- Gesamtnetz ohne B-Zonen 293 S
- 1 B-Zone 61 S
- 2 B-Zonen 104 S
- 3 B-Zonen 148 S
- 4 B-Zonen 192 S
- 5 B-Zonen 235 S
- 6 B-Zonen 279 S
- 7 B-Zonen 322 S
- alle Außenzonen und alle B-Zonen 366 S
- Gesamtnetz mit allen B-Zonen 392 S
- E-Zone 70 S

g) Monatswertmarken

- Kernzone 500 S
- 1 Außenzone 300 S
- 2 Außenzonen 460 S
- 3 Außenzonen 620 S
- 4 Außenzonen 780 S
- 5 Außenzonen 940 S
- 6 Außenzonen 1.040 S
- 7 Außenzonen 1.110 S
- alle Außenzonen 1.180 S
- Gesamtnetz ohne B-Zonen 1.610 S
- 1 B-Zone 304 S
- 2 B-Zonen 522 S
- 3 B-Zonen 740 S
- 4 B-Zonen 958 S
- 5 B-Zonen 1.176 S
- 6 B-Zonen 1.394 S
- 7 B-Zonen 1.612 S
- alle Außenzonen und alle B-Zonen 1.830 S
- Gesamtnetz mit allen B-Zonen 2.112 S
- E-Zone 500 S

h) Monatswertmarken für Lehrlinge

- Kernzone 260 S
- 1 Außenzone 210 S
- 2 Außenzonen 330 S
- 3 Außenzonen 440 S
- 4 Außenzonen 550 S
- 5 Außenzonen 660 S
- 6 Außenzonen 730 S
- 7 Außenzonen 780 S
- alle Außenzonen 830 S
- Gesamtnetz ohne B-Zonen 1.040 S
- 1 B-Zone 213 S
- 2 B-Zonen 365 S
- 3 B-Zonen 518 S
- 4 B-Zonen 671 S
- 5 B-Zonen 823 S
- 6 B-Zonen 976 S
- 7 B-Zonen 1.128 S
- alle Außenzonen und alle B-Zonen 1.281 S
- Gesamtnetz mit allen B-Zonen 1.388 S
- E-Zone 260 S

i) Monatswertmarken für Inhaber eines Sozialpasses der Stadt Wien mit dem Vermerk „P" oder „P II"

- gültig nur in der Kernzone 180 S

j) Monatswertmarken für Berufsschüler (Schülertarif I)

- Streckenfahrt in der Kernzone 95 S
- 1 Außenzone 30 S
- 2 Außenzonen 46 S
- 3 Außenzonen 62 S
- 4 Außenzonen 78 S
- 5 Außenzonen 94 S
- 6 Außenzonen 104 S
- 7 Außenzonen 111 S
- alle Außenzonen 118 S

k) Monatswertmarken für Schüler (Schülertarif II)

- Streckenfahrt in der Kernzone 410 S
- 1 Außenzone 300 S
- 2 Außenzonen 460 S
- 3 Außenzonen 620 S
- 4 Außenzonen 780 S
- 5 Außenzonen 940 S
- 6 Außenzonen 1.040 S
- 7 Außenzonen 1.110 S
- alle Außenzonen 1.180 S

l) Monatswertmarken für Schüler (Schülertarif III)

- Streckenfahrt in der Kernzone 410 S
- 1 Außenzone 300 S
- 2 Außenzonen 460 S
- 3 Außenzonen 620 S
- 4 Außenzonen 780 S
- 5 Außenzonen 940 S
- 6 Außenzonen 1.040 S
- 7 Außenzonen 1.110 S
- alle Außenzonen 1.180 S

m) Monatswertmarken für Schüler (Schülertarif IV)

- Kernzone 470 S
- 1 Außenzone 300 S
- 2 Außenzonen 460 S
- 3 Außenzonen 620 S
- 4 Außenzonen 780 S
- 5 Außenzonen 940 S
- 6 Außenzonen 1.040 S
- 7 Außenzonen 1.110 S
- alle Außenzonen 1.180 S

n) Zusatz-Monatswertmarke zu Schülerkarten für Berufsschüler (Schülertarif I)

– Kernzone	165 S
– 1 Außenzone	180 S
– 2 Außenzonen	284 S
– 3 Außenzonen	378 S
– 4 Außenzonen	472 S
– 5 Außenzonen	566 S
– 6 Außenzonen	626 S
– 7 Außenzonen	669 S
– alle Außenzonen	712 S
– Gesamtnetz ohne B-Zonen	834 S
– 1 B-Zone	183 S
– 2 B-Zonen	313 S
– 3 B-Zonen	444 S
– 4 B-Zonen	575 S
– 5 B-Zonen	705 S
– 6 B-Zonen	837 S
– 7 B-Zonen	967 S
– alle Außenzonen und alle B-Zonen	1.098 S
– Gesamtnetz mit allen B-Zonen	1.132 S
– E-Zone	165 S

o) Zusatz-Monatswertmarke zu Schülerkarten für Schüler (Schülertarife II und III)

– Kernzone	60 S

p) Nachmittags-Bildungskarte

– Kernzone	60 S

q) Jahreswertmarken

– Kernzone	4.700 S
– 1 Außenzone	3.000 S
– 2 Außenzonen	4.600 S
– 3 Außenzonen	6.200 S
– 4 Außenzonen	7.800 S
– 5 Außenzonen	9.400 S
– 6 Außenzonen	10.400 S
– 7 Außenzonen	11.100 S
– alle Außenzonen	11.800 S
– Gesamtnetz ohne B-Zonen	15.800 S
– 1 B-Zone	3.040 S
– 2 B-Zonen	5.220 S
– 3 B-Zonen	7.400 S
– 4 B-Zonen	9.580 S
– 5 B-Zonen	11.760 S
– 6 B-Zonen	13.940 S
– 7 B-Zonen	16.120 S
– alle Außenzonen und alle B-Zonen	18.300 S
– Gesamtnetz mit allen B-Zonen	20.820 S
– E-Zone	5.000 S

r) Jahreswertmarke für Lehrlinge

– Kernzone	2.600 S
– 1 Außenzone	2.100 S
– 2 Außenzonen	3.300 S
– 3 Außenzonen	4.400 S
– 4 Außenzonen	5.500 S
– 5 Außenzonen	6.600 S
– 6 Außenzonen	7.300 S
– 7 Außenzonen	7.800 S
– alle Außenzonen	8.300 S
– Gesamtnetz ohne B-Zonen	10.400 S
– 1 B-Zone	2.130 S
– 2 B-Zonen	3.650 S
– 3 B-Zonen	5.180 S
– 4 B-Zonen	6.710 S
– 5 B-Zonen	8.230 S
– 6 B-Zonen	9.760 S
– 7 B-Zonen	11.280 S
– alle Außenzonen und alle B-Zonen	12.810 S
– Gesamtnetz mit allen B-Zonen	13.880 S
– E-Zone	2.600 S

s) Jahreswertmarke für Senioren

– gültig in der Kernzone	2.350 S

t) Monatswertmarke für Hochschüler

– Netzkarte in der Kernzone	470 S

u) Semesternetzkarte für Hochschüler

– gültig nur in der Kernzone	1.880 S

Bei Zuschußleistungen werden Monatsnetzkarten und Semesternetzkarten für Hochschüler zu entsprechend geförderten Verkaufpreisen abgegeben.

3. Zuschlag für die Benützung zuschlagpflichtiger Linien oder Teilstrecken

pro Fahrt

– Erwachsene	7 S
– Halbpreis	4 S
pro Woche	67 S
pro Monat	236 S

Entgelte

1. Bearbeitungsentgelt	50 S
2. Zusätzliches Beförderungsentgelt bei Bezahlung innerhalb von drei Tagen	500 S
bei späterer Bezahlung	1.000 S
3. Entgelt (Reinigungskosten)	400 S
4. Zusätzliches Entgelt bei Ausgabe von Fahrscheinen in einem Zug der Österreichischen Bundesbahnen bei Zusteigen in einem besetzten Bahnhof der ÖBB und bei unaufgeforderter Meldung (gilt nicht für die Strecken Liesing-Süßenbrunn über Wien Nord, Floridsdorf-Strebersdorf Hütteldorf-Floridsdorfer Brücke (S 45), Meidling-Westbahnhof (S 3/S 15) und Meidling-Hütteldorf) pro Fahrgast	30 S
5. Bearbeitungsentgelt für das Einholen einer Meldeauskunft im Zuge einer Fahrgeldnachforderung	150 S

Autobusnachtverkehr – Nachttarif

Der Nachttarif auf den besonders gekennzeichneten Autobussen des Nachtverkehrs beträgt einheitlich 25 S je Fahrt. Inhaber einer Jahreskarte, Monatskarte, Schülerkarte mit Zusatz-Monatswertmarke, Lehrlingsfreikarte oder Nachmittagsbildungskarte, die auch oder nur in der Kernzone (Zone 100) gültig ist, werden zum ermäßigten Nachttarif von 10 S je Fahrt befördert.

Der Preis der Streifenkarte für zehn Fahrten im Nachtverkehr beträgt 225 S bzw. der ermäßigten Streifenkarte für zehn Fahrten im Nachtverkehr 90 S.

Die Fahrscheine der Verkehrsbetriebe zum Nachttarif sind bei den Fahrscheinausgabeautomaten im Fahrzeug erhältlich. Die Streifenkarte für zehn Fahrten sowie die Fahrscheine sind zu den Verkaufszeiten erhältlich. Die Fahrkarten des Nachttarifes gelten für eine Fahrt mit oder ohne Umsteigen innerhalb des Nachtverkehrs. Fahrscheine des Nachttarifes zu 25 S bzw. 10 S oder ein Streifen der Streifenkarte zum Nachttarif berechtigen auch zum Umsteigen auf den Tagverkehr der Verkehrsbetriebe innerhalb der Kernzone (Zone 100). Die zum Verbundtarif ausgegebenen Fahrausweise (Fahrkarten und Zeitkarten) haben im Nachtverkehr keine Gültigkeit.

Sätze je Kategorie für den Abzug bei Rückkauf von Wertmarken

Wochenwertmarken
- Kernzone ... 51 S
- Außenzone (maximal 8) ... 18 S
- B-Zone ... 27 S

Wochenwertmarken für Lehrlinge
- Kernzone ... 27 S
- Außenzone (maximal 8) ... 9 S
- B-Zone ... 15 S

Monatswertmarken, Monatswertmarken zum Schülertarif IV
- Kernzone ... 51 S
- Außenzone (maximal 8) ... 14 S
- B-Zone ... 24 S

Monatswertmarken für Lehrlinge
- Kernzone ... 27 S
- Außenzone (maximal 8) ... 7 S
- B-Zone ... 12 S

Monatswertmarke für Inhaber eines Sozialpasses der Stadt Wien mit dem Vermerk „P" oder „P II"
- Kernzone 19 S

Monatswertmarke zum Schülertarif I
- Kernzone ... 10 S
- Außenzone (maximal 8) ... 1 S
- B-Zone ... 8 S

Monatswertmarke zum Schülertarif II und III
- Kernzone ... 45 S
- Außenzone (maximal 8) ... 14 S
- B-Zone ... 24 S

Zusatz-Monatswertmarke für Berufsschüler
- Kernzone ... 18 S
- Außenzone (maximal 8) ... 5,50 S
- B -Zone ... 9,50 S

Zusatz-Monatswertmarke für Schüler und Hochschüler sowie Monatswertmarke für Nachmittags-Bildungskarte
- Kernzone ... 6 S

Besondere Bestimmungen für regionale Kraftfahrlinien

Zeitkartentarif

Allgemeiner Zeitkartentarif
Fahrpreise:

Monatswertmarke (übertragbar)
- pro Zone ... 600 S

Monatswertmarke für Berufsschüler, Schülertarif I
- pro Zone ... 80 S

Monatswertmarke für Schüler, Schülertarif II, III und IV
- pro Zone ... 534 S

Monatswertmarken sind bei der Verkehrsverbund Ost-Region (VOR) Gesellschaft m. b. H., 7, Neubaugasse 1, von Montag bis Freitag (werktags) von 8 bis 14.30 Uhr, erhältlich.

Besonderer Zeitkartentarif
Gültig für
- Berufstätige
- Lehrlinge
- Pensionisten
- im Haushalt Tätige
- Arbeitslose
- Grundwehrdiener und Zivildiener.

Für die Benützung, den Erwerb und die Fahrpreise gelten die Tarifbestimmungen für den Verkehrsverbund Ost-Region.

Bei Ausstellung von Zeitkarten – gültig auf regionalen Kraftfahrlinien – entfällt das Bearbeitungsentgelt.

VETERINÄRWESEN

(MA 60)

Welche Begleitpapiere braucht man für Tiere, die zu Tierausstellungen gebracht werden?

Angaben über die veterinärpolizeilichen Erfordernisse für Tiere, die an Tierausstellungen, Tierschauen u. dgl. teilnehmen, sind in den jeweiligen Ausschreibungen der Ausstellungsleitung enthalten.

In Wien ist derzeit, jedenfalls für Hunde und Katzen, seitens der Behörde der Nachweis einer gültigen Wutschutzimpfung vorgeschrieben. Diese Impfung muß mindestens 30 Tage vor Ausstellungsbeginn erfolgt sein und darf nicht länger als ein Jahr zurückliegen.

Was hat man zu tun, wenn man mit einem Tier in das Ausland fahren will?

Die meisten Staaten verlangen bei der Einreise von Hunden oder Katzen, daß diese gegen die Tollwut geimpft sind, wobei die Impfung in der Regel mindestens 30 Tage vor der Einreise erfolgt sein muß bzw. nicht älter als ein Jahr sein darf. Diese Bestimmung gilt auch für die Einreise nach Österreich.

Der Nachweis dieser Impfung kann für einige Länder durch die Vorlage einer Impfbestätigung (z. B. Internationaler Impfpaß) des Tierarztes erfolgen, der diese Impfung vorgenommen hat. Für viele Staaten ist allerdings die Beibringung eines amtstierärztlichen Ursprungs- und Gesundheitszeugnisses, in dem auch die Tollwutimpfung bestätigt wird, erforderlich. Auch für andere Tiere werden von manchen Staaten amtstierärztliche Ursprungs- und Gesundheitszeugnisse und unter Umständen der amtliche Nachweis der Freiheit des Tieres von bestimmten Tierseuchen gefordert.

Das amtstierärztliche Ursprungs- und Gesundheitszeugnis wird von der für den Wohnort des Tierbesitzers zuständigen Veterinäramtsabteilung des magistratischen Bezirksamtes ausgestellt.

Da sich die Einreisebestimmungen kurzfristig ändern können, sollte man sich rechtzeitig bei der Vertretung des Landes (Gesandtschaft, Botschaft oder Konsulat), in welches das

Tier gebracht werden soll, über die aktuellen Einreisebestimmungen erkundigen.

An Samstagen, Sonn- und Feiertagen werden amtstierärztliche Ursprungs- und Gesundheitszeugnisse ausschließlich im Markt- und Schlachtbetrieb St. Marx, Einfahrt Litfaßstraße, Abfertigungsgebäude, in der Zeit von 8 bis 10 Uhr ausgestellt.

Beseitigung verendeter Tiere

Verendete Tiere werden kostenlos von der Tierkörperbeseitigung Wien Ges. m. b. H., 11, Simmeringer Lände 208, abgeholt. Der Tierbesitzer hat die Abholung verendeter Tiere ehestmöglich mündlich oder telefonisch bei der Tierkörperbeseitigung Wien Ges. m. b. H. (Tel. 767 61 76), beim magistratischen Bezirksamt, beim Amtstierarzt oder im nächsten Sicherheitswachzimmer anzumelden. Das Eingraben von Tierleichen ist in Wien verboten.

Grundsätzlich besteht in Wien die Verpflichtung zur Ablieferung verendeter Tiere. In einzelnen Fällen, z. B. wenn der Tierbesitzer eine Bestattung auf einem Tierfriedhof beabsichtigt, kann eine Ausnahme vom Ablieferungszwang durch den Magistrat bewilligt werden.

Was müssen die Tierbesitzer von der Anzeige der Tierseuchen wissen?

Der Tierbesitzer hat den Verdacht auf eine Tierseuche unverzüglich, d. h. so rasch wie möglich, dem Amtstierarzt, dem magistratischen Bezirksamt oder der nächsten Polizeidienststelle mitzuteilen.

Die Symptome der einzelnen Tierseuchen soll der Tierhalter kennen, um rechtzeitig den Ausbruch der Seuche festzustellen oder wenigstens Verdacht zu schöpfen. Er wird sich dadurch vor Schaden, vor einer Bestrafung und vor dem Verlust einer staatlichen Entschädigung wegen Unterlassung der rechtzeitigen Anzeige bewahren.

Auskünfte über die Erscheinungen bei Tierseuchen geben die Amtstierärzte, die praktischen Tierärzte und die Landwirtschaftskammer.

Was hat man bei Verdacht auf bakterielle Lebensmittelvergiftungen zu tun?

Unter einer bakteriellen Lebensmittelvergiftung versteht man eine unter Vergiftungserscheinungen beim Menschen auftretende Krankheit, die durch den Genuß bakterienhaltiger Lebensmittel entsteht und als Einzel- oder Massenerkrankung oder in ausgedehnten Epidemien vorkommt. Als Ursache kommen Lebensmittel tierischer und pflanzlicher Herkunft in frischem, zubereitetem und konserviertem Zustand in Betracht. Krankmachend wirkt das von den Bakterien gebildete Gift.

Wenige Stunden nach der Mahlzeit, in der Regel zwei bis acht Stunden, seltener erst nach einigen Tagen, stellen sich die ersten Krankheitserscheinungen ein. Diese beginnen mit allgemeiner Mattigkeit, Leibschmerzen, Aufstoßen, Darmkrämpfen, Übelkeit und Erbrechen. Sehr bald können auch Durchfälle mit dünnen bis wässerigen Stühlen folgen. Zuweilen treten Kopfschmerzen, Afterzwang und Wadenkrämpfe auf. Die Temperatur ist meistens nur wenig erhöht. In schweren Fällen kommen auch nervöse Symptome, wie Benommenheit, Störungen der Augenbewegungen und Akkommodation, bei Kindern auch Krämpfe, vor. Bei schwerem Verlauf kann die Erkrankung in ein bis vier Tagen unter Kreislaufschwäche zum Tod führen. Todesfälle sind aber selten. Der Verlauf ist in der Mehrzahl der Fälle leicht, Heilung erfolgt nach wenigen Tagen. Von den Patienten werden die Bakterien mit dem Stuhl ausgeschieden. Im allgemeinen hört die Ausscheidung mit der Genesung oder einige Tage danach auf. Die Ausscheidung der Keime kann aber auch Wochen und Monate, ja sogar jahrelang andauern. Solche Personen werden als Bakterienausscheider bzw. Dauerausscheider bezeichnet. Diese können die Quelle neuer Erkrankungen werden, indem sie unter Außerachtlassung der hygienischen Vorsichtsmaßnahmen Lebensmittel mit ihren Ausscheidungen verunreinigen.

Lebensmittelvergiftungen können auch durch den Genuß von rohem oder unvollkommen durchgebratenem oder nicht völlig durchgekochtem Fleisch verursacht werden. Dabei hängt die Schwere der Erkrankung in erster Linie von der Menge der aufgenommenen Bakterien und von deren Fähigkeit, Gifte zu bilden, ab. Bei höheren Außentemperaturen findet eine starke Vermehrung und Anreicherung der etwa vorhandenen Keime statt. Bei Kühlhaustemperaturen von nur wenigen Graden über dem Gefrierpunkt wird das Bakterienwachstum wohl verzögert, nicht aber aufgehoben. Es bleibt daher Fleisch auch im Kühlraum nur bestimmte Zeit frisch. Bereits zerteiltes Fleisch soll rasch verbraucht werden. Besondere Vorsicht ist bei faschiertem Fleisch geboten. Dieses darf nur einige Stunden im Kühlschrank vorrätig gehalten werden und ist bis spätestens abends zu braten.

Schließlich sei noch auf die bakteriellen Lebensmittelvergiftungen hingewiesen, die nach dem Genuß von rohen Hühnereiern oder mit solchen zubereiteten Speisen, wie Mayonnaisen, Salate, Puddings, Mehlspeisen und auch rohem Faschiertem, zurückzuführen sind. Weiters ist beim Zerteilen und Zubereiten von Geflügel auf hygienisches Arbeiten besonders zu achten.

Wenn Gesundheitsschädigungen durch Lebensmittel auftreten, ist sofort das zuständige Bezirksgesundheitsamt zu benachrichtigen. Dieses nimmt gemeinsam mit Marktamt und Lebensmitteluntersuchungsanstalt der Stadt Wien nach erfolgter Meldung an Ort und Stelle die Ermittlung über den Verlauf und die Ursache der Erkrankung auf. Es werden Untersuchungen von Stuhlproben der Patienten und von Proben verdächtiger Lebensmittel veranlaßt. Erforderlichenfalls sind diese Ermittlungen gemeinsam mit dem Amtstierarzt vorzunehmen.

Um Lebensmittelvergiftungen zu vermeiden, sind zahlreiche gesetzliche Vorschriften erlassen worden. Aber auch die Beachtung der allgemeinen Hygiene in den Betrieben sowie beim Verbraucher ist zur Verhütung von Lebensmittelvergiftungen unbedingt notwendig (→ „Lebensmittel- und Marktwesen – Wer nimmt Beschwerden über Qualitätsmängel bei Lebensmitteln und bei Verdacht der Gesundheitsschädlichkeit oder der Verdorbenheit entgegen?“ und „Gesundheitswesen – Lebensmittelvergiftung – was tun?“).

Wie verhält man sich bei Bißverletzungen?

Bei Bißverletzungen ist folgendes zu beachten:

1. Hunde und Katzen, aber auch andere Tiere, die Menschen gebissen oder sonstwie in beiß- oder angriffslustiger Art verletzt haben, dürfen nicht getötet werden, sondern müssen sicher verwahrt und tierärztlich beobachtet werden, da sie hinsichtlich Wutunbedenklichkeit (Freisein von Erscheinungen der Wutkrankheit) untersucht werden müssen.
2. Die Dauer der ausbruchsicheren Verwahrung (Kontumazierung) und tierärztlichen Beobachtung solcher Tiere beträgt zehn Tage.
3. Tierärztliche Beobachtung:
   a) Die erste Untersuchung des betreffenden Tieres durch einen Tierarzt muß sofort nach der Verletzung erfolgen.
   b) Die zweite tierärztliche Untersuchung muß zehn Tage nach der Biß- oder sonstigen Verletzung stattfinden.

Erst wenn das fragliche Tier bei der tierärztlichen Untersuchung am zehnten Tag nach der von ihm gesetzten Verletzung noch gesund befunden wurde, ist anzunehmen, daß die betreffende Person nicht mit dem Erreger der Wutkrankheit (Tollwut, Lyssa) angesteckt wurde.

4. Bis zum Abschluß der Untersuchungen ist das Tier kontumaziert, das ist seuchensicher, verwahrt zu halten:
   a) Das Tier ist so zu verwahren, daß es weder ausbrechen noch Personen oder Tiere verletzen kann.
   b) Wird ein Hund vorübergehend außer Haus gebracht, ist er mit einem Maulkorb zu versehen und an der Leine zu führen.
   c) Die Tötung, der Abverkauf oder jede sonstige Veräußerung des kontumazierten Tieres ist verboten.
   d) Jede Erkrankung oder Veränderung im normalen Benehmen sowie ein etwa erfolgtes plötzliches Verenden (auch infolge äußerer Gewaltanwendung) des Tieres ist dem Untersuchungstierarzt sofort mitzuteilen. Als besonders auffallend ist zu beachten: scheues Benehmen, verminderte oder aufgehobene Freßlust, Beißsucht, starrer Blick, Fressen von Holz, Stroh u. dgl., Lähmungen (besonders Unterkiefer und Hinterhand!).

Wo erhält man Auskunft über Tierhaltungs- und allgemeine Tierschutzfragen?

Das Referat für Tierschutz des Verterinäramtes der Stadt Wien erteilt in Fragen der Tierhaltung und des Tierschutzes Auskunft.

Wo sind Anzeigen in Tierschutzangelegenheiten zu erstatten?

Anzeigen in Tierschutzangelegenheiten sind in Wien an die Dienststellen der Polizei oder an das zuständige magistratische Bezirksamt sowie an das Referat für Tierschutz der MA 60 zu richten.

Ist das Halten von bestimmten Tieren verboten?

Aufgrund des Wiener Tierschutz- und Tierhaltegesetzes ist das Halten bestimmter Tierarten aus Tierschutzgründen bewilligungspflichtig oder überhaupt bzw. aus Sicherheitsgründen verboten. Die diesbezüglichen Bestimmungen mit Ausnahmeregelungen und detaillierten Artenlisten sind aus dem Gesetz und der zugehörigen Verordnung zu ersehen.

WÄHLEREVIDENZ

(MA 62)

Die Wählerevidenz wird mittels elektronischer Datenverarbeitungsanlage geführt. Sie bildet die Grundlage für das Wählerverzeichnis bei den Nationalrats- und Gemeinderatswahlen sowie bei der Wahl des Bundespräsidenten. Auch die für die Durchführung von Volksbegehren und Volksabstimmungen erforderlichen Stimmlisten werden aufgrund der Wählerevidenz hergestellt.

Für jeden Wahlberechtigten werden Vor- und Familienname und das Geburtsdatum in einer Personendatei gespeichert. Eine Adreßdatei erlaubt die Gliederung der Gesamtevidenz in Wahlsprengel und die Zuordnung jeder Person zur Adresse ihres Hauptwohnsitzes.

Voraussetzung für die Aufnahme in die Wählerevidenz ist der Besitz des Wahlrechtes zum Nationalrat. Dieses Wahlrecht haben alle österreichischen Staatsbürger, die vor dem 1. Jänner des Jahres der Wahl das 18. Lebensjahr vollendet haben. Vom Wahlrecht ausgeschlossen sind jedoch Personen, die von einem Gericht wegen bestimmter strafbarer Handlungen verurteilt worden sind. Der Wahlausschluß endet in der Regel sechs Monate nach dem Ende der Strafe.

Die Wählerevidenz wird vom Magistrat ständig auf dem laufenden gehalten. Zu diesem Zweck müssen wahlberechtigte Personen bei Übersiedlungen anläßlich der polizeilichen Anmeldung auch einen zusätzlichen Meldezettel ausfüllen, der von der Meldebehörde an die MA 62 weitergeleitet wird. Bei Übersiedlungen von einer Gemeinde in eine andere besteht überdies eine Verständigungspflicht der Gemeinden untereinander, da jeder Wahlberechtigte nur einmal in den Wählerevidenzen eingetragen sein darf. Die Namen jener Personen, die das Wahlalter erreicht haben und damit im folgenden Jahr das Wahlrecht erlangen, werden von der Bundespolizeibehörde dem Magistrat mitgeteilt. Andere Veränderungen in der Wählerevidenz werden aufgrund amtlicher Mitteilungen der Gerichte und der Standesämter durchgeführt.

In die Wählerevidenz kann jedermann, der sich von ihrer Richtigkeit und Vollständigkeit überzeugen will, Einsicht nehmen. Österreichische Staatsbürger können auch im Wege eines Einspruches die Aufnahme eines Wahlberechtigten oder die Streichung eines nicht Wahlberechtigten begehren. Hat der Einspruch die Aufnahme eines Wahlberechtigten in die Wählerevidenz zum Gegenstand, ist außer den notwendigen Belegen auch ein von dem Betroffenen eigenhändig gefertigtes Wähleranlageblatt anzuschließen. Über die Einsprüche entscheiden die nach der Nationalrats-Wahlordnung im Amt befindlichen Bezirkswahlbehörden.

In die Wiener Wählerevidenz kann bei der MA 62, 8, Lerchenfelder Straße 4, täglich außer Samstag und Sonntag von 8 bis 12 Uhr Einsicht genommen, und es können auch mündliche oder schriftliche Einsprüche gegen die Wählerevidenz eingebracht werden.

Obiges gilt sinngemäß auch für die Führung der Europa-Wählerevidenz, in welche EU-Bürger mit Hauptwohnsitz in Wien aufgenommen werden.

WASSERRECHT

(MA 45, 58)

Welche Vorschriften bestehen zum Schutz der Wasserbeschaffenheit?

Alle Gewässer sind so rein zu halten, daß die Gesundheit von Menschen und Tieren nicht gefährdet ist, Grund- und Quellwasser als Trinkwasser verwendet, Tagwässer zum Gemeingebrauch sowie zu gewerblichen Zwecken benutzt, Fischwässer erhalten sowie Beeinträchtigungen des Landschaftsbildes und sonstige fühlbare Schädigungen vermieden werden können.

Jedermann ist daher verpflichtet, seine Anlagen so herzustellen, instand zu halten und zu betreiben oder sich so zu verhalten, daß eine Gewässerverunreinigung vermieden wird. Tritt dennoch die Gefahr einer Gewässerverunreinigung ein, hat der Verpflichtete unverzüglich die zur Vermeidung einer Verunreinigung erforderlichen Maßnahmen (etwa Verhindern des weiteren Auslaufens von Motoröl oder Kraftstoff sowie ordnungsgemäße Beseitigung des bereits ausgelaufenen Schadstoffes usw.) zu treffen und die Behörde zu verständigen.

Die Einleitung von Abwässern in Gewässer ist nur aufgrund einer wasserrechtlichen Bewilligung (für Wien ist die MA 58 zuständig) zulässig. Eine Bewilligung hiezu kann nur erteilt werden, wenn die Abwässer einer geeigneten Reinigung unterzogen werden.

Abwasserbeseitigung durch Einleitung in einen öffentlichen Kanal (Indirekteinleiter)

Wer Einleitungen in eine öffentliche Kanalisationsanlage vornimmt, bedarf bei Zustimmung der Stadt Wien – MA 30 unter bestimmten Voraussetzungen grundsätzlich keiner gesonderten wasserrechtlichen Bewilligung durch die Wasserrechtsbehörde. Wer Abwasser einbringt bzw. einbringen will, hat jedoch vor Beginn der Ableitung dem Kanalisationsunternehmen die einzubringenden Stoffe, die Frachten, die Abwassermenge sowie andere Einleitungs- und Überwachungsgegebenheiten mitzuteilen und dem Kanalisationsunternehmen in Abständen von längstens zwei Jahren einen Nachweis über die Beschaffenheit der Abwässer durch einen Befugten zu erbringen.

Einer Bewilligung bedarf auch die Ablagerung von Abfällen – ausgenommen solcher, bei deren ungeschützter Lagerung eine Verunreinigung der Gewässer einschließlich des Grundwassers nicht zu besorgen ist – sowie die Errichtung der hiezu dienenden Anlagen.

Ausgenommen ist jedoch das ein Jahr nicht überschreitende, ordnungsgemäße Bereithalten von Abfällen zum Abtransport, zur Verwertung oder zur sonstigen Behandlung.

Auch sonstige Maßnahmen, welche die Beeinträchtigung eines Gewässers zur Folge haben können, bedürfen einer wasserrechtlichen Bewilligung. Hiezu zählen insbesondere die Herstellung oder Änderung von Anlagen zur Gewinnung von Erdwärme, zur Wärmenutzung der Gewässer, zur Kompostierung oder die Ausbeutung von Sand- und Schottergruben usw.

Was ist bei der Lagerung und Leitung wassergefährdender Stoffe zu beachten?

Anlagen zur Lagerung oder Leitung wassergefährdender Stoffe müssen so beschaffen sein und so errichtet, betrieben und aufgelassen werden, daß eine Verunreinigung der Gewässer oder eine sonstige nachteilige Veränderung ihrer Eigenschaften nicht zu erwarten ist. Wassergefährdend sind Stoffe, die zufolge ihrer schädlichen Eigenschaften für den Menschen oder für Wassertiere oder -pflanzen, insbesondere wegen Giftigkeit, geringer biologischer Abbaubarkeit, Anreicherungsfähigkeit, sensorischer Auswirkungen und Mobilität, bei Einwirkung auf Gewässer deren ökologische Funktionsfähigkeit oder Nutzbarkeit, vor allem zur Wasserversorgung, nachhaltig zu beeinträchtigen vermögen.

Für solche Anlagen ist derzeit grundsätzlich keine wasserrechtliche Bewilligung erforderlich, jedoch sind kontrollbedürftige Anlagen, das sind Anlagen zur Lagerung und Leitung von

1. Brenn- und Kraftstoffen auf Mineralölbasis einschließlich von Rohölen mit einem Stockpunkt von plus 25° Celsius und darunter sowie
2. von allen übrigen Brenn- und Kraftstoffen auf Mineralölbasis einschließlich von Rohölen, wenn die in Betracht kommende Menge 1.000 l übersteigt,

vor deren Errichtung oder wesentlicher Änderung der zuständigen Behörde zu melden. Zuständige Behörde für die Meldung von Anlagen zur Beheizung von Gebäuden sowie für Anlagen, die ausschließlich zur Betankung von Kraftfahrzeugen mit Dieselkraftstoffen bis zu einer Lagerkapazität von 5.000 kg dienen, ist der Bürgermeister.

Bei Anlagen, die nach anderen bundesrechtlichen Vorschriften einer Anzeige oder Bewilligung bedürfen, nach denen die gewässerschutzrelevanten Kriterien berücksichtigt werden, entfällt auch die wasserrechtliche Meldepflicht.

Die für die Aufsicht zuständige Behörde ist

1. für Anlagen, die dem Gewerberecht, dem Eisenbahnrecht, dem Luftreinhalterecht, dem Rohrleitungsrecht, dem Bergrecht, dem Schiffahrtsrecht, dem Luftfahrtsrecht unterliegen, die nach diesen Vorschriften zuständige Behörde;
2. für Anlagen zur Beheizung von Gebäuden sowie zur Betankung von Kraftfahrzeugen mit Dieselkraftstoff gemäß Abs. 4, soweit sie nicht unter Z 1 fallen, der Bürgermeister;
3. sonst die Wasserrechtsbehörde.

Auskünfte erteilt für Wien die MA 58.

Die Betreiber der obgenannten Anlagen sind verpflichtet, Störfälle und Verluste wassergefährdender Stoffe unverzüglich der zuständigen Behörde zu melden.

Wie erfolgt die Behebung von Hochwasserschäden an privaten Liegenschaften?

Nach dem Wasserrechtsgesetz hat der Eigentümer von durch Hochwasser bedrohten oder beschädigten Liegenschaften für deren Schutz oder Instandsetzung selbst aufzukommen.

Wenn ein Eigentümer einen auf seinem Grund entstandenen Hochwasserschaden nicht beheben läßt, kann der Nachbar zum Schutz seiner dadurch bedrohten Liegenschaft behördliche Hilfe in Anspruch nehmen, und zwar in Wien bei der MA 58, 1, Volksgartenstraße 3, 2. Stock.

Mit Bescheid kann der Eigentümer der beschädigten Liegenschaft gezwungen werden, die Ausführung der nötigen Schutzmaßnahmen auf Kosten derjenigen, von deren Liegenschaften die Gefahr abgewendet werden soll, entweder selbst vorzunehmen oder deren Vornahme zu gestatten und hiezu nach dem dabei erreichten eigenen Vorteil beizutragen.

Wer erteilt Auskunft über Grundwasserstände?

Die MA 45 unterhält in Wien ein ausgedehntes Netz von Grundwasserbeobachtungsstellen. Aus den langjährigen Beobachtungsdaten sind exakte Aussagen über die Grundwasserverhältnisse im Einflußbereich der Beobachtungsstellen möglich.

Die von der Abteilung gesammelten Beobachtungsergebnisse stehen der Öffentlichkeit bei der MA 45, 16, Wilhelminenstraße 93, Erdgeschoß, zur Verfügung. Grundwasserdaten können weiters bei der MA 29 – Baugrundkataster, 16, Wilhelminenstraße 93, Erdgeschoß, erhoben werden.

Was ist vor bzw. bei der Planung und Projektierung von Wasseranlagen zu beachten?

Alle Stellen und Unternehmungen, die Wasseranlagen in Wien projektieren, haben solche Bauvorhaben dem wasserwirtschaftlichen Planungsorgan des Landes Wien (MA 45, 16, Wilhelminenstraße 93, 1. Stock) schon vor der Projektierung anzuzeigen. Hiebei können dort für die Planung und Projektierung wichtige Informationen eingeholt werden.

Wasseranlagen sind beispielsweise Abfalldeponien, Brunnen, Anlagen zur Gewinnung von Erdwärme oder zur Wärmenutzung der Gewässer (Wasser-Wasser-Wärmepumpen usw.), Kleinkläranlagen, Kühlwasserversickerungen, Gewässerschutzbauten, Bauten innerhalb des Hochwasserabflußbereiches usw.

WASSERVERSORGUNG

(MA 31)

Welche gesetzliche Grundlagen gibt es für die Wasserversorgung?

Die Wasserversorgung von Wien ist landesgesetzlich geregelt. Die bezüglichen Bestimmungen findet man

1. im Gesetz über die Zuleitung und Abgabe von Wasser (Wasserversorgungsgesetz 1960), LGBl. für Wien Nr. 10/1960, zuletzt geändert durch das Gesetz LGBl. für Wien Nr. 33/1994;
2. in der Verordnung zur Durchführung des Wasserversorgungsgesetzes, LGBl. für Wien Nr. 20/1960, in der Fassung des LGBl. für Wien Nr. 28/1983;
3. in der Wassergebührenordnung 1990, Amtsblatt der Stadt Wien Heft 51/1989, in der Fassung Amtsblatt der Stadt Wien Heft 49/1994;
4. in der Verordnung des Gemeinderats vom 27. Mai 1994, betreffend die Anschlußabgabe (§ 6a des Wasserversorgungsgesetzes), Amtsblatt der Stadt Wien Heft 25/1994;
5. in der Kundmachung vom 29. März 1974, betreffend Gebühren gemäß § 20 Abs. 5 des Wasserversorgungsgesetzes 1960, Amtsblatt der Stadt Wien Heft 17/1974, in der Fassung Amtsblatt der Stadt Wien Heft 48/1978 und Heft 51/1983.

Zum Schutz der Wasserversorgungsanlagen der Stadt Wien besteht eine Kundmachung des Wiener Magistrats vom 13. Juni 1952, M.Abt. 58-1127/52, bzw. vom 13. Juli 1964, M.Abt. 58-1024/64.

Wie vermeidet man einen unnützen Wassermehrverbrauch?

Unser Wiener Wasser ist ein kostbares Gut, um das wir von vielen Großstädten beneidet werden und das nicht in unbeschränkter Menge vorhanden ist. In unserem Interesse liegt es daher, mit diesem Gut sinnvoll umzugehen und jede Wasserverschwendung zu vermeiden.

Verluste durch undichte Auslaufventile und besonders durch schadhafte WC-Spülanlagen übersteigen oft den notwendigen Verbrauch, da sie Tag und Nacht bestehen, während sich der normale Verbrauch nur auf wenige Stunden beschränkt. Es besteht daher die gesetzliche Verpflichtung – deren Befolgung auch im eigenen Interesse ist -, die Innenanlage und damit die Auslaufhähne und WC-Anlagen in ordnungsgemäßem und dichtem Zustand zu erhalten und überdies mindestens in Abständen von drei Monaten auf ihre Dichtheit zu überprüfen.

Diese Überprüfung kann erfolgen durch:

1. Überwachung des durchschnittlichen Tagesverbrauches durch monatliche Ablesung des Wasserzählers;
2. Sperre aller Entnahmestellen der Innenanlage, verbunden mit der Kontrolle des Wasserzählers;
3. Überprüfung der Dichtheit der Innenanlage durch einen hiezu nach den gewerberechtlichen Vorschriften befugten Gewerbetreibenden (Installateur).

Der Nachweis der Dichtheit der Innenanlage gilt als erbracht, wenn der ermittelte durchschnittliche Tagesverbrauch von dem zuletzt festgestellten nicht abweicht bzw. die Abweichung des durchschnittlichen Tagesverbrauches mit Sicherheit auf ein geändertes Verbrauchsgeschehen zurückgeführt werden kann. Ferner gilt der Nachweis der Dichtheit als erbracht, wenn bei Sperre aller Entnahmestellen der Wasserzähler keinen Verbrauch anzeigt oder wenn der mit der Überprüfung der Innenanlage beauftragte Gewerbetreibende ihre Dichtheit bescheinigt.

Undichtheiten müssen unverzüglich von einem Installateur behoben werden, wie es das Wasserversorgungsgesetz vorschreibt.

Die regelmäßige und ungestörte Versorgung mit gutem und gesundem Trinkwasser ist eine Lebensnotwendigkeit der Großstadt. Unsere Wasserleitung ist daher ein lebenswichtiges Organ. Dieses muß mit der gleichen Sorgfalt gepflegt und betreut werden, wie alles übrige, von dem unser Leben abhängt.

Was macht man bei Wasserleitungsgebrechen?

Wahrgenommene Gebrechen an den öffentlichen Wasserleitungseinrichtungen (Straßenrohrsträngen, Auslaufbrunnen, Hydranten usw.) sind unverzüglich den Wasserwerken, 6, Grabnergasse 4–6, Tel. 599 59 . . . 0, anzuzeigen.

Das gleiche gilt auch bei Gebrechen an der Abzweigleitung, das ist die Leitung vom Straßenrohrstrang bis zum Wasserzähler, oder am Wasserzähler.

Die eigenmächtige Behebung von Gebrechen an der Abzweigleitung oder am Wasserzähler durch den Wasserabnehmer oder einen von ihm beauftragten konzessionierten Installateur ist untersagt.

Der Wasserleitungsbereitschaftsdienst ist bei Tag und Nacht unter Tel. 599 59 . . . 0 erreichbar. Die Feuerwehr ist in solchen Fällen nicht zu alarmieren. Bei Gebrechen an der

Innenanlage ist ein behördlich konzessionierter Installateur zu beauftragen und der Wasserleitungsbereitschaftsdienst nur dann anzurufen, wenn die Leitung aus irgendwelchen Gründen nicht abgesperrt werden kann und Gefahr im Verzuge ist. Für die im Interesse des Wasserabnehmers erfolgte Inanspruchnahme des Wasserleitungsbereitschaftsdienstes, soweit es sich nicht um Gebrechen an den im Eigentum (Erhaltungspflicht) der Stadt Wien stehenden Wasserversorgungsanlagen handelt, sind die jeweils festgesetzten Gebühren zu entrichten.

Bei Gebrechen und Undichtheiten an der Innenanlage, d. s. alle Wasserleitungsanlagen nach dem Wasserzähler, ist bis zu deren Behebung das der Gebrechensstelle nächst liegende Absperrventil zu schließen, wobei die von der Absperrung betroffenen Wasserverbraucher nach Möglichkeit rechtzeitig vorher zu verständigen sind. Gebrechen an der Innenanlage sind sowohl vom Wasserabnehmer als auch von den einzelnen Wasserverbrauchern (Mieter, Pächter usw.) hinsichtlich der innerhalb ihrer gemieteten Räume befindlichen Wasserversorgungsanlagen (Auslaufhähne, WC-Spülungen usw.) unverzüglich beheben zu lassen. Über den Tonbanddienst der Wiener Landesinnung der Installateure (Tel. 586 37 30) werden Bereitschaftsfirmen genannt, die auch außerhalb der normalen Arbeitszeit verfügbar sind. Bei nicht rechtzeitiger Behebung derartiger Gebrechen kann gegen den Schuldtragenden ein Verwaltungsstrafverfahren eingeleitet werden.

Die Feststellung nicht sichtbarer Gebrechen an der Innenanlage ist durch Beobachtung des Wasserzählers in einer Zeit, in der keine Wasserentnahme stattfindet (Nachtzeit), möglich. Die Innenanlage ist dann dicht, wenn bei geschlossenen Auslaufhähnen der Wasserzähler stillsteht.

Die Behebung von Gebrechen an der Innenanlage, d. s. alle Wasserleitungsteile nach dem Wasserzähler, darf nur durch einen behördlich konzessionierten Installateur erfolgen.

Für Kanal- und WC-Verstopfungen, schadhafte Dachrinnen, eindringendes Regen- und Schmelzwasser sind die Wasserwerke nicht zuständig; in solchen Fällen ist eine Verständigung derselben zwecklos und nur mit Kosten verbunden. Derartige Anzeigen sind an die zentrale Funkleitstelle der MA 30 zu richten. Diese hält Permanenzdienst und ist unter Tel. 795 14 . . ., 9300, erreichbar.

Besteht ein Anspruch auf Wasserlieferung?

Jeder an die städtischen Wasserleitungen angeschlossene Wasserabnehmer hat nach Maßgabe der allgemeinen örtlichen Versorgungsanlage Anspruch auf die Belieferung mit gesundheitlich einwandfreiem Wasser. Ein Anspruch auf eine bestimmte Wasserbeschaffenheit besteht nicht. Ein Wasseranschluß ist nur dann möglich, wenn bis zu dem zu versorgenden Grundstück ein öffentlicher Rohrstrang verlegt ist.

Wie erfolgt die Anmeldung eines Wasseranschlusses?

Für die Anmeldung eines Wasserbezuges ist es erforderlich, daß vom Wasserabnehmer ein bei den Wasserwerken (MA 31, 6, Grabnergasse 4–6) erhältliches Wasserbezugs-Anmeldeformular ausgefüllt wird. Auf diesem Formular hat auch der Grundeigentümer seine Zustimmung mittels Unterschrift zu erklären. Weiters ist ein Grundbesitznachweis zur Einsicht vorzulegen und ein Kellerplan bzw. Lageplan beizulegen.

Vor den Herstellungsarbeiten für die Wasserabzweigleitung (d. i. die Leitung zwischen dem öffentlichen Rohrstrang in der Straße und dem versorgten Grundstück) sind die voraussichtlichen Herstellungskosten zu bezahlen und ein Wasserzähleraufstellungsplatz nach Angaben der Wasserwerke zu schaffen. Die Herstellung der Abzweigleitung erfolgt durch die Stadt Wien. Die Abrechnung der Herstellungskosten, wozu auch die Oberflächeninstandsetzung der Straße (Fahrbahn und Gehsteig) zählt, erfolgt aufgrund des tatsächlichen Ausmaßes.

Der Wasserzähler wird von der Stadt Wien beigestellt und bleibt deren Eigentum. Zusätzlich zu den Herstellungskosten ist auch eine Anschlußabgabe zu bezahlen, deren Höhe sich nach der Dimension der Abzweigleitung richtet.

Sofern etwa durch Betriebsstillegungen oder Hausabbrüche ein Wasseranschluß nicht mehr benötigt wird, hat die schriftliche Anzeige über das Ende des Wasserbezuges vom Wasserabnehmer innerhalb von zwei Wochen zu erfolgen.

Vom Wasserabnehmer sind nur die Ausschaltungskosten des Wasserzählers zu bezahlen. Die Kosten für die Totlegung der Abzweigleitung trägt die Stadt Wien.

Änderungen in der Person des Wasserabnehmers sind binnen zwei Wochen schriftlich bei der MA 4, Ref. 6, 1, Ebendorferstraße 2, anzuzeigen.

Wer hält die Abzweigleitung instand?

Die Instandhaltung der Abzweigleitung erfolgt durch die Stadt Wien und auf deren Kosten. Sofern es sich um ein Verschulden des Wasserabnehmers oder eines Dritten (Frostschaden oder Beschädigung) handelt, erfolgt die Instandsetzung einschließlich des Wasserzählers durch die Stadt Wien auf Kosten des Verursachers.

Wie schütze ich Wasserleitungseinrichtungen gegen Frost?

Zur Verhinderung des Einfrierens der Wasserleitungseinrichtungen sind die Kelleröffnungen geschlossen zu halten. Die freiliegenden Wasserleitungsteile, wie Wasserzähleranlage, Hauswechsel, Wasserzähler usw., sind in geeigneter und ausreichender Weise vor Frost zu schützen. Dies kann durch Umhüllung mit Dämmaterial oder durch geeignete Wärmezufuhr (Frostwächter) erfolgen. Die zu diesem Zweck angebrachten Umhüllungen müssen derart beschaffen sein, daß sie vom Ableseorgan ohne Zeitverlust und ohne Anwendung von Gewalt entfernt werden können. Bei andauernder Kälte empfiehlt es sich, um ein Einfrieren der Stockwerksleitungen zu vermeiden, auch die Haustore und Gangfenster geschlossen zu halten und jene Leitungen, die der Frosteinwirkung ausgesetzt sind, während der Nachtzeit im Einvernehmen mit den Hausparteien abzusperren und zu entleeren, unter Umständen sogar tagsüber nur zeitweise in Betrieb zu nehmen und hierauf selbstverständlich wieder zu entleeren. Bei der Entleerung bzw. Füllung der Leitungen ist die höchstgelegene Wasserentnahmestelle jedes Steigstranges so lange geöffnet zu halten, bis die Leitung vollständig entleert ist bzw. bei Füllung, bis Wasser aus dieser austritt, sodann aber wieder zu schließen.

Keinesfalls darf man zur Verhinderung von Frostschäden die Wasserleitungsauslässe, Auslaufhähne, WC-Anlagen usw. rinnen lassen, weil dadurch bekanntlich große Wassermengen ungenützt verlorengehen. Außerdem besteht die Gefahr, daß hiedurch die Ablaufleitungen vereisen und gänzlich einfrieren.

Ist die Stadt Wien für Störungen, Unterbrechungen, Betriebsdruck, Wasserbeschaffenheit haftbar?

Die Stadt Wien haftet nicht für Schäden, die durch Veränderungen der Druckverhältnisse oder der Wasserbeschaffenheit oder durch Störung oder Unterbrechung der Wasserversorgung eintreten.

Was ist zum Schutz des Wasserzählers zu beachten?

Der Aufstellungsplatz des Wasserzählers ist stets in gutem Zustand zu erhalten und die jederzeitige leichte Zugänglichkeit des Wasserzählers zu gewährleisten. Der Wasserzähler ist gegen Frost, von außen eindringendes Wasser und sonstige Beschädigung zu schützen. Die zu diesem Zweck angebrachten Umhüllungen müssen derart beschaffen sein, daß sie von den Ableseorganen ohne Zeitverlust und ohne Anwendung von Gewalt entfernt werden können.

Der Wasserzähler wird von der Stadt Wien beigestellt, verbleibt in deren Eigentum und wird von ihr instand gehalten. Die Behebung von Schäden an Wasserzählern, die nicht auf mangelhaftes Material, normale Abnützung, höhere Gewalt, auf Verschulden Dritter oder der Organe des Magistrats zurückzuführen sind, erfolgt auf Kosten des Wasserabnehmers.

Wer hat Zutritt zu den Wasserversorgungsanlagen?

Den mit Ausweiskarten versehenen behördlichen Organen ist der Zutritt zu allen Wasserversorgungsanlagen in Grundstücken, Gebäuden oder Teilen von solchen (Wohnungen, Geschäftslokale, Betriebe, Kellerabteilungen u. dgl.) vom Verfügungsberechtigten zu gestatten, der auch zum Öffnen verschlossener Türen und zu solchen Hilfeleistungen verpflichtet ist, die er ohne nennenswerten Einsatz seiner Arbeitskraft besorgen kann (Abheben und Auflegen von Schachtdeckeln u. dgl.); allenfalls vorhandenes Grundwasser ist aus dem Wasserzählerschacht zu entfernen.

Kann der Wasserzufluß vorübergehend abgesperrt werden?

Bei einer aus Betriebsrücksichten notwendigen Absperrung des Wasserzuflusses ist der Wasserabnehmer bzw. sein Vertreter (Hausbesorger) verpflichtet, unverzüglich sämtliche von der Absperrung betroffenen Wasserverbraucher in Kenntnis zu setzen.

Wohin sind Anfragen in Wassergebühren-angelegenheiten zu richten?

Anfragen über die Höhe der Gebühren (Gebührenbemessung) sind an die MA 4, Ref. 6 (Wasser- und Abwassergebühren), 1, Ebendorferstraße 2, zu richten. Dabei ist die im Gebührenbescheid links oben angeführte Kontonummer anzugeben.

In Fragen der Entrichtung der Gebühr (Einzahlung, Rückstände, Guthaben) gibt die zuständige Stadtkasse Auskunft.

Welche Vorschriften bestehen zum Schutz der öffentlichen Wasserleitungseinrichtungen?

Jede vorsätzliche Beschädigung, jede eigenmächtige Betätigung von städtischen Wasserversorgungsanlagen und jede unbefugte Entnahme von Wasser aus öffentlichen Auslaufbrunnen zu anderen als zu Trink- und Haushaltszwecken ist untersagt.

Untersagt ist ferner jedes eigenmächtige Hantieren an den öffentlichen Feuerhydranten, wie das Abschrauben der Kappen und die Entnahme von Wasser, sowie die eigenmächtige Betätigung der Unterflurhydranten, Wasserleitungsschieber und sonstigen Einrichtungen der öffentlichen Wasserleitung sowie deren Beschädigung.

Weiters ist jede Verunreinigung der öffentlichen Auslaufbrunnen (Trinkbrunnen) und deren Umgebung untersagt.

Kann man die Wasserleitungsanlage als elektrische Erdung verwenden?

Das früher verwendete System der Schutzerdung von elektrischen Geräten, Betriebsmitteln usw. an der Wasserleitung ist nicht mehr mit Sicherheit wirksam und daher bei elektrischen Neuinstallationen grundsätzlich unzulässig. Die Zunahme des elektrischen Konsums und der nicht in allen Gebietsteilen Wiens gleiche Erdungsübergangswiderstand von einigen Ohm lassen es gefährlich erscheinen, Geräte, die mit mehr als 6 Ampere abgesichert sind, an die Wasserleitung zu erden.

Zufolge der technischen Entwicklung ist bei der Verlegung von Wasserleitungsrohren in zunehmendem Maß der Einsatz von schlecht oder nicht leitenden Werkstoffen erforderlich. Bei Abänderungen der Wasserleitungsinnenanlage unter Verwendung von nicht leitenden Werkstoffen verliert die Wasserleitungsanlage ihre Eigenschaft als Schutzerdung im Sinne der Vorschriften für Elektrotechnik. In diesem Fall ist es im Interesse der körperlichen Sicherheit notwendig, die für die in Verwendung stehenden Elektrogeräte, wie Elektroherde, Elektrospeicher, Waschmaschinen, Elektroöfen, Staubsauger, Mixer u. dgl., bisher vorgesehenen Schutzmaßnahmen durch einen befugten Fachmann dahin überprüfen zu lassen, ob sie den Vorschriften für Elektrotechnik noch entsprechen. Widrigenfalls sind geeignete Maßnahmen zu treffen und die Mieter des betreffenden Hauses in Kenntnis zu setzen.

Nach den Bestimmungen des Elektrotechnikgesetzes hat derjenige, der elektrische Anlagen bzw. elektrische Betriebsmittel errichtet, herstellt, instandhält oder betreibt, für die Instandhaltung der erforderlichen Schutz- und Sicherheitsvorkehrungen Sorge zu tragen.

Nähere Auskünfte erteilen die Wiener Stadtwerke–Elektrizitätswerke (WIENSTROM), 9, Mariannengasse 4–6, Tel. 404 99 . . . 0.

WIEN ENERGIE-BERATUNG

(WStW und Fernwärme Wien)

Die Forderung nach rationeller Energienutzung hat zu einer Fülle neuer Techniken und einem dementsprechend vielfältigen Angebot an Geräten zur Raumheizung und Warmwasserbereitung geführt, das es dem Laien immer schwerer macht, die richtige Auswahl zu treffen. Aus diesem Grund wurde bei den Wiener Stadtwerken mit WIEN ENERGIE eine gemeinsame Energieberatungsstelle von WIENSTROM, WIENGAS und FERNWÄRME WIEN für die Konsumenten aus Haushalt, Gewerbe, Industrie und (Wohn-)Bauwirtschaft eingerichtet

Welche Beratungsleistungen gibt es?

Verringerung der Energiekosten

Grundsätzlich steht WIEN ENERGIE in allen Fragen, die

die sinnvolle und sparsame Nutzung von Energie betreffen, zur Verfügung. Zur Verbesserung der Wärmedämmung, des Betriebs von Heizungs-, Warmwasserbereitungs- und sonstigen Haushaltsgeräten werden Ratschläge mit dem Ziel gegeben, Energie einzusparen und damit die Energiekosten zu reduzieren.

Wahl der richtigen Heizung

WIEN ENERGIE informiert über die im Einzelfall günstigste Art der Beheizung mit Erdgas, Fernwärme oder Strom und hilft auch bei allen Fragen der Heizung mit festen und flüssigen Brennstoffen.

Kosten für Heizung und Warmwasserbereitung

WIEN ENERGIE berechnet die Kosten für alle gebräuchlichen Heizungs- und Warmwasserbereitungsanlagen und zeigt dabei Einsparungsmöglichkeiten auf. Auf diese Weise kann man zum Beispiel feststellen, welche kostenmäßigen Auswirkungen der Übergang auf einen anderen Brennstoff oder ein anderes Heizsystem mit sich bringt.

Ermittlung des Wärmebedarfs

WIEN ENERGIE ermittelt den Wärmebedarf von Wohnungen, Ein- und Zweifamilienhäusern als Grundlage für die Bemessung von Heizungsanlagen oder zur Überprüfung, ob eine vorhandene Heizung richtig dimensioniert ist.

Wirtschaftlichkeit von Verbesserungsmaßnahmen

WIEN ENERGIE berechnet die durch eine Verbesserungsmaßnahme am Gebäude oder Heizungssystem erzielbare Einsparung an Energiekosten und ermittelt in Verbindung mit den für die entsprechende Maßnahme aufzuwendenden Kosten deren Wirtschaftlichkeit für den Kunden.

Finanzierungsmöglichkeiten

WIEN ENERGIE informiert über Förderungsmöglichkeiten und steuerliche Begünstigungen von Heizungsanlagen und energiesparenden Maßnahmen.

Was kostet eine Beratung?

Nach dem Motto „Gewußt wie – WIEN ENERGIE“ stehen sämtliche Beratungen als Dienstleistung der Wiener Energieversorgungsunternehmen (Wiener Stadtwerke und Fernwärme Wien Gesellschaft m.b.H.) für die Wiener Bevölkerung und die Wiener Wirtschaft sowie für alle Kunden von WIENSTROM, WIENGAS und FERNWÄRME WIEN kostenlos zur Verfügung.

Wie erreicht man das Haus WIEN ENERGIE?

WIEN ENERGIE ist unter Tel. 582 00 . . . 0 zu erreichen.

Wo befindet sich das Haus WIEN ENERGIE?

Die zentrale WIEN ENERGIE-Beratungsstelle befindet sich in 6, Mariahilfer Straße 63 (U3-Station Neubaugasse), und ist Montag bis Donnerstag von 9 bis 17.30 Uhr und Freitag von 9 bis 15 Uhr geöffnet.

WIRTSCHAFTSFÖRDERUNG DURCH INSTITUTIONEN

(MA 4, 5)

Wiener Kreditbürgschaftsgesellschaft m. b. H.

3, Am Modenapark 2, Tel. 712 52 59

Wiener Unternehmungen, denen es für eine Kreditaufnahme lediglich an entsprechenden Sicherheiten in dem von den Kreditunternehmungen geforderten Ausmaß ermangelt, die also sonst kreditfähig und kreditwürdig wären, können die fehlenden Sicherheiten durch eine Bürgschaft der Wiener Kreditbürgschaftsgesellschaft, an der die Stadt Wien, die Wirtschaftskammer Wien und Kreditinstitute beteiligt sind, ersetzen. Voraussetzung ist, daß die Kredite zur Finanzierung von Investitionen dienen, die eine Anpassung oder Umstellung der Produktionsstruktur, die Verbesserung der Regionalstruktur sowie die Rationalisierung oder eine Erweiterung des Unternehmens herbeiführen sollen. Forschungs- und Entwicklungsvorhaben werden ebenso gefördert wie Betriebsverlagerungen und Betriebsneugründungen in Wien sowie Betriebsmittelanschlußkredite. In bestimmt gelagerten Fällen können auch Bürgschaften für Betriebsmittelkredite übernommen werden. Die Kredithöhe kann zwischen 250.000 S und 7,5 Mio S (3 Mio S bei Betriebsmittelkrediten), die Laufzeit bei maximal zehn Jahren liegen. Verbürgt werden bis zu 80% des Gesamtkredits.

Kapital-Beteiligungs-Aktiengesellschaft

3, Am Modenapark 2, Tel. 712 52 59, 713 26 25

Die Geschäftstätigkeit dieser Gesellschaft, an der die Stadt Wien, die Wirtschaftskammer Wien, Kreditinstitute und Versicherungen beteiligt sind, liegt vor allem in der Verbesserung der Eigenkapitalausstattung von Betrieben unter Beistellung von Risikokapital. Dieses Kapital soll vor allem zur Finanzierung von Investitionen zur Strukturänderung von Unternehmen und zur Förderung von innovatorischen Aktivitäten verwendet werden. Dabei sollen Beteiligungen an inländischen Unternehmungen der Industrie, des Gewerbes, des Verkehrs, des Handels und des Fremdenverkehrs übernommen werden. Ebenso ist die Übernahme von Beteiligungen an ausländischen Unternehmungen zum Zweck der Exportförderung unter Sicherstellung der Versorgung inländischer Unternehmungen mit Rohstoffen und Vorprodukten vorgesehen.

Bank Austria Handelsbank AG

1, Operngasse 6. Tel. 514 40 . . . 0

Diese Gesellschaft wickelt die Wiener Exportförderungsaktion ab, die die Zielsetzung hat, kleinere und mittlere Betriebe des Handels und Gewerbes sowie der Industrie in die Lage zu versetzen, österreichische Güter und Dienstleistungen zu exportieren oder ihre Exporttätigkeit zu verstärken.

Die Förderung umfaßt sowohl die Beratung und Unterstützung dieser Unternehmen in allen Fragen, die sich aus der Exporttätigkeit ergeben, als auch die Gewährung von zinsbegünstigten Krediten, für welche die Stadt Wien und die Bank Austria AG die erforderlichen Mittel in Form niedrig verzinster Einlagen zur Verfügung stellen bzw. für die die Stadt Wien auch teilweise die Ausfallhaftung übernimmt.

Exportgeschäfte sind dann förderbar, wenn mindestens 30% des Fakturenwertes Wiener Wertschöpfung sind und der Exporteur mindestens 50% seiner Lohnsummensteuer in Wien entrichtet.

Wiener Wirtschaftsförderungsfonds

1, Ebendorferstraße 2, Tel. 40 00. . ., 86751, 86793

Diese Einrichtung bietet den Wiener Wirtschaftstreibenden ein Full-Service (Beratung, Bereitstellung von Betriebsgrundstücken, Förderungsmittel und sonstige Dienstleistungen). In diesen Aufgabenbereich gehören insbesondere der Erwerb von bebauten und unbebauten Grundstücken, die Verwaltung von städtischen Betriebsbaugründen, die Bereitstellung von aufgeschlossenen, baureifen Betriebsbaugründen für gesamtwirtschaftlich förderungswürdige Industrie-, Gewerbe- und Großhandelsbetriebe, die Abwicklung von Wirtschaftsförderungsmaßnahmen, die Betreuung von an- und umgesiedelten Betrieben bei der Realisierung ihrer Betriebsbauprojekte und die Beratung von Wirtschaftstreibenden.

Wirtschaftsförderungsinstitut der Wirtschaftskammer Wien (WIFI Wien)

18, Währinger Gürtel 97, Tel. 476 77 . . . 0

Das Wiener Wirtschaftsförderungsinstitut ist eine Service-Einrichtung der Wirtschaftskammer Wien und gleichzeitig die größte Fortbildungsstätte für Erwachsene in Österreich.

Das Leistungsangebot umfaßt in erster Linie breitgestreute Aus- und Weiterbildungsprogramme. Hier reicht die Palette von Prüfungsvorbereitungen der verschiedenen Branchen und Qualifikationsstufen über Veranstaltungen für Maturanten, Lehrlinge, Unternehmer und Führungskräfte bis zu Kursen und Seminaren im High-Tech-Bereich. Der Bereich Öffentlichkeitsarbeit und Verkaufsförderung bemüht sich, die Wiener Wirtschaft auf verschiedensten Veranstaltungen – wie zum Beispiel auf Messen und Verkaufsausstellungen im In- und Ausland – zu präsentieren. Er beinhaltet auch die Servicestelle „Die Wiener Einkaufsstraßen“. Ein zweites Standbein des WIFI sind zukunftsorientierte und bedarfsgerechte Informations- und Beratungsaktionen. Als Beispiele wären hier vor allem die Unternehmensberatungen, Innovationsberatungen und Modeberatungen zu nennen.

Aufgrund gesetzlicher Bestimmungen ins Leben gerufen, widmet sich diese Abteilung der Wirtschaftskammer Wien besonders den kleinen und mittleren Unternehmen im Bereich der gewerblichen Wirtschaft, wobei Unternehmensgründungen ein hauptsächliches Anliegen darstellen.

Um den gewünschten Erfolg, nämlich möglichst praxisnah ausgebildete Personen der Wirtschaft zur Verfügung zu stellen, bemühen sich insgesamt 180 Mitarbeiter im WIFI Wien.

WOHNUNGSWESEN

(MA 16, 17, 50)

Wie bewerbe ich mich um eine Gemeindewohnung?

Ansuchen um die Vermietung einer Gemeindewohnung sind bei der für den Wohnbezirk des Bewerbers zuständigen Wohnungsberatungsstelle bzw. Kundendienst von Wiener Wohnen einzubringen. Mitzubringen sind Personaldokumente wie Geburtsurkunden, Heiratsurkunden, Staatsbürgerschaftsurkunden oder Staatsbürgerschaftsnachweise, Meldezettel und Einkommensnachweise aller mitziehenden Personen.

Die Bezirkswohnungsberatungsstellen haben jeden Dienstag und Freitag in der Zeit zwischen 8 und 13 Uhr und Donnerstag von 15.30 bis 17.30 Uhr, die Kundendienste jeden Montag, Mittwoch und Freitag von 8 bis 15 Uhr und Dienstag und Donnerstag von 8 bis 17.30 Uhr geöffnet und stehen in dieser Zeit auch für telefonische Auskünfte über Gemeindewohnungen zur Verfügung.

Der Wohnbedarf eines Bewerbers wird nach Richtlinien, die sich die Verwaltung der Stadt Wien selbst auferlegt hat, beurteilt.

Welche finanziellen und persönlichen Bedingungen muß ein Bewerber für eine Gemeindewohnung erfüllen?

Personen, die das 17. Lebensjahr vollendet haben, welche die österreichische Staatsbürgerschaft besitzen – Flüchtlinge gemäß der Genfer Konvention und EWR-Bürger sind den österreichischen Staatsbürgern gleichgestellt –, und deren jährliches Nettoeinkommen ab 1. Juni 1989 das gemäß § 11 Abs. 2 Wiener Wohnbauförderungs- und Wohnhaussanierungsgesetz – WWFSG 1989 in der jeweils geltenden Fassung festgelegte Jahreseinkommen (Familieneinkommen) nicht übersteigt, können sich um eine Gemeindewohnung bewerben. Außerdem muß der in Aussicht genommene Benützer sich verpflichten, im Zeitpunkt der Überlassung der geförderten Wohnung bestehende Miet- oder sonstige Rechte an einer anderen Wohnung nachweislich aufzugeben.

Wohnbeihilfen

Wohnbeihilfen sind laufende Zuschüsse für Wohnungsinhaber, die die ständigen Wohnkosten (Miete, Nutzungsentgelt, Rückzahlungsrate des Kredites nach dem Wohnhaussanierungsgesetz) aufgrund ihres geringen Einkommens aus eigenem nicht tragen können.

Die Gewährung einer Wohnbeihilfe kann nur in der Höhe erfolgen, die sich aus dem Unterschied zwischen zumutbarem und anrechenbarem Wohnungsaufwand ergibt. Sie darf die Höhe des zu leistenden Annuitätendienstes bzw. des Hauptmietzinses nicht übersteigen. Die Bewilligung ist von der Haushaltsgröße, dem Familieneinkommen und einer angemessenen Nutzfläche abhängig. Die Wohnbeihilfe gibt es nur für jene Personen, die Hauptmieter, Eigentümer oder Nutzungsberechtigte einer unter Zuhilfenahme von Mitteln nach dem I. Hauptstück des Wiener Wohnbauförderungs- und Wohnhaussanierungsgesetzes 1989 (WWFSG 1989), dem Bundes-Wohn- und -Siedlungsfonds, dem Wohnhaus-Wiederaufbaugesetz, den Wohnbauförderungsgesetzen 1954, 1968 und 1984, den Bundes-Sonderwohnbaugesetzen 1982 und 1983, dem Wiener Wohnbaufonds oder dem Wiener Wohnbauförderungszuschußfonds errichteten bzw. Hauptmieter oder Nutzungsberechtigte einer nach dem II. Hauptstück des WWFSG 1989, dem Wohnungsverbesserungsgesetz 1969 oder dem Wohnhaussanierungsgesetz verbesserten Wohnung sind.

Der Antrag auf Gewährung einer Wohnbeihilfe ist unter Verwendung der hiefür aufgelegten Formblätter und unter Anschluß der in diesen Formblättern angeführten Nachweise über die Voraussetzungen an die MA 50/S, 19, Muthgasse 62,

Tel. 40 00 . . ., 90186, 90187, 90188, 90193, 90194, 90195, und deren Außenstellen in

12, Am Schöpfwerk 31, Tel. 667 99 21, 667 99 22,
21, Am Spitz 1, Tel. 277 34 . . ., 21355, 21356,
22, Kagran, Donaustadtstraße 1,
Tel. 211 23 . . ., 22655, 22656
(Parteienverkehr Montag bis Freitag von 8 bis 13 Uhr, an Donnerstagen zusätzlich von 15.30 bis 17.30 Uhr),
zu richten.

Mietzinsbeihilfen

Gemäß § 107 Einkommensteuergesetz 1988 gewährt das örtlich zuständige Finanzamt eine Mietzinsbeihilfe, auf die ein gesetzlicher Anspruch besteht, unter folgenden Voraussetzungen:

Es gibt Mietzinsbeihilfen

1. bei Erhöhungen des Hauptmietzinses gemäß § 7 des Mietengesetzes bzw. § 2 des Zinsstoppgesetzes bei einer Erhöhung auf mehr als 4 S pro Krone und Jahr bzw. mehr als 4 S pro Schilling Stoppzins pro Jahr;
2. bei einer Erhöhung gemäß §§ 18, 18a, 18b und 19 Mietrechtsgesetz (MRG), gemäß § 14 Abs. 2 des Wohnungsgemeinnützigkeitsgesetzes sowie Einhebung eines Erhaltungsbeitrages gemäß § 45 des Mietrechtsgesetzes oder nach § 14 d des Wohnungsgemeinnützigkeitsgesetzes, sofern der eingehobene Monatsbetrag 4,50 S pro m^2 übersteigt.

Die Mietzinsbeihilfe wird aber nur Mietern gewährt, deren jährliches Einkommen für eine Person 100.000 S (durch 14 geteilt, da fast alle Einkommensbezieher 14 Monatsbezüge haben), für zwei Personen 125.000 S und für jede weitere Person 8.500 S nicht übersteigt.

Wenn das Gericht entschieden hat, ist die Bescheinigung über die Erhöhung von diesem auszustellen, während bei Vorschreibung des Erhaltungsbeitrages nur mit der Bestätigung (Vorschreibung) durch den Hauseigentümer beim Finanzamt des Wohnbezirkes vorzusprechen ist. Hat eine Schlichtungsstelle entschieden, entfällt die Vorlage der Bescheinigung. Die Einkommensnachweise sind immer mitzubringen.

Für die Behandlung von Anträgen auf Gewährung der Mietzinsbeihilfe ist die MA 12, Referat Soziale Mietzinsbeihilfen, 1, Schottenring 24 (Parteienverkehr Montag bis Freitag von 8 bis 13 Uhr, Tel. 531 14 . . ., 85341), zuständig (→ „Sozialhilfe für Jugend, Familie und Alter – Wer kann eine Mietzinsbeihilfe erhalten?“).

Was haben besonders Mieter von Gemeindewohnungen zu beachten?

Mietvertrag

Wiener Wohnen schließt mit den Personen, die eine städtische Wohnung erhalten, einen Mietvertrag ab.

Als Bestandteil dieses Vertrages gilt auch die

Hausordnung

Sie ist in jedem städtischen Wohnhaus angeschlagen. Die Nichtbeachtung der Hausordnung kann ebenso wie die Verletzung des Mietvertrages zur Auflösung des Mietverhältnisses führen.

Pflege der neuerrichteten Wohnung

Die bei Neubauten unvermeidliche Mauerfeuchtigkeit soll durch Heizen (Ausheizen der Wohnung) und gründliches Lüften beseitigt werden, weil sonst die im Raum befindlichen Holzfußböden und Möbel das Wasser aufnehmen und Schaden erleiden.

Zentralheizung

Viele städtische Wohnungen haben Zentralheizung. Die Heizungskosten werden entweder mit der monatlichen Miete in Form einer Vorauszahlung oder direkt durch die Fernwärme Wien Gesellschaft m. b. H. zur Vorschreibung gebracht. Einmal jährlich wird der Wärmeverbrauch aufgrund der auf den Heizkörpern montierten Meßgeräte festgestellt. Aufgrund dieser abgelesenen Werte werden die tatsächlichen Heizungskosten ermittelt. Manche Mieter sind dann unangenehm überrascht, wenn sie zur Leistung von hohen Nachzahlungen aufgefordert werden. Diese Mieter haben übersehen, daß auch bei der Bedienung der Radiatoren gewisse Grundregeln des ökonomischen Heizens beachtet werden sollen:

1. Die Radiatoren sollen gedrosselt werden, wenn die gewünschte Raumtemperatur erreicht ist;
2. kurzzeitiges Vollüften vermeidet ein Auskühlen der Wände und kostet weniger Wärme.

Maschinelle Waschkücheneinrichtungen

Die Stadt Wien stattet die Waschküchen nur mehr mit vollautomatischen Waschmaschinen aus. Diese Waschmaschinen erledigen das eingestellte Waschprogramm ohne zusätzliche Steuerung. Allerdings ist jede komplizierte mechanische Einrichtung gegen Bedienungsfehler anfällig. Daher sollen nur Personen, die mit der Bedienung der Maschinen vollkommen vertraut sind, diese Einrichtungen benützen. Wiener Wohnen sorgt durch die Abhaltung von Waschvorträgen dafür, daß die Mieter mit der Bedienung der Maschinen vertraut werden.

Spielplätze

Auf den Spielplätzen der städtischen Wohnhausanlagen sind Turn- und Spielgeräte aufgestellt. Obwohl diese Geräte so konstruiert sind, daß bei widmungsgemäßem Gebrauch eine Gefährdung der Kinder nicht eintreten kann, obliegt es den Eltern zu entscheiden, ob ihre Kinder die notwendige Gewandtheit haben, um diese Geräte gefahrlos benützen zu können. Die Benützung der Spielgeräte erfolgt auf Gefahr und Verantwortung der Eltern.

Außerdem wurden überall dort, wo es nach den örtlichen Gegebenheiten möglich war, Grünflächen als Spielwiesen freigegeben und als solche gekennzeichnet.

Autoabstellplätze

Aufgrund des Wiener Garagengesetzes wird bei jeder Wohnhausanlage die vorgesehene Zahl von Autoabstellplätzen geschaffen. Es gibt Autoabstellplätze im Freien, in einoder mehrgeschossigen offenen Parkdecks oder in Tiefgaragen. Die Abstellplätze werden den Mietern gegen Entrichtung eines monatlichen Entgeltes zur Verfügung gestellt.

Veränderung in der Wohnung

Für bauliche Maßnahmen in der Wohnung oder solche, die die äußere Gesamterscheinung eines Hauses verändern (z. B. Fenster, Loggien u. dgl.), muß der Mieter die Zustimmung der Hausverwaltung einholen. Bei Einbau oder Abänderung von Badezimmern und Sanitäranlagen, bei Loggienverglasungen und bei Bauführungen in Wohnungen, die nicht von Einfluß auf die statischen Verhältnisse sind, keine Änderungen der äußeren Gestaltung der Baulichkeit bewirken und nicht die Umwidmung betreffen, ist außer der Zustimmung des Hauseigentümers eine Bauanzeige bei der örtlichen Baupolizei erforderlich. Bauliche Veränderungen, die einer Baubewilligung bedürfen, dürfen trotz des Einverständnisses der Hausverwaltung dann nicht durchgeführt werden, wenn die Bewilligung der Baupolizei nicht erreicht oder darum gar nicht angesucht wird.

Kündigung des Mietverhältnisses

Seitens Wiener Wohnen wird ein Mieter nur aus wichtigen, im Mietrechtsgesetz angeführten Gründen gerichtlich aufgekündigt werden. Solche wichtigen Kündigungsgründe sind

z. B. die Nichtbezahlung des Mietzinses, das grob ungehörige Verhalten des Mieters oder seiner Angehörigen gegen die übrigen Bewohner des Hauses, der erheblich nachteilige Gebrauch der Bestandssache (gemeint ist damit die grobe Vernachlässigung der Wohnung).

Der Mieter kann sein Mietverhältnis jedoch ohne Angabe von Gründen jederzeit aufkündigen. In beiden Fällen ist die vereinbarte Kündigungsfrist einzuhalten.

Meldung von Schäden

Der Journaldienst von Wiener Wohnen nimmt Meldungen über Schäden und technische Gebrechen werktags von 7.30 bis 15.30 Uhr entgegen und veranlaßt deren Behebung.

Dieses „Schadenstelefon" für Gemeindemieter lautet für die Bezirke

1, 2, 8, 9 und 20	40 00 . . ., 96666
3, 4 und 11	740 34 . . ., 11666
5, 6, 7, 12, 13 und 23	811 34 . . ., 12666
10	605 34 . . ., 10666
14 bis 19	401 19 . . ., 17666
21	277 34 . . ., 21666
22	211 23 . . ., 22666

Selbstverständlich können und sollen bauliche Schäden und technische Gebrechen in Wohnhäusern auch weiterhin den Hausbesorgern und Hausinspektoren/Wohnberatern gemeldet werden. Die neue Serviceeinrichtung ist als Ergänzung dazu gedacht. Die Mieter können sich damit auch direkt an die zuständige Magistratsabteilung wenden, der Weg zur Behebung des Schadens kann dadurch manchmal sicher abgekürzt werden. Um Doppelgleisigkeiten zu vermeiden, wird allerdings ersucht, sich bei Aufzugsdefekten und bei Schäden an Waschmaschinen wie bisher an die Hausbesorger zu wenden.

Beschwerden

Beschwerden können mündlich oder schriftlich beim zuständigen Hausinspektor/Wohnberater sowie bei den Bezirksgruppen von Wiener Wohnen vorgebracht werden. Für persönliche Vorsprachen stehen sowohl die Hausinspektoren/Wohnberater während der Sprechstunden (Montag, Dienstag, Mittwoch, Freitag von 8 bis 9 Uhr, Donnerstag von 15.30 bis 17.30 Uhr), als auch die dezentralen Verwaltungsgruppen während der Öffnungszeiten (Montag, Dienstag, Mittwoch, Freitag von 8 bis 12.30 Uhr, Donnerstag von 14 bis 17.30 Uhr) sowie die Kundendienste (Montag, Mittwoch, Freitag von 8 bis 15 Uhr, Dienstag und Donnerstag von 8 bis 17.30 Uhr) zur Verfügung. Die Beschwerdeführer müssen sich jedoch darüber im klaren sein, daß gewissen Beschwerden auf jeden Fall der Erfolg versagt bleiben wird. Es ist z. B. nur schwer möglich, Beschwerden, die sich gegen den zumutbaren Lärm der im Hof oder auf der Straße spielenden Kinder oder gegen Straßenlärm überhaupt richten, zu entsprechen. In Extremfällen wird die Hausverwaltung selbstverständlich eingreifen.

An Wiener Wohnen Beschwerden heranzutragen, deren Erledigung in die Kompetenz der Bundespolizeibehörden fällt, ist zwecklos. Dazu gehören z. B. alle die im Einführungsgesetz zum Verwaltungsverfahrensgesetz aufgezählten Tatbestände (Störung der Ordnung, Erregung ungebührlichen Lärms) sowie alle mit dem Betrieb von Kraftfahrzeugen zusammenhängenden Angelegenheiten.

Welche Aufgaben haben das neue Wohnungsberatungszentrum der Stadt Wien und die Evidenz – Vergabe- und Informationsstelle der MA 50?

Das neue Wohnungsberatungszentrum

Die Stadt Wien hat in 1, Rathausstraße 2, ein neues Beratungszentrum eingerichtet. Der Wohnungssuchende soll in den Fragen

- geförderte Miet- oder Eigentumswohnung
- Gemeindewohnung
- Wohnungstausch
- Wohnungswechsel

beraten werden.

Außerdem kann er an dieser Stelle sein Ansuchen um eine geförderte Wohnung abgeben (Tel. 40 00 . . ., 7900).

Weiters wurde in diesem Zentrum das Werner-Faymann-Mieterhilfetelefon angesiedelt. Hier kann zu den Problemen

- Mietrechtsfragen
- Beschwerden
- Anregungen
- technische und bauliche Probleme
- Betriebskostenabweichung

und zu Fragen rund ums Wohnen eine Beratung erfolgen (Tel. 40 00 . . ., 8000).

Die Dienstzeit ist Montag bis Freitag von 8 bis 20 Uhr.

Aufgabe des W.B.Z. ist es, der wohnungssuchenden Bevölkerung einen Überblick über den öffentlich geförderten Wohnungsmarkt zu geben. Die im W.B.Z. aufliegenden Programme befassen sich grundsätzlich nur mit bereits förderungsmäßig zugesicherten und in Bau befindlichen Projekten. Der Wohnungssuchende erhält hier alle Angaben, wie Örtlichkeit, Beschaffenheit, Bezugstermin, Höhe der Eigenmittelaufbringung sowie die monatlichen Belastungen.

Die Stadt Wien hat in 19, Muthgasse 62, die MA 50/Evidenz Vergabe Information eingerichtet.

Diese Stelle hat folgende Aufgaben:

– Evidenzführung der Wohnungssuchenden;

– Vergabe jener geförderten Neubauwohnungen, die entsprechend des Zusicherungsvertrages der Gemeinde Wien zur Vergabe angeboten werden müssen;

– Vergabe der Wiedervermietungswohnungen am geförderten Miet- und Genossenschaftssektor;

– Vergabe von Wohnungen im sanierten Altbestand;

– Information über geplante Wohnbauvorhaben.

Zur besseren Information wurde von der MA 50/EVI ein flächendeckendes Wohnungsinformationssystem aufgebaut. Diese Informations-Bildschirmgeräte stehen in den magistratischen Bezirksämtern und können dort auch außerhalb der Parteienverkehrszeiten in Anspruch genommen werden. Die Geräte sind auch mit einer Ausdruckmöglichkeit ausgestattet. Die Informationsbreite umfaßt alle Fragen, die im Zusammenhang mit Wohnen auftreten. Die Weiterentwicklung dieses Informationssystems im Rahmen der neuen technischen Möglichkeiten obliegt dieser Stelle;

– Prüfung und Genehmigung der Eigenmittelersatzdarlehen, die im Rahmen der Wohnbauförderung bei der Bank Austria eingereicht wurden.

Parteienverkehr Montag bis Freitag von 8 bis 13 Uhr sowie Donnerstag von 15.30 bis 17.30 Uhr (nach Vereinbarung, Tel. 40 00 . . ., 90153 und 90154).

Wann besteht ein Anspruch auf Rückzahlung von Finanzierungsbeiträgen (Eigenmitteln)?

Gibt ein Mieter oder Nutzungsberechtigter einer gemeinnützigen Bauvereinigung eine Wohnung, für die er anläßlich des Bezuges neben dem Mietzins oder Nutzungsentgelt Eigenmittel (Grund- und Baukostenanteile) geleistet hat, auf, hat er gemäß § 17 des Wohnungsgemeinnützigkeitsgesetzes 1979 Anspruch auf Rückzahlung eines Betrages, der sich wie folgt errechnet:

Die ursprünglich geleisteten Eigenmittel werden um 2 v. H. pro Jahr vermindert (Abschreibung, in der Praxis auch als „Abwohnung" bezeichnet) und der verminderte Betrag sodann nach dem Verbraucherpreisindex 1986 bzw. den entsprechenden vorangegangenen Indizes (Kleinhandelspreise

1938, Verbraucherpreise 1958, 1966, 1976 bzw. 1986) aufgewertet.

Der ausscheidende Mieter oder Nutzungsberechtigte hat zunächst gegenüber der Bauvereinigung binnen acht Wochen nach Räumung der Wohnung Anspruch auf Auszahlung des abgewerteten Betrages. Gleichzeitig darf binnen drei Monaten nach Räumung ein neuer Miet- oder Nutzungsvertrag seitens der Bauvereinigung nur unter der Voraussetzung abgeschlossen werden, daß vom neuen Mieter der aufgewertete Betrag bezahlt wird. Kommt es innerhalb der ersten drei Monate zu keinem Vertragsabschluß, hat der Ausscheidende für weitere drei Monate die Mög lichkeit, selbst zu diesen Bedingungen einen neuen Mieter zu suchen und diesen der Bauvereinigung vorzuschlagen. Die Bauvereinigung kann den Vorgeschlagenen nur aus triftigen Gründen oder dann ablehnen, falls sie mit einer anderen Person einen Vertrag abschließt.

Zur Feststellung des zurückzuzahlenden Betrages kann im Streitfall ein Antrag bei der MA 16 – Wiener Schlichtungsstelle, 19, Muthgasse 62, eingebracht werden.

Welche Förderung sieht das Wiener Wohnbauförderungs- und Wohnhaussanierungsgesetz im Bereich des Neubaus vor?

Die Förderung von Neubauten ist durch das Wiener Wohnbauförderungs- und Wohnhaussanierungsgesetz 1989 – WWFSG 1989, Gesetz vom 24. Februar 1989 über die Förderung der Errichtung und der Sanierung von Wohnhäusern, Wohnungen und Heimen, LGBl. für Wien Nr. 18, zuletzt novelliert durch LGBl. für Wien Nr. 62/1995, geregelt.

Im Rahmen dieses Gesetzes kann die Errichtung von Wohnhäusern, Wohnungen, Heimen, Eigenheimen und Kleingartenwohnhäusern durch Neubau, Zubau, Einbau oder Umbau sowie die Errichtung von Geschäftsräumen und Einrichtungen der kommunalen Infrastruktur gefördert werden. Als Wohnungsgröße ist eine Flächenobergrenze von maximal 130 m², bei mehr als fünf Personen im gemeinsamen Haushalt 150 m² einzuhalten.

Die Förderung besteht in der Gewährung eines nichtrückzahlbaren Baukostenzuschusses, dessen Höhe in einem bestimmten Prozentsatz der Gesamtbaukosten abzüglich eines fixen Betrages unter Berücksichtigung bestimmter Zuschläge (z. B. Kleinbaustelle, Erschwernisse) festgesetzt wird.

Daneben gibt es eine Förderungsmöglichkeit bei Errichtung von Mietwohnungen, Heimen und Eigentumswohnungen, welche in der Gewährung eines „nichtrückzahlbaren Beitrages" in Form eines Fixbetrages von 4.000 S je m² Wohnnutzfläche bei Eigentumswohnungen bzw. 5.000 S je m² Wohnnutzfläche bei Mietwohnungen (§ 15 WWFSG 1989) besteht.

Für die Errichtung von Eigenheimen wird ein nichtrückzahlbarer Baukostenzuschuß mit einem Fixbetrag von 300.000 S und zusätzlich 25.000 S für jedes im Haushalt lebende Kind gewährt; bei Planung des Eigenheimes durch einen Ziviltechniker wird ein weiterer Betrag von 25.000 S gewährt. Bei besonderen energiesparenden und umweltschonenden Maßnahmen können weitere höchstens 25.000 S als Zuschuß gewährt werden.

Durch die Novellierung des WWFSG 1989 mittels Landesgesetz LGBl. Nr. 32/1992, ausgegeben am 22. Juli 1992, wurde auch für Kleingartenwohnhäuser eine Förderung vorgesehen. Unter Kleingartenwohnhaus versteht man ein Gebäude, das nach den Bestimmungen des Wiener Kleingartengesetzes errichtet und zur ganzjährigen Benützung durch den Nutzungsberechtigten bestimmt ist. Die Förderung von Kleingartenwohnhäusern erfolgt durch Gewährung von Annuitätenzuschüssen zu einem Darlehen in der Höhe von höchstens 500.000 S; für Kinder bzw. bei Durchführung von energiesparenden Maßnahmen sowie bei Ziviltechnikerplanung können auch hier weitere Zuschläge geltend gemacht werden.

Der Förderungswerber hat mindestens 12,5% (bei Mietwohnungen) bzw. 20% (bei Eigentumswohnungen und Eigenheimen) der Gesamtbaukosten sowie allfällige Grundkostenanteile selbst zu tragen.

Bei Erwerb einer Miet- bzw. Eigentumswohnung können bei entsprechend niedrigen Einkommen Eigenmittelersatzdarlehen mit einer 1 v. H. dekursiven Verzinsung angesprochen werden. Jungfamilien mit niedrigem Einkommen können auch für anteilige Grundkosten ein weiteres Darlehen (1.000 S pro m² Nutzfläche) erhalten.

Darlehenswerber können Gemeinden, gemeinnützige Bauvereinigungen, andere juristische Personen sowie natürliche Personen sein. Geförderte Wohnungen dürfen nur an begünstigte Personen überlassen werden. Begünstigt ist eine Person, welche ausschließlich die geförderte Wohnung zur Befriedigung ihres dringenden Wohnbedürfnisses regelmäßig verwendet und deren jährliches Einkommen bei Überlassung einer von der Stadt Wien errichteten Wohnung und einer Haushaltsgröße von

einer Person	337.000 S
zwei Personen	505.500 S
drei Personen	572.900 S
vier Personen	640.300 S
sowie für jede weitere Person	37.000 S

nicht übersteigt (gültig vom 1. Jänner bis 31. Dezember 1997).

Diese Beträge erhöhen sich um 20 v. H. bei Überlassung einer sonstigen geförderten Wohnung in Miete und um 40 v. H. bei Eigentumswohnungen und Eigenheimen.

Die Einkommengrenzen verändern sich entsprechend dem Verbraucherpreisindex. Bei geringeren Einkommen können Wohnbeihilfen in Anspruch genommen werden.

Für den Erwerber einer nach § 15 WWFSG 1989 geförderten Wohnung (Förderung durch Fixbetrag von 4.000 bzw. 5,000 S je m² Nutzfläche) gelten keine Einkommensgrenzen.

Nähere Informationen zu den genannten Ausführungen erhält man bei der MA 50, 1, Rathausstraße 2, 1. Stock, Tel. 40 00 . . ., 90043, 90044, 90045, 90046, 90053, 90054, 90055, 90056. Antragsformulare sind in der MA 50, 1, Rathausstraße 2, Tür 166, erhältlich.

Wie erfolgt die Mietzinsbildung auf dem privaten Wohnungsmarkt?

Bei Inanspruchnahme des privaten Wohnungsmarktes ist zu beachten, daß nach dem Mietrechtsgesetz in der Fassung des seit 1. März 1994 geltenden 3. Wohnrechtsänderungsgesetzes (WÄG) Vereinbarungen zwischen dem Hauseigentümer und dem Hauptmieter über die Höhe des angemessenen Mietzinses nur in besonderen Fällen (Baubewilligung nach dem 8. Mai 1945, denkmalgeschützte Gebäude, Wohnungen der Ausstattungskategorie A und B mit einer Nutzfläche über 130 m², Mietverhältnis länger als ein Jahr) zulässig sind. Sind diese Ausnahmen nicht gegeben, dürfen nur folgende Mietzinse vereinbart und begehrt werden:

1. Für Wohnungen der Ausstattungskategorie A, B und C der zulässige Richtwertmietzins;

2. 8,20 S/m² für eine Wohnung der Ausstattungskategorie D, das ist eine Wohnung, die entweder über keine Wasserentnahmestelle oder über kein Klosett im Inneren verfügt oder bei der eine dieser beiden Einrichtungen nicht brauchbar ist und auch nicht innerhalb angemessener Frist nach Anzeige durch den Mieter vom Vermieter brauchbar gemacht wird.

   Für brauchbare Wohnungen der Ausstattungskategorie D dürfen bis zu 16,40 S/m2 vereinbart werden.

Wo erhält man Auskünfte in Mietrechtsangelegenheiten?

Diese Auskünfte erhält man in der MA 16, 19, Muthgasse 62, Parteienverkehr Montag bis Freitag von 8 bis 12 Uhr, Donnerstag von 15.30 bis 17.30 Uhr, Tel. 40 00 . . ., 90002, 90276, 90289.

Wie tausche ich meine Wohnung (Privat-, Genossenschafts- oder Gemeindewohnung)?

Nach der derzeitigen Rechtslage ist ein Wohnungstausch nicht nur mit Zustimmung des Vermieters möglich. Stimmt dieser dem vom Hauptmieter, der die Wohnung vor mehr als fünf Jahren gemietet hat, aus wichtigen, besonders sozialen, gesundheitlichen oder beruflichen Gründen mit einem Dritten geschlossenen Vertrag über den Tausch ihrer im selben Gemeindegebiet befindlichen Mietwohnung zur angemessenen Befriedigung des beiderseitigen Wohnbedürfnisses nicht zu, obwohl ihm der Eintritt des Dritten in das Mietverhältnis nach Lage der Verhältnisse zugemutet werden kann, hat das Gericht (in Wien die MA 16 – Wiener Schlichtungsstelle, 19, Muthgasse 62) auf Antrag des Hauptmieters die zum Eintritt des Dritten in den Mietvertrag erforderliche Zustimmung des Vermieters zu ersetzen, sofern gegen den Hauptmieter zum Zeitpunkt der Antragstellung weder eine gerichtliche Kündigung noch eine Klage auf Räumung der Wohnung anhängig ist.

Mieter von Gemeindewohnungen können bei Vorliegen von wichtigen Gründen die Wohnungen tauschen. Die Tauschpartner haben ein schriftliches Ansuchen (Formular) in Wiener Wohnen – Tauschreferat, 1, Rathausstraße 2, Tür 268, einzureichen.

Bei einem Tausch darf nicht übersehen werden, daß der bisher bezahlte Hauptmietzins bis auf den Richtwertmietzins gemäß § 16 Abs. 2 des Mietrechtsgesetzes angehoben werden kann.

Welche Förderungsmaßnahmen sieht das Wiener Wohnbauförderungs- und Wohnhaussanierungsgesetz im Bereich der Wohnungs- und Haussanierung vor?

Die Förderung nach dem II. Hauptstück des Wiener Wohnbauförderungs- und Wohnhaussanierungsgesetzes (WWFSG 1989) umfaßt die Sanierung von Wohnungen und Gebäuden (Wohnhäusern, Kleingartenwohnhäusern und Heimen). Voraussetzung ist, daß die Baubewilligung der zu fördernden Objekte im Zeitpunkt der Antragstellung mindestens 20 Jahre zurückliegt, es sei denn, es handelt sich um Anschluß an Fernwärme, um Maßnahmen, die den Wohnbedürfnissen von behinderten Menschen dienen, oder um die Sanierung von Kleingartenwohnhäusern. Als Förderungswerber können der Liegenschaftseigentümer, der Bauberechtigte, der gemäß MRG bzw. WGG bestellte Verwalter, der Nutzungsberechtigte eines Kleingartenwohnhauses sowie bei Sanierungsmaßnahmen innerhalb einer Wohnung auch der Mieter, Wohnungseigentümer oder Eigentümer (Miteigentümer), der eine in seinem Haus gelegene Wohnung selbst benützt, ebenso wie der Benützer einer Dienstwohnung, auftreten. Als Sanierungsmaßnahmen gelten Erhaltungsarbeiten im Sinne des Mietrechtsgesetzes und Verbesserungsarbeiten.

Sanierungsarbeiten sind insbesondere: Errichtung oder Umgestaltung von der gemeinsamen Benützung der Bewohner dienenden Anlagen oder Räumen, wie Wasserleitungs-, Strom- und Gasleitungsanlagen, Sanitär- und Zentralheizungsanlagen, Personenaufzüge, Waschküchen; Anschluß von Zentralheizungsanlagen an Fernwärme; Errichtung oder Umgestaltung von Wasserleitungen, Stromleitungen, Gasleitungen sowie Sanitär- oder Heizungsanlagen in Wohnungen; Maßnahmen zur Erhöhung des Schall- oder Wärmeschutzes sowie zur Verminderung des Energieverlustes oder Energieverbrauches von Heizungs- oder Warmwasserbereitungsanlagen; Vereinigung von Wohnungen oder sonstigen Räumen zu Wohnungen oder Teilung von Wohnungen oder sonstigen Räumen zur Schaffung von Wohnungen; Änderung der Grundrißgestaltung innerhalb einer Wohnung, jedoch nur in Verbindung mit anderen geförderten Arbeiten sowie Zubauten bei Kleingartenwohnhäusern; Maßnahmen, die den Wohnbedürfnissen von behinderten oder alten Menschen dienen, sowie die Schaffung oder Erweiterung von Wohnungen durch Zubau.

Die Förderung kann bestehen:
1. in der Gewährung von Förderungsdarlehen des Landes,
2. in der Gewährung von Annuitäten- oder Zinsenzuschüssen,
3. in der Gewährung von nichtrückzahlbaren Zuschüssen bei Verwendung von Eigenmitteln,
4. in der Gewährung von nichtrückzahlbaren Beiträgen,
5. in der Übernahme der Bürgschaft,
6. in der Gewährung von Wohnbeihilfe.

Die Höhe bzw. Dauer der Förderung ist von der Art der Sanierungsmaßnahmen sowie der Höhe des Eigenmitteleinsatzes abhängig. Weiters ist auch die Wohnungskategorie ein Kriterium für die Förderungshöhe.

Bei Überschreitung der zumutbaren Wohnungsaufwandsbelastung infolge durchgeführter Sanierungsarbeiten kann zusätzlich eine Wohnbeihilfe gewährt werden. Förderungsanträge im Rahmen des WWFSG 1989 – Wiener Wohnbauförderungs- und Wohnhaussanierungsgesetzes für Wohnungen und Eigenheime sind bei der MA 50, Förderungsanträge für Sanierungsmaßnahmen an und in Gebäuden beim Wiener Bodenbereitstellungs- und Stadterneuerungsfonds in 8, Lenaugasse 10, Tel. 403 59 19 . . . 0, einzubringen. Dort ist auch eine zentrale Informationsstelle zur Beratung über Gebäudesanierung eingerichtet.

Auskünfte über Sanierungsfragen erteilt die Zentrale in 19, Muthgasse 62, Tel. 40 00 . . ., 90083, 90084, 90085, 90086; Wohnungsverbesserung Tel. 40 00 . . ., 90170.

Welche Aufgaben hat die Wiener Schlichtungsstelle in Wohnrechtsangelegenheiten (MA 16)?

Die Wiener Schlichtungsstelle in Wohnrechtsangelegenheiten (MA 16), 19, Muthgasse 62, Parteienverkehr Montag bis Freitag von 8 bis 12 Uhr und Donnerstag von 15.30 bis 17.30 Uhr, Tel. 40 00 . . ., 90002, 90276, 90289, ist zuständig für die:

I. Festsetzung oder Feststellung der Miteigentumsanteile zur Begründung von Wohnungseigentum, und zwar:

1. Festsetzung der Mindestanteile in Form von Nutzwerten gemäß § 5 des Wohnungseigentumsgesetzes 1975 – WEG 1975, BGBl. Nr. 417, sofern an keinem auf der Liegenschaft befindlichen selbständigen Objekt vor dem 1. September 1975 (§ 29 Abs. 1 Z 1 WEG 1975) das Wohnungseigentum erworben (grundbücherlich einverleibt) worden ist.

Für die Erledigung solcher Ansuchen sind folgende Unterlagen erforderlich:

Rechtliche Unterlagen:

Ein Ansuchen um die Festsetzung der Nutzwerte für alle Objekte auf der Liegenschaft mit Angabe der Anschrift (Straße, Hausnummer), Einlagezahl und Katastralgemeinde, da Wohnungseigentum begründet werden soll. Auch die Anschrift (sowie die Tel.-Nr.) des Einschreiters wäre anzuführen.

Im Antrag wäre auch anzuführen, ob das Haus schon errichtet wurde oder nicht (§ 4 Abs. 1 WEG 1975).

Bei den sonstigen selbständigen Räumlichkeiten ist außer der bauplanmäßigen Widmung deren spezifischer Verwendungszweck (Büro, Espresso, Werkstätte, Kindergärten usw.) bekanntzugeben.

Das Ansuchen und die Beilagen sind gemäß § 39 Abs. 5 des Mietrechtsgesetzes gebührenfrei.

Im Antrag sind auch jene Teile der Liegenschaft, die in Form eines Zuschlages einzelnen Objekten zufallen sollen (§ 1 Abs. 2 WEG 1975: offene Balkone, Terrassen, Keller- oder Dachbodenräume, Hausgärten, Abstellplätze für Kraftfahrzeuge), anzuführen und zuzuordnen.

Beizulegen sind:

1. Ein Grundbuchsauszug (nicht älter als drei Monate).
2. Eine Liste auf neutralem Papier, in der enthalten sind: der Liegenschaftseigentümer, die Mit- bzw. Wohnungseigentümer sowie die Wohnungseigentumsbewerber (im Streitfall unter Nachweis der Rechtsstellung durch Vorlage der schriftlichen Zusage des Wohnungseigentums an einem Objekt der Liegenschaft), nach Stiegen (Trakten, Hausteilen) und Türnummern geordnet mit Vor- und Zunamen jeder Partei (bei Ehegatten, die gemeinsam Wohnungseigentum begründen wollen, beide Vornamen bei einer Türnummer), sowie die Anschrift jeder Partei. Bitte auch bei jeder Partei deren Rechtsstellung anzuführen: Liegenschaftseigentümer = LE, Miteigentümer = ME, Wohnungseigentümer = WE, Wohnungseigentumsbewerber = WEB. Bei noch nicht vergebenen Objekten dazuschreiben: noch nicht vergeben.
3. Allenfalls Vollmachten der Parteien für einen Vertreter. Diese Vollmachten müssen (gemäß § 10 AVG 1950) auf eine natürliche eigenberechtigte Person und dürfen nicht auf eine juristische Person lauten. Bei außerhalb Wiens wohnenden Parteien, die gemäß § 19 AVG 1950 nicht zu einer notwendigen Verhandlung geladen werden dürfen, empfiehlt sich zur Verwaltungsvereinfachung dringend, einen in Wien wohnenden Vertreter zu bestellen.

Diese Vollmachten können auch nur Spezialvollmachten für die Vertretung vor der Wiener Schlichtungsstelle sein und sind dann gemäß § 39 Abs. 5 Mietrechtsgesetz gebührenfrei. Es kann auch eine Sammelvollmacht vorgelegt werden mit etwa folgendem Wortlaut:

Spezialvollmacht

für Herrn, Frau . . . ., per Anschrift . . . . zur Vertretung vor der Wiener Schlichtungsstelle in Wohnrechtsangelegenheiten – Magistrat der Stadt Wien MA 16 – in Wien 19, Muthgasse 62, in Angelegenheit Nutzwertfestsetzung gemäß § 5 des Wohnungseigentumsgesetzes 1975 für das Haus Wien . . . . , EZ, Kat.-Gem. . . . ., wobei ich jedoch bei der mündlichen Verhandlung bei der Wiener Schlichtungsstelle anwesend sein möchte und vom Machthaber zu verständigen bin.

Wien, den . . . .

Stiege 1	
Tür Nr. 1 (sonst. Räumlichk.)	Herbert Maier ME Unterschrift
Tür Nr. 2 Hauswartwohnung	______________
Tür Nr. 3 Wohnung	Walter Müller WE Unterschrift
Tür Nr. 4 Wohnung	Rudolf Egert WEB Unterschrift
Tür Nr. 5 (sonst. Räumlichk.)	Inge Buchner WE Unterschrift
Tür Nr. 6 (sonst. Räumlichk.)	noch nicht vergeben Unterschrift

Technische Unterlagen:

Die MA 40 benötigt diese für die Nutzwertfestsetzung, sie sind aber mit dem Antrag bei der Wiener Schlichtungsstelle einzureichen.

Für technische Auskünfte stehen die zuständigen Referenten der MA 40, 8, Lerchenfelder Straße 4, Tür 612–617, Tel. 40 00 . . ., 89072–89078, 89082–89087, zur Verfügung. Referatsleiter Tel. 40 00 . . ., 89071 (Tür 612).

a) 1. Eine Ausfertigung der genehmigten Baupläne (Maßstab 1 : 100) mit Lageplan (mit Nordpfeil), Schnitten und Ansichten.
Alle Pläne müssen baubehördlich genehmigt oder aber beglaubigt sein, d. h. sie müssen außer Stampiglie und Unterschrift eines Zivilingenieurs bzw. Zivilarchitekten zusätzlich eine Beglaubigungsklausel tragen (z. B.: „Dieser Plan stimmt mit dem am . . . baubehördlich genehmigt überein“). Sie müssen überdies dem letzten Stand der Planung bzw. dem Bestand entsprechen und vollständig kotiert sein, wobei die einzelnen Koten – auch bei Lichtpausen oder Fotokopien – deutlich lesbar sein sollen. Sofern in den Plänen die Türnummern und Abgrenzungen der Bestandobjekte nicht gut sichtbar oder unrichtig sind (eine Änderung der baubehördlich genehmigten Pläne, die Urkunden sind, ist unzulässig), wären zusätzliche Planskizzen mit den erforderlichen Eintragungen (zweifach) vorzulegen.
2. Wenn andere Teile der Liegenschaft einer selbständigen Wohnung oder einer sonstigen selbständigen Räumlichkeit zugeschlagen werden sollen (§ 5 Abs. 1 WEG 1975), die nicht im baubehördlich genehmigten Plan enthalten sind (z. B. Hausgärten, zusätzliche Abstellplätze u. ä. m.), sind hiefür entsprechende Pläne, aus denen Lage, Umfang und Ausmaß dieser Liegenschaftsteile hervorgehen, vorzulegen; in besonderen Fällen sind diese Pläne über Aufforderung durch Geometerpläne zu ergänzen oder zu ersetzen.

b) Rechtskräftige Baubewilligungs-, alle Abänderungs- und Benützungsbewilligungsbescheide (alle mit Rechtskraftbestätigung).

c) 1. Nutzflächenaufstellung (§ 6 WEG 1975) dreifach.
Diese Aufstellung ist von einem für Hochbau zuständigen Ziviltechniker oder einem für dieses Fach allgemein beeideten gerichtlichen Sachverständigen gemäß § 26 Abs. 2 Z 9 lit. b WEG 1975 zu erstellen bzw. zu bestätigen und mit dem Datum zu versehen.
Es sind jeweils Länge und Breite sowie Produkt jedes einzelnen Raumes sowie die Gesamtfläche jedes einzelnen Objektes auszuweisen.
Die Nutzflächenberechnung ist nach jenen Plänen zu erstellen, die den in der § 12-Bescheinigung angeführten Bescheiden der Baubehörde zugrunde liegen.
Auf der Nutzflächenaufstellung ist ausdrücklich zu vermerken, aufgrund welcher baubehördlich genehmigten Pläne (Zahl und Datum der jeweiligen baubehördlichen Genehmigung[en] sind anzuführen) sie erstellt wurden, oder ob die Nutzflächenaufstellung aufgrund von den Plänen abweichenden Naturmaßen gemäß § 6 Abs. 2 WEG 1975 erstellt wurde.
2. Die Flächen der im § 1 Abs. 2 WEG 1975 genannten Liegenschaftsteile (offene Balkone, Terrassen, Keller- oder Dachbodenräume, Hausgärten, Abstellplätze für Kraftfahrzeuge), sofern sie sich aus den genehmigten oder anderen Plänen (Punkt dA und B) ergeben, sind ebenfalls in der unter d genannten Weise anzuführen; dabei ist gleichzeitig auch anzugeben, welchen selbständigen Objekten diese Teile zugeordnet werden sollen.

d) Baubeschreibung (dreifach).
Sie hat für diesen Zweck vor allem Angaben über die Lage des Hauses in bezug auf seine Umgebung (Garten- bzw. Parklage, Straßenhöfe, Verwertung der umliegenden Freiflächen usw.)
die Ausstattung des Hauses (Anzahl und Höhe der Geschosse, Art und Ausgestaltung des Daches, Art, Zahl und Lage der Objekte, vorhandene Aufzüge – für welche Geschosse, Sammelheizung, zentrale Warmwasserbereitung, Müllabwurfschächte usw.) sowie
die Ausstattung der einzelnen Objekte (bei Wohnungen z. B. Balkone, Terrassen, Bad, WC im Wohnungsverband,

Art der Beheizung, Fußböden, Verfliesung, Beleuchtung, Gas- und Stromanschluß usw.)
die Verwendung und Ausgestaltung der unbebauten Flächen der Liegenschaft zu enthalten.
In der Baubeschreibung soll auch auf besondere Vor- und Nachteile der Verwertbarkeit von Flächen oder Objekten aufmerksam gemacht werden sowie die Ausstattung der Zugehörs bekanntgegeben werden (z. B. Dachboden ist als Wohnraum adaptiert).
Außerdem ist anzugeben, ob eine Hauswartwohnung vorgesehen ist (Tür-Nr. anführen!).

e) Bescheinigung nach § 12 Abs. 2 Z 2 WEG 1975.
Die Bescheinigung wird von der Baubehörde (MA 37) bzw. einem für Hochbau zuständigen Ziviltechniker ausgestellt.

2. Neufestsetzung der Mietwerte gemäß § 2 des Wohnungseigentumsgesetzes – WEG, BGBl. Nr. 149/1948, sofern an mindestens einem selbständigen Objekt vor dem 1. September 1975 (§ 29 Abs. 1 Z 1 WEG 1975) Wohnungseigentum erworben (grundbücherlich einverleibt) worden ist.

Für die Erledigung solcher Ansuchen sind folgende Unterlagen erforderlich:

Rechtliche Unterlagen:

Ein Ansuchen um die Festsetzung von Jahresmietwerten für 1914 für alle Objekte auf der Liegenschaft mit Angabe von Einlagezahl und Anschrift (Straße, Hausnummer) mit dem Hinweis, daß Wohnungseigentum begründet werden soll. Auch die Anschrift des Einschreiters ist anzuführen.

Beizulegen sind:

1. Ein Grundbuchsauszug, der nicht älter als drei Monate ist, und die Vollmachten sämtlicher Liegenschaftseigentümer.

Das Ansuchen und die Beilagen sind gemäß § 39 Abs. 5 Mietrechtsgesetz gebührenfrei (Vollmachten nur dann, wenn es sich um Spezialvollmachten für das Verfahren vor der Schlichtungsstelle handelt).

Technische Unterlagen:

a) Bescheinigung der Baupolizei (MA 37) bzw. eines für Hochbau zuständigen Ziviltechnikers nach § 5 Abs. 2 lit. a Wohnungseigentumsgesetz über die Anzahl der selbständigen Objekte, die geändert wurden. Zur Erlangung der Bescheinigung siehe oben I/1/h.
b) Baubehördlich genehmigte Konsenspläne oder beglaubigte Kopien derselben mit Eintragung der Türnummern und der Abgrenzungen der Mietobjekte, die geändert wurden. Unter diesen Plänen soll sich nötigenfalls auch ein Schnitt befinden, der die Höhenlage der Geschosse angibt.
c) Eine detaillierte Flächenberechnung der Flächenmaße der geänderten Objekte in dreifacher Ausfertigung. Diese Aufstellung ist von einem für Hochbau zuständigen Ziviltechniker oder einem für dieses Fach allgemein beeideten gerichtlichen Sachverständigen gemäß § 26 Abs. 2 Z 9 lit. b WEG 1975 zu erstellen bzw. zu bestätigen und mit dem Datum zu versehen. Es sind jeweils Länge und Breite sowie Produkt jedes einzelnen Raumes sowie die Gesamtfläche jedes einzelnen Objektes auszuweisen. Die Nutzflächenberechnung ist nach jenen Plänen zu erstellen, die den in der § 5-Bescheinigung angeführten Bescheiden der Baubehörde zugrunde liegen. Auf der Nutzflächenaufstellung ist ausdrücklich zu vermerken, aufgrund welcher baubehördlich genehmigten Pläne (Zahl und Datum der jeweiligen baubehördlichen Genehmigung[en] sind anzuführen) sie erstellt wurden oder ob die Nutzflächenaufstellung aufgrund von den Plänen abweichenden Naturmaßen gemäß § 6 Abs. 2 WEG 1975 erstellt wurde.
d) Eine kurze Baubeschreibung der geänderten Objekte, insbesondere mit Hinweis auf die Ausstattung des Hauses und der Wohnungen (Sammelheizung, Aufzüge), in dreifacher Ausfertigung.
e) Zur Begründung von Wohnungseigentum im Sinne des § 1 Abs. 2 des Wohnungseigentumsgesetzes an Keller- und Bodenräumen, Hausgärten, Garagen, Einstellplätzen im Hof u. a. m., zusammen mit dem Wohnungseigentum an selbständigen Objekten im Sinne des § 1 Abs. 1 Wohnungseigentumsgesetz (also zusätzlich mit einer Wohnung oder einem Geschäftsobjekt usw.), ist ein Bau- bzw. Lageplan (letzterer in zweifacher Ausfertigung) mit einer Flächenberechnung in zweifacher Ausfertigung und allenfalls mit den erforderlichen Baubewilligungen (z. B. bei Einstellplätzen im Hof, gewissen Verwendungszwecken des Dachbodens usw.) beizubringen[1]).

Hinweis:

Nutzwertgutachten eines Ziviltechnikers für Hochbau oder eines für dieses Fach allgemein beeideten gerichtlichen Sachverständigen werden zugelassen.

In diesem Fall wird kein Ermittlungsverfahren durchgeführt, d. h. nach Vorlage der vorgenannten Unterlagen entscheidet die MA 16 – Wiener Schlichtungsstelle in Wohnrechtsangelegenheiten aufgrund des vorgelegten Sachverständigengutachtens, ohne daß von der MA 40 ein Amtssachverständigengutachten eingeholt wird.

Auch die Anmerkung eines Verhandlungsverzichtes und/oder eines Rechtsmittelverzichtes im Fall der Vertretung aller Verfahrensparteien ist statthaft und dient zu einer weiteren Beschleunigung des Verfahrens.

II. Anträge gemäß § 22 Abs. 1 des Wohnungsgemeinnützigkeitsgesetzes – WGG, BGBl. Nr. 139/1979:

1. Entscheidungen über Anträge auf Durchführung von Erhaltungs- und Verbesserungsarbeiten.
2. Anträge auf Durchsetzung des Anspruches auf Wiederherstellung.
3. Festsetzung des Preises (§§ 15b und 15c).
4. Anträge auf Duldung von Eingriffen in das Mietverhältnis zur Durchführung von Erhaltungs-, Verbesserungs- und Änderungsarbeiten einschließlich des Anspruches auf angemessene Entschädigung.
5. Anträge auf Veränderung (Verbesserung) der zum entgeltlichen Gebrauch überlassenen Wohnung oder des Geschäftsraumes sowie Ersatz von Aufwendungen auf eine Wohnung.
6. Entscheidungen über den Wohnungstausch gemäß § 13 MRG.
7. Prüfung der Angemessenheit des vereinbarten oder begehrten Preises und Entgeltes.
8. Geltendmachung offenkundiger Unangemessenheit des Fixpreises (§ 15a).
9. Verteilung der Kosten für den Betrieb.
10. Anträge auf Erhöhung des Mietzinses (Nutzungsentgeltes) für Erhaltungs- bzw. Verbesserungsarbeiten.
11. Entscheidung über Anträge betreffend die Verpflichtung der Bauvereinigung zur jährlichen Rechnungslegung und Einsichtsgewährung.
12. Prüfung des Anteiles an den Betriebskosten und laufenden Abgaben. Prüfung des Anteiles an den Auslagen für die Verwaltung, Beitrag für Hausbesorgerarbeiten und Prüfung des Anteiles an den besonderen Aufwendungen.
13. Entscheidungen über die Richtigkeit des Erhaltungs- und Verbesserungsbeitrages und dessen Rückzahlung.
14. Feststellung des Deckungsbetrages (§ 14 Abs. 3a).
15. Feststellung des nach § 17 zurückzuzahlenden Betrages (Finanzierungsbeitrag).
16. Rückzahlung von Leistungen und Entgelten – ausgenommen Beträge nach § 14 Abs. 1, § 14 Abs. 9 Z 2 oder § 17 –, die auf ungültigen und verbotenen Vereinbarungen im Sinne des § 27 MRG beruhen.

[1]) Wenn Wohnungseigentum am Zubehör (§ 1 Abs. 2 Wohnungseigentumsgesetz) nicht begründet werden soll, entfallen die Unterlagen nach Abs.5.

III. Überprüfung der Hauptmietzinse gemäß § 46 des Wohnbauförderungsgesetzes 1984 bzw. §§ 62 und 63 WWFSG 1989.

IV. Überprüfung der Angemessenheit der Erhöhung der Hauptmietzinse nach § 39 Wohnhaussanierungsgesetz bzw. § 64 WWFSG 1989.

V. Mietrechtsgesetz (MRG). Die MA 16 – Wiener Schlichtungsstelle in Wohnungrechtsangelegenheiten hat über folgende Anträge zu entscheiden:

1. Antrag auf Feststellung der Wiederherstellungspflicht (etwa nach Brandschaden) gemäß § 7 und § 37 Abs. 1 Z 4 MRG, sofern die Versicherungssumme ausreicht.
   Der Antrag ist dreifach einzubringen, und es sind die Antragsgegner mit Name, Anschrift und Telefonnummer oder ihr Vertreter anzuführen. Es ist der Schaden bekanntzugeben (z. B. Brand- oder Wasserschaden) und die Deckung des Schadens aus der vorhandenen Versicherung zu behaupten.
2. Ersatz der Zustimmung des Vermieters zum Wohnungstausch gemäß § 13 und § 37 Abs. 1 Z 7 MRG.
   Der Antrag auf Ersatz der Zustimmung des Vermieters zum Wohnungstausch durch Entscheidung der Wiener Schlichtungsstelle ist dreifach einzubringen.
   Im Antrag sind die beiden Vermieter, der Tauschwerber bzw. deren Vertreter (Immobilienverwalter) mit Name, Anschrift und Telefonnummer anzuführen und bekanntzugeben, welcher Vermieter (oder ob beide Vermieter) die Zustimmung zum Wohnungstausch verweigert.
   Jeder der beiden Tauschwerber hat die im Gesetz genannten wichtigen, sozialen, gesundheitlichen oder beruflichen Gründe anzuführen, die für den Wohnungstausch sprechen.
   Bei jedem der beiden Tauschwerber müssen solche Gründe vorliegen.
3. Festsetzung des angemessenen Mietzinses bei Veräußerung bzw. Verpachtung von Unternehmen gemäß § 12a bzw. §46a und § 37 Abs. 1 Z 8 MRG.
   Der Antrag ist in dreifacher Ausfertigung einzubringen und hat Name, Anschrift und Telefonnummer des Vermieters zu enthalten. Es ist eine Ablichtung des Kaufvertrages und eine Skizze des Geschäftsobjektes, allenfalls mit Fotos über die Beschaffenheit und den Zustand, vorzulegen. Behauptete Nachteile (kein Wasser, kein WC im Objekt, keine Nebenräume, schlechte Belichtung, Belüftung usw.) sind anzugeben. Es ist die Forderung des Vermieters über die Höhe des Mietzinses nach Übergang der Mietrechte bzw. bei Verpachtung bekanntzugeben.
4. Festsetzung des angemessenen oder begehrten Mietzinses gemäß § 16 und § 37 Abs. 1 Z 8 MRG für Häuser mit Baubewilligung nach dem 8. Mai 1945.
   Der Antrag ist dreifach einzubringen und der Antragsgegner mit Name, Anschrift und Telefonnummer anzuführen. Es ist der Mietvertrag im Original oder in Ablichtung vorzulegen.
   Die Angemessenheit des Mietzinses bei Objekten, deren Mietzinsbildung unter § 16 Abs. 1 MRG fällt, kann nur für Mietverträge, die nach dem 1. Jänner 1982 abgeschlossen wurden, überprüft werden. In allen anderen Fällen gelten die Übergangsbestimmungen der §§ 43 bis 45 MRG.
   Der Richtwertmietzins gemäß § 16 Abs. 2 MRG für Wohnungen der Kategorien A, B und C kann nur bei Mietverträgen über Wohnungen, die nach dem 1. März 1994 geschlossen wurden, überprüft werden.
5. Überprüfung von Mietverträgen, die vor dem 1. März 1994 abgeschlossen wurden. Der Antrag ist dreifach einzubringen, und der Antragsgegner ist mit Vor- und Zuname und Telefonnummer bekanntzugeben.
   Feststellung, daß eine Mietzinsvereinbarung nach den bisherigen Vorschriften ungültig war für Häuser mit Baubewilligung nach dem 8. Mai 1945 gemäß § 43 Abs. 2 und § 37 Abs. 1 Z 8 MRG.
   Dies träfe zu, wenn etwa für eine Wohnung, bei der Wasserentnahmestelle oder WC außerhalb des Wohnungsverbandes liegen, ein Mietzins von mehr als 4 S pro m^2 und Monat vereinbart wurde (siehe § 16 des außer Kraft getretenen Mietengesetzes).
   Feststellung der Höhe des Hauptmietzinses bei einem Eintritt in das Mietrecht nach dem Tod des Hauptmieters gemäß § 46 und § 37 Abs. 1 Z 8 MRG für Häuser mit Baubewilligung nach dem 8. Mai 1945.
   Der Antrag ist dreifach einzubringen, und es sind Name, Anschrift und Telefonnummer des Antragsgegners (Vermieters) anzuführen. Der Mietvertrag ist, wenn möglich, im Original oder in Ablichtung beizulegen. Dann ist im Antrag noch auszuführen, wodurch man sich beschwert fühlt (etwa unrichtige Nutzfläche, zu hohe Kategorie der Wohnung, zu hoch angenommener Mietzins, Nichtberücksichtigung der Minderjährigkeit der Eintretenden usw.).
   Anrechnung von Dienstleistungen auf den Hauptmietzins gemäß § 28 und § 37 Abs. 1 Z 8 MRG.
   Der Antrag ist dreifach einzubringen, und es sind Name, Anschrift und Telefonnummer des Antragsgegners (Vermieters) anzuführen. Ferner ist anzugeben, wodurch man sich beschwert fühlt (etwa durch Erweiterung des Arbeitsausmaßes, durch Begehren auf häufigere Arbeitsleistung als vertraglich vereinbart usw.). Der Mietvertrag ist im Original oder in Ablichtung beizulegen.
6. Anträge auf Mietzinsanhebung und Mietzinserhöhung gemäß §§ 18, 18a, 18b und 19, § 37 Abs. 1 Z 10 MRG, sowie Höhe und Zuordnung der Kosten von Baumaßnahmen gemäß § 18c (§ 18c Abs. 4) MRG, soweit die durchschnittliche Hauptmietzinserhöhung den jeweiligen Betrag gemäß § 15 Abs. 3 Z 2 (derzeit 22,20 S) übersteigt, oder wenn Förderungsmittel nach dem Wiener Wohnbauförderungs- und Wohnhaussanierungsgesetz in Anspruch genommen werden sollen.
   Bei Anträgen gemäß §§ 18, 18a, 18b und 19 MRG in dreifacher Ausfertigung hat der Vermieter eine Mieterliste in zweifacher Ausfertigung auf neutralem Papier vorzulegen (damit sie für die Entscheidung abgelichtet werden kann), in der die Stiege, die Türnummer, Vor- und Zuname des Mieters oder der Mieter, die Widmung (wegen der Mietzinsbeihilfe), die Kategorie der Wohnungen bzw. der Ausnahmen gemäß § 16 Abs. 1 MRG, die Nutzfläche und der derzeit eingehobene monatliche Mietzins sowie der Erhaltungsbeitrag angeführt sind. Ferner sind Kostenvoranschläge (bzw. Rechnungen) in dreifacher Ausfertigung vorzulegen sowie eine Mietzinsabrechnung der letzten zehn Jahre, in der die Einnahmen und Ausgaben nach Kalenderjahren angeführt sind (ohne Betriebskosten). Es sind der Pauschalbetrag für laufende Ausgaben und die geforderte Erhöhung (nach eigenverantwortlicher Durchrechnung) bei Annahme eines Höchstaufteilungszeitraumes von zehn Jahren (sowie einer allfälligen Kreditzusage eines Kreditunternehmens über das Reparaturdarlehen) zu beantragen.
7. Überprüfung der Höhe des Erhaltungs- und Verbesserungsbeitrages gemäß § 45 und § 37 Abs. 1 Z 13 MRG für Häuser mit Baubewilligung nach dem 8. Mai 1945.
   Der Antrag ist dreifach einzubringen, und der Antragsgegner (Vermieter) ist mit Name, Anschrift und Telefonnummer anzuführen.
   Im Antrag ist anzuführen, warum die Höhe des vom Vermieter vorgeschriebenen Erhaltungs- und Verbesserungsbeitrages bekämpft wird (etwa weil die Nutzfläche bzw. die Wohnungskategorie falsch angegeben sind, weil der angemessene Zins vom Vermieter zu hoch geschätzt wurde oder weil unzulässigerweise die Flächen von Balkonen und Terrassen einbezogen wurden usw.).

Das Schreiben des Vermieters, in dem dieser den Erhaltungs- und Verbesserungsbeitrag begehrt, ist anzuschließen (im Original oder in Ablichtung).

8. Feststellung der Höhe und Ersatz von Aufwendungen auf eine Wohnung (gesetzliche Ablöse) gemäß § 10 MRG für Häuser mit Baubewilligung nach dem 8. Mai 1945.
   Der Antrag ist dreifach einzubringen, und der Antragsgegner (Vermieter) ist mit Name, Anschrift und Telefonnummer anzuführen. Im Antrag ist anzuführen, welcher Ablösebetrag für welche getätigten Investitionen gefordert und vom Vermieter nicht bezahlt wurde. Die schriftliche Aufforderung an den Vermieter (§ 10 Abs. 4 MRG) ist anzuschließen.

Wohnungskommissionen

Bei den vom Gemeinderat beschlossenen Wohnungskommissionen können für alle Bereiche, die das Wohnen in Wien betreffen, Beschwerden erhoben werden.

Die fünf Wohnungskommissionen halten an folgenden Orten Sprechtage ab:

Wohnungskommission I
Bezirke 1, 2, 6, 7, 8, 9 und 20 sowie Obdachlose bzw. außerhalb von Wien Wohnhafte
20, Brigittaplatz 10, Tel. 331 34 . . ., 20228
Dienstag von 14 bis 17.30 Uhr

Wohnungskommission II
Bezirke 3, 4, 10 und 11
10, Laxenburger Straße 43/2/210,
Tel. 605 34 . . ., 10654
Donnerstag von 14 bis 17.30 Uhr

Wohnungskommission III
Bezirke 5, 12, 13 und 23
12, Schönbrunner Straße 259,
Tel. 811 34 . . ., 12654
Donnerstag von 15 bis 17.30 Uhr

Wohnungskommission IV
Bezirke 14, 15, 16, 17, 18, 19
17, Elterleinplatz 14/1,
Tel. 401 19 . . ., 17654
Dienstag von 14 bis 17.30 Uhr

Wohnungskommission V
Bezirke 21 und 22
22, Kagran, Donaustadtstraße 1, 6. Stock,
Tel. 211 23 . . ., 22654
Dienstag von 15 bis 17.30 Uhr

ZIVILDIENSTLEISTENDE

(MA 62)

Zivildienstpflichtige haben neben anderem auch Anspruch auf Familienunterhalt und Wohnkostenbeihilfe nach den entsprechenden Vorschriften des Heeresgebührengesetzes 1992. Die Anträge sind beim nach dem Hauptwohnsitz zuständigen magistratischen Bezirksamt einzureichen. Mit dem Antrag auf Familienunterhalt sind ein Einkommensnachweis sowie sämtliche den Zivildienstpflichtigen bzw. dessen Familienangehörige betreffende Personaldokumente, mit dem Antrag auf Wohnkostenbeihilfe auch noch ein Nachweis über die Höhe der Wohnkosten (z. B. Mietzinsbestätigung), vorzulegen. Die Antragsformulare sind beim zuständigen magistratischen Bezirksamt erhältlich.

CHRONIK DER STADT WIEN

1997

8. Jänner
Ausstellung: Bezirksmuseum Josefstadt – „Andrea Kalisch: Körper-Linien".
Premiere: Wiener Stadthalle – „Holiday on Ice".

10. Jänner
Ausstellungen: Bezirksmuseum Landstraße – „Biedermeier in Österreich und auf der Landstraße"; „Von der Segelfregatte zum Großkampfschiff"; „Keramik-Austellung: Keramischer Kreis Kapfenstein"; „Archäologie zum Mitmachen".
Premiere: Akademietheater – „Die letzte Nacht im September" von Tabori.

14. Jänner

Auszeichnung: Kommerzialrätin Dkfm. Dr. Maria Schaumayer, Präsidentin der Oesterreichischen Nationalbank a. D., amtsführende Stadträtin a. D. – Ehrenbürgerin der Stadt Wien.

15. Jänner
Ausstellung: Bezirksmuseum Döbling – „Schubert und Döbling".

16. Jänner
Ausstellung: Historisches Museum der Stadt Wien – „Walter Schmögner, Retrospektive 1963–1996".
Geld: 500-S-Goldmünze „Wiener Musiklegenden / Franz Schubert".
Sport: Hohe-Wand-Wiese – Städte-Ski-Weltcup für Damen und Herren.

17. Jänner
Tagesgeschehen: Rathausplatz – Eröffnung des Eislaufplatzes „Eistraum 1997".
Sondermarken: Serie „Volksbrauchtum und volkskundliche Kostbarkeiten" (Sternsinger vor der Eisenstädter Bergkirche); „100. Geburtstag des Dichters Theodor Kramer".

18. Jänner
Todesfall: Prof. Ruth Brinkmann, Schauspielerin, Theaterleiterin (62 Jahre).

19. Jänner
Premiere: Volkstheater – „Das Geschenk des Gorgo" von Shaffer.

22. Jänner
Auszeichnungen: Thomas Stolzeti, Michael Gruner, Magdalena Felixa – Karl-Skraup-Preise.

23. Jänner
Ausstellung: Messezentrum Prater – „Ferien '97 – Die Urlaubsmesse".

Auszeichnung: DDr. h. c. Grete Schütte-Lihotzky, Architektin – Ehrenring der Stadt Wien.
Premiere: Kammerspiele – „Unterm Hammer" von Henning.

24. Jänner
Ausstellung: Secession – „Elke Krystufek, Installation, Mauricio Cattelan, Installation".
Auszeichnungen: Kommerzialrat Erwin Hawle – Silbernes Ehrenzeichen für Verdienste um das Land Wien; Kommerzialrat Mag. Ing. Stefan Petrowsky – Goldenes Verdienstzeichen des Landes Wien.

26. Jänner
Ausstellungen: Wiener Stadthalle – „Antiquitäten und Raritäten"; Bezirksmuseum Floridsdorf – „Feuerwehren in Floridsdorf".

27. Jänner
Auszeichnungen: Mag. Dr. Oskar Achs – Otto-Glöckel-Medaille der Stadt Wien; Dkfm. Dr. Rupert Pfeffer, Eugen Vesely – Goldenes Verdienstzeichen des Landes Wien; Rosmarie Göritz, Mary Krizan - Silbernes Verdienstzeichen des Landes Wien.

28. Jänner
Auszeichnungen: Hofrat Mag. Johann Kierner, 1. Staatsanwalt – Goldenes Ehrenzeichen für Verdienste um das Land Wien; Oberst Gerhard Nick – Silbernes Ehrenzeichen für Verdienste um das Land Wien; Chefinspektor Adolf Krchov – Goldenes Verdienstzeichen des Landes Wien; Chefinspektor Günther Sperk – Silbernes Verdienstzeichen des Landes Wien.

29. Jänner
Auszeichnungen: Oberamtsrat Franz Döller, Oberamtsrat Eduard Hild – Berufstitel „Regierungsrat".

30. Jänner
Auszeichnungen: Hofrat Primarius Dr. Alfred Huber, Ärztlicher Direktor – Goldenes Ehrenzeichen für Verdienste um das Land Wien.

31. Jänner
Tagesgeschehen: Mag. Brigitte Ederer – Wahl zur amtsführenden Stadträtin für Finanzen, Wirtschaftspolitik und Wiener Stadtwerke.
Ausstellungen: Österreichisches Theatermuseum – „Der vergessene Schubert. Franz Schubert auf der Bühne"; Museum moderner Kunst/Museum des 20. Jahrhunderts – „Alighiero Boetti".
Premiere: Theater an der Wien – „Anatevka" von Bock/Stein/Harnick.

1. Februar
Tagesgeschehen: 13. Internationale Wintertanzwochen Wien '97.
Ausstellungen: Wiener Stadt- und Landesbibliothek – „Die Schubert-Sammlung der Stadt Wien"; „Nikolaus Dumba – Portrait eines Mäzens"; Bezirksmuseum Penzing – „Alois Holzer, Aquarelle, Federzeichnungen und Ölbilder".
Todesfall: Kiki Kogelnik, Malerin (63 Jahre).

5. Februar
Ausstellungen: Wiener Stadt- und Landesarchiv – „Die Entstehung der Unbarmherzigkeit – Randgruppen und Außenseiter in Wien vom Mittelalter bis ins 20. Jahrhundert"; Wiener Planungswerkstatt – „Architekturwettbewerb Sophienspital".
Auszeichnungen: Kommerzialrat Alfred Rappelsberger, Friedrich Schächter – Goldenes Verdienstzeichen des Landes Wien; Lieselotte Salzer – Silbernes Verdienstzeichen des Landes Wien.

6. Februar
Ausstellung: KunstHaus Wien – „Horst Janssen: Das maßlose Genie (1929–1995), Zeichnungen, Aquarelle, Radierungen".
Premiere: Theater in der Josefstadt – „Was Ihr wollt" von Shakespeare.
Todesfall: Herbert Probst, Schauspieler (68 Jahre).

8. Februar
Premiere: Burgtheater – „Zurüstungen für die Unsterblichkeit" von Handke.

10. Februar
Auszeichnungen: Tmim Eddahr Chelly, Mag. Leopold Prochazka, Major Franz Semper – Einsatzmedaille des Landes Wien.

11. Februar
Auszeichnungen: ao. Univ.-Prof. Dr. Jacob Allerhand, Prof. Peter Eschberg, DDr. Günther Nenning – Goldenes Ehrenzeichen für Verdienste um das Land Wien.

12. Februar
Ausstellung: Österreichisches Museum für angewandte Kunst – „Heinrich Dunst: Lost".
Auszeichnung: Charles Aznavour, Schauspieler und Chansonnier – Goldene Wien-Plakette.

13. Februar
Ausstellung: Rathaus – „Global Village 97".
Premiere: Staatsoper – „Mefistofele" von Boito.

14. Februar
Ausstellung: Erzbischöfliches Dom- und Diözesanmuseum – „Kostbarkeiten der Orthodoxie. Alte russische Ikonen".
Auszeichnungen: Uta Buchheister (Deutschland), Randall Scarlata (USA), Birgit Heindler (Österreich), Markus Butter (Österreich), Sabine von Walther (Italien), Timothy Niggemeyer (Deutschland) – Preise beim Internationalen Schubert-Wettbewerb.

16. Februar
Auszeichnung: Kammersänger Giuseppe Taddei – Goldenes Ehrenzeichen für Verdienste um das Land Wien.
Todesfall: Fritz Habeck, Schriftsteller (80 Jahre).

17. Februar
Ausstellung: Bezirksmuseum Hernals – „Denkmäler".
Auszeichnungen: Univ.-Prof. Dr. Wilhelm Holczabek (Medizinische Wissenschaften), Univ.-Prof. Dr. Herbert Pietschmann (Natur- und Technische Wissenschaften), Dr. Manfred Jochum (Volksbildung) – Preise der Stadt Wien 1996.

18. Februar
Auszeichnungen: Oberamtsrat Hans Czepl, Oberamtsrat Friedrich Musil – Berufstitel „Regierungsrat".
Bestellung: Univ.-Prof. Dr. Paul Sevelda – Vorstand der Gynäkologisch-Geburtshilflichen Abteilung des Krankenhauses Lainz

19. Februar
Auszeichnung: Magistratsdirektor i. R.. Dr. Josef Bandion – Bürger der Stadt Wien.
Premiere: Volkstheater - „Meisterklasse" von McNally.

21. Februar
Ausstellung: Künstlerhaus – „China! Zeitgenössische Malerei".
Auszeichnungen: Dr. Peter Rosai (Literatur), Hubertus Czernin (Publizistik), Prof. Elsa Prochazka (Architektur) – Preise der Stadt Wien 1996.
Sondermarken: „150 Jahre Österreichische Akademie der Wissenschaften"; Serie „Naturschönheiten in Österreich" (Weingärten auf dem Nußberg).

22. Februar
Premiere: Volksoper – „Titus der Milde" von Mozart.

24. Februar
Ausstellung: Wiener Planungswerkstatt – „Digitale Stadtmodelle".
Auszeichnungen: Prof. Mag. Pantelis Dessylas – Ehrenmedaille der Bundeshauptstadt Wien in Gold; Prof. Oskar Deleglise – Goldenes Ehrenzeichen für Verdienste um das Land Wien; Dkfm. Willibald Slavik – Silbernes Ehrenzeichen für Verdienste um das Land Wien.

25. Februar
Ausstellung: Kunsthistorisches Museum – „Vittoria Colonna – Dichterin und Muse Michelangelos".
Auszeichnung: Techn. Rat Dipl.-Ing. Dr. Peter Th. Ruggenthaler – Goldenes Ehrenzeichen für Verdienste um das Land Wien.

26. Februar
Tagesgeschehen: Neurologisches Krankenhaus Maria-Theresien-Schlössel – Eröffnung einer Apallikerstation.
Ausstellungen: Österreichisches Museum für angewandte Kunst – „Japan today. Kunst, Architektur und Design"; Albertina – „Barnett Newman, Druckgrafik".
Auszeichnungen: Friedl Hofbauer, Alena Schulz, Dr. Sigrid Strohal-Laube, Dr. Susanne Wechdorn, Linda Wolfsgruber (Kinder- und Jugendbuch), Barbara Waldschütz (Illustration) – Kinder- und Jugendbuchpreise der Stadt Wien 1996.
Todesfall: Hans Friedrich Kühnelt, Dramatiker und Lyriker (79 Jahre).

27. Februar
Tagesgeschehen: 6. Wiener Internationale Jugendfachgespräche.

Ausstellung: Palais Auersperg – „Wiener Frühjahrskunst- und Antiquitätenmesse“.
Auszeichnungen: Primarius Dr. Herbert Haberler – Großes Ehrenzeichen für Verdienste um die Republik Österreich; Dr. Stephan Rudas, Chefarzt – Ehrenmedaille der Bundeshauptstadt Wien in Gold; Univ.-Prof. Dr. Gerd Zechner – Berufstitel „Hofrat“.

28. Februar
Tagesgeschehen: Dr. Peter Pilz, Klubobmann der Wiener Grünen, legt seine Funktion zurück.
Sport: Bei den Leichtathletik-Hallenstaatsmeisterschaften gibt es für Wien acht Gold-, acht Silber- und vier Bronzemedaillen.

1. März
Bestellungen: Senatsrat Dipl.-Ing. Fritz Danzmayr – Leiter der Magistratsabteilung 46 – Verkehrsorganisation und technische Verkehrsangelegenheiten; Magistratsrat Dr. Dietmar Teschl – Leiter der Magistratsabteilung 50 – Allgemeine und rechtliche Angelegenheiten des Wohnungswesens sowie der Wohnbauförderung, der Wohnungsverbesserung und der Wohnhaussanierung.

3. März
Angelobung: Dr. Alois Mayer (SPÖ) – Abgeordneter zum Wiener Landtag.
Geld: 25-S-Münze „850 Jahre Dom zu St. Stephan“.

4. März
Ausstellung: Österreichisches Museum für angewandte Kunst – „Kikugawa Eizan. Improvisationen im Vergnügungsviertel“.

5. März
Ausstellung: Kunstforum – „William Turner“.

6. März
Ausstellung: Wiener Stadthalle – „Studien- und Berufsinformationsmesse“.
Tagung: Internationaler Kongreß „Frauen im Gesundheitswesen“.

9. März
Todesfall: Vera Ferra-Mikura, Kinderbuchautorin (75 Jahre).

10. März
Tagesgeschehen: Tunnelanschlag U3/Simmering.

14. März
Ausstellungen: Kunsthalle Wien – „Notfalls leben wir auch ohne Herz“; Jüdisches Museum der Stadt Wien – „Neuland. Israelische Künstler österreichischer Herkunft“.

15. März
Ausstellung: Messezentrum Prater – „Bauen, Wohnen. Bau- und Einrichtungsmesse“.

16. März
Premiere: Volkstheater – „Der Zerrissene“ von Nestroy.

17. März
Auszeichnungen: Erwin Bohatsch (Malerei und Grafik), Peter Kogler (Projektkunst), Marianne Maderna (Bildhauerei), Mag. Eva Schlegel (Malerei und Grafik) – Preise der Stadt Wien 1996.
Bestellung: Senatsrat Dipl.-Ing. Heinz Neckar – Leiter der Gruppe Baubehördliche Angelegenheiten und Umwelttechnik in der Magistratsdirektion – Stadtbaudirektion.
Todesfall: Prof. Ing. Fritz Moravec, Forschungsreisender, Schriftsteller (75 Jahre).

18. März
Tagesgeschehen: Hans Mentschik (SPÖ) – Wahl zum Bezirksvorsteher des 17. Bezirkes.
Bestellung: Obermagistratsrätin Dr. Renate Mohr – Leiterin des Magistratischen Bezirksamtes für den 11. Bezirk.
Premiere: Staatsoper – „Alles Walzer“ von Johann Strauß, Ballett.

19. März
Tagesgeschehen: Regierungsrätin Hermine Moser – Wahl zur Bezirksvorsteher-Stellvertreterin des 13. Bezirkes; 2, Springergasse 4 – Enthüllung einer Gedenktafel für Adolf Unger (Arbeiterdichter, von den Nationalsozialisten ermordet); U4-Station Schönbrunn – Inbetriebnahme der Liftanlagen.
Ausstellungen: Museum für Volkskunde – „Bilder aus Galizien“; Akademie der bildenden Künste – „Architektur aus Japan – Von der Tradition in die Zukunft“.
Auszeichnungen: Univ.-Prof. Dr. Antal Festetics, Zoologe – Ehrenmedaille der Bundeshauptstadt Wien in Gold; Prof. Lotte Tobisch-Labotyn – Goldenes Ehrenzeichen für Verdienste um das Land Wien.

20. März
Ausstellung: Hermesvilla – „Götterspeisen“.
Geld: 500-S-Münze „Österreich und sein Volk“ (Kunstschmied).
Premiere: Theater in der Josefstadt – „Armut“ von Wildgans.

21. März
Ausstellungen: Amsterdam – „Wien 1870 bis 1918“; Secession – „James Coleman, Audio-Visuelle Installation“, „Thomas Reinhold, Malerei“; Bezirksmuseum Döbling – „Brigitte Kurzmann, Karl-Heinz Fritsch, Naturimpressionen in Pastell und Öl“.
Sondermarken: Serie „Sagen und Legenden aus Österreich“ (Grausame Rosalia von Forchtenstein); „50 Jahre Verbund“; „100. Geburtstag des Komponisten Erich Wolfgang Korngold“.

22. März
Tagesgeschehen: Praterbrücke – Beginn der Hebung im Zusammenhang mit der Fertigstellung des Kraftwerksprojektes „Freudenau“.

24. März
Auszeichnungen: Dipl.-Ing. Eva Mang, Prof. Dipl.-Ing. Karl Mang – Ehrenmedaille der Bundeshauptstadt Wien in Silber; Univ.-Prof. Mag. Boris Podrecca – Silbernes Ehrenzeichen für Verdienste um das Land Wien.

26. März
Tagesgeschehen: 19, Muthgasse – Eröffnung eines Fußgängertunnels.

27. März
Premiere: Akademietheater – „Die heilige Johanna der Schlachthöfe“ von Brecht.

1. April
Auszeichnung: Weihbischof Msgr. DDr. Helmut Krätzl – Großes Goldenes Ehrenzeichen für Verdienste um das Land Wien.

2. April
Tagesgeschehen: 9, Alser Straße 26 – Enthüllung einer Ehrentafel für Dr. Gabrielle Possanner von Ehrenthal (Österreichs erste Akademikerin).
Todesfall: Carlo Böhm, Schauspieler (80 Jahre).

3. April
Auszeichnungen: Oberschwester Gertrude Wenzl, Dr. Martin Wolfer – Goldenes Verdienstzeichen der Republik Öster-

reich; Erich Holaubek – Silbernes Ehrenzeichen für Verdienste um das Land Wien; Peter Fuchs, Amtsrat Peter Stanzl – Ehrenzeichen für Verdienste im Wiener Feuerwehr- und Rettungswesen in Bronze; Radosav Volic – Einsatzmedaille des Landes Wien.

4. April
Ausstellung: Bezirksmuseum Alsergrund – „90–50–90 – Wiener Damenmode am Alsergrund um 1880".

5. April
Premiere: Volksoper – „La Cenerentola" von Rossini.

7. April
Tagesgeschehen: Gen-Technik- und Frauen-Volksbegehren.
Auszeichnungen: Pater Andreas Hiller, Hofrat Prof. Dr. Othmar Roden – Prof.-Dr.-Julius-Tandler-Medaille der Stadt Wien in Silber; Oberamtsrätin Frederique Pichler-Boog – Berufstitel „Regierungsrätin".

8. April
Tagesgeschehen: 17, Sportclub-Platz – Enthüllung einer Gedenktafel für den früheren Teamspieler und Trainer Erich Hof.
Ausstellungen: Rathaus, Volkshalle – „Internationale Kunstausstellung der Vereinigung der mund- und fußmalenden Künstler aller Welt"; Wiener Stadthalle – „Senior aktuell"; Messezentrum Prater – „Ifabo '97".
Auszeichnungen: Kommerzialrat Helmut Niedermeyer, Kommerzialrat Dr. Herbert Pflüger – Goldenes Ehrenzeichen für Verdienste um das Land Wien; Dkfm. Günter Faderbauer, Kommerzialrat Friedrich Wibihal – Silbernes Ehrenzeichen für Verdienste um das Land Wien.

10. April
Auszeichnungen: Norbert Jaksch, Erich Vanis – Goldenes Verdienstzeichen des Landes Wien.
Premiere: Kammerspiele – „Gute Geschäfte" von Schubert.

11. April
Ausstellung: Österreichische Galerie im Unteren Belvedere – „Der Schnitzaltar von Mauer bei Melk".

12. April
Tagung: World Tunnel Congress Vienna 1997.

14. April

Auszeichnungen: Josef Bierbichler, Schauspieler, Angela Winkler, Schauspielerin, Peter Zadek, Regisseur, Philippe Arlaud, Bühnen- und Kostümbildner – Josef-Kainz-Medaille der Stadt Wien 1996; Sebastien Blomberg, Schauspieler, Gabriela Hütter, Schauspielerin, Stefan Bachmann, Regisseur, Christoph Speich, Bühnenbildner – Förderungspreise zur Josef-Kainz-Medaille der Stadt Wien 1996; Josef Herzog, Brigadier i. R. – Goldenes Ehrenzeichen für Verdienste um das Land Wien; Hans Reitinger – Goldenes Verdienstzeichen des Landes Wien.

15. April
Tagesgeschehen: Gen-Technik-Volksbegehren – 1,225.790 Unterschriften, davon 243.313 in Wien; Frauen-Volksbegehren – 644.665 Unterschriften, davon 163.115 in Wien.
Ausstellung: Österreichische Nationalbibliothek, Prunksaal – „Parthenope (Neapel)".

16. April
Ausstellung: Heeresgeschichtliches Museum – „Militär en miniature".
Auszeichnungen: Dr. Alfred Wurst, Direktor der WStW-Städtische Bestattung i. R. – Großes Silbernes Ehrenzeichen für Verdienste um das Land Wien; Ing. Robert Wolfgring, Techn. Oberamtsrat i. R. – Goldenes Ehrenzeichen für Verdienste um das Land Wien.

17. April
Ausstellungen: KunstHaus Wien – „Schmidt-Rottluff (1889–1976), Gemälde, Zeichnungen, Aquarelle, Radierungen, Holzschnitte, Skulpturen"; Jüdisches Museum der Stadt Wien – „Du sollst es Deinem Sohn erzählen – Die Pesach-Geschichte".
Auszeichnungen: Reinhard Mohn, Vorsitzender des Vorstandes der Bertelsmann-Stiftung – Schumpeter-Preis 1997; Primarius Dr. Erich Schnetz – Berufstitel „Hofrat".
Premiere: Volkstheater – „Ergo" von Lind.

18. April
Ausstellungen: Museum moderner Kunst/Museum des 20. Jahrhunderts – „Valie Export: Split: Reality"; Österreichische Galerie im Oberen Belvedere – „Georg Eisler".

19. April
Auszeichnungen: Leo Zahel – Prof.-Dr.-Julius-Tandler-Medaille der Stadt Wien in Silber; Dkfm. Kurt Biak, Karl Hengelmüller, Gemeinderat a. D., Gustav Patat, Oberschulrat i. R. – Otto-Glöckel-Medaille der Stadt Wien.

20. April
Tagung: 1. Wiener Urban-Technologie-Kongreß.

21. April
Bestellung: Dr. Silvia Pawelka – Leiterin des neuen Instituts für Rehabilitation im Geriatriezentrum Am Wienerwald.

22. April

Tagesgeschehen; Dr. Costas Simitis, Ministerpräsident der Hellenischen Republik – Besuch im Rathaus.

23. April
Ausstellungen: Österreichische Galerie im Oberen Belvedere – „Rudolf Hoflehner"; Wiener Stadthalle – „La Donna – Die Messe für die Frau".

24. April
Tagesgeschehen: 3, Schweizer Garten – Eröffnung eines Krocket-Turnierplatzes.
Ausstellungen: Historisches Museum der Stadt Wien und Stephansdom – „850 Jahre St. Stephan – Symbol und Mitte in Wien 1147–1997".

25. April
Tagesgeschehen: 22, Quadenstraße 11 – Übergabe der instandgesetzten Aufbahrungshalle im Friedhof Hirschstetten.
Ausstellung: Museum moderner Kunst im Palais Liechtenstein – „Nahum Tevet".
Sondermarken: „Rapid, Österreichischer Fußballmeister"; „Jagd und Umwelt"; „Heiliger Petrus Canisius – 400. Todestag".
Todesfall: Primarius Prof. Andreas Rett, Kinderneurologe (73 Jahre).

26. April
Premiere: Akademietheater – „Der Floh im Ohr" von Feydeau.

28. April
Auszeichnung: Anton Fürst, Stadtrat a. D. – Großes Silbernes Ehrenzeichen für Verdienste um das Land Wien.

29. April
Tagesgeschehen: Magistratsvizedirektor Dr. Alfred Peischl tritt in den Ruhestand; Obersenatsrat Ing. Dr. Friedrich Brunner – Magistratsdirektor-Stellvertreter; Obersenatsrat Dr. Peter Pillmeier – Leiter des Büros des Magistratsdirektors.
Auszeichnung: Univ.-Prof. Dr. Michael Mitterauer (Geistes- und Sozialwissenschaften) – Preis der Stadt Wien 1996.

30. April
Premiere: Burgtheater – „Nora oder Ein Puppenheim" von Ibsen.
Sport: Ernst-Happel-Stadion – Weltmeisterschafts-Qualifikationsspiel Österreich-Estland 2 : 0.

1. Mai
Tagung: 11. Weltkongreß – Panathlon International.

5. Mai
Ausstellungen: Museum für Volkskunde – „Der Dudelsack in Europa"; Wiener Planungswerkstatt – „Helmut Richter, Bauten & Projekte".
Auszeichnungen: Aktion „Wien im Blumenschmuck 1996" – Überreichung der Hauptpreise.
Premiere: Akademietheater – Gastspiel des Schloßparktheaters Berlin.
Todesfall: Andreas Honay, Landtagsabgeordneter (SPÖ, 36 Jahre).

6. Mai
Ausstellung: Österreichisches Museum für angewandte Kunst – „Geniales Scheitern".
Auszeichnung: Kammersängerin Christa Ludwig – Goldenes Ehrenzeichen für Verdienste um das Land Wien.
Bestellung: Obersenatsrat Dr. Gerhard Schwaiger – Leiter der Magistratsabteilung 5 – Finanzwirtschaft und Haushaltswesen.

7. Mai
Ausstellungen: Albertina – „Christian Ludwig Attersee"; Österreichisches Museum für angewandte Kunst – „Kimonos"; Bezirksmuseum Donaustadt – „Franz Schubert".
Auszeichnungen: Fritz Gabriel Bauer, Regierungsrat Ing. Friedrich Josef Elsinger – Goldenes Verdienstzeichen des Landes Wien; Kommerzialrätin Wilma Schremmer – Silbernes Verdienstzeichen des Landes Wien; Oberamtsrat Werner Stift – Berufstitel „Regierungsrat"; Pflegeeltern aus Österreich – Ehrendiplome.

8. Mai
Ausstellung: Historisches Museum der Stadt Wien – „Franz Schubert".

9. Mai
Tagesgeschehen: Eröffnung der Wiener Festwochen.
Sondermarken: „Franz Schubert 1797–1828"; „Tag der Briefmarke"; „Johannes Brahms 1833-1897".

10. Mai
Premiere: Theater an der Wien – Gastspiel des Opernhauses Zürich.

12. Mai
Ausstellung: Österreichisches Theatermuseum – „Die Ära Gustav Mahler, Wiener Hofoperndirektor 1897–1907".
Todesfall: Senatsrat Dr. Helmut Krebs, ehemaliger Geschäftsführer des Wiener Fremdenverkehrsverbandes (73 Jahre).

13. Mai
Ausstellung: Bezirksmuseum Rudolfsheim-Fünfhaus – „Gabriele Schuler und Oskar Binder, geträumte Leben – gelebte Träume".

14. Mai
Ausstellungen: Österreichische Nationalbibliothek, Prunksaal – „Musikjahrhundert 1797–1897"; Bezirksmuseum Innere Stadt – „Franz Schubert und seine Zeit".

16. Mai
Tagesgeschehen: Psychiatrisches Krankenhaus Baumgartner Höhe – Eröffnung eines Fitnessparcours.
Ausstellung: Jüdisches Museum der Stadt Wien – „Emil Orlik. Prag – Wien – Berlin (1870 bis 1932)".
Auszeichnungen: Dr. Benno Köchl, Dipl.-Ing. Dr. Hans Peter Lenz – Goldenes Ehrenzeichen für Verdienste um das Land Wien.
Todesfall: DDr. Romana Widhalm, Landtagsabgeordnete (ÖVP, 41 Jahre).

19. Mai

Tagesgeschehen: Kofi Annan, Generalsekretär der Vereinten Nationen – Besuch im Rathaus.

20. Mai
Auszeichnung: Mag. Karsten Witt – Silbernes Ehrenzeichen für Verdienste um das Land Wien.

21. Mai
Ausstellungen: Künstlerhaus – „Das neue Schulhaus"; Österreichisches Museum für angewandte Kunst – „Bruno Gironcoli: Die Angeborenen"; Modeschauraum der Modesammlung des Historischen Museums der Stadt Wien – „Benjamin, ich hab' nichts anzuzieh'n, Wiener Damenmode von 1920 bis 1930".

Auszeichnungen: Brigitte Swoboda, Schauspielerin, H. C. Artmann, Schriftsteller – Johann-Nestroy-Ring der Stadt Wien 1996; Dr. Peter E. de Janosi – Goldenes Ehrenzeichen für Verdienste um das Land Wien; Prof. Dr. Peter Safar, Erfinder der Mund-zu-Mund-Beatmung und der Herzmassage – Goldener Rathausmann.

22. Mai

Tagesgeschehen: Prof. Dr. Roman Herzog, Präsident der Bundesrepublik Deutschland – Besuch im Rathaus; 22, Aspern, Osloplatz – Enthüllung eines Monuments für Trygve Halvdan Lie, erster Generalsekretär der Vereinten Nationen, und 22, Aspern, Wulzendorfstraße-Stavangergasse – Benennung einer Parkanlage in „Trygve-Halvdan-Lie-Park".
Auszeichnung: Stadtgartenoberamtsrätin Ing. Monika Vrbancic – Berufstitel „Regierungsrätin".

23. Mai
Tagesgeschehen: Donauinsel – Inbetriebnahme der WIENSTROM-Windkraftforschungsanlage.
Ausstellung: Künstlerhaus – „Alfred Hrdlicka".
Sondermarken: „WIPA 2000"; „Europa".

25. Mai
Tagesgeschehen: 14. Vienna-City-Marathon; Wiener Stadthallenbad – Eröffnung nach Renovierung.

27. Mai
Angelobungen: Christian Oxonitsch (SPÖ), Dr. Wolfgang Ulm (ÖVP) – Abgeordnete zum Wiener Landtag.
Auszeichnungen: Michael Gielen (Musik) – Preis der Stadt Wien 1996; Matthias Schmidt, Musikwisssenschafter – Ernst-Křenek-Preis der Stadt Wien 1996.

28. Mai
Ausstellung: Rathaus, Volkshalle – „Rauschendes Brüssel".
Premiere: Burgtheater – „Der Turm" von Hofmannsthal.

29. Mai
Tagesgeschehen: Eröffnung des Erlebniswaldbades Penzing.
Premiere: Staatsoper – „Oedipe" von Enescu.
Todesfall: Prof. Riki Raab, Solotänzerin (98 Jahre).

30. Mai
Premiere: Theater in der Josefstadt – „Jacobowsky und der Oberst" von Werfel.

31. Mai
Ausstellungen: Erzbischöfliches Dom- und Diözesanmuseum – „Peter Canisius in Wien"; Bezirksmuseum Josefstadt – „300 Jahre Piaristen in der Josefstadt".

3. Juni
Ausstellung: Wiener Planungswerkstatt – „Stadtentwicklungskonzeption Perspektive München".

4. Juni
Tagesgeschehen: Eröffnung der Rettungsstation Floridsdorf/Leopoldau.
Auszeichnung: Prof. DDr. h. c. Kurt Pahzlen, Musikwissenschafter – Ehrenmedaille der Bundeshauptstadt Wien in Gold.

5. Juni
Ausstellungen: Wiener Stadt- und Landesarchiv – „Wiener Schubert-Gedenkstätten"; Bezirksmuseum Penzing – „Sport und Sportstätten in Penzing".
Geld: 1000-S-Goldmünze „Marie Antoinette".

6. Juni
Tagesgeschehen: Rathaus – Concordia-Ball.
Auszeichnung: Dipl.-Ing. Lars Josefsson – Goldenes Ehrenzeichen für Verdienste um das Land Wien.

7. Juni
Tagesgeschehen: 18. Österreichisches Blasmusikfest; 4, Gußhausstraße 30 – Benennung des Platzes in „Erzherzog-Johann-Platz".
Ausstellung: Secession – „Its a better world, Russischer Aktionismus in seinem Kontext".
Auszeichnungen: Josef Friedenbichler, Gustav Vollmann, Dr. Hans Wagner – Goldenes Verdienstzeichen des Landes

Wien; Franz Haukwitz, Walter Kruckenfellner – Silbernes Verdienstzeichen des Landes Wien.
Premiere: Akademietheater – „Endlich Schluß" von Turrini.

8. Juni
Premiere: Volkstheater – „Der einsame Weg" von Schnitzler.

9. Juni
Auszeichnung: Msgr. Kurt Gröger, Anstaltsseelsorger – Goldenes Verdienstzeichen des Landes Wien.
Bestellung: Oberstadtbaurätin Dipl.-Ing. Brigitte Jilka – Leiterin der Magistratsabteilung 18 – Stadtentwicklung und Stadtplanung.
Premiere: Theater an der Wien – Gastspiel des Opernhauses Zürich.

10. Juni
Auszeichnungen: Franz Platzer – Silbernes Verdienstzeichen des Landes Wien; Inspektor Michael Hasenöhrl, Bezirksinspektor Franz Macho – Rettungsmedaille des Landes Wien; Dr. Sabine Czadilek – Einsatzmedaille des Landes Wien.

11. Juni
Ausstellungen: Kunsthalle Wien –"Engel, Engel. Legenden der Gegenwart"; Österreichisches Museum für angewandte Kunst – „Japan Yesterday. Spuren und Objekte der Siebold-Reisen".

Auszeichnungen: Hochschulprofessor Kammerschauspieler Otto Schenk – Ehrenring der Stadt Wien; Dr. Willibald Bartl, Kommerzialrat Adolf Holper, Hans-Joachim Pilz – Silbernes Ehrenzeichen für Verdienste um das Land Wien; Mag. Franz Werner Hauberl – Goldenes Verdienstzeichen des Landes Wien.

12. Juni
Ausstellung: Schottenmuseum – „Insekten! – Die heimlichen Herrscher".

13. Juni
Sondermarken: „100 Jahre Zahnradbahn auf den Hochschneeberg"; „150 Jahre Eisenbahnlinie Wr. Neustadt – Ödenburg"; „125 Jahre Technischer Überwachungsverein".

14. Juni
Tagesgeschehen: 2, Engerthstraße 249–253 – Benennung der städtischen Wohnhausanlage in „Kurt-Heller-Hof".
Premiere: Volksoper – „Der König von Kandaules" von Zemlinsky.

16. Juni
Tagesgeschehen: 3, Landstraßer Gürtel/Ghegastraße – Benennung des Platzes in „Heinrich-Drimmel-Platz".
Auszeichnung: Christian Dumolin – Goldenes Ehrenzeichen für Verdienste um das Land Wien.

17. Juni
Ausstellungen: Österreichische Galerie im Oberen Belvedere – „Neuaufstellung Klassizismus und Romantik und Biedermeier"; Kunstforum – „Warhol – Beuys. Bruce Nauman und Gerhard Richter, Sammlungsblöcke der Stiftung Froehlich".
Auszeichnung: Magistratsabteilung 36 – Team-Preis im Rahmen der Umwelttechnikmesse „UTEC zero Emission".

18. Juni
Ausstellung: Kunsthistorisches Museum – „Gold aus Mexiko. Präkolumbisches Gold und Koloniales Silber aus den bedeutendsten mexikanischen Museen".
Auszeichnungen: Msgr. Josef Vollnhofer – Goldenes Ehrenzeichen für Verdienste um die Republik Österreich; Oberstudienrat i. R. Mag. Dieter Steininger – Goldenes Verdienstzeichen des Landes Wien.

19. Juni
Ausstellung: Museum für Volkskunde – „Werkzeug-Transformationen. Bildhauerarbeiten von Fritz Russ".

20. Juni

Tagesgeschehen: Patriarch Alexij II., Oberhaupt der russisch-orthodoxen Kirche – Besuch im Rathaus.
Ausstellungen: Akademie der bildenden Künste – „Arik Brauer, Wolfgang Hollegha, Friedensreich Hundertwasser, Anton Lehmden, Josef Mikl"; Porzellanmanufaktur Augarten – „Augarten, Arbeiten aus dem 20. Jahrhundert".

22. Juni
Todesfall: Kammersänger Karl Ridderbusch (65 Jahre).

23. Juni
Premiere: Theater an der Wien – „Così fan tutte" von Mozart.

25. Juni
Ausstellung: Österreichische Galerie im Oberen Belvedere – „Unheimliche Heimat – Henry Koerner 1915–1991".
Auszeichnung: Naturhistorisches Museum – Wiens kinderfreundlichste touristische Attraktion 1996.

27. Juni

Tagesgeschehen: Seine Heiligkeit Karekin I. aus Erewan, Oberster Patriarch und Katholikos aller Armenier - Besuch im Rathaus.
Ausstellung: Museum moderner Kunst im Palais Liechtenstein – „Jiri Georg Dokoupil".

Auszeichnungen: Univ.-Prof. DDr. h. c. Karl Fellinger – Ehrenbürger der Stadt Wien; Anton Husch – Goldene Medaille für Verdienste um die Republik Österreich; Überreichung der Gustav-Klimt-Preise für Plakatkunst.
Premiere: Akademietheater – „Die Unterrichtsstunde & Die kahle Sängerin" von Ionesco.

28. Juni
Todesfall: Maître Leherb (Helmuth Leherbauer), Maler (64 Jahre).

30. Juni
Ausstellungen: Palais Harrach – „Das Capriccio als Kunstprinzip"; Wiener Planungswerkstatt – „Landnahme" und „Lebenswelt Regenwald".
Auszeichnungen: Prof. Polly Kügler-Leistner, Schauspielpädagogin, Prof. Jürgen Wilke, Schauspieler – Silbernes Ehrenzeichen für Verdienste um das Land Wien; Gerda Iro, Kostümbildnerin, Dipl.-Ing. Ady Pocta, Kabarettist und Autor, Elfriede Tozzer – Goldenes Verdienstzeichen des Landes Wien.

2. Juli
Auszeichnung: Rudolf Wallner – Goldenes Verdienstzeichen der Republik Österreich.
Sport: Ferry-Dusika-Hallenstadion – Volleyball-Europameisterschaft der Herren.

3. Juli
Auszeichnungen: Mario Eichta, Honorarvizekonsul – Goldenes Ehrenzeichen für Verdienste um das Land Wien; Techn. Oberamtsrat Ewald Uresch – Berufstitel „Regierungsrat".

5. Juli
Ausstellung: Museum moderner Kunst/Museum des 20. Jahrhunderts – „The View from Denver. Werke aus dem Denver Art Museum".

6. Juli
Ausstellung: Rathaus, Arkaden bei der Volkshalle – „art on four präsentiert Klimt- und Schiele-Facsimile der Grafischen Sammlung Albertina Wien".

8. Juli
Ausstellungen: Künstlerhaus – „Sinnlicher Sommer"; „Eine reale Vision".
Bestellungen: Senatsrat Dr. Peter Heindl – Leiter der Magistratsabteilung 16 – Wiener Schlichtungsstelle in Wohnrechtsangelegenheiten (neue Abteilung); Univ.-Doz. Dr. Martin Klimpfinger – Ärztlicher Institutsvorstand des Pathologisch-Bakteriologischen Instituts im Kaiser-Franz-Josef-Spital.

9. Juli
Todesfall: Marianne Schönauer, Schauspielerin (77 Jahre).

10. Juli
Ausstellung: Jüdisches Museum der Stadt Wien – „Oskar Marmorek, Architekt und Zionist".

11. Juli
Sondermarken: „100. Geburtstag von Karl Heinrich Waggerl"; Serie „Volksbrauchtum und volkskundliche Kostbarkeiten" (Blasmusikkapelle Kössen); Serie „Sagen und Legenden aus Österreich" (Lindwurm Klagenfurt).

12. Juli
Tagesgeschehen: Internationales Jugendmusikfest „Jugend und Musik in Wien 1997".

16. Juli
Ausstellungen: Rathaus, Volkshalle – „70 Jahre Rathaus-Wache Wien"; Erzbischöfliches Dom- und Diözesanmuseum – „Alexej von Jawlensky, Leidenschaft und Erkenntnis".
Premiere: Theater an der Wien – Gastspiel des St. Petersburger Maly Mussorgsky Theaters.

18. Juli
Tagesgeschehen: 22, Kagran, Wagramer Straße – Wohntürme, Gleichenfeier.

21. Juli
Sport: Ferry-Dusika-Hallenstadion – Österreichische Radbahnmeisterschaften.

23. Juli
Ausstellung: Secession – „Zoe Leonard, Fotografie und Objekte".

24. Juli
Ausstellung: Jüdisches Museum der Stadt Wien – „Masken. Versuch über die Schoa".

29. Juli
Todesfall: Kurt Pint, Bezirksvorsteher des 6. Bezirkes (ÖVP, 55 Jahre).

1. August
Premiere: Theater an der Wien – Gastspiel der Warschauer Kammeroper.
Todesfall: Kammersängerin Elisabeth Höngen (90 Jahre).

26. August
Tagesgeschehen: Erich Achleitner (ÖVP) – Bezirksvorsteher des 6. Bezirkes.

1. September
Tagesgeschehen: Pflegezentrum Sophienspital – Grundsteinlegung für ein Rehab-Zentrum.
Bestellung: Karin Kienzl – Gleichbehandlungsbeauftragte der Stadt Wien.

2. September
Todesfälle: Prof. Viktor Frankl, Psychiater und Begründer der Logotherapie (92 Jahre); Sir Rudolf Bing, langjähriger General Manager der Metropolitan Opera in New York (gebürtiger Wiener, 95 Jahre).

3. September
Ausstellung: Bezirksmuseum Donaustadt – „Franz Schubert. Leben und Schaffen".
Premiere: Volkstheater – „Eine Unbekannte aus der Seine" von Horváth.
Todesfall: Richard Czapek, Komponist und Wienerliedsänger (85 Jahre).

4. September
Premiere: Kammerspiele – „Saison in Salzburg" von Wallner/Feltz/Raymond.

6. September
Tagesgeschehen: Prof. Pino Arlacchi, neuer Wiener UNO-Generaldirektor – Besuch im Rathaus; Wiener Stadthalle, Halle E – Einsturz der Deckenunterkonstruktion.
Sport: Ernst-Happel-Stadion – WM-Qualifikationsspiel Österreich–Schweden 1 : 0.

9. September
Tagesgeschehen: Kammersängerin Leonie Rysanek – Präsidentin des Vereins Wiener Festwochen.
Ausstellungen: Messezentrum Prater – „Euviron, Kongreß-Messe für Umwelttechnik, Industrie & Ingenieurdienstleistungen"; Wiener Architekturzentrum – „EURALILLE".
Auszeichnungen: Walter Strutzenberger, Vizepräsident des Bundesrates a. D. – Großes Goldenes Ehrenzeichen für Verdienste um das Land Wien; Arch. Dipl.-Ing. Gerd Schlögl, Arch. Prof. Dipl.-Ing. Dr. Sepp Stein – Goldenes Ehrenzeichen für Verdienste um das Land Wien.
Tagung: 4. Wirtschaftsforum der Regionen Europas.

10. September
Ausstellung: Messezentrum Prater – „HIT '97 – Unterhaltungselektronik".

11. September
Ausstellung: KunstHaus Wien – „Herb Ritts: Work".
Premiere: Akademietheater – „Szenen einer Ehe" von Ingmar Bergmann.

12. September
Todesfall: Rudolf Strobl, Schauspieler (70 Jahre).

13. September
Premiere: Volksoper – „Der fidele Bauer" von Fall.

15. September
Tagesgeschehen: 1, Dr.-Karl-Lueger-Ring 2 – Benennung des Platzes in „Josef-Meinrad-Platz".
Auszeichnung: Kommerzialrat Ing. Robert Prade – Ehrenmedaille der Bundeshauptstadt Wien in Gold.
Tagung: Ost-West-Frauen-Konferenz.

16. September
Tagesgeschehen: Gründung des Ökosozialen Forums Wien; Festival „Krakau in Wien".
Auszeichnungen: Dipl.-Ing. Dr. Otto Klaus Burger – Goldenes Verdienstzeichen des Landes Wien; Anton Stefan Götz – Ehrenzeichen für Verdienste im Wiener Feuerwehr- und Rettungswesen in Bronze.

17. September
Ausstellungen: Albertina – „Natur und Heldenleben. Deutsche und Schweizer Zeichnungen der Goethe-Zeit"; Wiener Planungswerkstatt – „Kulturlandschaftsforschung".

18. September
Ausstellungen: Historisches Museum der Stadt Wien – „Eduard von Engerth"; Museum moderner Kunst im Palais Liechtenstein – „Alois Mosbacher: Die Blume, Die Leiter ...".

19. September
Ausstellungen: Österreichische Galerie im Unteren Belvedere – „Bedeutende Kunstwerke gefährdet – konserviert – präsentiert: Conrad Laib"; Museum moderner Kunst/Museum des 20. Jahrhunderts – „Manfred Wakolbinger, Sputnik"; Bezirksmuseum Hietzing – „Krakau in alten Fotografien".
Auszeichnung: Jakov Lind, Schriftsteller – Ehrenmedaille der Bundeshauptstadt Wien in Gold.
Sondermarken: „Orthopädenkongreß – Wien 1997"; „125 Jahre Universität für Bodenkultur Wien"; Serie „Sagen und Legenden aus Österreich" (Donauweibchen/Oberösterreich).

20. September
Tagesgeschehen: 100. Geburtstag der Elektrischen Straßenbahn in Wien.

22. September
Ausstellung: Künstlerhaus – „Land der Bibel. Jerusalem und die Königsstädte des Alten Orients – Schätze aus dem Israel Museum und dem Bible Lands Museum in Jerusalem".
Tagung: Theodor-Herzl-Symposion.

23. September
Tagesgeschehen: 13, Speisinger Straße 48 – Benennung der Wohnhausanlage in „Hildegard-Burjan-Hof".
Auszeichnungen: Verleihung von Silbernen Verdienstzeichen des Landes Wien an Funktionäre des Pensionistenverbandes Österreichs – Landesorganisation Wien.

24. September
Ausstellung: Albertina – „Hildegard Joos".
Auszeichnungen: Brandinspektor Erich Kittler, Hauptbrandmeister Ing. Michael Mattes – Ehrenzeichen für Verdienste im Wiener Feuerwehr- und Rettungswesen in Bronze; Ernest Nagy – Einsatzmedaille des Landes Wien.

25. September
Ausstellung: Historisches Museum der Stadt Wien – „Carl Auböck – Maler (1900-1957)".
Geld: 500-S-Münze „Österreich und sein Volk" (Steinmetz).
Premiere: Theater in der Josefstadt – „Haus Herzenstod" von Shaw.

26. September
Tagesgeschehen: 21, Schöpfleuthnergasse 25 – Eröffnung des ersten Service- und Beratungszentrums der reformierten Wiener Wohnhäuserverwaltung.

Ausstellungen: Jüdisches Museum der Stadt Wien – „Kringel, Schlingel, Borgia (Peter Hammerschlag 1902-1942)"; Secession – „Nobuyoshi Araki, Fotografie – Gillian Wearing, Fotografie"; Messezentrum Prater – „Unser Kind, Wohnen & design, Sport".
Todesfall: Hofrat Prof. Dr. Egon Seefehlner, ehem. Direktor der Wiener Staatsoper (85 Jahre).

27. September
Tagesgeschehen: 6, Mariahilfer Straße 63 – Eröffnung des neuen „Hauses WIEN ENERGIE".

30. September
Ausstellung: Messezentrum Prater – „Network".
Auszeichnungen: Verleihung von Ehrenzeichen für Verdienste um das Land Wien in Gold und Silber sowie Goldenen und Silbernen Verdienstzeichen des Landes Wien an Mandatare des Landes Wien.

1. Oktober
Ausstellungen: Museum für Völkerkunde – „Erinnerung – Hochdrucke von Jin Ling"; Palais Harrach – „Ägyptische zeitgenössische Kunst"; Wiener Stadt- und Landesarchiv – „Reiselust – Ausgangspunkt Wien"; Wiener Stadt- und Landesbibliothek – „Die Auswahl ist riesengroß. Firmenkataloge aus Wien".

2. Oktober
Auszeichnungen: Karl-Heinz Marks, Obmann Karl Welker, Obmann Peter Werdeker (posthum) – Silbernes Verdienstzeichen der Republik Österreich.

3. Oktober
Ausstellung: Palais Harrach – „Hans Staudacher – Die Kraft der Erde".
Auszeichnung: Magistratsvizedirektor i. R. Dr. Alfred Peischl – Großes Goldenes Ehrenzeichen für Verdienste um das Land Wien.

4. Oktober
Premiere: Raimundtheater – „Tanz der Vampire" von Kunze/-Steinman.

6. Oktober
Tagesgeschehen: Theater an der Wien – Enthüllung einer Gedenktafel für Ralph Benatzky, Komponist und Librettist.

7. Oktober

Tagesgeschehen: König Albert II. und Königin Paola von Belgien – Besuch im Rathaus.
Ausstellung: Wiener Planungswerkstatt – „Wien Architektur – 500 Bauten".
Auszeichnung: Bezirksvorsteher a. D. Regierungsrat Oberamtsrat i. R. Alfred Barton – Goldenes Ehrenzeichen für Verdienste um die Republik Österreich.
Todesfall: Edmund Steinmetz, Bezirksvorsteher-Stellvertreter des 1. Bezirkes (ÖVP, 60 Jahre).

8. Oktober
Auszeichnungen: Univ.-Prof. Dr. Heinz Löffler – Ehrenmedaille der Bundeshauptstadt Wien in Gold; Elfriede Gerstl, Schriftstellerin, Prof. Dr. Inge Merkel, Schriftstellerin, Dr. Julian Schutting, Schriftsteller – Goldenes Ehrenzeichen für Verdienste um das Land Wien.
Premiere: Akademietheater – „Fette Männer im Rock" von Silver.

9. Oktober
Ausstellungen: Österreichisches Museum für angewandte Kunst – „IMOTA – Internationale Mode in Wien"; Messezentrum Prater – „Security & Safty".
Auszeichnungen: Swanee Hunt, ao. und bev. Botschafterin der Vereinigten Staaten von Amerika – Großes Goldenes Ehrenzeichen für Verdienste um das Land Wien; Gertrude Du-Wagner – Goldenes Verdienstzeichen des Landes Wien.

10. Oktober
Auszeichnungen: Kammersänger Peter Minich – Ehrenmedaille der Bundeshauptstadt Wien in Gold; Dr. Christl Schönfeldt – Goldenes Ehrenzeichen für Verdienste um das Land Wien.

11. Oktober
Sport: Ernst-Happel-Stadion – WM-Qualifikationsspiel Österreich–Weißrussland 4 : 0.
Todesfall: Kammerschauspielerin Käthe Gold (91 Jahre).

12. Oktober
Premiere: Volkstheater – „Viel Lärm um nichts" von Shakespeare.

13. Oktober
Auszeichnung: o. Univ.-Prof. Dr. Ludwig Adamovich, Präsident des Verfassungsgerichtshofes – Großes Goldenes Ehrenzeichen für Verdienste um das Land Wien mit dem Stern.

14. Oktober
Auszeichnungen: Ehrung der Wiener Schülerlotsen.

15. Oktober
Ausstellung: Rathaus, Volkshalle – „Kinder kennen/können Kunst".
Geld: 50-S-Münze „Secession".

16. Oktober
Ausstellung: Rauchfangkehrermuseum – „Schöne Öfen, schmucke Kaminaufsätze".
Premiere: Kammerspiele – „Ein ungleiches Paar" von Simon.

17. Oktober
Tagesgeschehen: Eröffnung der „Viennale 1997".
Auszeichnungen: Kommerzialrat Nabil Rafik Kuzbari – Goldenes Ehrenzeichen für Verdienste um das Land Wien; Franz Maier, Franz Zimmer – Goldenes Verdienstzeichen des Landes Wien.
Sondermarken: „100 Jahre Blindenselbsthilfe in Österreich"; Serie „Die österreichische Arbeitswelt" (Krankenschwester); Serie „Moderne Kunst in Österreich" (Haus im Wind von Schickhofer).

18. Oktober
Tagesgeschehen: 21, Donaufelder Straße/Carminweg – Eröffnung der „Frauen-Werk-Stadt"(Europas größtes Projekt zu frauengerechtem Wohnbau).
Auszeichnung: H. C. Artmann, Schriftsteller – Ehrenpreis für Toleranz in Denken und Handeln.

19. Oktober
Premiere: Staatsoper – „Linda di Chamounix" von Donizetti.

20. Oktober
Auszeichnungen: Hofrat i. R. Mag. Siegmund Hirsch (posthum), Wilhelm Weiss – Ehrenzeichen für Verdienste um die Befreiung Österreichs; Univ.-Prof. Mag. Dr. Wendelin Schmidt-Dengler (Geistes- und Sozialwissenschaften), Univ.-Prof. Dr. Peter Schuster (Natur- und Technische Wissenschaften), Univ.-Prof. Dr. Klaus Wolff (Medizinische Wissenschaften), Arch. Franz Eberhard Kneissl (Architektur) – Preise der Stadt Wien 1997.
Geld: 500-S-Banknote „Rosa Mayreder", 1000-S-Banknote „Karl Landsteiner".

22. Oktober
Ausstellungen: Heeresgeschichtliches Museum – „Wo sind sie geblieben? Zeichen der Erinnerung"; Wiener Stadthalle – „Internationale Herbstmesse".
Auszeichnung: Lord Yehudi Menuhin, Geiger und Dirigent – Ehrenmedaille der Bundeshauptstadt Wien in Gold.

23. Oktober
Ausstellungen: Österreichisches Museum für angewandte Kunst – „Kunst Wien. Messe für zeitgenössische Kunst"; Messezentrum Prater – „Gewinn"; „Modellbau".

24. Oktober
Ausstellung: Österreichische Galerie im Oberen Belvedere – „H. & H. Joos".

25. Oktober
Tagesgeschehen: Nach dem Brand vor fünf Jahren wird der Redoutensaal wieder eröffnet.
Ausstellung: Museum für Volkskunde – „Mit dem Gefühl der Hände. Zeitgenössische Töpfer in Niederösterreich".
Premiere: Redoutensaal – „Der verlorene Sohn" und „Orpheus und Eurydike" von Kaiser Leopold I.

28. Oktober
Auszeichnung: Michael Kuhn, Sportreporter – Goldenes Ehrenzeichen für Verdienste um das Land Wien.

29. Oktober
Ausstellung: Palais Harrach – „Karl Rössing (1897-1987)".
Auszeichnungen: Oberst Johann Kanzler, Regierungsrat Amtsdirektor Alois Oedendorfer, Oberst Otmar Steiner – Silbernes Ehrenzeichen für Verdienste um das Land Wien.

30. Oktober
Premieren: Volksoper – „Norma" von Bellini; Theater in der Josefstadt – „Das Ganze ein Stück" von F. Roth.

31. Oktober
Ausstellungen: Kunsthalle Wien – „Alpenblick. Die zeitgenössische Kunst und das Alpine"; Wiener Stadthalle – „Bewusstsein".
Premiere: Burgtheater – „Der Diener zweier Herren" von Goldoni.
Sondermarken: „65. Geburtstag von Bundespräsident Dr. Thomas Klestil"; „75. Geburtstag von Oskar Werner".

1. November
Ausstellungen: Palais Ferstel und Palais Harrach – „Wiener Internationale Antiquitätenmesse".

2. November
Premiere: Staatsoper – „Raymonda" von Glasunow, Ballett.

3. November
Auszeichnungen: Ehrung der Wiener Fußballmeister.

4. November
Auszeichnungen: Dr. Erika Pauly – Prof.-Dr.-Julius-Tandler-Medaille der Stadt Wien in Silber; Univ.-Doz. Prof. Dr. Ludwig Reiter – Silbernes Ehrenzeichen für Verdienste um das Land Wien; Prof. Doris Tarlowski – Goldenes Verdienstzeichen des Landes Wien.

5. November
Ausstellungen: Naturhistorisches Museum – „Alle verwandt – Alle verschieden"; Österreichisches Museum für angewandte Kunst – „Hiro Yamagata: Earthly Paradise".
Auszeichnung: Landesfeuerwehrrat Dr. Romeo Nowak – Großes Ehrenzeichen für Verdienste um die Republik Österreich.

6. November
Ausstellungen: Österreichische Nationalbibliothek, Prunksaal – „Musikkostbarkeiten, gerettet durch die Aktion Buchpatenschaft"; Messezentrum Prater – „PC multi media Expo".
Geld: 100-S-Münze „Schicksale im Hause Habsburg" (Maximilian).

7. November
Ausstellung: Jüdisches Museum der Stadt Wien – „Max Liebermann. Werke 1900–1918".

10. November
Ausstellungen: Museum für Völkerkunde – „Bhutan. Festung der Götter"; Bezirksmuseum Döbling – „Elisabeth M. Zink, Aquarelle und Ölbilder".
Auszeichnungen: Kimiko Tsuzuki – Goldenes Ehrenzeichen für Verdienste um das Land Wien; 22, Kagran, Attemsgasse, Albert-Schultz-Eishalle – Silbermedaille für beispielhafte Sport- und Freizeitbauten der Internationalen Vereinigung Sport- und Freizeiteinrichtungen in Köln.

11. November
Auszeichnungen: Alfred Ströer, Abgeordneter zum Nationalrat a. D. – Prof.-Dr.-Julius-Tandler-Medaille der Stadt Wien in Gold; Dr. Hans Igler, Senatsrätin Dr. Ursula Schmitz – Goldenes Ehrenzeichen für Verdienste um das Land Wien; Verleihung von Goldenen und Silbernen Verdienstzeichen des Landes Wien an verdiente Mitarbeiter des ÖAMTC.
Bestellungen: Magistratsrat Dr. Dietmar Klose – Leiter des Magistratischen Bezirksamtes für den 15. Bezirk; Univ.-Doz. Dr. Manfred Schmidbauer – Ärztlicher Abteilungsvorstand der Neurologischen Abteilung des Krankenhauses Lainz.

12. November
Ausstellung: Österreichisches Museum für angewandte Kunst – „Kilengi. Afrikanische Skulpturen aus der Sammlung Bareiss".
Auszeichnungen: Linford Christie, Ralph Waldmann, internationale Topsportler – Goldene Medaille der Stadt Wien.

13. November
Tagesgeschehen: Unterzeichnung einer Deklaration für eine umweltfreundliche Mobilität in Europa.
Ausstellung: Österreichisches Theatermuseum – „Theaterzeichnungen Ingrid Schaar".
Auszeichnung: Dr. Heinz von Foerster, Kybernetiker – Ehrenmedaille der Bundeshauptstadt Wien in Gold.

14. November
Premiere: Akademietheater – „Amphitryon“ von Kleist.

16. November
Premiere: Volkstheater – „Der Zimmerheld“ von Marriott/Grant.

17. November
Tagesgeschehen: Gründung des Ludwig-Boltzmann-Instituts für Verkehrssicherheit.
Ausstellung: Österreichisches Circus- und Clownmuseum – „Hereinspaziert, meine Herrschaften!“.
Auszeichnungen: Univ.-Doz. Dr. Ludwig Maurer – Konrad-Lorenz-Preis 1997; Dipl.-Ing. Günter Lenhart – Prof.-Dr.-Julius-Tandler-Medaille der Stadt Wien in Bronze; Medizinalrat Prof. Dr. Gottfried Roth – Silbernes Ehrenzeichen für Verdienste um das Land Wien; Walter J. Beyer, Eva Oskera-Schroll – Silbernes Verdienstzeichen des Landes Wien; Oberamtsrätin Hertha Schwabl – Berufstitel „Regierungsrätin“.
Premiere: Akademietheater – „Stecken, Stab und Stangl“ von Jelinek.

18. November
Ausstellungen: Rathaus – „Österreichische Buchwoche“; Wiener Planungswerkstatt – „Wien – Grüne Werkstatt“.

19. November
Ausstellung: Erzbischöfliches Dom- und Diözesanmuseum – „Das Geheimnis der Glocke“.

20. November
Tagesgeschehen: Krankenhaus Lainz – Eröffnung einer neuen Blutbank.

21. November
Ausstellung: Museum moderner Kunst/Museum des 20. Jahrhunderts – „Haim Steinbach“.
Auszeichnungen: Dr. Rene Clemencic (Musik), Franz Josef Czernin (Literatur), Otto Kapfinger (Publizistik), Dr. Manfred Scheuch (Volksbildung) – Preise der Stadt Wien 1997.
Sondermarke: Serie „Volksbrauchtum und volkskundliche Kostbarkeiten“ (Turmblasen/Oberösterreich).

24. November
Tagesgeschehen: Volksbegehren II 1997 „Schilling-Volksbegehren“ und „Atomfreies Österreich“.
Ausstellung: Palais Harrach – „Weißes Gold aus Europa. Die europäischen Porzellanmanufakturen“.

25. November
Sport: Ernst-Happel-Stadion – Fußball-Europacupspiel Rapid Wien–Lazio Roma 0 : 2.

26. November
Ausstellungen: Bezirksmuseum Donaustadt – „Die Expedition 1872–1874 und das Donaustädter Franz Josefs Land“; Secession – „Cities on the Move“.

28. November
Ausstellung: Kunsthalle Wien – „Matthew Barney“.
Sondermarken: „25 Jahre Licht ins Dunkel“; „Weihnachten 1997“.

30. November
Ausstellung: Museum für Volkskunde – „Krippenausstellung“.

1. Dezember
Tagesgeschehen: Endergebnis der Volksbegehren – 253.949 Unterschriften, davon 62.457 in Wien („Schilling“), 248.787 Unterschriften, davon 59.644 in Wien („Atomfreies Österreich“); 1, Reitschulgasse 2 – Eröffnung des Lipizzaner-Museums Wien.
Auszeichnungen: Dr. Henning Dochweiler – Ehrenmedaille der Bundeshauptstadt Wien; Arch. Mag. Hermann Czech – Goldenes Ehrenzeichen für Verdienste um das Land Wien; Prof. Erich Steiner – Silbernes Ehrenzeichen für Verdienste um das Land Wien; Prof. Ernst Pacolt, Renate Welsh-Rabady – Goldenes Verdienstzeichen des Landes Wien.
Bestellungen: Senatsrätin Dr. Elisabeth Mezulianik – Bereichsleiterin für Integrationsangelegenheiten; Obermagistratsrat Dr. Oskar Wawra – Leiter der Magistratsdirektion - Internationale Beziehungen.

2. Dezember
Auszeichnungen: Dkfm. Dr. Gerhard Vogt – Goldenes Ehrenzeichen für Verdienste um das Land Wien; Gabriele Gebauer, Kommerzialrat Helmut Nahlik – Silbernes Ehrenzeichen für Verdienste um das Land Wien; Hans D. Turnovszky – Goldenes Verdienstzeichen des Landes Wien; Kommerzialrat Herbert Schedl – Silbernes Verdienstzeichen des Landes Wien.

3. Dezember
Tagesgeschehen: Wilhelminenspital – Eröffnung des onkologischen Zentrums.
Auszeichnung: Kommerzialrat Walter Nettig, Präsident der Wirtschaftskammer Wien – Großes Goldenes Ehrenzeichen für Verdienste um das Land Wien.

4. Dezember
Ausstellungen: Historisches Museum der Stadt Wien – „Papierspiel & Bilderbogen aus Tokyo und Wien 1780–1880“; Österreichische Galerie im Oberen Belvedere – „Formalismus. Roland Goeschl – Heimo Zobernig – Lois Renner“.
Auszeichnungen: Herbert Brandl (Malerei und Grafik), Margherita Spiluttini (Projektkunst), Mag. Heimo Zobernig (Bildhauerei) – Preise der Stadt Wien 1997; Günter Tolar – Großes Verdienstzeichen des Verbandes Österreichischer Volkshochschulen; Ing. Aurel Cozzarini – Berufstitel „Regierungsrat“.
Bestellung: Stadtbauoberkommissärin Dipl.-Ing. Susanne Lettner – Gleichbehandlungsbeauftragte-Stellvertreterin für den technischen Bereich.
Premiere: Theater in der Josefstadt – „Höllenangst“ von Nestroy.

6. Dezember
Ausstellung: Bezirksmuseum Ottakring – „Erinnern Sie sich noch?“.

7. Dezember
Ausstellung: Kunsthistorisches Museum – „Bruegel. Tradition und Fortschritt. Pieter Bruegel d. Ä. – Pieter Breughel d. J. – Jan Brueghel d. Ä. – Eine flämische Malerfamilie um 1600“.

9. Dezember
Ausstellung: Wiener Planungswerkstatt – „Wiener U-Bahn 3. Bauphase“.

10. Dezember
Tagesgeschehen: Wilhelminenspital, Gynäkologisch-geburtshilfliche Abteilung – Eröffnung einer Stillambulanz.

11. Dezember
Auszeichnungen: Karl Boldrino, Alfred Hammer, Alfred Körner, Josef Lausecker, Ferdinand Schmied, Adolf Wolf – Sportehrenzeichen der Stadt Wien; Verleihung des Gesundheitspreises der Stadt Wien 1997; Kommerzialrat Dr. Rudolf Bohmann – Goldenes Ehrenzeichen für Verdienste um das Land Wien.
Premiere: Kammerspiele – „Oscar“ von Magnier.

Todesfall: Obersenatsrat i. R. Dipl.-Ing. Karl Pröbsting, ehem. Direktor der Wiener Stadtwerke - Städtische Bestattung (88 Jahre).

12. Dezember
Ausstellungen: Albertina – „Georg Ehrlich“; Historisches Museum der Stadt Wien – „Friedrich Kiesler 1890–1965. Das Archiv des Visionärs“.

13. Dezember
Ausstellung: Museum moderner Kunst im Palais Liechtenstein – „László Feher“.
Premiere: Staatsoper – „Rienzi“ von Wagner.

15. Dezember
Tagesgeschehen: 9. Internationales Kinderfilmfestival.

16. Dezember
Auszeichnung: Bundesminister Rudolf Edlinger, amtsführender Stadtrat a. D. – Großes Goldenes Ehrenzeichen für Verdienste um das Land Wien.
Premiere: Volkstheater – „Der satanarchäolügenialkohöllische Wunschpunsch“ von Endl.

17. Dezember
Auszeichnung: Rechtsanwalt Dr. Manfred Lampelmayer, Landesjägermeister von Wien – Goldenes Ehrenzeichen für Verdienste um das Land Wien.

18. Dezember
Angelobung: Ingrid Lakatha (ÖVP) – Abgeordnete zum Wiener Landtag.
Ausstellungen: Österreichische Nationalbibliothek, Prunksaal – „Der größte Amuseur ... – Franz Molnár“; Kunstforum – „Van Eyck bis Rembrandt, 3 Jahrhunderte niederländische Zeichnung“.

19. Dezember
Auszeichnungen: Dipl.-Ing. Richard Pöltner, Direktor der WStW-GW, Obersenatsrat i. R. Dipl.-Ing. Hans Schmidl, Obersenatsrat Dipl.-Ing. Peter Suchomel – Großes Silbernes Ehrenzeichen für Verdienste um das Land Wien; Kommerzialrat Sigmund Krämer – Goldenes Ehrenzeichen für Verdienste um das Land Wien.

20. Dezember
Premiere: Volksoper – „Die Bernauerin“ von Orff.

21. Dezember
Premiere: Staatsoper – „Laus Deo“ von Mozart, „Die Puppenfee“ von Bayer, Ballett.

22. Dezember
Bestellungen: Univ.-Doz. Dr. Eugen Hauke – Generaldirektor des Wiener Krankenanstaltenverbundes; Primarius Dr. Ludwig Kaspar – Generaldirektor-Stellvertreter des Wiener Krankenanstaltenverbundes.

31. Dezember
Tagesgeschehen: Mit Ende des Jahres schließt der Schlachthof St. Marx.

Fotos: Magistratsabteilung 13, Landesbildstelle.Wien

BÜRGERMEISTER DER STADT WIEN

1282	Konrad Poll
1285	Heinrich Hansgraf
1287	Konrad Eslarn
1288 . .1305	Konrad Poll
1305–1307	Heinrich Chrannest
1307	Dietrich von Kahlenberg
1308	Heinrich von der Neisse
1309	Niklas von Eslarn
1310	Heinrich von der Neisse
1310–1313	Niklas von Eslarn
1313–1315	Niklas Poll
1316	Hermann von St. Pölten
1316–1317	Niklas von Eslarn
1318	Hermann von St. Pölten
1319–1323	Otto Wülfleinstorfer
1324–1327	Niklas Poll
1327–1328	Stephan Chriegler
1329–1330	Heinrich Lang
1332–1333	Dietrich Urbetsch
1333–1334	Hermann Snetzel
1335–1337	Dietrich Urbetsch
1337–1338	Konrad von Eslarn
1338–1339	Berthold Poll
1340–1343	Konrad Wiltwerker
1343–1344	Hagen von Spielberg
1345–1347	Reinprecht Zaunrüd
1348–1349	Friedrich von Tirna
1350–1351	Dietrich Flusthart
1352	Friedrich von Tirna
1353	Heinrich Würffel
1354	Dietrich Flusthart
1355	Leopold Polz
1356–1357	Heinrich Straicher
1357–1358	Haunold Schuchler d. Ä.
1358–1359	Leopold Polz
1359–1360	Heinrich Straicher
1360–1361	Haunold Schuchler d. Ä.
1362–1364	Hans von Tirna
1364	Friedrich Rüschl
1365–1366	Lukas Popfinger
1366–1367	Thomas Swembl
1368–1370	Niklas Würffel
1370–1371	Thomas Swembl
1372–1374	Ulrich Rössel
1374–1376	Jans am Kienmarkt
1376–1379	Paul Holzkäufel
1379–1381	Jans am Kienmarkt
1381–1386	Paul Holzkäufel
1386–1395	Michael Geukramer
1396	Paul Holzkäufel
1396–1397	Paul Würffel
1398	Jakob Dorn
1398–1399	Hans Rock
1399–1400	Paul Holzkäufel
1401	Berthold Lang
1401–1402	Paul Würffel
1402–1403	Haunold Schuchler d. J.
1403–1404	Konrad Vorlauf
1404–1405	Paul Würffel
1405–1406	Rudolf Angerfelder
1406–1408	Konrad Vorlauf
1408–1409	Hans Feldsberger
1410	Paul Geier
1410–1411	Albrecht Zetter
1411–1419	Rudolf Angerfelder
1420–1421	Hans Mustrer
1422	Ulrich Gundloch
1423–1425	Konrad Hölzler d. Ä.
1425–1426	Hans Scharffenberger
1427	Paul Würffel
1428–1429	Niklas Untermhimmel
1430–1433	Konrad Hölzler d. Ä.
1434–1439	Hans Steger
1440–1441	Konrad Hölzler d. Ä.
1442	Andre Hiltprant
1443	Hans Steger
1444–1446	Hans Haringseer
1447–1449	Hans Steger
1450–1451	Konrad Hölzler d. Ä.
1452	Oswald Reicholf
1453	Niklas Teschler
1454	Oswald Reicholf
1455	Konrad Hölzler d. J.
1456–1457	Niklas Teschler
1457–1460	Jakob Starch
1461–1462	Kristan Prenner
1462	Sebastian Ziegelhauser
1462–1463	Wolfgang Holzer
1463–1464	Friedrich Ebmer
1464–1466	Ulrich Metzleinsdorfer
1467–1473	Andreas Schönbrucker
1473–1479	Hans Heml
1479–1484	Laurenz Haiden
1485–1486	Stefan Een
1487–1489	Lienhard Radauner
1490	Stefan Een
1490–1493	Paul Keck
1494–1496	Friedrich Geldrich
1497–1499	Paul Keck
1500–1501	Wolfgang Rieder
1502	Lienhard Lackner
1503	Wolfgang Zauner
1504–1508	Paul Keck
1509–1510	Wolfgang Rieder
1511–1512	Hans Süß
1512	Lienhard Pudmannsdorfer
1513	Hans Kuchler
1514–1515	Friedrich Piesch
1515	Dr. Johann Kaufmann
1516	Hans Süß
1516–1517	Hans Rinner
1518	Lienhard Pudmannsdorfer
1519–1520	Wolfgang Kirchhofer
1520–1521	Dr. Martin Siebenbürger
1522–1524	Gabriel Gutrater
1524–1526	Hans Süß
1526	Roman Staudinger
1527	Sebastian Sulzbeck
1528–1530	Wolfgang Treu
1531	Sebastian Eiseler
1532–1533	Wolfgang Treu
1534–1535	Dr. Johann Pilhaimer
1536–1537	Wolfgang Treu
1538–1539	Hermes Schallautzer
1540–1541	Paul Perntuß
1542–1546	Stephan Tenck
1547–1548	Sebastian Schrantz
1549–1550	Sebastian Hutstocker
1551–1552	Christoph Hayden
1553–1555	Sebastian Hutstocker
1556–1557	Hans Übermann
1558–1559	Georg Prantstetter
1560–1561	Thomas Siebenbürger
1562–1563	Hermann Bayr

1564–1565	Matthias Brunnhofer
1566–1567	Hans Übermann
1568–1569	Georg Prantstetter
1570–1571	Hanns vom Thau
1572–1573	Georg Prantstetter
1574–1575	Hanns vom Thau
1576–1578	Christoph Hutstocker
1578–1579	Hanns vom Thau
1580–1581	Bartholomäus Prantner
1582–1583	Hanns vom Thau
1584–1585	Bartholomäus Prantner
1586–1587	Oswald Hüttendorfer
1588–1589	Hanns vom Thau
1590–1591	Georg Fürst
1592–1595	Bartholomäus Prantner
1596–1597	Paul Steyrer
1598–1599	Oswald Hüttendorfer
1600–1601	Andreas Rieder
1602–1603	Georg Fürst
1604–1607	Augustin Haffner
1608–1609	Lukas Lausser
1610–1613	Daniel Moser
1614–1615	Veit Resch
1616–1622	Daniel Moser
1623–1625	Paul Wiedemann
1626–1637	Daniel Moser
1638–1639	Christoph Faßoldt
1640–1645	Konrad Bramber
1646–1648	Caspar Bernhard
1648–1654	Johann Georg Dietmayer
1654–1655	Dr. Thomas Wolfgang Puchenegger
1656–1659	Johann Georg Dietmayer von Dietmannsdorf
1660–1663	Johann Christoph Holzner
1664–1667	Johann Georg Dietmayer von Dietmannsdorf
1667–1669	Johann Christoph Holzner
1670–1673	Daniel Lazarus Springer
1674–1677	Dr. Peter Sebastian Fügenschuh
1678–1679	Daniel Lazarus Springer
1680–1683	Johann Andreas von Liebenberg
1684–1687	Simon Stephan Schuster
1688–1691	Daniel Fockhy
1692–1695	Johann Franz von Peickhardt
1696–1699	Jakob Daniel Tepser
1700–1703	Johann Franz von Peickhardt
1704–1707	Jakob Daniel Tepser
1708–1712	Johann Franz von Wenighoffer
1713–1716	Johann Lorenz Trunck von Guttenberg
1717–1720	Dr. Josef Hartmann
1721–1724	Franz Josef Hauer
1725–1726	Dr. Josef Hartmann
1727–1728	Franz Josef Hauer
1729–1730	Johann Franz Purck
1731–1732	Dr. Franz Daniel Edler von Bartuska
1733–1736	Andreas Ludwig Leitgeb
1737–1740	Johann Adam von Zahlheim
1741–1744	Dr. Peter Josef Kofler
1745–1751	Andreas Ludwig Leitgeb
1751–1764	Dr. Peter Josef Edler von Kofler
1764	Leopold Franz Gruber
1764–1767	Dr. Josef Anton Bellesini
1767–1773	Leopold Franz Gruber
1773–1804	Josef Georg Hörl
1804–1823	Stephan Edler von Wohlleben
1823–1834	Josef Anton Lumpert
1835–1837	Anton Josef Edler von Leeb
1838–1848	Ignaz Czapka (1843: von Winstetten)
1851–1861	Dr. Johann Kaspar Freiherr von Seiller
1861–1868	Dr. Andreas Zelinka
1868–1878	Dr. Cajetan (Frh. v.) Felder
1878–1882	Dr. Julius Ritter von Newald
1882–1889	Eduard Uhl
1889–1894	Dr. Johann Nepomuk Prix
1894–1895	Dr. Raimund Grübl
1896–1897	Josef Strobach
1897–1910	Dr. Karl Lueger
1910–1912	Dr. Josef Neumayer
1912–1919	Dr. Richard Weiskirchner
1919–1923	Jakob Reumann
1923–1934	Karl Seitz
1934–1938	Richard Schmitz*)
1938–1940	Dr. Ing. Hermann Neubacher*)
1940–1943	Philipp Wilhelm Jung*)
1943–1945	Hanns Blaschke*)
1945–1951	Dr. h. c. Theodor Körner
1951–1965	Dr. h. c. Franz Jonas
1965–1970	Bruno Marek
1970–1973	Dr. h. c. Felix Slavik
1973–1984	Mag. iur. Leopold Gratz
1984–1994	Dr. Helmut Zilk
1994 –	Dr. Michael Häupl

*) Nicht durch demokratische Wahl, sondern durch Bestellung in dieses Amt berufen.

MAGISTRATSDIREKTOREN DER STADT WIEN

1870–1883	Wilhelm Grohmann
1884–1891	Alois Bittmann
1891–1896	Alexander Krenn
1896–1900	Viktor Tachau
1900–1903	Moritz Preyer
1903–1909	Dr. Richard Weiskirchner
1909–1914	Karl Appel
1914	Dr. Max Weiß
1914–1918	Dr. August Nüchtern
1918–1919	Karl Pawelka
1919–1934	Dr. Karl Hartl
1934–1938	Dr. Rudolf Hießmannseder
1938–1939	Dr. Rudolf Hornek
1945–1953	Dr. Viktor Kritscha
1953–1962	Dr. Walter Kinzl
1962–1975	Dr. Rudolf Ertl
1976–1995	Dr. Josef Bandion
1995–	Dr. Ernst Theimer

EHRENBÜRGER DER STADT WIEN

Anton Friedrich Graf Mittrowsky von Mitrowitz auf Nemischl, Präsident der k. k. Studien–Hof–Kommission; ernannt am 17. Oktober 1801.

Josef Freiherr von Kielmannsegg, Erbherr auf Gföhl, k. k. n.-ö. Regierungsrat; ernannt am 17. Oktober 1801.

Ferdinand Edler von Hohenberg, Direktor der Baukunstschule der k. k. Akademie der bildenden Künste; ernannt am 15. Februar 1804.

Ludwig Montoyer, k. auch k. k. Hofarchitekt; ernannt am 25. September 1805.

Rudolf Graf von Wrbna, k. auch k. k. Hofkammer- und Münz- und Bergwesen-Vizepräsident, landesfürstl. Hofkommissär; ernannt am 16. Jänner 1806.

Dr. Josef von Sonnenfels, Hofrat der vereinigten Hofkanzlei; ernannt am 11. November 1806.

Leopold Freiherr von Haan, Hofrat der k. k. vereinigten böhmischen, österreichischen und galizischen Hofkanzlei, Beisitzer der Hofkommission in Gesetzessachen; ernannt am 15. November 1809.

Augustin Reichmann von Hochkirchen, Vizepräsident der k. k. n.-ö. Landesregierung; ernannt am 2. Jänner 1810.

Ferdinand Graf Bissingen von Nippenburg, Geheimer Rat und Kämmerer, bevollmächtigter Hofkommissär in Innerösterreich; ernannt am 2. Jänner 1810.

Ferdinand von Fechtig, Geheimer Rat, Vizepräsident der Obersten Justizstelle; ernannt am 4. Mai 1810.

Philipp Graf und Herr von Edling, Geheimer Rat und Kämmerer, gew. Obersthofmeister der Erzherzogin Maria Luise, späteren Kaiserin von Frankreich; ernannt am 6. Oktober 1810.

Karl Fürst zu Schwarzenberg, k. k. General-Feldmarschall, Geheimer Rat; ernannt am 24. Oktober 1813.

Clemens Lothar Fürst von Metternich-Winneburg, Haus-, Hof- und Staatskanzler; ernannt im November 1813.

Josef Freiherr von Haggenmüller zu Grünberg, k. k. n.-ö. Regierungsrat, außerordentlicher Rat der Akademie der bildenden Künste; ernannt am 2. November 1815.

Bernhard von Anders, k. k. wirkl. Hofrat, Beisitzer der Hofkommission in Tarifsachen; ernannt am 16. Mai 1816.

Dr. Johann Christian Schiffner, Sanitätsmagister und erster Stadtphysikus; ernannt am 22. September 1834.

Anton Graf von Kolowrat-Liebsteinsky, k. k. Staats- und Konferenzminister; ernannt am 2. April 1839.

Johann Talatzko Freiherr von Gestieticz, Präsident der k. k. n.-ö. Landesregierung; ernannt am 12. Februar 1840.

Johann Josef Knolz, k. k. Regierungsrat und Landesprotomedicus; ernannt am 10. Dezember 1840.

Josef Ritter von Spaun, k. k. Hofrat und Lottogefällsdirektor; ernannt am 18. Mai 1841.

Maximilian Freiherr von Wimpffen, kommandierender General; ernannt am 8. Juli 1841.

Josef Graf Sedlnitzky, Präsident der k. k. obersten Polizei- und Zensur-Hofstelle; ernannt am 24. März 1842.

Anton Gilbert Edler von Seydel, Realitätenbesitzer; ernannt am 6. Juli 1842.

Paul Sprenger, kais. Hofbaurat; ernannt am 24. Oktober 1842.

Josef Baumgartner, k. k. Architekt der n.-ö. Provinzial-Bau-Direktion; ernannt am 24. Oktober 1842.

Franz Graf von Hartig, Sektionschef im k. k. Staats- und Konferenzrate; ernannt am 15. Dezember 1842.

Salomon Mayer Freiherr von Rothschild, k. preuß. geheimer Kommerzienrat; ernannt am 9. Februar 1843.

Bartholomäus Graf von Stürmer, Internuntius und bevollmachtigter Minister; ernannt am 14. April 1843.

Karl Graf von Inzaghi, oberster Kanzler der k. k. vereinigten Hofkanzlei, Präsident der Studien-Hofkommission; ernannt am 20. April 1843.

Franz Freiherr von Pillersdorf, Hofkanzler der k. k. vereinigten Hofkanzlei; ernannt am 20. April 1843.

Franz Graf von Kuefstein, k. k. Kämmerer, außerordentlicher Gesandter und bevollmächtigter Minister; ernannt am 4. Juli 1843.

Georg Graf Erdödy von Monyorókerék, Geheimer Rat, Erbobergespan der Varasdiner Gespanschaft; ernannt am 7. November 1843.

Ferdinand Leopold Graf Palffy von Erdöd, k. k. Kämmerer, Erbobergespan des Preßburger Komitates; ernannt am 14. Mai 1844.

Johann Freiherr Krticzka von Jaden, Vizekanzler der k. k. vereinigten Hofkanzlei; ernannt am 30. August 1845.

Dr. Anton Winter, Justizamtmann der fürstlich Liechtensteinischen Herrschaft in Lichtenthal in Wien; ernannt am 1. Dezember 1845.

Franz Freiherr von Buffa-Castellalto und Lilienberg, Herr und Landstand in Tirol, k. k. n.-ö. Regierungsrat; ernannt am 12. August 1846.

Johann Josef Prechtl, Direktor des k. k. polytechnischen Institutes in Wien; ernannt am 9. November 1846.

Dr. Ludwig Michael von Schwanthaler, Professor der Bildhauerei an der Akademie in München; ernannt am 3. Februar 1847.

Adam Burg, k. k. n.-ö. Regierungsrat, Professor; ernannt am 20. Mai 1847.

Anselm Salomon Freiherr von Rothschild, k. preuß. geheimer Kommerzienrat; ernannt am 2. August 1847.

Adolf Fürst zu Schwarzenberg, Mitglied des n.-ö. Gewerbevereines; ernannt am 26. Februar 1848.

Josef Graf von Radetzky, k. k. Feldmarschall; ernannt am 7. August 1848.

Josef Freiherr Jellačič von Buzim, k. k. Feldzeugmeister; ernannt am 4. September 1849.

Julius Freiherr von Haynau, Feldzeugmeister; ernannt am 4. September 1849.

Franz Josef Fürst von Dietrichstein, Generalmajor und Obersthofmeister des Erzherzogs Franz von Modena; ernannt am 25. Jänner 1850.

Felix Fürst zu Schwarzenberg, k. k. Feldmarschall-Leutnant und k. k. Ministerpräsident; ernannt am 7. Jänner 1851.

Maximilian Graf O'Donnel, k. k. Oberst, Flügeladjutant Sr. Majestät des Kaisers; ernannt am 19. Februar 1853.

Heinrich Freiherr von Heß, k. k. General-Feldzeugmeister, Generalstabschef der Armee; ernannt am 18. Dezember 1855.

Karl Ferdinand Graf Buol von Schauenstein, Präsident der Ministerkonferenz und Minister des Äußeren; ernannt am 29. April 1856.

Dr. Karl Freiherr von Krauß, Präsident des k. k. Obersten Gerichtshofes; ernannt am 8. April 1859.

Ludwig Ritter von Benedek, k. k. Feldzeugmeister; ernannt am 4. November 1859.

Johann Freiherr Kempen von Fichtenstamm, k. k. Feldzeugmeister; ernannt am 4. November 1859.

Dr. Franz Freiherr von Sommaruga, Zweiter Präsident des Obersten Gerichtshofes; ernannt am 18. Juli 1860.

Dr. Anton Ritter von Schmerling, k. k. Staatsminister; ernannt am 8. März 1861.

Karl Wilhelm Fürst von Auersperg, Präsident des Herrenhauses; ernannt am 18. Februar 1862.

Dr. Franz Hein, Präsident des Abgeordnetenhauses; ernannt am 18. Februar 1862.

Franz Grillparzer, Dichter; ernannt am 5. Jänner 1864.

Anton Alexander Graf Auersperg, als Dichter *Anastasius Grün,* Mitglied des Herrenhauses; ernannt am 8. April 1864.

Ludwig Freiherr von Gablenz, k. k. Feldmarschall-Leutnant; ernannt am 22. November 1864.

Wilhelm von Tegetthoff, Vizeadmiral; ernannt am 24. Juli 1866.

Josef Fürst Colloredo-Mannsfeld, Präsident der Staatsschulden-Kontrollkommission; ernannt am 25. Jänner 1867.

Friedrich Ferdinand Freiherr von Beust, k. k. Reichskanzler; ernannt am 27. Dezember 1867.

Matthias Konstantin Reichsgraf von Wickenburg, Präsident der Stadterweiterungs-Kommission; ernannt am 18. Jänner 1870.

Georg Sigl, Fabriksbesitzer; ernannt am 11. Februar 1870.

Dr. Karl Giskra, k. k. Minister des Innern; ernannt am 20. April 1870.

Ernst Karl Heinrich Graf von Hoyos-Sprinzenstein, Geheimer Rat und Kämmerer; ernannt am 17. Oktober 1873.

Dr. Eduard Sueß, k. k. Professor an der Wiener Universität; ernannt am 17. Oktober 1873.

Dr. Karl Freiherr von Rokitansky, Präsident der kaiserlichen Akademie der Wissenschaften; ernannt am 8. Jänner 1874.

Dr. Josef Hyrtl, Professor an der Wiener Universität; ernannt am 17. März 1874.

Franz Ritter von Khunn, Gemeinderat, vormals Bürgermeister-Stellvertreter; ernannt am 4. Februar 1875.

Josef Ritter von Führich, Professor an der Akademie der bildenden Künste; ernannt am 12. Februar 1875.

Dr. Josef Klucky, Gemeinderat; ernannt am 29. August 1876.

Dr. Cajetan Felder, gewesener Bürgermeister der Stadt Wien; ernannt am 5. Juli 1878.

Heinrich Ritter von Ferstel, k. k. Oberbaurat; ernannt am 21. April 1879.

Dr. Ignaz Kuranda, Publizist, Reichsrats-Abgeordneter, ehemaliger Gemeinderat; ernannt am 22. März 1881.

Adolf Ignaz Mautner Ritter von Markhof, Brauereibesitzer und Großindustrieller, Errichter des Kronprinz Rudolf-Kinderspitals; ernannt am 24. Juni 1881.

Eduard von Bauernfeld, Dichter; ernannt am 10. Jänner 1882.

Friedrich Schmidt, k. k. Oberbaurat; ernannt am 6. September 1883.

Hans Graf Wilczek, Geheimer Rat und Herrenhausmitglied; ernannt am 14. September 1883.

Dr. Theophil Ritter von Hansen, k. k. Oberbaurat; ernannt am 21. Dezember 1883.

Dr. Rudolf Eitelberger von Edelberg, k. k. Hofrat, Direktor des österr. Museums für Kunst und Industrie; ernannt am 3. März 1885.

Dr. Anton Freiherr Hye von Glunek, Geheimer Rat, Herrehausmitglied, gewesener Rechtslehrer; ernannt am 25. Mai 1886.

Alfred Ritter von Arneth, Geheimer Rat, Direktor des geheimen Haus-, Hof- und Staatsarchives, Herrenhausmitglied, Präsident der kaiserlichen Akademie der Wissenschaften; ernannt am 10. Juni 1887.

Dr. Leopold Hasner Ritter von Artha, Geheimer Rat, Unterrichtsminister a. D.; ernannt am 25. Juni 1889.

Ludwig Lobmeyr, Herrenhausmitglied, k. k. Kommerzialrat; ernannt am 26. Juli 1889.

Eduard Uhl, gewesener Bürgermeister der Stadt Wien; ernannt am 14. November 1889.

Nikolaus Dumba, Herrenhausmitglied und Landtagsabgeordneter; ernannt am 25. Juli 1890.

Dr. Karl Lueger, Bürgermeister der Stadt Wien; ernannt am 3. Juli 1900.

Dr. Heinrich Ritter von Wittek, Geheimer Rat und Eisenbahnminister a. D.; ernannt am 5. Mai 1905.

Alois Prinz von und zu Liechtenstein, Landmarschall von Niederösterreich; ernannt am 23. November 1906.

Dr. Richard Graf von Bienerth-Schmerling, Geheimer Rat, k. k. Ministerpräsident a. D.; ernannt am 28. März 1916.

Dr. Richard Weiskirchner, Geheimer Rat, k. k. Minister a. D., Bürgermeister der Stadt Wien; ernannt am 2. Mai 1916.

Ottokar Graf Czernin, Minister des Äußern; ernannt am 2. Mai 1918.

Jakob Reumann, Bürgermeister; ernannt am 21. Dezember 1923.

Dr. Franz Klein, Universitätsprofessor für Zivilprozeßrecht; ernannt am 11. April 1924.

Dr. Richard Strauss, Komponist; ernannt am 16. Mai 1924.

Karl Seitz, Bürgermeister; ernannt am 6. September 1929.

Leopold Kunschak, Präsident des Nationalrates; ernannt am 8. November 1946.

Dr. h. c. General a. D. Theodor Körner, Bürgermeister; ernannt am 23. April 1948;

DDr. h. c. Karl Renner, Bundespräsident; ernannt am 28. Oktober 1948.

Dr. Adolf Schärf, Vizekanzler; ernannt am 15. April 1955.

Johann Böhm, Zweiter Präsident des Nationalrates, Präsident des Gewerkschaftsbundes; ernannt am 21. November 1958.

Oskar Kokoschka, akad. Maler; ernannt am 10. Februar 1961.

DDr. h. c. Ing. Julius Raab, Bundeskanzler; ernannt am 10. März 1961.

Dr. h. c. Franz Jonas, Bürgermeister; ernannt am 21. April 1961.

DDr. Franz König, Erzbischof, Kardinal; ernannt am 25. Oktober 1968.

Bruno Marek, Komm.-Rat, Bürgermeister; ernannt am 22. Jänner 1970.

Robert Stolz, Professor, Komponist; ernannt am 9. Juli 1970.

Dr. Bruno Kreisky, Bundeskanzler; ernannt am 11. Dezember 1975.

Dr. h. c. Felix Slavik, Bürgermeister und Landeshauptmann a. D.; ernannt am 28. Februar 1977.

Anton Benya, Präsident des Nationalrates und des Österreichischen Gewerkschaftsbundes; ernannt am 29. Juni 1977.

Herbert von Karajan, Dirigent; ernannt am 24. April 1978.

Dr. Dr. h. c. Karl Böhm, Professor, Generalmusikdirektor; ernannt am 12. September 1978.

Dr. Hertha Firnberg, Bundesministerin für Wissenschaft und Forschung; ernannt am 24. September 1979.

Ernst Křenek, Professor, Komponist; ernannt am 26. September 1980.

Dr. Alfred Maleta, Professor, Präsident des Nationalrates a. D.; ernannt am 27. Februar 1981.

DDr. Bruno Pittermann, Vizekanzler a. D.; ernannt am 27. Februar 1981.

Rosa Jochmann, Abgeordnete zum Nationalrat a. D.; ernannt am 23. Juni 1981.

DDr. Konrad Lorenz, Univ.-Prof., Zoologe, Verhaltensforscher; ernannt am 18. Februar 1983.

Ing. Rudolf Sallinger, Komm.-Rat, Präsident der Bundeskammer der gewerblichen Wirtschaft und Abgeordneter zum Nationalrat; ernannt am 24. Februar 1984.

Prof. Elias Canetti, Schriftsteller; ernannt am 26. April 1985.

Prof. Fritz Hochwälder, Schriftsteller; ernannt am 28. Februar 1986.

Dr. Rudolf Kirchschläger, Bundespräsident i. R.; ernannt am 24. Oktober 1986.

Leonard Bernstein, Dirigent und Komponist; ernannt am 10. Dezember 1987.

Gottfried von Einem, emer. o. Hochschulprofessor, Komponist; ernannt am 29. Jänner 1988.

Rudolf Pöder, Präsident des Nationalrates, Vizepräsident des Österreichischen Gewerkschaftsbundes, Vorsitzender der Gewerkschaft der Gemeindebediensteten; ernannt am 29. Oktober 1990.

DDr. mult. h. c. Sir Karl Raimund Popper, emer. Univ.-Prof.; ernannt am 4. Mai 1992.

Dr. Karl Dittrich, Komm.-Rat, Ehrensenator, Präsident der Kammer der gewerblichen Wirtschaft für Wien a. D., Abgeordneter zum Nationalrat a. D.; ernannt am 12. März 1993.

Gertrude Fröhlich-Sandner, Bundesministerin a. D., Landeshauptmann-Stellvertreterin und Vizebürgermeisterin a. D.; ernannt am 12. März 1993.

Mag. Leopold Gratz, Präsident des Nationalrates a. D., Landeshauptmann und Bürgermeister a. D.; ernannt am 28. April 1995.

Dr. Helmut Zilk, Prof., Landeshauptmann und Bürgermeister a. D.; ernannt am 28. April 1995.

Hans Mayr, Landeshauptmann-Stellvertreter und Vizebürgermeister a. D.; ernannt am 28. April 1995.
DDr. Dr. mult. h. c. Viktor Emil Frankl, Univ.-Prof., Psychologe; ernannt am 28. Juni 1995.
Dipl.-Ing. Dr. h. c. Simon Wiesenthal, Leiter des Jüdischen Dokumentationszentrums; ernannt am 28. Juni 1995.
Dkfm. Dr. Maria Schaumayer, Komm.-Rätin, amtsführende Stadträtin a. D., Präsidentin der Österreichischen Nationalbank a. D.; ernannt am 9. August 1996.
DDr. h. c. Karl Fellinger, Univ.-Prof.; ernannt am 30. Mai 1997.

Männer und Frauen, die sich um die Republik Österreich oder die Stadt Wien besonders verdient gemacht haben, kann der Gemeinderat zu Ehrenbürgern ernennen – § 7 der Verfassung der Bundeshauptstadt Wien.

BÜRGER DER STADT WIEN

Georg Philp, Gemeinderat; ernannt am 3. April 1919.
Heinrich Schmid, Stadtrat; ernannt am 3. April 1919.
Hans Arnold Schwer, Stadtrat; ernannt am 3. April 1919.
Johann Knoll, Stadtrat; ernannt am 15. April 1919.
Hans Schneider, Stadtrat; ernannt am 15. April 1919.
Gustav Hillinger, Stadtbuchhaltungsdirektor; ernannt am 11. Juni 1919.
Dr. Wilhelm Exner, Sektionschef; ernannt am 26. April 1920.
Carl Michael Ziehrer, Kapellmeister; ernannt am 9. Juli 1920.
Karl Kantner, freiw. Feuerwehrhauptmann; ernannt am 4. März 1921.
Dr. Johann Palisa, Hofrat, Astronom; ernannt am 4. März 1921.
Dr. Ernst Fuchs, Hofrat, Professor, Augenarzt; ernannt am 23. Juni 1921.
Edmund Hellmer, Hofrat, Professor, Bildhauer; ernannt am 30. September 1921.
Ludwig Basch, Redakteur; ernannt am 2. Dezember 1921.
Max Devrient, Burgschauspieler; ernannt am 16. Dezember 1921.
Anton Kreutzer, Gemeinderat; ernannt am 20. Jänner 1922.
Ferdinand Leißner, Bezirksrat; ernannt am 20. Jänner 1922.
Anton Amon, Schauspieler; ernannt am 7. April 1922.
Anton Hlawaček, Landschaftsmaler; ernannt am 12. Mai 1922.
Alfred Grünfeld, Pianist und Komponist; ernannt am 16. Juni 1922.
Dr. Lazar Rosenfeld, Polizei-Oberbezirksarzt; ernannt am 11. Juli 1922.
Josef Fuhrmann, freiw. Feuerwehrhauptmann; ernannt am 26. Juli 1922.
Karl Baumgartner, Burgschauspieler; ernannt am 10. Oktober 1922.
Karl Streitmann, Professor, Operettensänger; ernannt am 20. Oktober 1922.
Dr. Adam Müller-Guttenbrunn, Schriftsteller; ernannt am 17. November 1922.
Alois Rohrauer, Ehrenpräsident des Touristenvereines „Die Naturfreunde"; ernannt am 17. November 1922.
Josef Obrist, Gemeinderat; Obmann des Arbeiter-Sängerbundes; ernannt am 6. März 1923.
Viktor Keldorfer, Chormeister; ernannt am 13. April 1923.
Viktor Kutschera, Schauspieler; ernannt am 13. April 1923.
Auguste Wilbrandt-Baudius, Burgschauspielerin; ernannt am 29. Mai 1923.
Arnold Rosé, Konzertmeister; ernannt am 8. November 1923.
Dr. Rudolf Tyrolt, Schauspieler; ernannt am 22. Dezember 1923.
Dr. Robert Gersuny, Hofrat, Direktor des Rudolfinerhauses; ernannt am 25. Jänner 1924.
Dr. Sigmund Freud, Professor, Neurologe, Psychologe; ernannt am 22. April 1924.
Anton David, Gemeinderat; ernannt am 30. Mai 1924.
Eduard Zetsche, akad. Maler; ernannt am 23. Dezember 1924.
Karl Zewy, akad. Maler; ernannt am 24. April 1925.
Ludwig Wutschel, Gemeinderat; ernannt am 18. September 1925.
Georg Reimers, Burgschauspieler; ernannt am 9. Oktober 1925.
Heinrich Schoof, Professor, Lehrer und Mentor der Arbeitersänger; ernannt am 16. Oktober 1925.
Karl Führich, Professor, Ehrenchormeister, Komponist; ernannt am 20. November 1925.
Gustav Schäfer, ehem. Gemeinderat; ernannt am 23. Dezember 1925.
Dr. Friedrich Becke, Hofrat, Universitätsprofessor; ernannt am 29. Jänner 1926.
Edmund Melcher, ehem. Gemeinderat, Architekt und Stadtbaumeister; ernannt am 26. Februar 1926.
Dr. Karl Ornstein, Rechtsanwalt; ernannt am 7. Mai 1926.
Laurenz Widholz, Nationalrat; ernannt am 7. Mai 1926.
Raimund Körbler, Gemeinderat; ernannt am 10. September 1926.
Martin Spörr, Musikdirektor; ernannt am 26. November 1926.
Wenzel Jellinek, Obmann der Allg. Arbeiterkranken- und Unterstützungskasse; ernannt am 15. Dezember 1926.
Dr. Wilhelm Kienzl, Komponist; ernannt am 27. Dezember 1926.
Alexander Demetrius Goltz, Präsident der Genossenschaft der bild. Künstler Wiens; ernannt am 11. Februar 1927.
Dr. Karl Schönherr, Dichter; ernannt am 4. März 1927.
Dr. Julius Wagner-Jauregg, Hofrat, Universitätsprofessor, Neurologe; ernannt am 27. Mai 1927.
Dr. Josef Meder, Hofrat; ernannt am 28. Juni 1927.
Hans Temple, akad. Maler; ernannt am 28. Juni 1927.
Dr. Eusebius Mandyczewski, Hofrat, Professor; ernannt am 2. August 1927.
Edmund Eysler, Operettenkomponist; ernannt am 7. Oktober 1927.
William Unger, Professor, Grafiker; ernannt am 7. Oktober 1927.
Albert Sever, Abgeordneter zum Nationalrat, Landeshauptmann a. D.; ernannt am 18. November 1927.
Albert Heine, Hofrat, Regisseur, Ehrenmitglied des Burgtheaters; ernannt am 24. Februar 1928.
Dr. Karl Glossy, Hofrat, Direktor der Städt. Sammlungen; ernannt am 9. März 1928.
Hedwig Bleibtreu, Hofschauspielerin; ernannt am 19. Oktober 1928.
Anna Kallina, Hofschauspielerin; ernannt am 19. Oktober 1928.
Rosa Mayreder, Schriftstellerin; ernannt am 19. Oktober 1928.
Willy Thaller, Burgschauspieler; ernannt am 19. Oktober 1928.
Karl Zeska, Hofschauspieler; ernannt am 19. Oktober 1928.
Johann Kremenezky, Seniorchef der Firma Kremenezky; ernannt am 8. Februar 1929.
Dr. Carl Stiaßny, Rechtsanwalt; ernannt am 8. Februar 1929.
Marianne Hainisch; ernannt am 12. April 1929.
Richard Waldemar, Schauspieler; ernannt am 31. Mai 1929.
Babette Devrient-Reinhold, Burgschauspielerin; ernannt am 22. November 1929.
Dr. Josef Redlich, Professor, Jurist; ernannt am 31. Jänner 1930.
Dr. Rudolf Beer, Theaterdirektor; ernannt am 14. März 1930.

Emil Ertl, Schriftsteller; ernannt am 14. März 1930.
Eduard Jordan, Bürgerschullehrer i. R.; ernannt am 14. März 1930.
Felix Salten, Schriftsteller; ernannt am 14. März 1930.
Franz Schalk, Professor, Direktor der Wiener Staatsoper i. R.; ernannt am 14. März 1930.
Georg Stern, Hofrat, Direktor der Länderbank i. R.; ernannt am 14. März 1930.
Dr. Richard Wettstein, Hofrat, Professor, Botaniker; ernannt am 14. März 1930.
Max Winter, Sozialpolitiker und Schriftsteller, Vizebürgermeister; ernannt am 14. März 1930.
Oskar Lehner, Komm.-Rat; ernannt am 25. April 1930.
Dr. Alfred Adler, Professor, Arzt; ernannt am 11. Juli 1930.
Dr. Michael Haberlandt, Hofrat, Professor, Ethnologe; ernannt am 3. Oktober 1930.
Hugo Darnaut, Professor, akad. Maler; ernannt am 5. Dezember 1930.
Dr. Josef Hoffmann, Professor, Architekt; ernannt am 23. Dezember 1930.
Emil Sauer, Hofrat, Professor, Geheimrat, Pianist; ernannt am 23. Dezember 1930.
Ernst Arndt, Professor, Kammerschauspieler; ernannt am 13. März 1931.
Viktor Zwilling, Fürsorgeamtsvorstand; ernannt am 15. März 1931.
Josef Jaksch, Hofrat, Vorstand des Schubertbundes; ernannt am 20. März 1931.
Michael Hackl, Leiter des Konsumvereines Niederösterreich; ernannt am 21. April 1931.
Otto Treßler, Burgschauspieler; ernannt am 8. Mai 1931.
Dr. Rudolf Larisch, Hofrat, Professor; ernannt am 10. Juli 1931.
Karl Moll, akad. Maler; ernannt am 10. Juli 1931.
Helene Richter, Schriftstellerin; ernannt am 10. Juli 1931.
Anton Hueber, Bundesrat; ernannt am 7. Oktober 1931.
Dr. Anton Eiselsberg, Univ.-Prof., Hofrat; ernannt am 26. Jänner 1932.
Dr. Markus Hajek, Univ.-Prof.; ernannt am 19. Februar 1932.
Dr. Karl Noorden, Univ.-Prof., Geheimrat; ernannt am 19. Februar 1932.
Josef Reiter, Tonkünstler; ernannt am 19. Februar 1932.
Johann Wancura, Komm.-Rat; ernannt am 19. Februar 1932.
Dr. Adolf Menzel, Hofrat; ernannt am 10. Mai 1932.
Dr. Hans Horst Meyer, Univ.-Prof.; ernannt am 3. Juni 1932.
Rudolf Slatin Pascha, Afrikaforscher; ernannt am 7. Juni 1932.
Wilhelm Johann Holczabek, Schulrat; ernannt am 1. Juli 1932.
Karl Lafite, Professor, Komponist; ernannt am 2. Oktober 1932.
Franz Cizek, Professor; ernannt am 23. November 1932.
Dr. Arnold Durig, Hofrat, Professor; ernannt am 23. November 1932.
Leopold Happisch, Obmann der Naturfreunde; ernannt am 31. März 1933.
Dr. Oswald Redlich, Hofrat, Professor, Historiker, Präsident der Akademie der Wissenschaften; ernannt am 14. Juli 1933.
Heinrich Glücksmann, Professor; ernannt am 3. November 1933.
Albert Bassermann, Schauspieler; ernannt am 7. November 1946.
Robert Stolz, Komponist; ernannt am 24. April 1947.
DDr. h. c. Joseph Marx, Hofrat, Professor, Komponist; ernannt am 19. Juni 1947.
Dr. Hans Finsterer, Professor, Chirurg; ernannt am 24. Juni 1947.
Paul Speiser, Vizebürgermeister; ernannt am 21. Juli 1947.
Conrad Lötsch, Gemeinderat; ernannt am 20. Februar 1948.
Gabriele Proft, Abgeordnete zum Nationalrat; ernannt am 18. Februar 1949.
Arnold Schönberg, Komponist; ernannt am 14. September 1949.
Dipl.-Ing. Dr. Karl Holey, Hofrat, Professor, Dombaumeister; ernannt am 17. Februar 1950.
Josef Enslein, Unterstaatssekretär a. D.; ernannt am 23. März 1950.
Hans Preyer, Bezirksvorsteher; ernannt am 27. April 1951.
Ferdinand Buchberger, Bezirksvorsteher; ernannt am 26. Oktober 1951.
Dr. Viktor Kritscha, Magistratsdirektor; ernannt am 14. Dezember 1953.
Dr. Leopold Zechner, Hofrat, Abgeordneter zum Nationalrat, 2. Präsident des Stadtschulrates; ernannt am 18. Juni 1954.
Johann Resch, Gemeinderat, amtsführender Stadtrat a. D.; ernannt am 14. November 1957.
Leopold Thaller, amtsführender Stadtrat a. D.; ernannt am 19. September 1958.
Dr. Lise Meitner, Professorin, Atomphysikerin; ernannt am 24. Oktober 1958.
Karl Honay, Vizebürgermeister; posthum ernannt am 26. Juni 1959.
Karl Maisel, Bundesminister a. D.; ernannt am 11. November 1960.
Josef Afritsch, Bundesminister für Inneres; ernannt am 10. März 1961.
Karl Lakowitsch, Komm.-Rat, amtsführender Stadtrat, Landeshauptmann-Stellvertreter; ernannt am 16. Februar 1962.
Dr. Walter Kinzl, Magistratsdirektor; ernannt am 21. September 1962.
Hans Mandl, Hofrat, amtsführender Stadtrat, Vizebürgermeister; ernannt am 31. Juli 1964.
Franz Koci, amtsführender Stadtrat; ernannt am 31. Juli 1964.
Bruno Marek, Komm.-Rat, Erster Präsident des Wiener Landtages; ernannt am 29. Jänner 1965.
Dr. Max Neugebauer, Abgeordneter zum Nationalrat, amtsführender Präsident des Stadtschulrates für Wien; ernannt am 30. Juli 1965.
Franz Glaserer, Gemeinderat, amtsführender Stadtrat; ernannt am 22. November 1968.
Rudolf Sigmund, Komm.-Rat, Gemeinderat, amtsführender Stadtrat; ernannt am 22. November 1968.
Dr. Dr. h. c. mult. Clemens Holzmeister, Baurat h. c., emer. Hochschulprofessor; ernannt am 14. Mai 1971.
Rosa Jochmann, Abgeordnete zum Nationalrat i. R.; ernannt am 18. Juni 1971.
Dipl.-Ing. Karl Waldbrunner, Erster Präsident des Nationalrates, Bundesminister a. D.; ernannt am 19. November 1971.
Dr. Wilhelm Stemmer, Erster Präsident des Wiener Landtages a. D.; ernannt am 27. September 1974.
Karl Mühlhauser, Komm.-Rat, Generaldirektor, Dritter Präsident des Wiener Landtages a. D.; ernannt am 27. September 1974.
Maria Jacobi, Gemeinderätin, amtsführende Stadträtin a. D.; ernannt am 25. April 1975.
Fritz Wotruba, Professor, akad. Bildhauer; posthum ernannt am 17. Oktober 1975.
Otto Probst, Dritter Präsident des Nationalrates; ernannt am 16. Dezember 1976.
Dr. Heinrich Drimmel, Bundesminister a. D., Landeshauptmann-Stellvertreter und Vizebürgermeister a. D.; ernannt am 28. Februar 1977.
Alfred Porges, Komm.-Rat, Vorsitzender des Bundesrates a. D., Direktor der Wiener Messe AG a. D.; ernannt am 29. Juni 1977.
Mag. Dr. Hermann Schnell, Hofrat, Präsident des Stadtschulrates für Wien, Abgeordneter zum Nationalrat; ernannt am 21. Mai 1979.
Hans Böck, Stadtrat a. D.; ernannt am 27. Juni 1979.
Dr. Dr. h. c. Fritz Bock, Präsident, Vizekanzler a. D., Bundesminister a. D.; ernannt am 29. Oktober 1979.
Hans Bock, Präsident, Vizebürgermeister a. D.; ernannt am 19. November 1979.

Eduard Weikhart, Staatssekretär a. D.; ernannt am 30. Mai 1980.
Heinz Nittel, amtsführender Stadtrat; posthum ernannt am 14. Mai 1981.
Grete Rehor, Bundesministerin a. D.; ernannt am 30. September 1983.
Dr. Franz Skotton, Vorsitzender des Bundesrates; ernannt am 30. September 1983.
Robert Weisz, Abgeordneter zum Nationalrat a. D.; ernannt am 30. September 1983.
Maria Hlawka, Erste Präsidentin des Wiener Landtages a. D.; ernannt am 30. September 1983.
Otto Schweda, Dritter Präsident des Wiener Landtages a. D.; ernannt am 30. September 1983.
Dr. Otto Glück, Primarius, amtsführender Stadtrat a. D.; ernannt am 30. September 1983.
Dipl.-Ing. Dr. techn. Dr. h. c. Rudolf Wurzer, o. Univ.-Prof., amtsführender Stadtrat a. D.; ernannt am 30. September 1983.
Dr. Rudolf Ertl, Landesamtsdirektor und Magistratsdirektor i. R.; ernannt am 30. September 1983.
Dr. Dr. mult. h. c. Karl Fellinger, emer. o. Univ.-Prof.; ernannt am 31. Mai 1985.
DDr. DDDr. h. c. Viktor E. Frankl, Univ.-Prof.; ernannt am 31. Mai 1985.
Josef Holaubek, Polizeipräsident i. R; ernannt am 23. September 1985.
Hubert Pfoch, Erster Präsident des Wiener Landtages a. D.; ernannt am 14. Mai 1986.
Prof. Markus Bittner, Hofrat, Vizepräsident des Stadtschulrates für Wien; ernannt am 24. Juni 1986.
Leo Mistinger, Bezirksvorsteher a. D., Abgeordneter zum Nationalrat a. D.; ernannt am 24. April 1989.
Dr. Karl Vak, Generaldirektor der Zentralsparkasse und Kommerzialbank, Wien; ernannt am 7. Februar 1990.
Dipl.-Ing. Dr. Roland Rainer, o. Hochschulprofessor, Architekt; ernannt am 27. April 1990.
Dr. Erwin Ringel, Univ.-Prof., Psychiater; ernannt am 19. April 1991.
Dr. Hans Strotzka, emer. o. Univ.-Prof., Psychiater; ernannt am 19. April 1991.
Dr. Viktor Matejka, Stadtrat a. D.; ernannt am 9. Dezember 1991.
Dr. Marcel Prawy, Professor, Musikwissenschaftler; ernannt am 9. Dezember 1991.
Dr. Egon Seefehlner, Professor, Hofrat, Direktor der Wiener Staatsoper a. D.; ernannt am 4. Mai 1992.
Karl Gustav Vitaly, Komm.-Rat, Ehrensenator; ernannt am 26. November 1992.
Ing. Fritz Hofmann, Erster Präsident des Wiener Landtages a. D., amtsführender Stadtrat a. D.; ernannt am 17. Dezember 1993.
Dr. Alois Stacher, ao. Univ.-Prof., amtsführender Stadtrat a. D.; ernannt am 28. April 1995.
Dr. Josef Bandion, Prof., Landesamtsdirektor und Magistratsdirektor i. R.; ernannt am 5. Oktober 1995.
Fritz Hahn, Zweiter Präsident des Wiener Landtages a. D.; ernannt am 5. Oktober 1995.
Dr. Harald Leupold-Löwenthal, Univ.-Doz., Psychiater und Psychoanalytiker; ernannt am 5. Oktober 1995.
Otto Pelzelmayer, Komm.-Rat, amtsführender Stadtrat a. D.; ernannt am 9. Februar 1996.
Dr. Günther Goller, Stadtrat a. D.; ernannt am 8. März 1996.
Leonie Rysanek-Gausmann, Kammersängerin; ernannt am 28. Mai 1997.
Dr. Tassilo Broesigke, Präsident des Rechnungshofes i. R.; ernannt am 27. November 1997.
Kurt Tichy, Komm.-Rat; ernannt am 18. Dezember 1997.

In Wien wohnhafte österreichische Staatsbürger können vom Gemeinderat durch Ernennung zu Bürgern ausgezeichnet werden – § 6 der Verfassung der Bundeshauptstadt Wien.

EHRENRING DER STADT WIEN

Ergänzung zu den in den Jahrgängen 80 bis 111 veröffentlichten Listen

1 9 9 7

Jungbluth Robert, Direktor
Schenk, Hochschulprofessor Otto, Kammerschauspieler
Schütte-Lihotzky, DDr. h. c. Margarete, Architektin

EHRENMEDAILLE DER BUNDESHAUPTSTADT WIEN

Ergänzung zu den in den Jahrgängen 80 bis 111 veröffentlichten Listen

Ehrenmedaille in Gold

1 9 9 7

Foerster, Dr. Heinz von, Kybernetiker
Frank, Prof. Günther
Lind Jakov
Löffler, Univ.-Prof. Dr. Heinz
Minich Peter, Kammersänger
Pahlen, Prof. Dr. Kurt
Prade, Komm.-Rat Ing. Robert

Ehrenmedaille in Silber

1 9 9 7

Mang, Dipl.-Ing. Eva
Mang, Prof. Dipl.-Ing. Karl

Ehrenmedaille

1 9 9 7

Dochweiler, Dr. Henning

PROFESSOR-DR.-JULIUS-TANDLER-MEDAILLE DER STADT WIEN

Ergänzung zu den in den Jahrgängen 91 bis 111 veröffentlichten Listen

in Gold

1 9 9 7

Ströer Alfred, Abgeordneter zum Nationalrat a. D.

in Silber

1 9 9 7

Hiller Pater Andreas, Konsistorialrat
Pauly, Dr. Erika
Roden, Hofrat Prof. Dr. Othmar
Zahel Leo

in Bronze

1 9 9 7

Lenhart, Dipl.-Ing. Günter

OTTO-GLÖCKEL-MEDAILLE DER STADT WIEN

Ergänzung zu den in den Jahrgängen 91 bis 111 veröffentlichten Listen

1 9 9 7

Biak, Dkfm. Kurt
Hengelmüller Karl, Landtagsabgeordneter a. D.
Patat Gustav, Oberschulrat i. R

VERDIENSTPLAKETTE DER STADT WIEN

Ergänzung zu den in den Jahrgängen 91 bis 111 veröffentlichten Listen

in Gold

1 9 9 7 keine Verleihung

in Silber

1 9 9 7 keine Verleihung

in Bronze

1 9 9 7 keine Verleihung

JOSEF-KAINZ-MEDAILLE DER STADT WIEN

Ergänzung zu den in den Jahrgängen 80 bis 111 veröffentlichten Listen

1 9 9 7

Rupp Sieghardt, Schauspieler
Eckert Andrea, Schauspielerin
Wiesner Helmut, Regisseur
Kaufmann Ulrike, Bühnen- und Kostümbildnerin

Förderungspreise zur Josef-Kainz-Medaille der Stadt Wien

Müller Christoph, Schauspieler
Sztavjanik Franziska, Schauspielerin
Stückl Christian, Regisseur
Sedelmayer Christian, Bühnenbildner

JOHANN-NESTROY-RING DER STADT WIEN

Ergänzung zu den in den Jahrgängen 91 bis 111 veröffentlichten Listen

1 9 9 7

Nicoletti, Prof. Susi, Kammerschauspielerin
Martini Louise, Schauspielerin

PREISE DER DR.-KARL-RENNER-STIFTUNG

Ergänzung zu den in den Jahrgängen 80 bis 111 veröffentlichten Listen
(Verleihung alle drei Jahre, letzte Verleihung 1995)

PREISE DER STADT WIEN

Ergänzung zu den in den Jahrgängen 80 bis 111 veröffentlichten Listen

1997

Musik:
Clemencic, Dr. Rene
Literatur:
Czernin Franz Josef
Publizistik:
Kapfinger, Arch. Otto
Malerei und Grafik:
Brandl Herbert
Bildhauerei:
Zobernig, Mag. Heimo
Projektkunst:
Lang Helmut
Spiluttini Margherita

Architektur:
Kneissl, Arch. Franz Eberhard
Geistes- und Sozialwissenschaften:
Schmidt-Dengler, Univ.-Prof. Mag. Dr. Wendelin
Natur- und Technische Wissenschaften:
Schuster, Univ.-Prof. Dr. Peter
Medizinische Wissenschaften:
Wolff, Univ.-Prof. Dr. Klaus
Volksbildung:
Scheuch, Dr. Manfred

FÖRDERUNGSPREIS DER STADT WIEN

Ergänzung zu den in den Jahrgängen 80 bis 111 veröffentlichten Listen

1997

Musik:
Gadenstätter Clemens
Pironkoff Simeon jun.
Literatur:
Baláka Bettina
Ulama, Dipl.-Ing. Margit
Bildende Kunst:
Feiersinger Werner
Selichar Günther

Architektur:
Hubmann, Mag. arch. Erich und
Vass, Mag. arch. Andreas (als Team)
Wissenschaften:
Fischer, Dr. Lisa
Laferl, Mag. Dr. Christopher F.
Lubec, Univ.-Ass. Dr. Barbara
Marschik, Dr. Matthias
Reichensperger, DDr. Richard
Stauffer, Dipl.-Ing. Dr. Christian

ERNST-KŘENEK-PREIS DER STADT WIEN

Ergänzung zu den in den Jahrgängen 101 bis 111 veröffentlichten Listen
(Verleihung alle zwei Jahre, letzte Verleihung 1996)

KINDER- UND JUGENDBUCHPREIS DER STADT WIEN

Ergänzung zu den in den Jahrgängen 80 bis 111 veröffentlichten Listen

1997

Kinder- und Jugendbuch:
Welsh, Prof. Renate („Disteltage“ – Obelisk Verlag)
Auer Martin („Küss’ die Hand, gute Nacht, die liebe Mutter soll gut schlafen!“ – Verlag Kerle)
Janisch Heinz („Die kleine Marie und der große Bär“ – Annette Betz Verlag)
Illustration:
Blazejovsky Maria („Emma Pippifilippi“ – Verlag Jungbrunnen)

SPORTEHRENZEICHEN DER STADT WIEN

Ergänzung zu den in den Jahrgängen 80 bis 111 veröffentlichten Listen

1 9 9 7

Boldrino Karl
Hammer Alfred
Körner Alfred
Lausecker Josef
Schmied Ferdinand
Wolf Adolf

GROSSER SPORTPREIS DER STADT WIEN

Ergänzung zu den in den Jahrgängen 104 bis 111 veröffentlichten Listen

1 9 9 7 keine Verleihung

SPORTPREIS DER STADT WIEN

1 9 9 7 keine Verleihung

GESUNDHEITSPREIS DER STADT WIEN (WIENER GESUNDHEITSPREIS)

Ergänzung zu der im Jahrgang 111 veröffentlichten Liste

1 9 9 7

Ambulant:
Geburtshaus Nußdorf – Ganzheitliche Geburtshilfe, ambulant und hebammenorientiert (1. Preis)
Frauenselbsthilfe nach Krebs: Patientenselbsthilfe bei Lymphödemen (2. Preis)
AKH/Institut für Sportwissenschaften: Ambulante Sportgruppe für HTX- und herzoperierte Patienten (3. Preis)

Stationär:
Kaiser-Franz-Josef-Spital: Patientenbegleitung in psychischen Krisen (1. Preis)
Abendcafe im Pflegeheim Liesing (2. Preis)
AKH: Anstaltsapotheke am Informationshighway (3. Preis)

Gesundheitsförderung und Prävention:
Österreichische und Wiener Krebshilfe: Hautkrebsalarm: Sonne ohne Reue (1. Preis)
Institut für Sozialmedizin der Universität Wien: Unfallverhütung im Kindesalter – Gesundheitsförderung zwischen Struwelpeter und persönlichkeitsgeleiteter Verhaltensbeeinflussung (2. Preis)
Institut für Hypertoniker: Modernes Hypertoniemanagement (Bluthochdruck – na und?) (3. Preis)

Sonderpreis (Schule/Jugend):
Öffentliche Hauptschule in Wien 2, Max-Winter-Platz 2: Gesundes Leben (3. Preis)
Verein VIVA: Vertrauensschüler in Suchtfragen (3. Preis)
Verein „Gesundheit macht Schule" Spielraum – Gesundheitsförderung in der Volksschule (3. Preis)

WIENER GRABSTÄTTEN BERÜHMTER FRAUEN UND MÄNNER

Ergänzung zu den in den Jahrgängen 80 bis 111 veröffentlichten Listen

1 9 9 7

Zentralfriedhof

b) Ehrenhalber auf Friedhofsdauer

Wörle, Prof. Eugen, Architekt, gestorben 14. Dezember 1996, 40–60

Friedhof Hietzing

b) Ehrenhalber auf Friedhofsdauer

Moravec, Prof. Ing. Fritz, Forschungsreisender, Schriftsteller, gestorben 17. März 1997, 18–7–225

Friedhof Neustift

b) Ehrenhalber auf Friedhofsdauer

Birkmayer, Univ.-Prof. Dr. Dr. h. c. Walter, Neurologe, gestorben 10. Dezember 1996, 20–4–8

Böhm Carlo, Schauspieler, gestorben 2. April 1997, 76-6-9

Seefehlner, Hofrat Prof. Dr. Egon, ehem. Direktor der Wiener Staatsoper, gestorben 25. September 1997, N-1-44

EHRENZEICHEN FÜR VERDIENSTE UM DAS BUNDESLAND WIEN

Ergänzung zu den in den Jahrgängen 82 bis 111 veröffentlichten Listen

GROSSES GOLDENES EHRENZEICHEN MIT DEM STERN

1 9 9 7 keine Verleihung

GROSSES GOLDENES EHRENZEICHEN

1 9 9 7

Adamovich, o. Univ.-Prof. Dr. Ludwig, Präsident des Verfassungsgerichtshofes
Edlinger Rudolf, Bundesminister, amtsführender Stadtrat a. D.
Hunt Swanee, ao. und bev. Botschafterin
Nettig, Kommerzialrat Walter, Präsident der Wirtschaftskammer Wien
Peischl, Dr. Alfred, Magistratsvizedirektor
Strutzenberger Walter, Vizepräsident des Bundesrates a. D.

GROSSES SILBERNES EHRENZEICHEN

1 9 9 7

Mahringer, Dr. Peter, Sektionschef
Maisel, Dr. Otto, Obersenatsrat i. R.
Pöltner, Dipl.-Ing. Richard, Direktor der WStW-GW
Schmidl, Dipl.-Ing. Hans, Obersenatsrat i. R.
Suchomel, Dipl.-Ing. Peter, Obersenatsrat

GOLDENES EHRENZEICHEN

1 9 9 7

Berlakovich Andreas, ehem. Österreichischer Botschafter in Kroatien
Bischof, Dr. Rainer, Generalsekretär der Wiener Symphoniker
Bohmann, Kommerzialrat Dr. Rudolf
Buschhausen, ao. Univ.-Prof. Dr. Helmut
Czech, Mag. Hermann, Architekt
Czerny Rudolf, Gemeinderat a.D.
Dumolin Christian
Eichta Mario, Honorarvizekonsul
Engl, Dipl.-Ing. Erich, Gemeinderat a. D.
Gerstl Elfriede, Schriftstellerin
Glaser Franz, Brigadier
Hainisch, Regierungsrätin Cornelia
Hainisch, Mag. Maria Anna
Hotter, Dkfm. Robert, Gemeinderat a. D.
Huber Erich, Gemeinderat a. D.
Hummel Alfred, Gemeinderat a. D.
Igler, Dr. Hans, Präsident der CARE Österreich
Jank Werner, Gemeinderat a. D.
Jerabek Gerda, Gemeinderätin a. D.
Josefsson, Dipl.-Ing. Lars
König Friedrich, Bezirksvorsteher a. D.
Krämer, Kommerzialrat Sigmund
Krammer Friedrich, Bezirksvorsteher a. D.
Kuhn Michael
Kuzbari, Kommerzialrat Nabil Rafik
Lampelmayer, Dr. Manfred, Rechtsanwalt
Lehner Adolf, Gemeinderat a. D.
Lenz, Prof. Dr. Dipl.-Ing. Hans Peter
Ludwig Christa, Kammersängerin
Merkel, Dr. Inge
Pfleger Robert, Bezirksvorsteher a. D.
Prucha Leopold, Bezirksvorsteher a. D.
Pudschedl, Ing. Kurt, Gemeinderat a. D.
Rupaner, Regierungsrat Franz, Bezirksvorsteher a. D.
Sagmeister Rudolf, Gemeinderat a. D.
Schlögl, Dipl.-Ing. Gerd, Architekt
Schmitz, Dr. Ursula, Senatsrätin
Schönfeldt, Dr. Christl
Schutting, Dr. Julian, Schriftsteller
Steier Anton, Gemeinderat a. D.
Stein, Prof. Dipl.-Ing. Dr. Sepp, Architekt
Taddei Giuseppe, Kammersänger
Tsuzuki Kimiko
Vogt, Dkfm. Dr. Gerhard
Wimmer Hans, Bezirksvorsteher a. D.
Wolf Gusti, Kammerschauspielerin
Wolfgring, Ing. Robert, Oberamtsrat i. R.

SILBERNES EHRENZEICHEN

1 9 9 7

Dusek, Dr. Peter
Gebauer Gabriele
Gradwohl, Dr. Dieter, Rechtsanwalt
Hauer, Dr. Willibald, Rechtsanwalt
Holaubek Erich
Holper, Kommerzialrat Adolf
Kanzler Johann, Oberst
Kollar Franz, Gemeinderat a. D.
Krenn, Kommerzialrat Otto
Kügler-Leistner, Prof. Polly

Nahlik, Kommerzialrat Helmut
Oedendorfer, Regierungsrat Alois, Amtsdirektor
Paiha Irmtraut, Bezirksvorsteher-Stellvertreterin a. D.
Philp, Dr. Otto, ehem. Rechtsanwalt
Pilch, Prof. Adalbert, akad. Maler
Pilz Hans-Joachim
Podrecca, Univ.-Prof. Mag. Boris
Prem, Dr. Christian, Rechtsanwalt
Reiter, Univ.-Doz. Dr. Ludwig
Rethi Leopold, Oberst i. R.
Roth, Medizinalrat Prof. Dr. Gottfried
Schachinger Margit, Bezirksvorsteher-Stellvertreterin a. D.
Schadenbauer, Prof. Mag. Johann, Oberst, Militärkapellmeister
Schöner, Mag. Susanne M.
Schöngrundner Manfred, Oberst
Seidl, Regierungsrat Walter, Bezirksvorsteher-Stellvertreter a.D.
Steiner, Prof. Erich
Steiner Otmar, Oberst
Stuböck Erwin, Bezirksvorsteher-Stellvertreter a. D.
Wiesenthal Werner, Rechtsanwalt
Windhopp, Dr. Peter, Rechtsanwalt
Witt, Mag. Karsten

GOLDENES VERDIENSTZEICHEN

1997

Achitz Karl, Bezirksrat a. D.
Bammer Christa, Bezirksrätin a. D.
Bauer Anton, Bezirksrat a. D.
Bitzinger, Ing. Josef, Bezirksvorsteher-Stellvertreter a. D.
Bräuer Gerhard, Bezirksrat a. D.
Brenner Josef, Bezirksvorsteher-Stellvertreter a. D.
Brey Gerhard, Bezirksrat a. D.
Buchart Gustav
Burger, Dipl.-Ing. Otto Klaus
Czeloth Eduard, Bezirksrat a. D.
Danzer, Kommerzialrat Erich, Bezirksrat a. D.
Dolezal Karl
Du-Wagner Gertrude
Elsinger, Regierungsrat Ing. Friedrich Josef, Oberstudienrat
Emmerling Josef, Bezirksrat a. D.
Exler Ingeborg, Bezirksrätin a. D.
Fabrizii Michael, Bezirksrat a. D.
Fantel Hans, Publizist
Formanek, Kommerzialrat Julius, Bezirksvorsteher-Stellvertreter a.D.
Friesenbichler Josef
Fücsök Josef, Bezirksrat a. D.
Führer Karl, Bezirksrat a. D.
Garber Herbert, Bezirksrat a. D.
Gasselich Günter, Bezirksrat a. D.
Gerrer Herbert
Gmoser Johann, Bezirksrat a. D.
Grasserbauer Walter, Bezirksrat a. D.
Gurdet Willibald Franz, Bezirksrat a. D.
Guth Johann, Bezirksrat a. D.
Haas Franz
Hadraba Brigitte, Bezirksvorsteher-Stellvertreterin a. D.
Hartl Hans, Bezirksrat a. D.
Hartl Walter, Bezirksrat a. D.
Hauberl, Mag. Franz Werner
Heumesser, Kommerzialrat Walter, Bezirksrat a. D.
Hintermeier Gerhard, Bezirksrat a. D.
Hofmann Silvia, Bezirksrätin a. D.
Höllesberger Franz, Bezirksrat a. D.
Hübel Karl, Bezirksrat a. D.
Iro Gerda, Kostümbildnerin
Jäger Franz, Bezirksrat a. D.
Jakisch, Kommerzialrat Johann, Bezirksrat a. D.
Kaiser Helmut, Bezirksrat a. D.
Karafiat Hermine, Bezirksrätin a. D.
Karger Adolf, Bezirksrat a. D.
Kloser, Regierungsrat Hans, Bezirksrat a. D.
Knauer Christian, Bezirksrat a. D.
Knebel, Kommerzialrat Kurt, Bezirksrat a. D.
Köhler Karl
Korn Siegfried, Bezirksrat a. D.
Kovarik Ferdinand, Bezirksrat a. D.
Kress Michael, Bezirksrat a. D.
Lenzenhofer Josef, Bezirksrat a. D.
Loidolt Inge, Bezirksrätin a. D.
Maier Franz
Maier Karl, Bezirksrat a. D.
Marschall Alfred, Bezirksrat a. D.
Mühlegger Johann, Bezirksrat a. D.
Neuhauser Herbert, Bezirksrat a. D.
Neuzil Astrid, Bezirksrätin a. D.
Oehler Walter, Bezirksrat a. D.
Pacolt, Prof. Ernst, Oberschulrat
Peichel Herta, Bezirksrätin a. D.
Petje, Ing. Heinrich, Bezirksrat a. D.
Pickl Anton, Bezirksrat a. D.
Piskacek Karl-Heinz
Pocta, Dipl.-Ing. Ady
Prager Richard, Bezirksrat a. D.
Pubek Agnes, Bezirksrätin a.D.
Rath Werner, Bezirksrat a. D.
Reidlinger Heinz, Bezirksrat a. D.
Rumpler Richard
Ruschitzka Erika, Bezirksrätin a. D.
Sax Raimund, Bezirksrat a. D.
Schatzl Karl, Bezirksrat a. D.
Schmolka Josef
Schneider, Dr. Kurt, Bezirksvorsteher-Stellvertreter a.D.
Schnetz, Dr. Elisabeth, Bezirksrätin a. D.
Schuster Alois, Bezirksrat a.D.
Steininger, Mag. Dieter, Oberstudiensrat i. R.
Steinmetz, Kommerzialrat Alfred, Bezirksrat a. D.
Tarlowski, Prof. Doris
Taubek, Oberschulrat Karl, Bezirksrat a. D.
Trautenberger Sabine, Bezirksrätin a. D.
Turnovszky Hans D.
Ungar Peter, Bezirksrat a. D.
Vandor Franz, Bezirksrat a. D.
Vojtek Adolf
Vollmann Gustav
Vosatka Heinrich, Bezirksrat a. D.
Vrzal Hannelore, Bezirksrätin a. D.
Wagesreiter Othmar, Bezirksrat a. D.
Wagner, Dr. Hans
Walter Norbert, Bezirksrat a. D.
Welsh-Rabady Renate
Wendler Fritz, Bezirksrat a.D.
Wieser Maria, Bezirksrätin a. D.
Zajic, Ing. Erich, Bezirksrat a. D.
Zawiacic Robert, Bezirksrat a. D.
Zimmel Franz, Bezirksrat a. D.
Zimmer, Kommerzialrat Franz

SILBERNES VERDIENSTZEICHEN

1997

Arnold Anton, Bezirksrat a. D.
Artmann Herbert, Bezirksrat a. D.
Bartsch Margit
Bauer, Dr. Klaus, Bezirksrat a. D.
Baumgartlinger Horst, Bezirksrat a. D.
Bayer Walter J.
Berger Ewald
Berggold, Mag. Norbert, Bezirksrat a. D.
Berwein Walter, Bezirksrat a. D.
Binder Wilfried
Cettl Hedwig
Dajani, Dr. Elisabeth, Bezirksrätin a. D.
de Waal, Dr. Wilfried, Bezirksrat a. D.
Dellerfuhs Leopold, Bezirksrat a. D.
Deworezky Karl, Bezirksrat a. D.
Eisenstein, Dr. Herbert, Bezirksrat a. D.
Fabits Wolfgang, Bezirksrat a. D.
Feigl Helmut, Bezirksrat a. D.
Fichtinger, Kommerzialrätin Herta, Bezirksrätin a. D.
Fischer Hedwig, Bezirksrätin a. D.
Glanz Luise
Gräbner Hildegard
Gratzl Peter, Bezirksrat a. D.
Grimm Hanspeter
Grohbauer Elmar
Gruber Karl
Haas, Prof. Helmut, Bezirksrat a. D.
Hackl Josef, Bezirksrat a. D.
Hanzl Leopold, Bezirksrat a. D.
Haukwitz Franz
Heinrich Alfred, Bezirksrat a. D.
Hiebl Eveline, Bezirksrätin a. D.
Hirtum Gustav
Hitzinger Herbert, Bezirksrat a. D.
Hofer Margarethe, Bezirksrätin a. D.
Hofer Werner
Hönigschmid Karl, Bezirksrat a. D.
Howanietz Günther, Bezirksrat a. D.
Humer Emilie
Jakubik Elisabeth, Bezirksrätin a. D.
Jarolik Herbert, Bezirksrat a. D.
Jersabek, Mag. Gerhard, Bezirksrat a. D.
Jordan Waltraud
Jorg Hildegard
Kaiser Walter, Bezirksrat a. D.
Karner Matthäus
Katt Paul, Bezirksrat a. D.
Kiepetz Karl, Bezirksrat a. D.
Kinigadner Renate, Bezirksrätin a. D.
Knoll, Univ.-Doz. Dr. Rainhold, Bezirksrat a. D.
Koch Adolf, Bezirksrat a. D.
Köllner Rosa, Bezirksrätin a. D.
Kopacs Hedwig, Bezirksrätin a. D.
Krammer Walter, Bezirksrat a. D.
Kruckenfellner Walter
Kurzmann Klaus, Bezirksrat a. D.
Lehner Ingeborg, Bezirksrätin a. D.
Leistinger Karl
Lischkar Franz
Lischkar Gerhard
Lutschansky Otto
Maidl Herta, Bezirksrätin a. D.
Maric-Wallner Ingrid, Bezirksrätin a D.
Marosler Heinz, Bezirksrat a. D.
Meissl Margarete, Bezirksrätin a. D.
Menclik Rainer, Bezirksrat a. D.
Moritz Maria, Bezirksrätin a. D.
Mörth Johann
Muhr Karl
Murmann Franz, Bezirksrat a. D.
Muttenthaler Margarethe
Nekola Franz, Bezirksrat a. D.
Nemeth Karl, Bezirksrat a. D.
Neuber Manfred
Obermayer Helmut, Bezirksrat a. D.
Oskera-Schroll Eva
Parade, Ing. Gottfried, Bezirksrat a. D.
Paschinger Rudolf, Bezirksrat a. D.
Peischl Christine, Bezirksrätin a. D.
Penthor Johanna, Bezirksrätin a. D.
Piringer, Dr. Kurt, Bezirksrat a. D.
Prunbauer, Dr. Martin, Bezirksrat a. D.
Reinbacher Josef
Reiter Johann, Bezirksrat a. D.
Roppelt Michael
Schartel Lieselotte, Bezirksrätin a. D.
Schedl, Kommerzialrat Herbert
Scheidl, Baumeister Hans, Bezirksrat a. D.
Schieting Gerhard
Schmidt Christine, Bezirksrätin a. D.
Schultes Peter, Bezirksrat a. D.
Schwab Erhard
Spindler Anton, Bezirksrat a. D.
Spranger Peter, Bezirksrat a. D.
Stanzel, Prof. Maria, Bezirksrätin a. D.
Stidl Anna, Bezirksrätin a. D.
Strohmaier Monika, Bezirksrätin a. D.
Studeny Karl, Bezirksrat a. D.
Takacs Hannes, Bezirksrat a. D.
Teichmann, Dr. Renate, Bezirksrätin a. D.
Theiner, Dr. Elfriede, Bezirksrätin a. D.
Thurner Johann, Bezirksrat a. D.
Valentin Alfred, Bezirksrat a. D.
Veigl Adolf, Bezirksrat a. D.
Votava Gerhard, Bezirksrat a. D.
Wagner Ursula, Bezirksrätin a. D.
Winkler Christine
Zidek Erika, Bezirksrätin a. D.
Zimmel Josef
Zisch Inge, Bezirksrätin a. D.

EHRENZEICHEN FÜR DIE ERRETTUNG VON MENSCHEN AUS LEBENSGEFAHR (WIENER RETTUNGSMEDAILLE)

Ergänzung zu den in den Jahrgängen 82 bis 111 veröffentlichten Listen

1 9 9 7

Hasenöhrl Michael, Inspektor
Heß Franz, Bezirksinspektor
Kausel Matthias, Revierinspektor
Lässig Robert, Revierinspektor
Macho Franz, Bezirksinspektor
Pabi Christian, Revierinspektor
Raab Roland, Inspektor

EHRENZEICHEN FÜR VERDIENSTE IM WIENER FEUERWEHR- UND RETTUNGSWESEN

Ergänzung zu den in den Jahrgängen 80 bis 111 veröffentlichten Listen

1 9 9 7

Für 40jährige Tätigkeit (in Silber):
keine Verleihung

Für 25jährige Tätigkeit (in Bronze):

Götz Anton Stefan
Kittler Erich
Mattes, Ing. Michael, Hauptbrandmeister
Stanzl Peter, Amtsrat

EINSATZMEDAILLE DES LANDES WIEN

Ergänzung zu den in den Jahrgängen 92 bis 111 veröffentlichten Listen

1 9 9 7

Bergmann Rene, Inspektor
Brunner Günter, Revierinspektor
Czadilek, Dr. Sabine
Egger Wilhelm, Revierinspektor
Gießauf Markus, Inspektor
Greiner Andreas, Inspektor
Ilic-Przewieda Lucyna, Krankenschwester
Jank Thomas, Revierinspektor
Kormann Lurline, Krankenschwester
Marth Thomas, Inspektor
Murg, Dr. Monika
Nagy Ernest
Polster Martin
Putz Andreas, Inspektor
Scheer Kurt
Schermann Roman, Inspektor
Slamanig Klaus, Inspektor
Weiglhofer Heribert, Revierinspektor

KULTUR, SPORT UND FREIZEIT

Pläne

Akademietheater

3, Lisztstraße 1
Direktion: Tel. 514 44 . . . 0

Tageskasse:
1, Goethegasse 1, Tel. 514 44 . . ., 2959, 2960

Abendkasse:
3, Lisztstraße 1, Tel. 514 44 . . . 0

Kreditkartentel.: 513 15 13

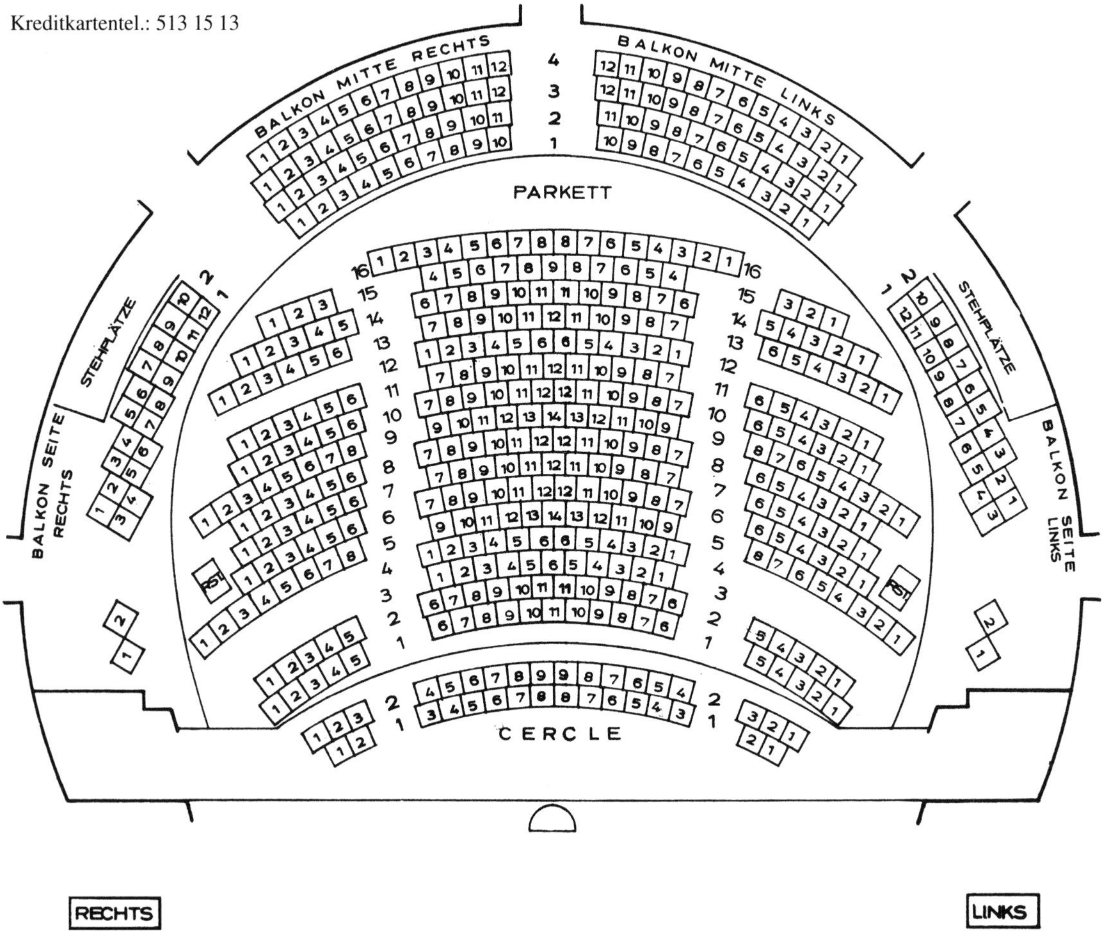

Fassungsraum: 532 Personen
(496 Sitzplätze, 32 Stehplätze, 2 Rollstuhlplätze,
2 Begleitersitze)

Akzent

4, Theresianumgasse 16–18
Tel. 501 65 . . ., 3306

Abendkasse: Tel. 501 65 . . ., 3334

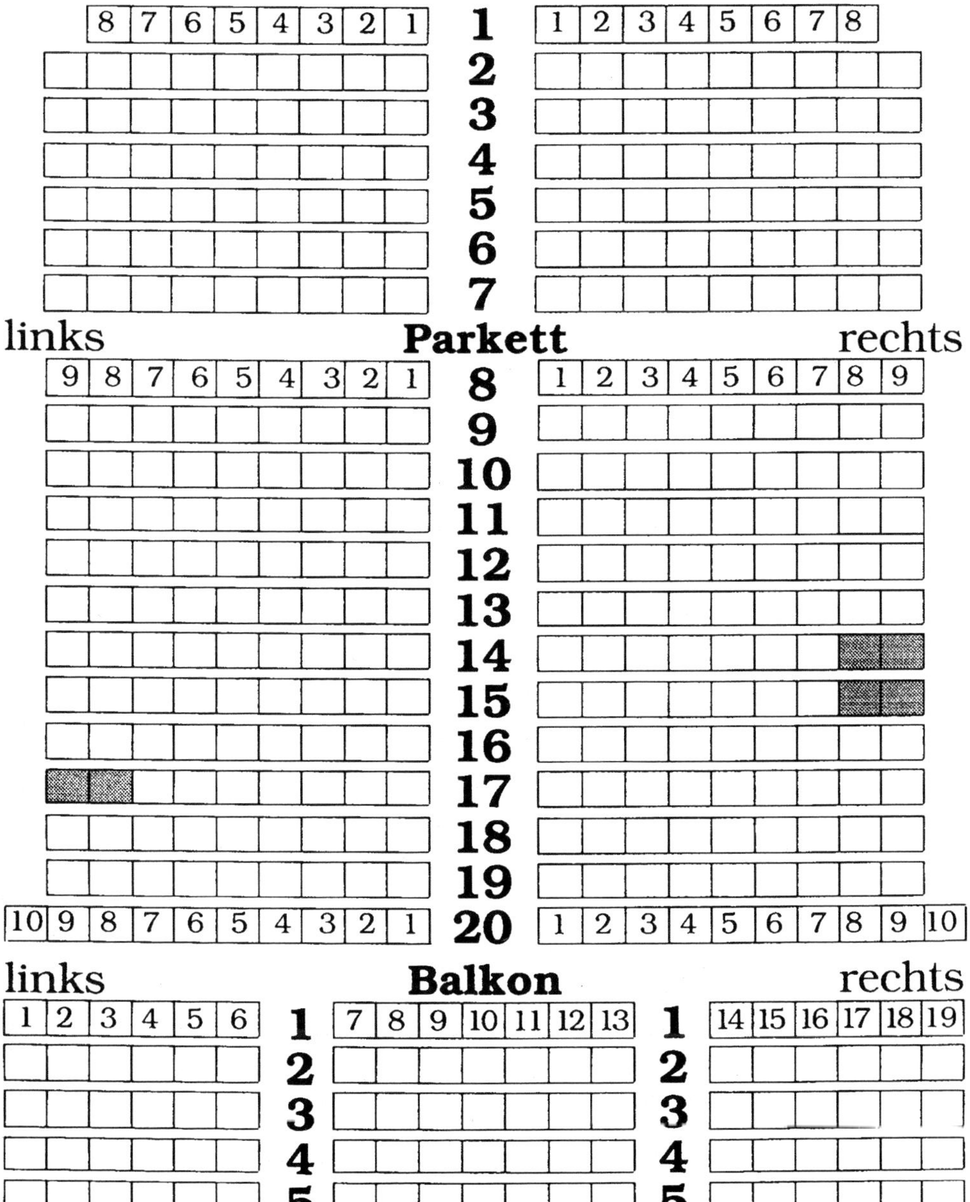

Fassungsraum: 455 Personen

Ateliertheater

7, Lerchenfelder Straße 45
Tel. 524 22 45

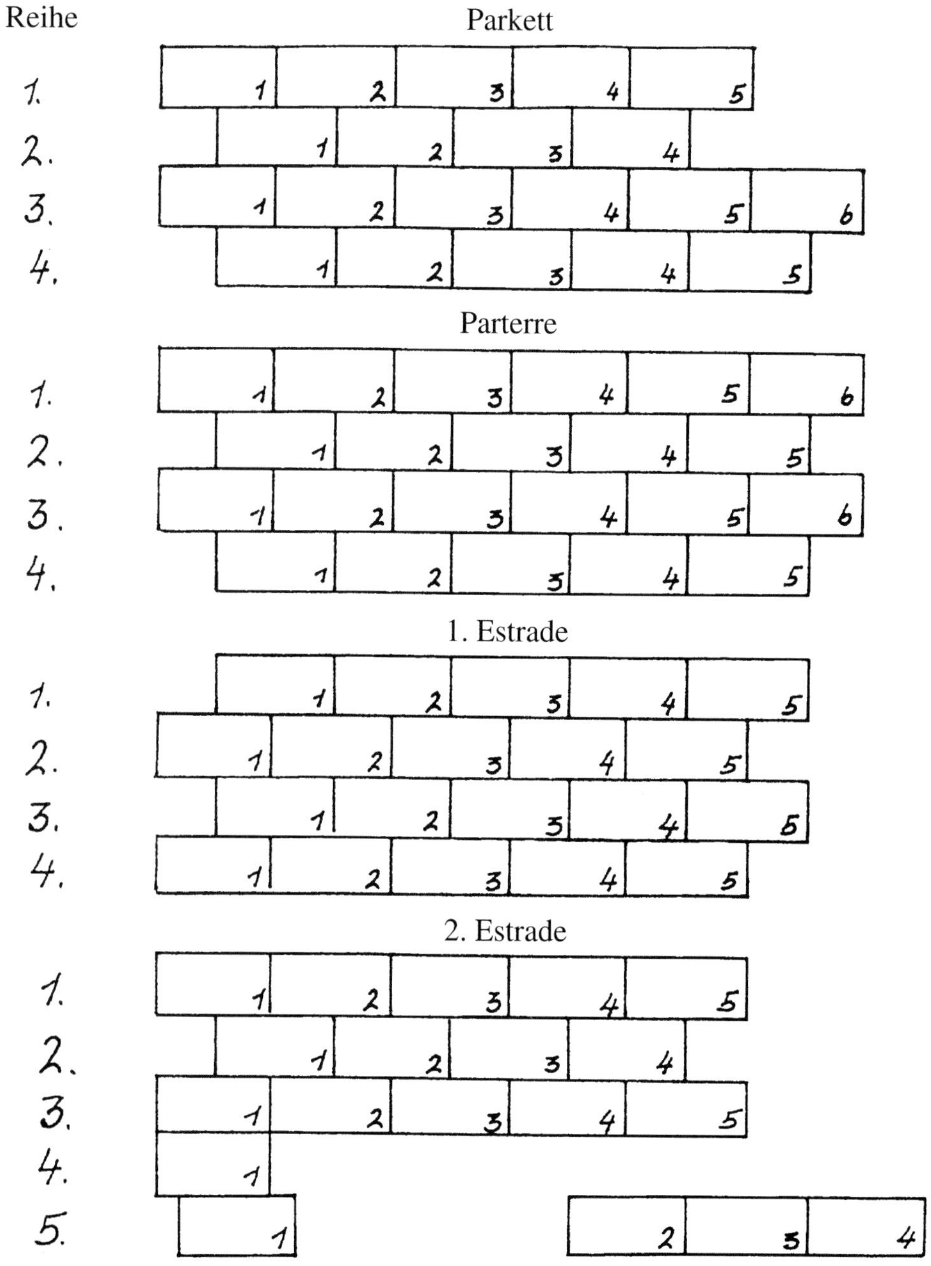

Fassungsraum: 81 Personen

Burgtheater

1, Dr.-Karl-Lueger-Ring 2
Direktion: Tel. 514 44 . . . 0

Tageskasse:
1, Goethegasse 1, Tel. 514 44 . . ., 2959, 2960

Abendkasse:
1, Dr.-Karl-Lueger-Ring 2, Tel. 514 44 . . . 0

Kreditkartentel.: 513 15 13

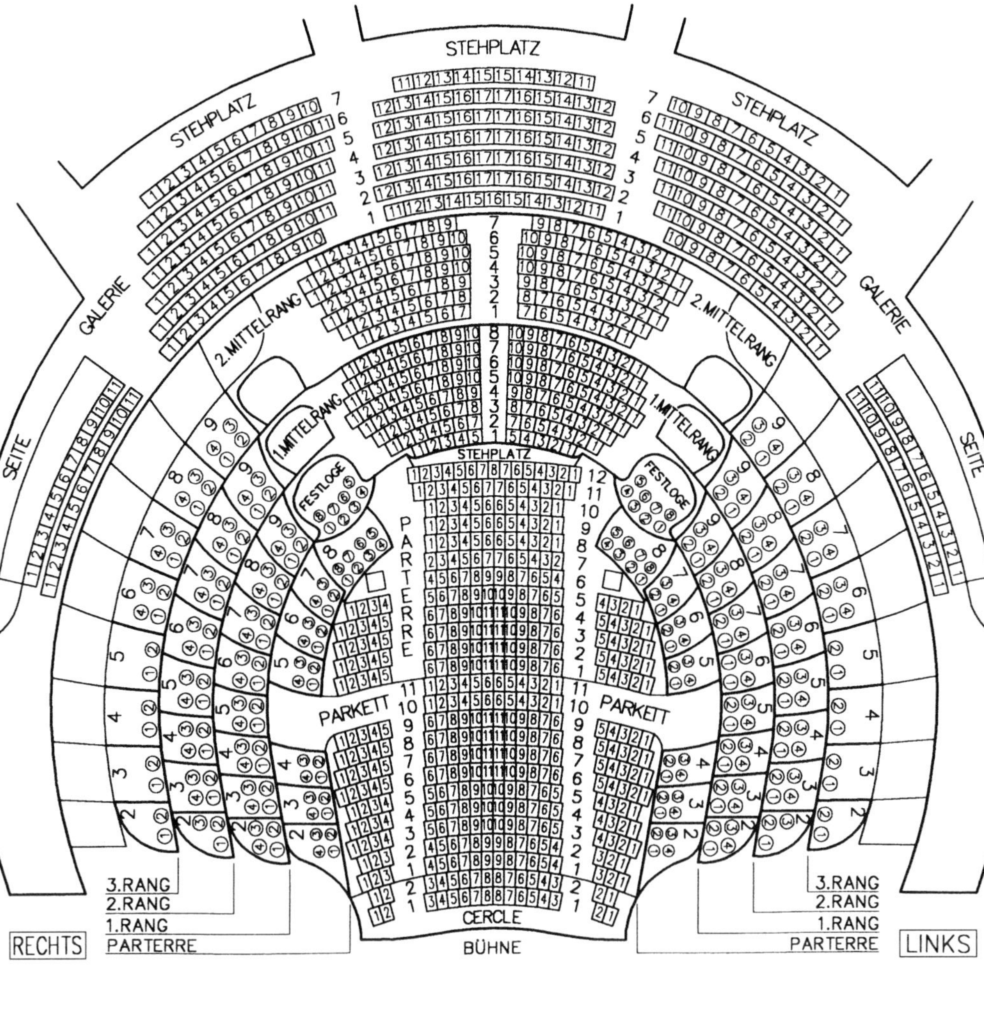

Fassungsraum: 1.341 Personen
(1.228 Sitzplätze, 109 Stehplätze, 2 Rollstuhlplätze, 2 Begleitersitze)

Vestibül: 50 Personen

Kasino am Schwarzenbergplatz: 100 Personen

dietheater im Künstlerhaus

1, Karlsplatz 5
Tel. 587 05 04..., 20
Telefax: 587 87 74..., 31

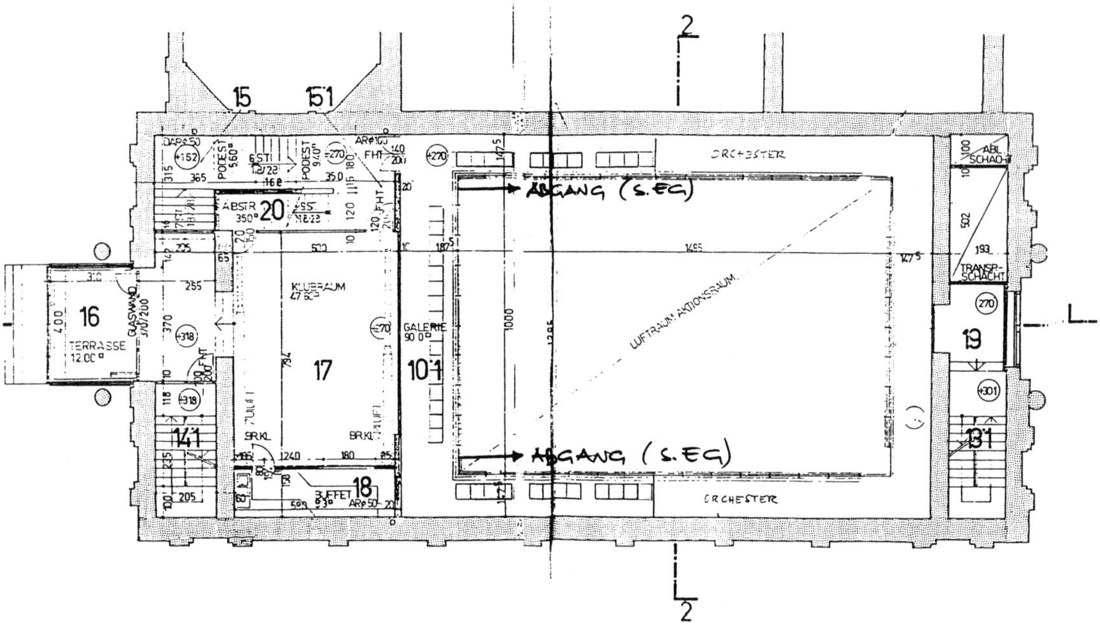

1.OBERGESCHOSS GRUNDRISS

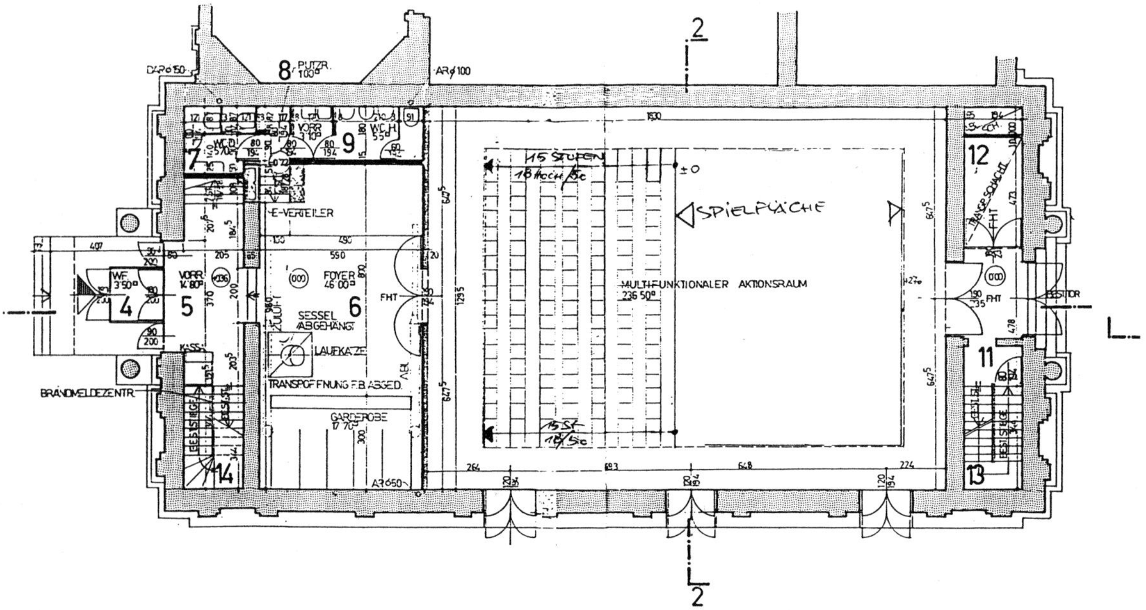

ERDGESCHOSS GRUNDRISS

Fassungsraum: 184 Personen

Drachengasse 2 Theater

1, Drachengasse 2
Tel. 513 14 44

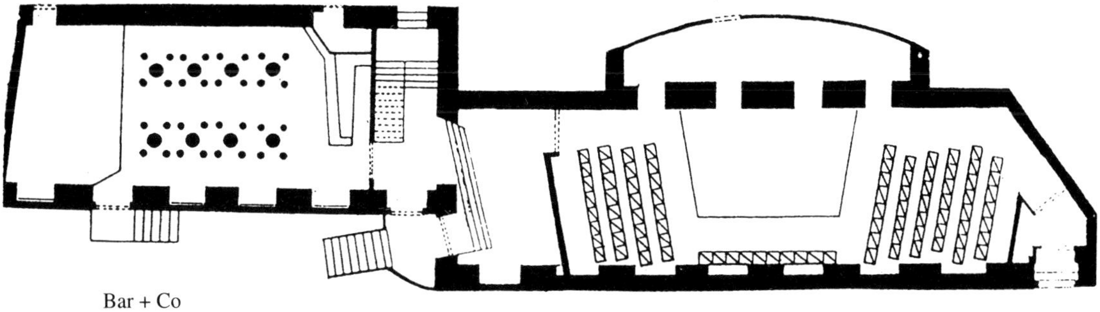

Fassungsraum: Bar + Co – 50 Personen
Theater – 90 Personen

Ensemble Theater

1, Petersplatz 1
Tel. 535 32 00

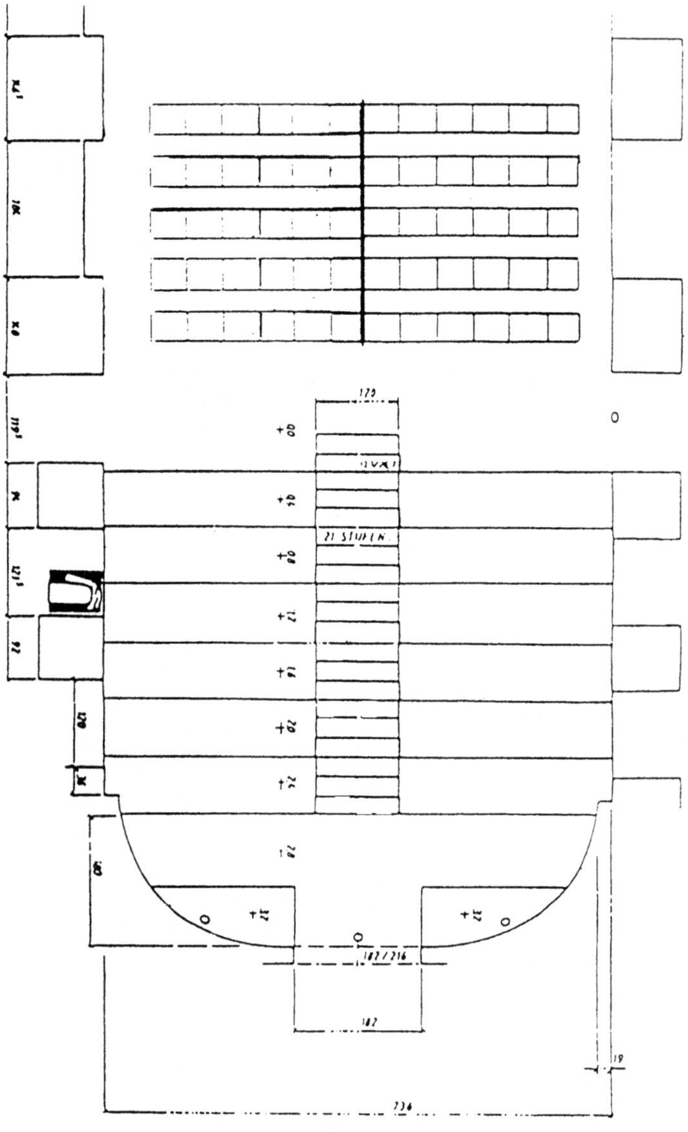

60 Plätze

88 Plätze

Fassungsraum: 148 Personen

Experiment am Liechtenwerd

9, Liechtensteinstraße 132
Tel. 319 41 08

1. Reihe	1	2	3	4	5	6	7
2. Reihe	8	9	10	11	12	13	14
3. Reihe	15	16	17	18	19	20	21
4. Reihe	22	23	24	25	26	27	28
5. Reihe	29	30	31	32	33	34	35
6. Reihe	36	37	38	39	40	41	42
7. Reihe	43	44	45	46	47	48	49

Fassungsraum: 49 Personen

Freie Bühne Wieden

4, Wiedner Hauptstraße 60b
Tel. 586 21 22

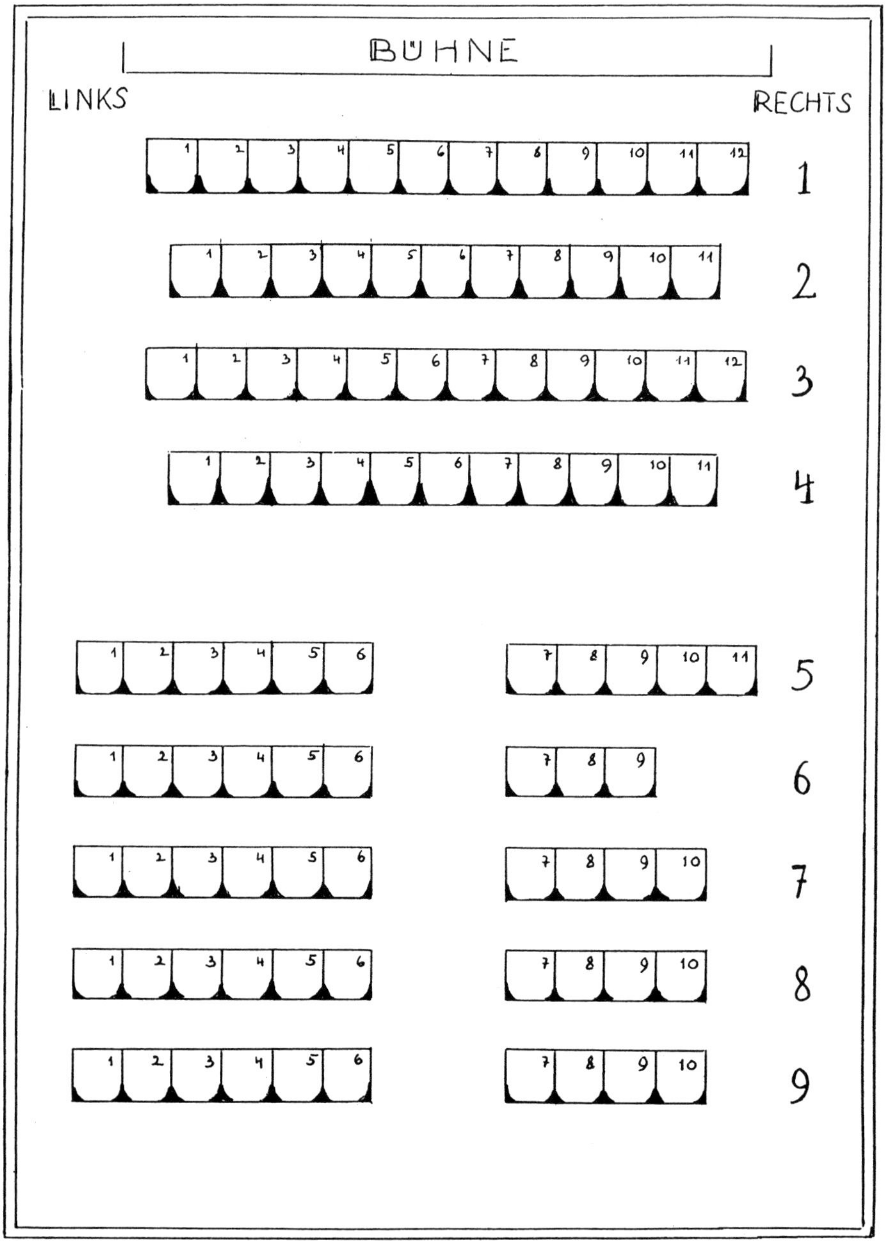

Fassungsraum: 96 Personen

International Theatre

9, Porzellangasse 8
Tel. 319 62 72

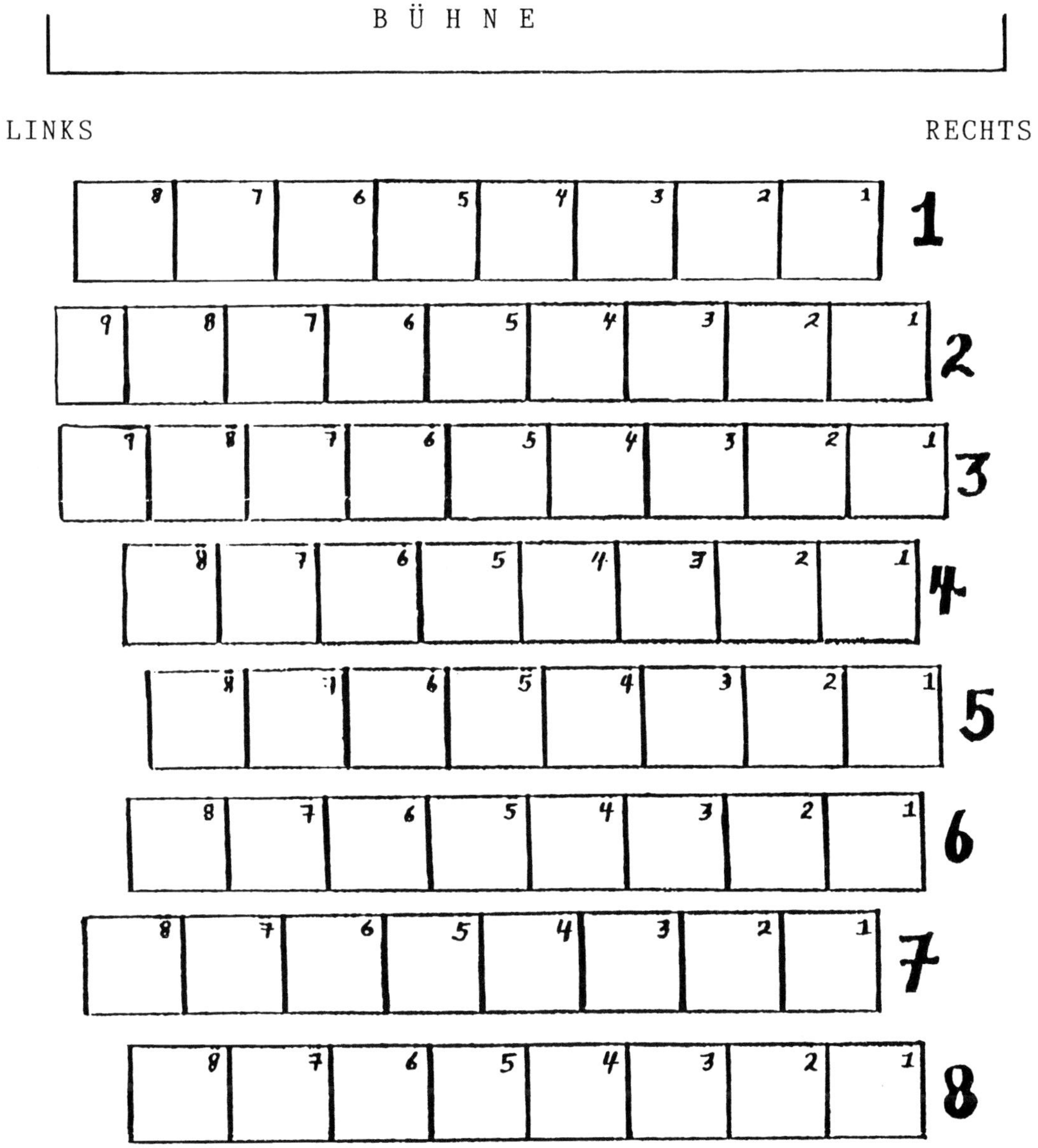

Fassungsraum: 66 Personen

Kellertheater The Fundus,
9, Müllnergasse 6a:
30 Personen

Wiener Kammeroper

1, Fleischmarkt 24
Tel. 513 60 72

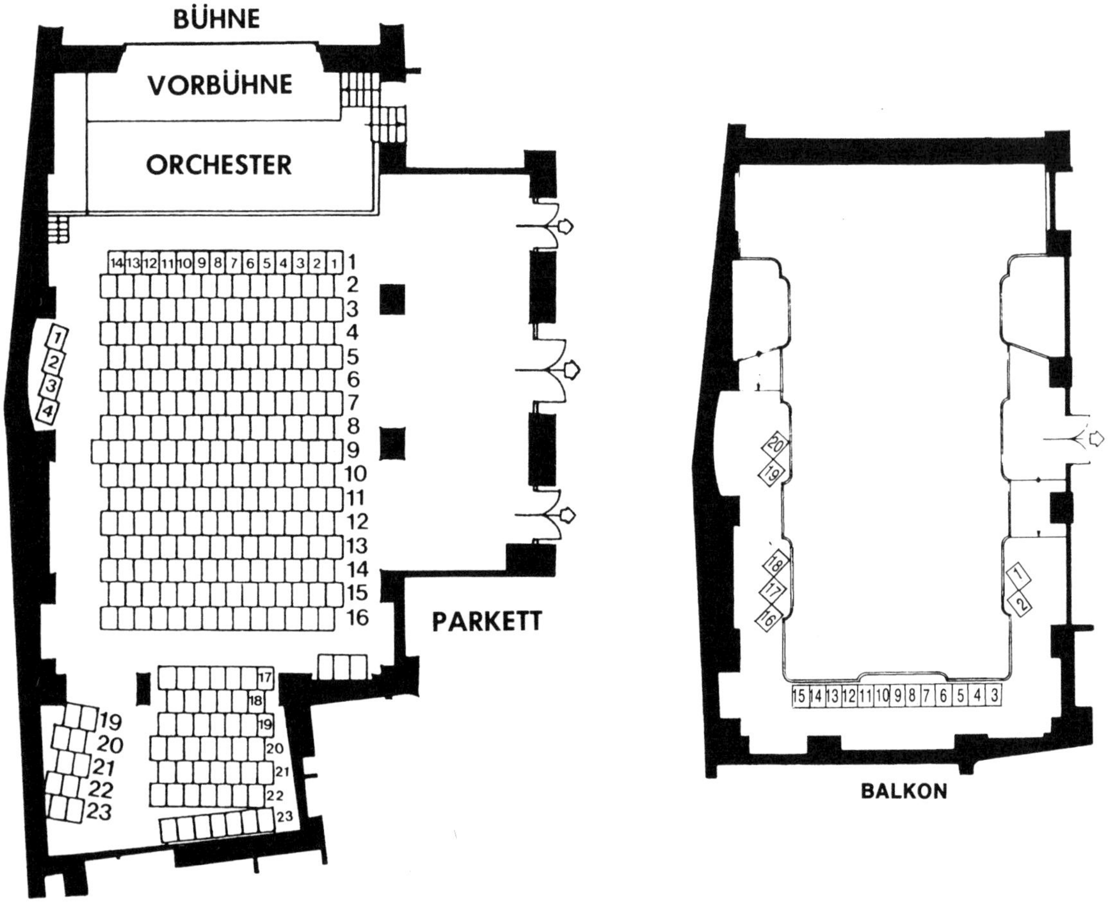

Fassungsraum: 312 Personen
(304 Sitzplätze, 8 Stehplätze)

Wiener Kammerspiele

1, Rotenturmstraße 20
Direktion: Tel. 427 00 . . . 0

Tageskasse: Tel. 533 28 33 . . . 0

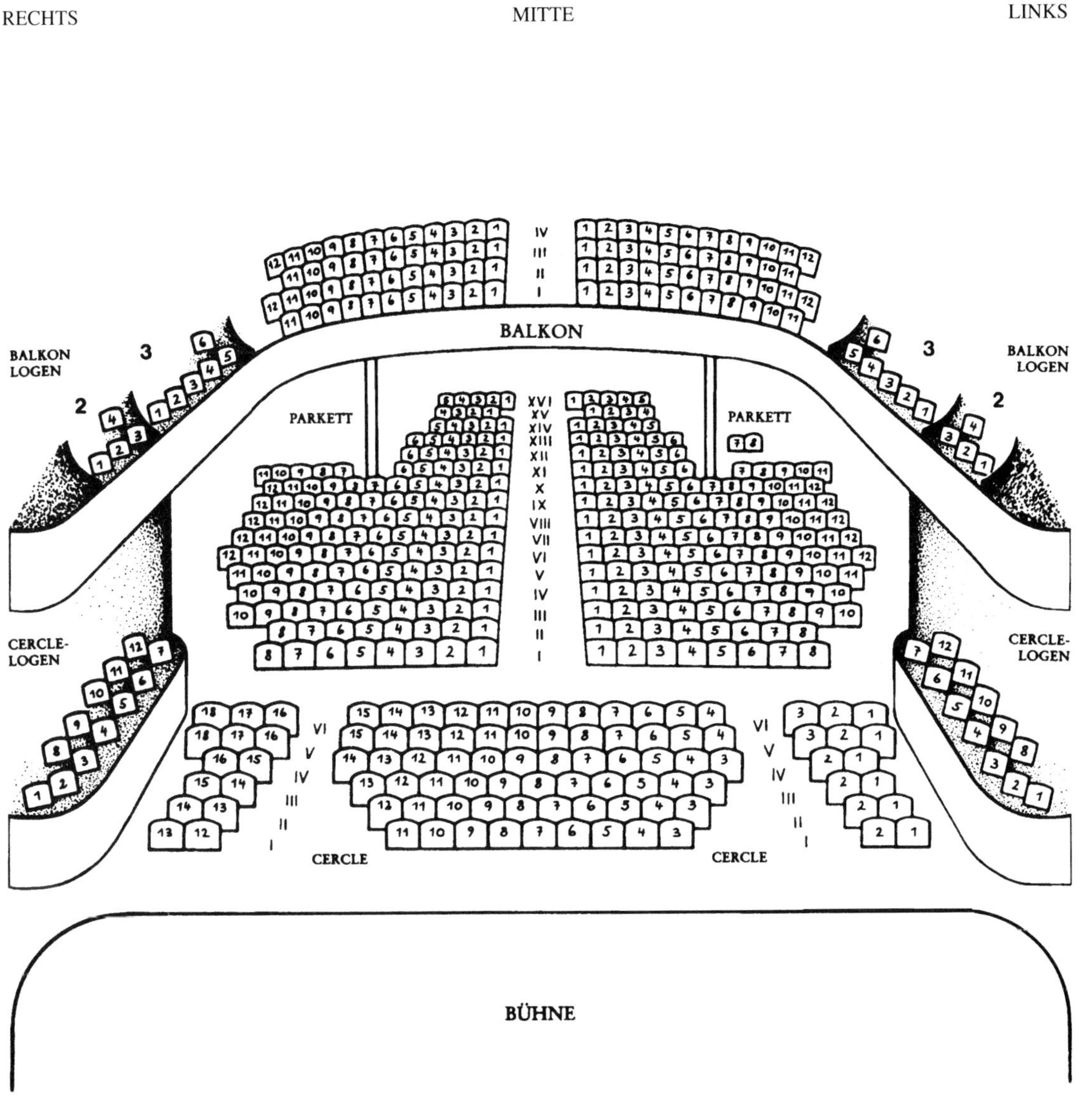

Fassungsraum: 520 Personen

Kleine Komödie

1, Walfischgasse 4
Tel. 512 42 80

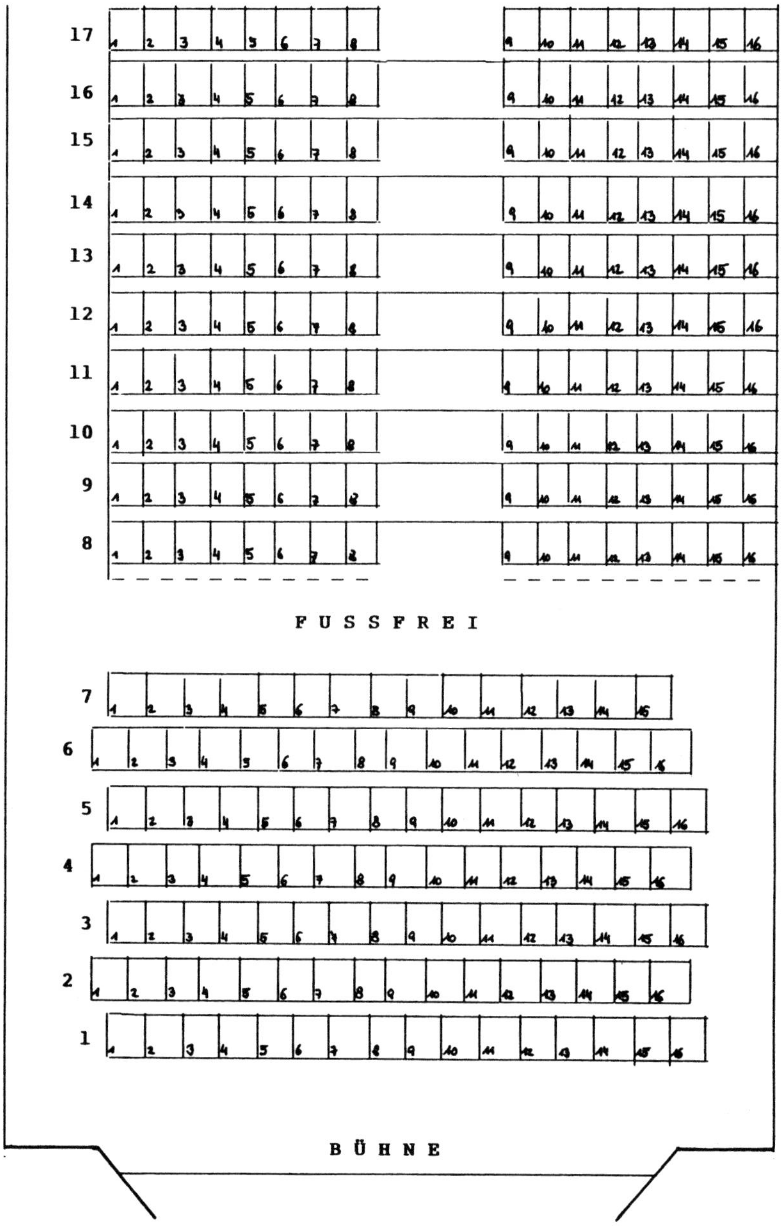

Fassungsraum: 271 Personen
(1 Rollstuhlplatz)

Komödie am Kai

1, Franz-Josefs-Kai 29
Tel. 533 24 34 . . . 0

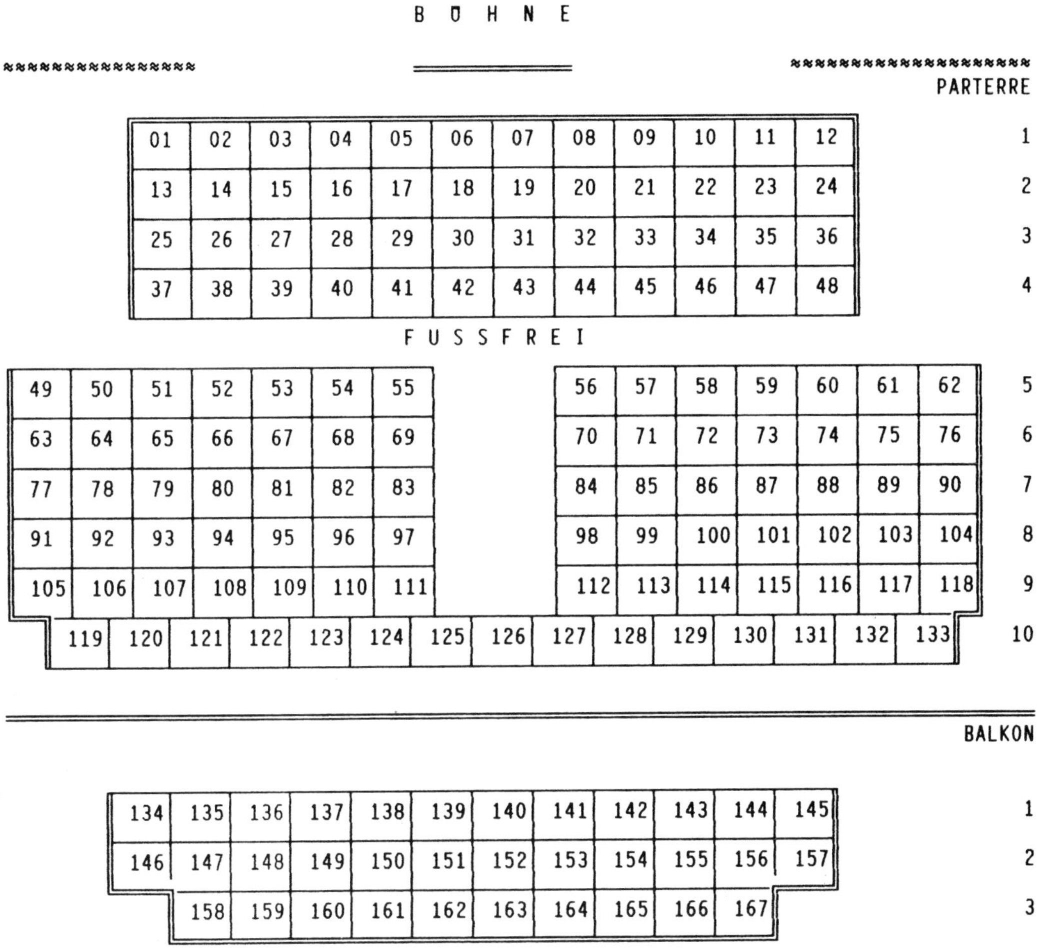

Fassungsraum: 167 Personen

Metropol – Verein Wiener Stadtfeste

17, Hernalser Hauptstraße 55
Tel. 407 77 40

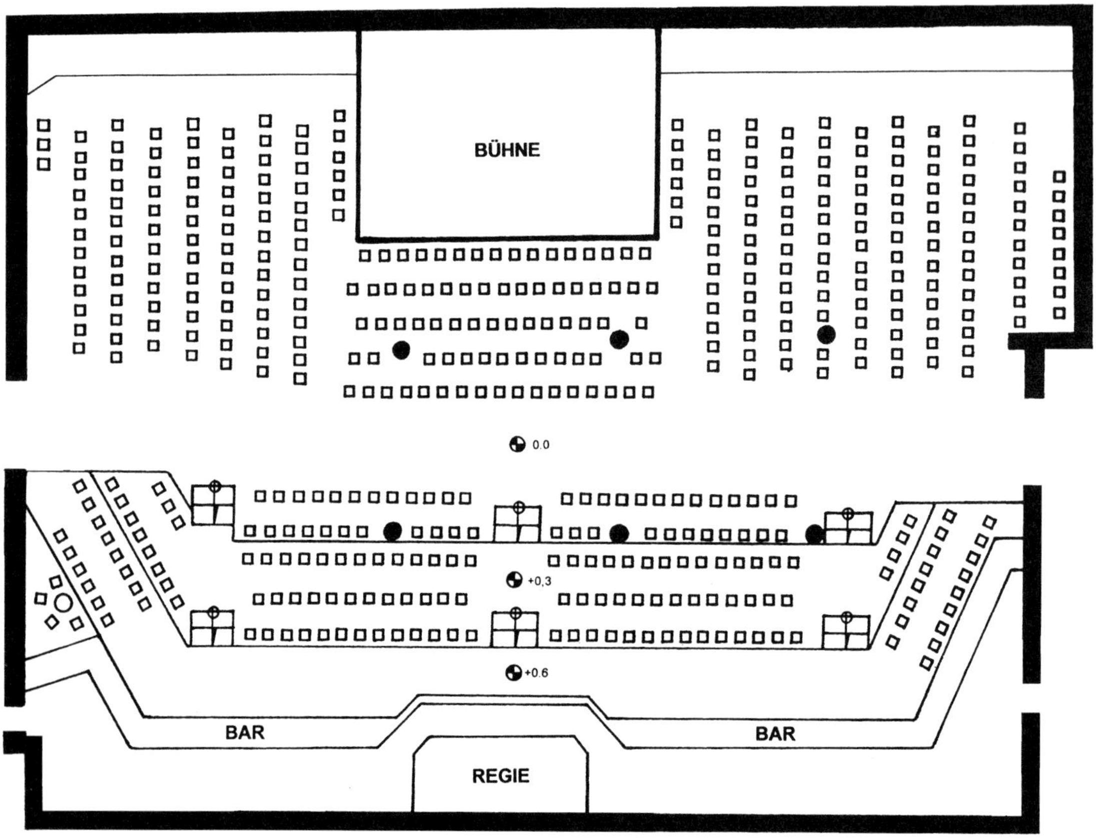

Fassungsraum: 591– 600 Personen
(537–541 Sitzplätze, 54–75 Stehplätze)

Metropoldi – Erste Wiener Beislbühne:
ca. 100 Personen

Rabenhof

3, Rabengasse 3
Tel. 713 60 64 . . . 0

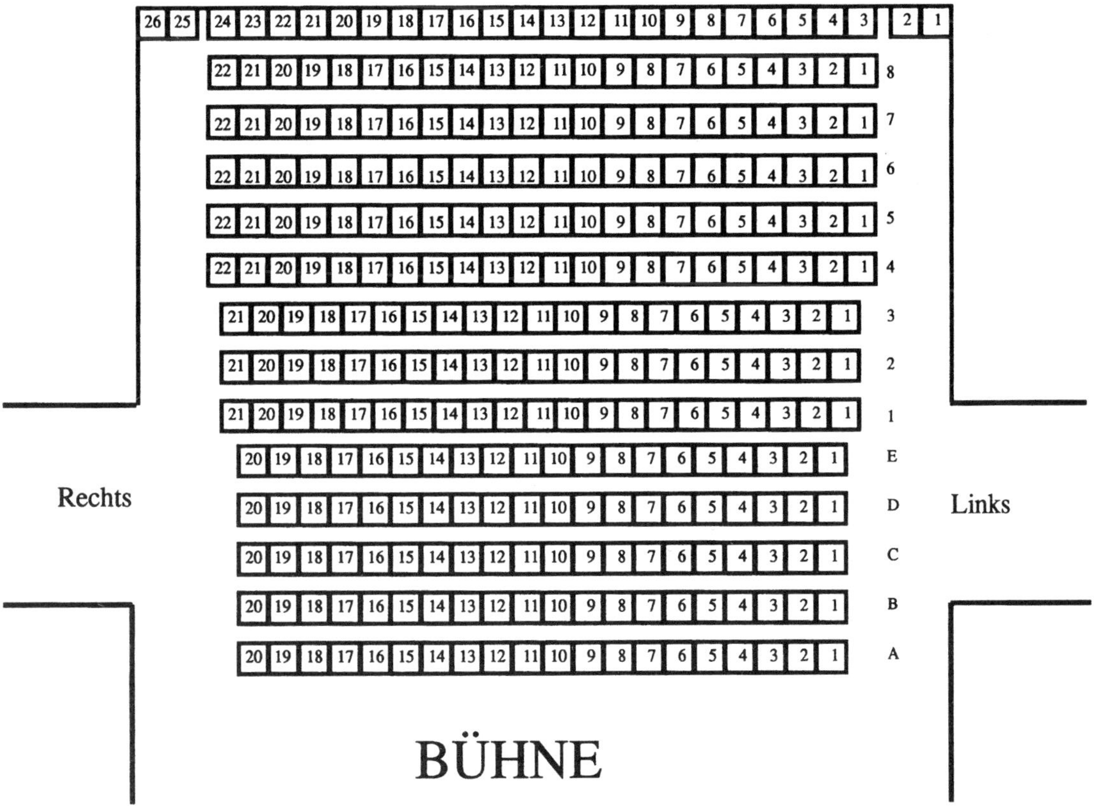

Fassungsraum: 299 Personen

Raimundtheater

6, Wallgasse 18–20
Tel. 599 77 . . . 0

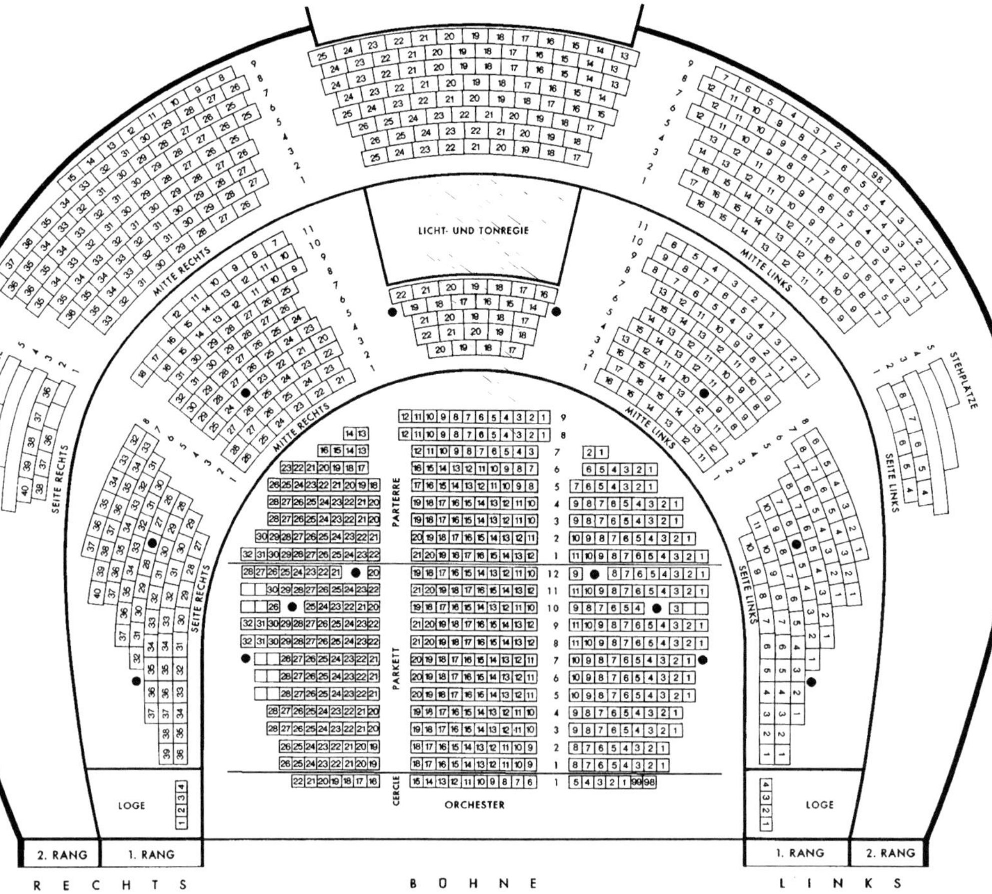

Fassungsraum: 1.217 Personen
(1.177 Sitzplätze, 40 Stehplätze)

Ronacher

1, Himmelpfortgasse 25
Direktion: Tel. 514 11 . . . 0
Kasse: Tel. 514 02

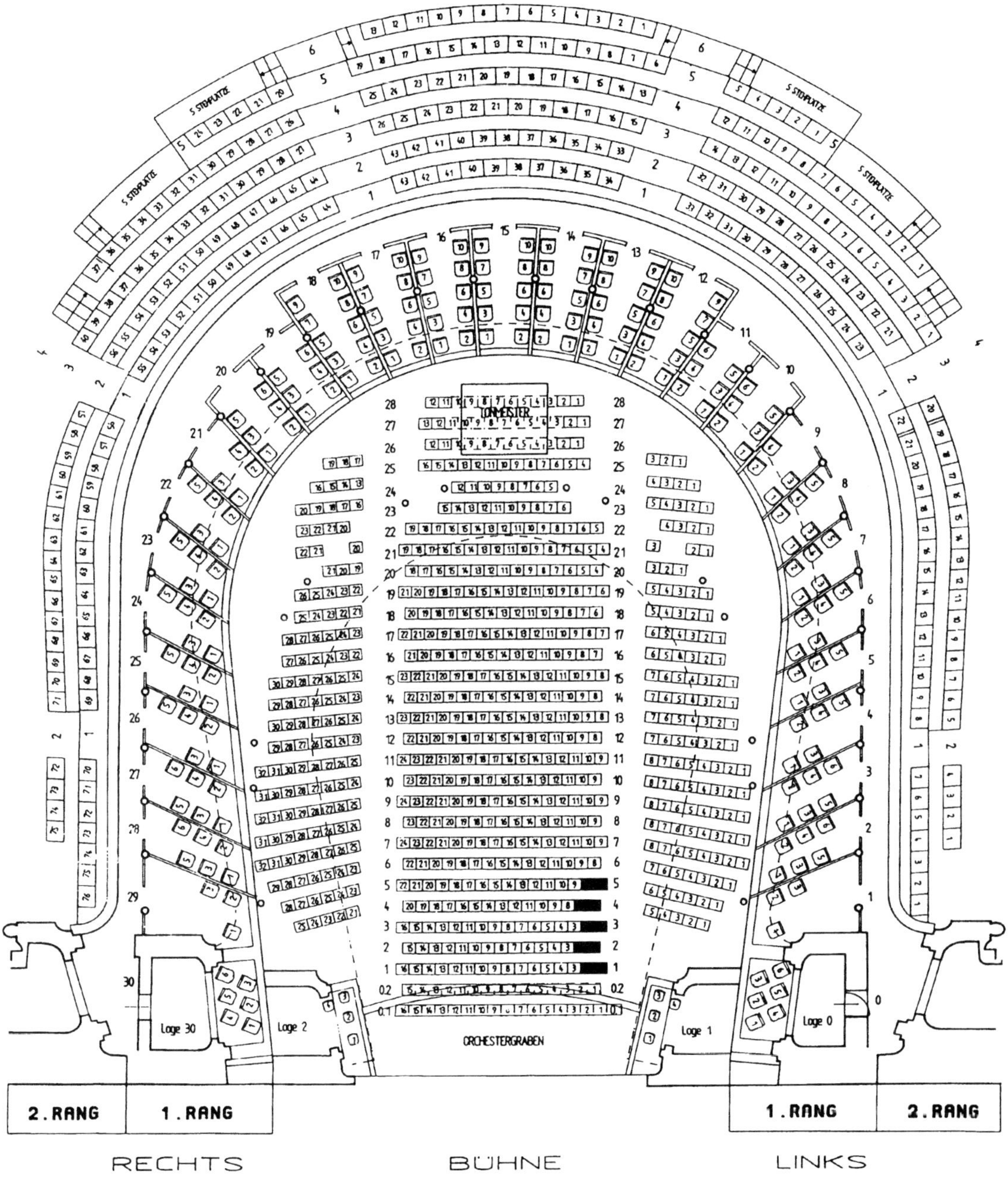

Fassungsraum: 1.187 Personen
(1.167 Sitzplätze, 20 Stehplätze)

Das Schauspielhaus

9, Porzellangasse 19
Tel. 317 01 01 . . . 0

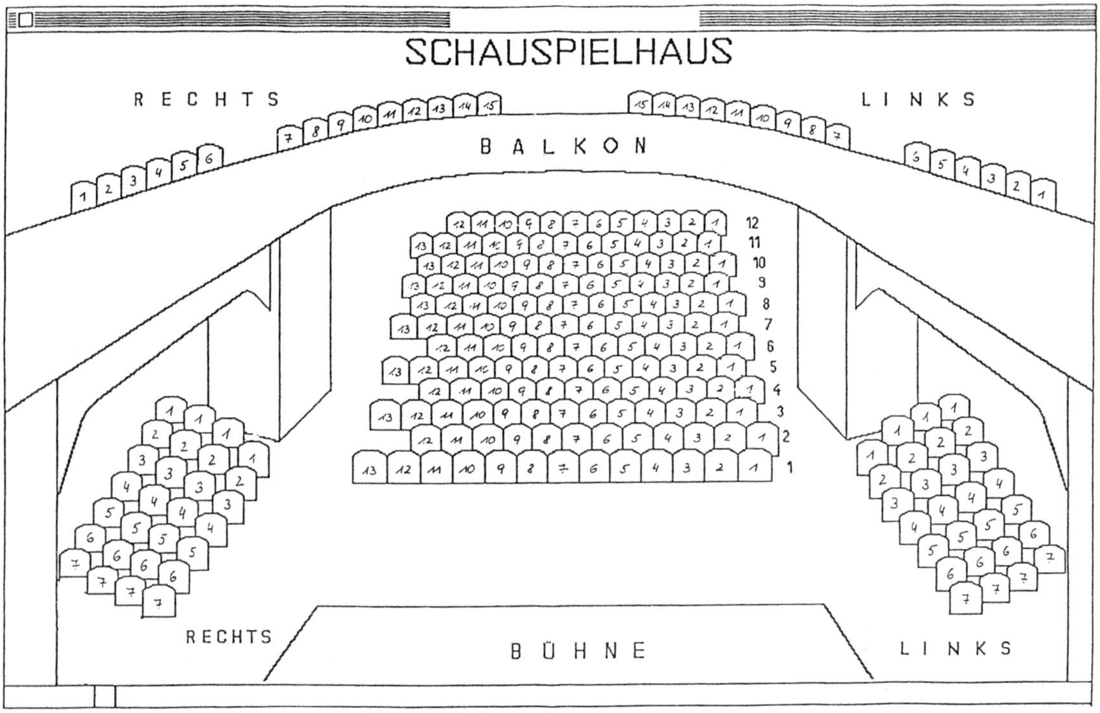

Fassungsraum: 238 Personen

Schönbrunner Schloßtheater

13, Schloß Schönbrunn
Tel. 876 42 72

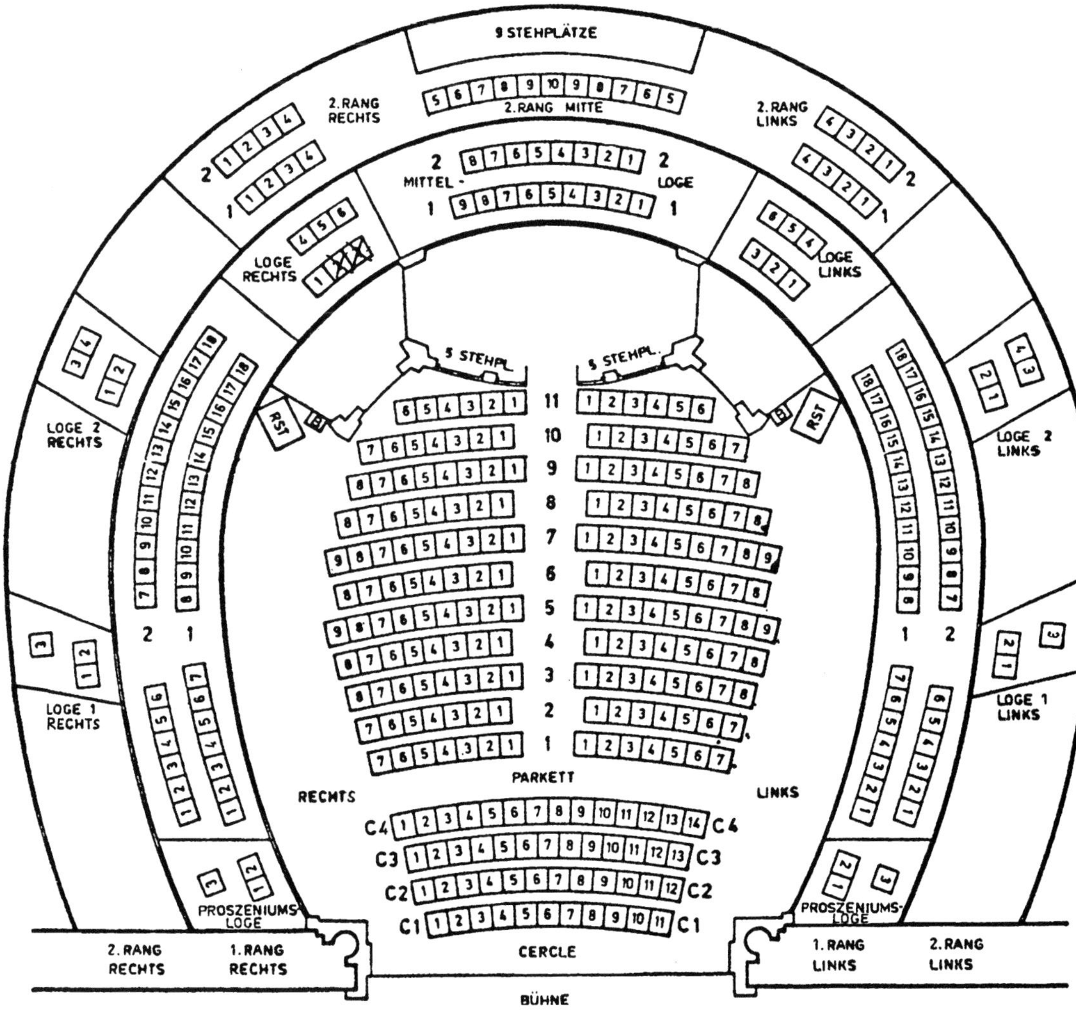

Fassungsraum: 391 Personen
(368 Sitzplätze, 19 Stehplätze,
2 Rollstuhlplätze, 2 Begleitpersonen)

Serapionstheater (Odeon)

2, Taborstraße 10
Tel. 214 55 62

BÜHNE

1	2	3	4	5	6	7	8	9	10	11	12	13	14	15	16	17					1. Reihe
1	2	3	4	5	6	7	8	9	10	11	12	13	14	15	16	17					2. Reihe
1	2	3	4	5	6	7	8	9	10	11	12	13	14	15	16	17					3. Reihe
1	2	3	4	5	6	7	8	9	10	11	12	13	14	15	16	17					4. Reihe
1	2	3	4	5	6	7	8	9	10	11	12	13	14	15	16	17					5. Reihe
1	2	3	4	5	6	7	8	9	10	11	12	13	14	15	16	17					6. Reihe
1	2	3	4	5	6	7	8	9	10	11	12	13	14	15	16	17					7. Reihe
1	2	3	4	5	6	7	8	9	10	11	12	13	14	15	16	17					8. Reihe
1	2	3	4	5	6	7	8	9	10	11	12	13	14	15	16	17					9. Reihe
1	2	3	4	5	6	7	8	9	10	11	12	13	14	15	16	17					10. Reihe
1	2	3	4	5	6	7	8	9	10	11	12	13	14	15	16	17					11. Reihe
1	2	3	4	5	6	7	8	9	10	11	12	13	14	15	16	17					12. Reihe
1	2	3	4	5	6	7	8	9	10	11	12	13	14	15	16	17					13. Reihe
1	2	3	4	5	6	7	8	9	10	11	12	13	14	15	16	17					14. Reihe
1	2	3	4	5	6	7	8	9	10	11	12	13	14	15	16	17					15. Reihe
1	2	3	4	5	6	7	8	9	10	11	12	13	14	15	16	17					16. Reihe
1	2	3	4	5	6	7	8	9	10	11	12	13	14	15	16	17	18	19	20	21	17. Reihe

Fassungsraum: max. 300 Personen

Simpl Theater-Kabarett

1, Wollzeile 36
Tel. 512 47 42

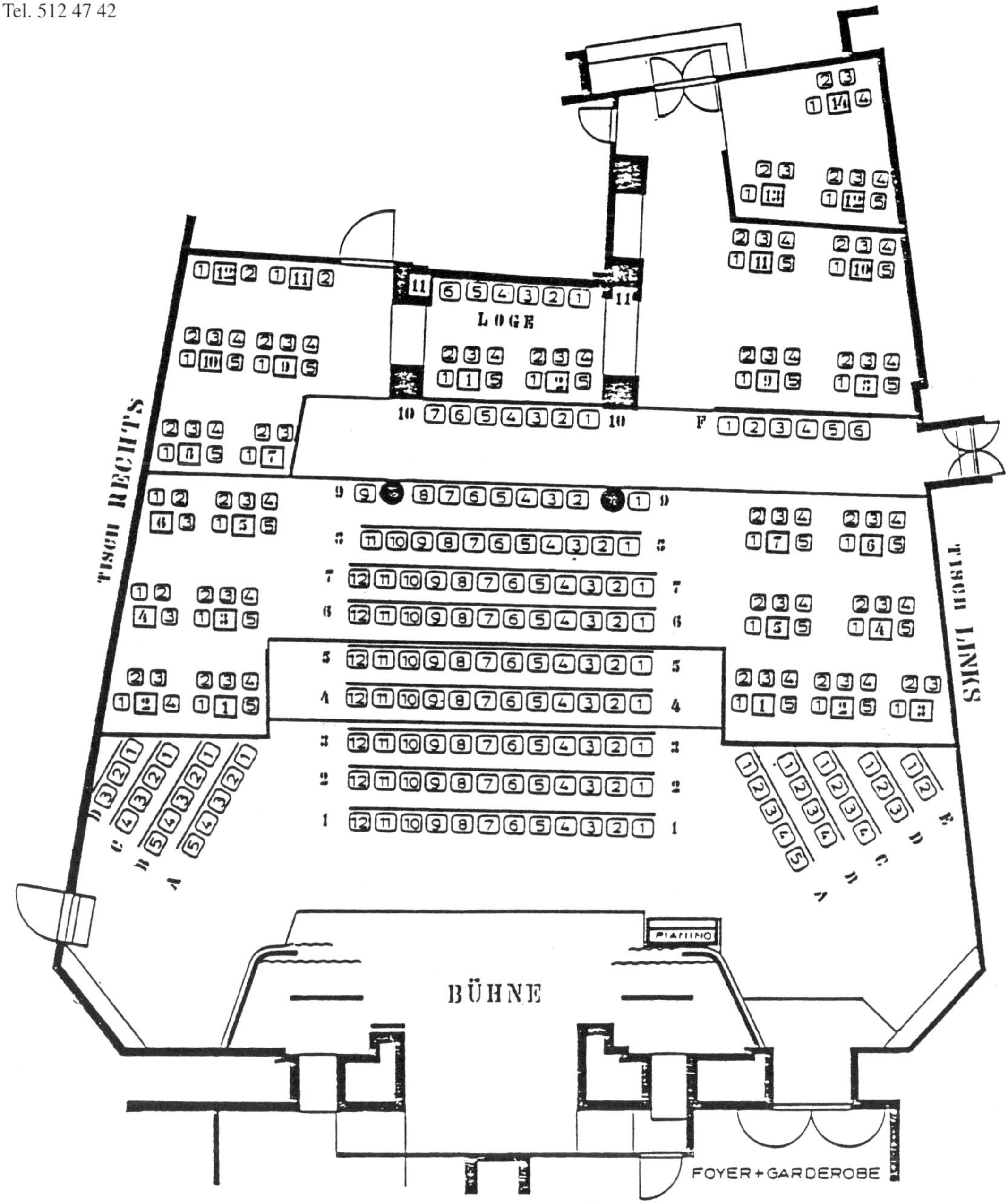

Fassungsraum: 280 Personen

Staatsoper

1, Opernring 2
Direktion: Tel. 514 44 . . . 0

Tageskasse:
1, Goethegasse 1, Tel. 514 44 . . ., 2959, 2960

Abendkasse:
1, Opernring 2, Tel. 514 44 . . . 0

Kreditkartentel.: 513 15 13

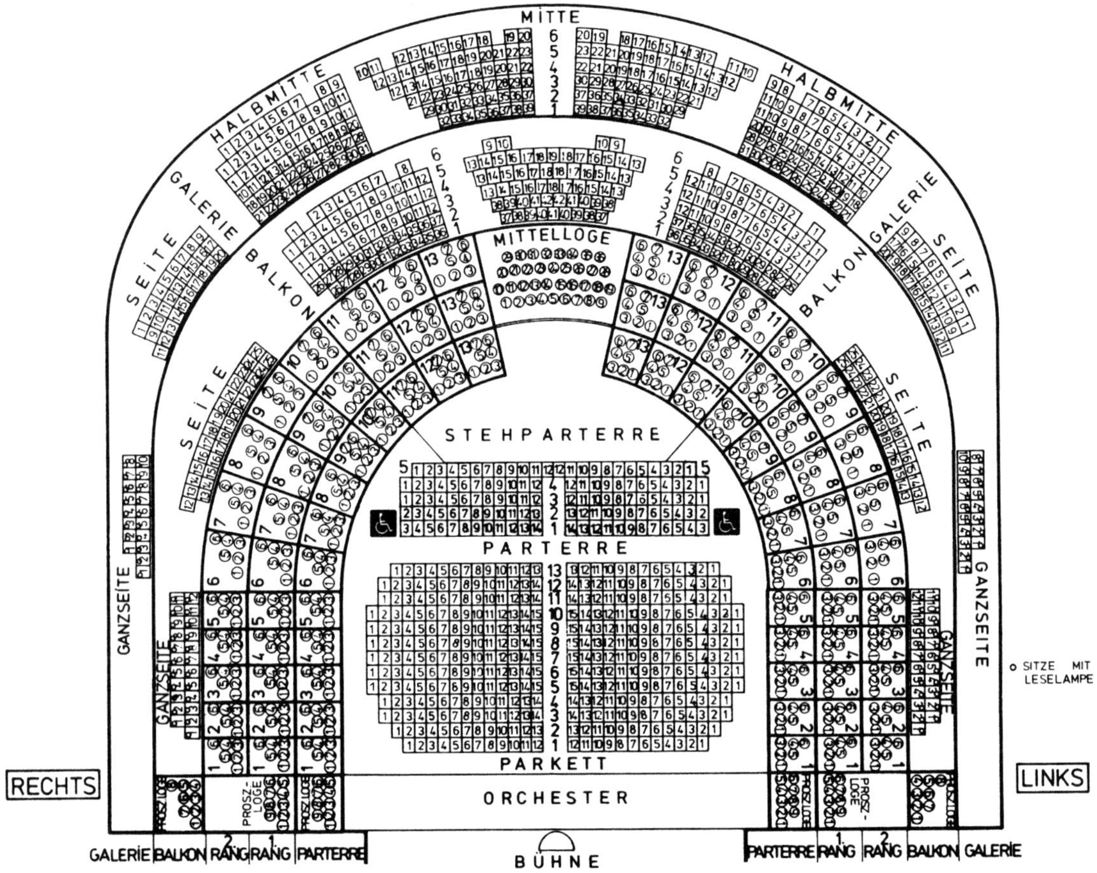

Fassungsraum: 2.276 Personen
(1.709 Sitzplätze, 567 Stehplätze,
2 Rollstuhlplätze, 2 Begleitersitze)

Herbert Lederers Theater am Schwedenplatz

1, Franz-Josefs-Kai 21
Tel. 535 79 14

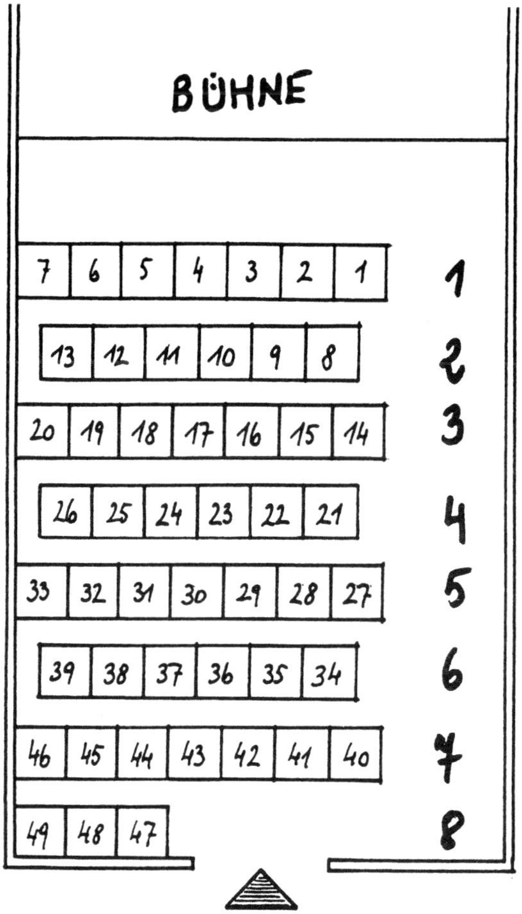

Fassungsraum: 49 Personen

Theater an der Wien

6, Linke Wienzeile 6
Direktion: Tel. 588 30 . . . 0

Tageskasse: Tel. 588 30 . . ., 265
Kreditkartentel.: 588 85

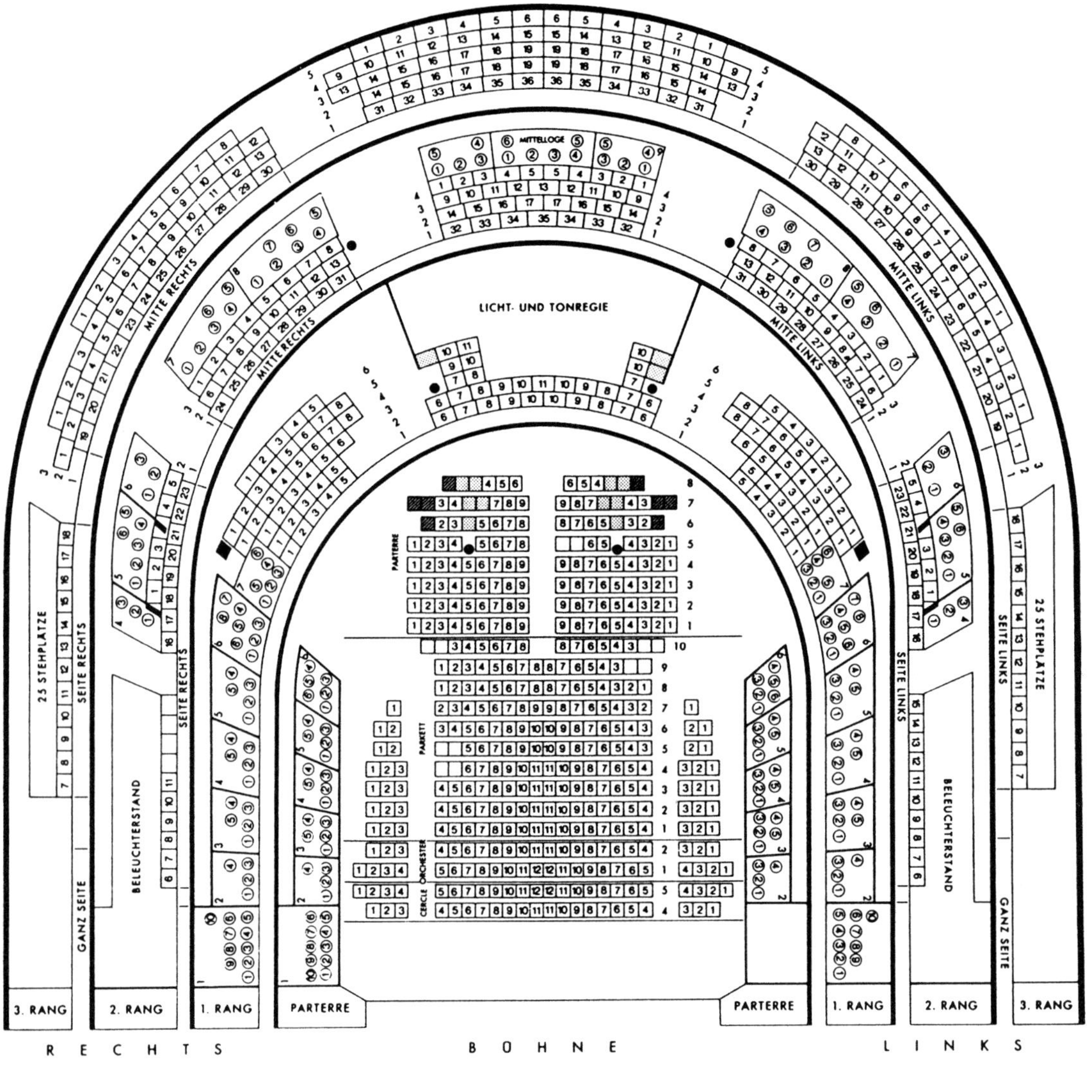

Fassungsraum:
ohne Orchesterraum: 1.145 Sitzplätze*
und 70 Stehplätze
mit kleinem Orchesterraum: 1.075 Sitzplätze*
und 70 Stehplätze
mit mittlerem Orchesterraum: 1.031 Sitzplätze*
und 70 Stehplätze
mit großem Orchesterraum: 985 Sitzplätze*
und 70 Stehplätze
* Bei Aufstellung für Rollstühle verringert sich die Zahl der Sitzplätze um jeweils 2 Plätze.

Theater beim Auersperg

8, Auerspergstraße 15
Tel. 406 07 07

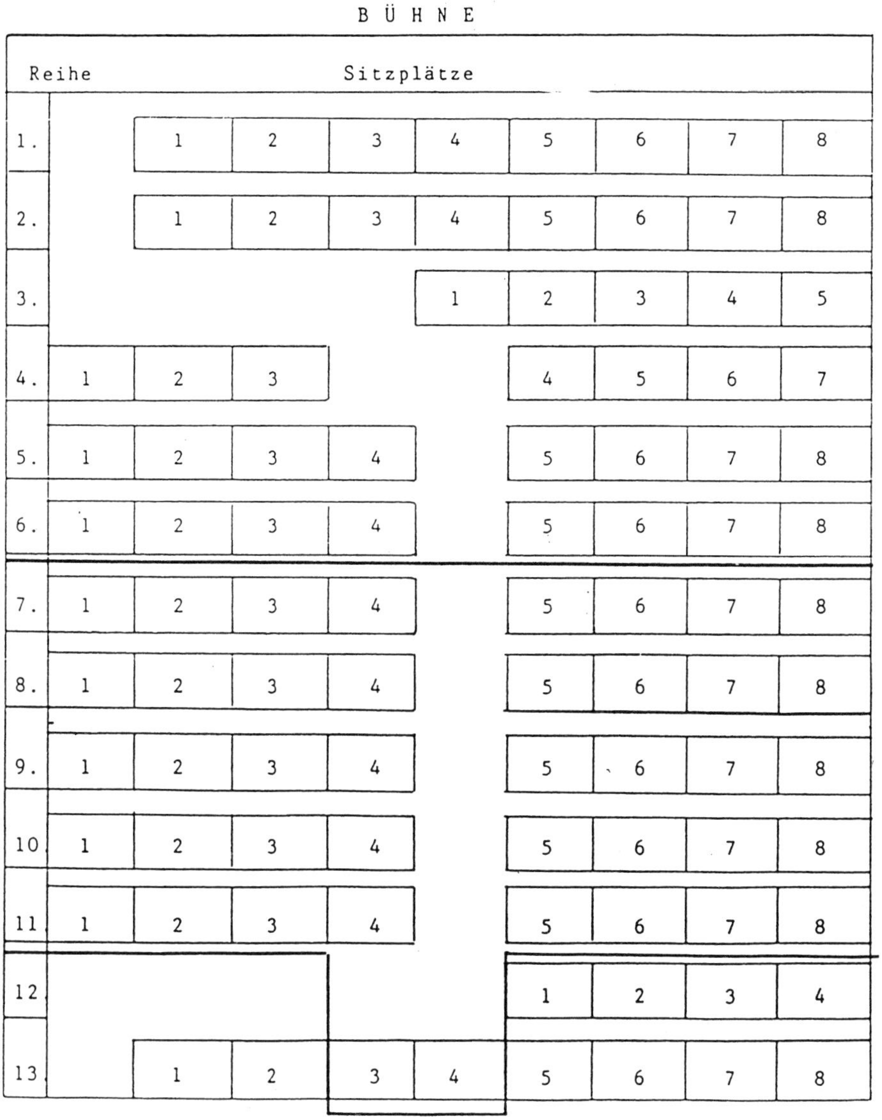

Fassungsraum: 96 Personen

Theater Brett

6, Münzwardeingasse 2
Tel. 587 06 63

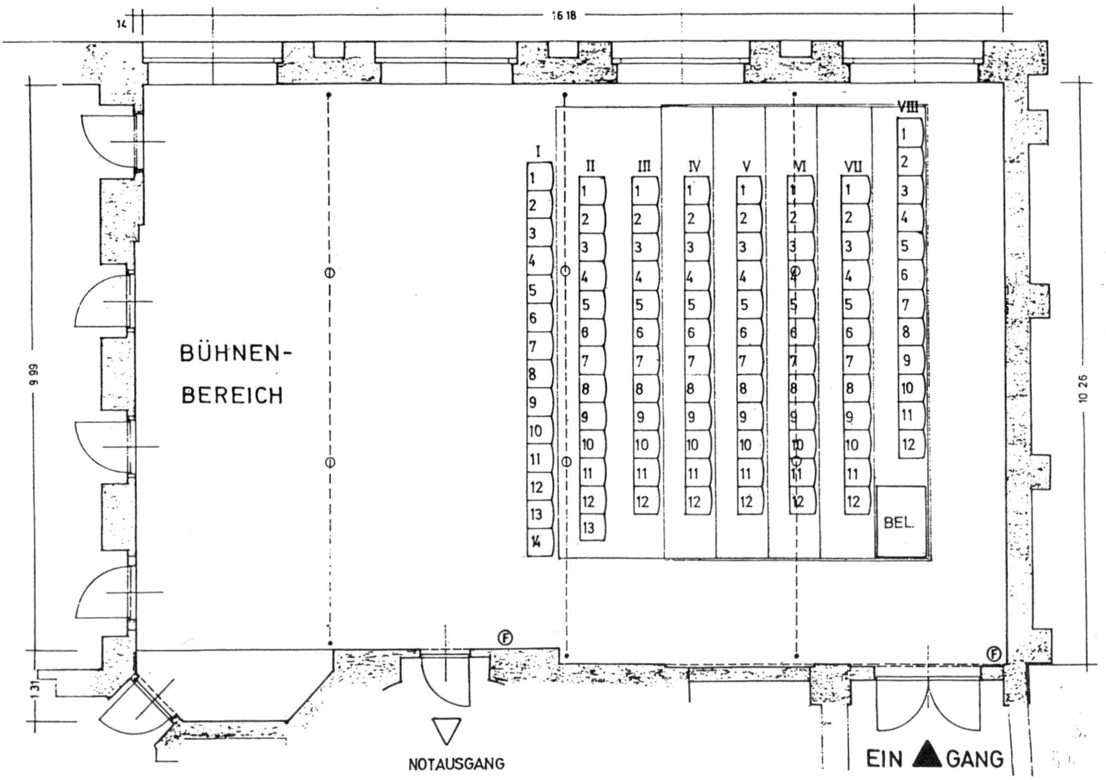

Fassungsraum: 99 Personen

Theater der Jugend – Renaissancetheater

7, Neubaugasse 36
Tel. 521 10 . . . 0

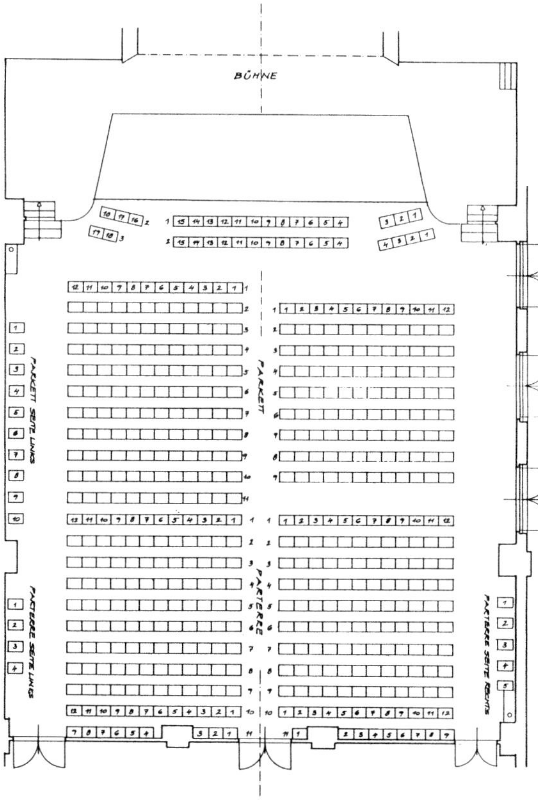

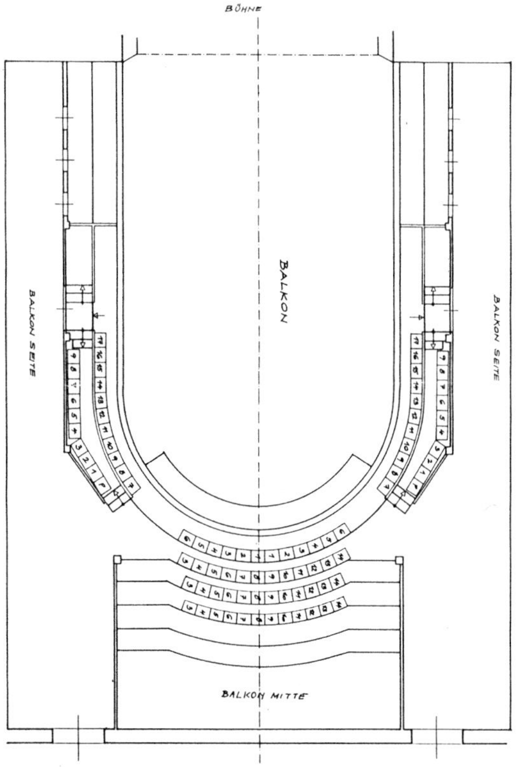

Fassungsraum: 609–657 Personen

Theater der Jugend – Theater im Zentrum

1, Liliengasse 3
Tel. 512 41 01

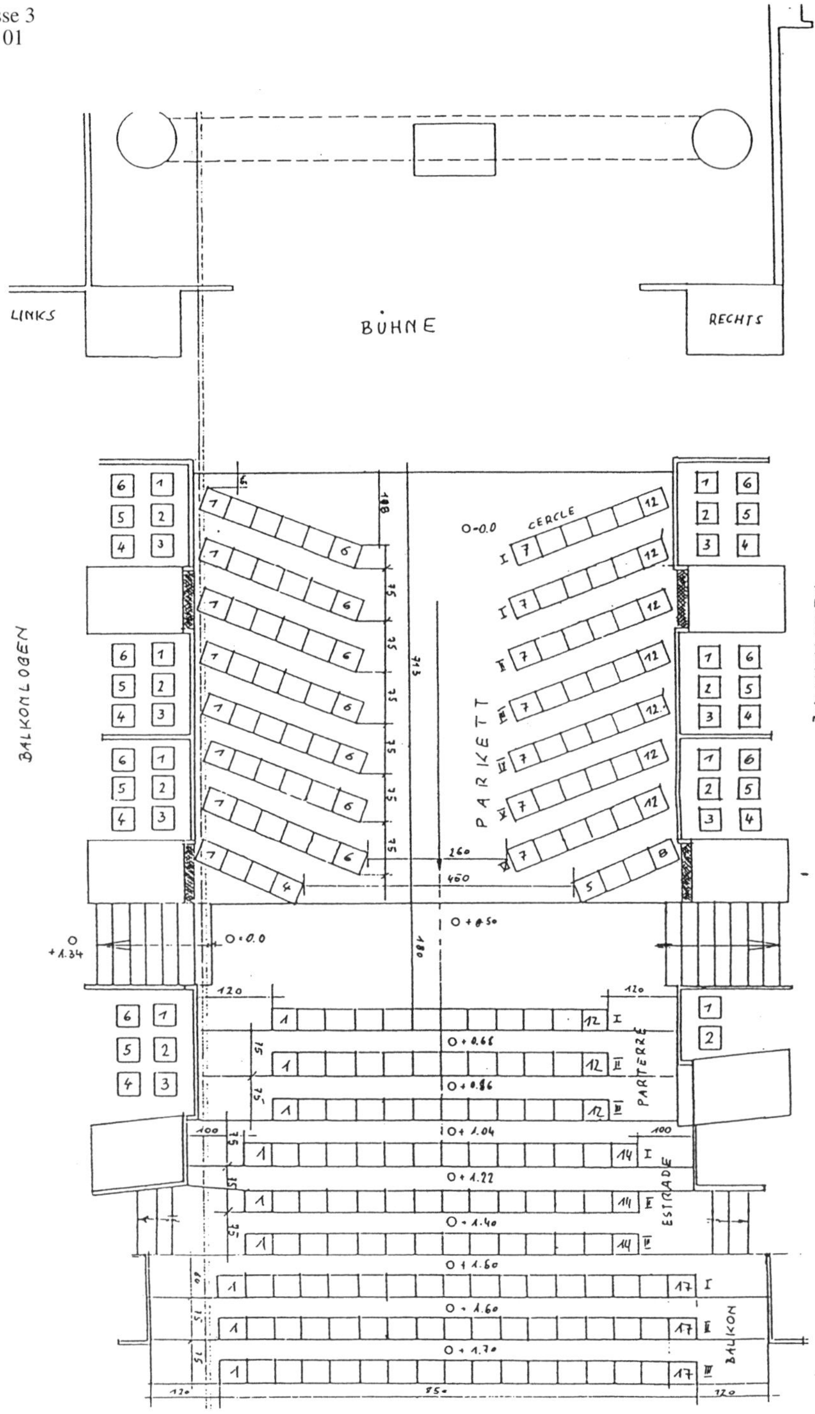

Fassungsraum: 265 Personen

Theater der Jugend – Zwischenraum,
7, Mondscheingasse 18:
70 Personen

Theater Forum

9, Porzellangasse 50
Tel. 310 46 46

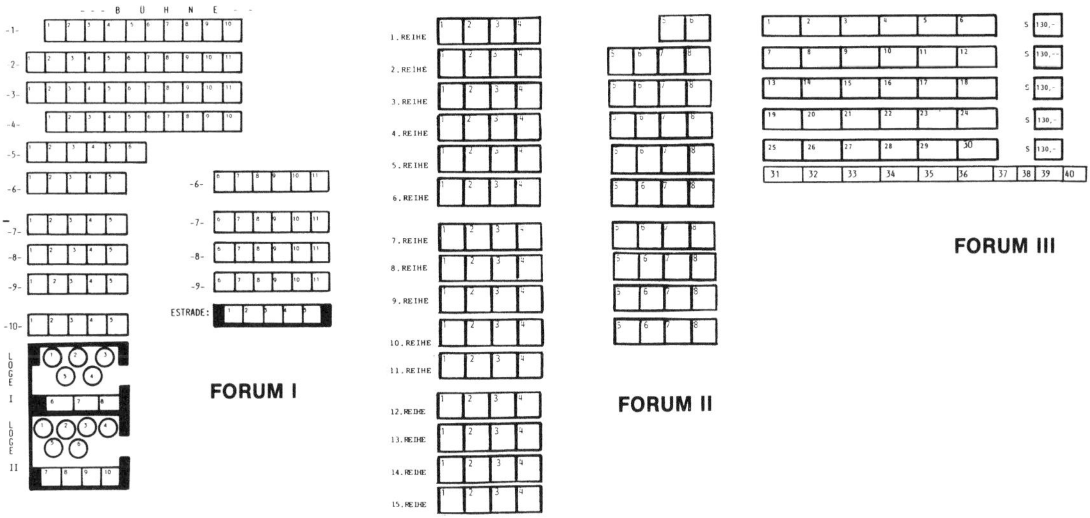

Fassungsraum: Forum I – 120 Personen
Forum II – 98 Personen
Forum III – 40 Personen

Theater Gruppe 80

6, Gumpendorfer Straße 67
Tel. 586 52 22 . . . 0

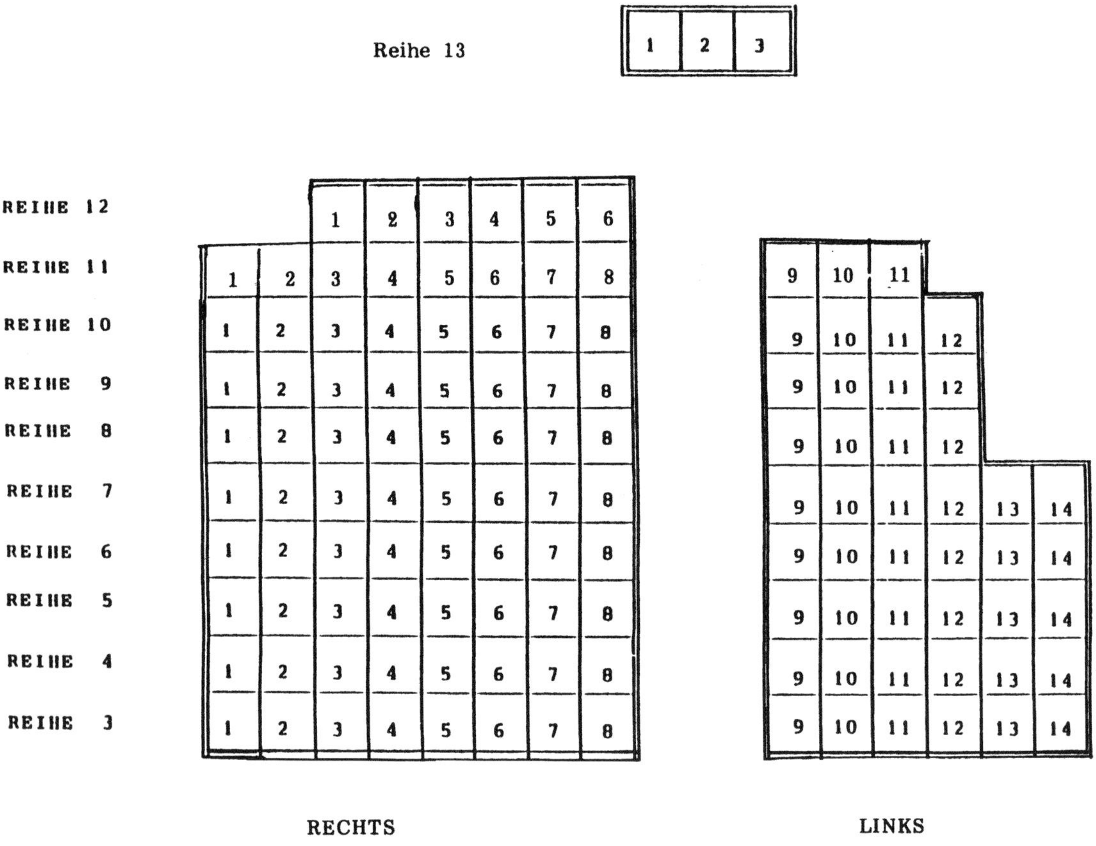

Fassungsraum: 126 Personen

Theater in der Josefstadt

8, Josefstädter Straße 26
Direktion: Tel. 427 00 . . . 0

Tageskasse: Tel. 427 00 . . ., 300

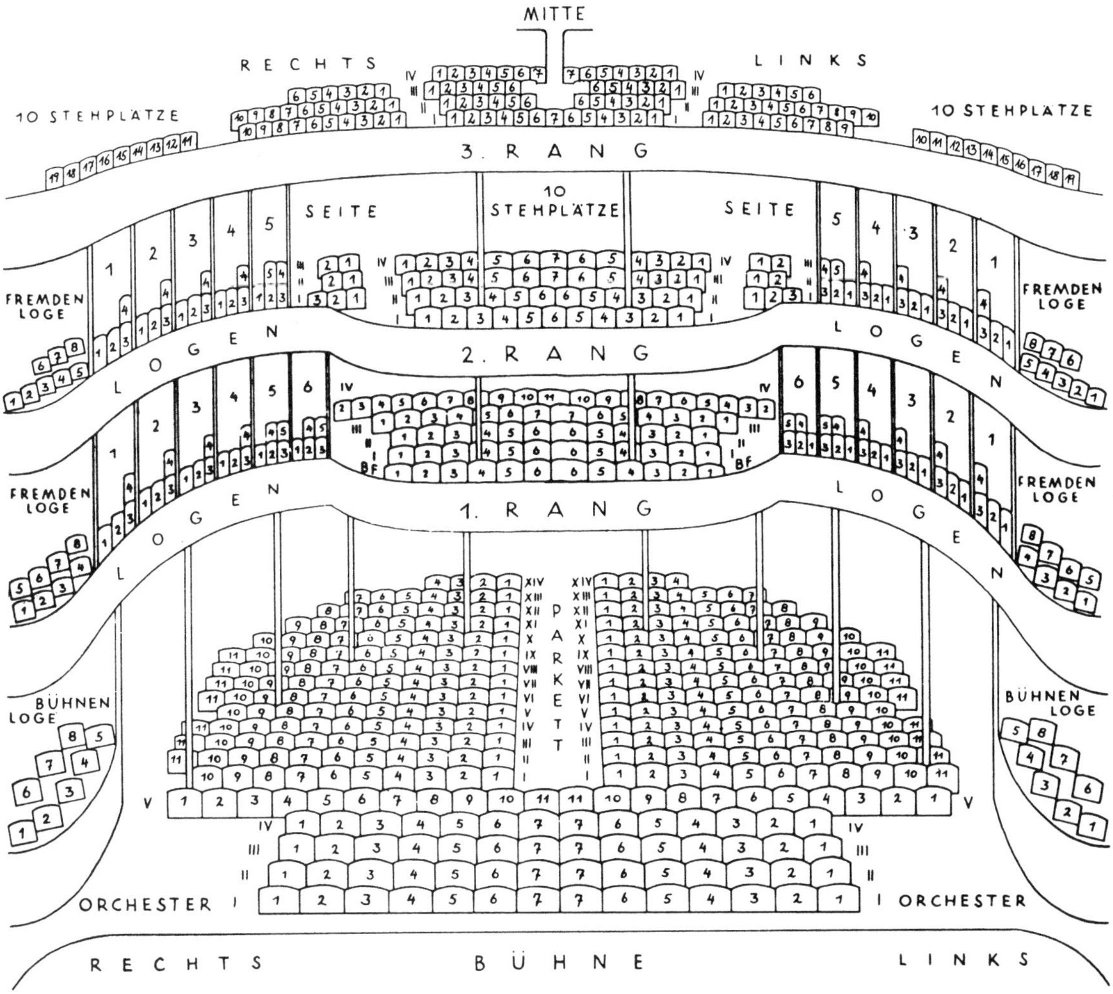

Fassungsraum: 774 Personen

Die Tribüne im Café Landtmann

1, Dr. Karl-Lueger-Ring 4
Tel. 533 84 85

BÜHNE

Reihe	links					rechts			
1	5	4	3	2	1	1	2	3	4
2	5	4	3	2	1	1	2	3	4
3	5	4	3	2	1	1	2	3	4
4	5	4	3	2	1	1	2	3	4
5	5	4	3	2	1	1	2	3	4
6	5	4	3	2	1	1	2	3	4
7	5	4	3	2	1	1	2	3	4
8	5	4	3	2	1	1	2	3	4
9	5	4	3	2	1	1	2	3	4
10	5	4	3	2	1	1	2	3	4
11	5	4	3	2	1	1	2	3	4
12	5	4	3	2	1	1	2	3	4
13	5	4	3	2	1	1	2	3	4
14	5	4	3	2	1	1	2	3	4
15	5	4	3	2	1	1	2	3	4
16	5	4	3	2	1				

Fassungsraum: 135 Personen

8, Josefsgasse 12
Tel. 402 12 60

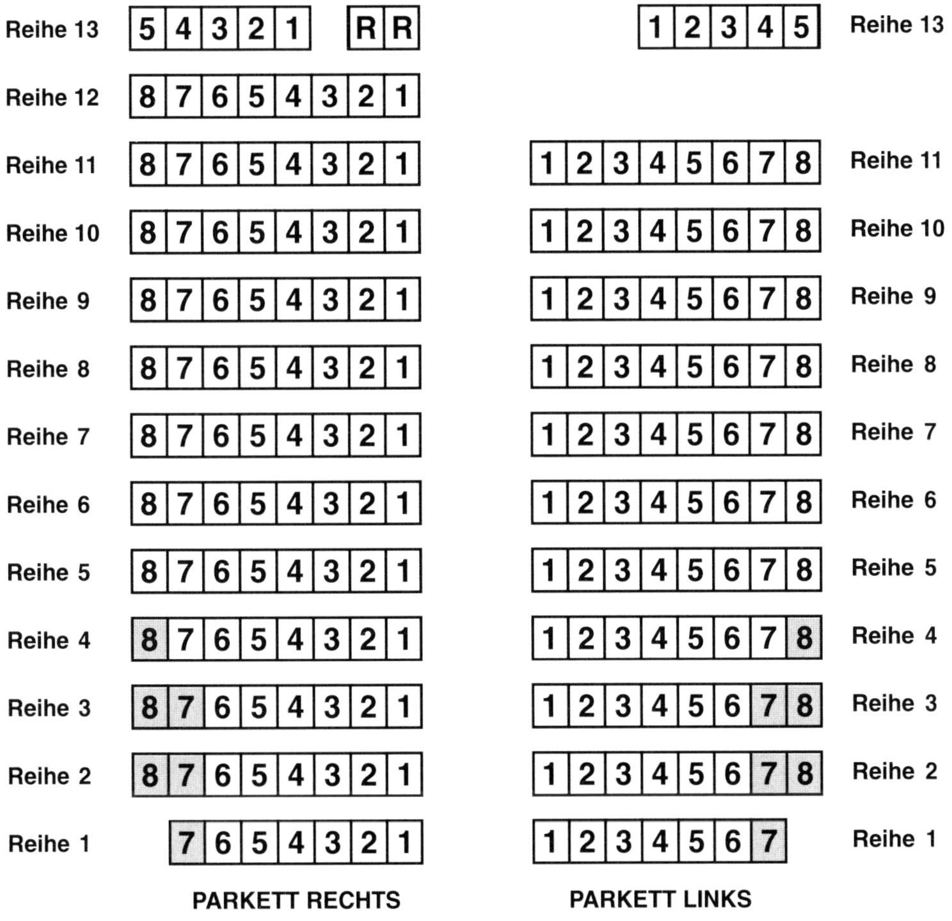

Fassungsraum: 227 Personen
(2 Rollstuhlplätze)

Volksoper

9, Währinger Straße 78
Direktion: Tel. 514 44 . . . 0

Tageskasse:
1, Goethegasse 1, Tel. 514 44 . . ., 2959, 2960

Abendkasse:
9, Währinger Straße 78, Tel. 514 44 . . . 0

Kreditkartentel.: 513 15 13

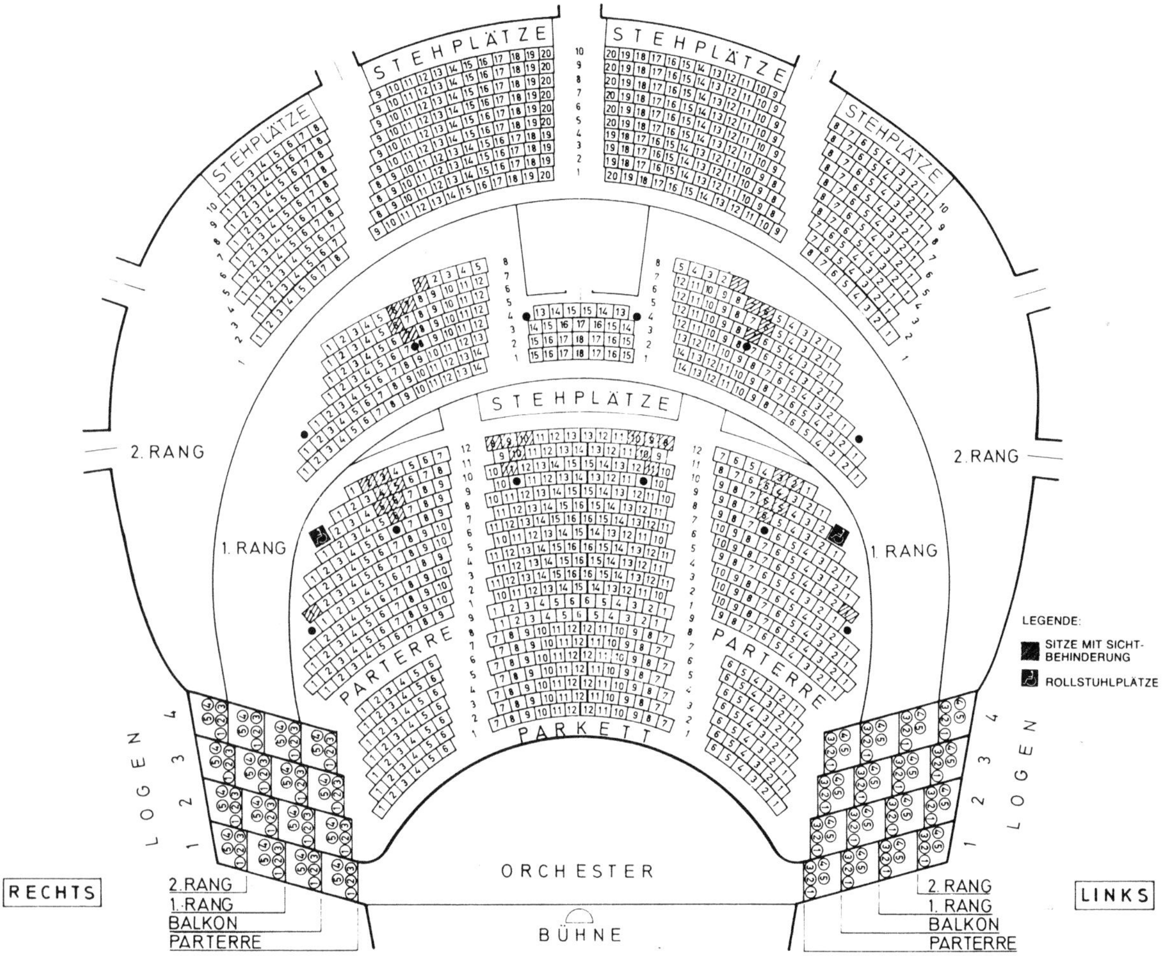

Fassungsraum: 1.415 Personen
(1.313 Sitzplätze, 102 Stehplätze,
2 Rollstuhlplätze, 2 Begleitersitze)

Volkstheater

7, Neustiftgasse 1
Direktion: Tel. 523 35 01 . . . 0

Tageskasse: Tel. 524 72 64

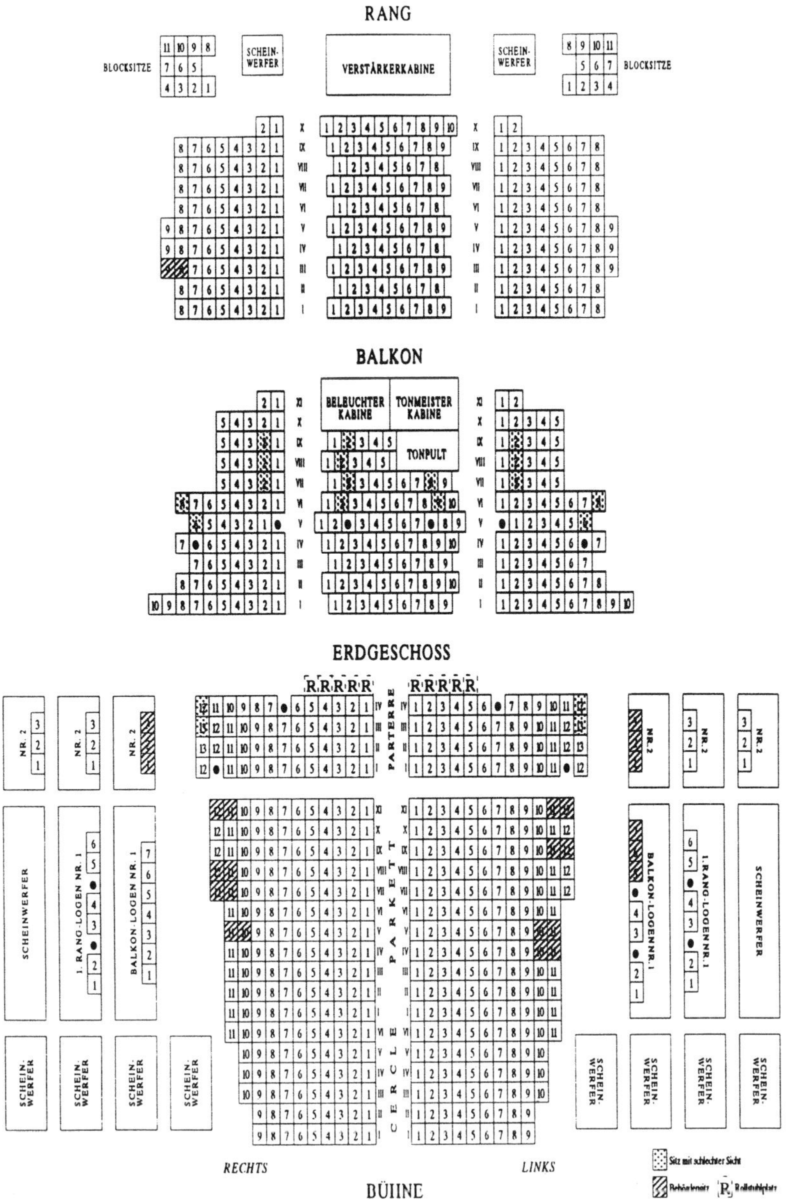

Fassungsraum: 933–989 Sitzplätze
(30 Stehplätze, 10 Rollstuhlplätze)

Konzerthaus

Großer Saal

3, Lothringerstraße 20
Direktion: Tel. 712 46 86 . . . 0

Tageskasse: Tel. 712 12 11

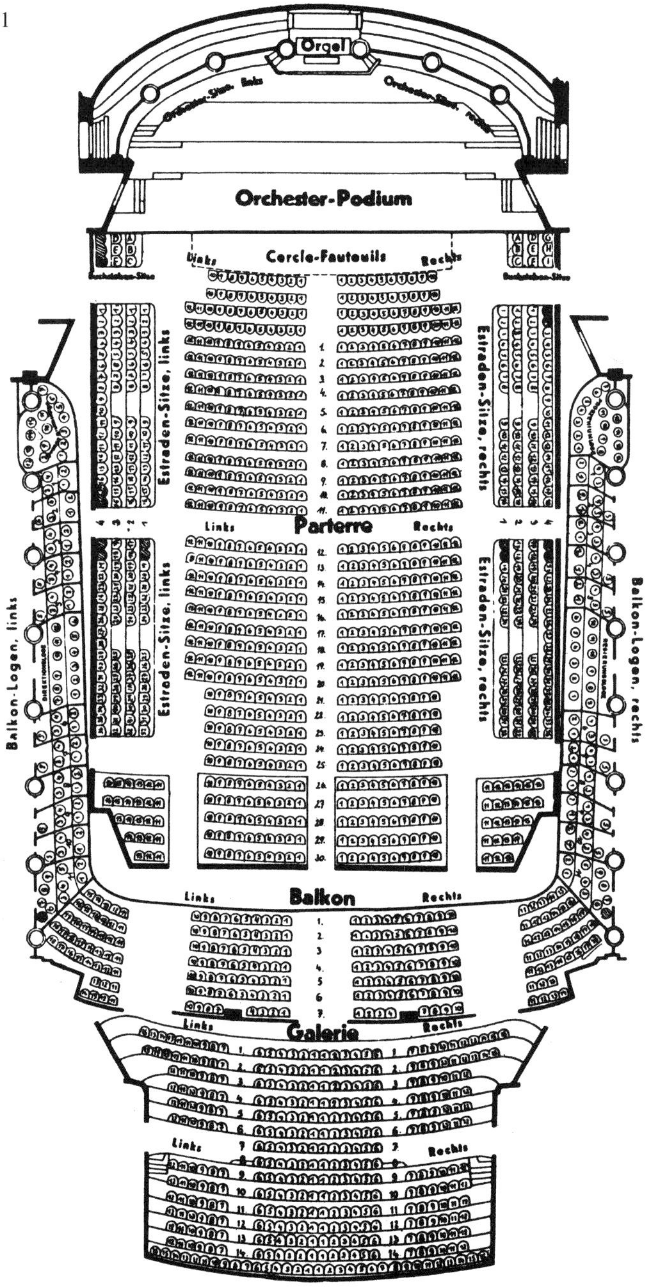

Fassungsraum: 1.840 Personen

Konzerthaus

Mittlerer (Mozart-)Saal

3, Lothringerstraße 20
Direktion: Tel. 712 46 86 . . . 0

Tageskasse: Tel. 712 12 11

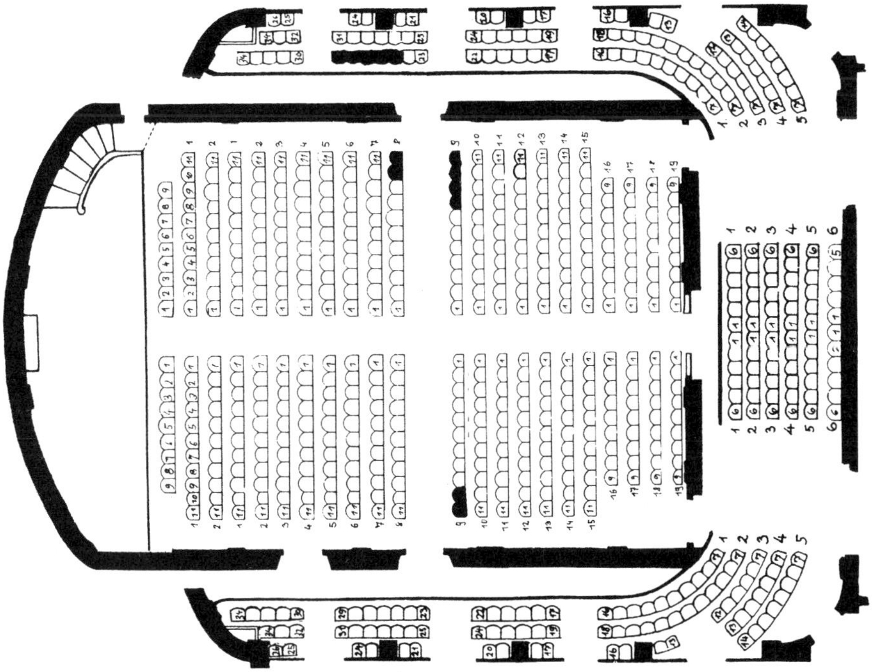

Fassungsraum: 704 Personen

Kleiner (Schubert-)Saal

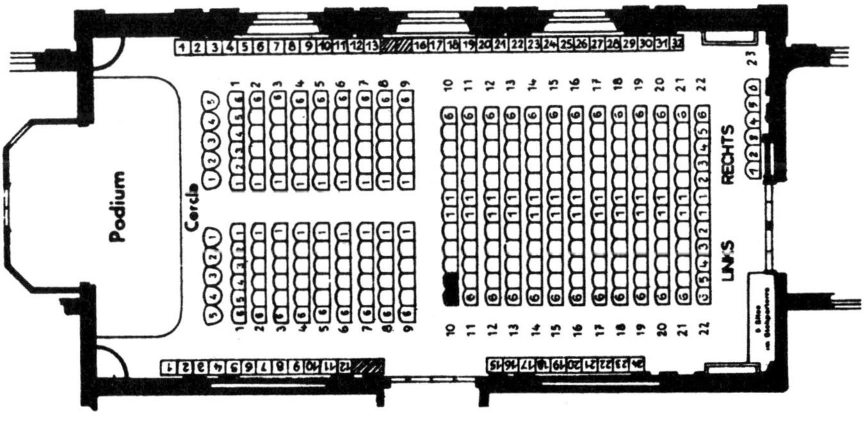

Fassungsraum: 336 Personen

Musikverein

Großer Saal

1, Bösendorferstraße 12
Direktion: Tel. 505 86 81 . . . 0

Tageskasse: Tel. 505 81 90

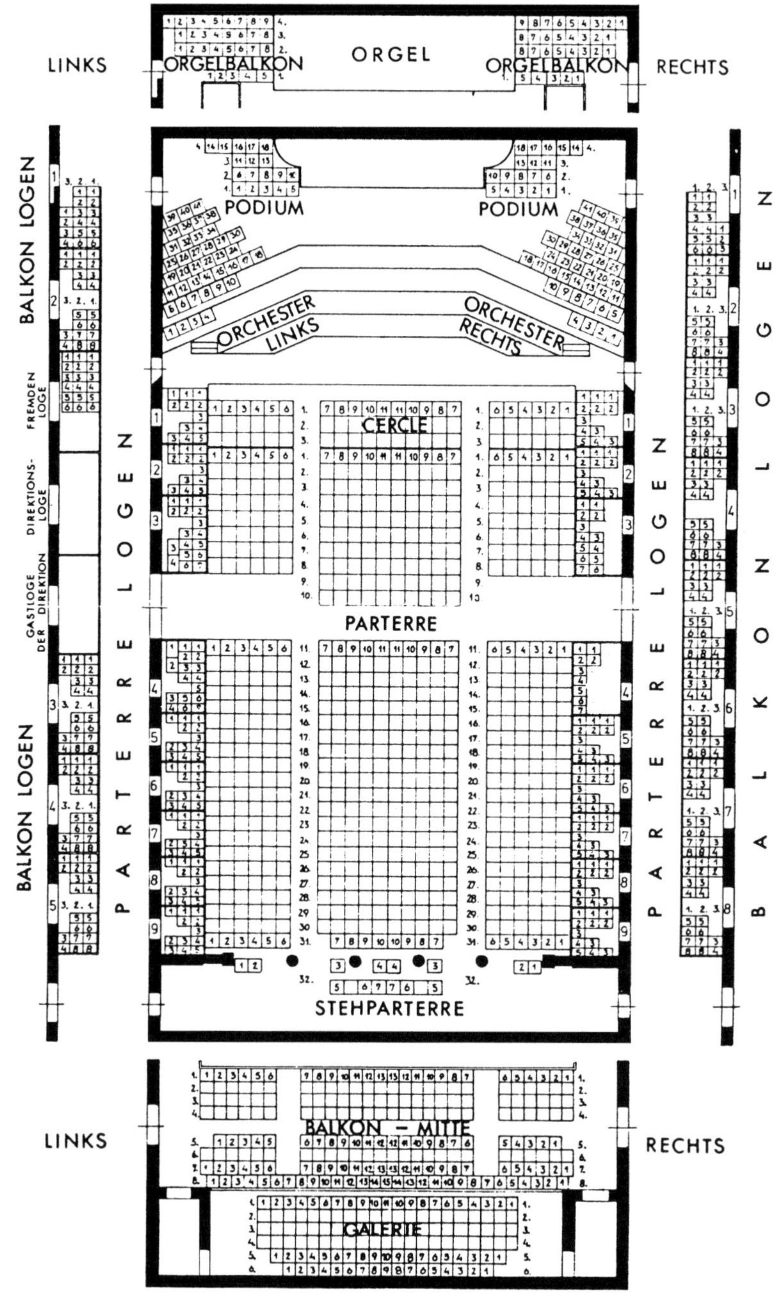

Fassungsraum: 2.042 Personen
(1.742 Sitzplätze, 300 Stehplätze)

Musikverein

Brahmssaal

1, Bösendorferstraße 12
Direktion: Tel. 505 86 81 . . . 0

Tageskasse: Tel. 505 81 90

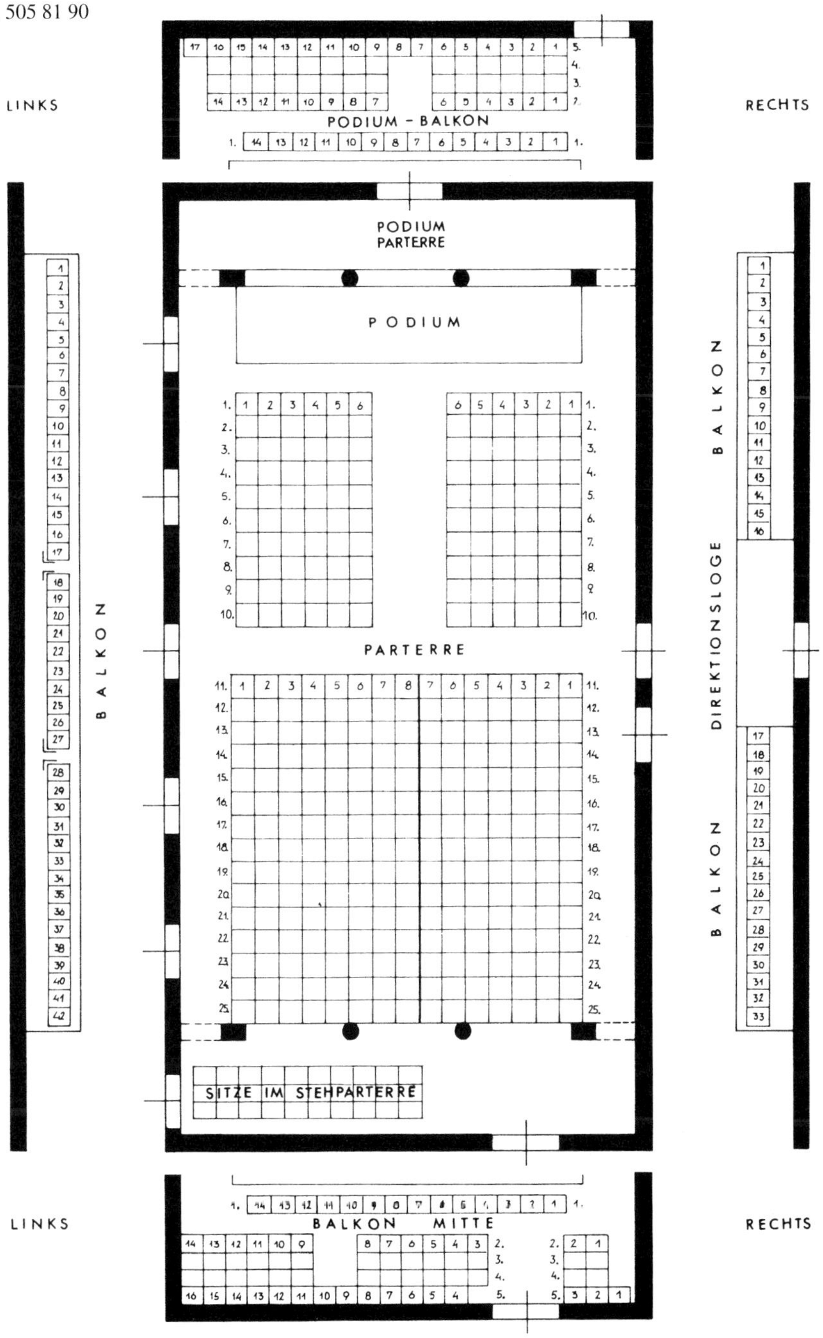

Fassungsraum: 595 Personen

Kurhalle Oberlaa

10, Kurbadstraße 14
Tel. 602 40 10 . . . 0

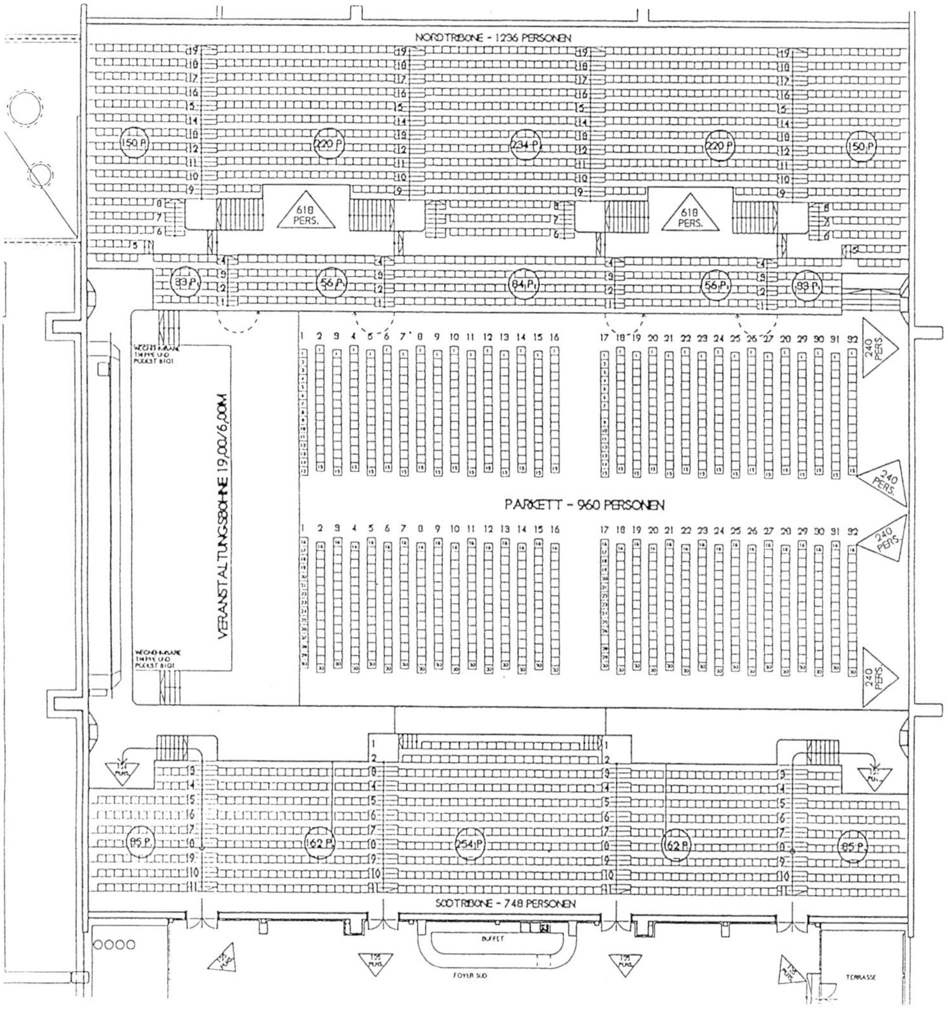

Fassungsraum: 3.132 Personen
(2.944 Sitzplätze, 168 Stehplätze, 20 Rollstuhlplätze)

Obiger Plan gilt bei Konzerten und Vorträgen. Da nicht alle Sitzpläne für weitere Verwendungsmöglichkeiten abgedruckt werden können, findet sich nachstehend eine Zusammenstellung von Varianten:

Boxen, Ringen, Judo, Karate
Fassungsraum: 2.725 Personen

Sportveranstaltungen wie Tennis, Hallenfußball, Handball, Basketball, Tanzturniere, Ausstellungen, Autosalons
Fassungsraum: 2.150 Personen

Ballveranstaltungen
Fassungsraum: 850 Personen

Frühschoppen, Firmenfeiern
Fassungsraum: 2.700 Personen

Vorträge, kulturelle Veranstaltungen, Tagungen, Kongresse
Fassungsraum: 2.900 Personen

Modeschauen, Mißwahlen
Fassungsraum: 2.700 Personen

Konzerte mit Stehplätzen
Fassungsraum: 3.850 Personen

Planetarium

2, Oswald-Thomas-Platz
Tel. 729 54 94 . . . 0

1 Foyer
2 Kuppelsaal
3 Garderobe
4 WC
5 Projektionskabine
6 Oswald-Thomas-Saal
7 Getränkeautomaten, Miniküche
8 Kassa
9 Büro
10 Sekretariat
11 Pratermuseum
12 Bibliothek, Büroleiter
13 Werkstätte
14 WC, Dusche

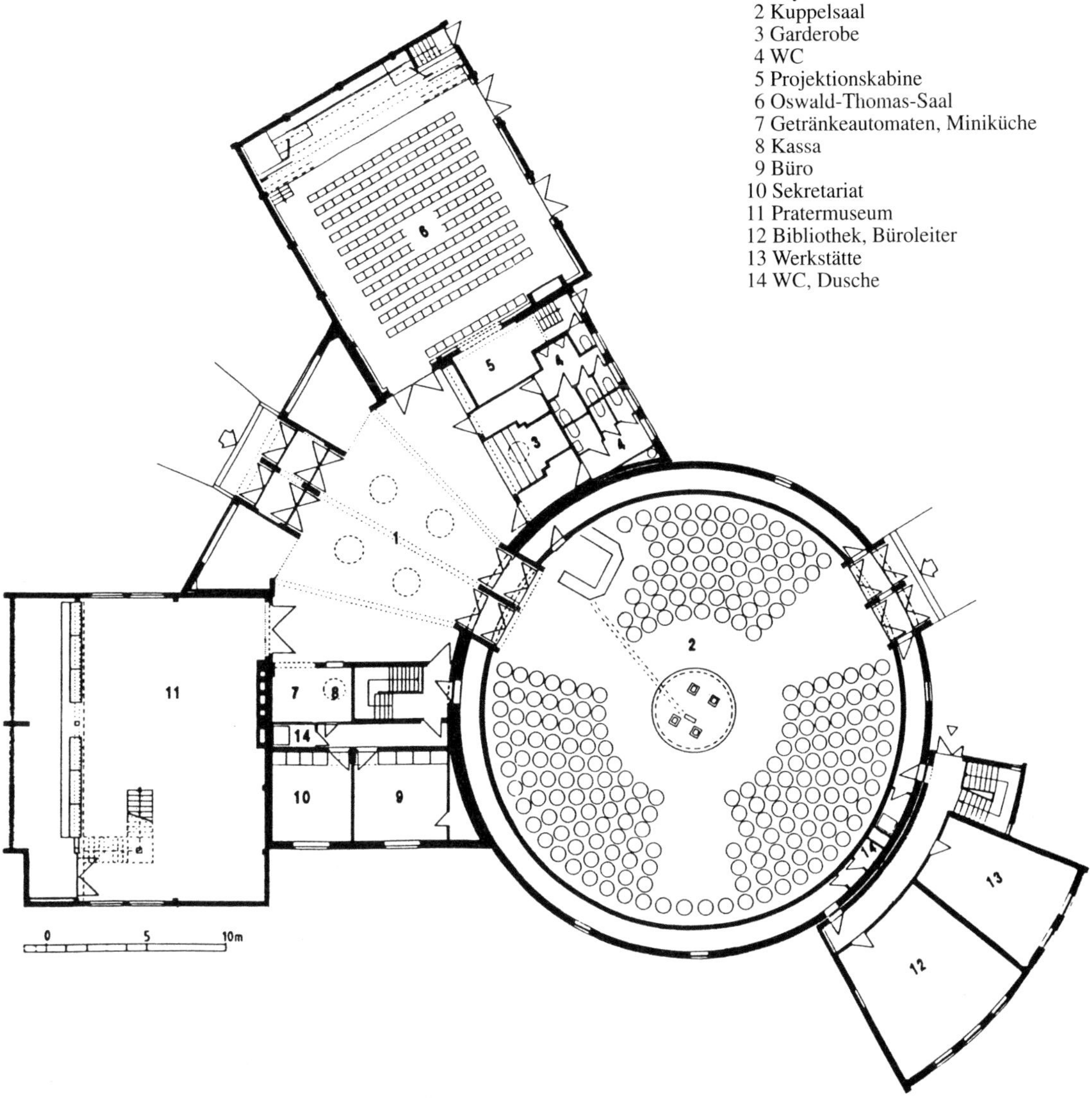

Fassungsraum Kuppelsaal: 240 Personen
Kino: 186 Personen

Spanische Reitschule

1, Michaelerplatz, Hofburg, Kuppel
Tel. 533 90 31 . . . 0

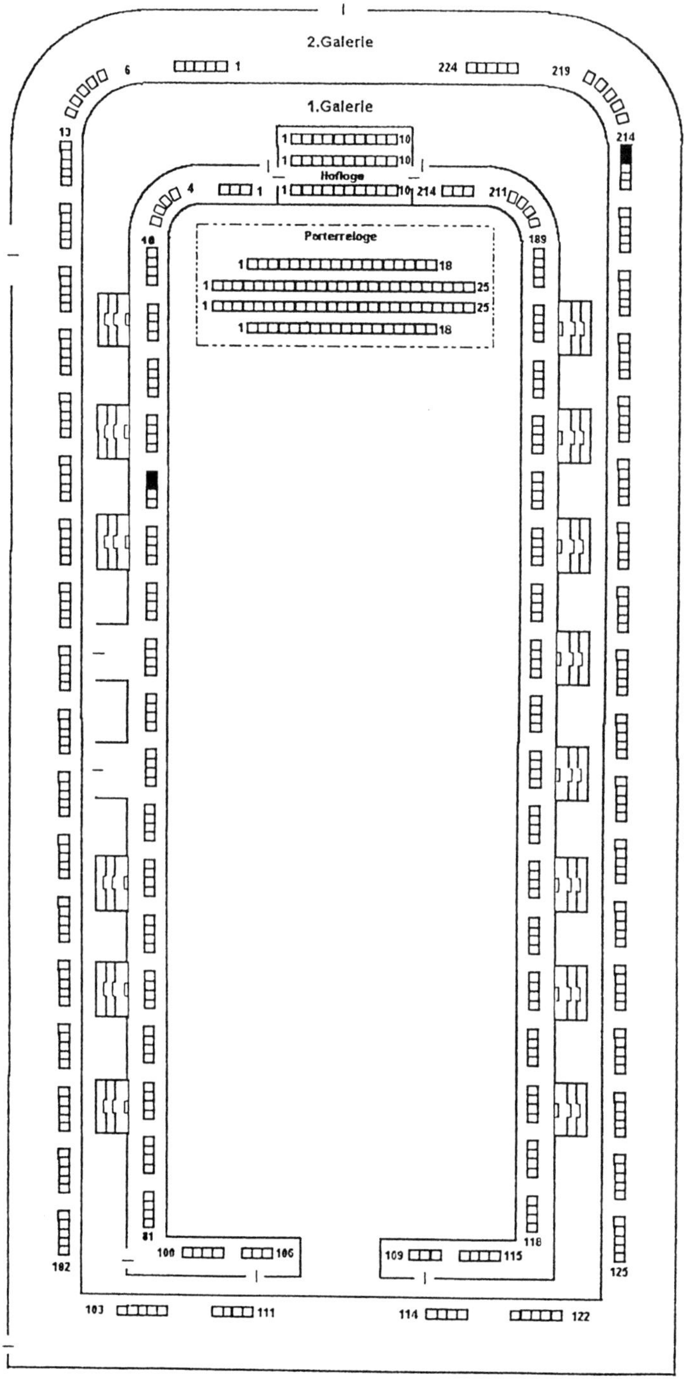

Fassungsraum: 1.022 Personen
(502 Sitzplätze, 520 Stehplätze)

Wiener Stadthalle

(Halle „A")

15, Vogelweidplatz 14
Tel. 981 00 . . . 0

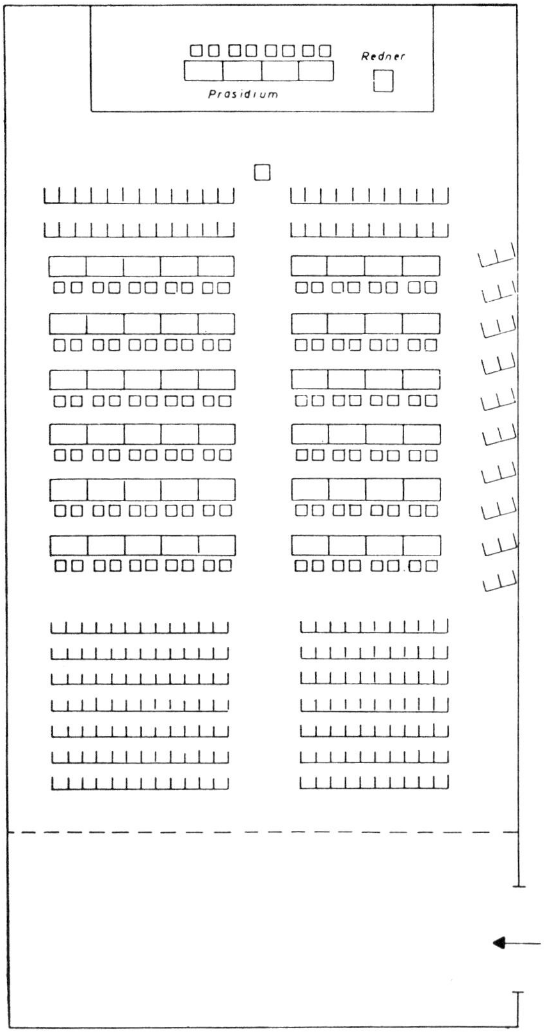

Fassungsraum: 326 Personen

Nebenstehender Plan gilt bei kleineren Kongressen, Tagungen und Vorträgen.
Da nicht alle Sitzpläne für weitere Verwendungsmöglichkeiten der Halle „A" abgedruckt werden können, findet sich nachstehend eine Zusammenstellung von Varianten:

Radball, kleinere Turnveranstaltungen
Fassungsraum: zirka 200 Personen
Sektoren A bis D (an den Längs- und Querseiten) mit je 2 Sitzreihen

Vorträge
Fassungsraum: zirka 400 Personen
22 Sitzreihen

In der Wiener Stadthalle befindet sich noch eine Eistrainingshalle (sogenannte Halle „C"), die primär dem ganzjährigen Hallentraining der Eiskunstläufer zu dienen hat, aber auch dem eislaufsportbetreibenden Publikum, Eishokkeyspielern und den Freunden des Eisschießens zur Verfügung steht.
Weiters befinden sich in der Wiener Stadthalle noch ein Hallenschwimmbad mit Sauna, eine Paddel- und Ruderhalle, ein Mehrzweckraum (u. a. für Theaterproben), eine Sportkegelhalle mit 8 vollautomatischen Kegelbahnen und eine Kegelhalle mit 7 vollautomatischen Kegelbahnen.

Wiener Stadthalle

(Halle „B“) 15, Vogelweidplatz 14, Tel. 981 00 . . . 0

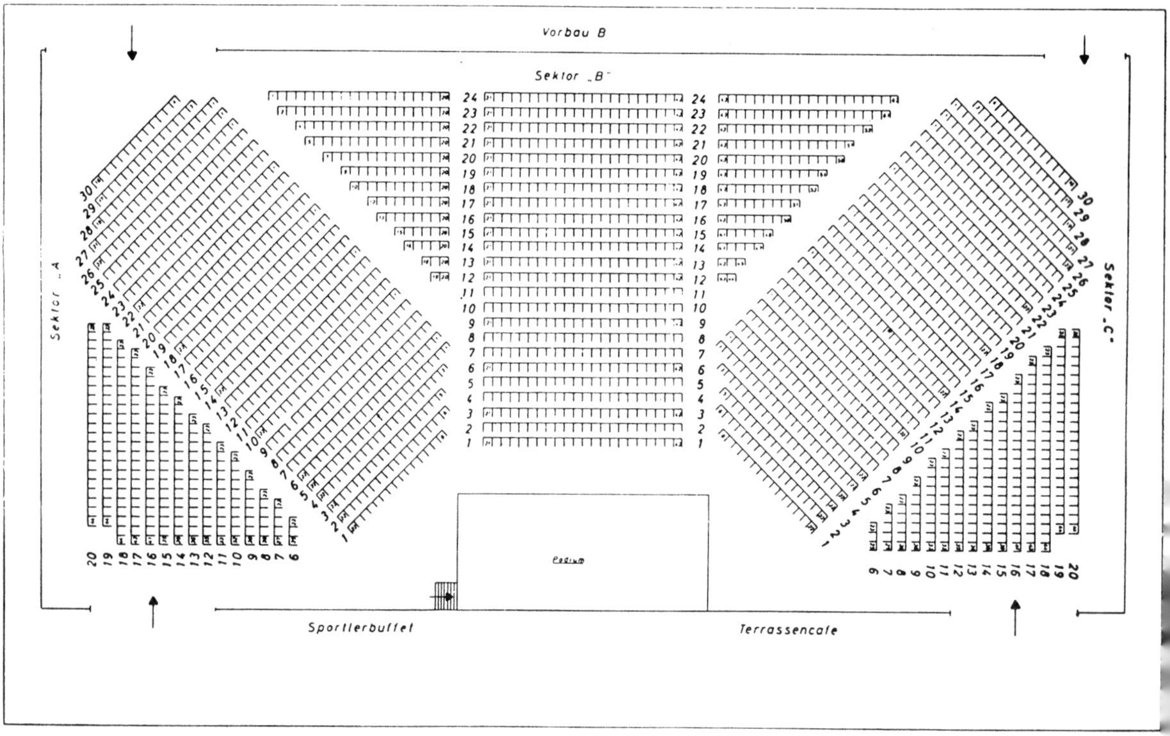

Fassungsraum: zirka 2.500 Personen

Obiger Plan gilt bei Kongressen, Tagungen und Vorträgen – Queraufstellung der Sitze.
Da nicht alle Sitzpläne für weitere Verwendungsmöglichkeiten der Halle „B“ abgedruckt werden können, findet sich nachstehend eine Zusammenstellung von Varianten:

Basketball, Judo, Fechten

Fassungsraum: zirka 1.500 Personen
Sektoren A, B und C 3 Sitzreihen,
Sektor D 5 Sitzreihen

Boxen, Ringen

(Amateur- und kleinere Professionalkämpfe)
Fassungsraum: zirka 2.500 Personen
Sektoren A und C 12 Sitzreihen,
Sektoren B und D 9 Sitzreihen

Ehrungen, diverse Feierlichkeiten usw.

Fassungsraum: zirka 950 Personen bei Aufstellung von 115 Tischen

Handball, Volleyball

(Städte- und Länderspiele)
Fassungsraum: zirka 1.500 Personen
Sektoren A und C 7 Sitzreihen,
Sektoren B und D 5 Sitzreihen

Handball, Volleyball

(Abwicklung der Meisterschaften)
Fassungsraum: zirka 800 Personen
Sektoren B und D mit 2 bis 4 Sitzreihen

Konzerte, Vorträge, Kongresse usw.

Längsaufstellung der Sitze
Fassungsraum: zirka 2.500 Personen
58 Sitzreihen

Modeschau

Bei Queraufstellung der Sitze (Blick zum in der Hallenmitte befindlichen Laufsteg)
Fassungsraum: zirka 1.800 Personen
Rechts und links je 11 Reihen, Nord 6 Reihen
Bei Längsaufstellung der Sitze (Blick zur südseitig gelegenen Bühne)
Fassungsraum: zirka 1.900 Personen
51 Sitzreihen

Tanzen (Sporttanzen, Tanzmeisterschaften), **Turnen**

Fassungsraum: zirka 1.500 Personen
Sektoren A und C 10 Sitzreihen,
Sektoren B und D 7 Sitzreihen

Es gibt noch weitere Verwendungsmöglichkeiten, deren Aufzählung aber entbehrlich ist.

Wiener Stadthalle

(Halle „D“) 15, Vogelweidplatz 14, Tel. 981 00 . . . 0

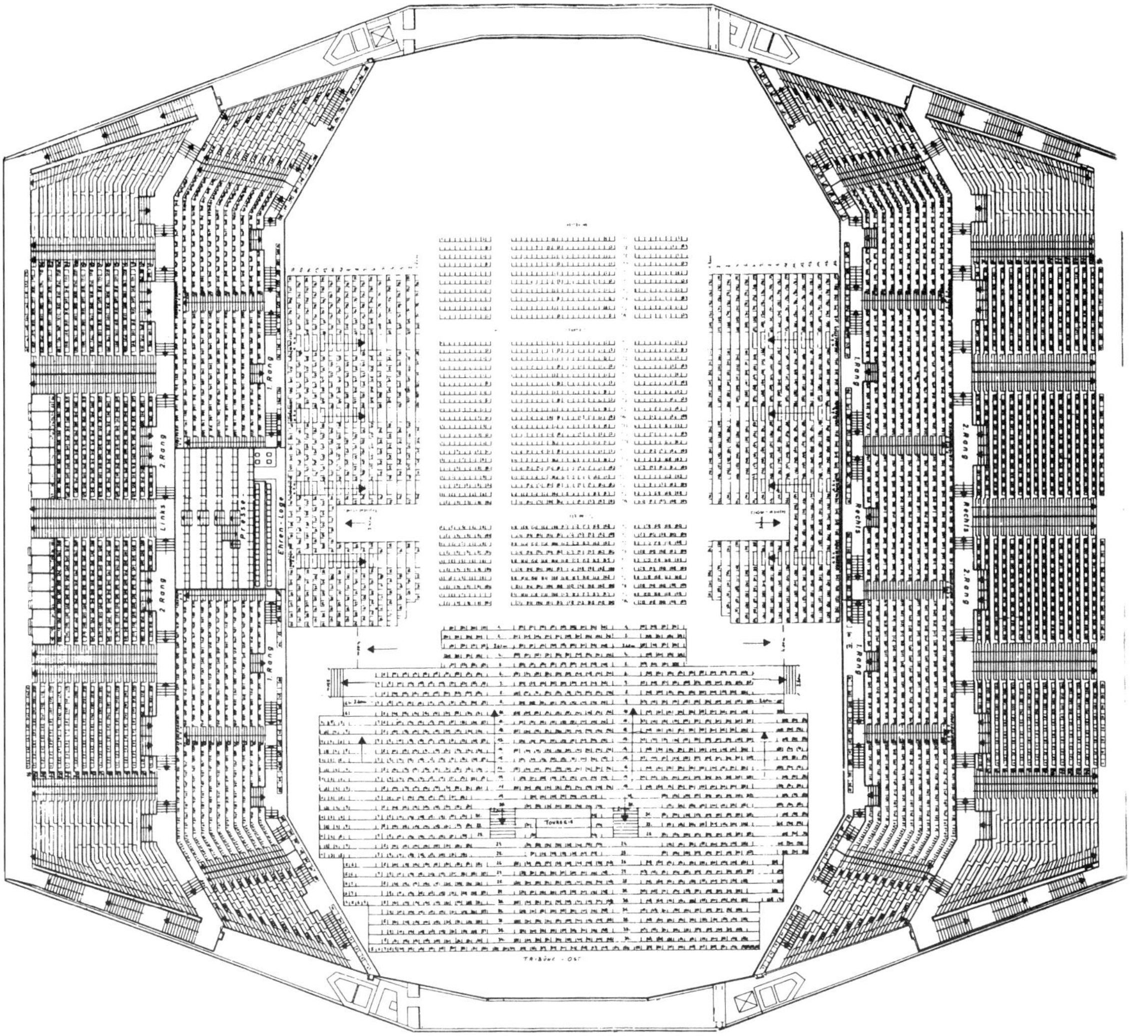

Fassungsraum: zirka 12.000 Personen

Obiger Plan gilt bei der Veranstaltung von Konzerten, Vorträgen, Kongressen und bunten Abenden.
Da nicht alle Sitzpläne für weitere Verwendungsmöglichkeiten der Halle „D“ abgedruckt werden können, findet sich nachstehend eine Zusammenstellung von Varianten:

Boxen

Fassungsraum: zirka 16.000 Personen
Obiger Plan (Änderung: Anstelle 1. und 2. Parkett Aufstellung der Tribüne West und 6 bis 10 Sitzreihen um den Ring)

Bühnenshow

Fassungsraum: zirka 11.000 Personen
Obiger Plan (Änderung: Anstelle 1. und 2. Parkett Aufstellung von Tischen)

Eishockey, Fußball

Fassungsraum: zirka 10.000 Personen
Obiger Plan (Änderung: 1. und 2. Parkett fällt weg, die Tribünen Ost, rechts und links sind verkürzt, dafür zusätzliche Aufstellung der Tribüne West)

Eisrevue

Fassungsraum: zirka 8.000 Personen
Obiger Plan (Änderung: 1. und 2. Parkett fällt weg)

Hallenhandball, Basketball, Faustball

Fassungsraum: zirka 10.000 Personen
Obiger Plan (Änderung: 1. und 2. Parkett fällt weg, dafür zusätzliche Aufstellung der Tribüne West)

Reiten

Fassungsraum: zirka 8.000 Personen
Plan vorhergehende Seite (Änderung: 1. und 2. Parkett fällt weg, die Tribünen Ost, rechts und links sind verkürzt)

Tennis

Fassungsraum: zirka 9.000 Personen
Plan vorhergehende Seite (Änderung: 1. und 2. Parkett fällt weg, die Tribünen Ost, rechts und links sind verkürzt, dafür zusätzliche Aufstellung der Tribüne West)

Turnen, Tanzen

Fassungsraum: zirka 8.500 Personen
Plan vorhergehende Seite (Änderung: 1. und 2. Parkett fällt weg)

Zirkus

Fassungsraum: zirka 8.000 Personen
Plan vorhergehende Seite (Änderung: 1. und 2. Parkett fällt weg, dafür zusätzliche Aufstellung der Tribüne West)

Die Tribünen sind je nach benötigter Aktionsfläche verkleinert oder vergrößert.
Die Anordnung der Sitze ist im 1. und 2. Rang bei jeder Veranstaltung die gleiche, im 2. Rang allerdings können die Sitzplätze fallweise als Stehplätze Verwendung finden.

Es gibt noch weitere Verwendungsmöglichkeiten, deren Aufzählung aber entbehrlich ist.

Wiener Stadthalle

(Halle „E“) 15, Vogelweidplatz 14, Tel. 981 00 . . . 0

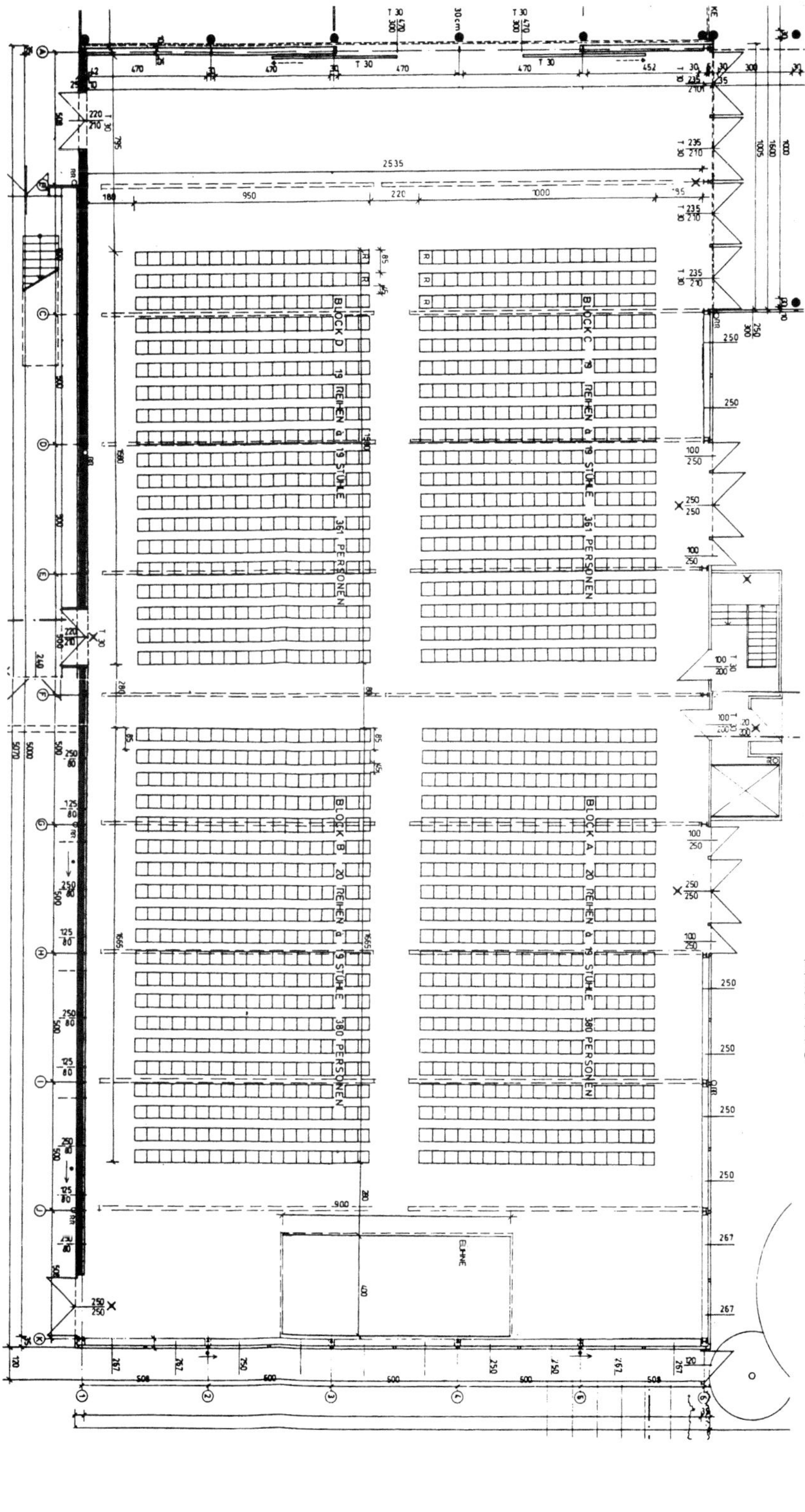

Fassungsraum:
Sesselreihen – 1.200 Personen
Klassenzimmer – 600 Personen
Bankett – 900 Personen
Cocktail – 1.000 Personen

KINOS

Actors Studio

1, Tuchlauben 13
Tel. 533 52 32

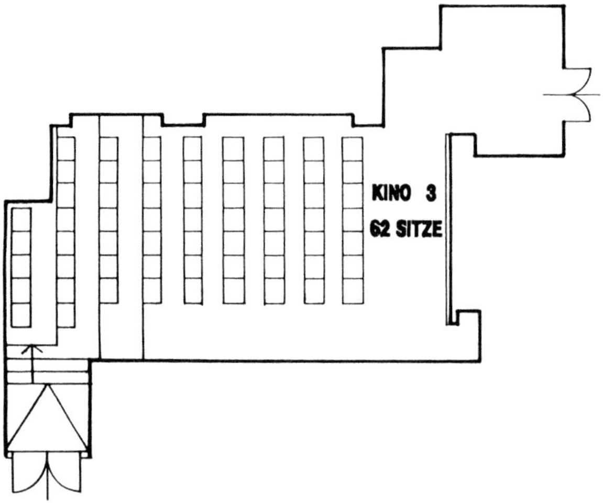

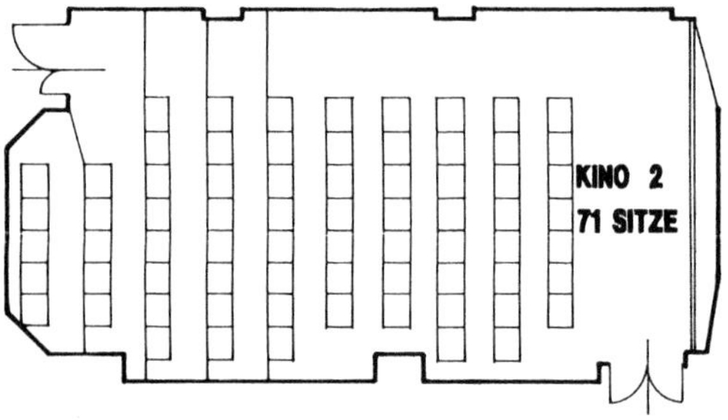

Fassungsraum: Kino 1 – 88 Personen
Kino 2 – 71 Personen
Kino 3 – 62 Personen

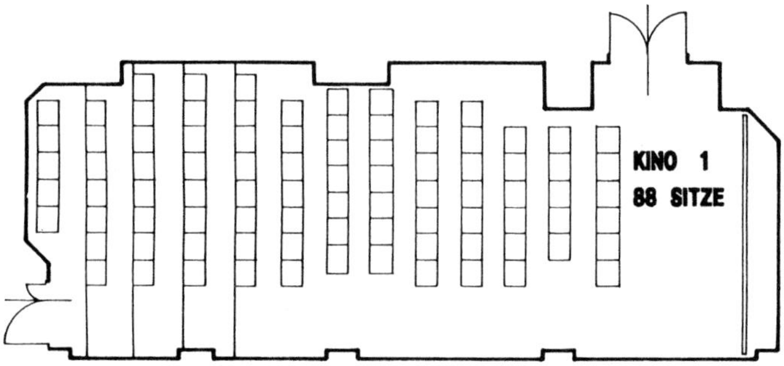

Apollo

6, Gumpendorfer Straße 63
Tel. 587 96 51

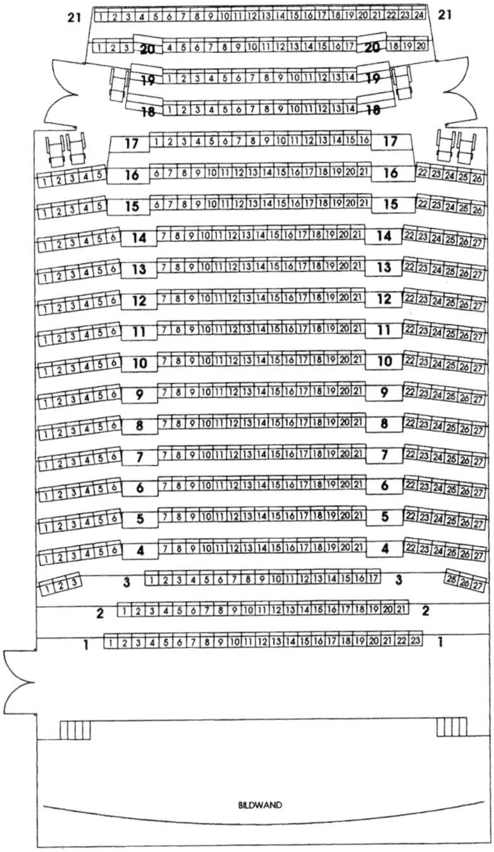

Kino 1

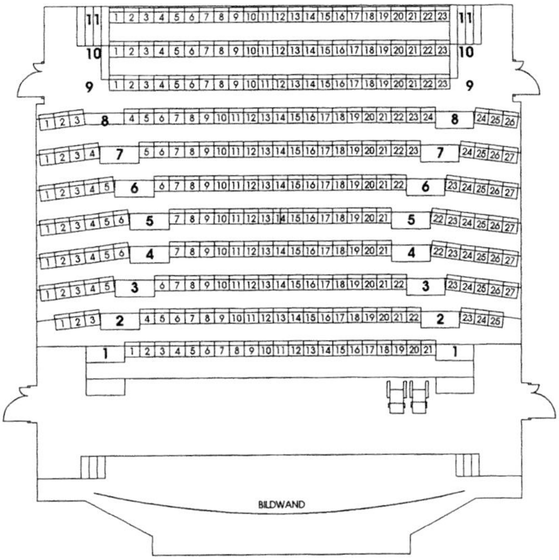

Kino 2

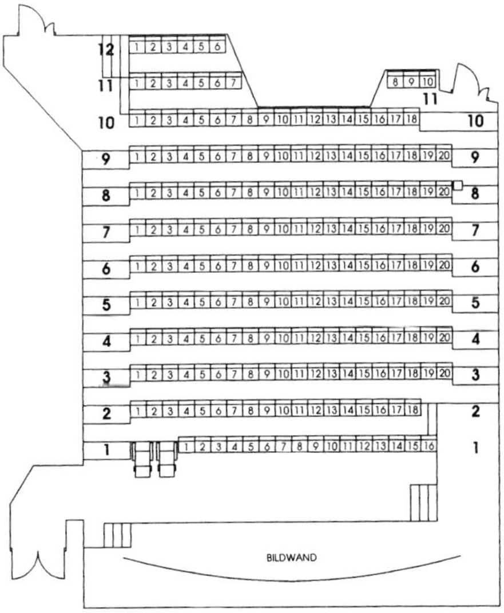

Kino 3

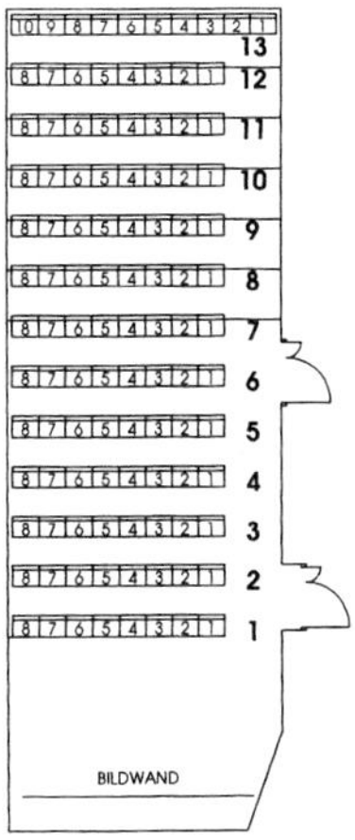

Kino 4

Fassungsraum: Kino 1 – 504 Personen, 6 Rollstuhlplätze
Kino 2 – 275 Personen, 2 Rollstuhlplätze
Kino 3 – 211 Personen, 2 Rollstuhlplätze
Kino 4 – 106 Personen

(Kinos 5–12 → die nächsten Seiten)

Apollo

6, Gumpendorfer Straße 63
Tel. 587 96 51

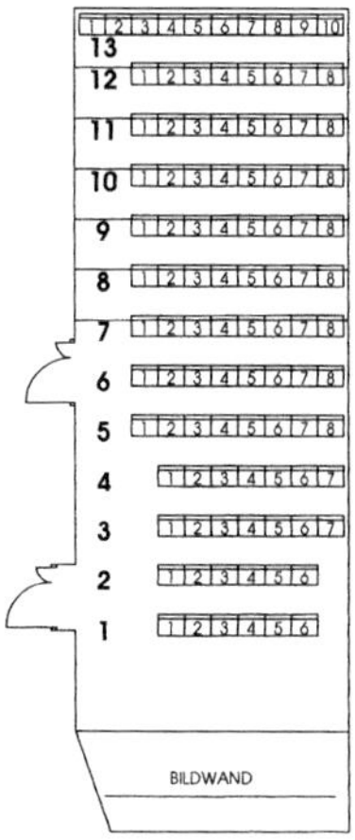

Kino 5

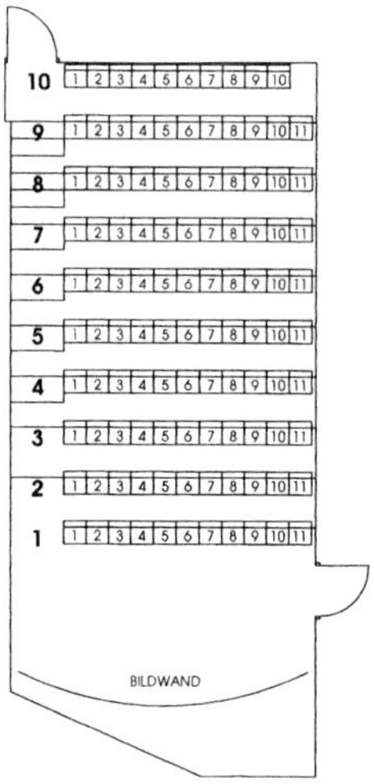

Kino 6

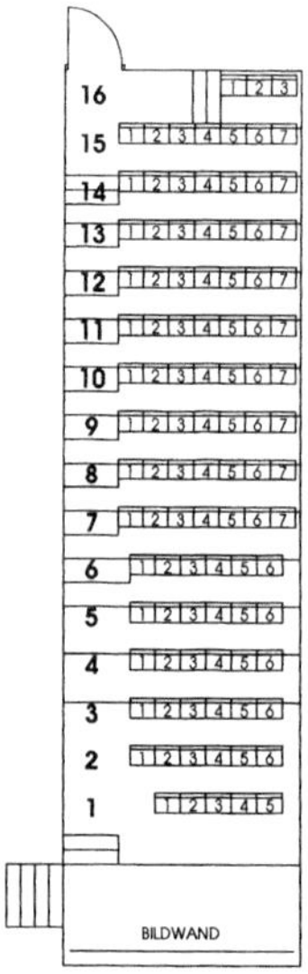

Kino 7

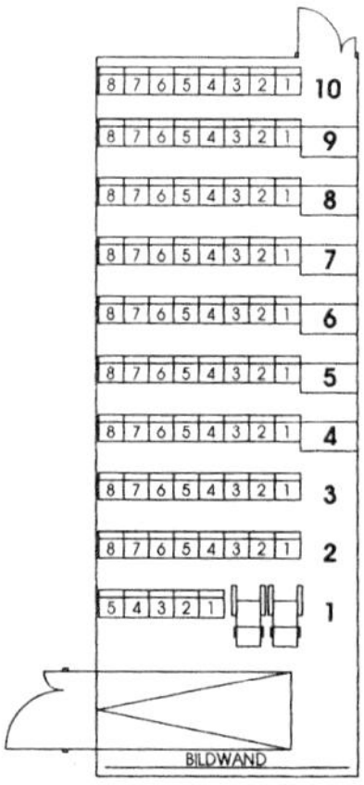

Kino 8

Fassungsraum: Kino 5 – 100 Personen
Kino 6 – 109 Personen
Kino 7 – 101 Personen
Kino 8 – 77 Personen, 2 Rollstuhlplätze

Apollo

6, Gumpendorfer Straße 63
Tel. 587 96 51

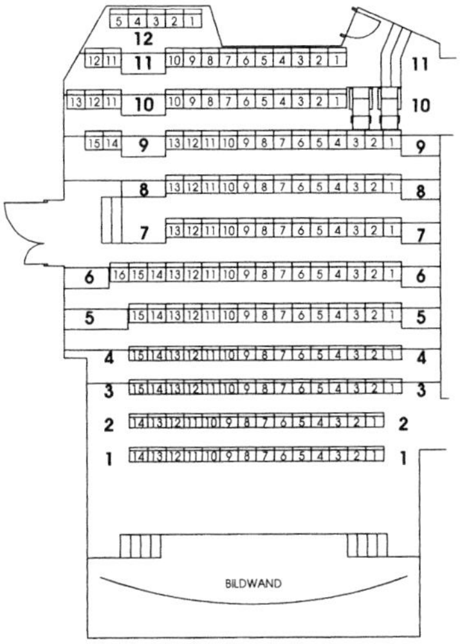

Kino 9

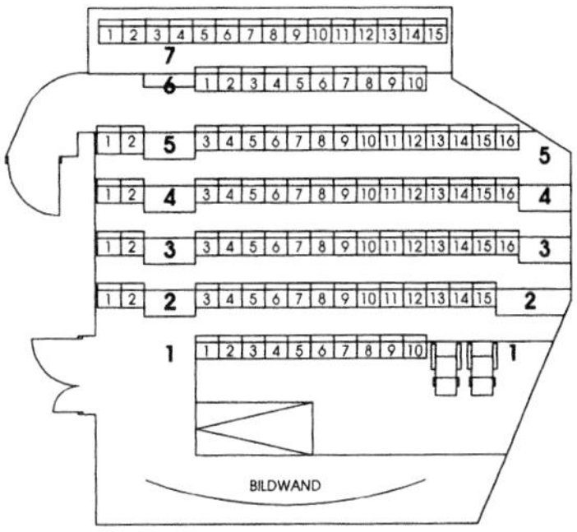

Kino 10

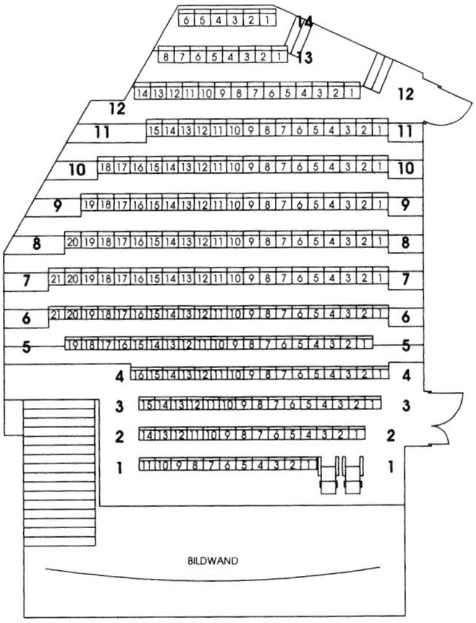

Kino 11

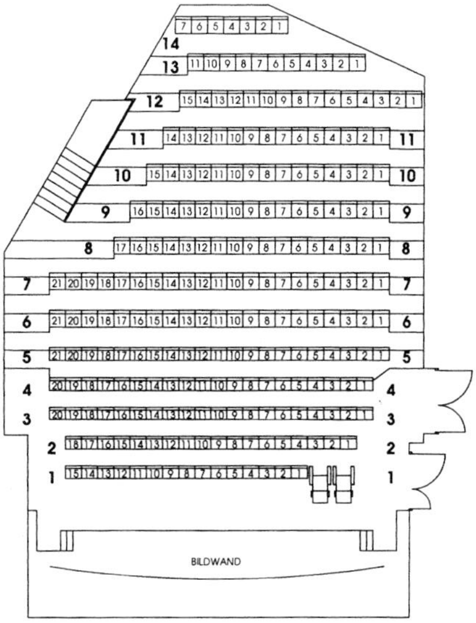

Kino 12

Fassungsraum: Kino 9 – 160 Personen, 2 Rollstuhlplätze
Kino 10 – 98 Personen, 2 Rollstuhlplätze
Kino 11 – 217 Personen, 2 Rollstuhlplätze
Kino 12 – 231 Personen, 2 Rollstuhlplätze

Artis Kinotreff

1, Schultergasse 5
Tel. 535 65 70

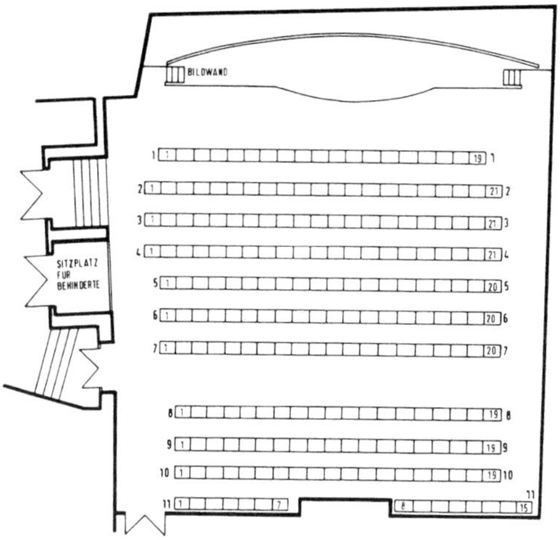

Kino 1

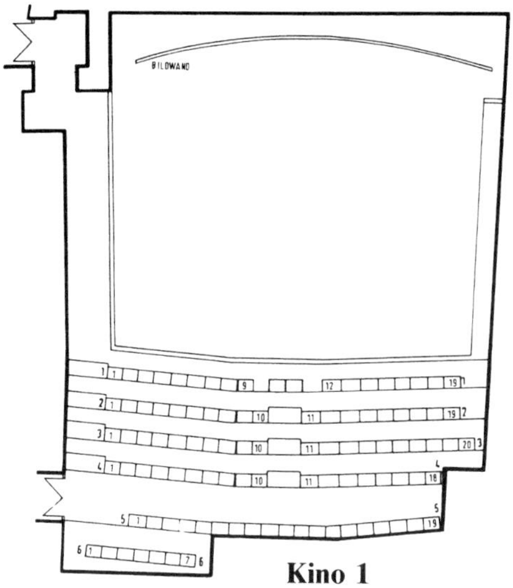

Kino 1

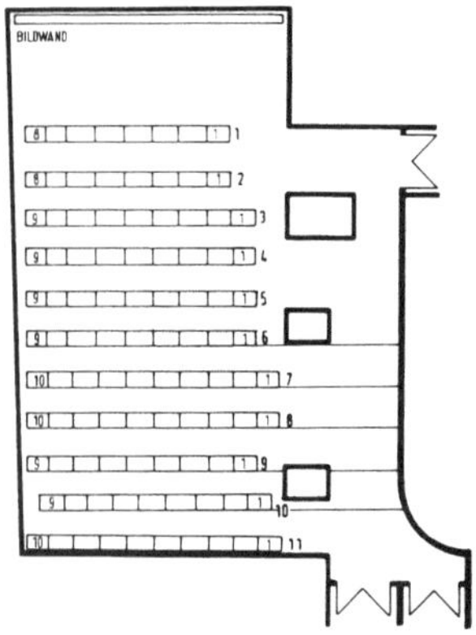

Kino 2

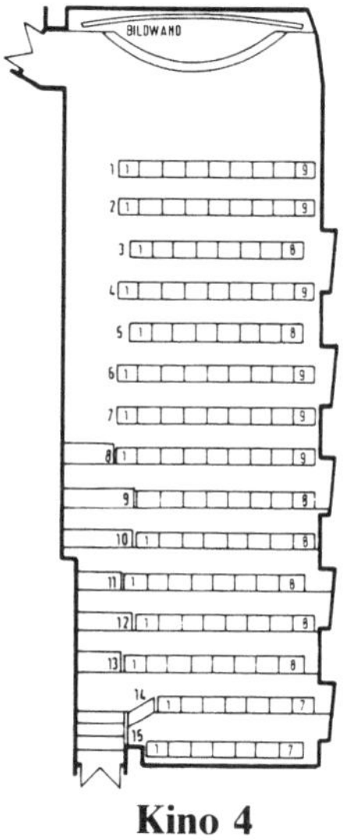

Kino 4

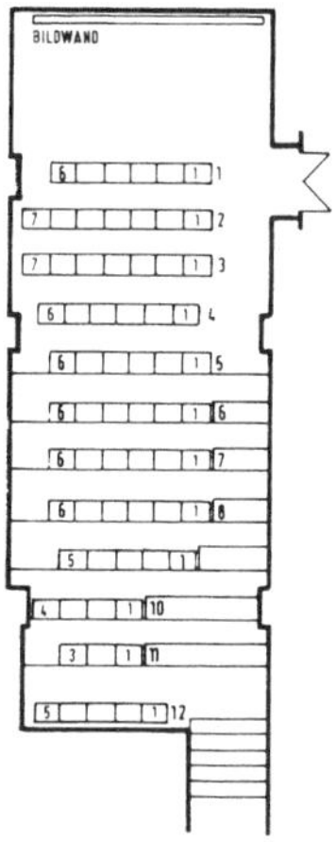

Kino 5

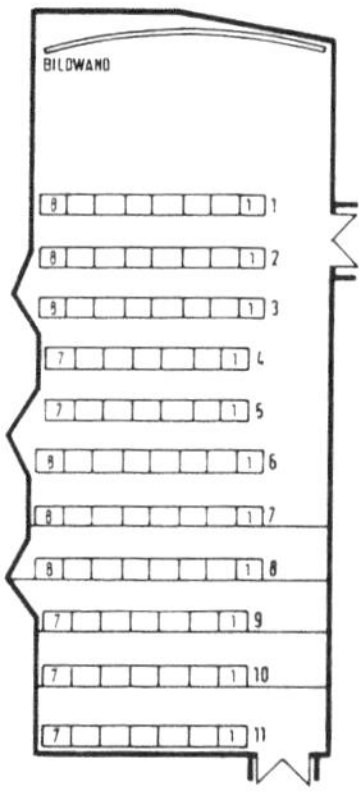

Kino 6

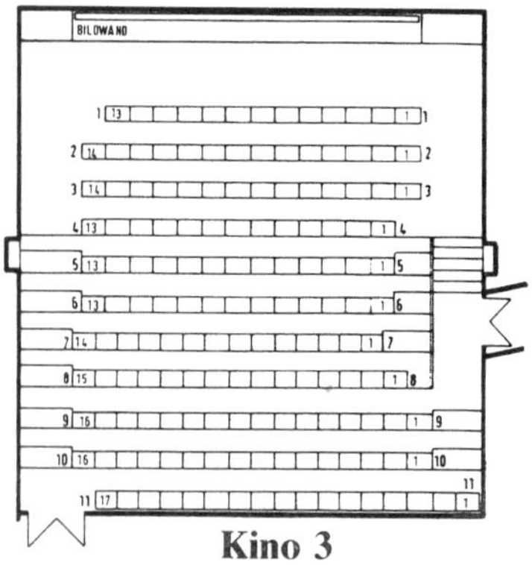

Kino 3

Fassungsraum: Kino 1 – 317 Personen
Kino 2 – 100 Personen
Kino 3 – 158 Personen
Kino 4 – 124 Personen
Kino 5 – 67 Personen
Kino 6 – 83 Personen

Auge-Center

9, Nußdorfer Straße 73
Tel. 317 63 44

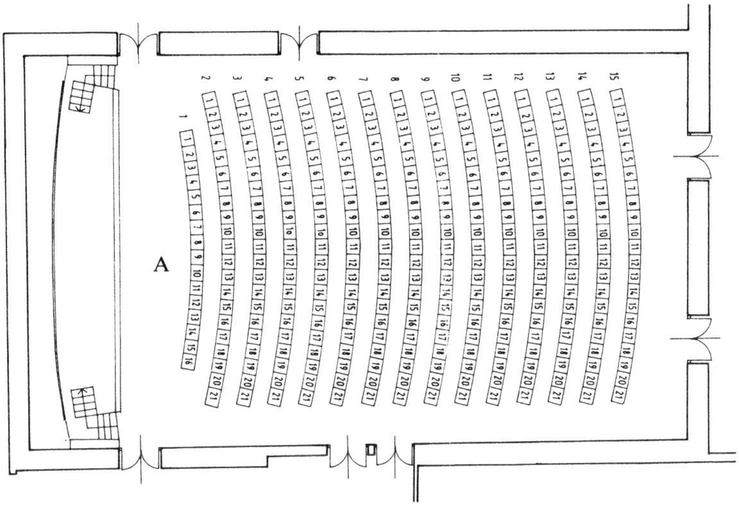

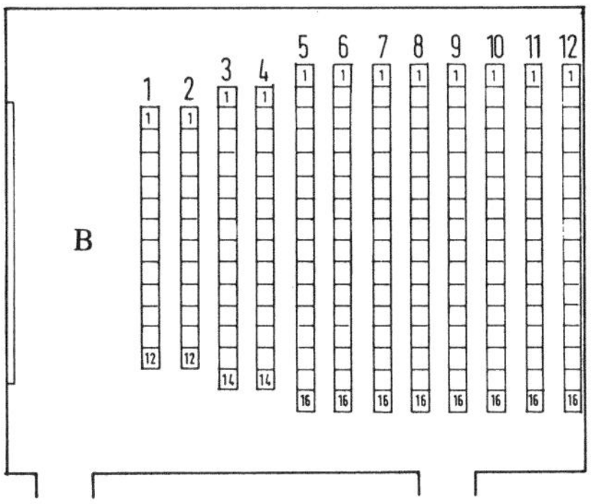

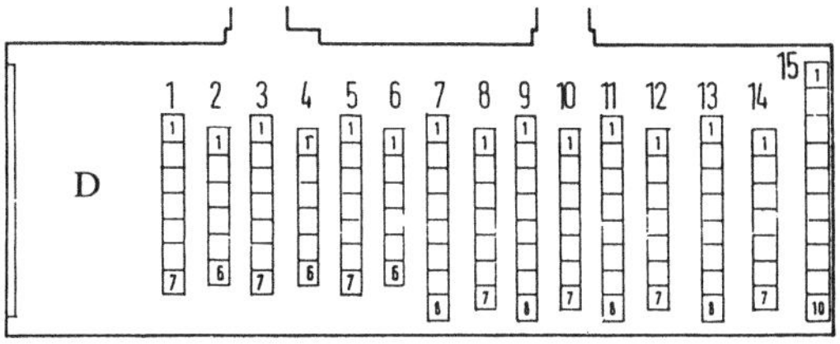

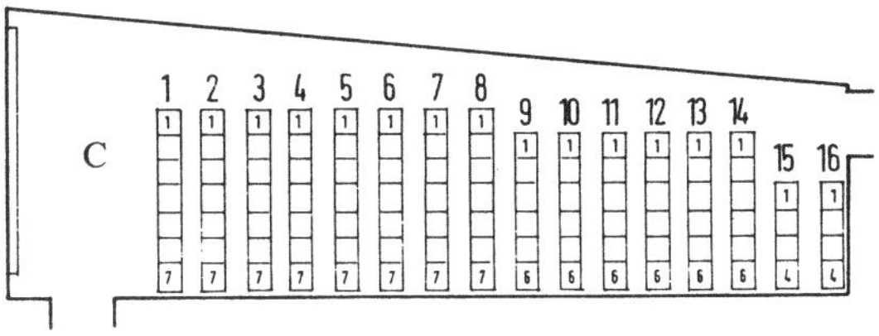

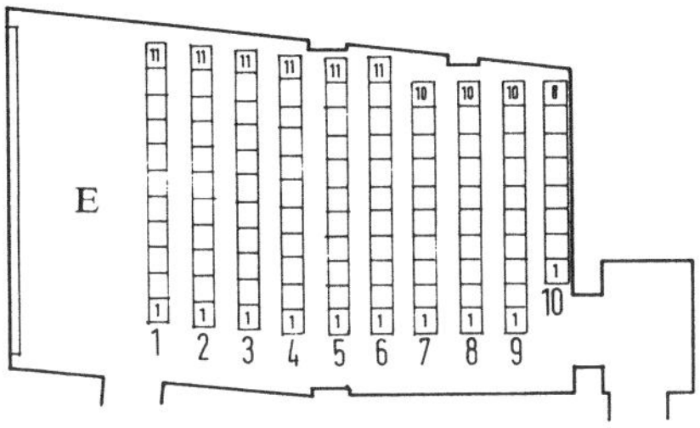

Fassungsraum: Kino A – 310 Personen
Kino B – 180 Personen
Kino C – 100 Personen
Kino D – 109 Personen
Kino E – 104 Personen

Burg-Kino

1, Opernring 19
Tel. 587 84 06

Großer Saal

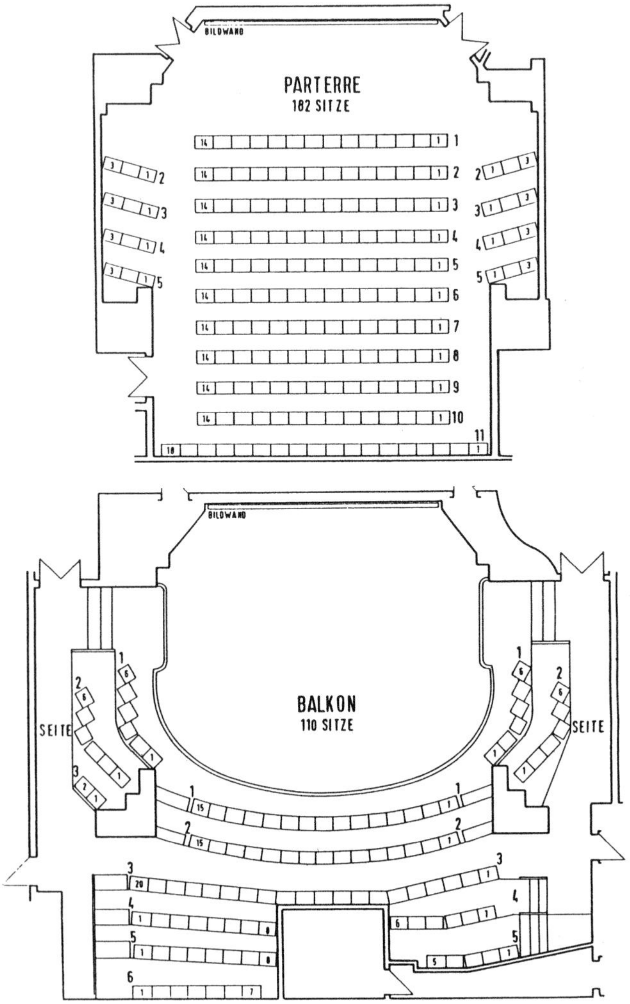

Studio

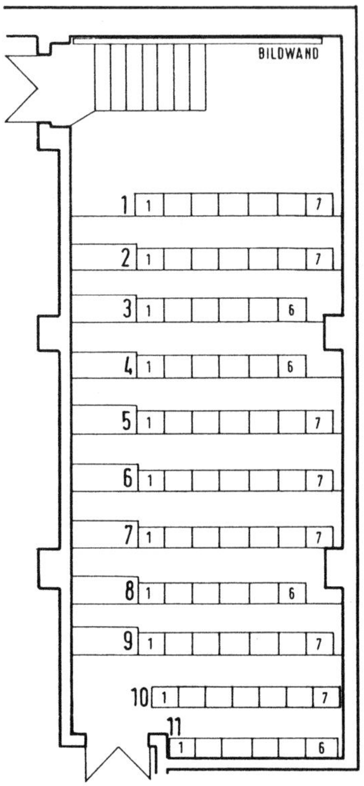

Fassungsraum: Großer Saal – 292 Personen
Studio – 73 Personen

Cine de France

1, Schottenring 5
Tel. 317 52 36

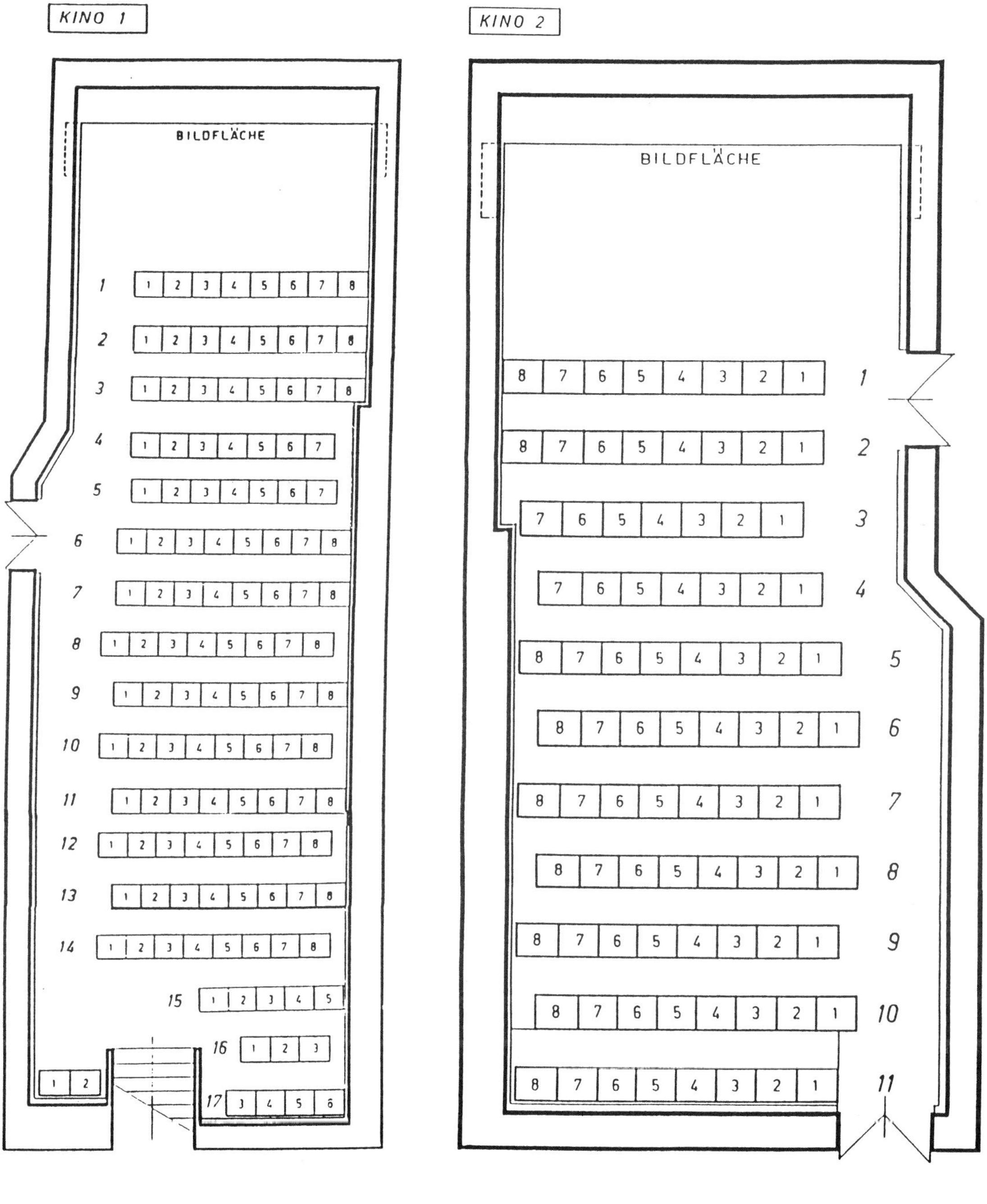

Fassungsraum: Kino 1 – 124 Personen
Kino 2 – 86 Personen

Cinecenter

1, Fleischmarkt 6
Tel. 533 24 11

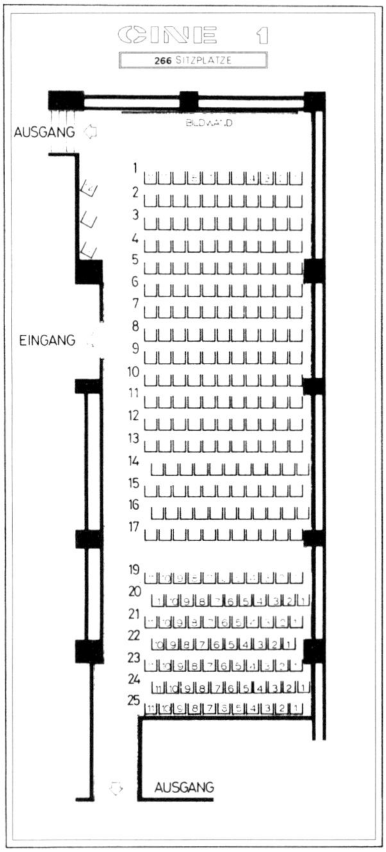

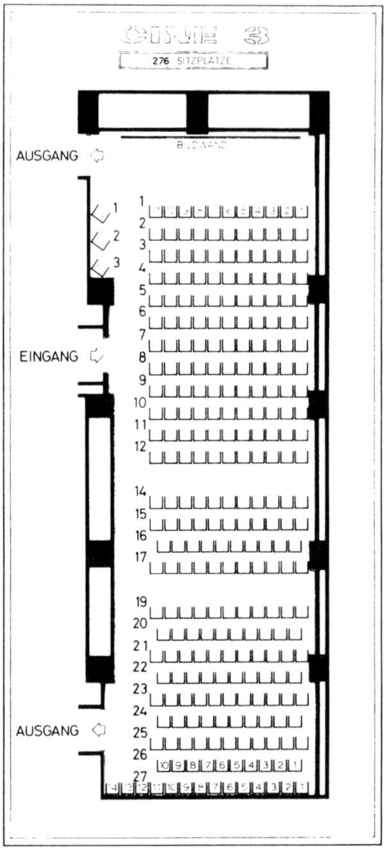

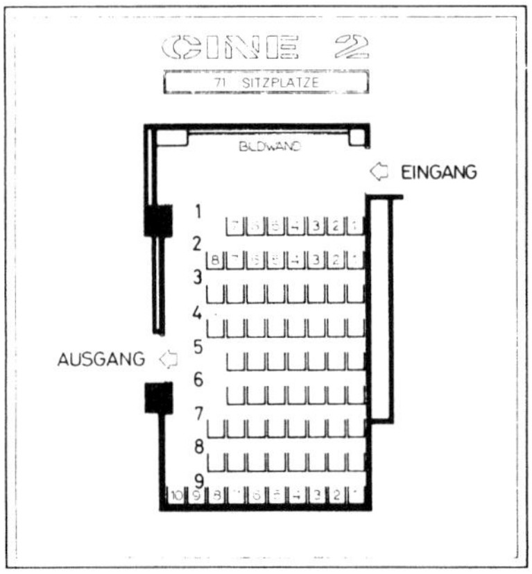

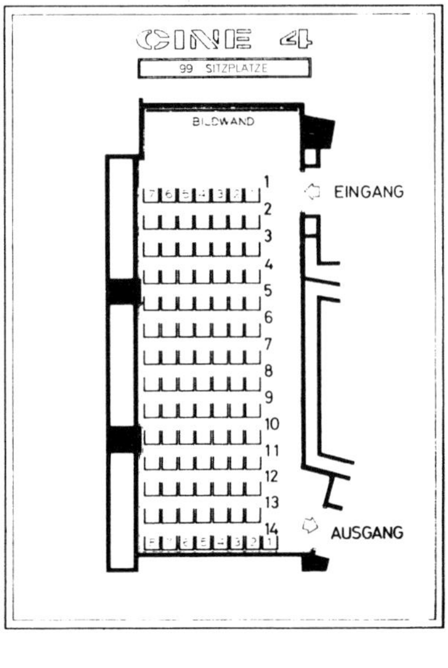

Fassungsraum: Kino 1 – 266 Personen
Kino 2 – 71 Personen
Kino 3 – 276 Personen
Kino 4 – 99 Personen

Edison-Kinocenter

10, Arthaberplatz 2
Tel. 604 15 89

KINO A

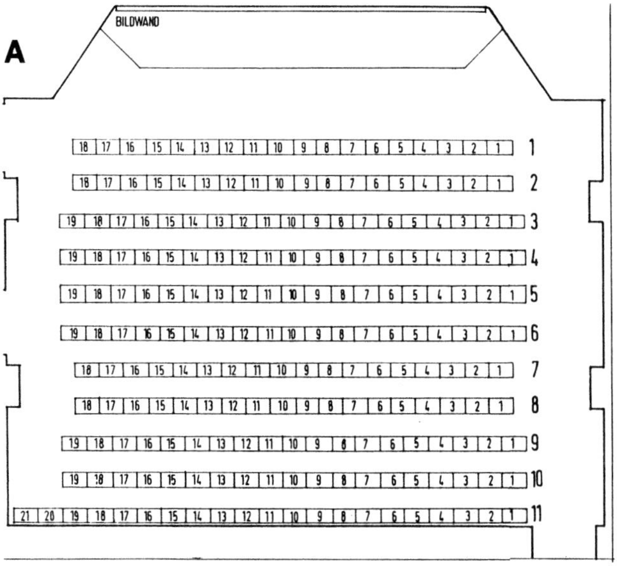

KINO B

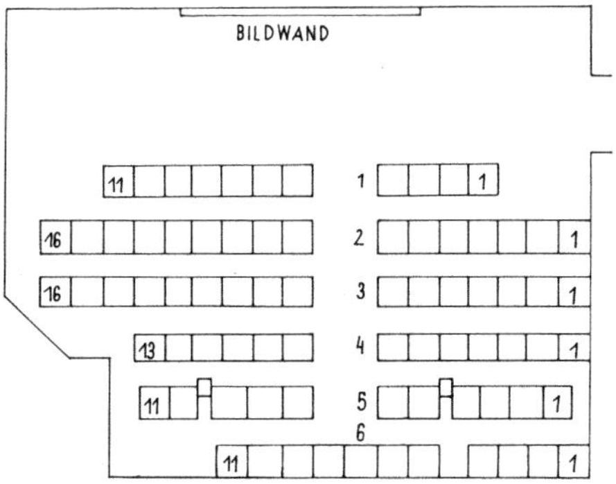

KINO C

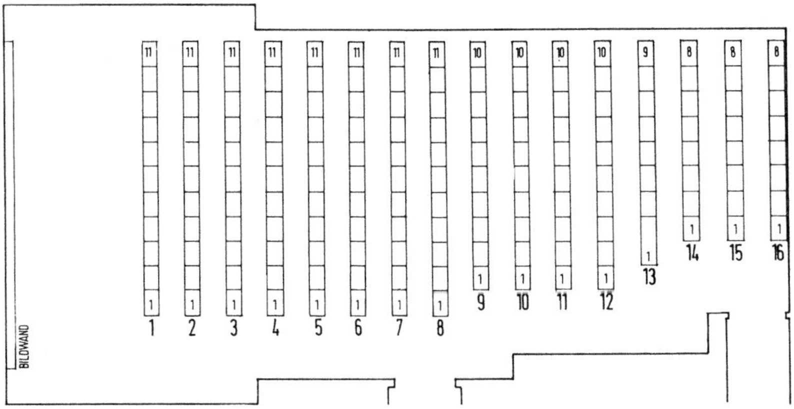

Fassungsraum: Kino A – 207 Personen
Kino B – 78 Personen
Kino C – 161 Personen

Elite-Center

1, Wollzeile 36
Tel. 512 21 76

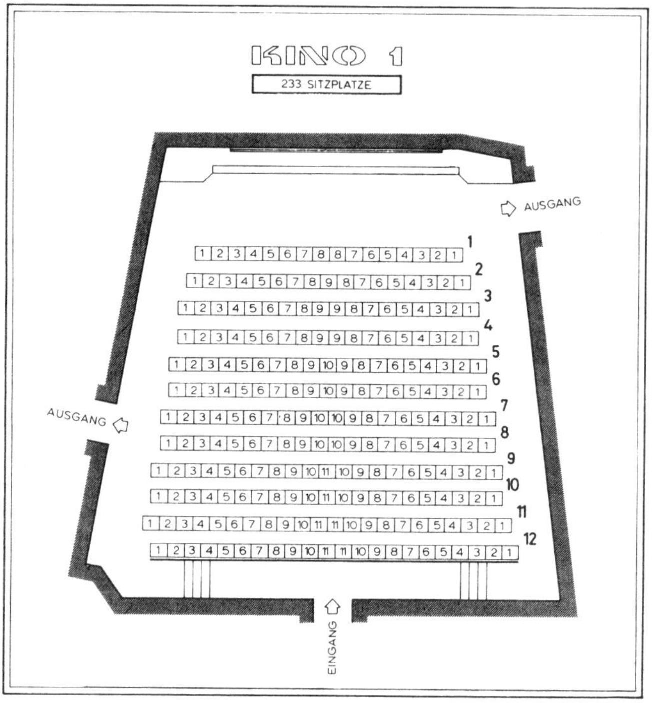

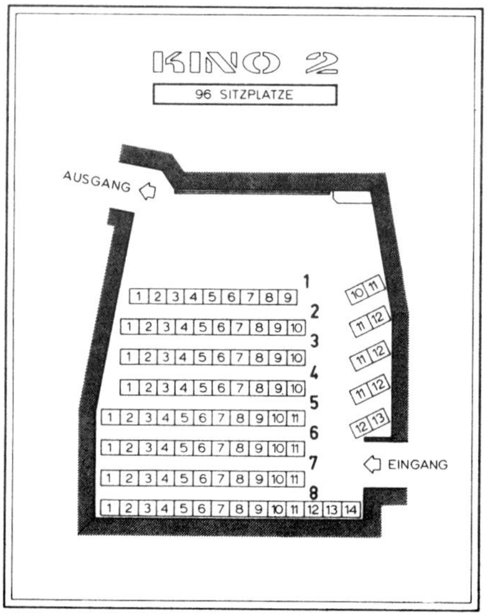

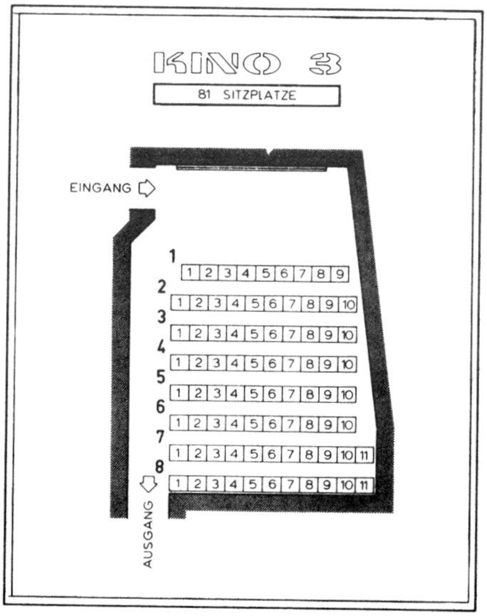

Fassungsraum: Kino 1 – 233 Personen
Kino 2 – 96 Personen
Kino 3 – 81 Personen

English Cinema – Haydn

6, Mariahilfer Straße 57
Tel. 587 22 62

Kino 1

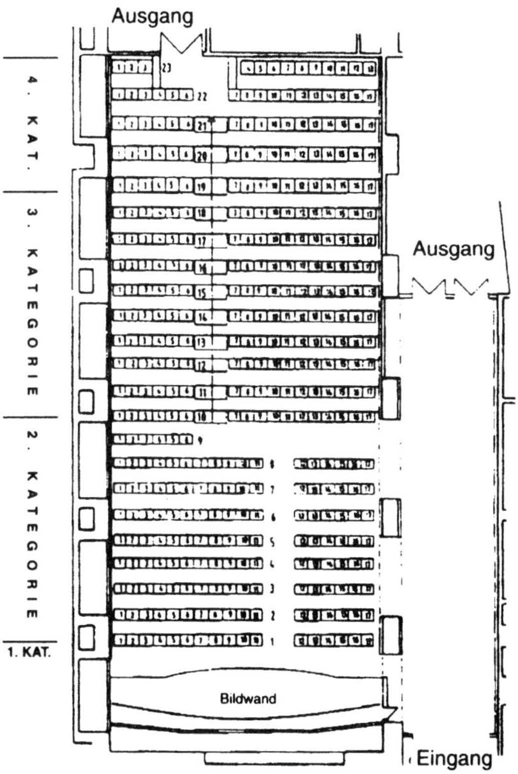

Kino 2

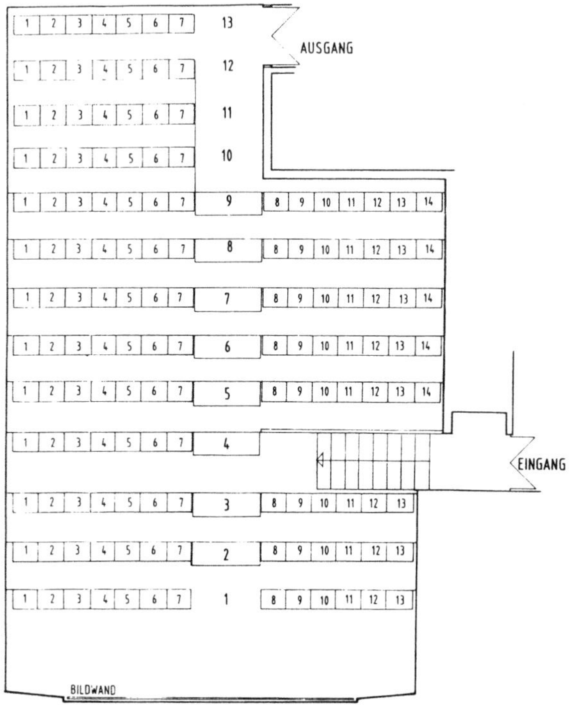

Kino 3

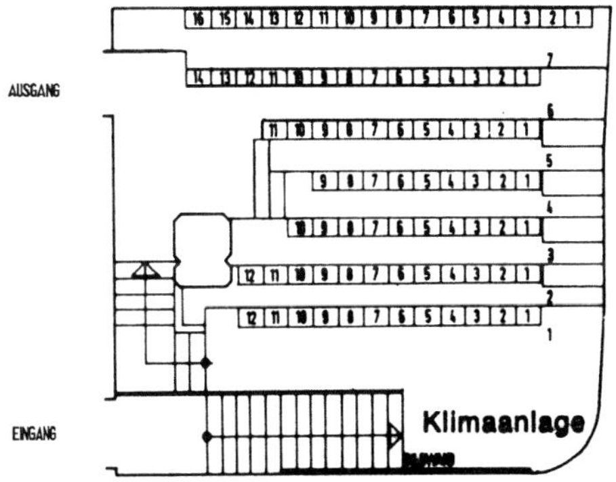

Fassungsraum: Kino 1 – 376 Personen
Kino 2 – 144 Personen
Kino 3 – 84 Personen

Flotten-Center

6, Mariahilfer Straße 85–87
Tel. 586 51 52

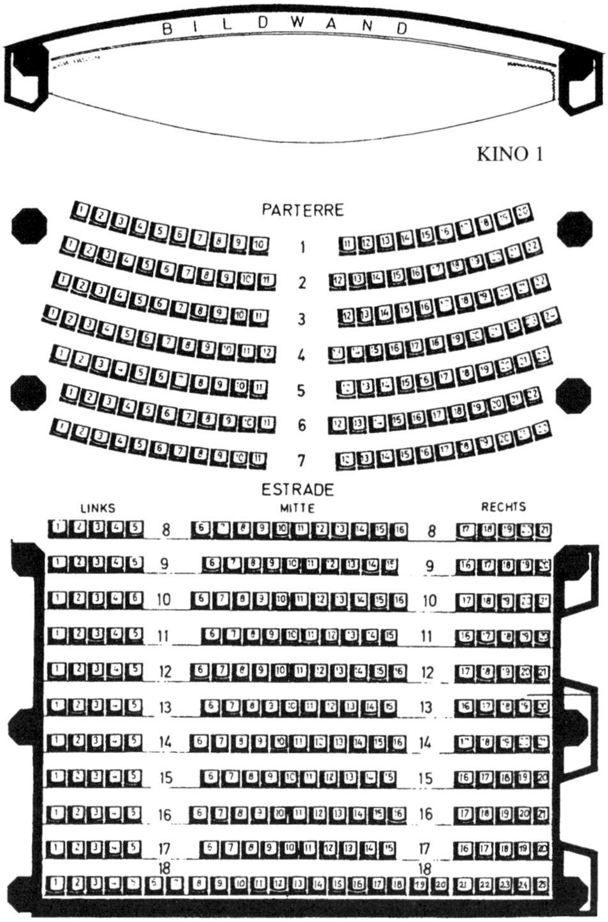

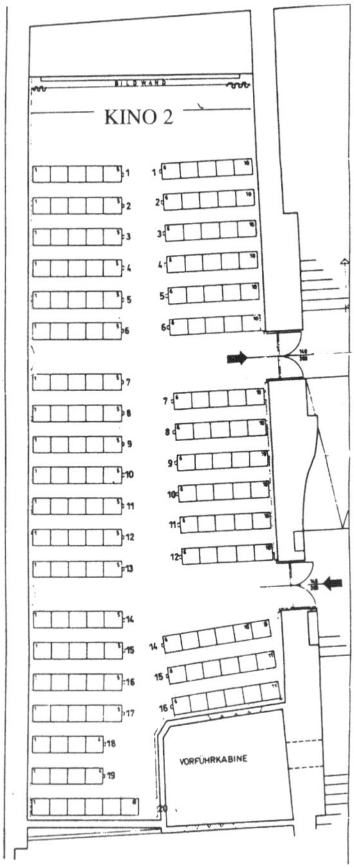

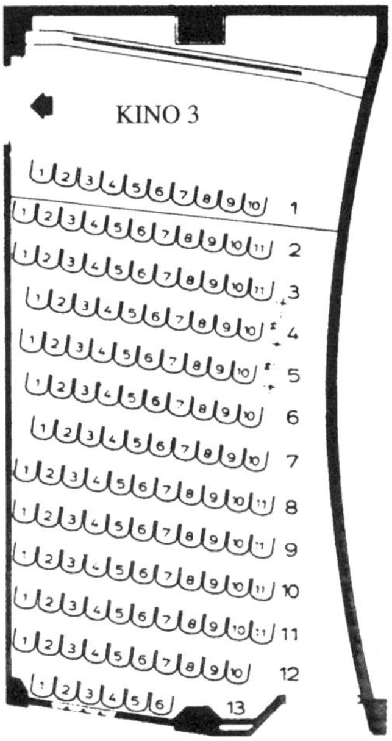

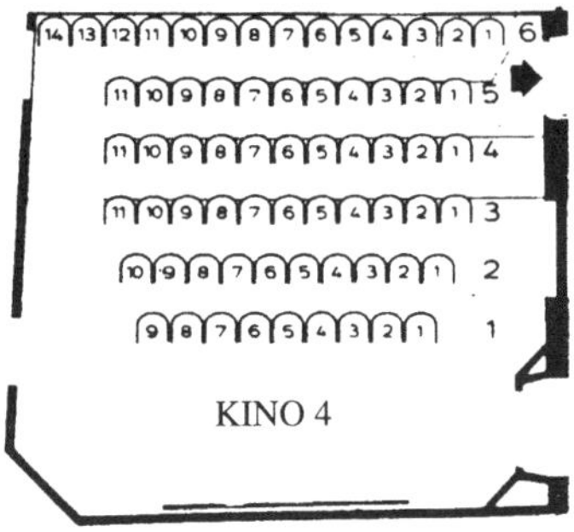

Fassungsraum: Kino 1 – 384 Personen
Kino 2 – 176 Personen
Kino 3 – 132 Personen
Kino 4 – 66 Personen

Gartenbau-Kino

1, Parkring 12
Tel. 512 23 54

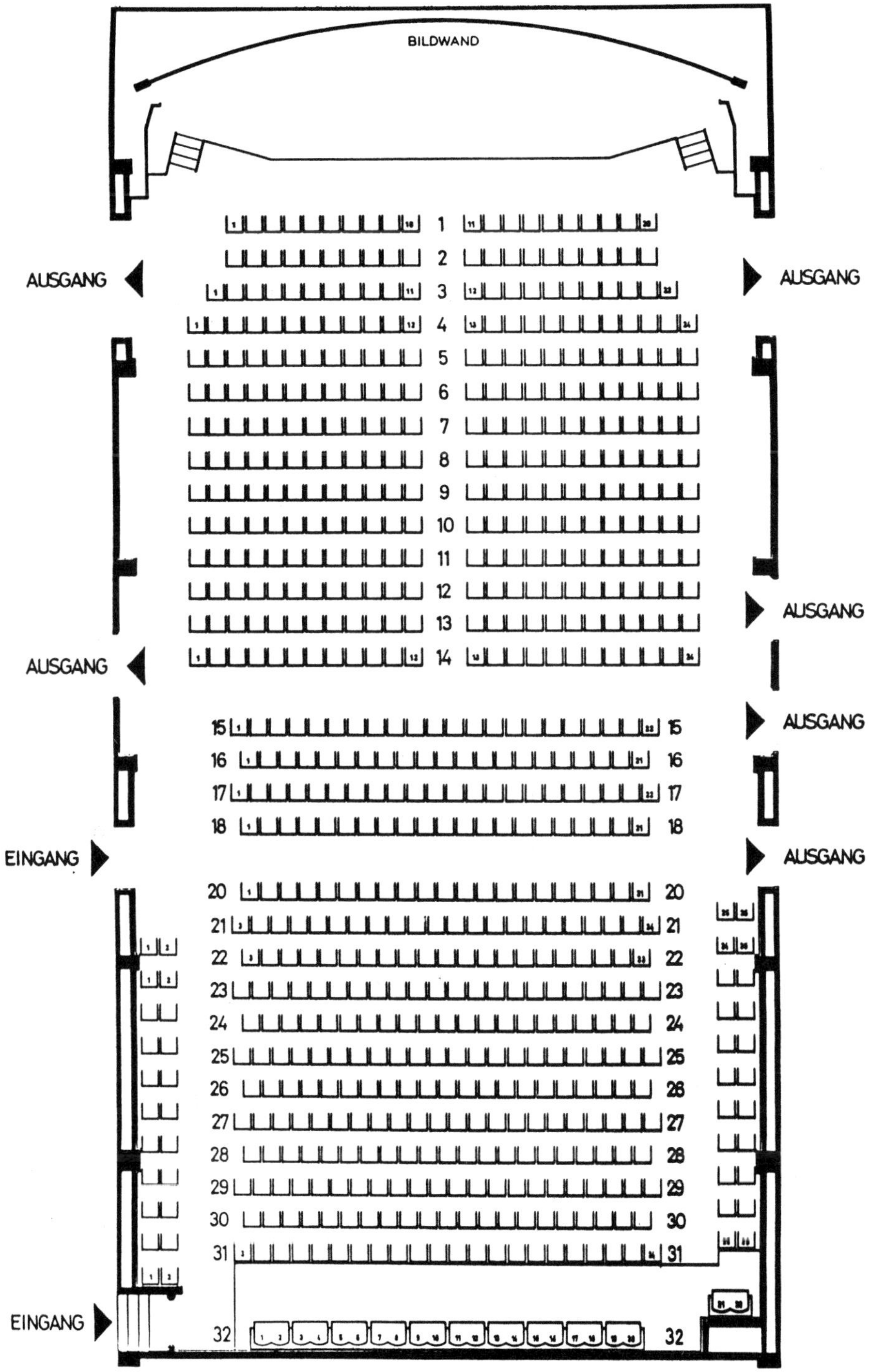

Fassungsraum: 736 Personen

Gloria-Center

21, Prager Straße 9
Tel. 278 14 32

KINO 1

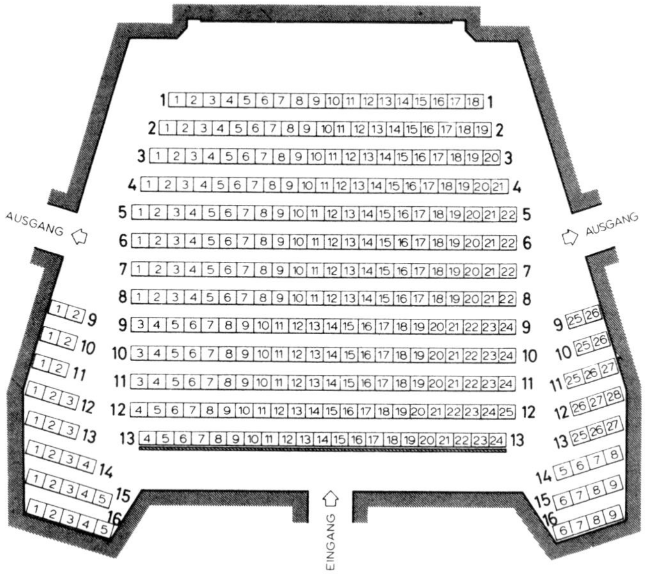

KINO 2

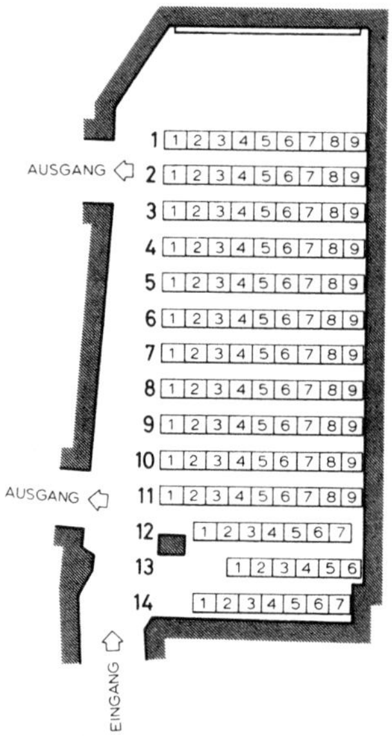

KINO 3

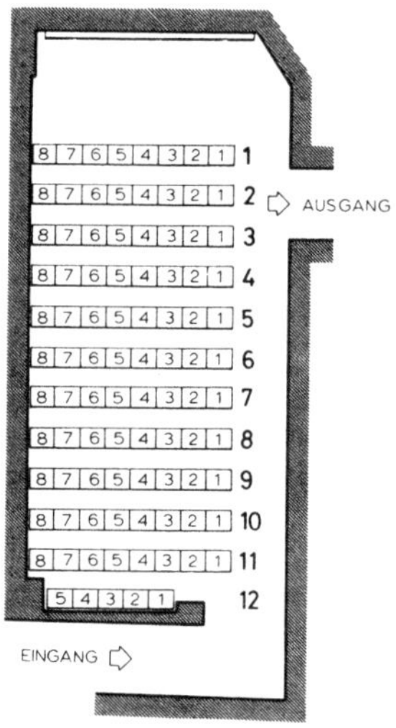

Fassungsraum: Kino 1 – 326 Personen
Kino 2 – 119 Personen
Kino 3 – 93 Personen

IMAX-Filmtheater

14, Mariahilfer Straße 212
Tel. 894 01 01 . . . 0

SAALPLAN

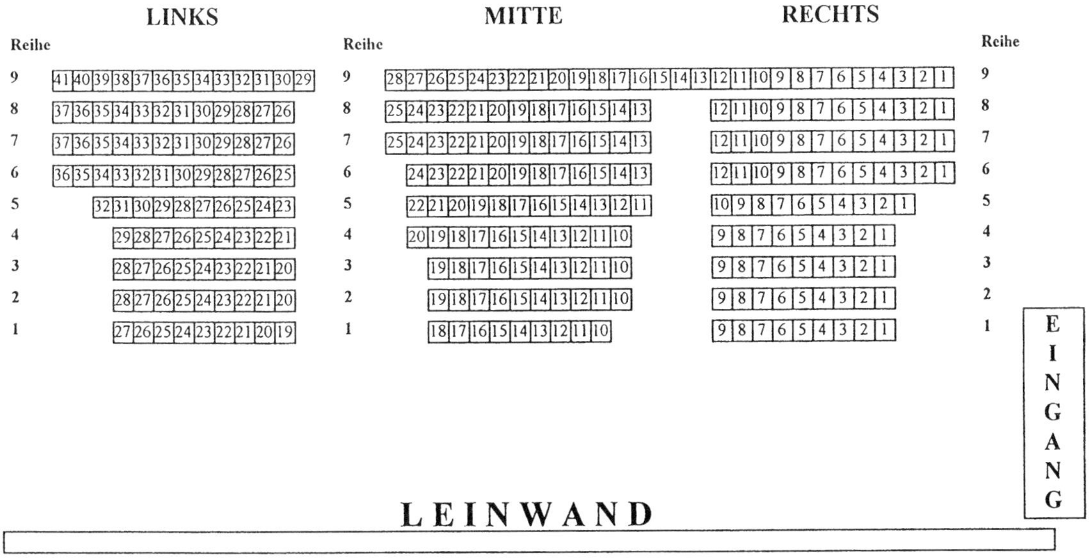

Fassungsraum: 295 Personen
und 4 Rollstuhlplätze

Kepler-Center

10, Keplerplatz 15
Tel. 604 31 90

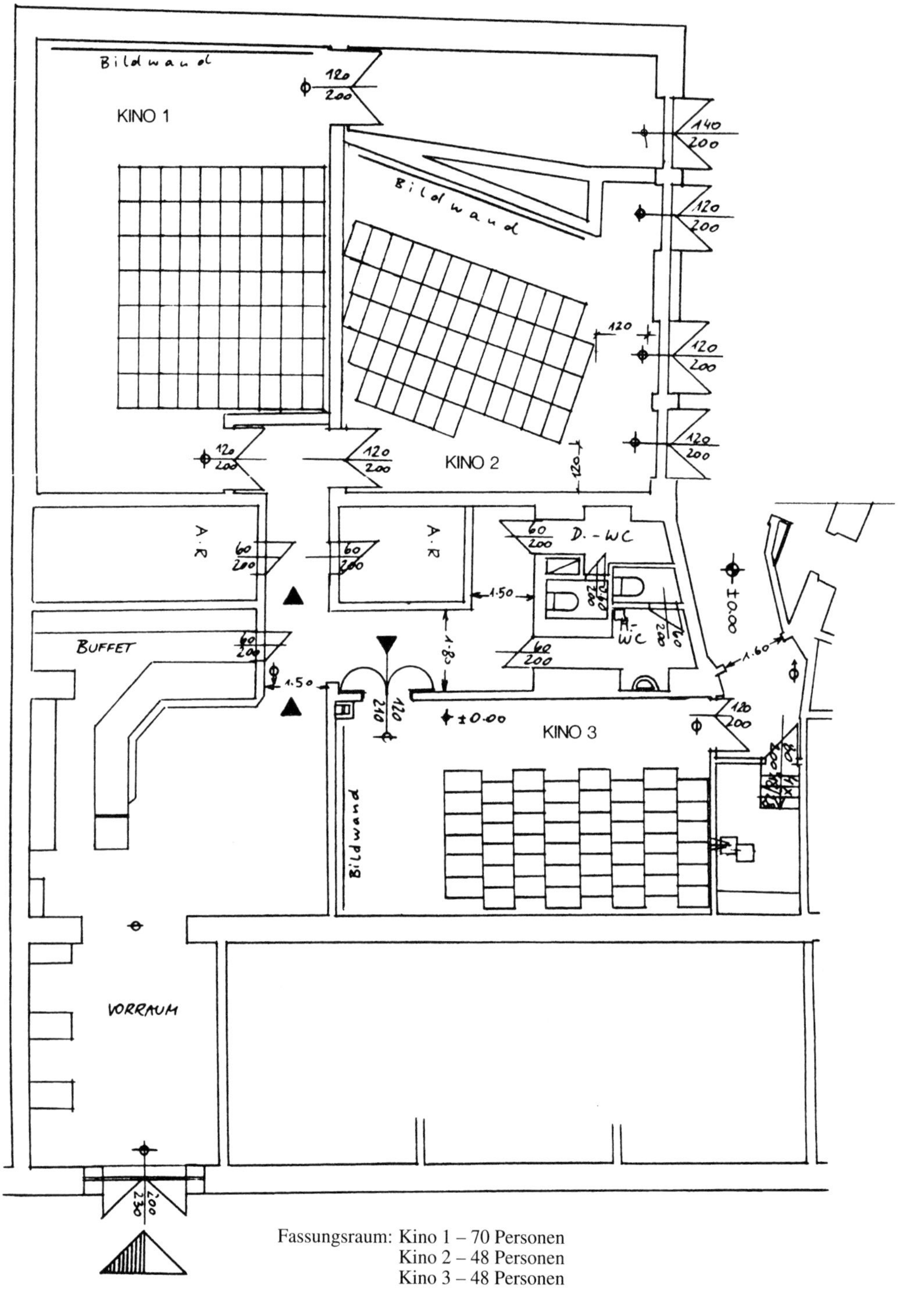

Fassungsraum: Kino 1 – 70 Personen
Kino 2 – 48 Personen
Kino 3 – 48 Personen

Kolosseum-Center

9, Nußdorfer Straße 4
Tel. 317 81 06

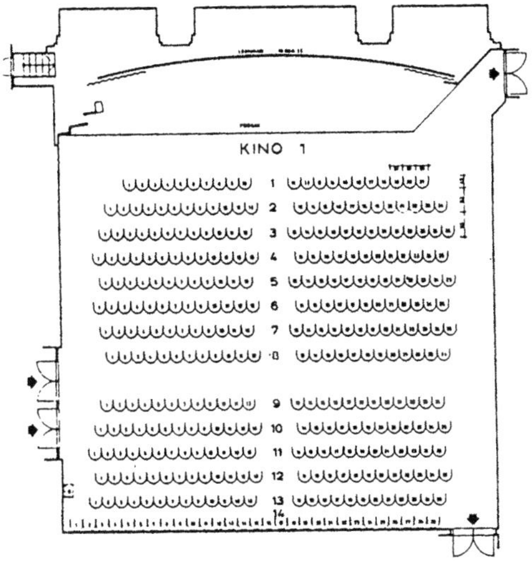

KINO 1

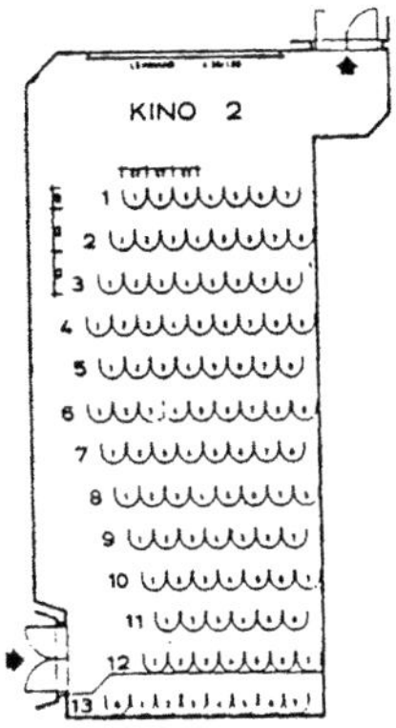

KINO 2

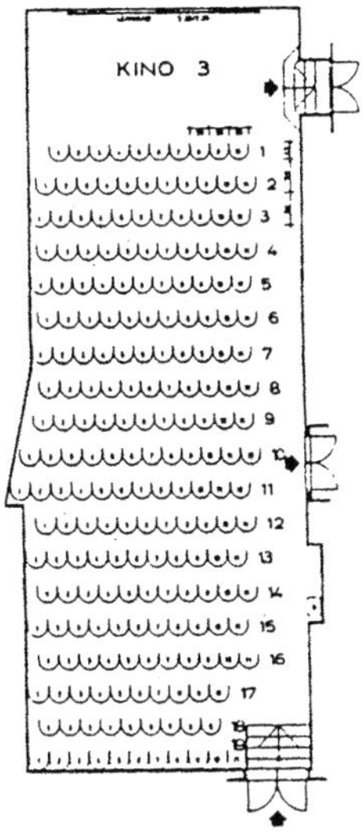

KINO 3

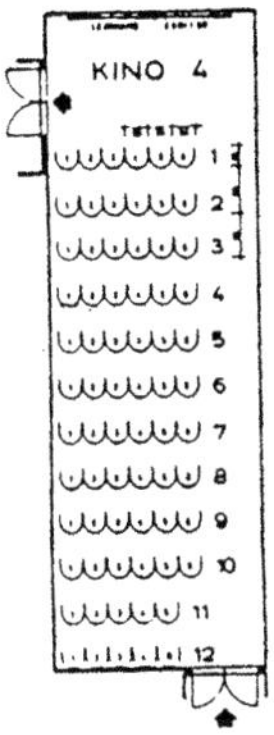

KINO 4

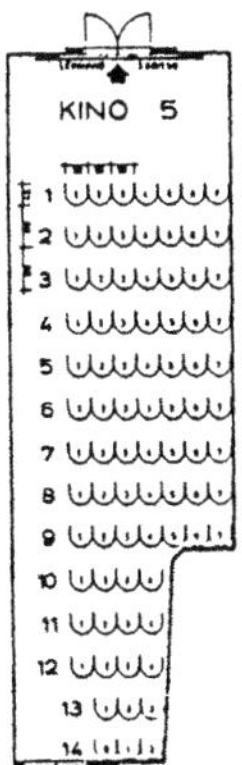

KINO 5

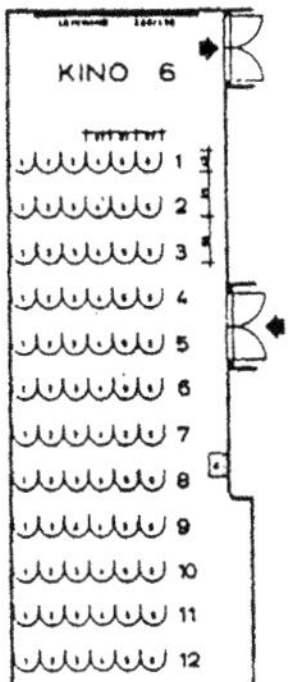

KINO 6

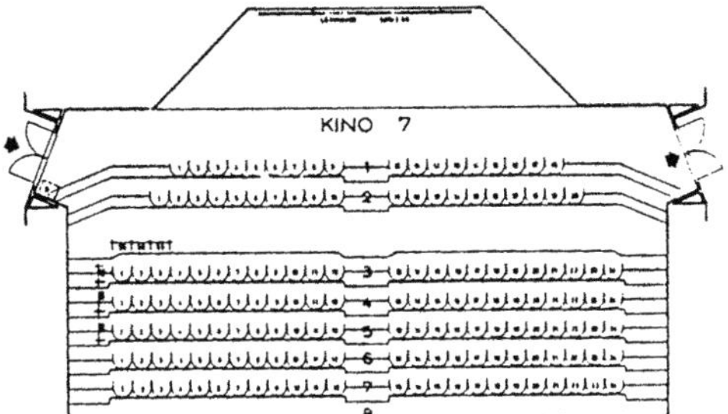

KINO 7

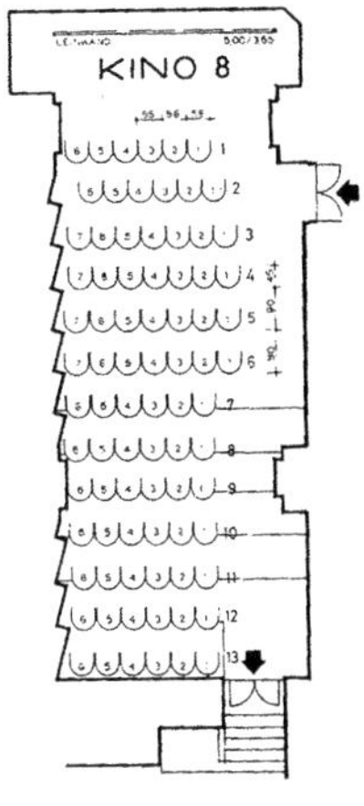

KINO 8

Fassungsraum: Kino 1 – 319 Personen
Kino 2 – 99 Personen
Kino 3 – 196 Personen
Kino 4 – 69 Personen
Kino 5 – 80 Personen
Kino 6 – 80 Personen
Kino 7 – 187 Personen
Kino 8 – 82 Personen

Opern-Kino

1, Friedrichstraße 4
Tel. 586 43 03

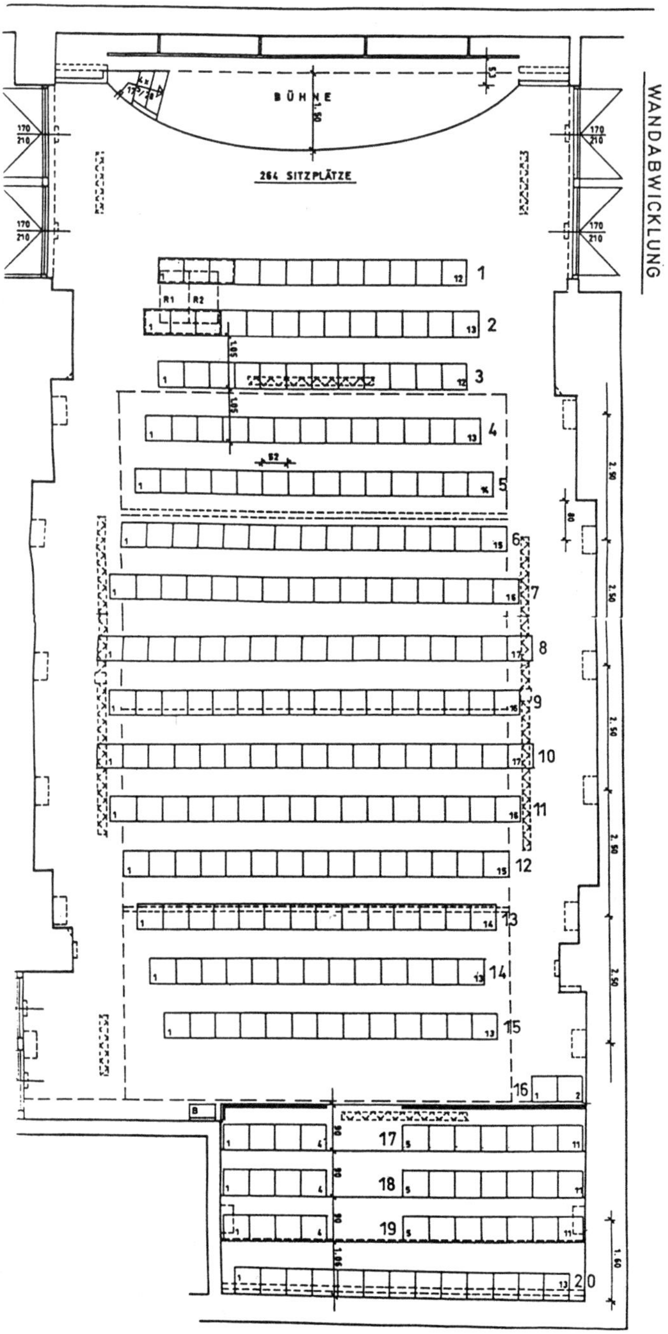

Fassungsraum: 264 Personen

Top-Kino-Center

6, Rahlgasse 1
Tel. 587 55 57

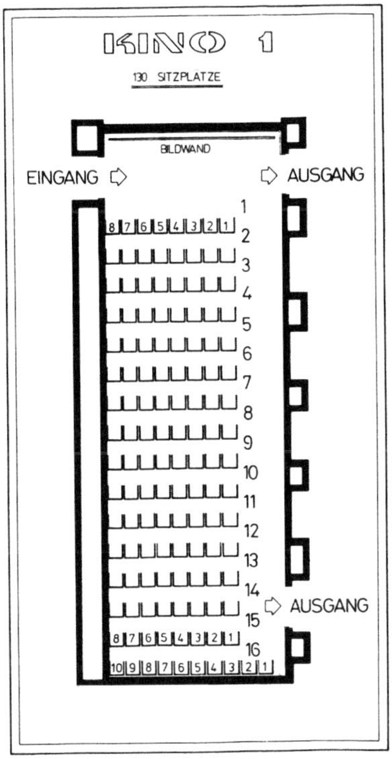

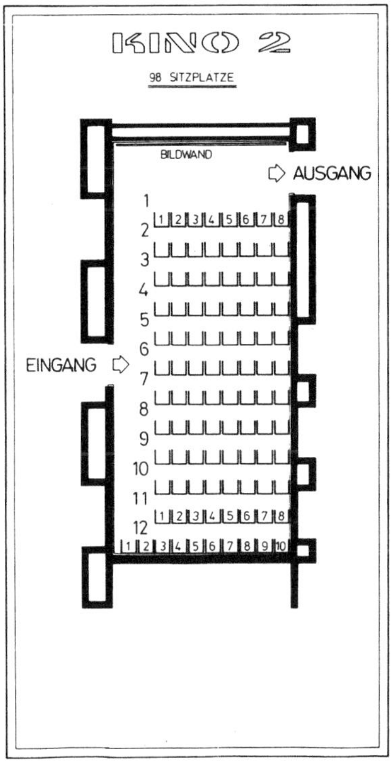

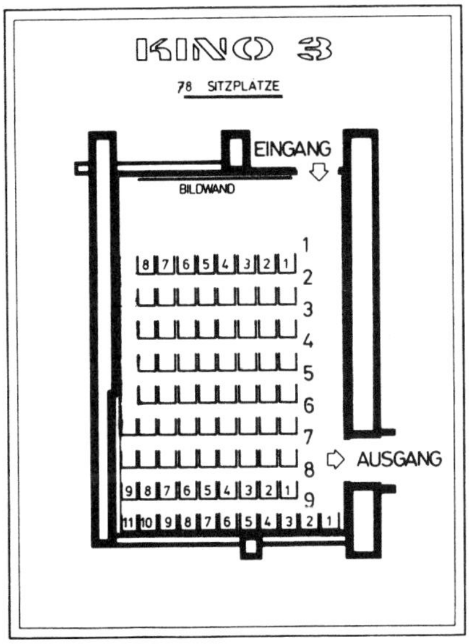

Fassungsraum: Kino 1 – 130 Personen
Kino 2 – 98 Personen
Kino 3 – 78 Personen

Tuchlauben-Kino

1, Tuchlauben 7
Tel. 533 22 33

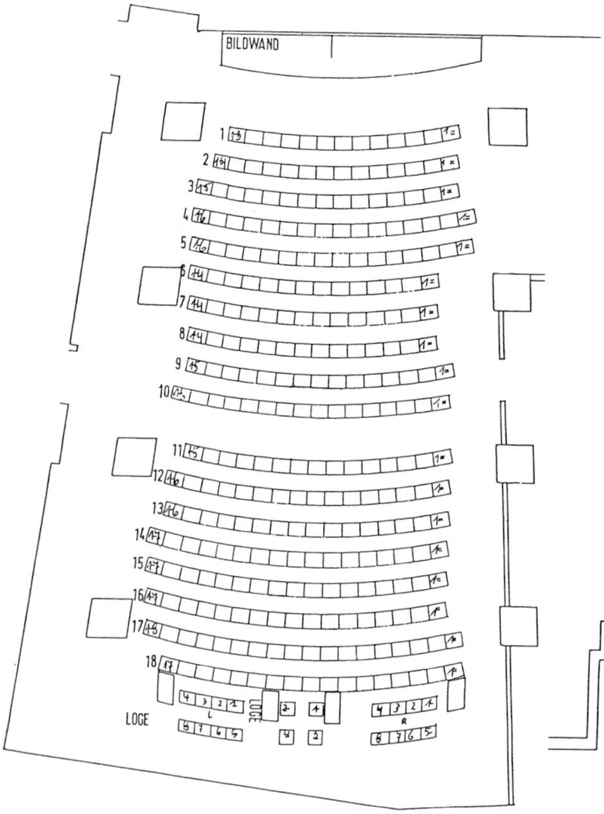

Kino A

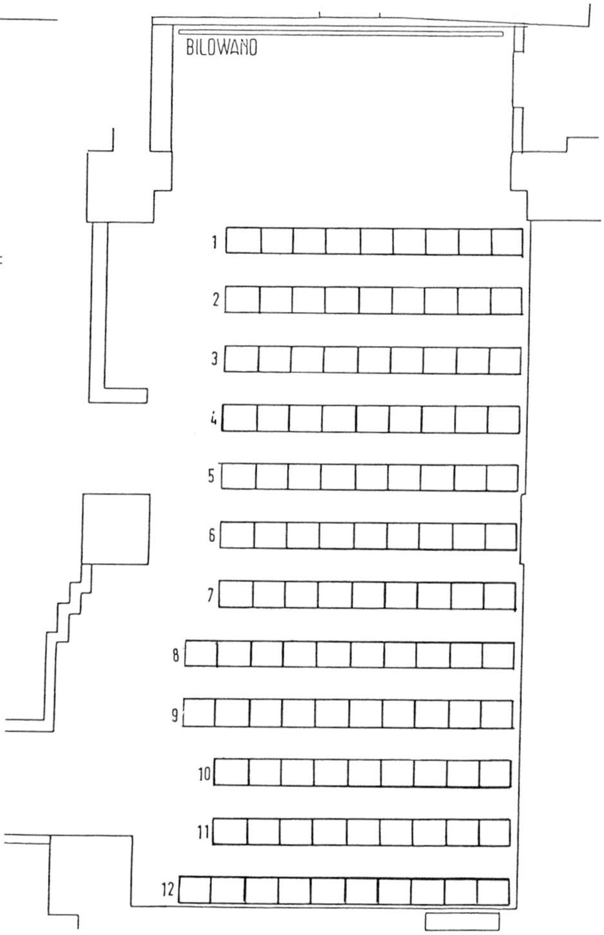

Kino B

Fassungsraum: Kino A – 300 Personen
Kino B – 111 Personen

Urania-Kino

1, Uraniastraße 1
Tel. 715 82 06 . . . 0

Großer Saal

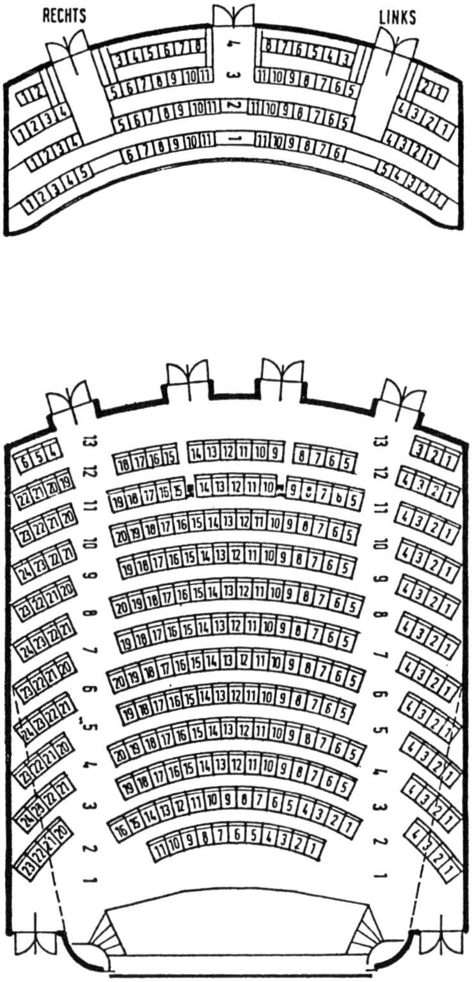

Fassungsraum: 340 Personen

Kleiner Saal: 157 Personen

Terrassensaal: 119 Personen

Klubsaal: 99 Personen

Kammersaal: 60 Personen

Mittlerer Saal

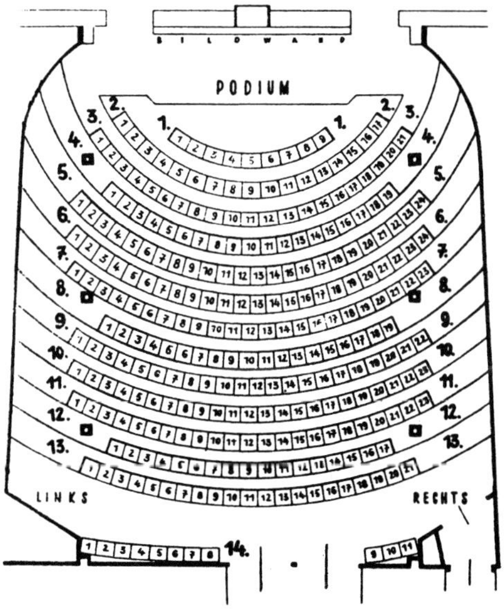

Fassungsraum: 273 Personen

Votiv-Kino

9, Währinger Straße 12
Tel. 317 35 71

SAAL 1

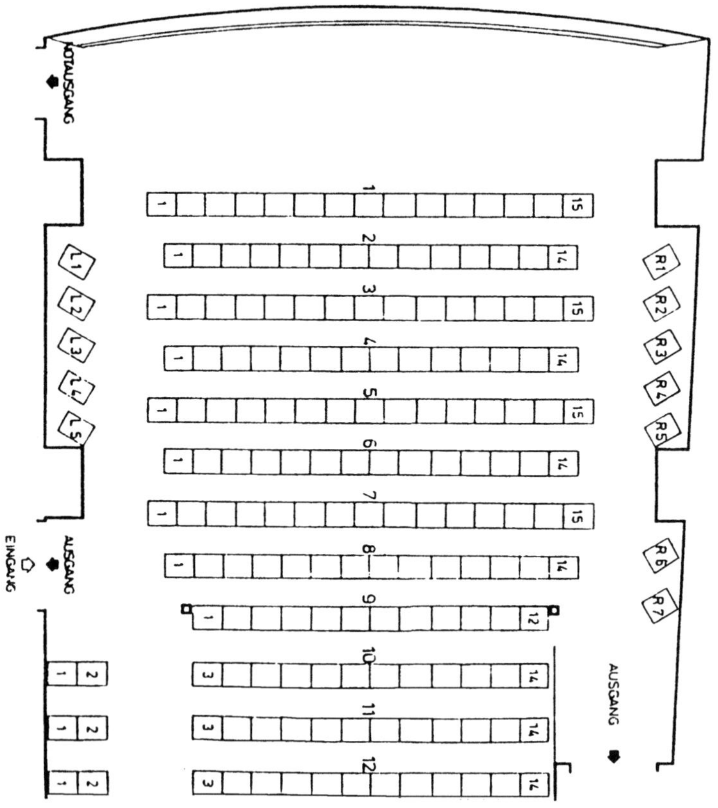

STUDIO

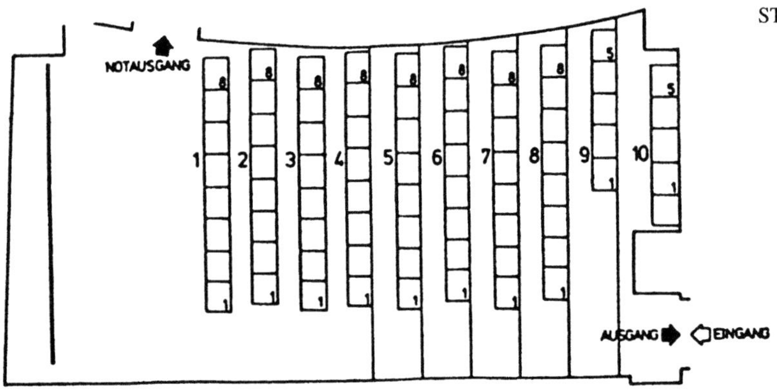

Fassungsraum: Saal 1 – 182 Personen
Studio – 74 Personen

WEITERE THEATER, VERANSTALTUNGSORTE

AERA, 1, Gonzagagasse 11, Tel. 533 53 14, Fassungsraum: 109 Personen
Aktionstheater Management, 2, Untere Augartenstraße 40, Tel. 216 45 60
Am Alsergrund, 9, Löblichgasse 5–7, Tel. 310 46 33
Applaus, 15, Turnergasse 9, Tel. 893 42 64 . . ., 118, Fassungsraum: 388 Personen
Arena, 3, Baumgasse 80, Tel. 798 85 95 . . . 0, Fassungsraum: 800 Personen, Kleine Halle: 200 Personen
Austria Center Vienna, 22, Kaisermühlen, Am Hubertusdamm 6, Tel. 23 69 . . ., 150, Fassungsraum: Säle A, B, C – je 4.000 Personen, Saal D – 3.000 Personen, Säle E, F – je 1.000 Personen
Bagatelle, 1, Sonnenfelsgasse 3/1, Tel. 513 64 10
Bank Austria-Zelt, 21, Donauparkhalle, Parkplatz 22, Tel. 505 23 24
Blaues Theater, 6, Mariahilfer Straße 51, Tel. 587 47 86, Fassungsraum: 99 Personen
Broadway Piano Bar, 1, Bauernmarkt 21, Tel. 533 28 49, Fassungsraum: 50 Personen
Bühne 21, 21, Anton-Bosch-Gasse 26, Tel. 278 54 04, Fassungsraum: Sommertheater – 100 Personen, Saal – 30 Personen
Celeste, 5, Hamburger Straße 18, Tel. 586 53 14, Fassungsraum: 30 Personen
dietheater im Konzerthaus, 3, Lothringerstraße 20, Tel. 586 20 18, Fassungsraum: 98 Personen
ega, 6, Windmühlgasse 26, Tel. 589 80 . . . 0, Fassungsraum: 150 Personen
Erstes Wiener Zaubertheater, 5, Hamburger Straße 5, Tel. 587 59 01
Fledermaus, 1, Spiegelgasse 2, Tel. 512 84 38, Fassungsraum: 90 Personen
Gesellschaft für Musiktheater, 9, Türkenstraße 19, Tel. 317 06 99, Fassungsraum: 348 Personen
Haus Wittgenstein, 3, Parkgasse 18, Tel. 713 31 64, Fassungsraum: 230 Personen
Heuschreck, 7, Kaiserstraße 33, Tel. 523 91 80, mobiles Kindertheater
Ichduwir-Theater, 18, Hockegasse 40/27, Tel. 470 49 81
Interkult-Theater, Theaterverein für kulturelle Völkerverbindung, 6, Fillgradergasse 16, Tel. 587 05 30, Fassungsraum: 120 Personen
Jugendstiltheater, 14, Baumgartner Höhe 1, Tel. 911 24 92 . . ., 20, Fassungsraum: 520 Personen
Jura-Soyfer-Theater am Spittelberg, 7, Spittelberggasse 10–12, Tel. 983 38 24
Kabarett Niedermair, 8, Lenaugasse 1a, Tel. 408 44 92, Fassungsraum: 100 Personen
Kasino am Schwarzenbergplatz, 1, Schwarzenbergplatz 1, Tel. 514 44 . . . 0, Fassungsraum: 100 Personen
Kellertheater The Fundus, 9, Müllnergasse 6a, Tel. 319 62 72, Fassungsraum: 30 Personen
Kiskililla-Theater, 15, Holochergasse 34, Tel. 982 95 25
Konservatorium der Stadt Wien, 1, Johannesgasse 4, Tel. 512 77 47 . . ., 61
KuK Salettl in HaWei, 14, Hauptstraße 62, Tel. 979 12 63, Fassungsraum: 80 Personen
Kulisse, 17, Rosensteingasse 39, Tel. 485 38 70, Fassungsraum: 216 Personen
Kunstwerk Wien, 16, Lorenz-Mandl-Gasse 33, Tel. 494 36 56, Fassungsraum: 50–100 Personen
LaWie, 3, Landstraßer Hauptstraße 96, Tel. 715 82 26, Fassungsraum: 176 Personen
Märchenbühne „Apfelbaum“, Stadtinitiative Wien, 7, Burggasse 28-32, Tel. 523 17 29 . . . 0, Fassungsraum: 100 Personen
Marionettentheater Schloß Schönbrunn, 13, Hofratstrakt, Tel. 817 32 47
Marko-Simsa-Kindertheater, 18, Hofstattgasse 15/8, Tel. 470 65 78, mobiles Kindertheater
MOKI, 4, Blechturmgasse 14, Tel. 504 58 45
Moulin Rouge, 1, Walfischgasse 11, Tel. 512 21 30, Fassungsraum: 180 Personen
Museum moderner Kunst/Museum des 20. Jahrhunderts, 3, Schweizer Garten, Tel. 799 69 00 . . . 0, Fassungsraum: 100 Personen
Museumsquartier, 7, Messeplatz 1, Tel. 523 58 81
Neue Oper Austria, 1, Goldschmiedgasse 10, Tel. 536 01 . . . 0
Original Wiener Stegreiftheater, 16, Maroltingergasse 43, Tel. 914 54 14, Fassungsraum: 360 Personen
Orpheum, 22, Kagran, Steigenteschgasse 94b, Tel. 481 17 17
Österreichisches Tabakmuseum, 7, Mariahilfer Straße 2, Tel. 526 17 16, Fassungsraum: 100 Personen
Pradler Ritterspiele im Theaterkistl, 12, Aichholzgasse 52, Tel. 581 62 59, Fassungsraum: 94 Personen
Prater-Kasperl, 2, Straße des 1. Mai, Bude 56, Tel. 218 05 82
Puppentheater Lilarum, 14, Philipsgasse 8, Tel. 894 21 03
Residenz Theater, 7, Mariahilfer Straße 2, Tel. 523 68 42, Fassungsraum: 120 Personen
Salle de Bal, 9, Währinger Straße 30, Tel. 319 65 03 . . . 0, Fassungsraum: 120 Personen
Scala (Theater zum Fürchten), 5, Wiedner Hauptstraße 108, Tel. 544 20 70, Fassungsraum: 250 Personen
Schneck & Co-Kindertheater, 6, Esterházygasse 22/18, Tel. 586 74 04
Spektakel, 5, Hamburger Straße 14, Tel. 587 06 53, Fassungsraum: 150 Personen
Stadttheater, 13, Eitelbergergasse 4, Tel. 876 68 45, mobiles Theater
Star-Club Wien – Albert-Sever-Saal, 16, Schuhmeierplatz 17–18, Tel. 492 12 10 . . . 0
Studio Molière im französischen Kulturinstitut, 9, Liechtensteinstraße 37, Tel. 334 70 74, Fassungsraum: 257 Personen
Szene Wien, 11, Hauffgasse 26, Tel. 749 33 41 . . . 0, Fassungsraum: 200–500 Personen
Tanzatelier Sebastian Prantl, 7, Neustiftgasse 38/21, Tel. 522 60 44, Fassungsraum: 60 Personen
Theater des Augenblicks, 18, Edelhofgasse 10a, Tel. 479 68 87, Fassungsraum: 100 Personen
Theatergruppe Echoraum, 15, Sechshauser Straße 66, Tel. 812 02 09, Fassungsraum: 100 Personen
Theater Gruppe Trittbrettl, 3021 Preßbaum, Thünkgasse 9/2, Tel. 0 22 33/54 9 31
Theater im Grünen, 11, Simmeringer Hauptstraße 283, Tel. 769 88 88, Fassungsraum: 120 Personen
Theater im Werkraum, 16, Ludo-Hartmann-Platz 7, Tel. 492 08 83 . . ., 57, Fassungsraum: 30 Personen
Theater Kabarett Stadnikow, 1, Biberstraße 2, Tel. 512 54 00, Fassungsraum: 98 Personen
Theater Längenfeldgasse, 12, Längenfeldgasse 13–15, Tel. 813 16 44 . . . 0, Fassungsraum: 650 Personen
Theater m. b. H., 7, Zieglergasse 25, Tel. 523 18 33. . ., 4, Fassungsraum: 100 Personen
Theater Pygmalion, 8, Alser Straße 43, Tel. 402 32 60, Fassungsraum: 40 Personen
Theater Rampenlicht, 18, Mitterberggasse 15, Tel. 408 69 83, Fassungsraum: 60–70 Personen
Theater Spielraum, 3, Rechte Bahngasse 18, Tel. 713 04 60, Fassungsraum: 49 Personen

Theater Stromboli, 1, Graben, Tel. 504 97 99, mobiles Theater
Theaterverein Vorhang auf, 20, Leipziger Straße 60, Tel. 332 15 90
Treubergs Gratisbühne, 21, Prager Straße 31/15/40, Tel. 382 39 54
Universität, Audi max, 1, Dr.-Karl-Lueger-Ring 1, Tel. 401 03. . ., 2237, Fassungsraum: ca. 800 Personen
Verein Theaterprojekt – Pipifax, 15, Zinckgasse 18/11, Tel. 985 84 32, mobiles Theater
Vindobona, 20, Wallensteinplatz 6, Tel. 332 42 31, Fassungsraum: 300 Personen
VOX, 15, Sperrgasse 8–10, Tel. 892 34 72, Fassungsraum: 99 Personen
WUK, Werkstätten- und Kulturhaus, 9, Währinger Straße 59, Tel. 401 21 . . . 0, Fassungsraum: 40-120 Personen
Zwischenraum, 7, Mondscheingasse 18, Tel. 521 10, Fassungsraum: 70 Personen

KONZERTSÄLE UND VERANSTALTUNGSRÄUME

1. Bezirk
Akademisches Gymnasium, Beethovenplatz 1, Tel. 714 53 71
Albertina, Augustinerstraße 1, Tel. 534 83 . . . 0
Alte Schmiede, Kulturzentrum, Schönlaterngasse 9, Tel. 512 83 29 . . . 0, Fassungsraum: 99 Personen
Altes Rathaus, Wipplingerstraße 8, Tel. 534 36 . . . 0, Fassungsraum: Festsaal – 240 Personen
Amerika-Haus, Friedrich-Schmidt-Platz 2, Tel. 405 30 33
Augustinerkirche, Augustinerstraße 3, Tel. 533 09 47 . . . 0, Fassungsraum: 600 Personen, Augustinus-Saal: 100–150 Personen
BAWAG, Tuchlauben 5, Tel. 534 53 . . . 0, Fassungsraum: 300 Personen
Deutschordenshaus, Singerstraße 7-9, Tel. 667 91 08, Fassungsraum: 30 Personen, Hof: 120 Personen
Evangelische Kirche AB, Dorotheergasse 18, Tel. 512 83 93 . . . 0, Fassungsraum: 600-1.200 Personen
Evangelische Kirche HB, Dorotheergasse 16, Tel. 512 83 93 . . . 0, Fassungsraum: 196 Personen
Franziskanerkirche, Franziskanerplatz 4, Tel. 512 45 78 . . . 0, Fassungsraum: 192 Personen
Gesellschaft der Musikfreunde, Bösendorferstraße 12, Tel. 505 86 81 . . . 0, Fassungsraum: Großer Saal – 2.042 Personen, Brahmssaal – 595 Personen (Sitzpläne siehe vorne), Wagner-Saal – 200 Personen, Kammersaal – 50 Personen
Herbert-von-Karajan-Centrum, Kärntner Ring 4, Tel. 504 96 29
Hochschule für Musik und darstellende Kunst in Wien, Seilerstätte 26, Tel. 515 96 . . . 0
Hochschulkirche St. Ursula, Johannesgasse 8, Tel. 515 96 . . . , 226
Hofburg, Heldenplatz, Tel. 587 36 66 . . . 0, Fassungsraum: Festsaal – 1.300 Personen, Geheimratsstube – 160 Personen, Prinz-Eugen-Saal – 280 Personen, Rittersaal – 200 Personen, Zeremoniensaal – 500 Personen, Redoutensaal – 750 Personen (dzt. unbenützbar)
Hofburgkapelle, Hofburg, Tel. 533 99 27 . . . 0, Fassungsraum: 600 Personen
Internationaler Studentenclub, Schottengasse 1, Fassungsraum: 100 Personen
Konservatorium der Stadt Wien, Johannesgasse 4a, Tel. 512 77 47 . . ., 53
Kunsthistorisches Museum, Burgring 5, Tel. 525 24 . . . 0
Künstlerhaus, Karlsplatz 5, Tel. 587 96 63 . . . 0, Fassungsraum: Ranftlzimmer – 70-80 Personen
Maria am Gestade, Salvatorgasse 12, Tel. 533 95 94, Fassungsraum: 260–300 Personen
Michaelerkirche, Michaelerplatz, Tel. 533 70 50, Fassungsraum: 300 Sitzplätze bis zu 1.000 mit Stehplätzen
Minoritenkirche, Minoritenplatz 2a, Tel. 533 41 62, Fassungsraum: 450 Personen
Musikhaus Doblinger, Barock-Saal, Dorotheergasse 10, Tel. 515 03 . . . 0
Naturhistorisches Museum, Burgring 7, Tel. 525 24 . . . 0
Österreichische Gesellschaft für Musik, Hanuschgasse 3, Tel. 512 42 99, 512 31 43
Österreichische Nationalbibliothek, Augustinerstraße 1, Tel. 534 10 . . . 0, Fassungsraum: Hobokensaal – 100 Personen
Österreichischer Gewerbeverein, Eschenbachgasse 11, Tel. 587 36 33 . . . 0, Fassungsraum: Festsaal – 196 Personen
Österreichisches TheaterMuseum, Lobkowitzplatz 2, Tel. 512 88 00 . . . 0, Fassungsraum: Eroicasaal – 100 Personen, Multifunktionaler Raum – 80–100 Personen, Großer Hof – 150 Personen
Palais Erzherzog Karl, Annagasse 20, Tel. 512 69 51
Palais Eschenbach, Eschenbachgasse 11, Tel. 587 36 33 . . . 0, Fassungsraum: Festsaal – 220 Personen, Exnersaal – 80 Personen, Arthabersaal – 40 Personen, Präsidentenzimmer – 40 Personen
Palais Esterházy, Wallnerstraße 4, Tel. 533 25 67, Fassungsraum: 160 Personen
Palais Ferstel, Strauchgasse 4, Tel. 533 37 63 . . . 0, Großer Ferstelsaal – 420 Personen, Arkadenhof – 100 Personen, Herrensaal – 80 Personen, Café Zentral – 180 Personen
Palais Harrach, Freyung 3, Tel. 533 75 93
Palais Kinsky, Freyung 4, Tel. 533 21 92
Palais Palffy, Josefsplatz 6, Tel. 512 56 81 . . . 0, Fassungsraum: Beethovensaal – 250 Personen
Palais Pallavicini, Josefsplatz 5, Tel. 512 25 38 . . . 0, Fassungsraum: 198 Personen
Palais Wilczek, Herrengasse 5, Tel. 535 21 95
Peterskirche, Petersplatz 6, Tel. 533 64 33, Fassungsraum: 600 Personen
Rathaus, Tel. 40 00 . . . 0, Fassungsraum: Festsaal – 911 Personen, Wappensaal – 210 Personen, Stadtsenatssitzungssaal – 210 Personen, Rathausplatz – 12.000 – 20.000 Personen
Schottenkirche, Freyung 6, Tel. 534 98. . . 0, Fassungsraum: 200 Personen
St. Bernhard-Kapelle, Schönlaterngasse 5, Fassungsraum: 80 Personen
Stephansdom, Stephansplatz, Tel. 515 52 . . . 0, Fassungsraum: 1.000 Personen
Universität, Dr.-Karl-Lueger-Ring 1, Tel. 401 03 . . .0, Fassungsraum: Auditorium maximum – 830 Personen
Universitätskirche, Dr.-Ignaz-Seipel-Platz 1, Tel. 512 13 35 . . . 0, Fassungsraum: 336 Personen

Urania, Uraniastraße 1, Tel. 712 61 91 . . . 0, Fassungsraum: Großer Saal – 348 Personen (Sitzplan siehe vorne), Klubsaal – 99 Personen
Wiener Börse, Wipplingerstraße 34, Tel. 534 99 . . . , 777, Fassungsraum: Festsaal – 250–400 Personen, Maria-Theresien-Saal – 70 Personen, Roter Saal – 130 Personen
Wiener Kursalon, Johannesgasse 33, Tel. 713 21 81 . . . 0, Fassungsraum: 1.100 Personen (4 Säle)
Zentrum für indische Kultur in Österreich, Eschenbachgasse 9, Tel. 911 56 22

2. Bezirk
Bank Austria AG, Lassallestraße 5, Tel. 711 91. . . 0
Collegium Hungaricum, Hollandstraße 4, Tel. 214 05 81 . . . 0
Pfarre am Tabor, Hochstettergasse 1, Tel. 214 44 10 . . . 0, Fassungsraum: 300 Personen
Planetarium, Oswald-Thomas-Platz 1, Tel. 729 54 94 . . . 0 (Sitzplan siehe vorne)

3. Bezirk
Afro-Asiatisches Institut, Rechte Bahngasse 50, Tel. 715 34 07 . . . 0
Bank Austria AG, Vordere Zollamtstraße 13, Tel. 711 91 . . . 0
Haus der Industrie, Schwarzenbergplatz 4, Tel. 501 66 . . . 0
Hochschule für Musik und darstellende Kunst, Vortragssaal, Lothringerstraße 18, Tel. 588 06 . . . 0
Konzerthaus, Lothringerstraße 20, Tel. 712 46 86 . . ., 10, Fassungsraum: Großer Saal – 1.840 Personen, Mozartsaal – 704 Personen, Schubertsaal – 336 Personen (Sitzpläne siehe vorne)
Kulturverein Landstraße 2000, Rennweg 8–10, Tel. 713 75 11, Fassungsraum: 99 Personen
Museum moderner Kunst/Museum des 20. Jahrhunderts, Schweizer Garten, Tel. 799 69 00 . . . 0, Fassungsraum: 400 Personen
Palais Rasumofsky, Rasumofskygasse 23, Tel. 712 56 74 . . . 0, Fassungsraum: bis zu 200 Personen
Palais Schwarzenberg, Schwarzenbergplatz 9, Tel. 798 45 15 . . . 0, Fassungsraum: Marmorsaal – 240 Personen
Palais Sternberg, Ungargasse 43, Tel. 713 34 54, 713 46 57
Polnische Kirche, Rennweg 5a, Tel. 712 31 58, Fassungsraum: 250 Personen
Schulverein Komensky, Sebastianplatz 3, Tel. 713 31 88, Fassungsraum: Theatersaal – 356 Personen
Wirtschaftskammer Wien, Rudolf-Sallinger-Platz 1, Tel. 711 68 . . ., 379, Fassungsraum: Festsaal – 300 Personen, Saal – 90 Personen

4. Bezirk
Amtshaus, Favoritenstraße 18, Tel. 502 34 . . . 0, Fassungsraum: Festsaal – 147 Personen
Bösendorfer-Saal, Graf-Starhemberg-Gasse 14, Tel. 504 66 51 . . . 0, Fassungsraum: 150 Personen
Karlskirche, Karlsplatz, Tel. 504 61 87, Fassungsraum: 246 Personen
Kawai-Säle, Mühlgasse 28-30, Tel. 587 57 49, Fassungsraum: Großer Saal – 419 Personen, Orgelsaal – 116 Personen, Kleiner Saal – 100 Personen
ORF-Hörfunk, Argentinierstraße 30a, Tel. 501 01 . . . 0, Fassungsraum: Großer Saal – 280 Personen
Paulanerkirche, Paulanergasse 6, Tel. 505 21 71 . . . 0
Spanisches Kulturinstitut, Goldeggasse 2, Tel. 505 25 35, Fassungsraum: 80–90 Personen

5. Bezirk
Kongreßhaus Wien, Margaretengürtel 138, Tel. 544 75 09, Fassungsraum: Kongreßsaal – 680 Personen, Großer Sitzungssaal – 95 Personen, Saal 1 – 25 Personen, Saal 2 – 25 Personen, Saal 3 – 10 Personen
Magistratisches Bezirksamt für den 4., 5. Bezirk, Schönbrunner Straße 54, Tel. 546 34 . . . 0, Fassungsraum: Festsaal – 165 Personen

6. Bezirk
ega Frauenkultur- und Kommunikationszentrum, Windmühlgasse 26, Tel. 589 80 . . . 0, Fassungsraum: 150 Personen
Franz-Schubert-Konservatorium, Mariahilfer Straße 51, Tel. 587 47 86, Fassungsraum: 99 Personen
Haus der Begegnung, Otto-Bauer-Gasse 7, Tel. 596 14 56, Fassungsraum: 260-360 Personen
Haydn-Gedenkstätte, Haydngasse 19, Tel. 596 13 07, Fassungsraum: 68 Personen
Kunsthistorisches Museum, Burgring 15, Tel. 525 24 . . .0
Mariahilfer Kirche, Barnabitengasse 14, Tel. 587 87 53 . . .0, Fassungsraum: 180 Sitzplätze und 220 Stehplätze
Salvatorsaal, Barnabitengasse 14, Tel. 587 87 53
Technische Universität, Getreidemarkt 9/Lehárgasse, Tel. 588 01 . . . 0, Fassungsraum: Auditorium maximum 761 Personen

7. Bezirk
Amerlinghaus, Stiftgasse 8, Tel. 523 64 75, Fassungsraum: 72 Personen
Literaturhaus, Seidengasse 13, Tel. 526 20 44 . . . 0
Messepalast, Messeplatz 1, Tel. 727 20 . . . 0
Österreichisches Tabakmuseum, Veranstaltungssaal, Mariahilfer Straße 2, Tel. 526 17 16
Palais Trautson, Museumstraße 7, Tel. 521 52 . . . 0, Fassungsraum: 245 Personen
Pfarre Altlerchenfeld, Lerchenfelder Straße 111, Tel. 523 32 10, Fassungsraum: 150 Personen

8. Bezirk
Alte Backstube, Lange Gasse 34, Tel. 406 11 01, Fassungsraum: Hof – 150 Personen
Basilika Maria Treu, Jodok-Fink-Platz, Tel. 406 14 53. . .0, Fassungsraum: 200 Personen
Gewerkschaft Agrar – Nahrung – Genuß, Albertgasse 35, Tel. 401 49 . . . 0, Fassungsraum: Großer Saal – 200 Personen, Kleiner Saal – 110 Personen
Haus des Buches, Skodagasse 20, Tel. 40 00 . . . 0, Fassungsraum: 230 Personen
Palais Auersperg, Auerspergstraße 1, Tel. 401 07 . . . 0, Fassungsraum: Rosenkavaliersaal – 286 Personen

9. Bezirk
Afro-Asiatisches Institut, Türkenstraße 3, Tel. 310 51 45 . . . 0
Albert-Schweitzer-Haus, Garnisongasse 14–16, Tel. 405 33 50 . . . 0, Fassungsraum: 300 Personen
Canisius-Kirche, Lustkandlgasse, Tel. 317 81 62 . . . 0, Fassungsraum: 200-250 Personen
Gesellschaft für Musiktheater, Türkenstraße 14, Tel. 317 06 99, Fassungsraum: 30 Personen
Institut für Wissenschaft und Kunst, Berggasse 17/1, Tel. 317 43 42
Magistratisches Bezirksamt für den 9. Bezirk, Währinger Straße 43, Tel. 400 34 . . . 0, Fassungsraum: Festsaal – 120 Personen
Palais Clam-Gallas, Währinger Straße 32, Tel. 319 65 03 . . . 0, Fassungsraum: 80 Personen
Palais Liechtenstein, Fürstengasse 1, Tel. 317 69 00 . . . 0, Fassungsraum: 100 Personen
Pfarre Lichtental, Marktgasse 40, Tel. 315 26 46 . . . 0, Fassungsraum: 300 Personen
Schubert-Gedenkstätte, Nußdorfer Straße 54, Tel. 317 36 01, Fassungsraum: 79 Personen
Servitenkirche, Servitengasse 9, Tel. 317 61 95 . . . 0, Fassungsraum: 200 Personen

Sigmund-Freud-Haus, Berggasse 19, Tel. 319 15 96,
Fassungsraum: 100 Personen
Studio Moliere, Liechtensteinstraße 37, Tel. 334 70 74,
Fassungsraum: 260 Personen
Votivkirche, Rooseveltplatz 8, Tel. 406 11 92. . . 0,
Fassungsraum: 400–450 Personen
Wirtschaftsuniversität, Auditorium maximum,
Augasse 2-6, Tel. 313 36 . . . 0

10. Bezirk
Haus der Begegnung, Per-Albin-Hansson-Siedlung
Ost, Ada-Christen-Gasse 2, Tel. 688 55 81 . . . 0,
Fassungsraum: 348 Personen
Kurhalle Oberlaa, Kurbadstraße 14, Tel. 602 40 10 . . . 0,
Fassungsraum: 3.132 Personen (Sitzplan siehe vorne)
Yamaha Music Austria, Schleiergasse 20, Tel. 602 03 90 . . . 0,
Fassungsraum: Concert Hall – 190–250 Personen

11. Bezirk
Festsaal, Simmeringer Haide 432,
Fassungsraum: 230 Personen
Haus der Begegnung, Lorystraße 40-42, Tel. 749 31 59
Josephinisches Bauernhaus, Kaiserebersdorfer Straße 187,
Fassungsraum: Innenhof – 200 Personen
Magistratisches Bezirksamt für den 11. Bezirk,
Enkplatz 2, Tel. 740 34 . . . 0,
Fassungsraum: 140 Personen
Schloß Concordia, Simmeringer Hauptstraße 283,
Tel. 769 88 88,
Fassungsraum: Kuppelsaal – 70 Personen,
Arthur-Schnitzler-Laube – 25 Personen,
Bibliothek – 15 Personen, Kleiner Salon – 40 Personen
Szene Wien, Hauffgasse 26, Tel. 749 33 41 . . . 0,
Fassungsraum: 200–250 Personen
Zentrum Simmering, Simmeringer Hauptstraße 96a,
Tel. 749 53 65 . . . 0,
Fassungsraum: 500 Personen

12. Bezirk
Hans-Mandl-Berufsschule, Längenfeldgasse 13–15,
Tel. 813 16 44 . . . 0,
Fassungsraum: 532 Personen
Magistratisches Bezirksamt für den 12. Bezirk,
Schönbrunner Straße 259, Tel. 811 34 . . . 0,
Fassungsraum: 196 Personen

13. Bezirk
Kirche Unter-St.-Veit, Wittegasse 4, Tel. 877 71 00,
Fassungsraum: 400 Personen
Kongregation der Salesianer, Sankt-Veit-Gasse 25,
Tel. 877 92 62. . . 0,
Fassungsraum: 160 Personen
Magistratisches Bezirksamt für den 13., 14. Bezirk,
Hietzinger Kai 1–3, Tel. 878 34 . . . 0,
Fassungsraum: Festsaal – 180 Personen
Parkhotel Schönbrunn, Hietzinger Hauptstraße 10–12,
Tel. 878 04 . . . 0,
Fassungsraum: 540 Personen
Schloß Schönbrunn, Tel. 811 13 . . . 0,
Fassungsraum: Große Galerie – 500 Personen

14. Bezirk
Baumgartner Kirche, Linzer Straße 159,
Fassungsraum: 200 Personen
Europa-Haus, Linzer Straße 429, Tel. 979 25 36. . . 0,
Fassungsraum: 300 Personen
Hochschule für Musik und darstellende Kunst/Dramatisches Zentrum, Penzinger Straße 7–9,
Tel. 894 66 90. . . 0,
Fassungsraum: 298 Personen

15. Bezirk
Haus der Begegnung, Schwendergasse 41,
Tel. 893 69 09 . . . 0,
Fassungsraum: 504 Personen
Magistratisches Bezirksamt für den 15. Bezirk,
Gasgasse 8–10, Tel. 891 34 . . . 0,
Fassungsraum: 307 Personen
Wiener Stadthalle, Vogelweidplatz 14, Tel. 981 00 . . . 0
(Sitzpläne siehe vorne)

16. Bezirk
Schloß Wilhelminenberg, Savoyenstraße 2,
Tel. 485 85 03 . . . 0

17. Bezirk
Clemens-Hofbauer-Saal, Kulmgasse 35,
Tel. 486 25 94 . . . 0,
Fassungsraum: 200 Personen
Marienkirche, Wichtelgasse 74, Tel. 486 25 94. . . 0,
Fassungsraum: 300 Personen

18. Bezirk
Kirche St. Severin, Vinzenzgasse 3, Tel. 470 13 27. . . 0,
Fassungsraum: 500–700 Personen
Kolpinghaus, Gentzgasse 27, Tel. 479 61 28,
Fassungsraum: Saal 1 – 100 Personen,
Saal 2 – 60 Personen
Magistratisches Bezirksamt für den 18. Bezirk,
Martinstraße 100, Tel. 476 34 . . . 0
Schloß Pötzleinsdorf, Geymüllergasse 1, Tel. 479 31 21,
Fassungsraum: 100 Personen
WIFI, Währinger Gürtel 97–99, Tel. 476 77 . . . 0,
Fassungsraum: Großer Saal – 140 Personen,
Kleiner Saal – 120 Personen

19. Bezirk
Haus der Begegnung, Gatterburggasse 2a, Tel. 368 46 65,
Fassungsraum: 412 Personen
Hotel Modul, Peter-Jordan-Straße 78, Tel. 476 60 . . . 0,
Fassungsraum: 850 Personen
Karmeliterkirche, Silbergasse 34, Tel. 320 33 40. . . 0,
Fassungsraum: 300–1.000 Personen
Pfarre Heiligenstadt, Pfarrplatz, Tel. 37 13 43 . . . 0,
Fassungsraum: 1.211 Personen

20. Bezirk
Haus der Begegnung, Raphaelgasse 11–13, Tel. 330 41 95,
Fassungsraum: 340 Personen
Magistratisches Bezirksamt für den 20. Bezirk,
Sitzungssaal, Brigittaplatz 10, Tel. 331 34 . . . 0
Rockhaus, Adalbert-Stifter-Straße 73, Tel. 332 46 41 . . . 0,
Fassungsraum: 450 Personen

21. Bezirk
Haus der Begegnung, Angerer Straße 14,
Tel. 271 62 16 . . . 0,
Fassungsraum: 696 Personen
Haus der Begegnung, Kürschnergasse 9, Tel. 259 85 12. . . 0,
Fassungsraum: 328 Personen
Magistratisches Bezirksamt für den 21. Bezirk,
Festsaal, Am Spitz 1, Tel. 277 34 . . . 0

22. Bezirk
Austria Center Vienna, Kaisermühlen, Am Hubertusdamm 6,
Tel. 23 69 . . . 0
Haus der Begegnung, Kagran, Bernoullistraße 1,
Tel. 203 32 16 . . . 0
Musikschule Donaustadt, Kagran, Schüttaustraße 2,
Tel. 230 74 42

23. Bezirk
Haus der Begegnung, Liesing, Liesinger Platz 3,
Tel. 869 13 45 . . . 0,
Fassungsraum: 550 Personen

Magistratisches Bezirksamt für den 23. Bezirk,
Liesing, Perchtoldsdorfer Straße 2,
Tel. 863 34 . . ., 0

MUSIKLEHRANSTALTEN

(→ Magistrat, MA 13)

URAUFFÜHRUNGSKINOS

Actors Studio, 1, Tuchlauben 13, Tel. 533 52 32,
Fassungsraum: Kino 1 – 89 Personen,
Kino 2 – 71 Personen, Kino 3 – 62 Personen

Apollo-Kino, 6, Gumpendorfer Straße 63,
Tel. 587 96 51,
Fassungsraum: Kino 1 – 510 Personen,
Kino 2 – 277 Personen, Kino 3 – 213 Personen,
Kino 4 – 106 Personen, Kino 5 – 100 Personen,
Kino 6 – 109 Personen, Kino 7 – 101 Personen,
Kino 8 – 79 Personen, Kino 9 – 162 Personen,
Kino 10 – 100 Personen, Kino 11 – 217 Personen,
Kino 12 – 233 Personen
(Sitzpläne siehe vorne)

Artis Kinotreff, 1, Schultergasse 5, Tel. 535 65 70,
Fassungsraum: Kino 1 – 317 Personen,
Kino 2 – 100 Personen, Kino 3 – 158 Personen,
Kino 4 – 124 Personen, Kino 5 – 67 Personen,
Kino 6 – 83 Personen (Sitzpläne siehe vorne)

Atelier, 1, Wollzeile 17, Tel. 512 67 16,
Fassungsraum: 178 Personen

Auge-Center, 9, Nußdorfer Straße 73, Tel. 317 63 44,
Fassungsraum: Kino A – 310 Personen,
Kino B – 180 Personen, Kino C – 100 Personen,
Kino D – 109 Personen, Kino E – 104 Personen
(Sitzpläne siehe vorne)

Burg-Kino, 1, Opernring 19, Tel. 587 84 06,
Fassungsraum: Kino 1 – 292 Personen,
Kino 2 – 73 Personen (Sitzpläne siehe vorne)

Cine de France, 1, Schottenring 5, Tel. 317 52 36,
Fassungsraum: Kino 1 – 124 Personen,
Kino 2 – 86 Personen (Sitzpläne siehe vorne)

Cinecenter, 1, Fleischmarkt 6, Tel. 533 24 11,
Fassungsraum: Kino 1 – 266 Personen,
Kino 2 – 71 Personen, Kino 3 – 276 Personen,
Kino 4 – 99 Personen (Sitzpläne siehe vorne)

Edison-Kinocenter, 10, Arthaberplatz 2, Tel. 604 15 89,
Fassungsraum: Kino A – 207 Personen,
Kino B – 78 Personen, Kino C – 161 Personen
(Sitzpläne siehe vorne)

Elite-Center, 1, Wollzeile 36, Tel. 512 21 76,
Fassungsraum: Kino 1 – 233 Personen,
Kino 2 – 96 Personen, Kino 3 – 81 Personen
(Sitzpläne siehe vorne)

English Cinema – Haydn, 6, Mariahilfer Straße 57,
Tel. 587 22 62,
Fassungsraum: Kino 1 – 376 Personen,
Kino 2 – 144 Personen, Kino 3 – 84 Personen
(Sitzpläne siehe vorne)

Flotten-Center, 6, Mariahilfer Straße 85–87, Tel. 586 51 52,
Fassungsraum: Kino 1 – 384 Personen,
Kino 2 – 176 Personen, Kino 3 – 132 Personen,
Kino 4 – 66 Personen (Sitzpläne siehe vorne)

Gartenbau-Kino, 1, Parkring 12, Tel. 512 23 54,
Fassungsraum: 736 Personen (Sitzplan siehe vorne)

Gloria-Center, 21, Prager Straße 9, Tel. 278 14 32 . . . 0,
Fassungsraum: Kino 1 – 326 Personen,
Kino 2 – 119 Personen, Kino 3 – 93 Personen
(Sitzpläne siehe vorne)

Imperial-Kino, 1, Rotgasse 9, Tel. 533 32 23,
Fassungsraum: 417 Personen

Kolosseum-Center, 9, Nußdorfer Straße 4, Tel. 317 81 06,
Fassungsraum: Kino 1 – 319 Personen,
Kino 2 – 99 Personen, Kino 3 – 196 Personen,
Kino 4 – 69 Personen, Kino 5 – 80 Personen,
Kino 6 – 80 Personen, Kino 7 – 187 Personen,
Kino 8 – 82 Personen (Sitzpläne siehe vorne)

Künstlerhaus-Kino, 1, Akademiestraße 13, Tel. 505 43 28,
Fassungsraum: 288 Personen

Metro-Kino, 1, Johannesgasse 4, Tel. 512 18 03,
Fassungsraum: 221 Personen

Opern-Kino, 1, Friedrichstraße 4, Tel. 586 43 03,
Fassungsraum: 264 Personen (Sitzplan siehe vorne)

Stadtkino, 3, Schwarzenbergplatz 7–8, Tel. 712 62 76 . . . 0,
Fassungsraum: 174 Personen

Top-Kino-Center, 6, Rahlgasse 1, Tel. 587 55 57,
Fassungsraum: Kino 1 – 130 Personen, Kino 2 – 98 Personen,
Kino 3 – 78 Personen (Sitzpläne siehe vorne)

Tuchlauben-Kino, 1, Tuchlauben 7, Tel. 533 22 33,
Fassungsraum: Kino A – 300 Personen,
Kino B – 111 Personen (Sitzpläne siehe vorne)

Urania-Kino, 1, Uraniastraße 1, Tel. 715 82 06,
Fassungsraum: Großer Saal – 340 Personen,
Mittlerer Saal – 273 Personen (Sitzpläne siehe vorne)

Votiv-Kino, 9, Währinger Straße 12, Tel. 317 35 71,
Fassungsraum: Saal 1 – 182 Personen,
Studio – 74 Personen (Sitzpläne siehe vorne)

VOLKSHEIME UND HÄUSER DER BEGEGNUNG

Volksheim Heiligenstadt, 19, Heiligenstädter Straße 155,
Tel. 37 31 62

Volksheim Krim, 19, Hutweidengasse 24,
Tel. 368 56 06

Volksheim Groß-Jedlersdorf, 21, Siemensstraße 17,
Tel. 38 16 54

Volksheim Inzersdorf, 23, Putzendoplergasse 4,
Tel. 865 41 77 . . . 0

Haus der Begegnung Leopoldstadt, 2, Praterstern 1,
Tel. 214 26 80 . . . 0

Haus der Begegnung Mariahilf, 6, Otto-Bauer-Gasse 7, Tel. 596 14 56
Haus der Begegnung Per-Albin-Hansson-Siedlung Ost, 10, Ada-Christen-Gasse 2 B, Tel. 688 55 81 . . . 0
Haus der Begegnung Simmering, 11, Lorystraße 40–42, Tel. 749 31 59
Haus der Begegnung Rudolfsheim, 15, Schwendergasse 41, Tel. 893 69 09 . . . 0
Haus der Begegnung Döbling, 19, Gatterburggasse 2a, Tel. 368 46 65
Haus der Begegnung Brigittenau, 20, Raffaelgasse 11–13, Tel. 330 41 95
Haus der Begegnung Floridsdorf, 21, Angerer Straße 14, Tel. 271 62 16 . . . 0
Haus der Begegnung Großfeldsiedlung, 21, Kürschnergasse 9, Tel. 259 85 12 . . . 0
Haus der Begegnung Donaustadt, 22, Kagran, Bernoullistraße 1, Tel. 203 32 16 . . . 0
Haus der Begegnung Liesing, 23, Liesinger Platz 3, Tel. 869 13 45 . . . 0

MUSEEN, SAMMLUNGEN UND SONSTIGE SEHENSWÜRDIGKEITEN

Akademie der bildenden Künste, Gemäldegalerie, 1, Schillerplatz 3, Tel. 588 16 . . . 0
(Gemäldegalerie: Dienstag, Donnerstag, Freitag von 10 bis 14 Uhr, Mittwoch von 10 bis 18 Uhr, Samstag, Sonn- und Feiertag von 9 bis 13 Uhr;
Kupferstichkabinett, 1, Makartgasse 3, Tel. 581 30 40
(Montag, Mittwoch von 10 bis 13 Uhr, Dienstag, Donnerstag von 14 bis 18 Uhr)
Albertina, Graphische Sammlung, 1, Augustinerstraße 1, Tel. 534 83 . . . 0
(derzeit geschlossen)
Alpengarten im Oberen Belvedere, 3, Landstraßer Gürtel 1, Tel. 798 31 49
(April bis Juli täglich von 10 bis 18 Uhr)
Alsergrund, Bezirksmuseum, 9, Währinger Straße 43, Tel. 400 34 . . ., 09127
Heimito-von-Doderer-Gedenkstätte
Erich-Fried-Raum
Galerie Alsergrund
(Mittwoch von 9 bis 11 Uhr, Sonntag von 10 bis 12 Uhr)
Alte Backstube → Josefstädter Bezirksmuseum
Alte Schmiede (Schmiede-Museum), 1, Schönlaterngasse 9, Tel. 512 83 29 . . . 0
(Montag bis Freitag von 9 bis 15 Uhr)
Ambrosi-Museum → Österreichische Galerie
Angewandte Kunst → Österreichisches Museum für angewandte Kunst
Ankeruhr → Kunstuhr
Aspern → Museum „Aspern 1809"
Äthiopien-Sammlung → Hietzinger Bezirksmuseum
Auer-von-Welsbach-Erinnerungsraum → Technisches Museum
Awarengräber → Simmeringer Bezirksmuseum
Bäckereimuseum, 8, Florianigasse 13, Tel. 405 53 96 . . . 0
(gegen vorherige Anmeldung)
Bahr-Erinnerungsraum → Österreichisches TheaterMuseum
Bahr-Mildenburg-Erinnerungsraum → Österreichisches TheaterMuseum
Barmherzige Brüder → Konventmuseum der Barmherzigen Brüder
Barockmuseum, Österreichisches → Österreichische Galerie
Bauernfeld-Gedenkraum → Döblinger Bezirksmuseum
Bauernhausmuseum, 11, Mautner-Markhof-Gasse 92, Tel. 743 88 44
(gegen vorherige Anmeldung)
Beethoven-Fries → Österreichische Galerie
Beethoven-Gedenkstätte, 6, Laimgrubengasse 22
(Mai bis September Sonntag von 10 bis 12 Uhr)
Beethoven-Gedenkstätte „Eroicahaus", 19, Döblinger Hauptstraße 92, Tel. 369 14 24
(täglich außer Montag von 9 bis 12.15 Uhr und von 13 bis 16.30 Uhr)
Beethoven-Gedenkstätte Floridsdorf, 21, Jeneweingasse 17, Tel. 278 52 67
(gegen vorherige Anmeldung)
Beethoven-Gedenkstätte „Heiligenstädter Testament", 19, Probusgasse 6, Tel. 37 54 08
(täglich außer Montag von 9 bis 12.15 Uhr und von 13 bis 16.30 Uhr)
Beethoven-Gedenkstätte „Pasqualatihaus", 1, Mölker Bastei 8, Tel. 535 89 05
Stifter-Museum
(täglich außer Montag von 9 bis 12.15 Uhr und von 13 bis 16.30 Uhr)
Belvedere → Österreichische Galerie
Bergl-Zimmer → Schloß Schönbrunn
Beschirrungslehre → Museum für Beschirrungs- und Sattelungslehre, Pflege und Wartung der Haustiere
Bestattungsmuseum, 4, Goldeggasse 19, Tel. 501 95. . ., 4227
(Montag bis Freitag von 12 bis 15 Uhr nach Voranmeldung)
Bezirksmuseen → Name des Bezirks
Biermuseum, 23, Liesing, Breitenfurter Straße 372–380, Tel. 865 96 41 . . . 0
(gegen vorherige Anmeldung)
Billardmuseum, 15, Hackengasse 21, Tel. 985 69 87
(gegen vorherige Anmeldung)
Blindenwesen → Museum des Blindenwesens
Body-Art-Museum → 1. Wiener Museum für Videoart und Bodyart
Böhmerwaldmuseum, 3, Ungargasse 3, Tel. 714 31 85
Erzgebirger Heimatstube
(Mai bis Oktober Sonntag von 9 bis 12 Uhr)
Botanischer Garten der Universität Wien, 3, Rennweg 14, Tel. 797 94 . . ., 272
(April und September von 9 bis 18.30 Uhr, Mai und August von 9 bis 19.30 Uhr, Juni und Juli von 9 bis 20 Uhr, Oktober von 9 bis 18 Uhr)
Palmenhaus
(täglich von 10 bis 17 Uhr)
Brahms-Gedenkraum → Haydn-Wohnhaus
Brigittenauer Bezirksmuseum, 20, Dresdner Straße 79, Tel. 330 50 68
Donauregulierungs-Museum
Robert-Blum-Dokumentation
(Donnerstag von 17 bis 19 Uhr, Sonntag von 10 bis 12 Uhr)
Bundesmobilien → Sammlungen der Bundesmobilienverwaltung
Burgkapelle, 1, Hofburg, Schweizerhof, Tel. 587 55 54. . .0
(Dienstag, Donnerstag von 14.30 bis 15.30 Uhr)
Burgtheater, 1, Dr.-Karl-Lueger-Ring 2, Tel. 514 44 . . ., 2182
(Führungen: Juli bis August Montag bis Samstag 13, 14, 15 Uhr, Mai, Juni, September Montag bis Samstag 16 Uhr, Sonntag 15 Uhr, Oktober bis April Dienstag, Donnerstag 16 Uhr, Sonntag 15 Uhr)
Circus- und Clownmuseum → Österreichisches Circus- und Clownmuseum

Conrads-(Heinz-)Gedenkraum → Penzinger Bezirksmuseum
Czernin → Privatgalerie Czernin
Das-Gerhard-Paul-Museum, 6, Mariahilfer Straße 51/1/7
(Donnerstag, Freitag von 10 bis 17 Uhr,
Samstag von 10 bis 13 Uhr)
Döblinger Bezirksmuseum, 19, Döblinger Hauptstraße 96,
Tel. 368 65 46
Salon der Villa Wertheimstein,
Saar- und Bauernfeld-Gedenkraum
Weinbaumuseum
(Samstag von 15.30 bis 18 Uhr,
Sonntag von 10 bis 12 Uhr)
Doderer-Gedenkstätte → Alsergrund, Bezirksmuseum
Dokumentationsarchiv des österreichischen Widerstands,
1, Wipplingerstraße 8, Tel. 534 36 . . ., 01779
Museum des österreichischen Freiheitskampfes
(Montag, Mittwoch, Donnerstag von 9 bis 17 Uhr)
Dom- und Diözesanmuseum → Erzbischöfliches Dom- und Diözesanmuseum
Donauregulierungs-Museum → Brigittenauer Bezirksmuseum
Donaustädter Bezirksmuseum, 22, Kagran, Kagraner Platz 53–54, Tel. 203 21 26
(Mittwoch von 17 bis 19 Uhr, Sonn- und Feiertag von 9.30 bis 11.30 Uhr)
Dr.-Karl-Lueger-Kirche → Zentralfriedhof
Druckschriftensammlung → Österreichische Nationalbibliothek
EA-Generali-Foundation, 4, Wiedner Hauptstraße 15,
Tel. 504 98 80
(Dienstag, Mittwoch, Freitag von 11 bis 18 Uhr, Donnerstag von 11 bis 20 Uhr, Samstag, Sonntag von 11 bis 16 Uhr)
Eisenbahnmuseum, Österreichisches → Technisches Museum
Elektropathologisches Museum, 16, Gomperzgasse 1–3,
Tel. 489 20 80
(gegen vorherige Anmeldung)
Ephesos-Museum → Kunsthistorisches Museum
Ernst-Fuchs-Villa → Otto-Wagner-Villa
Eroicahaus → Beethoven-Gedenkstätte
Erste österreichische Spar-Casse → Museum der Ersten Österreichischen Spar-Casse-Bank AG
Erstes Österreichisches Funk- und Radiomuseum,
6, Eisvogelgasse 4, Tel. 330 86 53
(Montag von 19 bis 21 Uhr)
Erzbischöfliches Dom- und Diözesanmuseum,
1, Stephansplatz 6, Tel. 515 52 . . ., 560
(Dienstag bis Samstag von 10 bis 17 Uhr)
Esperanto-Museum, Internationales → Österreichische Nationalbibliothek
Eßlinger Schüttkasten, 22, Eßling, Simonsgasse
(April bis Oktober Sonntag von 10 bis 12 Uhr)
Favoritner Bezirksmuseum, 10,
Per-Albin-Hansson-Siedlung Ost,
Ada-Christen-Gasse 2 C, Tel. 689 81 93
(Donnerstag von 17 bis 20 Uhr)
Römische Ausgrabungen Unterlaa
(von Mai bis Oktober jeden ersten Sonntag im Monat von 14 bis 15 Uhr)
Feld- und Industriebahnmuseum, 13, Spohrstraße 20,
Tel. 951 74 54
(gegen vorherige Anmeldung)
Feuerwehr-Museum der Stadt Wien, 1, Am Hof 10,
Tel. 531 99 . . . 0
(Sonn- und Feiertag von 9 bis 12 Uhr)
Fiakermuseum, 17, Veronikagasse 12, Tel. 401 06 . . . 0
(jeden ersten Mittwoch im Monat von 10 bis 12 Uhr)
Filmmuseum → Österreichisches Filmmuseum
Fingerhutmuseum → Wiener Fingerhutmuseum
Fischereimuseum → 1. Wiener Fischereimuseum
Floridsdorfer Bezirksmuseum, 21, Prager Straße 33,
Tel. 270 51 94
Donau/Rauchküche
(Dienstag und Samstag von 16 bis 18 Uhr, Sonntag von 10 bis 12 Uhr)
Franziskaner → Provinzmuseum der Franziskaner
Freud-Museum → Sigmund-Freud-Museum
Fried (Erich)-Raum → Alsergrund, Bezirksmuseum
Friedhof St. Marx, 11, Leberstraße 6–8
(April und Oktober von 7 bis 17 Uhr, Mai und September von 7 bis 18 Uhr, Juni bis August von 7 bis 19 Uhr, ab November von 8 Uhr bis Einbruch der Dunkelheit)
Funkmuseum → Erstes Österreichisches Funk- und Radiomuseum
Fußballmuseum → Österreichisches Fußballmuseum
Gartenbaumuseum → Österreichisches Gartenbaumuseum
Gedenkstätte für die Opfer des österreichischen Freiheitskampfes (Leopold-Figl-Hof), 1, Salztorgasse 6,
Tel. 534 36 . . ., 735
(Montag von 14 bis 17 Uhr, Donnerstag und Freitag von 9 bis 12 Uhr und von 14 bis 17 Uhr,
Gruppen nach Vereinbarung)
Gefangenenhaus-Museum → Museum des Landesgerichtes Wien
Geldmuseum der Oesterreichischen Nationalbank,
9, Otto-Wagner-Platz 3, Tel. 404 20 . . . 0
(Dienstag von 15 bis 17 Uhr und gegen vorherige Anmeldung)
Gendarmerie-Museum, 3, Rennweg 93a,
Tel. 713 35 81 . . ., 228
(gegen vorherige Anmeldung)
Gerichtliche Medizin → Museum des Institutes für gerichtliche Medizin
Gesellschaftsmuseum → Österreichisches Gesellschafts- und Wirtschaftsmuseum
Geymüller-Schlössel → Österreichisches Museum für angewandte Kunst
Glasmuseum → Wiener Glasmuseum
Globenmuseum → Österreichische Nationalbibliothek
Glockensammlung Pfundner, 10, Troststraße 38,
Tel. 604 34 60
(gegen vorherige Anmeldung Mittwoch von 14 bis 17 Uhr)
Goldschmiede-Museum → Museum der Gold- und Silberschmiede
Grabdenkmalhain Waldmüllerpark, 10, Landgutgasse
(März bis Oktober jeden zweiten Samstag im Monat 14 Uhr)
Grafiken und Plakate → Sammlung der Grafischen Lehr- und Versuchsanstalt
Grillparzer-Erinnerungsraum → Historisches Museum der Stadt Wien
Grillparzer-Gedenkzimmer → Österreichisches Staatsarchiv
Gustinus-Ambrosi-Museum → Österreichische Galerie
Handschriftensammlung → Österreichische Nationalbibliothek
Handschuhmacher-Werkstätte → Penzinger Bezirksmuseum
Harmonikamacher-Werkstätte → Ottakringer Bezirksmuseum
Haus des Meeres, 6, Esterházypark, Tel. 587 14 17
(täglich von 9 bis 18 Uhr)
Haydn-Gedenkstätte, 6, Haydngasse 19, Tel. 596 13 07
Brahms-Gedenkraum
(täglich außer Montag von 9 bis 12.15 Uhr und von 13 bis 16.30 Uhr)
Hebbel-Gedenkstätte → Josefstädter Bezirksmuseum
Heeresgeschichtliches Museum, 3, Arsenal,
Tel. 795 61 . . . 0
(täglich außer Freitag von 10 bis 16 Uhr)
Heizungsmuseum, 12, Längenfeldgasse 13–15,
Tel. 810 63 20
(Dienstag von 13 bis 18 Uhr und nach vorheriger Vereinbarung)
Herbert-von-Karajan-Centrum, 1, Kärntner Ring 1,
Tel. 504 96 29
Hermesvilla, 13, Lainzer Tiergarten, Tel. 804 13 24
(täglich von 8 Uhr bis Einbruch der Dunkelheit, ab 15. November zwölf Wochen geschlossen)

Hernalser Bezirksmuseum, 17, Hernalser Hauptstraße 72-74, Tel. 403 43 38
Protestantismus
Schrammeln und das Wienerlied
(Montag von 16 bis 20 Uhr, jeden ersten und dritten Sonntag im Monat von 10 bis 12 Uhr)
Herzgruft der Habsburger, 1, Augustinerstraße 3, Tel. 533 09 47 . . . 0
(Montag, Dienstag, Donnerstag von 8 bis 9.30 Uhr, Mittwoch von 8 bis 8.45 Uhr, Freitag von 8 bis 8.45 Uhr und von 10 bis 12 Uhr)
Hetzendorf, Modesammlungen → Historisches Museum der Stadt Wien
Hietzinger Bezirksmuseum, 13, Am Platz 2, Tel. 877 76 88
Egon-Schiele-Dokumentation
Äthiopien-Sammlung
(Freitag von 9 bis 12 Uhr, Samstag von 14.30 bis 17 Uhr, Sonntag von 10 bis 12 Uhr)
Hirschstetten → Reservegarten und Palmenhaus Hirschstetten
Historisches Museum der Stadt Wien, 4, Karlsplatz, Tel. 505 87 47 . . ., 84010
Grillparzer-Erinnerungsraum
Loos-Erinnerungsraum
(täglich außer Montag von 9 bis 16.30 Uhr)
Modesammlungen Hetzendorf und Schauraum, 12, Hetzendorfer Straße 79, Tel. 505 87 47 . . ., 84046
(Dienstag bis Sonntag von 9 bis 16.30 Uhr)
Hofburg, 1, Michaelerplatz, Tel. 587 36 66 . . ., 515
Schauräume (Kaiserappartements, Reichskanzlei und Amalientrakt)
(Montag bis Sonntag von 9 bis 17 Uhr)
Hofjagdkammer → Kunsthistorisches Museum
Hofmobiliendepot → Sammlungen der Bundesmobilienverwaltung
Hofsilber- und Tafelkammer → Sammlungen der Bundesmobilienverwaltung
Huftiere, Orthopädie → Museum für Orthopädie bei Huf- und Klauentieren
Hundertwasser-Ausstellung → KunstHaus Wien
Industriebahnmuseum → Feld- und Industriebahnmuseum
Innere Stadt, Bezirksmuseum, 1, Wipplingerstraße 8, Tel. 534 36 . . ., 01127
(Mittwoch und Freitag von 15 bis 17 Uhr)
Islamisches Zentrum (Moschee), 21, Am Hubertusdamm 17-19, Tel. 270 13 89
(Montag bis Donnerstag von 9 bis 17 Uhr, Samstag, Sonntag nach Vereinbarung)
Johanneskirche Unterlaa → Römische und mittelalterliche Baureste
Johann-Strauß-Gedenkstätte, 2, Praterstraße 54, Tel. 214 01 21
(täglich außer Montag von 9 bis 12.15 Uhr und von 13 bis 16.30 Uhr)
Josefstädter Bezirksmuseum, 8, Schmidgasse 18, Tel. 403 64 15
Friedrich-Hebbel-Gedenkstätte
(Mittwoch von 18 bis 20 Uhr, Sonntag von 10 bis 12 Uhr)
Alte Backstube, Bäckerhandwerk und -brauchtum, 8, Lange Gasse 34, Tel. 406 11 01
(Dienstag bis Samstag von 9 bis 24 Uhr, Sonntag von 15 bis 24 Uhr)
Stefan-Zweig-Archiv, 8, Schmidgasse 18, Tel. 403 64 15
(Freitag von 12 bis 14 Uhr)
Jüdischer Friedhof, 9, Seegasse 9
(öffentlich nicht zugänglich)
Jüdisches Museum der Stadt Wien, 1, Dorotheergasse 11, Tel. 535 04 31 . . . 0
(Sonntag bis Freitag von 10 bis 18 Uhr, Donnerstag von 10 bis 21 Uhr)
Kahlenberger-Museum, 19, Kahlenberg, Kirche St. Josef, Tel. 32 30 29
(täglich von 9.30 bis 12 Uhr und von 13.30 bis 16.30 Uhr)
Kainz-Erinnerungsraum → Österreichisches TheaterMuseum
Kaisergruft (Kapuzinergruft), 1, Tegetthoffstraße 2, Tel. 512 68 53 . . ., 12
(täglich von 9.30 bis 15.30 Uhr)
Kálmán-Erinnerungsraum → Österreichisches TheaterMuseum
Karajan-Centrum → Herbert-von-Karajan-Centrum
Kartensammlung → Österreichische Nationalbibliothek
Katakomben → Stephansdom
Kieferheilkunde → Museum der Universitätsklinik für Zahn-, Mund- und Kieferheilkunde
Kindermuseum → Zoom Kindermuseum im Museumsquartier
KindertheaterMuseum → Österreichisches TheaterMuseum
Kirche zur heiligsten Dreifaltigkeit, 23, Mauer, Georgsgasse, Tel. 888 61 47
(Samstag von 9 bis 12.30 Uhr, Sonntag von 9 bis 17 Uhr, April bis September Montag bis Freitag von 14 bis 18 Uhr, Oktober, März Dienstag bis Freitag von 14 bis 17 Uhr, November bis Februar Dienstag bis Freitag von 14.30 bis 16.30 Uhr, Führung nach telefonischer Vereinbarung)
Klauentiere, Orthopädie → Museum für Orthopädie bei Huf- und Klauentieren
Konventmuseum der Barmherzigen Brüder, 2, Taborstraße 16, Tel. 211 21 . . . 0
(öffentlich nicht zugänglich)
1. Kopiergeräte-Museum, 1, Reichsratsstraße 5/Doblhoffgasse 1, Tel. 505 06 06 . . . 0
(gegen vorherige Anmeldung)
Kriminalmuseum → Wiener Kriminalmuseum
Kriminalpolizeiliches Museum der Bundespolizeidirektion Wien, 9, Roßauer Lände 5, Tel. 313 46 . . ., 7418
(gegen vorherige Anmeldung)
Kuffner-Sternwarte, 16, Johann-Staud-Straße 10, Tel. 914 81 30
(Führungen Dienstag, Mittwoch, Freitag bis Sonntag 20 bis 21 Uhr)
Kunstforum Bank Austria, 1, Freyung 8, Tel. 711 91 . . ., 5731
(täglich von 10 bis 18 Uhr, Mittwoch von 10 bis 21 Uhr)
Kunsthalle wien, 4, Treitlstraße 2, Tel. 43 15 21 . . ., 8914
Kunsthalle wien im Museumsquartier, 7, Museumsplatz 1, Tel. 43 15 21 . . ., 8914
(Mittwoch bis Montag von 10 bis 18 Uhr, Donnerstag von 10 bis 20 Uhr)
KunstHaus Wien mit Hundertwasser-Ausstellung, 3, Untere Weißgerberstraße 13, Tel. 712 04 95
(täglich von 10 bis 19 Uhr)
Kunsthistorisches Museum, 1, Burgring 5, Tel. 525 24 . . . 0
Ägyptisch-Orientalische Sammlung, Antikensammlung, Sammlung für Plastik und Kunstgewerbe, Gemäldegalerie, Sekundärgalerie, Sammlung von Medaillen, Münzen und Geldzeichen
(täglich außer Montag von 10 bis 18 Uhr, Donnerstag von 18 bis 21 Uhr)
Kunstsammlungen in der Neuen Burg
Ephesos-Museum, Hofjagd- und Rüstkammer, Sammlung alter Musikinstrumente, 1, Neue Burg, Heldenplatz, Tel. 525 24 . . ., 460
(Mittwoch bis Montag von 10 bis 18 Uhr)
Palais Harrach, 1, Freyung 3, Tel. 533 78 11
(Mittwoch bis Montag von 10 bis 19 Uhr)
Weltliche und geistliche Schatzkammer, 1, Hofburg, Schweizerhof, Tel. 525 24 . . . 0
(Montag, Mittwoch bis Sonntag von 10 bis 18 Uhr, Donnerstag von 10 bis 21 Uhr)
Wagenburg, 13, Schönbrunn, Tel. 877 32 44 . . . 0
(November bis März von 10 bis 16 Uhr, April, Oktober – Montag geschlossen – von 9 bis 17 Uhr, Mai bis September von 9 bis 18 Uhr)

Künstlerhaus, 1, Karlsplatz 5, Tel. 587 96 63 ... 0
(täglich von 10 bis 18 Uhr)
Kunstsammlung Palais Schwarzenberg, 3, Rennweg 2, Tel. 798 45 15...0
(gegen vorherige Anmeldung)
Kunstuhr (Ankeruhr), 1, Hoher Markt 10/11, Tel. 534 74 ... 0
(täglich 12 Uhr Figurenparade mit Musik)
Kupferstichkabinett → Akademie der bildenden Künste
Kynologisches Museum, 23, Mauer, Johann-Teufel-Gasse 8, Tel. 888 22 31
(gegen vorherige Anmeldung)
Landesgericht → Museum des Landesgerichtes Wien
Landstraßer Bezirksmuseum, 3, Sechskrügelgasse 11, Tel. 711 34 ..., 03127
Josef-Weinheber-Arbeitszimmer
(Mittwoch von 16 bis 18 Uhr, Sonntag von 10 bis 12 Uhr)
Lehár-Schlössel (Schikaneder-Schlössel), 19, Hackhofergasse 18, Tel. 318 54 16
(gegen vorherige Anmeldung)
Leopoldstädter Bezirksmuseum, 2, Karmelitergasse 9, Tel. 211 06 ..., 02127
(Mittwoch von 17.30 bis 19 Uhr, Samstag von 14.30 bis 17 Uhr, Sonntag von 10 bis 12 Uhr)
Liesinger Bezirksmuseum, 23, Atzgersdorf, Canavesegasse 24, Tel. 869 75 31 ... 0
(Mittwoch und Samstag von 9 bis 12 Uhr)
Lipizzaner-Museum Wien, 1, Reitschulgasse 2, Tel. 526 41 84
(täglich von 9 bis 18 Uhr)
Lobau-Museum, 22, Lobau 256, Tel. 0 22 14/27 81
(Sonn- und Feiertag von 14 bis 16 Uhr)
Loos-Erinnerungsraum → Historisches Museum der Stadt Wien
Looshaus, 1, Michaelerplatz 3, Tel. 531 73 ... 0
(Montag bis Samstag von 10 bis 17.30 Uhr, Donnerstag von 10 bis 20 Uhr)
Männergesangverein → Museum des Wiener Männergesangvereins
Margaretner Bezirksmuseum, 5, Schönbrunner Straße 54, Tel. 546 34 ..., 05127, 05115
(Donnerstag von 16 bis 18 Uhr)
Mariahilfer Bezirksmuseum, 6, Mollardgasse 8, Tel. 586 78 68
Galerie Gumpendorf, 6, Gumpendorfer Straße 129
(Mittwoch von 17 bis 20 Uhr, Sonntag von 9.30 bis 12 Uhr)
Marktamt → Sammlungen des Marktamtes der Stadt Wien
Mechitaristen → Museum der Mechitaristen-Congregation
Medaillen-Sammlung → Kunsthistorisches Museum
Medizinhistorisches Museum → Museum des Institutes für Geschichte der Medizin
Meidlinger Bezirksmuseum, 12, Längenfeldgasse 13–15, Tel. 817 65 98
(wegen Übersiedlung geschlossen)
Michaelerkirche, Gruft, 1, Michaelerplatz, Tel. 533 70 50
(Montag bis Freitag 11 und 15 Uhr)
Michaelerplatz, Ausgrabungen
Minimuseum Werkbundsiedlung, 13, Woinovichgasse, neben Haus 12
(jederzeit)
Minoritenkirche, Gruft, 1, Minoritenplatz 2a, Tel. 533 41 62
(gegen vorherige Vereinbarung)
Modesammlungen Hetzendorf → Historisches Museum der Stadt Wien
Mozart-Gedenkstätte „Figarohaus", 1, Domgasse 5, Tel. 513 62 94
(täglich außer Montag von 9 bis 12.15 Uhr und von 13 bis 16.30 Uhr)
Mundheilkunde → Museum der Universitätsklinik für Zahn-, Mund- und Kieferheilkunde
Münzen-Sammlung → Kunsthistorisches Museum
Museum „Aspern 1809", 22, Asperner Heldenplatz 9, Tel. 280 82 76, 515 60..., 248
(April bis Oktober Sonntag von 9.30 bis 12 Uhr, Dienstag von 17 bis 18 Uhr)
Museum der Ersten Österreichischen Spar-Casse-Bank AG, 18, Gersthofer Straße 143, Tel. 478 21 36
(gegen vorherige Anmeldung)
Museum der Gewerkschaft Agrar – Nahrung – Genuß, 8, Albertgasse 35, Tel. 401 49 ... 0
(Montag bis Donnerstag von 8 bis 16 Uhr, Freitag von 8 bis 13 Uhr)
Museum der Gold- und Silberschmiede, 7, Zieglergasse 22, Tel. 523 40 96
(Mittwoch von 15 bis 18 Uhr und gegen vorherige Anmeldung)
Museum der kleinen Leute, 7, Neustiftgasse 89–91, Tel. 524 89 72
(Dienstag bis Freitag von 16 bis 19 Uhr, Samstag, Sonn- und Feiertag von 13 bis 18 Uhr)
Museum der Mechitaristen-Congregation, 7, Mechitaristengasse 4, Tel. 523 64 17 ... 0
(gegen vorherige Anmeldung)
Museum der Universität Wien, 1, Postgasse 9, Tel. 513 11 61 ... 0
(derzeit geschlossen)
Museum der Universitätsklinik für Zahn-, Mund- und Kieferheilkunde, 9, Währinger Straße 25a, Tel. 405 46 36 ... 0
(gegen vorherige Anmeldung)
Museum des Blindenwesens, 2, Wittelsbachstraße 5, Tel. 728 04 83 ... 0
(gegen vorherige Anmeldung)
Museum des Institutes für gerichtliche Medizin, 9, Sensengasse 2, Tel. 402 40 51 ... 0
(gegen vorherige Anmeldung)
Museum des Institutes für Geschichte der Medizin, 9, Währinger Straße 25, Tel. 403 21 54
Medizinhistorisches Museum, Sammlung anatomischer und geburtshilflicher Wachspräparate
(Montag bis Freitag von 9 bis 15 Uhr)
Museum des Landesgerichtes Wien, Gefangenenhaus-Museum, 8, Landesgerichtsstraße 11, Tel. 401 27...0
(öffentlich nicht zugänglich)
Museum des österreichischen Freiheitskampfes → Dokumentationsarchiv des österreichischen Widerstandes
Museum des Veterinäramtes der Stadt Wien, 3, Henneberggasse 3, Tel. 795 14 ..., 97955
(gegen vorherige Anmeldung)
Museum des Wiener Männergesangvereins, 1, Bösendorferstraße 12, Tel. 505 73 62 ... 0
(gegen vorherige Anmeldung)
Museum für Beschirrungs- und Sattelungslehre, Pflege und Wartung der Haustiere, 21, Josef-Baumann-Gasse 1, Tel. 250 77 ..., 5501
(gegen vorherige Anmeldung)
Museum für Orthopädie bei Huf- und Klauentieren, 21, Josef-Baumann-Gasse 1, Tel. 250 77 ..., 5501
(gegen vorherige Anmeldung)
Museum für Völkerkunde, 1, Neue Burg, Heldenplatz, Tel. 534 30 ... 0
(Mittwoch bis Montag von 10 bis 16 Uhr)
Museum im Schottenstift, 1, Freyung 6, Tel. 534 98 ..., 600
(Donnerstag bis Samstag von 10 bis 17 Uhr, Sonntag von 12 bis 17 Uhr)
Museum mittelalterlicher österreichischer Kunst → Österreichische Galerie
Museum moderner Kunst im Palais Liechtenstein, 9, Fürstengasse 1, Tel. 317 69 00 ... 0
(Dienstag bis Sonntag von 10 bis 18 Uhr)
Museum moderner Kunst/Museum des 20. Jahrhunderts, 3, Schweizer Garten, Tel. 799 69 00 ... 0
(Dienstag bis Sonntag von 10 bis 18 Uhr)
Musikinstrumente, Sammlung alter → Kunsthistorisches Museum

Musiksammlung → Österreichische Nationalbibliothek
Musiksammlung der Gesellschaft der Musikfreunde, 1, Bösendorferstraße 12, Tel. 505 86 81 . . . 0 (Montag bis Freitag von 9 bis 17 Uhr, Samstag von 9 bis 13 Uhr)
Musil-Gedenkstätte → Robert-Musil-Gedenkstätte
Naturhistorisches Museum, 1, Burgring 7, Tel. 521 77 . . ., 297 Mineralogisch-Petrographische Abteilung, Geologisch-Paläontologische Abteilung, Botanische Abteilung, Zoologische Abteilung, Anthropologische Abteilung, Prähistorische Abteilung (Mittwoch bis Montag von 9 bis 18 Uhr)
Neher-Erinnerungsraum → Österreichisches TheaterMuseum
Neidhart-Fresken, 1, Tuchlauben 19, Tel. 535 90 65 (täglich außer Montag von 9 bis 12.15 Uhr und von 13 bis 16.30 Uhr)
Neubauer Bezirksmuseum, 7, Stiftgasse 8, Tel. 534 27 . . ., 07207 (Donnerstag von 18 bis 20 Uhr, Sonntag von 10 bis 12 Uhr)
Nordböhmen-Heimatstube, 8, Kochgasse 34, Tel. 405 94 50 (Sonntag von 9 bis 12 Uhr)
Olympiamuseum → Österreichisches Olympia- und Sportmuseum
OMV, Erdöl und Erdgas, 22, Lobgrundstraße 2, Tel. 404 40 . . ., 1666 (gegen vorherige Anmeldung)
Österreich-Abteilung → Österreichische Nationalbibliothek
Österreichische Galerie
Museum mittelalterlicher österreichischer Kunst in der Orangerie des Unteren Belvedere
Österreichisches Barockmuseum im Unteren Belvedere, Prunkstall des Prinzen Eugen, 3, Rennweg 6a
Österreichische Galerie des 19. und 20. Jahrhunderts im Oberen Belvedere, 3, Prinz-Eugen-Straße 27, Tel. 795 57 . . . 0
(Dienstag bis Sonntag von 10 bis 17 Uhr)
Secessionsgebäude, 1, Friedrichstraße 12, Tel. 587 53 07 . . . 0
Gustav Klimt: Beethoven-Fries
(Dienstag bis Samstag von 10 bis 18 Uhr, Sonntag von 10 bis 16 Uhr)
Gustinus-Ambrosi-Museum, 2, Scherzergasse 1a, Tel. 216 40 22 . . . 0
(Dienstag bis Sonntag von 10 bis 17 Uhr)
Österreichische Nationalbibliothek, 1, Josefsplatz 1, Tel. 534 10 . . ., 397
Prunksaal, Handschriftensammlung, Flugblätter-, Plakate- und Exlibris-Sammlung, Sammlung von Inkunabeln, alten und wertvollen Drucken,
Kartensammlung und Globenmuseum
(Prunksaal: Montag bis Samstag von 10 bis 16 Uhr, Sonntag von 10 bis 13 Uhr;
Handschriftensammlung, Plakatesammlung, Inkunabelnsammlung: Montag, Mittwoch, Freitag von 9 bis 13 Uhr, Dienstag, Donnerstag von 13 bis 18.45 Uhr;
Kartensammlung und Globenmuseum: Montag, Dienstag, Mittwoch, Freitag von 11 bis 12 Uhr, Donnerstag von 14 bis 15 Uhr)
Porträtsammlung, Bildarchiv und Fideikommissionsbibliothek, 1, Neue Burg, Heldenplatz, Tel. 534 10 . . ., 245
Porträtsammlung, Bildarchiv: Montag von 9 bis 18.45 Uhr, Dienstag, Mittwoch, Freitag von 9 bis 15.45 Uhr)
Musiksammlung, Papyrussammlung, 1, Augustinerstraße 1, Tel. 534 10 . . ., 308
(Musiksammlung: Montag, Mittwoch, Freitag von 9 bis 13 Uhr, Dienstag von 12 bis 15.45 Uhr, Donnerstag von 12 bis 18.45 Uhr; Papyrussammlung: Montag von 9 bis 18.45 Uhr, Dienstag bis Freitag von 9 bis 13 Uhr)
Österreich-Abteilung, 1, Hofburg
(Montag bis Freitag von 9 bis 15.30 Uhr)
Internationales Esperanto-Museum, Sammlung für Plansprachen, 1, Hofburg, Michaelerkuppel, Tel. 535 51 45
(Montag bis Freitag von 10 bis 16 Uhr, Mittwoch von 10 bis 18 Uhr)
Österreichisches Circus- und Clownmuseum, 2, Karmelitergasse 9, Tel. 211 06 . . ., 02127 (Mittwoch von 17.30 bis 19 Uhr, Samstag von 14.30 bis 17 Uhr, Sonntag von 10 bis 12 Uhr)
Österreichisches Filmmuseum, 1, Augustinerstraße 1, Tel. 533 70 54 . . . 0 (Montag, Donnerstag von 14 bis 18 Uhr)
Österreichisches Fußballmuseum, 2, Meiereistraße, Wiener Praterstadion, Ernst-Happel-Stadion, Tel. 727 18 . . . 0 (Montag, Freitag von 10 bis 13 Uhr, Dienstag, Donnerstag von 14 bis 18 Uhr)
Österreichisches Gartenbaumuseum, 10, Kurpark Oberlaa, Laaer-Berg-Straße 211, Tel. 688 11 70 (Mai bis Oktober Mittwoch bis Freitag von 10 bis 14.30 Uhr, jeden ersten und dritten Samstag im Monat von 13 bis 17 Uhr, jeden ersten und dritten Sonntag im Monat von 12 bis 19 Uhr)
Österreichisches Gesellschafts- und Wirtschaftsmuseum, 5, Vogelsanggasse 36, Tel. 545 25 51 . . . 0 (Montag bis Freitag von 8 bis 16 Uhr)
Österreichisches Museum für angewandte Kunst, 1, Stubenring 5, Tel. 711 36 . . . 0
Europäisches Kunstgewebe vom Mittelalter bis zur Gegenwart, Kunstgewerbe des Nahen und des Fernen Ostens
(Dienstag, Mittwoch, Freitag bis Sonntag von 10 bis 18 Uhr, Donnerstag von 10 bis 21 Uhr)
Hochschule für angewandte Kunst, 1, Oskar-Kokoschka-Platz 2, Tel. 711 33 . . . 0
(Montag bis Freitag von 11 bis 18 Uhr)
Geymüller-Schlössel (Sammlung Dr. Sobek), 18, Khevenhüllerstraße 2, Tel. 479 31 39, 711 36 . . . 0
(Dienstag, Mittwoch, Freitag, Sonntag von 10 bis 18 Uhr)
Österreichisches Museum für Volkskunde, 8, Laudongasse 15-19, Tel. 406 89 05 . . . 0
(Dienstag bis Freitag von 9 bis 17 Uhr, Samstag von 9 bis 12 Uhr, Sonntag von 9 bis 13 Uhr)
Sammlung „Religiöse Volkskunst“ mit der alten Klosterapotheke, 1, Johannesgasse 8, Tel. 512 13 37
(Mittwoch von 9 bis 16 Uhr, Sonntag von 9 bis 13 Uhr)
Österreichisches Olympia- und Sportmuseum, 13, Eduard-Klein-Gasse 2, Tel. 877 62 59 (Mittwoch bis Samstag von 10 bis 16 Uhr, Sonntag von 10 bis 13 Uhr)
Österreichisches Sprachinselmuseum, 18, Semperstraße 29, Tel. 479 60 83 (gegen vorherige Anmeldung)
Österreichisches Staatsarchiv, 3, Nottendorfer Gasse 2, Tel. 795 40 . . . 0
Haus-, Hof- und Staatsarchiv, Allgemeines Verwaltungsarchiv, Kriegsarchiv, Verkehrsarchiv, Archiv der Republik und Zwischenarchiv
(Montag, Donnerstag von 9 bis 17 Uhr, Dienstag, Mittwoch von 9 bis 18 Uhr, Freitag von 9 bis 13 Uhr)
Finanzarchiv, 1, Himmelpfortgasse 8, Tel. 514 33 . . ., 470
(Finanzarchiv: Montag, Mittwoch von 12.30 bis 15.30 Uhr, Dienstag, Donnerstag, Freitag von 8.30 bis 12.30 Uhr)
Hofkammerarchiv, Grillparzer-Gedenkzimmer, 1, Johannesgasse 6, Tel. 512 54 34
(Hofkammerarchiv: Montag, Donnerstag von 12.30 bis 15.45 Uhr, Dienstag, Mittwoch, Freitag von 8.30 bis 12.30 Uhr; Grillparzer-Gedenkzimmer: Montag bis Freitag von 8.30 bis 14.30 Uhr)
Österreichisches Tabakmuseum, 7, Mariahilfer Straße 2, Tel. 526 17 16 . . . 0
Historische Sammlung von Tabakpfeifen, Dosen, Bildern, Dokumenten und Raucherrequisiten aller Art
(Dienstag bis Freitag von 10 bis 17 Uhr, Samstag,

Sonn- und Feiertag von 10 bis 14 Uhr)
Österreichisches TheaterMuseum, 1, Lobkowitzplatz 2, Tel. 512 88 00 . . . 0
Theatersammlung, Gedenkraum für Richard Teschner (Dienstag bis Freitag von 10 bis 17 Uhr, Samstag von 10 bis 13 Uhr)
KindertheaterMuseum (nur mit Führung)
Gedenkräume für Anna Bahr-Mildenburg, Hermann Bahr, Josef Kainz, Emmerich Kálmán, Caspar Neher, Teo Otto, Max Reinhardt, Hugo Thimig, Fritz Wotruba, Carl Michael Ziehrer
1, Hanuschgasse 3, Tel. 512 24 27
(Dienstag bis Sonntag von 10 bis 17 Uhr)
Österreichisches Tonbandmuseum, 15, Beingasse 3, Tel. 982 21 62
(Mittwoch von 18 bis 20 Uhr und jeden ersten Sonntag im Monat von 10 bis 12 Uhr)
Ottakringer Bezirksmuseum,
16, Richard-Wagner-Platz 19b, Tel. 491 96 . . ., 16127
Josef-Weinheber-Zimmer
Harmonikamacher-Werkstätte
(Sonntag von 10 bis 12 Uhr)
Ottakringer Zweirad-Museum, 16, Kirchstetterngasse 21, Tel. 491 59 . . . 0
(Montag bis Freitag von 9 bis 12 Uhr und von 14 bis 18 Uhr, Samstag von 9 bis 12 Uhr)
Otto-Erinnerungsraum → Österreichisches TheaterMuseum
Otto-Wagner-Haltestelle Karlsplatz, 4, Karlsplatz, Tel. 505 87 47 . . ., 84059
(April bis Oktober täglich außer Montag von 9 bis 12.15 Uhr und von 13 bis 16.30 Uhr)
Otto-Wagner-Hofpavillon,
13, Schönbrunner Schloßstraße, Tel. 877 15 71
(täglich außer Montag von 9 bis 12.15 Uhr und von 13 bis 16.30 Uhr)
Otto-Wagner-Villa (Fuchs-Villa), 14, Hüttelbergstraße 26, Tel. 914 85 75
(gegen vorherige Anmeldung)
Otto-Wagner-Wohnung (Sterbezimmer), 7, Döblergasse 4, Tel. 523 22 33
(Montag bis Freitag von 9 bis 12 Uhr)
Palais Harrach → Kunsthistorisches Museum
Palmenhaus → Botanischer Garten der Universität Wien, Reservegarten Hirschstetten und Schloß Schönbrunn
Papyrussammlung → Österreichische Nationalbibliothek
Parlament, 1, Dr.-Karl-Renner-Ring 3, Tel. 401 10 . . ., 211
(Montag bis Freitag – außer an Sitzungstagen – 11 Uhr, Juli, August Montag bis Freitag 10, 11, 13, 14, 15 Uhr)
Pasqualatihaus → Beethoven-Gedenkstätte
Pathologisch-anatomisches Bundesmuseum,
9, Spitalgasse 2, Tel. 406 86 72
(Mittwoch von 15 bis 18 Uhr, Donnerstag von 8 bis 11 Uhr, jeden ersten Samstag im Monat von 10 bis 13 Uhr)
Penzinger Bezirksmuseum, 14, Penzinger Straße 59, Tel. 941 61 24
Prof.-Dr.-Georg-Pevetz-Gedenkraum
Heinz-Conrads-Gedenkraum
Handschuhmacher-Werkstätte
(Mittwoch von 17 bis 19 Uhr, Sonntag von 10 bis 12 Uhr)
Pevetz-Gedenkraum → Penzinger Bezirksmuseum
Pfarrmuseum, 9, Marktgasse 40, Tel. 315 26 46
(gegen vorherige Anmeldung)
Phonomuseum → Wiener Phonomuseum
Planetarium, 2, Oswald-Thomas-Platz 1, Tel. 729 54 94 . . . 0
(Samstag, Sonntag 15 Uhr)
Planungswerkstatt → Wiener Planungswerkstatt
Polizeimuseum → Wiener Kriminalmuseum
Porträtsammlung – Bildarchiv →
Österreichische Nationalbibliothek
Porzellanmuseum → Wiener Porzellanmanufaktur
Post- und Telegraphenmuseum → Technisches Museum
Prägestempel → Sammlung historischer Prägestempel
Pratermuseum, 2, Oswald-Thomas-Platz 1, Tel. 729 54 94
(Dienstag bis Freitag von 9 bis 12.15 Uhr und von 13 bis 16 Uhr, Samstag, Sonn- und Feiertag von 14 bis 18.30 Uhr)
Provinzmuseum der Franziskaner, 1, Franziskanerplatz 4, Tel. 512 45 78. . .0
(gegen vorherige Anmeldung)
Puppen- und Spielzeugmuseum, 1, Schulhof 4, Tel. 535 68 60
(Dienstag bis Sonntag von 10 bis 18 Uhr)
Radiomuseum → Erstes Österreichisches Funk- und Radiomuseum
Rathaus, 1, Lichtenfelsgasse 2, Tel. 40 00 . . ., 81360
(Montag bis Freitag 13 Uhr)
Rauchfangkehrermuseum, 4, Klagbaumgasse 4/2, Tel. 22 22 54
(Sonntag von 10 bis 12 Uhr)
Reinhardt-Erinnerungsraum → Österreichisches TheaterMuseum
Religiöse Volkskunst, Sammlung → Österreichisches Museum für Volkskunde
Reservegarten und Palmenhaus Hirschstetten,
22, Quadenstraße 15–19, Tel. 280 76 31
(gegen vorherige Anmeldung)
Rettungsmuseum, 17, Gilmgasse 18, Tel. 711 19 . . ., 2025
(gegen vorherige Anmeldung)
Riesenrad, 2, Volksprater, Tel. 729 54 30 . . . 0
(März und Oktober täglich von 10 bis 22 Uhr, April bis September täglich von 9 bis 23 Uhr)
Robert-Musil-Gedenkstätte, 3, Rasumofskygasse 20/2/6, Tel. 713 10 19
(täglich von 10 bis 13 Uhr)
Römische Ausgrabungen Unterlaa → Favoritner Bezirksmuseum
Römische Baureste Am Hof, 1, Am Hof 9, Tel. 63 66 71
(Samstag, Sonn- und Feiertag von 11 bis 13 Uhr)
Römische Baureste unter der St. Jakobskirche,
19, Pfarrplatz 3, Tel. 37 13 43
(Sonn- und Feiertag von 15 bis 17 Uhr)
Römische Ruinen unter dem Hohen Markt,
1, Hoher Markt 3, Tel. 535 56 06
(täglich außer Montag von 9 bis 12.15 Uhr und von 13 bis 16.30 Uhr)
Römische und mittelalterliche Baureste, Johanneskirche Unterlaa, 10, Klederinger Straße, Tel. 604 01 24 . . ., 202, 205
(Mai bis Oktober jeden ersten Sonntag im Monat von 14 bis 16 Uhr)
Rudolfsheim-Fünfhaus, Bezirksmuseum,
15, Rosinagasse 4, Tel. 891 34 . . ., 15127
(Montag von 17 bis 19 Uhr, Freitag von 15.30 bis 17.30 Uhr)
Rüstkammer → Kunsthistorisches Museum
Saar-Gedenkraum → Döblinger Bezirksmuseum
Sammlung der Grafischen Lehr- und Versuchsanstalt,
14, Leyserstraße 6, Tel. 982 39 14 . . . 0
(während der Schulzeit Montag bis Freitag von 8 bis 16 Uhr)
Sammlung des Institutes für Ur- und Frühgeschichte,
19, Franz-Klein-Gasse 1, Tel. 360 52 . . ., 365
(Montag bis Donnerstag von 8 bis 18 Uhr, Freitag von 8 bis 16 Uhr, Juli bis September von 7 bis 15 Uhr)
Sammlung historischer Prägestempel im Hauptmünzamt,
3, Am Heumarkt 1, Tel. 717 15 . . . 0
(täglich von 10 bis 18 Uhr)
Sammlung historischer Streichinstrumente des 17. und 18. Jahrhunderts, 2, Praterstraße 13, Tel. 214 30 21
(nach Vereinbarung)
Sammlungen der Bundesmobilienverwaltung,
Schausammlung des ehemaligen k. u. k. Hofmobilien- und Materialdepots, 7, Mariahilfer Straße 88, Tel. 523 42 40 . . . 0
(wegen Umbaues geschlossen)
Schausammlung der ehemaligen k. u. k. Hofsilber- und

Tafelkammer, 1, Hofburg, Michaelerkuppel, Tel. 533 75 70
(täglich von 9 bis 17 Uhr)
Sammlungen des Marktamtes der Stadt Wien,
3, Am Modenapark 1–2, Tel. 711 16 . . ., 87912
(Montag bis Freitag von 7.30 bis 15.30 Uhr)
Sanitärhistorisches Museum, 6, Mollardgasse 87,
Tel. 599 16 . . ., 670, 627
(Dienstag von 16 bis 19 Uhr und gegen vorherige Anmeldung)
Sanitätsmuseum, 15, Pillergasse 24, Tel. 891 45 . . ., 8311
(Donnerstag von 16 bis 20 Uhr)
Sattelungslehre → Museum für Beschirrungs- und Sattelungslehre, Pflege und Wartung der Haustiere
Schatzkammer des Deutschen Ordens, 1, Singerstraße 7,
Tel. 512 10 65 . . ., 6
(Mai bis Oktober Montag, Donnerstag bis Sonntag von 10 bis 12 Uhr, Mittwoch, Freitag, Samstag von 15 bis 17 Uhr, November bis April Montag, Donnerstag, Samstag von 10 bis 12 Uhr, Mittwoch, Freitag von 15 bis 17 Uhr)
Schatzkammer (Weltliche und geistliche) → Kunsthistorisches Museum
Schiele-Dokumentation → Hietzinger Bezirksmuseum
Schikaneder-Schlössel → Lehár-Schlössel
Schloß Schönbrunn, 13, Schönbrunn, Tel. 811 13 . . ., 239
Schauräume
(April bis Oktober täglich von 8.30 bis 17 Uhr, November bis März täglich von 8.30 bis 16.30 Uhr)
Bergl-Zimmer
(April bis Oktober von 8.30 bis 17 Uhr,
November bis März von 8.30 bis 16.30 Uhr)
Palmenhaus, Tel. 877 50 87 . . ., 406
(Mai bis September von 9.30 bis 18 Uhr,
Oktober bis April von 9.30 bis 17 Uhr)
Schmetterlingshaus, Tel. 877 50 87 . . ., 421
(Mai bis September von 10 bis 17 Uhr,
Oktober bis April von 10 bis 15.30 Uhr)
Tiergarten Schönbrunn, Tel. 877 12 36 . . . 0
(Jänner, November, Dezember täglich von 9 bis 16.30 Uhr,
Februar, Oktober täglich von 9 bis 17 Uhr,
März täglich von 9 bis 17.30 Uhr,
April täglich von 9 bis 18 Uhr,
Mai bis September täglich von 9 bis 18.30 Uhr)
Wagenburg → Kunsthistorisches Museum
Schmetterlingshaus → Schloß Schönbrunn
Schmiede-Museum → Alte Schmiede
Schnapsmuseum → Wiener Schnapsmuseum
Schottenstift → Museum im Schottenstift
Schubert-Gedenkstätte „Geburtshaus",
9, Nußdorfer Straße 54, Tel. 317 36 01
Stifter-Gedenkräume
(täglich außer Montag von 9 bis 12.15 Uhr und
von 13 bis 16.30 Uhr)
Schubertpark, Gräberhain, 18, Währinger Straße 123–125,
Tel. 712 21 71 . . ., 22
(gegen vorherige Anmeldung)
Schubert-Gedenkstätte „Sterbezimmer",
4, Kettenbrückengasse 6, Tel. 581 67 30
(täglich außer Montag von 9 bis 12.15 Uhr und
von 13 bis 16.30 Uhr)
Schwarzenberg → Kunstsammlung Palais Schwarzenberg
Secessionsgebäude → Österreichische Galerie
Siemens Forum Wien, 3, Dittrichgasse 25, Tel. 17 07 . . . 0
(Samstag, Sonn- und Feiertag von 9 bis 17 Uhr)
Sigmund-Freud-Museum, 9, Berggasse 19, Tel. 319 15 96 . . . 0
(täglich von 9 bis 16 Uhr)
Silberschmiede-Museum → Museum der Gold- und Silberschmiede
Simmeringer Bezirksmuseum, 11, Enkplatz 2,
Tel. 740 34 . . ., 11127
Awarengräber
(Freitag von 10 bis 12 Uhr und von 15 bis 18 Uhr,
Sonntag von 10 bis 12 Uhr)
Spanische Reitschule, 1, Hofburg, Michaelerplatz 1,
Tel. 533 90 31 . . . 0
(Morgenarbeit: Dienstag bis Samstag von 10 bis 12 Uhr)
Spielkartensammlung Piatnik, 14, Hütteldorfer Straße 227,
Tel. 914 41 51 . . ., 25
(gegen vorherige Anmeldung)
Spielzeugmuseum → Puppen- und Spielzeugmuseum
Sportmuseum → Österreichisches Olympia- und Sportmuseum
Sprachinselmuseum → Österreichisches Sprachinselmuseum
Staatsarchiv → Österreichisches Staatsarchiv
Staatsoper, 1, Opernring 2, Tel. 514 44 . . ., 2613
(Juli, August 9, 10, 11, 13, 14 und 15 Uhr,
übrige Zeit gegen Anmeldung)
Stadthalle → Wiener Stadthalle
Stanislaus-Kostka-Kapelle, 1, Kurrentgasse 2, Tel. 533 82 51
(gegen vorherige Anmeldung)
Steinhofkirche, 14, Baumgartner Höhe 1, Tel. 910 60 . . ., 2397
(Samstag 15 Uhr)
Stephansdom, 1, Stephansplatz, Tel. 515 52 . . ., 563
(Dom: Montag bis Samstag 10.30, 15 Uhr;
Katakomben: täglich von 10 bis 11.30 Uhr und von 14 bis 16.30 Uhr;
Turm: täglich von 9 bis 17 Uhr;
Pummerin: täglich von 9 bis 17 Uhr)
Stifter-Gedenkräume → Schubert-Gedenkstätte „Geburtshaus"
St. Marx → Friedhof St. Marx
Straßenbahnmuseum → Wiener Straßenbahnmuseum
Strauß-Gedenkstätte → Johann-Strauß-Gedenkstätte
Streichinstrumente, Sammlung historischer → Sammlung historischer Streichinstrumente des 17. und 18. Jahrhunderts
Tabakmuseum → Österreichisches Tabakmuseum
Tafelkammer → Sammlungen der Bundesmobilienverwaltung
Technisches Museum für Industrie und Gewerbe,
14, Mariahilfer Straße 212, Tel. 914 16 10
Auer-von-Welsbach-Erinnerungsraum
Österreichisches Eisenbahnmuseum
Post- und Telegraphenmuseum
(wegen Umbaues geschlossen)
Teddybären-Museum → Wiener Teddybären-Museum
Teschner-Erinnerungsraum → Österreichisches TheaterMuseum
TheaterMuseum → Österreichisches TheaterMuseum
Theatersammlung → Österreichisches TheaterMuseum
Thimig-Erinnerungsraum → Österreichisches TheaterMuseum
Tiergarten → Schloß Schönbrunn
Tonbandmuseum → Österreichisches Tonbandmuseum
Tröpferlbadmuseum → Wiedner Bezirksmuseum
Uhrenmuseum, 1, Schulhof 2, Tel. 533 22 65
(täglich außer Montag von 9 bis 16.30 Uhr)
Universität → Museum der Universität Wien
UNO-City, 22, Kagran, Wagramer Straße 5,
Tel. 211 31 . . ., 4193
(Montag bis Freitag 11 und 14 Uhr, April bis Oktober
auch Samstag und Feiertag)
Urania-Sternwarte, 1, Uraniastraße 1, Tel. 712 61 91. . ., 15
(Mittwoch, Freitag, Samstag 20 Uhr, Sonntag 11 Uhr)
Ur- und Frühgeschichte → Sammlung des Institutes für Ur- und Frühgeschichte
Veterinäramt → Museum des Veterinäramtes der Stadt Wien
Video-Art-Museum → 1. Wiener Museum für Videoart und Bodyard
Virgilkapelle und Sammlung keramischer Bodenfunde,
1, Stephansplatz, U-Bahn-Station, Tel. 513 58 42
(täglich außer Montag von 9 bis 12.15 Uhr und
von 13 bis 16.30 Uhr)
Völkerkunde → Museum für Völkerkunde
Volkskunde → Österreichisches Museum für Volkskunde
Wachspräparate → Museum des Institutes

zur Geschichte der Medizin
Wagenburg → Kunsthistorisches Museum
Währinger Bezirksmuseum,
18, Währinger Straße 124, Tel. 476 34 . . ., 18127
(Donnerstag von 18 bis 20 Uhr, Sonntag von 10 bis 12 Uhr)
Waldmüllerpark, Grabdenkmalhain → Grabdenkmalhain Waldmüllerpark
Walter (Bruno)-Gedenkraum (Hochschule für Musik und darstellende Kunst), 3, Lothringerstraße 18, Tel. 588 06 . . . 0
(Montag bis Freitag von 9 bis 16 Uhr)
Wasserleitungsmuseum Kaiserbrunn,
Tel. 599 59 . . . , 94510, 0 26 66/525 48
(Sonn- und Feiertag von 10 bis 12 Uhr)
Wasserleitungsmuseum Wildalpen,
Tel. 599 59 . . ., 94510, 0 36 36/4510
(Sonn- und Feiertag von 10 bis 12 Uhr)
Weinbaumuseum → Döblinger Bezirksmuseum
Weinheber-Arbeitszimmer → Landstraßer Bezirksmuseum
Weinheber-Zimmer → Ottakringer Bezirksmuseum
Werkbundsiedlung → Minimuseum Werkbundsiedlung
Wertheimstein-Villa → Döblinger Bezirksmuseum
Widerstand → Dokumentationsarchiv des österreichischen Widerstands
Wiedner Bezirksmuseum, 4, Klagbaumgasse 4, Tel. 581 78 11
Tröpferlbadmuseum
(Samstag von 15 bis 17 Uhr, Sonntag von 10 bis 12 Uhr)
Wiener Fingerhutmuseum, 14, Linzer Straße 128,
Tel. 982 22 14
(gegen vorherige Anmeldung)
1. Wiener Fischereimuseum, 21, Prager Straße,
Abfahrt zur A 22
(Sonntag von 9 bis 12 Uhr)
Wiener Glasmuseum (Lobmeyr), 1, Kärntner Straße 26,
Tel. 512 05 08 . . . 0
(Montag bis Freitag von 9 bis 18 Uhr, Samstag von 9 bis 16 Uhr)
Wiener Kriminalmuseum, 2, Große Sperlgasse 24,
Tel. 214 46 78
Museum der Bundespolizeidirektion Wien
(Dienstag bis Sonntag von 10 bis 17 Uhr)
1. Wiener Museum für Video-Art und Bodyart,
1, Kurrentgasse 4/2
(Donnerstag bis Samstag von 17 bis 21 Uhr)
Wiener Phonomuseum, 6, Mollardgasse 8, Tel. 310 44 56
(Mittwoch von 18 bis 20 Uhr, Sonntag von 10 bis 12 Uhr)
Wiener Planungswerkstatt, 8, Friedrich-Schmidt-Platz 9,
Tel. 40 00 . . ., 88818
(Montag bis Freitag von 9 bis 16 Uhr,
Donnerstag von 9 bis 19 Uhr)
Wiener Porzellanmuseum (Schloß Augarten),
2, Obere Augartenstraße 1, Tel. 211 24. . .0
(Montag bis Freitag von 9.30 bis 18 Uhr,
Samstag von 9.30 bis 12 Uhr)
Wiener Schnapsmuseum (Wiener Likörfabrik Friedrich Fischer),
12, Wilhelmstraße 19, Tel. 813 51 47, 815 73 00
(täglich von 9 bis 19 Uhr gegen Voranmeldung)
Wiener Stadthalle, 15, Vogelweidplatz 14,
Tel. 981 00 . . . 0
(gegen vorherige Anmeldung)
Wiener Straßenbahnmuseum, 3, Erdbergstraße 109,
Tel. 79 09 . . ., 44900
(4. Mai bis 6. Oktober Samstag, Sonn- und Feiertag von 9 bis 16 Uhr)
Wiener Teddybären-Museum, 1, Drahtgasse 3,
Tel. 533 47 55
(täglich von 10 bis 18 Uhr)
Wiener Ziegelmuseum, 14, Penzinger Straße 59,
Tel. 941 61 24
(jeden ersten und dritten Sonntag im Monat von 10 bis 12 Uhr)
Wildbach-Modellsammlung, 19, Peter-Jordan-Straße 82/1,
Tel. 470 95 61
(während der Öffnungszeiten der Universität für Bodenkultur)
Wirtschaftsmuseum → Österreichisches Gesellschafts- und Wirtschaftsmuseum
Wotruba-Erinnerungsraum → Österreichisches TheaterMuseum
WUK – Verein zur Schaffung offener Kultur- und Werkstättenhäuser, 9, Währinger Straße 59,
Tel. 401 21 . . . 0
Zahnheilkunde → Museum der Universitätsklinik für Zahn-, Mund- und Kieferheilkunde
Zeitschriftensaal → Österreichische Nationalbibliothek
Zentralfriedhof, 11, Simmeringer Hauptstraße 234,
Tel. 760 41 . . . 0
Ehrengräber
(Jänner, Februar, November, Dezember von 8 bis 17 Uhr,
März, April, September, Oktober von 7 bis 18 Uhr,
Mai bis August von 7 bis 19 Uhr)
Dr.-Karl-Lueger-Kirche
(jeden ersten Sonntag im Monat)
Ziegelmuseum → Wiener Ziegelmuseum
Ziehrer-Erinnerungsraum → Österreichisches Theater-Museum
Zoom Kindermuseum im Museumsquartier,
7, Museumsplatz 1, Tel. 522 67 48
(Montag bis Freitag von 8.30 bis 13 Uhr und von 14 bis 17 Uhr, Samstag, Sonn- und Feiertag von 10 bis 17 Uhr)
Zweirad-Museum → Ottakringer Zweirad-Museum

GALERIEN, WEITERE AUSSTELLUNGSRÄUME USW.

AAI Karl Strobl, 9, Schwarzspanierstraße 15
Accept, 7, Stiftgasse 15-17
AD-Art, 7, Spittelberggasse 11
Adolf-Czettel-Bildungszentrum, 4, Theresianumgasse 16-18
Afro-Asiatisches Institut, 9, Schwarzspanierstraße 15
A-H, 4, Margaretenstraße 2-4
AKH, 9, Währinger Gürtel 18-20
Aktien, 3, Neulinggasse 11
Albertina, 1, Augustinerstraße 1
Albertina (bei der), 1, Lobkowitzplatz 1
Alpenmilchzentrale (ehem.), 4, Weyringergasse 36
Alpha, 1, Stubenbastei 12-14
Alte Kunst/Neue Kunst, 4, Prinz-Eugen-Straße 34
Alte Schmiede, 1, Schönlaterngasse 7a
Altes AKH, 9, Alser Straße 4
Altstadt, 1, Fleischmarkt 7
Altwiener Salettl-Pavillon, 19, Hartäckerstraße 80
Ambiente, 1, Lugeck 1
Amerika-Haus, 1, Friedrich-Schmidt-Platz 2
Antiquariat, 1, Dorotheergasse 13
Architekten und Ingenieure,
3, Landstraßer Hauptstraße 97-101
Architektur Zentrum Wien, 7, Burggasse 1
Arenbergpark (beim), 3, Dapontegasse 7

Argo, 3, Reisnerstraße 32
Ariadne, 1, Bäckerstraße 6
Ars Para § Graphica, 9, Ferstelgasse 1
Art & Decor, 17, Lacknergasse 59
Artefakt, 12, Tivoligasse 67
Arterie, 8, Florianigasse 47–49
Artforum, 8, Lerchenfelder Straße 158
Artothek, 1, Schönlaterngasse 7a
Art + Print, 7, Andreasgasse 9
Arthur-Schnitzler-Geburtshaus, 2, Praterstraße 16
Asboth, 1, Spiegelgasse 19
Aspern (in), 22, Aspern, Zachgasse 18
Atelier 3 A, 4, Mittersteig 3a
Atelier 96, 12, Arndtstraße 96
Atelier beim Ambrosi-Museum, 2, Scherzergasse 1 A
Atelier Christine, 13, Speisinger Straße 81
Atelier HS, 7, Spittelberggasse 15
Atelier MS 10, 7, Gutenberggasse 10
Atelier Wesecky, 5, Krongasse 10
ATP, 3, Landstraßer Hauptstraße 97–101
Atrium e Arte, 7, Lerchenfelder Straße 31
Ausstellungsraum, 2, Obermüllnerstraße 5
Austria, 1, Liliengasse 2
Austrotel, 15, Felberstraße 4
Bank Austria AG, Kassenhalle, 3, Vordere Zollamtsstraße 13 (fallweise Ausstellungen in den Zweigstellen)
BAWAG Fondation, 1, Tuchlauben 7 (fallweise Ausstellungen in den Zweigstellen)
Beko, 3, Weißgerber Lände 38
Bel Etage antiqua, 1, Mahlerstraße 15
Belvedere (beim), 4, Weyringergasse 28
Bienenstein, 1, Franziskanerplatz 3, und 1, Weihburggasse 4
Bildungshaus Lainz, 13, Lainzer Straße 138
Bischof, 1, Judenplatz 6
Bricks and Kicks, 3, Apostelgasse 25–27
Brodil & Gruber, 7, Burggasse 100
Bücher & Kunst, 7, Lerchenfelder Straße 9–11
Bulgarisches Kulturinstitut, 3, Parkgasse 18
Bundesministerium für Finanzen, Prunkräume, 1, Himmelpfortgasse 8
Burgtheater (beim), 1, Teinfaltstraße 3
Café Schwarzenberg, 1, Kärntner Ring 17
CA-Galerie im TZ, 9, Julius-Tandler-Platz 3
Carinthia, 1, Spiegelgasse 8
Carpe Diem, 8, Pfeilgasse 51
CB, 1, Tuchlauben 17
Cejnar, 7, Siebensterngasse 25
Cen am Kohlmarkt, 1, Kohlmarkt 7
Ceramic Arts, 9, Nußdorfer Straße 53
Chica, 3, Posthorngasse 6
Chine Antiques, 1, Tiefer Graben 7
Chobot, 1, Domgasse 6
Christie's Kohlmarkt, 1, Kohlmarkt 4
Collegium Hungaricum, 2, Hollandstraße 4
Comes, 1, Sonnenfelsgasse 15
Contact, 1, Singerstraße 17/Grünangergasse 5
Corso, 1, Akademiestraße 2b
Cosmos, 1, Salzgries 1
Crafts, 1, Strauchgasse 2
Creative Galerie & Freecart, 18, Theresiengasse 47
Creditanstalt Bankverein, Kassensaal, 1, Schottengasse 6–8 (fallweise Ausstellungen in den Zweigstellen)
CTR, 7, Neubaugasse 76
Cult, 7, Bandgasse 19
Curtze, 1, Seilerstätte 15
D'Arte Contemporanea, 6, Linke Wienzeile 88
Die Erste, 1, Kärntner Straße 45
Donauraum, 2, Novaragasse 26
Dorotheer, 1, Dorotheergasse 6–8
Dorotheum, 1, Dorotheergasse 17
Dr. Breitsching, 8, Lange Gasse 63
D & S, 1, Dorotheergasse 13
Echoraum, 15, Sechshauser Straße 66
Ega, 6, Windmühlgasse 26
Eisenhof, 5, Margaretenstraße 70
Entzmann & Sohn, 1, Seilerstätte 21
Erste Hobby-Kunst, 3, Steingasse 5
Erste-Museum, 18, Sternwartestraße 1
es brennt, 1, Freisingergasse 1, und 6, Gumpendorfer Straße 17
Escalero, 16, Ottakringer Straße 151
Ethno, 1, Salzgries 8/Gölsdorfgasse 2
EWA, 12, Ratschkygasse 3
Ewerbeck, 7, Zieglergasse 75/24
Faber, 1, Seilerstätte 19
Facincani, 17, Hernalser Gürtel 41
Feichtner & Mizrahi, 1, Jakobergasse 4
Ferge Fine Arts, 9, Nordbergstraße 6
Flutlicht, 9, Harmoniegasse 2
Fotogalerie Wien, 9, Währinger Straße 59
Französisches Kulturinstitut, 9, Währinger Straße 30–32
Fuchskopf, 5, Schönbrunner Straße 109
GA-VI-KU, 7, Zieglergasse 36
Gabriel, 1, Seilerstätte 19
Galerie 3, 2, Schwarzingergasse 8
Galerie 4–44, 4, Favoritenstraße 44
Galerie 7/45, 1, Wildpretmarkt 2
Galerie 10, 1, Getreidemarkt 10
Galerie 13, 13, Wattmanngasse 33
Galerie 16, 16, Ottakringer Straße 107
Galerie 19, 19, Pfarrwiesengasse 11
Galerie 22, 9, Liechtensteinstraße 22a
Galerie 29, 9, Roßauer Lände 29
Galerie 33, 7, Burggasse 88
Gebietsbetreuung Inner-Favoriten, 10, Quellenstraße 149
Gebietsbetreuung Margareten, 5, Einsiedlerplatz 7
Generali-Foundation, 1, Bauernmarkt 12/3, und 4, Wiedner Hauptstraße 15
Gerersdorfer, 9, Währinger Straße 12
Geriatriezentrum am Wienerwald, 13, Jagdschloßgasse 59
Gersthof, 18, Gersthofer Straße 166
Gesellschaft der Musikfreunde, 1, Bösendorferstraße 12
Gesellschaft für Musiktheater, 9, Türkenstraße 19
Geyling, 5, Am Hundsturm 18/3
Giese & Schweiger, 1, Akademiestraße 1
G & N, 23, Mauer, Schloßgartenstraße 14
Giovanni Cendese, 1, Landskrongasse 1–3
Gras, 1, Grünangergasse 6
Grill, 1, Grünangergasse 8
Hartmann, 1, Schultergasse 4
Haslinger im Arik-Brauer-Haus, 6, Gumpendorfer Straße 134–136
Hassfurther, 1, Hohenstaufengasse 7
Haus der Möglichkeiten, 19, Grinzinger Straße 86
Haus Korotan, 8, Albertgasse 48
Haus Wittgenstein, 3, Parkgasse 18
Heeresspital (im), 21, Brünner Straße 238
Heiligenkreuzerhof (im), 1, Grashofgasse 3
Hellmer, 1, Seilerstätte 13
Herbert Lederers Theater am Schwedenplatz, 1, Franz-Josefs-Kai 21
Hieke, 1, Grünangergasse 12
Hilger, 1, Dorotheergasse 5
Hilger in der Klavierfabrik, 15, Löhrgasse 9
Hochschule für angewandte Kunst, 1, Grashofgasse 3
Hofburg, 1, Michaelertrakt, Batthyanystiege 22
Hofstätter, 1, Bräunerstraße 7
Holzer, 7, Spittelberggasse 1
Hotel Bristol, 1, Kärntner Ring 1
Hotel Hilton, 3, Am Stadtpark
Hotel Vienna Plaza, 1, Schottenring 11
Hummel, 1, Bäckerstraße 14

Image, 1, Ruprechtsplatz 4–5
Im Grünen, 11, Simmeringer Hauptstraße 283
Infeld, 5, Diehlgasse 25
Ingenieurkammer, 4, Karlsgasse 9
Insam, 1, Köllnerhofgasse 6
Internationale Rumänische Kunst, 4, Margaretenstraße 48
Italienisches Kulturinstitut, 3, Ungargasse 43
Jänner, 1, Wiesingerstraße 3/14
Josefshof (im), 8, Josefsgasse 4–6
Josefstadt, 8, Laudongasse 20
Junge Kunstwerkstatt, 7, Zollergasse 6
Kaiser, 1, Am Gestade 5
Kalb, 1, Bäckerstraße 3
Kanon, 7, Lindengasse 8
Karenina, 1, Opernring 21
Katakombenkeller, 1, Weihburggasse 22
Katholische Hochschulgemeinde, 1, Ebendorferstraße 8
Kaunitz, 6, Magdalenenstraße 8
K. a. V. Danubia, 1, Rathausstraße 13
Keramikgalerie, 9, Berggasse 29
Kies, 3, Reisnerstraße 35
Kinder LiteraturHaus, 4, Mayerhofgasse 6
Kleine Galerie, 3, Kundmanngasse 30
Klocker, 7, Schottenfeldgasse 65/13
Klute, 1, Franziskanerplatz 6
Knoll, 6, Esterházygasse 29
Kokorian, 1, Spiegelgasse 19
König & Lettner, 1, Wipplingerstraße 29/3
Kosian, 7, Stiftgasse 11
Kosicek, 1, Dominikanerbastei 22
Kovacek, 1, Stallburggasse 2, und 1, Spiegelgasse 12
Krankenhaus Lainz, 13, Wolkersbergenstraße 1
Krinzinger, 1, Seilerstätte 16
Kulturverband Favoriten, 10, Favoritenstraße 118
Kulturverein Mölkerstiege (Tostmann), 1, Schottengasse 29
Kunst & Raum, 7, Hermanngasse 30/1/1
Kunst im Keller, 15, Chrobakgasse 1
KunstBüro Wien, 1, Bauernmarkt 9
Kunstdepot, 1, Himmelpfortgasse 10
Kunstforum Bank Austria, 1, Freyung 8
KunstGang, 1, Börsegasse 18
Kunsthalle Exnergasse, 9, Währinger Straße 59
Kunsthalle wien, 4, Treitlstraße 2
KunstHaus Wien, 3, Untere Weißgerberstraße 13
Kunstkanzlei, 1, Riemergasse 14
Künstlerhaus, Hausgalerie, Passage-Galerie, 1, Karlsplatz 5, *Kino-Galerie,* 1, Akademiestraße 13
Kunst-Raum, 3, Ungargasse 27
Kunstraum – Dr. David, 13, Jagdschloßgasse 6
Kunstraum Wien, 7, Messeplatz 1
Kunststudenten, 8, Lange Gasse 28
Kunstverein Wien, 1, Seitenstettengasse 4
La Colombie, 8, Laudongasse 57
Lang, 1, Seilerstätte 16
L'Atelier, 1, Lobkowitzplatz 1
LaWie, 3, Landstraßer Hauptstraße 96
Lehár, 6, Lehárgasse 3/6
Lichtenthal (im), 9, Salzergasse 19
Lindner, 6, Schmalzhofgasse 13
Literaturhaus, 7, Zieglergasse 26A
Lobmeyr, 1, Kärntner Straße 26
Loos-Haus, 1, Michaelerplatz 3
Lotus, 1, Naglergasse 29
Maegle, 1, Freyung 1
MAK – Österreichisches Museum für angewandte Kunst, 1, Stubenring 5
Mana, 7, Stuckgasse 4
Management Club, 1, Kärntner Straße 8
Mario Soldo Enterprises, 1, Wollzeile 17
Markl, 19, Sommergasse 3
Marschalek, 3, Münzgasse 1
Maurer Schlössl, 23, Mauer, Endresstraße 100
MC, 1, Gonzagagasse 5
Media/Institut Française de Vienne, 9, Liechtensteinstraße 37
Menachem Elias Foundation, 9, Währinger Straße 6–8
M & I, 1, Biberstraße 11
M & SS, 7, Lindengasse 61
Metropol, 1, Dorotheergasse 12
Midas, 7, Schottenfeldgasse 92
Mitte, 1, Kohlmarkt 4
Möbelgalerie, 1, Jasomirgottstraße 5
Modena Art, 3, Neulinggasse 25
Moderne Kunst, 13, Auhofstraße 43
Mölkersteig, 1, Mölkersteig 5
Momoko, 1, Rabensteig 3
Momotaro, 1, Kleeblattgasse 13
Museum moderner Kunst im Palais Liechtenstein, 9, Fürstengasse 1
Museum moderner Kunst/Museum des 20. Jahrhunderts, 3, Schweizer Garten
Museumsquartier, 7, Messeplatz 1
Nebehay, 1, Annagasse 18
Nestroyhof, 2, Nestroyplatz 1/10
Neue Galerie, 1, Rotenturmstraße 27
Neues Atelier, 5, Siebenbrunnengasse 37
ÖBV, 1, Grillparzerstraße 14
Officina-Art-Gallery, 1, Krugerstraße 18
Ohrfandl, 3, Dapontegasse 7
Opernring (am), 1, Opernring 17
Orth-Blau, 1, Krugerstraße 17
Ortner, 5, Wiedner Hauptstraße 144
Österreichische Galerie im Oberen Belvedere, 3, Prinz-Eugen-Straße 27
Österreichisches Staatsarchiv, 3, Nottendorfergasse 2
Österreichisches Tabakmuseum, 7, Mariahilfer Straße 2
Ottakringer Brauerei, 16, Ottakringer Straße 91
Otto, 1, Lobkowitzplatz 1, 1, Seilergasse 2, 2, Taborstraße 33, 3, Landstraßer Hauptstraße 81, 7, Mariahilfer Straße 24, 10, Favoritenstraße 99, 12, Meidlinger Hauptstraße 49, 13, Hietzinger Hauptstraße 22, 15, Märzstraße 64, 21, Floridsdorfer Hauptstraße 14
Otto-Wagner-Haltestelle Karlsplatz, 4, Karlsplatz
Otto-Wagner-Hofpavillon, 13, Schönbrunner Schloßstraße
Otto Winds GesmbH, 3, Franzosengraben 11
Pabst, 1, Habsburgergasse 10
Pakesch, 1, Ballgasse 6
Palais Auersperg, Orangerie und Park, 8, Trautsongasse 1
Palais Harrach, 1, Freyung 3
Palais Palffy, 1, Josefsplatz 6
Palais Salm, 3, Salmgasse 2
Pannonia, 1, Marc-Aurel-Straße 2b
Paracelsus Klinik Grinzinger Berg, 19, Ettinghausengasse 10
Parete, 1, Tuchlauben 14
Pass Partout, 6, Hofmühlgasse 14
Peithner-Lichtenfels, 4, Preßgasse 30
Peterskirche, 1, Petersplatz 6
Philips Galerie, 10, Triester Straße 64
Plank, 7, Kirchengasse 13
Polnisches Institut, 1, Am Gestade 7
Portfolio Kunst AG, 19, Muthgasse 109
Pramergasse 6, 9, Pramergasse 6
Praterstraße 38, 2, Praterstraße 38
Pressehaus, 19, Muthgasse 2
Prinzhorn, 4, Theresianumgasse 33
Prisma, 1, Franziskanerplatz 1
Pro Arte, 1, Habsburgergasse 3
P.S.K., 1, Georg-Coch-Platz 2
R. u. R. arts, 6, Windmühlgasse 16
Rabenhof, 3, Rabengasse 3
Rabensteig (am), 1, Rabensteig 3
Radetzky, 1, Seilergasse 16

Rahmen-Bilder, 8, Lange Gasse 70
Raiffeisenbank, 4, Schwarzenbergplatz 11, und 7, Mariahilfer Straße 88a
Raiffeisen-Zentralbank, 3, Am Stadtpark 9
Rathaus
Arkadengalerie
Laska's Gang Galerie
Schmidt-Halle, 1, Friedrich-Schmidt-Platz
Volkshalle, 1, Rathausplatz
Wiener Stadt- und Landesarchiv
Wiener Stadt- und Landesbibliothek
Rauhenstein, 1, Rauhensteingasse 3
Raum I, 7, Siebensterngasse 9
Raum 1/9, 1, Herrengasse 19
Raum aktueller Kunst, 2, Praterstraße 13/2/10
Reiffenstein, 7, Spittelberggasse 28
Reisch, 1, Bräunerstraße 10
Remise, 2, Engerthstraße/Walcherstraße
Renaissancesaal, 7, St.-Ulrichs-Platz 4
Rennweg (am), 3, Rennweg 11–13
Robol, 13, Trauttmannsdorffgasse 50
Rondula, 1, Jasomirgottstraße 6
4 Rooms, 8, Krotenthallergasse 8
Ruberl, 1, Himmelpfortgasse 11
Salettl, 17, Carl-Reichert-Gasse 12
Salzgries (am), 1, Salzgries 19
Samek, 17, Jörgerstraße 36
Sammler, 5, Vogelsanggasse 36
Schauplatz zeitgenössischer Kunst, 3, Seidlgasse 1
Schillerplatz, 1, Makartgasse 1
Schloß Concordia, 11, Simmeringer Hauptstraße 283
Schloß Hetzendorf, 12, Hetzendorfer Straße 79
Schmetterlingshaus, 13, Schönbrunn
Schönbrunn (Galerie), 5, Schönbrunner Straße 79
Schorm, 1, Tuchlauben 17
Secession, 1, Friedrichstraße 12
Seghaier, 2, Glockengasse 9
Sehsaal, 6, Luftbadgasse 13
Serafin, 8, Florianigasse 9
Sigma, 2, Castellezgasse 2
Sigma Art Office, 1, Herrengasse 6-8
Slavik, 1, Himmelpfortgasse 17
Sonnenfels, 1, Sonnenfelsgasse 11
Sotheby's Kunstauktion, 1, Singerstraße 16
Sovangard Art, 1, Stoß im Himmel 3
Spanisches Kulturinstitut, 4, Goldeggasse 7
Spittelberg Passage, 7, Spittelberg
Springer-Schlössel, 12, Tivoligasse 73
Squire, 1, Spiegelgasse 4
St. Lukas, 1, Josefsplatz 5
St. Michael, 1, Kohlmarkt 11
St. Raphael, 4, Wiedner Hauptstraße 46
St. Stephan (nächst), 1, Grünangergasse 1
St. Ulrich, 7, Neustiftgasse 27
Staatsoper, 1, Kärntner Straße
Stallburg, 1, Stallburggasse 4
Stalzer, 6, Barnabitengasse 6
Star-Kino, 7, Burggasse 119
station 3, 7, Mariahilfer Straße 82
Stauraum, 7, Mondscheingasse 9
Steineck, 1, Himmelpfortgasse 22, und 9, Pramergasse 6
Strommer, 4, Waaggasse 5
Strudlhof, 9, Liechtensteinstraße 39
Stubenbastei, 1, Postgasse 11
Stubenring 22, 1, Stubenring 22
Stubentor (am), 1, Zedlitzgasse 3
Studio Molière, 9, Liechtensteinstraße 37
Studiogalerie, 19, Hardtgasse 7
Suppan, 1, Dr.-Ignaz-Seipel-Platz 1
Sur Terrain, 4, Sankt-Elisabeth-Platz 7
Szymanski, 7, Neustiftgasse 31
Theater Brett, 6, Münzwardeingasse 2
Theatergalerie Hartl, 8, Josefstädter Straße 32
Theater m. b. H., 7, Zieglergasse 25
Theseustempel, 1, Volksgarten
Theuretzbacher, 6, Mariahilfer Straße 51
Tiller, 13, Auhofstraße 43
Trabant (im), 4, Schleifmühlgasse 13
Tropicana, 16, Wattgasse 43
Ulysses, 1, Opernring 21
Un'Art, 7, Gutenberggasse 18
United Art, 2, Leopoldsgasse 9
Vienna Point, 6, Sandwirtgasse 11
Viktoria Ken, 3, Lothringerstraße 24
Villa Aurora, 16, Wilhelminenstraße 237
Violetta, 14, Linzer Straße 474
Virgilkapelle, 1, Stephansplatz, U-Bahn-Station
V & V, 1, Bauernmarkt 19
Wagesreiter, 1, Führichgasse 4
Walfischgasse, 1, Walfischgasse 12
Wasserturm Wienerberg, 10, Windtenstraße 3
Weinkeller (am), 21, Clessgasse 82
Wickenburg, 8, Wickenburggasse 4
Wiener Börse, 1, Börseplatz 2
Wiener Planungswerkstatt, 8, Friedrich-Schmidt-Platz 9
Wiener Porzellanmanufaktur Augarten, 2, Obere Augartenstraße 1
Wie – neu, 10, Quellenstraße 144
Winter, 1, Sonnenfelsgasse 8/Bäckerstraße 7
Wirtschaftskammer, 1, Herrengasse 10
Wohlleb, 3, Geusaugasse 9
Wolfrum, 1, Augustinerstraße 10
WUK, 9, Währinger Straße 59
Würthle, 1, Weihburggasse 9
X – ist, 15, Sechshauser Straße 36-38
Zacke, 1, Schulerstraße 15
Zentrum, 1, Schottengasse 9
Zumtobel, 1, Wiesingerstraße 3/6

ARCHIVE, BIBLIOTHEKEN

Agrarisches Informationszentrum, Pressedienst, 1, Bankgasse 1–3, Tel. 533 18 43 (Montag bis Freitag von 9 bis 16 Uhr)
Akademie der bildenden Künste
Archiv, 7, Döblergasse 4, Tel. 523 22 33 (Montag bis Freitag von 9 bis 12 Uhr)
Bibliothek, 1, Schillerplatz 3, Tel. 588 16 . . ., 166 (Montag, Mittwoch, Freitag von 9 bis 16 Uhr, Dienstag, Donnerstag von 9 bis 18 Uhr)
Aktion Film Österreich, 7, Neubaugasse 25, Tel. 523 24 37 . . ., 21 (Montag bis Freitag von 8 bis 16 Uhr)
Albertina, Bibliothek, 1, Augustinerstraße 1, Tel. 534 83 . . ., 40

(Montag bis Donnerstag von 13 bis 16 Uhr)
Alcatel Austria AG, 21, Scheydgasse 41, Tel. 38 00 . . ., 2878
(Montag bis Freitag von 8 bis 15 Uhr)
Allgemeine Unfallversicherungsanstalt in Wien, Zentralbibliothek, 20, Adalbert-Stifter-Straße 65, Tel. 331 11 . . ., 723
(Montag bis Freitag von 8 bis 15 Uhr)
Amerika-Haus, Bibliothek, 1, Friedrich-Schmidt-Platz 2, Tel. 405 30 33
(Montag bis Freitag von 13 bis 18 Uhr)
Amnesty International, 4, Wiedner Gürtel 12/7, Tel. 505 43 20 . . ., 14
(Montag bis Donnerstag von 9 bis 17 Uhr, Freitag von 9 bis 15.30 Uhr)
Arbeitsgemeinschaft für Sport und Körperkultur in Österreich – ASKÖ, 23, Atzgersdorf, Steinergasse 12, Tel. 869 32 45 . . ., 21
(Montag bis Donnerstag von 8 bis 12.30 Uhr und von 13 bis 17 Uhr, Freitag von 8 bis 12.30 Uhr)
Arbeitsmarktservice Wien, Bibliothek, 1, Weihburggasse 30, Tel. 515 25 . . ., 295
(Montag bis Freitag von 7.30 bis 15 Uhr)
Architektur Archiv Austria, 1, Museumsplatz 1, Tel. 522 31 15
Artothek, 1, Schönlaterngasse 7a, Tel. 512 94 76
(Montag bis Freitag von 12 bis 18 Uhr)
Atheroskleroseforschungsgruppe Wien, 9, Nadlergasse 1/2/11, Tel. 408 26 33
(nach Vereinbarung)
Atominstitut der österreichischen Universitäten, 2, Schüttelstraße 115, Tel. 217 01 . . ., 270
(nach Vereinbarung)
Austria Tabakwerke AG, Fachbibliothek, 9, Porzellangasse 51, Tel. 313 42 . . ., 219
(Montag bis Freitag von 9 bis 11 Uhr)
Behördlich autorisierte Versuchsanstalt für Gas- und Feuerungstechnik der Wiener Stadtwerke – Gaswerke, 11, Eyzinggasse 12, Tel. 740 31 . . ., 610
(öffentlich nicht zugänglich)
Benediktinerabtei Unserer Lieben Frau zu den Schotten, Bibliothek, 1, Freyung 6, Tel. 534 98 . . . 0
(bedingt zugänglich)
Berufspädagogische Akademie des Bundes in Wien, Studienbibliothek, 10, Grenzackerstraße 18, Tel. 601 18 . . .0
(Montag von 8 bis 17.45 Uhr, Dienstag von 8 bis 18 Uhr, Mittwoch von 8 bis 16 Uhr, Donnerstag von 8 bis 17.15 Uhr, Freitag von 8 bis 15 Uhr)
Bestattungsmuseum, 4, Goldeggasse 19, Tel. 501 95 . . ., 4227
(Montag bis Freitag von 12 bis 15 Uhr)
Bibliotheks- und Medienzentrum für Kinder- und Jugendliteratur, 4, Mayerhofgasse 6, Tel. 505 17 54 . . ., 34
(Montag bis Donnerstag von 9 bis 17 Uhr, Freitag von 9 bis 12 Uhr)
Bildungshaus Neuwaldegg, 17, Waldegghofgasse 5, Tel. 485 36 05 . . ., 119
(Montag bis Freitag von 9 bis 16 Uhr)
British Council Library, 1, Schenkenstraße 4, Tel. 533 26 16 . . ., 80
(Montag von 11 bis 19 Uhr, Dienstag bis Donnerstag von 11 bis 18 Uhr, Freitag von 11 bis 16 Uhr)
Bruno-Kreisky-Forum für internationalen Dialog, 19, Armbrustergasse 15, Tel. 318 82 60
(Montag, Dienstag von 9 bis 13 Uhr, Mittwoch, Donnerstag von 13 bis 17 Uhr)
Bulgarisches Forschungsinstitut in Österreich, 3, Parkgasse 18, Tel. 713 74 95
(Montag bis Freitag von 9 bis 12 Uhr und von 15 bis 17 Uhr)
Bundesamt für Eich- und Vermessungswesen
Archiv und Bibliothek, 8, Krotenthallergasse 3, Tel. 401 46 . . ., 265
(Montag bis Freitag von 9 bis 12 Uhr)
Bibliothek, 2, Schiffamtsgasse 1–3, Tel. 211 76 . . ., 2100
(Montag, Mittwoch, Donnerstag von 9 bis 11.30 Uhr und von 13 bis 15 Uhr)
Bibliothek der Gruppe Eichwesen, 16, Arltgasse 35, Tel. 491 10 . . ., 308
(Montag bis Freitag von 8 bis 12 Uhr)
Bundesamt für Zivilluftfahrt, Amtsbibliothek, 3, Schnirchgasse 11, Tel. 78 05 . . ., 8025
(öffentlich nicht zugänglich)
Bundesanstalt für Agrarwirtschaft, Bibliothek, 13, Schweizertalstraße 36, Tel. 877 36 51 . . ., 47
(Montag bis Freitag von 8 bis 11.30 Uhr und von 13 bis 15 Uhr)
Bundesanstalt für Bodenbewirtschaftung, 20, Denisgasse 31–33, Tel. 331 03 . . ., 220
(nach Vereinbarung)
Bundesanstalt für chemische und pharmazeutische Untersuchungen, 9, Zimmermanngasse 3, Tel. 404 92 . . ., 434
(öffentlich nicht zugänglich)
Bundesanstalt für Lebensmitteluntersuchung und -forschung, 9, Kinderspitalgasse 15, Tel. 404 91 . . ., 541
(Montag bis Freitag von 7.30 bis 15.30 Uhr)
Bundesanstalt für Pflanzenbau in Wien, Bibliothek, 2, Alliiertenstraße 1, Tel. 211 13 . . ., 201
(öffentlich nicht zugänglich)
Bundesanstalt für Pflanzenschutz, Bibliothek, 2, Trunnerstraße 5, Tel. 214 15 11 . . ., 267
(Montag bis Freitag von 7 bis 15 Uhr)
Bundesanstalt für Wasserbauversuche und hydrometrische Prüfung in Wien, Bibliothek, 9, Severingasse 7, Tel. 402 68 02 . . . 0
(Montag bis Freitag von 8 bis 16 Uhr)
Bundes-Blindenerziehungsinstitut, Leihbücherei, 2, Wittelsbachstraße 5, Tel. 218 04 83 . . ., 37
(Dienstag, Donnerstag von 8 bis 15 Uhr)
Bundesdenkmalamt
Bibliothek, 1, Hofburg, Säulenstiege, Tel. 534 15 . . ., 114
(öffentlich nicht zugänglich)
Denkmalforschung, 1, Hofburg, Säulenstiege, Tel. 534 15 . . ., 114
(Montag bis Freitag von 9 bis 12 Uhr und von 14 bis 16 Uhr)
Dokumentation und Internationaler Schutz von Kulturgut, 1, Hofburg, Säulenstiege, Tel. 534 15 . . ., 142
(Montag bis Donnerstag von 8 bis 16.30 Uhr, Freitag von 8 bis 14 Uhr)
Restaurierung und Konservierung von Denkmälern, 3, Arsenal, Objekt 15, Tel. 798 21 46
(nach Vereinbarung)
Bundesgärten in Wien, 13, Schloß Schönbrunn, Tel. 877 50 87
(öffentlich nicht zugänglich)
Bundesinstitut für Gehörlosenbildung, Bibliothek, 13, Maygasse 25, Tel. 804 63 64
(Montag bis Freitag von 8 bis 13 Uhr)
Bundeskanzleramt, Europa-Dokumentation, 1, Schenkenstraße 4a, Tel. 531 15 . . ., 2646
(Montag bis Freitag von 9 bis 15 Uhr)
Bundesministerium für Arbeit, Gesundheit und Soziales, Ministerialbibliothek, 1, Stubenring 1, Tel. 711 00 . . . 0
(Montag bis Freitag von 8 bis 16 Uhr)
Bundesministerium für auswärtige Angelegenheiten, Bibliothek, 4, Favoritenstraße 15, Tel. 505 28 68 . . ., 3573
(Montag bis Donnerstag von 9 bis 19 Uhr, Freitag von 9 bis 17 Uhr)
Bundesministerium für Finanzen, Bibliothek, 1, Himmelpfortgasse 4–8, Tel. 514 33 . . ., 1247
(Montag bis Freitag von 8 bis 16 Uhr)
Bundesministerium für Inneres
Ministerialbibliothek, 1, Herrengasse 7, Tel. 531 26 . . ., 2349
(Montag bis Freitag von 8 bis 16 Uhr)

Kriminaltechnische Zentralstelle, 9, Roßauer Lände 1, Tel. 313 45 . . ., 8604
(öffentlich nicht zugänglich)
Öffentliches Denkmal und Museum Mauthausen, Archiv, 1, Herrengasse 7, Tel. 531 26 . . ., 2074
(Montag bis Freitag von 9 bis 15 Uhr)

Bundesministerium für Justiz, Amtsbibliothek, 7, Museumstraße 7, Tel. 521 52 . . ., 104
(Montag bis Freitag von 8 bis 16 Uhr)

Bundesministerium für Landesverteidigung
Ministerialbibliothek, 7, Stiftgasse 2a, Tel. 521 61 . . ., 5116
(öffentlich nicht zugänglich)
Heeresbild- und Funkinformationsstelle, 7, Stiftgasse 2a, Tel. 521 61 . . ., 4201
(Montag bis Freitag von 9 bis 14 Uhr)

Bundesministerium für Land- und Forstwirtschaft
Amtsbibliothek, 1, Stubenring 1, Tel. 711 00 . . ., 6613
(Montag bis Donnerstag von 7 bis 12 Uhr und von 13 bis 16 Uhr, Freitag von 7 bis 13 Uhr)
Präsidium, 1, Stubenring 1, Tel. 711 00 . . ., 6903
(Montag bis Freitag von 8 bis 16 Uhr)
Wasserwirtschaftskataster, Wasserwirtschaftliche Fachdokumentation, 1, Stubenring 1, Tel. 515 10 . . ., 382
(nach Vereinbarung)

Bundesministerium für Unterricht und kulturelle Angelegenheiten
Fachbibliothek für Erwachsenenbildung, 7, Mentergasse 11, Tel. 526 20 91 . . ., 24
(Montag bis Freitag von 9 bis 15 Uhr)
Medienzentrum, 15, Plunkergasse 3–5, Tel. 531 20 . . ., 40
(Montag bis Freitag von 8 bis 12 Uhr und von 13 bis 15 Uhr)

Bundesministerium für Unterricht und kulturelle Angelegenheiten/Bundesministerium für Wissenschaft und Verkehr, Amtsbibliothek,
1, Minoritenplatz 5, Tel. 531 20 . . ., 4302
(Montag bis Freitag von 9 bis 15 Uhr)

Bundesministerium für wirtschaftliche Angelegenheiten
Zentrale Verwaltungsbibliothek, 1, Stubenring 1, Tel. 711 00 . . ., 5483
(Montag bis Freitag von 8 bis 16 Uhr)
Wohnbaudokumentationsstelle, 1, Stubenring 1, Tel. 711 00 . . ., 5961
(Montag bis Freitag von 8 bis 14 Uhr)

Bundesministerium für Wissenschaft und Verkehr
Bibliothek, 3, Radetzkystraße 2, Tel. 711 62 . . ., 9258
(Montag, Mittwoch, Donnerstag von 8.30 bis 14.30 Uhr)
Generaldirektion für die Post- und Telegraphenverwaltung, 1, Postgasse 8, Tel. 515 51 . . ., 5312
(Montag bis Freitag von 9 bis 15 Uhr)

Bundesmobilienverwaltung, 7, Mariahilfer Straße 88, Tel. 523 42 40 . . . 0
(nach Vereinbarung)

Bundespolizeidirektion Wien, Amtsbibliothek und Archiv, 1, Schottenring 7-9, Tel. 313 10 . . ., 7417
(Montag bis Freitag von 7.30 bis 15.30 Uhr)

Bundesstaatliche Anstalt für experimentell pharmakologische und balneologische Untersuchungen, 9, Währinger Straße 13a, Tel. 404 80 . . ., 282
(öffentlich nicht zugänglich)

Bundesstaatliche bakteriologisch-serologische Untersuchungsanstalt in Wien, 9, Währinger Straße 25a, Tel. 405 15 57 . . . 0
(öffentlich nicht zugänglich)

Bundesstaatliches Serumprüfungsinstitut, 16, Possingergasse 38, Tel. 492 00 70 . . ., 18
(Montag bis Freitag von 9 bis 15 Uhr)

Bundesversuchs- und Forschungsanstalt Arsenal, 3, Faradaygasse 3, Tel. 797 47 . . ., 509
(Montag bis Freitag von 7 bis 15 Uhr)

Collegium Hungaricum, 2, Hollandstraße 4, Tel. 214 05 81
(Dienstag bis Freitag von 15 bis 19 Uhr)

Deutscher Orden Wien, Zentralarchiv, 1, Singerstraße 7, Tel. 513 70 14 . . ., 19
(Montag bis Freitag von 8 bis 8.45 Uhr und von 9.30 bis 12 Uhr)

Diözesanarchiv Wien, 1, Wollzeile 2, Tel. 515 52 . . ., 297
(Montag, Dienstag, Donnerstag von 8.30 bis 13 Uhr und von 14 bis 16 Uhr, Freitag von 8.30 bis 12 Uhr)

Dr.-Karl-Kummer-Institut für Sozialreform, Sozial- und Wirtschaftspolitik, 1, Ebendorferstraße 6/IV, Tel. 405 26 74
(Montag bis Freitag von 9 bis 15 Uhr)

Dr.-Karl-Renner-Institut, Bibliothek, 12, Khleslplatz 12, Tel. 804 65 01 . . ., 41
(Dienstag, Donnerstag von 9 bis 12 Uhr)

Dokumentationsarchiv des österreichischen Widerstands, 1, Wipplingerstraße 6–8, Tel. 534 36 . . ., 01779
(Montag bis Donnerstag von 9 bis 17 Uhr)

Dokumentationszentrum des Bundes Jüdischer Verfolgter des Naziregimes, 1, Salztorgasse 6/IV/5, Tel. 533 91 31
(nach Vereinbarung)

Elin-Energieanwendung Ges.m.b.H., 14, Penzinger Straße 76, Tel. 891 00 . . ., 2355
(Montag bis Donnerstag von 8 bis 15 Uhr, Freitag von 8 bis 13 Uhr)

Erzbischöfliches Priesterseminar, Bibliothek, 9, Boltzmanngasse 9, Tel. 310 87 50
(nach Vereinbarung)

Erzdiözese Wien
Erzbischöfliches Dom- und Diözesanmuseum, 1, Stephansplatz 6, Tel. 515 52 . . ., 560
(Dienstag, Mittwoch, Freitag, Samstag von 10 bis 16 Uhr, Donnerstag von 10 bis 18 Uhr, Sonntag von 10 bis 13 Uhr)
Religionspädagogisches Institut, Studienbibliothek, 1, Stephansplatz 3/3, Tel. 515 52 . . ., 587
(Montag bis Donnerstag von 9 bis 13 Uhr und von 14 bis 16 Uhr, Freitag von 9 bis 12 Uhr)

Europäisches Patentamt, Hauptdirektion Patentinformation, 7, Schottenfeldgasse 29, Tel. 512 26 . . ., 410
(Montag bis Freitag von 8 bis 17 Uhr)

Europäisches Zentrum für Wohlfahrtspolitik und Sozialforschung, 9, Burggasse 17, Tel. 319 45 05 . . ., 27
(nach Vereinbarung)

Evangelische Superintendentur A.B. Wien, 5, Hamburgerstraße 3, Tel. 587 31 43
(öffentlich nicht zugänglich)

Evangelischer Oberkirchenrat A.B. Wien, 18, Severin-Schreiber-Gasse 3, Tel. 479 15 23 . . ., 28
(Montag bis Freitag von 8 bis 12 Uhr)

Evangelischer Oberkirchenrat H.B. Wien, 1, Dorotheergasse 16, Tel. 513 65 64

Evangelisches Museum in Wien, 5, Hamburgerstraße 3, Tel. 587 31 41
(nach Vereinbarung)

Exerzitien- und Bildungshaus Lainz, Bibliothek, 13, Lainzer Straße 138, Tel. 804 75 93
(Montag von 16 bis 18 Uhr, Samstag von 10 bis 12 Uhr)

Fachverband der Audiovisions- und Filmindustrie Österreichs, 4, Wiedner Hauptstraße 63, Tel. 501 05 . . ., 3010

Fachverband der Bergwerke und der eisenerzeugenden Industrie, 1, Goethegasse 3, Tel. 512 46 01 . . ., 13
(Montag bis Freitag von 8 bis 16 Uhr)

Finanzlandesdirektion für Wien, Niederösterreich und Burgenland in Wien, Bibliothek, 3, Vordere Zollamtsstraße 7, Tel. 711 25 . . ., 3152
(Montag bis Freitag von 7.30 bis 15.30 Uhr)

Finanzprokuratur, Amtsbibliothek, 1, Singerstraße 17–19, Tel. 711 67 . . ., 4091
(Montag bis Freitag von 8 bis 12 Uhr und von 13 bis 16 Uhr)

Fonds zur Förderung der wissenschaftlichen Forschung, 4, Weyringergasse 35, Tel. 505 67 40
(nach Vereinbarung)

Förderungsstelle des Bundes für Erwachsenenbildung für

Niederösterreich, 7, Mentergasse 1, Tel. 526 20 . . ., 91
(nach Vereinbarung)

Forschungsförderungsfonds für die gewerbliche Wirtschaft, 1, Kärntner Straße 21-23, Tel. 512 45 84 . . ., 21
(Montag bis Donnerstag von 8 bis 17 Uhr, Freitag von 8 bis 13 Uhr)

Forschungsgesellschaft für Wohnen, Bauen und Planen, 3, Löwengasse 47/5, Tel. 712 62 51
(Montag bis Donnerstag von 8 bis 16 Uhr, Freitag von 8 bis 11 Uhr)

Forschungsinstitut der Vereinigung der österreichischen Zementindustrie, 3, Reisnerstraße 53, Tel. 714 66 81
(Montag bis Mittwoch von 7.30 bis 16.30 Uhr, Donnerstag von 7.30 bis 15.30 Uhr, Freitag von 7.30 bis 13 Uhr)

Forschungsinstitut für Energie- und Umweltplanung, 18, Gymnasiumstraße 42/5, Tel. 478 34 00
(nach Vereinbarung)

Forschungsinstitut für Orthopädietechnik, 5, Geigergasse 5–9, Tel. 544 41 69 . . . 0
(Montag bis Freitag von 8 bis 12 Uhr)

Forstliche Bundesversuchsanstalt, Bibliothek, 13, Seckendorff-Gudent-Weg 8, Tel. 878 38 . . ., 247
(Montag bis Freitag von 8 bis 12 Uhr)

Forsttechnischer Dienst für Wildbach- und Lawinenverbauung, 1, Dr.-Karl-Lueger-Ring 14/III, Tel. 533 91 47 . . ., 20
(Montag bis Freitag von 8 bis 16 Uhr)

Französisches Kulturinstitut, Bibliothek, 9, Währinger Straße 30–32, Tel. 319 65 03 . . ., 36
(Montag von 10 bis 17 Uhr, Dienstag, Mittwoch von 13 bis 19 Uhr, Donnerstag von 10 bis 17 Uhr, Freitag von 10 bis 13.30 Uhr)

Freiheitliches Bildungswerk, 1, Kärntner Straße 28, Tel. 512 94 52 . . ., 11
(Montag bis Freitag von 9 bis 16 Uhr)

Friedrich-Funder-Institut für Publizistik, Medienforschung und Journalistenausbildung, 12, Tivoligasse 73, Tel. 813 42 92
(nach Vereinbarung)

Geologische Bundesanstalt, Bibliothek, 3, Rasumofskygasse 23–25, Tel. 712 56 74 . . ., 60
(Montag, Donnerstag von 13 bis 16 Uhr, Dienstag bis Freitag von 9 bis 12 Uhr)

Geschichte der Arbeiterbewegung, Verein, 5, Rechte Wienzeile 97, Tel. 545 75 35 . . . 0
(Montag, Mittwoch, Donnerstag von 10 bis 16 Uhr, Dienstag von 10 bis 19 Uhr)

Gesellschaft bildender Künstler Österreichs, Archiv, 1, Karlsplatz 5, Tel. 587 96 63 . . ., 16
(nach Vereinbarung)

Gesellschaft der Ärzte in Wien, Bibliothek, 9, Frankgasse 8, Tel. 405 47 77
(Montag von 13 bis 19 Uhr, Donnerstag von 13 bis 20 Uhr, Dienstag, Mittwoch, Freitag von 9 bis 12 Uhr und von 14 bis 19 Uhr, Samstag von 9 bis 12 Uhr)

Gesellschaft der Musikfreunde in Wien, Archiv, Bibliothek, 1, Bösendorferstraße 12, Tel. 505 86 81 . . ., 44
(Montag bis Freitag von 9 bis 17 Uhr, Samstag von 9 bis 13 Uhr)

Gesellschaft für Musiktheater, 9, Türkenstraße 19, Tel. 317 06 99
(Montag, Mittwoch von 11 bis 13 Uhr, Donnerstag von 16 bis 18 Uhr)

Gesellschaft Jesu, Provinzarchiv, 1, Dr.-Ignaz-Seipel-Platz 1, Tel. 512 52 32 . . ., 28
(nach Vereinbarung)

Gewerkschaftliche Einheit, Archiv, 1, Wipplingerstraße 23, Tel. 535 62 00
(Dienstag von 14 bis 17 Uhr, Freitag von 9 bis 11 Uhr)

Geymüller-Schlössel, 18, Khevenhüllerstraße 2, Tel. 479 31 39
(Dienstag, Mittwoch, Freitag bis Sonntag von 10 bis 17 Uhr)

Greenpeace Österreich, 3, Auenbruggergasse 2, Tel. 713 00 31
(Montag bis Freitag von 10 bis 17 Uhr)

Griechisch-Orientalische Kirchengemeinde Zur Hl. Dreifaltigkeit in Wien, 1, Fleischmarkt 13, Tel. 533 38 39
(öffentlich nicht zugänglich)

Günther-Feuerstein-Atelier für Entwurf, Planung und Forschung, 4, Wiedner Hauptstraße 40, Tel. 587 73 07
(nach Vereinbarung)

Gürer Johann, 5, Obere Amtshausgasse 16/5, Tel. 551 82 35
(nach Vereinbarung)

Handelsgericht Wien, Bibliothek, 1, Riemergasse 7, Tel. 515 28 . . ., 285
(Montag bis Freitag von 8 bis 12 Uhr und von 13 bis 15 Uhr)

Hans-Kelsen-Institut, 19, Gymnasiumstraße 79, Tel. 34 63 17
(Dienstag, Donnerstag von 9 bis 13 Uhr)

Hauptverband des österreichischen Buchhandels, Archiv, Bibliothek, 1, Grünangergasse 4, Tel. 512 15 35
(nach Vereinbarung)

Haus des Buches, 8, Skodagasse 20, Tel. 401 24 . . ., 20
(Montag, Donnerstag von 10 bis 19.30 Uhr, Dienstag, Freitag von 14 bis 19.30 Uhr)

Hausarchiv der Regierenden Fürsten von Liechtenstein, 9, Fürstengasse 1, Tel. 317 52 94
(nach Vereinbarung)

Heeresgeschichtliches Museum, Bibliothek, 3, Arsenal, Objekt 1, Tel. 795 61 . . ., 507
(nach Vereinbarung)

Herbert-von-Karajan-Archiv, 1, Kärntner Ring 4, Tel. 504 96 29

Historisches Museum der Stadt Wien
Adalbert-Stifter-Gesellschaft, 4, Karlsplatz, Tel. 505 87 47 . . ., 84010
(Dienstag bis Sonntag von 9 bis 16.30 Uhr)
Studiensaal, 4, Karlsplatz, Tel. 505 87 47 . . ., 84038
(Dienstag bis Freitag von 9 bis 12 Uhr, Mittwoch von 13 bis 16 Uhr)

Hochschule für angewandte Kunst in Wien
Archiv, 1, Oskar-Kokoschka-Platz 2, Tel. 711 33 . . ., 218
(Montag bis Freitag von 9 bis 12 Uhr)
Bibliothek, 1, Oskar-Kokoschka-Platz 2, Tel. 711 33 . . ., 334
(Montag, Mittwoch, Donnerstag von 9.30 bis 18.30 Uhr, Dienstag, Freitag von 9.30 bis 16 Uhr)
Institut für Kostümkunde, 1, Oskar-Kokoschka-Platz 2, Tel. 711 33 . . ., 2860
(Montag bis Freitag von 9 bis 16 Uhr)

Hochschule für Musik und darstellende Kunst in Wien
Bibliothek, 3, Lothringerstraße 18, Tel. 588 06 . . ., 130
(Montag bis Freitag von 8.30 bis 16 Uhr)
Institut für Elektroakustik und experimentelle Musik, Phonoarchiv, 4, Rienösslgasse 12, Tel. 587 34 78 . . ., 21
(Montag bis Freitag von 9 bis 12 Uhr)
Institut für Musiksoziologie, 1, Schubertring 14, Tel. 513 76 00 . . ., 24
(Montag bis Freitag von 9 bis 12 Uhr)
Institut für Musiktheorie und Harmonikale Forschung, 1, Singerstraße 26, Tel. 512 68 33 . . ., 21
(nach Vereinbarung)
Institut für Organologische Forschung und Dokumentation, 3, Lothringerstraße 18, Tel. 588 06 . . ., 158
(bedingt zugänglich)
Institut für österreichische Dramaturgie, 1, Singerstraße 26, Tel. 512 68 33
(nach Vereinbarung)
Institut für Volksmusikforschung, 1, Johannesgasse 8, Tel. 515 96 . . ., 264
(Montag bis Freitag von 9 bis 13 Uhr)

Höhere Bundeslehr- und Versuchsanstalt für Gartenbau in Wien, Bibliothek, 13, Grünbergstraße 24, Tel. 813 59 50 . . ., 326
(nach Vereinbarung)

Höhere Graphische Bundes-Lehr- und Versuchsanstalt,

Bibliothek, 14, Leyserstraße 6, Tel. 982 39 14 . . ., 29
(Montag bis Freitag von 9 bis 13 Uhr)
INFODOK Datenverarbeitungs Ges.m.b.H., 23, Inzersdorf, Altmannsdorfer Straße 154–156, Tel. 667 23 40
(nach Vereinbarung)
Informationszentrum im Dienste der christlich-jüdischen Verständigung, 18, Gentzgasse 14/5/1, Tel. 317 28 20
(Montag bis Freitag von 8 bis 12 Uhr und von 13 bis 17 Uhr)
Institut für Bildungsforschung der Wirtschaft, 5, Rainergasse 38/II, Tel. 545 16 71 . . . 0
(Montag bis Freitag von 9 bis 15 Uhr)
Institut für Ehe und Familie, 1, Spiegelgasse 3/8, Tel. 515 52 . . ., 652
(Montag bis Freitag von 10 bis 15 Uhr)
Institut für empirische Sozialforschung (IFES), 5, Rainergasse 38, Tel. 544 56 51 . . . 0
(Montag bis Donnerstag von 8 bis 17 Uhr, Freitag von 8 bis 14 Uhr)
Institut für Gewerbeforschung, 4, Gußhausstraße 8/5a, Tel. 505 97 61 . . ., 16
(nach Vereinbarung)
Institut für Höhere Studien und Wissenschaftliche Forschung, Bibliothek, 6, Stumpergasse 56, Tel. 599 91 . . ., 236
(nach Vereinbarung)
Institut für Kirchliche Sozialforschung (IKS), 1, Grillparzerstraße 5/12, Tel. 406 42 84
(Montag bis Freitag von 8.30 bis 16.30 Uhr)
Institut für Österreichische Geschichtsforschung, Bibliothek, 1, Dr.-Karl-Lueger-Ring 1, Tel. 401 03 . . ., 2290
(Montag bis Freitag von 9 bis 18 Uhr)
Institut für österreichische Musikdokumentation, 1, Augustinerstraße 1/4, Tel. 533 50 87 . . ., 318
(Montag bis Freitag von 8 bis 12 Uhr)
Institut für Österreichkunde, 1, Hanuschgasse 3/III, Tel. 512 79 32
(Montag bis Freitag von 10 bis 18 Uhr)
Institut für Rechts- und Kriminalsoziologie, 1, Museumstraße 12, Tel. 521 52 . . ., 521
(Montag bis Freitag von 10 bis 17 Uhr)
Institut für Soziales Design, Entwicklung und Forschung (ISD), 10, Grenzackerstraße 7-11/19, Tel. 603 07 72
(Montag bis Freitag von 9 bis 17 Uhr)
Institut für Sozialpädagogik der Stadt Wien, 21, Freytaggasse 32, Tel. 271 71 66 . . ., 3
(Mittwoch von 9 bis 12 Uhr)
Institut für Wissenschaft und Kunst, Dokumentationsstelle Frauenforschung, 9, Berggasse 17/1, Tel. 317 43 42
(Montag bis Freitag von 9 bis 16 Uhr)
Institut zur Geschichte der Medizin, 9, Währinger Straße 25, Tel. 403 21 54
(Montag bis Mittwoch von 8.30 bis 16.30 Uhr, Donnerstag von 8.30 bis 19.30 Uhr, Freitag von 8 bis 16 Uhr)
Institute of European Studies, 1, Johannesgasse 7, Tel. 512 26 01 . . ., 28
(Montag bis Donnerstag von 8 bis 19 Uhr, Freitag von 8 bis 17 Uhr, Samstag von 10 bis 16 Uhr)
Interkulturelles Zentrum, 5, Kettenbrückengasse 23, Tel. 586 75 44 . . . 0
(nach Vereinbarung)
International Atomic Energy Agency
Agris Processing Unit, 22, Kagran, Wagramer Straße 5, Tel. 23 60 . . ., 6161
(nach Vereinbarung)
International Nuclear Information System, 22, Kagran, Wagramer Straße 5, Tel. 23 60 . . ., 2841
(nach Vereinbarung)
Internationale Gustav-Mahler-Gesellschaft, 4, Wiedner Gürtel 6, Tel. 505 73 30
(Montag, Donnerstag von 9 bis 13 Uhr)
Internationaler Verband forstlicher Forschungsanstalten, 13, Seckendorff-Gudent-Weg 8, Tel. 877 01 51
(Montag bis Freitag von 8 bis 17 Uhr)
Internationaler Versöhnungsbund Österreichischer Zweig, Bibliothek, 8, Lederergasse 23/3/27, Tel. 408 53 32
(Montag, Dienstag von 10 bis 12 Uhr, Dienstag, Donnerstag von 14 bis 16 Uhr)
Internationales Informationszentrum für Terminologie, 2, Heinestraße 38, Tel. 213 00 . . ., 310
(Montag bis Freitag von 8 bis 16 Uhr)
Internationales Musikzentrum, 3, Lothringerstraße 29, Tel. 713 07 77
(Montag bis Freitag von 9 bis 18 Uhr)
Internationales Opern-Archiv, 14, Minorgasse 53, Tel. 914 56 83
(nach Vereinbarung)
Italienisches Kulturinstitut Wien, Bibliothek, 3, Ungargasse 43, Tel. 713 34 54 . . ., 14
(Montag, Mittwoch von 9 bis 13 Uhr und von 14 bis 18 Uhr, Dienstag, Donnerstag von 9 bis 13 Uhr, Freitag von 9 bis 12 Uhr)
Jüdisches Museum der Stadt Wien, Bibliothek, 1, Seitenstettengasse 4, Tel. 535 04 31 . . . 0
(Montag bis Donnerstag von 9 bis 12 Uhr)
Kammer der Wirtschaftstreuhänder, Bibliothek, 8, Bennoplatz 4, Tel. 401 90 . . ., 237
(Montag bis Freitag von 8 bis 12 Uhr und von 13 bis 16 Uhr)
Kammer für Arbeiter und Angestellte für Niederösterreich, Bibliothek, 6, Windmühlgasse 28, Tel. 588 83 . . ., 205
(bedingt zugänglich)
Kammer für Arbeiter und Angestellte für Wien
Sozialwissenschaftliche Dokumentation, 4, Prinz-Eugen-Straße 20–22, Tel. 501 65 . . ., 2393
(Montag bis Freitag von 8 bis 16 Uhr)
Sozialwissenschaftliche Studienbibliothek, 4, Prinz-Eugen-Straße 20–22, Tel. 501 65 . . ., 2352
(Montag bis Freitag von 13 bis 19.30 Uhr, Samstag von 9 bis 12 Uhr)
Kapuzinerkloster Wien, Bibliothek, 1, Tegetthoffstraße 2, Tel. 512 68 53 . . ., 16
(bedingt zugänglich)
Karl-von-Vogelsang-Institut zur Erforschung der Geschichte der christlichen Demokratie, 12, Tivoligasse 73, Tel. 813 15 31 . . ., 34
(Montag bis Freitag von 9 bis 12 Uhr und von 13 bis 17 Uhr)
Katholischer Familienverband Österreichs, 1, Spiegelgasse 3, Tel. 515 52 . . ., 201
(Montag bis Donnerstag von 8.30 bis 15.30 Uhr, Freitag von 8.30 bis 13.30 Uhr)
Katholisches Jugendwerk Österreichs, Dokumentationsarchiv, 1, Johannesgasse 16, Tel. 512 16 21 . . ., 42
(Mittwoch von 8 bis 12 Uhr)
Katholisches Zentrum für Massenkommunikation Österreichs, Bibliothek, 1, Singerstraße 7/4/2, Tel. 515 52 . . ., 735
(Montag bis Donnerstag von 8.30 bis 17 Uhr, Freitag von 8.30 bis 14 Uhr)
Kinder-Literatur-Haus, Bibliothek, 4, Mayerhofgasse 6, Tel. 505 39 13 . . ., 57
(Montag bis Donnerstag von 9 bis 12 Uhr und von 14 bis 17 Uhr)
Kommunalwissenschaftliches Dokumentationszentrum (KDZ), 15, Mariahilfer Straße 136, Tel. 892 34 83 . . ., 25
(Montag von 13 bis 16 Uhr, Dienstag bis Freitag von 9 bis 12 Uhr und von 13 bis 16 Uhr)
Kuffner-Sternwarte, 16, Johann-Staud-Straße 10, Tel. 914 81 30
(laut Programm der Sternwarte)
Kunsthistorisches Museum, Bibliothek, 1, Burgring 5, Tel. 525 24 . . . 0

(Montag bis Freitag von 9 bis 12 Uhr und von 13 bis 16 Uhr)
Kuratorium für künstlerische und heilende Pädagogik, 7, Siebensterngasse 27, Tel. 523 21 98 . . . 0
(nach Vereinbarung)
Kuratorium für Verkehrssicherheit, Dokumentation, 3, Ölzeltgasse 3, Tel. 717 70 . . ., 165
(Montag bis Mittwoch von 9 bis 16 Uhr, Donnerstag von 9 bis 15 Uhr)
Land- und forstwirtschaftliche berufspädagogische Akademie, Bundesseminar für das land- und forstwirtschaftliche Bildungswesen, 13, Angermayergasse 1, Tel. 877 22 66
(während der Schulzeit)
Landesschulrat für Niederösterreich, Bundesstaatliche pädagogische Bibliothek, 1, Wipplingerstraße 28, Tel. 534 14 . . ., 206
(Montag bis Freitag von 8 bis 16 Uhr)
Landesverteidigungsakademie, Zentraldokumentation, 7, Stiftgasse 2a, Tel. 521 61 . . ., 5207
(Montag bis Freitag von 8 bis 15 Uhr)
Landwirtschaftlich-chemische Bundesanstalt Wien, Bibliothek, 2, Trunnerstraße 1, Tel. 211 13 . . ., 231
(Montag bis Donnerstag von 8.30 bis 16 Uhr, Freitag von 8.30 bis 15 Uhr)
Lebenshilfe Österreich, Bibliothek und Dokumentation, 12, Schönbrunner Straße 179/2/2, Tel. 812 26 42 . . ., 78
(Montag bis Donnerstag von 9 bis 16 Uhr, Freitag von 9 bis 13 Uhr)
Lebensmitteluntersuchungsanstalt der Stadt Wien, 3, Henneberggasse 3, Tel. 795 14 . . ., 97977
(Montag bis Freitag von 7 bis 16 Uhr)
Literaturhaus, Dokumentationsstelle für neuere österreichische Literatur, 7, Seidengasse 13, Tel. 526 20 44 . . . 0
(Montag bis Mittwoch, Freitag von 9 bis 17 Uhr)
Ludwig-Boltzmann-Forschungsstelle für Archäologische Bauforschung und Denkmalpflege, 7, Wimbergergasse 30, Tel. 521 36 . . ., 200
(nach Vereinbarung)
Ludwig-Boltzmann-Institute
Akupunktur, 15, Huglgasse 1–3, Tel. 981 04 . . ., 423
(nach Vereinbarung)
Altersforschung, 22, Stadlau, Langobardenstraße 122, Tel. 220 76 11 . . ., 2100
(öffentlich nicht zugänglich)
Arrhythmieforschung, 17, Montleartstraße 37, Tel. 491 50 . . ., 2542
(nach Vereinbarung)
Biologischer Landbau, 11, Rinnböckstraße 15, Tel. 749 79 72 . . ., 40
(nach Vereinbarung)
Erforschung der Infektionen und Geschwülste des Harntraktes, 9, Mariannengasse 10, Tel. 404 09 . . ., 518
(Dienstag, Donnerstag von 12 bis 14 Uhr)
Erforschung von Methoden und Auswirkungen der Raumplanung, 4, Karlsplatz 13, Tel. 588 01 . . ., 3375
(nach Vereinbarung)
Experimentelle Anästhesiologie und intensivmedizinische Forschung, 9, Spitalgasse 23, Tel. 404 00 . . ., 2519
(Montag bis Freitag von 8 bis 16 Uhr)
Experimentelle Endokrinologie, 9, Garnisongasse 13, Tel. 404 00 . . ., 5536
(nach Vereinbarung)
Experimentelle und klinische Traumatologie, 20, Donaueschingenstraße 13, Tel. 331 10 . . ., 468
(nach Vereinbarung)
Gesundheitspsychologie der Frau, 18, Bastiengasse 36–38, Tel. 476 15 . . ., 333
(Montag bis Freitag von 9 bis 15 Uhr)
Herzchirurgische Forschung an der 2. Chirurgischen Universitätsklinik, 9, Währinger Gürtel 18–20, Tel. 404 00 . . ., 2334
(öffentlich nicht zugänglich)
Immuno- und zytogenetische Forschung, 3, Linke Bahngasse 11, Tel. 711 55 . . ., 563
(Montag bis Freitag von 8 bis 16 Uhr)
Klinische Onkologie und photodynamische Therapie, 13, Wolkersbergenstraße 1, Tel. 801 10 . . ., 2630
(Montag bis Freitag von 8 bis 12 Uhr)
Konservative Orthopädie und Rehabilitation, 13, Speisinger Straße 109, Tel. 801 82 . . ., 533
(öffentlich nicht zugänglich)
Laserchirurgie, 3, Juchgasse 25, Tel. 711 65 . . ., 4100
(Montag bis Freitag von 8 bis 15.30 Uhr)
Leukämieforschung und Hämatologie, 14, Heinrich-Collin-Straße 30, Tel. 910 21 . . ., 2346
(öffentlich nicht zugänglich)
Medizin- und Gesundheitssoziologie WHO-Kooperationszentrum für Krankenhaus- und Gesundheitsförderung, 6, Stumpergasse 56, Tel. 599 91 . . ., 243
(Montag bis Donnerstag von 10 bis 14 Uhr)
Osteologie, 14, Heinrich-Collin-Straße 30, Tel. 910 21 . . ., 2348
(Montag bis Freitag von 8 bis 14 Uhr)
Psychosomatik in der Urologie, 22, Stadlau, Langobardenstraße 122, Tel. 220 76 11
(öffentlich nicht zugänglich)
Rechtsvorsorge und Urkundenwesen, 1, Rathausstraße 19, Tel. 408 26 18
(nach Vereinbarung)
Rheumatologie und Balneologie, 13, Wolkersbergenstraße 1, Tel. 801 10 . . ., 0
(Montag bis Donnerstag von 8 bis 16.30 Uhr, Freitag von 8 bis 14 Uhr)
Sozialgerontologie und Lebenslaufforschung, 8, Alser Straße 33, Tel. 406 46 79 . . ., 24
(Montag bis Freitag von 9.30 bis 15 Uhr)
Sozialpsychiatrie, 9, Spitalgasse 11/4, Tel. 406 95 95
(öffentlich nicht zugänglich)
Veterinärmedizinische Endokrinologie, 3, Linke Bahngasse 11, Tel. 711 55 . . ., 311
(Montag bis Freitag von 8 bis 15 Uhr)
Wachstumsforschung, 1, Maria-Theresien-Straße 24/1/5, Tel. 317 14 19
(nach Vereinbarung)
Magistrat der Stadt Wien
MA 11, Amt für Jugend und Familie, 1, Schottenring 24, Tel. 531 14 . . ., 85148
(öffentlich nicht zugänglich)
MA 13, Landesbildstelle, 7, Zieglergasse 49, Tel. 523 32 24 . . ., 12
(Montag bis Freitag von 8 bis 14 Uhr)
MA 18, Stadtentwicklung und Stadtplanung, 1, Rathausstraße 14–16, Tel. 40 00 . . ., 88031
(Montag bis Freitag von 7.30 bis 15.30 Uhr)
MA 66, Statistisches Amt der Stadt Wien, 1, Volksgartenstraße 3, Tel. 40 00 . . ., 88612
(Montag bis Freitag von 8 bis 15.30 Uhr)
Mechitharisten-Congregation, Bibliothek, 7, Mechitaristengasse 4, Tel. 523 64 17 . . ., 13
(nach Vereinbarung)
Media & Market Observer, Dokumentation, 13, Hietzinger Kai 175, Tel. 877 86 85
(Montag bis Donnerstag von 8 bis 17 Uhr, Freitag von 8 bis 14 Uhr)
MEDIACULT – Internationales Forschungsinstitut für Medien, Kommunikation und kulturelle Entwicklung, 4, Schönburggasse 27, Tel. 712 53 44
(Montag bis Donnerstag von 9 bis 17 Uhr, Freitag von 9 bis 13 Uhr)
Medienwerkstatt Wien, 7, Neubaugasse 40A, Tel. 526 36 67
(Montag bis Donnerstag von 14 bis 18 Uhr, Freitag von 10 bis 14 Uhr)

Museum des 20. Jahrhunderts, Bibliothek,
3, Schweizer Garten, Tel. 798 25 50 . . ., 25
(nach Vereinbarung)
Museum für Völkerkunde, Bibliothek,
1, Neue Burg, Heldenplatz, Tel. 521 77 . . ., 533
(Montag bis Donnerstag von 9 bis 12 Uhr und von 14 bis 16 Uhr, Freitag von 9 bis 12 Uhr)
Naturhistorisches Museum
Anthropologische Abteilung,
1, Burgring 7, Tel. 521 77 . . ., 241
(Montag bis Freitag von 9 bis 12 Uhr)
Archiv, 1, Burgring 7, Tel. 521 77 . . . 0
(nach Vereinbarung)
Botanisch-historische Sammlung, Archiv,
1, Burgring 7, Tel. 521 77 . . ., 249
(nach Vereinbarung)
Botanische Abteilung, 1, Burgring 7, Tel. 521 77 . . ., 243
(Donnerstag von 9 bis 12 Uhr)
Geologisch-Paläontologische Abteilung, Bibliothek,
1, Burgring 7, Tel. 521 77 . . ., 252
(Montag, Mittwoch, Donnerstag von 9 bis 12 Uhr)
Karst- und Höhlenkundliche Abteilung, Speläologisches Dokumentationszentrum,
7, Messeplatz 1/10/1, Tel. 523 04 18 . . . 0
(Montag bis Freitag von 8.30 bis 15.30 Uhr)
Mineralogisch-petrographische Abteilung,
1, Burgring 7, Tel. 521 77 . . ., 264
(Montag bis Freitag von 9 bis 11 Uhr)
Prähistorische Abteilung, 1, Burgring 7, Tel. 521 77 . . ., 280
(Dienstag, Donnerstag von 9 bis 12 Uhr)
Zoologische Abteilung, 1, Burgring 7, Tel. 521 77 . . ., 326
(Montag bis Freitag von 9 bis 12 Uhr)
Niederösterreichisches Bildungs- und Heimatwerk,
1, Wipplingerstraße 13, Tel. 533 18 99 . . ., 73
(Montag bis Freitag von 8 bis 16 Uhr)
Notariatskammer für Wien, Niederösterreich und Burgenland,
1, Landesgerichtsstraße 20, Tel. 402 45 09 . . . 0
(öffentlich nicht zugänglich)
Oberlandesgericht Wien, Landesgericht für Zivilrechtssachen, Amtsbücherei, 1, Schmerlingplatz 11, Tel. 521 52 . . ., 419
(Montag bis Freitag von 7.30 bis 16 Uhr)
Oberster Gerichtshof, Zentralbibliothek im Justizpalast,
1, Museumstraße 12, Tel. 521 52 . . ., 352
(Montag bis Freitag von 8 bis 16 Uhr)
ÖKO-DATENBANK Dr. G. & H. Soyka,
18, Alsegger Straße 37, Tel. 470 08 66 . . . 00
(Montag bis Freitag von 8 bis 16 Uhr)
ÖKO-Datenservice Ges.m.b.H.,
19, Budinskygasse 18, Tel. 368 15 13
(öffentlich nicht zugänglich)
Ökosoziales Forum, 1, Franz-Josefs-Kai 13,
Tel. 533 07 97 . . ., 22
(Montag bis Donnerstag von 8 bis 16.30 Uhr, Freitag von 8 bis 14.30 Uhr)
Orden der Karmeliten, Bibliothek, 10, Stefan-Fadinger-Platz 2,
Tel. 604 34 61 . . ., 9
(nach Vereinbarung)
Organization of the Petroleum Exporting Countries Library,
2, Obere Donaustraße 93, Tel. 211 12 . . ., 239
(Montag bis Freitag von 8.30 bis 17 Uhr)
Österreich Werbung, Abteilung Marktforschung,
4, Margaretenstraße 1, Tel. 588 66 . . ., 261
(öffentlich nicht zugänglich)
Österreichisch-Indische Gesellschaft, 1, Johannesgasse 3,
Tel. 513 13 59 . . ., 4779
(nach Vereinbarung)
Österreichische Akademie der Wissenschaften
Bibliothek und Archiv, 1, Dr.-Ignaz-Seipel-Platz 2,
Tel. 515 81 . . ., 259
(Montag, Mittwoch, Freitag von 9 bis 13 Uhr, Dienstag, Donnerstag von 13.30 bis 17.30 Uhr)
Einrichtung Dialekt und Namenlexika, 1, Postgasse 7/2,
Tel. 515 81 . . ., 496
(Montag bis Freitag von 8 bis 17 Uhr)
Forschungsstelle für Sozioökonomie, 3, Kegelgasse 27,
Tel. 712 21 48
(Montag bis Freitag von 9 bis 17 Uhr)
Historische Pressedokumentation, 1, Postgasse 7/4,
Tel. 515 81 . . ., 516
(nach Vereinbarung)
Institut für Demografie, 3, Hintere Zollamtsstraße 2b,
Tel. 712 12 84 . . ., 7524
(nach Vereinbarung)
Institut für Hochenergiephysik, 5, Nikolsdorfer Gasse 18,
Tel. 544 73 28 . . ., 27
(öffentlich nicht zugänglich)
Institut für Informationsverarbeitung,
1, Sonnenfelsgasse 19/2, Tel. 515 81 . . ., 326
(Montag bis Freitag von 8.30 bis 17 Uhr)
Institut für Kultur- und Geistesgeschichte Asiens,
1, Postgasse 7/4/3, Tel. 515 81 . . ., 415
(Montag bis Freitag von 9 bis 17 Uhr)
Kleinasiatische Kommission, 1, Postgasse 7/1/1,
Tel. 515 81 . . ., 473
(Montag bis Freitag von 9 bis 17 Uhr)
Kommission für Byzantinistik, 1, Postgasse 7/1/3,
Tel. 515 81 . . ., 430
(Montag bis Freitag von 9 bis 18 Uhr)
Kommission für die Tabula Imperii Byzantini,
1, Postgasse 7/1/3, Tel. 515 81 . . ., 542
(Montag bis Freitag von 9 bis 17 Uhr)
Kommission für Geschichte der Mathematik, Naturwissenschaften und Medizin, Sammlung Woldan,
1, Postgasse 7–9/1/2, Tel. 515 81 . . ., 460
(Montag bis Freitag von 8 bis 16 Uhr)
Kommission für literarische Gebrauchsformen,
1, Sonnenfelsgasse 19/8, Tel. 515 81 . . ., 332
(nach Vereinbarung)
Kommission für Musikforschung, 1, Fleischmarkt 22/2/3,
Tel. 513 13 96
(nach Vereinbarung)
Kommisson für Österreichische Theatergeschichte,
1, Hofburg, Battyanystiege, Tel. 533 90 76
(nach Vereinbarung)
Kommission für Schrift- und Buchwesen des Mittelalters,
1, Postgasse 7-9/IV/3, Tel. 515 81 . . ., 536
(öffentlich nicht zugänglich)
Kommission zur Erforschung des römischen Limes in Österreich, 1, Sonnenfelsgasse 19, Tel. 515 81 . . ., 341
(bedingt zugänglich)
Konrad-Lorenz-Institut für Vergleichende Verhaltensforschung, 16, Savoyenstraße 1a, Tel. 486 21 21 . . ., 20
(Montag bis Freitag von 8.30 bis 16 Uhr)
Mykenische Kommission, 1, Postgasse 7/1/1,
Tel. 515 81 . . ., 500
(Montag bis Freitag von 9 bis 14 Uhr)
Numismatische Kommission, 1, Postgasse 7/2,
Tel. 515 81 . . ., 510
(nach Vereinbarung)
Österreichisches Biografisches Lexikon und biografische Dokumentation, 1, Fleischmarkt 22/2/3, Tel. 512 91 84 . . ., 83
(Montag bis Freitag von 9 bis 16 Uhr)
Phonogrammarchiv, 1, Liebiggasse 5, Tel. 401 03 . . ., 2734
(Montag bis Freitag von 9.30 bis 11.30 Uhr)
Österreichische Apothekerkammer, Bibliothek,
9, Spitalgasse 31, Tel. 404 14 . . ., 125
(Freitag von 8.30 bis 12.30 Uhr)
Österreichische Arbeitsgemeinschaft für morphologische und funktionelle Atheroskleroseforschung,
9, Nadlergasse 1/2/11, Tel. 408 26 33
(Montag bis Donnerstag von 9 bis 15 Uhr)
Österreichische Arbeitsgemeinschaft für Ur- und Früh-

geschichte, 19, Franz-Klein-Gasse 1, Tel. 313 52 . . ., 377 (Montag von 14 bis 16 Uhr)

Österreichische Bundesbahnen
Bibliothek und Dokumentation, 2, Praterstern 3, Tel. 58 00 . . ., 35210 (Montag bis Donnerstag von 9 bis 15 Uhr, Freitag von 9 bis 12 Uhr)
Generaldirektion, Fachstelle Öffentlichkeitsarbeit und Medienkontakt, 1, Elisabethstraße 9, Tel. 56 50 . . ., 5012 (Montag bis Freitag von 10 bis 15 Uhr)

Österreichische Bundesforste, Bibliothek, 3, Marxergasse 2, Tel. 711 45 . . ., 4421 (Montag bis Freitag von 8 bis 15 Uhr)

Österreichische Elektrizitätswirtschafts-AG, Verbundgesellschaft, Dokumentationszentrum und Energiewirtschaftliche Fachbibliothek, 1, Rudolfsplatz 13a, Tel. 531 13 . . ., 3756 (Montag bis Donnerstag von 9 bis 12 Uhr und von 14 bis 16 Uhr)

Österreichische Forschungsstiftung für Entwicklungshilfe, 9, Berggasse 7, Tel. 317 40 10 . . . 0 (Montag bis Mittwoch von 10 bis 17 Uhr, Donnerstag von 10 bis 19 Uhr, Freitag von 9 bis 12 Uhr)

Österreichische Galerie, Bibliothek, 3, Rennweg 6, Tel. 798 41 58 . . ., 22 (Dienstag bis Freitag von 10 bis 12 Uhr und von 13 bis 16 Uhr)

Österreichische Geographische Gesellschaft, Bibliothek, 7, Karl-Schweighofer-Gasse 3, Tel. 313 36 . . ., 4782 (jeden zweiten Montag im Monat von 17 bis 18 Uhr)

Österreichische Geologische Gesellschaft, Bibliothek, 1, Universitätsstraße 7/II, Tel. 401 03 . . ., 2493 (Montag bis Freitag von 8.15 bis 12 Uhr und von 14 bis 16.30 Uhr)

Österreichische Gesellschaft für Agrar- und Umweltrecht, 18, Gregor-Mendel-Straße 33, Tel. 476 54 . . ., 3661 (nach Vereinbarung)

Österreichische Gesellschaft für Bildungspolitik, 7, Kirchengasse 27, Tel. 523 33 41 (nach Vereinbarung)

Österreichische Gesellschaft für Chinaforschung, 8, Wickenburggasse 4/1/5, Tel. 406 97 93 (nach Vereinbarung)

Österreichische Gesellschaft für Hochschuldidaktik, 8, Strozzigasse 2, Tel. 407 74 . . ., 215 (Montag bis Freitag von 9 bis 13 Uhr)

Österreichische Gesellschaft für Musik, 1, Hanuschgasse 3, Tel. 512 31 43 (Montag bis Freitag von 9 bis 12 Uhr)

Österreichische Gesellschaft für Straßenwesen, 3, Marxergasse 10, Tel. 713 62 96 (nach Vereinbarung)

Österreichische Gesellschaft für Vogelkunde, Bibliothek, 1, Burgring 7, Tel. 523 46 51 (nach Vereinbarung)

Österreichische Gesellschaft für Weltraumfragen, 9, Garnisongasse 7, Tel. 403 81 70 . . . 0 (Montag bis Donnerstag von 8 bis 17 Uhr, Freitag von 8 bis 15.30 Uhr)

Österreichische Gesellschaft für Zeitgeschichte, Archiv, Bildarchiv, 9, Rotenhausgasse 6, Tel. 504 62 80 . . ., 29 (Montag bis Freitag von 9 bis 17 Uhr)

Österreichische Kontrollbank AG, Zentraldokumentation, 1, Strauchgasse 1, Tel. 531 27 50 . . ., 2 (Montag bis Freitag von 9 bis 18 Uhr)

Österreichische Kulturdokumentation, 1, Schultergasse 5/15, Tel. 535 27 06 (Montag bis Freitag von 9 bis 16 Uhr)

Österreichische Minoritenprovinz, Archiv, Bibliothek, 8, Alser Straße 17, Tel. 405 91 42 . . ., 17 (nach Vereinbarung)

Österreichische Nationalbibliothek
ARIADNE-Kooperationsstelle Frauenspezifische Information und Dokumentation, 1, Heldenplatz 1/2, Tel. 534 10 . . ., 487 (nach Vereinbarung)
Büchernachweisstelle, 1, Josefsplatz 1, Tel. 534 10 . . ., 472 (Montag bis Freitag von 9 bis 15 Uhr)
Druckschriftensammlung, 1, Josefsplatz 1, Tel. 534 10 . . ., 502 (Hauptlesesaal: Montag bis Freitag von 9 bis 19.45 Uhr, Samstag von 9 bis 13 Uhr; Zeitschriftenlesesaal, Großformate-Lesesaal, Mikroformen und AV-Medien-Lesesaal: Montag, Donnerstag von 9 bis 19 Uhr, Dienstag, Mittwoch, Freitag von 9 bis 15.45 Uhr, Samstag von 9 bis 13 Uhr; Augustinerlesesaal: Montag bis Freitag von 9 bis 15.45 Uhr; Flugblätter- und Plakatesammlung: Montag, Donnerstag von 9 bis 12 Uhr, Dienstag von 13 bis 16 Uhr; Exlibrisabteilung: nach Vereinbarung; Prunksaal: Mitte Mai bis Mitte Oktober Montag bis Samstag von 10 bis 16 Uhr, Sonn- und Feiertag von 10 bis 13 Uhr, Mitte Oktober bis Mitte Mai Montag bis Samstag von 11 bis 12 Uhr)
Handschriftensammlung, Plakatesammlung, 1, Josefsplatz 1, Tel. 534 10 . . ., 287 (Montag, Mittwoch, Freitag von 9 bis 13 Uhr, Dienstag, Donnerstag von 13 bis 18.45 Uhr)
Informationsvermittlungsstelle, 1, Josefsplatz 1, Tel. 534 10 . . ., 446 (Montag bis Freitag von 9 bis 12 Uhr)
Internationales Esperanto-Museum, Sammlung für Plansprachen, 1, Hofburg, Batthyanystiege, Tel. 535 51 45 (Montag bis Freitag von 10 bis 16 Uhr, Mittwoch von 10 bis 18 Uhr)
Kartensammlung und Globenmuseum, 1, Josefsplatz 1, Tel. 534 10 . . ., 297 (Kartensammlung: Montag bis Mittwoch, Freitag von 9 bis 15.45 Uhr; Globenmuseum: Montag bis Mittwoch, Freitag von 11 bis 12 Uhr, Donnerstag von 14 bis 15 Uhr)
Musiksammlung, Papyrussammlung, 1, Augustinerstraße 1, Tel. 534 10 . . ., 317 (Montag, Mittwoch, Freitag von 9 bis 13 Uhr, Dienstag von 12 bis 15.45 Uhr, Donnerstag von 12 bis 18.45 Uhr)
Österreich-Dokumentation, 1, Josefsplatz 1, Tel. 534 10 . . ., 374 (Montag bis Freitag von 9 bis 19.45 Uhr, Samstag von 9 bis 13 Uhr)
Österreichische Zeitschriftendatenbank, 1, Josefsplatz 1, Tel. 533 70 49 . . ., 87 (Montag bis Freitag von 8 bis 16 Uhr)
Österreichisches Literaturarchiv, 1, Josefsplatz 1, Tel. 534 10 . . ., 327
Porträtsammlung, Bildarchiv und Fideikommissionsbibliothek, 1, Heldenplatz, Tel. 534 10 . . ., 333 (Montag von 9 bis 18.45 Uhr, Dienstag, Mittwoch, Freitag von 9 bis 15.45 Uhr)

Österreichische Numismatische Gesellschaft, 1, Burgring 5, Tel. 521 77 . . ., 380 (Mittwoch von 18 bis 19 Uhr)

Österreichische Orient-Gesellschaft Hammer-Purgstall, 1, Dominikanerbastei 6/6, Tel. 512 89 36 (Montag bis Donnerstag von 10 bis 17 Uhr, Freitag von 10 bis 13 Uhr)

Österreichische Phonothek, 6, Webgasse 2a, Tel. 597 36 69 . . ., 32 (Montag bis Freitag von 10 bis 16 Uhr)

Österreichische Postsparkasse, Bibliothek und Dokumentation, 1, Georg-Coch-Platz 2, Tel. 514 00 . . ., 3001 (Montag bis Donnerstag von 8 bis 15 Uhr, Freitag von 8 bis 14 Uhr)

Österreichische Provinz SJ, Provinzialarchiv,

1, Dr.-Ignaz-Seipel-Platz 1, Tel. 512 48 99
Österreichische Raumordnungskonferenz, 1, Annagasse 5, Tel. 513 48 88
(nach Vereinbarung)
Österreichische UNESCO-Kommission, 7, Mentergasse 11, Tel. 523 64 21
(Montag bis Freitag von 8 bis 15.30 Uhr)
Österreichischer Alpenklub, 6, Getreidemarkt 3/12, Tel. 563 86 73
(Donnerstag von 17 bis 19 Uhr)
Österreichischer Alpenverein
Sektion Austria, 1, Rotenturmstraße 14, Tel. 513 10 03
(Donnerstag von 16 bis 19 Uhr)
Sektion Edelweiß; Gruppe für Natur- und Hochgebirgskunde und alpine Karstforschung, 1, Walfischgasse 12, Tel. 313 36 . . ., 4782
(nach Vereinbarung)
Österreichischer Betonverein, 4, Karlsgasse 5, Tel. 504 15 95
(Montag bis Freitag von 8 bis 16 Uhr)
Österreichischer Entwicklungsdienst, Bildungsreferat, 9, Türkenstraße 3/3, Tel. 317 53 74 . . . 0
(Montag bis Donnerstag von 8 bis 17 Uhr, Freitag von 8 bis 14 Uhr)
Österreichischer Forstverein, 3, Marxergasse 2, Tel. 711 45 . . .0
(nach Vereinbarung)
Österreichischer Gewerkschaftsbund
Archiv, 1, Hohenstaufengasse 10–12, Tel. 534 44 . . ., 374
(Montag bis Donnerstag von 8.30 bis 16 Uhr)
Medienzentrum, 1, Rathausstraße 21, Tel. 405 47 97 . . . 0
(Montag bis Donnerstag von 7.45 bis 16.30 Uhr, Freitag von 7.45 bis 13.45 Uhr)
Österreichischer Informationsdienst für Entwicklungspolitik, 1, Tuchlauben 8/16, Tel. 533 37 55 . . ., 12
(Montag bis Freitag von 10 bis 17 Uhr)
Österreichischer Kynologenverband, 23, Mauer, Johann-Teufel-Gasse 8, Tel. 888 22 31 . . . 0
(nach Vereinbarung)
Österreichischer P.E.N.-Club, 1, Bankgasse 8, Tel. 533 44 59
(nach Vereinbarung)
Österreichischer Rundfunk (ORF), Fernseharchiv, 13, Würzburggasse 30a, Tel. 878 78 . . ., 2380
(nach Vereinbarung)
Österreichischer Stahlbauverband, 13, Larochegasse 28, Tel. 877 61 70
(Montag bis Donnerstag von 8 bis 17 Uhr, Freitag von 8 bis 12.30 Uhr)
Österreichischer Verband gemeinnütziger Bauvereinigungen, Revisionsverband, 1, Bösendorferstraße 7/2, Tel. 505 58 24 . . ., 26
(Montag bis Donnerstag von 8.30 bis 16.30 Uhr, Freitag von 8.30 bis 12.30 Uhr)
Österreichischer Verein für Studentengeschichte, 13, Tuersgasse 21, Tel. 531 10 . . ., 2460
(nach Vereinbarung)
Österreichischer Verein für Vermessungswesen und Photogrammetrie, 2, Schiffamtsgasse 1–3, Tel. 211 76 . . ., 3203
(Montag, Mittwoch, Donnerstag von 9 bis 11.30 Uhr und von 13 bis 15 Uhr)
Österreichischer Wasser- und Abfallwirtschaftsverband, 1, Marc-Aurel-Straße 5, Tel. 535 57 20 . . ., 76
(Montag bis Donnerstag von 8 bis 17 Uhr, Freitag von 8 bis 14 Uhr)
Österreichisches Archäologisches Institut, 19, Franz-Klein-Gasse 1, Tel. 317 69 48 . . ., 325
(Montag bis Freitag von 9 bis 17 Uhr)
Österreichisches Bundesinstitut für den wissenschaftlichen Film, 5, Schönbrunner Straße 56, Tel. 544 45 05 . . ., 14
(Montag bis Donnerstag von 8 bis 12 Uhr und von 13.30 bis 15 Uhr, Freitag von 8 bis 12 Uhr)
Österreichisches Bundesinstitut für Gesundheitswesen
Bibliothek und Dokumentation, 1, Stubenring 6, Tel. 515 61 . . ., 53
(Montag bis Donnerstag von 8 bis 16 Uhr, Freitag von 8 bis 13 Uhr)
Literaturdienst Medizin, 1, Stubenring 6, Tel. 515 61 . . ., 54
(Montag bis Donnerstag von 7.30 bis 16.30 Uhr, Freitag von 7.30 bis 13 Uhr)
Literaturinformationsdienst Krankenhauswesen, 1, Stubenring 1, Tel. 515 61 . . ., 57
(Montag bis Donnerstag von 13 bis 17 Uhr)
Österreichisches Circus- und Clown-Museum, 2, Karmelitergasse 9, Tel. 211 06 . . ., 02127
(Mittwoch von 17.30 bis 19 Uhr, Samstag von 14.30 bis 17 Uhr, Sonntag von 10 bis 12 Uhr)
Österreichisches Film-Büro, 10, Columbusgasse 2, Tel. 604 01 26
(Montag bis Freitag von 10 bis 14 Uhr)
Österreichisches Filmarchiv, 1, Rauhensteingasse 5, Tel. 512 99 36
(nach Vereinbarung)
Österreichisches Filmmuseum, 1, Augustinerstraße 1, Tel. 533 70 54 . . . 0
(Montag, Donnerstag von 14 bis 18 Uhr)
Österreichisches Filmservice, Kammer & Co, Gesellschaft für Audiovisuelle Kommunikation, 4, Schaumburgergasse 18, Tel. 504 83 15
(Montag bis Freitag von 8 bis 16 Uhr)
Österreichisches Forschungsinstitut für Chemie und Technik, Bibliothek, 3, Franz-Grill-Straße 5, Tel. 798 16 01 . . ., 17
(Montag bis Donnerstag von 9 bis 16 Uhr, Freitag von 9 bis 12 Uhr)
Österreichisches Forschungsinstitut für Sparkassenwesen, 3, Grimmelshausengasse 1, Tel. 711 69 . . ., 290
(nach Vereinbarung)
Österreichisches Gartenbaumuseum, 10, Laaer-Berg-Straße 211, Tel. 688 11 70
(Mai bis Oktober Mittwoch bis Freitag von 10 bis 14.30 Uhr)
Österreichisches Gendarmerie-Museum, 3, Rennweg 93a, Tel. 713 35 81 . . ., 393
(nach Vereinbarung)
Österreichisches Gesellschafts- und Wirtschaftsmuseum, 5, Vogelsanggasse 36, Tel. 545 25 51 . . ., 12
(Montag bis Freitag von 8 bis 16 Uhr)
Österreichisches Getränke-Institut, 18, Michaelerstraße 25, Tel. 479 69 24 . . ., 12
(Montag bis Freitag von 8 bis 12 Uhr und von 13 bis 16 Uhr)
Österreichisches Holzforschungsinstitut, Dokumentationsstelle, 3, Franz-Grill-Straße 7, Tel. 798 26 23 . . ., 40
(Montag bis Donnerstag von 9 bis 12 Uhr und von 13 bis 15 Uhr, Freitag von 9 bis 12 Uhr)
Österreichisches Institut für Berufsbildungsforschung, 9, Kolingasse 15, Tel. 310 33 34 . . ., 36
(Montag bis Freitag von 9 bis 12 Uhr und von 13 bis 16 Uhr)
Österreichisches Institut für Bibliotheksforschung, Dokumentations- und Informationswesen, 1, Josefsplatz 1, Tel. 534 10 . . . 0
(nach Vereinbarung)
Österreichisches Institut für Formgebung, 7, Sankt-Ulrichs-Platz 4, Tel. 523 87 82 . . . 0
(Montag, Dienstag, Freitag von 12 bis 17 Uhr, Donnerstag von 12 bis 19 Uhr)
Österreichisches Institut für Jugendforschung, 2, Glockengasse 4/3, Tel. 214 78 81
(Montag bis Donnerstag von 13 bis 16 Uhr)
Österreichisches Institut für Raumplanung, Bibliothek und Dokumentation, 1, Franz-Josefs-Kai 27, Tel. 533 87 47 . . ., 25
(Donnerstag von 8.30 bis 12 Uhr)

Österreichisches Institut für Schul- und Sportstättenbau, 4, Prinz-Eugen-Straße 12, Tel. 505 37 42 . . ., 253 (Montag bis Donnerstag von 8 bis 16 Uhr, Freitag von 8 bis 15 Uhr)
Österreichisches Institut für Wirtschaftsforschung, 3, Arsenal, Objekt 20, Tel. 798 26 01 . . ., 284 (Montag bis Donnerstag von 10 bis 15 Uhr)
Östereichisches Komitee für UNICEF, 22, Kagran, Wagramer Straße 5, Tel. 23 60 . . ., 1557 (nach Vereinbarung)
Österreichisches Kunststoffinstitut, Abteilung Dokumentation und Information, 3, Franz-Grill-Straße 5, Tel. 798 16 01 . . ., 17 (Montag bis Donnerstag von 9 bis 16 Uhr, Freitag von 9 bis 12 Uhr)
Österreichisches Kuratorium für Landtechnik, 4, Schwindgasse 5, Tel. 505 31 75 (Montag bis Donnerstag von 9 bis 16 Uhr, Freitag von 8 bis 12 Uhr)
Österreichisches Lateinamerika-Institut, 1, Schmerlingplatz 8, Tel. 523 27 27 (Montag bis Freitag von 14 bis 17 Uhr)
Österreichisches Museum für angewandte Kunst, Bibliothek und Kunstblättersammlung, 1, Stubenring 5, Tel. 711 36 . . ., 296 (Dienstag, Mittwoch, Freitag bis Sonntag von 10 bis 18 Uhr, Donnerstag von 10 bis 21 Uhr)
Österreichisches Museum für Volkskunde, 8, Laudongasse 15–19, Tel. 406 89 05 . . ., 25 (Dienstag bis Freitag von 9 bis 17 Uhr, Samstag von 9 bis 12 Uhr, Sonntag von 9 bis 13 Uhr)
Österreichisches Nationalkomitee des Weltenergierates, 1, Schwarzenbergplatz 1, Tel. 713 35 11 . . ., 16 (Montag bis Freitag von 9 bis 14 Uhr)
Österreichisches Ökologie-Institut für angewandte Umweltforschung, Bibliothek und Servicestelle, 7, Seidengasse 13, Tel. 523 61 05 . . ., 23 (Montag, Dienstag, Donnerstag, Freitag von 10 bis 12 Uhr und von 13 bis 16 Uhr)
Österreichisches Ost- und Südosteuropa-Institut, Bibliothek und Dokumentation, 1, Augustinerstraße 12, Tel. 512 43 28 (Montag bis Donnerstag von 8 bis 16.30 Uhr, Freitag von 8 bis 15 Uhr)
Österreichisches Pastoralinstitut, 1, Stephansplatz 3, Tel. 515 52 . . ., 752 (öffentlich nicht zugänglich)
Österreichisches Patentamt, 1, Kohlmarkt 8–10, Tel. 534 24 . . ., 152 (Montag bis Freitag von 8 bis 14 Uhr)
Österreichisches Sprachinselmuseum, 18, Semperstraße 29, Tel. 479 60 83 (nach Vereinbarung)
Österreichisches Staatsarchiv
Allgemeines Verwaltungsarchiv, 3, Nottendorfer Gasse 2, Tel. 795 40 . . ., 354 (Montag, Donnerstag von 9 bis 17 Uhr, Dienstag, Mittwoch von 9 bis 18 Uhr, Freitag von 9 bis 13 Uhr)
Archiv der Republik mit Zwischenarchiv, 3, Nottendorfer Gasse 2, Tel. 795 40 . . ., 250 (Montag, Dienstag, Donnerstag von 9 bis 17 Uhr, Mittwoch von 9 bis 19 Uhr, Freitag von 9 bis 15 Uhr)
Bibliothek, 3, Nottendorfer Gasse 2, Tel. 795 40 . . ., 200 (Montag, Dienstag, Donnerstag von 9 bis 17 Uhr, Mittwoch von 9 bis 19 Uhr, Freitag von 9 bis 15 Uhr)
Finanz- und Hofkammerarchiv, 1, Johannesgasse 6, Tel. 512 54 34 (Finanzarchiv: Montag, Mittwoch von 12.30 bis 15.30 Uhr, Dienstag, Donnerstag, Freitag von 8.30 bis 12.30 Uhr; Hofkammerarchiv: Montag, Donnerstag von 12.30 bis 15.45 Uhr, Dienstag, Mittwoch, Freitag von 8.30 bis 12.30 Uhr)
Haus-, Hof- und Staatsarchiv, 3, Nottendorfer Gasse 2, Tel. 795 40 . . . 0 (Montag, Donnerstag von 9 bis 17 Uhr, Dienstag, Mittwoch von 9 bis 18 Uhr, Freitag von 9 bis 13 Uhr)
Haus-, Hof- und Staatsarchiv, Bibliothek, 1, Minoritenplatz 1, Tel. 531 15 . . ., 2510 (Montag bis Freitag von 9 bis 16 Uhr)
Kriegsarchiv, 3, Nottendorfer Gasse 2, Tel. 795 40 . . ., 452 (Montag, Donnerstag von 9 bis 17 Uhr, Dienstag, Mittwoch von 9 bis 18 Uhr, Freitag von 9 bis 13 Uhr)
Verkehrsarchiv, 3, Nottendorfer Gasse 2, Tel. 795 40 . . . 0 (Montag, Donnerstag von 9 bis 17 Uhr, Dienstag, Mittwoch von 9 bis 18 Uhr, Freitag von 9 bis 13 Uhr)
Österreichisches Statistisches Zentralamt
Bibliothek, 3, Hintere Zollamtsstraße 2b, Tel. 711 28 . . ., 7800 (Montag bis Freitag von 9 bis 15 Uhr)
Datenbank ISIS, 3, Hintere Zollamtsstraße 2b, Tel. 711 28 . . ., 7862 (Montag bis Freitag von 7 bis 20 Uhr)
Österreichisches Textil-Forschungsinstitut, 5, Spengergasse 20, Tel. 544 25 43 . . ., 13 (Montag bis Donnerstag von 8 bis 17 Uhr, Freitag von 8 bis 12 Uhr)
Österreichisches TheaterMuseum, 1, Lobkowitzplatz 2, Tel. 512 88 00 . . ., 37 (Dienstag bis Freitag von 10 bis 17 Uhr, Samstag von 10 bis 13 Uhr)
Österreichisches Volksgruppenzentrum, 1, Teinfaltstraße 4, Tel. 533 15 04 (Montag bis Donnerstag von 9 bis 17 Uhr, Freitag von 9 bis 13 Uhr)
Österreichisches Volkslied-Archiv, 16, Gallitzinstraße 1, Tel. 914 46 26 (Dienstag, Mittwoch von 9 bis 12 Uhr, Donnerstag von 9 bis 19 Uhr)
Otto-Wagner-Archiv, 7, Döblergasse 4, Tel. 523 22 33 (Montag bis Freitag von 9 bis 12 Uhr)
Pädagogische Akademie der Erzdiözese Wien, Bibliothek, 21, Mayerweckstraße 1, Tel. 291 08 . . ., 130 (Montag, Dienstag, Donnerstag von 7.30 bis 16 Uhr, Mittwoch von 7.30 bis 17 Uhr, Freitag von 7.30 bis 12 Uhr)
Pädagogische Zentralbücherei der Stadt Wien, 7, Burggasse 14–16, Tel. 523 62 22 . . . 0 (Montag bis Donnerstag von 11 bis 16 Uhr, Freitag von 11 bis 15 Uhr)
Pädagogisches Institut des Bundes in Wien, 10, Grenzackerstraße 18, Tel. 601 18 . . ., 4258 (öffentlich nicht zugänglich)
Päpstliche Missionswerke in Österreich Missio Austria, Bibliothek und Dokumentationsstelle, 1, Seilerstätte 12, Tel. 513 77 22 . . ., 22 (Montag bis Donnerstag von 8 bis 12 Uhr und von 13 bis 17 Uhr, Freitag von 8 bis 12 Uhr)
Parlamentsdirektion, Parlamentarisch-Wissenschaftlicher Dienst
Archiv, 1, Dr.-Karl-Renner-Ring 3, Tel. 401 10 . . ., 2236 (nach Vereinbarung)
Bibliothek, 1, Dr.-Karl-Renner-Ring 3, Tel. 401 10 . . ., 2285 (Montag bis Freitag von 8.30 bis 15.30 Uhr)
Dokumentation der parlamentarischen Materialien und Statistik, 1, Dr.-Karl-Renner-Ring 3, Tel. 401 10 . . ., 2236 (nach Vereinbarung)
Literaturdokumentation, 1, Dr.-Karl-Renner-Ring 3, Tel. 401 10 . . ., 2281 (Montag bis Freitag von 9 bis 15.30 Uhr)
Pastoralamt der Erzdiözese Wien, Studienbibliothek, 1, Stephansplatz 6/V, Tel. 515 52 . . ., 318 (Dienstag von 14 bis 16.30 Uhr, Donnerstag von 9 bis 12 Uhr)

Pathologisch-anatomisches Bundesmuseum, 9, Spitalgasse 2/6, Hof, Tel. 406 86 72 (Mittwoch von 15 bis 18 Uhr, Donnerstag von 8 bis 11 Uhr, jeden ersten Samstag im Monat von 10 bis 13 Uhr)
Polnisches Institut in Wien, Bibliothek, 1, Am Gestade 7, Tel. 533 89 61 (Montag, Mittwoch, Donnerstag von 14 bis 18 Uhr)
Post- und Telegraphenverwaltung, Bibliothek und Archive, 1, Postgasse 8, Tel. 515 51 . . ., 512 (Montag bis Freitag von 9 bis 15 Uhr)
Pratermuseum, 2, Oswald-Thomas-Platz 1, Tel. 729 54 94 . . ., 31 (Dienstag bis Freitag von 9 bis 12.15 Uhr und von 13 bis 16 Uhr, Samstag, Sonn- und Feiertag von 14 bis 18.30 Uhr)
Die Presse, Archiv, 1, Parkring 12a, Tel. 514 14 . . ., 452 (nach Vereinbarung)
Presseclub Concordia, 1, Bankgasse 8, Tel. 533 85 73 (Montag bis Donnerstag von 9 bis 18 Uhr, Freitag von 9 bis 13 Uhr)
Pressefotograf Alfred Cermak, 9, Roßauer Lände 21, Tel. 317 26 99 (nach Vereinbarung)
Prof.-Hans-Pemmer-Bibliothek, 19, Döblinger Hauptstraße 96, Tel. 368 65 46 (nach Vereinbarung)
Psychotechnisches Institut, 18, Haizingergasse 28, Tel. 470 67 00 (nach Vereinbarung)
Public Relations Verband Austria, 3, Postfach 56, Tel. 310 34 01 . . . 0 (öffentlich nicht zugänglich)
Rechtsanwaltskammer Wien, Bibliothek, 1, Rotenturmstraße 13, Tel. 533 27 18 . . ., 36 (Montag bis Donnerstag von 8.30 bis 17 Uhr, Freitag von 8.30 bis 13 Uhr)
Rumänisch-orthodoxes Pfarramt in Wien, Bibliothek und Archiv, 1, Löwelstraße 8, Tel. 533 03 29 (nach Vereinbarung)
Russisches Kulturinstitut, Studienbibliothek, 4, Brahmsplatz 8, Tel. 505 18 29 (Montag, Donnerstag von 16 bis 19 Uhr)
Salvatorianer-Kolleg Mariahilf, Bibliothek, 6, Barnabitengasse 14, Tel. 587 87 53 (nach Vereinbarung)
Sandoz Forschungsinstitut, Bibliothek, 23, Liesing, Brunner Straße 59, Tel. 866 34 . . . 0 (öffentlich nicht zugänglich)
Sandoz Ges.m.b.H., Medizinische Dokumentation, 23, Liesing, Brunner Straße 59, Objekt 15, Tel. 863 64 . . . 0 (öffentlich nicht zugänglich)
Schloß Hetzendorf, Modesammlungen, 12, Hetzendorfer Straße 79, Tel. 505 87 47 . . ., 84046 (Dienstag bis Sonntag von 9 bis 12.15 Uhr und von 13 bis 16.30 Uhr)
Schottenstift, Archiv, 1, Freyung 6, Tel. 534 98 . . . 0 (nach Vereinbarung)
Sigmund-Freud-Museum, Bibliothek, 9, Berggasse 19, Tel. 319 15 96 . . . 0 (täglich von 9 bis 16 Uhr)
Souveräner Malteser Ritterorden im Großpriorat von Österreich, Bibliothek, 1, Johannesgasse 2, Tel. 512 72 44 (nach Vereinbarung)
Spanische Reitschule in Wien, 1, Michaelerplatz 1, Hofburg, Tel. 533 90 31 . . ., 26 (Dienstag bis Freitag von 10 bis 11 Uhr)
Spanisches Kulturinstitut, 4, Goldeggasse 7, Tel. 505 25 35 (Montag bis Donnerstag von 9 bis 13 Uhr und von 15 bis 19 Uhr, Freitag von 9 bis 13 Uhr)
SPÖ – Freie Schule Kinderfreunde, 1, Rauhensteingasse 5, Tel. 512 12 98 . . ., 53 (nach Vereinbarung)
Staatlich genehmigte Gesellschaft der Autoren, Komponisten und Musikverleger (AKM), Bibliothek, 3, Baumannstraße 8–10, Tel. 717 14 . . ., 101 (nach Vereinbarung)
Städtische Büchereien, 8, Skodagasse 20, Tel. 401 24 . . ., 84500 (Hauptbücherei mit Musikabteilung: Montag, Donnerstag von 10 bis 19.30 Uhr, Dienstag, Freitag von 14 bis 19.30 Uhr; Zweigstellen: Montag von 10 bis 12 Uhr und von 14 bis 19 Uhr, Dienstag, Freitag von 14 bis 18 Uhr, Donnerstag von 9 bis 12 Uhr und von 14 bis 18 Uhr; Lehrlingsbüchereien öffentlich nicht zugänglich)
Stadt- und Regionalforschung GmbH, 7, Lindengasse 26/2/3, Tel. 523 89 53 (öffentlich nicht zugänglich)
Stefan-Zweig-Archiv, 8, Schmidgasse 18, Tel. 403 64 15 (Freitag von 12 bis 14 Uhr)
STICHWORT, Archiv der Frauen- und Lesbenbewegung, Bibliothek Dokumentation Multimedia, 9, Berggasse 5/24, Tel. 314 85 44 (für Frauen: Montag, Dienstag von 9 bis 14 Uhr, Mittwoch, Donnerstag von 15 bis 20 Uhr)
Stiftung Bruno-Kreisky-Archiv, 5, Rechte Wienzeile 97, Tel. 545 75 35 . . ., 32 (Montag, Mittwoch, Donnerstag von 10 bis 16 Uhr, Dienstag von 10 bis 19 Uhr)
Studien- und Beratungsstelle für Kinder- und Jugendliteratur, 1, Bräunerstraße 3/8, Tel. 515 52 . . ., 784 (Montag bis Donnerstag von 8 bis 16.30 Uhr, Freitag von 8 bis 14 Uhr)
Studien- und Forschungszentrum Vorwärts, Bibliothek, 5, Rechte Wienzeile 97, Tel. 545 75 35 . . ., 40 (Montag, Mittwoch, Donnerstag von 10 bis 16 Uhr, Dienstag von 10 bis 19 Uhr)
Studienbibliothek für Lehrerausbildung und Lehrerfortbildung an der Pädagogischen und Berufspädagogischen Akademie des Bundes in Wien
Abteilung Berufspädagogik, 10, Grenzackerstraße 18, Tel. 601 18 . . ., 3061 (Montag von 7.30 bis 14 Uhr, Dienstag von 9 bis 16.30 Uhr, Mittwoch von 9 bis 14 Uhr, Donnerstag von 7.30 bis 17 Uhr, Freitag von 9 bis 13 Uhr)
Abteilung Pädagogik, 10, Ettenreichgasse 45a, Tel. 602 91 92 (Montag bis Donnerstag von 9 bis 16 Uhr, Freitag von 9 bis 13 Uhr)
Technische Universität Wien
Archiv, 4, Karlsplatz 13, Tel. 588 01 . . ., 3484 (Montag bis Freitag von 8 bis 12 Uhr)
Außeninstitut FoDok-AUSTRIA, 4, Gußhausstraße 28, Tel. 588 01 . . ., 4032 (Montag bis Freitag von 9.30 bis 15 Uhr)
Institut für Allgemeine Mechanik, 4, Wiedner Hauptstraße 8–10/201, Tel. 588 01 . . ., 5531 (Montag bis Freitag von 8 bis 16 Uhr)
Institut für Allgemeine Physik, 4, Wiedner Hauptstraße 8–10, Tel. 588 01 . . ., 5710 (nach Vereinbarung)
Institut für Analytische Chemie, 4, Karlsplatz 13, Tel. 588 01 . . ., 4940 (Montag bis Freitag von 9 bis 16 Uhr)
Institut für Angewandte Botanik, technische Mikroskopie und organische Rohstofflehre, 6, Getreidemarkt 9, Tel. 588 01 . . ., 4610 (Montag bis Freitag von 9 bis 16 Uhr)
Institut für Baubetrieb und Bauwirtschaft, 4, Karlsplatz 13, Tel. 588 01 . . ., 3330 (Montag bis Freitag von 8 bis 16 Uhr)
Institut für Baukunst und Bauaufnahmen, 4, Karlsplatz 13/251, Tel. 588 01 . . ., 3304 (nach Vereinbarung)
Institut für Betriebswissenschaften,

Arbeitswissenschaft und Betriebswirtschaftslehre,
4, Theresianumgasse 27, Tel. 505 83 97 . . ., 54
(Dienstag von 14 bis 16 Uhr, Donnerstag von 10 bis 12 Uhr)
Institut für Eisenbahnwesen, 4, Karlsplatz 13, Tel. 588 01 . . ., 3153
(Montag bis Freitag von 8 bis 16 Uhr)
Institut für Elektrische Anlagen, 4, Gußhausstraße 25/373, Tel. 588 01 . . ., 3645
(Montag bis Freitag von 10 bis 11.30 Uhr)
Institut für Elektrische Maschinen und Antriebe, 4, Gußhausstraße 25, Tel. 588 01 . . ., 3629
(öffentlich nicht zugänglich)
Institut für Elektrische Meßtechnik, 4, Gußhausstraße 25, Tel. 588 01 . . ., 3583
(nach Vereinbarung)
Institut für Elektrische Regelungstechnik, 4, Gußhausstraße 27, Tel. 588 01 . . ., 3900
(Dienstag, Donnerstag von 14 bis 15 Uhr)
Institut für Feinwerktechnik, 4, Gußhausstraße 27–29/358, Tel. 504 14 31 . . ., 16
(Montag bis Freitag von 10.30 bis 12 Uhr)
Institut für Fertigungstechnik, 4, Karlsplatz 13, Tel. 588 01 . . ., 3194
(Montag bis Freitag von 9 bis 12 Uhr und von 13 bis 16 Uhr)
Institut für Festigkeitslehre, 4, Karlsplatz 13/202, Tel. 588 01 . . ., 3085
(Dienstag bis Freitag von 9 bis 10.30 Uhr)
Institut für Finanzwissenschaft und Infrastrukturpolitik, 4, Karlsgasse 11, Tel. 588 01 . . ., 4319
(Montag bis Freitag von 9 bis 12 Uhr und von 13.30 bis 16 Uhr)
Institut für Fotogrammetrie und Fernerkundung, 4, Gußhausstraße 27–29, Tel. 588 01 . . ., 3812
(Montag bis Freitag von 9 bis 16 Uhr)
Institut für Geologie, 4, Karlsplatz 13, Tel. 588 01 . . ., 3079
(Montag bis Freitag von 10 bis 12 Uhr)
Institut für Geometrie, 4, Wiedner Hauptstraße 8–10, Tel. 588 01 . . ., 5346
(öffentlich nicht zugänglich)
Institut für Hoch- und Industriebau, Abteilung Hochbau, 4, Karlsplatz 13, Tel. 588 01 . . ., 3450
(nach Vereinbarung)
Institut für Hochbau für Architekten, 4, Karlsplatz 13, Tel. 588 01 . . ., 3488
(Montag bis Freitag von 9 bis 11 Uhr)
Institut für Hydraulik, Gewässerkunde und Wasserwirtschaft, 4, Karlsplatz 13/223, Tel. 505 62 12
(Montag bis Freitag von 10 bis 16 Uhr)
Institut für Informationssysteme, Abteilung für Datenbanken und Expertensysteme, 4, Paniglgasse 16, Tel. 588 01 . . ., 6121
(Montag bis Donnerstag von 10 bis 11 Uhr)
Institut für Informationssysteme, Abteilung für Verteilte Systeme, 4, Argentinierstraße 8/184-1, Tel. 588 01 . . ., 4470
(Montag bis Mittwoch von 9.30 bis 11 Uhr, Donnerstag von 9.30 bis 11 Uhr und von 14 bis 15 Uhr)
Institut für Künstlerische Gestaltung, Abteilung Zeichnen und Malerische Darstellung, 4, Karlsplatz 13, Tel. 588 01 . . ., 3167
(öffentlich nicht zugänglich)
Institut für Landesvermessung und Ingenieurgeodäsie, Abteilung Ingenieurgeodäsie, 4, Gußhausstraße 27–29, Tel. 588 01 . . ., 3773
(öffentlich nicht zugänglich)
Institut für Landschaftsplanung und Gartenkunst, 4, Karlsgasse 11, Tel. 588 01 . . ., 4324
(Montag von 9 bis 11 Uhr und von 13 bis 15 Uhr, Mittwoch von 13 bis 15 Uhr, Donnerstag, Freitag von 9 bis 11 Uhr)
Institut für Lebensmittelchemie und Lebensmitteltechnologie, 6, Getreidemarkt 9, Tel. 588 01 . . ., 4882
(Montag bis Donnerstag von 8 bis 17 Uhr, Freitag von 8 bis 16.30 Uhr)
Institut für Leichtbau und Flugzeugbau, 4, Gußhausstraße 25–29, Tel. 588 01 . . ., 3722
(Montag bis Freitag von 9 bis 12 Uhr)
Institut für Leichtbau und Flugzeugbau, Abteilung für Flugzeugbau und Schiffbau, 4, Gußhausstraße 27–29, Tel. 588 01 . . ., 3722
(Montag bis Freitag von 9 bis 12 Uhr)
Institut für Maschinendynamik und Meßtechnik, 4, Wiedner Hauptstraße 8-10, Tel. 588 01 . . ., 5561
(Montag, Mittwoch von 10 bis 16 Uhr)
Institut für Nachrichtentechnik und Hochfrequenztechnik, 4, Gußhausstraße 25-29, Tel. 588 01 . . ., 3512
(Montag bis Freitag von 8 bis 16 Uhr)
Institut für Örtliche Raumplanung, 4, Karlsgasse 11, Tel. 588 01 . . ., 4329
(Montag bis Freitag von 8 bis 16 Uhr)
Institut für Stadt- und Regionalforschung, 4, Karlsgasse 13/3, Tel. 588 01 . . ., 4342
(Montag bis Freitag von 9 bis 12 Uhr und von 13 bis 16 Uhr)
Institut für Städtebau, Raumplanung und Raumordnung, 4, Karlsplatz 13, Tel. 588 01 . . ., 3378
(Montag bis Freitag von 9 bis 12 Uhr)
Institut für Stahlbau, 4, Karlsplatz 13, Tel. 588 01 . . ., 3396
(Montag bis Freitag von 9 bis 11 Uhr)
Institut für Statistik und Wahrscheinlichkeitstheorie, 4, Wiedner Hauptstraße 8-10, Tel. 588 01 . . ., 5425
(Montag bis Freitag von 8 bis 15 Uhr)
Institut für Straßenbau und Straßenerhaltung, 4, Gußhausstraße 28, Tel. 588 01 . . ., 4014
(Montag bis Freitag von 8 bis 16 Uhr)
Institut für Straßenbau und Verkehrswesen, Abteilung für Verkehrsplanung und Verkehrstechnik, 4, Gußhausstraße 30, Tel. 588 01 . . ., 4006
(Montag bis Freitag von 9 bis 12 Uhr)
Institut für Strömungslehre und Wärmeübertragung, 4, Wiedner Hauptstraße 7, Tel. 588 01 . . ., 4506
(Montag bis Donnerstag von 9 bis 15 Uhr, Freitag von 9 bis 12 Uhr)
Institut für Technische Elektrochemie, 6, Getreidemarkt 9, Tel. 588 01 . . ., 4762
(Montag bis Freitag von 8 bis 16 Uhr)
Institut für Technische Wärmelehre, 6, Getreidemarkt 9, Tel. 588 01 . . ., 4930
(Montag bis Freitag von 10 bis 11 Uhr)
Institut für Theoretische Geodäsie und Geophysik, Abteilung Geophysik, 4, Gußhausstraße 27–29, Tel. 588 01 . . ., 3807
(Montag bis Freitag von 10 bis 15 Uhr)
Institut für Theoretische Physik, 4, Wiedner Hauptstraße 8–10, Tel. 588 01 . . ., 5681
(Montag, Mittwoch, Freitag von 11 bis 12 Uhr, Dienstag, Donnerstag von 13 bis 14 Uhr)
Institut für Thermische Turbomaschinen und Energieanlagen, 6, Getreidemarkt 9, Tel. 588 01 . . ., 4892
(Montag bis Freitag von 10.30 bis 12 Uhr)
Institut für Tragwerkslehre und Baukonstruktionen des Holz- und Stahlbaues, 4, Karlsplatz 13, Tel. 588 01 . . ., 3464
(Montag bis Freitag von 9 bis 12 Uhr)
Institut für Volkswirtschaftslehre und Volkswirtschaftspolitik, 4, Argentinierstraße 8/175, Tel. 588 01 . . ., 4448
(Montag bis Freitag von 9.30 bis 11.30 Uhr)
Institut für Wassergüte und Landschaftswasserbau, 4, Karlsplatz 13, Tel. 588 01 . . ., 3140
(Montag bis Freitag von 8.30 bis 16 Uhr)
Institut für Wasserkraftmaschinen und Pumpen, 4, Karlsplatz 13/305, Tel. 588 01 . . ., 3211
(Montag, Dienstag, Donnerstag von 10 bis 11.30 Uhr,

Mittwoch von 14 bis 15.30 Uhr)
Institut für Wohnbau, 4, Karlsplatz 13, Tel. 588 01 . . ., 3253
(Montag bis Mittwoch von 11 bis 12 Uhr)
Technische Versuchs- und Forschungsanstalt, Institut für Werkstoffkunde und Materialprüfung,
4, Karlsplatz 13, Tel. 588 01 . . ., 3433
(nach Vereinbarung)
Technische Versuchs- und Forschungsanstalt, Institut für Werkstoffkunde und Materialprüfung,
4, Karlsplatz 13, Tel. 588 01 . . ., 4070
(nach Vereinbarung)
Universitätsbibliothek, Hauptbibliothek, 4, Karlsplatz 13, Tel. 588 01 . . ., 5951
(Montag bis Freitag von 9 bis 19 Uhr)
Universitätsbibliothek, Informationsvermittlungsstelle,
4, Resselgasse 4, Tel. 588 01 . . ., 5965
(Montag bis Freitag von 9 bis 15 Uhr)

Technisches Museum für Industrie und Gewerbe in Wien
Bibliothek, 14, Abbegasse, Tel. 914 16 10
(derzeit wegen Umbaues geschlossen)
Österreichisches Forschungsinstitut für Technikgeschichte, Archiv, 14, Abbegasse, Tel. 914 16 10 . . ., 502
(nach Vereinbarung)
Post- und Telegraphenmuseum, Bibliothek,
14, Mariahilfer Straße 212, Tel. 914 16 10
(derzeit wegen Umbaues geschlossen)

Technologisches Gewerbemuseum, Zentralbibliothek,
20, Wexstraße 19–23, Tel. 331 26 . . ., 228
(Montag von 8 bis 18 Uhr, Dienstag bis Donnerstag von 8 bis 15 Uhr, Freitag von 8 bis 13 Uhr)

Theater in der Josefstadt, Archiv, 8, Josefstädter Straße 26, Tel. 427 00 . . . 0
(nach Vereinbarung)

Uhrenmuseum der Stadt Wien, 1, Schulhof 2, Tel. 533 22 65
(Dienstag bis Sonntag von 9 bis 16.30 Uhr)

Umweltbundesamt, Information – Dokumentation – Bibliothek,
9, Spittelauer Lände 5, Tel. 313 04 . . . 0
(nach Vereinbarung)

Ungarisches Kirchensoziologisches Institut,
3, Gerlgasse 10, Tel. 798 02 33
(Montag bis Freitag von 9 bis 16 Uhr)

Universität für Bodenkultur Wien
Institut für Agrarökonomie, 19, Peter-Jordan-Straße 82, Tel. 476 54 . . ., 3582
(Montag bis Freitag von 9.30 bis 11.30 Uhr)
Institut für angewandte Mikrobiologie,
19, Nußdorfer Lände 11, Tel. 369 29 24 . . ., 410
(Montag bis Freitag von 8 bis 16 Uhr)
Institut für Bodenforschung und Baugeologie,
18, Gregor-Mendel-Straße 33, Tel. 319 12 54 . . ., 332
(nach Vereinbarung)
Institut für Forstentomologie, Forstpathologie und Forstschutz, 19, Hasenauerstraße 38, Tel. 319 55 39 . . ., 21
(Montag, Mittwoch, Freitag von 8 bis 8.30 Uhr und von 13 bis 14 Uhr)
Institut für Forstliche Betriebswirtschaft und Forstwirtschaftspolitik, 18, Gregor-Mendel-Straße 33, Tel. 476 54 . . ., 4403
(Montag bis Freitag von 9 bis 16 Uhr)
Institut für Forstliche Ertragslehre,
19, Peter-Jordan-Straße 70, Tel. 476 54 . . ., 4204
(Montag bis Donnerstag von 8.30 bis 11.30 Uhr und von 13 bis 15.30 Uhr, Freitag von 8.30 bis 11.30 Uhr)
Institut für Forsttechnik, 19, Peter-Jordan-Straße 7/2, Tel. 476 54 . . ., 4305
(Montag bis Freitag von 9 bis 12 Uhr)
Institut für Holzforschung, 18, Gregor-Mendel-Straße 33, Tel. 476 54 . . ., 4254
(Montag bis Freitag von 10 bis 11 Uhr)
Institut für konstruktiven Ingenieurbau,
19, Peter-Jordan-Straße 82, Tel. 476 54 . . ., 5271
(Montag bis Freitag von 8 bis 12 Uhr)
Institut für Landschaftsgestaltung und Gartenbau,
19, Peter-Jordan-Straße 82, Tel. 476 54 . . ., 3474
(Montag, Mittwoch von 9 bis 11.30 Uhr und von 13.30 bis 15 Uhr, Donnerstag von 9 bis 11.30 Uhr und von 13.30 bis 17 Uhr)
Institut für Lebensmitteltechnologie,
19, Peter-Jordan-Straße 82, Tel. 476 54 . . ., 6251
(Montag bis Freitag von 8 bis 12 Uhr)
Institut für Mathematik und Angewandte Statistik, Abteilung Angewandte Statistik und EDV,
18, Gregor-Mendel-Straße 33, Tel. 476 54 . . ., 5061
(öffentlich nicht zugänglich)
Institut für Mathematik und Angewandte Statistik, Abteilung Mathematik, 18, Gregor-Mendel-Straße 33, Tel. 476 54 . . ., 5052
(öffentlich nicht zugänglich)
Institut für Milchforschung und Bakteriologie,
18, Gregor-Mendel-Straße 33, Tel. 476 54 . . ., 6100
(Montag bis Freitag von 8.30 bis 16 Uhr)
Institut für Nutztierwissenschaften,
18, Gregor-Mendel-Straße 33, Tel. 476 54 . . ., 3261
(Montag bis Freitag von 9 bis 12 Uhr)
Institut für Obstbau, 18, Gregor-Mendel-Straße 33, Tel. 476 54 . . ., 418
(Montag bis Freitag von 8 bis 16 Uhr)
Institut für Pflanzenbau und Pflanzenzüchtung,
18, Gregor-Mendel-Straße 33, Tel. 476 54..., 3309
(Montag bis Donnerstag von 8 bis 12 Uhr und von 13 bis 15 Uhr, Freitag von 8 bis 12 Uhr)
Institut für Pflanzenschutz, 19, Peter-Jordan-Straße 82, Tel. 476 54 . . ., 3350
(Montag bis Freitag von 8 bis 16 Uhr)
Institut für Raumplanung und Agrarische Operationen,
19, Hasenauerstraße 42, Tel. 310 63 40 . . ., 21
(Montag bis Freitag von 10 bis 12.30 Uhr)
Institut für Verkehrswesen, 18, Gregor-Mendel-Straße 33, Tel. 476 54 . . ., 5302
(Montag bis Freitag von 8 bis 16 Uhr)
Institut für Vermessungswesen und Fernerkundung,
19, Peter-Jordan-Straße 82, Tel. 476 54 . . ., 5103
(bedingt zugänglich)
Institut für Waldbau, 19, Peter-Jordan-Straße 70, Tel. 476 54 . . ., 4055
(öffentlich nicht zugänglich)
Institut für Waldökologie, 19, Peter-Jordan-Straße 82, Tel. 476 54 . . ., 4102
(nach Vereinbarung)
Institut für Wildbach- und Lawinenverbauung,
19, Peter-Jordan-Straße 82, Tel. 476 54 . . ., 4351
(Montag bis Freitag von 8 bis 16 Uhr)
Verpackungslabor für Lebensmittel und Getränke,
18, Gregor-Mendel-Straße 33, Tel. 476 54 . . ., 207
(Montag bis Donnerstag von 8 bis 17 Uhr, Freitag von 8 bis 12.30 Uhr)
Zentrum für Ultrastrukturforschung,
18, Gregor-Mendel-Straße 33, Tel. 476 54 . . ., 2202
(öffentlich nicht zugänglich)

Universität Wien
Archiv, 1, Postgasse 9, Tel. 513 11 61
(nach Vereinbarung)
Dokumentationssystem Erwachsenenbildung, Fachbibliothek, 9, Garnisongasse 3/4, Tel. 405 13 33 . . ., 3
(Montag bis Freitag von 10 bis 16 Uhr)
Histologisch-Embryologisches Institut,
9, Schwarzspanierstraße 17, Tel. 404 80 . . ., 272
(Montag bis Freitag von 8 bis 16 Uhr)
Histologisch-Embryologisches Institut, Ordinariat: Histologie und Embryologie II,
9, Schwarzspanierstraße 17, Tel. 404 80 . . ., 369

(Montag bis Freitag von 8 bis 15 Uhr)
Hygiene-Institut, 9, Kinderspitalgasse 15, Tel. 404 90 . . ., 201
(Montag von 13 bis 16 Uhr, Dienstag von 9 bis 12 Uhr, Mittwoch, Donnerstag von 8 bis 16 Uhr, Freitag von 8 bis 13 Uhr)
Institut für Ägyptologie, 9, Frankgasse 1/10, Tel. 405 43 00
(Montag bis Donnerstag von 9 bis 18 Uhr, Freitag von 9 bis 17 Uhr)
Institut für Allgemeine Biologie, 9, Schwarzspanierstraße 17, Tel. 404 80 . . ., 351
(Montag bis Freitag von 9 bis 16 Uhr)
Institut für Allgemeine und Vergleichende Physiologie, 9, Schwarzspanierstraße 17, Tel. 404 80 . . ., 396
(nach Vereinbarung)
Institut für Anatomie, 9, Währinger Straße 13, Tel. 404 80 . . ., 210
(bedingt zugänglich)
Institut für Anorganische Chemie, 9, Währinger Straße 42, Tel. 313 67 . . ., 2019
(Montag bis Freitag von 8 bis 18 Uhr)
Institut für Astronomie, Universitäts-Sternwarte, 18, Türkenschanzstraße 17, Tel. 470 68 00 . . ., 86
(Mittwoch von 14 bis 18 Uhr, Donnerstag von 14 bis 17 Uhr)
Institut für Biochemie, 3, Dr.-Bohr-Gasse 9/3, Tel. 795 15 . . ., 3727
(Montag bis Freitag von 8 bis 16 Uhr)
Institut für Biochemie und Molekulare Zellbiologie, 3, Dr.-Bohr-Gasse 9, Tel. 795 15 . . ., 5114
(Montag bis Freitag von 9 bis 16 Uhr)
Institut für biochemische Pharmakologie, 9, Borschkegasse 8A, Tel. 401 54 . . ., 290
(Montag bis Freitag von 8 bis 16 Uhr)
Institut für Finno-Ugristik, 9, Berggasse 11, Tel. 317 55 79
(Montag bis Freitag von 9 bis 17 Uhr)
Institut für Geologie, 1, Universitätsstraße 7/3, Tel. 401 03 . . ., 2517
(Montag, Mittwoch, Donnerstag von 9 bis 12 Uhr, Dienstag von 14 bis 16 Uhr, Freitag von 10 bis 12 Uhr)
Institut für Gerichtliche Medizin, 9, Sensengasse 2, Tel. 402 40 51 . . ., 49
(Montag bis Freitag von 8 bis 12 Uhr – nach Vereinbarung)
Institut für Geschichte der Medizin, 9, Währinger Straße 25, Tel. 408 79 00
(Montag bis Freitag von 9 bis 16.30 Uhr)
Institut für Klassische Philologie, 1, Dr.-Karl-Lueger-Ring 1, Tel. 401 03 . . ., 2325
(Montag bis Freitag von 8 bis 19 Uhr, Samstag von 9 bis 12 Uhr)
Institut für Kunstgeschichte, Dia- und Fotosammlung, Ikonographischer Forschungsapparat, 1, Universitätsstraße 7, Tel. 401 03 . . ., 2503
(Montag bis Freitag von 9 bis 18 Uhr)
Institut für Logistik, 9, Universitätsstraße 10/11, Tel. 401 03..., 2524
(Montag bis Freitag von 9 bis 12 Uhr)
Institut für Medizinische Chemie, 9, Währinger Straße 10, Tel. 319 14 84
(Montag bis Freitag von 8 bis 12 Uhr)
Institut für Medizinische Kybernetik und Artificial Intelligence, 1, Freyung 6, Tel. 535 32 81
(Montag bis Freitag von 9 bis 17 Uhr)
Institut für Medizinische Physik, 9, Währinger Straße 13, Tel. 401 80 . . ., 401
(Montag bis Donnerstag von 13 bis 15 Uhr)
Institut für Medizinische Physiologie, 9, Schwarzspanierstraße 17, Tel. 404 80 . . ., 236
(nach Vereinbarung)
Institut für Meteorologie und Geophysik, 19, Hohe Warte 38, Tel. 36 26 . . ., 3050
(Montag bis Freitag von 8 bis 16 Uhr)
Institut für Mineralogie und Kristallographie, 1, Dr.-Karl-Lueger-Ring 1, Tel. 401 03 . . ., 2332
(Montag, Freitag von 13 bis 16 Uhr, Mittwoch von 9 bis 11 Uhr)
Institut für Molekularbiologie, 3, Dr.-Bohr-Gasse 9, Tel. 795 15 . . ., 2120
(bedingt zugänglich)
Institut für Musikwissenschaft, 1, Universitätsstraße 7/6, Tel. 401 03 . . ., 2625
(Montag bis Donnerstag von 9 bis 11.30 Uhr und von 12.30 bis 19 Uhr, Freitag von 9 bis 11.30 Uhr und von 12.30 bis 18 Uhr)
Institut für Neuropharmakologie, 9, Währinger Straße 13a, Tel. 404 80 . . ., 299
(bedingt zugänglich)
Institut für Numismatik, 19, Franz-Klein-Gasse 1, Tel. 313 52 . . .0
(Montag bis Freitag von 9 bis 16 Uhr)
Institut für Organische Chemie, 9, Währinger Straße 38, Tel. 313 67 . . ., 2216
(Montag bis Freitag von 9 bis 12.30 Uhr und von 13.30 bis 17 Uhr)
Institut für Orientalistik, 1, Universitätsstraße 7/V, Tel. 401 03 . . ., 2597
(Montag bis Freitag von 9 bis 19.45 Uhr)
Institut für Paläontologie, 1, Universitätsstraße 7/II, Tel. 401 03 . . ., 2493
(Montag bis Freitag von 8.15 bis 12 Uhr und von 14 bis 16.15 Uhr)
Institut für Pastoraltheologie, Zeitschriftendokumentation, Praktische Theologie, 1, Schottenring 21/4, Tel. 313 38 . . ., 258
(nach Vereinbarung)
Institut für Petrologie 1, Dr.-Karl-Lueger-Ring 1, Tel. 401 03 . . ., 2344
(Montag bis Freitag von 14 bis 16 Uhr)
Institut für Pharmakognosie, 9, Althanstraße 14, Tel. 313 36 . . ., 8066
(Montag bis Freitag von 9 bis 12 Uhr)
Institut für Pharmazeutische Technologie, 9, Althanstraße 14, Tel. 313 36 . . ., 8053
(Montag, Dienstag, Freitag von 9 bis 12 Uhr, Donnerstag, Freitag von 14 bis 16 Uhr)
Institut für Pharmalogie und Toxikologie, 9, Währinger Straße 17, Tel. 404 80 . . ., 696
(Montag bis Donnerstag von 9 bis 12 Uhr)
Institut für Pharmazeutische Chemie, 9, Währinger Straße 10, Tel. 319 13 49 . . ., 232
(Montag bis Freitag von 9 bis 16 Uhr)
Institut für Physikalische Chemie, 9, Währinger Straße 42, Tel. 313 67 . . ., 2500
(Montag bis Donnerstag von 8 bis 16 Uhr, Freitag von 8 bis 14 Uhr)
Institut für Politikwissenschaft, 9, Währinger Straße 28, Tel. 317 13 67 . . ., 25
(Montag, Freitag von 11 bis 15 Uhr, Dienstag, Donnerstag von 12 bis 16 Uhr, Mittwoch von 9.30 bis 11.30 Uhr und von 12 bis 16 Uhr)
Institut für Psychologie, Abteilung für Angewandte und Klinische Psychologie, 1, Gölsdorfgasse 3/6, Tel. 535 54 34
(Montag, Mittwoch, Freitag von 10 bis 12 Uhr, Dienstag, Donnerstag von 14 bis 15.30 Uhr)
Institut für Sinologie, 1, Rathausstraße 19/9, Tel. 401 03 . . ., 2799
(Montag bis Freitag von 9 bis 17 Uhr)
Institut für Soziologie, Grund- und Integrativwissenschaftliche Fakultät, 1, Neutorgasse 12/9, Tel. 533 28 78 . . ., 87
(Montag, Mittwoch, Freitag von 9 bis 12 Uhr, Dienstag von 13.30 bis 17.30 Uhr, Donnerstag von 14 bis 17 Uhr)

Institut für Soziologie, Sozial- und Wirtschaftswissenschaftliche Fakultät, 8, Alser Straße 33,
Tel. 406 51 08 . . ., 14
(Montag bis Freitag von 8.30 bis 16 Uhr)
Institut für Theoretische Chemie, 9, Währinger Straße 17,
Tel. 404 80 . . ., 677
(Montag bis Freitag von 9 bis 17 Uhr)
Institut für Tiefenpsychologie und Psychotherapie,
9, Währinger Gürtel 18-20, Tel. 404 00 . . ., 3067
(Montag, Donnerstag von 10.30 bis 14 Uhr, Dienstag, Mittwoch, Freitag von 8 bis 14 Uhr)
Institut für Völkerrecht und internationale Beziehungen,
9, Universitätsstraße 2, Tel. 406 43 41
(Montag bis Freitag von 9 bis 12 Uhr, Dienstag von 15 bis 17 Uhr)
Institut für Wirtschafts- und Sozialgeschichte, Dokumentation lebensgeschichtlicher Aufzeichnungen,
1, Dr.-Karl-Lueger-Ring 1, Tel. 401 03 . . ., 2359
(nach Vereinbarung)
Institut für Zoologie, 9, Althanstraße 14,
Tel. 313 36 . . ., 1200
(Montag bis Freitag von 9 bis 17 Uhr)
Interfakultäres Institut für Sonder- und Heilpädagogik,
9, Garnisongasse 13, Tel. 408 84 33
(bedingt zugänglich)
Neurologisches Institut, 9, Schwarzspanierstraße 17,
Tel. 404 80 . . ., 258
(nach Vereinbarung)
Neurophysiologisches Institut, 9, Währinger Straße 13a,
Tel. 404 80 . . ., 622
(Montag bis Freitag von 8.30 bis 16.30 Uhr)
Pharmakologisches Institut, 9, Währinger Straße 13a,
Tel. 404 80 . . ., 288
(Montag bis Freitag von 9 bis 12 Uhr)
Universitätsklinik für Augenheilkunde,
9, Währinger Gürtel 18–20, Tel. 404 00 . . ., 2742
(Donnerstag von 12 bis 13 Uhr)
Universitätsklinik für Chirurgie, 9, Währinger Gürtel 18–20,
Tel. 404 00 . . ., 2243
(rund um die Uhr)
Universitätsklinik für Dermatologie,
9, Währinger Gürtel 18–20, Tel. 404 00 . . ., 2695
(nach Vereinbarung)
Universitätsklinik für Frauenheilkunde,
9, Währinger Gürtel 18–20, Tel. 404 00 . . ., 2821
(bedingt zugänglich)
Universitätsklinik für Innere Medizin IV, Klinische Abteilung für Arbeitsmedizin,
9, Währinger Gürtel 18–20, Tel. 404 00 . . ., 3425
(Montag bis Donnerstag von 8 bis 16 Uhr, Freitag von 8 bis 13 Uhr)
Universitätsklinik für Innere Medizin IV, Klinische Abteilung für Gastroenterologie und Hepatologie,
9, Währinger Gürtel 18–20, Tel. 404 00 . . ., 2161
(Montag bis Freitag von 8 bis 16 Uhr)
Universitätsklinik für Kiefer- und Gesichtschirurgie,
9, Währinger Gürtel 18–20, Tel. 404 00 . . ., 2534
(Montag bis Freitag von 7.30 bis 11.30 Uhr)
Universitätsklinik für Kinderheilkunde,
9, Währinger Gürtel 18–20, Tel. 404 00 . . ., 3219
(Montag bis Freitag von 8 bis 12 Uhr)
Universitätsklinik für Neuropsychiatrie des Kindes- und Jugendalters, 9, Währinger Gürtel 18–20,
Tel. 404 00 . . ., 3012
(nach Vereinbarung)
Universitätsklinik für Nuklearmedizin,
9, Währinger Gürtel 18-20, Tel. 404 00 . . ., 2187
(Dienstag, Donnerstag von 13 bis 15 Uhr)
Universitätsklinik für Radiodiagnostik,
9, Währinger Gürtel 18–20, Tel. 404 00 . . ., 4818
(bedingt zugänglich)
Universitätsklinik für Strahlentherapie und Strahlenbiologie,
9, Währinger Gürtel 18–20, Tel. 404 00 . . ., 3399
(Montag bis Freitag von 8 bis 14 Uhr)
Universitätsklinik für Unfallchirurgie,
9, Währinger Gürtel 18–20, Tel. 404 00 . . ., 5619
(Montag bis Freitag von 8 bis 12 Uhr)
Universitätsklinik für Urologie, 9, Währinger Gürtel 18–20,
Tel. 404 00 . . ., 2616
(Montag bis Freitag von 7.30 bis 15.30 Uhr)
Universitätsklinik für Zahn-, Mund- und Kieferheilkunde,
9, Währinger Straße 25a, Tel. 401 81 . . ., 28
(nach Vereinbarung)

Universitätsarchiv, 1, Postgasse 9, Tel. 513 11 61 . . . 0
(Montag bis Freitag von 8 bis 12 Uhr und von 13 bis 15.30 Uhr)

Universitätsbibliothek der Universität für Bodenkultur Wien,
19, Peter-Jordan-Straße 82, Tel. 476 54 . . ., 2060
(Montag bis Donnerstag von 8.30 bis 18 Uhr, Freitag von 8.30 bis 16 Uhr)

Universitätsbibliothek der Universität für Bodenkultur Wien, Informationsvermittlungsstelle, 19, Peter-Jordan-Straße 82,
Tel. 476 54 . . ., 2055
(Montag bis Freitag von 8.30 bis 12 Uhr und von 13 bis 16 Uhr)

Universitätsbibliothek der Veterinärmedizinischen Universität Wien, 21, Josef-Baumann-Gasse 1, Tel. 250 77 . . . 0
(Montag, Dienstag, Donnerstag von 9 bis 17 Uhr, Mittwoch von 9 bis 19 Uhr, Freitag von 9 bis 16 Uhr)

Universitätsbibliothek der Wirtschaftsuniversität Wien,
9, Augasse 2-6, Tel. 313 36 . . ., 4990
(Montag bis Freitag von 9 bis 19 Uhr)

Universitätsbibliothek der Wirtschaftsuniversität Wien, Sozialwissenschaftliche Informationsstelle, 9, Augasse 2–6,
Tel. 313 36 . . ., 4944
(Montag bis Freitag von 9 bis 13 Uhr)

Universitätsbibliothek Wien
Fachbibliothek für Afrikanistik an der Universität Wien,
1, Doblhoffgasse 5/9, Tel. 405 22 73
(Montag bis Freitag von 10 bis 18 Uhr)
Fachbibliothek für Alte Geschichte, Altertumskunde und Epigraphik an der Universität Wien,
1, Dr.-Karl-Lueger-Ring 1, Tel. 401 03 . . ., 2197
(Montag bis Freitag von 8 bis 18 Uhr)
Fachbibliothek für Anglistik und Amerikanistik an der Universität Wien, 1, Universitätsstraße 7,
Tel. 401 03 . . ., 2511
(Montag bis Donnerstag von 8 bis 18 Uhr, Freitag von 8 bis 16 Uhr)
Fachbibliothek für Betriebswirtschaftliche Studien an der Universität Wien, 21, Brünner Straße 72, Tel. 291 28 . . ., 641
(Montag bis Freitag von 10 bis 12 Uhr und von 13 bis 15 Uhr)
Fachbibliothek für Biologie an der Universität Wien,
9, Althanstraße 14, Tel. 313 36 . . ., 4924
(Montag, Mittwoch, Freitag von 9 bis 16 Uhr, Dienstag, Donnerstag von 12 bis 20 Uhr)
Fachbibliothek für Botanik an der Universität Wien,
3, Rennweg 14, Tel. 797 94 . . ., 221
(Montag, Mittwoch von 14.30 bis 18.30 Uhr, Dienstag, Donnerstag, Freitag von 9.30 bis 13.30 Uhr)
Fachbibliothek für Byzantinistik und Neogräzistik an der Universität Wien, 1, Postgasse 7–9, Tel. 512 02 17
(Montag bis Freitag von 9 bis 18 Uhr)
Fachbibliothek für Erziehungswissenschaften an der Universität Wien, 9, Garnisongasse 3/4, Tel. 405 13 33
(Montag bis Freitag von 9 bis 16 Uhr)
Fachbibliothek für Geographie an der Universität Wien,
1, Universitätsstraße 7, Tel. 401 03 . . ., 2577
(Montag bis Freitag von 9 bis 12 Uhr und von 13.30 bis 15.30 Uhr)
Fachbibliothek für Germanistik an der Universität Wien,
1, Dr.-Karl-Lueger-Ring 1, Tel. 401 03 . . ., 2538

(Montag, Mittwoch, Donnerstag von 9 bis 19 Uhr, Dienstag von 9 bis 20 Uhr, Freitag von 9 bis 17 Uhr)
Fachbibliothek für Geschichtswissenschaften, Abteilungen Geschichte, Wirtschafts- und Sozialgeschichte, 1, Dr.-Karl-Lueger-Ring 1, Tel. 401 03 . . ., 2292
(Montag bis Freitag von 9 bis 17 Uhr)
Fachbibliothek für Indologie an der Universität Wien, 1, Universitätsstraße 7, Tel. 401 03 . . ., 2569
(Montag bis Freitag von 9 bis 17 Uhr)
Fachbibliothek für Japanologie und Koreanologie an der Universität Wien, 1, Universitätsstraße 7/4, Tel. 401 03 . . ., 2556
(nach Vereinbarung)
Fachbibliothek für Klassische Archäologie an der Universität Wien, 19, Franz-Klein-Gasse 1, Tel. 313 52 . . ., 255
(Montag, Mittwoch, Freitag von 9 bis 17 Uhr, Dienstag, Donnerstag von 9 bis 18 Uhr)
Fachbibliothek für Kunstgeschichte an der Universität Wien, 1, Universitätsstraße 7, Tel. 401 03 . . ., 2503
(Montag bis Freitag von 9 bis 18 Uhr)
Fachbibliothek für Mathematik, Statistik und Informatik an der Universität Wien, 9, Strudlhofgasse 4, Tel. 313 67 . . ., 4034
(Abteilung Mathematik: Montag bis Mittwoch von 10.15 bis 12.15 Uhr, Dienstag von 14 bis 16 Uhr, Donnerstag von 8.30 bis 11.30 Uhr und von 15 bis 18 Uhr, Freitag von 9 bis 11 Uhr; Abteilung Statistik und Informatik: Montag, Mittwoch, Freitag von 10 bis 12 Uhr, Dienstag, Donnerstag von 15 bis 16.30 Uhr)
Fachbibliothek für Ost- und Südosteuropaforschung an der Universität Wien, 1, Liebiggasse 5, Tel. 401 03 . . ., 2960
(Montag bis Freitag von 9 bis 16 Uhr)
Fachbibliothek für Philosophie an der Universität Wien, 1, Universitätsstraße 7, Tel. 401 03 . . ., 2656
(Montag, Mittwoch, Donnerstag von 15.30 bis 17 Uhr, Dienstag, Freitag von 9 bis 13 Uhr)
Fachbibliothek für Psychologie an der Universität Wien, 1, Liebiggasse 5/3, Tel. 401 03 . . ., 2964
(Montag, Mittwoch, Freitag von 9 bis 12.30 Uhr, Dienstag, Donnerstag von 13.30 bis 17 Uhr)
Fachbibliothek für Publizistik und Kommunikationswissenschaft an der Universität Wien, 18, Schopenhauerstraße 32, Tel. 402 88 66
(Montag von 9 bis 12 Uhr, Dienstag, Donnerstag von 9 bis 19 Uhr, Mittwoch, Freitag von 9 bis 15 Uhr)
Fachbibliothek für Slawistik an der Universität Wien, 1, Liebiggasse 5, Tel. 401 03 . . ., 2928
(Montag bis Freitag von 9 bis 17 Uhr)
Fachbibliothek für Theaterwissenschaft an der Universität Wien, 1, Hofburg, Battyanystiege, 1. Stock, Tel. 535 05 90
(Montag bis Freitag von 9 bis 17 Uhr)
Fachbibliothek für Tomanistik an der Universität Wien, 1, Universitätsstraße 7, Tel. 401 03 . . ., 2717
(nach Vereinbarung)
Fachbibliothek für Übersetzer- und Dolmetscherausbildung an der Universität Wien, 19, Gymnasiumstraße 50, Tel. 313 52 . . ., 286
(Montag bis Donnerstag von 9 bis 18 Uhr, Freitag von 9 bis 16 Uhr)
Fachbibliothek für Ur- und Frühgeschichte an der Universität Wien, 19, Franz-Klein-Gasse 1, Tel. 313 52 . . ., 385
(Montag bis Freitag von 8 bis 16 Uhr)
Fachbibliothek für Völkerkunde an der Universität Wien, 1, Universitätsstraße 7/I/4, Tel. 401 03 . . ., 2554
(Montag bis Freitag von 9 bis 15.30 Uhr)
Fachbibliothek für Volkskunde an der Universität Wien, 1, Hanuschgasse 3/IV, Tel. 512 38 37 . . ., 7
(Montag bis Freitag von 9 bis 17 Uhr)
Fachbibliothek für Wirtschaftswissenschaften und Politikwissenschaft an der Universität Wien, 1, Dr.-Karl-Lueger-Ring 1, Tel. 401 03 . . ., 2380
(Montag bis Freitag von 9 bis 14 Uhr, Mittwoch von 16 bis 18 Uhr)
Fachbibliothek für Zeitgeschichte an der Universität Wien, 9, Rotenhausgasse 6, Tel. 405 62 80 . . ., 26
(Montag bis Donnerstag von 9 bis 17 Uhr, Freitag von 9 bis 12 Uhr)
Fakultätsbibliothek für Evangelische Theologie an der Universität Wien, 9, Rooseveltplatz 10/4, Tel. 406 59 81 . . ., 26
(Montag, Freitag von 8 bis 16 Uhr, Dienstag, Donnerstag von 8 bis 18 Uhr)
Fakultätsbibliothek für Katholische Theologie an der Universität Wien, 1, Schottenring 21, Tel. 313 38 . . ., 261
(Montag bis Freitag von 9 bis 17 Uhr)
Fakultätsbibliothek für Medizin an der Universität Wien, 9, Währinger Gürtel 18–20, Tel. 404 00 . . ., 1082
(Montag bis Freitag von 9 bis 20 Uhr, Samstag von 9 bis 13 Uhr)
Fakultätsbibliothek für Rechtswissenschaften an der Universität Wien, 1, Schottenbastei 10–16, Tel. 401 03 . . ., 3315
(Montag bis Freitag von 9 bis 19 Uhr)
Hauptbibliothek, 1, Dr.-Karl-Lueger-Ring 1, Tel. 401 03 . . ., 2376
(Montag bis Freitag von 9 bis 21.45 Uhr, Samstag von 9 bis 12.45 Uhr)
Informationsvermittlungsstelle, 1, Dr.-Karl-Lueger-Ring 1, Tel. 401 03 . . ., 2748
(Montag bis Freitag von 9 bis 12 Uhr und von 13 bis 16 Uhr)
Informationsvermittlungsstelle Medizin, 9, Währinger Gürtel 18–20, Tel. 404 00 . . ., 1071
(Montag bis Freitag von 9 bis 12 Uhr)
Informationsvermittlungsstelle Rechtswissenschaften, 1, Schottenbastei 10-16, Tel. 401 03 . . ., 3308
(Montag, Dienstag, Mittwoch von 14 bis 16 Uhr, Donnerstag von 9 bis 12 Uhr und von 13 bis 16 Uhr)
Verband Wiener Volksbildung, 15, Hollergasse 22, Tel. 812 74 81 . . ., 36
(Montag bis Freitag von 10 bis 16 Uhr)
Verein für Bewährungshilfe und soziale Arbeit, Bibliothek und Dokumentation, 5, Castelligasse 17, Tel. 545 95 60
(Montag bis Freitag von 10 bis 12 Uhr)
Verein für Geschichte der Arbeiterbewegung, 5, Rechte Wienzeile 97, Tel. 545 78 70 . . ., 25
(Montag bis Donnerstag von 10 bis 16 Uhr, Dienstag von 10 bis 19 Uhr)
Verein für Konsumenteninformation, Dokumentation, 6, Linke Wienzeile 18, Tel. 588 77 . . ., 223
(Montag bis Donnerstag von 8 bis 15 Uhr, Freitag von 8 bis 14.30 Uhr)
Verein Jugendzentren der Stadt Wien, Fachbibliothek für Kinder-, Jugend- und Sozialarbeit, 21, Prager Straße 20, Tel. 278 76 45 . . ., 40
(nach Vereinbarung)
Verein zur Geschichte der Volkshochschulen, Österreichisches Volkshochschularchiv, 21, Kürschnergasse 9, Tel. 259 18 62
(Montag bis Donnerstag von 9 bis 16 Uhr)
Vereinigung der kooperativen Forschungsinstitute der Österreichischen Wirtschaft, 3, Franz-Grill-Straße 1, Tel. 798 27 72 . . ., 25
(Montag, Mittwoch von 9 bis 14 Uhr)
Vergiftungsinformationszentrale, 9, Währinger Gürtel 18–20, Tel. 404 00 . . ., 2222
(Montag bis Freitag von 8 bis 16 Uhr)
Versuchsanstalt für Müllerei, 4, Prinz-Eugen-Straße 14, Tel. 505 33 38
(öffentlich nicht zugänglich)
Verwaltungsakademie des Bundes,

14, Mauerbachstraße 43–45, Tel. 979 15 01
(öffentlich nicht zugänglich)
Verwaltungsgerichtshof, Bibliothek, 1, Judenplatz 11,
Tel. 531 11 . . ., 408
(Montag bis Freitag von 7.30 bis 15.30 Uhr)
Veterinärmedizinische Universität Wien
1. Medizinische Universitätsklinik für Einhufer, Kleintiere und Geflügel, 21, Josef-Baumann-Gasse 1, Tel. 250 77 . . . 0
(Montag bis Freitag von 8 bis 16 Uhr)
2. Medizinische Universitätsklinik für Klauentiere, 21, Josef-Baumann-Gasse 1, Tel. 250 77 . . . 0
(öffentlich nicht zugänglich)
EDV-Zentrum,
21, Josef-Baumann-Gasse 1, Tel. 250 77 . . . 0
(nach Vereinbarung)
Forschungsinstitut für Wildtierkunde und Ökologie,
16, Savoyenstraße 1, Tel. 489 09 15 . . . 0
(nach Vereinbarung)
Institut für Bakteriologie und Tierhygiene,
21, Josef-Baumann-Gasse 1, Tel. 250 77 . . . 0
(Montag bis Freitag von 8 bis 15 Uhr)
Institut für Biochemie,
21, Josef-Baumann-Gasse 1, Tel. 250 77 . . . 0
(Montag bis Freitag von 8 bis 15 Uhr)
Institut für Botanik und Lebensmittelkunde,
21, Josef-Baumann-Gasse 1, Tel. 250 77 . . . 0
(Montag bis Donnerstag von 9 bis 11 Uhr)
Institut für Ernährung,
21, Josef-Baumann-Gasse 1, Tel. 250 77 . . . 0
(Montag bis Donnerstag von 9 bis 16 Uhr)
Institut für Fisch- und Bienenkunde,
21, Josef-Baumann-Gasse 1, Tel. 250 77 . . . 0
(nach Vereinbarung)
Institut für Histologie und Embryologie,
21, Josef-Baumann-Gasse 1, Tel. 250 77 . . . 0
(Montag bis Freitag von 8 bis 15 Uhr)
Institut für Medizinische Chemie,
21, Josef-Baumann-Gasse 1, Tel. 250 77 . . . 0
(nach Vereinbarung)
Institut für Medizinische Physik,
21, Josef-Baumann-Gasse 1, Tel. 250 77 . . . 0
(nach Vereinbarung)
Institut für Milchhygiene und Milchtechnologie,
21, Josef-Baumann-Gasse 1, Tel. 250 77 . . . 0
(bedingt zugänglich)
Institut für Parasitologie und Allgemeine Zoologie,
21, Josef-Baumann-Gasse 1, Tel. 250 77 . . . 0
(nach Vereinbarung)
Institut für Pathologie und Gerichtliche Veterinärmedizin,
21, Josef-Baumann-Gasse 1, Tel. 250 77 . . . 0
(Montag bis Freitag von 8 bis 15.30 Uhr)
Institut für Pharmakologie,
21, Josef-Baumann-Gasse 1, Tel. 250 77 . . . 0
(nach Vereinbarung)
Institut für Physiologie,
21, Josef-Baumann-Gasse 1, Tel. 250 77 . . . 0
(Montag bis Freitag von 9 bis 12 Uhr)
Institut für Tierzucht und Genetik,
21, Josef-Baumann-Gasse 1, Tel. 250 77 . . . 0
(Montag bis Freitag von 8 bis 16 Uhr)
Institut für Versuchstierkunde,
21, Josef-Baumann-Gasse 1, Tel. 250 77 . . . 0
(nach Vereinbarung)
Institut für Virologie,
21, Josef-Baumann-Gasse 1, Tel. 250 77 . . . 0
(Montag bis Freitag von 8 bis 15 Uhr)
Universitätsklinik für Geburtshilfe, Gynäkologie und Andrologie, 21, Josef-Baumann-Gasse 1, Tel. 250 77 . . . 0
(Montag bis Freitag von 8 bis 16 Uhr)
Universitätsklinik für Orthopädie bei Huf- und Klauentieren,
21, Josef-Baumann-Gasse 1, Tel. 250 77 . . . 0
(Montag bis Freitag von 9 bis 15 Uhr)
Universitätsklinik für Röntgenologie,
21, Josef-Baumann-Gasse 1, Tel. 250 77 . . . 0
(bedingt zugänglich)
Victor-Adler-Archiv, 5, Rechte Wienzeile 97,
Tel. 545 75 35 . . . 0
(Montag, Mittwoch, Donnerstag von 10 bis 16 Uhr, Dienstag von 10 bis 19 Uhr)
Vienna International Centre Library,
22, Kagran, Wagramer Straße 5, Tel. 23 60 . . ., 2620
(Montag bis Freitag von 8.30 bis 17.30 Uhr)
Volksliedarchiv für Niederösterreich,
16, Gallitzinstraße 1, Tel. 914 46 24
(Dienstag, Mittwoch von 9 bis 12 Uhr, Donnerstag von 9 bis 19 Uhr)
Wiener Gesellschaft für Theaterforschung,
1, Hofburg, Battyanystiege, Tel. 535 05 99
(nach Vereinbarung)
Wiener Institut für Internationale Wirtschaftsvergleiche, Dokumentation, 3, Arsenal, Objekt 20,
Tel. 798 25 67 . . ., 468
(Montag bis Donnerstag von 10 bis 15 Uhr)
Wiener Jugendleiterschule, Wiener Jugendkreis,
8, Albertgasse 35, Tel. 406 65 55
(Montag, Mittwoch von 12 bis 19 Uhr, Dienstag, Donnerstag von 10 bis 16 Uhr)
Wiener Kapuzinerprovinz, Provinzarchiv, 1, Tegetthoffstraße 2,
Tel. 512 68 53 . . ., 16
(nach Vereinbarung)
Wiener Katholische Akademie, 1, Ebendorferstraße 8,
Tel. 402 39 17
(Montag bis Freitag von 9 bis 12 Uhr)
Wiener Männergesang-Verein, 1, Bösendorferstraße 12,
Tel. 505 73 62
(nach Vereinbarung)
Wiener Philharmoniker, Historisches Archiv,
1, Bösendorferstraße 12, Tel. 505 65 25
(nach Vereinbarung)
Wiener Stadt- und Landesarchiv, Archivbibliothek und Dokumentation, 1, Rathaus, Stiege 6, 1. Stock,
Tel. 40 00 . . ., 84808
(Montag bis Donnerstag von 8 bis 18 Uhr, Freitag von 8 bis 16 Uhr)
Wiener Stadt- und Landesbibliothek
Handschriftensammlung, 1, Rathaus, Stiege 4, 1. Stock,
Tel. 40 00 . . ., 84919
(Montag bis Donnerstag von 8 bis 18 Uhr, Freitag von 8 bis 16 Uhr)
Musiksammlung, 1, Bartensteingasse 9,
Tel. 40 00 . . ., 84950
(Montag, Dienstag, Donnerstag, Freitag von 9 bis 15 Uhr, Mittwoch von 9 bis 18.30 Uhr)
Plakatsammlung, 1, Rathaus, Stiege 4, 2. Stock,
Tel. 40 00 . . ., 84966
(Montag bis Freitag von 9 bis 15 Uhr)
Zeitungsindex, 1, Rathaus, Stiege 4, 2. Stock,
Tel. 40 00..., 84961
(Montag bis Freitag von 9 bis 15 Uhr)
Wiener Stadtwerke – Verkehrsbetriebe, Abteilung Öffentlichkeitsarbeit, Wiener Straßenbahnmuseum,
3, Erdbergstraße 109, Tel. 79 09 . . ., 44900
(Mai bis Oktober Samstag, Sonn- und Feiertag von 9 bis 16 Uhr)
Wiener und Niederösterreichische Volkswirtschaftliche Gesellschaft, 1, Fischhof 3, Tel. 533 08 71
(Montag bis Donnerstag von 8 bis 17 Uhr, Freitag von 8 bis 14.30 Uhr)
Wiener Volksliedwerk, Archiv, 16, Gallitzinstraße 1,
Tel. 914 46 26
(Montag bis Freitag von 9 bis 14 Uhr)

Wirtschafts- und Sozialwissenschaftliches Rechenzentrum, 1, Wollzeile 1-3, Tel. 515 19 . . . 0
(Montag bis Mittwoch, Freitag von 8 bis 19 Uhr, Donnerstag von 8 bis 17 Uhr)

Wirtschaftskammer Österreich
Außenwirtschaftsabteilung, Technologie-Informationsstelle, 4, Wiedner Hauptstraße 63, Tel. 501 05 . . ., 4523
(Montag bis Freitag von 9 bis 16 Uhr)
Presseabteilung, 4, Wiedner Hauptstraße 63, Tel. 501 05 . . ., 4487
(Montag von 8 bis 17 Uhr, Dienstag bis Donnerstag von 8 bis 16.30 Uhr, Freitag von 8 bis 16 Uhr)
Unternehmensgeschichtliche Sammlung, Festschriften-Archiv, 4, Wiedner Hauptstraße 63, Tel. 501 05 . . ., 4416
(nach Vereinbarung)
Zeitungsausschnitte-Archiv und Dokumentation, 1, Stubenring 8–10, Tel. 514 50 . . ., 351
(Montag bis Donnerstag von 8 bis 16.30 Uhr, Freitag von 8 bis 16 Uhr)

Wirtschaftskammer Wien, Bibliothek, 1, Stubenring 8–10, Tel. 514 50 . . ., 370
(Montag bis Donnerstag von 8 bis 19 Uhr, Freitag von 8 bis 16 Uhr)

Wirtschaftsuniversität Wien
Forschungsinstitut für Europafragen, 9, Althanstraße 39–45, Tel. 313 36 . . ., 4145
(bedingt zugänglich)
Institut für Absatzwirtschaft, Abteilung Marketing, 9, Althanstraße 2-6, Tel. 313 36 . . ., 4609
(Dienstag, Freitag von 11 bis 13 Uhr, Mittwoch von 10 bis 12 Uhr)
Institut für Allgemeine Pädagogik, 9, Althanstraße 2–6, Tel. 313 36 . . ., 4679
(Dienstag, Donnerstag von 10 bis 11 Uhr, Mittwoch von 10 bis 11 Uhr und von 14 bis 15 Uhr)
Institut für Allgemeine Soziologie und Wirtschaftssoziologie, 9, Althanstraße 2–6, Tel. 313 36 . . ., 4737
(Montag, Dienstag, Donnerstag, Freitag von 9 bis 12 Uhr, Mittwoch von 11 bis 12 Uhr und von 15 bis 17 Uhr)
Institut für Betriebswirtschaftslehre der Industrie, 9, Augasse 2–6, Tel. 313 36 . . ., 4545
(Dienstag bis Donnerstag von 11 bis 12 Uhr, Mittwoch von 15 bis 17 Uhr)
Institut für Betriebswirtschaftslehre der Klein- und Mittelbetriebe, 9, Augasse 2–6, Tel. 313 36 . . ., 4593
(Dienstag von 11 bis 12 Uhr, Mittwoch von 11 bis 12 Uhr und von 15 bis 16 Uhr, Donnerstag von 11 bis 13 Uhr)
Institut für Bürgerliches Recht, Handels- und Wertpapierrecht, Abteilung für Unternehmensrecht, 9, Augasse 2–6, Tel. 313 36 . . ., 4187
(Montag bis Freitag von 10 bis 12 Uhr)
Institut für Englische Sprache, 9, Augasse 2–6, Tel. 313 36 . . ., 4721
(Montag, Freitag von 9 bis 12 Uhr und von 13 bis 17 Uhr, Dienstag, Donnerstag von 13 bis 17 Uhr, Mittwoch von 9 bis 12 Uhr)
Institut für Finanzrecht, 9, Althanstraße 39–45, Tel. 313 36 . . ., 4643
(Montag, Dienstag, Donnerstag, Freitag von 8 bis 10 Uhr, Mittwoch von 15 bis 17 Uhr)
Institut für Finanzwissenschaft, 9, Augasse 2–6, Tel. 313 36 . . ., 4573
(bedingt zugänglich)
Institut für Kreditwirtschaft, 9, Augasse 2–6, Tel. 313 36 . . ., 4172
(Dienstag, Donnerstag von 10 bis 12 Uhr, Mittwoch von 11 bis 12 Uhr und von 16 bis 17 Uhr)
Institut für Organisation und Materialwirtschaft, 9, Augasse 2–6, Tel. 313 36 . . ., 4538
(Montag, Dienstag, Donnerstag, Freitag von 10 bis 12 Uhr, Mittwoch von 16 bis 17 Uhr)
Institut für Raumplanung und Regionalentwicklung, 9, Augasse 2–6, Tel. 313 36 . . ., 4782
(Dienstag, Donnerstag von 11 bis 12 Uhr, Mittwoch von 16 bis 17 Uhr)
Institut für Revisions-, Treuhand- und Rechnungswesen, Unternehmensrechnung und Revision, 9, Augasse 2–6, Tel. 313 36 . . ., 4603
(Dienstag, Donnerstag von 9 bis 12 Uhr)
Institut für Romanische Sprachen, 9, Augasse 2–6, Tel. 313 36 . . ., 4750
(Montag, Dienstag, Freitag von 10 bis 12 Uhr, Mittwoch von 9 bis 12 Uhr und von 13 bis 17 Uhr)
Institut für Statistik, Abteilung für mathematische Methoden der Statistik, 9, Augasse 2–6, Tel. 313 36 . . ., 4755
(Montag von 9 bis 12 Uhr, Mittwoch von 8 bis 11 Uhr, Donnerstag von 14 bis 16 Uhr, Freitag von 9 bis 11 Uhr)
Institut für Tourismus und Freizeitwirtschaft, 9, Augasse 2–6, Tel. 313 36 . . ., 4999
(Dienstag von 10 bis 11 Uhr und von 15.30 bis 16.30 Uhr, Donnerstag von 10 bis 12 Uhr)
Institut für Unternehmensführung, 9, Augasse 2–6, Tel. 313 36 . . ., 4569
(Dienstag, Mittwoch von 8.30 bis 12.30 Uhr, Donnerstag von 13 bis 16 Uhr)
Institut für Unternehmensführung – Quantitative Betriebswirtschaftslehre und Operations Research, 9, Augasse 2–6, Tel. 313 36 . . ., 4556
(Dienstag, Donnerstag von 10 bis 12 Uhr, Mittwoch von 11 bis 12 Uhr und von 16 bis 17 Uhr)
Institut für Verfassungs- und Verwaltungsrecht, 9, Augasse 2–6, Tel. 313 36 . . ., 4659
(bedingt zugänglich)
Institut für Volkswirtschaftstheorie und Volkswirtschaftspolitik, Volkswirtschaftlicher Leseraum, 9, Augasse 2–6, Tel. 313 36 . . ., 4515
(Montag, Mittwoch von 13.30 bis 18 Uhr, Dienstag von 10 bis 14 Uhr, Donnerstag von 11.30 bis 15 Uhr, Freitag von 10 bis 13.30 Uhr)
Institut für Werbewirtschaft und Marktforschung, 9, Augasse 2–6, Tel. 313 36 . . ., 4856
(Montag, Mittwoch von 9.30 bis 11 Uhr, Dienstag von 16 bis 17.30 Uhr, Donnerstag von 17 bis 18 Uhr)
Institut für Wirtschafts- und Sozialgeographie, Abteilung für Theoretische und Angewandte Wirtschafts- und Sozialgeographie, 9, Augasse 2–6, Tel. 313 36 . . ., 4820
(Montag, Mittwoch von 10 bis 12 Uhr)
Institut für Wirtschafts- und Sozialgeschichte, 9, Augasse 2–6, Tel. 313 36 . . ., 4245
(Dienstag bis Donnerstag von 9.30 bis 13 Uhr)
Interdisziplinäres Institut für Unternehmensführung, Abteilung für Wirtschafts- und Verwaltungsführung, 9, Augasse 2–6, Tel. 313 36 . . ., 4009
(Dienstag, Mittwoch von 10 bis 12 Uhr)

Zentralanstalt für Meteorologie und Geodynamik, Bibliothek, 19, Hohe Warte 38, Tel. 36 26 . . ., 2006
(Montag bis Freitag von 9 bis 13 Uhr)

Zentralarchiv des Österreichischen Volksliedwerks, 16, Gallitzinstraße 1, Tel. 914 46 26
(täglich ab 9 Uhr nach Vereinbarung, Donnerstag von 9 bis 19 Uhr)

Zentralbibliothek für Physik in Wien, 9, Boltzmanngasse 5, Tel. 313 67 . . ., 3607
(Oktober bis Juni Montag bis Freitag von 8 bis 17.30 Uhr, Juli bis September Montag bis Freitag von 8 bis 16 Uhr)
Informationsvermittlungsstelle, 9, Boltzmanngasse 5, Tel. 414 67 . . ., 3606
(Oktober bis Juni Montag bis Freitag von 8 bis 17.30 Uhr, Juli bis September Montag bis Freitag von 8 bis 16 Uhr)

Zentraldiskothek des berufsbildenden Schulwesens, 20, Wexstraße 19-23, Tel. 331 26 . . ., 493 (Montag bis Freitag von 8 bis 15 Uhr)
Zentrum für angewandte Politikforschung, 3, Reisnerstraße 10, Tel. 715 37 80 (Montag bis Donnerstag von 8 bis 16.30 Uhr, Freitag von 8 bis 14 Uhr)
Zentrum für das Schulpraktikum an der Universität Wien, Bibliothek, 9, Maria-Theresien-Straße 3, Tel. 319 99 08 . . ., 19 (Montag, Donnerstag von 10 bis 12 Uhr und von 14 bis 15 Uhr, Dienstag, Mittwoch von 10 bis 12 Uhr)

STÄDTISCHE BÜCHEREIEN

(→ Magistrat, MA 13)

SEHENSWÜRDIGKEITEN

(Auswahl historisch und künstlerisch bedeutender Bauten und Denkmäler)

1. Bezirk

Abraham-a-Sancta-Clara-Denkmal, Burggarten/Goethegasse
Akademie der bildenden Künste, Gemäldegalerie, Schillerplatz 3
Akademie der Wissenschaften (ehemalige Universitätsaula), Dr. Ignaz-Seipel-Platz 2
Akademie für Musik und darstellende Kunst (ehemaliges Ursulinenkloster), Seilerstätte 26
Akademie-Kirche zur hl. Ursula, Johannesgasse 8
Akademisches Gymnasium, Beethovenplatz 1
Albertina, Graphische Sammlung, Sammlungen der Nationalbibliothek, Augustinerstraße 1
Alte Universität, Dr.-Ignaz-Seipel-Platz
Altes Rathaus mit Salvatorkapelle, Wipplingerstraße 8
Amalienburg, Hofburg
Anastasius-Grün-Denkmal, Schillerplatz
Andromedabrunnen, Wipplingerstraße 8 (Hof des Alten Rathauses)
Ankerhaus, Graben 10
Ankeruhr, Hoher Markt 10–11
Anzengruber-Denkmal, Schmerlingplatz
Augustinerkirche mit Herzgruft der Habsburger, Augustinerstraße 3
Austriabrunnen, Freyung
Beethoven-Denkmal, Beethovenplatz
Böhmische Hofkanzlei, ehemalige (jetzt Verfassungs- und Verwaltungsgerichtshof), Wipplingerstraße 7 – Judenplatz 11
Börse, Schottenring 16
Bruckner-Denkmal, Stadtpark
Bruckners Wohnhaus, Heßgasse 7
Bundeskanzleramt (ehemalige Österreichische Hofkanzlei), Ballhausplatz 2
Bürgerhäuser:
- Am Gestade 3, 5 und 7 (frühneuzeitliche Häuser, 16. Jahrhundert)
- Am Hof 7 (ehemaliges Märkleinsches Haus)
- Am Hof 12 (barockes Bürgerhaus)
- Annagasse 8 (ehemaliger Deybel- oder Täuberlhof)
- Annagasse 14 (Haus „Zum blauen Karpfen“)
- Bäckerstraße 7 (Haus mit Renaissancehof)
- Bäckerstraße 8
- Bäckerstraße 12–16 (Bürgerhäuser des 15. bis 18. Jahrhunderts, mit später zum Teil veränderten Fassaden)
- Bauernmarkt 10 (Geburtshaus von Franz Grillparzer)
- Bräunerstraße 3 (Geburtshaus von Johann Nestroy)
- Bräunerstraße 7 (ehemaliges Freihaus Walterskirchen)
- Bräunerstraße 11 (Klassizistisches Zinshaus)
- Domgasse 5 (Figaro-Haus, Mozart-Gedenkstätte)
- Domgasse 6 (ehemaliger Kleiner Bischofshof, Haus zum Roten Kreuz)
- Fleischmarkt 9 (Zur Mariahilf)
- Fleischmarkt 15 (Schwindhof)
- Freyung 7 (Schubladenkastenhaus)
- Griechengasse 7 und 9 (mit gotischem Wohnturm)
- Himmelpfortgasse 6 (Johann Lukas von Hildebrandt)
- Judenplatz 2 (Zum großen Jordan, Platz des ehemaligen Ghettos)
- Kohlmarkt 11 (Großes Michaelerhaus)
- Kurrentgasse 2 (ehemaliger Pfarrhof der Kirche Am Hof, Stanislaus-Kostka-Kapelle)
- Mölker Bastei 8 („Pasqualatihaus“, Beethoven-Gedenkstätte, Stifter-Museum)
- Naglergasse 7–27 (zum Teil spätmittelalterliche Häuser mit einzelnen barock veränderten Fassaden)
- Neuer Markt 14 (ehemaliges Palais Rauchmiller)
- Petersplatz 6 (Pfarrhof der Peterskirche)
- Schönlaterngasse 2, 8, 9 (revitalisierte Bürgerhäuser)
- Schönlaterngasse 7–7a (Basiliskenhaus)
- Schönlaterngasse 9 (Alte Schmiede)
- Schreyvogelgasse 10 (Dreimäderlhaus)
- Schulhof 2 (Uhrenmuseum)
- Schultergasse 5 (anstelle des Sterbehauses von Fischer von Erlach)
- Schwertgasse 3 (barockes Haus „Zu den 7 Schwertern“)
- Seitenstettengasse 2 (Kornhäuselturm)
- Sonnenfelsgasse 3 (sogenanntes Hildebrandthaus)
- Sonnenfelsgasse 15–19 (Häuser aus dem 16. bis 18. Jahrhundert, zum Teil noch mit Fassaden des Barocks und der Renaissance)
- Sterngasse 3 (Wiener Neustädter Hof)
- Tuchlauben 5 (ehemaliger Hochholzerhof, Langenkellerhaus, Fassade aus dem 18. Jahrhundert)
- Tuchlauben 19 (Schauraum mit mittelalterlichen Profanfresken)
- Weihburggasse 14 (Haus mit schmiedeeisernen Balkonen)

Bürgerliches Zeughaus, ehemaliges (jetzt Feuerwehrzentrale und Feuerwehrmuseum), Am Hof 10
Burggarten (ehemaliger Kaisergarten der Hofburg mit Wintergarten)
Burgkapelle, Hofburg, Schweizerhof
Burgtheater, Dr.-Karl-Lueger-Ring 2
Burgtor und Heldenplatz, Hofburg
Café Hawelka, Dorotheergasse 6
Canon-Denkmal, Stadtpark
Churhaus, Stephansplatz 3
Clemens-Maria-Hofbauer-Denkmal, Minoritenplatz
Danubius-Brunnen, Albertinaplatz
Deutschmeister-Denkmal, Deutschmeisterplatz

Deutschmeisterpalais, Parkring 8
Deutschordenshaus, Singerstraße 7-9
Dominikanerkirche, Postgasse 4
Donner-Brunnen, Neuer Markt
Dorotheum, Dorotheergasse 17
Ephesos-Museum, Neue Burg, Heldenplatz
Equitable-Palais, Stock-im-Eisen-Platz 3–4
Erzbischöfliches Dom- und Diözesanmuseum, Stephansplatz 6
Erzbischöfliches Palais, Rotenturmstraße 2
Erzherzog-Albrecht-Denkmal, Augustinerbastei
Erzherzog-Karl-Denkmal, Heldenplatz
Evangelische Kirche A. B., Dorotheergasse 18
Evangelische Kirche H. B., Dorotheergasse bei 16
Fähnrichshof, Blutgasse 7
Figl-Denkmal, Minoritenplatz
Finanzministerium (ehemaliges Palais Prinz Eugen), Himmelpfortgasse 8
Freyung-Passage (ehemalige Österreichisch-Ungarische Bank, sog. Palais Ferstel), Herrengasse – Strauchgasse – Freyung
Goethe-Denkmal, Opernring
Griechische Kirche Sankt Barbara, Postgasse 8
Griechische Kirche „Zur hl. Dreifaltigkeit", Fleischmarkt 13
Griechische Kirche „Zum hl. Georg", Hafnersteig 2
Grillparzer-Denkmal, Volksgarten
Gutenberg-Denkmal, Lugeck
Haas-Haus, Stock-im-Eisen-Platz 4
Hannaken-Brunnen, Am Gestade
Heiligenkreuzerhof mit Kapelle, Schönlaterngasse 5 – Grashofgasse 3
Heldendenkmal, Heldenplatz, Äußeres Burgtor
Herzgruft der Habsburger in der Augustinerkirche, Augustinerstraße
Hochhaus, Herrengasse 6–8
Hofburg, Michaelerplatz – Augustinerstraße – Josefsplatz – Augustinerbastei – Heldenplatz – Ballhausplatz
Hofburg-Kapelle, Schweizerhof
Hofkammerarchiv, Johannesgasse 6 – Annagasse 5
Hotel Imperial, Kärntner Ring 16
Hotel Sacher, Philharmonikerstraße 2–8
Innenministerium (ehemaliges Palais Modena), Herrengasse 7
Johann-Strauß-Denkmal, Stadtpark
Josefsbrunnen, Graben
Jüdisches Museum der Stadt Wien, Dorotheergasse 11
Justizpalast, Schmerlingplatz 10
Kaiser-Franz-I.-Denkmal, Burggarten
Kaiser-Joseph-II.-Denkmal, Josefsplatz
Kaisergruft, Neuer Markt 2
Kaiserin-Elisabeth-Denkmal, Volksgarten
Kastalia-Brunnen, Universität
Katakomben, Stephansplatz
Kirche Maria am Gestade, Salvatorgasse 12
Kirche Maria Schnee, Minoritenkirche, Minoritenplatz
Kirche St. Peter, Petersplatz
Kirche zu den 9 Chören der Engel, Am Hof
Kirche zu Mariä Himmelfahrt (ehemalige Universitätskirche), Dr.-Ignaz-Seipel-Platz 1
Kirche zum hl. Hieronymus, Franziskanerplatz
Kirche zum hl. Johannes dem Täufer, Malteserkirche, Kärntner Straße 37
Kirche zum hl. Ruprecht, Ruprechtsplatz
Kirche zur hl. Anna, Annagasse 3b
Kirche zur hl. Elisabeth, Deutschordenskirche, Singerstraße 7
Kirche zur hl. Maria von den Engeln, Kapuzinerkirche, Neuer Markt
Körner-Denkmal, Rathauspark
Kremsmünster Hof, Annagasse 4
Kriegsministerium, ehemaliges (jetzt Regierungsgebäude), Stubenring 1
Kunsthistorisches Museum, Burgring 5
Künstlerhaus, Karlsplatz 5
Landhaus, Herrengasse 13
Lehár-Denkmal, Stadtpark
Lenau-Denkmal, Schillerplatz
Leopoldinischer Trakt, Hofburg
Leopoldsbrunnen, Graben
Lessing-Denkmal, Judenplatz
Liebenberg-Denkmal, Dr.-Karl-Lueger-Ring
Loos-Bar, Kärntner Durchgang
Loos-Haus, Michaelerplatz 3
Lueger-Denkmal, Dr.-Karl-Lueger-Platz
Mahnmal gegen Krieg und Faschismus, Albertinaplatz
Makart-Denkmal, Stadtpark
Marco-d'Aviano-Denkmal, Neuer Markt
Maria-Theresien-Denkmal, Maria-Theresien-Platz
Mariensäule, Am Hof
Melkerhof, Schottengasse 3
Michaelerkirche, Michaelerplatz
Michaelerplatz, Ausgrabungen
Michaelertrakt, Hofburg
Mosesbrunnen, Franziskanerplatz
Mozart-Denkmal, Burggarten
Musikvereinsgebäude, Bösendorferstraße 12
Naturhistorisches Museum, Burgring 7
Neue Burg, Hofburg
Österreichische Nationalbibliothek (ehemalige Hofbibliothek), Prunksaal, Josefsplatz, Lesesaal und Katalog am Heldenplatz, Neue Burg
Österreichisches Museum für angewandte Kunst, Stubenring 5
Otto-Wagner-Denkmal, Makartgasse
Otto-Wagner-Häuser, Stadiongasse 6-10
Palais Bartolotti-Partenfeld, ehemaliges, Graben 11
Palais Batthyány, Bankgasse 2
Palais Caprara-Geymüller, ehemaliges, Wallnerstraße 8
Palais Coburg, Seilerstätte 1
Palais Collalto, Am Hof 13
Palais Dietrichstein, Minoritenplatz 3
Palais Epstein, ehemaliges, Dr.-Karl-Renner-Ring 1
Palais Erdödy-Fürstenberg, Himmelpfortgasse 13
Palais Erzherzog Ludwig Viktor, Schwarzenbergplatz 1
Palais Erzherzog Wilhelm, Parkring 8
Palais Esterházy, Wallnerstraße 4
Palais Fürstenberg, Grünangergasse 4
Palais Harrach, ehemaliges, Freyung 3
Palais Kinsky (ehemaliges Palais Daun), Freyung 4
Palais Liechtenstein, Bankgasse 2
Palais Lobkowitz (ehemaliges Palais Dietrichstein, jetzt Österreichisches TheaterMuseum), Lobkowitzplatz 2
Palais Neupauer-Breuner, Singerstraße 16
Palais Palffy, Josefsplatz 6
Palais Pallavicini (ehemaliges Palais Fries), Josefsplatz 5
Palais Porcia, ehemaliges, Herrengasse 23
Palais Questenberg-Kaunitz, ehemaliges, Johannesgasse 5 und 5a
Palais Rottal, ehemaliges, Singerstraße 17
Palais Schönborn-Batthyány, Renngasse 4
Palais Starhemberg, ehemaliges (jetzt Unterrichtsministerium und Wissenschaftsministerium), Minoritenplatz 5
Palais Todesco, Kärntner Straße 51
Palais Wilczek, Herrengasse 5
Pallas-Athene-Brunnen, Parlament
Parlament, Dr.-Karl-Renner-Ring 3
Pestsäule, Graben
Postsparkasse, Georg-Coch-Platz 2
Prinz-Eugen-Denkmal, Heldenplatz
Raab-Denkmal, Volksgarten
Radetzky-Denkmal, Stubenring 1
Rathaus, Rathausplatz
Rathauspark
Republik-Denkmal, Dr.-Karl-Renner-Ring
Renner-Denkmal, Rathauspark
Ronacher, Seilerstätte 9
Rudolf-von-Alt-Denkmal, Minoritenplatz

Salvatorkapelle, Salvatorgasse 5
Savoysches Damenstift, Johannesgasse 15
Schärf-Denkmal, Rathauspark
Schatzkammer, weltliche und geistliche, Hofburg, Schweizerhof
Schiller-Denkmal, Schillerplatz
Schindler-Denkmal, Stadtpark
Schottenkirche, Freyung 6
Schottenkloster und Schottenhof, Freyung 6
Schubert-Denkmal, Stadtpark
Schwarzenberg-Denkmal, Schwarzenbergplatz
Schweizerhof, Hofburg
Secession, Friedrichstraße 12
Seitz-Denkmal, Rathauspark
Spanische Reitschule, Winterreitschule, Hofburg
Staatsoper, Opernring 2
Stadtpark, Parkring
Stallburg, Hofburg
Stephansdom, Stephansplatz
Stock im Eisen, Kärntner Straße 2
Stolz-Denkmal, Stadtpark
Strauß-Lanner-Denkmal, Rathauspark
Synagoge, Seitenstettengasse 4
Theseustempel, Volksgarten
Uhrenmuseum, Schulhof 2
Ungarische Botschaft, Bankgasse 4–6
Universität, Dr.-Karl-Lueger-Ring 1
Urania, Uraniastraße 1
Vermählungsbrunnen, Hoher Markt
Volksgarten
Waldmüller-Denkmal, Rathauspark
Zacherlhaus, Brandstätte 6

2. Bezirk
Augarten, Obere Augartenstraße 1
Augarten-Brücke
Barmherzige-Brüder-Kirche, Taborstraße 16
Barockes Bürgerhaus, Taborstraße 23
Börse für landwirtschaftliche Produkte, ehemalige, Taborstraße 10
Buddhistische Pagode, Dammhaufen 50
Johann-Strauß-Gedenkstätte, Praterstraße 54
Johannes-von-Nepomuk-Kapelle, Obere Donaustraße gegenüber 49–51
Kaiser-Jubiläums-Kirche, Mexikoplatz 12
Lassalle-Hof, Lassallestraße 40
Lusthaus, Prater
Marien-Statue, Marienbrücke
Nestroy-Denkmal, Praterstraße (bei 9)
Ofner-Denkmal, Taborstraße/Glockengasse
Planetarium, Oswald-Thomas-Platz 1 (Prater)
Pfarrkirche St. Johann von Nepomuk, Praterstraße
Pfarrkirche St. Josef, Karmeliterplatz
Pfarrkirche St. Leopold, Große Pfarrgasse 15
Prater
Pratermuseum, Oswald-Thomas-Platz 1
Riesenrad
Schützenhaus des ehemaligen Kaiserbad-Wehres, Obere Donaustraße 26
Stadion, Prater, Meiereistraße
Tegetthof-Denkmal, Praterstern
Trabrennlatz, Krieau
Wurstelprater
Ziehrer-Denkmal, Prater-Hauptallee

3. Bezirk
Akademietheater, Lothringerstraße 8–10
Alpengarten im Oberen Belvedere, Landstraßer Gürtel 1
Arsenal, Arsenalstraße
Beethovenhaus, Ungargasse 5
Befreiungs-Denkmal, Schwarzenbergplatz
Belvedere, Prinz-Eugen-Straße 27 – Rennweg 6
Botanischer Garten der Universität, Rennweg 14
Fiaker-Denkmal, Fiakerplatz
Gardekirche, Rennweg 5a
Hauptmünzamt, Am Heumarkt 1
Heeresgeschichtliches Museum, Arsenal
Hochstrahlbrunnen, Schwarzenbergplatz
Hofmannsthals Geburtshaus, Salesianergasse 12
Hundertwasser-Haus, Löwengasse/Kegelgasse
Karl-Borromäus-Brunnen, Karl-Borromäus-Platz
Kirche zur hl. Elisabeth, Landstraßer Hauptstraße 4a
Kneipp-Brunnen, Stadtpark
Konzerthaus, Lothringerstraße 20
KunstHaus Wien, Untere Weißgerberstraße 13
Museum mittelalterlicher Kunst, Unteres Belvedere, Rennweg 6a
Museum moderner Kunst/Museum des 20. Jahrhunderts, Schweizer Garten
Österreichische Galerie, Oberes Belvedere, Prinz-Eugen-Straße 27
Österreichisches Barockmuseum, Unteres Belvedere, Rennweg 6a
Palais des Beaux Arts, Löwengasse 47–47A
Palais Metternich, ehemaliges (jetzt Italienische Botschaft), Rennweg 27
Palais Rasumofsky (jetzt Geologische Bundesanstalt), Rasumofskygasse 23–25
Palais Schwarzenberg, Rennweg 2
Pfarrkirche St. Othmar „Unter den Weißgerbern", Kolonitzplatz
Pfarrkirche St. Rochus und Sebastian, Landstraßer Hauptstraße 54
Rabenhof, Baumgasse 29–41
Rudolf-Steiner-Denkmal, Schweizer Garten
Russisch-orthodoxe Kirche, Jaurésgasse 2
Salesianerinnenkirche und Kloster, Rennweg 10
St. Marxer Friedhof (Mozarts Begräbnisstätte), Leberstraße 6
Staatsgründungsdenkmal, Schweizer Garten
Sünnhof, Landstraßer Hauptstraße – Ungargasse
Vuk-Stefanovic-Karadzic-Denkmal, Rasumofskygasse 22
Waisenhauskirche, Rennweg bei 91
Wittgenstein-Haus, Parkgasse 18

4. Bezirk
Brahms-Denkmal, Karlsplatz
Engelbrunnen, Wiedner Hauptstraße 55
Französische Botschaft, Technikerstraße 2
Funkhaus, Argentinierstraße 30a
Gluck-Denkmal, Kreuzherrengasse/Argentinierstraße
Glucks Wohnhaus, Wiedner Hauptstraße 32
Heumühle, ehemalige (im Hof), Schönbrunner Straße 2
Historisches Museum der Stadt Wien, Karlsplatz
Karlskirche, Karlsplatz
Kunsthalle Wien, Treitlstraße 2
Makart-Sterbehaus (im Hof), Gußhausstraße 27
Naschmarkt
Palais Starhemberg-Schönburg (Gartenpalais), Rainergasse 11
Pfarrkirche St. Elisabeth, Sankt-Elisabeth-Platz
Pfarrkirche zu den hl. Schutzengeln, Paulanerkirche, Wiedner Hauptstraße
Ressel-Denkmal, Resselpark
Schuberts Sterbewohnung, Kettenbrückengasse 6
Schutzengelbrunnen, Rilkeplatz
Stadtbahnstation Karlsplatz (Otto-Wagner-Pavillon), Karlsplatz
Technische Universität Wien, Karlsplatz 13
Theresianum, Favoritenstraße 15
Zauberflöte-Brunnen, Mozartplatz

5. Bezirk
Johann-Nepomuk-Linienkapelle, Schönbrunner

Straße - Sankt-Johann-Gasse
Margaretenbrunnen, Margaretenplatz
Margaretenhof, Margaretenplatz 4
Metzleinstalerhof, Margaretengürtel 90–98
Pfarrkirche Matzleinsdorf zum hl. Florian (ehemalige Rauchfangkehrerkirche), Wiedner Hauptstraße 97
Pfarrkirche St. Josef zu Margarethen, Schönbrunner Straße bei 71
Reumannhof, Margaretengürtel 100–110

6. Bezirk
Evangelische Kirche A. B., Gustav-Adolf-Kirche, Martin-Luther-Platz
Haus des Meeres, Flakturm, Esterházypark, Gumpendorfer Straße
Haydn-Denkmal, Mariahilfer Straße
Haydns Sterbehaus, Haydngasse 19
Jugendstilwohnhäuser von Otto Wagner, Linke Wienzeile 38 und 40 und Köstlergasse 3
Mariahilfer Kirche, Pfarr- und Wallfahrtskirche Mariä Himmelfahrt, Mariahilfer Straße 65
Pfarrkirche Gumpendorf zum hl. Ägyd, Brückengasse 5
Pfarrkirche Mariahilf, Barnabitengasse 14
Pfarrkirche St. Josef ob der Laimgrube, Windmühlgasse 3
Raimunds Geburtshaus, Mariahilfer Straße 45
Raimundtheater, Wallgasse 18–20
Semper-Depot (ehemaliges Kulissendepot des Burgtheaters), Lehárgasse 6–8
Theater an der Wien, Linke Wienzeile 6

7. Bezirk
Amerlings Geburtshaus, Stiftgasse 8
Bundessammlung alter Stilmöbel (ehemaliges Hofmobiliendepot), Mariahilfer Straße 88
Bürgerhäuser:
Burggasse 13 („Zum heiligen Josef")
Gutenberggasse
Kirchberggasse
Sankt-Ulrichs-Platz 2 (barockes Haus)
Spittelberggasse
Stiftgasse
Hofstallungen, ehemalige (Messepalast), Messeplatz 1
Lanners Geburtshaus, Mechitaristengasse 5
Mechitaristenkirche und Kloster, Neustiftgasse 4 und Mechitaristengasse 2
Palais Trautson (jetzt Bundesministerium für Justiz), Museumstraße 7
Pfarrkirche Altlerchenfeld zu den hl. 7 Zufluchten, Lerchenfelder Straße 111
Pfarrkirche St. Ulrich, Maria Trost, Sankt-Ulrichs-Platz 3
Pfarrkirche zur Unbefleckten Empfängnis, Lazaristen-Pfarrkiche, Kaiserstraße 7
Raimund-Denkmal, Weghuberpark
Stiftskaserne, Kriegsarchiv, Stiftgasse 2
Stiftskirche, Mariahilfer Straße 24
Volkstheater, Neustiftgasse 1

8. Bezirk
Alte Backstube, Lange Gasse 34
Beethovenhaus, Trautsongasse 2
Bürgerhäuser:
Lange Gasse 34 („Zur heiligen Dreifaltigkeit")
Lenaugasse
Schlösselgasse
Tulpengasse
Isis-Brunnen, Albertplatz
Österreichisches Museum für Volkskunde (ehemaliges Palais Schönborn), Laudongasse 15–19
Palais Auersperg, Auerspergstraße 1
Palais Strozzi, Josefstädter Straße 39
Pfarrkirche „Maria Treu", Piaristenkirche, Jodok-Fink-Platz
Pfarrkirche zur Allerheiligen Dreifaltigkeit in der Alservorstadt, Alser Straße 17
Theater in der Josefstadt, Josefstädter Straße 26

9. Bezirk
Allgemeines Krankenhaus, Alser Straße 4, mit „Narrenturm" im letzten Hof
Billroth-Denkmal, Allgemeines Krankenhaus
Chemisches Institut, Währinger Straße 10
Josephinum, Währinger Straße 25
Jüdischer Friedhof, Seegasse 9
Kaiser-Joseph-II.-Denkmal, Allgemeines Krankenhaus
Nationalbank, Otto-Wagner-Platz
Palais Clam-Gallas, 9, Währinger Straße 30
Palais Liechtenstein, Fürstengasse 1 (Museum moderner Kunst/Museum des 20. Jahrhunderts)
Pfarrkirche Lichtental zu den hl. 14 Nothelfern, Marktgasse 40
Pfarrkirche Roßau zu Mariä Verkündigung, Servitenkirche, Servitengasse 9
Roßauer Kaserne, Schlickplatz – Roßauer Lände
Schubert-Brunnen, Alserbachstraße/Liechtensteinstraße
Schuberts Geburtshaus, Nußdorfer Straße 54
Schwarzspanierhof (ehemaliges Beethoven-Sterbehaus), Schwarzspanierstraße 15
Sigmund-Freud-Wohnung, Berggasse 19
Strudlhof-Stiege, Strudlhofgasse
Volksoper, Währinger Straße 78
Votivkirche, Rooseveltplatz 8

10. Bezirk
Amalienbad, Reumannplatz 9
„Arbeitercottage", Kiesewettergasse
Arthaber-Brunnen, Arthaberplatz
Böhmischer Prater, Laaer Wald
Evangelische Friedhofskirche, Triester Straße 1
George-Washington-Hof, Triester Straße 52–58
Johanneskirche, Unterlaa, Klederinger Straße
Laaer Wald
Oberlaa (Straßendorf mit alten Gehöften)
Pfarrkirche St. Anton von Padua, Antonsplatz 21
Pfarrkirche St. Johann Evangelist, Keplerplatz 6
Pfarrkirche zur Königin des Friedens, Quellenstraße 197
Spinnerin am Kreuz, Triester Straße bei 52
Unterlaa (Straßendorf mit alten Gehöften)
Waldmüllerpark (ehemaliger Katholischer Matzleinsdorfer Friedhof) mit Grabmalhain
Wasserturm der Ersten Hochquellenwasserleitung, Raxstraße

11. Bezirk
Friedhof der Namenlosen, Alberner Hafen
Gasbehälter, Guglgasse
Krematorium, Simmeringer Hauptstraße 337
Luegerkirche, Zentralfriedhof
Pfarrkirche Alt-Simmering zum hl. Laurenz, Kobelgasse bei 24
Schloß Kaiserebersdorf, Kaiserebersdorfer Straße 297
Schloß Neugebäude, Neugebäudestraße
Schloß Thürnlhof, Kaiserebersdorf, Münnichplatz 5
Zentralfriedhof (mit Ehrengräbern)

12. Bezirk
Altmannsdorfer Schlößl (jetzt Dr.-Karl-Renner-Institut), Khleslplatz 12
Fuchsenfeldhof, Längenfeldgasse 68
George-Washington-Hof, Triester Straße 52
Pfarrkirche Altmannsdorf zum hl. Oswald, Khleslplatz 10
Pfarrkirche Hetzendorf zur Königin des hochheiligen Rosenkranzes, Marschallplatz 6
Pfarrkirche Meidling zum hl. Johann von Nepomuk, Migazziplatz
Rehabilitationszentrum Meidling, Köglergasse 2a
Schloß Hetzendorf (jetzt Modeschule der Stadt

Wien), Hetzendorfer Straße 79
Wohnhausanlage Am Schöpfwerk

13. Bezirk
Faniteum, Ghelengasse
Gemeindesiedlung Lockerwiese, Wolkersbergenstraße
Geriatriezentrum „Am Wienerwald“, Wolkersbergenstraße
Gloriette, Schönbrunn
Hermesvilla, Lainzer Tiergarten, Hermesstraße
Hofpavillon, bei U-Bahn-Station Hietzing
Kaiser-Maximilian-Denkmal, Am Platz
Konzilgedächtniskirche zum hl. Ignatius, Lainzer Str. 138
Lainzer Tiergarten
ORF-Zentrum am Küniglberg, Würzburggasse 30
Palmenhaus, Schönbrunn
Pfarrkirche Mariä Geburt, Am Platz 1
Pfarrkirche Ober-St.-Veit, Wolfrathplatz
Pfarrkirche zur Allerheiligsten Dreifaltigkeit, Lainzer Straße 154
Schloß Ober-St.-Veit, Wolfrathplatz
Schloß Schönbrunn
Schönbrunner Park
Schönbrunner Schloßtheater
Schönbrunner Tiergarten
Werkbundsiedlung, Jagdschloßgasse

14. Bezirk
Laudongrab, Mauerbachstraße
Otto-Wagner-Villen, Hüttelbergstraße 26 und 28
Palais Cumberland, Penzinger Straße 9–13
Palais Zichy, Beckmanngasse 10–12
Pfarrkirche Mariabrunn, Hadersdorf, Hauptstraße 9
Pfarrkirche Penzing zum hl. Jakob, Einwanggasse 30
Schloß Laudon, Mauerbachstraße
Schloß Miller von Aichholz, Linzer Straße 429
Stadt des Kindes, Mühlbergstraße 9
Steinhofkirche, Baumgartner Höhe 1
Technisches Museum, Mariahilfer Straße 212
Villa Windischgraetz, Linzer Straße 452

15. Bezirk
Pfarrkirche Fünfhaus „Maria vom Siege“, Mariahilfer Gürtel
Pfarrkirche Neu-Fünfhaus „Christus König“, Kriemhildplatz
Reindorfer Pfarrkirche hl. Dreifaltigkeit, Reindorfgasse bei 21
Stadthalle, Vogelweidplatz

16. Bezirk
Biologische Station Wilhelminenberg, Savoyenstraße
Kuffner-Sternwarte, Johann-Staud-Straße 10
Pfarrkirche Alt-Ottakring zur Erhöhung des hl. Kreuzes, Ottakringer Straße bei 215
Pfarrkirche Schmelz „Heilig-Geist-Kirche“, Herbststraße 82
Schloß Wilhelminenberg, Savoyenstraße 2
Wohnhausanlage Sandleiten, Sandleitengasse 43–51

17. Bezirk
Alszauberbrunnen, Elterleinplatz
Pfarrkirche Hernals zum hl. Bartholomäus, Kalvarienbergkirche, Sankt-Bartholomäus-Platz 3
Schloß Schwarzenberg, Waldegghofgasse

18. Bezirk
Geymüller-Schlössel (Sammlung Dr. Sobek), Pötzleinsdorfer Straße 102
Pfarrkirche Gersthof zum hl. Johannes Nepomuk (ehemalige), Gersthofer Straße 129
Schloß Pötzleinsdorf, Geymüllergasse 1
Schubertpark (ehemaliger Währinger Ortsfriedhof mit Grabmalhain), Währinger Straße – Teschnergasse
Türkenbrunnen, Türkenschanzpark
Türkenschanzpark, Türkenschanzstraße
Währinger Park (ehemaliger Allgemeiner Währinger Friedhof mit Grabmalhain), Gymnasiumstraße – Semperstraße

19. Bezirk
Beethoven-Denkmal, Heiligenstädter Park
Beethoven-Gedenkstätten, Probusgasse 6, Pfarrplatz 2, Döblinger Hauptstraße 92 (Eroica-Haus) und Kahlenberger Straße 26
Beethoven-Grillparzer-Haus, Grinzinger Straße 64
Heiligenstädter Kirche zum hl. Jakob, Pfarrplatz
Kahlenbergerdorf (Weinhauerdorf)
Kahlenberger Friedhof, Kahlenberger Straße
Kahlenbergkirche, Kahlenberg
Karl-Marx-Hof, Heiligenstädter Straße 82–92
Lehár-Schikaneder-Schlössel, Hackhofergasse 18
Leopoldskirche, Leopoldsberg
Pfarrkirche Döbling zum hl. Paul, Vormosergasse 7
Pfarrkirche Grinzing zum hl. Kreuz, Himmelstraße 25
Pfarrkirche Heiligenstadt „St. Michael“, Grinzinger Straße – Hohe Warte
Trummelhof, Cobenzlgasse 30
Villa Wertheimstein, Döblinger Hauptstraße 96 (jetzt Bezirksmuseum Döbling)
Villenkolonie Hohe Warte, Steinfeldgasse 2–8
Wertheimsteinpark, Döblinger Hauptstraße 96
Wirtschaftsuniversität Wien, Franz-Klein-Gasse 1
Zwettler Hof, Hackhofergasse 17

20. Bezirk
Brigittakapelle, Forsthausgasse
Gregor-Mendel-Denkmal, Engelsplatz
Nadelwehr (Nußdorfer Schleuse), Brigittenauer Spitz
Pfarrkirche Brigittenau zur hl. Brigitta, Brigittaplatz 3
Winarskyhof, Stromstraße 36–38
Wohnhausanlage Friedrich-Engels-Platz

21. Bezirk
Beethoven-Gedenkstätte (ehemaliges Erdödy-Schlössel), Jeneweingasse 17
Karl-Seitz-Hof, Jedleseer Straße 64–94
Klosterneuburger Hof, Lorettoplatz 5
Leopoldau (Dorf mit Bauernhöfen)
Pfarrkirche Donaufeld zum hl. Leopold, Kinzerplatz 19
Pfarrkirche Jedlesee zu Maria Loretto, Lorettoplatz 1
Stammersdorf (alte Weinhauerhäuser und Keller)
Vienna Islamic Centre, Am Hubertusdamm 17–19

22. Bezirk
Aspern, historischer Ortskern (Kirche, Nepomuk- und Florianstatuen, „Löwe von Aspern“)
Breitenlee (planmäßige barocke Dorfgründung)
Donauturm, Donaupark
Kagran, historischer Ortskern
Lamplkreuz, Süßenbrunn, Weingartenallee
Schloß Eßling und Schüttkasten (Franzosenkriege), Eßlinger Hauptstraße 81–87
Schloß Süßenbrunn, Süßenbrunner Hauptstraße
Strandbad Gänsehäufel, Kaisermühlen, Moissigasse 21
Vienna International Centre (UNO-City), Wagramer Straße 5

23. Bezirk
Erste Hochquellenleitung, Aquädukt, Mauer, Endresstraße
Hofmannsthal-Schlössel, Rodaun, Ketzergasse 471
Kirche zur heiligsten Dreifaltigkeit (Entwurf Fritz Wotruba), Mauer, Georgsgasse
Maurer Schlößl, Endresstraße 100
Pfarrkirche Kalksburg zum hl. Petrus in Ketten, Breitenfurter Straße 526
Pfarrkirche Mauer zum hl. Erhard, Endresstraße 117
Schloß Alt-Erlaa, Erlaaer Straße 54

SPORT UND FREIZEIT

BÄDER

Adresse	Eigentümer Verwalter Pächter
HALLENBÄDER	
1. Bezirk	
Weihburggasse 18	Privat
2. Bezirk	
Augarten (nicht öffentlich)	Institut der Sängerknaben
Ichmanngasse 1 (nicht öffentlich)	SC Finanzministerium
Waldsteingartenstraße 135 (nicht öffentlich)	Privat
Wittelsbachstraße 5 (nicht öffentlich)	Bundesblindeninstitut
3. Bezirk	
Arsenalstraße (nicht öffentlich)	Post- und Telegraphenverwaltung
Baumgasse 83	Sportstätte Baumgasse Betriebsges. m. b. H.
Ungargasse 60	Penta-Hotel
4. Bezirk	
Favoritenstraße 15 (nicht öffentlich)	Theresianische Akademie
5. Bezirk	
Strobachgasse 7-9	Privat
Rogners Margaretenbad	
Wiedner Hauptstraße 84–86 (nicht öffentlich)	Pensionsversicherungsanstalt der gewerblichen Wirtschaft
7. Bezirk	
Kenyongasse 7–12 (nicht öffentlich)	Lehranstalt Mater Salvatoris
9. Bezirk	
Liechtensteinstraße 89	Hotel Albatros
Tendlergasse 9 (nicht öffentlich)	Jungarbeiterbewegung
10. Bezirk	
Kurbadstraße 8 (nicht öffentlich)	Tourotel Wien
Südbahnhof, Untergeschoß	
Wienerbergstraße 15–19 (nicht öffentlich)	Wiener Gebietskrankenkasse
11. Bezirk	
Rzehakgasse 4 (nicht öffentlich)	Kuratorium Wiener Pensionistenheime
Schemmerlstraße 66–68 (nicht öffentlich)	ÖAG/Konti
13. Bezirk	
Hietzinger Hauptstraße 16	Hotel Hübner
Jennerplatz 25 (nicht öffentlich)	Tennisclub Ober-St.-Veit
14. Bezirk	
Astgasse 3 (nicht öffentlich)	Bundesgymnasium und Bundesrealgymnasium
Felbigergasse 81 (nicht öffentlich)	Kuratorium Wiener Pensionistenheime
Mühlbergstraße 7	Stadt des Kindes
Stockhammerngasse 8–18 (nicht öffentlich)	Privat

15. Bezirk

Diefenbachgasse 57 (nicht öffentlich)	Privat
Graumanngasse 16–18 (nicht öffentlich)	Privat
Possingergasse 6 (nicht öffentlich)	Universitäts-Sportzentrum Schmelz
Vogelweidplatz 14 (Stadthallenbad)	Wiener Stadthalle-Kiba Betriebs- und Veranstaltungsservicegesellschaft m. b. H.
Westbahnhof	

17. Bezirk

Ottakringer Straße 34–36	Hotel Matè
Rosensteingasse 87	Postsportverein
Rötzergasse 41 (nicht öffentlich)	Verein Tesar

19. Bezirk

Hofzeile 22 (nicht öffentlich)	Privatgymnasium Maria Regina
Stefan-Esders-Platz 1 (nicht öffentlich)	Clara-Fey-Kinderdorf
Weilgasse 1 (nicht öffentlich)	Herbert Hajek Ges. m. b. H.

21. Bezirk

Anton-Böck-Gasse 20 (nicht öffentlich)	Schulbrüder Kongregation

23. Bezirk

Atzgersdorf, Breitenfurter Straße 358	Maria Herricht
Atzgersdorf, Kirchfeldgasse 5	Privat

(Die städtischen Hallenbäder → MA 44)

SOMMERBÄDER

2. Bezirk

Krieau (Stadionbad)	Wiener Stadthalle-Kiba Betriebs- und Veranstaltungsservicegesellschaft m. b. H.

10. Bezirk

Kurbadstraße 14	Kurbetrieb Heilquelle (Thermalschwefelquelle) Oberlaa Gesellschaft m.b.H.
Laxenburger Straße 66	Kurt Felsinger Ges. m. b. H.

11. Bezirk

Simmeringer Hauptstraße 252 (nicht öffentlich)	WStW-Verkehrsbetriebe

13. Bezirk

Schönbrunn (Bundessportbad)	Bund
Steinböckengasse 100	Privat

17. Bezirk

Promenadegasse 58 (Neuwaldegger Bad)	Privat

19. Bezirk

Cobenzlgasse 35	Privat
Sieveringer Straße 267 (Sieveringer Bad)	Privat

21. Bezirk

Arbeiterstrandbadstraße (Eisenbahnerbad)	ÖBB

22. Bezirk

An der unteren Alten Donau 51 (Naturfreundebad, nicht öffentlich)	Naturfreunde
Arbeiterstrandbadstraße (Arbeiterstrandbad)	Bund
Arbeiterstrandbadstraße (Betriebsbad Firma Julius Meinl, nicht öffentlich)	Firma Julius Meinl

Arbeiterstrandbadstraße 93 (Bundessportbad Alte Donau)	Bund
Dampfschiffhaufen (1. Wiener Donau-Schwimmklub, nicht öffentlich)	Privat
Dampfschiffhaufen (Gewerkschaftsjugend, nicht öffentlich)	ÖGB
Dampfschiffhaufen (KS-Armaturen, nicht öffentlich)	Privat
Dampfschiffhaufen (Polizei-Strandbad, nicht öffentlich)	Bundespolizeidirektion Wien
Dampfschiffhaufen (Strandbad der WStW-Elektrizitätswerke, nicht öffentlich)	WStW-Elektrizitätswerke
Dampfschiffhaufen (Strandbad Wiener Ruderklub „Pirat", nicht öffentlich)	Privat
Dampfschiffhaufen (Tageserholungsstätte „Junge Garde", nicht öffentlich)	Privat
Dampfschiffhaufen 47 (Straßenbahner-Bad, nicht öffentlich)	WStW-Verkehrsbetriebe
Dampfschiffhaufen 189 (Siemens-Bad, nicht öffentlich)	Firma Siemens
Rugierstraße 4 (Schuh-Ski – Stadlau)	Privat
Smolagasse (OMV-Sportanlage, nicht öffentlich)	OMV
Wagramer Straße (Strandbad Süßenbrunn)	Privat

23. Bezirk

Atzgersdorf, Breitenfurter Straße 164 (Betriebsbad der Firma Unilever, nicht öffentlich)	Firma Unilever
Rodaun, An der Au 2 (Rodauner Bad)	Privat

(Die städtischen Sommerbäder → MA 44)

THERMALBÄDER

10. Bezirk

Kurbadstraße 14 (Heilquelle Oberlaa)	Kurbetrieb Heilquelle (Thermalschwefelquelle) Oberlaa Gesellschaft m. b. H.
Kurbadstraße 16	Wellness Park Oberlaa

KINDERFREIBÄDER

(→ MA 44)

BALLSPIELPLÄTZE in öffentlichen Grünanlagen

1. Bezirk

Rudolfsplatz

2. Bezirk

Engerthstraße – Innstraße
Hauptallee – Rustenschacher Allee
Jesuitenwiese
Lilienbrunngasse ggü. Max-Winter-Platz
Mexikoplatz
Mexikoplatz – Kirche
Prater Hauptallee
Rueppgasse
Venediger Au
Vorkai (Aspernbrücke – Franzensbrücke)
Wilhelm-Kienzl-Park

3. Bezirk

Am Modenapark
Arenbergpark
Czapkapark
Erdberger Lände
Kardinal-Nagl-Park
Klopsteinplatz
Schweizer Garten
Stadtpark

4. Bezirk

Alois-Drasche-Park
Rubenspark
Schelleingasse 28–30

5. Bezirk

Alfred-Grünwald-Park
Bacherplatz
Diehlgasse – Siebenbrunnengasse
Einsiedlerplatz
Leopold-Rister-Gasse – Kohlgasse
Margaretengürtel
Nikolsdorfer Gasse 22–24
Sankt-Johann-Park

6. Bezirk
Esterházypark
Fritz-Imhoff-Park
Hubert-Marischka-Park

7. Bezirk
Josef-Strauß-Park

8. Bezirk
Bennoplatz
Hamerlingplatz
Schönbornpark

9. Bezirk
Arne-Carlsson-Park
Lichtentalerpark
Schlickplatz
Vorkai (Augartenbrücke)

10. Bezirk
Antonsplatz
Bergtaidingweg
Endlichergasse
Erlachplatz
Franz-Koci-Straße
Holzknechtstraße
Humboldtplatz
Laaer Berg (Volkspark)
Laubeplatz
Laxenburger Straße
Löwygrube
Per-Albin-Hansson-Siedlung Ost, Ada-Christen-Gasse
Per-Albin-Hansson-Siedlung West, Windschutz
Quellenstraße 48–50
Raxpark
Suchenwirtplatz
Waldmüllerpark
Wielandplatz

11. Bezirk
Blériotgasse
Dopplergasse
Fuchsröhrenstraße
Haugerstraße
Herderpark
Mautner-Markhof-Gasse
Rappachgasse

12. Bezirk
Am Flohberg
Arndtstraße – Haebergasse
Hermann-Leopoldi-Park
Hervicusgasse
Steinbauerpark
Vierthalerpark
Vivenotgasse
Wilhelmsdorfer Park

13. Bezirk
Küniglberg
Napoleonwald
Roter Berg – Ost

14. Bezirk
Baumgartner-Casino-Park
Ferdinand-Wolf-Park
Genossenschaftsstraße – Bugstraße
Matznerpark
Missindorfstraße
Reinlpark
Sanatoriumstraße
Schloßallee (Westbahn)
Schützplatz

15. Bezirk
Auer-Welsbach-Park
Dadlergasse
Forschneritschpark
Henriettenplatz
Oelweingasse – Dreihausgasse
Oelweingasse 27
Reithofferplatz
Ullmannstraße
Viktoriagasse 4
Vogelweidplatz
Wieningerplatz

16. Bezirk
Familienplatz
Hettenkofergasse – Koppstraße
Hofferplatz
Johann-Nepomuk-Berger-Platz
Karl-Kantner-Park
Ludo-Hartmann-Platz
Mildeplatz
Reichmanngasse – Demuthgasse
Schuhmeierplatz
Stillfriedplatz
Stöberplatz
Wichtelgasse
Wiesberggasse
Yppenplatz

17. Bezirk
Clemens-Hofbauer-Platz
Clemens-Krauss-Park
Diepoldplatz
Dr.-Josef-Resch-Platz
Lidlgasse
Liebknechtgasse
Lorenz-Bayer-Platz
Röntgengasse

18. Bezirk
Anton-Baumann-Park
Bischof-Faber-Platz
Ebner-Eschenbach-Park
Möhnergasse (Gersthofer Friedhof)
Pötzleinsdorfer Schloßpark

Schubertpark
Türkenschanzpark
Währinger Park

19. Bezirk
Beethovenpark
Heiligenstädter Park
In der Krim
Krottenbachstraße – Kliergasse
Silvaraweg – Krottenbachstraße
Trautenauplatz
Wertheimsteinpark

20. Bezirk
Allerheiligenplatz
Forsthauspark
Friedrich-Engels-Platz
Gaußplatz
Jakob-Winter-Park
Kapaunplatz
Leipziger Straße – Spaungasse
Mortaraplatz
Sachsenplatz
Wehlistraße – Robert-Blum-Gasse

21. Bezirk
Adolf-Loos-Gasse 10/25
Berzeliusgasse – Carrogasse
Denglerpark
Floridsdorfer Aupark
Galvanigasse
Gerlosplatz
Großfeldstraße – Jerusalemgasse
Illgasse
Kürschnergasse – Gitlbauergasse
Kürschnergasse – Wassermanngasse
Langfeldgasse – Pastorstraße 52
Marie-Schuller-Park
Mühlweg – Eichfeldergasse
Pfendlergasse
Schlossergasse (Lagerwiese)
Siemensstraße – Reisgasse
Tetmajergasse
Überfuhrstraße (Lagerwiese)
Wassermanngasse – Meistergasse
Wasserpark

22. Bezirk
Aspern, Am Mühlwasser
Eßling, Colerusgasse – Gleichgasse
Eßling, Kaschauerplatz
Hirschstetten, Kartouschgasse
Kagran, Bernoullistraße
Kagran, Polgarstraße
Kagran, Schrickgasse
Kagran, Welzenbachergasse – Strakaweg
Kaisermühlen, Schüttaustraße (Goethehof)
Leopoldau, Melangasse
Stadlau, Langobardenstraße
Stadlau, Rabenlechnerweg

23. Bezirk
Atzgersdorf, Erlaaer Straße – Breitenfurter Straße
Atzgersdorf, Fridtjof-Nansen-Park
Atzgersdorf, Fröhlichgasse 43
Atzgersdorf, Schrailplatz – Klostermanngasse
Inzersdorf, Draschepark
Mauer, Schöffelpark
Mauer, Tullnertalstraße
Siebenhirten, Pollakgasse
Siebenhirten, Wiener Flur 1, 2 und 3

BMX-(SKATEBOARD-)BAHNEN

Adresse	Eigentümer Verwalter Pächter
2. Bezirk	
Engerthstraße/Walcherstraße (Skateboardbahn)	MA 42
Rustenschacherallee-Hauptallee (Skateboardbahn)	MA 42
10. Bezirk	
Kurpark Oberlaa (Skateboardbahn)	MA 42
Löwygrube, nahe Böhmischer Prater	MA 42
15. Bezirk	
Auer-Welsbach-Park	MA 51
21. Bezirk	
Donauinsel, bei Floridsdorfer Brücke (Nord)	Wasserstraßendirektion
22. Bezirk	
Donauinsel, bei Steinspornbrücke (Süd)	Wasserstraßendirektion

BOOTSHAUSANLAGEN

Adresse	Eigentümer Verwalter Pächter
19. Bezirk	
Kuchelau Los 4	ASVÖ Landesverband Wien
Kuchelau Los 6	Naturfreunde, Landesgruppe Wien
Kuchelau Los 12	Schwarz/Weiß Wien
Kuchelau Los 14 +16	WAT-Zentrale
Kuchelau Los 36 + 73	ASVÖ Wiener Paddelsport-Klub
Kuchelau Los 71	WAT
Kuchelau Los 115	ATV Döbling
Kuchelau Los 134	ASKÖ-LV Wien
Kuchelau Los 222	ASVÖ Nußdorf-Heiligenstadt
Kuchelau Los 224	Naturfreunde Döbling
Kuchelau Los 235	Fischerei-Verein Heiligenstadt
Muthgasse 127	Akademischer Faltboot-Club
Nußdorfer Sporn	Union Paddelsport-Heim
Nußdorfer Sporn	Wiener Ruderverein Donauhort
20. Bezirk	
Handelskai 3a	ÖAV Paddlergruppe Edelweiß
22. Bezirk	
Am Gänsehäufel	STAW Rudersektion
Am Kaisermühlendamm	Wiener Ruderklub „Pirat“
An der unteren Alten Donau 1	Wiener Regatta-Verein
An der unteren Alten Donau 3	Verwaltung der Bundesspielplätze
An der unteren Alten Donau 7	Ruderverein Ellida
An der unteren Alten Donau 13	Wiener Ruderklub Donau
An der unteren Alten Donau 21	Wiener Ruderklub Argonauten
An der unteren Alten Donau 47	Ruderverein Friesen
An der unteren Alten Donau 49	1. Wiener Ruderklub Lia
Dampfschiffhaufen	Polizei-Sportvereinigung Wien
Dampfschiffhaufen	Wiener Ruderklub Donaubund
Neue Donau (Donauinsel Süd)	Wassersportzentrum (MA 51 und MA 45)

BOWLINGANLAGEN

Adresse	Anzahl der Bahnen	Eigentümer Verwalter Pächter
2. Bezirk		
Hauptallee 124	32	Gemeinde Brunswick Ges. m. b. H., 2, Hauptallee 124
17. Bezirk		
Jörgerstraße 24	32	Bowling-Landesverband Wien, 17, Jörgerstraße 24
Schumanngasse 107	32	Bund Brunswick Ges. m. b. H., 17, Schumanngasse 107

DONAUINSEL (WIEN)

Adresse	Bund/Wien 350 ha Land 300 ha Wasser NDK = Neue Donaukilometer	
21. Bezirk		
a) Segelhafen Nord NDK 19,1		Betreiber Segelzentrum Wien Ges. m. b. H.
b) NDK 15,3		BMX-Bahn Nord, 300 m lang (A-Bahn)
c) NDK 14-15		5 Fußballfelder, 90 x 45 m
d) NDK I 14,9		Mehrzwecksportfläche (6.000 m^2; dzt. noch nicht markiert) 2 Volleyballfelder à 9 x 13 m 2 Handballfelder à 27 x 20 m 2 Basketballfelder à 28 x 14 m 1 Fußballfeld 45 x 60 m
e) NDK I 14,4		Volleyball-Standplatz, 17 x 26 m
22. Bezirk		
a) NDK 11,5		Tauchsportzentrum MA 51
b) NDK 10,5		Wasserschilift, 900 m lang
c) NDK 9,5		1 Fußballfeld, 90 x 45 m
d) NDK 8,7		1 Basketballfeld
e) NDK 6,7–7,3		Radrennbahn, Länge 1,5 km (asphaltiert), Breite 6 m, mit elektrischer Zeitnehmung
f) NDK 4,5–6,5		8 Bahnen für Rudern und Kanu bis zu 2.000 m lang Sanitäreinrichtungen für Rudern und Kanu
g) NDK 6,7		BMX-Bahn Süd, 300 m lang (A-Bahn)
h) 1. NDK 9,7 2. NDK 7,6		Rad-Geschicklichkeitsparcours Rad-Geschicklichkeitsparcours
i) NDK L 12,3		Pit-Pat-Anlage
j) NDK L 11,4		Elektro-Buggy-Bahn
k) NDK L 4,1		Minigolfanlage
Ruderzentrum, Nähe Steinspornbrücke	Rudern, Kanu	Gemeinde MA 51

EISHALLEN

Adresse	Einrichtung	Eigentümer Verwalter
10. Bezirk		
Windtenstraße 2, Eisring Süd	Kunsteisfläche	ASKÖ – LV Wien
15. Bezirk		
Vogelweidplatz 14 Wiener Stadthalle	Kunsteisfläche Halle C	Wiener Stadthalle-Kiba Betriebs- und Veranstaltungsservice-gesellschaft m. b. H.
22. Bezirk		
Kagran, Attemsgasse Albert-Schultz-Eishalle	Kunsteisfläche	Wiener Stadthalle – Kiba Betriebs- und Veranstaltungsservice-gesellschaft m. b. H.

EISLAUFPLÄTZE

Adresse	Einrichtung	Eigentümer Verwalter
1. Bezirk		
Rathausplatz	Kunsteisbahn	Gemeinde – Eistraum
3. Bezirk		
Lothringerstraße 22 Wiener Eislaufverband	Kunsteisbahn	Privat Wiener Eislaufverein
8. Bezirk		
Buchfeldgasse 7a	Natureis	Gemeinde MA 51
10. Bezirk		
Laaer-Berg-Straße 170	Natureis	Elternverein der Schule 10, Laaer-Berg-Straße 170
Windtenstraße 2 Eisring Süd	Kunsteisbahn	ASKÖ – LV Wien
16. Bezirk		
Gallitzinstraße 4	Natureis	Gemeinde MA 51
Wilhelminenstraße 237	Natureis	Pieter-Bruegel-Natureislaufplatz
17. Bezirk		
Amundsenstraße	Natureis	Hanslteich
Syringgasse 6–10	Kunsteisbahn	Kunsteisbahn Engelmann
19. Bezirk		
Osterleitengasse 14	Natureis	Gemeinde MA 51

EISSTOCK-SCHIESSANLAGEN

Adresse	Eigentümer Verwalter
1. Bezirk	
Donaukanal-Salztorbrücke	Gemeinde LEV – Wien
10. Bezirk	
Kennergasse 3	FAC AC
Windtenstraße 2 Eisring Süd	Gemeinde ASKÖ – LV Wien
13. Bezirk	
Felixgasse 4	Gemeinde
16. Bezirk	
Kendlerstraße 38	Gemeinde MA 51
21. Bezirk	
Oswald-Redlich-Straße 19	Gemeinde
Trillergasse	Eisschützen Leopoldau

22. Bezirk	
Donauinsel bei Reichsbrücke stromabwärts	Gemeinde LEV – Wien
Kaisermühlen, Arbeiterstrandbadstraße 130	Gemeinde
Kaisermühlen, Gänsehäufel	Gemeinde
Kaisermühlen, Wagramer Straße Sportanlage Kagraner Brücke	Restaurant Watzal

GOLFANLAGEN

Adresse	Eigentümer Verwalter
2. Bezirk	
Freudenau 65a Golf- und Poloplatz	Österreichischer Golf-Verband 4, Prinz-Eugen-Straße 12
5. Bezirk	
Margaretengürtel 104, Reumannhof Indoorgolf	Gemeinde ASKÖ – LV Wien
10. Bezirk	
Wienerberg	Gemeinde Golfanlagenerrichtungs- und Betriebsges.m.b.H. 10, Gutheil-Schoder-Gasse 9
22. Bezirk	
Süßenbrunn, Weingartenallee	Gemeinde Club Danube Golf Wien

GRILLPLÄTZE

Adresse	Verwalter
11. Bezirk	
Alberner Hafen, Uferwiese beim „Friedhof der Namenlosen“	MA 49
19. Bezirk	
Krapfenwaldgasse an der Höhenstraße, beim Krapfenwaldlbad	MA 49
21. Bezirk	
Neue Donau, linkes Ufer, zwischen Floridsdorfer und Brigittenauer Brücke	MA 45
22. Bezirk	
Donau-Oder-Kanal, Becken III (nahe dem Uferhaus; Kleine Kothau)	MA 49
Neue Donau, linkes Ufer, zwischen Praterbrücke und Brigittenauer Brücke	MA 45
23. Bezirk	
Inzersdorf, Draschepark, Ecke Triester Straße/Sterngasse	MA 42

JUGEND- UND SCHULSPORTANLAGEN

Abkürzungen:

F	= Fußballanlage	E	= Eislaufanlage
Fa	= Faustballanlage	B	= Basketballanlage
L	= Leichtathletikanlage	V	= Volleyballanlage
H	= Handballanlage	Ho	= Hockeyanlage
T	= Tennisanlage	Ü	= Übungsanlage, nicht genormte Anlage
R	= Reitanlage	K	= Kegelbahn
S	= Squash	Baseb	= Baseball
Es	= Eisbahn	Ro	= Rollsportplatz

Adresse	Art der Anlage Spielwiese	Grundeigentümer Benützer
2. Bezirk		
Augarten Bundesspielplatz Auwiese	L, B	Bund Bund
Augarten Bundesspielplatz Jahnwiese	F, L, H, B	Bund Bund
Augarten Bundesspielplatz Schloßwiese	L, H	Bund Bund
Augarten Bundesspielplatz Sportwiese	Fa, L, B, V	Bund Bund
Augarten Institut der Sängerknaben	L, H, B	Bund und Privat Institut der Sängerknaben
Prater, Gassteg Bundesspielplatz		Bund Bund
Prater, Stadionallee Bundesspielplatz Wasserwiese		Bund Bund
Venediger Au Städtische Jugendsportanlage	L, Ü	Gemeinde MA 51
Wittelsbachstraße 5 Bundesblindeninstitut	L	Bund Bund
Wohlmutstraße 3 AHS	Fa, L, B	Bund Bund
Zirkusgasse 46–48 AHS	L, B	Bund Bund
3. Bezirk		
Boerhaavegasse 15 AHS	Fa, L, B	Bund Bund
Hagenmüllergasse 30 AHS	L	Bund Bund
Rennweg 31 Sacré Cœur	L, H, B	Privat Sacré Cœur, 3, Rennweg 31
Schweizer Garten Städtische Jugendsportanlage	Ü	Gemeinde MA 51
Ungargasse 69 HAK, HTBLA	L, H, B, V	Bund Bund
4. Bezirk		
Favoritenstraße 15 Theresianische Akademie	F, L, H	Privat Theresianische Akademie, 4, Favoritenstraße 15
Theresianumgasse 16–18 Franz-Domes-Lehrlingsheim	L, T	Privat Franz-Domes-Lehrlingsheim, 4, Theresianumgasse 16–18
Waltergasse 7 AHS	L, B	Gemeinde Bund
Wiedner Gürtel 68 AHS	L, B, V	Bund Bund

5. Bezirk

Bacherplatz Städtische Jugendsportanlage	L, H	Gemeinde MA 51
Reinprechtsdorfer Straße 24–26 AHS	B	Bund Bund

6. Bezirk

Mittelgasse 24 Städtische Schulsportanlage	H, V	Gemeinde MA 56

8. Bezirk

Albertgasse 18–22 AHS	L, B	Bund Bund
Buchfeldgasse 7a Städtische Jugendsportanlage	B, V, E	Gemeinde MA 51
Hamerlingplatz 5–6 HAK und HS	L	Bund Bund
Jodok-Fink-Platz 2 AHS	L, B	Privat Bund
Pfeilgasse 42a Städtische Schulsportanlage	H, T, V	Gemeinde MA 56

9. Bezirk

Liechtensteinstraße 37a Französisches Lyceum	L, 2 T, B, V	Privat Französisches Lyceum, 9, Liechtensteinstraße 37a

10. Bezirk

Eibesbrunnergasse frei zugängliche Jugendsportanlage	Ü	Gemeinde MA 51
Ettenreichgasse 41–43 AHS	L, H, V	Bund Bund
Ettenreichgasse 45 Pädagogische Akademie des Bundes	L, 4 T	Bund Bund
Ettenreichgasse 54 HTL	H, B	Bund Bund
Fischhofgasse (neben Franz-Horr-Stadion) frei zugängliche Jugendsportanlage		Gemeinde Wiener Fußballverband
Franz-Koci-Straße Städtische Sportanlage		Gemeinde MA 51
Grenzackerstraße 23 Bundesspielplatz Wienerberg	F, L, 3 H, 3 B	Bund Bundesministerium f. Unterricht u. kulturelle Angelegenheiten, Verwaltung der Bundesspielplätze, 4, Prinz-Eugen-Straße 12
Georg-Wilhelm-Papst-Gasse 2a Städtische Schulsportanlage	L, V	Gemeinde MA 56
Josef-Enslein-Platz 1 Städtische Schulsportanlage	L, V	Gemeinde MA 56
Knöllgasse 61 Städtische Schulsportanlage	B, V	Gemeinde MA 56
Ludwig-von-Höhnel-Gasse 17–19 Neulandschule	L, 2 H, T	Privat Neulandschule, 10, Ludwig-von-Höhnel-Gasse 17–19
Neilreichgasse 111 Städtische Schulsportanlage	H, V	Gemeinde MA 56
Pichelmayergasse 1 AHS	L, H, B	Bund Bund

11. Bezirk

Enkplatz 4 Städtische Schulsportanlage	L, B	Gemeinde MA 56
Florian-Hedorfer-Straße 26 Städtische Schulsportanlage	F, L, H, T, B, V	Gemeinde MA 56
Hasenleitengasse 9 Städtische Schulsportanlage	L, V	Gemeinde MA 56
Herderpark Städtische Jugendsportanlage	Ü	Gemeinde MA 51

Hoefftgasse Städtische Schulsportanlage	L	Gemeinde MA 56
Ravelinstraße/Lindenbauergasse Städtische Jugendsportanlage	F, T, Ü	Gemeinde MA 51
Rzehakgasse 7–9 Städtische Schule	L, H	Gemeinde MA 56
Werkstättenweg 75 Jugendsportanlage	B	Gemeinde Wiener Kinderfreunde
12. Bezirk		
Am Schöpfwerk Schulsportanlage	L	Gemeinde MA 56
Grünbergstraße 24 HTBLA für Gartenbau	L, T, Ü	Bund Bund
Haydnpark Städtische Jugendsportanlage	F, L	Gemeinde MA 56
Johann-Hoffmann-Platz Städtische Jugendsportanlage	F, L	Gemeinde MA 51
Längenfeldgasse 13–15 Städtische Schulsportanlage	L, H, 3 V	Gemeinde MA 56
Rosasgasse 1–3 Bundesgymnasium	L, B	Bund Bund
Ruckergasse 42–44 Städtische Schulsportanlage	B, V	Gemeinde MA 56
13. Bezirk		
Elisabethallee/Adolf-Lorenz-Gasse frei zugängliche Jugendsportanlage		Gemeinde MA 51
Himmelhofstraße 17–19 Bundeskonvikt	L, V	Bund Bund
Schloßberggasse Schule der Dominikanerinnen	L	Privat Schule der Dominikanerinnen, 13, Schloßberggasse
Veitingergasse 9 Städtische Schulsportanlage	Ü	Gemeinde MA 56
14. Bezirk		
Astgasse 3 Bundesgymnasium	L, B	Bund Bund
Hauptstraße 70 Städtische Schulsportanlage	Ü	Gemeinde MA 56
Hochsatzengasse 22–24 Städtische Schulsportanlage	H, T, V	Gemeinde MA 56
Hofjägerstraße/Mühlbergstraße Stadt des Kindes	F, L, 2 T, B	Gemeinde Kuratorium Wiener Jugendheime
Karl-Toldt-Weg Städtische Schulsportanlage	Fa	Gemeinde MA 56
Leyserstraße 6 Bundeslehr- und Versuchsanstalt für Graphik	L, H	Bund Bund
Spallartgasse 18 Städtische Schulsportanlage	L, H, B, V	Gemeinde MA 56
15. Bezirk		
Auer-Welsbach-Park Städtische Jugendsportanlage	5 Fa, L	Gemeinde MA 51
Gebrüder-Lang-Gasse 4 Schulbrüder	V	Privat Schulbrüder Kongregation, 21, Anton-Böck-Gasse 20
Possingergasse 4 AHS	L, H, B	Bund BRG und Wirtschaftskundliches BRG, 15, Possingergasse 4
Possingergasse 6 Universitäts-Sportzentrum Schmelz	2 F, L, 3 T	Bund Universitäts-Sportzentrum Schmelz, 15, Possingergasse 6
Reichsapfelgasse 32–34 Städtische Schulsportanlage	Ü	Gemeinde MA 56

Zinckgasse 12–14 Städtische Schulsportanlage	L, B, V	Gemeinde MA 56
16. Bezirk		
Brüßlgasse/Herbststraße Städtische Schulsportanlage	Ü	Gemeinde MA 56
Gallitzinstraße 4 Städtische Jugendsportanlage	2 Fa, L, B	Gemeinde MA 56
Maroltingergasse 69–71 AHS	B	Bund Bund
Schuhmeierplatz 7 AHS	B	Bund Bund
17. Bezirk		
Knollgasse 6 Städtische Schulsportanlage	V	Gemeinde MA 56
Parhamerplatz 18–19 AHS	L, H, B	Bund Bund
Roggendorfgasse 2 Postsportplatz		Bund Post SV
18. Bezirk		
Köhlergasse 9 Städtische Schulsportanlage	V	Gemeinde MA 56
Lacknergasse 89 VS, HS Herz Mariä	B, V	Privat VS, HS Herz Mariä, 18, Lacknergasse 89
Scheidlstraße 2 Marianisten	H	Privat Marianisten, 18, Scheidlstraße 2
Schopenhauerstraße 44–46 Schulbrüder	Ü	Privat Schulbrüder Kongregation, 21, Anton-Böck-Gasse 20
Starkfriedgasse 15–17 Internationales Studentenheim	T	Privat Internationales Studentenheim, 18, Starkfriedgasse 15–17
Währinger Park Städtische Jugendsportanlage	Fa, L	Gemeinde MA 51
19. Bezirk		
Alfred-Wegener-Gasse 10–12 Neulandschule	L, H, Ü	Privat Neulandschule
Billrothstraße 26–30 AHS	L, H, V	Bund Bund
Billrothstraße 73 AHS	F, L, B, V	Bund Bund
Grinzinger Straße 84–88 Städtische Schulsportanlage	2 B	Gemeinde MA 56
Gymnasiumstraße 75–83 AHS	L, H	Bund Bund
Hofzeile 2 Privatgymnasium Maria Regina	L, 2 V	Privat Maria Regina, 19, Hofzeile 22
Krottenbachstraße 11–13 AHS	L, H, 2 V	Bund Bund
Krottenbachstraße 108 Städtische Schulsportanlage	V	Gemeinde MA 56
Leidesdorfgasse 6–10 Oberdöblinger Tennisplätze	5 T	Privat Martino Tondolo, 19, Billrothstraße 52
Oskar-Spiel-Gasse 3 Städtische Schulsportanlage	Ü	Gemeinde MA 56
Osterleitengasse 14 Städtische Jugendsportanlage	2 B, E	Gemeinde MA 51
Salmannsdorfer Straße 45–47 American International School	L, 2 T, B	Privat American International School, 19, Salmannsdorfer Straße 45–47
Straßergasse 37–39 Höhere Bundeslehranstalt für wirtschaftliche Frauenberufe	L, 2 B	Bund Bund

20. Bezirk

Spielmanngasse 1 Städtische Schulsportanlage	V, Ü	Gemeinde MA 56
Treustraße 55–57 Städtische Schulsportanlage	V, Ü	Gemeinde MA 56
Vorgartenstraße 42 Städtische Schulsportanlage	B, V	Gemeinde MA 56

21. Bezirk

Adolf-Loos-Gasse 2 Städtische Schulsportanlage	F, L	Gemeinde MA 56
Anton-Böck-Gasse 20 Schulbrüder	3 F, Fa, L, 14 T, V	Privat Schulbrüder Kongregation, 21, Anton-Böck-Gasse 20
Deublergasse 19–21 Städtische Schulsportanlage	B, Ü	Gemeinde MA 56
Dopschstraße 25 Städtische Schulsportanlage	Ü	Gemeinde MA 56
Dr.-Skala-Straße 43–45 Städtische Schulsportanlage	L, Ü	Gemeinde MA 56
Franklinstraße 21 AHS	L, H	Bund Bund
Franklinstraße 26 AHS	Fa, L, H	Bund Bund
Herzmanovsky-Orlando-Gasse 11 Städtische Schulsportanlage	Ü	Gemeinde MA 56
Irenäusgasse 2 Städtische Schulsportanlage	H	Gemeinde MA 56
Jochbergengasse 1–3 Städtische Schulsportanlage	L, Ü	Gemeinde MA 56
Ödenburger Straße 74 BG und BRG	L, H	Bund Bund
Pastorstraße 21 Städtische Schulsportanlage	L	Gemeinde MA 56
Ringelseeplatz Städtische Jugendsportanlage	Fa, L, H, B	Gemeinde MA 51
Roda-Roda-Gasse 3 Städtische Schulsportanlage	L, H	Gemeinde MA 56
Trillergasse frei zugängliche Jugendsportanlage	F	Gemeinde MA 51

22. Bezirk

Aspern, Hardeggasse 65 Schule Maria Frieden	L, B	Privat Schule Maria Frieden, 22, Aspern, Hardeggasse 65
Aspern, Rosmaringasse frei zugängliche Jugendsportanlage		Gemeinde MA 51
Breitenlee, Prinzgasse 3 Städtische Schulsportanlage	L, B, V, Ü	Gemeinde MA 56
Hirschstetten, Plankenmaisstraße Städtische Jugendsportanlage	F, L	Gemeinde MA 51
Hirschstetten, Plankenmaisstraße 30 Städtische Schulsportanlage	Ü	Gemeinde MA 56
Kagran, Afritschgasse 56 Städtische Schulsportanlage	V, Ü	Gemeinde MA 56
Kagran, Anton-Sattler-Gasse 93 Städtische Schulsportanlage	L, H, T, B, V	Gemeinde MA 56
Kagran, Donaustadtstraße 45 HTBLA	L, H, V	Bund Bund
Kagran, Georg-Bilgeri-Straße 13 Städtische Schulsportanlage	L, Ü	Gemeinde MA 56
Kagran, Lieblgasse 4 Städtische Schulsportanlage	Fa, L, B, V	Gemeinde MA 56
Kagran, Rennbahnweg/Sileneweg frei zugängliche Jugendsportanlage		Gemeinde MA 51

Kagran, Wintzingerodestraße 1–3 Städtische Schulsportanlage	L, Ü	Gemeinde MA 56
Kaisermühlen, Schödlbergergasse frei zugängliche Jugendsportanlage		Gemeinde MA 51
Leopoldau, Brioschiweg 3 Städtische Schulsportanlage	L, 2 B	Gemeinde MA 56
Stadlau, Steinbrechergasse Städtische Schulsportanlage	L, B	Gemeinde MA 56
23. Bezirk		
Alt-Erlaa, Wohnpark, Anton- Baumgartner-Straße BG	H, B, V	Bund Bund
Alt-Erlaa, Wohnpark, Anton- Baumgartner-Straße 119 Städtische Schulsportanlage	V, Ü	Gemeinde MA 56
Kalksburg, Promenadenweg 3 Jesuitenkollegium	F, 2 Fa, L, B, 2 T, V	Privat Jesuitenkollegium, 23, Kalksburg, Promenadenweg 3
Mauer, Anton-Krieger-Gasse 25 AHS	L, H, 2 B, 4 V	Bund Bund
Mauer, Franz-Asenbauer-Gasse 49 Ursulinen	L, H, B	Privat Ursulinen, 23, Mauer, Franz-Asenbauer-Gasse 49
Rodaun, Ambrosweg Städtische Jugendsportanlage	F, Ü	Gemeinde MA 51
Rodaun, Willergasse 55 Institut Sta. Christiania	L, T	Privat Institut Sta. Christiania, 23, Rodaun, Willergasse 55
Siebenhirten, Akaziengasse 52–54 Städtische Schulsportanlage	V, Ü	Gemeinde MA 56

KLEINKINDERSPIELPLÄTZE in öffentlichen Grünanlagen

1. Bezirk
Börseplatz
Rathausplatz
Rudolfsplatz

2. Bezirk
Ameiswiese
Elderschplatz
Engerthstraße – Innstraße
Großenzersdorfer Allee
Hauptallee bei Heustadlwasser
Hauptallee bei Holzdorfer
Hauptallee bei Schulverkehrsgarten
Jesuitenwiese
Konstantinhügel
Lilienbrunngasse – Gredlerstraße
Max-Winter-Platz
Mexikoplatz (Kirche)
Mexikoplatz – Rosenpark
Obere Donaustraße ggü. 14
Offenbachgasse – Vorgartenstraße
Rosenbachl
Rueppgasse 33-35
Tempelgasse 10
Venediger Au
Vorgartenstraße – Siemensgründe
Vorkai – Ferdinandstraße
Vorkai – Floßgasse
Waldsteingartenstraße – Kaiserallee
Wehlistraße – Heustadlwasser
Weintraubengasse ggü. Post
Wettsteinpark
Zirkuswiese

3. Bezirk
Am Modenapark
Arenbergpark
Czapkapark (Federtiere)
Czapkapark (Reifenschaukel)
Fiakerplatz
Hermannpark
Hofmannsthalgasse
Kardinal-Nagl-Park
Klopsteinplatz
Kolonitzplatz
Landstraßer Hauptstraße 11
Paulusplatz
Schweizer Garten (Lindenplatz)
Stadtpark (Kinderpark)
Stadtpark (Wasserspielplatz)

4. Bezirk
Brahmsplatz
Draschepark
Kühnplatz
Phorusplatz
Resselpark
Rubensplatz
Sankt-Elisabeth-Platz
Schelleingasse 28–30
Schlüsselgasse

5. Bezirk
Bacherplatz
Ghiavacciplatz
Einsiedlerpark
Hamburgerstraße – Rechte Wienzeile
Hartmannpark
Hundsturmpark
Klieberpark
Margaretengürtel – Marx-Meidlinger Straße
Margaretengürtel – Schönbrunner Straße
Margaretenstraße – Zentagasse
Sankt-Johann-Park
Theodor-Körner-Hof
Willi-Frank-Park

6. Bezirk
Alfred-Grünwald-Park
Esterházypark (mit Spielhügel)
Fritz-Imhof-Platz
Hubert-Marischka-Park (Große Wiese)
Hubert-Marischka-Park (Kleinkinder)
Hubert-Marischka-Park (Rindenplatz)
Loquaiplatz
Magdalenenstraße 31
Millergasse – Mittelgasse (Minipark)
Richard-Waldemar-Park
Vinzenz-von-Paul-Park

7. Bezirk
Andreasgasse
Gutenberggasse
Josef-Strauß-Park
Karl-Farkas-Park
Siebensterngasse 36
Urban-Loritz-Platz
Weghuberpark

8. Bezirk
Bennoplatz
Hamerlingpark
Schönbornpark (Bunker)
Schönbornpark (Kleinkinder)
Schönbornpark (Rindenplatz)
Tigerpark

9. Bezirk
Arne-Carlsson-Park (Hangrutsche)
Arne-Carlsson-Park (oben)
Arne-Carlsson-Park (unten)
Lazarettgasse 14 (AKH)
Lichtentalerpark
Liechtensteinpark (nur Spielplatz)
Lustkandlgasse 50 (Julius-Tandler-Familienzentrum)
Rooseveltplatz
Rossauer Lände – Vorkai
Schlickplatz
Spittelauer Platz
Zimmermannplatz

10. Bezirk
Anningerweg
Antonsplatz
Arthaberpark
Bergtaidingweg
Eisenstadtplatz
Endlichergasse
Erlachpark
Ettenreichgasse 46
Fingergasse
Fortunapark
Gschroppenhaus
Humboldtplatz
Karl-Wrba-Hof
Keplerpark
Kundratstraße – Triester Straße
Laaer Berg (Volkspark)
Laubeplatz
Löwygrube
Mundypark
Oberlaa (Oberer Spielplatz)
Österreichgarten (Laufbahn)
Paltramplatz
Per-Albin-Hansson-Siedlung Ost,
Ada-Christen-Gasse – Alma-Rosé-Gasse
Puchsbaumgasse – Quellenstraße
Puchsbaumplatz
Putzerlgarten (Spielwiese)
Quellenstraße – Knöllgasse
Reumannplatz
Sahulkapark
Stefan-Fadinger-Platz
Suchenwirtplatz
Universum
Waldmüllerpark
Wasserbecken
Wienerbergpark

11. Bezirk
Bleriotgasse – Florian-Hedorfer-Straße
Eisteichstraße – Kopalgasse
Flammweg – Hoefftgasse
Florian-Hedorfer-Straße (bei Bad)
Fuchsröhrenstraße – Lorenz-Reiter-Straße
Hans-Paulas-Park
Haugerstraße – Lorystraße
Herderpark
Hugogasse 20

Hutterergasse
Hyblerpark
Kaiserebersdorfer Straße ggü. 305 (Feuerwehrpark)
Lorystraße – Braunhubergasse
Luise-Montag-Gasse
Mautner-Markhof-Gasse – Rappachgasse
Seeschlachtweg – Oriongasse
Seeschlachtweg – Studenygasse
Simoningplatz

12. Bezirk
Am Flohberg
Am Schöpfwerk
Arndtstraße – Haebergasse
Arndtstraße (Post)
Canalettogasse
Defreggerstraße – Kerngasse
Füchselhofpark
Haydnpark
Hermann-Leopoldi-Park
Hetzendorfer Schloßpark
Karl-Kraus-Gasse
Marschallplatz
Schedifkaplatz
Schlöglgasse
Schlöglgasse (bei Kleingartenverein)
Sechterplatz
Steinbauerpark
Steinhagegasse 16–18
Theodor-Körner-Park
Vierthalergasse
Vivenotgasse (Miesbachgarten)
Wilhelmsdorfer Park

13. Bezirk
Grenzgasse
Himmelbaurgasse
Hügelpark
Küniglberg
Maxingpark
Napoleonwald
Ober-St.-Veit (Lagerwiese Dollgrund)
Oscar-Straus-Park
Roter Berg Ost
Roter Berg West
Streckerpark

14. Bezirk
Baumgartner-Casino-Park
Cossmanngasse ggü. Hugo-Breitner-Hof
Drechslerpark
Eichbachgasse – Neuwiesgasse
Eichbachgasse (Siedlung Jägerwald)
Einwanggasse – Cumberlandstraße
Felbigergasse 81–87
Ferdinand-Wolf-Park
Guldenpark
Hochsatzengasse – Hackinger Straße
Hüttelbergstraße 27
Huttengasse 2–4
Matznerpark
Missindorfgasse – Amortgasse
Reinlpark
Sanatoriumstraße – Baumgartner Höhe
Schuhbrechergasse
Schützplatz
Wolfersberg (Lagerwiese)

15. Bezirk
Avedikstraße – Rustengasse
Dadlerpark
Dreihausgasse – Braunhirschengasse
Forschneritschpark
Grimmgasse 35–37
Haidmannsgasse 26
Henriettenplatz
Herklotzgasse 33
Kranzgasse 13–15
Oelweingasse 25
Oelweingasse 27–31
Maria vom Siege
Märzpark
Neusserplatz
Reithofferplatz
Rohrauerpark
Sechshauser Park
Stigergasse 7–13 (Storchengrund)
Vogelweidplatz
Wieningerplatz

16. Bezirk
Familienplatz
Hettenkofergasse – Koppstraße
Hofferplatz
Huberpark
Johann-Nepomuk-Berger-Platz
Karl-Kantner-Park
Kongreßpark
Ludo-Hartmann-Platz
Mildeplatz
Musilplatz
Nietzscheplatz
Ottakringer Straße 183
Pfenninggeldgasse – Koppstraße
Reichmanngasse – Demuthgasse
Richard-Wagner-Platz
Schuhmeierplatz
Spinozagasse – Rosenackerstraße
Stöberplatz
Wichtelgasse 18
Wiesberggasse
Yppenplatz

17. Bezirk
Alszeile – Schöngraben
Clemens-Hofbauer-Park

Clemens-Krauss-Park
Czartoryskigasse 118
Diepoldplatz
Dr.-Josef-Resch-Platz
Lidlpark
Lorenz-Bayer-Platz
Pezzlpark
Röntgengasse ggü. 100
Rupertusplatz
Schwarzenbergallee

18. Bezirk
Anton-Baumann-Park
Bischof-Faber-Platz
Ebner-Eschenbach-Park
Herbeckstraße – Eckpergasse
Hockegasse – Scheibenberggasse
Möhnergasse (Gersthofer Friedhof)
Naaffgasse (bei Kleingartenverein)
Pötzleinsdorfer Schloßpark
Schubertpark
Türkenschanzpark
Utopiaweg (bei Schafbergbad)

19. Bezirk
Beethovengang
Börnergasse – Erbsenbachgasse
Donaustrandpromenade
Hackenberg (Lagerwiese)
Heiligenstädter Park
Hugo-Wolf-Park
Hohe Warte – Hintergärtengasse
Hohe Warte (Volkspark)
Kliergasse (Lagerwiese)
Kreilplatz
Krimpark
Kuchelau (Lagerwiese)
Ohmanngasse – Obersteinergasse
Saarpark
Strauß-Lanner-Park
Trautenauplatz
Weilpark
Wertheimsteinpark
Wertheimsteinpark (Blindengarten)

20. Bezirk
Allerheiligenplatz
Brigittenauer Lände – Gerhardusgasse
Brigittenauer Lände 72
Dammstraße – Pappenheimgasse
Friedrich-Engels-Platz
Gaußplatz
Kapaunplatz
Leipziger Platz – Spaungasse
Lorenz-Böhler-Gasse – Forsthausplatz
Mortaraplatz
Pappenheimgasse 29–31
Sachsenplatz
Spielmanngasse – Dietmayrgasse
Stromstraße – Winarskystraße
Wehlistraße – Robert-Blum-Gasse

21. Bezirk
Adolf-Loos-Gasse – Doderergasse
Adolf-Loos-Gasse ggü. Haberditzlgasse
Adolf-Loos-Gasse 6–8
Angelibad (Lagerwiese)
Bernreiterplatz
Berzeliusgasse – Carrogasse
Bubergasse – Alpiltoweweg
Carabelligasse – Marco-Polo-Gründe
Demmergasse – Immengasse
Denglerpark
Donaufelder Park (Hirschpark)
Floridsdorfer Aupark
Freiligrathplatz
Fultonstraße – Obere Alte Donau
Gerlosplatz
Hans-Smital-Park – Galvanigasse
Haspingerplatz
Hoßplatz
Jerusalemgasse – Koschakergasse
Koschakergasse – Dopschstraße
Langfeldgasse – Pastorstraße
Leopoldauer Platz (bei Feuerwehr)
Liebleitnergasse
Marie-Schuller-Park
Mayerweckstraße – Gmündstraße
Mühlweg ggü. Eichfeldergasse
Obere Alte Donau (Bernersteig)
Obere Alte Donau 39
Obergfellplatz
Pastorstraße – Dopschstraße
Pastorstraße – Kürschnergasse
Paul-Hock-Park
Schlossergasse (Lagerwiese)
Schwaigergasse
Siemensstraße – Reisgasse
Strebersdorfer Platz
Überfuhrstraße (Lagerwiese)
Wassermanngasse – Kürschnergasse
Wasserpark

22. Bezirk
Aspern, Asperner Heldenplatz
Aspern, Bodmergasse – Zschokkegasse
Aspern, Eisenhutgasse – Aspangstraße
Aspern, Hardeggasse (Lagerwiese)
Aspern, Lobaugasse – Benjowskigasse
Breitenlee, Pirquetgasse
Hirschstetten, Hirschstettner Aupark
Hirschstetten, Quadenstraße – Kartouschgasse
Kagran, Bernoullistraße
Kagran, Düsseldorferstraße
Kagran, Erzherzog-Karl-Straße 47
Kagran, Polgarstraße – Kagraner Anger
Kagran, Rehlacke (Lagerwiese)
Kagran, Schrickgasse – Klenaugasse

Kagran, Welzenbachergasse – Strakaweg
Kaisermühlen, Donaupark (Dahlienberg)
Kaisermühlen, Donaupark (Eingang B)
Kaisermühlen, Donaupark (Kinderspielplatz, ehem. Friedhof)
Kaisermühlen, Donaupark (Milchbar)
Kaisermühlen, Donaupark (Sparefroh)
Kaisermühlen, Schüttauplatz
Kaisermühlen, Schüttaustraße bei Wagramer Straße
Leopoldau, Melangasse
Stadlau, Rablechnerweg – Schreinerweg
Stadlau, Bahnhof Stadlau
Süßenbrunn (Badeteich)
Trabrenngründe
Untere Alte Donau (Lagerwiese Kaiserwasser)

23. Bezirk
Atzgersdorf, Anton-Heger-Platz
Atzgersdorf, Fridtjof-Nansen-Park
Atzgersdorf, Gregorygasse – Riegermühle
Atzgersdorf, Rudolf-Zeller-Gasse
Atzgersdorf, Schöffelpark
Atzgersdorf, Schrailplatz
Atzgersdorf, Wagenmanngasse 3
Erlaa, Erlaaer Straße – Mühlbreiten
Erlaa, Kugelmannplatz
Erlaa, Mühlbreiten (Retentionsbecken)
Inzersdorf, Draschepark
Inzersdorf, Schubertpark
Mauer, Oelzeltpark
Mauer, Rathauspark
Maurer, Tullnertalgasse
Siebenhirten, Baslergasse – Josef-Endlweger-Gasse
Siebenhirten, Fröhlichgasse – Gaulgasse
Siebenhirten, Khekanlage
Siebenhirten, Pollakgasse (hinter Friedhof Siebenhirten)
Siebenhirten, Wiener Flur

LANGLAUFLOIPEN

Adresse Name	Länge	Schiverleih
2. Bezirk		
Hauptallee – Kaiserallee – Lusthaus	7–10 km	nein
10. Bezirk		
Wienerfeld-Ost Forsthaus	2,5 km	nein
14./16. Bezirk		
Steinhofgründe Erholungsgebiet Steinhof	3,5–4 km	nein
17. Bezirk		
Schwarzenbergpark Parkeingang Ecke Höhenstraße - Neuwaldegger Straße	4 km	nein
19. Bezirk		
Cobenzl – Latisberg – Kreuzeiche	4 km	Schiverleih und Umkleidemöglichkeit
21. Bezirk		
Donauinsel Nord Reichsbrücke – Floridsdorfer Brücke	10 km	Privater Schiverleih bei beiden Brücken
22. Bezirk		
Donauinsel Süd Steinspornbrücke	12 km	Privater Schiverleih

MINIATURGOLFANLAGEN

(vom Verband gemeldete Trainings- und Wettkampfanlagen)

Adresse	Benützer
9. Bezirk	
Rooseveltplatz MIC-MAC Votivpark	BGC Votivpark
13. Bezirk	
Weinrothergasse	MGC Hietzing
15. Bezirk	
Schwendergasse 41	WAT Rudolfsheim
16. Bezirk	
Kendlerstraße 38	MGSC Ottakring

MINIGOLFANLAGEN

(vom Verband gemeldete Trainings- und Wettkampfanlagen)

Adresse Name	Benützer
13. Bezirk	
Anton-Langer-Gasse 47 Hietzing	MGC Hietzing
17. Bezirk	
Roggendorfgasse 2 Postsportplatz	Post-SV, Sektion Minigolf
21. Bezirk	
Ruthnergasse Marco Polo	BGC Wien
23. Bezirk	
Erlaa, Erlaaer Straße 56a	Union Rot Gold und Union Alt-Erlaa

NATURBADEPLÄTZE

Adresse Name	Benützer Verwalter Pächter
2. Bezirk	
Prater, Heustadelwasser	MA 42
21. Bezirk	
An der oberen Alten Donau	MA 42
Neue Donau (Donauinsel Nord)	MA 45 und MA 49
Obere Alte Donau – Angelibad	MA 42
Obere Alte Donau – Dragonerhäufel	MA 42

22. Bezirk

Hirschstetten (Badesee)	MA 42
Lobau – Donau-Oder-Kanal, Becken 2	MA 49
Lobau – Donau-Oder-Kanal, Becken 3	MA 49
Lobau – Panozzalacke	MA 49
Mühlwasser – Biberhaufen	MA 49
Mühlwasser – Kanalstraße	MA 45
Mühlwasser – Schilfweg	MA 49
Neue Donau (Donauinsel Süd)	MA 45
Schillerwasser – Alte Naufahrt	MA 45 und MA 49
Süßenbrunn (Badeteich)	MA 42
Untere Alte Donau – Kaiserwasser	MA 42
Untere Alte Donau – Rehlacke	MA 42

REITSPORTANLAGEN UND TRABRENNPLATZ

Adresse Anlage	Art der Anlage	Eigentümer Benützer
2. Bezirk		
Freudenau 65 Galopprennbahn	Haupt- und Trainingsbahnen	Gemeinde Wiener Galopprennverein
Freudenau 555 Reitsportanlage	Reithalle Freiluftanlage	MA 51 ASKÖ – LV Wien
Hafenzufahrtsstraße 63 Reitanlage	Freiluftanlage	Privat RC Donau und RC Donauhof
Hauptallee (Ameiswiese) Reitturnierplatz	Freiluftanlage	Gemeinde Landesfachverband für Reiten und Fahren
Krieau Trabrennplatz	Freiluftanlage Haupt- und Trainingsbahnen	Gemeinde Trabersportklub ÖAV
3. Bezirk		
Barmherzigengasse 17 Reitsportanlage	Reithalle	Privat Wiener Reitclub
22. Bezirk		
Aspern, Hausfeldstraße Anlage für Reiten und Fahren	Freiluftanlage	Privat Reit- und Fahrclub TARPAN
Kagran, Zwerchäckerweg 28 Reitsportanlage	Reithalle Freiluftanlage	Privat
Süßenbrunn, Campingplatzweg 247 Reitanlage	Freiluftanlage	Privat RC Donaustadt
Süßenbrunn, Weingartenallee 18 Reitturnierplatz	Reithalle Freiluftanlage	Privat Union Reit- und Fahrverein St. Stephan

RODELANLAGEN UND RODELSTRASSEN

RODELBAHNEN

10. Bezirk
Laaer Berg, Löwygrube (350 m)

16. Bezirk
Gallitzinberg, Steinbruchwiese (250 m)

RODELHÜGEL

2. Bezirk
Prater, Jesuitenwiese

10. Bezirk
Grenzackerstraße – Anningerweg

19. Bezirk
Freizeitraum Hohe Warte

20. Bezirk
Spielmanngasse

22. Bezirk
Kaisermühlen, Donaupark
Kaisermühlen, Kaiserwasser

23. Bezirk
Erlaa, Altmannsdorfer Straße 164–182

RODELMÖGLICHKEITEN IN PARKANLAGEN

2. Bezirk
Prater, Jesuitenwiese
Venediger Au

3. Bezirk
Schweizer Garten bei Heeresmuseumstraße
Stadtpark

4. Bezirk
Alois-Drasche-Park

5. Bezirk
Einsiedlergasse
Hartmanngasse

6. Bezirk
Alfred-Grünwald-Park
Esterházypark

10. Bezirk
Eisenstadtplatz
Fortunapark
Heuberggstätten
Kurpark Oberlaa
Löwygrube
Otto-Benesch-Park
Volkspark Laaerberg
Waldmüllerpark

11. Bezirk
Eisteichstraße
Hutterergasse
Lorenz-Reiter-Straße
Luise-Montag-Gasse
Murhoferweg

12. Bezirk
Am Schöpfwerk
Endergasse/Karl-Kraus-Gasse

13. Bezirk
Roter Berg
Wlassakstraße/Nazarenerwiese

14. Bezirk
Lagerwiese Wolfersberg

18. Bezirk
Pötzleinsdorfer Schloßpark

19. Bezirk
Hintergärtengasse/Hohe Warte

20. Bezirk
Forsthauspark
Spielmanngasse/Dietmayrgasse

21. Bezirk
Adolf-Loos-Gasse 4
Carabelligasse
Denglerpark
Doderergasse/Adolf-Loos-Gasse
Freiligrathplatz
Haspingerplatz
Koschakergasse 18/Dominik-Wölfel-Gasse
Koschakergasse 30
Langfeldgasse 6
Oswald-Redlich-Straße/Adolf-Loos-Gasse
Pastorstraße ggü. 29
Robinsonspielplatz Tetmajergasse

22. Bezirk
Hirschstetten, Aupark
Hirschstetten, Badeteich
Hirschstetten, Quadenstraße/Hirschstettner Straße
Kagran, Düsseldorfstraße
Kagran, Kagraner Anger
Kagran, Polgarstraße
Kagran, Rennbahnweg
Kaisermühlen, Lagerwiese Kaiserwasser (Laberlweg)

23. Bezirk
Atzgersdorf, Fridtjof-Nansen-Park
Erlaa, Rößlergasse
Inzersdorf, Draschepark

RODELSTRASSEN

7. Bezirk
Sankt-Ulrichs-Platz

12. Bezirk
Schwenkgasse

15. Bezirk
Eduard-Sueß-Gasse

(Die Benützung der Rodelstraßen ist an die jeweilige Verfügung der Verkehrsbehörden gebunden.)

ROLLSCHUH-SPORTANLAGEN

Adresse Name	Eigentümer Verwalter
2. Bezirk	
Ausstellungsstraße 40	Gemeinde Rollsportgemeinschaft Leopoldstadt
10. Bezirk	
Windtenstraße 2 Eisring Süd	Gemeinde ASKÖ – LV Wien, Wiener und Österreichischer Rollsport-Verband

SCHLEPPLIFTANLAGEN

Adresse Name	Länge	Eigentümer Verwalter
14. Bezirk		
Himmelhof – Hagenberg (bis auf Widerruf eingestellt)	200 m	Gemeinde MA 51
Mauerbachstraße 172 Hohe-Wand-Wiese (künstliche Schnee-Erzeugung)	400 m	Gemeinde MA 51

SPEZIALANLAGEN

Adresse Name	Art der Anlage Spielfelder	Grundeigentümer Benützer
2. Bezirk		
Engerthstraße 267–269 Hallenstadion		Gemeinde
Engerthstraße, Messehalle 25	Kart, Skating	
Engerthstraße, Messehalle 32	T, TT, B Klettern, Streetplay	
Meiereistraße Athletic-Center, Ernst-Happel-Stadion	Boxen, Kraftsport, Klettern	Gemeinde
3. Bezirk		
Schweizer Garten	Krocket	Krocket-Verband
4. Bezirk		
Mittersteig 15 Athletik-Center	Boxen, Judo	Gemeinde Wiener Stadthalle-Kiba Betriebs- und Veranstaltungsservicegesellschaft m.b.H.
5. Bezirk		
Margaretengürtel 104	Indoor-Golf, Sportschießen	Gemeinde ASKÖ–LV Wien
10. Bezirk		
Gutheil-Schoder-Gasse 8 Budo-Center		Matsumac-Tokai Universität Wien
Kurbadstraße 14 Mehrzweckhalle	F, Fa, L, H, T, V B, Boxen	Gemeinde Kurbetrieb Heilquelle (Thermalschwefelquelle) Oberlaa Gesellschaft m.b.H.

15. Bezirk		
Possingergasse 2 Bundessportzentrum Schmelz		Bund Bund
Vogelweidplatz 14 Wiener Stadthalle	F, Fa, L, H, T, E, B Kegelhalle Rudertraining	Privat Wiener Stadthalle-Kiba Betriebs- und Veranstaltungsservicegesellschaft m.b.H.
17. Bezirk		
Roggendorfgasse 1 Kraftsportzentrum		Bund Postsportverein Wien
20. Bezirk		
Dammstraße 7–9		Gemeinde Union Alt-Brigittenau
Großfeldsiedlung, Pastorstraße 29 Sporthalle		Gemeinde MA 51
Hopsagasse Mehrzweckhalle		Gemeinde MA 51
Siemensstraße	Kartsport	OMV

SPORTHALLEN

Adresse Name	Eigentümer Verwalter
1. Bezirk	
Postgasse 7	Bund Universität Wien
2. Bezirk	
Engerthstraße 267–269 Ferry-Dusika-Hallenstadion	Gemeinde Wiener Stadthalle-Kiba Betriebs- und Veranstaltungsservicegesellschaft m. b. H.
Rustenschacher Allee 9 Mehrzweckhalle	Gemeinde WAC
3. Bezirk	
Hyegasse 1 Erste Wiener Sporthalle	Bund Union Wien
8. Bezirk	
Fuhrmannsgasse 18 Mehrzweckhalle	ASVÖ Wien ASVÖ Wien
9. Bezirk	
Porzellangasse 14–16 Mehrzweckhalle	Privat Union Wien
10. Bezirk	
Gutheil-Schoder-Gasse 8 Budo-Center	Gemeinde Matsumae-Tokai-Universität in Wien
Kurbadstraße 14 Kurzentrum Oberlaa	Gemeinde Wiener Stadthalle-Kiba Betriebs- und Veranstaltungsservicegesellschaft m. b. H.
Per-Albin-Hansson-Siedlung Ost, Jura-Soyfer-Gasse 3 Rundturnhalle	Gemeinde MA 51

11. Bezirk

Florian-Hedorfer-Straße 24 Rundturnhalle	Gemeinde MA 51

13. Bezirk

Altgasse 6 Mehrzweckhalle	Union Wien Union Wien
Schönbrunner Schloßstraße 52 Union Sportzentrum	Bund Union Wien

14. Bezirk

Kinkplatz Sporthalle	Gemeinde MA 51
Spallartgasse Sporthalle	Gemeinde MA 51

15. Bezirk

Possingergasse 2 Universitäts-Sportzentrum Schmelz	Bund Bund
Vogelweidplatz 14 Wiener Stadthalle, Halle A, B	Wiener Stadthalle-Kiba Betriebs- und Veranstaltungsservicegesellschaft m. b. H.

16. Bezirk

Koppstraße 110 Sporthalle	Gemeinde MA 51

17. Bezirk

Roggendorfgasse 2 Postsporthalle	Bund Postsportverein Wien

19. Bezirk

Döblinger Gürtel U-Bahn-Bogen 189–191	Gemeinde Union Döbling

20. Bezirk

Dammstraße 7–9 Mehrzweckhalle	Gemeinde Union Alt-Brigittenau
Hopsagasse Mehrzwecksporthalle	Gemeinde MA 51

21. Bezirk

Großfeldsiedlung, Pastorstraße 29 Sporthalle	Gemeinde MA 51
Hanreitergasse Sporthalle	Gemeinde MA 51
Jedleseer Straße 74 Dominik-Hofmann-Halle	Gemeinde MA 51

22. Bezirk

Kagran, Lieblgasse 6 Rundturnhalle	Gemeinde MA 51
Kagran, Steigenteschgasse 1 Rundturnhalle	Gemeinde MA 51

23. Bezirk

Alt-Erlaa, Anton-Baumgartner-Straße 44 Rundturnhalle	Gemeinde MA 51
Atzgersdorf, Kirchfeldgasse 3–5 Mehrzweckhalle	Union Wien Union Wien
Atzgersdorf, Steinergasse 22 Rundturnhalle	Gemeinde MA 51
Liesing, Dirmhirngasse 29 Sporthalle	Gemeinde MA 51
Liesing, Perchtoldsdorfer Straße 1, Haus der Begegnung Sporthalle	Gemeinde MA 51

SPORTKEGELBAHNEN

K = Kunststoff
A = Asphalt

Adresse Name	Art der Anlage
1. Bezirk	
Dr.- Karl-Lueger-Ring 14	3 K
Stubenring 1 Wirtschaftsministerium	3 A
2. Bezirk	
Praterstern Viadukt	4 K
Rustenschacherallee 3 STAW	4 K
3. Bezirk	
Göllnergasse 15 Siemens	3 A
Grasbergergasse 18 Rennweger SV	4 K
Radetzkystraße 2 Bundesamtsgebäude	4 K
8. Bezirk	
Wickenburggasse 12 Justizwacheschule	4 A
10. Bezirk	
Gudrunstraße 11 Siemens 2	4 K
Keplergasse 10 Polizei Favoriten	2 A
Wiedner Gürtel 1b Südbahn	3 A
Wienerbergstraße 15–19 Wiener Gebietskrankenkasse	2 A
Wirerstraße 2–4 Kurt Gamauf	4 K
11. Bezirk	
Grillgasse 48	2 A
1. Haidequerstraße 2 E-Werk	4 K
Leberstraße 82 Freissler Otis ASKÖ	4 A
Unter der Kirche 22 Postamt Simmering	4 K
13. Bezirk	
Altgasse 6 Union Sportzentrum	2 A
14. Bezirk	
Cumberlandstraße 31 Gasthaus Magyar	3 A
15. Bezirk	
Hütteldorfer Straße 2b Wiener Stadthalle	8 A
Langauergasse 2 Westbahn	6 A
16. Bezirk	
Kendlerstraße 38A Privat	4 A
17. Bezirk	
Hernalser Hauptstraße 138a WStW-Verkehrsbetriebe	3 K
20. Bezirk	
Brigittenauer Lände 236 ASKÖ 20	4 A
21. Bezirk	
Bahnsteggasse 17–23 Postamt Floridsdorf	4 K
Leopoldauer Straße 75 Shell	4 A
Pfendlergasse 1 Gaswerk Leopoldau	4 A
Siemensstraße 89 Pauker	3 A
22. Bezirk	
Eßling, Eßlinger Hauptstraße 82 Gasthof Müllner	3 A
Kagran, Attemsgasse Albert-Schultz-Halle	8 K
Kaisermühlen, Dampfschiffhaufen 26 Polizei Kaisermühlen	4 K
Kaisermühlen, Eiswerkstraße 20 Bank Austria	2 K
Stadlau, Stadlauer Straße 54 Waagner-Biró	3 A
23. Bezirk	
Atzgersdorf, Breitenfurter Straße 164 Unilever	2 K
Liesing, Perchtoldsdorfer Straße 1 Haus der Begegnung Liesing	2 A
Liesing, Schartlgasse 10 WAT Liesing	2 A

SPORTPLÄTZE

(Abkürzungen → Jugend- und Schulsportanlagen)

Adresse Name	Art der Anlage Spielfelder	Grundeigentümer Benützer
2. Bezirk		
Ausstellungsstraße 40	Ro	Gemeinde Österreichische Kinderfreunde, Bezirksorganisation Leopoldstadt, 2, Praterstraße 1
Freudenau, Aspernallee 3 American International Baseball-Club	Baseb	Gemeinde American International Baseball-Club, p. Adr. US-Botschaft, 9, Boltzmanngasse 16
Freudenau 555	R	Gemeinde ASKÖ – LV Wien
Hafenzufahrtsstraße 60	F	Gemeinde SV OMV-Handels-AG, 1, Julius-Raab-Platz 4
Hauptallee 123a Sportanlage des Österreichischen Hockey-Verbandes	L, 13 T, Ho	Gemeinde Österreichischer Hockey-Verband, 2, Hauptallee 123a
Heustadlwasser/Ameiswiese	R	Gemeinde Landesfachverband für Fahren und Reiten in Wien
Ichmanngasse 1 SC Finanzministerium	2 Fa, L, 9 T	Bund SC Finanzministerium, 2, Ichmanngasse 1
Krieau, Meiereistraße Vienna Cricket and Football-Club	L, 12 T	Gemeinde Vienna Cricket and Football-Club Alfred Proksch, 3, Custozzagasse 11
Krieau, Trabrennbahn	R	Gemeinde Wiener Trabrennverein
Meiereistraße Wiener Praterstadion - Ernst-Happel-Stadion	Stadion + 9 F, 2 L Bogenschießplatz	Gemeinde Wiener Stadthalle-Kiba Betriebs- und Veranstaltungsgesellschaft m. b. H., 15, Vogelweidplatz 14
Prater, Birkenwiese, nächst dem Gassteg Bundessportanlage	F, Fa, L, B	Bund Bund
Prater, Stadionallee Bundessportanlage	L	Bund Bund
Rustenschacherallee 5 Sportanlage des STAW	2 F, H, L, 8 T	Bund Sportvereinigung STAW, 9, Maria-Theresien-Straße 11
Rustenschacherallee 9 WAC	F, L, H, 19 T	Bund Wiener Athletik SC, 2, Rustenschacherallee 9
Spenadlwiese ASKÖ-Sportanlage	2 F, L, 6 T, Baseb	Bund ASKÖ – LV Wien
Wehlistraße 314 Elektra-Platz	2 F, 8 T	Gemeinde Sportvereinigung der Angestellten und Bediensteten der WStW-Elektrizitätswerke (FS Elektra), 9, Mariannengasse 4
Wehlistraße 316–318 Wiener Tennisverband	5 T	Gemeinde Wiener Tennisverband
3. Bezirk		
Baumgasse 56 WAT	Fa, B	Gemeinde WAT
Baumgasse 83/Nottendorfgasse	10 T, 4 S	Gemeinde Sportanlagenvermietungs Ges. m. b. H., Sportstätte Baumgasse, Betriebsges. m. b. H
Baumgasse 85 LAC	2 F	Gemeinde LAC
Dietrichgasse 44 Pfarre Neu-Erdberg	H, B	Privat Pfarre Neu-Erdberg, 3, Dietrichgasse 44
Grasbergergasse 18 Rennweger SV	F, 3 T, K	Gemeinde Rennweger SV, 3, Grasbergergasse 18

9. Bezirk

Sensengasse 1–3 Bundessportplatz	F, L, T	Bund Bund

10. Bezirk

Computerstraße 3 Städtische Sportanlage	2 F, L, 5 T	Gemeinde MA 51
Eibesbrunnergasse 9 WAT	2 F. F (Kunst), B	Gemeinde WAT 12
Eibesbrunnergasse 13 Städtische Sportanlage	3 F	Gemeinde MA 51
Fischhofgasse 12 Horr-Stadion	4 F	Gemeinde Wiener Fußball-Verband, 10, Fischhofgasse 12
Franz-Koci-Straße Städtische Sportanlage	2 F, L, 4 T, 2 B, 2 V	Gemeinde MA 51
Franzosenweg Rapid Oberlaa	F	Gemeinde SC Rapid Oberlaa, Johann Hotzer, 10, Per-Albin-Hansson-Straße 27/1/3
Kennergasse 3 FAV Athletik-Sportclub	2 F	Gemeinde Favoritner Athletik-Sportclub, 10, Kennergasse 3
Laaer-Berg-Straße 143 ESV Südost	2 F, L	Gemeinde ESV Südost
Laxenburger Straße – Heuberggstättenstraße Franz-Hölbl-Sportanlage	2 F, 6 T	Gemeinde MA 51
Raxstraße 3 Sportvereinigung Wiener Verkehrsbetriebe	2 F, L	Gemeinde Sportvereinigung der WStW-Verkehrsbetriebe, 3, Erdbergstraße 202
Windtenstraße – Raxstraße ASKÖ-Sportanlage Eisring Süd	F, L, 15 T, E	Gemeinde ASKÖ – LV Wien

11. Bezirk

Haidestraße 10	2 F, 3 T	Gemeinde SC Mautner Markhof
Hasenleitengasse 47–49 ESV Ostbahn Olympia XI	2 F, 3 T	Gemeinde ESV Ostbahn Olympia XI, 11, Grillgasse 48
Leberstraße 82	11 T, 4 K	Gemeinde ASKÖ – LV Wien
Leberstraße 84	F	Gemeinde SGP Sturm
Simmeringer Hauptstraße 207–211	F, 4 T	Gemeinde SC Simmering
Werkstättenweg 75	B	Gemeinde Kinderfreunde
Zinnergasse – Klebindergasse SC Kaiserebersdorf	F	Gemeinde SC Kaiserebersdorf, Wolfgang Merkl, 11, Landwehrstraße 3/1/10

12. Bezirk

Hervicusgasse 13–15 UNION	F, 5 T	Gemeinde Österreichische Turn- und Sportunion Landesverband Wien, 1, Dominikanerbastei 6
Oswaldgasse 34 FC Wr. Viktoria	F	Gemeinde FC Wr. Viktoria
Sagedergasse 10–12	6 T	Gemeinde Verband Wiener Arbeiterheime, 7, Lindengasse 55

13. Bezirk

Gaßmannstraße 2 Maria-Theresien-Kaserne	F, L, 7 T	Bund Bundesministerium für Landesverteidigung, Sportabteilung, 13, Gaßmannstraße 2
Grünbergstraße Bundessportanlage Schönbrunn	F, L, B	Bund Bund

Hörndlwald	F, L	Gemeinde ASKÖ-LV Wien
Linienamtsgasse 4 ASVÖ 13	F, L, 14 T	Gemeinde und Bund ASVÖ – LV Wien
Schönbrunner Schloßstraße 2 UNION 13	F, 2 Fa, L, 4 T, 2 B	Bund und Gemeinde UNION Wien, 1, Dominikanerbastei 6
14. Bezirk		
Achtundvierzigerplatz	5 T, B	Gemeinde Sport- und Kulturvereinigung Siedlung Flötzersteig
Cumberlandstraße 102	F	Gemeinde Tenniscenter Cumberlandstraße Ges.m.b.H.
Keißlergasse 6 Gerhard-Hanappi-Stadion	4 F	Gemeinde Wiener Stadthalle-Kiba Betriebs- und Veranstaltungs-servicegesellschaft m. b. H., 15, Vogelweidplatz 14
Kinkplatz	F	Gemeinde Austria 13
Steinbruchstraße 7 SC Slovan HAC	F	Gemeinde SC Slovan HAC, 1, Drachengasse 3/4
15. Bezirk		
Auf der Schmelz ASKÖ-Sportanlage	2 F, 16 T	Bund ASKÖ – LV Wien
Auf der Schmelz 6 Uni-Sportzentrum	F, L. 3 T	Gemeinde Bund
16. Bezirk		
Erdbrustgasse 4 WAT 16	2 F, L, H, 9 T	Gemeinde WAT 16
Kendlerstraße 38 Städtische Sportanlage	2 F, 3 T, 2 Kegelb.	Gemeinde MA 51
Kendlerstraße 42 Helfort-Platz	2 F	Gemeinde SC Helfort, 16, Kendlerstraße 42
Paltaufgasse 14 Sportanlage Tabakregie	F	Privat SV Tabakregie, 16, Paltaufgasse 14
Roterdstraße 2–8	H, 4 T, V	Gemeinde MA 51
17. Bezirk		
Franz-Glaser-Gasse	F, H, 2 T	Gemeinde BR der Wiener Städtischen Allgemeinen Versicherung AG, 1, Schottenring 30
Hernalser Hauptstraße 214 Wiener Sportclub	F	Gemeinde Wiener Sportclub, 17, Hernalser Hauptstraße 214
Neuwaldegger Straße 57a, Marswiese Union Katholische Jugend	F, L, H, 6 T	Privat Union Katholische Jugend, 1, Stephansplatz 6/6
Roggendorfgasse 2 Postsportanlage	4 F, H, L, 50 T Minigolf	Bund Postsportverein Wien, 17, Roggendorfgasse 2
18. Bezirk		
Simonygasse 2b	F	Gemeinde Gersthofer SV, 17, Rokitanskygasse 42
19. Bezirk		
Grinzinger Straße 111 NAC	F, 5 T	Gemeinde Nußdorfer Athletiksport Club
Hohe Warte First Vienna FC	2 F, L, 15 T	Gemeinde First Vienna FC, 19, Hohe Warte
Krottenbachstraße 53 Sportanlage Fortuna 05	F	Gemeinde Fortuna 05
Starkfriedgasse 20 Cottage	5 T	TC Pötzleinsdorf

20. Bezirk

Brigittenauer Lände 236 ASKÖ-Sportanlage	2 F, L, 4 T	Gemeinde ASKÖ – LV Wien
Meldemannstraße 15 Wiener Fußball-Verband	F	Gemeinde WAF Prokar
Spielmanngasse 8 Städtische Sportanlage	2 F, L, 4 T	Gemeinde MA 51

21. Bezirk

Am Hubertusdamm	F, 8 T	Wasserstraßendirektion WAT Floridsdorf
Brünner Straße 238 Österreichisches Bundesheer	F, L	Bund Bund
Brünner Straße – Jedlersdorfer Straße Sportanlage Admira Nordwien Landhaus	F	Gemeinde Admira Nordwien Landhaus
Christian-Bucher-Gasse/ Überfuhrstraße	2 F, L, 5 T	Gemeinde Columbia XXI
Fännergasse – Pichelwangergasse RAG-Platz	F	Bund und Gemeinde SC Donaustadt-RAG, 21, Fännergasse 3
Fultonstraße Fußballanlage	2 F	Gemeinde SR Donaufeld
Heinrich-von-Buol-Gasse	F	Privat Siemens
Hopfengasse 4–8 Leopold-Stroh-Sportanlage	2 F, L, 9 T	Gemeinde Floridsdorfer Athletiksport-Club, 21, Floridsdorfer Hauptstr. 17
Jochbergengasse Union LV Wien	2 F, 2 T	Gemeinde Union LV Wien, 1, Dominikanerbastei 6
Julius-Ficker-Straße/ Großfeldstraße ASKÖ-Sportanlage (SV Admira)	F, 8 T	Gemeinde ASKÖ – LV Wien
Leopoldauer Straße 77–79 SC Shell	L, 5 T	Privat Sportclub Shell, 21, Pilzgasse 31
Nordmanngasse TC Donaufeld	10 T	Gemeinde TC Donaufeld
Überfuhrstraße 16	Ü	Gemeinde Turnverein Jedlesee

22. Bezirk

Aspern, Biberhaufenweg 18	2 F, 4 T	Gemeinde Sportvereinigung Aspern-Herzer, Firma Otto Herzer, 22, Aspern, Zachgasse 18
Eßling, Kirschenallee	F	Gemeinde SC Eßling
Hirschstetten, Spargelfeldstraße Wiener Fußball-Verband (Waagner-Biró Kagran)	2 F	Gemeinde Wiener Fußball-Verband, 10, Fischhofgasse 12
Kagran, Anton-Sattler-Gasse TV Kagran ÖTB	Fa, L, H, 4 T	Privat und Verein Turnverein Kagran
Kagran, Erzherzog-Karl-Straße 170 S. K. V. Feuerwehr	L, 3 T	Gemeinde S. K. V. Feuerwehr
Kagran, Natorpgasse 2	2 F	Gemeinde FC Hellas Kagran
Kagran, Natorpgasse 25	T	Gemeinde ASKÖ – LV Wien
Kaisermühlen, Arbeiterstrandbadstraße 128 Sportanlage der ÖBB	4 F, L, 19 T	Gemeinde Bundesbahn-Sportreferat, 15, Neubaugürtel 1/I/6
Kaisermühlen, Eiswerkstraße 20 SV Bank Austria	F	Privat SV Bank Austria AG, 1, Am Hof 2
Kaisermühlen, Promenadenweg 15 ASKÖ-Sportanlage (SV Donau)	F, Es, 1 T	Gemeinde und Bund ASKÖ – LV Wien

Leopoldau, Josef-Baumann-Gasse	F	Gemeinde USC Admira Nordwien Landhaus
Stadlau, Genochplatz SC Waagner-Biró	F, 3 T	Privat SC Waagner-Biró, 22, Kagran, Erzherzog-Karl-Str. 127
Stadlau, Industriestraße 131 SC Immuno Haemo	Ü	Gemeinde SC Immuno Haemo, 22, Stadlau, Industriestraße 72
Stadlau, Smolagasse FC OMV Stadlau	3 F, L, 10 T	Gemeinde FC OMV Stadlau
Stadlau, Wiedgasse 4 ESV Stadlau	2 F	ESV Stadlau, 22, Stadlau, Wiedgasse
Süßenbrunn, Pehamgasse SC Süßenbrunn	F	Gemeinde 22, Süßenbrunn, Pehamgasse 6

23. Bezirk

Atzgersdorf, Steinergasse 12 ASKÖ-Sportanlage	2 F, L, 2 H, 3 T	Gemeinde und Privat ASKÖ – LV Wien
Erlaa, Meischlgasse 26 Amateur-SC Erlaa	2 F	Gemeinde Amateur-Sport-Club Erlaa, 23, Erlaa, Altmannsdorfer Straße 208
Inzersdorf, Vorarlberger Allee ASKÖ-Sportanlage	F, 6 T	Gemeinde ASKÖ – LV Wien
Kalksburg, Zangerlestraße 1. SC Kalksburg	F, 9 T	Gemeinde 1. SC Kalksburg, Ing. Roman Kreitner, 23, Atzgersdorf, Breitenfurter Straße 506
Liesing, Franz-Heider-Gasse ATV Liesing	6 Fa	Privat und Verein ATV Liesing, Dr. Herbert Bauer, Perchtoldsdorf, Ketzergasse 329
Liesing, Schartlgasse 10 WAT-Sportanlage	F, 3 T	Gemeinde WAT-Zentrale, 12, Sagedergasse 10–12
Liesing, Siebenhirtenstraße ASK Liesing	2 F	Gemeinde ASK Liesing, 23, Ketzergasse 312
Mauer, Erhardgasse 2 UNION-Sportanlage	2 F, H, 9 T, B	Gemeinde UNION Wien, 1, Dominikanerbastei 6
Siebenhirten, Anton-Freunschlag-Gasse SC Siebenhirten	F, T, Golf, BMX-Bahn	Gemeinde ASKÖ – LV Wien

SPORT-SCHIESS-STÄTTEN

LG = Luftgewehr
LP = Luftpistole
KK = Kleinkaliber
GK = Großkaliber
WT = Wurftauben

Adresse Name	Art der Anlage	Eigentümer Verwalter Pächter
1. Bezirk		
Postgasse 7	LG, LP	Polizei-Sportvereinigung
Stubenring 1 Regierungsgebäude	LG, LP	Sportklub Wirtschaftsministerium
3. Bezirk		
Hintere Zollamtsstraße 4	LG, LP	Sportvereinigung Finanz, Sektion Sportschießen
4. Bezirk		
Prinz-Eugen-Straße 16	LG	Union Süd Wien-Sportschützen

5. Bezirk		
Margaretengürtel 104 Reumannhof	LG, LP	ASKÖ – LV Wien
6. Bezirk		
Nelkengasse 6a	LG, LP, KK	Sportvereinigung der WStW-Gaswerke
10. Bezirk		
Hardtmuthgasse 42	LG, LP	Justiz-SV Favoriten
14. Bezirk		
Linzer Straße 297	LG, LP	Ober-St.-Veiter Sportschützenverband
Lorenz-Stein-Straße 22	LG, LP	Hütteldorfer Schützenverein
15. Bezirk		
Possingergasse 6	KK	Universitäts-Sportzentrum Schmelz
16. Bezirk		
Lindauergasse 27–29	LG, LP	Club Wiener Pistolenschützen
17. Bezirk		
Exelbergstraße	KK, WT	Jagdclub Eichenlaub, Döblinger Jagdclub
21. Bezirk		
In den Gabrissen	LG, LL, KK, GK	Heeressportverein (HSV)
Jedlersdorfer Straße 121	LG, LP	Union Floridsdorfer Sportschützenverein (USV 21)
22. Bezirk		
Süßenbrunn, Schießstätten	LG, LP, KK, GK	Sportklub Wirtschaftsministerium
Süßenbrunn, Wielandweg 25	LG, LP, KK, GK	Sportklub Wirtschaftsministerium

SQUASHANLAGEN

Adresse Name	Courts
3. Bezirk	
Baumgasse 83 STS City Center	4
Franzosengraben 2, Parkhaus U3 Club Danube	15
Landstraßer Hauptstraße 2a Fit & Fun	4
10. Bezirk	
Erlachplatz 2–4 Topfit Freizeitanlage	3
Gutheil-Schoder-Gasse 9 Budo-Center	6
Kurbadstraße 10 Squash-Club Oberlaa	19
14. Bezirk	
Linzer Straße 183 Squash-Haus Penzing	14
15. Bezirk	
Auf der Schmelz ASKÖ Schmelz	2
17. Bezirk	
Hernalser Hauptstraße 13 Squash-Center Hernals	4
Roggendorfgasse 2 Postsportplätze	2
19. Bezirk	
Heiligenstädter Lände 17 Club Manhattan	18
Heiligenstädter Straße 86–90 Club 19	6
22. Bezirk	
Kagran, Wagramer Straße 94 Donauzentrum Club Danube	12
Kagran, Zwerchäckerweg 28 Freizeitzentrum Donaustadt	3
23. Bezirk	
Inzersdorf, Slamastraße 29 Squasz-Insel Süd	16

STADTWANDERWEGE

	Weglänge		Weglänge
1 – Kahlenberg	11 km	7 – Laaer Berg	11 km
2 – Hermannskogel	10 km	8 – Sophienalpe	11 km
3 – Hameau	10,5 km	9 – Prater	13 km
4 – Jubiläumswarte	7,2 km	10 – Rund um Wien	120 km (6 Abschnitte)
5 – Bisamberg	10,3 km		
6 – Zugberg–Maurer Wald	12,5 km		

STREETBALLANLAGEN

Adresse	Anlage
1. Bezirk	
Stadtpark	1
3. Bezirk	
Erdberger Lände	2
Kolonitzplatz	1
Lechnerstraße	1
Modenapark	2
Schweizer Garten	
4. Bezirk	
Rubenspark	1
5. Bezirk	
Bacherpark	2
Bacherplatz 4	1
9. Bezirk	
Lichtentalerpark	1
10. Bezirk	
Horr-Stadion, Parkplatz	2
Laubeplatz	2
Suchenwirtplatz	2
11. Bezirk	
Valiergasse/Morhoferweg	1
12. Bezirk	
Hermann-Leopoldi-Park	2
13. Bezirk	
Auhofstraße 255 (Kfz-Abstellplatz)	1
14. Bezirk	
Cossmanngasse	1
Heinz-Conrads-Park	2
Reinlpark	1
15. Bezirk	
Dadlerpark	2
Forschneritschpark	2
Ullmannstraße (Sechshauser Park)	2
Vogelweidpark	1
Winningerplatz	2
16. Bezirk	
Kantnerpark	1
Kongreßpark	1
Mildeplatz	1
Reichmanngasse/Demuthgasse	1
Schuhmeierplatz	2
Stillfriedplatz	1
Stöberpark	1
Wiesberggasse	2
17. Bezirk	
Lidlpark	1
Reschplatz	1
Schwarzenbergpark	1
18. Bezirk	
Währinger Park/Semperstraße	1
19. Bezirk	
Flotowgasse/Trautenauplatz	2
20. Bezirk	
Brigittenauer Bad (Käfig)	2
22. Bezirk	
Hirschstetten, Quadenstraße 6–8	1
Kagran, Siebenbürgerstraße 16–26	1
Kaisermühlen, Donaupark/ Eingang Arbeiterstrandbad	1
23. Bezirk	
Atzgersdorf, Rudolf-Zeller-Gasse, Föhrenwald	1
Inzersdorf, Neilreichgasse/ Draschestraße	2
Siebenhirten, Karl-Tornay-Gasse/ Porschestraße, Wiener Flur	2

TENNISANLAGEN

Adresse Name	Frei- plätze	Hallen- plätze	Grundeigentümer Benützer
2. Bezirk			
Ausstellungsstraße 42 – Nordportalstraße	4		Gemeinde Union LV Wien
Hauptallee 5	6		Privat Dr. Walter Paulus, 13, Bowitschgasse 3a
Hauptallee 123a	8		Gemeinde Österreichischer Hockey-Verband
Ichmanngasse 1	9	2	Bund SC Finanzministerium
Krieau, Meiereistraße	11		Gemeinde Vienna Cricket and Football-Club
Meiereistraße – Hauptallee	6		Gemeinde Bank Austria AG
Rustenschacherallee 1	10	2	Bund Wiener Park-Club
Rustenschacherallee 5	8	2	Bund Sportvereinigung STAW, 9, Maria-Theresien-Straße 11
Rustenschacherallee 7	4		Bund SV Schwarz-Blau
Rustenschacherallee 9	19	2	Bund Wiener Athletic-SC
Spenadlwiese	6		Bund ASKÖ – LV Wien
Stadionbad	7		Gemeinde Walter Achatzi, TC Stadionbad
Südportalstraße 1		2	TC Wiener Messen
Wehlistraße 314	11		Gemeinde Sportvereinigung der Angestellten und Bediensteten derWStW-Elektrizitätswerke (FS Elektra), 9, Mariannengasse 4
Wehlistraße 316	5		Gemeinde Wiener Tennis-Verband
3. Bezirk			
Arsenalstraße 1	25		Privat Girg & Schermann KG
Baumgasse 83	5	5	Gemeinde STS City-Center, 3, Baumgasse 83
Faradaygasse 4	16		Bund Girg & Schermann KG
Grasbergergasse 18	3		Gemeinde Rennweger SV
Lothringerstraße 22	6		Bund Wiener Eislaufverein
Prinz-Eugen-Straße 25	5		Privat TC Belvedere
Sechskrügelgasse 4	6		Privat
4. Bezirk			
Favoritenstraße 15	2		Privat Theresianische Akademie
7. Bezirk			
Lindengasse 9		2	Privat Peter Pokorny, 14, Hauptstraße 57
Mariahilfer Straße 80	1		Privat Fa. Brand und Lutz, 15, Stiegergasse 18
8. Bezirk			
Lerchenfelder Straße 66–68	2		Privat Dr. Walter Paulus, 13, Bowitschgasse 3a

9. Bezirk

Grünentorgasse 12	3		Privat Dr. Walter Paulus, 13, Bowitschgasse 3a
Liechtensteinstraße 37a	2		Privat Französisches Lyceum, 9, Liechtensteinstraße 37a
Porzellangasse 48	2		Privat Tennisplatz Porzellangasse
Sensengasse 1–3	1		Bund Bund, Bundessportplatz

10. Bezirk

Computerstraße 3	5		Gemeinde SV Wienerberg
Eibesbrunnergasse 9			Gemeinde WAT Meidling
Ettenreichgasse 45	4		Bund Pädagogische Akademie des Bundes
Fontanastraße 1	6		SV AUA
Franz-Koci-Straße 1–3	4		Gemeinde WAT
Gudrunstraße 31	15		Girg & Schermann KG
Gutheil-Schoder-Gasse 1	6	5	Privat Matsumae Budo-Center
Klederinger Straße 66	5		Privat TC Minarik
Kurbadstraße 14	6	16	Kurbetrieb Heilquelle (Thermalschwefelquelle) Oberlaa Gesellschaft m. b. H., 10, Kurbadstraße 14
Laxenburger Straße – Heuberggstättenstraße 1	6		Gemeinde ISFO-Tenniscenter
Laxenburger Straße 66		5	Privat Merkur Tenniscenter
Ludwig-von-Höhnel-Gasse 17–19	1		Privat Neulandschule, 10, Ludwig-von-Höhnel-Gasse 17–19
Windtenstraße – Raxstraße	13		Gemeinde ASKÖ – LV Wien

11. Bezirk

Haidestraße 10	3		Gemeinde SC Mautner-Markhof, 11, Simmeringer Hauptstraße 101
Hasenleitengasse 47–49	3		ESV Ostbahn Olympia XI, 11, Grillgasse 48
Kaiserebersdorfer Straße 126	6		Privat TC Neugebäude
Kaiserebersdorfer Straße 197	2		Privat TC Kaiserebersdorf
Leberstraße 82	11	2	Gemeinde TC Herzig
Neugebäudestraße 10a	4		Privat TC Phönix
Ravelinstraße	2		Gemeinde MA 51

12. Bezirk

Hervicusgasse 13–15	5		Gemeinde Union LV Wien
Hohenbergstraße 58	9		Privat Tivoli Tenniscenter
Laskegasse gegenüber 39	6	3	Bund TC Laskegasse
Rohrwassergasse 3	5		Privat UNION Hetzendorf
Sagedergasse 10–12	6		Gemeinde TK Schlatte

13. Bezirk

Beckgasse – Mühlbachergasse	5		Privat TC Appel

Gaßmannstraße 2	7	4	Bund Bundesministerium für Landesverteidigung, Sportabteilung, Heeres TC
Geylinggasse 24	9		Gemeinde TC Blau-Weiß
Gutzkowplatz – Geylinggasse 20	8		Privat Hietzinger Tennisvereinigung
Jennerplatz 25	8	2	Privat TC Ober-St.-Veit
Karl-Goldmark-Platz 1	5		Gemeinde SV der Wiener Städtischen Allgemeinen Versicherung AG, 1, Schottengasse 30
Linienamtsgasse 4	11		Gemeinde ASVÖ – LV Wien
Schönbrunner Schloßstraße 52	5		Bund Union TC Schönbrunn
14. Bezirk			
Achtundvierzigerplatz	5		Gemeinde ASKÖ – Siedlung Flötzersteig
Bahnhofstraße 1d	14	3	Gemeinde TC West, Hoschitzky
Kinkplatz	1		Gemeinde Austria XII
Linzer Straße 431	2		Bund Union West-Wien
Mauerbachstraße 43 Tennisanlage Schloß Laudon	3		Privat Bund
Mauerbachstraße 47	5	1	Privat SVC Schuh-Ski
Mauerbachstraße 79	7		Privat Peter Pokorny, 14, Hauptstraße 57
Mühlbergstraße 7	2		Gemeinde Stadt des Kindes
Stockhammerngasse 8–18	18		Gemeinde und Privat Polsterer und Höfer G.m.b.H.
15. Bezirk			
Auf der Schmelz 10	16		Bund ASKÖ – LV Wien
Possingergasse 6	3		Bund Universitäts-Sportzentrum Schmelz
16. Bezirk			
Erdbrustgasse 4	9	3	Gemeinde und Privat WAT Ottakring
Kendlerstraße 38	3		Gemeinde Fa. Gaggl
Roterdstraße 2–8	4		Gemeinde MA 51
17. Bezirk			
Andergasse 5	1		Privat Tennisclub (ABV) Allgemeine Bausparkasse der Volksbanken
Frauengasse 25–27		4	Privat Merkur Tenniscenter
Franz-Glaser-Gasse 1–3	2		Gemeinde SV der Wiener Städtische Allgemeinen Versicherung AG, 1, Schottenring 30
Jörgerstraße 24	6		Privat ASKÖ – LV Wien
Marswiese, Neuwaldegger Straße 57a	6		Privat Union Katholische Jugend
Roggendorfgasse 2	47	1	Bund Postsportverein Wien

18. Bezirk

Sternwartestraße 57	5		Privat SV Austria Tabakwerke

19. Bezirk

Cobenzlgasse 56	4		Privat TA Grinzing
Döblinger Hauptstraße 48	3		Privat Tennisschule Decombe, 19, Döblinger Hauptstraße 48
Erbsenbachgasse – Börnergasse	3		Gemeinde Union TC Wien
Grinzinger Straße 111	5		Gemeinde Nußdorfer Athletiksport-Club
Hohe Warte	15		Gemeinde First Vienna FC
Kahlenbergerdorf/Schüttau 17	10		Privat TC Kuchelau
Leidesdorfgasse 6–10	5		Privat Tennisplätze Oberdöbling
Salmannsdorfer Straße 45–47	2		Privat American International School
Starkfriedgasse 20	9		Gemeinde CTC Pötzleinsdorf
Unterer Schreiberweg 85	1		Privat

20. Bezirk

Brigittenauer Lände 236	4		Gemeinde WAT Brigittenau
Spielmanngasse 8	4		Gemeinde MA 51

21. Bezirk

Am Hubertusdamm 1–7	8		Bund und Gemeinde WAT Floridsdorf
An der Schanze 5–7	14	2	Gemeinde und Privat TC Eden
Anton-Böck-Gasse 20	14		Privat Schulbrüder Kongregation, SV Creditanstalt
Arbeiterstrandbadstraße 55a		4	Privat Merkur Tenniscenter
Arbeiterstrandbadstraße 85a			Privat TC Danube
Christian-Bucher-Gasse/ Überfuhrstraße	5		Gemeinde ASKÖ – Columbia XXI
Fultonstraße – Nordmanngasse	10		Gemeinde TC Donaufeld
Grabmayrgasse 13–17	4		Gemeinde Floridsdorfer Turn- und Tennisverein
Heinrich-von-Buol-Gasse		4	Privat KSV Siemens
Hopfengasse 4–8	9		Gemeinde Floridsdorfer Athletiksport-Club
Jedlersdorfer Straße 384	2	2	Privat TA Ebinger
Jeneweingasse 17	2		Privat Sportclub Allianz, Sektion Tennis
Jochbergengasse	2		Privat USC Admira Nordwien Landhaus
Julius-Ficker-Straße/Großfeldstraße	8		Gemeinde ASKÖ – LV Wien
Leopoldauer Straße 77–79	5		Privat Sportclub Shell
Lorettoplatz 5	17	2	Privat Floridsdorfer TC

Ruthnergasse	10	6	Privat TC Marco Polo
Siemensstraße 89	1		Privat SV Pauker Wien, 21, Siemensstraße 89
Stowassergasse 7–9	9		Gemeinde WAT
Trillergasse	4	6	Gemeinde TC Trillergasse
22. Bezirk			
Aspern, Biberhaufenweg 18	4		Gemeinde SV Aspern
Breitenlee, Breitenleer Straße 230	6		TC Kagran 1975
Eßling, Kirschenallee 2–4	1		Privat SV Eßling, 22, Eßlinger Hauptstraße 82
Hirschstetten, Hirschstettner Straße 5			Privat Tennis Alt Kagran
Kagran, Anton-Sattler-Gasse 92–96	4		Privat und Verein Turnverein Kagran
Kagran, Anton-Sattler-Gasse 113a	7		Gemeinde Equipe TC
Kagran, Donauzentrum		6	Privat Merkur Tenniscenter
Kagran, Erzherzog-Karl-Straße 108	10		ZSV-OMV
Kagran, Erzherzog-Karl-Straße 170	3		Gemeinde S.K.V. Feuerwehr
Kagran, Natorpgasse 25	6		Gemeinde ASKÖ – LV Wien
Kagran, Puchgasse 6	3		Privat SV Kühler
Kagran, Rugierstraße 4	10	3	Privat Schuh-Ski-Stadlau
Kagran, Zwerchäckerweg 28	3		Privat Club Donaustadt
Kaisermühlen, Arbeiterstrandbadstraße 128 Sportanlage der ÖBB	23		Gemeinde Bundesbahn-Sportreferat, 15, Neubaugürtel 1/I/6
Kaisermühlen, Eiswerkstraße 20	3		Privat SV Bank Austria AG, 1, Am Hof 2
Kaisermühlen, Gänsehäufel	7		Gemeinde Städtisches Sommerbad
Stadlau, Genochplatz	3		Privat SC Waagner-Biró, 22, Kagran, Erzherzog-Karl-Straße 127
Stadlau, Powolnygasse 4	2	3	Privat TC Donaustadt Franz Saiko
Stadlau, Smolagasse/Lange Allee	10		Gemeinde FC OMV Stadlau
Stadlau, Stadlauer Straße 54	3		SV Waagner-Biró
Weißau			Privat ASKÖ – LV Wien
23. Bezirk			
Atzgersdorf, Breitenfurter Straße/Wiegelestraße	4		Privat TA Unilever, 23, Atzgersdorf, Breitenfurter Straße 239
Atzgersdorf, Brunner Straße 59	3		Privat Sandoz Forschungsinstitut
Atzgersdorf, Kirchfeldgasse 5	10	6	Privat TC La Ville, Union Wien
Atzgersdorf, Steinergasse 12	3		Gemeinde und Privat ASKÖ – LV Wien
Atzgersdorf, Tullnertalgasse 1–3	7		Privat Heinz Gruber, 10, Hartmuthgasse 121/5
Erlaa, Erlaaer Straße 56a	12	4	Privat Alt-Erlaaer TC

Inzersdorf, Altmannsdorfer Straße 182a		4	Gemeinde TC Altmannsdorfer Straße
Inzersdorf, Vorarlberger Allee	6		Gemeinde ASKÖ – LV Wien
Kalksburg, Mackgasse	1		Privat Ludwig-Boltzmann-Institut, 23, Kalksburg, Mackgasse
Kalksburg, Promenadenweg 3	2		Privat Jesuitenkollegium, 23, Kalksburg, Promenadenweg 3
Kalksburg, Zangerlestraße	9		Gemeinde SC Kalksburg
Liesing, An den Steinfeldern 2a		12	Privat Akademischer SC
Liesing, Schartlgasse 10	3		Gemeinde WAT Liesing
Liesing, Schartlgasse 11	5	1	Privat TC Reifen Tree
Mauer, Erhardgasse 2	9		Gemeinde Union Wien
Mauer, Kaserngasse 3	5	1	Privat TC Blau-Weiß Mauer
Rodaun, Willergasse 55	1		Privat Institut Sta. Christiania, 23, Rodaun, Willergasse 55
Siebenhirten, Karl-Tornay-Gasse	3		Gemeinde ASKÖ – LV Wien
Siebenhirten, Wallackgasse 3	1	3	Privat TA Liesing

TENNISHALLEN

Adresse Name	Plätze	Art der Halle
2. Bezirk		
Faradaygasse 3	1	feste Halle, Parkett
Hauptallee, Stadionbad	2	Tragluft, Sand
Ichmanngasse 1	2	feste Halle, Filz
Rustenschacherallee 1	2	feste Halle, Sand
Rustenschacherallee 5	2	feste Halle, Sand
Rustenschacherallee 9	2	feste Halle, Sand
Südportalstraße 1	2	feste Halle, Filz
3. Bezirk		
Arsenalstraße 1	4	Tragluft, Sand
Baumgasse 83	5	Fixhalle, Kunststoff
10. Bezirk		
Gutheil-Schoder-Gasse 8 Budo-Center	5	feste Halle, Sand
Kurbadstraße 14 Kurzentrum Oberlaa	17	Fixhalle, Kunststoff
11. Bezirk		
Leberstraße 82	2	Tragluft, Sand
12. Bezirk		
Laskegasse	3	feste Halle, Green Set
Tivoligasse 79	2	Tragluft, Sand

13. Bezirk		
Gaßmannstraße 2	4	feste Halle, Land Green
Jennerplatz 25	2	Tragluft, Sand
Schönbrunner Schloßstraße 2	3	Tragluft, Sand
14. Bezirk		
Bahnhofstraße 1d	3	feste Halle, Sand
Bergmillergasse 12	6	Fixhalle, Kunststoff
Mauerbachstraße 47	1	Tragluft, Sand
Mauerbachstraße 75	2	feste Halle, Tartan
16. Bezirk		
Erdbrustgasse 4	3	Tragluft, Sand
17. Bezirk		
Roggendorfgasse 2	24	Tragluft, Sand
21. Bezirk		
An der Schanze 7	2	feste Halle, Sand
Grabmayrgasse 15	2	Tragluft, Sand
Heinrich-von-Buol-Gasse	4	Tragluft, Sand
Ruthnergasse	4	feste Halle, Sand
Trillergasse	6	Kunststoff
22. Bezirk		
Kagran, Rugierstraße 4	3	Tragluft, Kunststoff
Kaisermühlen, Schüttauplatz 3–5	3	Tragluft, Sand
Stadlau, Powolnygasse 4	3	Tragluft, Sand
23. Bezirk		
Atzgersdorf, Kirchfeldgasse 5	6	Tragluft, Sand
Erlaa, Erlaaer Straße 56a	4	feste Halle, Sand
Inzersdorf, Altmannsdorfer Straße	4	Kunststoff
Liesing, An den Steinfeldern 2a Haas-Halle	12	feste Halle, Granulat
Liesing, Schartlgasse 11	1	feste Halle, Filz
Mauer, Kaserngasse 3	1	feste Halle, Sand
Siebenhirten, Liesinger-Flur-Gasse Porsche-Halle	6	feste Halle, Filz
Siebenhirten, Wallackgasse 3	3	Tragluft, Sand

TISCHTENNIS

(vom Verband als Trainingsstätten gemeldete Anlagen)

Adresse Name	Art der Anlage	Benützer
1. Bezirk		
Drachengasse 3	TT-Lokal	Slovan-HAC-Schuh-Ski
Fleischmarkt 1b Haschomer Haza'ir	TT-Lokal	SC Hakoah
Pestalozzigasse 4–6 Mobil-Gebäude	TT-Lokal	TTC Mobil Oil Austria
Postgasse 7 Polizei-Halle	TT-Lokal	SV Pressehaus Polizei-SV Wien
Stubenring 1 Regierungsgebäude	TT-Lokal	SV Sozialministerium
Teinfaltstraße 8	TT-Lokal	TTC Union Landhaus

2. Bezirk

Am Tabor 6 BAWAG EDV, Hausdruckerei	TT-Lokal	ASKÖ Floridsdorf
Czerningasse 21	TT-Lokal	Union Mauer
Kleine Mohrengasse 5	TT-Lokal	TTV Laska
Praterstraße 34	TT-Lokal	TTC Meinl
Vereinsgasse 31	TT-Lokal	SV Bäder

3. Bezirk

Erdbergstraße 35	TT-Lokal	SV Persil
Hetzgasse 45	TT-Lokal	TTC Sonni Bastler Star
Hintere Zollamtsstraße 19 Handelsministerium	TT-Lokal	SK Handelsministerium
Keinergasse 22	TT-Lokal	TTC Mobil Oil Austria
Rechte Bahngasse 24	TT-Halle	Butterfly TTC

4. Bezirk

Argentinierstraße 30a ORF-Hörfunk	TT-Lokal	TT ORF

6. Bezirk

Liniengasse 13	TT-Halle	WAT Mariahilf

7. Bezirk

Kirchengasse 41	TT-Lokal	AVSV Wien und TTC Neubau
Neubaugürtel 4 Hotel Fürstenhof	TT-Lokal	Lehrersportverein

8. Bezirk

Lange Gasse 69 TT-Center (Pritzi-Halle)	TT-Lokal	TTC Josefstadt

9. Bezirk

Althanstraße 51 Kolpingheim	Turnhalle	TTC Union Landhaus
Porzellangasse 51	TT-Lokal	TTC Austria Tabak

10. Bezirk

Gudrunstraße 194	TT-Lokal	SV Vergaser Kiss
Waldgasse 13/3 Gehörlosen-Heim	TT-Lokal	Wiener Gehörlosen SC 1901
Wiedner Gürtel 1 ÖBB-Kantine	TT-Lokal	SW Westbahn
Wiedner Gürtel 1b Postzentrum Süd	TT-Halle	Post SV/PSK Wien
Wienerbergstraße 15–19 WGKK Freizeitzentrum	TT-Lokal	TTC WGKK

11. Bezirk

2. Haidequerstraße 3	TT-Lokal	TTC Steyr-Werke

12. Bezirk

Längenfeldgasse 13–15 Hans-Mandl-Berufsschule	TT-Halle	SC Allotria und Wiener Sportclub

13. Bezirk

Versorgungsheimplatz 1 Geriatriezentrum „Am Wienerwald“	TT-Lokal	SV Spitalsbedienstete

14. Bezirk

Flötzersteig 115	TT-Halle	SKVS Flötzersteig

15. Bezirk

Auf der Schmelz 10 Joola-Halle im Freizeitpark Schmelz	TT-Halle	ASKÖ Komperdell

Dreihausgasse gegenüber Reichsapfelgasse 30 Schule Dreihausgasse	Turnhalle	WAT Rudolfsheim, TTC Decorn
Langauergasse 2/3 ÖBB-Verwaltung	TT-Lokal	SV Pressehaus, SW Westbahn
Sechshauser Straße 27	TT-Lokal	TTC Die Erste
16. Bezirk		
Kirchstetterngasse 6	TT-Lokal	BSV Myrtle Mill/Sachs
Kirchstetterngasse 57 UKJ-Halle	TT-Halle	UKJ Hetzendorf Süd und UKJ Tyrolia
Thaliastraße 125	TT-Lokal	TTC Austria Tabak
Yppenplatz 8	TT-Lokal	TTC Nostalgie
17. Bezirk		
Wattgasse 54	TT-Lokal	TTC Universal Bau
18. Bezirk		
Scheidlstraße 2 Schulsporthalle	Turnhalle	Union Döbling
Schumanngasse 39/4	TT-Lokal	Kraus & Naimer TT
Währinger Gürtel 40 Michelbeuernhalle	TT-Halle	TTC Rennweg-Trend, WVB Straßenbahn
20. Bezirk		
Höchstädtplatz 3	TT-Lokal	SKV Globus
Lorenz-Müller-Gasse 1 Studentenheim Dr. Adolf Schärf	TT-Halle	TTC Kontakt
Pasettistraße 78	TT-Lokal	SC Eisfabrik
21. Bezirk		
An der Schanze 5–7	TT-Halle	TTC Eden
Brünner Straße 100 Kleingartenverein, Schutzhaus	TT-Lokal	TTC 21
Freytaggasse 32	TT-Lokal	ASKÖ Floridsdorf
22. Bezirk		
Kagran, Erzherzog-Karl-Straße 108	TT-Halle	ZSV OMV
Kagran, Wagramer Straße 5 VIC (UNO-City)	TT-Lokal	VIC TTC
Kaisermühlen, Schüttaustraße 42 Schule Kaisermühlen	TT-Lokal	WAT Kaisermühlen
Stadlau, Stadlauer Straße 4 Fitneßclub Stadlau	TT-Lokal	TT-Fitneßclub Stadlau, TT SK Stadlau
23. Bezirk		
Alt-Erlaa, Wohnpark, Anton- Baumgartner-Straße 44 Rundhalle Alt-Erlaa	Mehrzweckhalle	Wiener Sportclub
Alt-Erlaa, Wohnpark, Anton- Baumgartner-Straße 44/A1/02	TT-Lokal	TTC Wohnpark Alt-Erlaa
Erlaa, Welingergasse 5 Pfarrheim Erlaa	TT-Halle	Union Atzgersdorf-Erlaa
Mauer, Erhardgasse 2	TT-Lokal	Union Mauer

TURNSÄLE IN STÄDTISCHEN SCHULEN

1. Bezirk
Börsegasse 5
Renngasse 20
Stubenbastei 3

2. Bezirk
Aspernallee 5
Blumauergasse 21
Czerninplatz 3
Darwingasse 14
Feuerbachstraße 1 (links)
Feuerbachstraße 3 (rechts)
Holzhausergasse 5
Holzhausergasse 7
Kleine Sperlgasse 2a (links)
Kleine Sperlgasse 2a (rechts)
Leopoldsgasse 3 (links)
Leopoldsgasse 3 (rechts)
Max-Winter-Platz 2 (links)
Max-Winter-Platz 2 (rechts)
Novaragasse 30
Obere Augartenstraße 38
Pazmanitengasse 26 (links)
Pazmanitengasse 26 (rechts)
Schönngasse 2 (großer Turnsaal)
Schönngasse 2 (kleiner Turnsaal)
Schwarzingergasse 4
Vereinsgasse 29
Vorgartenstraße 191 (Parterre)
Vorgartenstraße 191 (1. Stock)
Vorgartenstraße 210
Wehlistraße 178
Wittelsbachstraße 6 (links vorne)
Wittelsbachstraße 6 (rechts hinten)
Wolfgang-Schmälzl-Gasse 13

3. Bezirk
Dietrichgasse 36 (hinten)
Dietrichgasse 36 (vorne)
Erdbergstraße 76
Eslarngasse 23
Hainburger Straße 40 (Parterre)
Hainburger Straße 40 (1. Stock)
Hegergasse 20 (Parterre)
Hegergasse 20 (3. Stock)
Hörnesgasse 12 (links)
Hörnesgasse 12 (rechts)
Kölblgasse 23 (1. Stock)
Kolonitzgasse 15
Landstraßer Hauptstraße 146
Löwengasse 12b
Paulusgasse 9–11
Paulusplatz 4
Petrusgasse 10 (Parterre)
Petrusgasse 10 (1. Stock)
Reisnerstraße 43
Strohgasse 15

4. Bezirk
Graf-Starhemberg-Gasse 8
Phorusgasse 4 (Parterre)
Phorusgasse 4 (1. Stock)
Sankt-Elisabeth-Platz 8
Schäffergasse 3 (Parterre)
Schäffergasse 3 (1. Stock)
Schaumburgergasse 7

5. Bezirk
Castelligasse 9 (Parterre)
Castelligasse 9 (1. Stock)
Diehlgasse 2
Einsiedlergasse 7
Embelgasse 46–48 (Parterre)
Embelgasse 46–48 (1. Stock)
Gassergasse 44 (rechts)
Gassergasse 46 (links)
Pannaschgasse 6
Stolberggasse 53
Viktor-Christ-Gasse 24 (Parterre)
Viktor-Christ-Gasse 24 (1. Stock)

6. Bezirk
Corneliusgasse 6
Gumpendorfer Straße 4
Hirschengasse 18
Loquaiplatz 4
Mittelgasse 24
Mollardgasse 87 (3. Stock)
Sonnenuhrgasse 3
Spalowskygasse 5

7. Bezirk
Apollogasse 1
Burggasse 14–16
Neubaugasse 42
Neustiftgasse 100 (Parterre)
Neustiftgasse 100 (1. Stock)
Stiftgasse 35
Zieglergasse 21

8. Bezirk
Lange Gasse 36
Pfeilgasse 42b (links)
Pfeilgasse 42b (rechts)
Zeltgasse 7

9. Bezirk
Galileigasse 3 (Parterre)
Galileigasse 5 (1. Stock)
Gilgegasse 12
Glasergasse 8 (links)

Glasergasse 8 (rechts)
Grünentorgasse 9
Hahngasse 35
Marktgasse 31
Währinger Straße 43

10. Bezirk
Absberggasse 50 (Parterre)
Absberggasse 50 (1. Stock)
Alxingergasse 82
Bernhardtstalgasse 19
Carl-Prohaska-Platz 1
Georg-Wilhelm-Pabst-Gasse 2a (links)
Georg-Wilhelm-Pabst-Gasse 2a (Mitte)
Georg-Wilhelm-Pabst-Gasse 2a (rechts)
Hebbelplatz 2 (1. Stock)
Herzgasse 27 (links)
Herzgasse 27 (rechts)
Herzgasse 87
Jagdgasse 22 (Parterre)
Jagdgasse 22 (1. Stock)
Josef-Enslein-Platz 1–3
Kempelengasse 20 (Parterre)
Kempelengasse 20 (1. Stock)
Keplergasse 11
Keplerplatz 7
Klausenburger Straße 25
Knöllgasse 59 (Parterre links)
Knöllgasse 61 (1. Stock rechts)
Laaer-Berg-Straße 170
Laimäckergasse 17
Leibnitzgasse 33 (Parterre)
Leibnitzgasse 33 (1. Stock)
Neilreichgasse 111
Oberlaaer Platz 1
Otto-Probst-Straße 14
Per-Albin-Hansson-Siedlung Ost, Ada-Christen-Gasse 9
Per-Albin-Hansson-Siedlung Ost, Wendstattgasse 3
Pernerstorfergasse 30–32
Quellenstraße 52 (hinten)
Quellenstraße 54 (vorne)
Schrankenberggasse 32 (Pavillon I)
Schrankenberggasse 32 (Pavillon II)
Selma-Lagerlöf-Gasse 20
Sonnleithnergasse 32

11. Bezirk
Braunhubergasse 3
Brehmstraße 9
Enkplatz 4 (links)
Enkplatz 4 (rechts)
Fuchsröhrenstraße 23
Hasenleitengasse 7
Herderplatz 1 (Parterre)
Herderplatz 1a (1. Stock)
Hoefftgasse 7 (links)
Hoefftgasse 7 (rechts)
Miltnerweg 14
Molitorgasse 11
Münnichplatz 6
Pachmayergasse 6
Rzehakgasse 7
Rzehakgasse 9
Simoningplatz 2
Wilhelm-Kreß-Platz 32

12. Bezirk
Am Schöpfwerk 27 (links)
Am Schöpfwerk 27 (rechts)
Bischoffgasse 10
Deckergasse 1
Fockygasse 20 (Parterre)
Fockygasse 20 (1. Stock)
Haebergasse 1a
Hermann-Broch-Gasse 2 (links)
Hermann-Broch-Gasse 2 (rechts)
Hetzendorfer Straße 79
Johann-Hoffmann-Platz 19 (links)
Johann-Hoffmann-Platz 20 (rechts)
Karl-Löwe-Gasse 20
Längenfeldgasse 13–15
Nymphengasse 7
Rohrwassergasse 2
Rosasgasse 8
Rothenburgstraße 1
Ruckergasse 42 (Keller)
Ruckergasse 42 (1. Stock)
Ruckergasse 44 (Parterre)
Singrienergasse 23
Steinbauergasse 27 (Parterre)
Steinbauergasse 27 (2. Stock)

13. Bezirk
Am Platz 2
Amalienstraße 31–33 (links)
Amalienstraße 31–33 (rechts)
Auhofstraße 49
Dr.-Schober-Straße 1
Glasauergasse 4–6
Hackinger Kai 15
Hietzinger Hauptstraße 166
Speisinger Straße 44
Steinlechnergasse 5–7
Veitingergasse 9 (Parterre)
Veitingergasse 9 (1. Stock)

14. Bezirk
Diesterweggasse 30
Felbigergasse 97
Hauptstraße 70
Hauptstraße 80
Hochsatzengasse 22–24 (klein)
Hochsatzengasse 22–24 (groß)
Karl-Toldt-Weg 12
Kienmayergasse 41
Kinkplatz 21
Linzer Straße 232
Linzer Straße 419

Lortzinggase 2
Märzstraße 178
Märzstraße 180
Meiselstraße 47
Mondweg 73–83

15. Bezirk
Benedikt-Schellinger-Gasse 1–3 (1. Stock)
Friedrichsplatz 4 (links)
Friedrichsplatz 5 (rechts)
Friesgasse 10
Goldschlagstraße 14–16
Goldschlagstraße 113
Hütteldorfer Straße 7–17
Johnstraße 40
Kauergasse 3–5 (links)
Kauergasse 3–5 (rechts)
Kröllgasse 20 (1. Stock)
Kröllgasse 26
Meiselstraße 19
Ortnergasse 4
Reichsapfelgasse 30
Schweglerstraße 2–4
Schweglerstraße 6 (3. Stock)
Sechshauser Straße 71 (Parterre)
Sechshauser Straße 71 (1. Stock)
Selzergasse 19 (Parterre)
Selzergasse 25
Zinckgasse 12–14

16. Bezirk
Brüßlgasse 18 (Parterre)
Brüßlgasse 18 (1. Stock)
Gaullachergasse 49
Grubergasse 4
Grubergasse 6
Grundsteingasse 48 (rechts)
Grundsteingasse 56 (links)
Herbststraße 86 (Parterre)
Herbststraße 86 (1. Stock)
Julius-Meinl-Gasse 1
Kreitnergasse 32
Landsteinergasse 4
Liebhartsgasse 19–21
Lorenz-Mandl-Gasse 56 (links)
Lorenz-Mandl-Gasse 56 (rechts)
Odoakergasse 48
Roterdstraße 1 (Parterre)
Roterdstraße 1 (1. Stock)
Schinaglgasse 3–5
Wiesberggasse 7

17. Bezirk
Arzbergergasse 2
Geblergasse 29–31 (links)
Geblergasse 29–31 (rechts)
Halirschgasse 25 (1. Stock)
Hernalser Hauptstraße 222
Kindermanngasse 1
Knollgasse 4–6
Leopold-Ernst-Gasse 37
Pezzlgasse 29
Redtenbachergasse 79 (links)
Redtenbachergasse 79 (rechts)
Rötzergasse 2–4
Wichtelgasse 67 (Parterre)
Wichtelgasse 67 (1. Stock)

18. Bezirk
Alsegger Straße 45
Anastasius-Grün-Gasse 10 (Parterre)
Anastasius-Grün-Gasse 10 (3. Stock)
Bischof-Faber-Platz 1
Cottagegasse 17
Klettenhofergasse 3
Köhlergasse 9
Scheibenbergstraße 63
Schopenhauerstraße 79 (Parterre)
Schopenhauerstraße 79 (1. Stock)
Schopenhauerstraße 81
Schulgasse 57
Währinger Straße 173–181

19. Bezirk
Celtesgasse 2
Flotowgasse 25
Grinzinger Straße 88
Hohe Warte 3–5
In der Krim 6
Kreindlgasse 24
Krottenbachstraße 108
Managettagasse 1
Oskar-Spiel-Gasse 3 (Parterre)
Oskar-Spiel-Gasse 3 (1. Stock)
Pantzergasse 25
Pyrkergasse 14–16 (links)
Pyrkergasse 14–16 (rechts)
Windhabergasse 2

20. Bezirk
Allerheiligenplatz 7
Brigittenauer Lände 66 (links)
Brigittenauer Lände 66 (rechts)
Dietmayrgasse 3 (rechts)
Greiseneckergasse 29 (links)
Greiseneckergasse 31 (rechts)
Jägerstraße 11–13
Leipziger Platz 1 (links)
Leipziger Platz 2 (rechts)
Leystraße 34 (Parterre vorne)
Leystraße 36 (1. Stock hinten)
Pöchlarnstraße 12 (1. Stock)
Pöchlarnstraße 14 (Parterre)
Robert-Blum-Gasse 2
Spielmanngasse 1 (links)
Staudingergasse 6 (Parterre)
Staudingergasse 6 (1. Stock)
Stromstraße 40

Treustraße 9 (Parterre)
Treustraße 9 (2. Stock)
Vorgartenstraße 42
Vorgartenstraße 95–97 (Parterre)
Vorgartenstraße 95–97 (1. Stock)

21. Bezirk
Aderklaaer Straße 2
Adolf-Loos-Gasse 2 (links)
Adolf-Loos-Gasse 2 (Mitte)
Adolf-Loos-Gasse 2 (rechts)
Berzeliusgasse 2
Brünner Straße 139
Coulombgasse 9
Deublergasse 21 (links)
Deublergasse 21 (rechts)
Dopschstraße 25
Dr.-Albert-Geßmann-Gasse 32
Dr.-Skala-Straße 43-45
Dunantgasse 2
Franklinstraße 27–33
Herchenhahngasse 6 (links)
Herzmanovsky-Orlando-Gasse 11 (rechts)
Irenäusgasse 2
Jochbergengasse 1 (links)
Jochbergengasse 1 (rechts)
Kinzerplatz 9
Lavantgasse 35
Leopold-Ferstl-Gasse 9
Marco-Polo-Platz 9
Mengergasse 33
Ostmarkgasse 30
Prießnitzgasse 1 (links)
Prießnitzgasse 1 (rechts)
Reisgasse 1
Roda-Roda-Gasse 3 (links)
Roda-Roda-Gasse 3 (rechts)
Scheydgasse 40
Schillgasse 31
Schumpeterweg 3–5
Tomaschekstraße 44
Zehdengasse 9

22. Bezirk
Aspern, Asperner Heldenplatz 3
Aspern, Eibengasse 58
Aspern, Hammerfestgasse 1
Aspern, Oberdorfstraße 2
Aspern, Schrebergasse 39
Breitenlee, Breitenleer Straße 263
Breitenlee, Pirquetgasse 68
Eßling, Hauptstraße 97
Eßling, Simonsgasse 23
Eßling, Viktor-Wittner-Gasse 50
Hirschstetten, Konstanziagasse 24
Hirschstetten, Konstanziagasse 50
Hirschstetten, Pastinakweg 10
Hirschstetten, Plankenmaisstraße 30
Hirschstetten, Prinzgasse 3 (rechts)
Hirschstetten, Prinzgasse 3 (Mitte)
Hirschstetten, Prinzgasse 3 (links)
Kagran, Afritschgasse 56 (links)
Kagran, Afritschgasse 56 (rechts)
Kagran, Georg-Bilgeri-Straße 13
Kagran, Klenaugasse 12
Kagran, Lorenz-Kellner-Gasse 15
Kagran, Markomannenstraße 9
Kagran, Meißnergasse 1
Kagran, Natorpgasse 1
Kagran, Wintzingerodestraße 1–3 (links)
Kagran, Wintzingerodestraße 1–3 (rechts)
Kaisermühlen, Schüttaustraße 42
Leopoldau, Brioschiweg 1
Leopoldau, Brioschiweg 3
Stadlau, Langobardenstraße 56
Stadlau, Langobardenstraße 178
Stadlau, Steinbrechergasse 6

23. Bezirk
Atzgersdorf, Kirchenplatz 2–3
Atzgersdorf, Prückelmayrgasse 6 (links)
Atzgersdorf, Prückelmayrgasse 6 (rechts)
Erlaa, Erlaaer Straße 74
Inzersdorf, Anton-Baumgartner-Straße 119 (hinten)
Inzersdorf, Anton-Baumgartner-Straße 119 (links vorne)
Inzersdorf, Anton-Baumgartner-Straße 119 (rechts vorne)
Inzersdorf, Draschestraße 96
Liesing, Pülslgasse 28
Mauer, Bendagasse 1–2 (links)
Mauer, Bendagasse 1–2 (rechts)
Mauer, Kanitzgasse 8
Rodaun, Fürst-Liechtenstein-Straße 17
Siebenhirten, Akaziengasse 52-54
Siebenhirten, Basler Gasse 43

Biedermannsdorf, Ortsstraße 56
Klosterneuburg, Martinstraße 56

VOLLEYBALL

(in Parkanlagen, in Verwaltung der MA 42)

2. Bezirk
Prater, Jesuitenwiese
Rustenschacher Allee/ Sportclubstraße
Venediger Au

20. Bezirk
Jakob-Winter-Park

22. Bezirk
Kagran, Polgarstraße

WALDKINDERSPIELPLÄTZE

(Naturkinderspielplätze mit Holzgeräten, sämtliche in Verwaltung der MA 49)

2. Bezirk
Heustadelwasser, Rosenwasser
Prater, Jesuitenwiese (MA 42)

10. Bezirk
Laaer Wald
Böhmischer Prater
Eisenbahnersportplatz
Festwiese (Fort und Indianerdorf)
Vogental
Wienerberg

11. Bezirk
Meidlgasse (Stadtwäldchen)
Neugebäude

13. Bezirk
Lainzer Tiergarten
Gütenbachtor – Hackenbergwiese – Hermesvilla – Hirschgstemm – Lainzer Tor – Rohrhaus

14. Bezirk
Dehnepark
Steinhofgründe

16. Bezirk
Savoyenstraße
Steinbruchwiese

17. Bezirk
Rohrerbadgelände
Schwarzenbergpark

18. Bezirk
Michaelerwiese

19. Bezirk
Cobenzl, Luegerwiese
Gspöttgraben
Jägerwiese
Josefinenhütte
Krapfenwaldgasse

21. Bezirk
Bisamberg
Elisabethhöhe – Falkenberg (Abenteuer-Spielgelände) – Gamshöhe – Magdalenenhof
Großfeldsiedlung (Stadtwäldchen)
Schwarzlackenau

22. Bezirk
Eipeldauer Straße, bei Thonetgasse

23. Bezirk
Maurer Wald
Pappelteichwiese – Schießstätte

WALD- UND NATURLEHRPFADE

Adresse	Länge	Eigentümer/Verwalter/Pächter
10. Bezirk		
Laaer Wald	1,5 km	MA 49
11. Bezirk		
Neugebäude, Meidlgasse/Florian-Hedorfer-Straße	2 km	MA 49
13. Bezirk		
Lainzer Tiergarten, Lainzer Tor – Hermesvilla	1,5 km	MA 49
14. Bezirk		
Dehnepark	1 km	MA 49
16. Bezirk		
Wilhelminenberg, entlang Savoyenstraße	1 km	MA 49
18. Bezirk		
Schafberg	2,4 km	MA 49
21. Bezirk		
Bisamberg, Falkenberg	2,5 km	MA 49

22. Bezirk

Donaupark, Vogellehrpfad	1 km	MA 42
Lobau, Eßlinger Furt	2 km	MA 49
Obere Lobau, Saltenstraße	3 km	MA 49

23. Bezirk

Maurer Wald, Pappelteich	2,7 km	MA 49

VERZEICHNIS VON LIEFERANTEN UND KONTRAHENTEN
DER HOHEITSVERWALTUNG, ANSTALTEN, BETRIEBE UND UNTERNEHMUNGEN DER STADT WIEN

■ Armaturen

KSB Österreich GmbH
Pumpen – Armaturen – Service
1140, Rottstraße 24
Tel.: 910 30–0
Fax: 810 30–202

■ Banken

Bank Austria AG
1030, Vordere Zollamtsstraße 13
Tel.: 711 91–0
Fax: 711 91–2872

ERSTE BANK der österr. Sparkassen AG
1010, Graben 21
Tel.: 531 00–0
Fax: 531 00–1256

■ Baumaschinenverleih

Allgemeine Baumaschinenverleihgesellschaft m.b.H.
1100, Moselgasse 21
Tel.: 688 67 82–83
Fax: 688 67 84

■ Bau-, Möbel- und Portaltischlerei

Rafetseder Tischlerei KG
Gerhard Rafetseder
1150, Goldschlagstraße 47
Tel.: 982 45 15, 985 41 33
Fax: 985 45 76

■ Bauspenglerei

Josef ERTLER
Bau Spenglerei KG
1030, Rüdengasse 19
Tel.: 712 12 81 Serie
Fax: 712 75 194

■ Bau- und Galanteriespenglerei

Korandas Nfg. Gerhard Schleich
Büro:
1220, Kalmusweg 72
Tel.: 798 81 79

■ Baurecht

Linde Verlag Wien GmbH
1211, Scheydgasse 24
Tel.: 278 05 26 Serie
Fax: 278 05 26–23

■ Bauunternehmen

Aktiengesellschaft für Bauwesen
1041, Lothringerstraße 2
Tel.: 505 36 26
Fax: 505 15 59

ALPINE BAU Ges.m.b.H.
1231, Oberlaaer Str. 276
Tel.: 610 79-0
Fax: 610 79–44

ERA-BAU Aktiengesellschaft
1030, Modecenterstr. 16
Tel.: 795 13–0
Fax: 795 13–999

GESIBA Gemeinnützige Siedlungs- und Bauaktiengesellschaft
1013, Eßlinggasse 8–10
Tel.: 534 77–0
Fax: 534 77–600

HAZET Bauunternehmung GmbH & Co KG
1132, Hietzinger Hauptstraße 53
Tel.: 87 802–0
Fax: 87 802–60

Hinteregger G. & Söhne Bauges. m. b. H.
1220, Baranygasse 7
Tel.: 22 15 37–39
Fax: 22 15 37–13

Kraus P. + P.
Bauges. m. b. H.
1100, Remystraße 39
Tel.: 688 51 98
Fax: 688 78 98

MAYREDER BAU GmbH Niederlassung Wien
1091, Roßauer Lände 23
Tel.: 313 05–0
Fax: 313 05–200

Petz Alois Ges.m.b.H. & Co. KG Baumeister
1090, Grundlgasse 3
Tel.: 317 01 54, 317 05 67
Fax: 319 72 99

Schindler Ing. Eva u. Karl
Franz Boeck's Nachf.
1153, Anschützgasse 1
Tel.: 891 91–0
Fax: 891 91–419

Sedlak Dipl.-Ing. Wilhelm Ges. m. b. H.
1100, Quellenstraße 163
Tel.: 604 32 82–0
Fax: 604 32 8–33

TEERAG-ASDAG AG
1031, Marxergasse 25
Tel.: 711 38–0
Fax: 711 38–325

Dipl.-Ing. A. Winkler & Co. Baugesellschaft m. b. H.
1040, Wiedner Hauptstraße 52
Tel.: 587 74 63

■ Bestattung

Bestattung Wien
1041, Goldeggasse 19
Tel.: 501 95–4227
Fax: 501 95–4320

■ Buchbinderei

Buchbinderei Brüder GLÖCKLER OHG
2752 Wöllersdorf, Staudiglgasse 3
Tel.: 02633/42200
Fax: 02633/42200–15

■ Chemisch-techn. Produkte

LANG-CHEMIE Lang & Co. KG
3001 Mauerbach bei Wien, Herzog-Friedrich-Platz 1
Tel.: 979 15 86
Fax: 979 72 01
5280 Braunau am Inn, Hans-Sachs-Str. 2
Tel.: 07722/629 59
Fax: 07722/662 34

■ Druckereien

Bohmann-Druckerei
1110, Leberstraße 122
Tel.: 740 95–0 Serie
Fax: 740 95–200,
e-mail: office@bohmann-druck.co.at
ISDN: 740 95–714

Druckerei Gerstmayer
1120, Schönbrunner Straße 217
Tel.: 813 64 12
FAX 813 64 12–33
3105 St.Pölten-Unterradlberg, Tiroler Straße 3
Tel.: 0 27 42/36 86 15
Fax: 0 27 42/36 86 15–10

Theiss Ges. m. b. H.
Druck- und Verlagshaus
9400 Wolfsberg,
St. Michaeler Straße 2
Tel.: 04352/513 55–0
Fax: 04352/513 55–13

■ Elektroindustrie

ELIN Energieversorgung GmbH
1141, Penzinger Straße 76
Tel.: 89 100–0
Fax: 89 100–196

Kiepe Electric Ges. m. b. H.
1201, Engerthstraße 59
Tel.: 33 127–0
Fax: 33 127–270

■ Fassadenmaterialien

Terranova
Weber & Broutin GmbH
Zentrale und Kundenraum:
1230, Gleichentheilgasse 6
Ständige Servicenummer
Tel.: (01) 66 150

■ Garten- und Grünflächenbau

Dipl.-Ing. G. HAESELER BAU GesmbH.
1180, Schulgasse 58/3,
Tel.: 405 35 53
Fax: 405 02 26

■ Gärtnereien

Städtische Friedhofsgärtnerei
1110, Hauptstraße 234,
Wiener Zentralfriedhof,
II. Tor
Tel.: 760 41

■ Gebäudereinigung

Erich Krug
1020, Taborstraße 104
Tel.: 214 64 32

■ Gewerkschaft

Gewerkschaft der Gemeindebediensteten
1090, Maria-Theresien-Straße 11
Tel.: 313 16–0
GdG-Presse:
Tel.: 313 16–83616
Fax: 313 16–99–83616

■ Grabdenkmäler

Städtische Steinmetzwerkstätte
1110, Hauptstraße 339
Tel.: 760 41/97883

■ Heimtextilien

Englisch Dekor
1153, Dreihausgasse 9
Tel.: 891 07 DW 22, 41

■ Heizung

Kraft & Wärme Gesellschaft zur Planung und Errichtung von Zentralheizungs-, Lüftungs- und sanitären Anlagen Gesellschaft m.b.H.
1141, Linzer Straße 455
Tel.: 970 25–0
Fax: 979 74 83

■ Installationen

RICHARD MARISCHKA
Gesellschaft m.b.H.
Gas – Wasser – Heizung
1200 Wien, Treustraße 42
Tel.: 330 34 45, 330 38 91

■ Isolierungen

Hegro Ges. m. b. H.
1120, Karl-Löwe-Gasse 24
Tel.: 813 14 63
Fax: 812 23 44

■ Kabel TV

Kabel-TV-Wien
1191, Hofzeile 3
Tel.: 368 34 24
Fax: 368 24 65
Telekabel-Berater: 170 171

■ Kanalguß – Entwässerungstechnik

Wallner & Neubert GmbH
1052, Schönbrunner Str. 13
Tel.: 588 13–0
Fax: 587 56 13

■ Kanalräumung

Anton Satorina GmbH
1110, Döblerhofstraße 20b
Tel.: 749 23 40

■ Kommunalfahrzeuge

M-U-T Maschinen – Umwelttechnik – Transport anlagen Ges. m. b. H.
2000 Stockerau,
Schießstattgasse 49
Tel.: 02266/603–0
Fax: 02266/603–202

■ Kreditinstitut

Österr. Kommunalkredit Aktiengesellschaft
1092, Türkenstraße 9
Tel.: 31 6 31–0
Fax: 31 6 31–500

■ Lager- und Umschlagsbetriebe

WIENER HAFEN
Lager- u. Umschlagsbetriebe
Gesellschaft m.b.H.
1020, Seitenhafenstraße 15
Tel.: 727 16–0
Fax: 727 16–200

■ Landschaftsbau

SCHUBERT Landschaftsbau GmbH.
1160, Ameisbachzeile 119– 123
Tel.: 914 87 37
Fax: 914 87 39

■ Lichtpausen – Kopieren – Plandrucken

Riedmüller Paul
1060, Theobaldgasse 7
Tel.: 587 86 10–0
Fax: 587 86 10–20

■ Menü-Service

Club Menü Service
1031, Henneberggasse 2-4
Tel. 79 741–904

Gustana Menü- Service Ges.m.b.H.
1031, Henneberggasse 2–4
Tel.: 79 740–44
Fax: 79 740/691

■ Mineralöle

OMV Aktiengesellschaft
1090, Otto-Wagner-Platz 5
Tel.: 404 40–0

■ Netztechnik

ABB Energie AG
ABB Industrie & Gebäudesysteme GmbH
1101, Wienerbergstr. 11B
Tel.: 601 09–0
Fax: 601 09–8310

■ Papier

PaperNet GmbH & Co. KG
WIENER PAPIER
IZ-NÖ Süd
2355 Wr. Neudorf,
Straße 6, Objekt 28
Tel.: 02236/602–0
Fax: 02236/602–59

STIASSNY Papier Großhandlung GmbH
2345 Brunn am Gebirge,
Industriestraße B/7
Tel.: 02236/31 501 Serie
Fax: 02236/31 954

■ Plakatanschlag

GEWISTA Werbegesellschaft m.b.H.
1031, Litfaßstraße 6
Tel.: 795 97–0
Fax: 79 89 200

■ Presse- und Informationsdienst

Presse- und Informationsdienst der Stadt Wien
1082, Rathaus, Stiege 3
Tel.: 40 00–0
Stadtinformation: 52 550

■ Räder und Rollen

Rollenbau
1232, Paminagasse 95
Tel.: 667 32 57
Fax: 665 04 50

■ Reinigungsanstalten

Reinigungsunternehmen KRAUSS GmbH
1070, Kirchengasse 43
Tel.: 524 94 23
Fax: DW 22

PIWETZ Ges. m. b. H.
1070, Neubaugasse 73
Tel.: 523 91 27, 523 51 91
Fax: 526 25 28

■ Restaurant

Schubertstüberln Kommerzialrat F. ZIMMER KG
1010, Schreyvogelgasse 4–6, Schottengasse 3
Tel.: 533 71 87
Fax: 535 35 46

■ Servisystem

ISS Servisystem GmbH
1210, Brünner Straße 85
Tel.: 29 111–0
Fax: 290 14 73

■ Schienenfahrzeuge

BWS Bombardier Wien
Schienenfahrzeuge AG
1210, Donaufelderstraße 73–79
Tel.: 25 110
Fax: 25 110 8
http://www.transportation.bombardier.com

■ Spenglerei, Dach- u. Schwarzdeckereien

Larisch-Gruppe
1220, Hosnedlgasse 5
Tel.: 259 75 37–0
Fax: 259 75 37/25

■ Stadtwerke

Wiener Stadtwerke
Generaldirektion,
1011, Schottenring 30, Ringturm
Tel.: 531 23
Fax: 531 23–73999

■ Tauchunternehmen

Lestin & Co.
Tauch-, Bergungs- und Sprengunternehmen Gesellschaft m. b. H.
1050, Nikolsdorfer Gasse 31
Tel.: 544 75 05, 544 61 71
Fax: 545 78 55

■ Technische Betriebsführung

KMB Krankenhausmanagement und Betriebsführungs Ges. m. b. H.
1090, Spitalgasse 23
Tel.: 404 00/9001–9005
Fax: 404 00–9000

■ Technische Überwachung

Technischer Überwachungs-Verein Österreich
Zentrale Verwaltung:
1015, Krugerstraße 16
Tel.: 514 07–0
Fax: 514 07–240

■ Transportbeton

LAFARGE BETON GmbH & Co KG
1110, Wildpretstraße 1
Tel.: 76 0 36–0
Fax: 76 0 36–32

■ Transportunternehmung

Anton Satorina Ges. m. b. H.
1110, Döblerhofstraße 20b
Tel.: 749 23 40

■ Versicherung

Wiener Städtische Allgem. Versicherung AG
1011, Schottenring 30, Ringturm
Tel.: 531 39–0

■ Warenhandel

SPAR Österreich Warenhandels-AG
Zentrale
3100 St. Pölten, Lagergasse 30
Tel. 02742/866

■ Wasserkraft

Donaukraft Österreichische Donaukraftwerke AG
1011, Parkring 12
Tel.: 515 38–0
Fax: 515 38–3900

■ Wiener Lokalbahnen

AG der Wiener. Lokalbahnen
1120, Eichenstraße 1
Tel.: 815 56 32

■ Wiener Wirtschaftsförderungsfonds

Wiener Wirtschaftsförderungsfonds
1082, Ebendorferstraße 2
Tel.: 40 00–86794
Fax: 40 00–70 70 DW
vienna@wwff.gv.at
http:/www.wwff.gv.at

■ Zuwanderer-Fonds

Zuwanderer-Fonds
(Fonds zur Beratung und Betreuung von Zuwanderern)
Beratungszentrum:
1030, Würtzlerstraße 15/ Markhofgasse 11
Tel.: 795 04–0
Fax: 795 04 790
Internet:
http://www.@Zuwanderer-Fonds.at

INSERENTENVERZEICHNIS

SACHREGISTER

Vorbemerkung

Das nachfolgende Sachregister enthält sowohl Geschäfte des Wiener Magistrats nach der offiziellen Geschäftseinteilung als auch andere Schlagwörter, die auf andere Stellen des Handbuches hinweisen. Die erste Kolonne läßt die Dienststelle des Magistrats auffinden, die zweite Kolonne jene Seite, auf der die Angelegenheit beschrieben ist.

Dienststelle, Seite

Dienststelle, Seite

Dienststelle, Seite

Dienststelle, Seite

Dienststelle, Seite